北京市文物局科研課題成果

北京市文物局圖書資料中心 編

北京市文物局圖書資料中心
古籍善本錄

（上）

北京市文物局圖書資料中心古楸軒書叢
總第五部
甲種第四部

國家圖書館出版社

圖書在版編目（CIP）數據

北京市文物局圖書資料中心古籍善本録：全二册 / 北京市文物局圖書資料中心編. — 北京：國家圖書館出版社, 2019.7
（北京市文物局圖書資料中心古楸軒書叢）
ISBN 978-7-5013-6501-2

Ⅰ. ①北… Ⅱ. ①北… Ⅲ. ①古籍－善本－圖書目録－北京 Ⅳ. ①Z838

中國版本圖書館CIP數據核字(2018)第160710號

書　　名　北京市文物局圖書資料中心古籍善本録（全二册）

著　　者　北京市文物局圖書資料中心　編
責任編輯　王燕來　黄鑫
封面設計　一瓢工作室

出版發行　國家圖書館出版社（北京市西城區文津街7號　100034）
（原書目文獻出版社　北京圖書館出版社）
010-66114536　63802249　nlcpress@nlc.cn（郵購）
網　　址　http://www.nlcpress.com
排　　版　愛圖工作室
印　　裝　北京中華兒女印刷廠
版次印次　2019年7月第1版　2019年7月第1次印刷

開　　本　889×1194（毫米）　1/16
印　　張　77
書　　號　ISBN 978-7-5013-6501-2
定　　價　600.00圓

丁酉中秋

古籍善本錄

謝辰生題

時年九十又六

《北京市文物局圖書資料中心古籍善本録》編委會

出版説明

中華文明源遠流長，擁有着光輝燦爛的文化，爲後人保留和傳承了豐富的文化典籍，成爲了光輝歷史的見證。善本，則是古籍文化的精髓，《辭海》定義："時代較遠的舊刻本、精抄本、手稿、碑帖拓本及流傳稀見的其他印刷品等。"古籍善本具有"歷史文物性、學術資料性和藝術代表性"等特殊價值，成爲中華文明的傳承載體。由於歷時久遠，受蟲蝕、風化、黴變等因素的影響，古籍善本正日益損壞。對古籍善本的搶救、保護和開發利用工作刻不容緩，已成爲我們國家和民族亟待解決的重大文化問題。2002年，由財政部、文化部，會同國家圖書館等單位進行調研，論證古籍善本的搶救發掘工作。經過充分調研和科學論證，批准了以搶救保護和發掘古籍善本爲宗旨的"中華再造善本工程"，複製了一批珍貴的善本古籍。近年來，習近平總書記也强調，文物承載燦爛文明、傳承歷史文化、維繫民族精神，是老祖宗留給我們的寶貴遺産，是加强社會主義精神文明建設的深厚滋養。"讓收藏在禁宫裏的文物、陳列在廣闊大地上的遺産、書寫在古籍裏的文字都活起來"，作爲北京地區典藏豐富珍貴典籍的重要單位，北京市文物局圖書資料中心理應做好善本古籍的整理、出版和影印再造工作，爲服務社會、服務大衆以及傳播民族優秀文化、弘揚中華文明做出一份貢獻。

北京市文物局圖書資料中心成立於1995年初，其前身是北京市文物事業管理處的資料室。1995年在資料室的基礎上成立了北京市文物局資料信息中心，2000年改稱現名。中心收藏了一大批珍貴的古籍、拓本、民國版圖書及1949年後北京市歷次文物普查檔案。是北京地區文物、考古、博物館及非物質文化遺産方面典藏資料較豐富、權威的檔案圖書資料中心。中心通過古籍、文獻、文物及文物檔案的收藏、研究和綜合利用，服務文博行業發展。中心現藏古籍善本1000餘種8000餘册。其中唐人寫本、宋元刻本11種100餘册，明刻本400餘種4800餘册，清刻本500餘種3000餘册，均有很高的版本價值。目前《國家珍貴古籍名録》已收録 22 種，包括古籍 12 種，珍貴拓片 10 種。

2011 年，圖書資料中心精選了 65 種珍貴古籍，影印出版了《北京市文物局資料中心藏古籍珍本叢刊》；2013 年，我們對收藏的孤本《明宮冠服儀仗圖》和《明清珍墨珍拓》進行了整理出版；2017 年，我們對館藏《日下舊聞》進行古籍影印再造，2019 年編輯的這部《北京市文物局圖書資料中心古籍善本録》也是中心的同事們整理古籍善本的一項重要成果。它的出版，對於瞭解北京市文物局圖書資料中心藏古籍善本提供了一個重要的途徑。同時也是惠及學林、推動古籍保護事業的一項重要舉措。

古籍承載着中華民族的輝煌歷史，銘刻了中華民族的偉大創造，是弘揚優秀傳統文化的重要載體。加快古籍的保護工作，需要一代代古籍工作者努力奮鬥，開拓進取，爲我國的古籍保護事業做出更大的努力。我們也希望這部善本書録的出版能不斷推動北京市文物局圖書資料中心古籍保護事業的開展，推動更多的文博單位公開自己的館藏古籍資源，讓更多的古籍工作者瞭解更多的古籍資源，爲弘揚中國的優秀民族文化做出更大的貢獻。

《北京市文物局圖書資料中心古籍善本録》編委會

2019 年 6 月

編　例

一、本書的收録範圍是北京市文物局圖書資料中心館藏善本古籍1182種，其中一、二、三級善本610種，普通善本572種。

二、本書著録規範基本上依照《古籍著録規則》著録。著録文字包括書名卷數、著者、版本、版框尺寸、行款版式、册數、鈐印、存卷、裝幀方式、批校題跋、遞藏信息等。缺項則不録。

三、書名與藏書印大致上按原書照録，著者與版本基本上規範著録。

四、編排順序按中國古籍傳統分類法，分經、史、子、集、類叢五部，部下析分爲類，同一類按館藏號排序。每種書著録部分右下角注有館藏號。

五、書影原則上是一書一幅，部分特殊的一書兩幅或兩幅以上。所選圖版以卷端爲主，兼取序跋等。

六、裝幀方式爲綫裝的一般不作著録，非綫裝的則著録。

目　録

經　部

【叢編類】

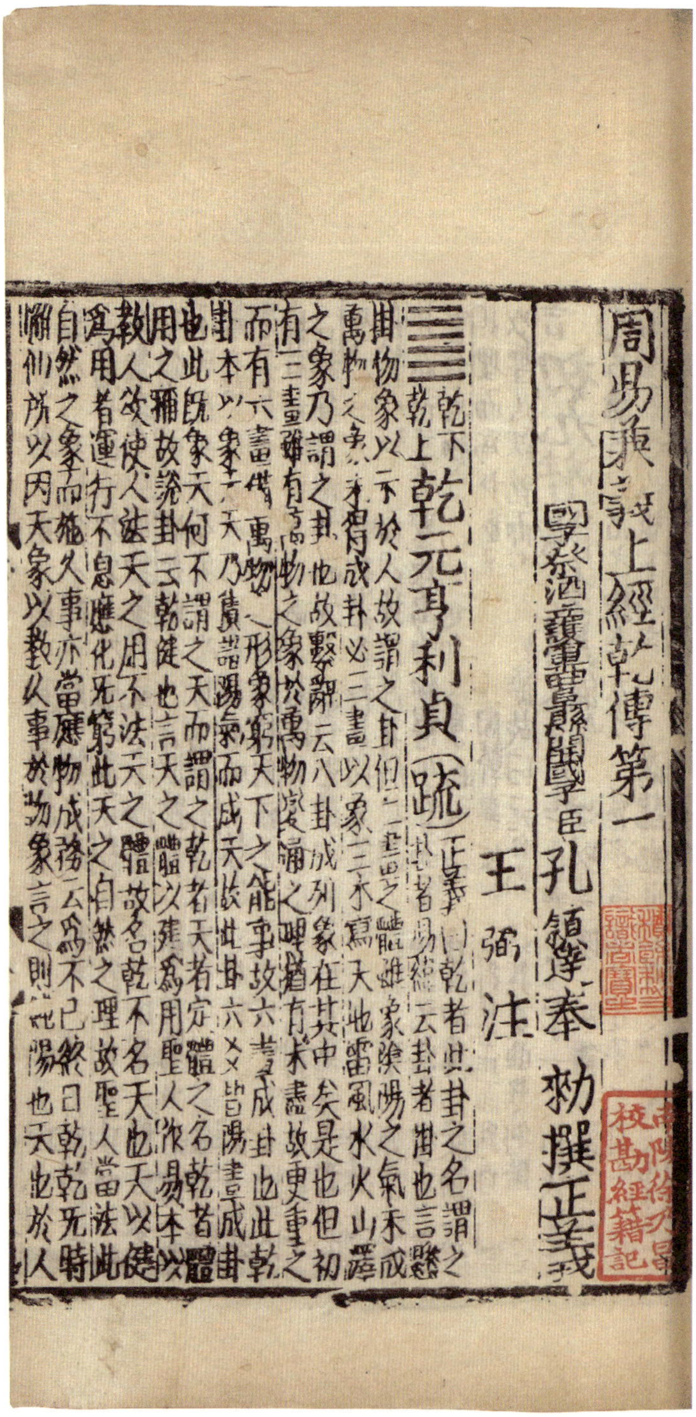
周易兼義上經乾傳第一
國子祭酒上護軍曲阜縣開國子臣孔穎達奉 勑撰正義
王弼注
☰乾下乾上 乾元亨利貞（疏）正義曰乾者此卦之名謂之卦者易緯云卦者掛也言縣掛物象以示於人故謂之卦但二畫之體雖象陰陽之氣未成萬物之象未得成卦必三畫以象三才寫天地雷風水火山澤之象乃謂之卦也故繫辭云八卦成列象在其中矣是也但初有三畫雖有萬物之象於萬物變通之理猶有未盡故更重之而有六畫備萬物之形象窮天下之能事故六畫成卦也此乾卦本以象天天乃積諸陽氣而成天故此卦六爻皆陽畫成卦也此既象天何不謂之天而謂之乾者天者定體之名乾者體用之稱故說卦云乾健也言天之體以健為用聖人作易本以教人欲使人法天之用不法天之體故名乾不名天也天以健為用者運行不息應化無窮此天之自然之理故聖人當法此自然之象而施人事亦當應物成務云為不已終日乾乾無時懈倦所以因天象以教人事於物象言之則純陽也天也於人
積餘秘笈識者寶之
南陵徐乃昌校勘經籍記

十三經注疏三百五十三卷　（三國魏）王弼注　（晋）韓康伯注　（唐）孔穎達正義　元刻明遞修本

框高 19 厘米，廣 13 厘米。半葉十行，行十七（八）字，小字雙行二十三（四）字，黑口，左右雙邊。106 册。鈐“積餘秘笈識者寶之”朱文印、“南陵徐乃昌校勘經籍記”朱文印等。

一級 1pan10594

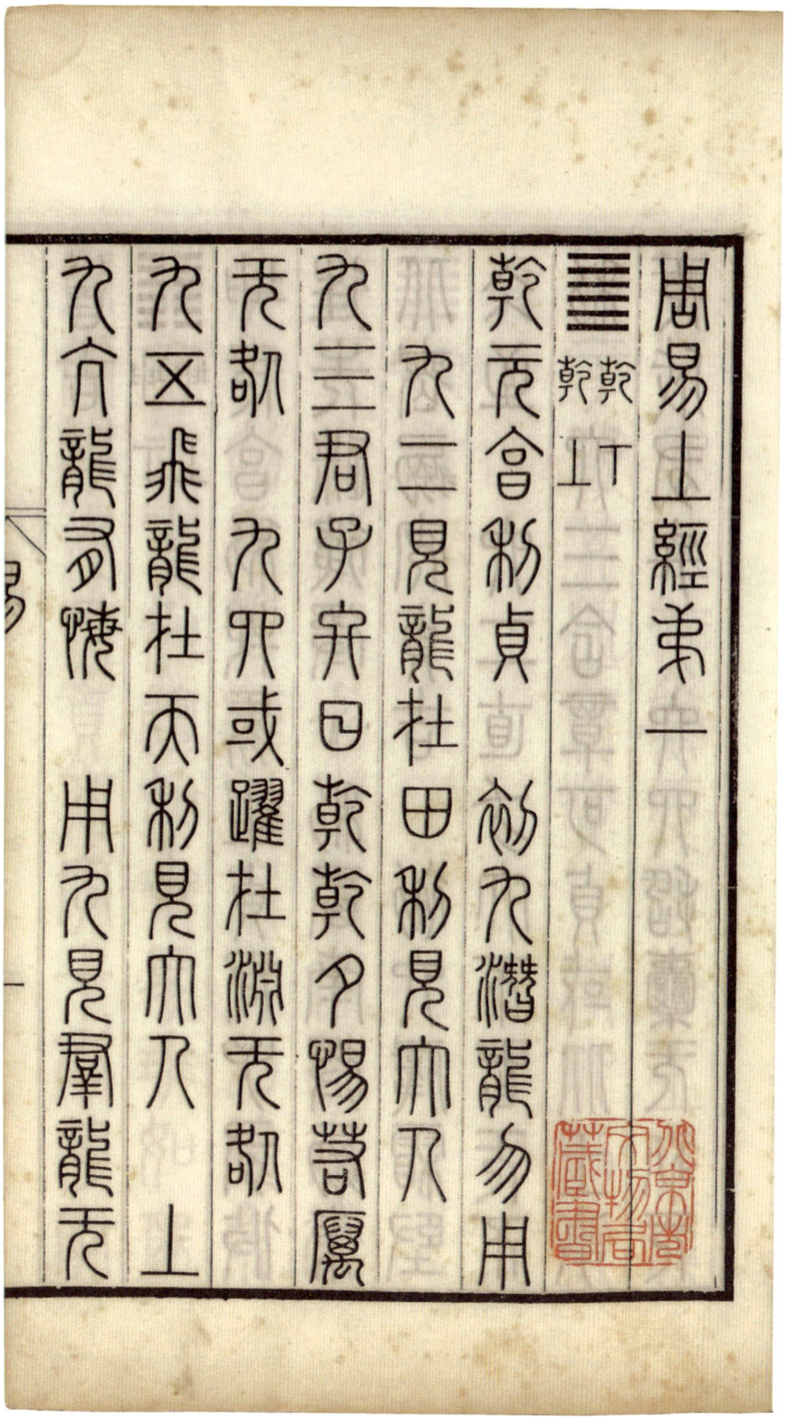

周易上經第一
☰ 乾下乾上
乾元亨利貞 初九潛龍勿用
九二見龍在田利見大人
九三君子終日乾乾夕惕若厲
无咎 九四或躍在淵无咎
九五飛龍在天利見大人 上
九亢龍有悔 用九見羣龍无

篆文六經四書六十三卷 （清）李光地等編 （清）張照等校刊 清康熙内府刻本

框高22.5厘米，廣16厘米。半葉八行，行十二字，白口，左右雙邊。16册。鈐“固始張氏鑑藏金石圖書之印”朱文印。

二級 3xiao10648

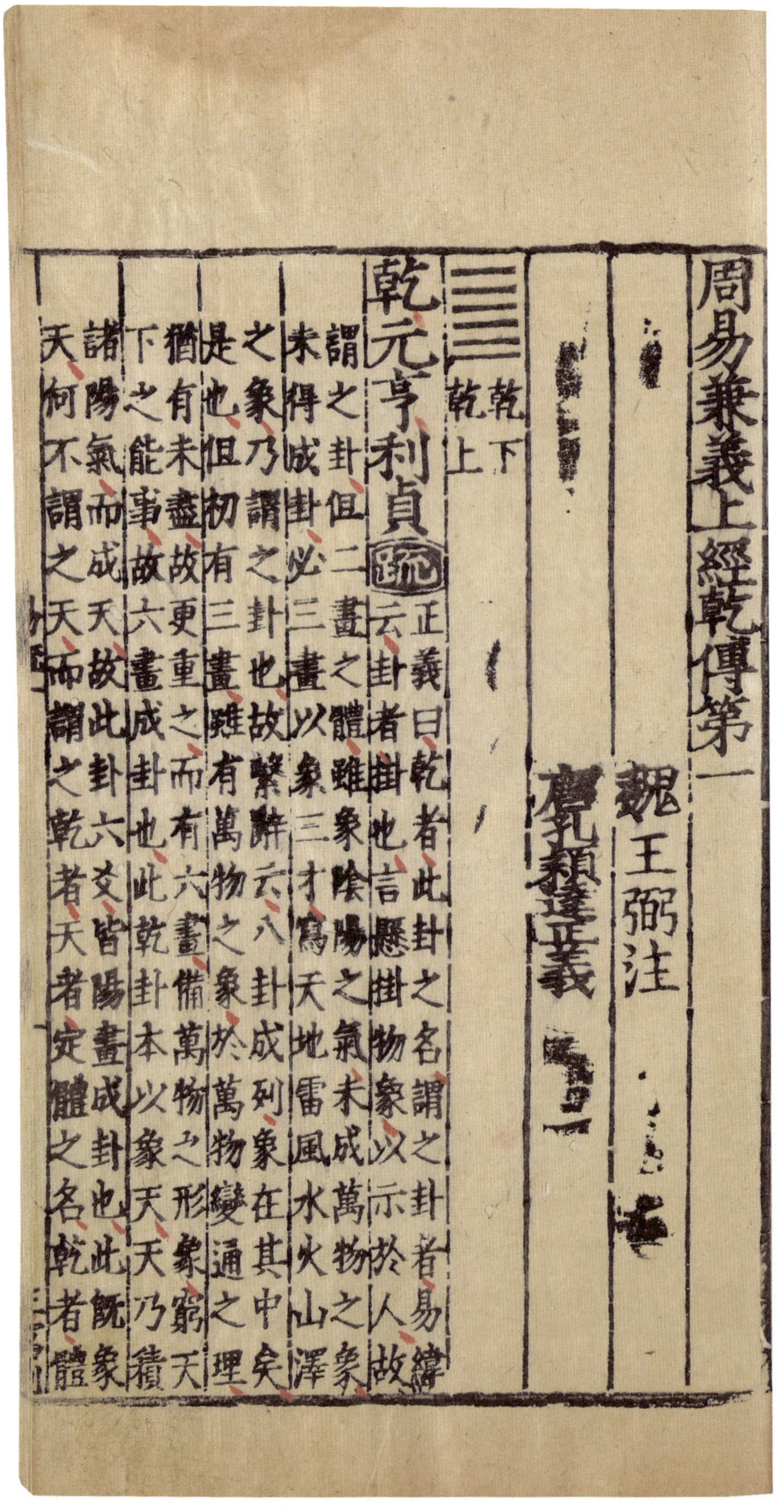
周易兼義上經乾傳第一
魏王弼注
孔穎達正義
乾下
乾上
乾元亨利貞疏正義曰乾者此卦之名謂之卦者易緯云卦者掛也言懸掛物象以示於人故謂之卦但二畫之體雖象陰陽之氣未成萬物之象未得成卦必三畫以象三才寫天地雷風水火山澤之象乃謂之卦也故繫辭云八卦成列象在其中矣是也但初有三畫雖有萬物之象於萬物變通之理猶有未盡故更重之而有六畫備萬物之形象窮天下之能事故六畫成卦也此乾卦本以象天天乃積諸陽氣而成天故此卦六爻皆陽畫成卦也此既象天何不謂之天而謂之乾者天者定體之名乾者體

十三經注疏三百三十五卷 （三國魏）王弼注 （唐）孔穎達正義 明嘉靖李元陽刻本

框高 20.8 厘米，廣 12.9 厘米。半葉九行，行二十一字，小字雙行同，白口，四周單邊。220 册。

二級 309shan873

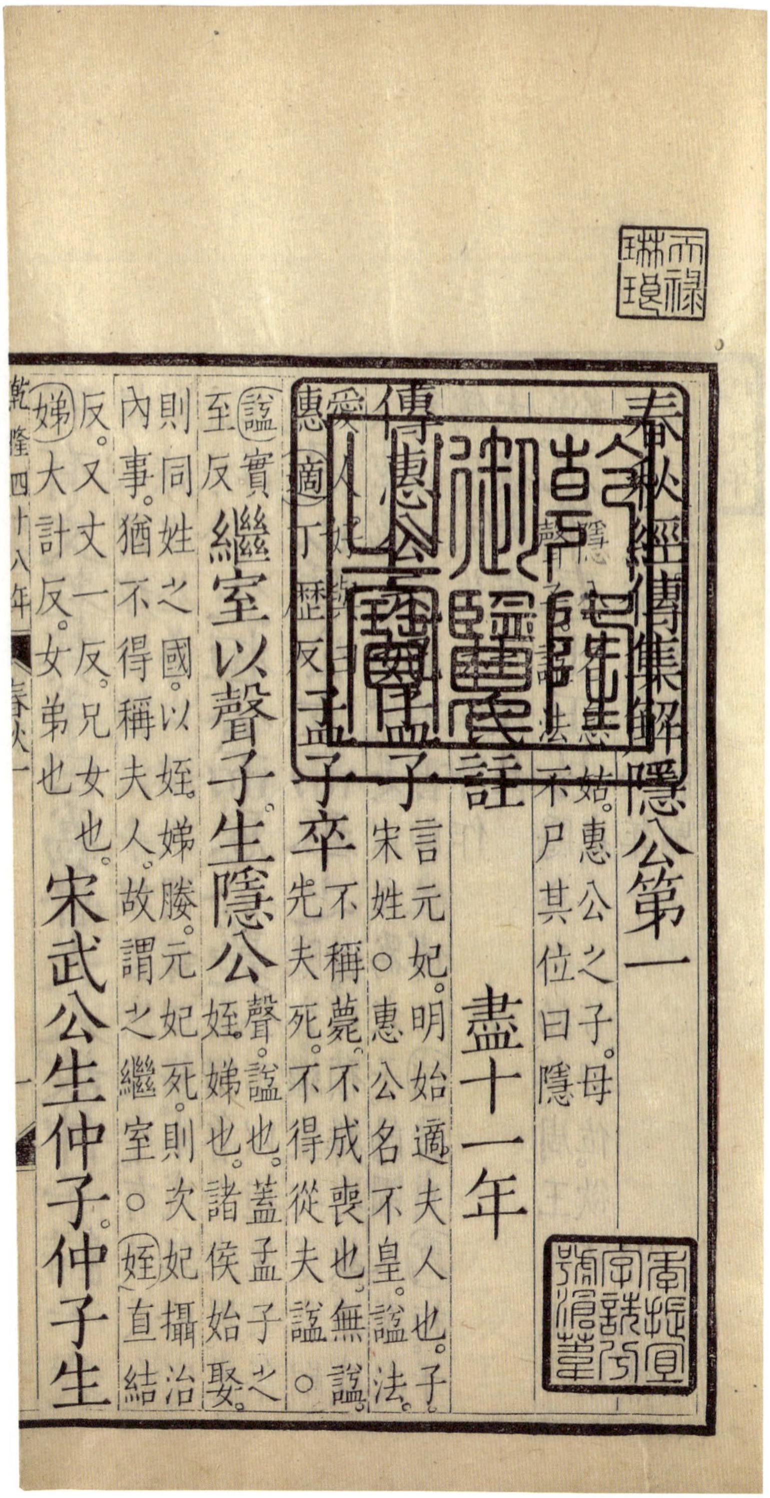

御定仿宋相臺岳氏五經九十六卷附考證　（宋）岳珂編　清乾隆四十八年（1783）武英殿刻本

框高 20.4 厘米，廣 13.4 厘米。半葉八行，行十七字，小字雙行同，白口，四周雙邊。24 册。

三級 185shan859

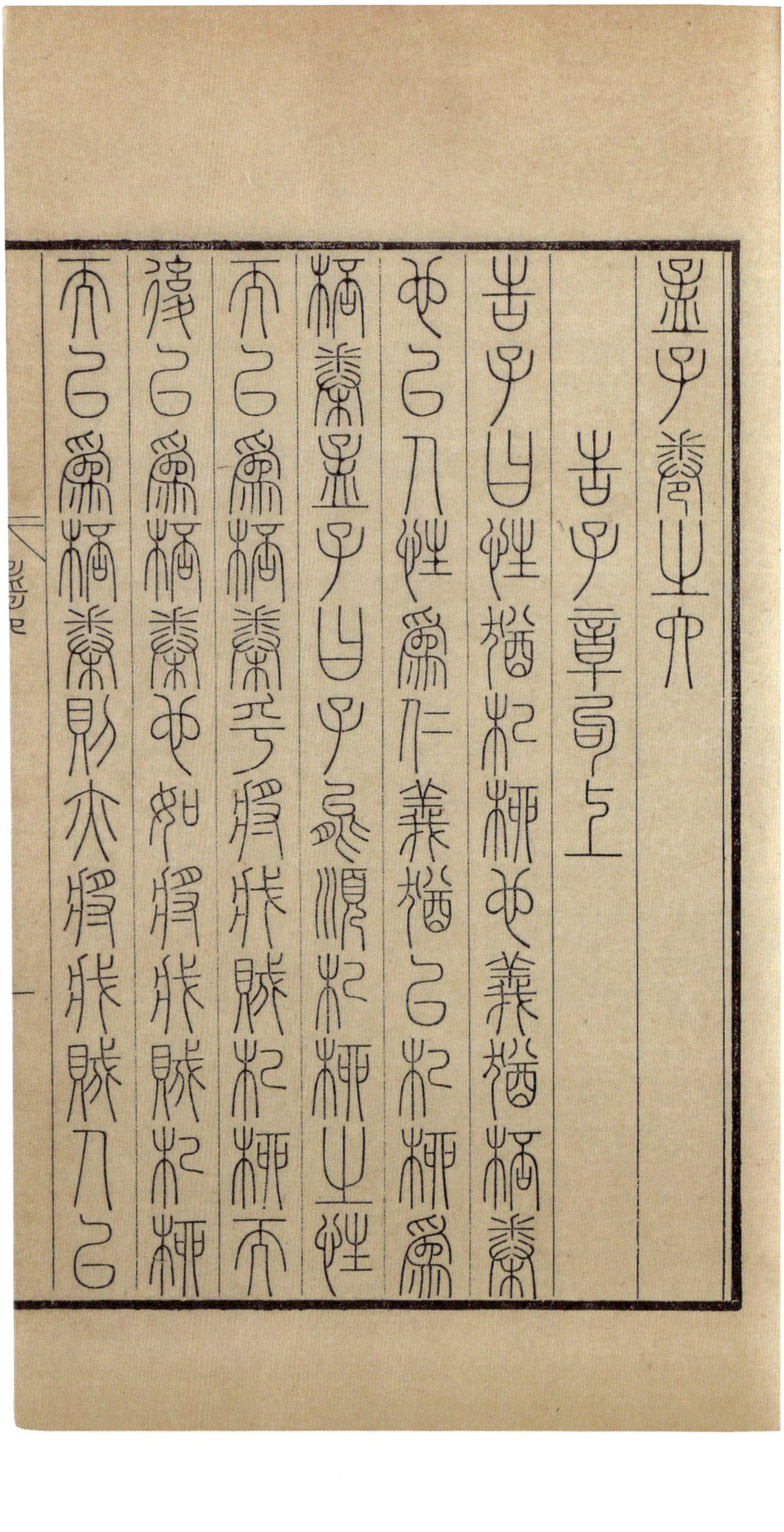

篆文四書十九卷 （清）李光地等編 清康熙内府刻本

框高 22.6 厘米，廣 15.7 厘米。半葉八行，行十二字，白口，左右雙邊。12 册。

三級 196pu6-23-4-21

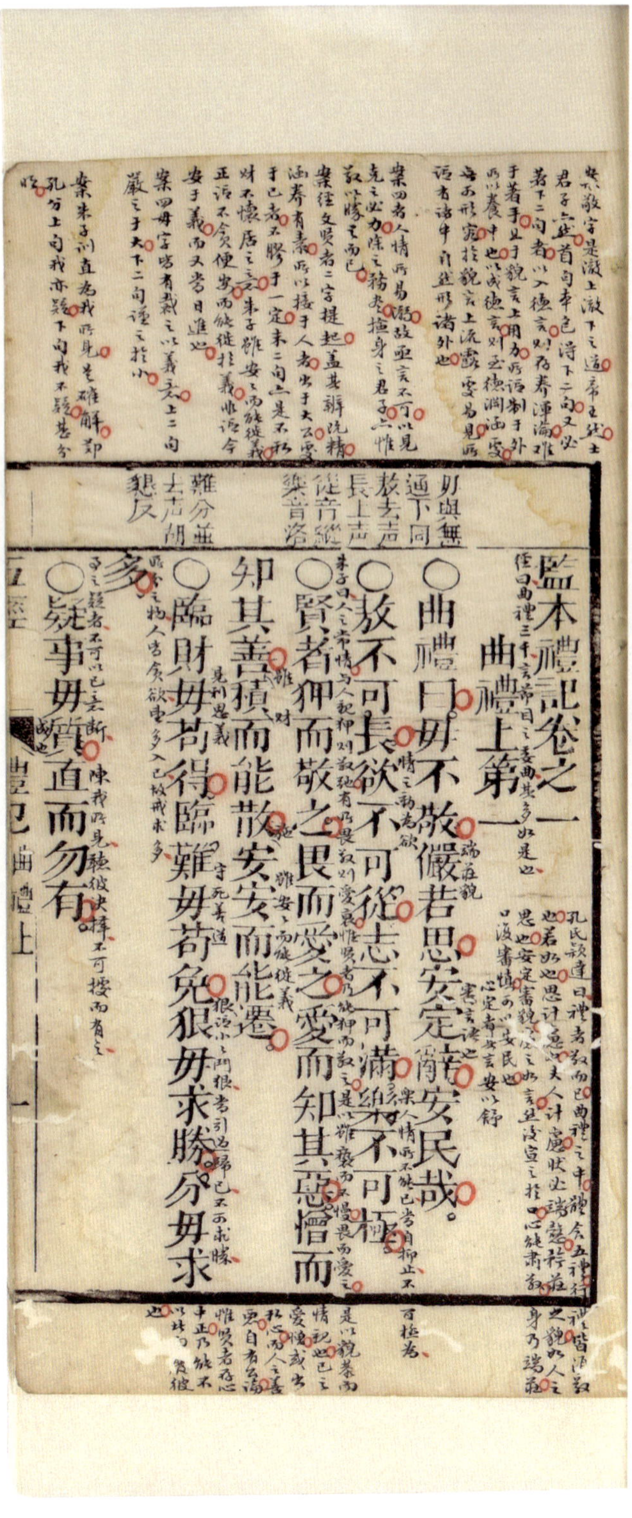

監本五經 清嘉慶十一年（1806）刻本

框高 16.1 厘米，廣 11.6 厘米。半葉上下兩欄，上欄鎸評，下欄九行，行十八字，白口，四周單邊，無格。13 册。鈐“羅氏知稼堂珍藏”朱文印。佚名批校。

三級 217jingpu577

【易類】

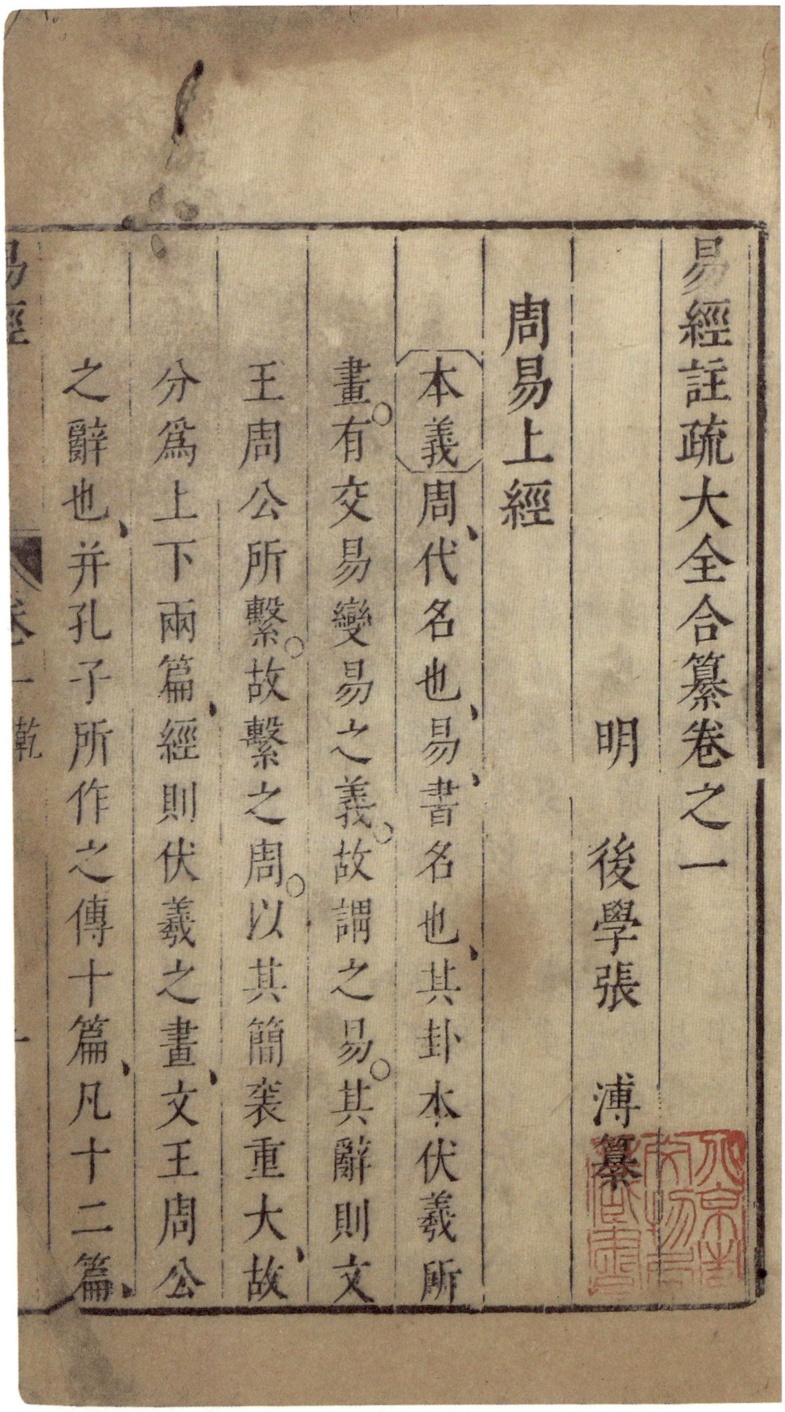
易經註疏大全合纂卷之一
明　後學張　溥纂
周易上經
本義周代名也易書名也其卦本伏羲所
畫有交易變易之義故謂之易其辭則文
王周公所繫故繫之周以其簡袠重大故
分爲上下兩篇經則伏羲之畫文王周公
之辭也并孔子所作之傳十篇凡十二篇
易經　卷一　乾　一

易經註疏大全合纂六十四卷　（明）張溥纂　明崇禎刻本

框高20.4厘米，廣13.9厘米。半葉八行，行十八字，小字雙行同，白口，左右雙邊。16册。

二級 273shan541

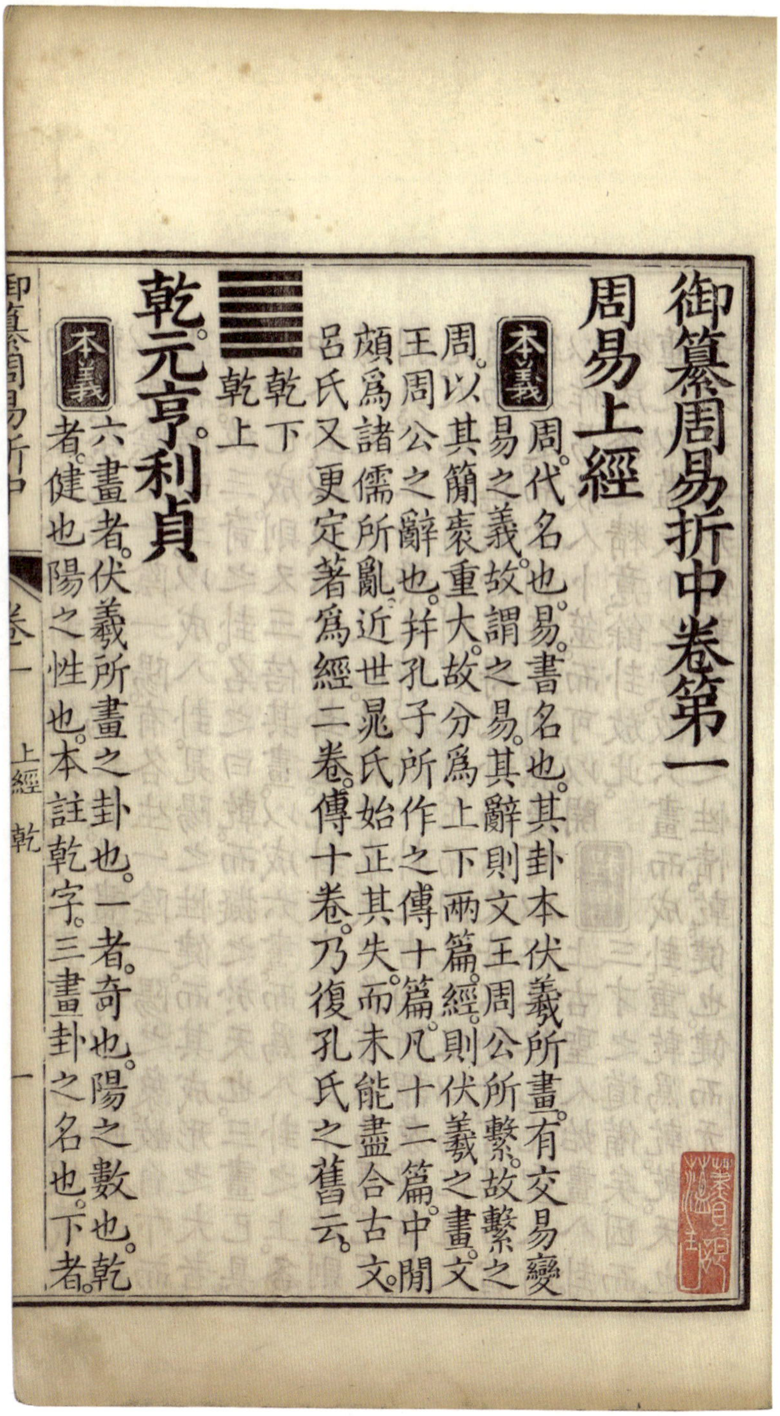

御纂周易折中二十二卷首一卷 （清）李光地等撰 清康熙五十四年（1715）内府刻御纂七經本

框高 22.3 厘米，廣 15.5 厘米。半葉十一行，行二十二字，白口，四周雙邊，無格。12 册。鈐“體元主人”朱文印、“稽古右文之章”白文印等。

二級 280shan614

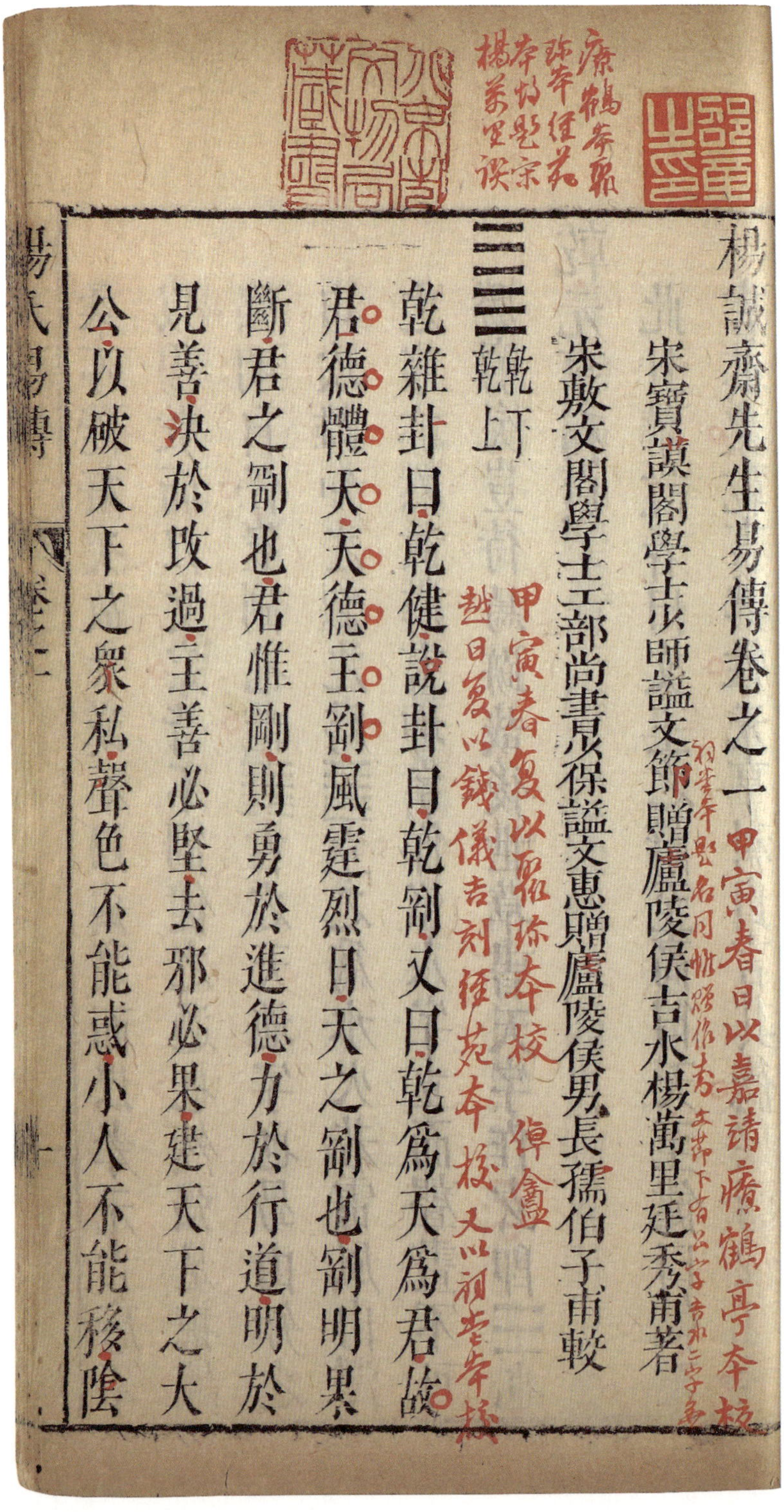

楊誠齋先生易傳二十卷　（宋）楊萬里著　明末刻本

框高22厘米，廣13.3厘米。半葉九行，行二十字，白口，四周單邊，無格。6册。鈐“邵章之印”白文印。邵章批校并跋。

二級 290shan721

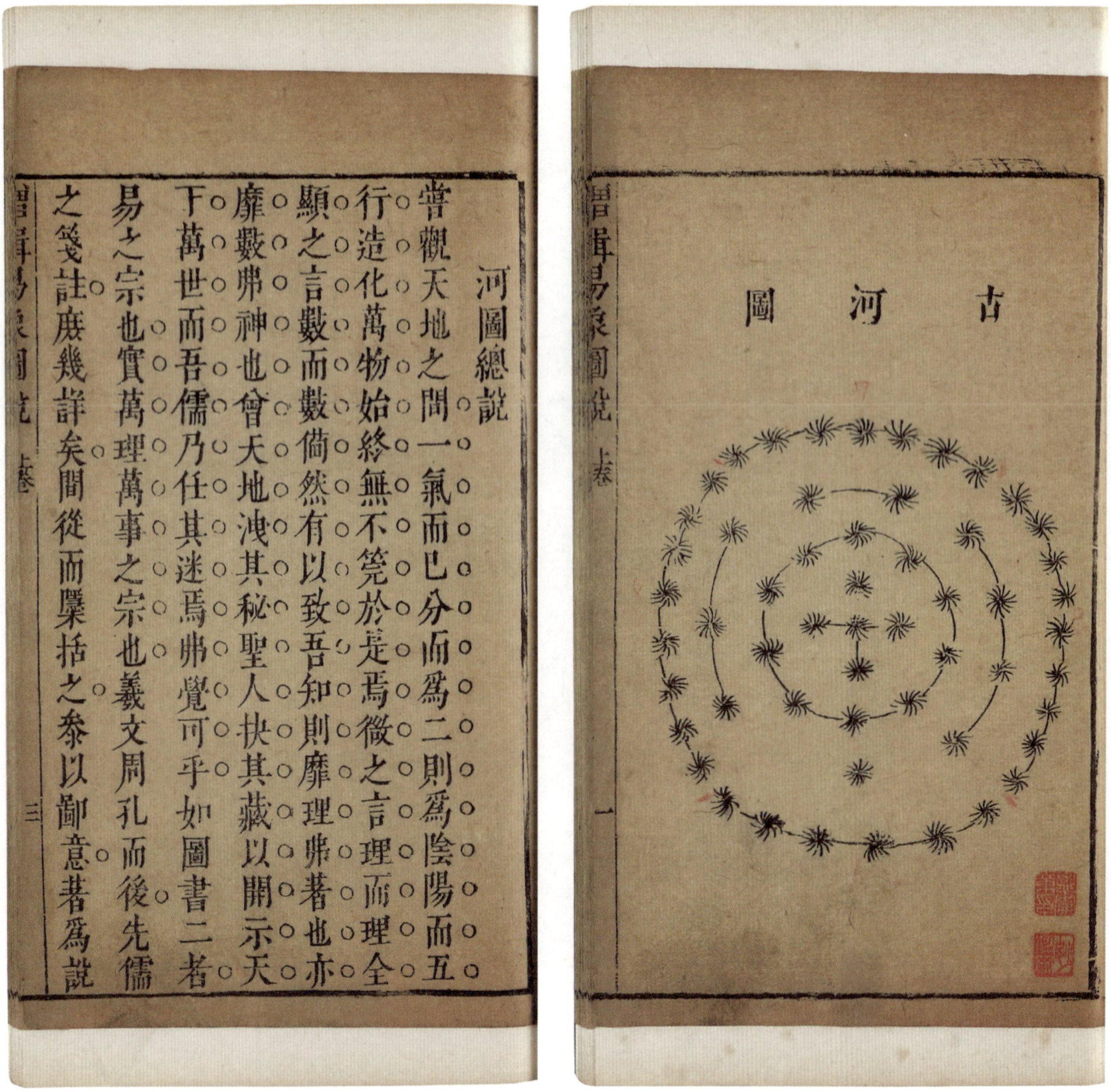

吳灌先先生增輯易象圖説二卷 （清）吳灌先撰　清順治刻本

框高20.6厘米，廣12.3厘米。半葉八行，行二十字，白口，四周單邊，無格。2册。鈐“妙鑑齋”朱文印、“妙鑑齋己丑年後所得”朱文印、“亞聖七十三世孫”白文印、“孟憲章印”白文印、“孟憲章字君郁長壽”白文印等。

三級 7k29

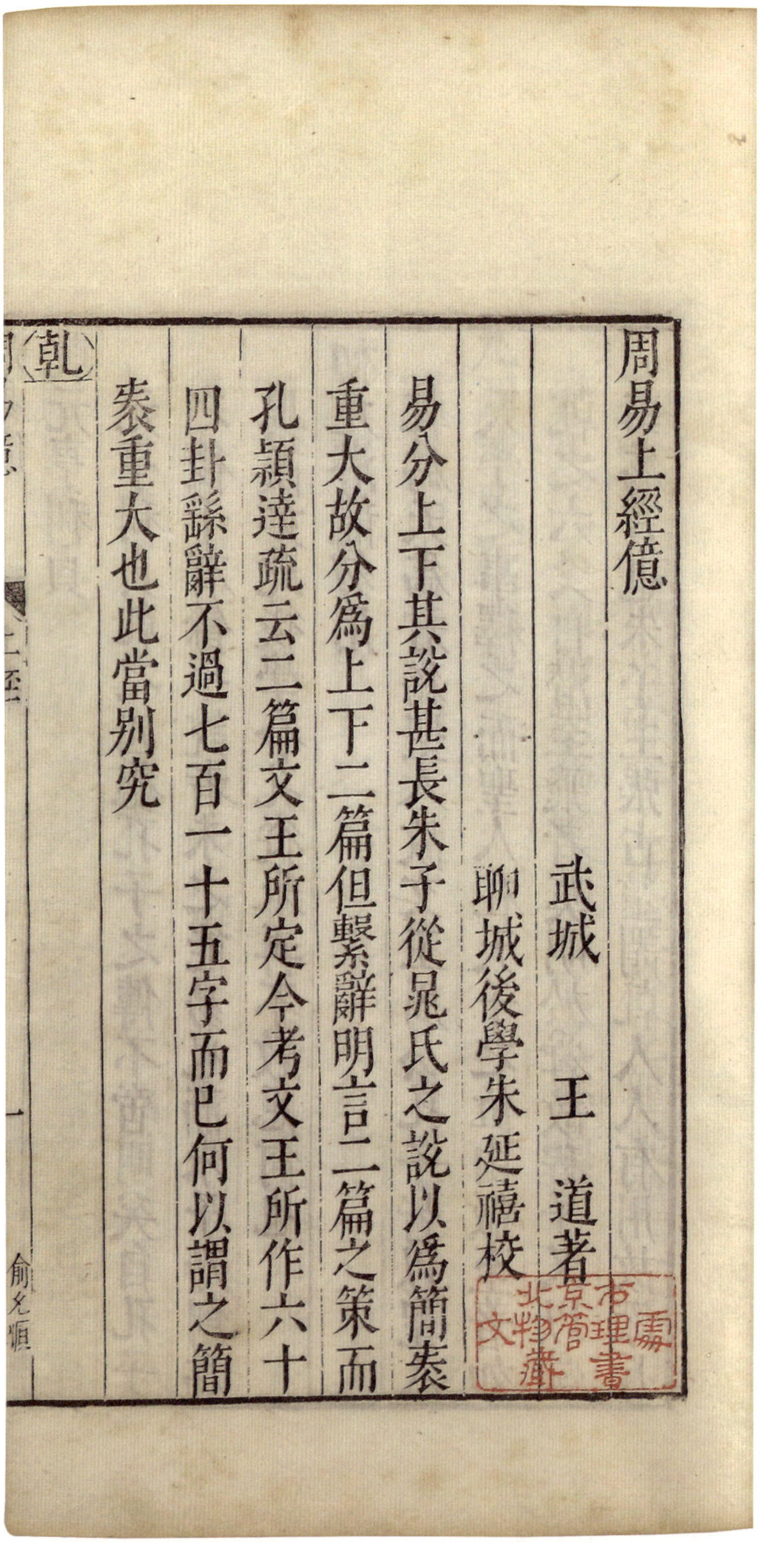
周易上經億
武城　王　道著
聊城後學朱延禧校
易分上下其說甚長朱子從晁氏之說以爲簡袠
重大故分爲上下二篇但繫辭明言二篇之策而
孔穎達疏云二篇文王所定今考文王所作六十
四卦繇辭不過七百一十五字而已何以謂之簡
袠重大也此當別究
乾

周易億不分卷周易繫辭億一卷　（明）王道著　明萬曆刻本

框高 19.6 厘米，廣 12.6 厘米。半葉九行，行二十字，白口，四周單邊。3 册。

三級 119shan391

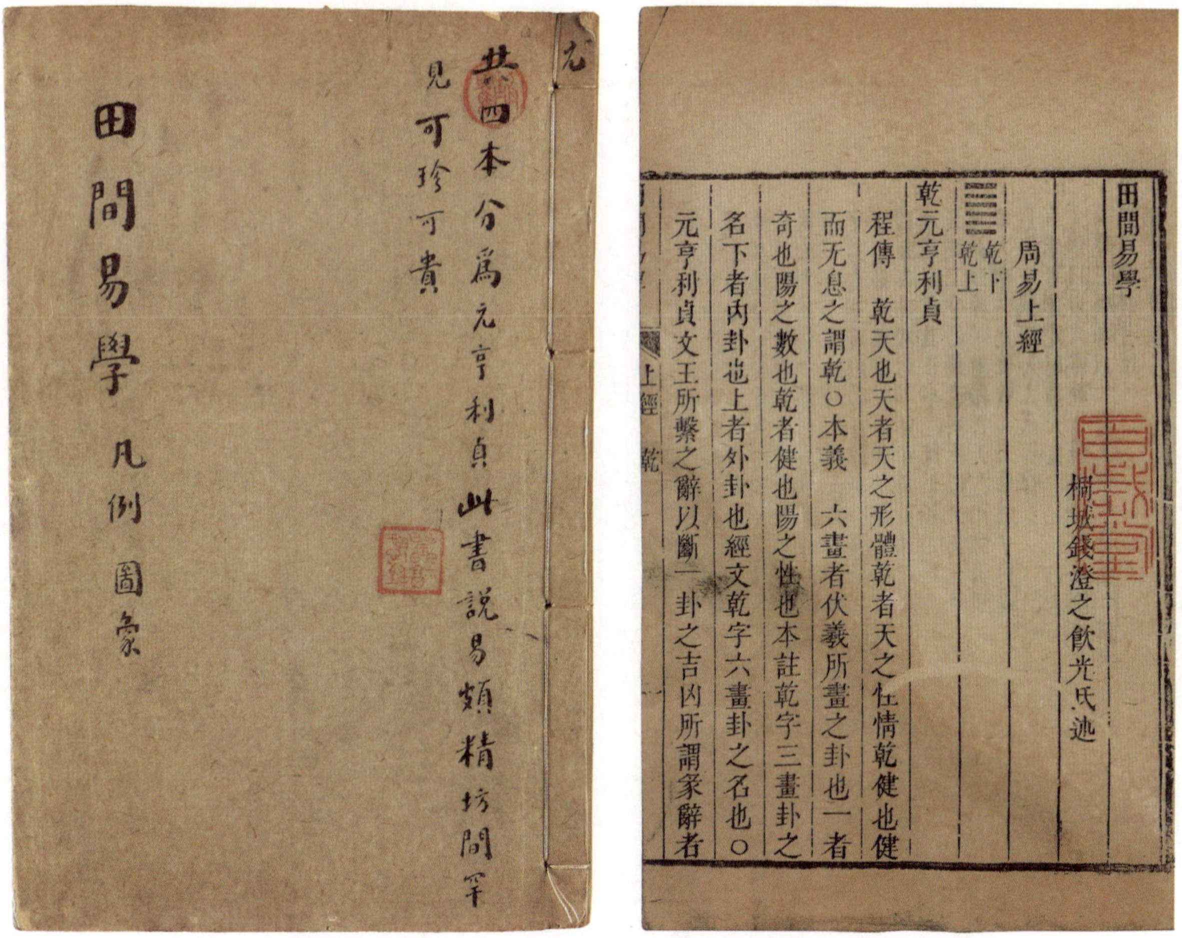

田間易學十二卷 （清）錢澄之述 清康熙二十三年（1684）桐城斟雉堂刻本

框高 17.9 厘米，廣 14 厘米。半葉十行，行二十三字，白口，左右雙邊。4 册。鈐“百歲堂”朱文印。

shan170

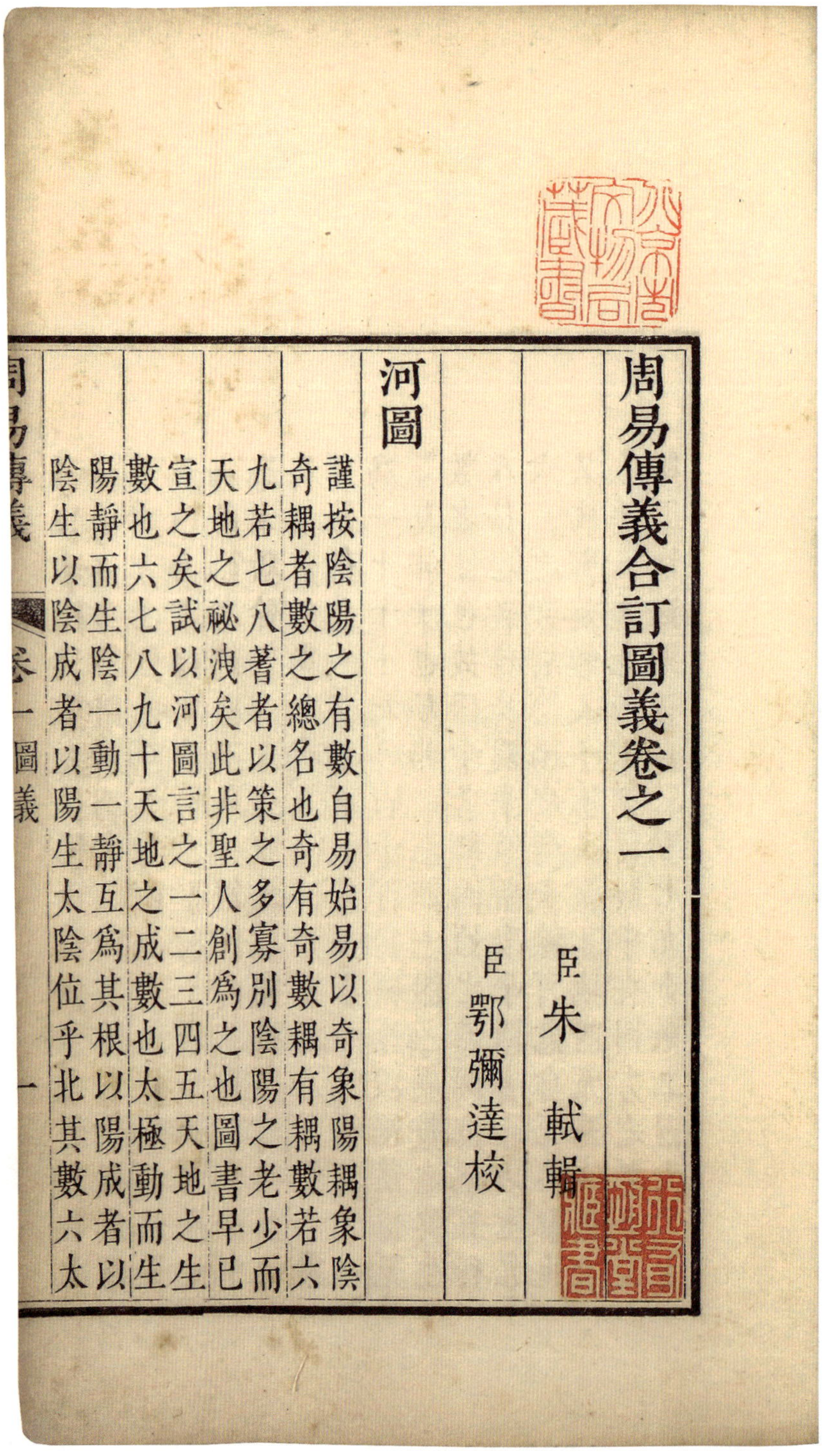

周易傳義合訂圖義十二卷 （清）朱軾輯 （清）鄂彌達校 清乾隆二年（1737）内府刻本

框高 21 厘米，廣 15 厘米。半葉八行，行二十字，小字雙行同，白口，四周雙邊。6 册。鈐"行有恒堂藏書"白文印。

shan218

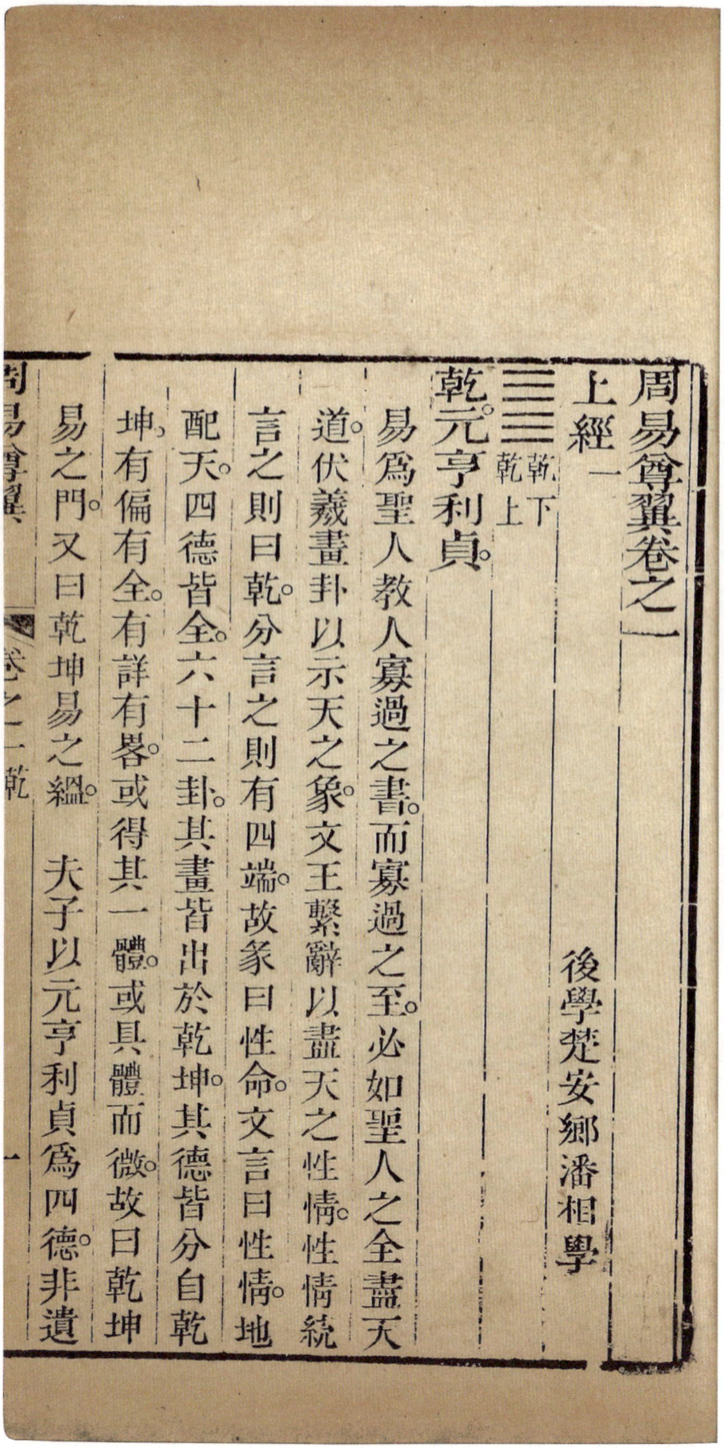

周易尊翼五卷　（清）潘相撰　清乾隆四十一年（1776）刻潘相著經學八種本
框高 18 厘米，廣 13 厘米。半葉十行，行二十四字，白口，左右雙邊。10 册。

shan283

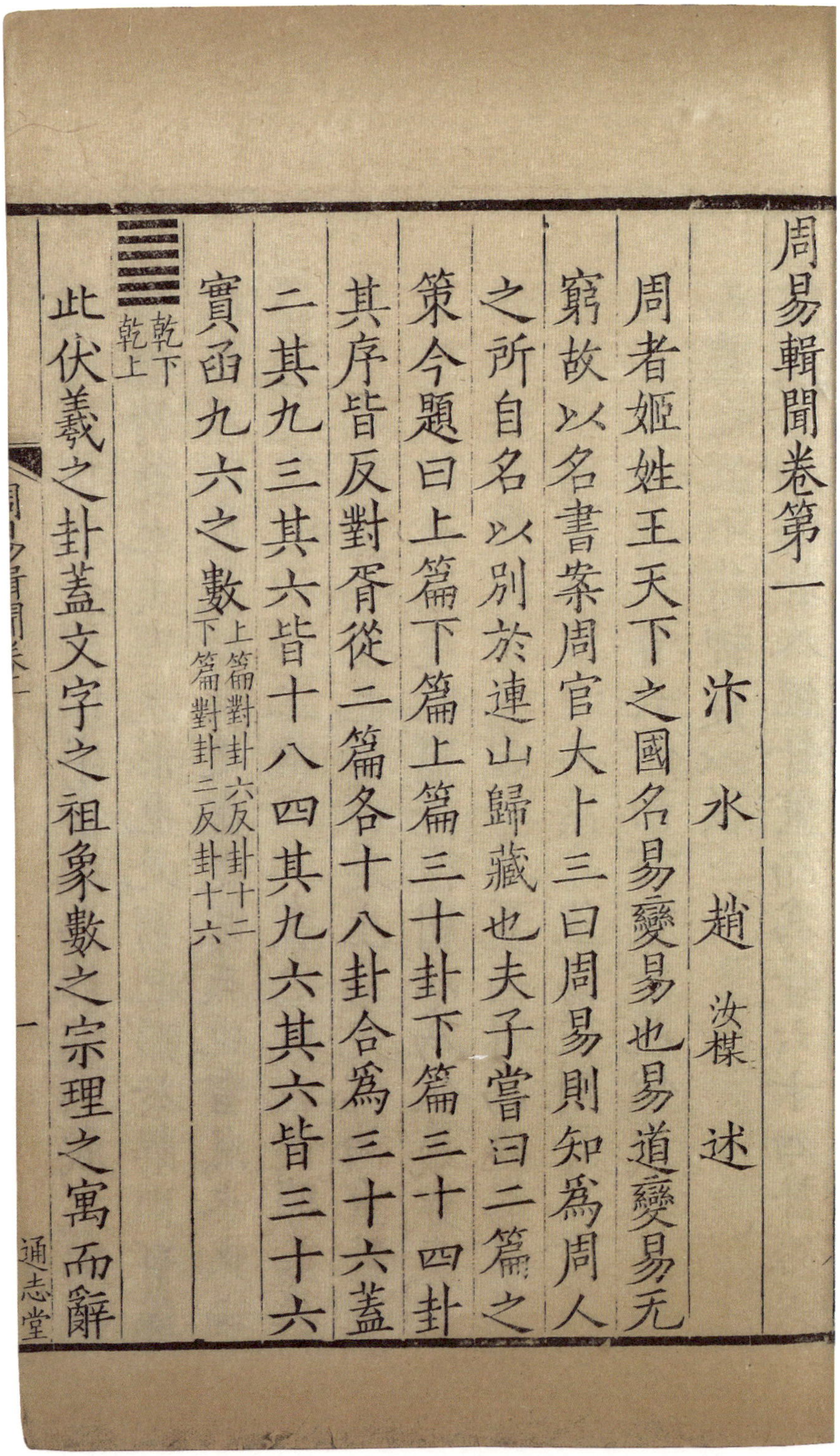
周易輯聞卷第一
汴水趙汝楳述
周者姬姓王天下之國名易變易也易道變易无窮故以名書案周官大卜三曰周易則知爲周人之所自名以別於連山歸藏也夫子嘗曰二篇之策今題曰上篇下篇上篇三十卦下篇三十四卦其序皆反對胥從二篇各十八卦合爲三十六蓋二其九三其六皆十八四其九六其六皆三十六實函九六之數上篇對卦六反卦十二下篇對卦二反卦十六
乾下乾上
此伏羲之卦蓋文字之祖象數之宗理之寓而辭
周易輯聞卷一　一　通志堂

周易輯聞六卷　（宋）趙汝楳述　清康熙通志堂刻通志堂經解本

框高20厘米，廣15厘米。半葉十一行，行二十字，小字雙行三十二字，白口，左右雙邊。4册。

shan289

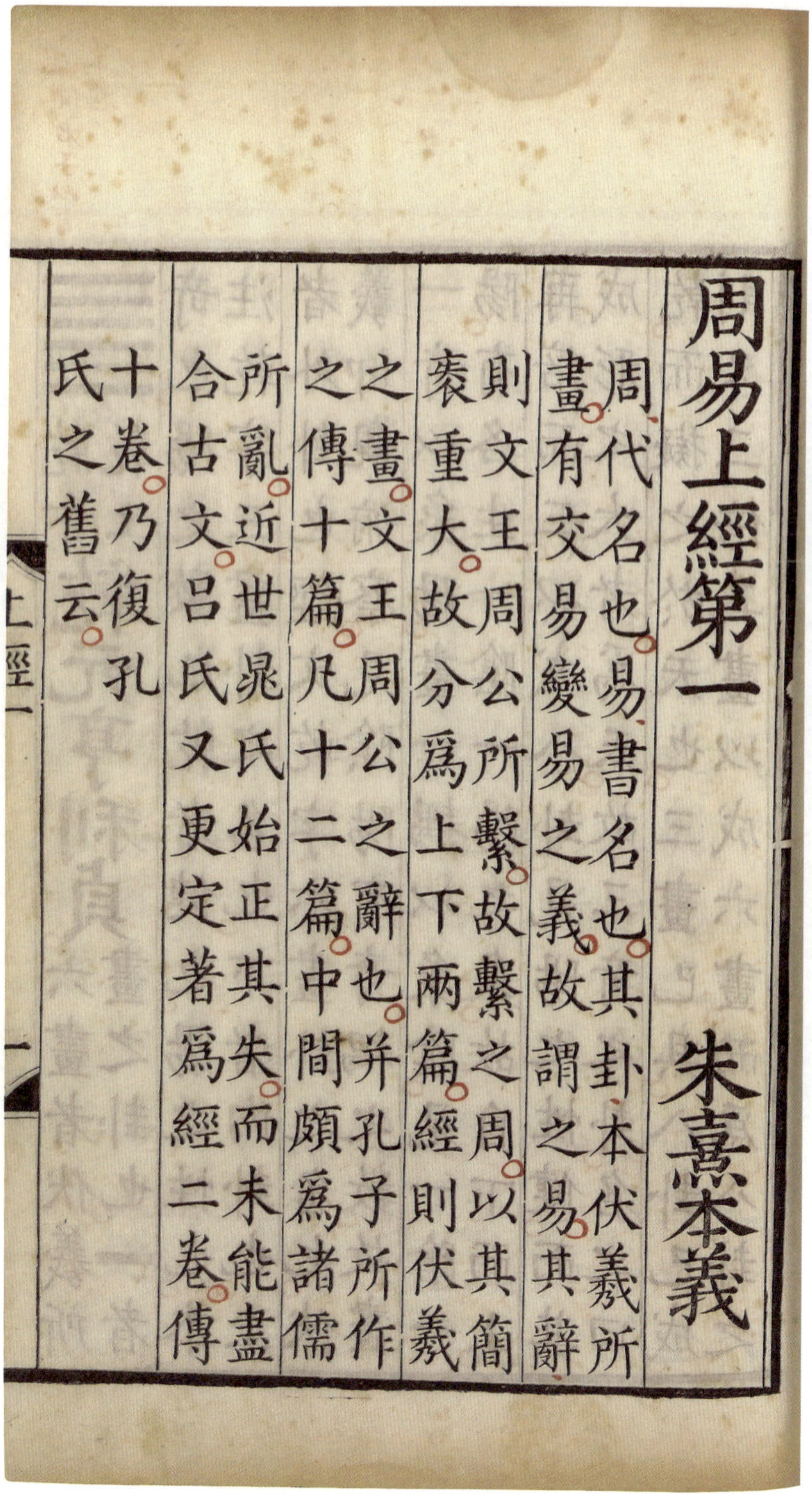
周易上經第一　朱熹本義

周代名也易書名也其卦本伏羲所畫有交易變易之義故謂之易其辭則文王周公所繫故繫之周以其簡袠重大故分爲上下兩篇經則伏羲之畫文王周公之辭也并孔子所作之傳十篇凡十二篇中間頗爲諸儒所亂近世晁氏始正其失而未能盡合古文吕氏又更定著爲經二卷傳十卷乃復孔氏之舊云

上經一

周易本義十二卷易圖一卷五贊一卷筮儀一卷　（宋）朱熹本義　清康熙内府刻本

框高 24 厘米，廣 17 厘米。半葉六行，行十五字，小字雙行同，白口，左右雙邊。2 册。

shan312

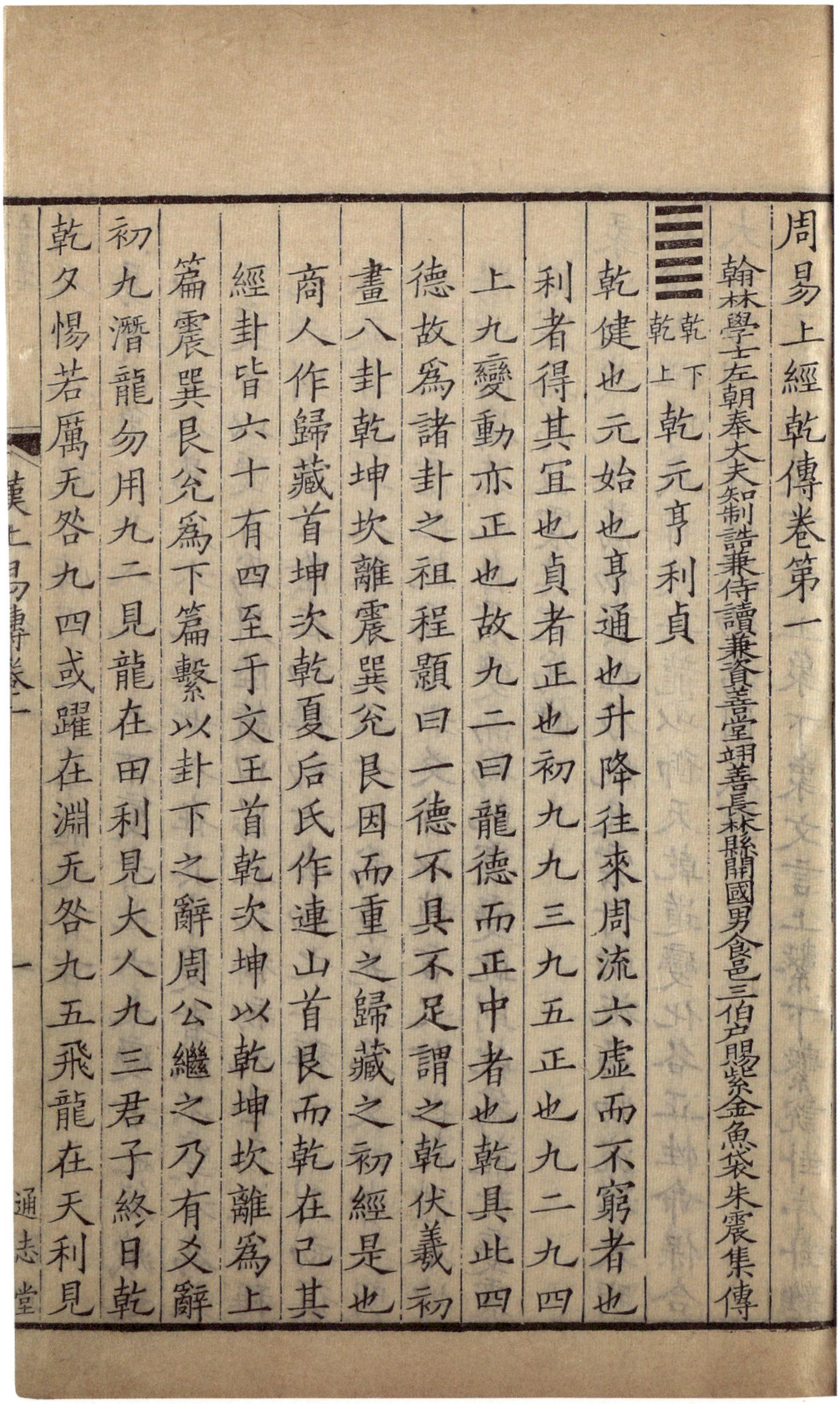

周易上經乾傳卷第一
翰林學士左朝奉大夫知制誥兼侍讀兼資善堂翊善長林縣開國男食邑三伯户賜紫金魚袋朱震集傳
☰ 乾下乾上 乾元亨利貞
乾健也元始也亨通也升降往來周流六虛而不窮者也
利者得其宜也貞者正也初九九三九五正也九二九四
上九變動亦正也故九二曰龍德而正中者也乾具此四
德故爲諸卦之祖程頤曰一德不具不足謂之乾伏羲初
畫八卦乾坤坎離震巽兊艮因而重之歸藏之初經是也
商人作歸藏首坤次乾夏后氏作連山首艮而乾在己其
經卦皆六十有四至于文王首乾次坤以乾坤坎離爲上
篇震巽艮兊爲下篇繫以卦下之辭周公繼之乃有爻辭
初九潛龍勿用九二見龍在田利見大人九三君子終日乾
乾夕惕若厲无咎九四或躍在淵无咎九五飛龍在天利見
漢上易傳卷一 一 通志堂

漢上易傳十一卷周易卦圖三卷周易叢説一卷 （宋）朱震撰 清康熙十九年（1680）通志堂刻本

框高 20 厘米，廣 14.9 厘米。半葉十三行，行二十三字，白口，左右雙邊。3 册。

shan360

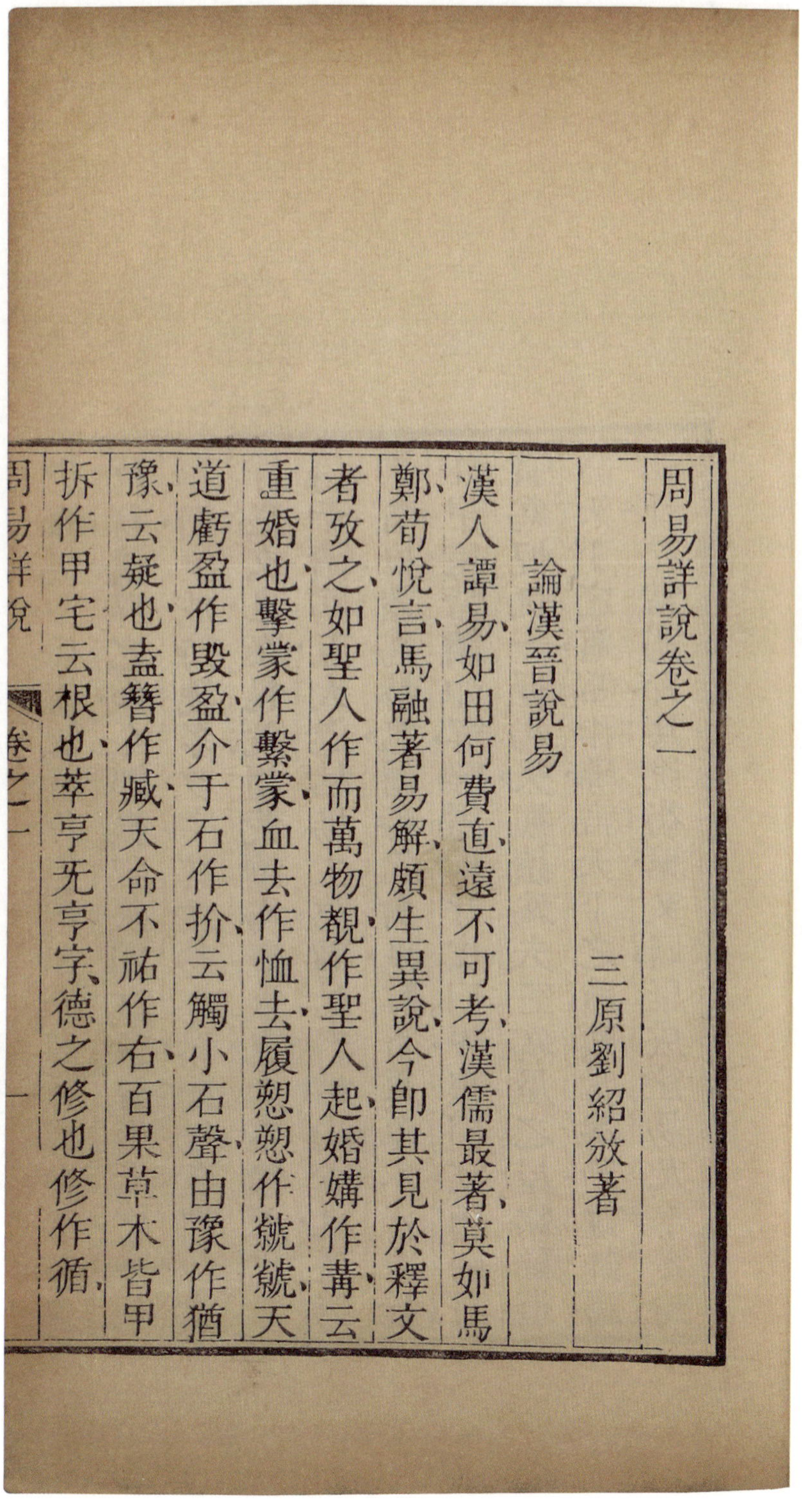

周易詳說十八卷　（清）劉紹攽著　清乾隆十三年（1748）劉氏傳經堂刻本

框高 17 厘米，廣 13.3 厘米。半葉十行，行二十字，白口，四周雙邊。8 册。

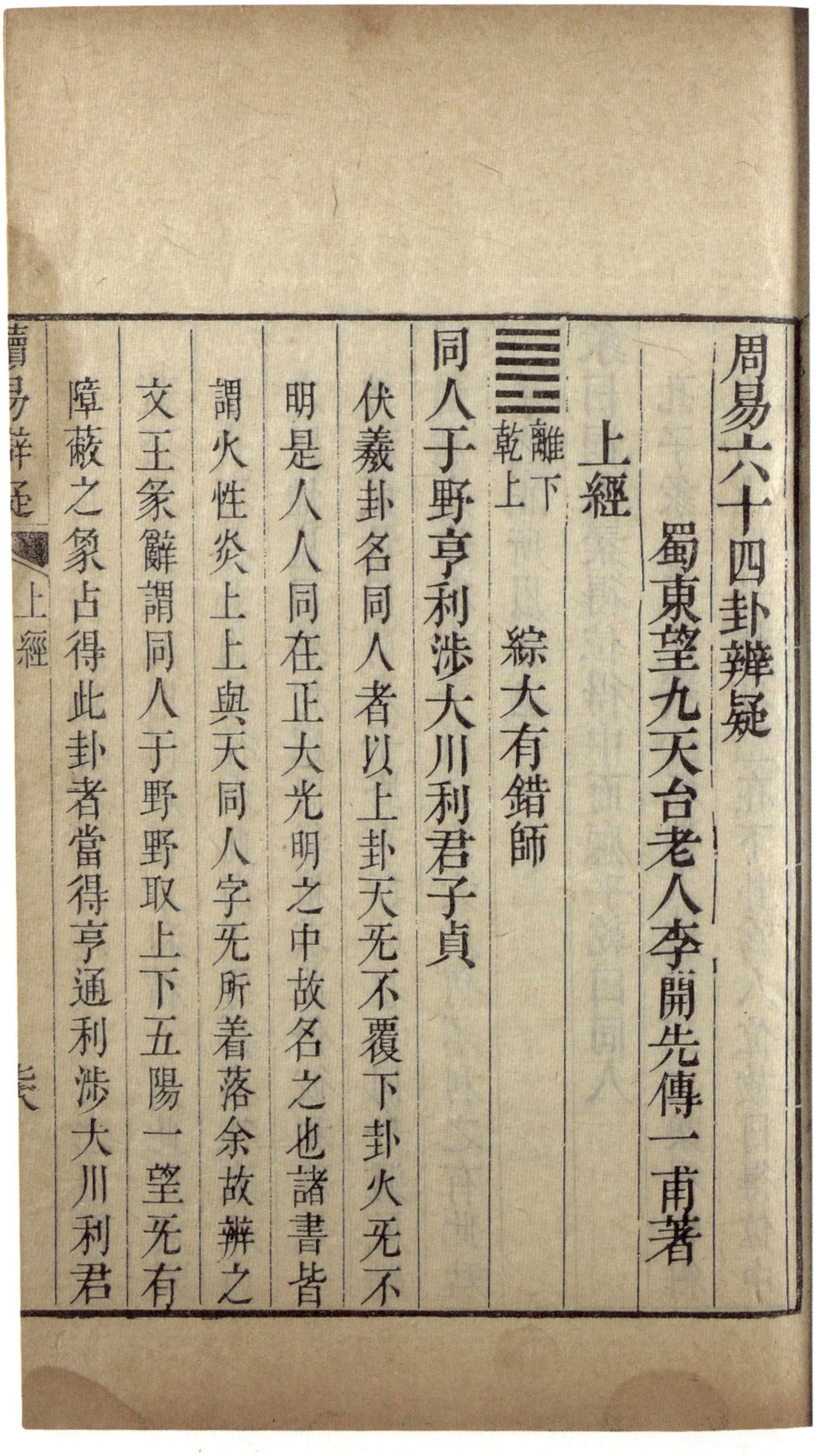

周易六十四卦辨疑
蜀東望九天台老人李開先傳一甫著
上經
離下乾上　綜大有錯師
同人于野亨利涉大川利君子貞
伏羲卦名同人者以上卦天无不覆下卦火无不
明是人人同在正大光明之中故名之也諸書皆
謂火性炎上上與天同人字无所着落余故辨之
文王彖辭謂同人于野野取上下五陽一望无有
障蔽之象占得此卦者當得亨通利涉大川利君
讀易辨疑　上經　一

周易六十四卦辨疑二卷　（清）李開先著　清乾隆二十六年（1761）静遠堂刻本

框高19.6厘米，廣16.2厘米。半葉十行，行二十字，小字雙行同，白口，左右雙邊。4册。鈐“詩書啟後”朱文印、“忠孝傳家”白文印等。

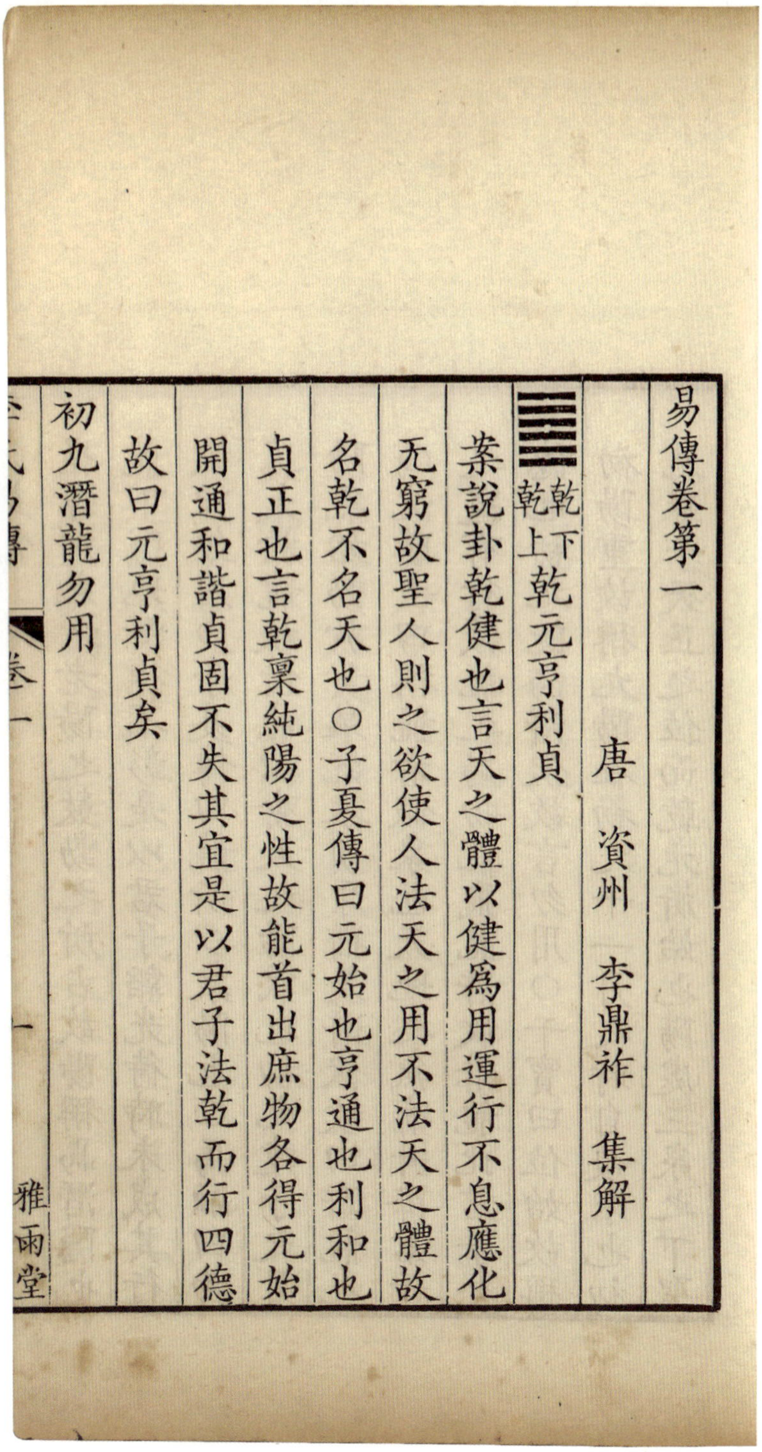
易傳卷第一
唐　資州　李鼎祚　集解
☰☰乾下乾上乾元亨利貞
彖說卦乾健也言天之體以健爲用運行不息應化无窮故聖人則之欲使人法天之用不法天之體故名乾不名天也○子夏傳曰元始也亨通也利和也貞正也言乾禀純陽之性故能首出庶物各得元始開通和諧貞固不失其宜是以君子法乾而行四德故曰元亨利貞矣
初九潛龍勿用
李氏易傳　卷一　一　雅雨堂

李氏易傳十七卷　（唐）李鼎祚集解　**附周易音義一卷**　（唐）陸德明撰　清乾隆二十一年（1756）盧見曾刻雅雨堂本

框高 18.5 厘米，廣 14.3 厘米。半葉十行，行二十一字，小字雙行同，白口，四周單邊。6 册。

shan689

【書類】

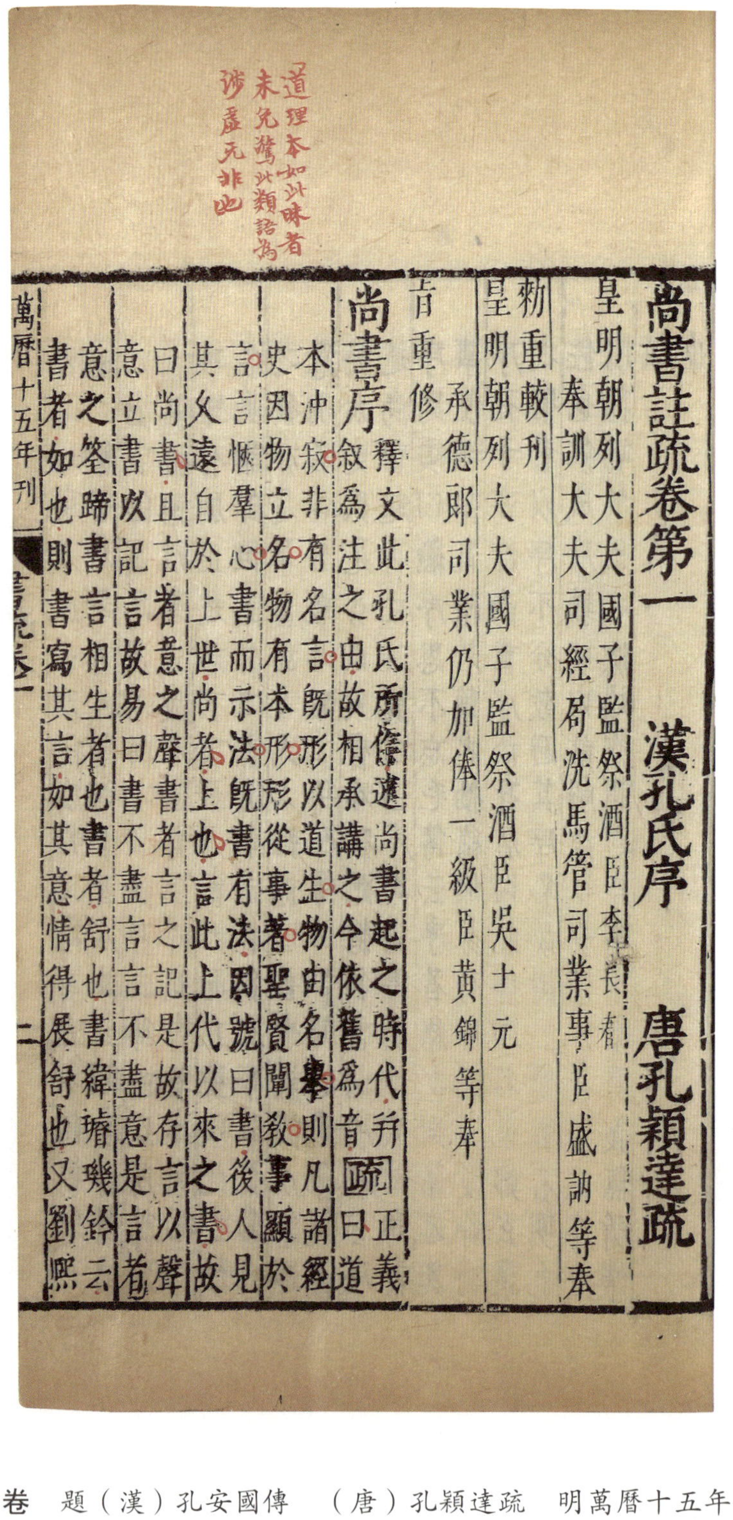
尚書註疏卷第一　漢孔氏序　唐孔穎達疏
皇明朝列大夫國子監祭酒臣李長春
奉訓大夫司經局洗馬管司業事臣盛訥等奉
勑重較刊
皇明朝列大夫國子監祭酒臣吳士元
承德郎司業仍加俸一級臣黃錦等奉
旨重修
尚書序　釋文此孔氏所傳述尚書起之時代并敘爲注之由故相承講之今依舊爲音　疏正義曰道
本沖寂非有名言既形以道生物由名舉則凡諸經史因物立名物有本形形從事著聖賢闡教事顯於
言言愜羣心書而示法既書有法因號曰書後人見其久遠自於上世尚者上也言此上代以來之書故
曰尚書且言者意之聲書者言之記是故存言以聲意立書以記言故易曰書不盡言言不盡意是言者
意之筌蹄書言相生者也書者舒也書緯璇璣鈐云書者如也則書寫其言如其意情得展舒也又劉熙
萬曆十五年刊　書疏卷一　二

尚書註疏二十卷　題（漢）孔安國傳　（唐）孔穎達疏　明萬曆十五年（1587）北京國子監刻本

框高 21.5 厘米，廣 14.4 厘米。半葉九行，行二十一字，小字雙行同，白口，左右雙邊。8 册。鈐“韓賢書畫之記”朱文印。有佚名批校。

二級 181shan53

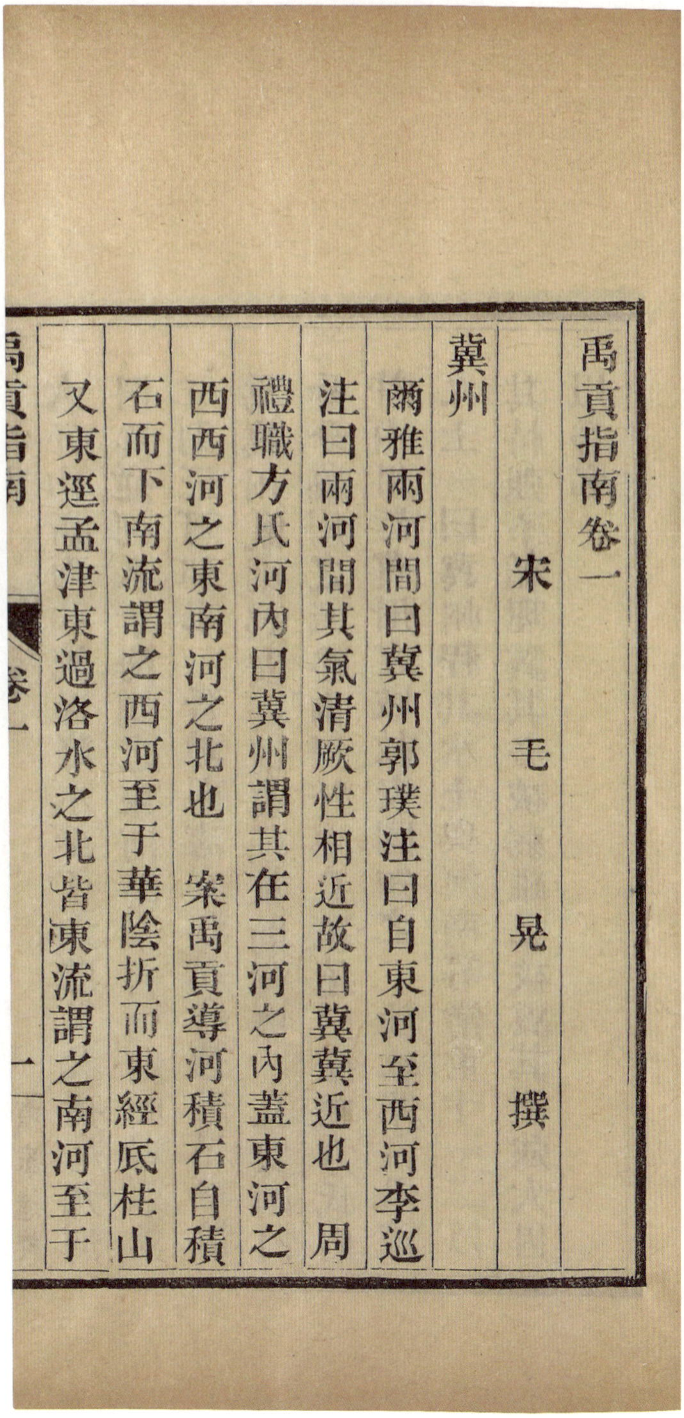

禹貢指南四卷 （宋）毛晃撰 清乾隆武英殿木活字印本

框高 19.3 厘米，廣 12.6 厘米。半葉九行，行二十一字，小字雙行同，白口，四周雙邊。4 册。

二級 231shan206

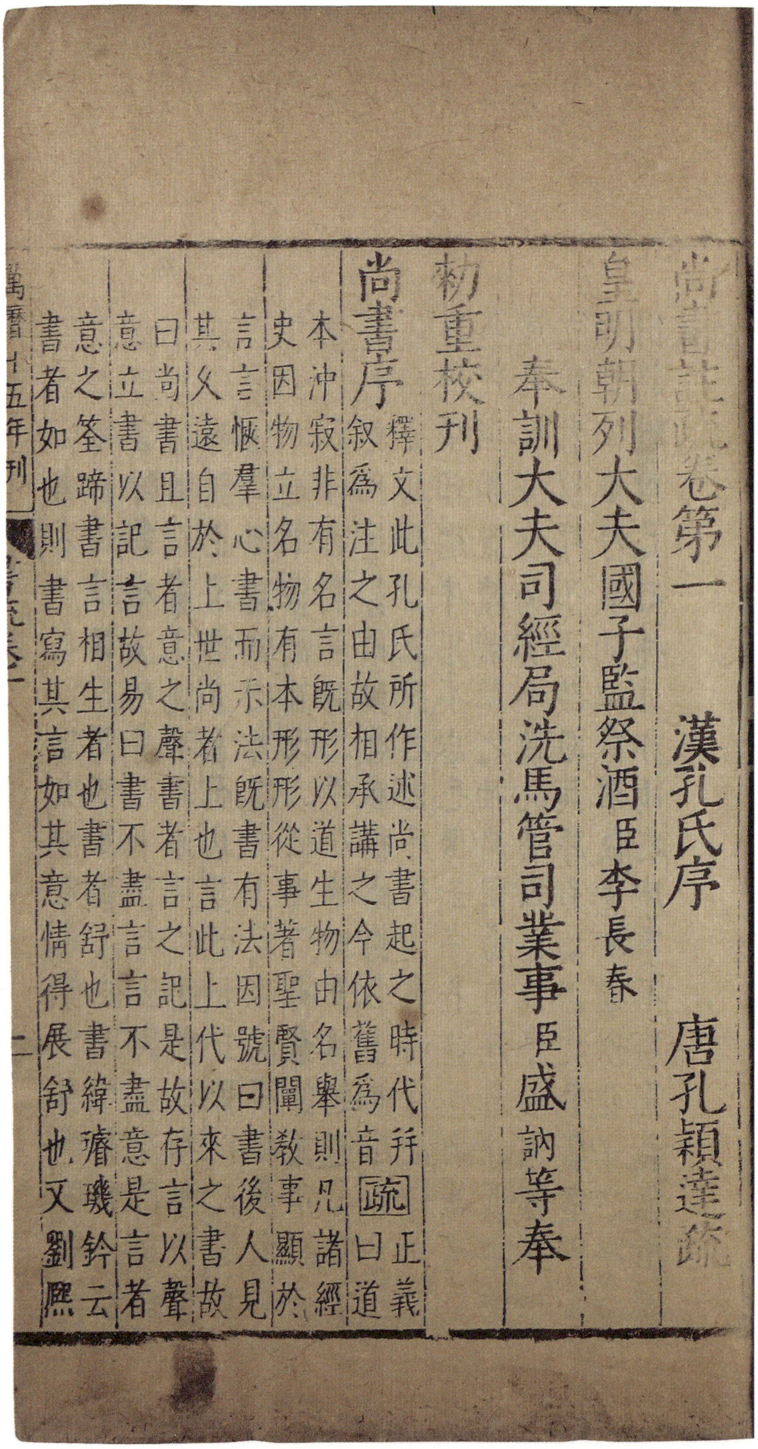

尚書註疏二十卷　題（漢）孔安國傳　（唐）孔穎達疏　（唐）陸德明釋文　明萬曆十五年（1587）北京國子監刻十三經註疏本

框高 22.3 厘米，廣 15.4 厘米。半葉九行，行二十一字，小字雙行同，白口，左右雙邊。5 册。鈐“馬雲驤印”白文印。

二級 235shan358

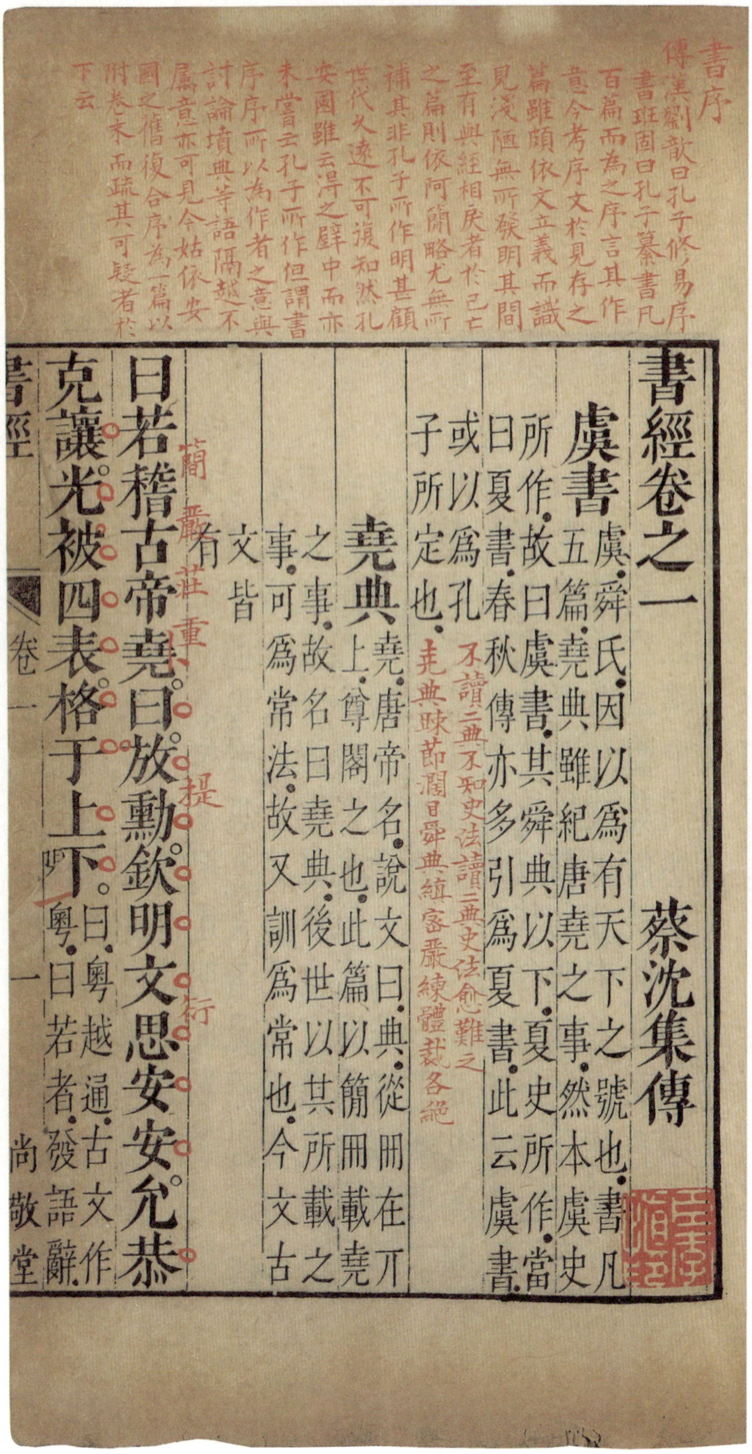

書經集傳六卷 （宋）蔡沈撰 清雍正十年（1732）尚敬堂刻本

框高19.3厘米，廣14.5厘米。半葉九行，行十七字，小字雙行同，白口，左右雙邊。4册。鈐“臣李漠印”白文印。有佚名批校。

shan128

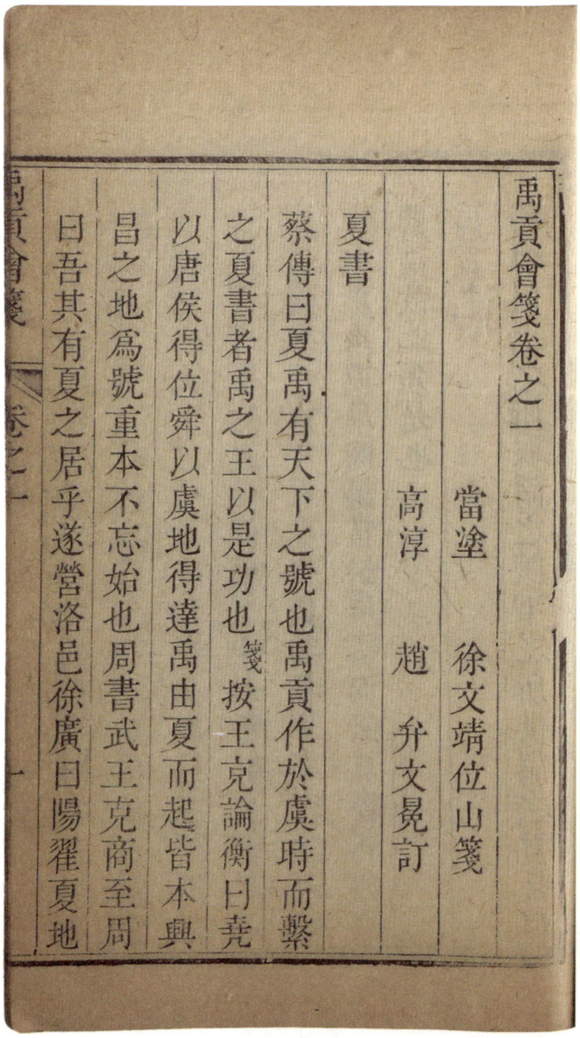
禹貢會箋卷之一
當塗　徐文靖位山箋
高淳　趙　弁文晃訂
夏書
蔡傳曰夏禹有天下之號也禹貢作於虞時而繫
之夏書者禹之王以是功也箋按王克論衡曰堯
以唐侯得位舜以虞地得達禹由夏而起皆本與
昌之地爲號重本不忘始也周書武王克商至周
曰吾其有夏之居乎遂營洛邑徐廣曰陽翟夏地

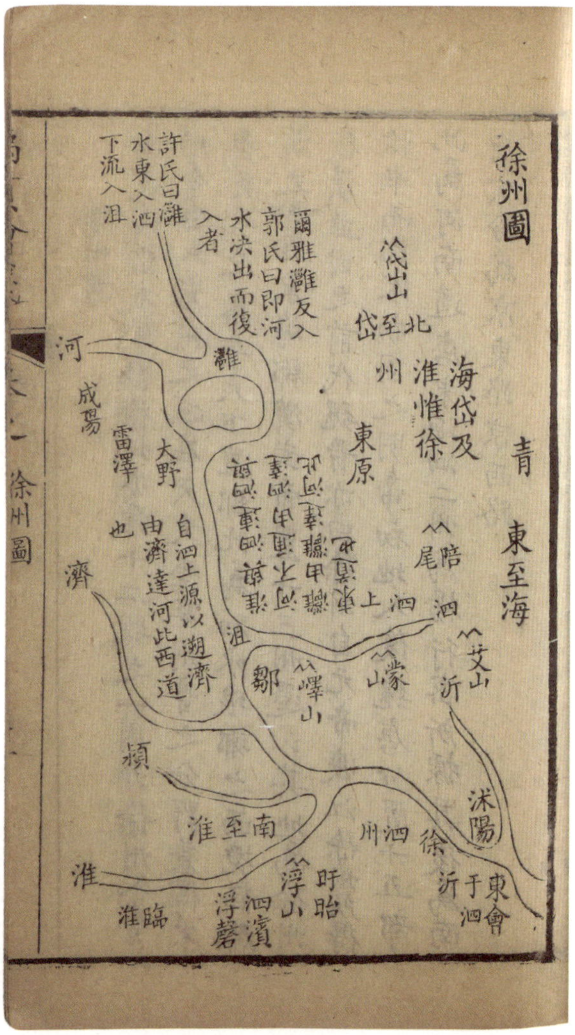

禹貢會箋十二卷圖一卷　（清）徐文靖箋　（清）趙弁訂　清乾隆十八年（1753）志寧堂刻本

框高20.5厘米，廣13.5厘米。半葉九行，行二十字，小字雙行同，白口，四周雙邊。4册。

shan292

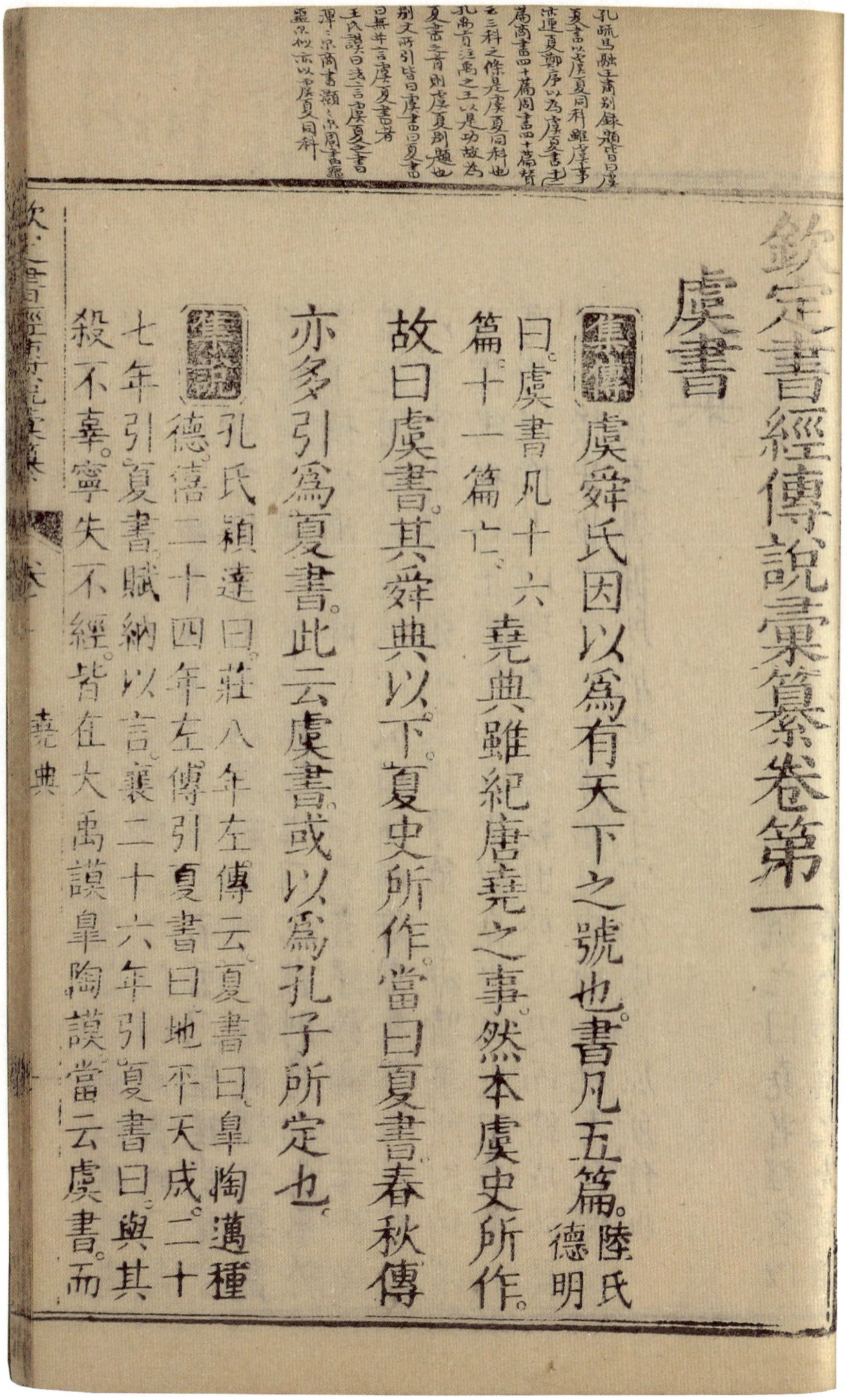
欽定書經傳說彙纂卷第一

虞書

集傳 虞舜氏因以爲有天下之號也。書凡五篇。陸氏德明曰。虞書凡十六篇。十一篇亡。堯典雖紀唐堯之事。然本虞史所作。故曰虞書。其舜典以下。夏史所作。當曰夏書。春秋傳亦多引爲夏書。此云虞書。或以爲孔子所定也。

集說 孔氏穎達曰。莊八年左傳云。夏書曰。皋陶邁種德。僖二十四年左傳引夏書曰。地平天成。二十七年引夏書賦納以言。襄二十六年引夏書曰。與其殺不辜。寧失不經。皆在大禹謨皋陶謨。當云虞書。而

欽定書經傳說彙纂二十一卷首二卷書序一卷 （清）王項齡等纂　清雍正八年（1730）内府刻本

框高 21.8 厘米，廣 15.9 厘米。半葉八行，行二十二字，小字雙行同，白口，四周雙邊，無格。16 册。有佚名批校。

shan356

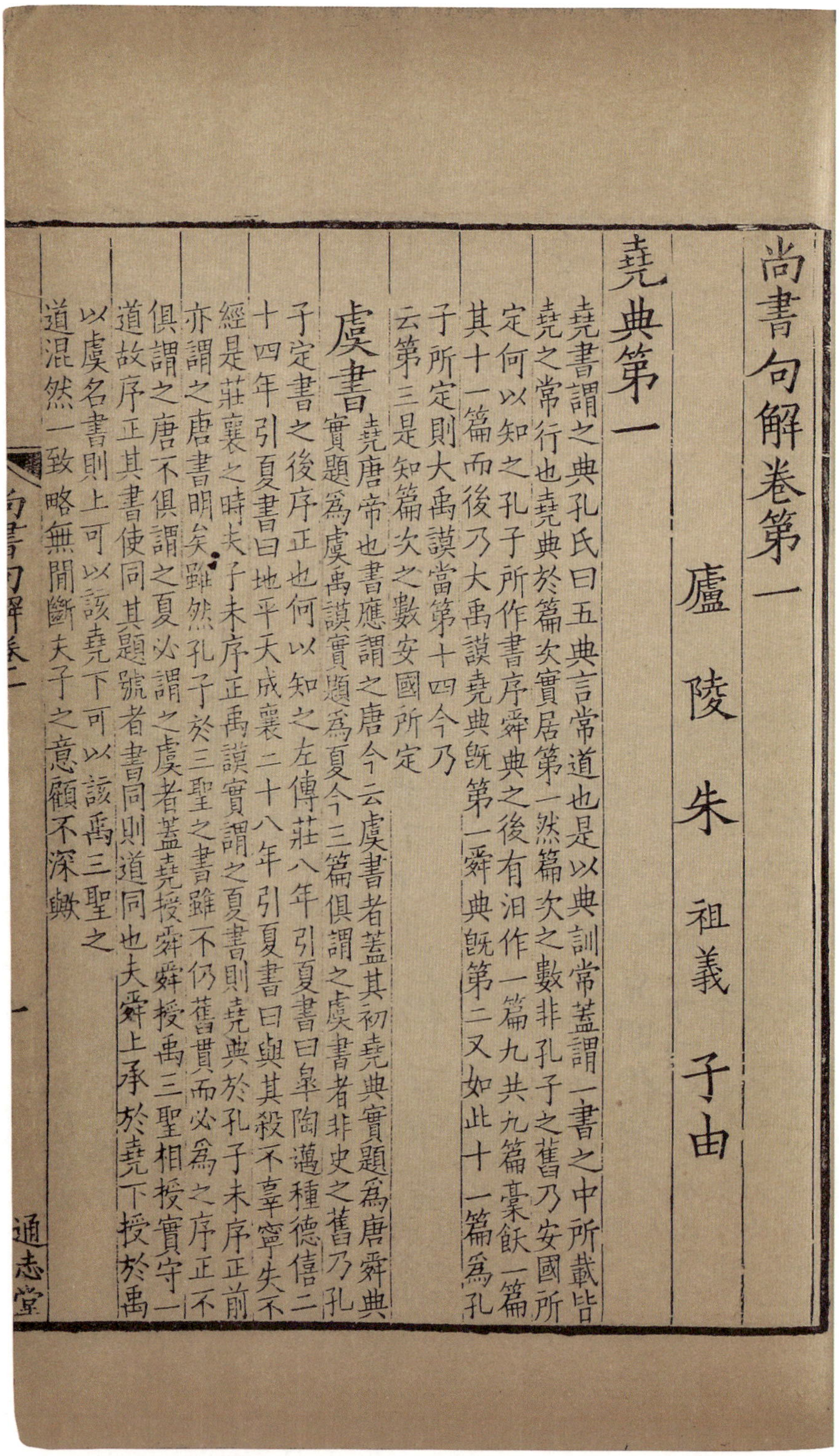
尚書句解卷第一
廬陵朱　祖義　子由
堯典第一
堯書謂之典孔氏曰五典言常道也是以典訓常蓋謂一書之中所載皆
堯之常行也堯典於篇次實居第一然篇次之數非孔子之舊乃安國所
定何以知之孔子所作書序舜典之後有汨作一篇九共九篇槀飫一篇
其十一篇而後乃大禹謨堯典既第一舜典既第二又如此十一篇爲孔
子所定則大禹謨當第十四今乃
云第三是知篇次之數安國所定
虞書
堯唐帝也書應謂之唐今云虞書者蓋其初堯典實題爲唐舜典
實題爲虞禹謨實題爲夏今三篇俱謂之虞書者非史之舊乃孔
子定書之後序正也何以知之左傳莊八年引夏書曰皋陶邁種德僖二
十四年引夏書曰地平天成襄二十八年引夏書曰與其殺不辜寧失不
經是莊襄之時夫子未序正禹謨實謂之夏書則堯典於孔子未序正前
亦謂之唐書明矣雖然孔子於三聖之書雖不仍舊貫而必爲之序正不
俱謂之唐不俱謂之夏必謂之虞者蓋堯授舜舜授禹三聖相授實守一
道故序正其書使同其題號者書同則道同也夫舜上承於堯下授於禹
以虞名書則上可以該堯下可以該禹三聖之
道混然一致略無間斷夫子之意顧不深歟
尚書句解卷一　一　通志堂

尚書句解十三卷　（元）朱祖義撰　清康熙十九年（1680）刻通志堂經解本

框高 20 厘米，廣 15 厘米。半葉十一行，行二十字，小字雙行三十字，白口，左右雙邊。2 册。

shan417

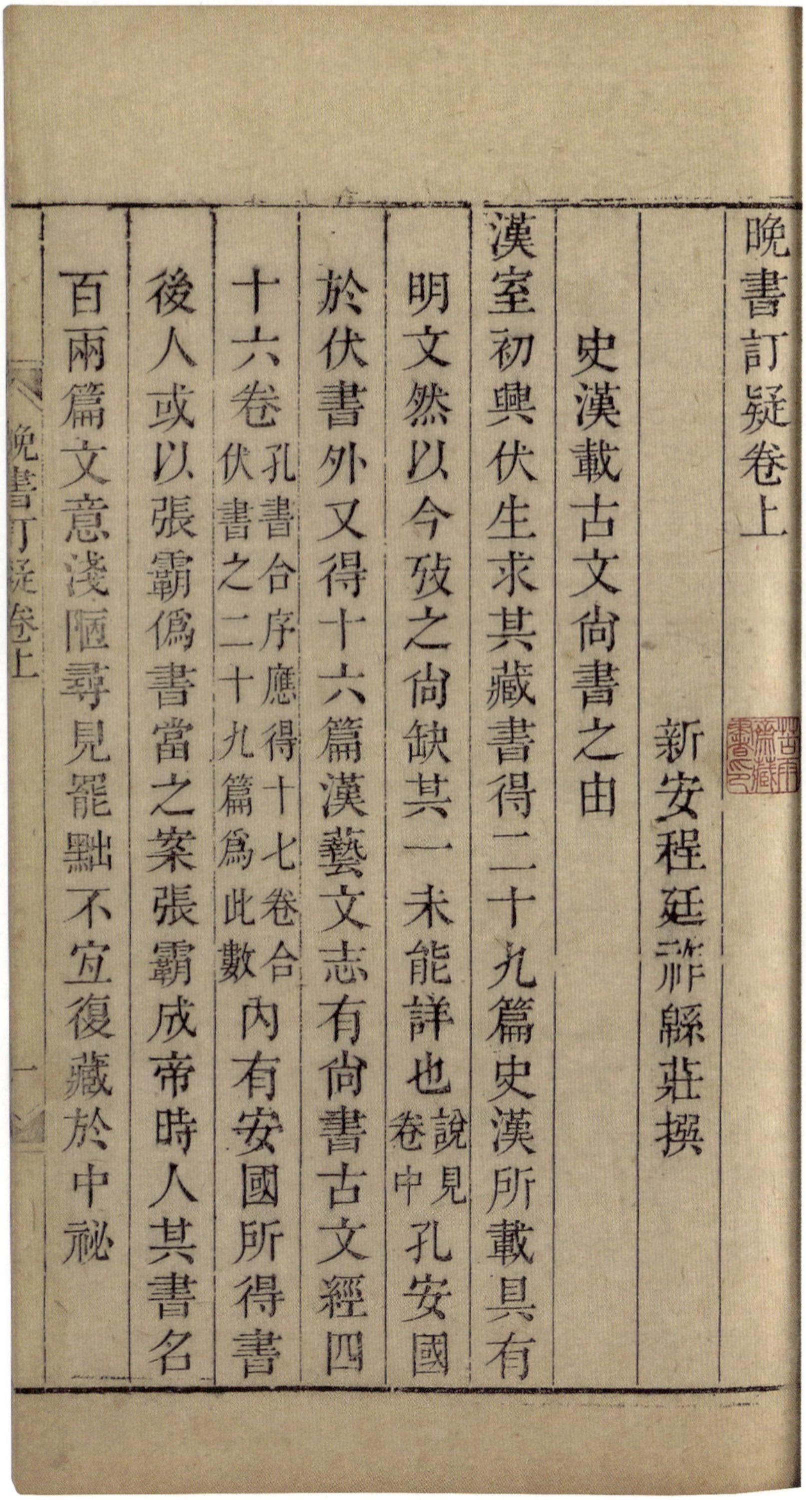

晚書訂疑卷上
新安程廷祚緜莊撰
史漢載古文尚書之由
漢室初興伏生求其藏書得二十九篇史漢所載具有明文然以今攷之尚缺其一未能詳也說見卷中孔安國於伏書外又得十六篇漢藝文志有尚書古文經四十六卷孔書合序應得十七卷合伏書之二十九篇爲此數內有安國所得書後人或以張霸僞書當之案張霸成帝時人其書名百兩篇文意淺陋尋見罷黜不宜復藏於中祕

晚書訂疑卷上 一

晚書訂疑三卷　（清）程廷祚撰　清乾隆三餘書屋刻本

框高 19.7 厘米，廣 13.5 厘米。半葉九行，行二十一字，小字雙行同，白口，左右雙邊。2 册。鈐“苦雨齋藏書印”朱文印。

shan430

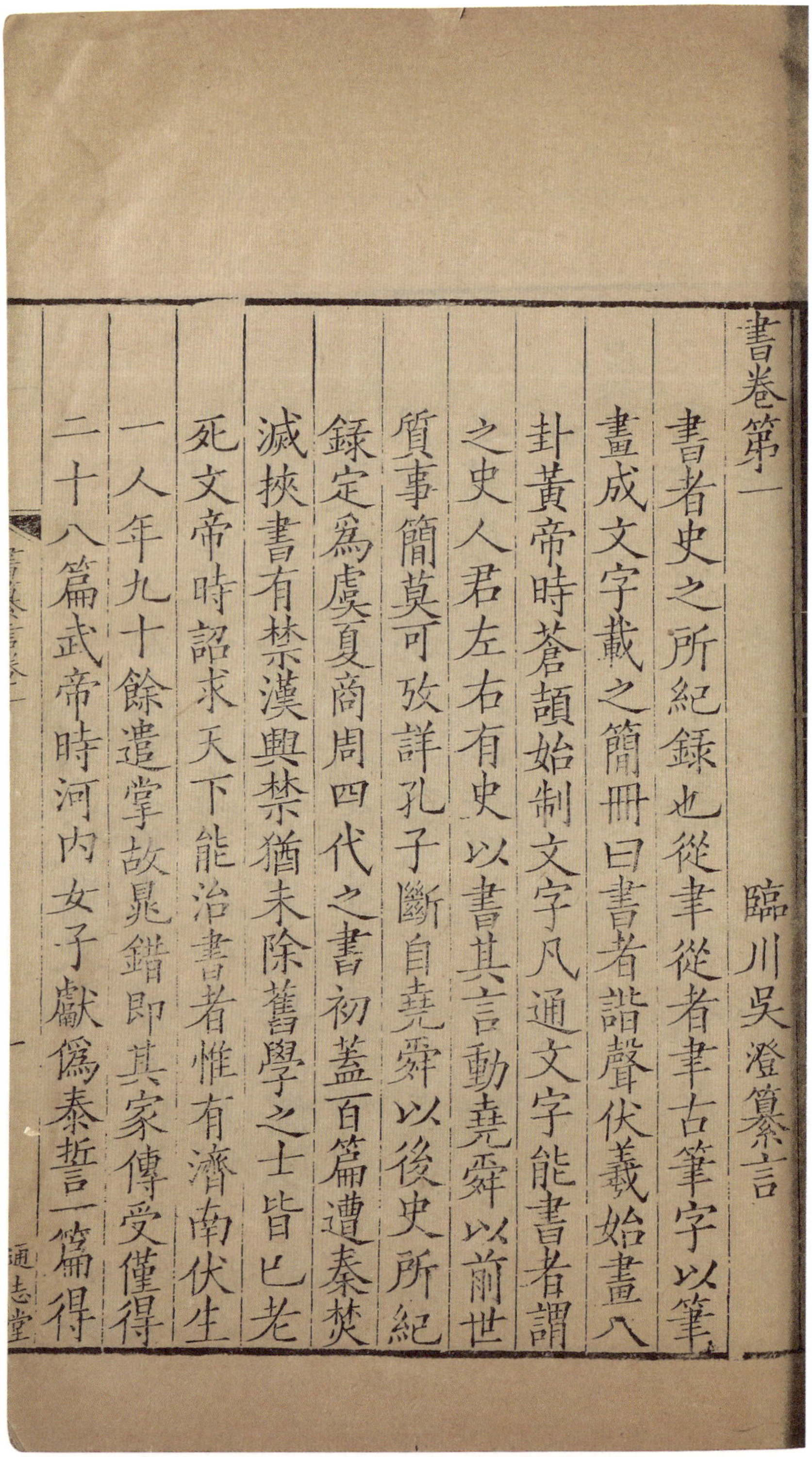
書卷第一　　臨川吴澄纂言
書者史之所紀録也從聿從者聿古筆字以筆
畫成文字載之簡冊曰書者諧聲伏羲始畫八
卦黄帝時蒼頡始制文字凡通文字能書者謂
之史人君左右有史以書其言動堯舜以前世
質事簡莫可攷詳孔子斷自堯舜以後史所紀
録定爲虞夏商周四代之書初蓋百篇遭秦焚
滅挾書有禁漢興禁猶未除舊學之士皆已老
死文帝時詔求天下能治書者惟有濟南伏生
一人年九十餘遺掌故晁錯即其家傳受僅得
二十八篇武帝時河内女子獻僞泰誓一篇得
書纂言卷一　一　通志堂

書纂言四卷　（元）吴澄纂言　清康熙刻通志堂經解本

框高 19.5 厘米，廣 15 厘米。半葉十一行，行二十字，白口，左右雙邊。2 册。

shan559

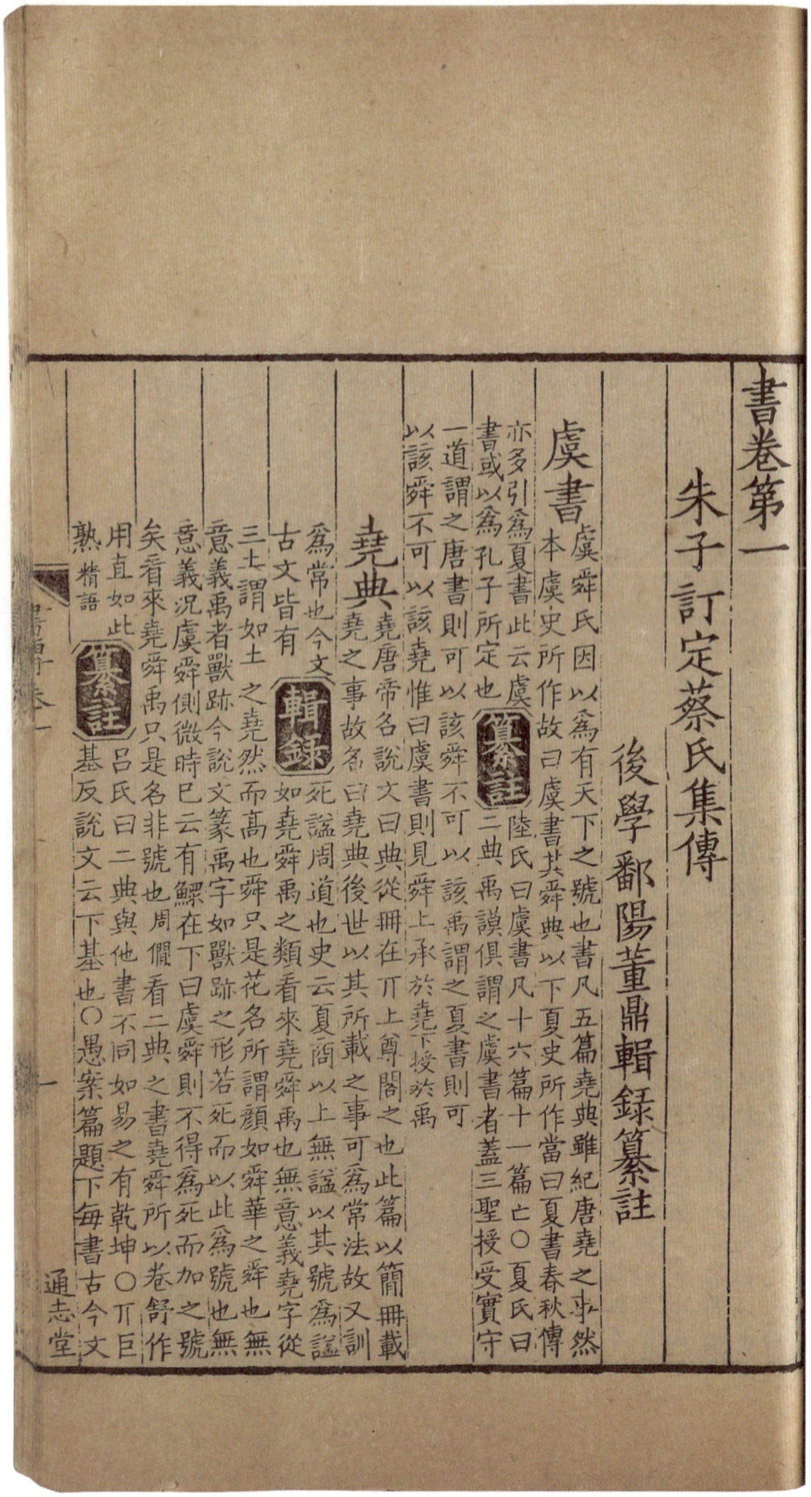

書蔡氏傳輯録纂註六卷首一卷　（元）董鼎輯録纂註　清康熙刻通志堂經解本

框高 19.5 厘米，廣 15.2 厘米。半葉十一行，行二十字，小字雙行三十一字，白口，左右雙邊。4 册。

shan671

【詩類】

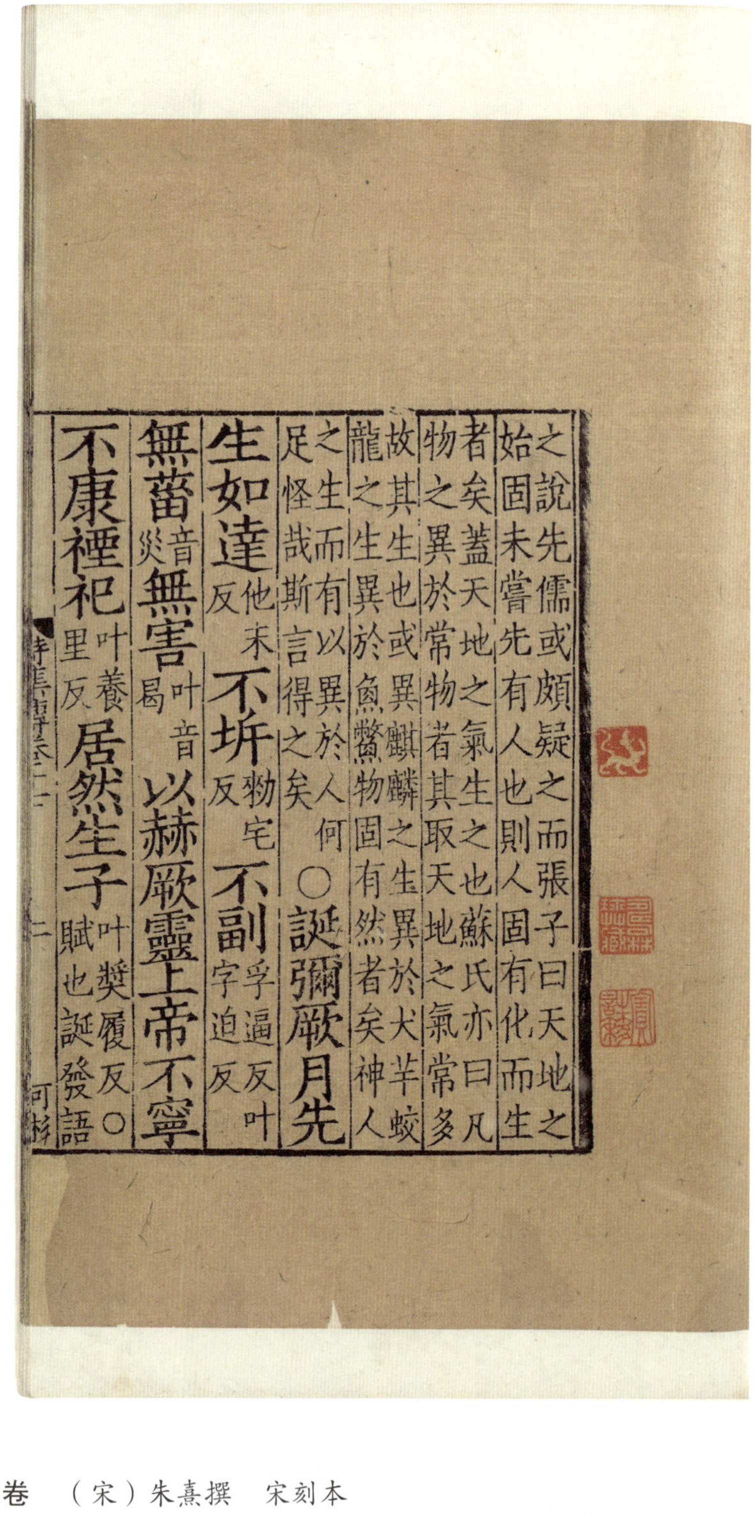
之說先儒或頗疑之而張子曰天地之始固未嘗先有人也則人固有化而生者矣蓋天地之氣生之也蘇氏亦曰凡物之異於常物者其取天地之氣常多故其生也或異麒麟之生異於犬羊蛟龍之生異於魚鼈物固有然者矣神人之生而有以異於人何足怪哉斯言得之矣○誕彌厥月先生如達他末反不坼勑宅反不副孚逼反叶字迫反無菑音災無害叶音曷以赫厥靈上帝不寧不康禋祀叶養里反居然生子叶奬履反○賦也誕發語

詩集傳二十卷　（宋）朱熹撰　宋刻本

框高 18.5 厘米，廣 14 厘米。半葉七行，行十五字，小字雙行同，白口，左右雙邊。1 册。鈐“壽林珍藏”白文印、“寶詩簃”朱文印等。存七葉（卷十七葉二，詩綱領葉七至八、十至十二、□）。

一級 4k116

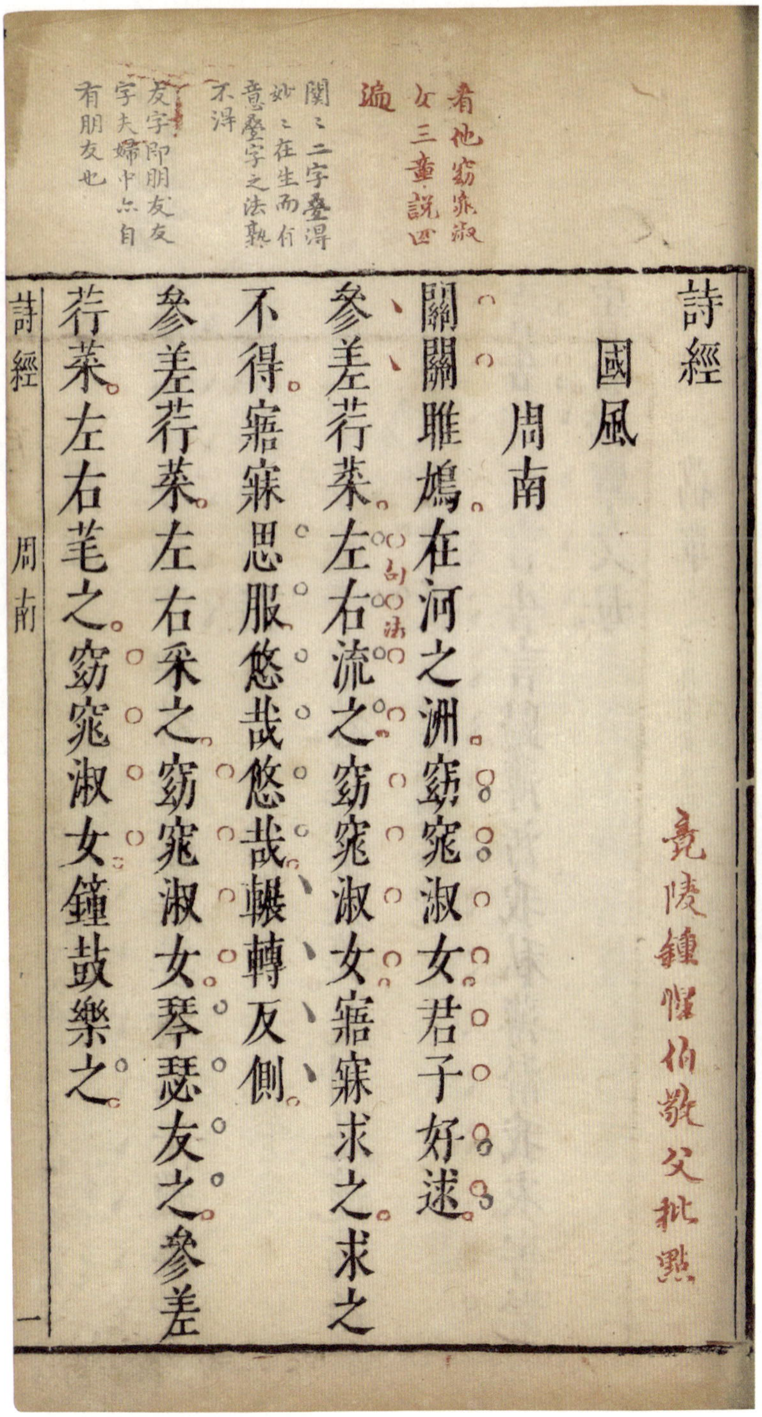
詩經
國風
周南
關關雎鳩在河之洲窈窕淑女君子好逑
參差荇菜左右流之窈窕淑女寤寐求之求之
不得寤寐思服悠哉悠哉輾轉反側
參差荇菜左右采之窈窕淑女琴瑟友之參差
荇菜左右芼之窈窕淑女鐘鼓樂之
竟陵鍾惺伯敬父批點
詩經 周南 一

詩經四卷　（明）鍾惺批點　明凌杜若刻朱墨藍套印本

框高21厘米，廣15厘米。半葉八行，行十八字，白口，左右雙邊，無格。4册。

二級 88k25

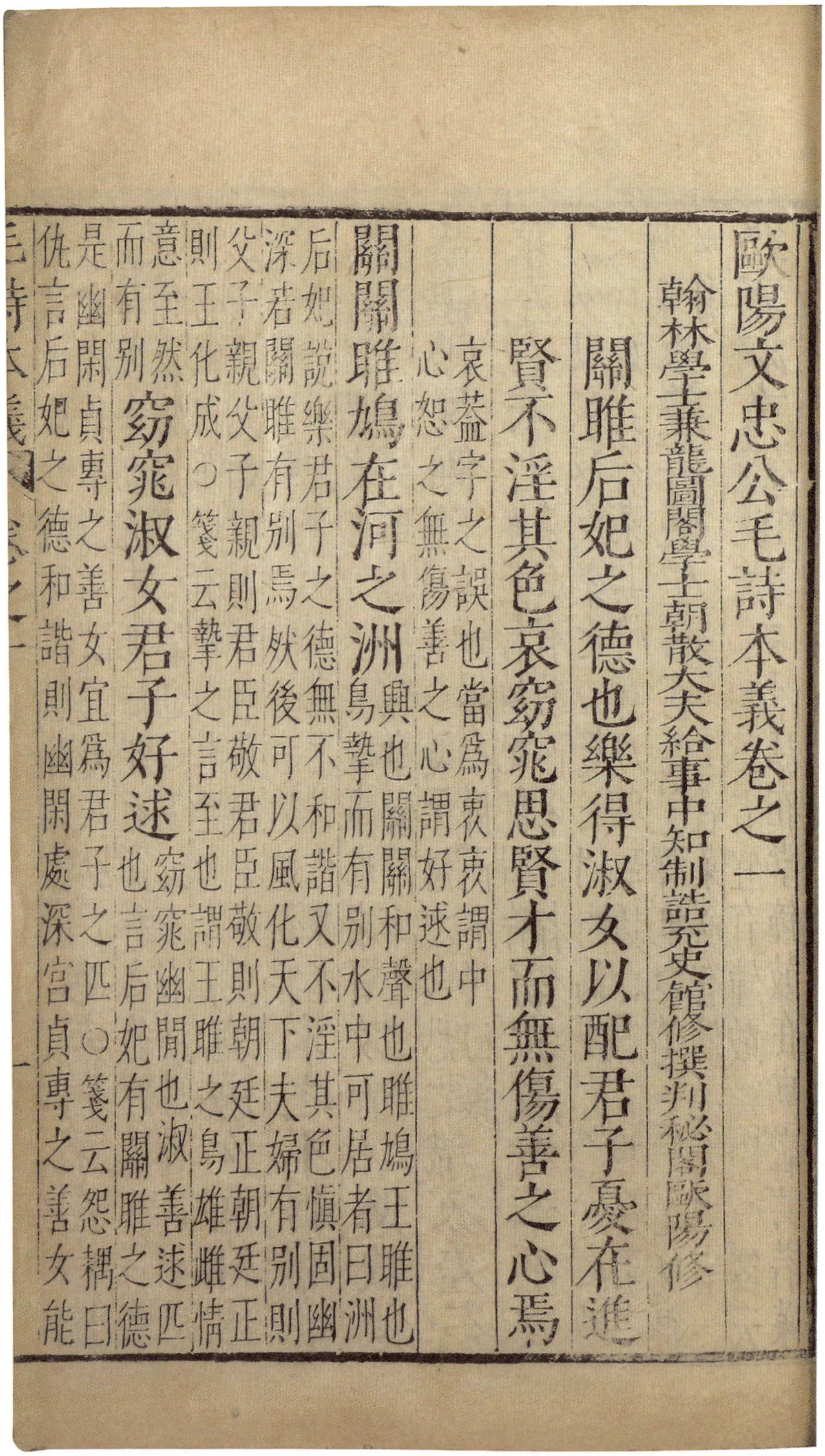

歐陽文忠公毛詩本義卷之一
翰林學士兼龍圖閣學士朝散大夫給事中知制誥充史館修撰判秘閣歐陽修
關雎后妃之德也樂得淑女以配君子憂在進
賢不淫其色哀窈窕思賢才而無傷善之心焉
哀蓋字之誤也當爲衷衷謂中
心恕之無傷善之心謂好逑也
關關雎鳩在河之洲興也關關和聲也雎鳩王雎也
鳥摯而有別水中可居者曰洲
后妃說樂君子之德無不和諧又不淫其色慎固幽
深若關雎有別焉然後可以風化天下夫婦有別則
父子親父子親則君臣敬君臣敬則朝廷正朝廷正
則王化成○箋云摯之言至也謂王雎之鳥雄雌情
意至然
而有別窈窕淑女君子好逑窈窕幽閒也淑善逑匹
也言后妃有關雎之德
是幽閒貞專之善女宜爲君子之匹○箋云怨耦曰
仇言后妃之德和諧則幽閒處深宮貞專之善女能
毛詩本義卷之一　一

歐陽文忠公毛詩本義十六卷　（宋）歐陽修撰　明刻本

框高20.6厘米，廣14.6厘米。半葉十行，行二十字，小字雙行同，白口，左右雙邊。4册。

三級 94shan72

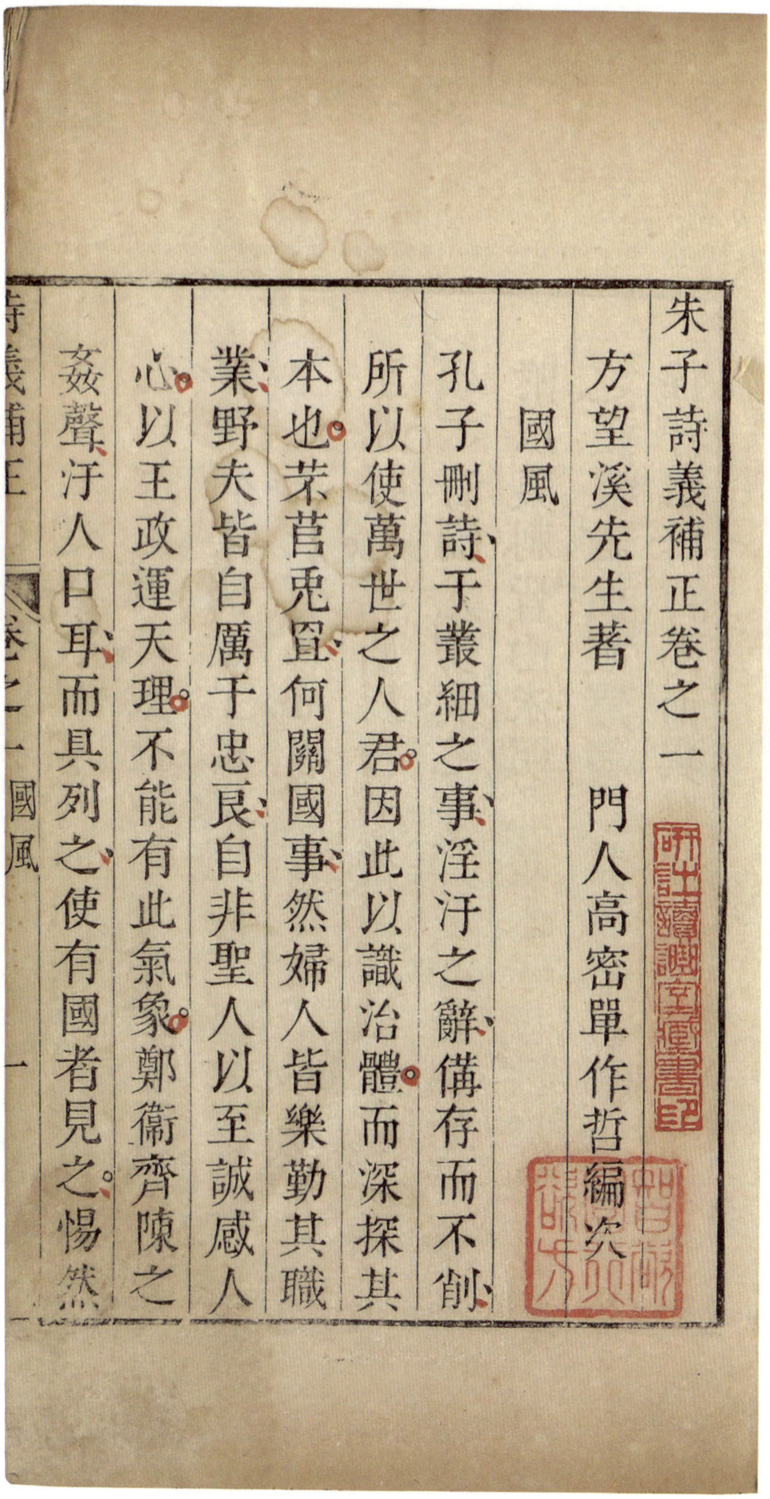

朱子詩義補正八卷　（清）方苞著　（清）單作哲編次　清乾隆刻本

框高 19.3 厘米，廣 13.5 厘米。半葉九行，行十九字，白口，四周單邊。4 册。鈐“研詩讀曲室藏書印”朱文印、“智欲圓行欲方”朱文印。

shan153

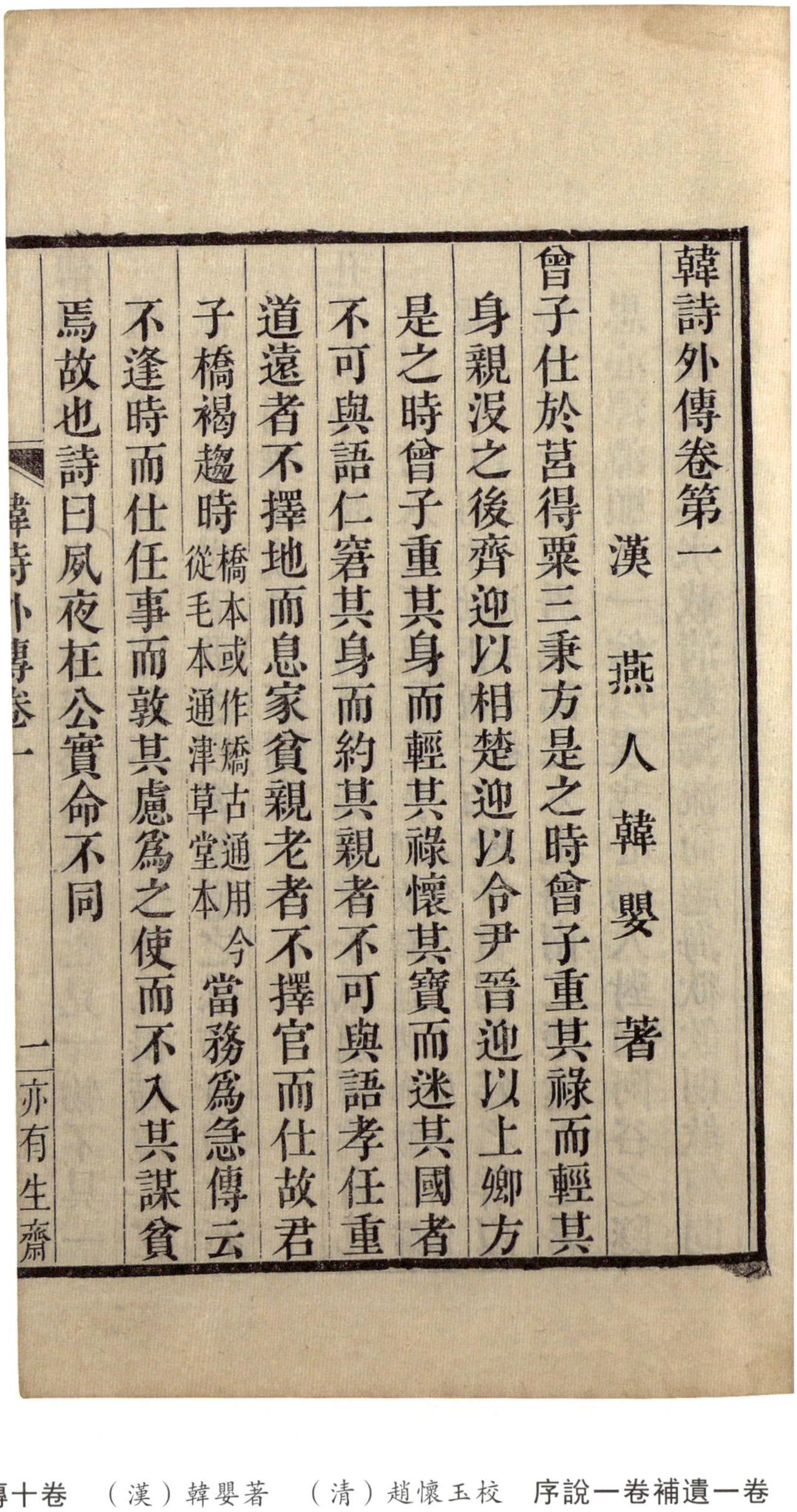
韓詩外傳卷第一
漢　燕　人　韓　嬰　著
曾子仕於莒得粟三秉方是之時曾子重其祿而輕其
身親沒之後齊迎以相楚迎以令尹晉迎以上卿方
是之時曾子重其身而輕其祿懷其寶而迷其國者
不可與語仁窘其身而約其親者不可與語孝任重
道遠者不擇地而息家貧親老者不擇官而仕故君
子橋褐趨時（橋本或作矯古通用今從毛本通津草堂本）當務爲急傳云
不逢時而仕任事而敦其慮爲之使而不入其謀貧
焉故也詩曰夙夜在公實命不同

韓詩外傳卷一　一　亦有生齋

韓詩外傳十卷　（漢）韓嬰著　（清）趙懷玉校　**序說一卷補遺一卷**　（清）趙懷玉輯　清乾隆五十五年（1790）趙氏亦有生齋刻本

框高 18.3 厘米，廣 13.3 厘米。半葉十行，行二十一字，白口，左右雙邊。2 册。鈐“茇盦曼士鑒藏”朱文印。

shan205

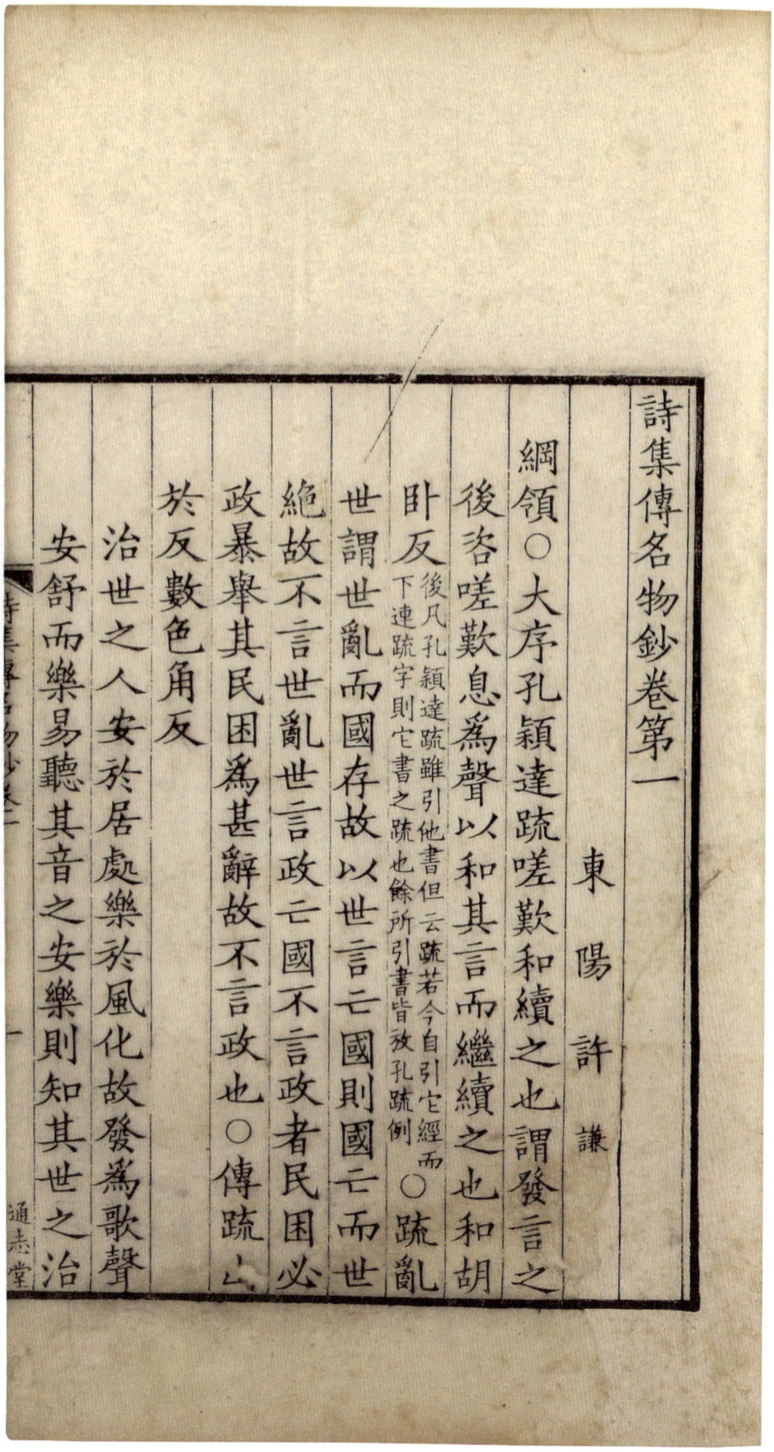

詩集傳名物鈔八卷　（元）許謙撰　清康熙刻通志堂經解本

框高 19.8 厘米，廣 15 厘米。半葉十一行，行二十字，小字雙行不等，白口，左右雙邊。8 册。

shan210

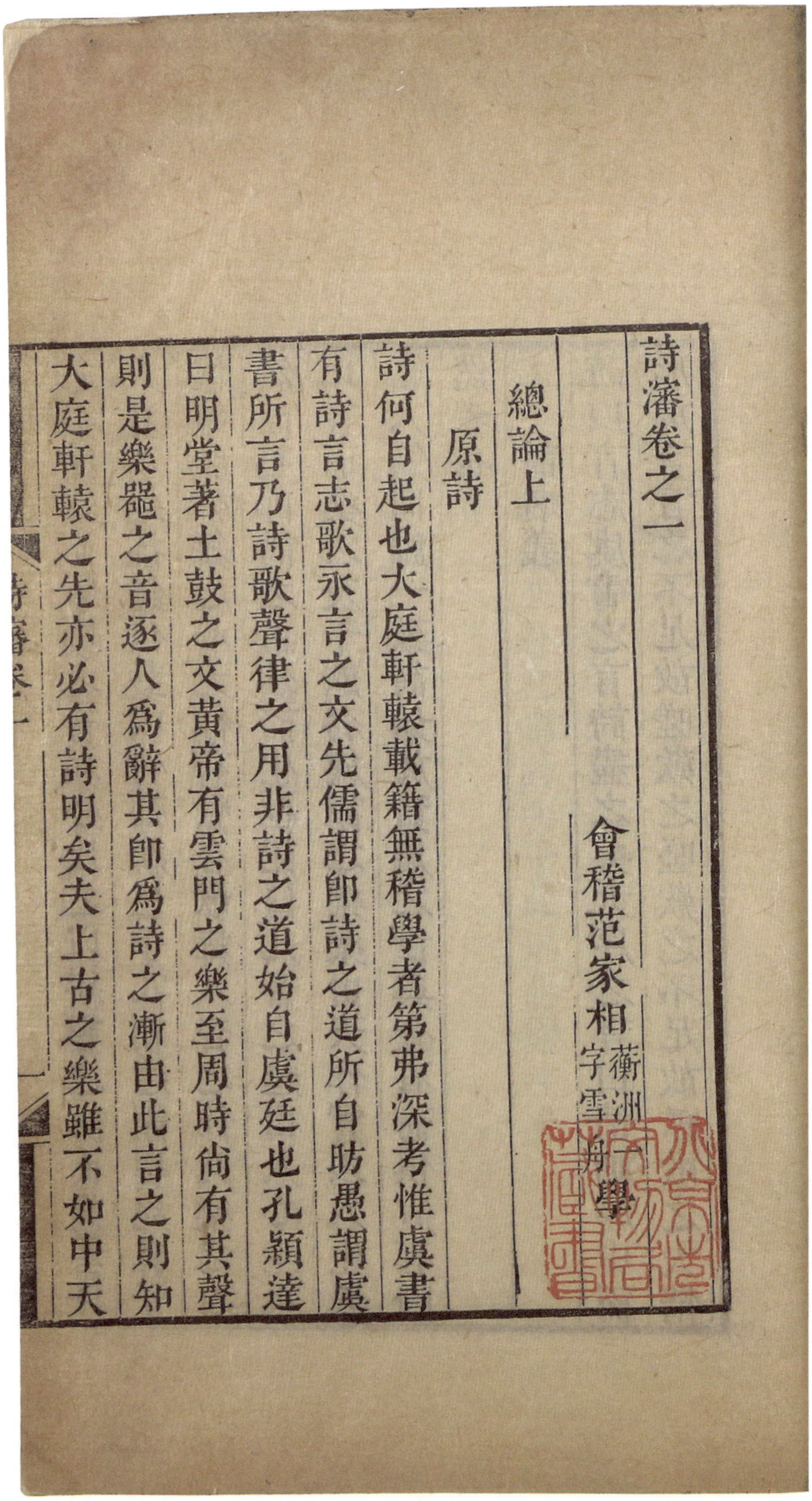
詩瀋卷之一
總論上
會稽范家相蘅洲一字雪舟學
原詩
詩何自起也大庭軒轅載籍無稽學者第弗深考惟虞書有詩言志歌永言之文先儒謂卽詩之道所自昉愚謂虞書所言乃詩歌聲律之用非詩之道始自虞廷也孔穎達曰明堂著土鼓之文黃帝有雲門之樂至周時尚有其聲則是樂罷之音逐入爲辭其卽爲詩之漸由此言之則知大庭軒轅之先亦必有詩明矣夫上古之樂雖不如中天

詩瀋二十卷 （清）范家相撰 清乾隆三十九年（1774）古趣亭刻本

框高 17.7 厘米，廣 12.7 厘米。半葉十行，行二十二字，粗黑口，左右雙邊。1 册。

shan233

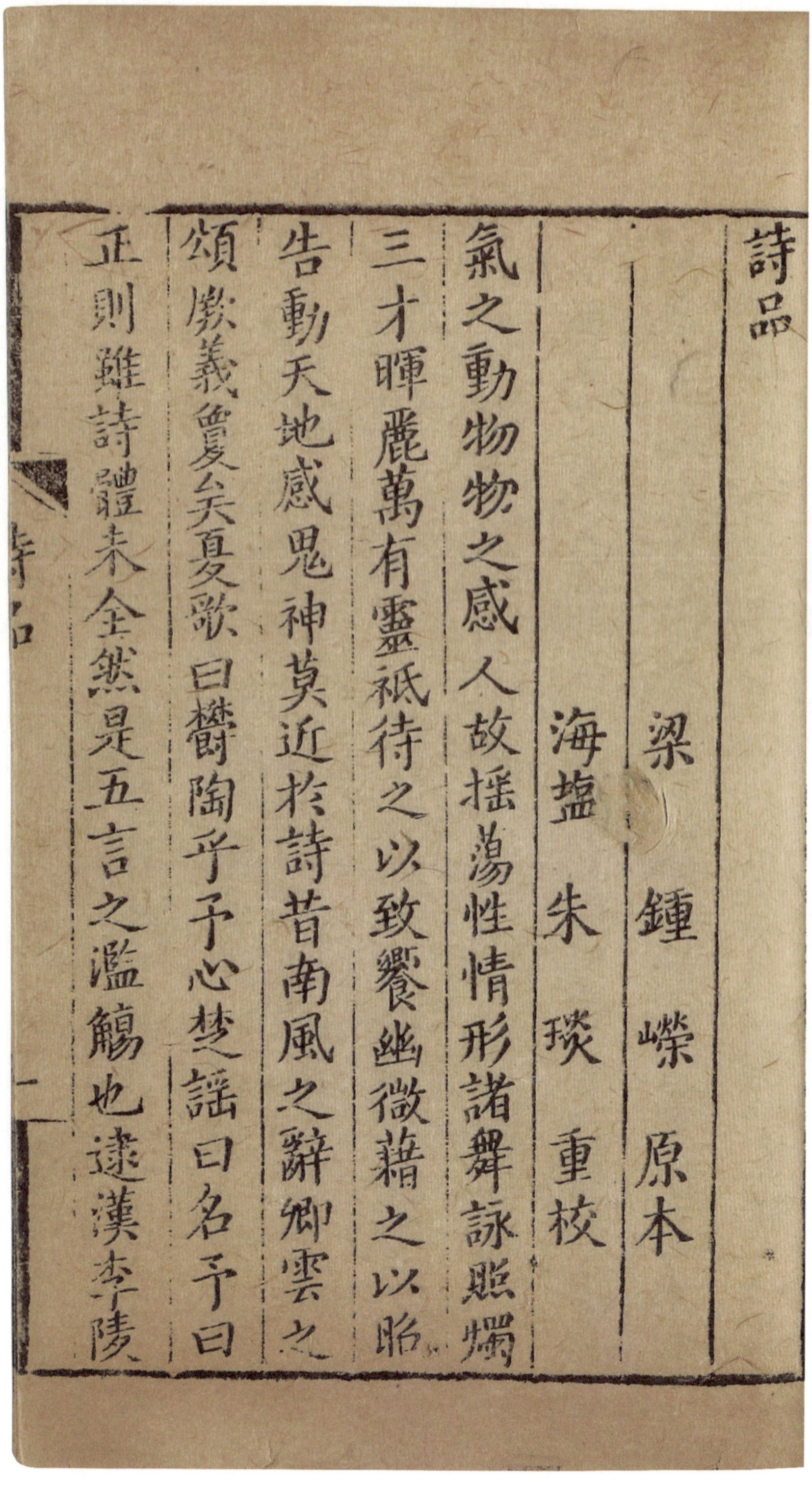
詩品
梁　鍾嶸　原本
海鹽　朱琰　重校
氣之動物物之感人故揺蕩性情形諸舞詠照燭
三才暉麗萬有靈祇待之以致饗幽微藉之以昭
告動天地感鬼神莫近於詩昔南風之辭卿雲之
頌厥義敻矣夏歌曰鬱陶乎予心楚謠曰名予曰
正則雖詩體未全然是五言之濫觴也逮漢李陵
詩品　一

詩觸五卷　（清）朱琰輯　**漁洋詩話二卷**　（清）王士禎撰　**說詩晬語二卷**　（清）沈德潛撰　清乾隆二十九年（1764）刻本

框高 12 厘米，廣 8.5 厘米。半葉八行，行十九字，黑口，四周單邊。8 册。

shan351

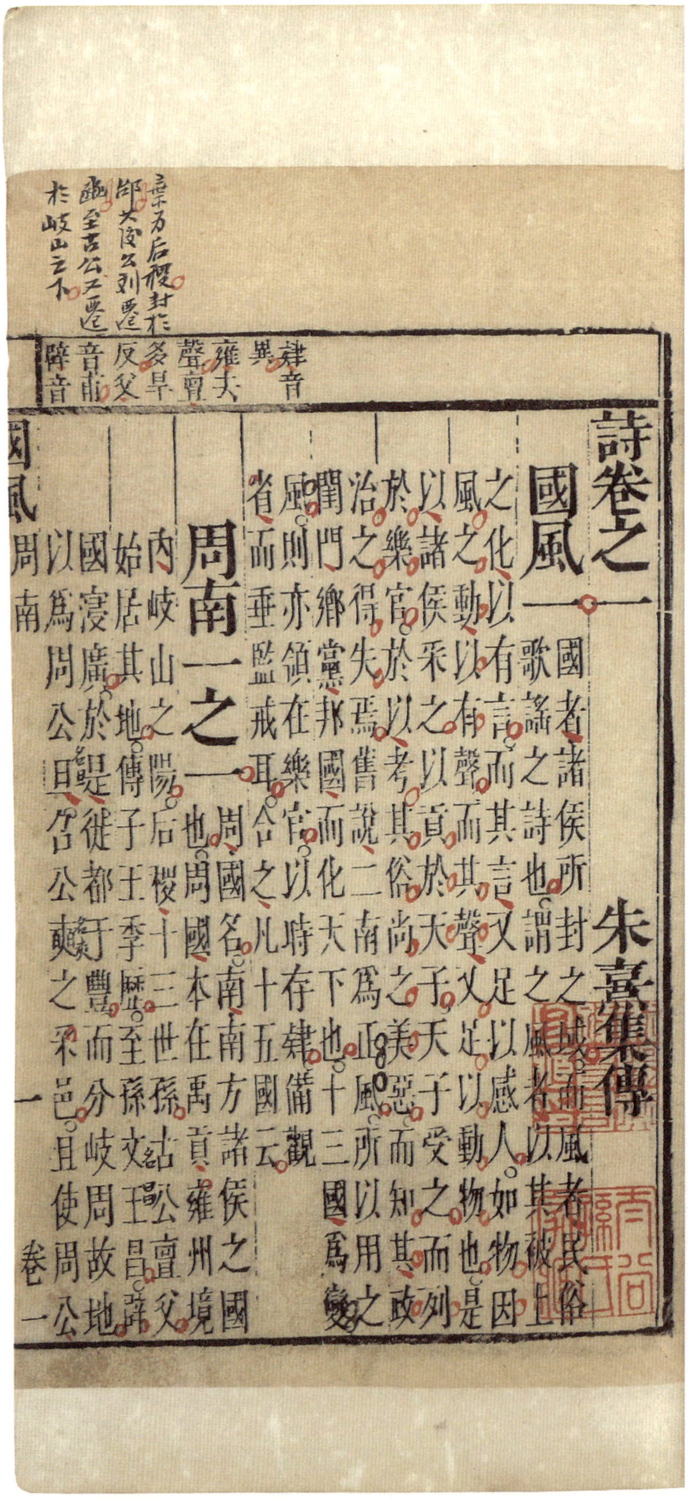
棄乃后稷封於邰大後公劉遷豳至古公亶父遷於岐山之下
肄音異雍夫亶亶多旱反父音甫辟音
詩卷之一　朱熹集傳
國風一
國者諸侯所封之域而風者民俗歌謠之詩也謂之風者以其被上之化以有言而其言又足以感人如物因風之動以有聲而其聲又足以動物也是以諸侯采之以貢於天子天子受之而列於樂官於以考其俗尚之美惡而知其政治之得失焉舊說二南爲正風所以用之閨門鄉黨邦國而化天下也十三國爲變風則亦領在樂官以時存肄備觀省而垂監戒耳合之凡十五國云
周南一之一
周國名南南方諸侯之國也周國本在禹貢雍州境內岐山之陽后稷十三世孫古公亶父始居其地傳子王季歷至孫文王昌辟國寖廣於是徙都于豐而分岐周故地以爲周公旦召公奭之采邑且使周公
國風　周南　一　卷一

詩經八卷　（宋）朱熹集傳　明萬曆俞氏刻五經四書本

框高19.1厘米，廣12.8厘米。半葉上下兩欄，上欄鐫評，下欄九行，行十七字，小字雙行同，白口，左右雙邊。8册。鈐“太谷孫氏家藏”朱文印等。

shan369

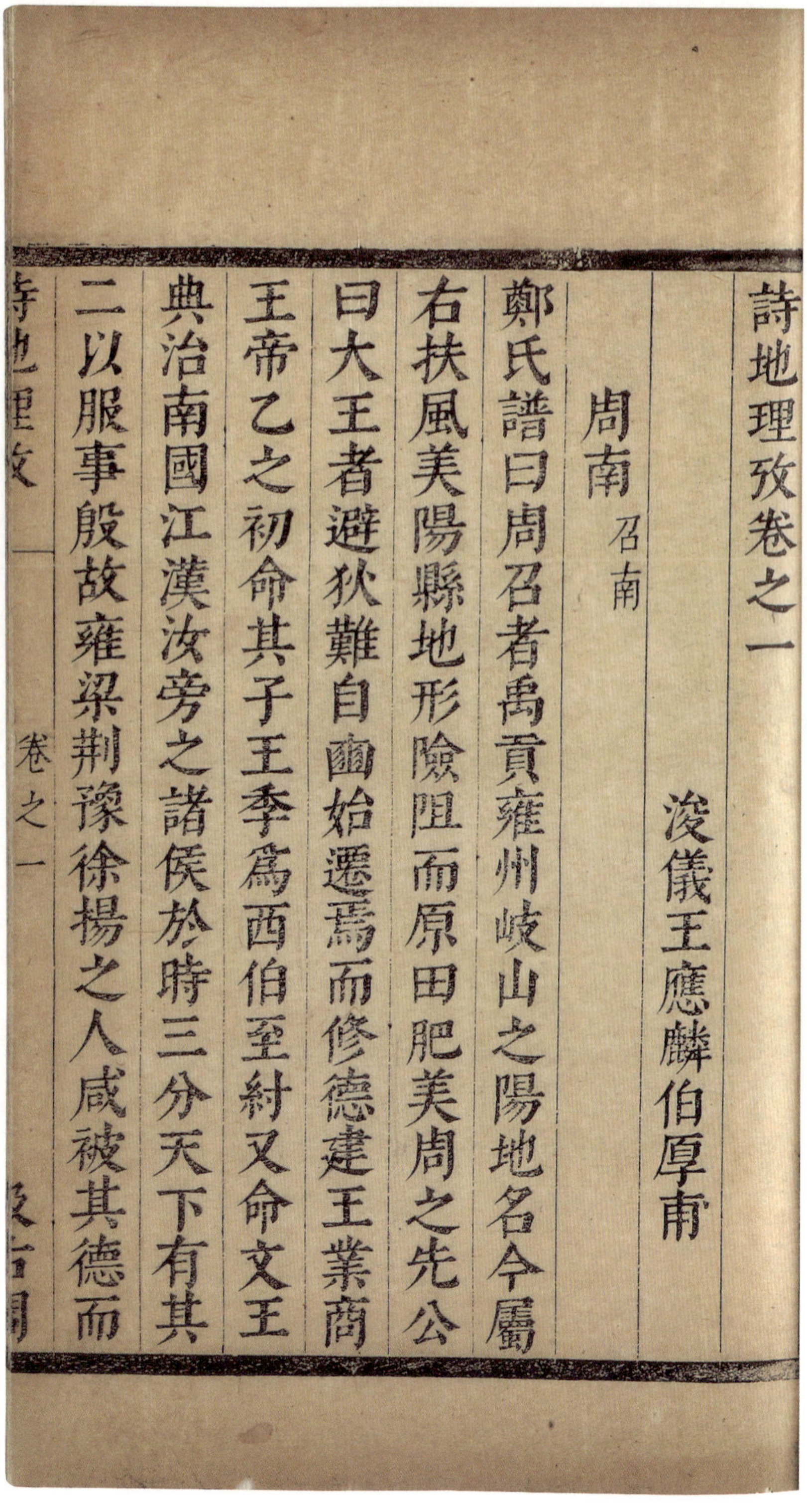
詩地理攷卷之一

浚儀王應麟伯厚甫

周南 召南

鄭氏譜曰周召者禹貢雍州岐山之陽地名今屬右扶風美陽縣地形險阻而原田肥美周之先公曰大王者避狄難自豳始遷焉而修德建王業商王帝乙之初命其子王季爲西伯至紂又命文王典治南國江漢汝旁之諸侯於時三分天下有其二以服事殷故雍梁荆豫徐揚之人咸被其德而

詩地理攷 卷之一 汲古閣

詩地理攷六卷 （宋）王應麟撰 明汲古閣刻津逮秘書本

框高 19.4 厘米，廣 14.2 厘米。半葉九行，行十九字，小字雙行同，白口，左右雙邊。4 册。

shan380

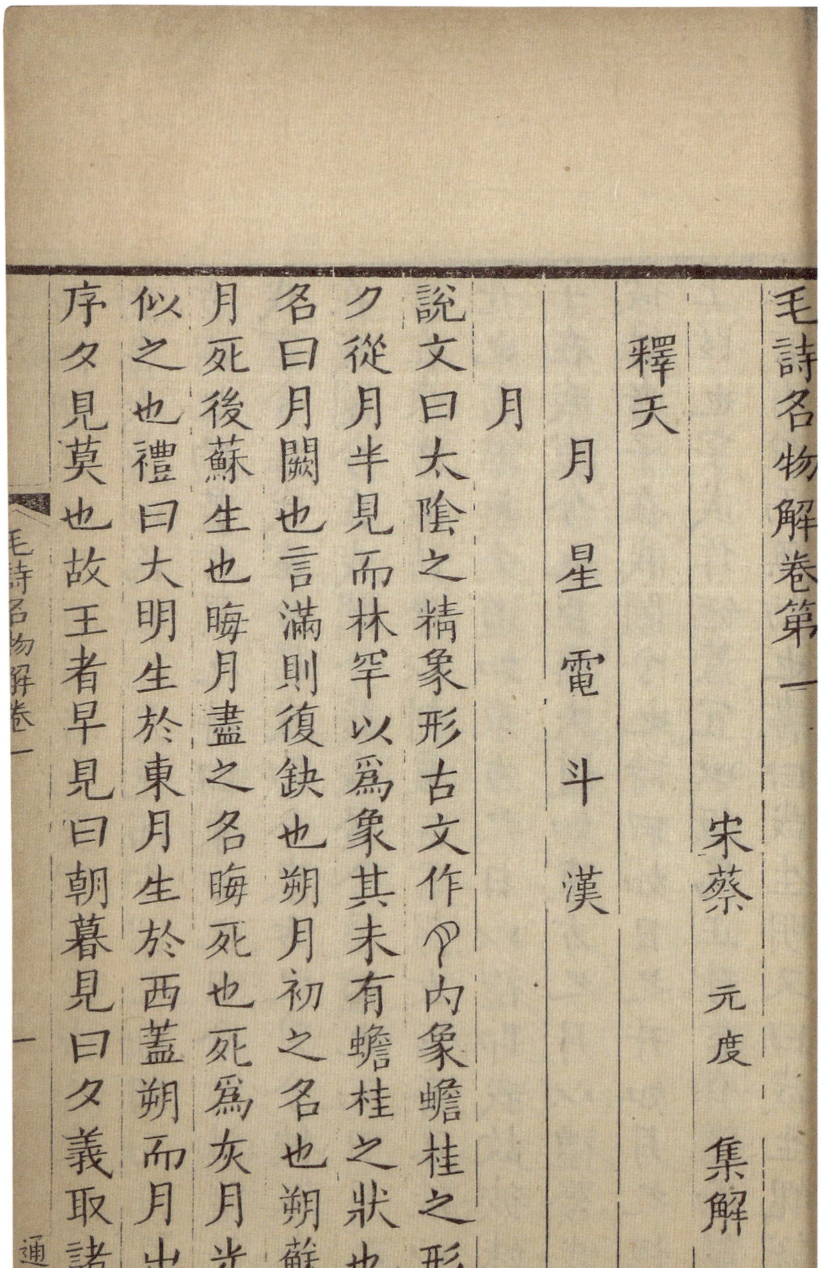
毛詩名物解卷第一
宋蔡　元度　集解
釋天
月　星　電　斗　漢
月
說文曰太陰之精象形古文作[illegible]內象蟾桂之形故
夕從月半見而林罕以爲象其未有蟾桂之狀也釋
名曰月闕也言滿則復缺也朔月初之名也朔蘇也
月死後蘇生也晦月盡之名晦死也死爲灰月光盡
似之也禮曰大明生於東月生於西蓋朔而月出西
序夕見莫也故王者早見曰朝暮見曰夕義取諸此
毛詩名物解卷一　一　通志堂

毛詩名物解二十卷　（宋）蔡卞集解　清康熙十九年（1680）通志堂刻本
框高 19.1 厘米，廣 15 厘米。半葉十一行，行二十字，白口，左右雙邊。1 册。

shan597

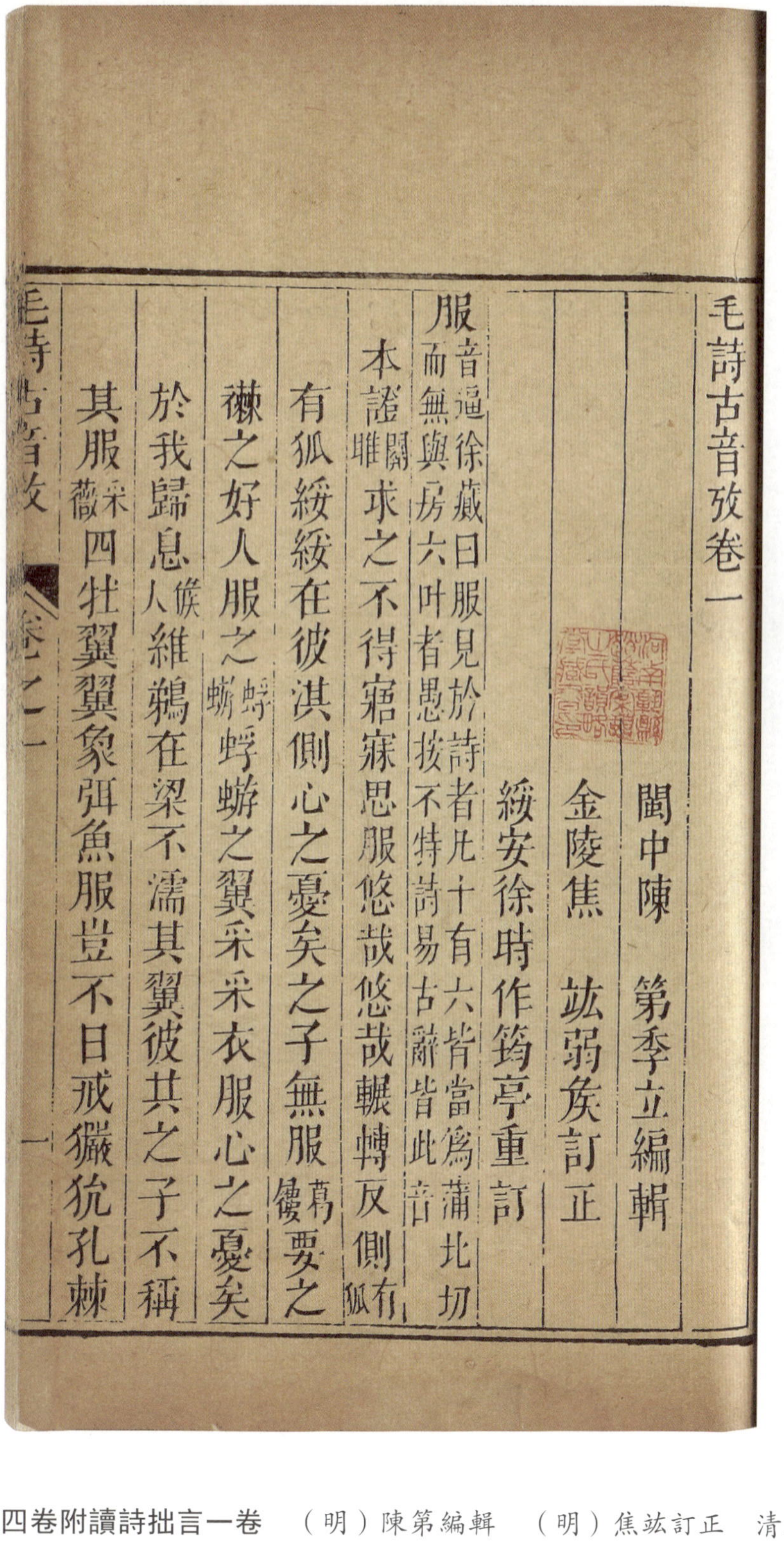

毛詩古音攷四卷附讀詩拙言一卷 （明）陳第編輯 （明）焦竑訂正 清乾隆二十七年（1762）崇本山堂刻本

框高 18.7 厘米，廣 13.4 厘米。半葉十行，行二十一字，小字雙行同，白口，四周雙邊。4 册。鈐“河南鞏縣趙蔭棠憩之氏韻略堂藏書印”朱文印、“趙蔭棠印”朱文印等。

shan607

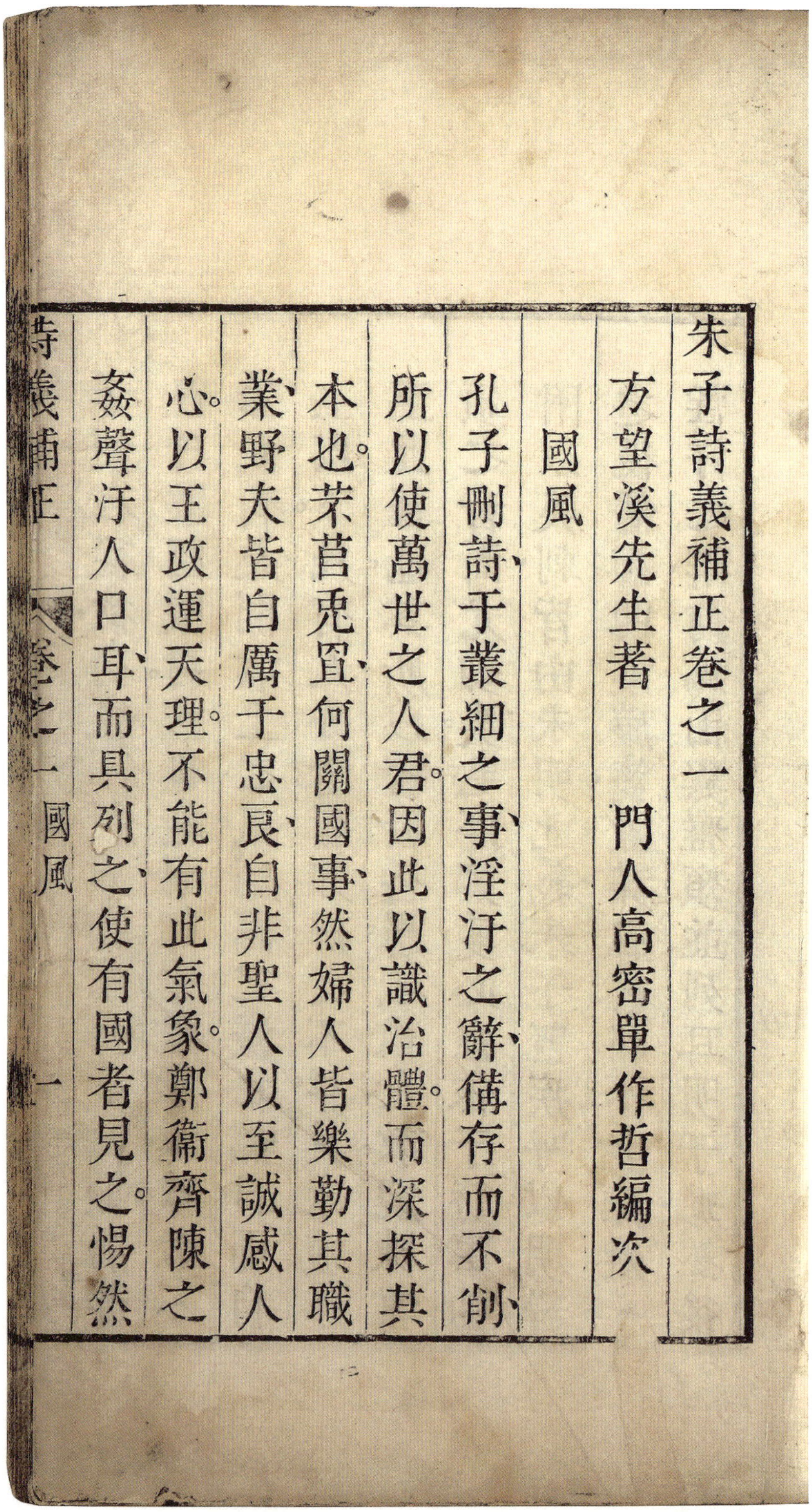
朱子詩義補正卷之一
方望溪先生著　門人高密單作哲編次
國風
孔子刪詩于叢細之事淫汙之辭備存而不削所以使萬世之人君因此以識治體而深探其本也芣苢兎罝何關國事然婦人皆樂勤其職業野夫皆自厲于忠良自非聖人以至誠感人心以王政運天理不能有此氣象鄭衞齊陳之姦聲汙人口耳而具列之使有國者見之惕然
詩義補正　卷之一　國風　一

朱子詩義補正八卷　（清）方苞著　（清）單作哲編次　清乾隆刻本
框高 19.5 厘米，廣 14.5 厘米。半葉九行，行十九字，白口，四周單邊。4 册。

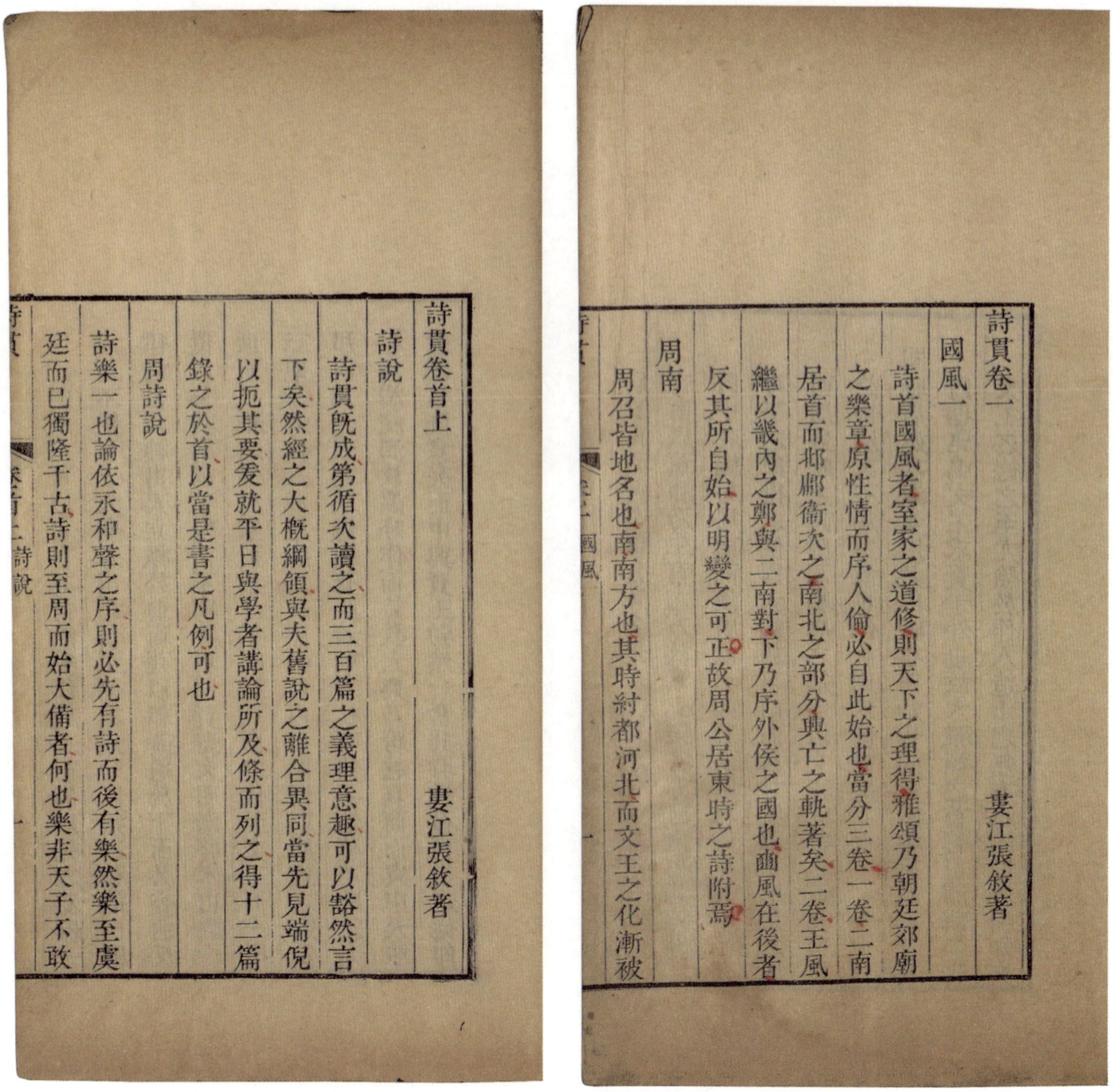

詩貫十四卷首三卷　（清）張敘著　清乾隆二十一年（1756）刻本

框高 18.5 厘米，廣 12.7 厘米。半葉九行，行二十五字，小字雙行同，白口，左右雙邊。6 册。

shan723

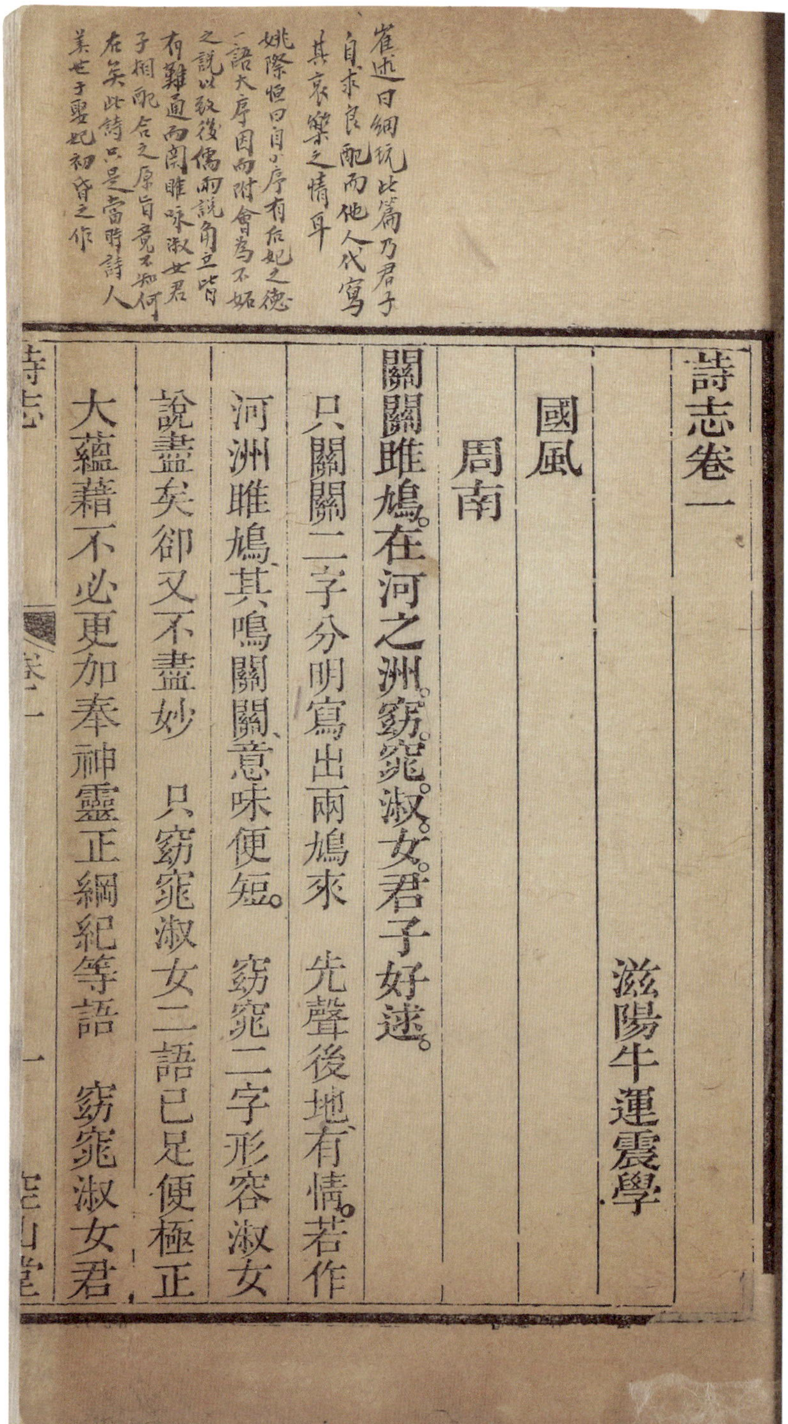

詩志八卷　（清）牛運震撰　清嘉慶五年（1800）空山堂刻本

框高 16.9 厘米，廣 13 厘米。半葉九行，行二十二字，白口，四周雙邊。6 册。佚名批校。

shan748

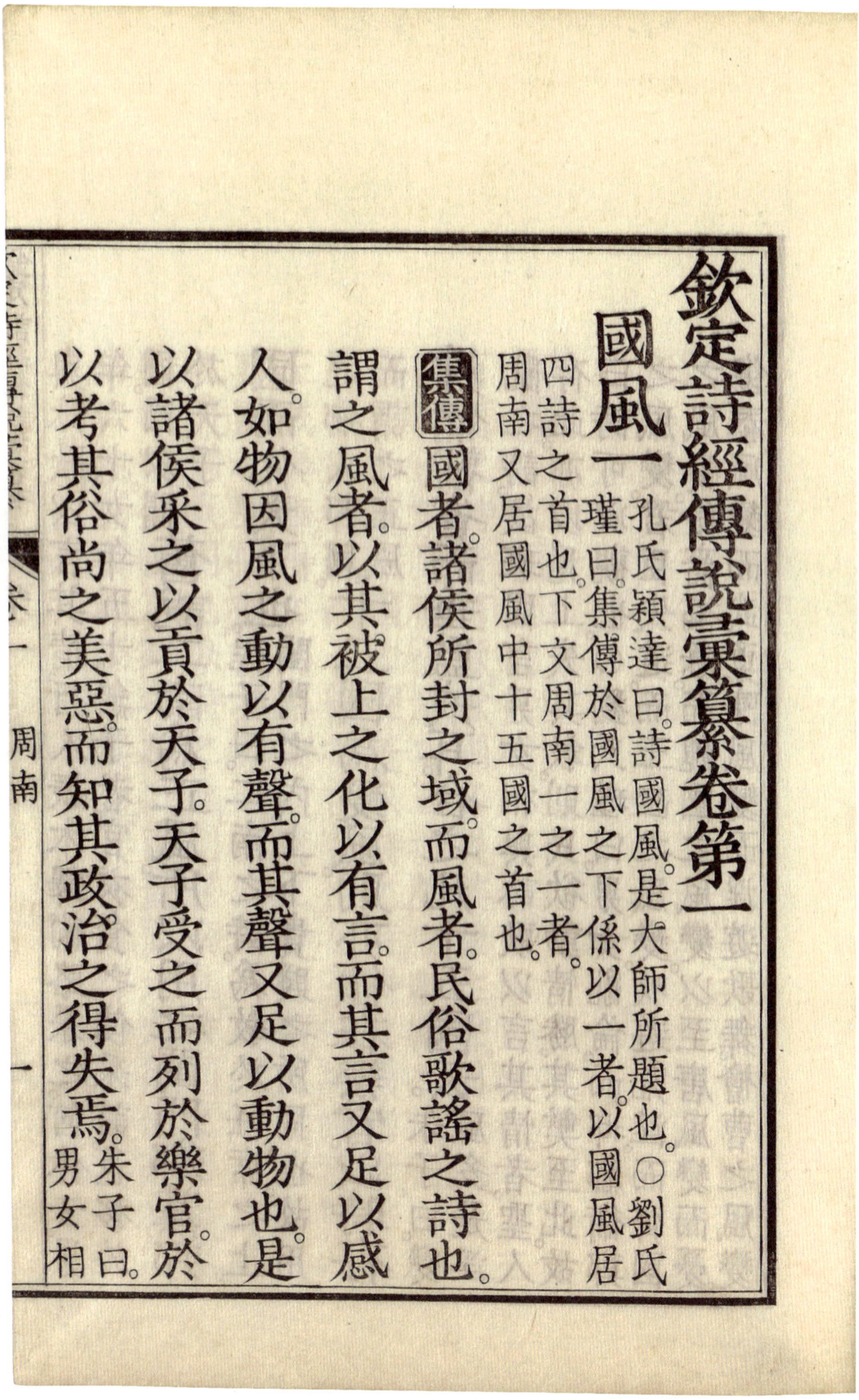
欽定詩經傳說彙纂卷第一

國風一 孔氏穎達曰。詩國風。是大師所題也。○劉氏瑾曰。集傳於國風之下係以一者。以國風居四詩之首也。下文周南一之一者。周南又居國風中十五國之首也。

集傳 國者。諸侯所封之域。而風者。民俗歌謠之詩也。謂之風者。以其被上之化以有言。而其言又足以感人。如物因風之動以有聲。而其聲又足以動物也。是以諸侯采之以貢於天子。天子受之而列於樂官。於以考其俗尚之美惡。而知其政治之得失焉。朱子曰。男女相

欽定詩經傳說彙纂 卷一 周南 一

欽定詩經傳說彙纂二十一卷首二卷詩序二卷 （清）王鴻緒等撰 清雍正五年（1727）日本刻本

框高22厘米，廣16厘米。半葉八行，行二十二字，小字雙行同，白口，四周雙邊。24册。包背裝。

shan862

【禮類】

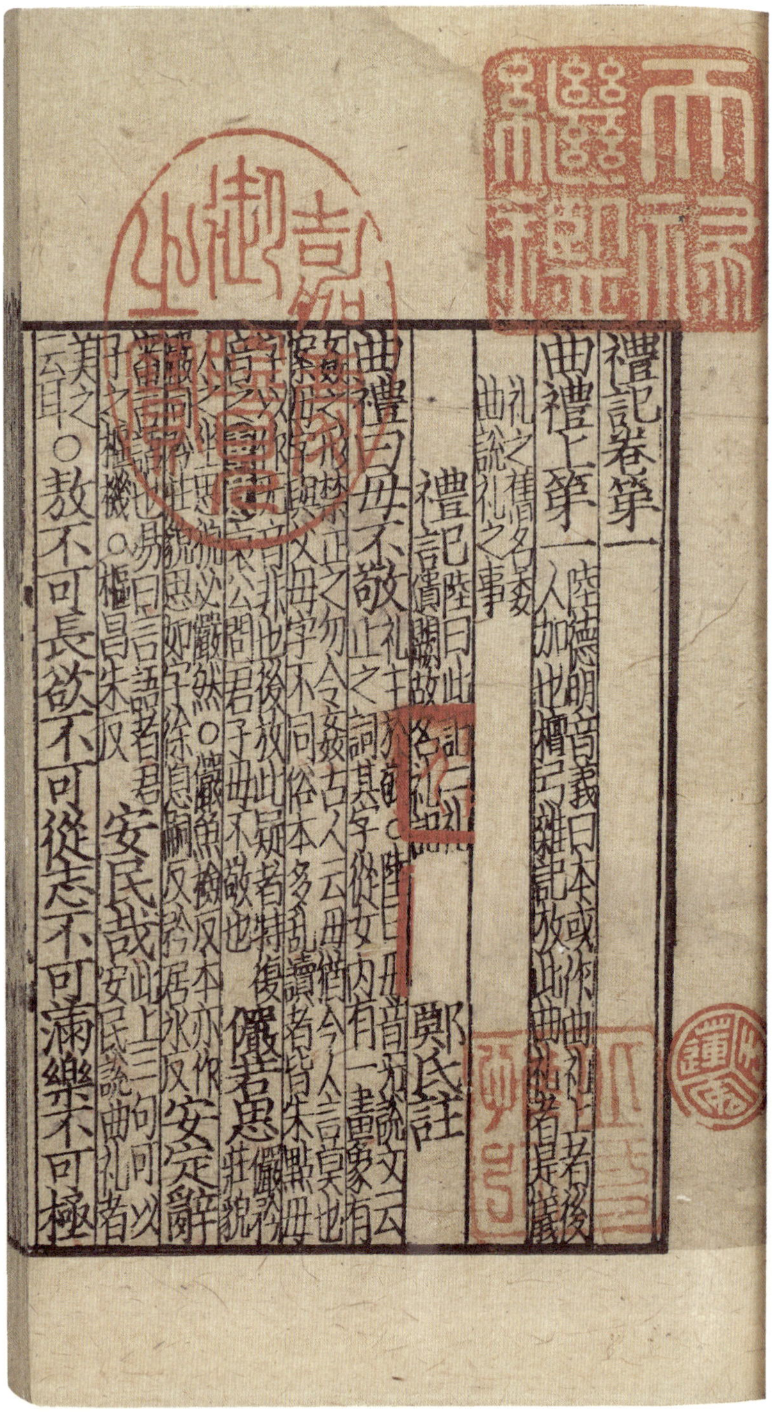

禮記二十卷　（漢）鄭玄注　宋刻本

框高 9.6 厘米，廣 6.8 厘米。半葉十行，行十九字，小字雙行同，細黑口，左右雙邊。9 册。鈐“丘氏惟弘”朱文印、“天禄繼鑑”白文印、“嘉慶御覽之寶”朱文印、“于蓮客”白文印等。存九卷（一至九）。

一級 3k26

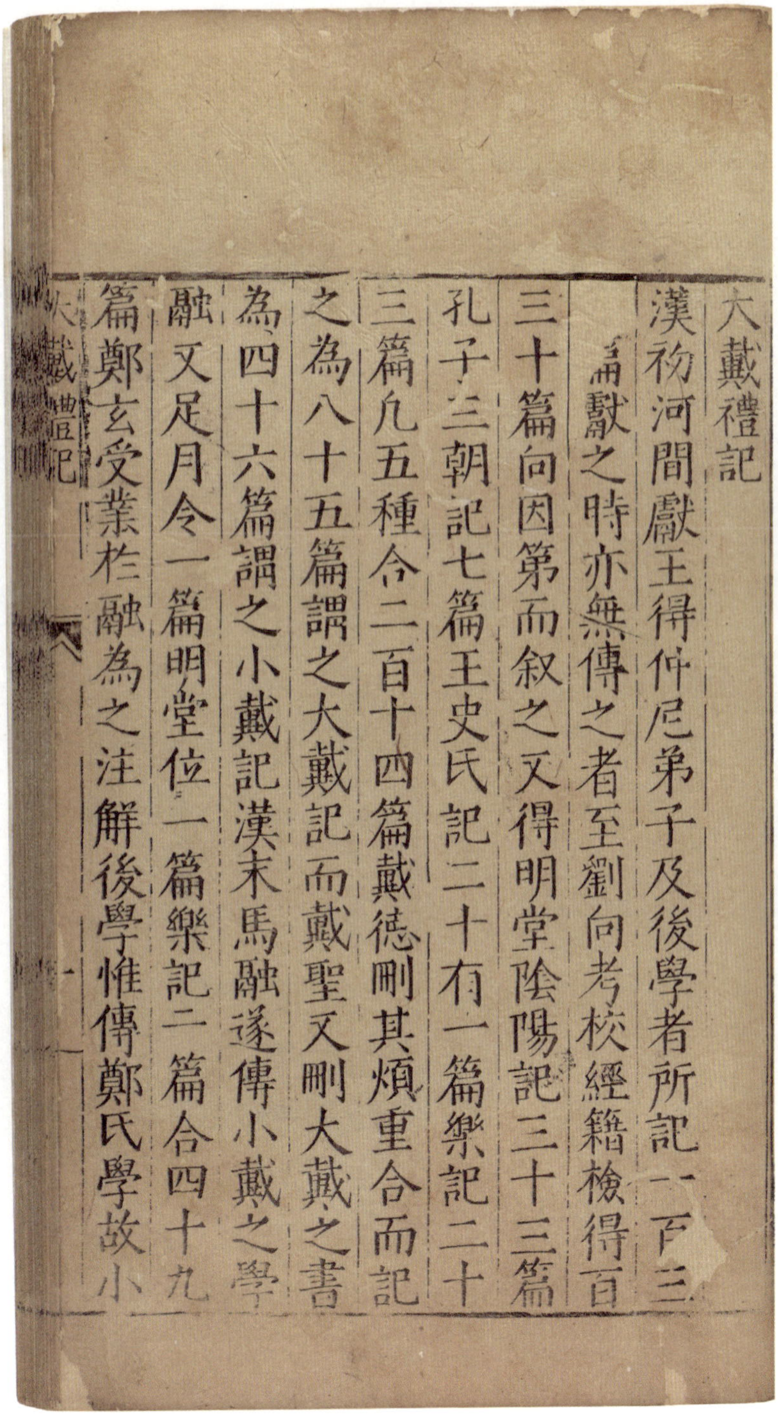
大戴禮記
漢初河間獻王得仲尼弟子及後學者所記一百三
篇獻之時亦無傳之者至劉向考校經籍檢得百
三十篇向因第而叙之又得明堂陰陽記三十三篇
孔子三朝記七篇王史氏記二十有一篇樂記二十
三篇凡五種合二百十四篇戴德刪其煩重合而記
之為八十五篇謂之大戴記而戴聖又刪大戴之書
為四十六篇謂之小戴記漢末馬融遂傳小戴之學
融又足月令一篇明堂位一篇樂記二篇合四十九
篇鄭玄受業扵融為之注解後學惟傳鄭氏學故小

大戴禮記十三卷　（漢）戴德撰　明蔡文範刻本

框高 21.5 厘米，廣 15 厘米。半葉十行，行二十字，白口，左右雙邊。4 册。鈐“曾經八千卷樓所得”朱文印。

二級 7pan10593

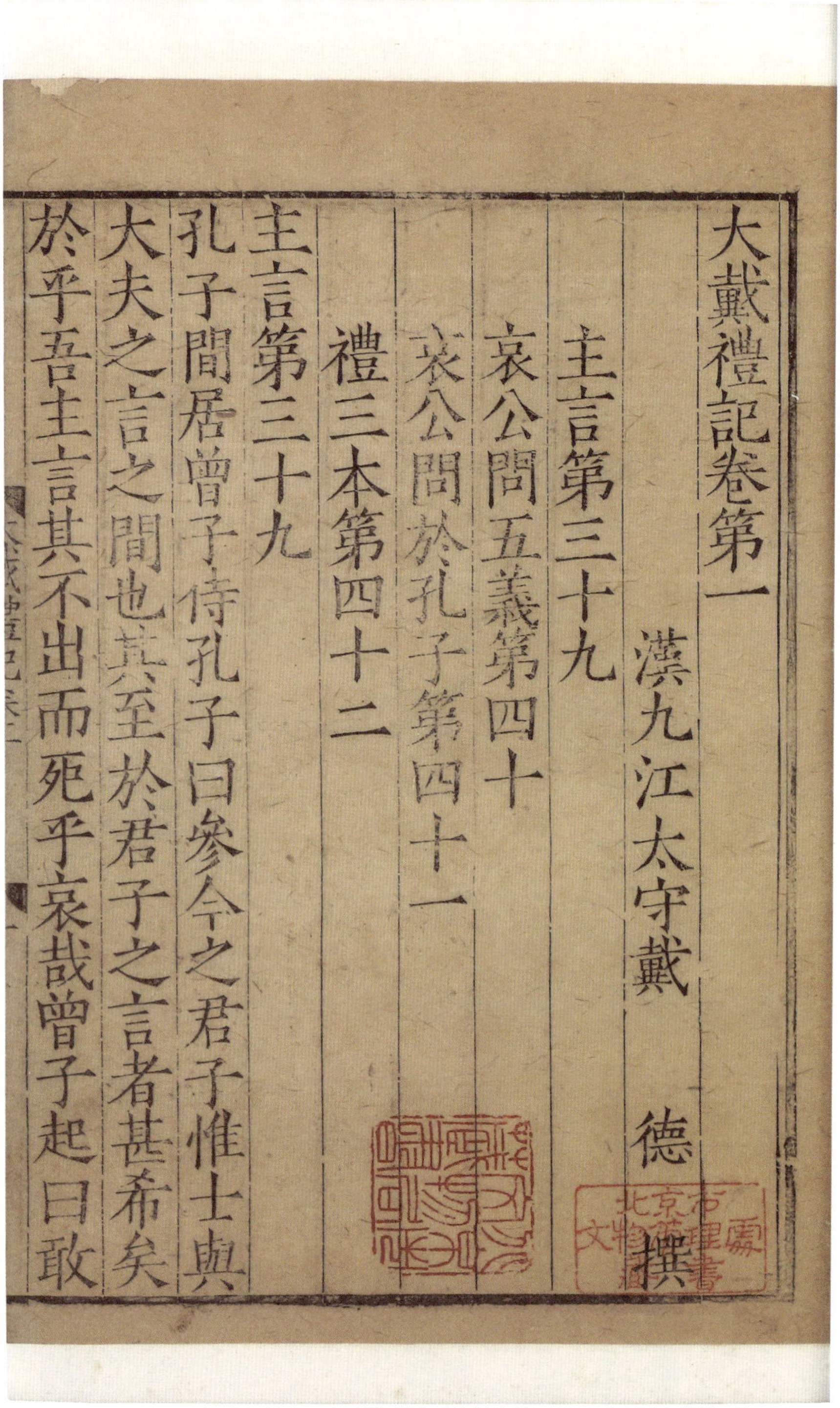
大戴禮記卷第一
漢九江太守戴　德　撰
主言第三十九
哀公問五義第四十
哀公問於孔子第四十一
禮三本第四十二
主言第三十九
孔子閒居曾子侍孔子曰參今之君子惟士與
大夫之言之閒也其至於君子之言者甚希矣
於乎吾主言其不出而死乎哀哉曾子起曰敢

大戴禮記十三卷　（漢）戴德撰　明嘉靖十二年（1533）袁氏嘉趣堂刻本

框高 21.4 厘米，廣 15.5 厘米。半葉十行，行十八字，白口，左右雙邊。4 册。鈐“四庫著録”白文印、“曾經八千卷樓所得”朱文印、“錢塘汪氏振綺堂藏書”朱文印、“四明豐氏萬卷樓家藏”朱文印等。存六卷（一至三、八至十）。

二級 8pan10589

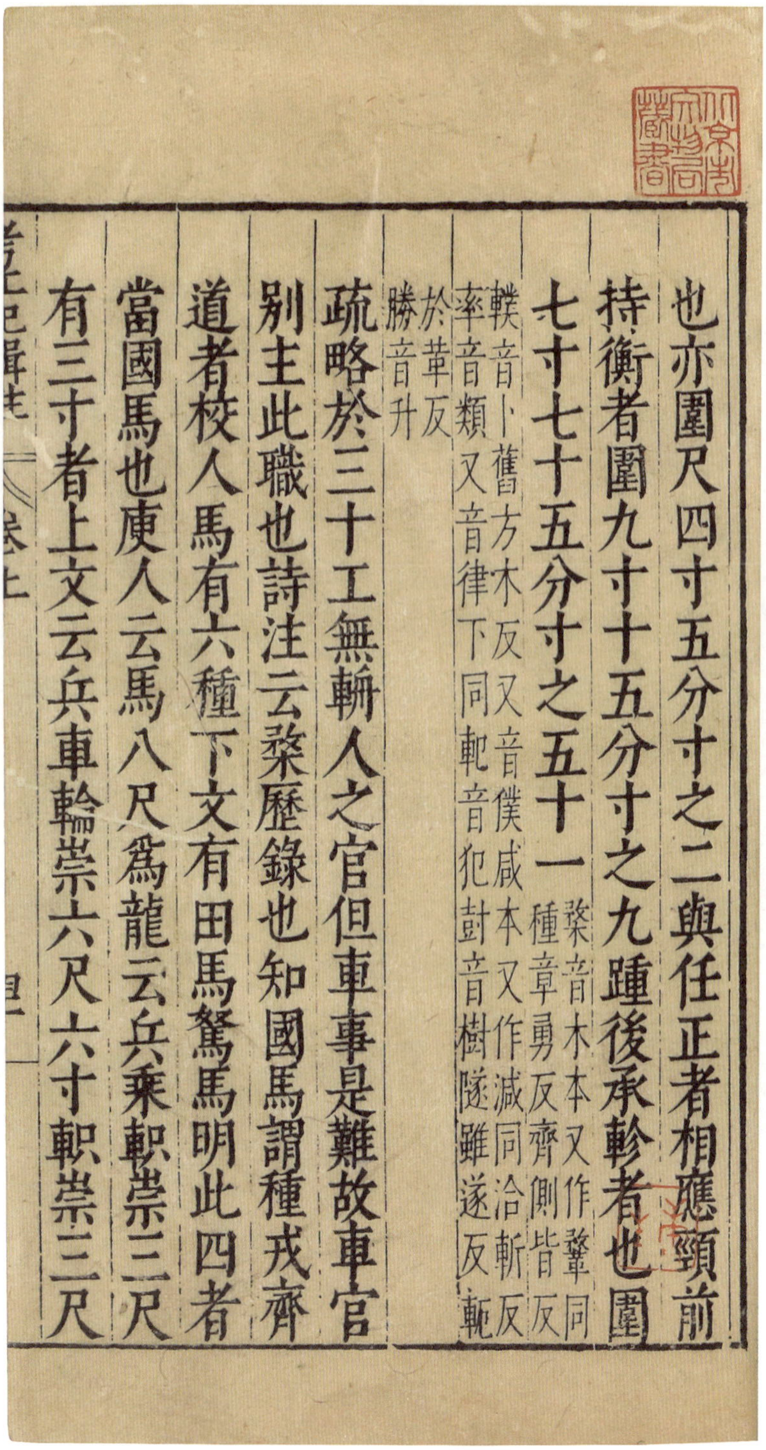

考工記輯註三卷　（明）陳與郊輯　明萬曆刻本

框高 21 厘米，廣 13.7 厘米。半葉十行，行二十字，小字雙行同，白口，左右雙邊。3 册。

二級 147k363

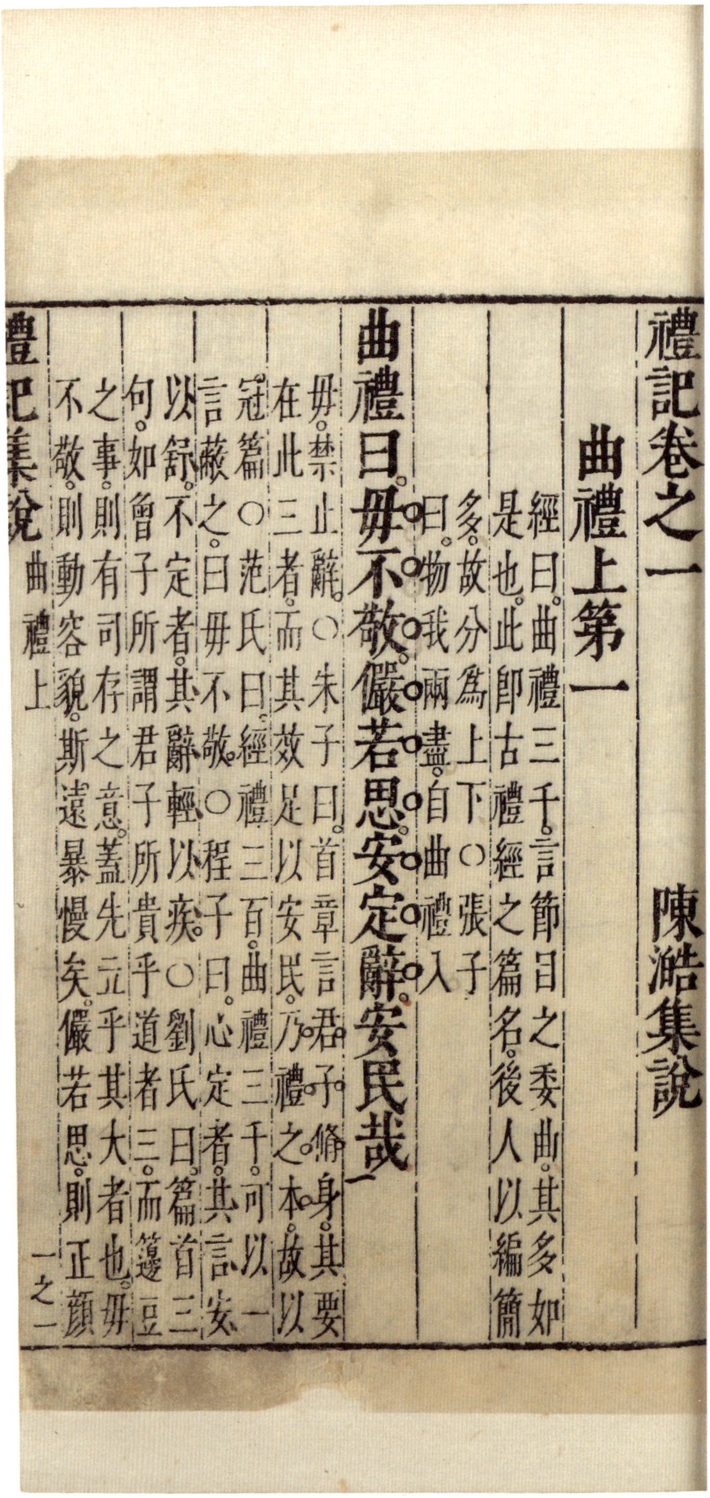
禮記卷之一　　陳澔集說
曲禮上第一
經曰曲禮三千言節目之委曲其多如是也此即古禮經之篇名後人以編簡多故分爲上下○張子曰物我兩盡自曲禮入
曲禮曰毋不敬儼若思安定辭安民哉
毋禁止辭○朱子曰首章言君子脩身其要在此三者而其效足以安民乃禮之本故以冠篇○范氏曰經禮三百曲禮三千可以一言蔽之曰毋不敬○程子曰心定者其言安以舒不定者其辭輕以疾○劉氏曰篇首三句如曾子所謂君子所貴乎道者三而籩豆之事則有司存之意蓋先立乎其大者也毋不敬則動容貌斯遠暴慢矣儼若思則正顏
禮記集說　曲禮上　一之一

禮記集說十卷　（元）陳澔集說　明崇禎閔齊伋刻本

框高20.6厘米，廣14.5厘米。半葉九行，行十八字，小字雙行同，白口，左右雙邊。20册。

二級 170shan41

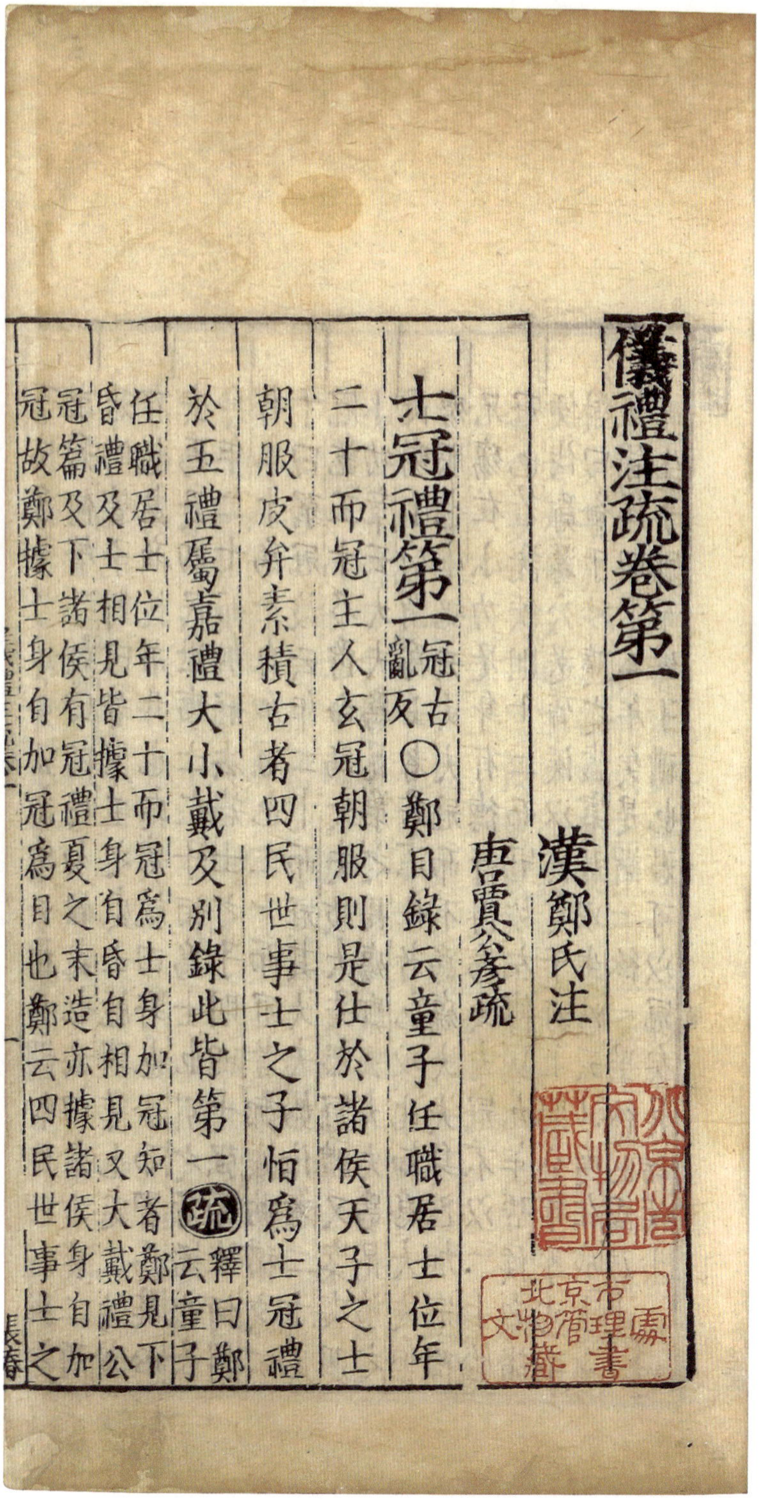
儀禮注疏卷第一
漢鄭氏注
唐賈公彥疏
士冠禮第一冠古亂反○鄭目錄云童子任職居士位年
二十而冠主人玄冠朝服則是仕於諸侯天子之士
朝服皮弁素積古者四民世事士之子恒爲士冠禮
於五禮屬嘉禮大小戴及別錄此皆第一疏釋曰鄭云童子
任職居士位年二十而冠爲士身加冠知者鄭見下昏禮及士相見皆據士身自昏自相見又大戴禮公
冠篇及下諸侯有冠禮夏之末造亦據諸侯身自加冠故鄭據士身自加冠爲目也鄭云四民世事士之

儀禮注疏十七卷　（漢）鄭玄注　（唐）賈公彥疏　明嘉靖刻本

框高 20.5 厘米，廣 12.9 厘米。半葉九行，行二十一字，小字雙行同，白口，四周單邊。12 册。

二級 180shan52

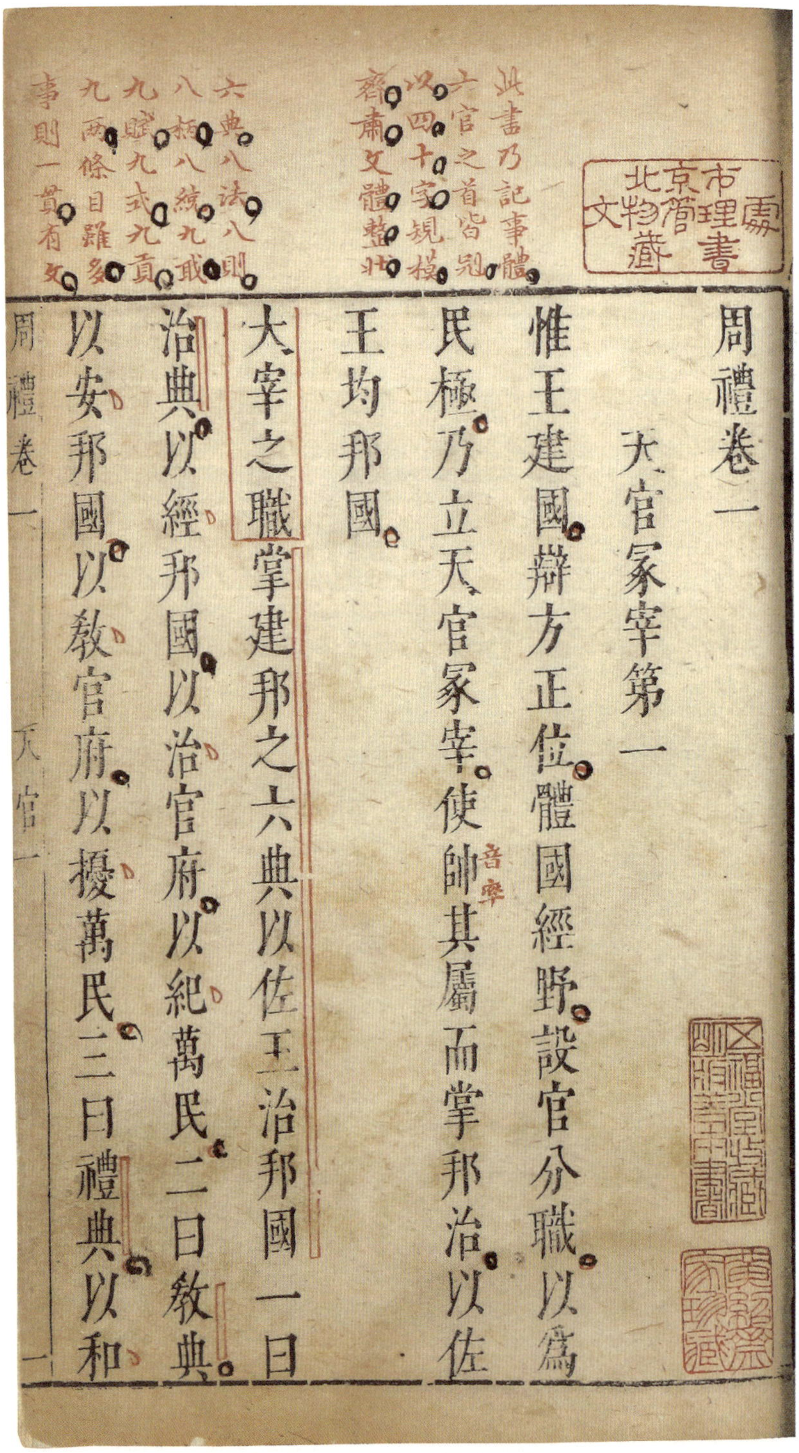
此書乃記事體六官之首皆冠以四十字規模齋肅文體整壯
六典八法八則八柄八統九職九賦九式九貢九兩條目雖多事則一貫有文

周禮卷一
天官冢宰第一
惟王建國辨方正位體國經野設官分職以爲民極乃立天官冢宰使帥其屬而掌邦治以佐王均邦國
大宰之職掌建邦之六典以佐王治邦國一曰治典以經邦國以治官府以紀萬民二曰教典以安邦國以教官府以擾萬民三曰禮典以和

周禮卷一 天官一 一

周禮二十卷　（明）陳深批點　明凌杜若刻朱墨印本

框高20.1厘米，廣14厘米。半葉八行，行十八字，白口，四周單邊，無格。6册。鈐“黄紹齋家珍藏”朱文印、“五福堂收藏明版善本書”朱文印等。

二級 197shan82

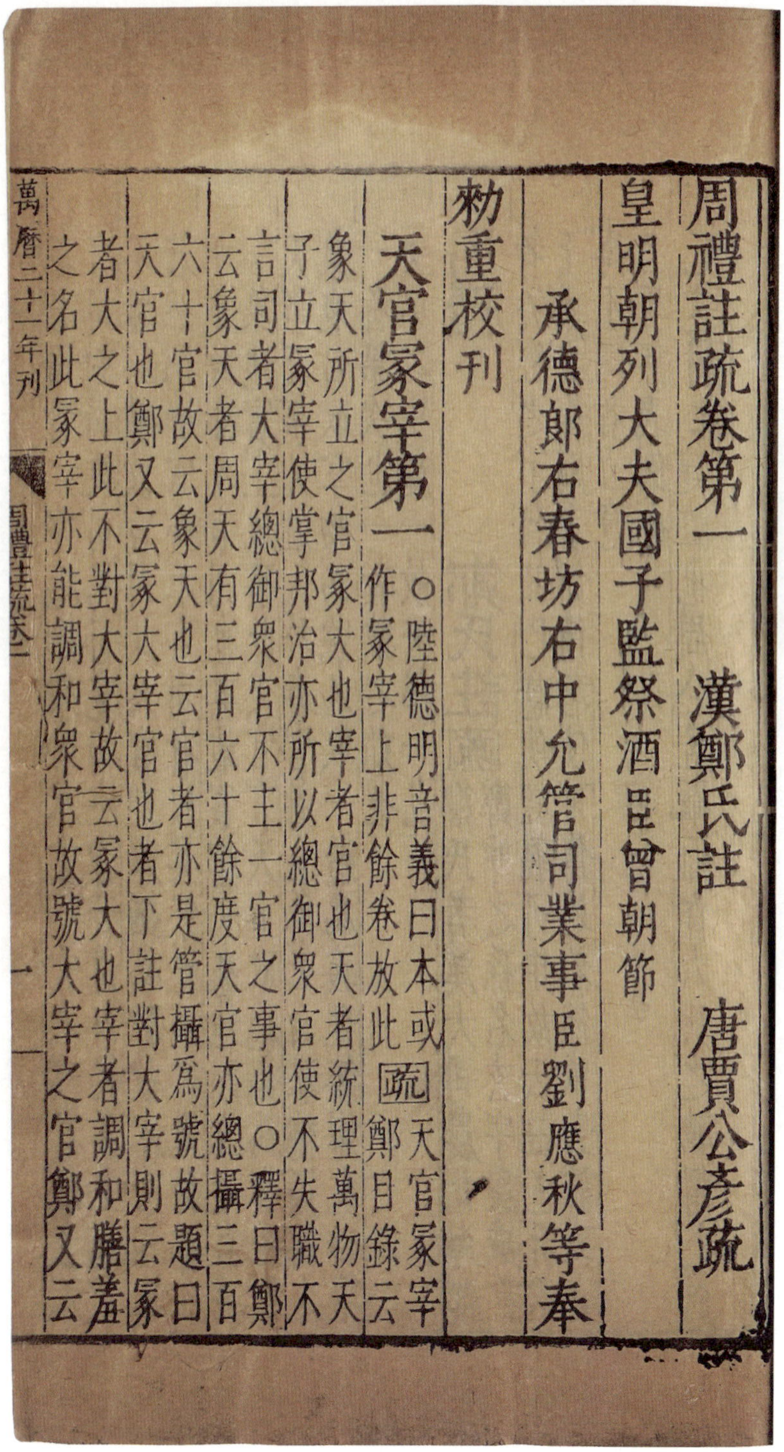

周禮註疏四十二卷　（漢）鄭玄註　（唐）賈公彦疏　明萬曆二十一年（1593）北京國子監刻十三經註疏本

框高 22.9 厘米，廣 14.1 厘米。半葉九行，行二十一字，小字雙行同，白口，左右雙邊。9 册。鈐“馬雲驤印”白文印、“真趣天然”朱文印等。

二級 236shan359

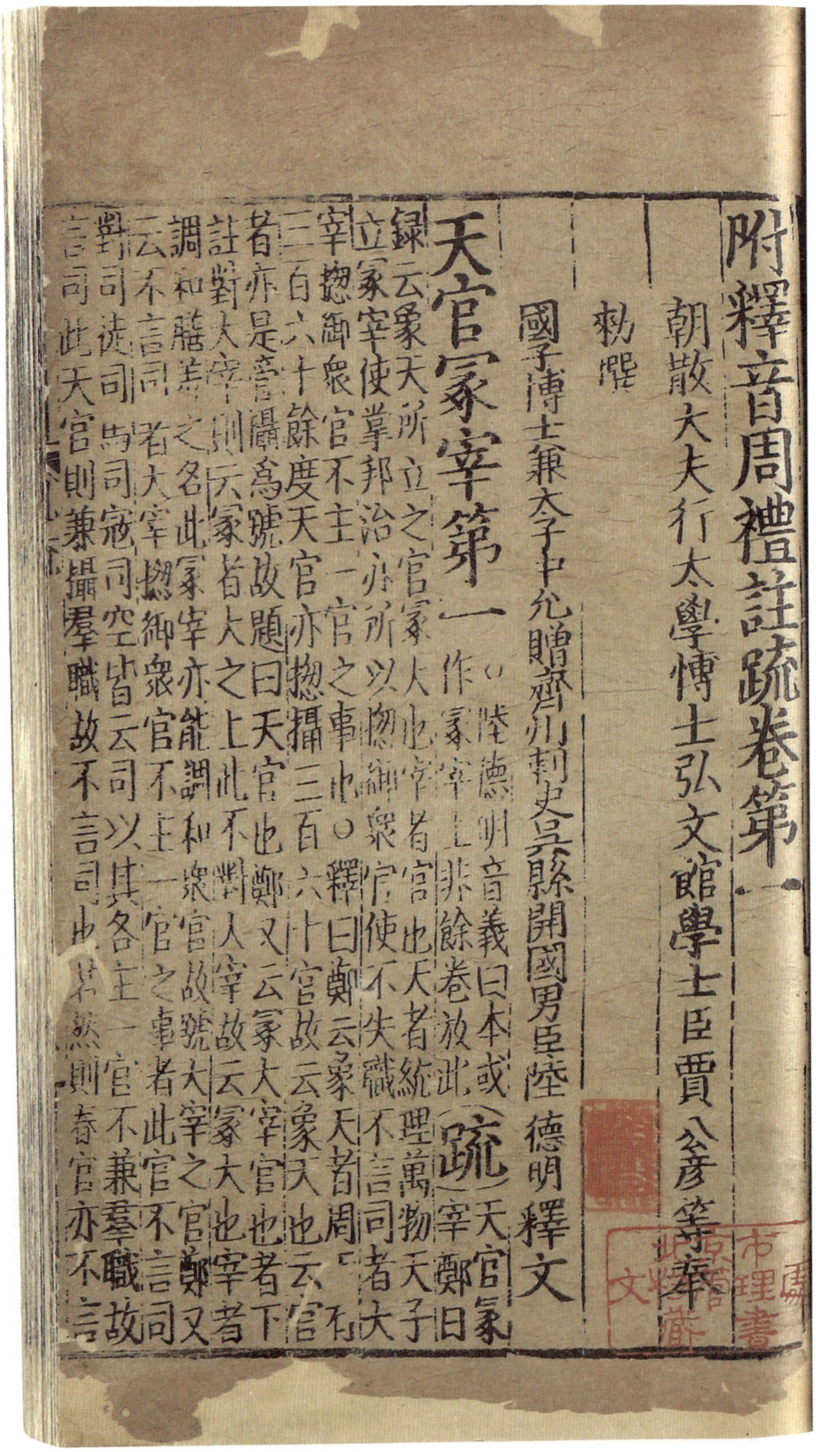

附釋音周禮註疏四十二卷　（唐）賈公彦等撰　（唐）陸德明釋文　元刻明遞修本

框高 19.3 厘米，廣 13.4 厘米。半葉十行，行十六字，小字雙行二十三字，黑口，左右雙邊。20 册。存三十九卷（一至三十九）。

三級 108shan156

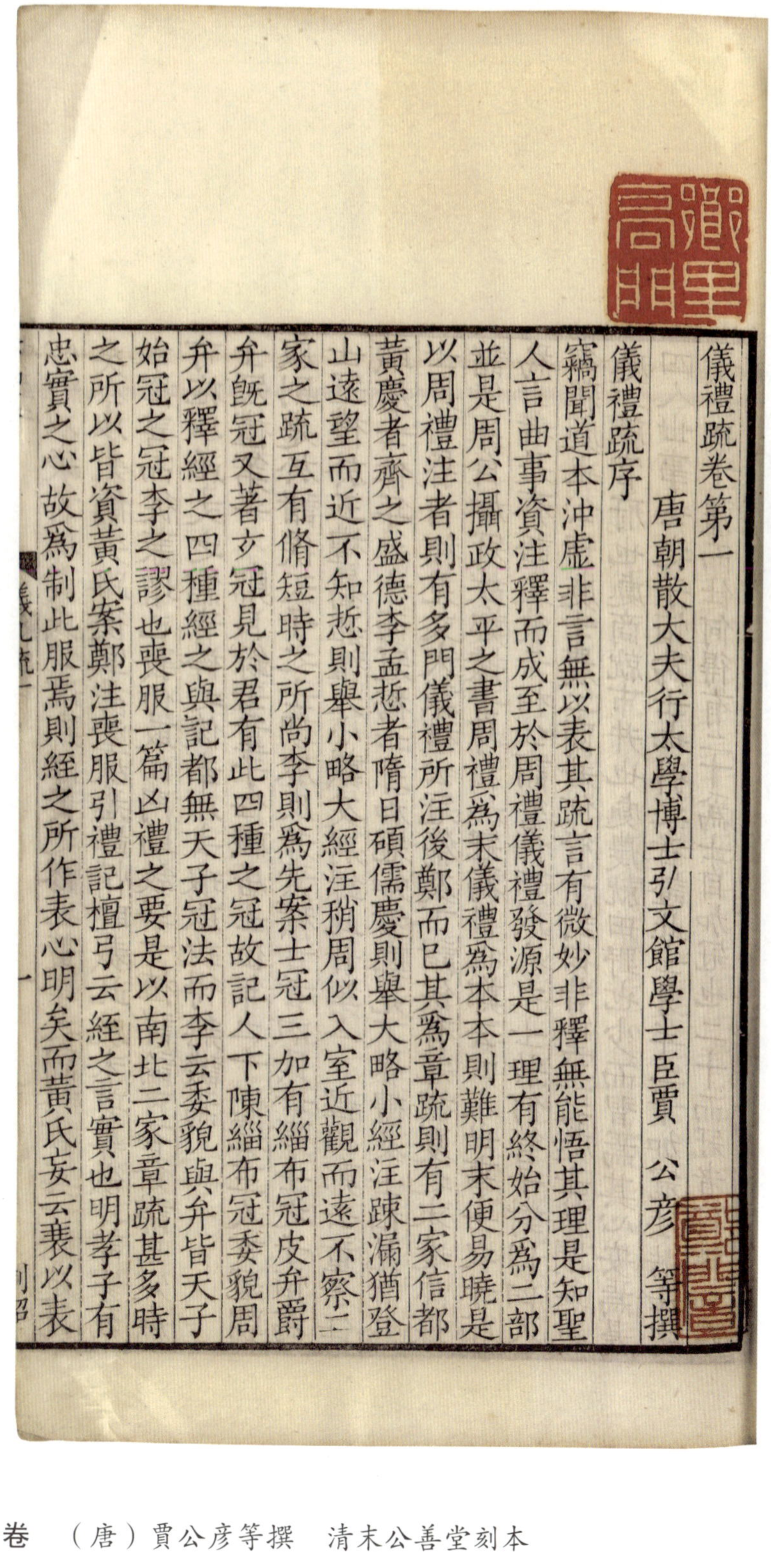

儀禮疏五十卷　（唐）賈公彦等撰　清末公善堂刻本

框高22.2厘米，廣16.4厘米。半葉十五行，行二十七字，白口，左右雙邊。8册。鈐"鄉里高朋"白文印、"鄭闇"朱文印、"華陽鄭氏百瞻樓珍藏圖籍"白文印、"但恨微志未展"朱文印等。

三級 209jingpu208

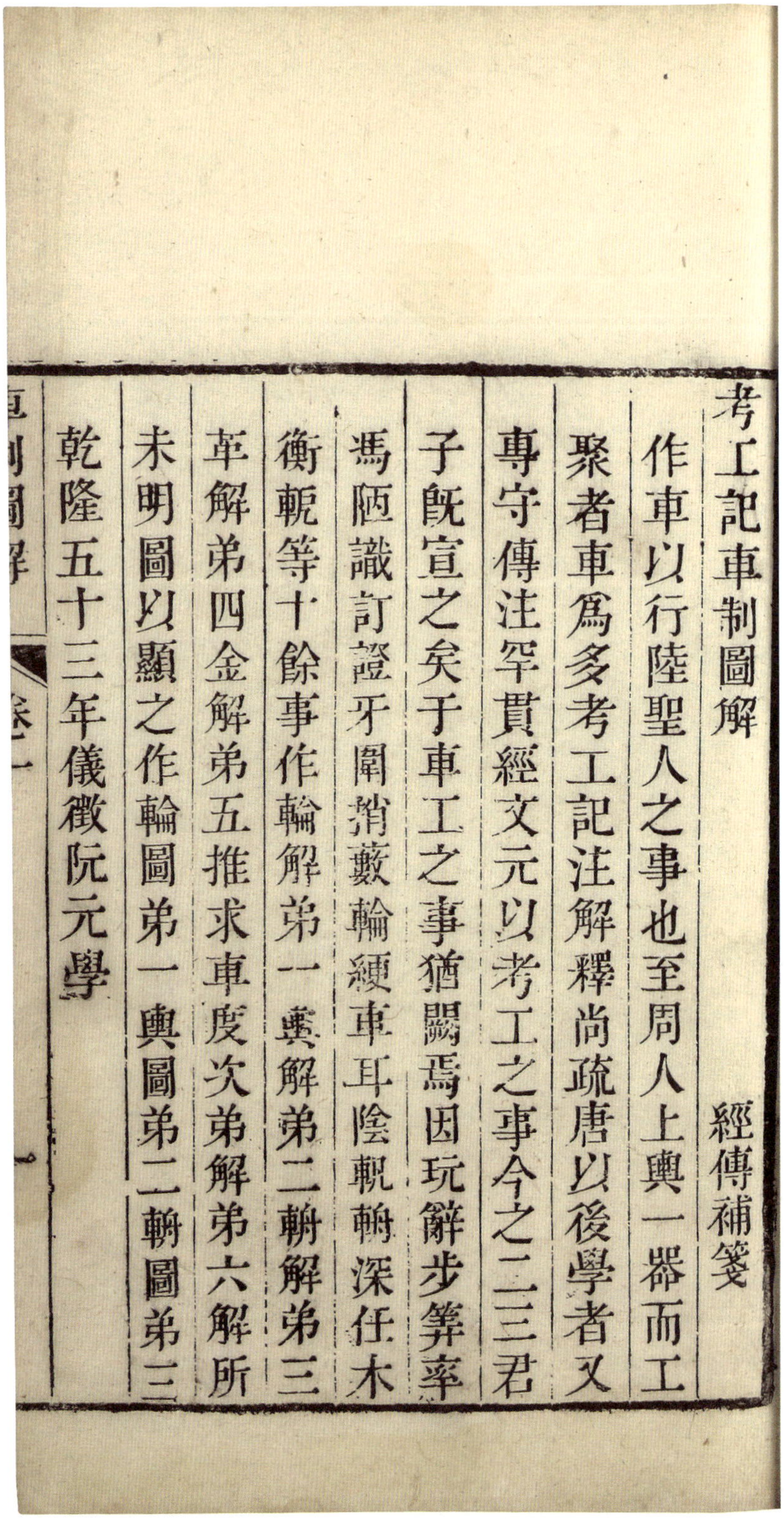
考工記車制圖解　經傳補箋
作車以行陸聖人之事也至周人上輿一器而工
聚者車爲多考工記注解釋尚疏唐以後學者又
專守傳注罕貫經文元以考工之事今之二三君
子既宣之矣于車工之事猶闕焉因玩辭步筭率
馮陋識訂證牙圍捎藪輪綆車耳陰軓輈深任木
衡軛等十餘事作輪解弟一輿解弟二輈解弟三
革解弟四金解弟五推求車度次弟解弟六解所
未明圖以顯之作輪圖弟一輿圖弟二輈圖弟三
乾隆五十三年儀徵阮元學
車制圖解　卷一

考工記車制圖解二卷　（清）阮元撰　清乾隆五十三年（1788）七禄書館刻本

框高 18.5 厘米，廣 14 厘米。半葉十行，行二十字，小字雙行同，白口，四周單邊。1 册。

shan343

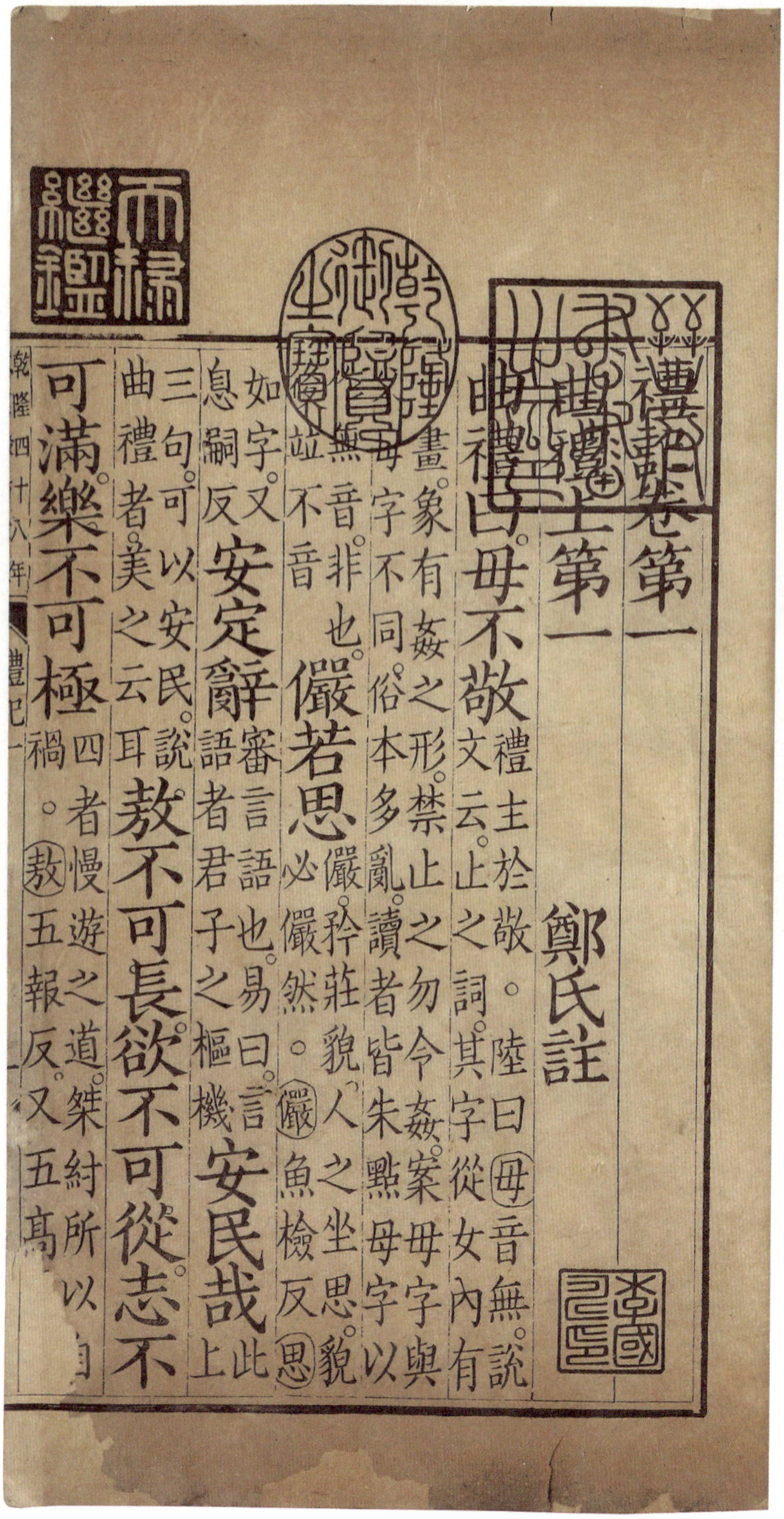

禮記二十卷附考證 （漢）鄭玄註 清乾隆四十八年（1783）武英殿刻仿宋相臺五經本
框高20.3厘米，廣13.4厘米。半葉八行，行十七字，小字雙行同，白口，四周雙邊。10册。
shan345

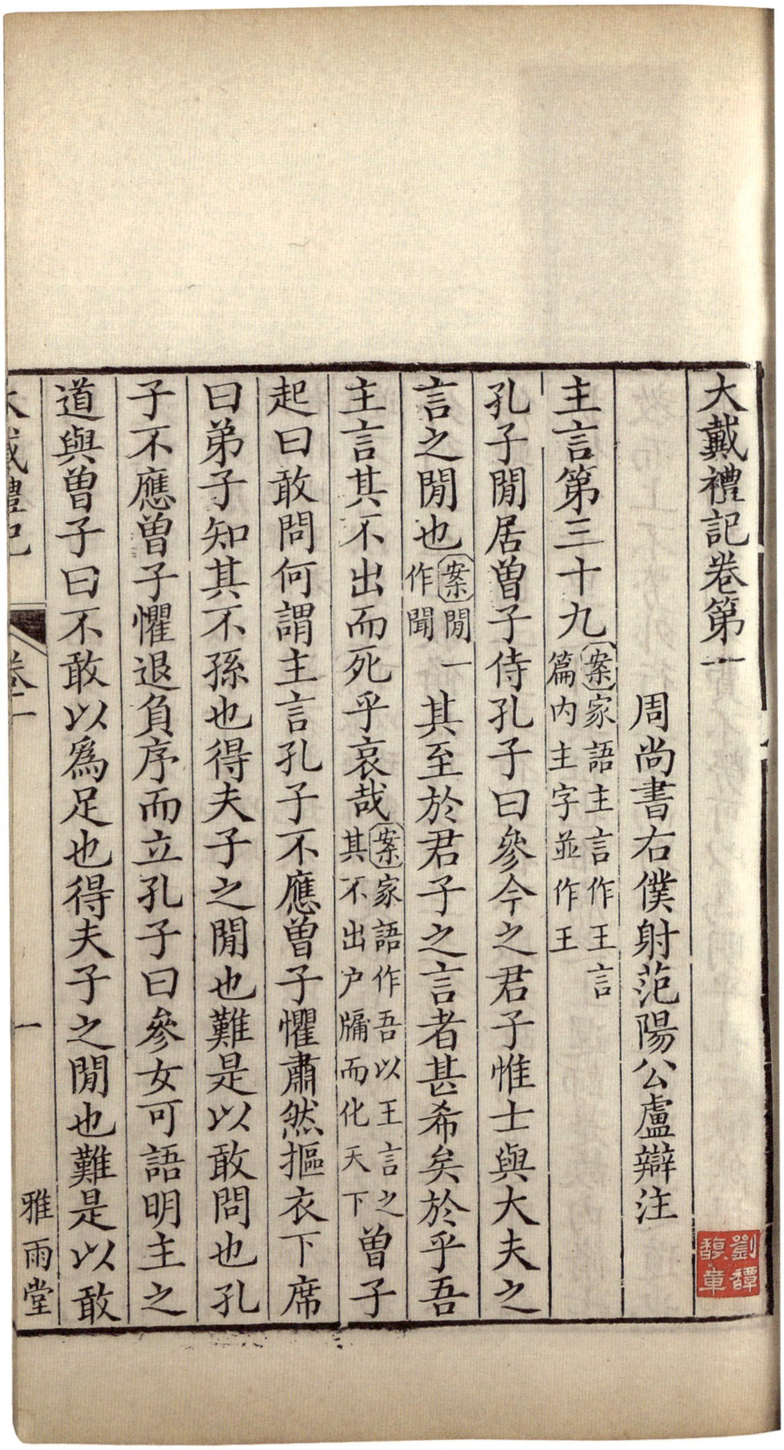
大戴禮記卷第一　　周尚書右僕射范陽公盧辯注
主言第三十九（案）家語主言作王言篇内主字竝作王
孔子閒居曾子侍孔子曰參今之君子惟士與大夫之
言之閒也（案）閒一作聞　其至於君子之言者甚希矣於乎吾
主言其不出而死乎哀哉（案）家語作吾以王言之其不出戶牖而化天下　曾子
起曰敢問何謂主言孔子不應曾子懼肅然摳衣下席
曰弟子知其不孫也得夫子之閒也難是以敢問也孔
子不應曾子懼退負序而立孔子曰參女可語明主之
道與曾子曰不敢以爲足也得夫子之閒也難是以敢
大戴禮記　卷一　一　雅雨堂

大戴禮記十三卷　（漢）戴德撰　（北周）盧辯注　清乾隆二十五年（1760）盧氏刻雅雨堂叢書本

框高 18 厘米，廣 14.3 厘米。半葉十行，行二十一字，小字雙行同，白口，四周單邊。2 册。鈐“劉禫馥章”白文印。

shan372

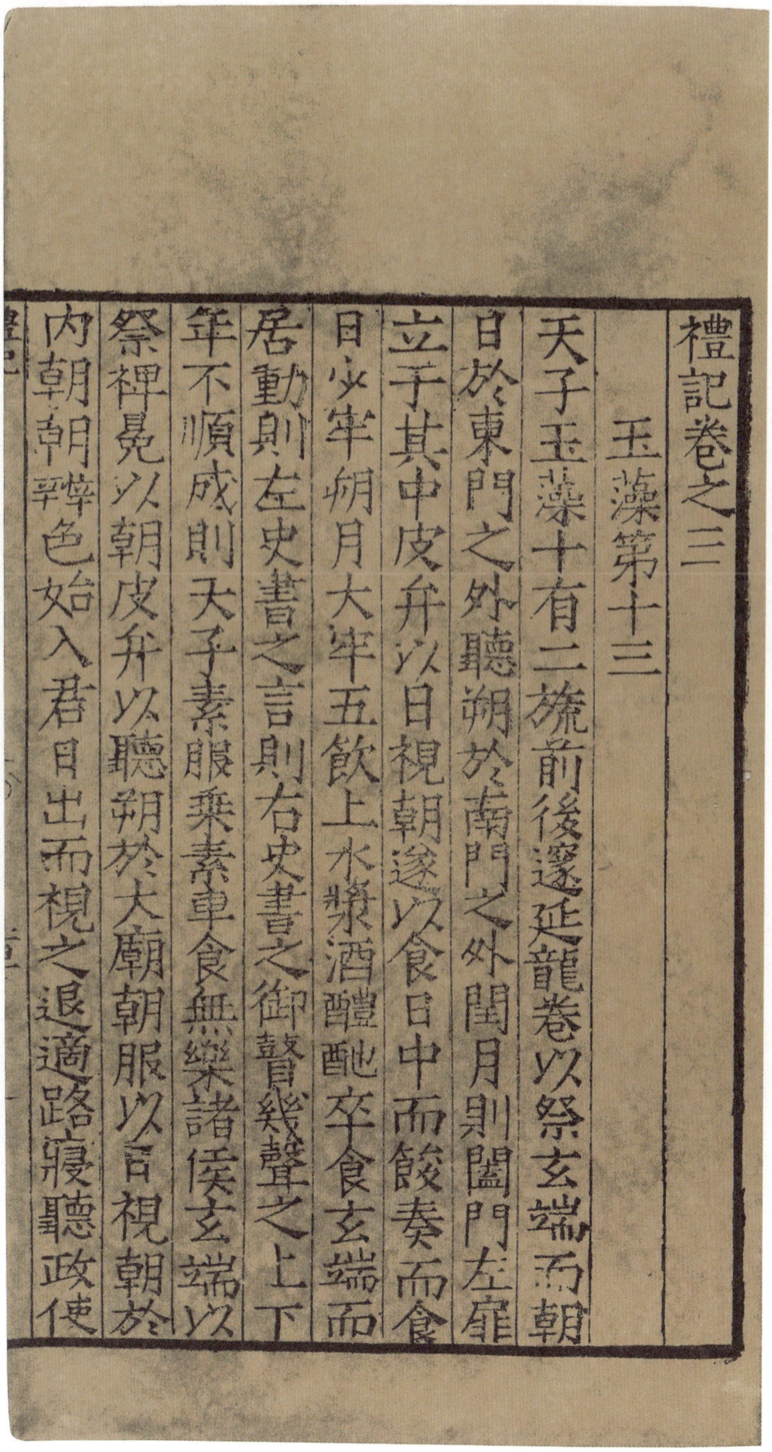
禮記卷之三
玉藻第十三
天子玉藻十有二旒前後邃延龍卷以祭玄端而朝
日於東門之外聽朔於南門之外閏月則闔門左扉
立于其中皮弁以日視朝遂以食日中而餕奏而食
日少牢朔月大牢五飲上水漿酒醴酏卒食玄端而
居動則左史書之言則右史書之御瞽幾聲之上下
年不順成則天子素服乘素車食無樂諸侯玄端以
祭裨冕以朝皮弁以聽朔於大廟朝服以日視朝於
內朝朝辨色始入君日出而視之退適路寢聽政使

禮記十卷 （漢）鄭玄注 明嘉靖刻本

框高 20 厘米，廣 14.3 厘米。半葉十行，行二十字，白口，四周單邊。5 册。

shan437

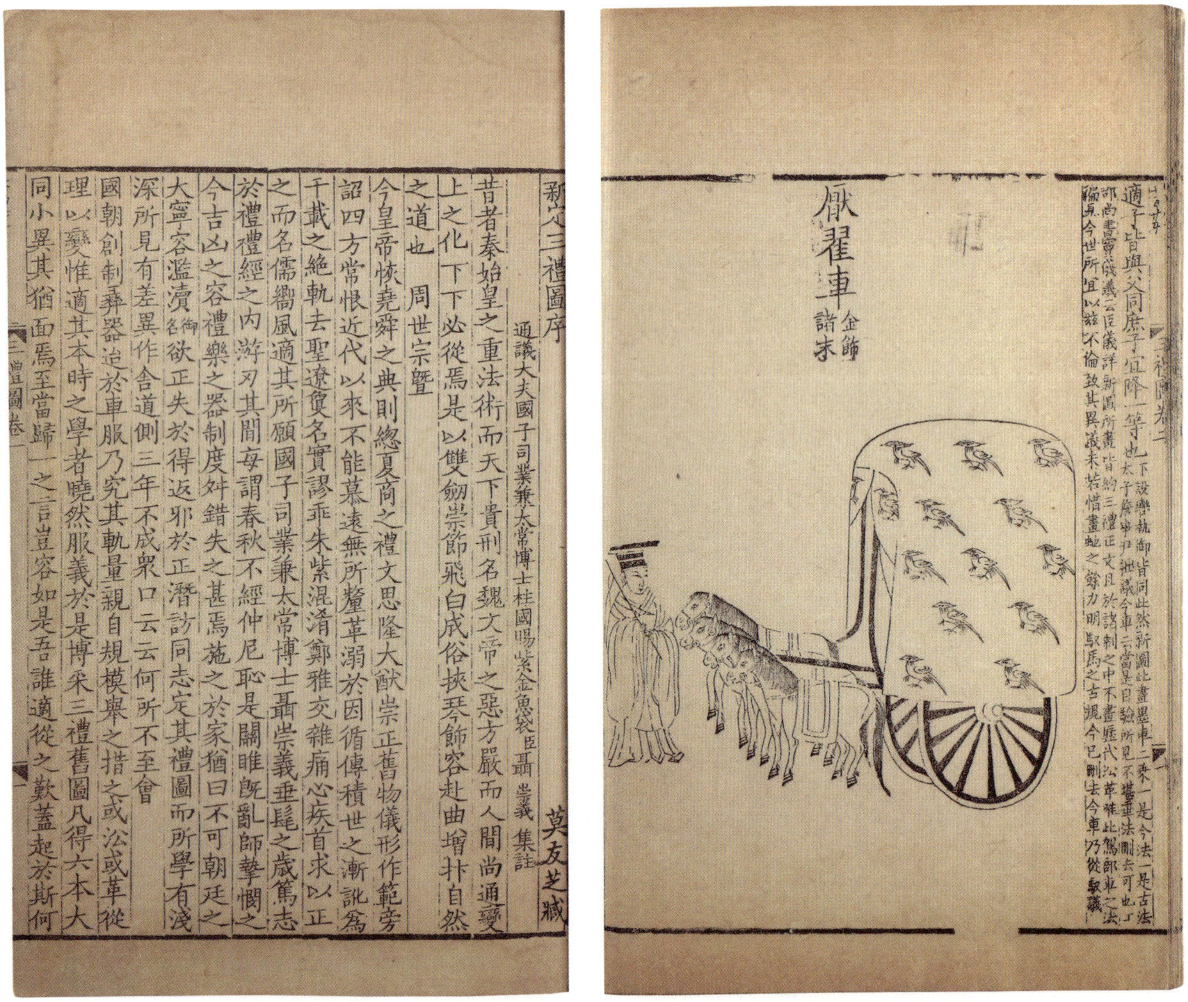

新定三禮圖二十卷　（清）聶崇義集註　清康熙十九年（1680）刻通志堂經解本

框高 22.1 厘米，廣 16.6 厘米。半葉十六行，行二十八字，白口，四周單邊。4 册。鈐“敬宇達存”朱文印。

shan519

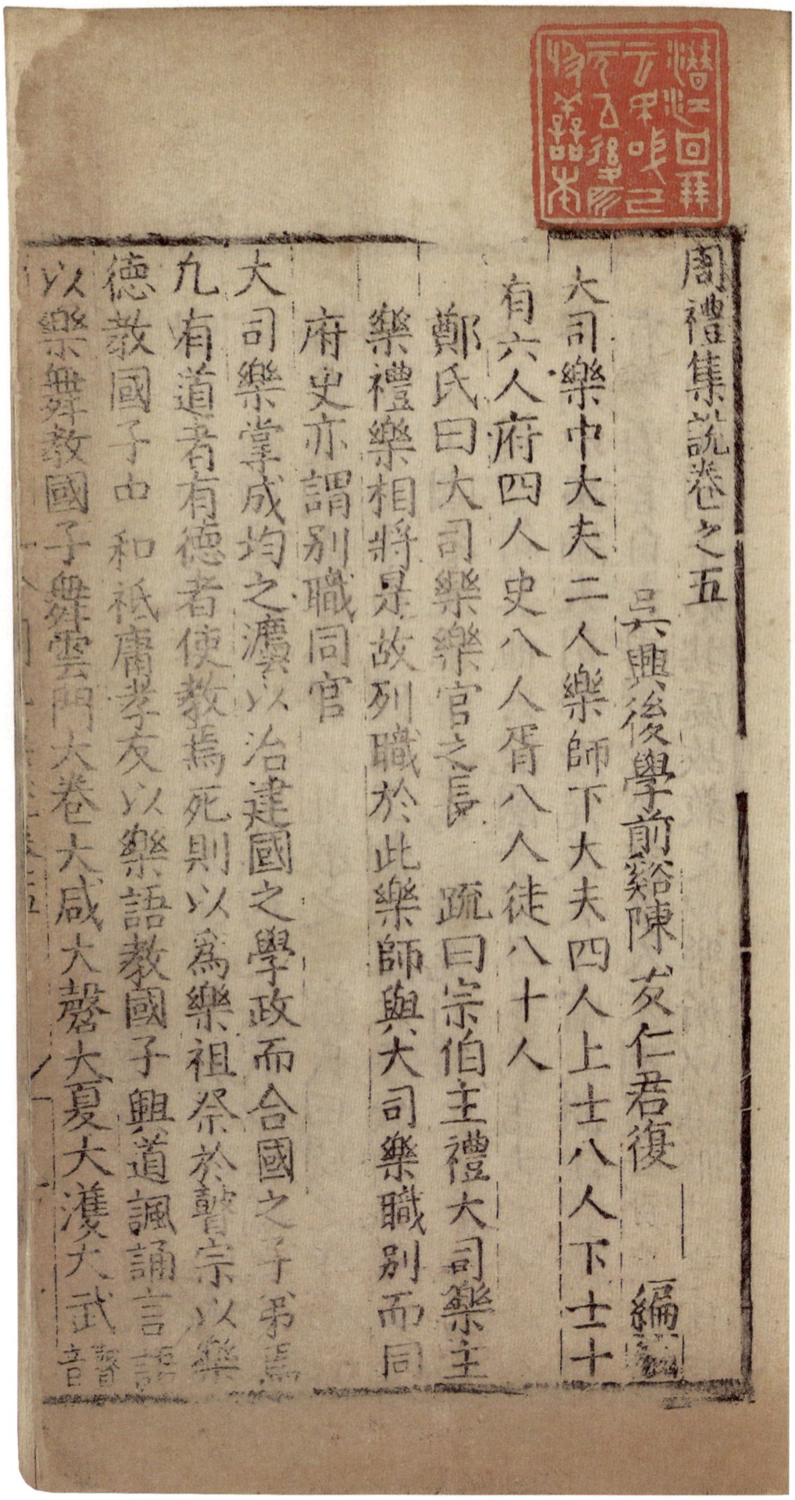

周禮集説卷之五
吳興後學前谿陳友仁君復　編
大司樂中大夫二人樂師下大夫四人上士八人下士十
有六人府四人史八人胥八人徒八十人
鄭氏曰大司樂樂官之長　疏曰宗伯主禮大司樂主
樂禮樂相將是故列職於此樂師與大司樂職別而同
府史亦謂別職同官
大司樂掌成均之灋以治建國之學政而合國之子弟焉
凡有道者有德者使教焉死則以爲樂祖祭於瞽宗以樂
德教國子中和祗庸孝友以樂語教國子興道諷誦言語
以樂舞教國子舞雲門大卷大咸大磬大夏大濩大武音瞽

周禮集説十一卷　（元）陳友仁編輯　明刻本

框高 20 厘米，廣 12.9 厘米。半葉十一行，行二十二字，白口，四周單邊。4 册。鈐“潛江甘鵬雲民國己亥以後所得善本”白文印。存四卷（五至八）。

shan659

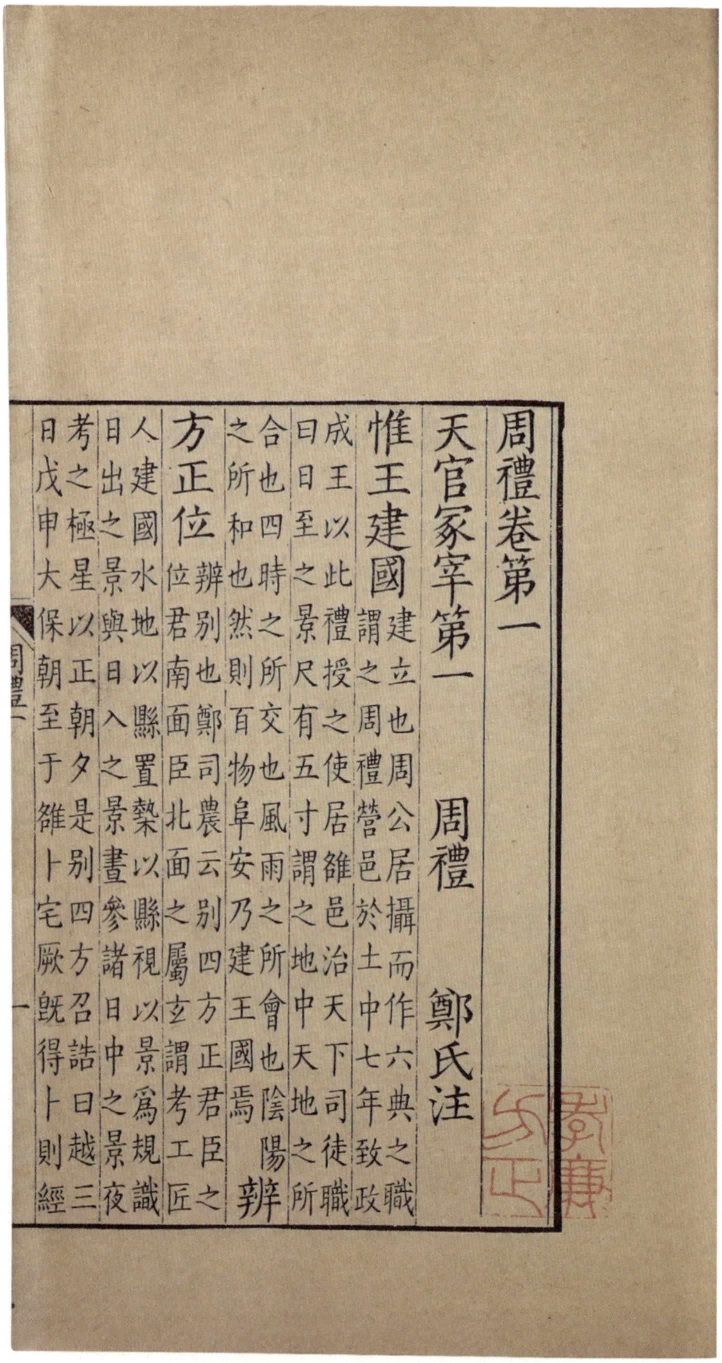
周禮卷第一
天官冢宰第一　周禮　鄭氏注
惟王建國建立也周公居攝而作六典之職謂之周禮營邑於土中七年致政成王以此禮授之使居雒邑治天下司徒職曰日至之景尺有五寸謂之地中天地之所合也四時之所交也風雨之所會也陰陽之所和也然則百物阜安乃建王國焉辨方正位辨別也鄭司農云別四方正君臣之位君南面臣北面之屬玄謂考工匠人建國水地以縣置槷以縣視以景爲規識日出之景與日入之景晝參諸日中之景夜考之極星以正朝夕是別四方召誥曰越三日戊申大保朝至于雒卜宅厥既得卜則經
周禮一　一

周禮鄭氏注十二卷附札記六卷　（漢）鄭玄注　清嘉慶二十三年（1818）士禮居刻本

框高 17.5 厘米，廣 12 厘米。半葉八行，行十七字，小字雙行同，白口，左右雙邊。6 册。鈐“孝廉方正”朱文印。

shan710

【春秋類】

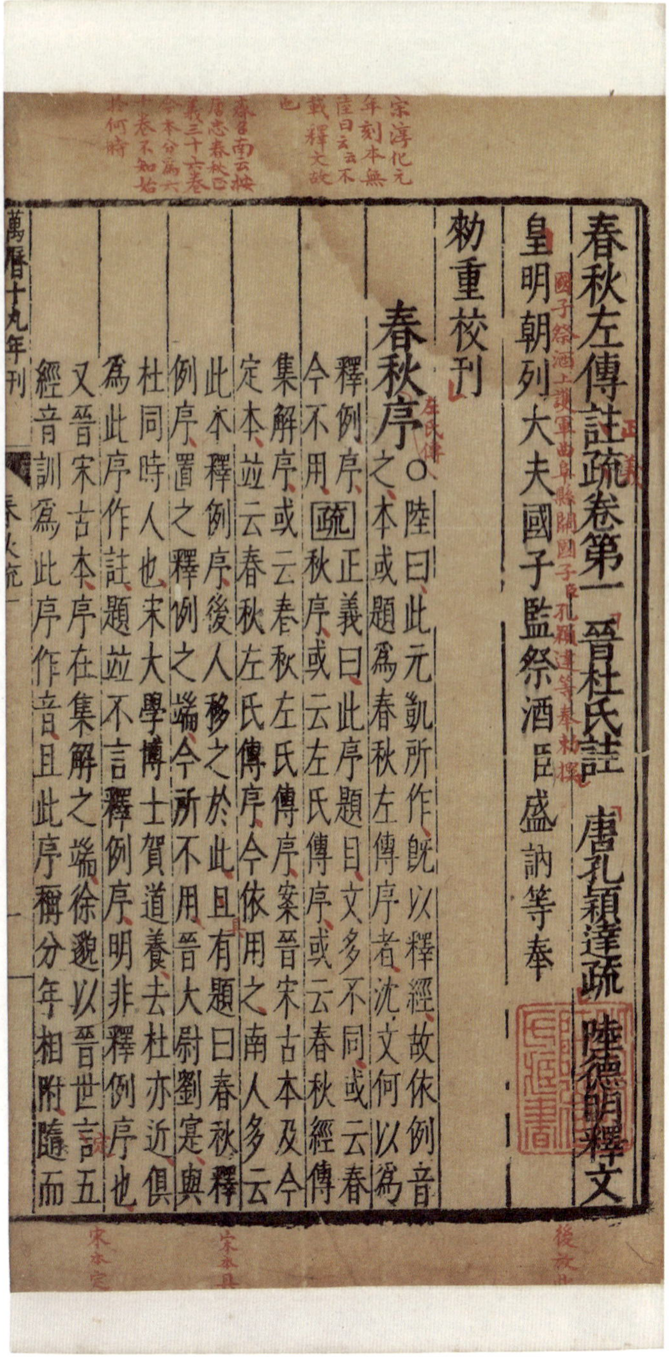

春秋左傳註疏六十卷 （晋）杜預註 （唐）孔穎達疏 （唐）陸德明釋文 明萬曆十九年（1591）北京國子監刻本

框高 22.3 厘米，廣 14.3 厘米。半葉九行，行二十一字，小字雙行同，白口，左右雙邊。10 册。鈐“順情理學吃虧”朱文印、“山陰師岢氏藏書”朱文印、“張之原氏懷本”白文印等。存十九卷（一至十九）。

二級 234shan357

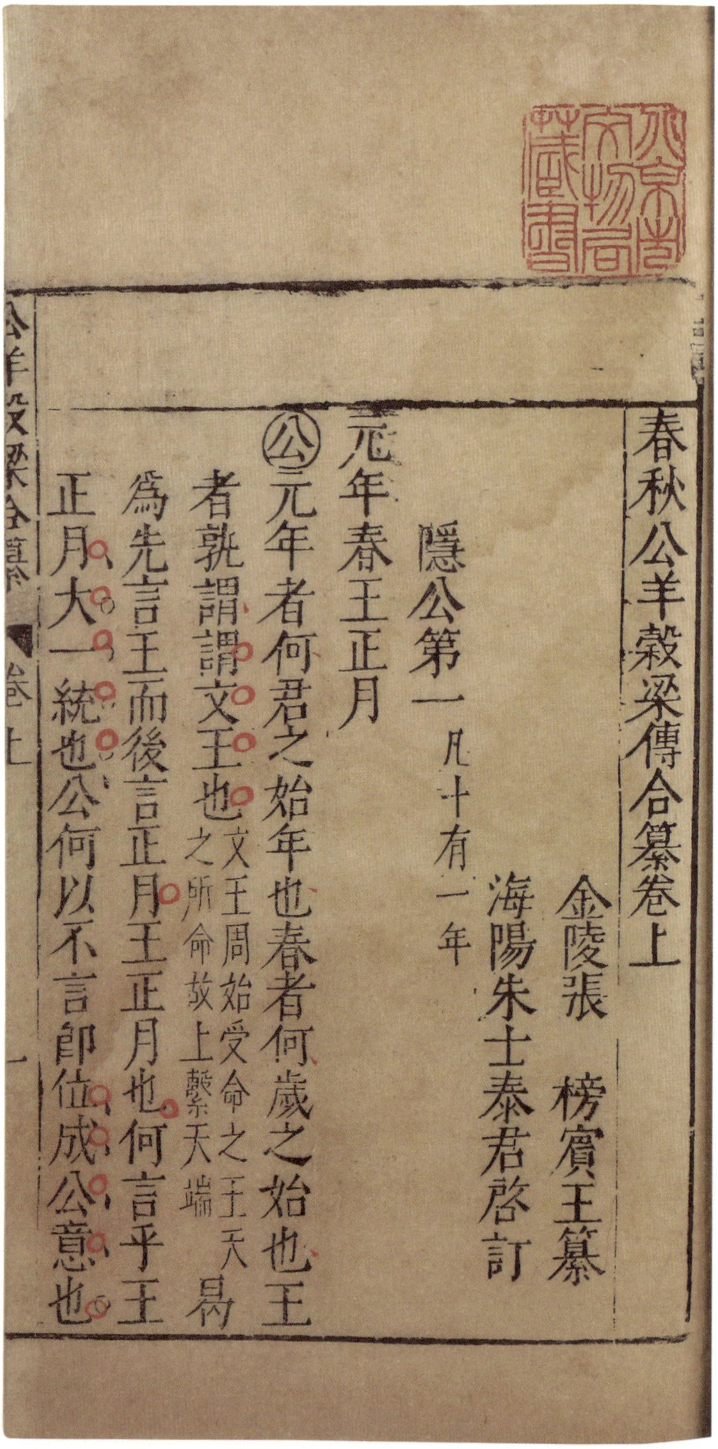

春秋公羊穀梁傳合纂卷上

金陵張　榜賓王纂

海陽朱士泰君啓訂

隱公第一　凡十有一年

元年春王正月

公　元年者何君之始年也春者何歲之始也王者孰謂謂文王也文王周始受命之王天之所命故上繫天端曷爲先言王而後言正月王正月也何言乎王正月大一統也公何以不言卽位成公意也

公羊穀梁合纂　卷上　一

春秋公羊穀梁傳合纂二卷　（明）張榜纂　（明）朱士泰訂　明萬曆刻本

框高 17.8 厘米，廣 12.8 厘米。半葉上下兩欄，下欄九行，行十八字，小字雙行同，白口，四周單邊，無格。4 册。鈐“求定齋式子新賢籍”白文印。

二級 265shan505

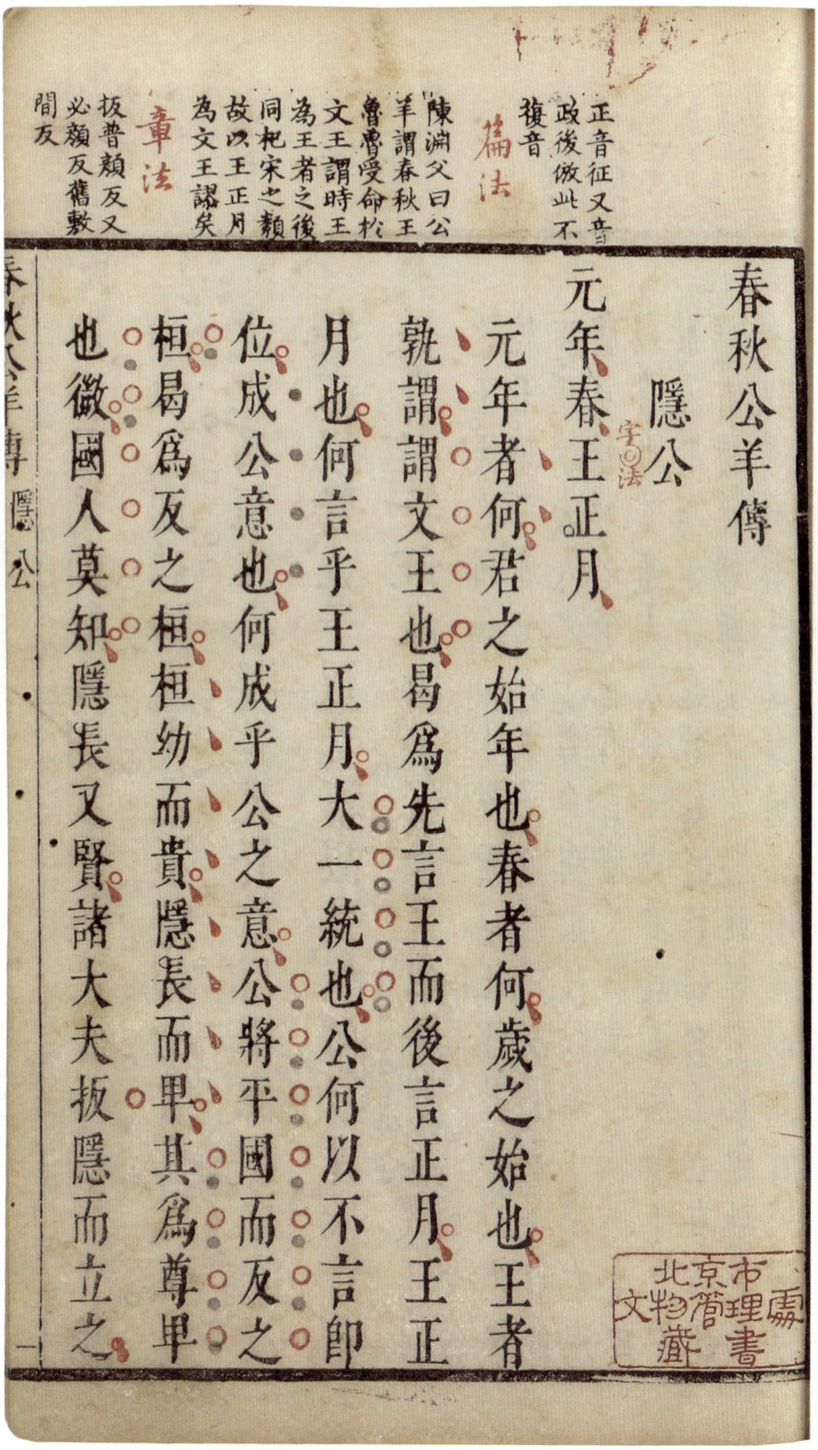

春秋公羊傳不分卷附攷一卷 （漢）何休解詁 （明）閔齊伋裁注 明天啓元年（1621）閔氏刻朱墨藍套印本

框高 20.9 厘米，廣 14.5 厘米。半葉九行，行十九字，小字雙行，白口，四周單邊。4 册。鈐“尚論古人”白文印。

二級 266shan511

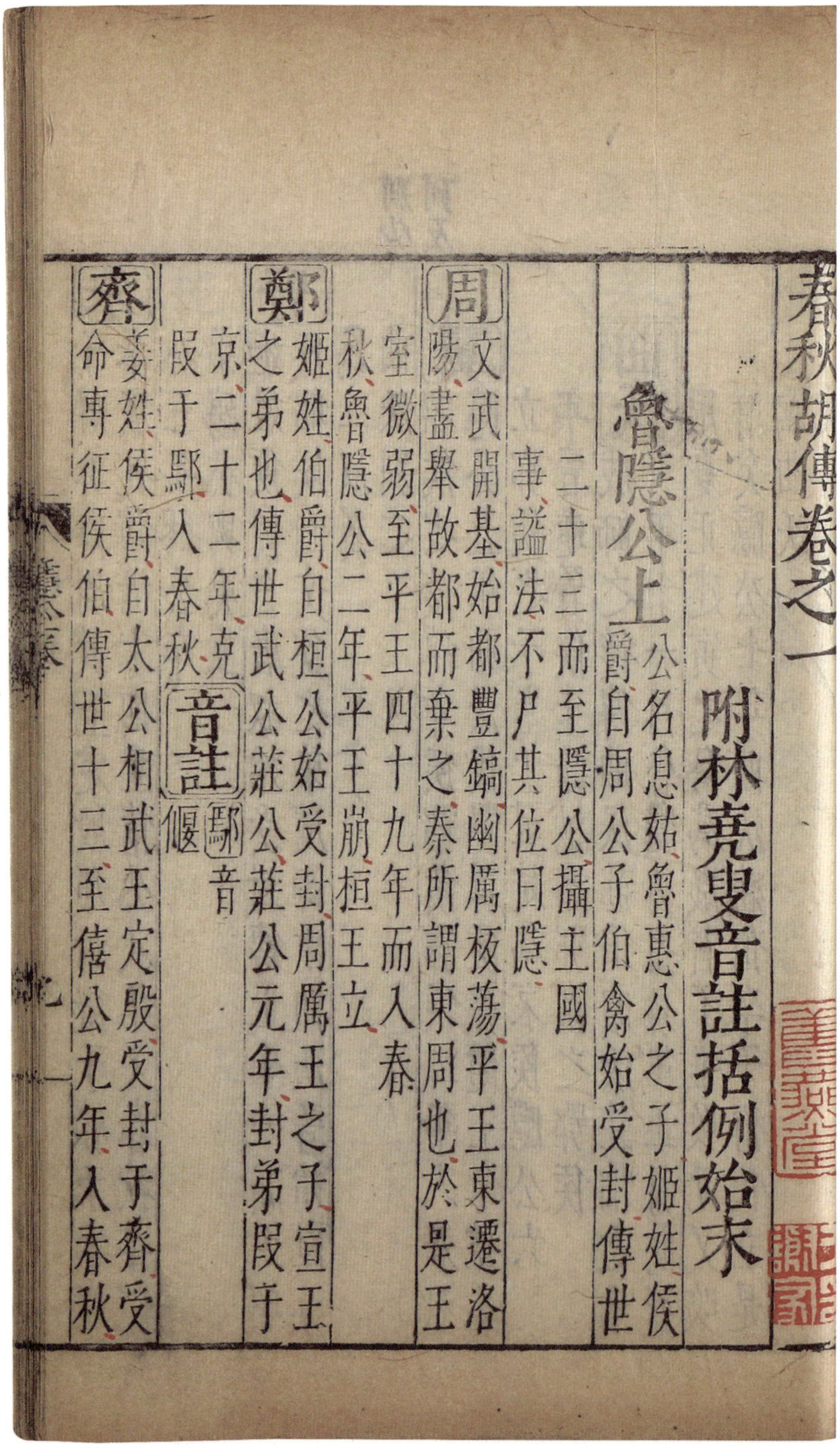
春秋胡傳卷之一
附林堯叟音註括例始末
魯隱公上 公名息姑魯惠公之子姬姓侯爵自周公子伯禽始受封傳世二十三而至隱公攝主國事謚法不尸其位曰隱
周 文武開基始都豐鎬幽厲板蕩平王東遷洛陽盡舉故都而棄之秦所謂東周也於是王室微弱至平王四十九年而入春秋魯隱公二年平王崩桓王立
鄭 姬姓伯爵自桓公始受封周厲王之子宣王之弟也傳世武公莊公莊公元年封弟段于京二十二年克段于鄢入春秋 音註 鄢音偃
齊 姜姓侯爵自太公相武王定殷受封于齊受命專征侯伯傳世十三至僖公九年入春秋

春秋胡傳三十卷　（宋）胡安國傳　**音註括例始末**　（明）林堯叟音注　明末閔齊伋刻本

框高 18.5 厘米，廣 13.7 厘米。半葉九行，行十八字，小字雙行同，白口，四周單邊。6 册。鈐“舊燕堂”朱文印、“王謝家印”白文印等。

二級 282shan616

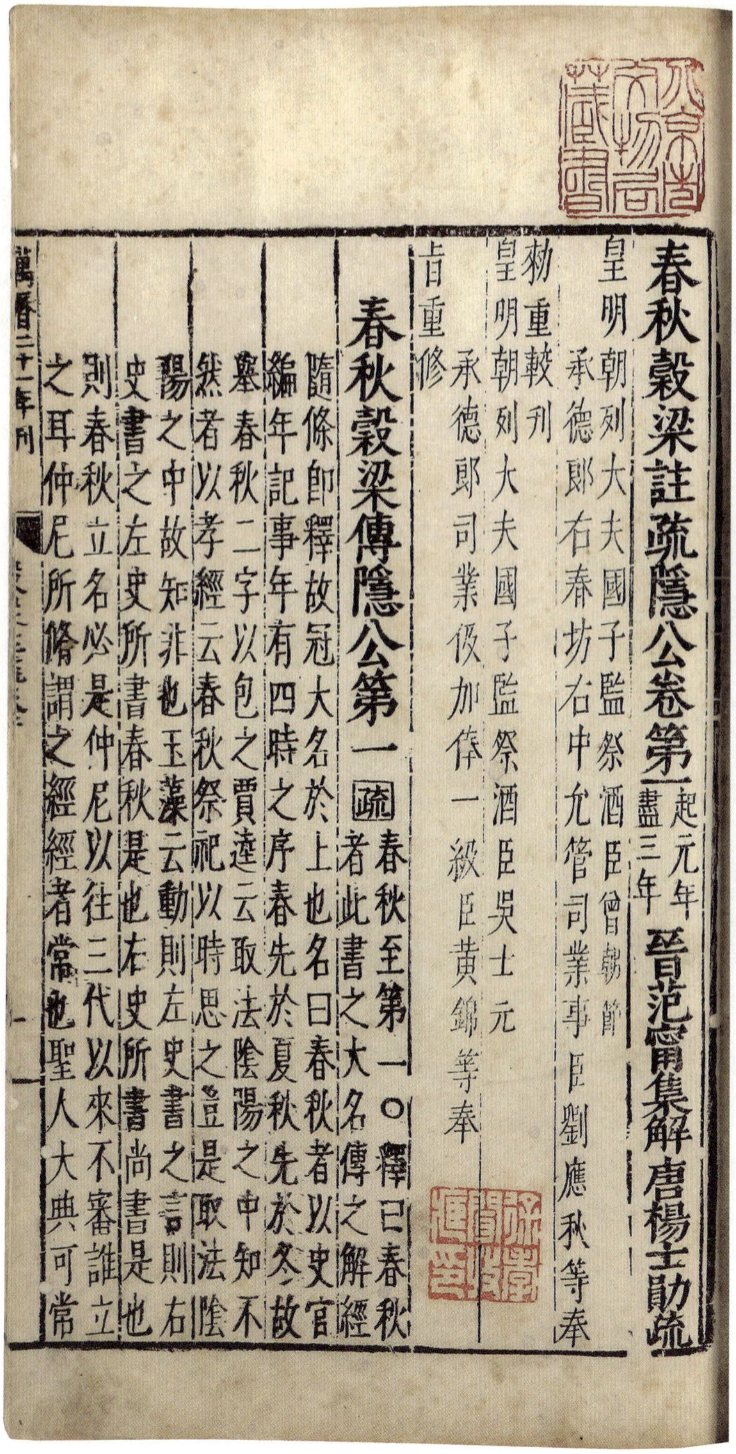
春秋穀梁註疏隱公卷第一 起元年盡三年 晉范甯集解 唐楊士勛疏
皇明朝列大夫國子監祭酒臣曾朝節
承德郎右春坊右中允管司業事臣劉應秋等奉
勑重較刊
皇明朝列大夫國子監祭酒臣吳士元
承德郎司業仍加俸一級臣黄錦等奉
旨重修
春秋穀梁傳隱公第一 疏 春秋至第一○釋曰春秋者此書之大名傳之解經隨條即釋故冠大名於上也名曰春秋者以史官編年記事年有四時之序春先於夏秋先於冬故舉春秋二字以包之賈逵云取法陰陽之中知不然者以孝經云春秋祭祀以時思之是取法陰陽之中故知非也玉藻云動則左史書之言則右史書之左史所書春秋是也右史所書尚書是也則春秋立名必是仲尼以往三代以來不審誰立之耳仲尼所修謂之經經者常也聖人大典可常
萬曆二十一年刊

春秋穀梁註疏二十卷　（晉）范甯集解　（唐）楊士勛疏　明萬曆二十一年（1593）北京國子監刻本

框高 23 厘米，廣 14.4 厘米。半葉九行，行二十一字，小字雙行同，白口，左右雙邊。12 册。鈐“徐學聞收藏印”白文印、“思易草廬曾藏”白文印。

二級 296shan794

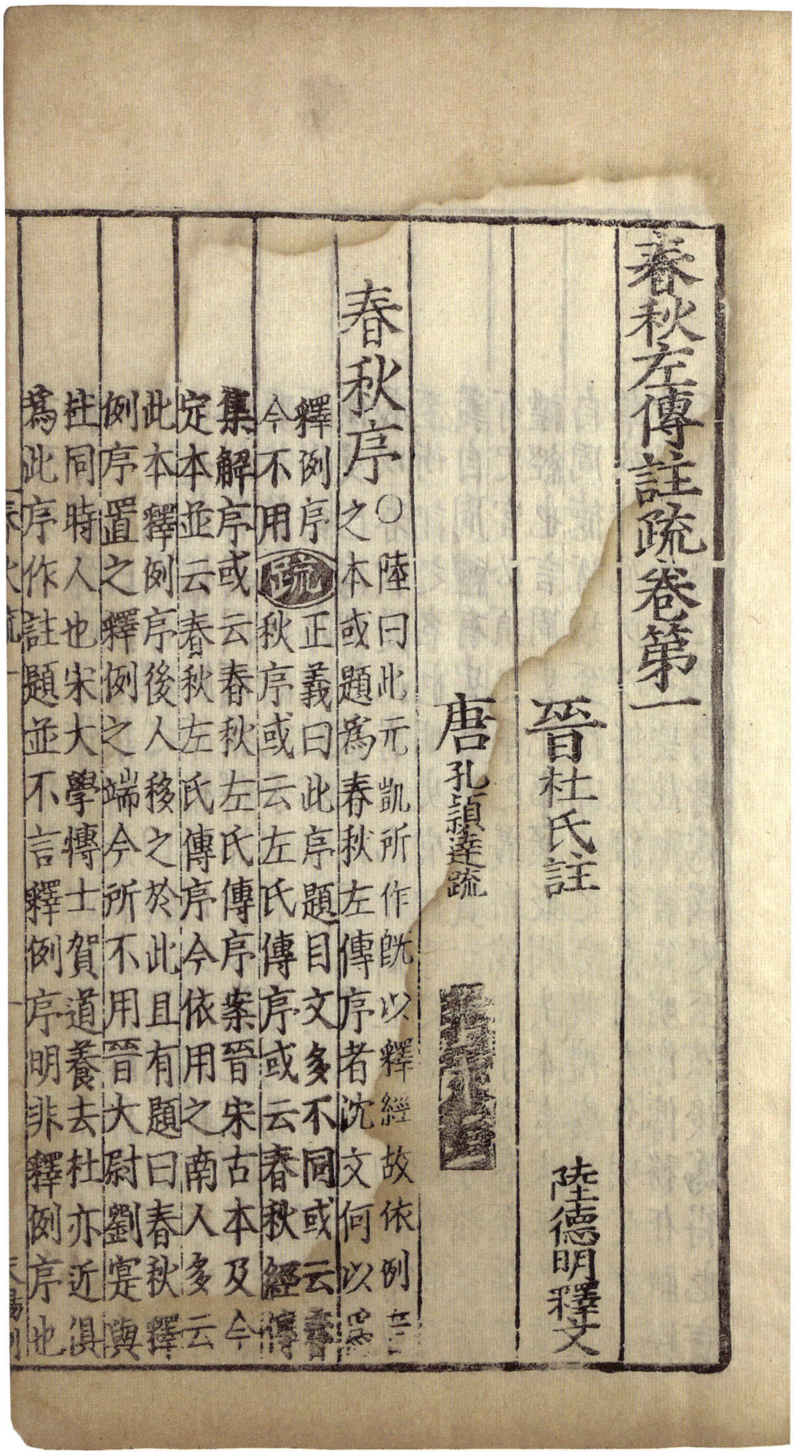

春秋左傳註疏六十卷 （晋）杜預註 （唐）孔穎達疏 （唐）陸德明釋文 明嘉靖李元陽刻十三經注疏本

框高20.6厘米，廣12.6厘米。半葉八行，行二十字，小字雙行同，白口，四周單邊。12册。存三十一卷（一至三十一）。

三級 3k15

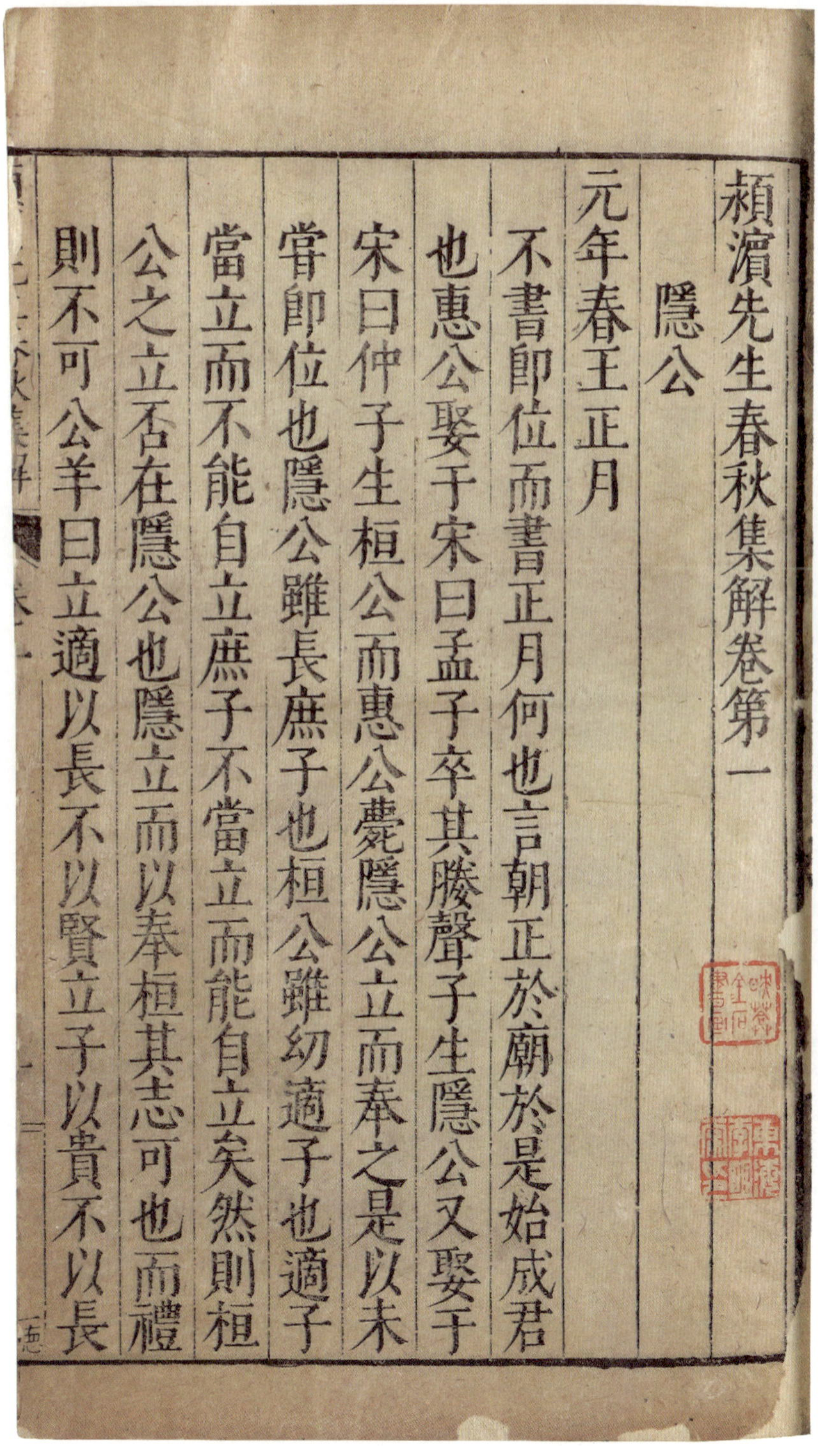
潁濱先生春秋集解卷第一
隱公
元年春王正月
不書即位而書正月何也言朝正於廟於是始成君
也惠公娶于宋曰孟子卒其媵聲子生隱公又娶于
宋曰仲子生桓公而惠公薨隱公立而奉之是以末
嘗即位也隱公雖長庶子也桓公雖幼適子也適子
當立而不能自立庶子不當立而能自立矣然則桓
公之立否在隱公也隱立而以奉桓其志可也而禮
則不可公羊曰立適以長不以賢立子以貴不以長

潁濱先生春秋集解十二卷　（宋）蘇轍撰　明萬曆二十五年（1597）金陵畢氏刻兩蘇經解本

框高 22.4 厘米，廣 15 厘米。半葉十行，行二十一字，白口，左右雙邊。4 册。鈐“東海李明常印”白文印、“映弇金石書畫”朱文印等。

三級 159shan669

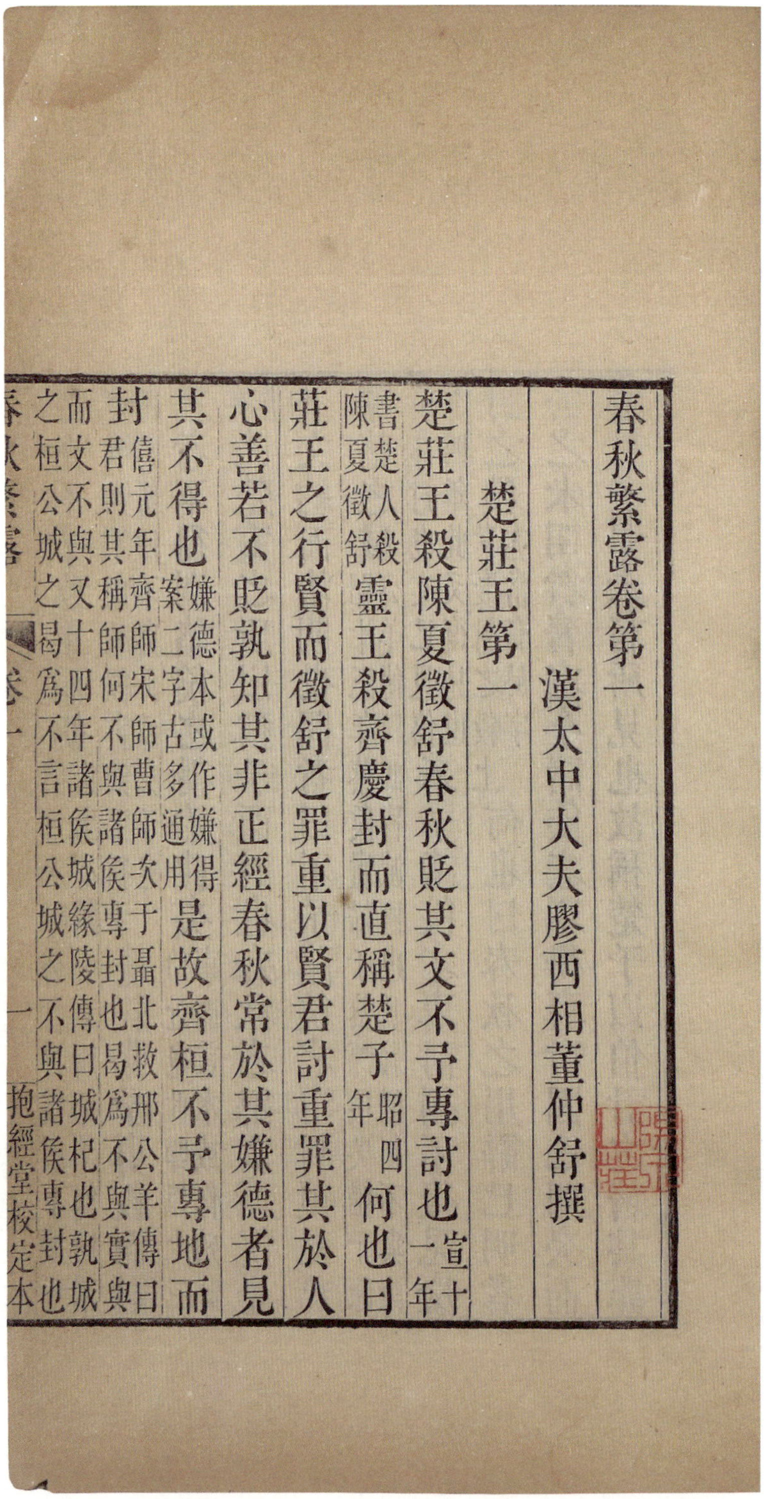

春秋繁露十七卷附一卷　（漢）董仲舒撰　（清）盧文弨校　清乾隆盧氏刻抱經堂叢書本

框高18.5厘米，廣13.2厘米。半葉十行，行二十字，小字雙行同，白口，左右雙邊。1册。鈐“陽泉山莊”朱文印。

shan255

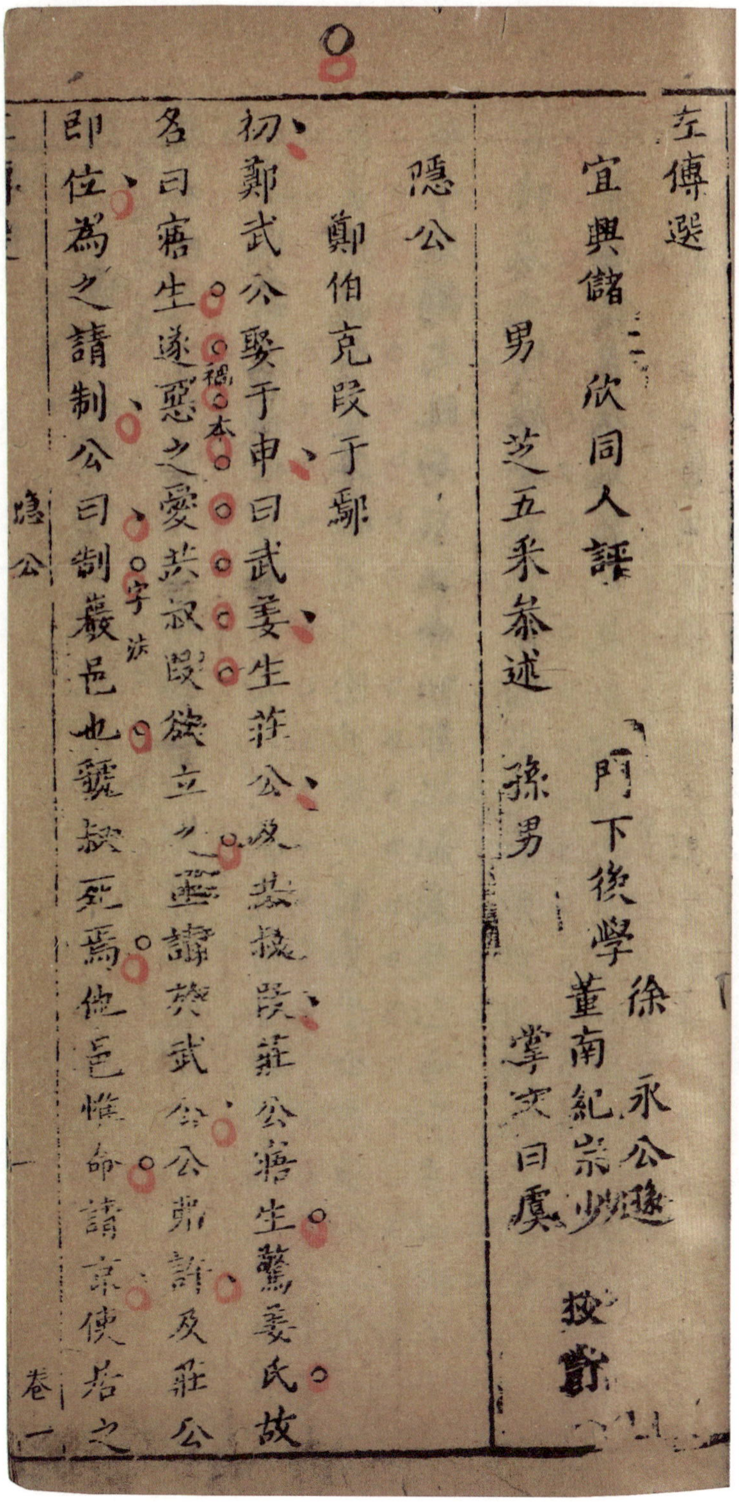

左傳選十四卷 （清）儲欣評 清雍正四年（1726）受祉堂刻本

框高 19.8 厘米，廣 11 厘米。半葉八行，行二十五字，小字雙行同，白口，左右雙邊，無格。8 册。

shan268

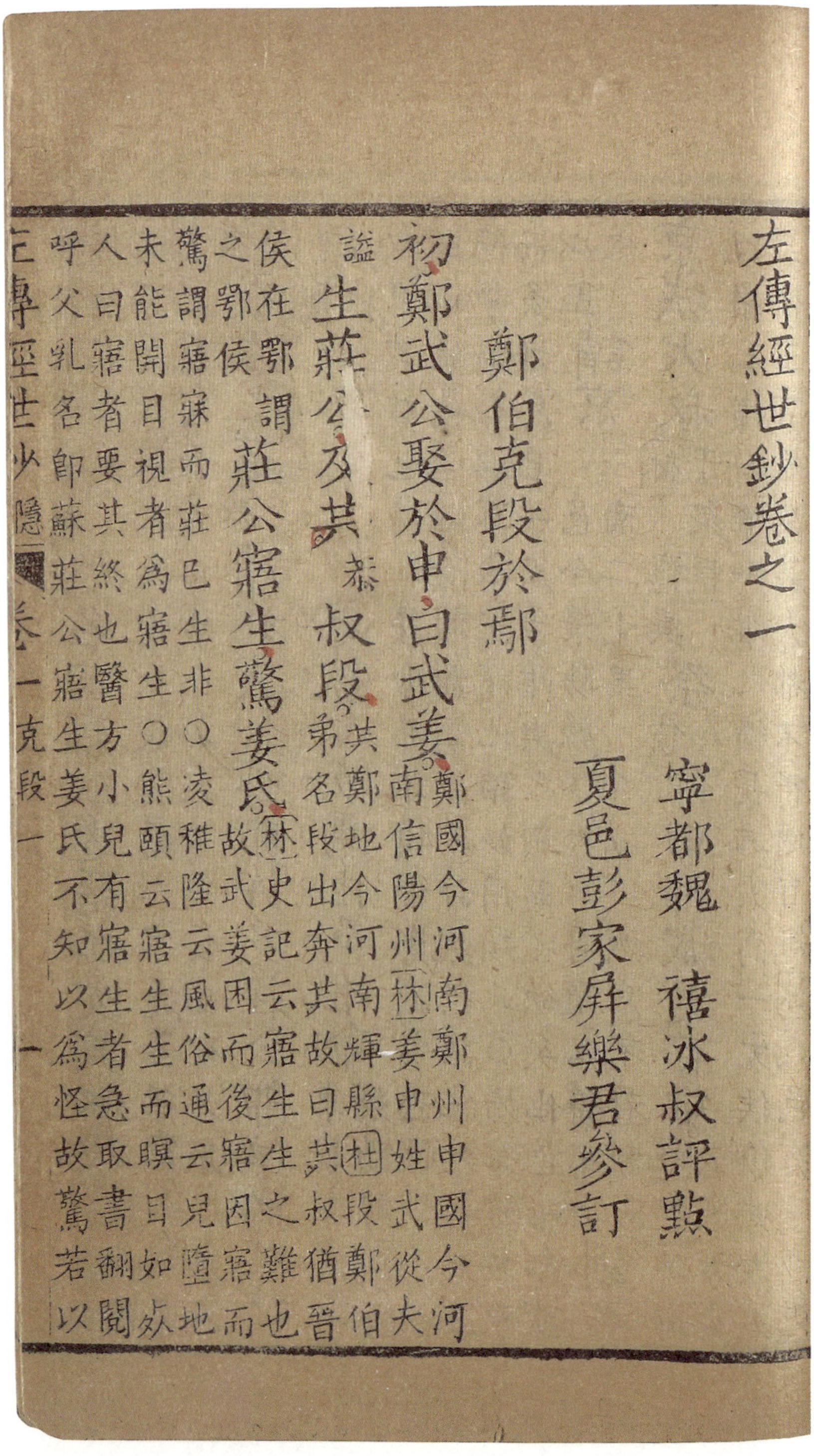

左傳經世鈔卷之一

寧都魏　禧冰叔評點

夏邑彭家屛樂君參訂

鄭伯克段於鄢

初鄭武公娶於申曰武姜鄭國今河南鄭州申國今河南信陽州[林]姜申姓武從夫諡生莊公及共恭叔段共鄭地今河南輝縣[杜]段鄭伯弟名段出奔共故曰共叔猶晉侯在鄂謂之鄂侯莊公寤生驚姜氏[林]史記云寤生生之難也故武姜困而後寤因寤而驚謂寤寐而莊巳生非○凌稚隆云風俗通云兒墮地未能開目視者為寤生○熊頭云寤生生而瞑目如欻人曰寤者要其終也醫方小兒有寤生者急取書翻閱呼父乳名即蘇莊公寤生姜氏不知以為怪故驚若以

左傳經世鈔　隱　卷一　克段　一

左傳經世鈔二十三卷　（清）魏禧評點　（清）彭家屏參訂　清乾隆十三年（1748）彭家屏刻本

框高 19.3 厘米，廣 14 厘米。半葉九行，行二十一字，小字雙行同，白口，左右雙邊，無格。12 册。

shan294

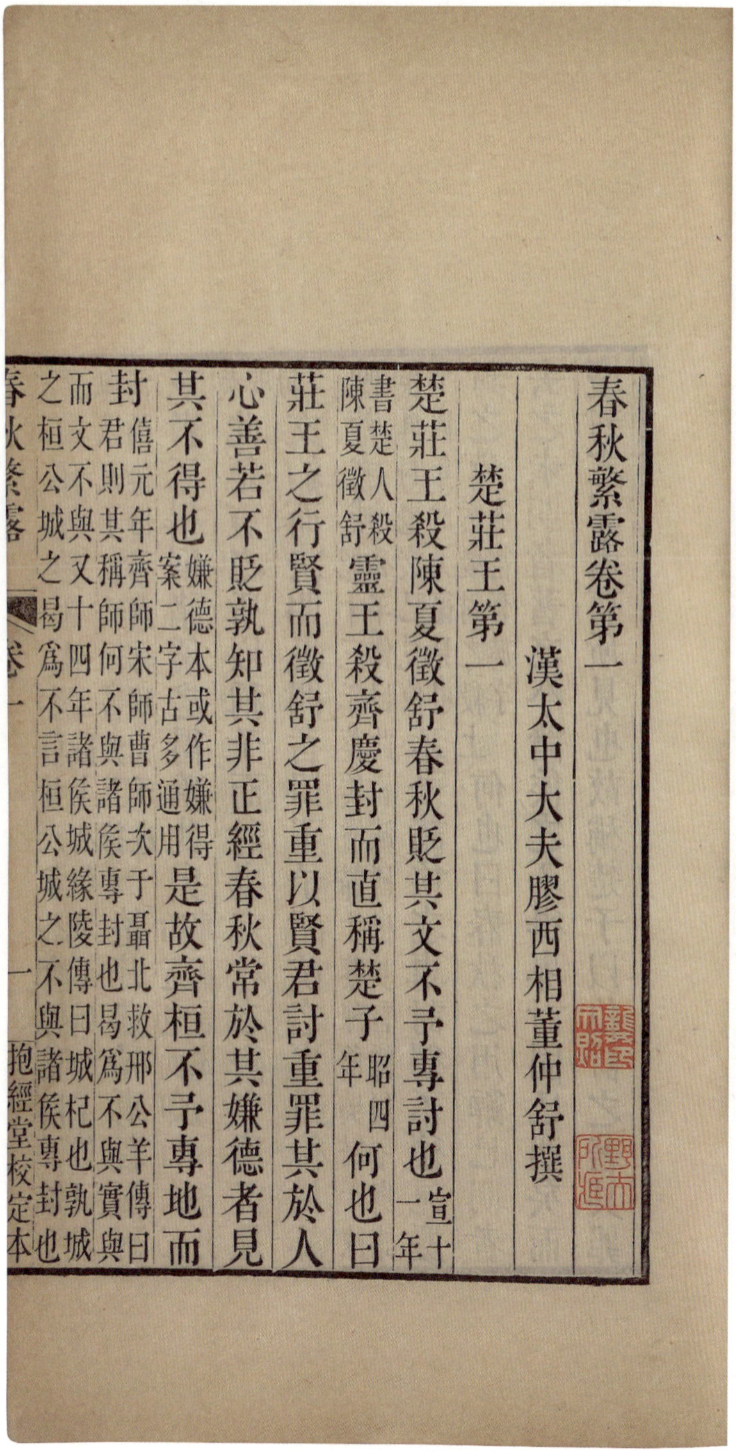
春秋繁露卷第一
漢太中大夫膠西相董仲舒撰
楚莊王第一
楚莊王殺陳夏徵舒春秋貶其文不予專討也宣十一年
書楚人殺陳夏徵舒靈王殺齊慶封而直稱楚子昭四年何也曰
莊王之行賢而徵舒之罪重以賢君討重罪其於人
心善若不貶孰知其非正經春秋常於其嫌德者見
其不得也嫌德本或作嫌得案二字古多通用是故齊桓不予專地而
封僖元年齊師宋師曹師次于聶北救邢公羊傳曰君則其稱師何不與諸侯專封也曷爲不與實與
而文不與又十四年諸侯城緣陵傳曰城杞也孰城之桓公城之曷爲不言桓公城之不與諸侯專封也
春秋繁露　卷一　一　抱經堂校定本

春秋繁露十七卷　（漢）董仲舒撰　清乾隆刻抱經堂叢書本

框高 18.5 厘米，廣 13.2 厘米。半葉十行，行二十字，小字雙行同，白口，左右雙邊。2 册。鈐“野夫所藏”朱文印、“龔文照印”白文印、“群玉山房藏書記”朱文印等。

shan314

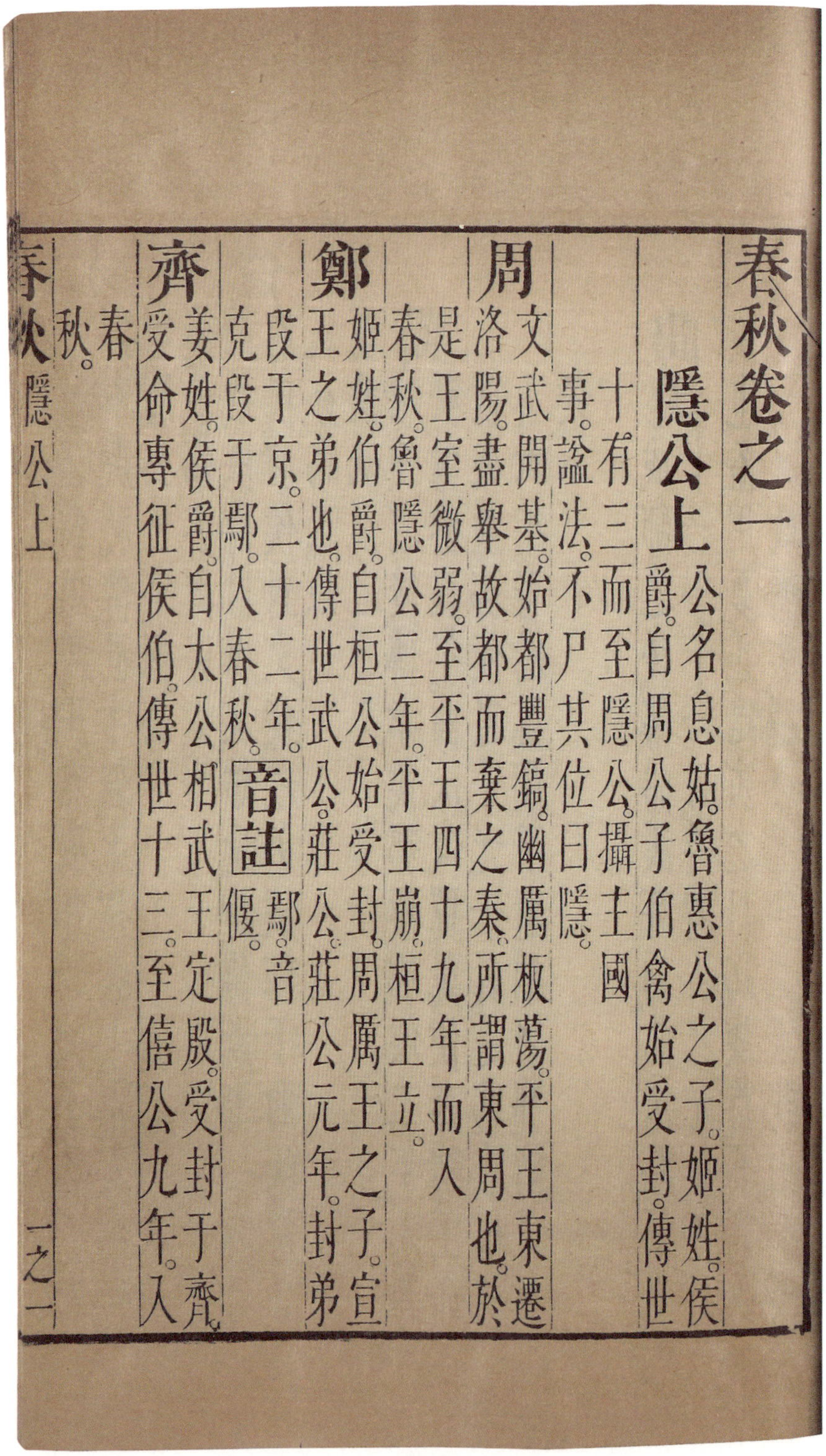

春秋三十卷綱領一卷諸國興廢說一卷提要一卷　（宋）胡安國注　清康熙刻本

框高 20.5 厘米，廣 14.8 厘米。半葉九行，行十七字，小字雙行同，白口，四周單邊。5 册。

shan322

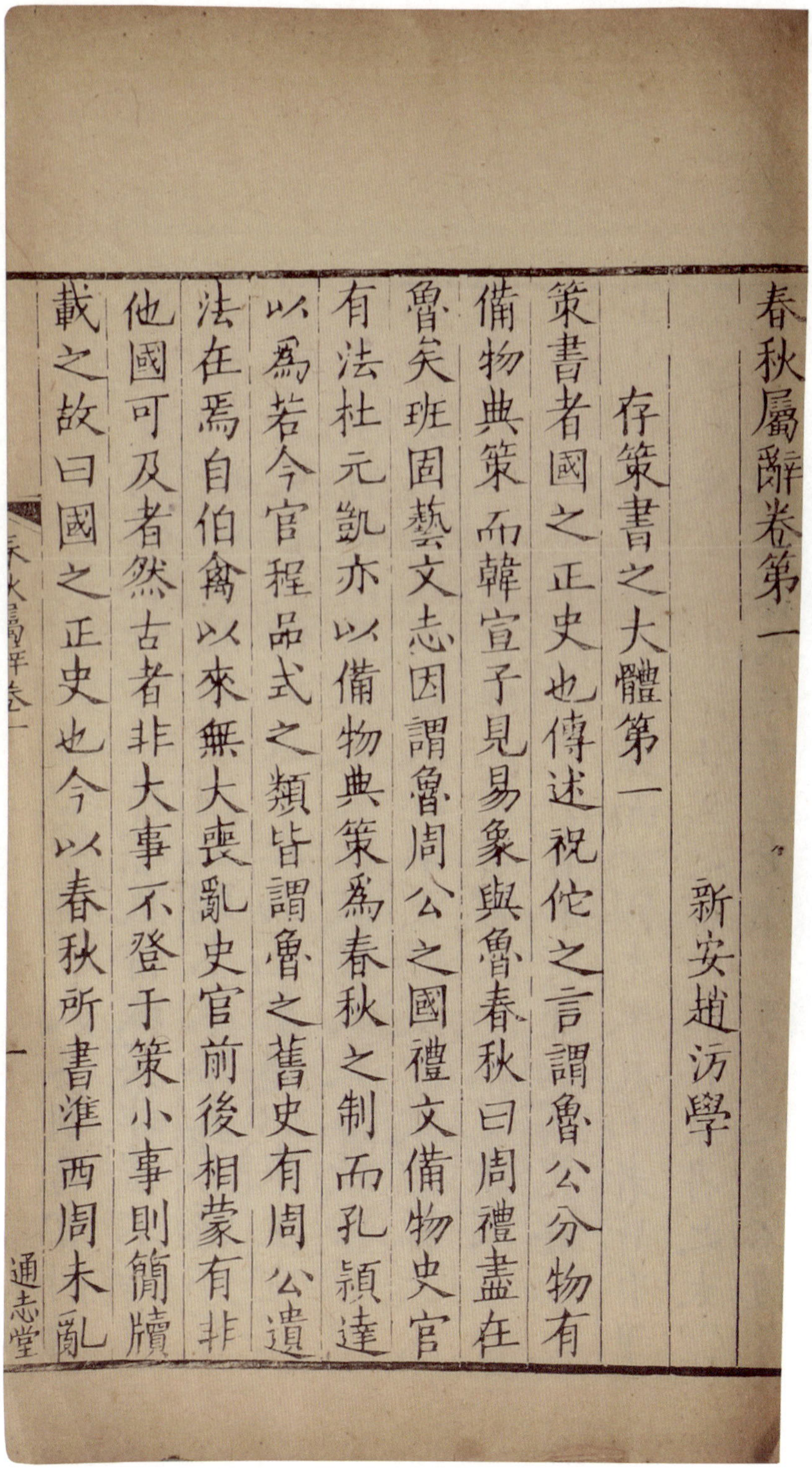

春秋屬辭卷第一

新安趙汸學

存策書之大體第一

策書者國之正史也傳述祝佗之言謂魯公分物有備物典策而韓宣子見易象與魯春秋曰周禮盡在魯矣班固藝文志因謂魯周公之國禮文備物史官有法杜元凱亦以備物典策爲春秋之制而孔頴達以爲若今官程品式之類皆謂魯之舊史有周公遺法在焉自伯禽以來無大喪亂史官前後相蒙有非他國可及者然古者非大事不登于策小事則簡牘載之故曰國之正史也今以春秋所書凖西周末亂

春秋屬辭卷一　一　通志堂

春秋屬辭十五卷　（元）趙汸撰　（清）納蘭成德校訂　（清）鍾謙鈞重刊　清同治十二年（1873）刻通志堂經解本

框高 19.5 厘米，廣 15 厘米。半葉十一行，行二十字，白口，左右雙邊。5 册。

shan387

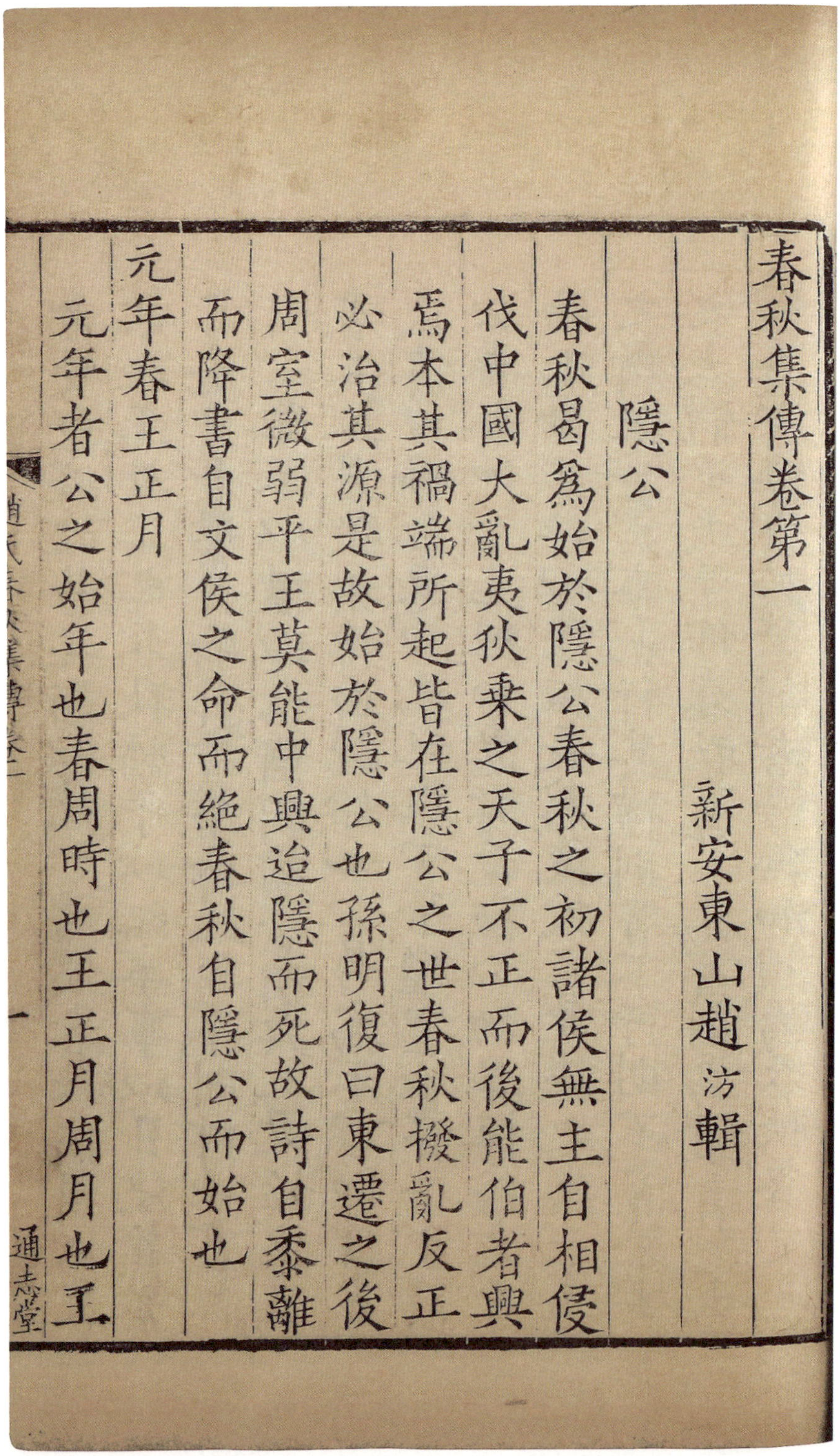

春秋集傳卷第一

新安東山趙汸輯

隱公

春秋曷爲始於隱公春秋之初諸侯無主自相侵伐中國大亂夷狄乘之天子不正而後能伯者興焉本其禍端所起皆在隱公之世春秋撥亂反正必治其源是故始於隱公也孫明復曰東遷之後周室微弱平王莫能中興迨隱而死故詩自黍離而降書自文侯之命而絕春秋自隱公而始也

元年春王正月

元年者公之始年也春周時也王正月周月也王

趙氏春秋集傳卷一　一　通志堂

春秋集傳十五卷　（元）趙汸輯　清康熙十九年（1680）刻通志堂經解本

框高 20 厘米，廣 15 厘米。半葉十一行，行二十字，白口，左右雙邊。6 册。

shan416

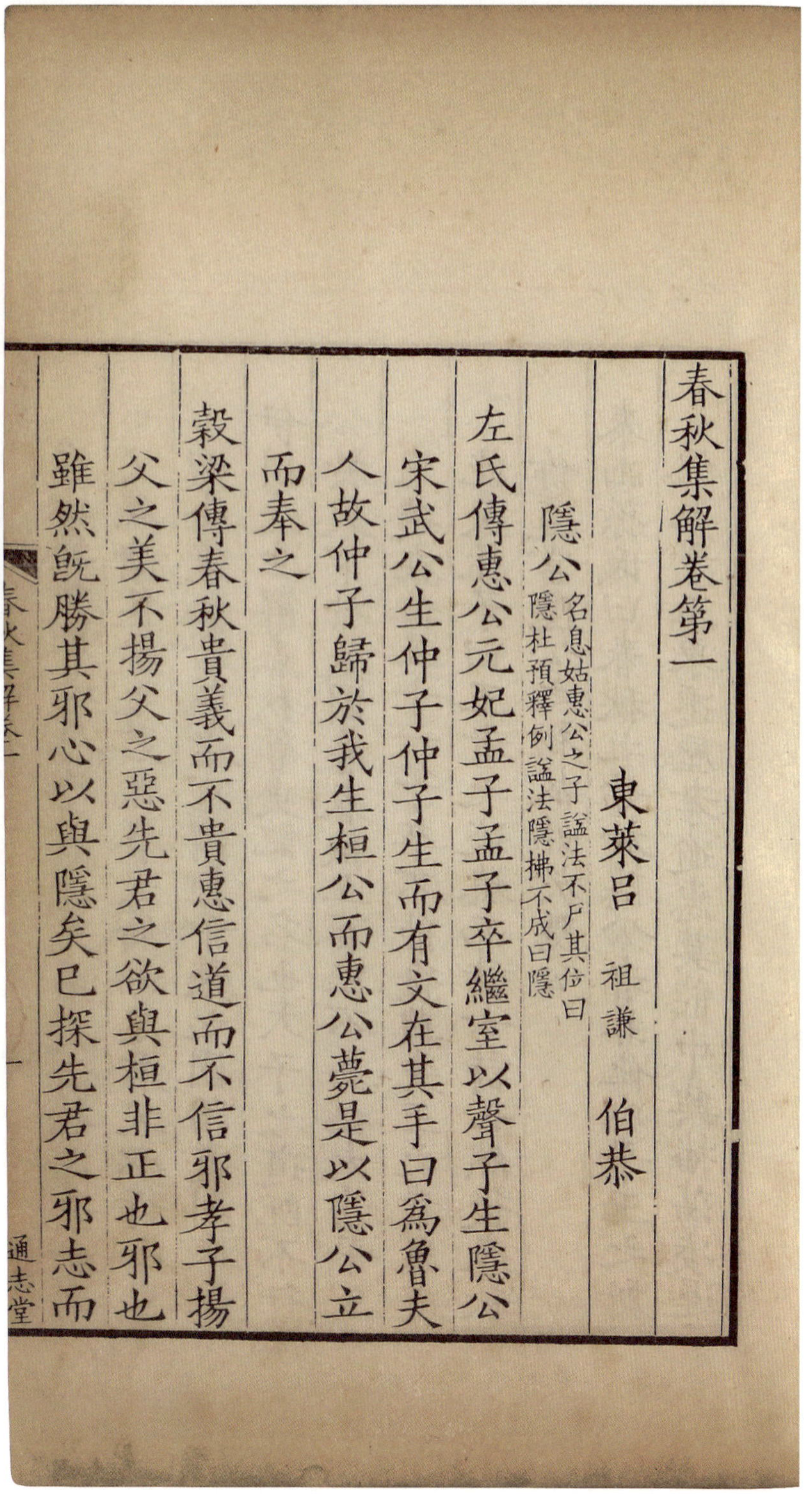
春秋集解卷第一
東萊呂　祖謙　伯恭
隱公名息姑惠公之子謚法不尸其位曰隱杜預釋例謚法隱拂不成曰隱
左氏傳惠公元妃孟子孟子卒繼室以聲子生隱公宋武公生仲子仲子生而有文在其手曰爲魯夫人故仲子歸於我生桓公而惠公薨是以隱公立而奉之
穀梁傳春秋貴義而不貴惠信道而不信邪孝子揚父之美不揚父之惡先君之欲與桓非正也邪也雖然既勝其邪心以與隱矣已探先君之邪志而
春秋集解卷一　一　通志堂

春秋集解三十卷　（宋）吕祖謙撰　清康熙十九年（1680）刻通志堂經解本

框高 19.2 厘米，廣 14.4 厘米。半葉十行，行二十一字，小字雙行不等，白口，左右雙邊。14 册。

shan451

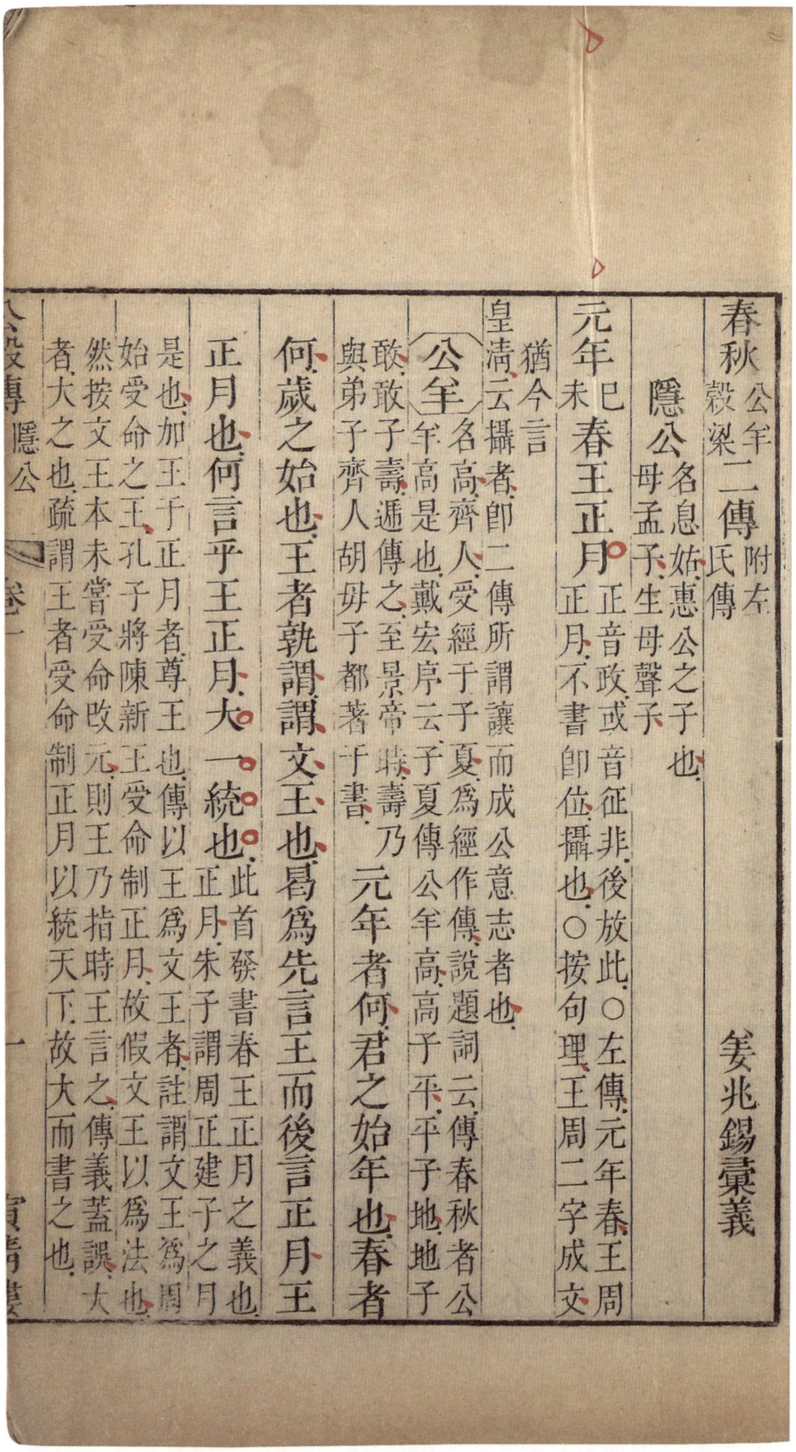

春秋公羊穀梁二傳附左氏傳十二卷 （清）姜兆錫彙義 清乾隆五年（1740）寅清樓刻九經補注本

框高 20 厘米，廣 15 厘米。半葉十行，行二十五字，小字雙行同，白口，四周單邊。4 册。鈐“休休堂汪”朱文印。

shan467

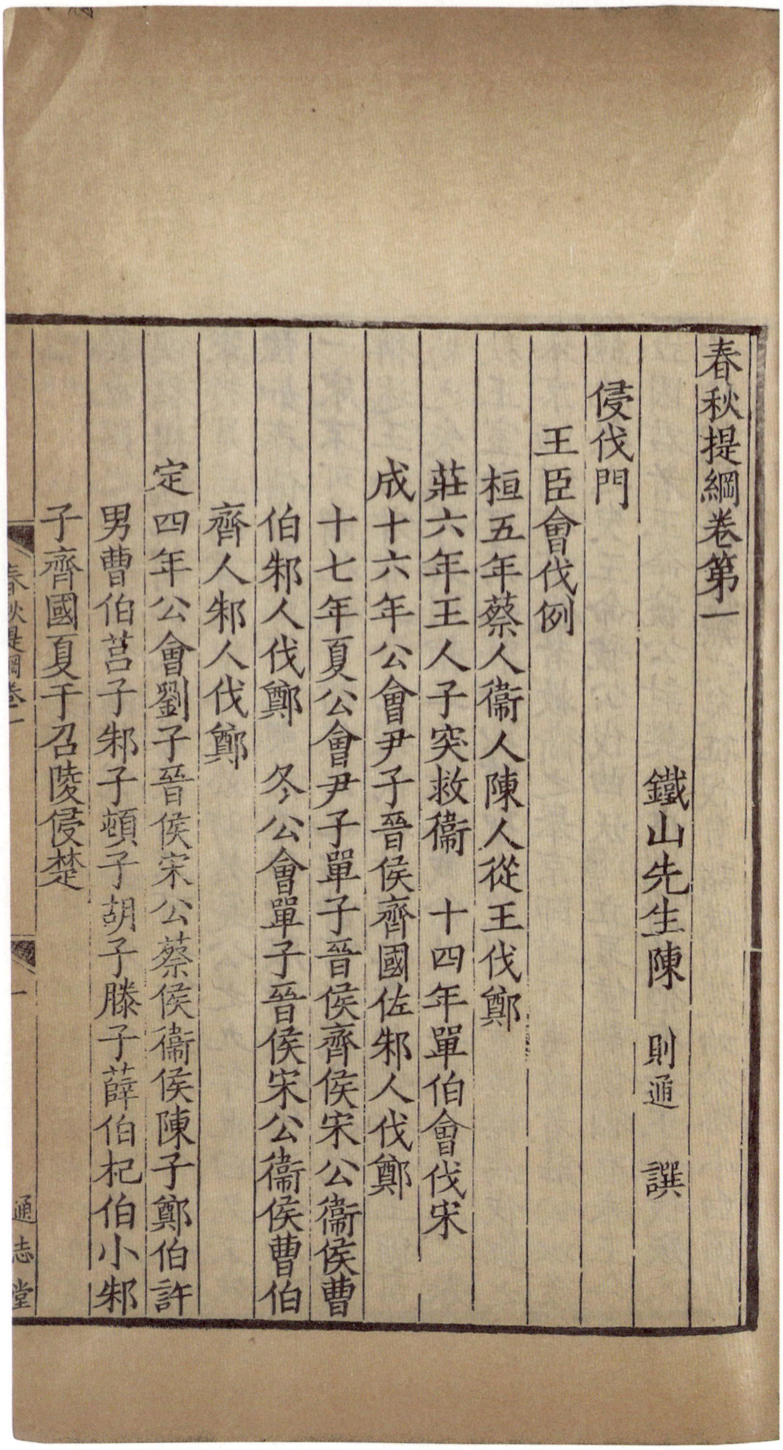

春秋提綱十卷 （元）陳則通撰 清康熙十九年（1680）刻通志堂經解本

框高 19.8 厘米，廣 15.1 厘米。半葉十三行，行二十三字，白口，左右雙邊。2 册。

shan504

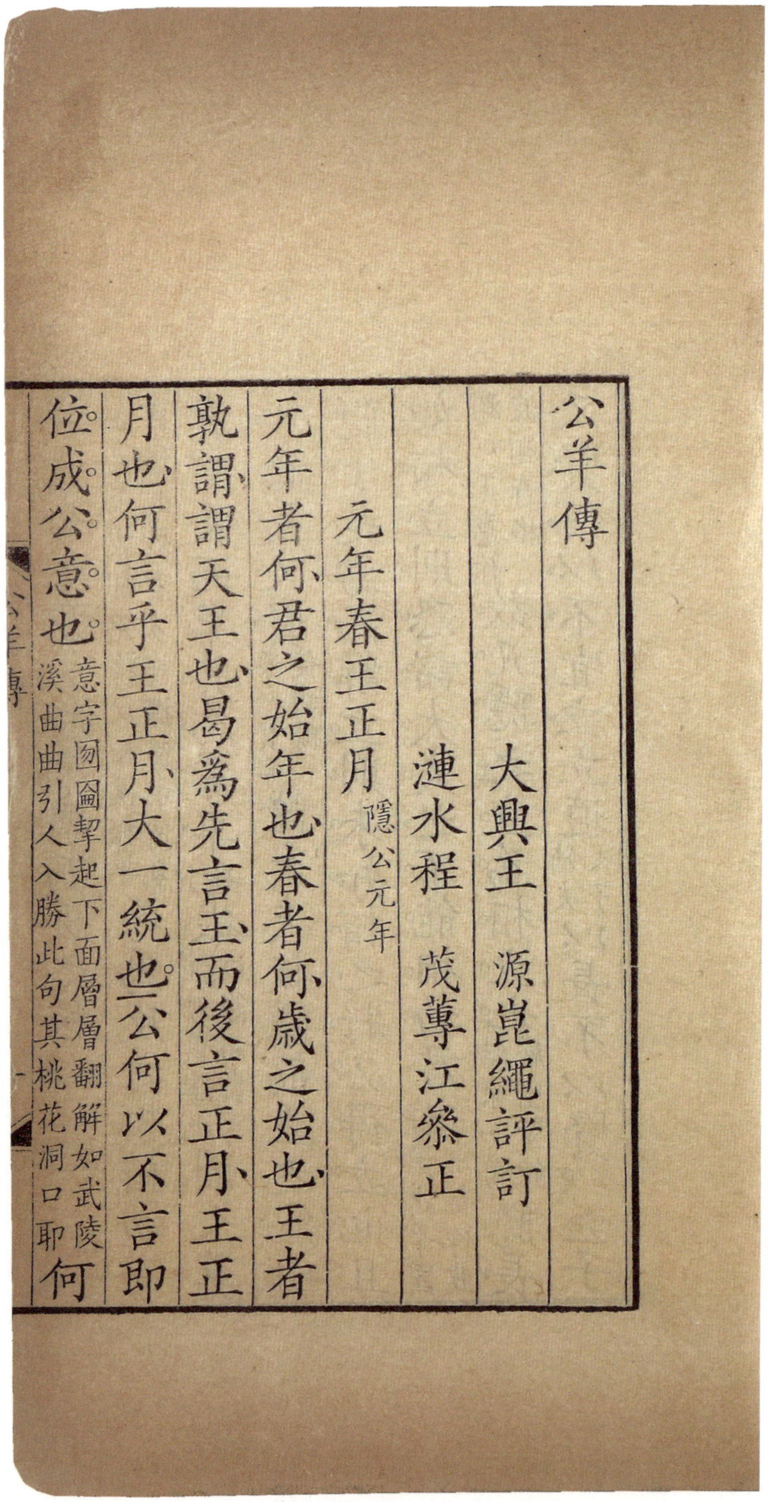
公羊傳
大興王　源崑繩評訂
漣水程　茂蓴江叅正
元年春王正月隱公元年
元年者何君之始年也春者何歲之始也王者孰謂謂天王也曷爲先言王而後言正月王正月也何言乎王正月大一統也公何以不言即位成公意也意字囫圇挈起下面層層翻解如武陵溪曲曲引人入勝此句其桃花洞口耶何

公羊傳一卷穀梁傳一卷　（清）王源評訂　（清）程茂叁正　清雍正信芳齋刻本

框高 17 厘米，廣 11.5 厘米。半葉八行，行十八字，小字雙行同，白口，左右雙邊。1 册。

shan591

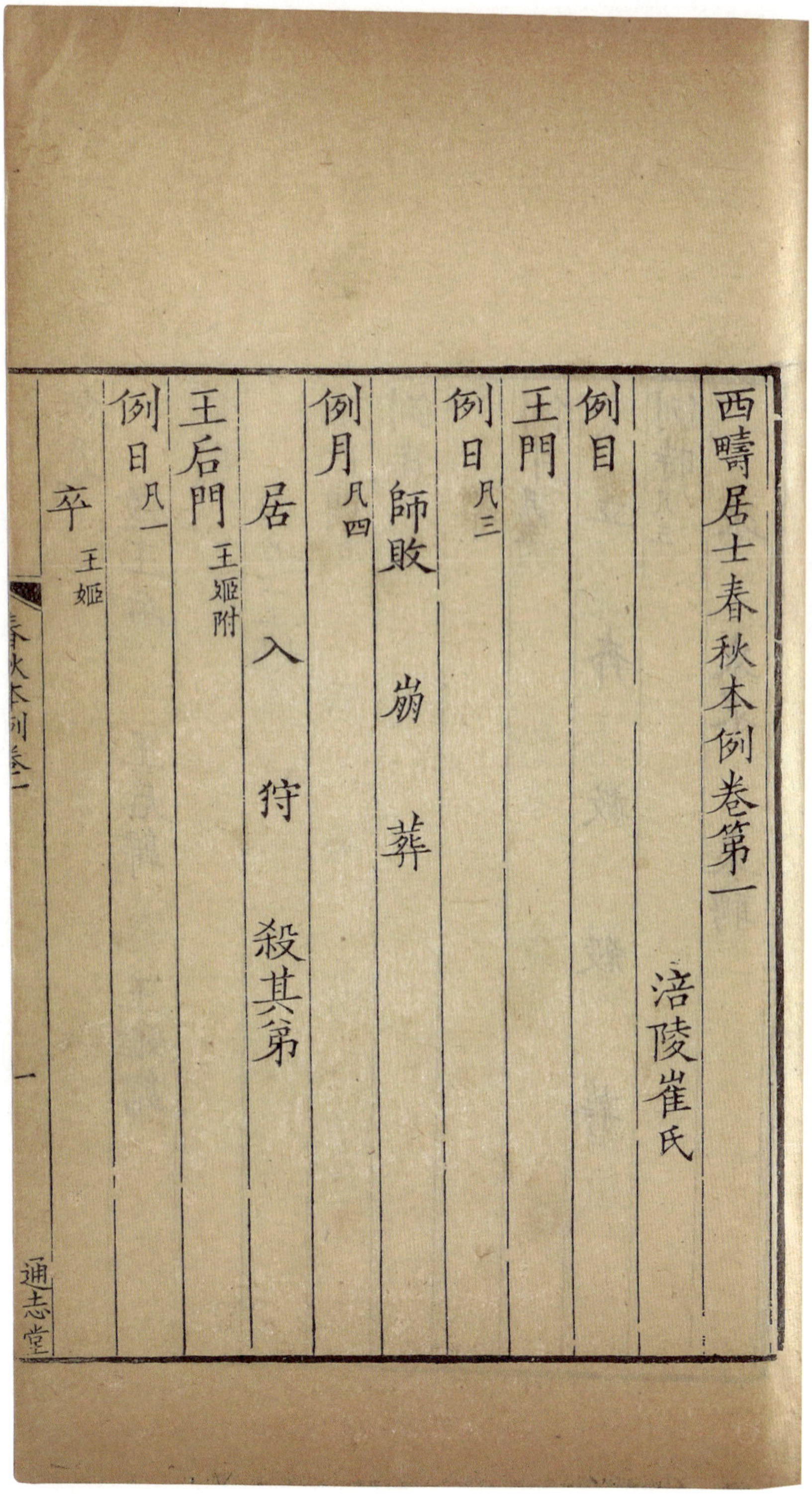
西疇居士春秋本例卷第一
涪陵崔氏
例目
王門
例日凡三
師敗　崩　葬
例月凡四
居　入　狩　殺其弟
王后門王姬附
例日凡一
卒王姬

春秋本例卷一　一　通志堂

西疇居士春秋本例二十卷　（宋）崔子方撰　清康熙十九年（1680）刻通志堂經解本

框高 19 厘米，廣 15.2 厘米。半葉十一行，行二十字，小字雙行同，白口，左右雙邊。2 册。

shan627

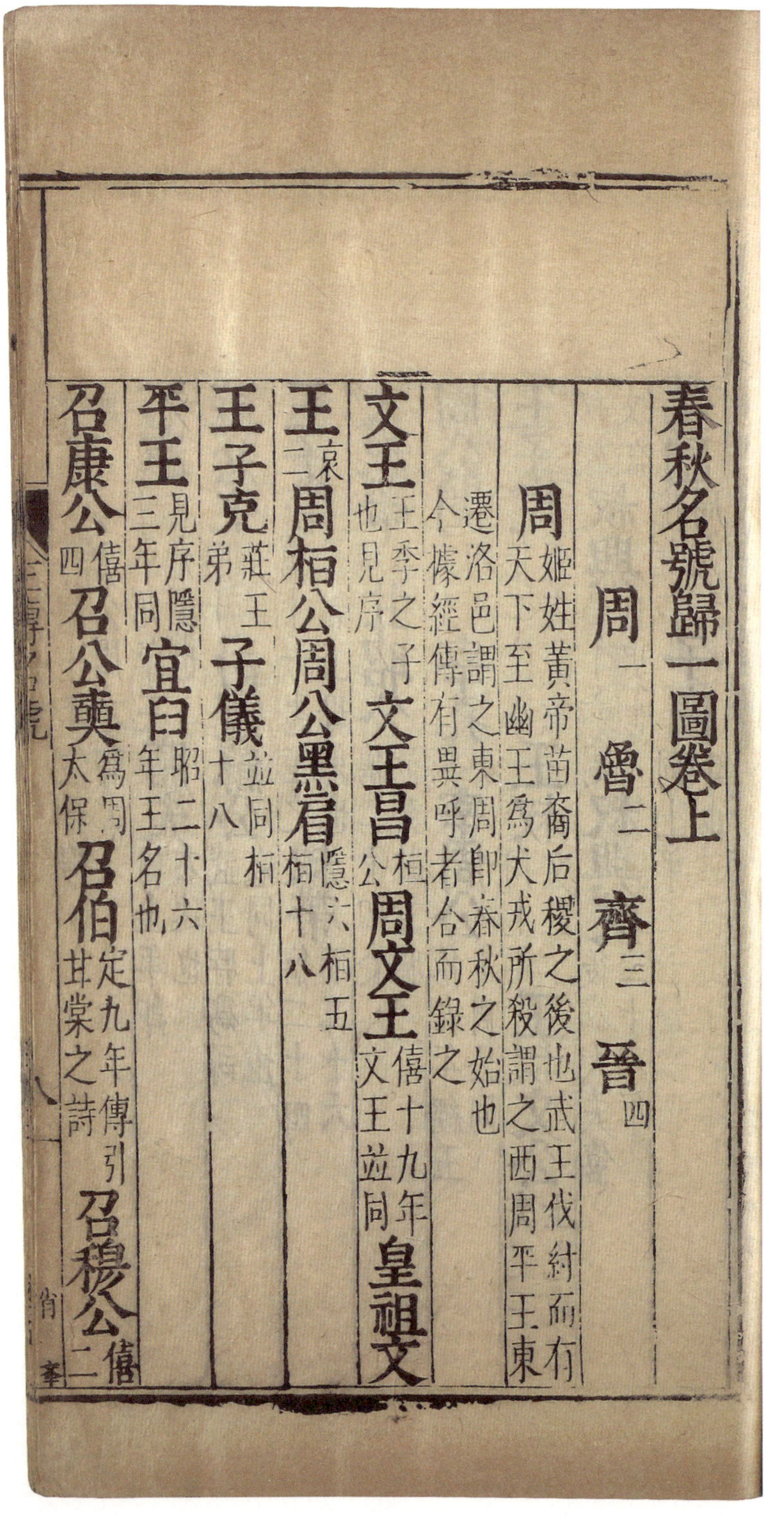

春秋經傳集解三十卷春秋名號歸一圖二卷 （晋）杜預註 （明）穆文熙編纂 （明）石星校閲 明萬曆刻本

框高24.7厘米，廣14.6厘米。半葉九行，行二十字，小字雙行同，白口，四周雙邊。10册。

shan771

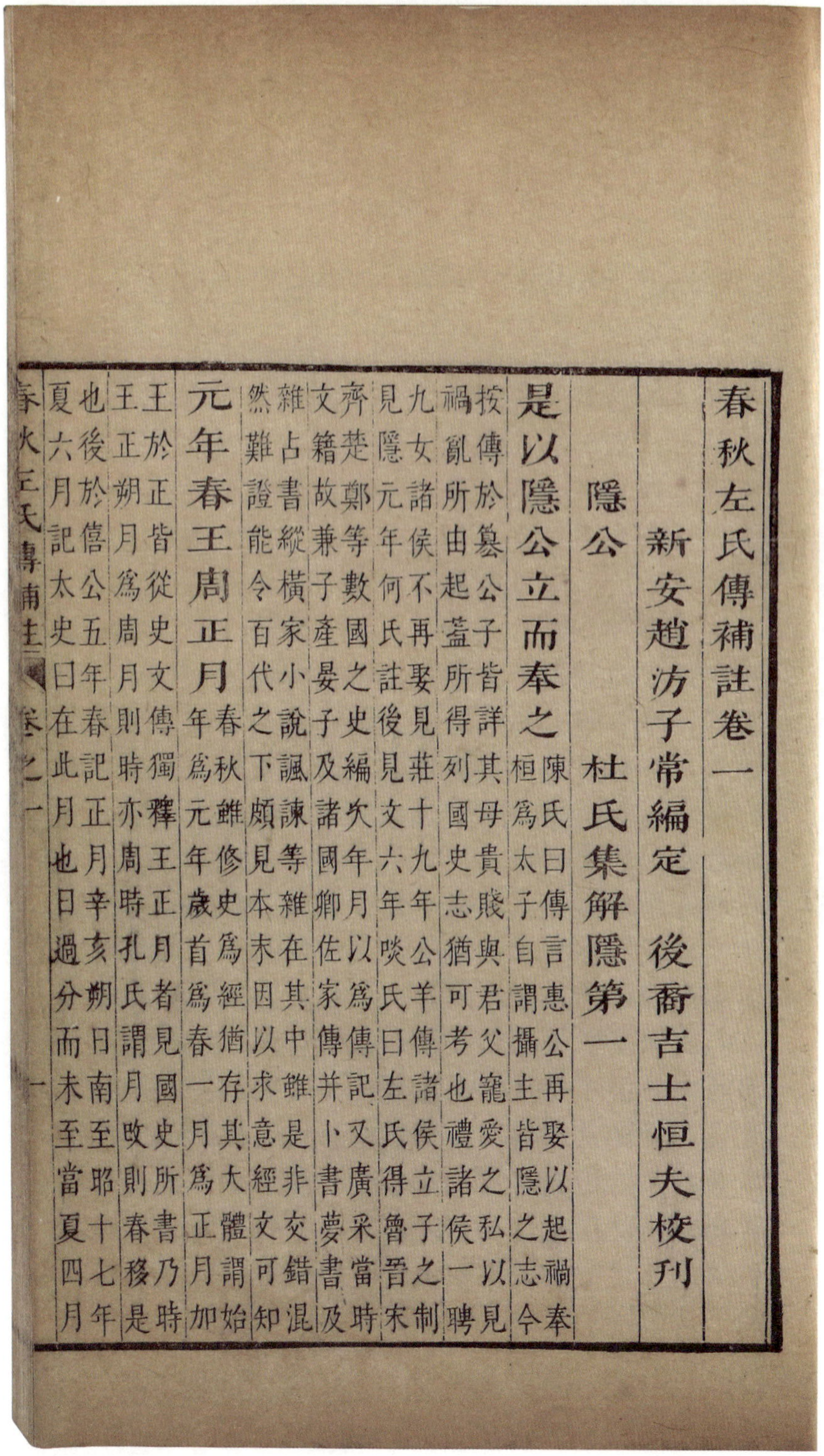
春秋左氏傳補註卷一
新安趙汸子常編定　後裔吉士恒夫校刊
隱公　杜氏集解隱第一
是以隱公立而奉之陳氏曰傳言惠公再娶以起禍奉桓爲太子自謂攝主皆隱之志令按傳於㚇公子皆詳其母貴賤與君父寵愛之私以見禍亂所由起蓋所得列國史志猶可考也禮諸侯一聘九女諸侯不再娶見莊十九年公羊傳諸侯立子之制見隱元年何氏註後見文六年啖氏曰左氏得魯晉宋齊楚鄭等數國之史編次年月以爲傳記又廣采當時文籍故兼子產晏子及諸國卿佐家傳并卜書夢書及雜占書縱橫家小說諷諫等雜在其中雖是非交錯混然難證能令百代之下頗見本末因以求意經文可知
元年春王周正月春秋雖修史爲經猶存其大體謂始年爲元年歲首爲春一月爲正月加王於正皆從史文傳獨稱王正月者見國史所書乃時王正朔月爲周月則時亦周時孔氏謂月改則春移是也後於僖公五年春記正月辛亥朔日南至昭十七年夏六月記太史曰在此月也日過分而未至當夏四月
春秋左氏傳補註　卷之一　一

春秋左氏傳補註十卷　（元）趙汸編定　（清）趙吉士校刊　清康熙趙吉士刻本

框高 17.4 厘米，廣 13.8 厘米。半葉十一行，行二十一字，小字雙行同，白口，左右雙邊。2 册。

shan807

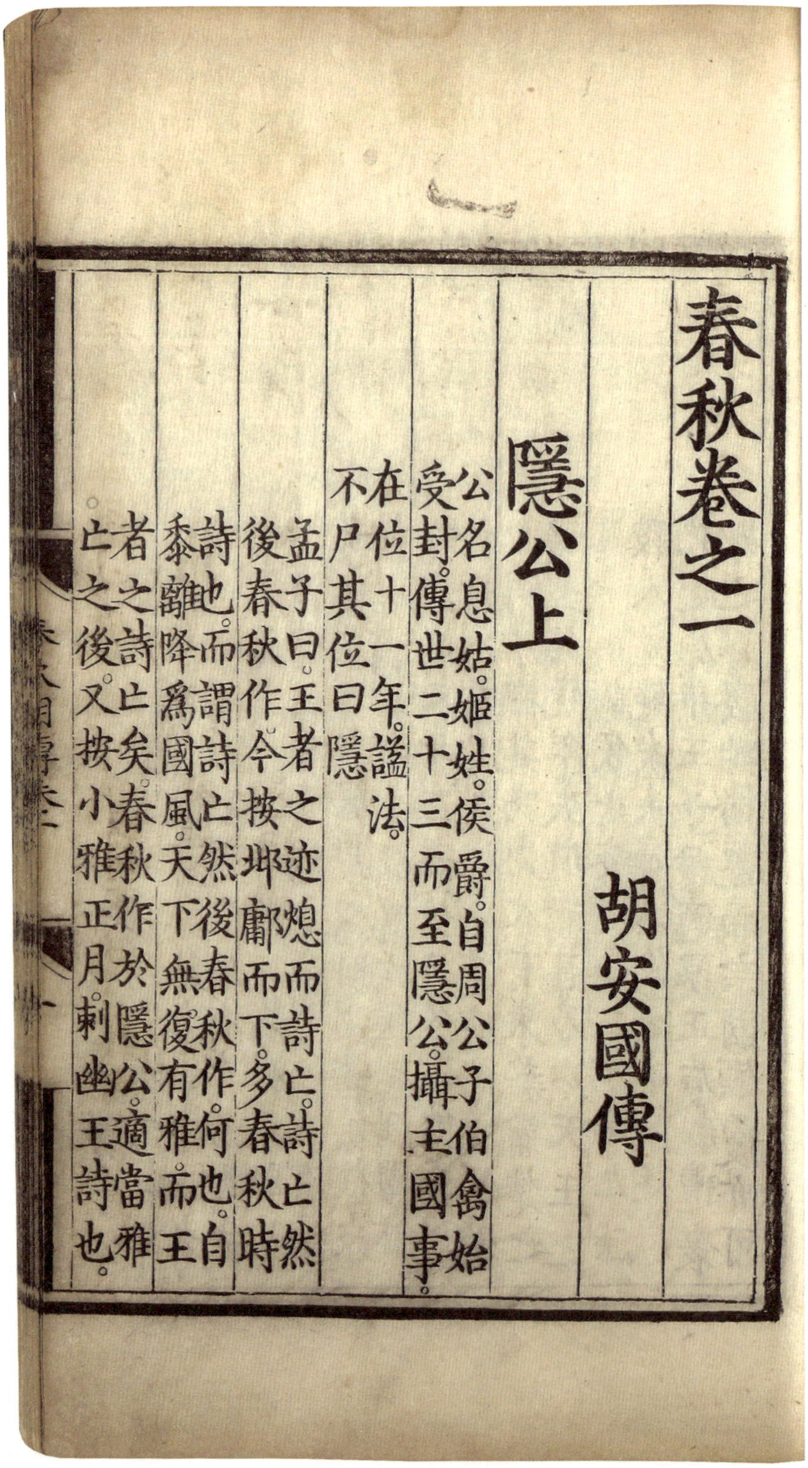
春秋卷之一
胡安國傳
隱公上
公名息姑。姬姓。侯爵。自周公子伯禽始受封。傳世二十三而至隱公。攝主國事。在位十一年。謚法。不尸其位曰隱。
孟子曰。王者之迹熄而詩亡。詩亡然後春秋作。今按邶鄘而下。多春秋時詩也。而謂詩亡然後春秋作。何也。自黍離降爲國風。天下無復有雅。而王者之詩亡矣。春秋作於隱公。適當雅亡之後。又按小雅正月。刺幽王詩也。

春秋三十卷　（宋）胡安國傳　明刻本

框高 23 厘米，廣 16.3 厘米。半葉八行，行十四字，小字雙行十八字，粗黑口，四周雙邊。4 册。

shan815

【孝經類】

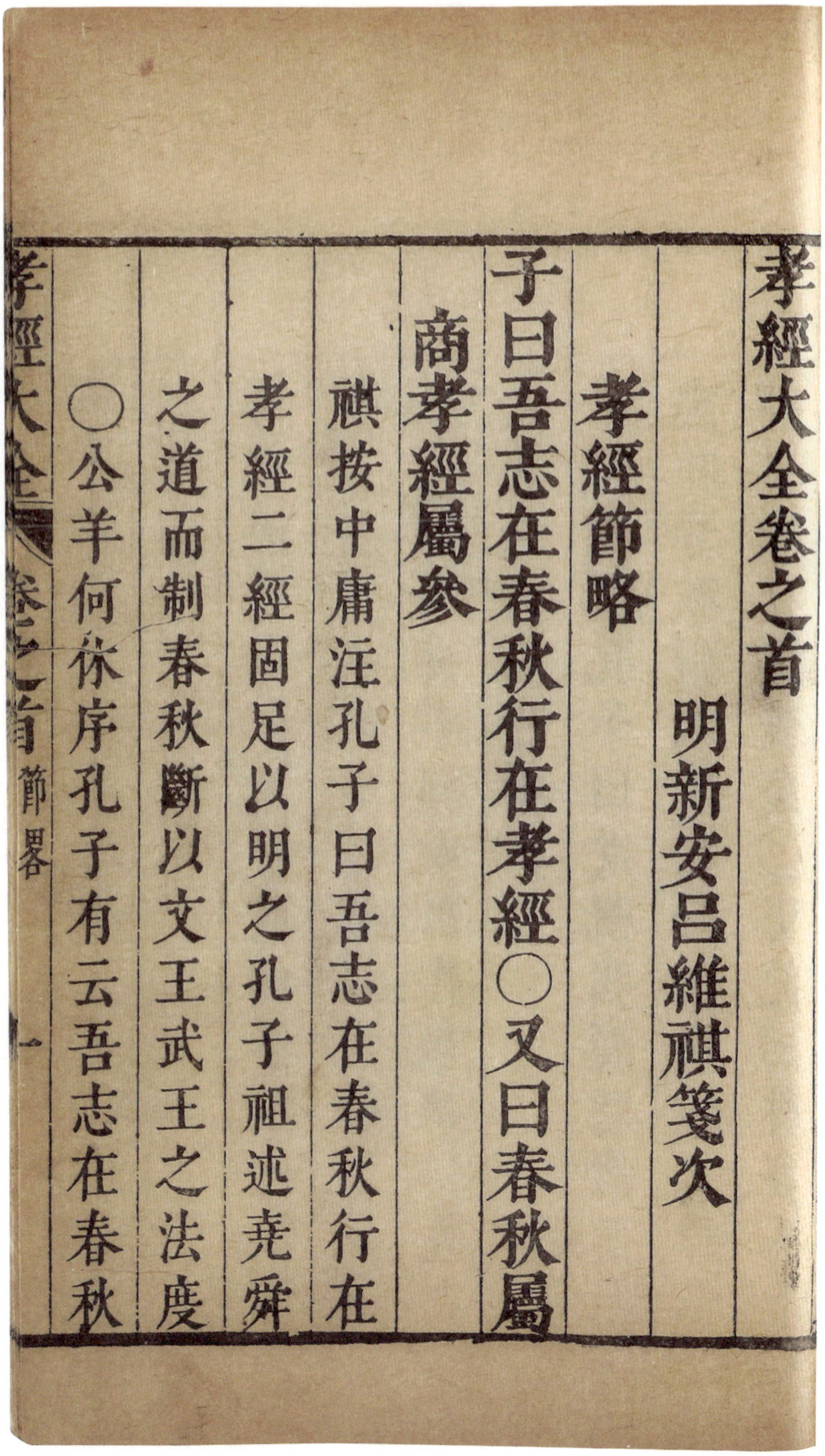
孝經大全卷之首
明新安吕維祺箋次
孝經節略
子曰吾志在春秋行在孝經○又曰春秋屬
商孝經屬參
祺按中庸注孔子曰吾志在春秋行在
孝經二經固足以明之孔子祖述堯舜
之道而制春秋斷以文王武王之法度
○公羊何休序孔子有云吾志在春秋
孝經大全　卷之首　節略　一

孝經大全二十八卷首一卷義例一卷　（明）吕維祺編　明崇禎刻本

框高 19.3 厘米，廣 14.4 厘米。半葉九行，行十七字，小字雙行同，白口，左右雙邊。5 册。

二級 165shan33

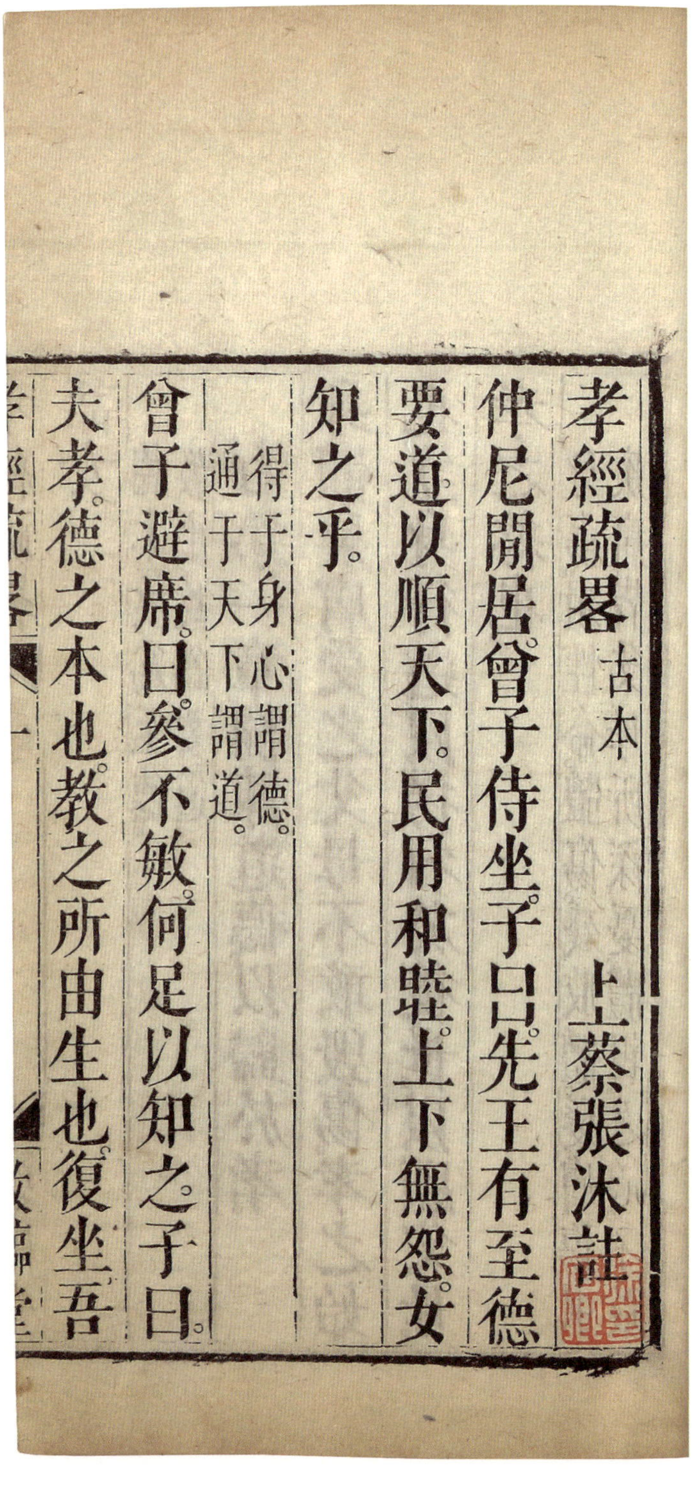

孝經疏畧一卷　（清）張沐註　清康熙二十六年（1687）敦臨堂刻本

框高 17.6 厘米，廣 12 厘米。半葉七行，行十五字，白口，四周雙邊。1 册。鈐“徐石卿印”白文印。

shan549

【四書類】

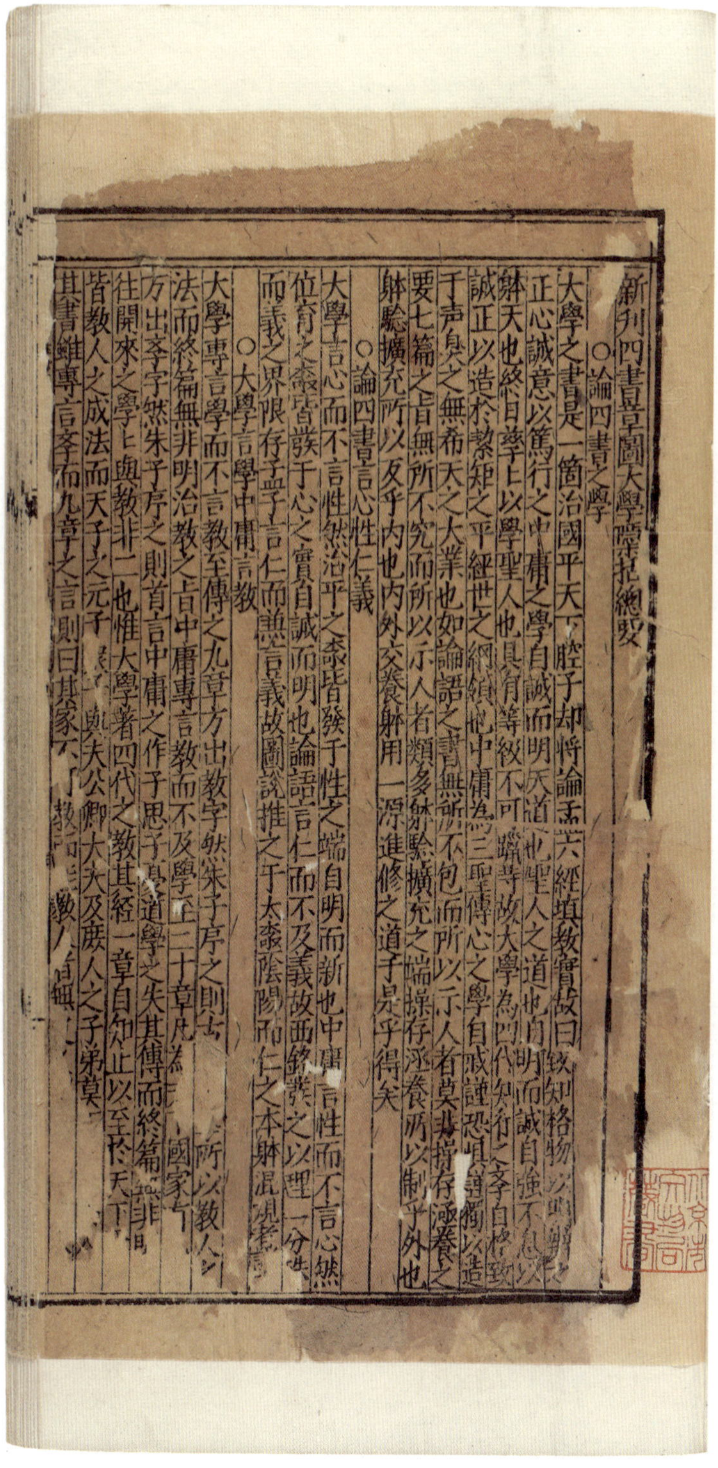

新刊四書章圖隱括總要 （元）程复心撰 元刻本

框高21.2厘米，廣11.9厘米。半葉二十行，行三十三字，白口，四周雙邊。1册。存二卷（大學隱括總要一卷、中庸隱括總要一卷）。

一級 12shan87

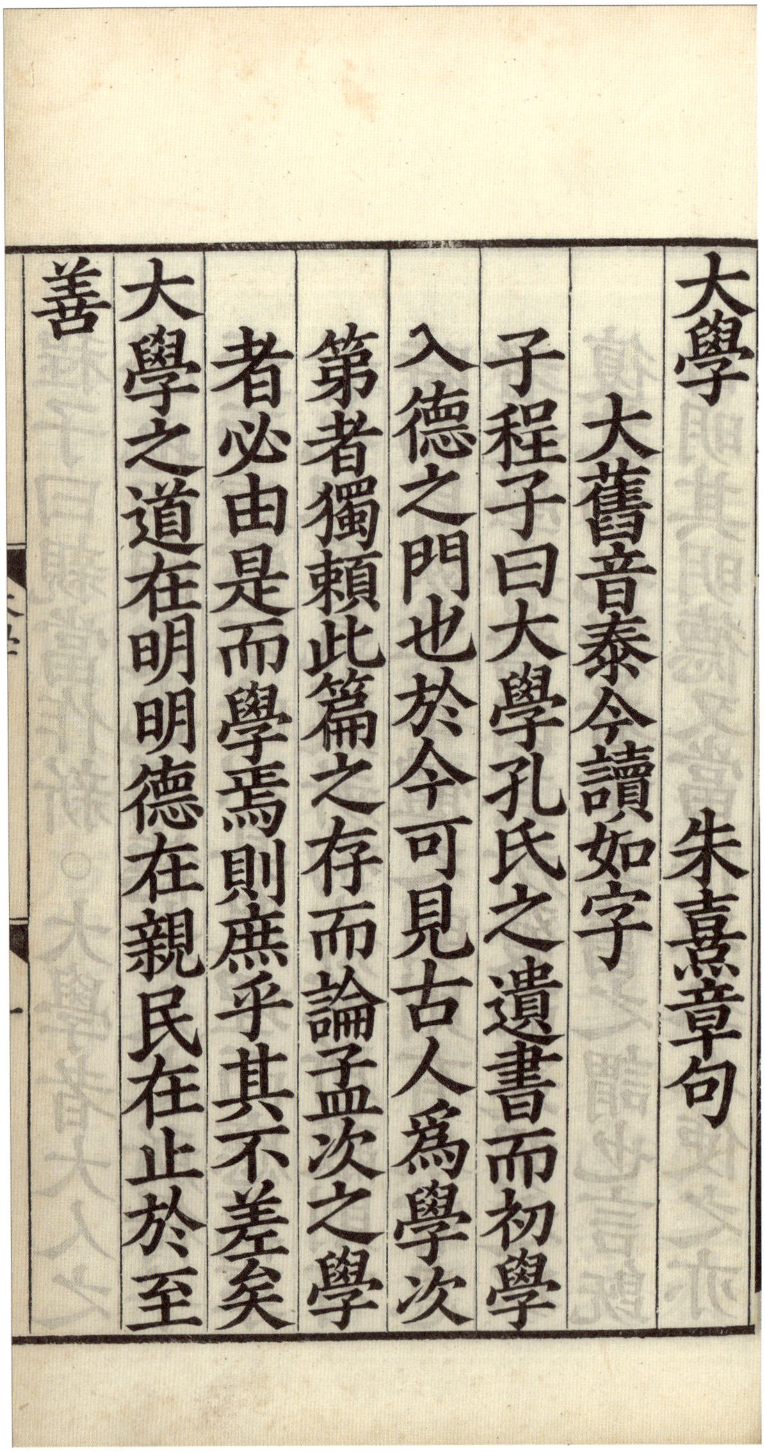
大學　朱熹章句
大舊音泰今讀如字
子程子曰大學孔氏之遺書而初學
入德之門也於今可見古人爲學次
第者獨賴此篇之存而論孟次之學
者必由是而學焉則庶乎其不差矣
大學之道在明明德在親民在止於至
善

四書集註二十八卷　（宋）朱熹章句　清康熙内府刻本

框高 25 厘米，廣 17 厘米。半葉八行，行十五字，白口，左右雙邊。9 册。鈐“功惠”白文印、“卒以後止”朱文印、“敔園八十有六”朱文印等。

二級 2xiao10642

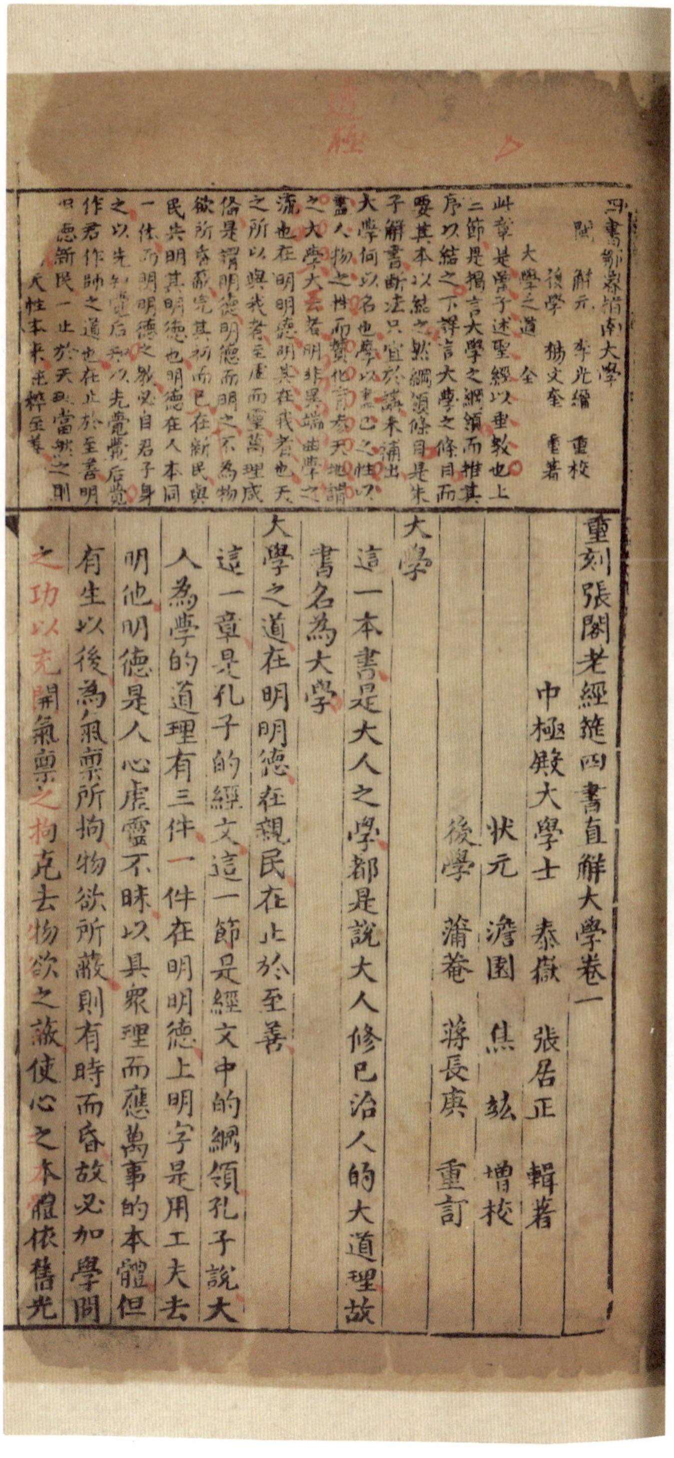

重刻張閣老經筵四書直解二十七卷 （明）張居正輯著 （明）焦竑增校 （明）蔣長庚重訂 **四書鄒魯指南** （明）楊文奎重著 明常郡書林何敬塘刻本

框高16.8厘米，廣13厘米。《直解》半葉十三行，行二十四字，白口，四周單邊；《指南》半葉二十二行，行十三字，白口，四周單邊，無格。24册。

二級 4zhan14

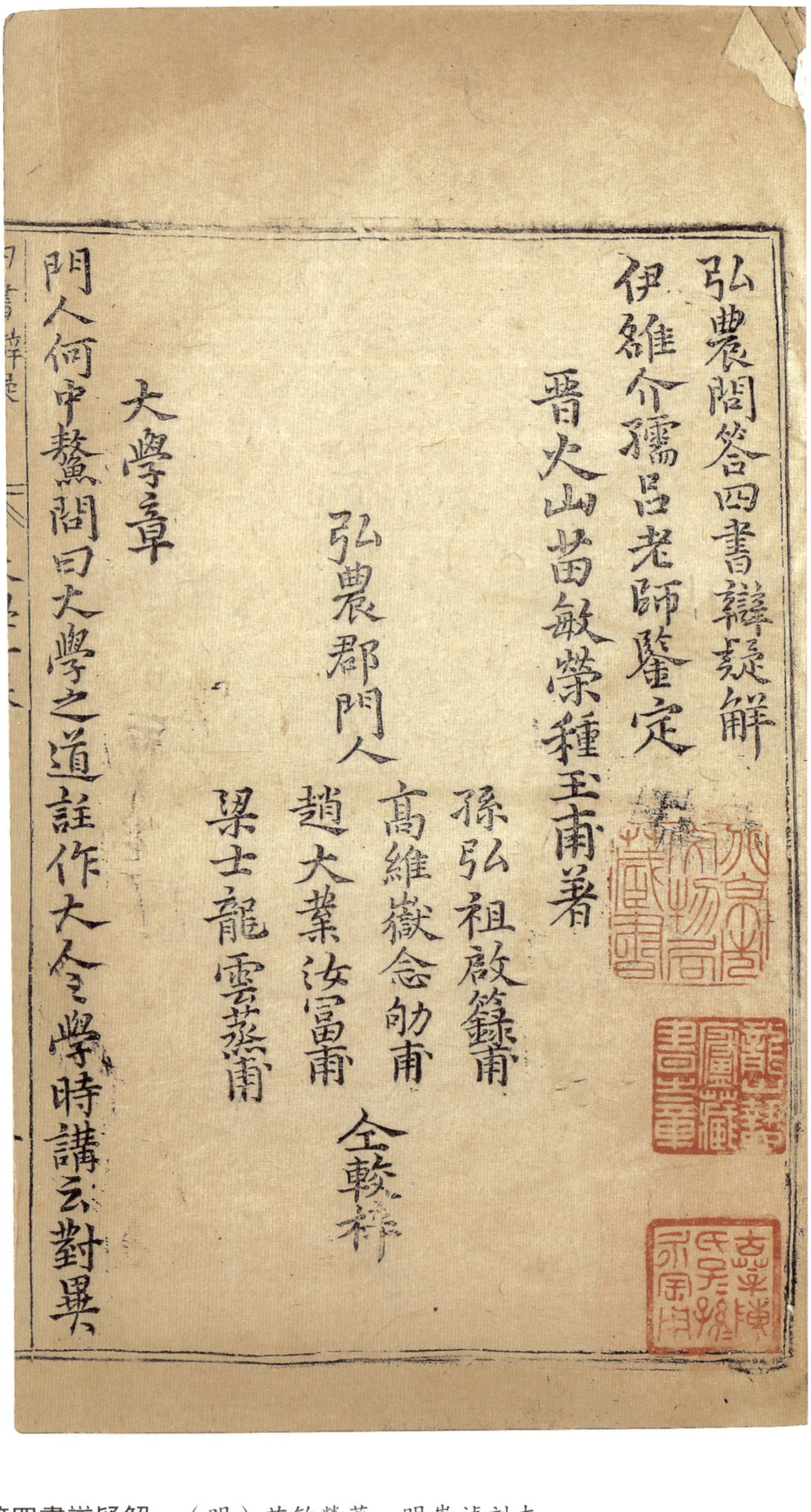

弘農問答四書辯疑解　（明）苗敏榮著　明崇禎刻本

框高 22.5 厘米，廣 15.5 厘米。半葉九行，行二十一字，白口，四周雙邊，無格。6 册。鈐“龍山鰲廬藏書之章”白文印、“古莘陳氏子子孫孫永寶用”朱文印。

二級 166shan35

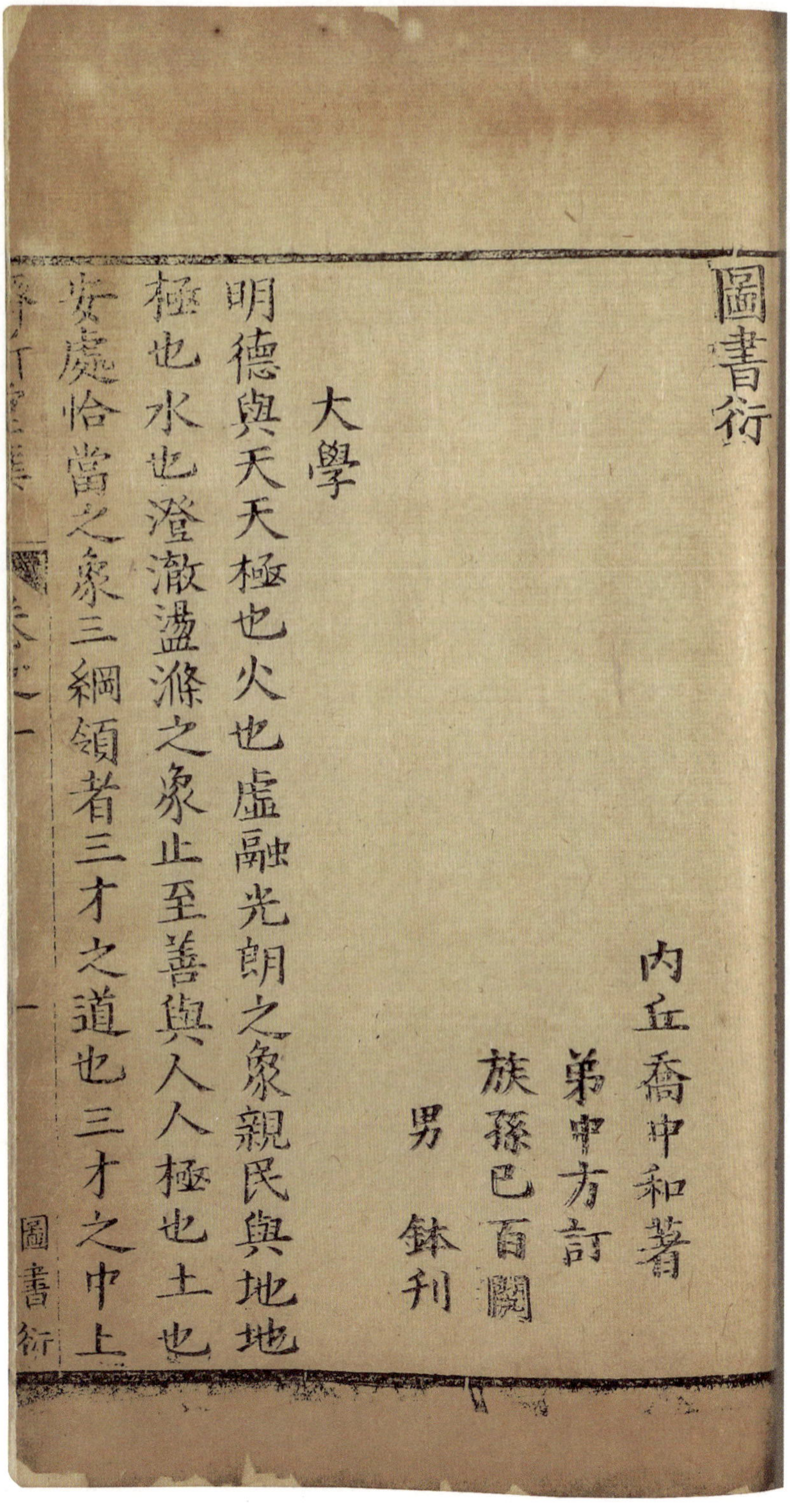

圖書衍五卷 （明）喬中和著 （明）喬中方訂 明崇禎喬鉢刻本

框高19.8厘米，廣13.2厘米。半葉九行，行二十字，白口，四周單邊，無格。2册。

二級 209shan102

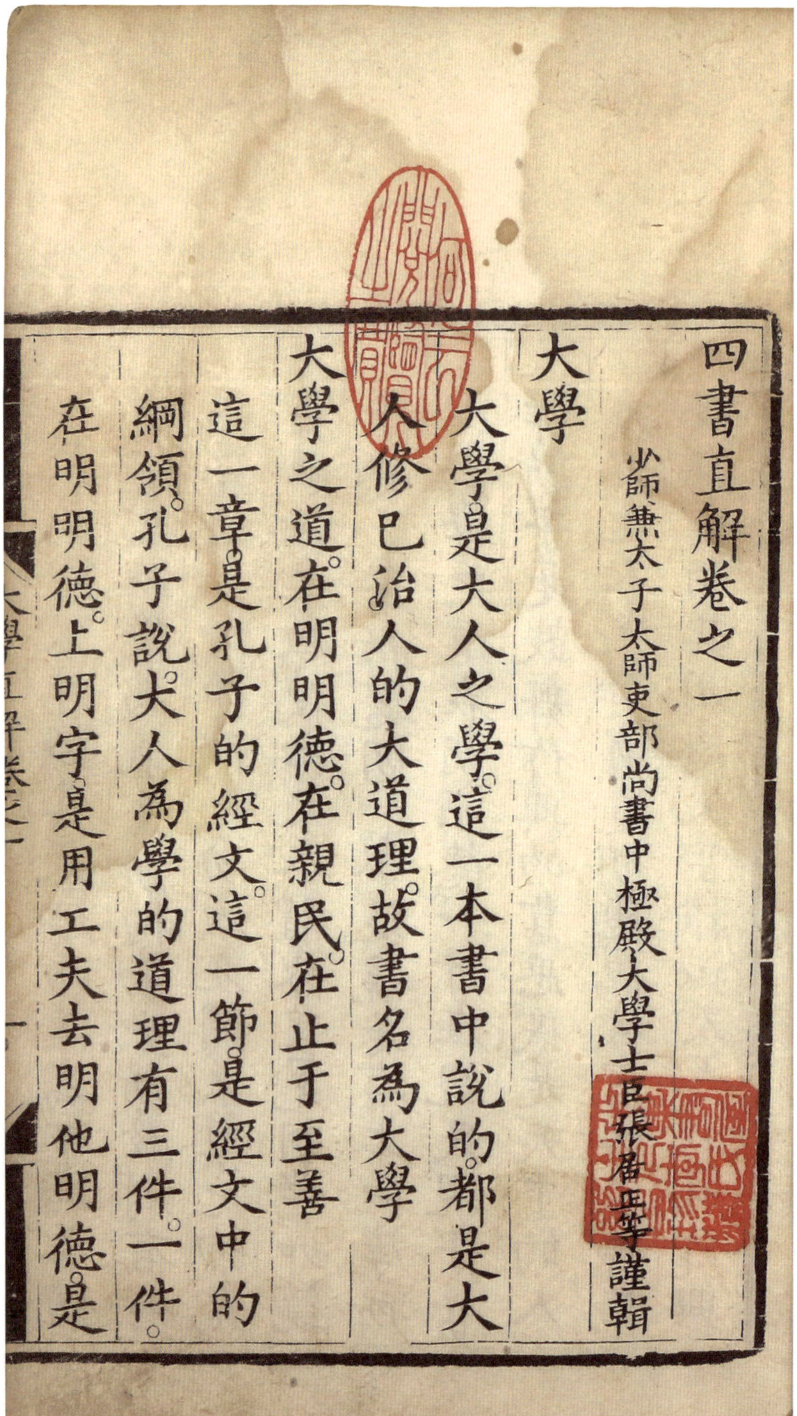
四書直解卷之一
少師兼太子太師吏部尚書中極殿大學士臣張居正等謹輯
大學
大學是大人之學。這一本書中說的。都是大
人修己治人的大道理。故書名為大學
大學之道。在明明德。在親民。在止于至善
這一章是孔子的經文。這一節是經文中的
綱領。孔子說大人為學的道理有三件。一件
在明明德。上明字是用工夫去明他明德是
大學直解卷之一　一

四書直解二十六卷　（明）張居正等輯　明萬曆刻本

框高 18.9 厘米，廣 13.8 厘米。半葉九行，行十八字，粗黑口，四周雙邊。26 册。鈐“半巢書屋主人李氏紹白珍藏”朱文印、“何云閱覽之寶”朱文印等。

二級 211shan105

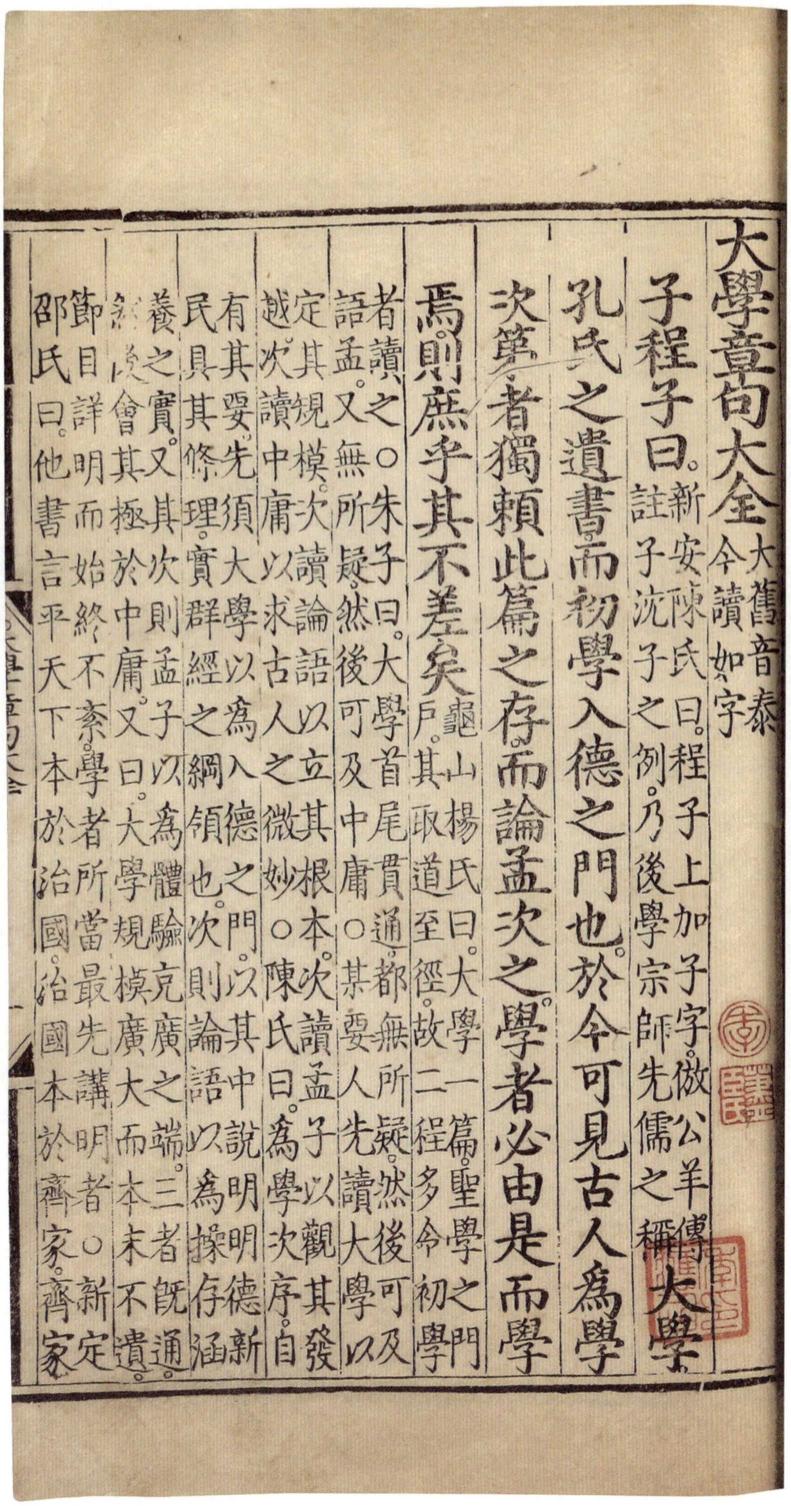

四書集註大全三十六卷 （明）胡廣等撰 明内府刻本

框高 26.5 厘米，廣 17.2 厘米。半葉十行，行二十二字，小字雙行同，粗黑口，四周雙邊。24 册。鈐“御史之章”白文印、“季”朱文印、“蓋臣氏”白文印、“季應召印”朱文印等。

二級 259shan471

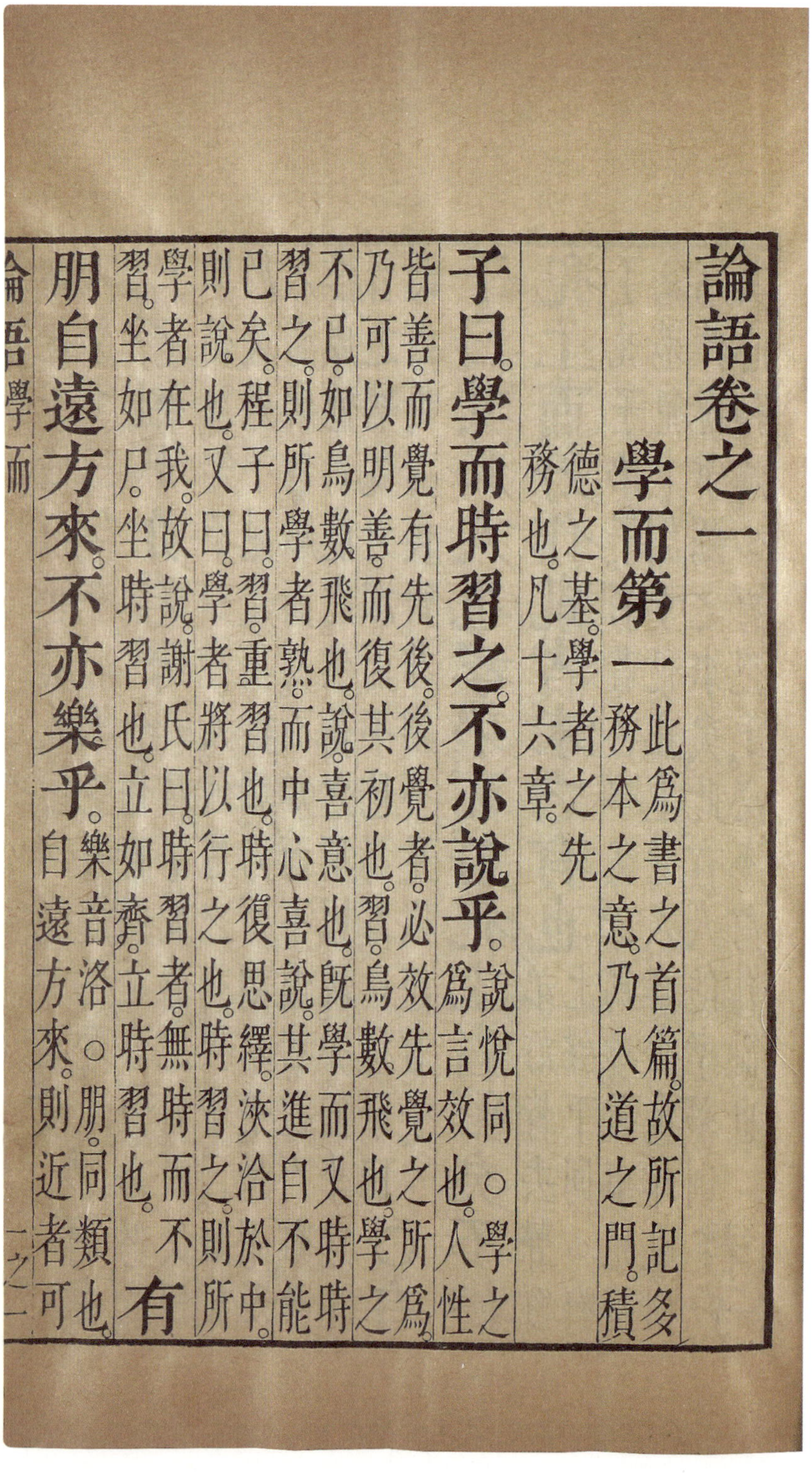
論語卷之一

學而第一 此爲書之首篇。故所記多務本之意。乃入道之門。積德之基。學者之先務也。凡十六章。

子曰。學而時習之。不亦說乎。說悅同。○學之爲言效也。人性皆善。而覺有先後。後覺者必效先覺之所爲。乃可以明善而復其初也。習。鳥數飛也。學之不已。如鳥數飛也。說。喜意也。既學而又時時習之。則所學者熟。而中心喜說。其進自不能已矣。程子曰。習。重習也。時復思繹。浹洽於中。則說也。又曰。學者將以行之也。時習之。則所學者在我。故說。謝氏曰。時習者。無時而不習。坐如尸。坐時習也。立如齊。立時習也。有朋自遠方來。不亦樂乎。樂音洛。○朋。同類也。自遠方來。則近者可

論語學而　一之二

大學章句一卷中庸章句一卷論語集注十卷孟子集注七卷　（宋）朱熹撰　清康熙内府刻本

框高 21 厘米，廣 14.2 厘米。半葉九行，行十七字，小字雙行同，白口，四周單邊。5 册。

三級 6k24

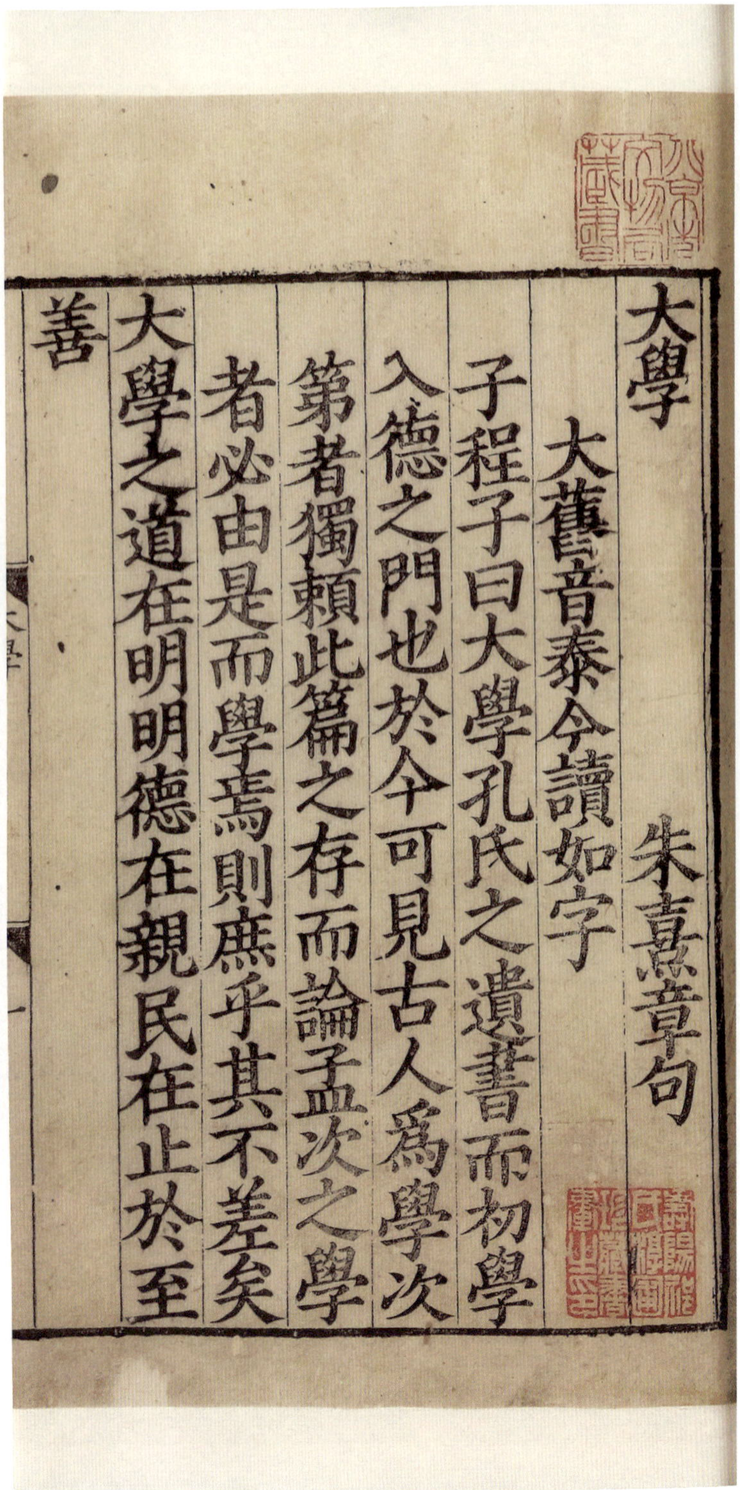
大學　　朱熹章句
大舊音泰今讀如字
子程子曰大學孔氏之遺書而初學
入德之門也於今可見古人爲學次
第者獨賴此篇之存而論孟次之學
者必由是而學焉則庶乎其不差矣
大學之道在明明德在親民在止於至
善

大學一卷　（宋）朱熹章句　清初影刻本

框高 24.6 厘米，廣 17 厘米。半葉八行，行十五字，白口，左右雙邊。1 册。鈐“壽陽祁氏淳圃珍藏書畫之印”白文印。

三級 101shan103

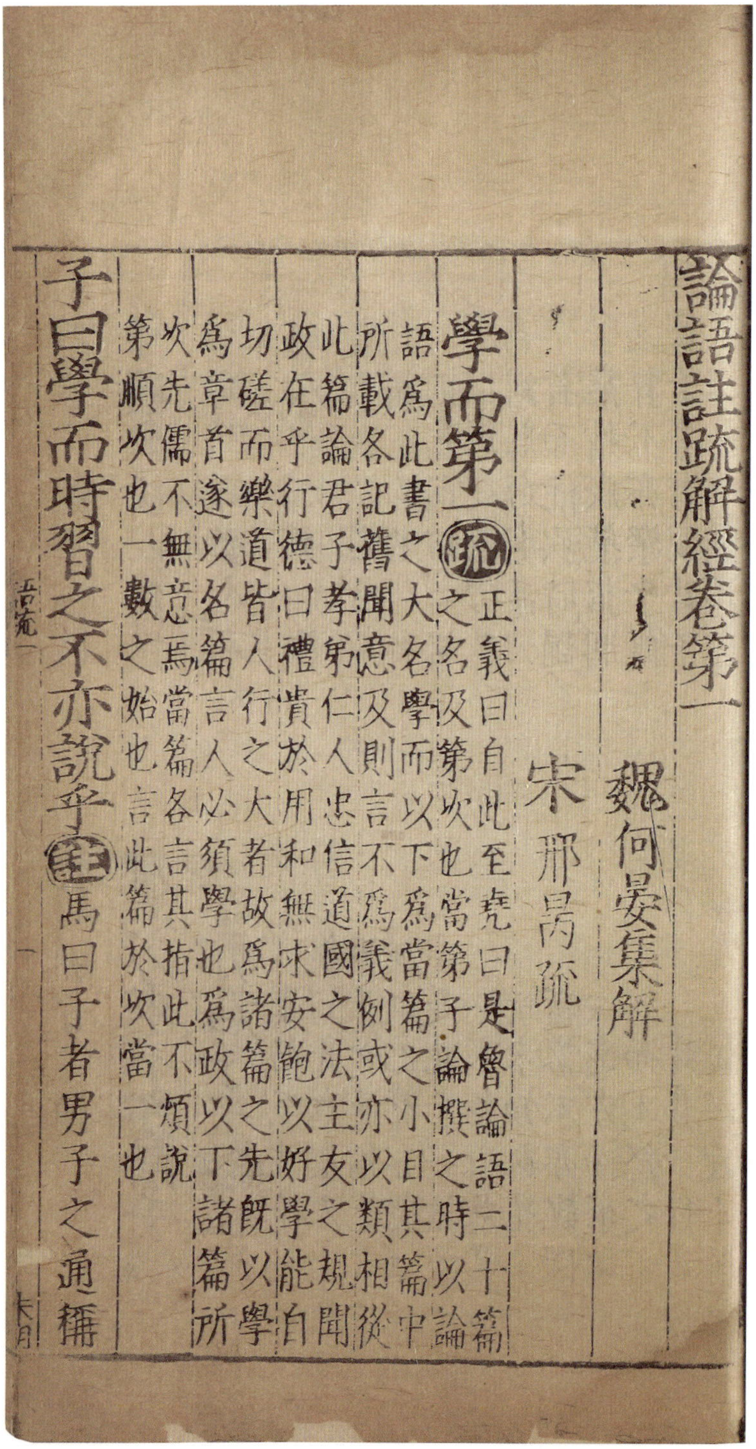
論語註疏解經卷第一

魏何晏集解

宋邢昺疏

學而第一 疏 正義曰自此至堯曰是魯論語二十篇之名及第次也當弟子論撰之時以論語爲此書之大名學而以下爲當篇之小目其篇中所載各記舊聞意及則言不爲義例或亦以類相從此篇論君子孝弟仁人忠信道國之法主友之規閒政在乎行德曰禮貴於用和無求安飽以好學能自切磋而樂道皆人行之大者故爲諸篇之先既以學爲章首遂以名篇言人必須學也爲政以下諸篇所次先儒不無意焉當篇各言其指此不煩說第順次也一數之始也言此篇於次當一也

子曰學而時習之不亦說乎 注 馬曰子者男子之通稱

論語註疏解經二十卷 （三國魏）何晏集解 （宋）邢昺疏 明嘉靖李元陽刻十三經注疏本

框高 20.3 厘米，廣 13.3 厘米。半葉九行，行二十一字，小字雙行同，白口，四周單邊。4 册。鈐“邵弘魁印”朱文印、“長月熙元珍藏之印”朱文印、“殿光”白文印等。

三級 165shan719

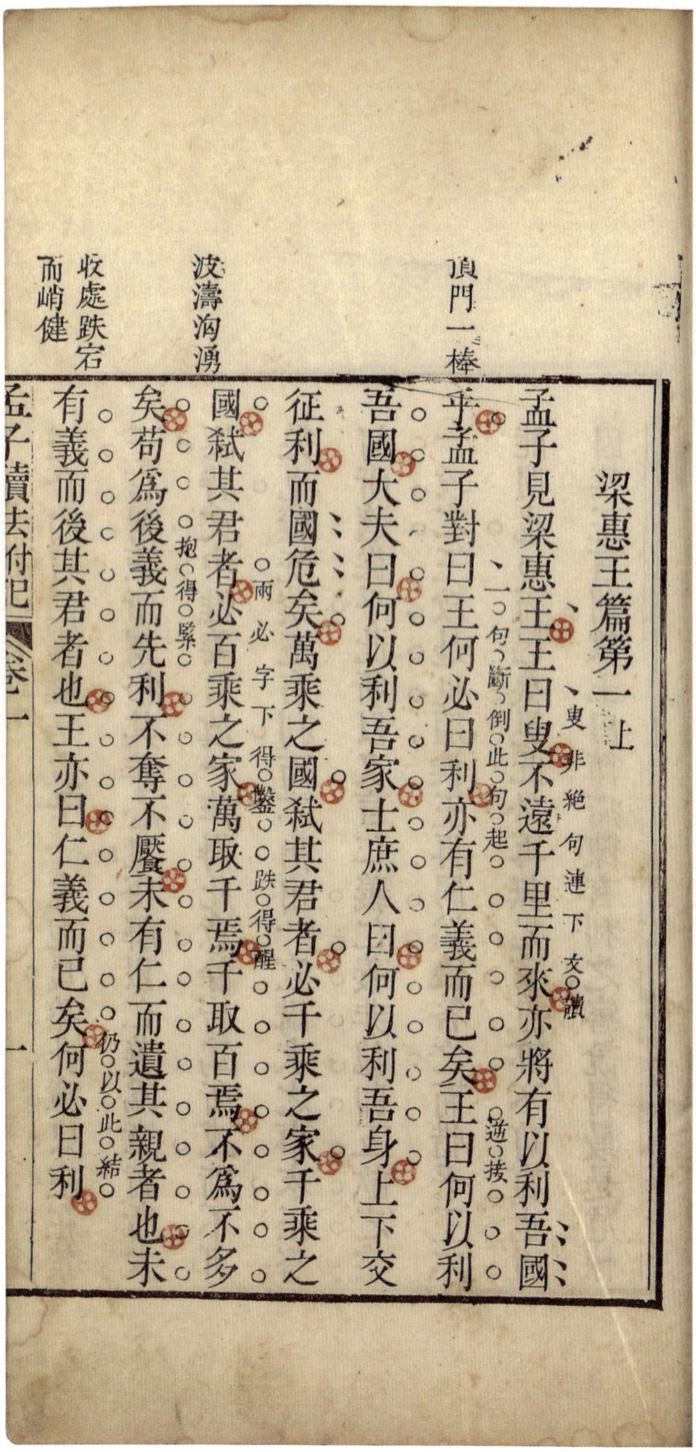
頂門一棒
波濤洶湧
收處跌宕而峭健

梁惠王篇第一上

孟子見梁惠王王曰叟不遠千里而來亦將有以利吾國乎孟子對曰王何必曰利亦有仁義而已矣王曰何以利吾國大夫曰何以利吾家士庶人曰何以利吾身上下交征利而國危矣萬乘之國弑其君者必千乘之家千乘之國弑其君者必百乘之家萬取千焉千取百焉不爲不多矣苟爲後義而先利不奪不饜未有仁而遺其親者也未有義而後其君者也王亦曰仁義而已矣何必曰利

叟非絶句連下文讀
二句斷倒此句起
逆接
兩必字下得斃
跌得醒
抱得緊
仍以此結

孟子讀法附記　卷一　一

孟子讀法附記十四卷　（清）周人麟撰　清乾隆四十九年（1784）保積堂刻本

框高 18 厘米，廣 13 厘米。半葉八行，行二十二字，白口，左右雙邊，無格。6 册。

shan216

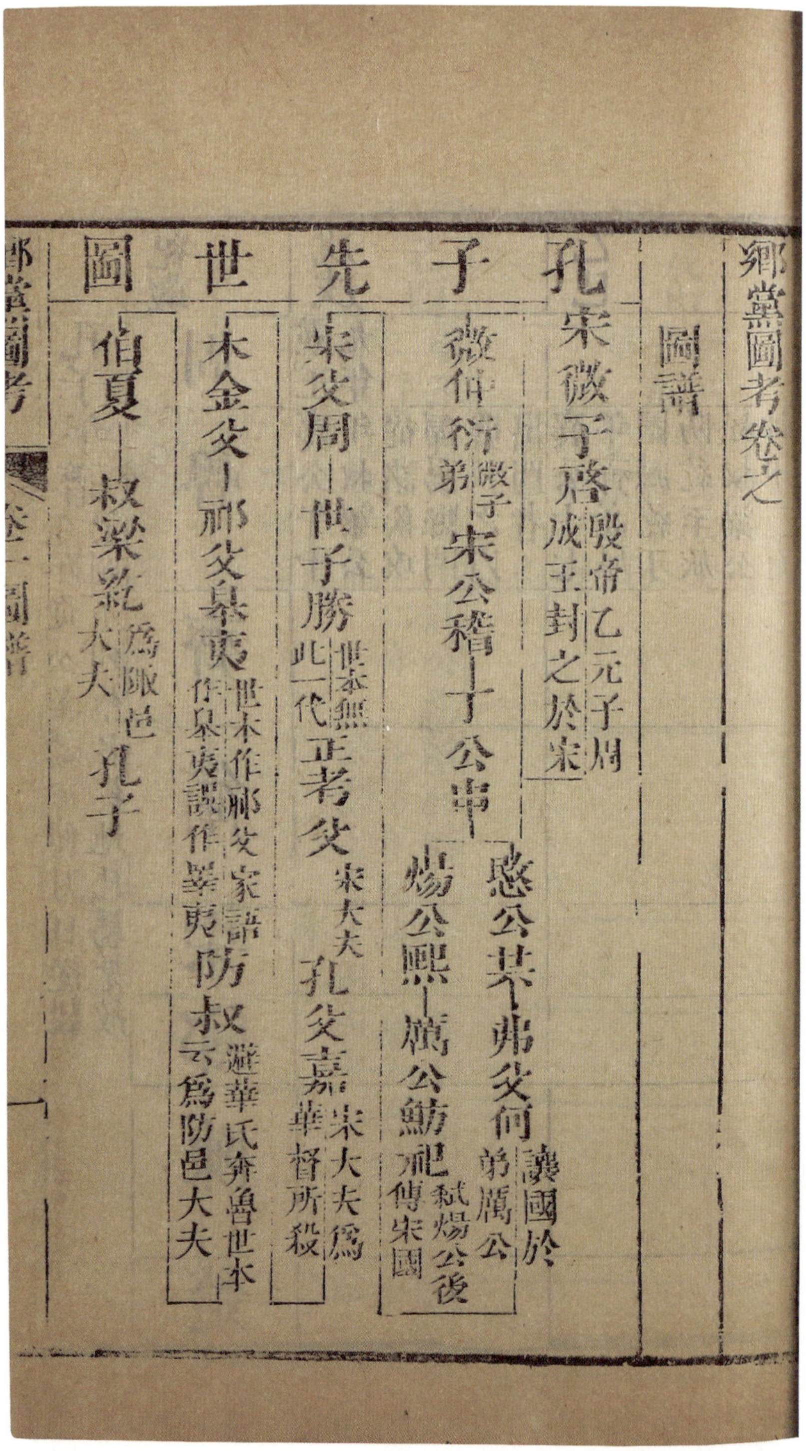

鄉黨圖考十卷 （清）江永撰 清乾隆五十八年（1793）金閶書業堂刻本

框高19.5厘米，廣14.3厘米。半葉九行，行二十五字，小字雙行同，白口，左右雙邊。5册。鈐“姜忠荃印”白文印。

shan227

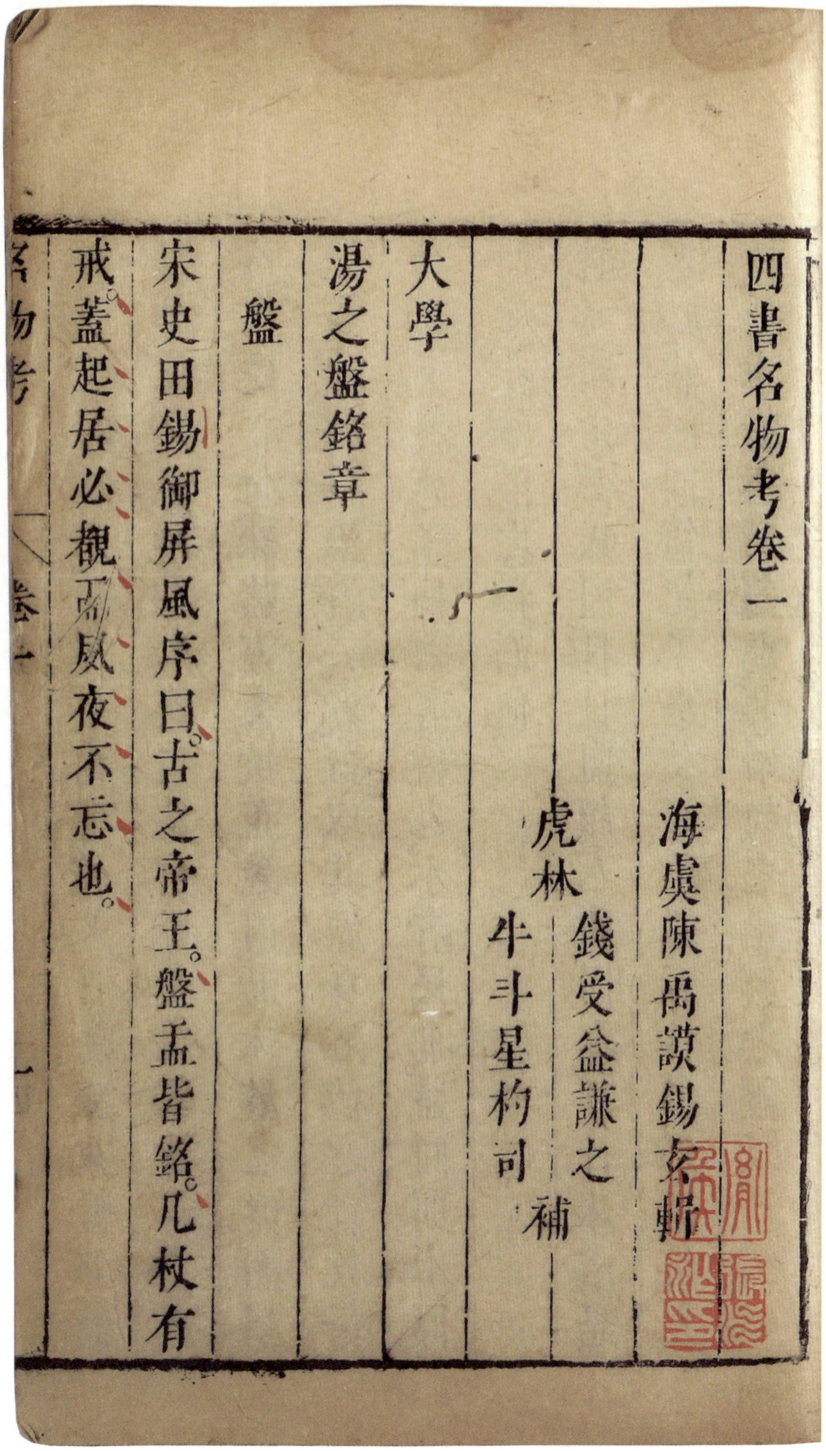
四書名物考卷一
海虞陳禹謨錫玄輯
虎林錢受益謙之
牛斗星杓司 補
大學
湯之盤銘章
盤
宋史田錫御屏風序曰古之帝王盤盂皆銘几杖有
戒蓋起居必覩而夙夜不忘也
名物考 卷一 一

四書名物考二十四卷 （明）陳禹謨輯 （清）錢受益 （清）牛斗星補 明崇禎牛斗星刻本

框高20厘米，廣14.5厘米。半葉九行，行二十字，小字雙行同，白口，四周單邊。6册。鈐“胤俟”朱文印、“張永祚印”白文印。

shan296

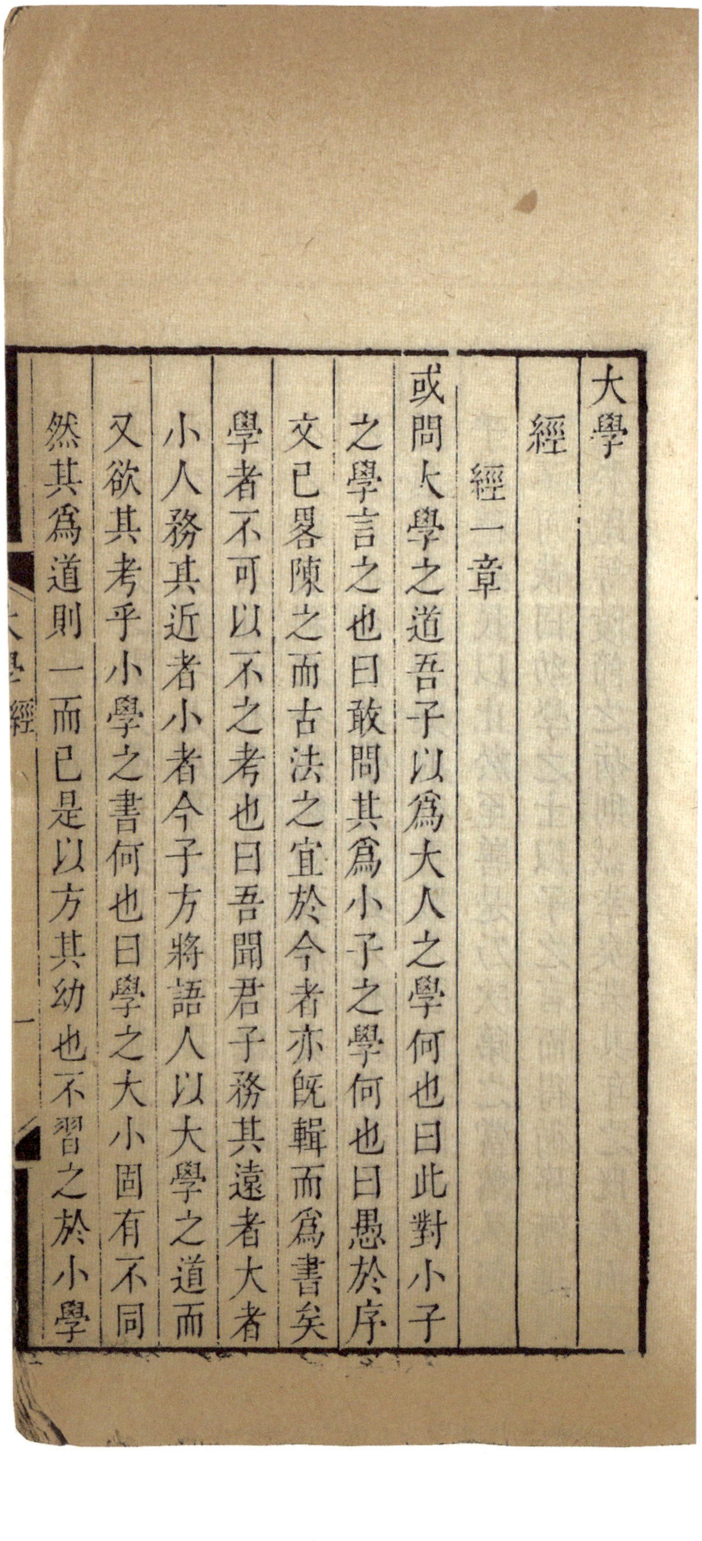
大學
經
經一章
或問大學之道吾子以爲大人之學何也曰此對小子
之學言之也曰敢問其爲小子之學何也曰愚於序
文已畧陳之而古法之宜於今者亦旣輯而爲書矣
學者不可以不之考也曰吾聞君子務其遠者大者
小人務其近者小者今子方將語人以大學之道而
又欲其考乎小學之書何也曰學之大小固有不同
然其爲道則一而已是以方其幼也不習之於小學

四書朱子或問語類　（清）陳其凝輯　清乾隆十二年（1747）刻本

框高 15.5 厘米，廣 10 厘米。半葉十行，行二十一字，黑口，四周單邊。12 册。

shan318

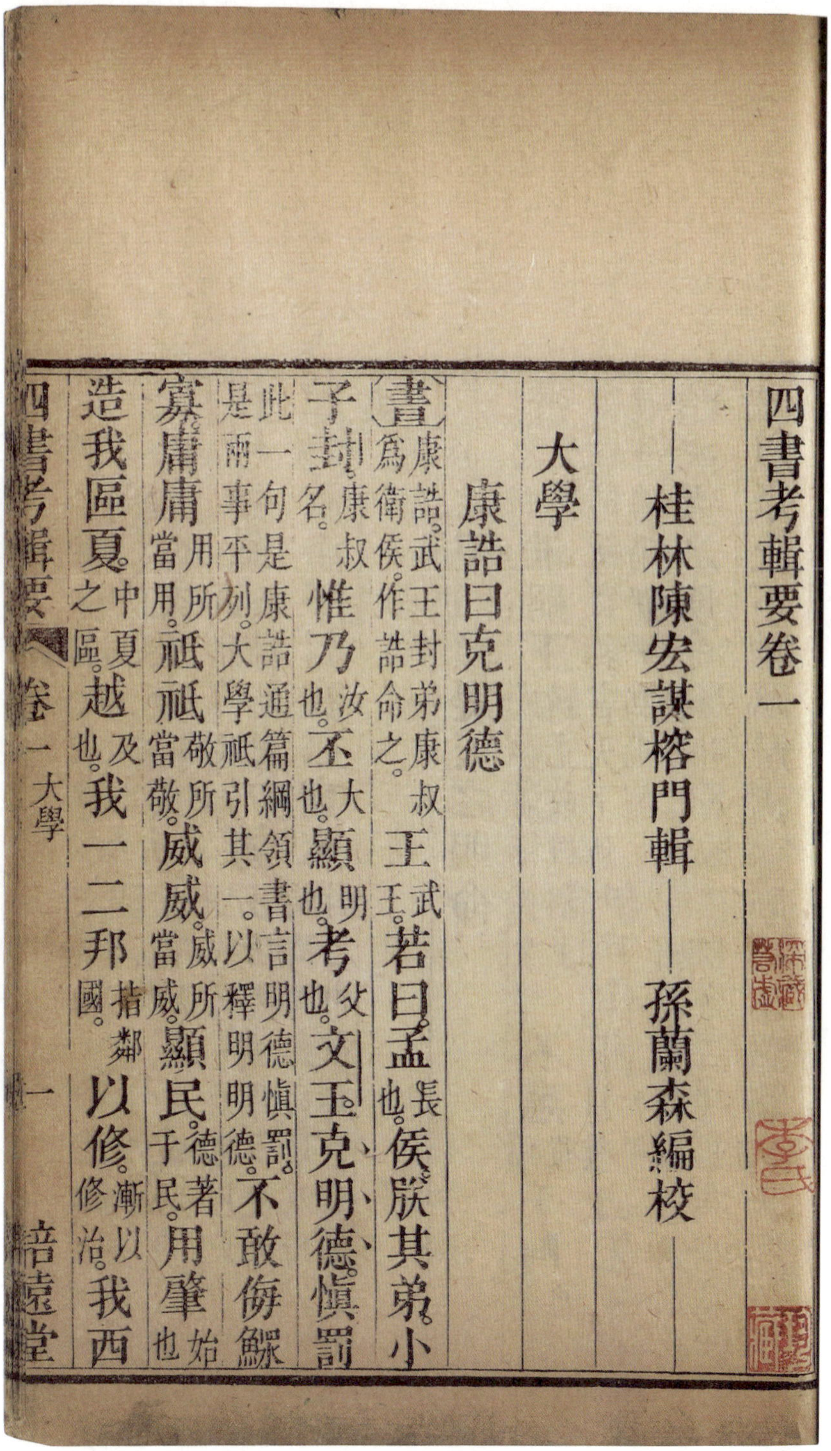

四書考輯要二十卷 （清）陳宏謀輯 （清）孫蘭森編校 清乾隆三十六年（1771）培遠堂刻本

框高18.9厘米，廣15厘米。半葉十行，行二十字，小字雙行同，白口，四周雙邊。7册。鈐“深藏若虛”朱文印、“李氏”朱文印、“珍藏”白文印、“定書續史臣家”白文印。

shan584

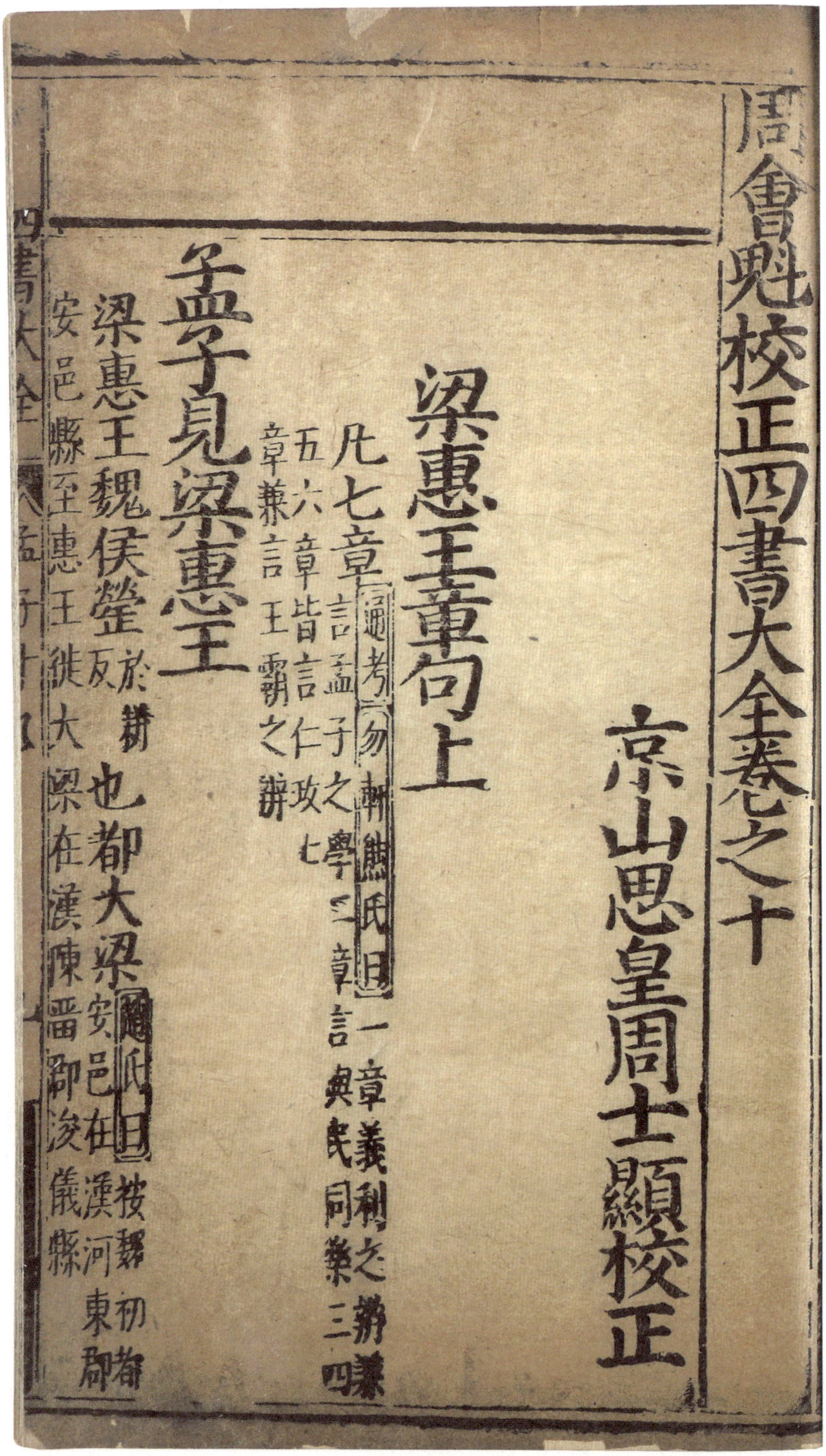

周會魁校正四書大全十八卷　（明）胡廣等輯　（明）周士顯校正　明刻本

框高 23.3 厘米，廣 14 厘米。半葉十一行，行十六字，小字雙行二十字，黑口，四周雙邊。6 册。存四卷（九至十二）。

shan787

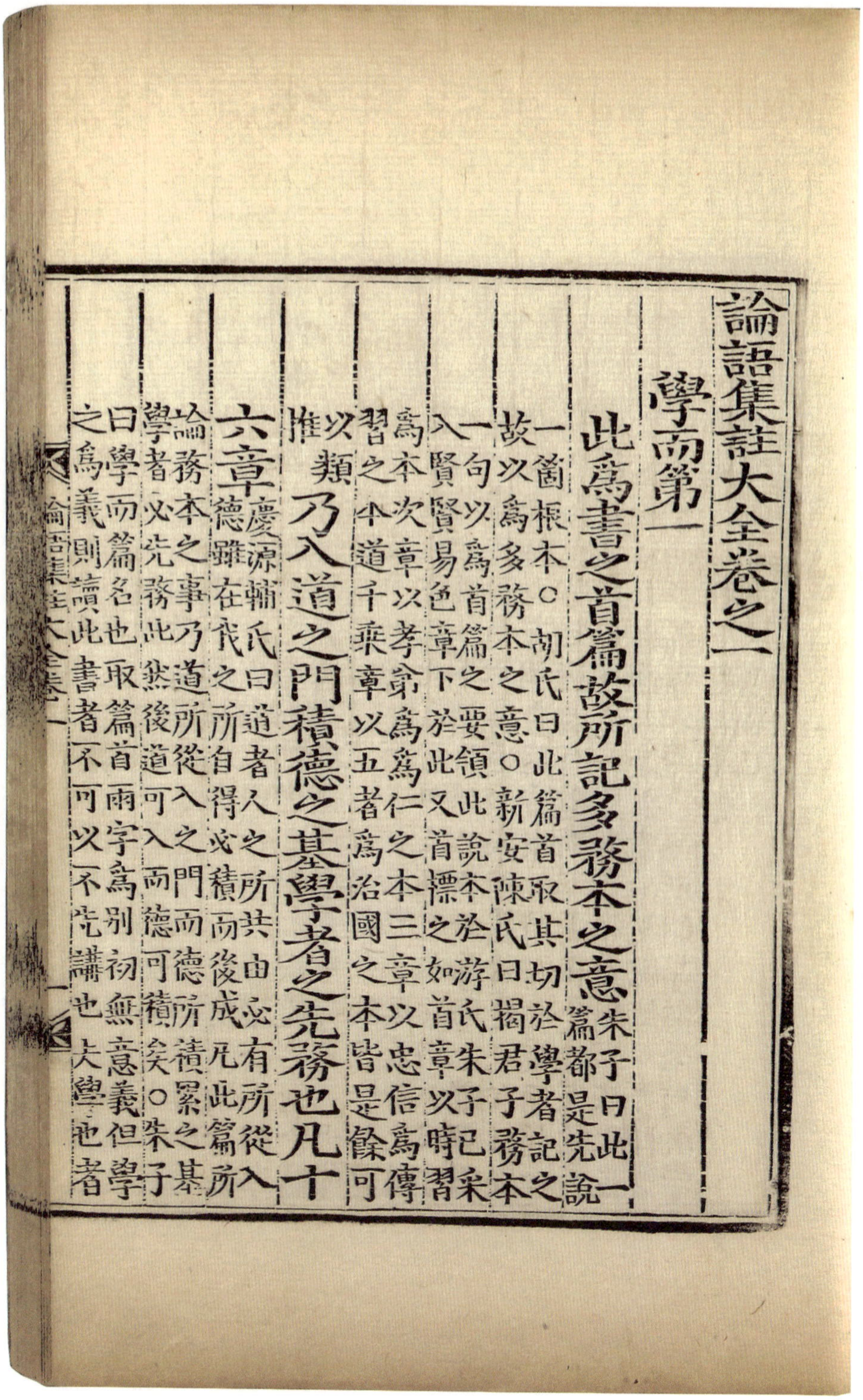
論語集註大全卷之一
學而第一
此爲書之首篇故所記多務本之意朱子曰此一篇都是先論一箇根本○胡氏曰此篇首取其切於學者記之故以爲多務本之意○新安陳氏曰揭君子務本之一句以爲首篇之要領○此說本於游氏朱子已采入賢賢易色章下於此又首標之如首章以時習爲本次章以孝弟爲爲仁之本三章以忠信爲傳習之本道千乘章以五者爲治國之本皆是餘可以類推乃入道之門積德之基學者之先務也凡十六章慶源輔氏曰道者人之所共由必有所從入德雖在我之所自得必積而後成凡此篇所論務本之事乃道所從入之門而德所積累之基學者必先務此然後道可入而德可積矣○朱子曰學而篇名也取篇首兩字爲別初無意義但學之爲義則讀此書者不可以不先講也夫學也者

論語集註大全二十卷　（宋）朱熹集註　清朝鮮刻本

框高 24.3 厘米，廣 19.4 厘米。半葉十行，行二十二字，小字雙行同，白口，四周雙邊。7 册。

shan827

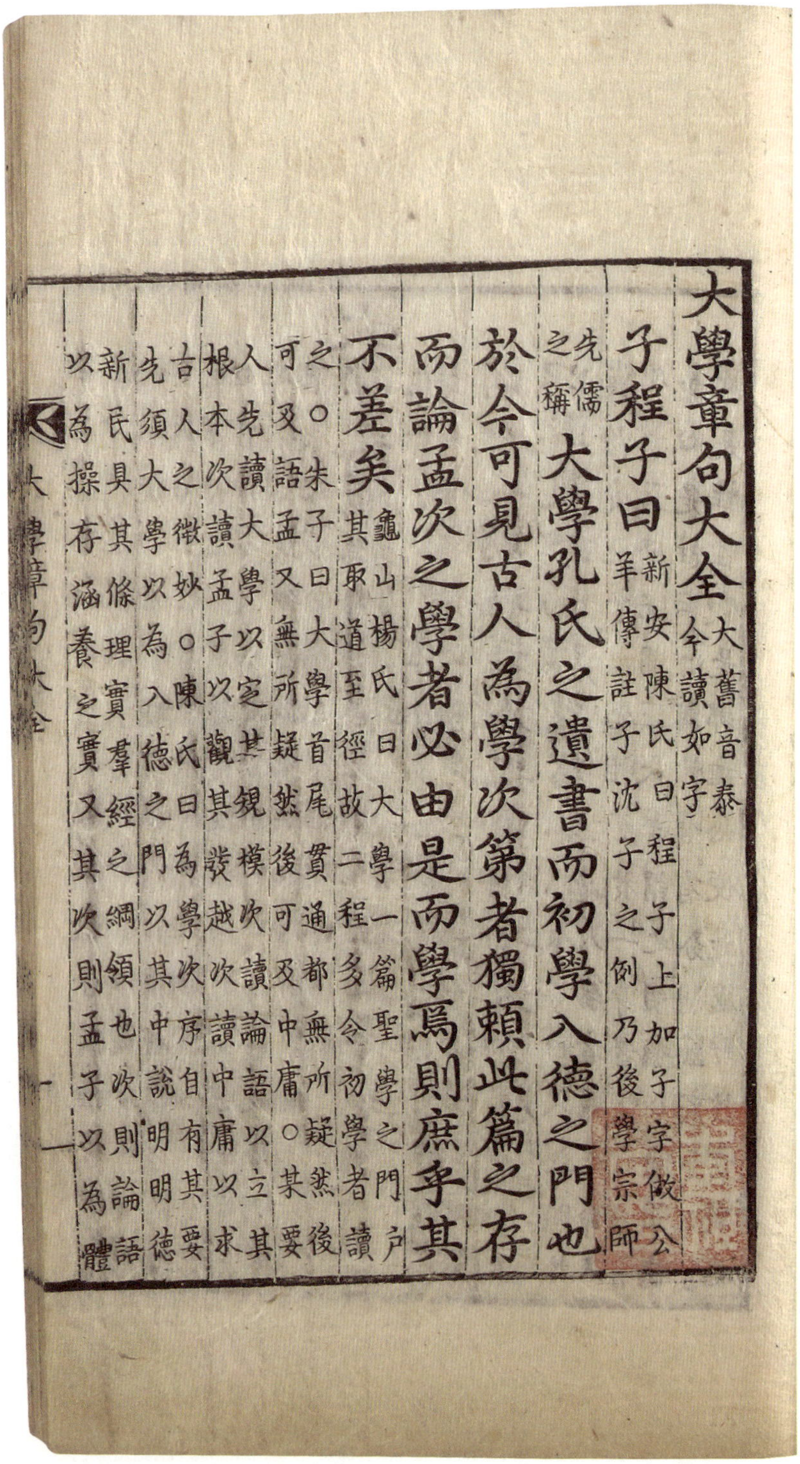
大學章句大全大舊音泰今讀如字
子程子曰新安陳氏曰程子上加子字倣公羊傳註子沈子之例乃後學宗師先儒之稱大學孔氏之遺書而初學入德之門也於今可見古人為學次第者獨賴此篇之存而論孟次之學者必由是而學焉則庶乎其不差矣龜山楊氏曰大學一篇聖學之門戶其取道至徑故二程多令初學者讀之○朱子曰大學首尾貫通都無所疑然後可及語孟又無所疑然後可及中庸○某要人先讀大學以定其規模次讀論語以立其根本次讀孟子以觀其發越次讀中庸以求古人之微妙○陳氏曰為學次序自有其要先須大學以為入德之門以其中說明明德新民具其條理實羣經之綱領也次則論語以為操存涵養之實又其次則孟子以為體

四書大全　（明）胡廣等撰　清朝鮮刻本

框高 24.6 厘米，廣 18.2 厘米。半葉十行，行十八字，小字雙行同，白口，四周單邊。16 册。鈐“李祖榮印”白文印。

shan829

【群經總義類】

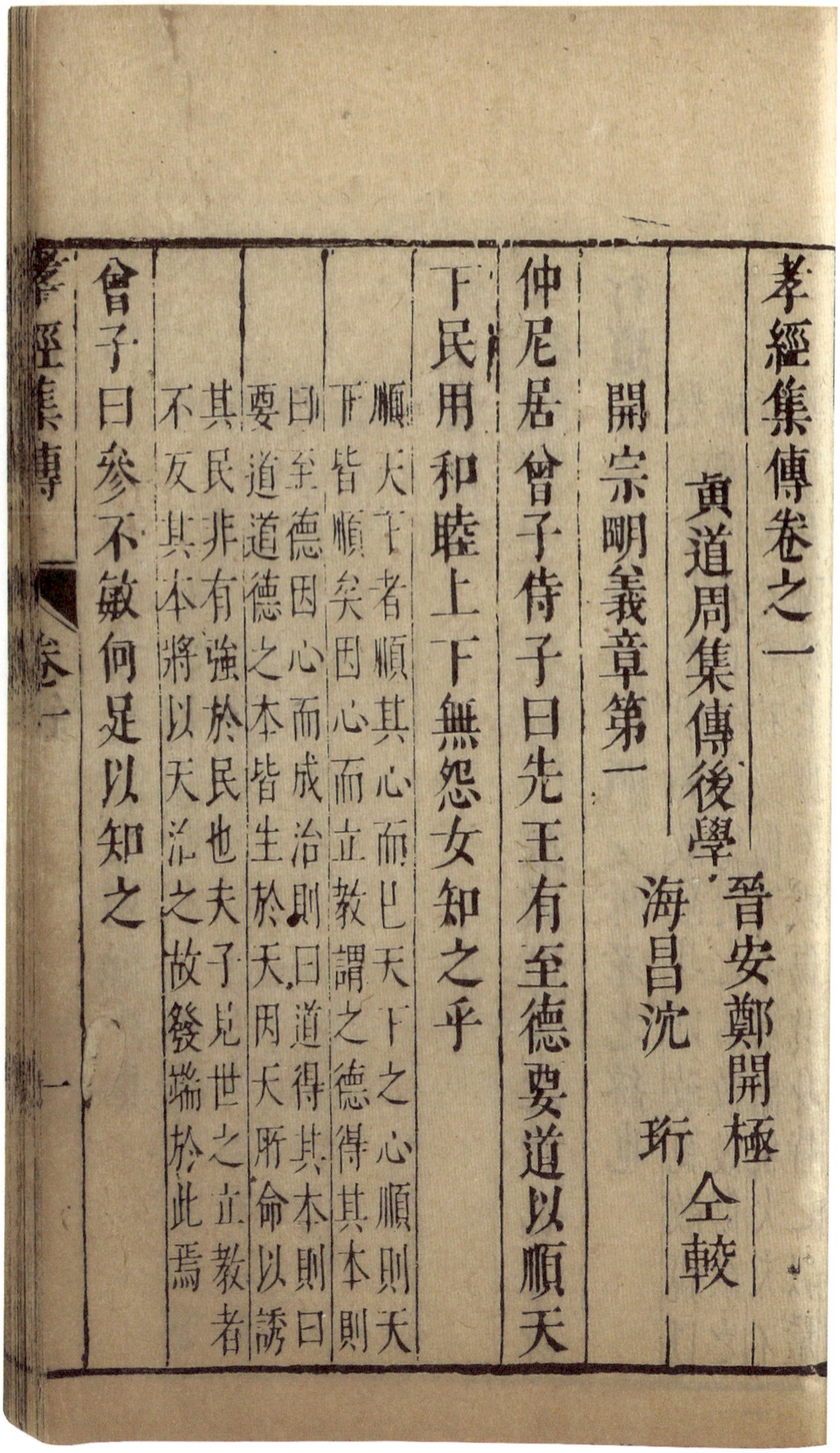

石齋先生經傳九種五十六卷 （明）黄道周撰 （清）鄭開極重訂 清康熙三十二年（1693）鄭肇刻本

框高19.9厘米，廣14.5厘米。半葉九行，行十八字，小字雙行同，白口，四周單邊。28册。

三級 113shan304

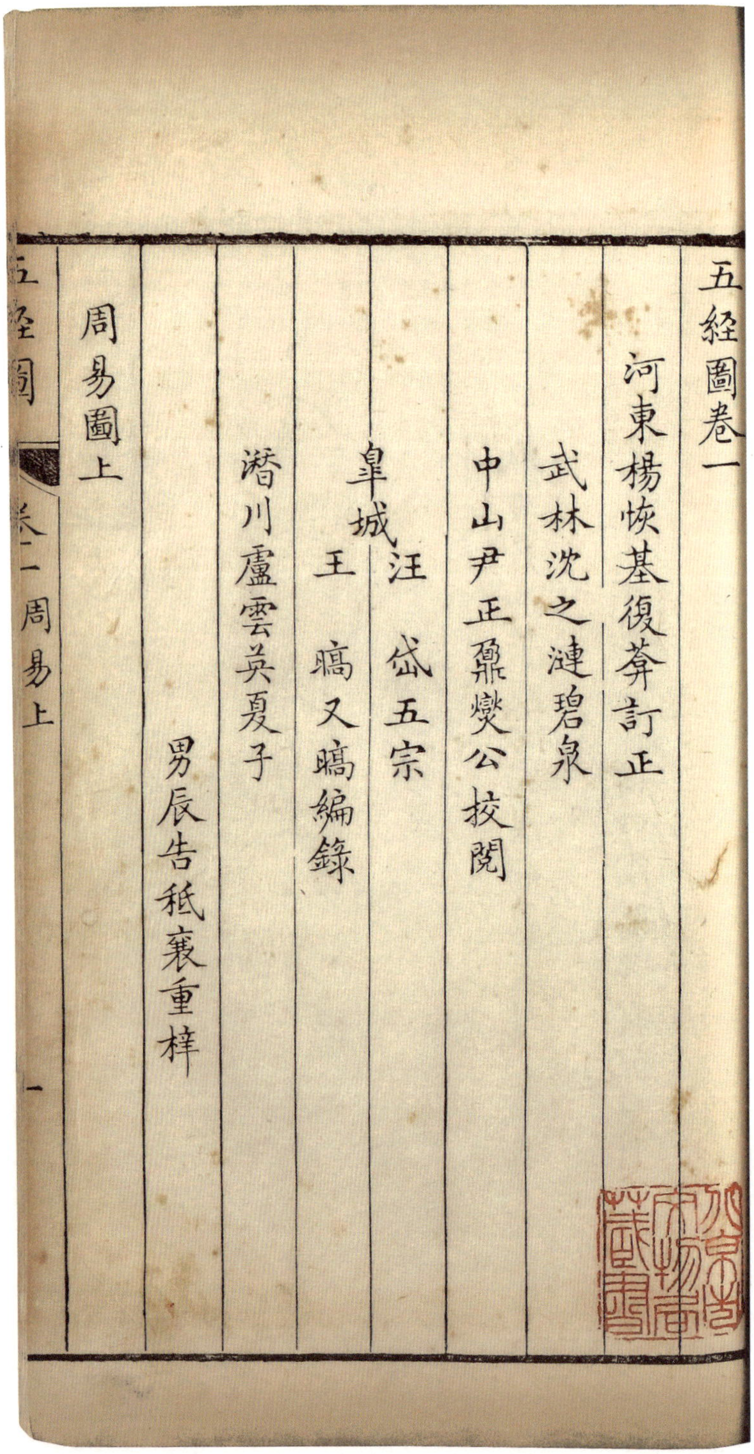

五經圖十二卷　（清）楊恢基訂正　清雍正二年（1724）盧雲英刻本

框高 22.6 厘米，廣 15.5 厘米。半葉九至十一行，行、字數不等，白口，四周單邊。6 册。鈐“形無不分理無不達”白文印。

shan149

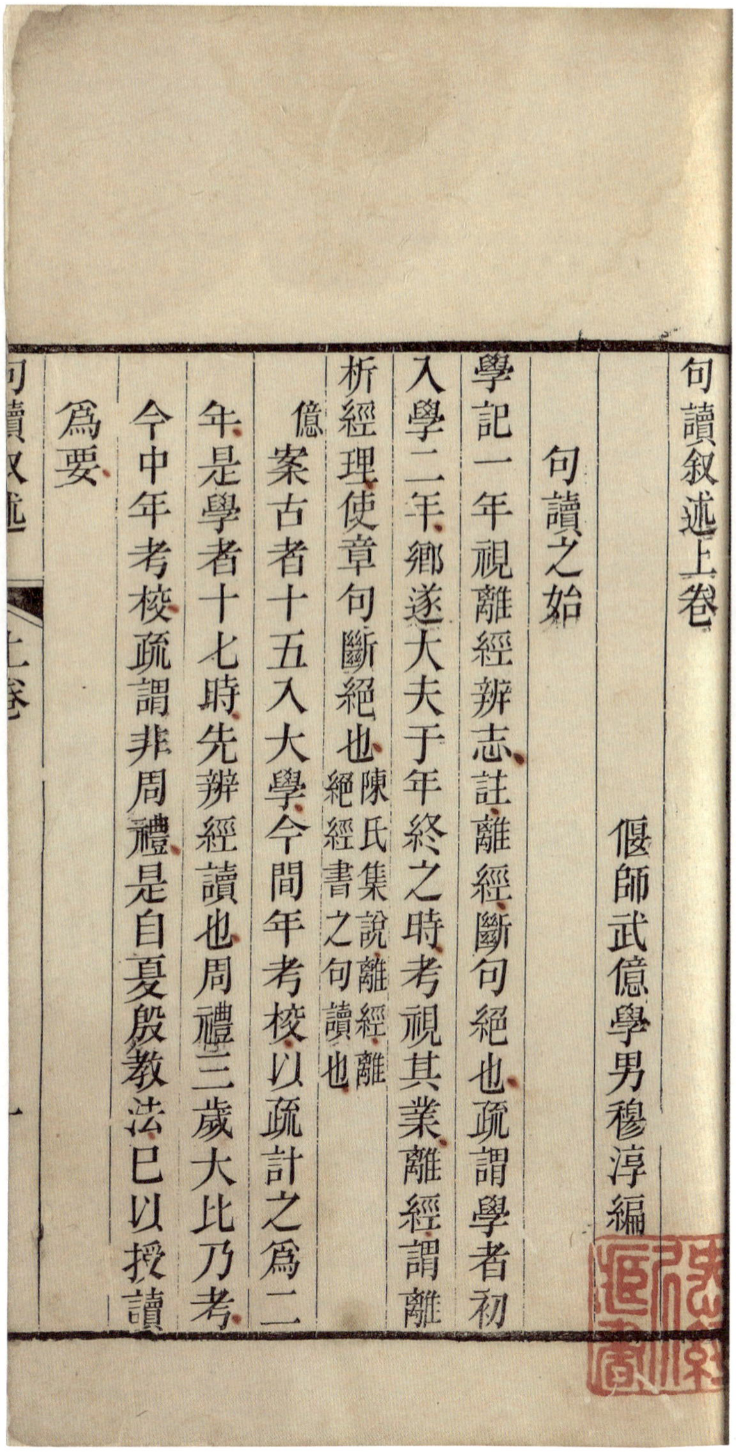
句讀叙述上卷
偃師武億學男穆淳編
句讀之始
學記一年視離經辨志註離經斷句絕也疏謂學者初
入學一年鄉遂大夫于年終之時考視其業離經謂離
析經理使章句斷絕也陳氏集說離經離絕經書之句讀也
億案古者十五入大學今間年考校以疏計之爲二
年是學者十七時先辨經讀也周禮三歲大比乃考
今中年考校疏謂非周禮是自夏殷教法巳以授讀
爲要
句讀叙述 上卷 一

經讀考異八卷句讀叙述二卷 （清）武億撰 （清）穆淳編 清乾隆五十四年（1789）刻本

框高 18.7 厘米，廣 14 厘米。半葉十行，行二十一字，小字雙行同，白口，左右雙邊。2 册。鈐“德經藏書”朱文印。

shan602

【小學類】

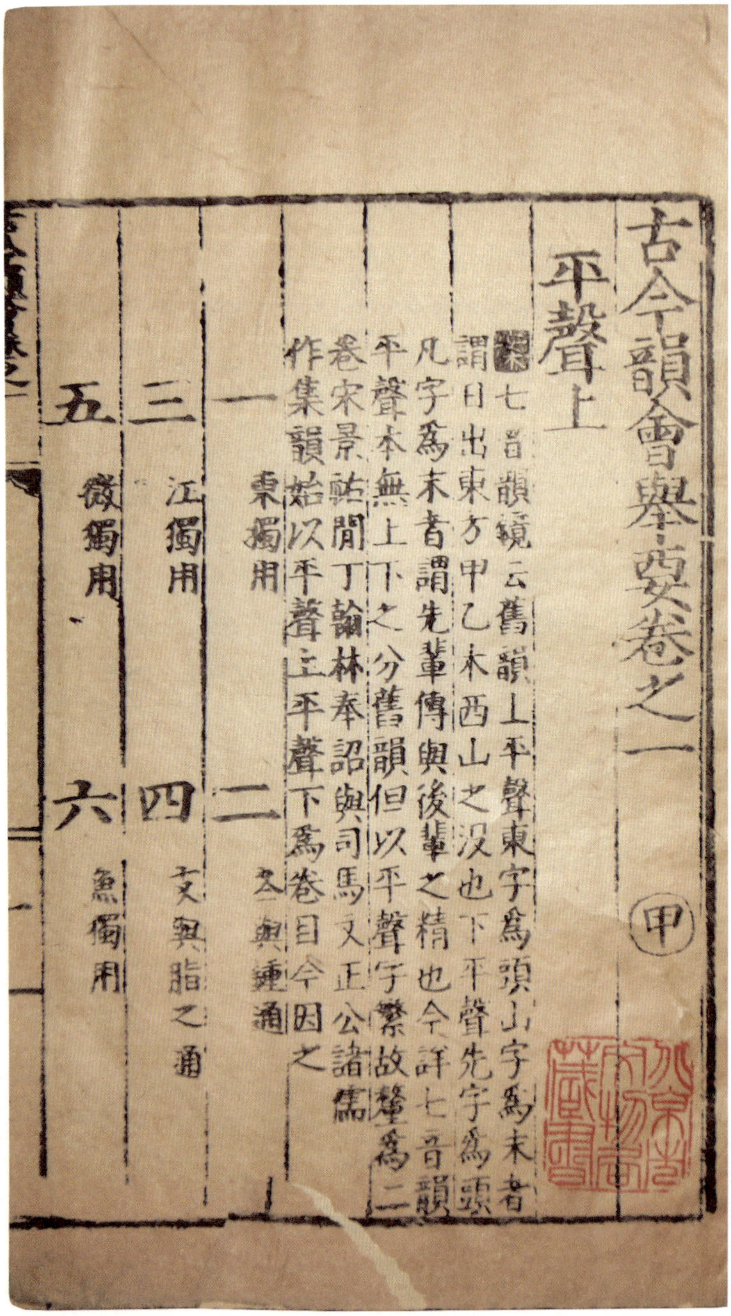
古今韻會舉要卷之一
平聲上
[按]七音韻鏡云舊韻上平聲東字爲頭山字爲末者謂日出東方甲乙木西山之沒也下平聲先字爲頭凡字爲末者謂先輩傳與後輩之精也今詳七音韻平聲本無上下之分舊韻但以平聲字繁故釐爲二卷宋景祐間丁翰林奉詔與司馬文正公諸儒作集韻始以平聲上平聲下爲卷目今因之
一 東獨用　二 冬與鍾通
三 江獨用　四 支與脂之通
五 微獨用　六 魚獨用

古今韻會舉要三十卷　（元）熊忠撰　明嘉靖十五年（1536）刻本

框高 22.5 厘米，廣 14.7 厘米。半葉八行，行二十字，小字雙行二十三字，白口，左右雙邊。24 冊。

二級 1ji10618

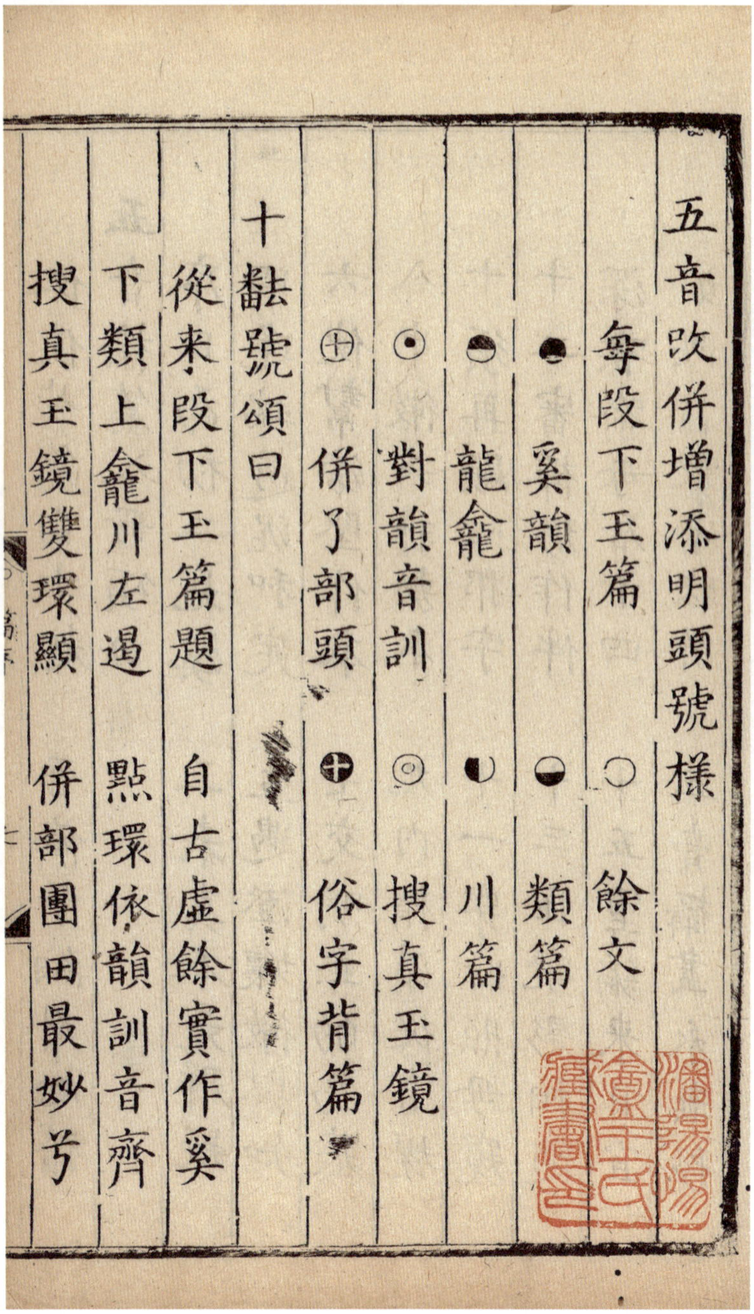

大明萬曆己丑重刊改併五音類聚四聲篇十五卷五音集韻十五卷　（金）韓道昭編　**經史正音切韻指南一卷**　（元）劉鑒撰　**新編篇韻貫珠集一卷直指玉鑰匙門法一卷**　（明）釋真空撰　明萬曆二十三年（1595）晉安芝山開元寺刻本

框高 29.5 厘米，廣 19.5 厘米。半葉十行，字數不等，白口，四周雙邊。7 册。鈐“瀋陽惕龕王氏藏書印”朱文印、“八雲軒”白文印、“飛青閣藏書印”白文印、“宜都楊氏藏書記”白文印、“錢塘汪氏振綺堂藏書”朱文印。

二級 5pan10582

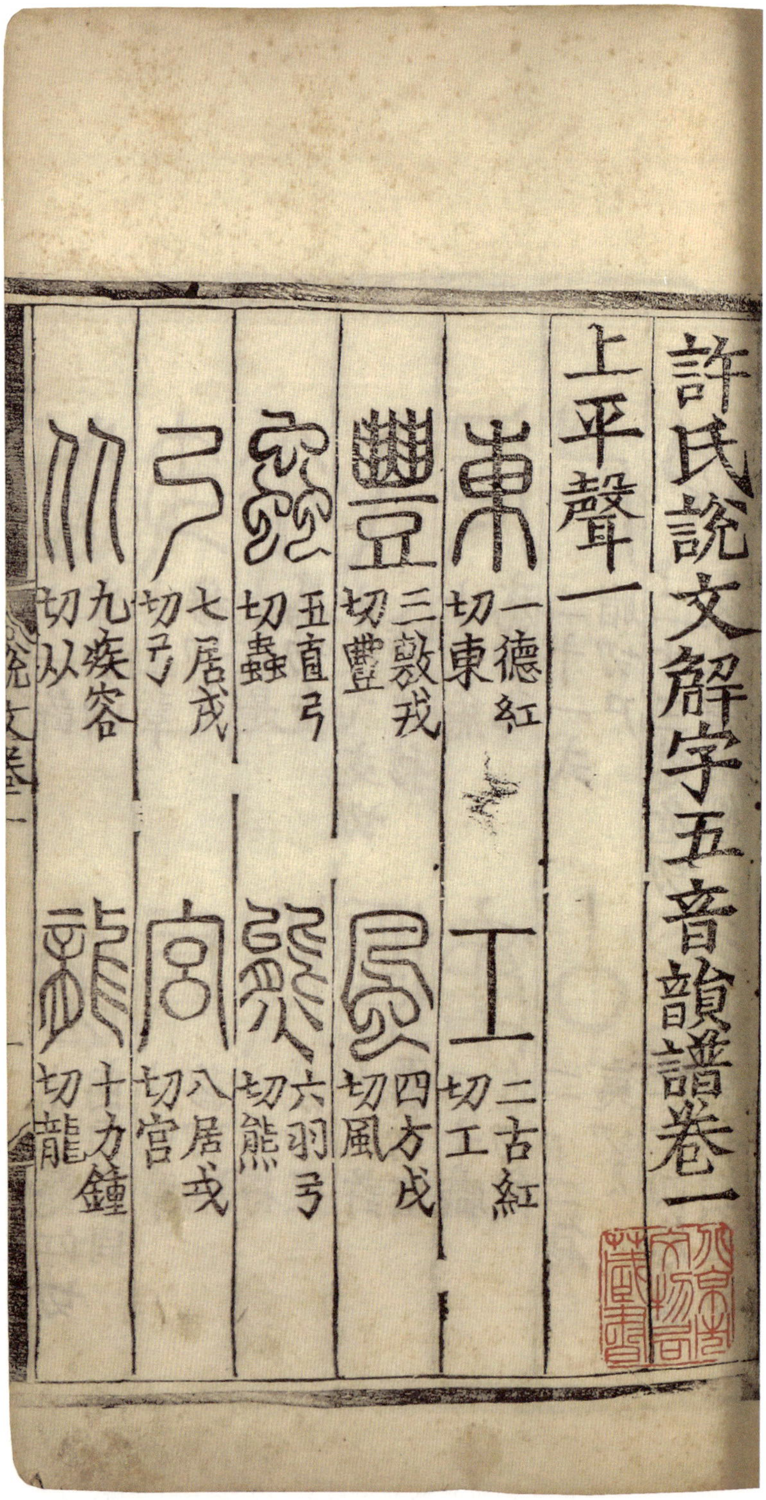

許氏說文解字五音韻譜十二卷　（宋）李燾撰　明嘉靖十一年（1532）孫甫刻本

框高 25 厘米，廣 17.5 厘米。半葉七行，行十四字，小字雙行二十字，黑口，四周雙邊。6 册。

二級 6pan10586

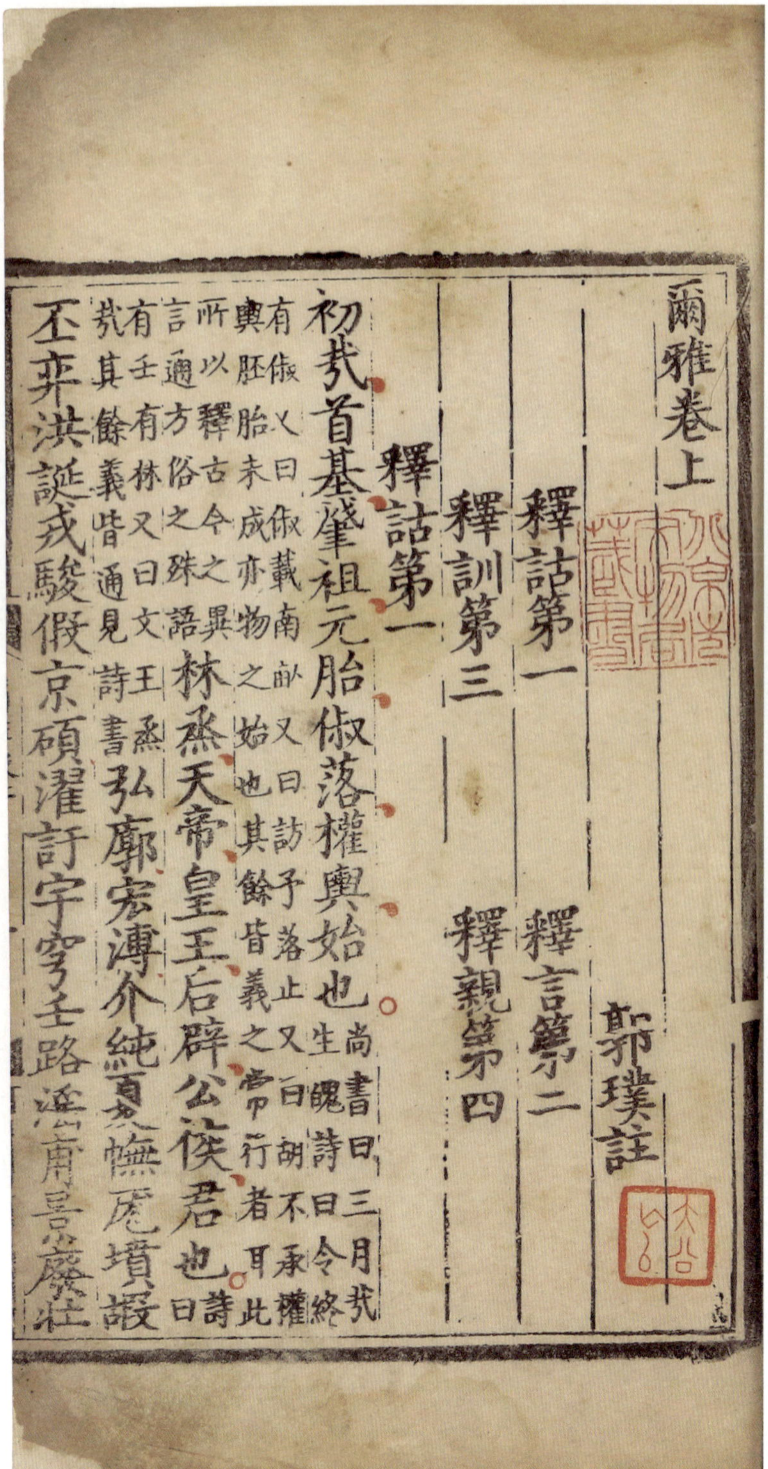

爾雅三卷 （晋）郭璞註 明刻本

框高 22 厘米，廣 14.2 厘米。半葉十行，行二十字，小字雙行同，粗黑口，四周雙邊。1 册。

二級 145k361

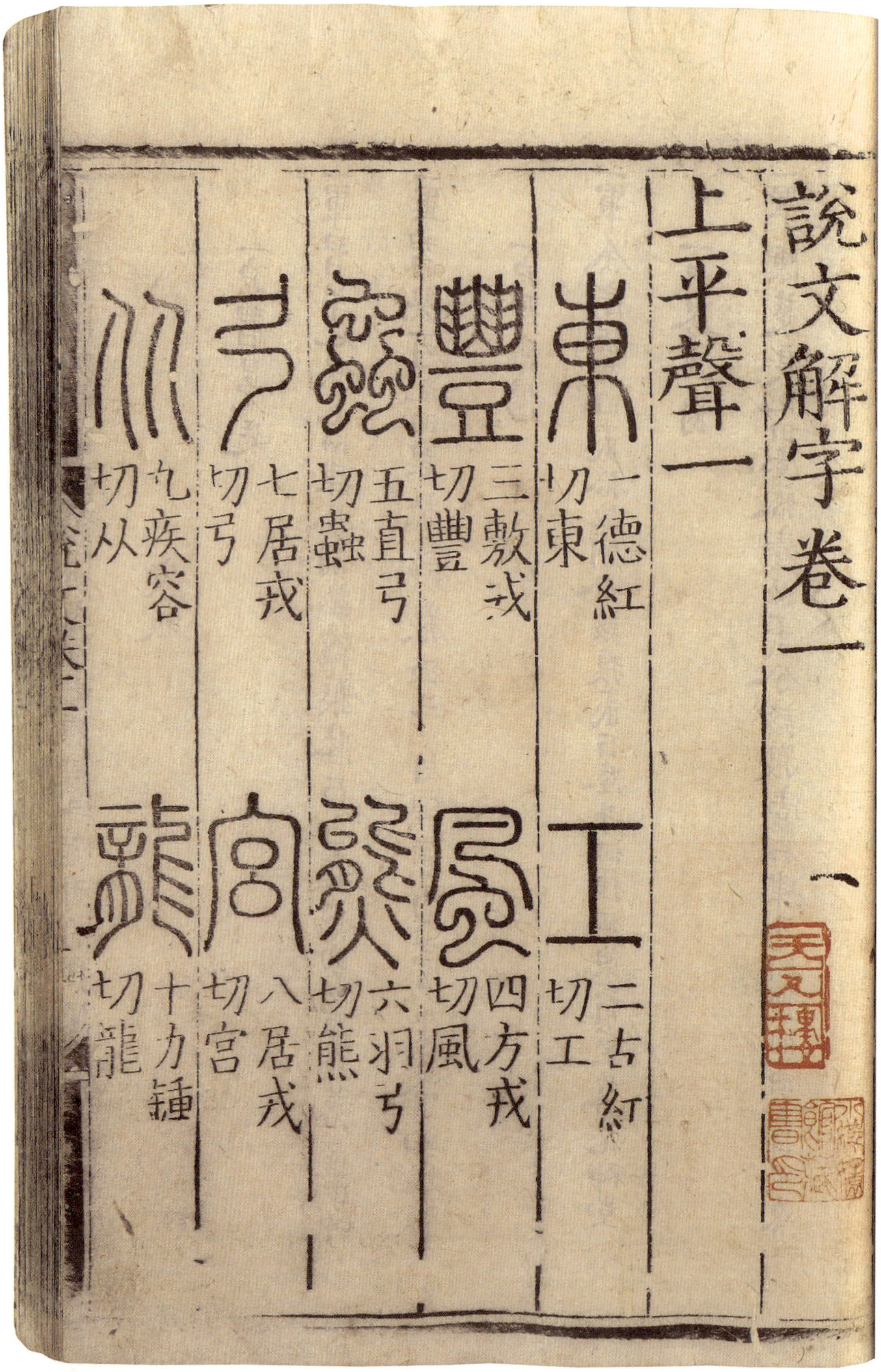

說文解字十二卷首一卷　（漢）許慎撰　（宋）李燾重編　明萬曆二十六年（1598）陳大科刻本

框高 24.3 厘米，廣 17 厘米。半葉七行，行十四字，小字雙行同，粗黑口，四周雙邊。10 册。鈐“小娜嬛館藏書印”朱文印、“高凌霨澤畬甫收藏印”朱文印等。

二級 173shan44

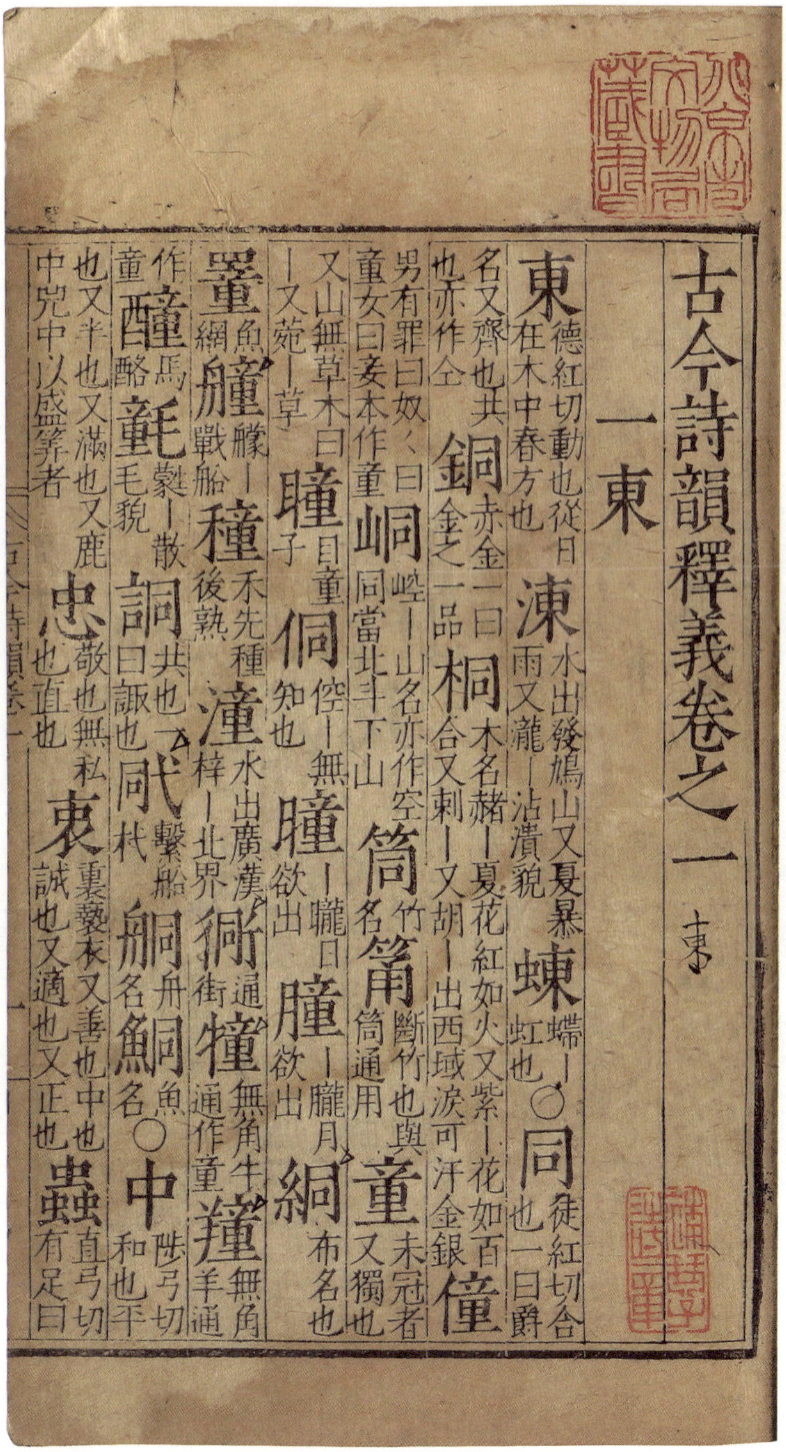
古今詩韻釋義卷之一
一東
東德紅切動也從日在木中春方也凍水出發鳩山又夏暴雨又瀧丨沾漬貌蝀螮丨虹也○同徒紅切合也一曰爵
名又齊也共也亦作仝銅赤金一曰金之一品桐木名桐丨夏花紅如火又紫丨花如百合又刺丨又胡丨出西域淚可汗金銀僮
男有罪曰奴奴曰童女曰妾本作童峒崆丨山名亦作空同當北斗下山筒竹名筩斷竹也與筒通用童未冠者又獨也
又山無草木曰丨又菀丨草瞳目童子侗倥丨無知也曈丨曨日欲出朣丨朧月欲出絧布名也
罿魚網艟艨丨戰船穜禾先種後熟潼水出廣漢梓丨北界衕通街犝無角牛通作童䍶無角羊通
作童[illegible]馬酪氃氋丨散毛貌詷共也一曰詉也[illegible]繫船杙[illegible]舟名鮦魚名○中陟弓切和也平
也又半也又滿也又鹿中兇中以盛筭者忠敬也無私也直也衷裏褻衣又善也中也誠也又適也又正也蟲直弓切有足曰
古今詩韻卷一 一

古今詩韻釋義五卷　（明）龔大器撰　明萬曆九年（1581）金陵書肆周前山刻本

框高 21.2 厘米，廣 13.9 厘米。半葉九行，大小字不等，白口，四周雙邊。2 册。鈐“補琴子詩章”朱文印。

二級 289shan716

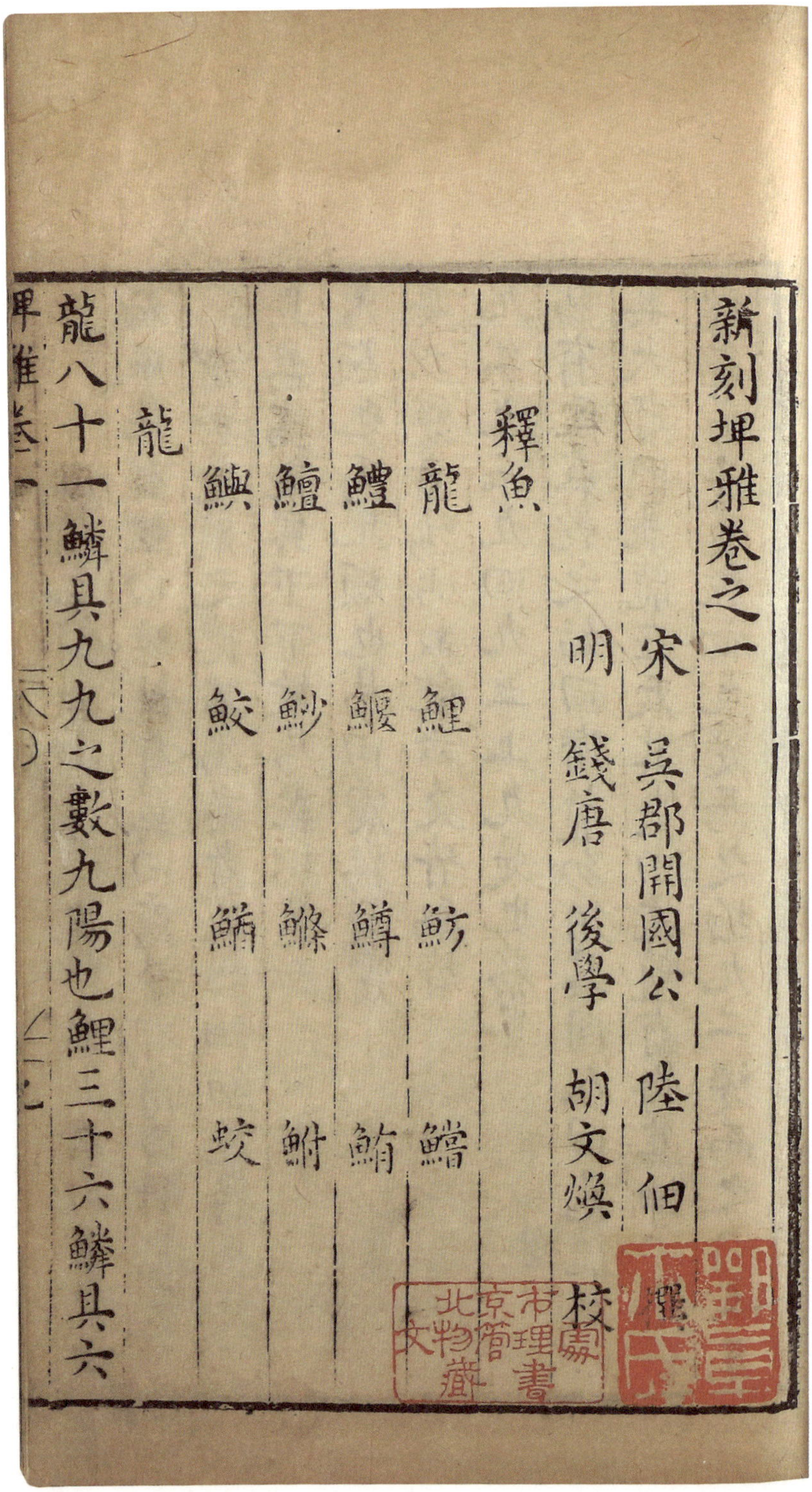

新刻埤雅二十卷 （宋）陸佃撰 （明）胡文煥編 明胡氏文會堂刻格致叢書本

框高 19.5 厘米，廣 14 厘米。半葉十行，行二十字，白口，左右雙邊。4 册。鈐“鄂卓爾氏”白文印。

三級 83shan32

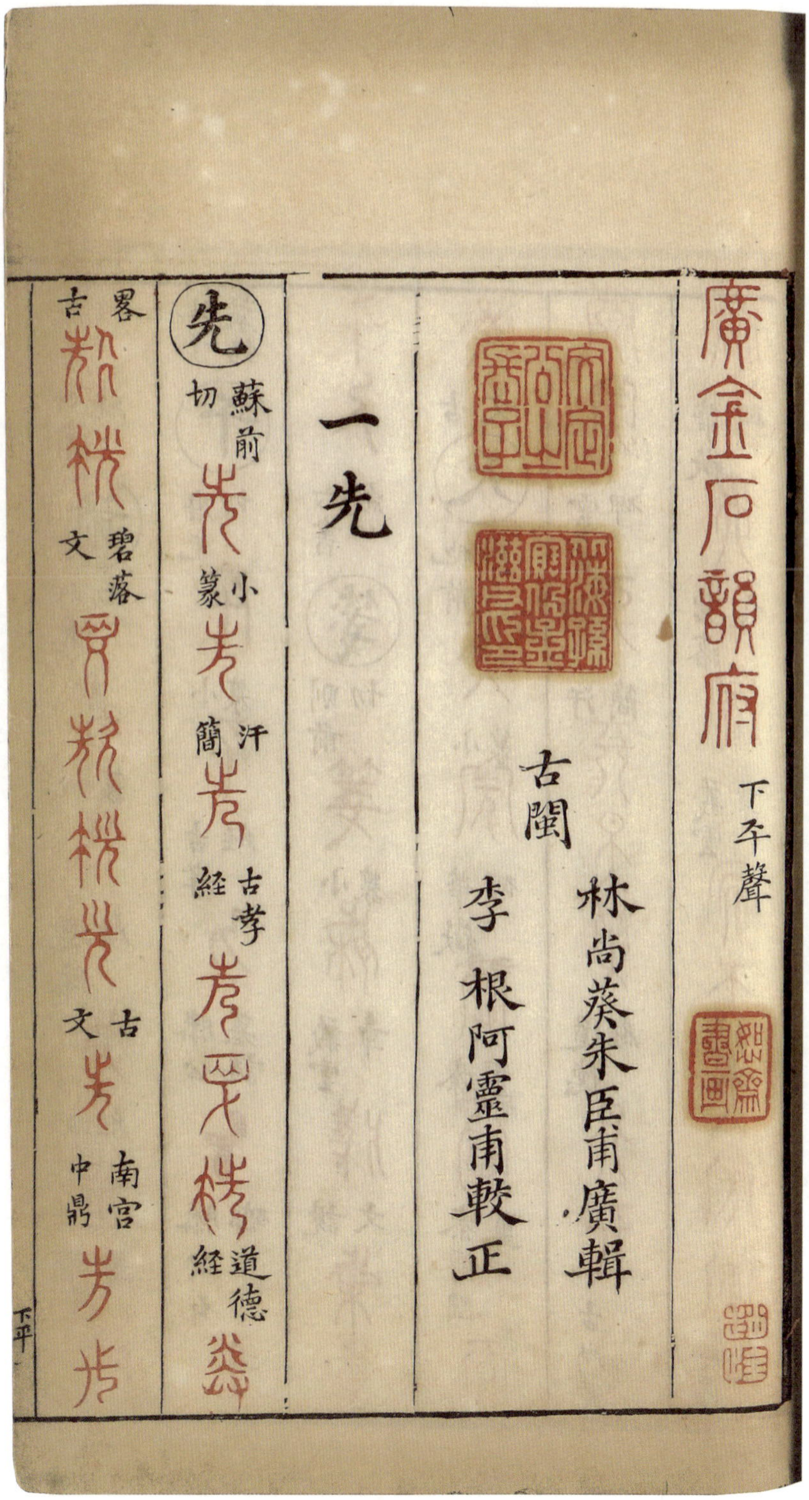

廣金石韻府不分卷 （清）林尚葵輯 清康熙九年（1670）賴古堂刻朱墨印本

框高 21.9 厘米，廣 14.9 厘米。半葉行、字數不等。6 册。鈐“恕齋書畫”朱文印、“見查閣藏”白文印、“独在大雅”白文印、“趙栓”白文印等。

三級 195pu8-10-4-26

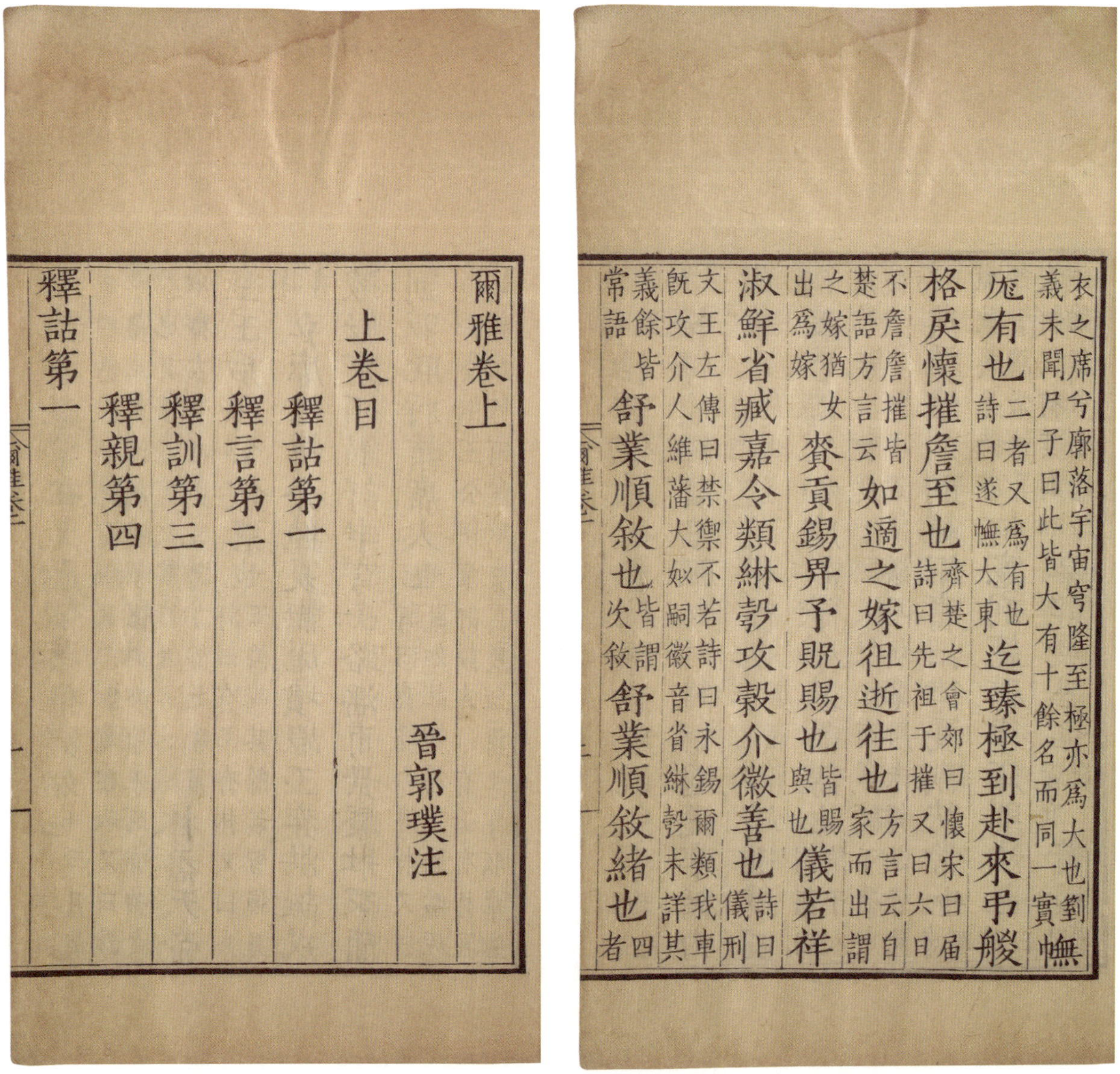

爾雅三卷 （晋）郭璞注 清嘉慶十一年（1806）顧氏思適齋刻本

框高 19.9 厘米，廣 14.4 厘米。半葉八行，行十七字，小字雙行同，白口，四周雙邊。1 册。鈐“夢曦主人藏佳書之印”朱文印。

三級 208jingpu825

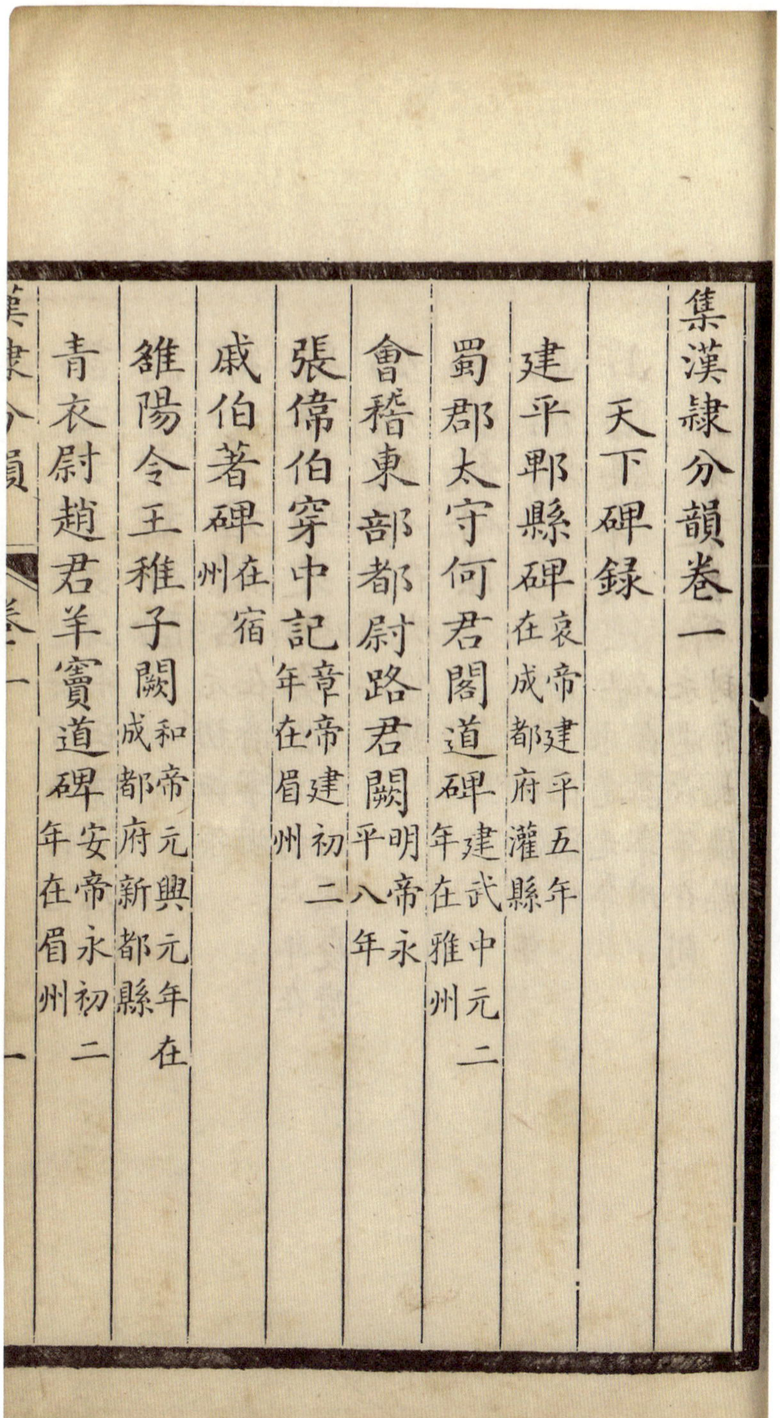
集漢隸分韻卷一
天下碑録
建平郫縣碑哀帝建平五年在成都府灌縣
蜀郡太守何君閣道碑建武中元二年在雅州
會稽東部都尉路君闕明帝永平八年
張偉伯穿中記章帝建初二年在眉州
戚伯著碑在宿州
雒陽令王稚子闕和帝元興元年在成都府新都縣
青衣尉趙君羊竇道碑安帝永初二年在眉州

集漢隸分韻 卷一 一

集漢隸分韻七卷　（明）李石疊撰　清乾隆三十七年（1772）辨志堂刻本

框高 20.5 厘米，廣 14.2 厘米。半葉九行，行二十字，白口，左右雙邊。2 册。鈐“愚山氏”白文印。

shan132

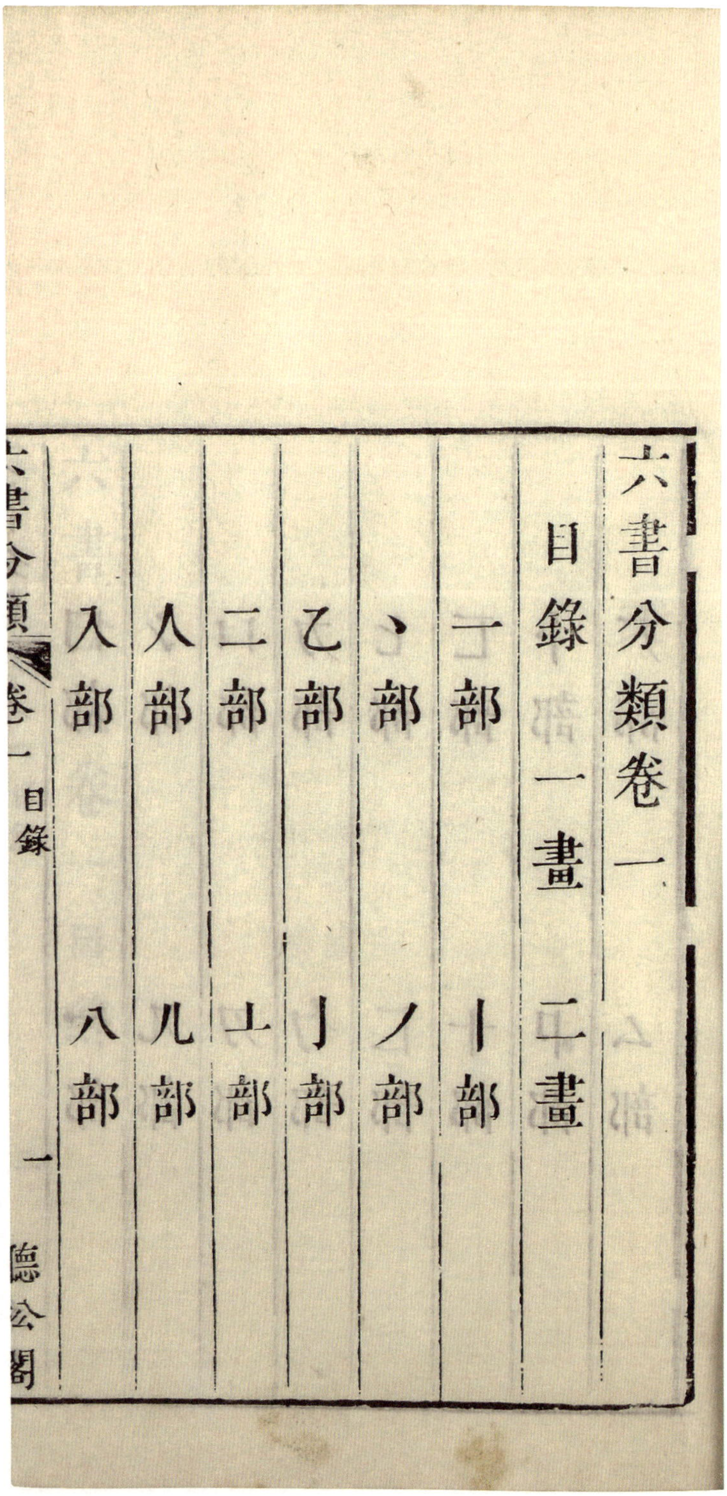

六書分類十二卷辨疑一卷　（清）傅世垚撰　清乾隆四十五年（1780）維隅堂刻本
框高 19.7 厘米，廣 14 厘米。半葉八行，行、字數不等，白口，四周單邊。13 册。

shan161

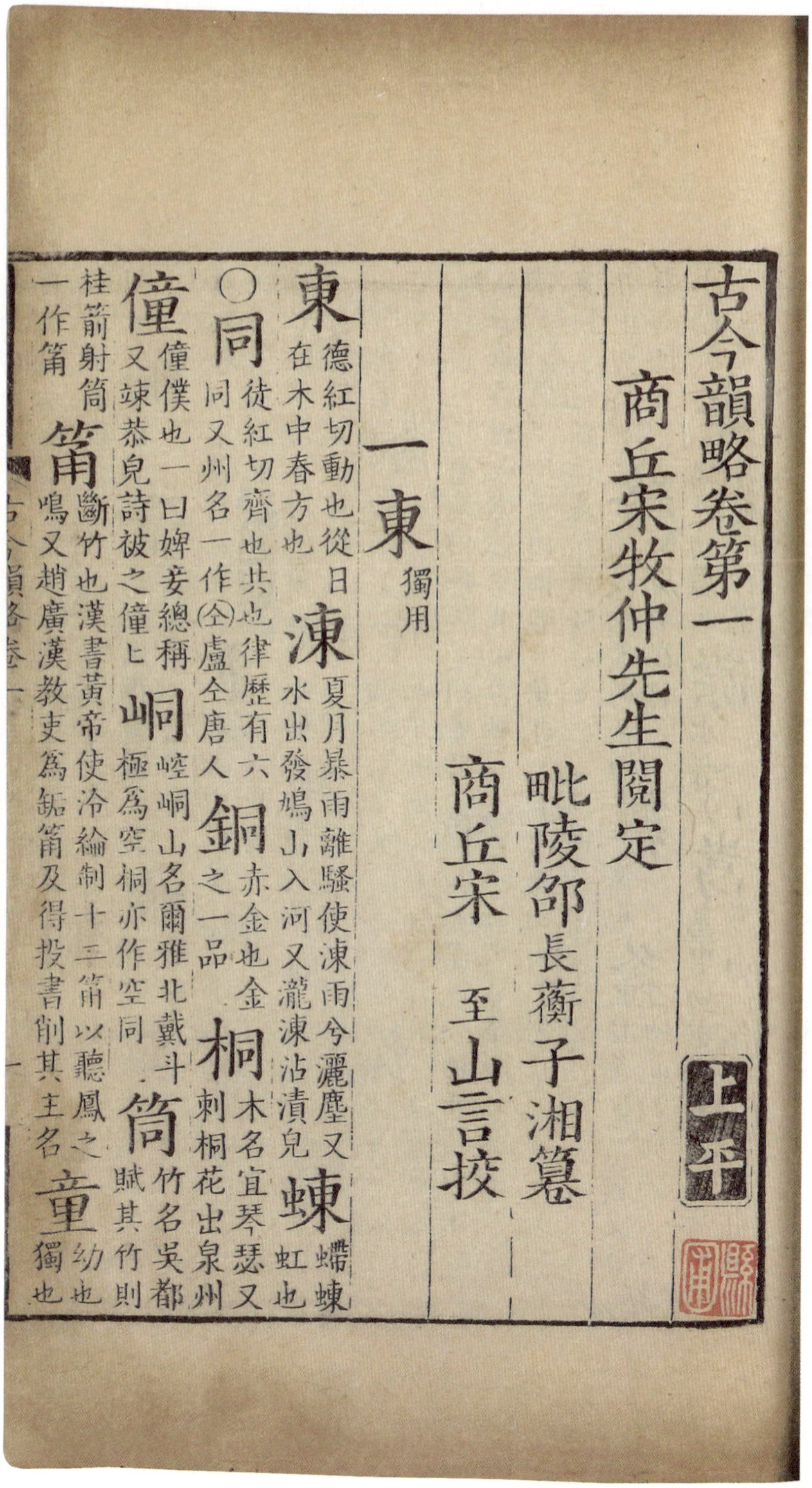

古今韻略五卷 （清）邵長蘅纂 （清）宋至校 清康熙三十五年（1696）宋犖刻本

框高 20 厘米，廣 14.5 厘米。半葉九行，行十四字，小字雙行二十八字，黑口，四周單邊。5 册。鈐“縣圃”白文印等。

shan213

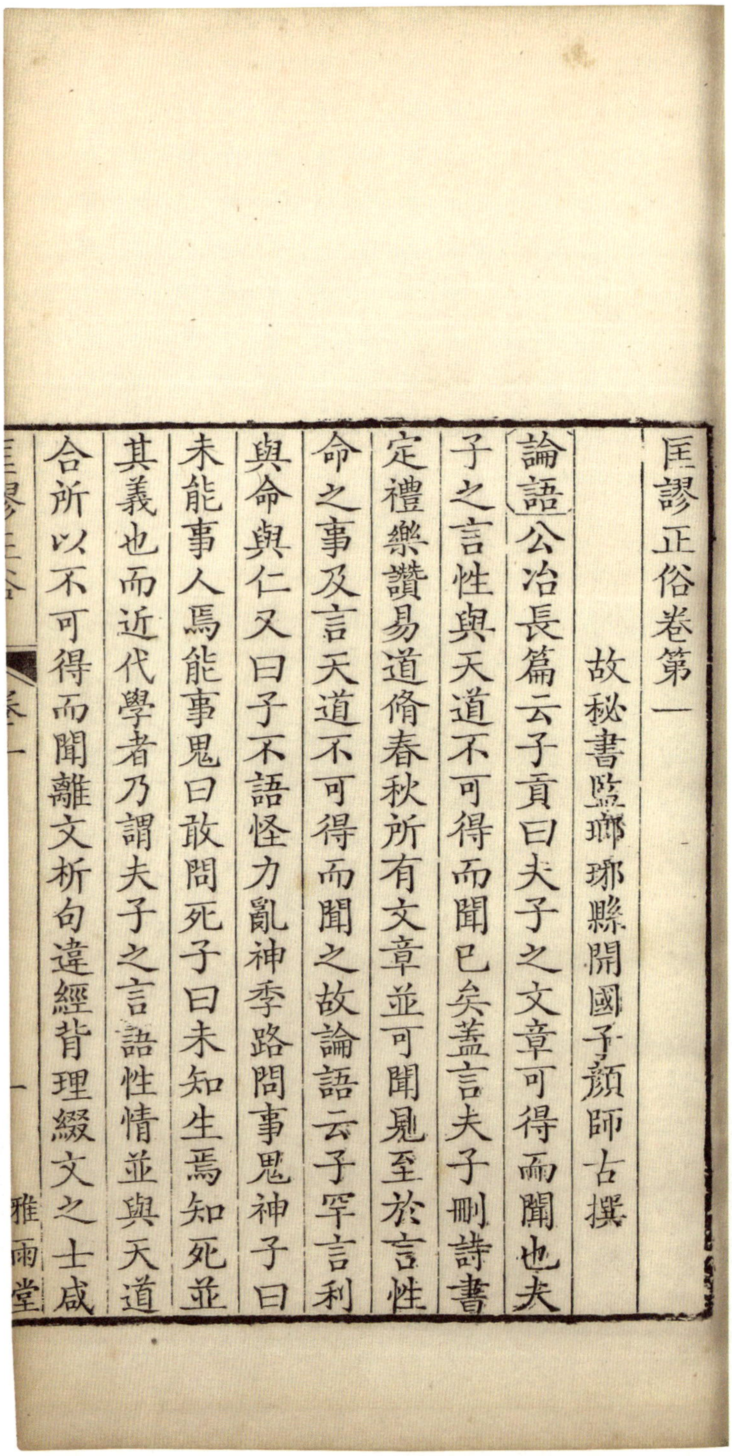

匡謬正俗卷第一

故秘書監瑯琊縣開國子顔師古撰

論語公冶長篇云子貢曰夫子之文章可得而聞也夫子之言性與天道不可得而聞已矣蓋言夫子刪詩書定禮樂讚易道脩春秋所有文章並可聞見至於言性命之事及言天道不可得而聞之故論語云子罕言利與命與仁又曰子不語怪力亂神季路問事鬼神子曰未能事人焉能事鬼曰敢問死子曰未知生焉知死並其義也而近代學者乃謂夫子之言語性情並與天道合所以不可得而聞離文析句違經背理綴文之士咸

匡謬正俗　卷一　一　雅雨堂

框謬正俗八卷　（唐）顔師古撰　清乾隆二十一年（1756）德州盧氏刻雅雨堂叢書本
框高 18 厘米，廣 14.3 厘米。半葉十行，行二十一字，白口，四周單邊。1 册。

shan243

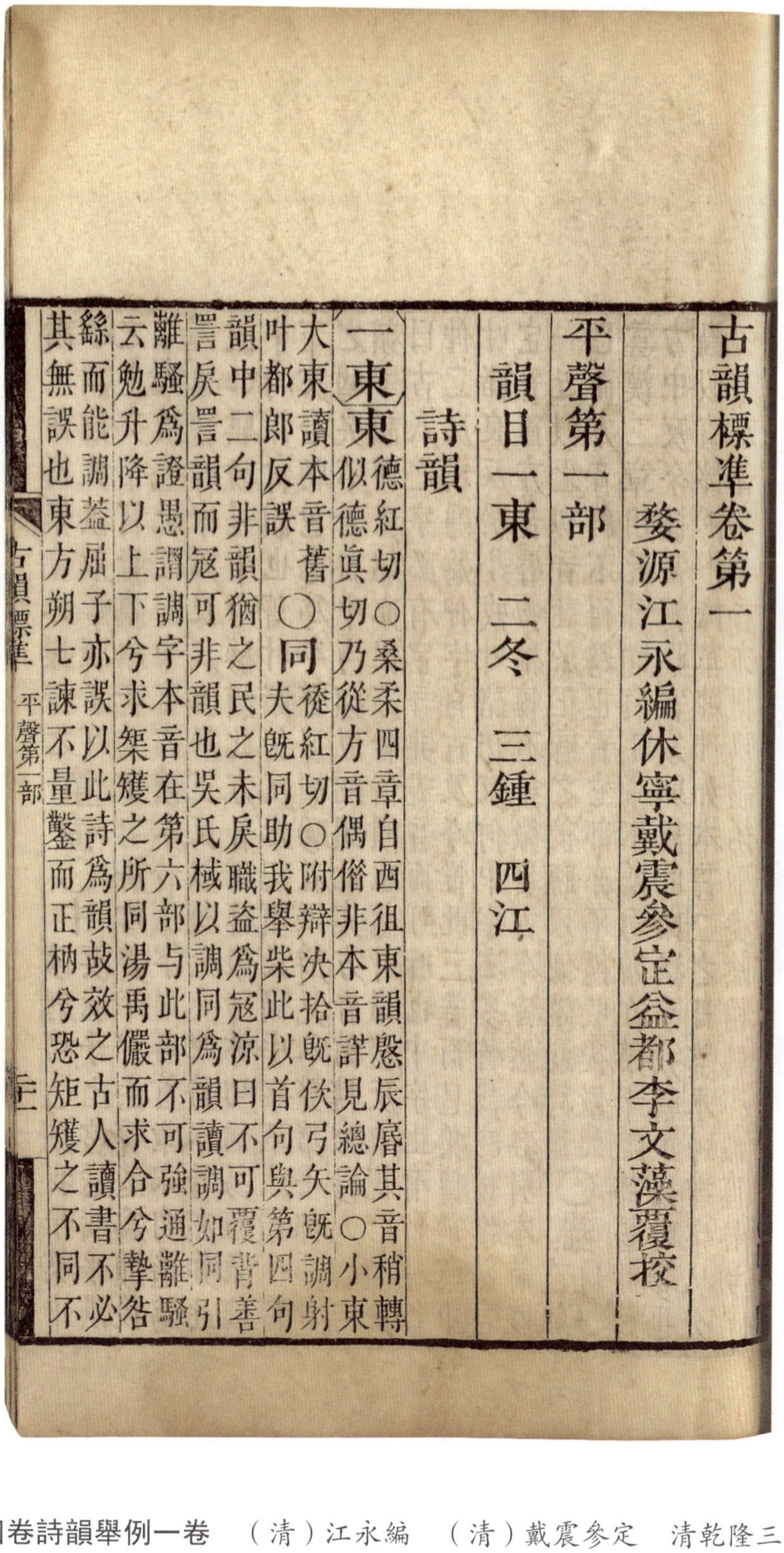

古韻標準四卷詩韻舉例一卷　（清）江永編　（清）戴震參定　清乾隆三十六年（1771）刻本

框高 19.7 厘米，廣 14.7 厘米。半葉十行，行二十三字，小字雙行同，黑口，左右雙邊。1 册。

shan264

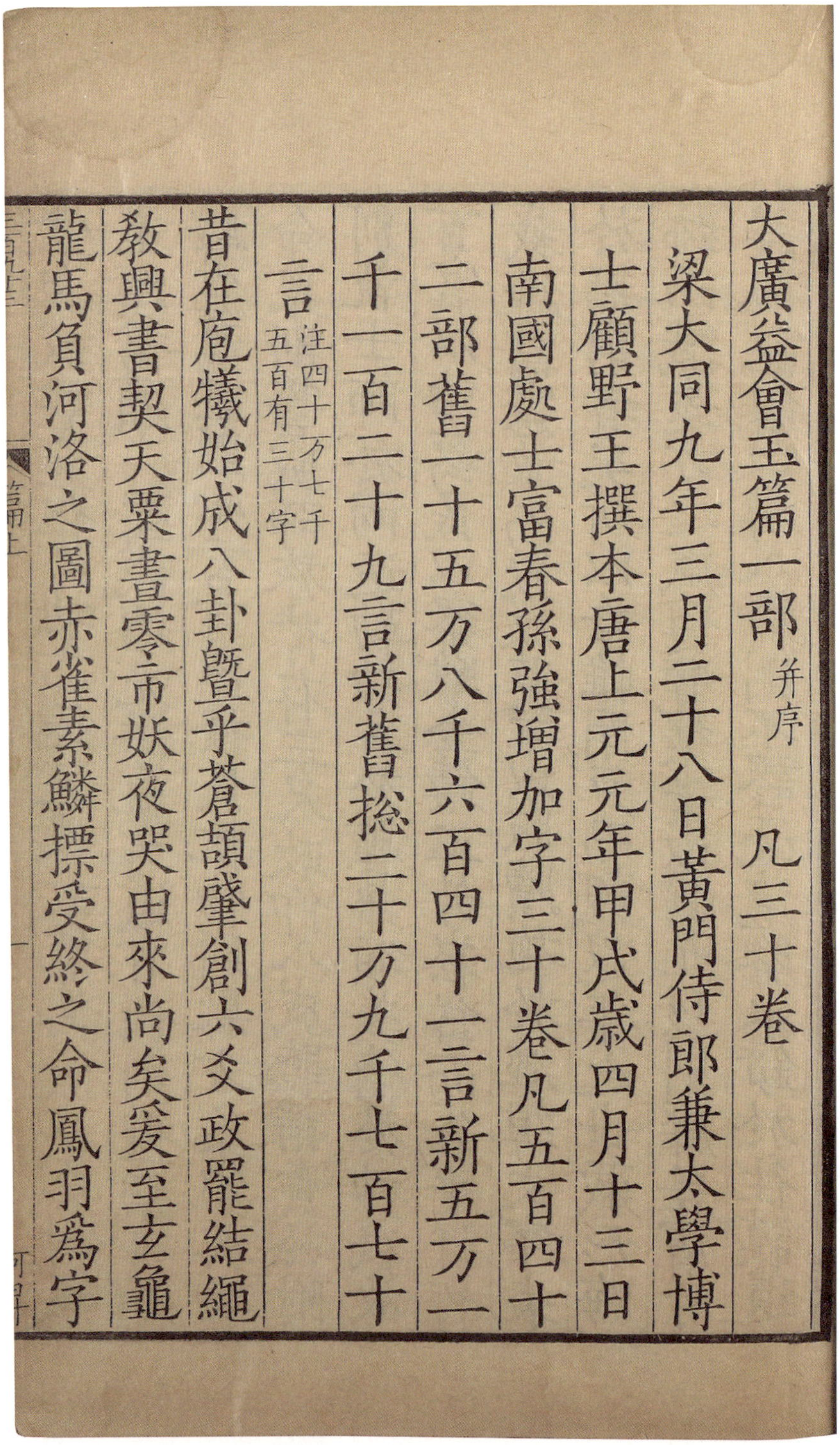

大廣益會玉篇三十卷　（南朝梁）顧野王撰　（唐）孫强增字　（宋）陳彭年等重修　清康熙四十三年至五十三年（1704-1714）張士俊刻澤存堂五種本

框高21厘米，廣15.5厘米。半葉十行，行二十字，小字雙行二十七字，白口，左右雙邊。3册。鈐“吴淒張氏”朱文印、“進呈御覽”朱文印等。

shan285

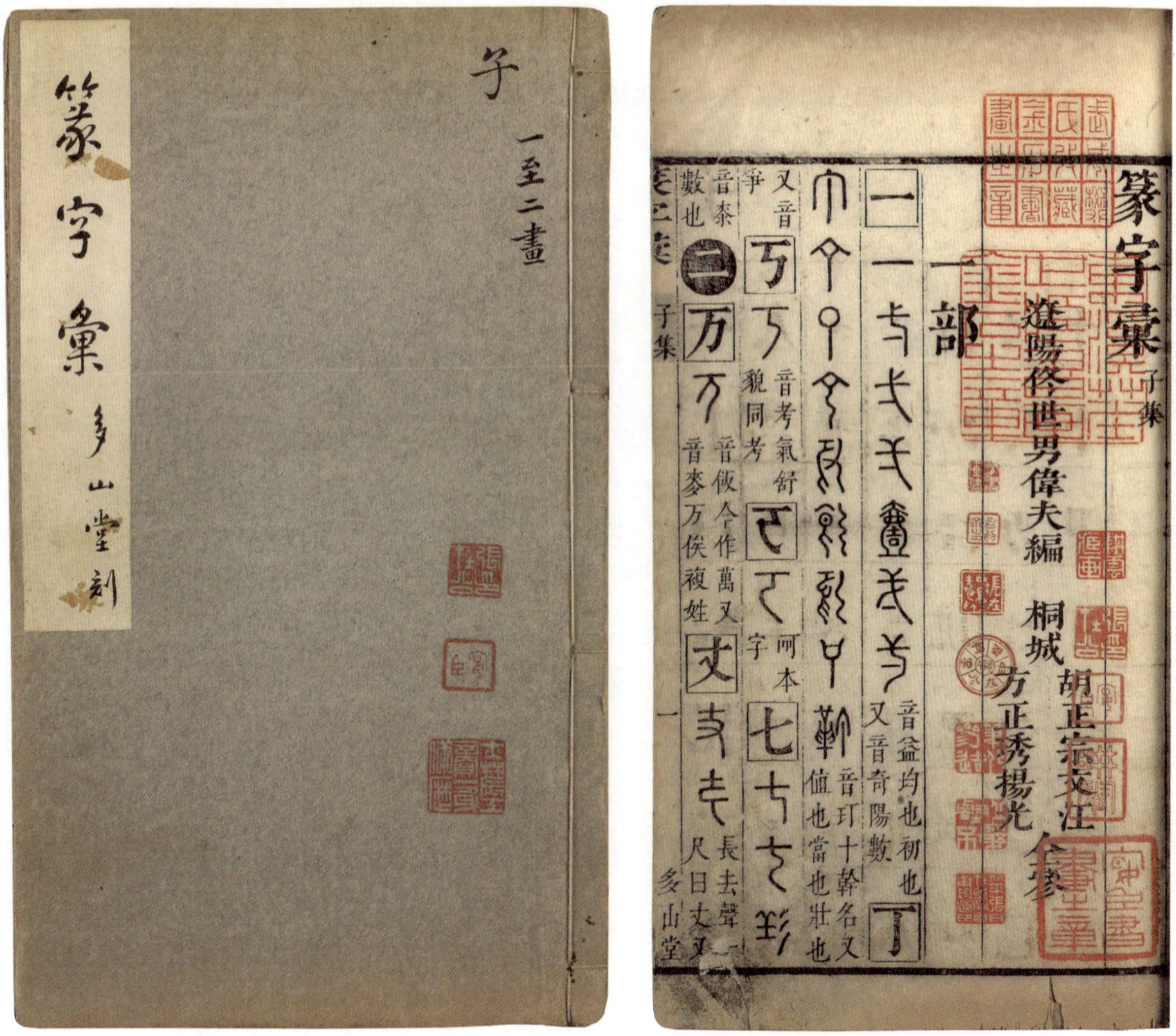

篆字彙十二集 （清）佟世男編 清康熙三十九年（1700）多山堂刻本

框高 20.5 厘米，廣 13.5 厘米。半葉八行，行十二字，小字雙行二十四字，白口，左右雙邊。12 册。鈐“耕雲藏畫”白文印、“張在公印”白文印、“宴臣”朱文印等。

shan310

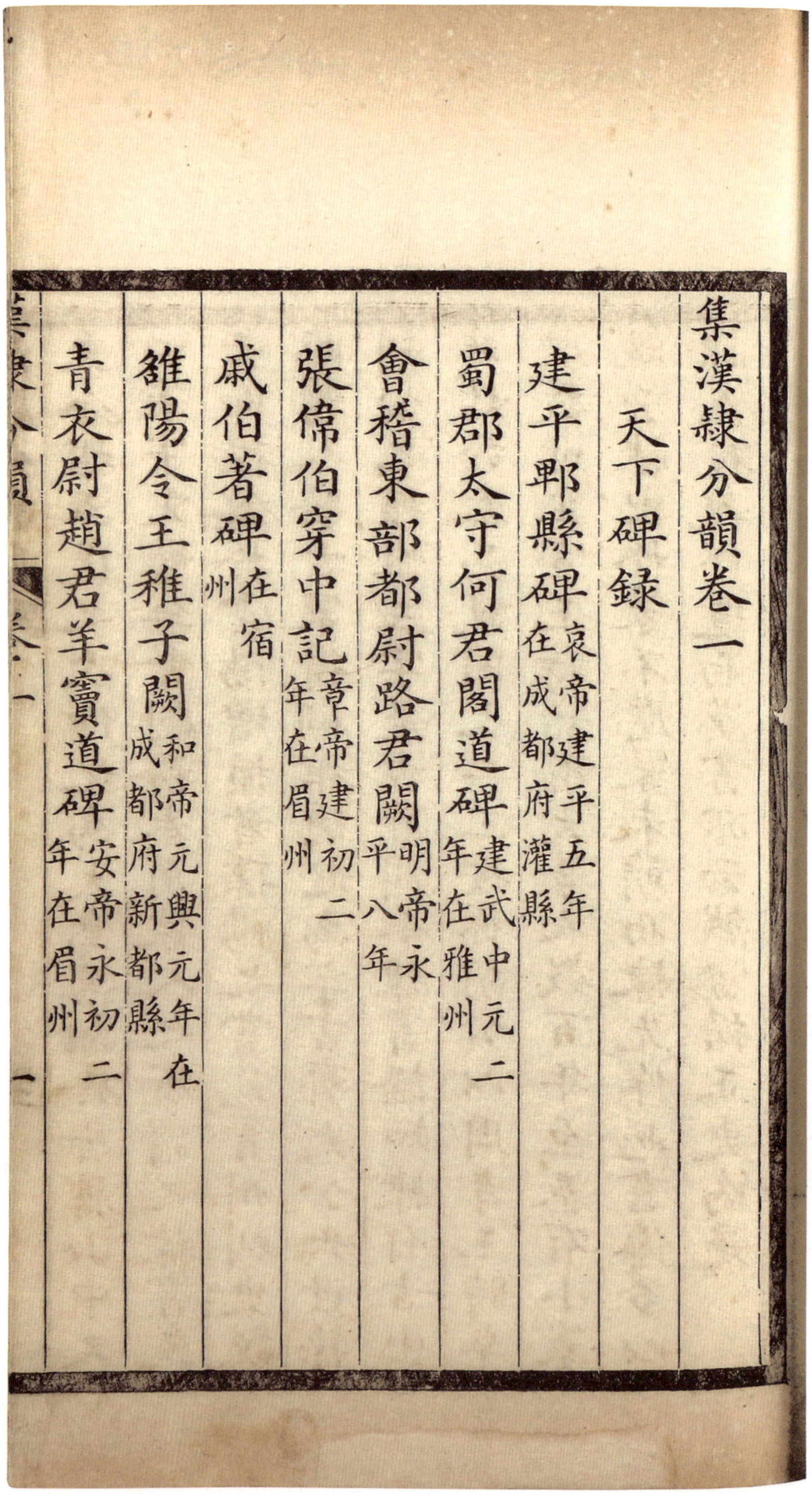
集漢隸分韻卷一
天下碑録
建平郫縣碑哀帝建平五年在成都府灌縣
蜀郡太守何君閣道碑建武中元二年在雅州
會稽東部都尉路君闕明帝永平八年
張偉伯穿中記章帝建初二年在眉州
戚伯著碑在宿州
雒陽令王稚子闕和帝元興元年在成都府新都縣
青衣尉趙君羊竇道碑安帝永初二年在眉州

集漢隸分韻七卷　（明）李石疊撰　清乾隆三十七年（1772）甬東萬氏辨志堂刻本

框高 20.4 厘米，廣 14.4 厘米。半葉九行，行二十字，小字雙行同，白口，左右雙邊。4 册。

shan474

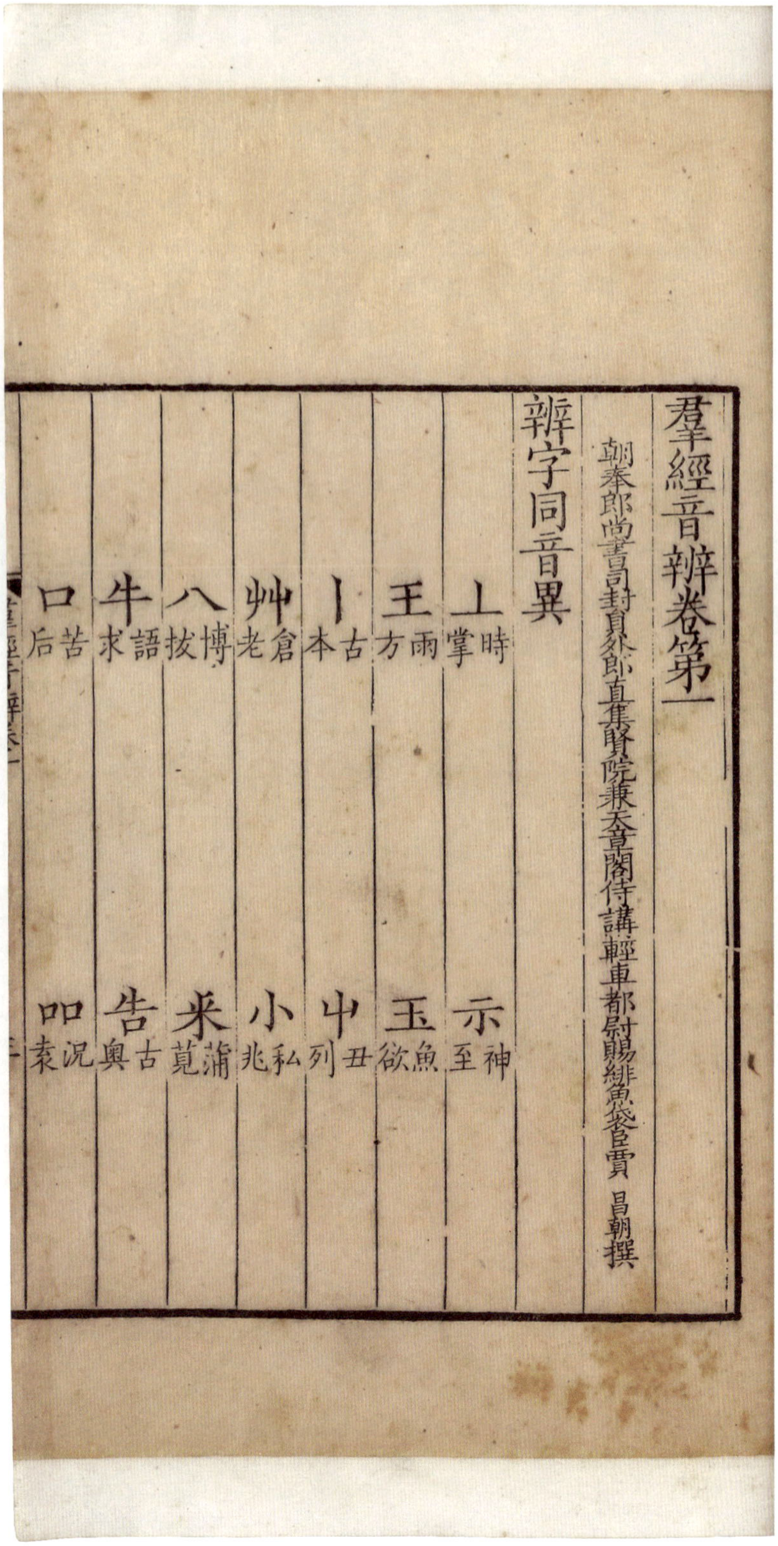

羣經音辨七卷　（宋）賈昌朝撰　清刻本

框高 19.4 厘米，廣 15.4 厘米。半葉十行，行二十字，小字雙行同，白口，左右雙邊。6 册。

shan494

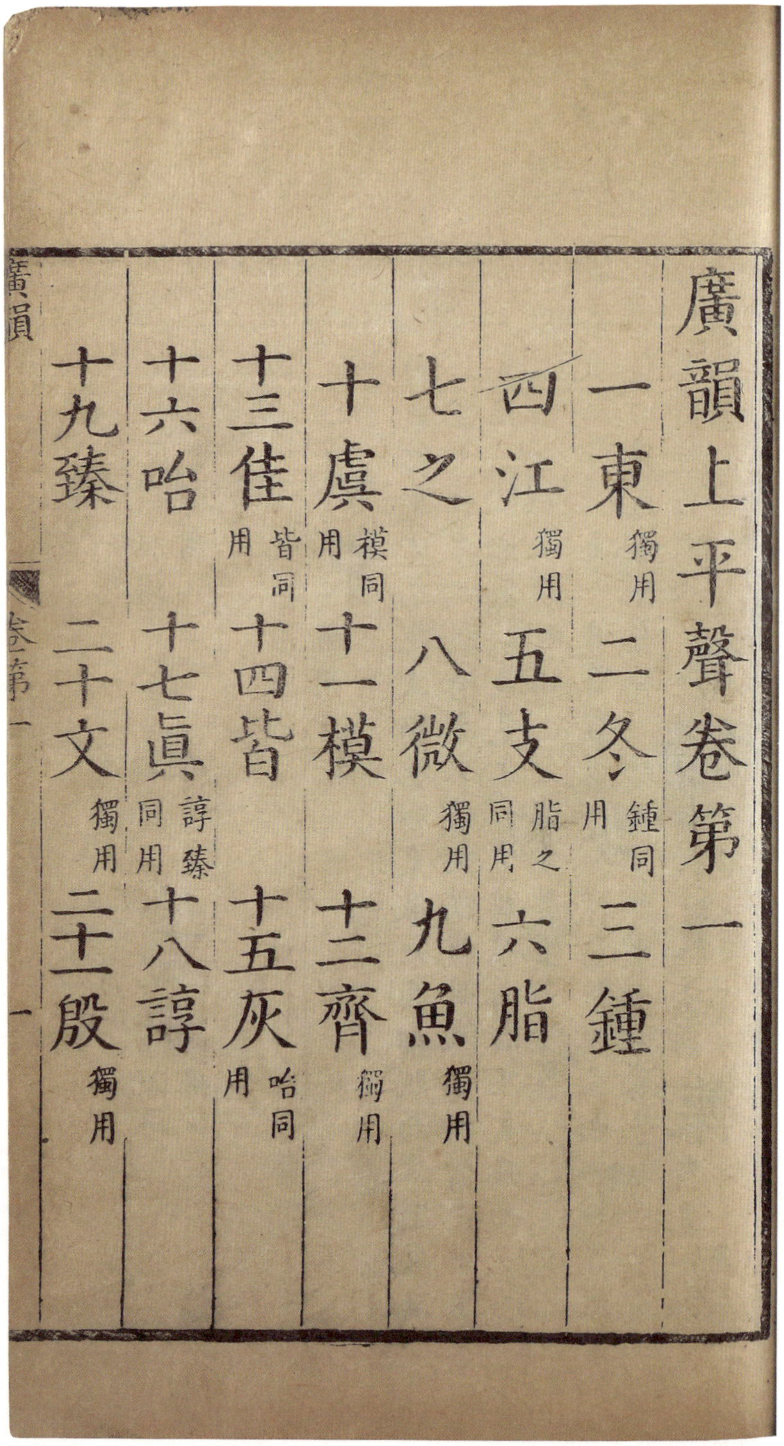
廣韻上平聲卷第一
一東獨用 二冬鍾同用 三鍾
四江獨用 五支脂之同用 六脂
七之 八微獨用 九魚獨用
十虞模同用 十一模 十二齊獨用
十三佳皆同用 十四皆 十五灰咍同用
十六咍 十七眞諄臻同用 十八諄
十九臻 二十文獨用 二十一殷獨用
廣韻 卷第一 一

廣韻五卷 （清）陳彭年等撰 清刻本

框高 20.7 厘米，廣 14.5 厘米。半葉八行，行十二字，小字雙行二十四字，白口，左右雙邊。5 册。

shan512

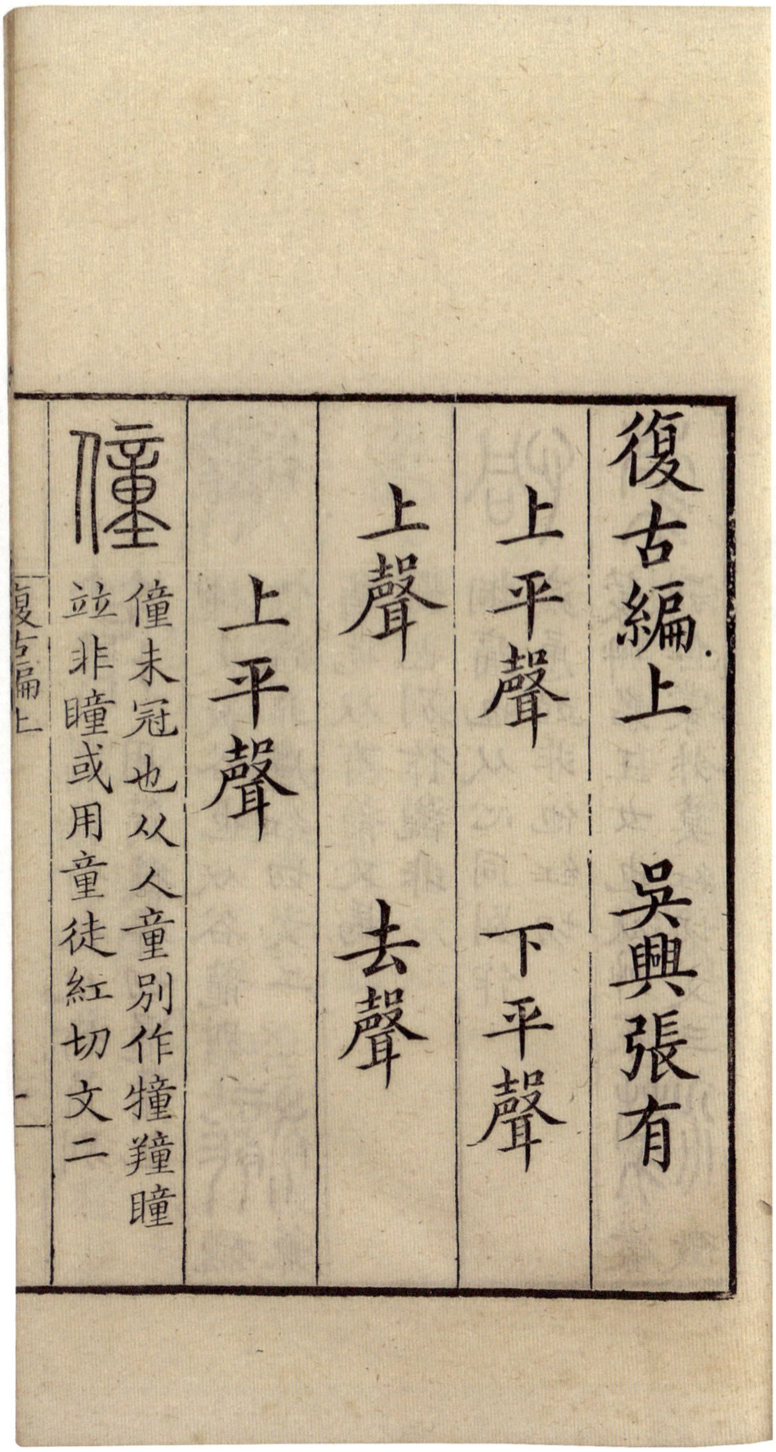
復古編上　吳興張有
上平聲　下平聲
上聲　去聲
上平聲
僮
僮未冠也从人童别作撞鐘瞳竝非瞳或用童徒紅切文二
復古編上

復古編二卷附録一卷　（宋）張有撰　**安陸集一卷**　（宋）張光撰　清乾隆四十六年（1781）刻本

框高 16.5 厘米，廣 13.3 厘米。半葉五行，大小字不等，白口，四周單邊。5 册。鈐“息園所藏”朱文印。

shan523

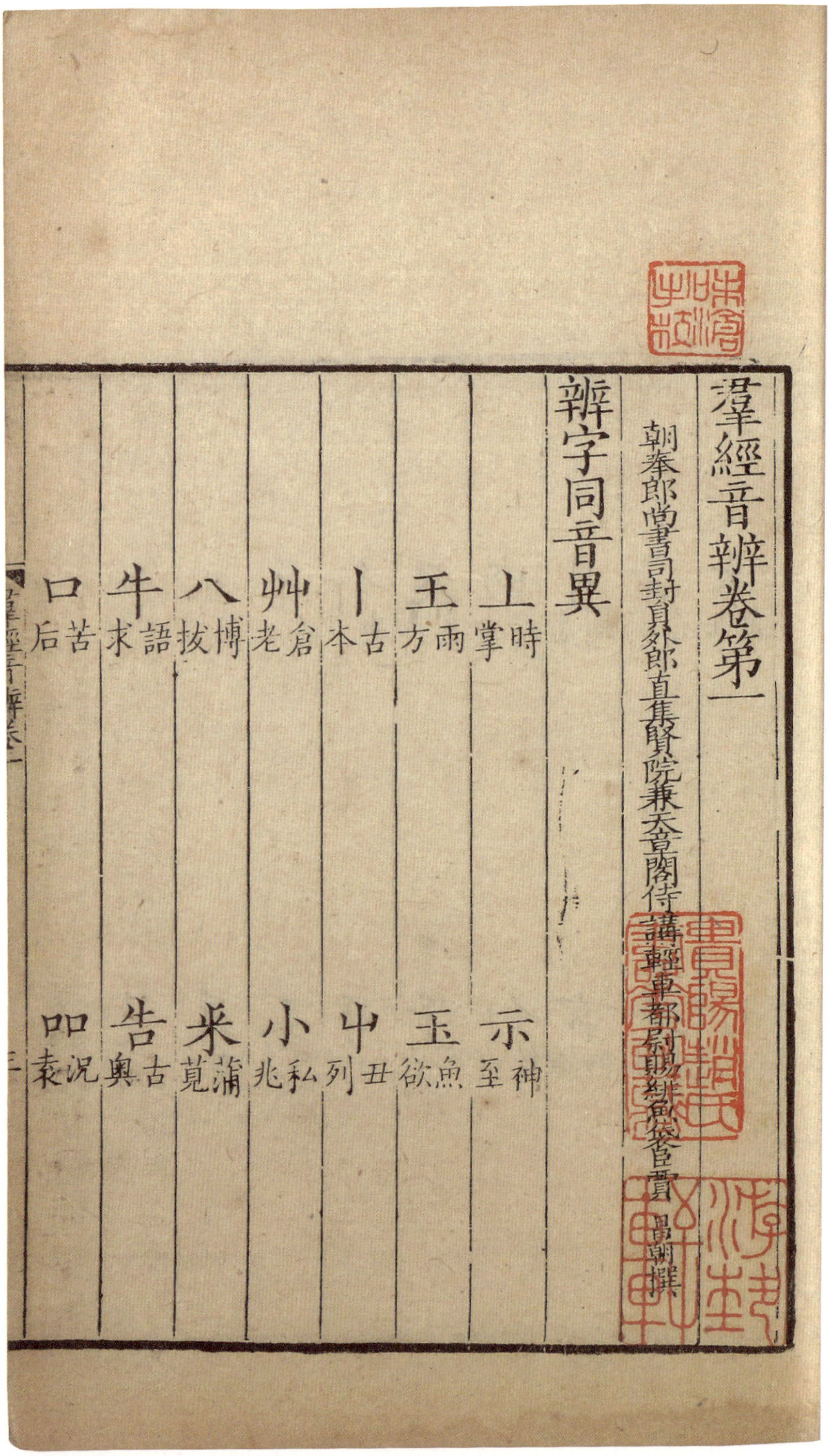

羣經音辨七卷 （宋）賈昌朝撰 清康熙五十三年（1714）張士俊刻澤存堂五種本

框高 19.2 厘米，廣 15.4 厘米。半葉十行，行二十字，白口，左右雙邊。2 册。鈐“貴陽趙氏壽華軒藏”朱文印、“游藝軒”朱文印等。

shan641

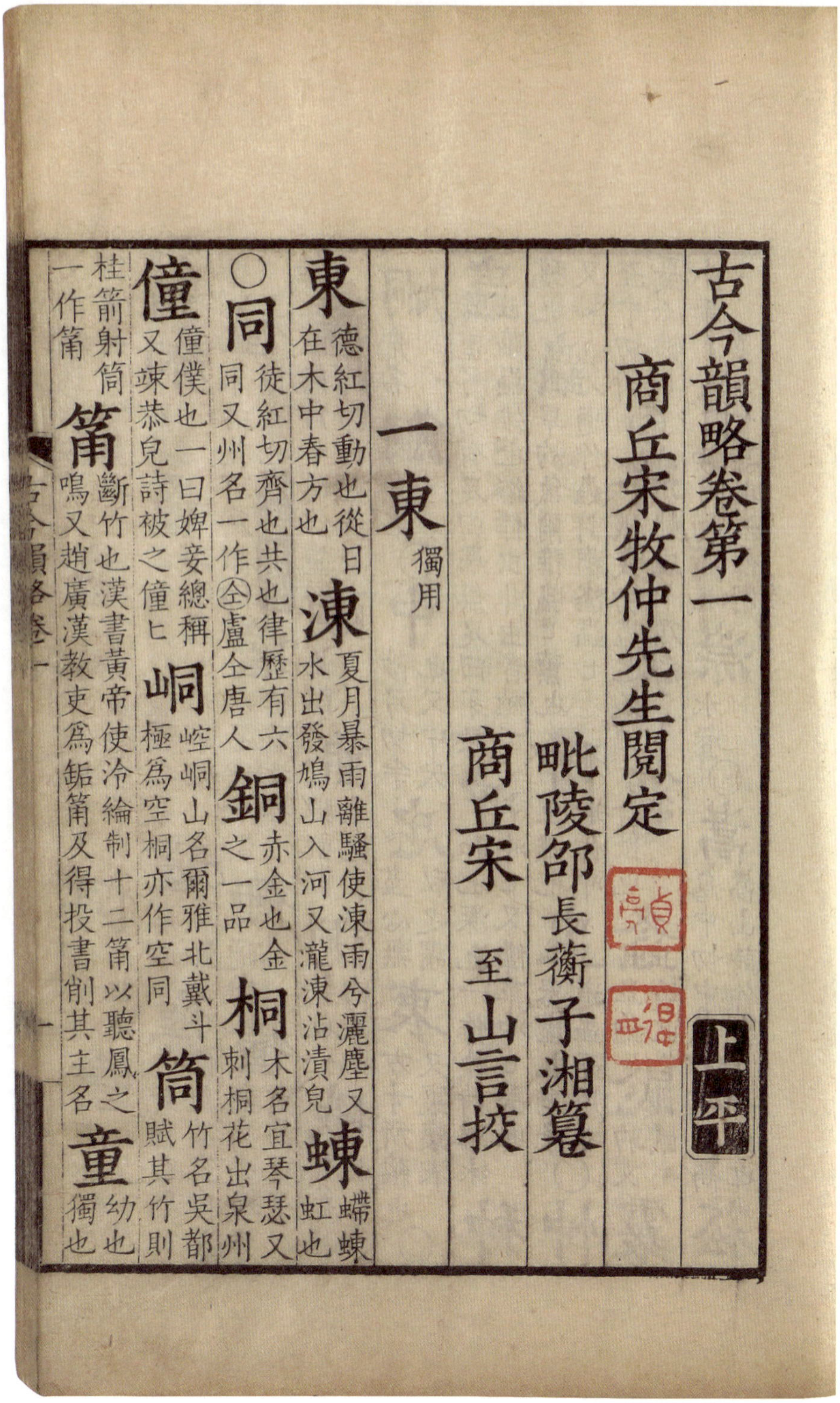

古今韻略五卷 （清）邵長蘅撰 清康熙三十五年（1696）商丘宋犖刻本

框高 19.9 厘米，廣 14.5 厘米。半葉九行，行十四字，小字雙行二十八字，細黑口，四周單邊。2 册。鈐“貞亮”朱文印等。

shan753

史　部

【叢編類】

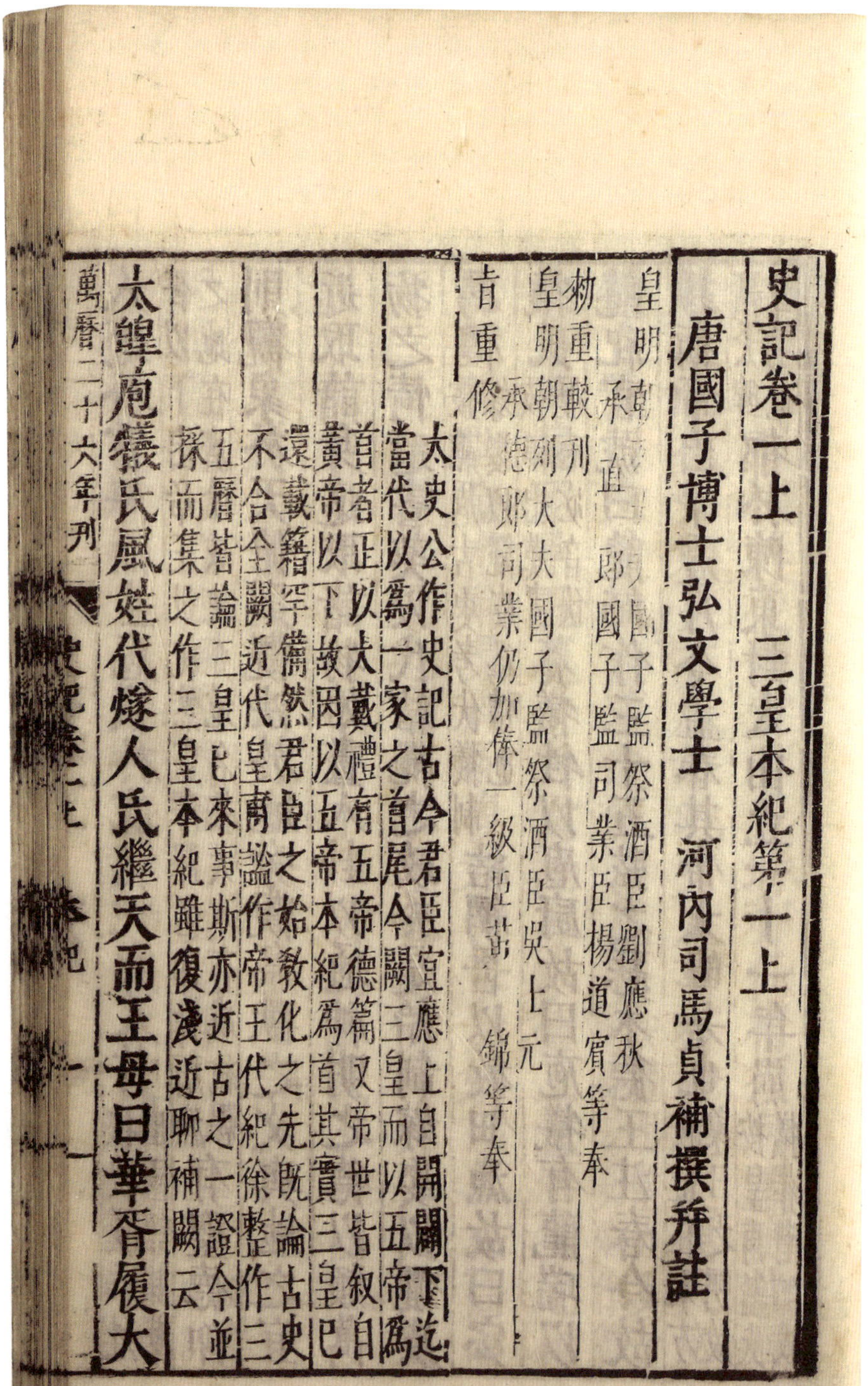

二十一史二千五百六十七卷 明萬曆二十三年至三十四年（1595—1606）北京國子監刻本

框高 21.8 厘米，廣 14.4 厘米。半葉十行，行二十一字，小字雙行同，白口，左右雙邊。481 册。鈐“田安府芸臺印”朱文印。

二級 303shan838

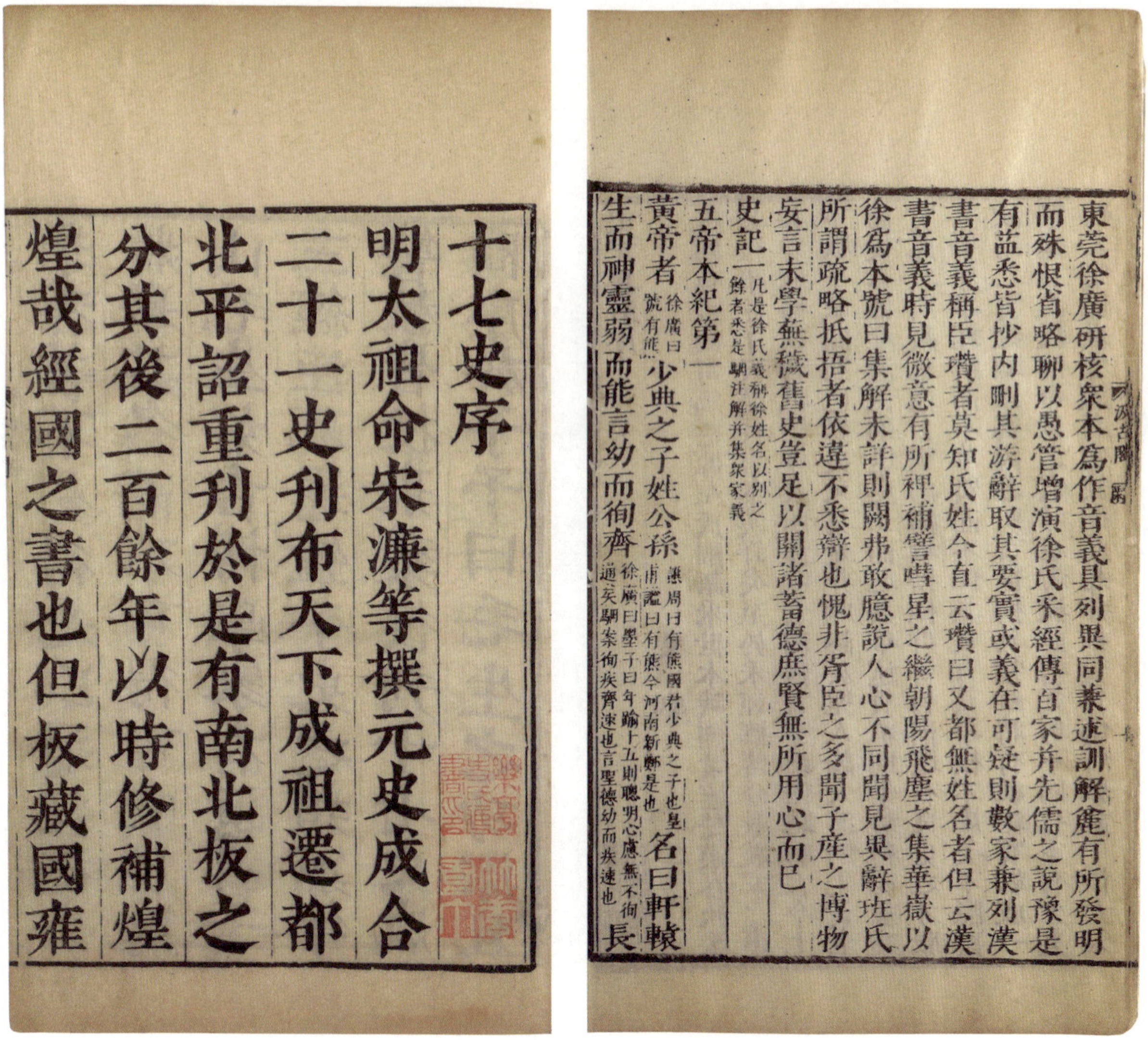

十七史附宋遼金元明史稿 （明）毛晉輯 明崇禎毛氏汲古閣刻清掃葉山房補刻本

框高 21.5 厘米，廣 15.3 厘米。半葉十二行，行二十五字，小字雙行三十七字，白口，左右雙邊。300 册。鈐“樂亭史氏藏書印”朱文印、“竹素園丁”白文印。

shan165

【紀傳類】

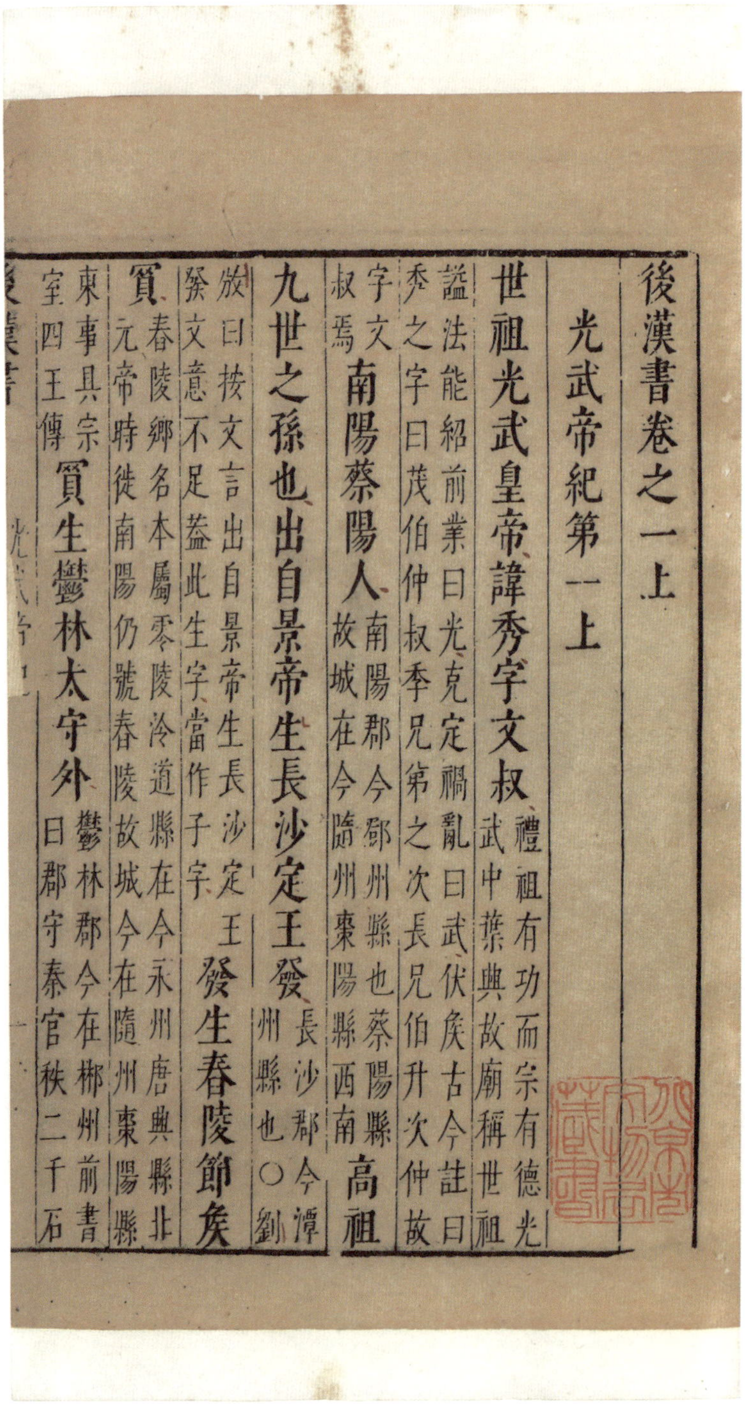
後漢書卷之一上

光武帝紀第一上

世祖光武皇帝諱秀字文叔禮祖有功而宗有德光武中葉興故廟稱世祖謚法能紹前業曰光克定禍亂曰武伏侯古今注曰秀之字曰茂伯仲叔季兄弟之次長兄伯升次仲故字文叔焉南陽蔡陽人南陽郡今鄧州縣也蔡陽縣故城在今隨州棗陽縣西南高祖九世之孫也出自景帝生長沙定王發長沙郡今潭州縣也○劉攽曰按文言出自景帝生長沙定王發文意不足蓋此生字當作子字發生舂陵節侯買舂陵鄉名本屬零陵泠道縣在今永州唐興縣北元帝時徙南陽仍號舂陵故城今在隨州棗陽縣東事具宗室四王傳買生鬱林太守外鬱林郡今在郴州前書曰郡守秦官秩二千石

後漢書　光武帝紀

後漢書九十卷　（南朝宋）范曄撰　（唐）李賢注　（晋）司馬彪續纂　（南朝梁）劉昭續注　（明）陳仁錫評　**志三十卷**　明天啓七年（1627）刻本

框高21.5厘米，廣15厘米。半葉九行，行二十字，小字雙行同，白口，四周單邊。48册。有何焯批校。

二級 11bei27

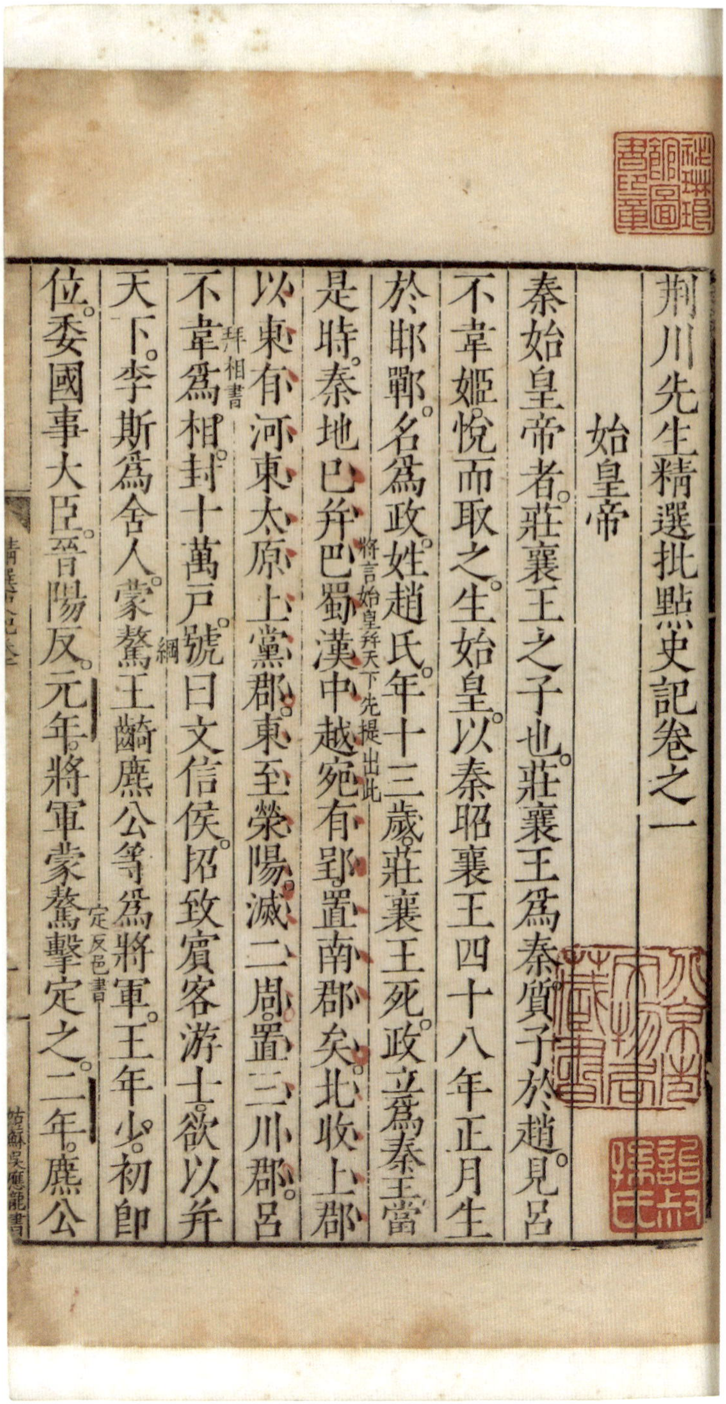

荆川先生精選批點史記十二卷漢書六卷　（明）唐順之選　明萬曆刻本

框高 19 厘米，廣 14 厘米。半葉十行，行二十二字，白口，四周單邊。18 册。鈐“祕琳瑯館圖書印章”朱文印、“孫氏詒叔”白文印。有孫詒叔題簽。

二級 12li4876

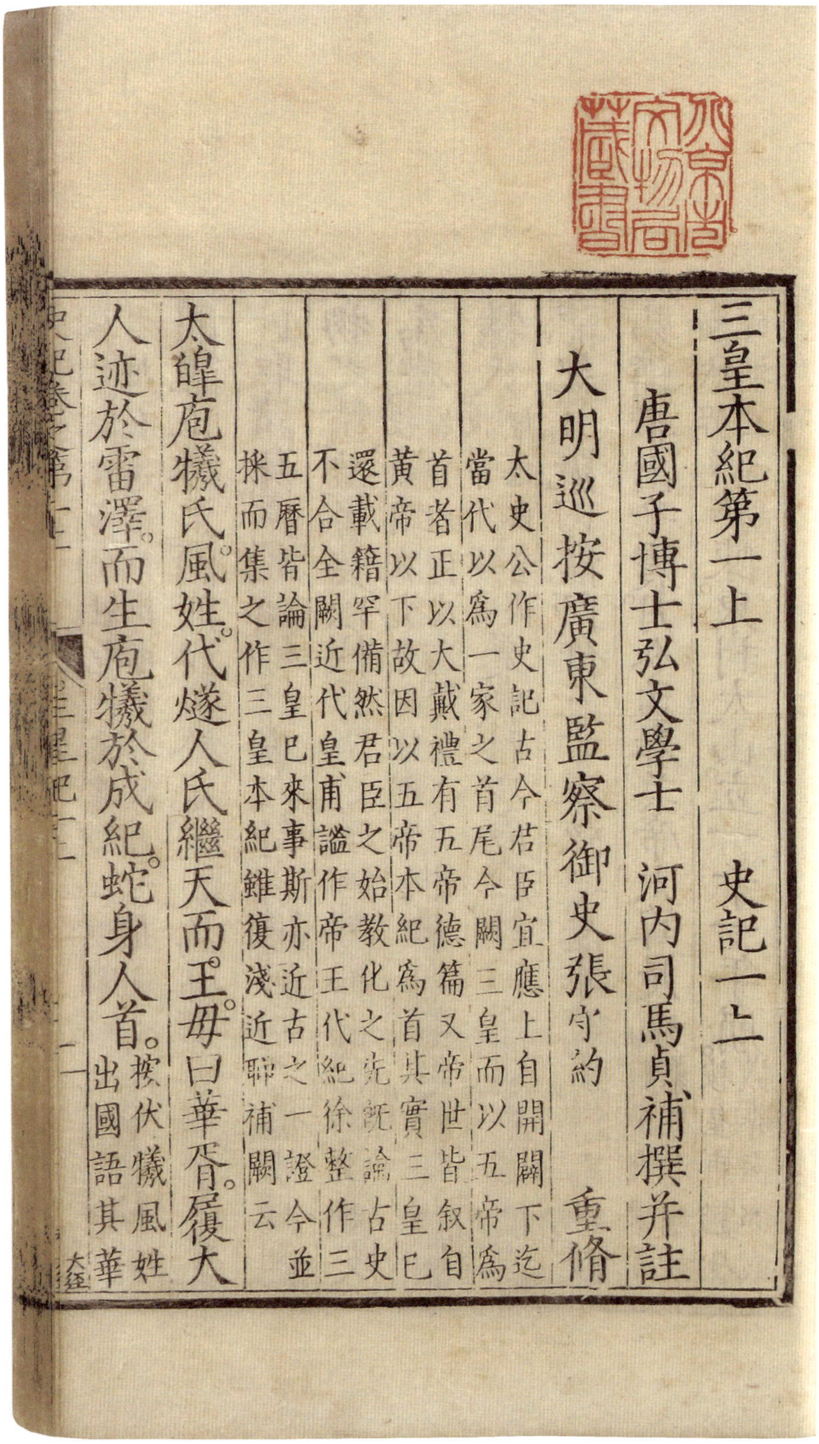

史記一百三十卷 （漢）司馬遷撰 （南朝宋）裴駰集解 （唐）司馬貞索隱 （唐）張守節正義 明萬曆張守約刻本

框高20厘米，廣14.5厘米。半葉九行，行二十一字，小字雙行同，白口，四周雙邊。30册。鈐“王保訓印”白文印、“秋厓”朱文印。

二級 13pan10583

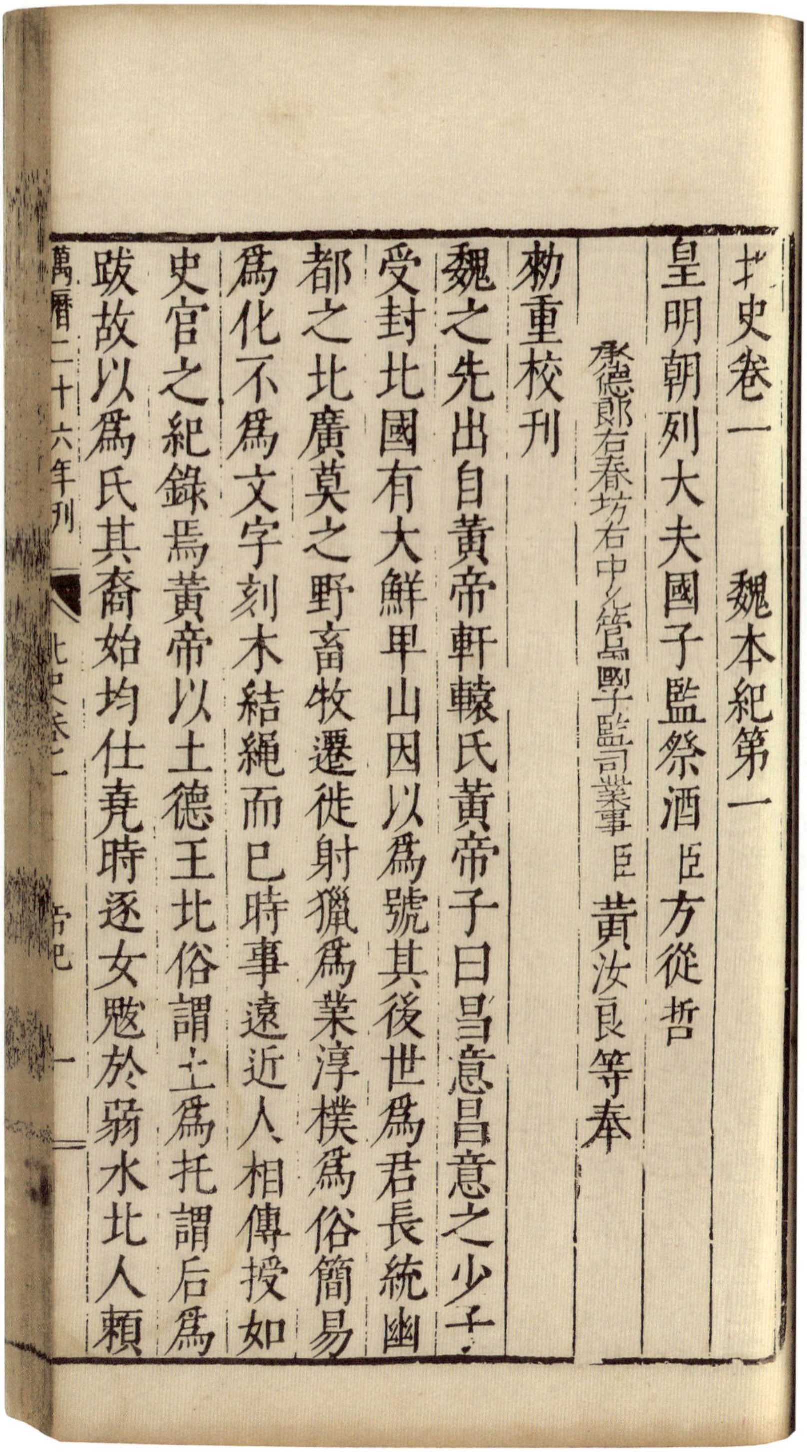

北史一百卷 （唐）李延壽撰　明萬曆二十六年（1598）北京國子監刻本

框高 22 厘米，廣 15 厘米。半葉十行，行二十一字，白口，左右雙邊。32 册。

二級 76k7

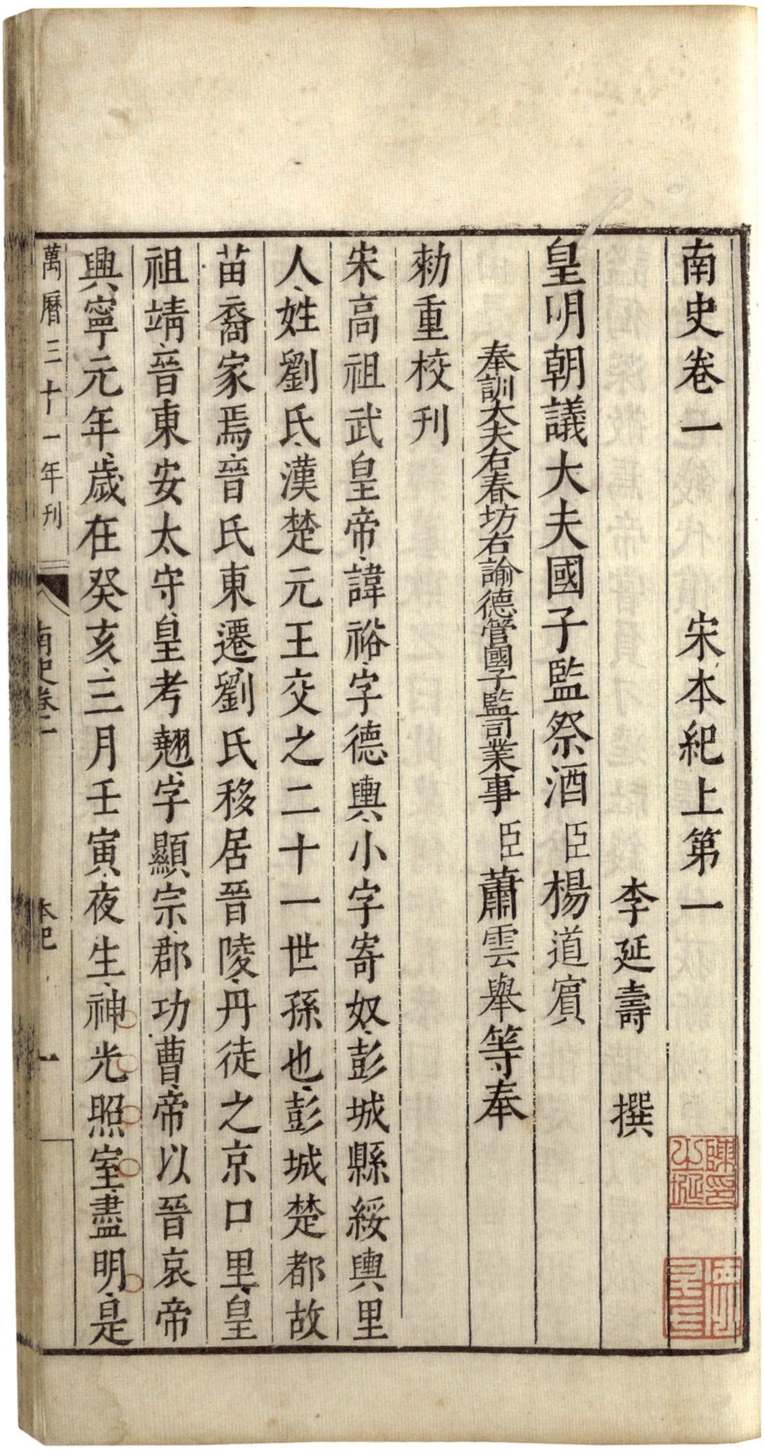

南史八十卷 （唐）李延壽撰 明萬曆三十二年（1604）北京國子監刻本

框高 18.8 厘米，廣 13.4 厘米。半葉十行，行二十一字，白口，左右雙邊。20 册。鈐“馮鼎位印”朱文印、“曾在許玉成處”朱文印、“備書所得”白文印、“德民氏”白文印、“陳之埏印”朱文印等。

二級 77k8

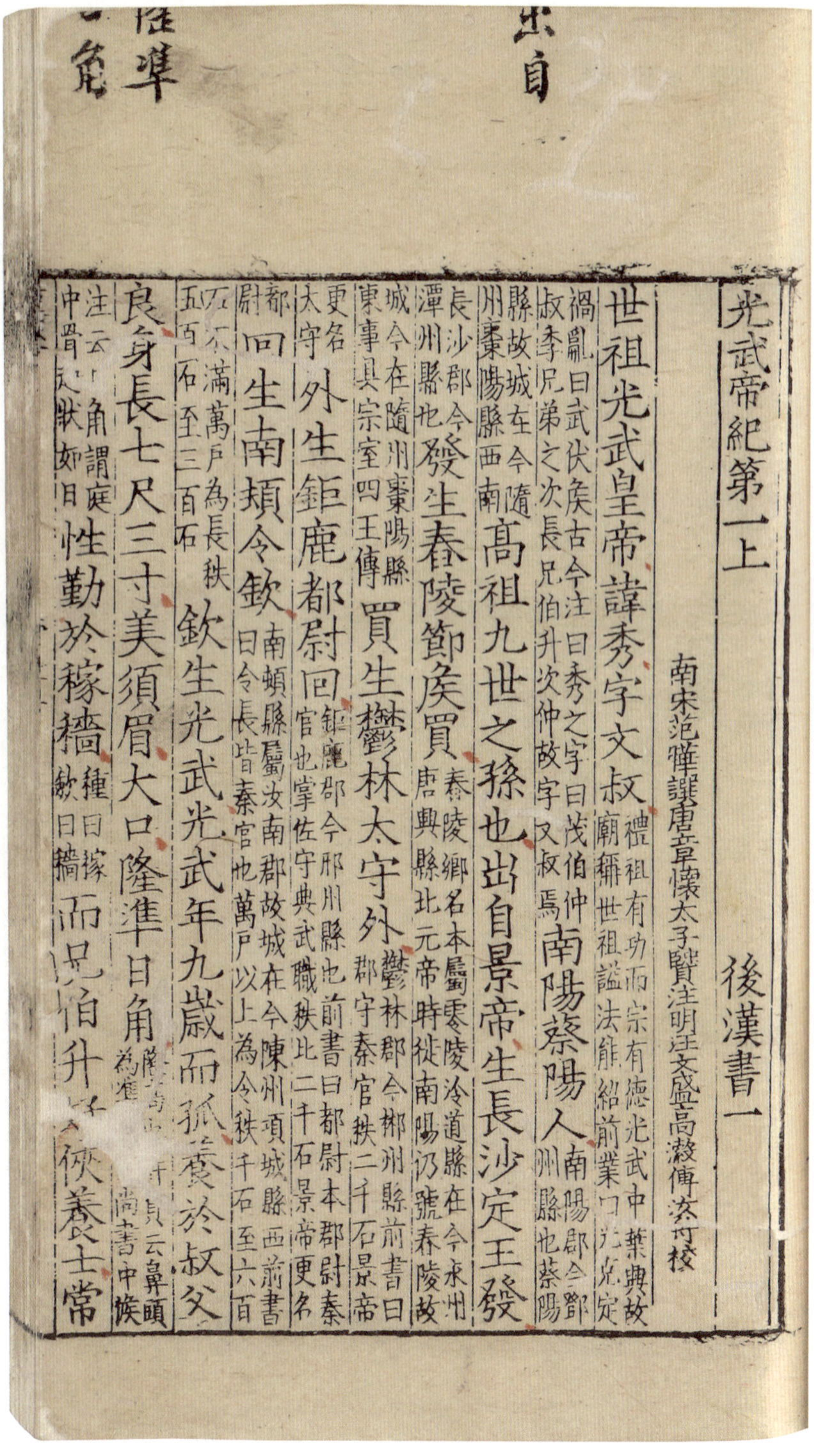

後漢書九十卷 （南朝宋）范曄撰 （唐）李賢注 **志三十卷** （晉）司馬彪撰 （南朝梁）劉昭注 明嘉靖汪文盛等刻本

框高 18.8 厘米，廣 13.4 厘米。半葉十二行，行二十二字，小字雙行二十八字，白口，左右雙邊。20 册。

二級 78k9

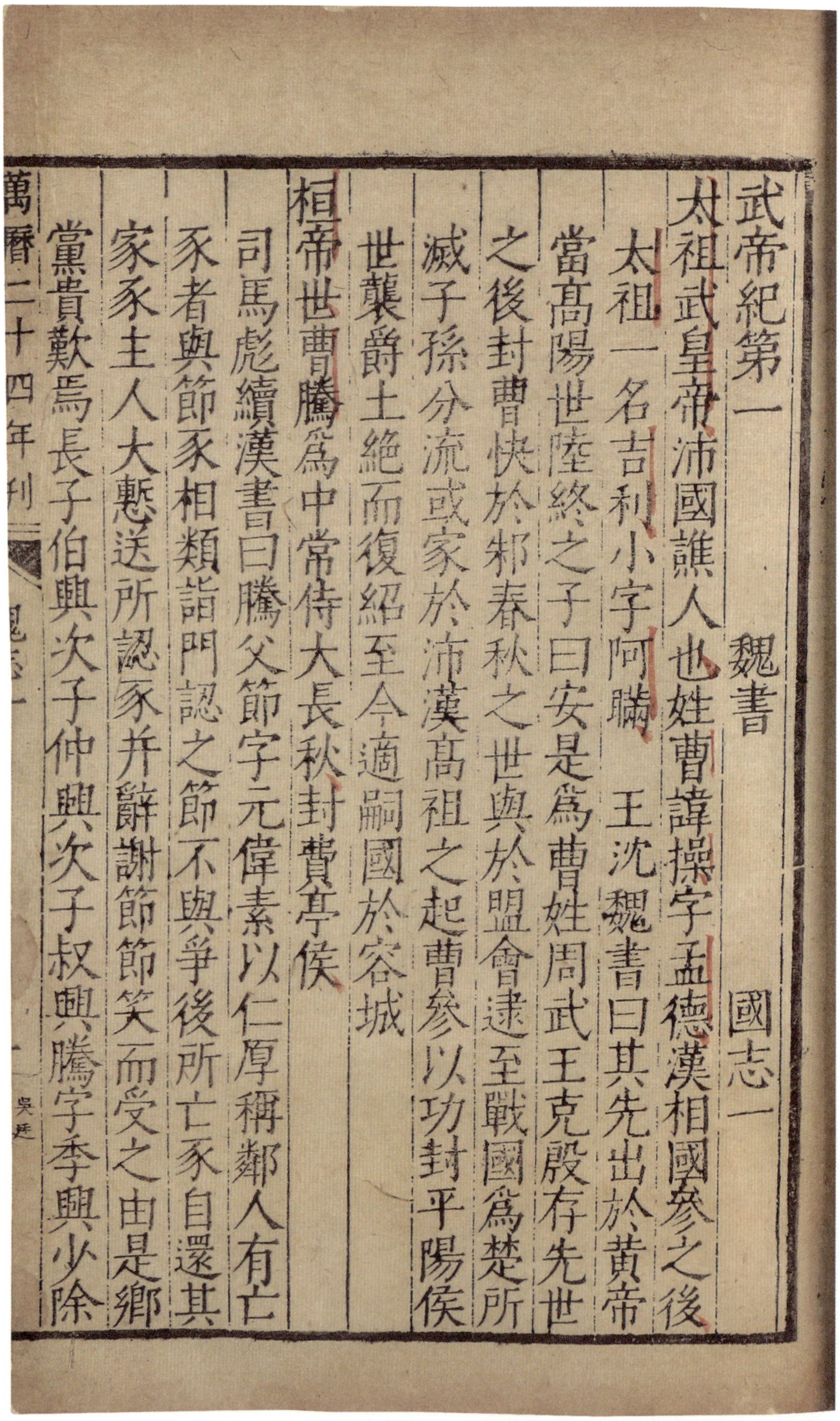
武帝紀第一　魏書　國志一
太祖武皇帝沛國譙人也姓曹諱操字孟德漢相國參之後
太祖一名吉利小字阿瞞　王沈魏書曰其先出於黃帝
當高陽世陸終之子曰安是爲曹姓周武王克殷存先世
之後封曹俠於邾春秋之世與於盟會逮至戰國爲楚所
滅子孫分流或家於沛漢高祖之起曹參以功封平陽侯
世襲爵土絕而復紹至今適嗣國於容城
桓帝世曹騰爲中常侍大長秋封費亭侯
司馬彪續漢書曰騰父節字元偉素以仁厚稱鄰人有亡
豕者與節豕相類詣門認之節不與爭後所亡豕自還其
家豕主人大慚送所認豕并辭謝節節笑而受之由是鄉
黨貴歎焉長子伯興次子仲興次子叔興騰字季興少除
萬曆二十四年刊　魏志一　一　吳廷

三國志六十五卷　（晋）陳壽撰　（南朝宋）裴松之注　明萬曆二十四年（1596）南京國子監刻本

框高 21 厘米，廣 15 厘米。半葉十二行，行二十三字，白口，左右雙邊。20 册。

二級 79k10

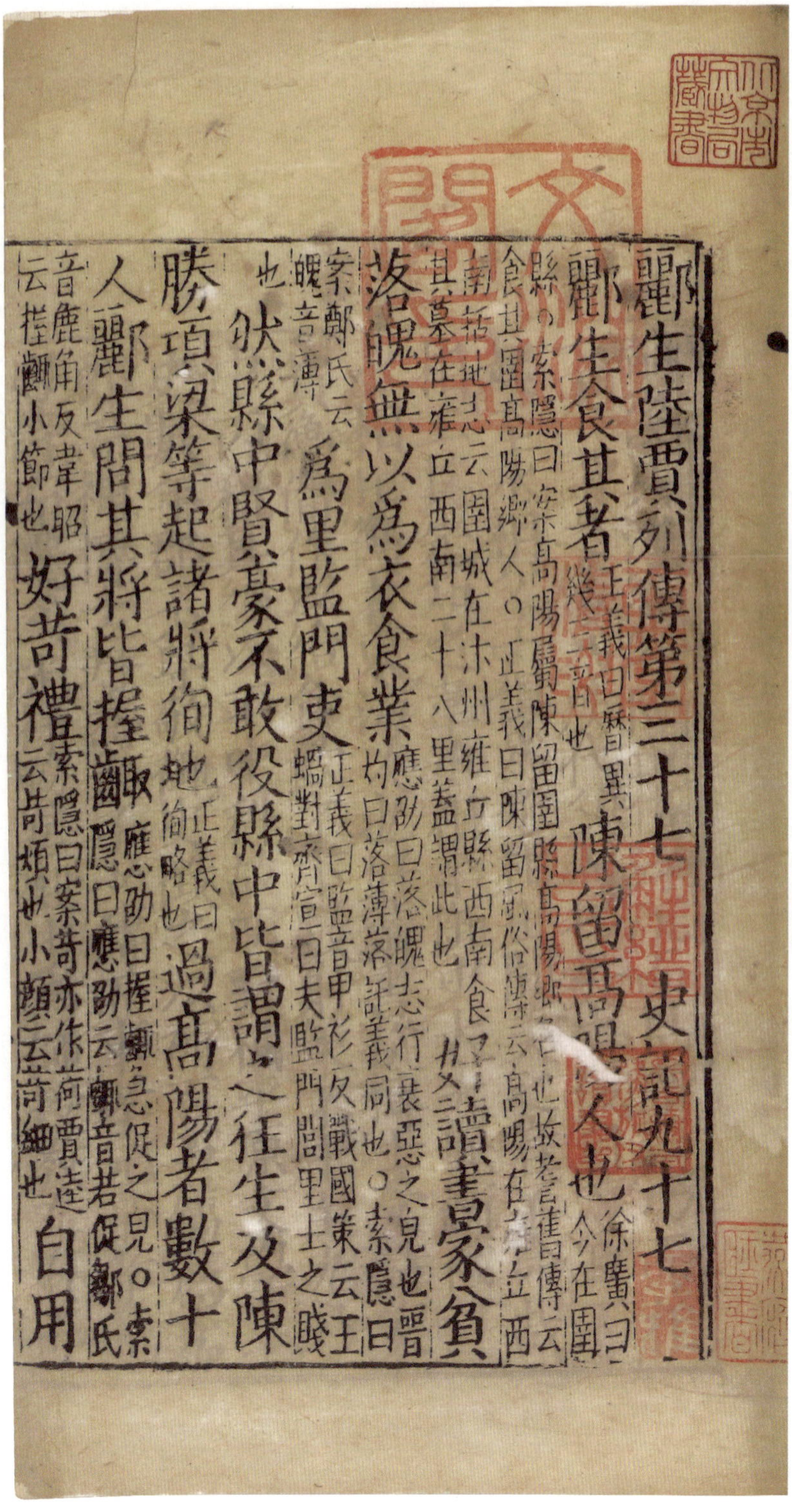

史記一百三十卷　（漢）司馬遷撰　明王延喆刻本

框高 20.5 厘米，廣 13 厘米。半葉十行，行十八字，小字雙行二十三字，白口，左右雙邊。1 册。鈐“文淵閣印”朱文印、“燕庭藏書”朱文印等。存三卷（九十七至九十九）。

二級 81k13

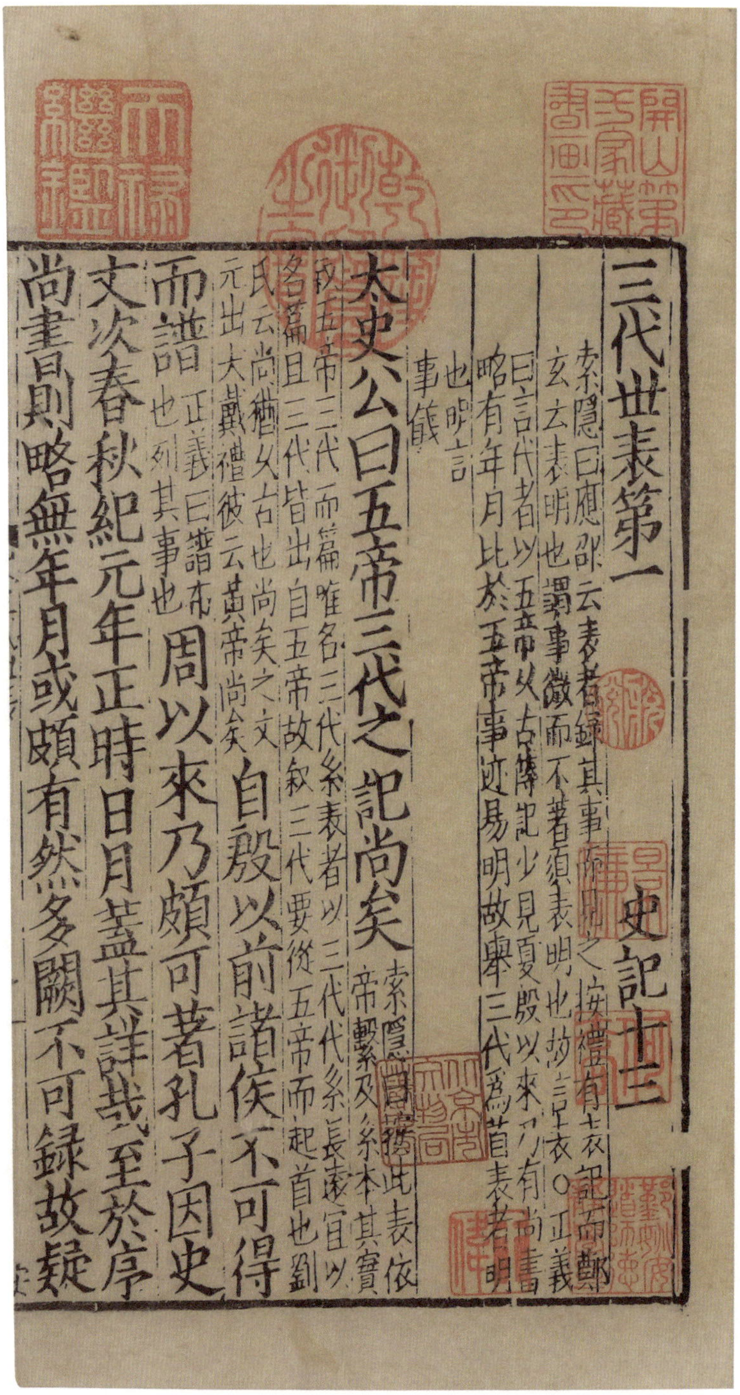
三代世表第一　史記十三
索隱曰應劭云表者録其事而見之按禮有表記而鄭玄云表明也謂事微而不著須表明也故言表也○正義曰言代者以五帝久古傳記少見夏殷以來乃有尚書略有年月比於五帝事迹易明故舉三代爲首表
太史公曰五帝三代之記尚矣索隱曰按此表依帝繫及系本其實叙五帝三代而篇唯名三代系表者以三代系長遠宜以名篇且三代皆出自五帝故叙三代要從五帝而起首也劉氏云尚猶久古也尚矣之文元出大戴禮彼云黄帝尚矣自殷以前諸侯不可得而譜正義曰譜布也列其事也周以來乃頗可著孔子因史文次春秋紀元年正時日月蓋其詳哉至於序尚書則略無年月或頗有然多闕不可録故疑

史記一百三十卷　（漢）司馬遷撰　明王延喆刻本

框高 20.5 厘米，廣 13 厘米。半葉十行，行十八字，小字雙行二十三字，白口，左右雙邊。1 册。鈐“乾隆御覽之寶”朱文印、“天禄繼鑑”白文印、“何高”朱文印、“景濂”朱文印、“王偉”半朱半白印、“五福五代堂寶”朱文印、“八徵耄念之寶”朱文印、“鄞姚安道師德静學齋”朱文印等。存二卷（十三至十四）。

二級 82k14

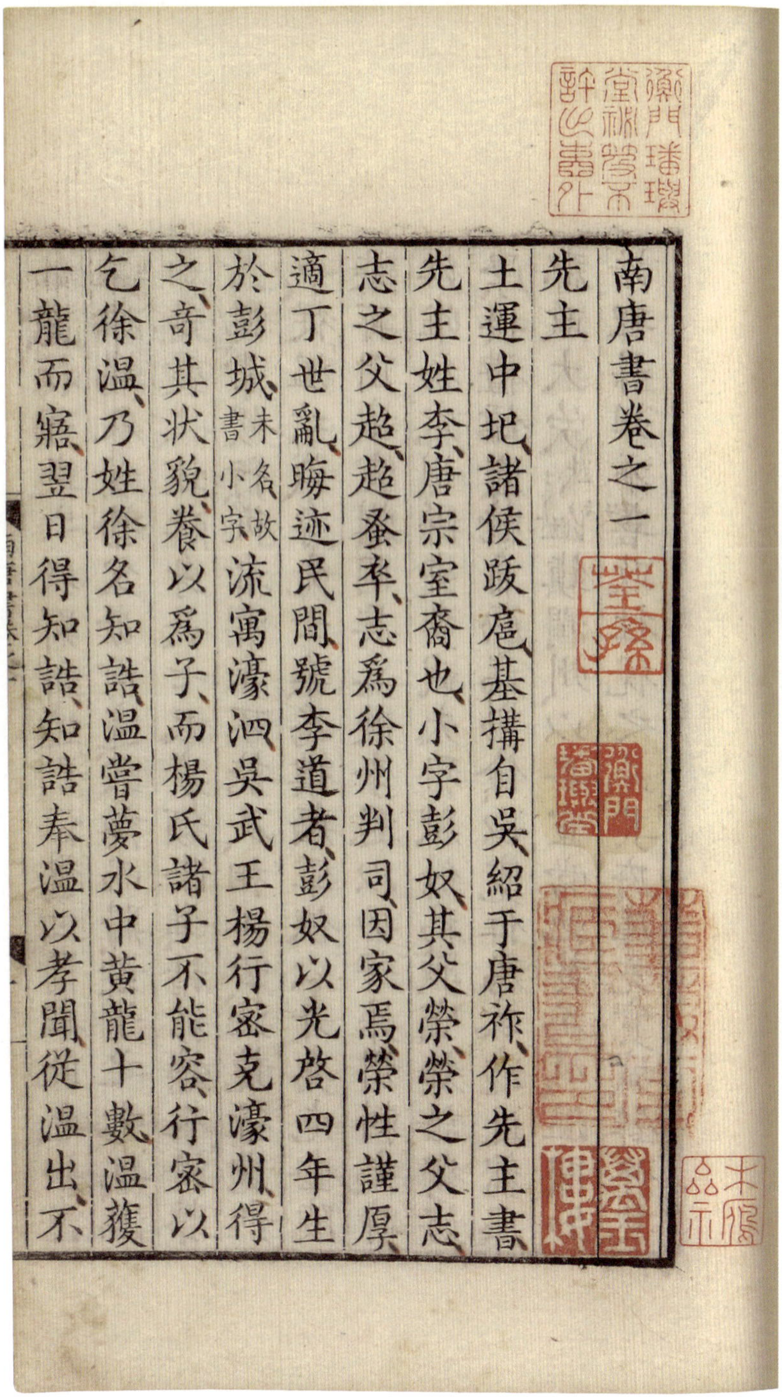
南唐書卷之一
先主
土運中圮諸侯跋扈基搆自吳紹于唐祚作先主書
先主姓李唐宗室裔也小字彭奴其父榮榮之父志志之父超超蚤卒志爲徐州判司因家焉榮性謹厚適丁世亂晦迹民間號李道者彭奴以光啓四年生於彭城未名故書小字流寓濠泗吳武王楊行密克濠州得之奇其狀貌養以爲子而楊氏諸子不能容行密以乞徐温乃姓徐名知誥温嘗夢水中黄龍十數温獲一龍而寤翌日得知誥知誥奉温以孝聞從温出不

南唐書三十卷　（宋）馬令撰　明嘉靖刻本

框高 19 厘米，廣 12.5 厘米。半葉十行，行二十字，白口，左右雙邊。4 册。鈐“衡門璠璵堂”朱文印、“荃孫”朱文印、“中吳錢氏收藏印”朱文印、“萬玉樓”白文印、“木雁齋”朱文印等。

二級 85k19

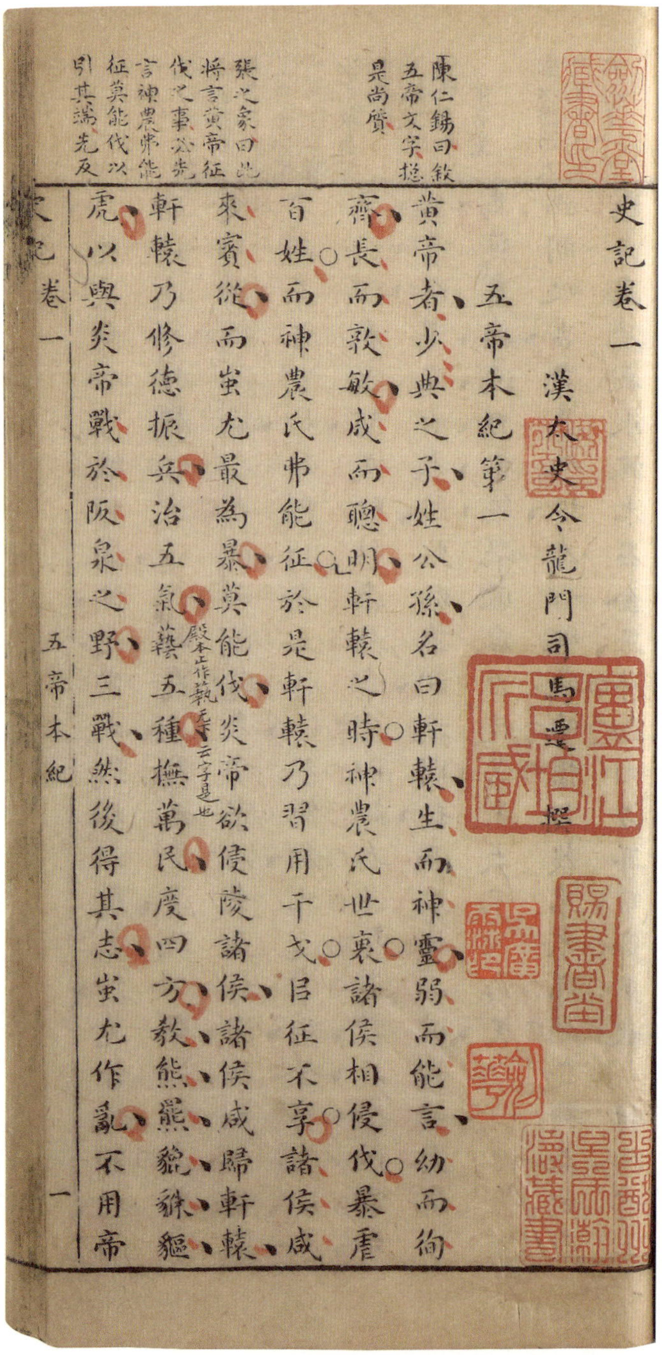

史記一百三十卷 （漢）司馬遷撰 （明）葛鼎 （明）金蟠輯評 明崇禎十年（1637）葛氏刻本

框高 20.6 厘米，廣 11.8 厘米。半葉九行，行二十五字，白口，四周單邊，無格。16 册。鈐“足徧三州”朱文印、“劍華堂藏書印”白文印、“觀濤庵”朱文印、“息公”朱文印、“賜書堂”朱文印、“劍華”朱文印、“古猷州吳氏瀚濤藏書”朱文印、“吳廣霈印”白文印等。

二級 175shan47

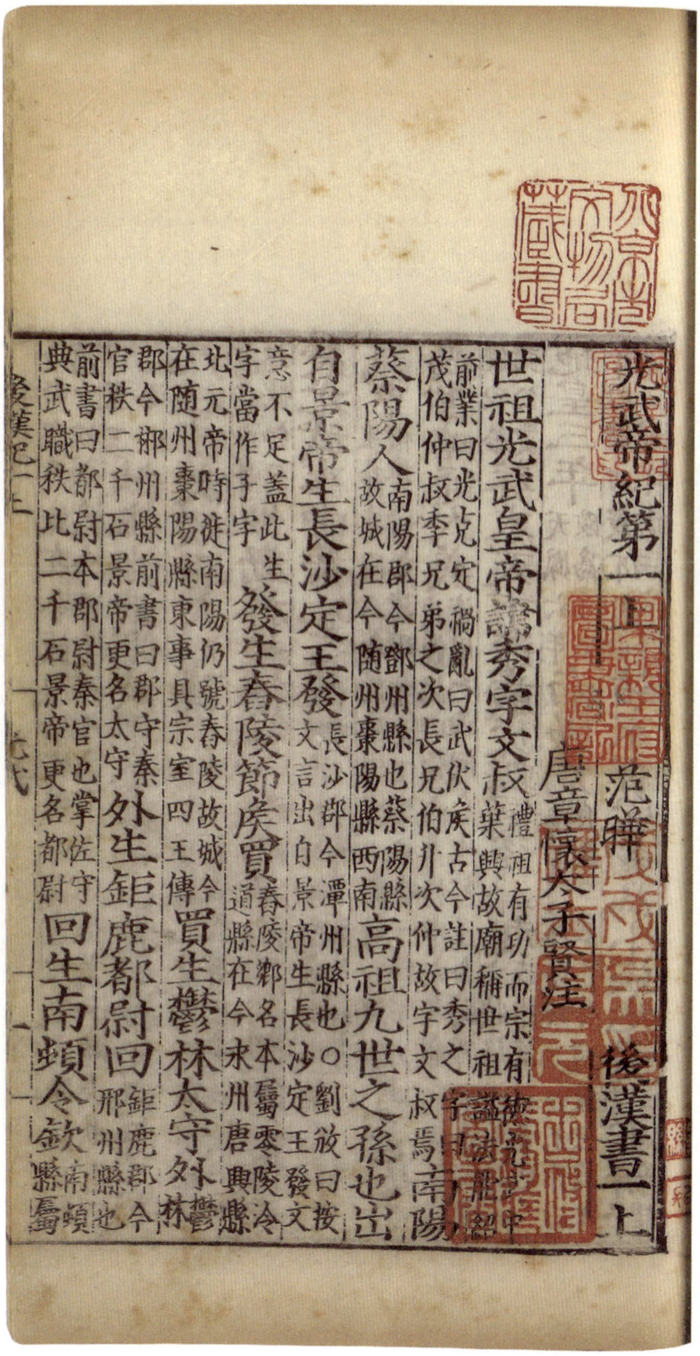

後漢書九十卷 （南朝宋）范曄撰 （唐）李賢注 **志三十卷** （晋）司馬彪撰 （南朝梁）劉昭注 明刻本

框高 19.2 厘米，廣 13.5 厘米。半葉十行，行二十二字，小字雙行同，白口，左右雙邊。32 册。鈐“寓有庵陳氏藏書私記”朱文印、“施子長圖書印”朱文印、“古修堂珍藏圖書”朱文印、“鬻及借人為不孝”朱文印、“果親王府圖書記”朱文印、“吳克元印”白文印、“戊戌進士”朱文印等。

二級 207shan99

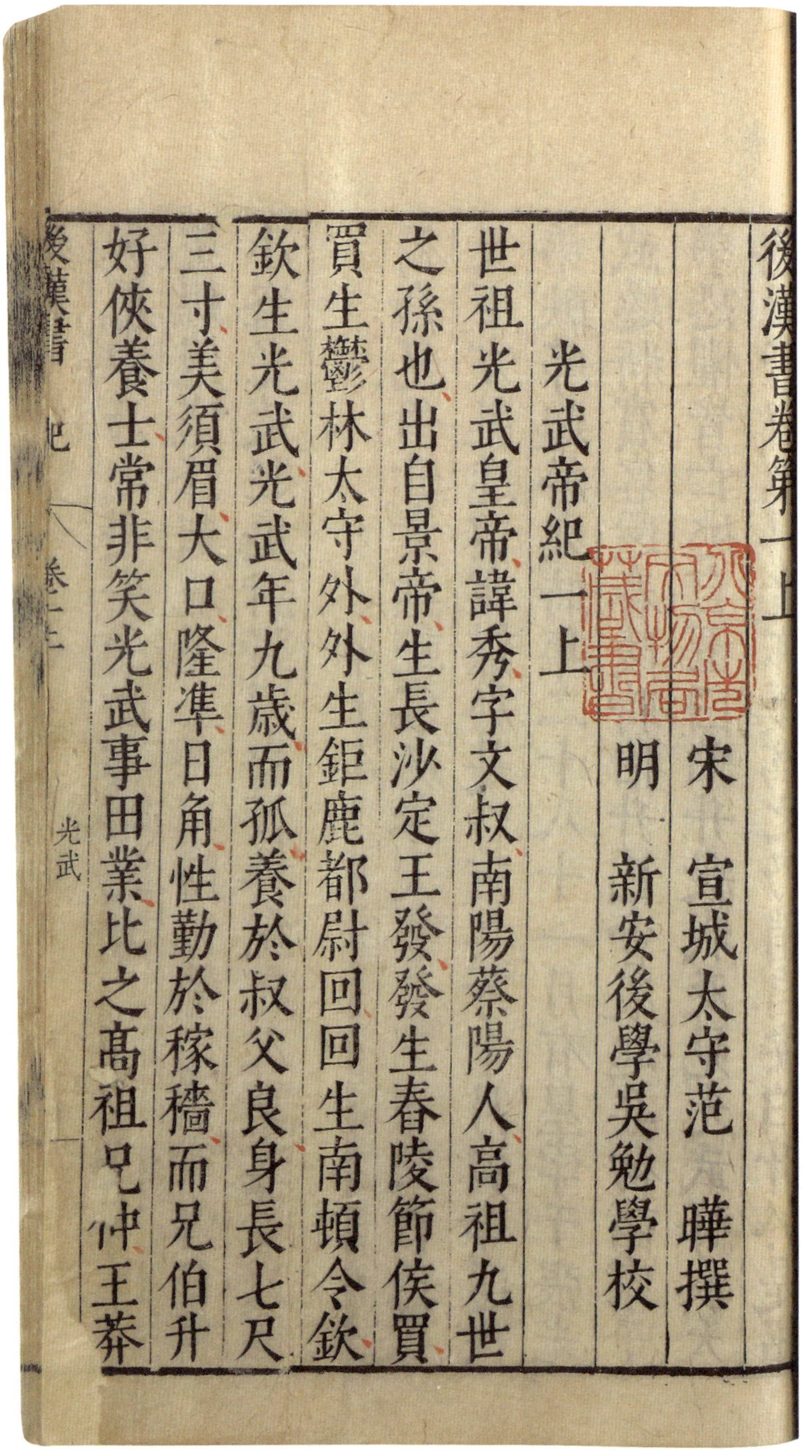

後漢書一百二十卷　（南朝宋）范曄撰　明吴勉學刻本

框高 20.5 厘米，廣 13.3 厘米。半葉十行，行二十字，白口，左右雙邊。12 册。

二級 214shan112

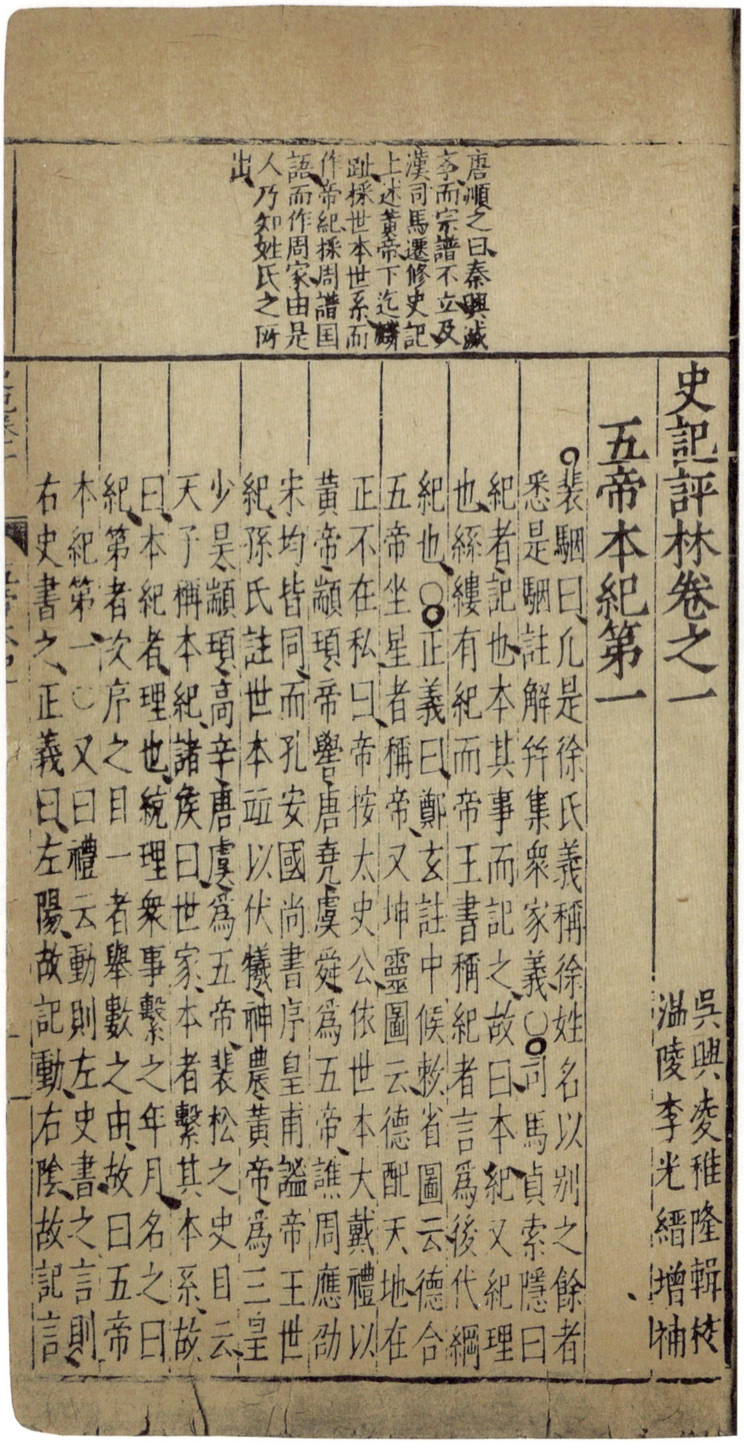
唐順之曰秦興滅李而宗譜不立及漢司馬遷修史記上述黃帝下迄麟趾採世本世系而作帝紀採周譜國語而作周家由是人乃知姓氏之所出

史記評林卷之一

五帝本紀第一

吳興 凌稚隆 輯校
溫陵 李光縉 增補

○裴駰曰凡是徐氏義稱徐姓名以別之餘者悉是駰註解并集衆家義○司馬貞索隱曰紀者記也本其事而記之故曰本紀又紀理也絲縷有紀而帝王書稱紀者言爲後代綱紀也○正義曰鄭玄註中候敕省圖云德合五帝坐星者稱帝又坤靈圖云德配天地在正不在私曰帝按太史公依世本大戴禮以黃帝顓頊帝嚳唐堯虞舜爲五帝譙周應劭宋均皆同而孔安國尚書序皇甫謐帝王世紀孫氏註世本並以伏犧神農黃帝爲三皇少昊顓頊高辛唐虞爲五帝裴松之史目云天子稱本紀諸侯曰世家本者繫其本系故曰本紀者理也統理衆事繫之年月名之曰紀第者次序之目一者舉數之由故曰五帝本紀第一○又曰禮云動則左史書之言則右史書之○正義曰左陽故記動右陰故記言

史記評林一百三十卷附短長說一卷 （明）凌稚隆輯 （明）李光縉增補 明萬曆宏遠堂熊氏刻本

框高 23.7 厘米，廣 14.9 厘米。半葉上下兩欄，上欄鐫評，下欄十行，行十九字，小字雙行同，白口，四周單邊。20 册。鈐“河東席尚謙記”朱文印。

二級 216shan115

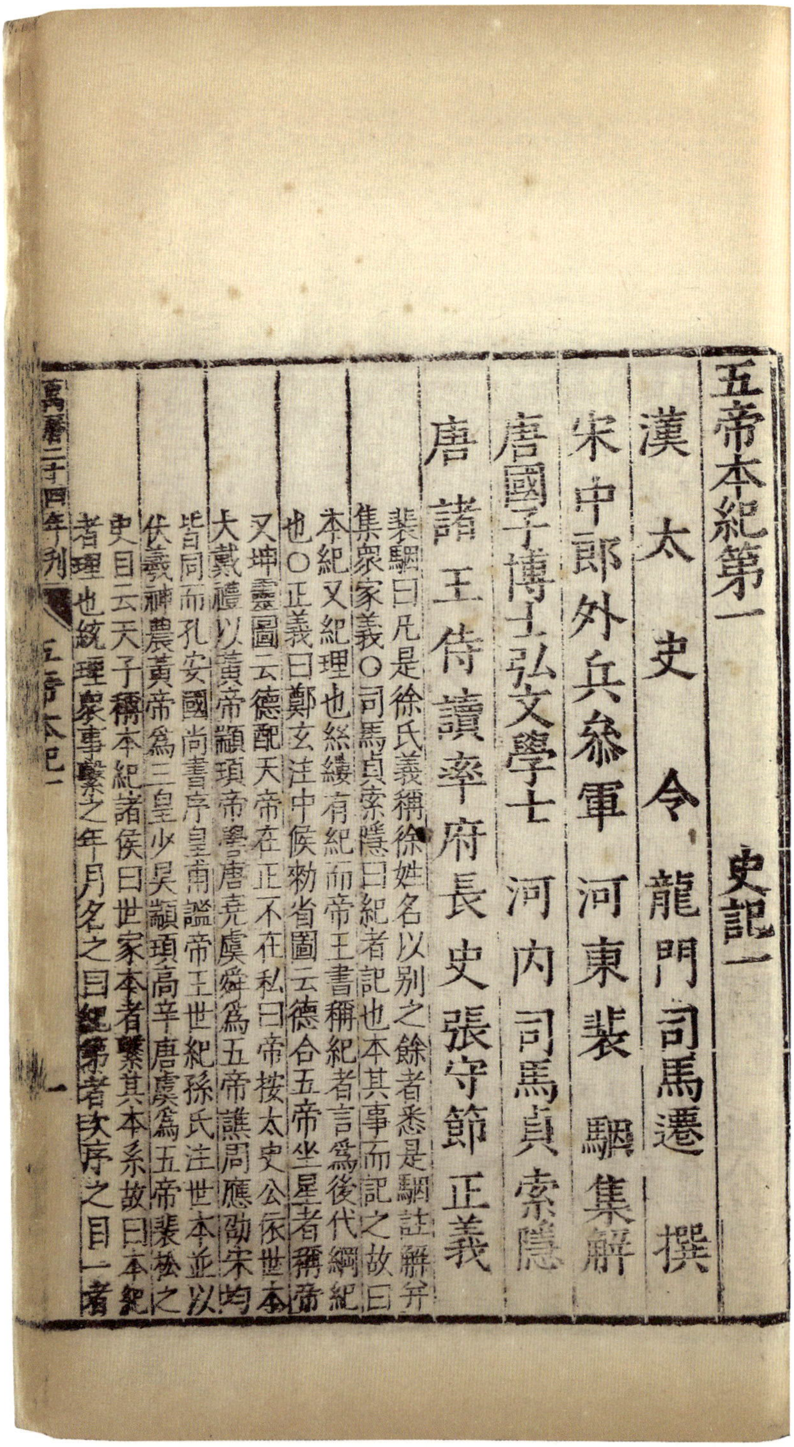
五帝本紀第一　史記一
漢　太　史　令　龍門司馬遷　撰
宋中郎外兵參軍　河東裴　駰　集解
唐國子博士弘文學士　河內司馬貞　索隱
唐諸王侍讀率府長史　張守節　正義
裴駰曰凡是徐氏義稱徐姓名以別之餘者悉是駰註解并集衆家義○司馬貞索隱曰紀者記也本其事而記之故曰本紀又紀理也絲縷有紀而帝王書稱紀者言爲後代綱紀也○正義曰鄭玄注中候勑省圖云德合五帝坐星者稱帝又坤靈圖云德配天帝在正不在私曰帝按太史公依世本大戴禮以黃帝顓頊帝嚳唐堯虞舜爲五帝譙周應劭宋均皆同而孔安國尚書序皇甫謐帝王世紀孫氏注世本並以伏羲神農黃帝爲三皇少昊顓頊高辛唐虞爲五帝裴松之史目云天子稱本紀諸侯曰世家本者繫其本系故曰本紀者理也統理衆事繫之年月名之曰紀第者次序之目一者
萬曆二十四年刊　五帝本紀一　一

史記一百三十卷　（漢）司馬遷撰　（南朝宋）裴駰集解　（唐）司馬貞索隱　張守節正義　明萬曆二十四年（1596）南京國子監刻本

框高 20 厘米，廣 15.2 厘米。半葉十行，行二十二字，小字雙行二十七字，白口，左右雙邊。24 册。鈐“朱步沆印”朱文印。

二級 220shan120

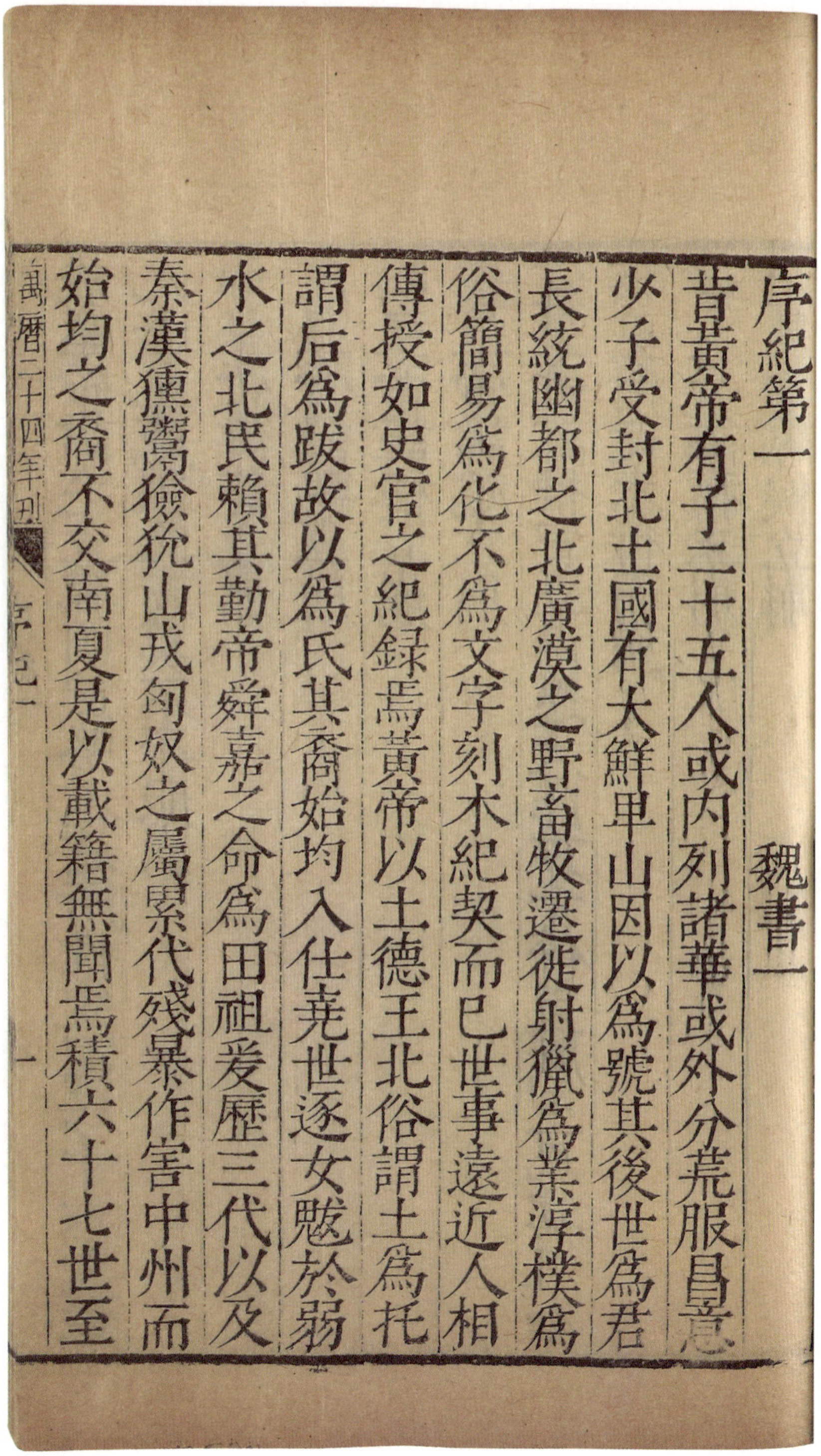

魏書一百十四卷 （北齊）魏收撰 明萬曆二十四年（1596）南京國子監刻本

框高 21 厘米，廣 14.7 厘米。半葉十行，行二十一字，細黑口，左右雙邊。24 册。鈐“愛日堂”朱文印。

二級 244shan383

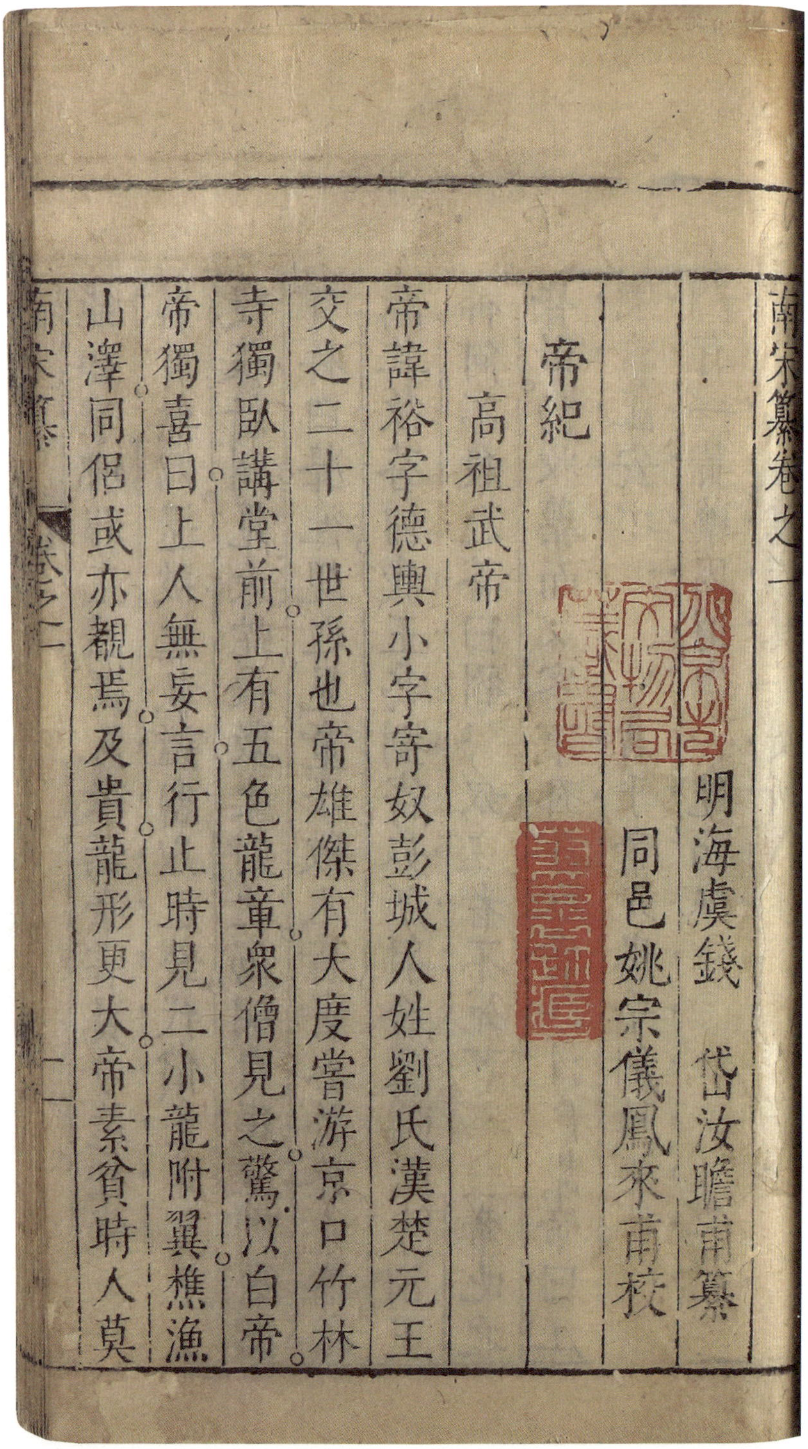

兩晋南北合纂四十卷 （明）錢岱纂 明萬曆刻本

框高21厘米，廣14厘米。半葉上下兩欄，下欄十行，行二十字，白口，四周單邊。14册。鈐“蓼懷珍藏”白文印。存二十四卷（南宋一至四、南齊一至三、南梁一至四、南陳一、北魏一至五、北齊一至三、北周一至二、北隋一至二）。

二級 272shan540

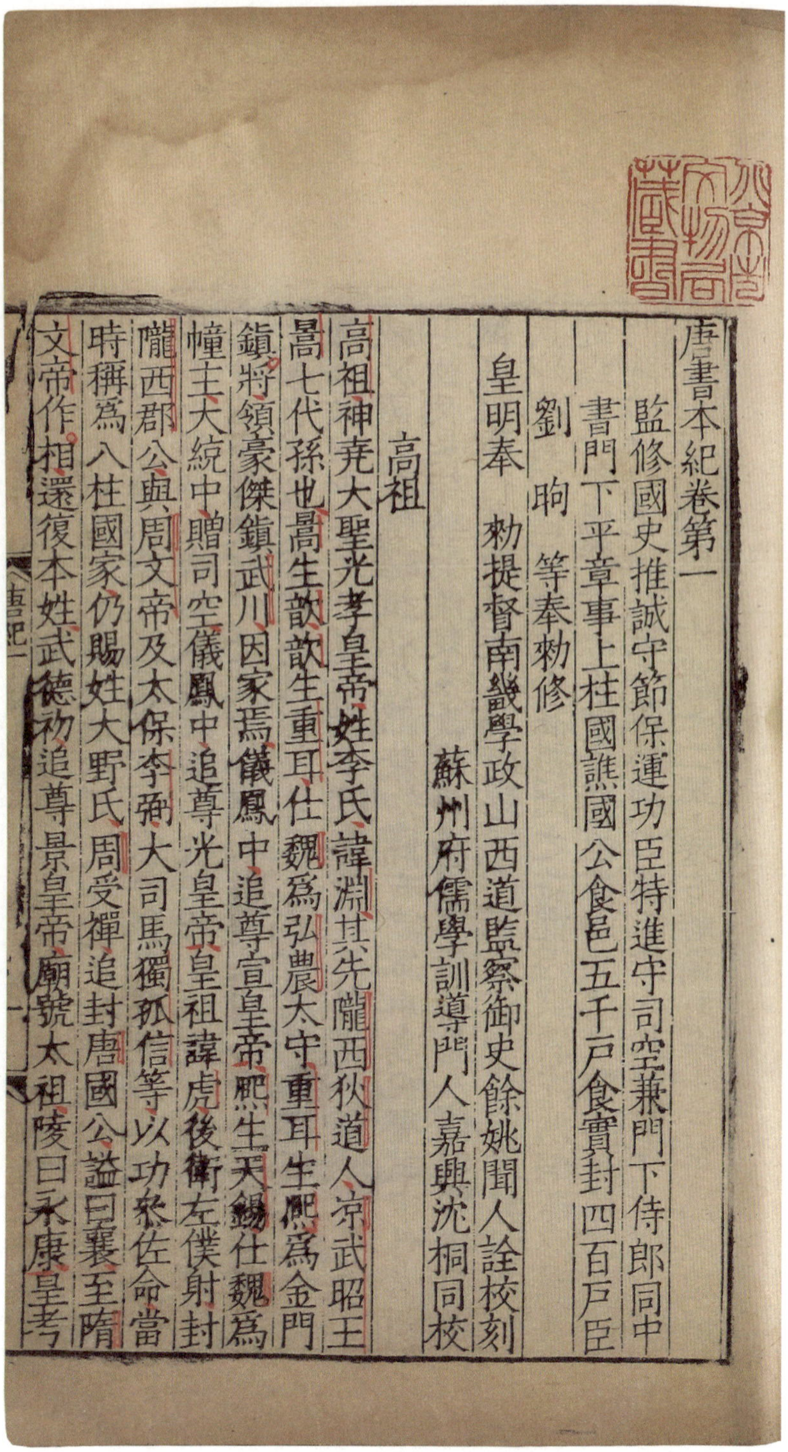
唐書本紀卷第一
監修國史推誠守節保運功臣特進守司空兼門下侍郎同中
書門下平章事上柱國譙國公食邑五千戸食實封四百戸臣
劉 昫 等奉勑修
皇明奉 勑提督南畿學政山西道監察御史餘姚聞人詮校刻
蘇州府儒學訓導門人嘉興沈桐同校
高祖
高祖神尭大聖光孝皇帝姓李氏諱淵其先隴西狄道人凉武昭王
暠七代孫也暠生歆歆生重耳仕魏爲弘農太守重耳生熙爲金門
鎭將領豪傑鎭武川因家焉儀鳳中追尊宣皇帝熙生天錫仕魏爲
幢主大統中贈司空儀鳳中追尊光皇帝皇祖諱虎後魏左僕射封
隴西郡公與周文帝及太保李弼大司馬獨孤信等以功叅佐命當
時稱爲八柱國家仍賜姓大野氏周受禪追封唐國公謚曰襄至隋
文帝作相還復本姓武德初追尊景皇帝廟號太祖陵曰永康皇考
唐紀一

唐書二百卷　（五代）劉昫等修　明嘉靖十八年（1539）聞人詮刻本

框高21.6厘米，廣14.4厘米。半葉十四行，行二十六字，白口，左右雙邊。20册。鈐“匪棘堂藏書印”朱文印。

二級 283shan623

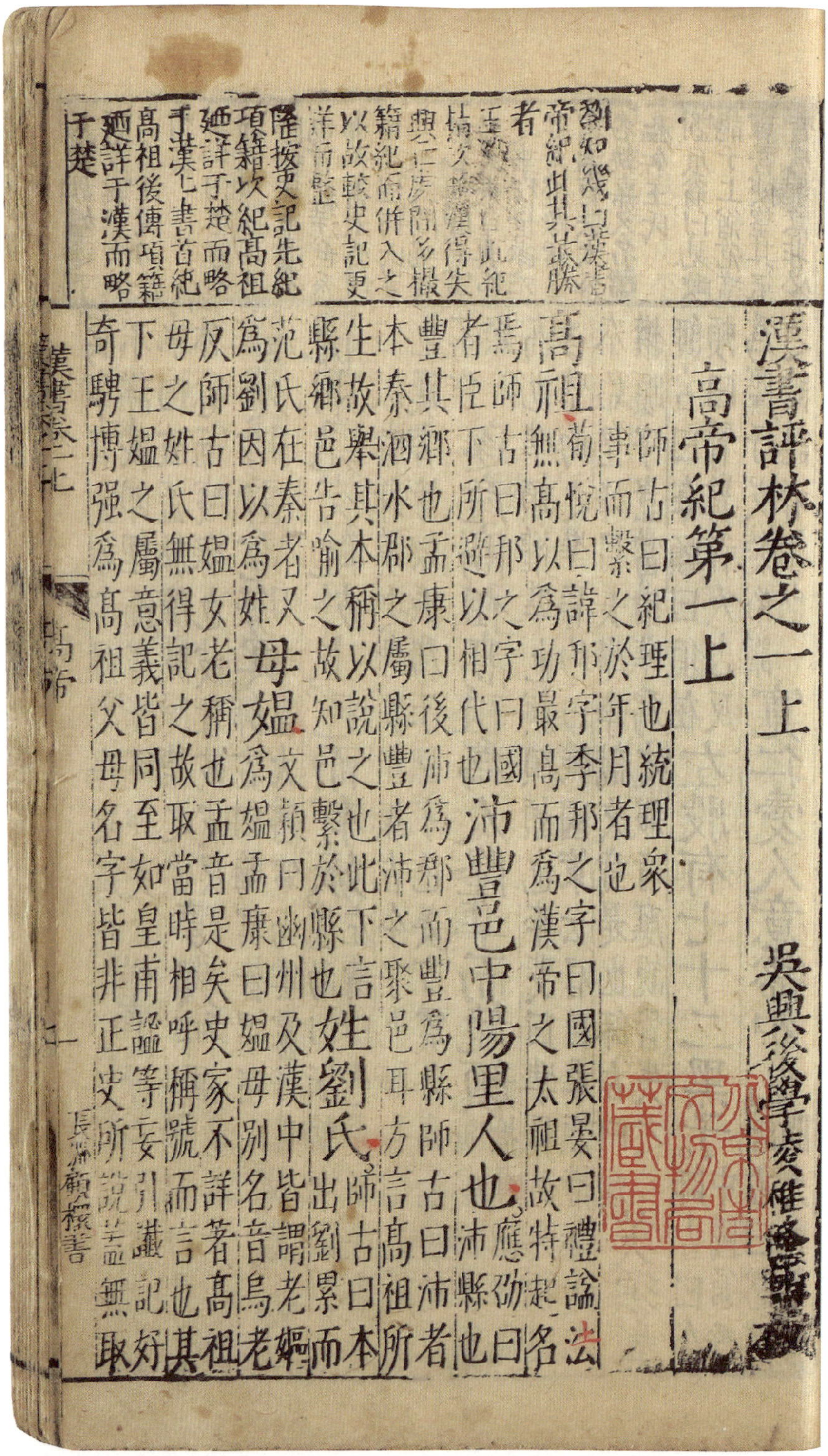

漢書評林一百卷 （明）凌稚隆輯 明萬曆九年（1581）自刻本

框高 22.5 厘米，廣 14.5 厘米。半葉上下兩欄，上欄鎸評，下欄十行，行二十字，小字雙行同，白口，左右雙邊。16 册。

三級 81shan21

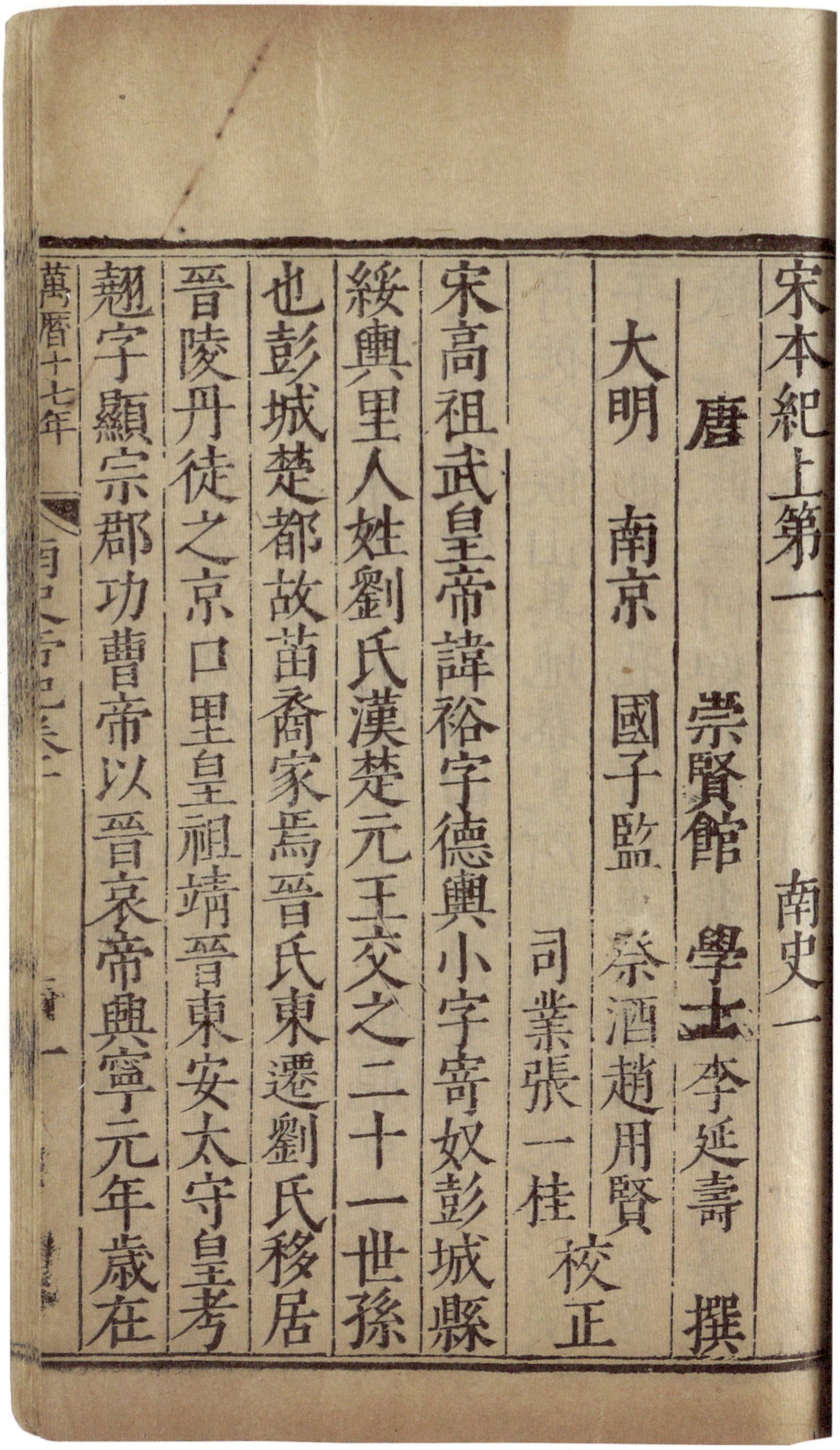

南史八十卷 （唐）李延壽撰 明萬曆十七年（1589）南京國子監刻本
框高 20.3 厘米，廣 14.9 厘米。半葉九行，行十八字，白口，四周雙邊。20 册。
三級 183shan823

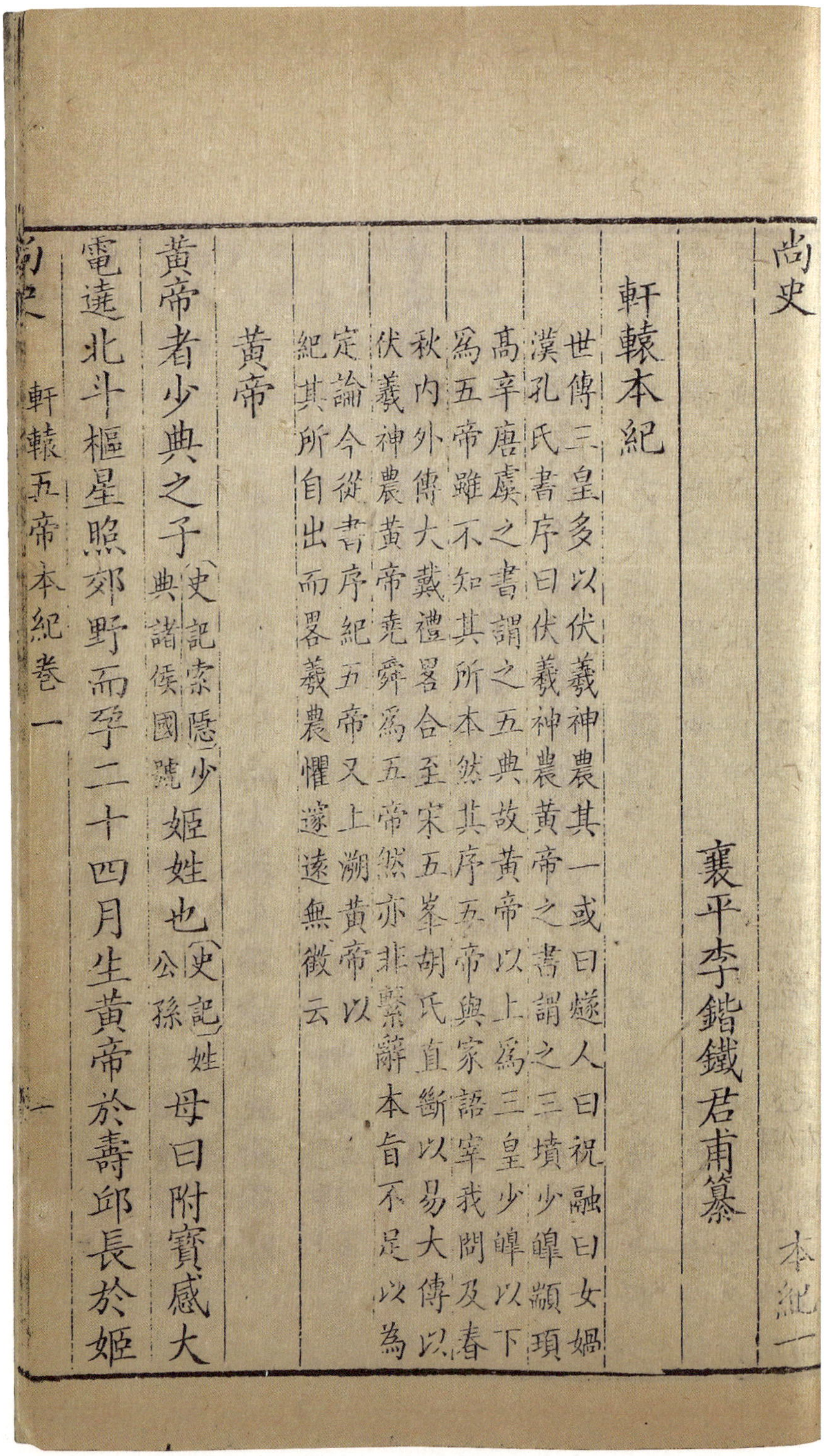

尚史七十二卷 （清）李鍇纂 清乾隆三十八年（1773）刻本

框高18.5厘米，廣13厘米。半葉十行，行二十四字，小字雙行同，白口，左右雙邊。24册。

shan134

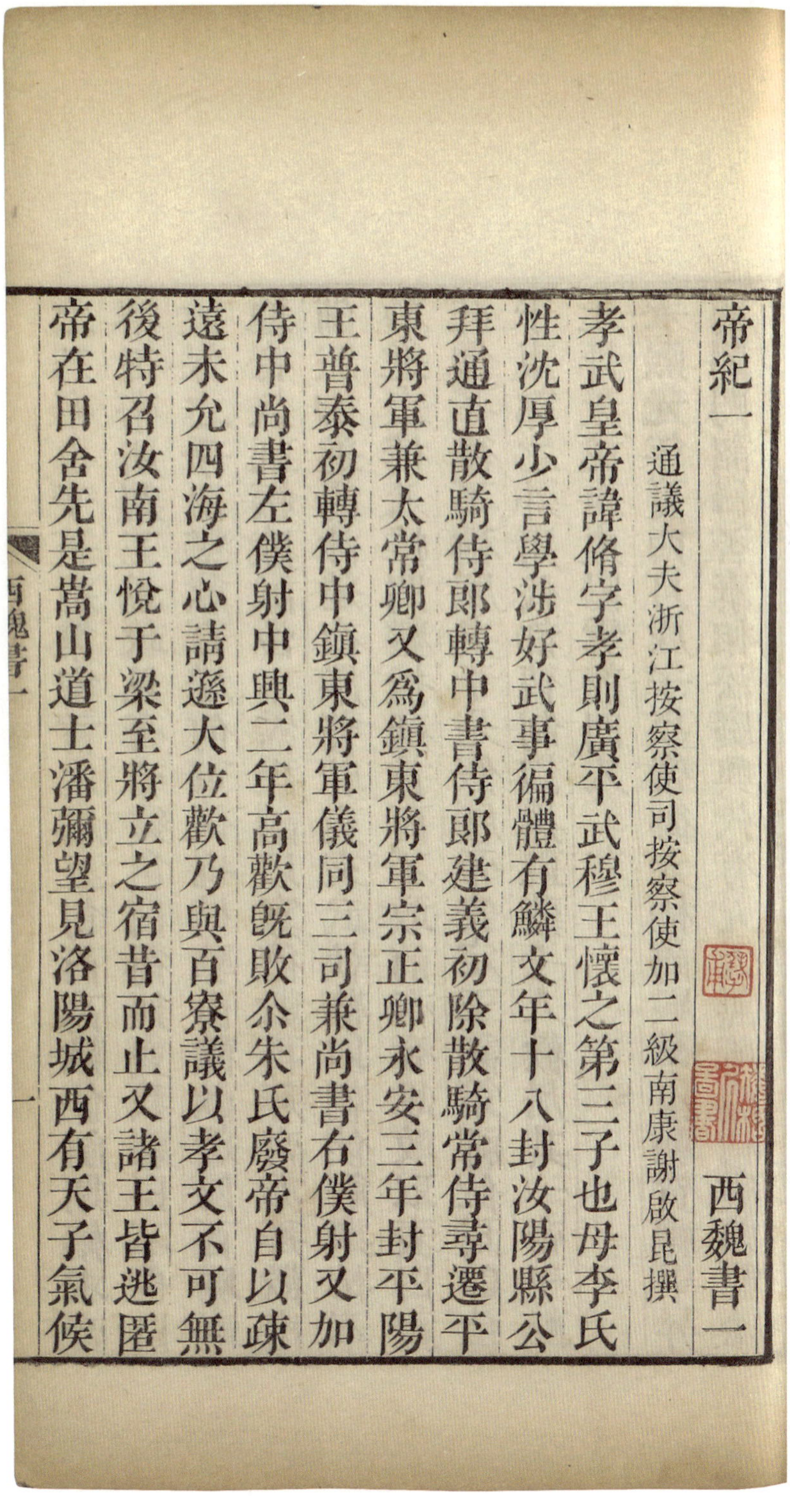
帝紀一　　西魏書一
通議大夫浙江按察使司按察使加二級南康謝啟昆撰
孝武皇帝諱脩字孝則廣平武穆王懷之第三子也母李氏
性沈厚少言學涉好武事徧體有鱗文年十八封汝陽縣公
拜通直散騎侍郎轉中書侍郎建義初除散騎常侍尋遷平
東將軍兼太常卿又爲鎮東將軍宗正卿永安三年封平陽
王普泰初轉侍中鎮東將軍儀同三司兼尚書右僕射又加
侍中尚書左僕射中興二年高歡既敗尒朱氏廢帝自以疎
遠未允四海之心請遜大位歡乃與百寮議以孝文不可無
後特召汝南王悅于梁至將立之宿昔而止又諸王皆逃匿
帝在田舍先是嵩山道士潘彌望見洛陽城西有天子氣候
西魏書一　一

西魏書二十四卷附録一卷　（清）謝啓昆撰　清乾隆六十年（1795）樹經堂刻本

框高 19.5 厘米，廣 14 厘米。半葉十一行，行二十三字，小字雙行同，白口，左右雙邊。6 册。鈐“摯甫”朱文印、“矮栝居圖書”白文印等。

shan215

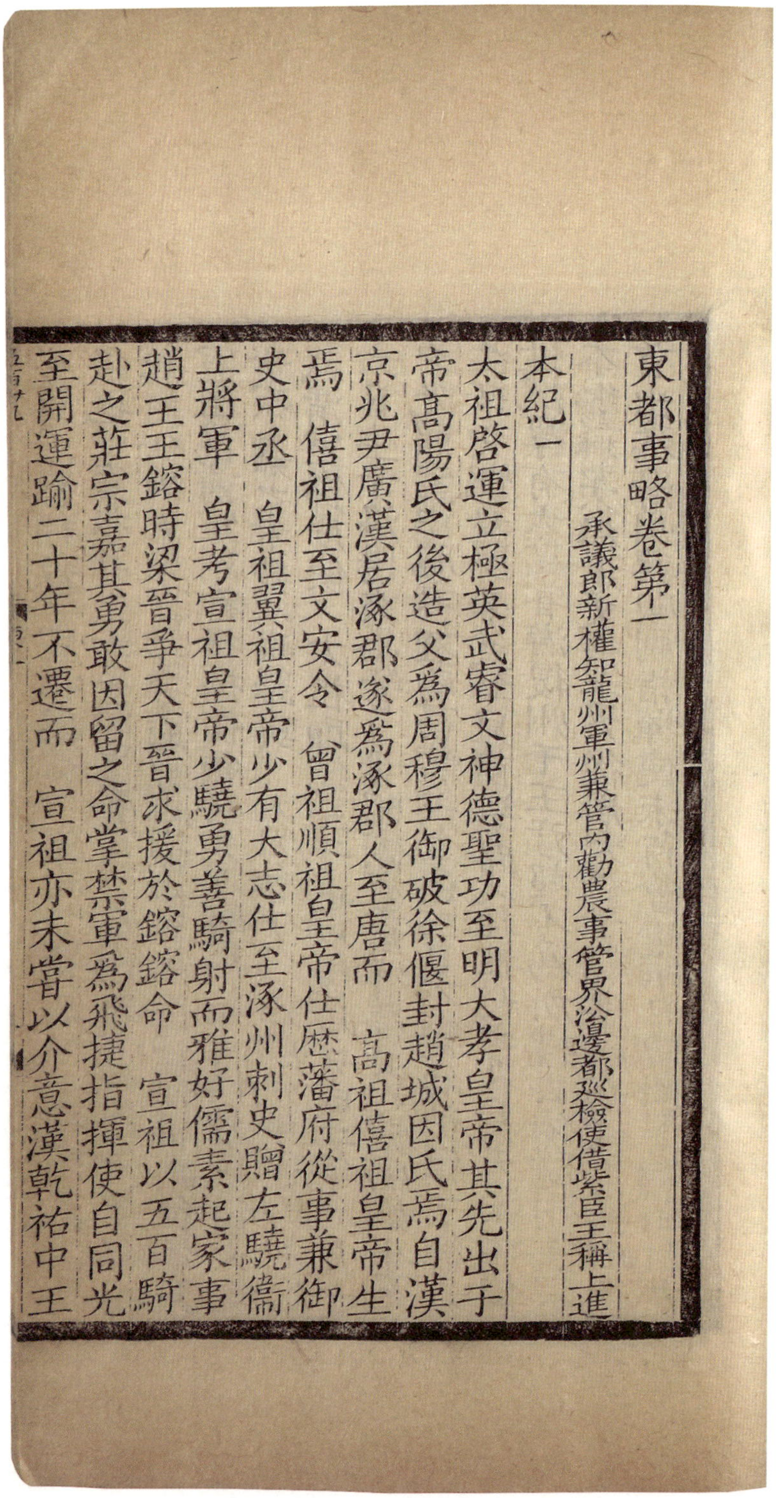

東都事略卷第一
承議郎新權知龍州軍州兼管內勸農事管界沿邊都巡檢使借紫臣王稱上進
本紀一
太祖啓運立極英武睿文神德聖功至明大孝皇帝其先出于
帝高陽氏之後造父爲周穆王御破徐偃封趙城因氏焉自漢
京兆尹廣漢居涿郡遂爲涿郡人至唐而 高祖僖祖皇帝生
焉 僖祖仕至文安令 曾祖順祖皇帝仕歷藩府從事兼御
史中丞 皇祖翼祖皇帝少有大志仕至涿州刺史贈左驍衛
上將軍 皇考宣祖皇帝少驍勇善騎射而雅好儒素起家事
趙王王鎔時梁晉爭天下晉求援於鎔鎔命 宣祖以五百騎
赴之莊宗嘉其勇敢因留之命掌禁軍爲飛捷指揮使自同光
至開運踰二十年不遷而 宣祖亦未嘗以介意漢乾祐中王

東都事略一百三十卷　（宋）王偁撰　清五峰閣刻本

框高 19.1 厘米，廣 13.1 厘米。半葉十二行，行二十四字，白口，左右雙邊。7 册。存一百十四卷（一至十二、二十九至一百三十）。

shan346

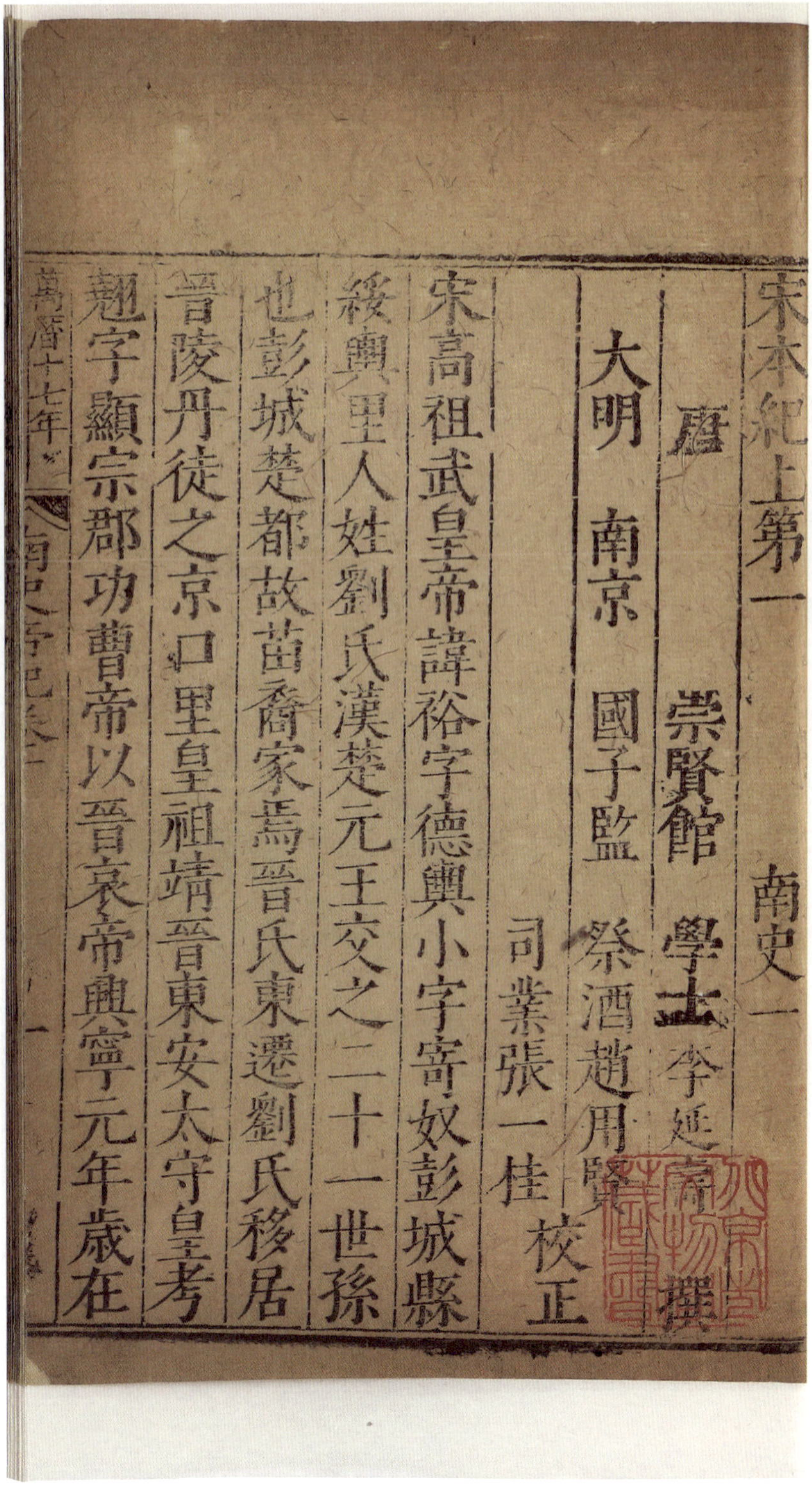

南史八十卷 （唐）李延壽撰 明萬曆南京國子監刻清順治十五年（1658）重修本

框高 20 厘米，廣 14.5 厘米。半葉九行，行十八字，白口，四周雙邊。40 册。缺十卷（列傳七十一至八十）。

shan605

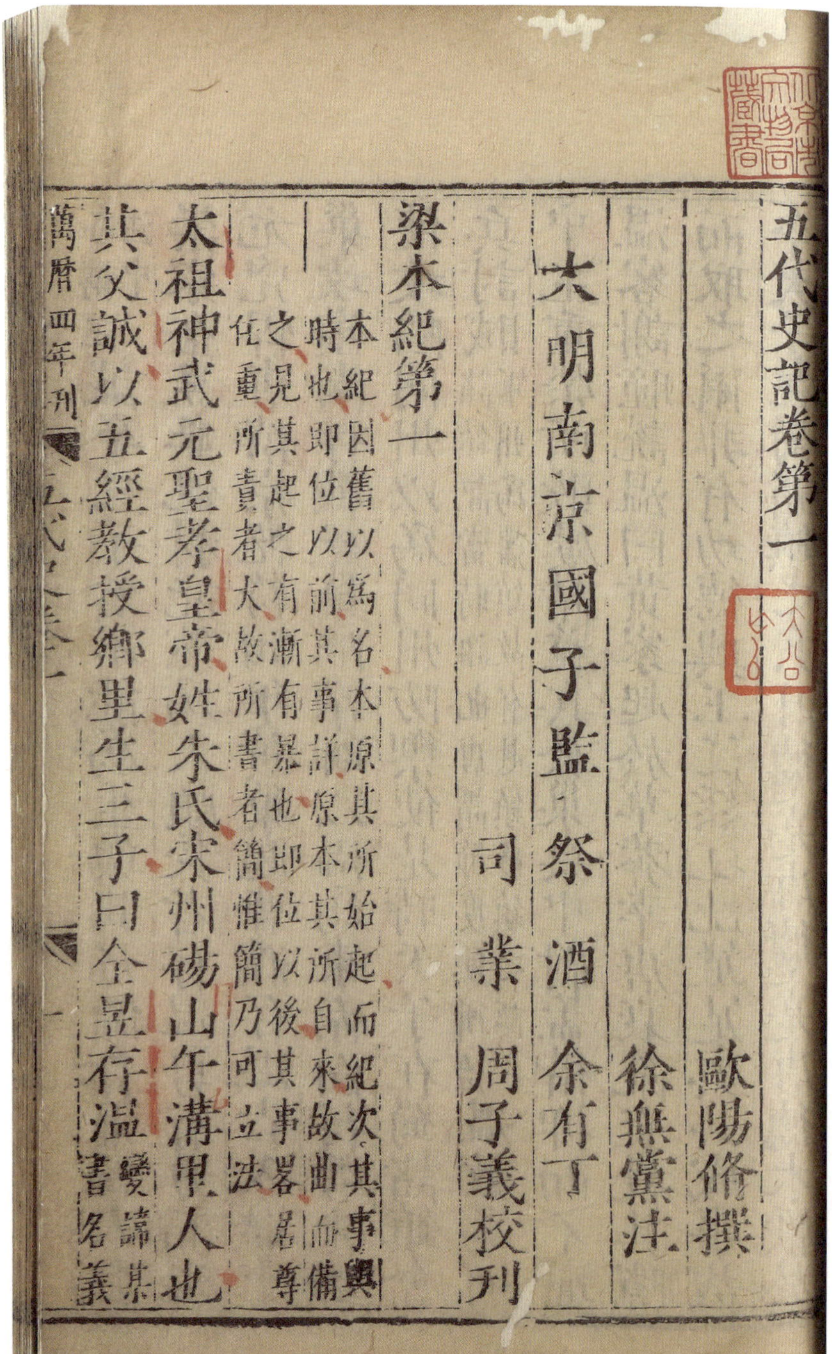

五代史記七十四卷　（宋）歐陽修撰　（宋）徐無黨注　（明）余有丁　（明）周子義校刊　明萬曆四年（1576）南京國子監刻清康熙三十九年（1700）補刻本

框高 19.1 厘米，廣 14.2 厘米。半葉十行，行二十一字，小字雙行同，白口，四周雙邊。8 册。存五十八卷（一至五十八）。

shan797

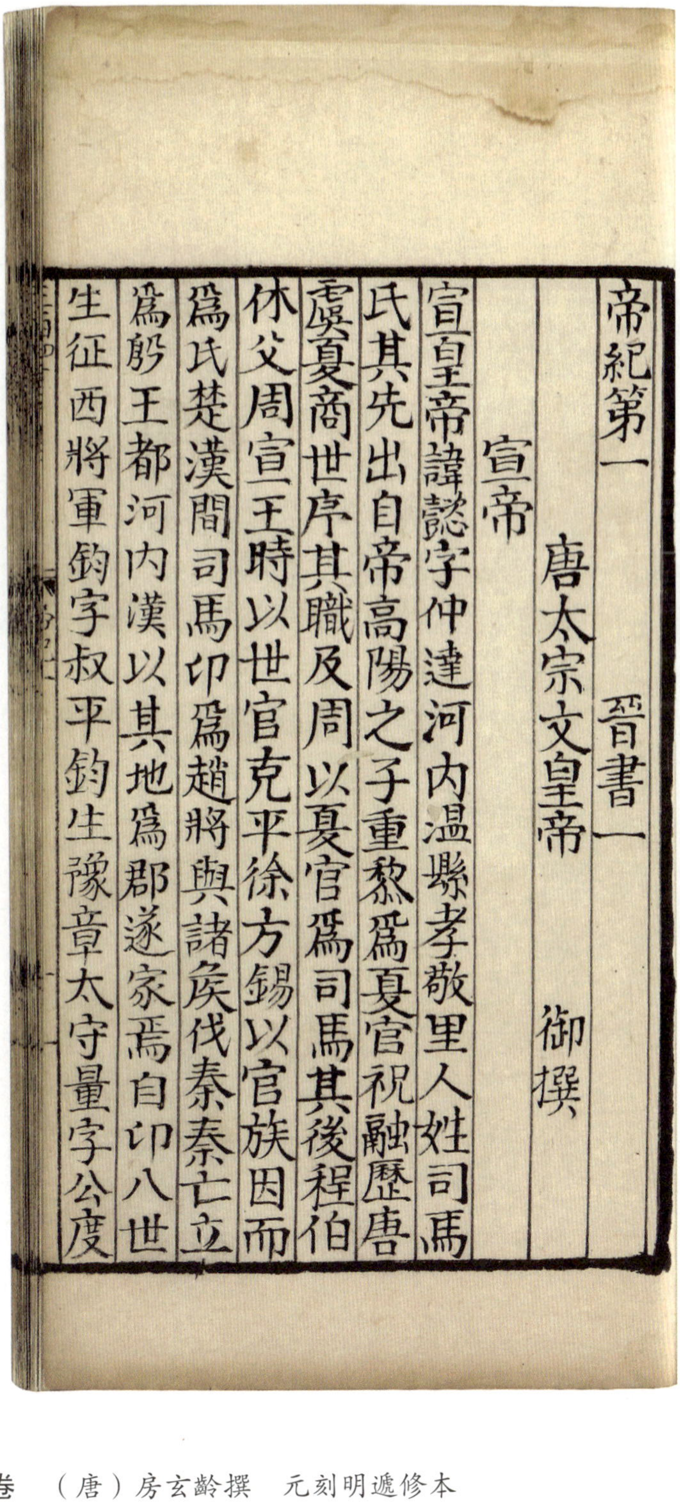

晉書一百三十卷　（唐）房玄齡撰　元刻明遞修本

框高 20.7 厘米，廣 13.3 厘米。半葉十行，行十九字，白口，左右雙邊。21 册。鈐“並軒藏書”朱文印。存三十七卷（帝紀一至十，志四至九、十二至十三，列傳二十九至三十一、三十七、四十五至五十二、五十六至五十九、六十三至六十四、六十七），帝紀一至四爲補配。

shan804

【編年類】

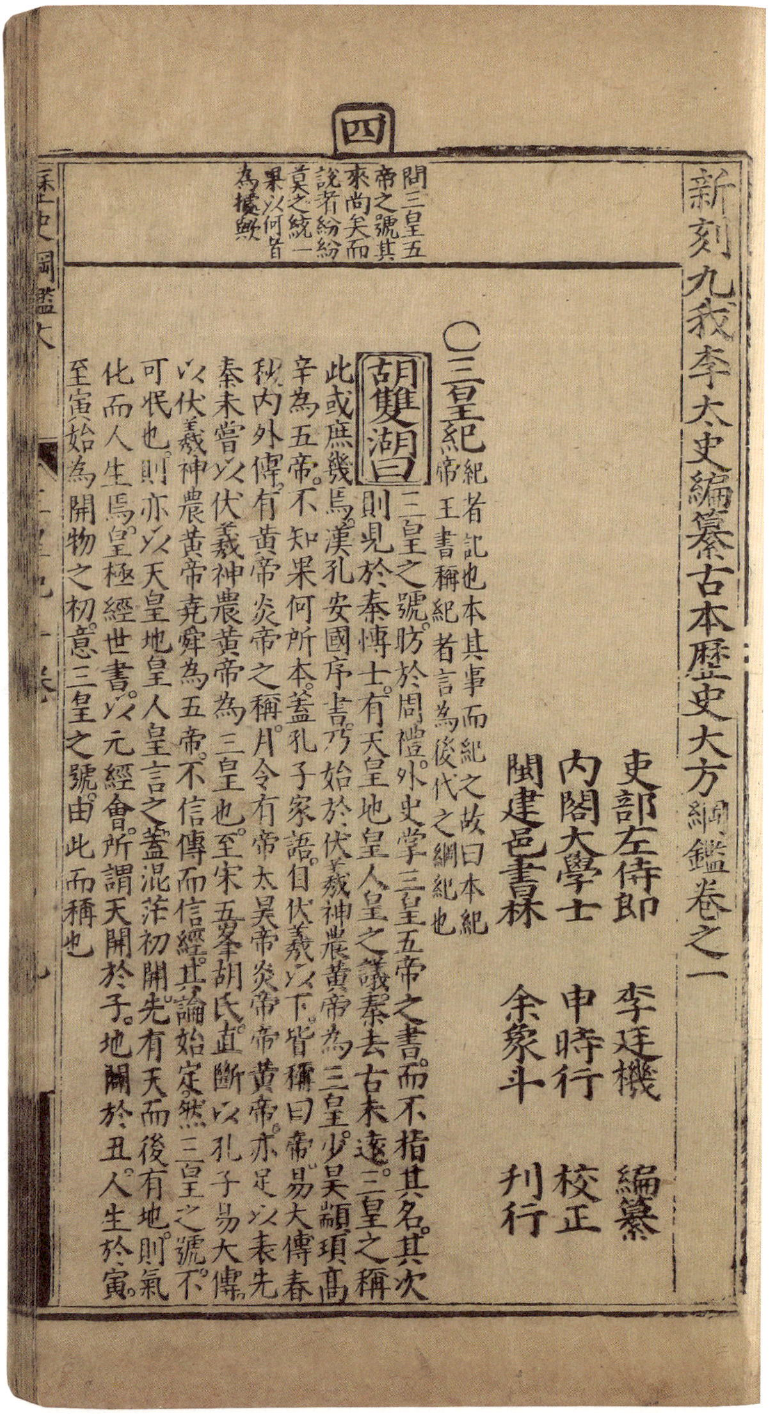

新刻九我李太史編纂古本歷史大方綱鑑三十九卷首一卷 （明）李廷機編纂 明萬曆二十八年（1600）余象斗雙峰堂刻本

框高 21.4 厘米，廣 14.1 厘米。半葉上下兩欄，上欄鎸評，下欄十行至十一行，行三十字，小字雙行同，黑口，四周雙邊，無格。20 册。

二級 240shan368

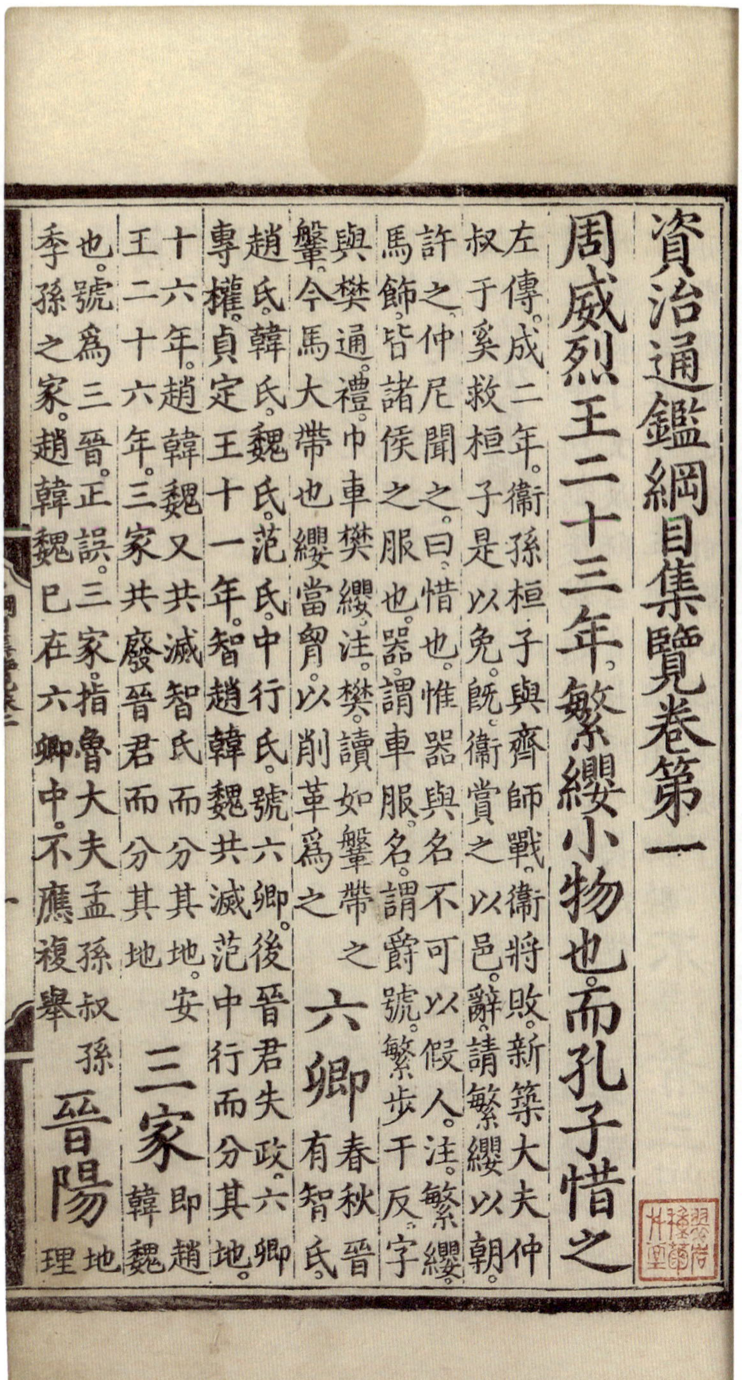
資治通鑑綱目集覽卷第一
周威烈王二十三年繁纓小物也而孔子惜之
左傳成二年衛孫桓子與齊師戰衛將敗新築大夫仲
叔于奚救桓子是以免既衛賞之以邑辭請繁纓以朝
許之仲尼聞之曰惜也惟器與名不可以假人注繁纓
馬飾皆諸侯之服也器謂車服名謂爵號繁步干反字
與樊通禮巾車樊纓注樊讀如鞶帶之 六卿 春秋晉
鞶今馬大帶也纓當胷以削革爲之 有智氏
趙氏韓氏魏氏范氏中行氏號六卿後晉君失政六卿
專權貞定王十一年智趙韓魏共滅范中行而分其地
十六年趙韓魏又共滅智氏而分其地安 三家 即趙
王二十六年三家共廢晉君而分其地 韓魏
也號爲三晉正誤三家指魯大夫孟孫叔孫 晉陽 地
季孫之家趙韓魏已在六卿中不應複舉 理

資治通鑑綱目發明五十九卷 （宋）尹起莘撰 **集覽五十九卷** （元）王幼學撰 明內府刻本

框高 27.1 厘米，廣 17.4 厘米。半葉八行，行十八字，小字雙行二十一字，粗黑口，四周雙邊。20 册。鈐“翠岩種菊草堂”朱文印。

二級 242shan378

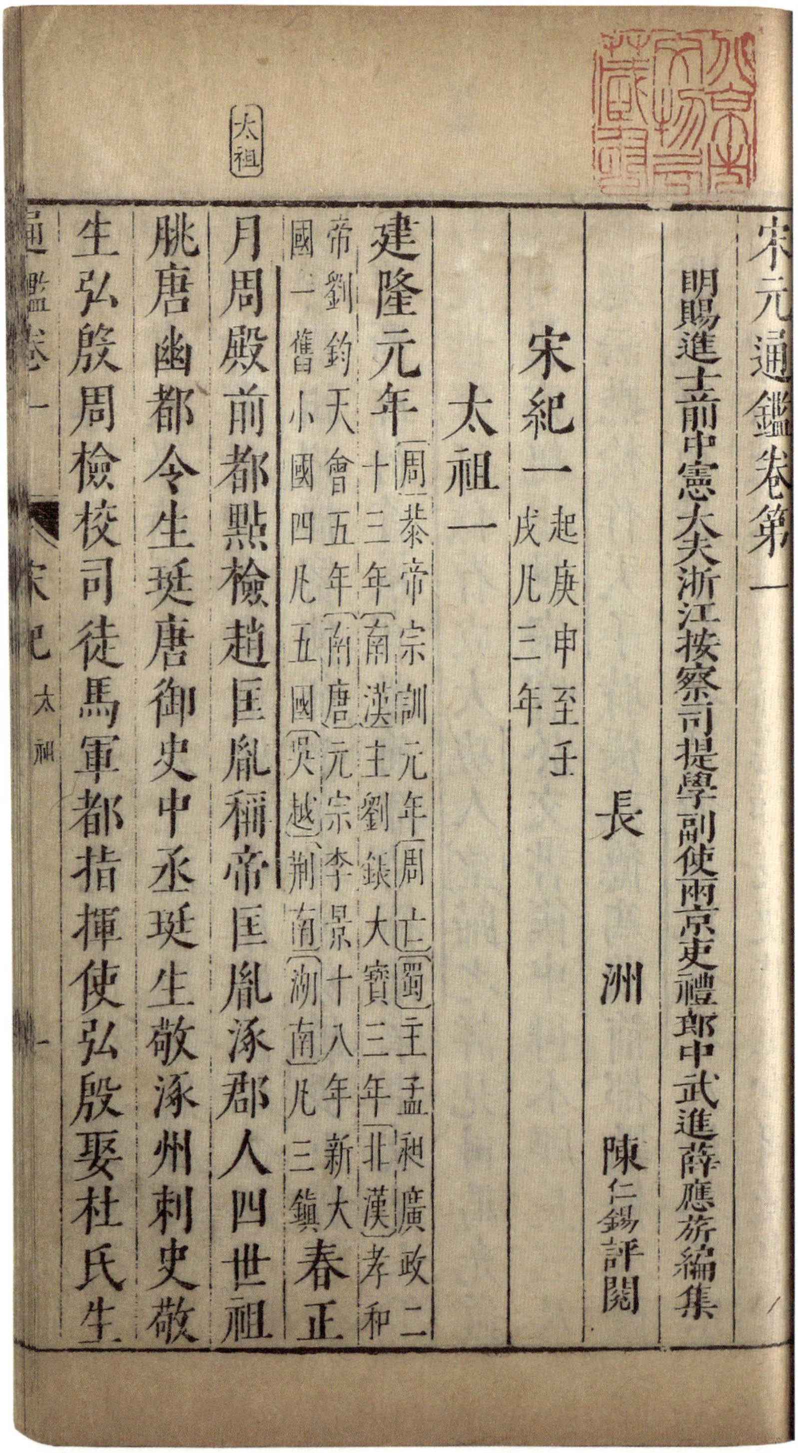

宋元通鑑一百五十七卷 （明）薛應旂編集 （明）陳仁錫評 明天啓六年（1626）刻本

框高 21.2 厘米，廣 14.2 厘米。半葉十行，行二十字，小字雙行同，白口，四周單邊。34 册。鈐“度新”朱文印、“求真是齋珍藏”朱文印、“武義題名世家”朱文印、“銘日生”朱文印等。

二級 308shan872

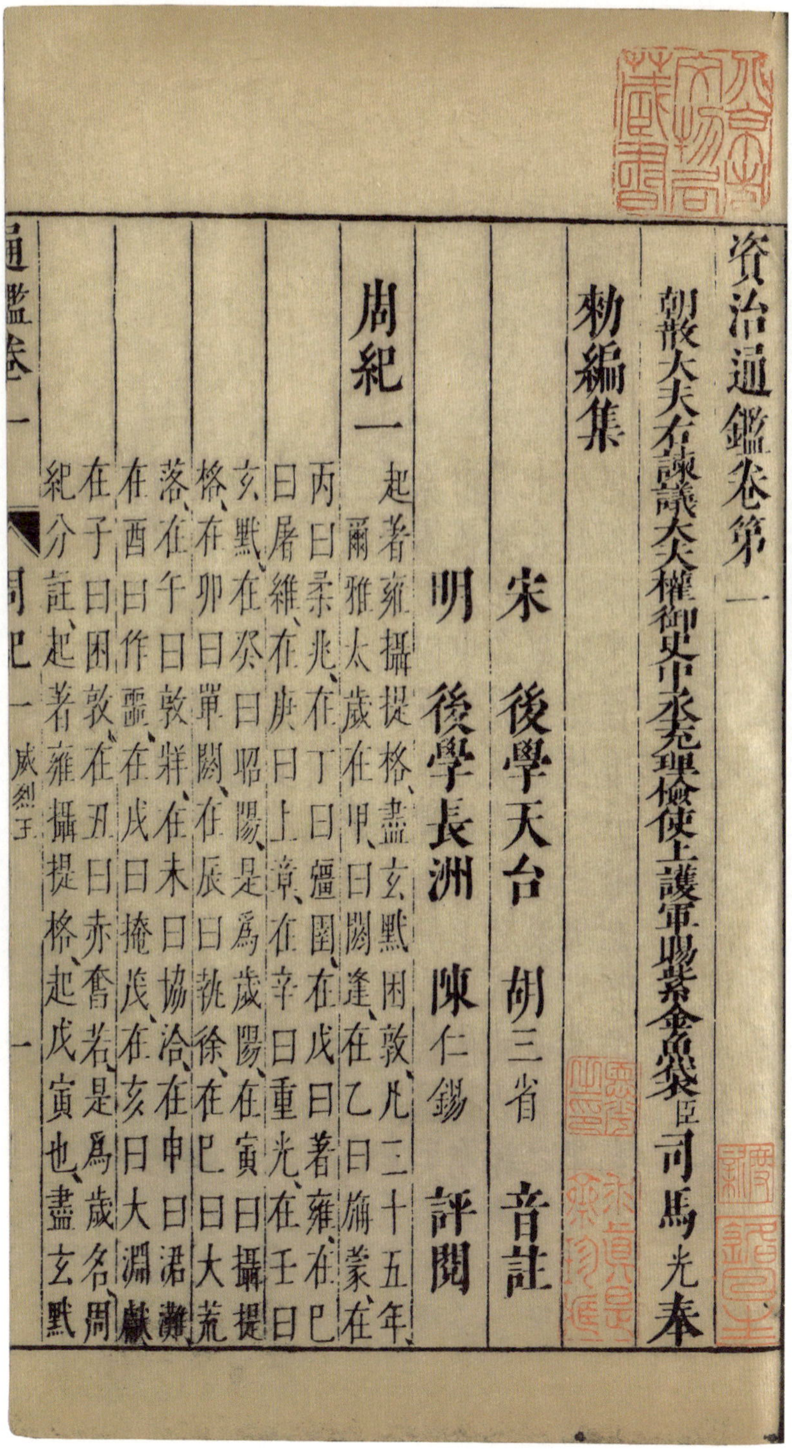
資治通鑑卷第一
朝散大夫右諫議大夫權御史中丞充理檢使上護軍賜紫金魚袋臣司馬光奉
勑編集
宋　後學天台　胡三省　音註
明　後學長洲　陳仁錫　評閱
周紀一　起著雍攝提格盡玄黓困敦凡三十五年
爾雅太歲在甲曰閼逢在乙曰旃蒙在丙曰柔兆在丁曰強圉在戊曰著雍在己曰屠維在庚曰上章在辛曰重光在壬曰玄黓在癸曰昭陽是爲歲陽在寅曰攝提格在卯曰單閼在辰曰執徐在巳曰大荒落在午曰敦牂在未曰協洽在申曰涒灘在酉曰作噩在戌曰掩茂在亥曰大淵獻在子曰困敦在丑曰赤奮若是爲歲名周紀分註起著雍攝提格起戊寅也盡玄黓
通鑑卷一　周紀一　威烈王　一

資治通鑑二百九十四卷通鑑釋文辨誤十二卷　（宋）司馬光編集　（元）胡三省註　（明）陳仁錫評　明天啓刻本

框高 21.4 厘米，廣 14.4 厘米。半葉十行，行二十字，小字雙行同，白口，四周單邊。100 册。鈐“求真是齋珍藏”朱文印、“度新”朱文印等。

二級 311shan876

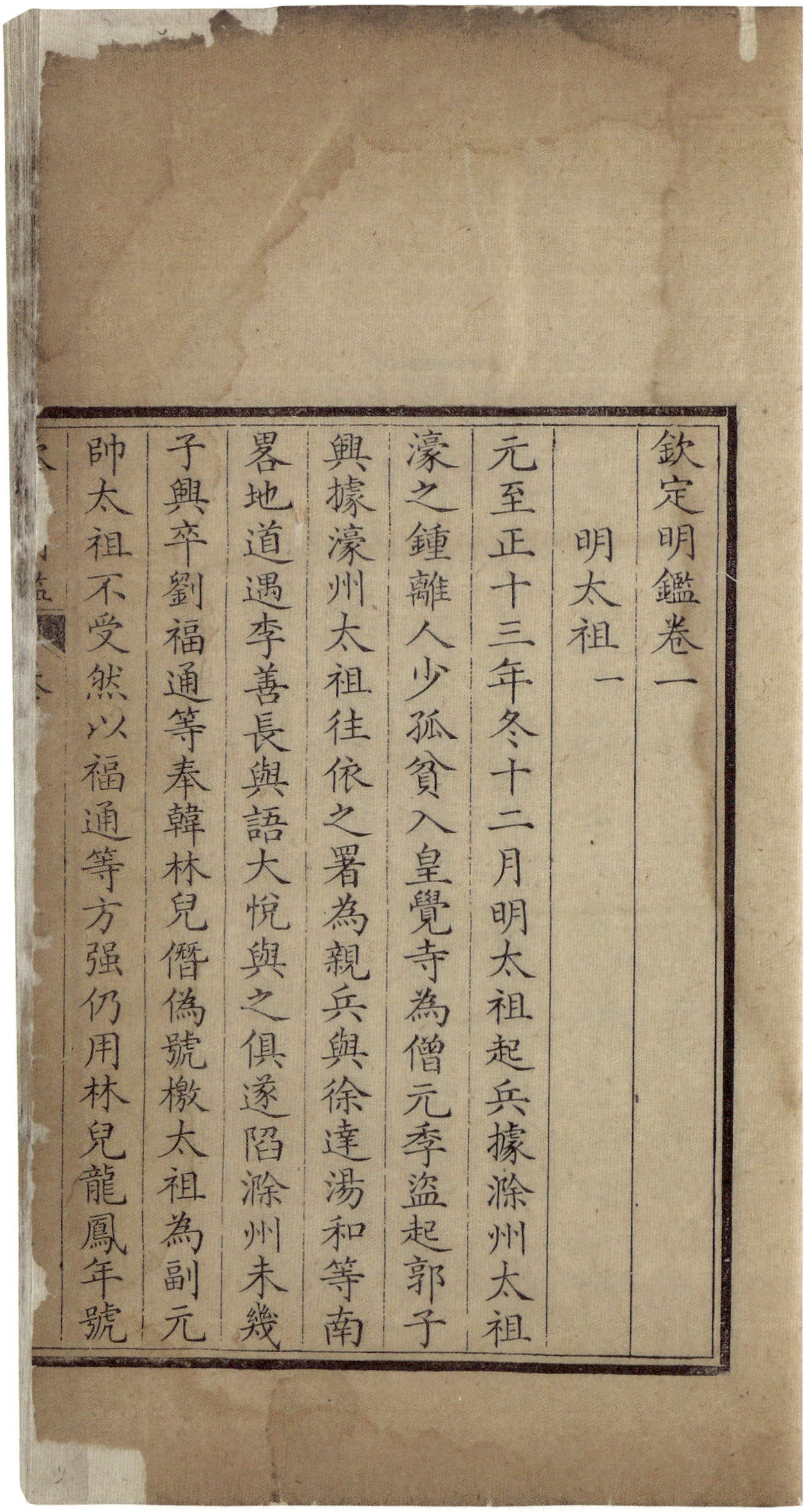
欽定明鑑卷一
明太祖一
元至正十三年冬十二月明太祖起兵據滁州太祖
濠之鍾離人少孤貧入皇覺寺為僧元季盜起郭子
興據濠州太祖往依之署為親兵與徐達湯和等南
畧地道遇李善長與語大悅與之俱遂陷滁州未幾
子興卒劉福通等奉韓林兒僭偽號檄太祖為副元
帥太祖不受然以福通等方强仍用林兒龍鳳年號

欽定明鑑二十四卷首一卷 （清）托津等纂 清嘉慶二十三年（1818）武英殿刻本

框高 18.4 厘米，廣 12.8 厘米。半葉八行，行二十字，白口，四周雙邊。6 册。

三級 4k16

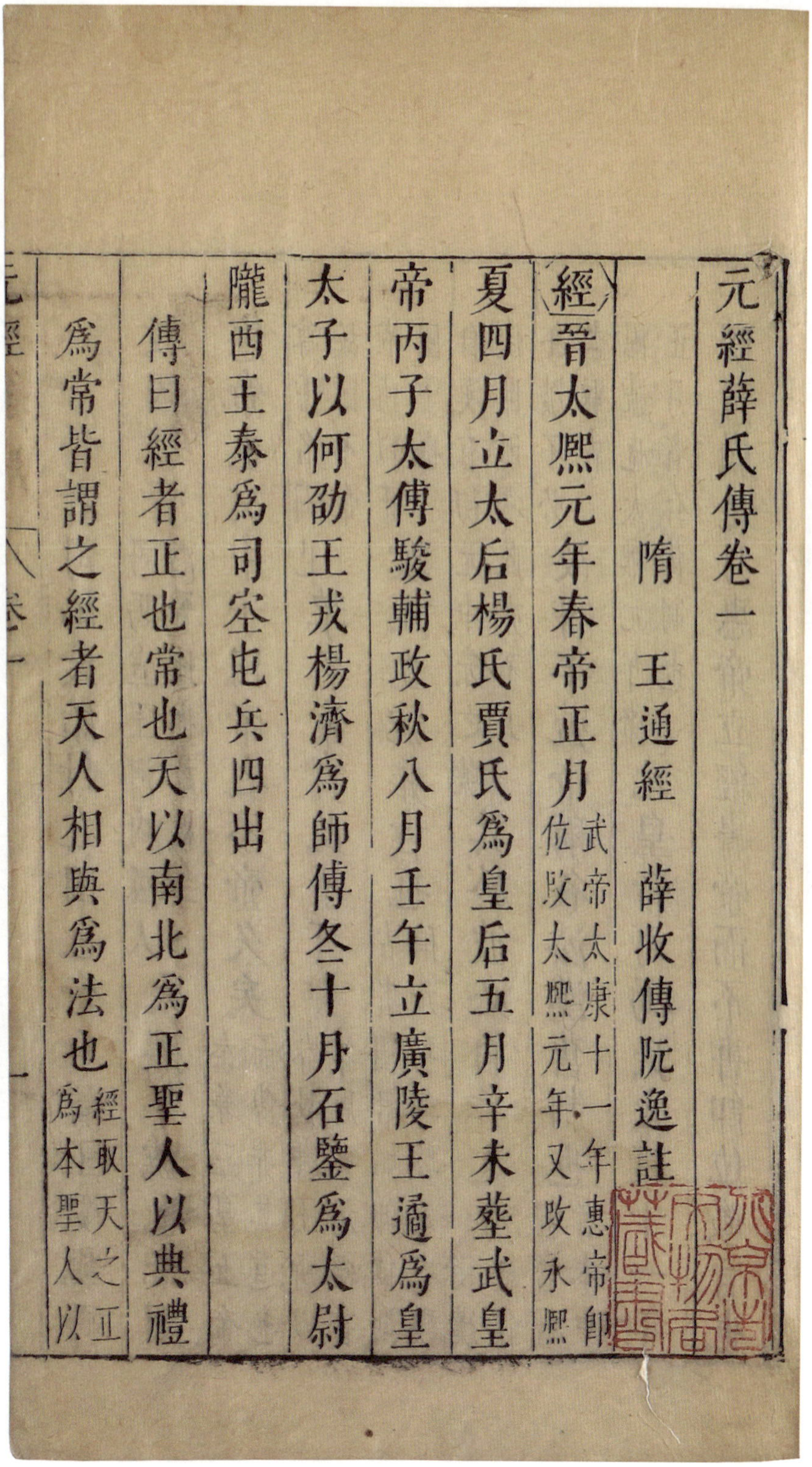

元經薛氏傳十卷 （隋）王通撰 （唐）薛收傳 （宋）阮逸註 明何允中廣漢魏叢書本
框高 20.1 厘米，廣 14.3 厘米。半葉九行，行二十字，白口，左右雙邊。2 册。
三級 98shan85

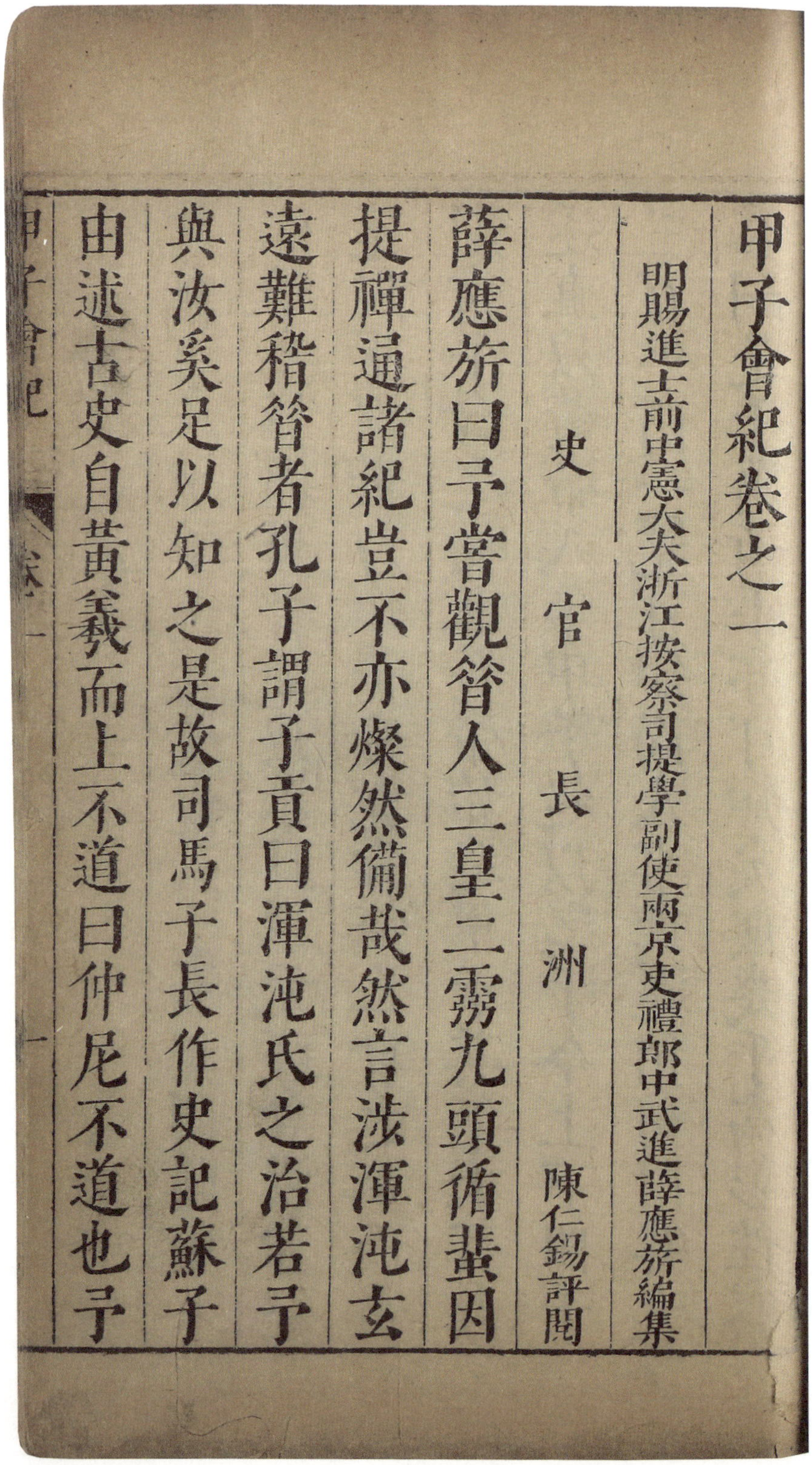

甲子會紀五卷　（明）薛應旂撰　（明）陳仁錫評　明陳仁錫刻本

框高 21.5 厘米，廣 14.8 厘米。半葉八行，行十八字，白口，四周單邊。4 册。

三級 180shan801

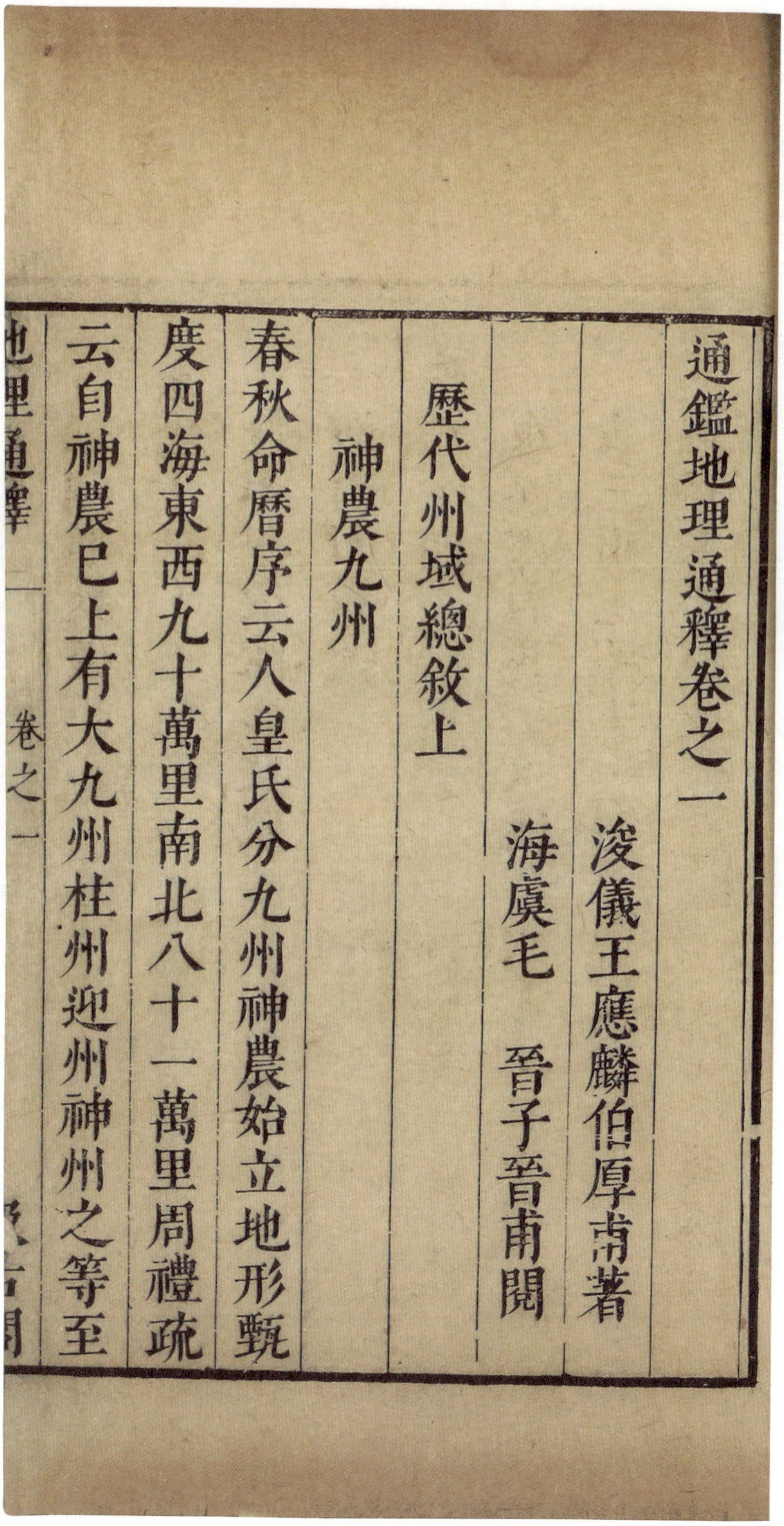
通鑑地理通釋卷之一
浚儀王應麟伯厚甫著
海虞毛　晉子晉甫閱
歷代州域總敘上
神農九州
春秋命曆序云人皇氏分九州神農始立地形甄
度四海東西九十萬里南北八十一萬里周禮疏
云自神農已上有大九州柱州迎州神州之等至
地理通釋　卷之一

通鑑地理通釋十四卷　（宋）王應麟著　（明）毛晉閱　明崇禎毛氏汲古閣刻津逮祕書本
框高 19 厘米，廣 13.5 厘米。半葉八行，行十九字，白口，左右雙邊。6 册。

shan140

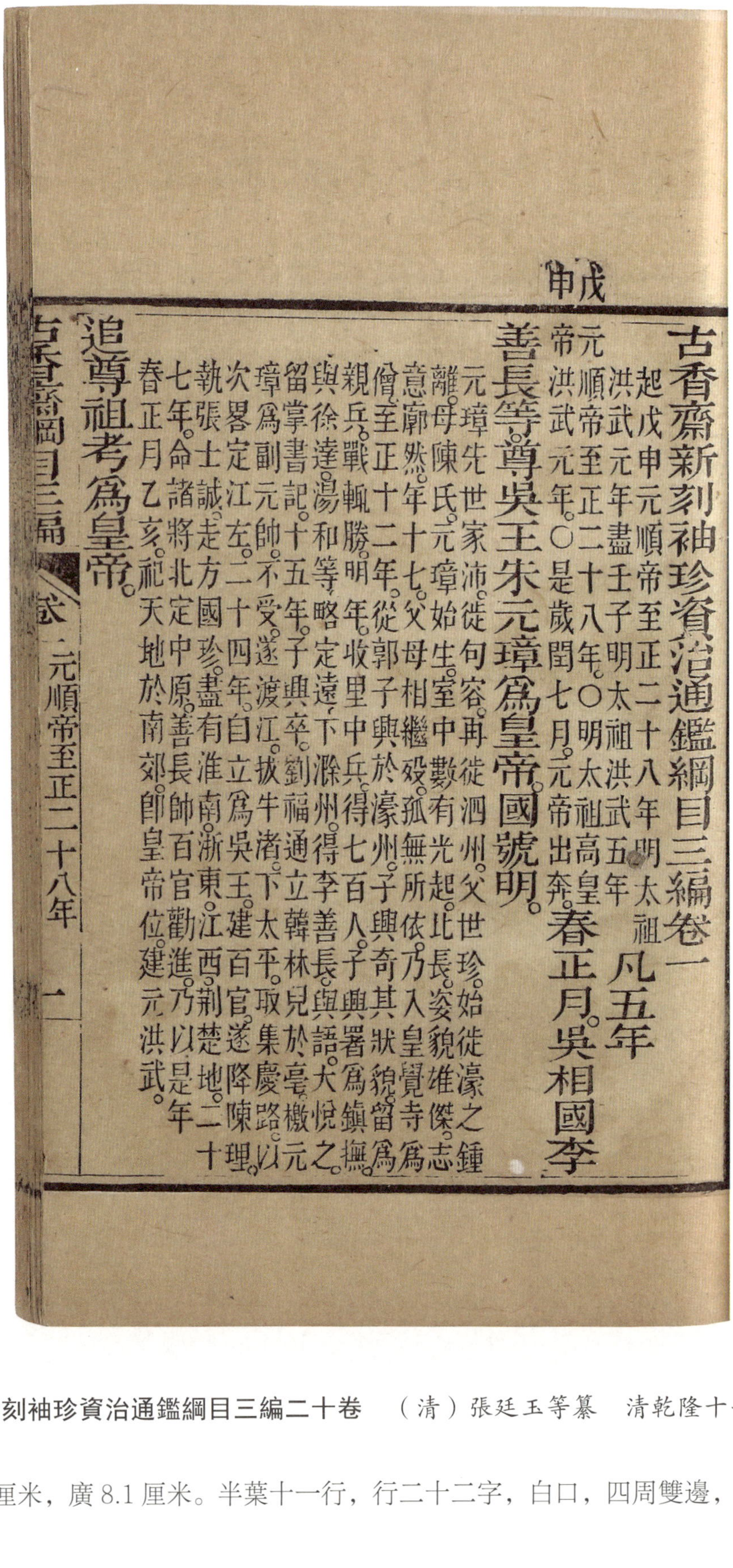
戊申

古香齋新刻袖珍資治通鑑綱目三編卷一

起戊申元順帝至正二十八年明太祖洪武元年盡壬子明太祖洪武五年 凡五年

元順帝至正二十八年。○明太祖高皇帝洪武元年。○是歲閏七月。元帝出奔。

春正月。吳相國李善長等尊吳王朱元璋爲皇帝。國號明。

元璋先世家沛。徙句容。再徙泗州。父世珍。始徙濠之鍾離。母陳氏。元璋始生。室中數有光起。比長。姿貌雄傑。志意廓然。年十七。父母相繼殁。孤無所依。乃入皇覺寺爲僧。至正十二年。從郭子興於濠州。子興奇其狀貌。留爲親兵。戰輒勝。明年。收里中兵。得七百人。子興署爲鎮撫。與徐達湯和等略定遠。下滁州。得李善長。與語大悅之。留掌書記。十五年。子興卒。劉福通立韓林兒於亳。檄元璋爲副元帥。不受。遂渡江。拔牛渚。下太平。取集慶路。以次畧定江左。二十四年。自立爲吳王。建百官。遂降陳理。執張士誠。走方國珍。盡有淮南浙東江西荊楚地。二十七年。命諸將北定中原。善長帥百官勸進。乃以是年春正月乙亥。祀天地於南郊。即皇帝位。建元洪武。

追尊祖考爲皇帝。

古香齋綱目三編 卷一 元順帝至正二十八年 一

古香齋新刻袖珍資治通鑑綱目三編二十卷　（清）張廷玉等纂　清乾隆十一年（1746）古香齋刻本

框高 10 厘米，廣 8.1 厘米。半葉十一行，行二十二字，白口，四周雙邊，無格。8 册。

shan261

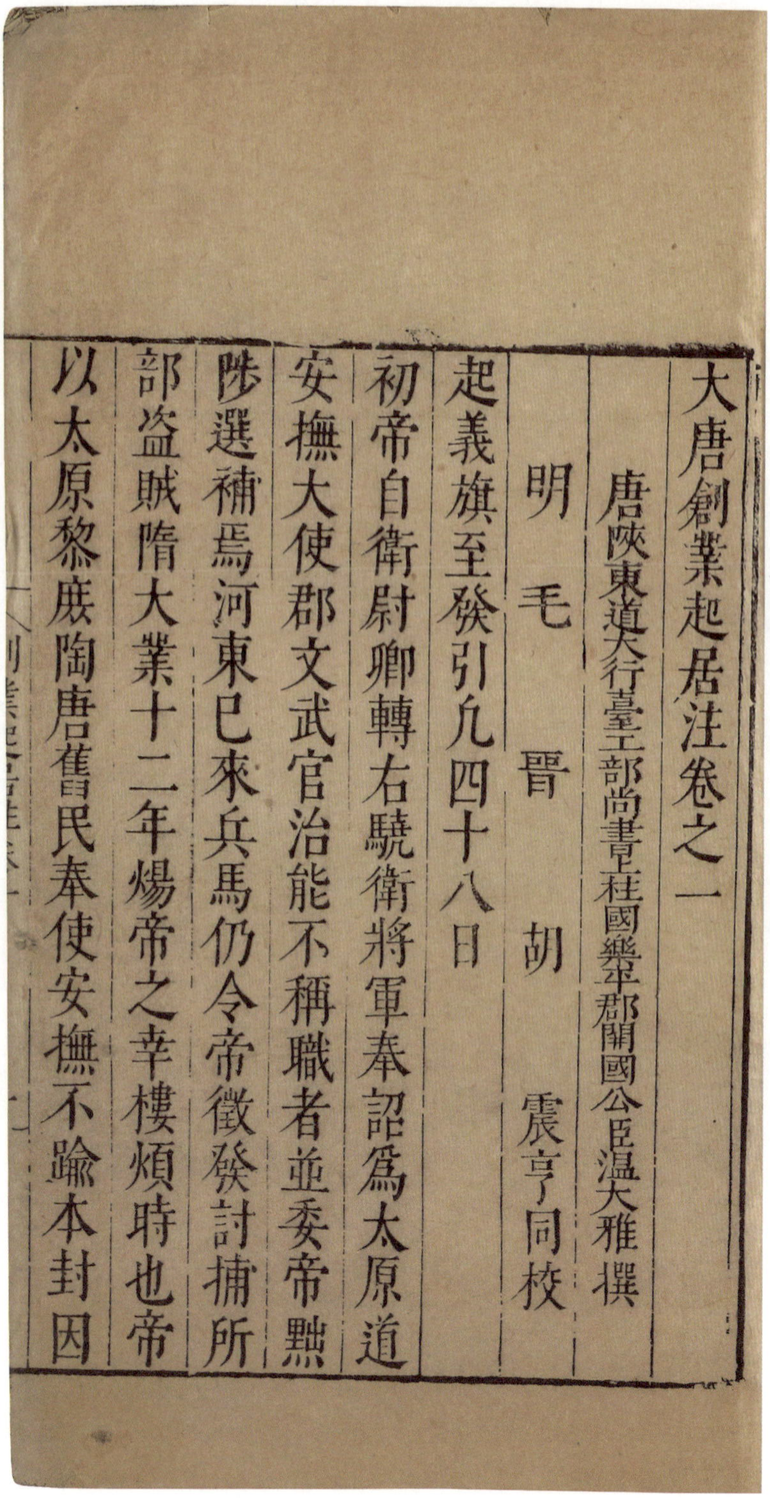

大唐創業起居注三卷　（唐）温大雅撰　（明）毛晋　（明）胡震亨校　明毛氏汲古閣刻津逮秘書本

框高 18.9 厘米，廣 13.9 厘米。半葉九行，行十八字，白口，左右雙邊。1 册。

shan412

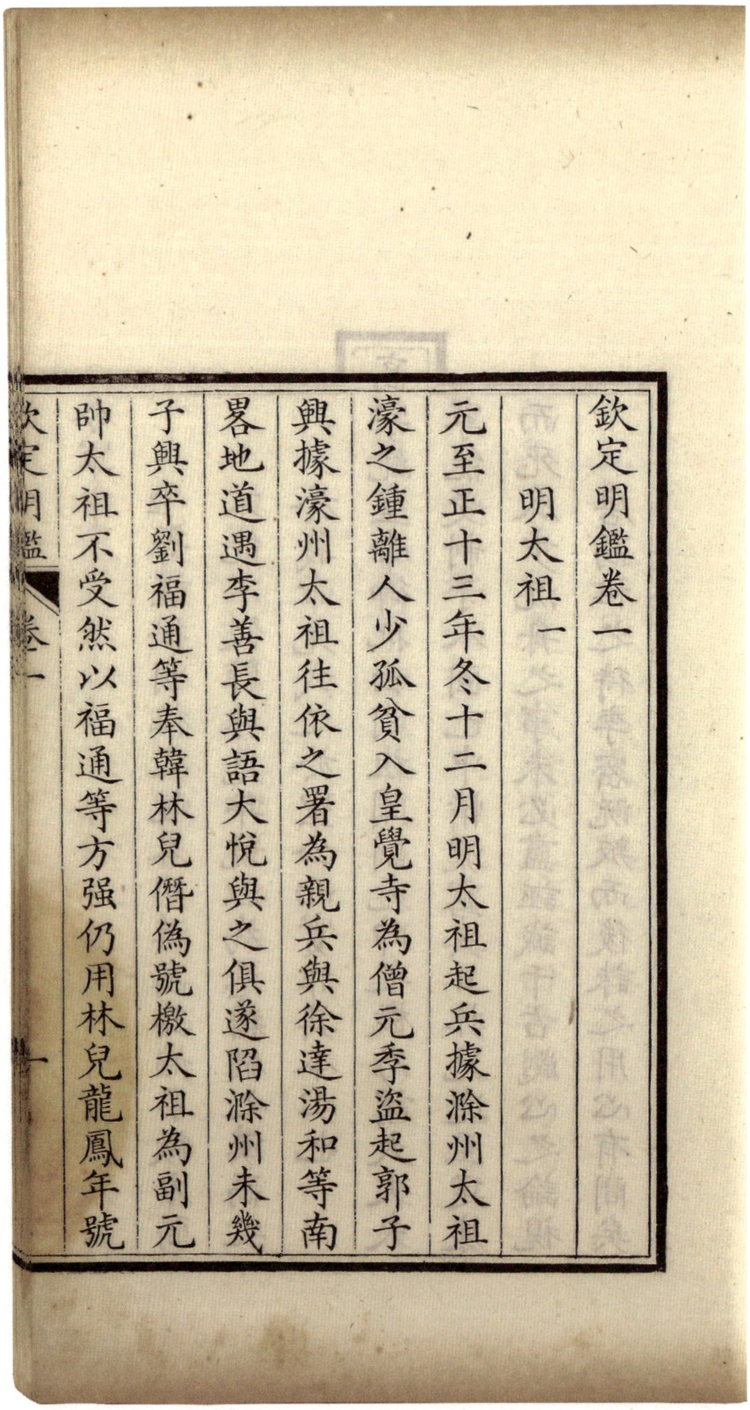
欽定明鑑卷一

明太祖一

元至正十三年冬十二月明太祖起兵據滁州太祖
濠之鍾離人少孤貧入皇覺寺為僧元季盜起郭子
興據濠州太祖往依之署為親兵與徐達湯和等南
畧地道遇李善長與語大悅與之俱遂陷滁州未幾
子興卒劉福通等奉韓林兒僭偽號檄太祖為副元
帥太祖不受然以福通等方强仍用林兒龍鳳年號

欽定明鑑 卷一 一

欽定明鑑二十四卷首一卷　（清）胡敬等撰　清嘉慶二十三年（1818）武英殿刻本

框高 18.6 厘米，廣 13.6 厘米。半葉八行，行二十字，白口，四周雙邊。8 册。鈐“天興樂氏”白文印、“鏡宇長壽”朱文印等。

shan803

【紀事本末類】

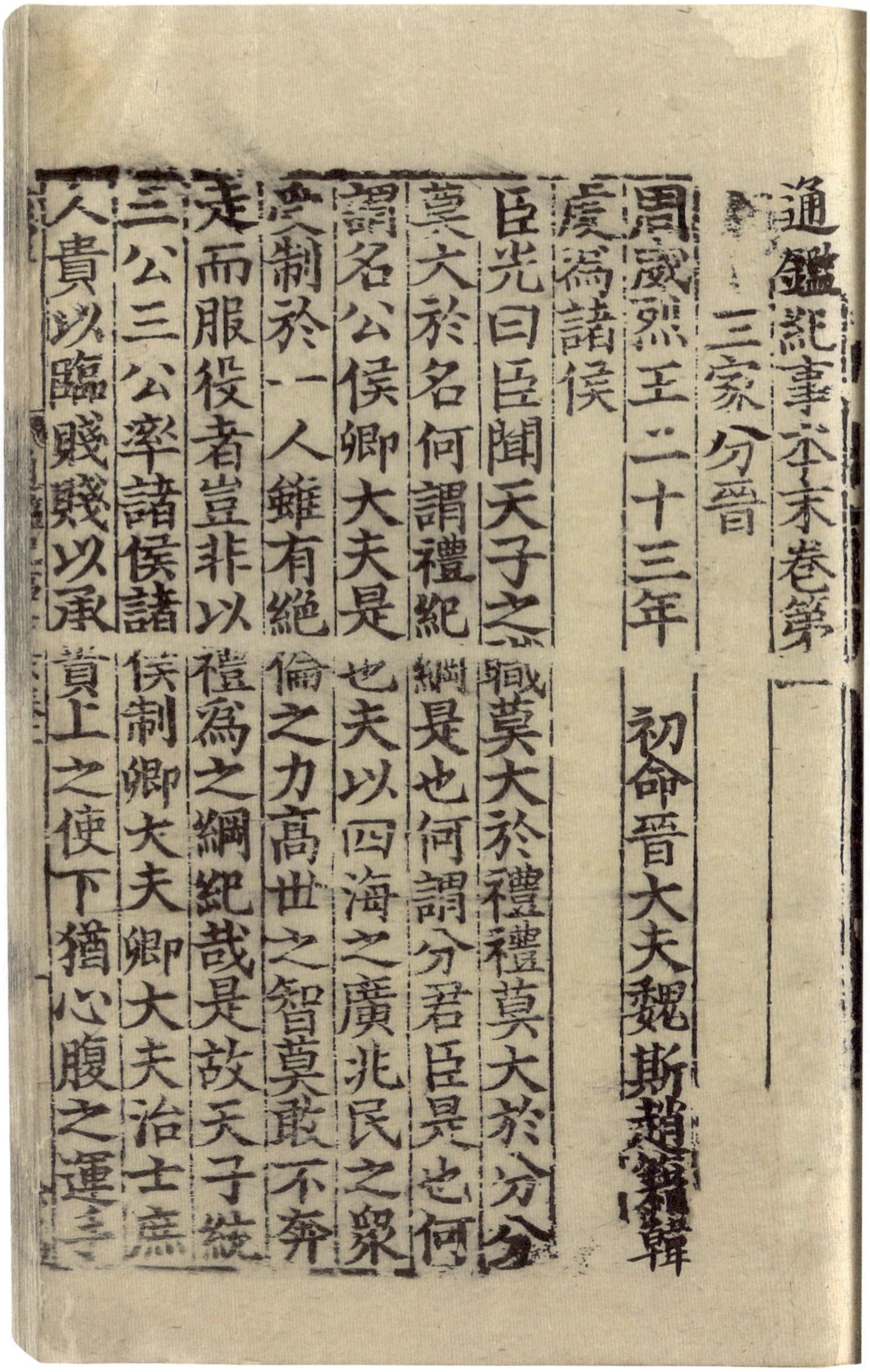
通鑑紀事本末卷第一
三家分晉
周威烈王二十三年　初命晉大夫魏斯趙籍韓
虔爲諸侯
臣光曰臣聞天子之職莫大於禮禮莫大於分分
莫大於名何謂禮紀綱是也何謂分君臣是也何
謂名公侯卿大夫是也夫以四海之廣兆民之衆
受制於一人雖有絕倫之力高世之智莫敢不奔
走而服役者豈非以禮爲之紀綱哉是故天子統
三公三公率諸侯諸侯制卿大夫卿大夫治士庶
人貴以臨賤賤以承貴上之使下猶心腹之運手

通鑑紀事本末四十二卷　（宋）袁樞編　宋刻元明清民國抄配本

框高 25.7 厘米，廣 19.4 厘米。半葉十一行，行十九字，小字雙行同，白口，左右雙邊。42 册。鈐“德壽秘笈之印”朱文印、“吳興藥龕”朱文印、“此書畫曾在邵雪樵家”朱文印、“渠梁邵氏雪樵藏本”朱文印等。

二級 305shan864

【雜史類】

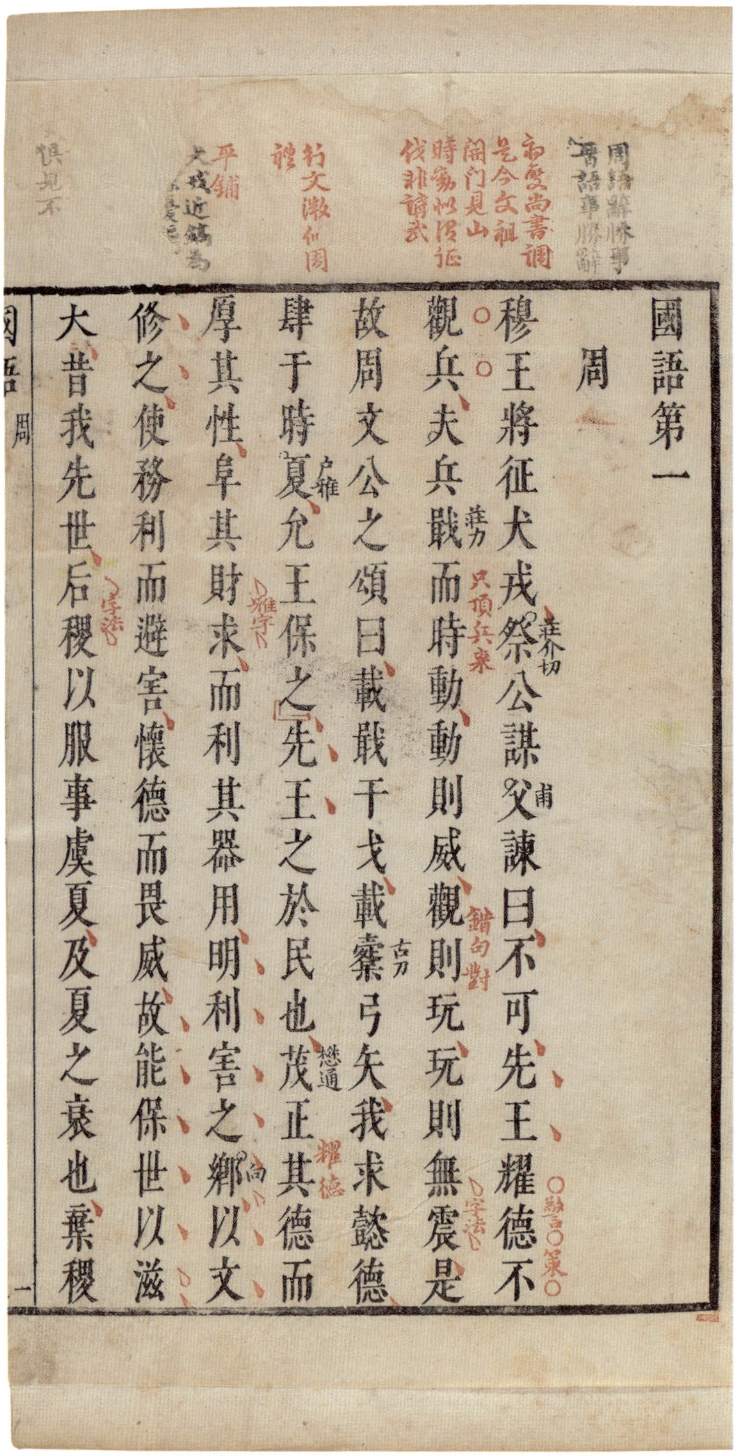

國語九卷 （明）閔齊伋裁注 明萬曆四十七年（1619）閔齊伋刻朱墨藍套印本

框高 21 厘米，廣 15 厘米。半葉九行，行十九字，白口，四周單邊，無格。6 册。鈐“固始張氏鏡菡榭印”白文印、“固始張氏鏡菡榭收藏鑒賞印”朱文印。

二級 10xiao10650

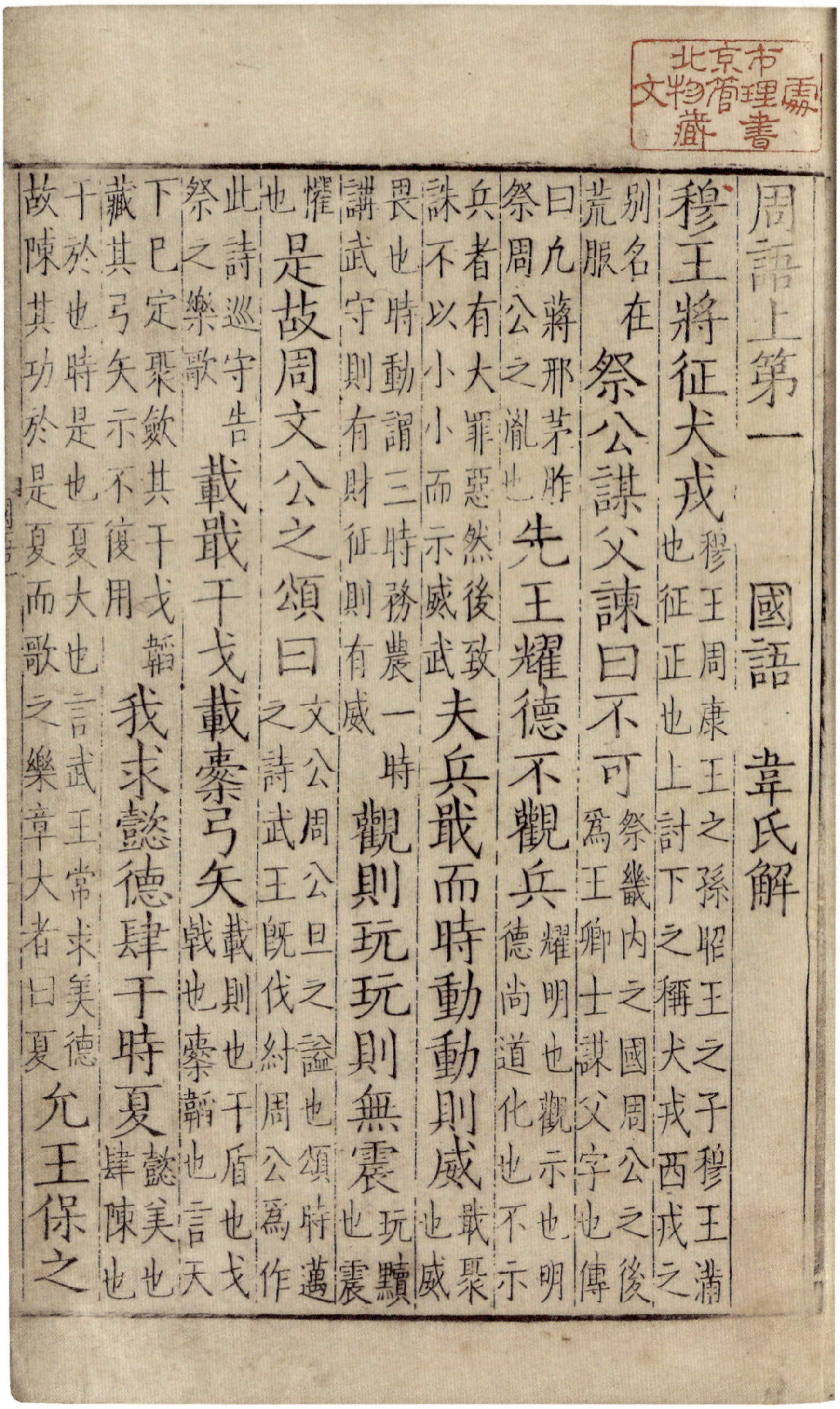

國語二十一卷　（三國吴）韋昭解　明嘉靖七年（1528）金李澤遠堂刻本

框高 20 厘米，廣 14.5 厘米。半葉十行，行二十字，小字雙行同，白口，左右雙邊。8 册。鈐“張萬方印”白文印。

二級 14pan10588

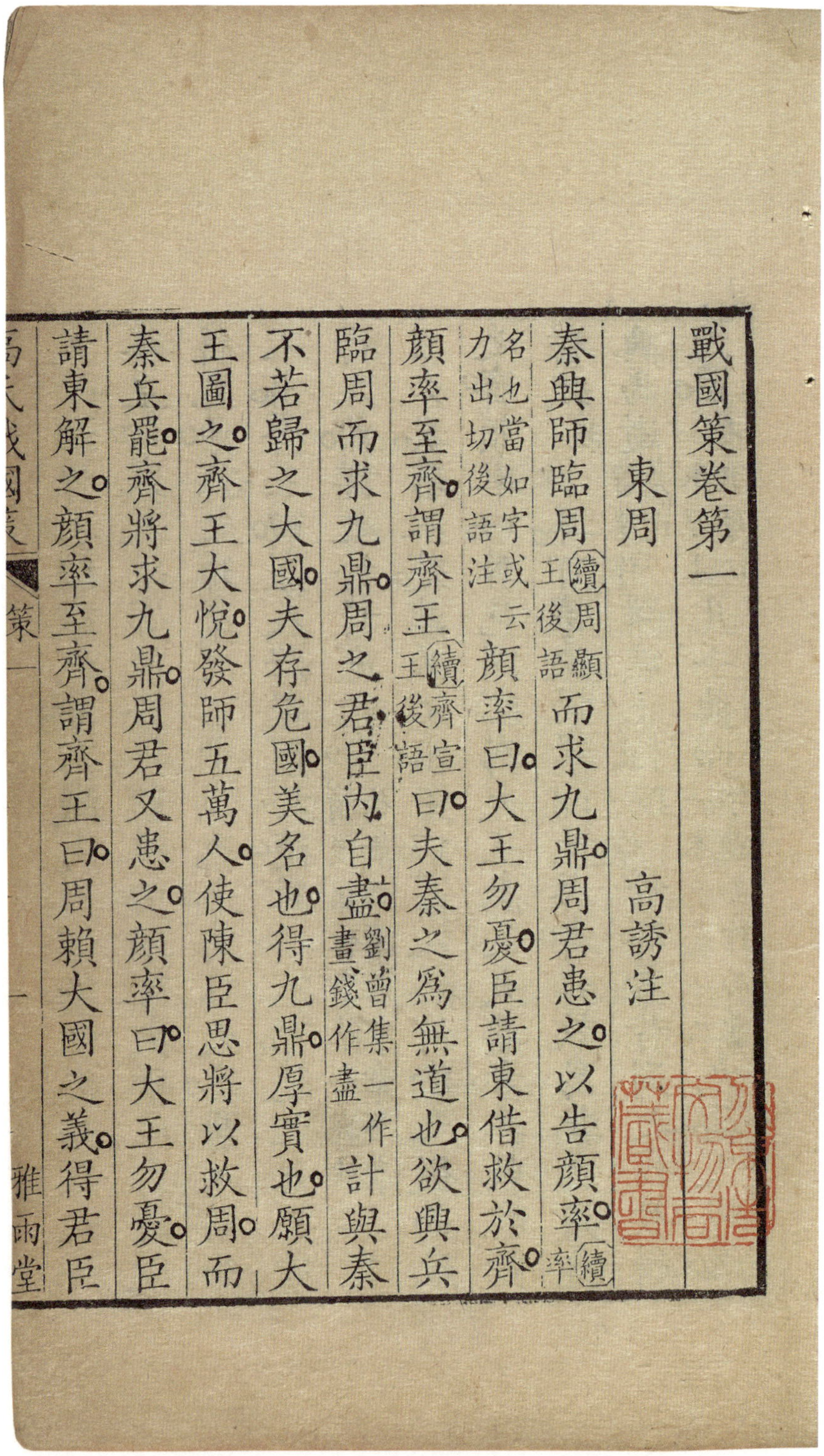

戰國策三十三卷 （漢）高誘注 清乾隆二十一年（1756）盧見曾刻雅雨堂叢書本

框高 18.5 厘米，廣 14.5 厘米。半葉十行，行二十一字，白口，四周單邊。4 册。有張之洞題記。

二級 15zhan34

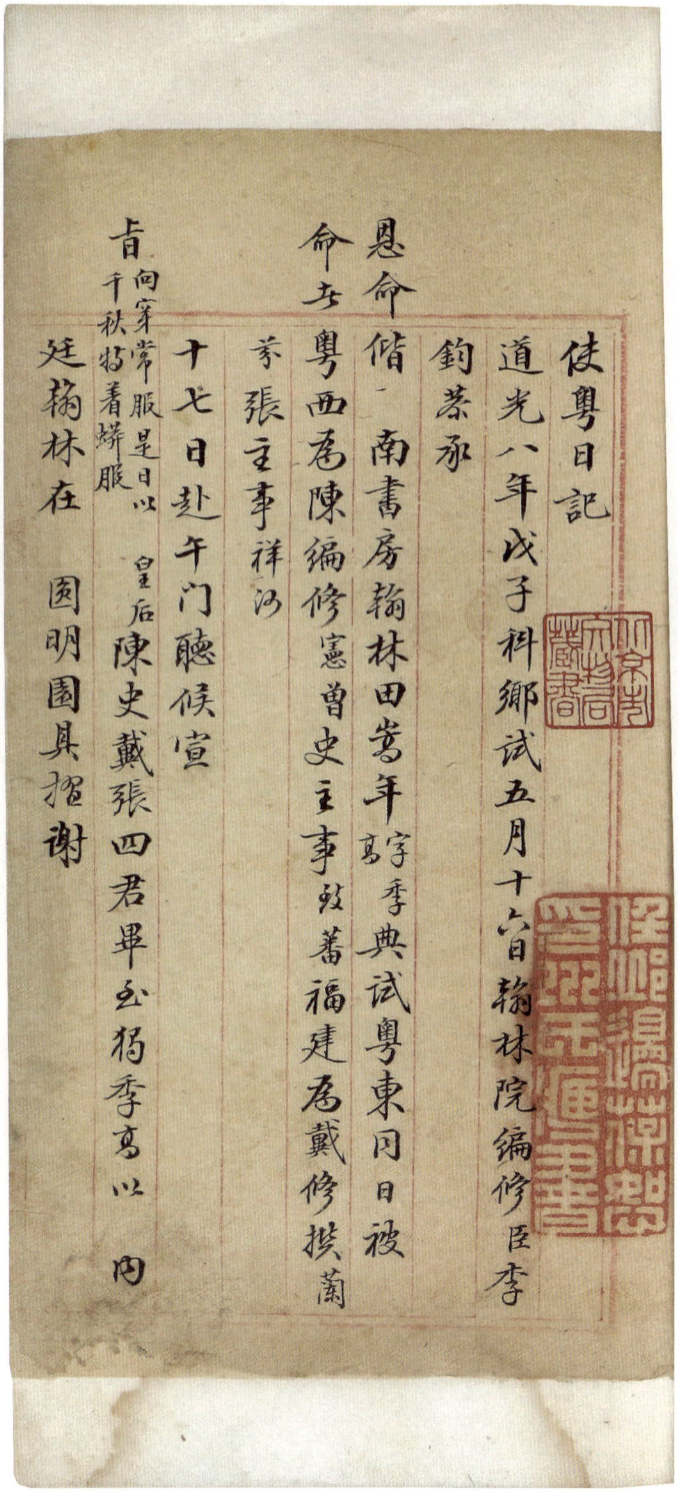
使粤日記
道光八年戊子科鄉試五月十旨翰林院編修臣李
鈞恭承
恩命偕 南書房翰林田嵩年字季高典試粤東同日被
命者粤西爲陳編修嵩曾史主事致蕃福建爲戴修撰蘭
芬張主事祥河
十七日赴午门聽候宣
旨向穿常服是日以千秋於着蟒服 皇后 陳史戴張四君畢至獨季高以内
廷翰林在 圓明園具摺謝

使粤日記 （清）李鈞著 清道光八年（1828）稿本

框高26.3厘米，廣14.5厘米。半葉九行，行、字數不等。2册。鈐“任邱邊葆恕印川氏藏書”白文印、“李鈞之印”白文印、“夢詔”朱文印等。

三級 62k341

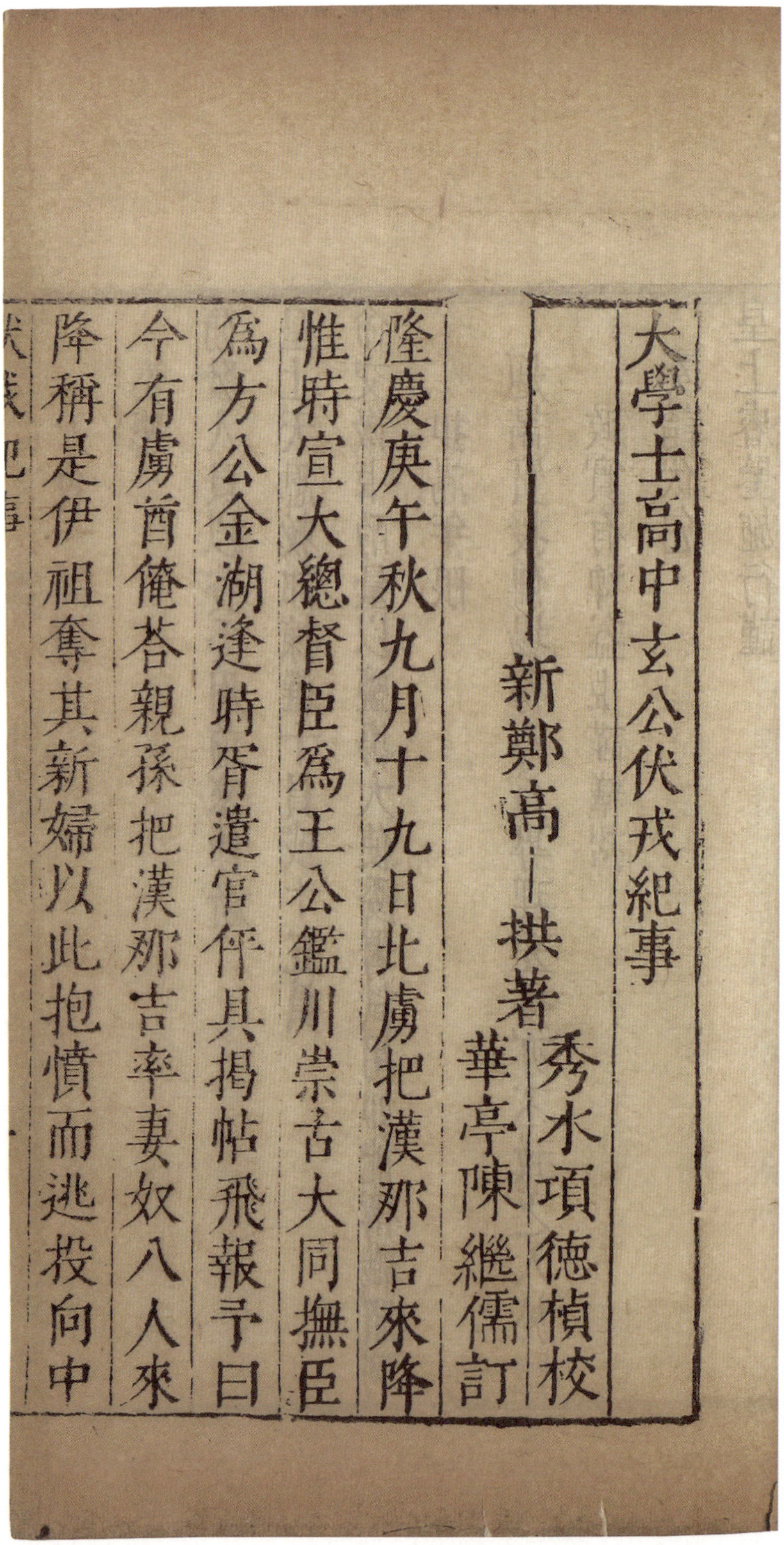

大學士高中玄公伏戎紀事 （明）高拱著 明萬曆秀水沈氏刻寶顔堂秘笈本

框高 20 厘米，廣 12.6 厘米。半葉八行，行十八字，白口，四周單邊。1 册。

三級 123shan400

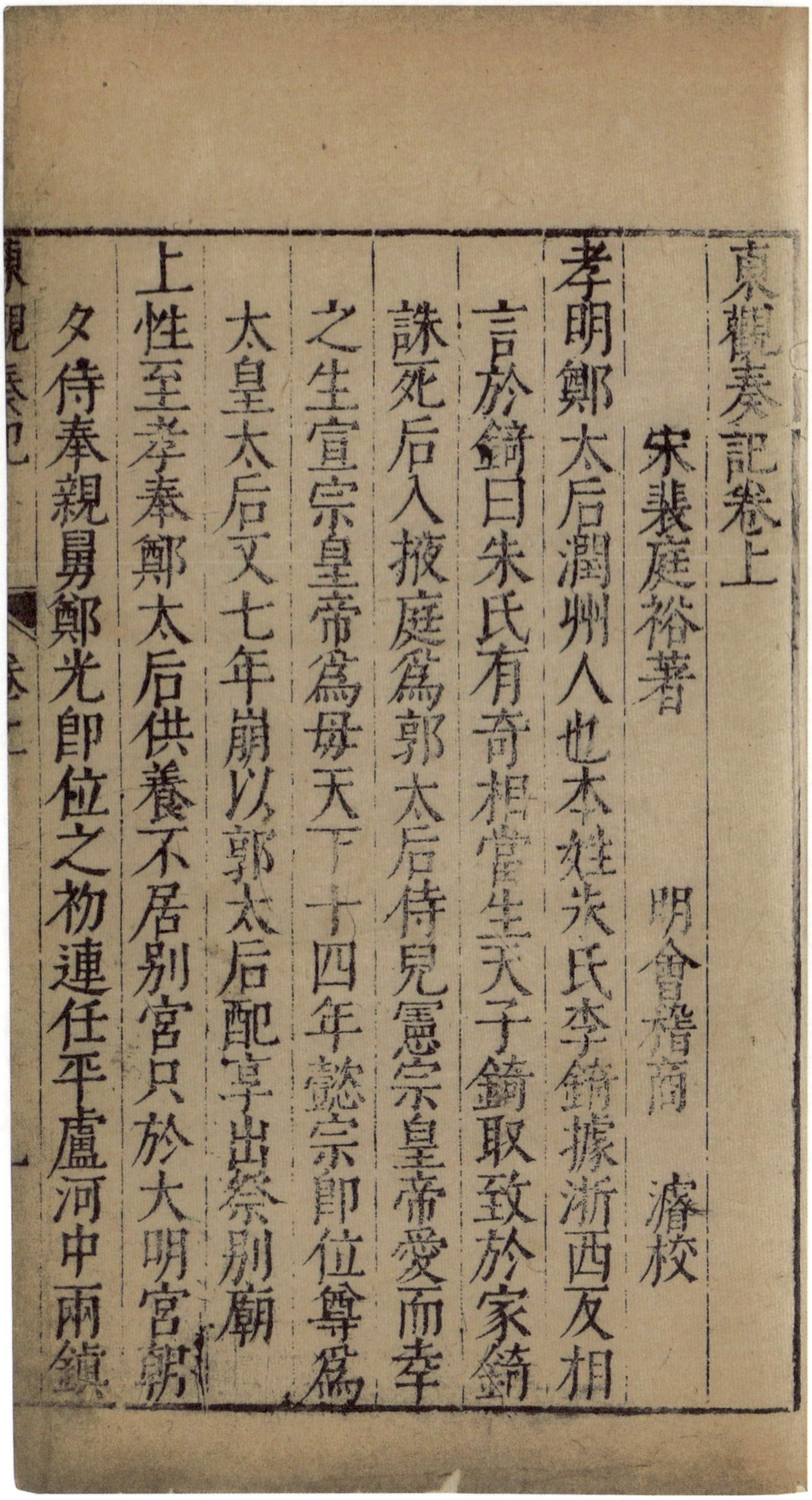

東觀奏記卷上

宋裴庭裕著　明會稽商　濬校

孝明鄭太后潤州人也本姓朱氏李錡據浙西有相
言於錡曰朱氏有奇相當生天子錡取致於家錡
誅死后入掖庭爲郭太后侍兒憲宗皇帝愛而幸
之生宣宗皇帝爲母天下十四年懿宗即位尊爲
太皇太后又七年崩以郭太后配享出祭別廟
上性至孝奉鄭太后供養不居別宫只於大明宫朝
夕侍奉親舅鄭光即位之初連任平盧河中兩鎮

東觀奏記　卷上

東觀奏記三卷　（唐）裴庭裕著　（明）商濬校　明萬曆商氏半野堂刻稗海本

框高 20.7 厘米，廣 14.3 厘米。半葉九行，行二十字，白口，四周單邊。1 册。

三級 125shan403

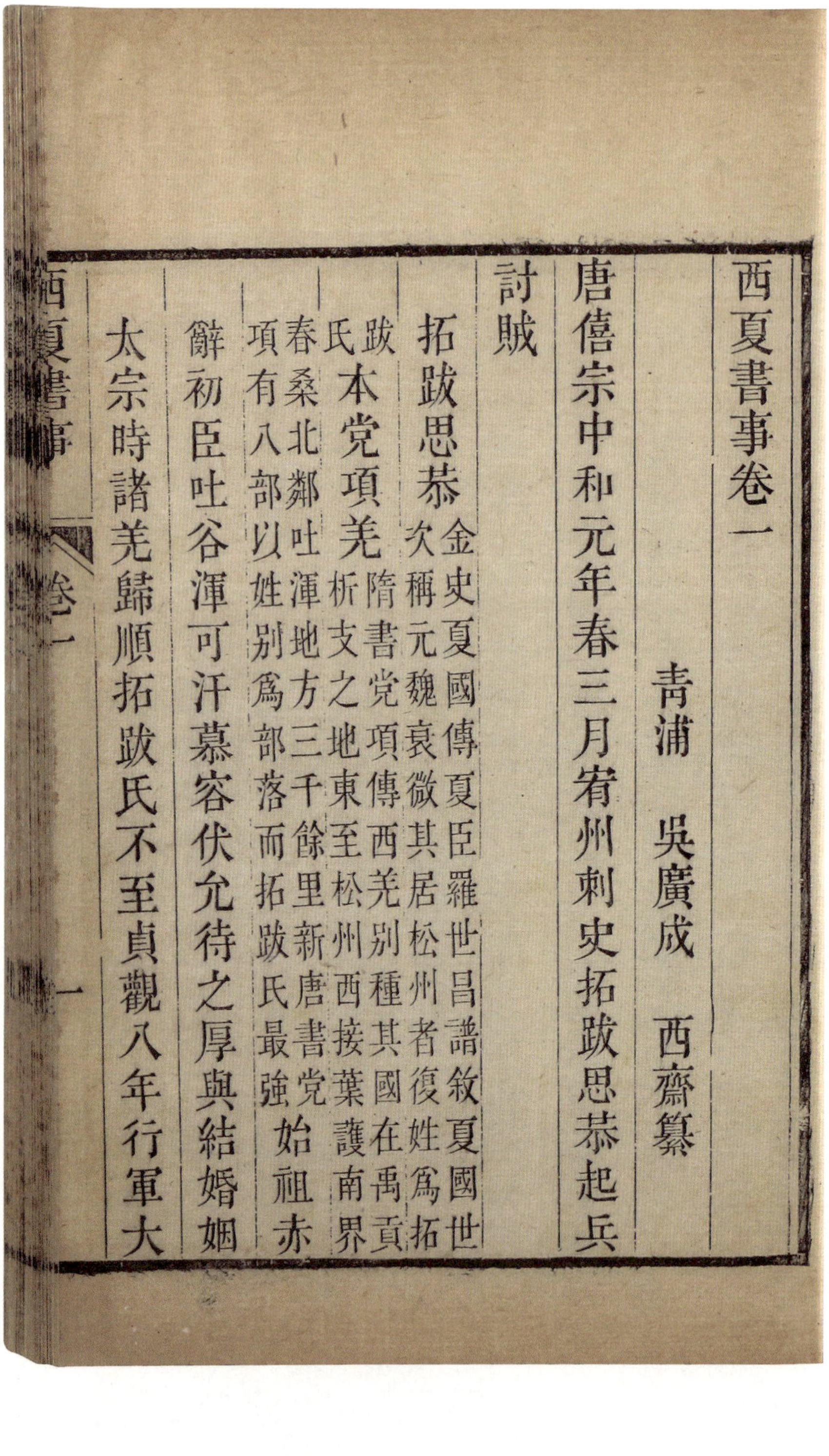
西夏書事卷一
青浦　吳廣成　西齋纂
唐僖宗中和元年春三月宥州刺史拓跋思恭起兵
討賊
拓跋思恭金史夏國傳夏臣羅世昌譜敘夏國世次稱元魏衰微其居松州者復姓爲拓
跋氏本党項羌隋書党項傳西羌別種其國在禹貢析支之地東至松州西接葉護南界
春桑北鄰吐渾地方三千餘里新唐書党項有八部以姓別爲部落而拓跋氏最強始祖赤
辭初臣吐谷渾可汗慕容伏允待之厚與結婚姻
太宗時諸羌歸順拓跋氏不至貞觀八年行軍大
西夏書事　卷一　一

西夏書事四十二卷　（清）吴廣成纂　清道光五年（1825）小硯山房刻本

框高18.2厘米，廣14.2厘米。半葉九行，行二十字，小字雙行同，白口，左右雙邊。10册。

三級 158shan652

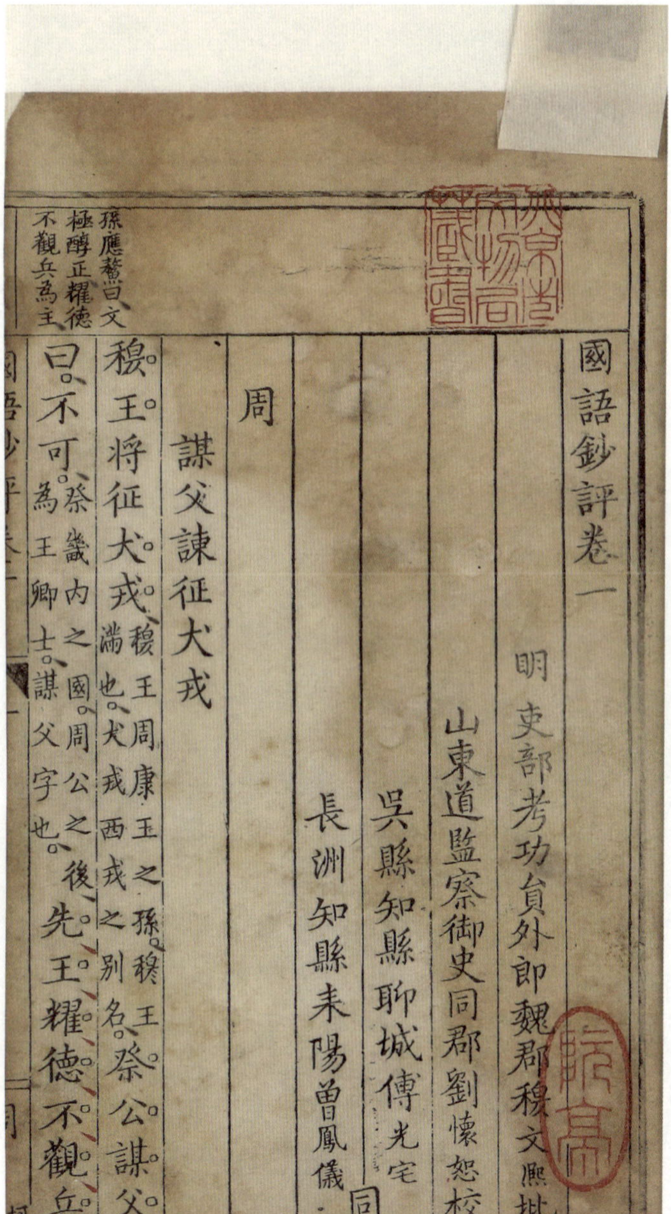

國語鈔評八卷　（明）穆文熙批輯　（明）劉懷恕校閱　明萬曆十二年（1584）傅光宅、曾鳳儀刻本

框高 24.2 厘米，廣 14.3 厘米。半葉上下兩欄，上欄鐫評，下欄九行，行二十字，小字雙行同，白口，四周雙邊。4 册。鈐“池北書庫”朱文印、“李紹麗氏”朱文印、“阮亭”朱文印等。

三級 164shan715

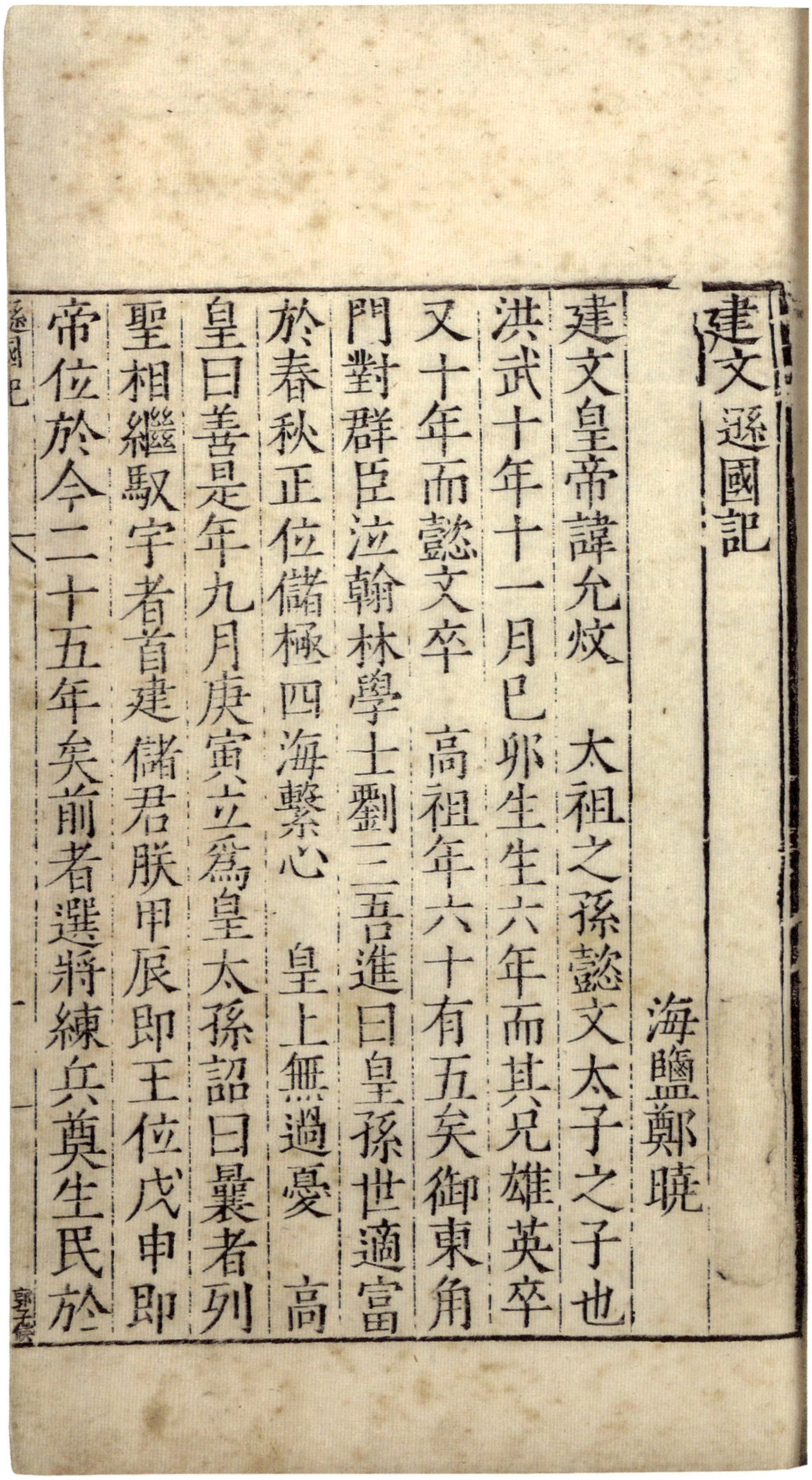

建文遜國記

海鹽鄭曉

建文皇帝諱允炆　太祖之孫懿文太子之子也
洪武十年十一月巳卯生生六年而其兄雄英卒
又十年而懿文卒　高祖年六十有五矣御東角
門對群臣泣翰林學士劉三吾進曰皇孫世適當
於春秋正位儲極四海繫心　皇上無過憂　高
皇曰善是年九月庚寅立爲皇太孫詔曰曩者列
聖相繼馭宇者首建儲君朕甲辰即王位戊申即
帝位於今二十五年矣前者選將練兵奠生民於

建文遜國記一卷　（明）鄭曉撰　明隆慶元年（1567）鄭履淳刻吾學編本

框高 18.8 厘米，廣 14 厘米。半葉十行，行十九字，白口，左右雙邊。2 册。鈐“古莘陳氏子子孫孫永寶用”朱文印。

三級 170shan759

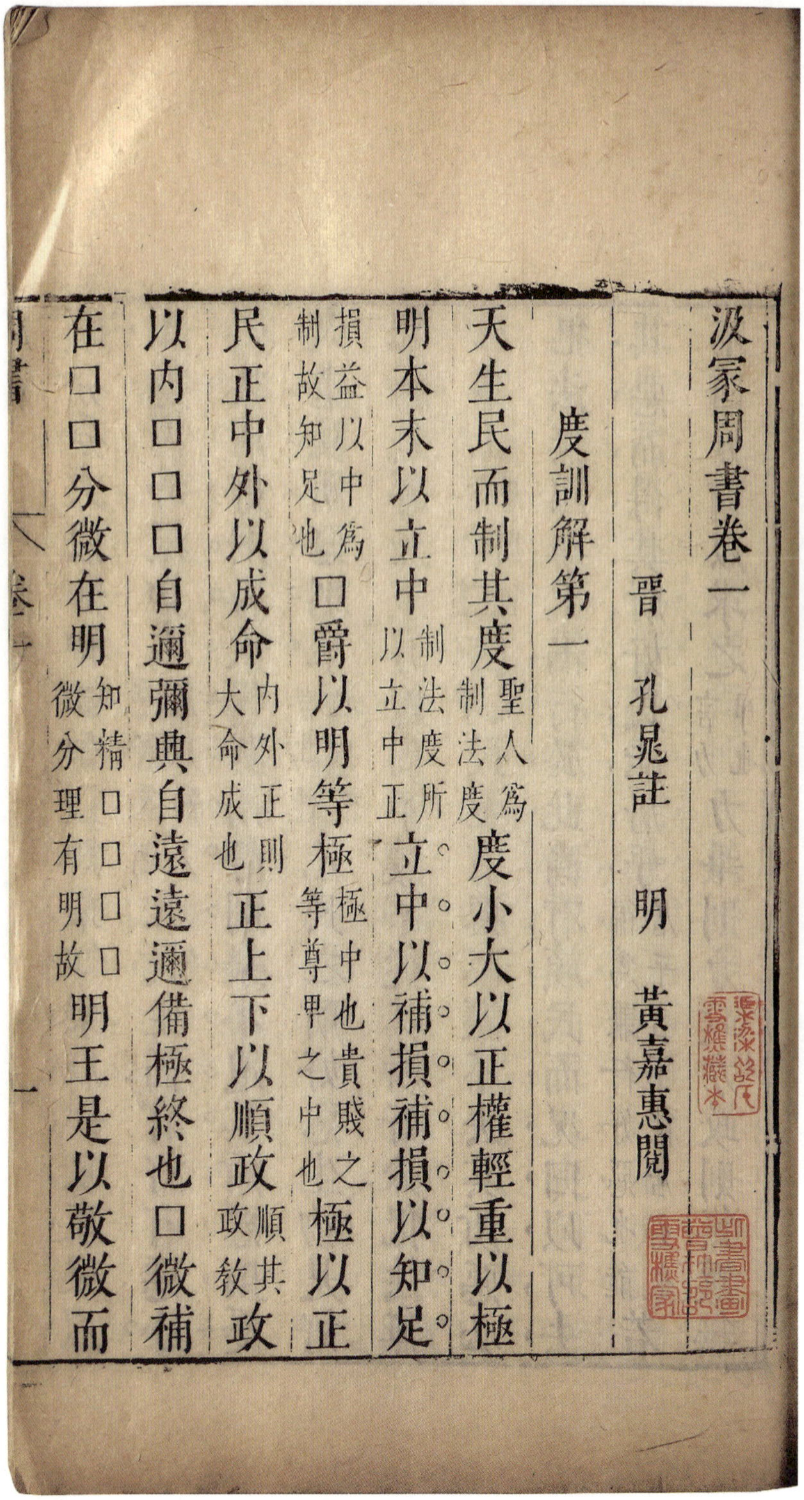

汲冢周書十卷 （晋）孔晁註 （明）黄嘉惠閲 明萬曆刻本

框高 19.7 厘米，廣 14.5 厘米。半葉九行，行二十字，小字雙行同，白口，左右雙邊。1 册。鈐“渠梁邵氏雪樵藏本”朱文印、“此書畫曾在邵雪樵家”朱文印等。

三級 186shan871

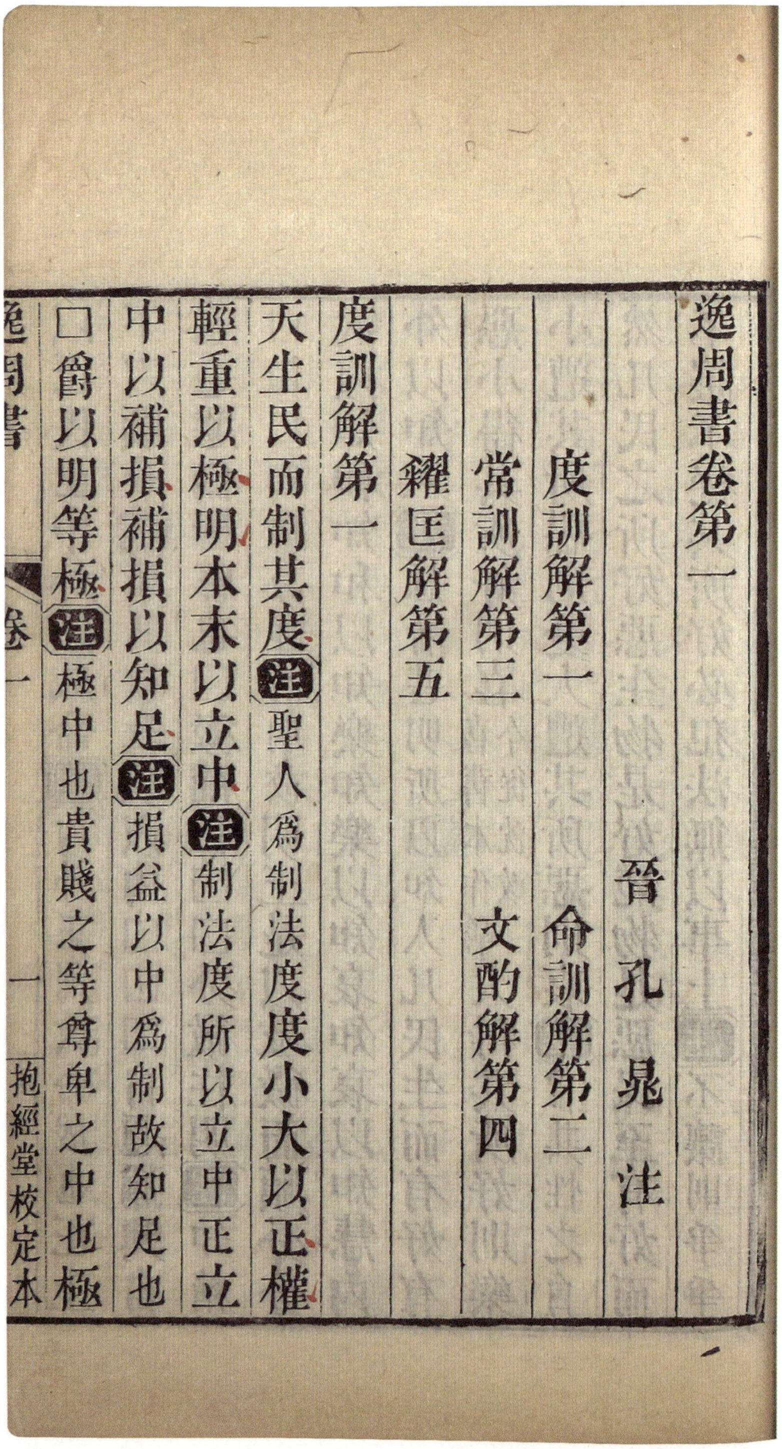

逸周書十卷附校正補遺一卷附錄一卷 （晋）孔晁注 清乾隆五十一年（1786）刻抱經堂叢書本

框高 17.8 厘米，廣 13.3 厘米。半葉十行，行二十字，白口，左右雙邊。2 册。鈐“武進吳大中印”朱文印、“武進經畬軒吳氏藏書印”朱文印。

shan199

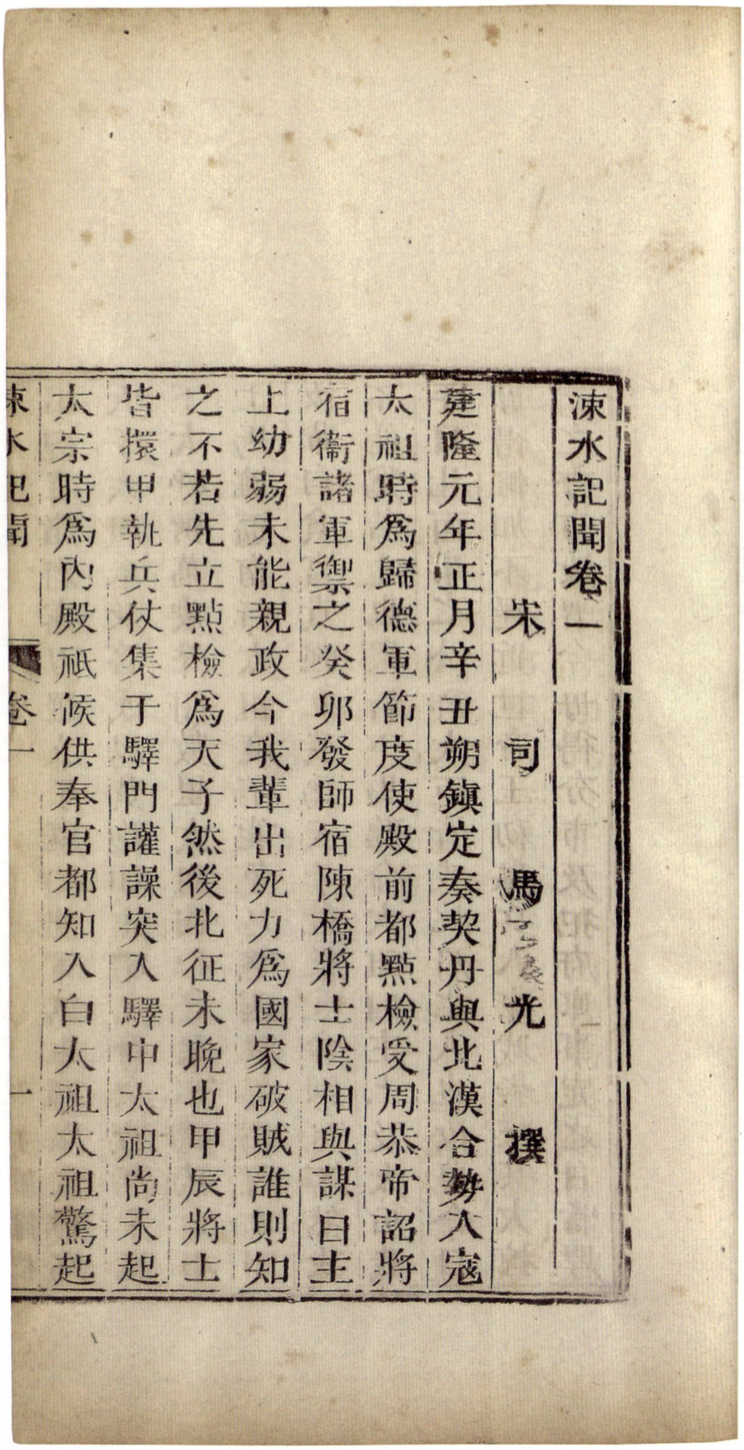

涑水記聞十六卷　（宋）司馬光撰　清乾隆四十二年（1777）刻武英殿聚珍版叢書本

框高 18.8 厘米，廣 12.6 厘米。半葉九行，行二十一字，白口，四周雙邊。4 册。

shan239

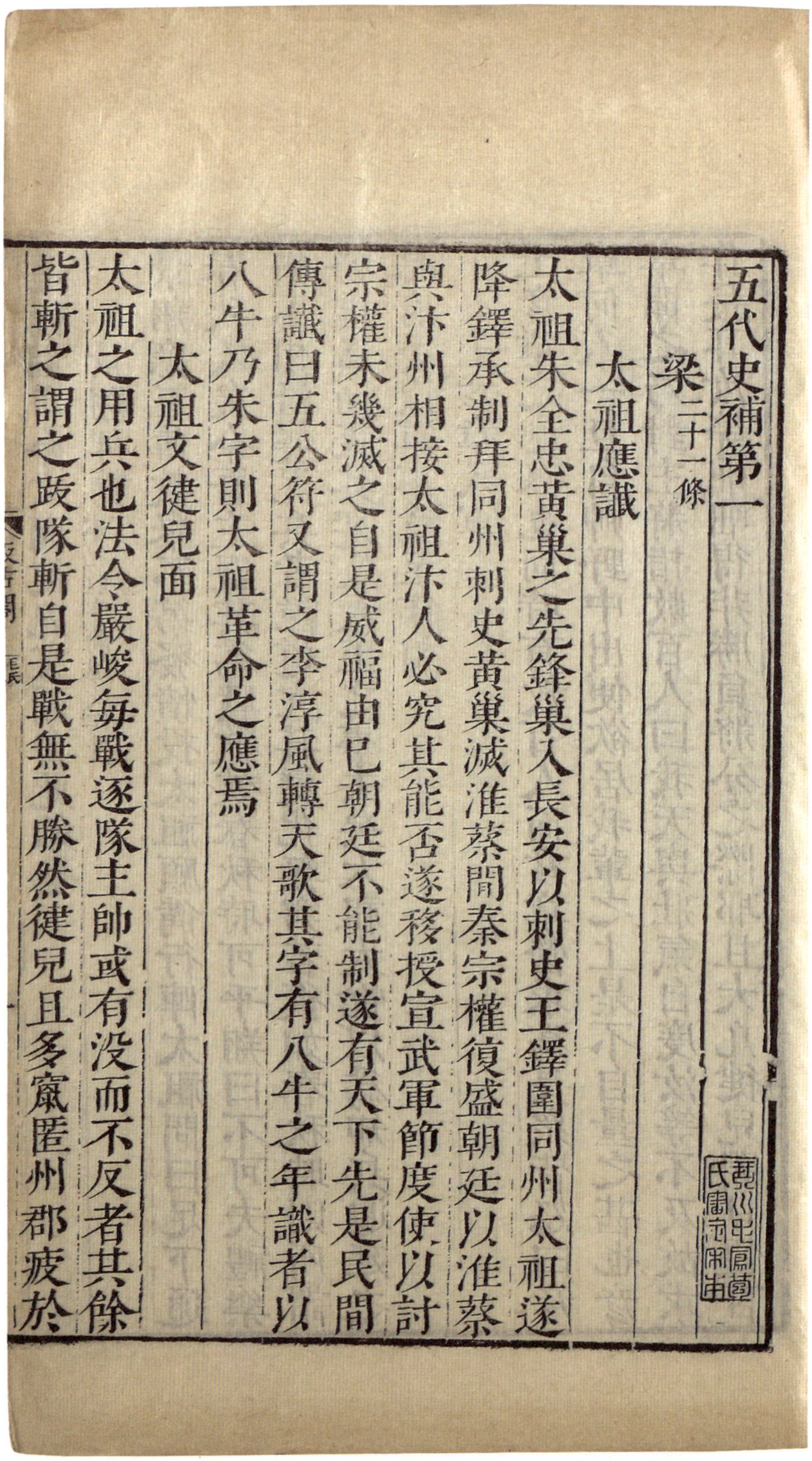

五代史補第一
梁 二十一條
太祖應讖
太祖朱全忠黄巢之先鋒巢入長安以刺史王鐸圍同州太祖遂降鐸承制拜同州刺史黄巢滅淮蔡間秦宗權復盛朝廷以淮蔡與汴州相接太祖汴人必究其能否遂移授宣武軍節度使以討宗權未幾滅之自是威福由已朝廷不能制遂有天下先是民間傳讖曰五公符又謂之李淳風轉天歌其字有八牛之年識者以八牛乃朱字則太祖革命之應焉
太祖文徤兒面
太祖之用兵也法令嚴峻每戰逐隊主帥或有沒而不反者其餘皆斬之謂之跋隊斬自是戰無不勝然徤兒且多竄匿州郡疲於

五代史補五卷 （宋）陶岳撰 **闕文一卷** （宋）王禹偁撰 清初毛氏汲古閣刻本

框高 21.5 厘米，廣 15.3 厘米。半葉十二行，行二十五字，小字雙行四十字，白口，左右雙邊。1 册。

shan386

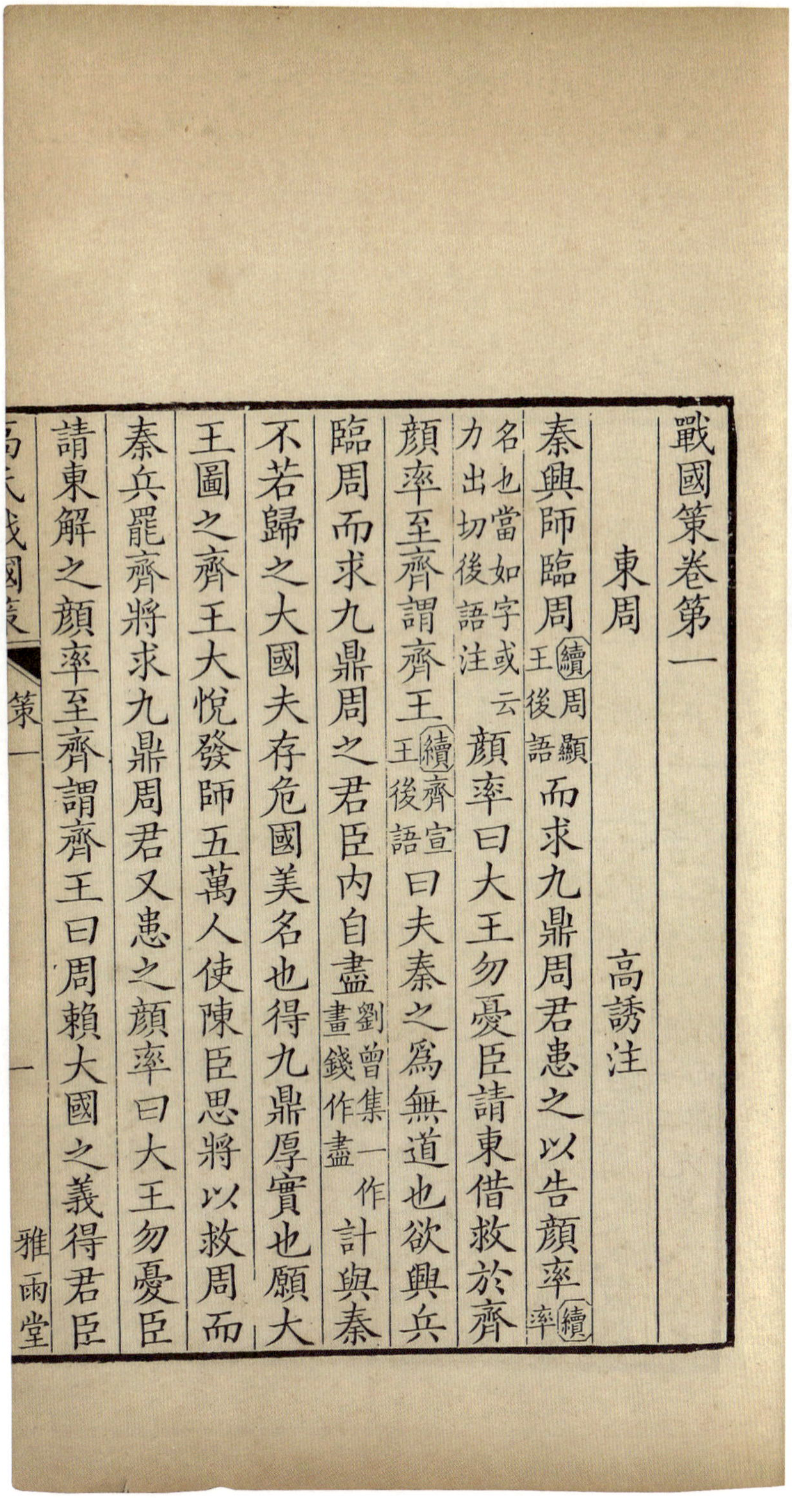
戰國策卷第一
東周　　高誘注
秦興師臨周(續)周顯王後語而求九鼎周君患之以告顏率(續)率名也當如字或云力出切後語注顏率曰大王勿憂臣請東借救於齊
顏率至齊謂齊王(續)齊宣王後語曰夫秦之爲無道也欲興兵
臨周而求九鼎周之君臣內自盡劉曾集一作畫錢作盡計與秦
不若歸之大國夫存危國美名也得九鼎厚實也願大
王圖之齊王大悅發師五萬人使陳臣思將以救周而
秦兵罷齊將求九鼎周君又患之顏率曰大王勿憂臣
請東解之顏率至齊謂齊王曰周賴大國之義得君臣
高氏戰國策　卷一　一　雅雨堂

戰國策三十三卷　（漢）高誘注　清乾隆二十一年（1756）盧見曾刻雅雨堂叢書本

框高 18.4 厘米，廣 15 厘米。半葉十行，行二十一字，白口，四周單邊。6 册。鈐“東山藏書”半朱半白印、“原氏藏書”朱文印、“子孫保之”朱文印等。

shan510

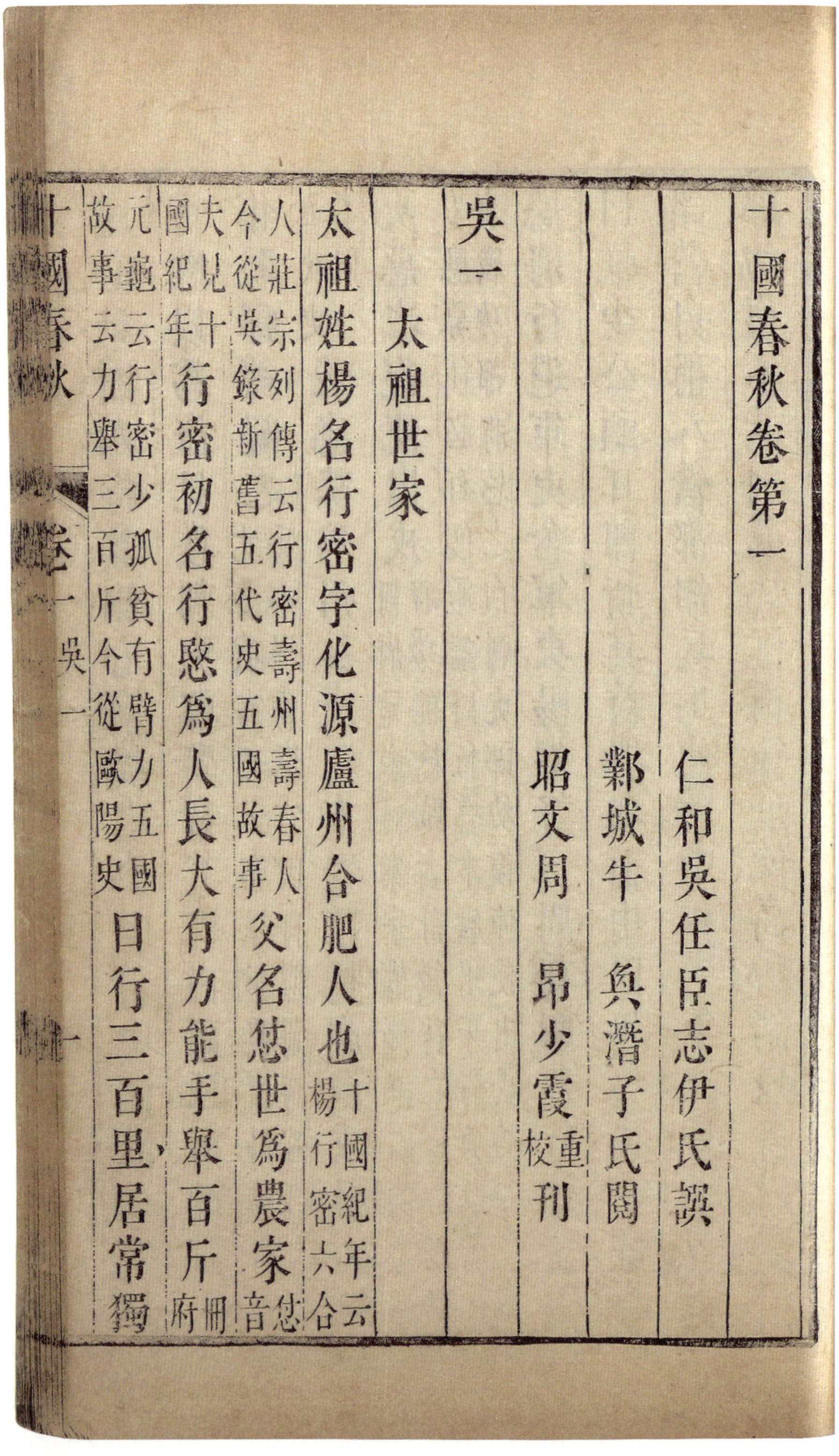
十國春秋卷第一

仁和吳任臣志伊氏譔

鄞城牛　奐潛子氏閱

昭文周　昂少霞重校刊

吳一

太祖世家

太祖姓楊名行密字化源廬州合肥人也十國紀年云楊行密六合人莊宗列傳云行密壽州壽春人父名怤世爲農家今從吳錄新舊五代史五國故事怤音夫見十國紀年行密初名行愍爲人長大有力能手舉百斤冊府元龜云行密少孤貧有臂力五國故事云力舉三百斤今從歐陽史日行三百里居常獨

十國春秋　卷一　吳一　一

十國春秋一百十六卷　（清）吴任臣撰　清乾隆五十八年（1793）此宜閣刻本

框高21厘米，廣14厘米。半葉十行，行二十一字，小字雙行同，白口，左右雙邊。16册。

shan646

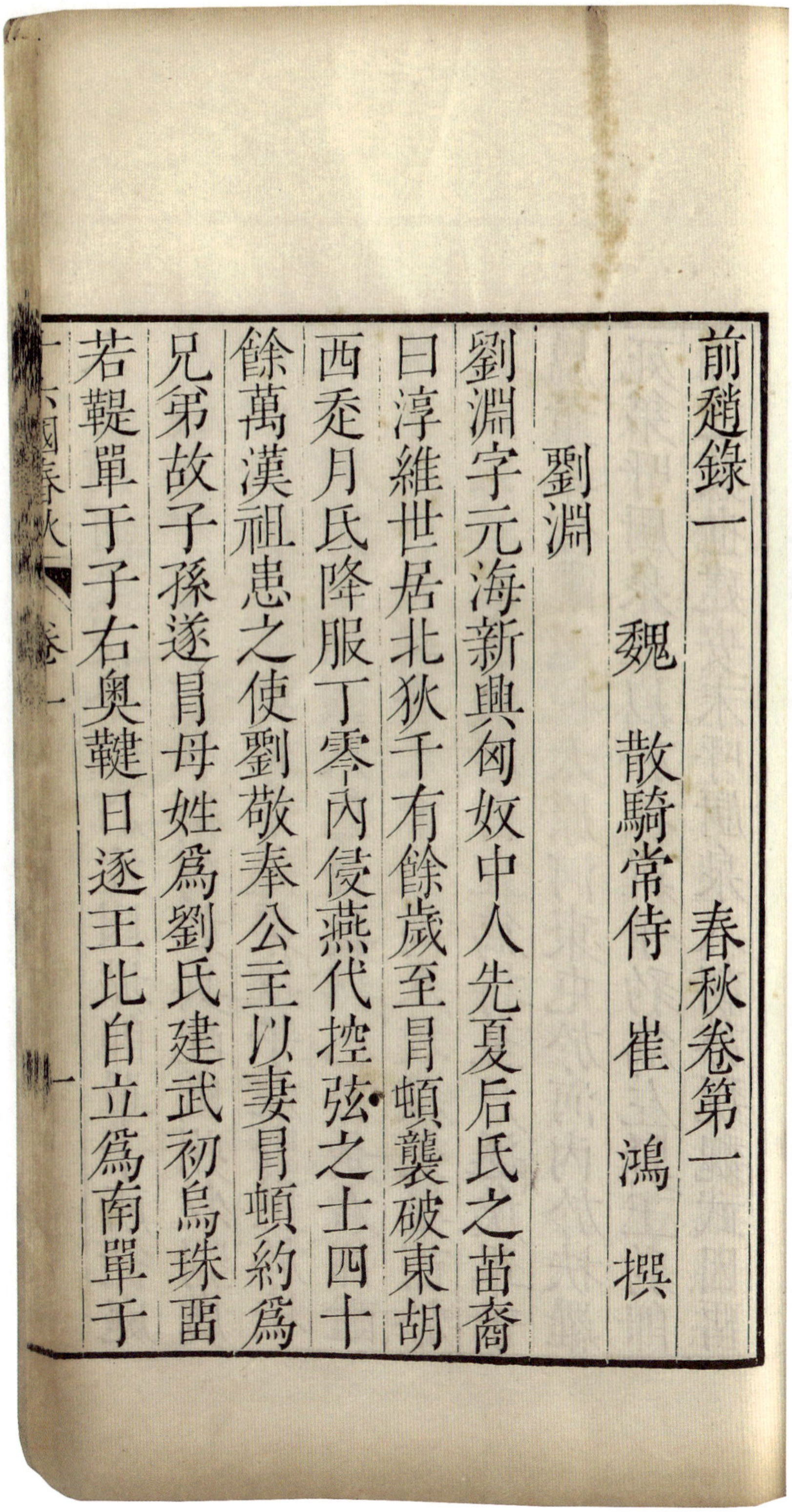
前趙錄一　春秋卷第一
魏　散騎常侍　崔　鴻　撰
劉淵
劉淵字元海新興匈奴中人先夏后氏之苗裔曰淳維世居北狄千有餘歲至冒頓襲破東胡西走月氏降服丁零內侵燕代控弦之士四十餘萬漢祖患之使劉敬奉公主以妻冒頓約爲兄弟故子孫遂冒母姓爲劉氏建武初烏珠畱若鞮單于子右奧鞬日逐王比自立爲南單于

十六國春秋一百卷　（北魏）崔鴻撰　清乾隆四十一年（1776）汪日桂欣託山房刻本
框高 20.9 厘米，廣 14.6 厘米。半葉九行，行十八字，白口，左右雙邊。12 册。

shan651

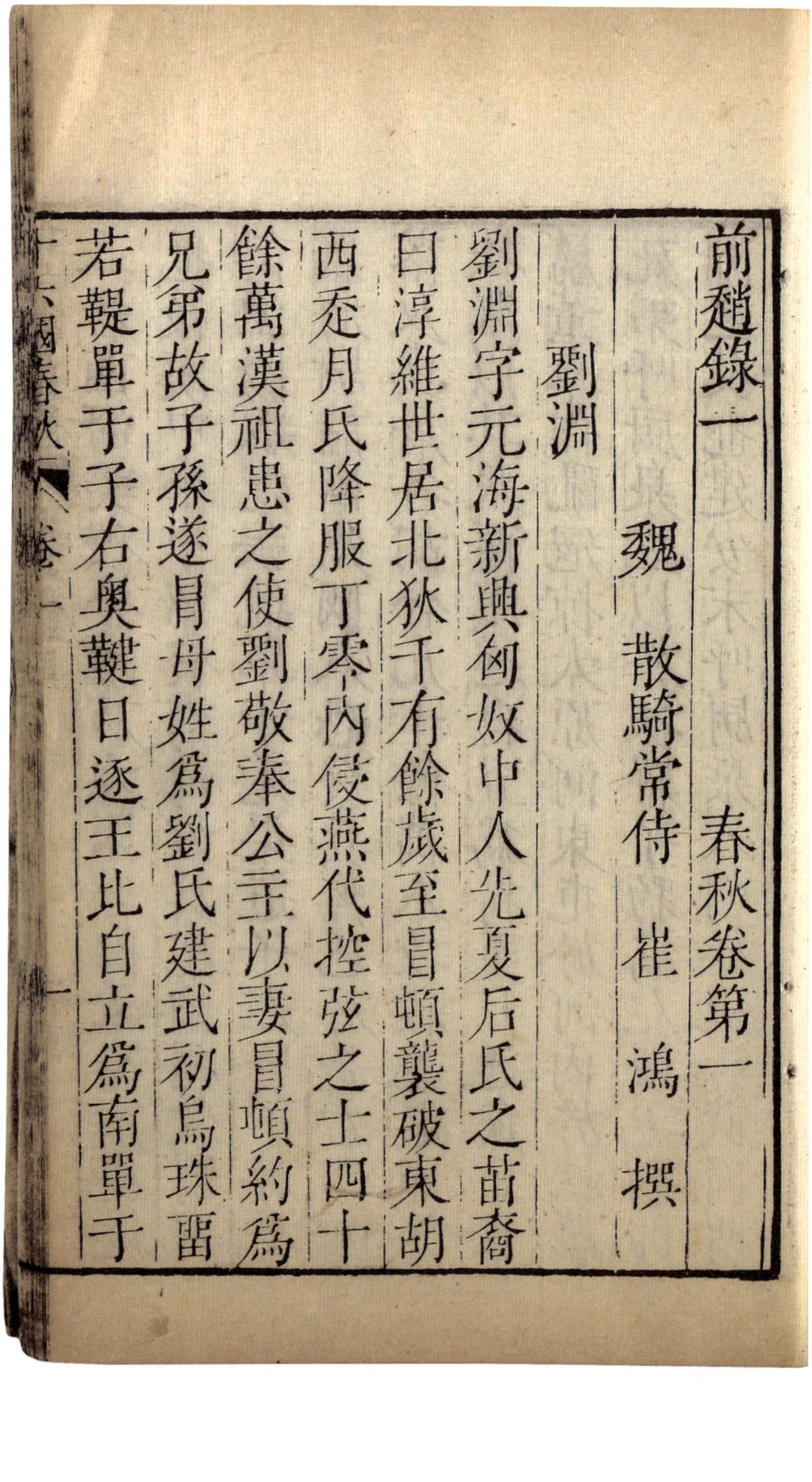

前趙錄一　春秋卷第一
魏　散騎常侍　崔　鴻　撰
劉淵
劉淵字元海新興匈奴中人先夏后氏之苗裔曰淳維世居北狄千有餘歲至冒頓襲破東胡西走月氏降服丁零內侵燕代控弦之士四十餘萬漢祖患之使劉敬奉公主以妻冒頓約爲兄弟故子孫遂冒母姓爲劉氏建武初烏珠留若鞮單于子右奧鞬日逐王比自立爲南單于

十六國春秋　卷一　一

十六國春秋一百卷　（北魏）崔鴻撰　清乾隆四十六年（1781）汪日桂欣託山房刻本
框高 20.9 厘米，廣 14.9 厘米。半葉九行，行十八字，白口，左右雙邊。20 册。

shan673

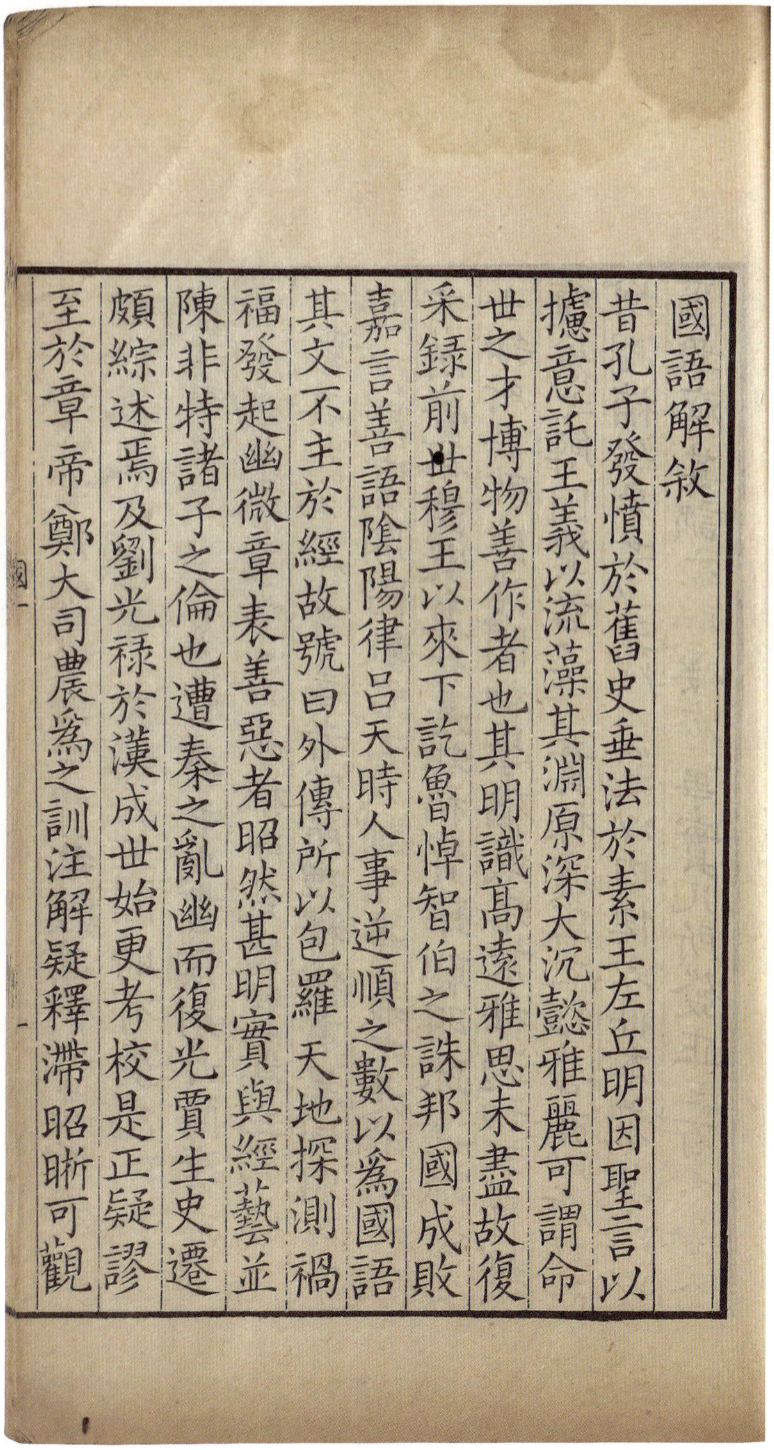

國語解敘

昔孔子發憤於舊史垂法於素王左丘明因聖言以攄意託王義以流藻其淵原深大沉懿雅麗可謂命世之才博物善作者也其明識高遠雅思未盡故復采録前世穆王以來下訖魯悼智伯之誅邦國成敗嘉言善語陰陽律吕天時人事逆順之數以爲國語其文不主於經故號曰外傳所以包羅天地探測禍福發起幽微章表善惡者昭然甚明實與經藝並陳非特諸子之倫也遭秦之亂幽而復光賈生史遷頗綜述焉及劉光禄於漢成世始更考校是正疑謬至於章帝鄭大司農爲之訓注解疑釋滯昭晰可觀

國語二十一卷附札記一卷　（三國吴）韋昭注　（清）黄丕烈札記　清嘉慶五年（1800）吴門黄氏讀未見書齋刻本

框高 20.9 厘米，廣 14.3 厘米。半葉十一行，行二十字，小字雙行不等，白口，左右雙邊。4 册。

shan754

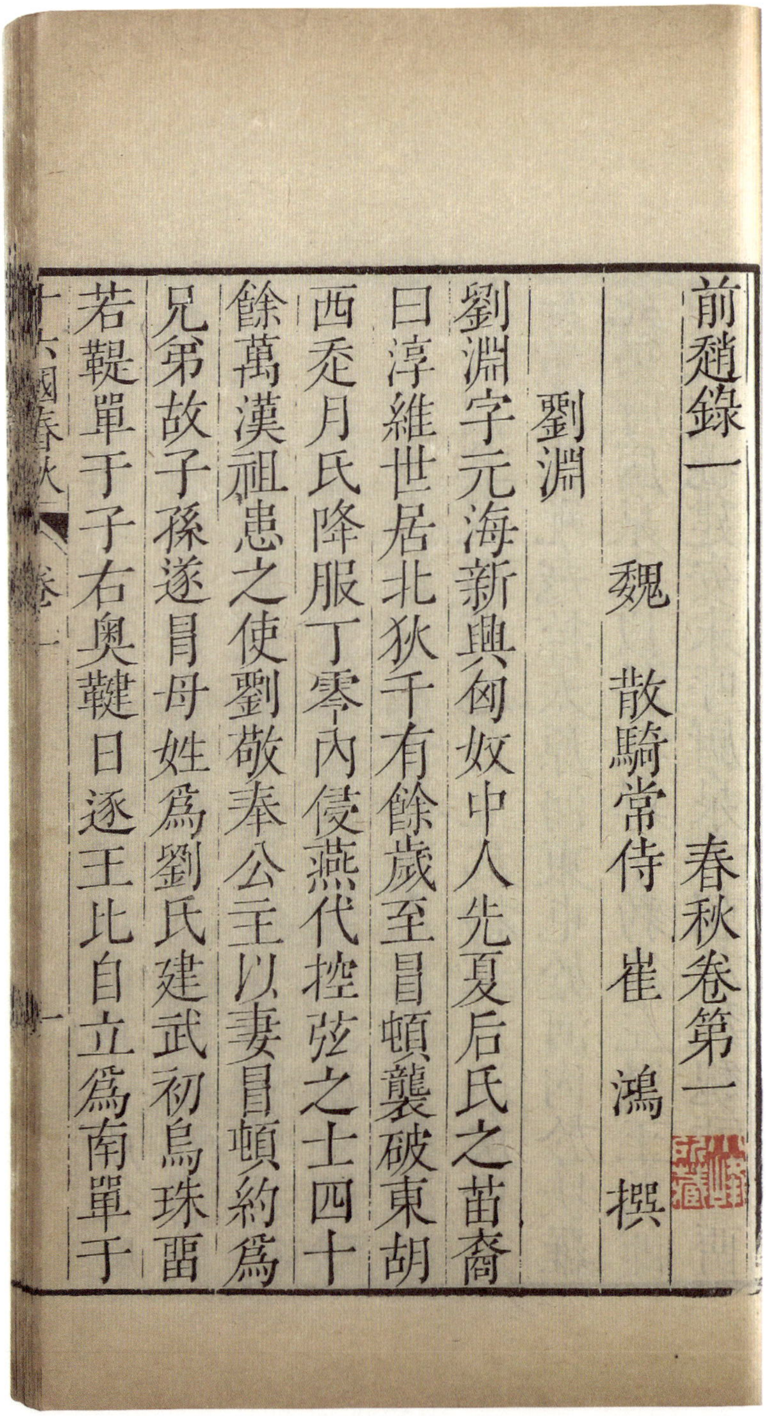

前趙錄一　春秋卷第一
魏　散騎常侍崔　鴻　撰
劉淵
劉淵字元海新興匈奴中人先夏后氏之苗裔曰淳維世居北狄千有餘歲至冒頓襲破東胡西丞月氏降服丁零內侵燕代控弦之士四十餘萬漢祖患之使劉敬奉公主以妻冒頓約爲兄弟故子孫遂冒母姓爲劉氏建武初烏珠留若鞮單于子右奥鞬日逐王比自立爲南單于

十六國春秋　卷一　一

十六國春秋一百卷　（北魏）崔鴻撰　清乾隆四十一年（1776）汪日桂欣託山房本

框高 20.7 厘米，廣 14.6 厘米。半葉九行，行十八字，白口，左右雙邊。14 册。鈐“小峰所藏”白文印。

shan833

【史抄類】

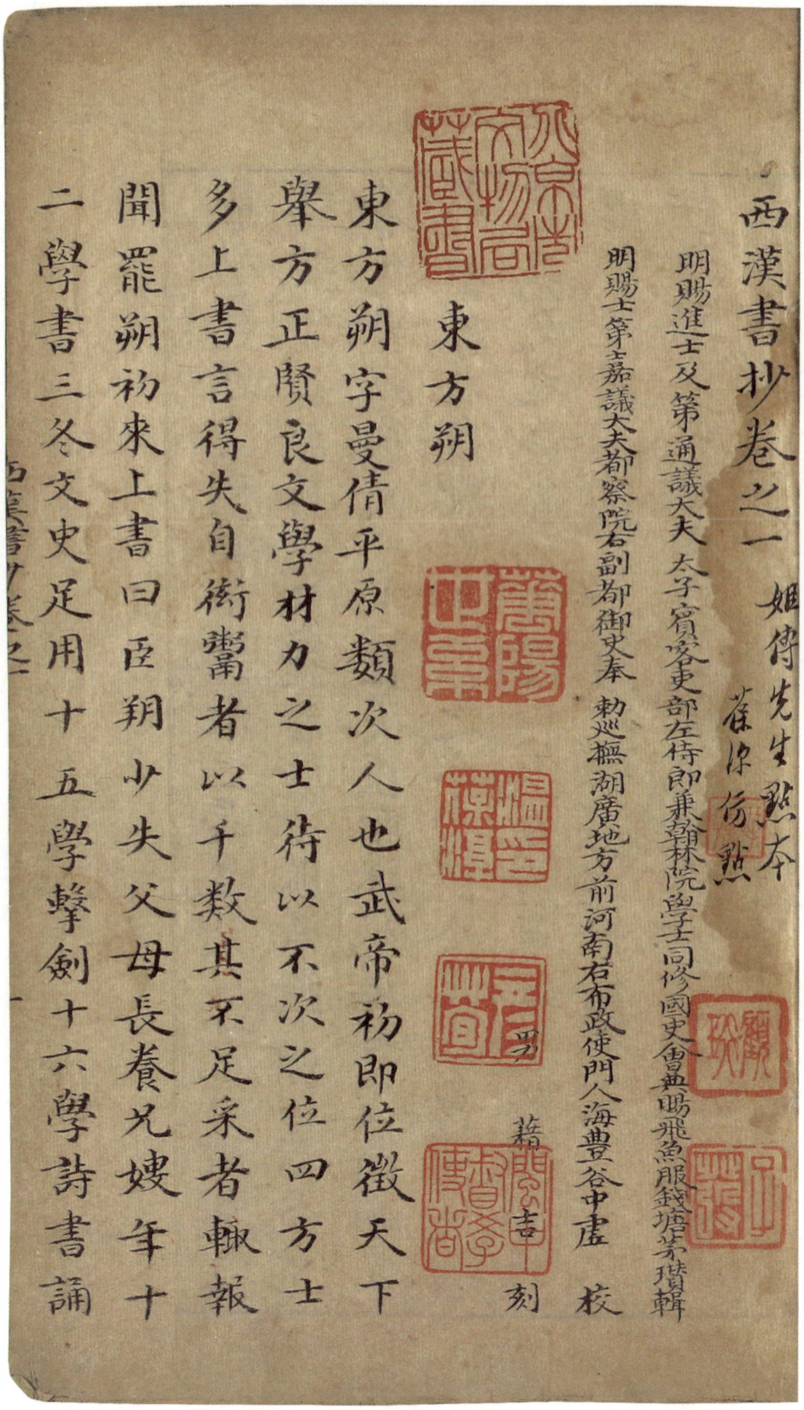
西漢書抄卷之一　姐停先生點本
明賜進士及第通議大夫太子賓客吏部左侍郎兼翰林院學士同修國史會典賜飛魚服錢塘茅瓚輯
明賜進士第嘉議大夫都察院右副都御史奉　勅巡撫湖廣地方前河南右布政使門人海豐谷中虛　校
男　藉吉　刻
東方朔
東方朔字曼倩平原類次人也武帝初即位徵天下舉方正賢良文學材力之士待以不次之位四方士多上書言得失自衒鬻者以千數其不足采者輒報聞罷朔初來上書曰臣朔少失父母長養兄嫂年十二學書三冬文史足用十五學擊劍十六學詩書誦
西漢書抄卷之一

西漢書抄六卷　（明）茅瓚輯　明茅藉吉刻本

框高20.6厘米，廣14.6厘米。半葉十行，行二十字，白口，左右雙邊，無格。6册。鈐“彦荀”白文印、“華陽世系”白文印、“温葆淳印”白文印、“閩中督學使者”朱文印、“顧珩”朱文印、“子發”半朱半白印等。

二級 203shan93

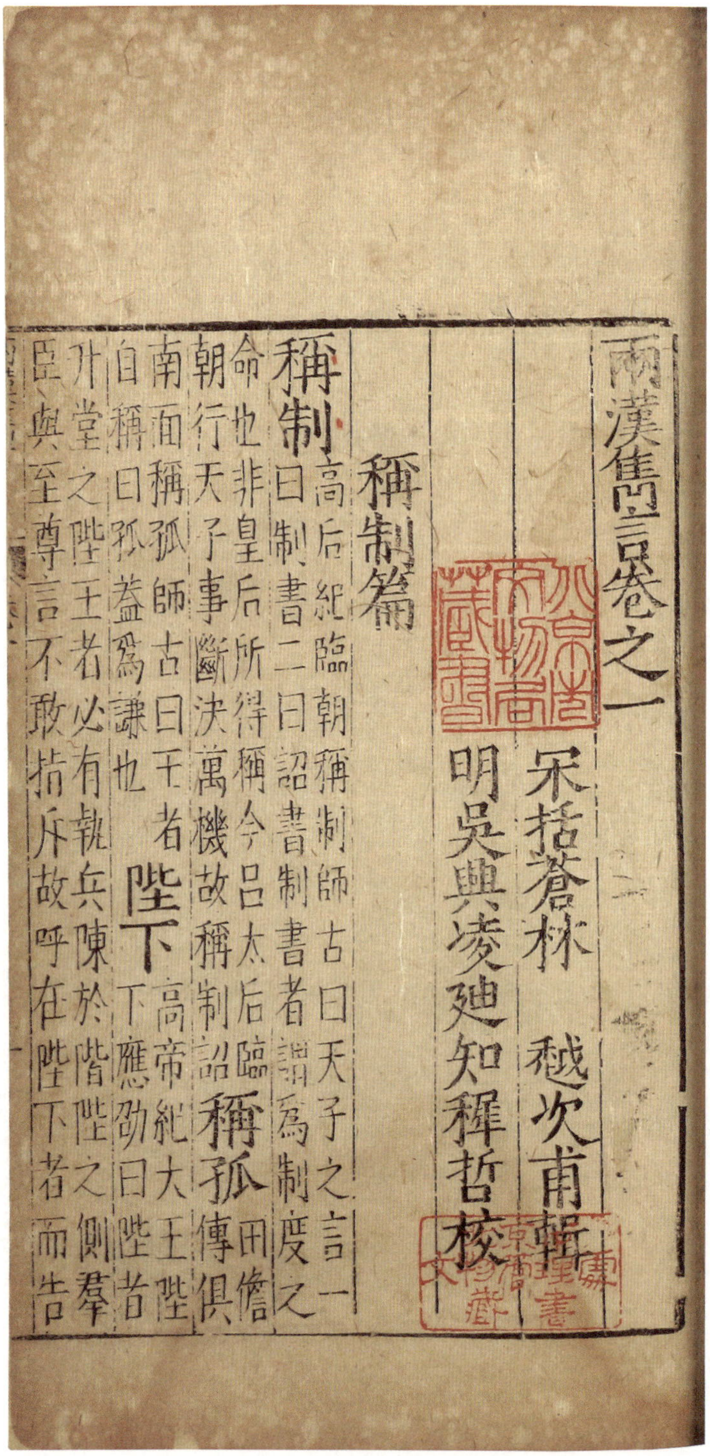

兩漢雋言前集十卷　（宋）林鉞輯　**後集六卷**　（明）凌迪知輯　明萬曆刻本

框高18.6厘米，廣12.2厘米。半葉八行，行十七字，小字雙行同，白口，四周單邊。6册。

二級 206shan97

【史評類】

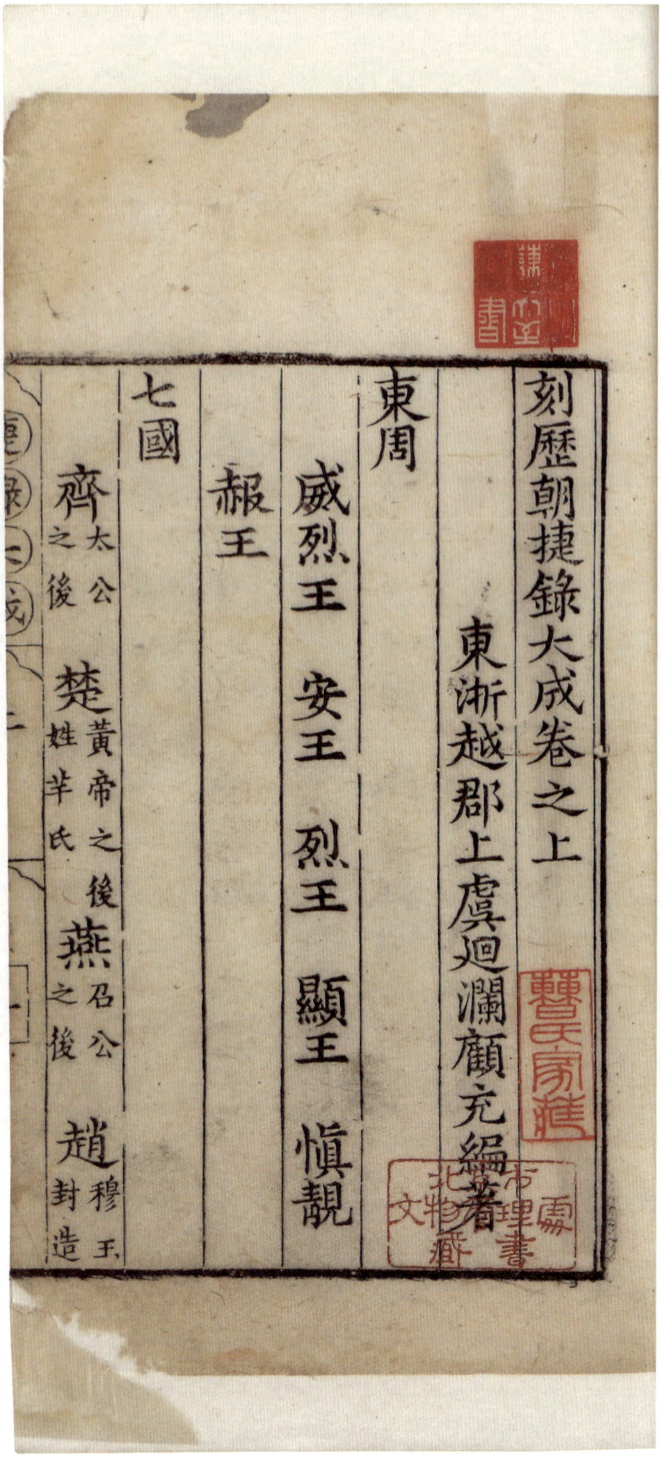

刻歷朝捷錄大成二卷　（明）顧充編著　明萬曆十二年（1584）定海學宫刻本

框高 17.6 厘米，廣 10.9 厘米。半葉七行，行十八字，小字雙行同，白口，左右雙邊。4 册。鈐“曹氏家藏”朱文印、“白雲紅樹”朱文印等。

二級 193shan77

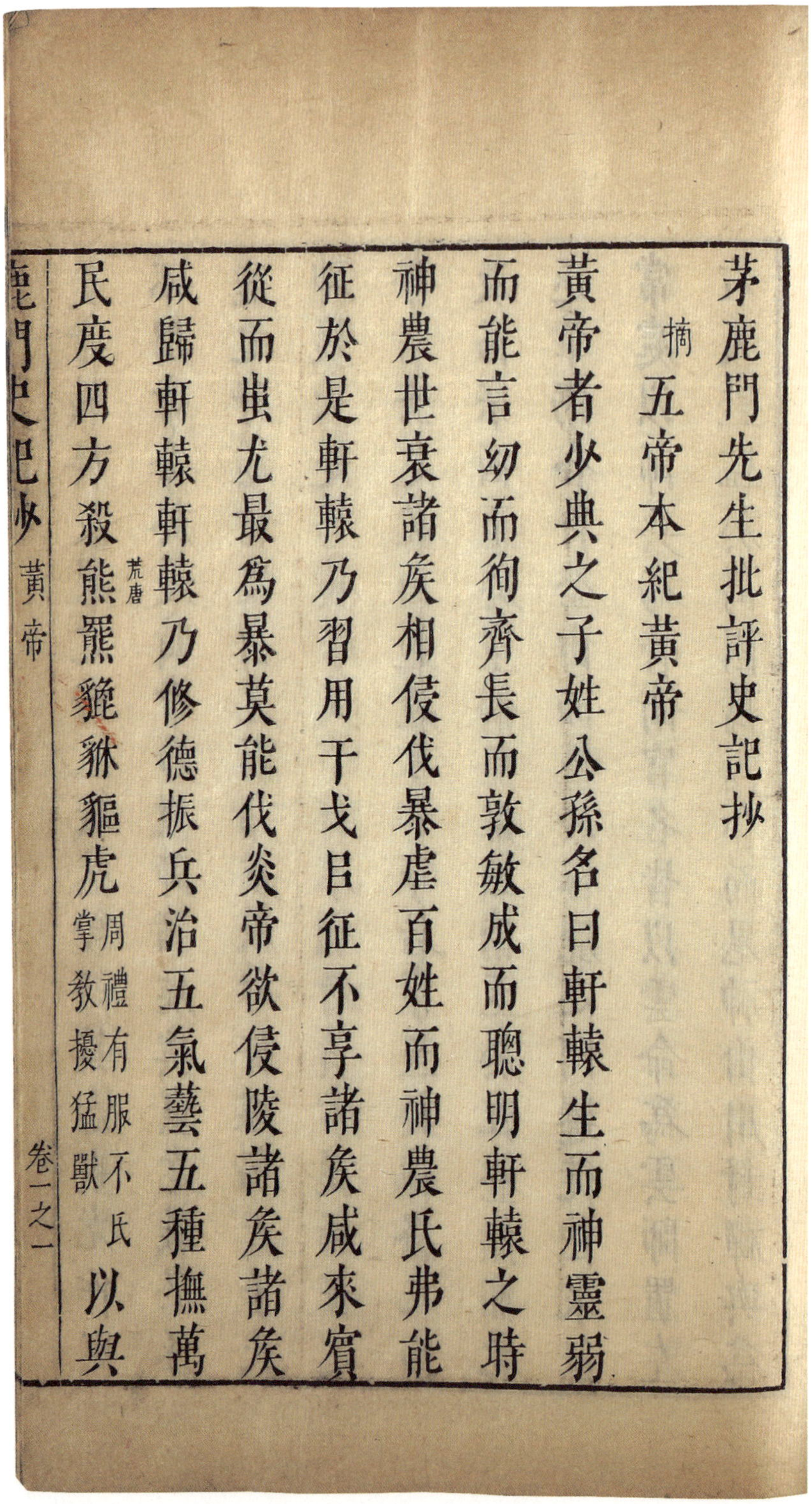

茅鹿門先生批評史記抄一百四卷 （明）茅坤撰 明天啓黄汝亨刻本

框高 20.3 厘米，廣 13.6 厘米。半葉九行，行十八字，小字雙行同，白口，四周單邊。16 册。鈐“孫夢卿章”朱文印。

二級 237shan362

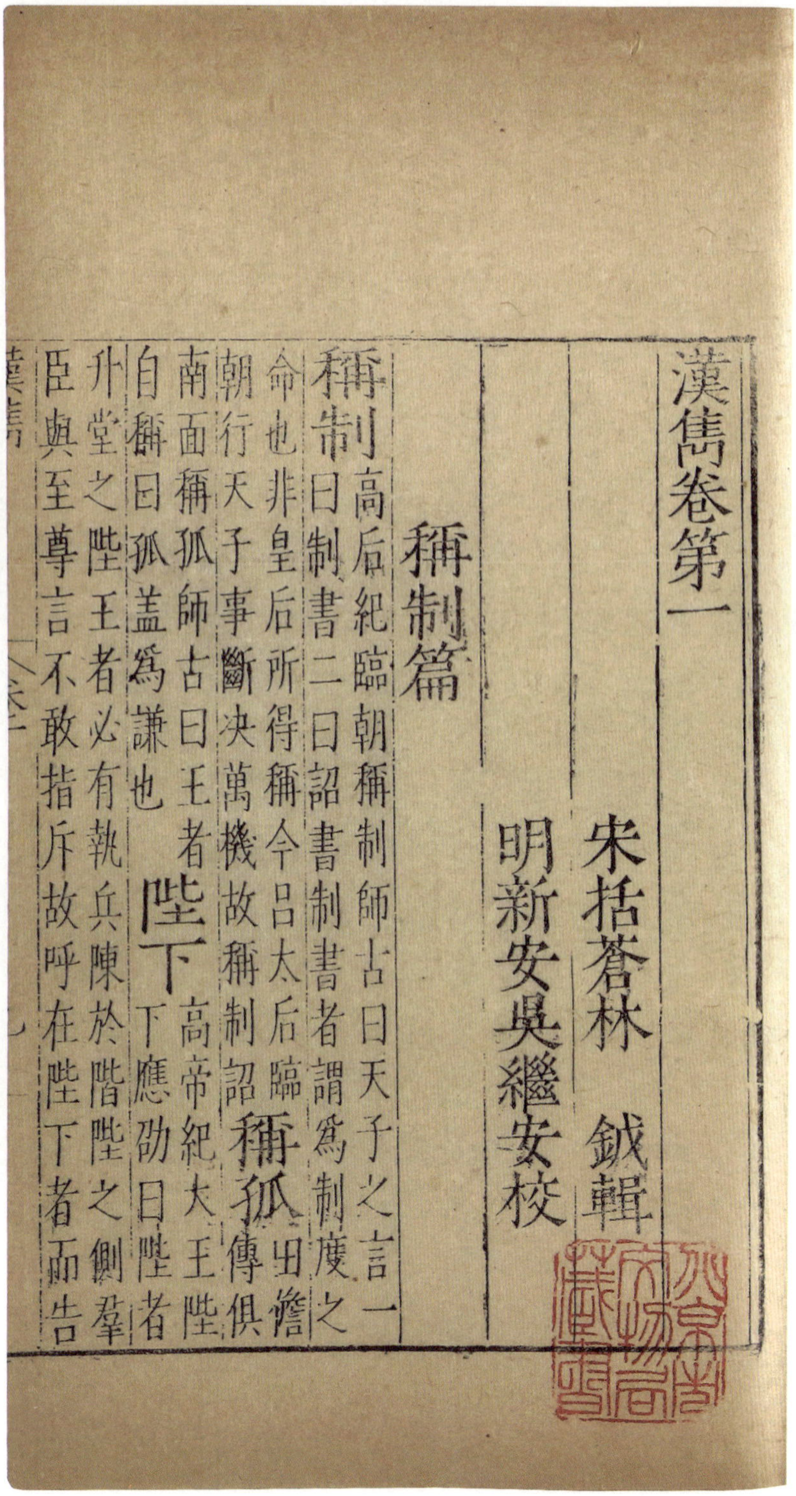
漢雋卷第一
宋括蒼林　鉞輯
明新安吳繼安校
稱制篇
稱制　高后紀臨朝稱制師古曰天子之言一曰制書二曰詔書制書者謂爲制度之命也非皇后所得稱今呂太后臨朝行天子事斷決萬機故稱制詔
稱孤　田儋傳俱南面稱孤師古曰王者自稱曰孤蓋爲謙也
陛下　高帝紀大王陛下應劭曰陛者升堂之陛王者必有執兵陳於階陛之側羣臣與至尊言不敢指斥故呼在陛下者而告

漢雋十卷　（宋）林鉞輯　明萬曆二十八年（1600）繼安刻本

框高 17.7 厘米，廣 12.7 厘米。半葉八行，行十七字，小字雙行同，白口，左右雙邊。8 册。

二級 249shan427

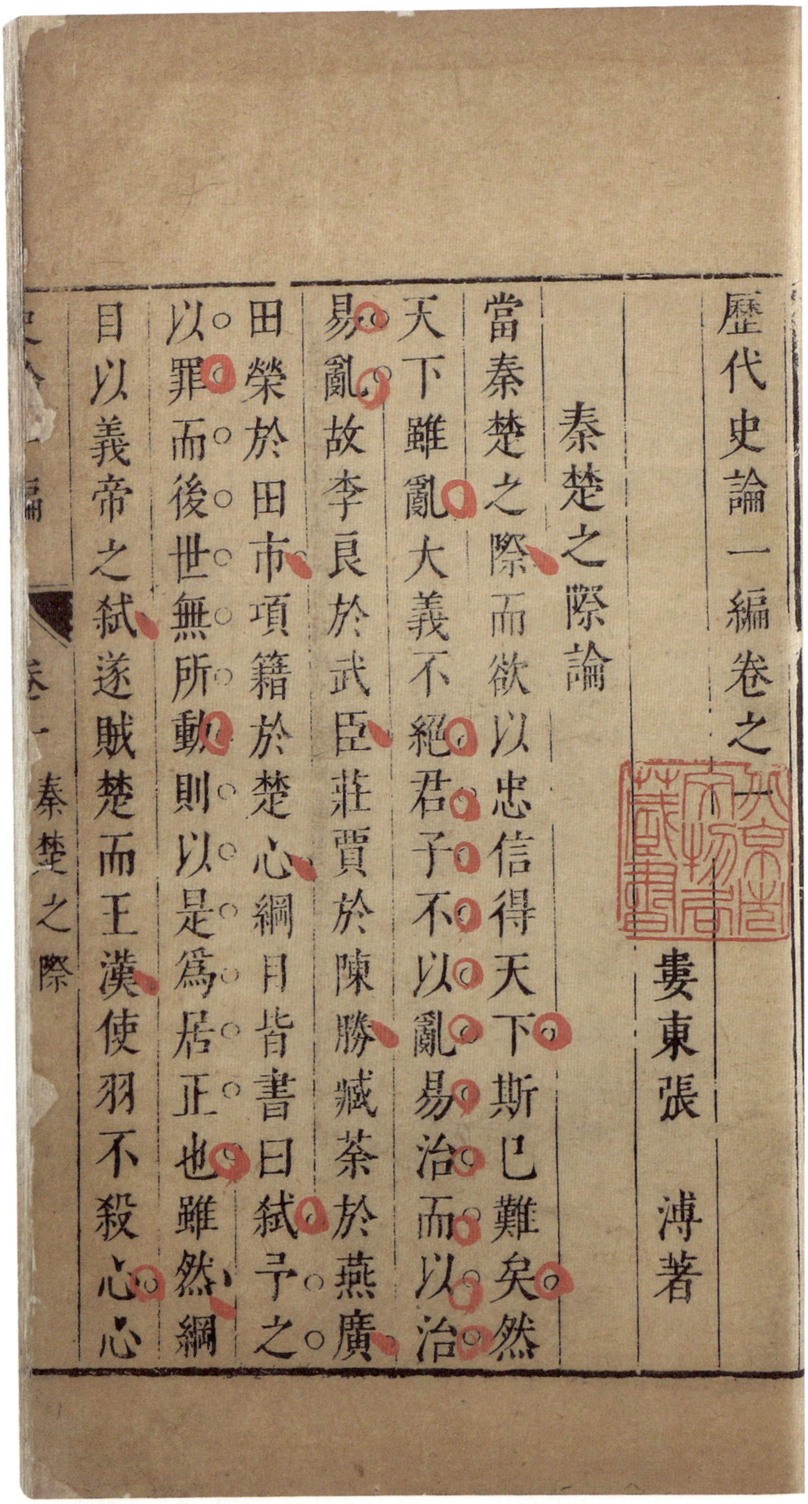

歷代史論一編卷之一
婁東張　溥著
秦楚之際論
當秦楚之際而欲以忠信得天下斯已難矣然天下雖亂大義不絕君子不以亂易治而以治易亂故李良於武臣莊賈於陳勝臧荼於燕廣田榮於田市項籍於楚心綱目皆書曰弒予之以罪而後世無所動則以是爲居正也雖然綱目以義帝之弒遂賊楚而王漢使羽不殺心心

史論一編　卷一　秦楚之際

歷代史論一編四卷　（明）張溥著　明崇禎刻本

框高 19.6 厘米，廣 13.2 厘米。半葉九行，行十八字，白口，左右雙邊。1 册。

二級 277shan587

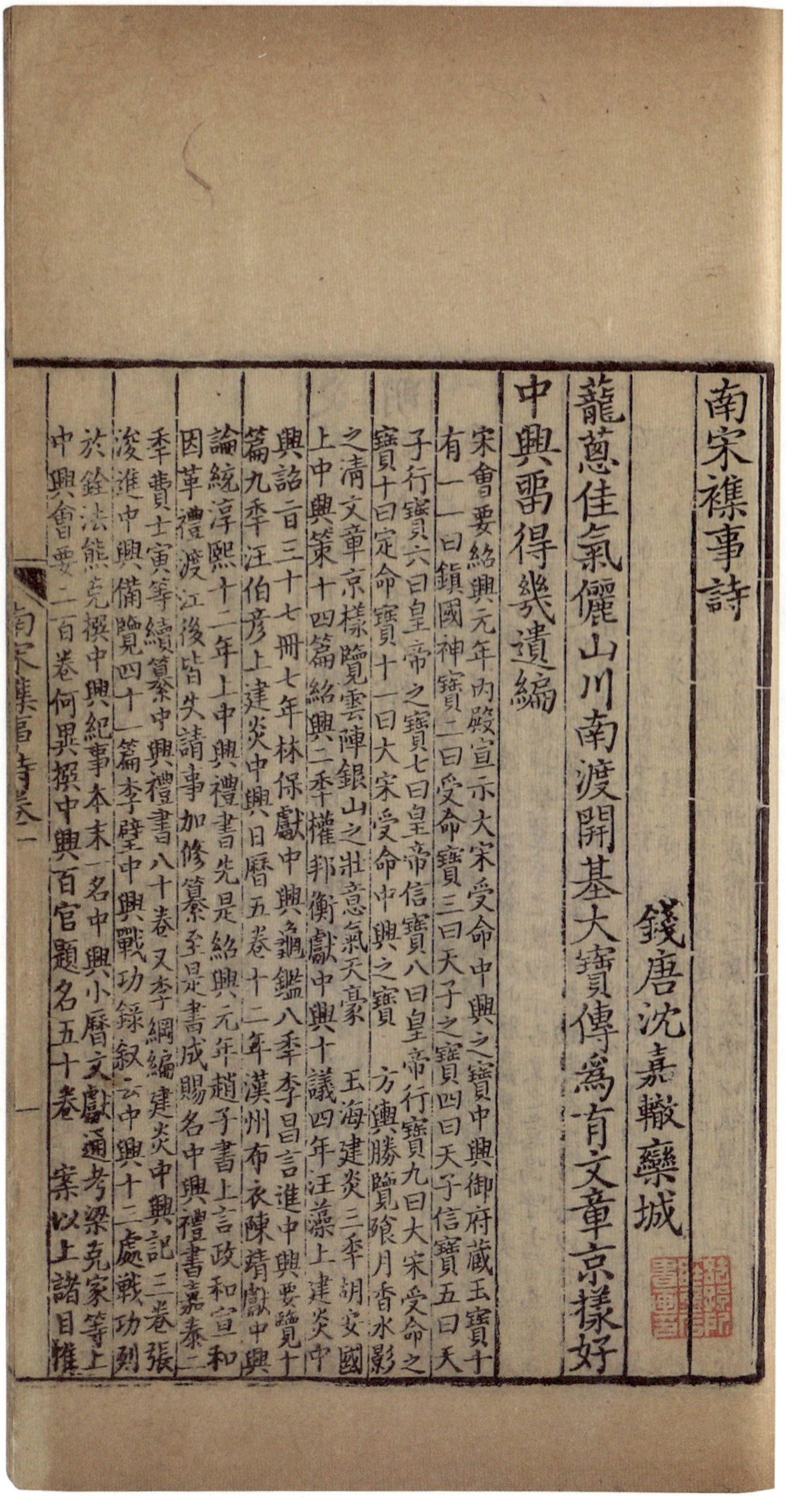

南宋襍事詩七卷　（清）沈嘉轍等撰　清乾隆武林芹香齋刻本

框高 17.3 厘米，廣 13.3 厘米。半葉十一行，行二十一字，小字雙行二十七至二十九字，白口，左右雙邊。4 册。鈐“紀孫所藏金石書畫印”白文印。

shan237

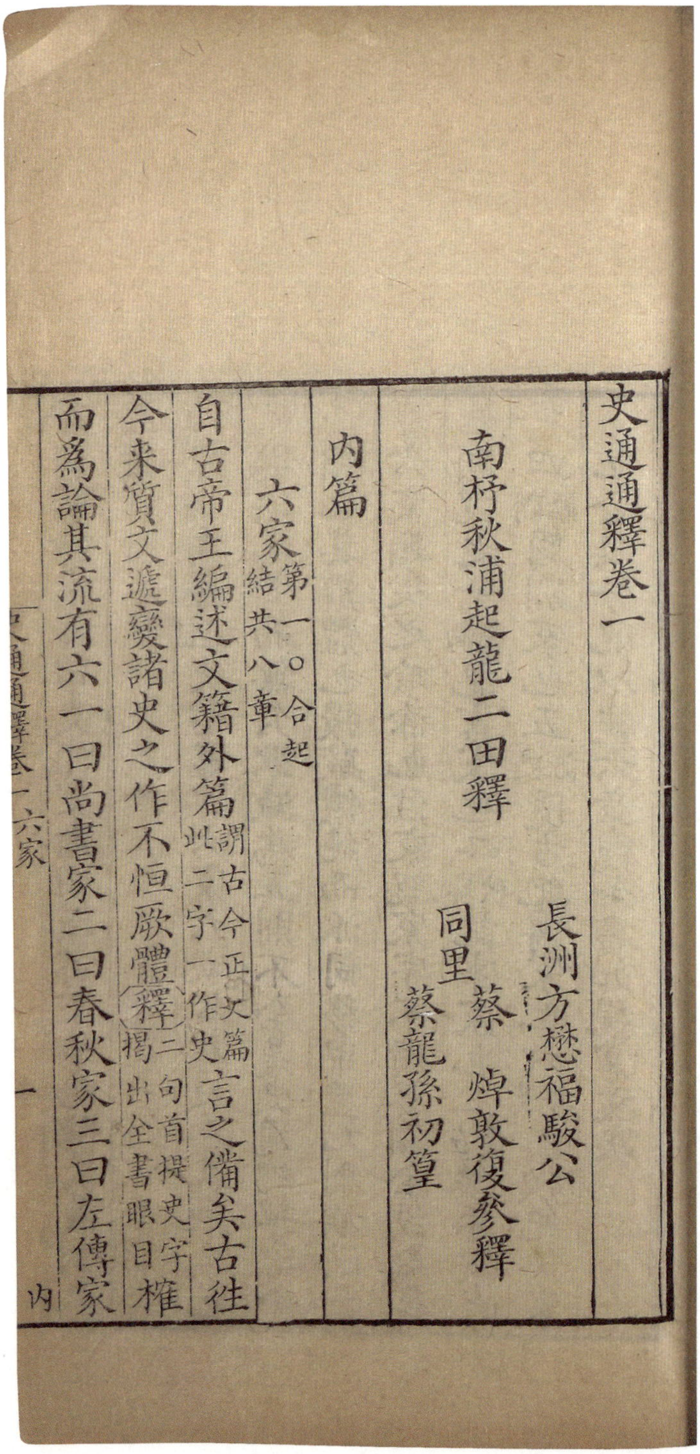

史通通釋二十卷　（清）浦起龍釋　（清）方懋　（清）蔡焯等參釋　清乾隆十七年（1752）梁溪浦氏求放心齋刻本

框高 19 厘米，廣 13.5 厘米。半葉九行，行二十二字，小字雙行同，白口，左右雙邊。6 册。

shan290

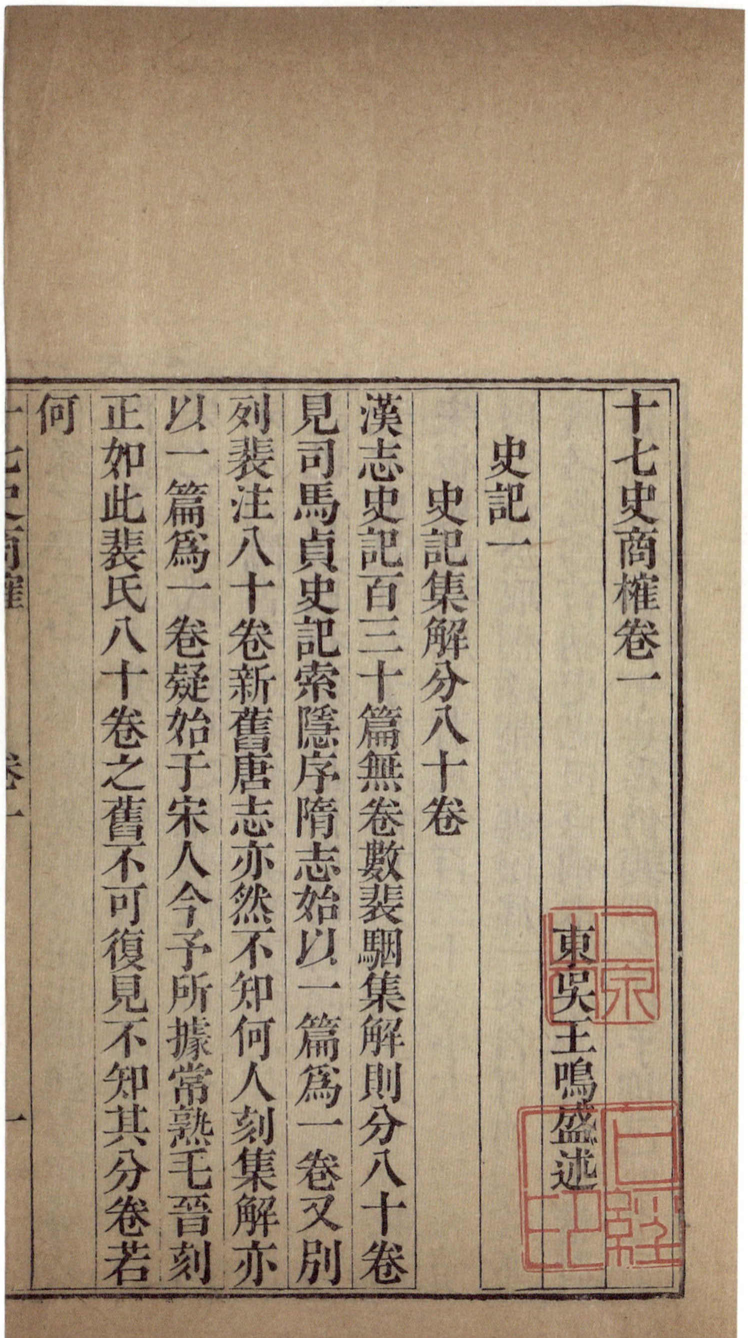
十七史商榷卷一
東吳王鳴盛述
史記一
史記集解分八十卷
漢志史記百三十篇無卷數裴駰集解則分八十卷
見司馬貞史記索隱序隋志始以一篇爲一卷又別
列裴注八十卷新舊唐志亦然不知何人刻集解亦
以一篇爲一卷疑始于宋人今予所據常熟毛晉刻
正如此裴氏八十卷之舊不可復見不知其分卷若
何

十七史商榷一百卷目一卷　（清）王鳴盛撰　清乾隆五十二年（1787）洞涇草堂刻本

框高 18.2 厘米，廣 13.6 厘米。半葉十行，行二十字，白口，四周雙邊。16 册。鈐“二泉山人”朱文印、“石經厂印”朱文印等。

shan349

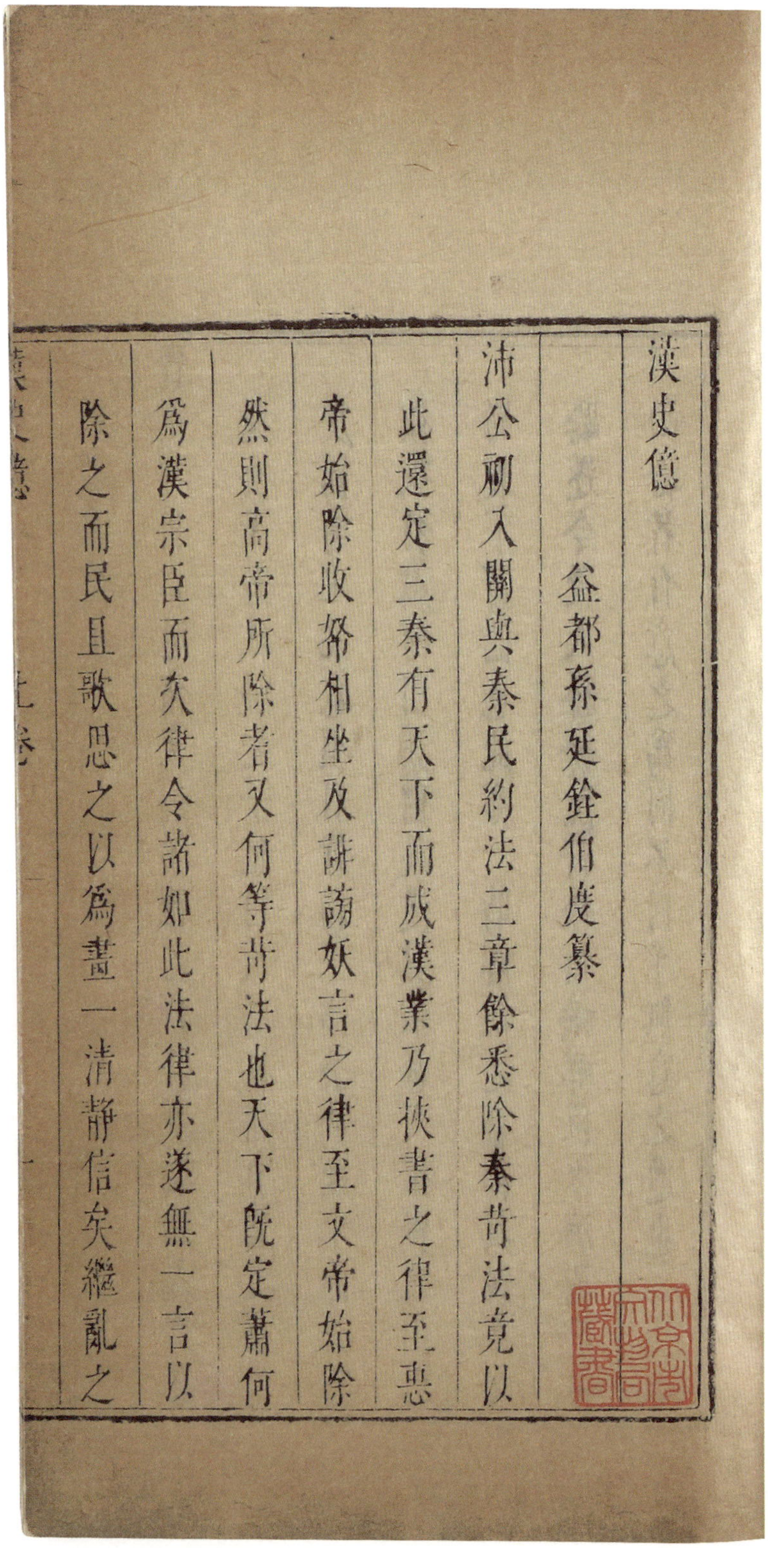

漢史億二卷　（清）孫廷銓纂　清康熙十七年（1678）師儉堂刻孫文定公全集本
框高 18.1 厘米，廣 11.9 厘米。半葉八行，行二十字，白口，四周雙邊。2 册。

shan404

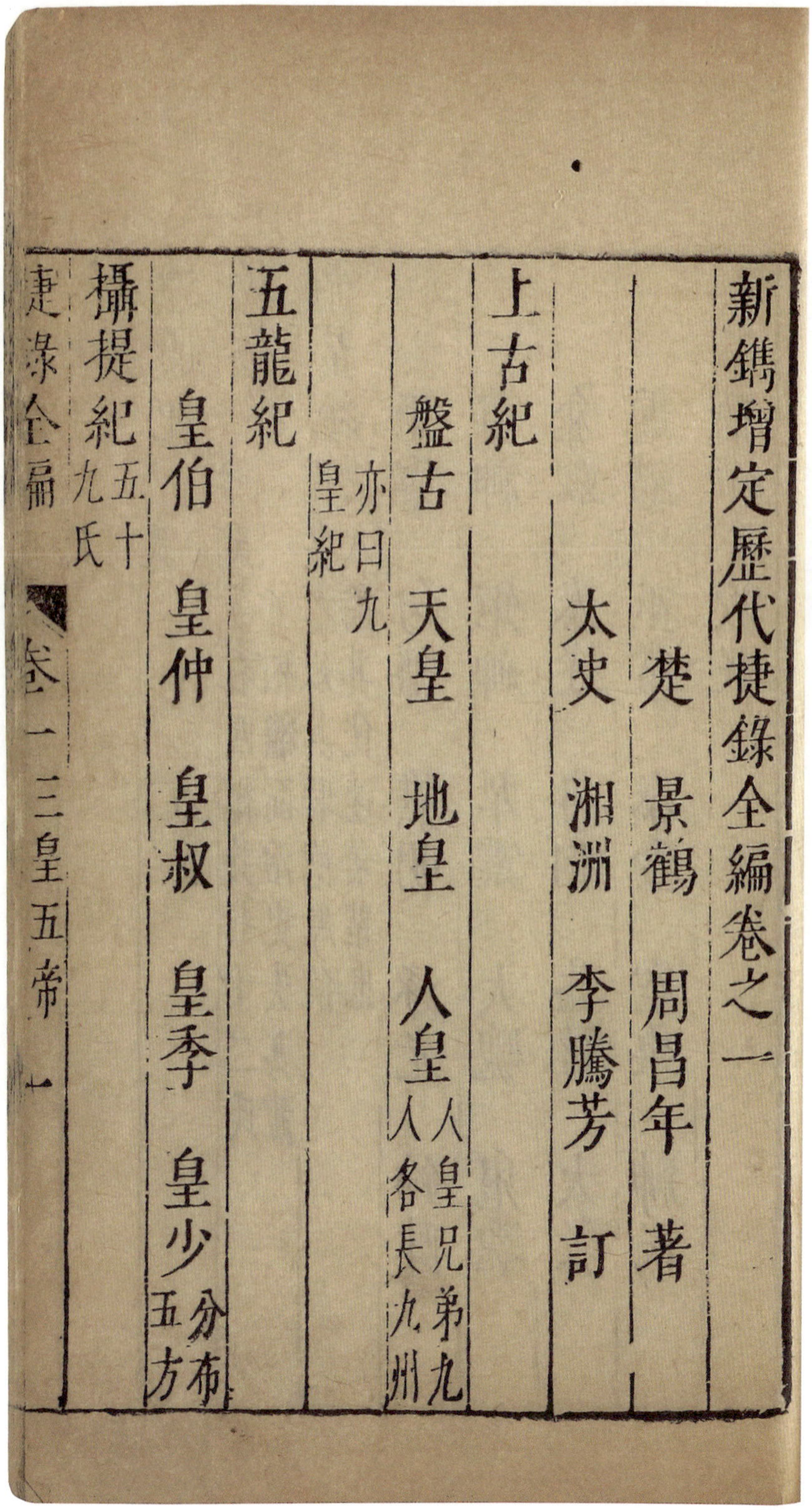

新鐫增定歷代捷録全編四卷 （明）周昌年著 （明）李騰芳訂 明天啓刻本

框高19.5厘米，廣12.8厘米。半葉九行，行十八字，小字雙行同，白口，四周單邊。4册。

shan496

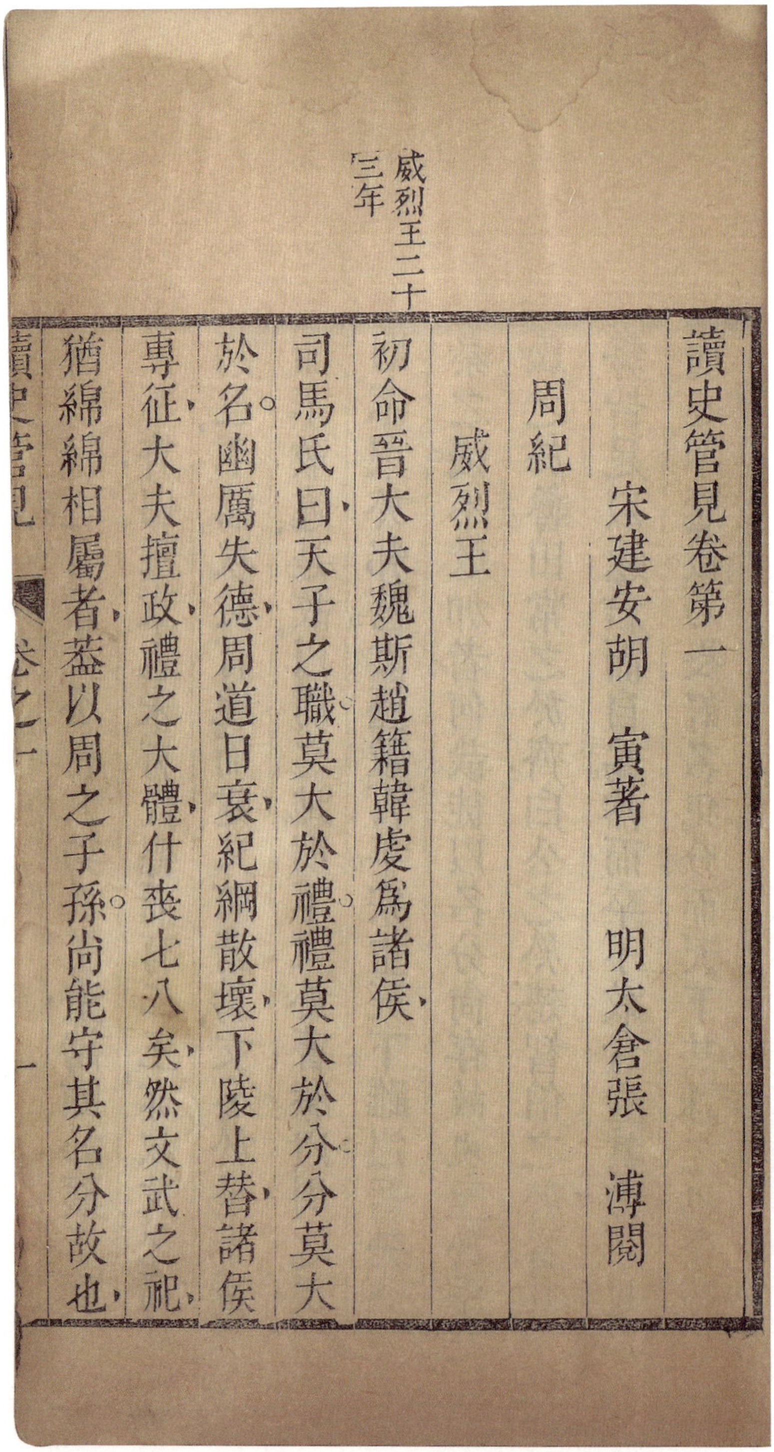

威烈王二十三年

讀史管見卷第一

宋建安胡　寅著　明太倉張　溥閱

周紀

威烈王

初命晉大夫魏斯趙籍韓虔爲諸侯

司馬氏曰天子之職莫大於禮禮莫大於分分莫大於名幽厲失德周道日衰紀綱散壞下陵上替諸侯專征大夫擅政禮之大體什喪七八矣然文武之祀猶綿綿相屬者蓋以周之子孫尚能守其名分故也

讀史管見　卷之一　一

讀史管見三十卷目二卷　（宋）胡寅著　明崇禎八年（1635）張溥刻本

框高 19.2 厘米，廣 14.2 厘米。半葉九行，行二十字，白口，左右雙邊。16 册。

shan702

【傳記類】

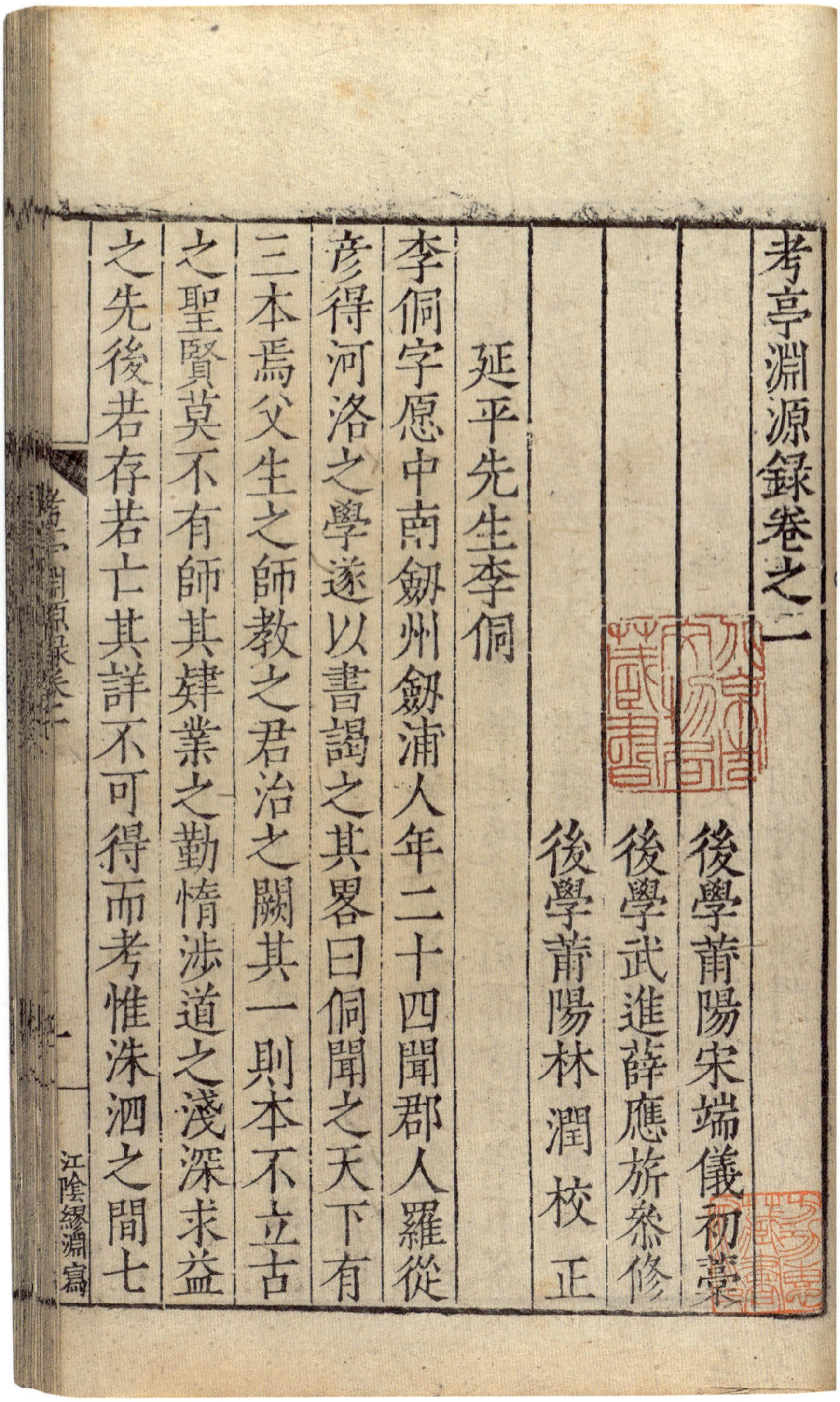

考亭淵源録卷之二
後學莆陽宋端儀初稾
後學武進薛應旂參修
後學莆陽林　潤　校正
延平先生李侗
李侗字愿中南劔州劔浦人年二十四聞郡人羅從
彦得河洛之學遂以書謁之其畧曰侗聞之天下有
三本焉父生之師教之君治之闕其一則本不立古
之聖賢莫不有師其肄業之勤惰渉道之淺深求益
之先後若存若亡其詳不可得而考惟洙泗之間七
江陰繆淵寫

考亭淵源録二十四卷　（明）宋端儀撰　（明）薛應旂重輯　明隆慶三年（1569）刻本

框高 19.5 厘米，廣 14.5 厘米。半葉十行，行二十字，白口，四周單邊。8 册。鈐“巴陵方氏珍藏”白文印等。

二級 16xiao10653

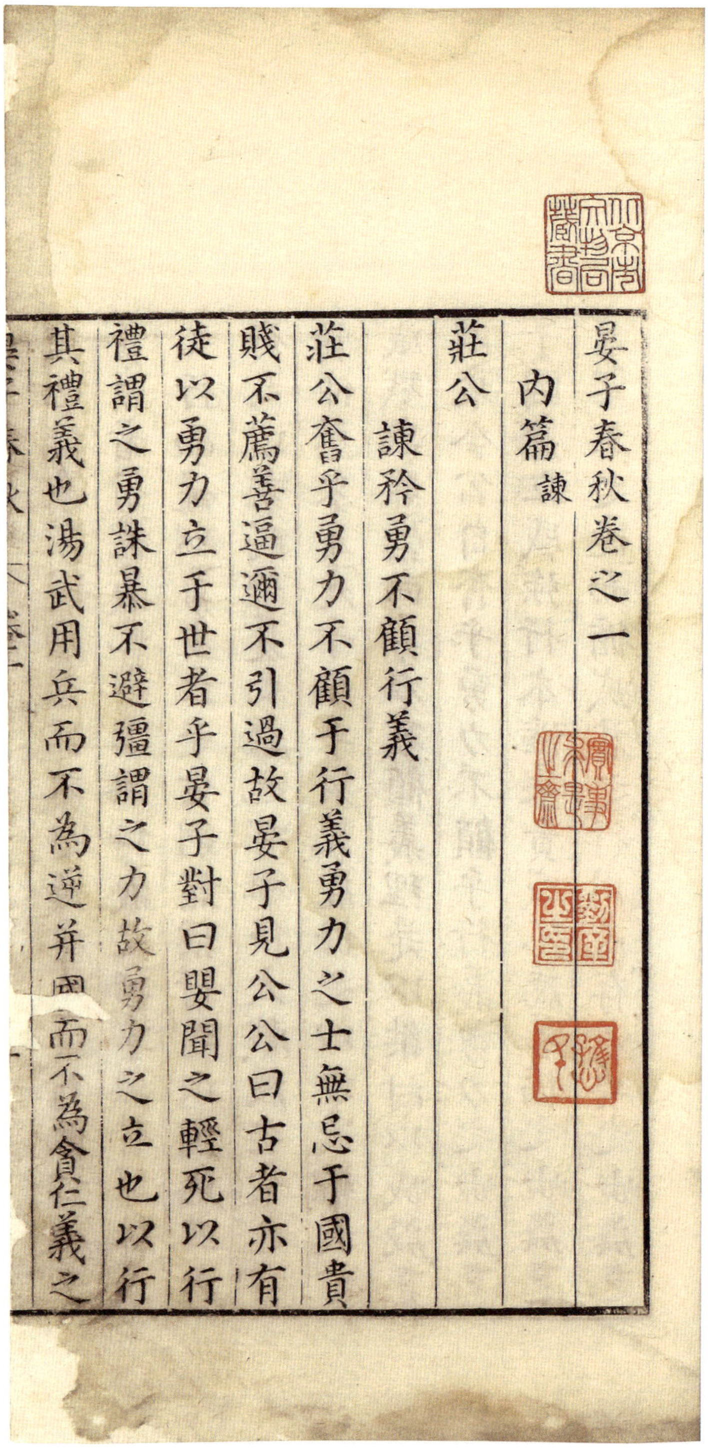

晏子春秋四卷　明萬曆十六年（1588）吴懷保刻本

框高 20 厘米，廣 13 厘米。半葉九行，行二十字，白口，四周單邊。2 册。鈐“冰香樓”朱文印、“南豐劉氏家藏”白文印、“實事求是之齋”朱文印、“劉庠之印”白文印、“劉慈民藏書印”朱文印、“雷塘庵主”朱文印、“西河”白文印等。

二級 86k19

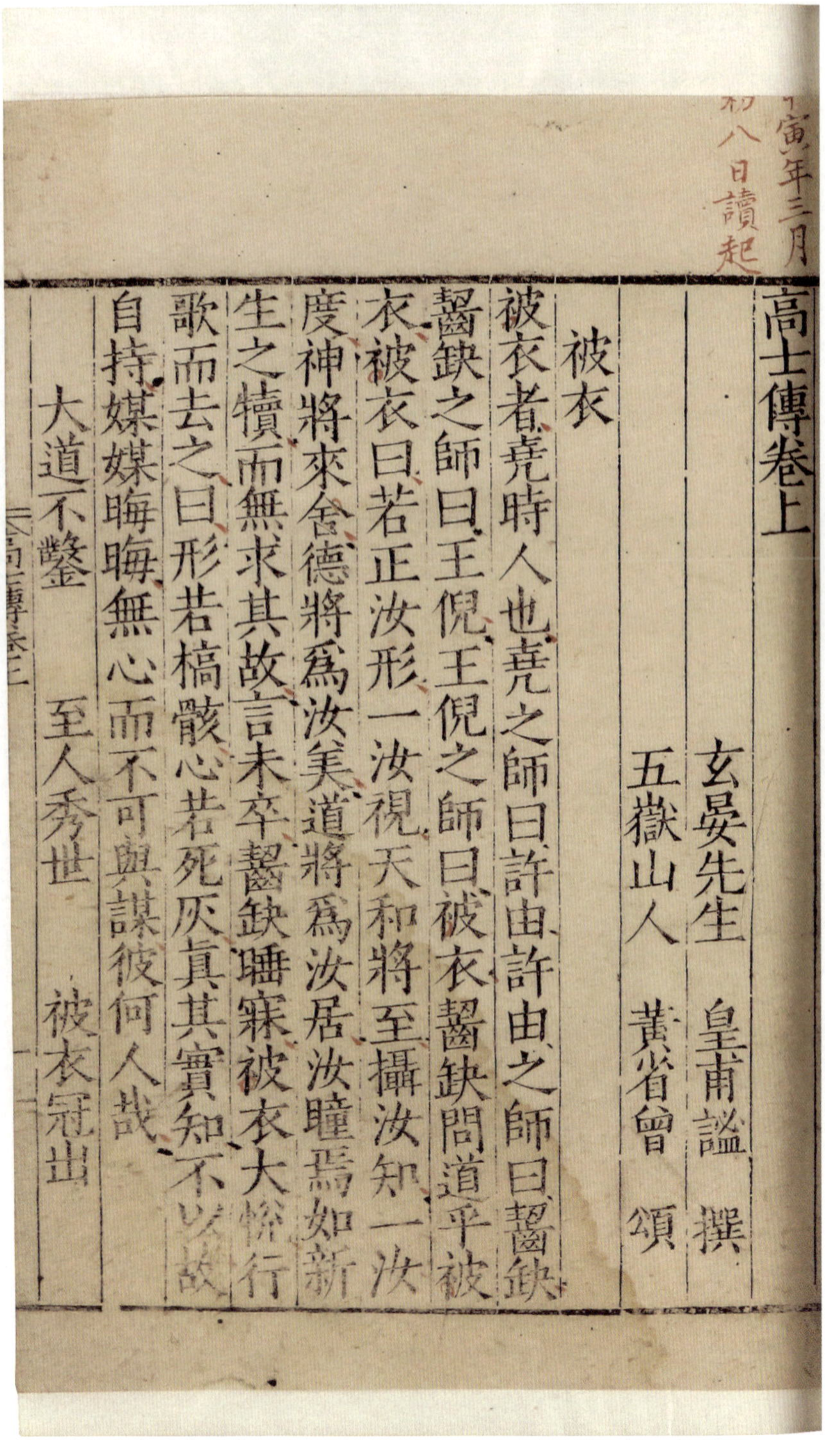
寅年三月初八日讀起

高士傳卷上

玄晏先生　皇甫謐　撰
五嶽山人　黄省曾　頌

被衣

被衣者堯時人也堯之師曰許由許由之師曰齧缺齧缺之師曰王倪王倪之師曰被衣齧缺問道乎被衣被衣曰若正汝形一汝視天和將至攝汝知一汝度神將來舍德將爲汝美道將爲汝居汝瞳焉如新生之犢而無求其故言未卒齧缺睡寐被衣大悦行歌而去之曰形若槁骸心若死灰眞其實知不以故自持媒媒晦晦無心而不可與謀彼何人哉

大道不鑿　至人秀世　被衣冠出

高士傳三卷　（晋）皇甫謐撰　明嘉靖三十一年（1552）黄省曾漢唐三傳刻本

框高 19.8 厘米，廣 16 厘米。半葉十二行，行二十字，白口，左右雙邊。3 册。

二級 124k248

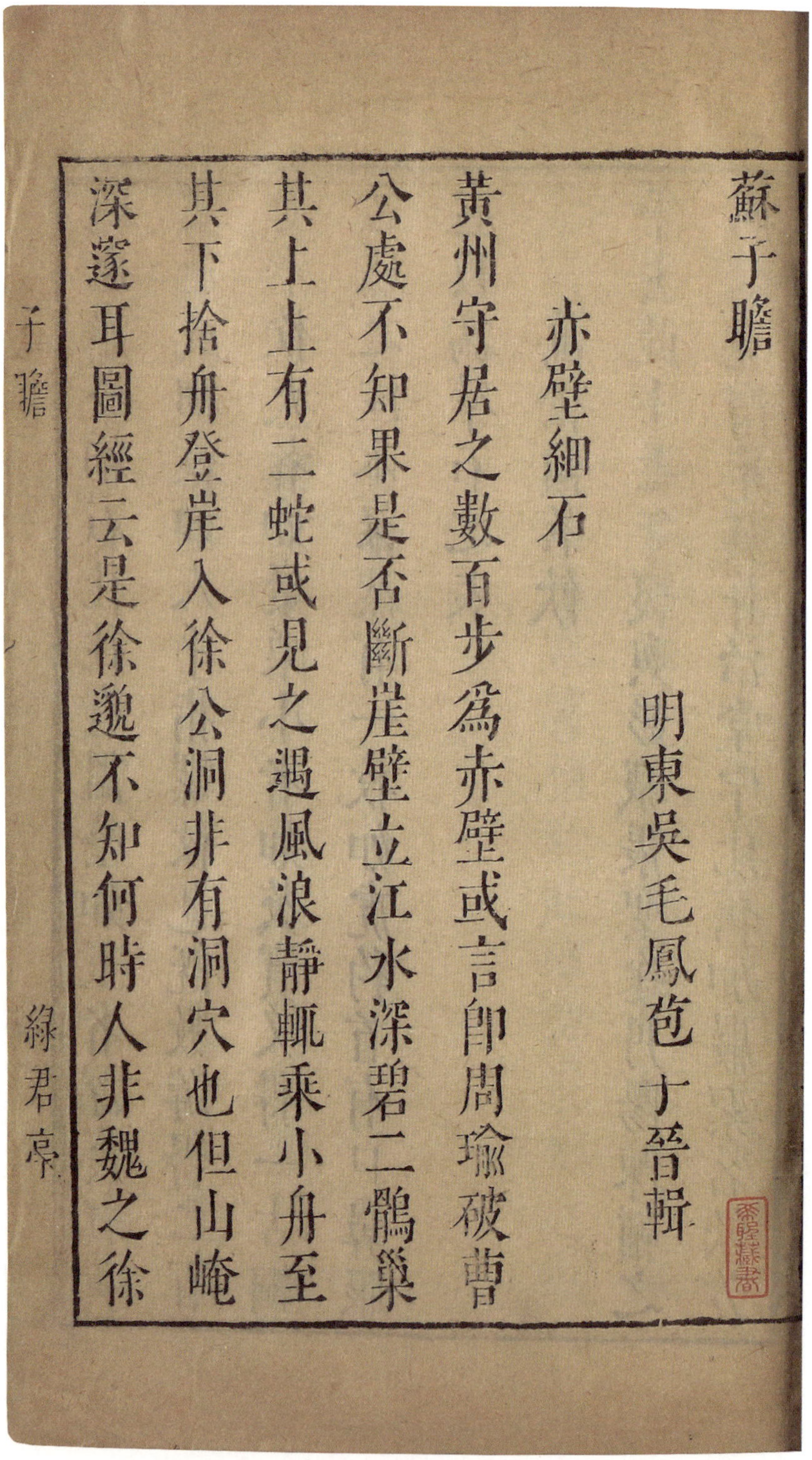

蘇子瞻　　明東吳毛鳳苞子晉輯

希聖藏書

赤壁細石

黄州守居之數百步爲赤壁或言即周瑜破曹
公處不知果是否斷崖壁立江水深碧二鶻巢
其上上有二蛇或見之遇風浪靜輒乘小舟至
其下捨舟登岸入徐公洞非有洞穴也但山崦
深邃耳圖經云是徐邈不知何時人非魏之徐

子瞻　　綠君亭

蘇米志林三卷　（明）毛晉輯　明天啓五年（1625）毛氏綠君亭刻本

框高20.4厘米，廣13.1厘米。半葉八行，行十八字，白口，四周單邊，無格。3册。鈐“希聖”朱文印、“希聖藏書”朱文印、“楊堅之印”白文印等。

二級 200shan89

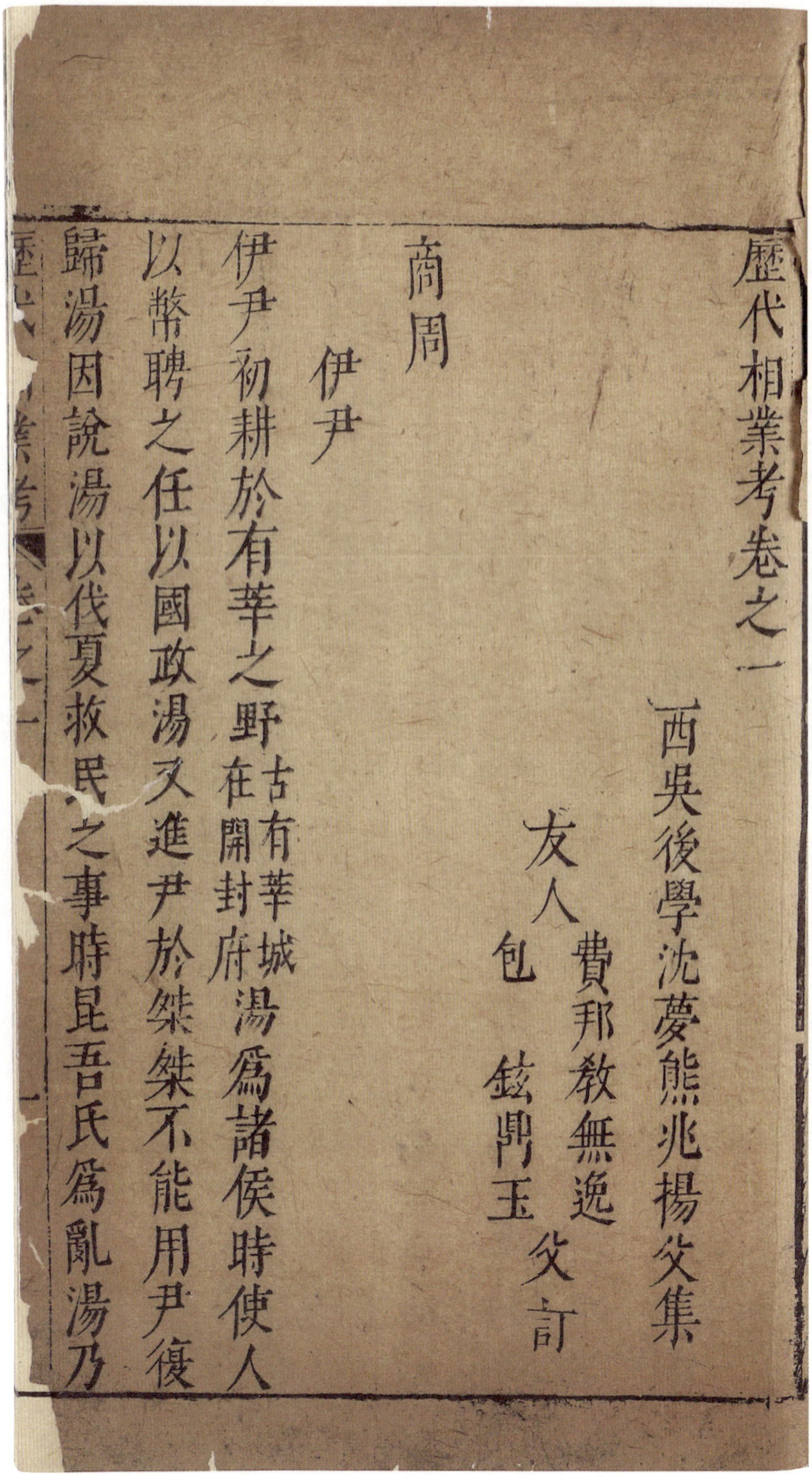

歷代相業考卷之一

西吳後學沈夢熊兆揚父集

友人　費邦教無逸父訂

包　鉉鼎玉

商周

伊尹

伊尹初耕於有莘之野古有莘城在開封府湯爲諸侯時使人以幣聘之任以國政湯又進尹於桀桀不能用尹復歸湯因說湯以伐夏救民之事時昆吾氏爲亂湯乃

歷代相業考　卷之一　一

歷代相業考一卷皇明軍功考二卷　（明）沈夢熊撰　明天啓三年（1623）費邦教刻本

框高 21.6 厘米，廣 13.9 厘米。半葉九行，行二十字，白口，左右雙邊，無格。8 册。

二級 241shan371

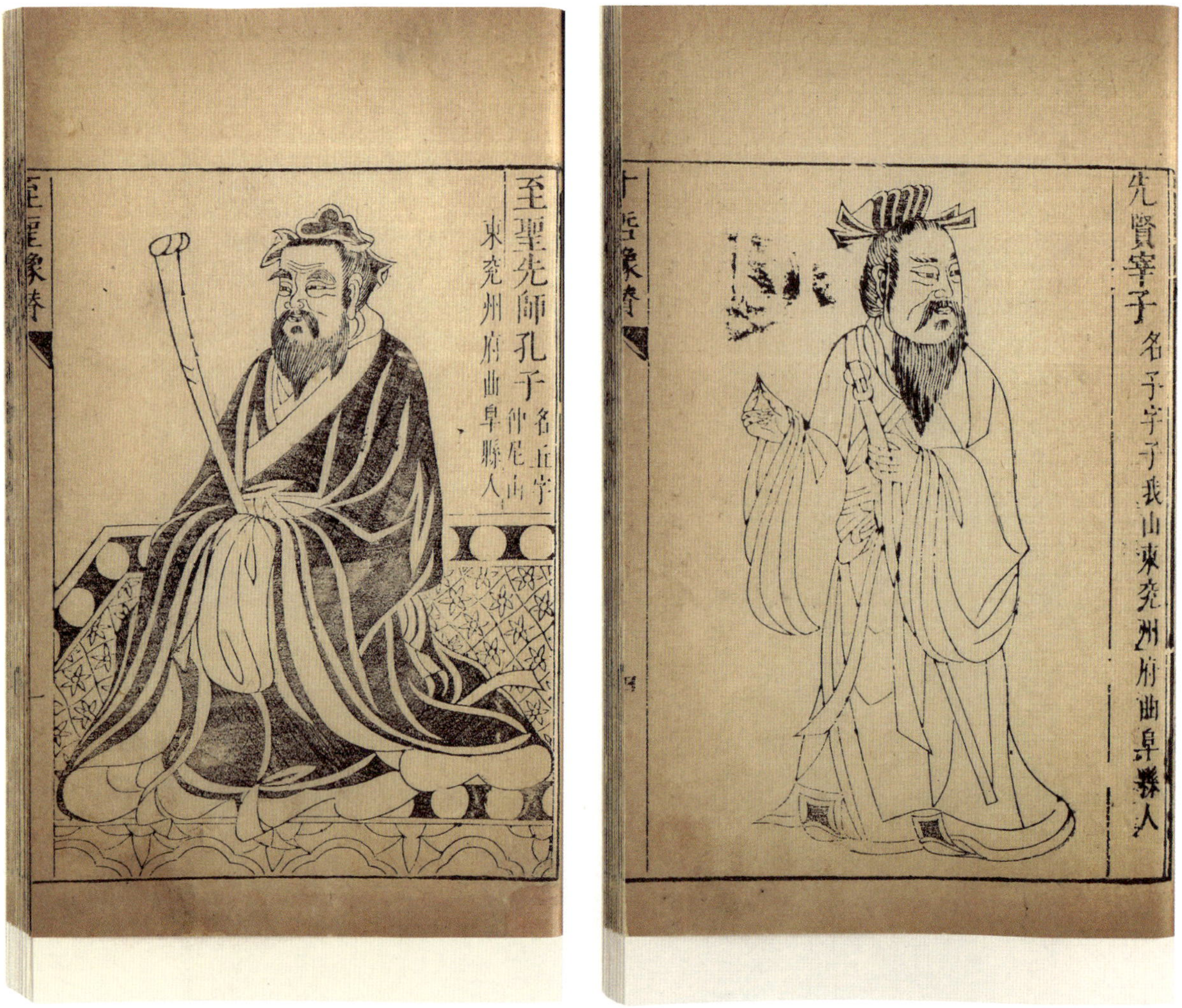

聖賢像贊　（明）吕維祺輯　明崇禎刻本

框高 19.4 厘米，廣 14.2 厘米。半葉十行，行十九字，小字雙行同，白口，左右雙邊。4 册。

二級 271shan539

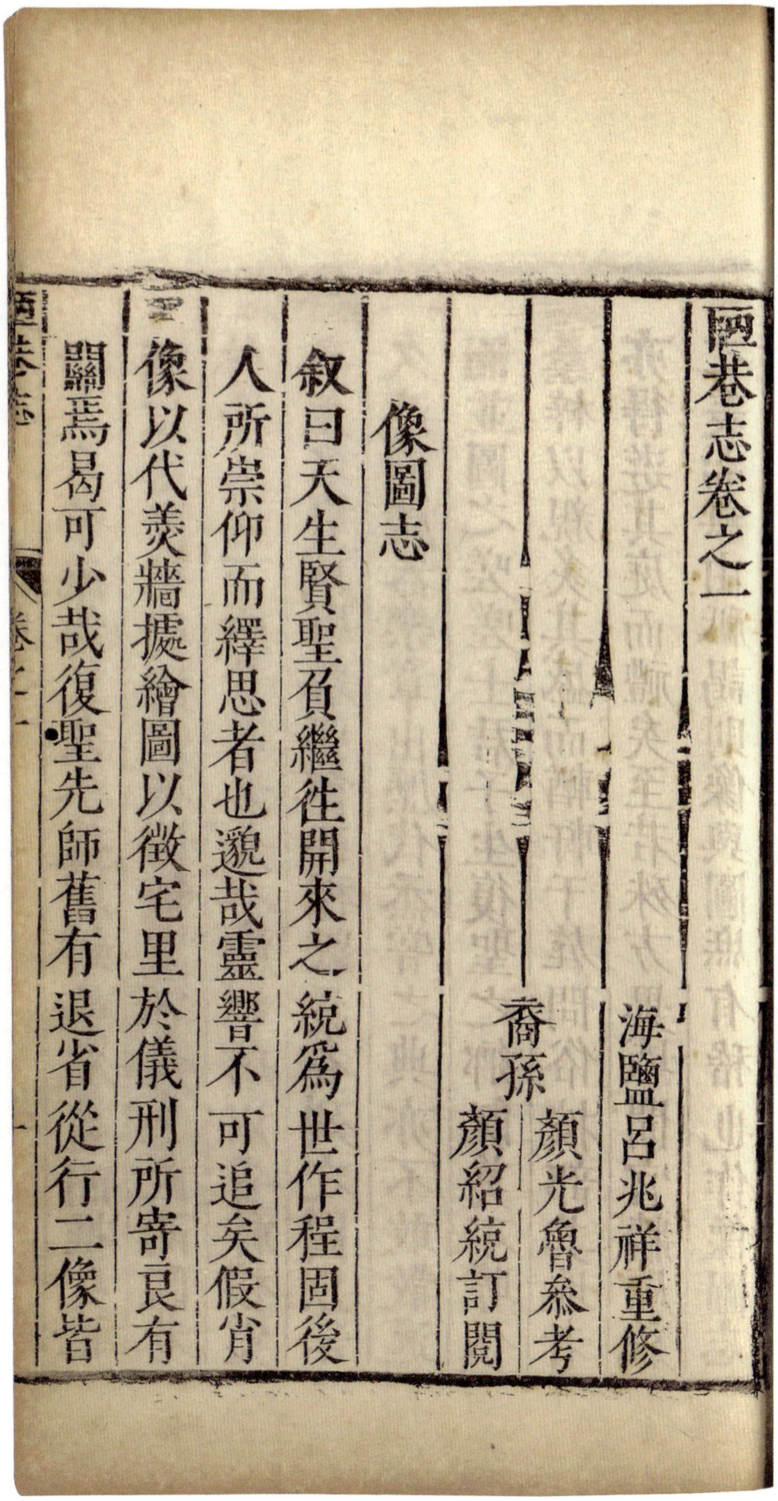

陋巷志卷之一

海鹽呂兆祥重修

裔孫　顔光魯叅考

　　　顔紹統訂閲

像圖志

敘曰天生賢聖負繼往開來之統爲世作程固後人所崇仰而繹思者也邈哉靈響不可追矣假肖像以代羹牆攄繪圖以徵宅里於儀刑所寄良有關焉曷可少哉復聖先師舊有退省從行二像皆

陋巷志八卷　（明）陳鎬撰　（明）呂兆祥重修　明萬曆二十九年（1601）刻清順治增修本

框高 22.2 厘米，廣 15.4 厘米。半葉九行，行二十字，白口，四周單邊。4 册。

三級 152shan574

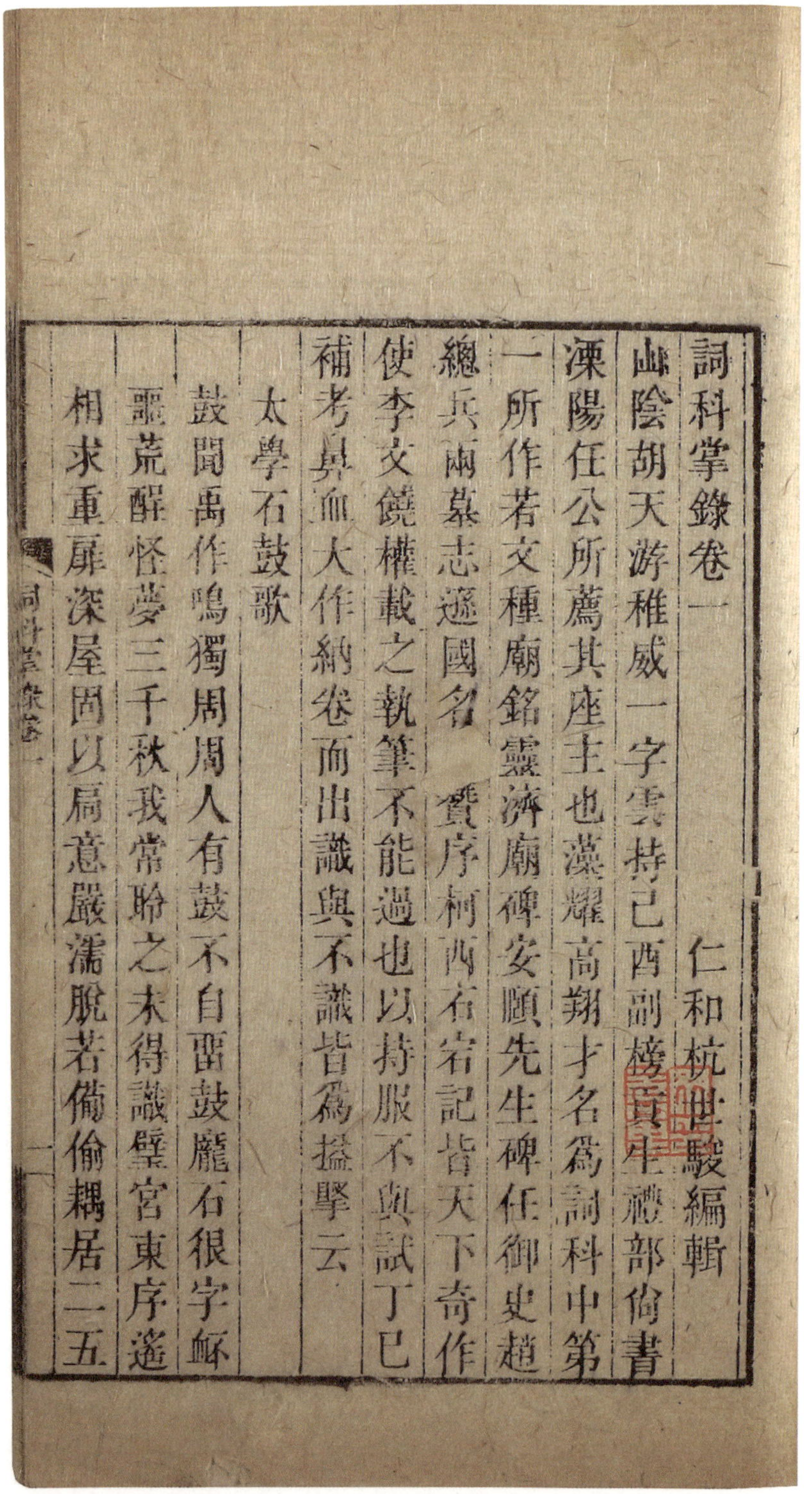
詞科掌錄卷一　　仁和杭世駿編輯
山陰胡天游稚威一字雲持己酉副榜貢生禮部尚書
溧陽任公所薦其座主也藻耀高翔才名爲詞科中第
一所作若文種廟銘靈濟廟碑安願先生碑任御史趙
總兵兩墓志遜國名　賢序柯西石宕記皆天下奇作
使李文饒權載之執筆不能過也以持服不與試丁巳
補考鼻血大作納卷而出識與不識皆爲搤擥云
太學石鼓歌
鼓聞禹作鳴獨周周人有鼓不自雷鼓麗石很字觚
噩荒醒怪夢三千秋我常聆之未得識璧宮東序邃
相求重扉深屋固以扃意嚴濡脫若備偷耦居二五
詞科掌錄卷一

詞科掌錄十七卷餘話七卷　（清）杭世駿輯　清乾隆道古堂刻本

框高16.6厘米，廣11.9厘米。半葉十一行，行二十一字，黑口，左右雙邊。16册。鈐“紅雨山房”朱文印、“罗元量印”白文印等。

shan166

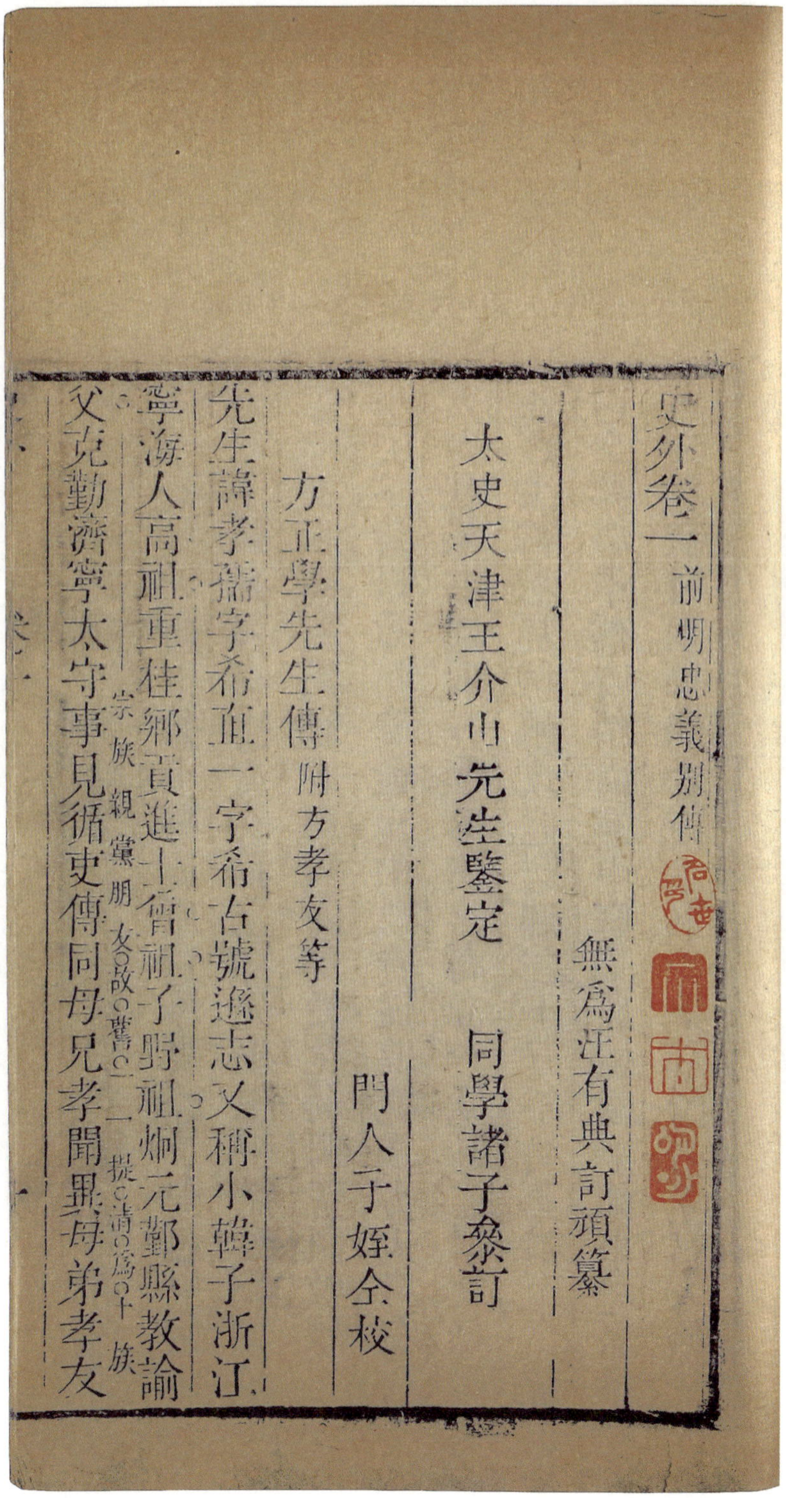

史外三十二卷　（清）汪有典撰　清乾隆十三年（1748）刻本

框高18厘米，廣12厘米。半葉九行，行二十二字，白口，左右雙邊。12册。鈐“名世印”朱文印、“文”朱文印、“谷”白文印、“行書”朱文印、“藏宓”白文印等。

shan192

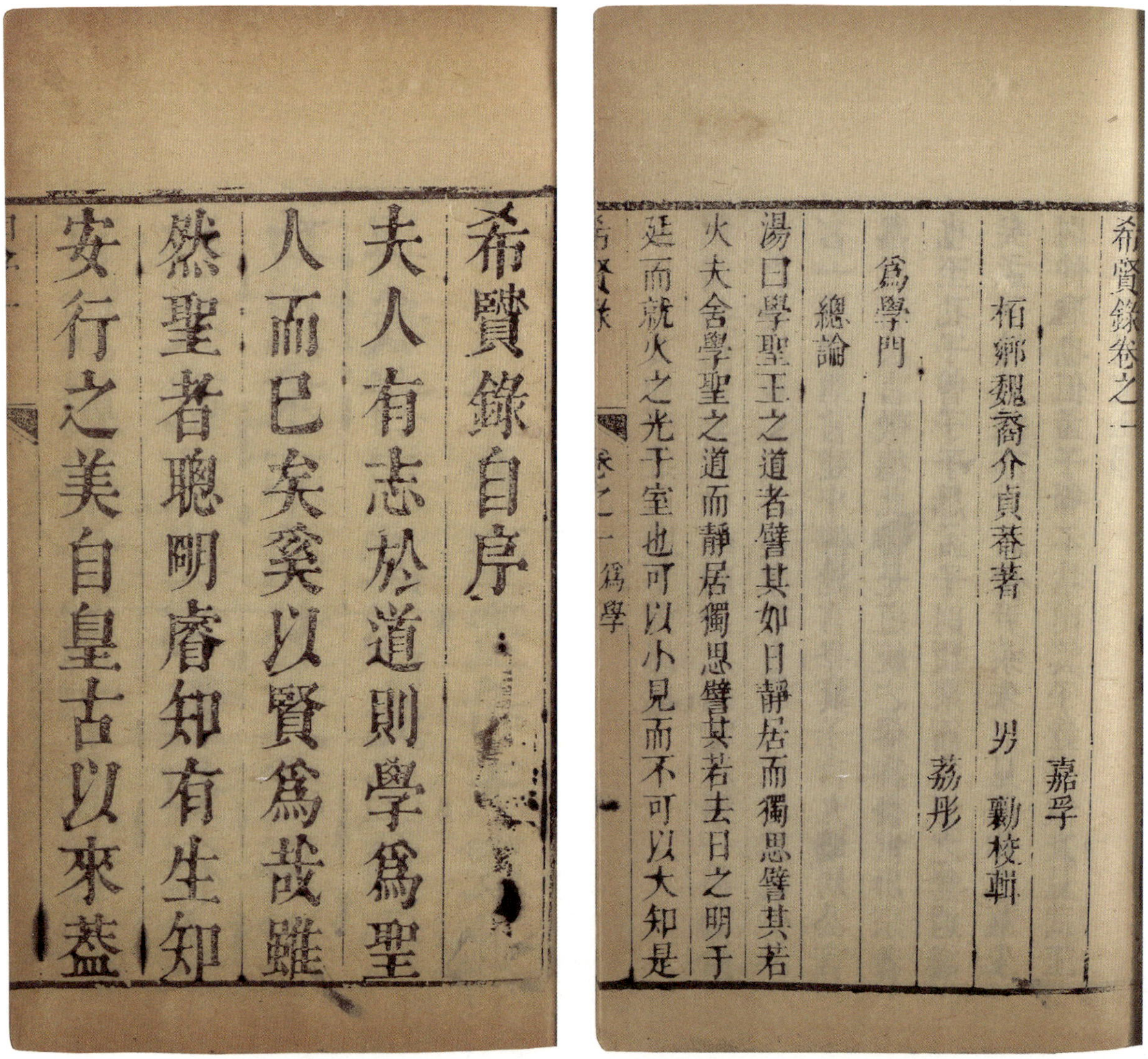

希賢録十卷　（清）魏裔介撰　清康熙二十年（1681）博雅堂刻本

框高18.8厘米，廣13.5厘米。半葉九行，行二十字，小字雙行同，白口，左右雙邊。12册。

shan297

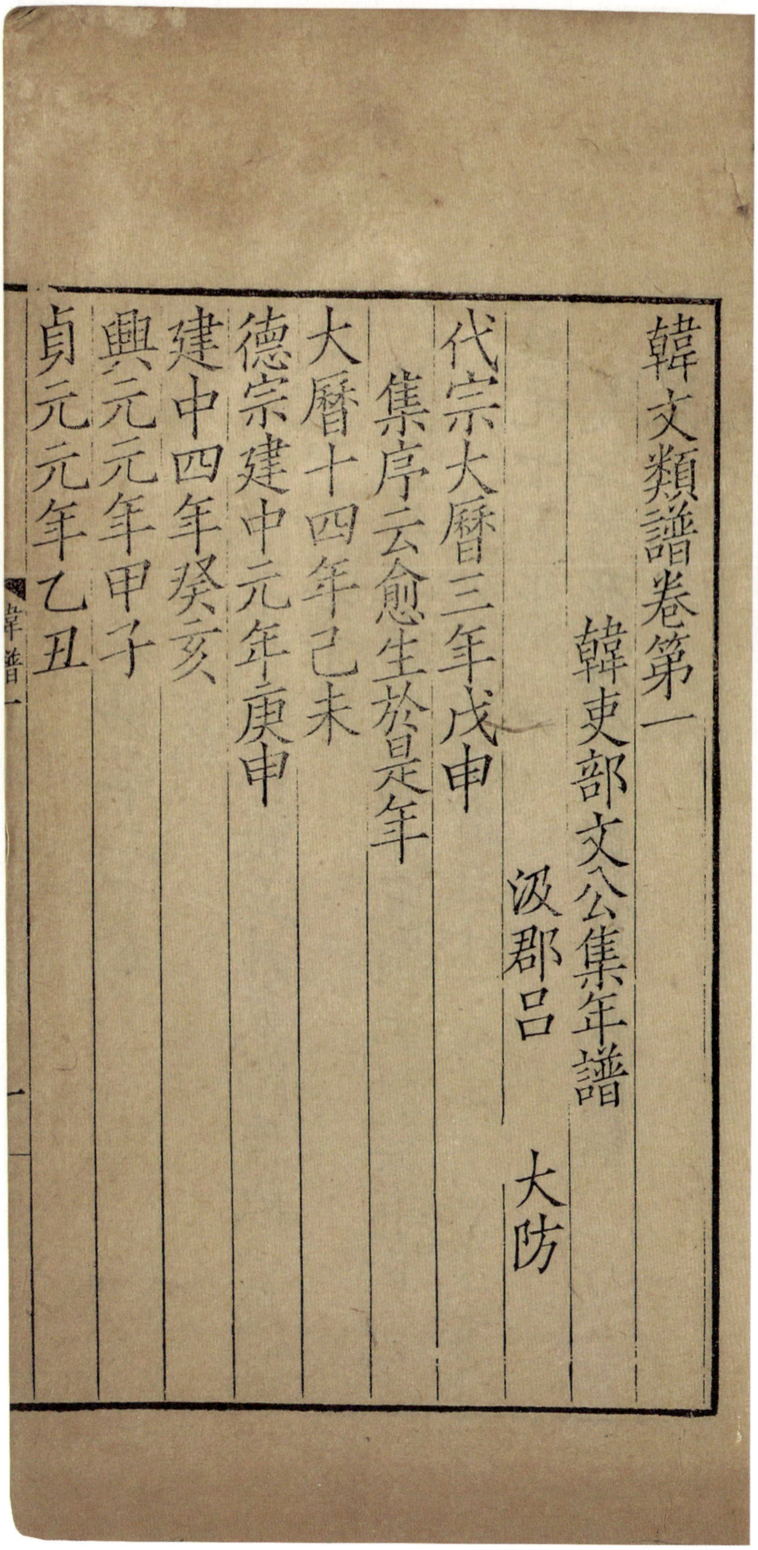
韓文類譜卷第一
韓吏部文公集年譜
汲郡呂大防
代宗大曆三年戊申
集序云愈生於是年
大曆十四年己未
德宗建中元年庚申
建中四年癸亥
興元元年甲子
貞元元年乙丑
韓譜一　一

韓柳二先生年譜八卷　（清）馬白琯輯　清雍正七年（1729）小玲瓏山館刻本
框高 20.2 厘米，廣 13.3 厘米。半葉十行，行十八字，白口，左右雙邊。1 册。

shan576

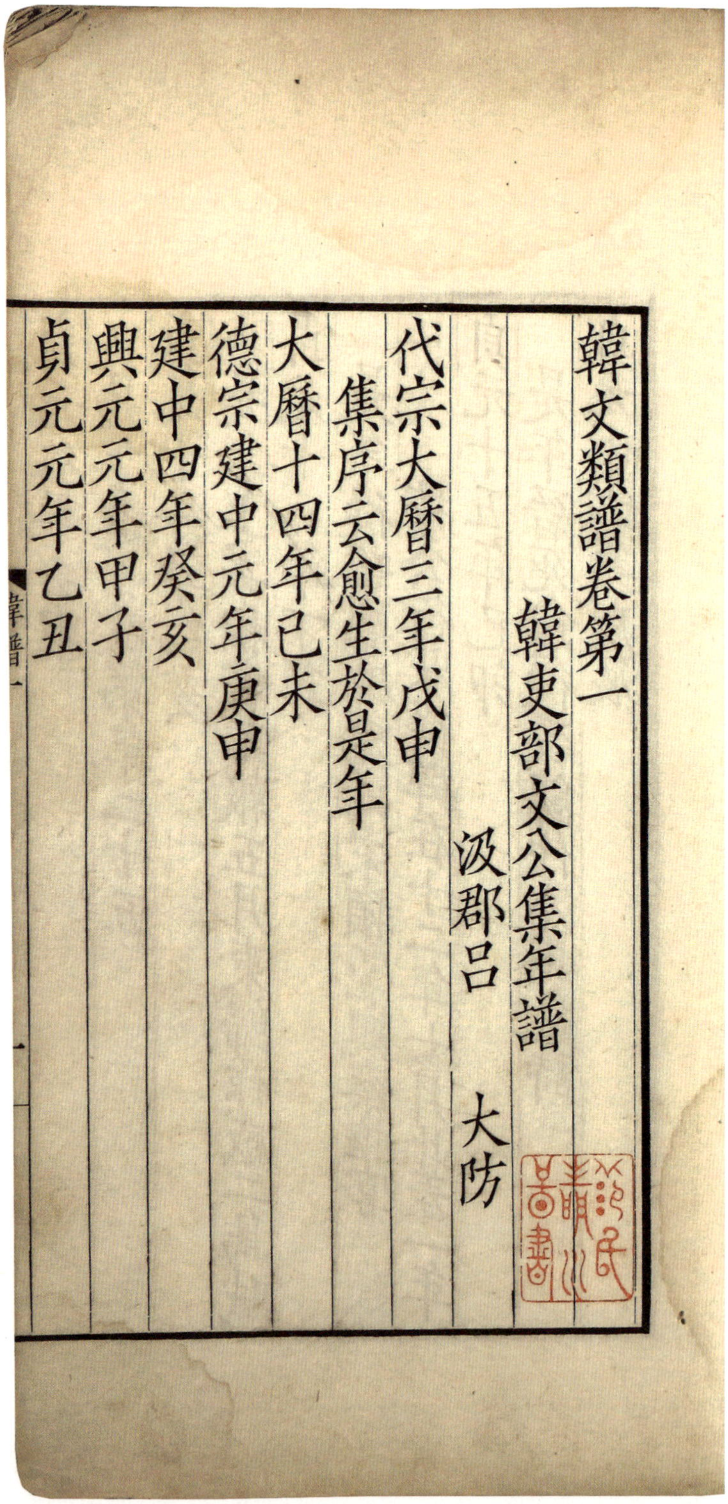
韓文類譜卷第一
韓吏部文公集年譜
汲郡呂　大防
代宗大曆三年戊申
集序云愈生於是年
大曆十四年己未
德宗建中元年庚申
建中四年癸亥
興元元年甲子
貞元元年乙丑

韓譜一

韓文類譜五卷　（宋）呂大防撰　清雍正七年（1729）小玲瓏山館仿宋刻本

框高 20.2 厘米，廣 13 厘米。半葉十行，行十八字，白口，左右雙邊。1 册。鈐“范氏晴川圖書”朱文印。

shan655

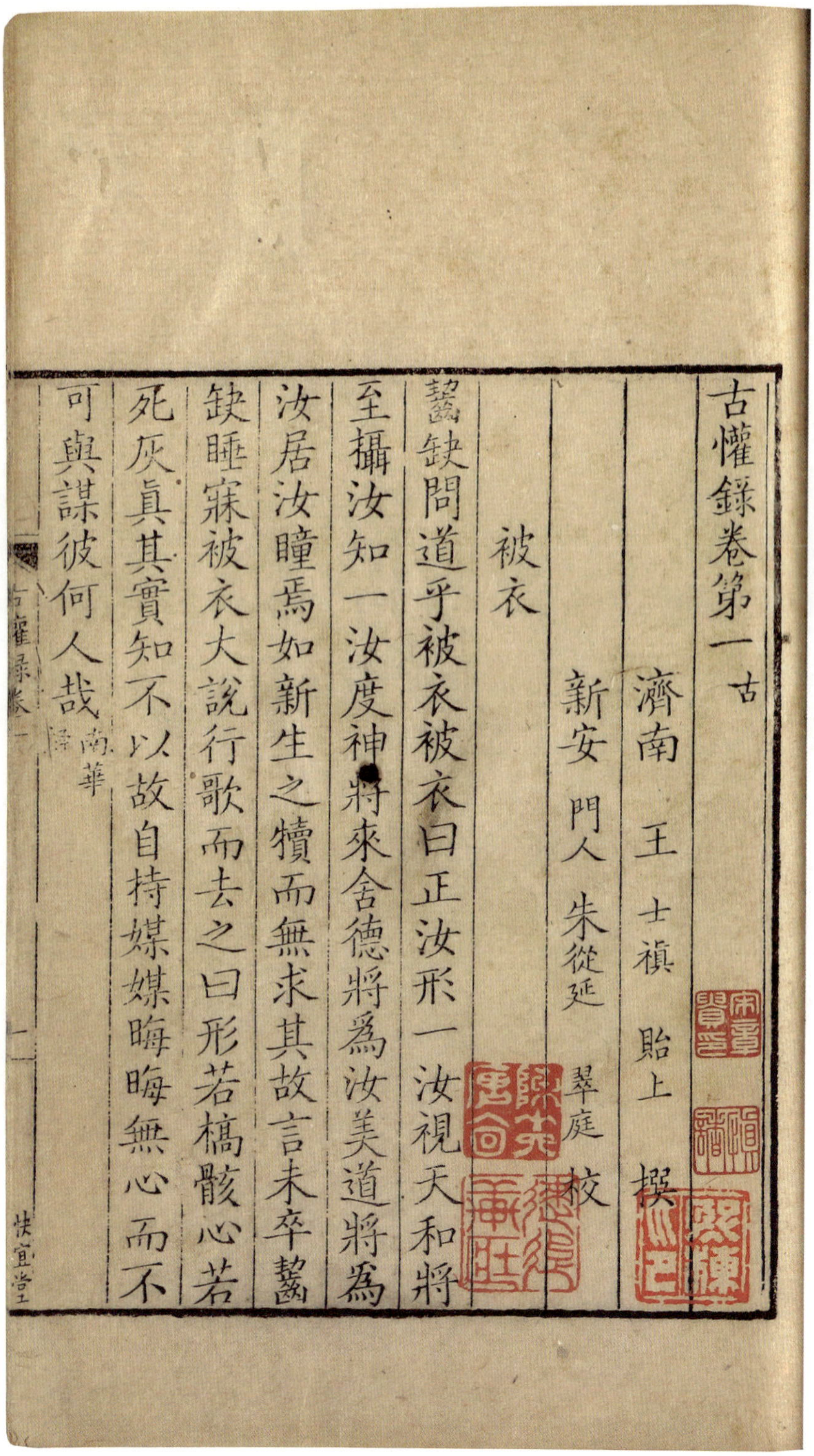

古懽錄卷第一　古
濟南　王士禛　貽上　撰
新安　門人　朱從延　翠庭　校

被衣
齧缺問道乎被衣被衣曰正汝形一汝視天和將至攝汝知一汝度神將來舍德將爲汝美道將爲汝居汝瞳焉如新生之犢而無求其故言未卒齧缺睡寐被衣大說行歌而去之曰形若槁骸心若死灰眞其實知不以故自持媒媒晦晦無心而不可與謀彼何人哉南華

古懽錄卷一
快宜堂

古懽録八卷　（清）王士禛撰　（清）朱從延校　清康熙三十九年（1700）快宜堂刻本

框高 16.5 厘米，廣 13.5 厘米。半葉十行，行十九字，小字雙行不等，白口，左右雙邊。4 册。鈐“熙棟印”白文印等。

shan717

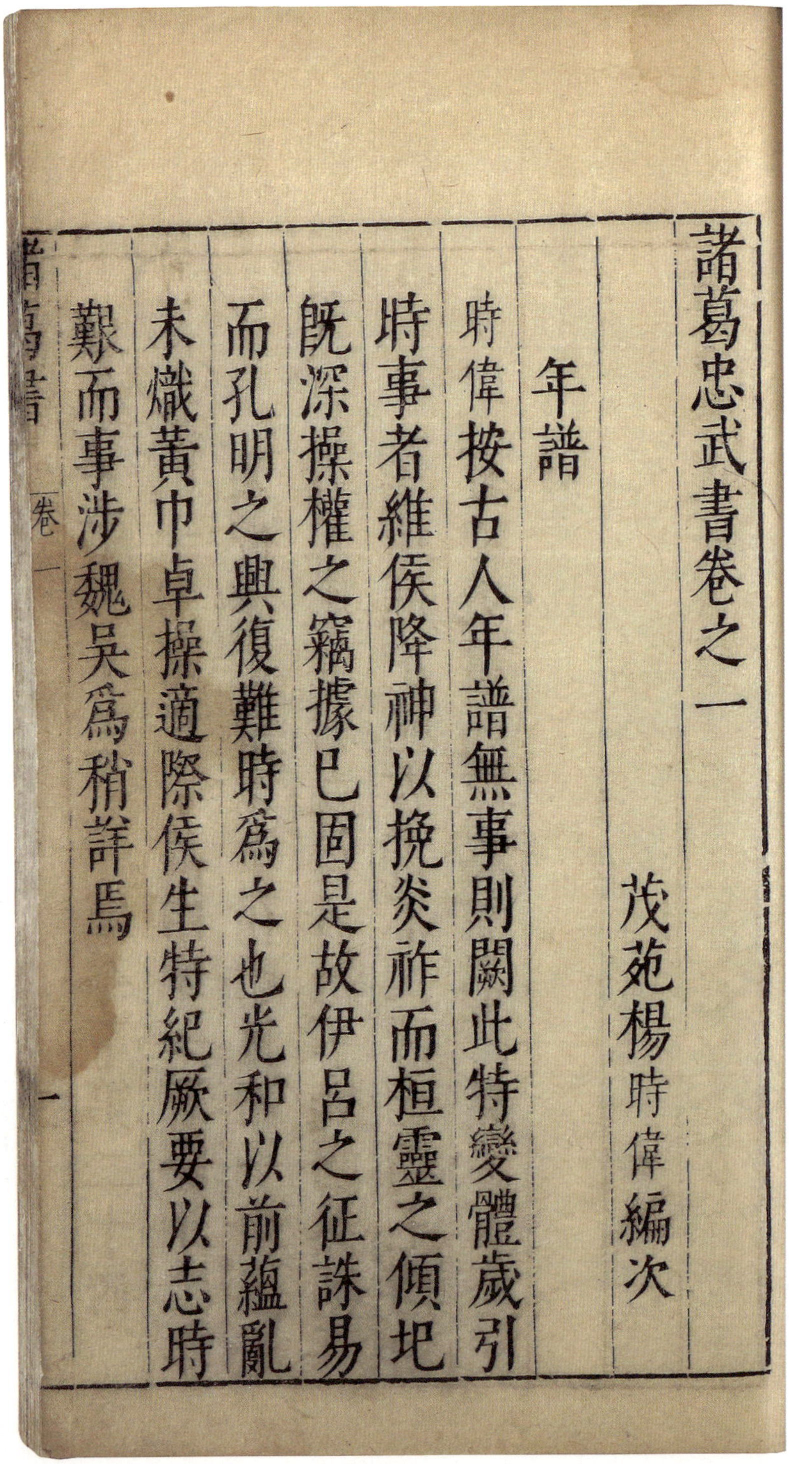

諸葛忠武書十卷　（明）楊時偉輯　明萬曆四十年（1612）楊氏合刻忠武靖節二編本

框高20厘米，廣12.9厘米。半葉九行，行十八字，白口，四周單邊。3册。鈐“臣金石麟”白文印。缺二卷（六至七）。

shan749

【政書類】

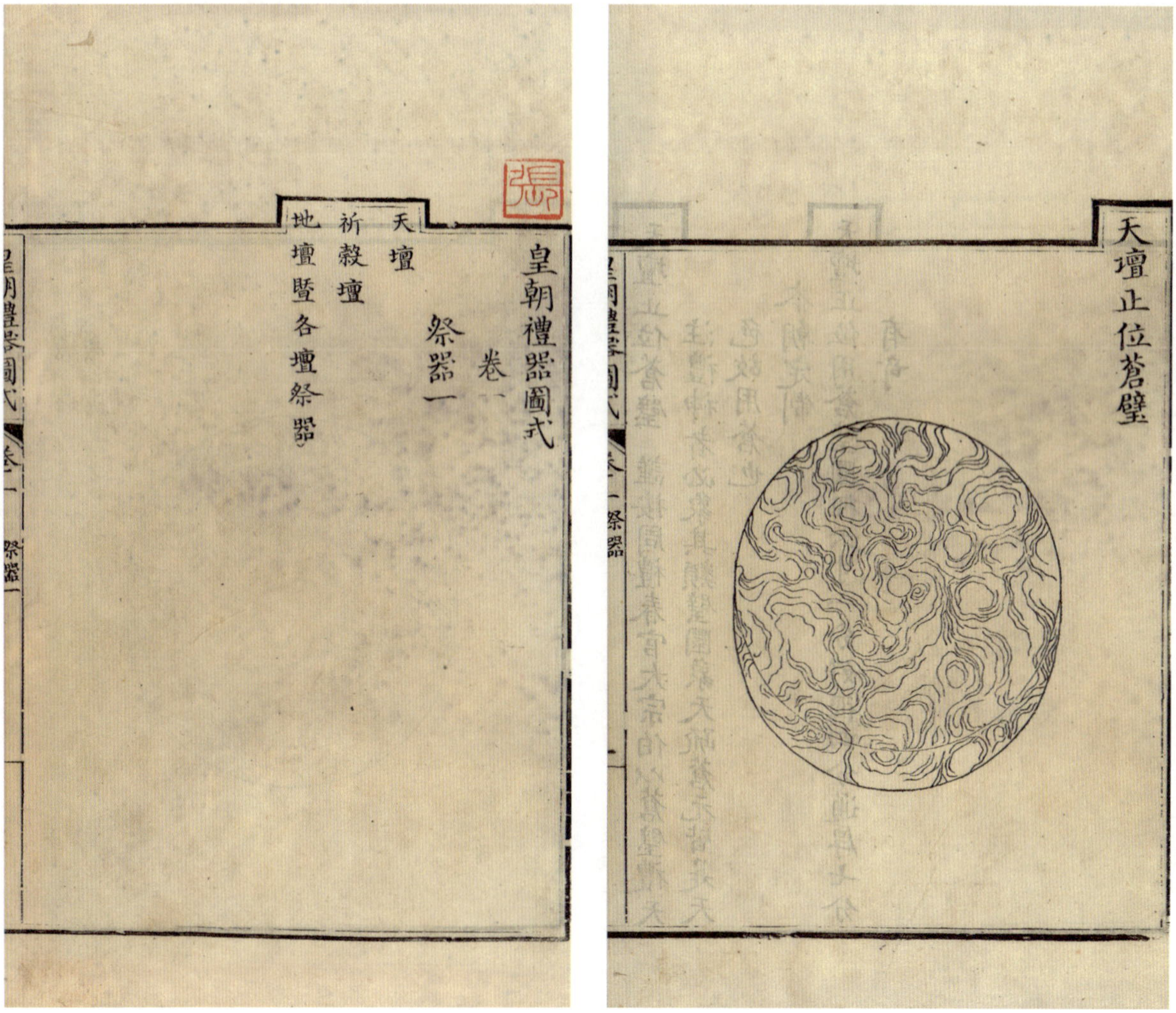

皇朝禮器圖式十八卷目錄一卷　（清）允祿等纂修　清乾隆三十一年（1766）武英殿刻本

框高 20 厘米，廣 16 厘米。半葉十一行，行二十字，白口，四周雙邊。28 册。鈐“慧海樓藏書印”白文印、“張”朱文印。

二級 24bei51

明中東宮冠服 明烏絲欄彩繪本

框高 24.8 厘米，廣 17.4 厘米。半葉九行，行二十一字，白口，四周雙邊。6 册。鈐“高士奇圖書記”朱文印、“長樂鄭振鐸西諦藏書”朱文印等。

二級 131k284

【職官類】

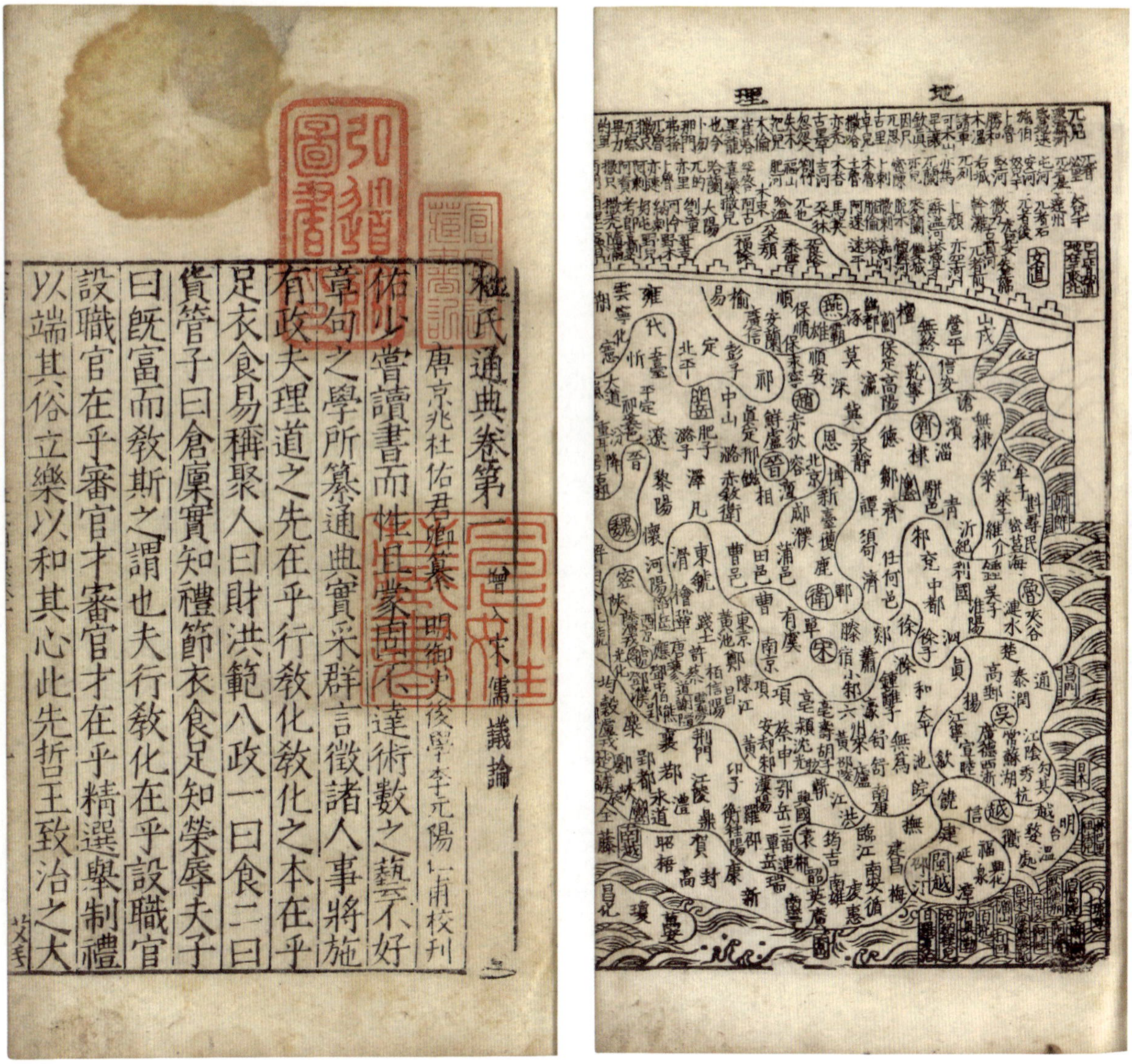

杜氏通典二百卷　（唐）杜佑撰　明嘉靖李元陽刻本（卷八十六至八十八、一百一至一百十、一百二十四至一百二十七、一百九十四至一百九十六配吉番刻本）

框高 18.6 厘米，廣 13.7 厘米。半葉十行，行十八字，小字雙行同，白口，四周單邊。48 册。鈐“弘道館圖書印”朱文印、“仓氏懷藏書記”朱文印、“倉姓藏書”朱文印、“内府藏書”朱文印、“知止堂”白文印等。

二級 21pan10584

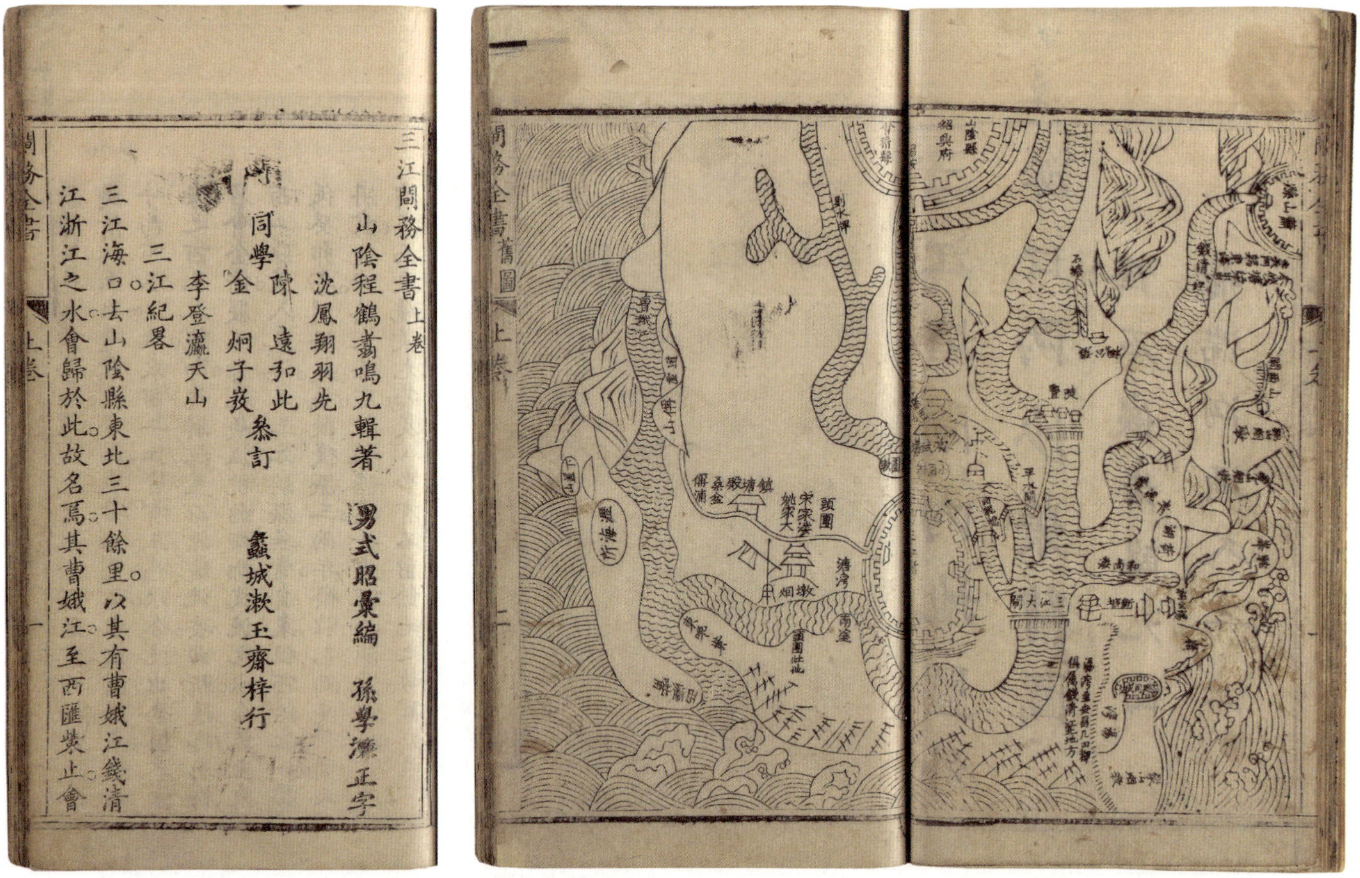

三江閘務全書二卷　（清）程鶴翥撰　清康熙四十一年（1702）漱玉齋刻本

框高 18.9 厘米，廣 11.4 厘米。半葉九行，行二十四字，白口，四周雙邊，無格。2 册。鈐“雲槁川隱”朱文印。

shan810

【時令類】

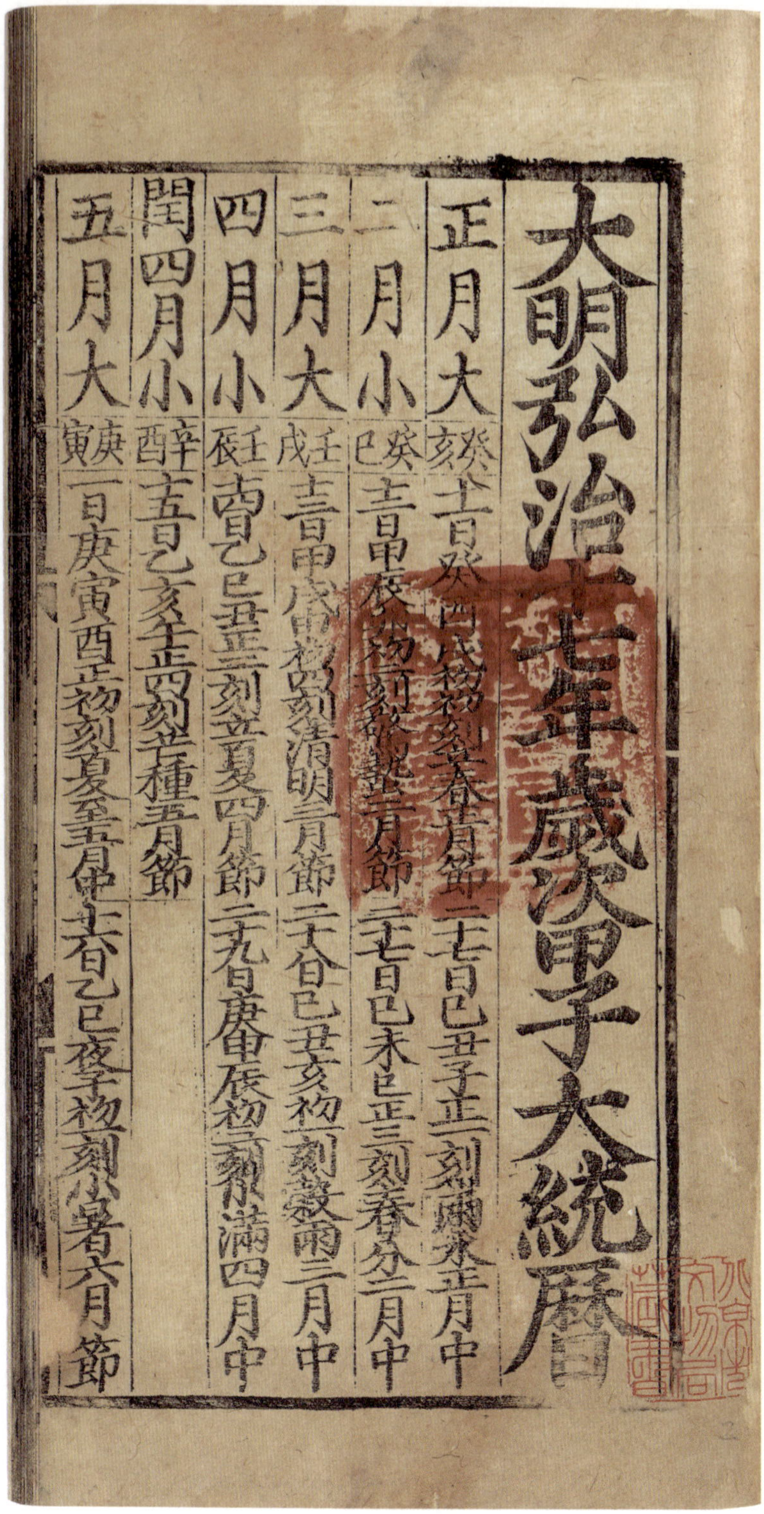

大明弘治十七年歲次甲子大統曆　（明）欽天監編　明弘治十七年（1504）刻本

框高 27 厘米，廣 14.5 厘米。行、字數不等，黑口，左右雙邊。1 册。

一級 2wen203

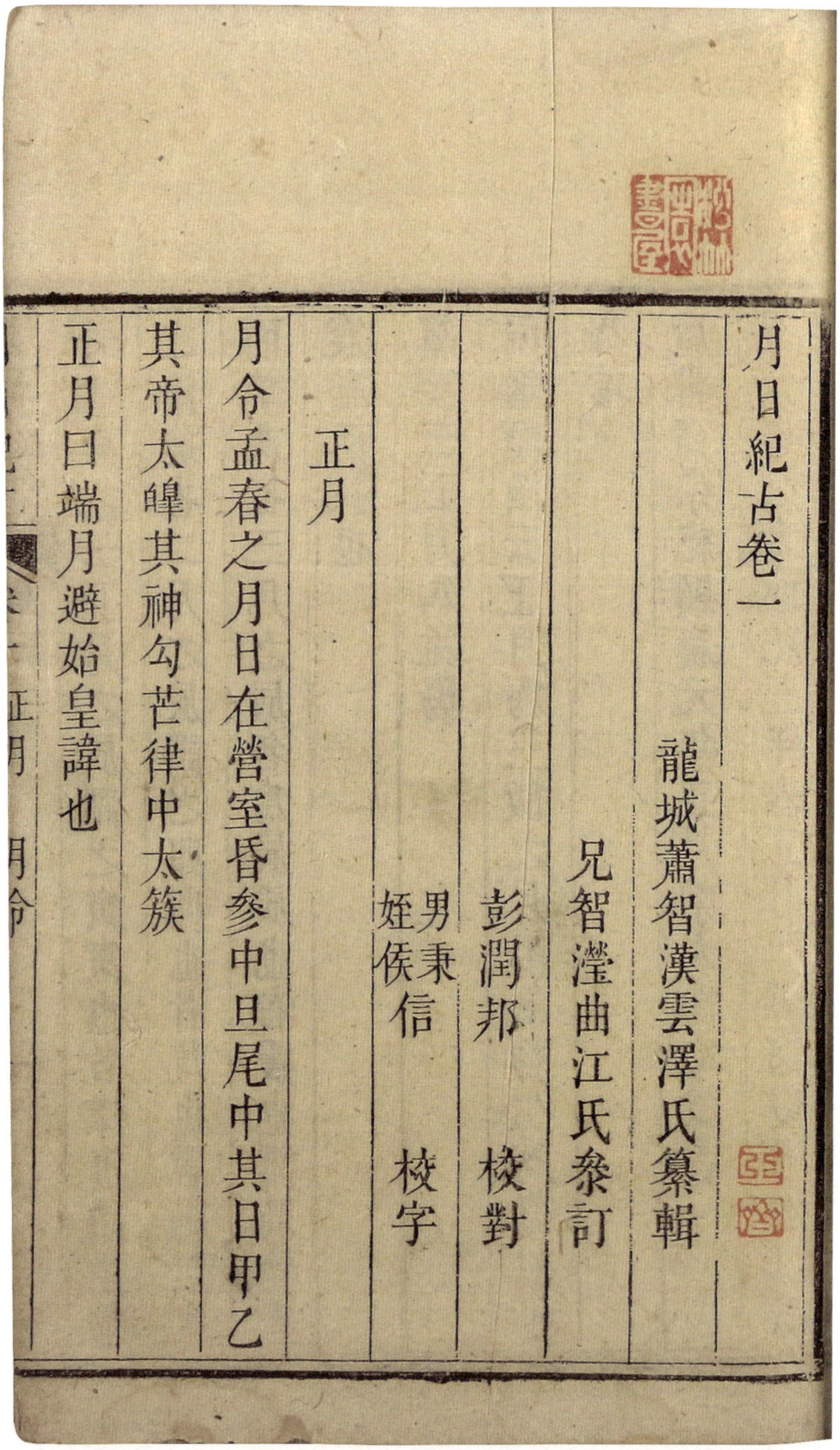

月日紀古十二卷　（清）蕭智漢輯　清乾隆五十九年（1794）龍城蕭氏聽濤山房刻本

框高 17.6 厘米，廣 13.5 厘米。半葉九行，行二十字，白口，四周雙邊。12 册。鈐“松竹園書屋”“玉齋”白文印。

三級 110shan173

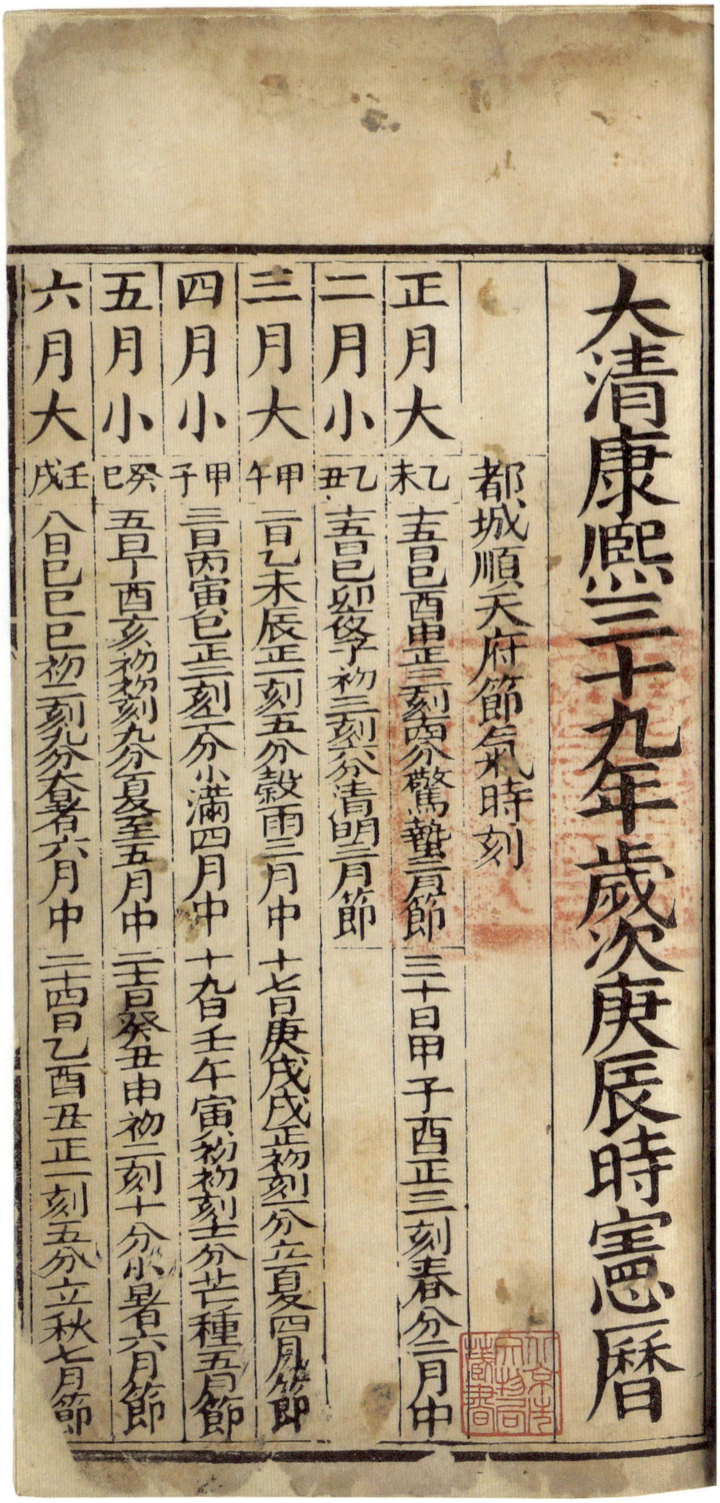

大清康熙三十九年歲次庚辰時憲曆一卷 （清）欽天監編 清康熙刻本

框高 23.9 厘米，廣 14.1 厘米。半葉行、字數不等，四周雙邊。1 册。

三級 115shan330

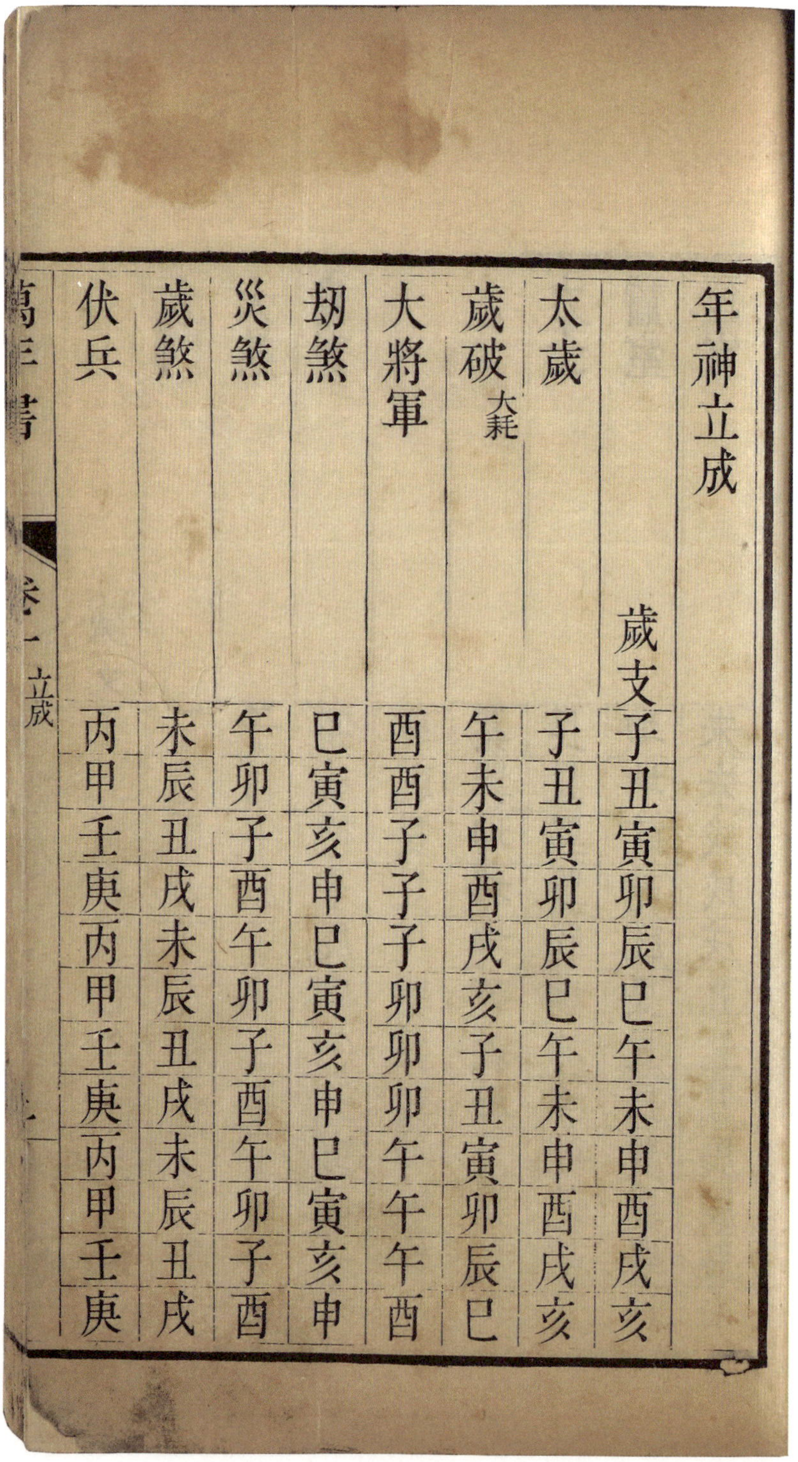

年神立成

歲支	太歲	歲破（大耗）	大將軍	刼煞	災煞	歲煞	伏兵
子	子	午	酉	巳	午	未	丙
丑	丑	未	酉	寅	卯	辰	甲
寅	寅	申	子	亥	子	丑	壬
卯	卯	酉	子	申	酉	戌	庚
辰	辰	戌	子	巳	午	未	丙
巳	巳	亥	卯	寅	卯	辰	甲
午	午	子	卯	亥	子	丑	壬
未	未	丑	卯	申	酉	戌	庚
申	申	寅	午	巳	午	未	丙
酉	酉	卯	午	寅	卯	辰	甲
戌	戌	辰	午	亥	子	丑	壬
亥	亥	巳	酉	申	酉	戌	庚

萬年書 卷一 立成

萬年書十二卷　（清）欽天監編　清康熙武英殿刻朱墨印本

框高20.6厘米，廣14.5厘米。半葉九行，行二十字，小字雙行同，白口，四周雙邊。4册。

三級 182shan821

【地理類】

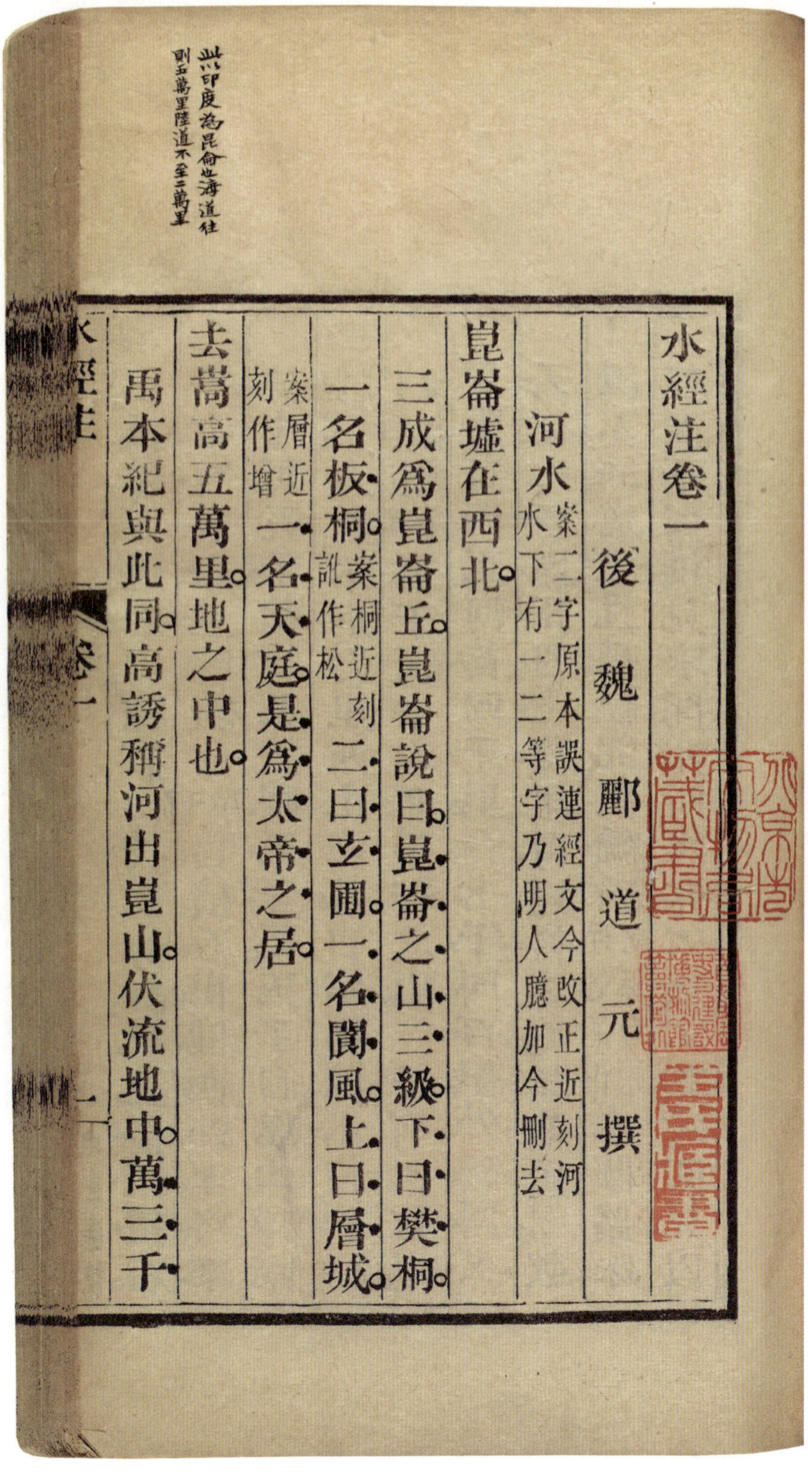

水經注四十卷 （北魏）酈道元撰 清乾隆武英殿聚珍版叢書本

框高19厘米，廣12.7厘米。半葉九行，行二十一字，小字雙行同，白口，四周雙邊。8册。鈐“湘綺樓存”白文印、“吉壽堂嚴氏家藏”朱文印、“王氏藏書”白文印等。有王闓運跋。

二級 9bei29

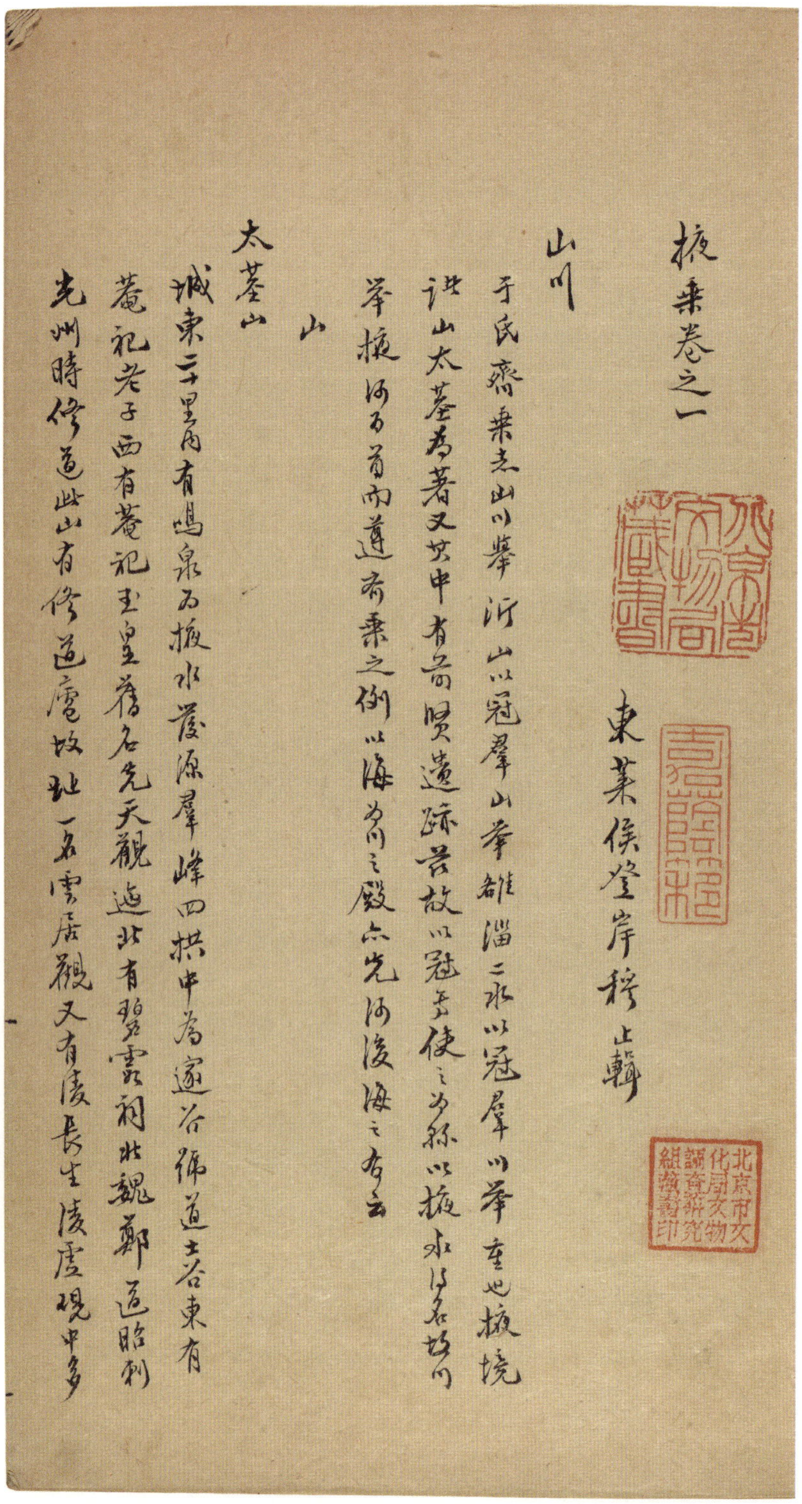
掖乘卷之一
東萊侯登岸稼上輯
山川
于氏齊乘志山川舉沂山以冠群山舉濰淄二水以冠群川舉重也掖境諸山太基為著又其中有前賢遺跡故以冠其使之易録以掖水以名故川舉掖河為首而道齊乘之例以海為之殿亦先河後海之旨云
山
太基山
城東二十里內有鳴泉為掖水發源羣峰四拱中為邃谷佛道士各東有菴祀老子西有菴祀玉皇舊名先天觀迤北有碧雲洞北魏鄭道昭刺光州時修道此山有修道處故址一名雲居觀又有凌長生凌虛境中多

掖乘六卷　（清）侯登岸撰　清道光八年（1828）劉喜海抄本

開本高 29 厘米，廣 18.5 厘米。行、字數不等，無格。2 册。鈐“喜”白文印、“海”白文印、“嘉蔭簃”朱文印等。有劉喜海跋。

二級 18bei11

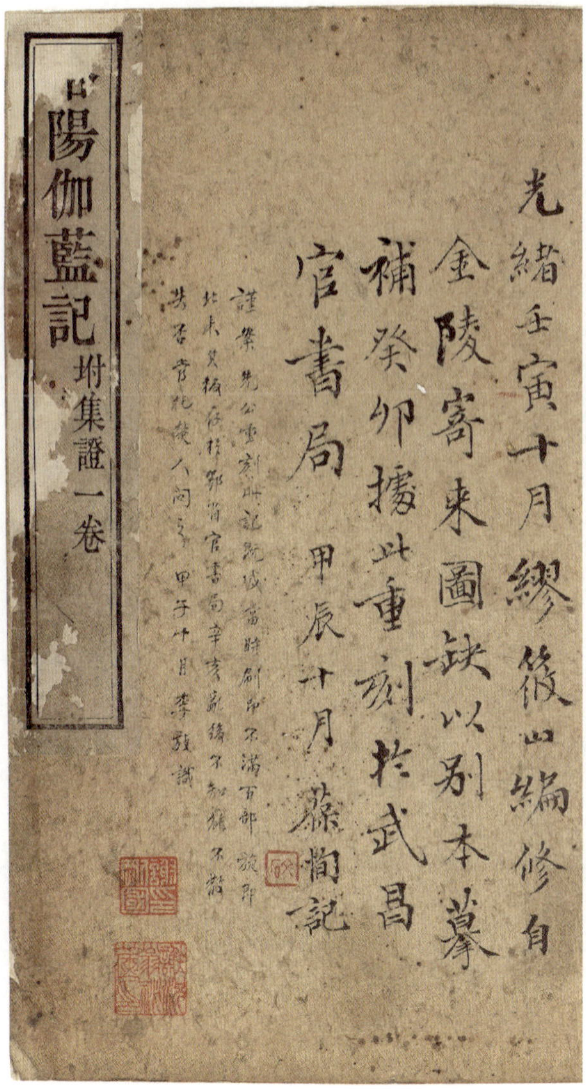

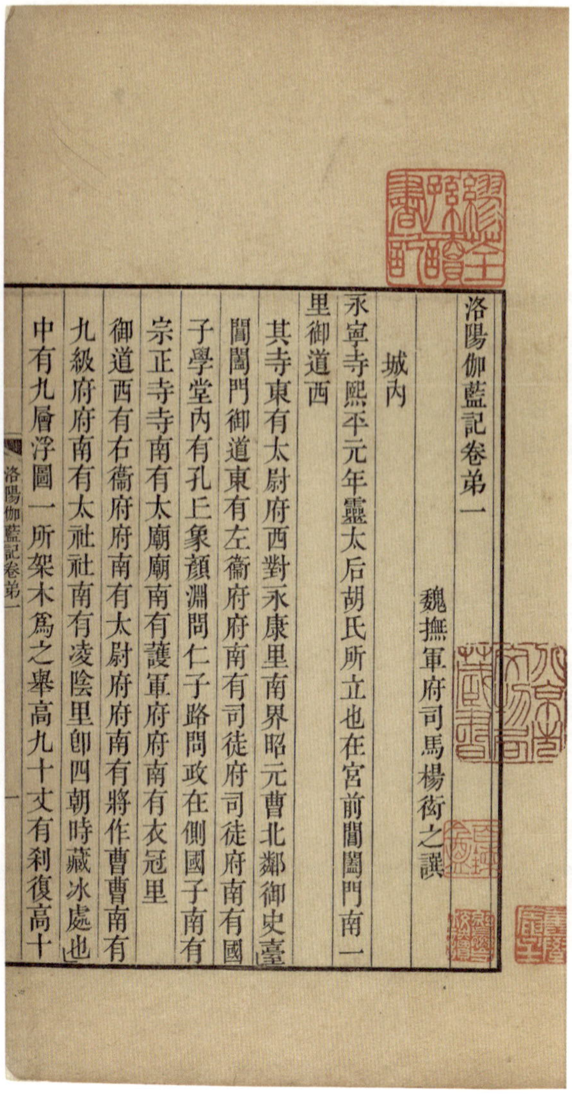

洛陽伽藍記五卷　（北魏）楊衒之撰　**集證一卷**　（清）吴若準撰　清道光十四年（1834）吴若準刻本

框高18厘米，廣13.5厘米。半葉十二行，行二十三字，白口，左右雙邊。2册。鈐"謝剛國印"白文印、"繆荃孫讀書記"朱文印、"舊學庵主"白文印、"文石手校"朱文印、"撫園"白文印、"小李"朱文印等。有李文田、李葆恂跋。

二級 19pan10402

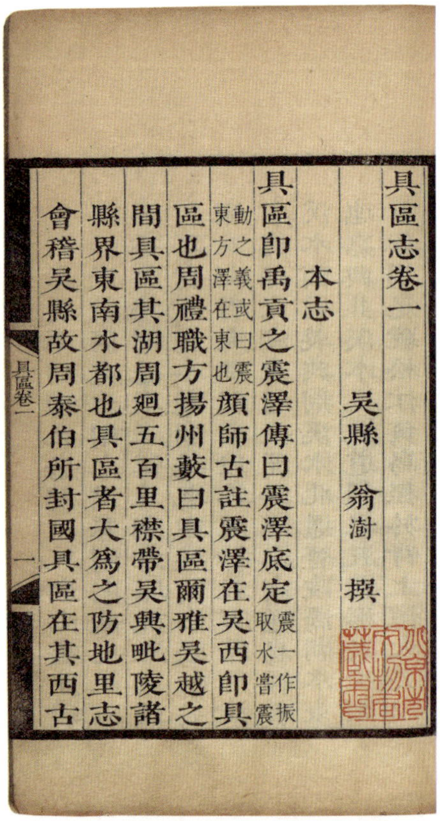

具區志卷一
吳縣　翁澍　撰
本志
具區卽禹貢之震澤傳曰震澤底定震一作振取水嘗震動之義或曰震東方澤在東也顏師古註震澤在吳西卽具區也周禮職方揚州藪曰具區爾雅吳越之間具區其湖周廻五百里襟帶吳興毗陵諸縣界東南水都也具區者大爲之防地里志會稽吳縣故周泰伯所封國具區在其西古

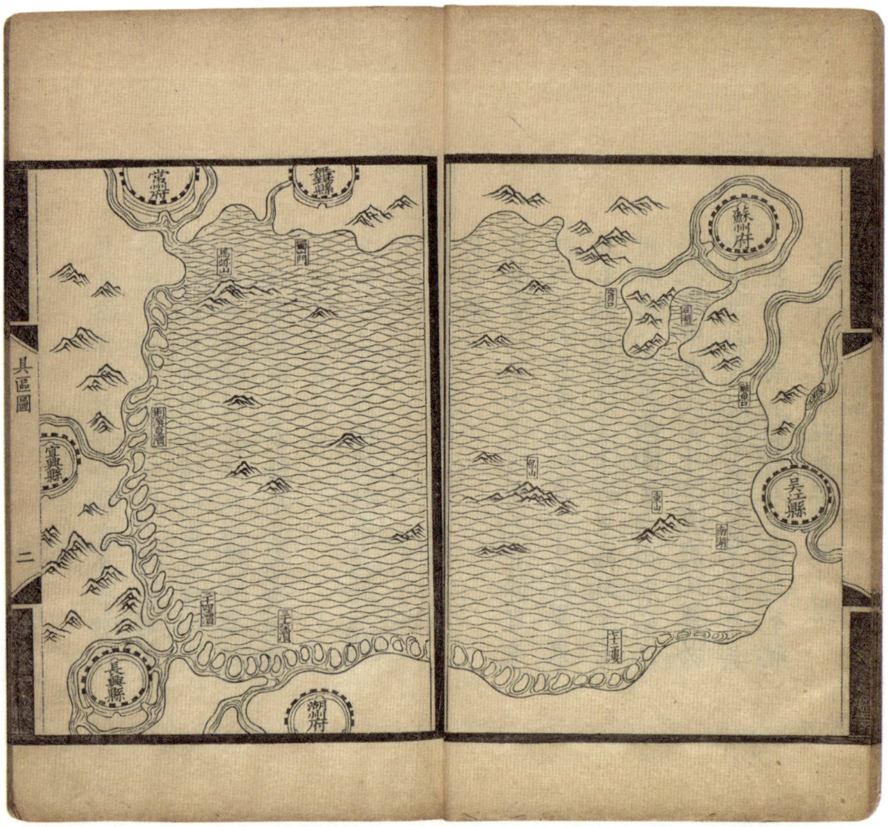

具區志十六卷　（清）翁澍撰　清康熙二十八年（1689）刻本

框高 19.5 厘米，廣 15 厘米。半葉九行，行十八字，小字雙行同，粗黑口，左右雙邊。4 册。

二級 20pan10576

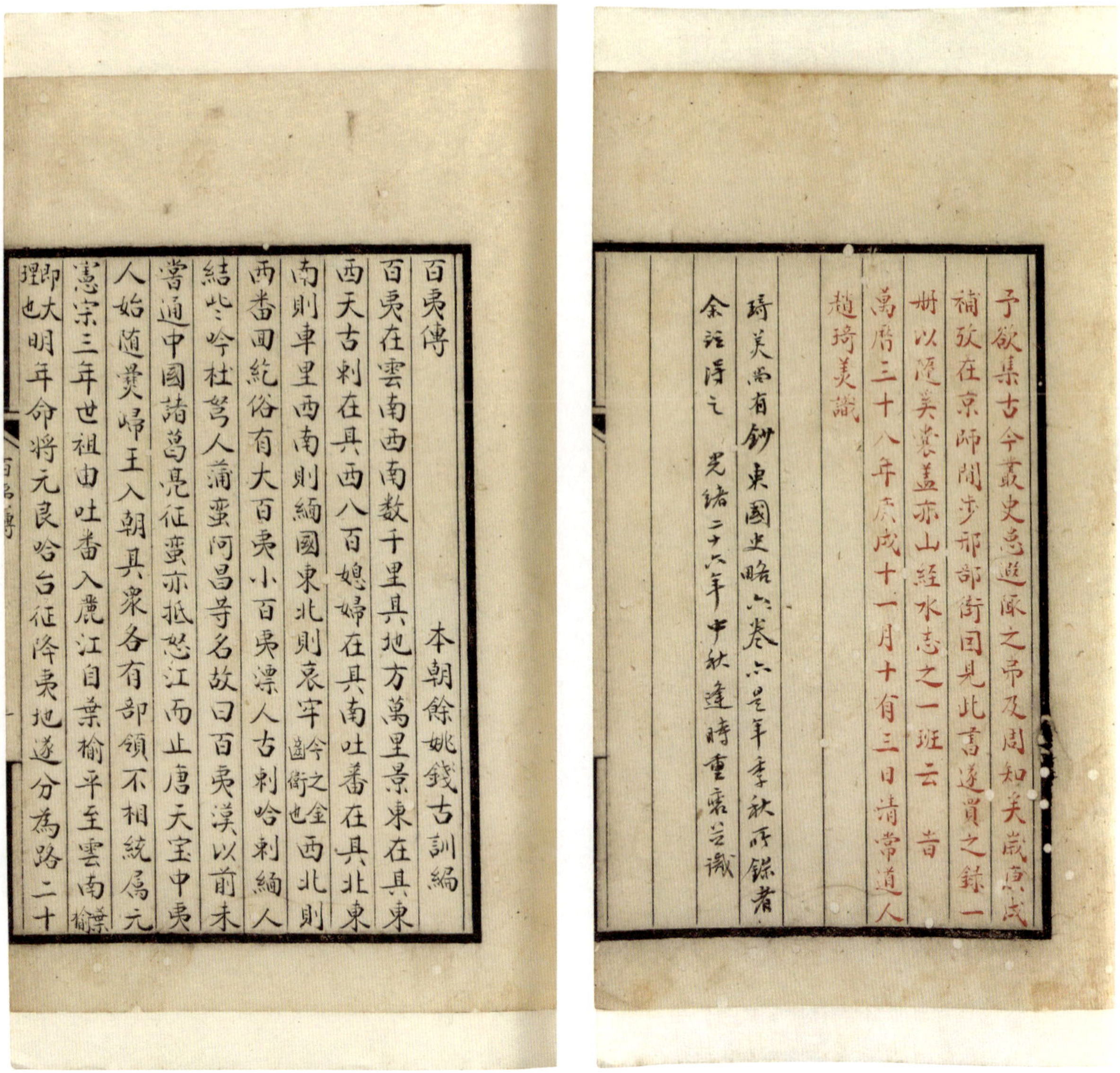

百夷傳一卷　（明）錢古訓編　明萬曆趙琦美抄本

框高19.7厘米，廣13.2厘米。半葉十行，行二十字，黑口，左右雙邊。1册。鈐“柯逢時印”白文印。有趙琦美、柯逢時跋。

二級 123k247

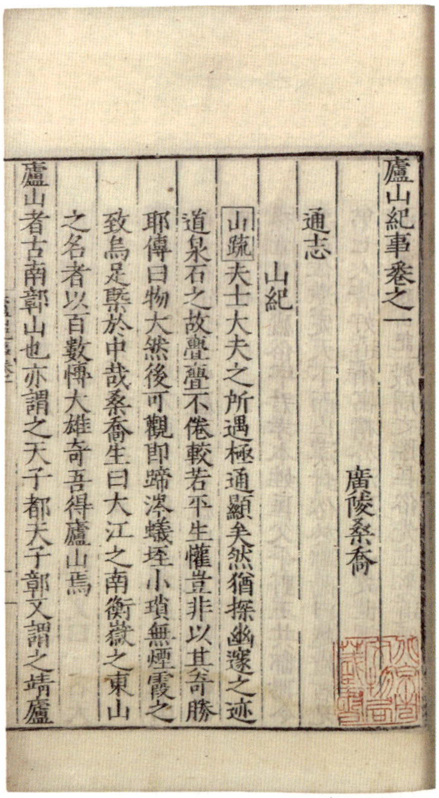

廬山紀事卷之一
廣陵桑喬
通志
山紀
山疏　夫士大夫之所遇極通顯矣然猶探幽邃之迹道泉石之故亹亹不倦較若平生權豈非以其奇勝耶傳曰物大然後可觀即蹄涔蟻垤小瑣無煙霞之致烏足槩於中哉桑喬生曰大江之南衡嶽之東山之名者以百數憚大雄奇吾得廬山焉
廬山者古南鄣山也亦謂之天子都天子鄣又謂之靖廬

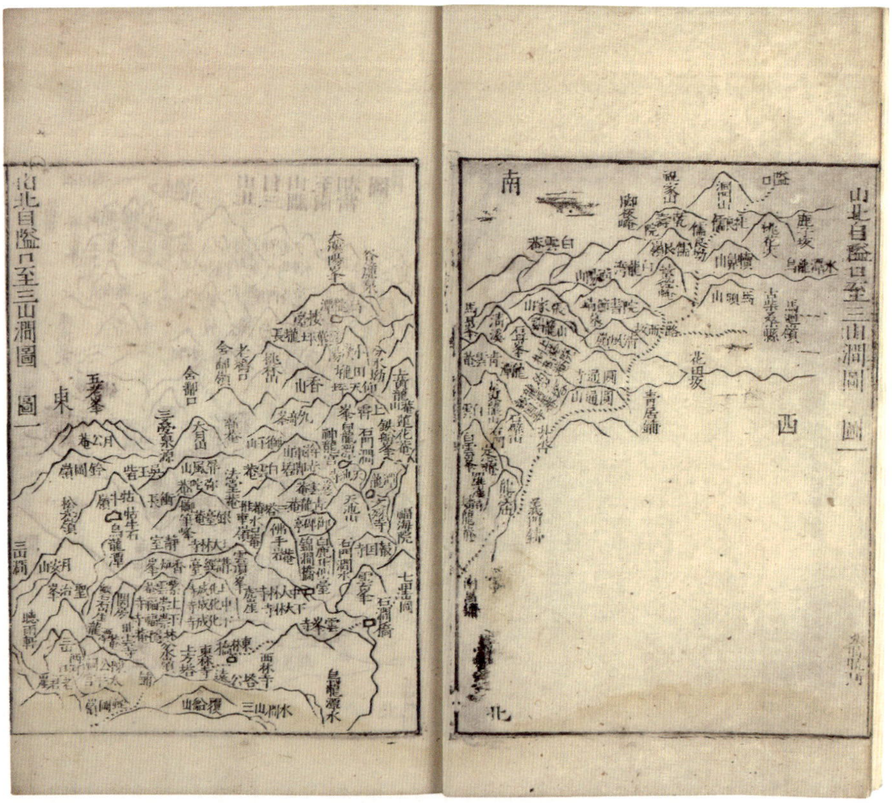

廬山紀事十二卷　（明）桑喬撰　明嘉靖刻本

框高 20.5 厘米，廣 15.1 厘米。半葉十行，行二十二字，白口，四周單邊。4 册。

二級 127k262

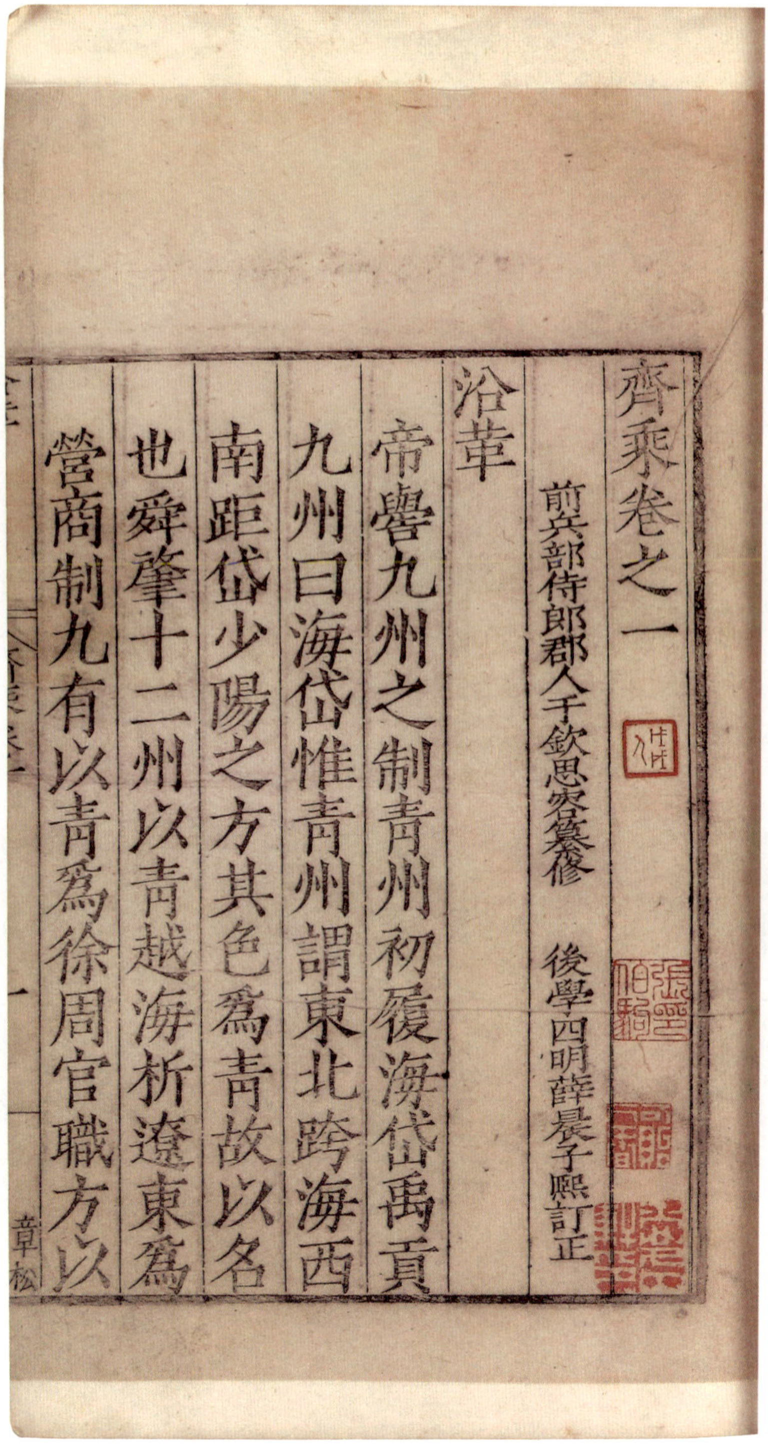

齊乘六卷 （元）于欽纂修 **釋音一卷** （元）于潛撰 明嘉靖四十三年（1564）杜思刻本

框高20.3厘米，廣15.3厘米。半葉八行，行十五字，白口，左右雙邊。6册。鈐“海豐吳氏”朱文印、“東粵柯氏”白文印、“畢拱辰印”白文印等。

二級 130k274

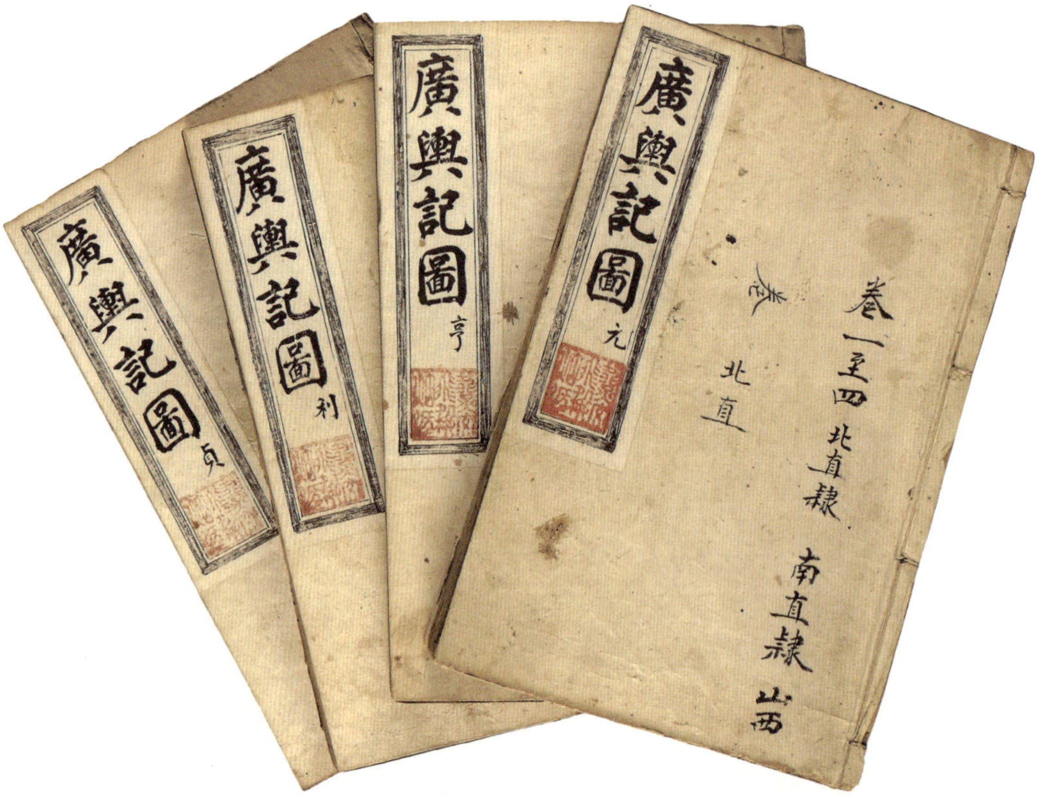

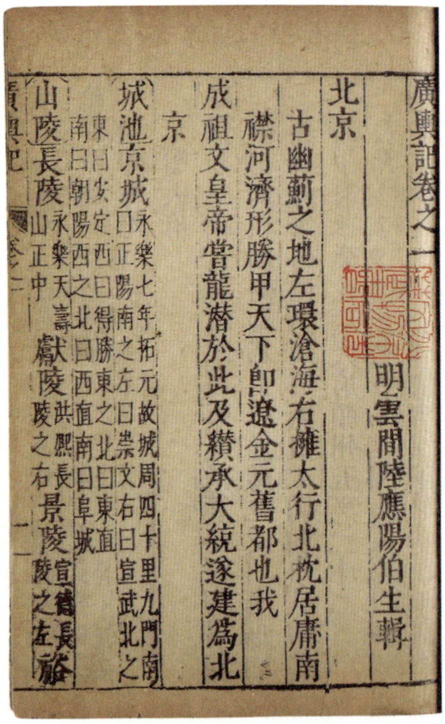

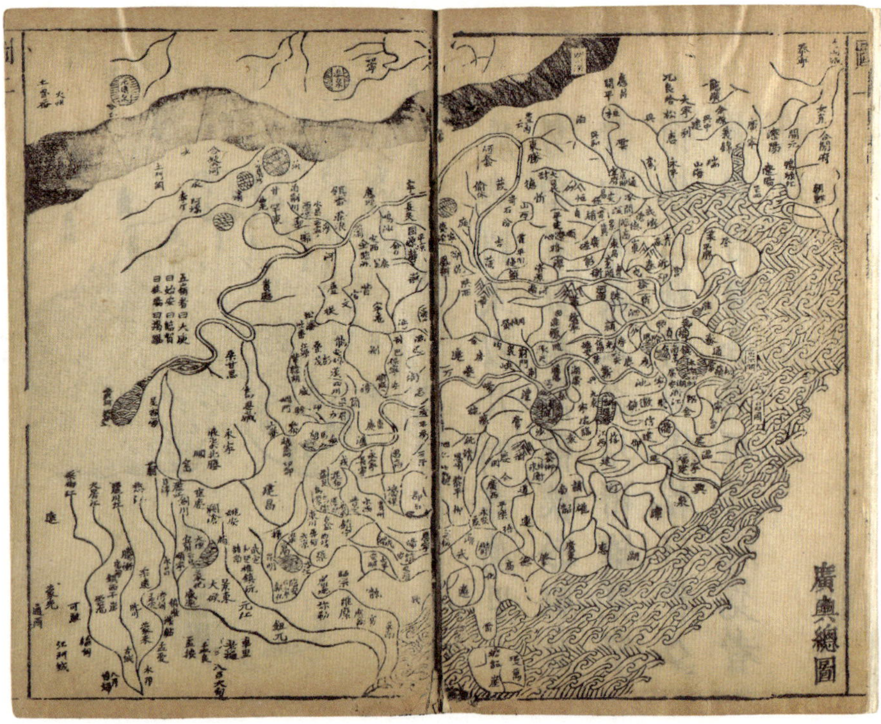

廣輿記二十四卷　（明）陸應陽輯　明萬曆刻本

框高20.4厘米，廣14.4厘米。半葉十行，行十九字，小字雙行同，白口，四周單邊。4册。

二級 213shan111

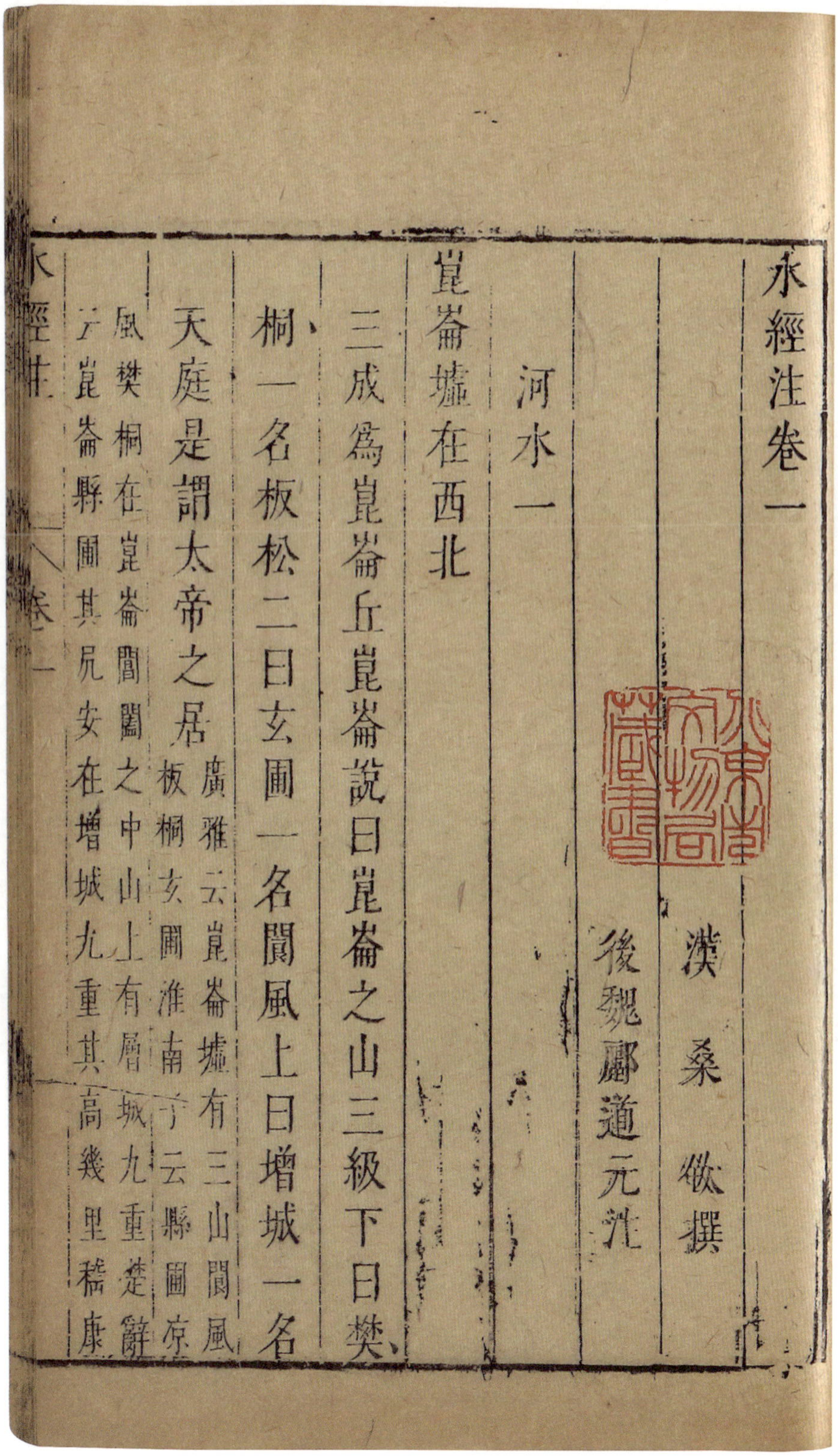

水經注四十卷　（漢）桑欽撰　（北魏）酈道元注　明崇禎二年（1629）嚴忍公等刻本

框高20.1厘米，廣13.5厘米。半葉九行，行二十字，小字雙行同，白口，四周單邊。32册。

二級 247shan399

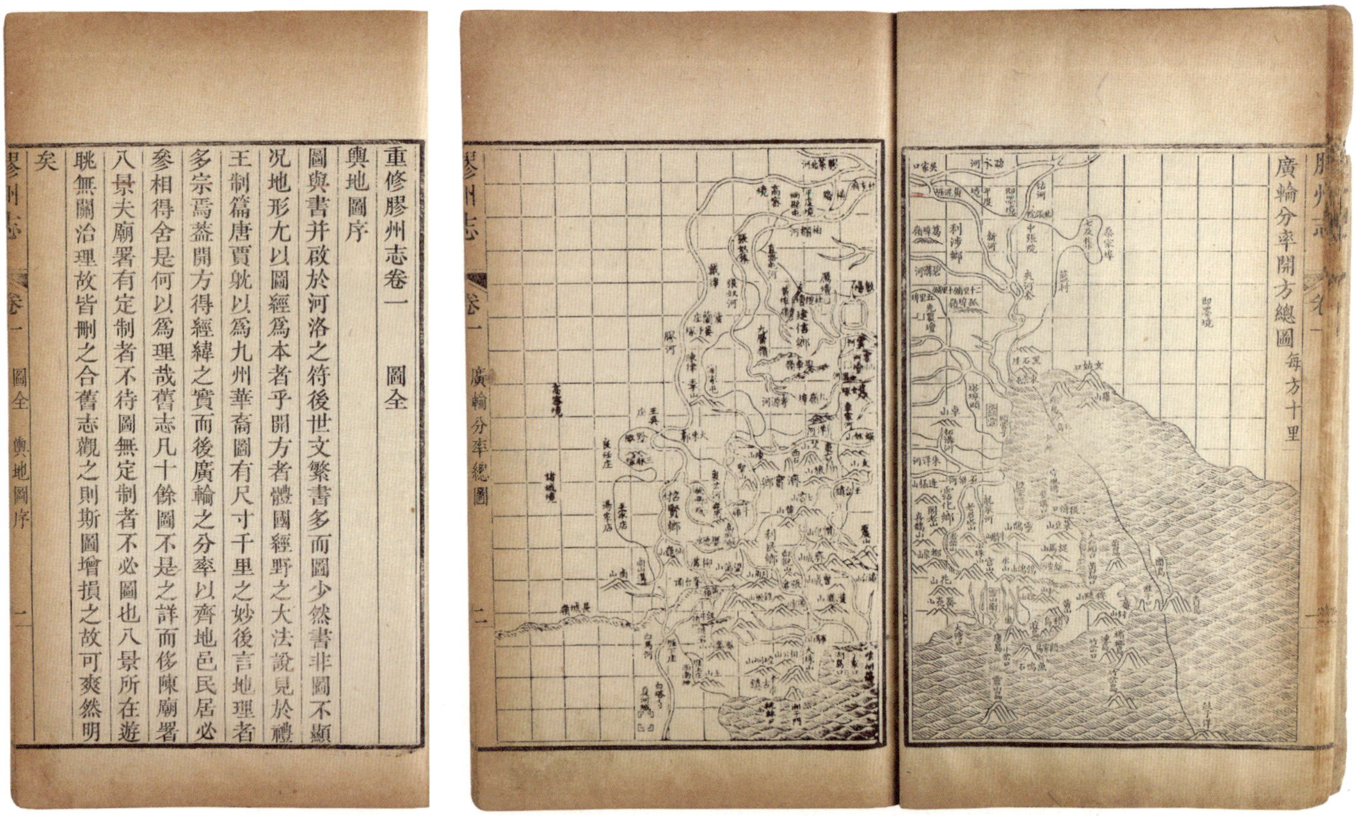

重修膠州志四十卷　（清）張同聲修　（清）李圖等纂修　清道光二十五年（1845）刻本

框高 20.8 厘米，廣 13.5 厘米。半葉十行，行二十五字，白口，左右雙邊。8 册。

三級 2k11

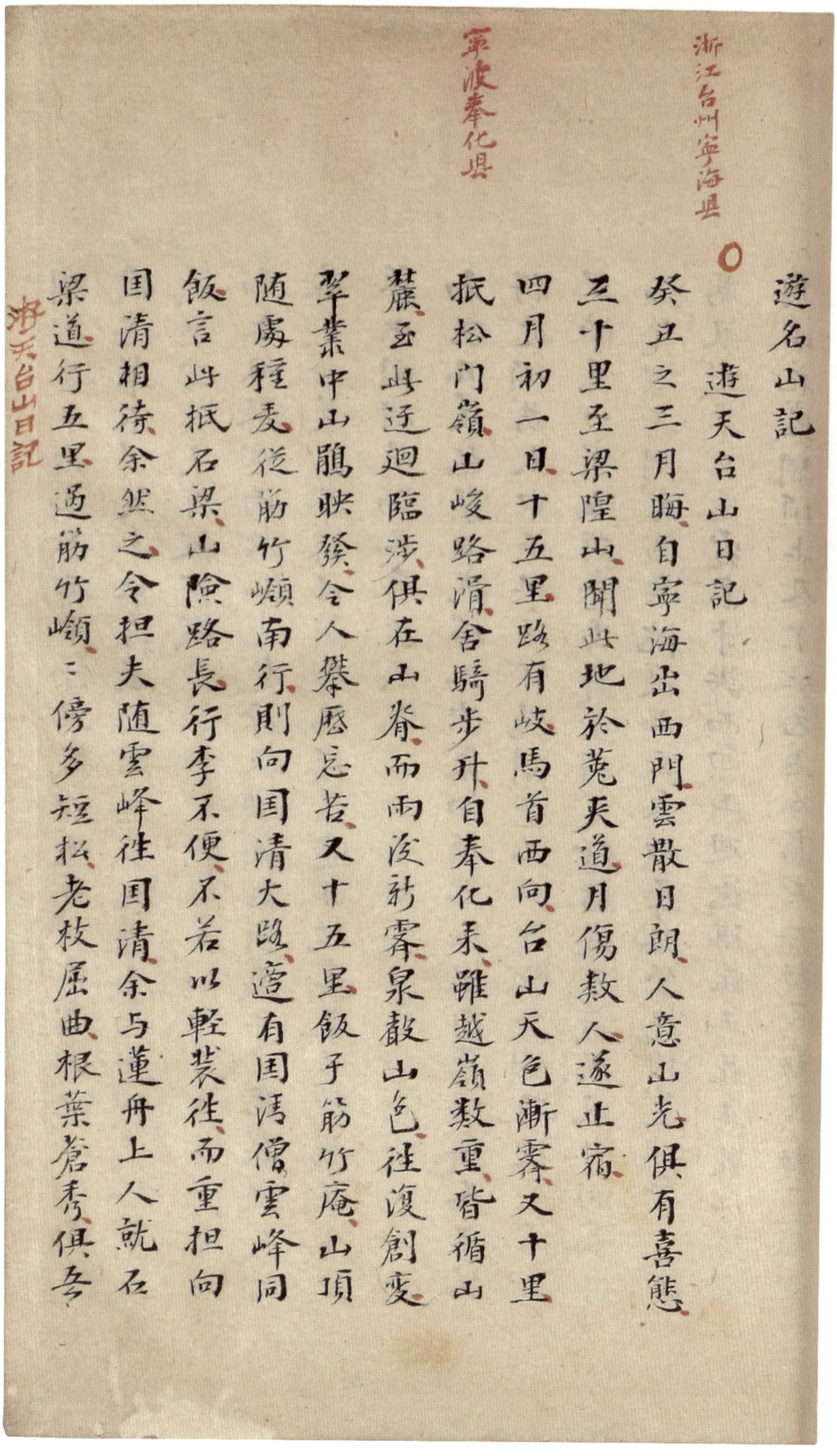

浙江台州寧海县

寧波奉化县

遊名山記

遊天台山日記

癸丑之三月晦自寧海出西門雲散日朗人意山光俱有喜態三十里至梁隍山聞此地於菟夾道月傷數人遂止宿

四月初一日十五里路有岐馬首西向台山天色漸霽又十里抵松門嶺山峻路滑舍騎步升自奉化來雖越嶺數重皆循山麓至此迂迴臨澗俱在山脊而雨後新霽泉聲山色往復創變翠叢中山鵑映發令人攀歷忘苦又十五里飯于筋竹庵山頂隨處種麥從筋竹嶺南行則向国清大路適有国清僧雲峰同飯言此抵石梁山險路長行李不便不若以輕裝往而重担向国清相待余然之令担夫隨雲峰往国清余与蓮舟上人就石梁道行五里過筋竹嶺〻傍多短松老枝屈曲根葉蒼秀俱吾

浙天台山日記

徐霞客遊記十二卷　（明）徐弘祖撰　清康熙抄本

開本高 26.54 厘米，廣 18.2 厘米。半葉十二行，行二十四字，無格。佚名朱筆批點。7 册。

三級 58k299

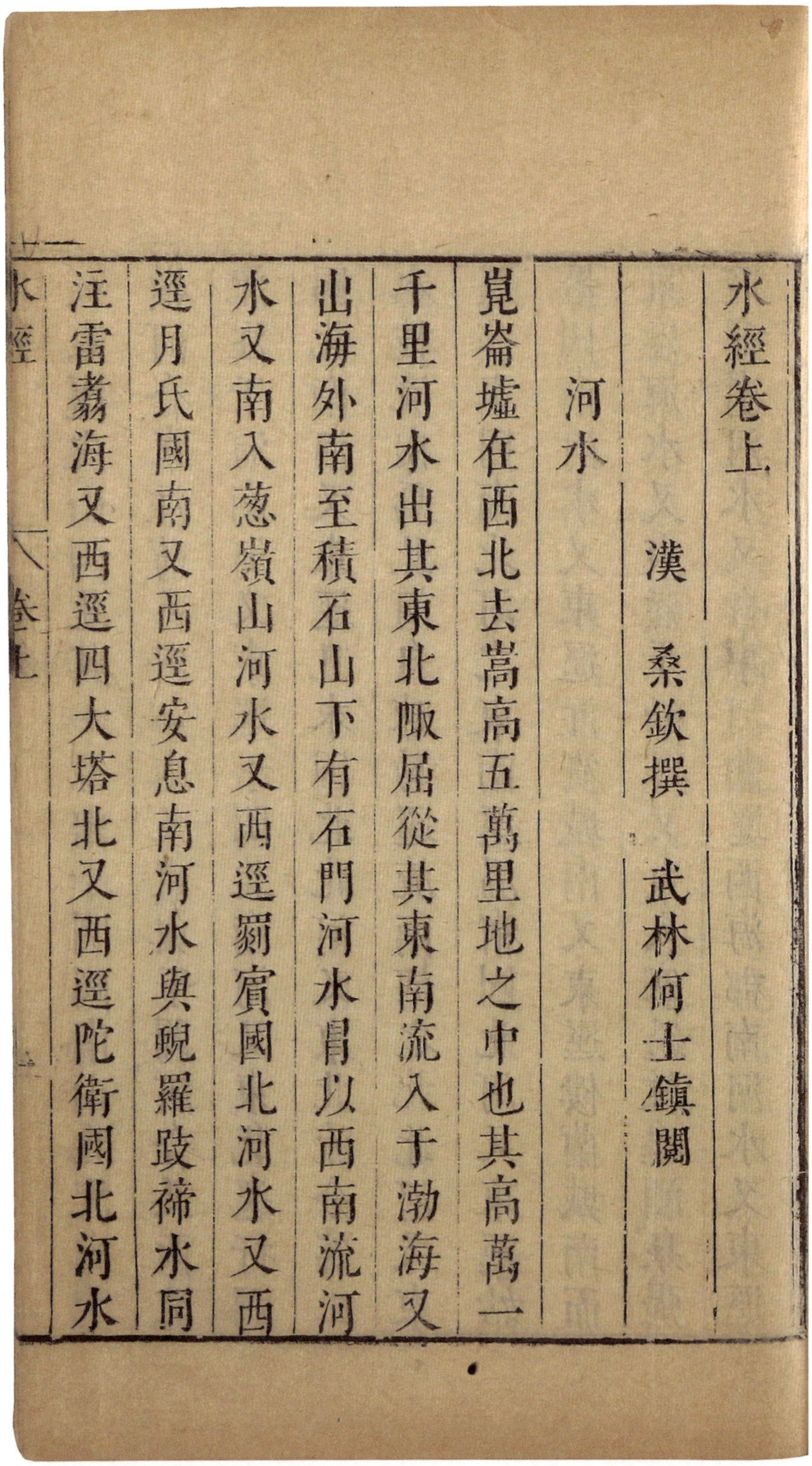
水經卷上
漢　桑欽撰　武林何士鎮閱
河水
崑崙墟在西北去嵩高五萬里地之中也其高萬一
千里河水出其東北陬屈從其東南流入于渤海又
出海外南至積石山下有石門河水冒以西南流河
水又南入葱嶺山河水又西逕罽賓國北河水又西
逕月氏國南又西逕安息南河水與蜺羅跂禘水同
注雷翥海又西逕四大塔北又西逕陀衛國北河水
水經　卷上

水經二卷　（漢）桑欽撰　**星經二卷**　（漢）甘公　（漢）石申撰　明刻廣漢魏叢書本
框高 19.9 厘米，廣 14.5 厘米。半葉九行，行二十字，白口，左右雙邊。1 册。

三級 134shan461

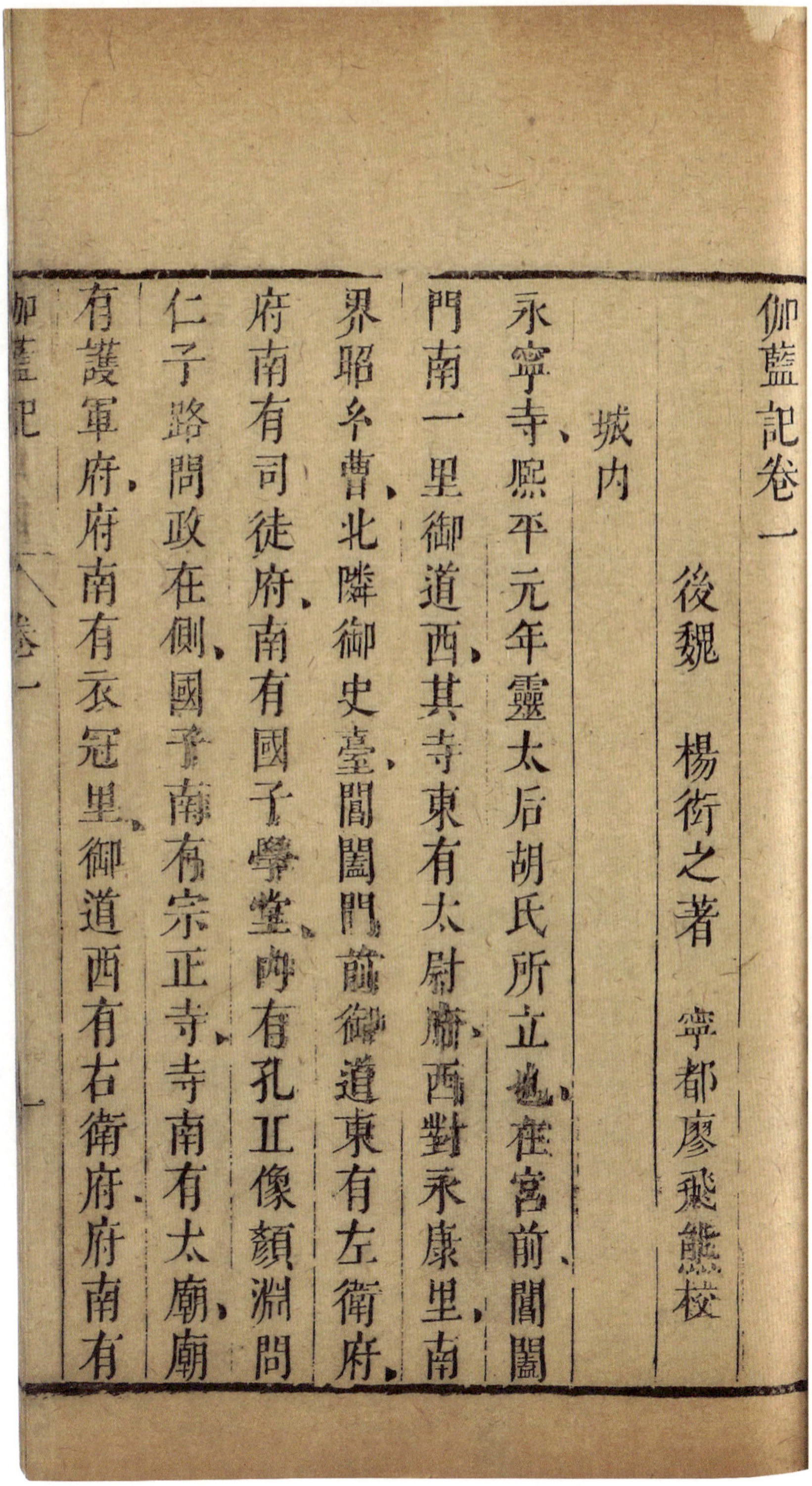

伽藍記卷一

後魏　楊衒之著　寧都廖飛熊校

城内

永寧寺、熙平元年靈太后胡氏所立也、在宮前閶闔門南一里御道西、其寺東有太尉府、西對永康里、南界昭玄曹、北隣御史臺、閶闔門前御道東有左衛府、府南有司徒府、南有國子學堂、內有孔丘像顏淵問仁子路問政在側、國子南有宗正寺、寺南有太廟、廟有護軍府、府南有衣冠里、御道西有右衛府、府南有

伽藍記　卷一　一

伽藍記五卷　（北魏）楊衒之著　清乾隆五十四年至五十六年（1789–1791）金溪王氏刻增訂漢魏叢書本

框高 19.6 厘米，廣 14.4 厘米。半葉九行，行二十字，白口，左右雙邊。2 册。

三級 137shan476

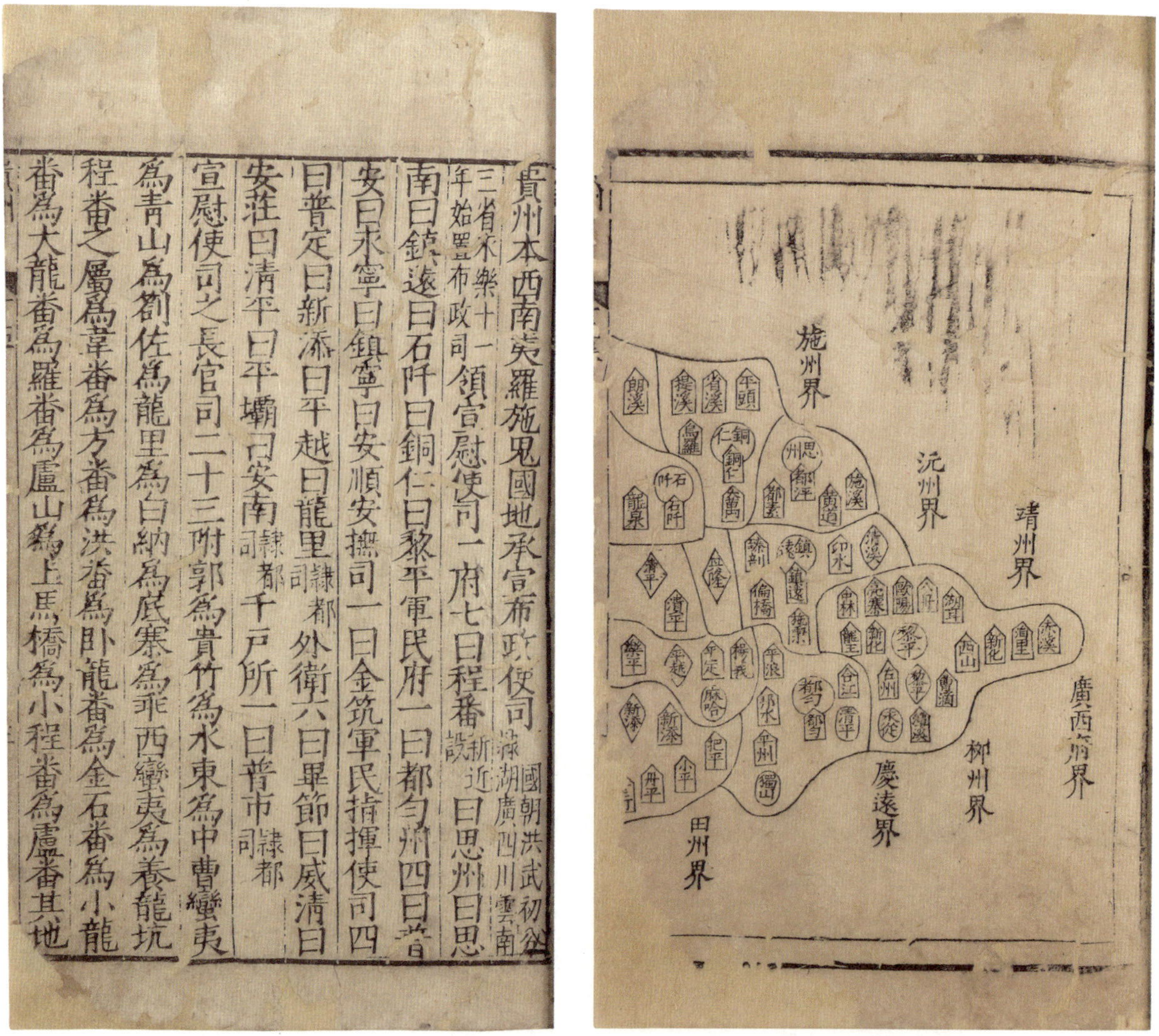
貴州本西南夷羅施鬼國地承宣布政使司國朝洪武初分隸湖廣四川雲南三省永樂十一年始置布政司領宣慰使司一府七曰程番新設曰思州曰思南曰鎮遠曰石阡曰銅仁曰黎平軍民府一曰都勻州四曰普安曰永寧曰鎮寧曰安順安撫司一曰金筑軍民指揮使司四曰普定曰新添曰平越曰龍里隸都司外衛六曰畢節曰威清曰安莊曰清平曰平壩曰安南隸都司千戶所一曰普市隸都司宣慰使司之長官司二十三附郭爲貴竹爲水東爲中曹蠻夷爲青山爲劄佐爲龍里爲白納爲底寨爲乖西蠻夷爲養龍坑程番之屬爲韋番爲方番爲洪番爲臥龍番爲金石番爲小龍番爲大龍番爲羅番爲盧山爲上馬橋爲小程番爲盧番其地

外夷不分卷　明萬曆刻本

框高 20.6 厘米，廣 14.5 厘米。半葉十行，行二十四字，小字雙行同，白口，四周單邊。2 册。

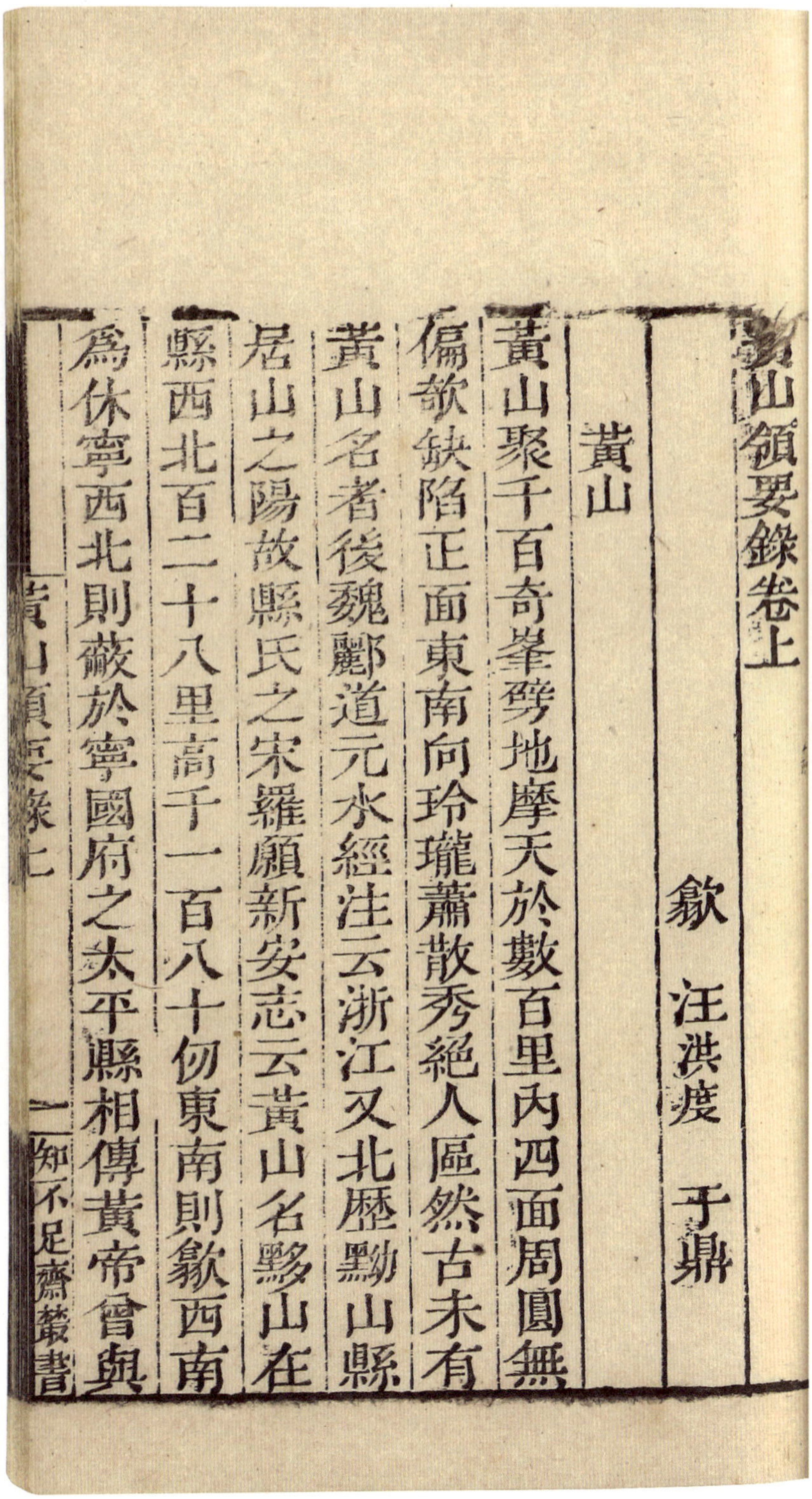

黄山領要録二卷 （清）汪洪度撰 **蘋洲漁笛譜二卷** （宋）周密撰 清乾隆三十一年至道光三年（1766-1823）長塘鮑氏刻知不足齋叢書本

框高 12.7 厘米，廣 9.9 厘米。半葉九行，行二十一字，黑口，左右雙邊。4 册。

shan123

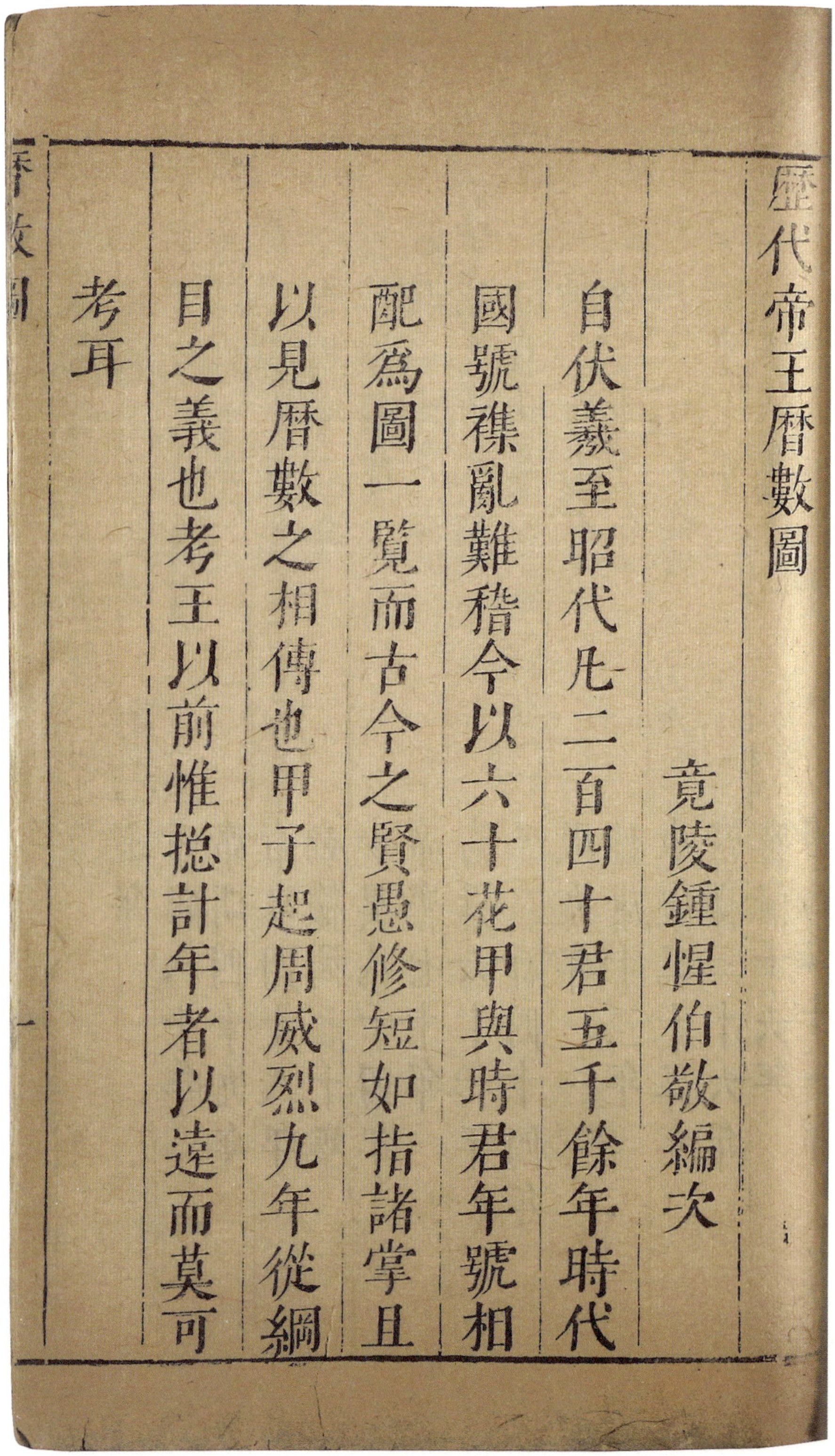

歷代帝王曆數圖

竟陵鍾惺伯敬編次

自伏羲至昭代凡二百四十君五千餘年時代國號襍亂難稽今以六十花甲與時君年號相配爲圖一覽而古今之賢愚修短如指諸掌且以見曆數之相傳也甲子起周威烈九年從綱目之義也考王以前惟揔計年者以遠而莫可考耳

歷代輿地圖一卷歷代帝王曆數圖一卷古今官制沿革圖一卷 （明）鍾惺編次 明刻本

框高 21.2 厘米，廣 14.5 厘米。半葉十行，行二十字，白口，四周單邊。1 册。

shan142

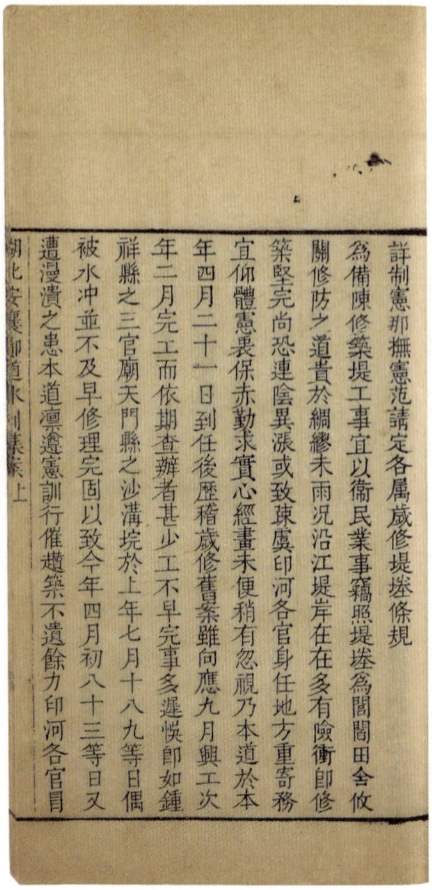
詳制憲那撫憲范請定各屬歲修堤塍條規
爲備陳修築堤工事宜以衛民業事竊照堤塍爲閭閻田舍攸
關修防之道貴於綢繆未雨況沿江堤岸在在多有險衝卽修
築堅完尚恐連陰異漲或致疎虞卬河各官身任地方重寄務
宜仰體憲衷保赤勤求實心經畫未便稍有忽視乃本道於本
年四月二十一日到任後歷稽歲修舊案雖向應九月興工次
年二月完工而依期查辦者甚少工不早完事多遲悞卽如鍾
祥縣之三官廟天門縣之沙溝垸於上年七月十八九等日偶
被水冲並不及早修理完固以致今年四月初八十三等日又
遭漫潰之患本道稟遵憲訓行催趲築不遺餘力卬河各官自
湖北安襄鄖道水利集案上

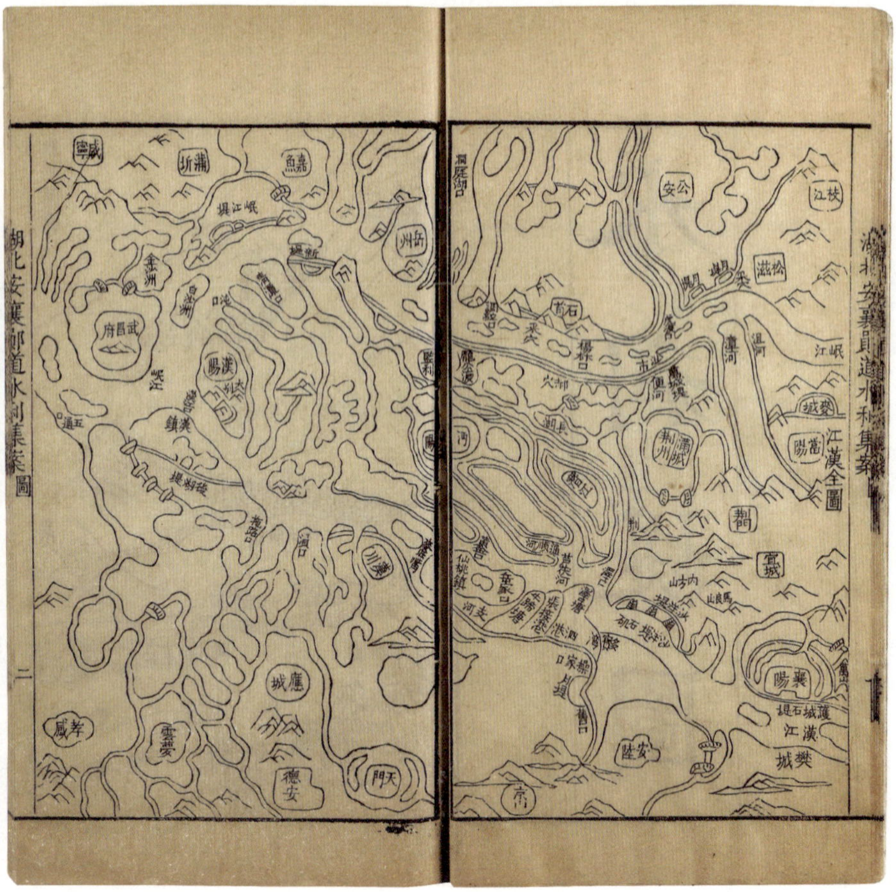

湖北安襄鄖道水利集案二卷　（清）王概撰　清乾隆十一年（1746）刻本

框高 18.1 厘米，廣 13.2 厘米。半葉十行，行二十四字，白口，四周單邊，無格。2 册。

shan178

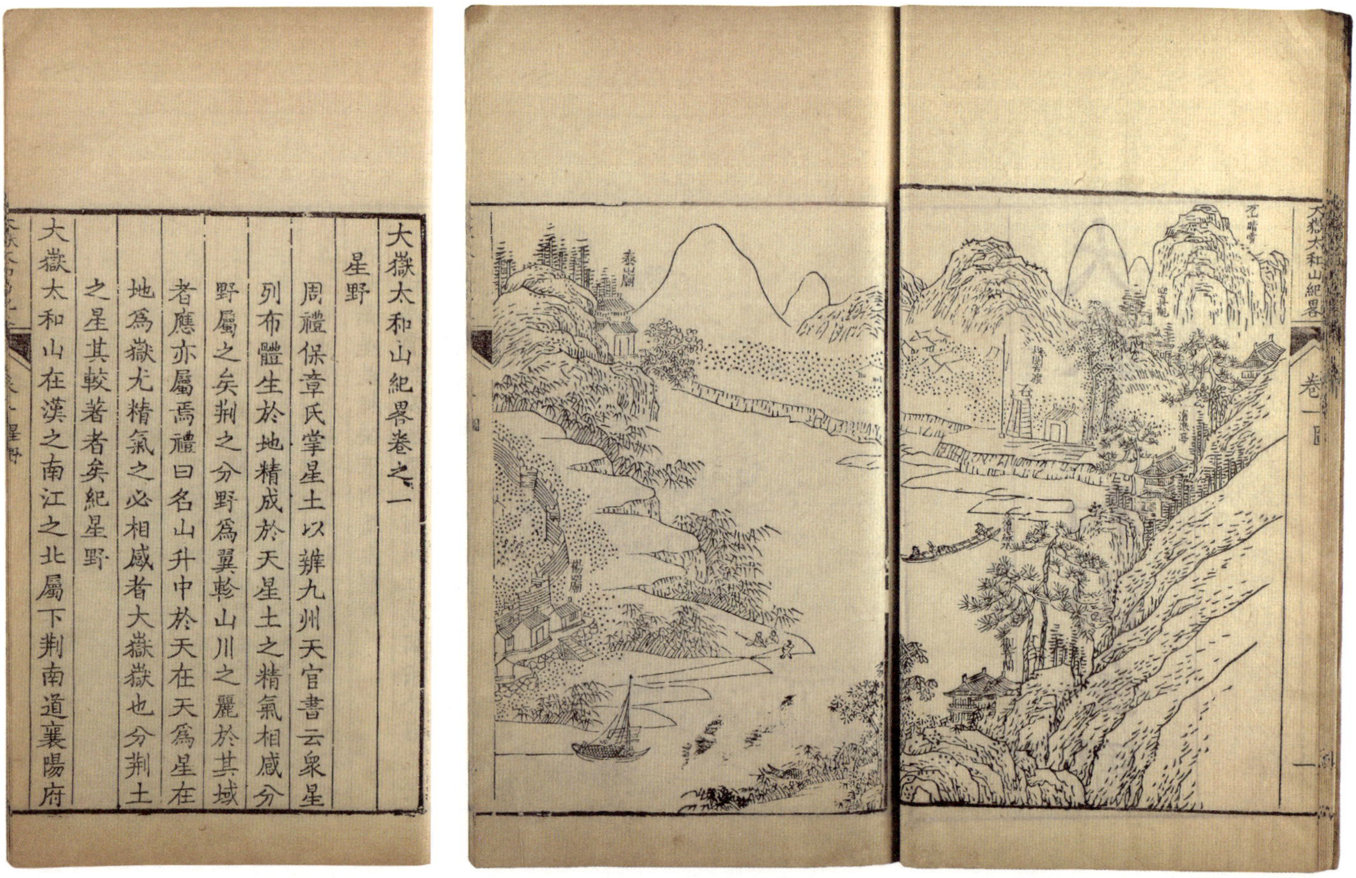
大嶽太和山紀畧卷之一

星野

周禮保章氏掌星土以辨九州天官書云衆星列布體生於地精成於天星土之精氣相感分野屬之矣荆之分野爲翼軫山川之麗於其域者應亦屬焉禮曰名山升中於天在天爲星在地爲嶽尤精氣之必相感者大嶽嶽也分荆土之星其較著者矣紀星野

大嶽太和山在漢之南江之北屬下荆南道襄陽府

大嶽太和山紀畧八卷　（清）王概總纂修　清乾隆九年（1744）下荆南道署刻本

框高 19 厘米，廣 12.7 厘米。半葉九行，行二十字，白口，四周單邊。8 册。

shan190

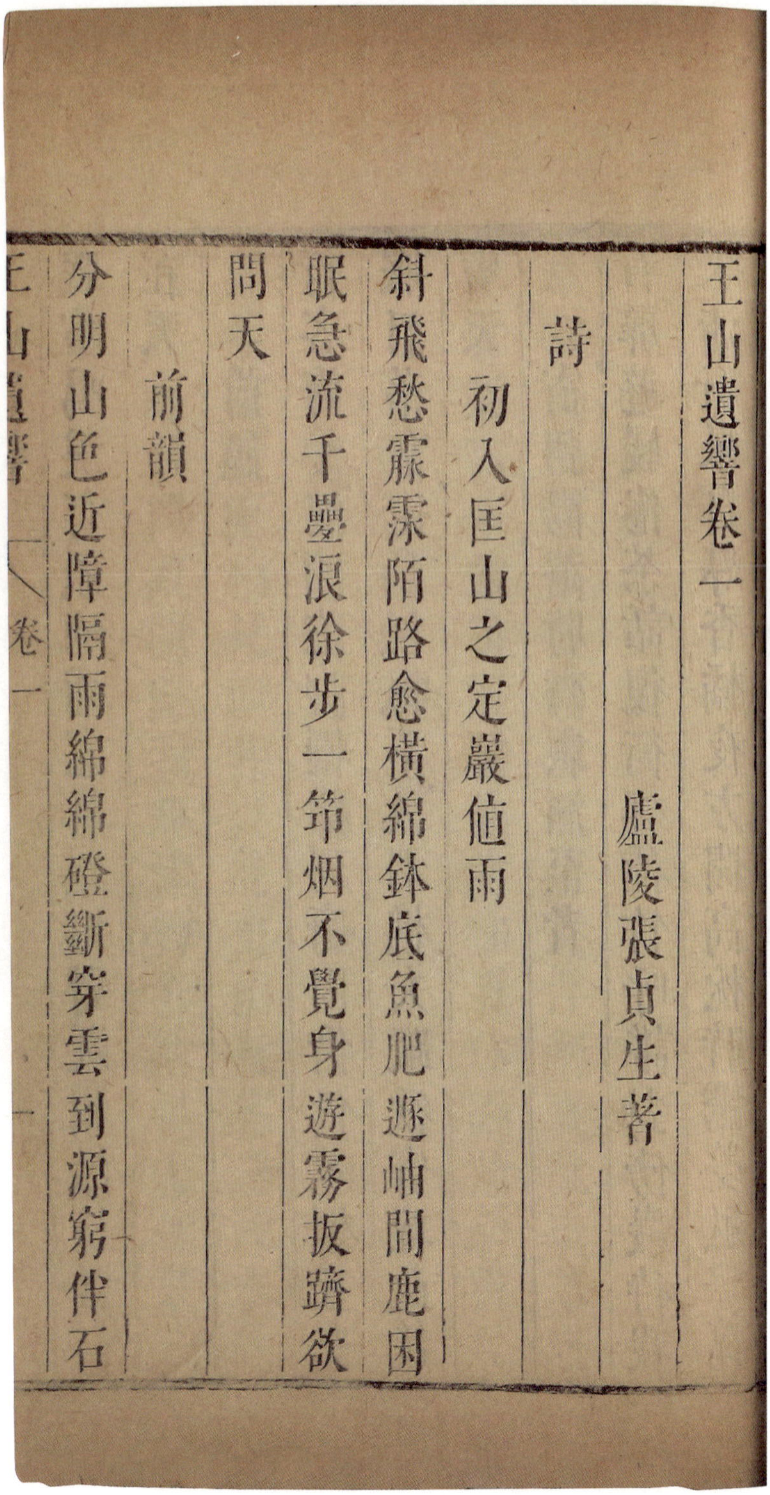

王山遺響卷一

盧陵張貞生著

詩

初入匡山之定巖値雨

斜飛愁霡霂陌路愈横綿鉢底魚肥遯岫間鹿困眠急流千疊淚徐步一筇烟不覺身遊霧扳躋欲問天

前韻

分明山色近障隔雨綿綿磴斷穿雲到源窮伴石

王山遺響　卷一　一

王山遺響六卷崇祀録一卷唾居隨録四卷正氣録一卷　（清）張貞生著　清康熙講學山房刻本

框高 20.1 厘米，廣 13.7 厘米。半葉九行，行十九字，白口，左右雙邊。11 册。

shan219

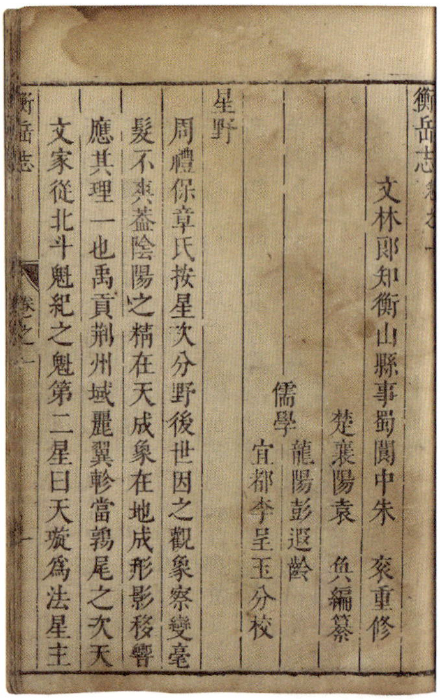

衡岳志卷之一

文林郎知衡山縣事蜀閬中朱　衮重修

楚襄陽袁　奂編纂

儒學　龍陽彭遐齡　宜都李呈玉分校

星野

周禮保章氏按星次分野後世因之觀象察變毫髮不爽蓋陰陽之精在天成象在地成形影移響應其理一也禹貢荆州域麗翼軫當鶉尾之次天文家從北斗魁紀之魁第二星曰天琁爲法星主

衡岳志　卷之一　一

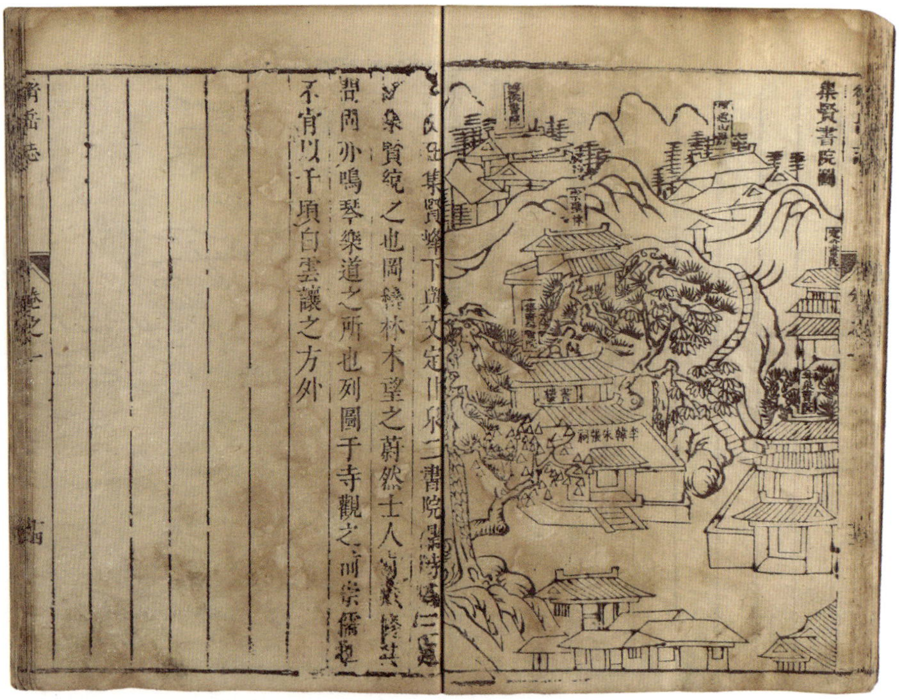

衡岳志八卷　（清）朱衮重修　（清）袁奂編纂　清康熙刻本

框高 19.8 厘米，廣 14.4 厘米。半葉十行，行二十字，白口，四周單邊。8 册。

shan220

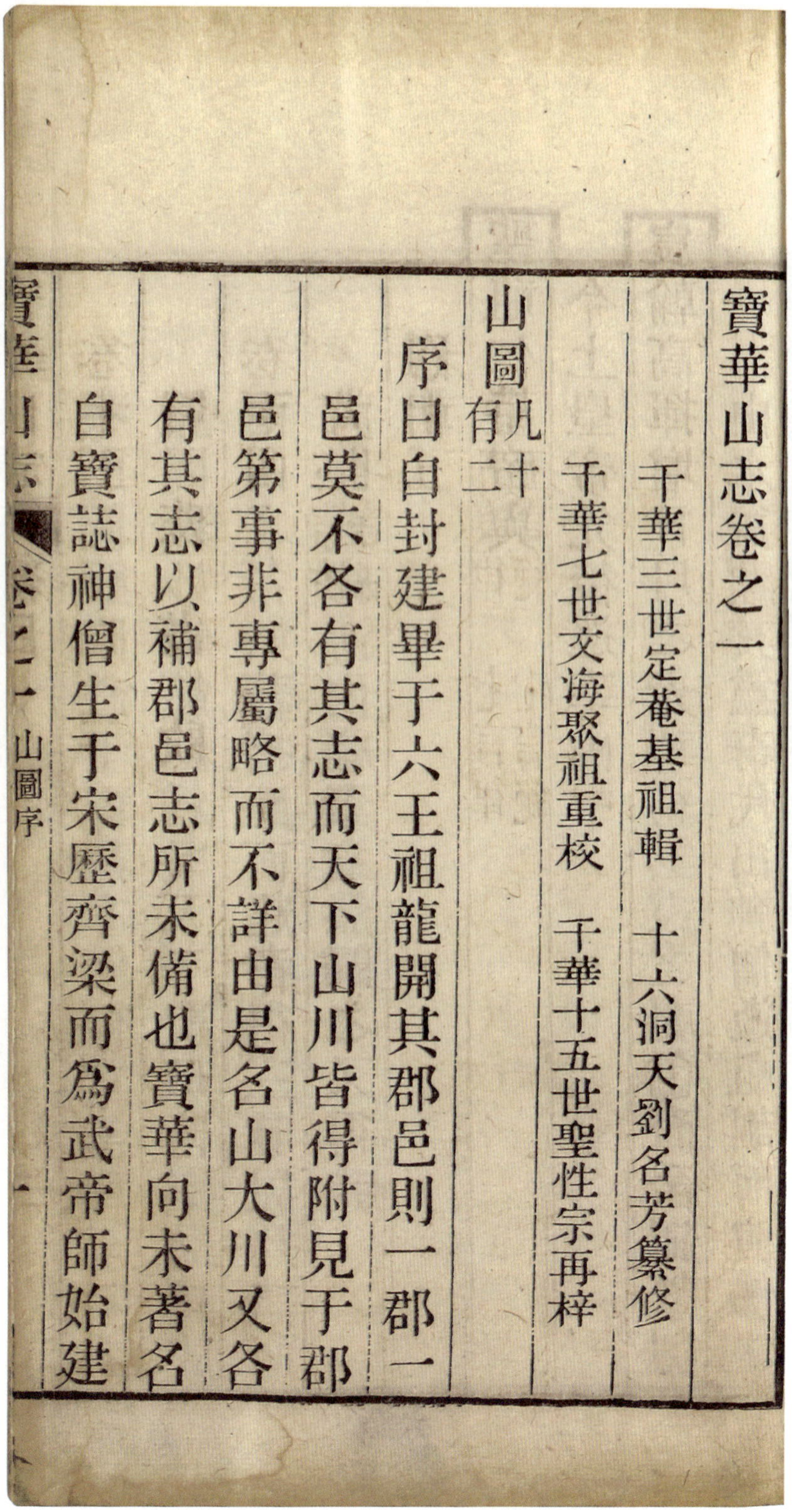

寶華山志十五卷首一卷　（清）劉名芳纂修　清刻本

框高 20.2 厘米，廣 14 厘米。半葉九行，行二十字，白口，左右雙邊。4 册。

shan221

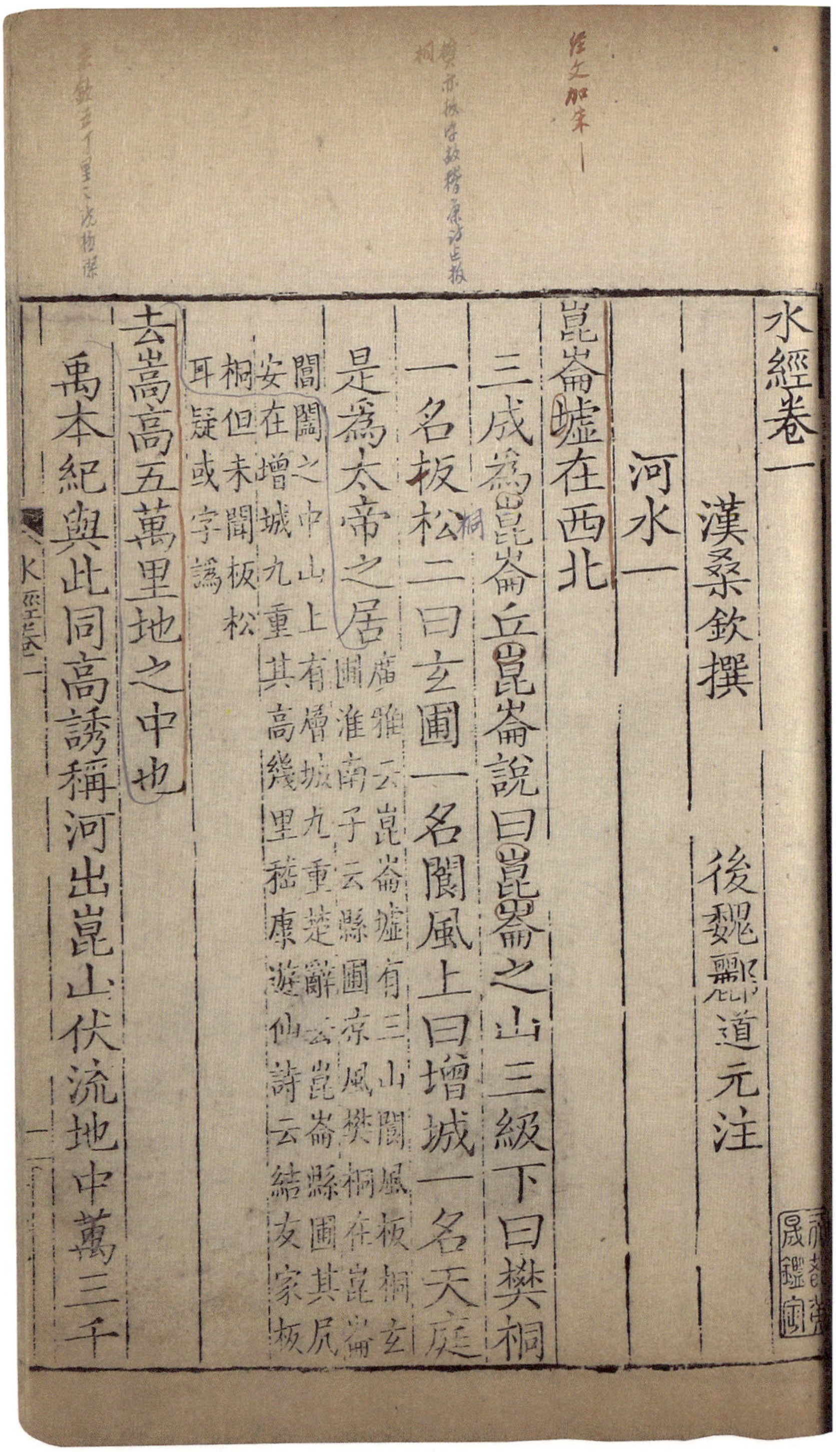

水經注四十卷 （漢）桑欽撰 （北魏）酈道元注 **山海經十八卷** （晋）郭璞傳 清乾隆十八年（1753）天都黄氏槐蔭草堂刻本

框高18.2厘米，廣13.7厘米。半葉十一行，行二十一字，小字雙行同，細黑口，四周單邊。16册。

shan231

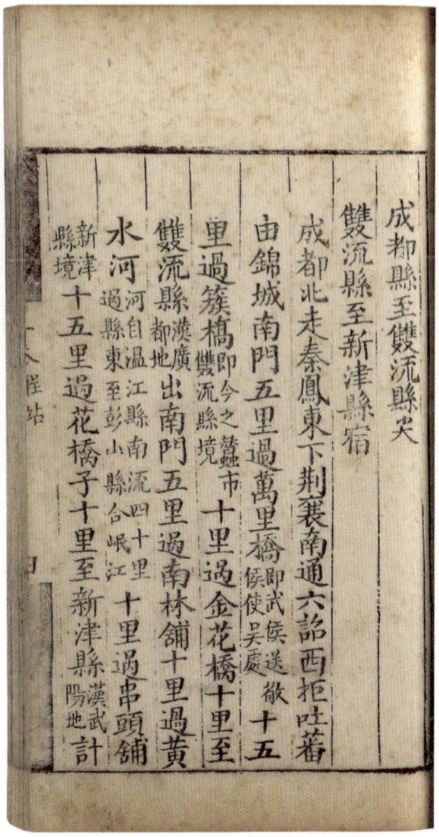
成都縣至雙流縣尖
雙流縣至新津縣宿
成都北走秦鳳東下荆襄南通六詔西拒吐蕃
由錦城南門五里過萬里橋即武侯送侯使吳處欲十五
里過簇橋即今之雙流縣境蠶市十里過金花橋十里至
雙流縣漢廣都地出南門五里過南林鋪十里過黃
水河河自溫江縣南流四十里過縣東至彭山縣合岷江十里過串頭鋪
新津縣境十五里過花橋子十里至新津縣漢武陽地計

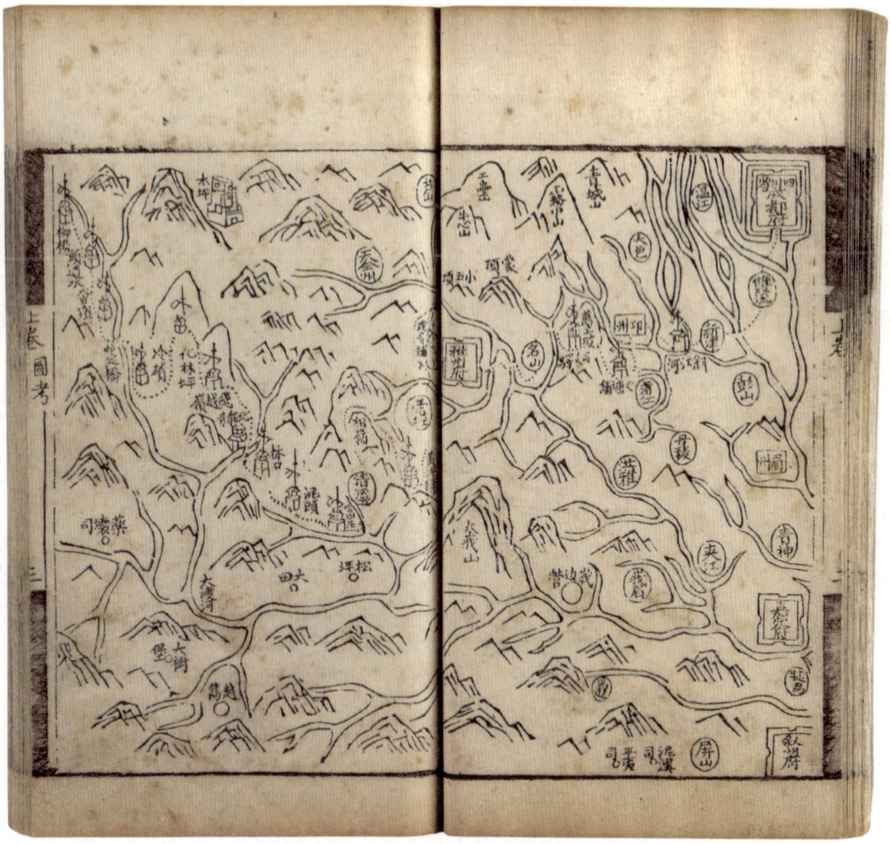

衛藏圖識五卷　（清）馬揭撰　（清）盛繩祖纂修　清乾隆五十七年（1792）刻本

框高 14 厘米，廣 9.5 厘米。半葉八行，行二十字，小字雙行同，粗黑口，左右雙邊。4 册。

shan259

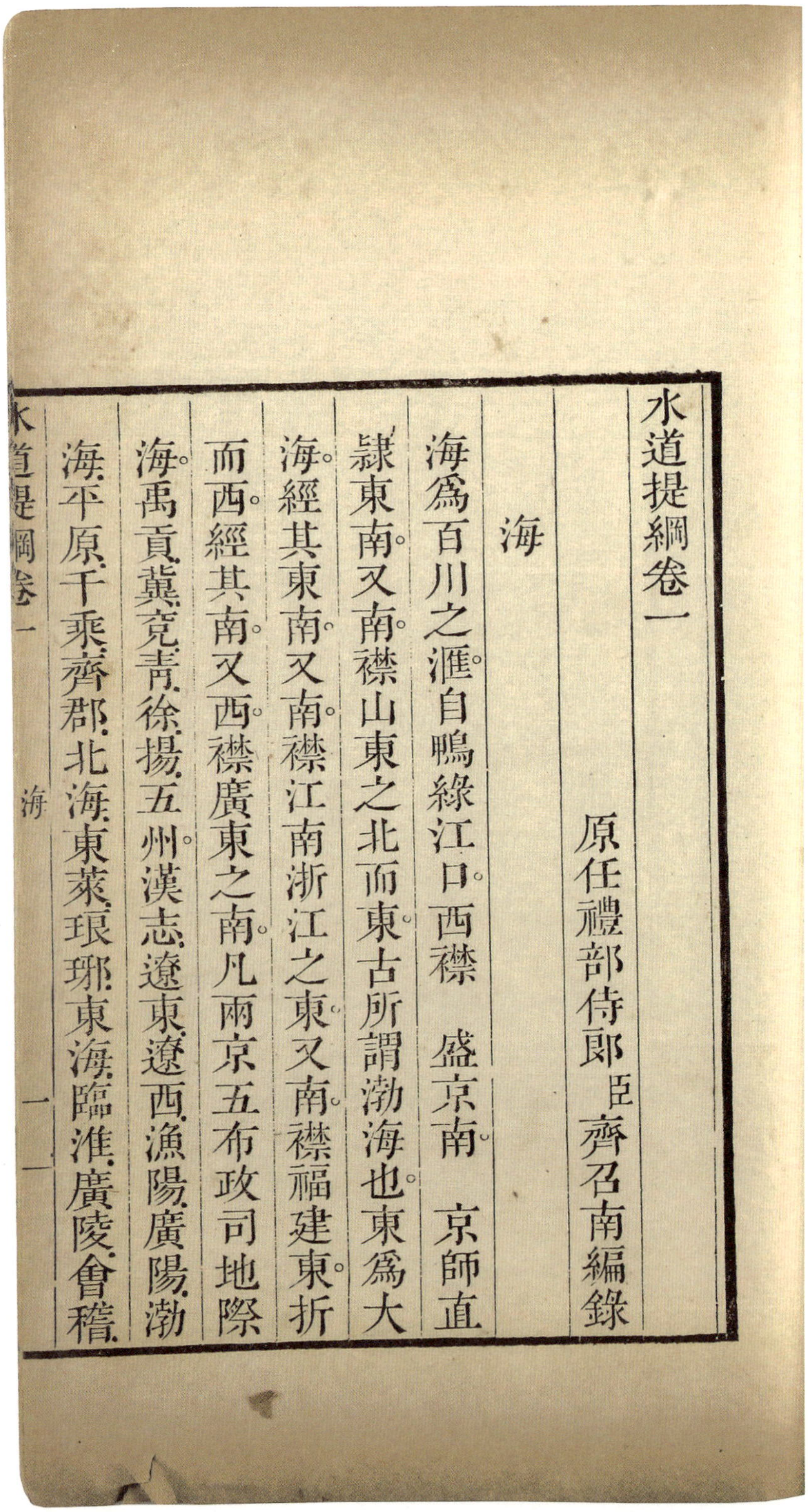
水道提綱卷一
原任禮部侍郎臣齊召南編録
海
海爲百川之滙自鴨緑江口西襟　盛京南　京師直隸東南又南襟山東之北而東古所謂渤海也東爲大海經其東南又南襟江南浙江之東又南襟福建東折而西經其南又西襟廣東之南凡兩京五布政司地際海禹貢冀兗青徐揚五州漢志遼東遼西漁陽廣陽渤海平原千乘齊郡北海東萊琅琊東海臨淮廣陵會稽
水道提綱卷一　海　一

水道提綱二十八卷　（清）齊召南編録　清乾隆四十一年（1776）傳經書屋刻本

框高 18.7 厘米，廣 14 厘米。半葉九行，行二十二字，白口，左右雙邊。16 册。

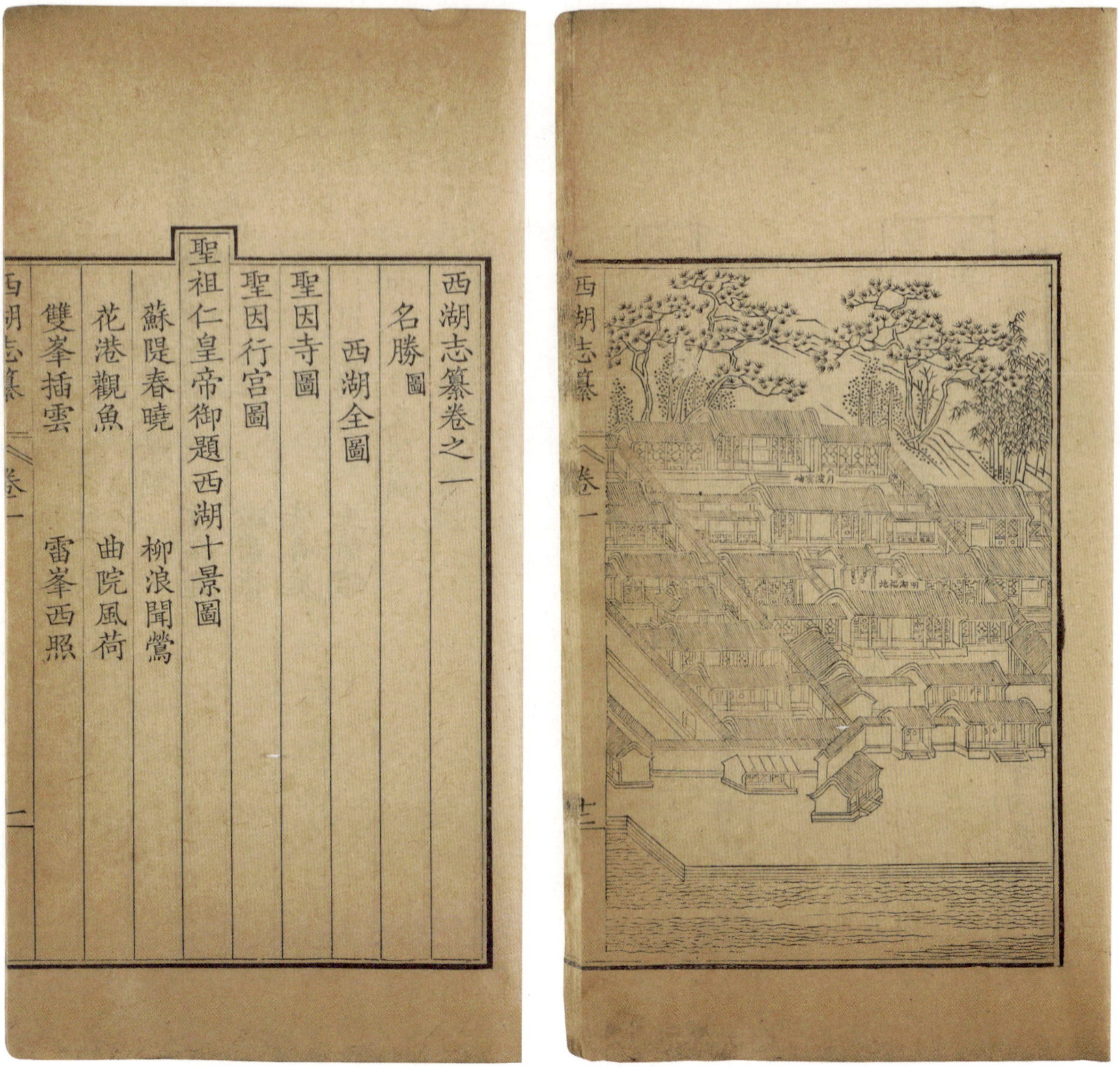

西湖志纂十二卷首一卷 （清）梁詩正等纂 清乾隆二十年（1755）賜經堂刻本

框高 17.5 厘米，廣 12.2 厘米。半葉九行，行二十一字，白口，四周雙邊。5 册。

shan295

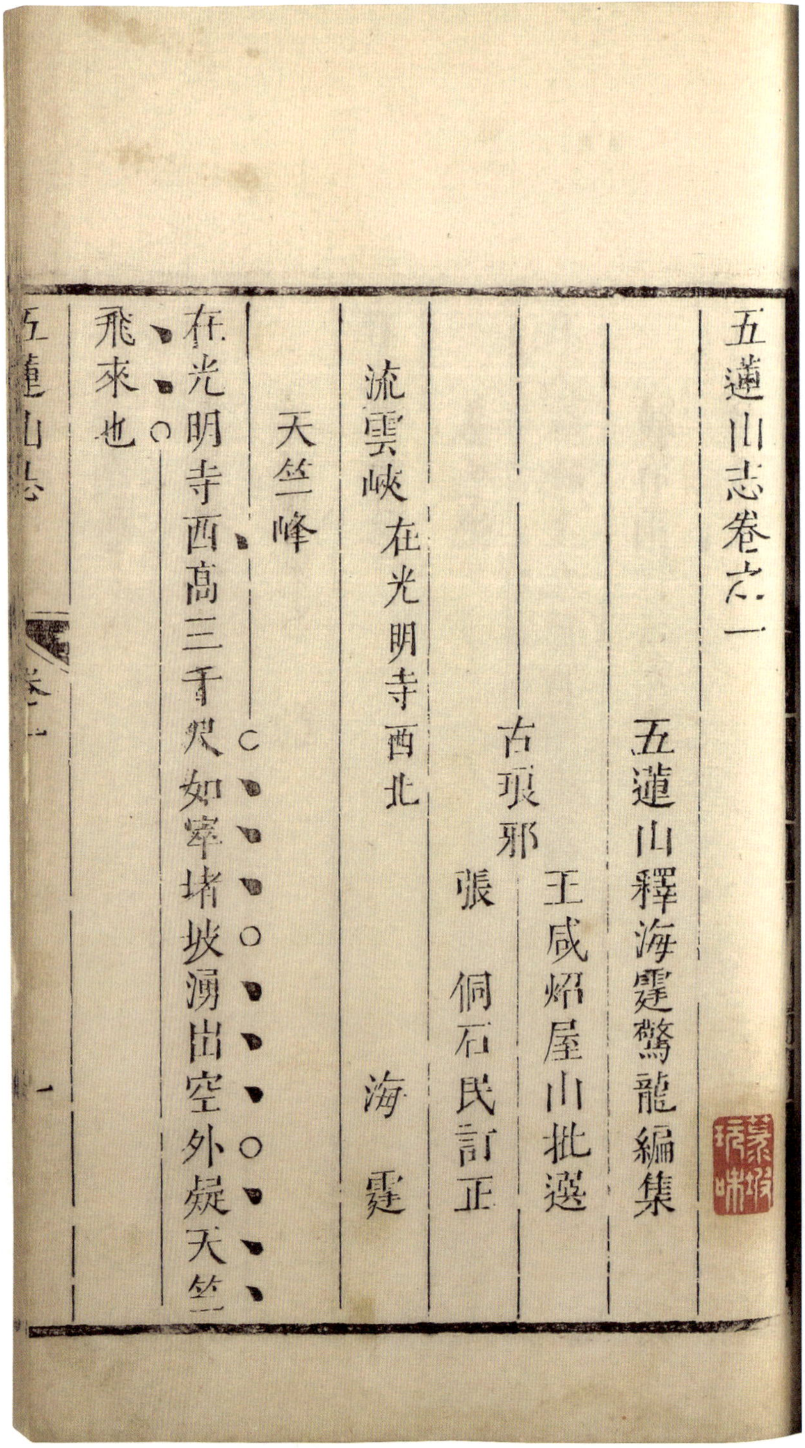
五蓮山志卷之一
五蓮山釋海霆驚龍編集
古瑯邪王咸炤屋山批選
張侗石民訂正
流雲峽在光明寺西北 海霆
天竺峰
在光明寺西高三千丈如窣堵坡湧出空外疑天竺
飛來也
五蓮山志 卷一 一

五蓮山志五卷 （清）釋海霆編集 （清）王咸炤批選 （清）張侗訂正 清康熙二十年（1681）萬松禪林刻本

框高 19 厘米，廣 14.2 厘米。半葉八行，行二十字，白口，四周單邊。2 册。鈐“篆瑕玩味”白文印。

shan317

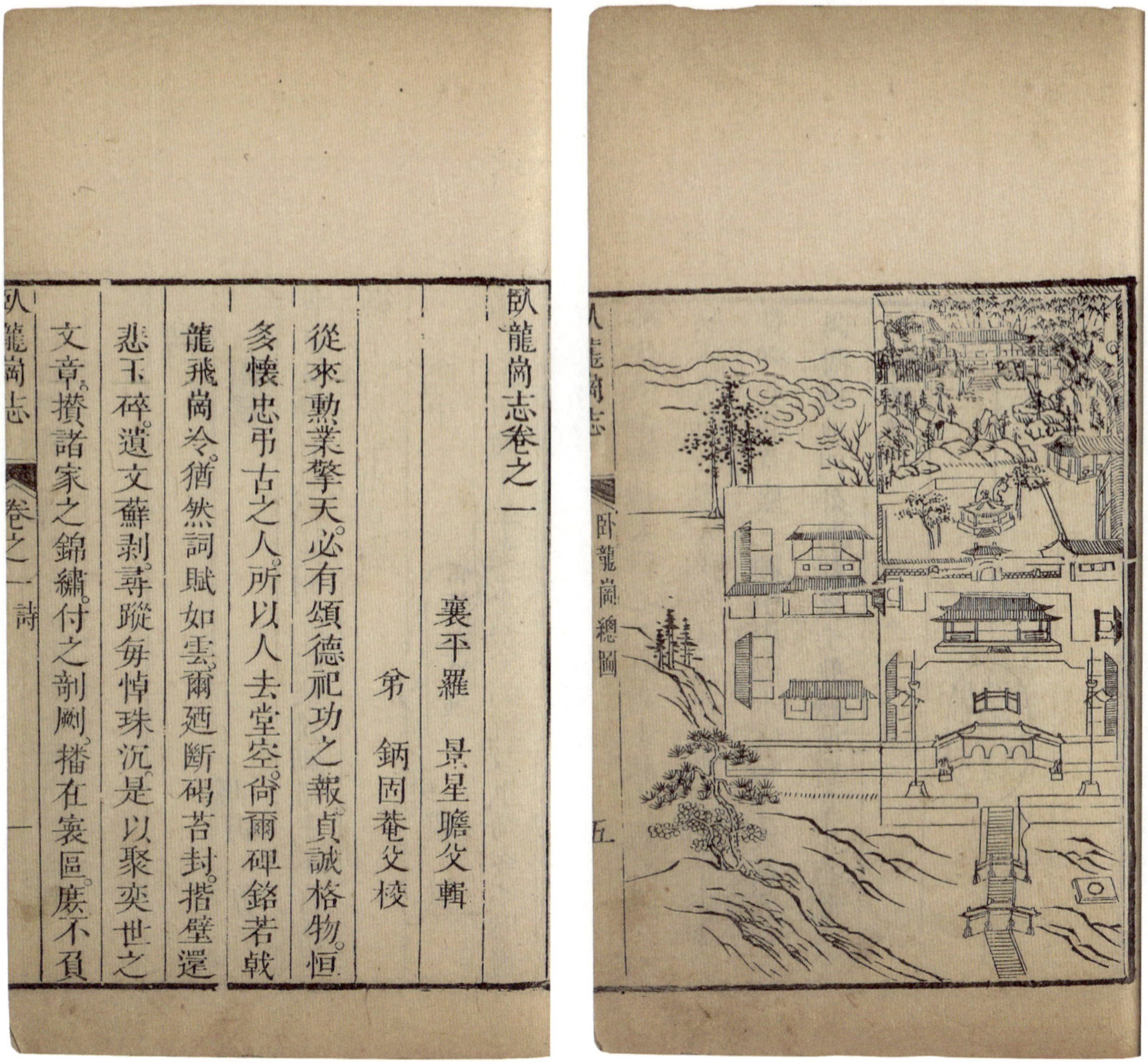
臥龍崗志卷之一
襄平羅　景星瞻父輯
弟　鈵　冏菴父校
從來勲業擎天必有頌德祀功之報貞誠格物恒
多懐忠弔古之人所以人去堂空尚爾碑銘若戟
龍飛崗今猶然詞賦如雲爾廼斷碣苔封措壁還
悲玉碎遺文蘚剥壽蹤毎悼珠沉是以聚奕世之
文章攢諸家之錦繡付之剞劂播在褒區庶不負
臥龍崗志　卷之一　詩　一

臥龍崗志　臥龍崗總圖　五

臥龍崗志二卷　（清）羅景輯　（清）羅鈵校　清康熙五十一年（1712）刻本
框高 17 厘米，廣 13.6 厘米。半葉八行，行二十字，白口，左右雙邊。2 册。

shan328

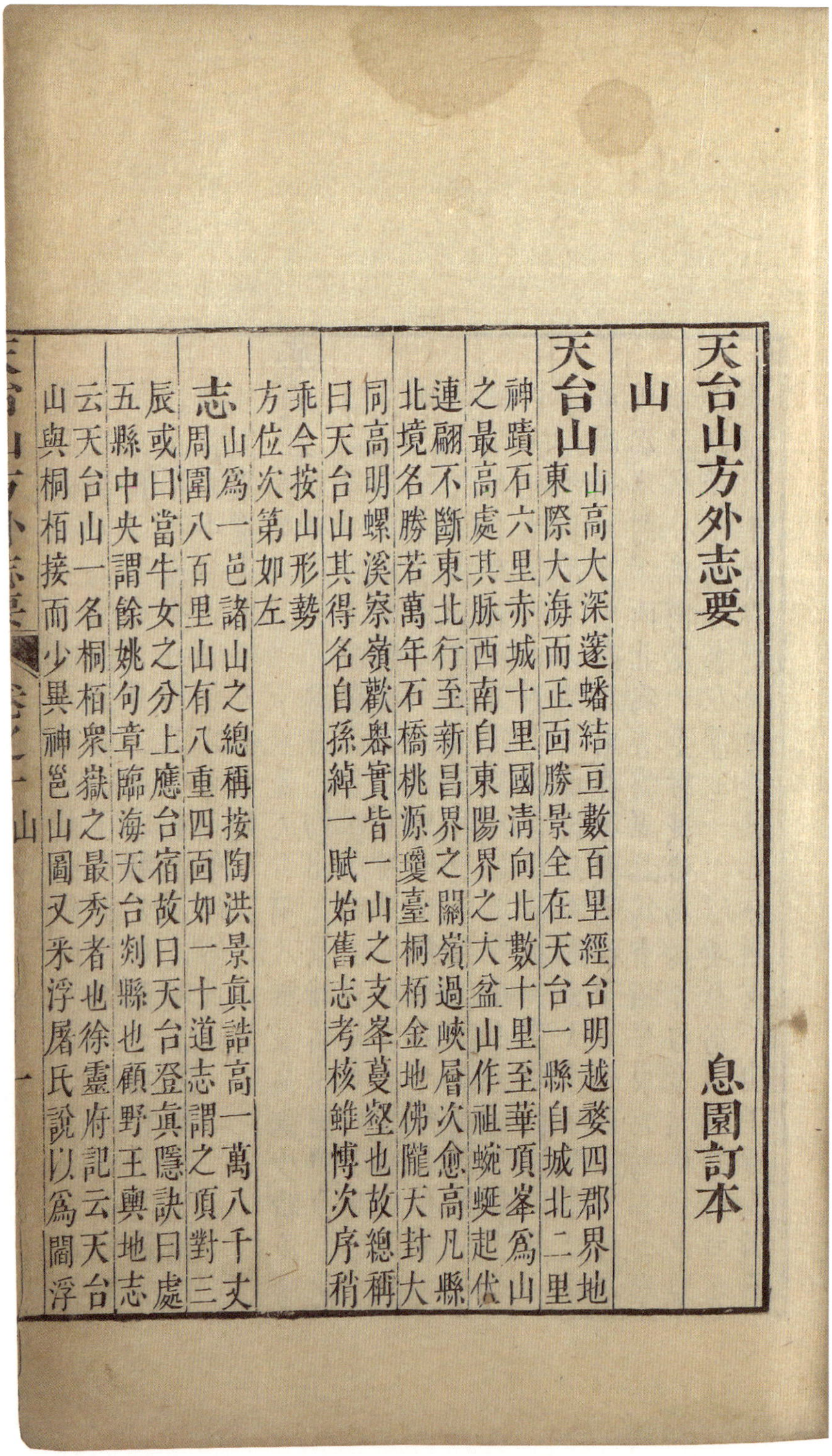

天台山方外志要十卷圖一卷　（明）釋無盡纂　清乾隆三十九年（1774）刻本

框高 18.8 厘米，廣 14.6 厘米。半葉十行，行二十三字，小字雙行同，白口，左右雙邊。4 册。

shan333

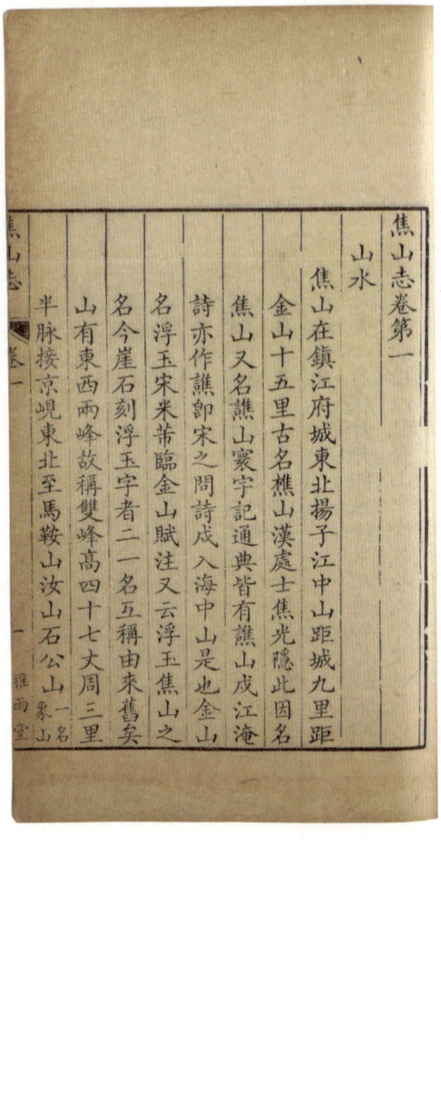
焦山志卷第一
山水
焦山在鎮江府城東北揚子江中山距城九里距
金山十五里古名樵山漢處士焦光隱此因名
焦山又名譙山寰宇記通典皆有譙山戍江淹
詩亦作譙郤宋之問詩戍入海中山是也金山
名浮玉宋米芾臨金山賦注又云浮玉焦山之
名今崖石刻浮玉字者二一名互稱由來舊矣
山有東西兩峰故稱雙峰高四十七丈周三里
半脉接京峴東北至馬鞍山汝山石公山一名象山
焦山志　卷一　一　雅雨堂

焦山志十二卷　（清）盧見曾撰　清乾隆雅雨堂刻本

框高 18.5 厘米，廣 14 厘米。半葉十行，行二十一字，白口，左右雙邊。4 册。

shan334

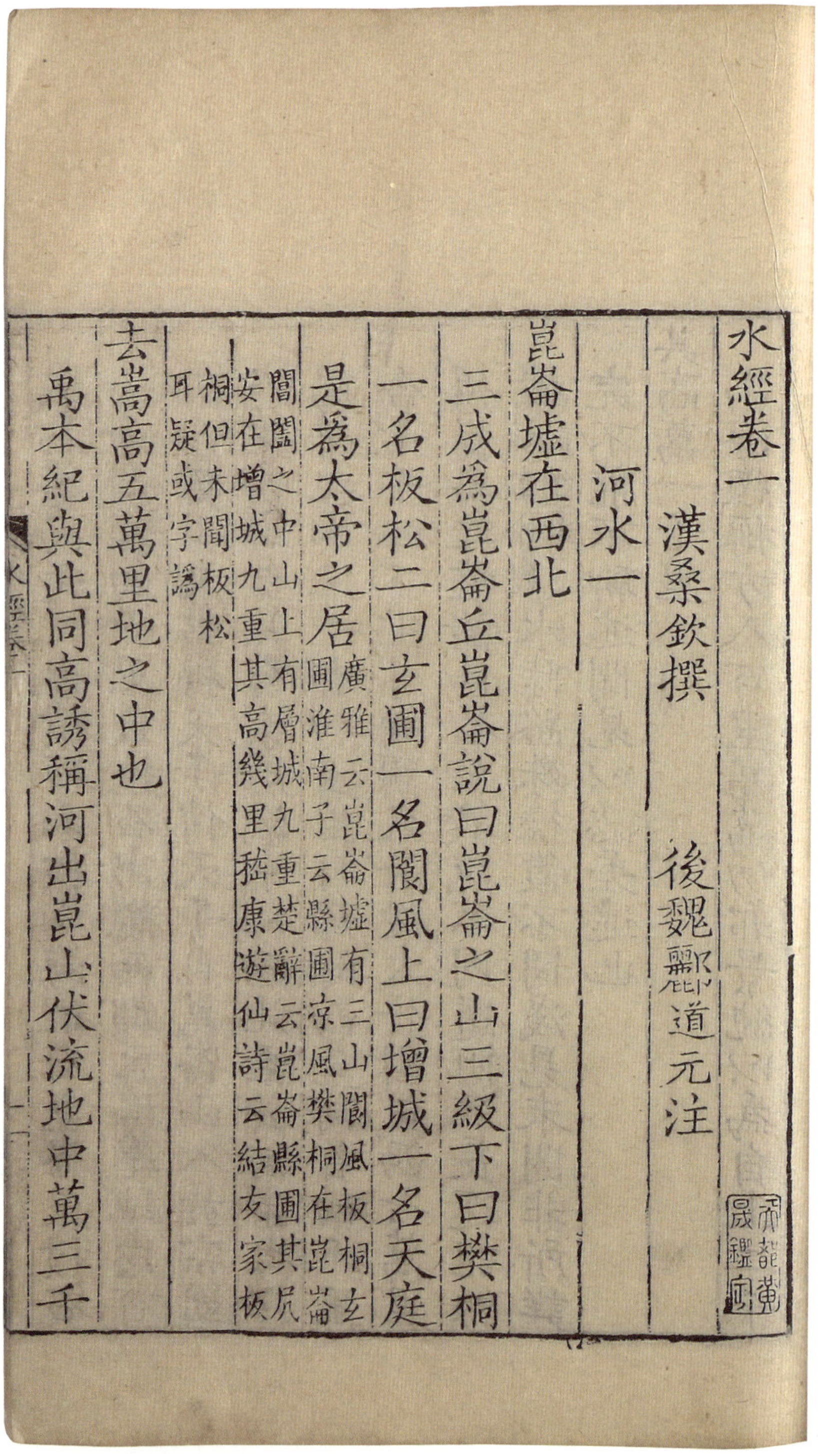

水經注四十卷　（漢）桑欽撰　（北魏）酈道元注　**山海經十八卷**　（晋）郭璞傳　清乾隆十八年（1753）天都黄氏槐蔭草堂刻本

框高 17.8 厘米，廣 13.7 厘米。半葉十一行，行二十一字，小字雙行同，細黑口，四周單邊。16 册。

shan340

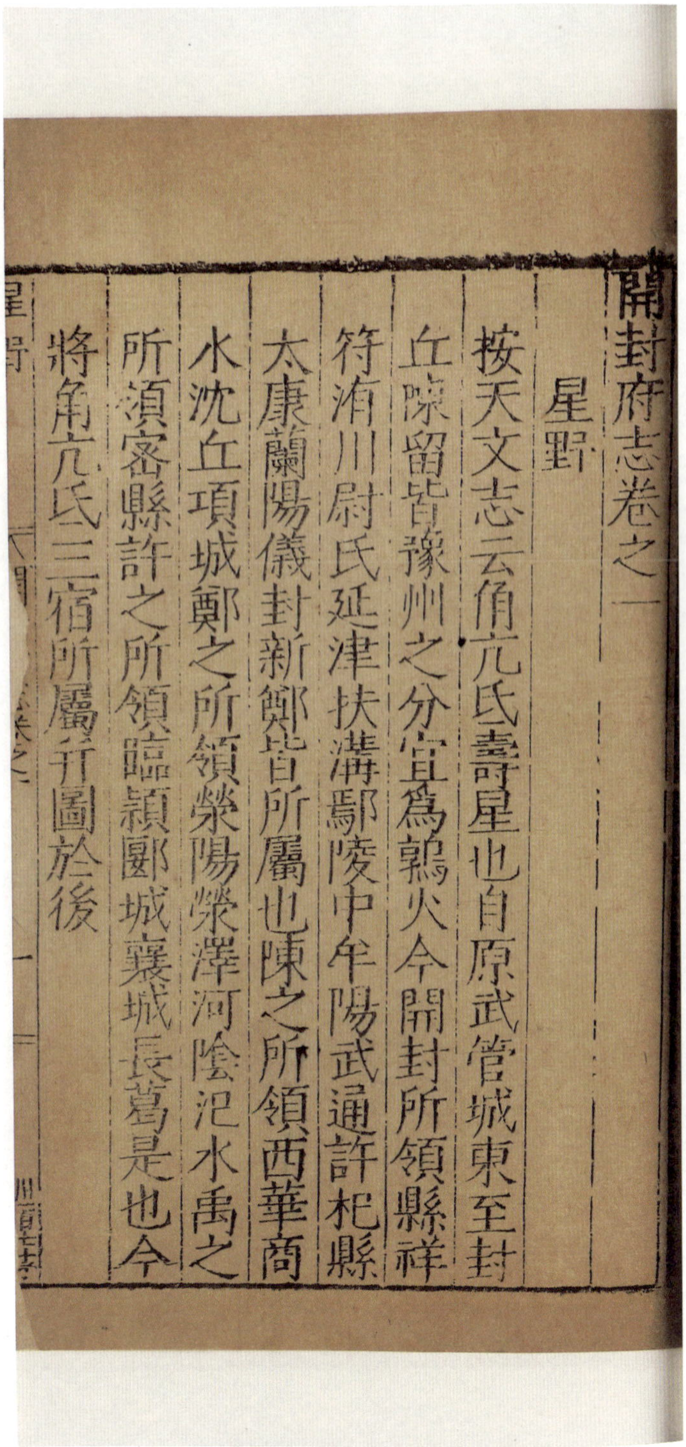

［萬曆］開封府志三十四卷　（明）曹金撰　明萬曆十三年（1585）刻本

框高 22.5 厘米，廣 15.3 厘米。半葉九行，行二十字，白口，左右雙邊。1 册。存六卷（一至六）。

shan394

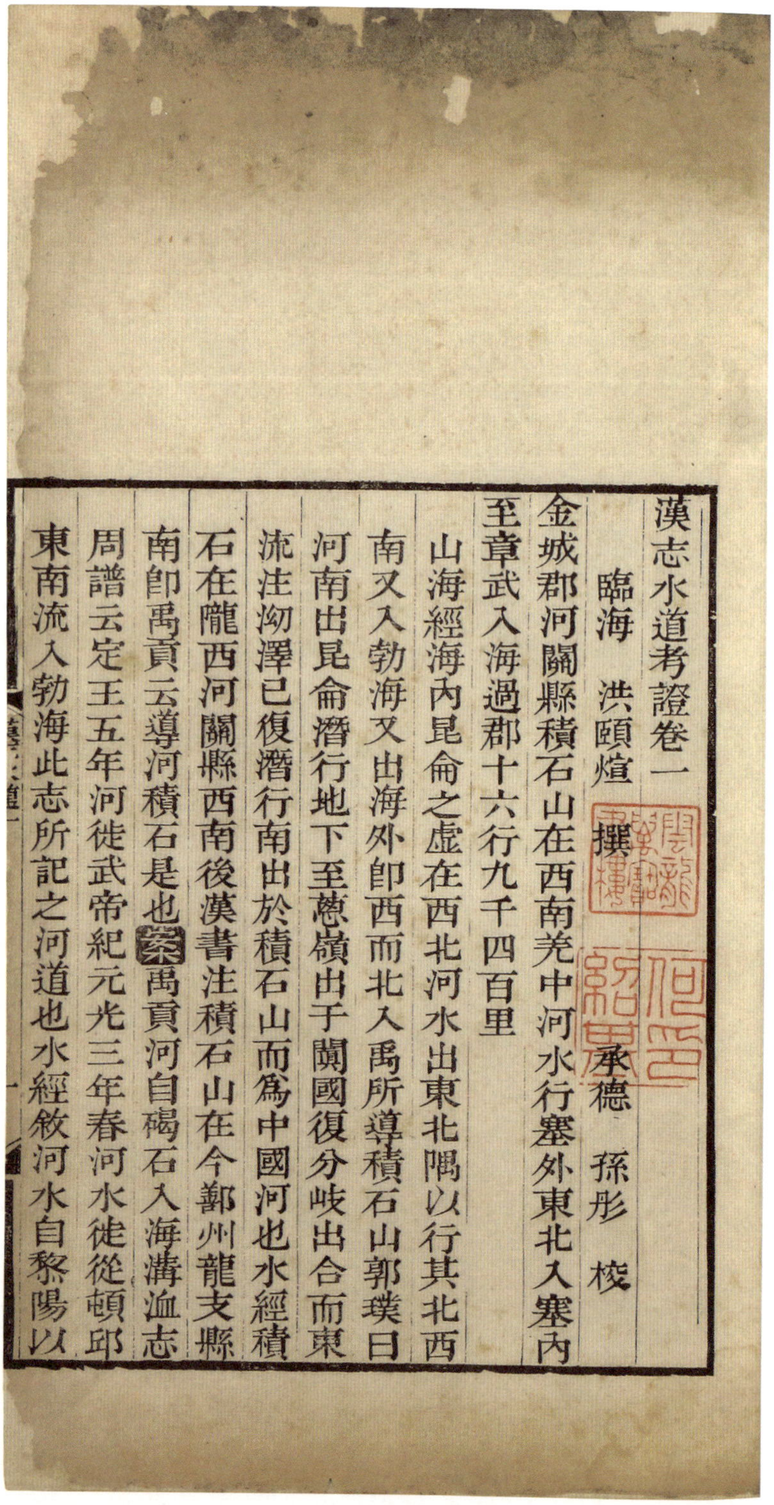

漢志水道考證卷一
臨海　洪頤煊　撰　　承德　孫彤　校
金城郡河關縣積石山在西南羌中河水行塞外東北入塞內
至章武入海過郡十六行九千四百里
山海經海內昆侖之虛在西北河水出東北隅以行其北西
南又入勃海又出海外卽西而北入禹所導積石山郭璞曰
河南出昆侖潛行地下至葱嶺出于闐國復分岐出合而東
流注泑澤已復潛行南出於積石山而爲中國河也水經積
石在隴西河關縣西南後漢書注積石山在今鄯州龍支縣
南卽禹貢云導河積石是也案禹貢河自碣石入海溝洫志
周譜云定王五年河徙武帝紀元光三年春河水徙從頓邱
東南流入勃海此志所記之河道也水經敘河水自黎陽以

漢志水道考證四卷　（清）洪頤煊撰　（清）孫彤校　清嘉慶九年（1804）刻本

框高 17.6 厘米，廣 14.4 厘米。半葉十二行，行二十四字，粗黑口，左右雙邊。2 册。鈐“何紹基印”朱文印、“雲龍萬寶書樓”朱文印等。

shan455

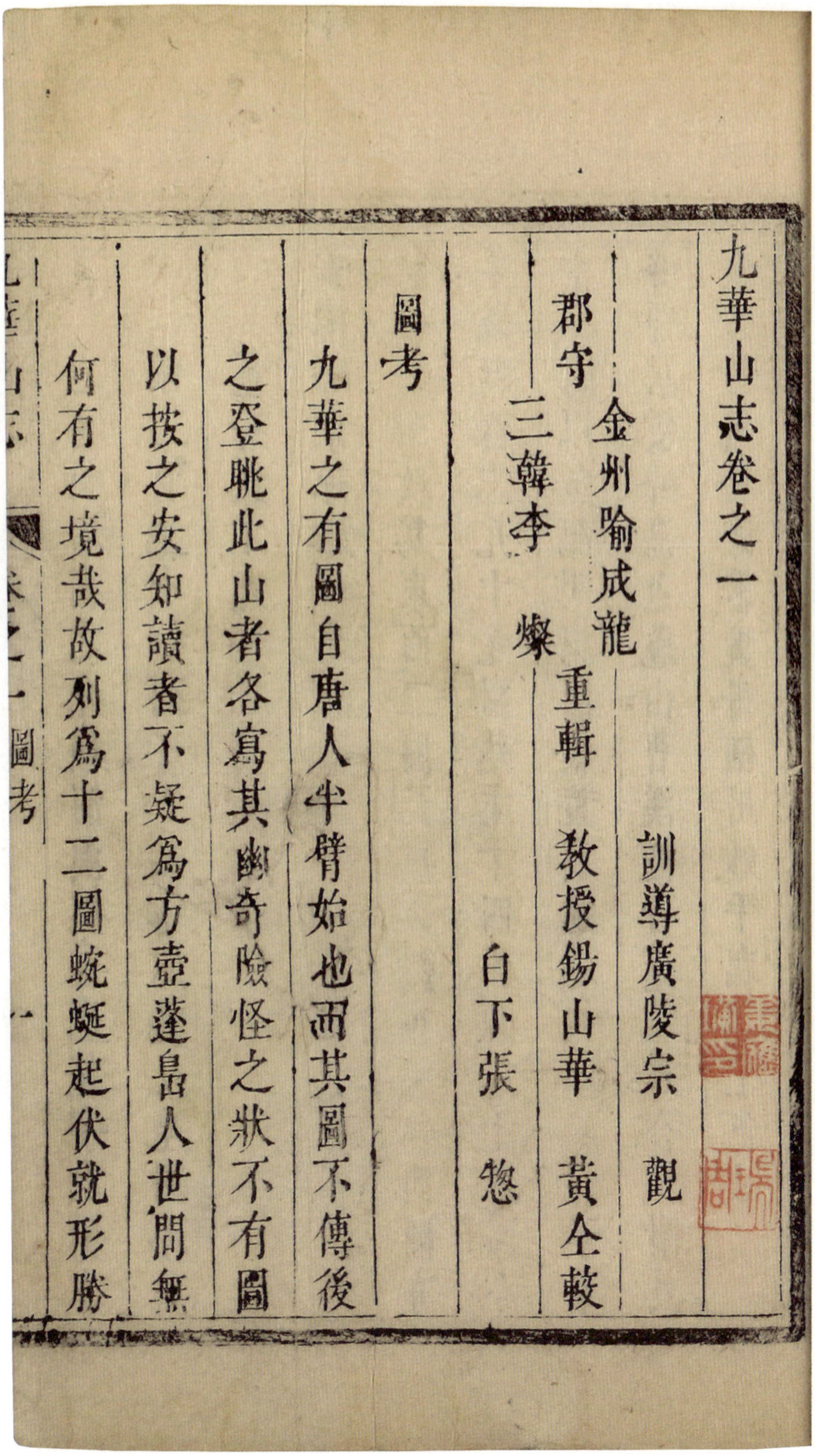
九華山志卷之一
郡守　金州喻成龍
三韓李　燦　重輯
訓導廣陵宗　觀
教授錫山華　黃仝較
白下張　愬
圖考
九華之有圖自唐人半臂始也而其圖不傳後
之登眺此山者各寫其幽奇險怪之狀不有圖
以按之安知讀者不疑爲方壺蓬島人世間無
何有之境哉故列爲十二圖蜿蜒起伏就形勝
九華山志　卷之一　圖考　一

九華山志十二卷　（清）俞成龍　（清）李燦重輯　清乾隆十四年（1749）刻本

框高18.7厘米，廣13.6厘米。半葉九行，行二十字，白口，四周雙邊。6册。鈐“姜應璜印”白文印、“周瑞”朱文印、“尚寶章”白文印等。

shan498

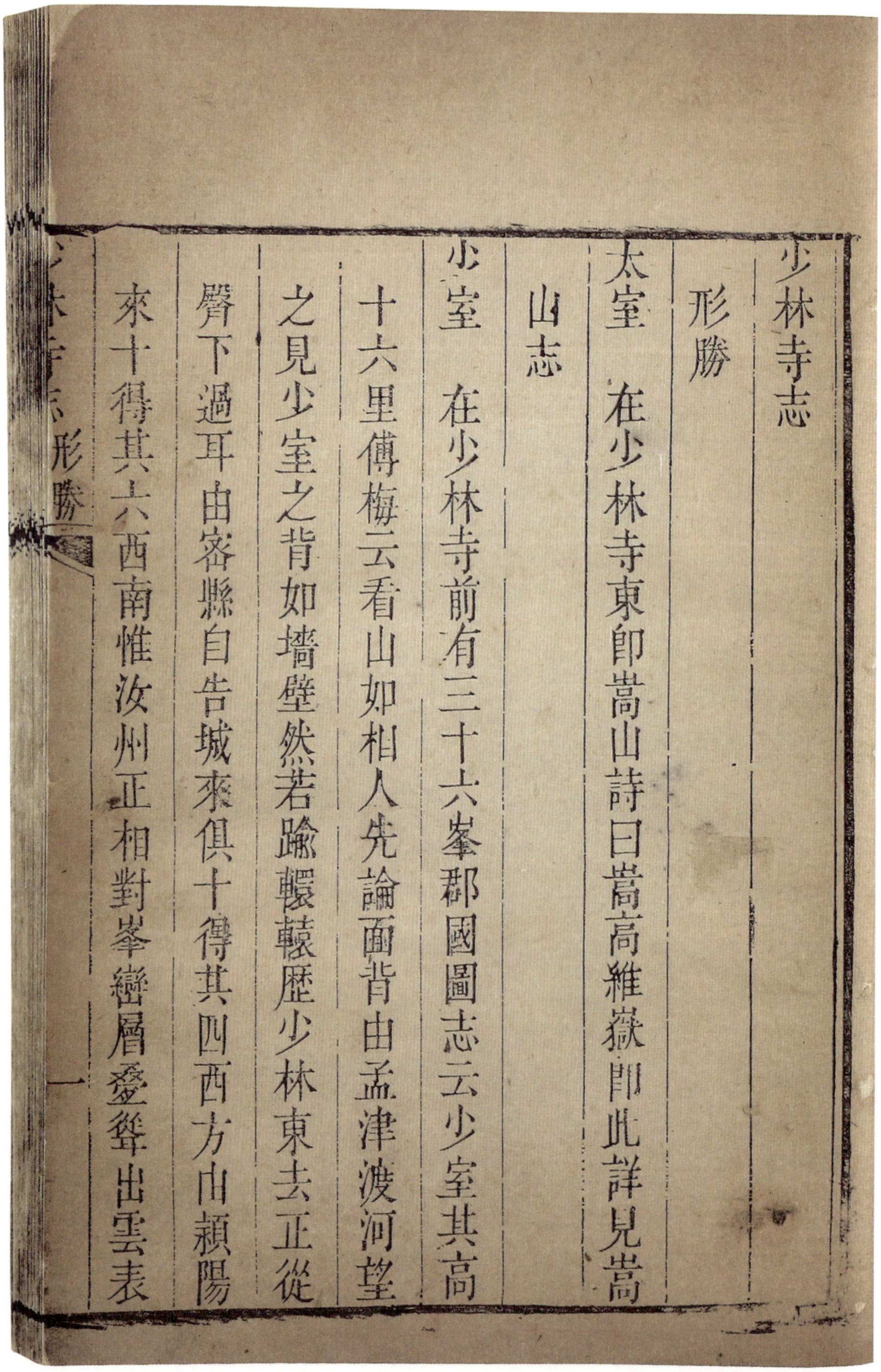

少林寺志四卷圖說一卷 （清）葉封等原輯 （清）施奕簪等續輯 清乾隆十三年（1748）刻本

框高 19 厘米，廣 14.3 厘米。半葉九行，行二十二字，白口，左右雙邊。4 册。

shan503

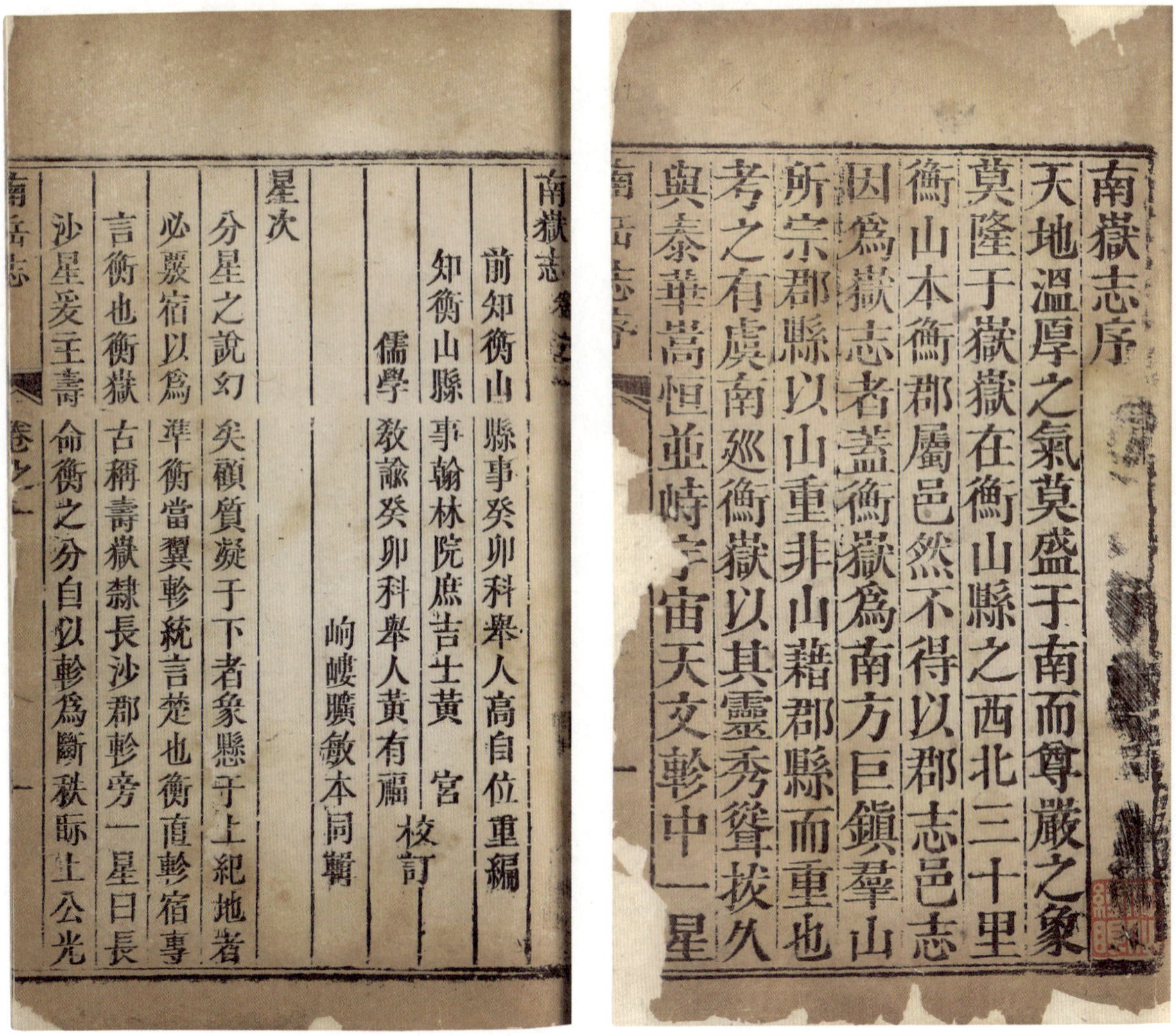

南嶽志八卷　（清）高自位重編　清乾隆十八年（1753）開雲樓刻本

框高 20 厘米，廣 14.5 厘米。半葉十行，行二十字，白口，左右雙邊。4 册。鈐“仲仙經眼”白文印。

shan536

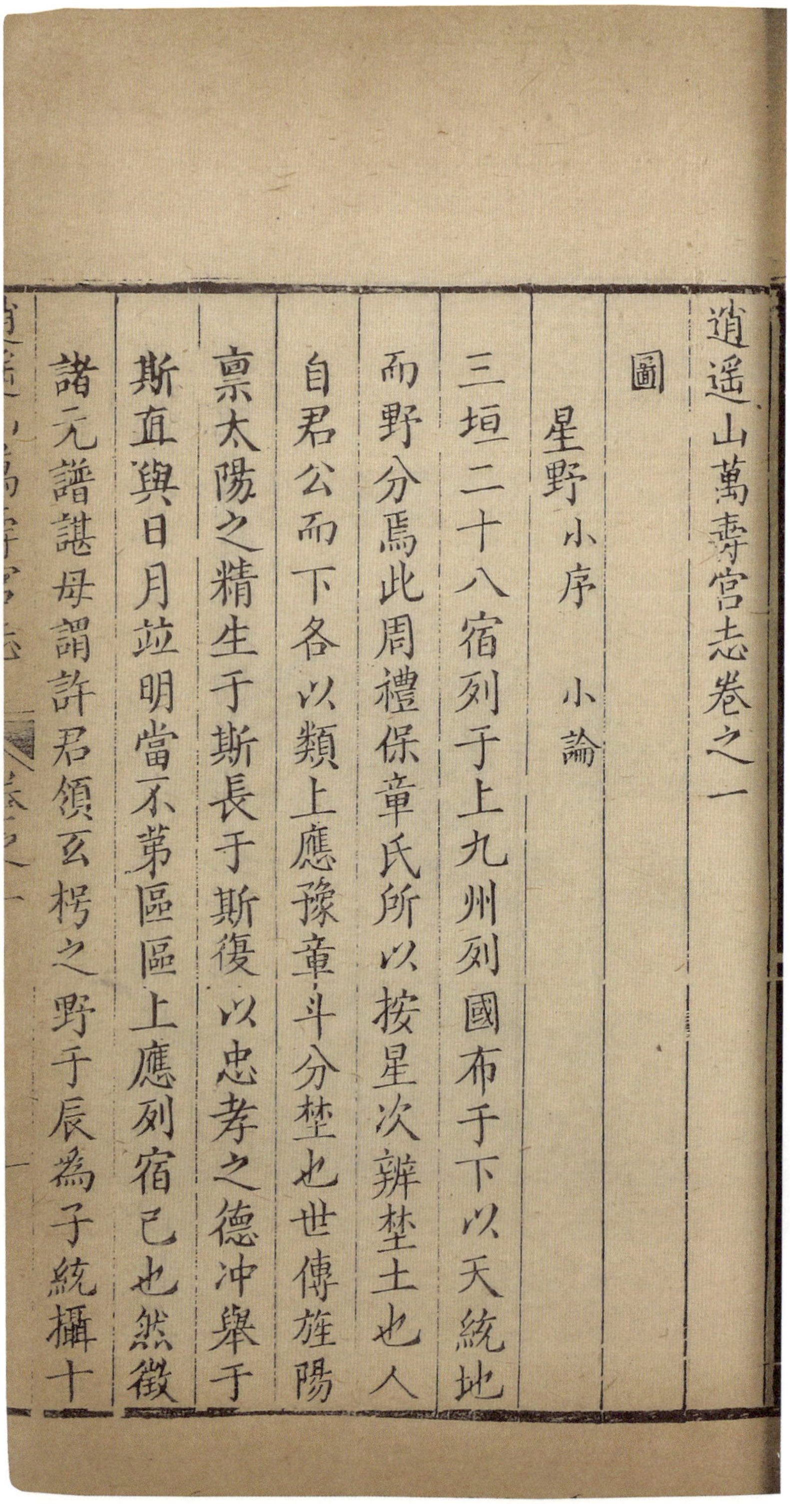
逍遥山萬壽宮志卷之一

圖

星野小序　小論

三垣二十八宿列于上九州列國布于下以天統地而野分焉此周禮保章氏所以按星次辨埜土也人自君公而下各以類上應豫章斗分埜也世傳旌陽禀太陽之精生于斯長于斯復以忠孝之德冲舉于斯直與日月竝明當不第區區上應列宿已也然徵諸元譜諶母謂許君領玄枵之野于辰為子統攝十

逍遥山萬壽宮志　卷之一　一

逍遥山萬壽宮志二十卷　（清）郭懋隆　（清）丁步上等輯　清乾隆五年（1740）刻本

框高 19 厘米，廣 13.9 厘米。半葉九行，行二十一字，白口，左右雙邊。6 册。

shan551

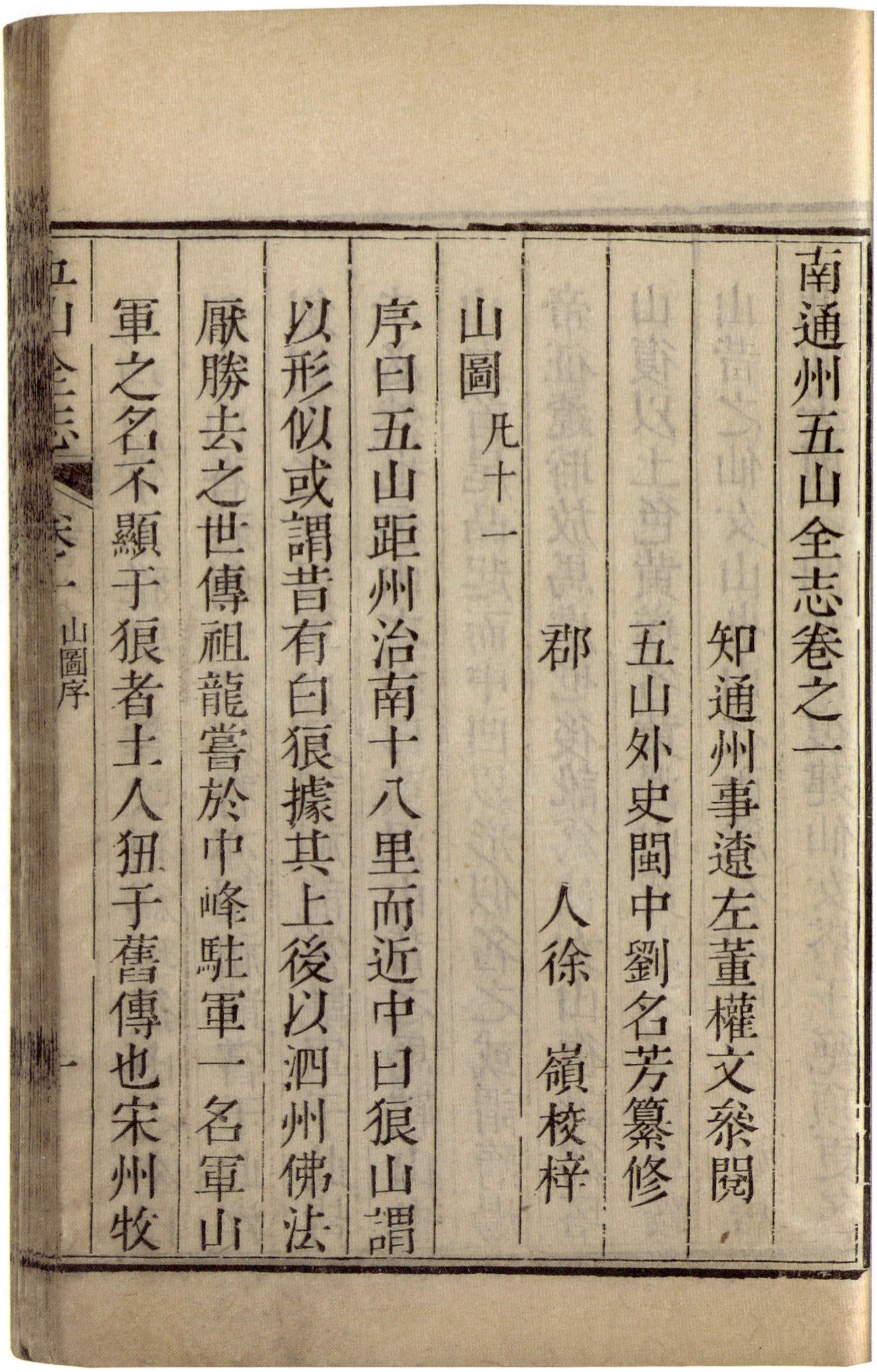

南通州五山全志二十卷 （清）劉名芳纂修 清乾隆十六年（1751）徐嶺刻本

框高20厘米，廣15.6厘米。半葉九行，行十九字，小字雙行同，白口，四周雙邊。4册。缺四卷（十七至二十）。

shan658

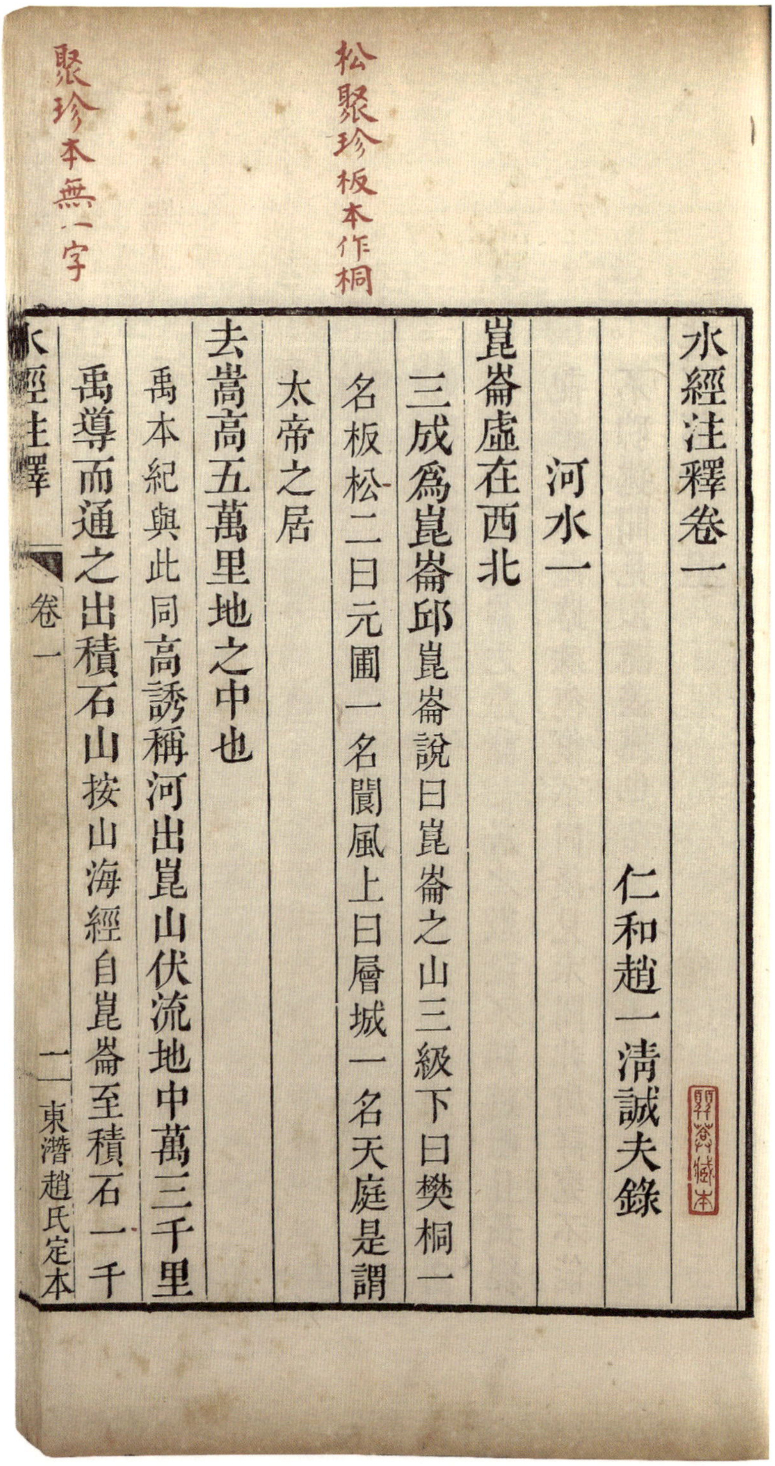
聚珍本無一字
松聚珍板本作桐

水經注釋卷一　　仁和趙一清誠夫録
河水一
崑崙虛在西北
三成爲崑崙邱崑崙說曰崑崙之山三級下曰樊桐一
名板松二曰元圃一名閬風上曰層城一名天庭是謂
太帝之居
去嵩高五萬里地之中也
禹本紀與此同高誘稱河出崑山伏流地中萬三千里
禹導而通之出積石山按山海經自崑崙至積石一千

水經注釋　卷一　二　東潛趙氏定本

水經注釋四十卷首一卷附二卷刊誤十二卷　（清）趙一清録　清乾隆東潛趙氏小山堂刻本

框高 20 厘米，廣 14.5 厘米。半葉十行，行二十二字，小字雙行同，白口，左右雙邊。20 册。鈐“願莽藏本”朱文印。

shan674

【金石類】

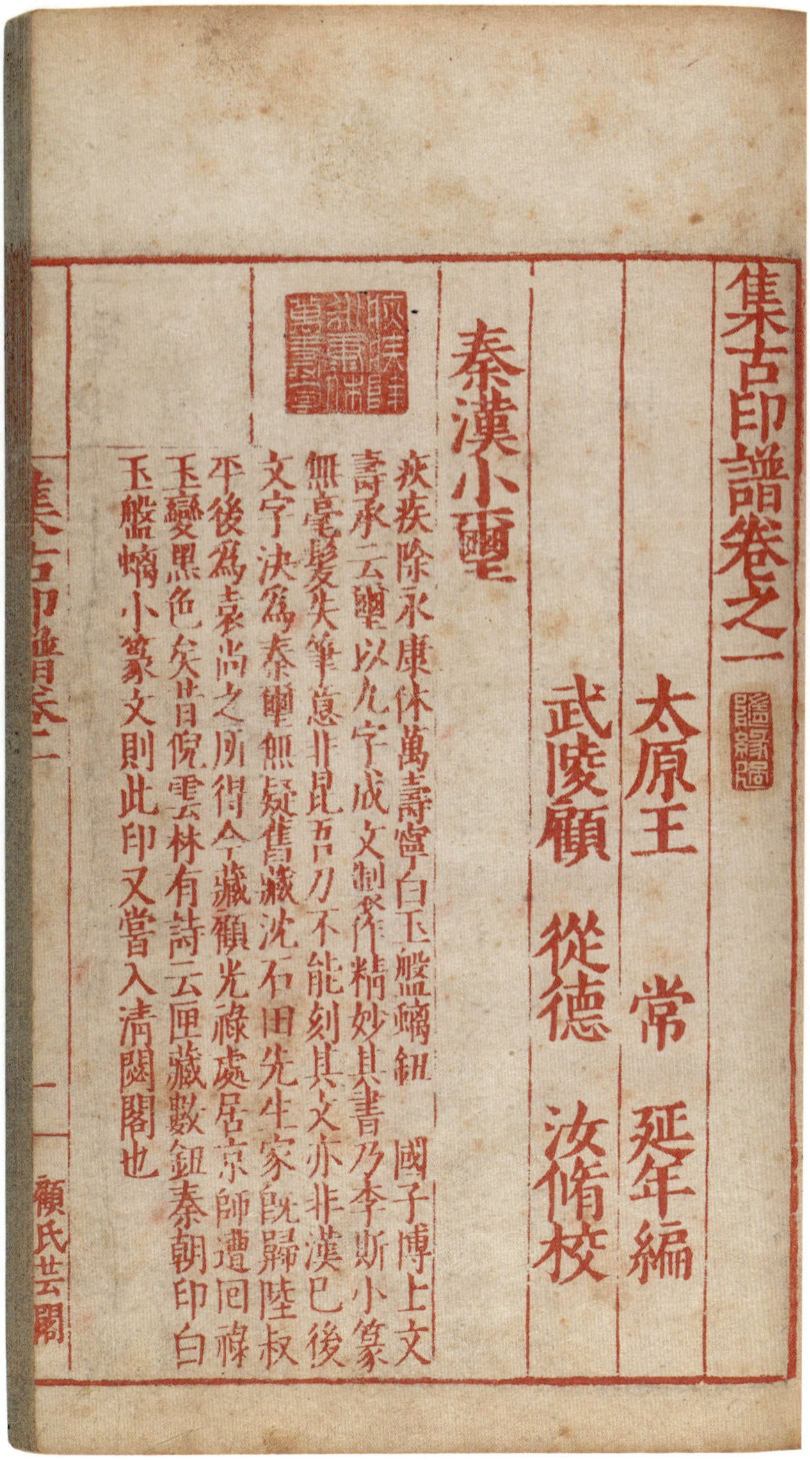

集古印譜六卷 （明）王常編 （明）顧從德校 明末刻萬曆顧氏雲閣朱印本

框高 20 厘米，廣 14.5 厘米。半葉八行，行、字數不等，白口，四周單邊。6 册。鈐“周肇祥藏善本”朱文印、“隨緣過”白文印等。

二級 17bei9

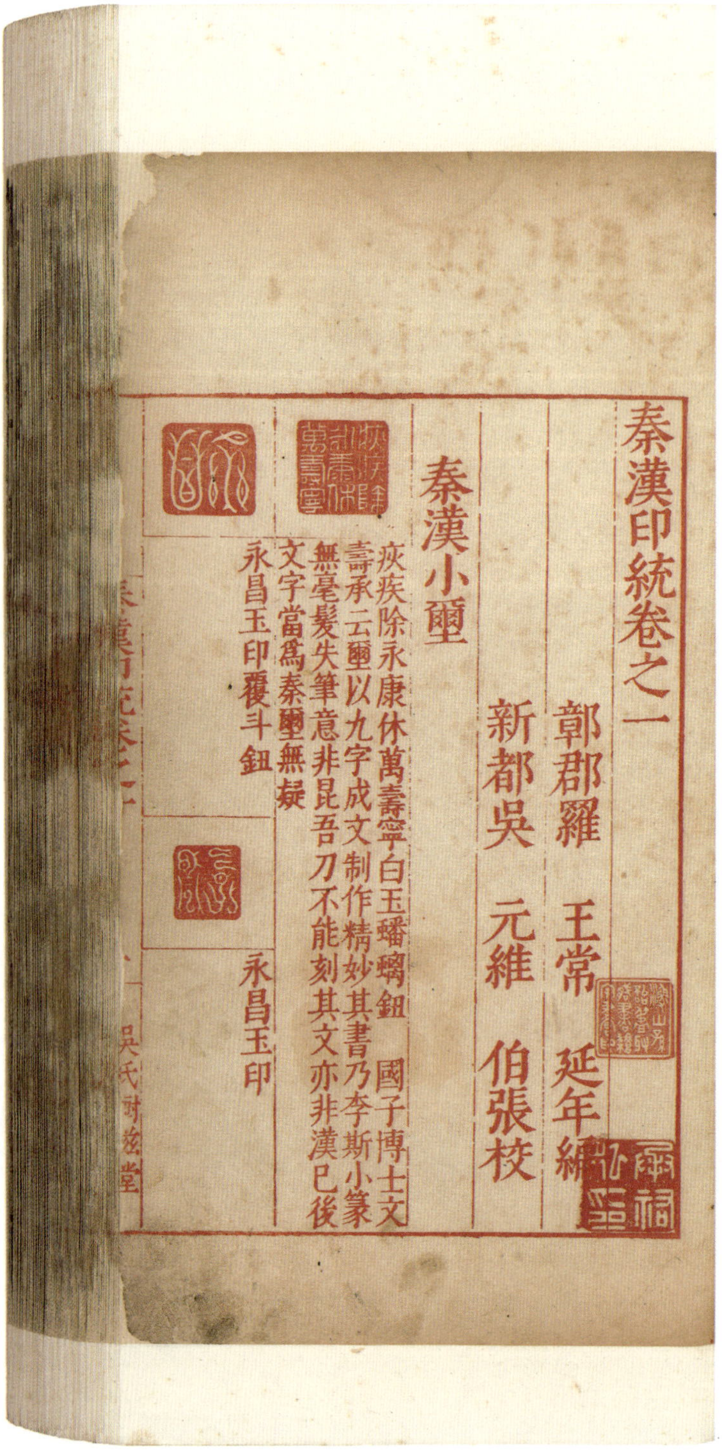

秦漢印統八卷 （明）羅王常編 明萬曆三十四年（1606）新都吴氏樹滋堂刻朱印本

框高 20.5 厘米，廣 14 厘米。半葉八行，行十七字，白口，四周單邊。8 册。鈐“祖蔭寶章”朱文印、“思齋”朱文印、“香影廬主”白文印、“壽光魏家藏古圖書”朱文印、“孫詒叔章”朱文印、“青箱樓藏書”白文印等。

二級 22li4870

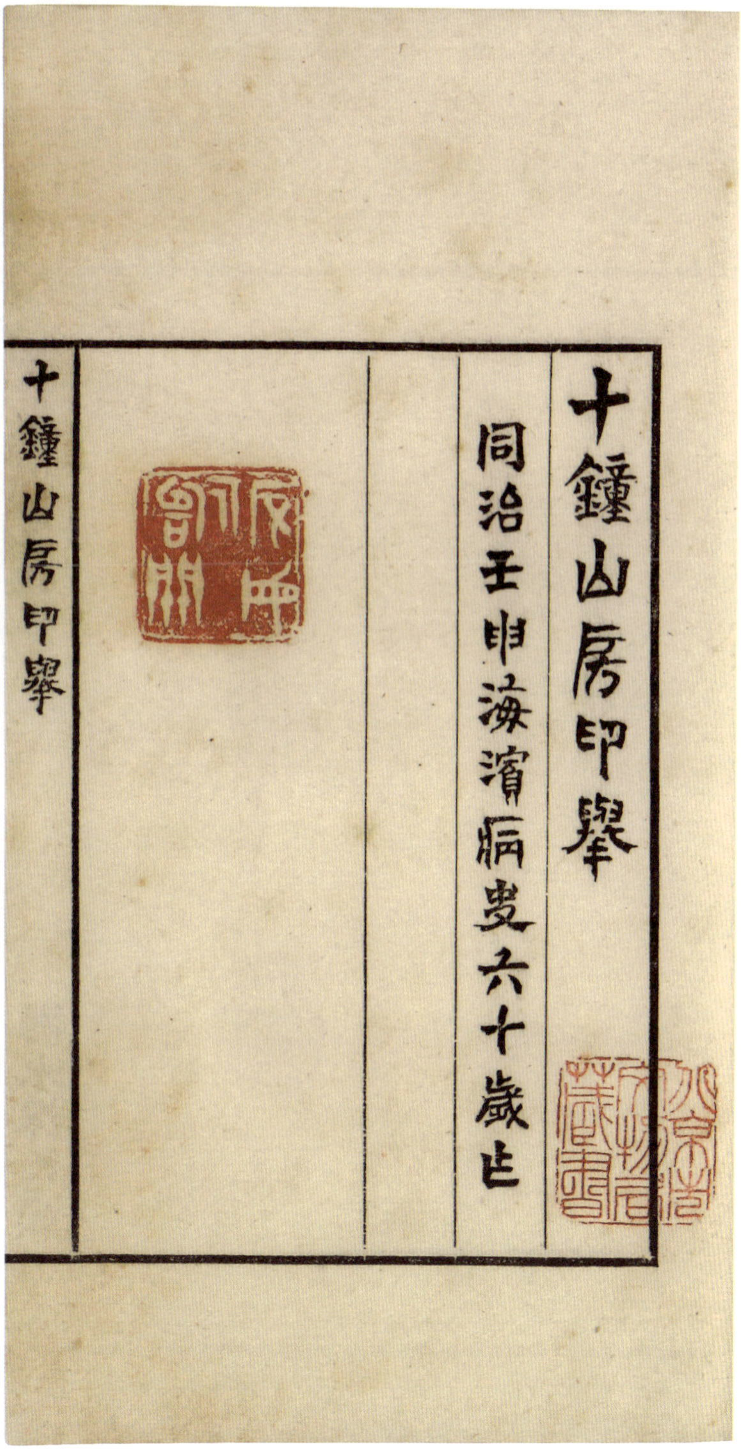

十鐘山房印舉不分卷　（清）陳介祺輯　清同治十一年（1872）陳氏十鐘山房鈐印本
框高 17.4 厘米，廣 12 厘米。白口，四周單邊。63 册。

二級 23bei47

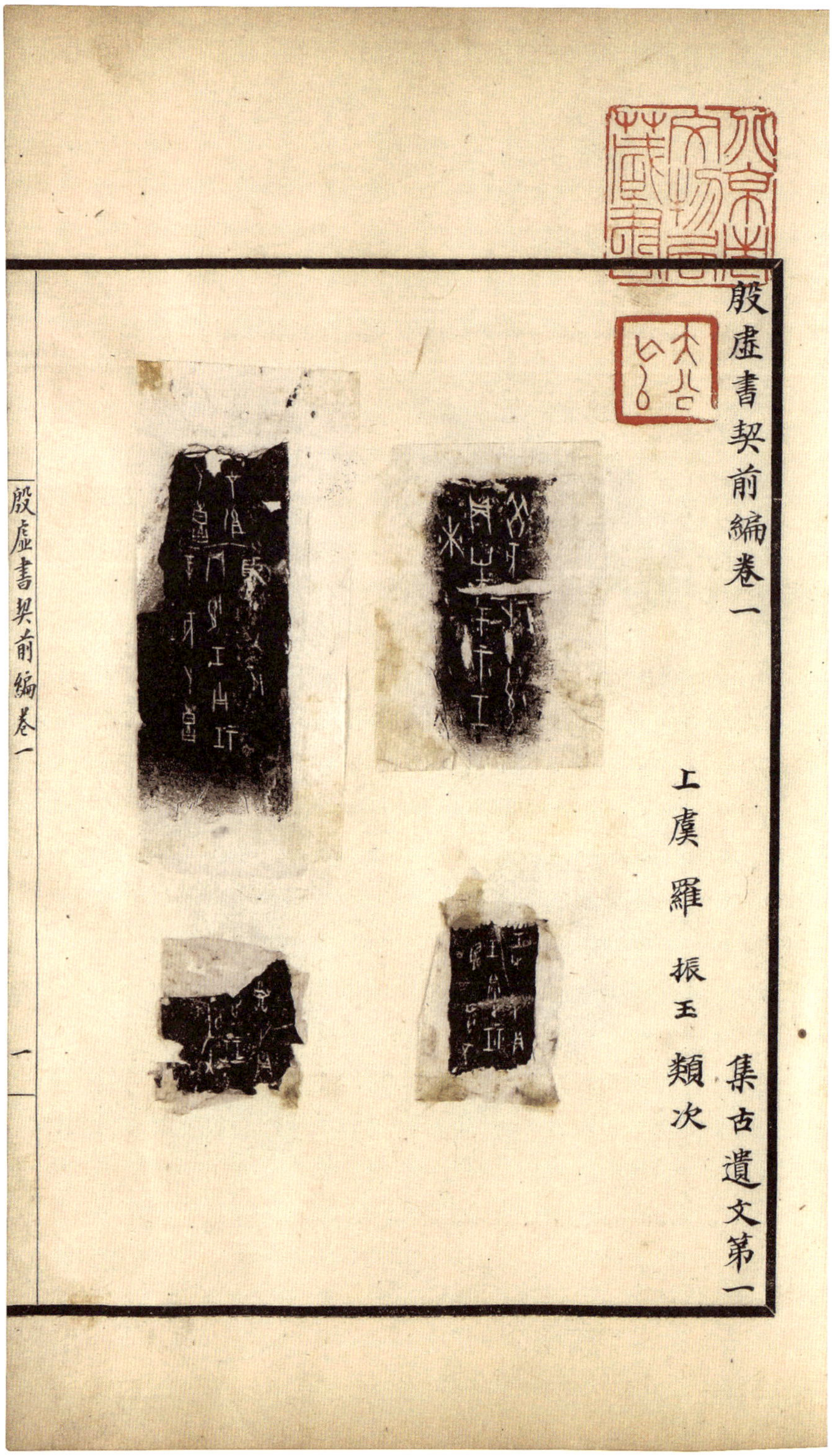

殷虚書契前編八卷 葉玉森編 民國拓本

框高 18.5 厘米，廣 14.2 厘米。白口，四周單邊。8 册。鈐“雪堂珍秘”白文印等。有羅振玉題簽。

二級 120k227

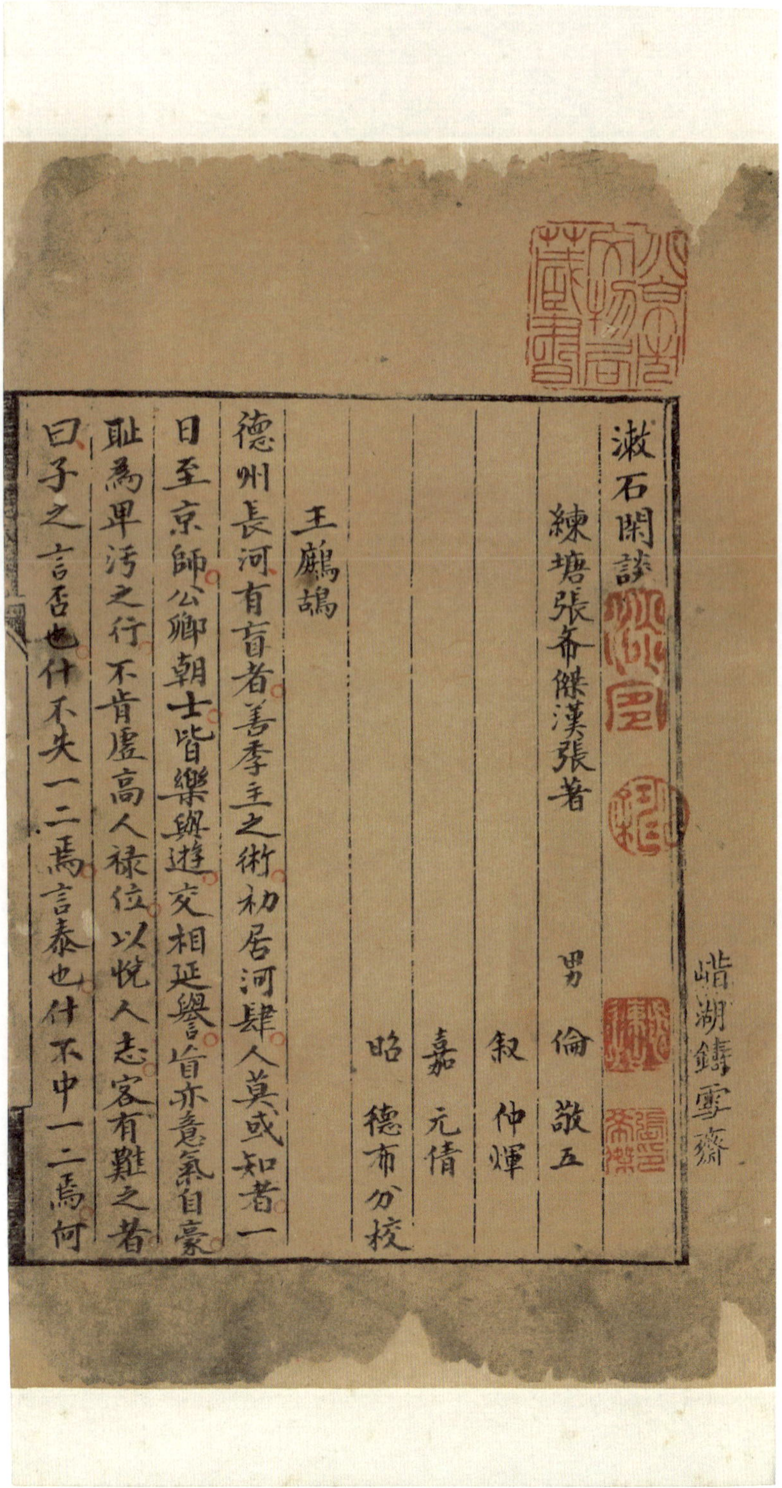

漱石閑談　（清）張希杰著　清乾隆鑄雪齋抄本

框高19厘米，廣13.3厘米。半葉十行，行二十二字，粗黑口，左右雙邊。1册。鈐“張希傑印”朱文印、“淡宜”白文印等。

二級 141k329

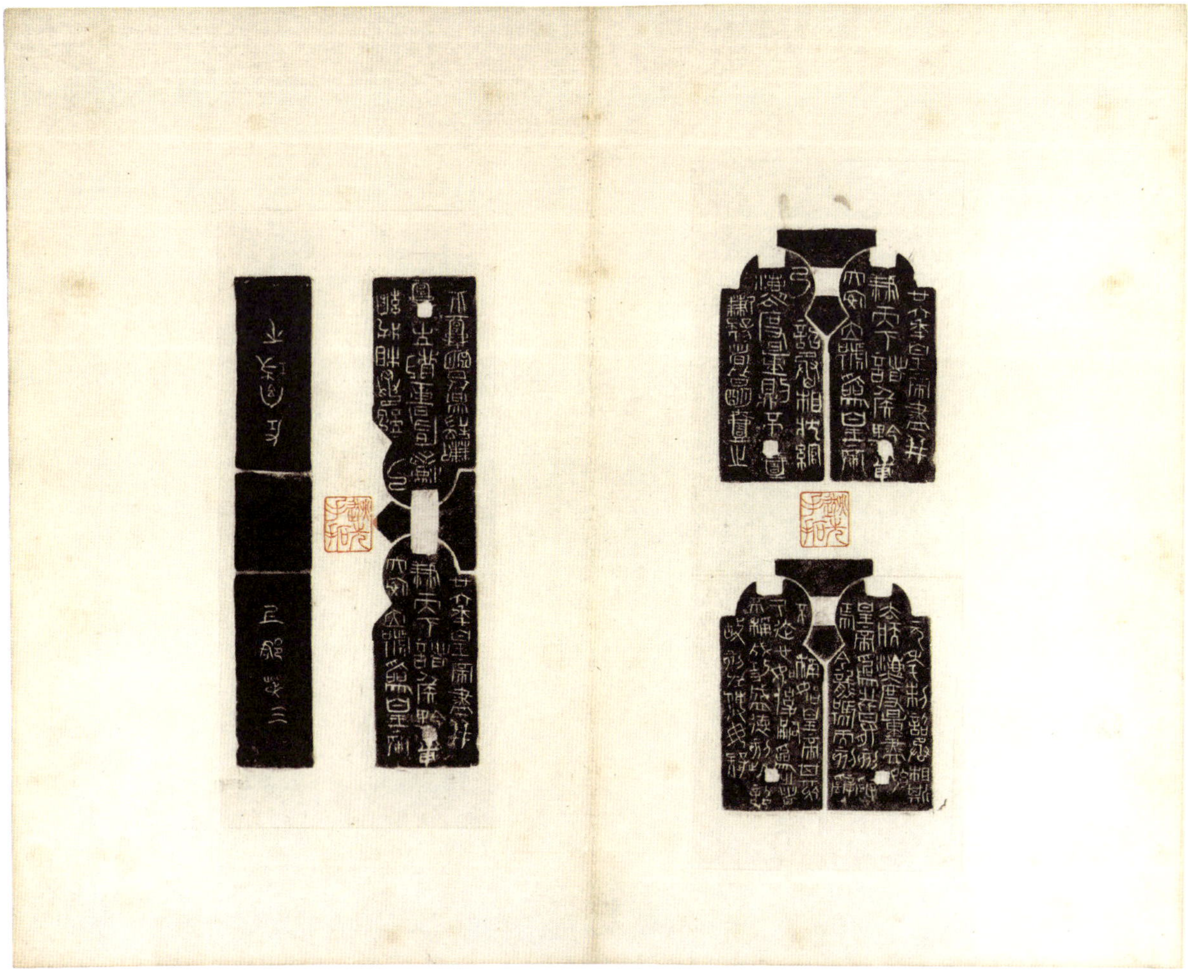

陳簠齋秦泉拓本　（清）陳介祺藏　清末拓本

開本高 31.5 厘米，廣 19.5 厘米。無框。1 册。鈐“遜先手拓”朱文印。經折裝。

三級 68k365

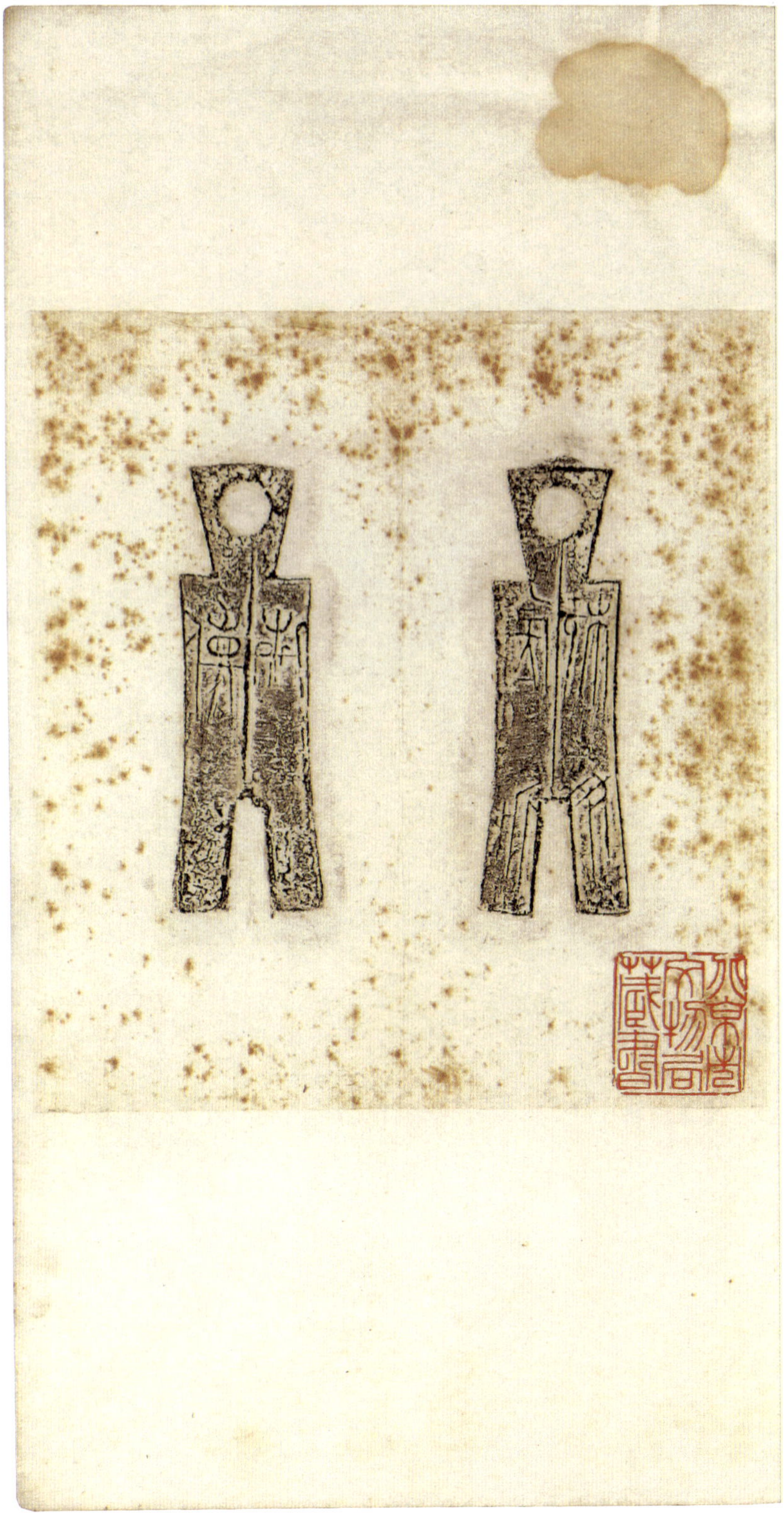

陳簠齋精拓泉譜　（清）陳介祺藏　清末拓本

開本高 33.3 厘米，廣 20 厘米。白口，無框。2 册。

三級 69k366

陳簠齋藏瓦拓本　（清）陳介祺藏　清末拓本

開本高 32.8 厘米，廣 22 厘米。無框。1 册。鈐“秦詔量瓦之齋”朱文印、“集秦斯之大觀”白文印、“文字之福”白文印等。

三級 70k367

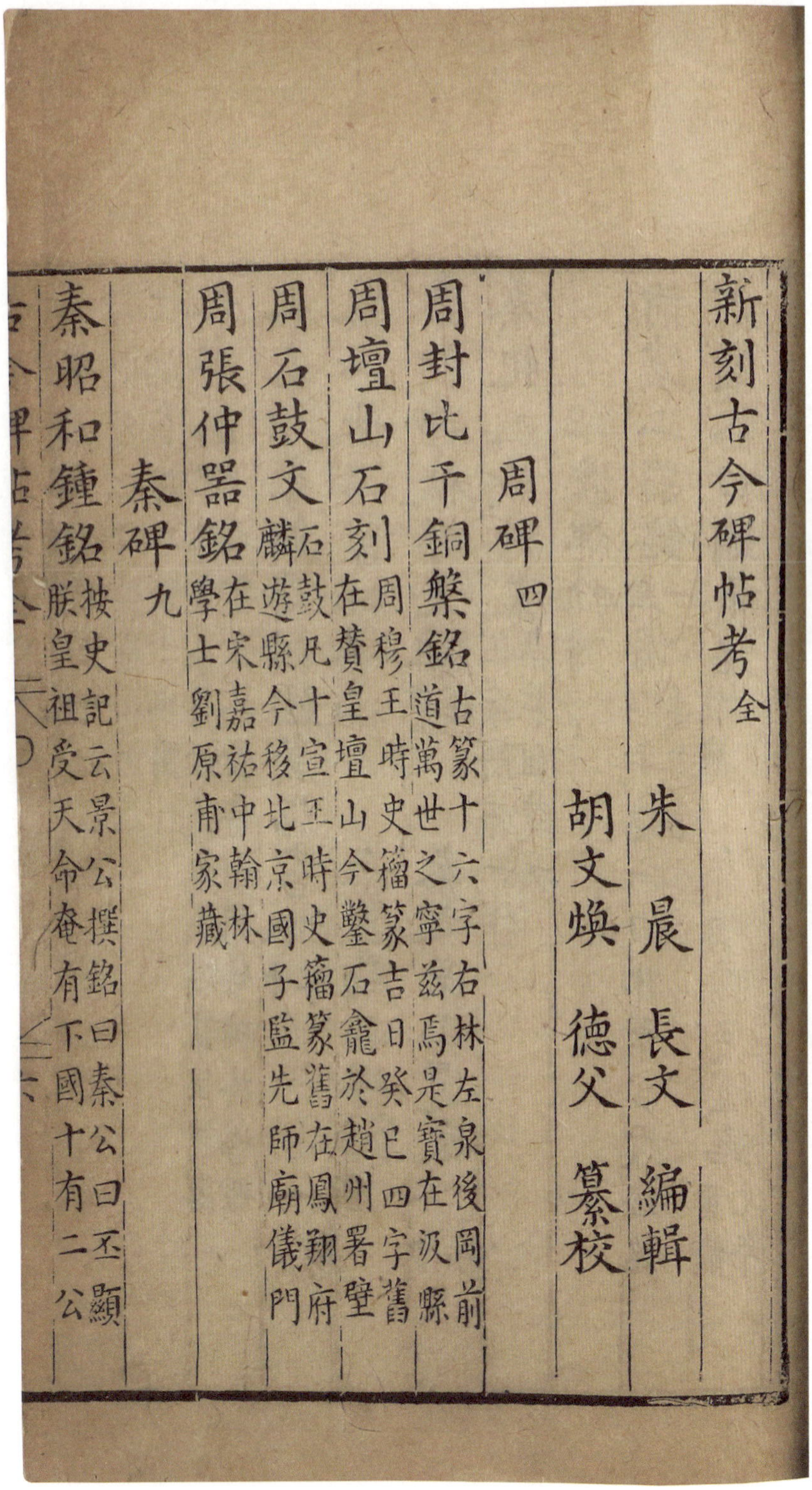

新刻古今碑帖考一卷　（明）朱晨編輯　（明）胡文焕校　明萬曆刻本

框高 19.8 厘米，廣 13.6 厘米。半葉十行，行二十字，小字雙行同，白口，左右雙邊。1 册。

三級 91shan67

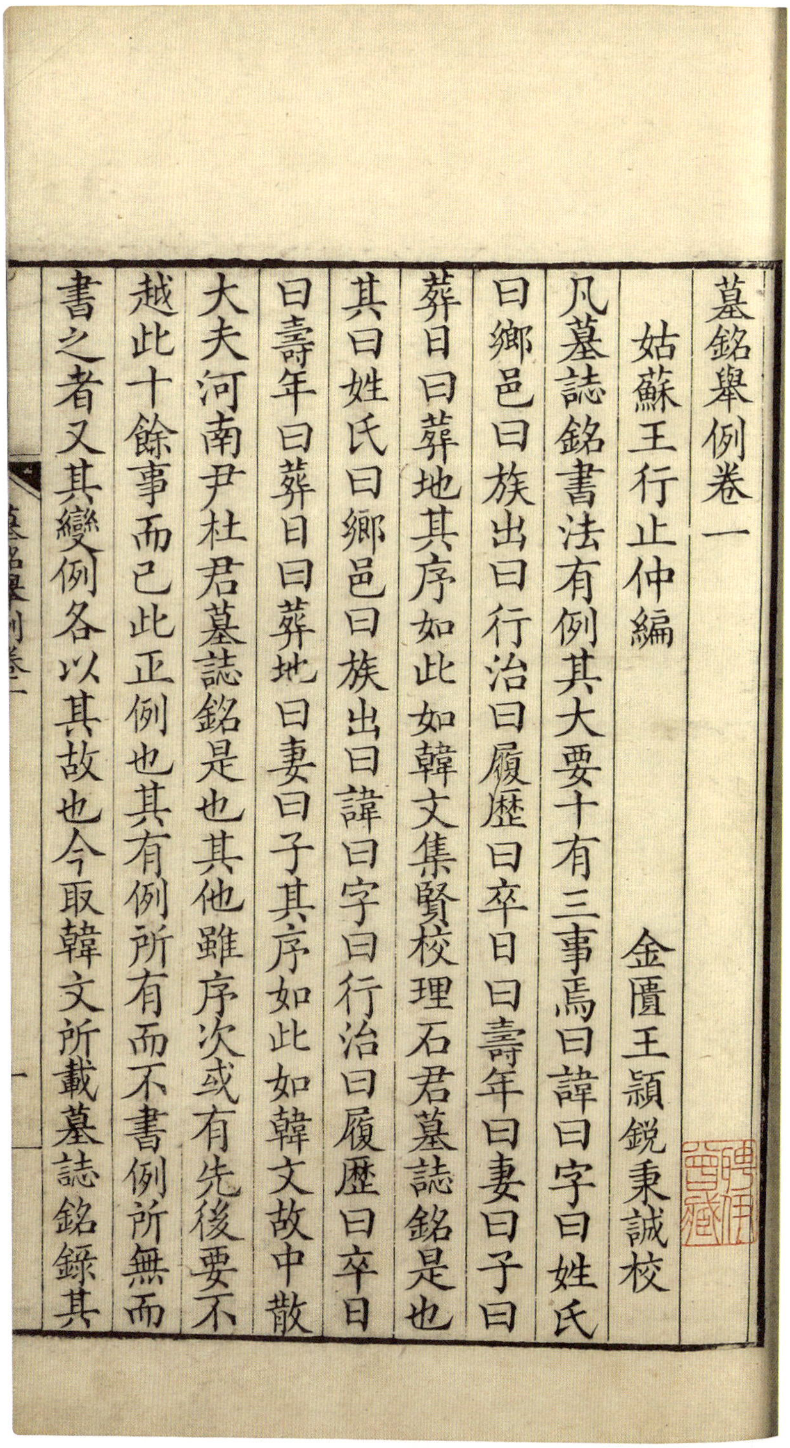
墓銘舉例卷一
姑蘇王行止仲編　金匱王頌鋭秉誠校
凡墓誌銘書法有例其大要十有三事焉曰諱曰字曰姓氏曰鄉邑曰族出曰行治曰履歷曰卒日曰壽年曰妻曰子曰葬日曰葬地其序如此如韓文集賢校理石君墓誌銘是也其曰姓氏曰鄉邑曰族出曰諱曰字曰行治曰履歷曰卒日曰壽年曰葬日曰葬地曰妻曰子其序如此如韓文故中散大夫河南尹杜君墓誌銘是也其他雖序次或有先後要不越此十餘事而已此正例也其有例所有而不書例所無而書之者又其變例各以其故也今取韓文所載墓誌銘錄其

墓銘舉例四卷　（明）王行撰　**金石要例一卷**　（清）黄宗羲撰　清乾隆二十年（1755）盧見曾雅雨堂刻金石三例本

框高 18.3 厘米，廣 13.3 厘米。半葉十行，行二十三字，白口，左右雙邊。4 册。鈐“聘伊曾藏”朱文印。

shan182

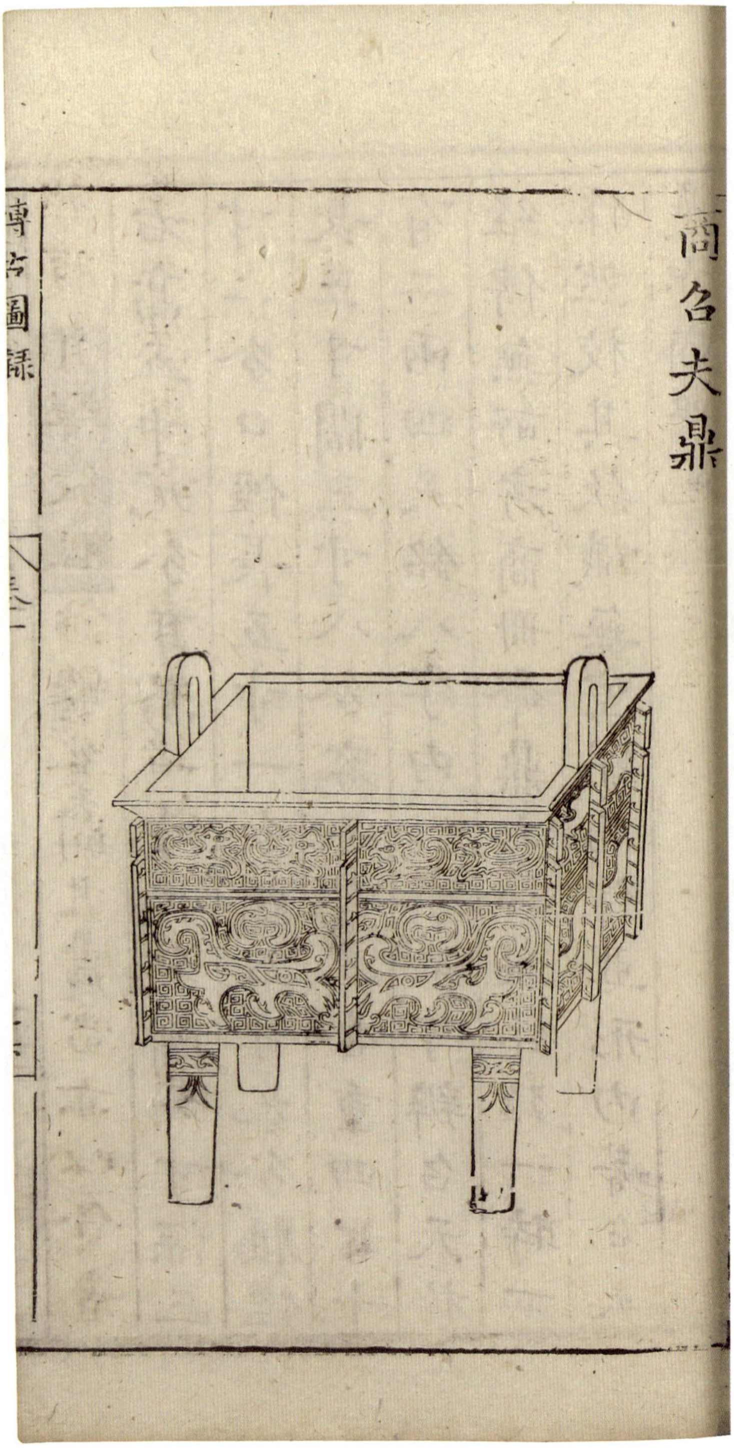

東書堂重修宣和博古圖録三十卷　（宋）王黼等撰　**考古圖十卷**　（宋）吕大臨撰　**古玉圖二卷**　（元）朱德潤撰　（清）黄晟輯　清乾隆十七年（1752）天都黄氏亦政堂刻本

框高 24 厘米，廣 15.7 厘米。半葉八行，行十七字，白口，四周單邊。20 册。

shan209

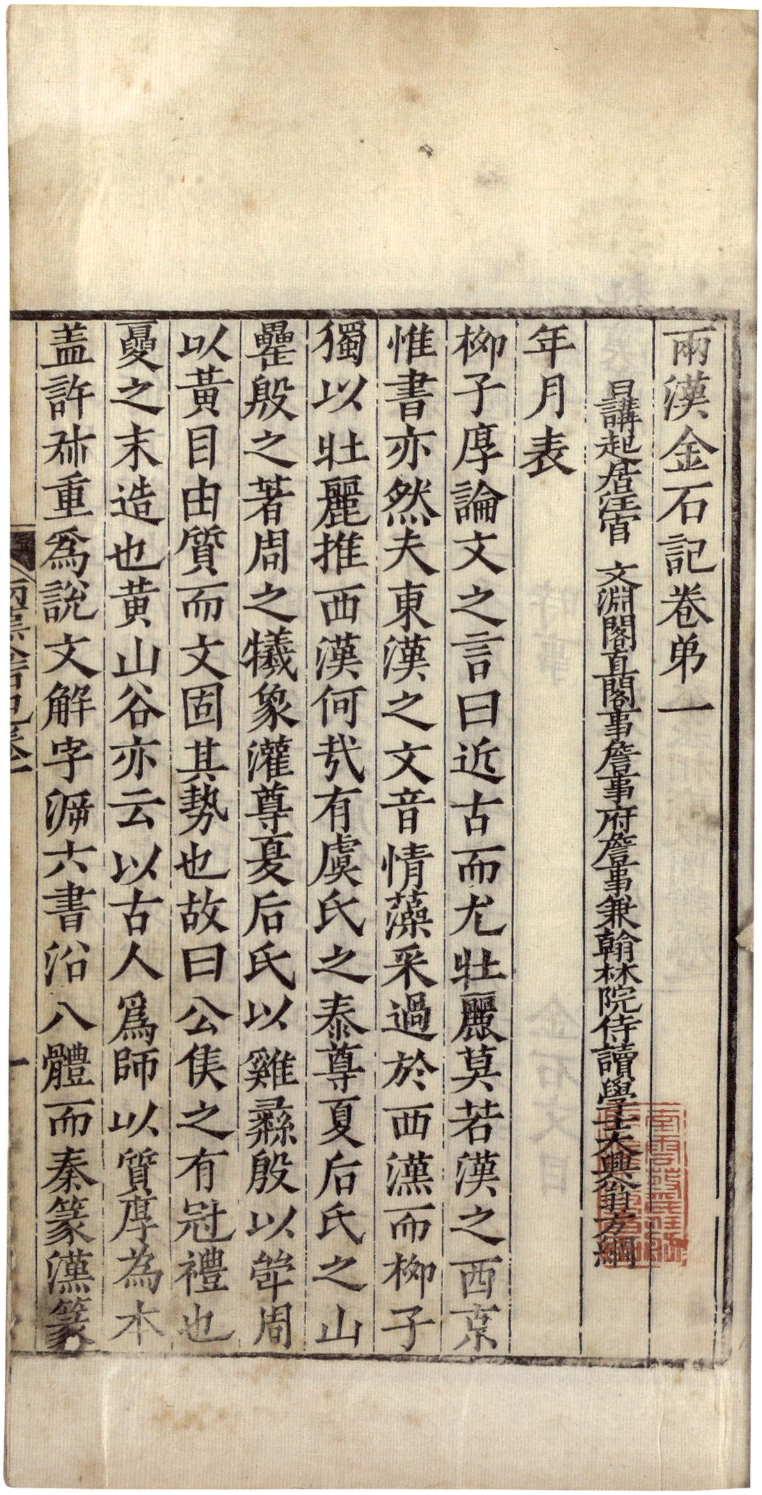

兩漢金石記二十二卷　（清）翁方綱撰　清乾隆五十四年（1789）南昌使院刻本

框高 21.5 厘米，廣 15 厘米。半葉十行，行二十字，白口，左右雙邊。6 册。鈐“南雲蔡氏任舫珍藏書畫”朱文印。

shan452

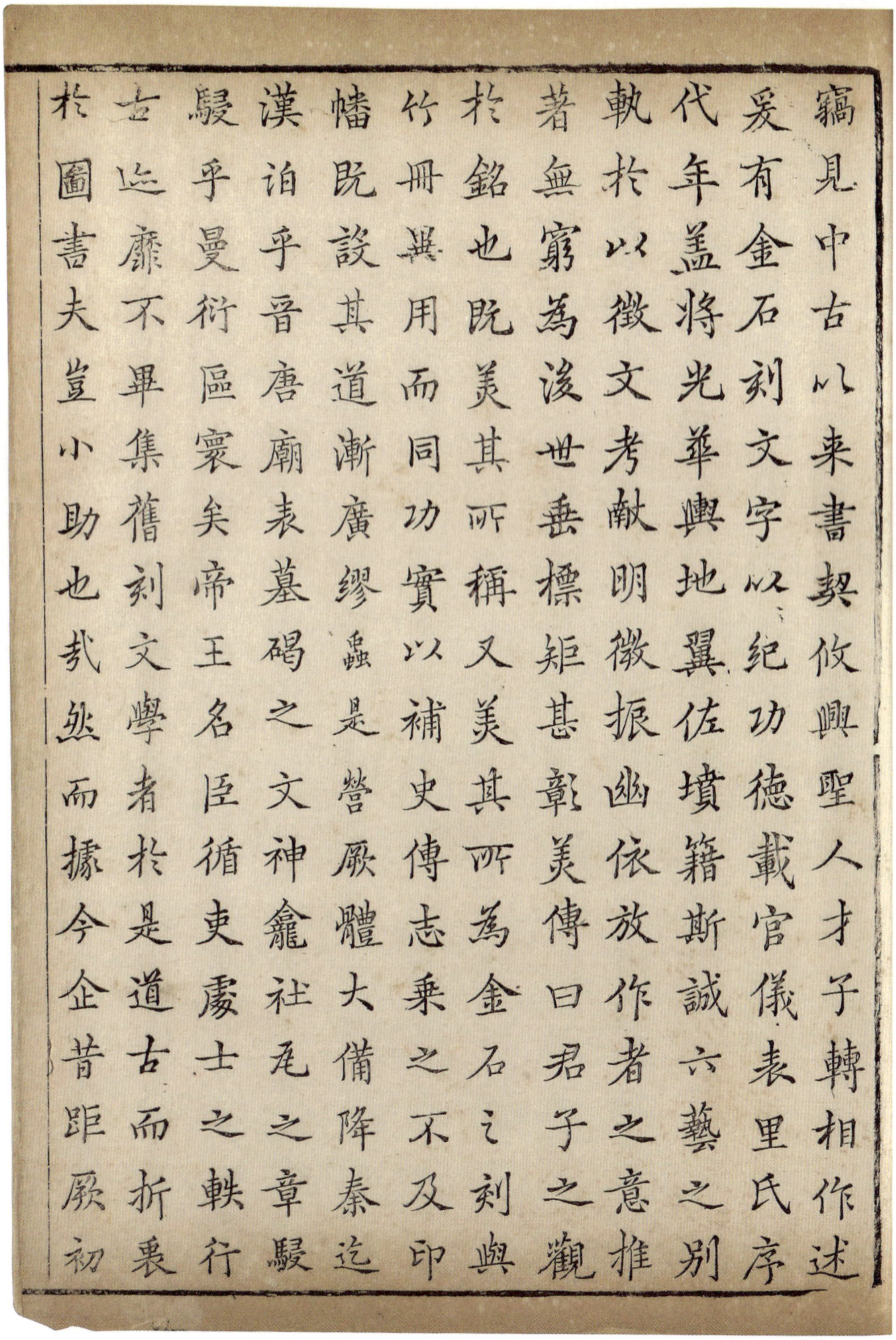
竊見中古以来書契攸興聖人才子轉相作述爰有金石刻文字以紀功德載官儀表里氏序代年蓋將光華輿地翼佐墳籍斯誠六藝之别軌於以徵文考獻明徵振幽依放作者之意推著無窮為後世垂標矩甚彰美傳曰君子之觀於銘也既美其所稱又美其所為金石之刻與竹冊異用而同功實以補史傳志乘之不及印幡既設其道漸廣繆蟲是營厥體大備降秦迄漢洎乎晉唐廟表墓碣之文神龕社尾之章駸駸乎曼衍區寰矣帝王名臣循吏處士之軼行古近靡不畢集舊刻文學者於是道古而折衷於圖書夫豈小助也哉然而據今企昔距厥初

金石圖　（清）褚峻摹　（清）牛運震説　清乾隆八年（1743）刻本

框高28.8厘米，廣20.7厘米。半葉十二行，行十八字，白口，四周單邊，無格。4册。鈐“人境廬”白文印。

shan830

#【目録類】

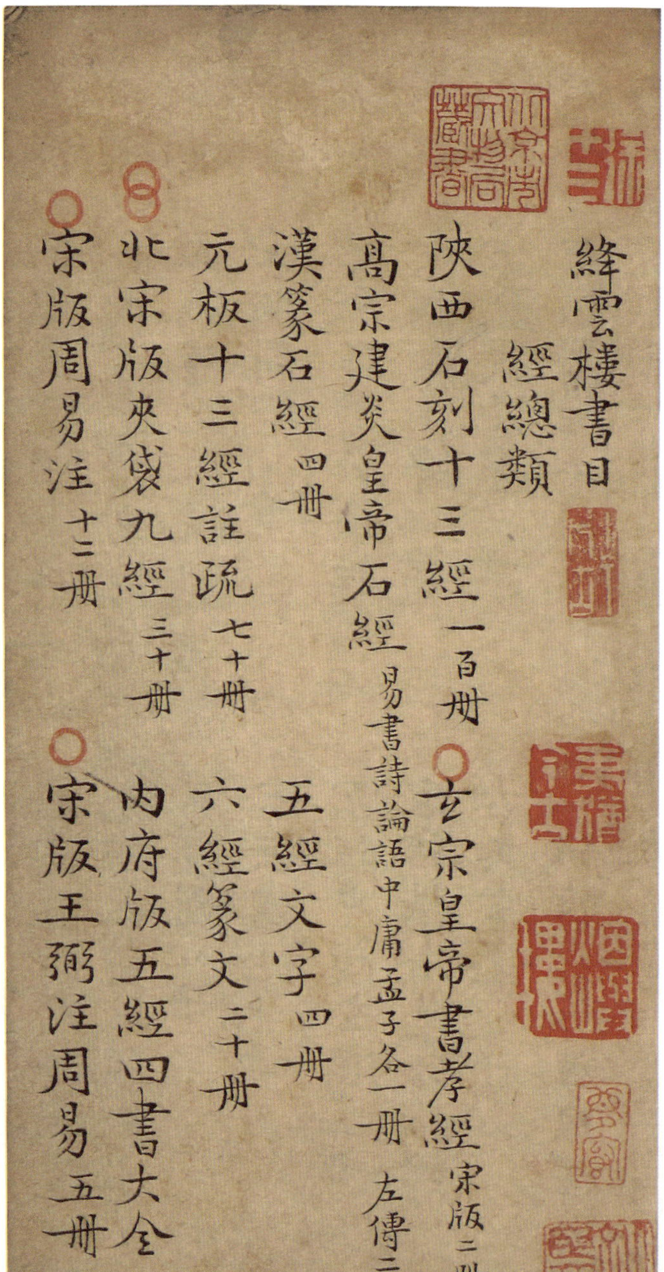
絳雲樓書目
經總類
陝西石刻十三經一百册
高宗建炎皇帝石經易書詩論語中庸孟子各一册
漢篆石經四册
元板十三經註疏七十册
北宋版夾袋九經三十册
宋版周易注十二册
玄宗皇帝書孝經宋版二册
左傳二册
五經文字四册
六經篆文二十册
内府版五經四書大全
宋版王弼注周易五册

絳雲樓書目不分卷　（清）錢謙益著　清抄本

開本高 24 厘米，廣 12.9 厘米。半葉八行，行、字數不等，無格。1 册。鈐“夷猶今古”白文印、“徐十三”白文印、“烟嶼樓”白文印、“夢寂”朱文印等。

三級 63k342

子部

【叢編類】

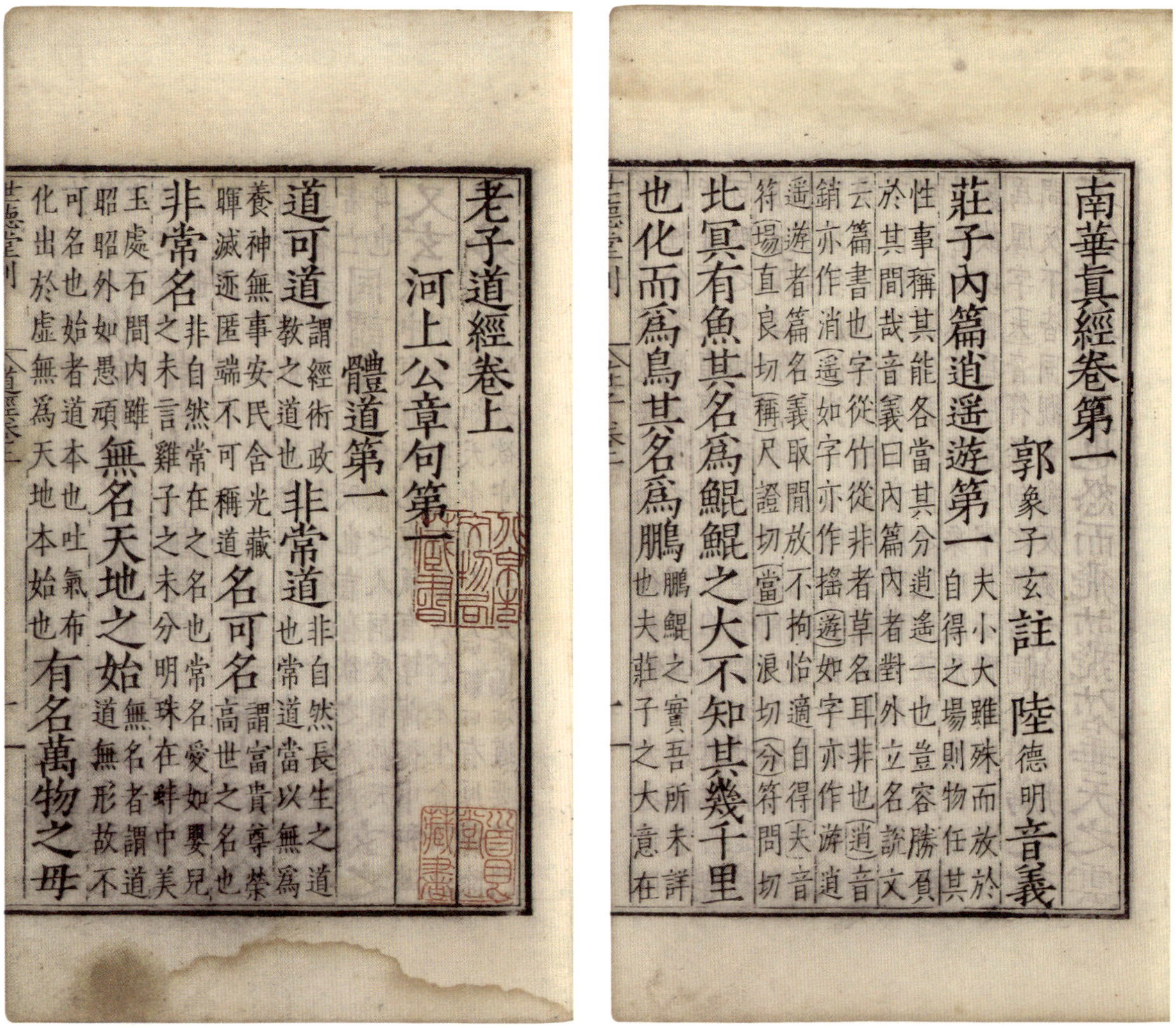

六子書六十卷 （明）顧春編 明嘉靖十二年（1533）顧春世德堂刻本

框高20.2厘米，廣14.4厘米。半葉八行，行十七字，小字雙行同，白口，四周雙邊。20册。鈐“固始張氏鏡菡榭收藏鑒賞印”朱文印、“首艮堂藏書”朱文印、“雲鶴堂印”白文印。

二級 26xiao10654

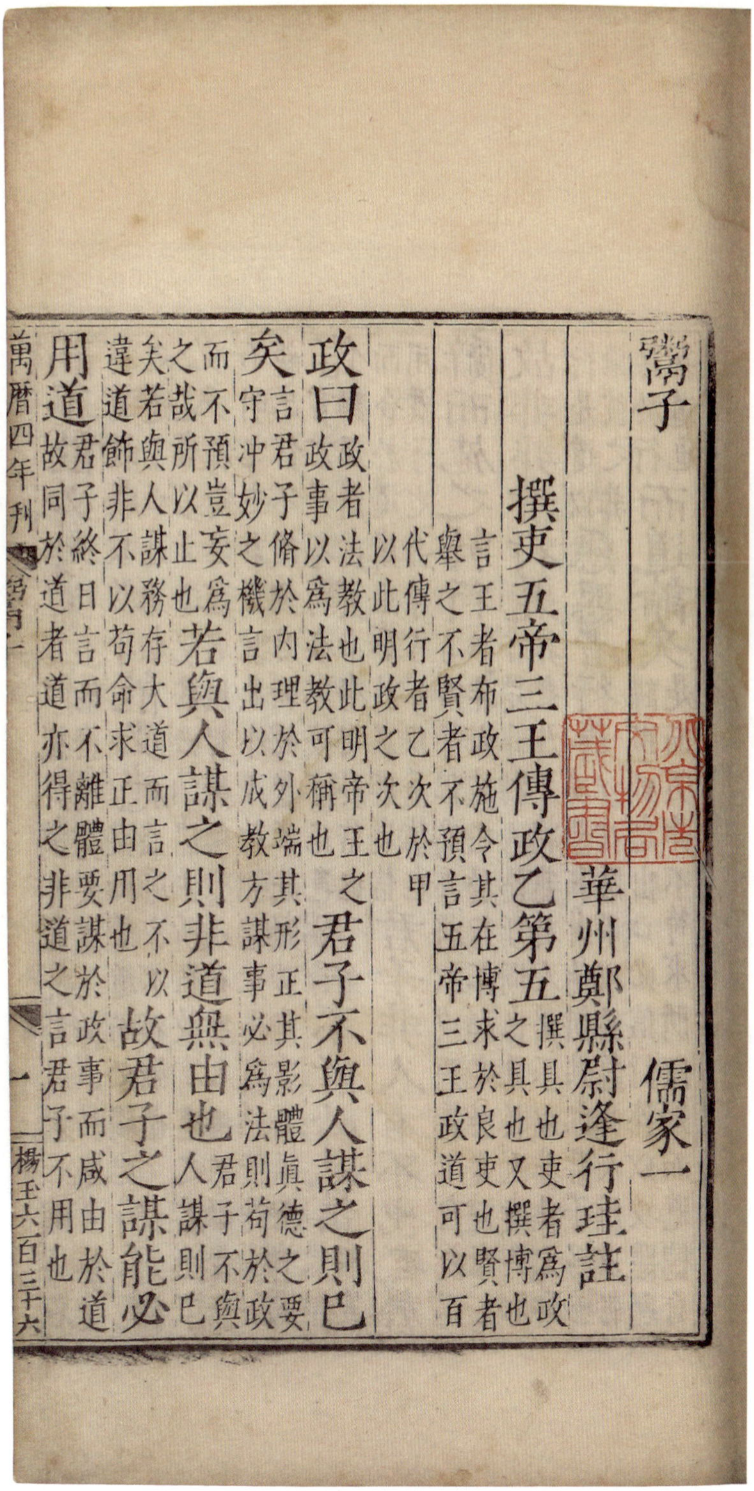

子彙二十四種　（明）周子義編　明萬曆四年至五年（1576–1577）南京國子監刻本

框高 21.8 厘米，廣 15 厘米。半葉十行，行二十一字，小字雙行同，白口，四周雙邊。12 册。鈐“戒盦珍藏”朱文印、“得之斯出祖雲之鈐記”白文印等。缺一種（天隱子）。

二級 104k149

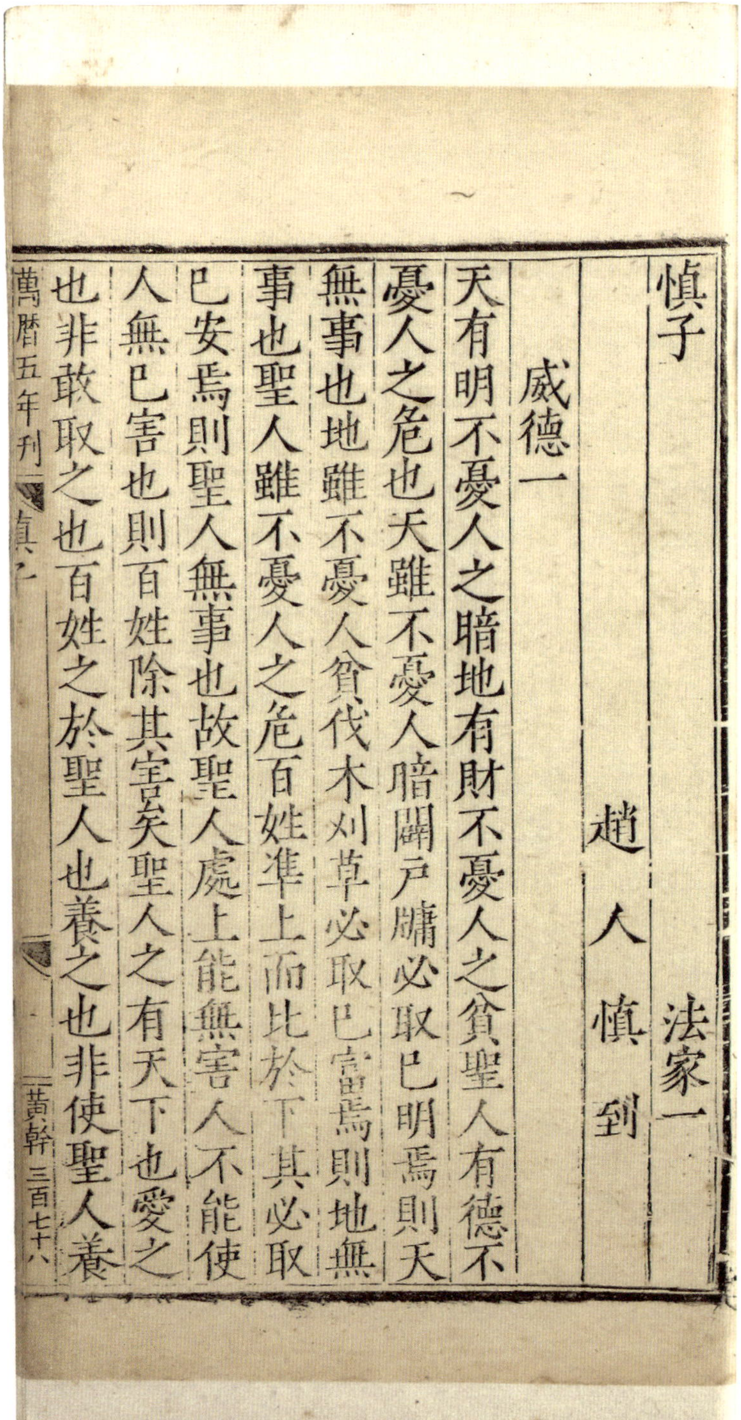
愼子　法家一
趙人愼到
威德一
天有明不憂人之暗地有財不憂人之貧聖人有德不憂人之危也天雖不憂人暗闢戶牖必取巳明焉則天無事也地雖不憂人貧伐木刈草必取巳富焉則地無事也聖人雖不憂人之危百姓準上而比於下其必取巳安焉則聖人無事也故聖人處上能無害人不能使人無巳害也則百姓除其害矣聖人之有天下也愛之也非敢取之也百姓之於聖人也養之也非使聖人養

萬曆五年刊　愼子　一　萬幹　三百七十八

子彙二十四種　（明）周子義編　明萬曆四年至五年（1576–1577）南京國子監刻本

框高 21.3 厘米，廣 14.3 厘米。半葉十行，行二十一字，白口，四周雙邊。12 册。存十七種（齊丘子、鬻甲子、亢倉子、黄石子、天隱子、玄真子、鶡冠子、無能子、小荀子、鹿門子、賈子、愼子、鬼谷子、墨子、鄧析子、尹文子、公孫龍子）。

二級 281shan615

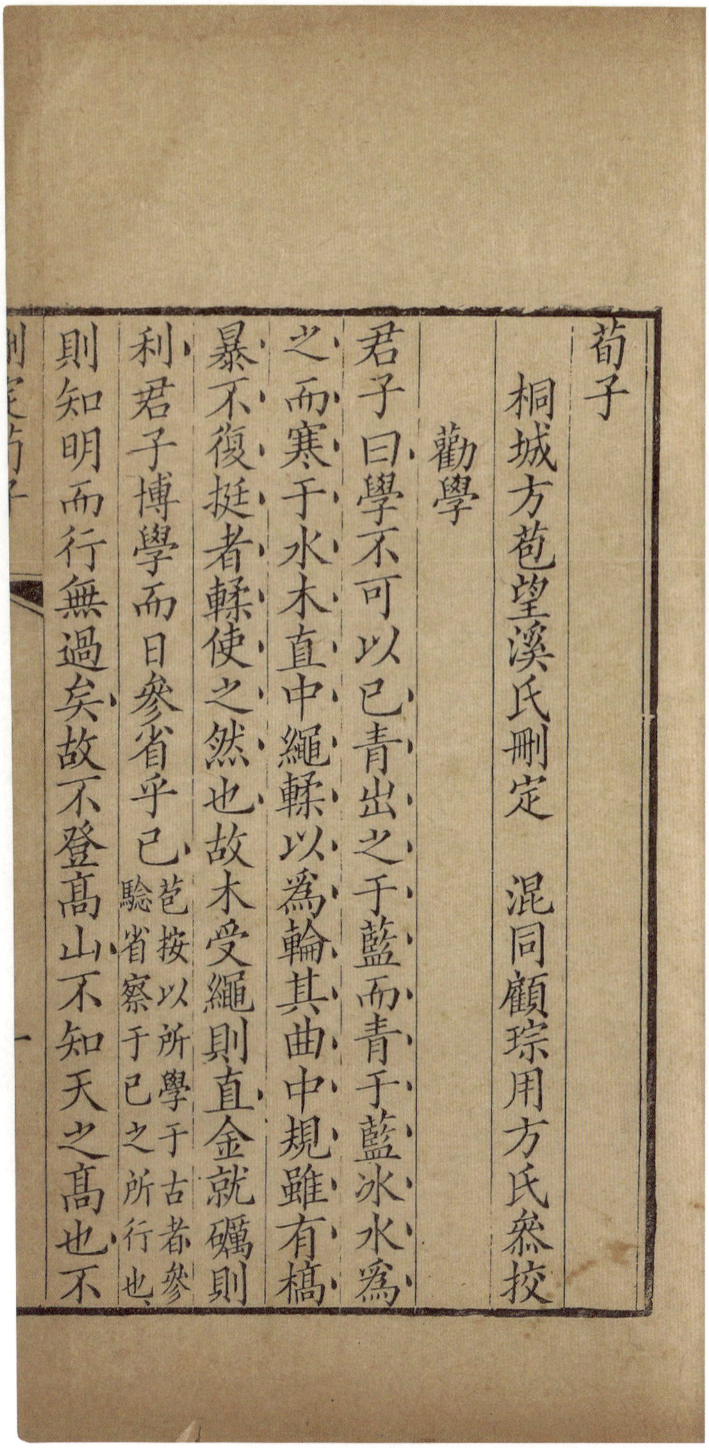
荀子
桐城方苞望溪氏刪定　混同顧琮用方氏叅挍
勸學
君子曰學不可以已青出之于藍而青于藍冰水爲之而寒于水木直中繩輮以爲輪其曲中規雖有槁暴不復挺者輮使之然也故木受繩則直金就礪則利君子博學而日參省乎己苞按以所學于古者參驗省察于己之所行也則知明而行無過矣故不登高山不知天之高也不

刪定管子一卷荀子一卷　（清）方苞刪定　清乾隆元年（1736）抗希堂刻本

框高 19.2 厘米，廣 12.5 厘米。半葉八行，行二十字，白口，左右雙邊。6 册。

shan537

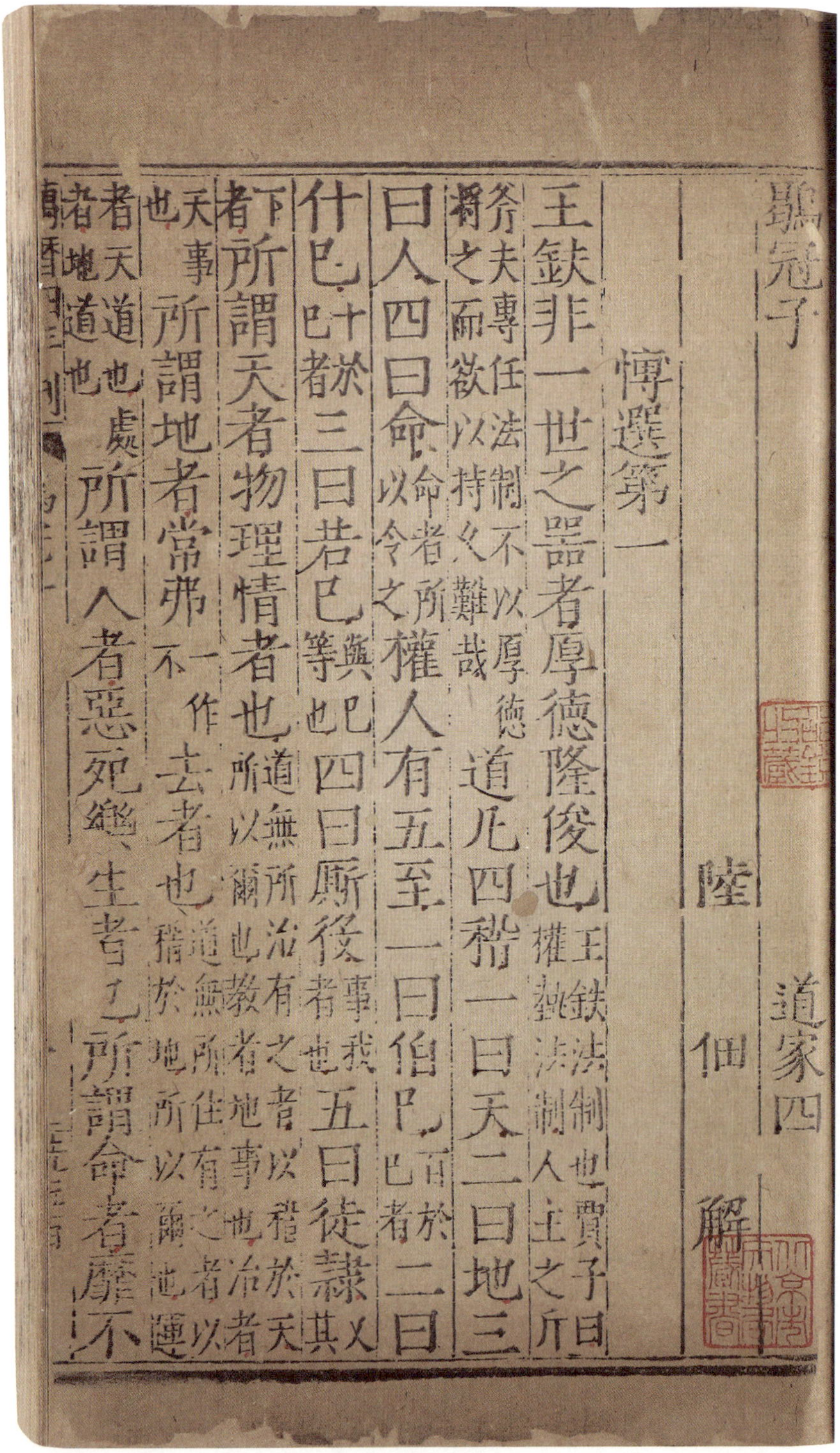

子彙二十四種　（明）周子義等輯　明萬曆刻本

框高 21.3 厘米，廣 14.4 厘米。半葉十行，行二十一字，小字雙行同，白口，四周雙邊。1 册。存七種（鶡冠子、黄石公素書、天隱子、尹文子、公孫龍子、慎子、鬼谷子）。

shan775

【儒家類】

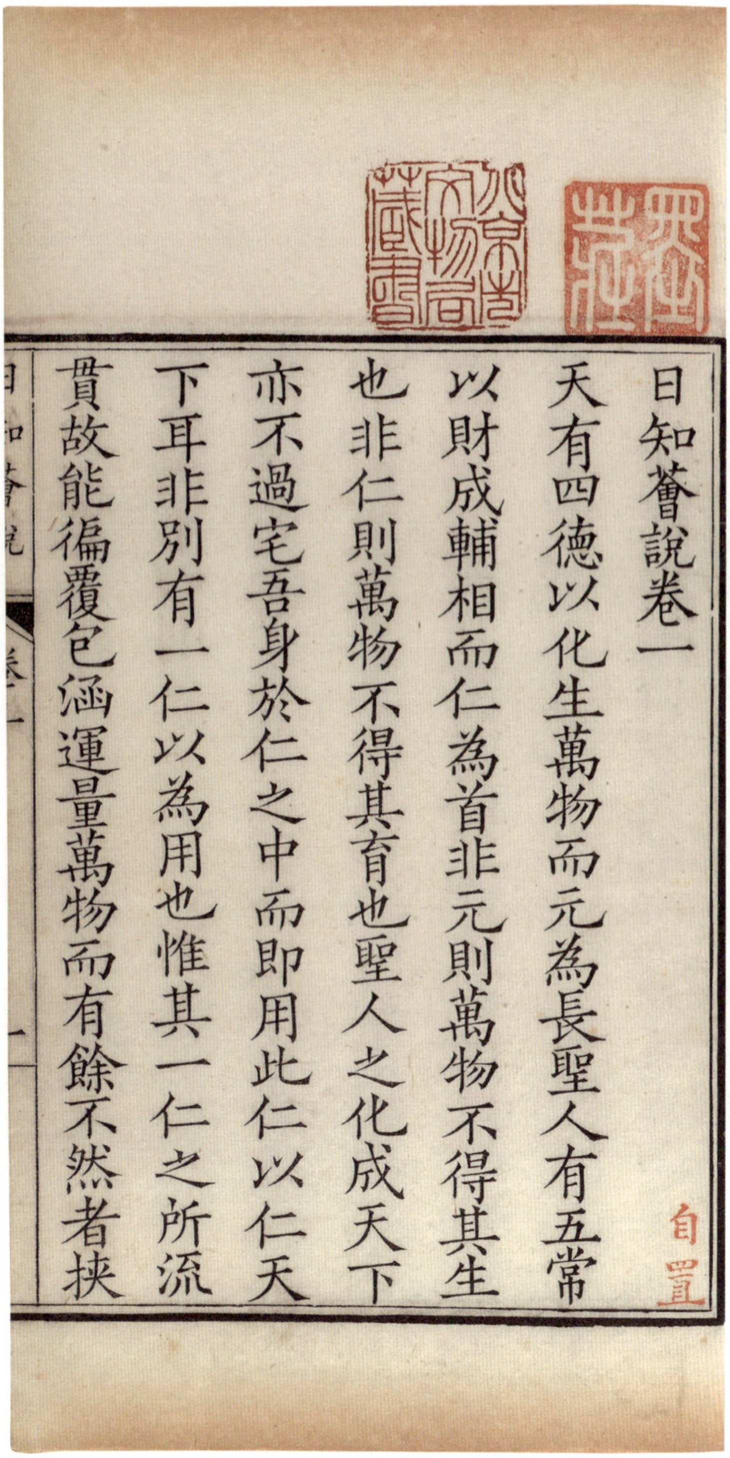
日知薈說卷一
天有四德以化生萬物而元為長聖人有五常
以財成輔相而仁為首非元則萬物不得其生
也非仁則萬物不得其育也聖人之化成天下
亦不過宅吾身於仁之中而即用此仁以仁天
下耳非別有一仁以為用也惟其一仁之所流
貫故能徧覆包涵運量萬物而有餘不然者挾
日知薈說 卷一 一

日知薈說四卷　（清）高宗弘曆撰　清乾隆慶復等仿武英殿刻本

框高18.6厘米，廣14厘米。半葉七行，行十八字，白口，四周雙邊，無格。4册。鈐“古度齋收藏印”白文印、“墨莊”白文印等。

二級 27gu10755

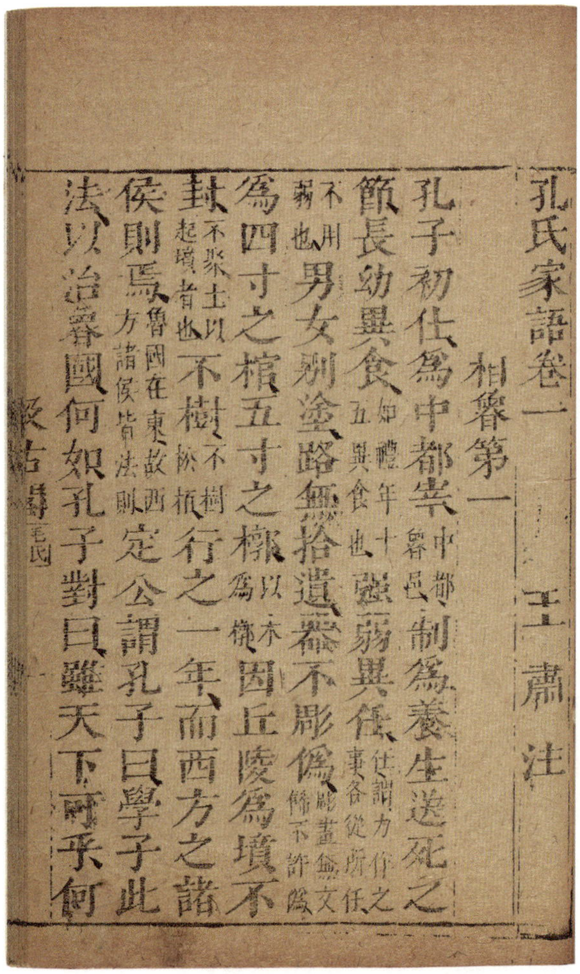
孔氏家語卷一　王肅注
相魯第一
孔子初仕爲中都宰中都魯邑制爲養生送死之節長幼異食如禮年十五異食也彊弱異任任謂力作之事各從所任不用弱也男女別塗路無拾遺器不彫僞彫畫僞文飾不詐僞爲四寸之棺五寸之槨以木爲槨因丘陵爲墳不封不聚土以起墳者也不樹不樹松柏行之一年而西方之諸侯則焉魯國在東故西方諸侯皆法則定公謂孔子曰學子此法以治魯國何如孔子對曰雖天下可乎何
汲古閣毛氏

孔氏家語十卷　（三國魏）王肅注　清初吴郡寶翰樓刻本

框高 17.5 厘米，廣 13.1 厘米。半葉九行，行十七字，白口，左右雙邊。6 册。

二級 28gu10765

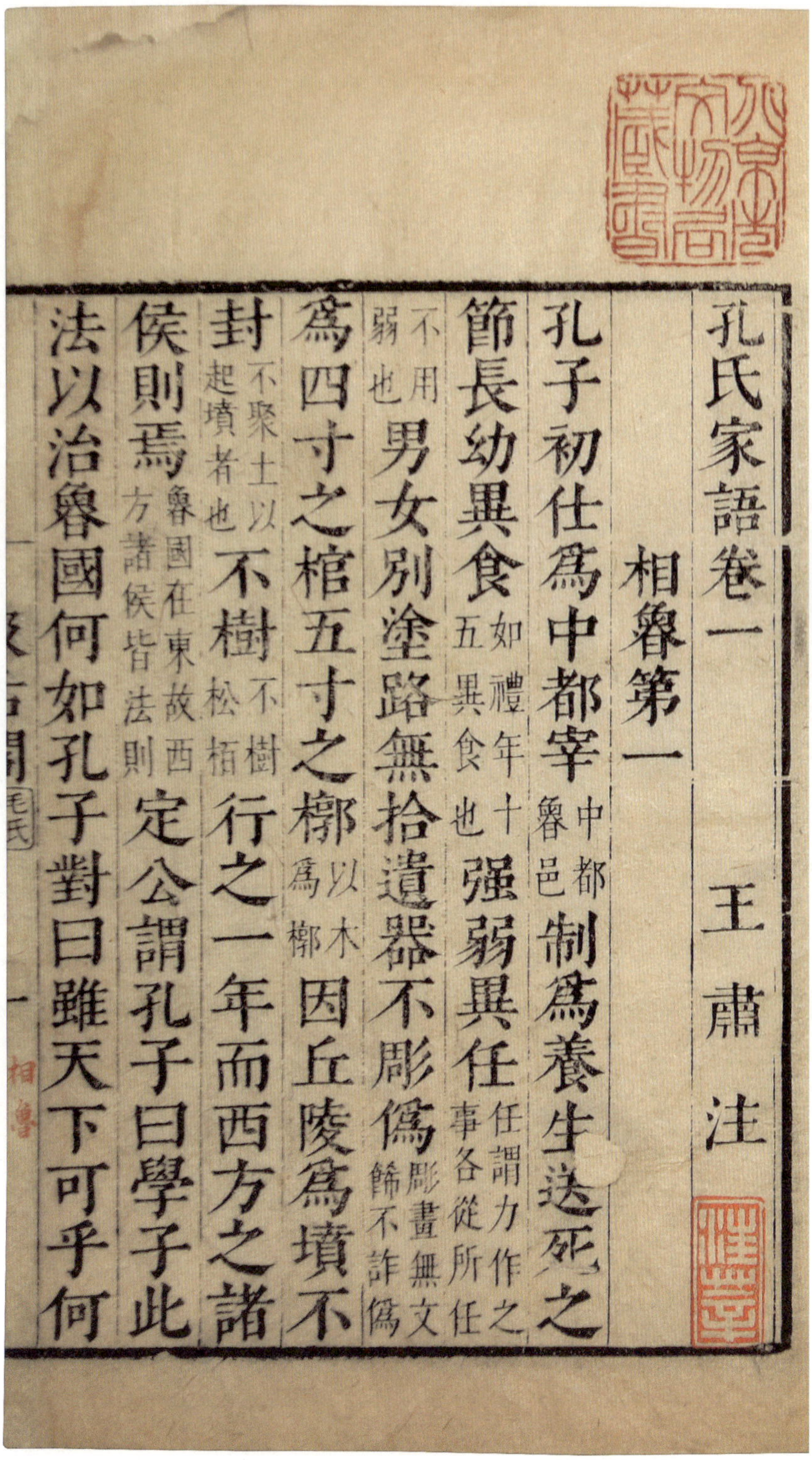

孔氏家語卷一

相魯第一　　王肅注

孔子初仕爲中都宰中都魯邑制爲養生送死之節長幼異食如禮年十五異食也强弱異任任謂力作之事各從所任不用弱也男女別塗路無拾遺器不彫僞彫畫無文飾不詐僞爲四寸之棺五寸之椁以木爲椁因丘陵爲墳不封不聚土以起墳者也不樹不樹松柏行之一年而西方之諸侯則焉魯國在東故西方諸侯皆法則定公謂孔子曰學子此法以治魯國何如孔子對曰雖天下可乎何

孔氏家語十卷　（三國魏）王肅注　明末吴郡寶翰樓刻本

框高 18 厘米，廣 13.5 厘米。半葉九行，行十七字，白口，左右雙邊。6 册。鈐“忠祐公五十九世”白文印、“庚子花朝後一日生”朱文印、“汪莘”白文印等。

二級 29li4888

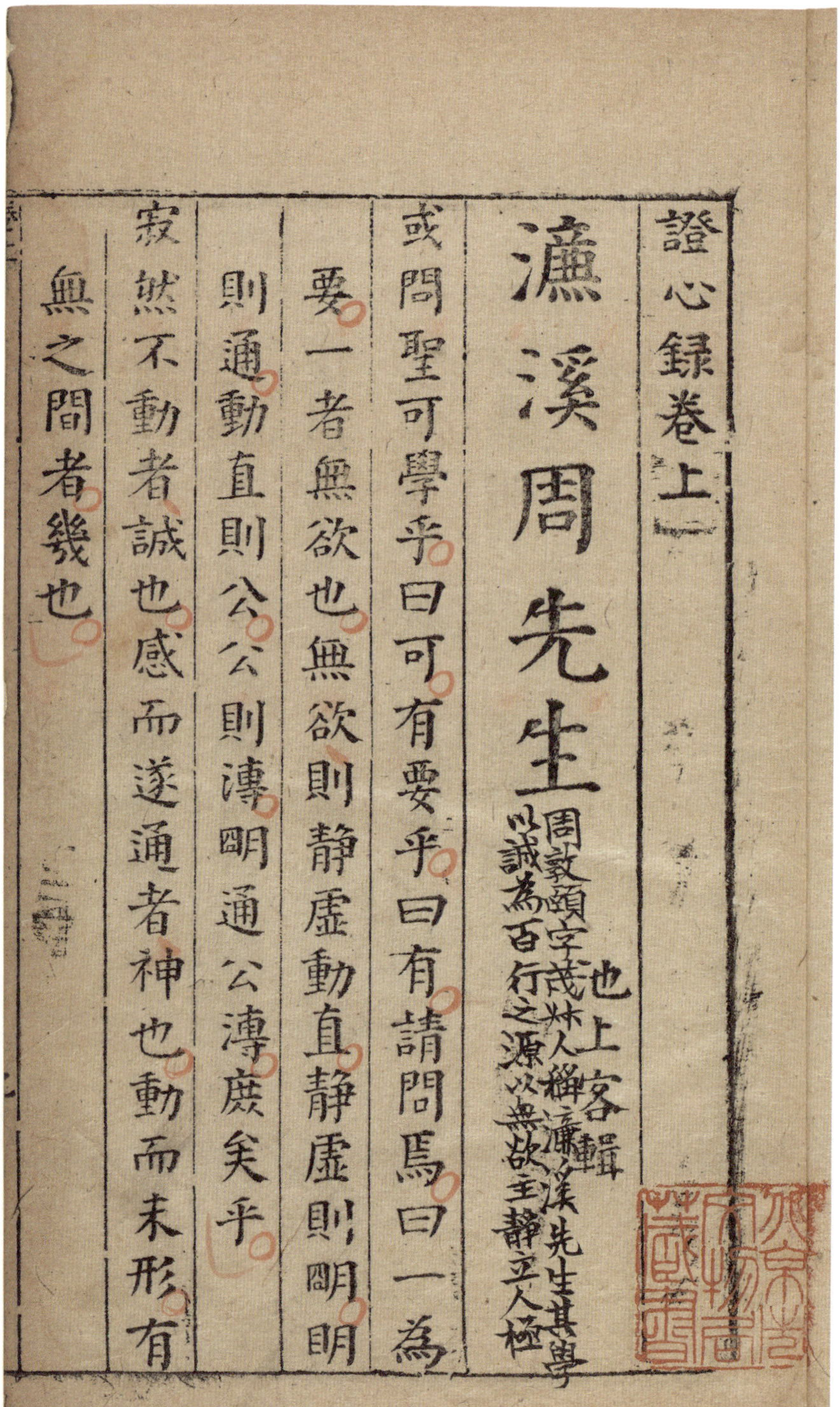
證心録卷上
濂溪周先生　池上客輯
周敦頤字茂叔人稱濂溪先生其學以誠為百行之源以無欲主靜立人極
或問聖可學乎曰可有要乎曰有請問焉曰一為要一者無欲也無欲則靜虛動直靜虛則明明則通動直則公公則溥明通公溥庶矣乎
寂然不動者誠也感而遂通者神也動而未形有無之間者幾也

證心録二卷　（明）池上客輯　明末刻本
框高 20 厘米，廣 12.4 厘米。半葉八行，行十九字，白口，四周單邊。2 册。

二級 31sun11213

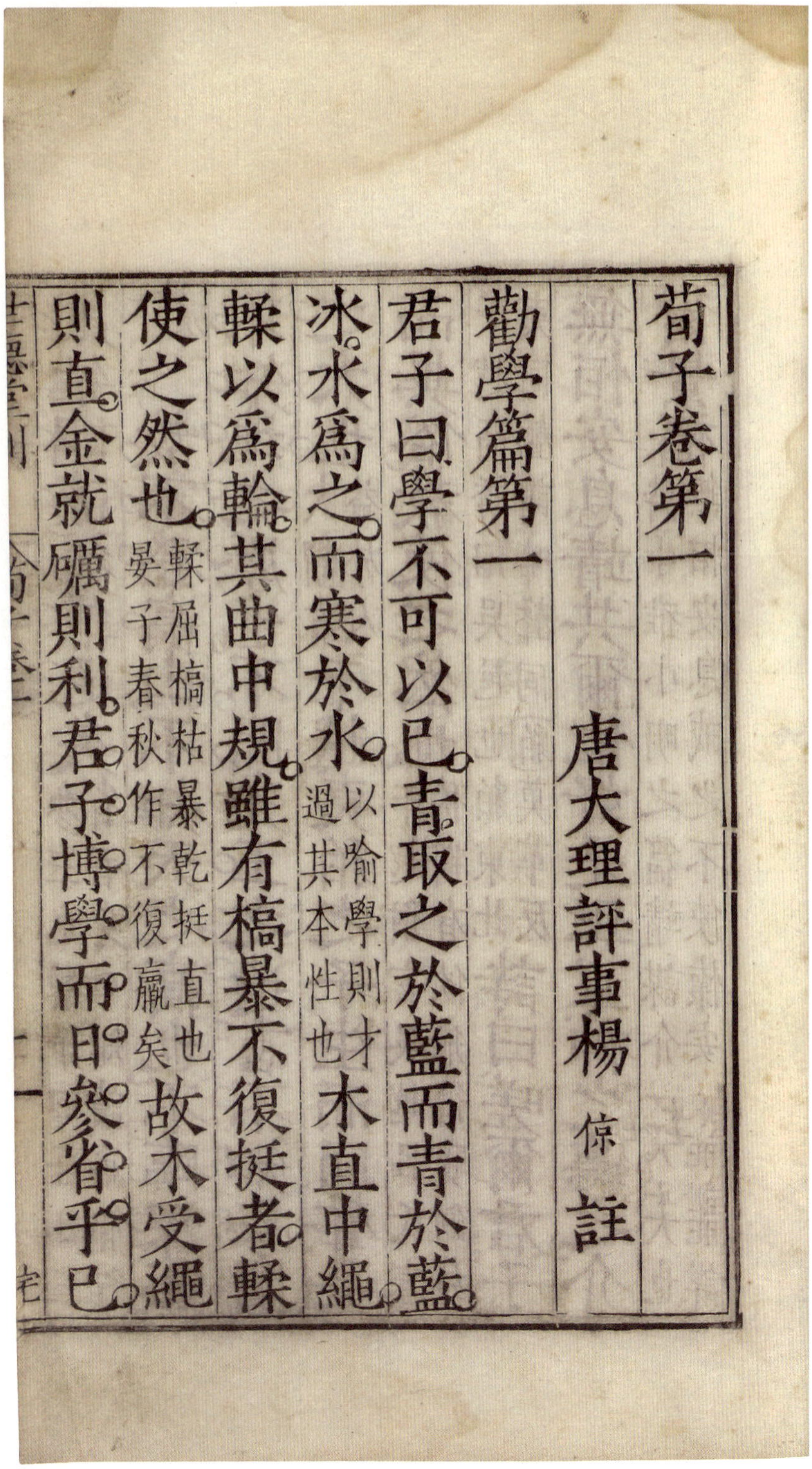
荀子卷第一
唐大理評事楊倞註
勸學篇第一
君子曰學不可以已青取之於藍而青於藍冰水爲之而寒於水以喻學則才過其本性也木直中繩輮以爲輪其曲中規雖有槁暴不復挺者輮使之然也輮屈槁枯暴乾挺直也晏子春秋作不復嬴矣故木受繩則直金就礪則利君子博學而日參省乎已

荀子二十卷　（唐）楊倞註　明嘉靖十二年（1533）世德堂刻六子書本

框高21.3厘米，廣14.2厘米。半葉八行，行十七字，小字雙行同，白口，四周雙邊。6册。鈐“潛江甘鵬雲藥樵收藏書籍章”朱文印。

二級 84k18

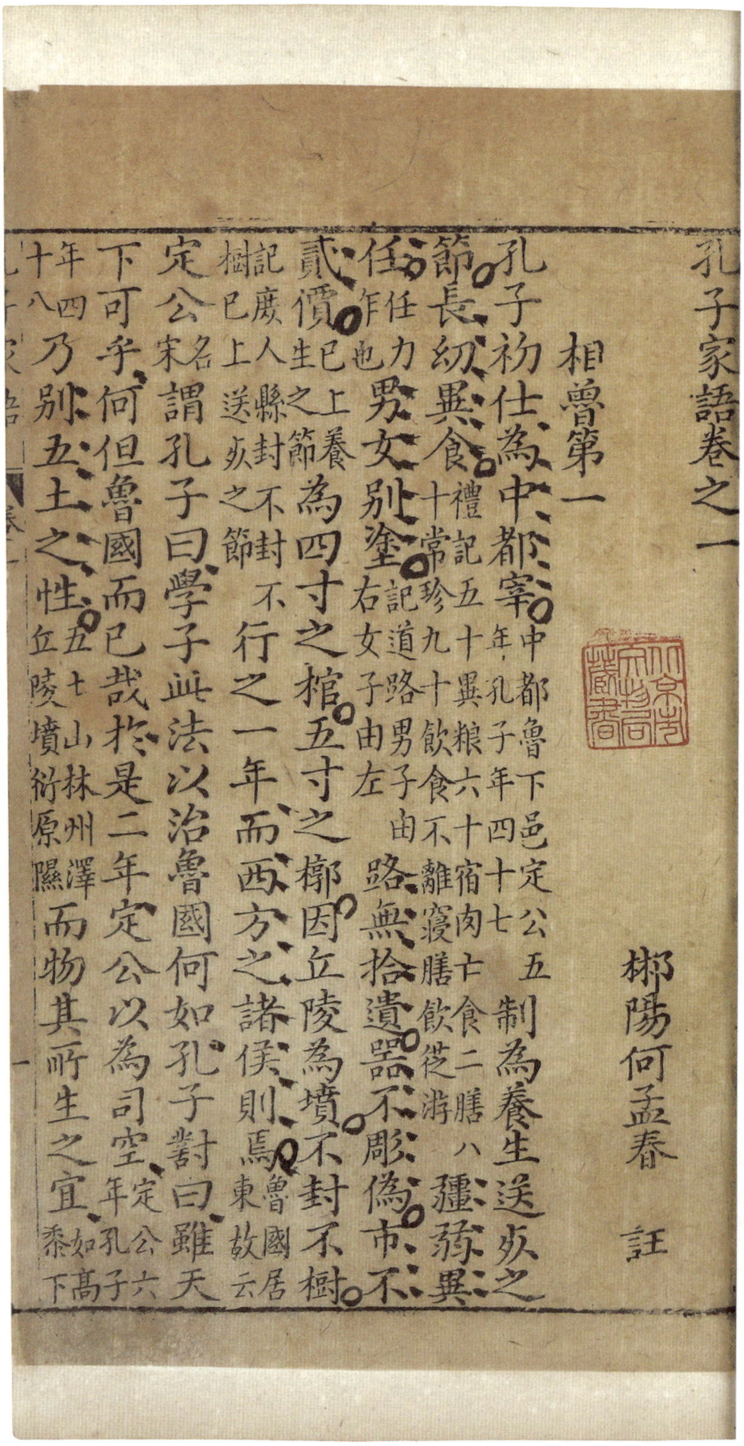

孔子家語八卷　（明）何孟春註　明刻本

框高 21 厘米，廣 15 厘米。半葉十一行，行二十三字，小字雙行同，白口，四周單邊，無格。2 册。

二級 87k23

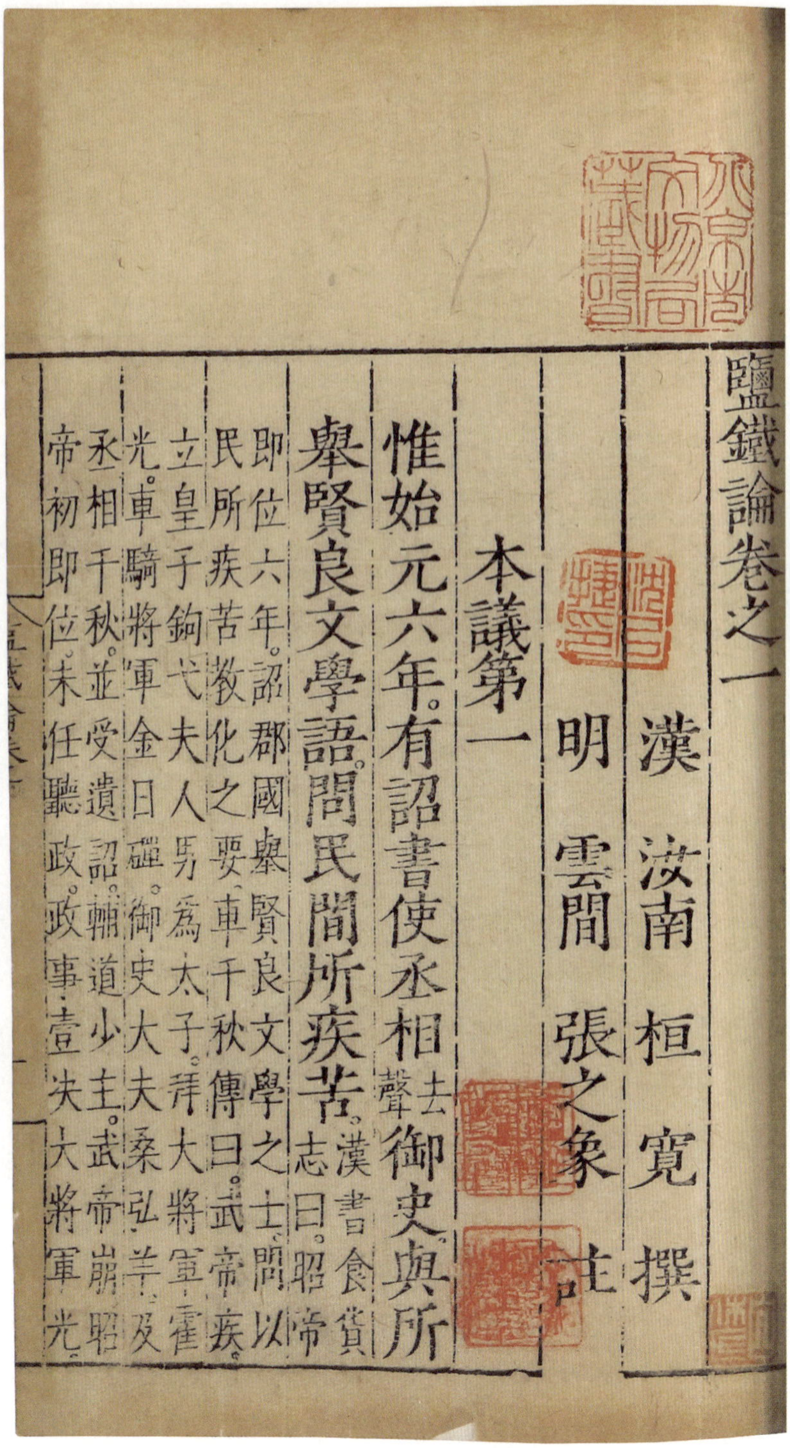

鹽鐵論十二卷 （漢）桓寬撰 （明）張之象註 明嘉靖三十三年（1554）張氏猗蘭堂刻本

框高 18 厘米，廣 14 厘米。半葉九行，行十七字，小字雙行同，白口，左右雙邊。12 册。鈐“沈乃捷印”朱文印等。

二級 102k145

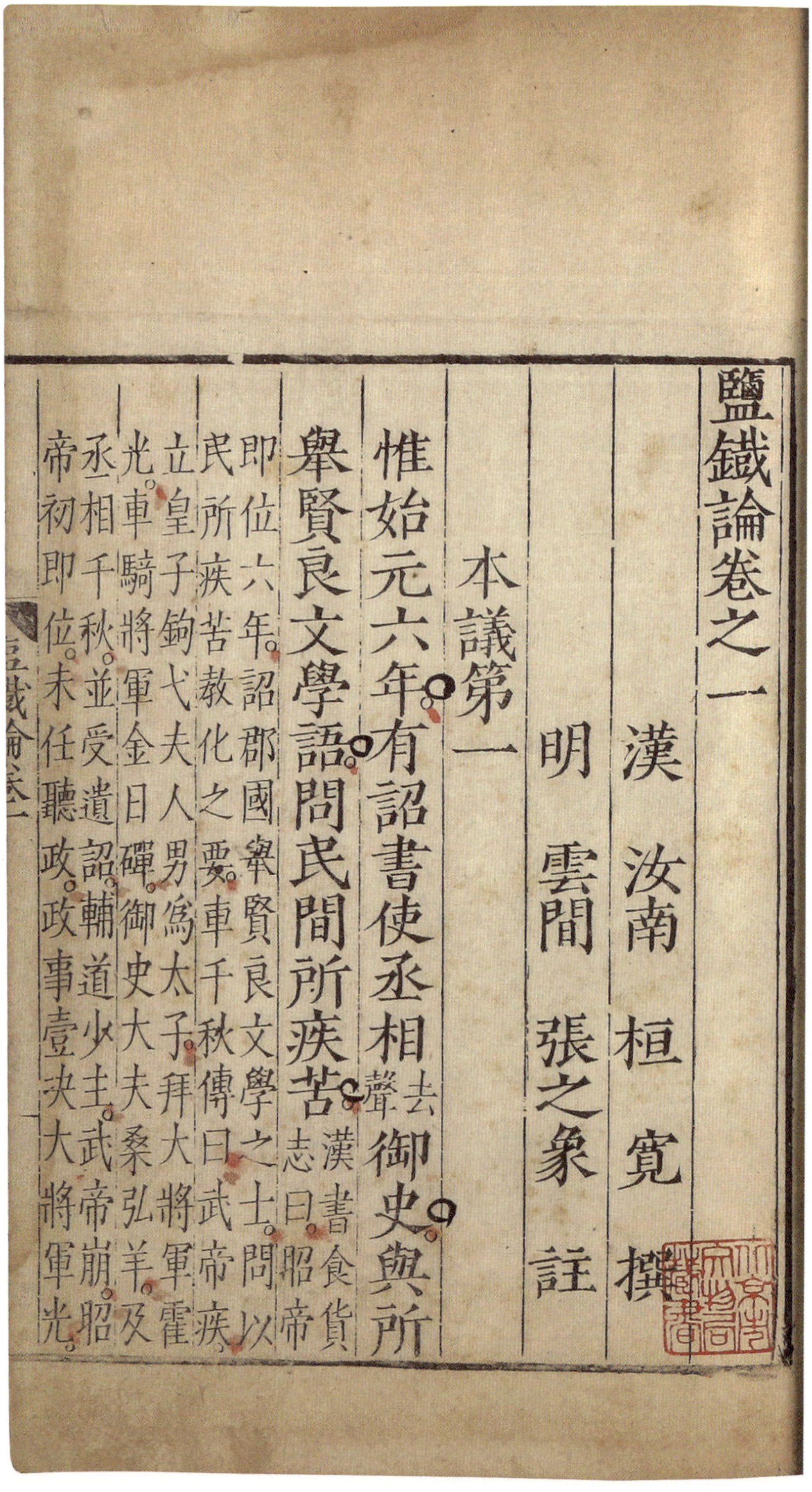

鹽鐵論十二卷 （漢）桓寬撰 （明）張之象註 明萬曆八年（1580）崇經堂刻本

框高18厘米，廣14.2厘米。半葉九行，行十七字，小字雙行同，白口，左右雙邊。5册。存十卷（一至二、五至十二）。

二級 103k146

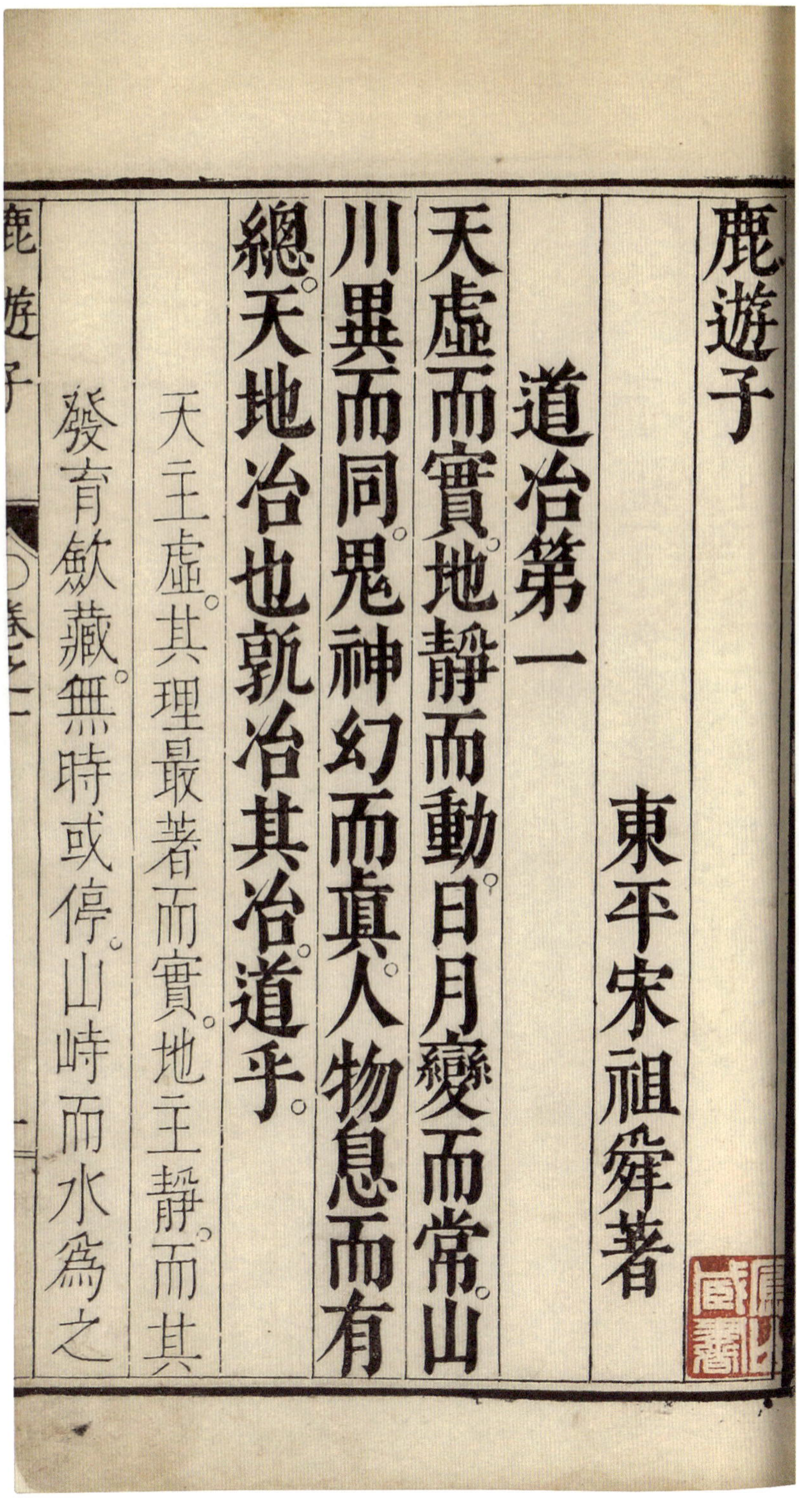

鹿遊子四卷　（明）宋祖舜著　明萬曆四十七年（1619）刻本

框高22.2厘米，廣14厘米。半葉八行，行十四字，小字雙行同，白口，四周雙邊。2册。鈐“鳳山藏書”白文印。

二級 129k271

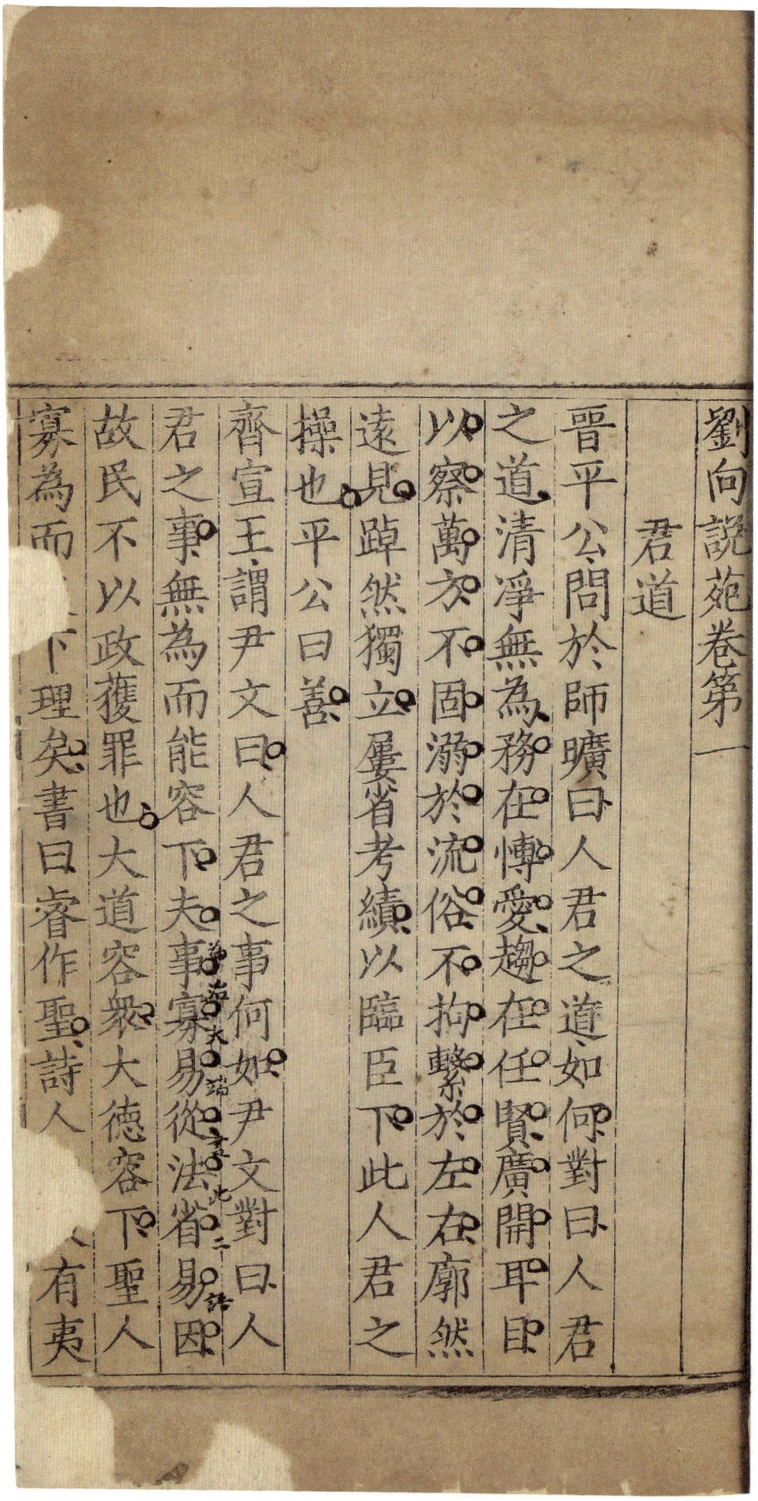

劉向説苑二十卷　（漢）劉向撰　明嘉靖刻本

框高 19.8 厘米，廣 15.3 厘米。半葉十一行，行十八字，白口，四周雙邊。6 册。鈐“文園”朱文印、“李棠階印”白文印等。

二級 139k315

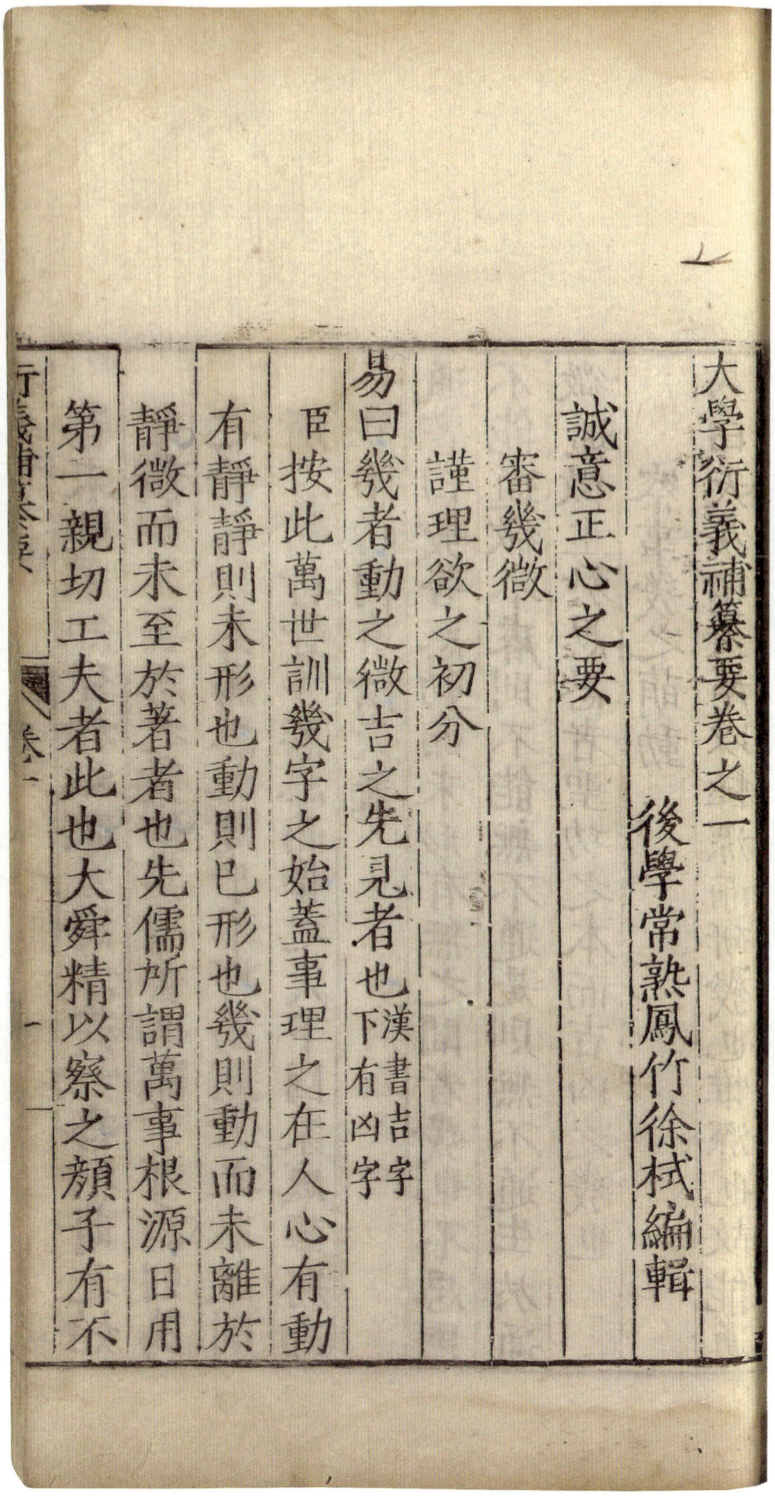

大學衍義補纂要六卷　（明）徐栻編輯　明刻本

框高19.2厘米，廣14.1厘米。半葉十行，行二十字，白口，四周单邊。6册。鈐“循途守轍”朱文印。

二級 161shan27

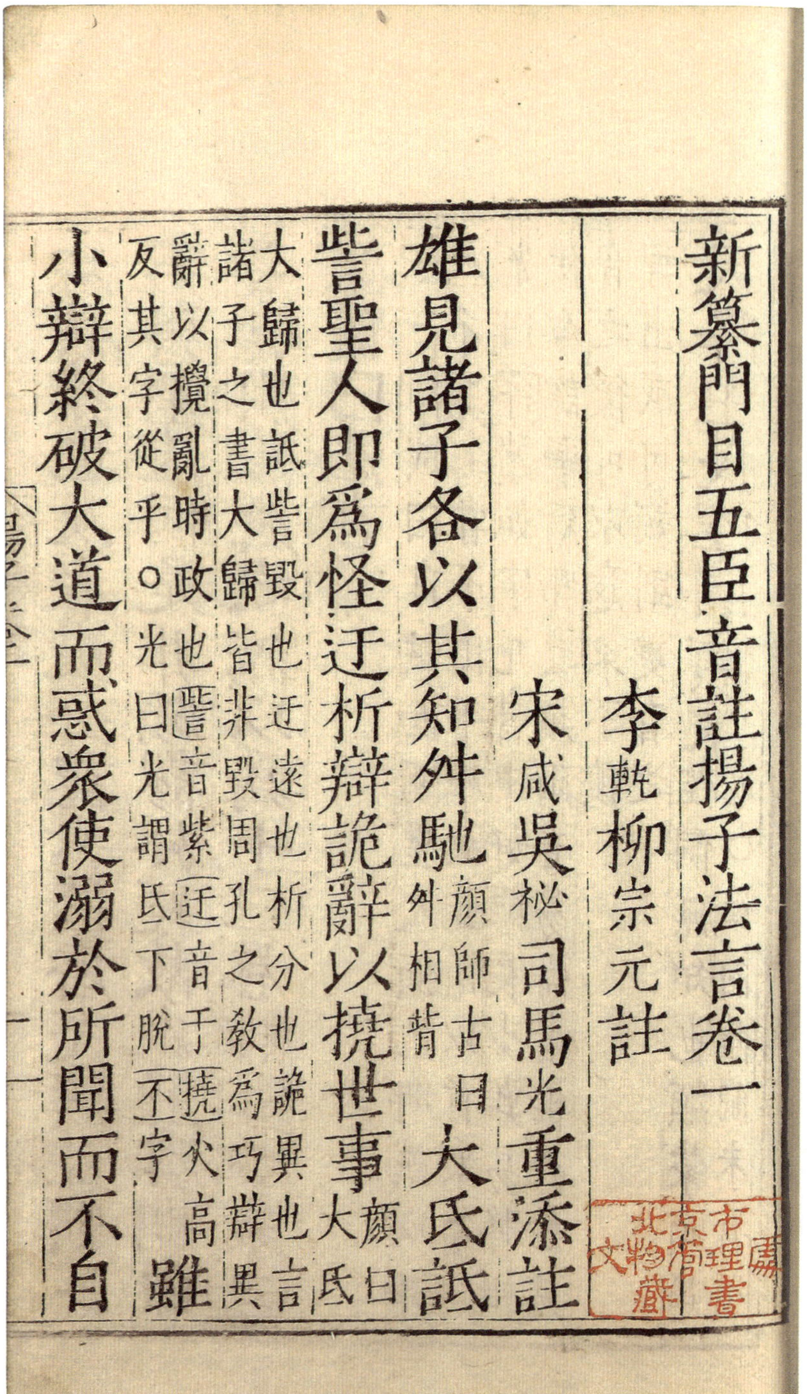
新纂門目五臣音註揚子法言卷一
李軌柳宗元註
宋咸吳祕司馬光重添註
雄見諸子各以其知舛馳顔師古曰舛相背大氐詆
訾聖人即爲怪迂析辯詭辭以撓世事顔曰大氐
大歸也詆訾毀也迂遠也析分也詭異也言
諸子之書大歸皆非毀周孔之教爲巧辯異
辭以攪亂時政也訾音紫迂音于撓火高
反其字從手○光曰光謂氐下脱不字雖
小辯終破大道而惑衆使溺於所聞而不自
揚子卷一　一

新纂門目五臣音註揚子法言十卷　（漢）揚雄撰　（晋）李軌　（唐）柳宗元註　（宋）宋咸　（宋）吴祕　（宋）司馬光添註　明嘉靖刻本

框高 19.9 厘米，廣 14.3 厘米。半葉八行，行十七字，白口，四周雙邊。4 册。

二級 178shan50

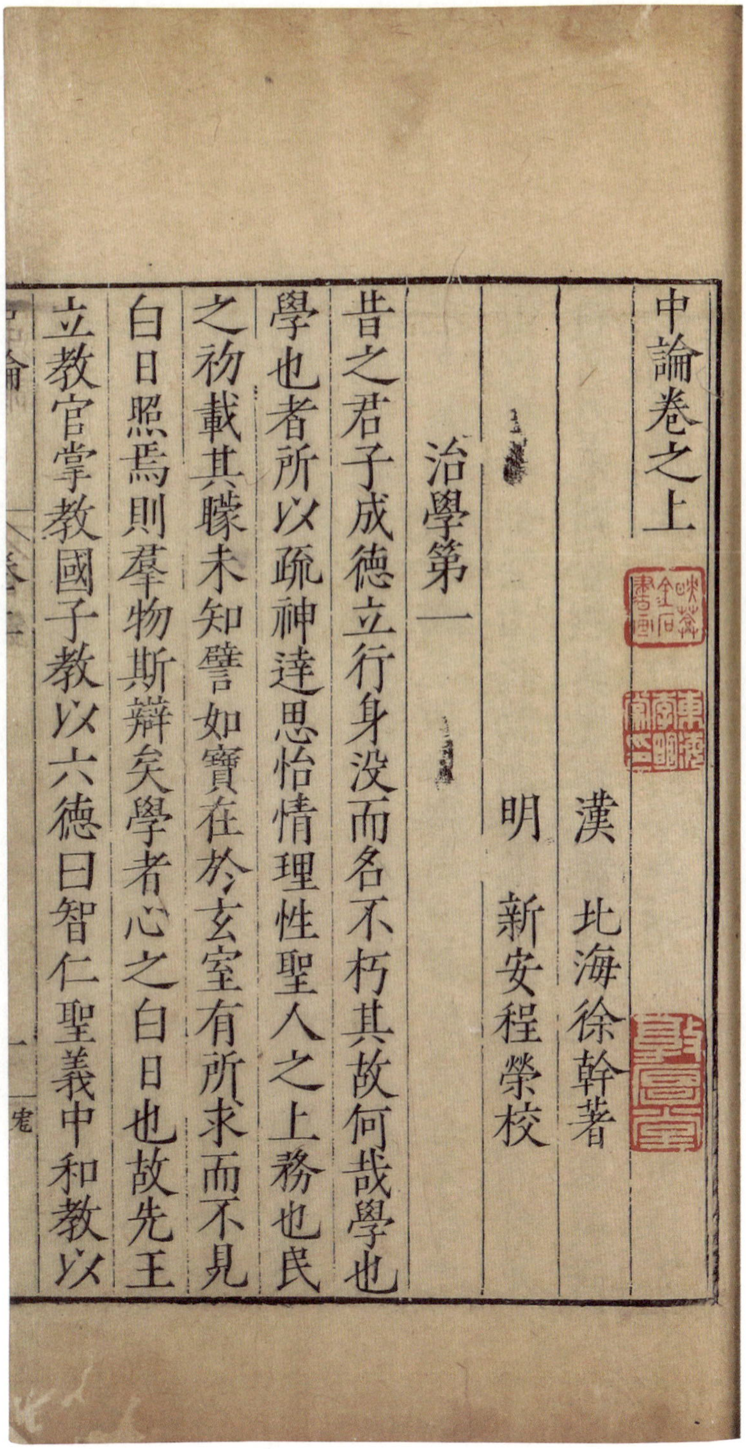

申鑒五卷 （漢）荀悦撰 （明）黄省曾注 **中論二卷** （漢）徐幹著 （明）程榮校 明萬曆二十年（1592）新安程氏刻漢魏叢書本

框高 20.1 厘米，廣 13.6 厘米。半葉九行，行二十字，小字雙行同，白口，左右雙邊。2 册。鈐“東海李明棠印”白文印、“敦厚堂”白文印等。

二級 187shan64

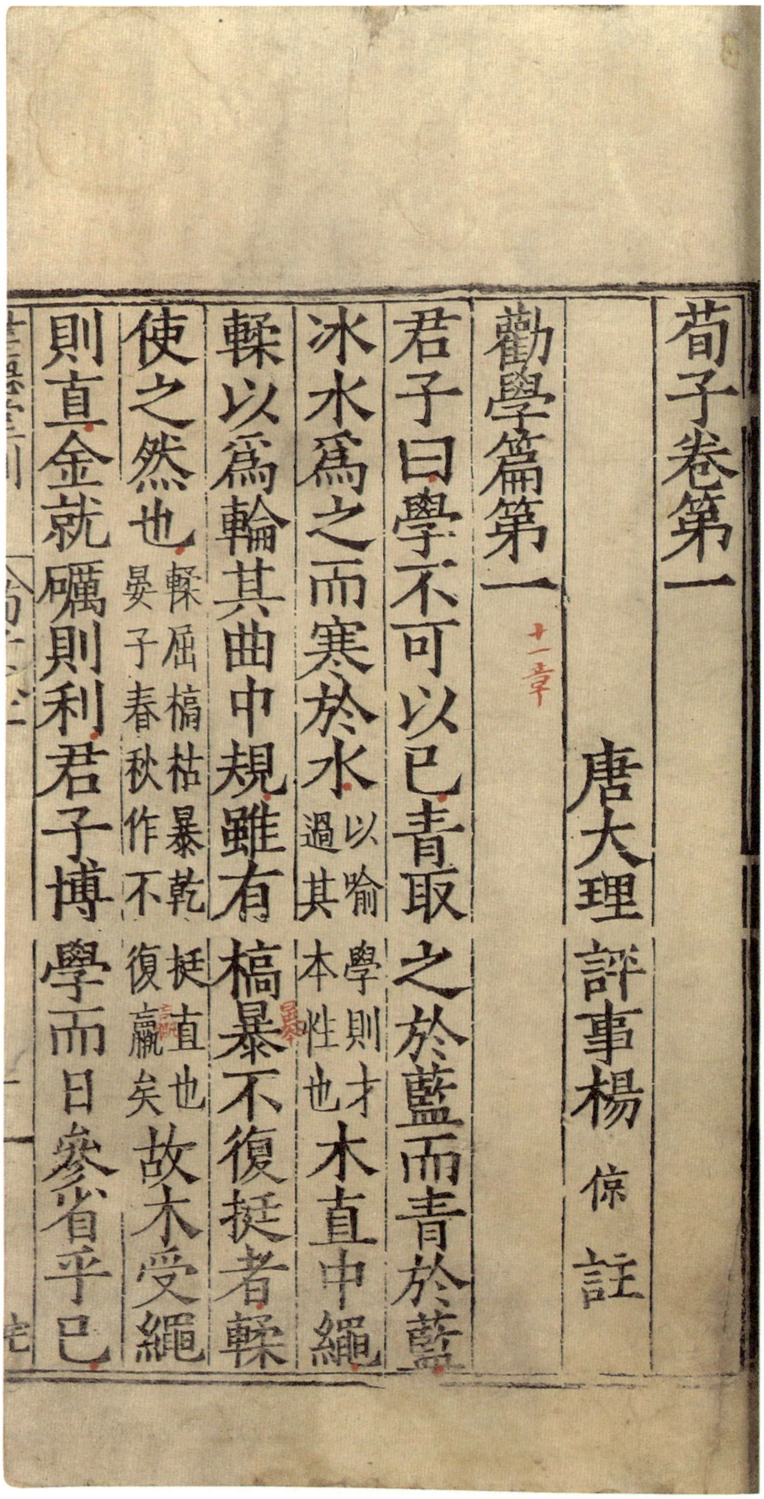

荀子二十卷　（唐）楊倞註　明嘉靖十二年（1533）吴郡顧春世德堂刻六子全書本

框高19.9厘米，廣13.5厘米。半葉八行，行十七字，小字雙行同，白口，四周雙邊。6册。

二級 190shan69

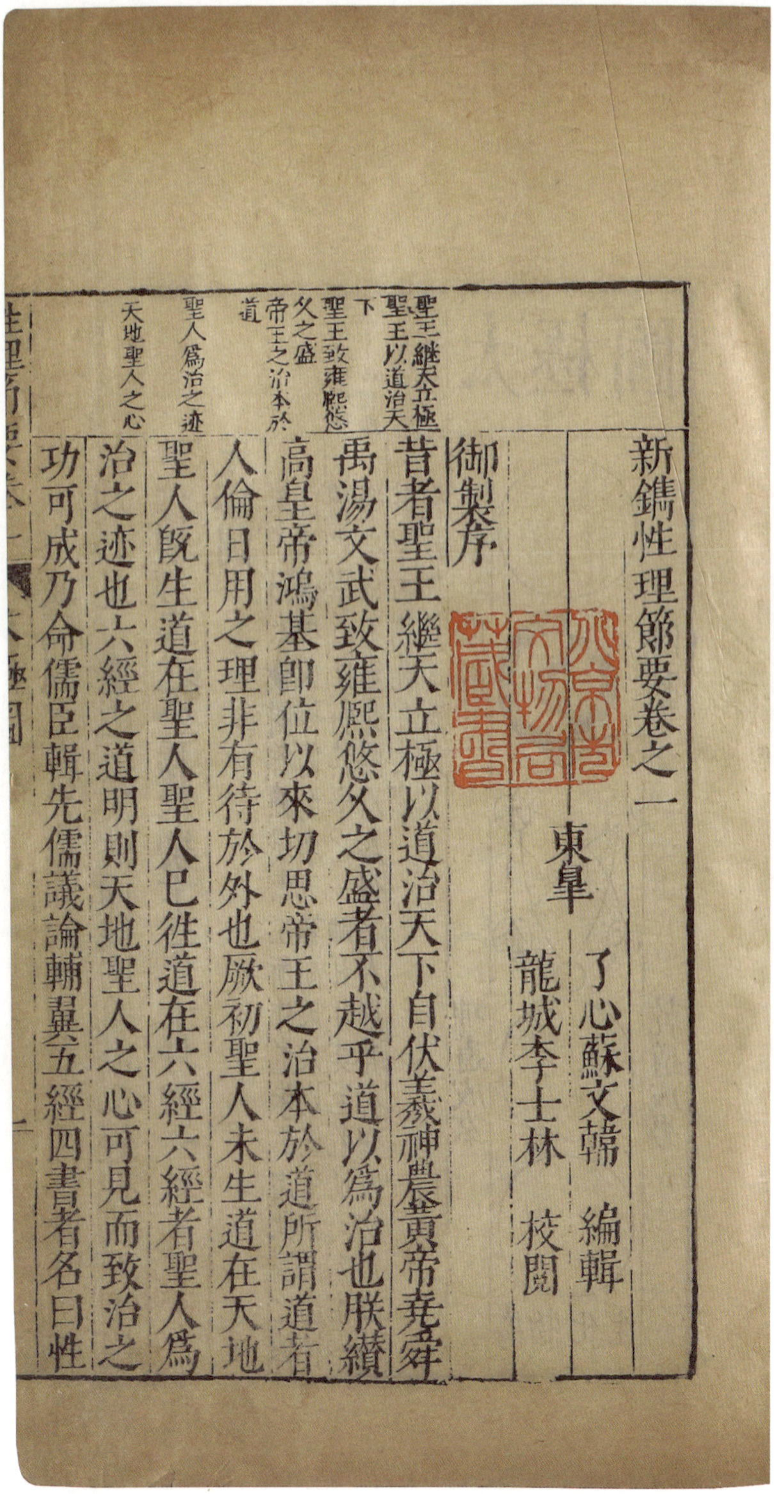
新鐫性理節要卷之一
東皐　了心蘇文韓　編輯
龍城李士林　校閲
御製序
聖王繼天立極
聖王以道治天下
聖王致雍熙悠久之盛
帝王之治本於道
聖人爲治之迹
天地聖人之心
昔者聖王繼天立極以道治天下自伏羲神農黄帝堯舜禹湯文武致雍熙悠久之盛者不越乎道以爲治也朕纘高皇帝鴻基卽位以來切思帝王之治本於道所謂道者人倫日用之理非有待於外也厥初聖人未生道在天地聖人旣生道在聖人聖人已往道在六經六經者聖人爲治之迹也六經之道明則天地聖人之心可見而致治之功可成乃命儒臣輯先儒議論輔翼五經四書者名曰性
性理節要卷之一　太極圖　一

新鐫性理節要八卷　（明）蘇文韓編輯　明萬曆刻本

框高 19.9 厘米，廣 12.7 厘米。半葉上下兩欄，上欄鐫評，下欄十一行，行二十二字，白口，四周單邊。4 册。

二級 224shan148

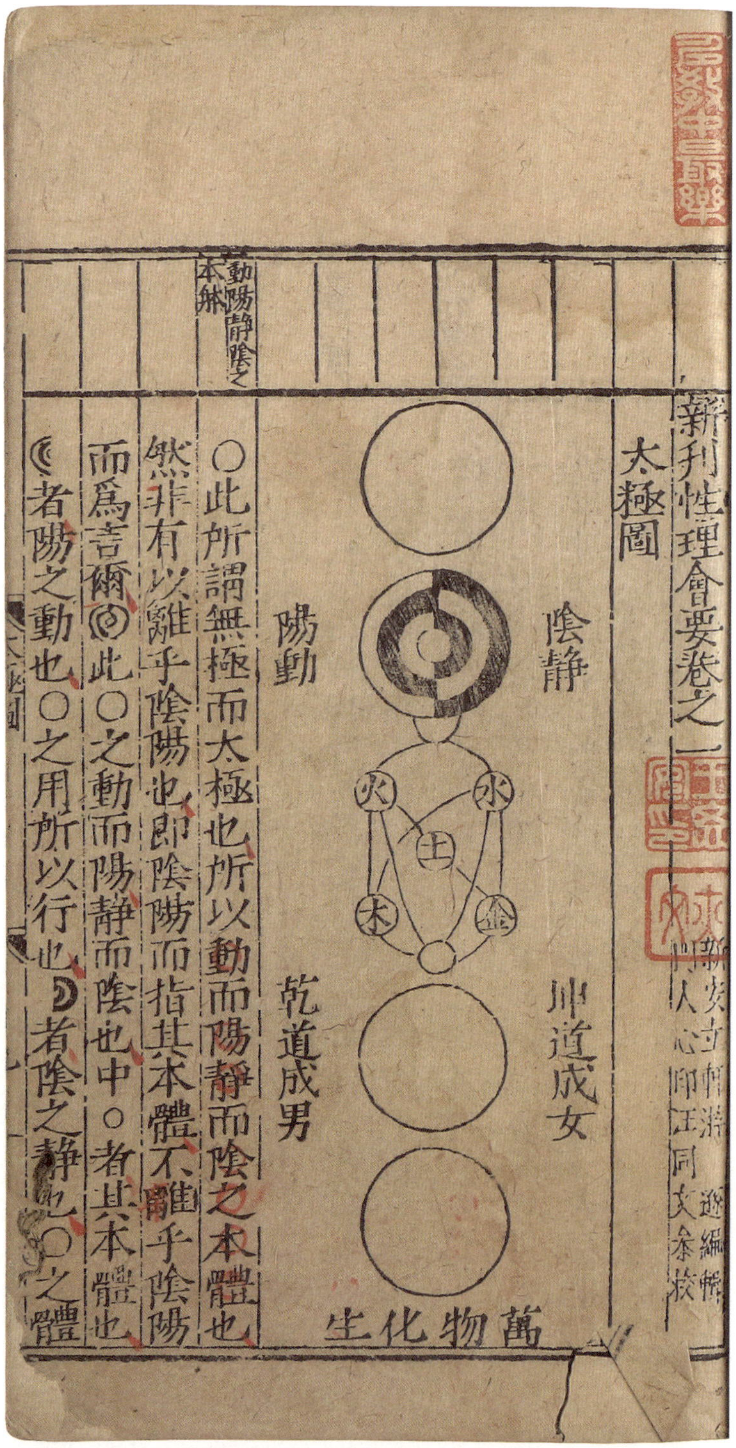

新刊性理會要十卷 （明）游遜編輯 明嘉靖刻本

框高 16.8 厘米，廣 12.5 厘米。半葉上下兩欄，上欄鎸評，下欄十二行，行二十三字，小字雙行同，白口，四周雙邊。4 册。鈐“八千卷樓”朱文印、“仁教中最樂”白文印、“越國人文”朱文印等。

二級 239shan367

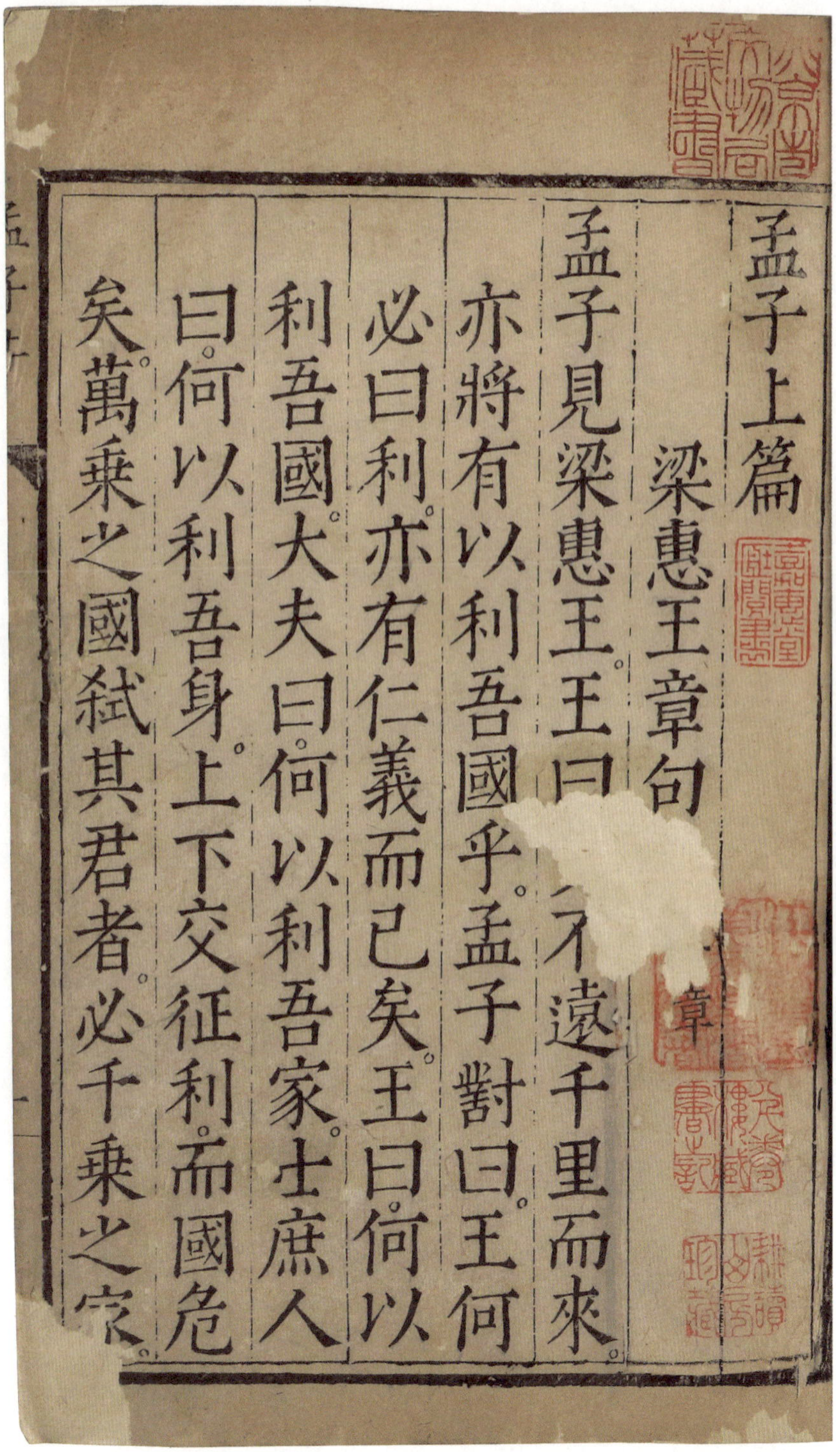

孟子二卷　（宋）蘇洵評點　明刻本

框高 23.8 厘米，廣 15.9 厘米。半葉八行，行十五字，白口，四周雙邊。2 册。鈐“耕讀山房珍藏”朱文印、“嘉惠堂藏閱書”朱文印等。

二級 250shan428

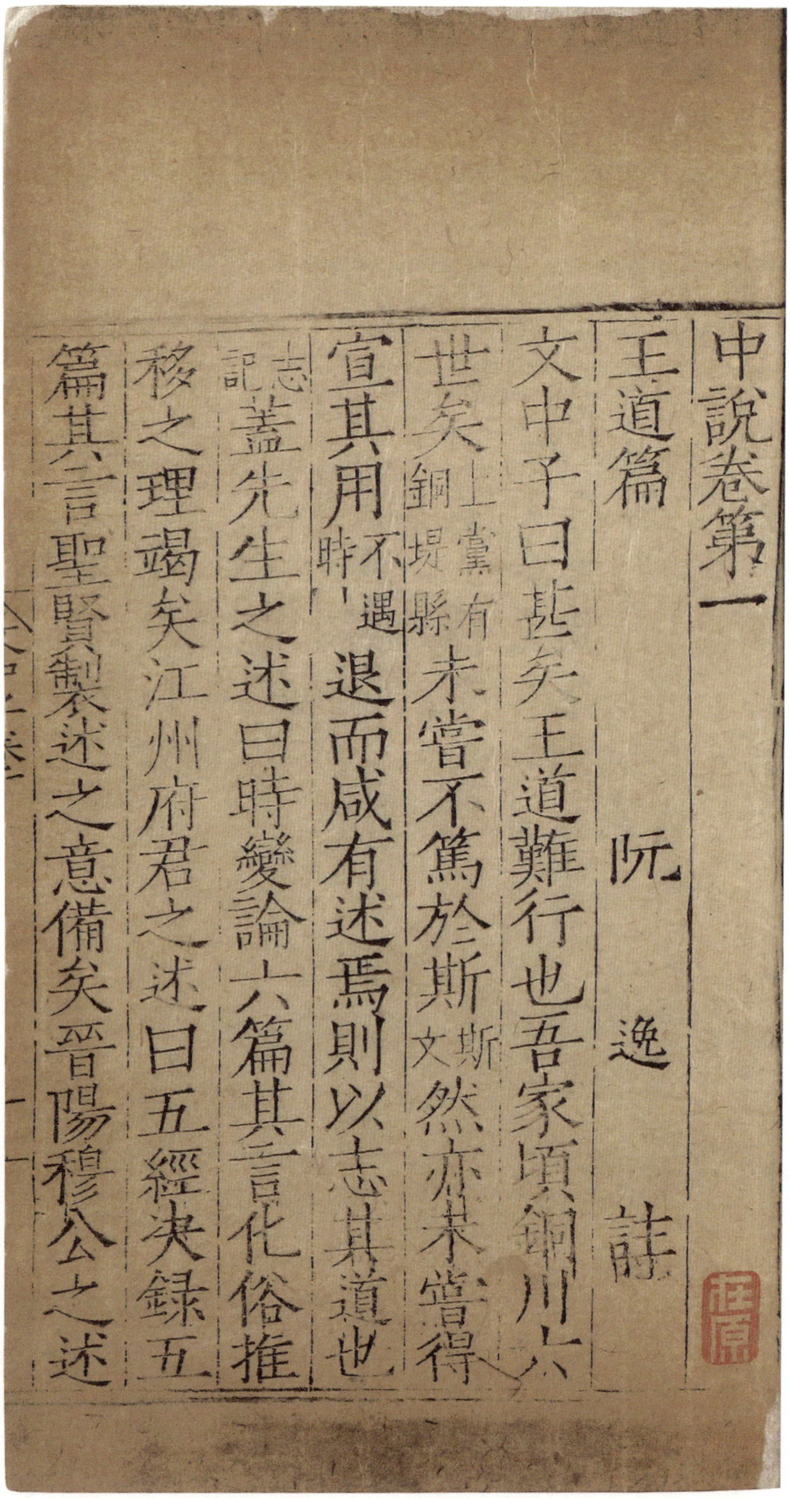
中說卷第一
王道篇　阮逸註
文中子曰甚矣王道難行也吾家頃銅川六
世矣上黨有銅鞮縣未嘗不篤於斯斯文然亦未嘗得
宜其用不遇時退而咸有述焉則以志其道也
志記蓋先生之述曰時變論六篇其言化俗推
移之理竭矣江州府君之述曰五經决録五
篇其言聖賢制述之意備矣晉陽穆公之述

中說十卷　（隋）王通撰　（宋）阮逸註　明嘉靖十二年（1533）顧春世德堂刻六子全書本

框高 18.8 厘米，廣 13.5 厘米。半葉八行，行十七字，小字雙行同，白口，四周雙邊。4 册。

二級 251shan431

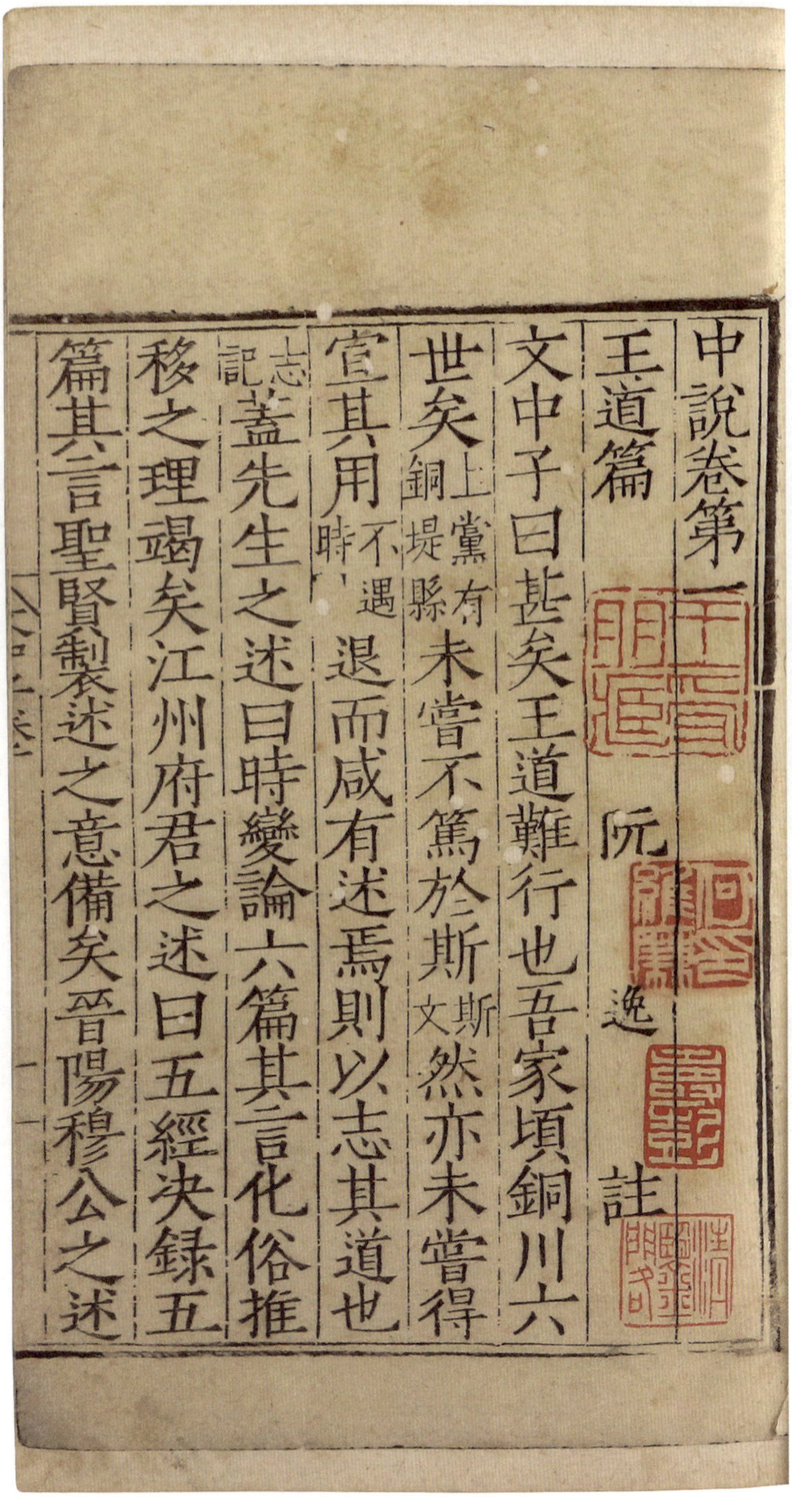

文中子中說十卷 （宋）阮逸註 明萬曆桐陰書屋刻六子全書本

框高19.4厘米，廣13.5厘米。半葉八行，行十七字，小字雙行同，白口，四周雙邊。6册。鈐“王氏藏書”朱文印、“張氏篷山珍賞”朱文印、“述簃”朱文印等。

二級 252shan438

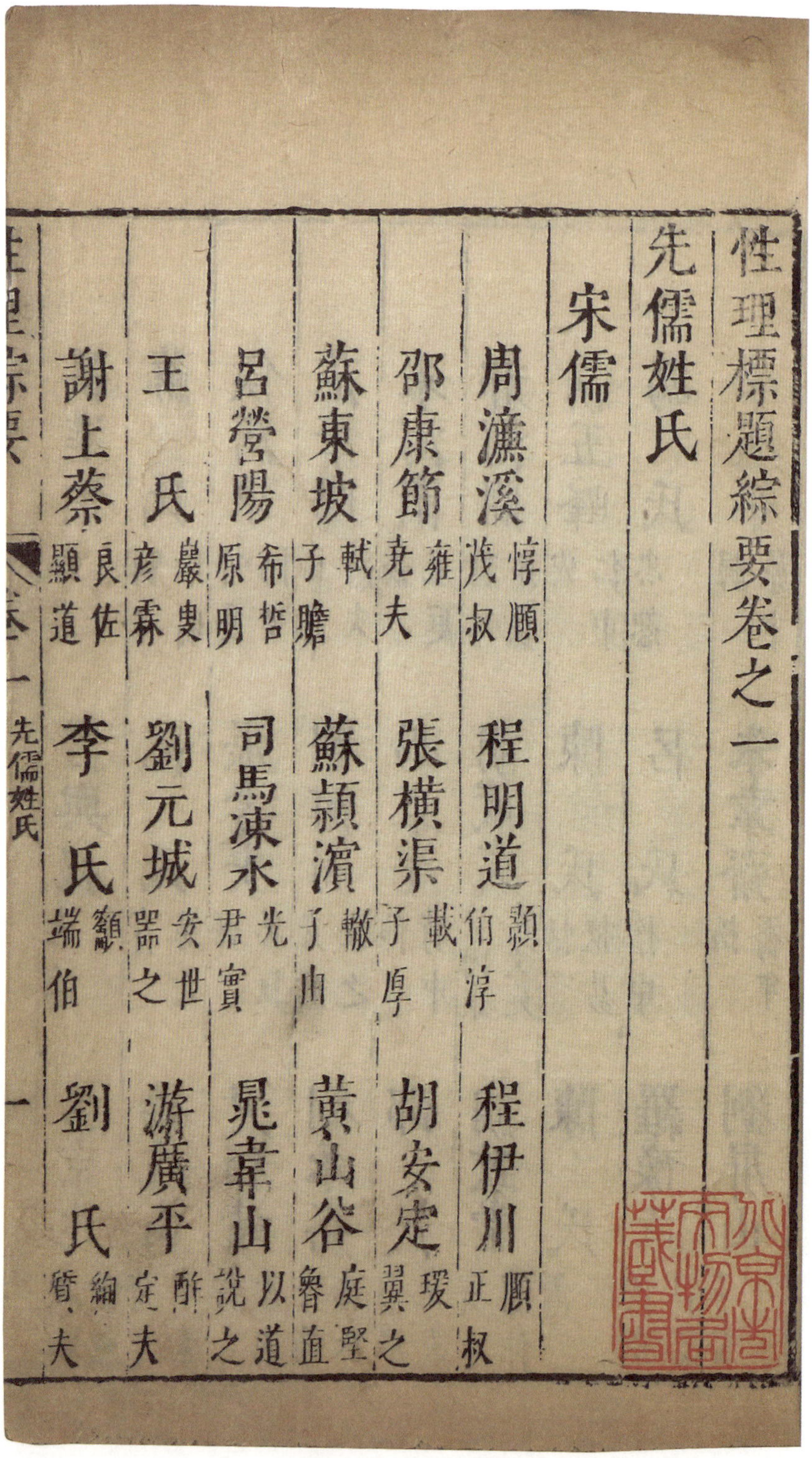
性理標題綜要卷之一
先儒姓氏
宋儒
周濂溪惇頤茂叔　程明道顥伯淳　程伊川頤正叔
邵康節雍堯夫　張橫渠載子厚　胡安定瑗翼之
蘇東坡軾子瞻　蘇潁濱轍子由　黃山谷庭堅魯直
呂滎陽希哲原明　司馬涑水光君實　晁韋山以道説之
王　氏巖叟彥霖　劉元城安世器之　游廣平酢定夫
謝上蔡良佐顯道　李　氏籲端伯　劉　氏絢質夫
性理綜要　卷一　先儒姓氏　一

性理標題綜要二十二卷　（明）詹淮輯　（明）陳仁錫訂　明末梅墅石渠閣刻本

框高 20.6 厘米，廣 13.7 厘米。半葉九行，行十九字，小字雙行同，白口，四周單邊。24 册。鈐“石渠家藏真本”朱文印、“石渠閣藏本”白文印等。

二級 268shan524

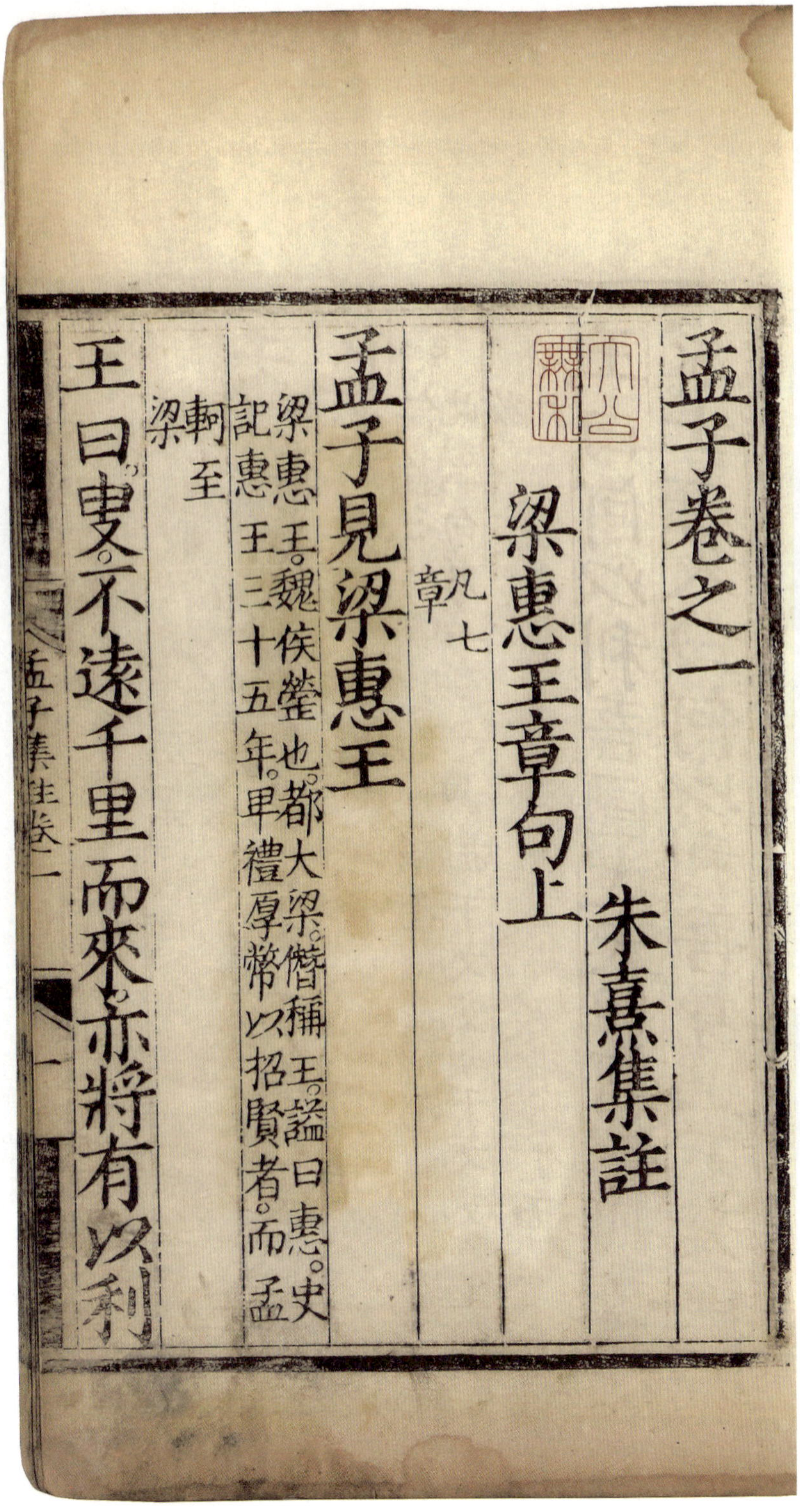

孟子十四卷 （宋）朱熹集註 明嘉靖四十三年（1564）樂善堂刻本

框高 23.4 厘米，廣 16.7 厘米。半葉八行，行十四字，小字雙行同，粗黑口，四周雙邊。4 册。鈐“敬所阜平王圖書”朱文印、“皇明宗室”朱文印等。

二級 284shan639

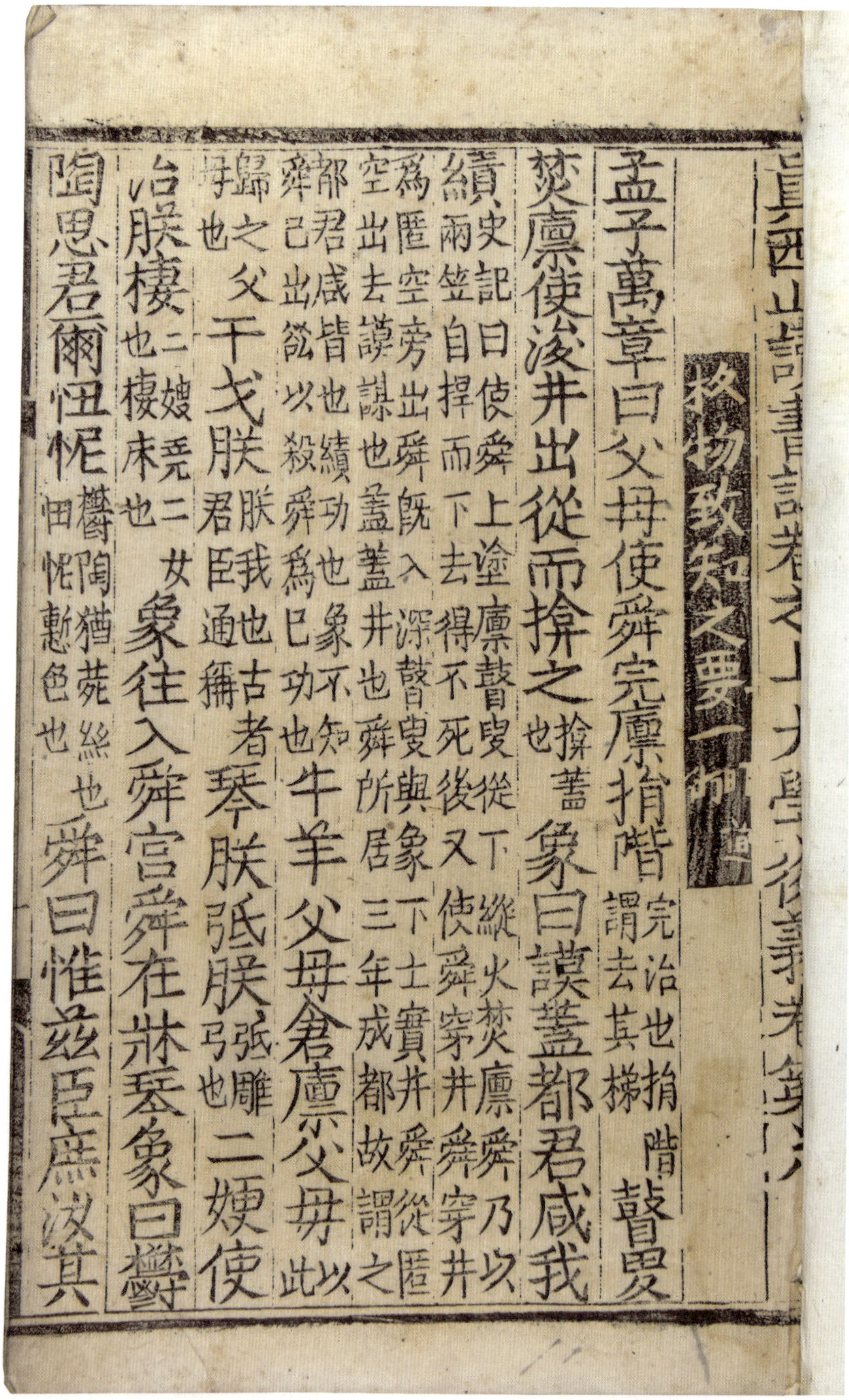
真西山讀書記卷之上大學衍義卷第六

格物致知之要二

孟子萬章曰父母使舜完廩捐階完治也捐謂去其梯階瞽叟焚廩使浚井出從而揜之揜蓋也象曰謨蓋都君咸我績史記曰使舜上塗廩瞽叟從下縱火焚廩舜乃以兩笠自扞而下去得不死後又使舜穿井舜穿井爲匿空旁出舜既入深瞽叟與象下土實井舜從匿空出去謨謀也蓋蓋井也舜所居三年成都故謂之都君咸皆也績功也象不知舜已出欲以殺舜爲已功也牛羊父母倉廩父母以此歸之父母也干戈朕朕我也古者君臣通稱琴朕弤朕弤雕弓也二嫂使治朕棲二嫂堯二女也棲牀也象往入舜宮舜在牀琴象曰鬱陶思君爾忸怩鬱陶猶菀結也忸怩慙色也舜曰惟茲臣庶汝其

真西山讀書記乙集上大學衍義四十三卷　（宋）真德秀撰　明刻本

框高 24 厘米，廣 17.1 厘米。半葉十行，行二十字，黑口，四周雙邊。2 册。存六卷（六至十一）。

二級 316pu10-3-2-26

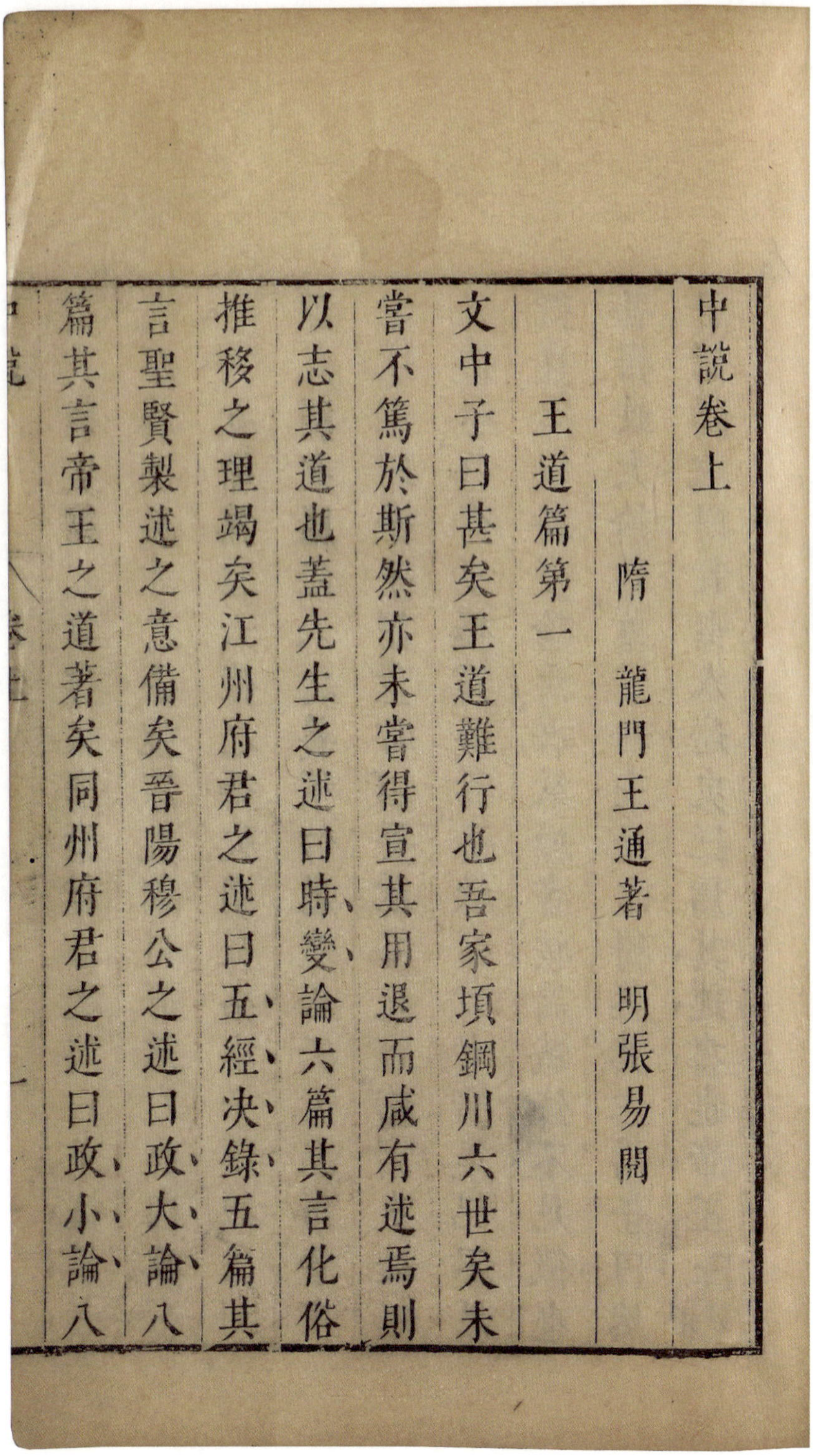
中說卷上
隋　龍門王通著　明張易閱
王道篇第一
文中子曰甚矣王道難行也吾家頊銅川六世矣未嘗不篤於斯然亦未嘗得宣其用退而咸有述焉則以志其道也蓋先生之述曰時變論六篇其言化俗推移之理竭矣江州府君之述曰五經決錄五篇其言聖賢製述之意備矣晉陽穆公之述曰政大論八篇其言帝王之道著矣同州府君之述曰政小論八

中說二卷　（隋）王通著　（明）張易閱　明刻本

框高 20 厘米，廣 14.4 厘米。半葉九行，行二十字，白口，左右雙邊。1 册。

三級 93shan70

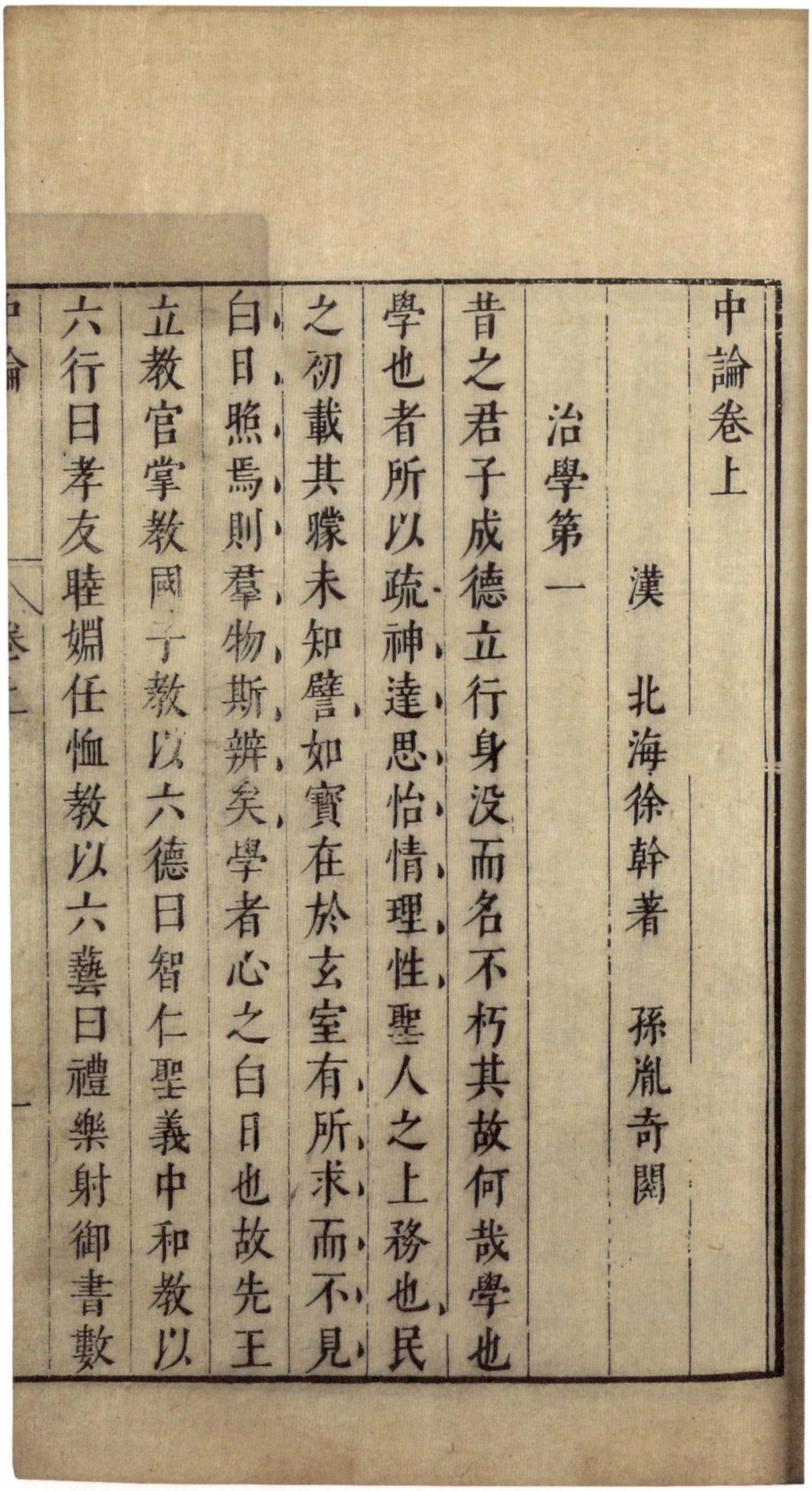
中論卷上
漢 北海徐幹著 孫胤奇閱
治學第一
昔之君子成德立行身没而名不朽其故何哉學也學也者所以疏神達思怡情理性聖人之上務也民之初載其矇未知譬如寶在於玄室有所求而不見白日照焉則羣物斯辨矣學者心之白日也故先王立教官掌教國子教以六德曰智仁聖義中和教以六行曰孝友睦婣任恤教以六藝曰禮樂射御書數

中論二卷 （漢）徐幹著 明萬曆二十年（1592）何允中刻本

框高 19.4 厘米，廣 14.4 厘米。半葉九行，行二十字，白口，左右雙邊。1 册。

三級 97shan80

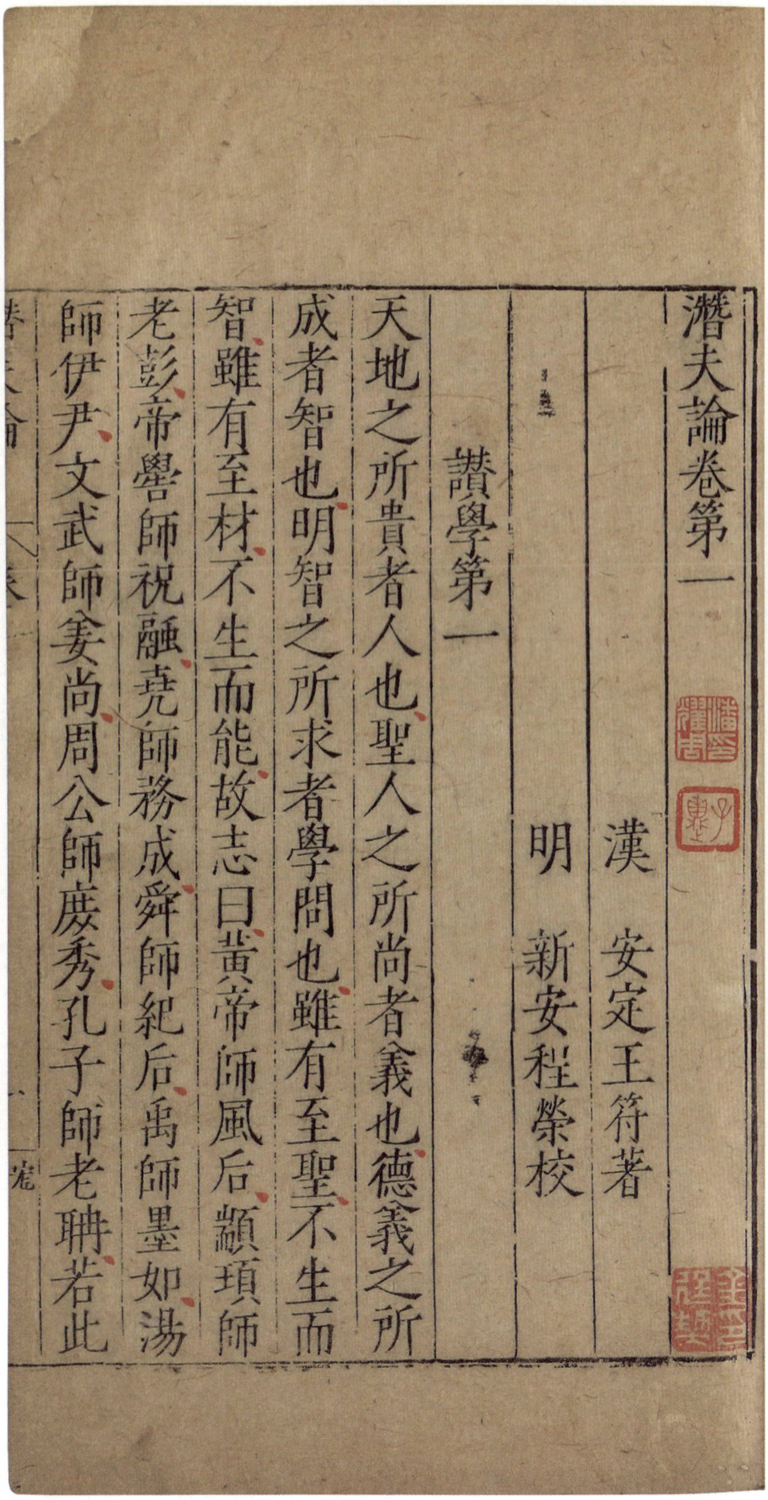
潛夫論卷第一
漢 安定王符著
明 新安程榮校
讃學第一
天地之所貴者人也聖人之所尚者義也德義之所
成者智也明智之所求者學問也雖有至聖不生而
智雖有至材不生而能故志曰黄帝師風后顓頊師
老彭帝嚳師祝融堯師務成舜師紀后禹師墨如湯
師伊尹文武師姜尚周公師庶秀孔子師老聃若此

潛夫論十卷　（漢）王符著　（明）程榮校　明萬曆程榮刻漢魏叢書本

框高20.1厘米，廣13.9厘米。半葉九行，行二十字，白口，左右雙邊。4册。鈐“金廷契印”白文印、“子貞”朱文印等。

三級 114shan364

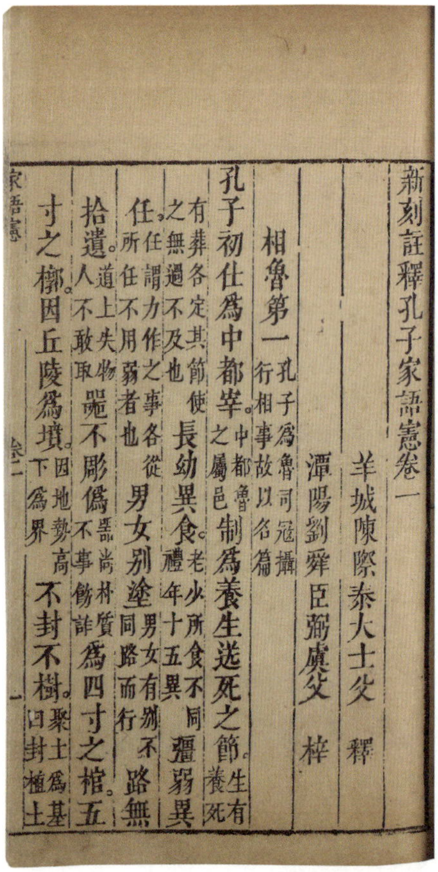
新刻註釋孔子家語憲卷一
羊城陳際泰大士父　釋
潭陽劉舜臣獨虞父　梓
相魯第一　孔子爲魯司冦攝行相事故以名篇
孔子初仕爲中都宰。中都魯之屬邑制爲養生送死之節。生有養死有葬各定其節使之無過不及也長幼異食。老少所食不同禮年十五異彊弱異任。任謂力作之事各從所任不用弱者也男女別塗。男女有別不同路而行路無拾遺。道上失物人不敢取器不彫僞。器尚朴質不事飾詐爲四寸之棺。五寸之槨。因丘陵爲墳。因地勢高下爲界不封不樹。聚土爲基曰封植土

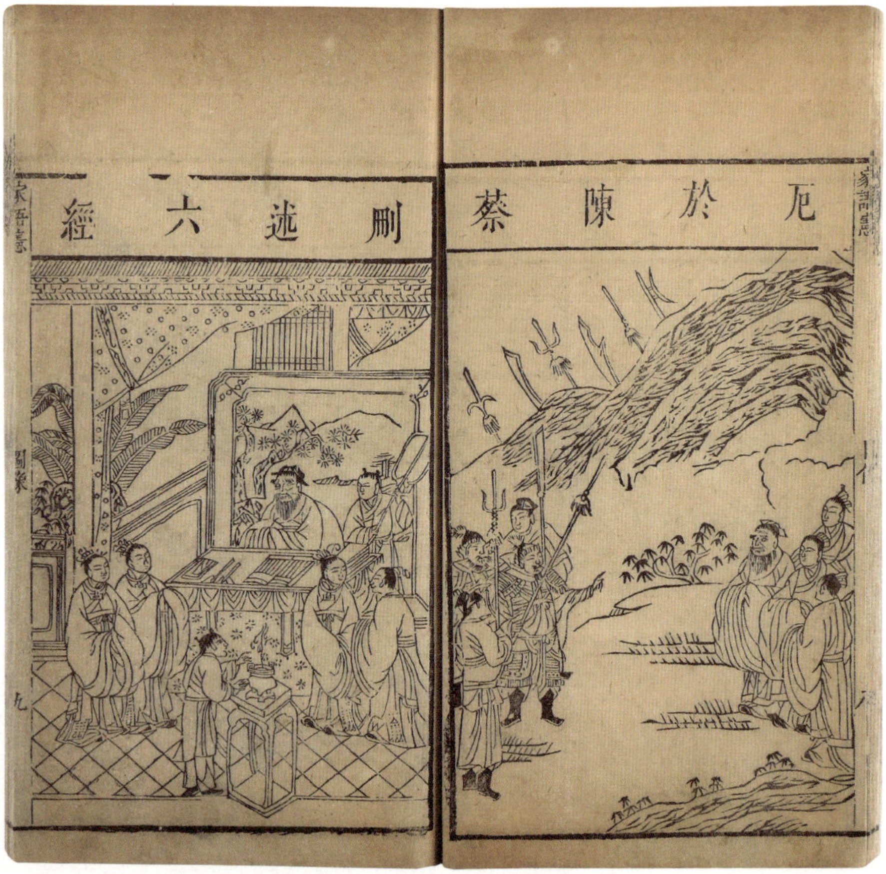

新刻註釋孔子家語憲四卷　（明）陳際泰釋　明末劉舜臣刻本

框高 20.2 厘米，廣 12.6 厘米。半葉九行，行二十一字，小字雙行同，白口，四周單邊。4 册。

三級 143shan488

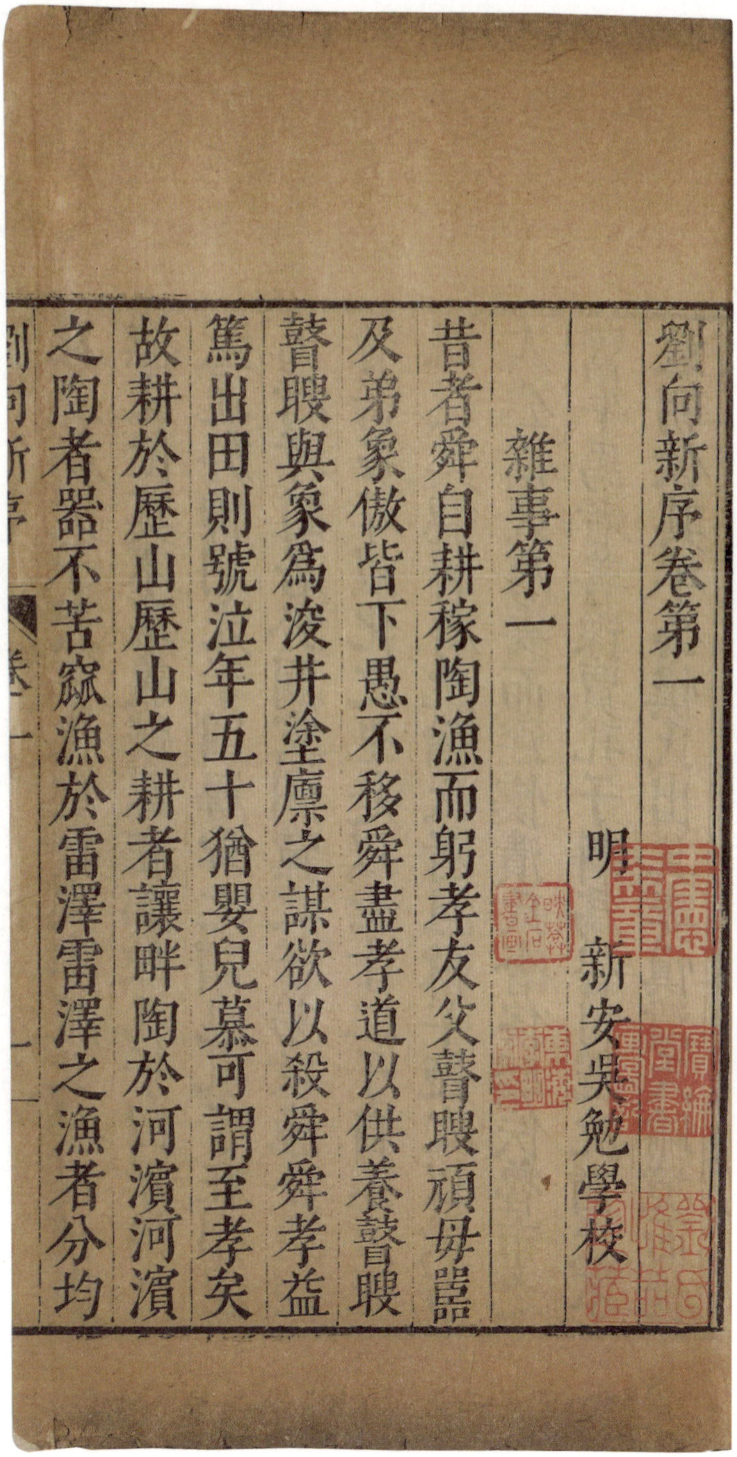

劉向新序十卷 （漢）劉向撰 （明）吴勉學校 明末吴勉學刻本

框高 19.2 厘米，廣 14.2 厘米。半葉九行，行十八字，白口，左右雙邊。2 册。鈐“寶綸堂書畫圖記”白文印、“東海李明棠印”白文印、“江南黎子鶴家藏書之章”朱文印、“劉氏峰喆珍藏”朱文印等。

三級 153shan585

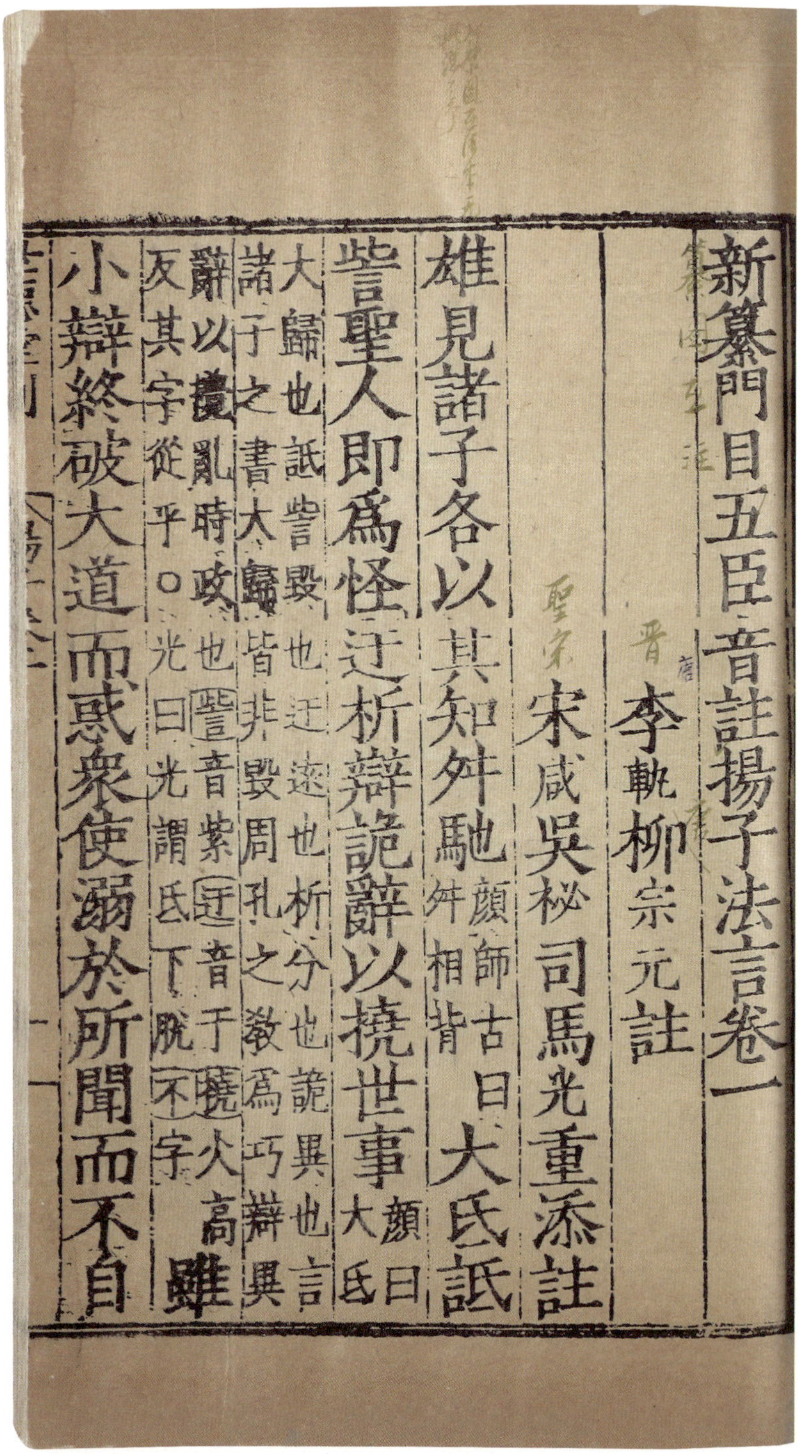

新纂門目五臣音註揚子法言卷一
李軌 柳宗元註
宋咸 吴祕 司馬光重添註
雄見諸子各以其知舛馳顔師古曰舛相背大氐詆訾聖人即爲怪迂析辯詭辭以撓世事顔曰大氐大歸也詆訾毁也迂遠也析分也詭異也言諸子之書大氐皆非毁周孔之教爲巧辯異辭以撓亂時政也訾音紫迂音于撓火高反其字從乎○光曰光謂氐下脫不字雖小辯終破大道而惑衆使溺於所聞而不自

新纂門目五臣音註揚子法言十卷 （漢）揚雄撰 （晋）李軌 （唐）柳宗元註 （宋）宋咸 （宋）吴祕 （宋）司馬光添註 明嘉靖十二年（1533）顧春世德堂刻六子全書本

框高 19.4 厘米，廣 14.2 厘米。半葉八行，行十七字，小字雙行同，白口，四周雙邊。4 册。

三級 162shan708

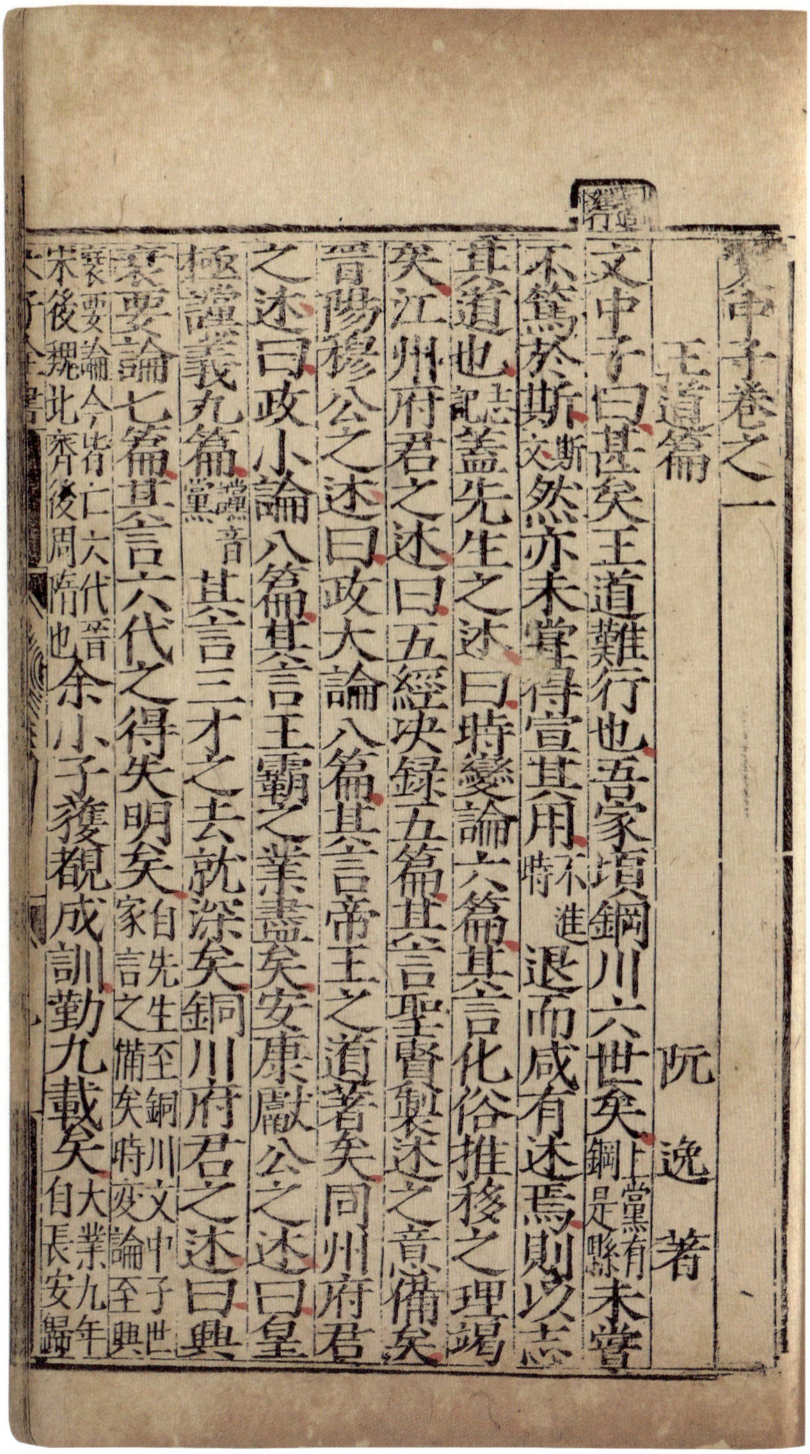

文中子十卷　（隋）王通撰　（宋）阮逸著　明嘉靖十二年（1533）吴郡顧氏世德堂刻六子全書本

框高 19.5 厘米，廣 13.3 厘米。半葉十一行，行二十四字，小字雙行同，黑口，四周雙邊。3 册。鈐“任修鑒藏書畫”朱文印、“温陶”白文印等。

三級 172shan764

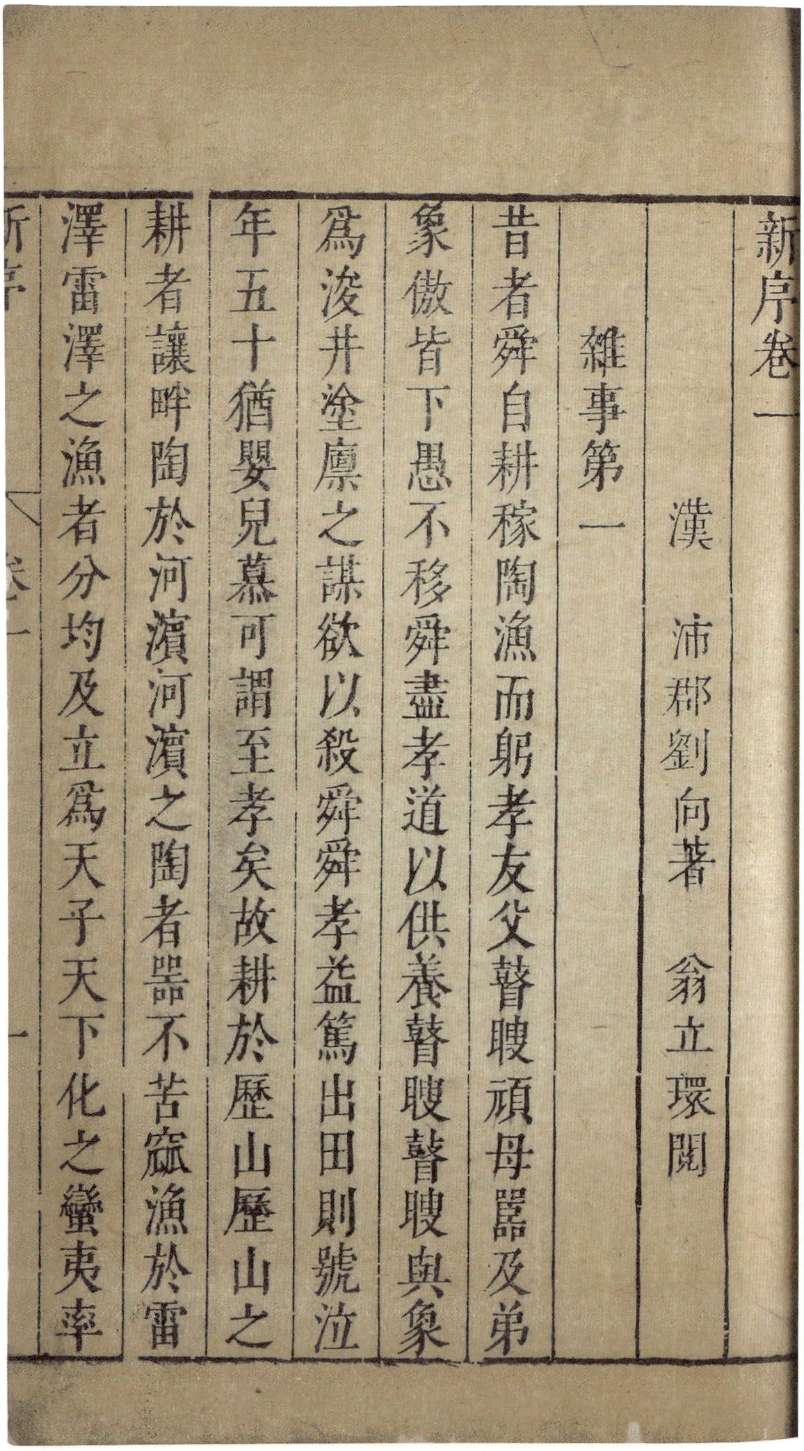

新序卷一

漢　沛郡劉向著　翁立環閲

雜事第一

昔者舜自耕稼陶漁而躬孝友父瞽瞍頑母嚚及弟象傲皆下愚不移舜盡孝道以供養瞽瞍瞽瞍與象爲浚井塗廪之謀欲以殺舜舜孝益篤出田則號泣年五十猶嬰兒慕可謂至孝矣故耕於歷山歷山之耕者讓畔陶於河濵河濵之陶者器不苦窳漁於雷澤雷澤之漁者分均及立爲天子天下化之蠻夷率

新序　卷一　一

新序十卷　（漢）劉向著　明末武林何允中刻漢魏叢書本

框高 19.9 厘米，廣 14.3 厘米。半葉九行，行二十字，白口，左右雙邊。4 册。鈐“珊瑚閣珍藏印”朱文印。

三級 215shan426

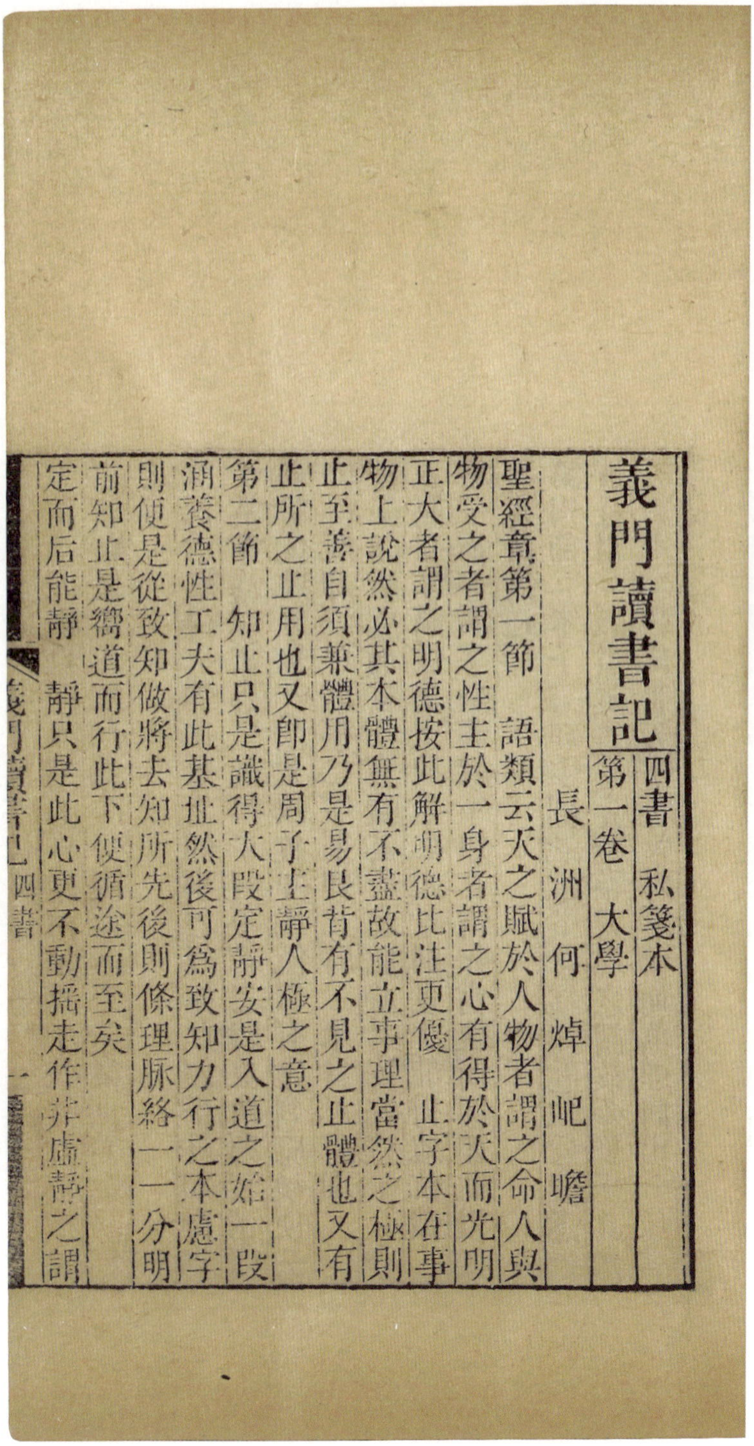

義門讀書記五十八卷 （清）何焯撰 （清）蔣維鈞輯 清乾隆三十四年（1769）石香齋刻本

框高 14.6 厘米，廣 12 厘米。半葉十四行，行二十二字，小字雙行同，粗黑口，左右雙邊。12 册。

shan136

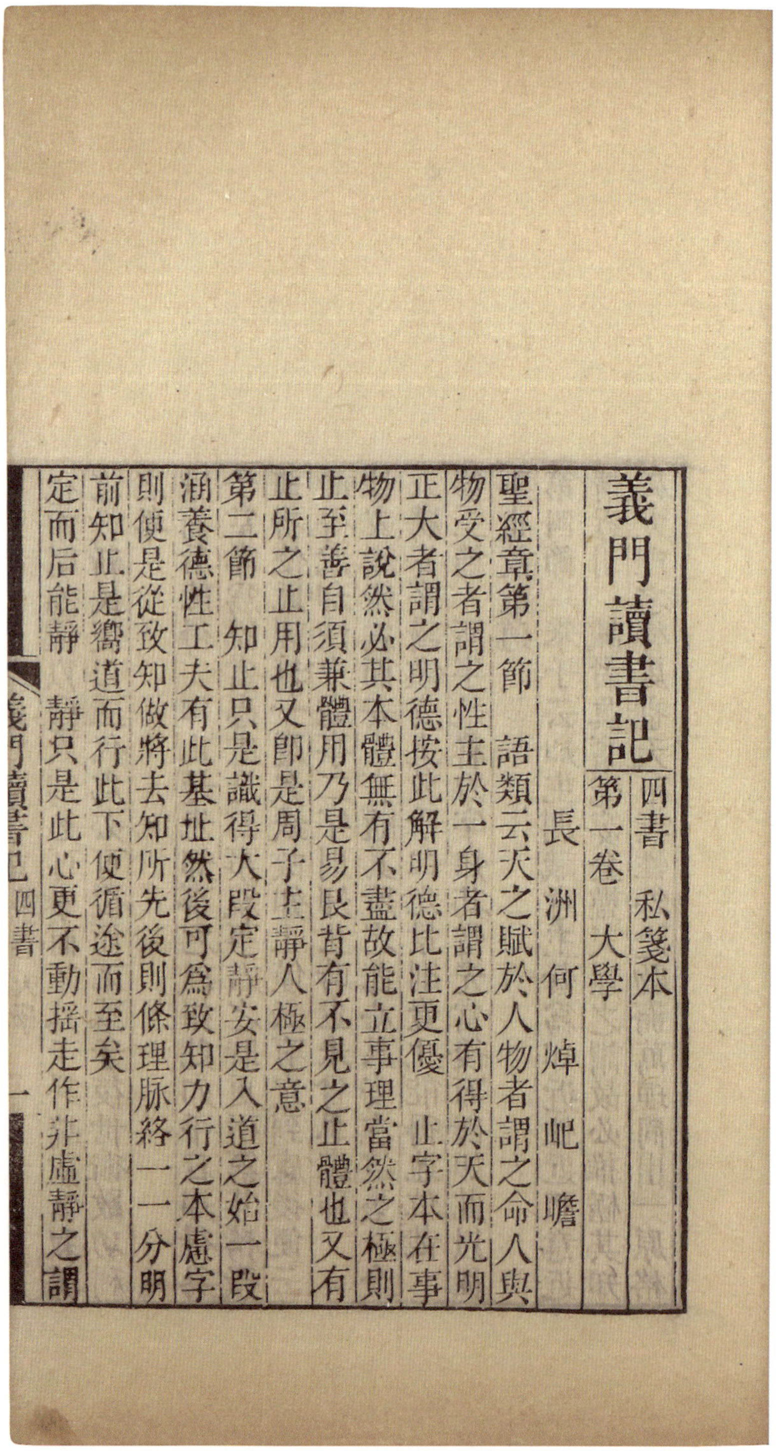
義門讀書記 四書 私箋本
第一卷 大學
長洲何焯屺瞻
聖經章第一節 語類云天之賦於人物者謂之命人與物受之者謂之性主於一身者謂之心有得於天而光明正大者謂之明德按此解明德比注更優 止字本在事物上說然必其本體無有不盡故能立事理當然之極則止至善自須兼體用乃是易艮背有不見之止體也又有止所之止用也又即是周子主靜人極之意
第二節 知止只是識得大段定靜安是入道之始一段涵養德性工夫有此基址然後可爲致知力行之本處字則便是從致知做將去知所先後則條理脉絡一一分明前知止是嚮道而行此下便循途而至矣
定而后能靜 靜只是此心更不動搖走作非虛靜之謂
義門讀書記 四書 一

義門讀書記五十八卷 （清）何焯撰 （清）蔣維鈞輯 清乾隆十六年（1751）承恩堂刻本

框高 14.6 厘米，廣 12 厘米。半葉十四行，行二十二字，小字雙行同，粗黑口，左右雙邊。16 册。

shan138

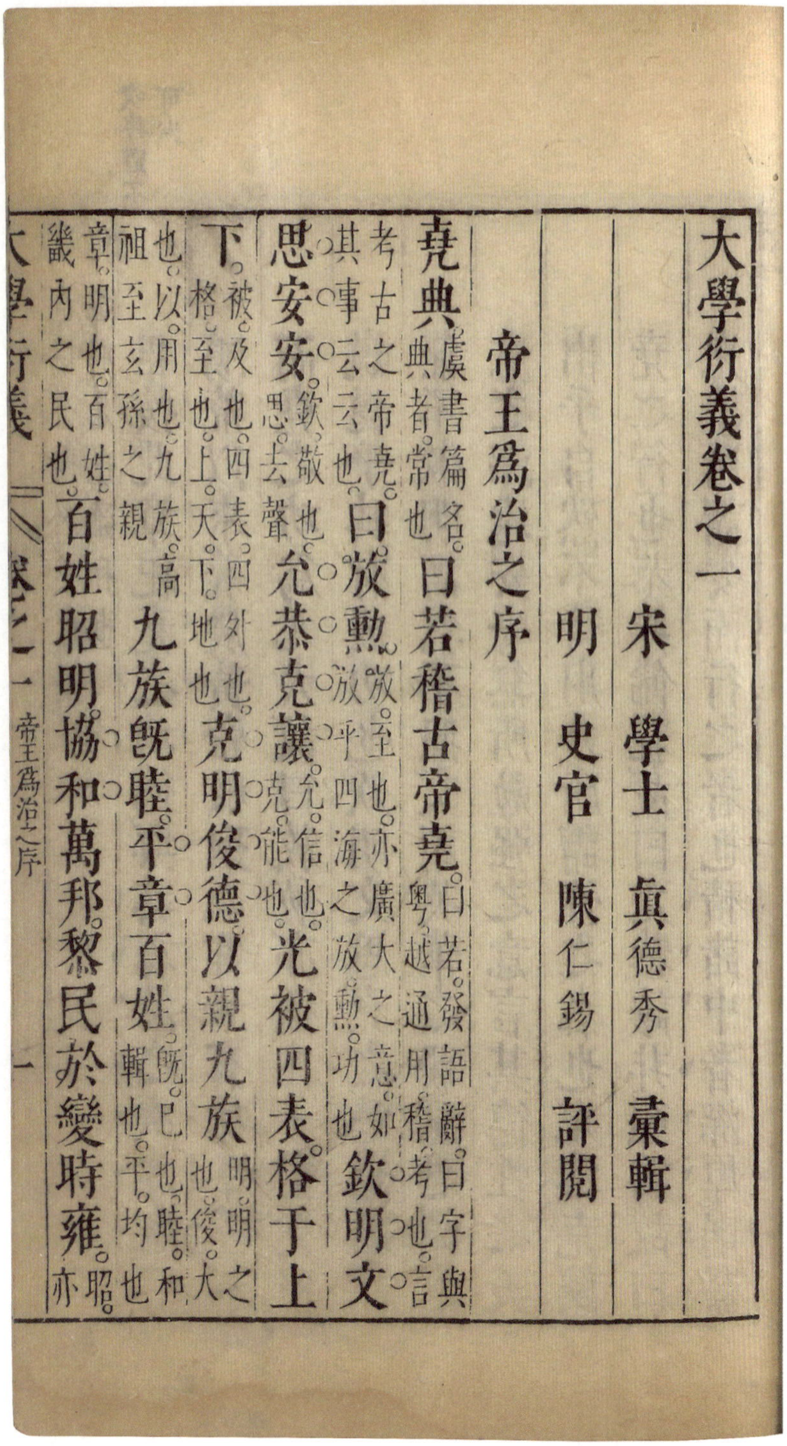

大學衍義卷之一

宋　學士　眞德秀　彙輯

明　史官　陳仁錫　評閱

帝王爲治之序

堯典。虞書篇名。典者常也。曰若稽古帝堯。曰若，發語辭，曰字與粵越通用。稽，考也。言考古之帝堯其事云云也。曰放勳。放，至也。亦廣大之意。如放乎四海之放。勳，功也。欽明文思安安。欽，敬也。思，去聲。允恭克讓。允，信也。克，能也。光被四表，格于上下。被，及也。四表，四外也。格，至也。上，天。下，地也。克明俊德，以親九族。明，明之也。俊，大也。以，用也。九族，高祖至玄孫之親。九族既睦，平章百姓。既，已也。睦，和也。平，均也。章，明也。百姓，畿内之民也。百姓昭明，協和萬邦，黎民於變時雍。昭，亦

大學衍義　卷之一　帝王爲治之序　一

大學衍義四十三卷首一卷　（宋）真德秀輯　明崇禎五年（1632）刻本

框高 21.2 厘米，廣 14.5 厘米。半葉十行，行二十字，小字雙行同，白口，四周單邊。10 册。

shan144

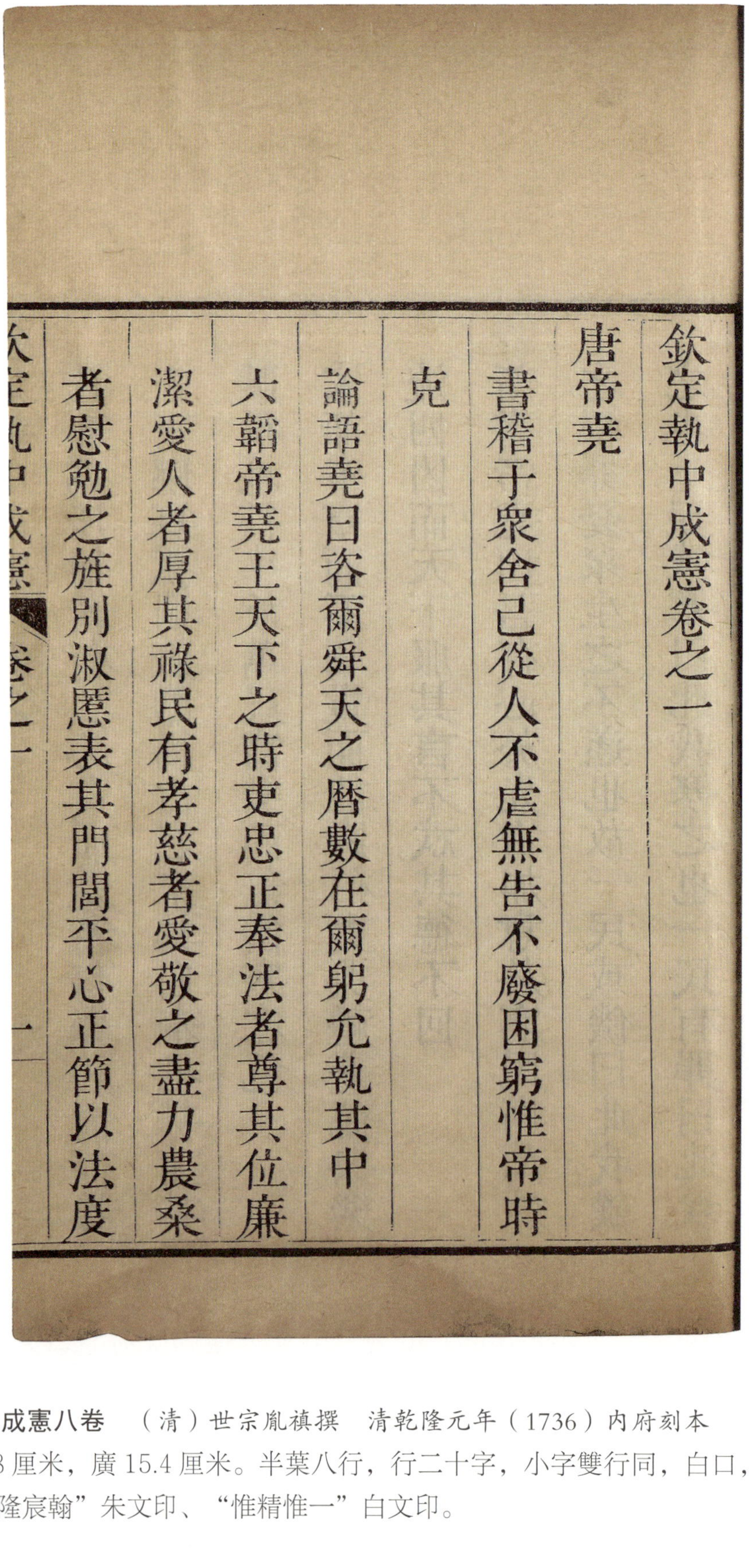
欽定執中成憲卷之一
唐帝堯
書稽于衆舍己從人不虐無告不廢困窮惟帝時
克
論語堯曰咨爾舜天之曆數在爾躬允執其中
六韜帝堯王天下之時吏忠正奉法者尊其位廉
潔愛人者厚其祿民有孝慈者愛敬之盡力農桑
者慰勉之旌別淑慝表其門閭平心正節以法度
欽定執中成憲　卷之一　一

欽定執中成憲八卷　（清）世宗胤禛撰　清乾隆元年（1736）内府刻本

框高 19.8 厘米，廣 15.4 厘米。半葉八行，行二十字，小字雙行同，白口，四周雙邊。4 册。鈐“乾隆宸翰”朱文印、“惟精惟一”白文印。

shan198

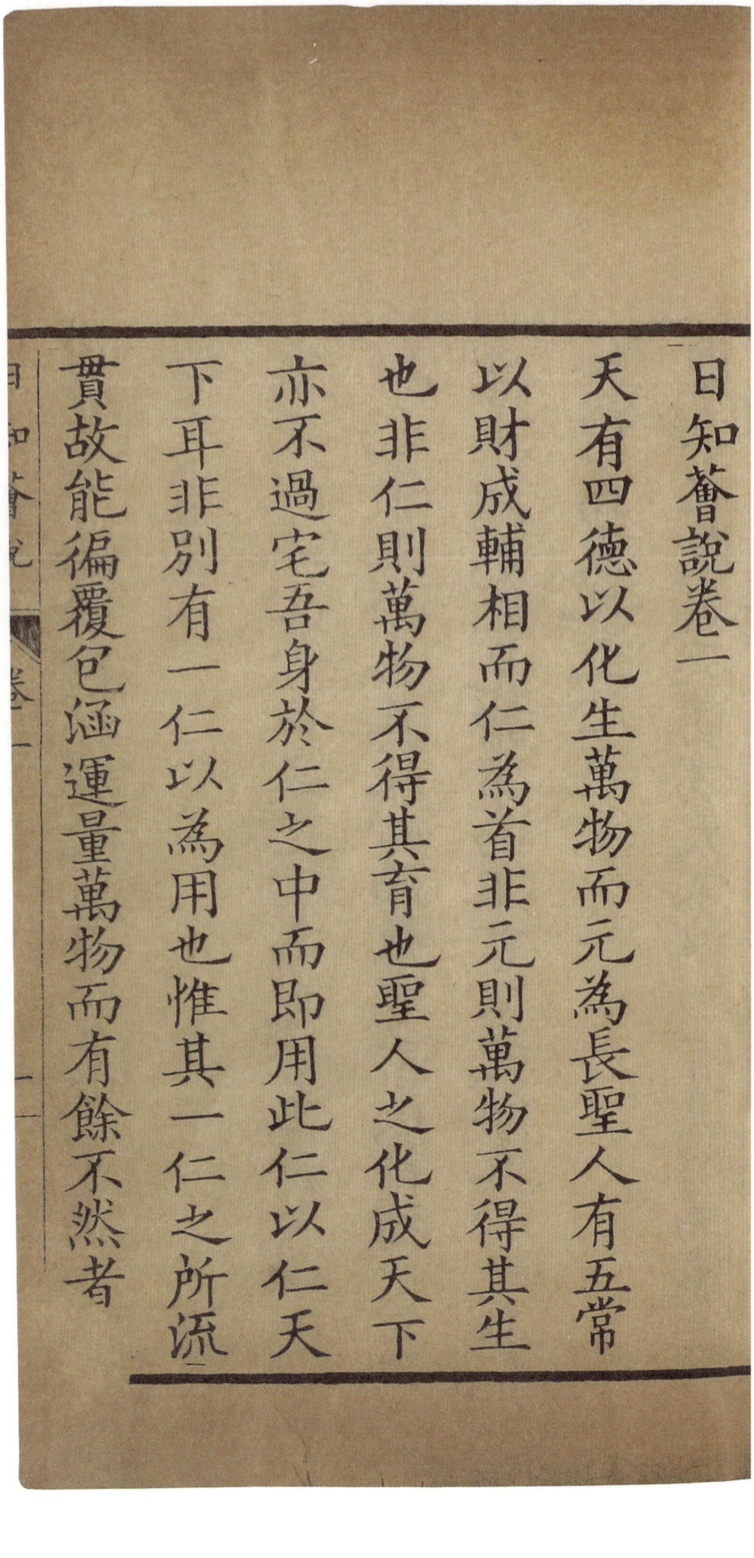
日知薈說卷一
天有四德以化生萬物而元為長聖人有五常
以財成輔相而仁為首非元則萬物不得其生
也非仁則萬物不得其育也聖人之化成天下
亦不過宅吾身於仁之中而即用此仁以仁天
下耳非別有一仁以為用也惟其一仁之所流
貫故能徧覆包涵運量萬物而有餘不然者
日知薈說　卷一　一

日知薈說四卷　（清）高宗弘曆撰　清乾隆元年（1736）刻本

框高 19 厘米，廣 14.1 厘米。半葉七行，行十八字，白口，四周雙邊，無格。4 册。

shan235

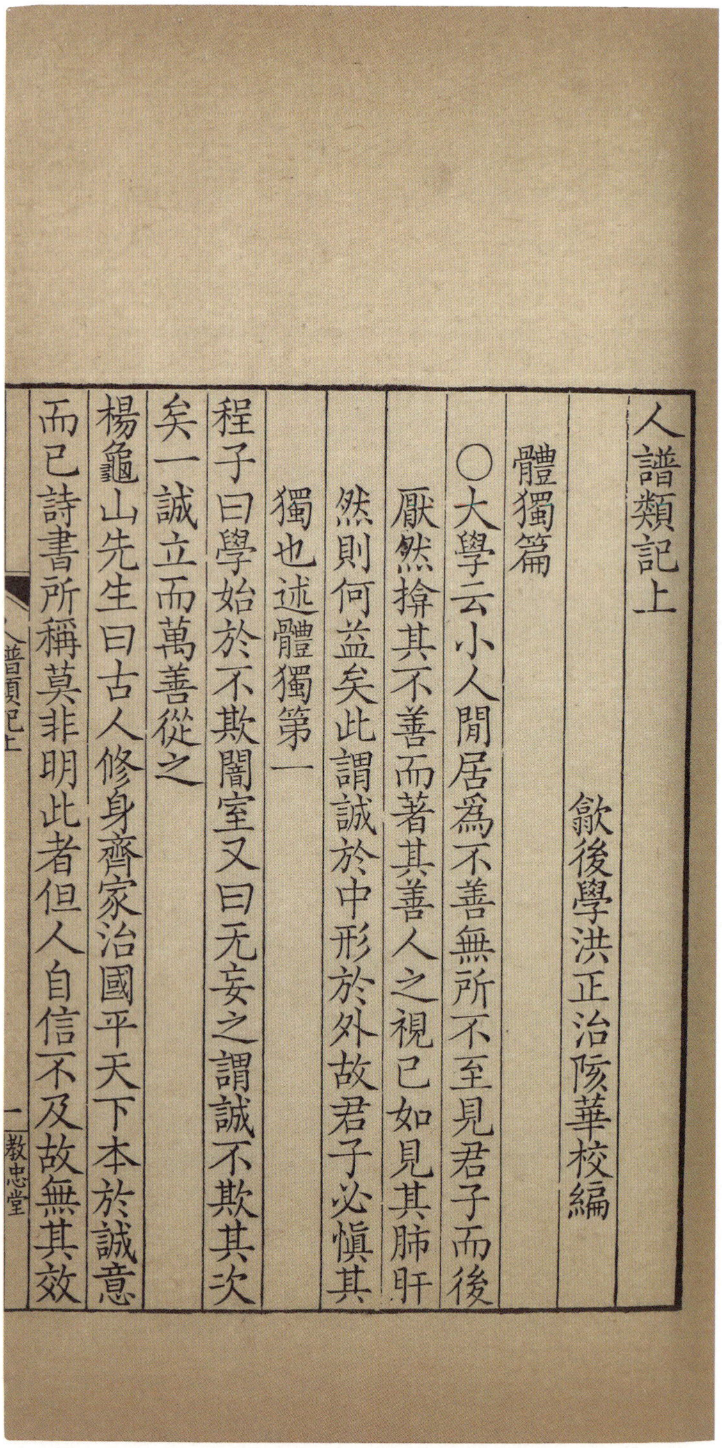
人譜類記上

歙後學洪正治陔華校編

體獨篇

○大學云小人閒居爲不善無所不至見君子而後厭然揜其不善而著其善人之視已如見其肺肝然則何益矣此謂誠於中形於外故君子必愼其獨也述體獨第一

程子曰學始於不欺闇室又曰无妄之謂誠不欺其次矣一誠立而萬善從之

楊龜山先生曰古人修身齊家治國平天下本於誠意而已詩書所稱莫非明此者但人自信不及故無其效

人譜類記上　一　教忠堂

蕺山先生人譜一卷附類記二卷　（明）劉宗周撰　（清）洪正治校編　清雍正四年（1726）教忠堂刻本

框高17.8厘米，廣13.8厘米。半葉十一行，行二十一字，細黑口，四周單邊。2册。鈐“朱謝之印”白文印。

shan306

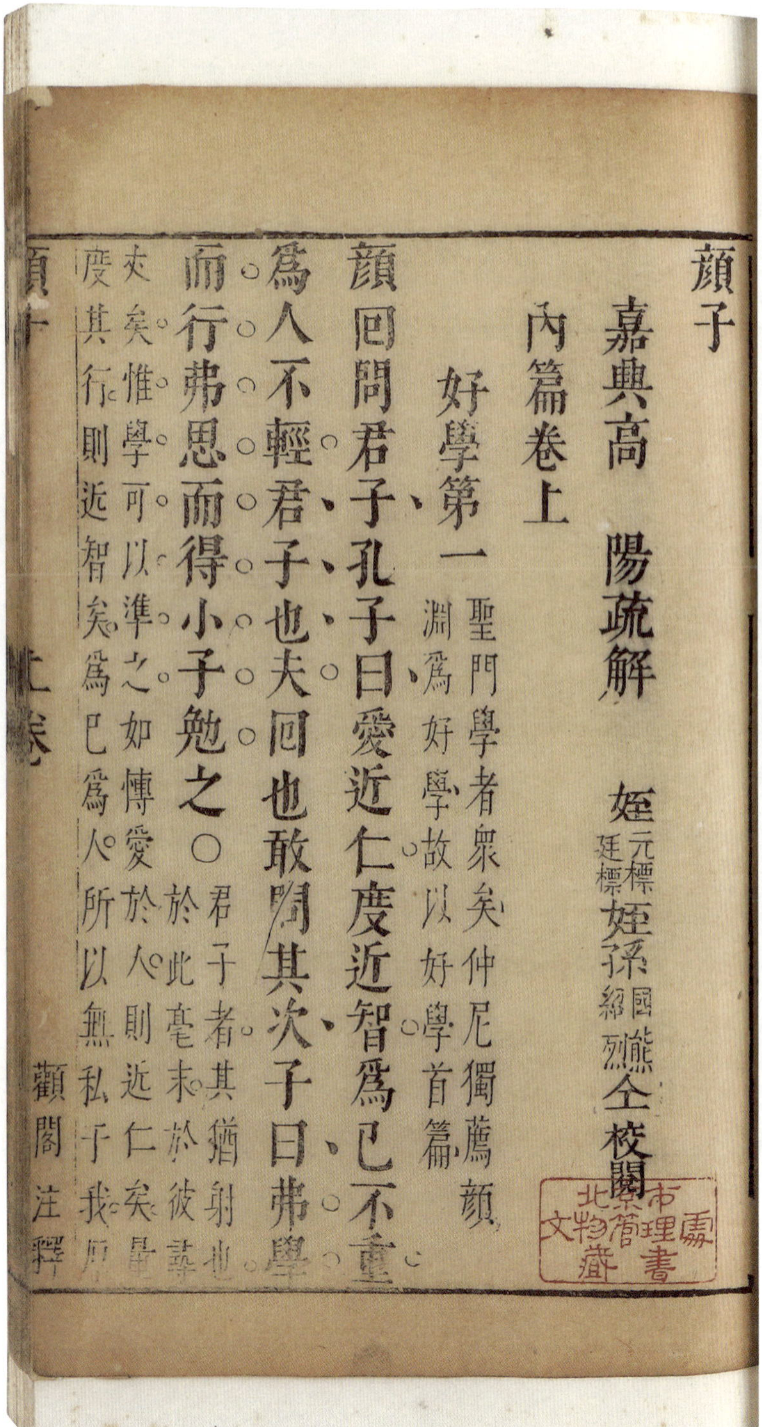

顏子二卷附本傳　（清）高陽疏解　清康熙二十三年（1684）刻本

框高 21.3 厘米，廣 15 厘米。半葉八行，行十八字，小字雙行同，白口，四周單邊，無格。2 册。

shan321

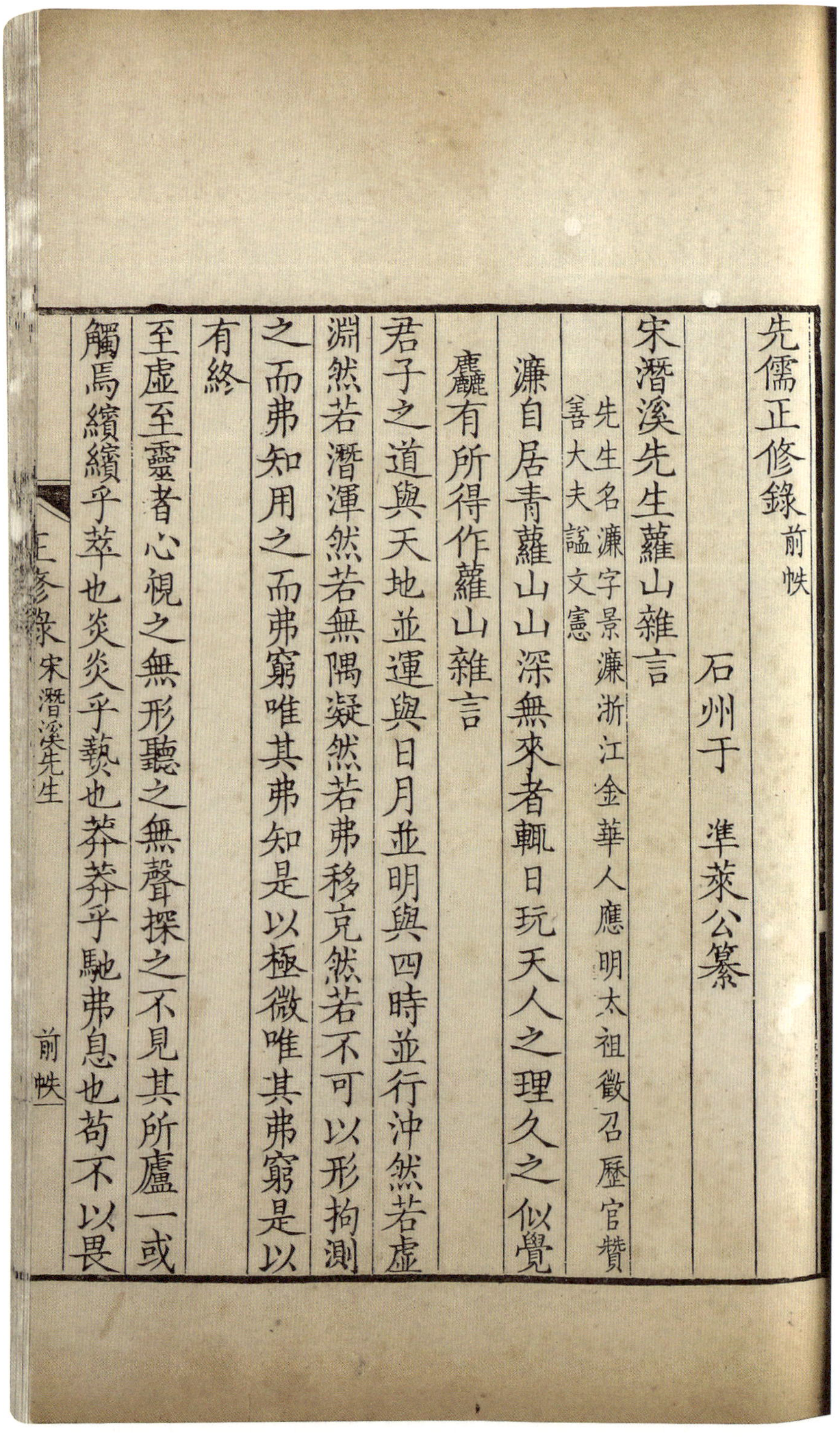

先儒正修錄　前帙

石州于　準萊公纂

宋潛溪先生蘿山雜言

先生名濂字景濂浙江金華人應明太祖徵召歷官贊善大夫謚文憲

濂自居青蘿山山深無來者輒日玩天人之理久之似覺麤有所得作蘿山雜言

君子之道與天地並運與日月並明與四時並行沖然若虛淵然若潛渾然若無隅凝然若弗移充然若不可以形拘測之而弗知用之而弗窮唯其弗知是以極微唯其弗窮是以有終

至虛至靈者心視之無形聽之無聲探之不見其所廬一或觸焉續續乎萃也炎炎乎爇也莽莽乎馳弗息也苟不以畏

正修錄　宋潛溪先生　前帙　一

先儒正修録三卷齊治録三卷　（清）于準纂　清康熙四十七年（1708）刻本

框高 17.5 厘米，廣 14 厘米。半葉十二行，行二十三字，小字雙行同，白口，左右雙邊。6 册。鈐“樂亭史氏藏書印”朱文印。

shan325

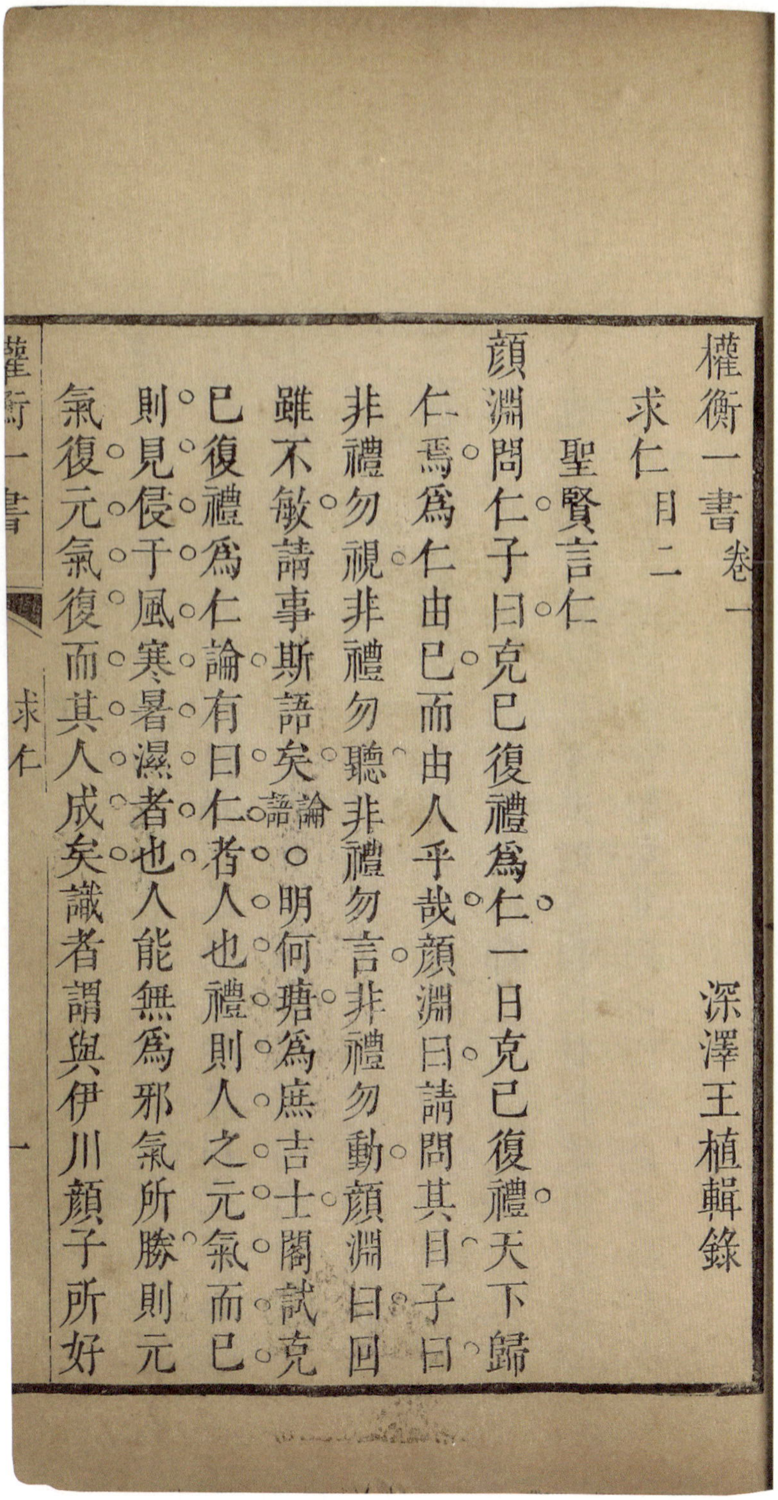
權衡一書卷一　　深澤王植輯錄
求仁 目二
聖賢言仁
顏淵問仁子曰克己復禮爲仁一日克己復禮天下歸
仁焉爲仁由己而由人乎哉顏淵曰請問其目子曰
非禮勿視非禮勿聽非禮勿言非禮勿動顏淵曰回
雖不敏請事斯語矣論語　明何瑭爲庶吉士閣試克
己復禮爲仁論有曰仁者人也禮則人之元氣而已
則見侵于風寒暑濕者也人能無爲邪氣所勝則元
氣復元氣復而其人成矣識者謂與伊川顏子所好
權衡一書　求仁　一

權衡一書四十一卷　（清）王植輯録　清乾隆元年（1736）崇雅堂刻本

框高 18.2 厘米，廣 13 厘米。半葉十行，行二十一字，小字雙行同，白口，四周單邊，無格。24 册。鈐“山右九州徐繼溥印”朱文印。

shan332

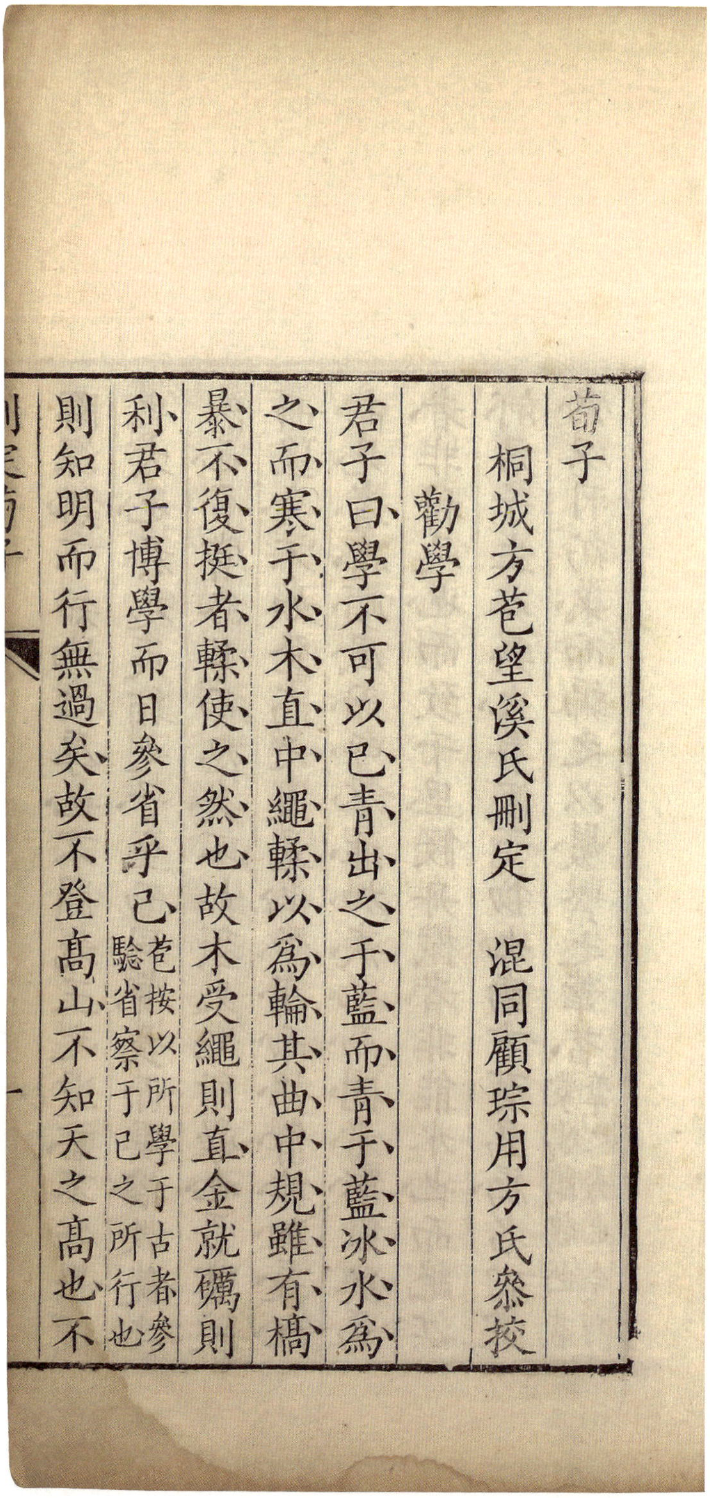
荀子
桐城方苞望溪氏刪定　混同顧琮用方氏參校
勸學
君子曰學不可以已青出之于藍而青于藍冰水爲之而寒于水木直中繩輮以爲輪其曲中規雖有槁暴不復挺者輮使之然也故木受繩則直金就礪則利君子博學而日參省乎己苞按以所學于古者參驗省察于己之所行也則知明而行無過矣故不登高山不知天之高也不
刪定荀子　一

刪定荀子一卷刪定管子一卷　（清）方苞刪定　清乾隆元年（1736）桐城方氏刻抗希堂十六種本

框高 19.4 厘米，廣 12.7 厘米。半葉八行，行二十字，小字雙行同，白口，左右雙邊。4 册。

shan348

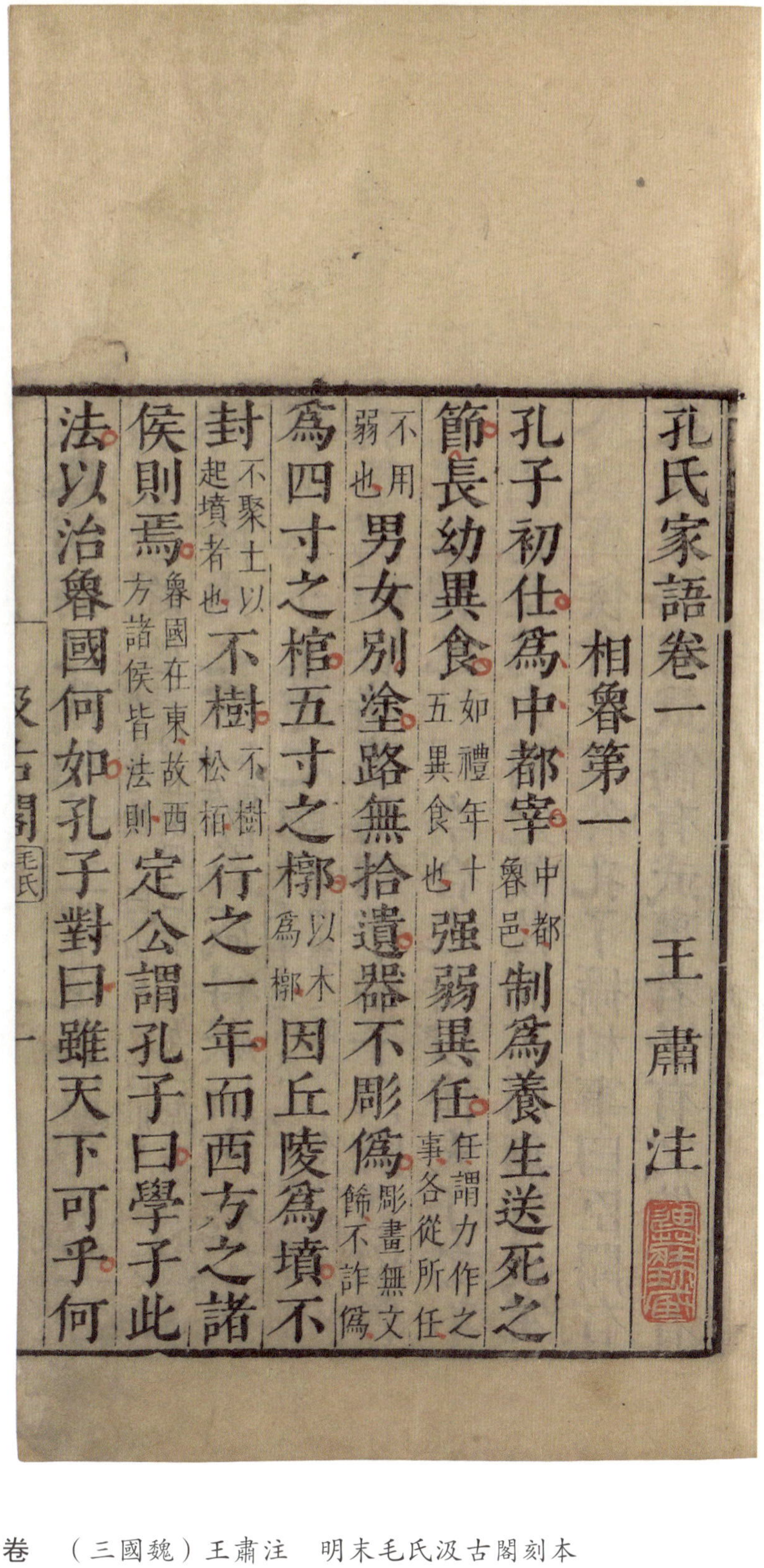

孔氏家語十卷　（三國魏）王肅注　明末毛氏汲古閣刻本

框高17.5厘米，廣13.5厘米。半葉九行，行十七字，白口，左右雙邊。2册。鈐“迪莊珎藏”白文印、“夢廬”白文印、“鐵橋”白文印等。

shan395

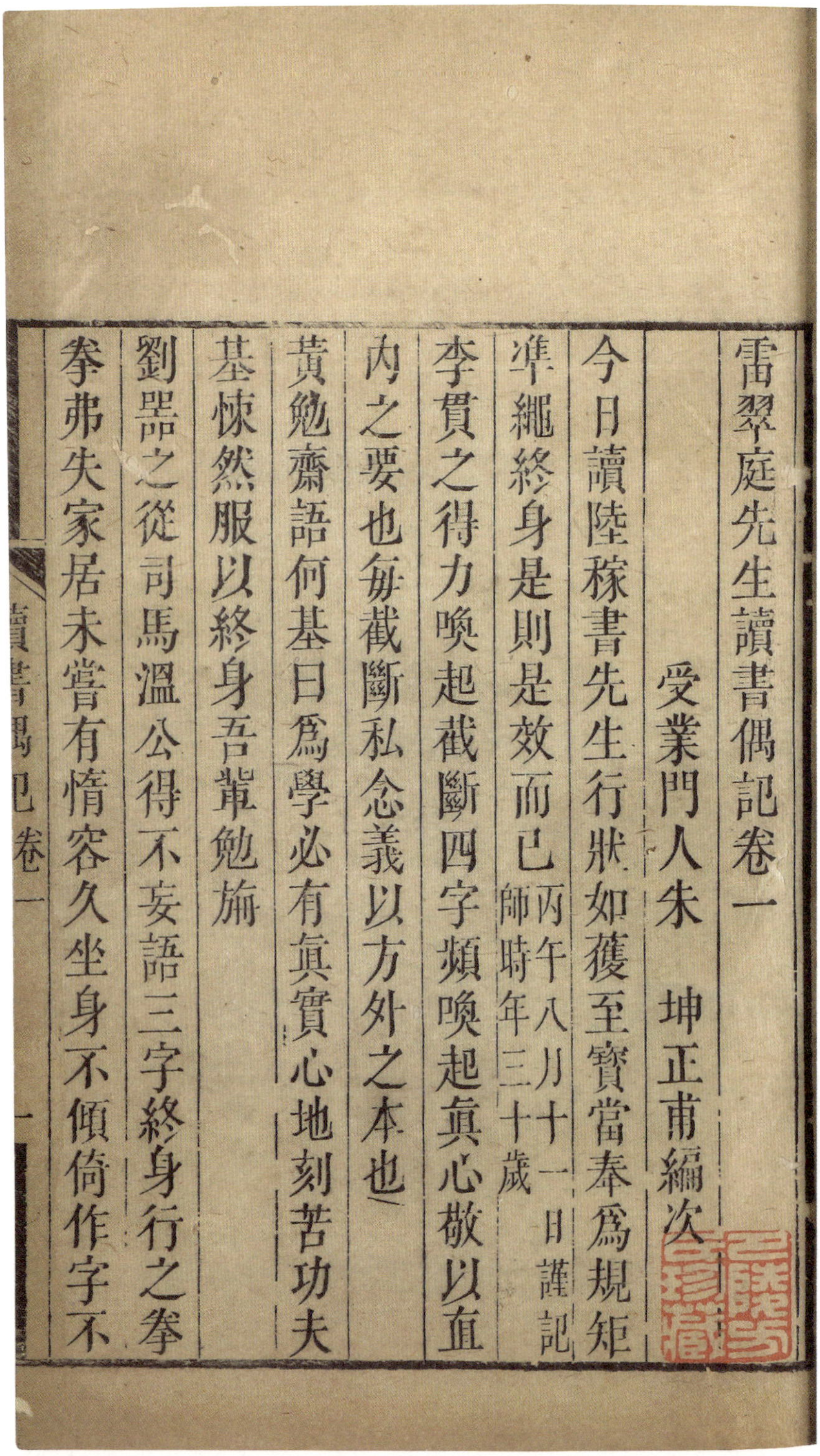

雷翠庭先生讀書偶記卷一

受業門人朱　坤正甫編次

今日讀陸稼書先生行狀如獲至寶當奉爲規矩凖繩終身是則是效而已丙午八月十一日謹記師時年三十歲

李貫之得力喚起截斷四字頻喚起真心敬以直內之要也毎截斷私念義以方外之本也

黄勉齋語何基曰爲學必有真實心地刻苦功夫基悚然服以終身吾輩勉旃

劉器之從司馬溫公得不妄語三字終身行之拳拳弗失家居未嘗有惰容久坐身不傾倚作字不

讀書偶記　卷一　一

雷翠庭先生讀書偶記三卷　（清）雷鋐撰　（清）朱坤編次　清乾隆三十年（1765）刻本

框高 17 厘米，廣 13.3 厘米。半葉十行，行十九字，小字雙行同，黑口，左右雙邊。鈐“巴陵方氏珍藏”白文印。

shan643

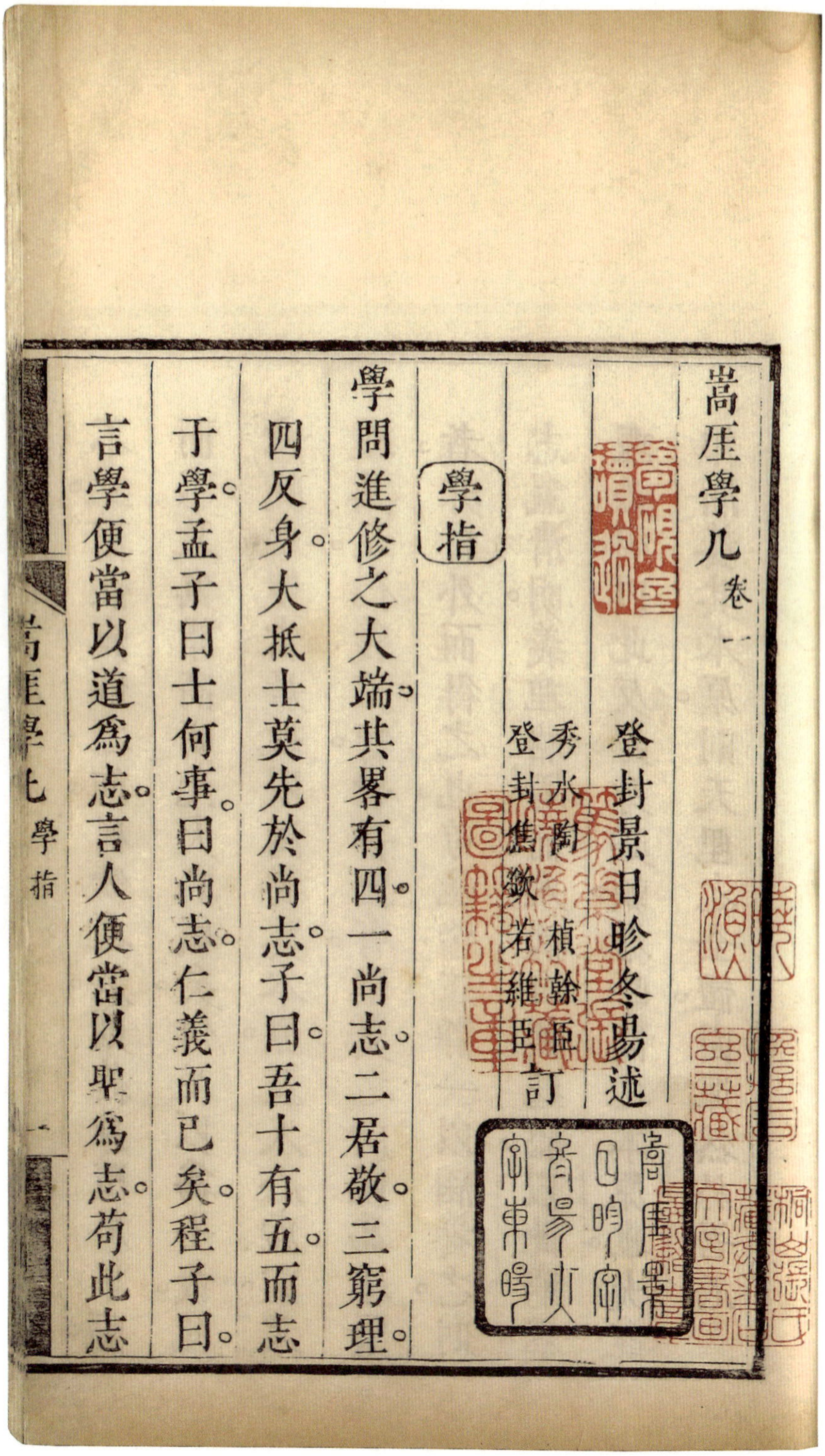
嵩厓學凡　卷一
登封景日昣冬暘述
秀水陶楨榦臣
登封焦欽若維臣　訂
學指
學問進修之大端共畧有四一尚志二居敬三窮理四反身大抵士莫先於尚志子曰吾十有五而志于學孟子曰士何事曰尚志仁義而已矣程子曰言學便當以道爲志言人便當以聖爲志苟此志
嵩厓學凡　學指　一

嵩厓學凡六卷　（清）景日昣述　（清）陶楨等訂　清康熙岳生堂刻本

框高 17.5 厘米，廣 13.2 厘米。半葉八行，行二十字，小字雙行同，粗黑口，四周雙邊。4 册。鈐“夢硯齋讀過”白文印、“桐山張氏藏弆金石文字書画圖籍之章”朱文印等。

shan679

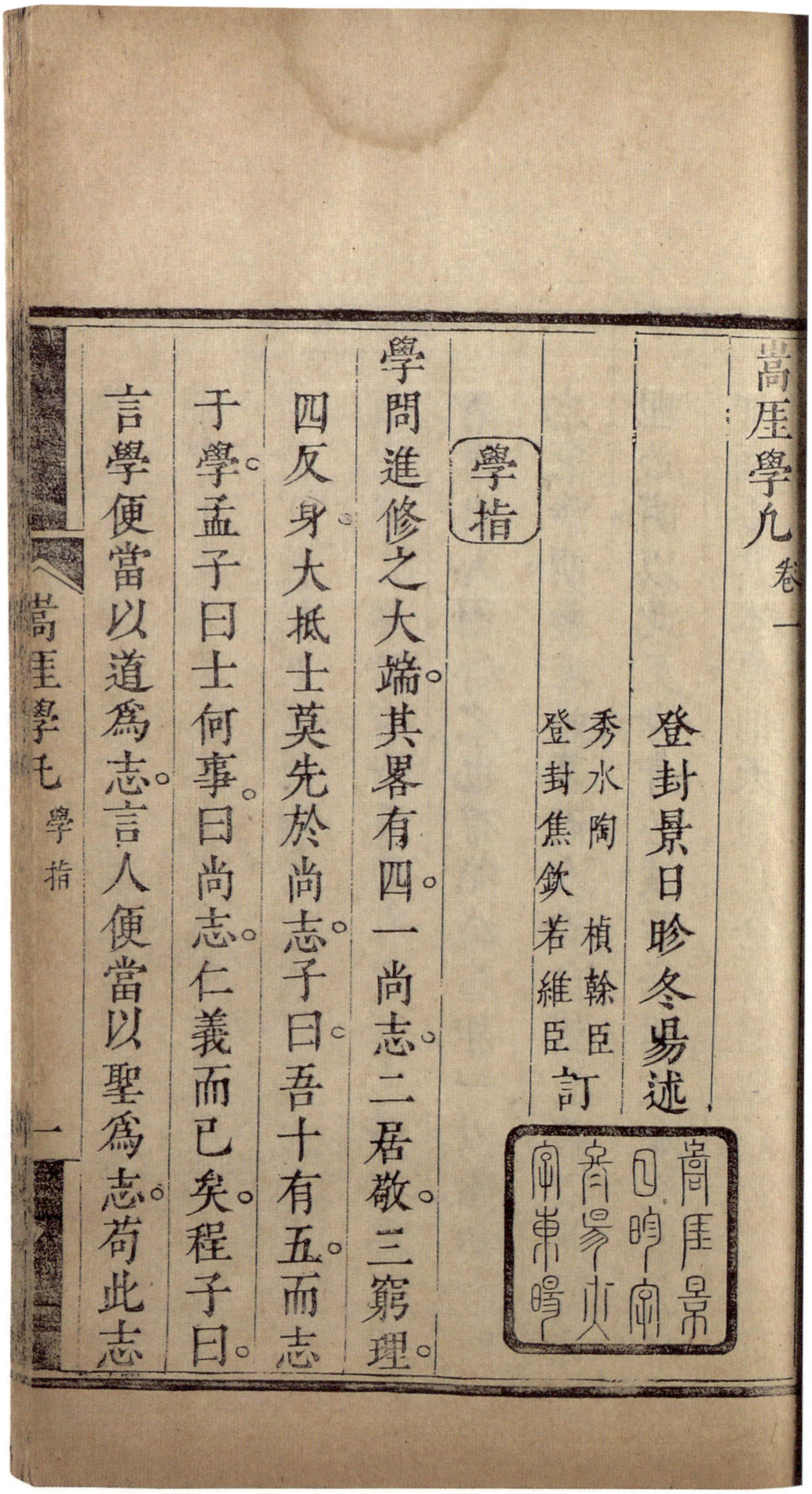

嵩厓學凡六卷　（清）景日昣述　（清）陶楨等訂　清康熙岳生堂刻本

框高 18 厘米，廣 13.4 厘米。半葉八行，行二十字，小字雙行同，粗黑口，四周雙邊。4 册。鈐“承澤堂”白文印等。

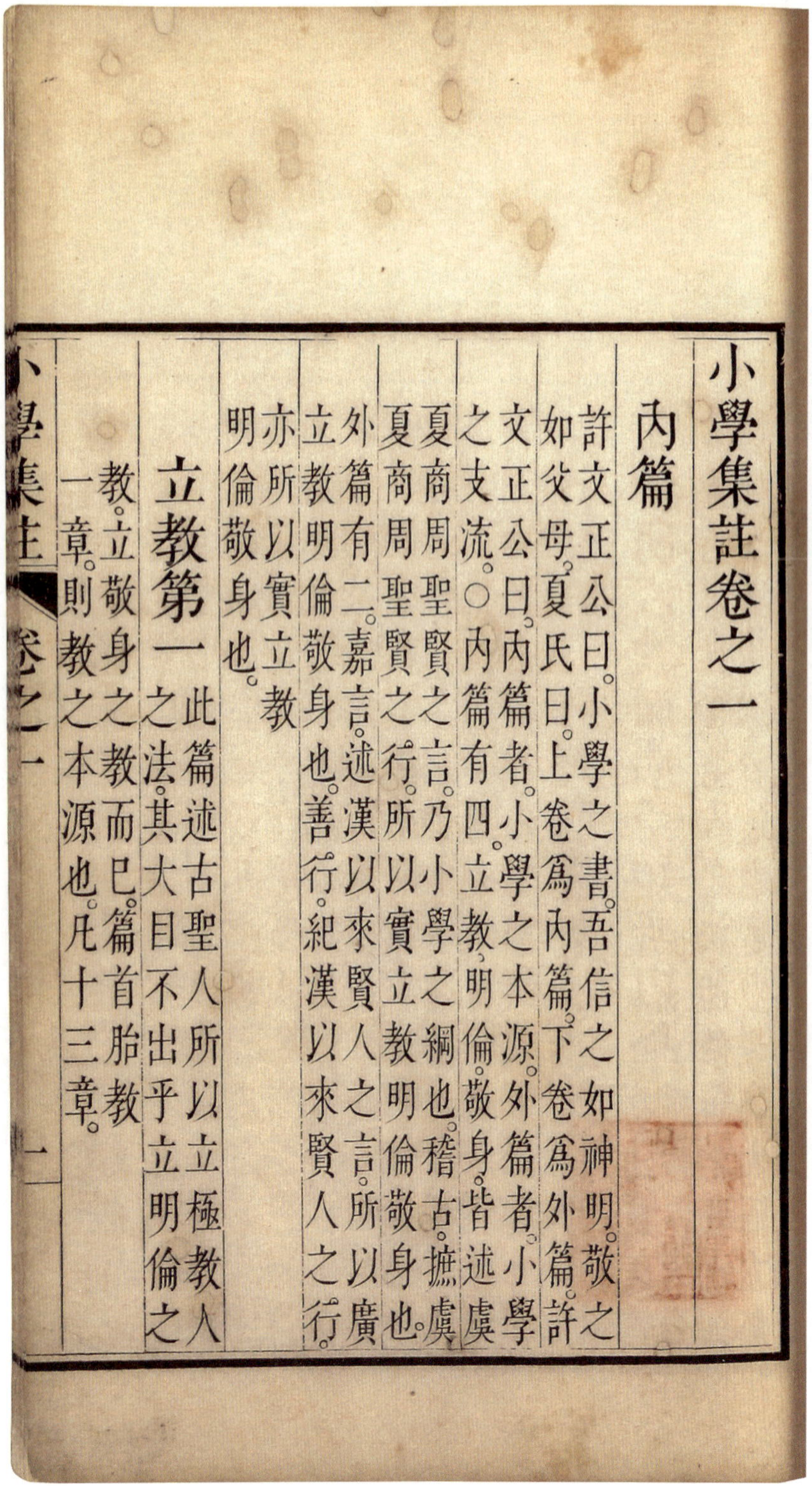
小學集註卷之一
內篇
許文正公曰。小學之書。吾信之如神明。敬之如父母。夏氏曰。上卷爲內篇。下卷爲外篇。許文正公曰。內篇者。小學之本源。外篇者。小學之支流。○內篇有四。立教。明倫。敬身。皆述虞夏商周聖賢之言。乃小學之綱也。稽古。摭虞夏商周聖賢之行。所以實立教明倫敬身也。外篇有二。嘉言。述漢以來賢人之言。所以廣立教明倫敬身也。善行。紀漢以來賢人之行。亦所以實立教明倫敬身也。
立教第一 此篇述古聖人所以立極教人之法。其大目不出乎立明倫之教。立敬身之教而已。篇首胎教一章。則教之本源也。凡十三章。
小學集註 卷之一 一

小學集註六卷 （明）陳選集註 清雍正五年（1727）刻本

框高 19 厘米，廣 14 厘米。半葉九行，行十八字，小字雙行同，白口，四周雙邊。4 册。鈐“臣藩之印”白文印、“慈溪錢經藩逸琴氏收藏精本書籍印記”朱文印等。

shan690

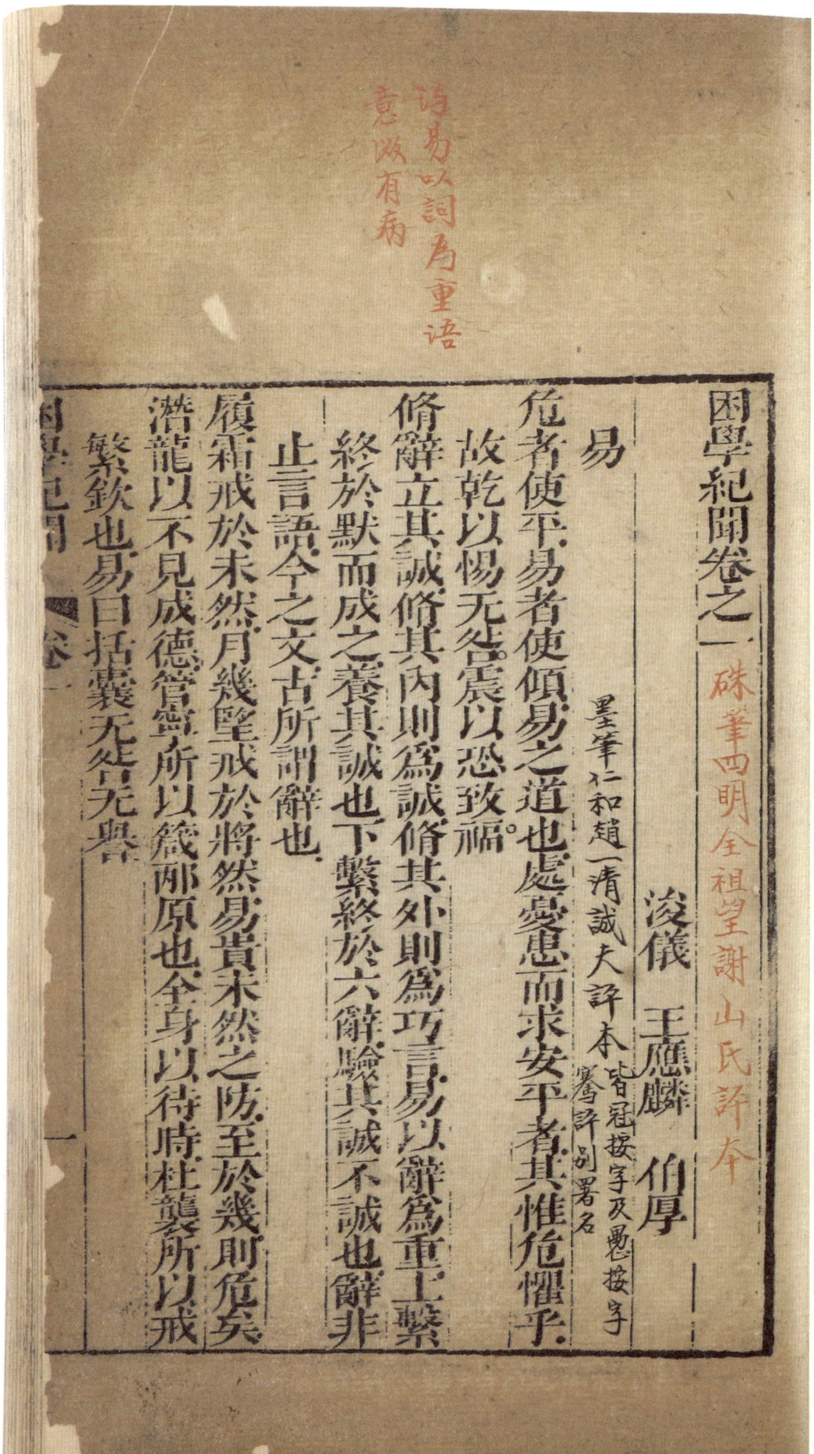

困學紀聞二十卷　（宋）王應麟撰　（清）何焯校　清汪垕桐華書塾刻本

框高 18.5 厘米，廣 13.5 厘米。半葉十一行，行二十五字，小字雙行不等，白口，左右雙邊。6 册。

shan726

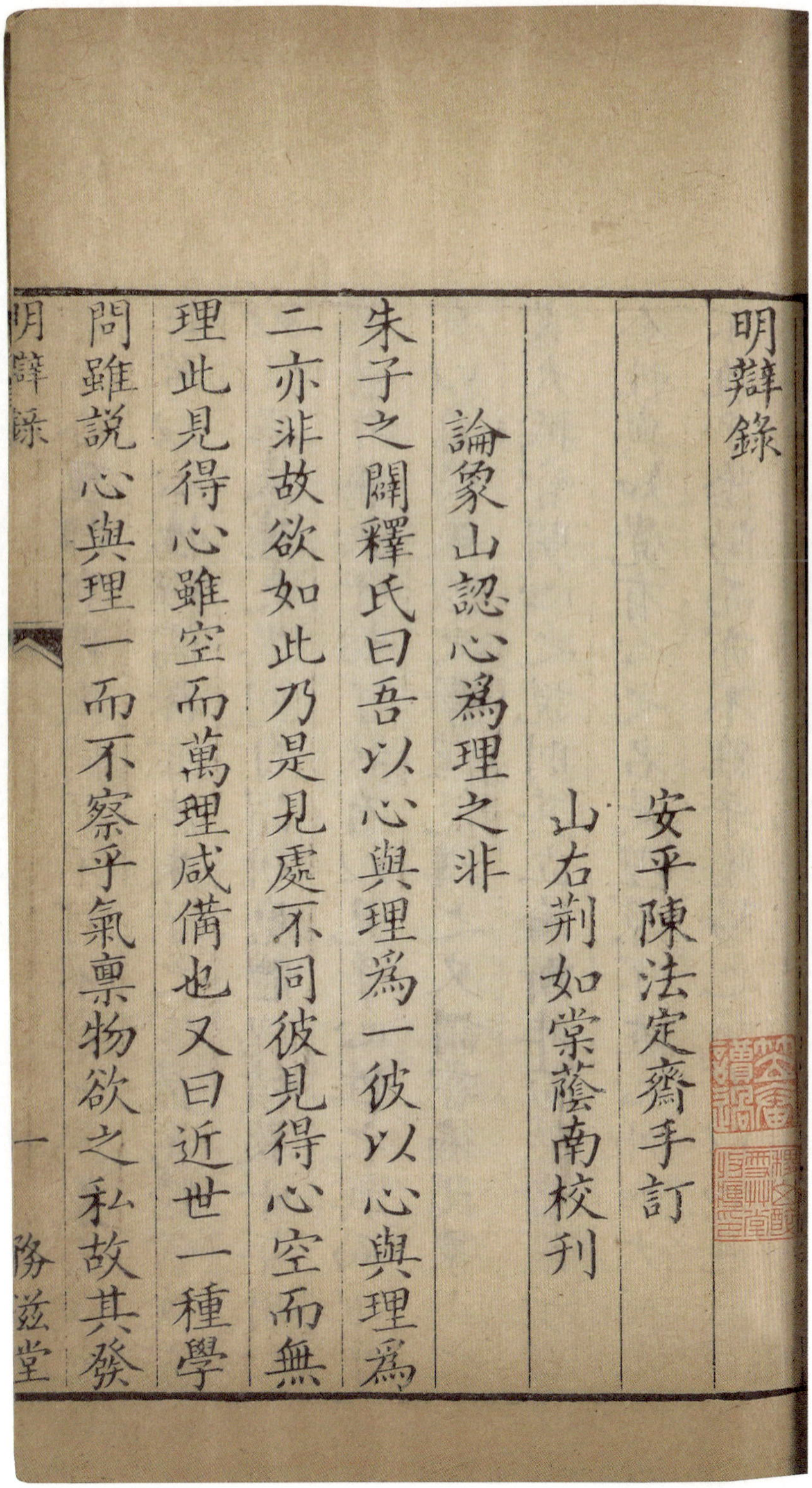

明辯錄

安平陳法定齋手訂

山右荆如棠蔭南校刊

論象山認心爲理之非

朱子之闢釋氏曰吾以心與理爲一彼以心與理爲
二亦非故欲如此乃是見處不同彼見得心空而無
理此見得心雖空而萬理咸備也又曰近世一種學
問雖説心與理一而不察乎氣禀物欲之私故其發

明辯錄 一 務滋堂

明辯錄一卷 （清）陳法手訂 （清）荆如棠校刊 清乾隆三十五年（1770）務滋堂刻本

框高 19.7 厘米，廣 14.5 厘米。半葉八行，行二十字，白口，左右雙邊。1 册。鈐“稷山醉雪艸堂收藏印”朱文印等。

shan736

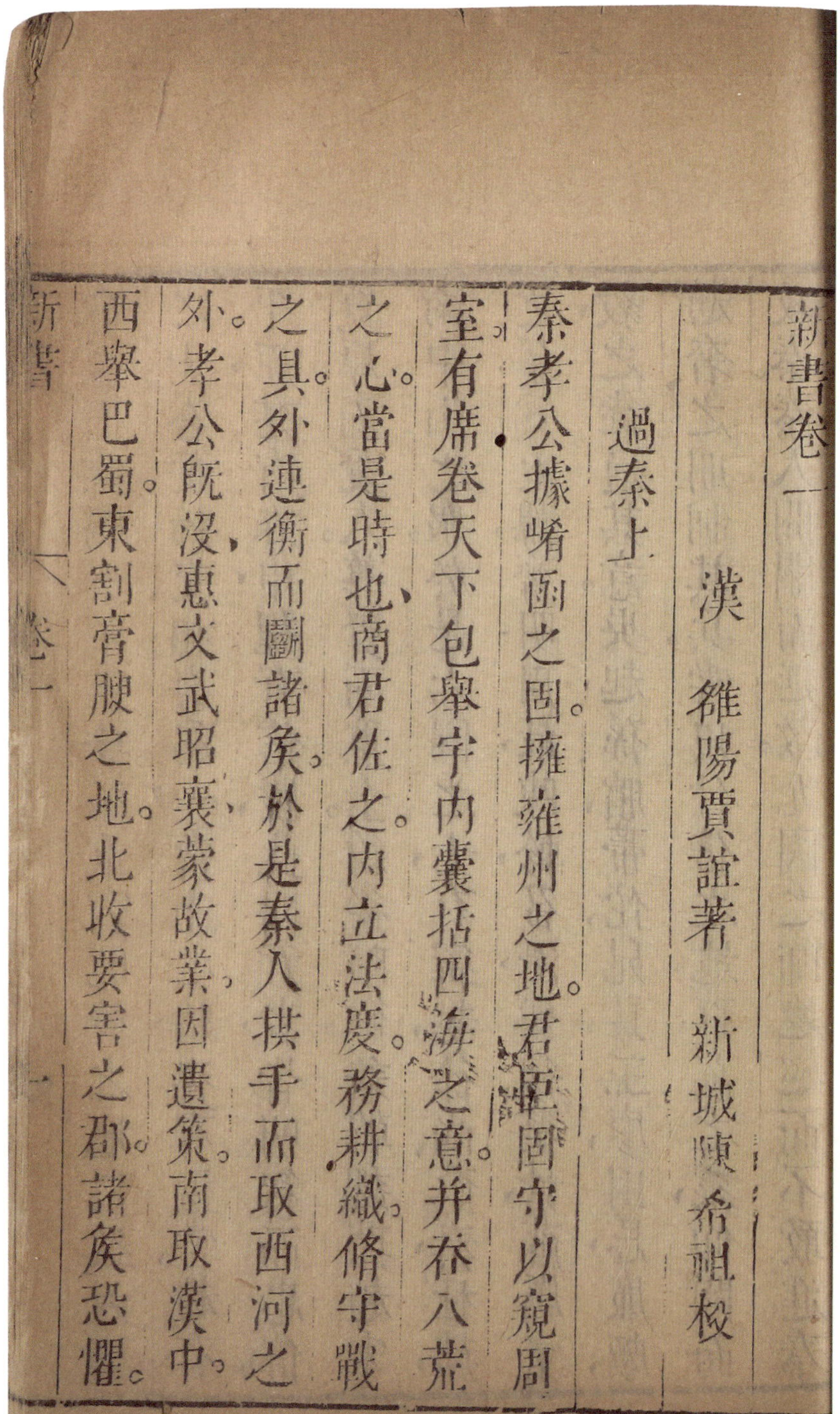
新書卷一
漢　雒陽賈誼著　新城陳希祖校
過秦上
秦孝公據崤函之固。擁雍州之地。君臣固守以窺周室。有席卷天下包舉宇内囊括四海之意。并吞八荒之心。當是時也。商君佐之。内立法度。務耕織。脩守戰之具。外連衡而鬭諸侯。於是秦人拱手而取西河之外。孝公既沒。惠文武昭襄。蒙故業因遺策。南取漢中。西舉巴蜀。東割膏腴之地。北收要害之郡。諸侯恐懼。
新書　卷一　一

新書十卷　（漢）賈誼著　（明）陳希祖校　明末刻本

框高 19.4 厘米，廣 14.3 厘米。半葉九行，行二十字，白口，左右雙邊。1 册。

shan745

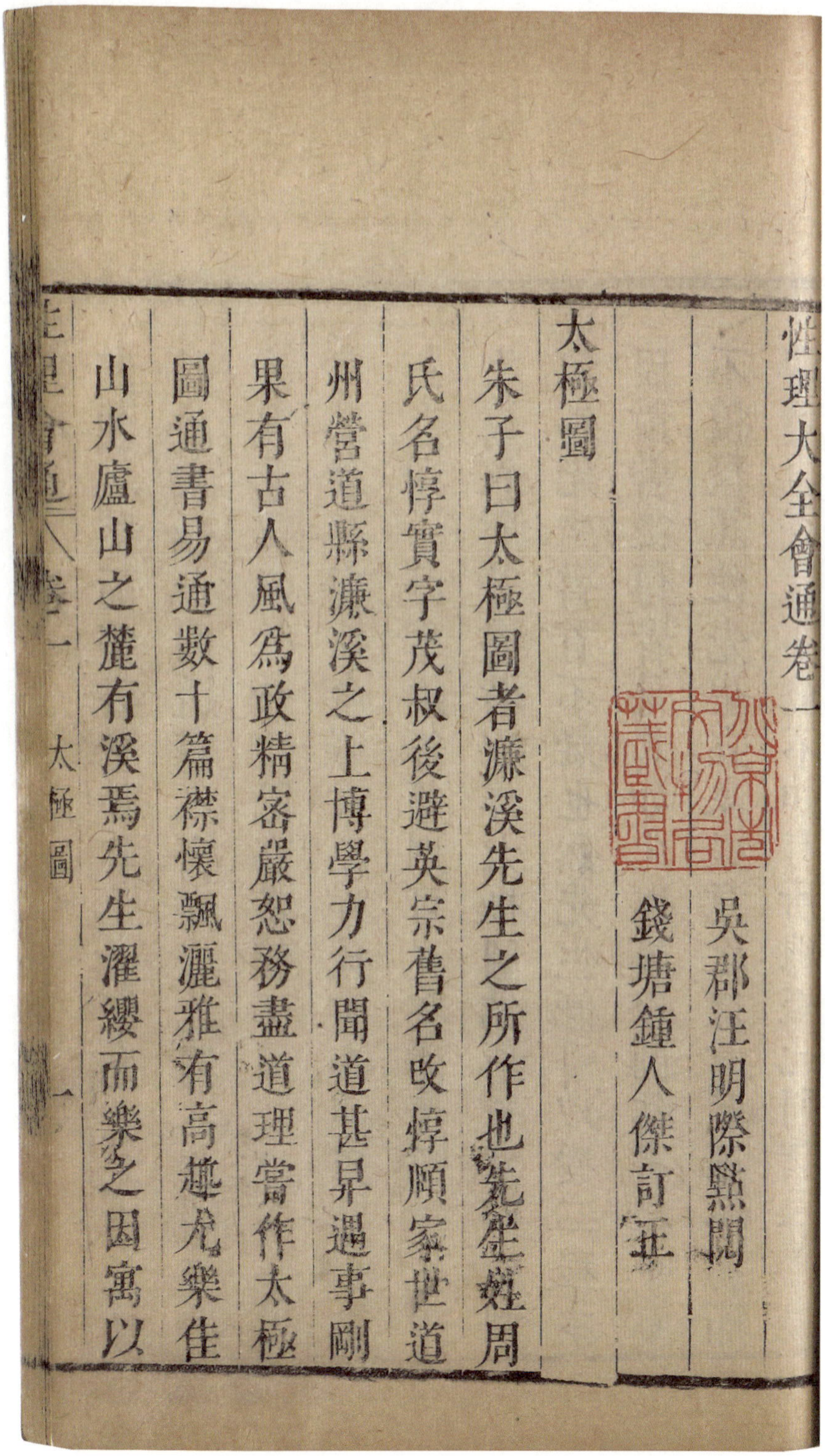
性理大全會通卷一
吳郡汪明際點閱
錢塘鍾人傑訂正
太極圖
朱子曰太極圖者濂溪先生之所作也先生姓周氏名惇實字茂叔後避英宗舊名改惇頤家世道州營道縣濂溪之上博學力行聞道甚早遇事剛果有古人風爲政精密嚴恕務盡道理嘗作太極圖通書易通數十篇襟懷飄灑雅有高趣尤樂佳山水廬山之麓有溪焉先生濯纓而樂之因寓以
性理會通 卷一 太極圖 一

性理大全會通七十卷續編四十二卷 （明）胡廣等纂 （明）汪明際點閱 （明）鍾人傑訂正 清康熙光裕堂刻本

框高 19.6 厘米，廣 14 厘米。半葉十行，行二十字，白口，四周單邊。40 册。

shan788

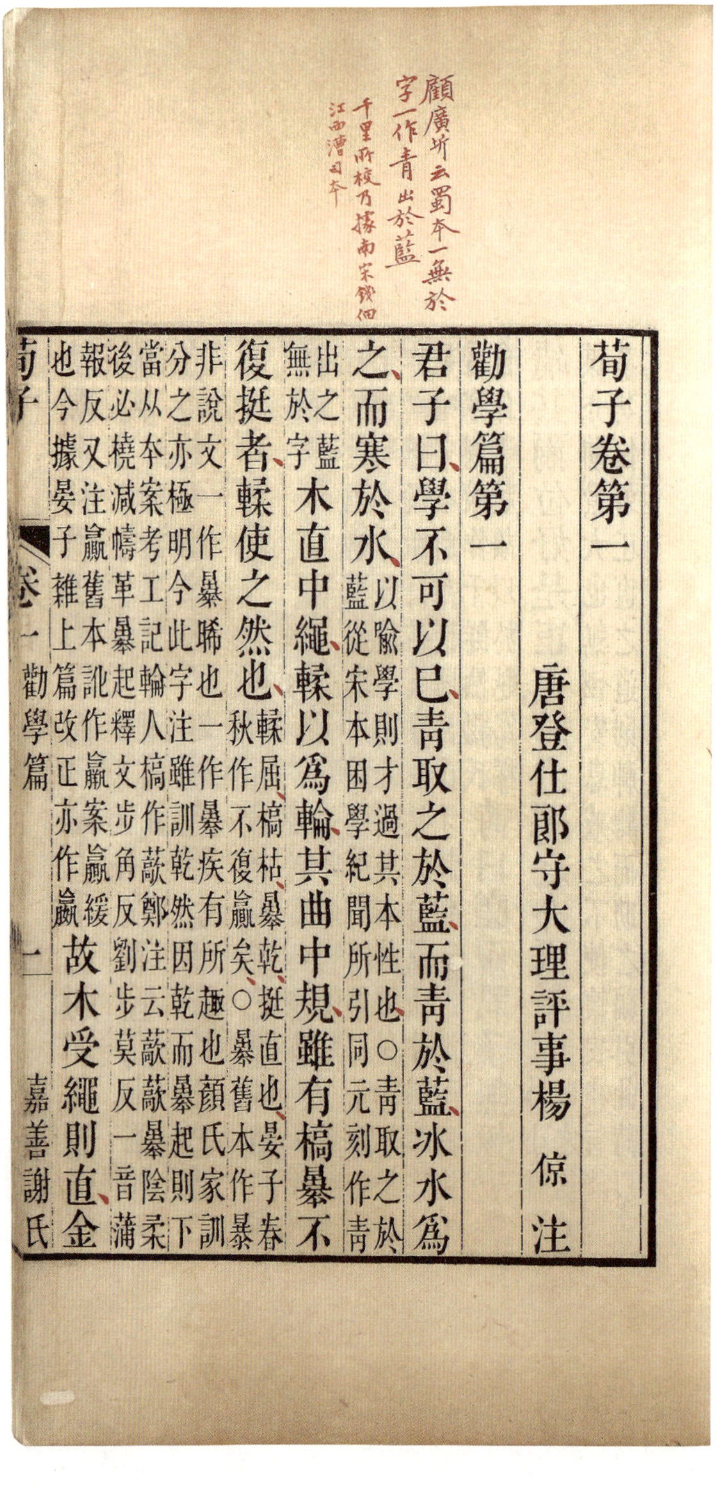

荀子二十卷　（唐）楊倞注　清乾隆五十一年（1786）嘉善謝氏刻本

框高 19.3 厘米，廣 13 厘米。半葉十行，行二十字，小字雙行同，白口，左右雙邊。4 册。鈐“蒼頭軒”白文印。

shan793

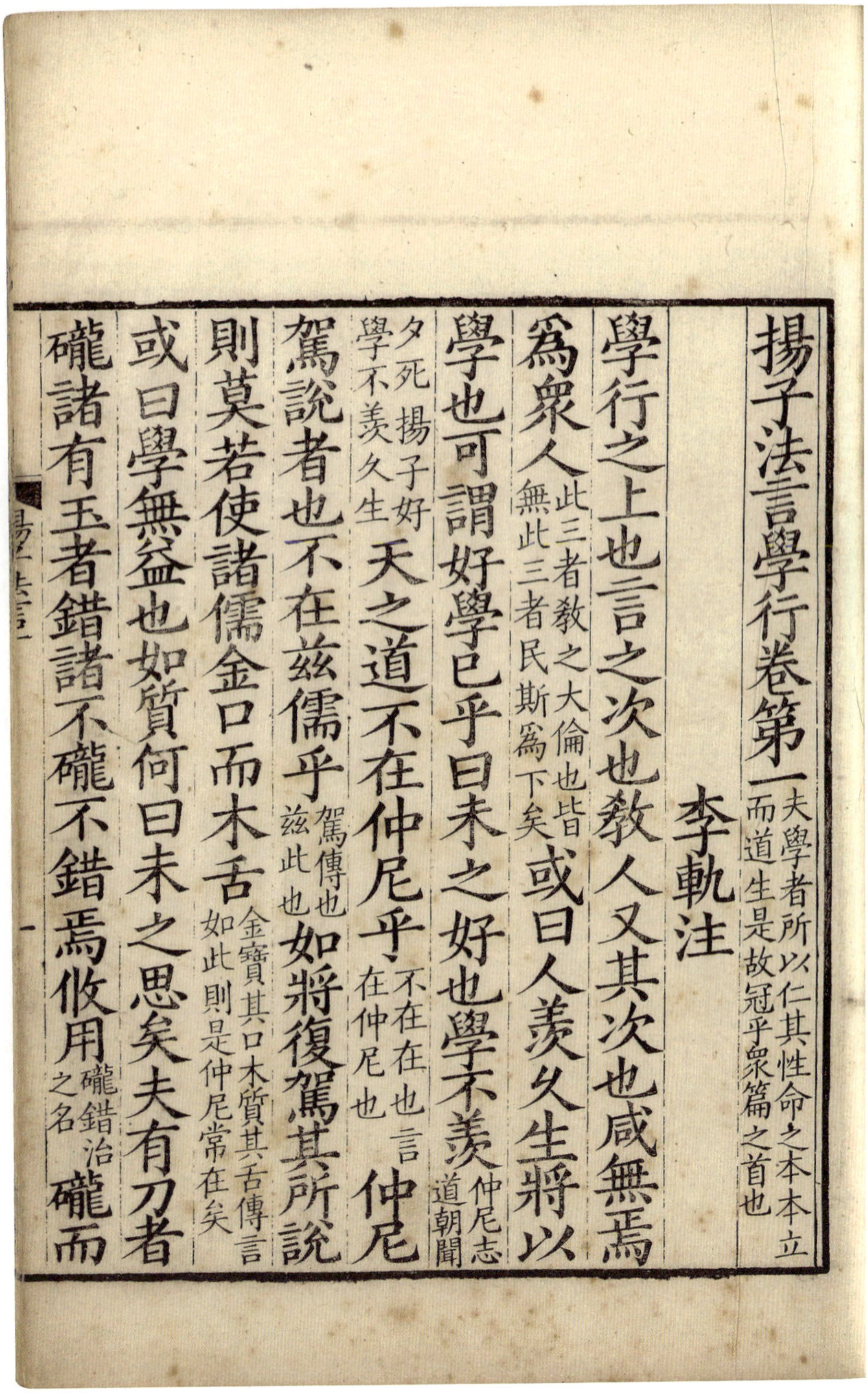
揚子法言學行卷第一夫學者所以仁其性命之本本立而道生是故冠乎衆篇之首也
李軌注
學行之上也言之次也教人又其次也咸無焉
爲衆人此三者教之大倫也皆無此三者民斯爲下矣或曰人羨久生將以
學也可謂好學已乎曰未之好也學不羨仲尼志道朝聞
夕死揚子好學不羨久生天之道不在仲尼乎不在在也言在仲尼也仲尼
駕說者也不在茲儒乎駕傳也茲此也如將復駕其所說
則莫若使諸儒金口而木舌金寶其口木質其舌傳言如此則是仲尼常在矣
或曰學無益也如質何曰未之思矣夫有刀者
礲諸有玉者錯諸不礲不錯焉攸用礲錯治之名礲而

揚子法言十三卷附音義十三卷　（漢）揚雄撰　（晋）李軌注　清嘉慶二十三年（1818）石研齋秦氏刻本

框高 22.2 厘米，廣 17.3 厘米。半葉十行，行十八字，小字雙行不等，白口，左右雙邊。2 册。鈐“蟫隱廬所得善本”朱文印。

shan816

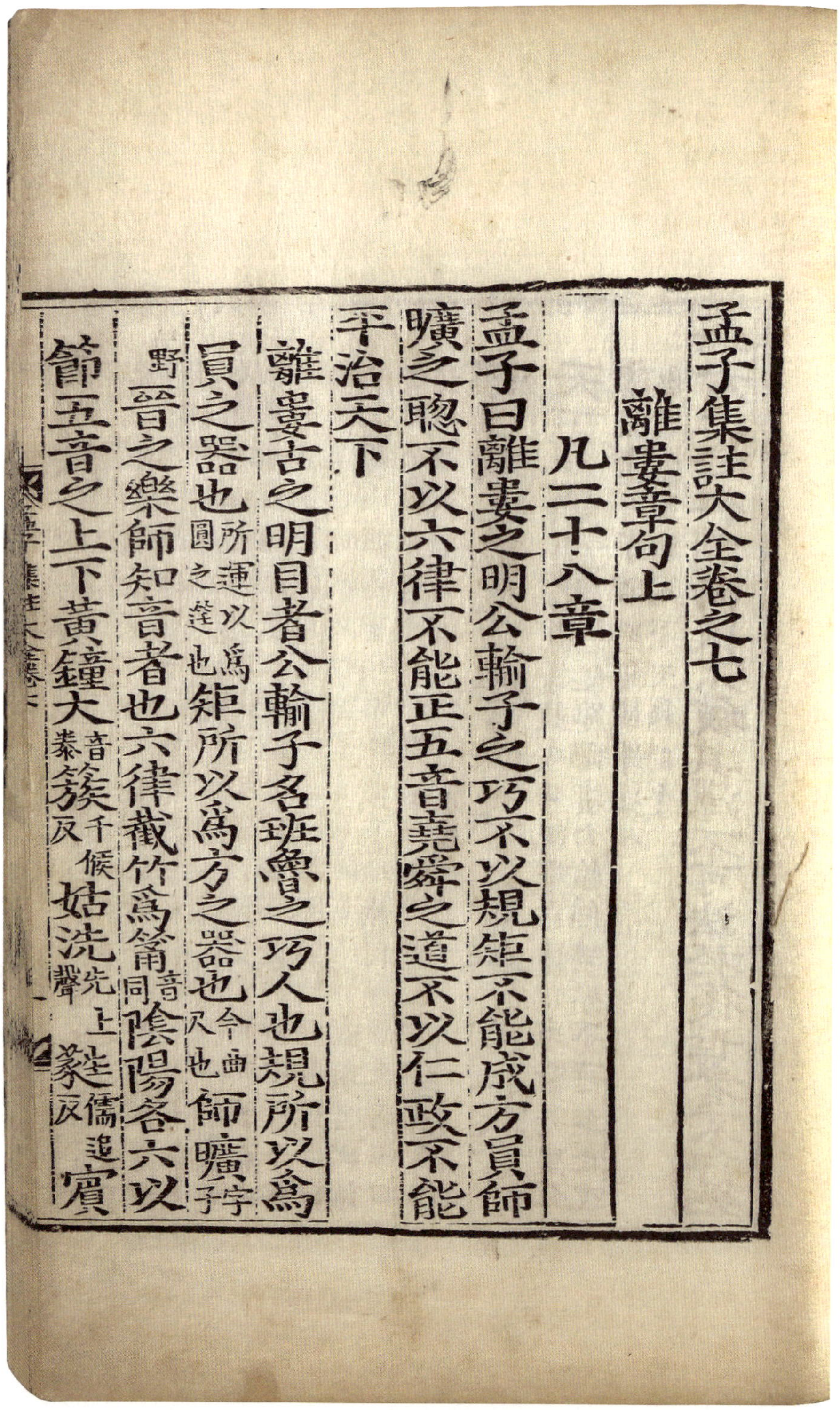
孟子集註大全卷之七
離婁章句上
凡二十八章
孟子曰離婁之明公輸子之巧不以規矩不能成方員師曠之聰不以六律不能正五音堯舜之道不以仁政不能平治天下
離婁古之明目者公輸子名班魯之巧人也規所以爲員之器也所運以爲圓之筵也矩所以爲方之器也今曲尺也師曠字子野晉之樂師知音者也六律截竹爲筩音同陰陽各六以節五音之上下黃鐘大音泰簇千候反姑洗先上聲蕤儒追反賓

孟子集註大全十四卷　（宋）朱熹集注　清朝鮮刻本

框高 23.7 厘米，廣 19 厘米。半葉十行，行二十二字，小字雙行同，白口，四周雙邊。4 册。存八卷（七至十四）。

shan828

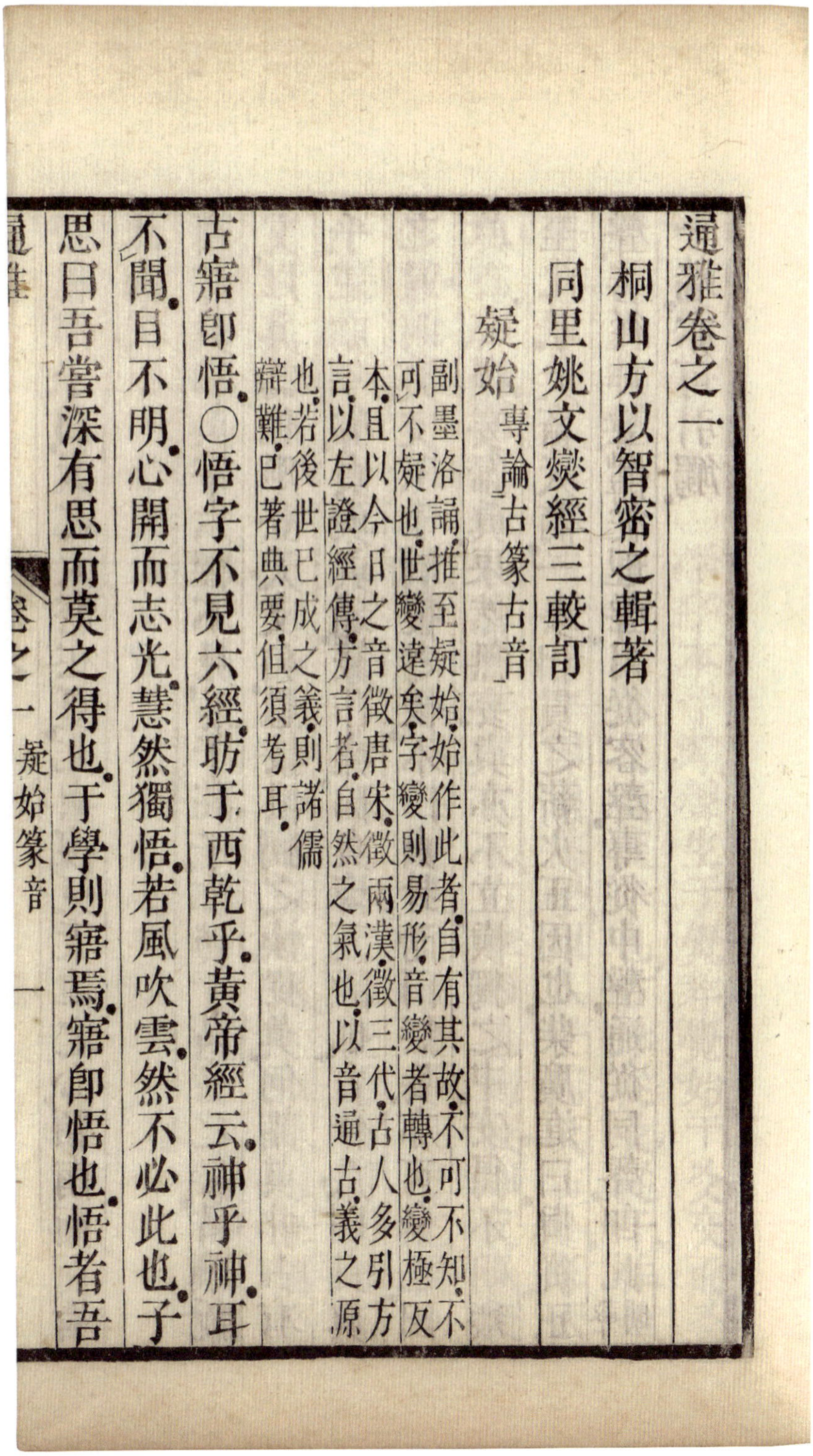
通雅卷之一
桐山方以智密之輯著
同里姚文燮經三較訂
疑始 專論古篆古音
副墨洛誦推至疑始始作此者自有其故不可不知不可不疑也世變遠矣字變則易形音變者轉也變極反本且以今日之音徵唐宋徵兩漢徵三代古人多引方言以左證經傳方言者自然之氣也以音通古義之原也若後世已成之義則諸儒辯難已著典要但須考耳
古䆿卽悟〇悟字不見六經昉于西乾乎黃帝經云神乎神耳不聞目不明心開而志光慧然獨悟若風吹雲然不必此也子思曰吾嘗深有思而莫之得也于學則䆿焉䆿卽悟也悟者吾
通雅 卷之一 疑始篆音 一

通雅五十二卷 （清）方以智輯著 清康熙立教館刻本

框高 20.8 厘米，廣 13.3 厘米。半葉十行，行二十四字，白口，四周單邊。28 册。

shan863

【道家類】

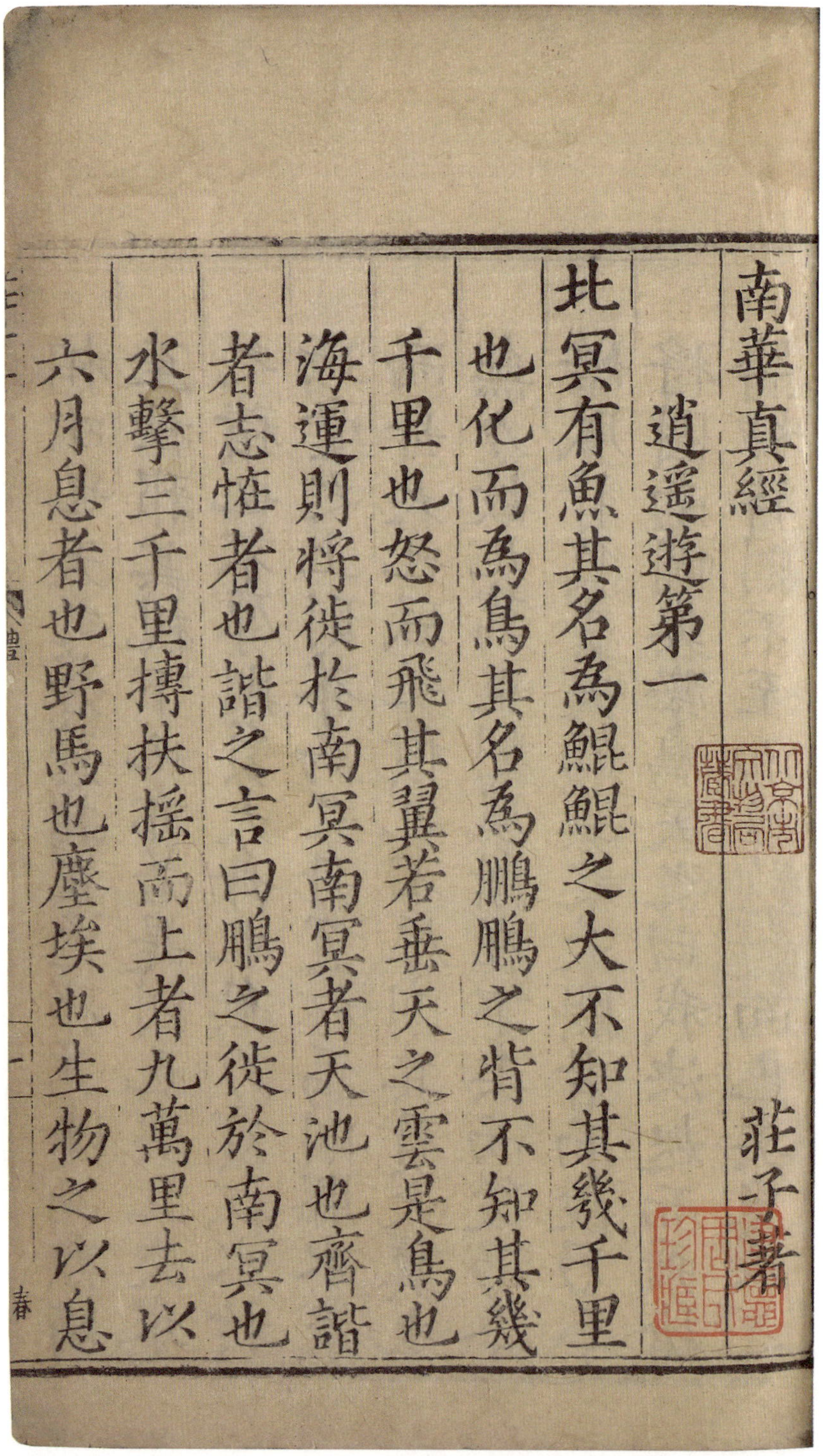

南華真經十卷　（戰國）莊子著　明萬曆九年（1581）慎德書院刻本

框高 19.5 厘米，廣 14 厘米。半葉九行，行十七字，白口，四周雙邊。2 册。鈐“建德周氏珍藏”朱文印。

二級 80k12

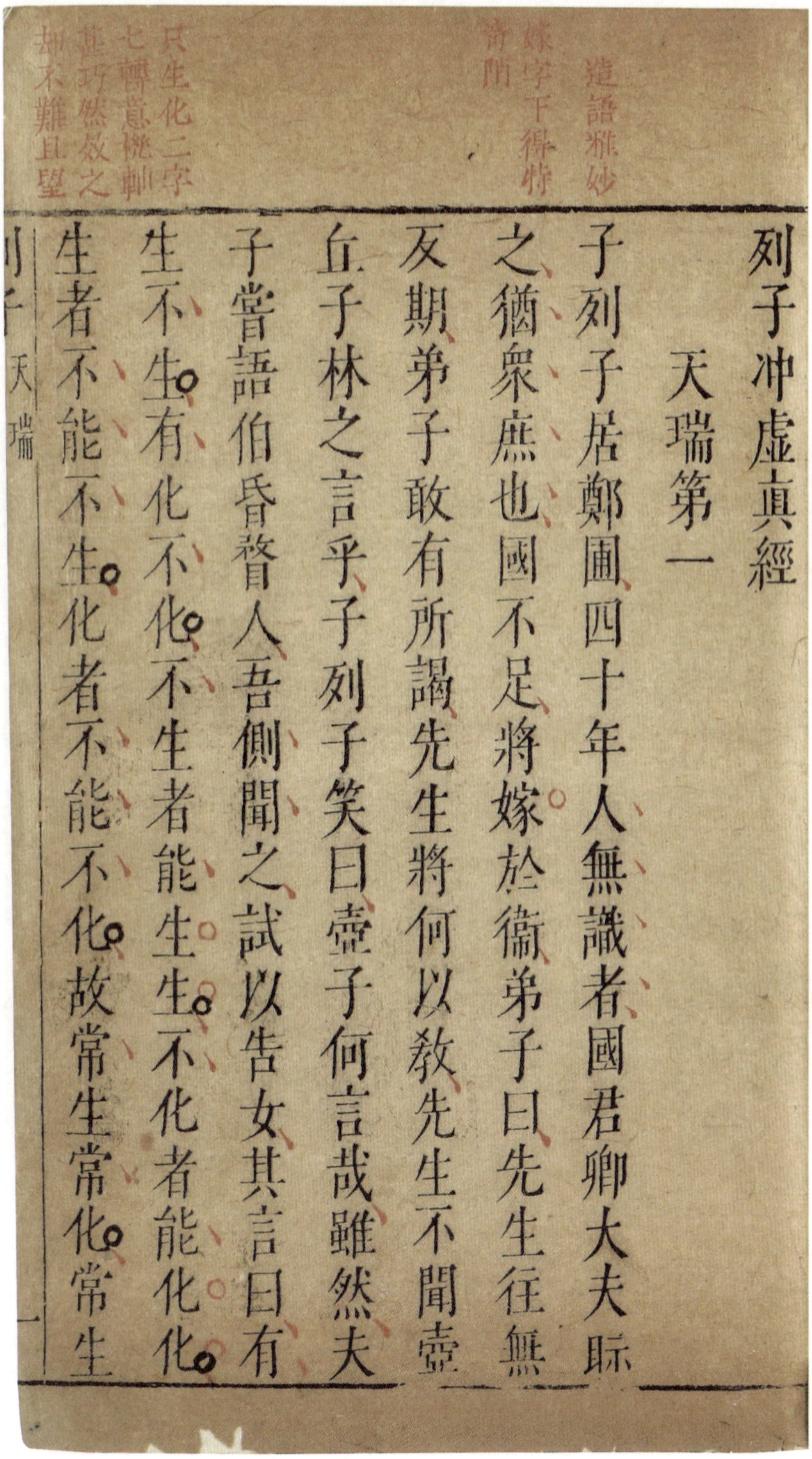

列子冲虛真經一卷附音義　明閔齊伋刻三子合刻朱墨印本

框高 21.4 厘米，廣 14.5 厘米。半葉九行，行十九字，白口，四周單邊，無格。2 册。

二級 186shan62

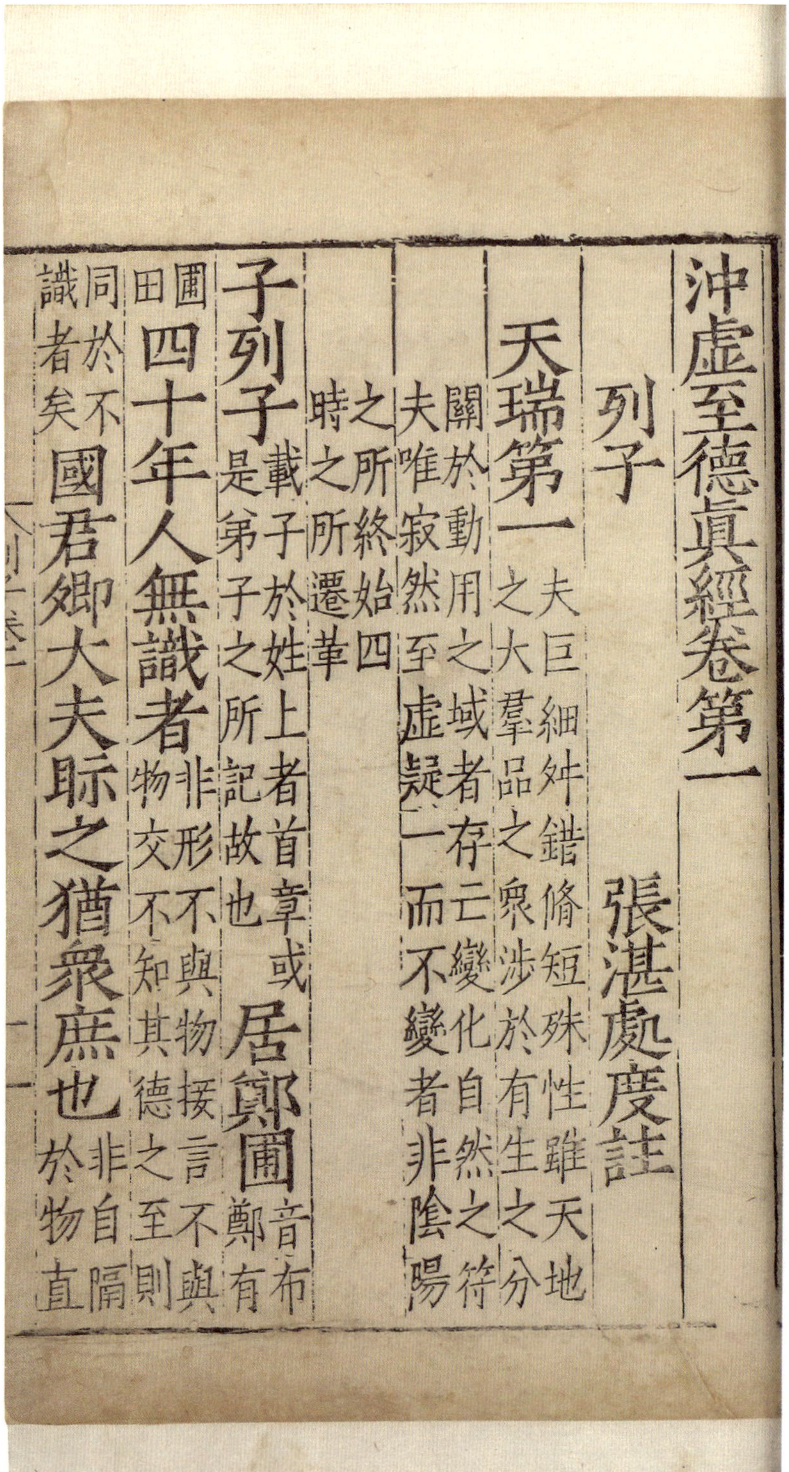

沖虛至德眞經卷第一
列子　張湛處度註
天瑞第一 夫巨細舛錯脩短殊性雖天地之大羣品之衆涉於有生之分關於動用之域者存亡變化自然之符夫唯寂然至虛凝一而不變者非陰陽之所終始四時之所遷革
子列子 載子於姓上者首章或是弟子之所記故也 居鄭圃 音布鄭有圃田 四十年人無識者 非形不與物接言不與物交不知其德之至則同於不識者矣 國君卿大夫眎之猶衆庶也 非自隔於物直

沖虛至德真經八卷　（晋）張湛註　明嘉靖十二年（1533）吴郡顧氏世德堂刻本

框高 20 厘米，廣 13.6 厘米。半葉八行，行十七字，小字雙行同，白口，左右雙邊。4 册。

二級 198shan83

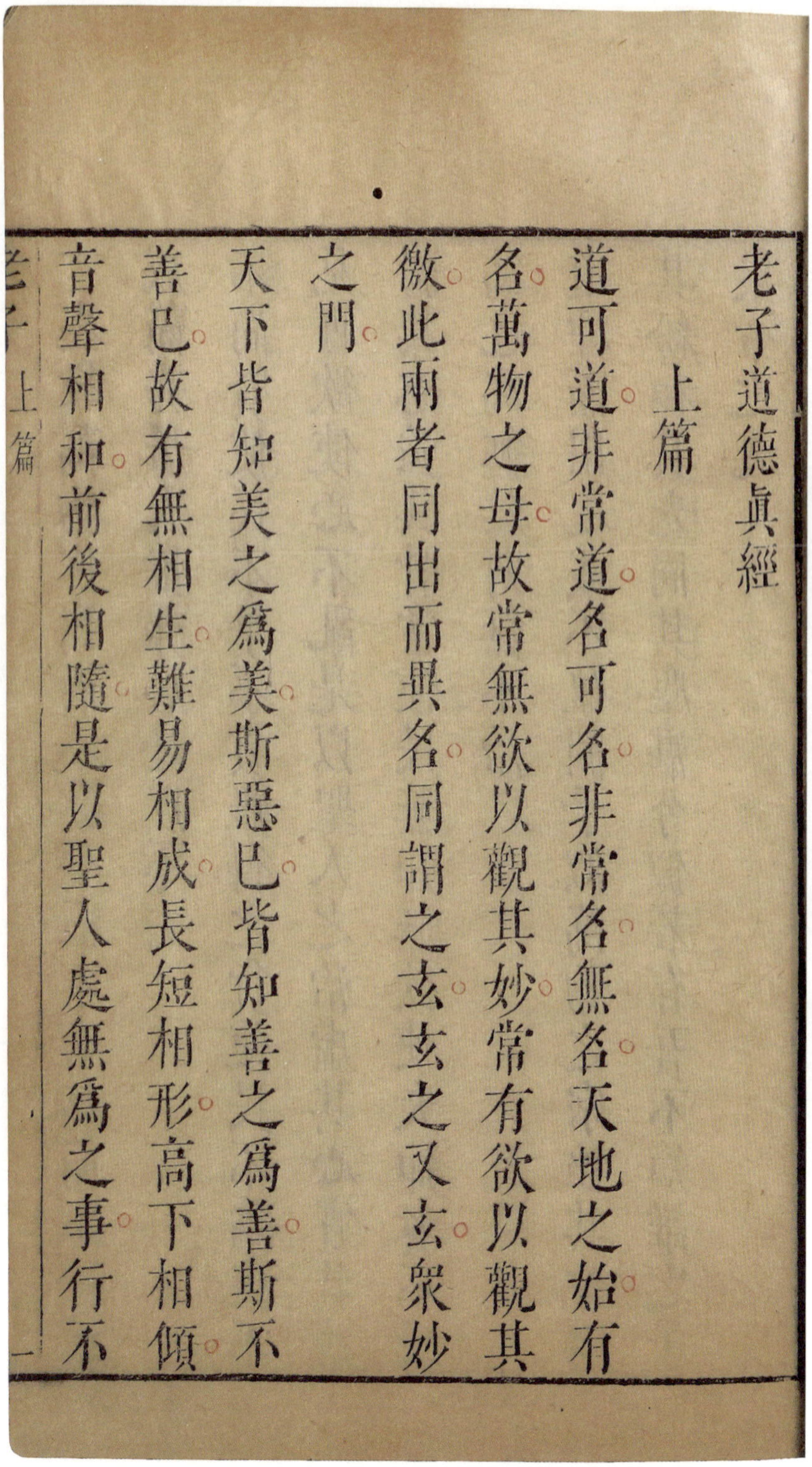
老子道德眞經
上篇
道可道非常道名可名非常名無名天地之始有
名萬物之母故常無欲以觀其妙常有欲以觀其
徼此兩者同出而異名同謂之玄玄之又玄衆妙
之門
天下皆知美之爲美斯惡已皆知善之爲善斯不
善已故有無相生難易相成長短相形高下相傾
音聲相和前後相隨是以聖人處無爲之事行不
老子　上篇　一

老子道德真經二卷列子沖虛真經一卷　明閔齊伋刻朱墨印本

框高21.5厘米，廣14.4厘米。半葉九行，行十九字，白口，四周單邊，無格。1册。鈐“虎文”朱文印、“虎文藏書”白文印、“閔齊伋印”白文印、“遇五氏”朱文印等。

二級 201shan90

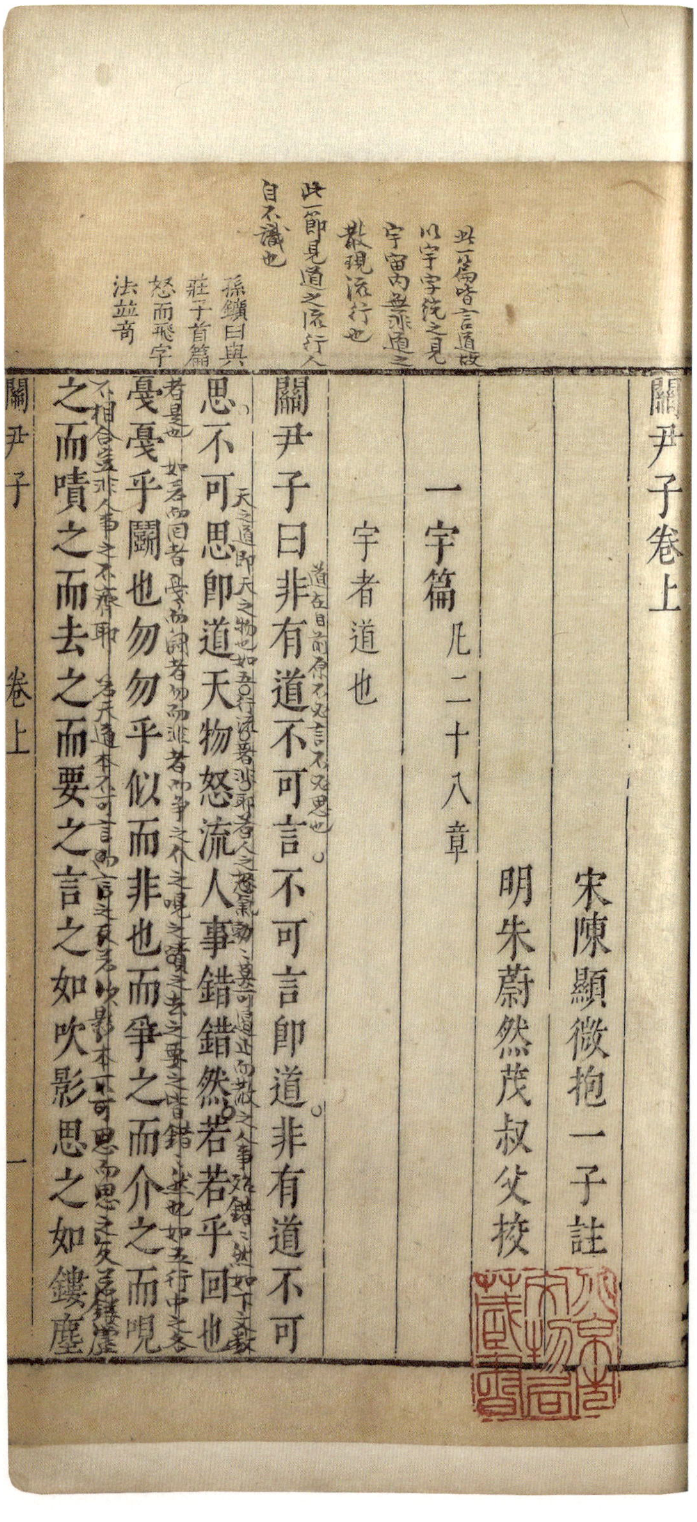
關尹子卷上
宋陳顯微抱一子註
明朱蔚然茂叔父校
一宇篇 凡二十八章
宇者道也
關尹子曰非有道不可言不可言卽道非有道不可
思不可思卽道天物怒流人事錯錯然若若乎回也
戞戞乎闕也勿勿乎似而非也而爭之而介之而哯
之而嘖之而去之而要之言之如吹影思之如鏤塵
關尹子 卷上 一

關尹子二卷 （宋）陳顯微註 明刻本

框高 18.9 厘米，廣 13.7 厘米。半葉九行，行二十字，白口，四周單邊。4 册。

二級 222shan141

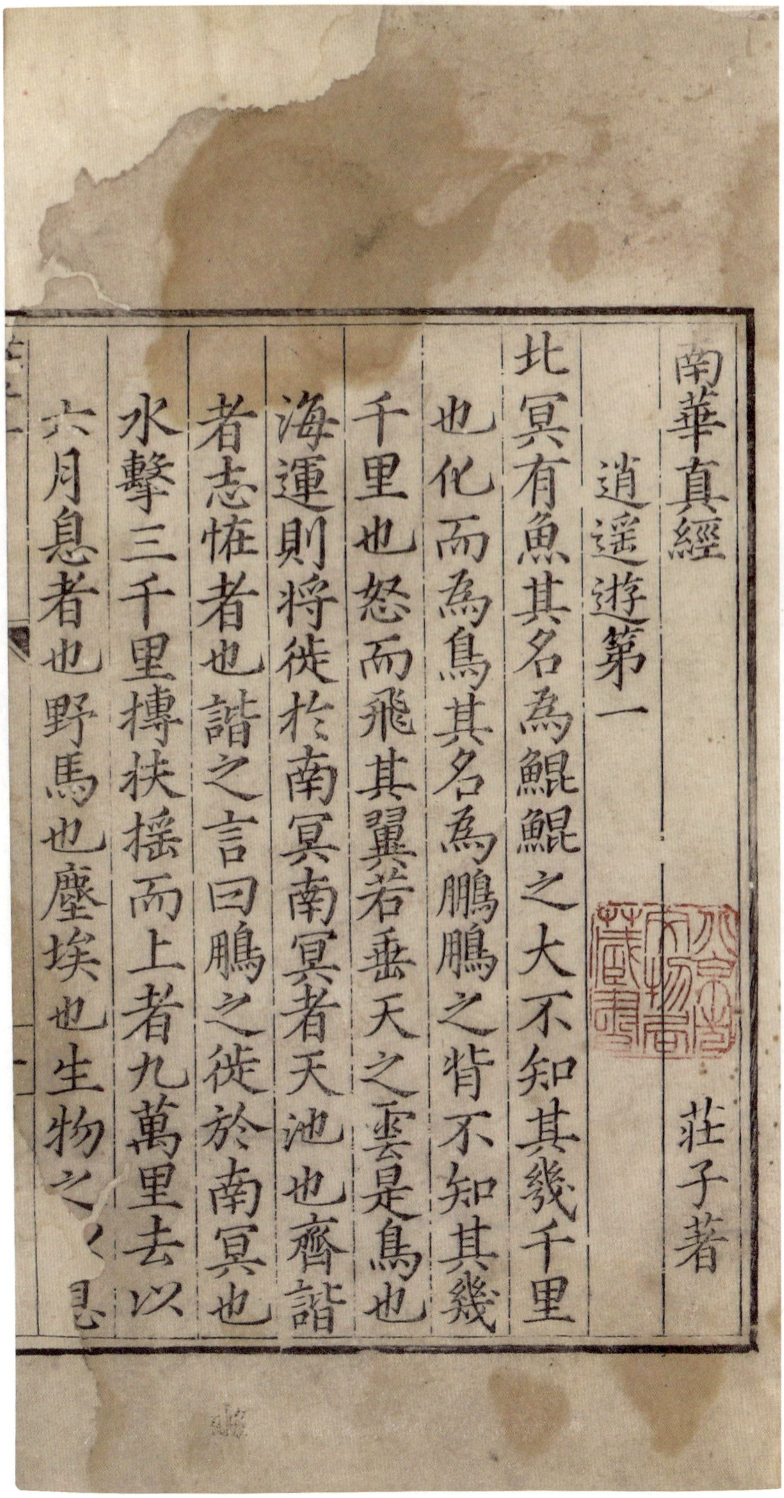
南華真經　　莊子著
逍遥遊第一
北冥有魚其名為鯤鯤之大不知其幾千里
也化而為鳥其名為鵬鵬之背不知其幾
千里也怒而飛其翼若垂天之雲是鳥也
海運則将徙於南冥南冥者天池也齊諧
者志恠者也諧之言曰鵬之徙於南冥也
水擊三千里摶扶揺而上者九萬里去以
六月息者也野馬也塵埃也生物之以息

南華真經十卷　（戰國）莊子著　明刻本

框高 21.1 厘米，廣 14.8 厘米。半葉九行，行十七字，白口，四周雙邊。4 册。存六卷（一至六）。

二級 245shan393

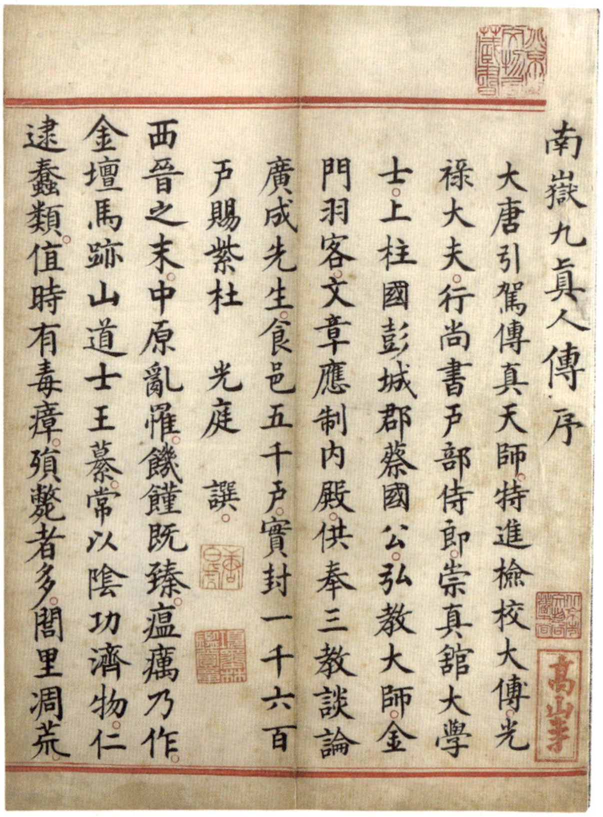
南嶽九真人傳序
大唐引駕傳真天師特進檢校大傅光
祿大夫行尚書戶部侍郎崇真館大學
士上柱國彭城郡蔡國公弘教大師全
門羽客文章應制內殿供奉三教談論
廣成先生食邑五千戶實封一千六百
戶賜紫杜　光庭　譔
西晉之末中原亂罹鐵鑪既臻瘟癘乃作
金壇馬跡山道士王纂常以陰功濟物仁
逮蠢類值時有毒瘴殞斃者多閭里凋荒

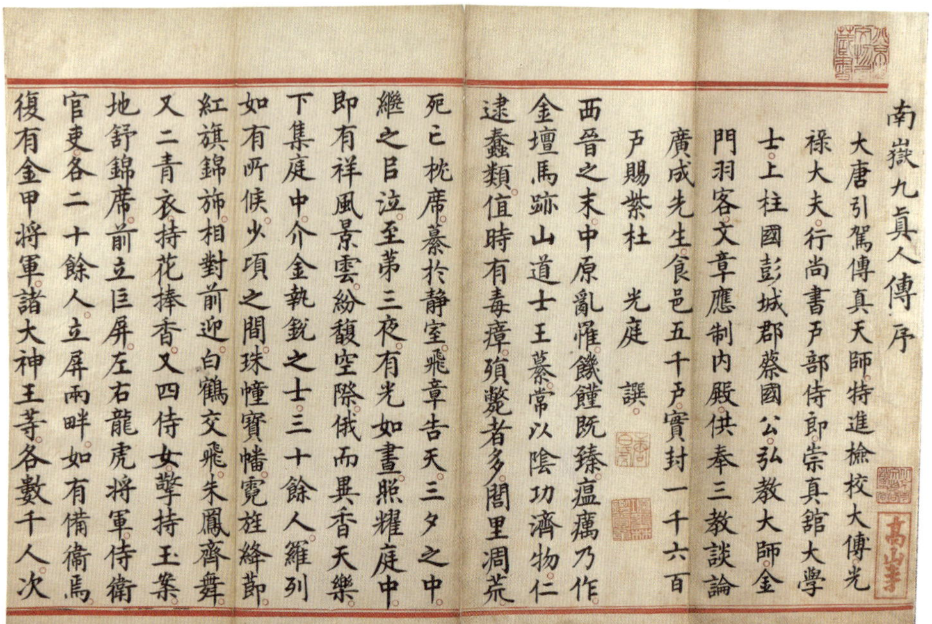
南嶽九真人傳序
大唐引駕傳真天師特進檢校大傅光
祿大夫行尚書戶部侍郎崇真館大學
士上柱國彭城郡蔡國公弘教大師全
門羽客文章應制內殿供奉三教談論
廣成先生食邑五千戶實封一千六百
戶賜紫杜　光庭　譔
西晉之末中原亂罹鐵鑪既臻瘟癘乃作
金壇馬跡山道士王纂常以陰功濟物仁
逮蠢類值時有毒瘴殞斃者多閭里凋荒
死亡枕席纂於靜室飛章告天三夕之中
繼之以泣至第三夜有光如晝照耀庭中
即有祥風景雲紛馥空際俄而異香天樂
下集庭中介金執鋭之士三十餘人羅列
如有所候少頃之間珠幢寶幡霓旌絳節
紅旗錦旆相對前迎白鶴交飛朱鳳齊舞
又二青衣持花捧香又四侍女輩持玉案
地舒錦席前立巨屏左右龍虎將軍侍衛
官吏各二十餘人立屏兩畔如有備衛焉
復有金甲將軍諸大神王等各數千人次

南嶽九真人傳一卷　（宋）廖侁撰　明初刻本

框高 29.2 厘米，廣 12.9 厘米。半葉十行，行十七字，粗黑口，四周雙邊。1 册。鈐“高山寺”朱文印、“唐伯虎”朱文印等。經折裝。

二級 267shan522

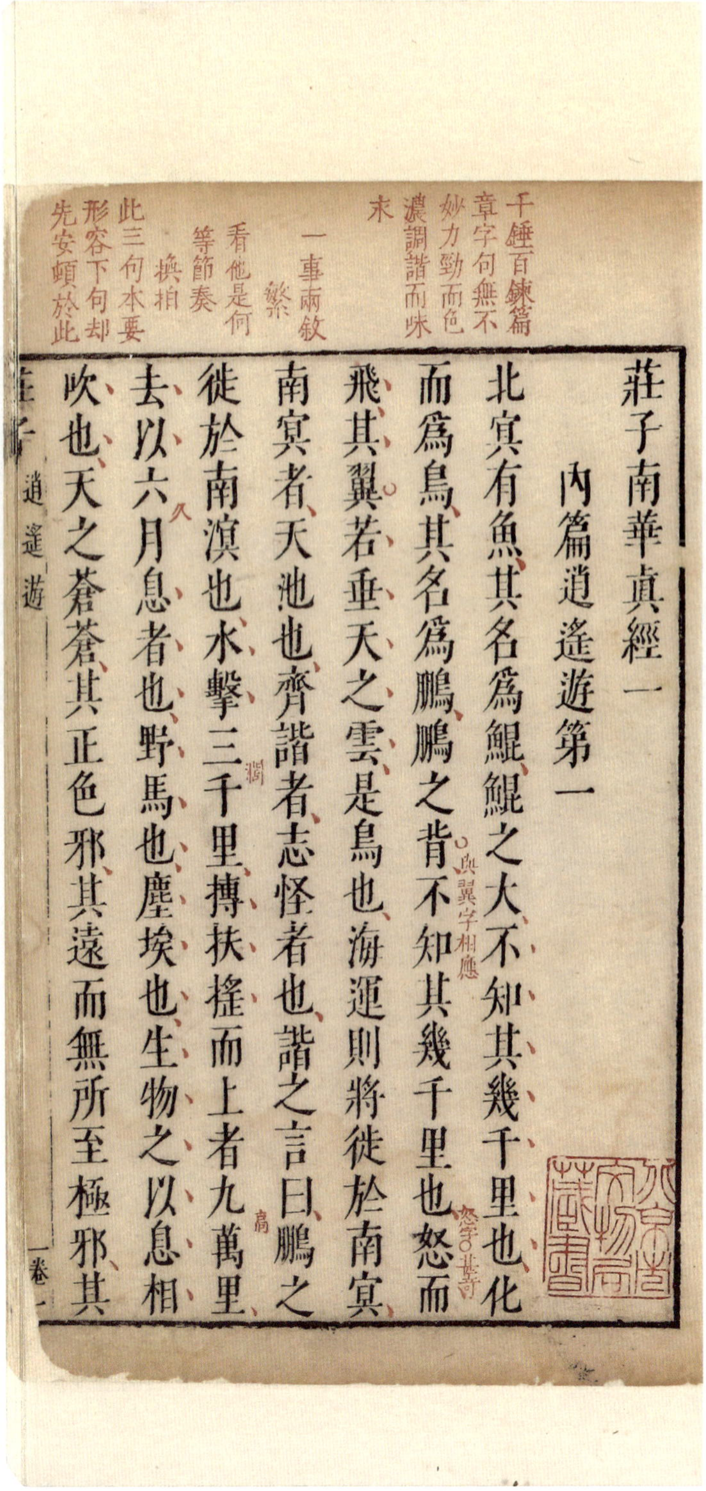

莊子南華真經四卷附音義　（戰國）莊子撰　明閔齊伋刻三子合刻朱墨印本

框高 21.6 厘米，廣 14.5 厘米。半葉九行，行十九字，白口，四周單邊，無格。5 册。

二級 297shan796

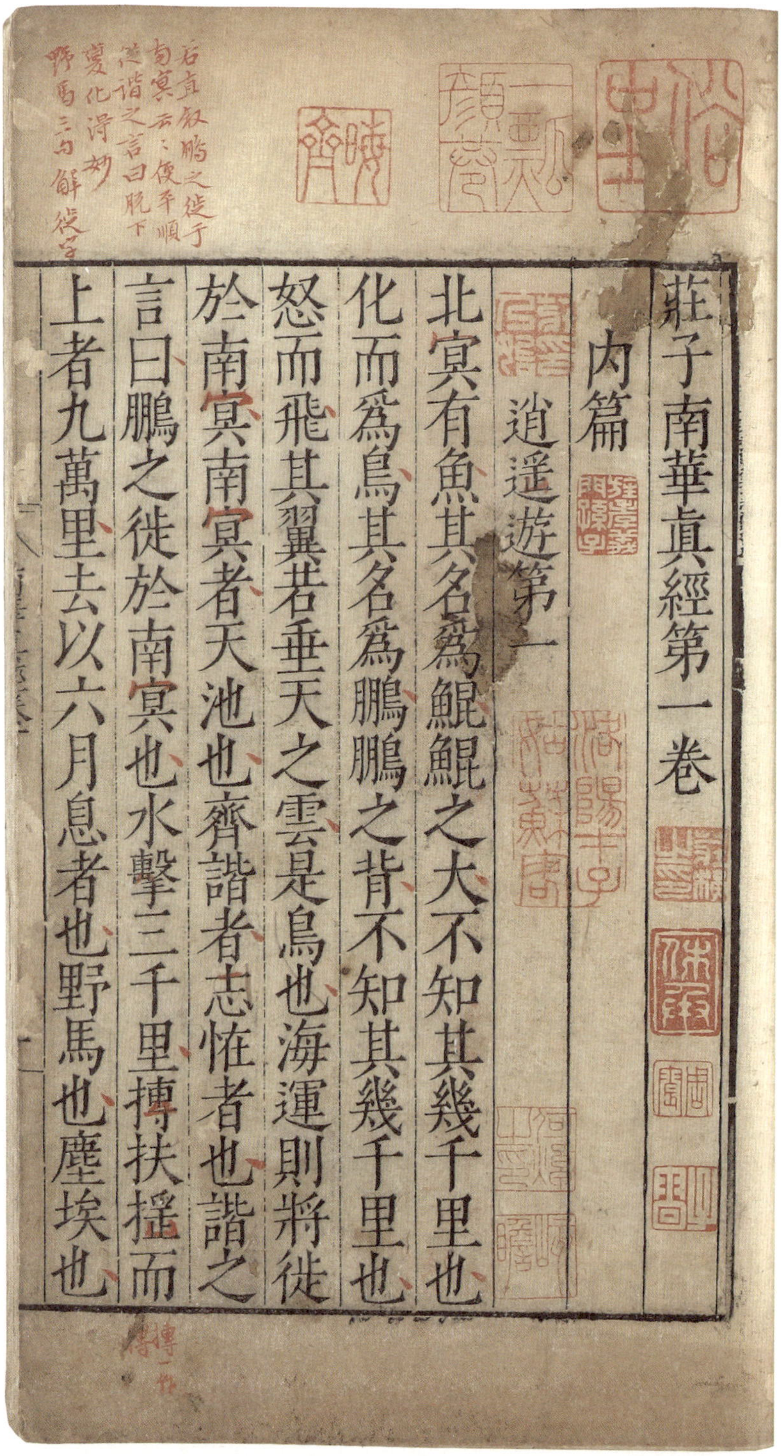

莊子南華真經十卷　（戰國）莊子撰　明刻本

框高 21 厘米，廣 14 厘米。半葉九行，行十八字，白口，左右雙邊。6 册。鈐“一瓢顔巷”朱文印、“周震”朱文印、“休承”白文印、“曉齋”朱文印、“何焯之印”朱文印、“鮑氏家藏”白文印等。

二級 300shan817

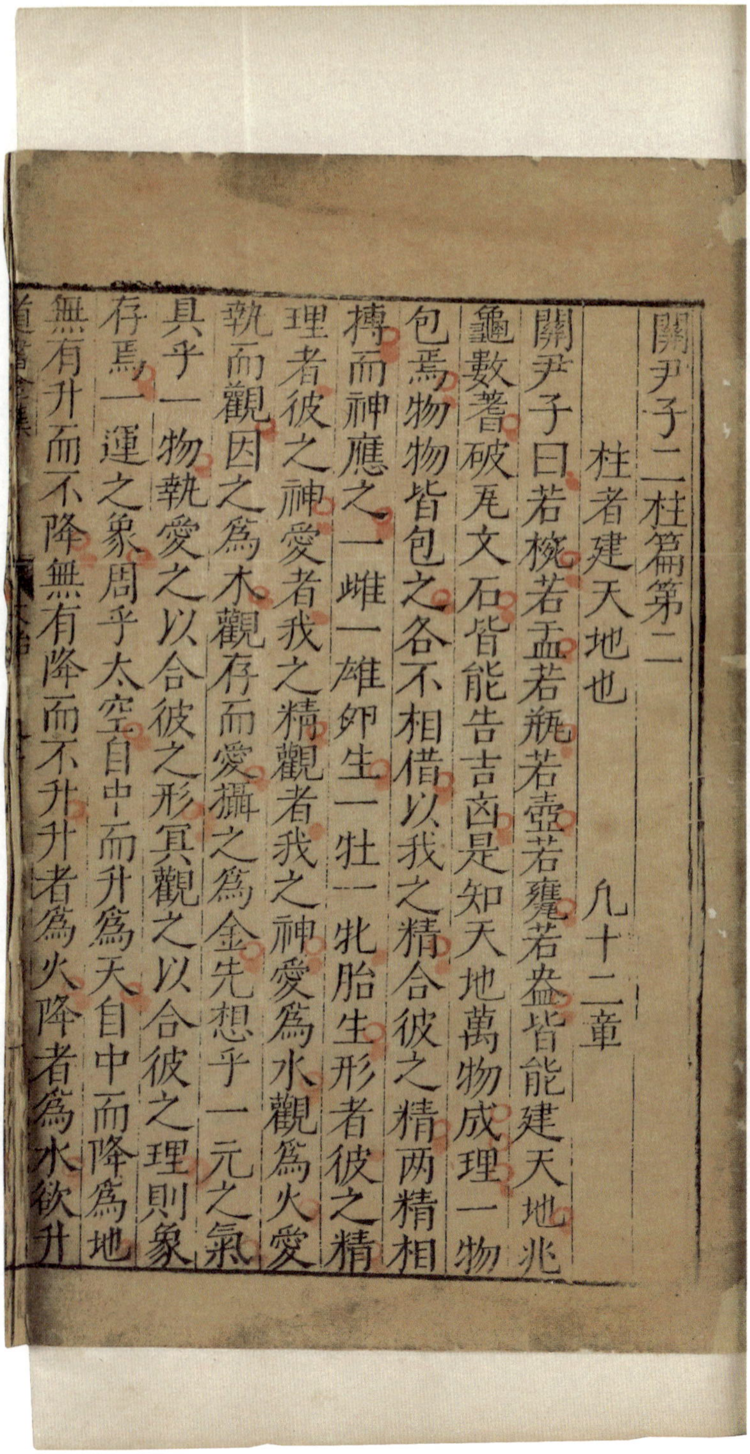
關尹子二柱篇第二
柱者建天地也　　凡十二章
關尹子曰若椀若盂若瓶若壺若甕若盎皆能建天地兆
龜數蓍破瓦文石皆能告吉凶是知天地萬物成理一物
包焉物物皆包之各不相借以我之精合彼之精兩精相
搏而神應之一雌一雄卵生一牡一牝胎生形者彼之精
理者彼之神愛者我之精觀者我之神愛爲水觀爲火愛
執而觀因之爲木觀存而愛攝之爲金先想乎一元之氣
具乎一物執愛之以合彼之形冥觀之以合彼之理則象
存焉一運之象周乎太空自中而升爲天自中而降爲地
無有升而不降無有降而不升升者爲火降者爲水欲升

新刊道書全集文始真經言外經旨二卷　（宋）陳顯微撰　明萬曆刻本

框高 20.2 厘米，廣 14.5 厘米。半葉十一行，行二十二字，白口，左右雙邊。2 册。鈐“優翁”白文印、“楊氏海源閣藏”白文印等。

三級 105shan114

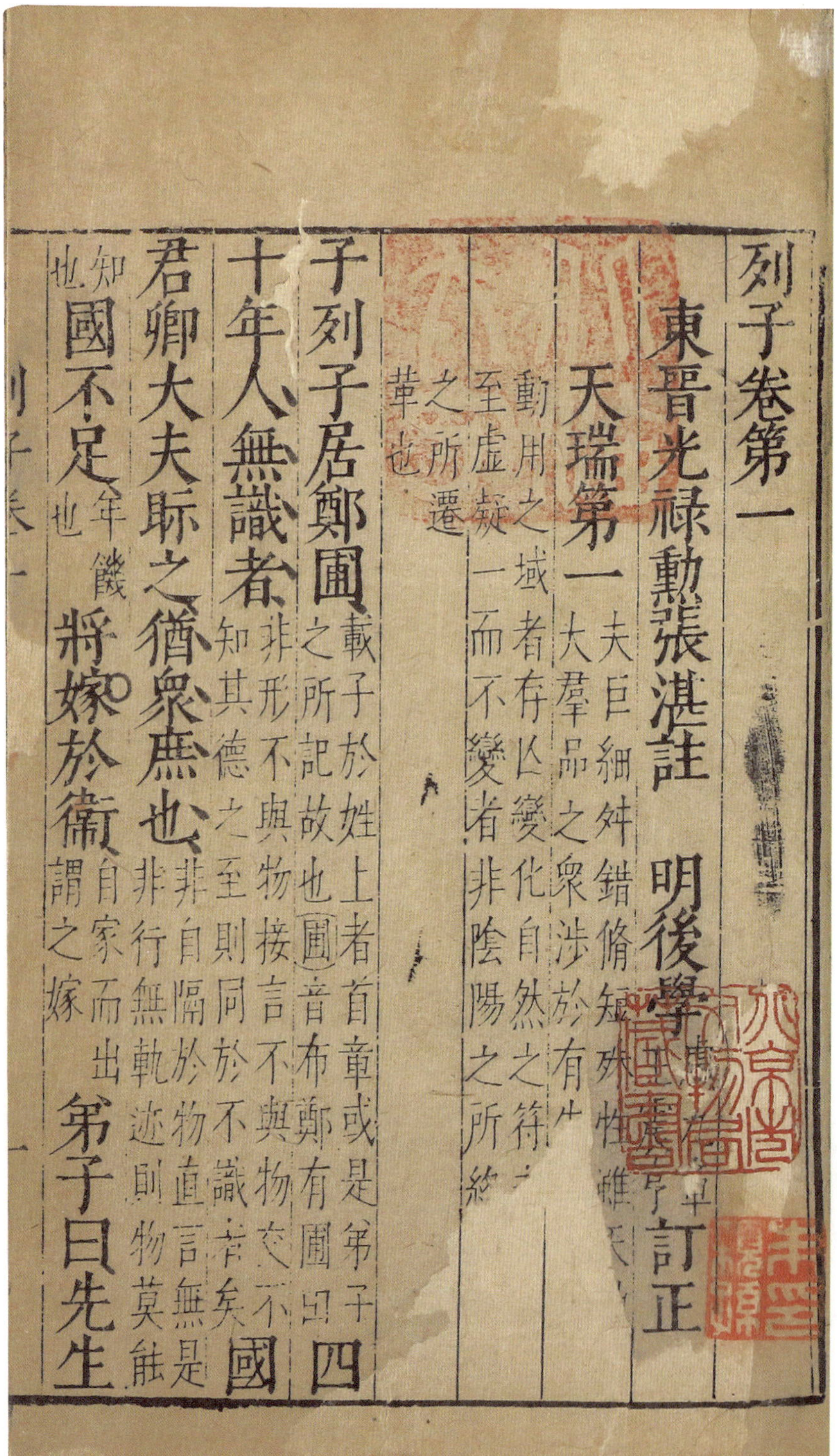
列子卷第一
東晋光祿勳張湛註　明後學　　訂正
天瑞第一　夫巨細舛錯脩短殊性雖　大羣品之衆涉於有生　動用之域者存亡變化自然之符　至虛凝一而不變者非陰陽之所終　之所遷　華也
子列子居鄭圃　載子於姓上者首章或是弟子　之所記故也圃音布鄭有圃田　四
十年人無識者　非形不與物接言不與物交不　知其德之至則同於不識者矣　國
君卿大夫眎之猶衆庶也　非自隔於物直言無是　非行無軌迹則物莫能
知也　國不足　年饑也　將嫁於衞　自家而出謂之嫁　弟子曰先生

列子八卷　（晋）張湛註　（明）虞九章　（明）王震亨訂正　明刻本

框高 19.8 厘米，廣 14 厘米。半葉九行，行十九字，小子雙行同，白口，左右雙邊。4 册。鈐“北海太守”白文印。

三級 106shan147

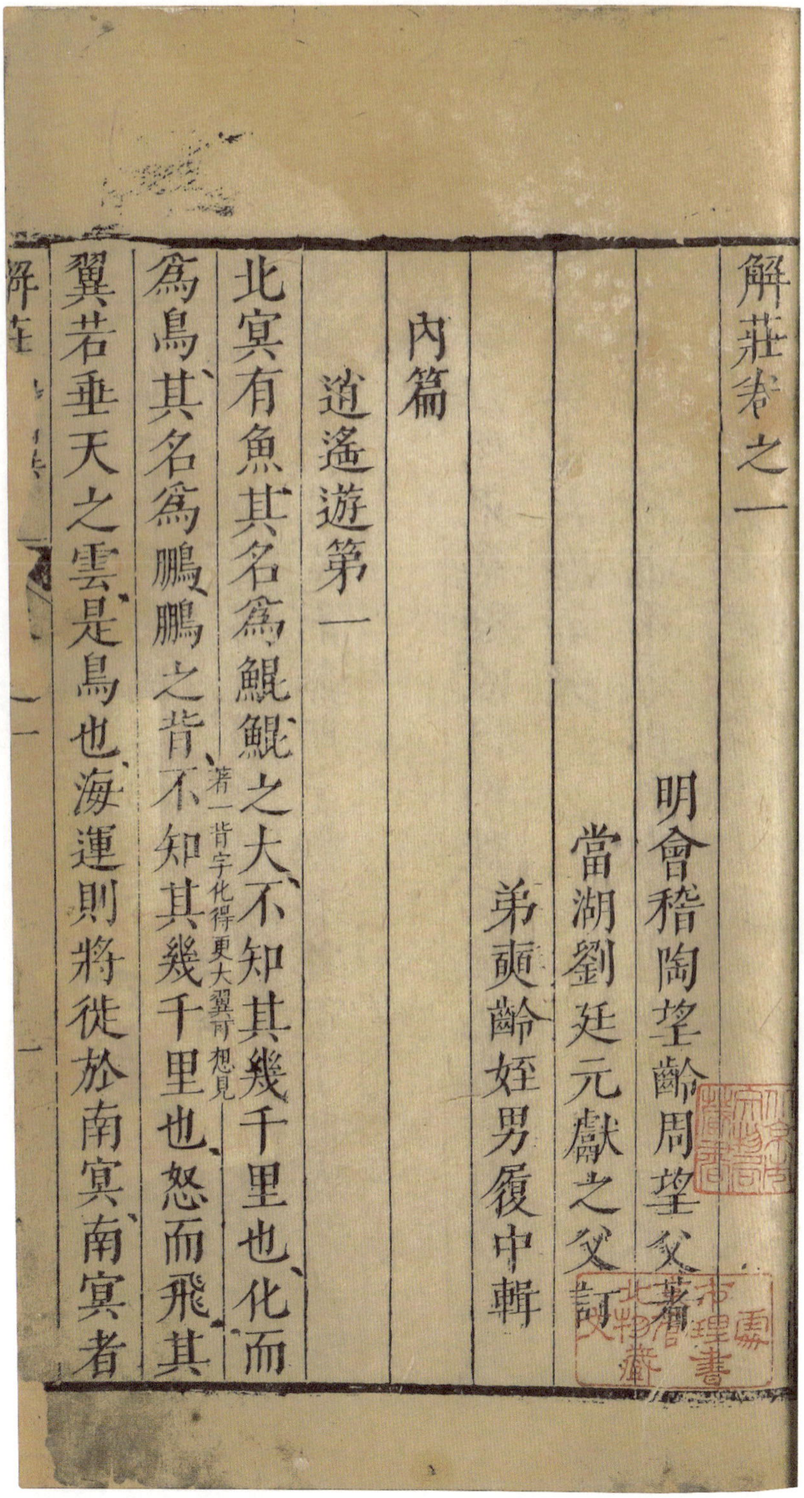
解莊卷之一
明會稽陶望齡周望父著
當湖劉廷元獻之父訂
弟奭齡姪男履中輯
内篇
逍遙遊第一
北冥有魚其名爲鯤鯤之大不知其幾千里也化而爲鳥其名爲鵬鵬之背著一背字化得更大翼可想見不知其幾千里也怒而飛其翼若垂天之雲是鳥也海運則將徙於南冥南冥者

解莊五卷　（明）陶望齡著　明刻本

框高 20.6 厘米，廣 14.8 厘米。半葉九行，行二十字，白口，左右雙邊。5 册。

三級 107shan154

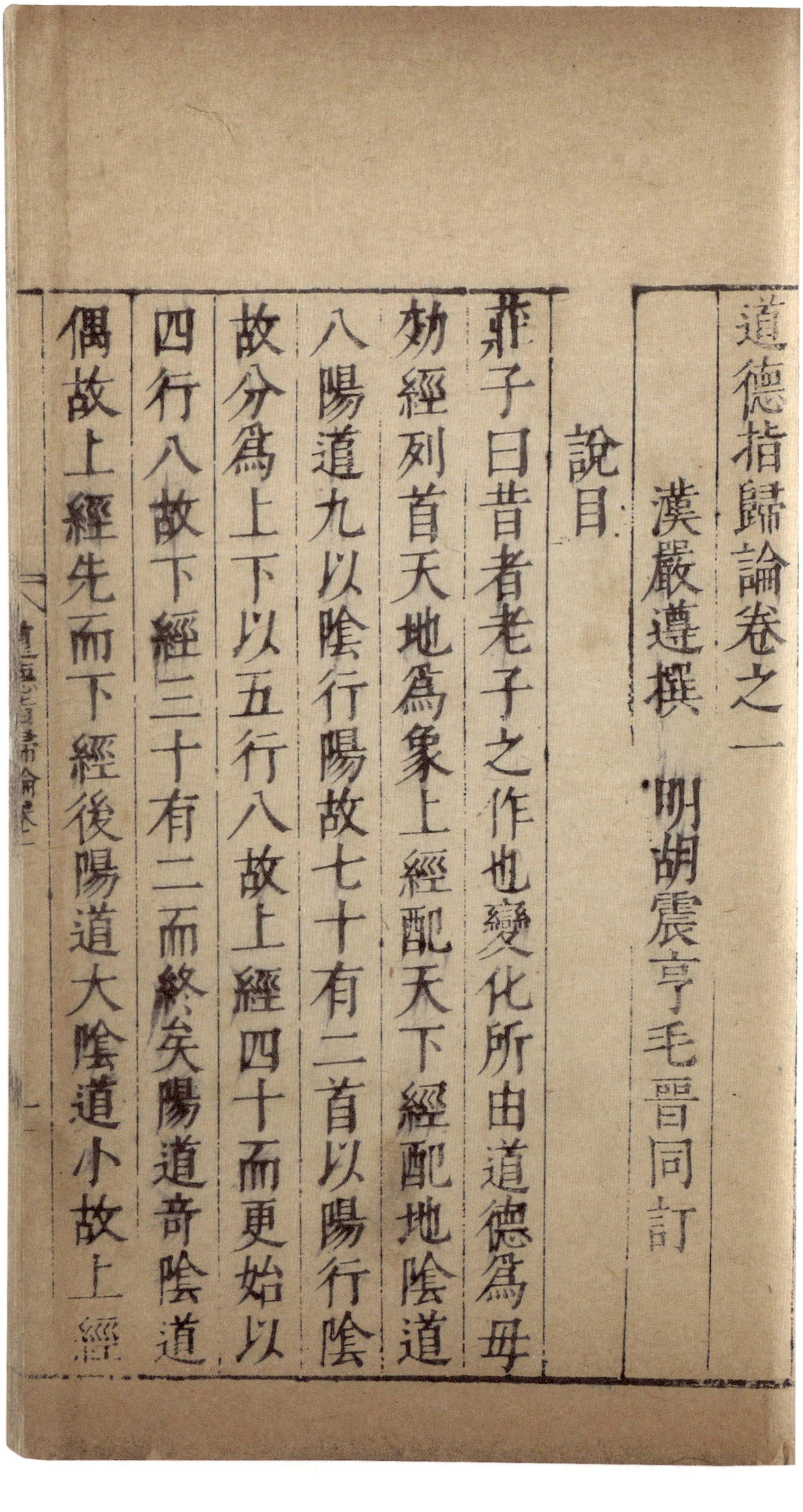
道德指歸論卷之一
漢嚴遵撰　明胡震亨毛晉同訂
說目
莊子曰昔者老子之作也變化所由道德爲母
効經列首天地爲象上經配天下經配地陰道
八陽道九以陰行陽故七十有二首以陽行陰
故分爲上下以五行八故上經四十而更始以
四行八故下經三十有二而終矣陽道奇陰道
偶故上經先而下經後陽道大陰道小故上經
道德指歸論卷一　一

道德指歸論六卷　（漢）嚴遵撰　（明）胡震亨　（明）毛晉訂　明末汲古閣刻津逮秘書本

框高 18.8 厘米，廣 14 厘米。半葉九行，行十八字，白口，左右雙邊。4 册。

三級 154shan594

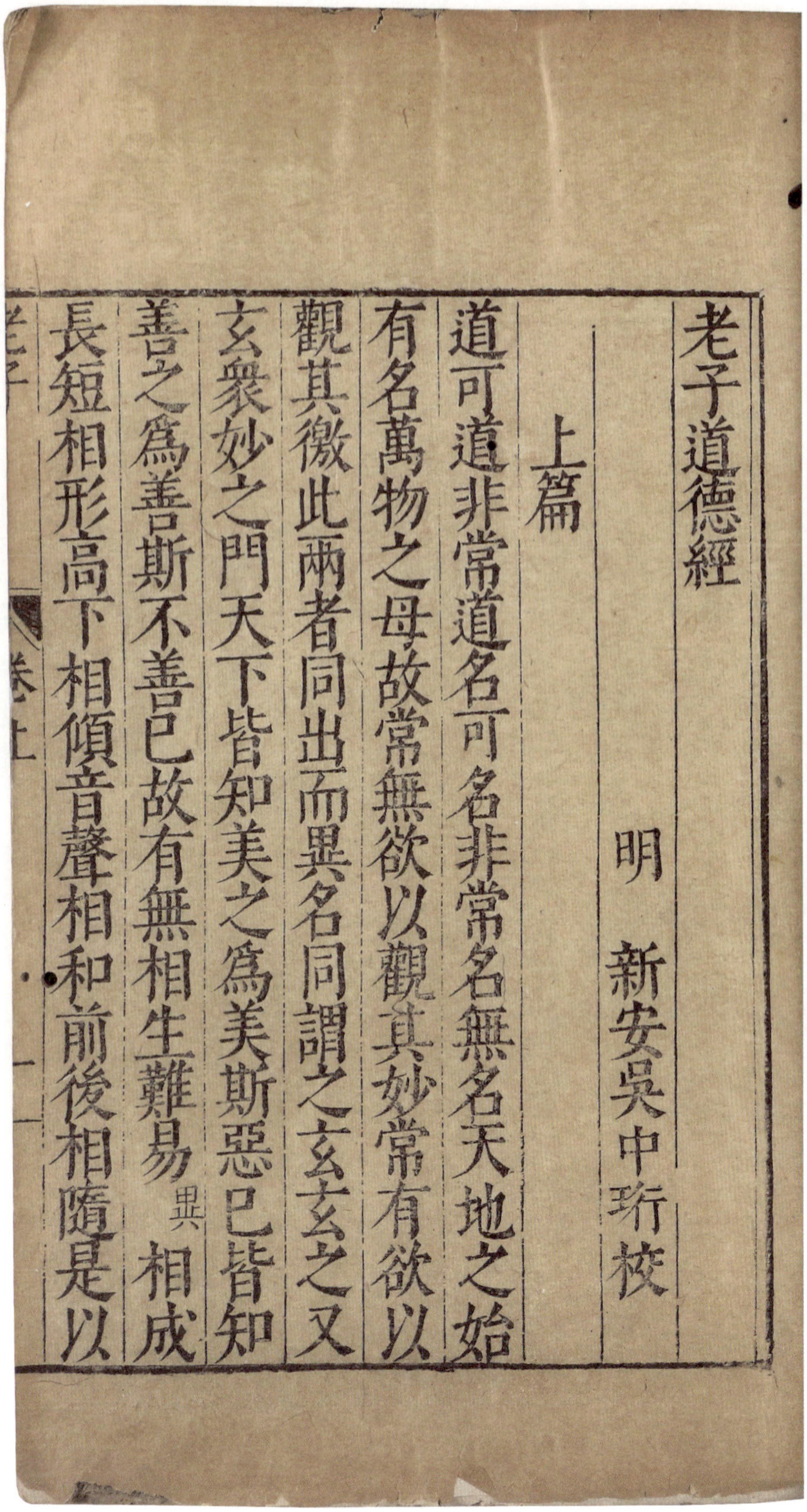
老子道德經
明　新安吴中珩校
上篇
道可道非常道名可名非常名無名天地之始
有名萬物之母故常無欲以觀其妙常有欲以
觀其徼此兩者同出而異名同謂之玄玄之又
玄衆妙之門天下皆知美之爲美斯惡已皆知
善之爲善斯不善已故有無相生難易 異 相成
長短相形高下相傾音聲相和前後相隨是以
老子　卷上　一

老子道德經二卷　（明）吴中珩校　明吴勉學刻二十二子全書本

框高 19.6 厘米，廣 13.9 厘米。半葉九行，行十八字，小字雙行同，白口，左右雙邊。1 册。

三級 174shan773

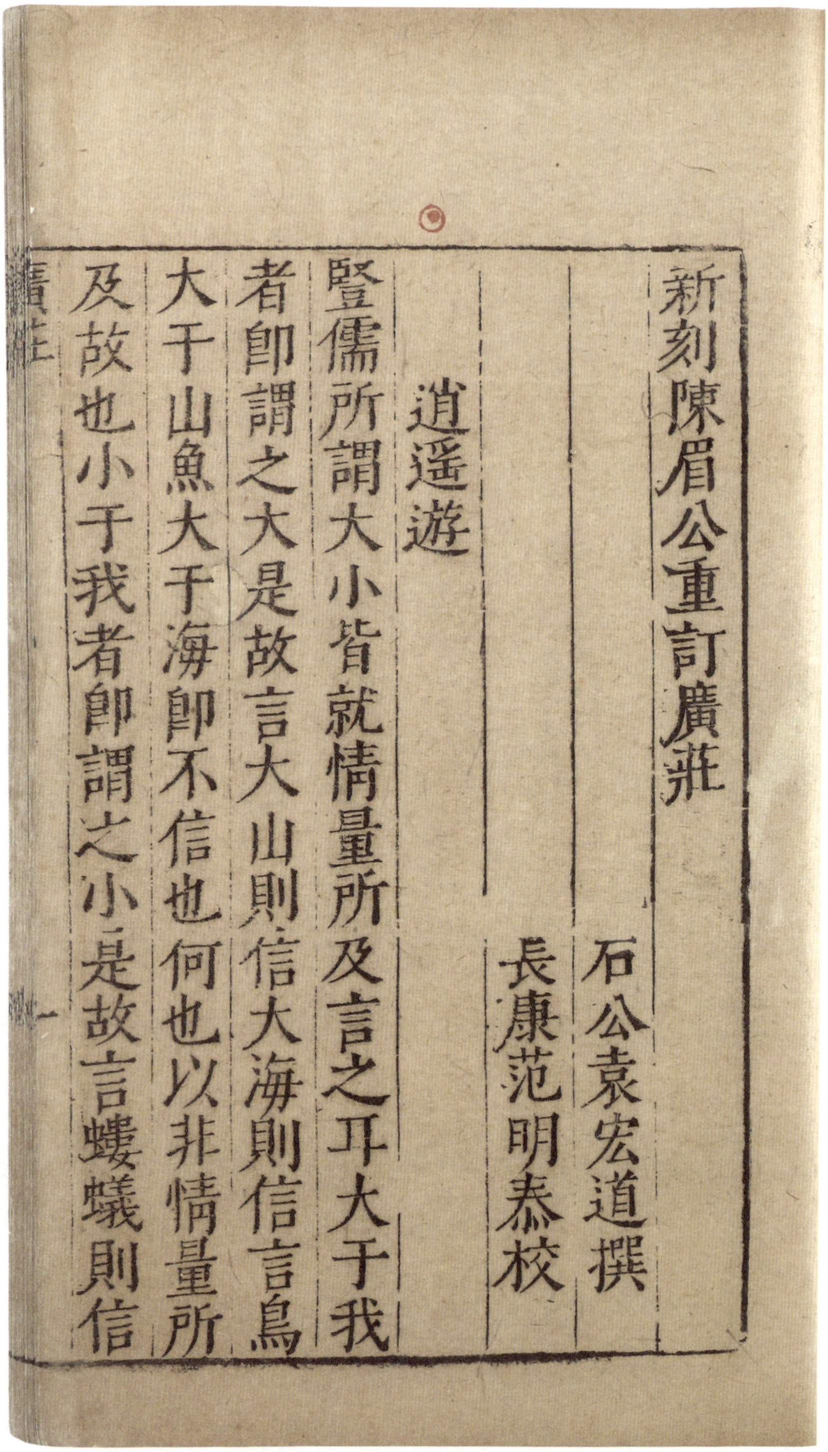

新刻陳眉公重訂廣莊

石公袁宏道撰
長康范明泰校

逍遥遊

豎儒所謂大小皆就情量所及言之耳大于我者即謂之大是故言大山則信大海則信言鳥大于山魚大于海即不信也何也以非情量所及故也小于我者即謂之小是故言螻蟻則信

新刻陳眉公重訂廣莊一卷　（明）袁宏道撰　明萬曆沈氏寶顏堂刻本

框高 20.5 厘米，廣 12.7 厘米。半葉八行，行十八字，白口，四周單邊。1 册。

三級 179shan783

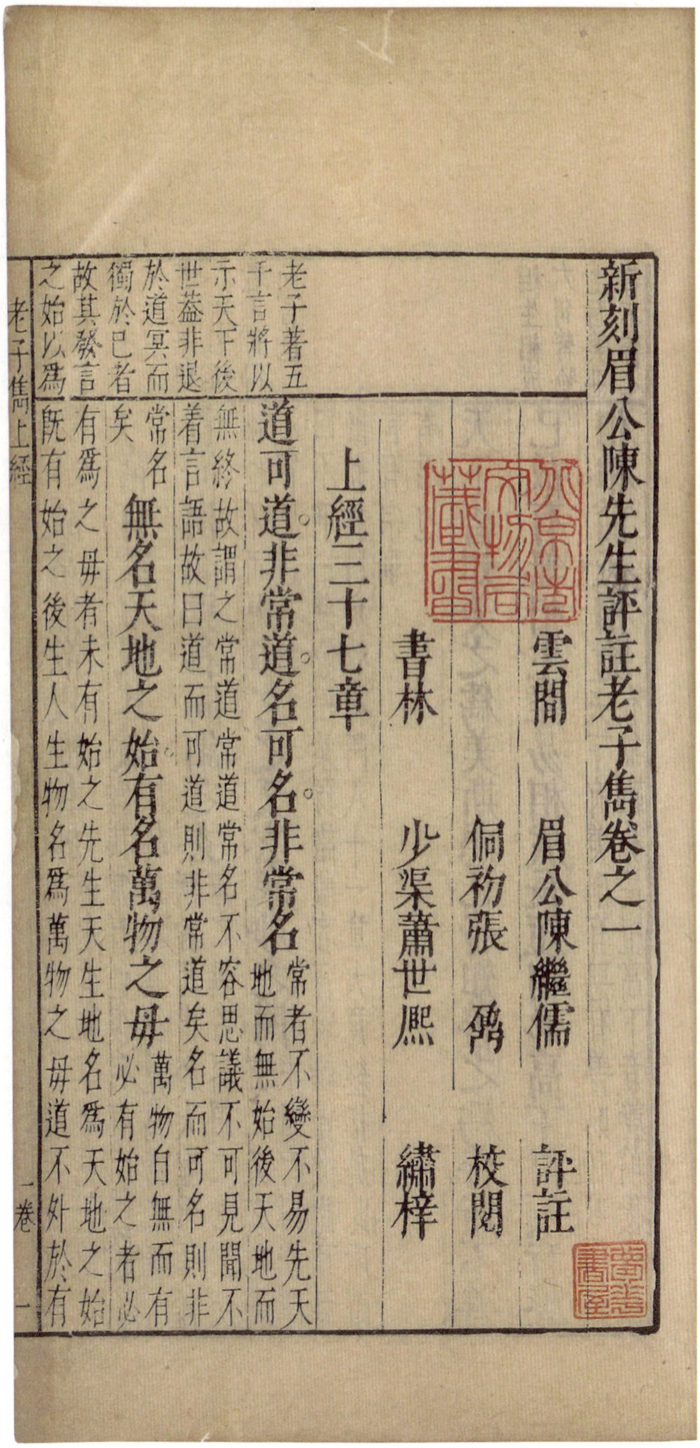

新刻眉公陳先生評註老子雋一卷鐫眉公陳先生評選莊子南華經雋四卷　（明）陳繼儒評註　明末書林蕭氏師儉堂刻本

框高 21 厘米，廣 12.8 厘米。半葉上下兩欄，上欄鐫評，下欄九行，行二十字，白口，四周單邊。2 册。鈐“夢華書屋”朱文印。

三級 198pu10-1-2-13

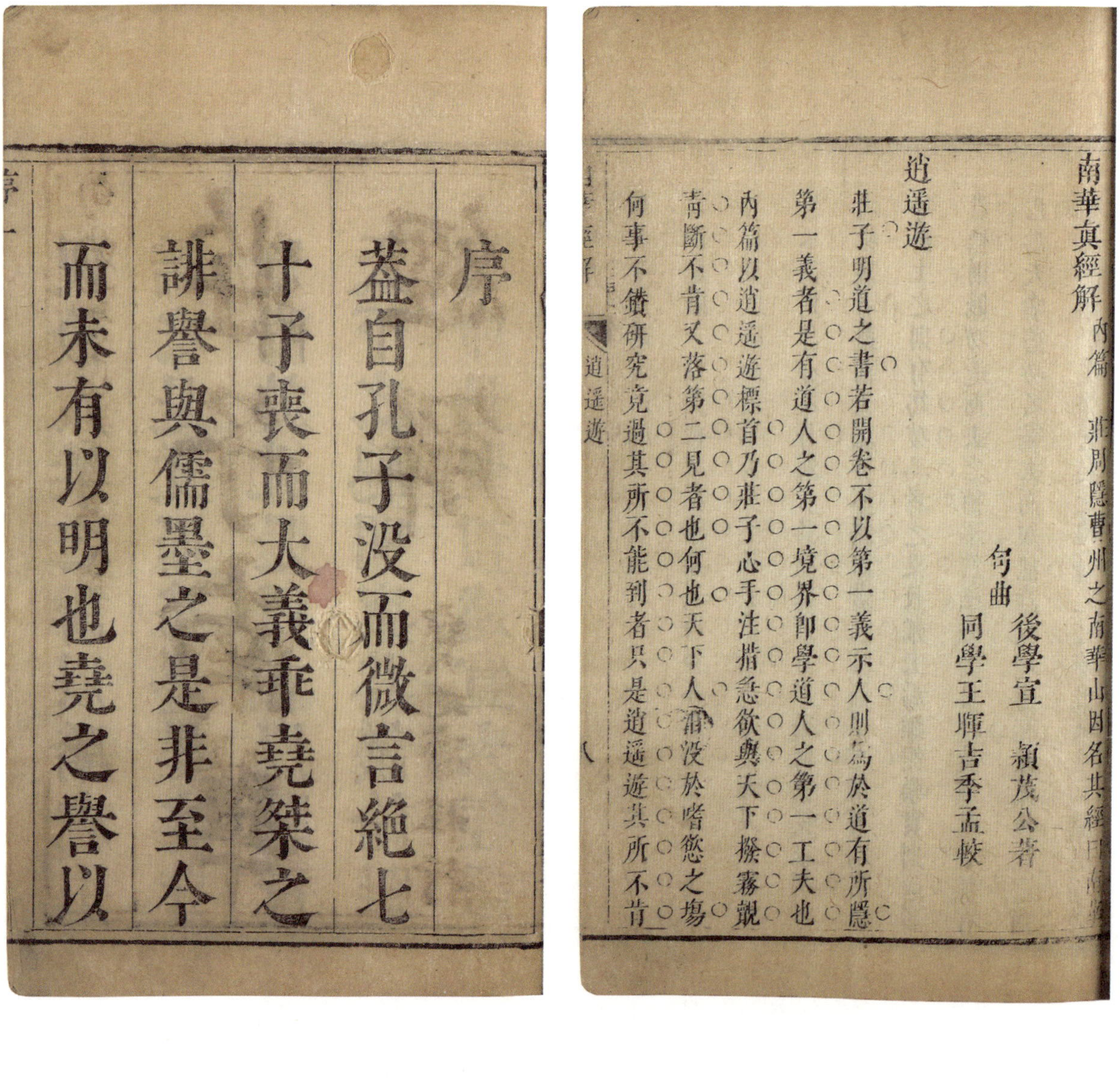

南華真經解　（清）宣穎著　（清）王暉吉校　清康熙六十年（1721）寶旭齋刻本

框高 20.5 厘米，廣 14 厘米。半葉九行，行二十四字，小字雙行同，白口，四周雙邊，無格。6 册。

shan176

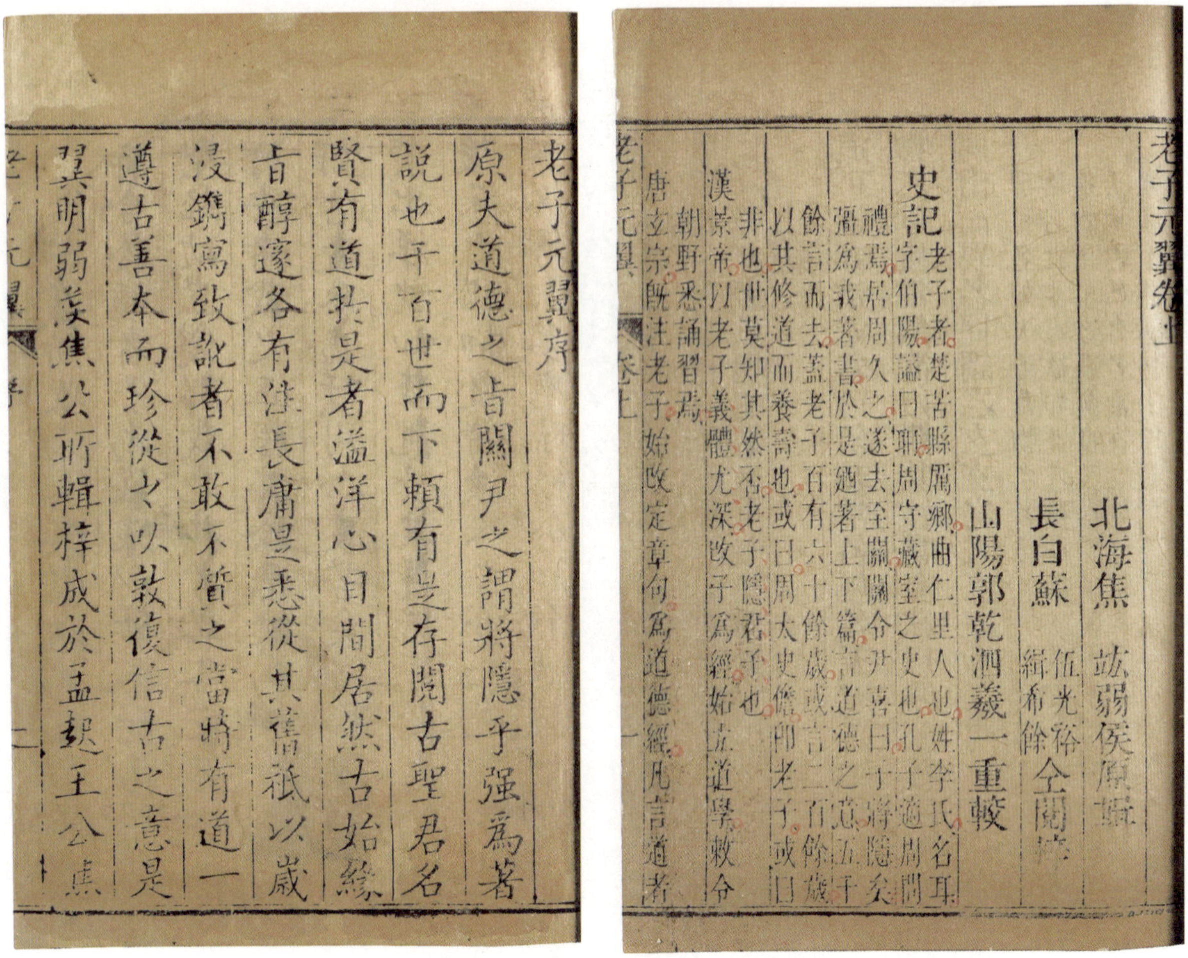

老子元翼二卷考異一卷附錄一卷 （明）焦竑原輯 （清）郭乾泗重校 清乾隆五年（1740）三多齋刻本

框高 19.8 厘米，廣 15 厘米。半葉九行，行二十一字，小字雙行同，白口，四周雙邊。2 册。

shan177

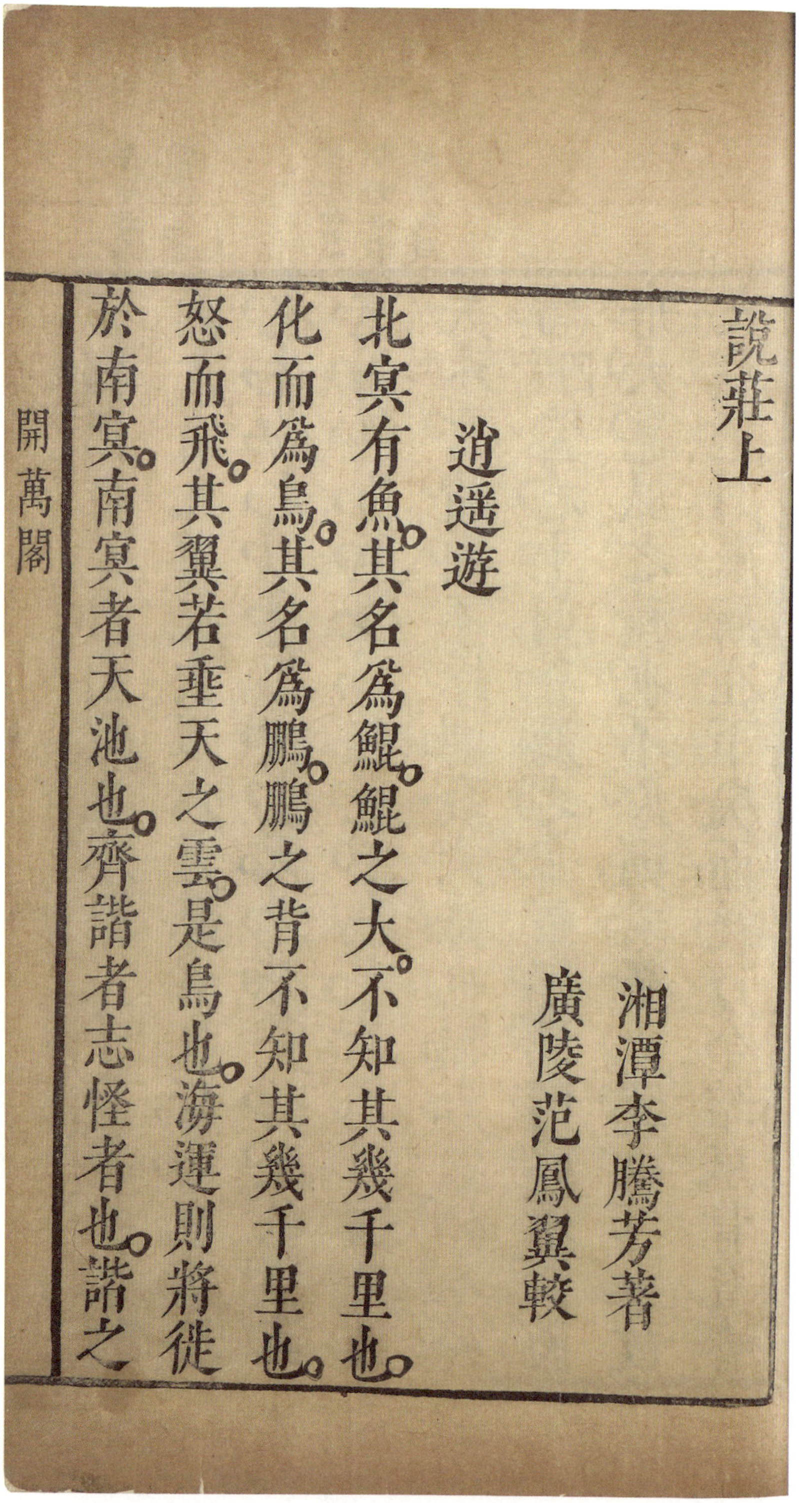

說莊上

湘潭李騰芳著
廣陵范鳳翼較

逍遥遊

北冥有魚。其名爲鯤。鯤之大。不知其幾千里也。化而爲鳥。其名爲鵬。鵬之背不知其幾千里也。怒而飛。其翼若垂天之雲。是鳥也。海運則將徙於南冥。南冥者天池也。齊諧者志怪者也。諧之

開萬閣

說莊三卷　（明）李騰芳著　（明）范鳳翼校　明末刻本

框高 19.8 厘米，廣 14.3 厘米。半葉八行，行十八字，小字雙行同，白口，四周單邊，無格。3 册。

shan384

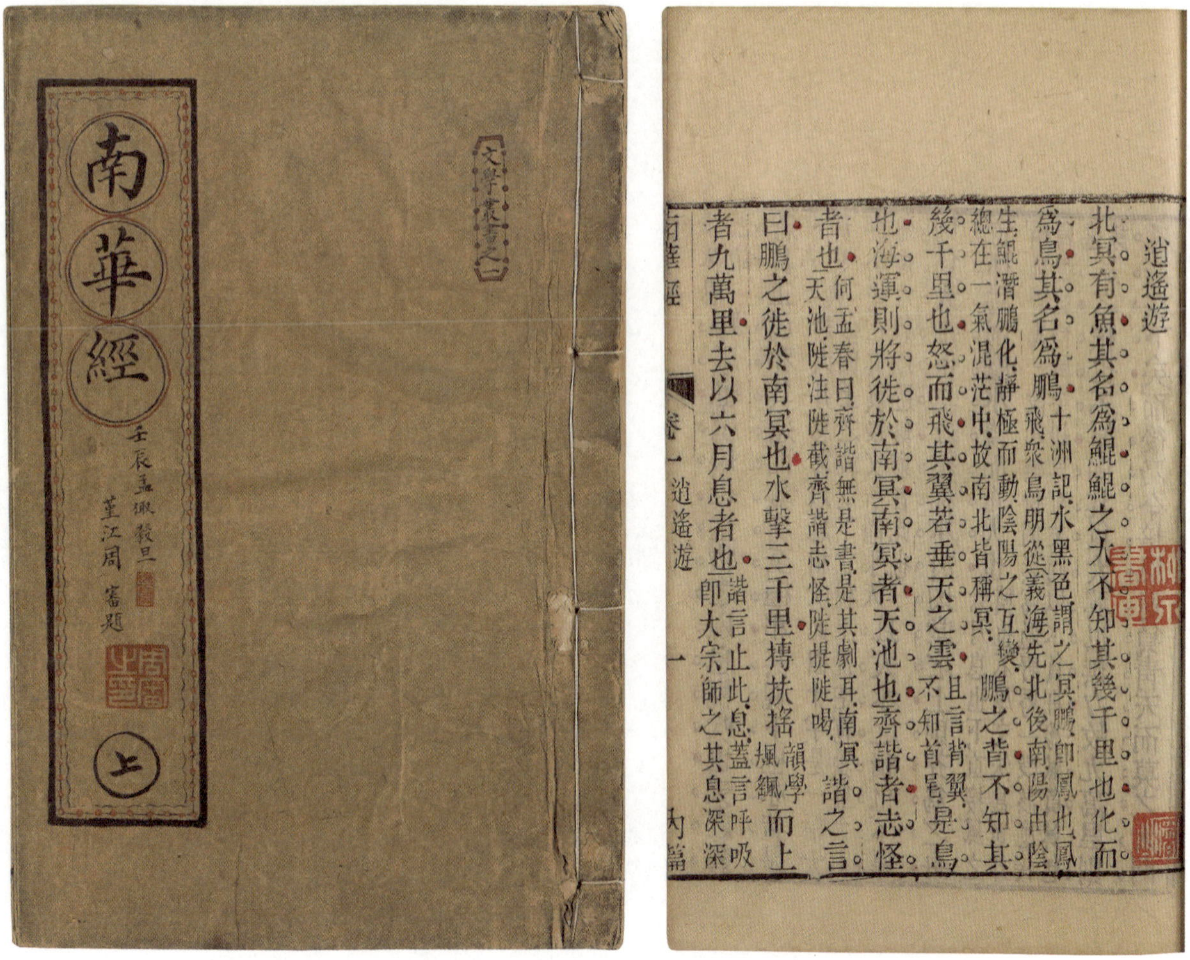

莊子南華經四卷　（唐）陸德明音義　（清）徐廷槐校　清乾隆六年（1741）書業堂刻本

框高18.8厘米，廣14.1厘米。半葉九行，行二十字，小字雙行同，白口，左右雙邊。2册。鈐“柳泉書画”白文印、“曙山”朱文印等。

shan487

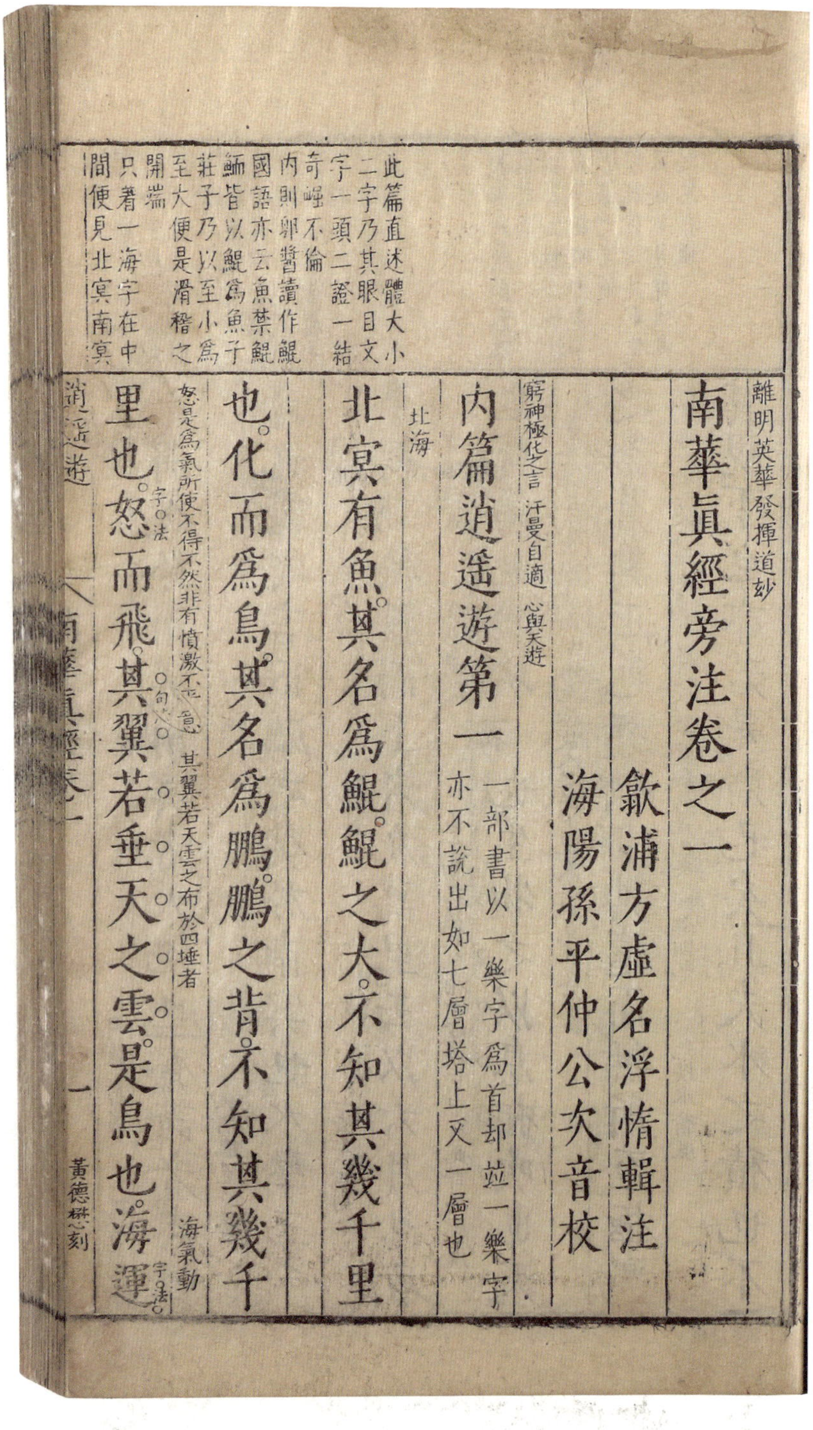

南華真經旁注五卷 （明）方虛名輯注 （明）孫平仲音校 **道德真經註解評苑一卷** （明）焦竑輯 （明）王元貞校 明萬曆黃德懋刻本

框高 22.3 厘米，廣 14.9 厘米。半葉上下兩欄，上欄鎸評，下欄大字六行，行十七字，小字雙行不等，小字夾註六行字數不等，白口，左右雙邊。1 册。存三卷（南華真經旁注一至二、道德真經註解評苑一卷）。

shan785

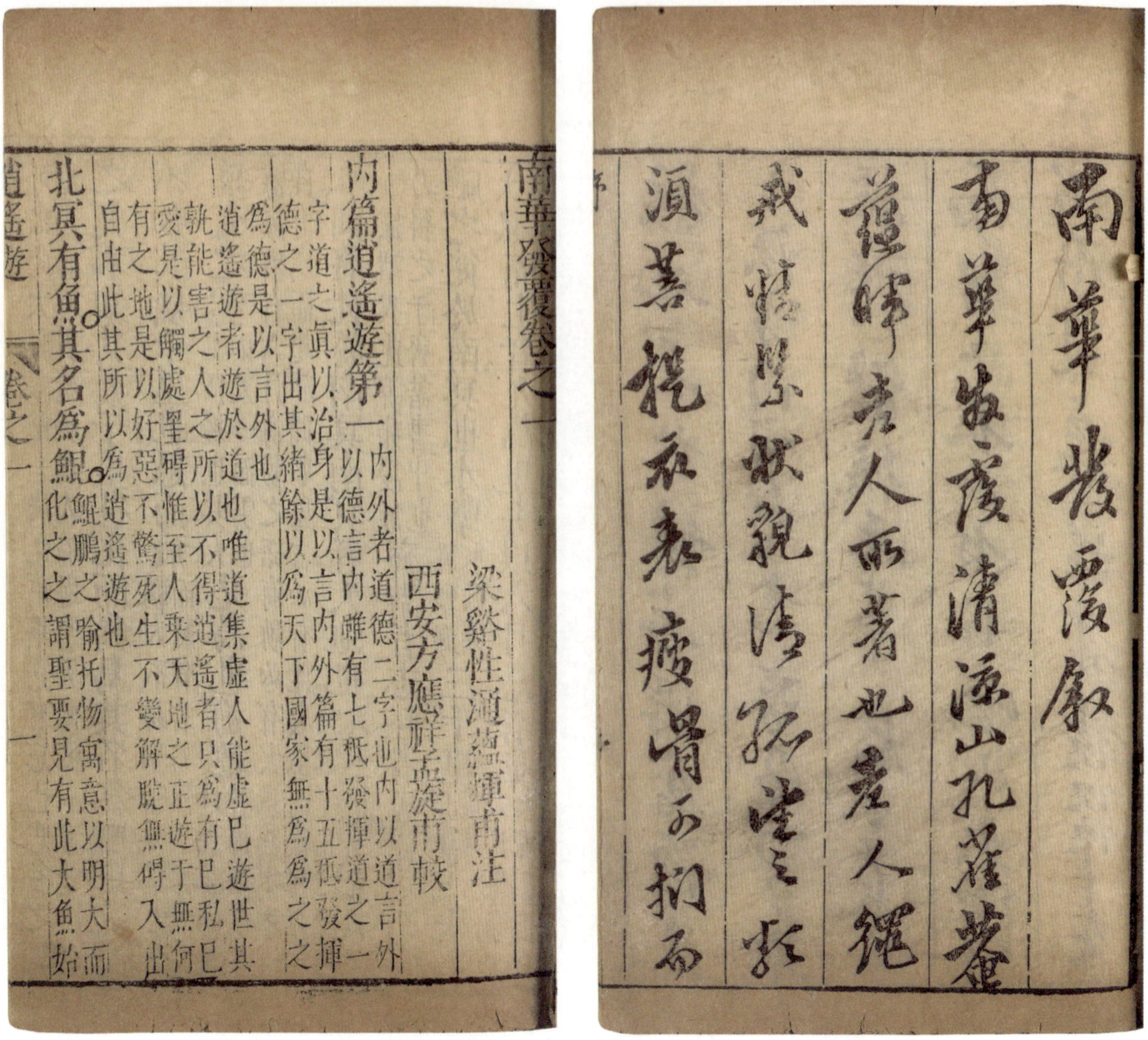

南華發覆六卷　（明）釋性通注　（明）方應祥校　明天啓六年（1626）刻本

框高 21 厘米，廣 14.6 厘米。半葉九行，行二十字，小字雙行同，白口，四周單邊。6 册。

shan792

【兵家類】

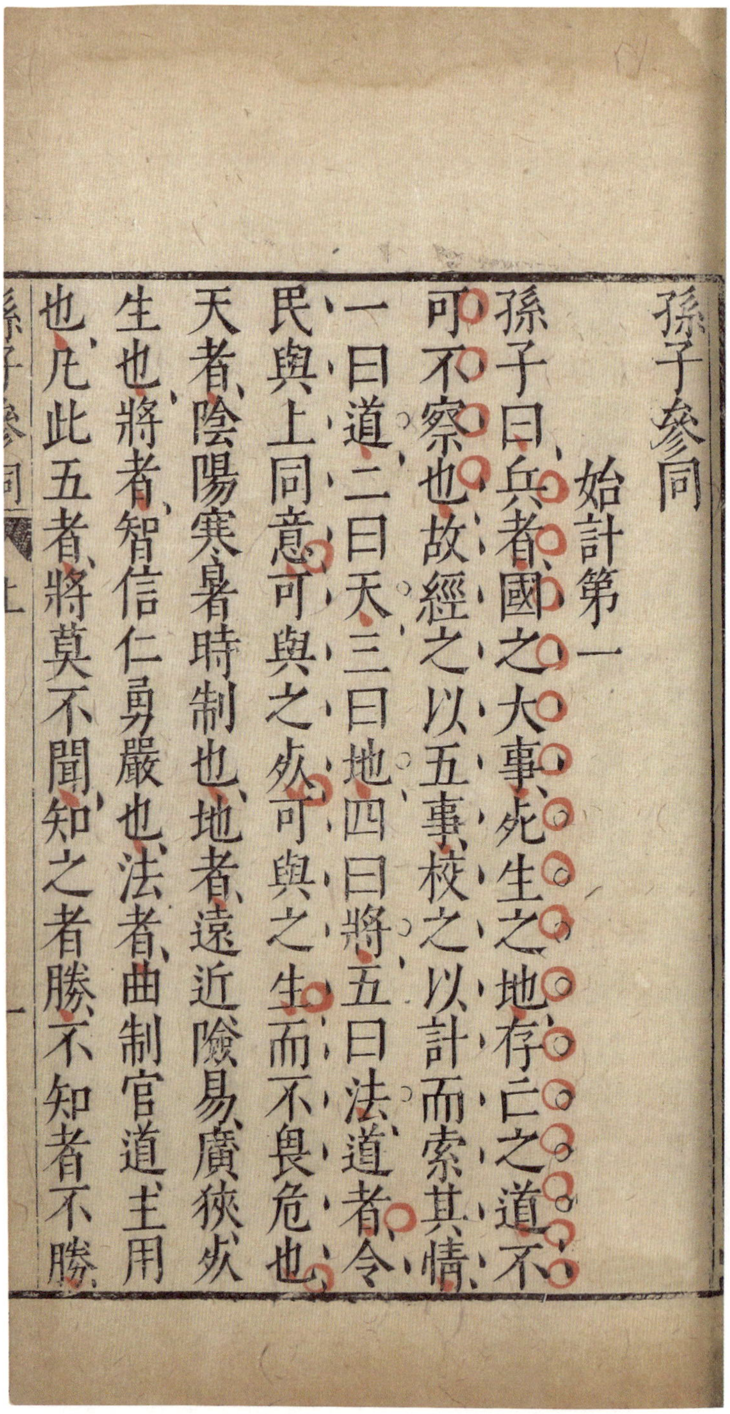
孫子參同

始計第一

孫子曰兵者國之大事死生之地存亡之道不
可不察也故經之以五事校之以計而索其情
一曰道二曰天三曰地四曰將五曰法道者令
民與上同意可與之死可與之生而不畏危也
天者陰陽寒暑時制也地者遠近險易廣狹死
生也將者智信仁勇嚴也法者曲制官道主用
也凡此五者將莫不聞知之者勝不知者不勝

孫子參同 上 一

孫子參同三卷　（明）李贄撰　明刻本

框高 19.5 厘米，廣 14 厘米。半葉九行，行十八字，白口，左右雙邊，無格。3 册。

二級 83k17

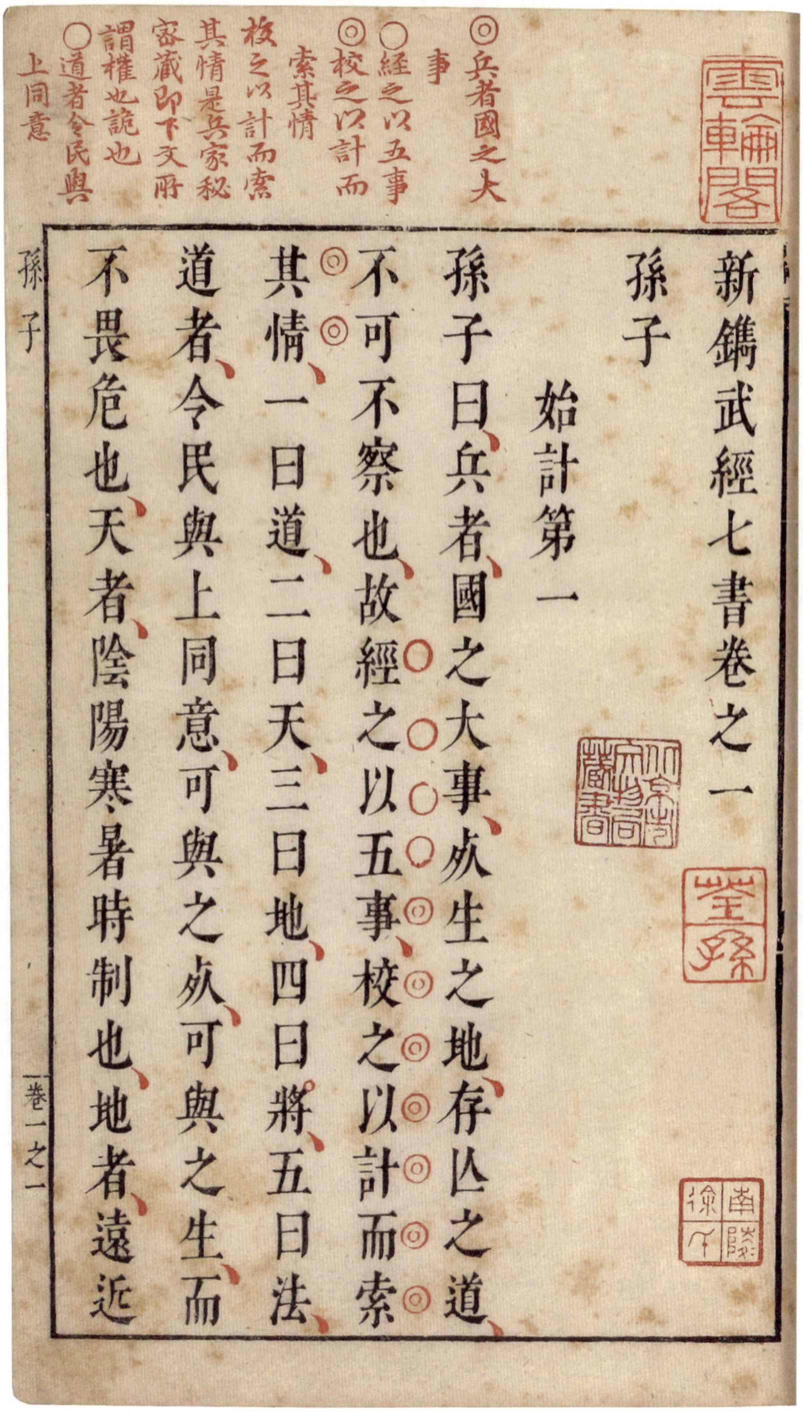
◎兵者國之大事
○經之以五事
◎校之以計而索其情
校之以計而索其情是兵家秘密藏即下文所謂權也詭也
○道者令民與上同意

新鐫武經七書卷之一
孫子
始計第一
孫子曰兵者國之大事死生之地存亡之道不可不察也故經之以五事校之以計而索其情一曰道二曰天三曰地四曰將五曰法道者令民與上同意可與之死可與之生而不畏危也天者陰陽寒暑時制也地者遠近

孫子　卷一之一

新鐫武經七書七卷　（明）王守仁評　（明）胡宗憲參評　明天啓元年（1621）茅震東刻朱墨印本

框高 21 厘米，廣 15 厘米。半葉八行，行十七字，白口，四周單邊，無格。8 册。鈐“荃孫”朱文印、“雲輪閣”朱文印等。

二級 89k27

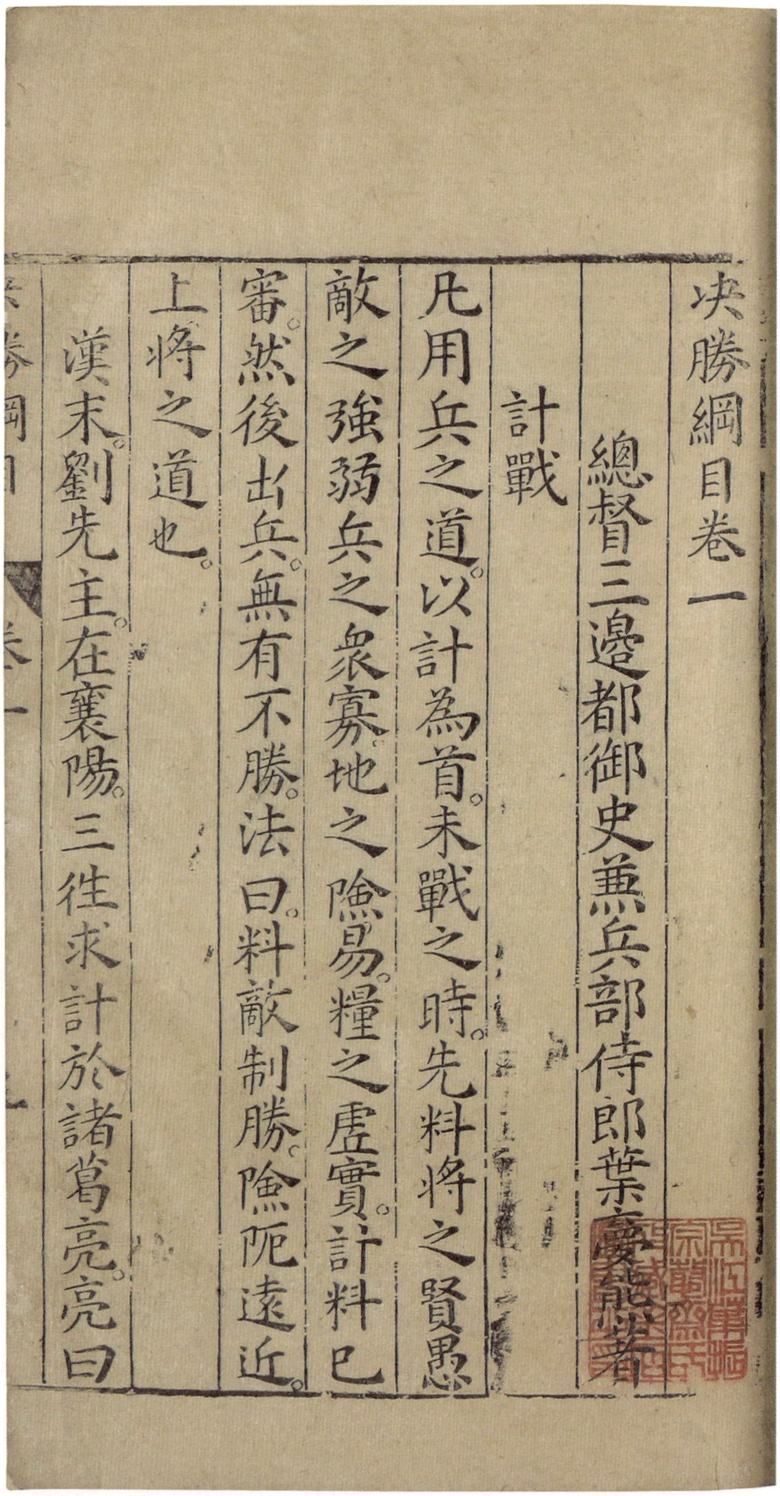
决勝綱目卷一
總督三邊都御史兼兵部侍郎葉夢熊著
計戰
凡用兵之道以計為首未戰之時先料将之賢愚
敵之强弱兵之衆寡地之險易糧之虚實計料已
審然後出兵無有不勝法曰料敵制勝險阨遠近
上将之道也
漢末劉先主在襄陽三往求計於諸葛亮亮曰

决勝綱目十卷　（明）葉夢熊著　明刻本

框高 21 厘米，廣 14.5 厘米。半葉八行，行十九字，白口，四周單邊。2 册。鈐“吴江葉振宗悳齋氏收藏金石圖書之印”朱文印。

二級 134 k291

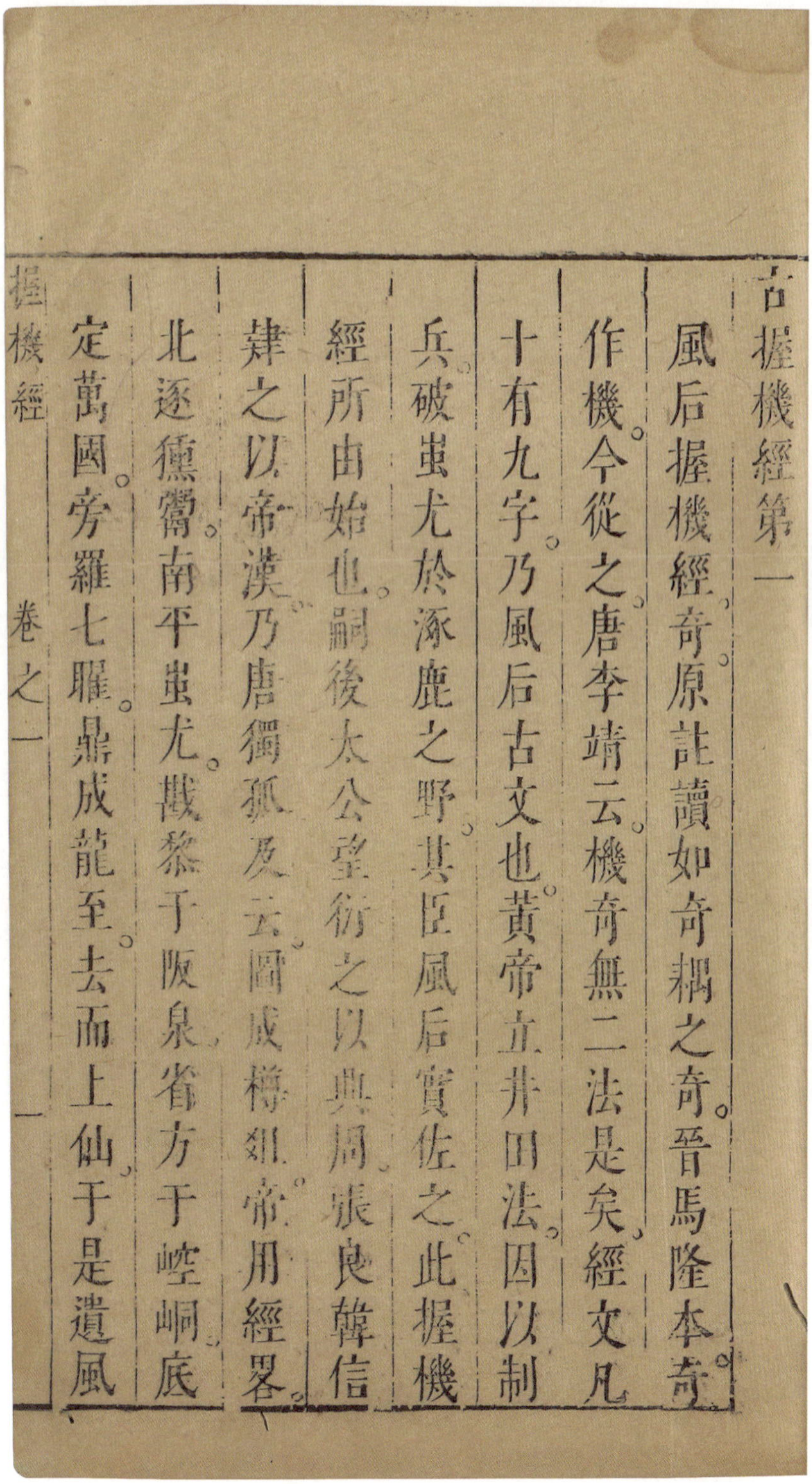

古握機經第一

風后握機經奇原註讀如奇耦之奇晉馬隆本奇作機今從之唐李靖云機奇無二法是矣經文凡十有九字乃風后古文也黃帝立井田法因以制兵破蚩尤於涿鹿之野其臣風后實佐之此握機經所由始也嗣後太公望衍之以興周張良韓信肄之以帝漢乃唐獨孤及云圖成樽俎帝用經略北逐獯鬻南平蚩尤戡黎于阪泉省方于崆峒底定萬國旁羅七曜鼎成龍至去而上仙于是遺風

握機經　卷之一　一

握機經三卷握機緯三卷　（明）曹胤儒輯　明刻本

框高 20.5 厘米，廣 13.7 厘米。半葉九行，行二十字，白口，四周單邊。2 册。

二級 185shan59

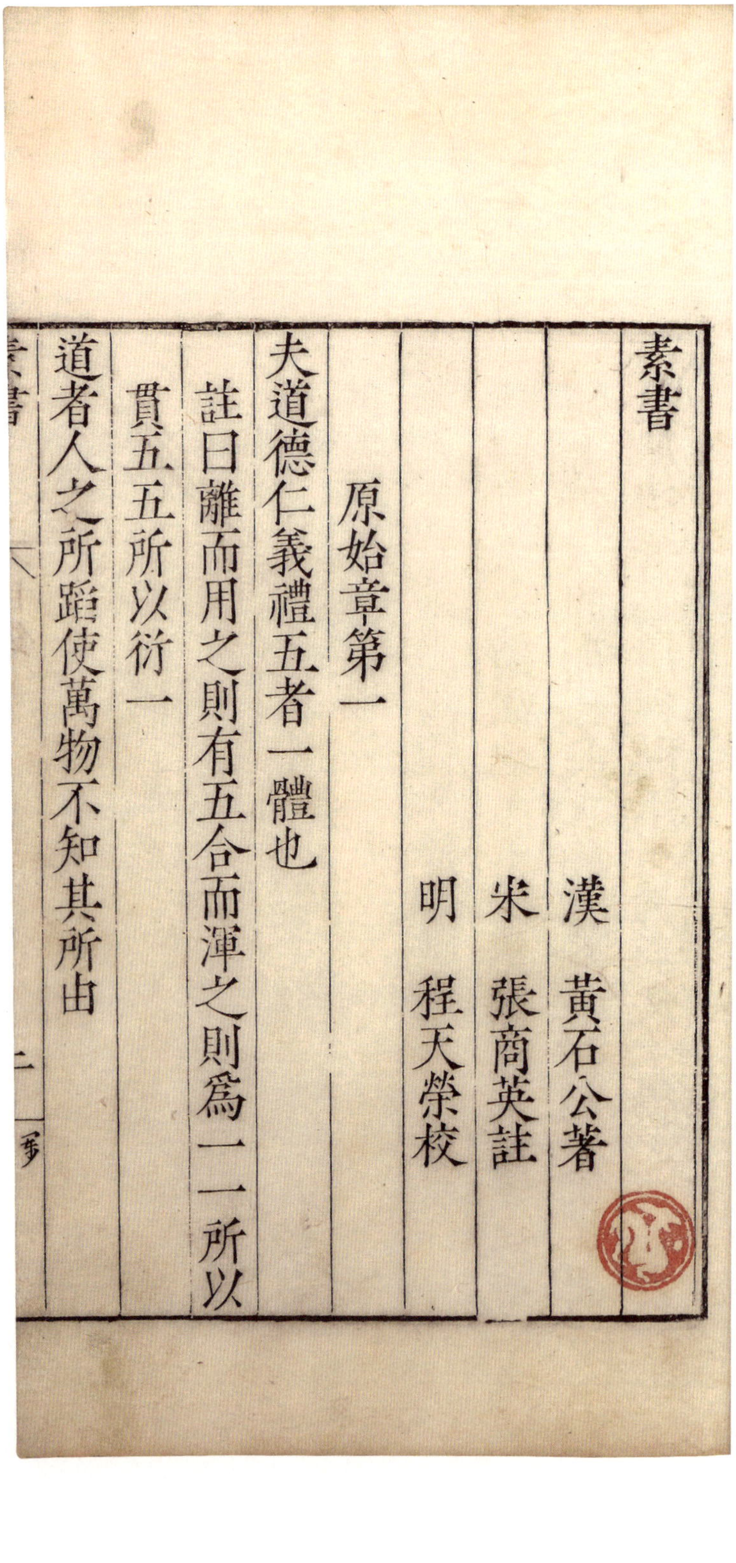
素書
漢 黃石公著
宋 張商英註
明 程天榮校
原始章第一
夫道德仁義禮五者一體也
註曰離而用之則有五合而渾之則爲一一所以
貫五五所以衍一
道者人之所蹈使萬物不知其所由

素書六卷 （漢）黃石公著 （宋）張商英註 明刻本

框高 20 厘米，廣 14.3 厘米。半葉九行，行二十字，白口，左右雙邊。1 册。

【法家類】

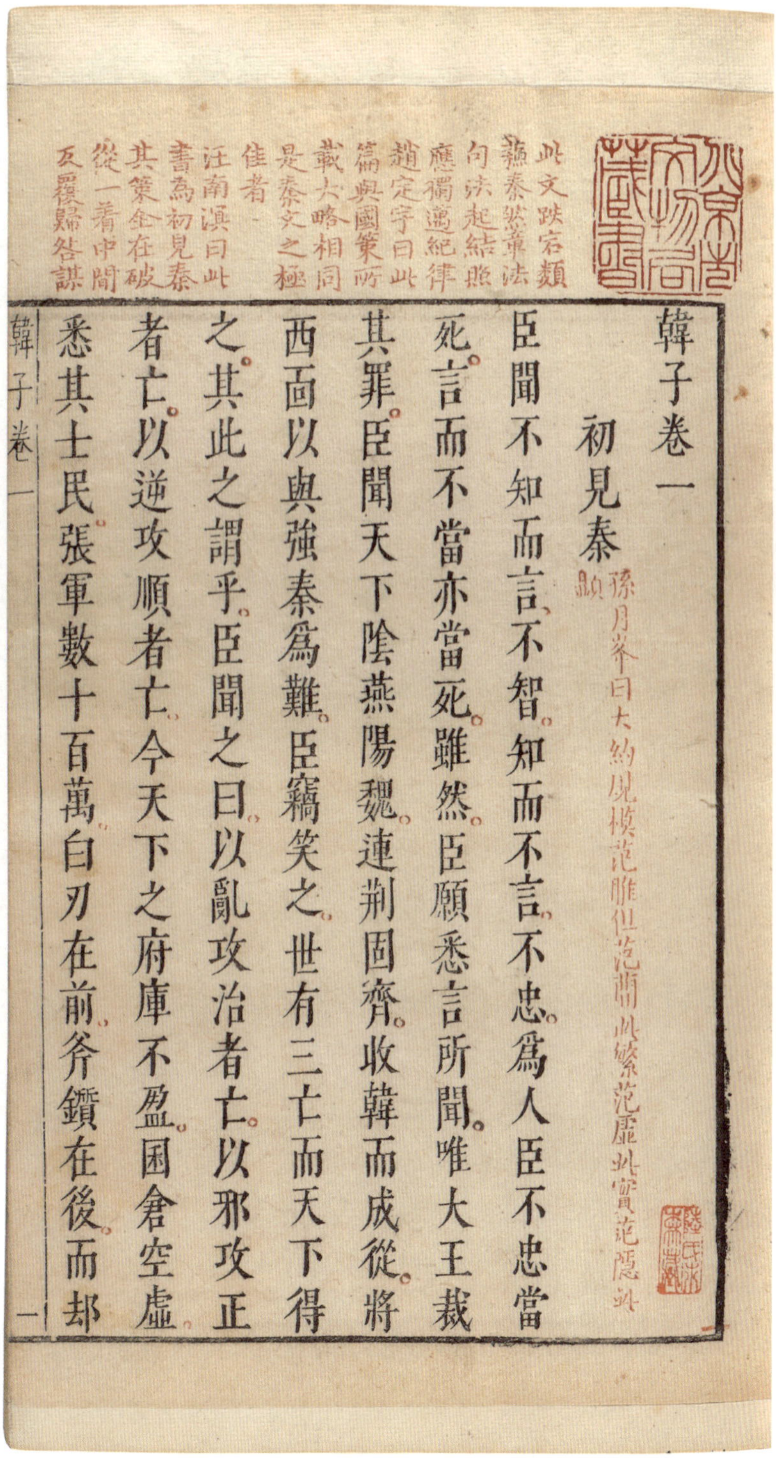

韓子二十卷　（戰國）韓非撰　明萬曆凌瀛初刻朱墨印本

框高20.5厘米，廣14厘米。半葉九行，行二十字，白口，四周單邊，無格。10册。鈐“陸氏沐森藏”朱文印、“山陽丁晏藏書”朱文印、“秋騷”朱文印等。

二級 34pan10431

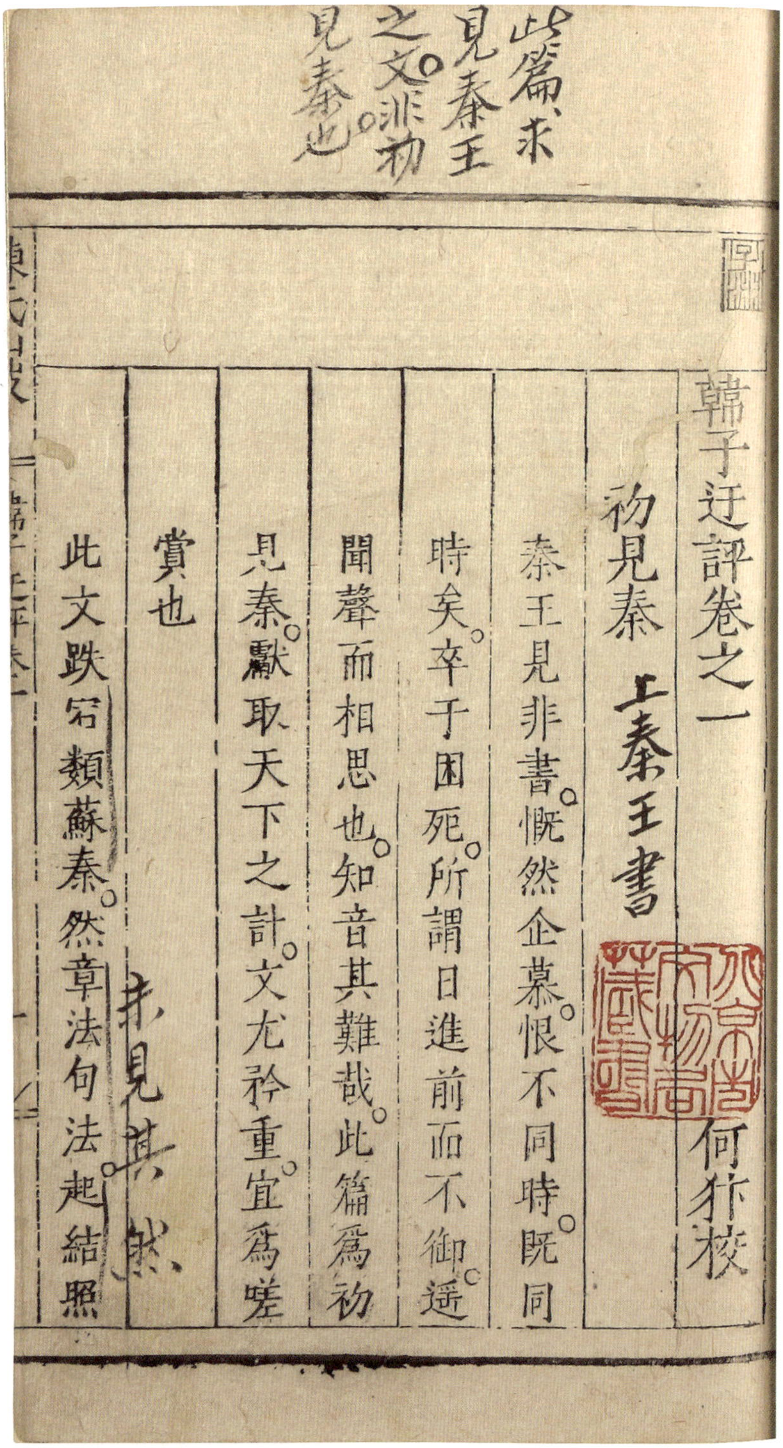

韓子迂評二十卷附一卷　（明）門無子撰　明萬曆刻本

框高 20.7 厘米，廣 13.8 厘米。半葉上下兩欄，上欄鎸評，下欄八行，行十八字，白口，四周雙邊。12 册。

二級 210shan104

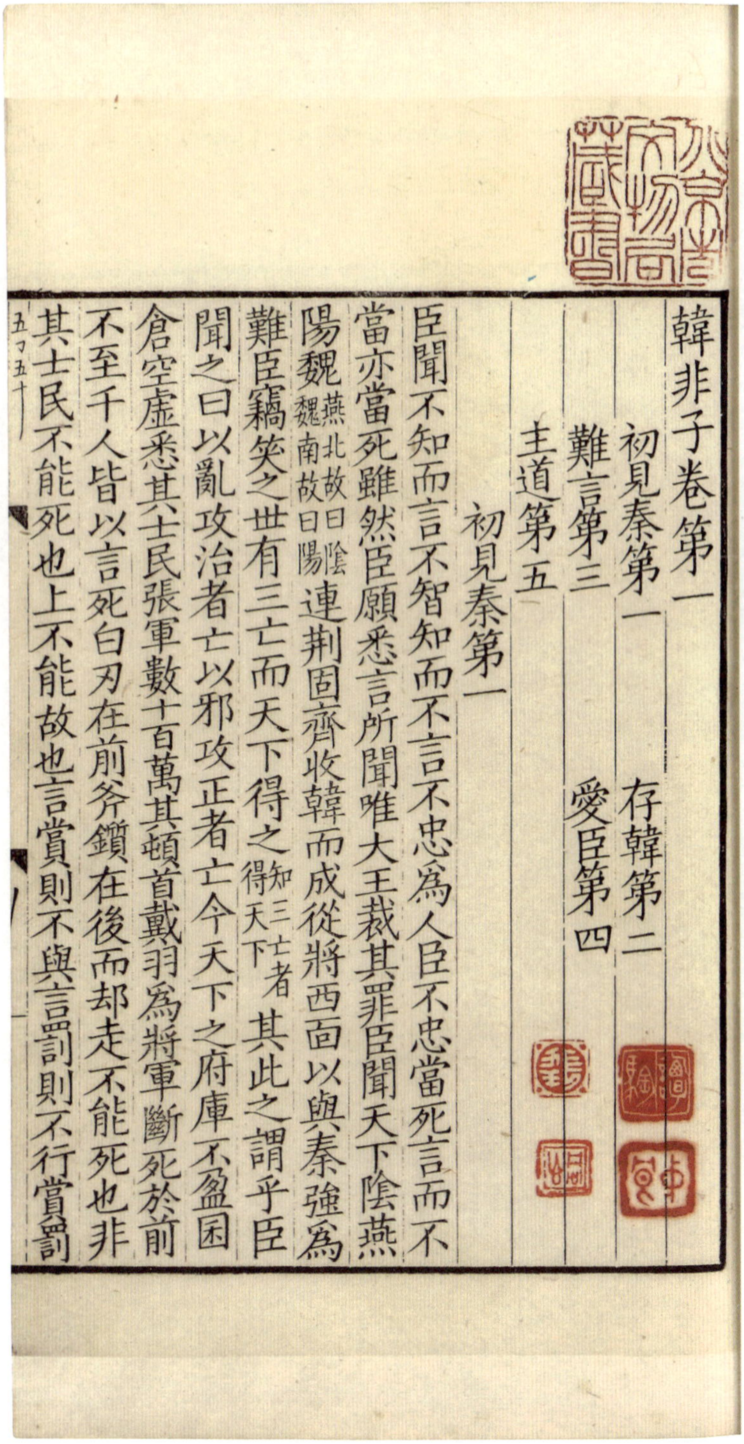
韓非子卷第一
初見秦第一　存韓第二
難言第三　愛臣第四
主道第五
初見秦第一
臣聞不知而言不智知而不言不忠爲人臣不忠當死言而不當亦當死雖然臣願悉言所聞唯大王裁其罪臣聞天下陰燕陽魏燕北故曰陰魏南故曰陽連荆固齊收韓而成從將西面以與秦強爲難臣竊笑之世有三亡而天下得之知三亡者得天下其此之謂乎臣聞之曰以亂攻治者亡以邪攻正者亡今天下之府庫不盈囷倉空虛悉其士民張軍數十百萬其頓首戴羽爲將軍斷死於前不至千人皆以言死白刃在前斧鑕在後而却走不能死也非其士民不能死也上不能故也言賞則不與言罰則不行賞罰

韓非子二十卷　（戰國）韓非撰　**識誤三卷**　（清）顧廣圻撰　清嘉慶二十三年（1818）吴氏影宋刻本

框高 17.9 厘米，廣 12.9 厘米。半葉十三行，行、字數不等，白口，四周單邊。6 册。鈐“譚駒”白文印等。

二級 260shan475

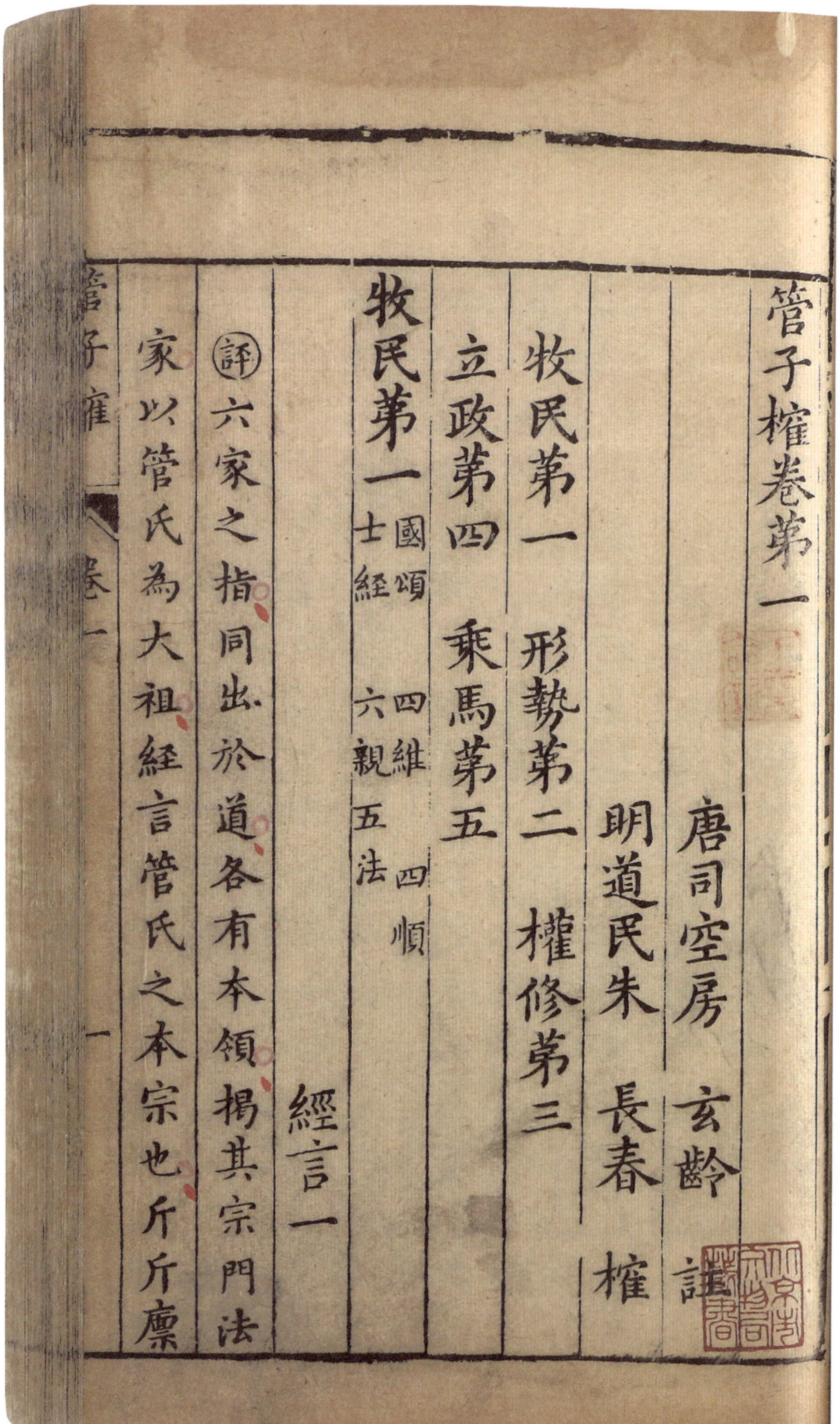
管子榷卷第一
唐司空房　玄齡　註
明道民朱　長春　榷
牧民第一　形勢第二　權修第三
立政第四　乘馬第五
牧民第一　國頌　四維　四順　士經　六親　五法
經言一
評 六家之指同出於道各有本領揭其宗門法
家以管氏為大祖經言管氏之本宗也斤斤㯻
管子榷　卷一　一

管子榷二十四卷　（唐）房玄齡註　（明）朱長春榷　明萬曆四十年（1612）刻本

框高 23.1 厘米，廣 14.5 厘米。半葉上下兩欄，上欄鎸評，下欄九行，行十九字，小字雙行同，白口，左右雙邊。5 册。鈐“力齋”朱文印。

二級 368zi432

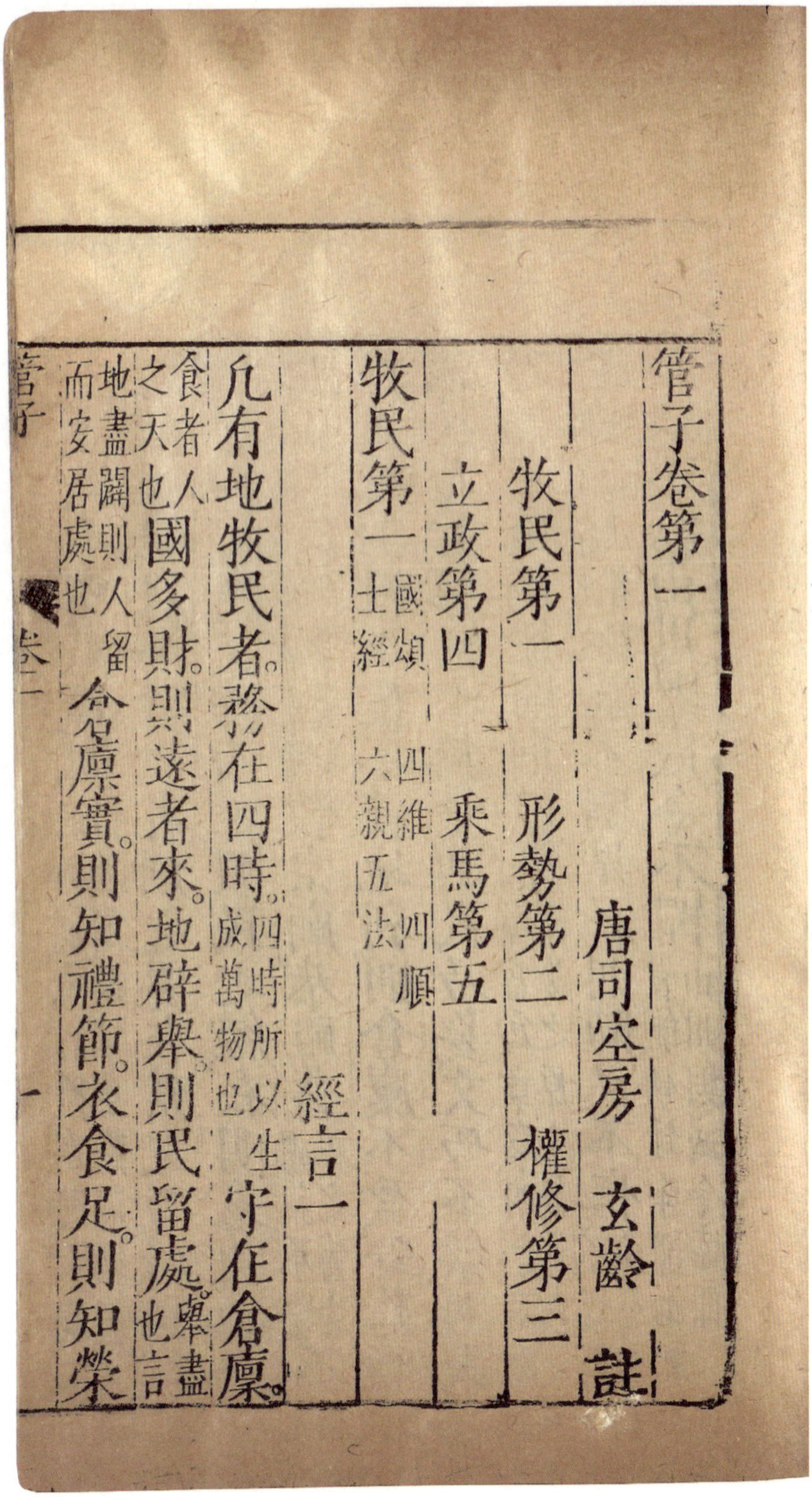
管子卷第一
唐司空房　玄齡　註
牧民第一　形勢第二　權修第三
立政第四　乘馬第五
牧民第一　國頌　四維　四順　十一經　六親五法　經言一
凡有地牧民者。務在四時。四時所以生成萬物也守在倉廩。食者人之天也國多財。則遠者來。地辟舉則民留處。舉盡也言地盡闢則人留而安居處也倉廩實。則知禮節。衣食足。則知榮
管子　卷一　一

管子二十四卷　（唐）房玄齡註　明萬曆十年（1582）常熟趙氏管韓合刻本

框高 22.4 厘米，廣 13 厘米。半葉上下兩欄，上欄鎸評，下欄九行，行十九字，小字雙行同，白口，四周單邊。6 册。鈐“心翼”朱文印。

三級 173shan767

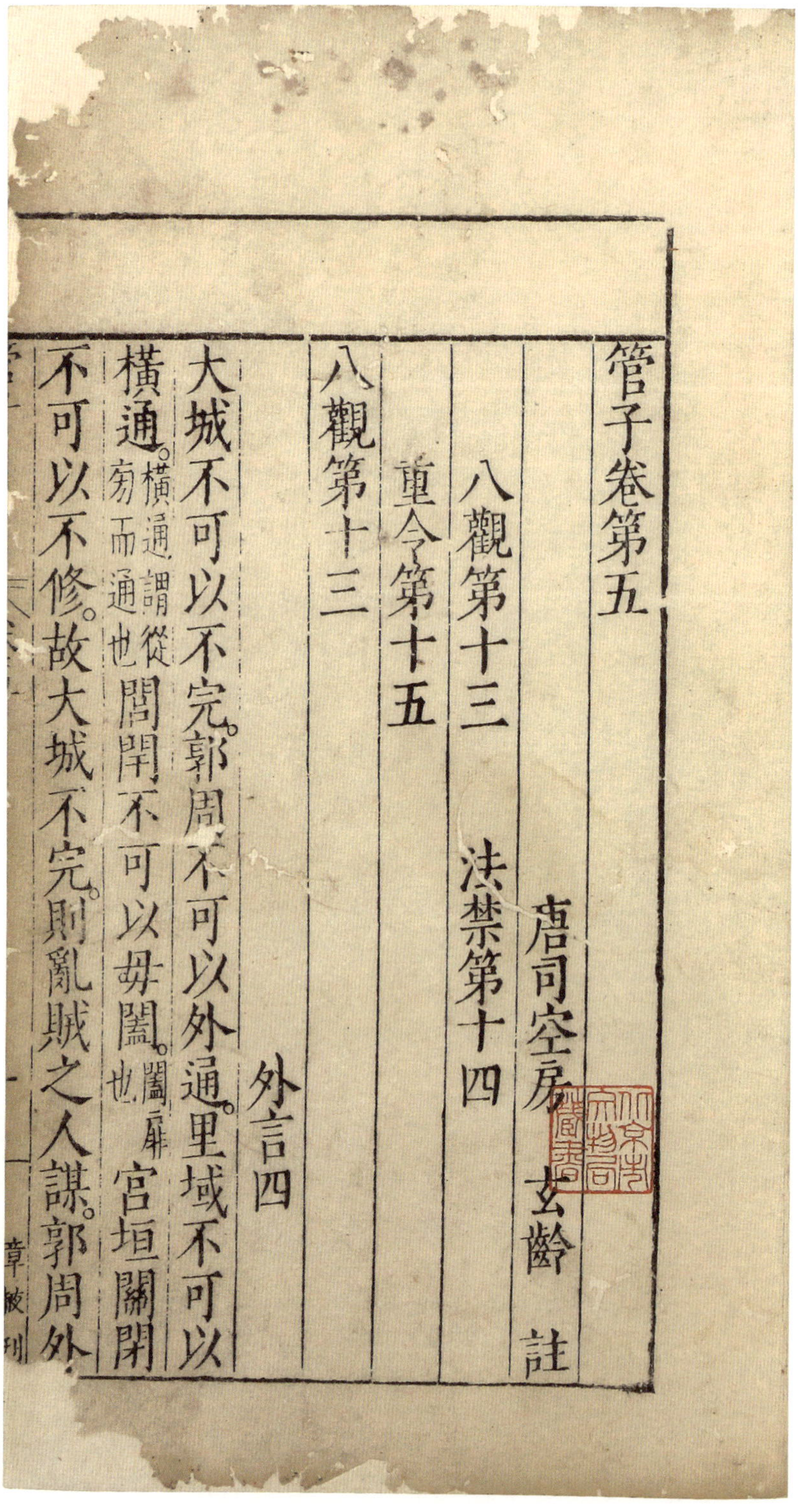
管子卷第五
唐司空房玄齡註
八觀第十三　法禁第十四
重令第十五
八觀第十三
外言四
大城不可以不完。郭周不可以外通。里域不可以橫通。橫通謂從旁而通也閭閈不可以毋闔。闔扉也宮垣關閉不可以不修。故大城不完則亂賊之人謀。郭周外

管子二十四卷　（唐）房玄齡註　明萬曆二十四年（1596）刻本

框高 22 厘米，廣 12.7 厘米。半葉上下兩欄，上欄鎸評，下欄九行，行十九字，小字雙行同，白口，四周單邊。5 册。存二十卷（五至二十四）。

shan101

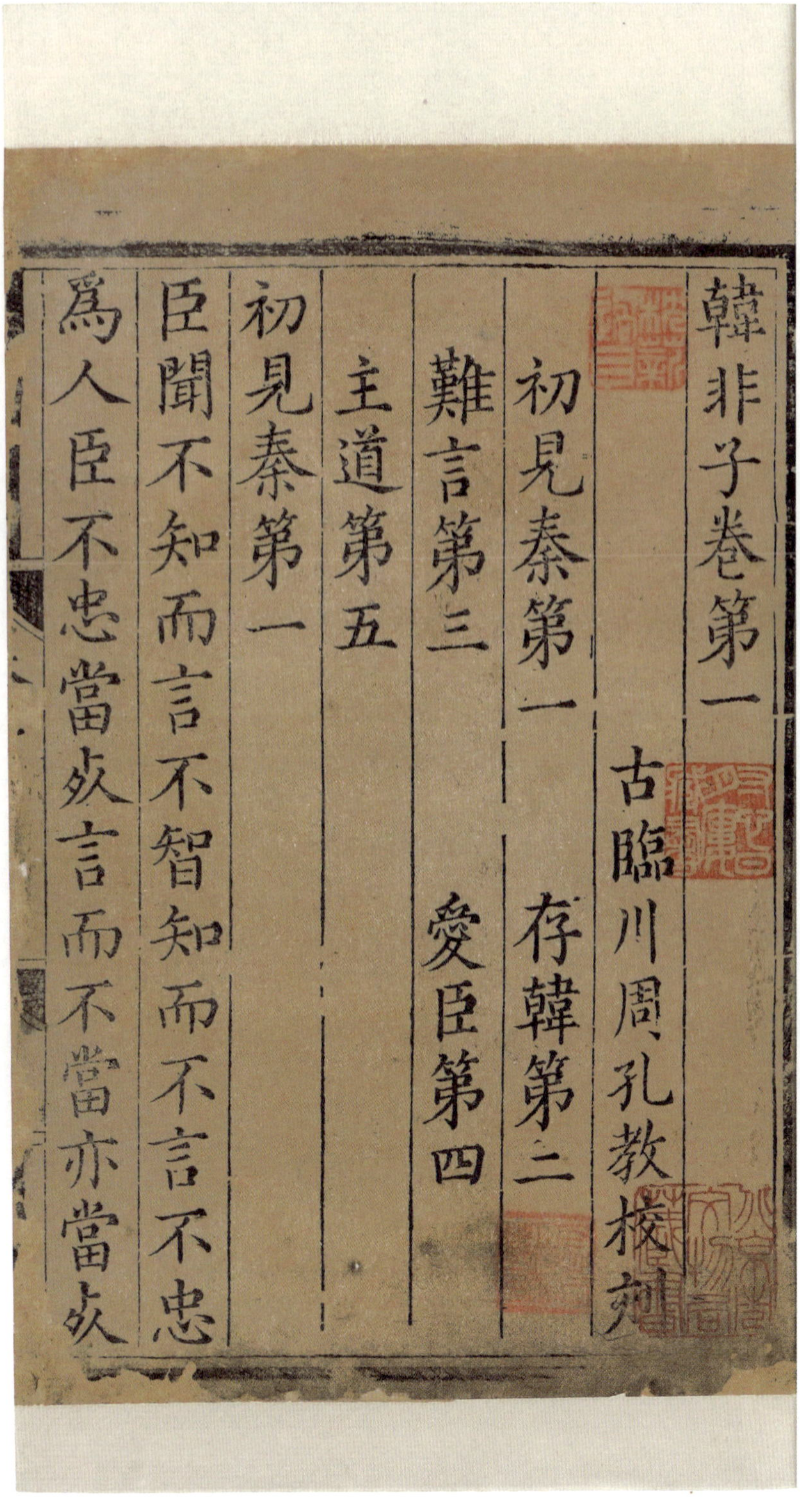
韓非子卷第一
古臨川周孔教校刻
初見秦第一　存韓第二
難言第三　愛臣第四
主道第五
初見秦第一
臣聞不知而言不智知而不言不忠
爲人臣不忠當死言而不當亦當死

韓非子二十卷　（戰國）韓非撰　明萬曆周氏校刻本

框高 22.7 厘米，廣 16.5 厘米。半葉八行，行十四字，黑口，四周雙邊。6 册。鈐“寸心日月樓藏書”白文印、“枕薪過目”白文印等。

shan302

【農家農學類】

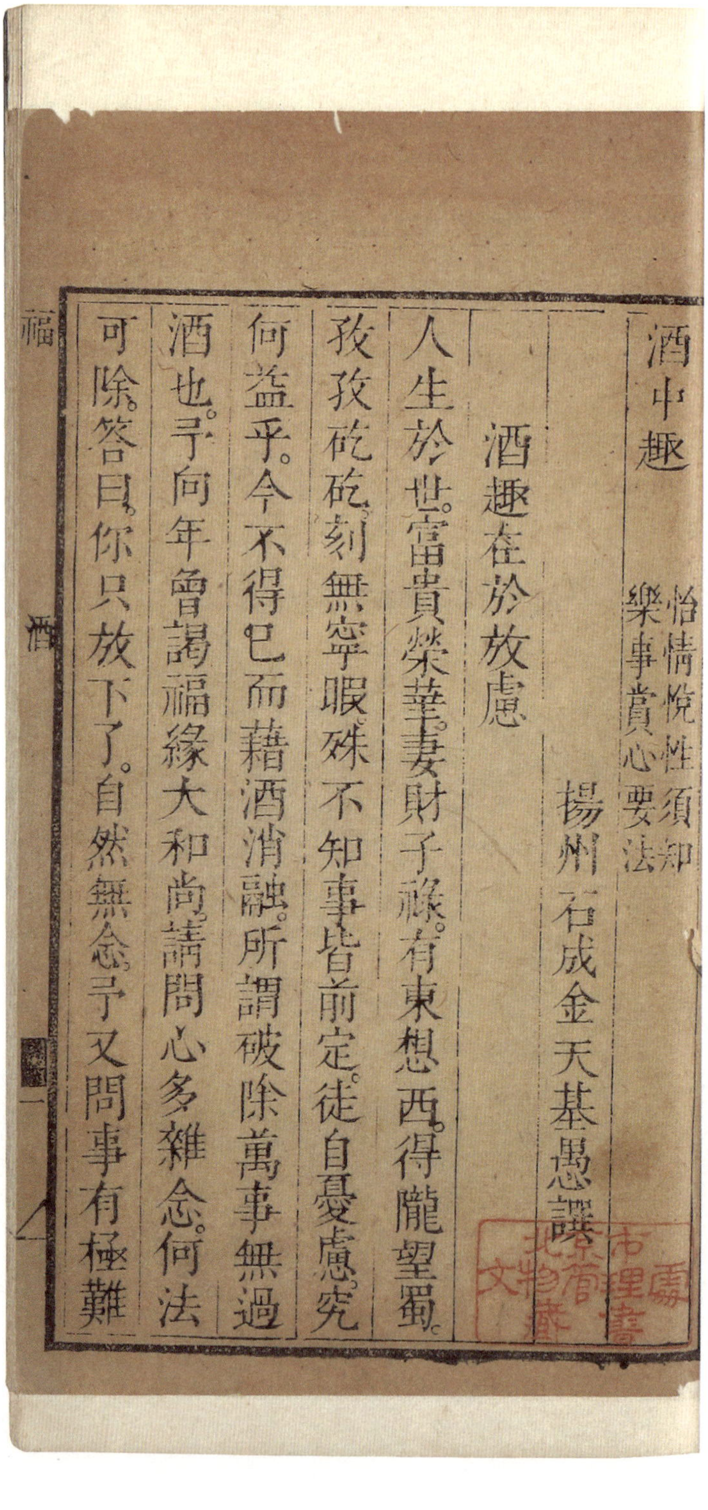

酒中趣四卷　（清）石成金撰　清康熙六十年（1721）刻本

框高 17.8 厘米，廣 12 厘米。半葉八行，行二十字，白口，四周雙邊。2 册。鈐“合明老拙”朱文印。

三級 111shan175

【醫家類】

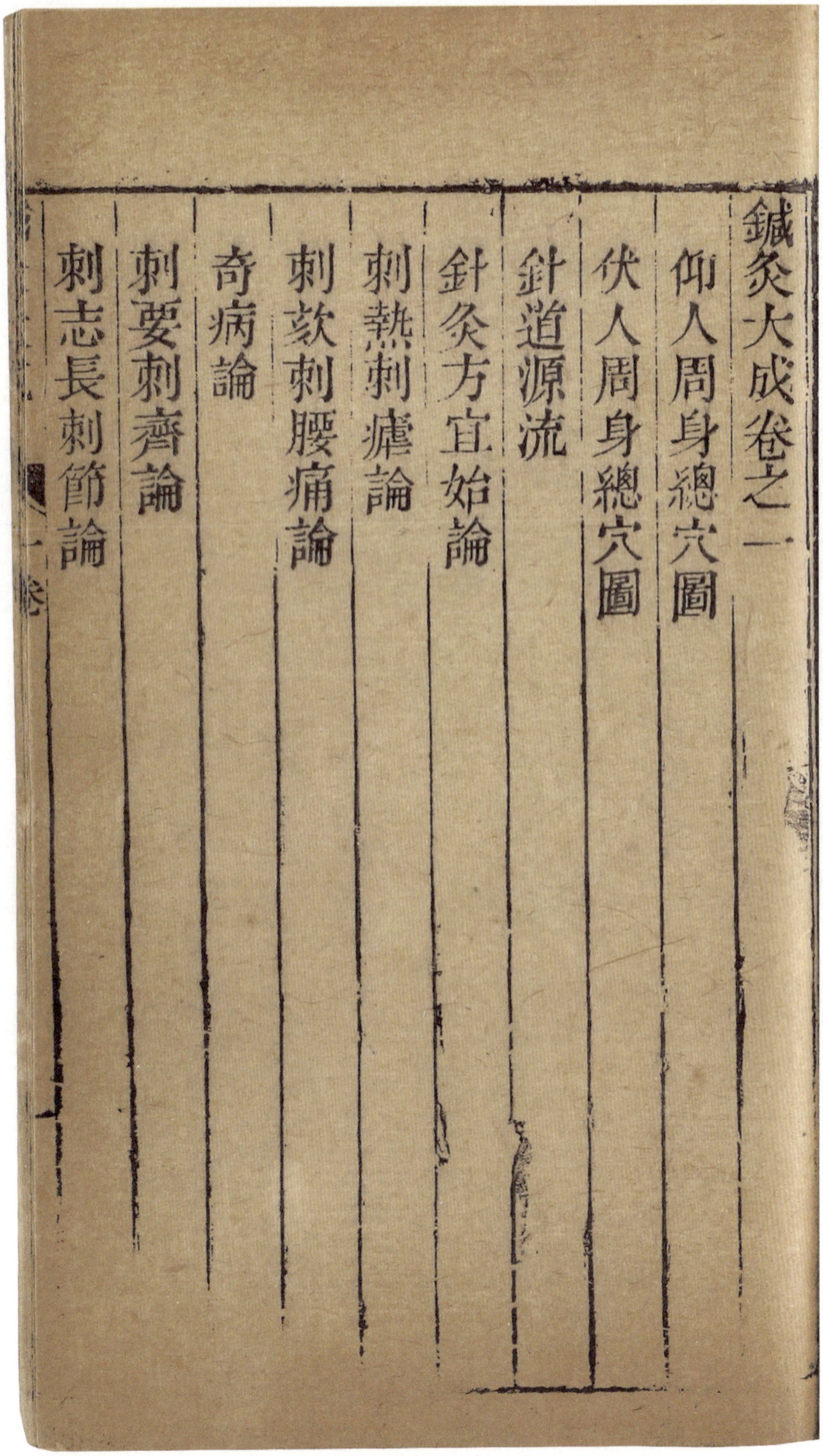

鍼灸大成十卷 （明）楊繼洲輯 清康熙十九年（1680）刻本

框高 21.1 厘米，廣 14.2 厘米。半葉十行，行二十二字，白口，四周雙邊。20 册。

shan84

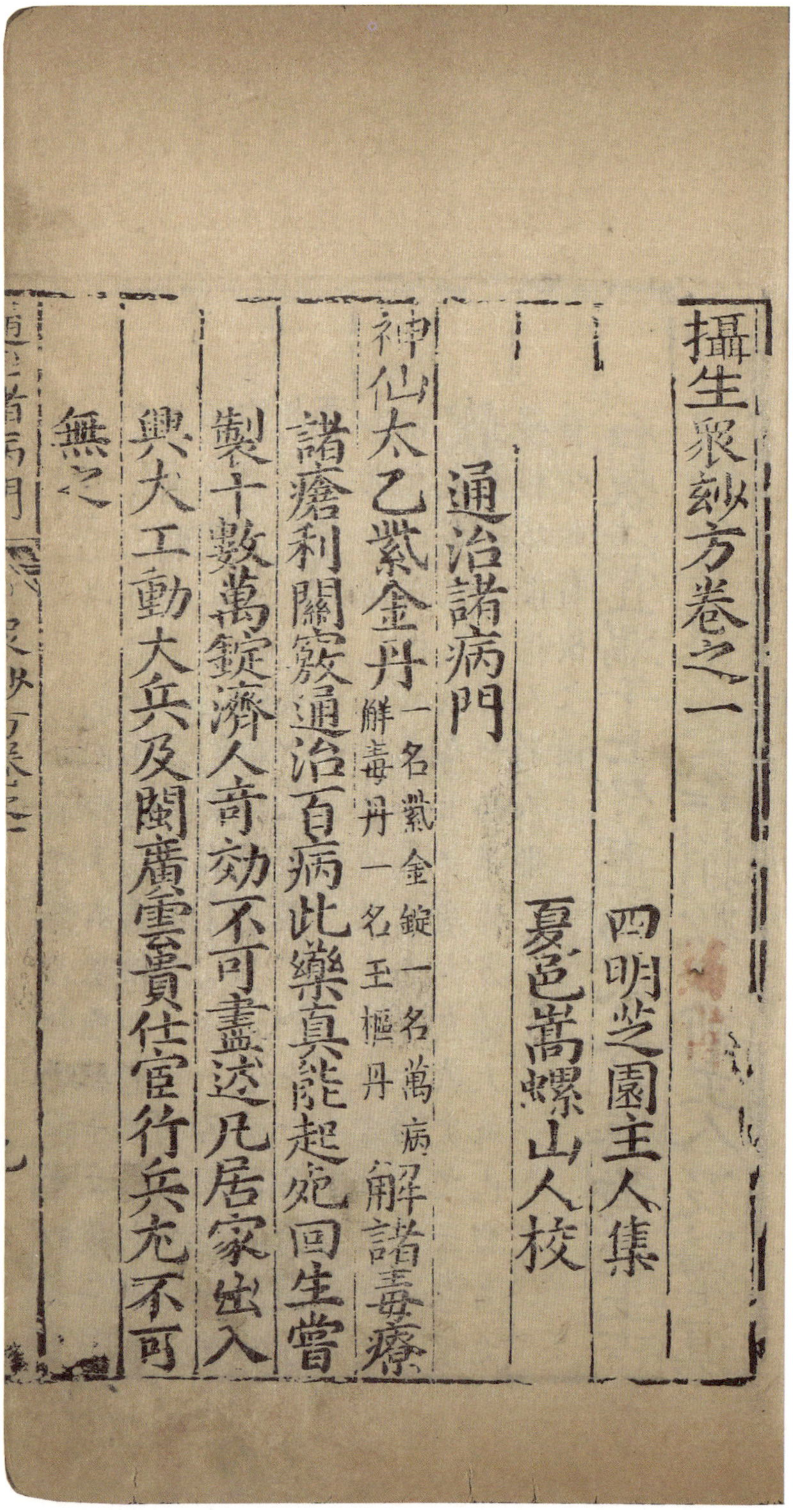

攝生衆玅方十一卷附急救良方二卷 （明）張時徹集 清康熙五十六年（1717）刻本
框高 19.5 厘米，廣 14 厘米。半葉九行，行二十字，小字雙行同，白口，左右雙邊。6 册。
shan700

【雜家類】

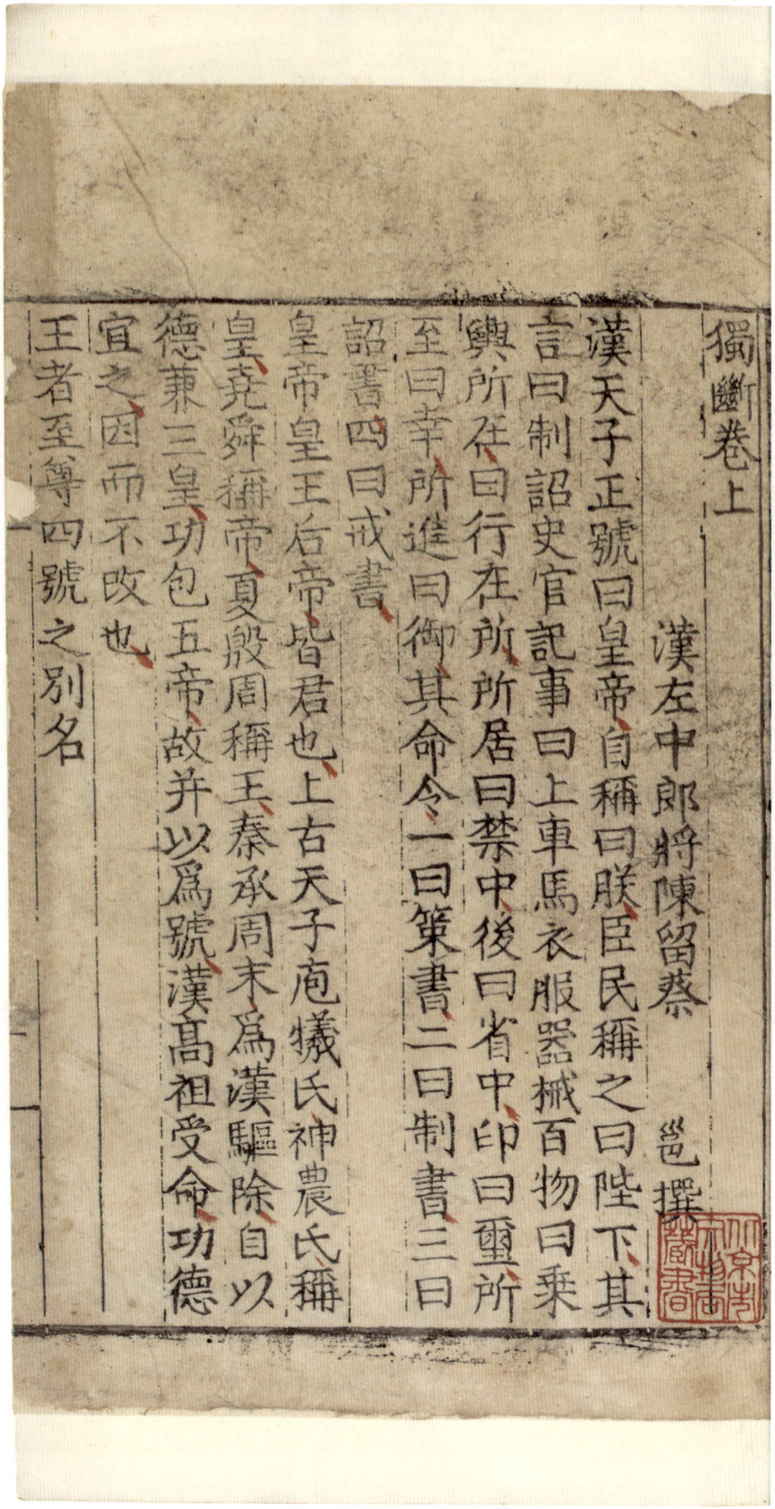
獨斷卷上
漢左中郎將陳留蔡　邕撰
漢天子正號曰皇帝自稱曰朕臣民稱之曰陛下其
言曰制詔史官記事曰上車馬衣服器械百物曰乘
輿所在曰行在所所居曰禁中後曰省中印曰璽所
至曰幸所進曰御其命令一曰策書二曰制書三曰
詔書四曰戒書
皇帝皇王后帝皆君也上古天子庖犧氏神農氏稱
皇堯舜稱帝夏殷周稱王秦承周末爲漢驅除自以
德兼三皇功包五帝故并以爲號漢高祖受命功德
宜之因而不改也
王者至尊四號之別名

獨斷二卷　（漢）蔡邕撰　宋刻本

框高 19.1 厘米，廣 14.5 厘米。半葉十二行，行二十字，白口，左右雙邊。1 册。

一級 6k300

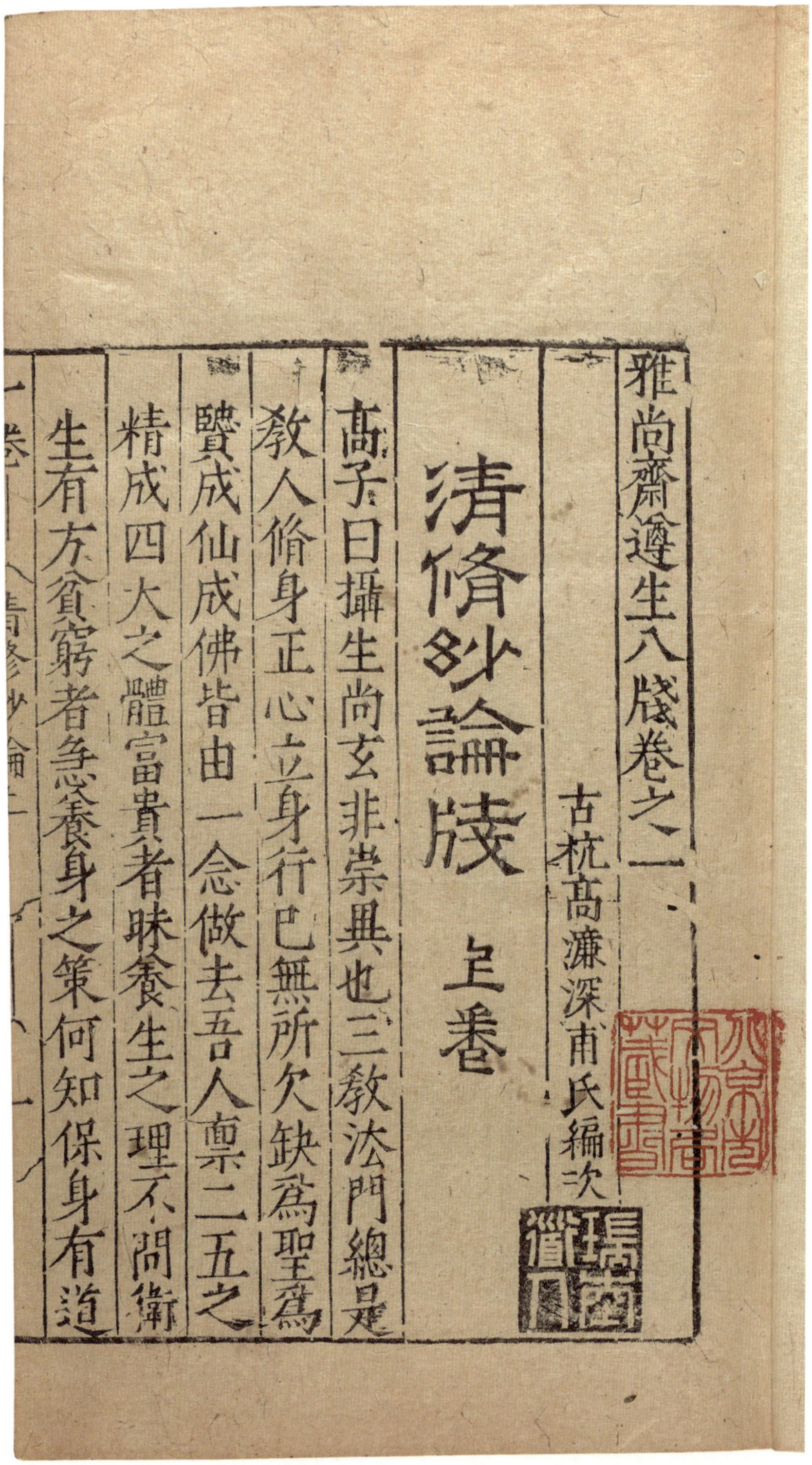
雅尚齋遵生八牋卷之二
古杭高濂深甫氏編次
清脩妙論牋　上卷
高子曰攝生尚玄非崇異也三教法門總是
教人脩身正心立身行己無所欠缺爲聖爲
賢成仙成佛皆由一念做去吾人禀二五之
精成四大之體富貴者昧養生之理不問衛
生有方貧窮者急養身之策何知保身有道

雅尚齋遵生八牋十九卷　（明）高濂編次　明萬曆建邑書林種德堂刻本

框高 19 厘米，廣 13.5 厘米。半葉九行，行十八字，白口，四周單邊。18 册。鈐“長祥堂藏書”白文印等。

二級 351i4871

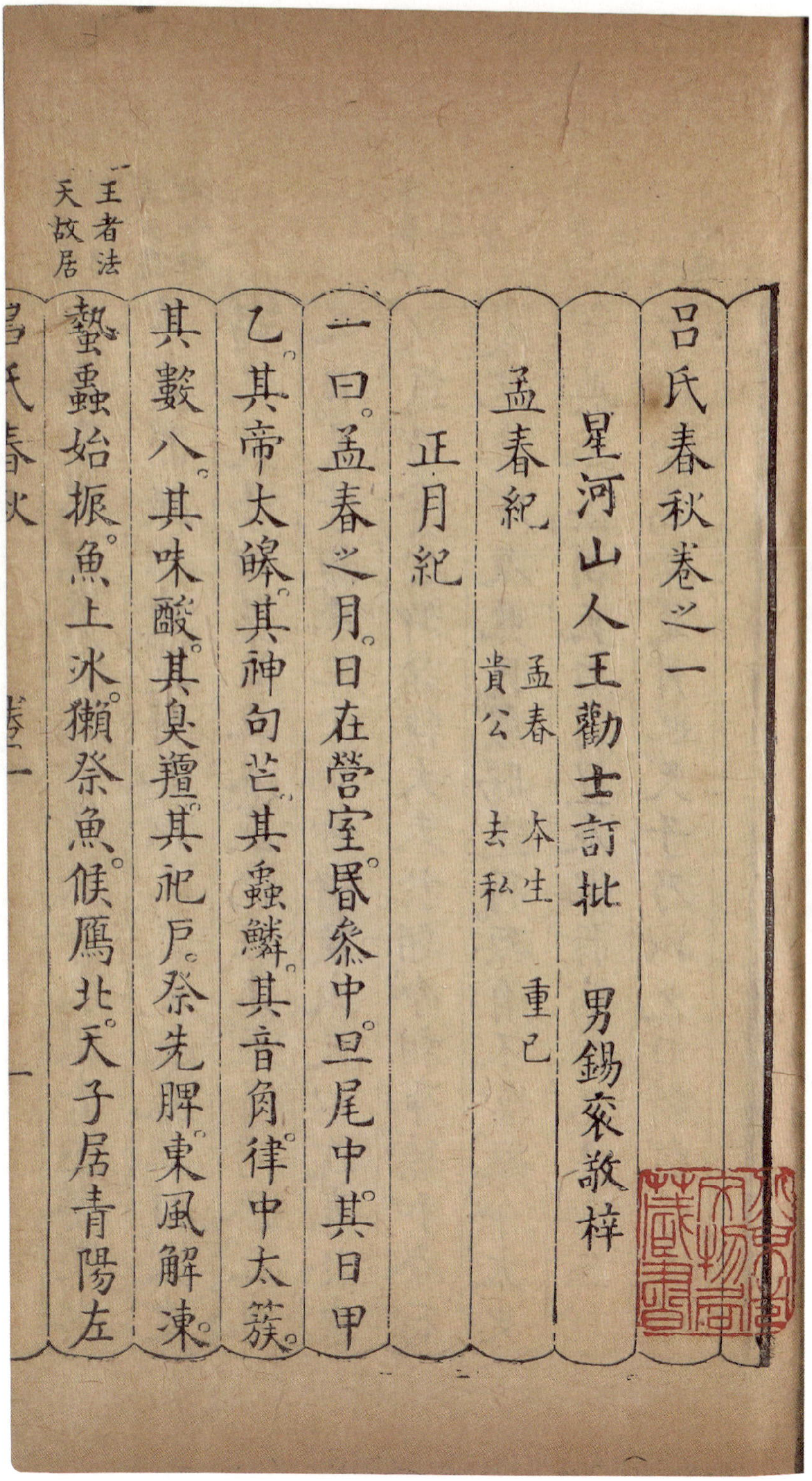

呂氏春秋卷之一
星河山人王勸士訂批　男錫衮敬梓
孟春紀　孟春　本生　重己　貴公　去私
正月紀
一曰孟春之月日在營室昬參中旦尾中其日甲
乙其帝太皥其神句芒其蟲鱗其音角律中太簇
其數八其味酸其臭羶其祀戶祭先脾東風解凍
蟄蟲始振魚上冰獺祭魚候鴈北天子居青陽左
王者法天故居
呂氏春秋　卷一　一

呂氏春秋二十六卷　（明）王勸士訂批　明崇禎七年（1634）王錫衮刻本
框高 20 厘米，廣 14.5 厘米。半葉八行，行十九字，白口，四周單邊。2 册。
二級 37xiao10655

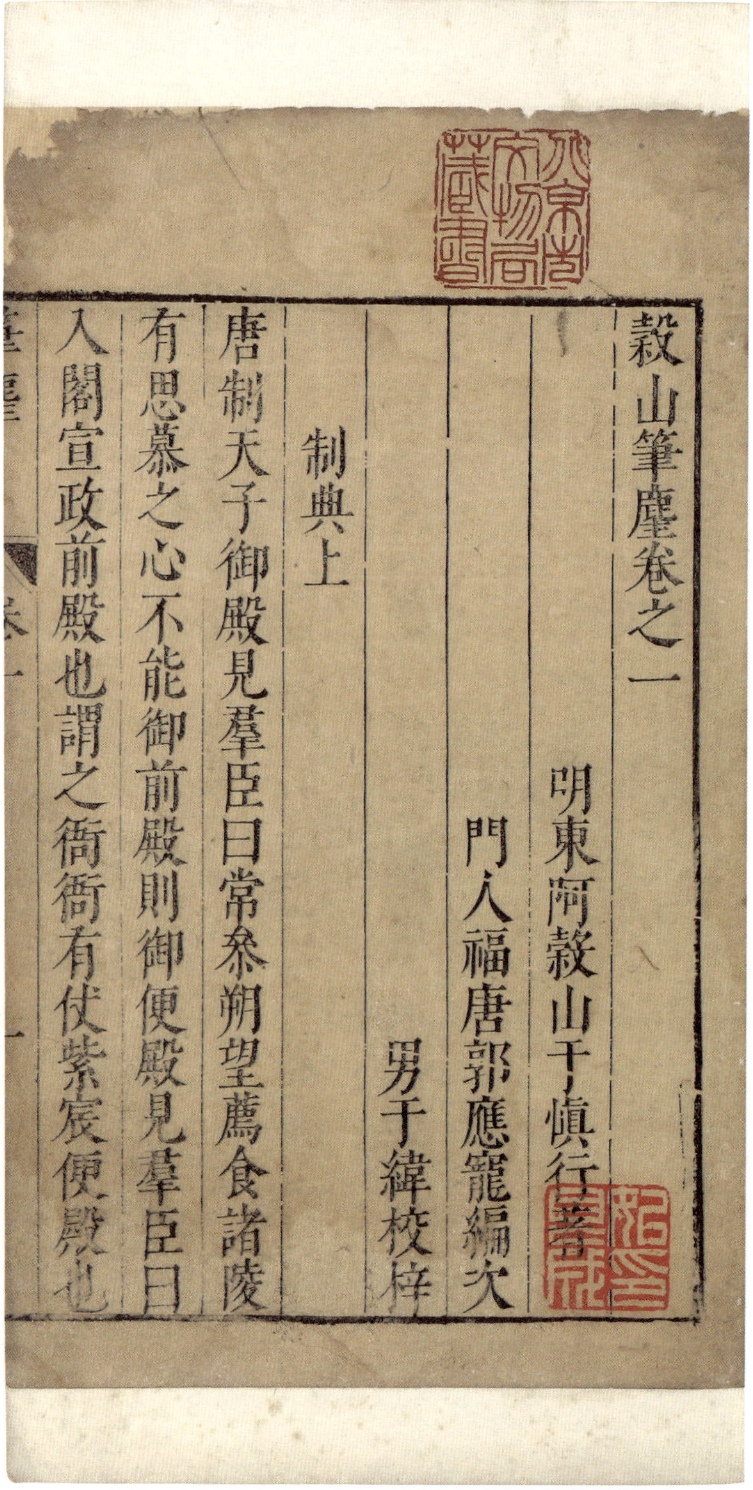

穀山筆塵十八卷　（明）于愼行著　（明）郭應寵編次　明天啓五年（1625）于緯刻本

框高20.5厘米，廣14.5厘米。半葉八行，行十八字，白口，四周單邊。8册。鈐“㚷良成印”白文印。

二級 40pan10572

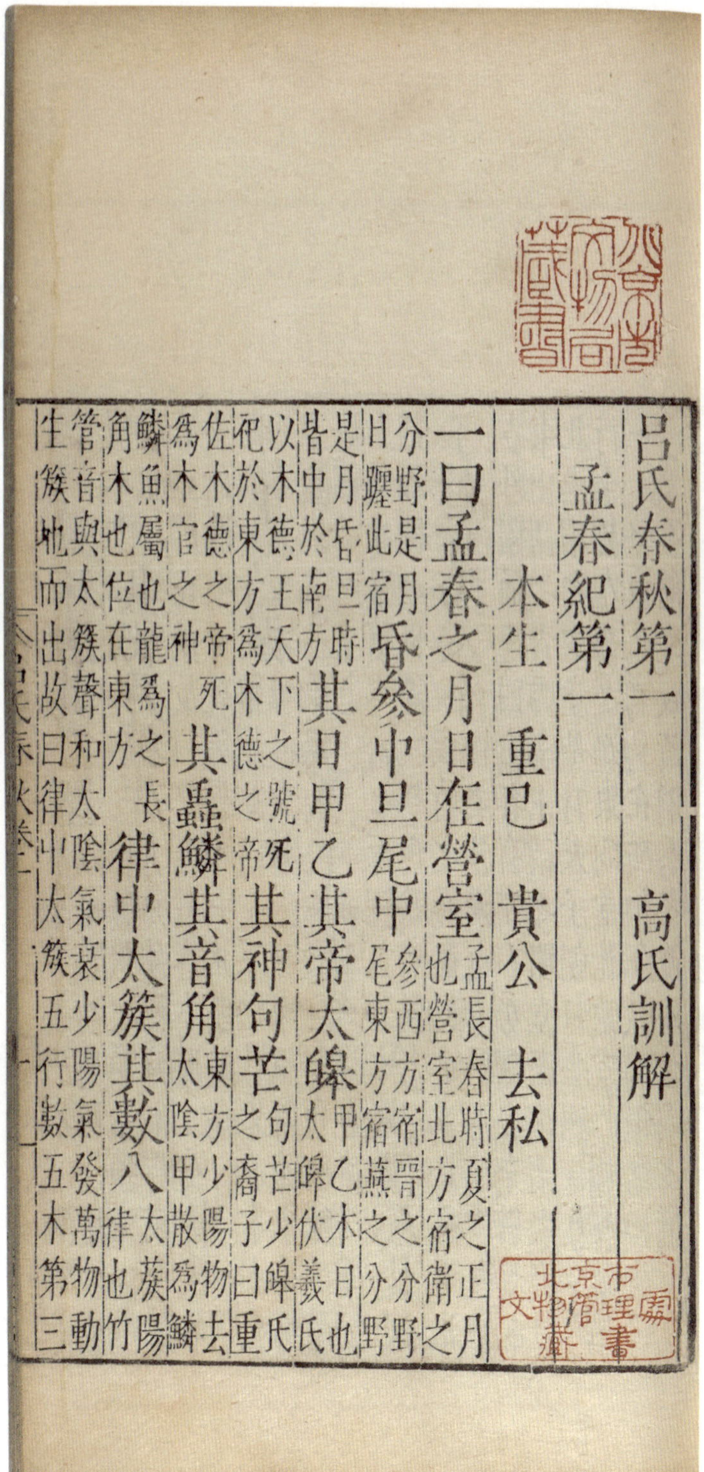

呂氏春秋二十六卷 （漢）高誘訓解 明嘉靖七年（1528）許宗魯刻本

框高 19.6 厘米，廣 14 厘米。半葉十行，行十八字，小字雙行同，白口，左右雙邊。6 册。

二級 42pan10580

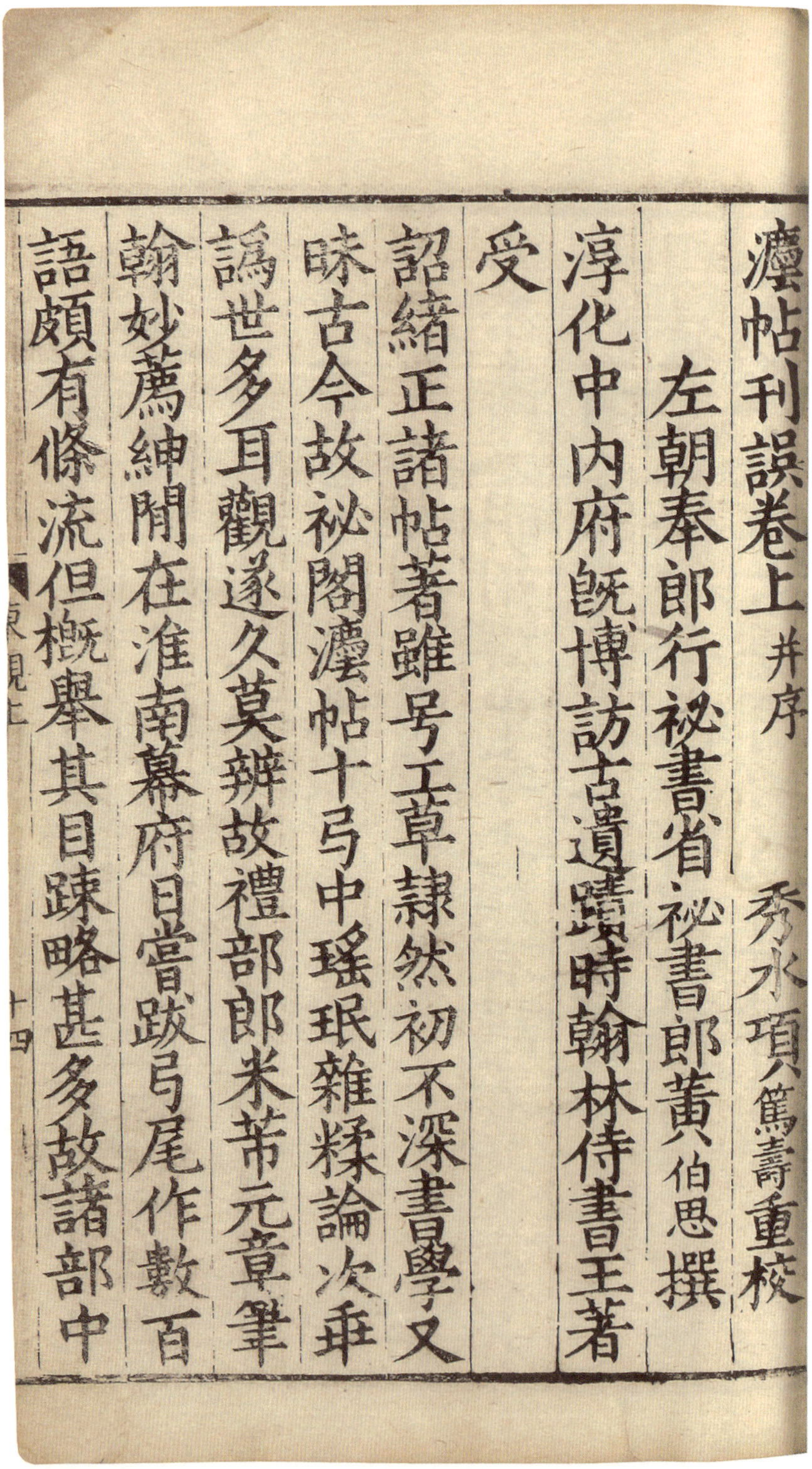
灋帖刊誤卷上并序　秀水項篤壽重校
左朝奉郎行祕書省祕書郎黄伯思撰
淳化中内府既博訪古遺蹟時翰林侍書王著
受
詔緒正諸帖著雖号工草隸然初不深書學又
昧古今故祕閣灋帖十弓中瑶珉雜糅論次乖
譌世多耳觀遂久莫辨故禮部郎米芾元章筆
翰妙薦紳閒在淮南幕府日嘗跋弓尾作數百
語頗有條流但概舉其目踈略甚多故諸部中
東觀上　十四

東觀餘論二卷　（宋）黄伯思撰　明萬曆十二年（1584）項篤壽萬卷堂刻本

框高22.8厘米，廣16.2厘米。半葉九行，行十八字，白口，左右雙邊。2册。鈐“雲煙過眼”朱文印、“商丘陳淮書畫之印”朱文印、“陳氏蘗州”朱文印等。

二級 137k311

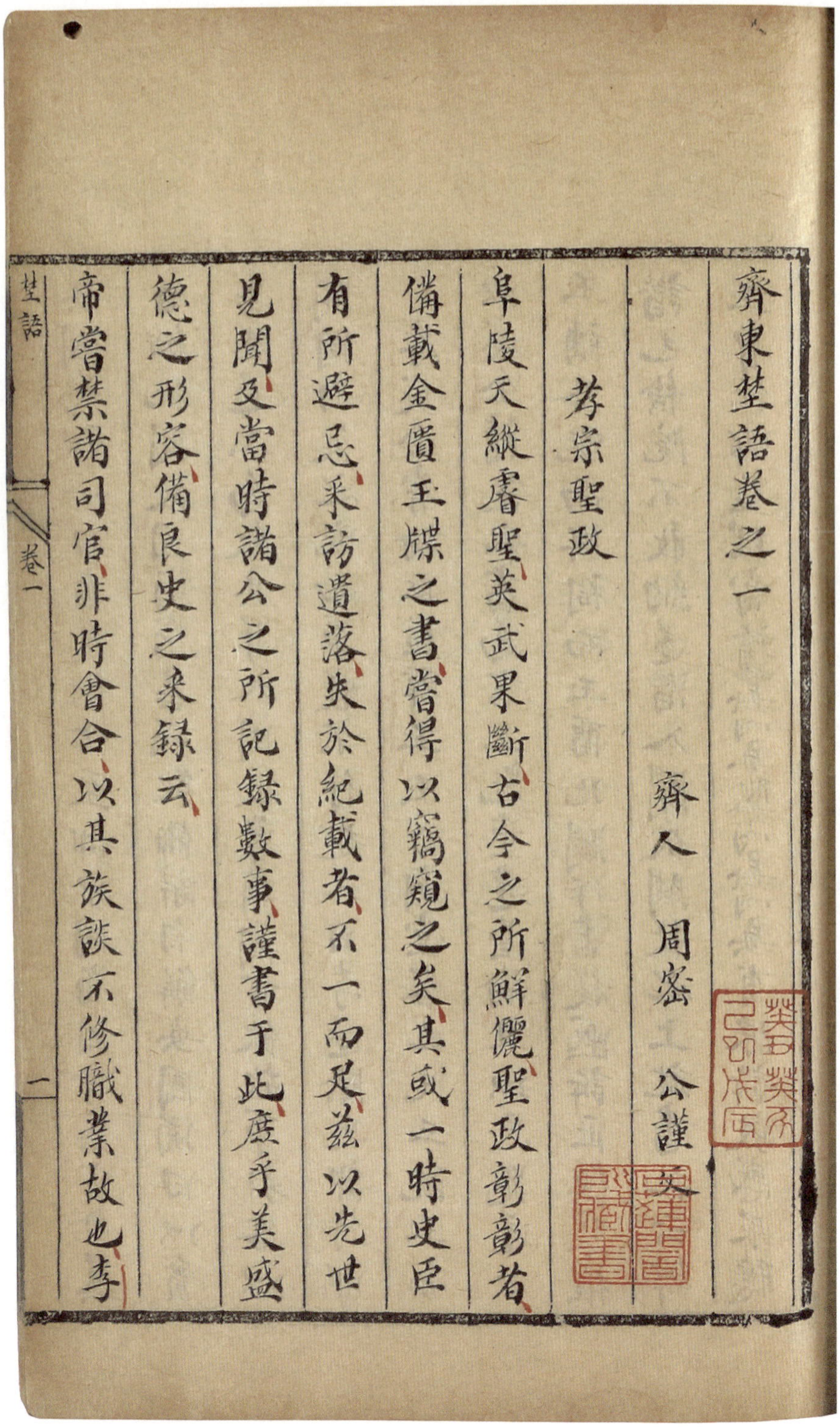
齊東埜語卷之一
齊人　周密　公謹父
孝宗聖政
阜陵天縱睿聖英武果斷古今之所鮮儷聖政彰彰者
備載金匱玉牒之書嘗得以竊窺之矣其或一時史臣
有所避忌采訪遺落失於紀載者不一而足茲以先世
見聞及當時諸公之所記録數事謹書于此庶乎美盛
德之形容備良史之采録云
帝嘗禁諸司官非時會合以其族談不修職業故也李
埜語　卷一　一

齊東埜語二十卷　（宋）周密撰　清康熙抄本

框高 19.2 厘米，廣 14.4 厘米。半葉九行，行二十一字，白口，左右雙邊。4 册。鈐“石蓮閣所藏書”朱文印、“清曠居圖書記”白文印等。

二級 138k312

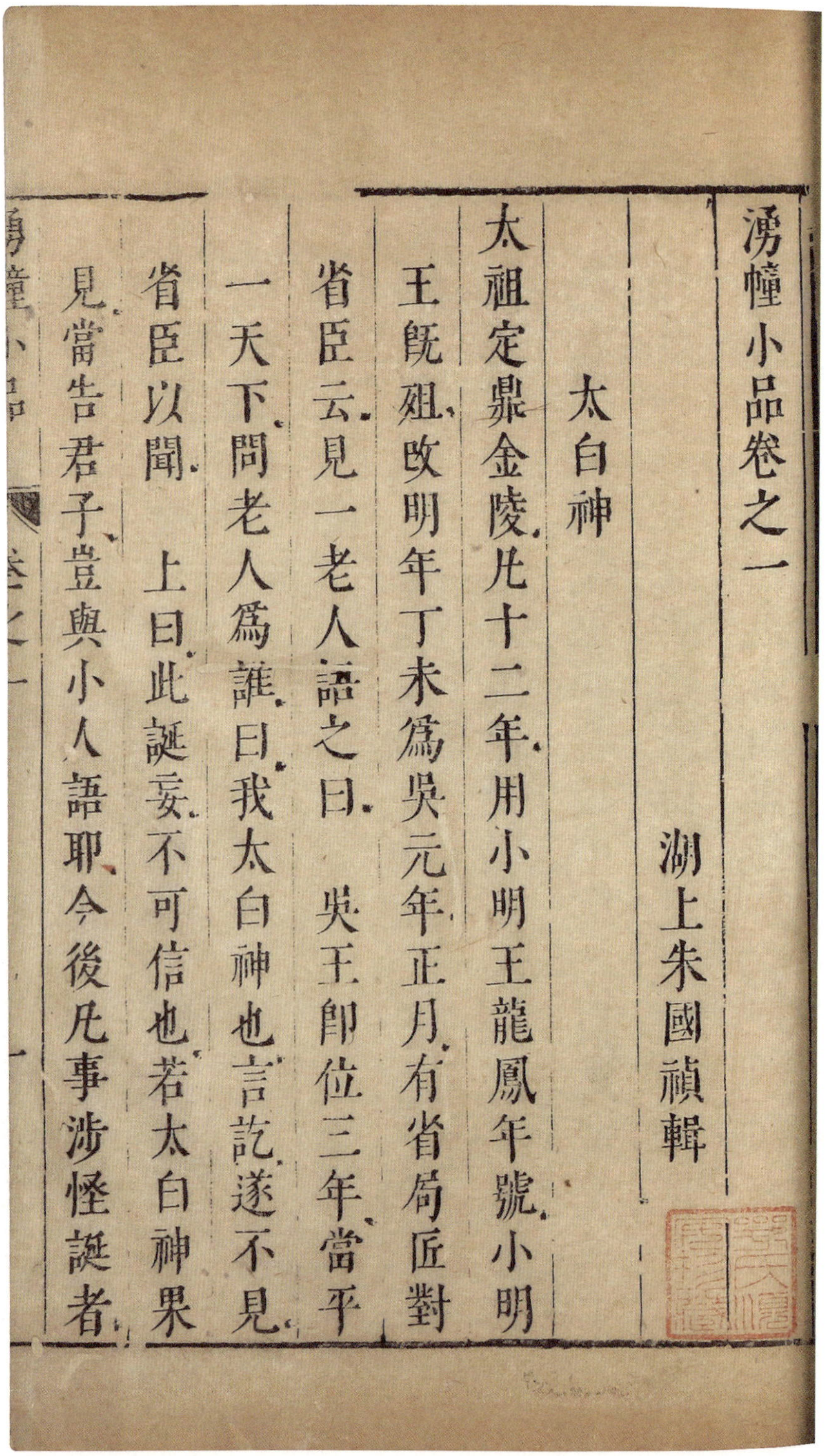
湧幢小品卷之一

湖上朱國禎輯

太白神

太祖定鼎金陵凡十二年用小明王龍鳳年號小明王旣殂改明年丁未爲吳元年正月有省局匠對省臣云見一老人語之曰　吳王卽位三年當平一天下問老人爲誰曰我太白神也言訖遂不見省臣以聞　上曰此誕妄不可信也若太白神果見當告君子豈與小人語耶今後凡事涉恠誕者

湧幢小品　卷之一　一

湧幢小品三十二卷　（明）朱國禎輯　明天啓二年（1622）清美堂刻本

框高 21 厘米，廣 15 厘米。半葉九行，行二十字，白口，左右雙邊。16 册。鈐“養拙軒藏書印”朱文印、“鄂氏順安珍藏”朱文印等。

二級 140k318

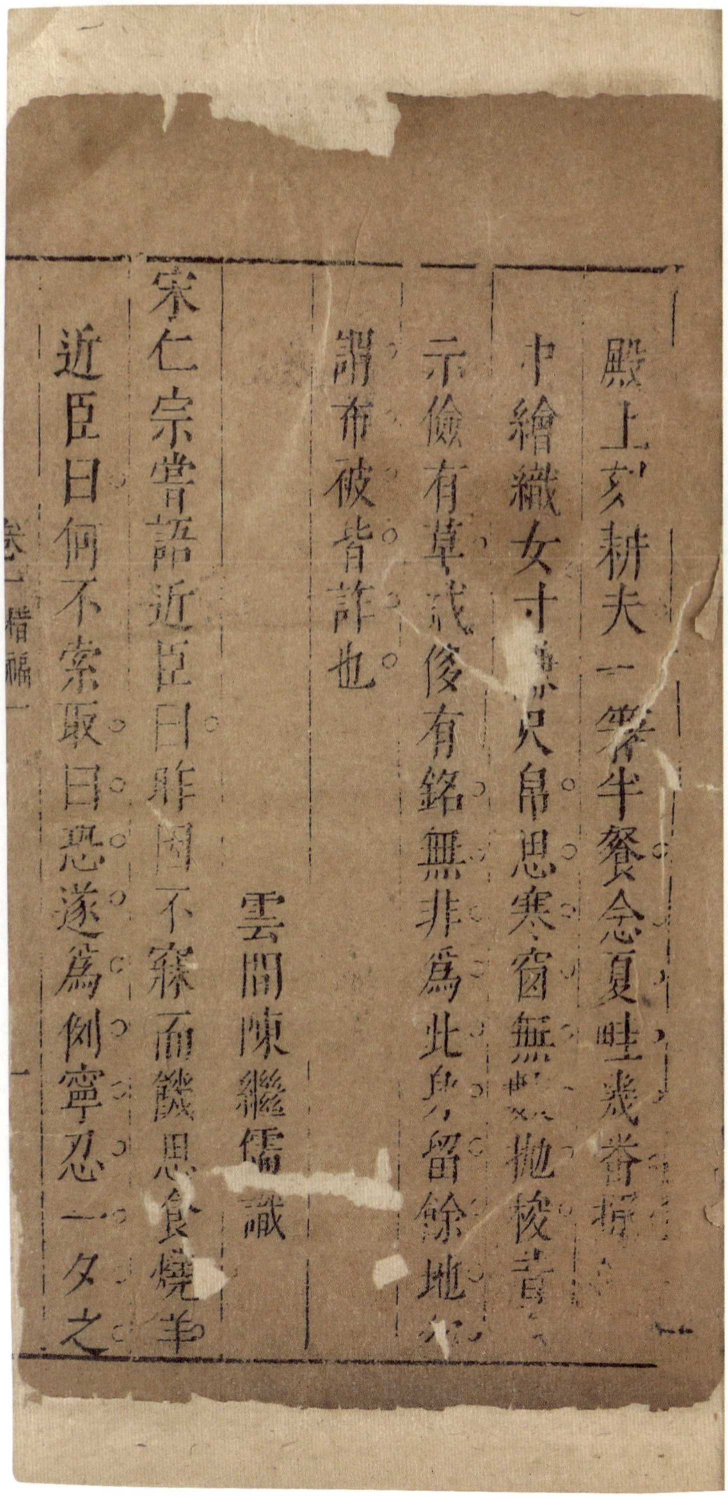
殿上刻耕夫一犂半餐念夏畦裂畚揷
中繪織女寸縷尺帛思寒窗無數拋梭苦
示儉有章戒侈有銘無非爲此身留餘地
謂布被皆詐也
雲間陳繼儒識
宋仁宗嘗語近臣曰昨因不寐而饑思食燒羊
近臣曰何不索取曰恐遂爲例寧忍一夕之
卷一　惜福　一

福壽全書六卷　（明）陳繼儒撰　明刻本

框高 20 厘米，廣 13.7 厘米。半葉八行，行十八字，白口，四周單邊。6 册。

二級 188shan65

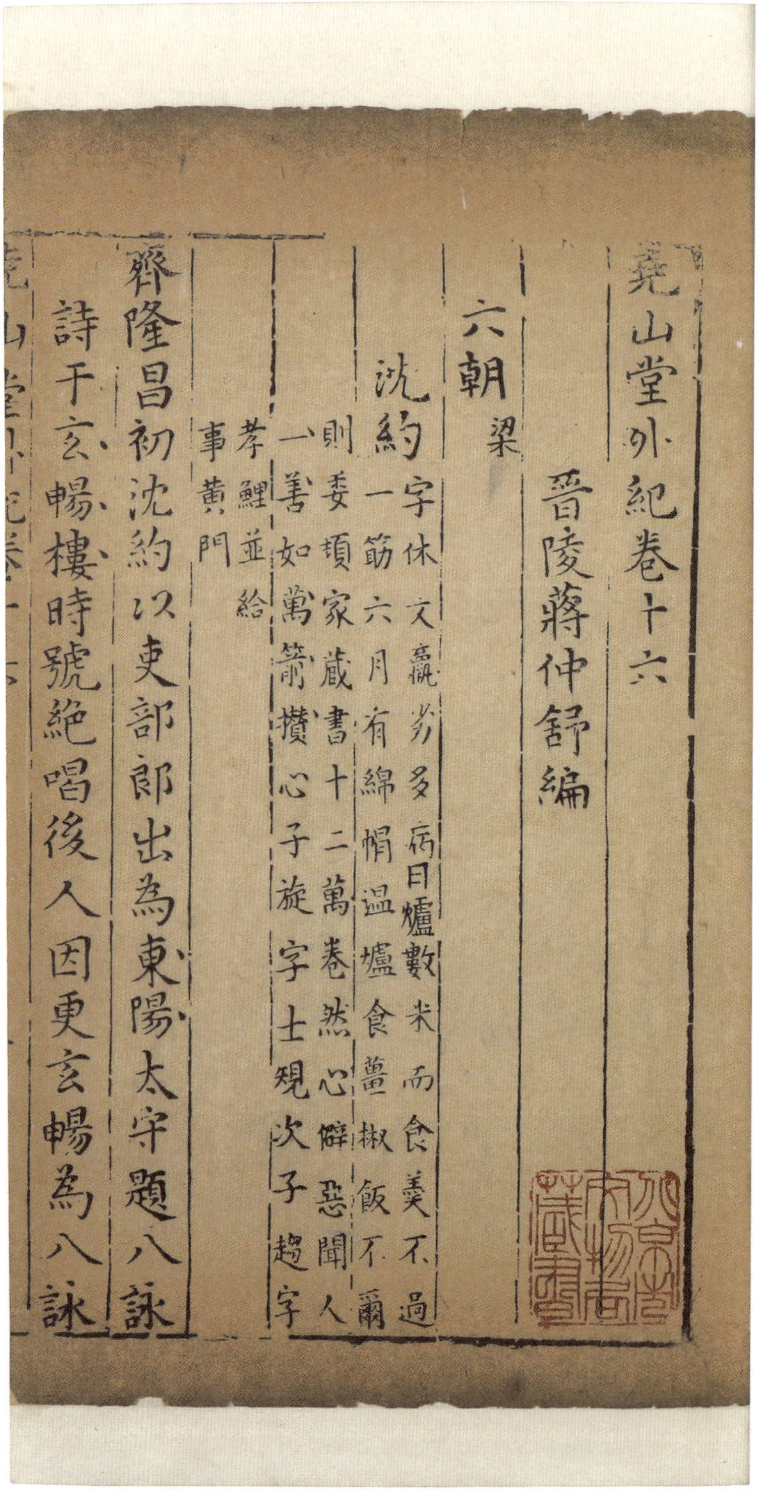
堯山堂外紀卷十六
晉陵蔣仲舒編
六朝
梁
沈約 字休文羸劣多病日爐數米而食羹不過一筋六月有綿帽温爐食薑椒飯不爾則委頓家藏書十二萬卷然心僻惡聞人一善如萬箭攢心子旋字士規次子趨字孝鯉並給事黄門
齊隆昌初沈約以吏部郎出為東陽太守題八詠詩于玄暢樓時號絶唱後人因更玄暢為八詠
堯山堂外紀卷十六

堯山堂外紀一百卷　（明）蔣一葵撰　明萬曆舒一泉刻本

框高 24 厘米，廣 12.7 厘米。半葉八行，行十九字，小字雙行同，白口，四周單邊。32 册。存六十七卷（十六至八十二）。

二級 189shan66

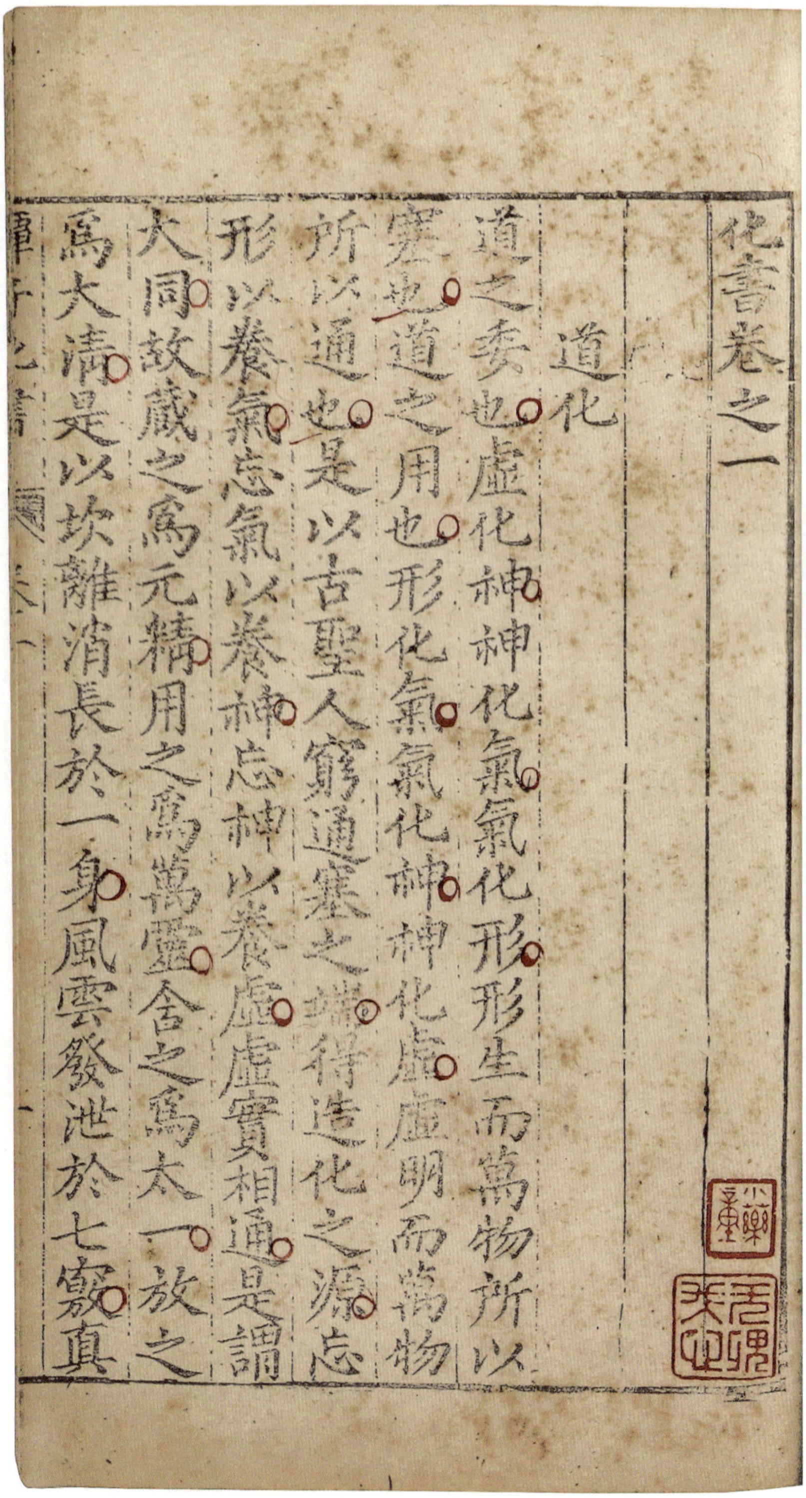

化書六卷　（五代）譚峭撰　明刻本

框高 19.6 厘米，廣 12.9 厘米。半葉九行，行二十字，白口，四周單邊。3 册。鈐“小藥童”朱文印、“無愧我心”朱文印等。

二級 196shan81

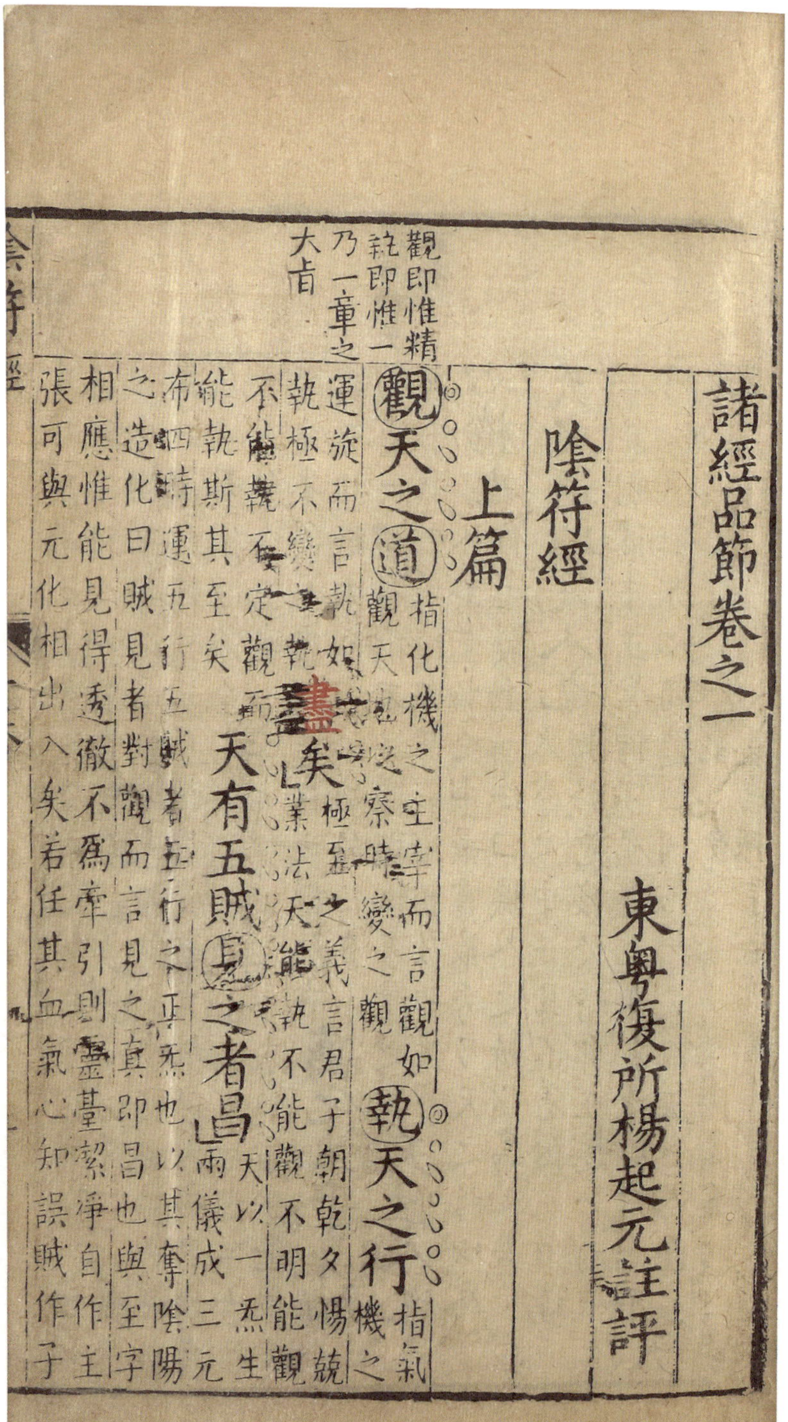
觀即惟精 執即惟一 乃一章之大旨

諸經品節卷之一

東粵復所楊起元註評

陰符經

上篇

觀天之道，執天之行，盡矣。

天有五賊，見之者昌。

諸經品節二十卷　（明）楊起元註評　明萬曆刻本

框高 21.7 厘米，廣 14.2 厘米。半葉上下兩欄，上欄鐫評，下欄九行，行十八字，小字雙行同，白口，四周單邊。12 册。鈐“千手千眼大士璽寶”朱文印。

二級 208shan100

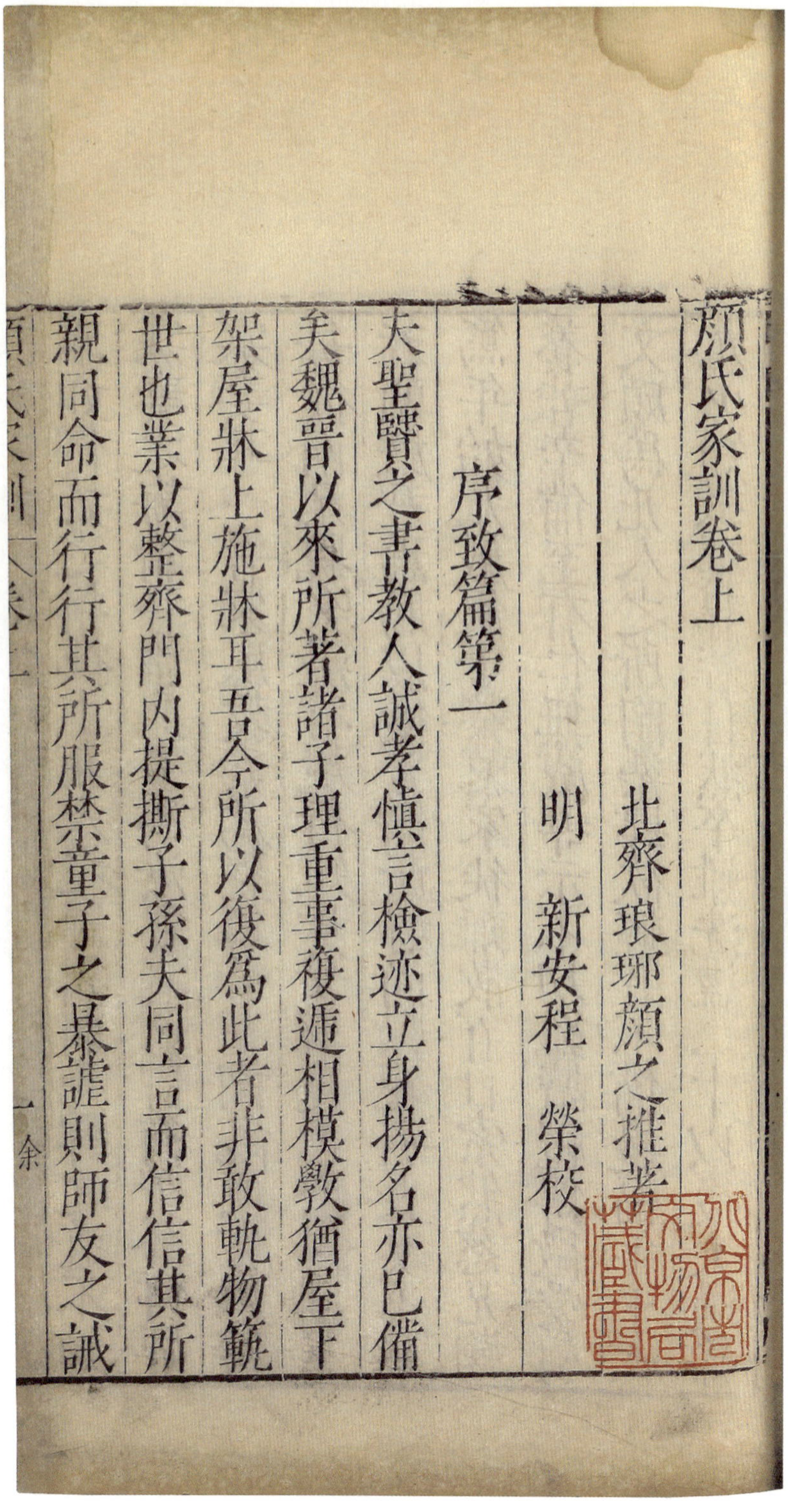

顔氏家訓二卷　（北齊）顔之推著　（明）程榮校　明萬曆刻本

框高 19.6 厘米，廣 13.6 厘米。半葉九行，行二十字，白口，左右雙邊。2 册。

二級 225shan160

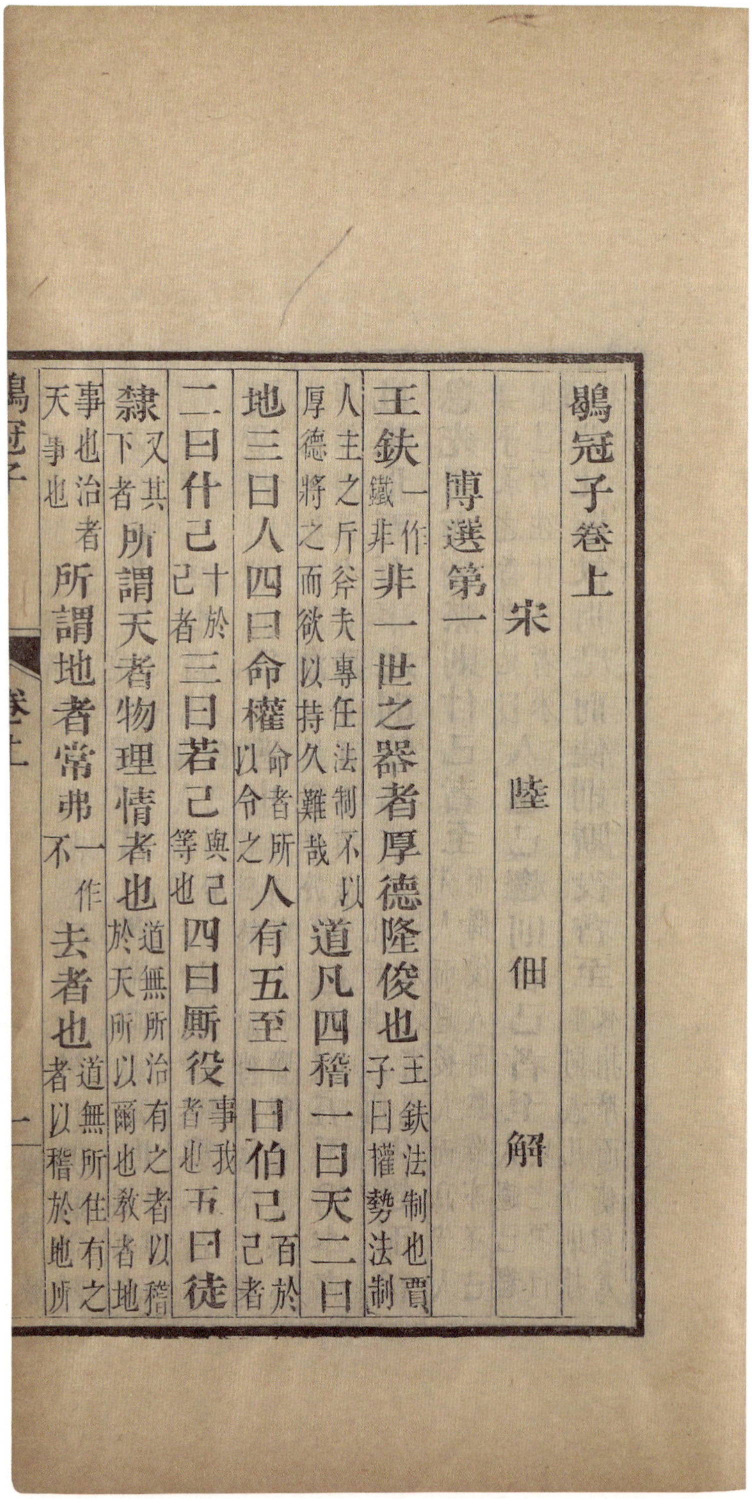
鶡冠子卷上
宋　陸佃　解
博選第一
王鈇一作鐵非非一世之器者厚德隆俊也王鈇法制也賈子曰權勢法制人主之斤斧夫事任法制不以厚德將之而欲以持久難哉道凡四稽一曰天二曰地三曰人四曰命權命者所以令之人有五至一曰伯己百於己者二曰什己十於己者三曰若己與己等也四曰厮役事我者也五曰徒隸又其下者所謂天者物理情者也道無所治有之者以稽於天所以爾也教者地事也治者天事也所謂地者常弗一作不去者也道無所住有之者以稽於地所
鶡冠子　卷上　一

鶡冠子三卷　（宋）陸佃解　清乾隆武英殿木活字印本

框高 19.3 厘米，廣 12.7 厘米。半葉九行，行二十一字，小字雙行同，白口，四周雙邊。1 册。

二級 230shan203

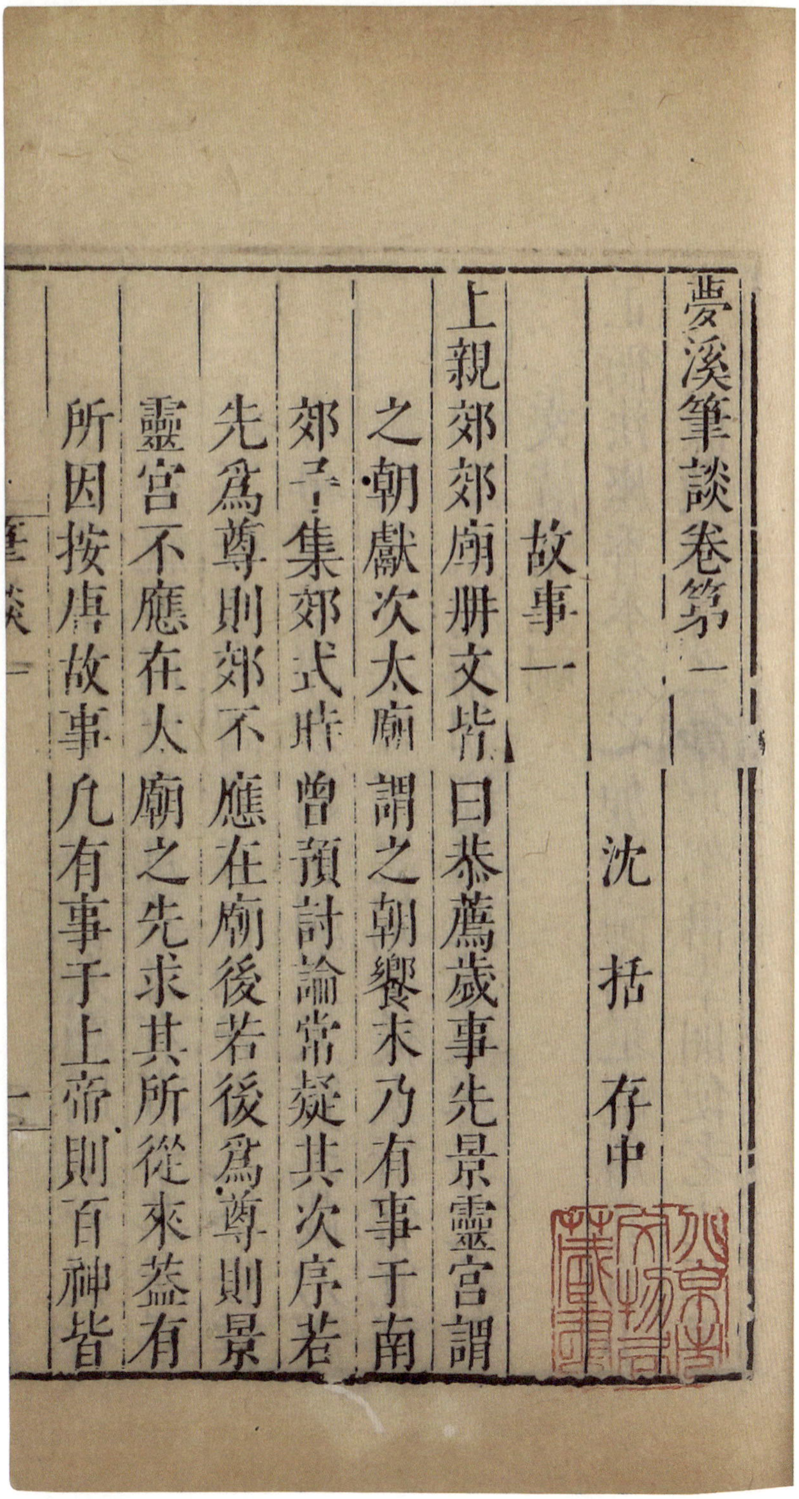
夢溪筆談卷第一
沈括存中
故事一
上親郊郊廟册文皆曰恭薦歲事先景靈宮謂之朝獻次太廟謂之朝饗末乃有事于南郊予集郊式時曾預討論常疑其次序若先爲尊則郊不應在廟後若後爲尊則景靈宮不應在太廟之先求其所從來葢有所因按唐故事凡有事于上帝則百神皆

夢溪筆談二十六卷補筆談三卷續筆談一卷　（宋）沈括撰　明崇禎四年（1631）馬元調刻本

框高 18.8 厘米，廣 12.2 厘米。半葉九行，行十八字，白口，左右雙邊。6 册。

二級 253shan440

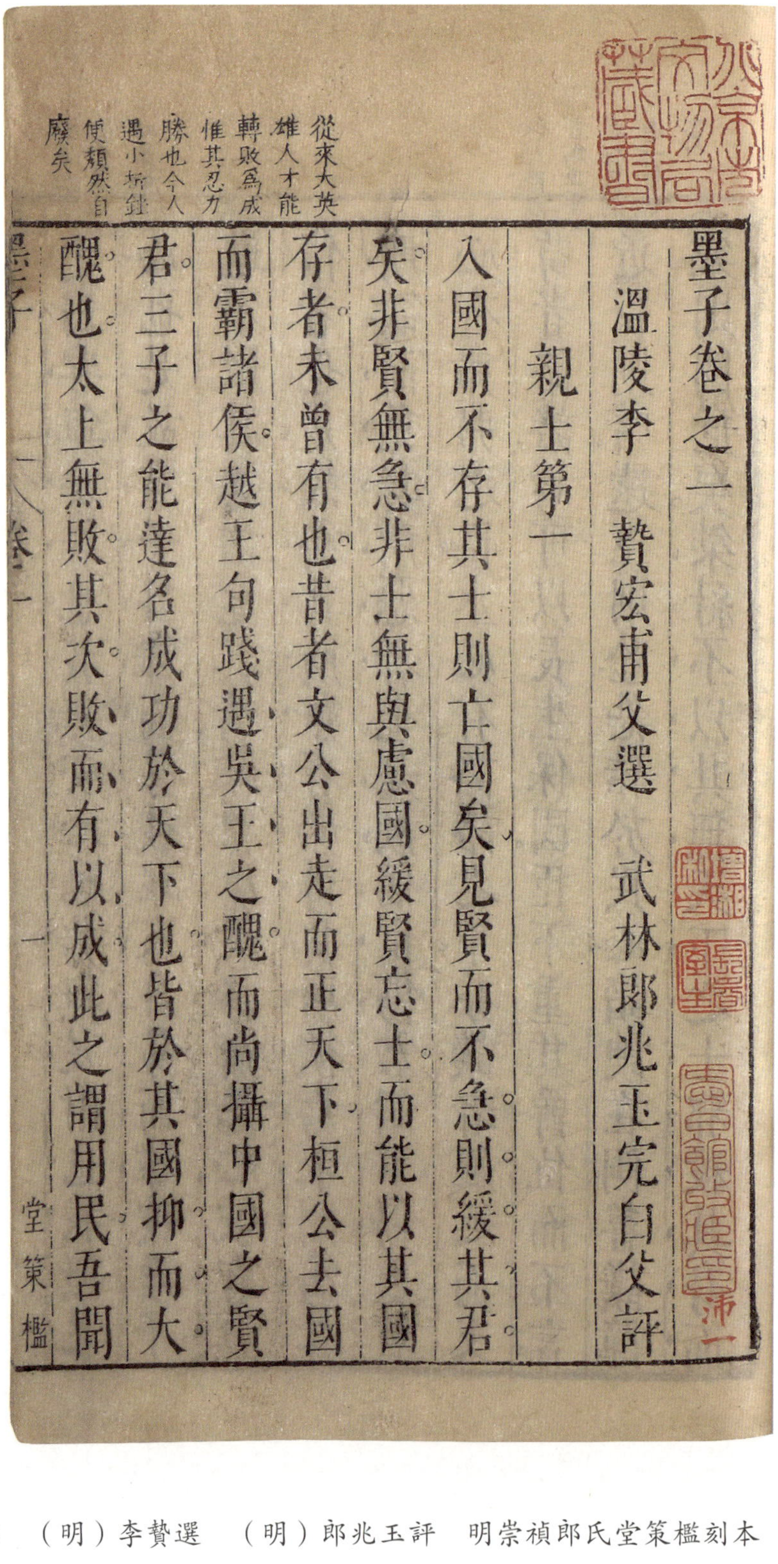

墨子十五卷　（明）李贄選　（明）郎兆玉評　明崇禎郎氏堂策檻刻本

框高 21.4 厘米，廣 13.2 厘米。半葉九行，行二十字，白口，四周單邊。4 册。鈐“愛日館收藏印”朱文印、“長春室主”朱文印、“增湘私印”白文印、“雙鑒樓藏書印”朱文印等。

二級 258shan462

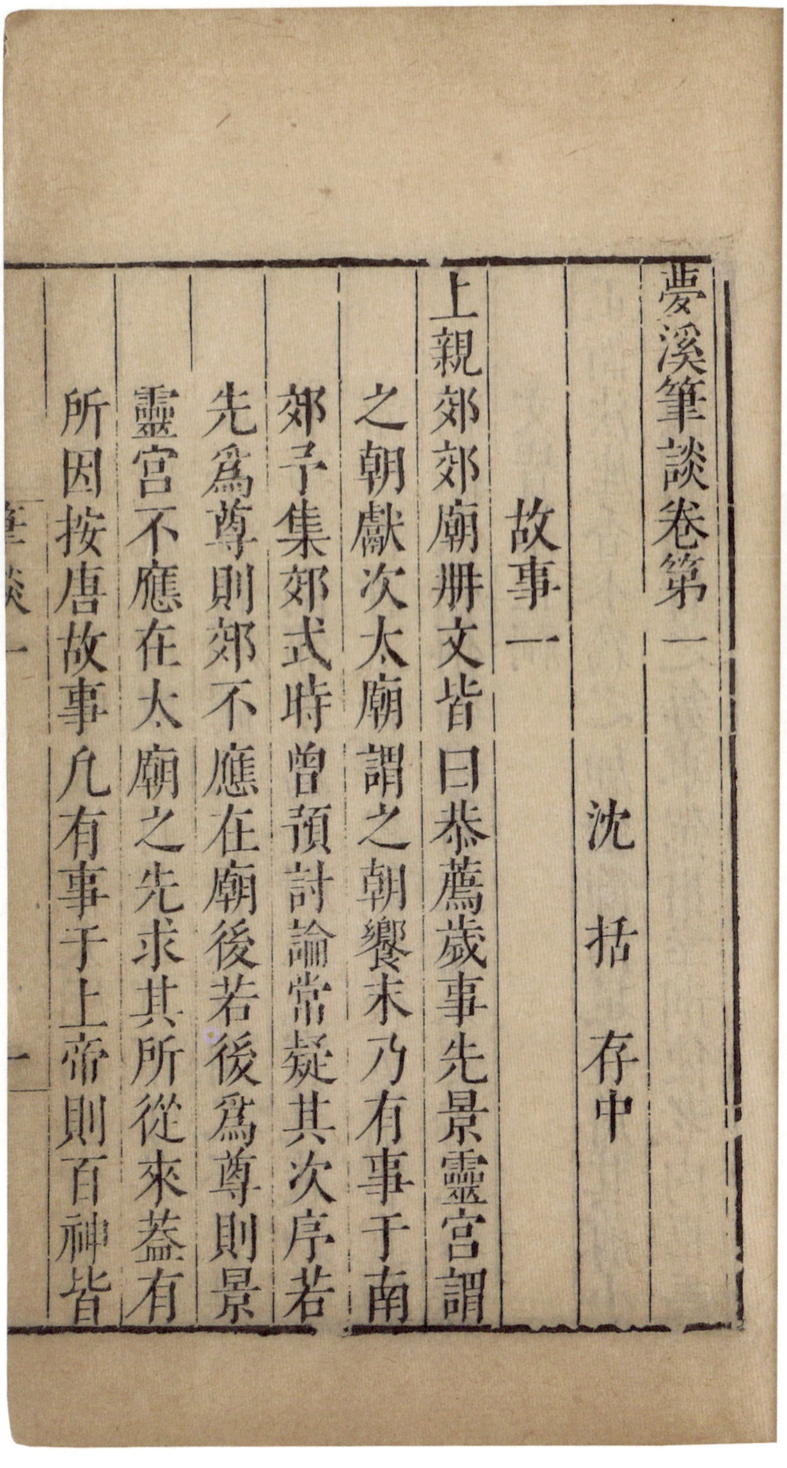
夢溪筆談卷第一
沈　括　存中
故事一
上親郊郊廟册文皆曰恭薦歲事先景靈宮謂
之朝獻次太廟謂之朝饗末乃有事于南
郊予集郊式時曾預討論常疑其次序若
先爲尊則郊不應在廟後若後爲尊則景
靈宮不應在太廟之先求其所從來葢有
所因按唐故事凡有事于上帝則百神皆
筆談一　一

夢溪筆談二十六卷補三卷續一卷　（宋）沈括撰　明崇禎四年（1631）馬元調刻本

框高 18.7 厘米，廣 12.2 厘米。半葉九行，行十八字，白口，左右雙邊。4 册。鈐“養拙軒藏書印”朱文印。

二級 275shan572

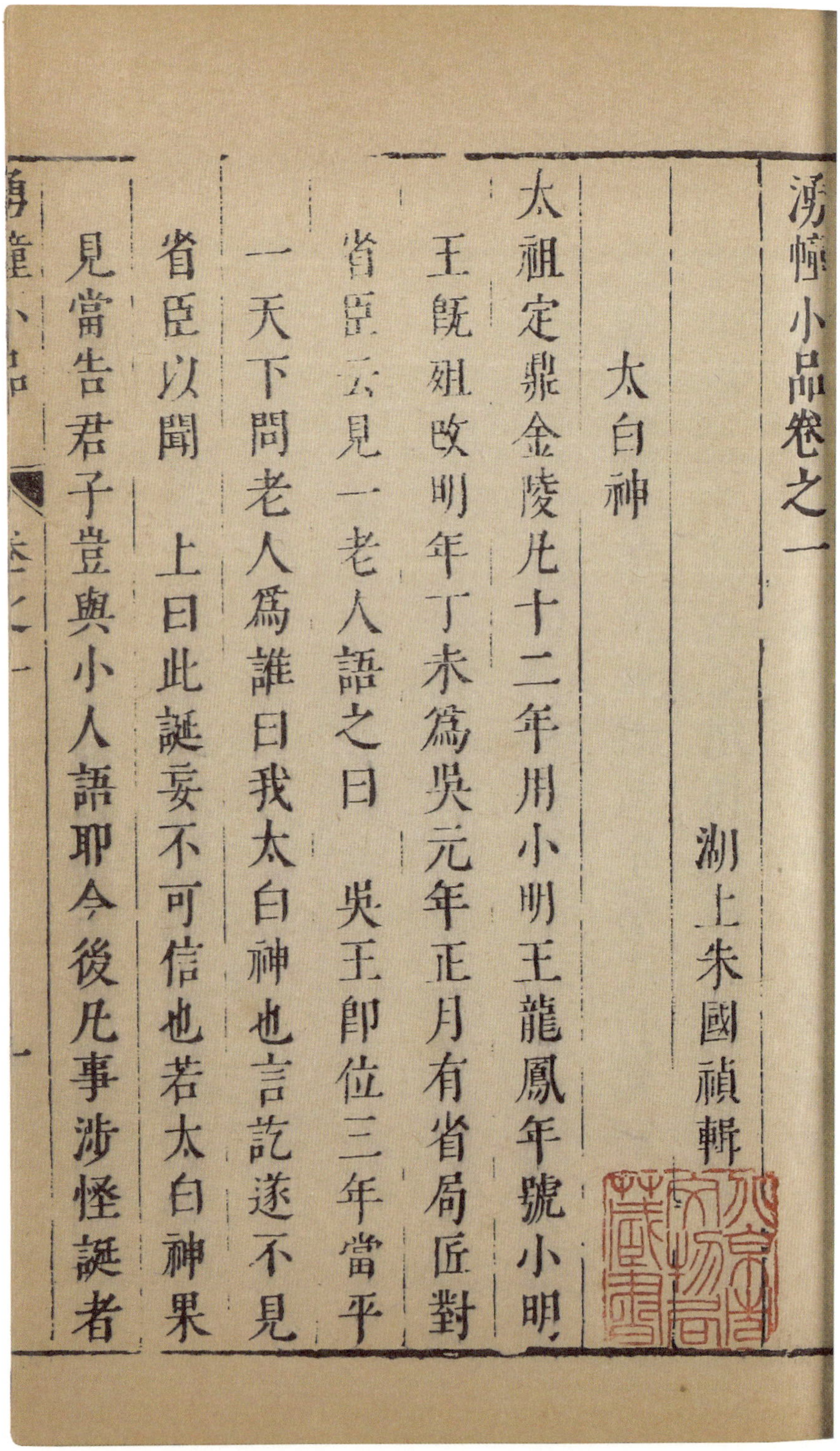
湧幢小品卷之一
淛上朱國禎輯
太白神
太祖定鼎金陵凡十二年用小明王龍鳳年號小明
王既殂改明年丁未爲吳元年正月有省局匠對
省臣云見一老人語之曰　吳王即位三年當平
一天下問老人爲誰曰我太白神也言訖遂不見
省臣以聞　上曰此誕妄不可信也若太白神果
見當告君子豈與小人語耶今後凡事涉恠誕者
湧幢小品　卷之一　一

湧幢小品三十三卷　（明）朱國禎輯　明天啓刻本

框高21厘米，廣14.1厘米。半葉九行，行二十字，白口，左右雙邊。24册。存二十四卷（一至二十四）。

二級 288shan688

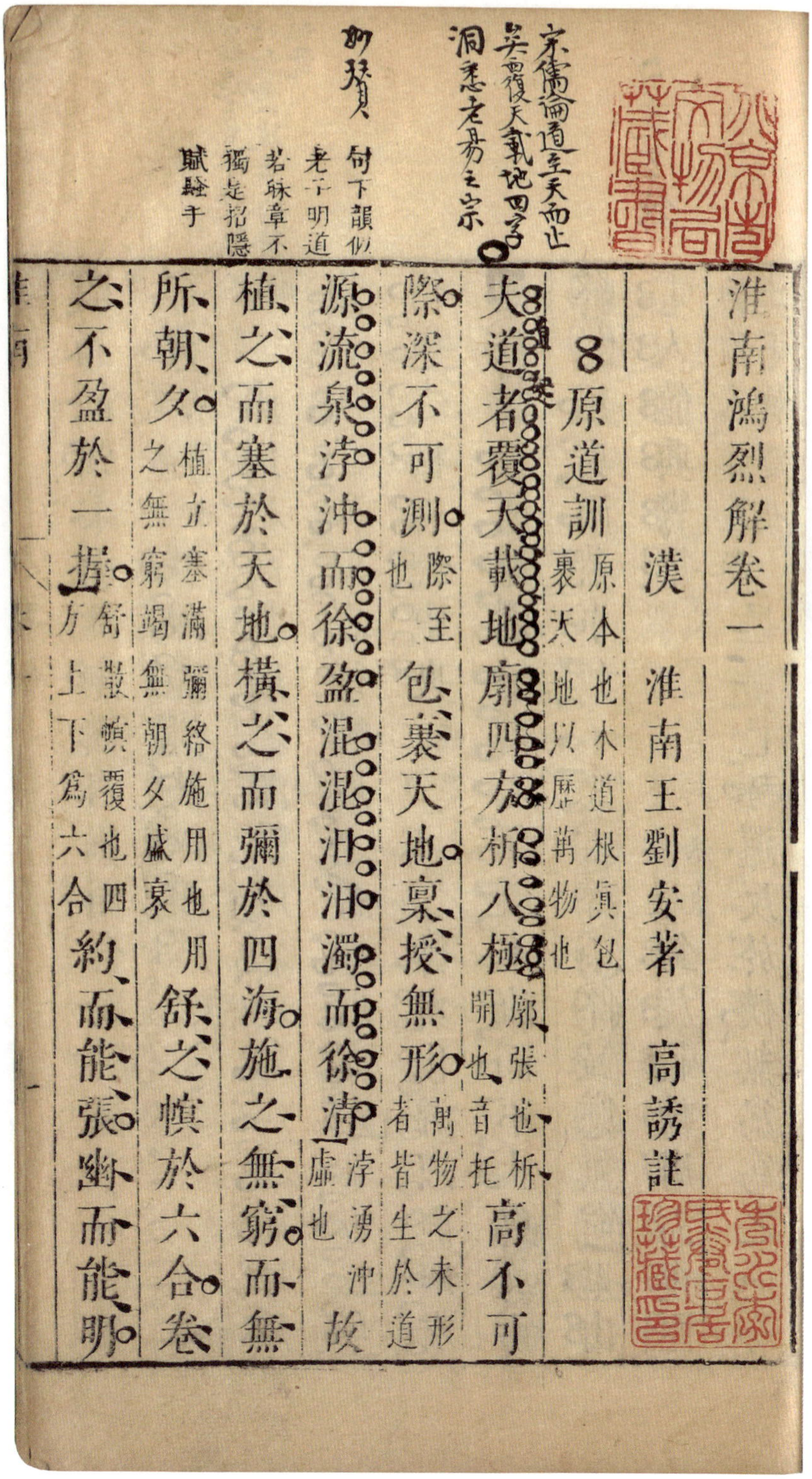

淮南鴻烈解二十一卷　（漢）劉安著　（漢）許慎　（漢）高誘註　明末刻本

框高 19.8 厘米，廣 13.6 厘米。半葉九行，行二十字，小字雙行同，白口，左右雙邊。2 册。鈐“秀水李氏卷石居士珍藏印”朱文印、“嘉興李濳”白文印等。

二級 294shan768

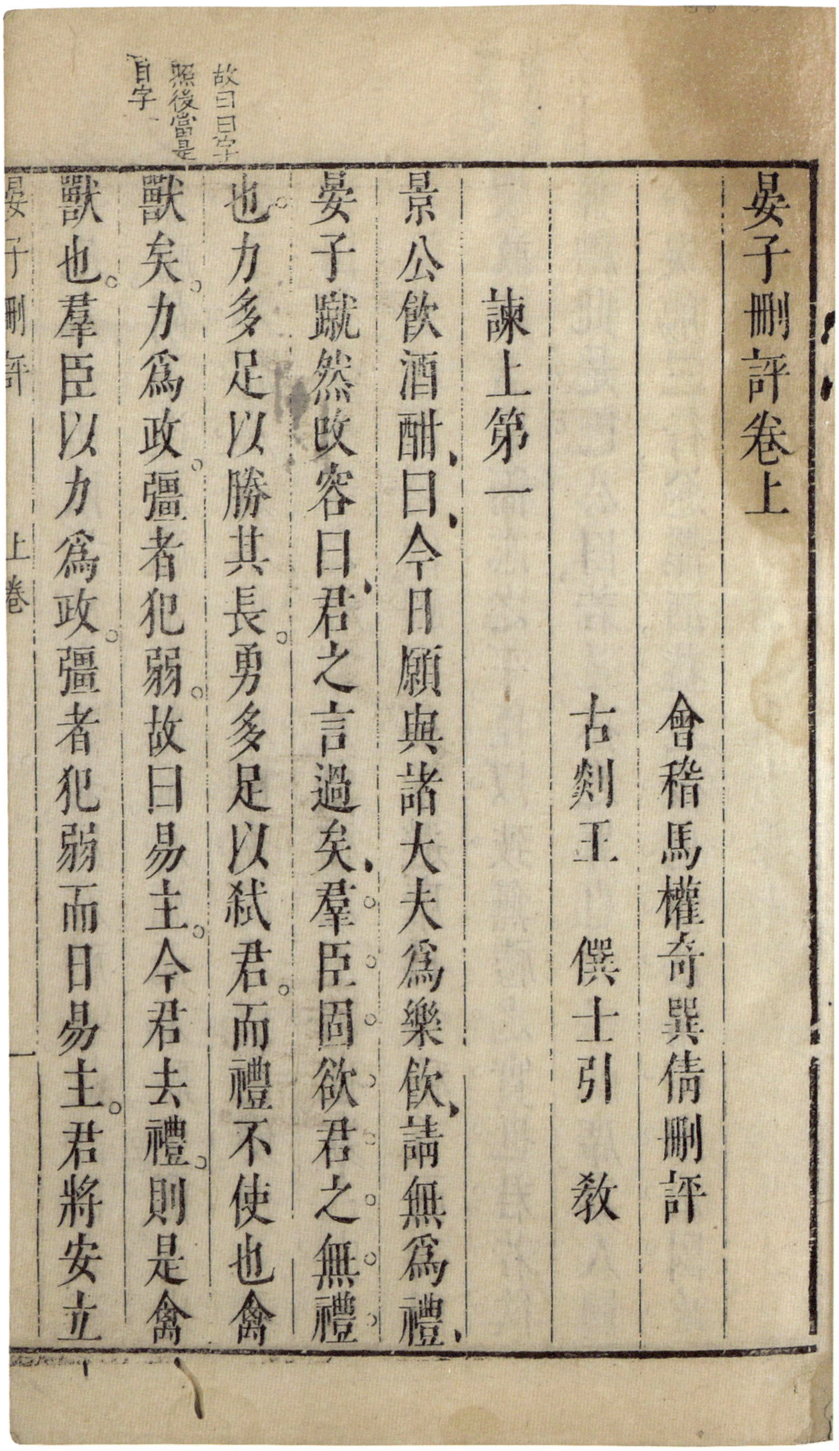

晏子删評二卷 （明）馬權奇撰 **廣成子一卷** （宋）蘇軾撰 **於陵子一卷** （戰國）田仲撰 明末刻本

框高 21.5 厘米，廣 14 厘米。半葉九行，行二十字，白口，四周單邊。1 册。

三級 5k21

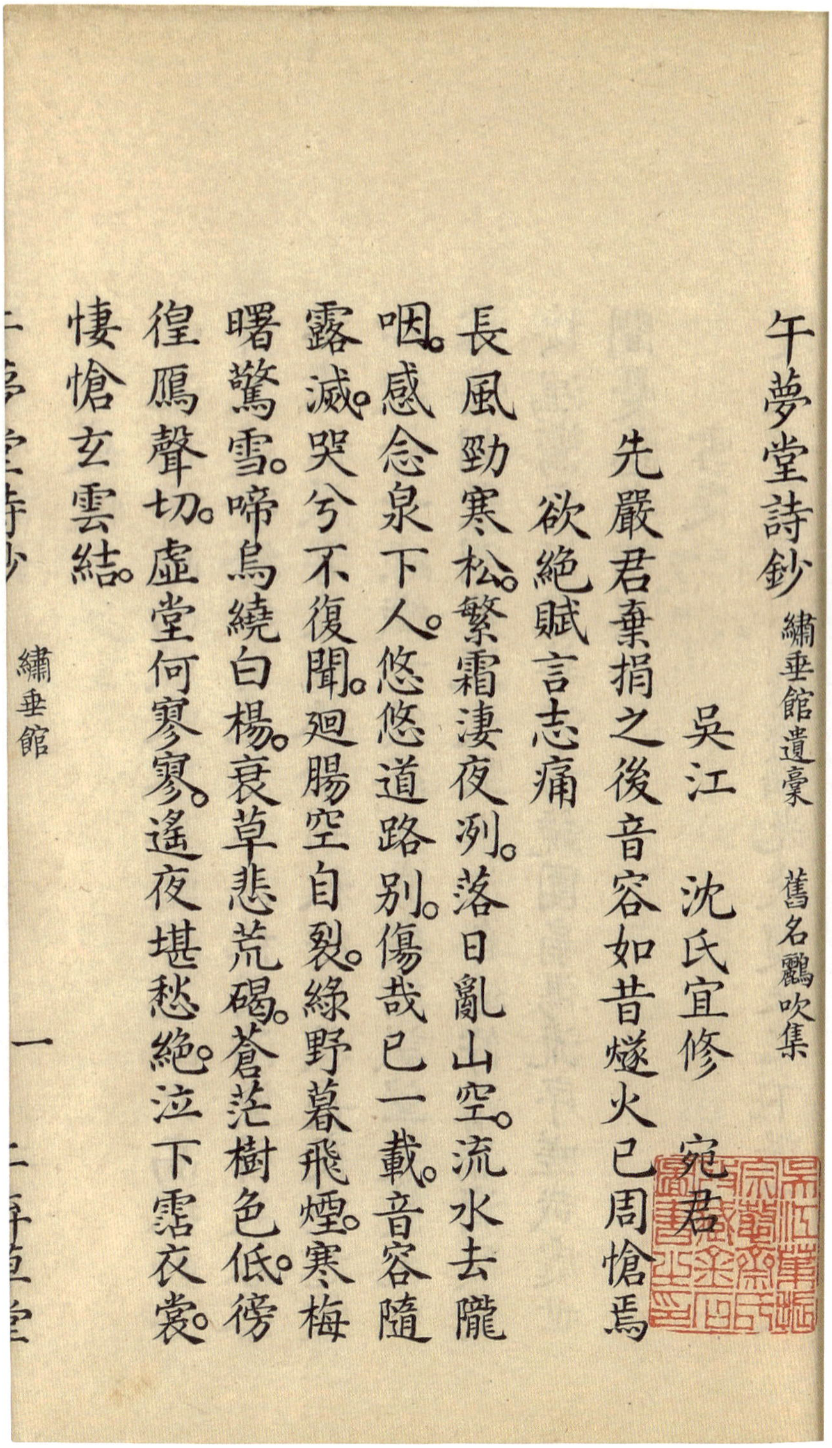

已畦集二十二卷詩集十卷原詩四卷詩集殘餘一卷午夢堂詩鈔三卷　（清）葉燮著　清康熙葉氏二棄草堂刻本

框高 17.8 厘米，廣 13.5 厘米。半葉十行，行十九字，白口，無格。16 册。鈐“吳江葉振宗悳齋氏收藏金石圖書之印”朱文印。

三級 25k131

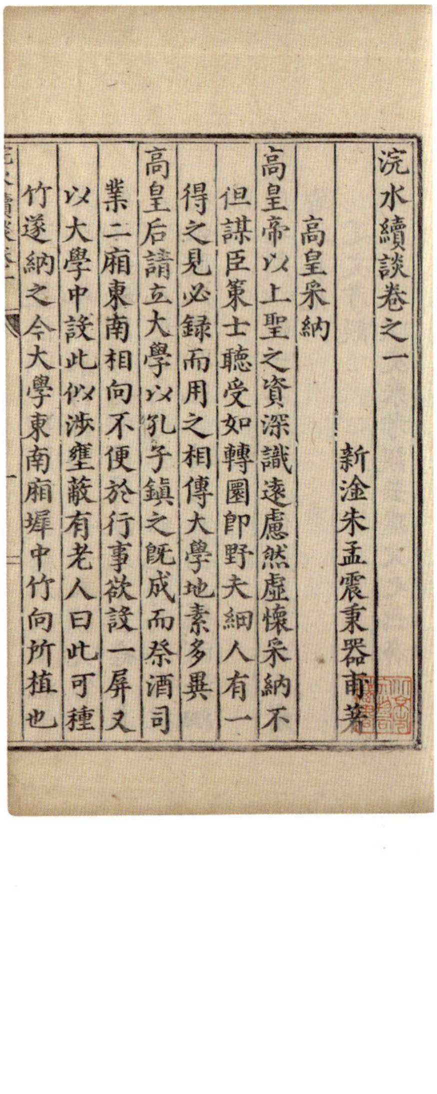

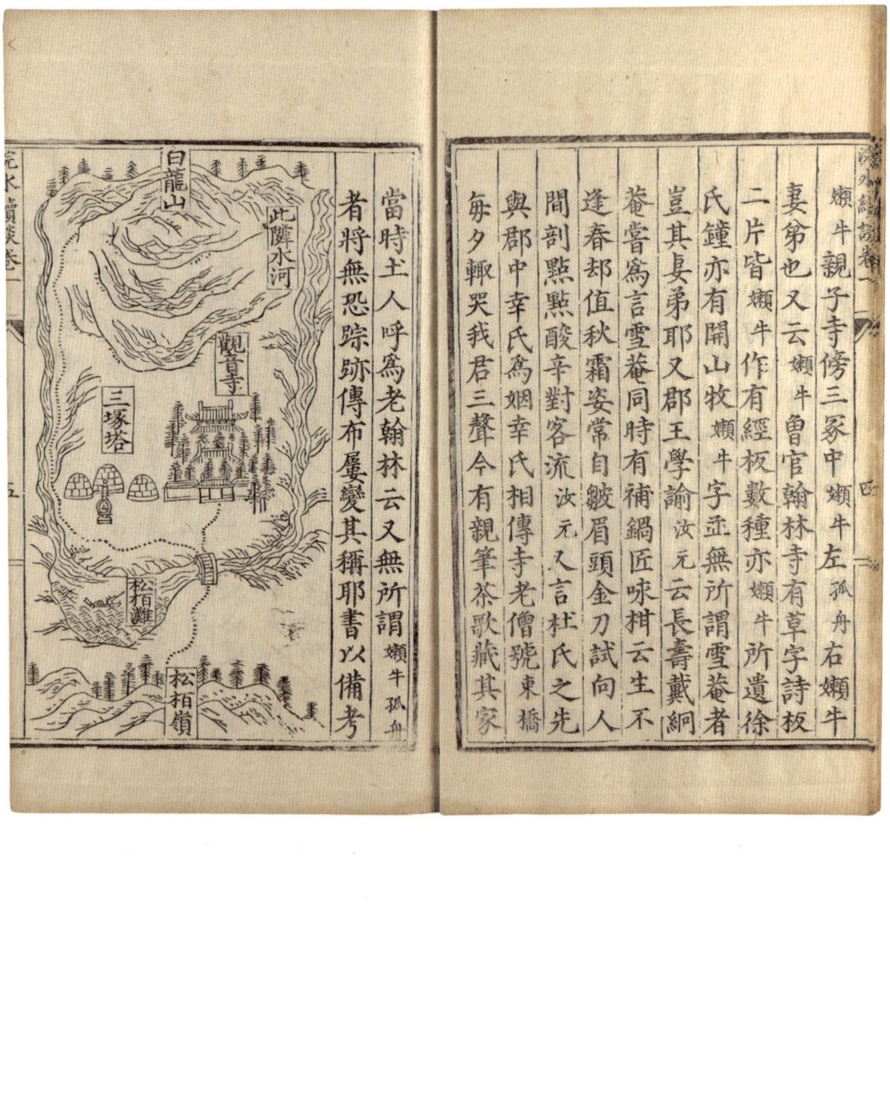

朱秉器雜著六卷　（明）朱孟震著　明萬曆十二年（1584）刻本

框高 21.6 厘米，廣 14.9 厘米。半葉十行，行十八字，白口，四周雙邊。6 册。

三級 26k133

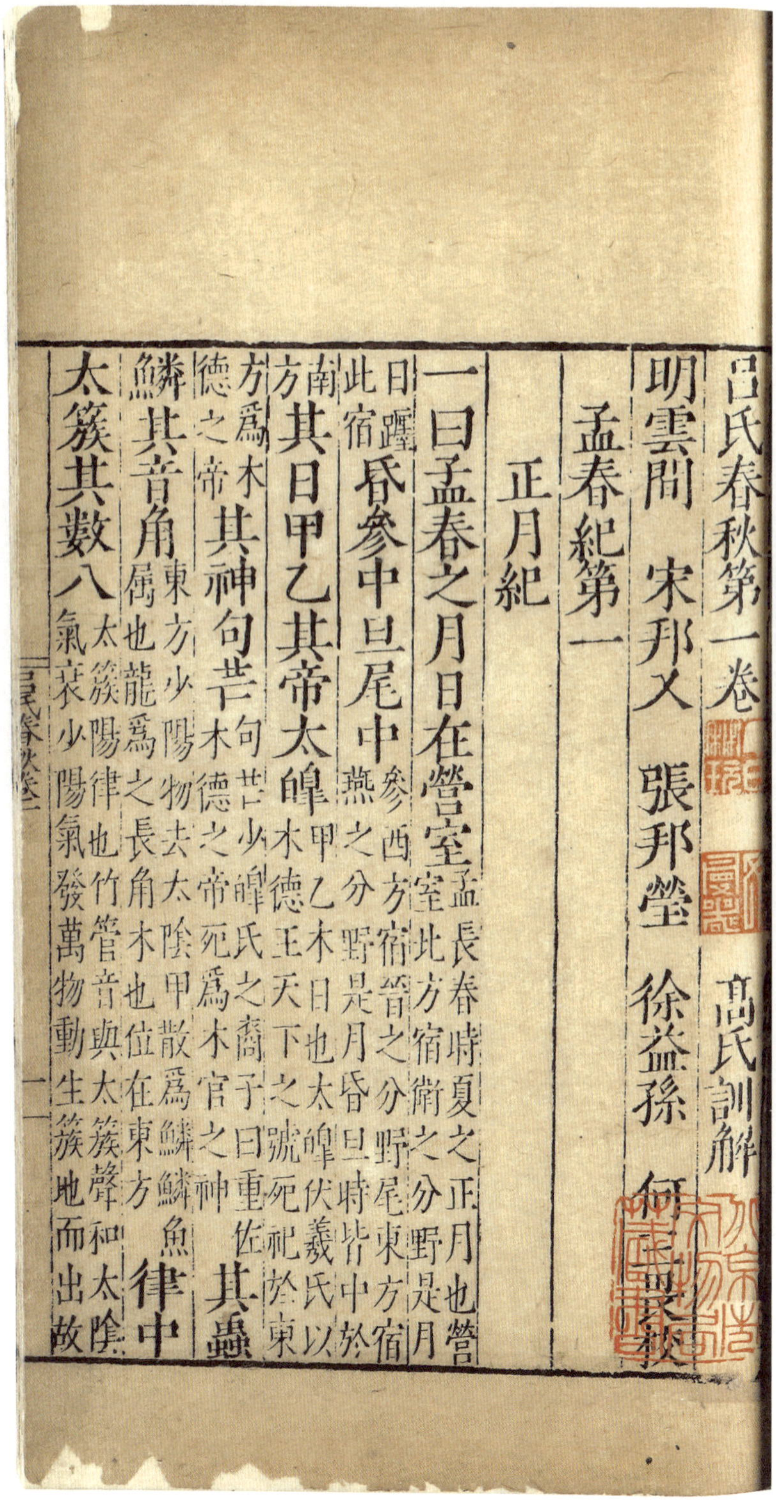

呂氏春秋二十六卷　（漢）高誘注　明萬曆刻本

框高 19.9 厘米，廣 14.4 厘米。半葉十行，行二十字，小字雙行同，白口，左右雙邊。6 册。鈐“羅曼器”白文印、“羅氏曼器”白文印、“羅序琨印”白文印等。

三級 85shan38

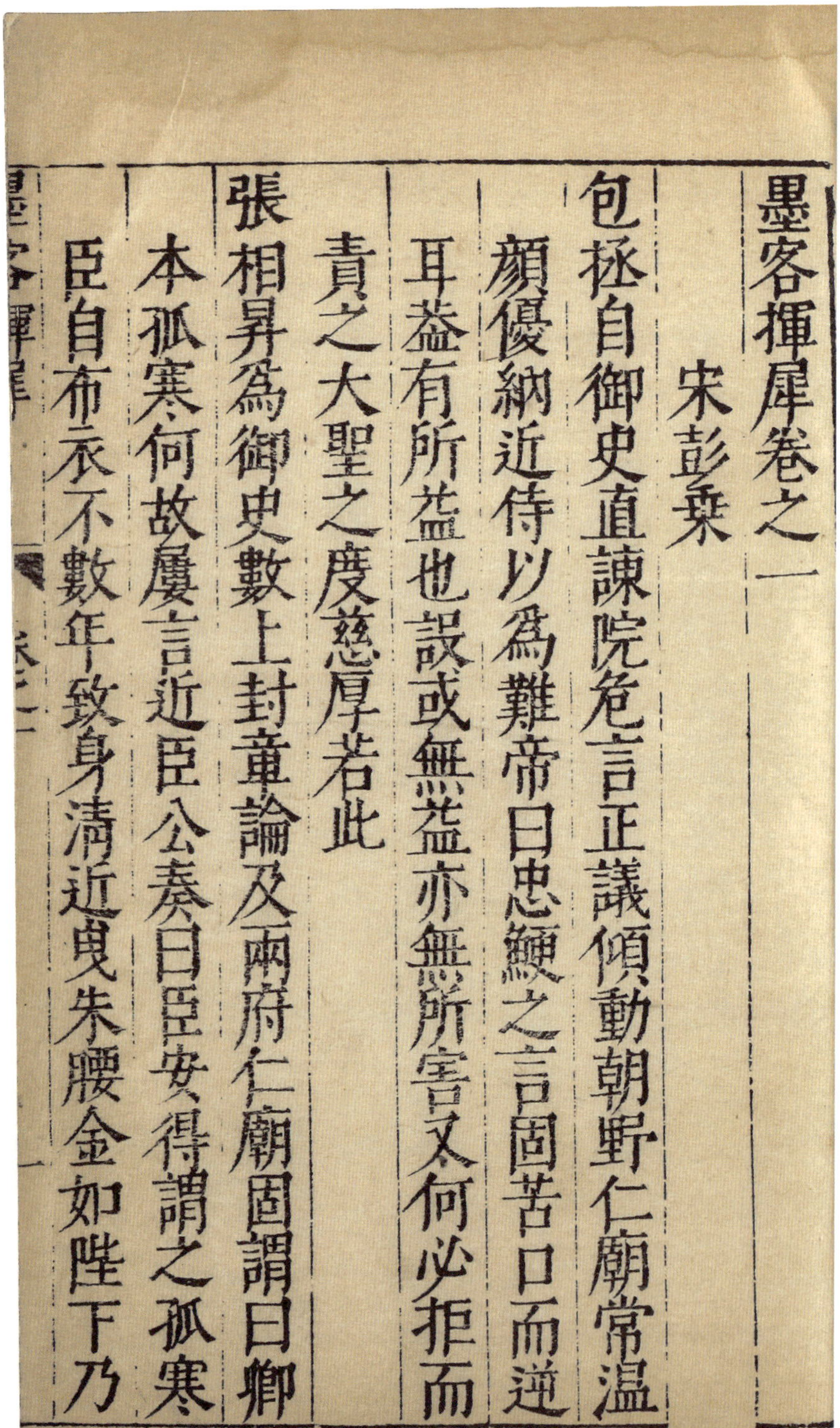

墨客揮犀卷之一
宋彭乘
包拯自御史直諫院危言正議傾動朝野仁廟常溫顔優納近侍以爲難帝曰忠鯁之言固苦口而逆耳葢有所益也設或無益亦無所害又何必拒而責之大聖之度慈厚若此
張相昇爲御史數上封章論及兩府仁廟固謂曰卿本孤寒何故屢言近臣公奏曰臣安得謂之孤寒臣自布衣不數年致身清近曳朱腰金如陛下乃

墨客揮犀 卷之一 一

墨客揮犀十卷 （宋）彭乘撰 明萬曆商氏半野堂刻稗海本

框高 21 厘米，廣 14.2 厘米。半葉九行，行二十字，白口，四周單邊。2 册。

三級 96shan75

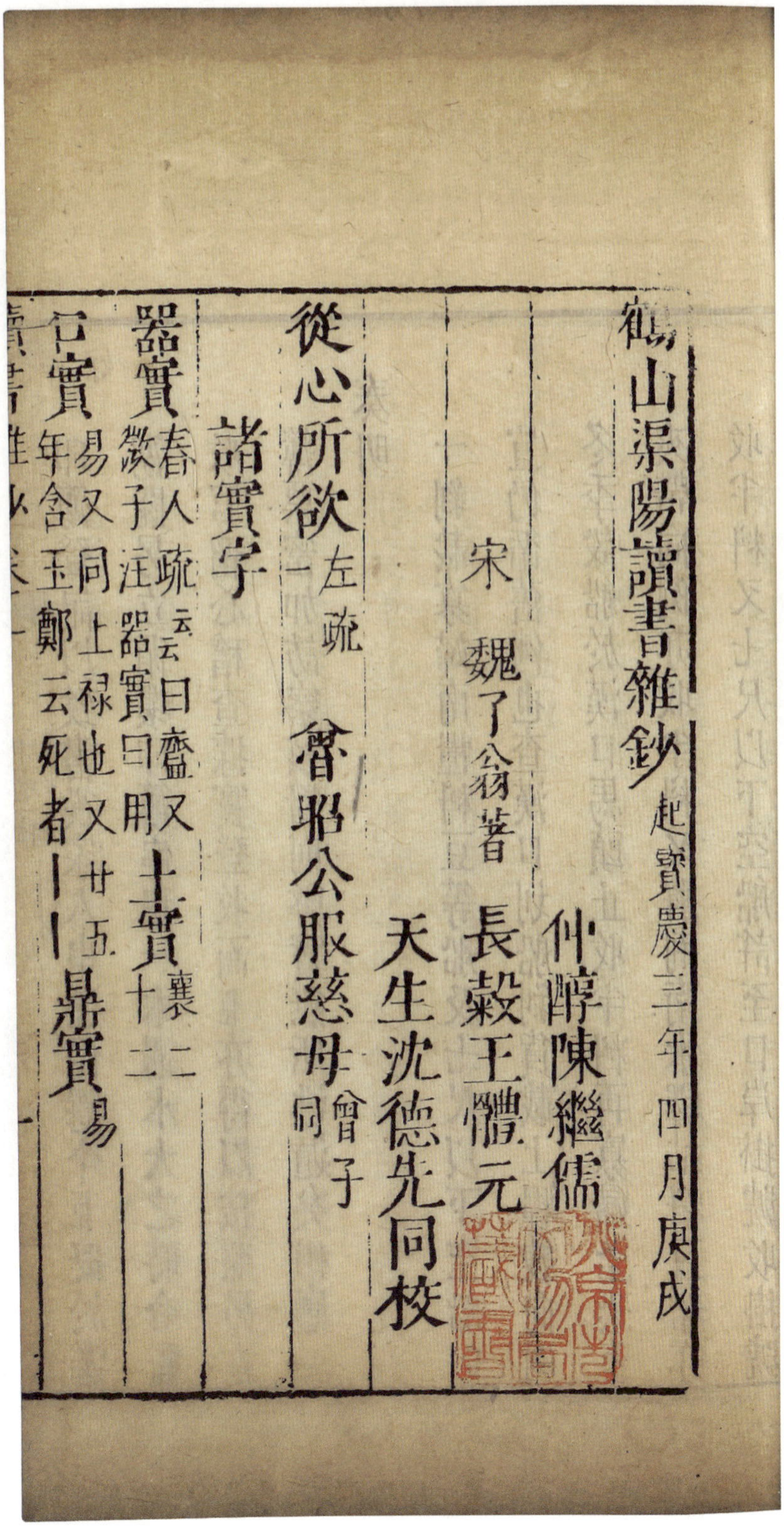
鶴山渠陽讀書雜鈔　起寶慶三年四月庚戌
宋　魏了翁著　仲醇陳繼儒
長穀王體元
天生沈德先同校
從心所欲左疏一　會昭公服慈母曾子同
諸實字
器實春人疏云曰盞又土實裏二
數子注器實曰用十二
乞實易又同上禄也又廿五鼎實易
年含玉鄭云死者

鶴山渠陽讀書雜鈔二卷　（宋）魏了翁著　明萬曆刻本

框高 20.2 厘米，廣 12.6 厘米。半葉八行，行十八字，小字雙行同，白口，四周單邊。2 册。

三級 99shan88

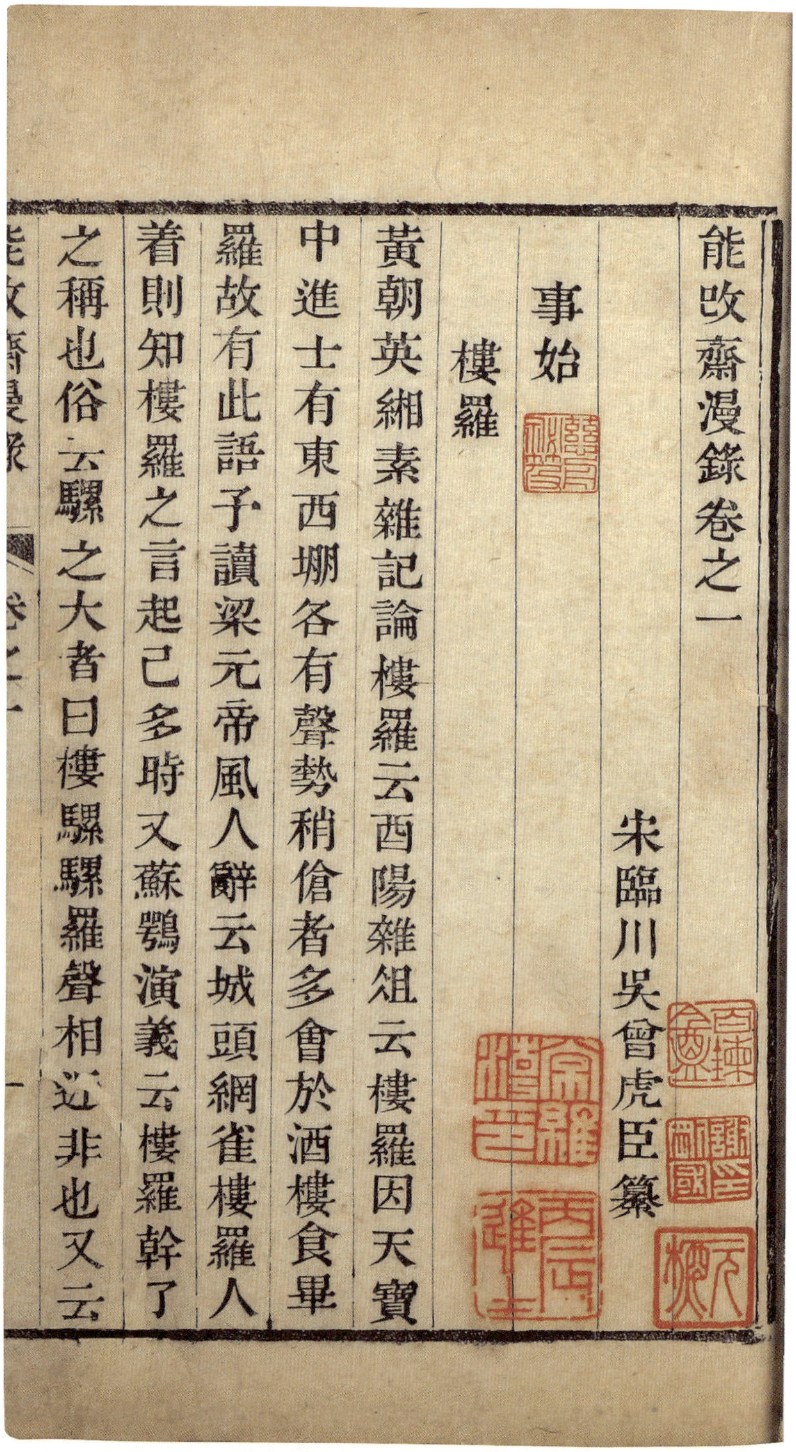

能改齋漫錄十八卷 （宋）吴曾纂 清乾隆四十年（1775）臨瀟書屋木活字印本

框高 19.8 厘米，廣 14.4 厘米。半葉九行，行二十一字，白口，左右雙邊。12 册。鈐“百鍊盦”朱文印、“曾在平湖韓處”白文印、“況翁歡喜”白文印、“大梁常氏怡古堂珍藏”朱文印等。

三級 112shan288

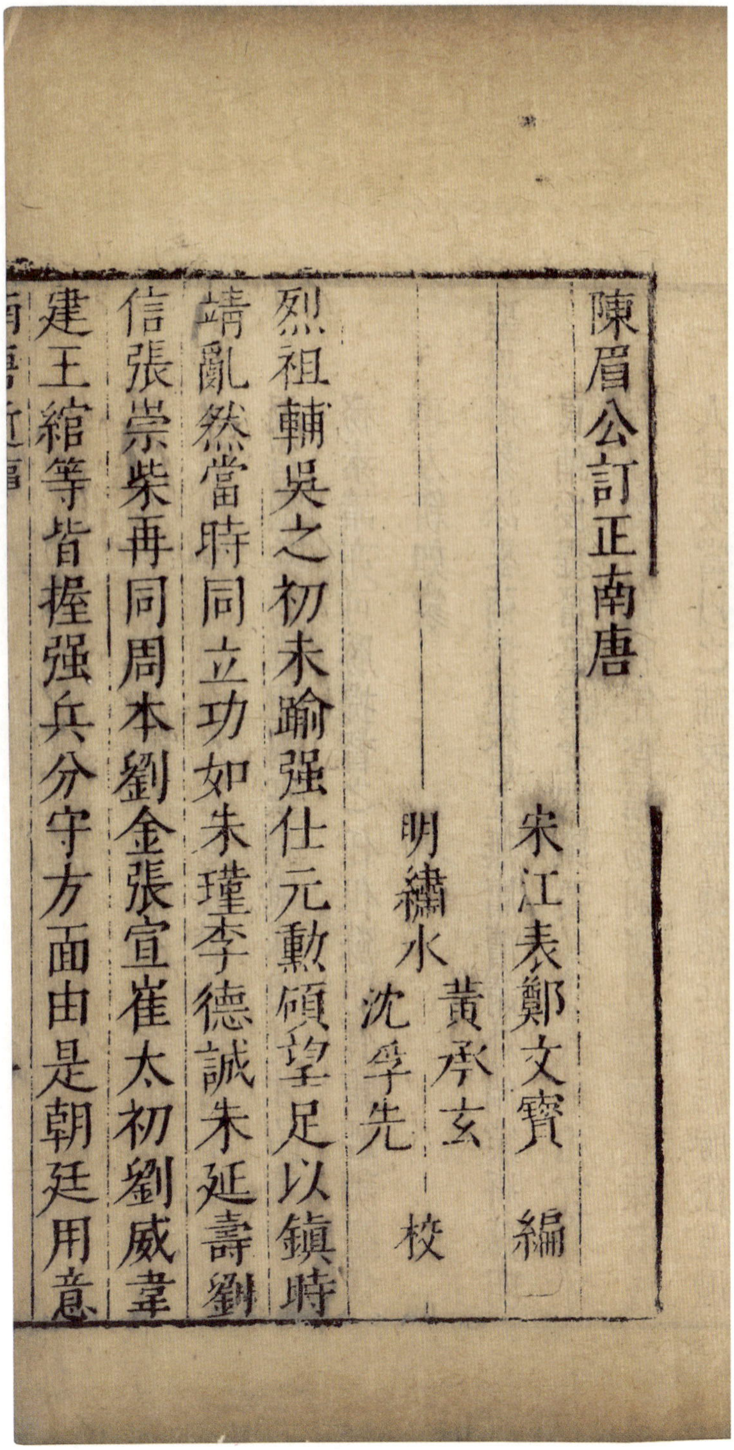

陳眉公訂正南唐

宋江表鄭文寶　編

明繡水黃承玄
沈孚先　校

烈祖輔吳之初未踰强仕元勲碩望足以鎮時靖亂然當時同立功如朱瑾李德誠朱延壽劉信張崇柴再同周本劉金張宣崔太初劉威韋建王綰等皆握强兵分守方面由是朝廷用意

南唐近事一卷　（宋）鄭文寶編　明萬曆秀水沈氏刻寶顏堂秘笈本

框高 20 厘米，廣 12.4 厘米。半葉八行，行十八字，白口，四周單邊。1 册。

三級 124shan401

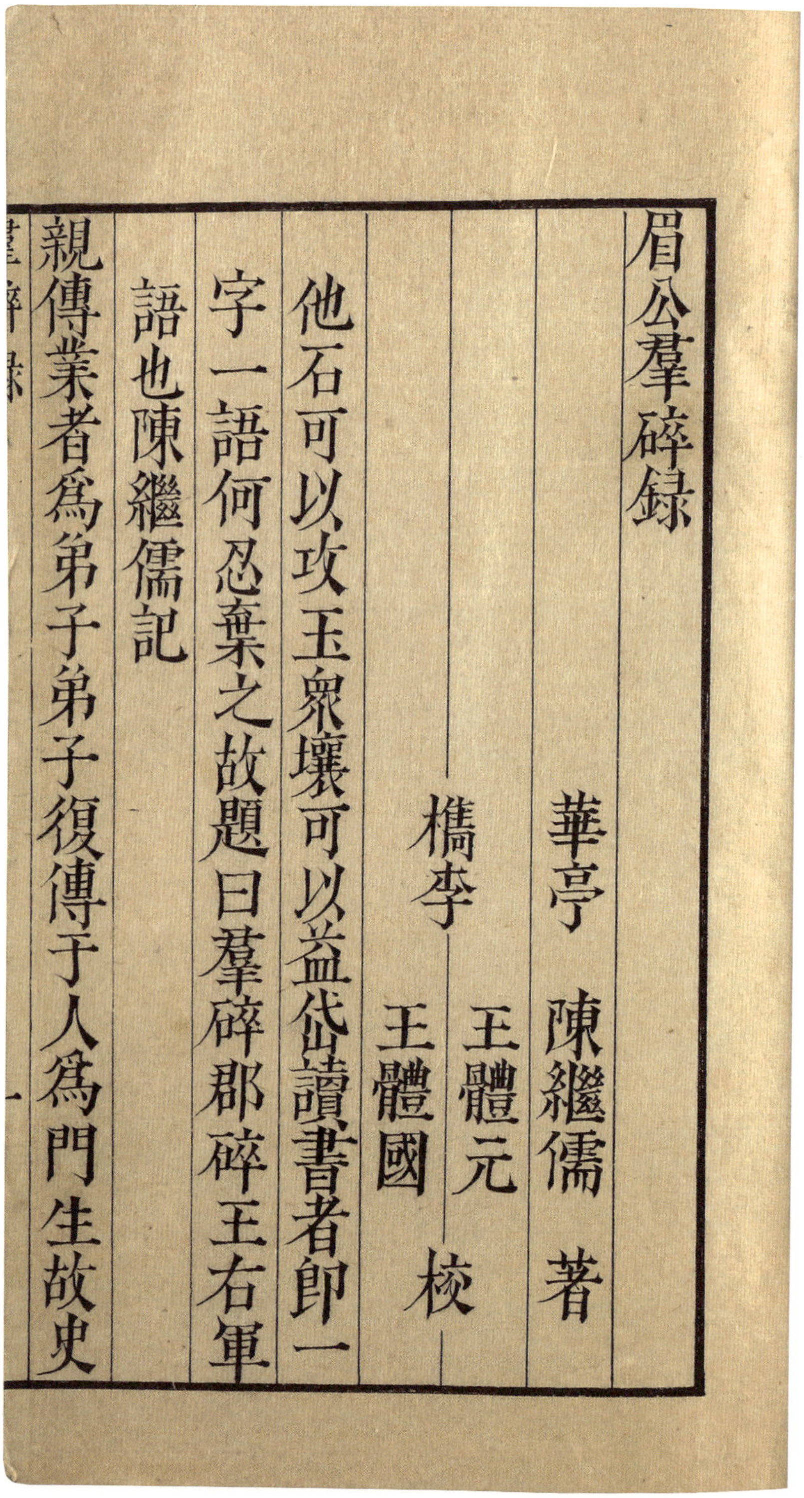
眉公羣碎録
華亭 陳繼儒 著
檇李 王體元 校
王體國
他石可以攻玉衆壤可以益岱讀書者即一
字一語何忍棄之故題曰羣碎郡碎王右軍
語也陳繼儒記
親傳業者爲弟子弟子復傳于人爲門生故吏

眉公羣碎録一卷 （明）陳繼儒著 （明）王體元 （明）王體國校 明刻本

框高 20.1 厘米，廣 12.5 厘米。半葉八行，行十八字，白口，四周單邊。1 册。

三級 128shan415

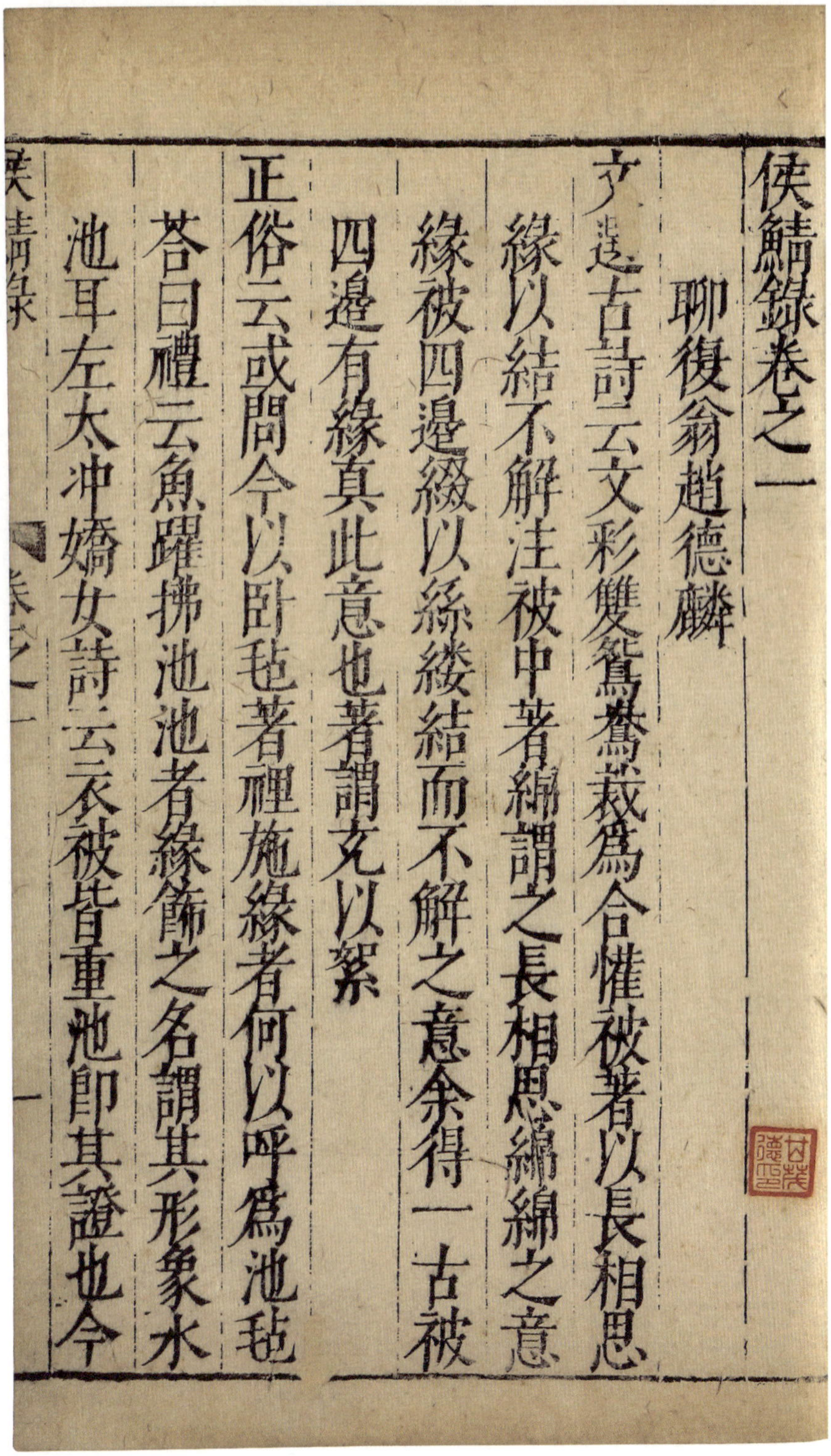
侯鯖錄卷之一
聊復翁趙德麟
文選古詩云文彩雙鴛鴦裁爲合懽被著以長相思
緣以結不解注被中著綿謂之長相思綿綿之意
緣被四邊綴以絲縷結而不解之意余得一古被
四邊有緣真此意也著謂充以絮
正俗云或問今以毡毛著裡施緣者何以呼爲池毡
荅曰禮云魚躍拂池池者緣飾之名謂其形象水
池耳左太冲嬌女詩云衣被皆重池即其證也今
侯鯖錄　卷之一　一

侯鯖録八卷　（宋）趙令畤撰　明萬曆會稽商氏半野堂刻稗海本

框高21厘米，廣14厘米。半葉九行，行二十字，白口，四周單邊。2册。鈐“甘茂德印”朱文印。

三級 130shan421

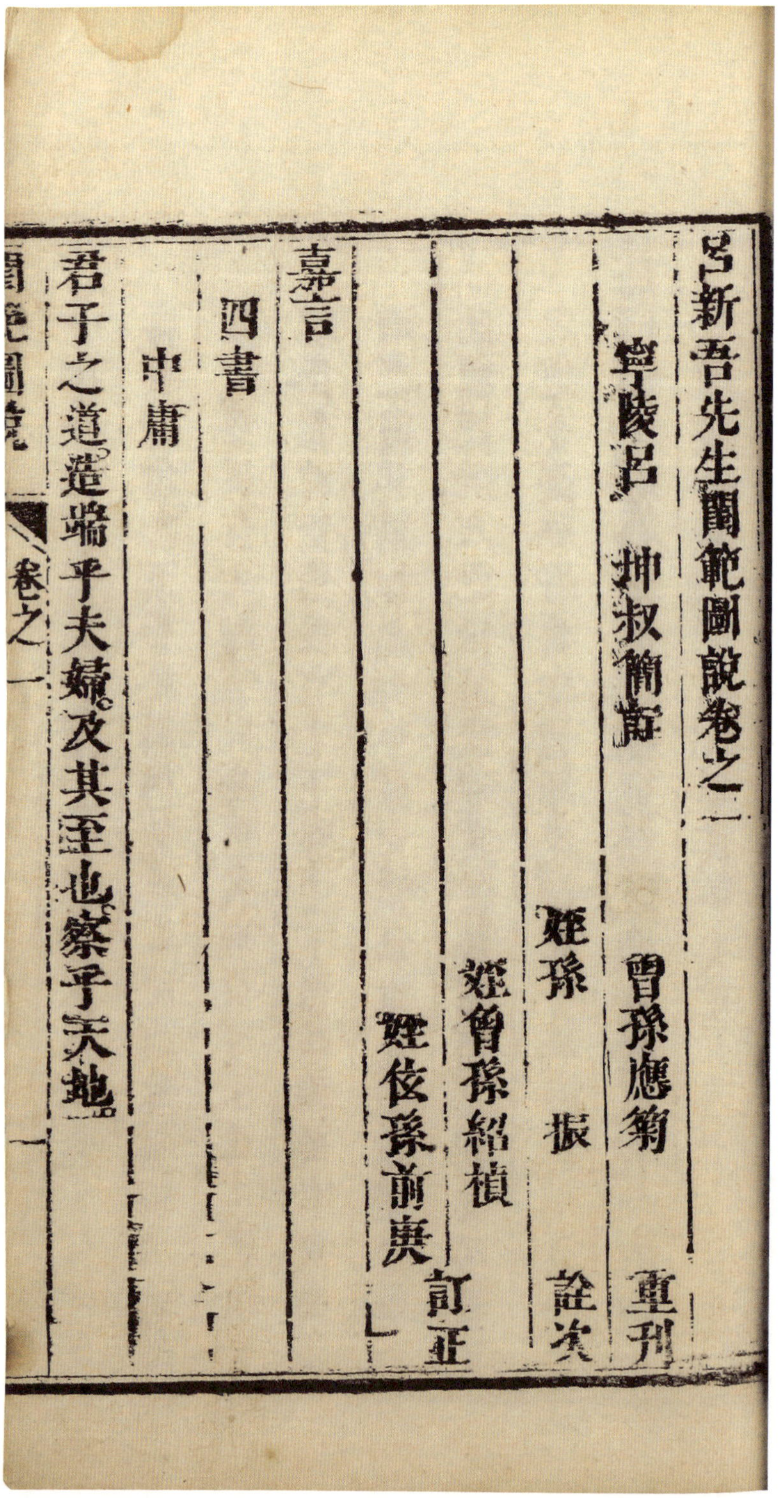

呂新吾先生閨範圖說四卷　（明）呂坤簡註　清康熙呂應箱刻本

框高 21.3 厘米，廣 14 厘米。半葉九行，行二十二字，白口，四周雙邊。6 册。鈐“津逮樓”朱文印、“金陵甘氏藏書”白文印等。

三級 145shan491

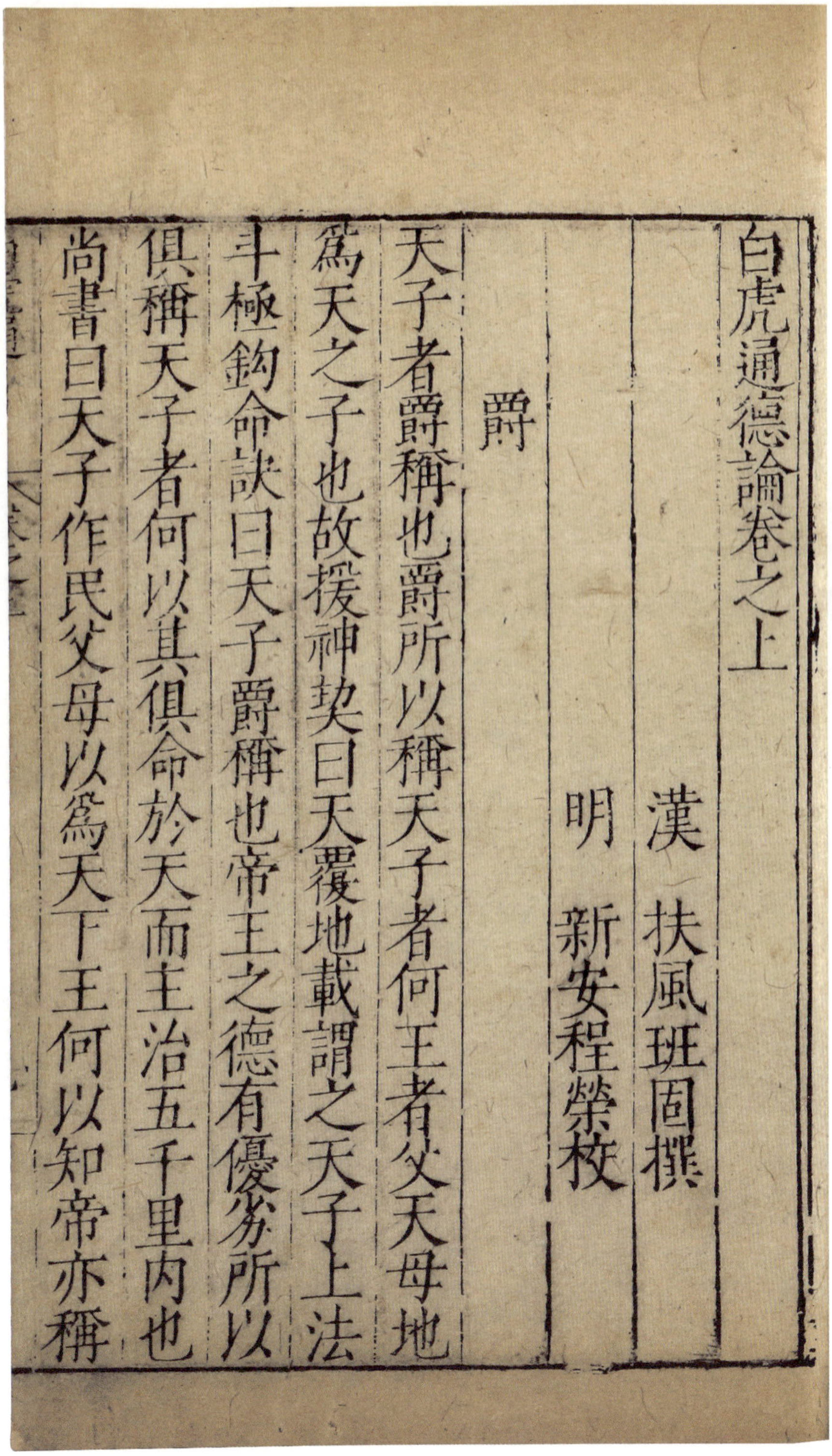
白虎通德論卷之上
漢　扶風班固撰
明　新安程榮校
爵
天子者爵稱也爵所以稱天子者何王者父天母地
爲天之子也故援神契曰天覆地載謂之天子上法
斗極鉤命決曰天子爵稱也帝王之德有優劣所以
俱稱天子者何以其俱命於天而王治五千里內也
尚書曰天子作民父母以爲天下王何以知帝亦稱

白虎通德論二卷　（漢）班固撰　（明）程榮校　明萬曆新安程氏刻漢魏叢書本

框高 20.2 厘米，廣 14.1 厘米。半葉九行，行二十字，白口，左右雙邊。2 册。

三級 150shan526

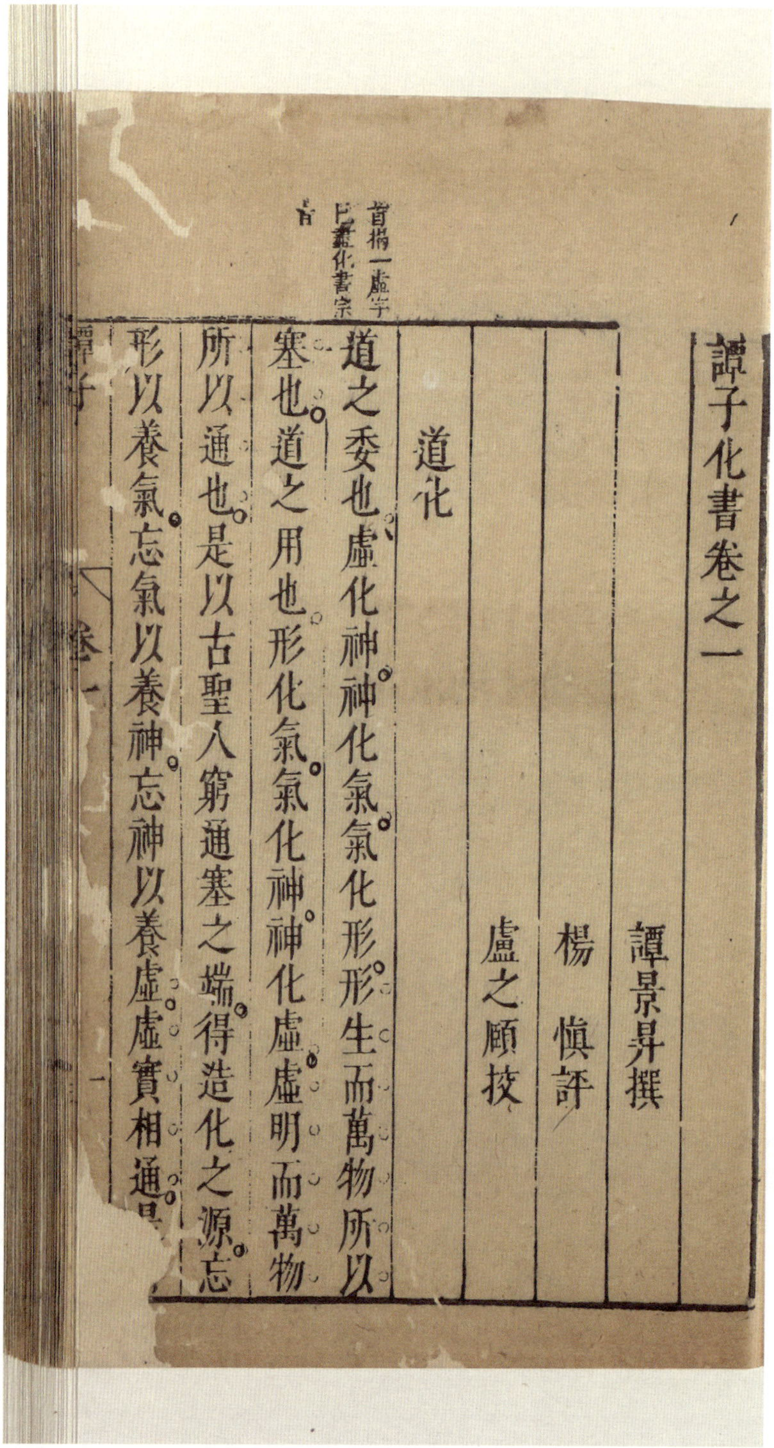
首揭一虛字已盡化書宗旨

譚子化書卷之一

譚景昇撰
楊　愼評
盧之頤校

道化

道之委也虛化神神化氣氣化形形生而萬物所以塞也道之用也形化氣氣化神神化虛虛明而萬物所以通也是以古聖人窮通塞之端得造化之源忘形以養氣忘氣以養神忘神以養虛虛實相通

譚子化書六卷　（五代）譚峭撰　（明）楊愼評　明盧氏刻本

框高 19.5 厘米，廣 14.4 厘米。半葉九行，行二十字，白口，四周單邊。1 册。鈐“篤素堂藏書”朱文印、“劉氏惟喆珍藏”朱文印、“張謹天圖書印”朱文印、“子孫永寶用”朱文印等。

三級 155shan608

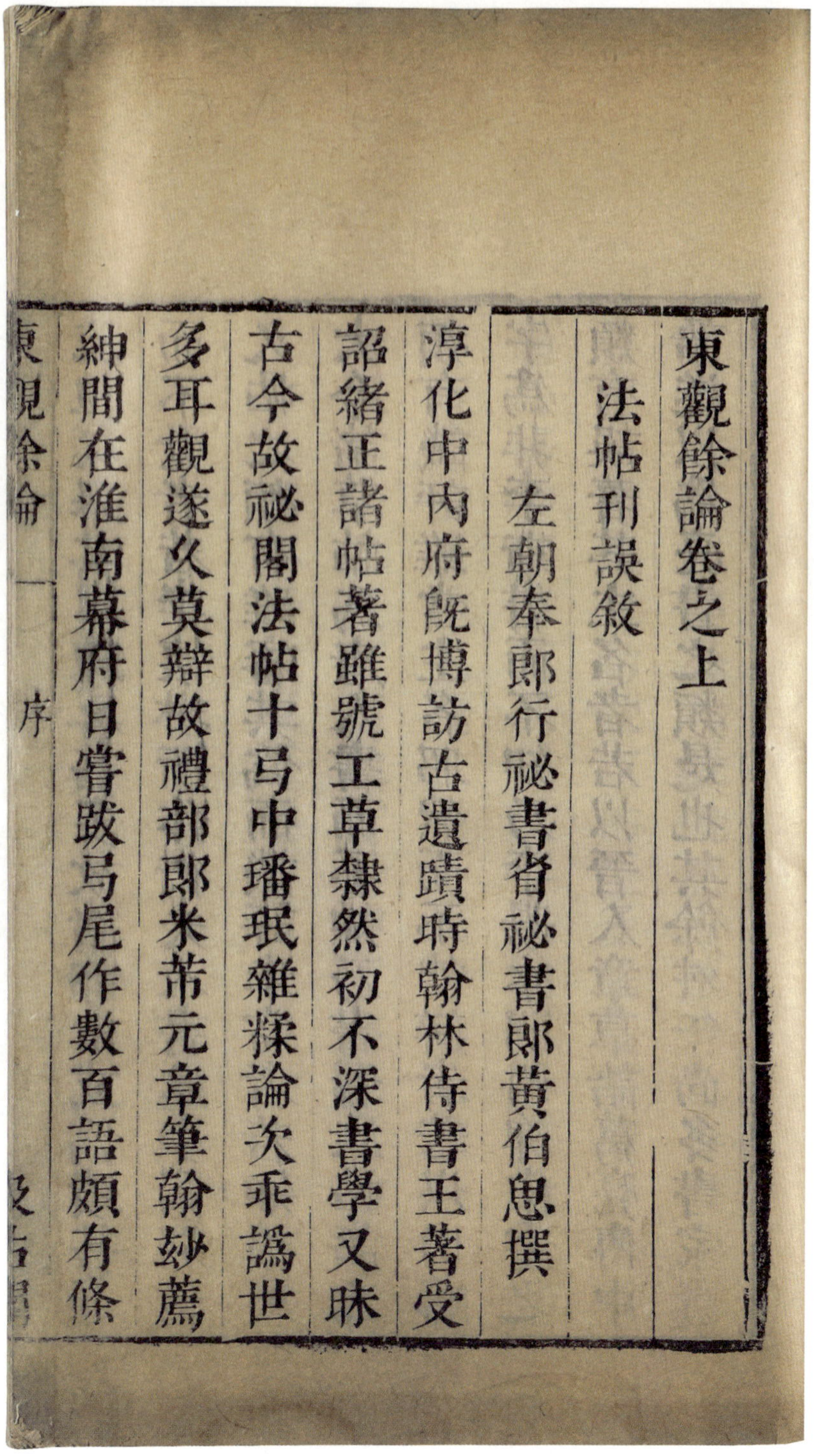
東觀餘論卷之上
法帖刊誤敘
左朝奉郎行祕書省祕書郎黃伯思撰
淳化中內府旣博訪古遺蹟時翰林侍書王著受
詔緒正諸帖著雖號工草隷然初不深書學又昧
古今故祕閣法帖十弓中璠珉雜糅論次乖譌世
多耳觀遂久莫辯故禮部郎米芾元章筆翰妙薦
紳間在淮南幕府日嘗跋弓尾作數百語頗有條
東觀余論　一　序　汲古閣

東觀餘論二卷附錄一卷　（宋）黄伯思著　明崇禎毛氏汲古閣刻本

框高 18.8 厘米，廣 13.8 厘米。半葉八行，行十九字，白口，左右雙邊。2 册。

三級 176shan780

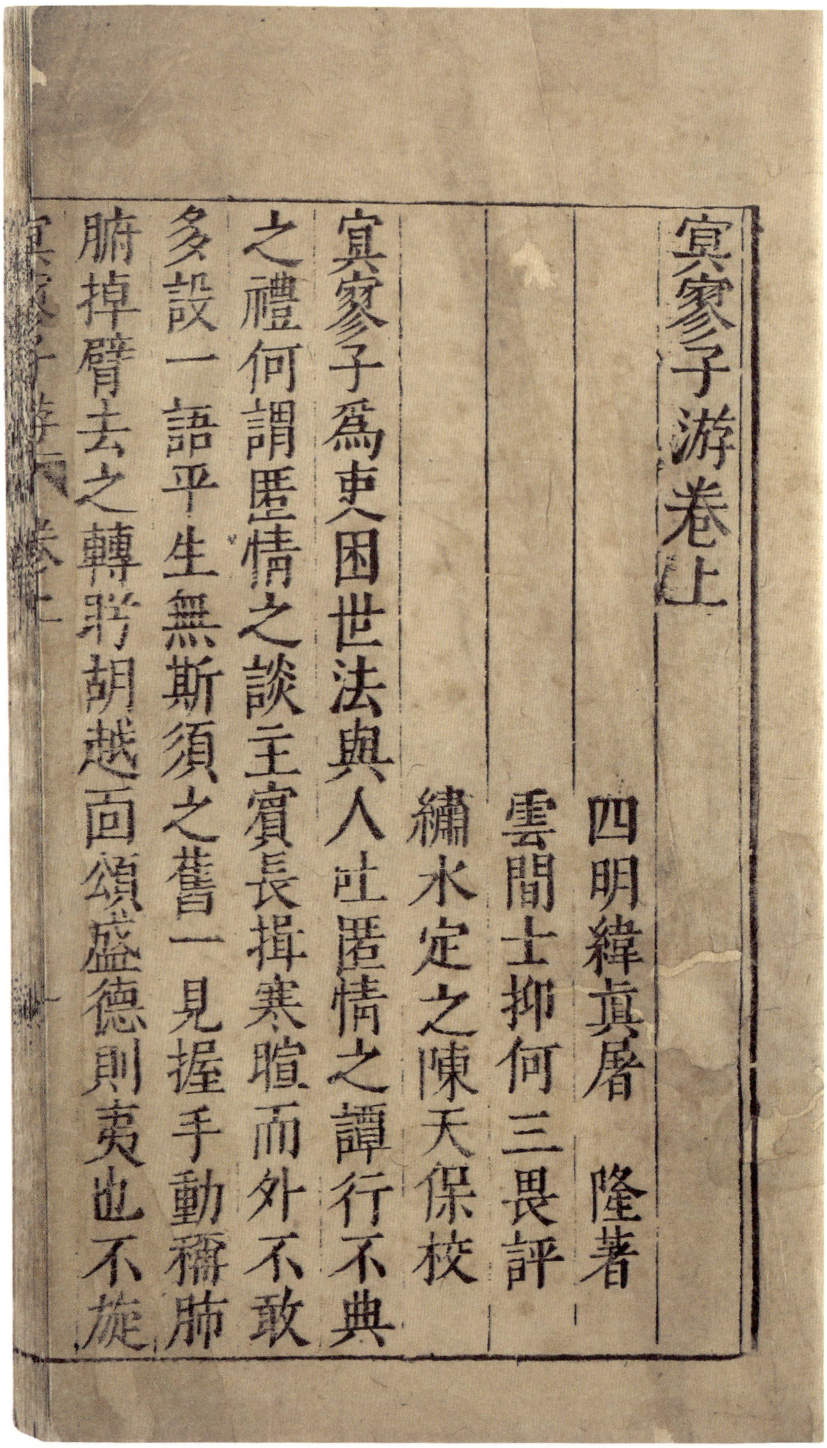

冥寥子游二卷　（明）屠隆著　（明）何三畏評　明萬曆沈氏刻寶顔堂秘笈本

框高 20.6 厘米，廣 13 厘米。半葉八行，行十八字，白口，左右雙邊。1 册。

三級 177shan781

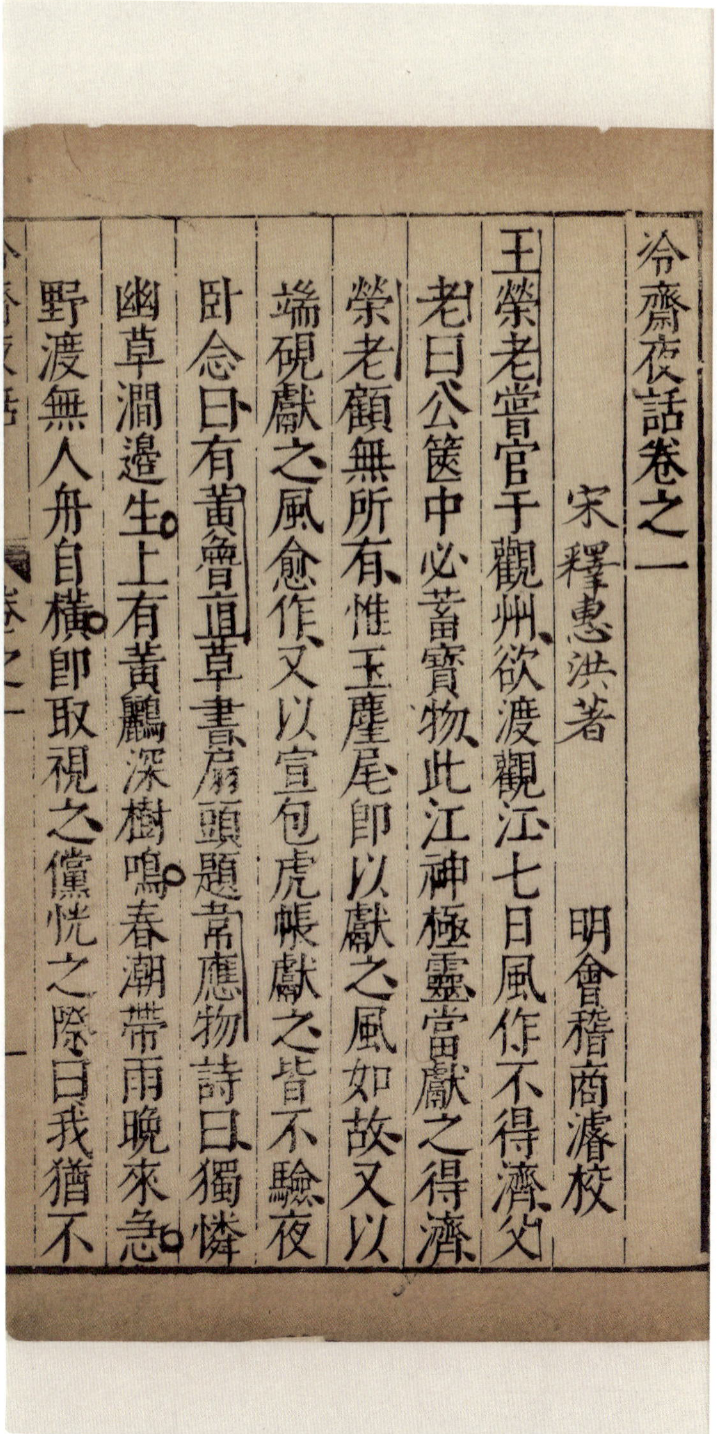
冷齋夜話卷之一
宋釋惠洪著　明會稽商濬校
王榮老嘗官于觀州欲渡觀江七日風作不得濟父
老曰公篋中必蓄寶物此江神極靈當獻之得濟
榮老顧無所有惟玉麈尾即以獻之風如故又以
端硯獻之風愈作又以宣包虎帳獻之皆不驗夜
臥念曰有黃魯直草書扇頭題韋應物詩曰獨憐
幽草澗邊生上有黃鸝深樹鳴春潮帶雨晚來急
野渡無人舟自横即取視之儻恍之際曰我猶不
冷齋夜話　卷之一　一

揚子法言十卷　（漢）揚雄撰　（明）吴勉學校　**冷齋夜話十卷**　（宋）釋惠洪著　（明）商濬校　明萬曆刻本

框高19.4厘米，廣14.2厘米。半葉九行，行十八字，白口，四周單邊。2册。鈐“雙海棠鷴”朱文印。

三級 199pu10-3-2-4

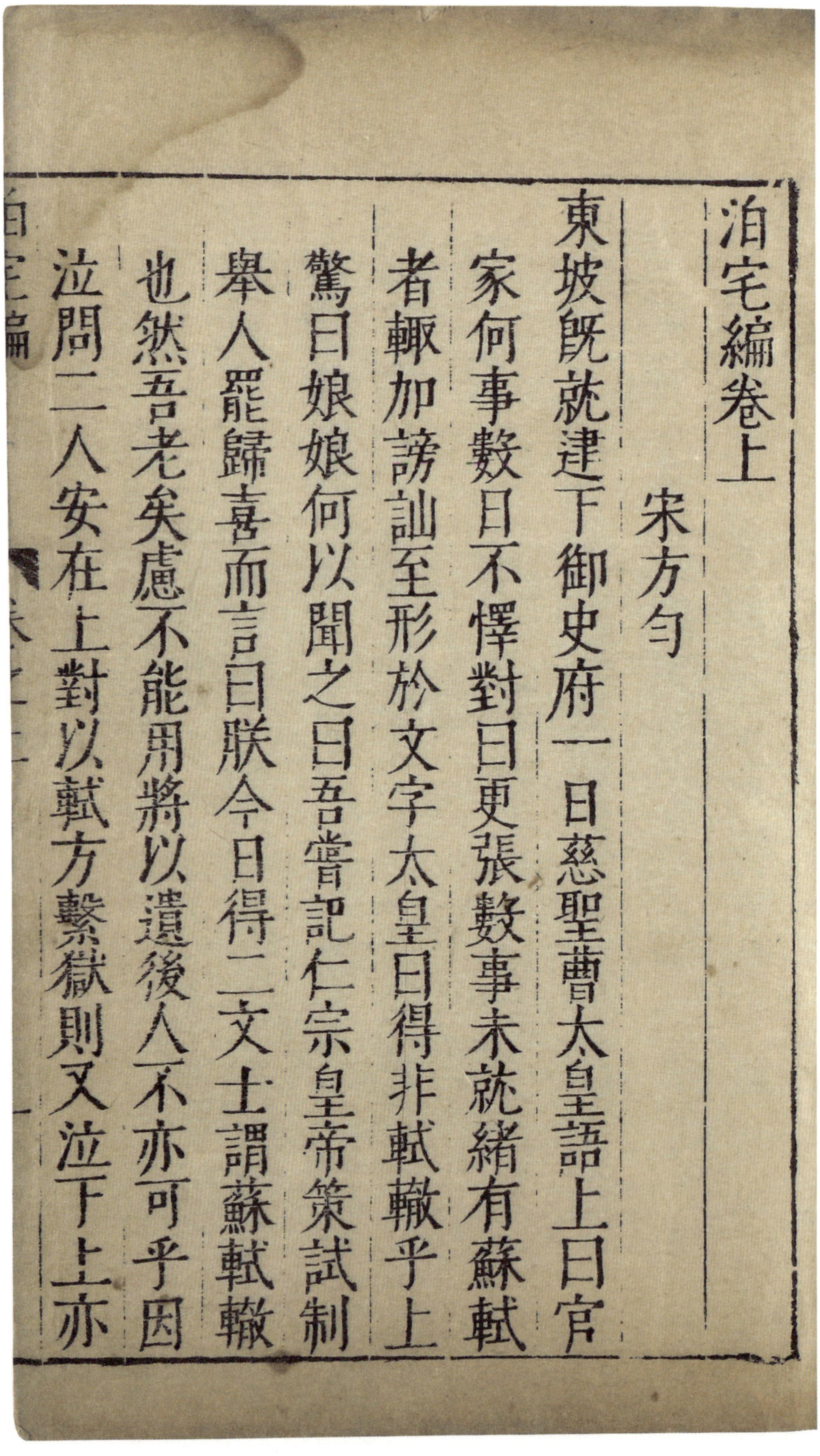
泊宅編卷上
宋方勺
東坡既就逮下御史府一日慈聖曹太皇語上曰官
家何事數日不懌對曰更張數事未就緒有蘇軾
者輒加謗訕至形於文字太皇曰得非軾轍乎上
驚曰娘娘何以聞之曰吾嘗記仁宗皇帝策試制
舉人罷歸喜而言曰朕今日得二文士謂蘇軾轍
也然吾老矣慮不能用將以遺後人不亦可乎因
泣問二人安在上對以軾方繫獄則又泣下上亦

泊宅編三卷　（宋）方勺撰　明萬曆商濬半野堂刻本

框高 21 厘米，廣 14.2 厘米。半葉九行，行二十字，白口，四周單邊。1 册。

三級 201pu10-1-3-12

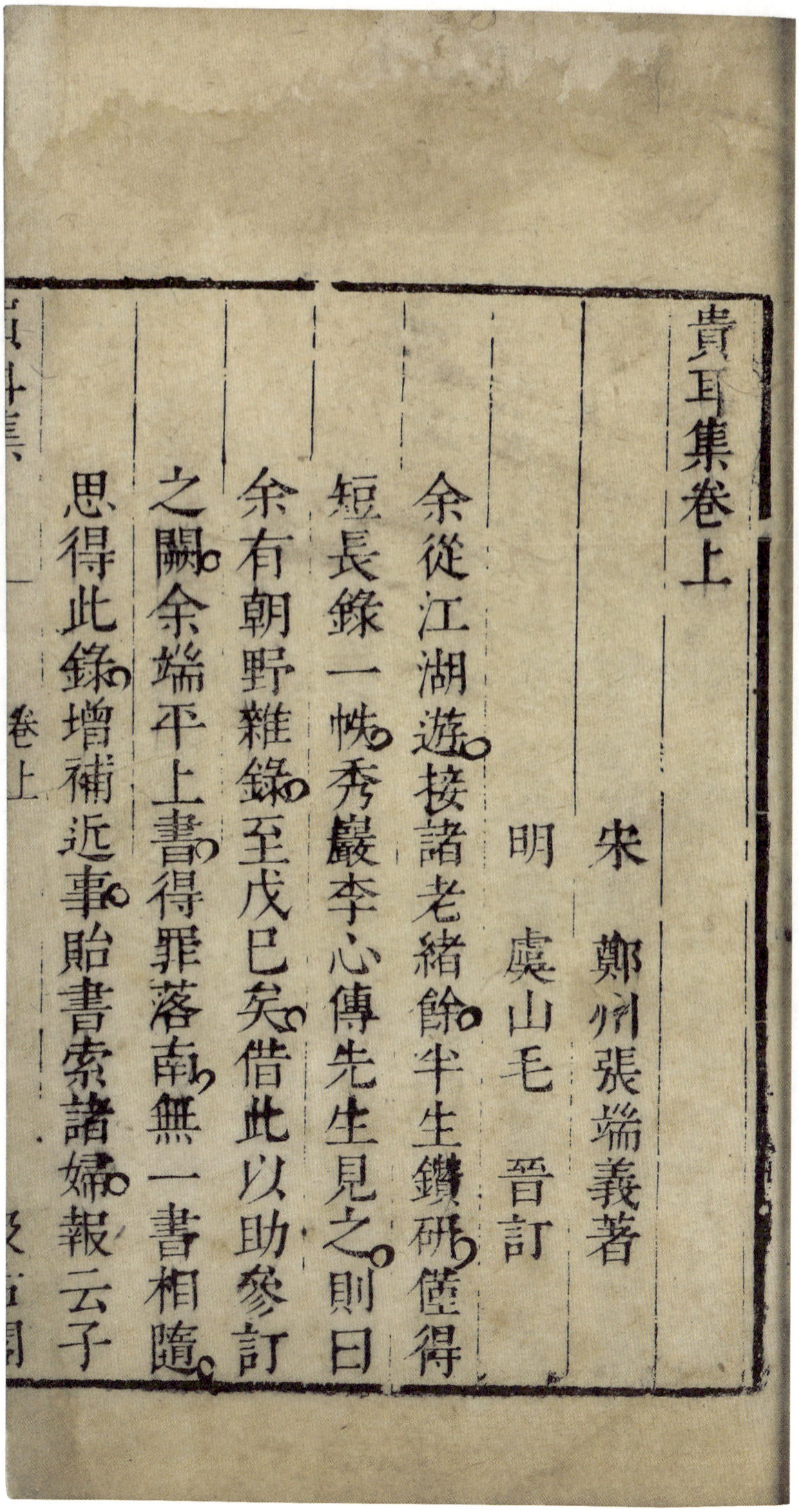
貴耳集卷上
宋　鄭州張端義著
明　虞山毛　晉訂
余從江湖遊。接諸老緒餘。半生鑽研。僅得
短長錄一帙。秀巖李心傳先生見之。則曰
余有朝野雜錄。至戊巳矣。借此以助參訂
之闕。余端平上書。得罪落南。無一書相隨。
思得此錄。增補近事。貽書索諸婦。報云子
貴耳集　卷上

貴耳集三卷　（宋）張端義著　明崇禎毛氏汲古閣刻本

框高 19 厘米，廣 13.5 厘米。半葉八行，行十九字，白口，左右雙邊。3 册。

三級 203pu9-1-2-33

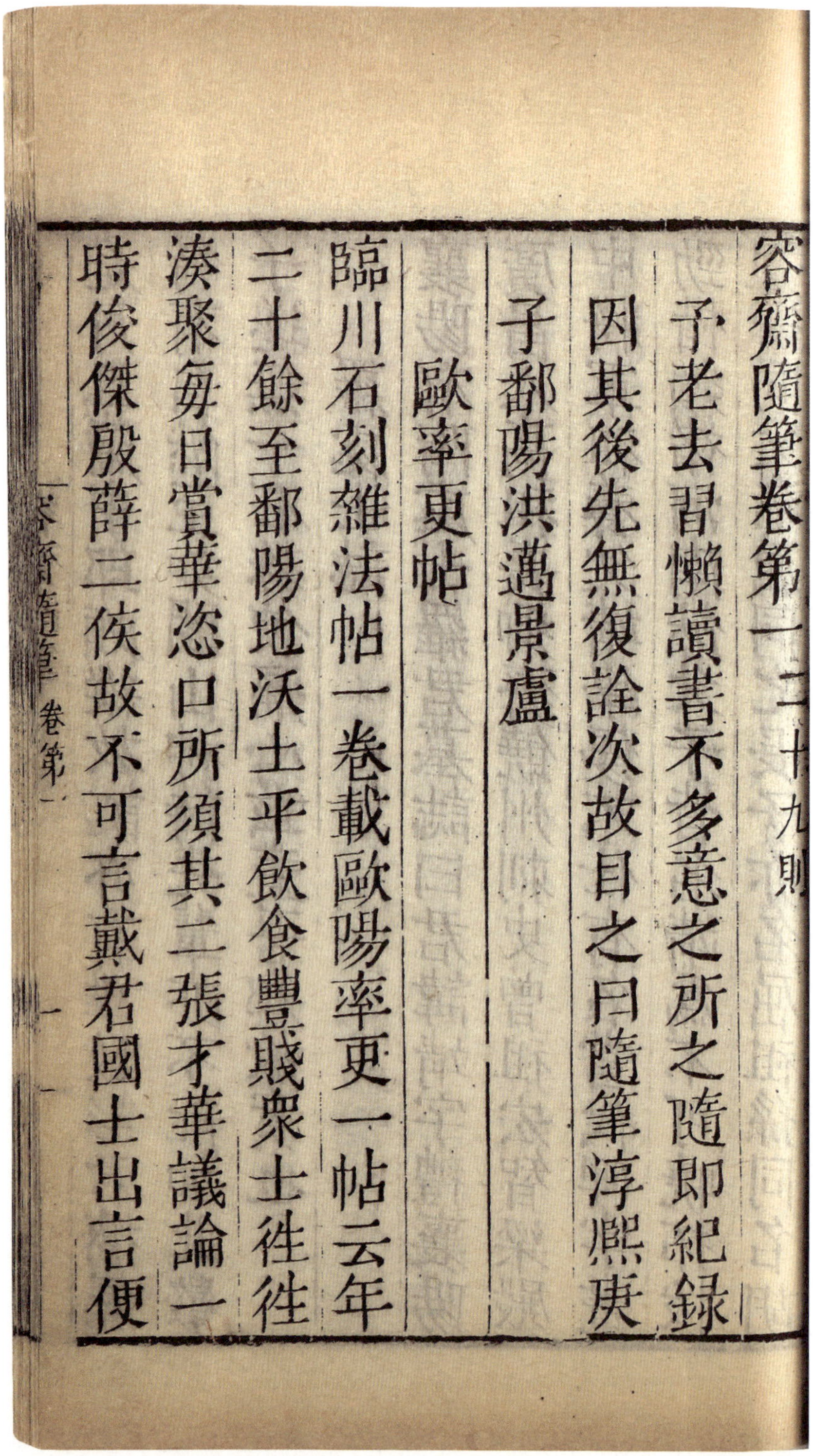

容齋隨筆卷第一　二十九則

予老去習懶讀書不多意之所之隨即紀録因其後先無復詮次故目之曰隨筆淳熙庚子鄱陽洪邁景盧

歐率更帖

臨川石刻雜法帖一卷載歐陽率更一帖云年二十餘至鄱陽地沃土平飲食豐賤衆士往往湊聚每日賞華恣口所須其二張才華議論一時俊傑殷薛二侯故不可言戴君國士出言便

容齋隨筆　卷第一　一

容齋隨筆十六卷續筆十六卷三筆十六卷四筆十六卷五筆十卷　（宋）洪邁撰　清乾隆五十九年（1794）掃葉山房刻本

框高 19.3 厘米，廣 13.8 厘米。半葉九行，行十八字，白口，四周單邊。12 册。

三級 206pu9-1-3-24

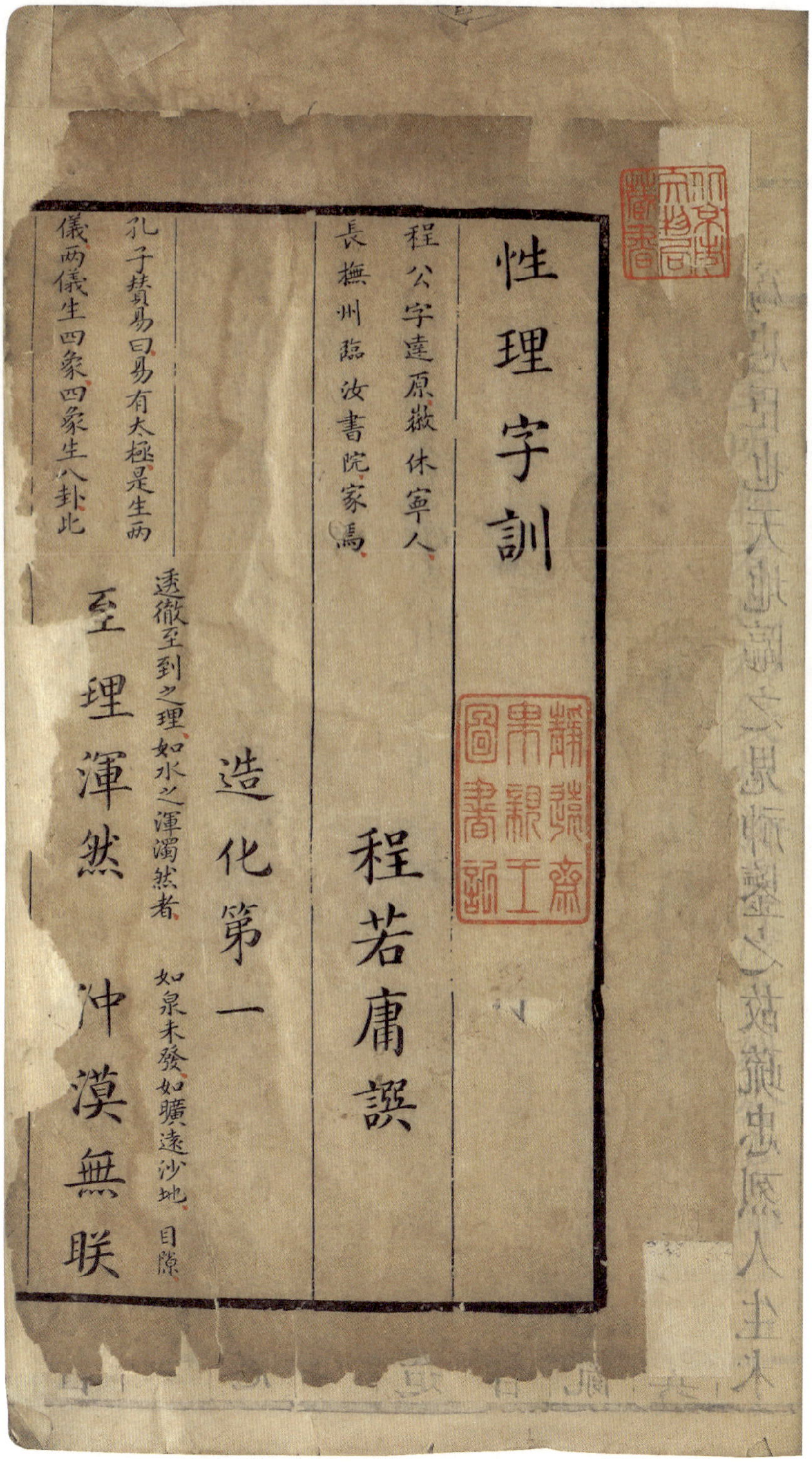
性理字訓
程公字達原嶽休寧人
長撫州臨汝書院家焉
程若庸譔
造化第一
透徹至到之理如水之渾濁然者
如泉未發如曠遠沙地　目際
至理渾然　沖漠無朕
孔子賛易曰易有太極是生兩
儀兩儀生四象四象生八卦此

性理字訓　（宋）程若庸撰　清刻本

框高 20.1 厘米，廣 11.4 厘米。半葉四行，行、字數不等，白口，四周單邊。1 册。鈐“靜遠齋果親王圖書記”朱文印。

三級 227x396

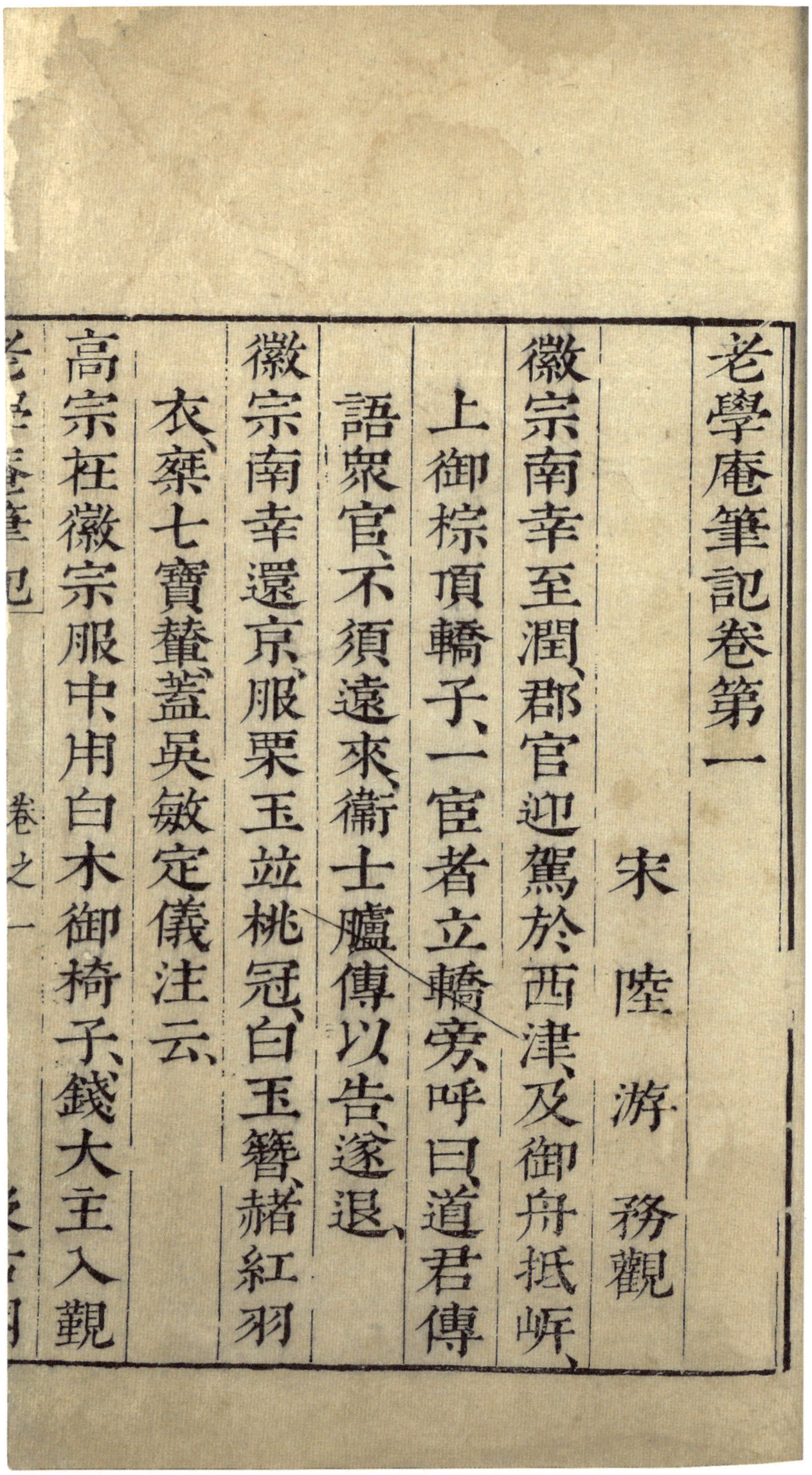
老學庵筆記卷第一
宋　陸　游　務觀
徽宗南幸至潤、郡官迎駕於西津、及御舟抵岸、
上御棕頂轎子、一宦者立轎旁呼曰、道君傳
語衆官、不須遠來、衛士臚傳以告、遂退、
徽宗南幸還京、服栗玉竝桃冠、白玉簪、赭紅羽
衣、乘七寶輦、蓋吳敏定儀注云、
高宗在徽宗服中、用白木御椅子、錢大主入覲
老學庵筆記　卷之一

老學庵筆記十卷附家世舊聞一卷　（宋）陸游撰　（明）毛晋訂　明崇禎毛氏汲古閣刻津逮秘書本

框高 18.7 厘米，廣 14.1 厘米。半葉八行，行十八字，白口，左右雙邊。4 册。

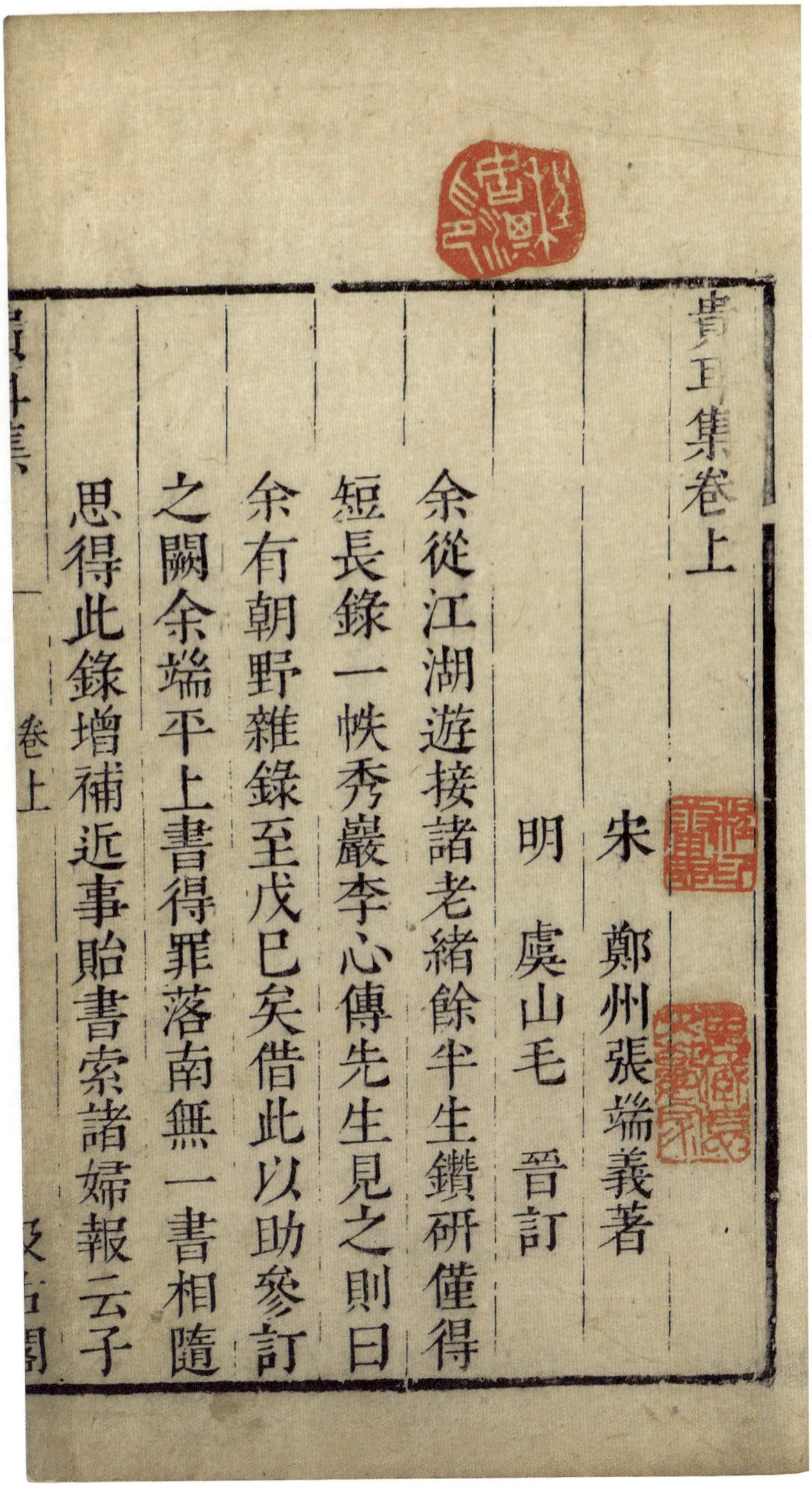
貴耳集卷上
宋　鄭州張端義著
明　虞山毛　晉訂
余從江湖遊接諸老緒餘半生鑽研僅得
短長錄一帙秀巖李心傳先生見之則曰
余有朝野雜錄至戊巳矣借此以助參訂
之闕余端平上書得罪落南無一書相隨
思得此錄增補近事貽書索諸婦報云子

貴耳集三卷　（宋）張端義著　（明）毛晉訂　明崇禎毛氏汲古閣刻津逮秘書本

框高19.1厘米，廣13.6厘米。半葉八行，行十九字，白口，左右雙邊。3冊。鈐“程庸思印”朱文印、“程如淇印”白文印等。

shan8

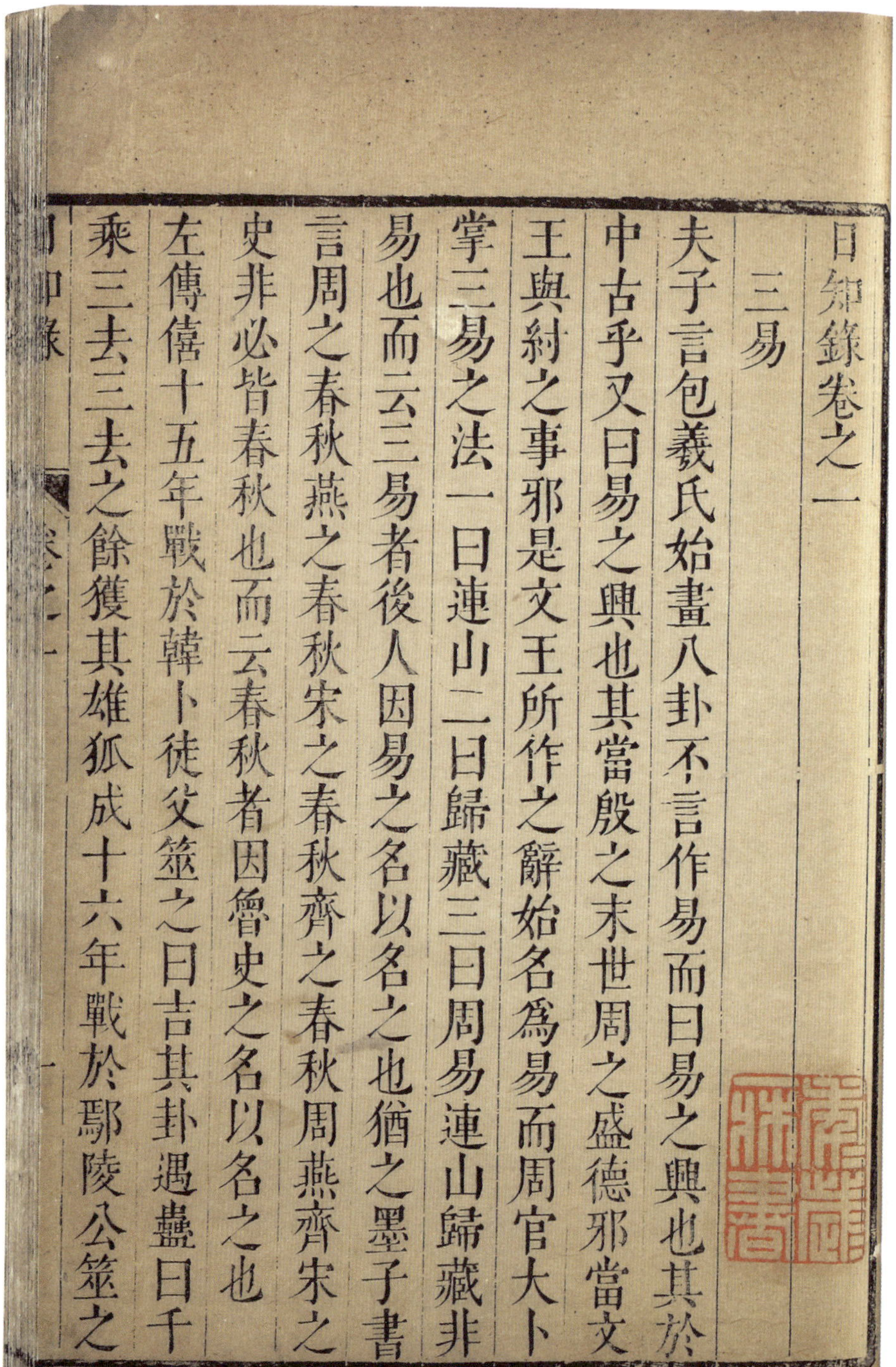

日知錄三十二卷　（清）顧炎武撰　清康熙三十四年（1695）潘耒遂初堂刻本

框高 20.6 厘米，廣 15 厘米。半葉十一行，行二十二字，小字雙行同，白口，左右雙邊。20 册。鈐“年年歲歲一床書”白文印、“楊氏潛籟軒收藏圖書”朱文印。

shan92

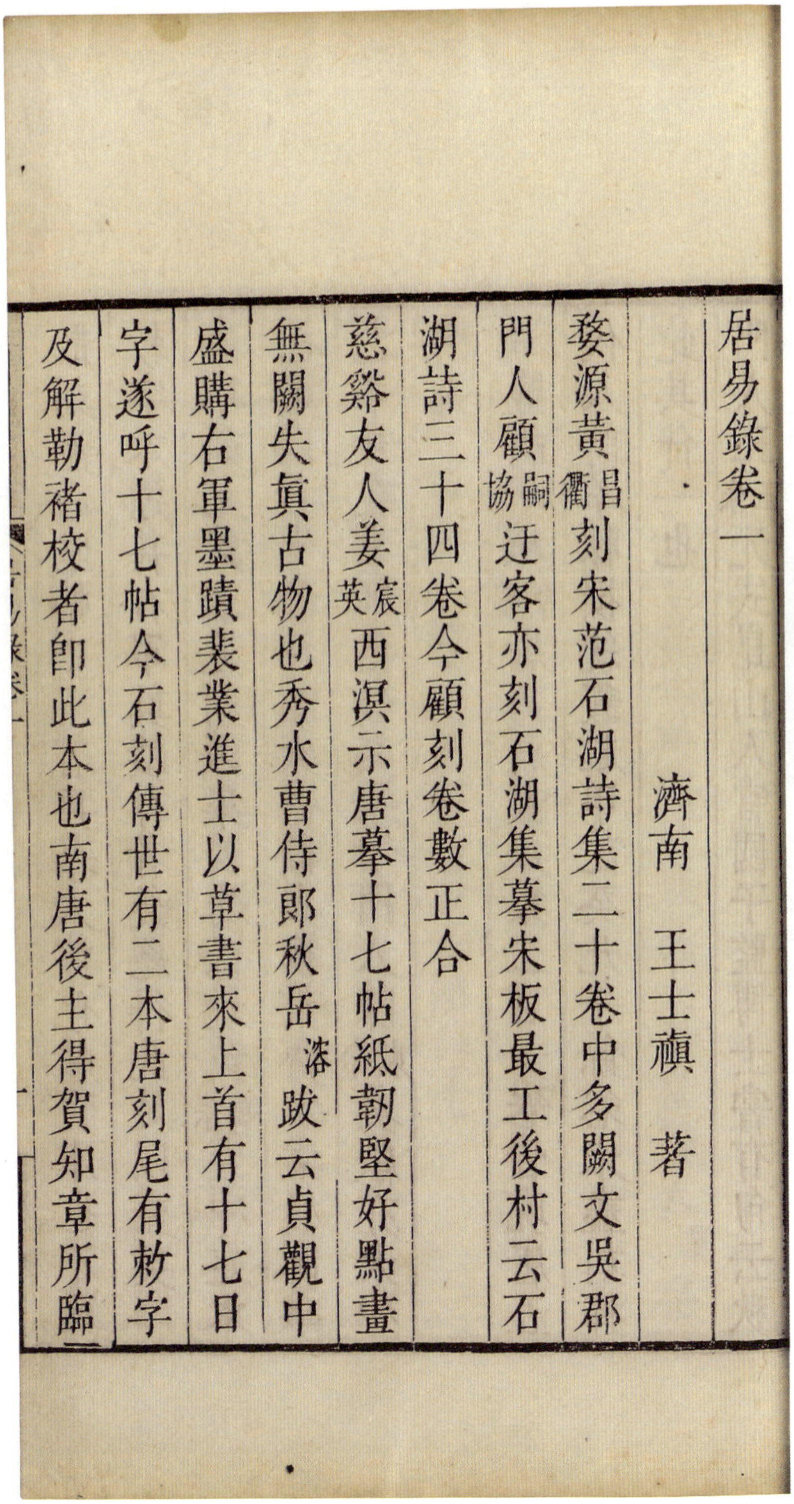
居易錄卷一
濟南 王士禛 著
婺源黃昌衢刻宋范石湖詩集二十卷中多闕文吳郡
門人顧嗣協迂客亦刻石湖集摹宋板最工後村云石
湖詩三十四卷今顧刻卷數正合
慈谿友人姜宸英西溟示唐摹十七帖紙韌堅好點畫
無闕失真古物也秀水曹侍郎秋岳溶跋云貞觀中
盛購右軍墨蹟裴業進士以草書來上首有十七日
字遂呼十七帖今石刻傳世有二本唐刻尾有勑字
及解勒褚校者即此本也南唐後主得賀知章所臨

居易錄三十四卷 （清）王士禛著 清康熙刻本

框高 17.1 厘米，廣 13 厘米。半葉十行，行二十字，小字雙行同，黑口，左右雙邊。8 册。鈐“岳蓘珍藏”白文印。

shan137

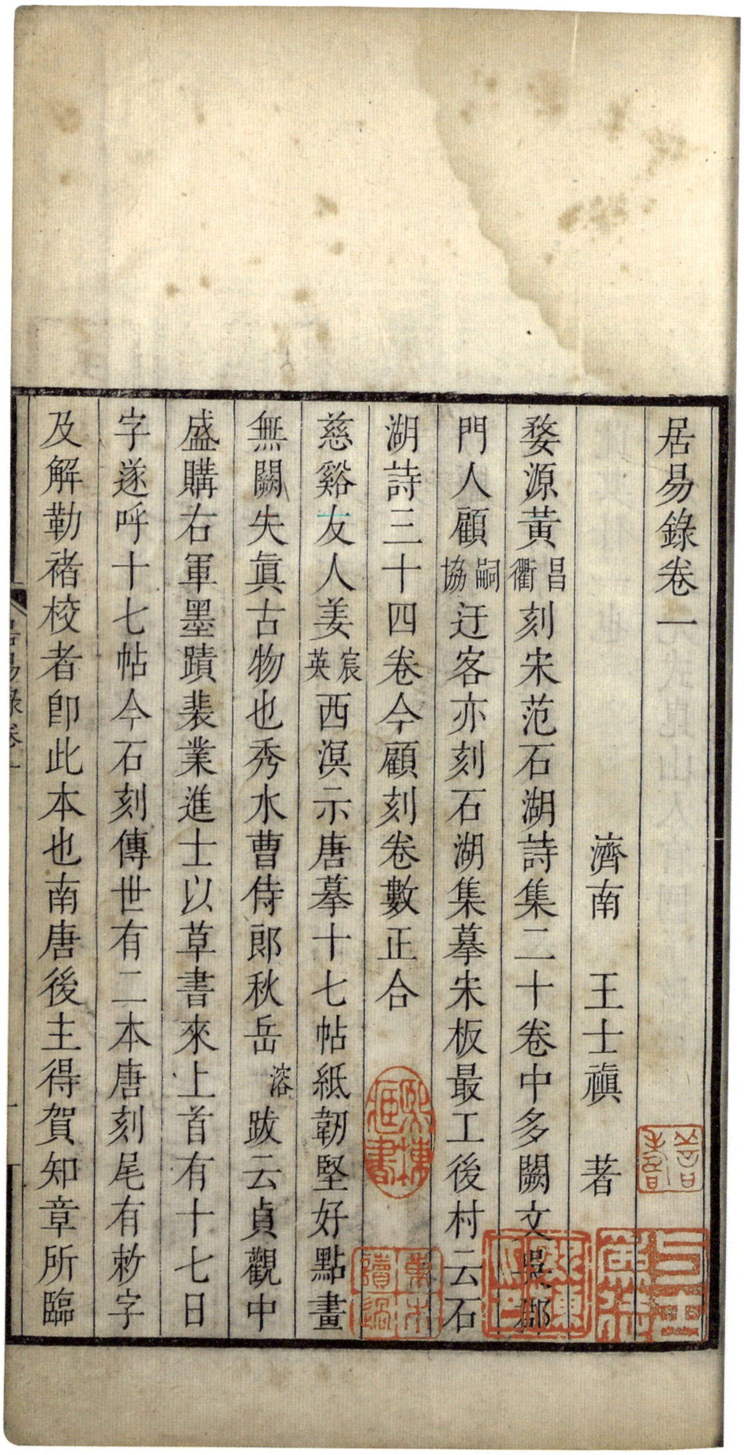
居易錄卷一
濟南 王士禛 著
婺源黃昌衢刻宋范石湖詩集二十卷中多闕文毘陵
門人顧嗣協迂客亦刻石湖集摹宋板最工後村云石
湖詩三十四卷今顧刻卷數正合
慈谿友人姜宸英西溟示唐摹十七帖紙韌堅好點畫
無闕失眞古物也秀水曹侍郎秋岳溶跋云貞觀中
盛購右軍墨蹟裴業進士以草書來上首有十七日
字遂呼十七帖今石刻傳世有二本唐刻尾有敕字
及解勒褚校者即此本也南唐後主得賀知章所臨

居易錄三十四卷 （清）王士禛著 清康熙二十八年（1689）刻本

框高17.2厘米，廣13.2厘米。半葉十行，行二十字，黑口，左右雙邊。6册。鈐“與古為徒”白文印、“熙棟藏書”朱文印等。

shan151

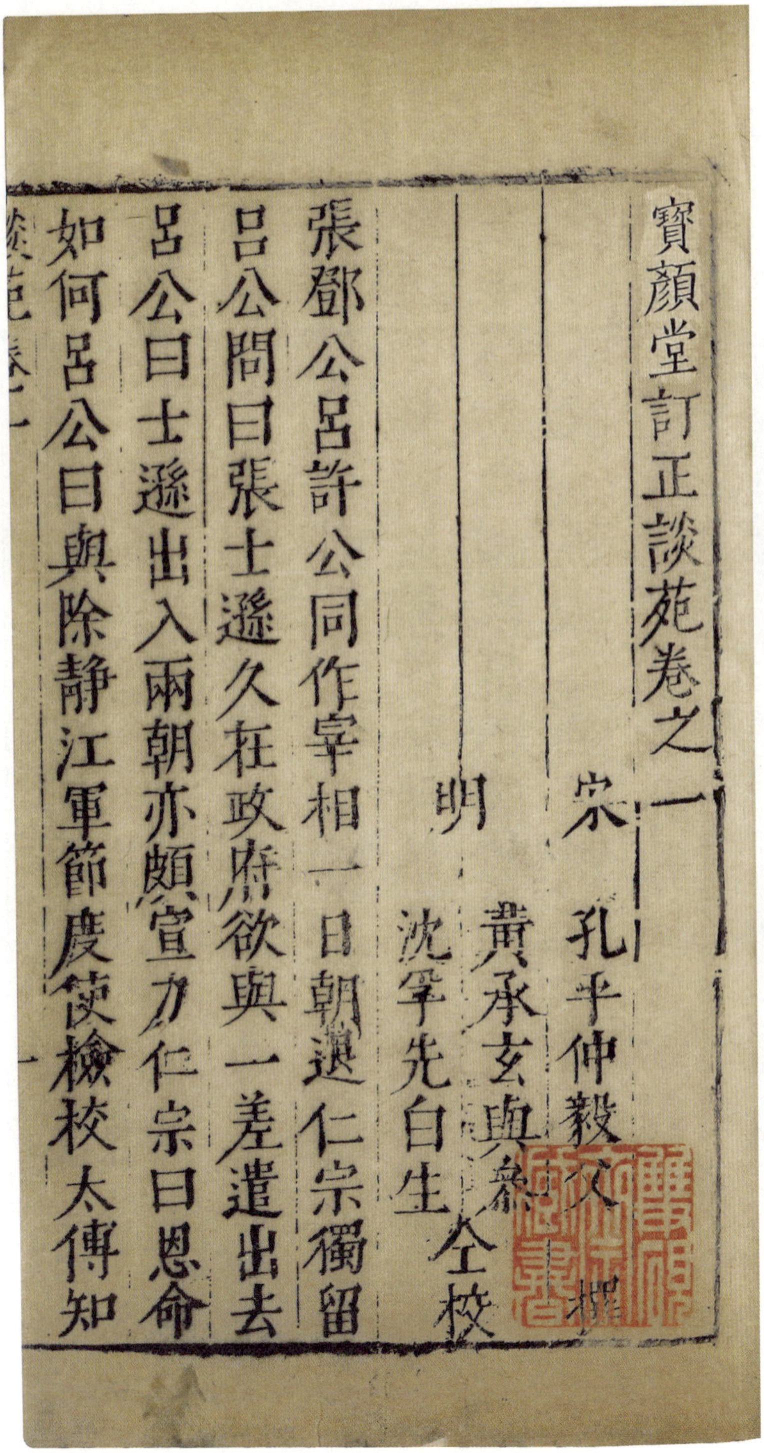
寶顏堂訂正談苑卷之一
宋 孔平仲毅父 撰
明 黄承玄與叅 沈孚先白生 仝校
張鄧公呂許公同作宰相一日朝退仁宗獨留
呂公問曰張士遜久在政府欲與一差遣出去
呂公曰士遜出入兩朝亦頗宣力仁宗曰恩命
如何呂公曰與除靜江軍節度使檢校太傅知
談苑卷之一 一

寶顏堂訂正談苑四卷 （宋）孔平仲撰 （明）沈孚先等校 明萬曆綉水沈氏刻寶顏堂續秘笈本

框高 20.5 厘米，廣 12.5 厘米。半葉八行，行十八字，白口，四周單邊。2 册。鈐“雙硯齋藏書”白文印。

shan155

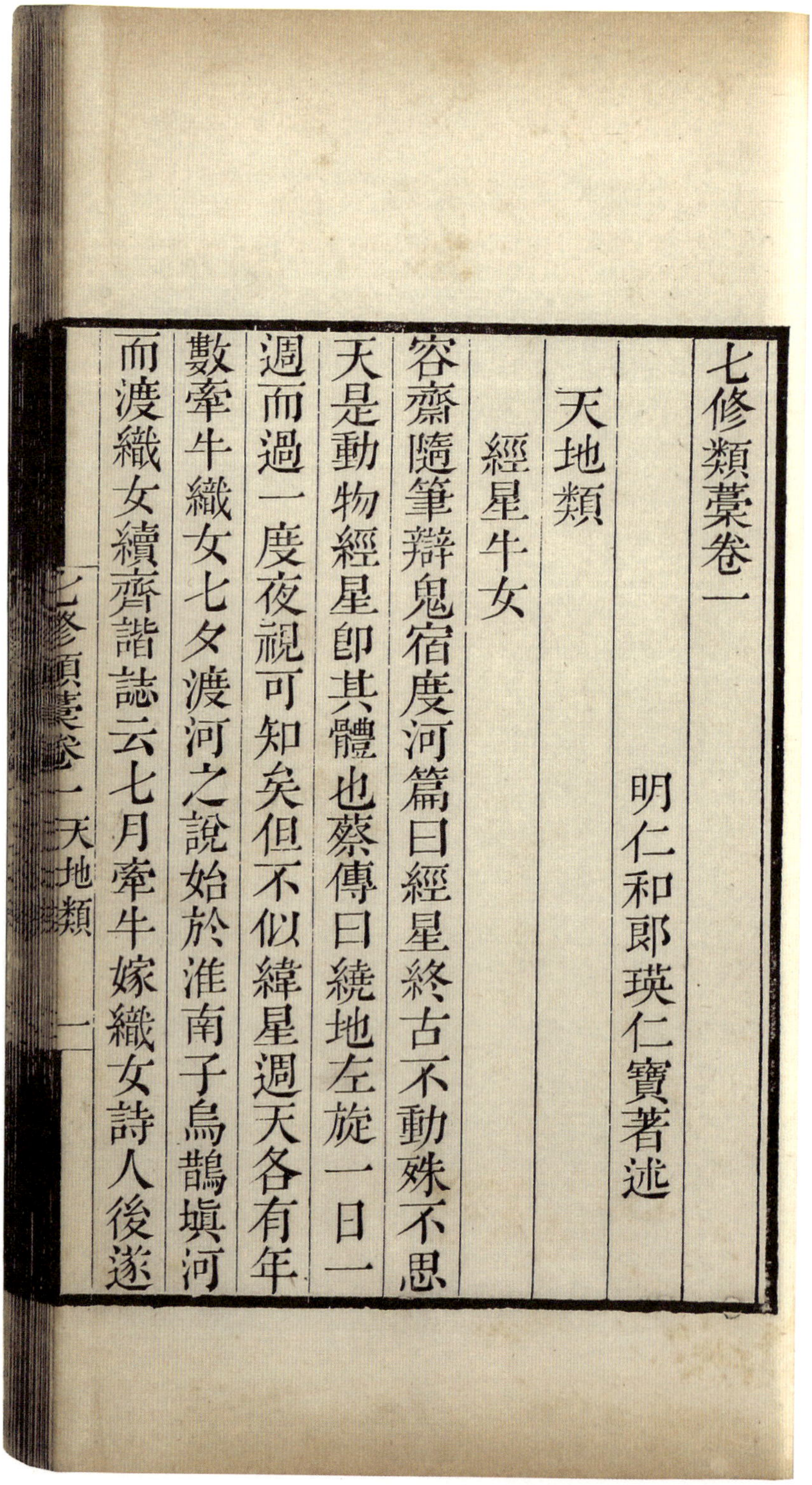
七修類藁卷一
明仁和郎瑛仁寶著述
天地類
經星牛女
容齋隨筆辯鬼宿度河篇曰經星終古不動殊不思
天是動物經星卽其體也蔡傳曰繞地左旋一日一
週而過一度夜視可知矣但不似緯星週天各有年
數牽牛織女七夕渡河之說始於淮南子烏鵲塡河
而渡織女續齊諧誌云七月牽牛嫁織女詩人後遂
七修類藁卷一　天地類　一

七修類藁五十一卷續藁七卷　（明）郎瑛著述　清乾隆四十年（1775）周棨耕煙草堂刻本
框高 13.1 厘米，廣 9.8 厘米。半葉九行，行二十字，黑口，左右雙邊。20 册。

shan247

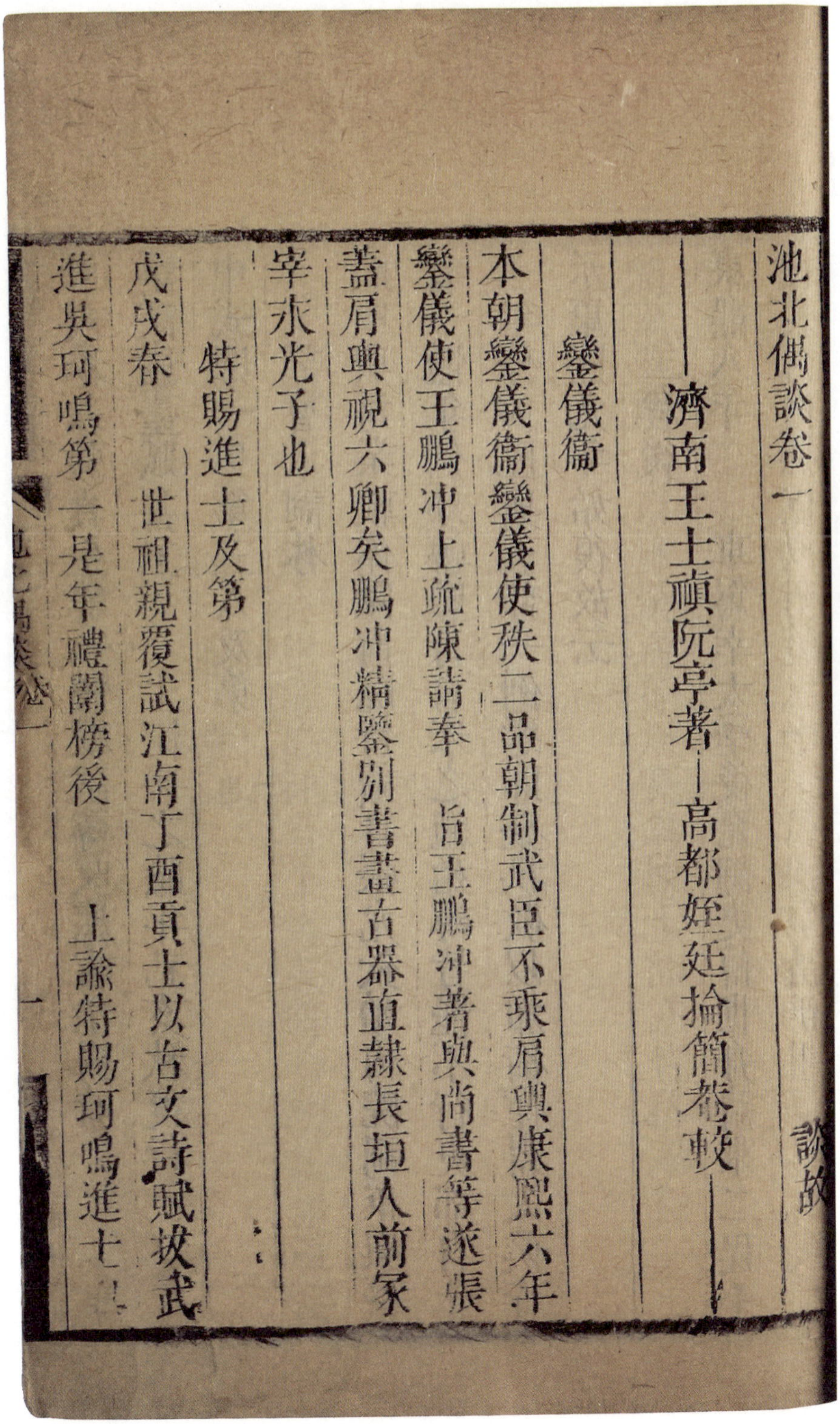

池北偶談二十六卷　（清）王士禛著　清康熙四十年（1701）文粹堂刻本

框高 19.3 厘米，廣 14.7 厘米。半葉十一行，行二十三字，小字雙行同，黑口，左右雙邊。8 册。鈐“熙棟藏書”朱文印。

shan254

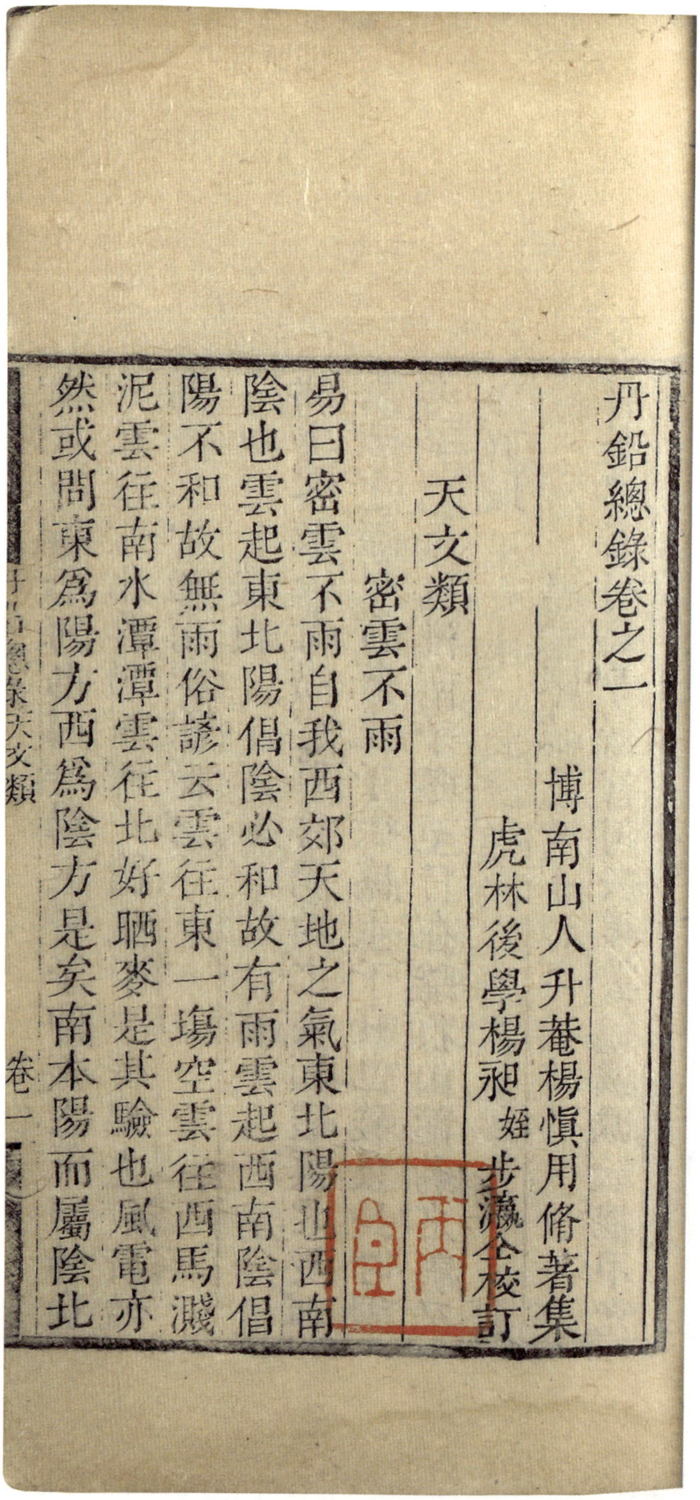
丹鉛總錄卷之一
博南山人升菴楊慎用脩著集
虎林後學楊昶姪步瀛仝校訂
天文類
密雲不雨
易曰密雲不雨自我西郊天地之氣東北陽也西南
陰也雲起東北陽倡陰必和故有雨雲起西南陰倡
陽不和故無雨俗諺云雲往東一場空雲往西馬濺
泥雲往南水潭潭雲往北好晒麥是其驗也風雹亦
然或問東爲陽方西爲陰方是矣南本陽而屬陰北
丹鉛總錄天文類　卷一

丹鉛總錄二十七卷　（明）楊慎著集　清乾隆三十年（1765）教忠堂刻本

框高 12.8 厘米，廣 8.8 厘米。半葉十行，行二十字，黑口，左右雙邊。8 册。鈐“丙臣”朱文印。

shan258

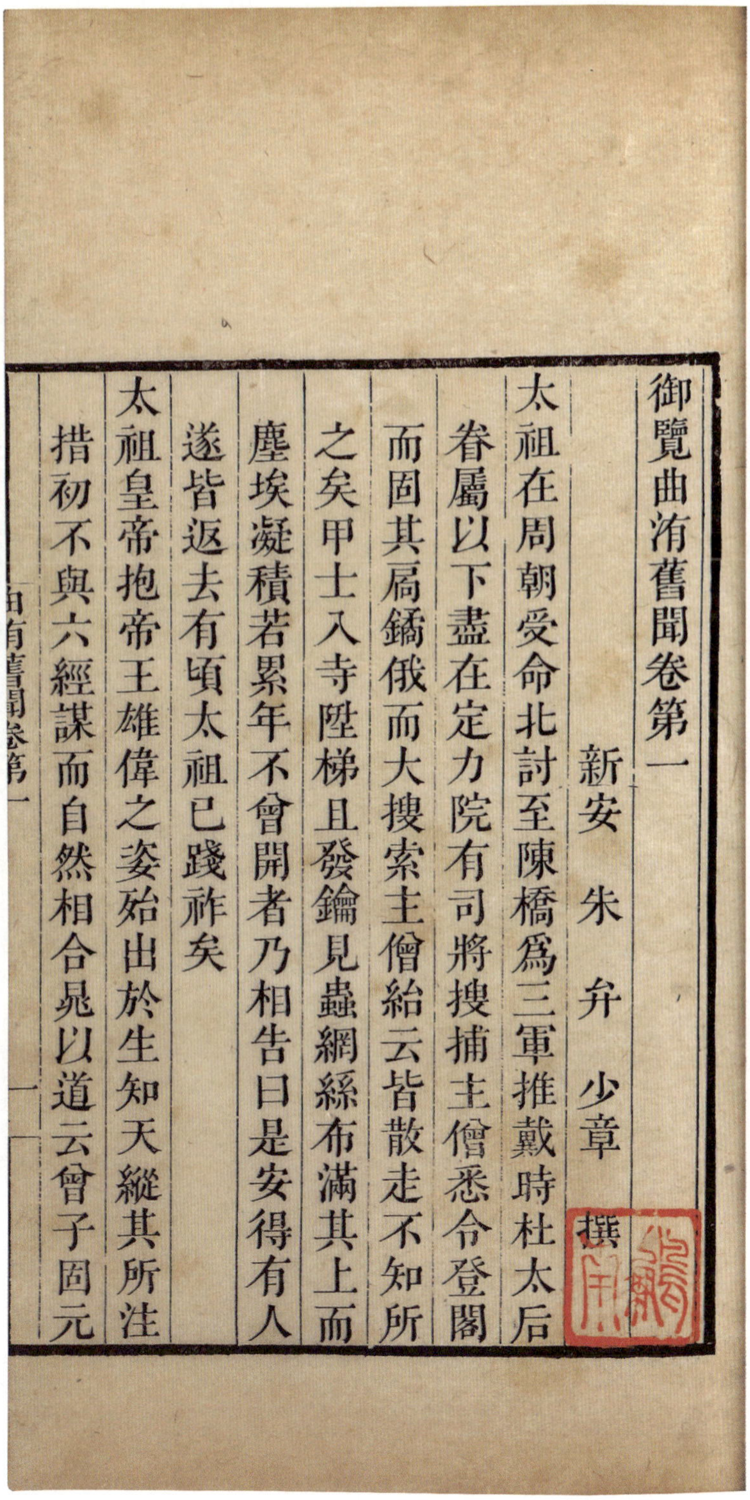

御覽曲洧舊聞十卷　（宋）朱弁撰　清乾隆刻本

框高 18.4 厘米，廣 13.7 厘米。半葉十行，行二十一字，細黑口，左右雙邊。4 册。鈐“鶴南”朱文印。

shan277

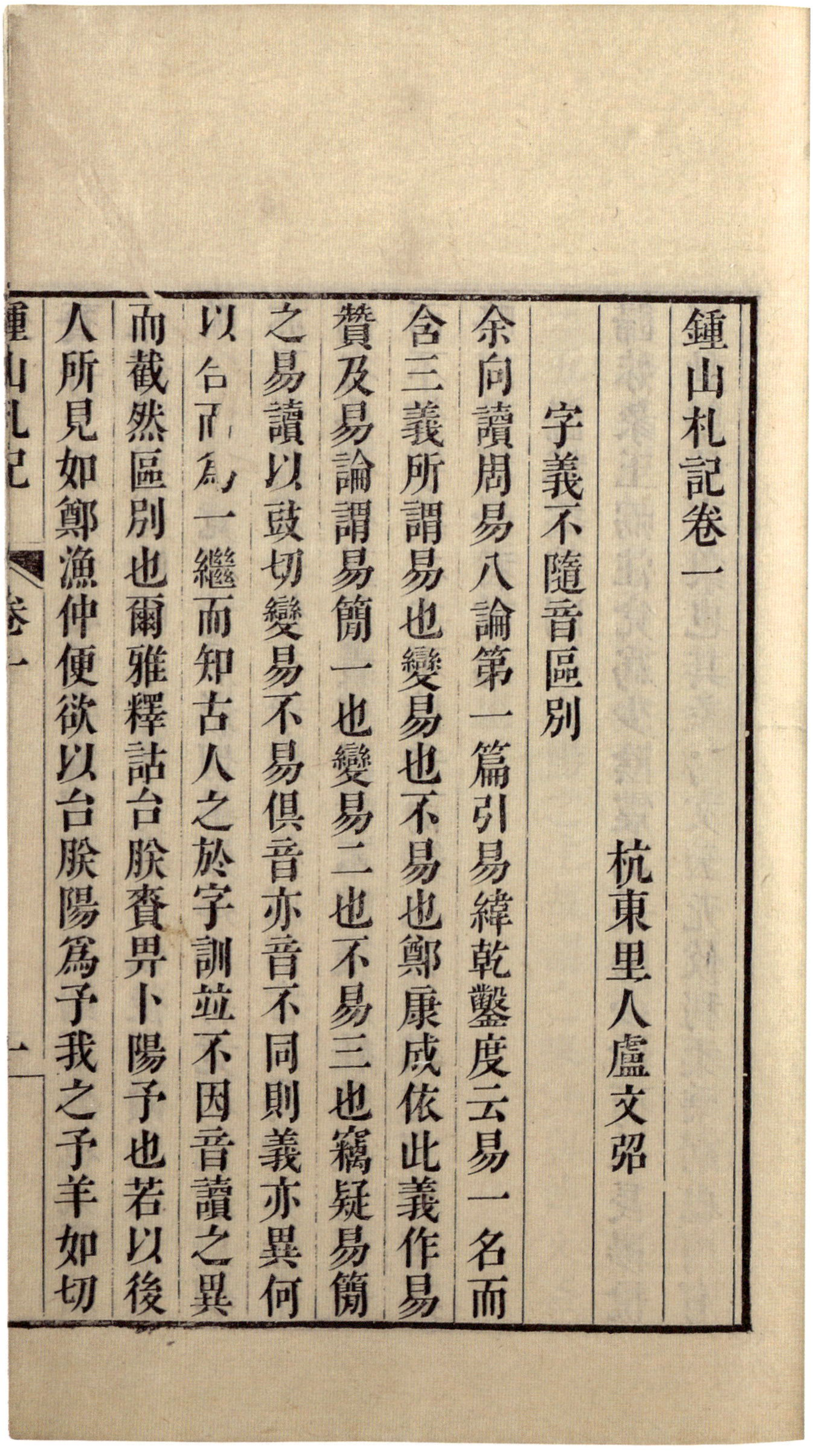
鍾山札記卷一
杭東里人盧文弨
字義不隨音區別
余向讀周易八論第一篇引易緯乾鑿度云易一名而含三義所謂易也變易也不易也鄭康成依此義作易贊及易論謂易簡一也變易二也不易三也竊疑易簡之易讀以豉切變易不易俱音亦音不同則義亦異何以合而爲一繼而知古人之於字訓竝不因音讀之異而截然區別也爾雅釋詁台朕賚畀卜陽予也若以後人所見如鄭漁仲便欲以台朕陽爲予我之予羊如切

鍾山札記 卷一 一

鍾山札記四卷 （清）盧文弨撰 清乾隆五十五年（1790）餘姚盧氏抱經堂刻本
框高 18 厘米，廣 13.2 厘米。半葉十行，行二十一字，白口，左右雙邊。1 册。

shan293

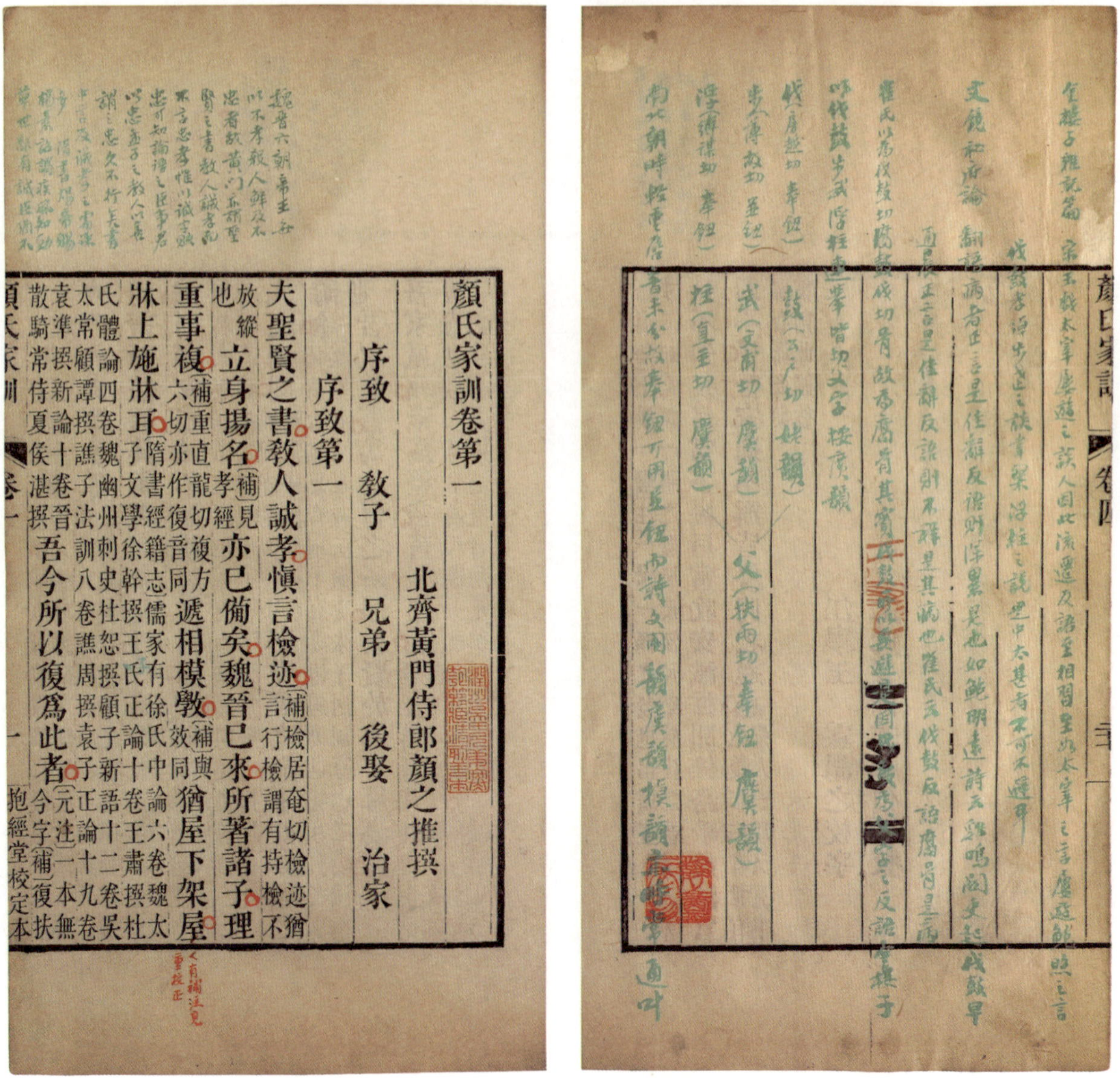

顔氏家訓七卷附録一卷 （北齊）顔之推撰 （清）盧文弨補注 清乾隆五十四年（1789）刻抱經堂叢書本

框高 17.8 厘米，廣 13 厘米。半葉十行，行二十一字，小字雙行同，白口，左右雙邊。2 册。鈐“燕京酒徒”朱文印、“培蕓書屋”白文印、“靜盦長物”朱文印等。此書曾被吴其濬收藏，書中有楊靜庵緑、朱两色笔批識，後有楊靜庵跋。

shan326

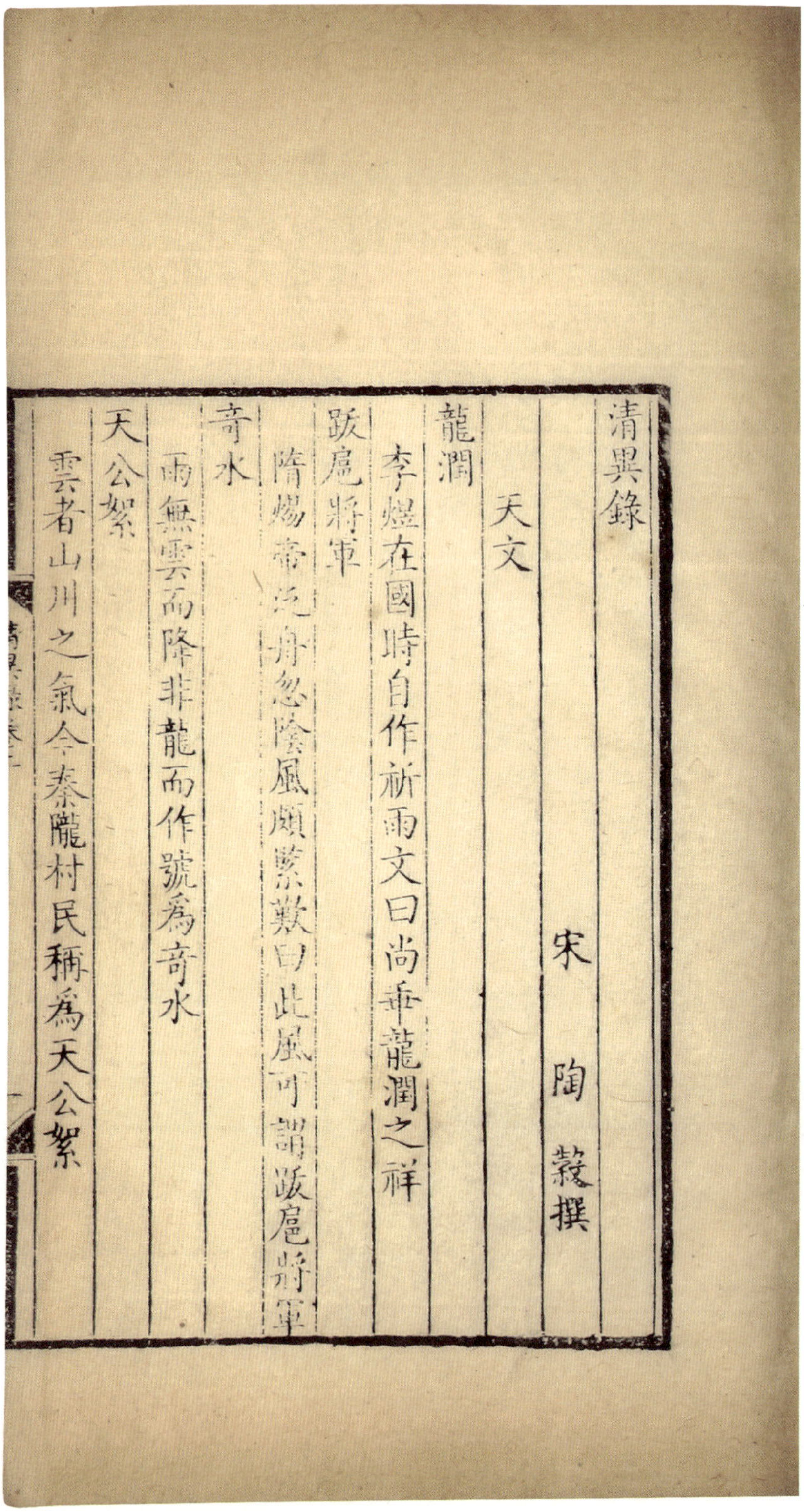

清異錄

宋　陶穀撰

天文

龍潤

李煜在國時自作祈雨文曰尚乖龍潤之祥

跋扈將軍

隋煬帝泛舟忽陰風頻緊歎曰此風可謂跋扈將軍

奇水

雨無雲而降非龍而作號爲奇水

天公絮

雲者山川之氣今秦隴村民稱爲天公絮

清異錄二卷　（宋）陶穀撰　清康熙最宜草堂刻本

框高 16 厘米，廣 11.5 厘米。半葉十一行，行二十一字，黑口，左右雙邊。3 册。

shan327

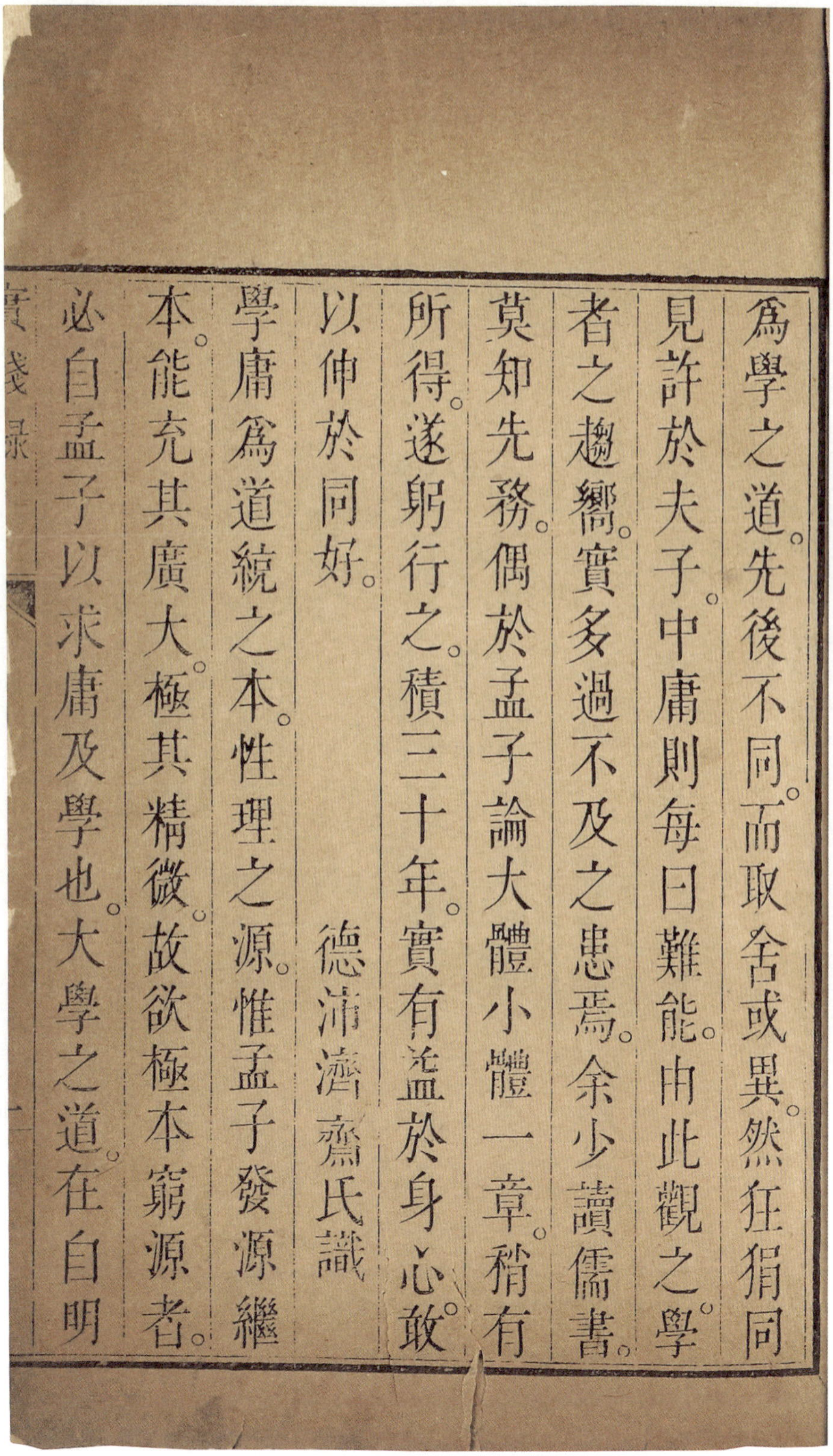
爲學之道。先後不同。而取舍或異。然狂狷同見許於夫子。中庸則每曰難能。由此觀之。學者之趨嚮。實多過不及之患焉。余少讀儒書。莫知先務。偶於孟子論大體小體一章。稍有所得。遂躬行之。積三十年。實有益於身心。敢以伸於同好。

德沛濟齋氏識

學庸爲道統之本。性理之源。惟孟子發源繼本。能充其廣大。極其精微。故欲極本窮源者。必自孟子以求庸及學也。大學之道。在自明

實踐錄 一

實踐録一卷　（清）德沛撰　清乾隆元年（1736）刻本

框高 19 厘米，廣 14.2 厘米。半葉九行，行十七字，白口，四周雙邊。1 册。

shan342

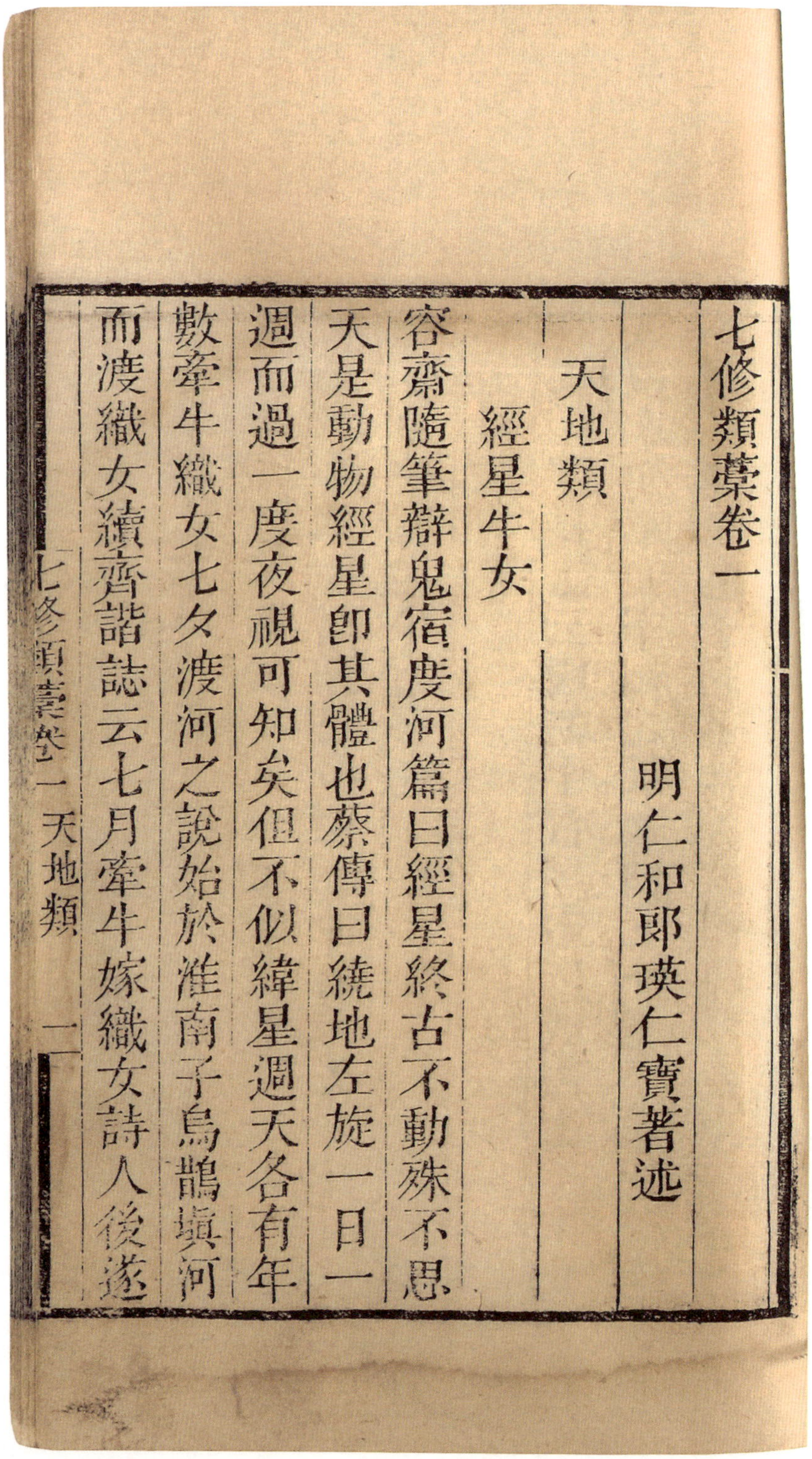

七修類稾卷一

明仁和郎瑛仁寶著述

天地類

經星牛女

容齋隨筆辯鬼宿度河篇曰經星終古不動殊不思天是動物經星即其體也蔡傳曰繞地左旋一日一週而過一度夜視可知矣但不似緯星遇天各有年數牽牛織女七夕渡河之說始於淮南子烏鵲填河而渡織女續齊諧誌云七月牽牛嫁織女詩人後遂

七修類稾卷一　天地類　一

七修類稾五十一卷續稾七卷　（明）郎瑛撰　清乾隆四十年（1775）周氏耕煙草堂刻本

框高 13 厘米，廣 10 厘米。半葉九行，行二十字，小字雙行同，黑口，左右雙邊。16 册。

shan402

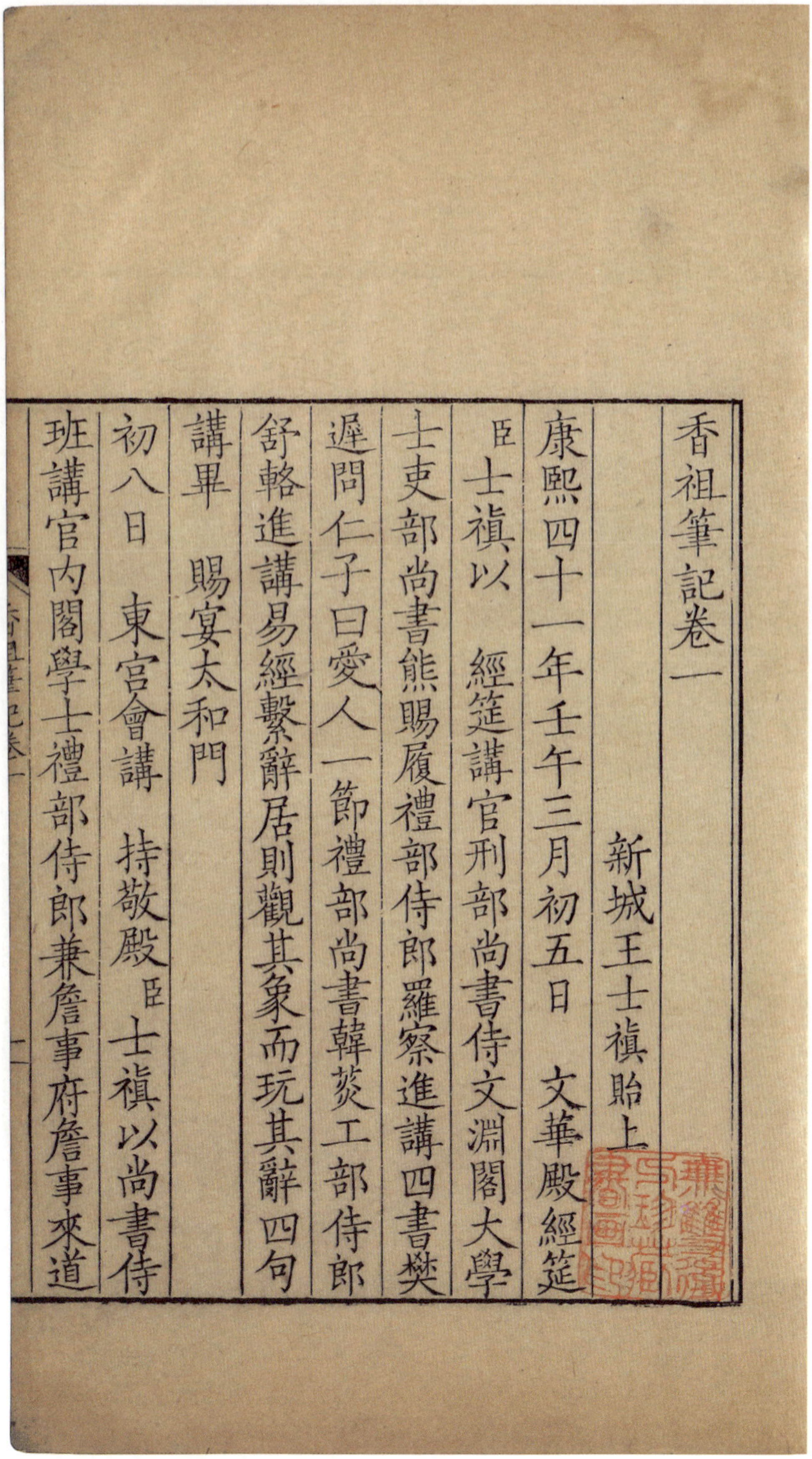

香祖筆記十二卷　（清）王士禛撰　清康熙四十四年（1705）刻王漁洋遺書本

框高 16.1 厘米，廣 13.3 厘米。半葉十行，行十九字，白口，左右雙邊。6 册。鈐“無雙後人珍藏書画印”朱文印。

shan447

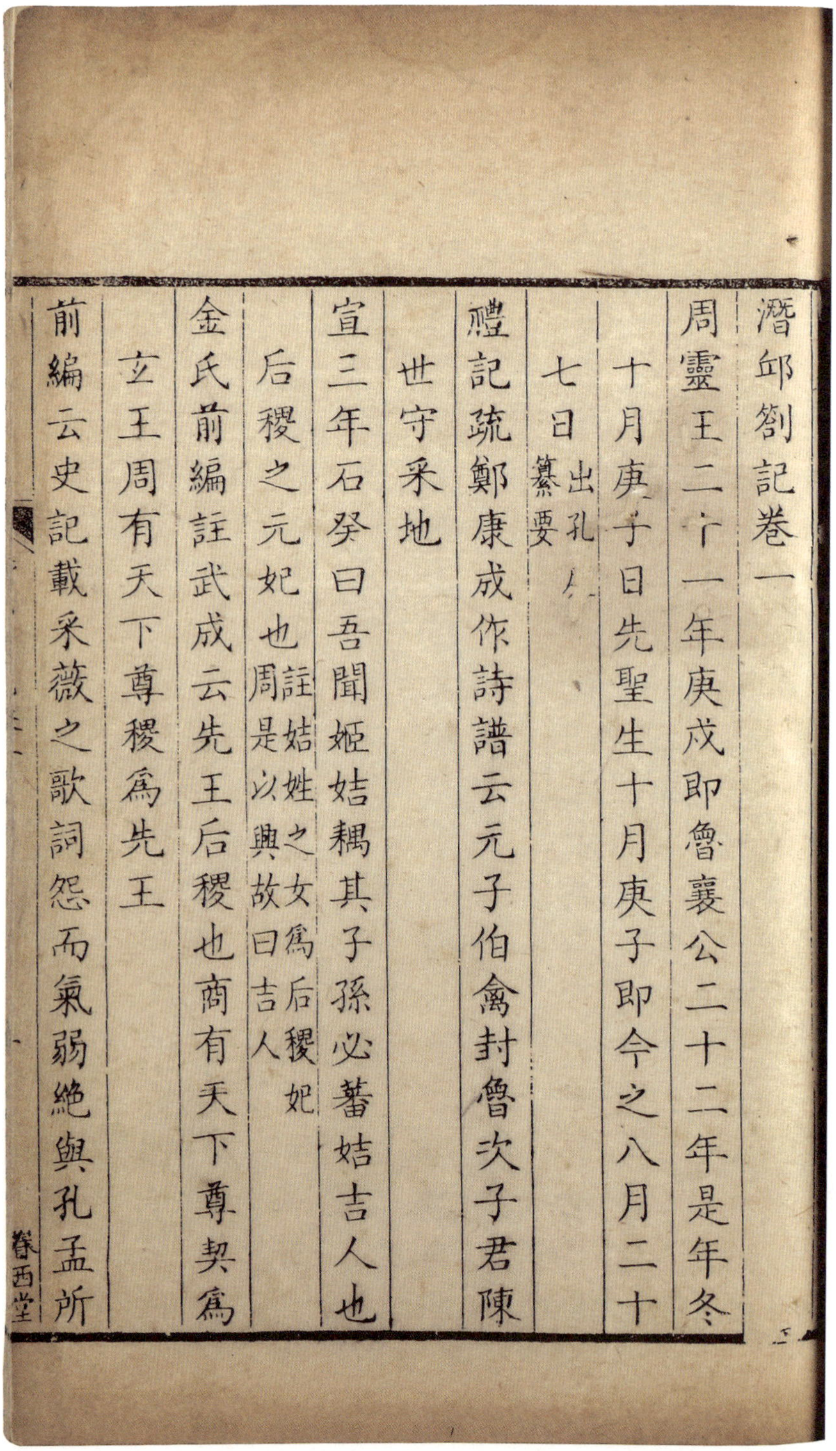
潛邱劄記卷一
周靈王二十一年庚戌即魯襄公二十二年是年冬
十月庚子日先聖生十月庚子即今之八月二十
七日出孔[illegible]纂要
禮記疏鄭康成作詩譜云元子伯禽封魯次子君陳
世守采地
宣三年石癸曰吾聞姬姞耦其子孫必蕃姞吉人也
后稷之元妃也註姞姓之女爲后稷妃周是以興故曰吉人
金氏前編註武成云先王后稷也商有天下尊契爲
玄王周有天下尊稷爲先王
前編云史記載采薇之歌詞怨而氣弱絶與孔孟所
眷西堂

潛邱劄記六卷　（清）閻若璩撰　清乾隆十三年（1748）閻學林眷西堂刻本

框高 19 厘米，廣 15 厘米。半葉十一行，行二十字，小字雙行同，白口，左右雙邊。12 册。鈐“均伯過眼”朱文印。

shan484

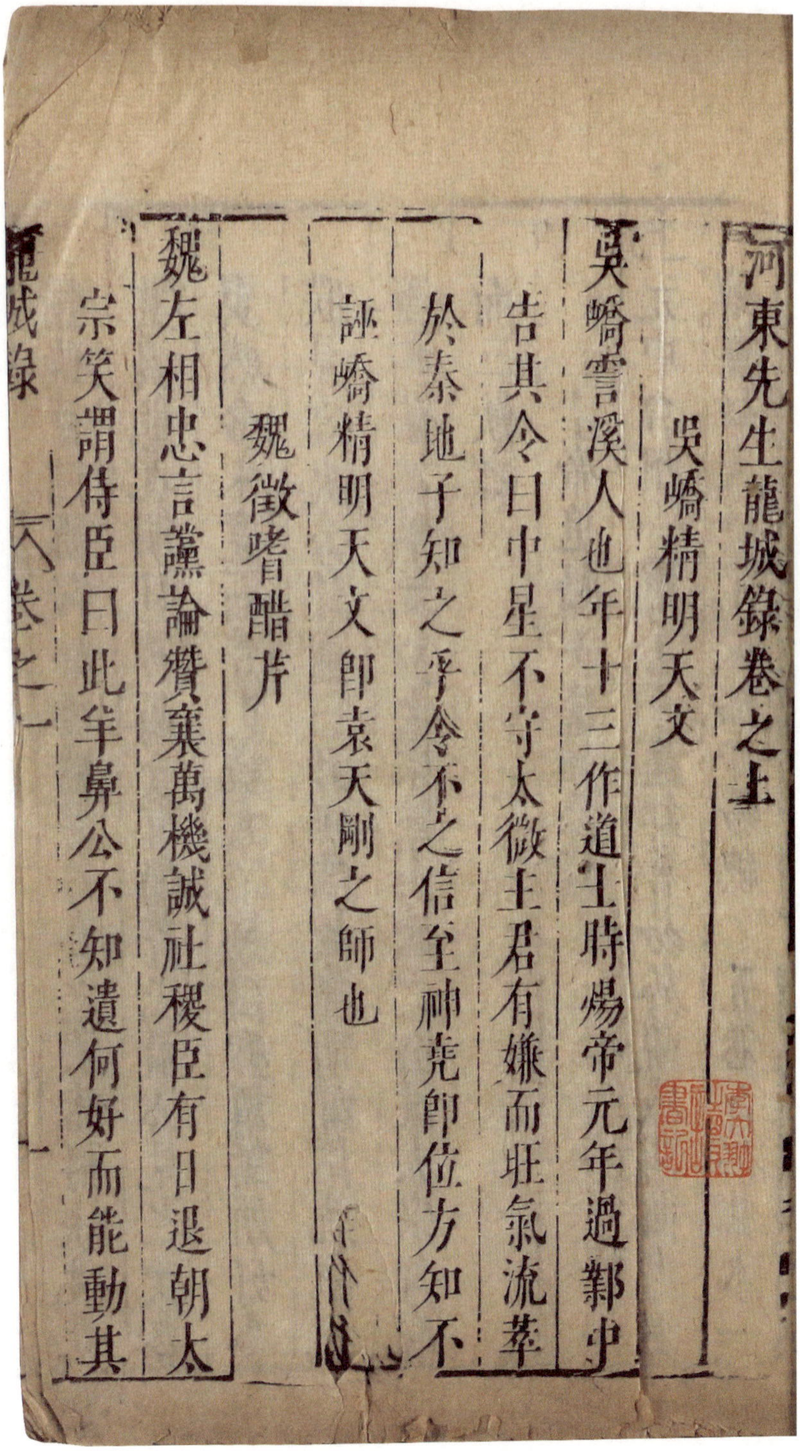

河東先生龍城録二卷　（唐）柳宗元撰　**鶴林玉露十六卷補遺一卷**　（宋）羅大經撰　明萬曆會稽商氏半野堂刻稗海本

框高 20.5 厘米，廣 14 厘米。半葉九行，行二十字，白口，四周單邊。2 册。鈐“李大翀讀書記”朱文印。

shan529

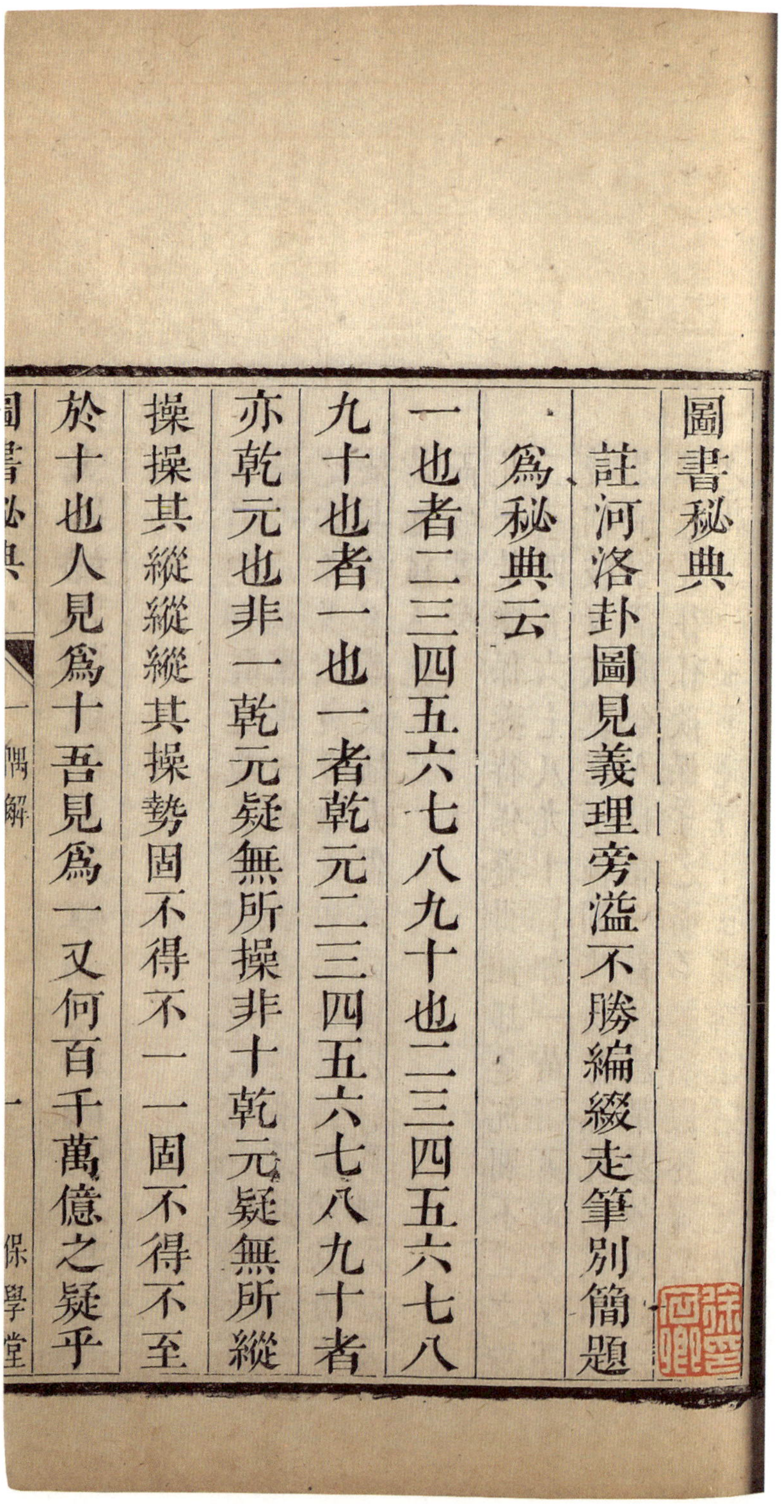
圖書秘典
註河洛卦圖見義理旁溢不勝編綴走筆別簡題
爲秘典云
一也者二三四五六七八九十也二三四五六七八
九十也者一也一者乾元二三四五六七八九十者
亦乾元也非一乾元疑無所操非十乾元疑無所縱
操操其縱縱縱其操勢固不得不一一固不得不至
於十也人見爲十吾見爲一又何百千萬億之疑乎
圖書秘典　一隅解　一　保學堂

圖書秘典一隅解　（清）張沐撰　清康熙三十九年（1700）保學堂刻本

框高 17.9 厘米，廣 13.5 厘米。半葉八行，行二十字，白口，四周雙邊。1 册。鈐“陶淑精舍收藏”白文印、“徐石卿印”白文印。

shan547

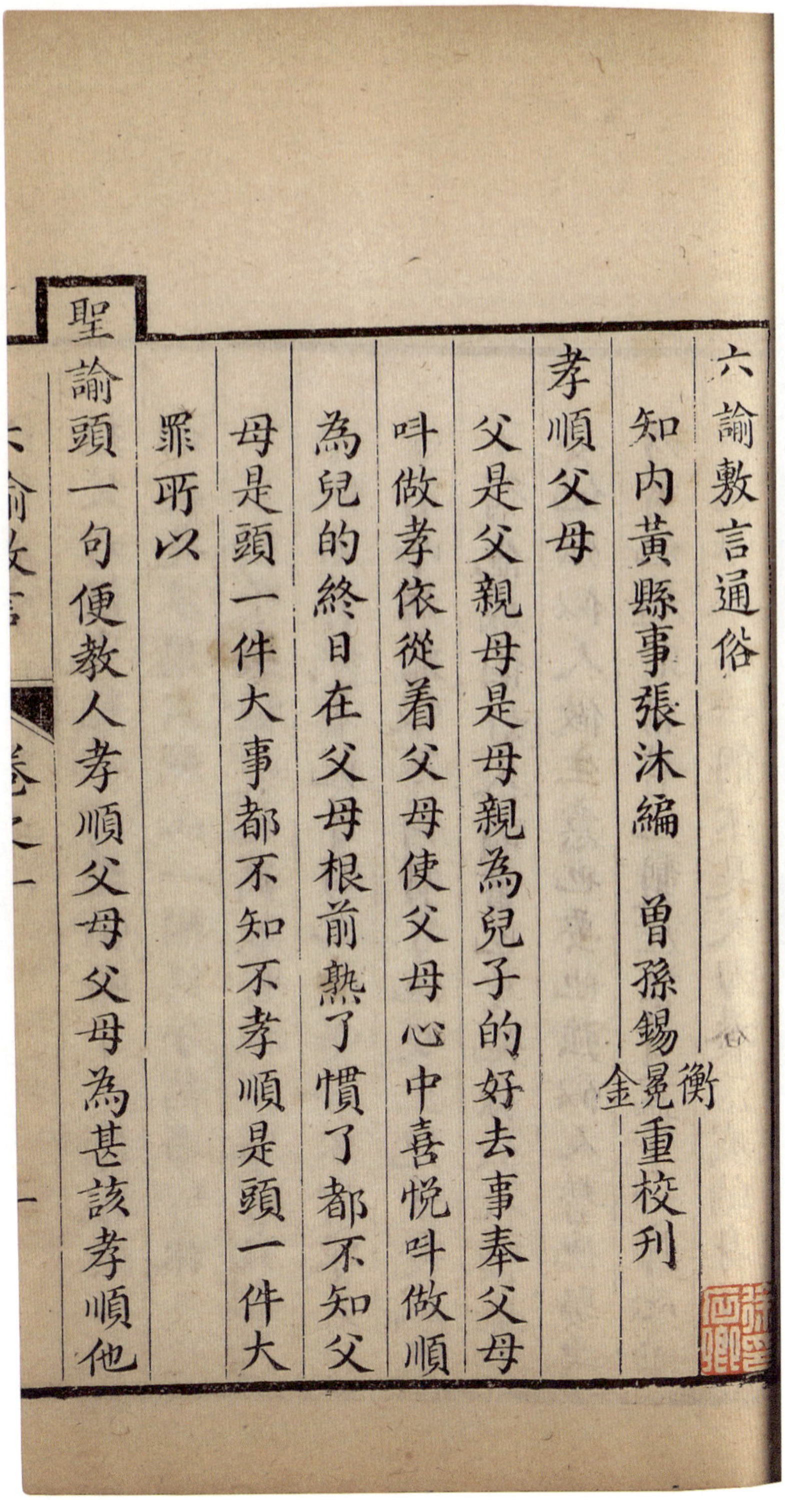

六諭敷言通俗六卷 （清）張沐編 清乾隆三十二年（1767）敦臨堂刻本

框高 18.5 厘米，廣 14 厘米。半葉九行，行十九字或二十字，小字雙行同，白口，左右雙邊。1 册。鈐“徐石卿印”白文印。

shan548

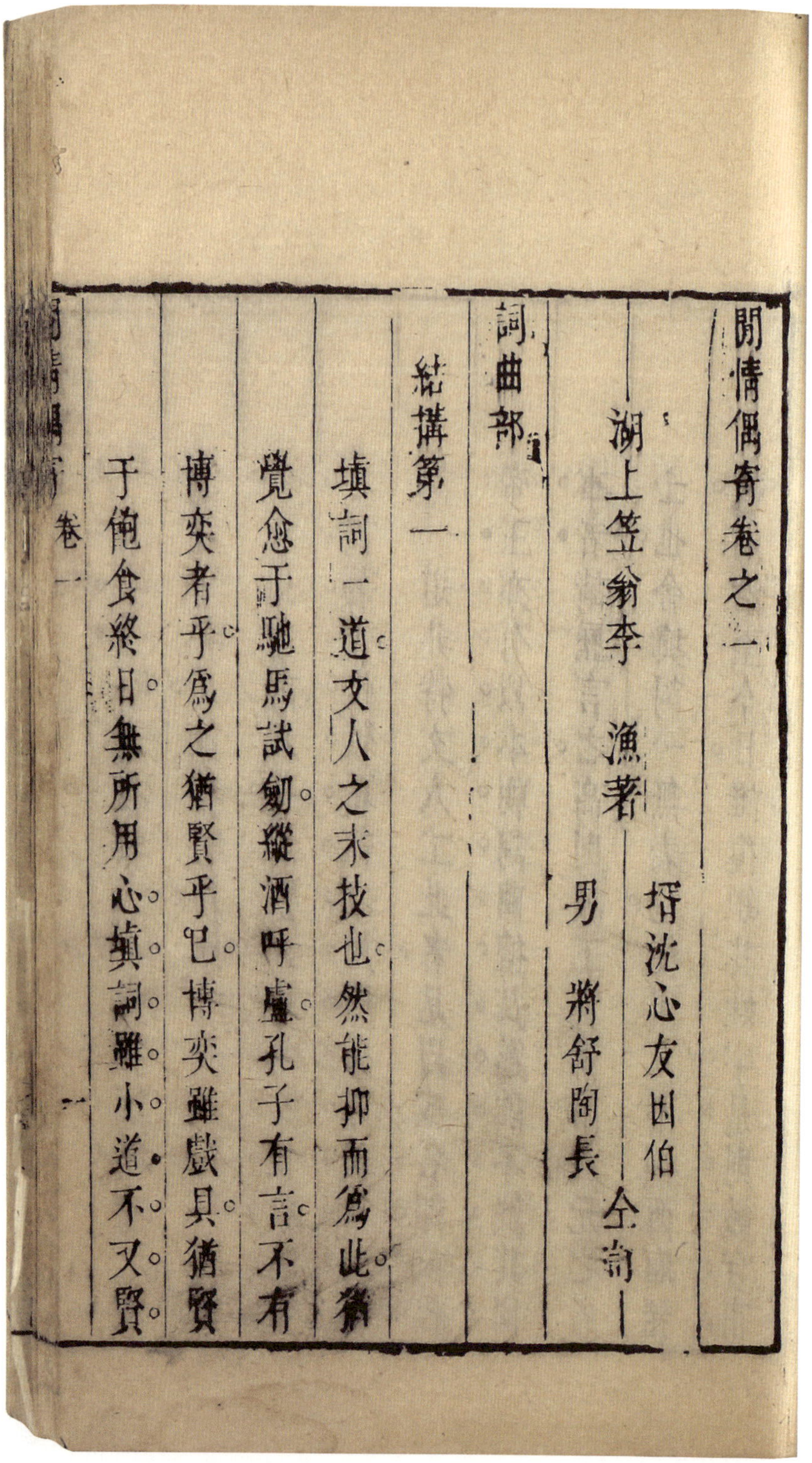

閒情偶寄卷之一

湖上笠翁李　漁著

婿沈心友因伯

男　將舒陶長　仝訂

詞曲部

結構第一

塡詞一道文人之末技也然能抑而爲此猶覺愈于馳馬試劍縱酒呼盧孔子有言不有博奕者乎爲之猶賢乎已博奕雖戯具猶賢于飽食終日無所用心塡詞雖小道不又賢

閒情偶寄　卷一

閒情偶寄十六卷　（清）李漁著　清康熙十年（1671）翼聖堂刻本

框高 18.2 厘米，廣 13 厘米。半葉九行，行二十字，白口，四周单邊。2 册。

shan569

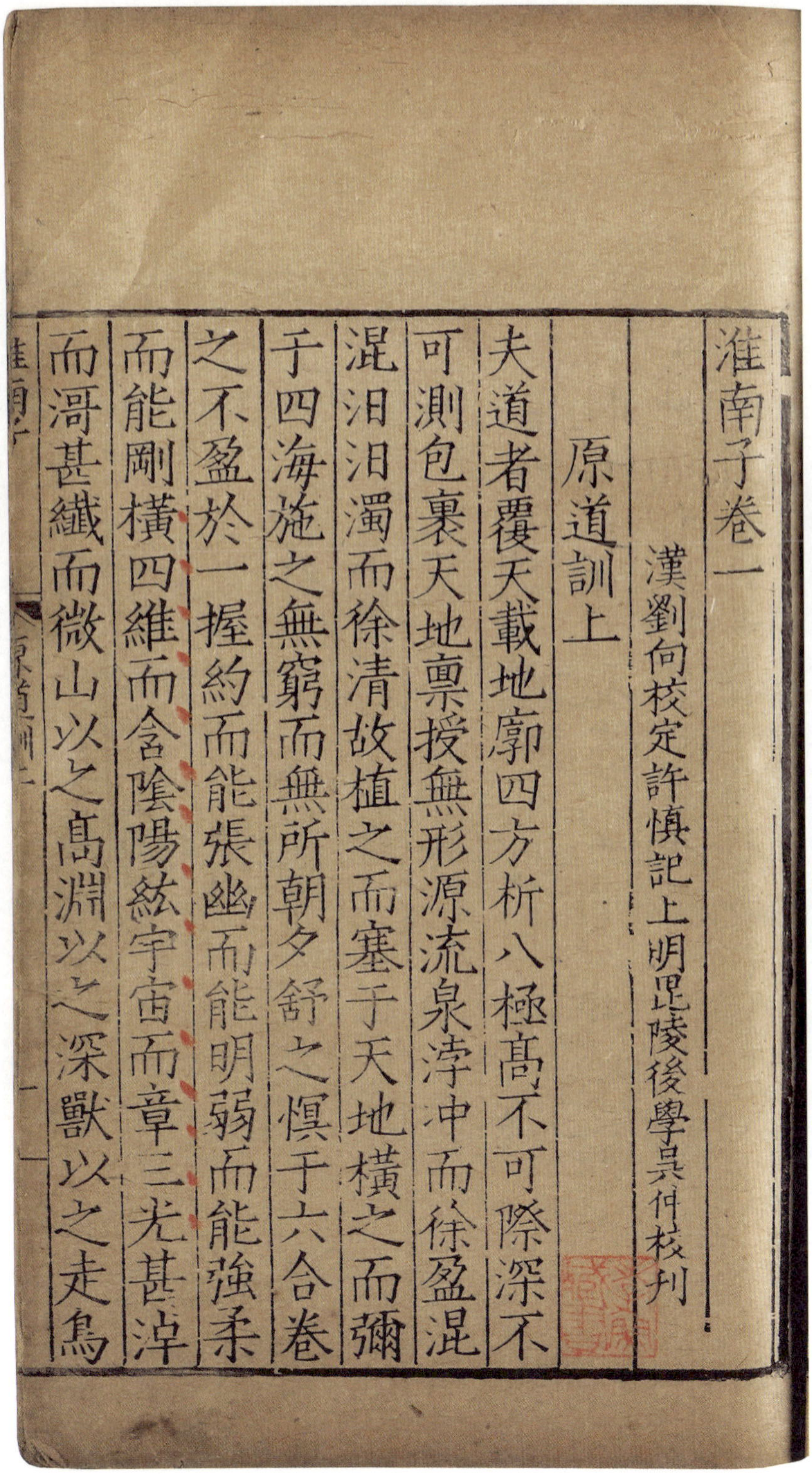
淮南子卷一
漢劉向校定許慎記上　明毘陵後學吳仲校刊
原道訓上
夫道者覆天載地廓四方柝八極高不可際深不可測包裹天地禀授無形源流泉浡冲而徐盈混混汩汩濁而徐清故植之而塞于天地横之而彌于四海施之無窮而無所朝夕舒之幎于六合卷之不盈於一握約而能張幽而能明弱而能强柔而能剛横四維而含陰陽紘宇宙而章三光甚淖而滒甚纖而微山以之高淵以之深獸以之走鳥

淮南子二十八卷　（漢）劉向校定　明吴仲刻本

框高18.5厘米，廣14厘米。半葉十行，行十九字，白口，左右雙邊。5册。鈐“李閔藏書”朱文印。缺六卷（七至十二）。

shan619

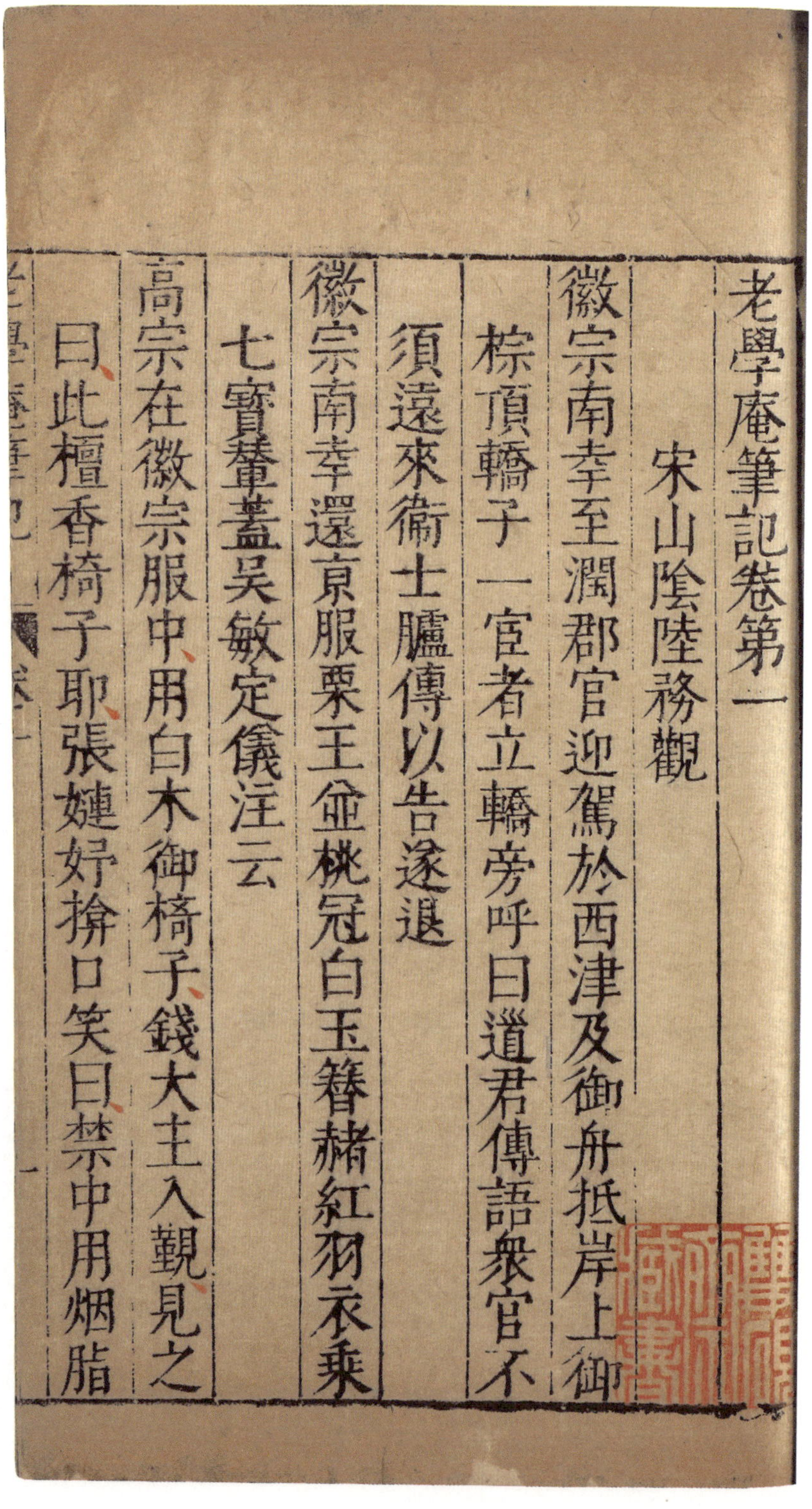
老學庵筆記卷第一
宋山陰陸務觀
徽宗南幸至潤郡官迎駕於西津及御舟抵岸上御
椶頂轎子一宦者立轎旁呼曰道君傳語衆官不
須遠來衛士臚傳以告遂退
徽宗南幸還京服栗玉並桃冠白玉簪赭紅羽衣乘
七寶輦蓋吴敏定儀注云
高宗在徽宗服中用白木御椅子錢大主入覲見之
曰此檀香椅子耶張婕妤掩口笑曰禁中用烟脂
老學庵筆記　卷一　一

老學庵筆記十卷　（宋）陸游撰　明萬曆商濬刻稗海本

框高 20 厘米，廣 14.2 厘米。半葉九行，行二十字，白口，四周單邊。4 册。鈐“雙硯齋藏書”白文印。

shan626

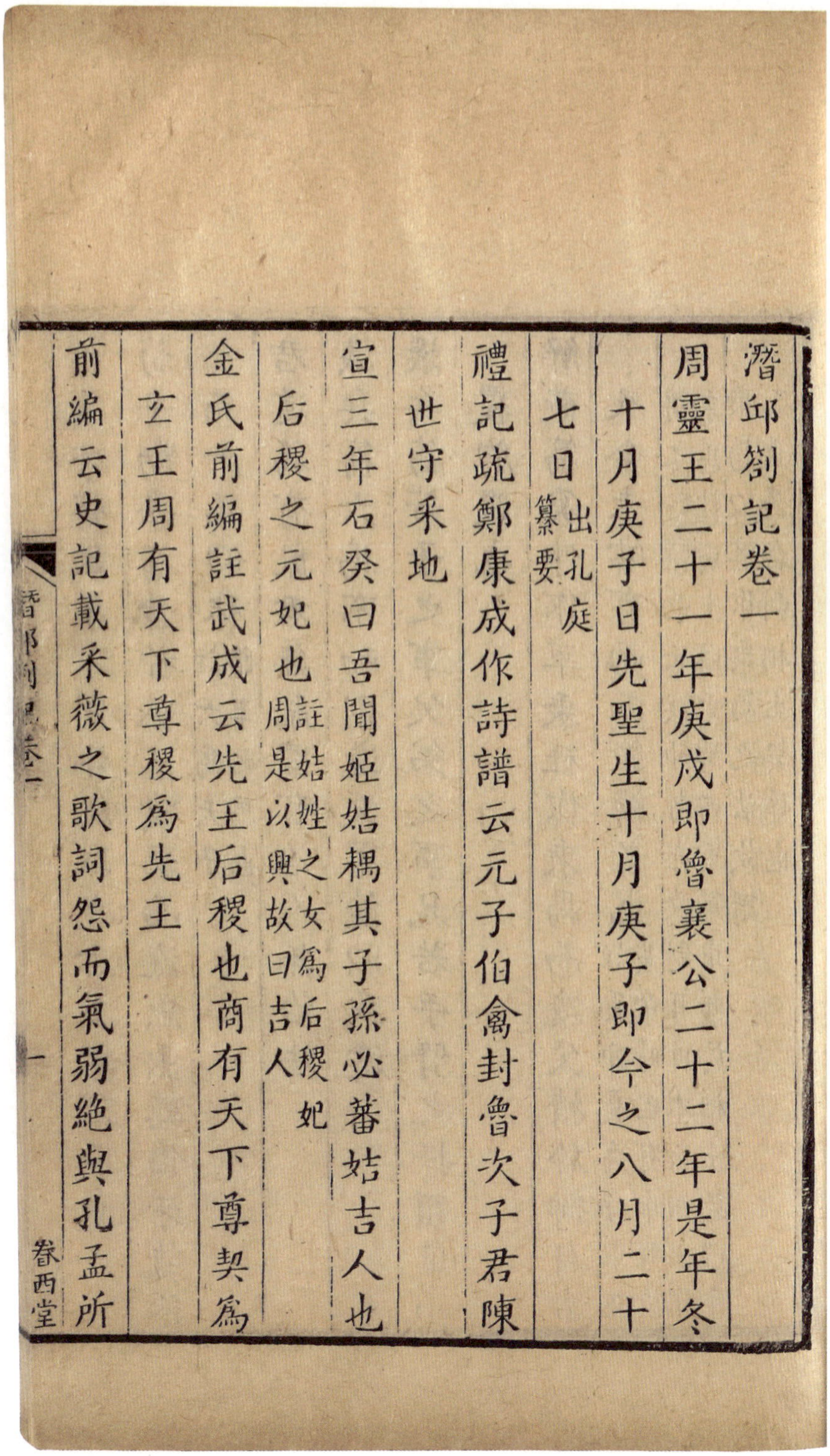

潛邱劄記卷一

周靈王二十一年庚戌即魯襄公二十二年是年冬十月庚子日先聖生十月庚子即今之八月二十七日出孔庭纂要

禮記疏鄭康成作詩譜云元子伯禽封魯次子君陳世守采地

宣三年石癸曰吾聞姬姞耦其子孫必蕃姞吉人也后稷之元妃也註姞姓之女爲后稷妃周是以興故曰吉人

金氏前編註武成云先王后稷也商有天下尊契爲玄王周有天下尊稷爲先王

前編云史記載采薇之歌詞怨而氣弱絕與孔孟所

潛邱劄記卷一　一　眷西堂

潛邱劄記六卷　（清）閻若璩撰　清乾隆十年（1745）閻學林眷西堂刻本

框高19.5厘米，廣15厘米。半葉十一行，行二十字，小字雙行同，白口，左右雙邊。6册。

shan629

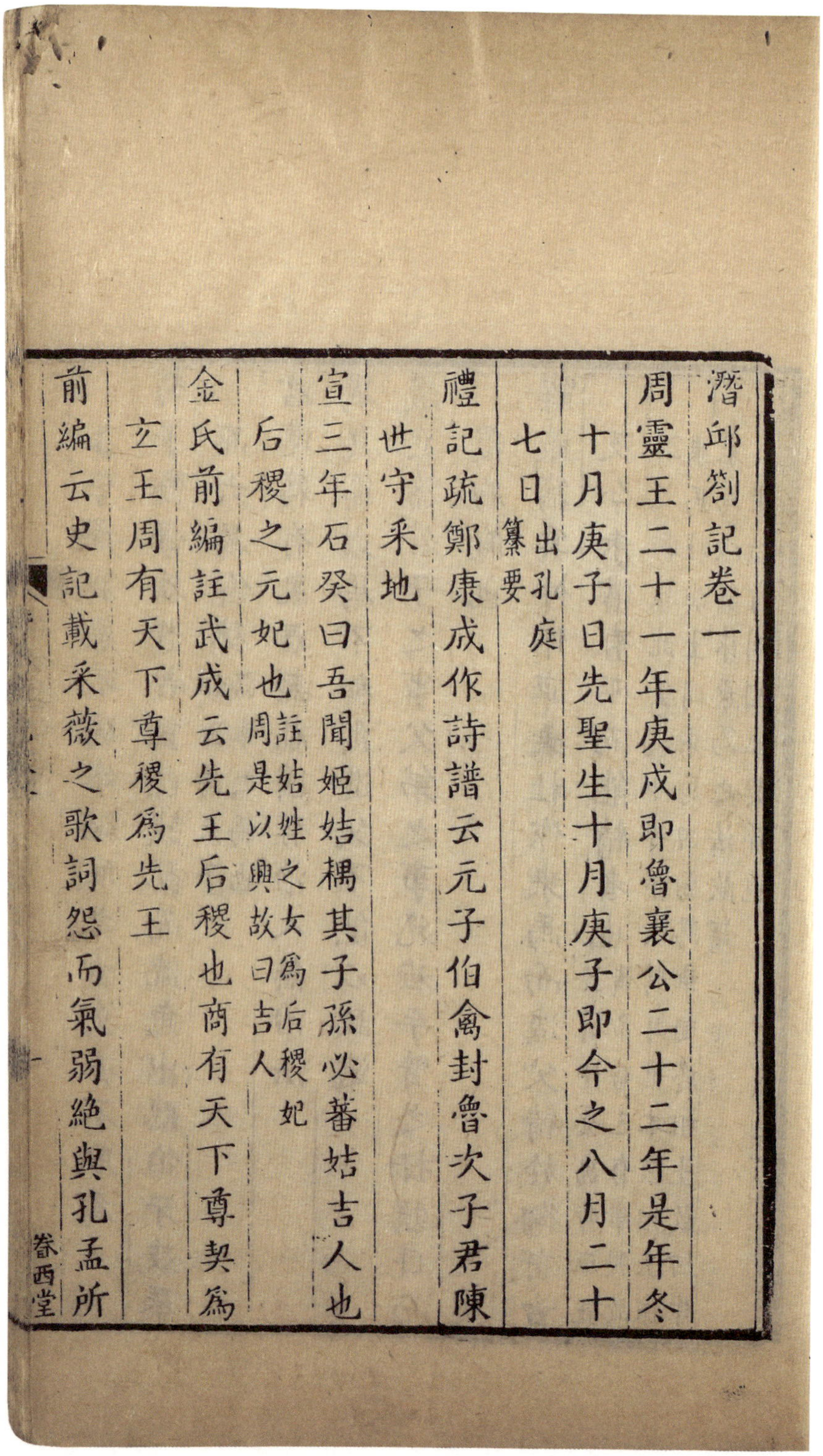

潛邱劄記卷一
周靈王二十一年庚戌即魯襄公二十二年是年冬
十月庚子日先聖生十月庚子即今之八月二十
七日出孔庭纂要
禮記疏鄭康成作詩譜云元子伯禽封魯次子君陳
世守采地
宣三年石癸曰吾聞姬姞耦其子孫必蕃姞吉人也
后稷之元妃也註姞姓之女爲后稷妃周是以興故曰吉人
金氏前編註武成云先王后稷也商有天下尊契爲
玄王周有天下尊稷爲先王
前編云史記載采薇之歌詞怨而氣弱絕與孔孟所
眷西堂

潛邱劄記六卷　（清）閻若璩撰　清乾隆十年（1745）閻學林眷西堂刻本

框高 19.1 厘米，廣 14.9 厘米。半葉十一行，行二十字，小字雙行同，白口，左右雙邊。6 册。

shan630

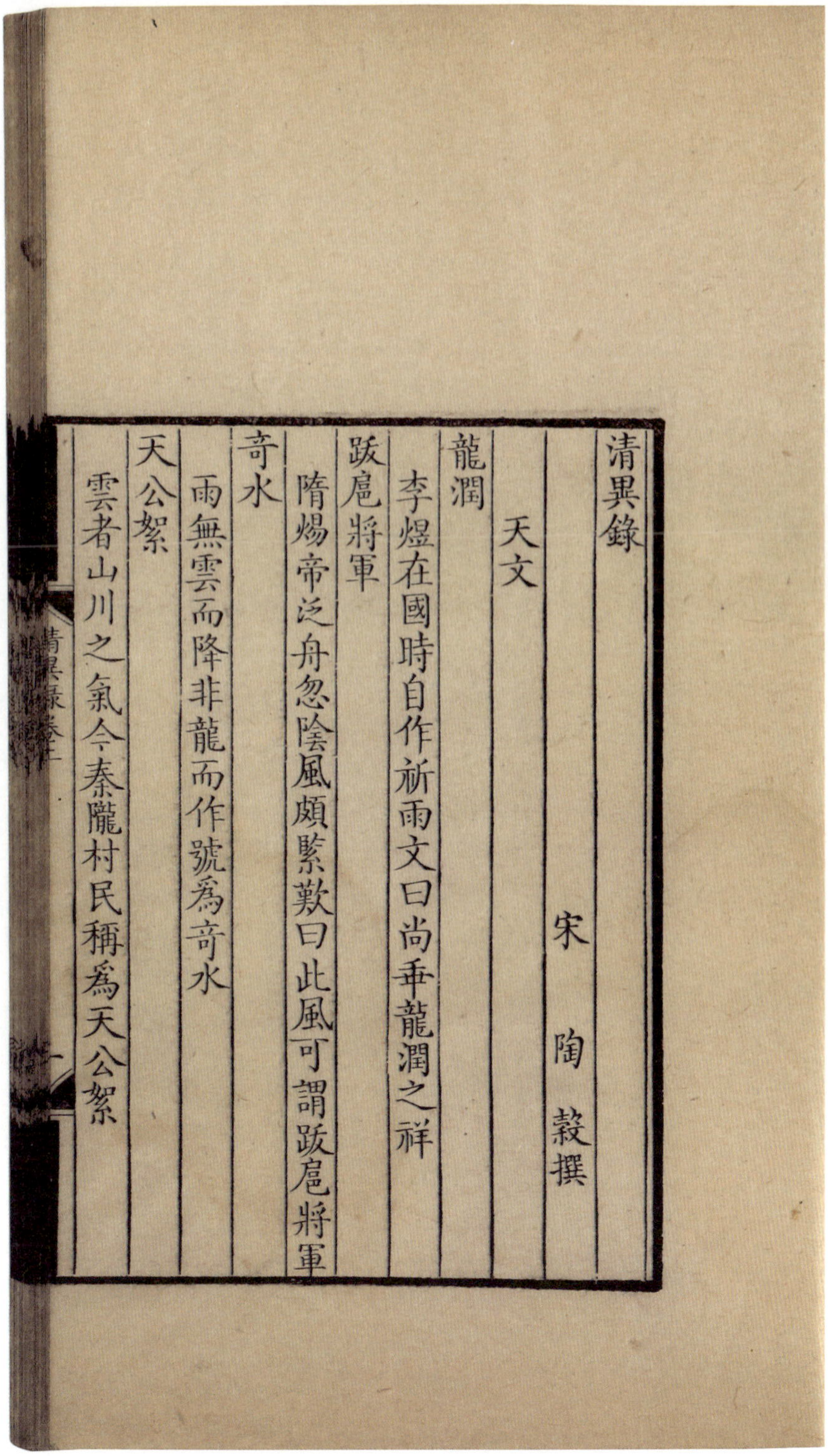
清異錄

宋 陶 穀撰

天文

龍潤

李煜在國時自作祈雨文曰尚垂龍潤之祥

跋扈將軍

隋煬帝泛舟忽陰風頗緊歎曰此風可謂跋扈將軍

奇水

雨無雲而降非龍而作號爲奇水

天公絮

雲者山川之氣今秦隴村民稱爲天公絮

清異錄二卷 （宋）陶穀撰 清康熙刻本

框高 16.5 厘米，廣 11.5 厘米。半葉十一行，行二十一字，黑口，左右雙邊。4 册。

shan648

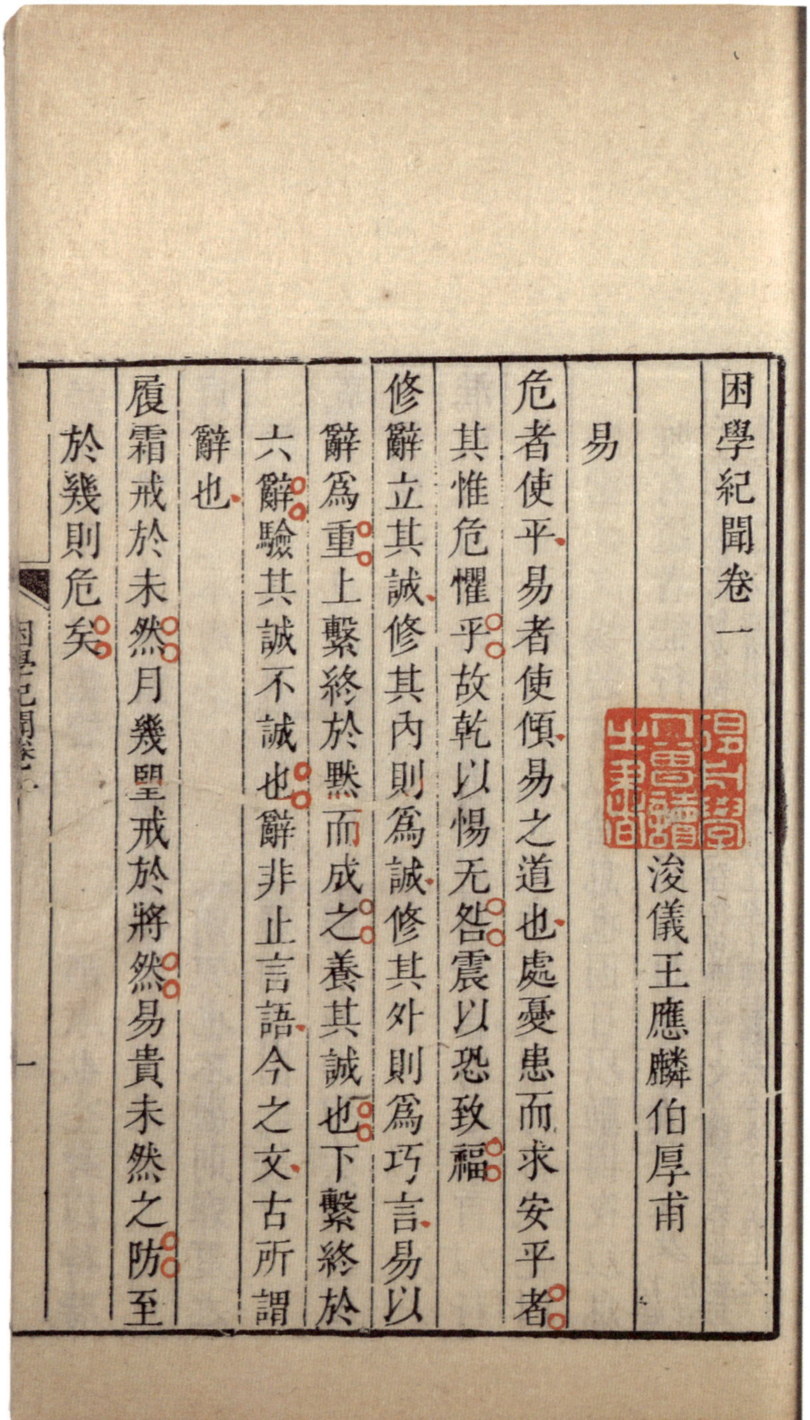

困學紀聞二十卷　（宋）王應麟撰　（清）閻若璩箋　清乾隆三年（1738）馬氏叢書樓刻本

框高 19 厘米，廣 15 厘米。半葉十一行，行二十字，小字雙行三十字，白口，左右雙邊。4 册。鈐“貞亮”朱文印、“退舟學人曾讀之書”白文印等。

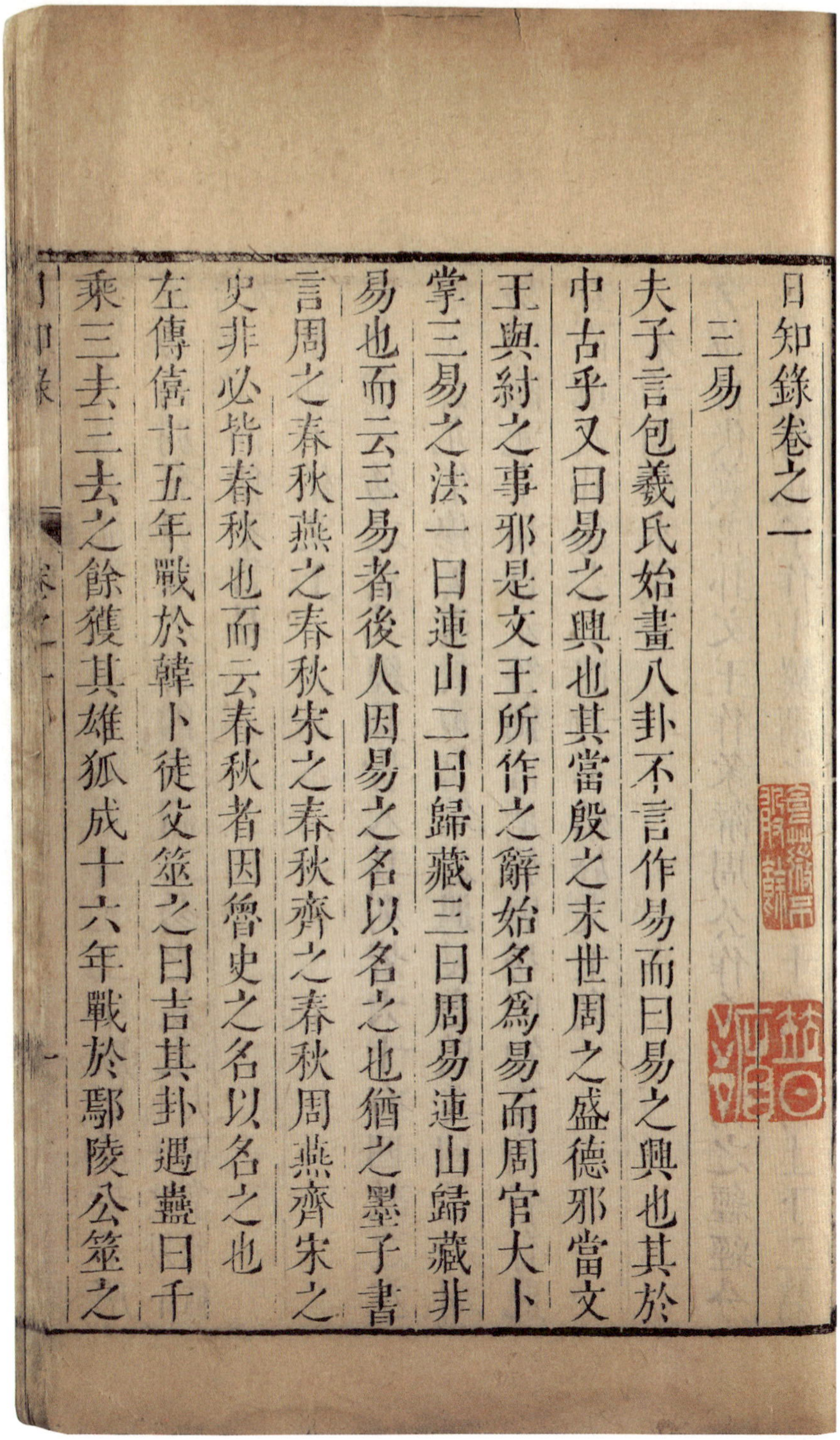

日知録三十二卷　（清）顧炎武撰　清康熙三十四年（1695）潘耒遂初堂刻本

框高 19.5 厘米，廣 15 厘米。半葉十一行，行二十二字，白口，左右雙邊。10 册。鈐“食薇不敢餘”白文印。

shan677

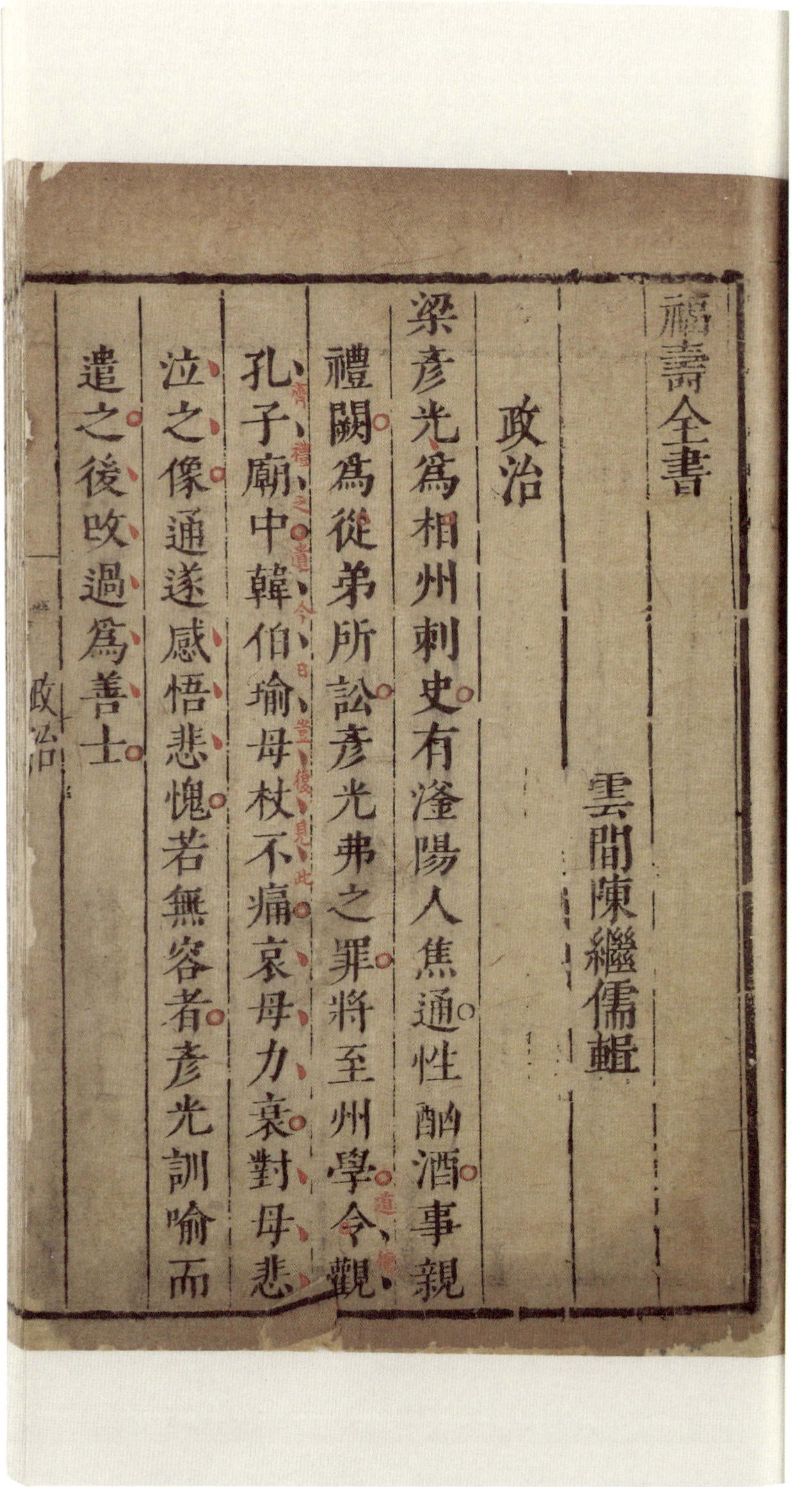

福壽全書六卷　（明）陳繼儒輯　明末刻本

框高 19.2 厘米，廣 13.9 厘米。半葉八行，行十九字，白口，左右雙邊。9 册。

shan746

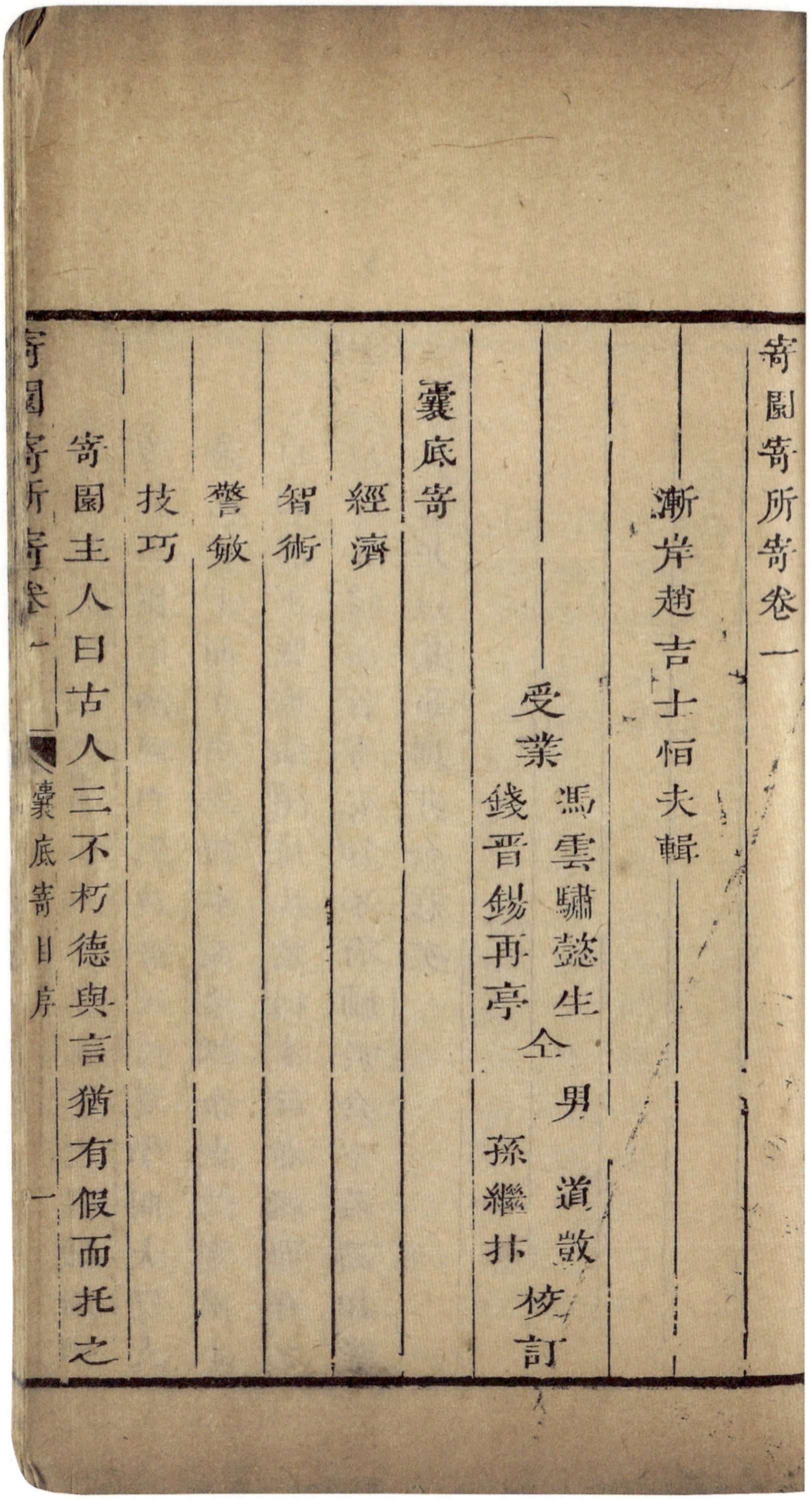

寄園寄所寄十二卷 （清）趙吉士輯 清刻本

框高 18.3 厘米，廣 13.9 厘米。半葉十一行，行二十一字，白口，左右雙邊。12 册。孫氏蘭枝館藏本。

shan751

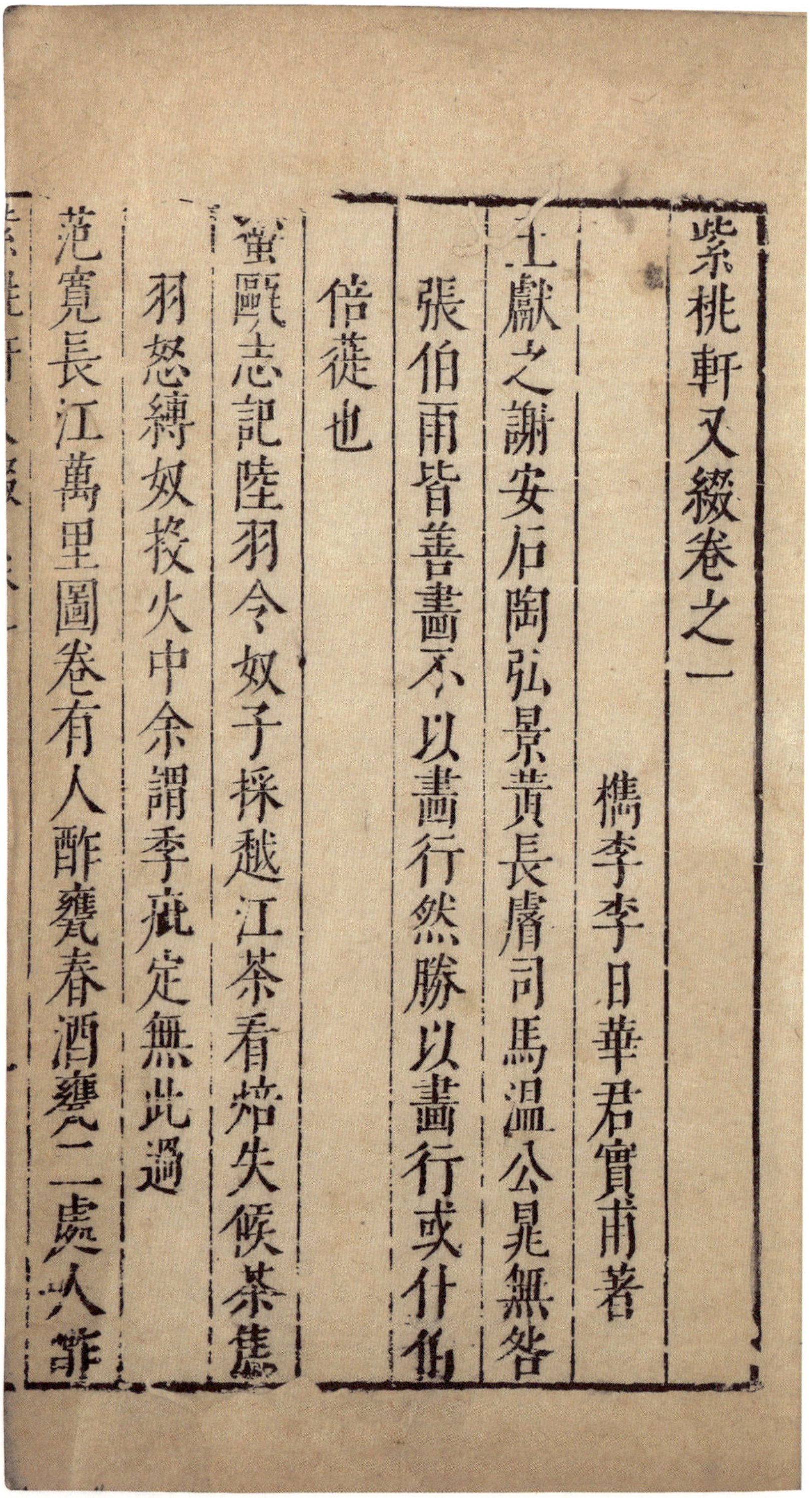
紫桃軒又綴卷之一
檇李李日華君實甫著
王獻之謝安石陶弘景黄長睿司馬温公晁無咎
張伯雨皆善畫不以畫行然勝以畫行或什伯
倍蓰也
蠻甌志記陸羽令奴子採越江茶看焙失候茶焦
羽怒縛奴投火中余謂季疵定無此過
范寬長江萬里圖卷有人酢甕春酒甕二一處人靠

紫桃軒又綴三卷　（明）李日華著　明刻清乾隆三十三年（1768）曹東鈞修補李竹懶先生説部全書本

框高 20.5 厘米，廣 13.4 厘米。半葉八行，行十九字，白口，四周單邊。3 册。

shan761

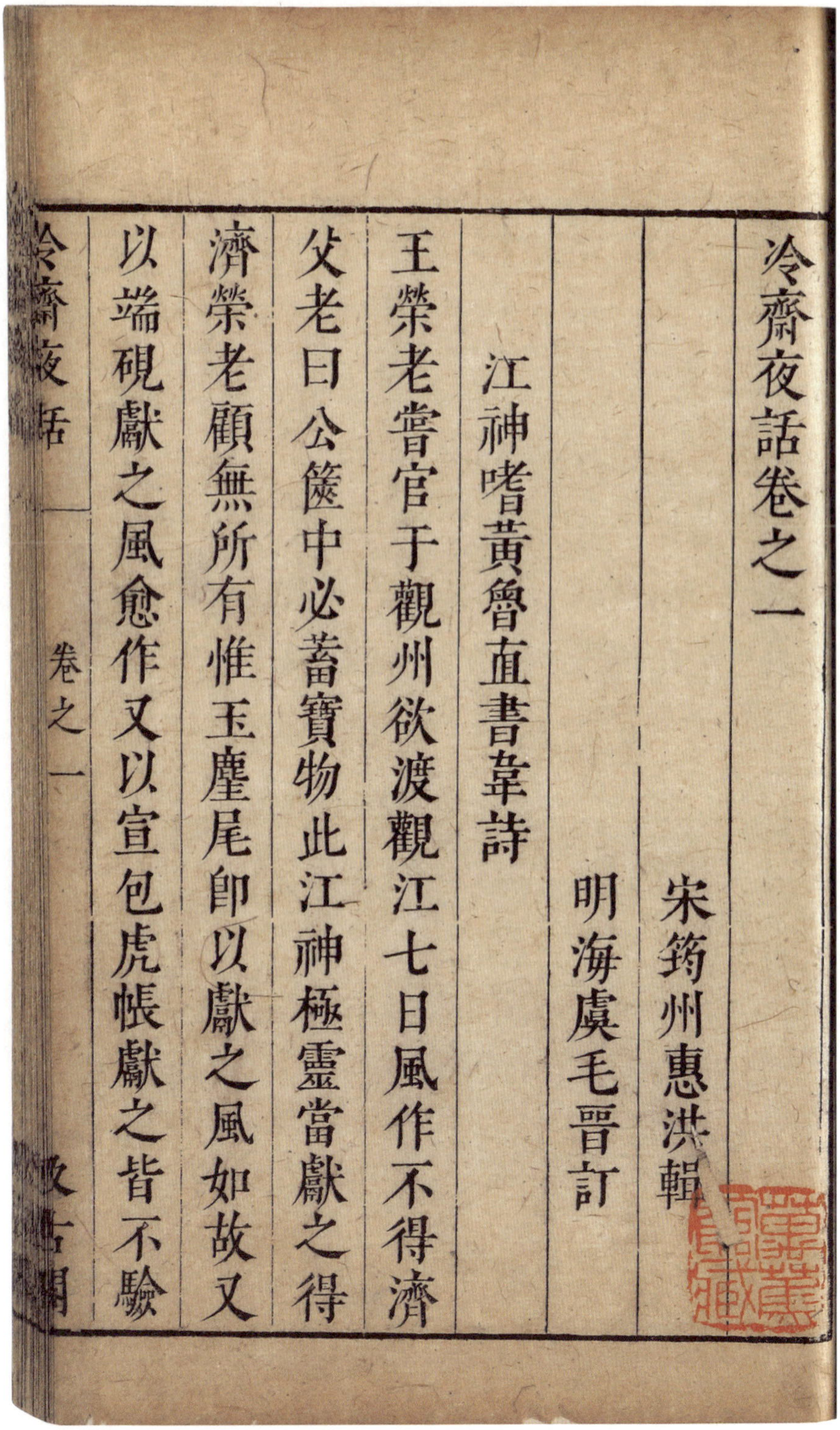

冷齋夜話卷之一
宋　筠州惠洪輯
明　海虞毛晉訂
江神嗜黄魯直書韋詩
王榮老嘗官于觀州欲渡觀江七日風作不得濟父老曰公篋中必蓄寶物此江神極靈當獻之得濟榮老顧無所有惟玉麈尾卽以獻之風如故又以端硯獻之風愈作又以宣包虎帳獻之皆不驗
冷齋夜話　卷之一　汲古閣

冷齋夜話十卷　（宋）釋惠洪輯　（明）毛晉訂　明末毛氏汲古閣刻本

框高18.9厘米，廣13.5厘米。半葉八行，行十九字，白口，左右雙邊。2册。鈐“萬蕉館藏”朱文印。

shan766

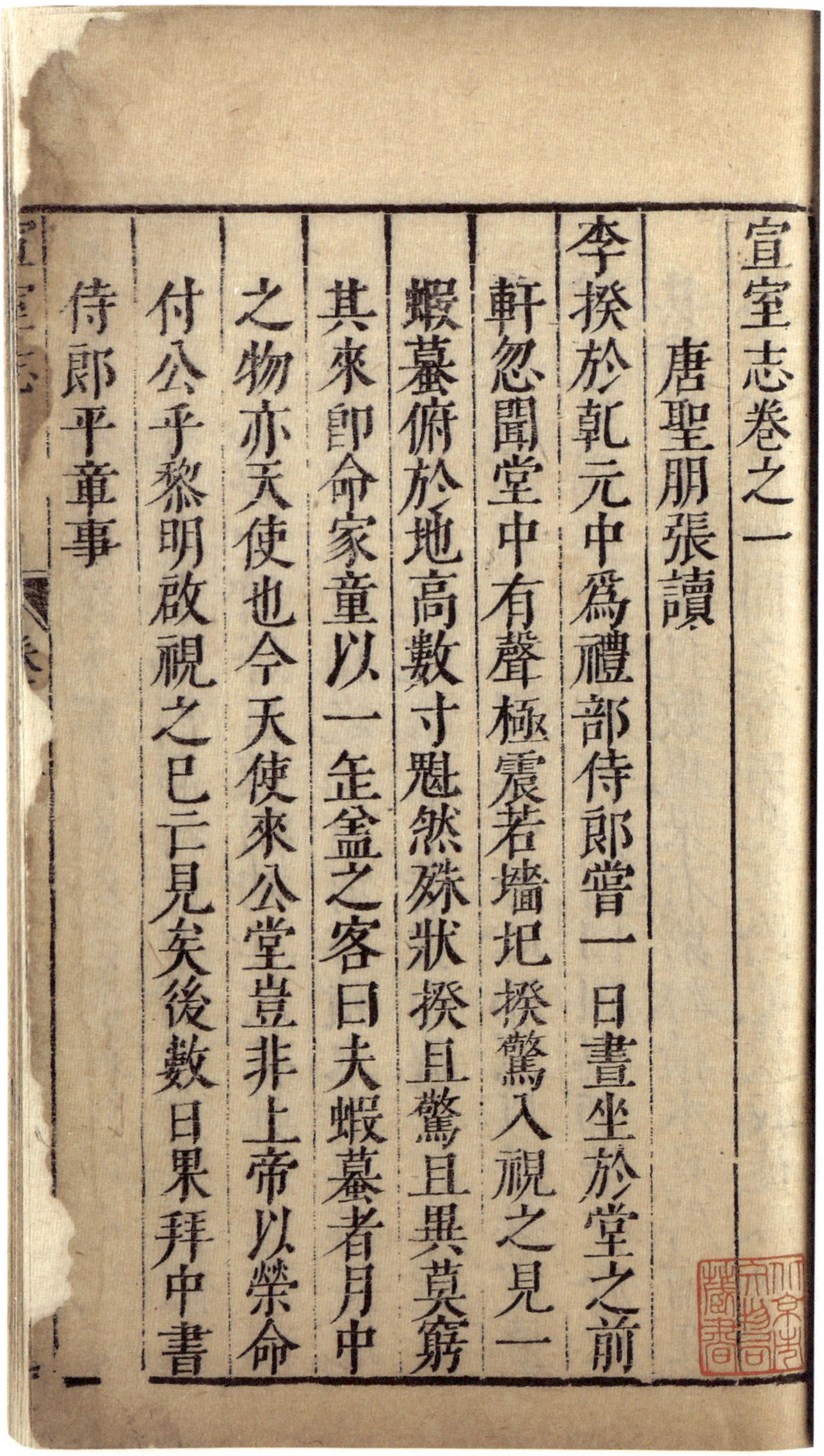
宣室志卷之一
唐聖朋張讀
李揆於乾元中爲禮部侍郎嘗一日晝坐於堂之前
軒忽聞堂中有聲極震若墻圮揆驚入視之見一
蝦蟇俯於地高數寸魁然殊狀揆且驚且異莫窮
其來即命家童以一缶盆之客曰夫蝦蟇者月中
之物亦天使也今天使來公堂豈非上帝以榮命
付公乎黎明啟視之已亡見矣後數日果拜中書
侍郎平章事

宣室志十卷補遺一卷　（唐）張讀撰　明刻本

框高 20.4 厘米，廣 14.1 厘米。半葉九行，行二十字，白口，四周單邊。2 册。

shan834

【雜著類】

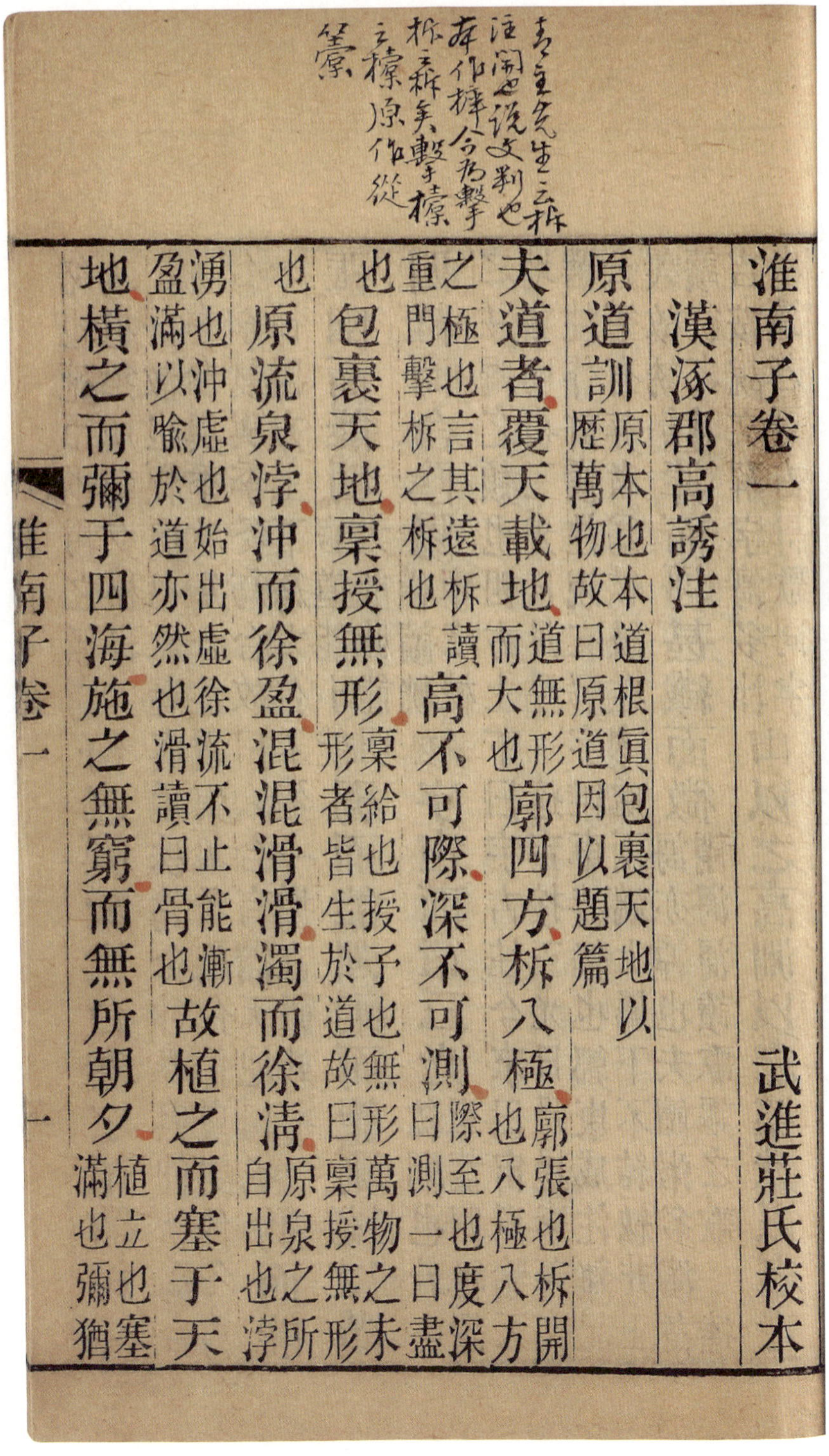
淮南子卷一　　武進莊氏校本
漢涿郡高誘注
原道訓原本也本道根眞包裹天地以歷萬物故曰原道因以題篇
夫道者覆天載地廓四方柝八極廓張也柝開也八極八方之極也言其遠柝讀重門擊柝之柝也高不可際深不可測際至也度深曰測一曰盡也包裹天地稟授無形稟給也授予也無形萬物之未形者皆生於道故曰稟授無形也原流泉浡沖而徐盈混混滑滑濁而徐清原泉之所自出也浡湧也沖虛也始出虛徐流不止能漸盈滿以喻於道亦然也滑讀曰骨也故植之而塞于天地橫之而彌于四海施之無窮而無所朝夕植立也塞滿也彌猶
淮南子卷一　一

淮南子二十一卷　（漢）劉安撰　（漢）高誘注　清乾隆五十三年（1788）武進莊氏刻本

框高 18.1 厘米，廣 13.2 厘米。半葉九行，行二十一字，小字雙行同，白口，左右雙邊。6 册。鈐“甘茂德印”朱文印。

shan249

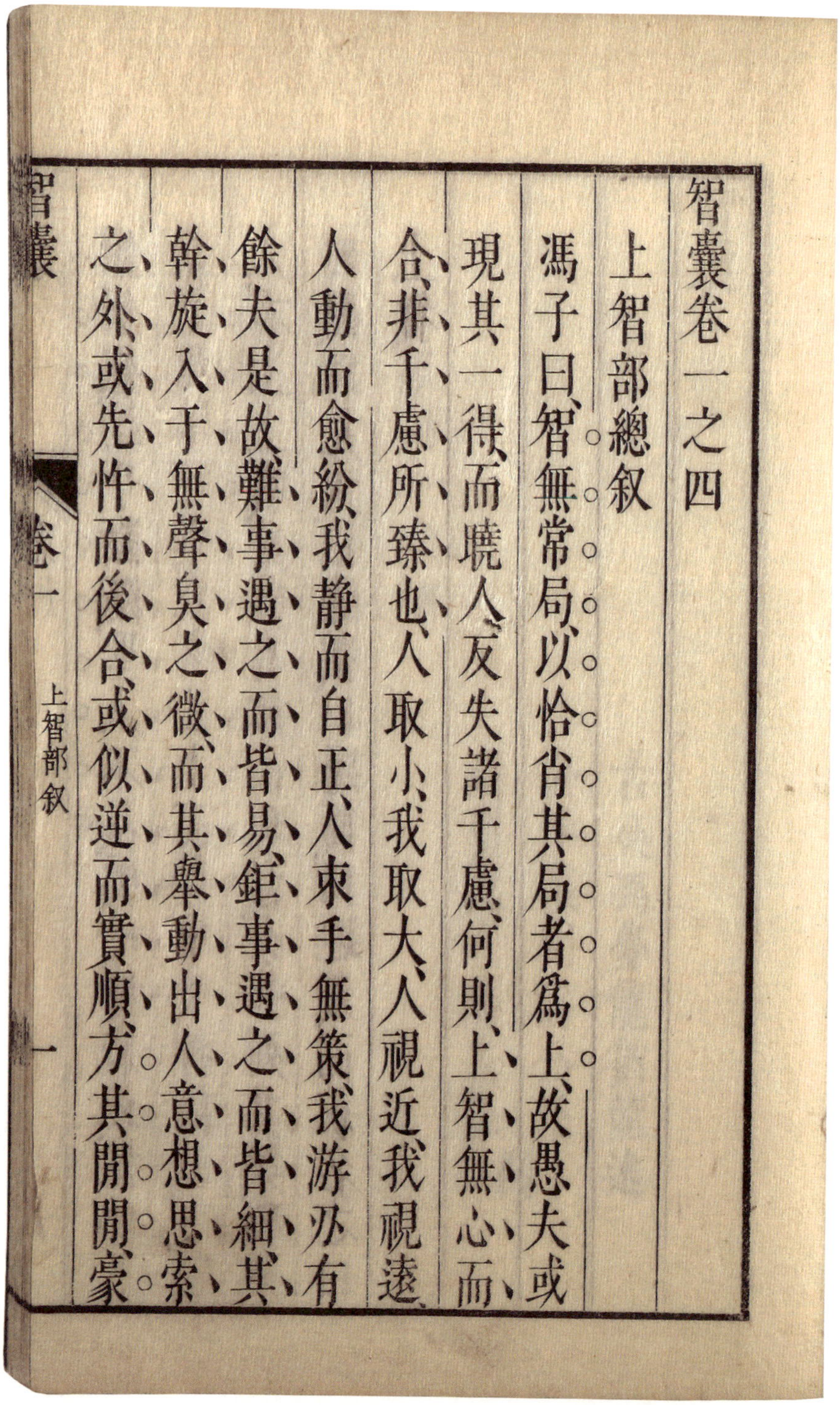
智囊卷一之四
上智部總叙
馮子曰智無常局以恰肖其局者爲上故愚夫或
現其一得而曉人反失諸千慮何則上智無心而
合非千慮所臻也人取小我取大人視近我視遠
人動而愈紛我靜而自正人束手無策我游刃有
餘夫是故難事遇之而皆易鉅事遇之而皆細其
斡旋入于無聲臭之微而其舉動出人意想思索
之外或先忤而後合或似逆而實順方其閒閒豪
智囊　卷一　上智部叙　一

智囊二十八卷　（明）馮夢龍述　清末日本刻本

框高 21.2 厘米，廣 14 厘米。半葉九行，行二十字，白口，四周單邊。12 册。鈐“竹内藏弆”朱文印。

shan598

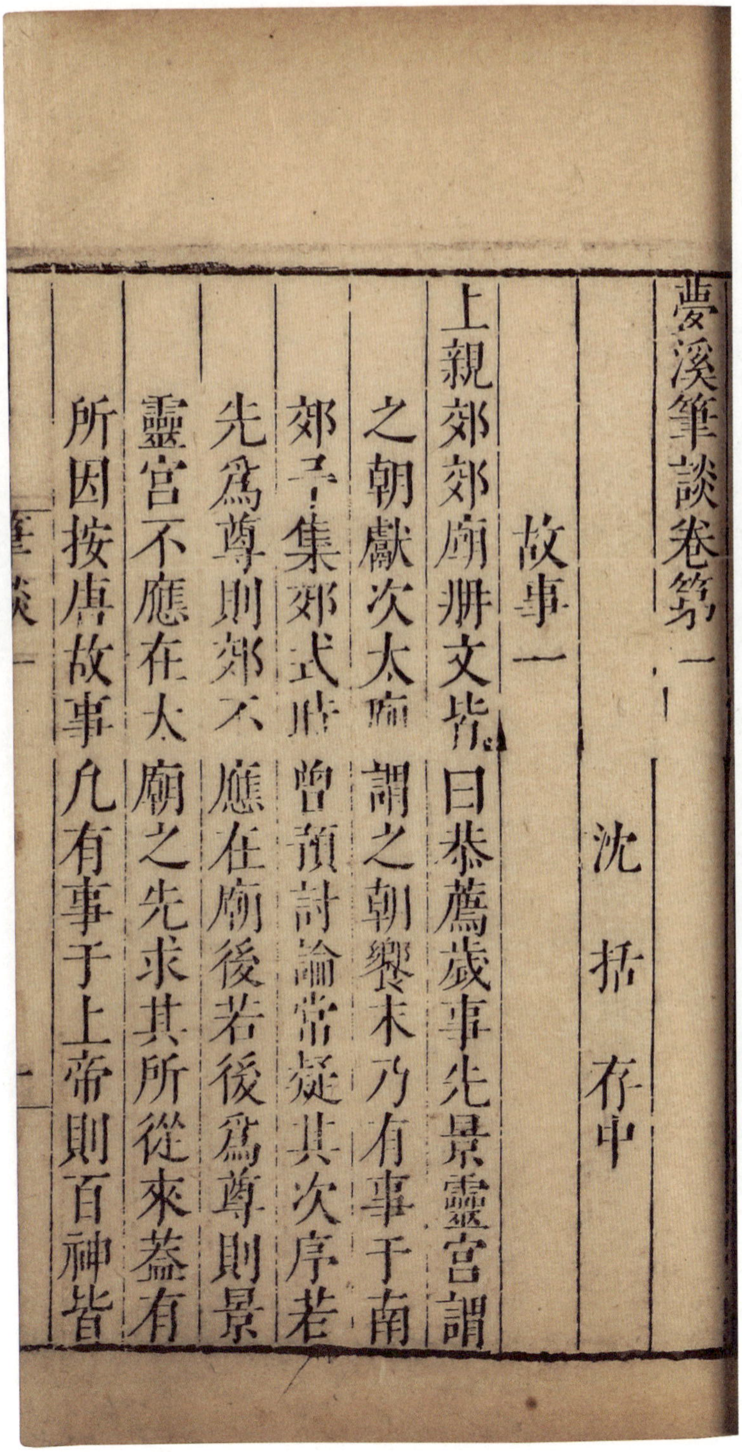
夢溪筆談卷第一

沈括 存中

故事一

上親郊郊廟冊文皆曰恭薦歲事先景靈宮謂之朝獻次太廟謂之朝饗末乃有事于南郊予集郊式時曾預討論常疑其次序若先爲尊則郊不應在廟後若後爲尊則景靈宮不應在太廟之先求其所從來蓋有所因按唐故事凡有事于上帝則百神皆

夢溪筆談二十六卷補筆談三卷續筆談一卷 （宋）沈括著 明崇禎四年（1631）馬元調刻本

框高 19 厘米，廣 12.6 厘米。半葉九行，行十八字，小字雙行同，細黑口，左右雙邊。8 册。

shan685

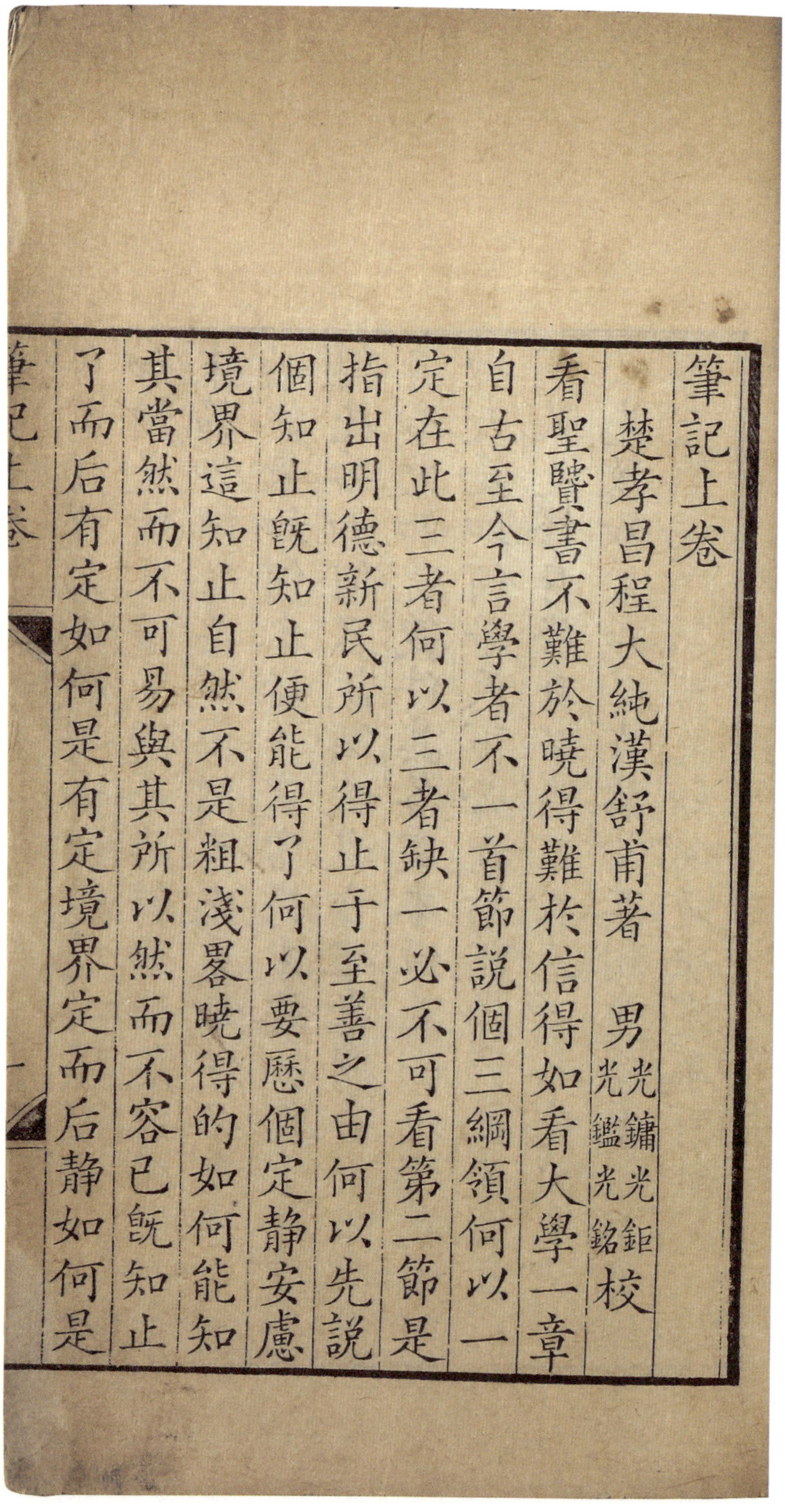
筆記上卷
楚孝昌程大純漢舒甫著　男光鏞光鉅光鑑光銘校
看聖賢書不難於曉得難於信得如看大學一章
自古至今言學者不一首節説個三綱領何以一
定在此三者何以三者缺一必不可看第二節是
指出明德新民所以得止于至善之由何以先説
個知止既知止便能得了何以要歷個定靜安慮
境界這知止自然不是粗淺畧曉得的如何能知
其當然而不可易與其所以然而不容已既知止
了而后有定如何是有定境界定而后靜如何是
筆記上卷　一

筆記二卷手訓附錄一卷　（清）程大純著　（清）程光鏞等校　清初刻本
框高 18 厘米，廣 13 厘米。半葉十行，行十九字，白口，左右雙邊。2 册。

shan743

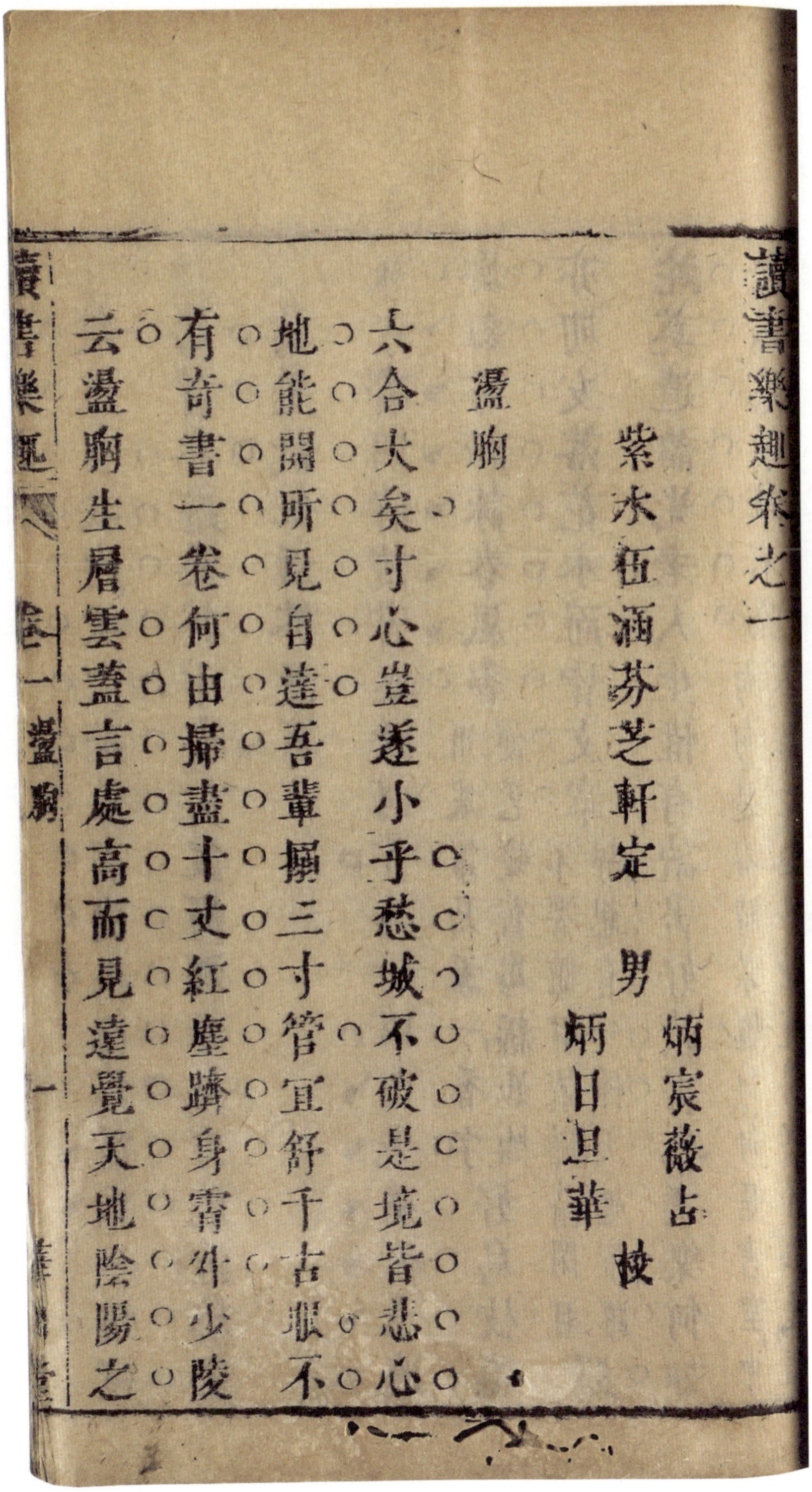

讀書樂趣卷之一

紫水伍涵芬芝軒定　男　炳宸薇占　炳日旦華　校

盪胸

六合大矣寸心豈遂小乎愁城不破是境皆悲心地能闊所見自遠吾輩攝三寸管宜舒千古眼不有奇書一卷何由掃盡十丈紅塵躋身霄外少陵云盪胸生層雲蓋言處高而見遠覺天地陰陽之

讀書樂趣　卷一　盪胸　一　華日堂

讀書樂趣八卷　（清）伍涵芬編　（清）伍炳宸等校　清乾隆十年（1745）華日堂刻本

框高 18.1 厘米，廣 13 厘米。半葉八行，行二十字，小字雙行同，白口，四周單邊，無格。8 册。鈐“池香晗館珍藏書畫印”朱文印。

shan809

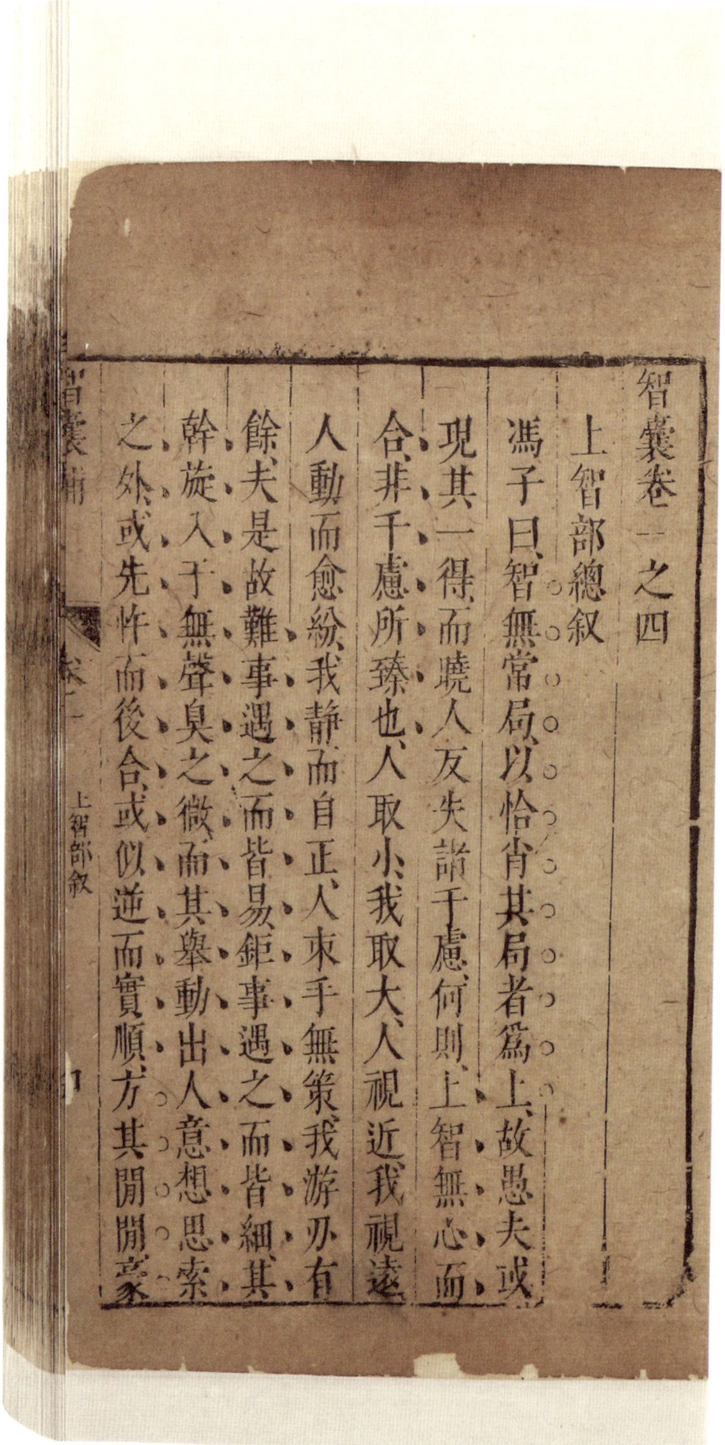

智囊補二十八卷　（明）馮夢龍述　明末積秀堂刻本

框高 20.1 厘米，廣 13.8 厘米。半葉九行，行二十字，白口，四周單邊。11 册。鈐“藻林齋藏書”白文印。缺三卷（二十六至二十八）。

shan813

【小説家類】

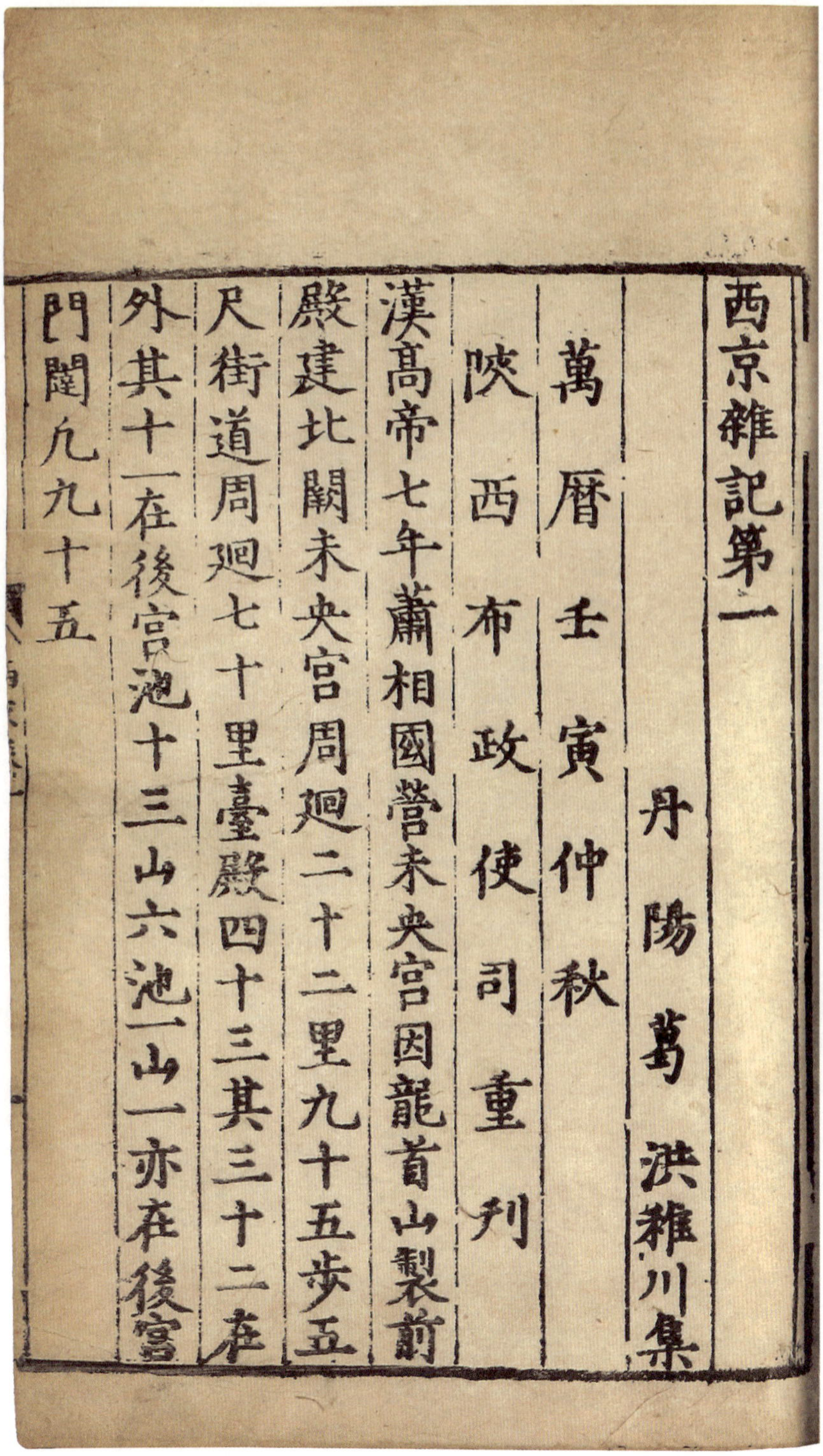
西京雜記第一
丹陽葛　洪稚川集
萬曆壬寅仲秋
陝西布政使司重刊
漢高帝七年蕭相國營未央宮因龍首山製前
殿建北闕未央宮周廻二十二里九十五步五
尺街道周廻七十里臺殿四十三其三十二在
外其十一在後宮池十三山六池一山一亦在後宮
門闥凡九十五

西京雜記六卷　（晋）葛洪撰　明萬曆三十年（1602）陝西布政使司刻本

框高 18.5 厘米，廣 13.7 厘米。半葉九行，行、字數不等，白口，左右雙邊。1 册。鈐“武昌柯逢時收藏圖記”朱文印。

二級 142k332

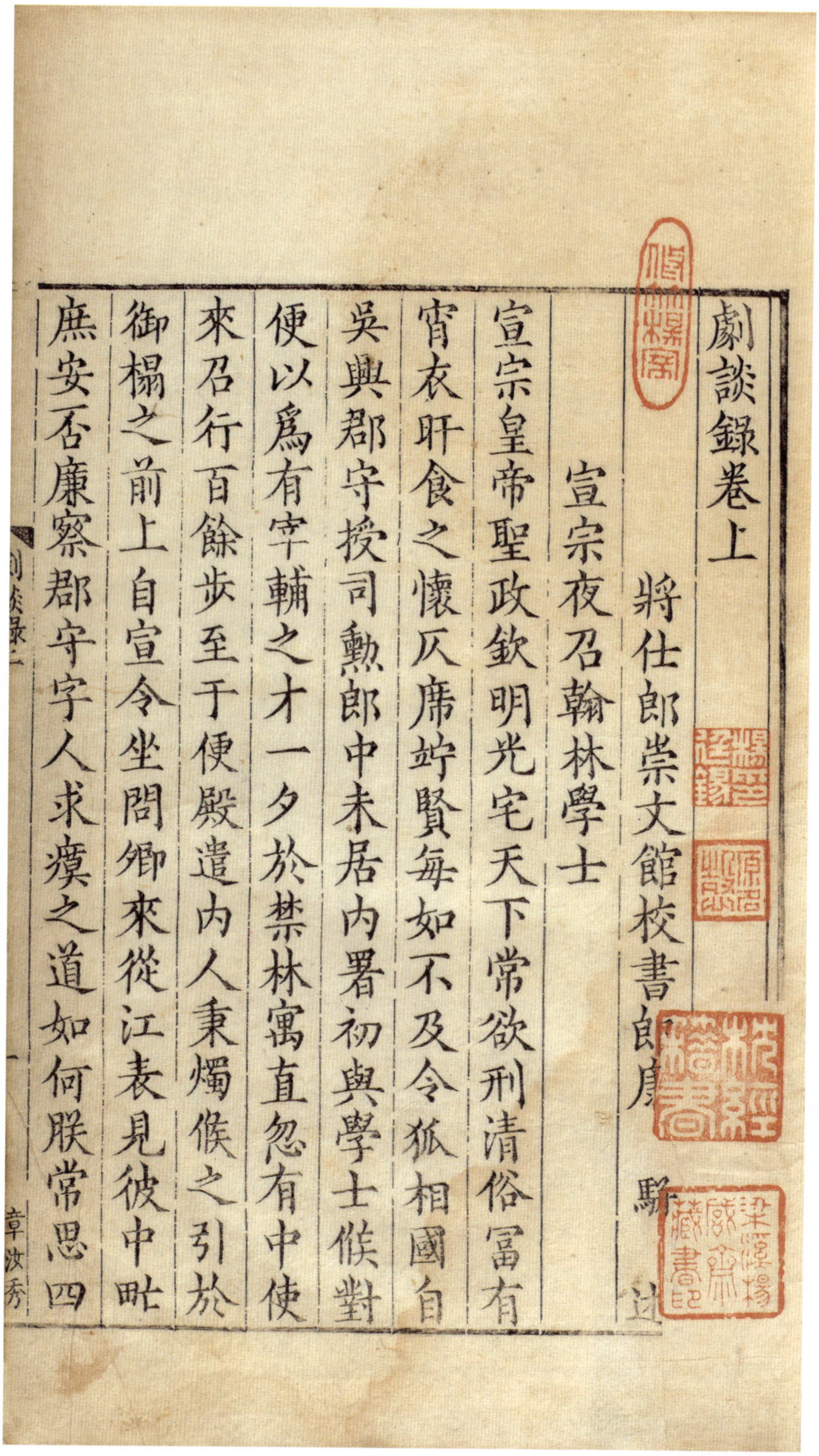

劇談録二卷　（唐）康駢述　明刻本

框高 18 厘米，廣 13.7 厘米。半葉十行，行十九字，白口，左右雙邊。1 册。鈐“梁溪楊感齋藏書印”朱文印、“枕經籍書”白文印、“楊廷錫印”白文印等。

三級 46k233

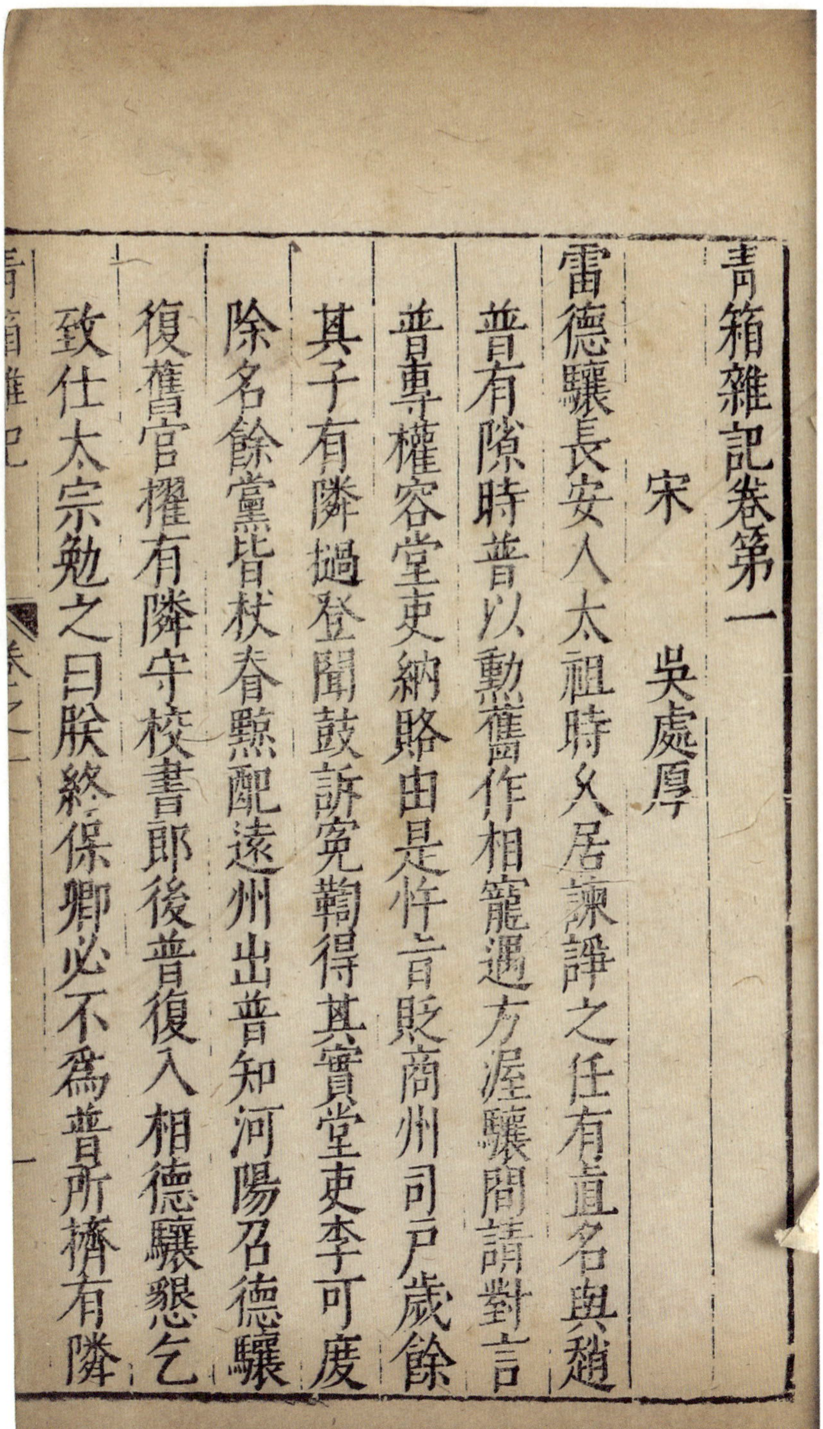

青箱雜記卷第一
宋　吳處厚
雷德驤長安人太祖時久居諫諍之任有直名與趙
普有隙時普以勳舊作相寵遇方渥驤閤請對言
普專權容堂吏納賂由是忤旨貶商州司戶歲餘
其子有鄰撾登聞鼓訴冤鞫得其實堂吏李可度
除名餘黨皆杖脊黥配遠州出普知河陽召德驤
復舊官擢有鄰守校書郎後普復入相德驤懇乞
致仕太宗勉之曰朕終保卿必不爲普所擠有鄰
青箱雜記　卷之一　一

青箱雜記十卷　（宋）吳處厚撰　明萬曆商氏半野堂刻稗海本

框高 21.1 厘米，廣 14.1 厘米。半葉九行，行二十字，白口，四周單邊。4 册。

三級 100shan98

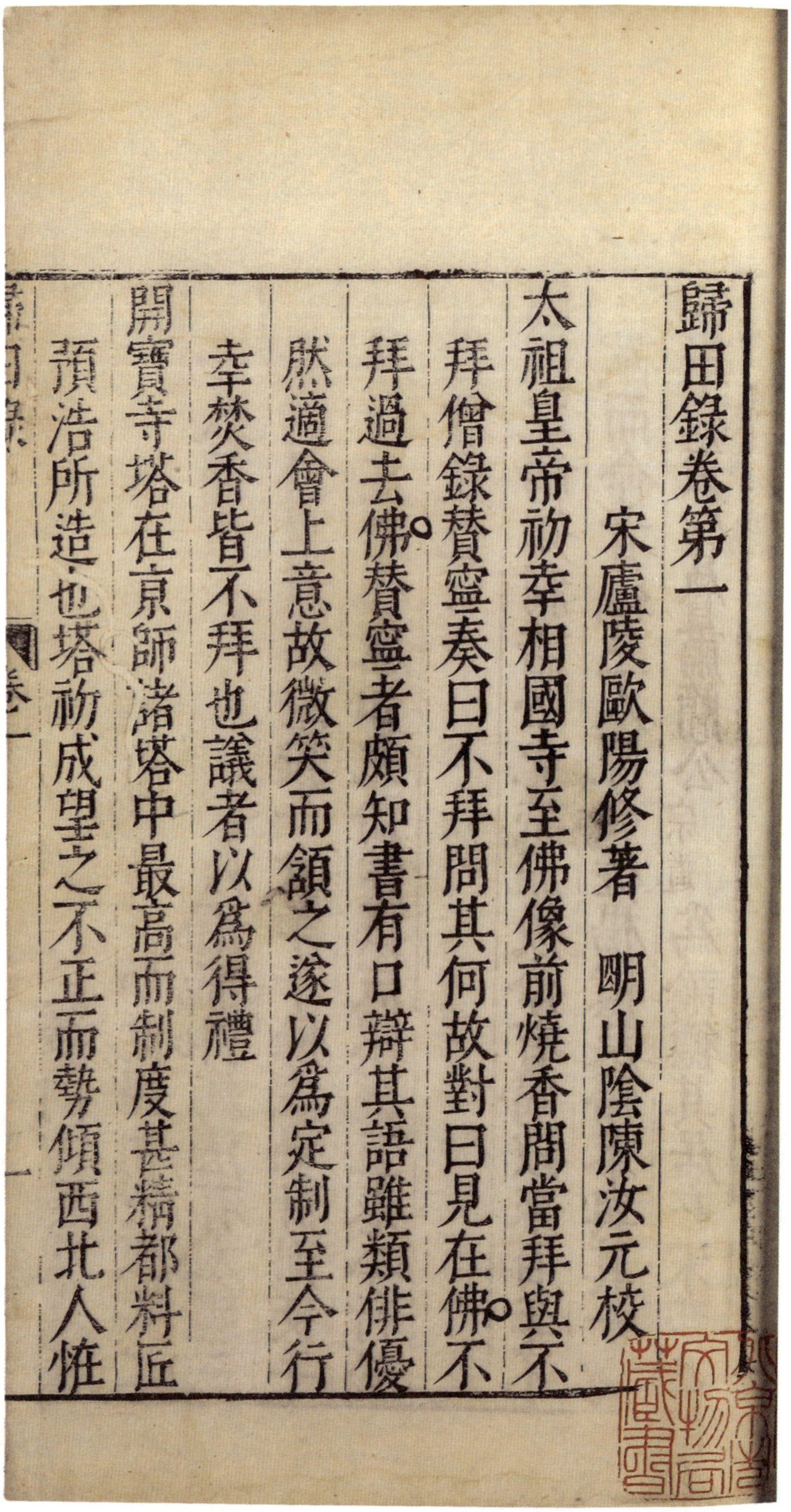
歸田錄卷第一
宋廬陵歐陽修著　明山陰陳汝元校
太祖皇帝初幸相國寺至佛像前燒香問當拜與不
拜僧錄贊寧奏曰不拜問其何故對曰見在佛不
拜過去佛。贊寧者頗知書有口辯其語雖類俳優
然適會上意故微笑而頷之遂以爲定制至今行
幸焚香皆不拜也議者以爲得禮
開寶寺塔在京師諸塔中最高而制度甚精都料匠
預浩所造也塔初成望之不正而勢傾西北人恠
歸田錄　卷一　一

歸田錄二卷　（宋）歐陽修著　（明）陳汝元校　明萬曆商氏半野堂刻稗海本
框高20.8厘米，廣14.6厘米。半葉九行，行二十字，小字雙行同，白口，四周單邊。1册。
三級 102shan107

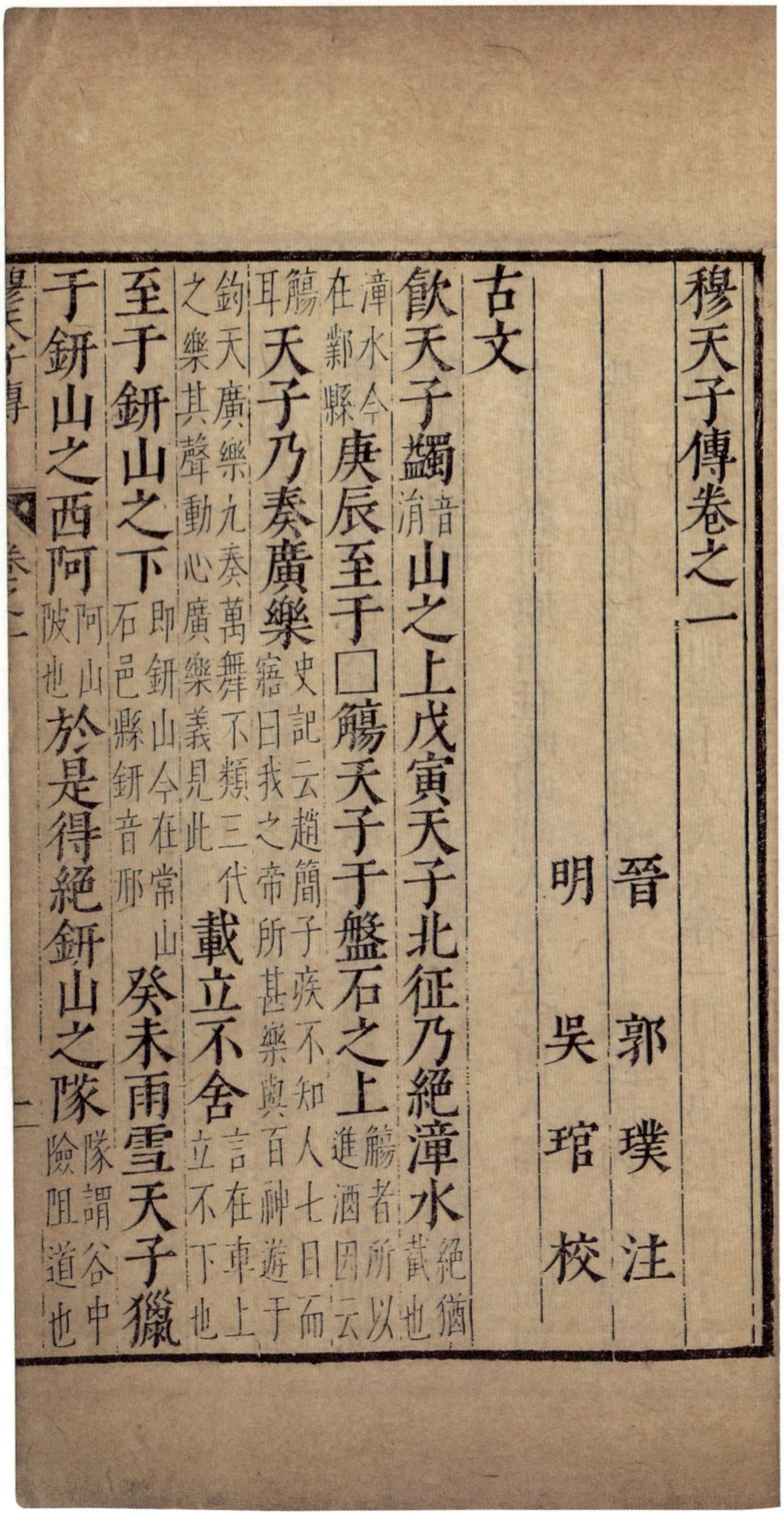

穆天子傳六卷　（晋）郭璞注　（明）吴琯校　明刻古今逸史叢書本

框高20.3厘米，廣13.8厘米。半葉十行，行二十字，小字雙行同，白口，左右雙邊。1册。

三級 122shan398

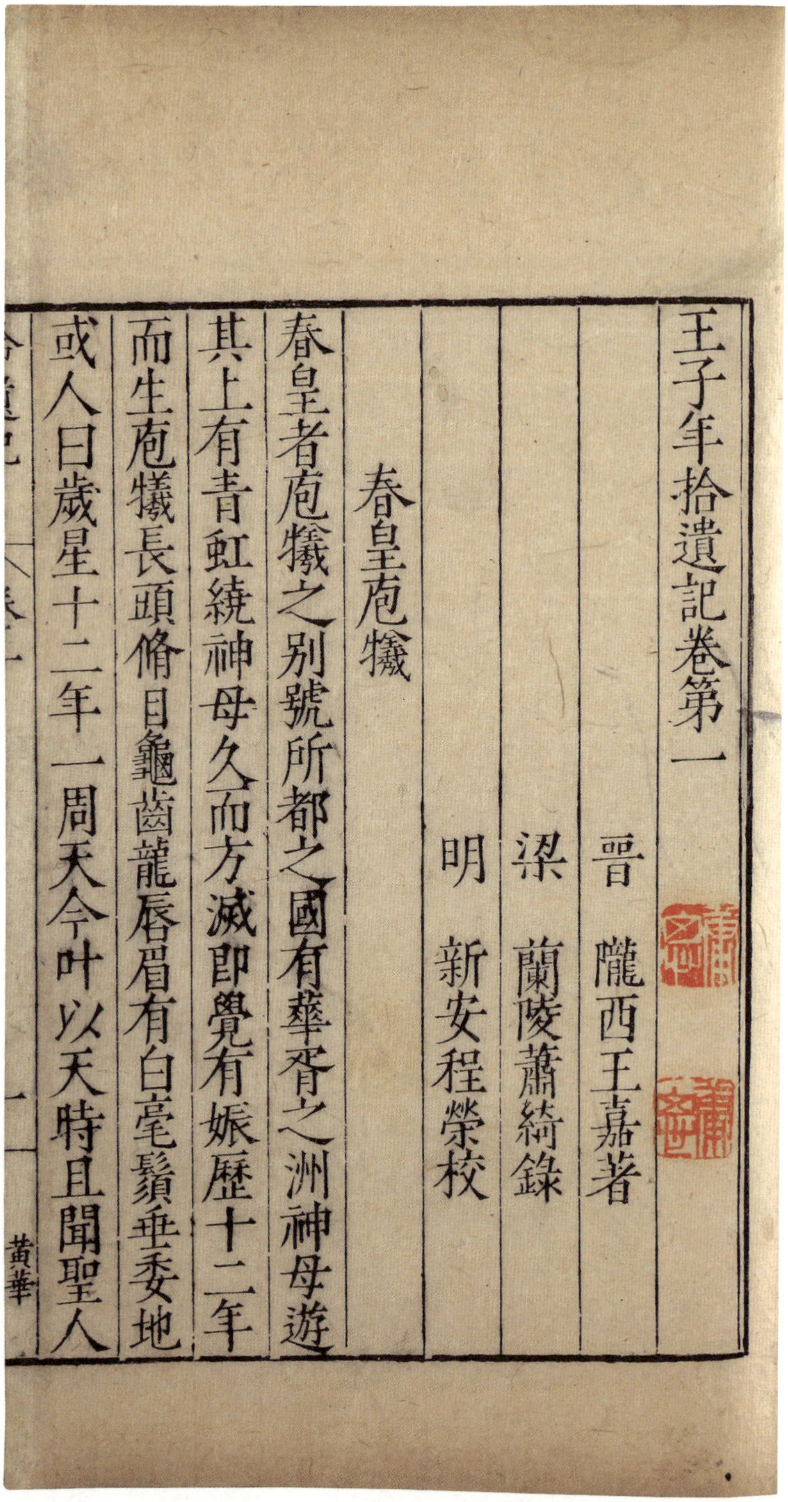
王子年拾遺記卷第一
晉 隴西王嘉著
梁 蘭陵蕭綺錄
明 新安程榮校
春皇庖犧
春皇者庖犧之別號所都之國有華胥之洲神母遊其上有青虹繞神母久而方滅即覺有娠歷十二年而生庖犧長頭脩目龜齒龍脣眉有白毫鬚垂委地或人曰歲星十二年一周天今叶以天時且聞聖人
拾遺記 卷一 一 黃華

王子年拾遺記十卷　（晉）王嘉著　（明）程榮校　明萬曆程氏刻漢魏叢書本

框高 19.8 厘米，廣 14.2 厘米。半葉九行，行二十字，白口，左右雙邊。4 册。鈐“庸思”白文印、“程庸思印”朱文印、“程如淇印”白文印等。

三級 132shan446

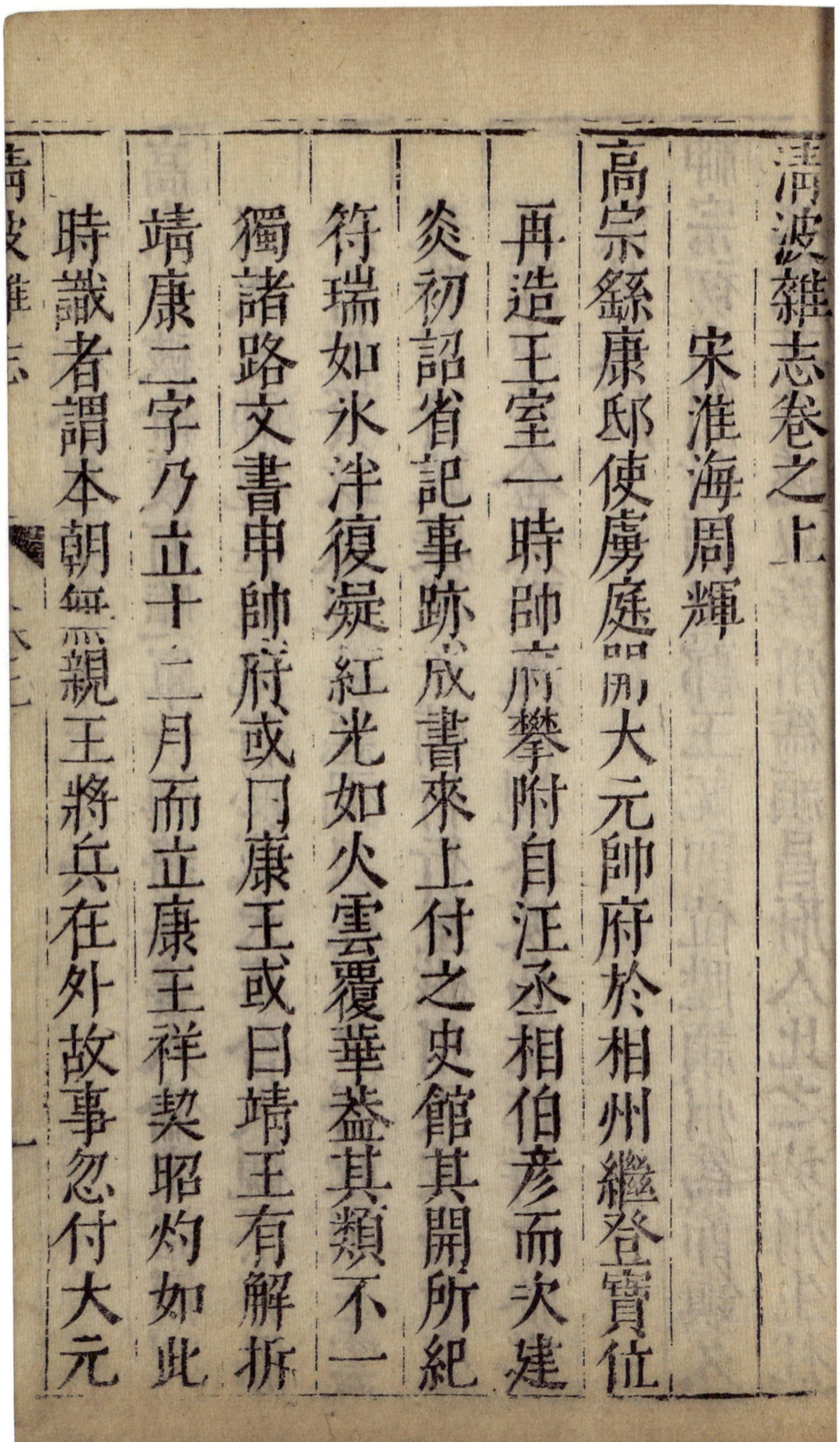
清波雜志卷之上
宋淮海周輝
高宗繇康邸使虜廷詔開大元帥府於相州繼登寶位
再造王室一時帥府攀附自汪丞相伯彦而次建
炎初詔省記事跡成書來上付之史館其開所紀
符瑞如氷泮復凝紅光如火雲覆華蓋其類不一
獨諸路文書申帥府或曰康王或曰靖王有解拆
靖康二字乃立十二月而立康王祥契昭灼如此
時識者謂本朝無親王將兵在外故事忽付大元
清波雜志 卷之上 一

清波雜志三卷 （宋）周輝撰 明萬曆會稽商氏半野堂刻稗海本

框高 21.4 厘米，廣 14.3 厘米。半葉九行，行二十字，白口，四周單邊。3 册。

三級 141shan485

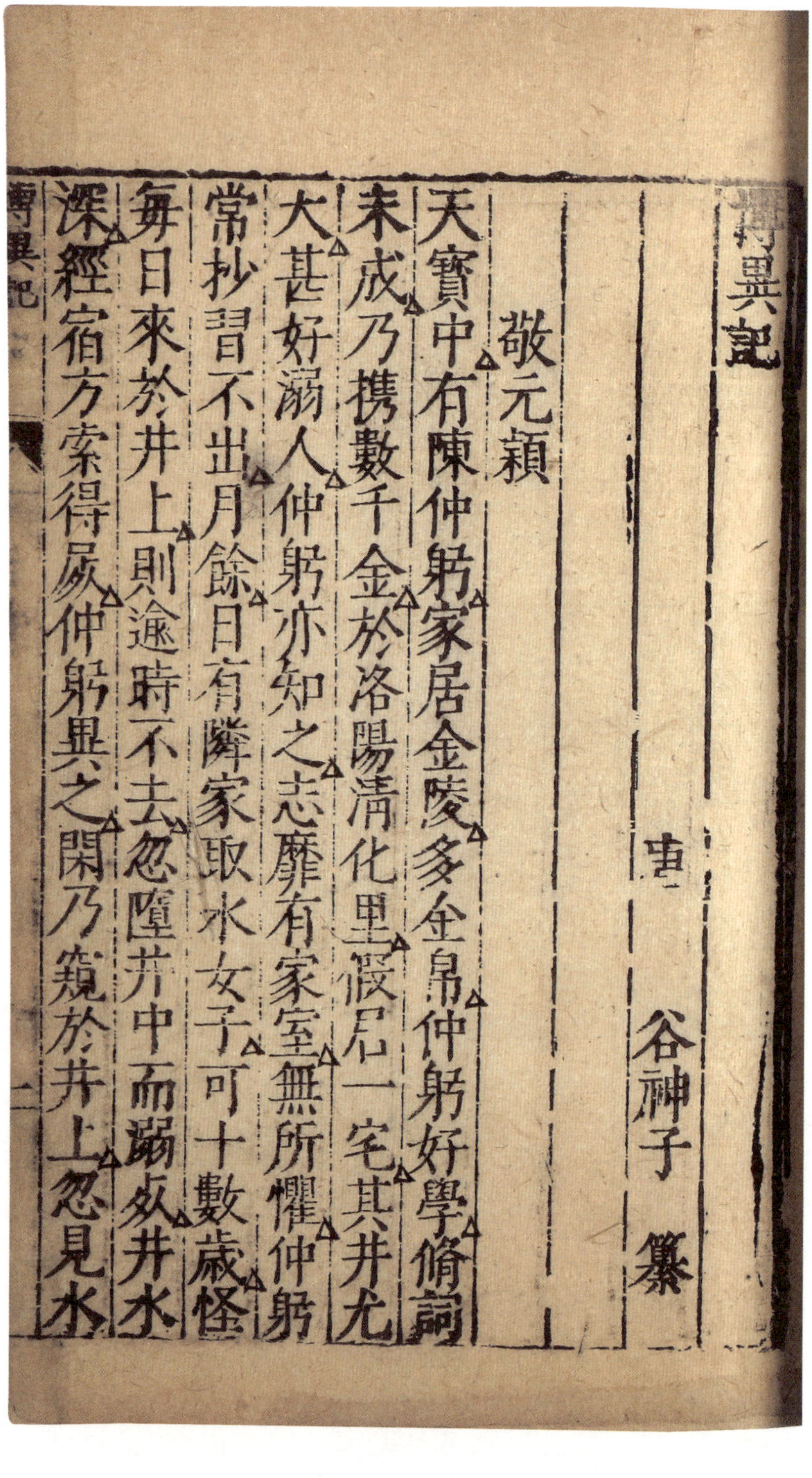
博異記
唐 谷神子 纂
敬元穎
天寶中有陳仲躬家居金陵多金帛仲躬好學脩詞
未成乃携數千金於洛陽清化里假居一宅其井尤
大甚好溺人仲躬亦知之志靡有家室無所懼仲躬
常抄習不出月餘日有隣家取水女子可十數歲怪
每日來於井上則逾時不去忽墮井中而溺死井水
深經宿方索得屍仲躬異之閑乃窺於井上忽見水
博異記 一

博異記不分卷 （唐）谷神子纂 明萬曆刻古今逸史本

框高 19.8 厘米，廣 13.8 厘米。半葉十行，行二十字，白口，左右雙邊。1 册。

三級 200pu10-1-3-13

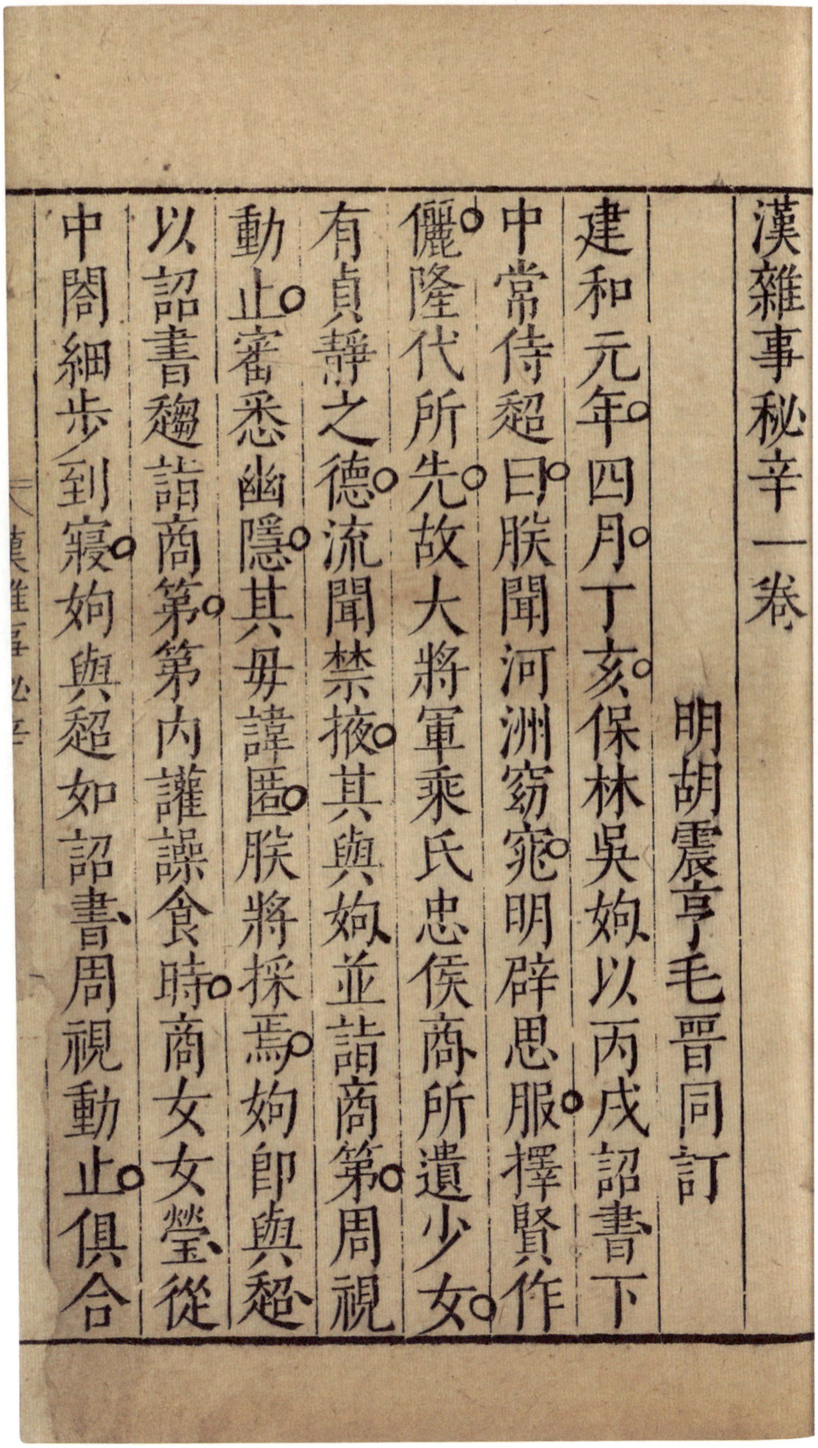

漢雜事秘辛一卷

明胡震亨毛晉同訂

建和元年四月丁亥保林吳姁以丙戌詔書下中常侍超曰朕聞河洲窈窕明辟思服擇賢作儷隆代所先故大將軍乘氏忠侯商所遺少女有貞靜之德流聞禁掖其與姁並詣商第周視動止審悉幽隱其毋諱匿朕將採焉姁即與超以詔書趨詣商第第內讙譟食時商女女瑩從中閣細步到寢姁與超如詔書周視動止俱合

漢雜事秘辛一卷 （漢）佚名撰 **淳熙玉堂雜記三卷** （宋）周必大撰 （明）胡震亨 （明）毛晉同訂 明末毛氏汲古閣刻津逮秘書本

框高 19.1 厘米，廣 13.9 厘米。半葉九行，行十八字，白口，小字雙行同，左右雙邊。1 册。鈐“成山唐氏伯子益公藏書”朱文印。

三級 210shan12

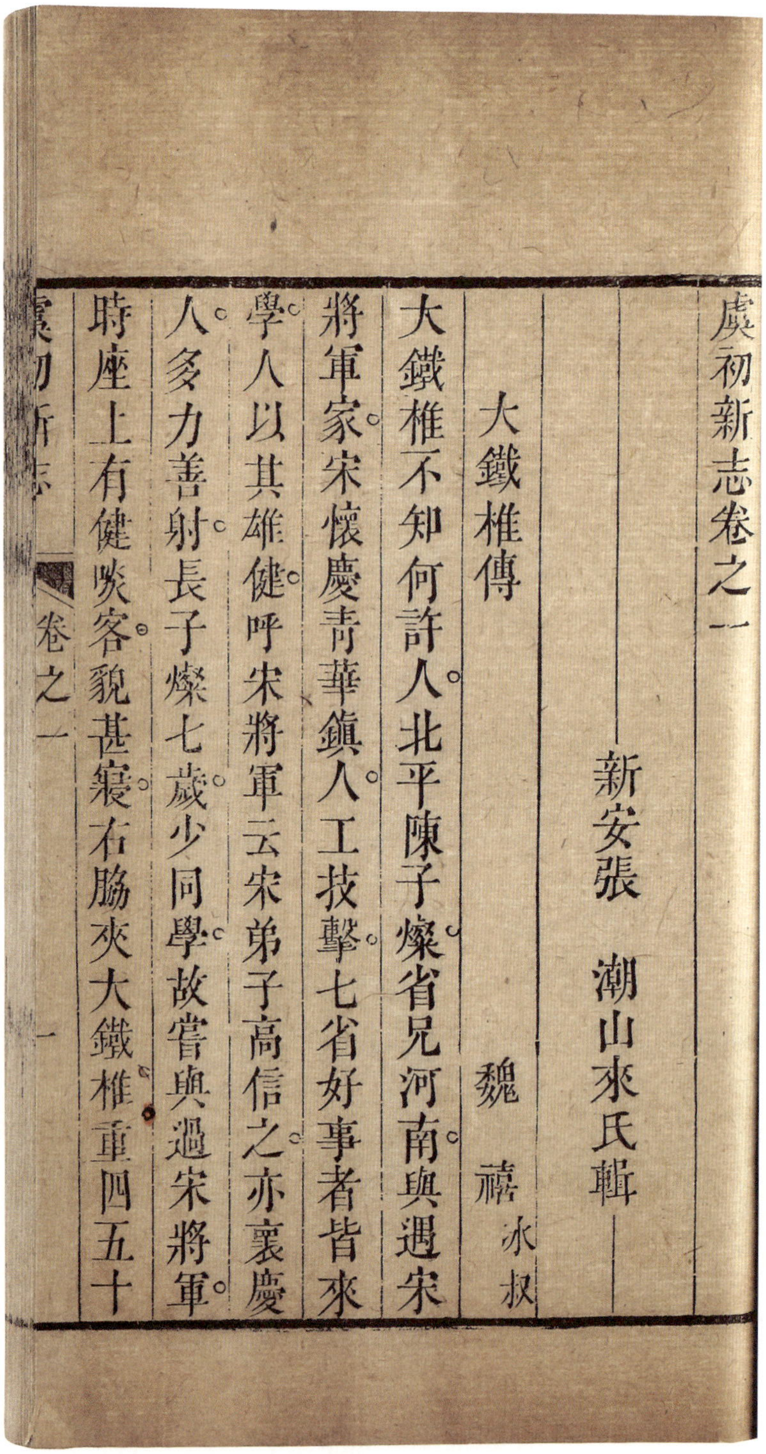

虞初新志二十卷　（清）張潮輯　清康熙刻本

框高 18.7 厘米，廣 13.6 厘米。半葉九行，行二十字，白口，四周單邊。5 册。存十卷（一至十）。

三級 213pu9-13-4-2

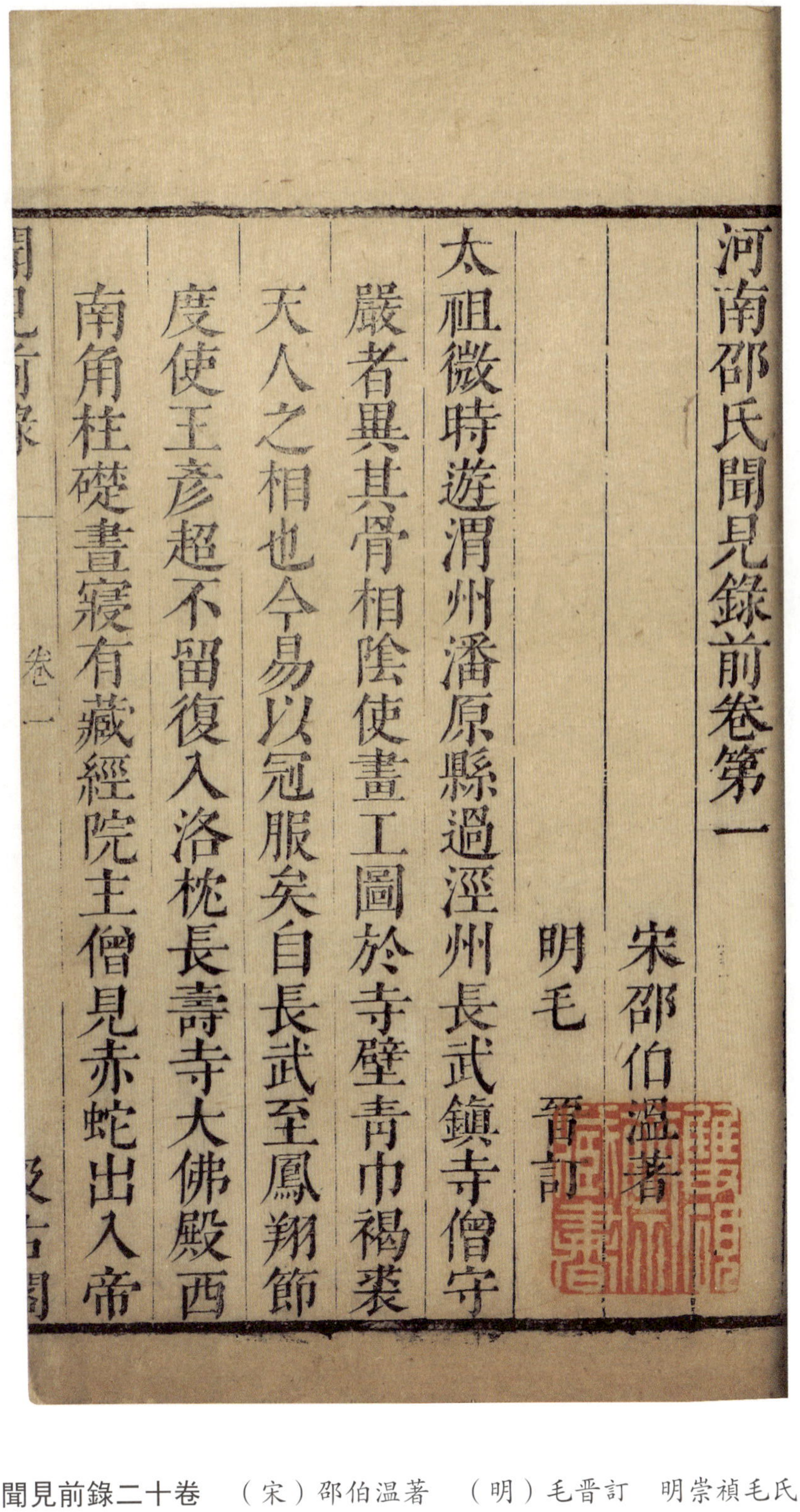

河南邵氏聞見錄前卷第一

宋邵伯温著

明毛　晋訂

太祖微時遊渭州潘原縣過涇州長武鎮寺僧守
嚴者異其骨相陰使畫工圖於寺壁青巾褐裘
天人之相也今易以冠服矣自長武至鳳翔節
度使王彦超不留復入洛枕長壽寺大佛殿西
南角柱礎晝寢有藏經院主僧見赤蛇出入帝

聞見前錄　卷一　汲古閣

河南邵氏聞見前錄二十卷　（宋）邵伯温著　（明）毛晋訂　明崇禎毛氏汲古閣刻津逮秘書本

框高 18.8 厘米，廣 13.5 厘米。半葉八行，行十九字，白口，左右雙邊。6 册。鈐“雙硯齋藏書”白文印。

shan2

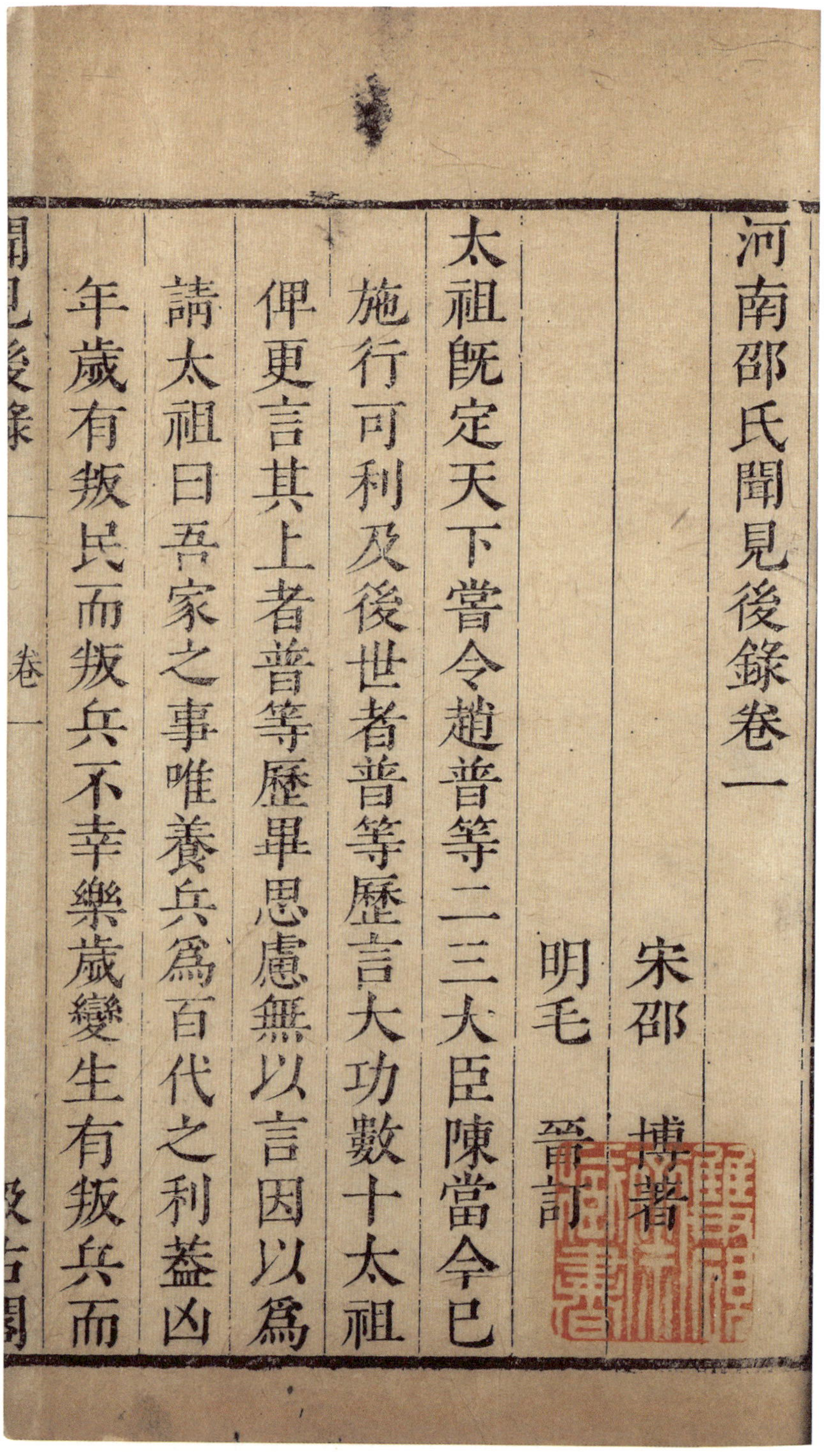

河南邵氏聞見後錄卷一

宋邵　博著

明毛　晉訂

太祖既定天下嘗令趙普等二三大臣陳當今已施行可利及後世者普等歷言大功數十太祖俾更言其上者普等歷畢思慮無以言因以爲請太祖曰吾家之事唯養兵爲百代之利蓋凶年歲有叛民而叛兵不幸樂歲變生有叛兵而

聞見後錄　卷一　汲古閣

河南邵氏聞見後錄三十卷　（宋）邵博温著　（明）毛晉訂　明崇禎毛氏汲古閣刻津逮秘書本

框高 19 厘米，廣 13.5 厘米。半葉八行，行十九字，白口，左右雙邊。6 册。鈐“雙硯齋藏書”白文印。

shan3

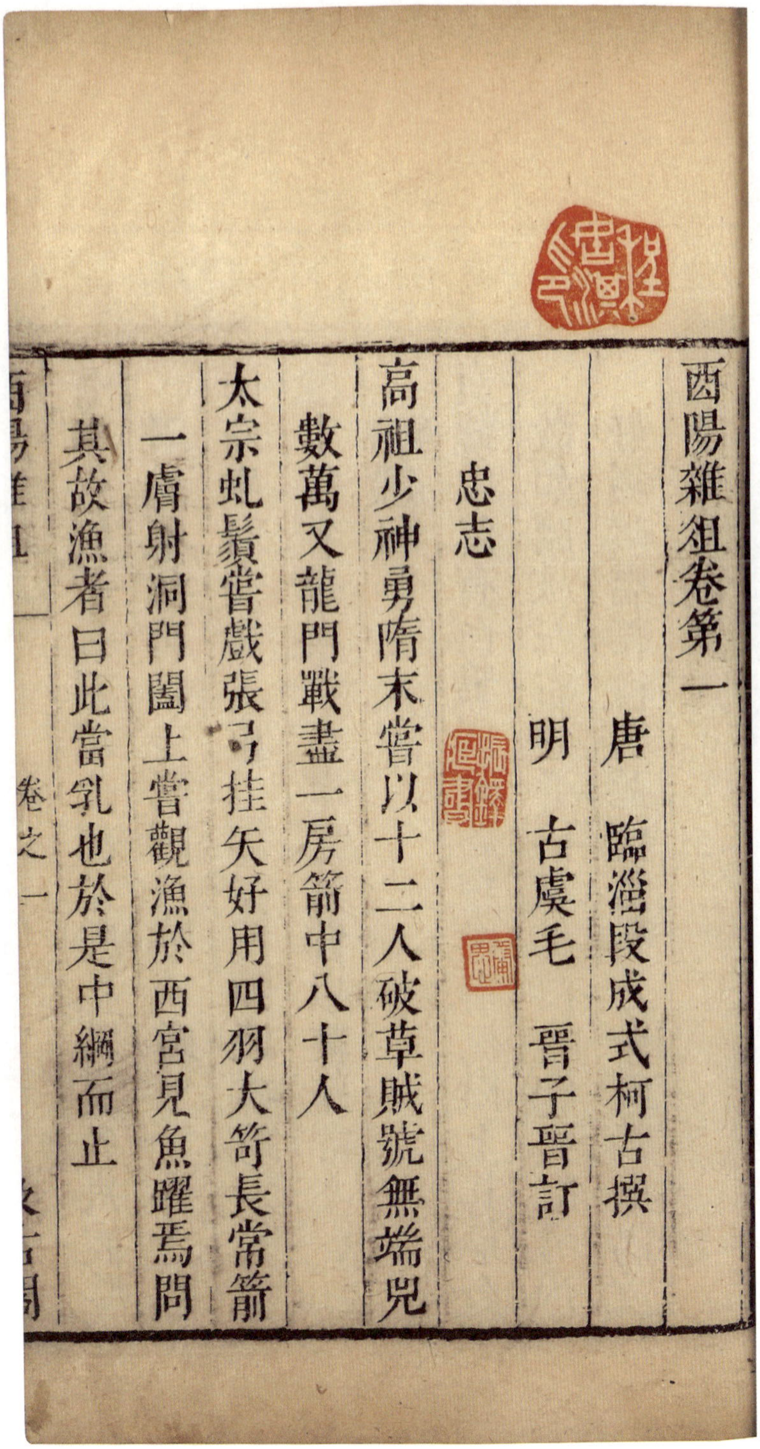

酉陽雜俎二十卷續十卷　（唐）段成式撰　（明）毛晋訂　明崇禎毛氏汲古閣刻津逮秘書本

框高 18.7 厘米，廣 14.4 厘米。半葉九行，行十九字，白口，左右雙邊。3 册。鈐“振鐸藏書”白文印、“庸思”朱文印、“程如淇印”白文印等。

shan18

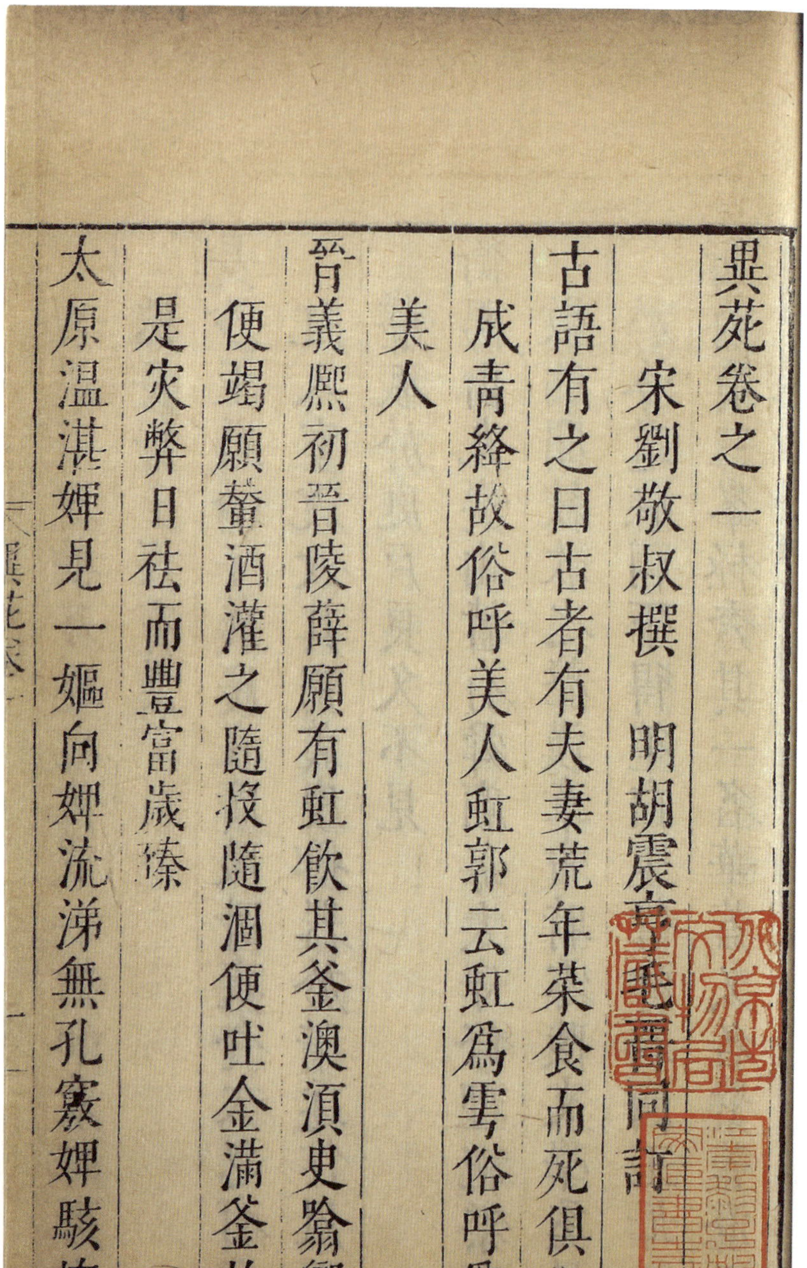
異苑卷之一
宋劉敬叔撰　明胡震亨毛晉同訂
古語有之曰古者有夫妻荒年菜食而死俱化
成青絳故俗呼美人虹郭云虹爲雩俗呼爲
美人
晉義熙初晉陵薛願有虹飲其釜澳須臾噏響
便竭願輦酒灌之隨投隨涸便吐金滿釜於
是災弊日祛而豐富歲臻
太原溫湛婢見一嫗向婢流涕無孔竅婢駭怖
異苑卷一　一

異苑十卷　（南朝宋）劉敬叔撰　（明）胡震亨　（明）毛晉訂　明崇禎毛氏汲古閣刻津逮秘書本

框高 19.3 厘米，廣 13.9 厘米。半葉九行，行十八字，白口，左右雙邊。2 册。鈐“江南黎子鶴家藏書之章”朱文印。

shan150

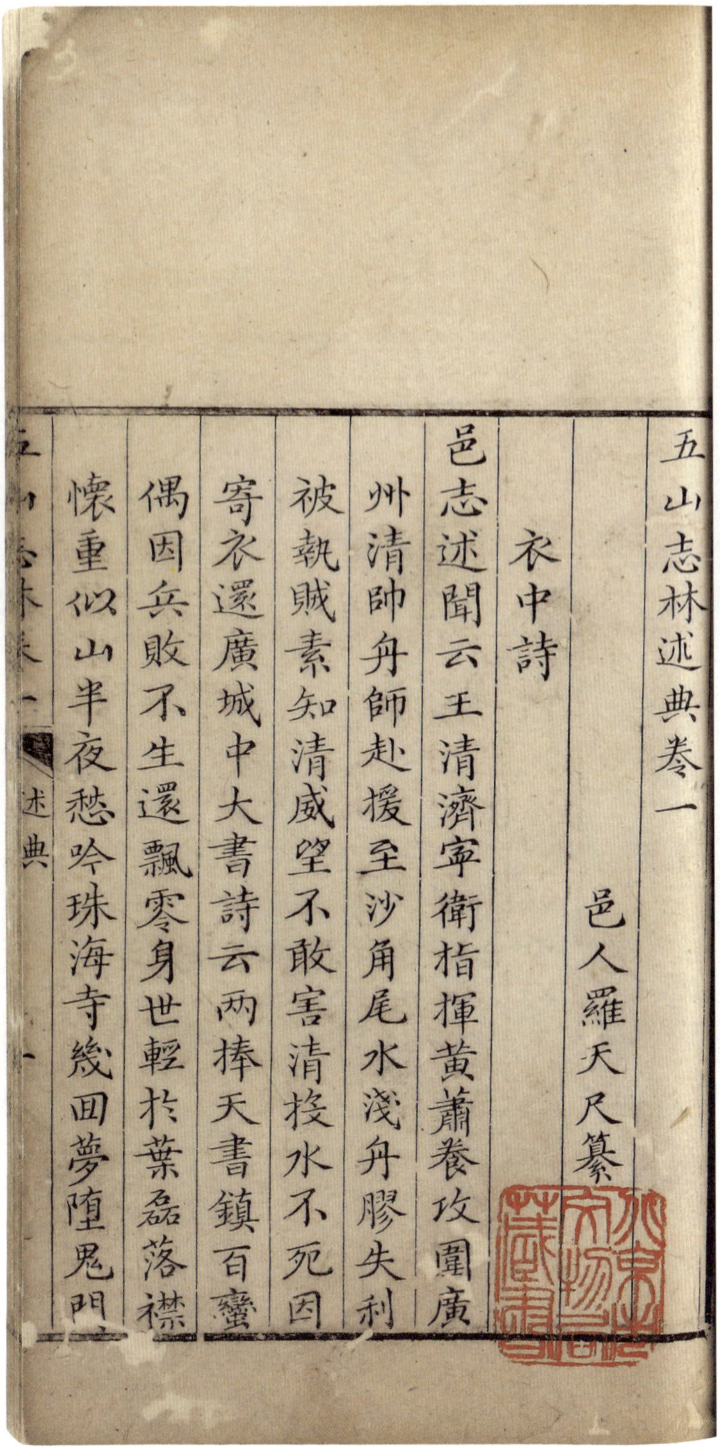

五山志林八卷　（清）羅天尺纂　清乾隆二十六年（1761）刻本

框高 16 厘米，廣 12.7 厘米。半葉九行，行十八字，白口，左右雙邊。4 册。

shan276

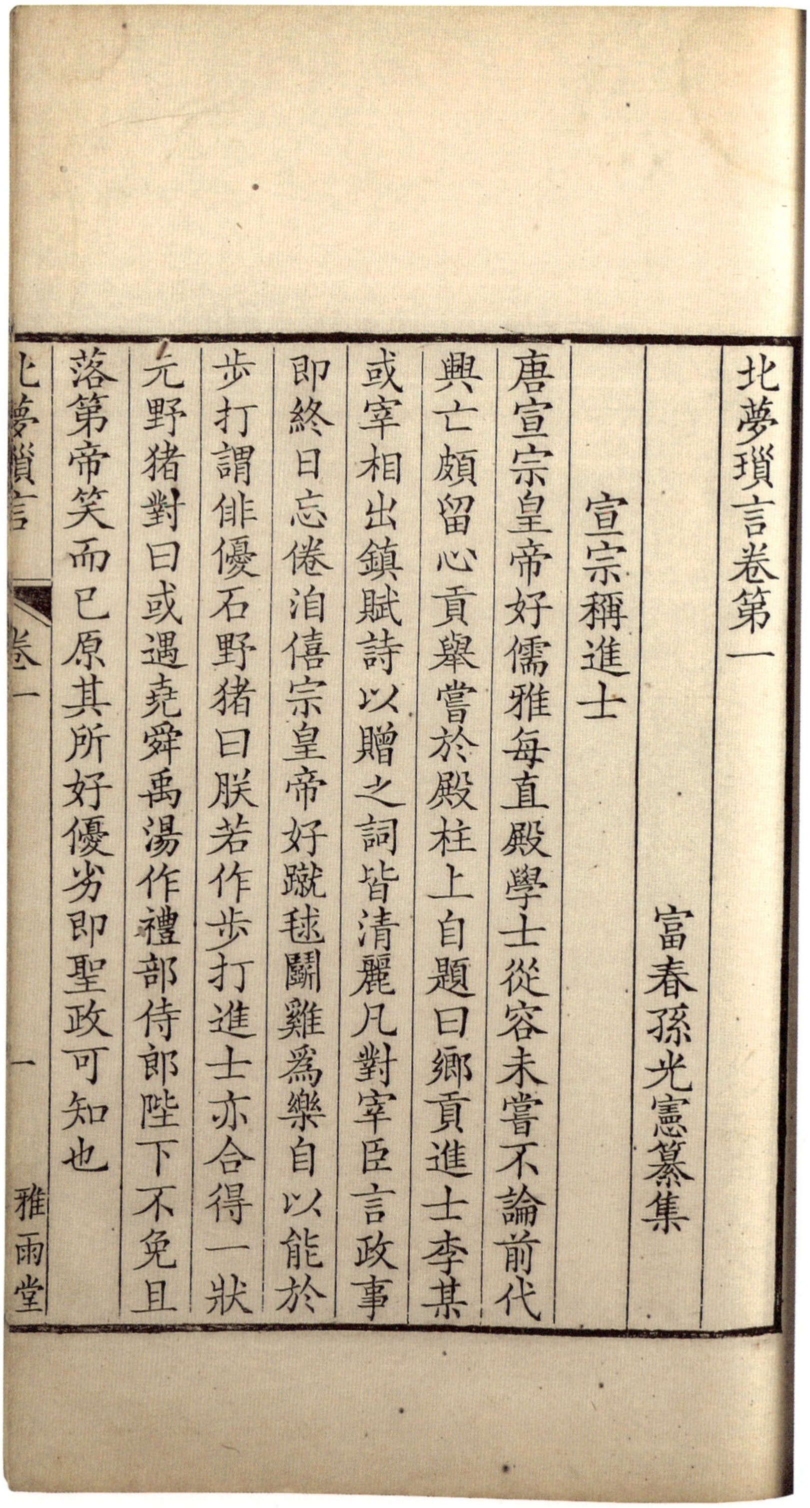

北夢瑣言卷第一

富春孫光憲纂集

宣宗稱進士

唐宣宗皇帝好儒雅每直殿學士從容未嘗不論前代興亡頗留心貢舉嘗於殿柱上自題曰鄉貢進士李某或宰相出鎮賦詩以贈之詞皆清麗凡對宰臣言政事即終日忘倦洎僖宗皇帝好蹴毬鬬雞爲樂自以能於步打謂俳優石野猪曰朕若作步打進士亦合得一狀元野猪對曰或遇堯舜禹湯作禮部侍郎陛下不免且落第帝笑而已原其所好優劣即聖政可知也

北夢瑣言 卷一 一 雅雨堂

北夢瑣言二十卷 （宋）孫光憲纂集 清乾隆二十一年（1756）雅雨堂刻本

框高 18 厘米，廣 14.5 厘米。半葉十行，行二十一字，小字雙行同，白口，四周單邊。6 册。

shan279

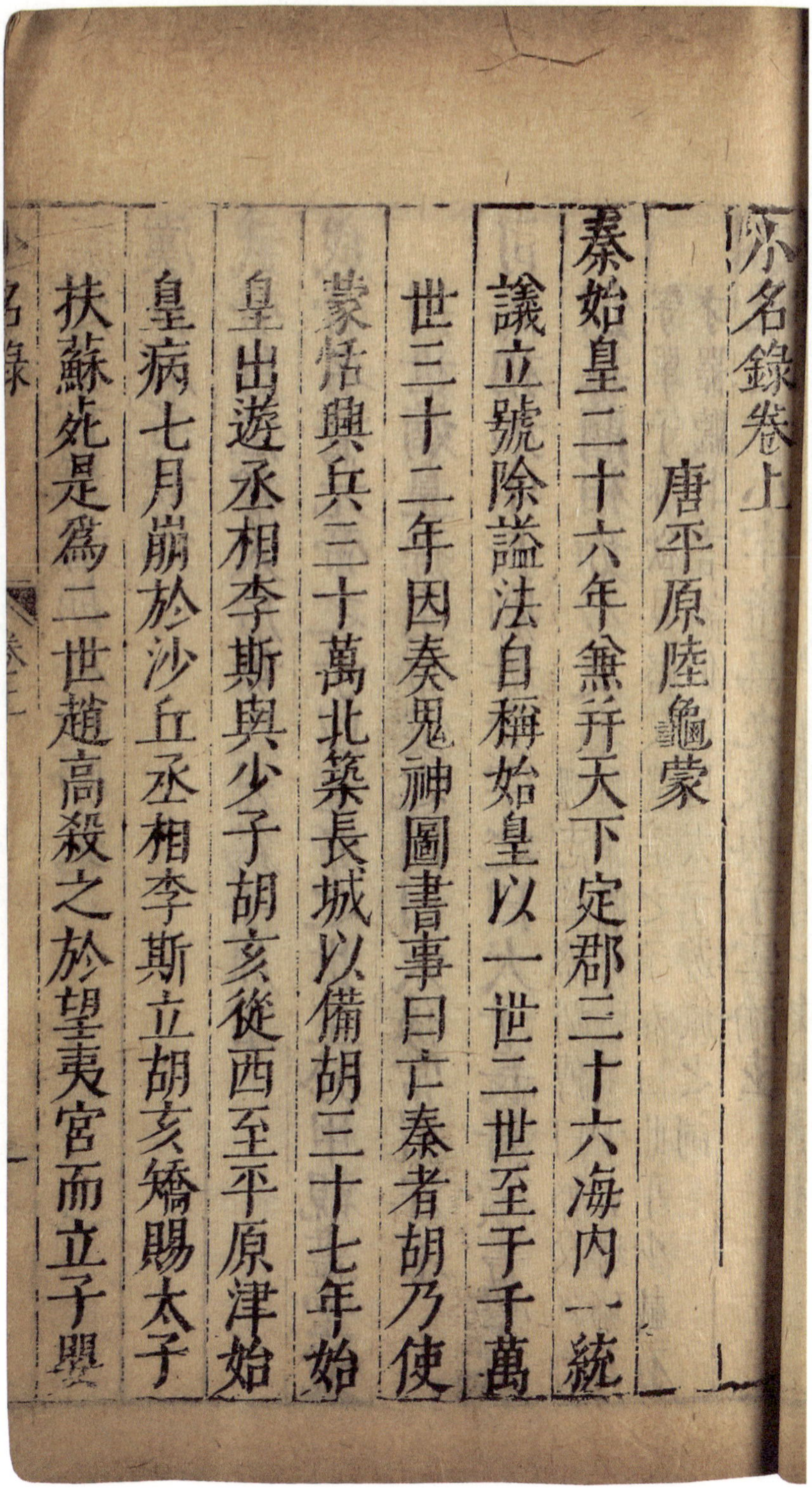

小名錄卷上

唐平原陸龜蒙

秦始皇二十六年并天下定郡三十六海內一統
議立號除謚法自稱始皇以一世二世至于千萬
世三十二年因奏鬼神圖書事曰亡秦者胡乃使
蒙恬興兵三十萬北築長城以備胡三十七年始
皇出遊丞相李斯與少子胡亥從西至平原津始
皇病七月崩於沙丘丞相李斯立胡亥矯賜太子
扶蘇死是爲二世趙高殺之於望夷宮而立子嬰

小名錄　卷上　一

小名錄二卷　（唐）陸龜蒙撰　**摭言一卷**　（唐）王保定撰　明萬曆會稽商氏半野堂刻稗海本

框高 20.9 厘米，廣 14.3 厘米。半葉九行，行二十字，白口，四周單邊。1 册。

shan374

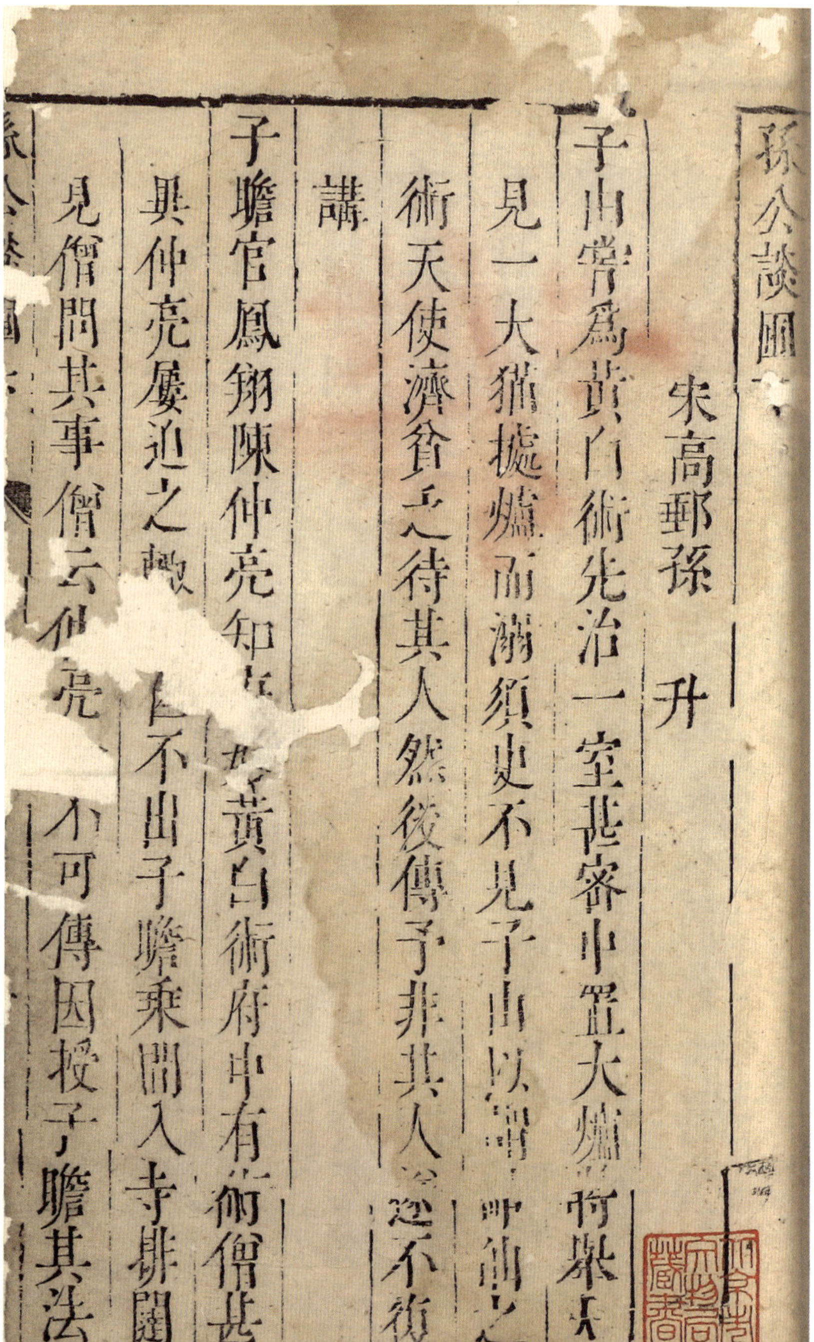

孫公談圃三卷　（宋）孫升述　**蒙齋筆談二卷**　（宋）鄭景望撰　明萬曆會稽商氏半野堂刻稗海本

框高21.5厘米，廣14.2厘米。半葉九行，行二十字，白口，四周單邊。1册。缺二卷（孫公談圃上、中）。

shan409

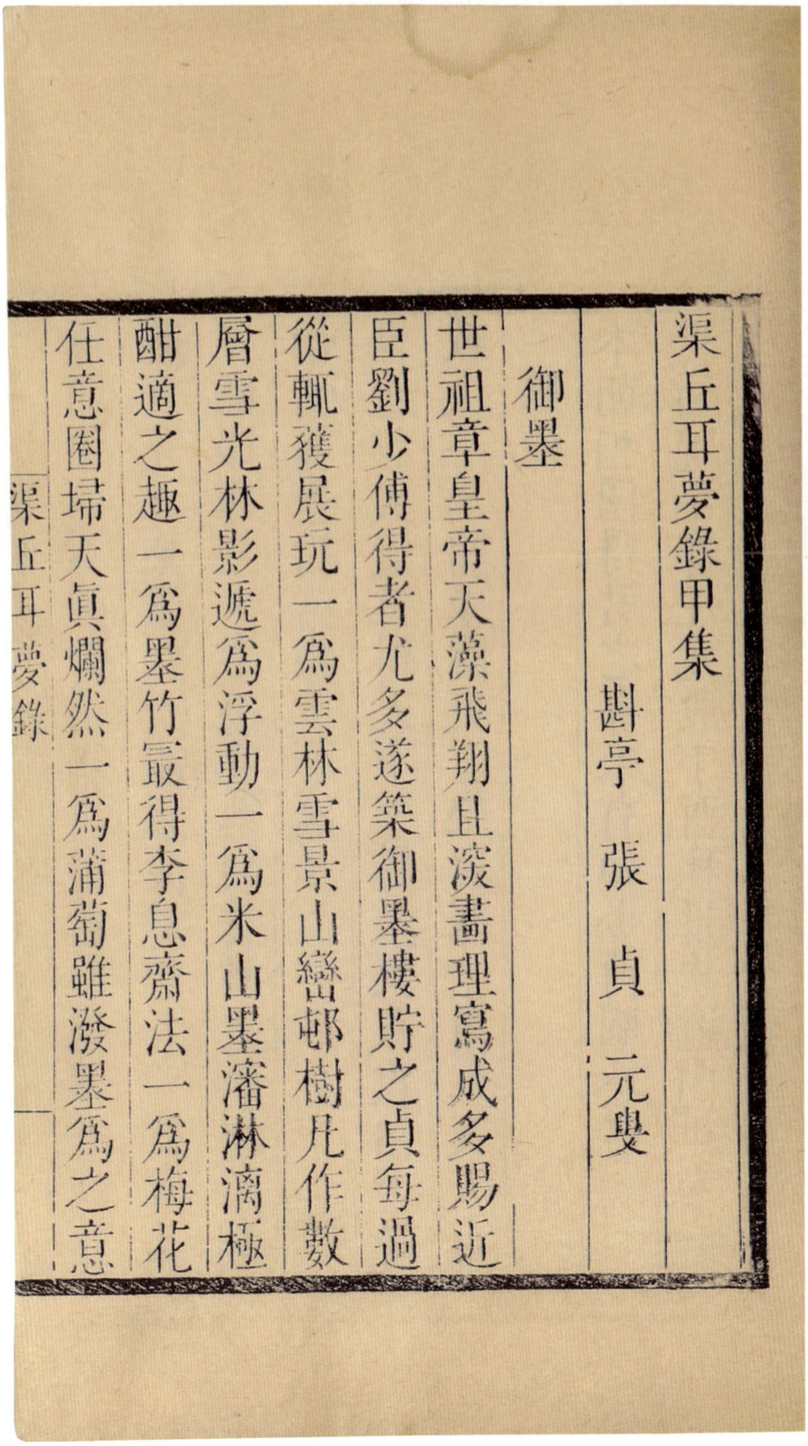

渠丘耳夢錄四卷　（清）張貞撰　清康熙四十八年（1709）江寧柏明遠刻本

框高 16.5 厘米，廣 12.8 厘米。半葉九行，行十八字，白口，左右雙邊。1 册。

shan464

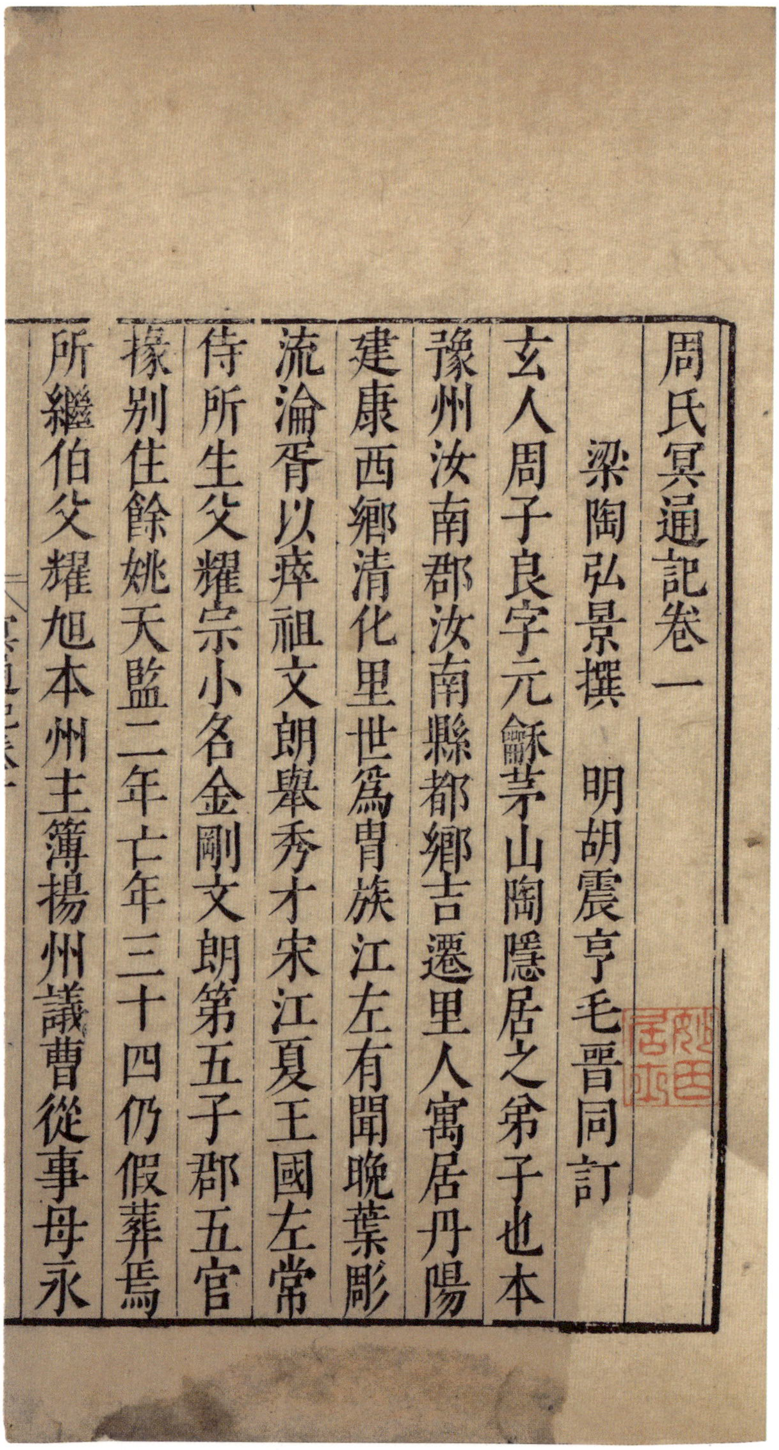

周氏冥通記四卷　（南朝梁）陶弘景撰　（明）胡震亨　（明）毛晉訂　明崇禎虞山毛氏汲古閣刻津逮秘書本

框高 19 厘米，廣 13.8 厘米。半葉九行，行十八字，小字雙行同，白口，左右雙邊。2 册。鈐“妙因居士”朱文印。

shan465

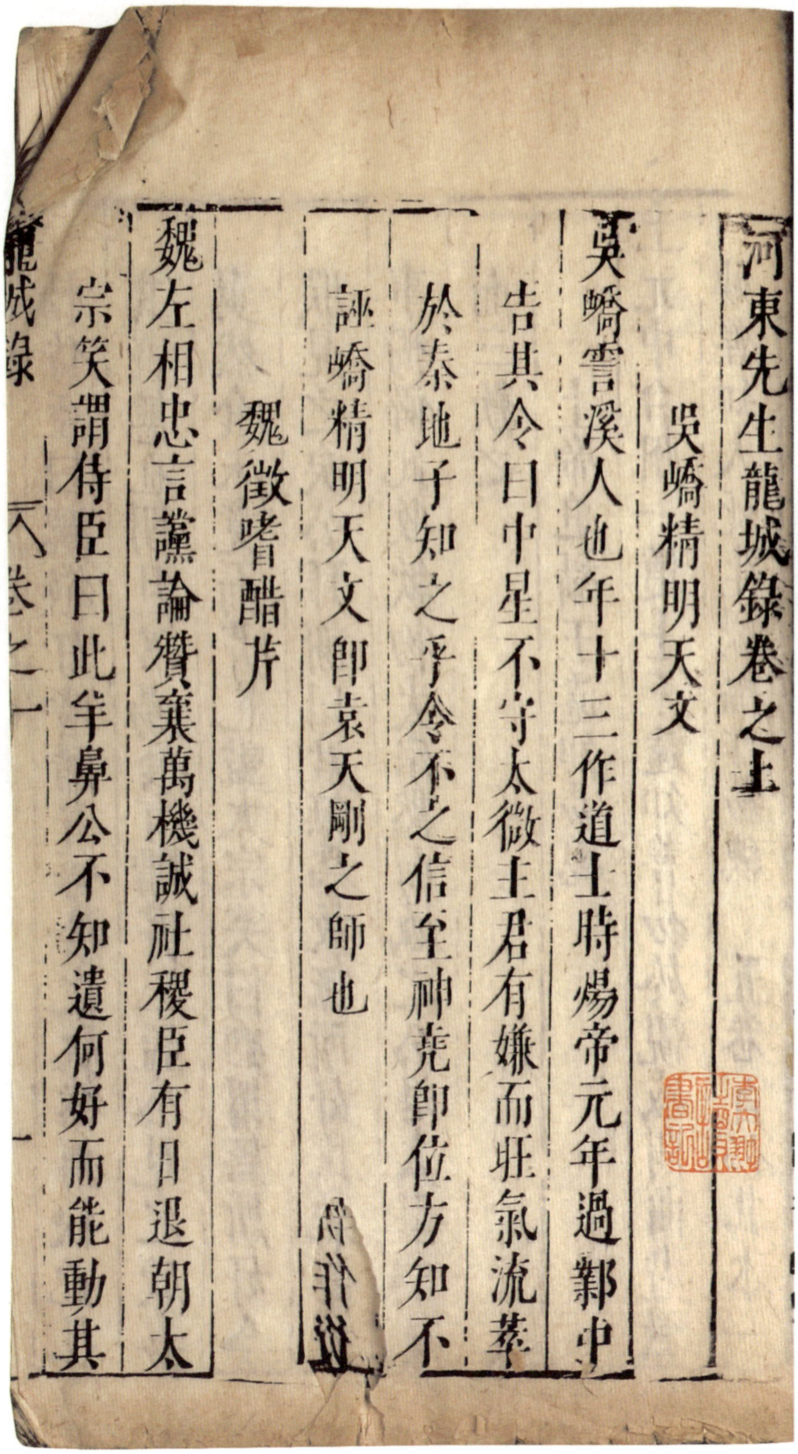

河東先生龍城録二卷　（唐）柳宗元撰　**鶴林玉露十六卷補遺一卷**　（宋）羅大經撰　明萬曆會稽商氏半野堂刻稗海本

框高 20 厘米，廣 14 厘米。半葉九行，行二十字，白口，四周單邊。1 册。鈐“李大翀讀書記”朱文印。存二種六卷（河東先生龍城録二卷、鶴林玉露一至四）。

shan530

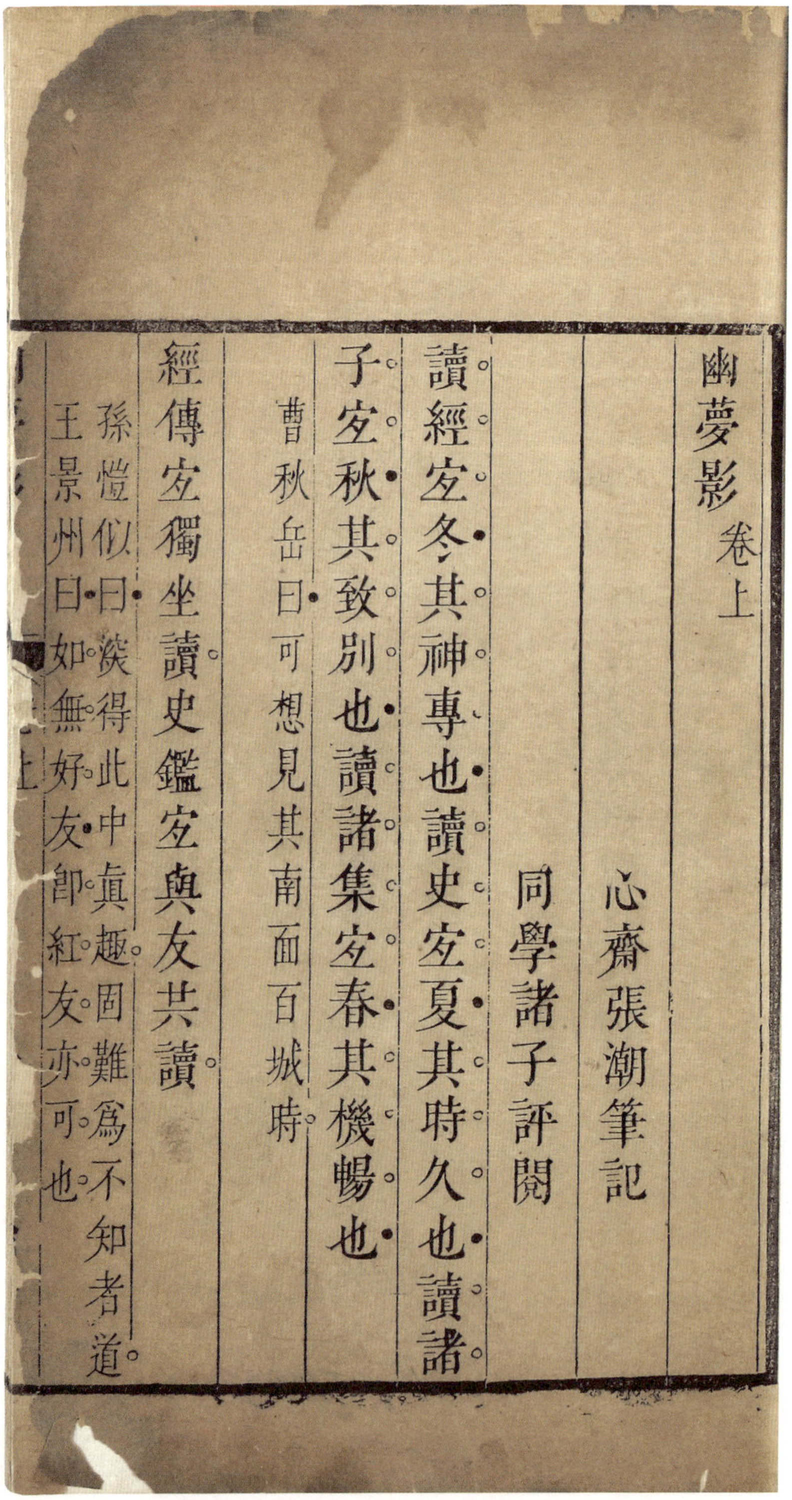
幽夢影卷上
心齋張潮筆記
同學諸子評閱
讀經宜冬其神專也讀史宜夏其時久也讀諸
子宜秋其致別也讀諸集宜春其機暢也
曹秋岳曰可想見其南面百城時
經傳宜獨坐讀史鑑宜與友共讀
孫愷似曰深得此中真趣固難爲不知者道
王景州曰如無好友卽紅友亦可也

幽夢影二卷　（清）張潮筆記　清初怡清堂刻本

框高13.4厘米，廣18.5厘米。半葉八行，行十八字，小字雙行同，白口，左右雙邊。2册。

shan590

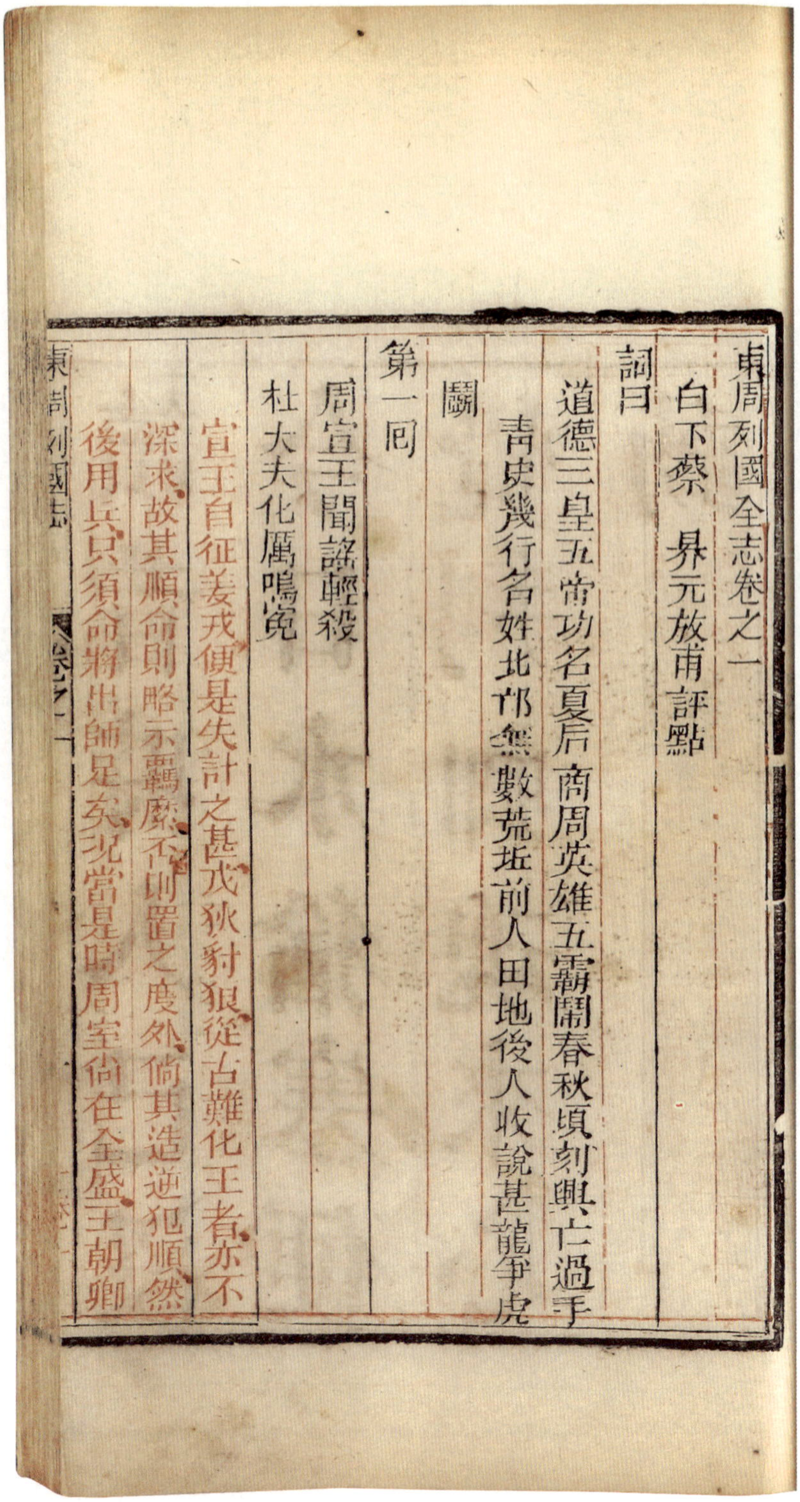

東周列國全志二十三卷　（清）蔡界評點　清咸豐四年（1854）書成山房刻朱墨印本

框高 16 厘米，廣 12.5 厘米。半葉十二行，行二十六字，小字雙行同，白口，四周雙邊。12 册。

shan727

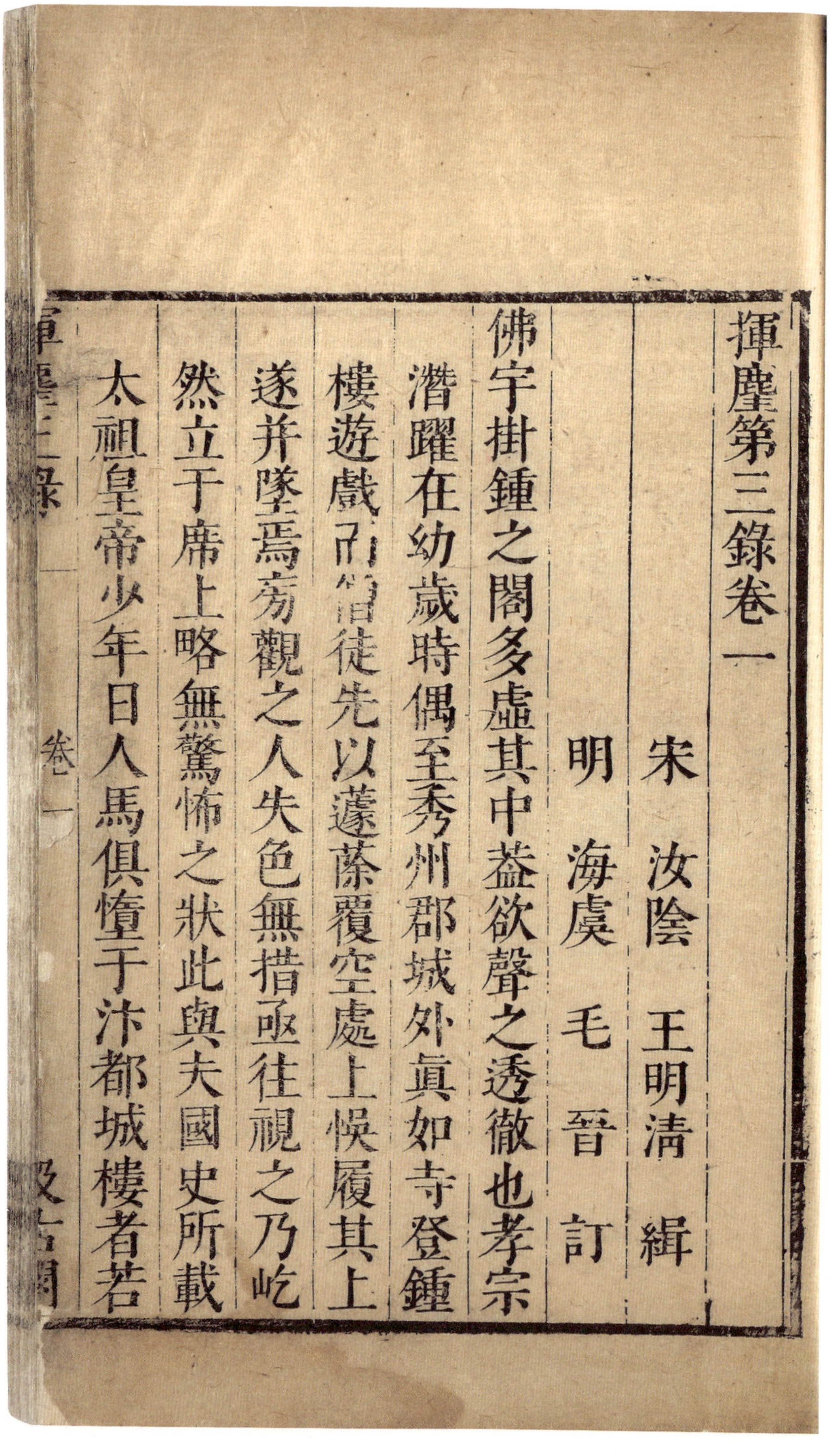
揮麈第三錄卷一
宋　汝陰　王明清　輯
明　海虞　毛　晉　訂
佛宇掛鍾之閣多虛其中蓋欲聲之透徹也孝宗
潛躍在幼歲時偶至秀州郡城外眞如寺登鍾
樓遊戲而僧徒先以蘧蒢覆空處上候履其上
遂并墜焉旁觀之人失色無措亟往視之乃屹
然立于席上略無驚怖之狀此與夫國史所載
太祖皇帝少年日人馬俱墮于汴都城樓者若
揮麈三錄　卷一　汲古閣

揮麈第三錄三卷　（宋）王明清輯　（明）毛晉訂　明崇禎虞山毛氏汲古閣刻津逮秘書本
框高 19 厘米，廣 14.5 厘米。半葉九行，行十九字，白口，左右雙邊。2 册。

shan738

【天文曆算類】

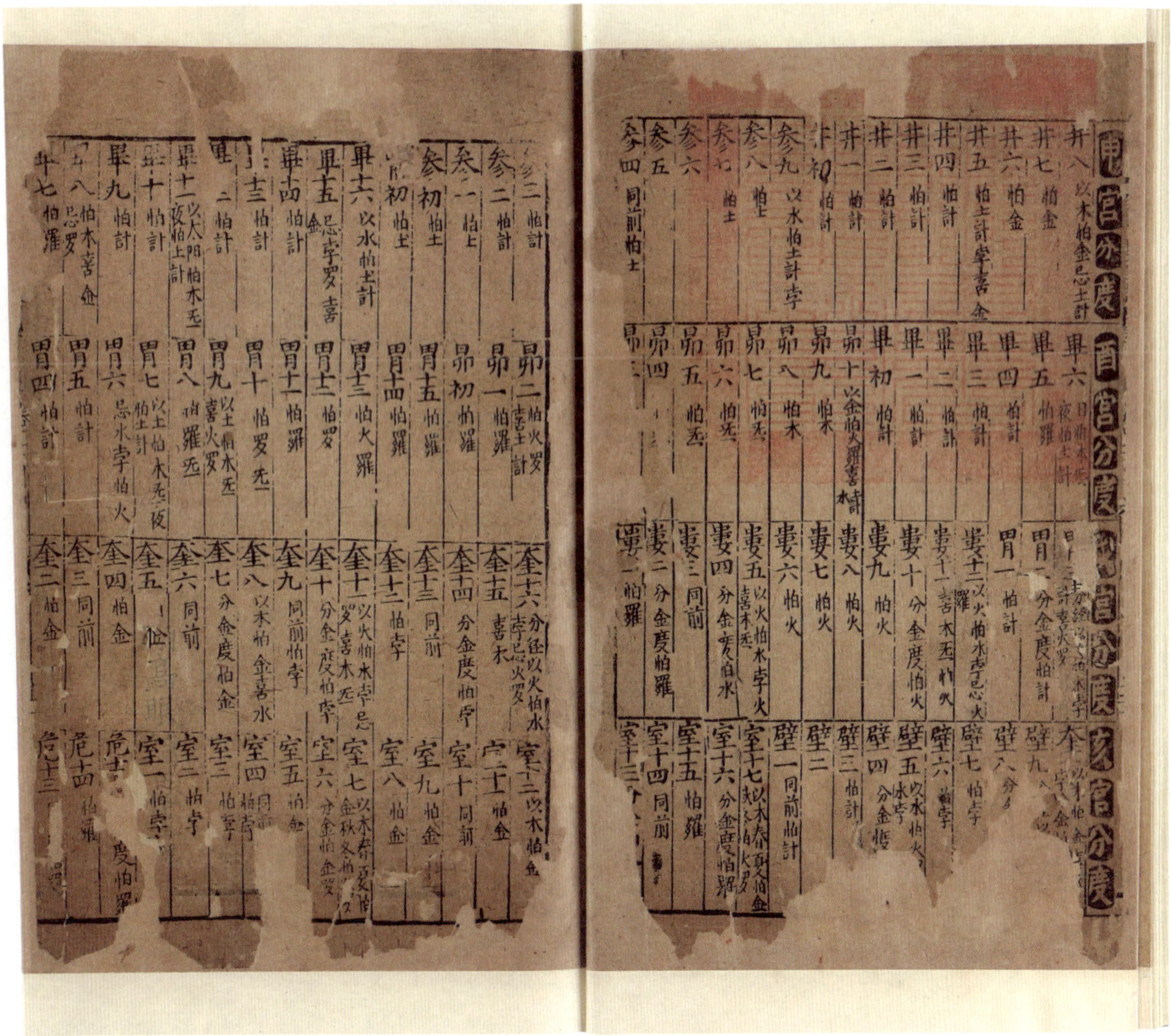

大明嘉靖三十六年歲次丁巳大統曆一卷　明嘉靖刻本

框高 20.8 厘米，廣 13.5 厘米。行、字數不等，白口，四周單邊或四周雙邊。1 册。鈐“養安院藏書”朱文印。

二級 279shan606

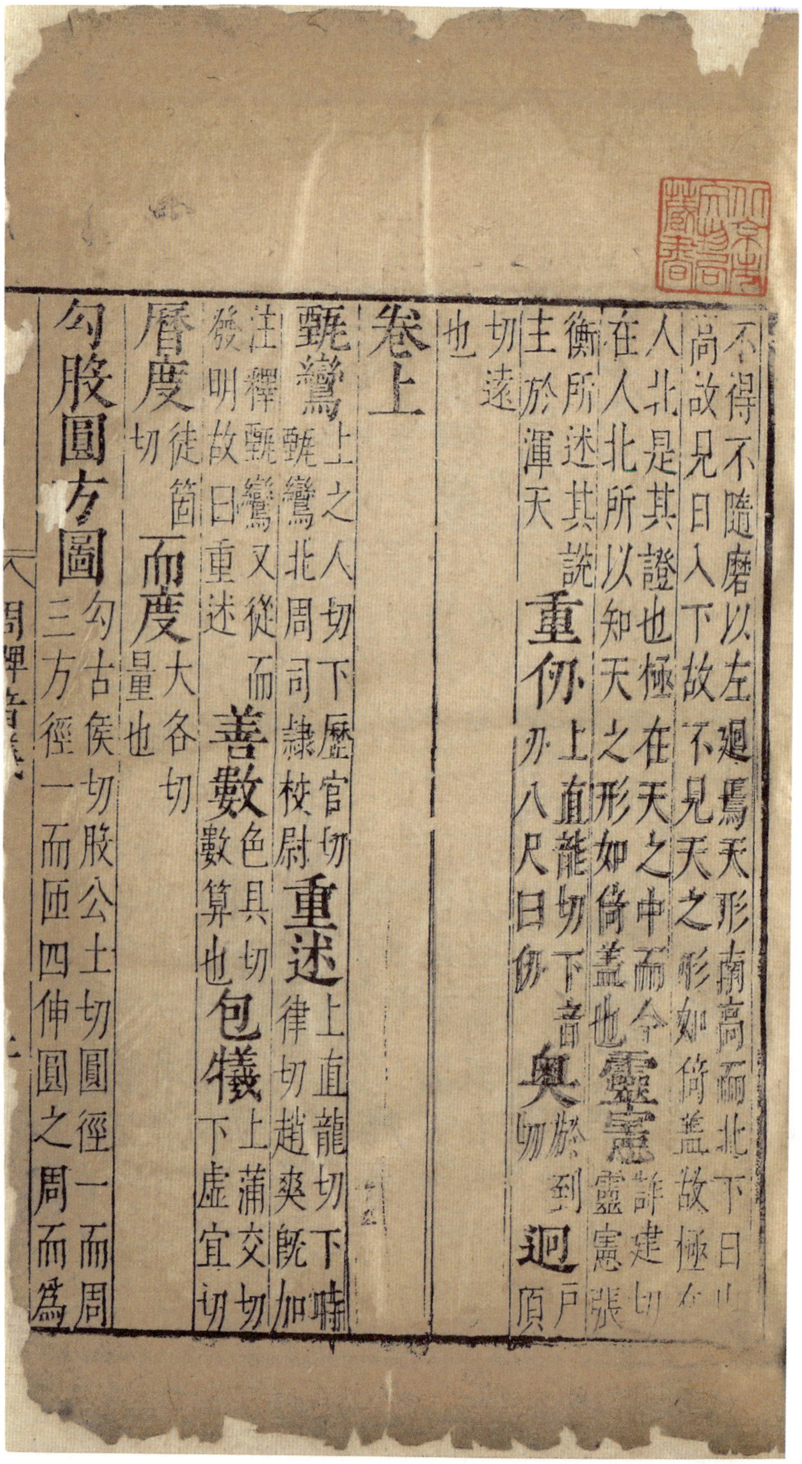
不得不隨磨以左廻焉天形南高而北下日出
高故見日入下故不見天之形如倚蓋故極在
人北是其證也極在天之中而今
在人北所以知天之形如倚蓋也靈憲詳建切靈憲張
衡所述其說
主於渾天重仞上直龍切下音刃八尺曰仞奥於到切廻戶原
切遠
也
卷上
甄鸞上之人切下歷官切重述上直龍切下時
甄鸞北周司隸校尉律切趙爽既加
注釋甄鸞又從而善數色具切包儀上蒲交切
發明故曰重述數算也下虛宜切
曆度徒箇切而度大各切
切量也
勾股圓方圖勾古侯切股公土切圓徑一而周
三方徑一而匝四伸圓之周而爲

周髀算經二卷 （漢）趙爽注 **音義一卷** （宋）李籍撰 **數術記遺一卷** （北周）甄鸞注 （明）毛晉校 明崇禎毛氏汲古閣刻津逮秘書本

框高 19.5 厘米，廣 13.6 厘米。半葉九行，行十八字，小字雙行同，白口，左右雙邊。2 册。

shan162

【術數類】

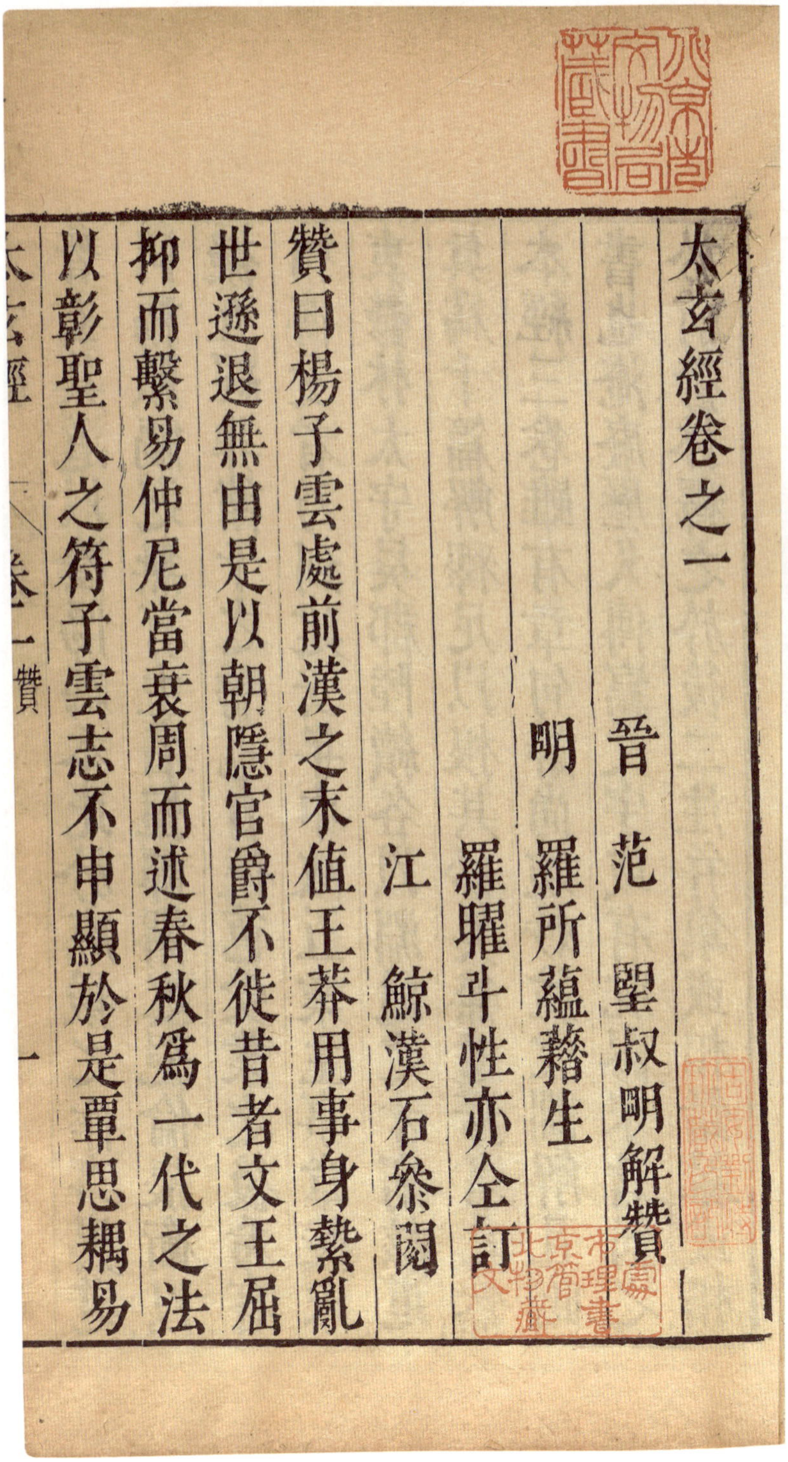

太玄經十卷 （漢）揚雄撰 （晋）范望解贊 （明）羅所藴等訂 明萬曆霓野堂刻本

框高 21.5 厘米，廣 14.5 厘米。半葉九行，行十八字，白口，四周單邊。2 册。鈐“固安劉峙珎藏印記”朱文印。

二級 44pan10591

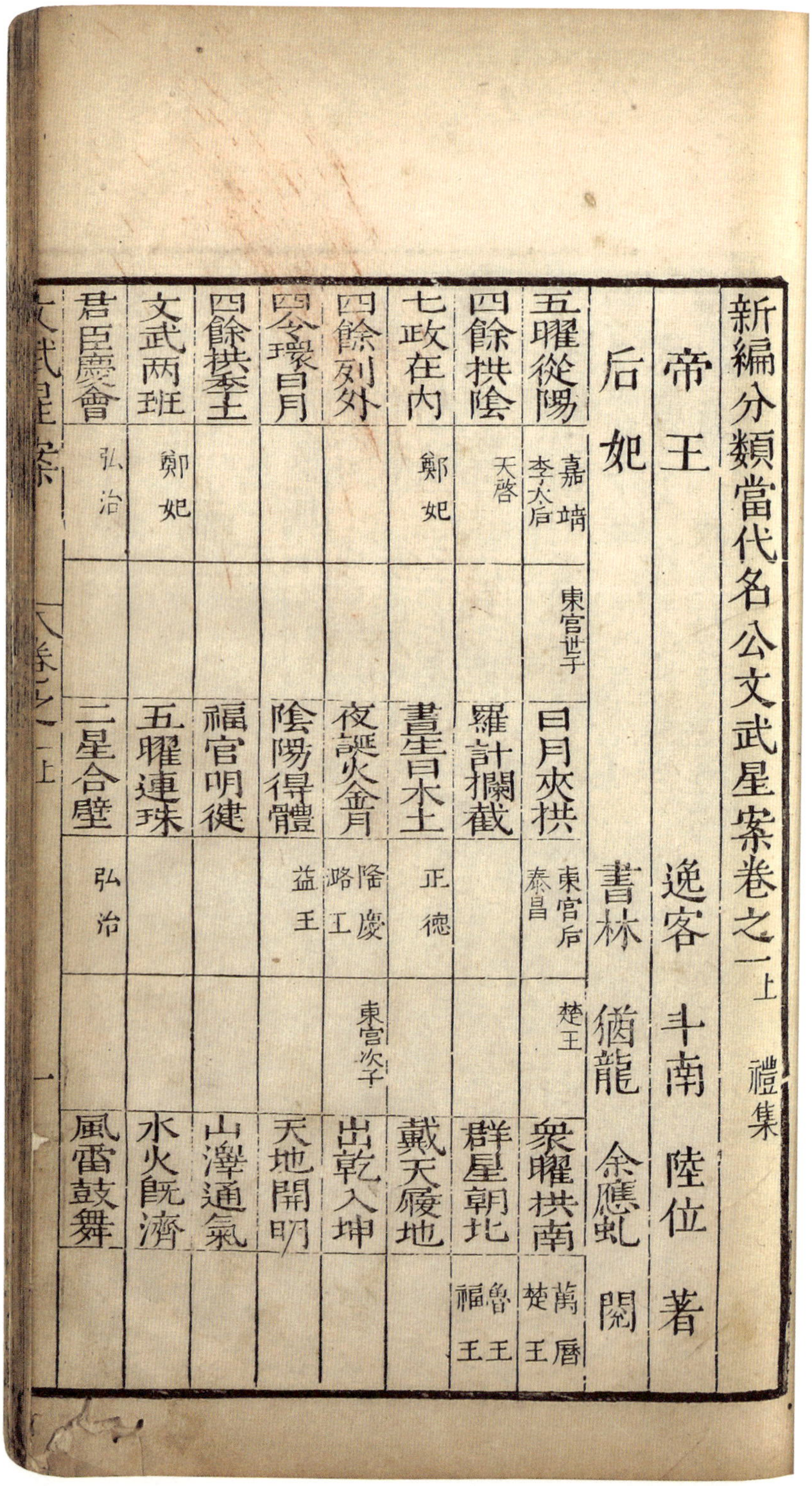

新編分類當代名公文武星案六卷首一卷 （明）陸位著 明刻本

框高 20.6 厘米，廣 13.6 厘米。半葉十一行，行二十四字，小字雙行不等，白口，四周單邊。6 册。鈐“好古堂圖書記”朱文印。

二級 191shan74

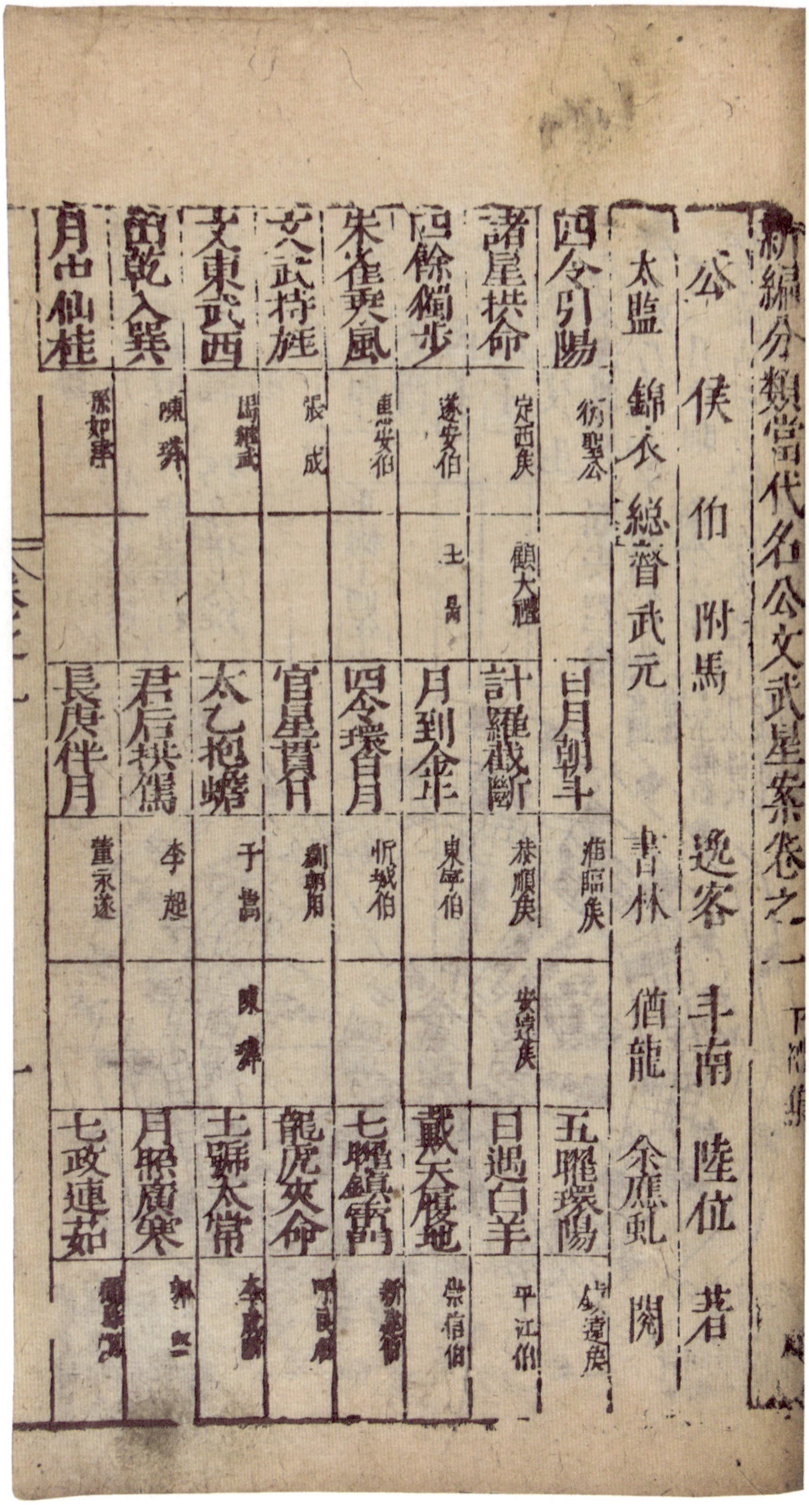

新編分類當代名公文武星案六卷首一卷 （明）陸位著 明末刻本

框高 21 厘米，廣 13.9 厘米。半葉十一行，行二十四字，小字雙行不等，白口，四周單邊。6 册。

二級 317pu10-3-3-31

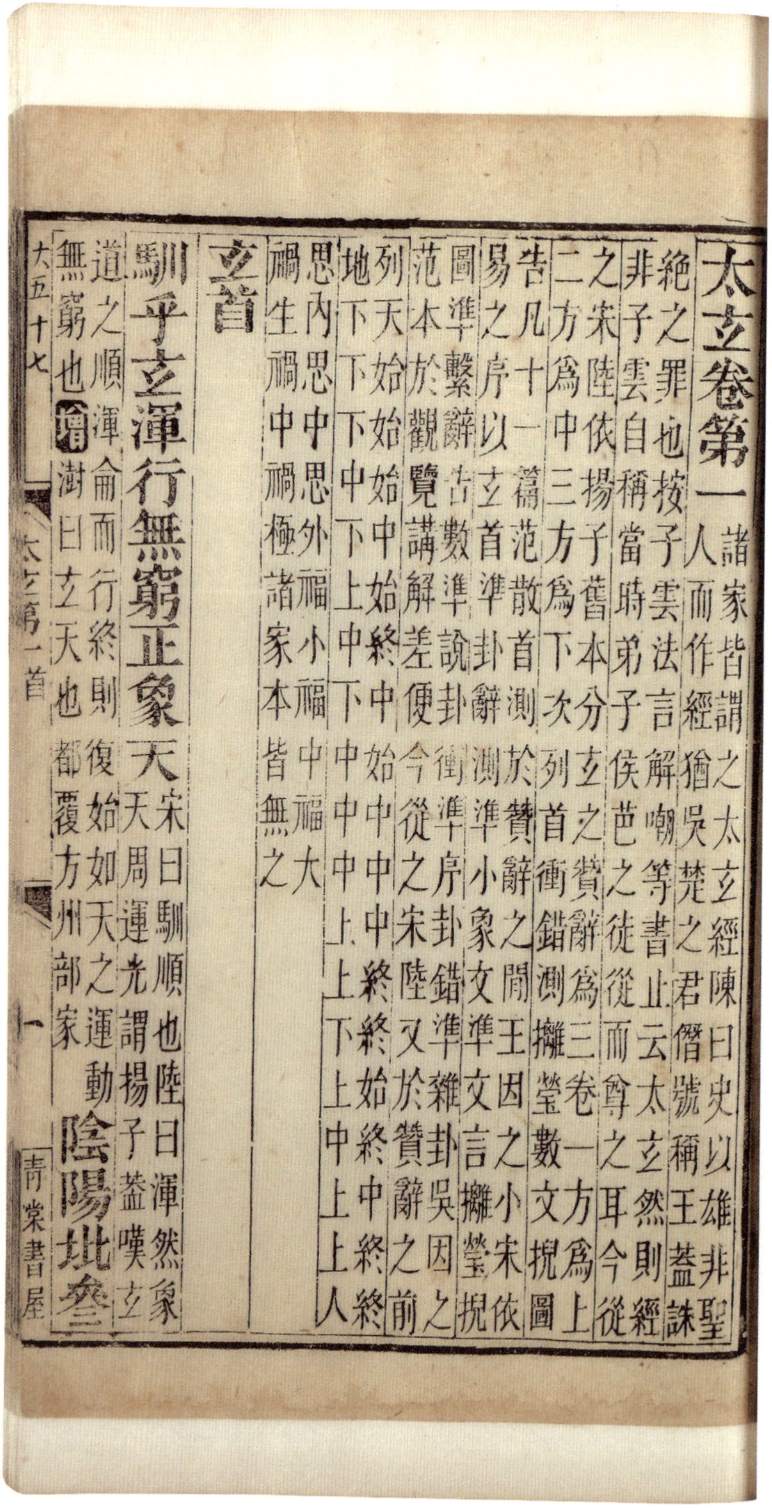
太玄卷第一 諸家皆謂之太玄經陳日史以雄非聖人而作經猶吳楚之君僭號稱王蓋誅
絶之罪也按子雲法言解嘲等書止云太玄然則經
非子雲自稱當時弟子侯芭之徒從而尊之耳今從
之宋陸依揚子舊本分玄之贊辭爲三卷一方爲上
二方爲中三方爲下次列首衝錯測攡瑩數文掜圖
告凡十一篇范散首測於贊辭之間王因之小宋依
易之序以玄首準卦辭測準小象文準文言攡瑩掜
圖準繫辭古數準說卦衝準序卦錯準雜卦吳因之
范本於觀覽講解差便今從之宋陸又於贊辭之前
列天始始始中始終中始中中中終終始終中終終
地下下下中下上中下中中中上上下上中上上人
思內思中思外福小福中福大
禍生禍中禍極諸家本皆無之
玄首
馴乎玄渾行無窮正象天 宋曰馴順也陸曰渾然象天天周運光謂揚子蓋嘆玄
道之順渾侖而行終則復始如天之運動 陰陽坒參
無窮也 增 澍曰玄天也都覆方州部家
太五十七　太玄第一首　一　青棠書屋

太玄十卷　（漢）揚雄撰　清道光青棠書屋仿宋刻本

框高21.6厘米，廣14.3厘米。半葉十行，行二十字，小字雙行同，白口，四周雙邊。4册。

shan747

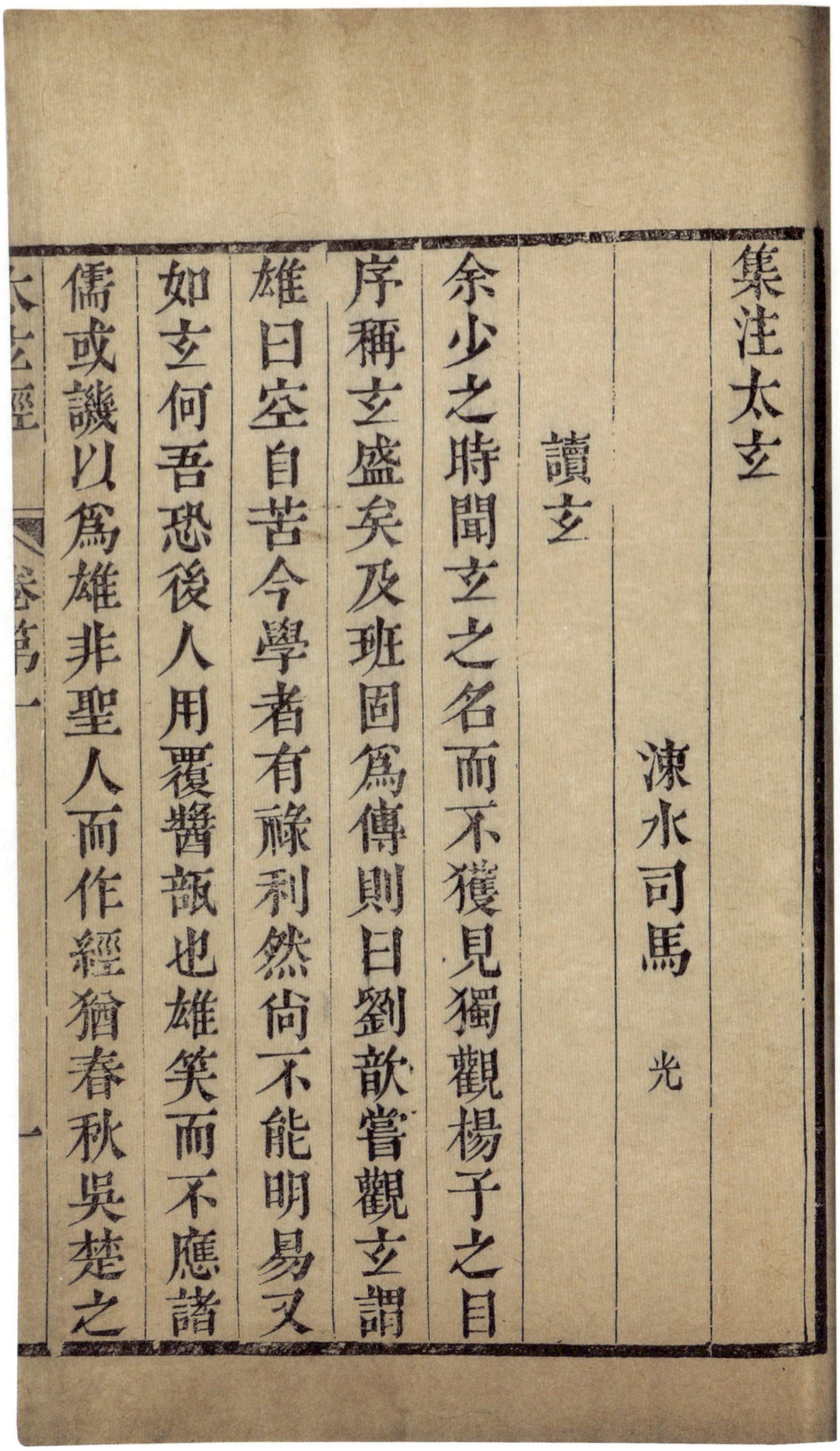
集注太玄

涑水司馬　光

讀玄

余少之時聞玄之名而不獲見獨觀楊子之自
序稱玄盛矣及班固爲傳則曰劉歆嘗觀玄謂
雄曰空自苦今學者有祿利然尚不能明易又
如玄何吾恐後人用覆醬瓿也雄笑而不應諸
儒或譏以爲雄非聖人而作經猶春秋吳楚之

太玄經　卷第一　一

集注太玄十卷　（宋）司馬光撰　（清）許瀚注　清嘉慶五柳居刻本

框高 19.3 厘米，廣 14.4 厘米。半葉八行，行十八字，小字雙行二十四字，白口，左右雙邊。4 册。鈐“光熙所藏”白文印。

shan762

【藝術類】

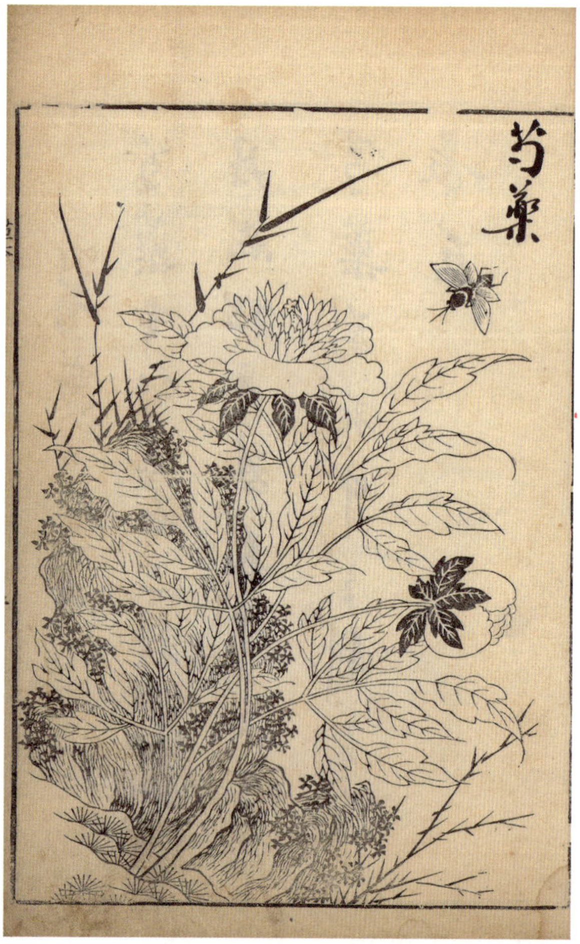

黄氏畫譜八種 （明）黄鳳池輯 明萬曆杭州集雅齋刻本

框高 27 厘米，廣 18 厘米。半葉七行，行十四字，白口，四周單邊。2 册。存二種（新鐫草本花詩譜、新鐫木本花鳥譜）。

二級 25gu10649

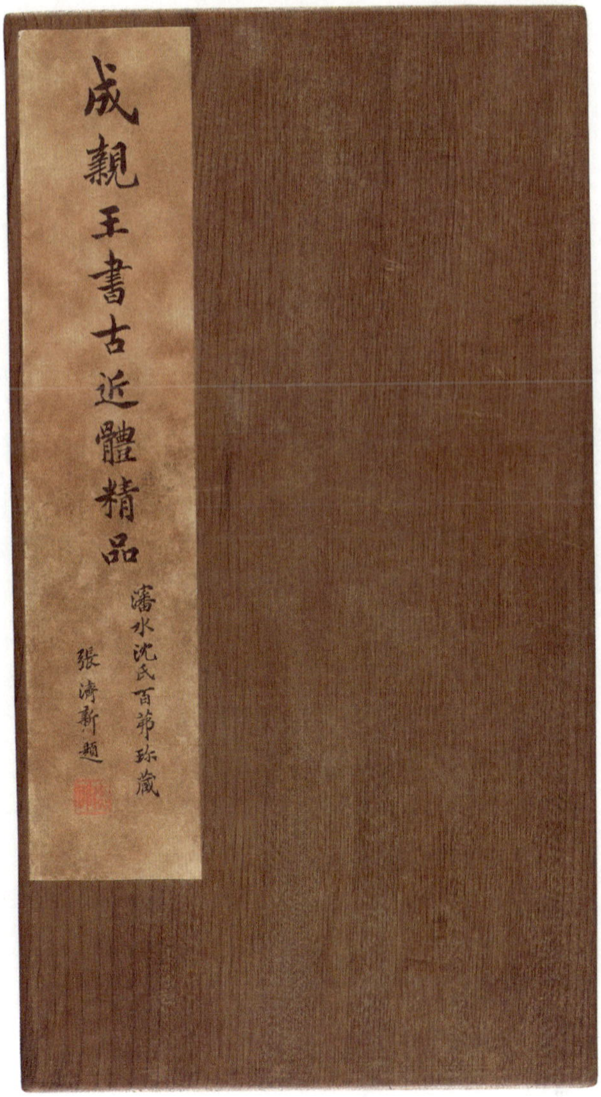

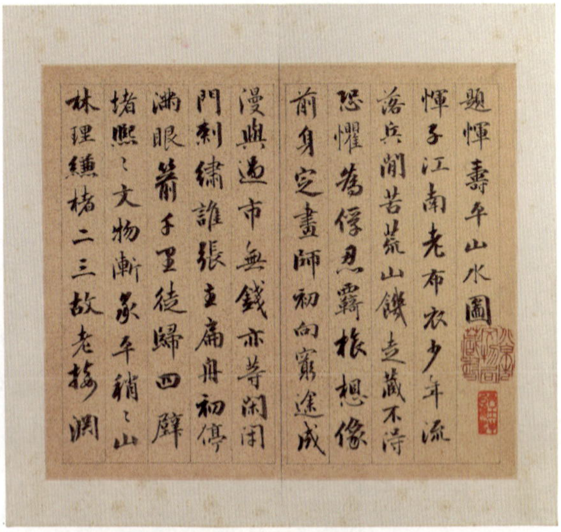

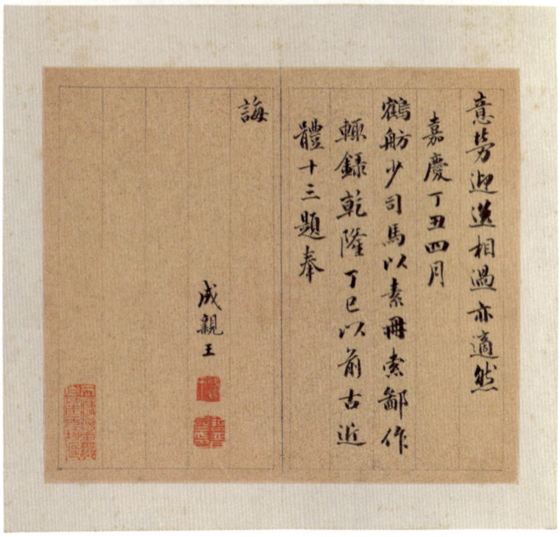

成親王書古近體精品　（清）永瑆書　清嘉慶二十二年（1817）寫本

高 23 厘米，廣 13 厘米。半葉五行，行、字數不等。1 册。鈐“成親王”白文印、“詒晉齋印”白文印、“长白蘑德堂敦佳氏珍藏”朱文印等。經折裝。

二級 30sun11174

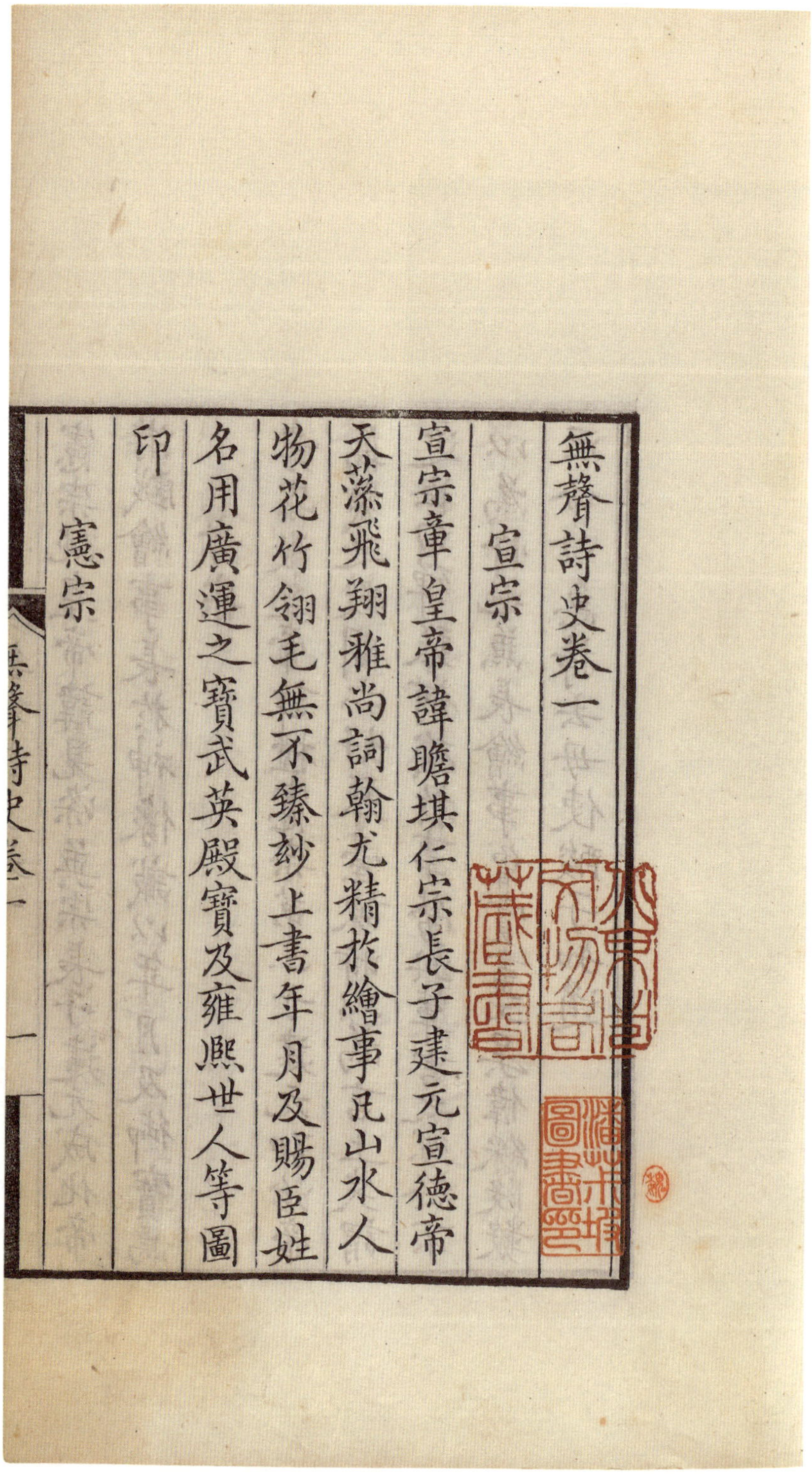

無聲詩史七卷 （清）姜紹書輯 清康熙五十九年（1720）李光暎觀妙齋刻本

框高 14 厘米，廣 10 厘米。半葉八行，行十七字，黑口，左右雙邊。2 册。鈐“崦西草堂”朱文印、“叔坡長物”白文印、“萬花川隱”朱文印等。

二級 32bei8

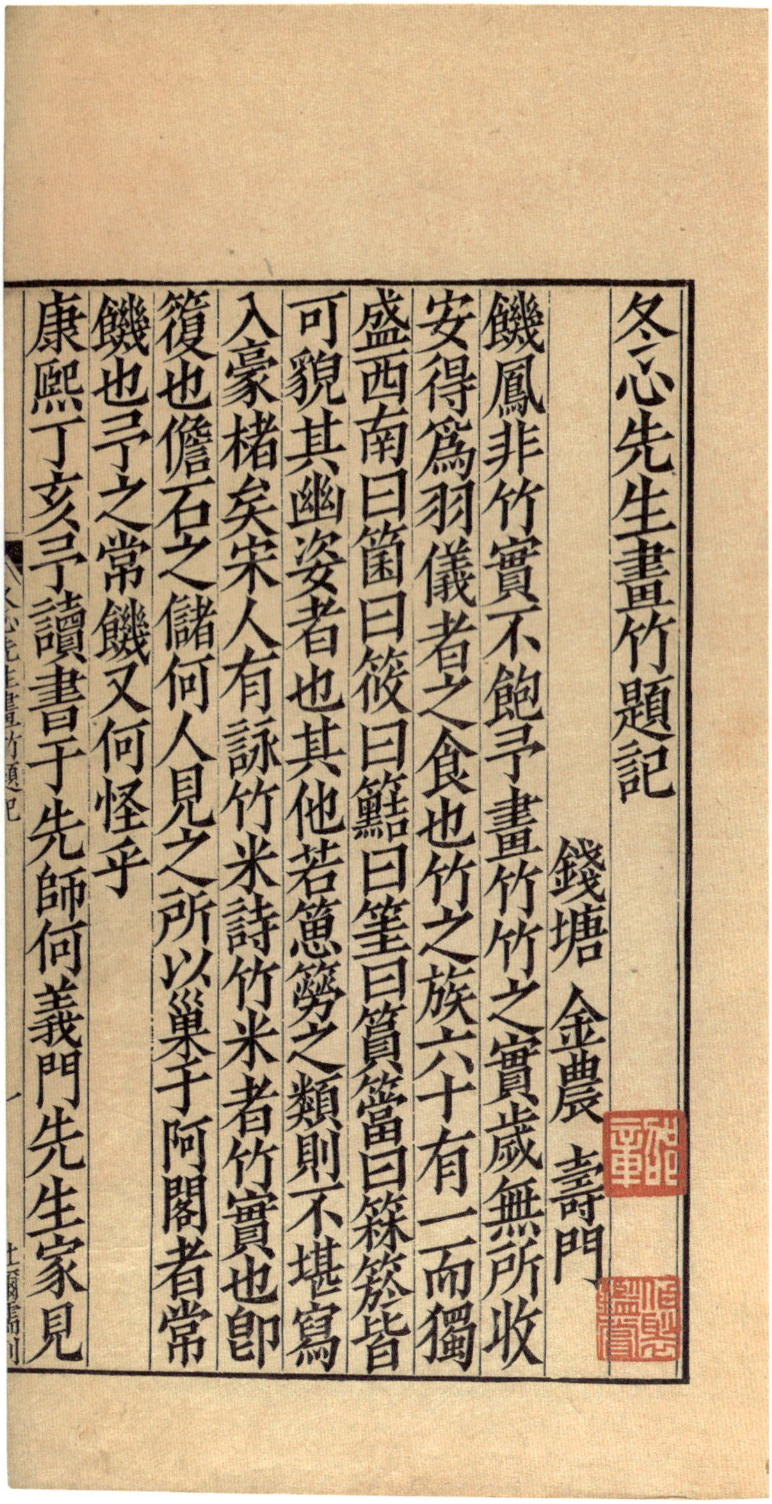
冬心先生畫竹題記
錢塘　金農　壽門
饑鳳非竹實不飽予畫竹竹之實歲無所收
安得爲羽儀者之食也竹之族六十有一而獨
盛西南曰箘曰筱曰簵曰筀曰篔簹曰篠䈨皆
可貌其幽姿者也其他若篵簩之類則不堪寫
入豪楮矣宋人有詠竹米詩竹米者竹實也卽
箙也儋石之儲何人見之所以巢于阿閣者常
饑也予之常饑又何怪乎
康熙丁亥予讀書于先師何義門先生家見
冬心先生畫竹題記　一

冬心先生畫竹題記一卷　（清）金農著　清乾隆十五年（1750）刻本

框高 20.2 厘米，廣 12.9 厘米。半葉十行，行十七字，白口，左右雙邊。1 册。鈐“邵章”白文印、“伯褧鑑賞”朱文印等。有邵章題記。

二級 331i4875

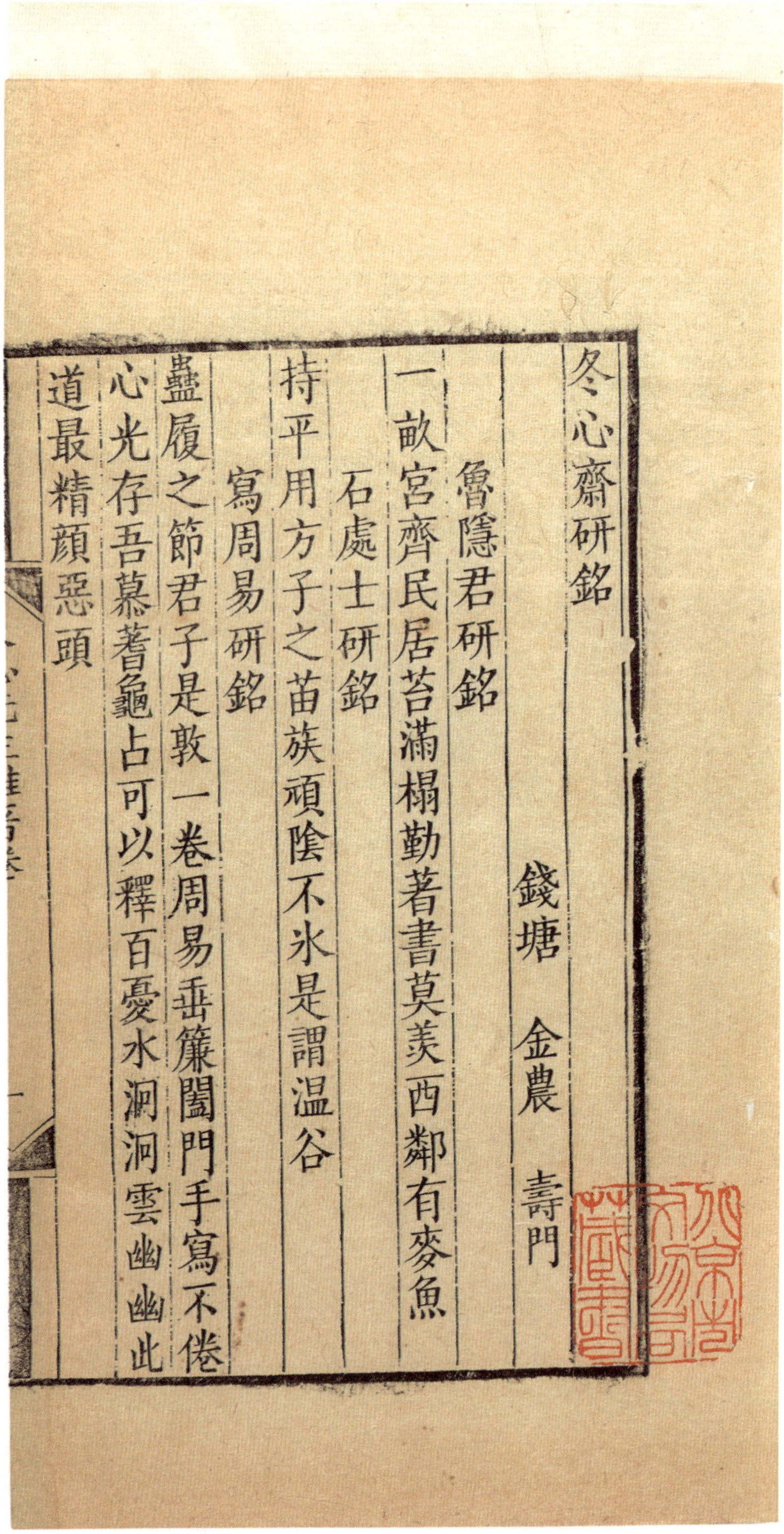
冬心齋研銘
錢塘　金農　壽門
魯隱君研銘
一畝宮齊民居苫滿榻勤著書莫羡西鄰有麥魚
石處士研銘
持平用方子之苗族頑陰不氷是謂温谷
寫周易研銘
蠱履之節君子是敦一卷周易垂簾闔門手寫不倦
心光存吾慕著龜占可以釋百憂水洞洞雲幽幽此
道最精顔惡頭

冬心先生雜著不分卷　（清）金農著　清陳氏種榆仙館刻本

框高 20.2 厘米，廣 12.9 厘米。半葉十行，行二十字，黑口，左右雙邊。1 册。

二級 33-1li4875

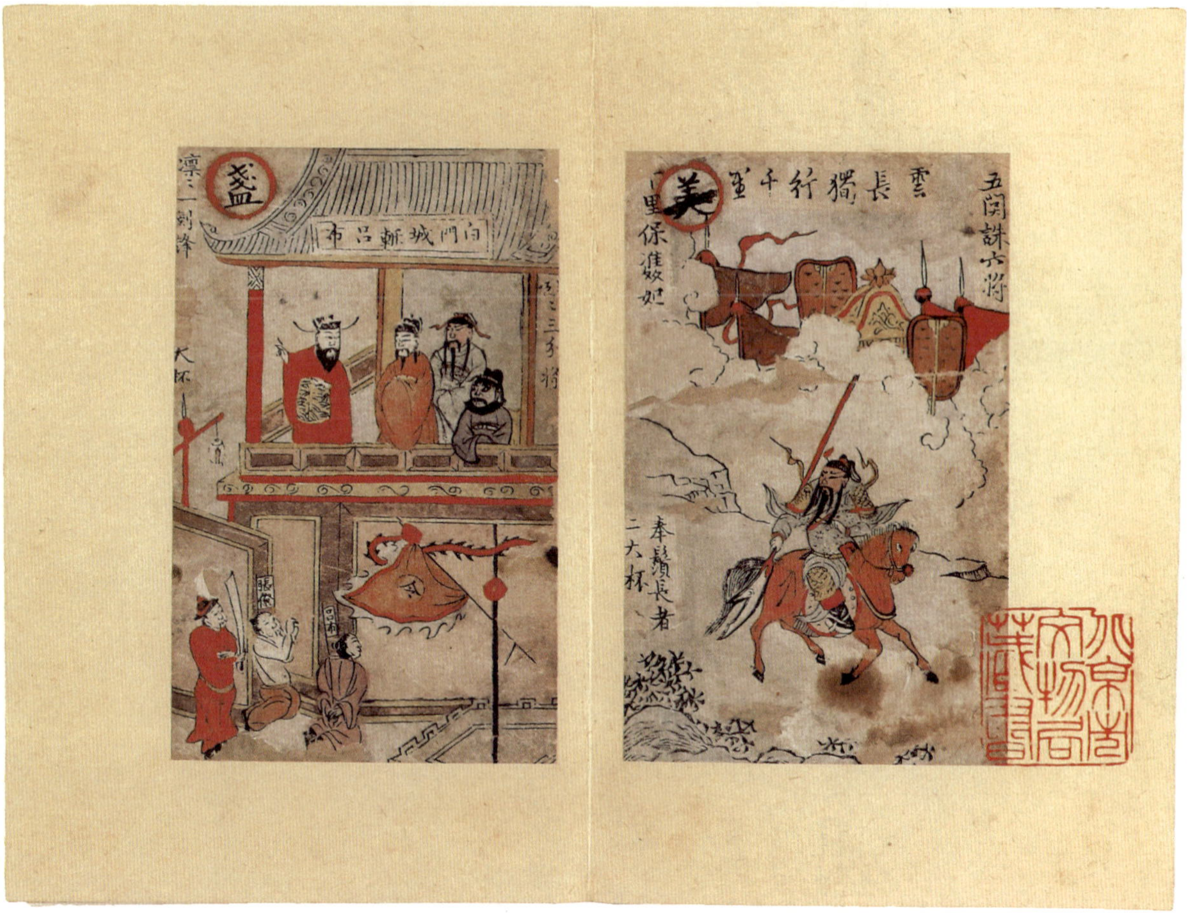

酒令 清初刻本

開本高 12.3 厘米，廣 7.8 厘米。1 册。經折裝。

二級 148k369

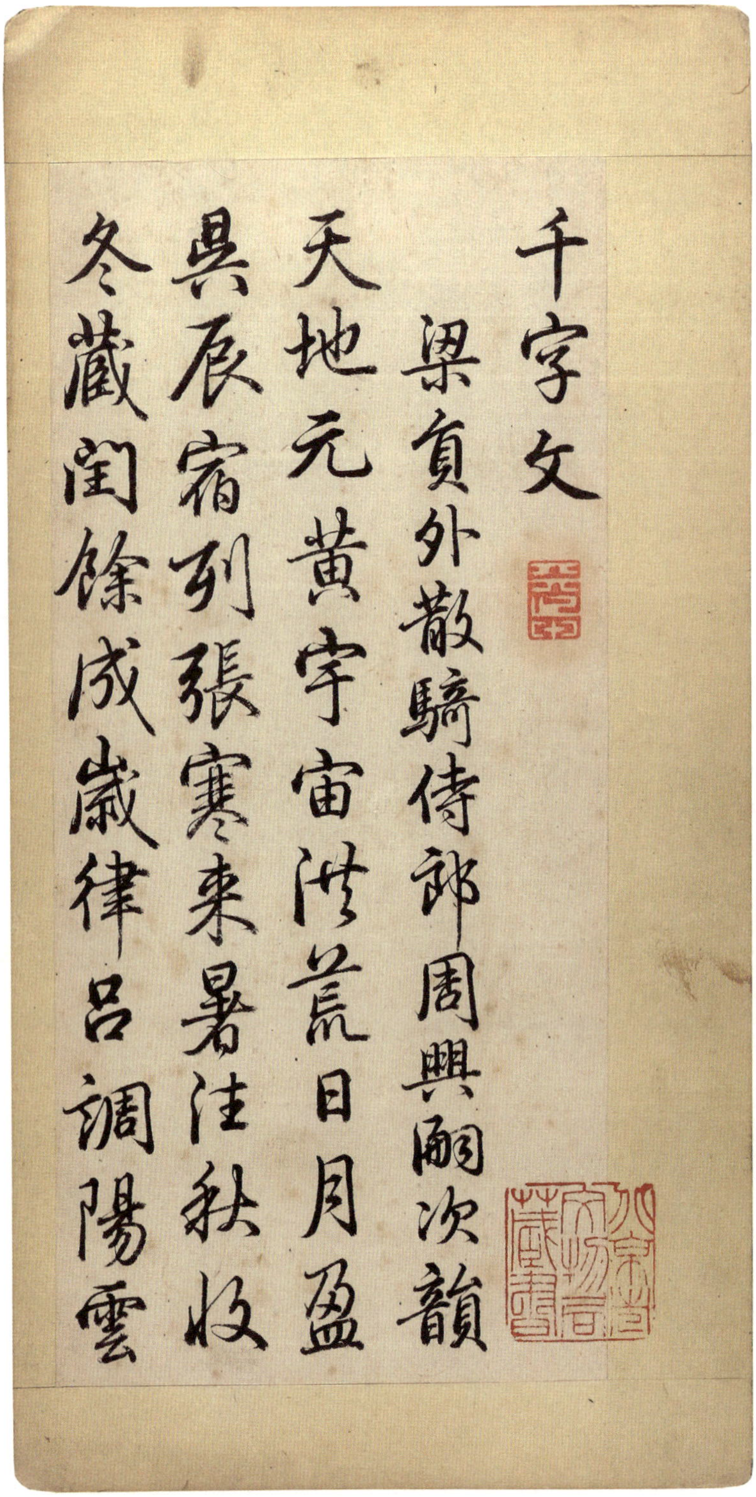

千字文 （清）汪由敦抄 清乾隆汪由敦寫本

開本高29.3厘米，廣15.2厘米。半葉五行，行、字數不等，無格。1册。鈐“由敦”白文印。經折裝。

二級 369zi249

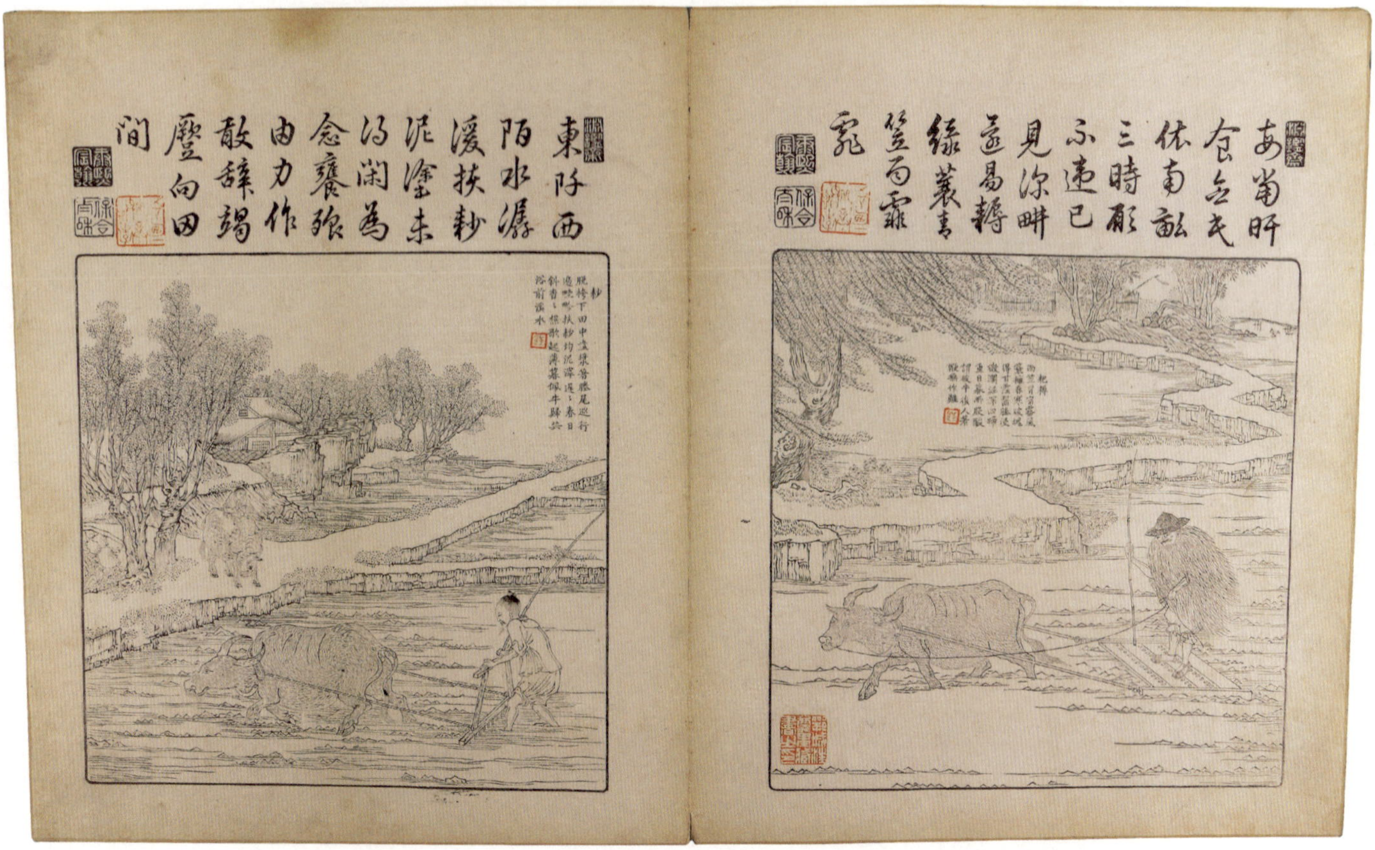

御製耕織圖 清康熙佩文齋刻本

册頁高 37 厘米，廣 30 厘米。上刊字，下爲圖，字半葉十行，行三字。1 册。鈐“鄂城汪奠基藏書之印”白文印等。册頁裝。

二級 370zi392

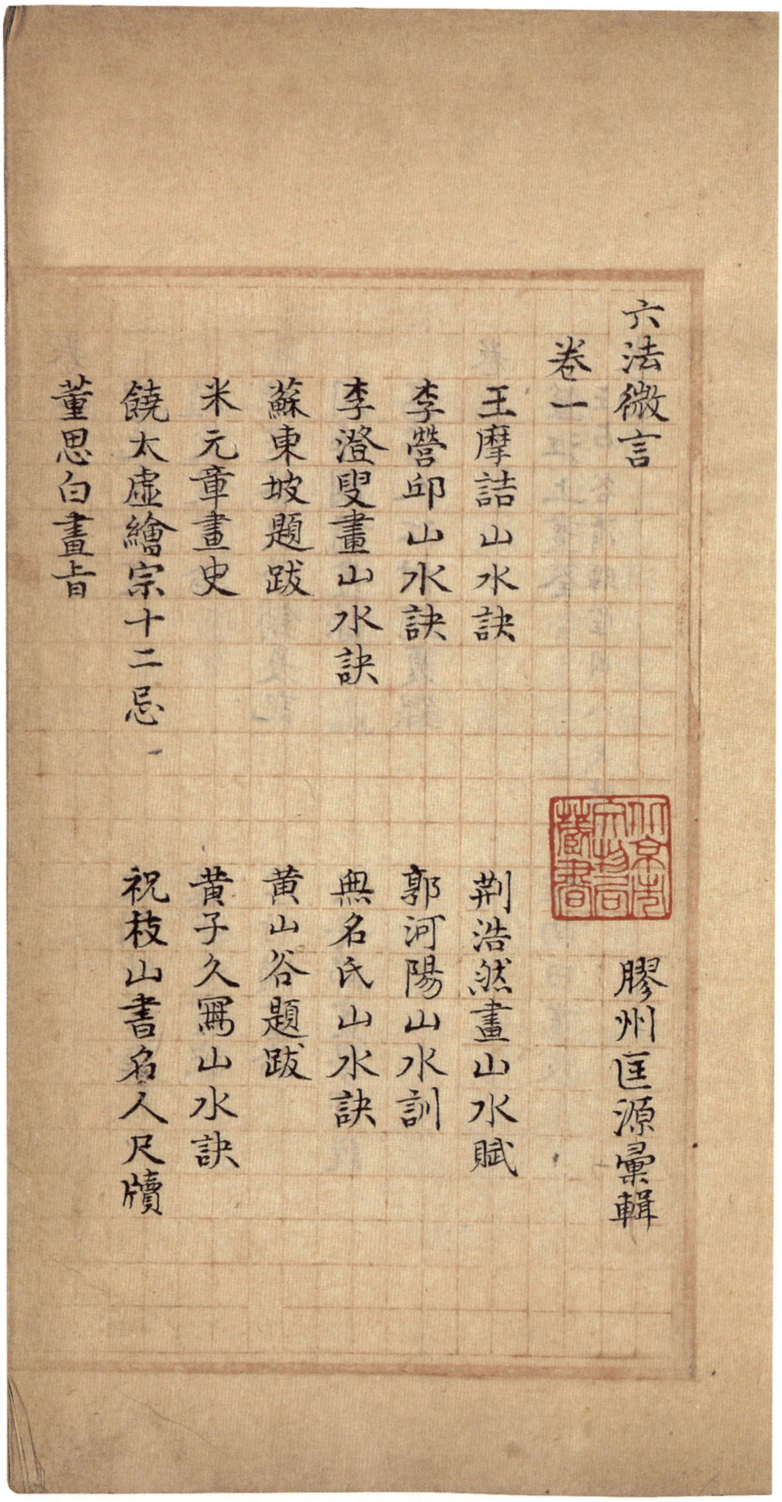
六法微言　　膠州匡源彙輯
卷一
王摩詰山水訣　荆浩然畫山水賦
李營邱山水訣　郭河陽山水訓
李澄叟畫山水訣　無名氏山水訣
蘇東坡題跋　黄山谷題跋
米元章畫史　黄子久寫山水訣
饒太虛繪宗十二忌　祝枝山書名人尺牘
董思白畫旨

六法微言六卷　（清）框源彙輯　清紅格抄本

框高 19.1 厘米，廣 13.2 厘米。半葉九行，行二十四字，小字雙行同，白口，四周雙邊。6 册。鈐“康笑私印”白文印。

三級 60k317

臨陳章侯水滸葉子 清道光繪本

開本高 30.7 厘米，廣 18.6 厘米。4 册。册頁裝。

三級 71k370

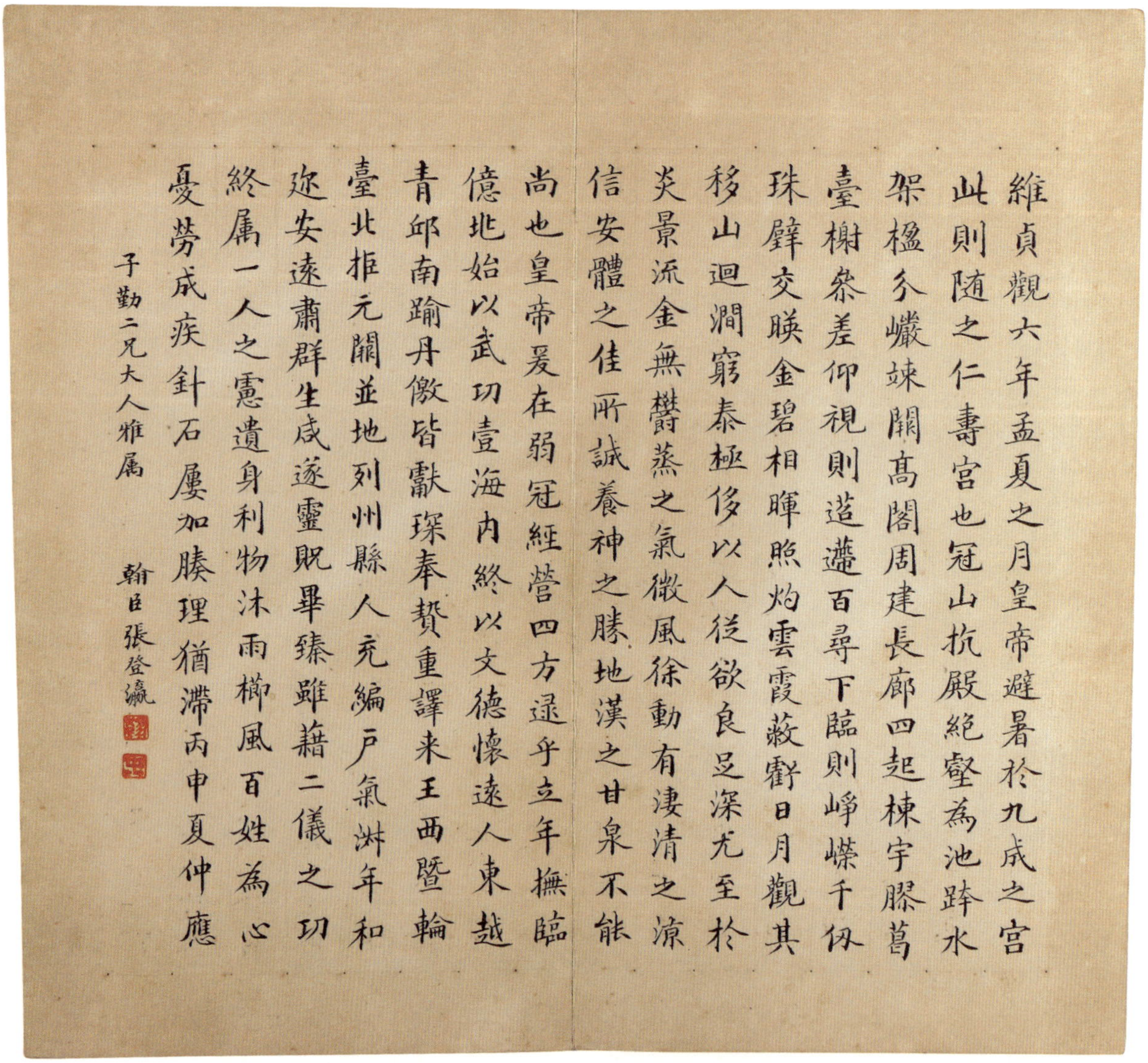
維貞觀六年孟夏之月皇帝避暑於九成之宮
此則隨之仁壽宮也冠山抗殿絕壑爲池跨水
架楹分巖竦闕高閣周建長廊四起棟宇膠葛
臺榭參差仰視則迢遞百尋下臨則崢嶸千仞
珠璧交映金碧相暉照灼雲霞蔽虧日月觀其
移山迴澗窮泰極侈以人從欲良足深尤至於
炎景流金無鬱蒸之氣微風徐動有淒清之涼
信安體之佳所誠養神之勝地漢之甘泉不能
尚也皇帝爰在弱冠經營四方逮乎立年撫臨
億兆始以武功壹海內終以文德懷遠人東越
青邱南踰丹徼皆獻琛奉贄重譯来王西暨輪
臺北拒元闕並地列州縣人充編戶氣淑年和
迩安遠肅群生咸遂靈貺畢臻雖藉二儀之功
終屬一人之慮遺身利物沐雨櫛風百姓爲心
憂勞成疾針石屢加腠理猶滯丙申夏仲應
子勤二兄大人雅屬
翰臣張登瀛

張登瀛等墨跡　（清）張登瀛等抄　清乾隆抄本

開本高 31.6 厘米，廣 13.7 厘米。半葉八行，行十八字，無格。6 葉。經折裝。

三級 229zi422

十竹齋畫譜八卷　（明）胡正言輯選　清刻彩色套印本

開本高 20.2 厘米，廣 29.8 厘米。半葉十二行，行十四字，白口，四周單邊。6 册。

三級 230zi427

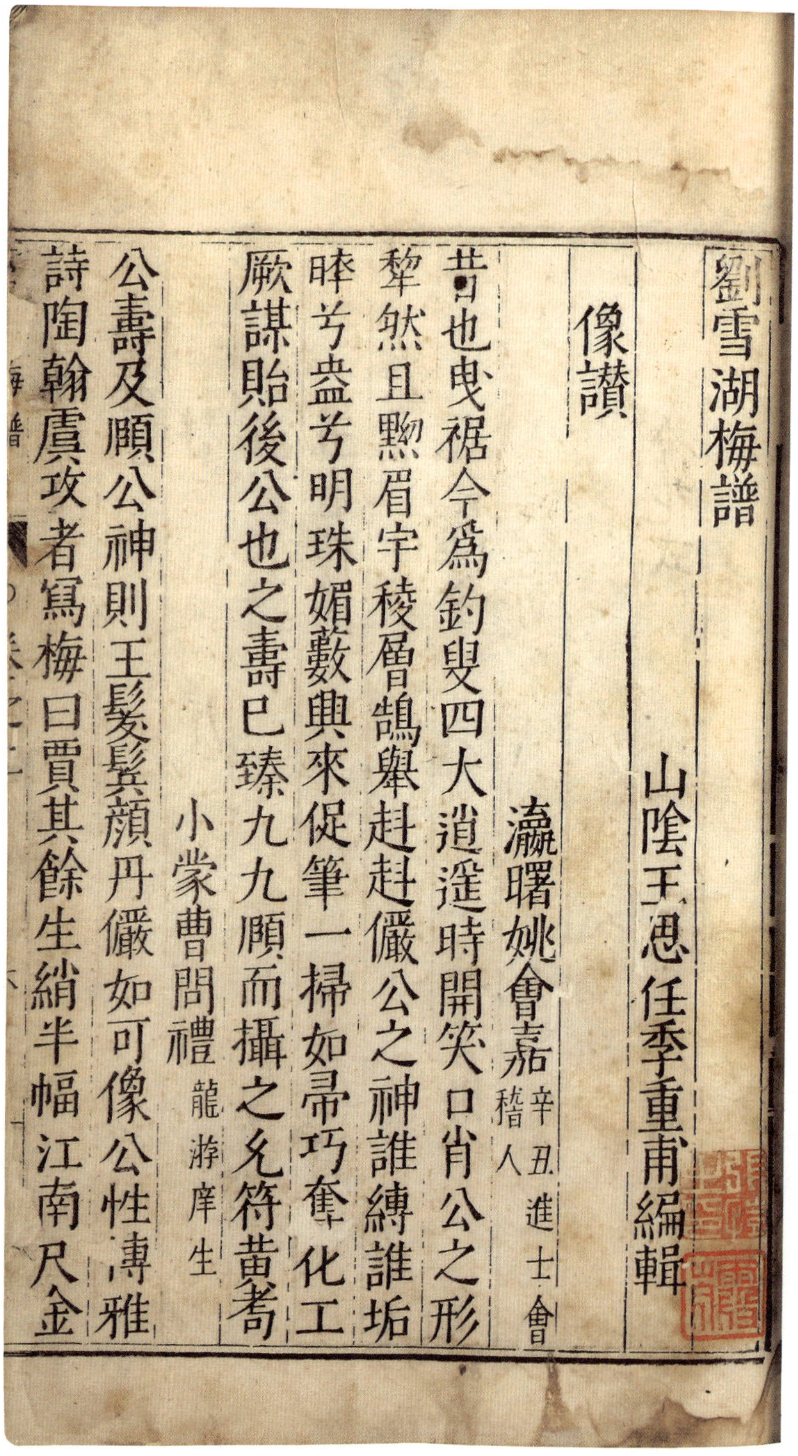

劉雪湖梅譜二卷 （明）王思任編輯 明萬曆二十三年（1595）刻清康熙二十年（1681）補本

框高 23.4 厘米，廣 16.2 厘米。半葉十一行，行二十字，小字雙行同，白口，四周雙邊。2 册。鈐“張愷之印”白文印、“霞山月”朱文印。

三級 90shan63

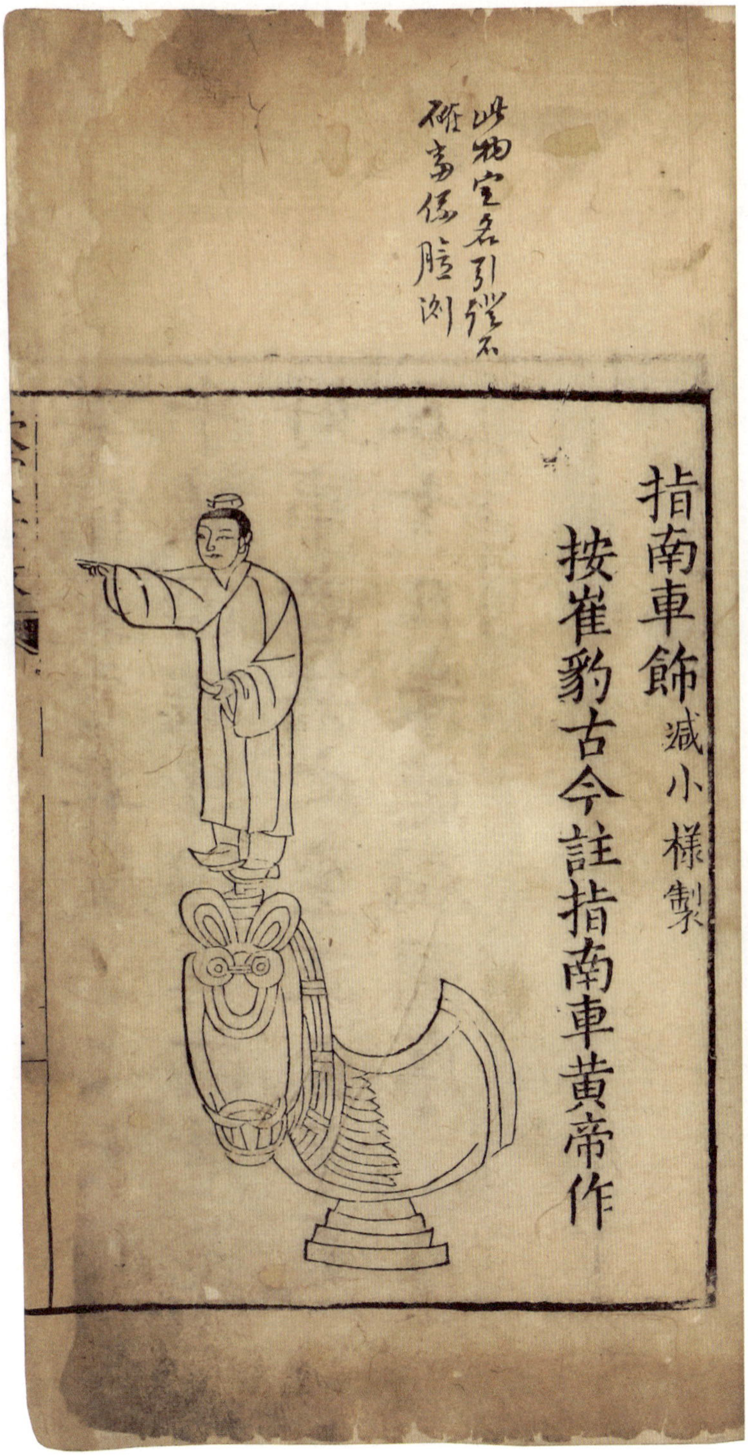

集古玫圖一卷 （元）朱德潤撰 **漢晉印章圖譜一卷** （宋）王厚之撰 明萬曆茅氏刻欣賞編十種本

框高17.2厘米，廣12.9厘米。半葉行、字數不等，白口，四周單邊。1册。卷末有李大千跋。

三級 138shan477

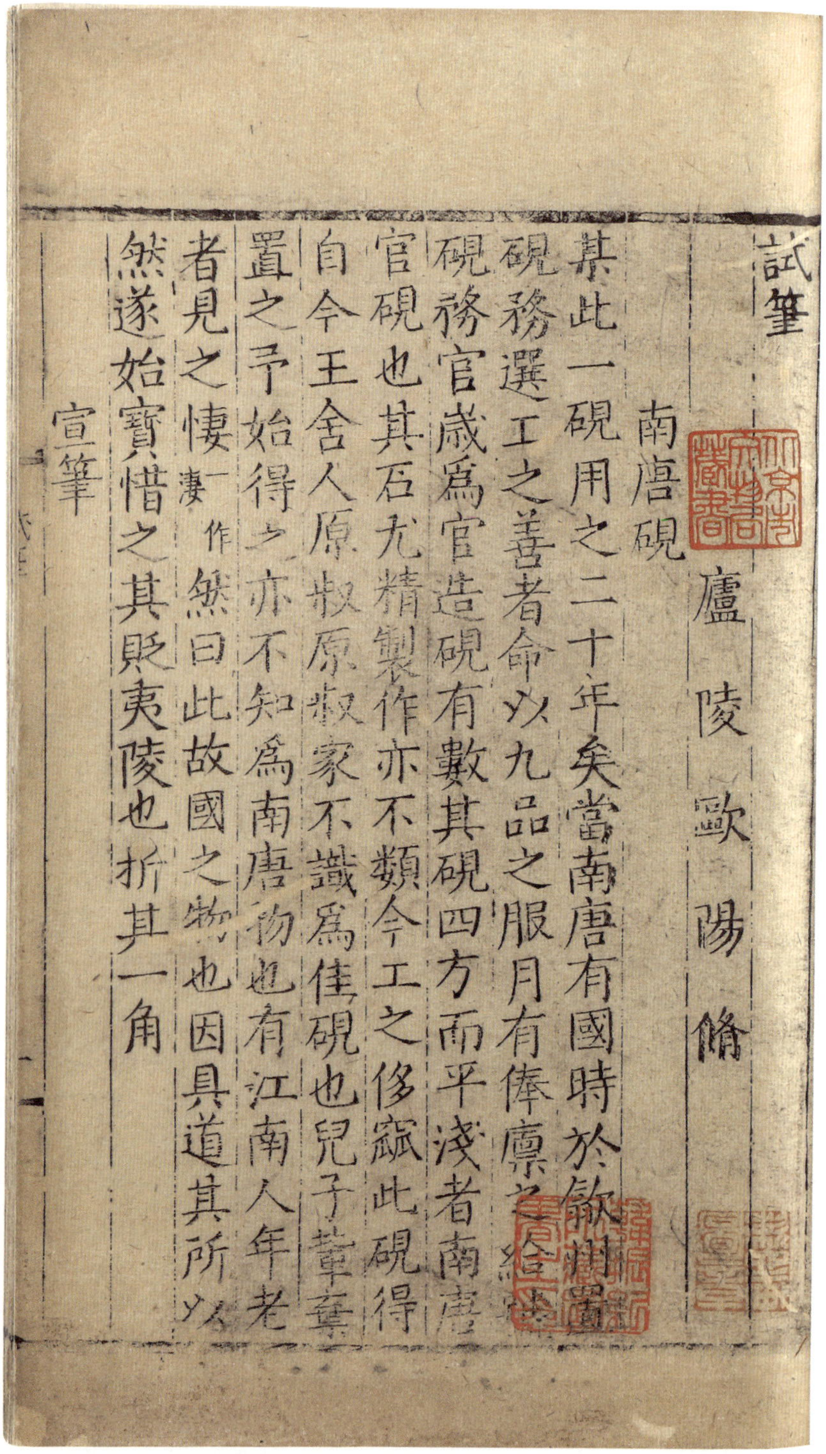

歐陽文忠公試筆一卷　（宋）歐陽修撰　**書斷列傳四卷**　（唐）張懷瓘撰　**實政録七卷**　（明）吕坤撰　明嘉靖刻本

框高21厘米，廣14.2厘米。半葉十二行，行二十字，白口，左右雙邊。5册。鈐“石鏡”白文印、“情癡”朱文印、“漱心軒圖章”白文印等。

三級 202pu10-12-3-3

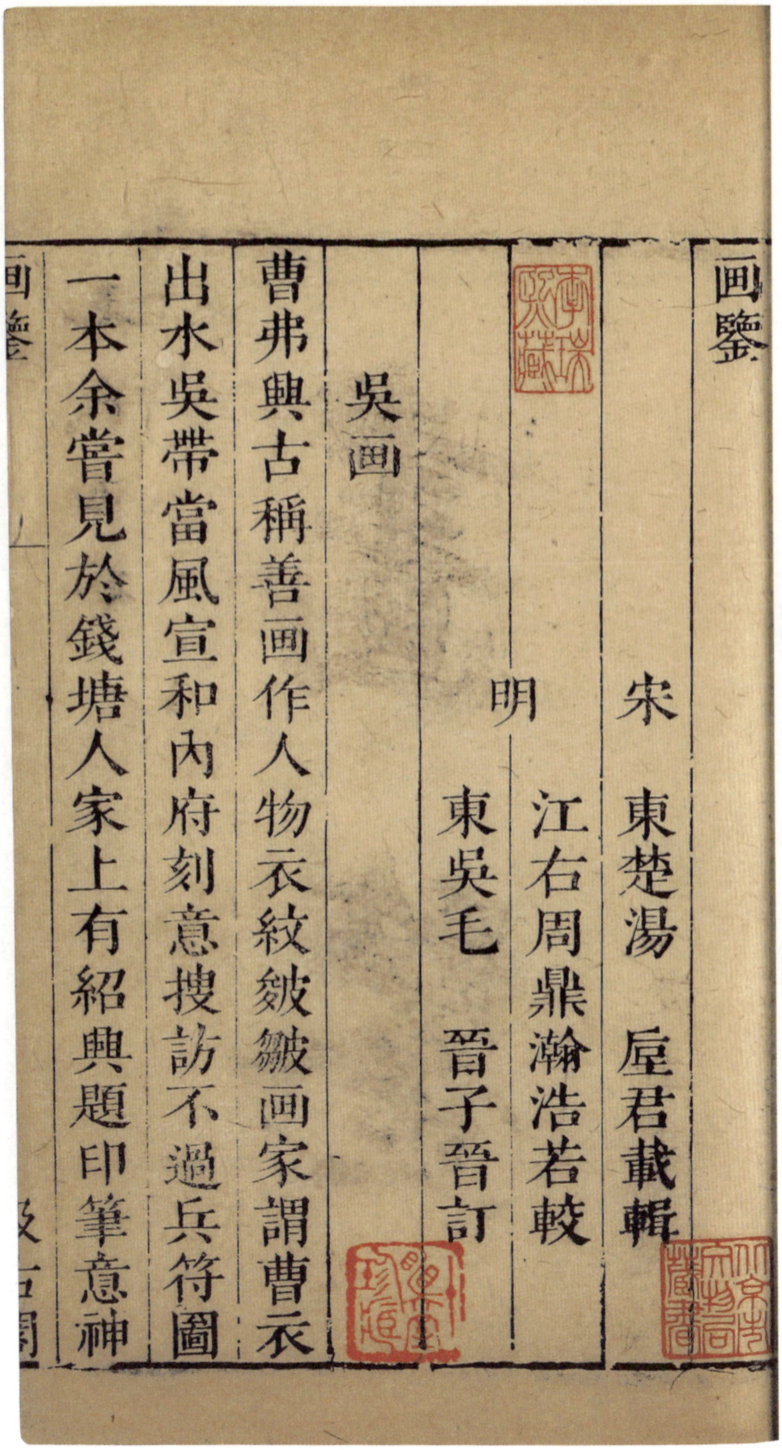
画鑒
宋　東楚湯　垕君載輯
明　江右周鼎瀚浩若較
東吳毛　晉子晉訂

吳画
曹弗興古稱善画作人物衣紋皺皺画家謂曹衣
出水吳帶當風宣和內府刻意搜訪不過兵符圖
一本余嘗見於錢塘人家上有紹興題印筆意神
画鑒　汲古閣

畫鑒　（元）汤垕輯　（明）毛晋訂　明末毛氏汲古閣刻本

框高19.7厘米，廣13.9厘米。半葉八行，行十九字，白口，左右雙邊。1册。鈐“李瑞熙藏”朱文印、“㬪室珍藏”朱文印等。

三級 212shan388

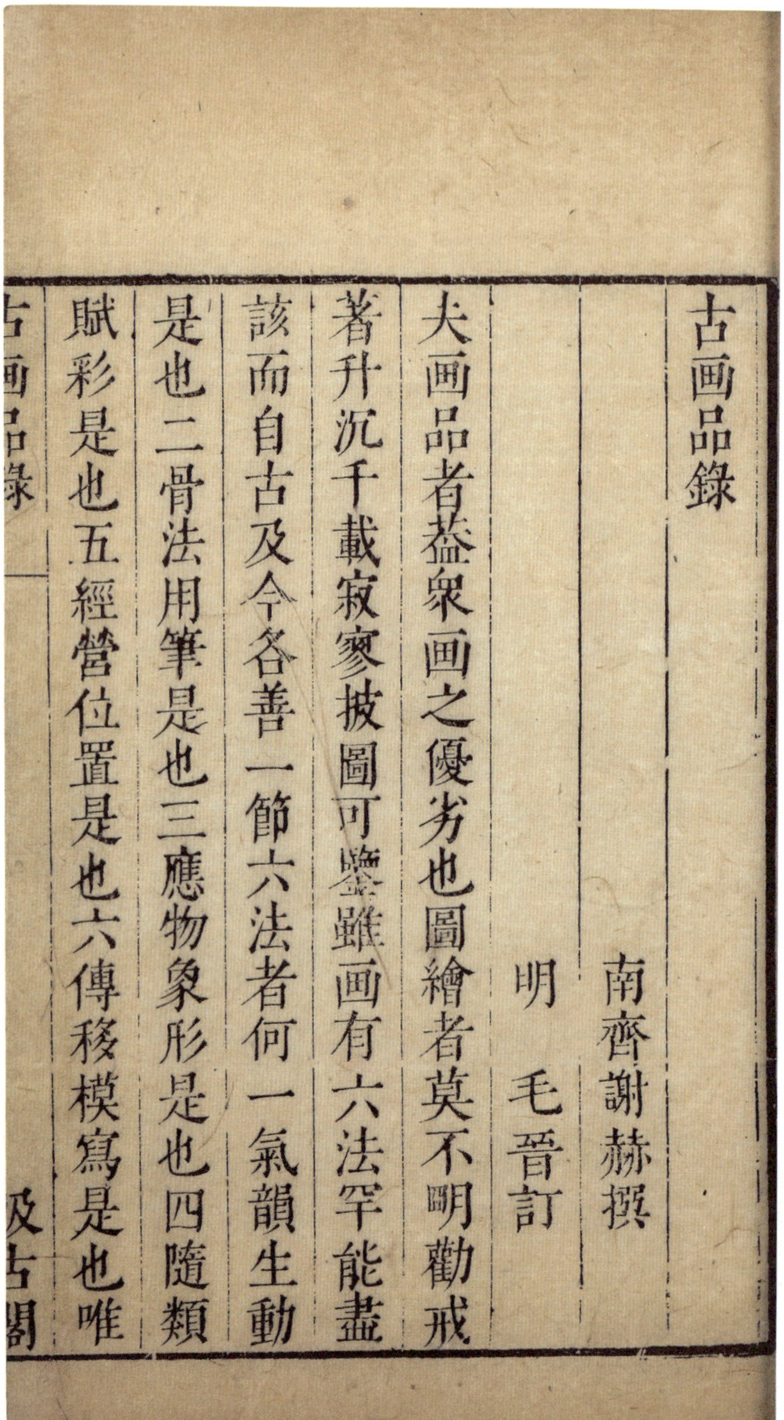

古画品録

南齊謝赫撰

明 毛晉訂

夫画品者蓋衆画之優劣也圖繪者莫不明勸戒著升沉千載寂寥披圖可鑒雖画有六法罕能盡該而自古及今各善一節六法者何一氣韻生動是也二骨法用筆是也三應物象形是也四隨類賦彩是也五經營位置是也六傳移模寫是也唯

古画品録　汲古閣

古畫品録一卷　（南朝齊）謝赫撰　**續畫品録一卷**　（唐）李嗣真撰　**續畫品一卷**　（南朝陳）姚最撰　**後畫録一卷**　（唐）釋彦悰撰　（明）毛晉輯　明崇禎毛氏汲古閣刻津逮秘書本

框高 18.8 厘米，廣 13.6 厘米。半葉八行，行十九字，白口，左右雙邊。1 册。

shan11

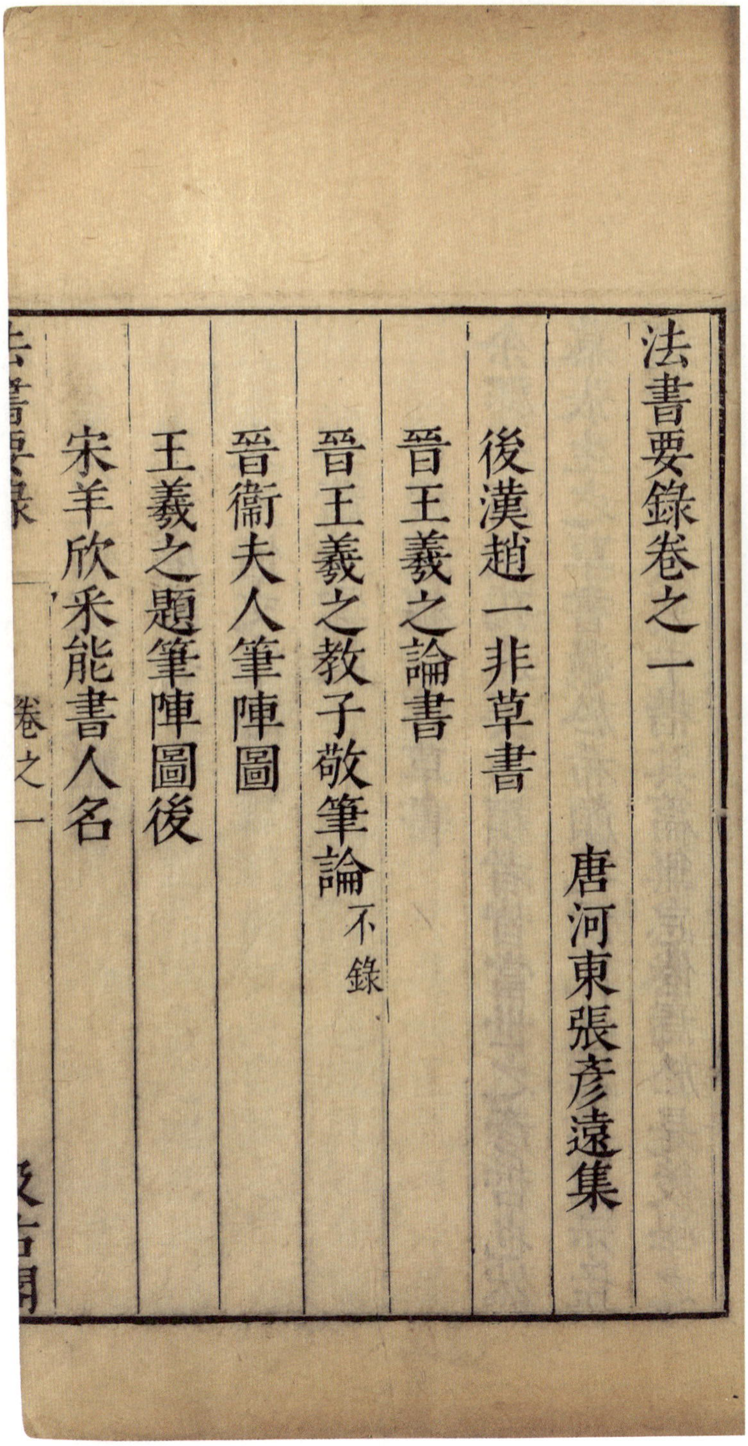

法書要錄十卷 （唐）張彥遠輯 （明）毛晉校 明崇禎毛氏汲古閣刻津逮秘書本
框高 19 厘米，廣 13.6 厘米。半葉八行，行十九字，白口，左右雙邊。2 册。

shan17

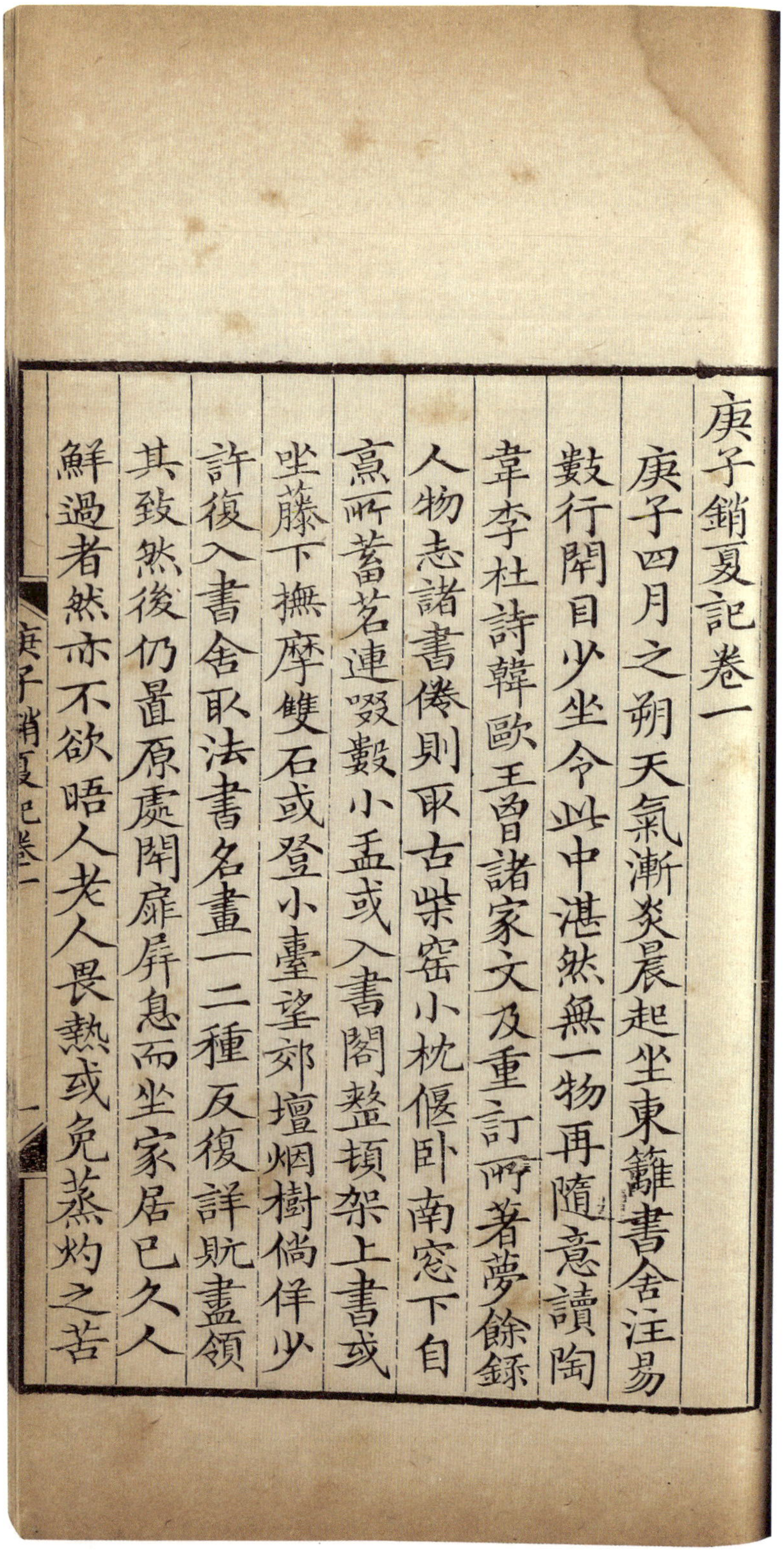

庚子銷夏記卷一

庚子四月之朔天氣漸炎晨起坐東籬書舍注易數行閉目少坐令此中湛然無一物再隨意讀陶韋李杜詩韓歐王曾諸家文及重訂所著夢餘錄人物志諸書倦則取古柴窑小枕偃卧南窗下自烹所蓄茗連啜數小盃或入書閣整頓架上書或坐藤下撫摩雙石或登小臺望郊壇烟樹倘佯少許復入書舍取法書名畫一二種反復詳翫盡領其致然後仍置原處閉扉屏息而坐家居已久人鮮過者然亦不欲晤人老人畏熱或免蒸灼之苦

庚子銷夏記卷一　一

庚子銷夏記八卷　（清）孫承澤撰　清乾隆二十六年（1761）鮑廷博刻本

框高 18 厘米，廣 13.3 厘米。半葉十行，行二十字，細黑口，左右雙邊。4 册。

shan126

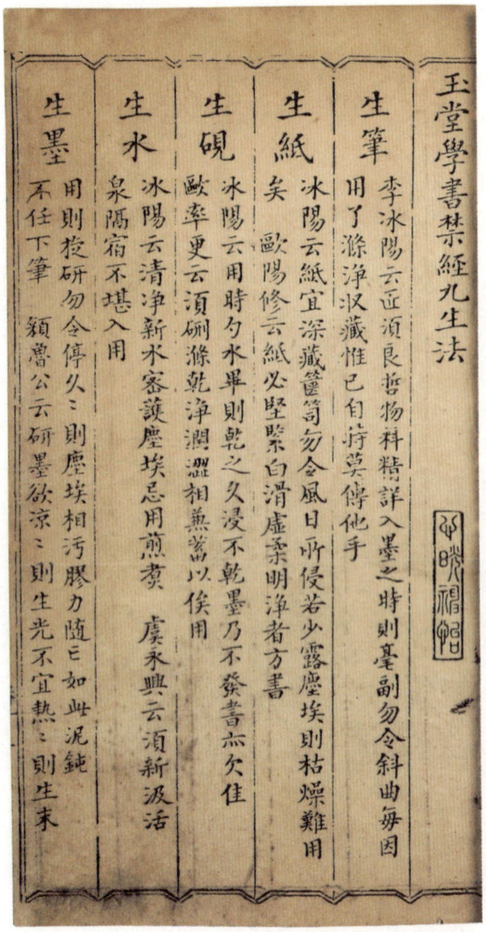
玉堂學書禁經九生法
生筆　李冰陽云筆須良哲物料精詳入墨之時則毫副勿令斜曲毋困用了滌淨收藏惟巳自持莫傳他手
生紙　冰陽云紙宜深藏篋笥勿令風日所侵若少露塵埃則枯燥難用矣　歐陽修云紙必堅緊白滑虛柔明淨者方書
生硯　冰陽云用時勺水畢則乾之久浸不乾墨乃不發書亦欠佳　歐率更云須硎滌乾淨潤澀相兼蓄以俟用
生水　冰陽云清淨新水客護塵埃忌用煎煮　虞永興云須新汲活泉隔宿不堪入用
生墨　用則挍研勿令停久久則塵埃相污膠力隨之如此泥鈍不任下筆　顏魯公云研墨欲凉凉則生光不宜熱熱則生沫

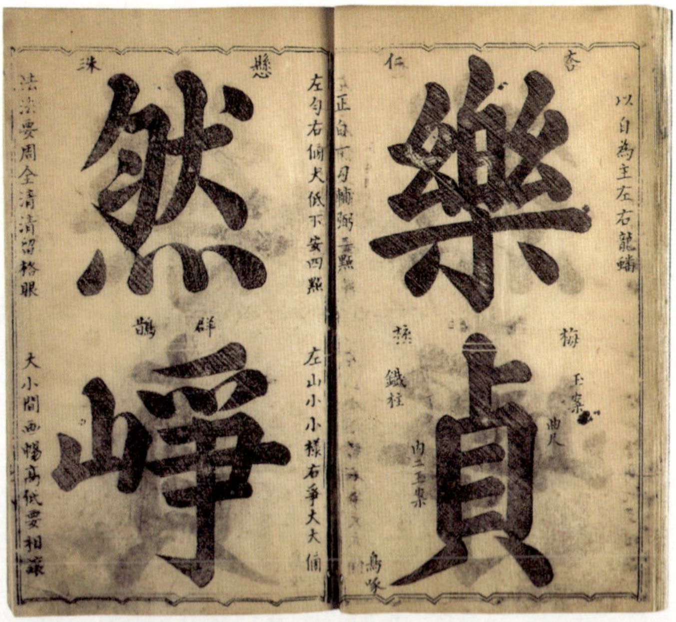

書畫同珍　（清）鄒聖脉輯　清乾隆七年（1742）樓外樓刻本

框高 23.5 厘米，廣 13.8 厘米。半葉行、字數不等，白口，四周雙邊。4 册。

shan272

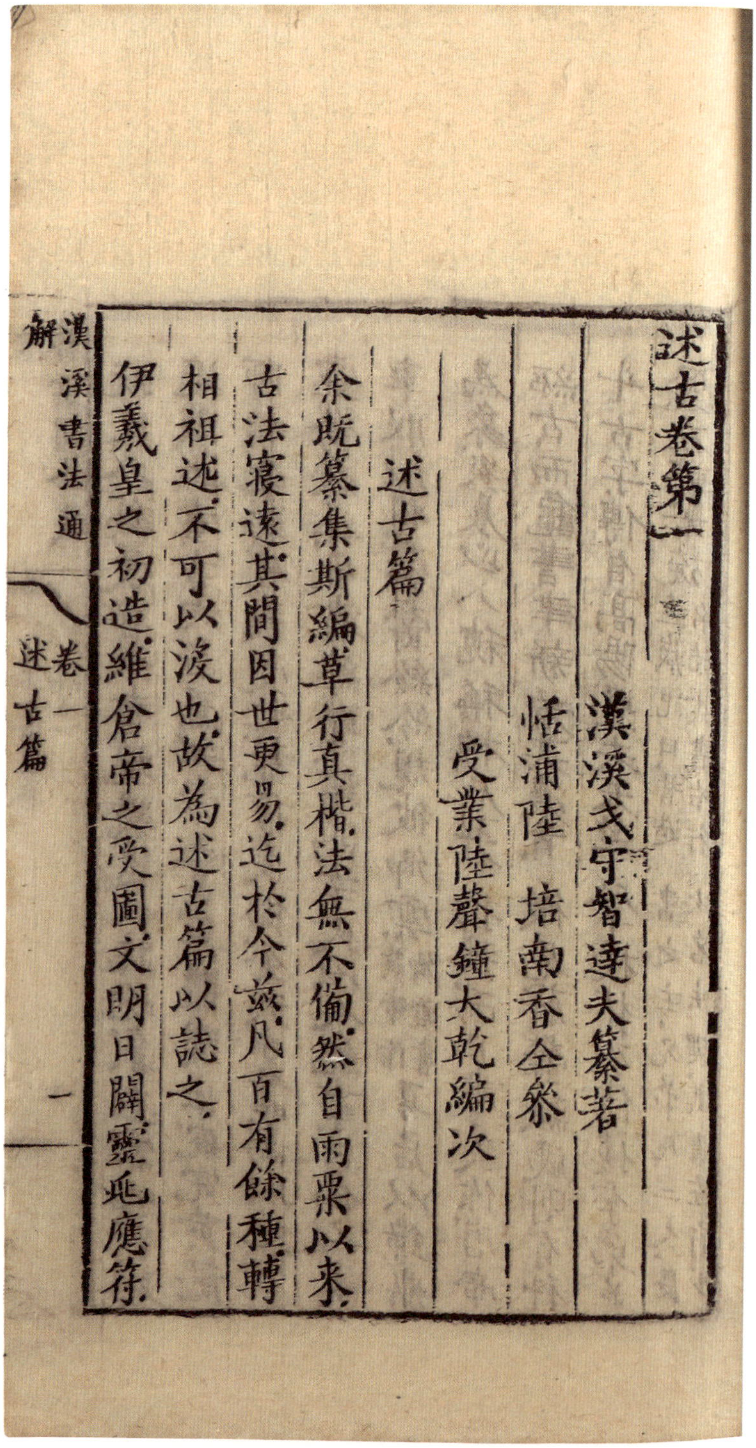

漢溪書法通解八卷 （清）戈守智纂 （清）陸聲鐘編次 清乾隆十五年（1750）霽雲閣刻本

框高 16.8 厘米，廣 12 厘米。半葉九行，行二十一字，小字雙行同，白口，四周單邊。4 册。

shan298

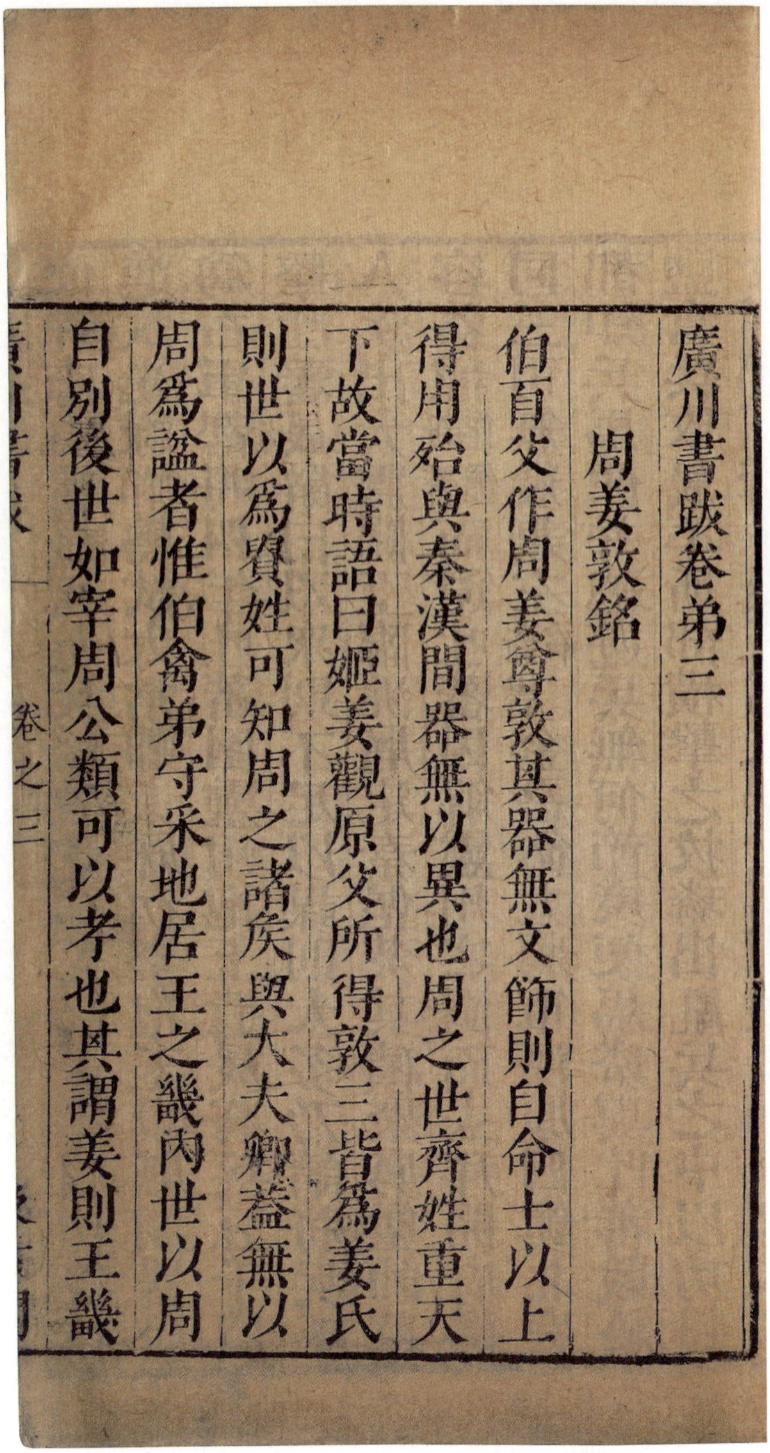
廣川書跋卷弟三
周姜敦銘
伯百父作周姜寶敦其器無文飾則自命士以上得用殆與秦漢間器無以異也周之世齊姓重天下故當時語曰姬姜觀原父所得敦三皆爲姜氏則世以爲賢姓可知周之諸侯與大夫卿蓋無以周爲謚者惟伯禽弟守采地居王之畿內世以周自別後世如宰周公類可以考也其謂姜則王畿
廣川書跋　卷之三

廣川書跋十卷　（宋）董逌撰　（明）毛晉訂　明崇禎毛氏汲古閣刻津逮秘書本

框高 19 厘米，廣 13.4 厘米。半葉八行，行十九字，白口，左右雙邊。1 册。存二卷（三至四）。

shan410

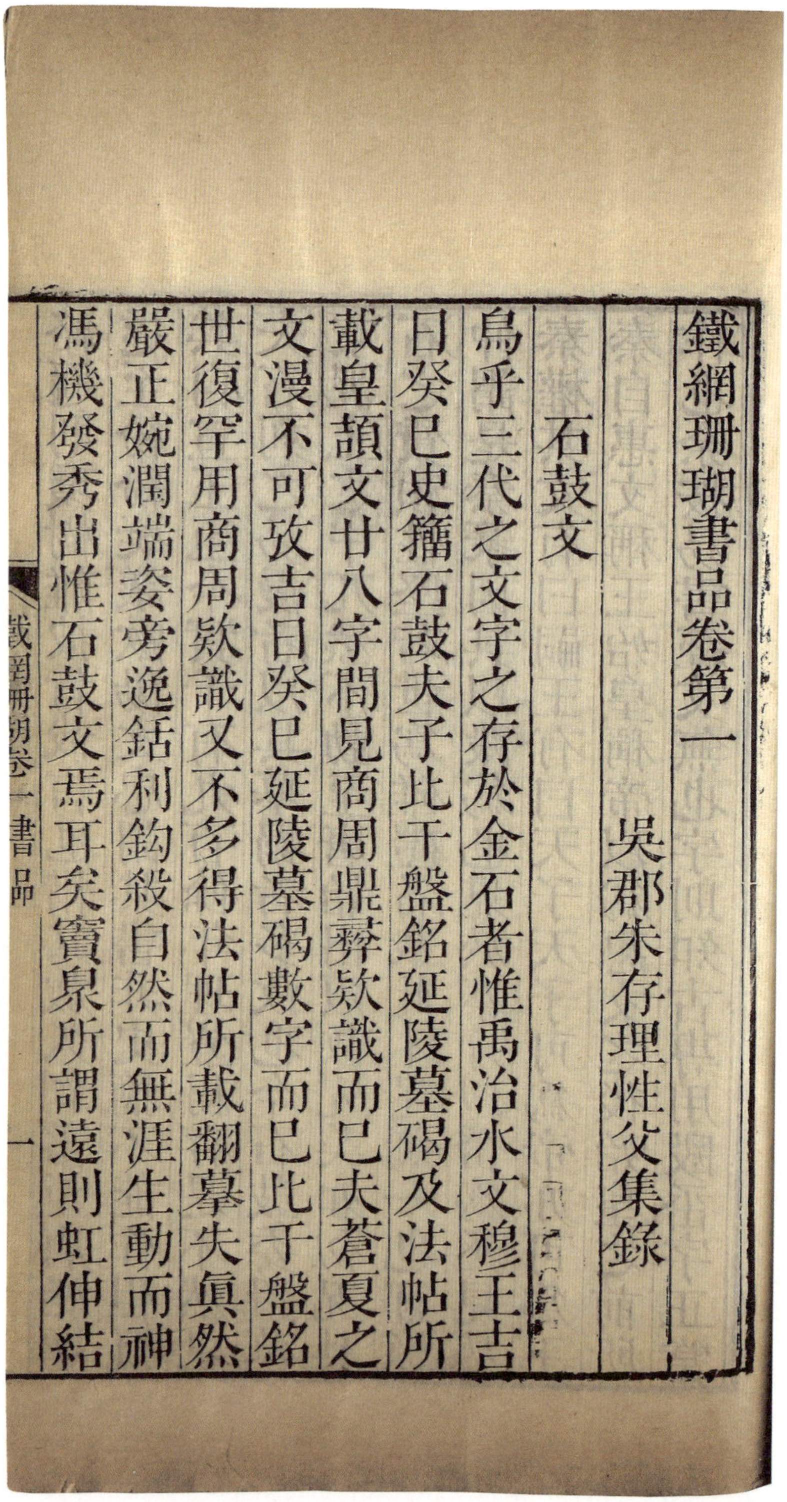
鐵網珊瑚書品卷第一
吳郡朱存理性父集錄
石鼓文
烏乎三代之文字之存於金石者惟禹治水文穆王吉日癸巳史籀石鼓夫子比干盤銘延陵墓碣及法帖所載皇頡文廿八字間見商周鼎彝欵識而已夫蒼夏之文漫不可攷吉日癸巳延陵墓碣數字而已比干盤銘世復罕用商周欵識又不多得法帖所載翻摹失真然嚴正婉潤端姿旁逸銛利鈎殺自然而無涯生動而神馮機發秀出惟石鼓文焉耳矣竇泉所謂遠則虹伸結
鐵網珊瑚卷一 書品 一

鐵網珊瑚書品十卷畫品六卷　（明）朱存理集録　清雍正六年（1728）希堯澄鑒堂刻本
框高 20.6 厘米，廣 14.6 厘米。半葉十行，行二十一字，白口，左右雙邊。16 册。
shan499

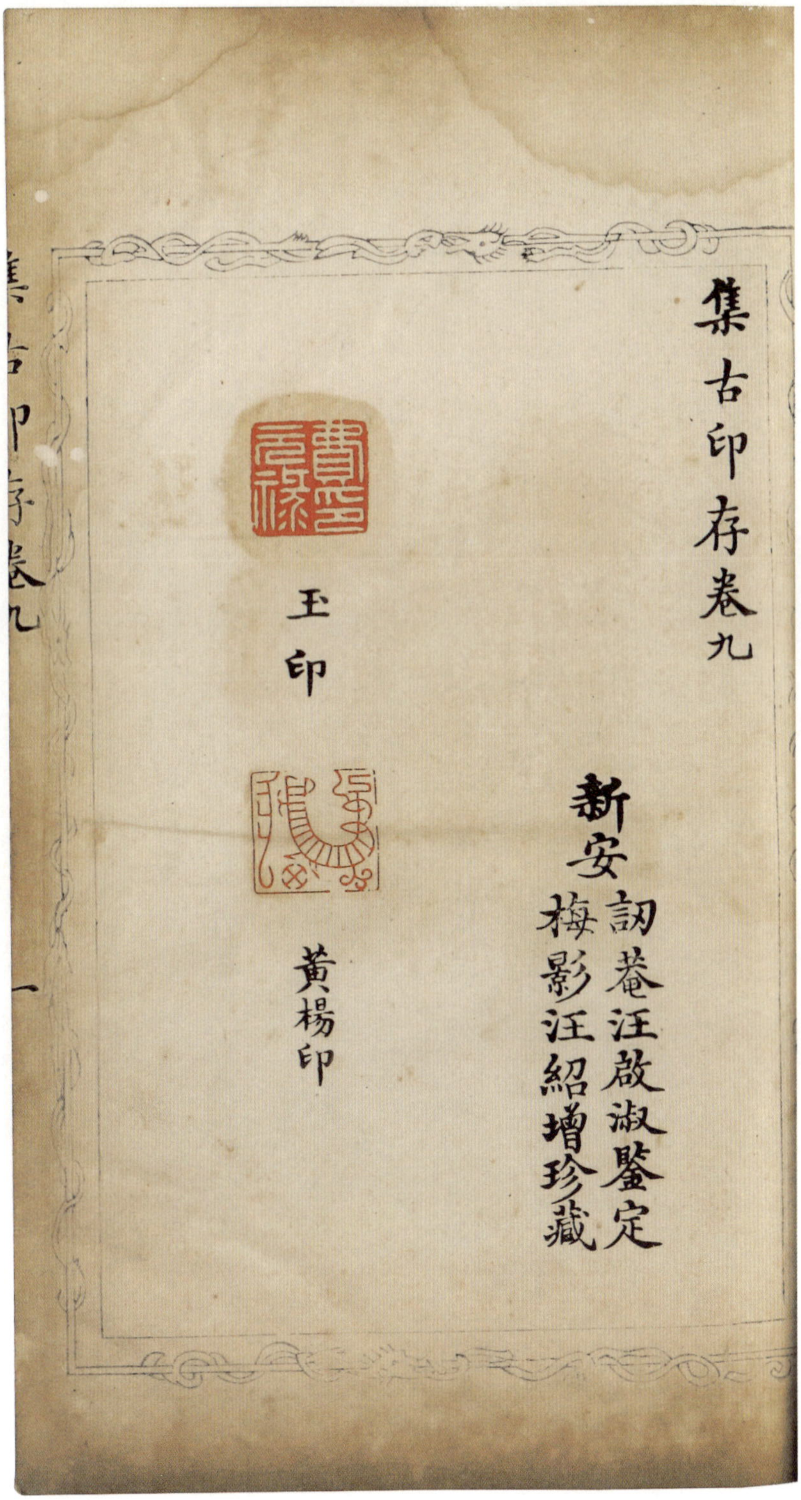

集古印存三十二卷　（清）汪啓淑鑒定　清乾隆十三年（1748）刻本

框高 22.5 厘米，廣 16.2 厘米。半葉行、字數不等，白口，四周雙邊（花邊）。8 册。存八卷（九至十六）。

shan520

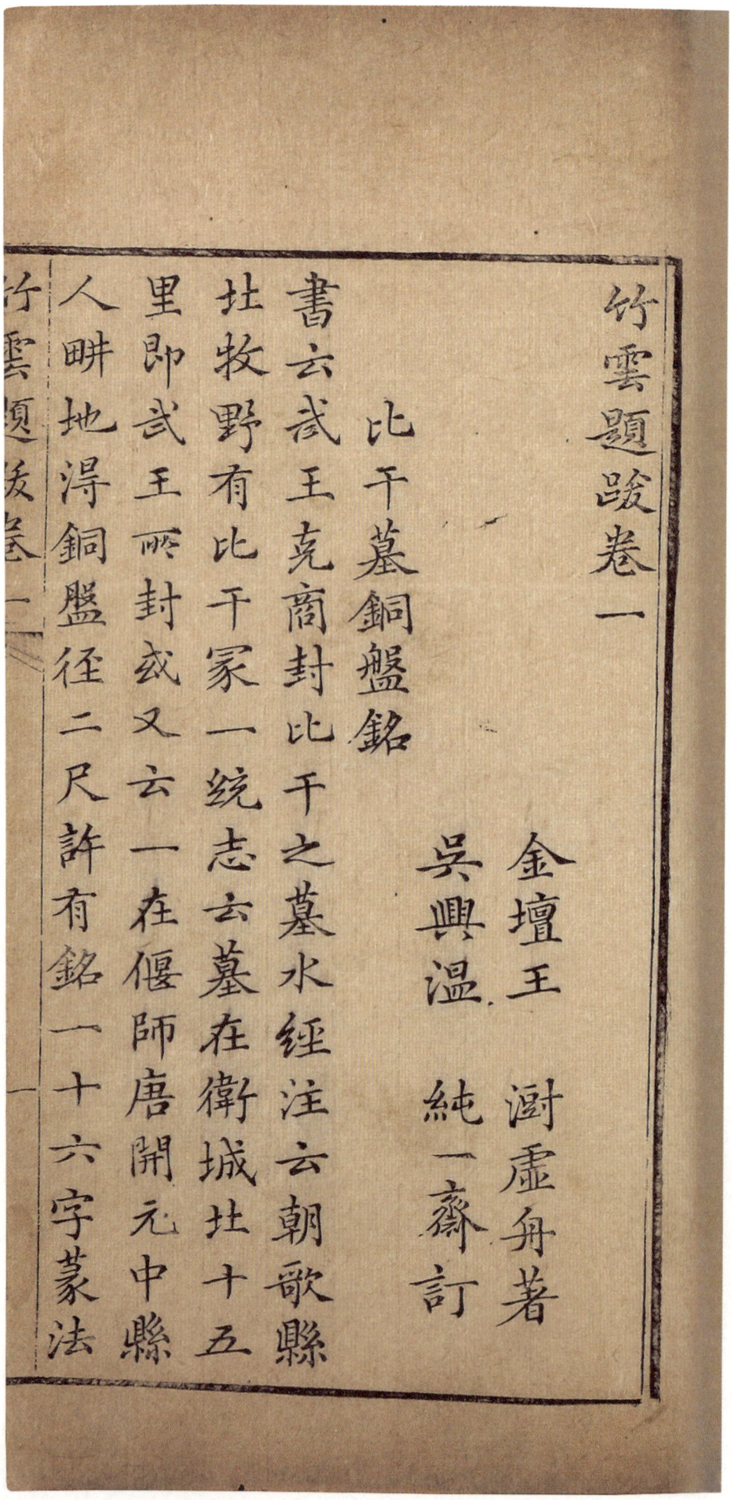

竹雲題跋四卷 （清）王澍著 （清）温純訂 清乾隆三十二年（1767）冰壺閣刻本

框高 18.5 厘米，廣 11 厘米。半葉八行，行十八字，白口，左右雙邊，無格。4 册。鈐“張”朱文印。

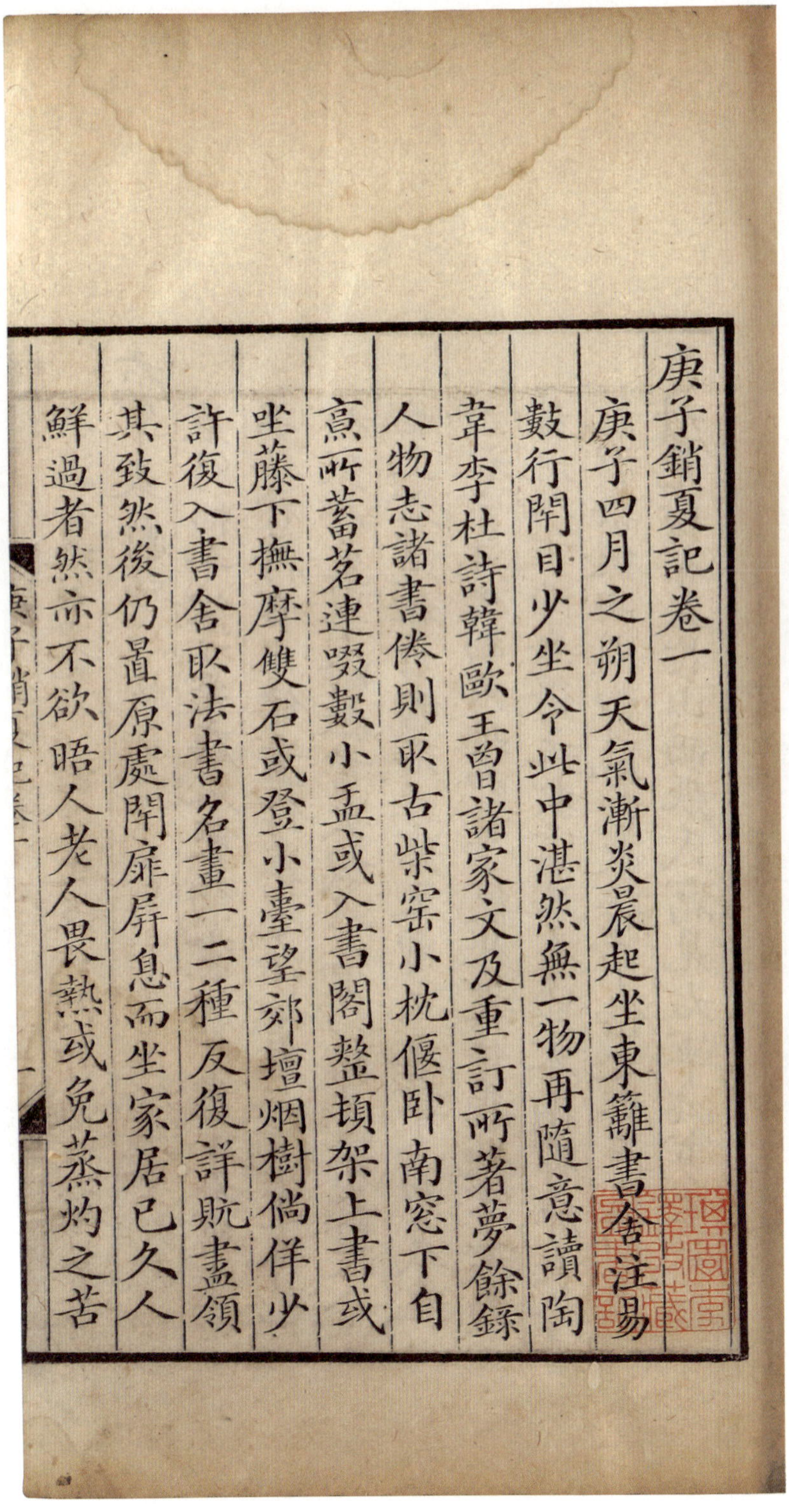

庚子銷夏記八卷 （清）孫承澤撰 清乾隆刻本

框高18.3厘米，廣13.5厘米。半葉十行，行二十字，細黑口，左右雙邊。2册。鈐“琪園李鐸收藏圖書記”朱文印、“瑞雪山館藏書印”朱文印等。

shan560

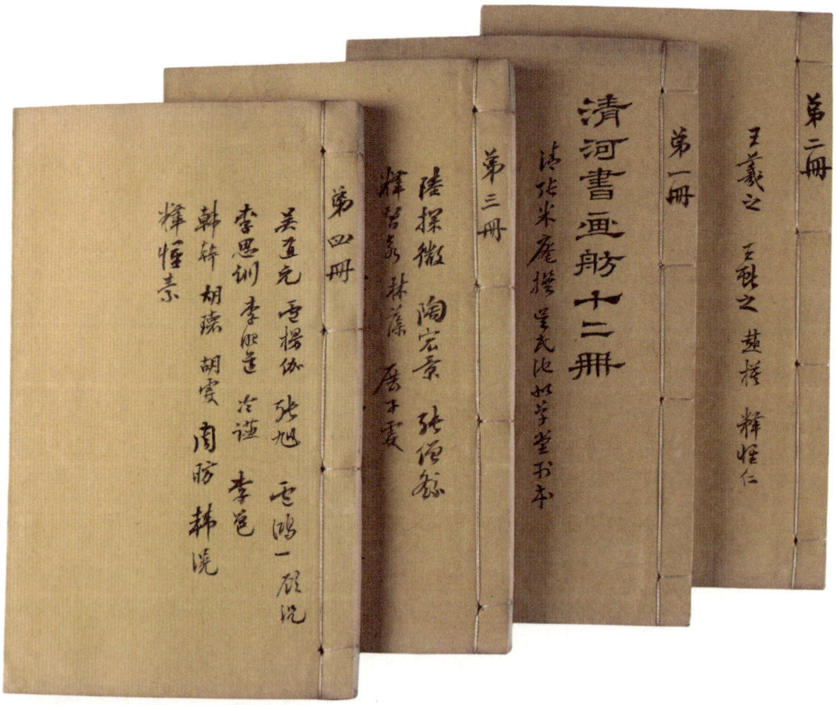

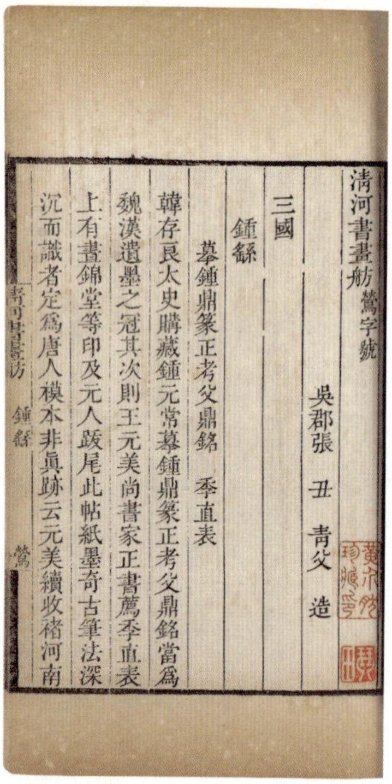
清河書畫舫鶯字號
吳郡張　丑　青父　造
三國
鍾繇
摹鍾鼎篆正考父鼎銘　季直表
韓存良太史購藏鍾元常摹鍾鼎篆正考父鼎銘當爲
魏漢遺墨之冠其次則王元美尚書家正書薦季直表
上有書錦堂等印及元人跋尾此帖紙墨奇古筆法深
沉而識者定爲唐人模本非眞跡云元美續收褚河南
清河書畫舫　鍾繇　鶯

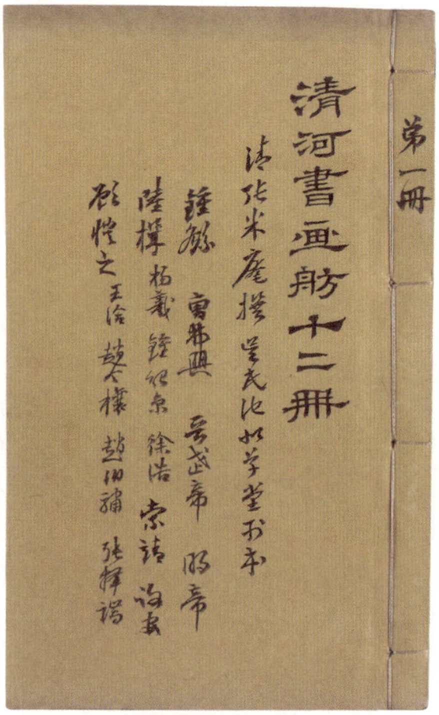

清河書畫舫十二卷　（明）張丑撰　（清）吴長元校　清乾隆二十八年（1763）錢塘吴氏池北草堂刻本

框高 13.6 厘米，廣 10 厘米。半葉九行，行二十二字，小字雙行同，黑口，左右雙邊。12 册。鈐“仁和吴氏池北草堂”朱文印、“黄介然珍藏印”朱文印、“琴田”白文印等。

shan563

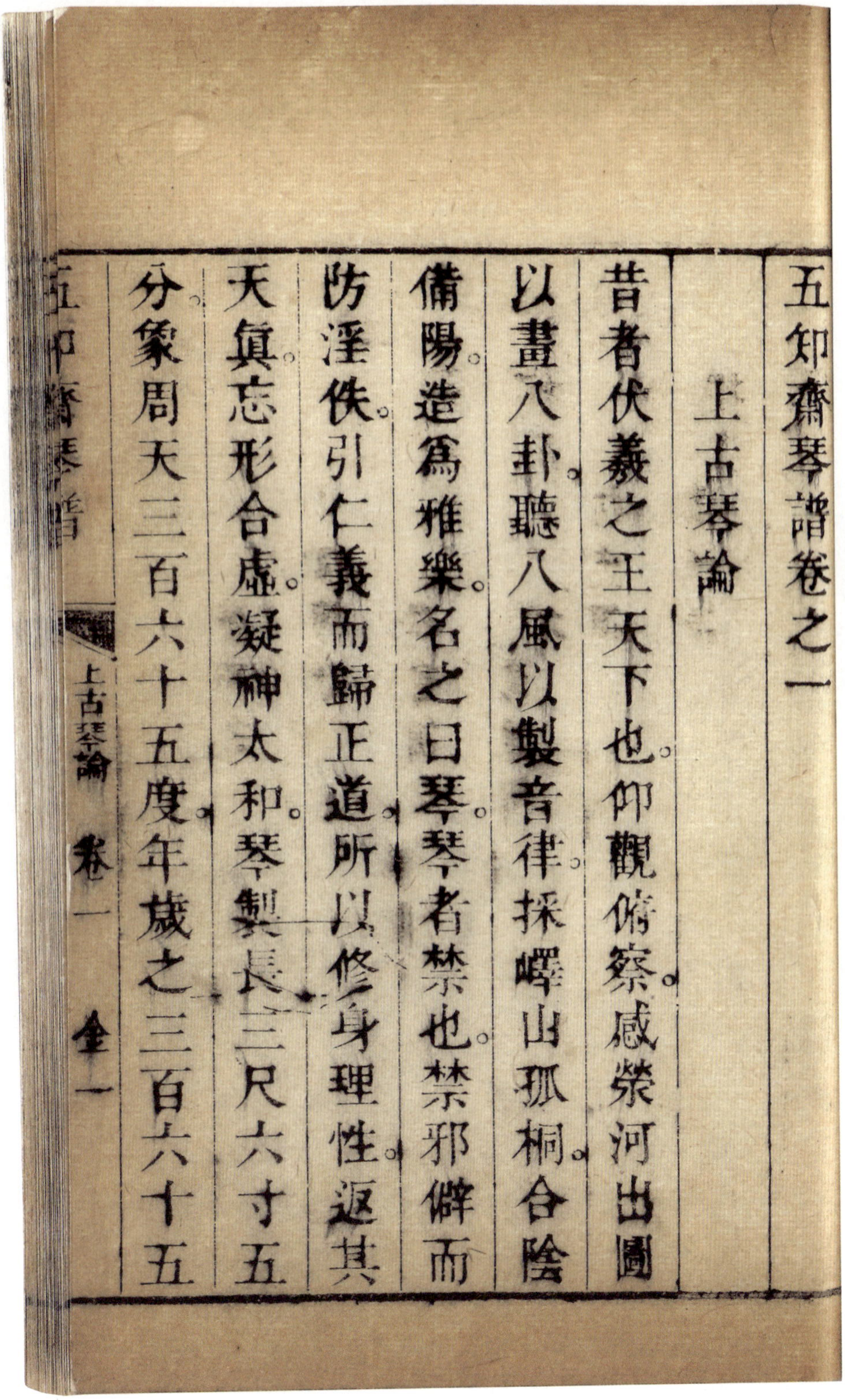

五知齋琴譜卷之一

上古琴論

昔者伏羲之王天下也仰觀俯察感榮河出圖以畫八卦聽八風以製音律採嶧山孤桐合陰備陽造爲雅樂名之曰琴琴者禁也禁邪僻而防淫佚引仁義而歸正道所以修身理性返其天眞忘形合虛凝神太和琴製長三尺六寸五分象周天三百六十五度年歲之三百六十五

五知齋琴譜　上古琴論　卷一　全一

五知齋琴譜八卷　（清）周魯封撰　清乾隆十一年（1746）懷德堂刻本

框高 18.8 厘米，廣 14.5 厘米。半葉八行，行十八字，白口，左右雙邊。6 册。

shan722

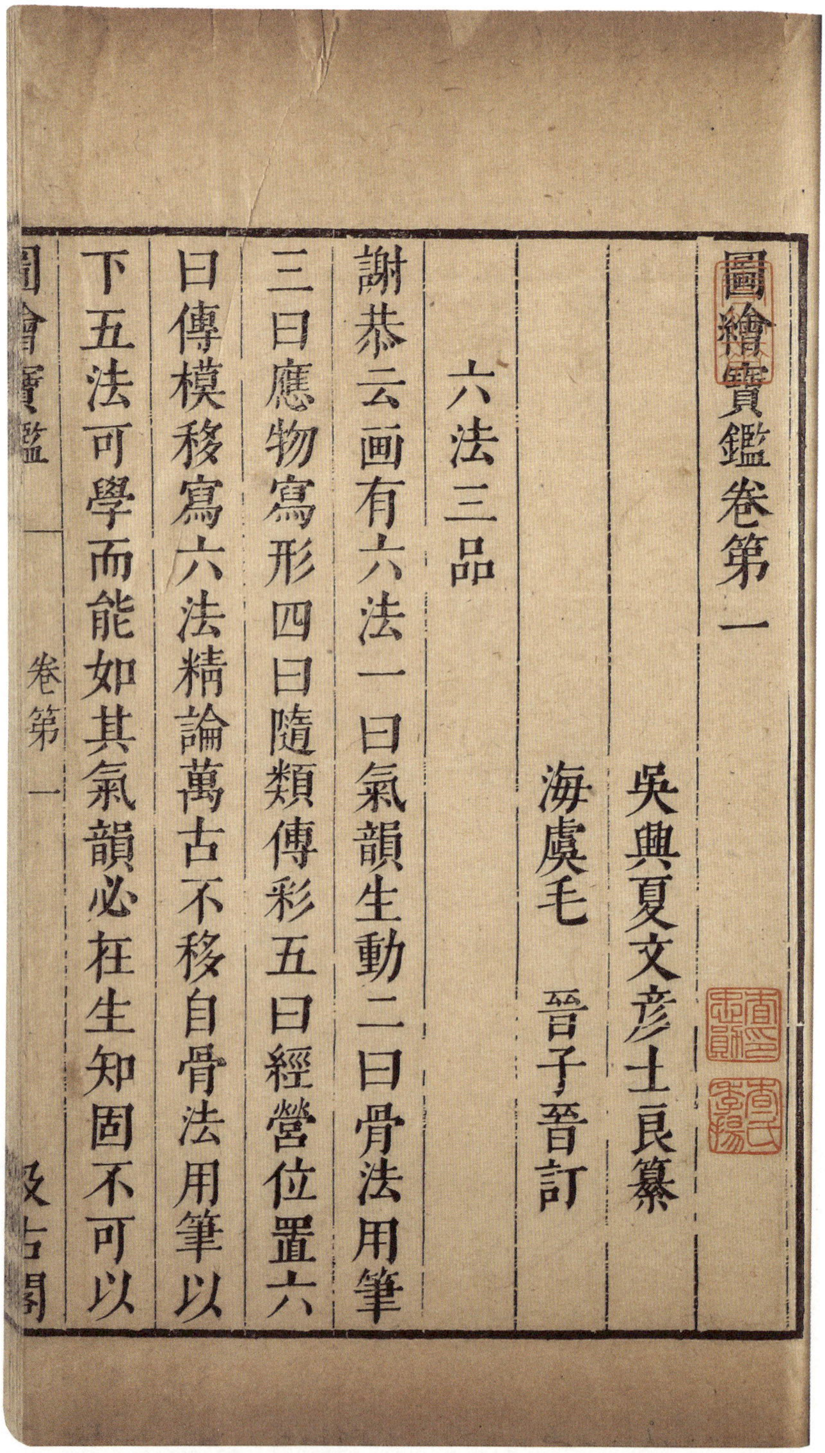

圖繪寶鑑六卷補遺一卷 （元）夏文彦纂 （明）毛晋訂 明崇禎虞山毛氏汲古閣刻津逮秘書本

框高 19 厘米，廣 13.5 厘米。半葉八行，行十九字，白口，左右雙邊。4 册。鈐“雪竹齋珍藏印”白文印、“信古堂”白文印等。

shan725

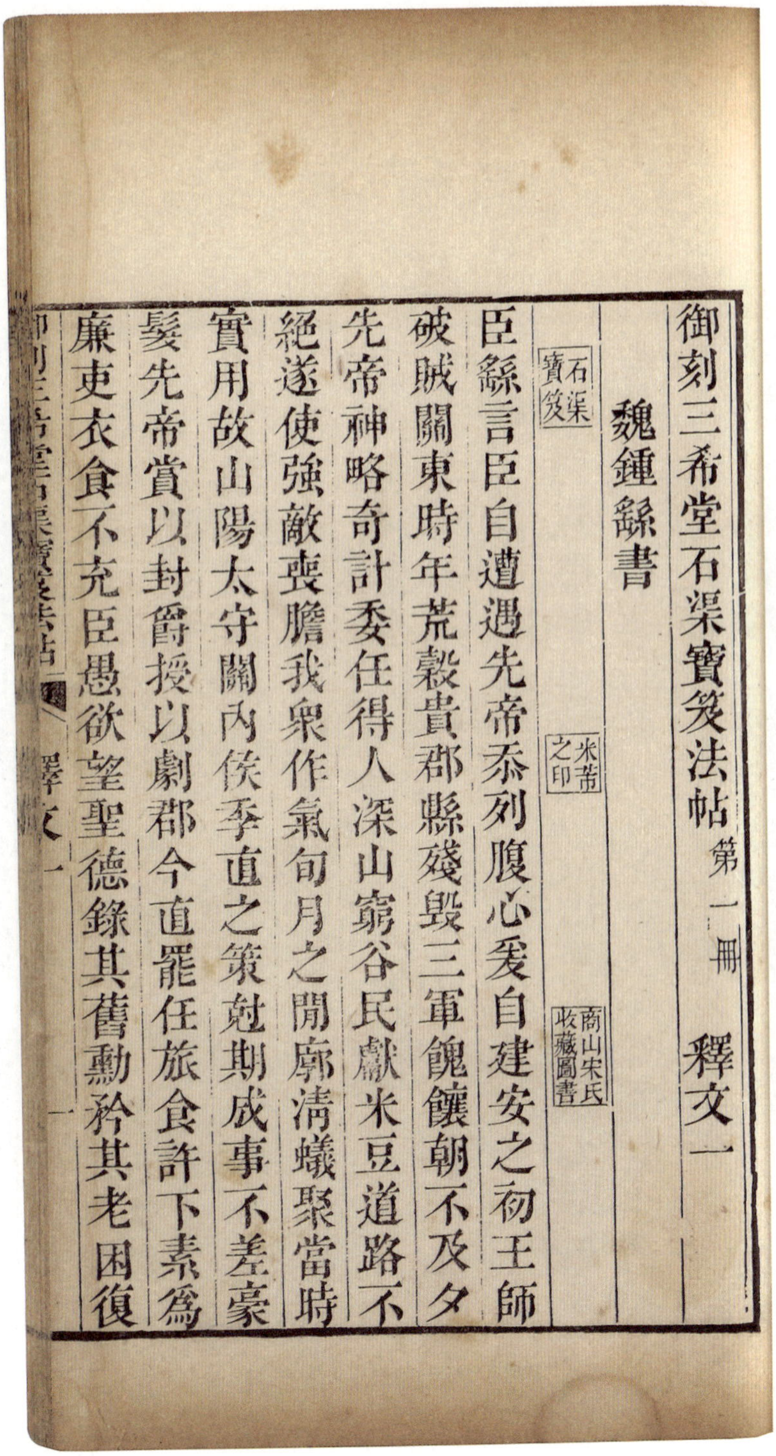
御刻三希堂石渠寶笈法帖第一冊　釋文一
魏鍾繇書
臣繇言臣自遭遇先帝忝列腹心爰自建安之初王師
破賊關東時年荒穀貴郡縣殘毀三軍餽饟朝不及夕
先帝神略奇計委任得人深山窮谷民獻米豆道路不
絕遂使強敵喪膽我衆作氣旬月之間廓清蟻聚當時
實用故山陽太守關內侯季直之策剋期成事不差毫
髮先帝賞以封爵授以劇郡今直罷任旅食許下素爲
廉吏衣食不充臣愚欲望聖德録其舊勳矜其老困復

御刻三希堂石渠寶笈法帖釋文十六卷　（清）陳焯等編　清乾隆十二年（1747）刻本

框高 18 厘米，廣 13 厘米。半葉十行，行二十一字，白口，左右雙邊。8 册。

shan806

【工藝類】

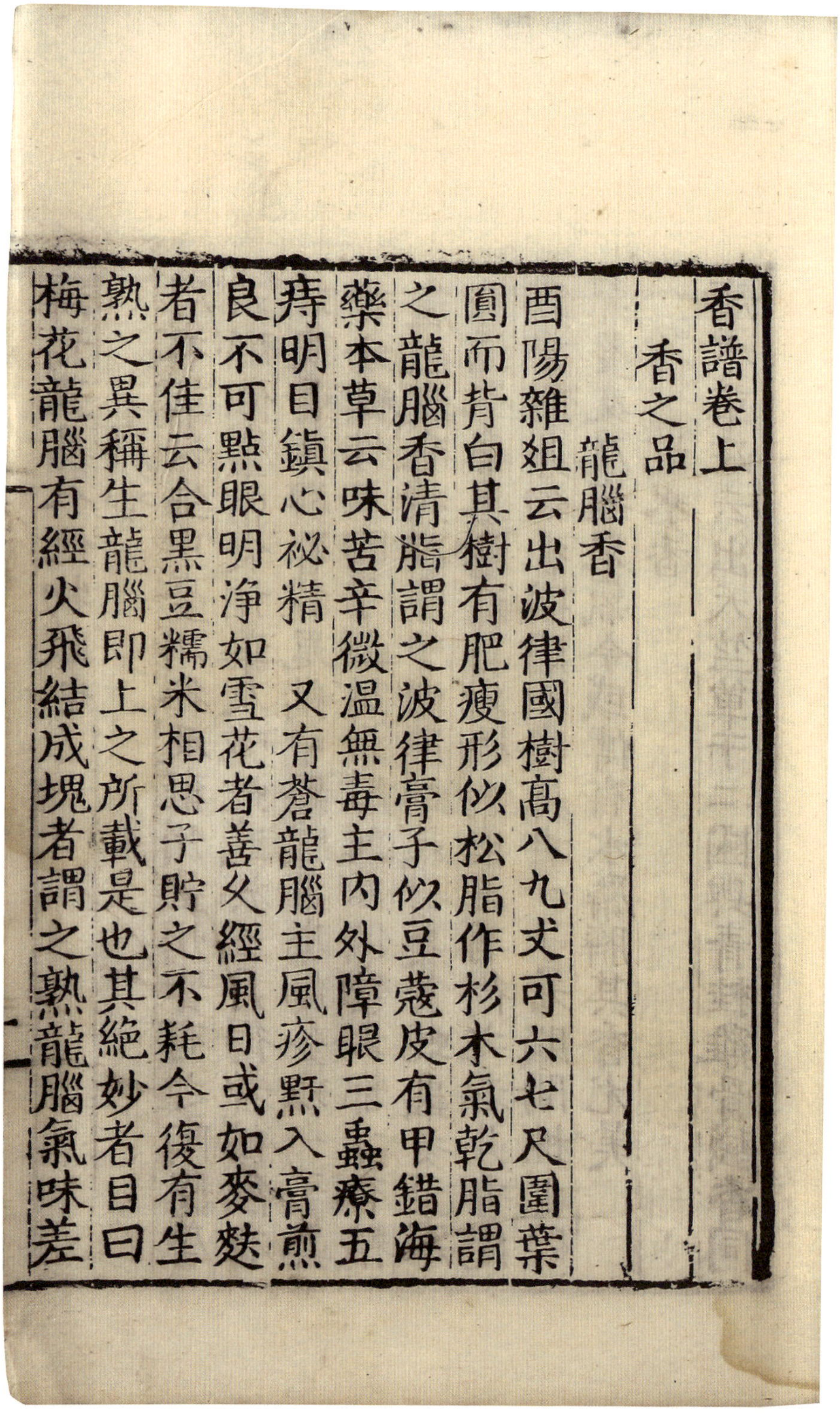

香譜二卷　題（宋）洪芻撰　明刻本

框高 18.8 厘米，廣 14 厘米。半葉十二行，行二十字，白口，左右雙邊。1 册。

二級 204shan95

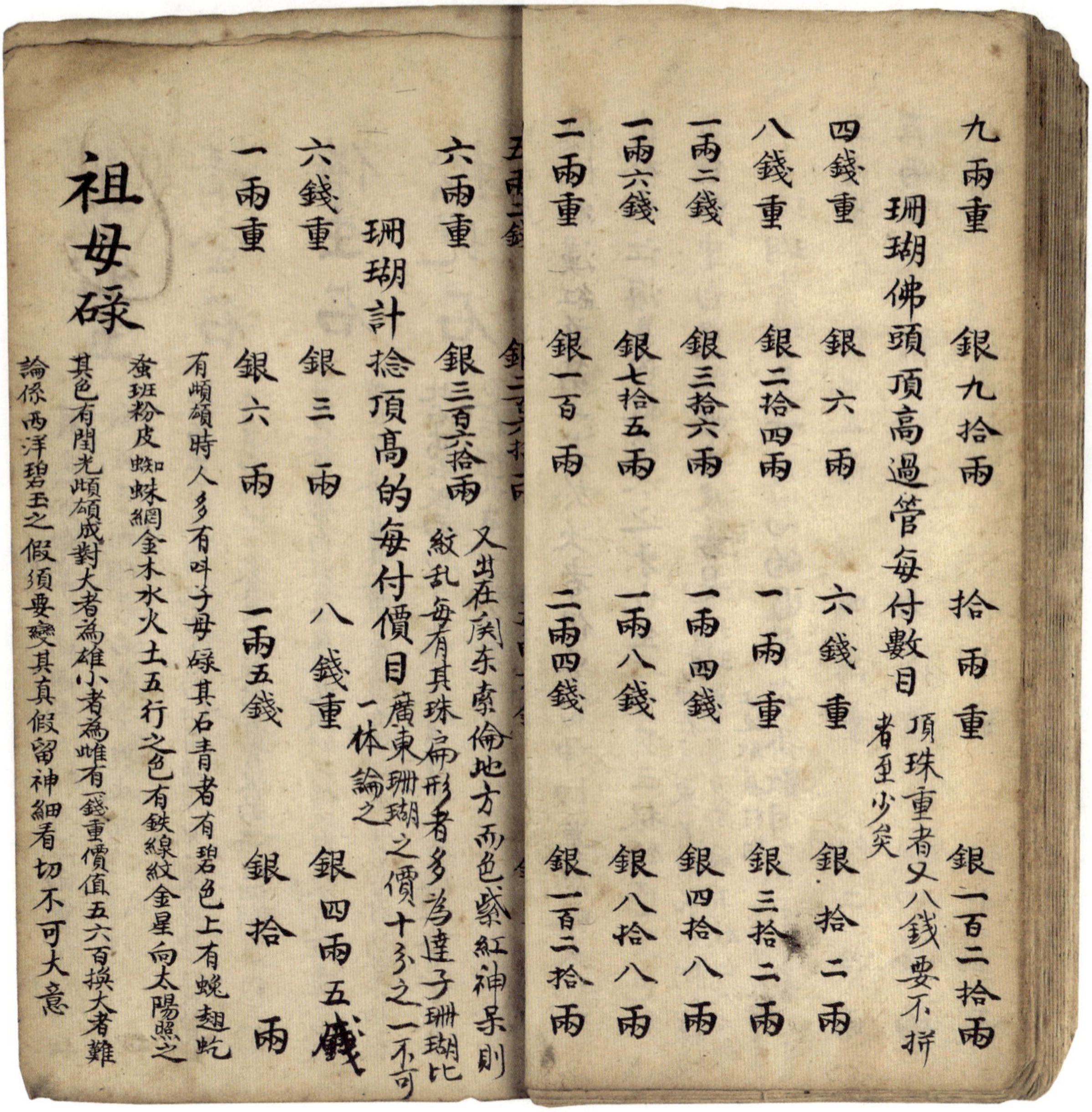

當譜一卷　清寶樹堂抄本

册高 24.5 厘米，廣 15 厘米。半葉九行，行二十字，無格。1 册。

三級 51k256

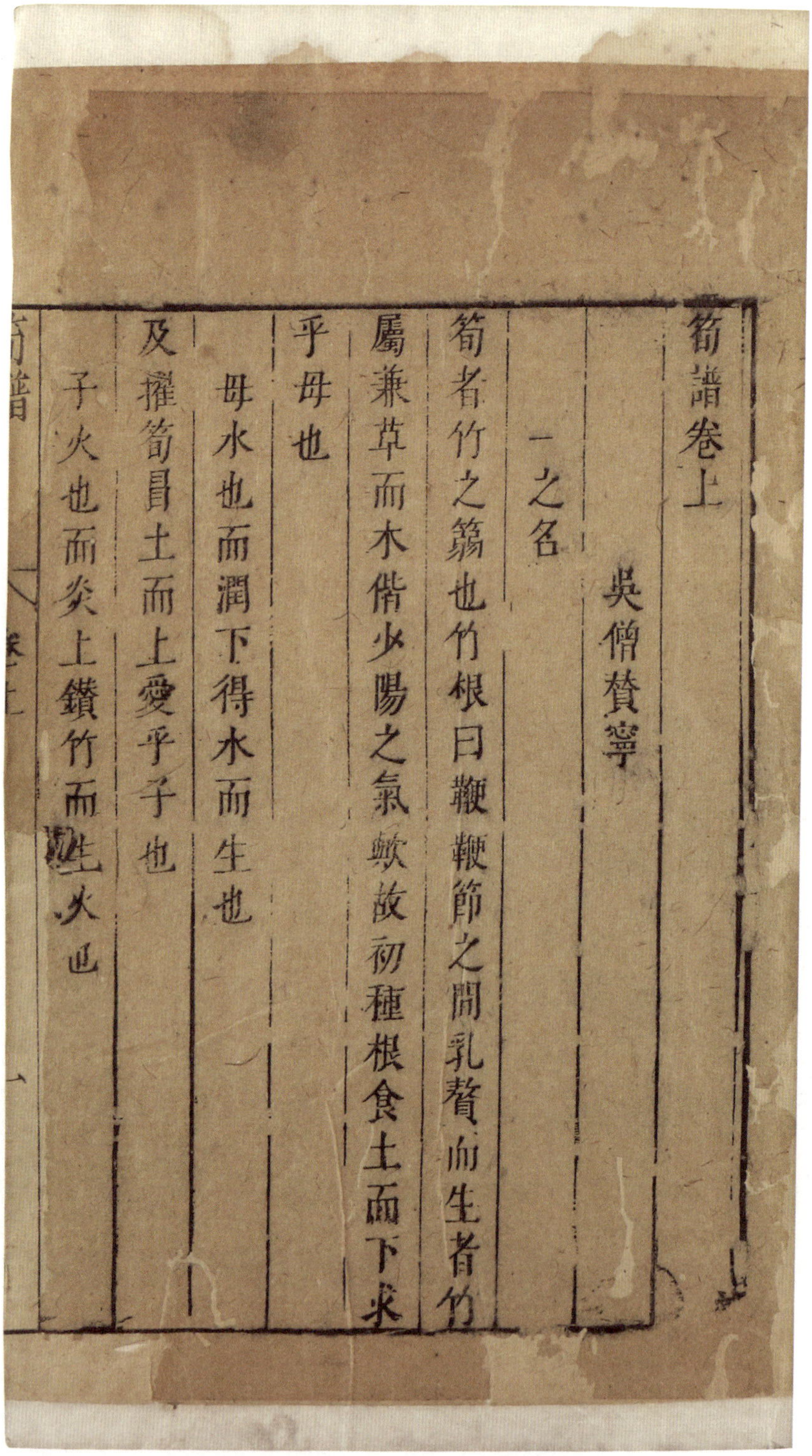
筍譜卷上
吳僧贊寧
一之名
筍者竹之簜也竹根曰鞭鞭節之間乳贅而生者竹
屬兼草而木備少陽之氣軟故初種根食土而下求
乎母也
母水也而潤下得水而生也
及擢筍冒土而上愛乎子也
子火也而炎上鑽竹而生火也
筍譜　卷上　一

筍譜二卷　（宋）釋贊寧撰　清順治三年（1646）宛委山堂刻本
框高 19.2 厘米，廣 14.2 厘米。半葉九行，行二十字，白口，左右雙邊。2 册。
三級 103shan108

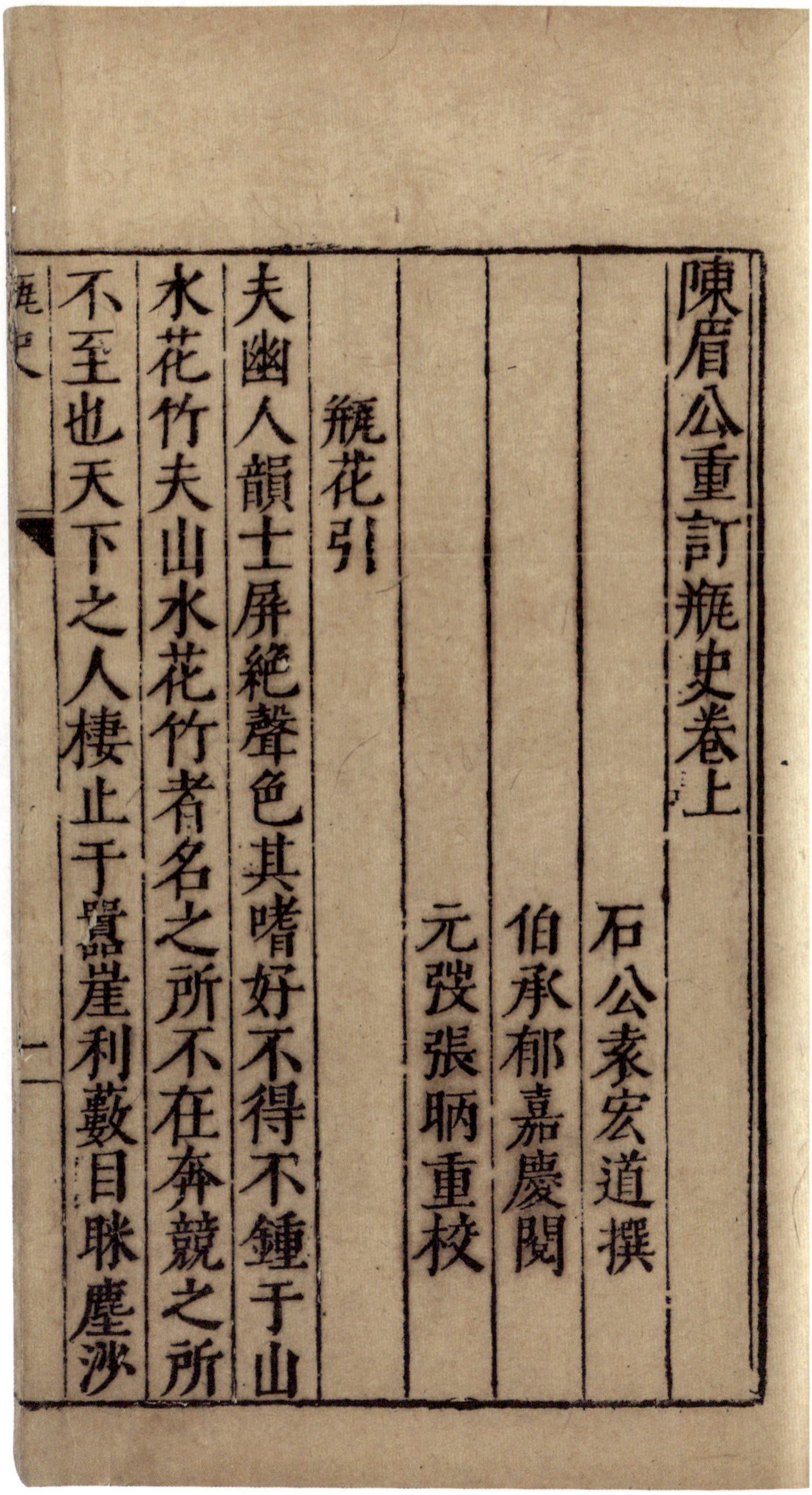

陳眉公重訂瓶史卷上
石公袁宏道撰
伯承郁嘉慶閱
元癹張昞重校

瓶花引
夫幽人韻士屏絕聲色其嗜好不得不鍾于山水花竹夫山水花竹者名之所不在奔競之所不至也天下之人棲止于囂崖利藪目眯塵沙

瓶史　一

陳眉公重訂瓶史二卷寶顔堂訂正偶談一卷　（明）袁宏道撰　明萬曆沈氏寶顔堂刻本

框高 20.2 厘米，廣 13 厘米。半葉八行，行十八字，白口，左右雙邊。1 册。缺一卷（陳眉公重訂瓶史下）。

三級 178shan782

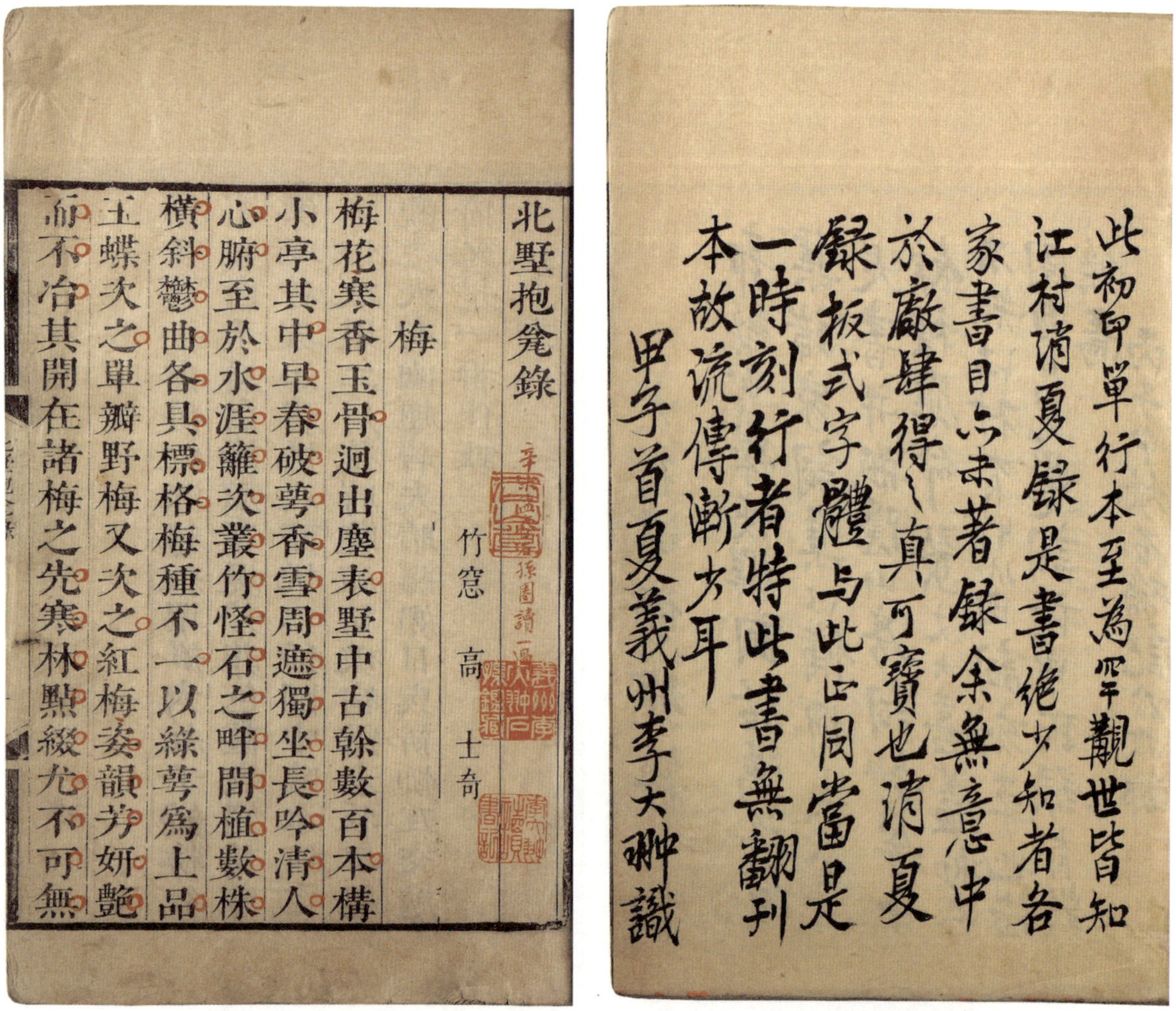

北墅抱瓮録一卷竹窗詞一卷　（清）高士奇撰　清康熙二十九年（1690）刻本

框高 18.2 厘米，廣 14.3 厘米。半葉九行，行十八字，黑口，左右雙邊。1 册。鈐“李大翀讀書記”朱文印、“巖山堂”朱文印等。有李大翀題記。

【宗教類】

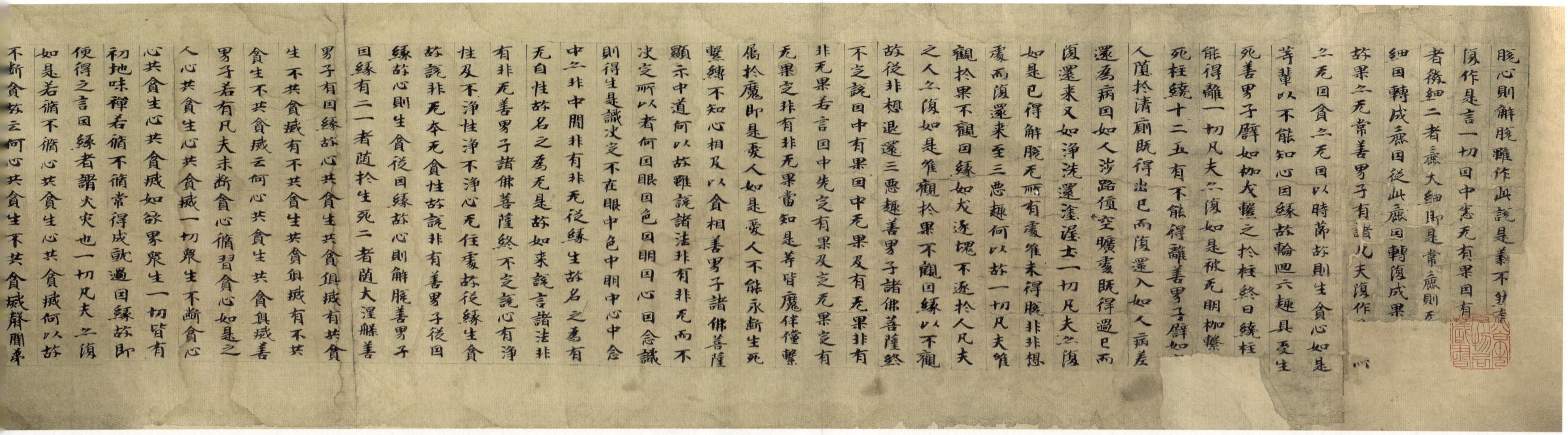

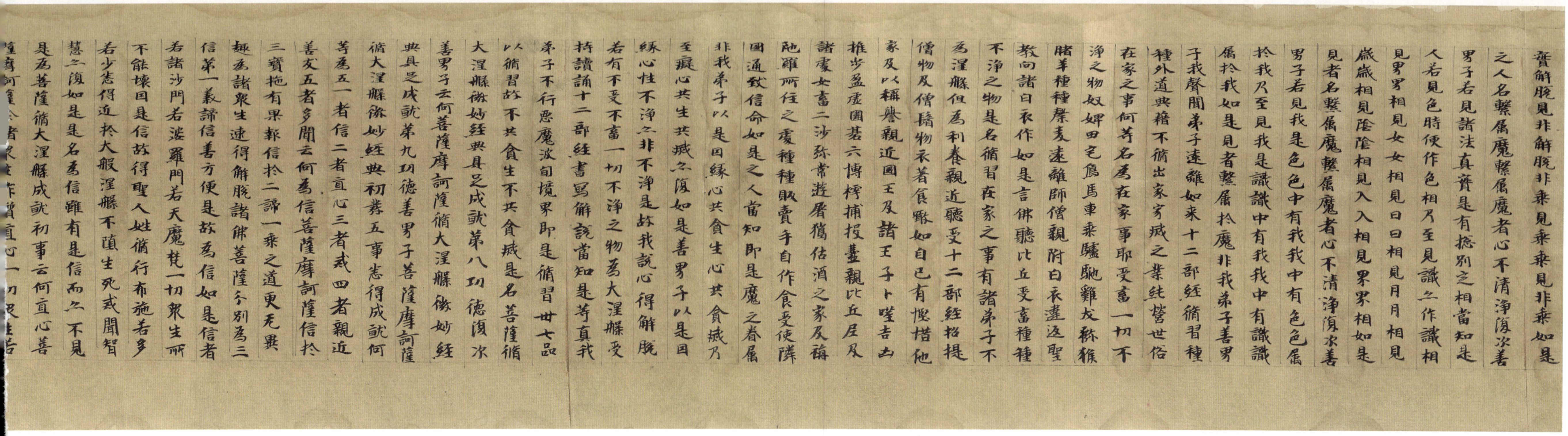

大般涅槃經卷第二十六 （北凉）释曇無讖譯 南北朝寫本

高 25.9 厘米，长 903 厘米。每紙二十八行，行十七字。1 軸。存後十九紙。卷軸裝。

一級 9zhou340

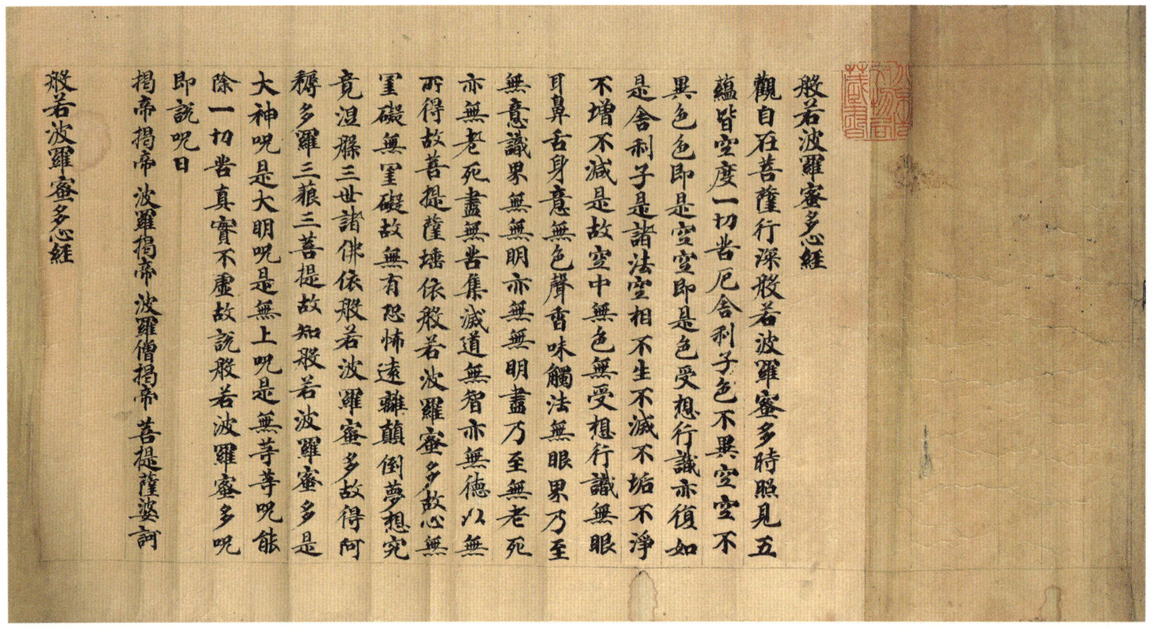
般若波羅蜜多心經
觀自在菩薩行深般若波羅蜜多時照見五
蘊皆空度一切苦厄舍利子色不異空空不
異色色即是空空即是色受想行識亦復如
是舍利子是諸法空相不生不滅不垢不淨
不增不減是故空中無色無受想行識無眼
耳鼻舌身意無色聲香味觸法無眼界乃至
無意識界無無明亦無無明盡乃至無老死
亦無老死盡無苦集滅道無智亦無德以無
所得故菩提薩埵依般若波羅蜜多故心無
罣礙無罣礙故無有恐怖遠離顛倒夢想究
竟涅槃三世諸佛依般若波羅蜜多故得阿
耨多羅三藐三菩提故知般若波羅蜜多是
大神呪是大明呪是無上呪是無等等呪能
除一切苦真實不虛故說般若波羅蜜多呪
即說呪曰
揭帝揭帝 波羅揭帝 波羅僧揭帝 菩提薩婆訶
般若波羅蜜多心經

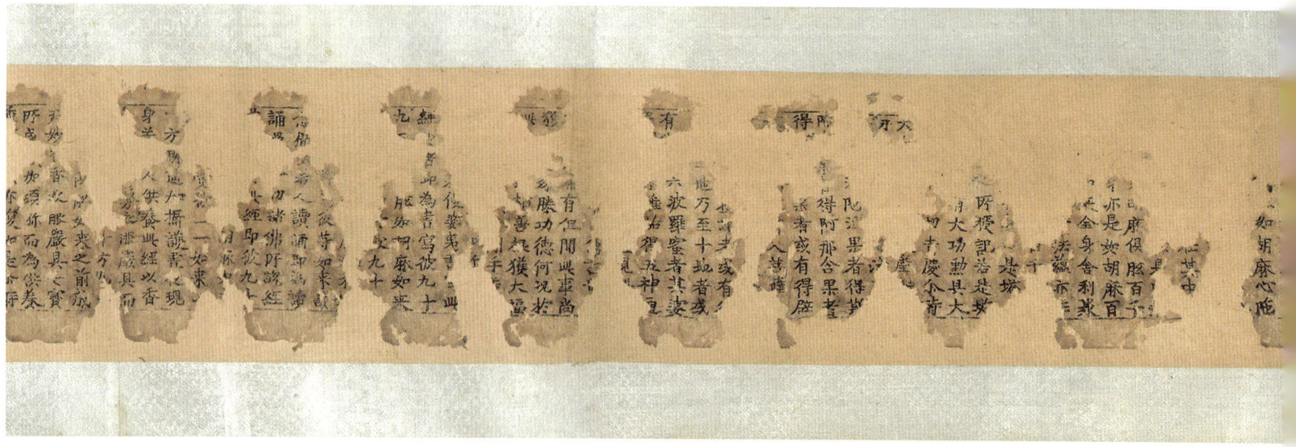

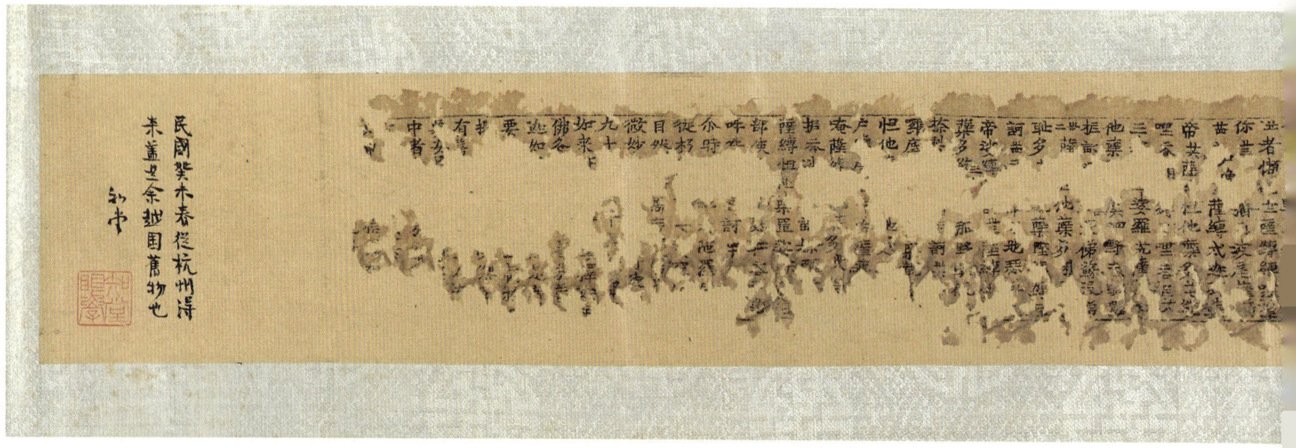

般若波羅蜜多心經一卷　（唐）釋玄奘譯　唐寫本

高 25 厘米，長 54 厘米。經文十六行，行十七字。1 軸。卷軸裝。

一級 10zhou341

一切如來心秘密全身舍利寶篋印陀羅尼經一卷　（唐）釋不空譯　宋開寶八年（975）吴越國王錢俶刻本

高 8.3 厘米，長 218 厘米。每行十字。1 軸。鈐“越園”白文印、“紹宋校讀”白文印等。存殘損經文，缺卷首版畫。卷軸裝。

一級 11zhou342

子有因緣故生於貪心畏貪心故脩白骨觀
是名心共貪生不共貪滅復有心共貪生不
共貪滅如聲聞人未證四果有因緣故生於
貪心證四果時貪心得滅是名心共貪生不
共貪滅菩薩摩訶薩得不動地時心共貪生
不共貪滅云何不共貪生共貪俱滅若菩薩
摩訶薩斷貪心已為衆生故示現有貪以示
現故能令无量无邊衆生諮受善法具足成
就是名不共貪生共貪俱滅云何不共貪生
不共貪滅謂阿羅漢緣覺諸佛住不動地其
餘菩薩是名不共貪生不共貪滅以是義故
諸佛菩薩不決定說心性本淨性本不淨善
男子是心不与貪結和合亦復不与瞋癡和
合善男子譬如日月雖為烟塵雲霧及羅睺
羅之所覆蔽以是因緣令諸衆生不能得見
雖不可見日月之性終不与彼五翳和合心
亦如是以因緣故生於貪結衆生雖說心与
貪合而是心性實不与合若是貪心即是貪
性若是不貪即不貪性不貪之心不能為貪
貪結之心不能不貪善男子以是義故貪欲
之結不能汙心諸佛菩薩永破貪結是故說
言心得解脫一切衆生從因緣故生於貪結
從因緣故心得解脫善男子譬如雪山懸嶮
之處人与獼猴俱不能行或復有處獼猴能
行人不能行或復有處人与獼猴二俱能行
善男子人与獼猴能行處者如諸獵師純以
黐膠置之案上用捕獼猴獼猴癡故往手觸
之觸已粘手欲脫手故以脚蹹之脚復隨著
欲脫脚故以口齧之口復粘著如是五處悉
无得脫於是獵師以杖貫之負還歸家雪山
嶮處喻佛菩薩所得正道獼猴者喻諸凡夫
獵師者喻魔波旬黐膠者喻貪欲結人与獼
猴俱不行者喻諸凡夫魔王波旬俱不能行
獼猴能行人不能者喻諸外道有智慧者諸
惡魔等雖以五欲不能繫縛人与獼猴俱能
行者一切凡夫及魔波旬常處生死不能脩
行凡夫之人五欲所縛令魔波旬自在將去
如彼獵師黐捕獼猴擔負歸家善男子譬如
國王安住己界身心安樂若至他界則得衆
苦一切衆生亦復如是若能自住己境界者
則得安樂若至他界則遇惡魔受諸苦惱自
境界者謂四念處他境界者謂五欲也云何
名為繫屬於魔有諸衆生无常見常常見无
常苦見於樂樂見於苦不淨見淨淨見不淨
无我見我我見无我非實解脫橫見解脫真

邪因緣則生諂曲菩薩不尒何以故善解諸
法悉因緣故菩薩摩訶薩雖見衆生諸惡過
咎終不說之何以故恐生煩惱若生煩惱則
墮惡趣如是菩薩若見衆生有少善事則讚
嘆之云何為善所謂佛性讚佛性故令諸衆
生發阿耨多羅三藐三菩提心
尒時光明遍照高貴德王菩薩摩訶薩白佛
言世尊如佛所說菩薩摩訶薩讚嘆佛性令
无量衆生發阿耨多羅三藐三菩提心是義
不然何以故如來初開涅槃經時說有三種
一者若有病人得良醫藥及瞻病者病則易
差如其不得則不可愈二者若得不得悉不
可差三者若得不得悉皆可差一切衆生亦
復如是若遇善友諸佛菩薩聞說妙法則得
發於阿耨多羅三藐三菩提心如其不遇則
不能發所謂須陁洹斯陁含阿那含阿羅漢
辟支佛二者雖遇善友諸佛菩薩聞說妙法
亦不能發若其不遇亦不能發謂一闡提三
者若遇不遇一切悉能發阿耨多羅三藐三
菩提心所謂菩薩若言遇与不遇悉發阿耨
多羅三藐三菩提心者如來今者云何說言
因讚佛性令諸衆生發阿耨多羅三藐三菩
提心世尊若遇善友諸佛菩薩聞說妙法及
以不遇悉不能發阿耨多羅三藐三菩提心
當知是義亦復不然何以故如是之人當得
阿耨多羅三藐三菩提故一闡提輩以佛性
故若聞不聞悉亦當得阿耨多羅三藐三菩
提故世尊如佛所說何等名為一闡提也謂
斷善根如是之義亦復不然何以故不斷佛
性故如是佛性理不可斷云何佛說斷諸善
根如佛往昔說十二部經善有二種一者常
二者无常常者不斷无常者斷无常可斷故
墮地獄常不可斷何故不遮佛性不斷非一
闡提如來何故作如是說言一闡提世尊若
因佛性發阿耨多羅三藐三菩提何故如來
廣為衆生說十二部經世尊譬如四河從阿
那婆蹹多池出若有天人諸佛世尊說言是
河不入大海當還本源无有是處菩提之心
亦復如是有佛性者若聞不聞若戒非戒若
施不施若脩不脩若智非智悉皆應得阿耨
多羅三藐三菩提世尊如憂陁延山日從中
出至于正南日若念言我不至西還東方者
无有是處佛性亦尒若不聞不戒不施不脩
不智不得阿耨多羅三藐三菩提者无有是
處世尊諸佛如來說因果性非有非无如是
之義是亦不然何以故如其乳中无酪性者

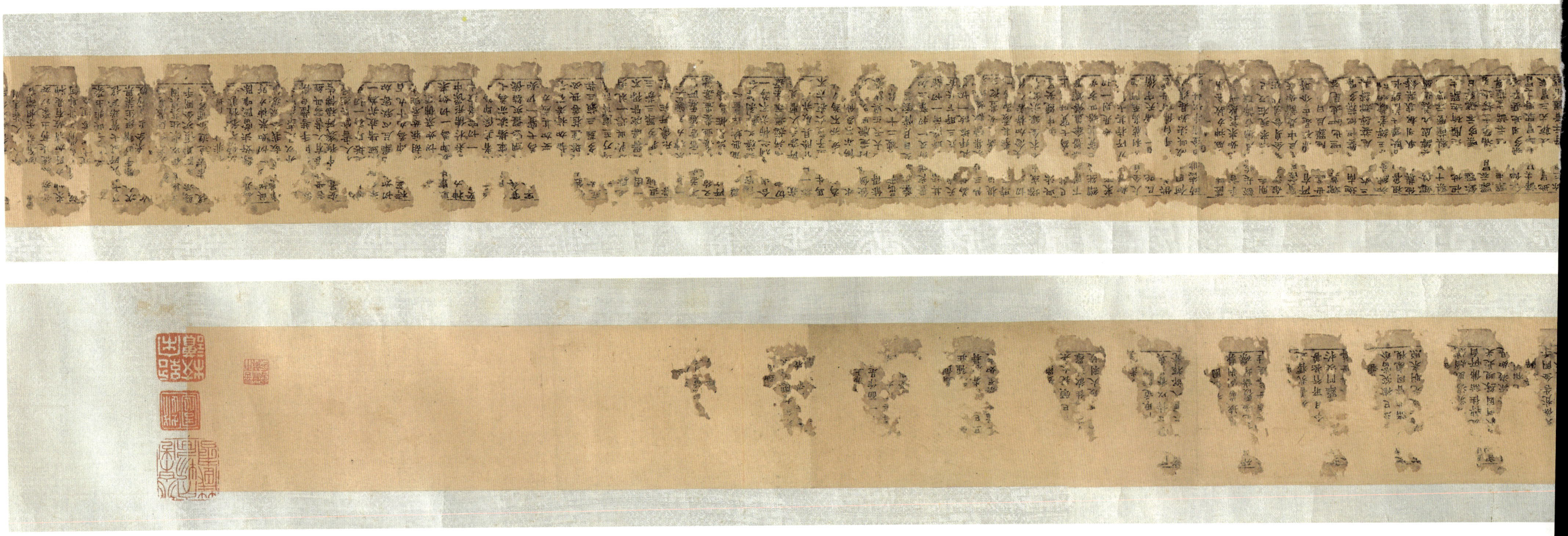

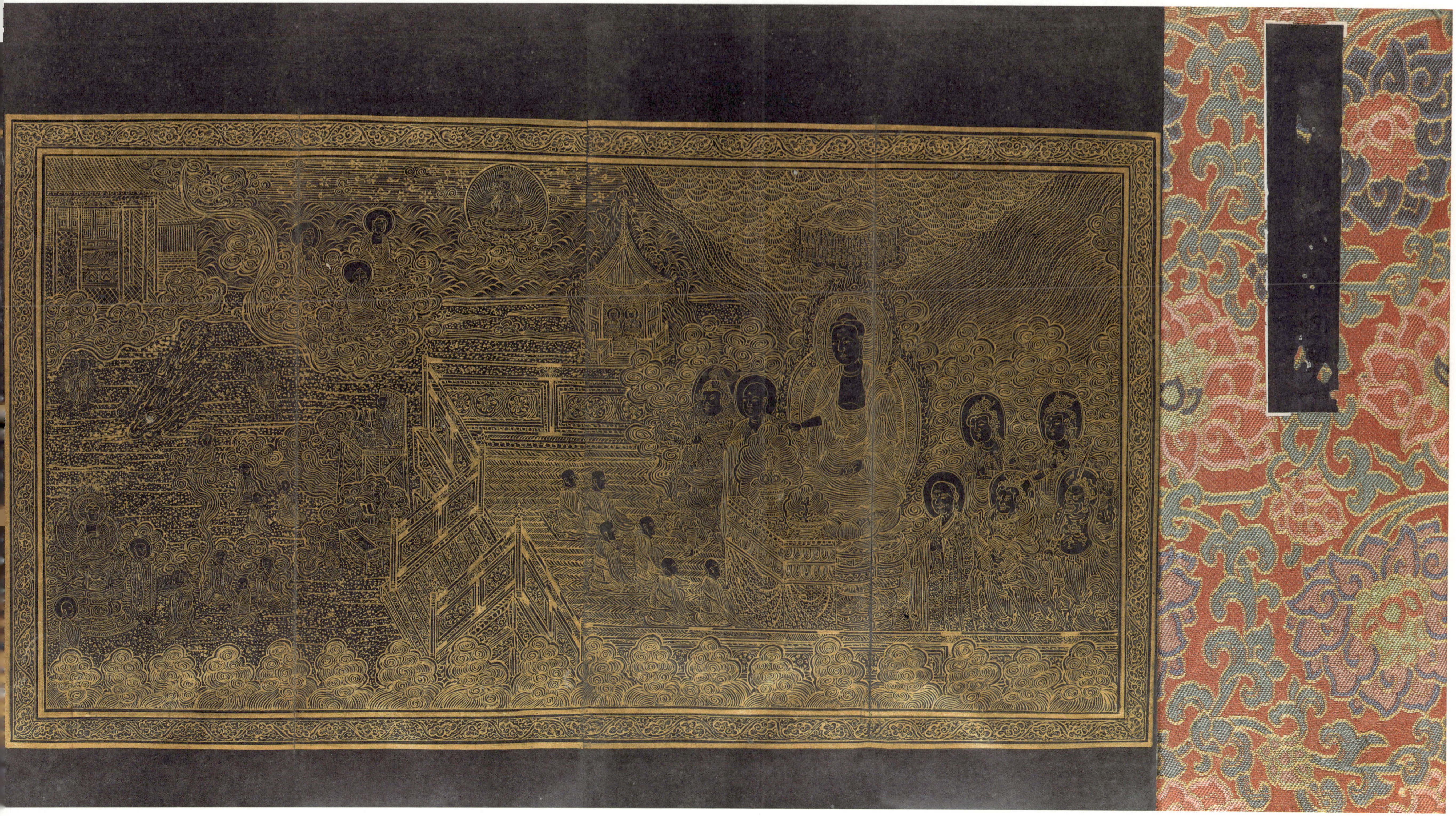

金剛般若波羅蜜經

姚秦三藏法師鳩摩羅什奉 詔譯

法會因由分苐一

如是我聞一時佛在舍衛國祇樹給孤獨園與大比丘衆千二百五十人俱

爾時世尊食時著衣持鉢入舍衛大城乞食於其城中次苐乞已還至本處飯食訖收衣鉢洗足已敷座而坐

善現起請分苐二

時長老須菩提在大衆中即從座起偏袒右肩右膝著地合掌恭敬而白佛言希有世尊如来善護念諸菩薩善付囑諸菩薩世尊善男子善女人發阿耨多羅三藐三菩提心云何應住云何降伏其心

佛言善哉善哉須菩提如汝所說如来善護念諸菩薩善

金剛般若波羅蜜經一卷 （後秦）釋鳩摩羅什譯 明永樂十年（1412）大明國周府新安王施金銀寫本

册高29厘米，廣13.3厘米。半葉四行，行十一字。1册。經折裝。

一級 13fo43

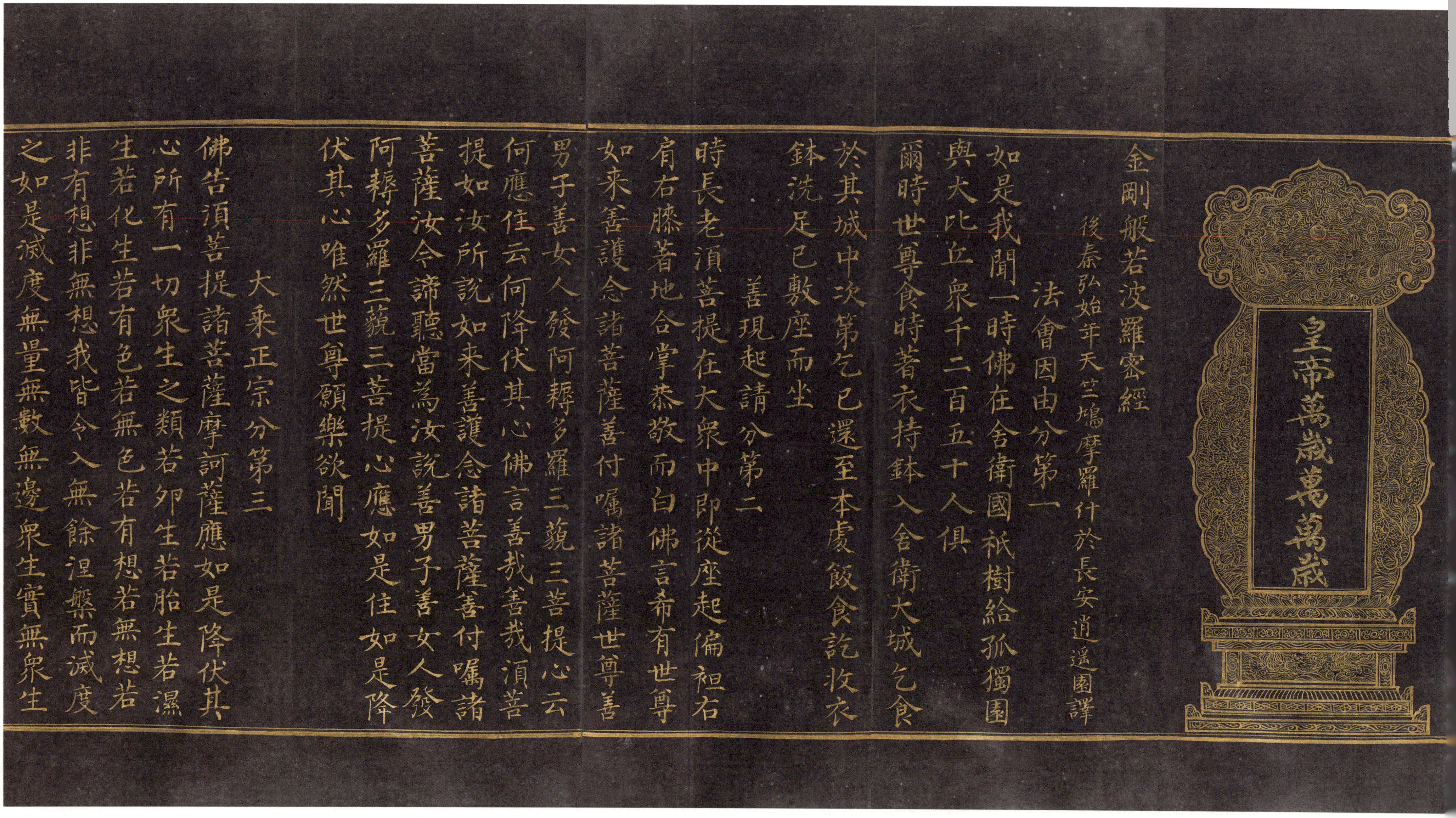

皇帝萬歲萬萬歲

金剛般若波羅蜜經
後秦弘始年天竺鳩摩羅什於長安逍遙園譯
法會因由分第一
如是我聞一時佛在舍衛國祇樹給孤獨園
與大比丘衆千二百五十人俱
爾時世尊食時著衣持鉢入舍衛大城乞食
於其城中次第乞已還至本處飯食訖收衣
鉢洗足已敷座而坐
善現起請分第二
時長老須菩提在大衆中即從座起偏袒右
肩右膝著地合掌恭敬而白佛言希有世尊
如來善護念諸菩薩善付囑諸菩薩世尊善
男子善女人發阿耨多羅三藐三菩提心云
何應住云何降伏其心佛言善哉善哉須菩
提如汝所說如來善護念諸菩薩善付囑諸
菩薩汝今諦聽當為汝說善男子善女人發
阿耨多羅三藐三菩提心應如是住如是降
伏其心唯然世尊願樂欲聞
大乘正宗分第三
佛告須菩提諸菩薩摩訶薩應如是降伏其
心所有一切衆生之類若卵生若胎生若濕
生若化生若有色若無色若有想若無想若
非有想非無想我皆令入無餘涅槃而滅度
之如是滅度無量無數無邊衆生實無衆生

金剛般若波羅蜜經　佛説阿彌陀經　（後秦）釋鳩摩羅什等譯　明萬曆三十年（1602）徐河喜寫本

册高 23 厘米，廣 10.8 厘米。半葉六行，行十七字，每紙三十行。1 册。經折裝。

一級 14fo45

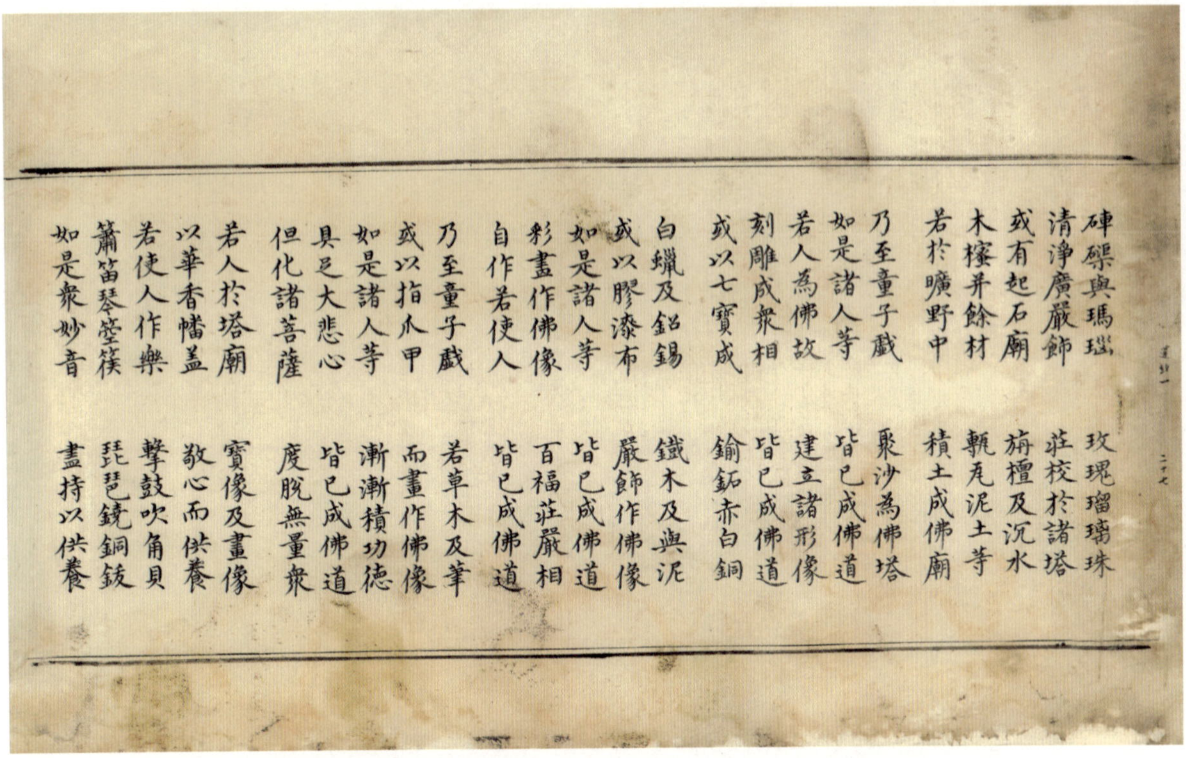

御製大乘妙法蓮華經六卷 （唐）釋道宣述 明永樂十八年（1420）寫本

框高27厘米，長66.5厘米。每葉二十五行，行、字數不等。6軸。卷軸裝。

一級 15fo49

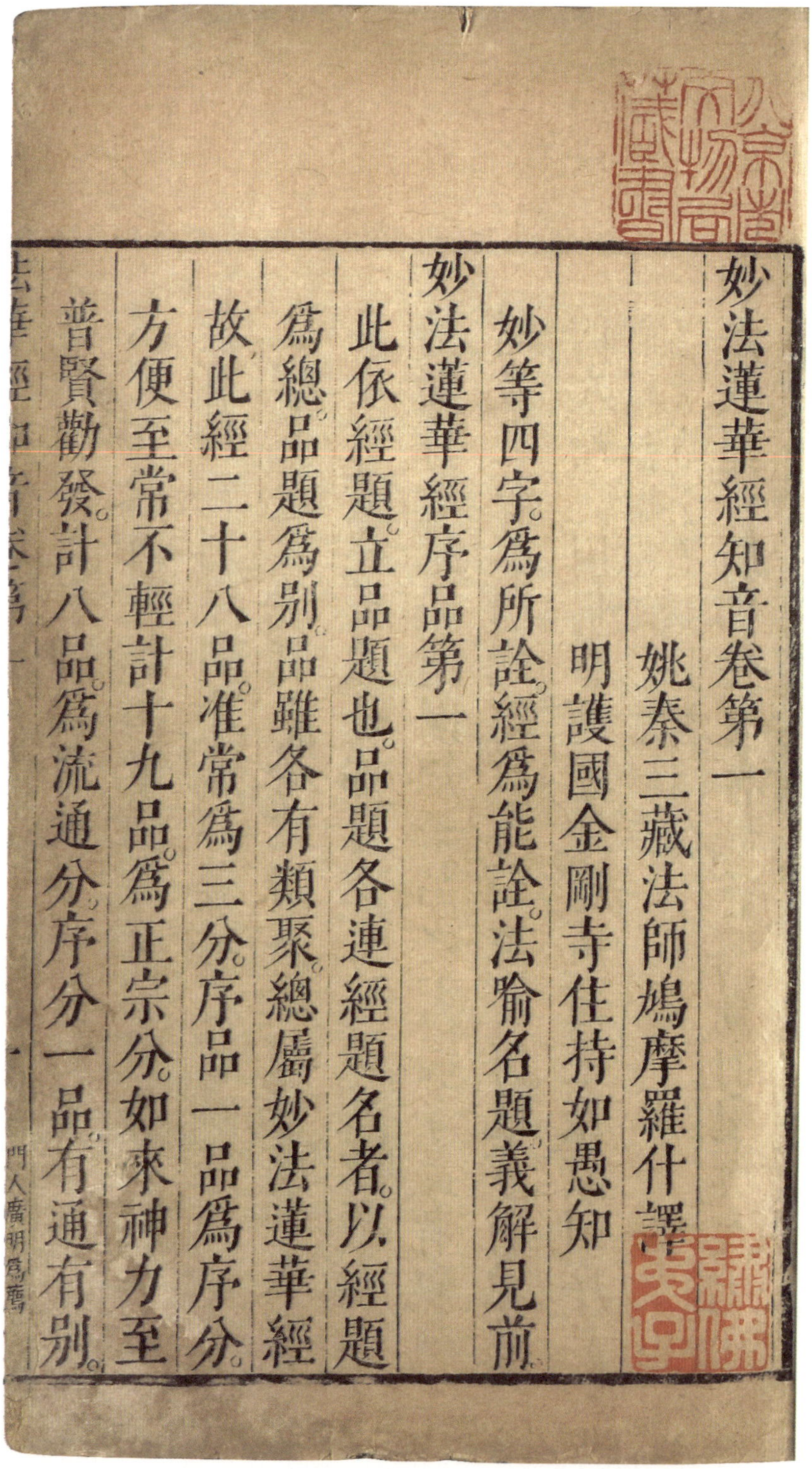
妙法蓮華經知音卷第一
姚秦三藏法師鳩摩羅什譯
明護國金剛寺住持如愚知
妙等四字爲所詮經爲能詮法喻名題義解見前
妙法蓮華經序品第一
此依經題立品題也品題各連經題名者以經題
爲總品題爲别品雖各有類聚總屬妙法蓮華經
故此經二十八品准常爲三分序品一品爲序分
方便至常不輕計十九品爲正宗分如來神力至
普賢勸發計八品爲流通分序分一品有通有别

妙法蓮華經知音七卷　（後秦）釋鳩摩羅什譯　明天啓四年（1624）刻本

框高19.9厘米，廣13.1厘米。半葉十行，行二十字，小字雙行同，白口，左右雙邊。8册。鈐“繡佛弟子”白文印。

二級 248shan407

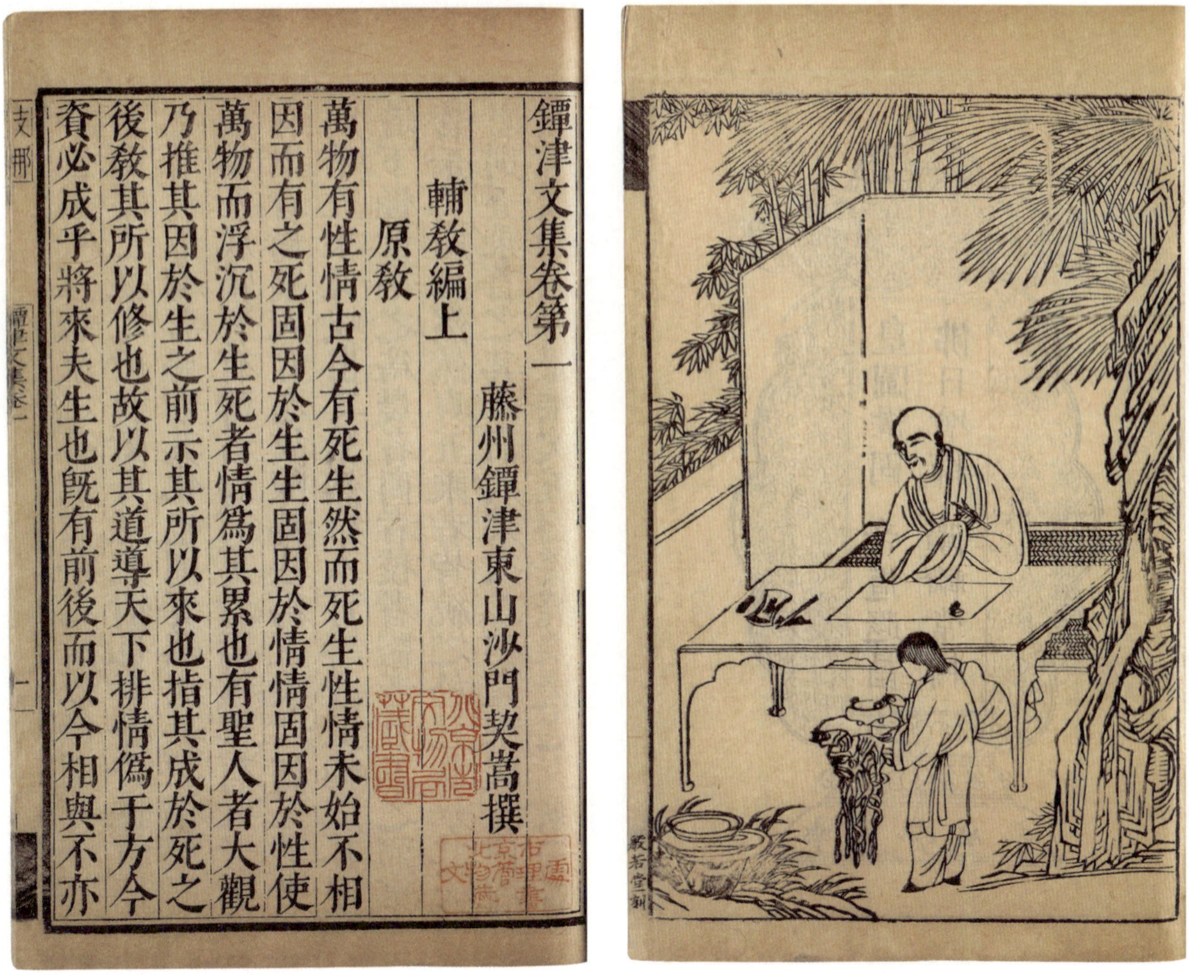

鐔津文集十九卷首一卷 （宋）釋契嵩撰 明萬曆三十五年（1607）刻徑山藏本

框高 23.7 厘米，廣 15.5 厘米。半葉十行，行二十字，白口，四周雙邊。4 册。

二級 262shan490

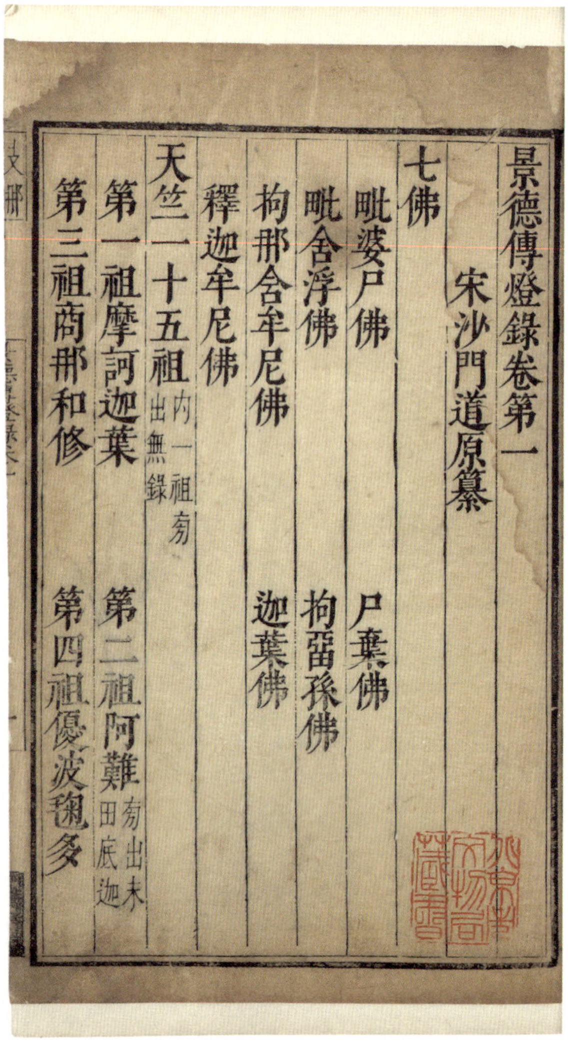
景德傳燈録卷第一
宋沙門道原纂
七佛
毗婆尸佛　尸棄佛
毗舍浮佛　拘留孫佛
拘那含牟尼佛　迦葉佛
釋迦牟尼佛
天竺一十五祖 内一祖旁出無録
第一祖摩訶迦葉　第二祖阿難 旁出末田底迦
第三祖商那和修　第四祖優波毱多

景德傳燈録三十卷　（宋）釋道原纂　明萬曆三十四年（1606）刻徑山藏本

框高 23.5 厘米，廣 14.8 厘米。半葉十行，行二十字，小字雙行同，上白口，下粗黑口，四周雙邊。16 册。

二級 263shan492

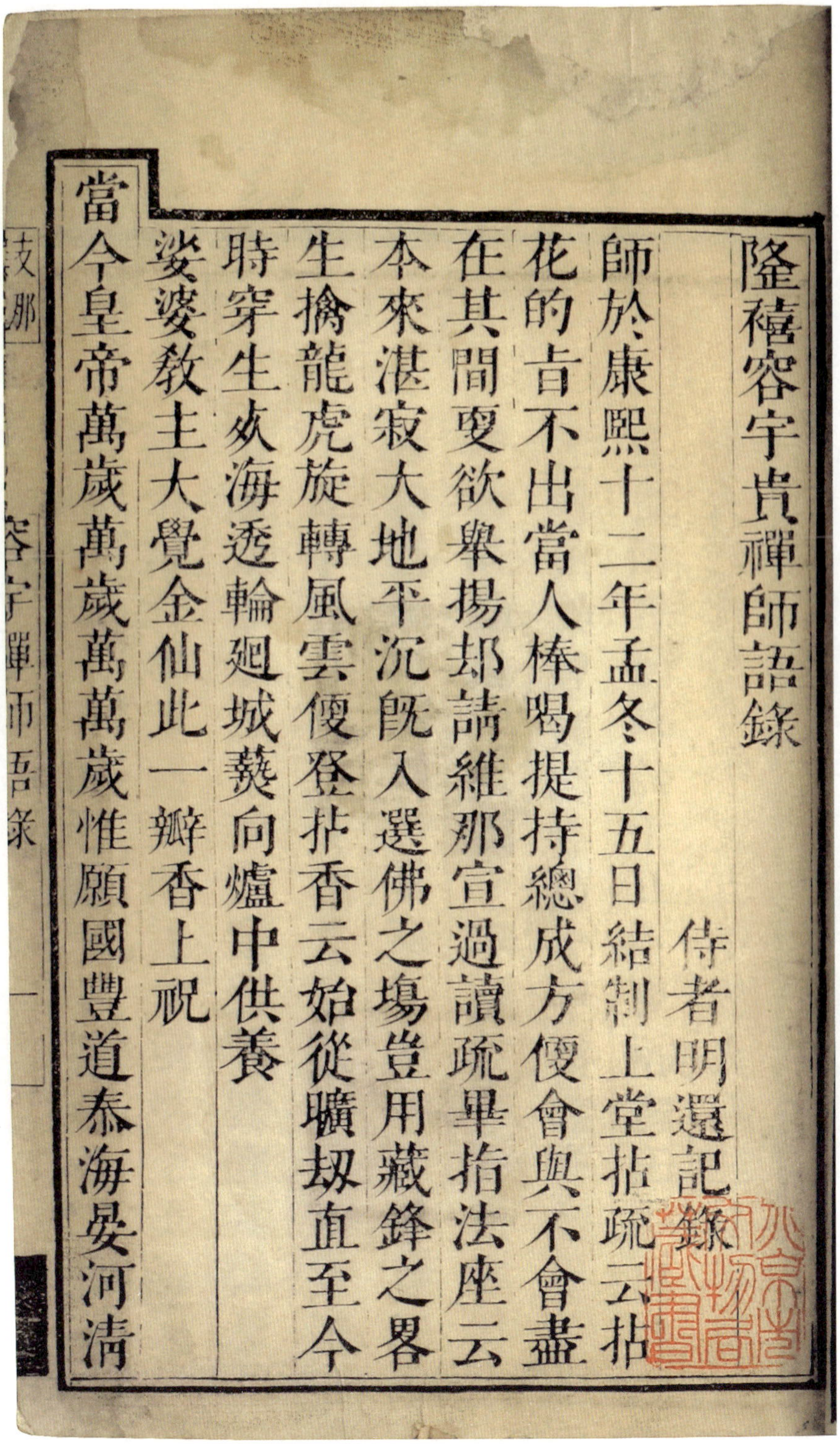
隆禧容宇貴禪師語錄
侍者明還記錄
師於康熙十二年孟冬十五日結制上堂拈疏云拈
花的旨不出當人棒喝提持總成方便會與不會盡
在其間要欲舉揚却請維那宣過讀疏畢指法座云
本來湛寂大地平沉既入選佛之場豈用藏鋒之畧
生擒龍虎旋轉風雲便登拈香云始從曠劫直至今
時穿生死海透輪廻城爇向爐中供養
娑婆教主大覺金仙此一瓣香上祝
當今皇帝萬歲萬歲萬萬歲惟願國豐道泰海晏河清

隆禧容宇貴禪師語録　（清）釋明還記録　清康熙刻本

框高 21.4 厘米，廣 14.4 厘米。半葉十行，行二十字或二十一字，上白口，下黑口，四周雙邊。4 册。

二級 269shan535

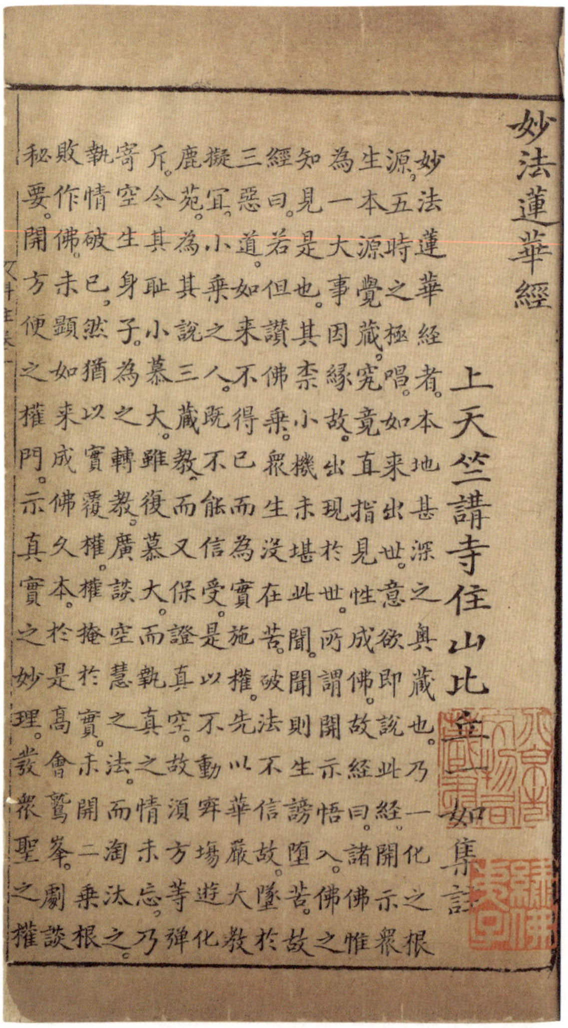

妙法蓮華經

上天竺講寺住山比丘一如集註

妙法蓮華經者本地甚深之奧藏也乃一化之根
源五時之極唱如來出世意欲即說此經開示眾
生本源覺藏究竟直指見性成佛故經曰諸佛惟
為一大事因緣故出現於世所謂開示悟入佛之
知見是也其柰小機未堪此聞聞則生謗墮苦故
經曰若但讚佛乘眾生沒在苦破法不信故墜於
三惡道如來不得已而為實施權先以華嚴大教
擬宜小乘之人既不能信受是以不動寂場遊化
鹿苑為其說三藏教而又保證真空故須方等彈
斥令其恥小慕大雖復慕大而執真之情未忘乃
寄空生身子為之轉教廣談空慧之法而淘汰之
執情破已然猶以實覆權權掩於實亦開二乘根
敗作佛未顯如來成佛久本於是高會鷲峯劇談
秘要開方便之權門示真實之妙理叢眾聖之權

妙法蓮華經七卷　（後秦）釋鳩摩羅什譯　（明）釋一如集註　明崇禎刻本

框高 23 厘米，廣 14.5 厘米。半葉九行，行二十字，小字雙行同，白口，四周單邊，無格。7 册。鈐“繍佛弟子”白文印、“純可”朱文印等。

二級 274shan562

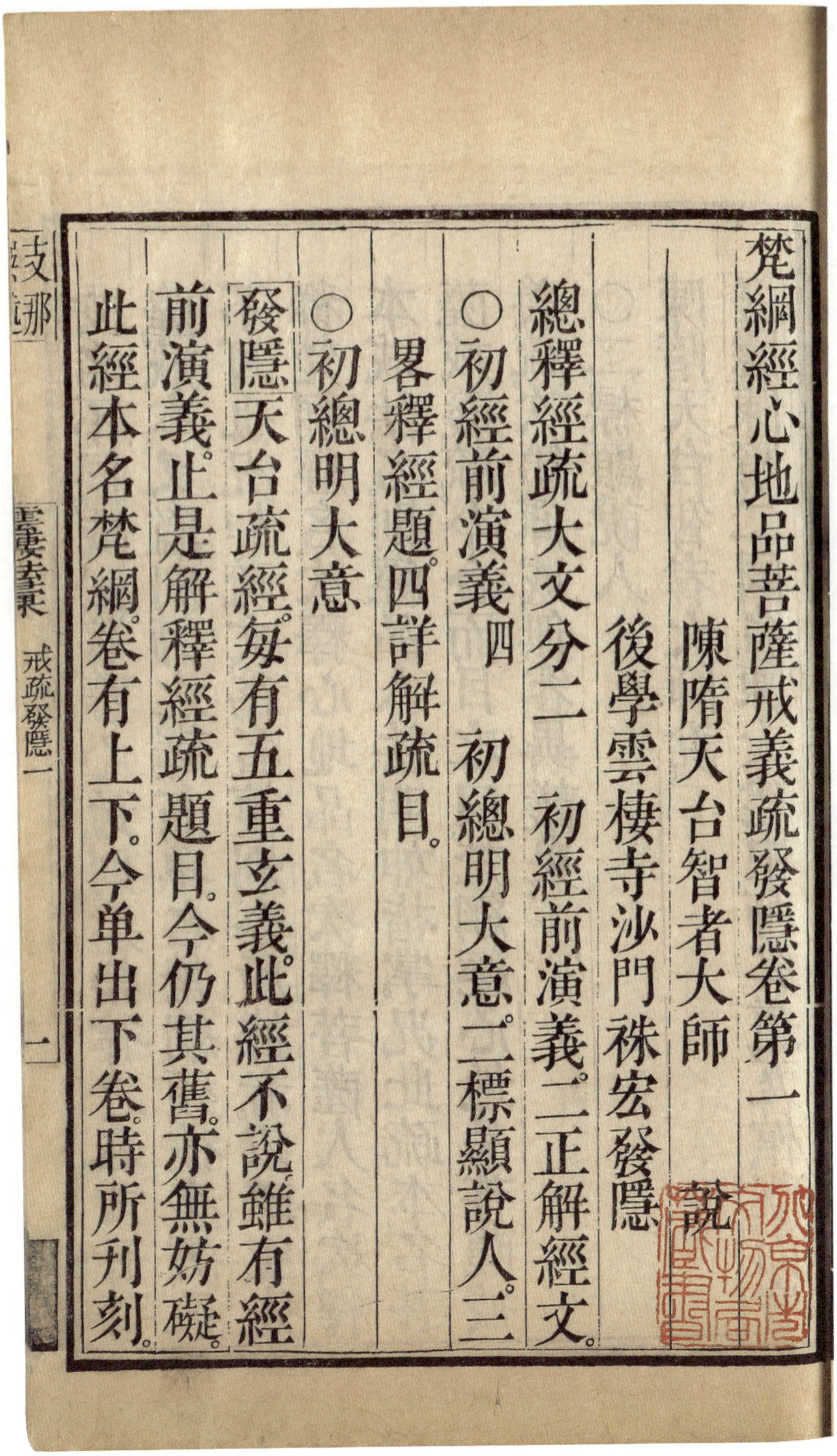
梵綱經心地品菩薩戒義疏發隱卷第一
陳隋天台智者大師 說
後學雲棲寺沙門袾宏發隱
總釋經疏大文分二 初經前演義。二正解經文。
○初經前演義四 初總明大意。二標顯說人。三畧釋經題。四詳解疏目。
○初總明大意
發隱 天台疏經。每有五重玄義。此經不說。雖有經前演義。止是解釋經疏題目。今仍其舊。亦無妨礙。此經本名梵綱。卷有上下。今单出下卷。時所刊刻。

梵綱　雲棲法彙　戒疏發隱一　一

雲棲法彙　（明）釋袾宏輯　明崇禎刻績徑山藏本

框高 22.4 厘米，廣 14.5 厘米。半葉十行，行二十字，下粗黑口，四周雙邊。35 册。

二級 302shan826

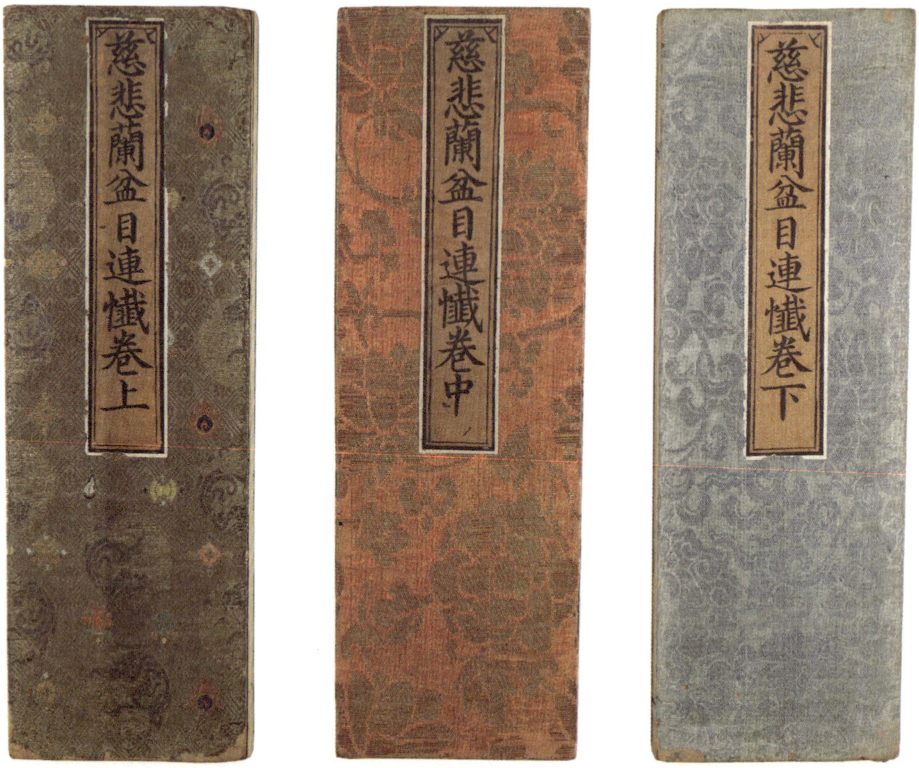

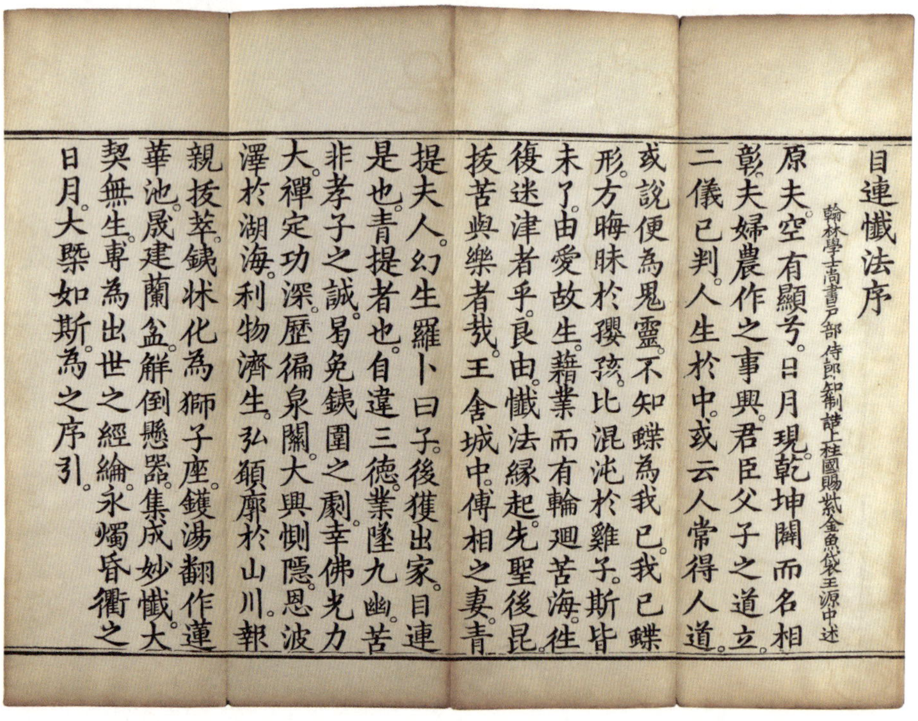

慈悲蘭盆目連懺法道塲三卷　明天啓刻本

框高 26.8 厘米，廣 11.8 厘米。半葉五行，行十五字，上下單邊。3 册。經折裝。

二級 306shan868

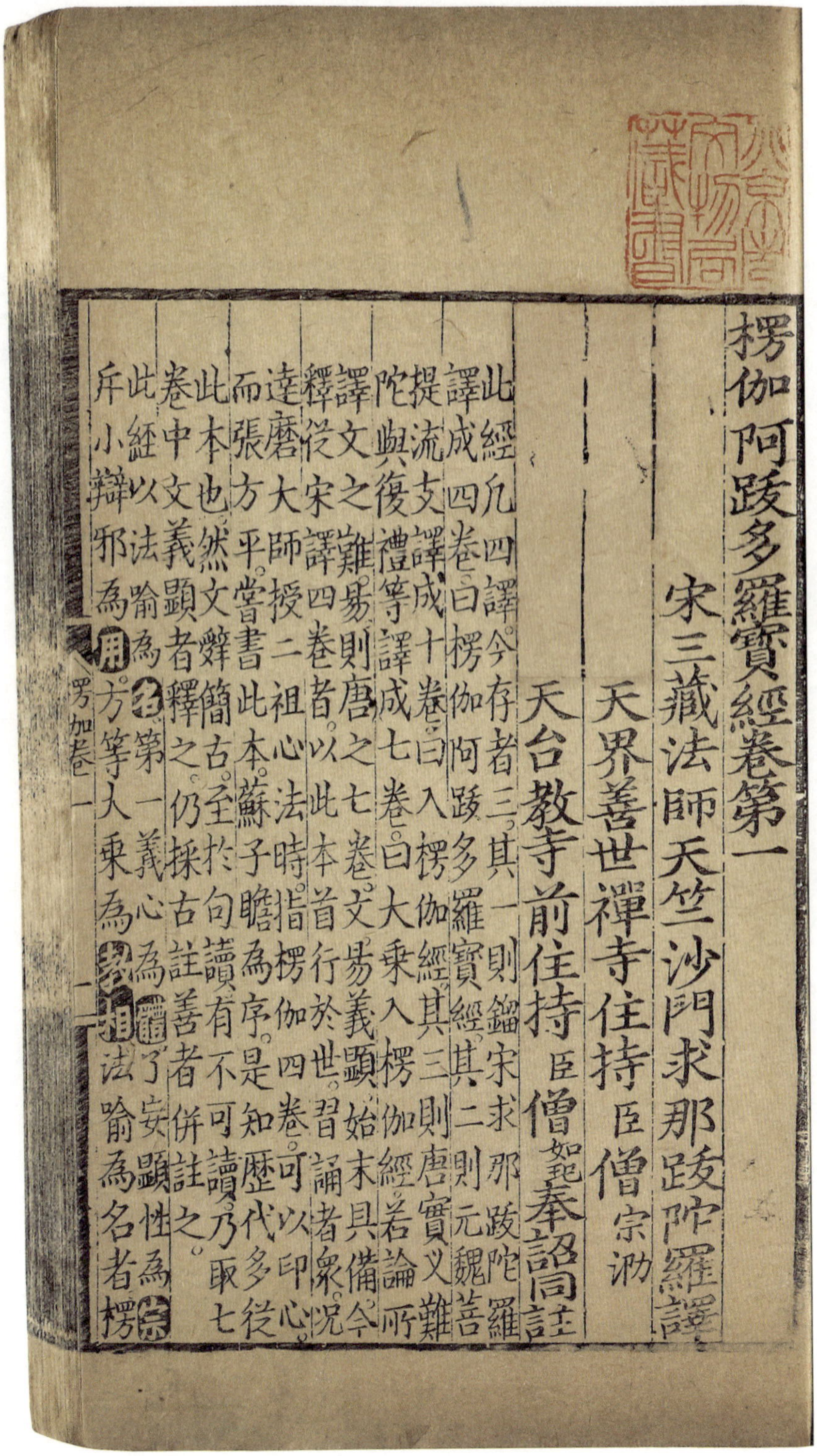

楞伽阿跋多羅寶經四卷 （南朝宋）釋求那跋陀羅譯 （明）釋宗泐 （明）釋如玘註 明刻本

框高19.2厘米，廣13.2厘米。半葉十行，行二十字，小字雙行同，黑口，四周單邊。4册。

二級 310shan865

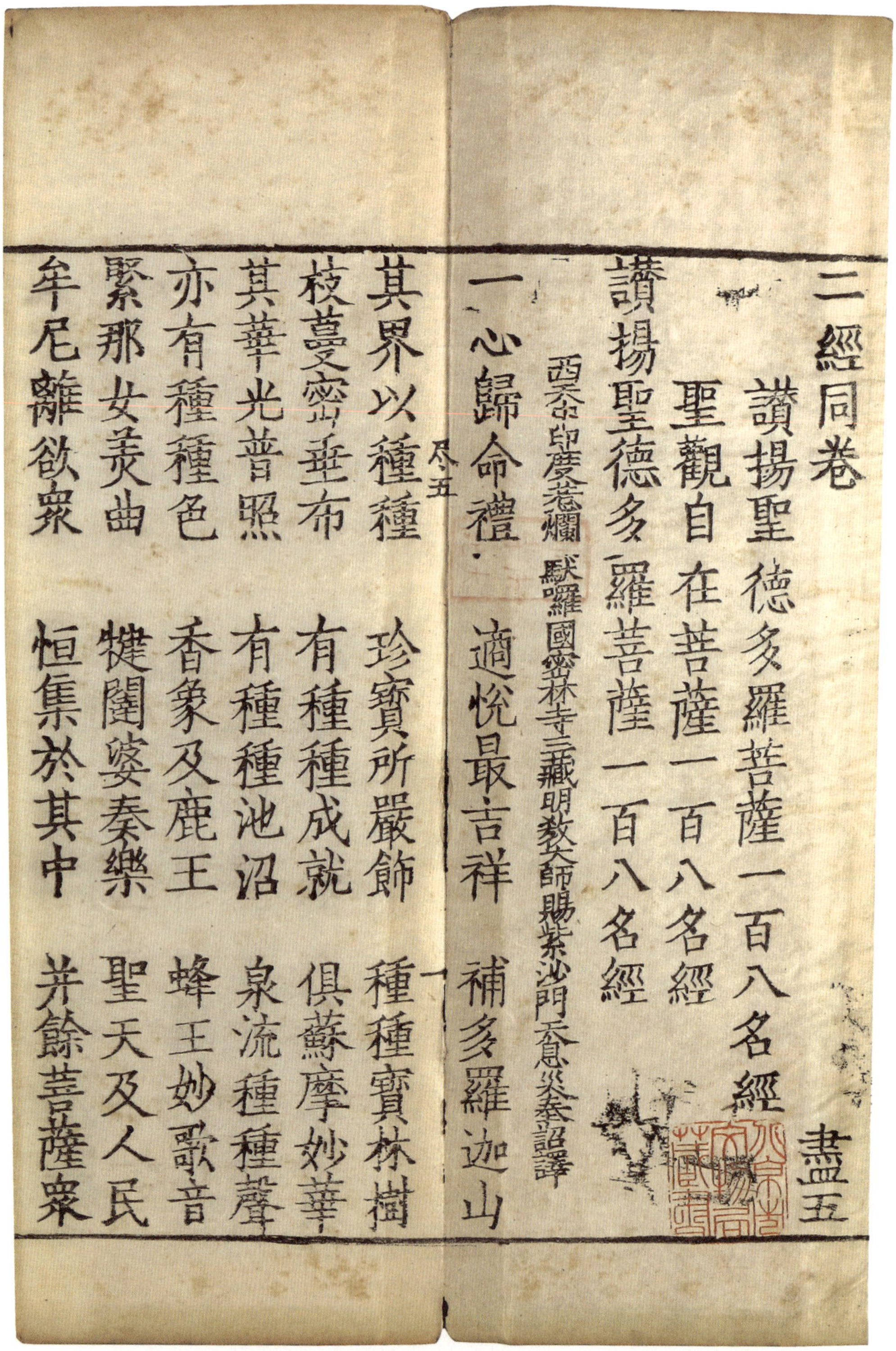

二經同卷　盡五

讚揚聖德多羅菩薩一百八名經

聖觀自在菩薩一百八名經

讚揚聖德多羅菩薩一百八名經

西天中印度惹爛馱羅國密林寺三藏明教大師賜紫沙門天息災奉詔譯

一心歸命禮　適悦最吉祥　補多羅迦山

盡五

其界以種種　珍寶所嚴飾　種種寶林樹

枝蔓密垂布　有種種成就　俱蘇摩妙華

其華光普照　有種種池沼　泉流種種聲

亦有種種色　香象及鹿王　蜂王妙歌音

緊那女美曲　揵闥婆奏樂　聖天及人民

牟尼離欲衆　恒集於其中　并餘菩薩衆

讚揚聖德多羅菩薩一百八名經一卷聖觀自在菩薩一百八名經一卷　（宋）釋天息災譯　明永樂刻嘉靖印永樂南藏本

框高 24 厘米，廣 11.3 厘米。半葉六行，行十七字，上下單邊。1 册。經折裝。

二級 324fo1

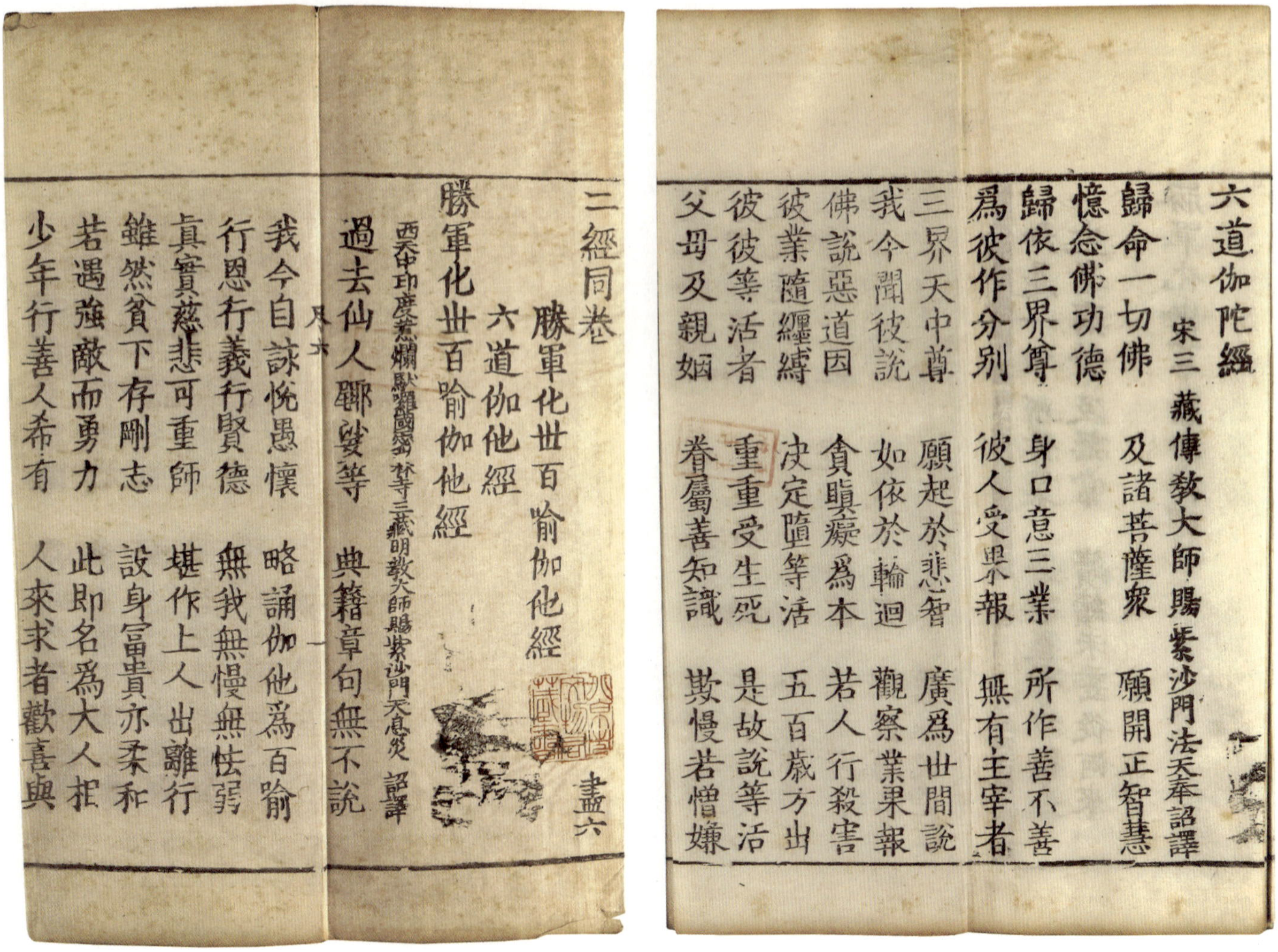

勝軍化世百喻伽他經一卷 （宋）釋天息灾譯 **六道伽陀經一卷** （宋）法天譯 明永樂刻永樂南藏本

框高24厘米，廣11.3厘米。半葉六行，行十七字，上下單邊。1册。鈐“普法大佛寺記”朱文印。經折裝。

二級 325fo2

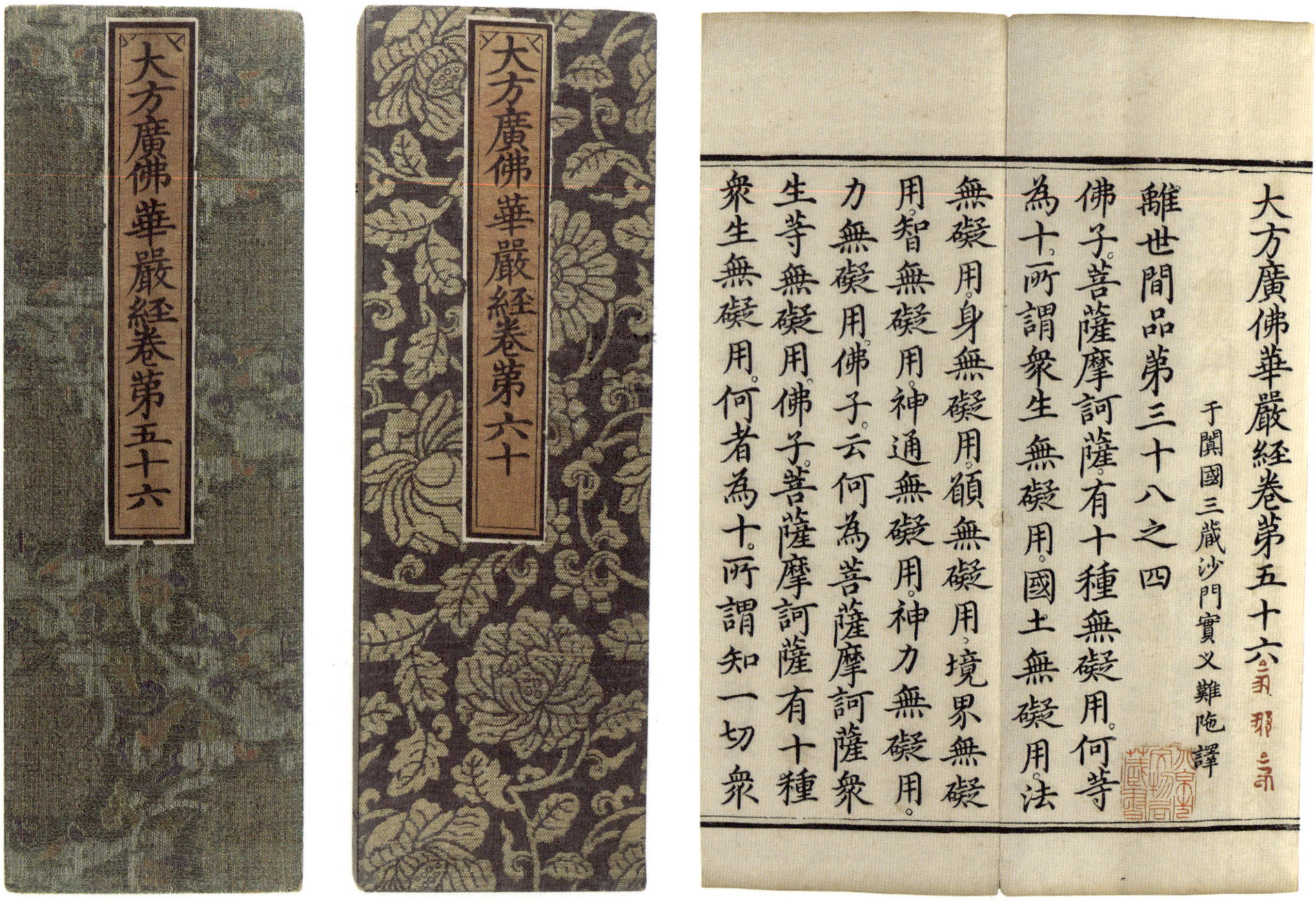

大方廣佛華嚴經八十卷　（唐）釋實叉難陀譯　明萬曆刻本

框高 26.7 厘米，廣 12.2 厘米。半葉五行，行十五字，上下雙邊。2 册。存二卷（五十六、六十）。經折裝。

二級 326fo4

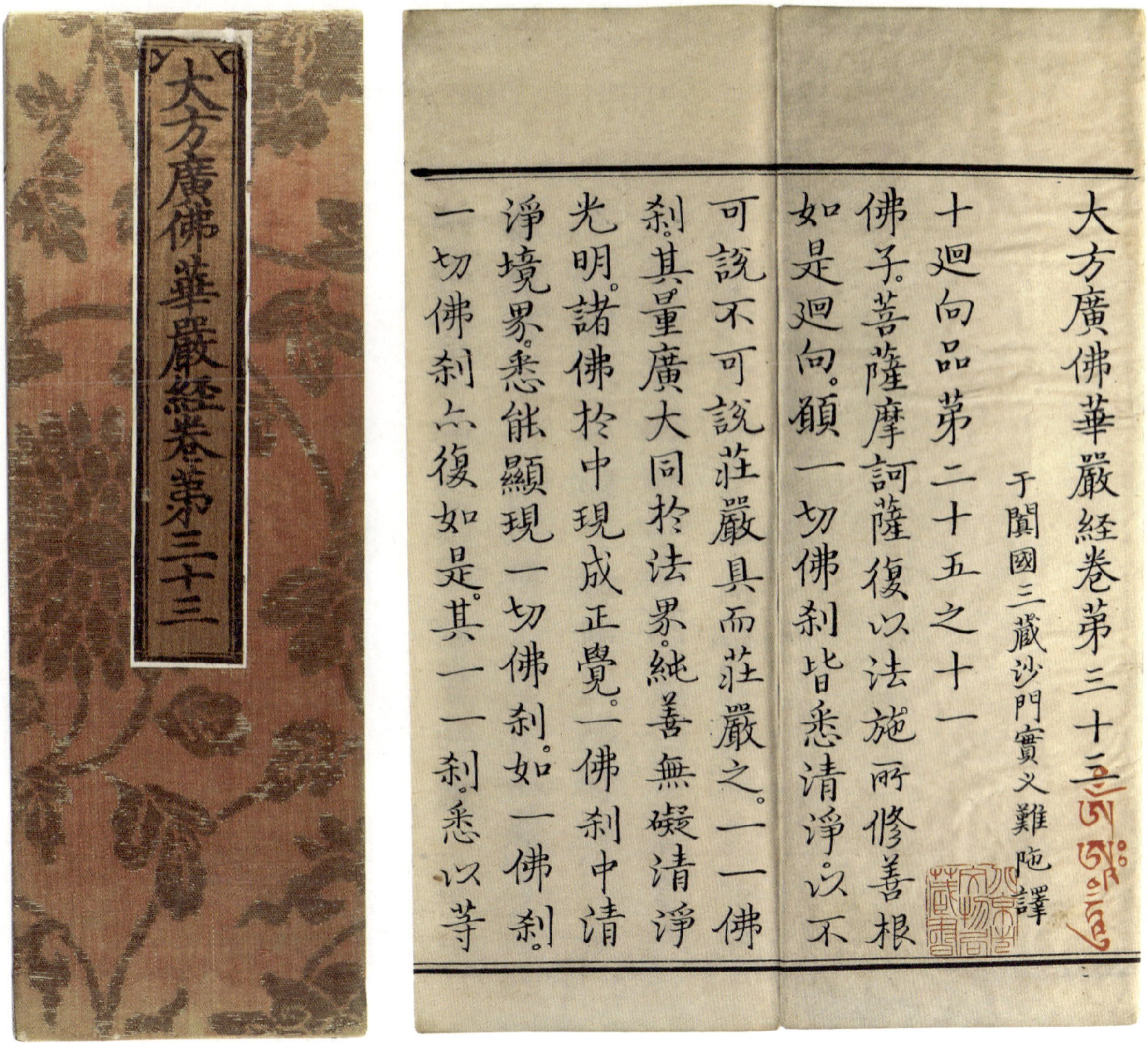

大方廣佛華嚴經八十卷　（唐）釋實叉難陀譯　明崇禎十五年（1642）尚雲程抄本

框高 25.6 厘米，廣 12.1 厘米。半葉五行，行十五字，上下雙邊。1 册。存一卷（三十三）。經折裝。

二級 327fo5

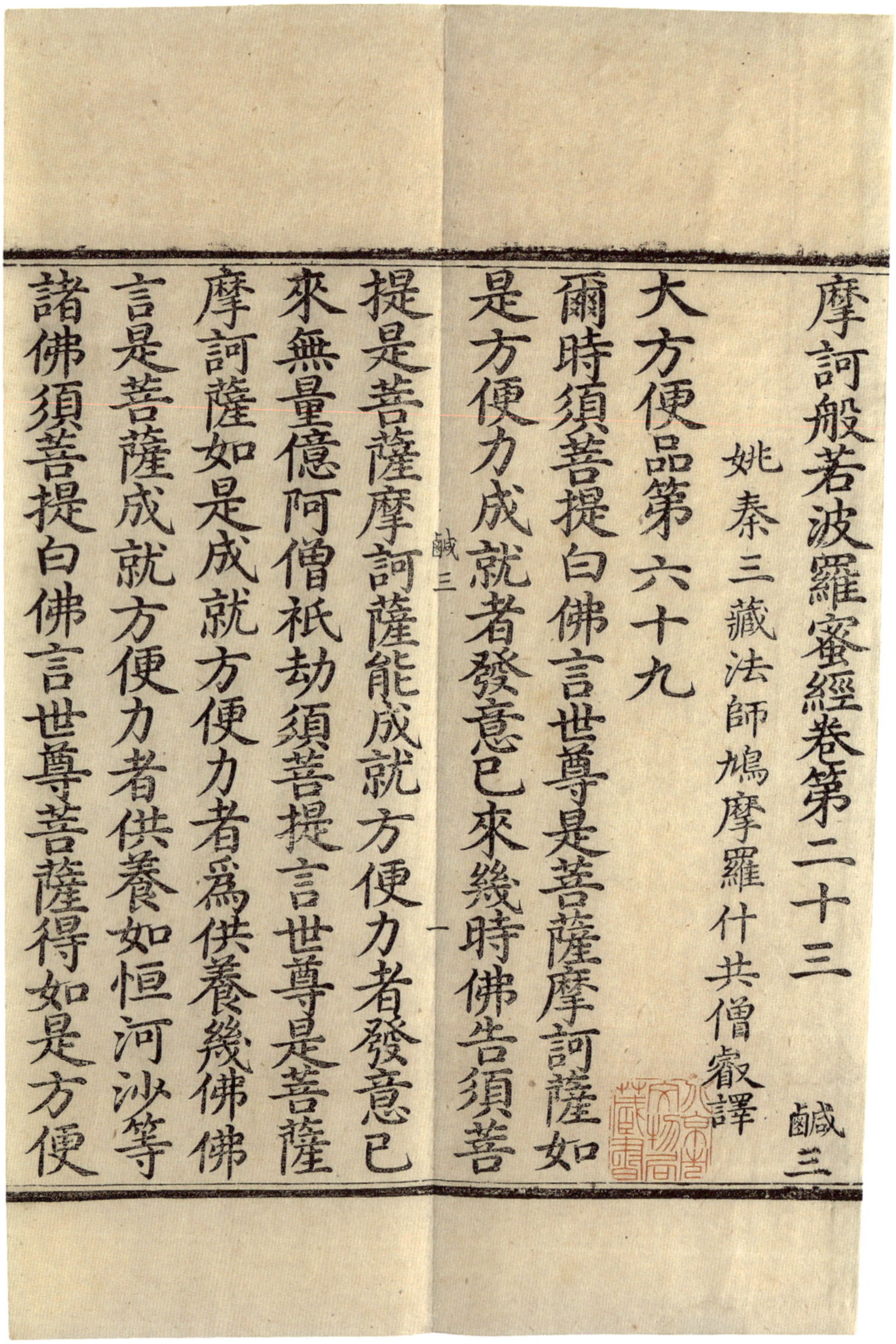

摩訶般若波羅蜜經三十卷　（後秦）釋鳩摩羅什　（後秦）釋僧叡譯　明永樂十九年至正統五年（1421–1440）刻永樂北藏本

框高 26 厘米，廣 12.7 厘米。半葉五行，行十七字，上下雙邊。4 册。存四卷（二十三、二十六至二十八）。經折裝。

二級 328fo6

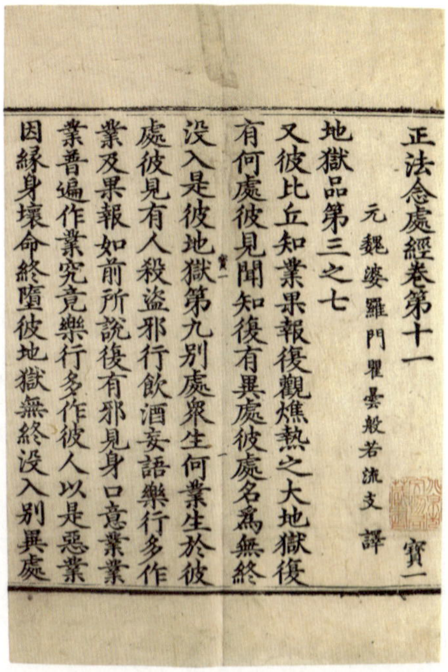
正法念處經卷第十一
元魏婆羅門瞿曇般若流支譯
地獄品第三之七
又彼比丘知業果報復觀燋熱之大地獄復
有何處彼見聞知復有異處彼處名爲無終
沒入是彼地獄第九別處衆生何業生於彼
處彼見有人殺盗邪行飲酒妄語樂行多作
業及果報如前所説復有邪見身口意業業
業普遍作業究竟樂行多作彼人以是惡業
因緣身壞命終墮彼地獄無終沒入別異處

正法念處經七十卷 （北魏）釋瞿曇般若流支譯 明永樂十九年至正統五年（1421－1440）刻永樂北藏本

框高27.8厘米，廣12.6厘米。半葉五行，行十七字，上下雙邊。5册。存五卷（十一、十五、十八至十九、二十五）。經折裝。

二級 329fo7

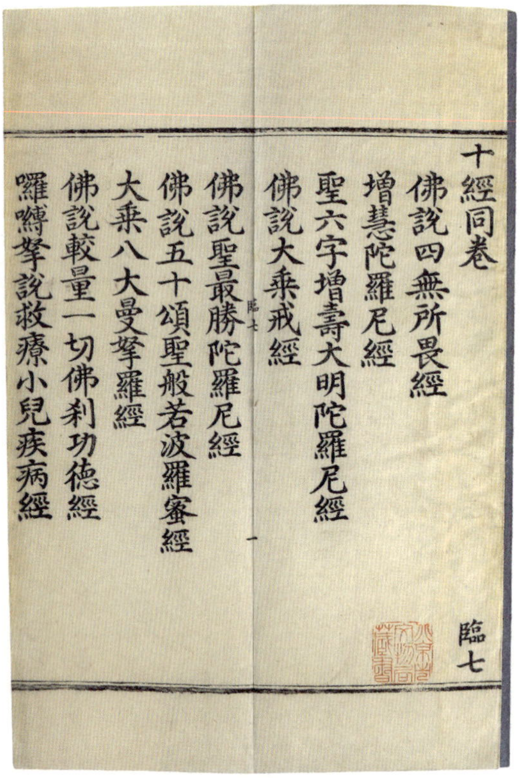

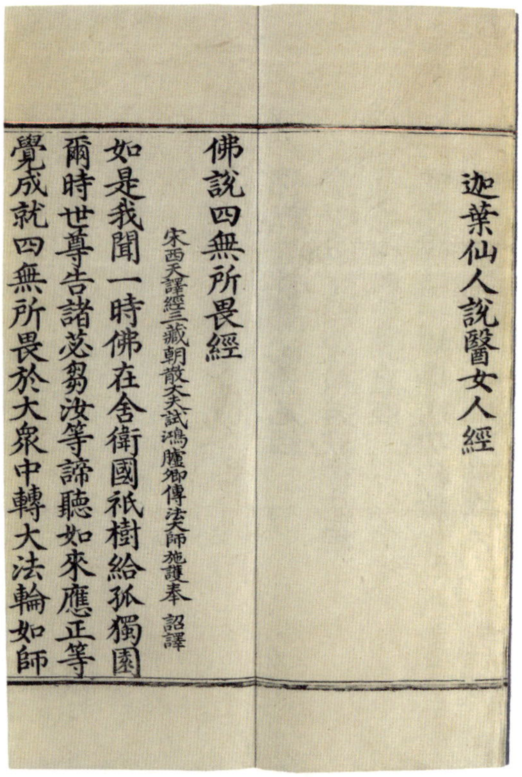

佛說四無所畏經一卷增慧陀羅尼經一卷聖六字增壽大明陀羅尼經一卷佛說大乘戒經一卷佛說聖最勝陀羅尼經一卷佛說五十頌聖般若波羅蜜經一卷　（宋）釋施護譯　**大乘八大曼拏羅經一卷　迦葉仙人說醫女人經一卷**　（宋）釋法賢譯　明永樂十九年至正統五年（1421-1440）刻永樂北藏本

框高 26 厘米，廣 12.7 厘米。半葉五行，行十七字，上下雙邊。1 册。缺二經（佛說較量一切佛剎功德經、囉嚩拏說救療小兒疾病經）。經折裝。

二級 330fo8

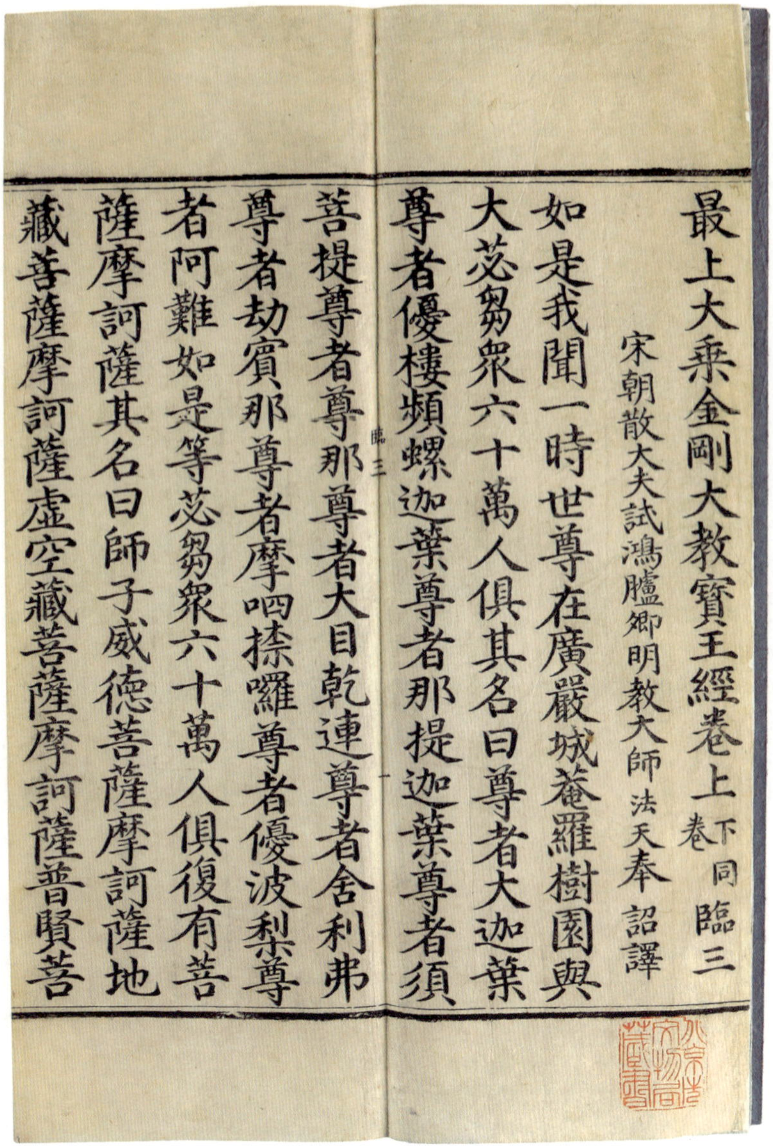

最上大乘金剛大教寶王經二卷 （宋）釋法天譯 明永樂十九年至正統五年（1421－1440）刻永樂北藏本

框高 26 厘米，廣 12.7 厘米。半葉五行，行十七字，上下雙邊。1 册。經折裝。

二級 331fo9

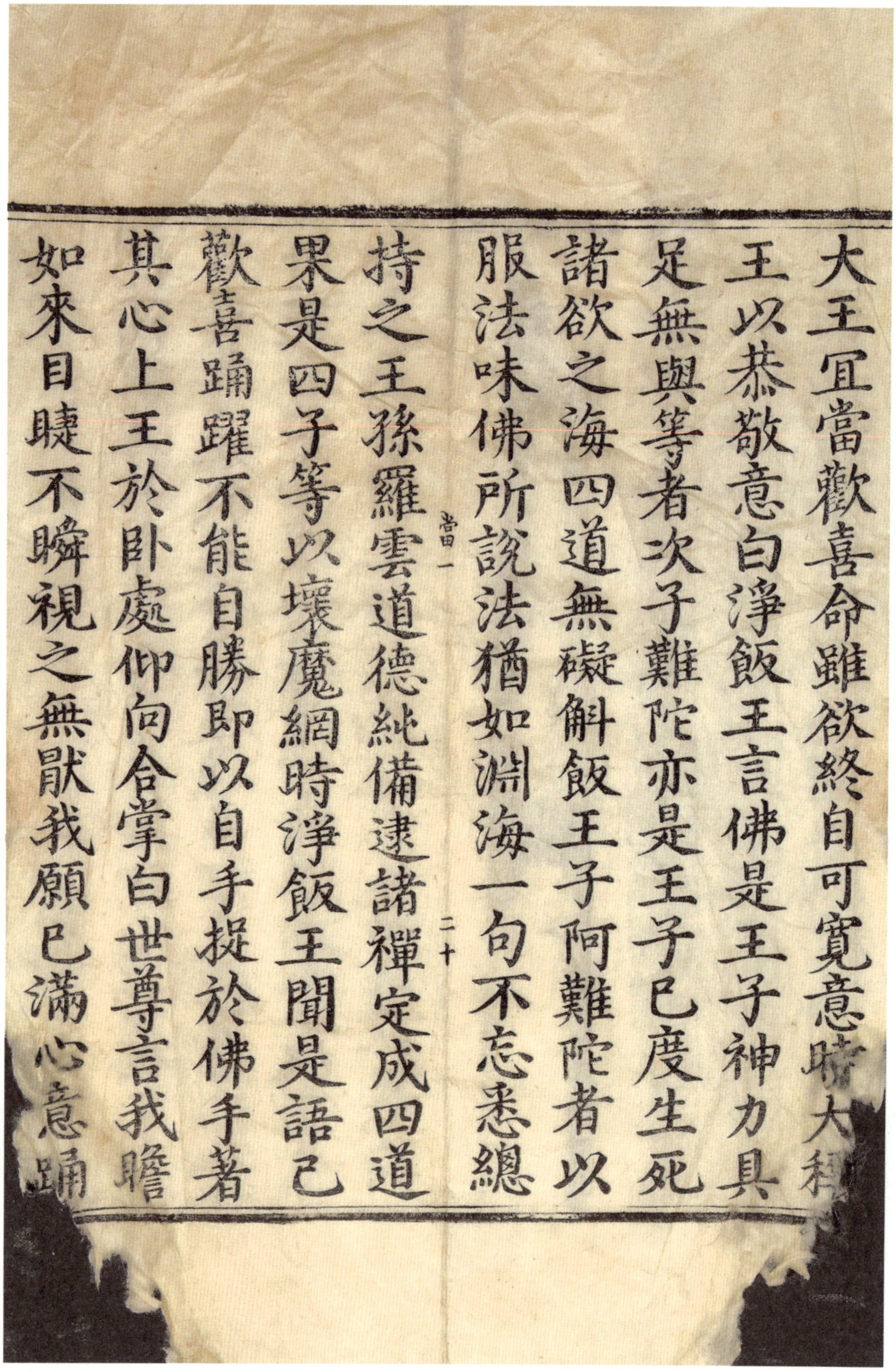
大王宜當歡喜命雖欲終自可寬意時大稱
王以恭敬意白淨飯王言佛是王子神力具
足無與等者次子難陀亦是王子已度生死
諸欲之海四道無礙斛飯王子阿難陀者以
服法味佛所說法猶如淵海一句不忘悉總
當一　二十
持之王孫羅雲道德純備逮諸禪定成四道
果是四子等以壞魔網時淨飯王聞是語已
歡喜踊躍不能自勝即以自手捉於佛手著
其心上王於卧處仰向合掌白世尊言我瞻
如來目睫不瞬視之無猒我願已滿心意踊

佛說淨飯王般涅槃經一卷　（南朝宋）沮渠京聲譯　明永樂十九年至正統五年（1421–1440）刻永樂北藏本

框高 28 厘米，廣 13 厘米。半葉五行，行十七字，上下雙邊。8 册。經折裝。

二級 332fo10

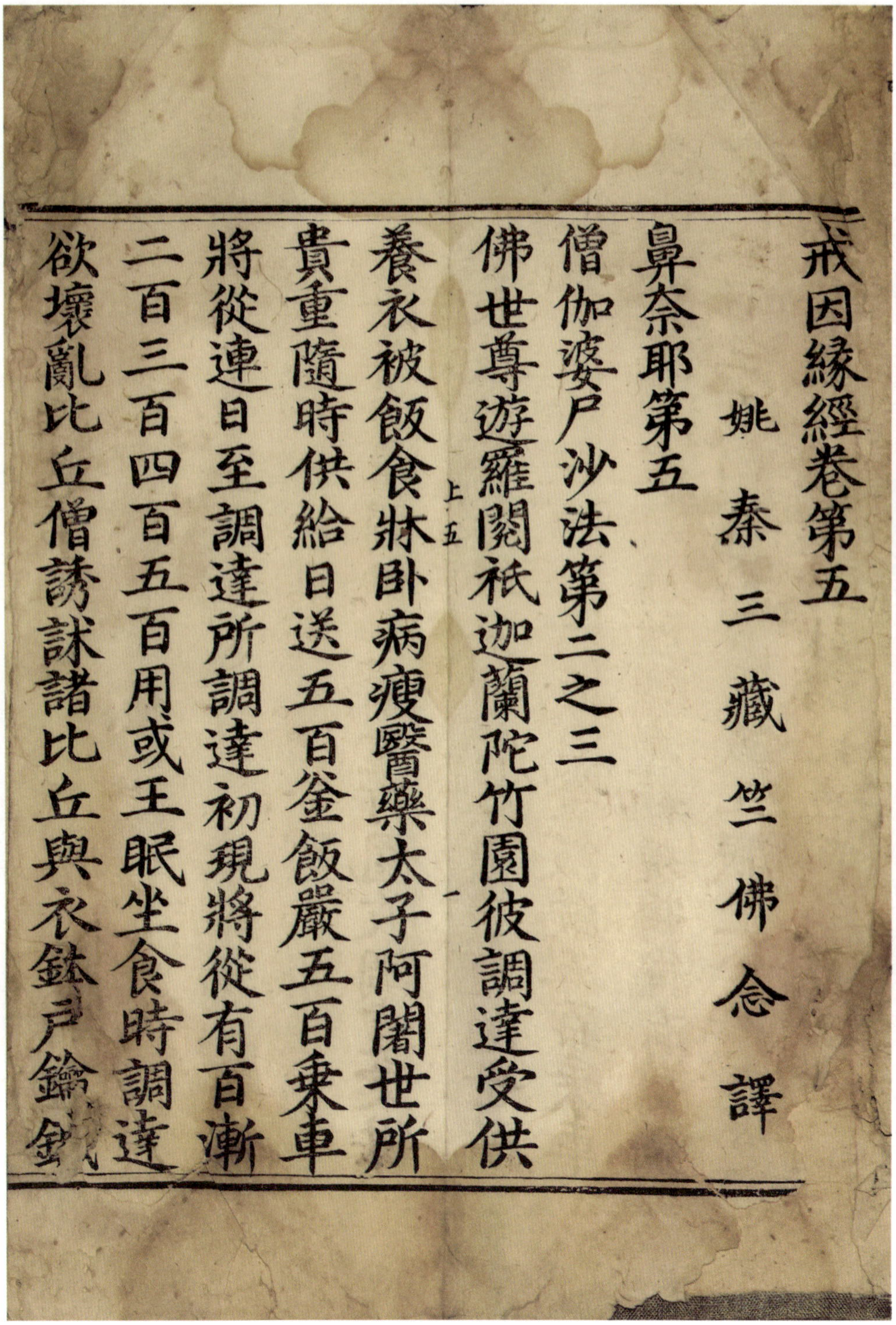
戒因縁經卷第五
姚秦三藏竺佛念譯
鼻奈耶第五
僧伽婆尸沙法第二之三
佛世尊遊羅閱祇迦蘭陀竹園彼調達受供
養衣被飯食牀卧病瘦醫藥太子阿闍世所
貴重隨時供給日送五百釜飯嚴五百乘車
將從連日至調達所調達初現將從有百漸
二百三百四百五百用或王眠坐食時調達
欲壞亂比丘僧誘誅諸比丘與衣鉢戶鑰鉸

上五

戒因緣經十卷　（後秦）釋竺佛念譯　明永樂十九年至正統五年（1421–1440）刻永樂北藏本

框高 28 厘米，廣 12.7 厘米。半葉五行，行十七字，上下雙邊。2 册。存二卷（鼻奈耶卷四至五）。經折裝。

二級 333fo11

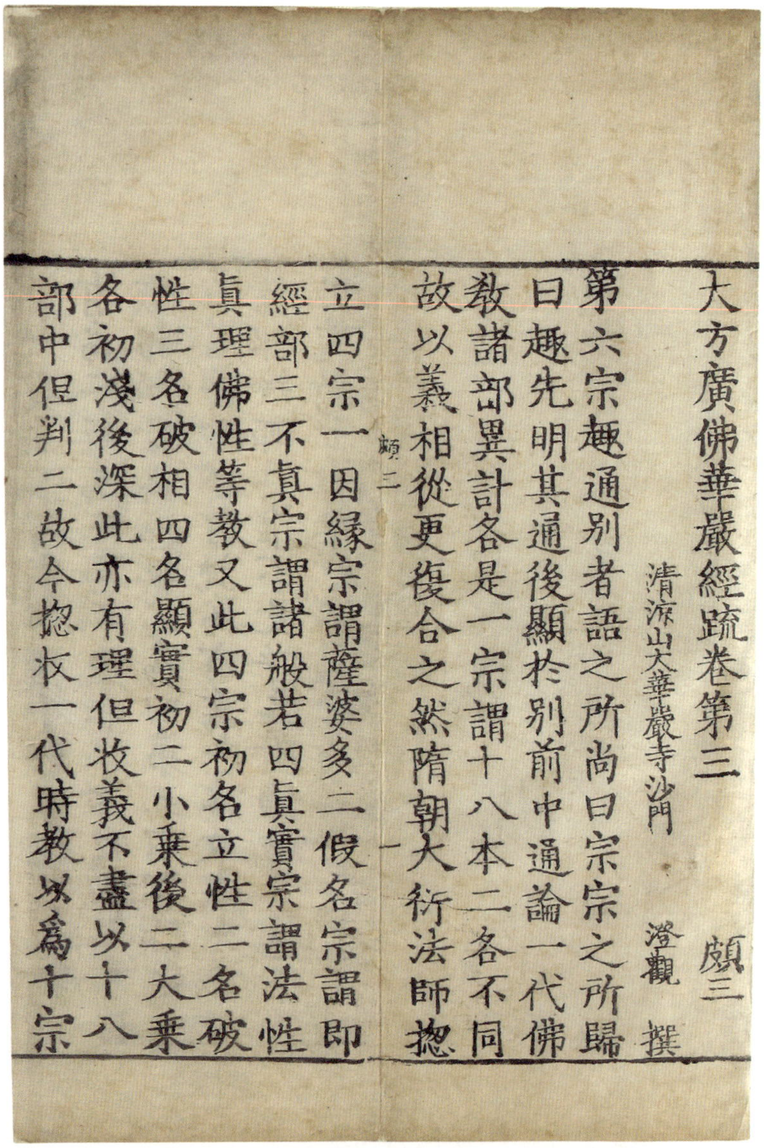
大方廣佛華嚴經疏卷第三　　頗三
清涼山大華嚴寺沙門　澄觀　撰
第六宗趣通別者語之所尚曰宗宗之所歸
曰趣先明其通後顯於別前中通論一代佛
教諸部異計各是一宗謂十八本二各不同
故以義相從更復合之然隋朝大衍法師揔
頗二　一
立四宗一因緣宗謂薩婆多二假名宗謂即
經部三不真宗謂諸般若四真實宗謂法性
真理佛性等教又此四宗初名立性二名破
性三名破相四名顯實初二小乘後二大乘
各初淺後深此亦有理但收義不盡以十八
部中但判二故今揔收一代時教以爲十宗

大方廣佛華嚴經疏六十卷　（唐）釋澄觀撰　明永樂刻萬曆補刻永樂南藏本

框高 23 厘米，廣 11.3 厘米。半葉六行，行十七字，上下單邊。1 册。存一卷（三）。經折裝。

二級 334fo12

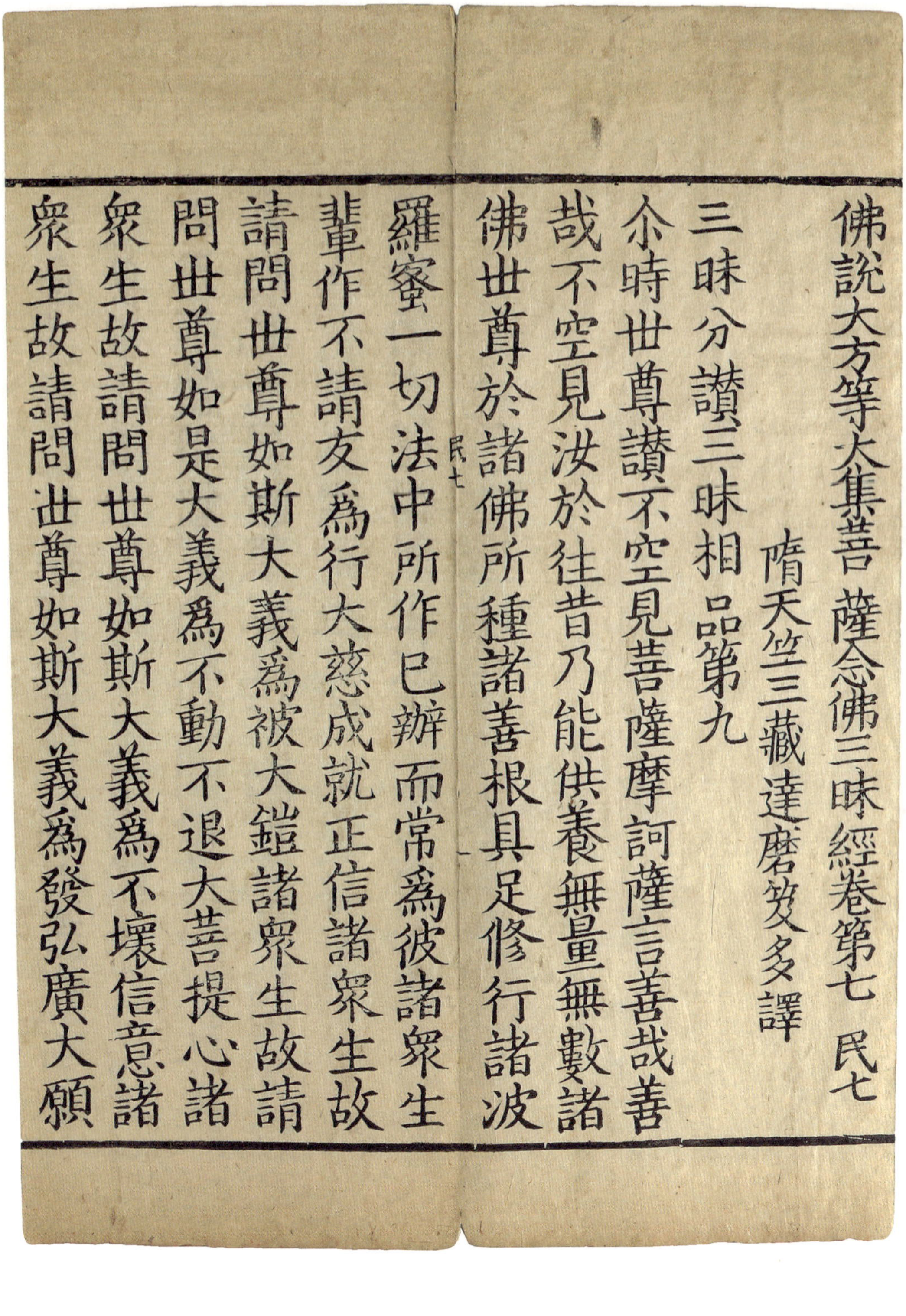

佛説大方等大集菩薩念佛三昧經十卷　（天竺）釋達磨笈多譯　明永樂十一年至十八年（1413—1420）刻永樂南藏本

框高24.5厘米，廣11.3厘米。半葉六行，行十七字，上下單邊。3册。存三卷（四、七至八）。經折裝。

二級 335fo13

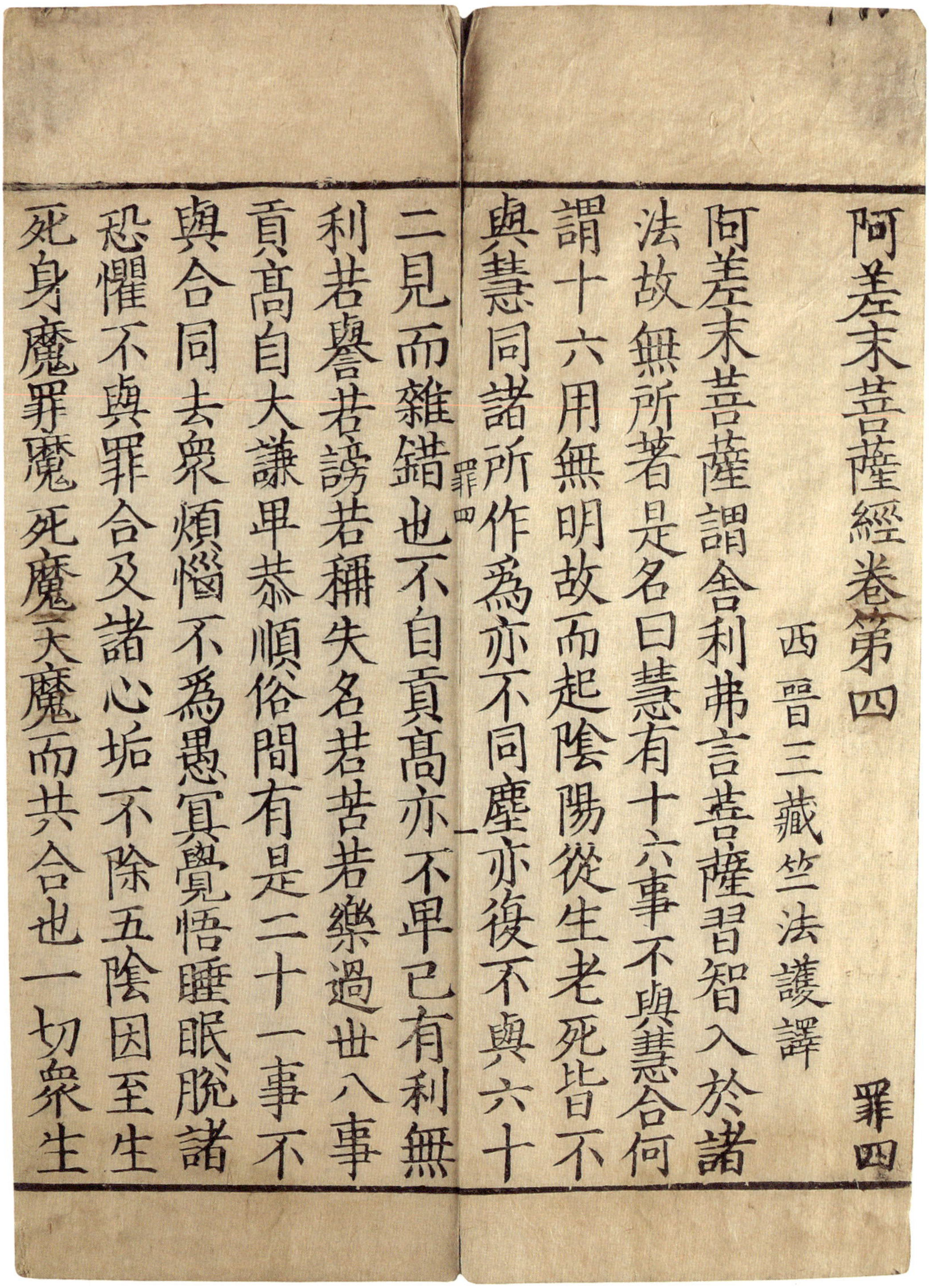

阿差末菩薩經卷第四　罪四
西晋三藏竺法護譯
阿差末菩薩謂舍利弗言菩薩習智入於諸
法故無所著是名曰慧有十六事不與慧合何
謂十六用無明故而起陰陽從生老死皆不
與慧同諸所作爲亦不同塵亦復不與六十
罪四　一
二見而雜錯也不自貢高亦不卑己有利無
利若譽若謗若稱失名若苦若樂過世八事
貢高自大謙卑恭順俗間有是二十一事不
與合同去衆煩惱不爲愚冥覺悟睡眠脱諸
恐懼不與罪合及諸心垢不除五陰因至生
死身魔罪魔死魔天魔而共合也一切衆生

阿差末菩薩經七卷　（西晋）釋法護譯　明永樂十一年至十八年（1413－1420）刻永樂南藏本

框高 24.5 厘米，廣 11.5 厘米。半葉六行，行十七字，上下單邊。1 册。存一卷（四）。經折裝。

二級 336fo14

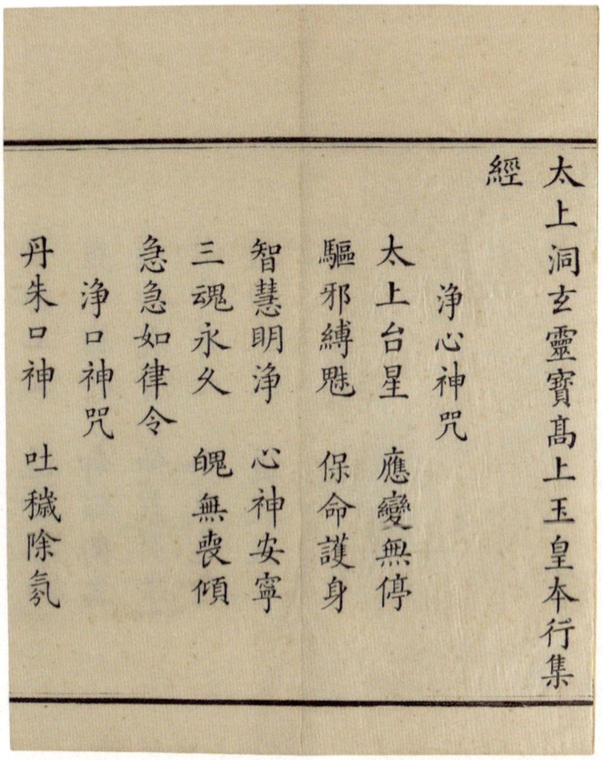

太上洞玄靈寶高上玉皇本行集經

淨心神咒

太上台星　應變無停
驅邪縛魅　保命護身
智慧明淨　心神安寧
三魂永久　魄無喪傾
急急如律令

淨口神咒

丹朱口神　吐穢除氛

太上洞玄靈寶高上玉皇本行集經　（清）張照書　清乾隆二年（1737）刻本

框高 23 厘米，廣 12.6 厘米。半葉五行，行十三字，上下雙邊。1 册。經折裝。

二級 337fo16

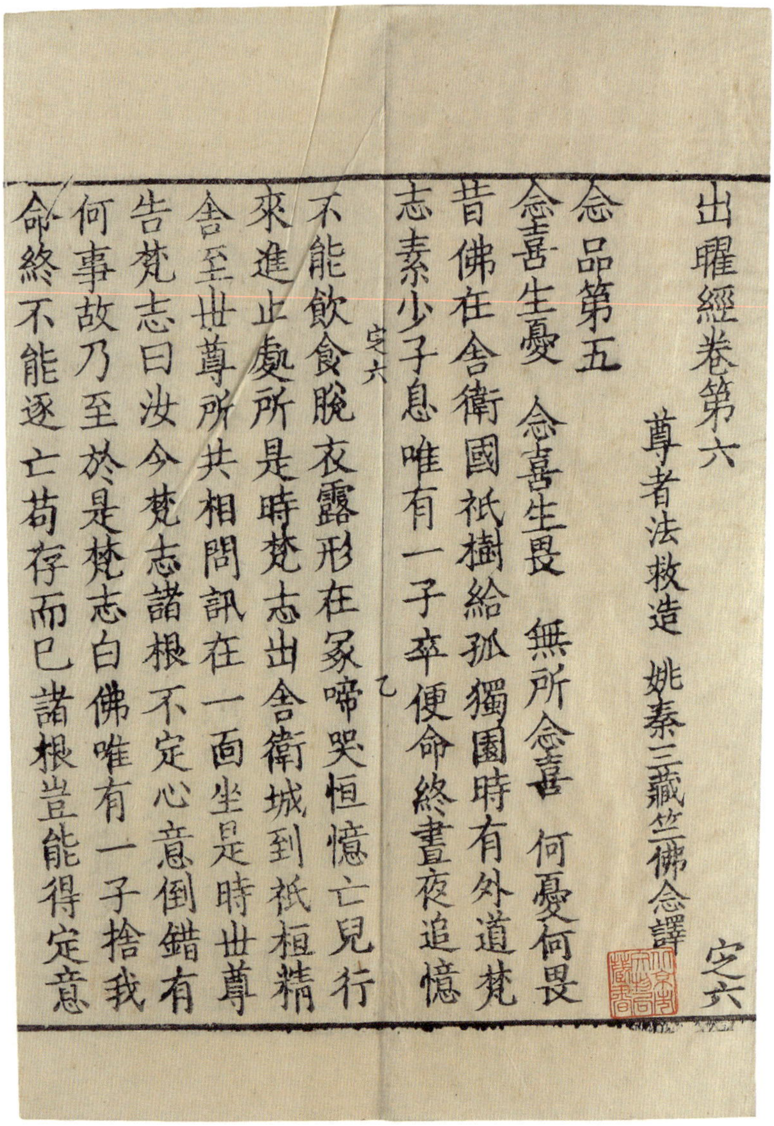

出曜經卷第六　　定六
尊者法救造　姚秦三藏竺佛念譯
念品第五
念喜生憂　念喜生畏　無所念喜　何憂何畏
昔佛在舍衛國祇樹給孤獨園時有外道梵
志素少子息唯有一子卒便命終晝夜追憶
不能飲食脫衣露形在冢啼哭恒憶亡兒行
來進止處所是時梵志出舍衛城到祇桓精
舍至世尊所共相問訊在一面坐是時世尊
告梵志曰汝今梵志諸根不定心意倒錯有
何事故乃至於是梵志白佛唯有一子捨我
命終不能逐亡苟存而已諸根豈能得定意

出曜經二十卷　（天竺）釋法救造　（後秦）釋竺佛念譯　明永樂十一年至十八年（1413－1420）刻永樂南藏本

框高 17.6 厘米，廣 11.2 厘米。半葉六行，行十七字，上下單邊。1 册。存一卷（六）。經折裝。

二級 338fo18

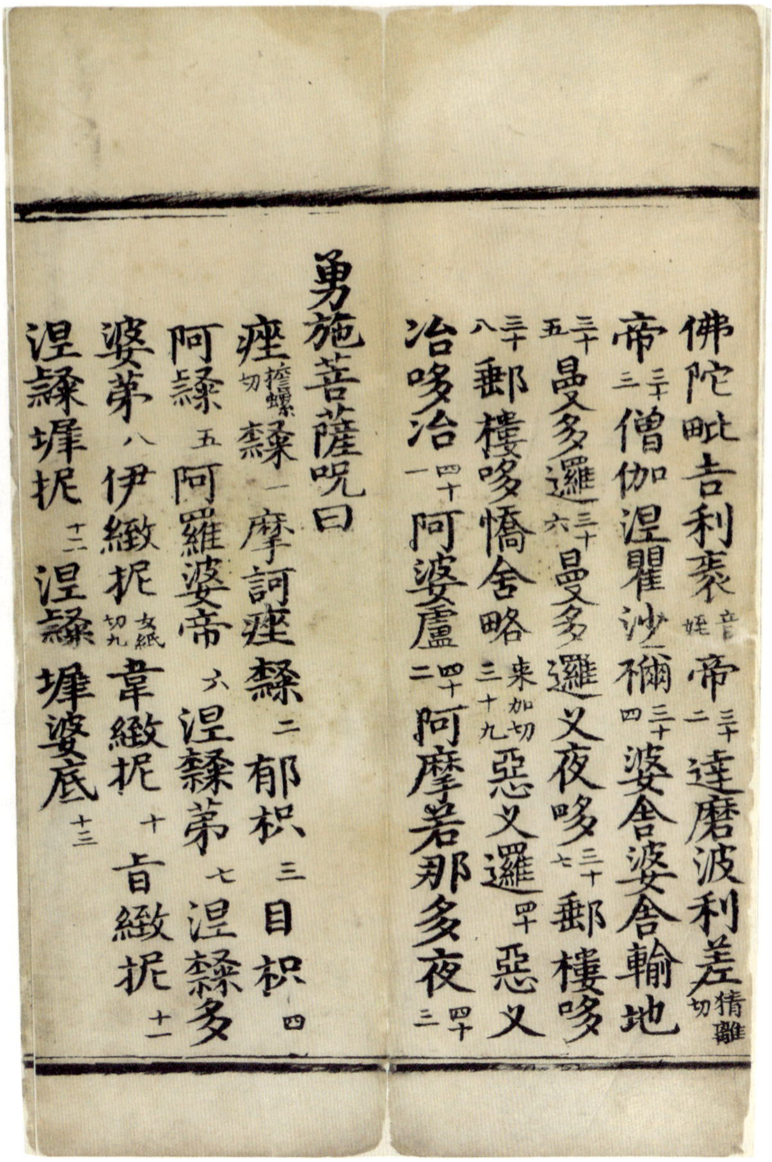
佛陀毗吉利袠音姪帝二十二達磨波利差猜離切
帝二十三僧伽涅瞿沙祢二十四婆舍婆舍輸地
二十五曼多邏二十六曼多邏叉夜多二十七郵樓哆
二十八郵樓哆憍舍略來加切二十九惡叉邏三十惡叉
冶多冶四十一阿婆盧四十二阿摩若那多夜四十三
勇施菩薩呪曰
痤摣蟆切隸一摩訶痤隸二郁枳三目枳四
阿隸五阿羅婆帝六涅隸第七涅隸多
婆第八伊緻柅女紙切九韋緻柅十旨緻柅十一
涅隸墀柅十二涅隸墀婆底十三

妙法蓮華經七卷　（後秦）釋鳩摩羅什譯　明洪武刻本

框高 20.5 厘米，廣 9 厘米。半葉五行，行十五字或十六字，上下雙邊。3 册。存三卷（一、三、七）。經折裝。

二級 339fo24

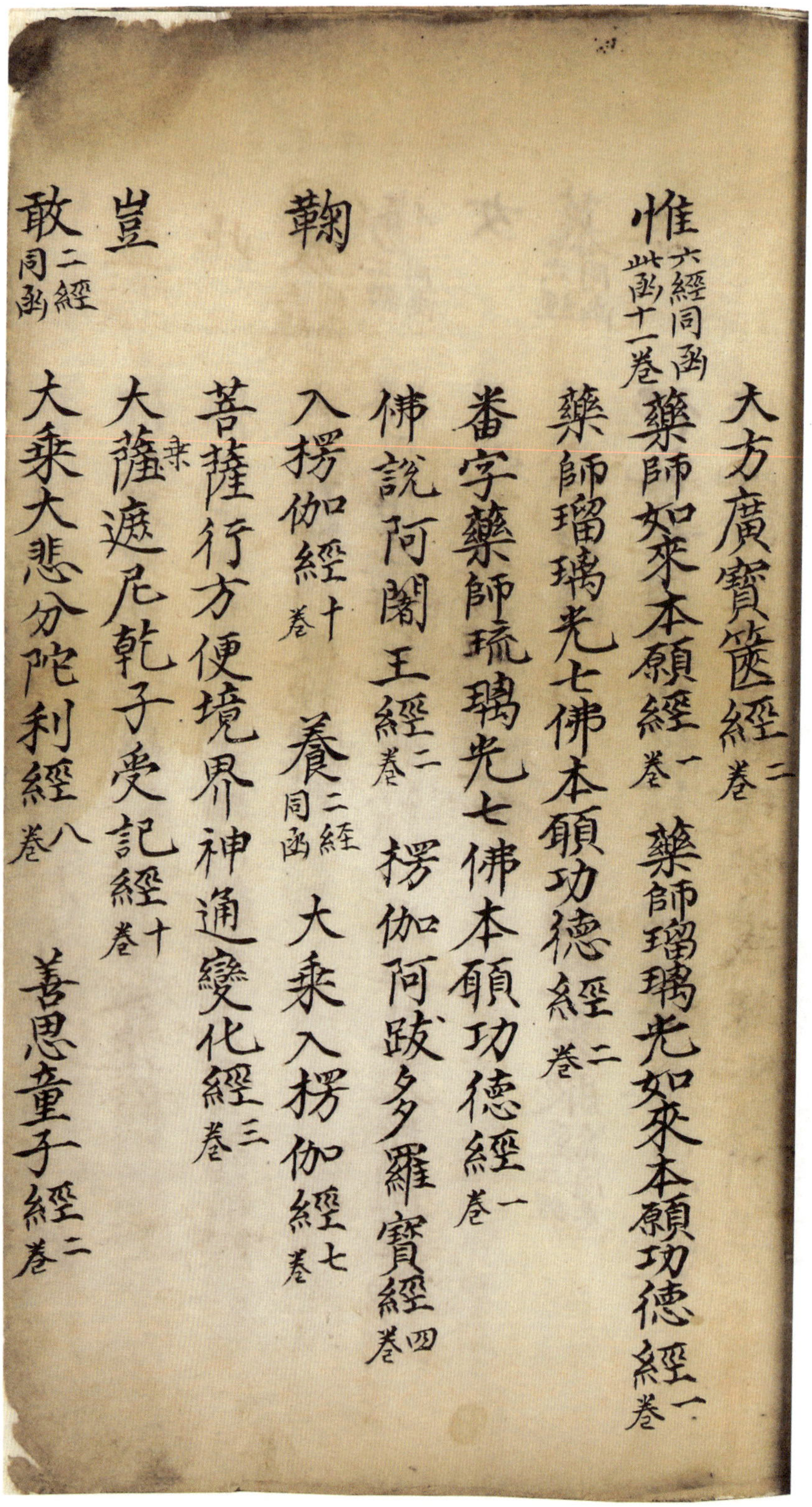
大方廣寶篋經二卷
惟 六經同函計十一卷 藥師如來本願經一卷 藥師瑠璃光如來本願功德經一卷
藥師瑠璃光七佛本願功德經二卷
番字藥師琉璃光七佛本願功德經一卷
佛説阿闍王經二卷 楞伽阿跋多羅寶經四卷
鞠 入楞伽經十卷 養 二經同函 大乘入楞伽經七卷
菩薩行方便境界神通變化經三卷
豈 大薩遮尼乾子受記經十卷
敢 二經同函 大乘大悲分陀利經八卷 善思童子經二卷

大明三藏聖教目録四卷 明寫本

框高 27.6 厘米，廣 9.6 厘米。半葉九行，大小字不等。1 册。包背裝。

二級 340fo27

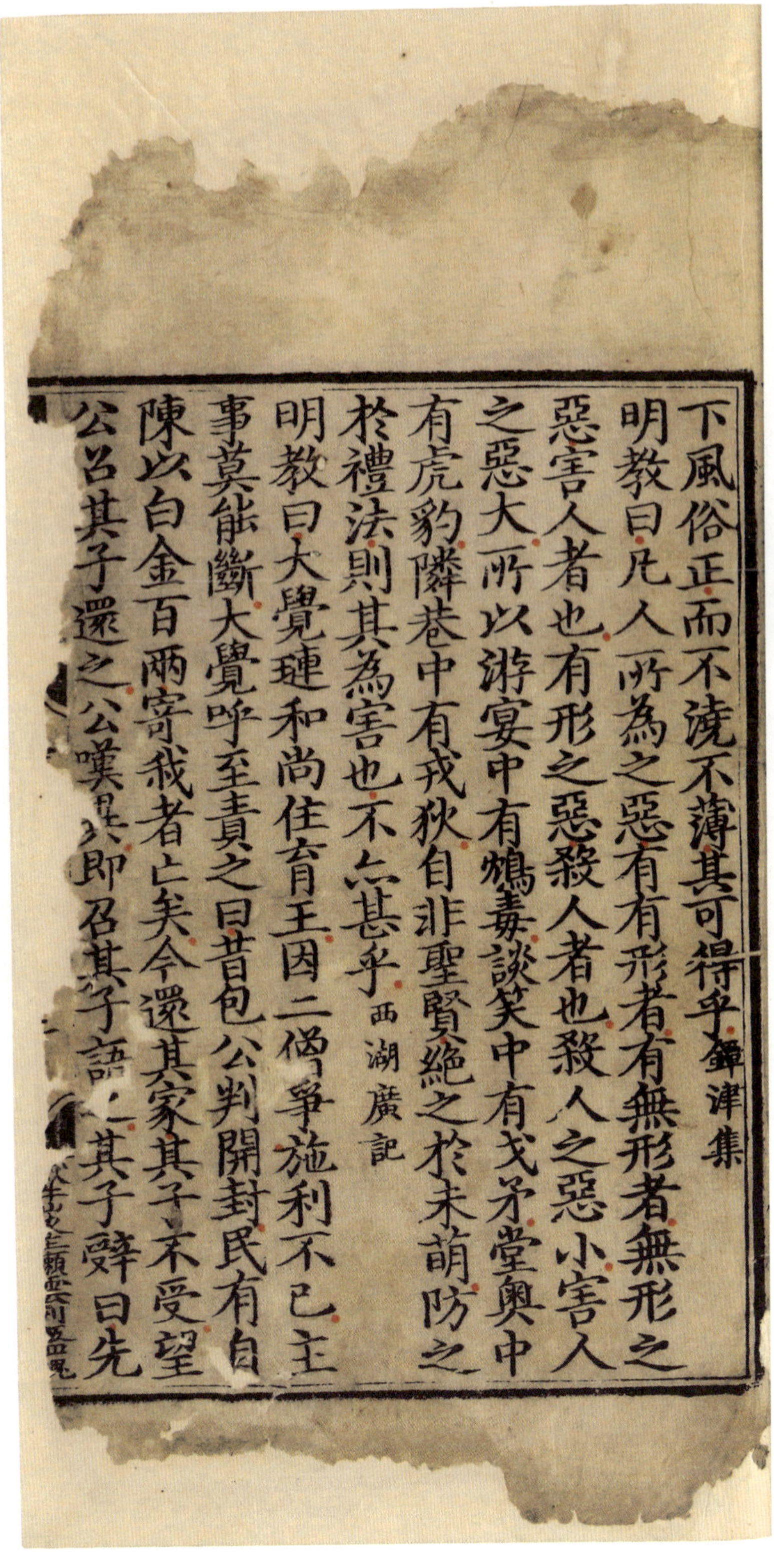
下風俗正而不澆不薄其可得乎　鐔津集
明教曰凡人所為之惡有有形者有無形者無形之
惡害人者也有形之惡殺人者也殺人之惡小害人
之惡大所以游宴中有鴆毒談笑中有戈矛堂奥中
有虎豹隣巷中有戎狄自非聖賢絶之於未萌防之
於禮法則其為害也不亦甚乎　西湖廣記
明教曰大覺璉和尚住育王因二僧爭施利不已主
事莫能斷大覺呼至責之曰昔包公判開封民有自
陳以白金百兩寄我者亡矣今還其家其子不受望
公召其子還之公嘆異即召其子語之其子辭曰先

禪林寶訓二卷　（宋）釋淨善重集　明正統刻本

框高 21 厘米，廣 15.5 厘米。半葉十行，行二十字，黑口，四周雙邊，無格。2 册。

二級 341fo28

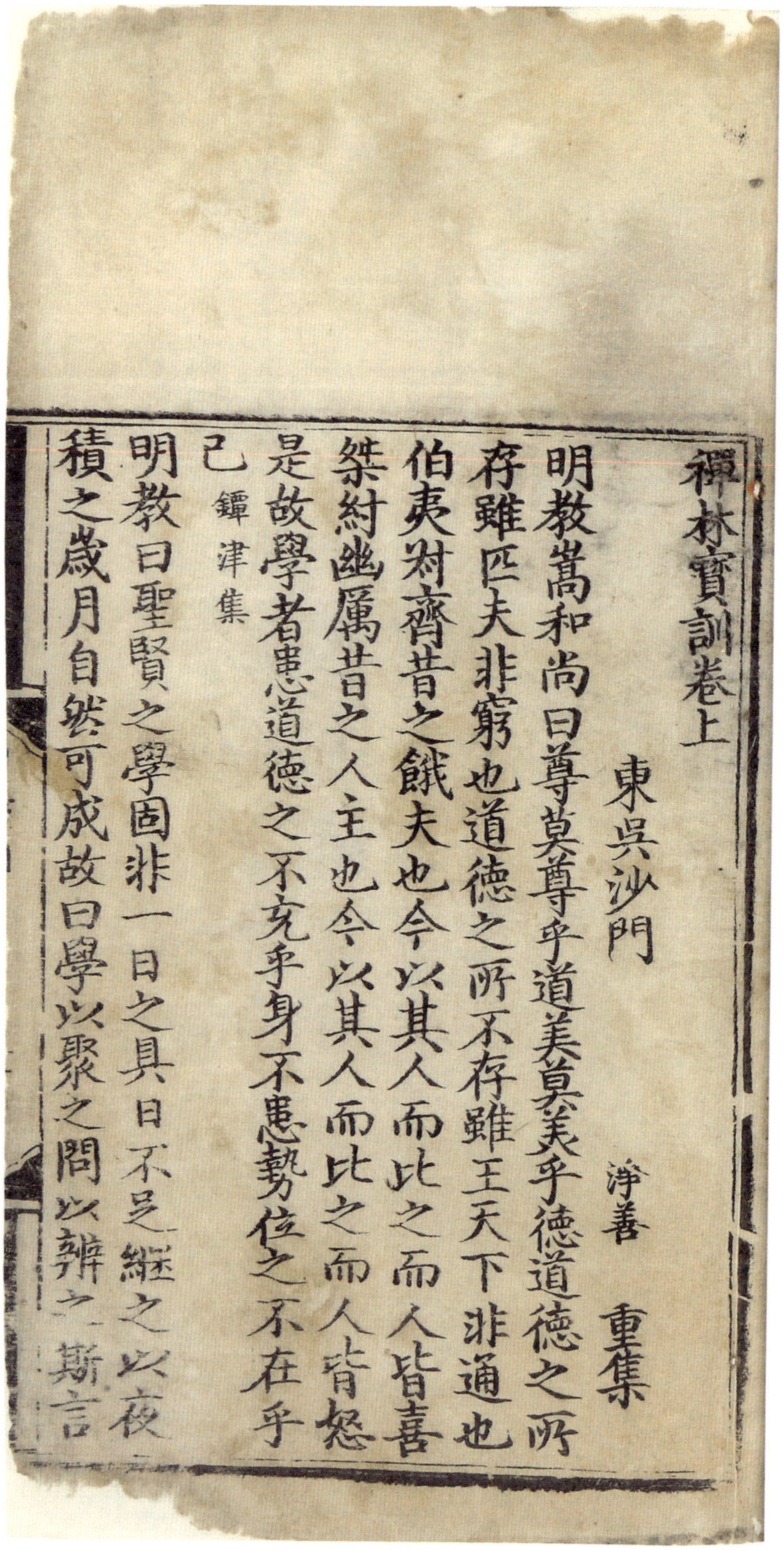
禪林寶訓卷上

東吳沙門　淨善　重集

明教嵩和尚曰尊莫尊乎道美莫美乎德道德之所存雖匹夫非窮也道德之所不存雖王天下非通也伯夷叔齊昔之餓夫也今以其人而比之而人皆喜桀紂幽厲昔之人主也今以其人而比之而人皆怒是故學者患道德之不充乎身不患勢位之不在乎己　鐔津集

明教曰聖賢之學固非一日之具日不足繼之以夜積之歲月自然可成故曰學以聚之問以辨之斯言

禪林寶訓二卷　（宋）釋淨善重集　明正統刻本

框高 21 厘米，廣 15 厘米。半葉十行，行二十字，黑口，四周雙邊。無格。2 册。

二級 342fo29

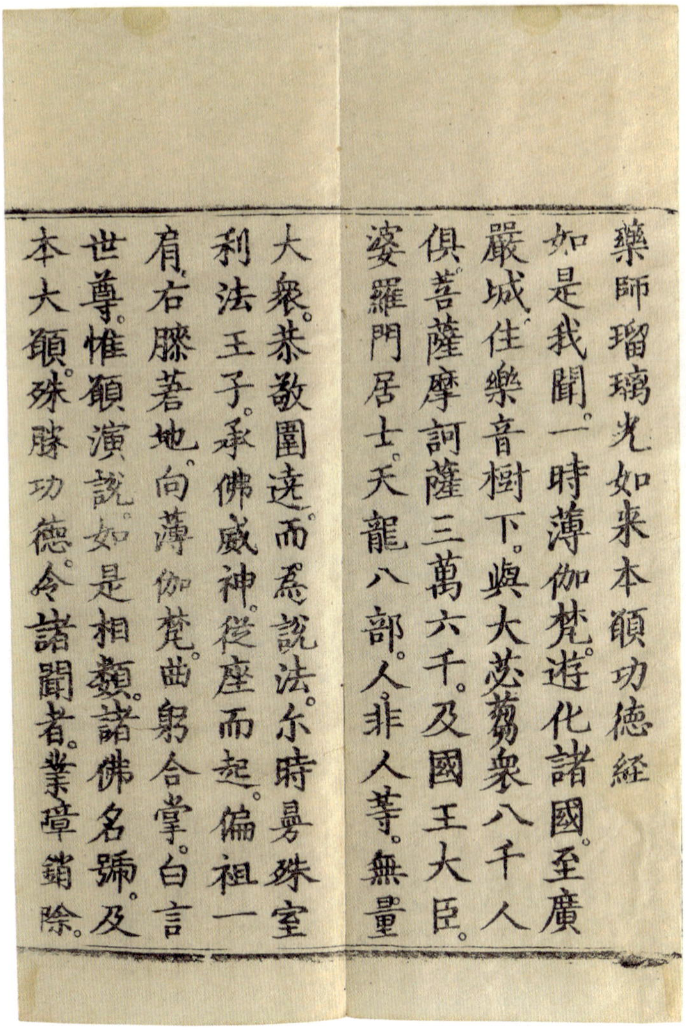
藥師瑠璃光如来本願功德經
如是我聞。一時薄伽梵遊化諸國。至廣
嚴城住樂音樹下。與大苾蒭衆八千人
俱。菩薩摩訶薩三萬六千。及國王大臣。
婆羅門居士。天龍八部。人非人等。無量
大衆。恭敬圍遶而為說法。尒時曼殊室
利法王子。承佛威神。從座而起。偏袒一
肩。右膝著地。向薄伽梵曲躬合掌。白言
世尊。惟願演說如是相類諸佛名號。及
本大願殊勝功德。令諸聞者。業障銷除。

藥師瑠璃光如來本願功德經一卷　（唐）釋玄奘譯　明末刻本

框高 19.8 厘米，廣 9 厘米。半葉五行，行十五字，上下雙邊。1 册。經折裝。

二級 343fo31

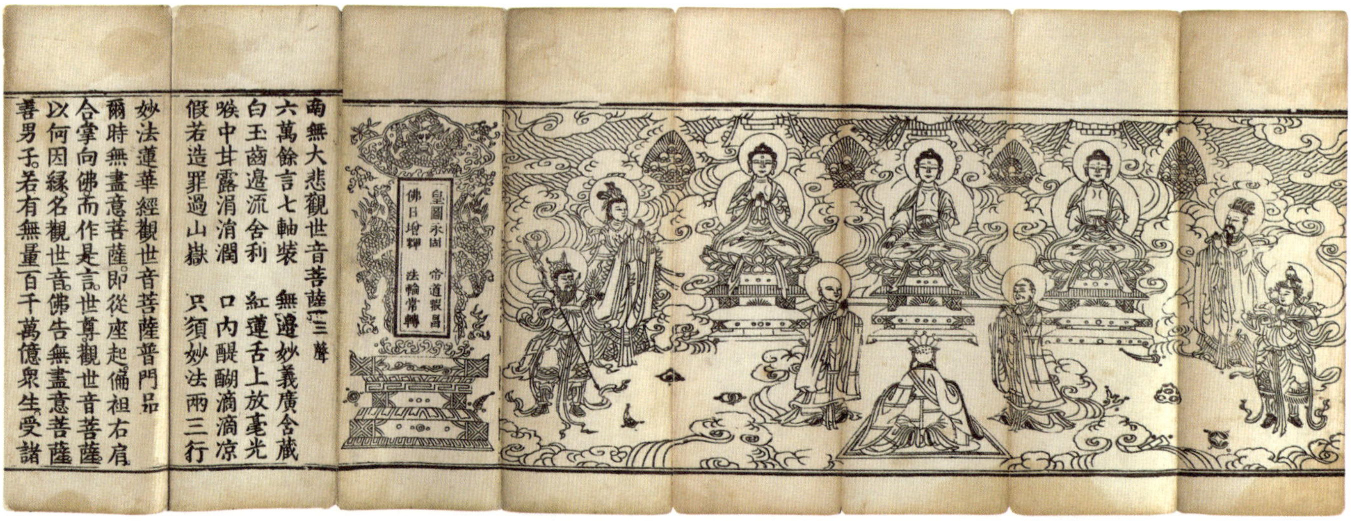

妙法蓮華經觀世音菩薩普門品一卷 （後秦）釋鳩摩羅什 （隋）釋闍那崛多譯 明刻本

框高 20 厘米，廣 9 厘米。半葉五行，行十五字，上下雙邊。1 册。經折裝。

二級 344fo32

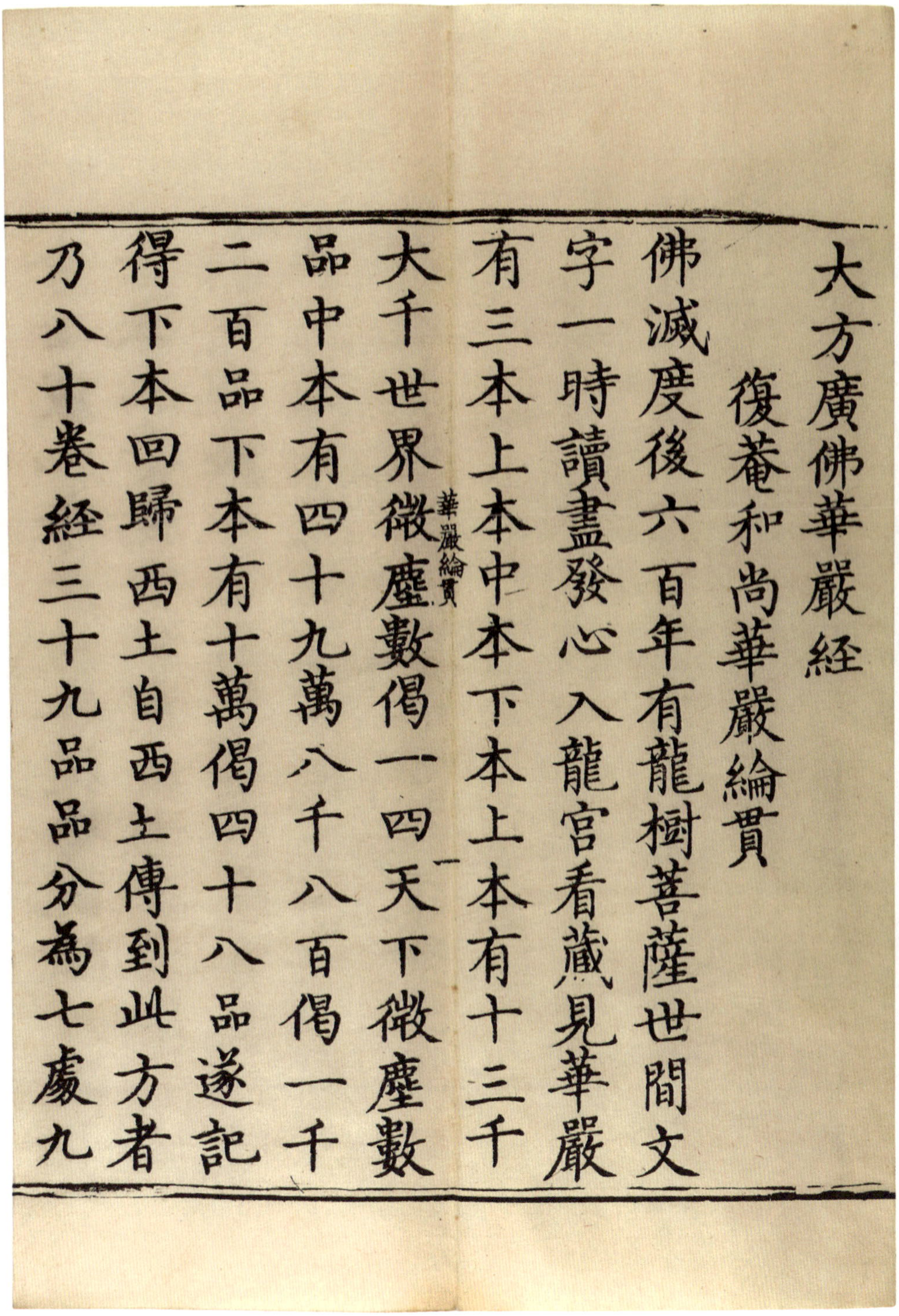
大方廣佛華嚴經

復菴和尚華嚴綸貫

佛滅度後六百年有龍樹菩薩世間文字一時讀盡發心入龍宮看藏見華嚴有三本上本中本下本上本有十三千大千世界微塵數偈一四天下微塵數品中本有四十九萬八千八百偈一千二百品下本有十萬偈四十八品遂記得下本回歸西土自西土傳到此方者乃八十卷經三十九品品分為七處九

華嚴綸貫

大方廣佛華嚴經八十一卷 （唐）釋實叉難陀 （唐）釋般若譯 明永樂十七年（1419）釋福賢刻本

框高 26 厘米，廣 12 厘米。半葉五行，行十五字，上下雙邊。31 册。存三十一卷（一至五、二十一至二十五、三十一至四十、七十一至八十一）。經折裝。

二級 345fo40

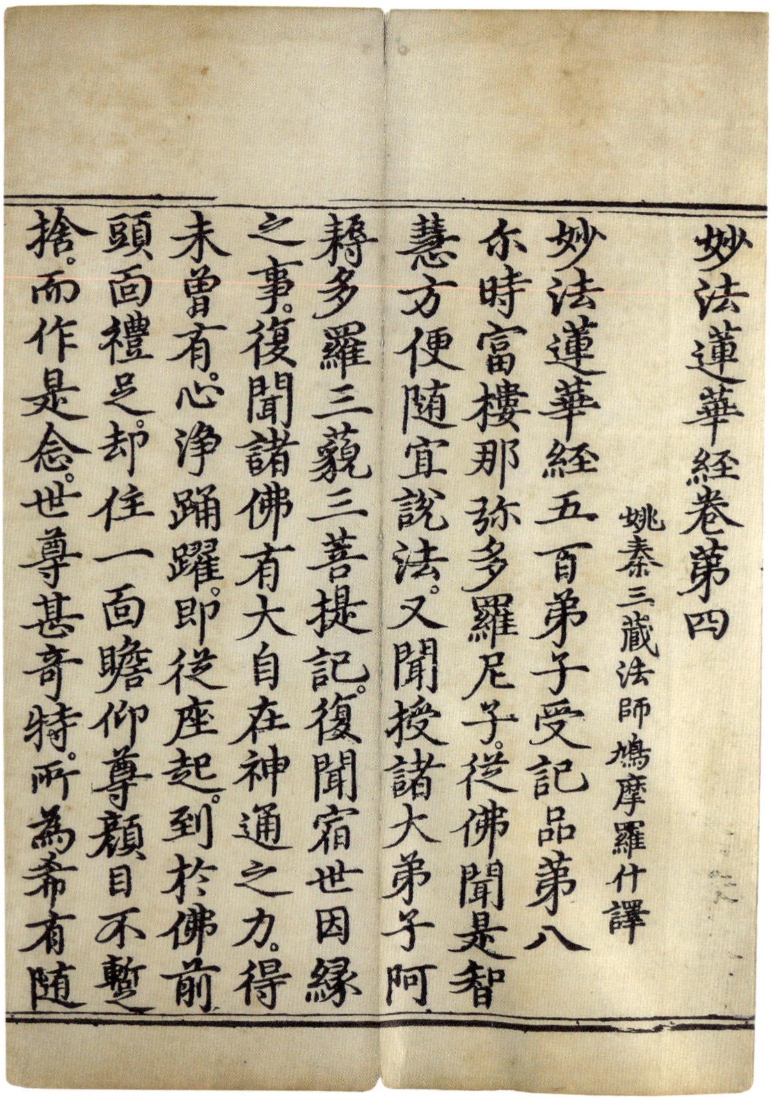
妙法蓮華經卷第四
姚秦三藏法師鳩摩羅什譯
妙法蓮華經五百弟子受記品第八
尒時富樓那弥多羅尼子。從佛聞是智
慧方便隨宜說法。又聞授諸大弟子阿
耨多羅三藐三菩提記。復聞宿世因緣
之事。復聞諸佛有大自在神通之力。得
未曾有。心淨踊躍。即從座起。到於佛前
頭面禮足。却住一面。瞻仰尊顏。目不蹔
捨。而作是念。世尊甚奇特。所為希有。隨

妙法蓮華經七卷　（後秦）釋鳩摩羅什譯　明刻本

框高 26.4 厘米，廣 12 厘米。半葉五行，行十五字，上下雙邊。2 册。存二卷（四至五）。經折裝。

二級 346fo42

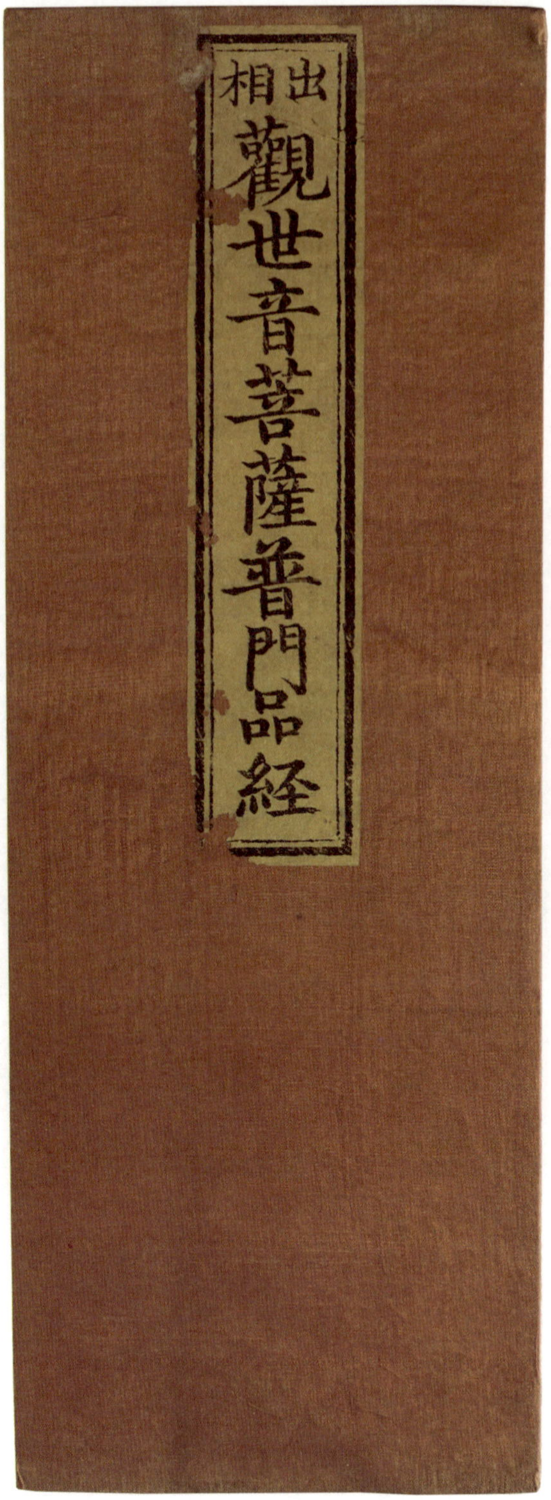

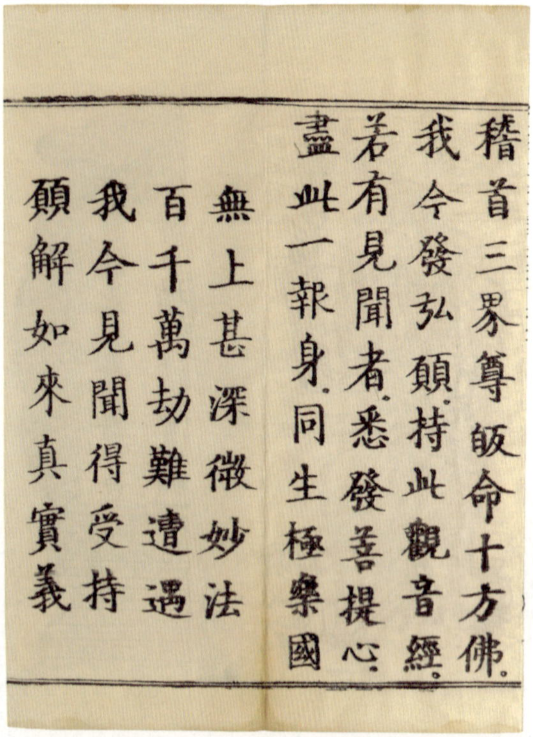

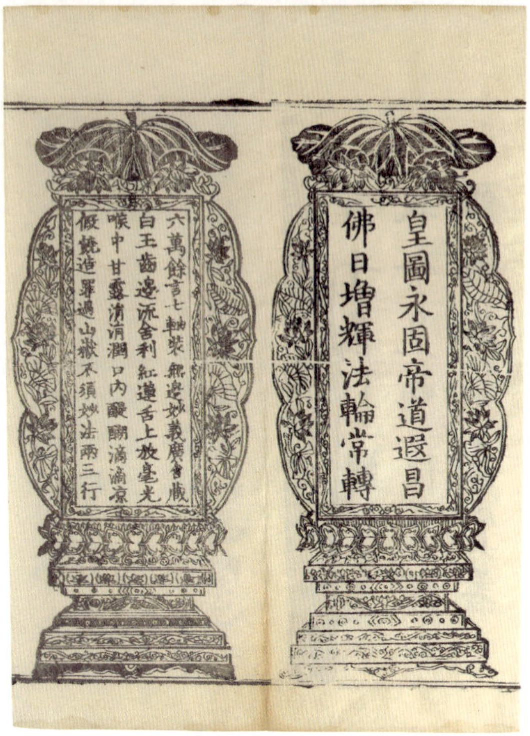

出相觀世音菩薩普門品經一卷 （後秦）釋鳩摩羅什 （隋）釋闍那崛多譯 明萬曆二十八年（1600）神宗朱翊鈞刻本

框高 27.7 厘米，廣 12.2 厘米。半葉四行，行十一字，上下雙邊。1 册。經折裝。

二級 347fo44

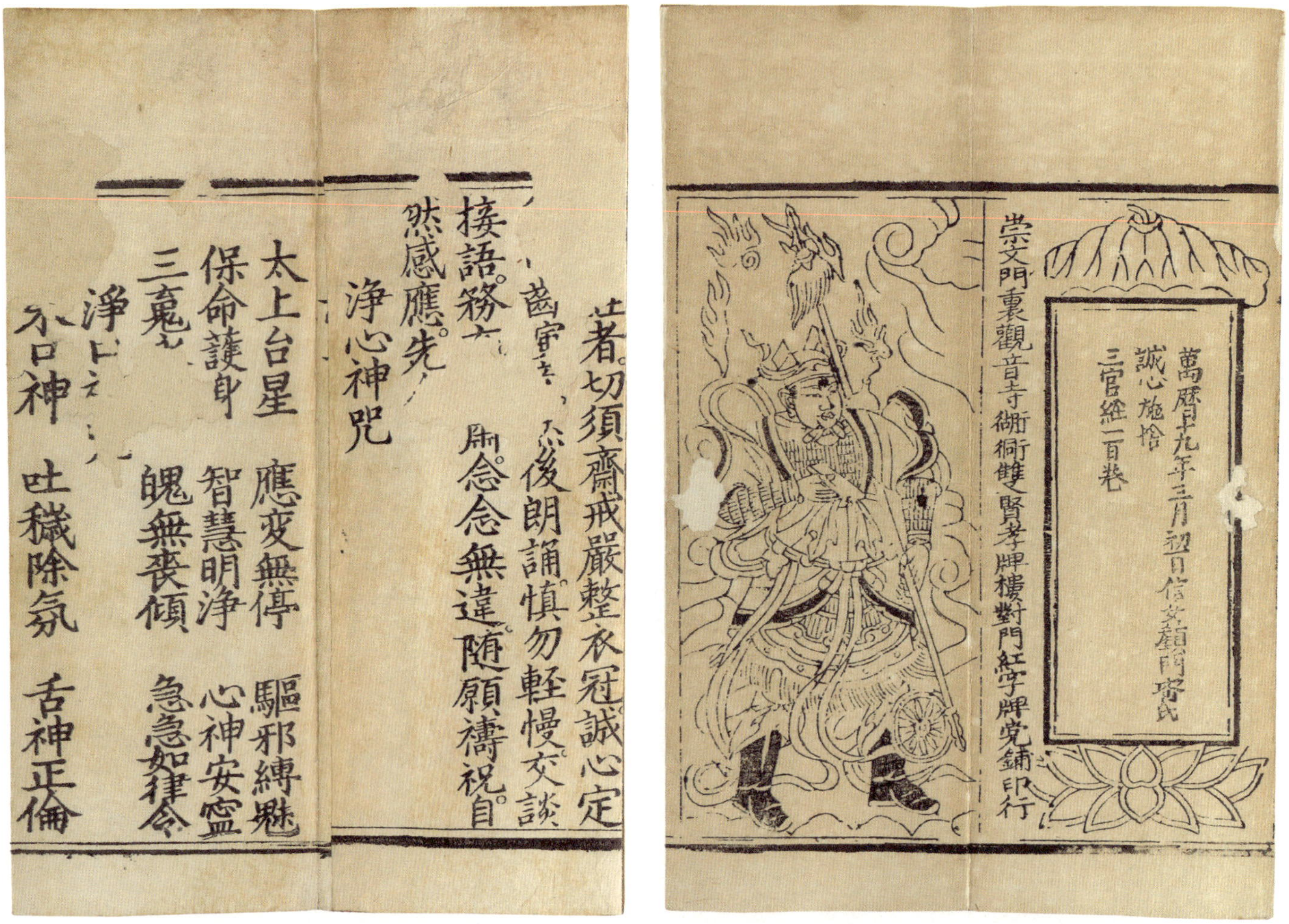
萬曆十九年三月初日信女顧門曾氏
誠心施捨
三官經一百卷
崇文門裏觀音寺衚衕雙賢孝牌樓對門紅字牌党鋪印行

者。切須齋戒嚴整衣冠誠心定
[illegible]後朗誦慎勿輕慢交談
接語。務[illegible]所念念無違。隨願禱祝自
然感應。
淨心神咒
太上台星　應変無停　驅邪縛魅
保命護身　智慧明淨　心神安寧
三魂永久　魄無喪傾　急急如律令
淨口神咒
丹朱口神　吐穢除氛　舌神正倫

三官經一卷　明萬曆十九年（1591）北京崇文門党鋪刻本

框高 19.4 厘米，廣 9 厘米。半葉五行，大小字不等，上下雙邊。1 册。經折裝。

二級 348fo52

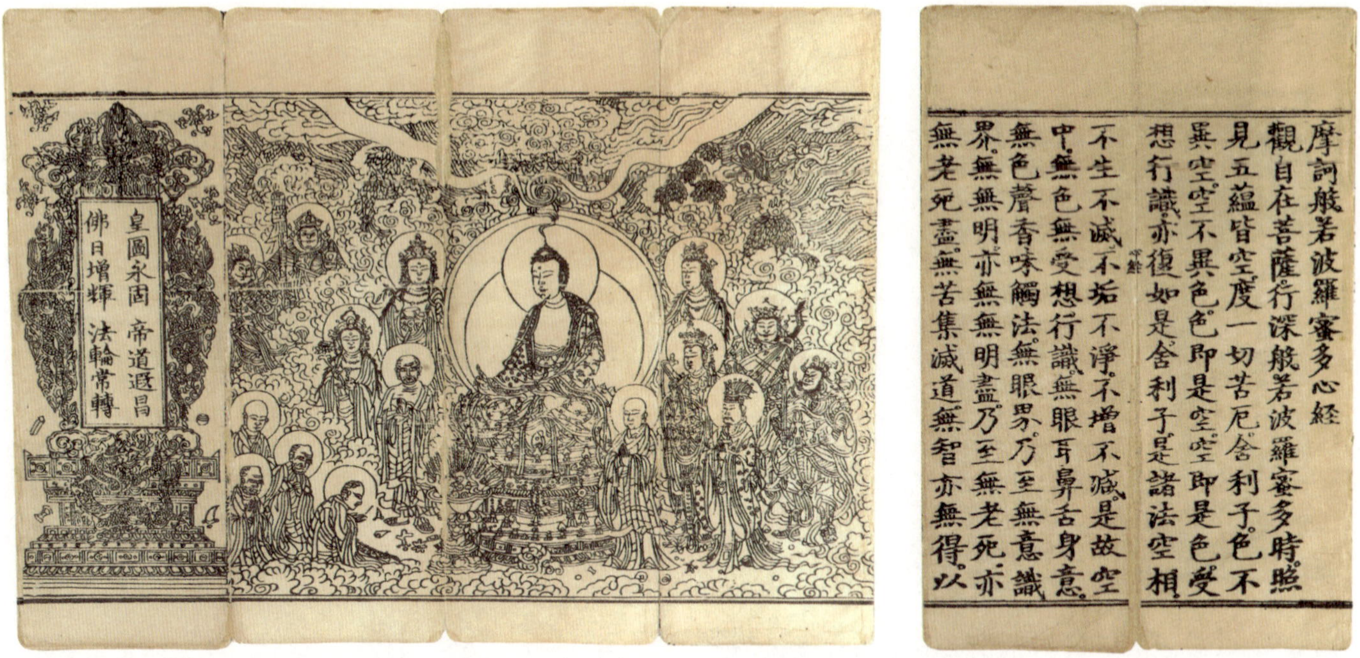

摩訶般若波羅蜜多心經
觀自在菩薩行深般若波羅蜜多時照
見五蘊皆空度一切苦厄舍利子色不
異空空不異色色即是空空即是色受
想行識亦復如是舍利子是諸法空相
不生不滅不垢不淨不增不減是故空
中無色無受想行識無眼耳鼻舌身意
無色聲香味觸法無眼界乃至無意識
界無無明亦無無明盡乃至無老死亦
無老死盡無苦集滅道無智亦無得以

大乘諸品經咒　（明）佚名輯　明萬曆二十八年（1600）刻本

框高 20.8 厘米，廣 9 厘米。半葉五行，行十五字，上下雙邊。1 册。經折裝。

二級 349fo53

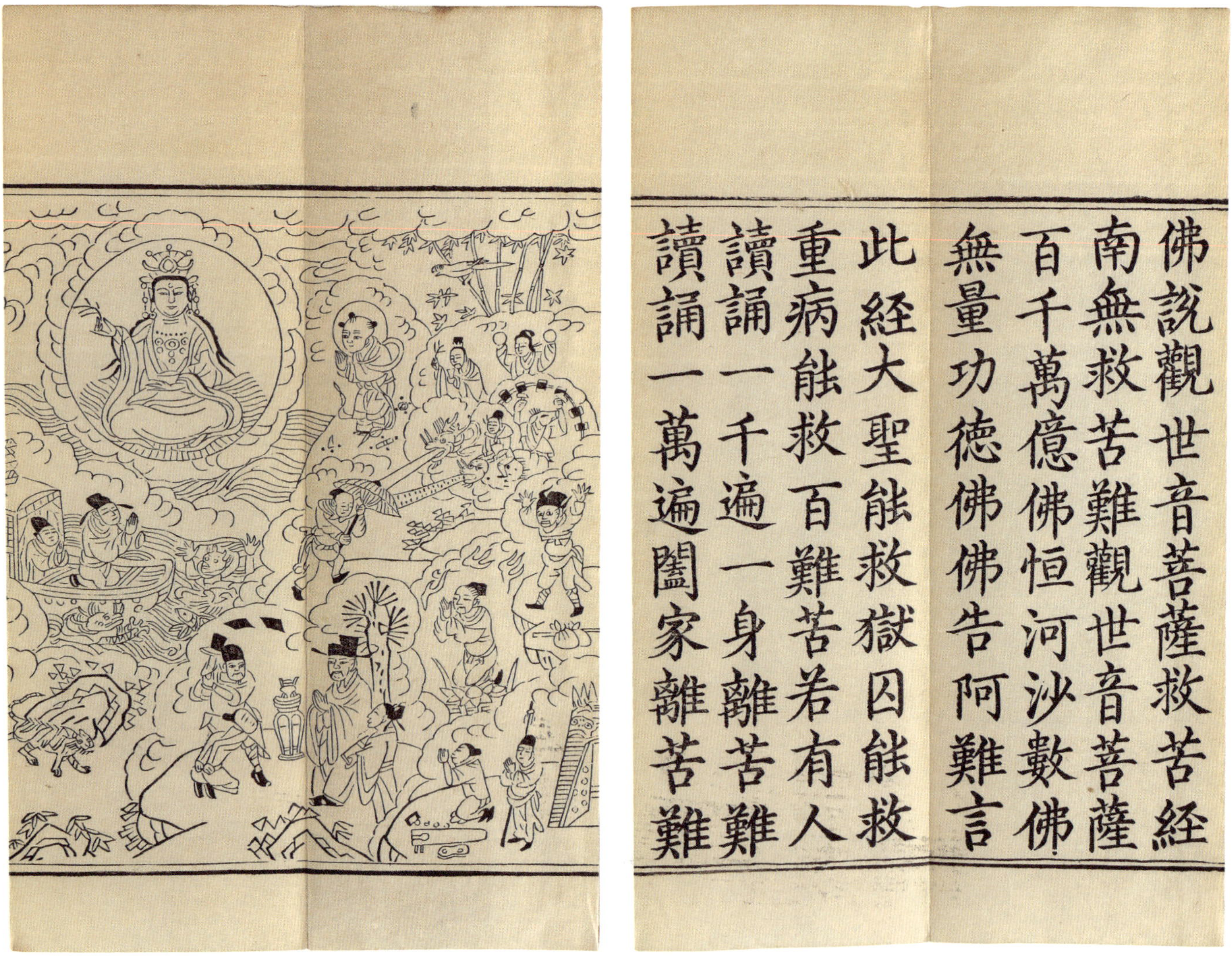

佛說觀世音菩薩救苦經
南無救苦難觀世音菩薩
百千萬億佛恒河沙數佛
無量功德佛佛告阿難言
此經大聖能救獄囚能救
重病能救百難苦若有人
讀誦一千遍一身離苦難
讀誦一萬遍闔家離苦難

佛說觀世音菩薩救苦經一卷　解百生冤結陀羅尼經一卷　高王觀世音經一卷　（東魏）孫敬德撰　明萬曆二十四年（1596）刻本

框高 19.5 厘米，廣 9 厘米。半葉四行，行十字，上下雙邊。1 册。經折裝。

二級 350fo54

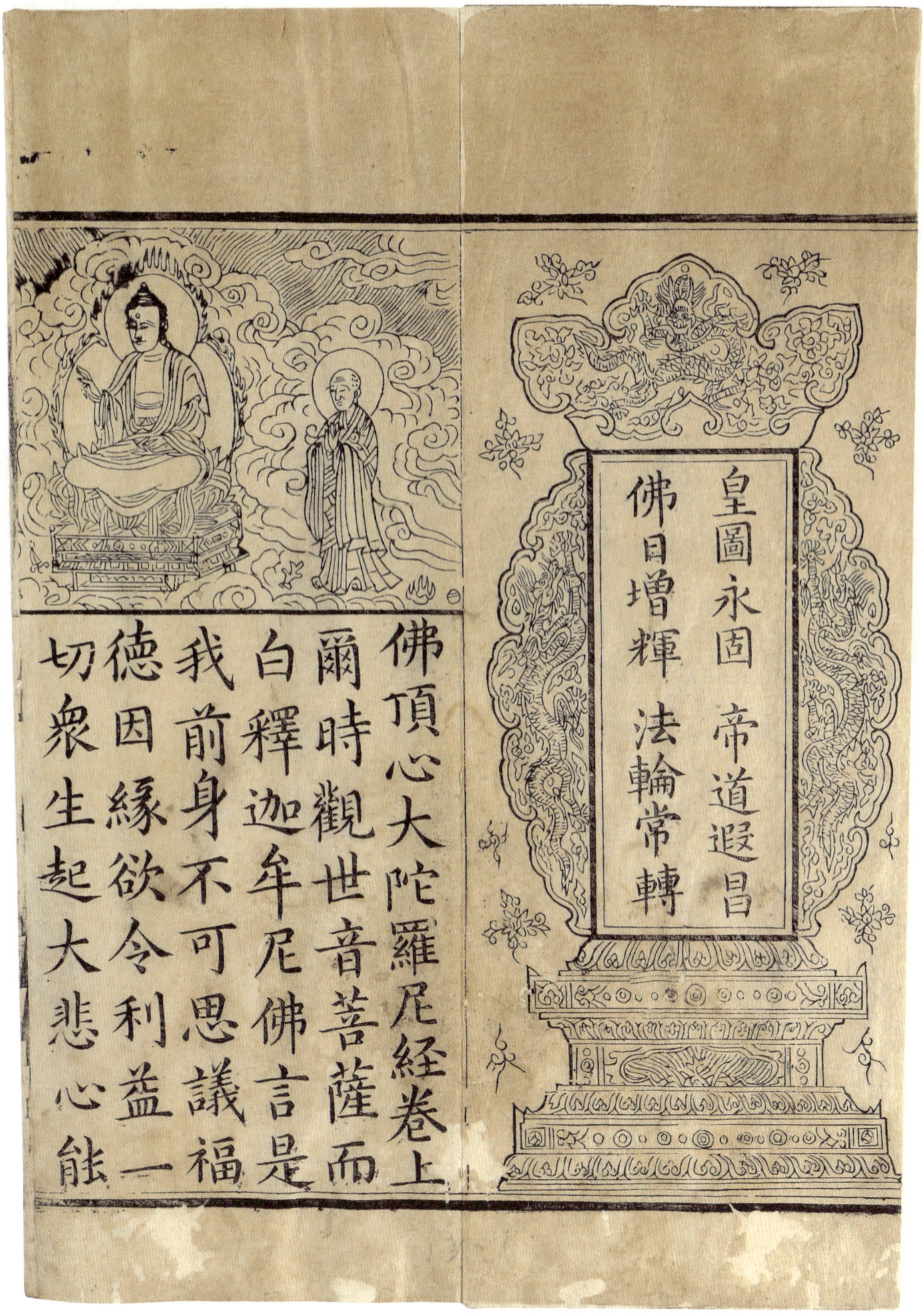

皇圖永固 帝道遐昌
佛日增輝 法輪常轉

佛頂心大陀羅尼経卷上
爾時觀世音菩薩而
白釋迦牟尼佛言是
我前身不可思議福
德因緣欲令利益一
切衆生起大悲心能

佛頂心大陀羅尼經二卷　佛頂尊勝總持經呪一卷　佛説高王觀世音經一卷　（東魏）孫敬德撰　明永樂十年（1412）鄭樸刻本

框高 23.9 厘米，廣 11 厘米。半葉六行，行、字數不等，上下雙邊。1 册。經折裝。

二級 351fo55

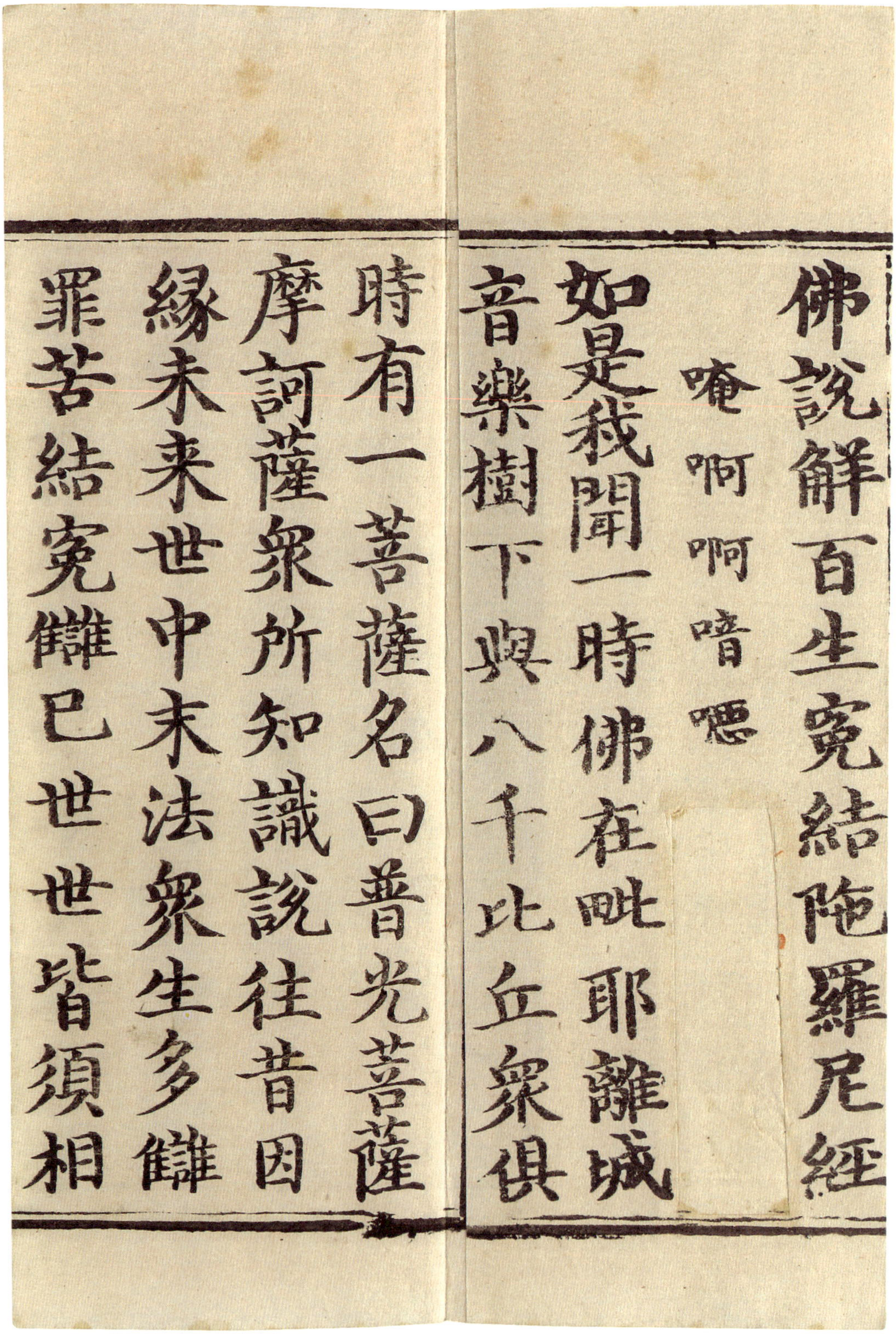
佛說解百生寃結陁羅尼經
唵啊啊唶嘌
如是我聞一時佛在毗耶離城
音樂樹下與八千比丘衆俱
時有一菩薩名曰普光菩薩
摩訶薩衆所知識說往昔因
緣未來世中末法衆生多讎
罪苦結寃讎已世世皆須相

佛說解百生寃結陁羅尼經一卷　明萬曆二十八年（1600）刻本

框高 18 厘米，廣 8 厘米。半葉四行，行十一字，上下雙邊。1 册。經折裝。

二級 352fo56

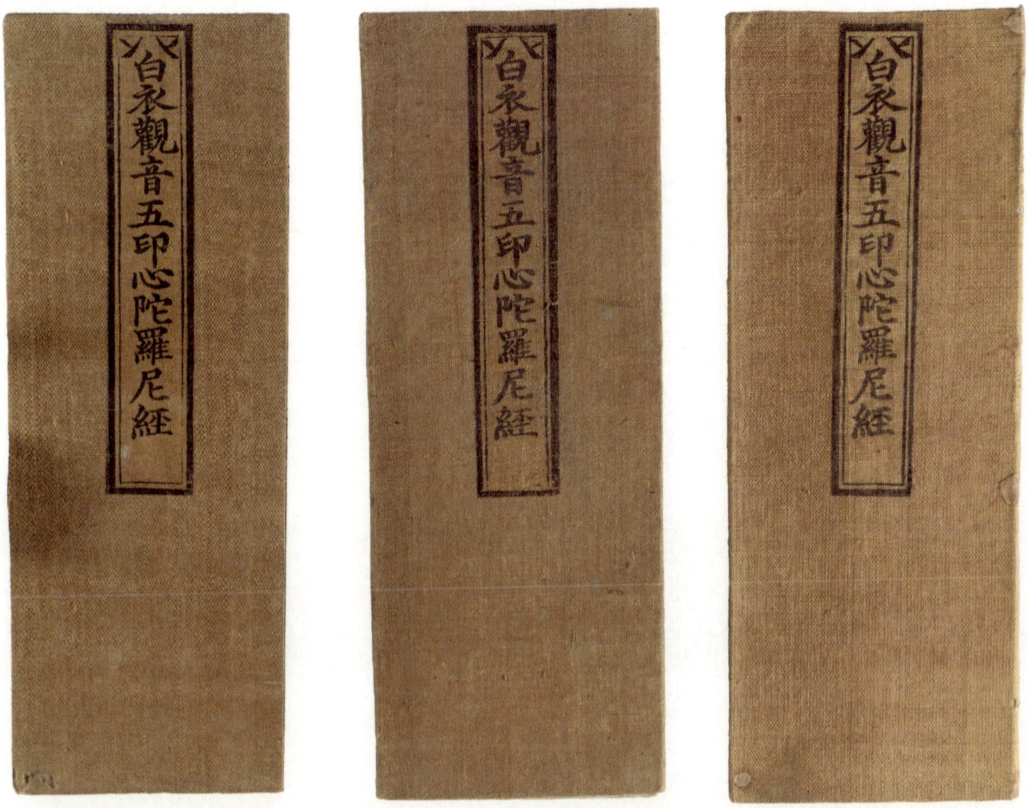

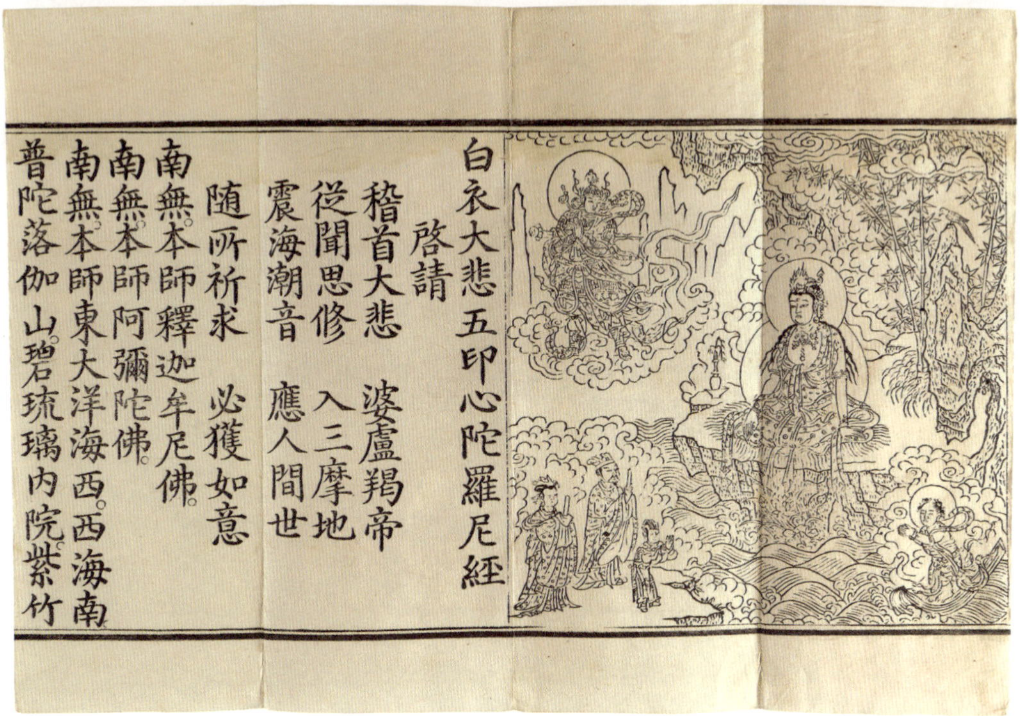

白衣大悲五印心陀羅尼經一卷　（唐）釋伽梵達摩譯　明成化八年（1472）刻本

框高 16.8 厘米，廣 8 厘米。半葉五行，行十二字，上下雙邊。3 册。經折裝。

二級 353fo57

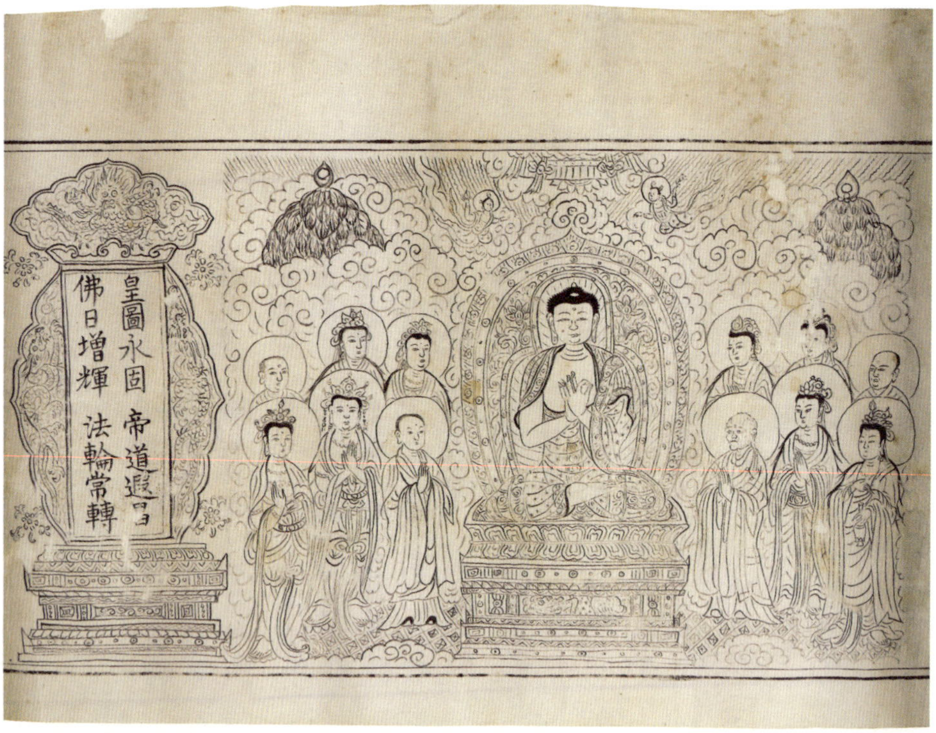

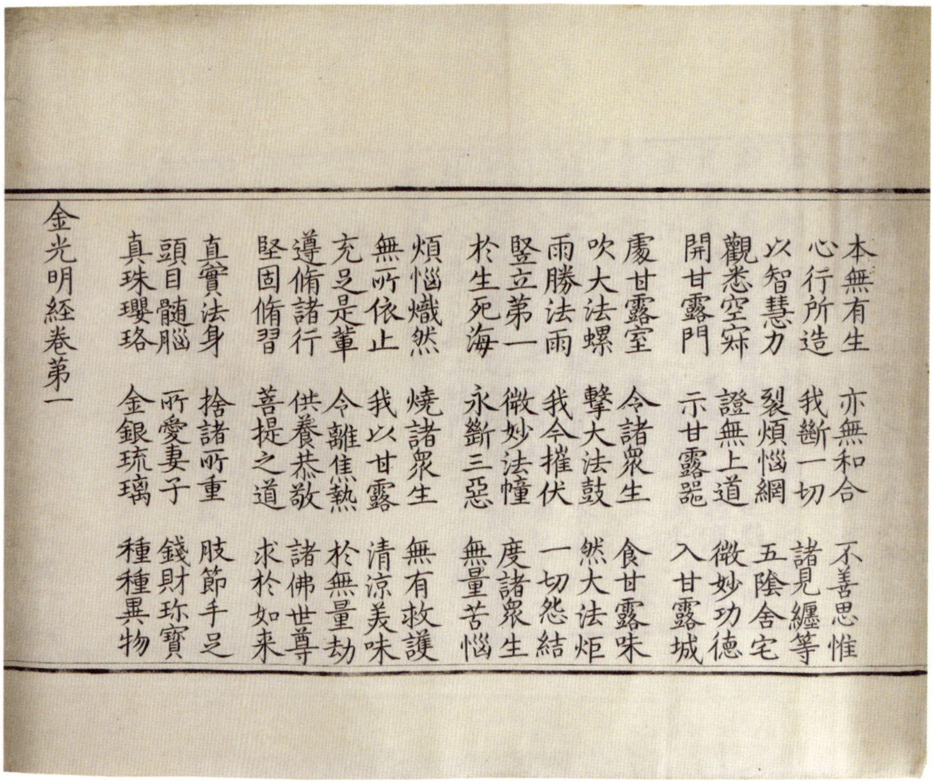
本無有生 亦無和合 不善思惟
心行所造 我斷一切 諸見纏等
以智慧力 裂煩惱網 五陰舍宅
觀悉空寂 證無上道 微妙功德
開甘露門 示甘露器 入甘露城
處甘露室 令諸衆生 食甘露味
吹大法螺 擊大法鼓 然大法炬
雨勝法雨 我今摧伏 一切怨結
竪立第一 微妙法幢 度諸衆生
於生死海 永斷三惡 無量苦惱
煩惱熾然 燒諸衆生 無有救護
無所依止 我以甘露 清涼美味
充足是輩 令離焦熱 於無量劫
遵脩諸行 供養恭敬 諸佛世尊
堅固脩習 菩提之道 求於如來
真實法身 捨諸所重 肢節手足
頭目髓腦 所愛妻子 錢財珎寶
真珠瓔珞 金銀琉璃 種種異物
金光明經卷第一

金光明經四卷　（北凉）釋曇無讖譯　明寫本

高 20.4 厘米，長 46.6 厘米。每紙十九行，行十五字，上下雙邊，無格。4 軸。卷軸裝。

二級 354fo59

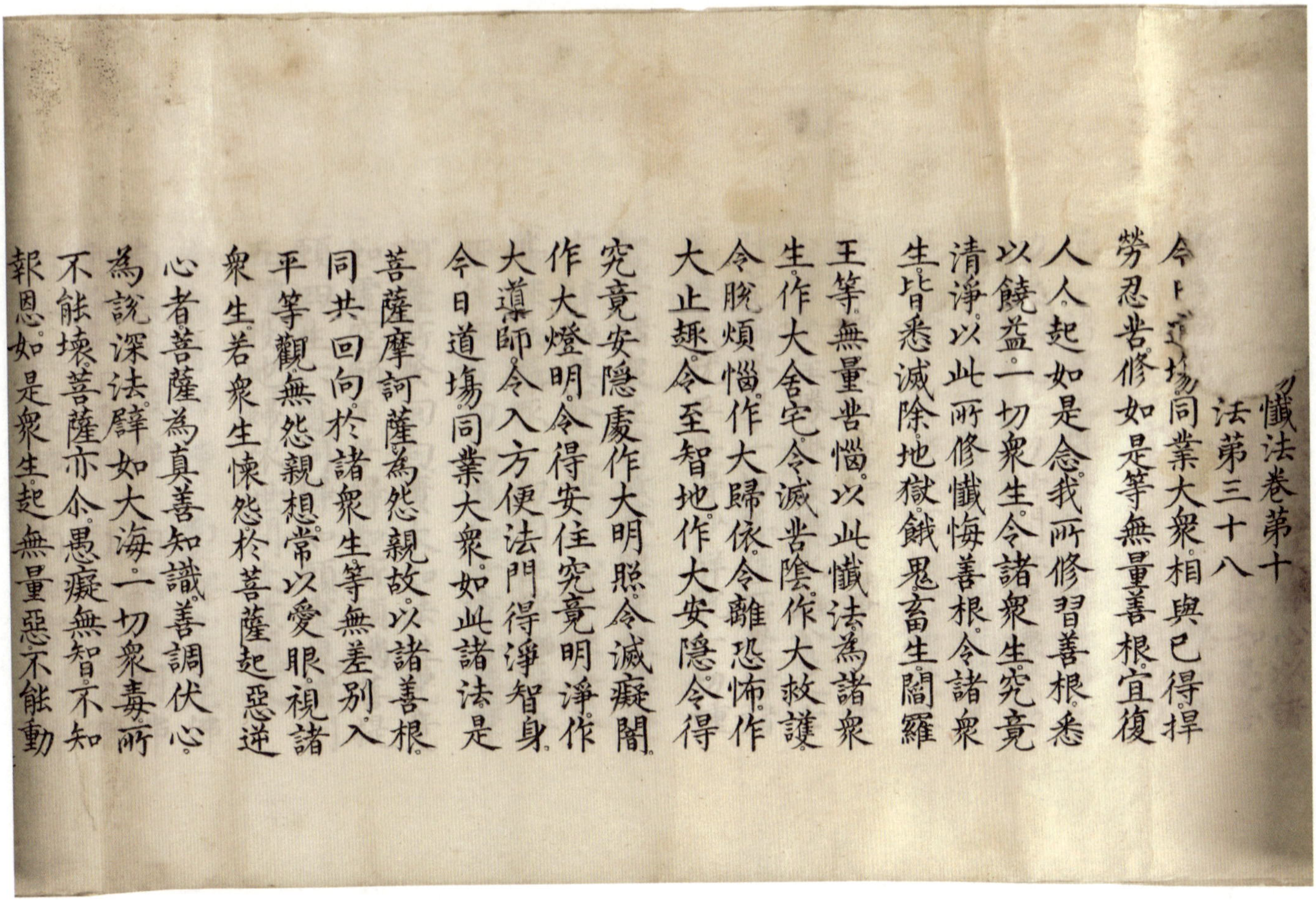
懺法卷第十
法第三十八
今日道場同業大衆相與已得捍
勞忍苦修如是等無量善根宜復
人人起如是念我所修習善根悉
以饒益一切衆生令諸衆生究竟
清淨以此所修懺悔善根令諸衆
生皆悉滅除地獄餓鬼畜生閻羅
王等無量苦惱以此懺法爲諸衆
生作大舍宅令滅苦陰作大救護
令脫煩惱作大歸依令離恐怖作
大止趣令至智地作大安隱令得
究竟安隱處作大明照令滅癡闇
作大燈明令得安住究竟明淨作
大導師令入方便法門得淨智身
今日道場同業大衆如此諸法是
菩薩摩訶薩爲怨親故以諸善根
同共回向於諸衆生等無差別入
平等觀無怨親想常以愛眼視諸
衆生若衆生懷怨於菩薩起惡逆
心者菩薩爲真善知識善調伏心
爲說深法譬如大海一切衆毒所
不能壞菩薩亦尒愚癡無智不知
報恩如是衆生起無量惡不能動

慈悲道場懺法十卷　（南朝梁）釋寶志等編　明嘉靖寫本

高33厘米，長70厘米。半葉四行，行十三字，無格。2軸。存二卷（九至十）。卷軸裝。

二級 355fo60

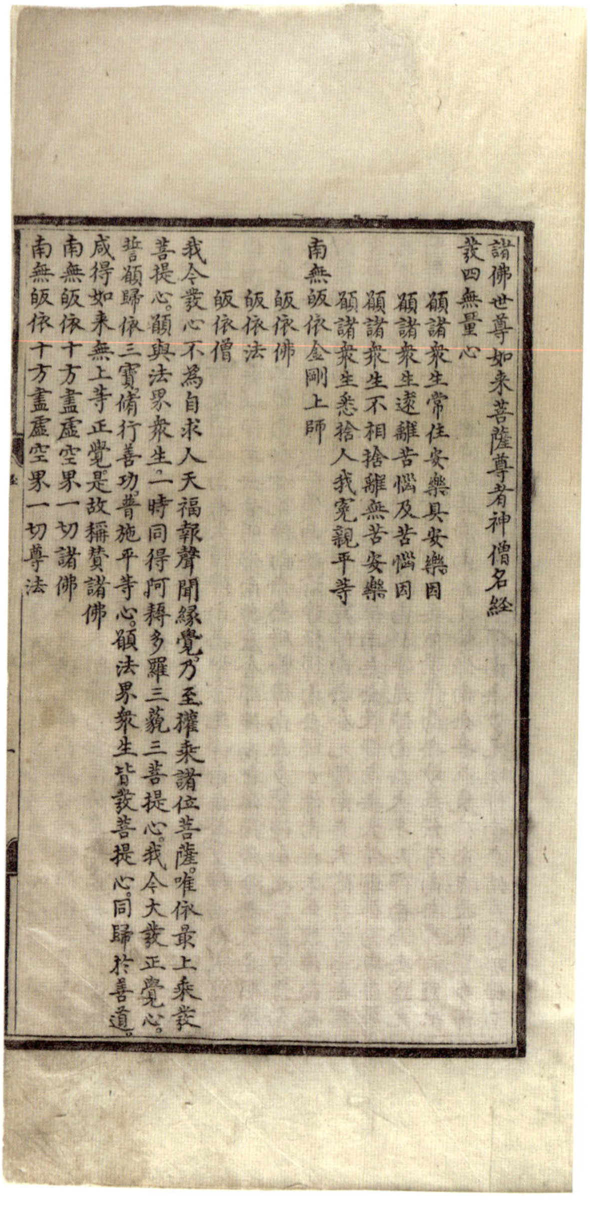

諸佛世尊如來菩薩尊者神僧名經
發四無量心
願諸衆生常住安樂具安樂因
願諸衆生遠離苦惱及苦惱因
願諸衆生不相捨離無苦安樂
願諸衆生悉捨人我冤親平等
南無皈依金剛上師
皈依佛
皈依法
皈依僧
我今發心不爲自求人天福報聲聞緣覺乃至權乘諸位菩薩唯依最上乘發
菩提心願與法界衆生一時同得阿耨多羅三藐三菩提心我今大發正覺心
普願歸依三寶脩行善功普施平等心願法界衆生皆發菩提心同歸於善道
咸得如來無上等正覺是故稱贊諸佛
南無皈依十方盡虛空界一切諸佛
南無皈依十方盡虛空界一切尊法

諸佛世尊如來菩薩尊者神僧名經不分卷　（明）成祖朱棣撰　明永樂內府刻本

框高 29.5 厘米，廣 19 厘米。半葉十六行，行三十字，黑口，四周雙邊，無格。1 册。包背裝。

二級 356fo61

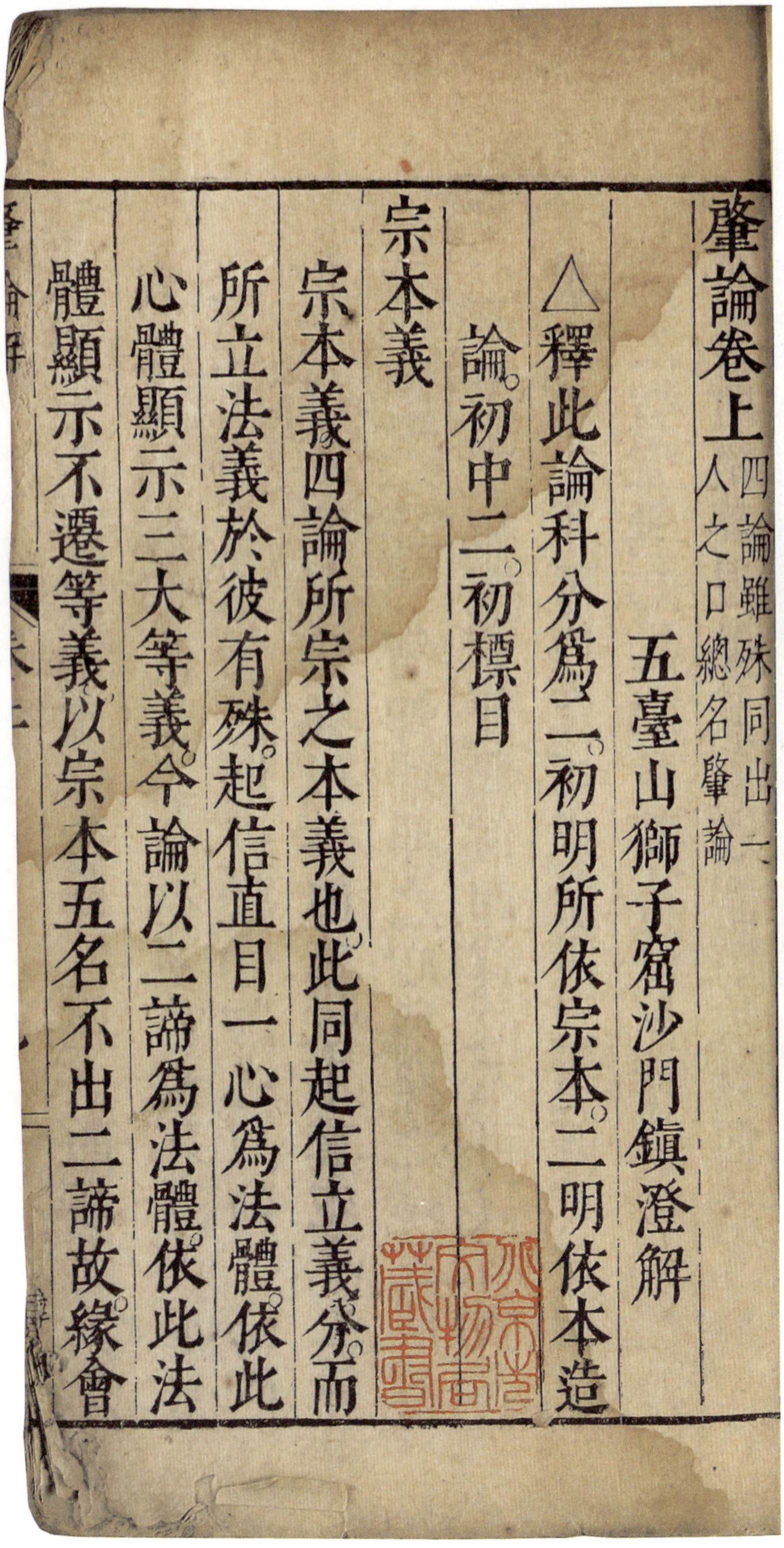

肇論二卷　（後秦）釋僧肇撰　（明）釋鎮澄解　明萬曆刻本

框高 21.5 厘米，廣 13 厘米。半葉九行，行二十字，小字雙行同，白口，左右雙邊。2 册。

二級 357fo69

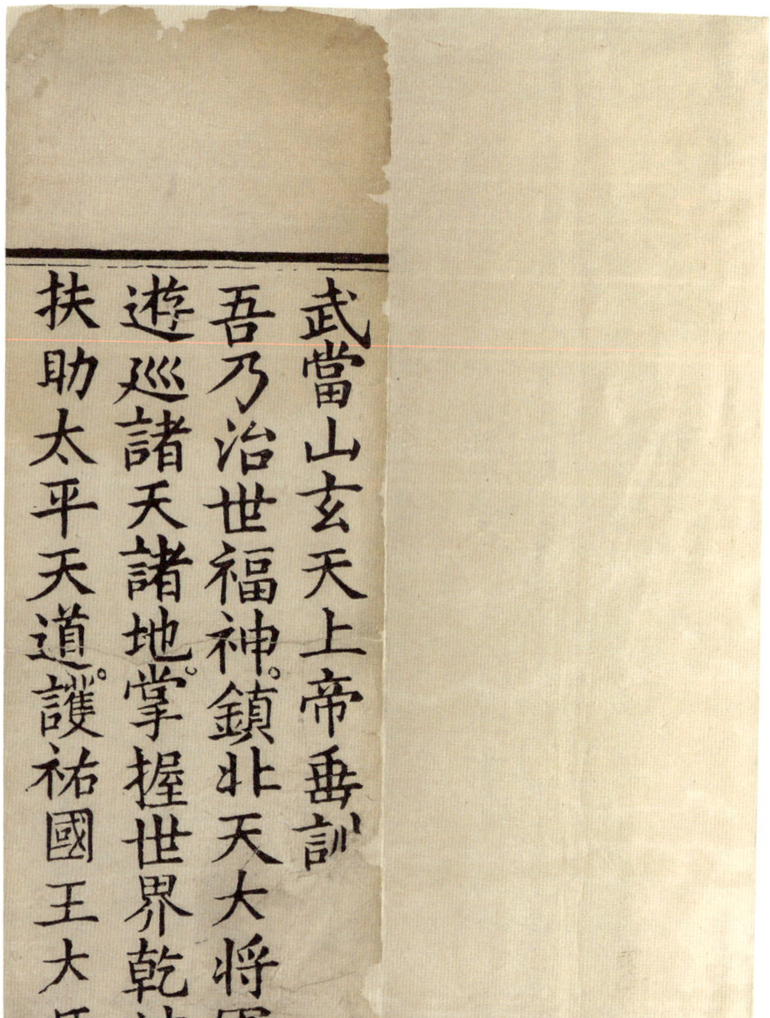

武當山玄天上帝垂訓一卷　明刻本

框高 20.2 厘米，廣 9 厘米。半葉四行，行十二字，上下雙邊。1 册。經折裝。

二級 359fo103

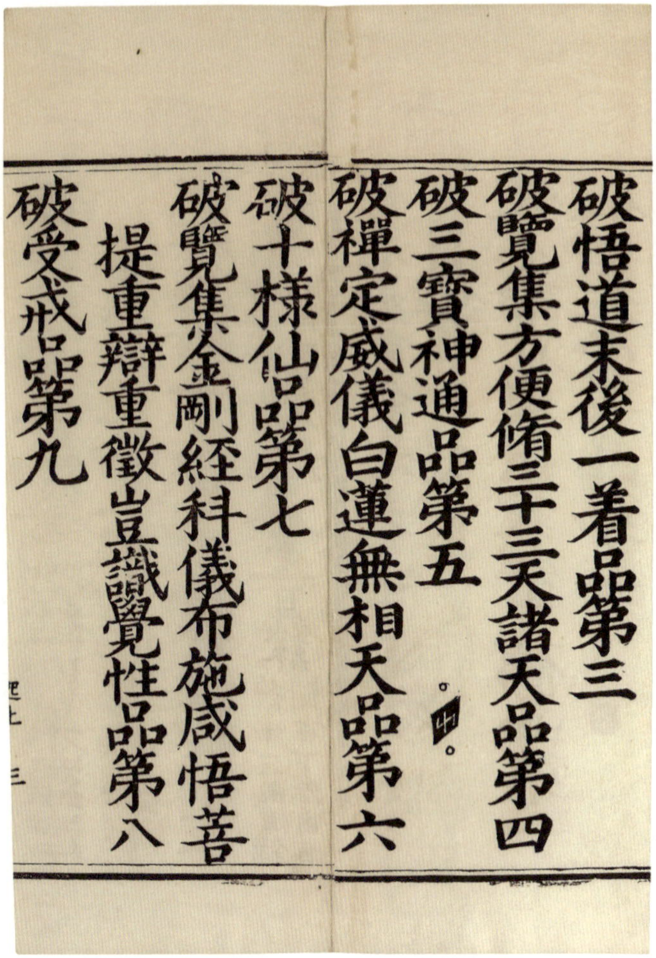

破悟道末後一着品第三
破覽集方便脩三十三天諸天品第四
破三寶神通品第五
破禪定威儀白蓮無相天品第六
破十樣仙品第七
破覽集金剛經科儀布施成悟菩
提重辯重徵豈識覺性品第八
破受戒品第九

破邪顯證鑰匙二卷　（明）羅祖撰　明萬曆四十年（1612）刻本

框高 28.4 厘米。廣 13.5 厘米。半葉四行，行、字數不等，上下雙邊。1 册。存一卷（上）。經折裝。

二級 360fo107

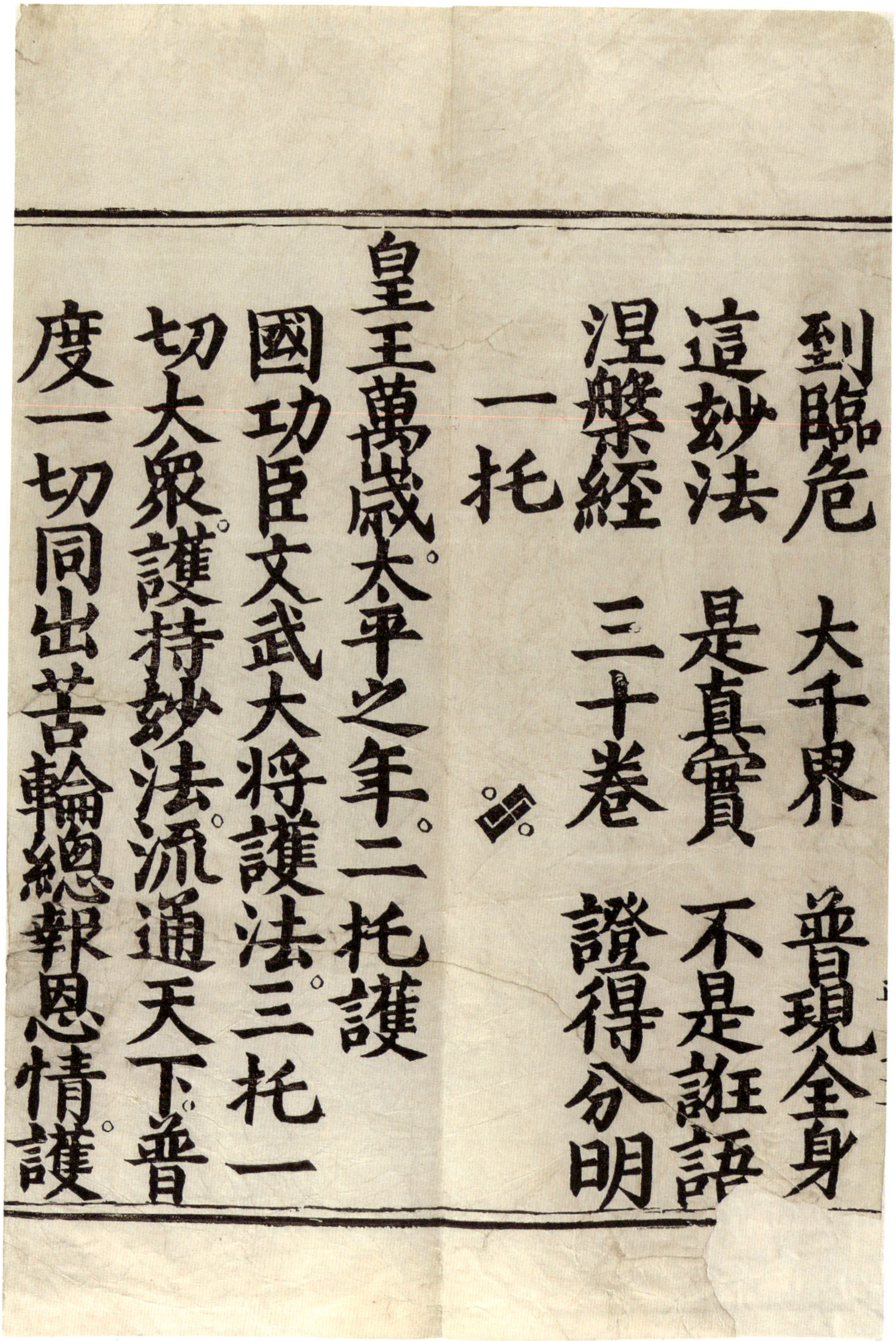
到臨危　大千界　普現全身
這妙法　是真實　不是誑語
涅槃經　三十卷　證得分明
一托
皇王萬歲太平之年二托護
國功臣文武大将護法三托一
切大衆護持妙法流通天下普
度一切同出苦輪總報恩情護

正信除疑無修證自在寶卷　明萬曆刻本

框高 29.3 厘米，廣 13.5 厘米。半葉四行，行十三字，上下雙邊。1 册。經折裝。

二級 361fo108

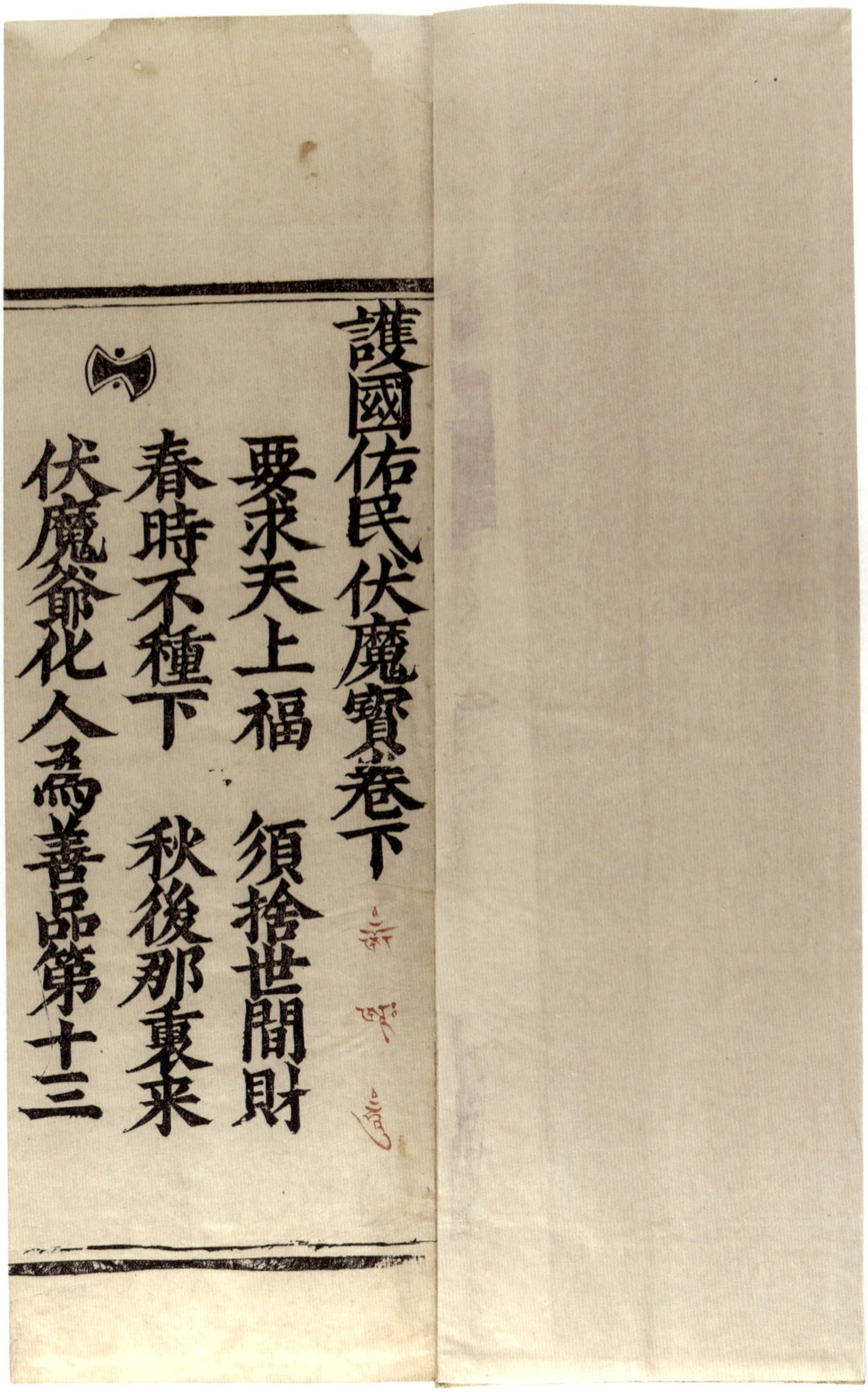

護國佑民伏魔寶卷二卷 明刻本

框高 27.7 厘米，廣 13 厘米。半葉四行，行十五字，上下雙邊。1 册。存一卷（下）。經折裝。

二級 362fo112

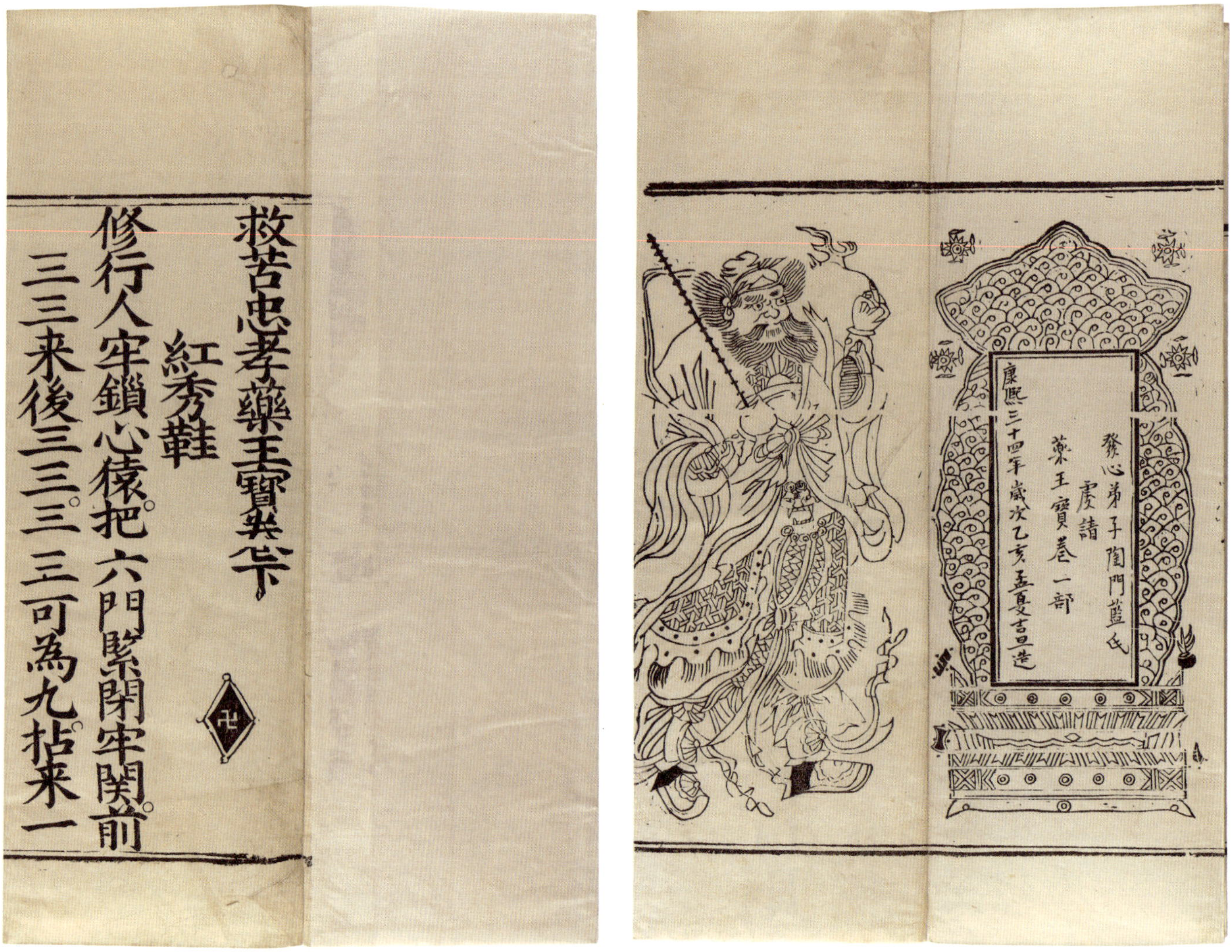

救苦忠孝藥王寶卷二卷　明刻清康熙三十四年（1695）印本

框高 27.7 厘米，廣 13 厘米。半葉四行，行十五字，上下雙邊。1 册。存一卷（下）。經折裝。

二級 363fo113

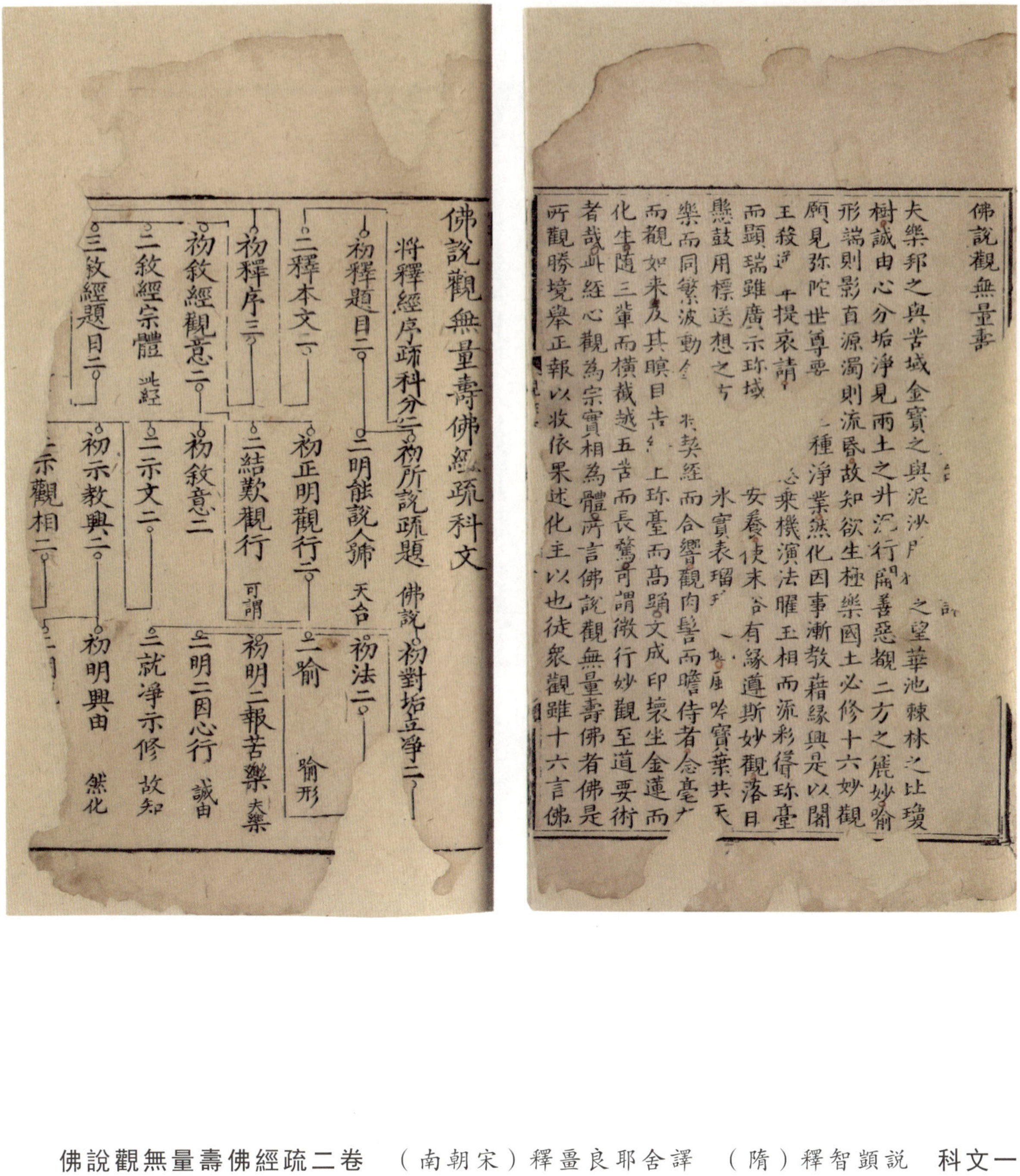

佛說觀無量壽佛經疏二卷　（南朝宋）釋畺良耶舍譯　（隋）釋智顗説　**科文一卷**　（北宋）釋智禮排定　明萬曆九年（1581）刻本

框高20厘米，廣15厘米。半葉十四行，行二十四字，黑口，四周雙邊，無格。2册。包背裝。

二級 364fo151

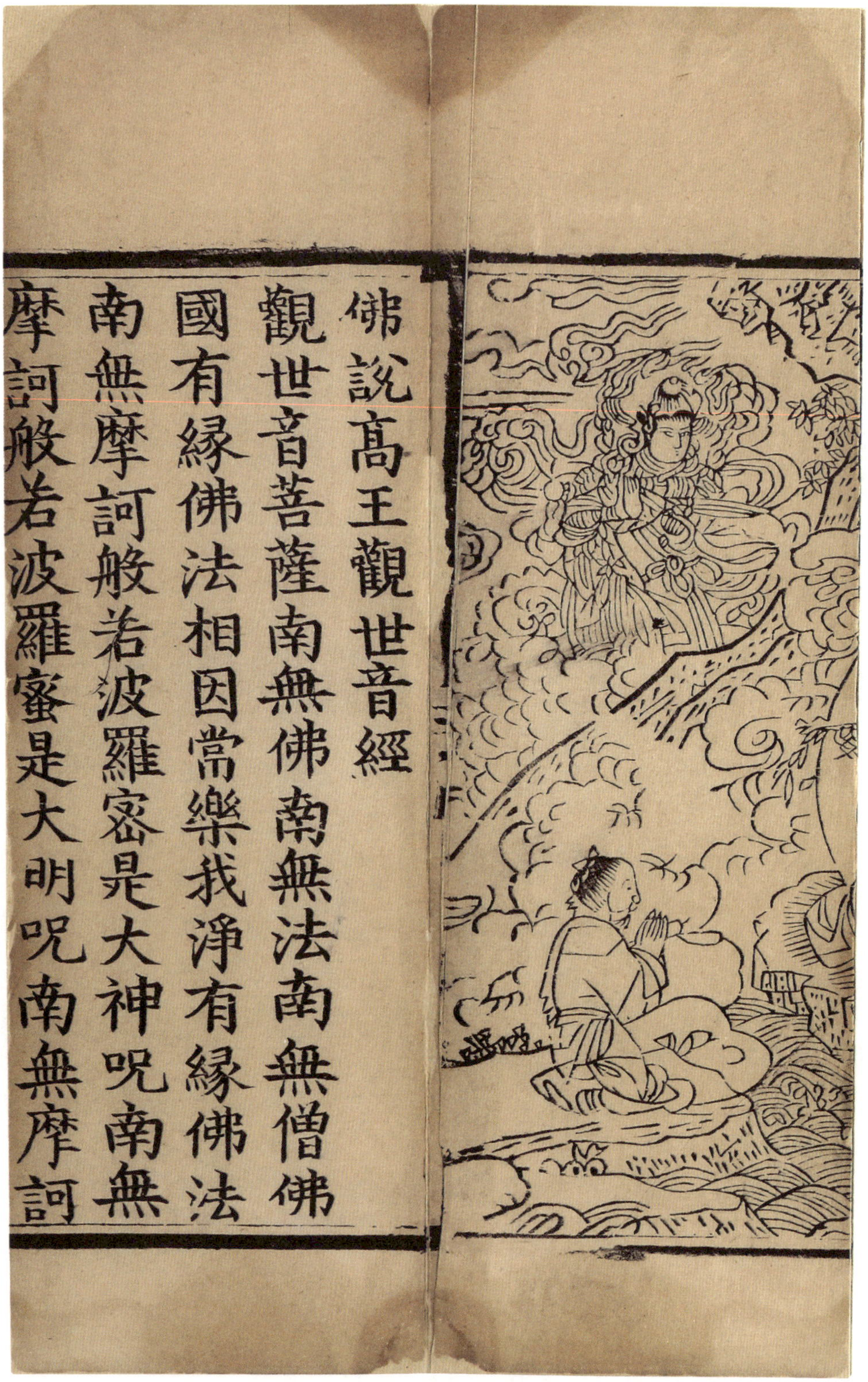
佛說高王觀世音經
觀世音菩薩南無佛南無法南無僧佛
國有緣佛法相因常樂我淨有緣佛法
南無摩訶般若波羅密是大神呪南無
摩訶般若波羅蜜是大明呪南無摩訶

佛說高王觀世音經一卷末一卷 明刻本

框高 19.2 厘米，廣 9 厘米。半葉五行，行十五字，上下雙邊。1 册。經折裝。

二級 365fo153

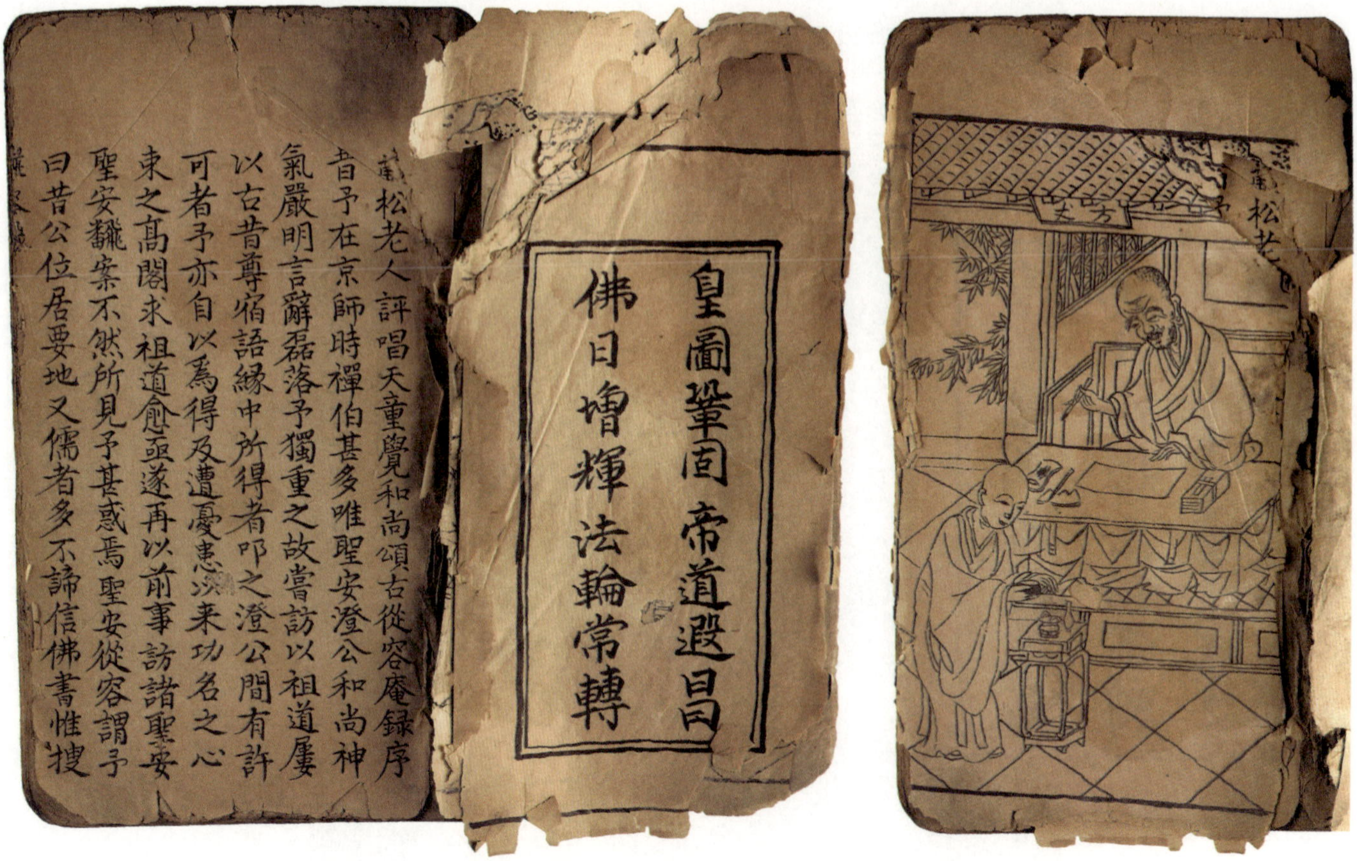

萬松老人評唱天童覺和尚頌古從容庵録二卷 （宋）釋正覺頌古 （元）釋行秀評唱 （元）釋離知録 （明）釋性一校 明抄本

册高 24 厘米，廣 14 厘米。半葉八行，行十八字，無格。1 册。存一卷（上）。包背裝。

二級 366fo190

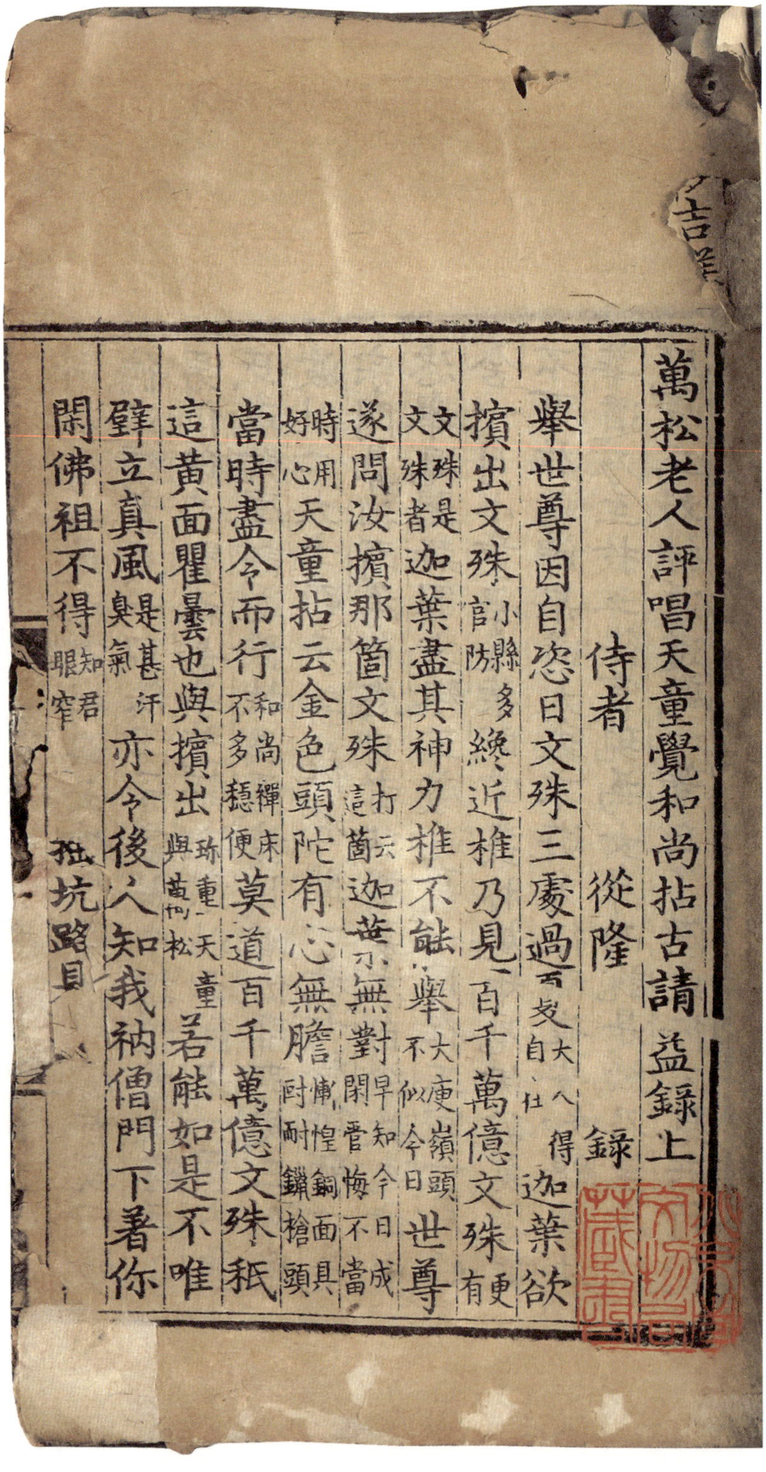
萬松老人評唱天童覺和尚拈古請益録上
侍者　從隆　録
舉世尊因自恣日文殊三處過夏（大人得自在）迦葉欲
擯出文殊（小縣多官防）纔近椎乃見百千萬億文殊（更有）
（文殊是文殊者）迦葉盡其神力椎不能舉（大庾嶺頭不似今日）世尊
遂問汝擯那箇文殊（打云這箇）迦葉（？？）無對（早知今日悶當初悔不當）
（時用好心）天童拈云金色頭陀有心無膽（慵惶銅面具尉耐鑞槍頭）
當時盡令而行（和尚禪床不多穩便）莫道百千萬億文殊秖
這黃面瞿曇也與擯出（天童與萬松）若能如是不唯
辟立真風（是甚臭氣）亦令後人知我衲僧門下著你
閑佛祖不得（知君眼窄）拙坑路目

萬松老人評唱天童覺和尚拈古請益録二卷　（宋）釋正覺拈古　（元）釋行秀評唱　（元）釋從隆録　明萬曆十八年（1590）刻本

册高 27 厘米，廣 16.4 厘米。半葉十一行，行二十字，小字雙行同，黑口，四周雙邊。包背裝。

二級 367fo191

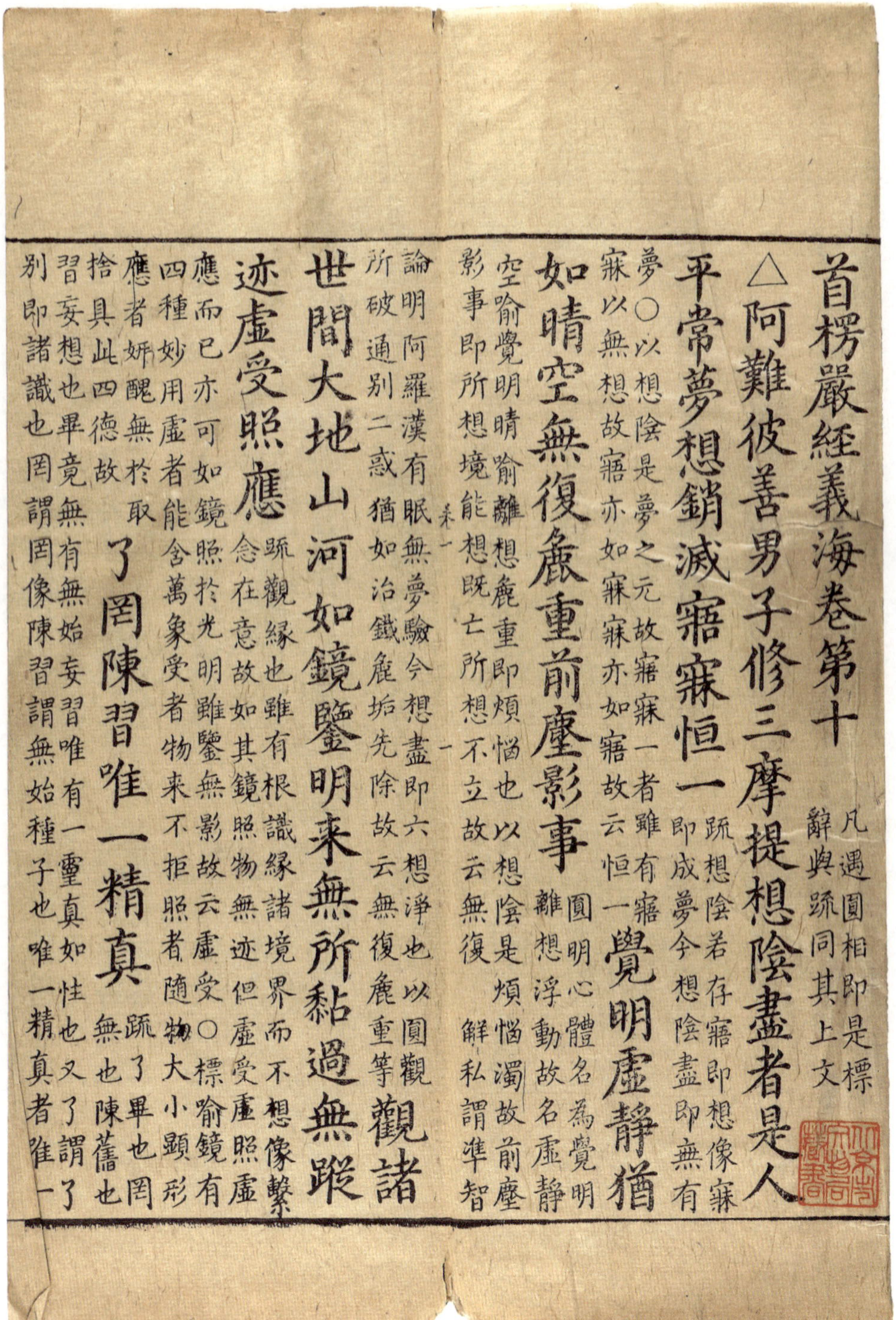
首楞嚴經義海卷第十　凡遇圓相即是標辭與疏同其上文
△阿難彼善男子修三摩提想陰盡者是人
平常夢想銷滅寤寐恒一　疏想陰若存寤即想像寐即成夢今想陰盡即無有
夢○以想陰是夢之元故寤寐一者雖有寤寐以無想故寤亦如寐寐亦如寤故云恒一　覺明虛靜猶
如晴空無復麁重前塵影事　圓明心體名為覺明離想浮動故名虛靜
空喻覺明晴喻離想麁重即煩惱也以想陰是煩惱濁故前塵影事即所想境能想既亡所想不立故云無復　鮮私謂準智
論明阿羅漢有眠無夢驗今想盡即六想淨也以圓觀所破通別二惑猶如治鐵麁垢先除故云無復麁重等　觀諸
世間大地山河如鏡鑒明来無所黏過無蹤
迹虛受照應　疏觀緣也雖有根識緣諸境界而不想像繫念在意故如其鏡照物無迹但虛受虛照虛
應而已亦可如鏡照於光明雖鑒無影故云虛受○標喻鏡有四種妙用虛者能含萬象受者物来不拒照者隨物大小顯形
應者妍醜無於取捨具此四德故　了罔陳習唯一精真　疏了畢也罔無也陳舊也
習妄想也畢竟無有無始妄習唯有一靈真如性也又了謂了別即諸識也罔謂罔像陳習謂無始種子也唯一精真者唯一

首楞嚴經義海三十卷　（宋）釋仁岳集解　（宋）釋咸輝注　明刻本

册高 22.3 厘米，廣 11 厘米。半葉六行，行十七字，小字雙行二十四字，上下單邊。1 册。存一卷（十）。

三級 222fo17

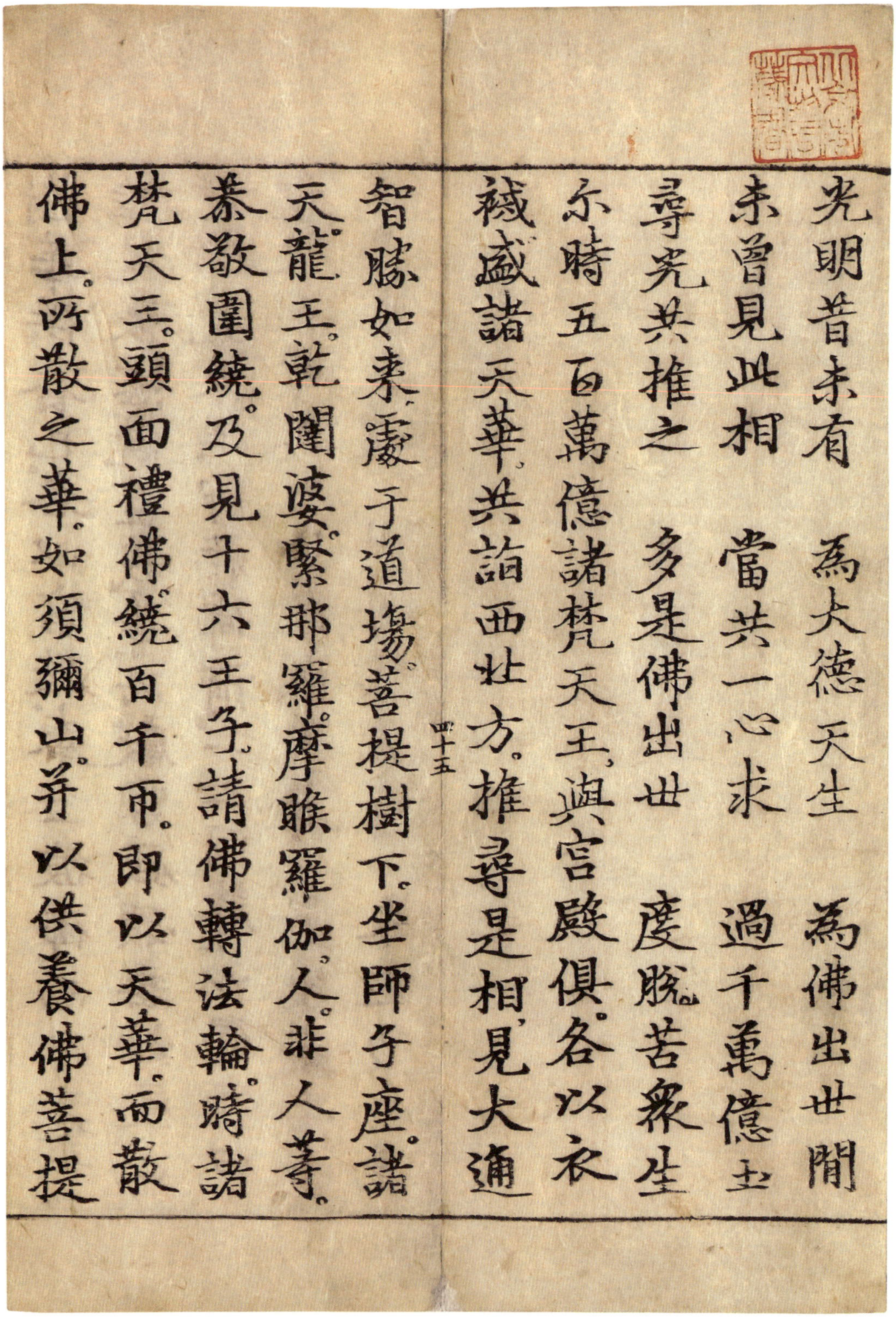

光明普未有　爲大德天生　爲佛出世間
未曾見此相　當共一心求　過千萬億土
尋光共推之　多是佛出世　度脫苦衆生
尒時五百萬億諸梵天王與宮殿俱各以衣
裓盛諸天華共詣西北方推尋是相見大通
四十五
智勝如來處于道場菩提樹下坐師子座諸
天龍王乾闥婆緊那羅摩睺羅伽人非人等
恭敬圍繞及見十六王子請佛轉法輪時諸
梵天王頭面禮佛繞百千帀即以天華而散
佛上所散之華如須彌山并以供養佛菩提

妙法蓮華經七卷　（後秦）釋鳩摩羅什譯　明萬曆刻本

框高20.6厘米，廣9厘米。半葉五行，行十七字，上下單邊。1册。存一卷（三）。經折裝。

三級 223fo21

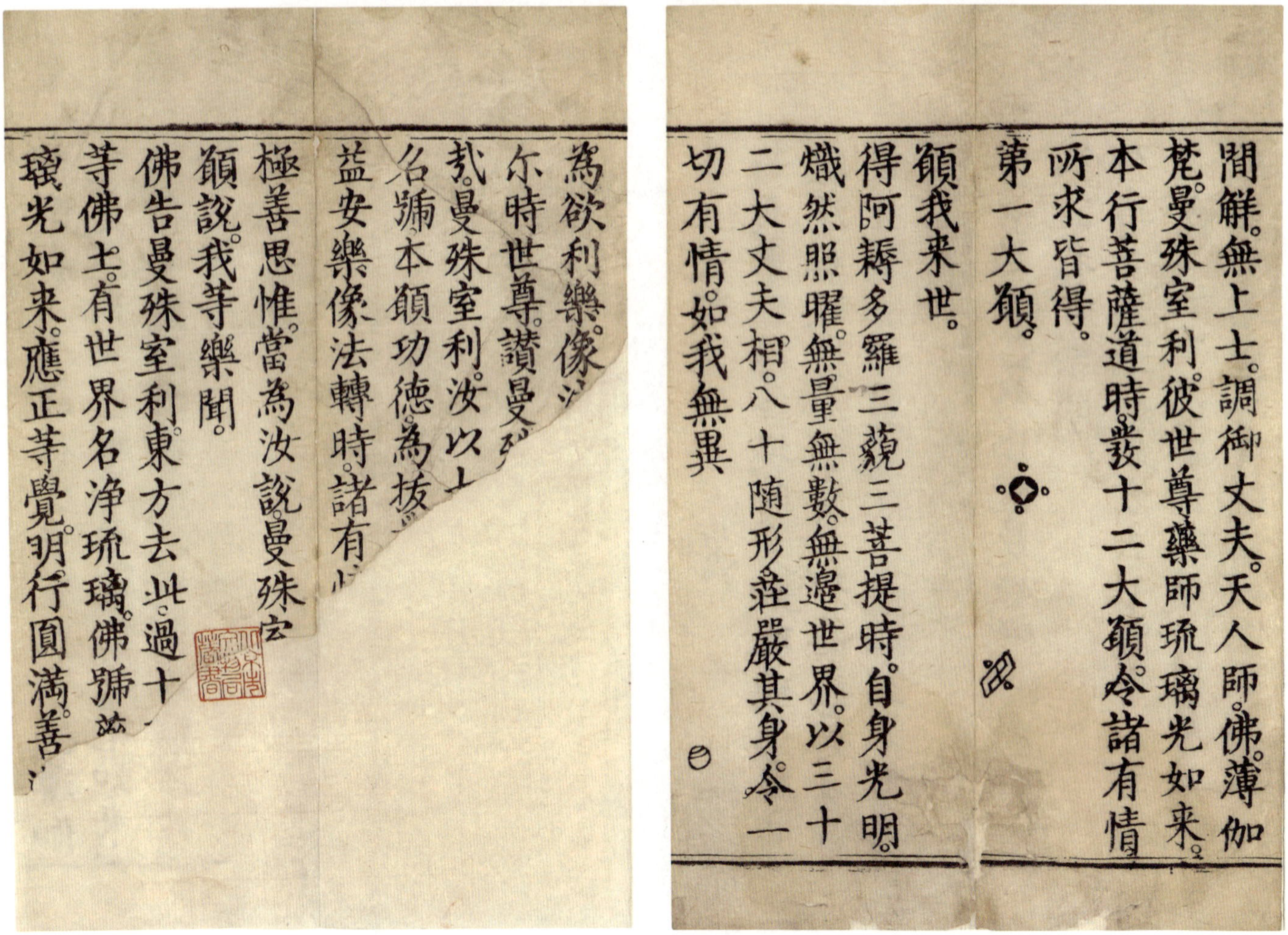
為欲利樂像
尔時世尊讚曼
哉。曼殊室利。汝以
名號本願功德。為拔
益安樂像法轉時。諸有
極善思惟。當為汝說。曼殊室
願說。我等樂聞。
佛告曼殊室利。東方去此。過十
等佛土。有世界名淨琉璃。佛號藥
璃光如来。應正等覺。明行圓滿。善
間解。無上士。調御丈夫。天人師。佛。薄伽
梵。曼殊室利。彼世尊藥師琉璃光如来。
本行菩薩道時。發十二大願。令諸有情
所求皆得。
第一大願。
願我来世。
得阿耨多羅三藐三菩提時。自身光明。
熾然照曜。無量無數。無邊世界。以三十
二大丈夫相。八十隨形莊嚴其身。令一
切有情。如我無異

藥師琉璃光如來本愿功德經一卷　（唐）釋玄奘譯　明刻本

框高 20.5 厘米，廣 9 厘米。半葉五行，行十五字，上下雙邊。1 册。經折裝。

三級 224fo22

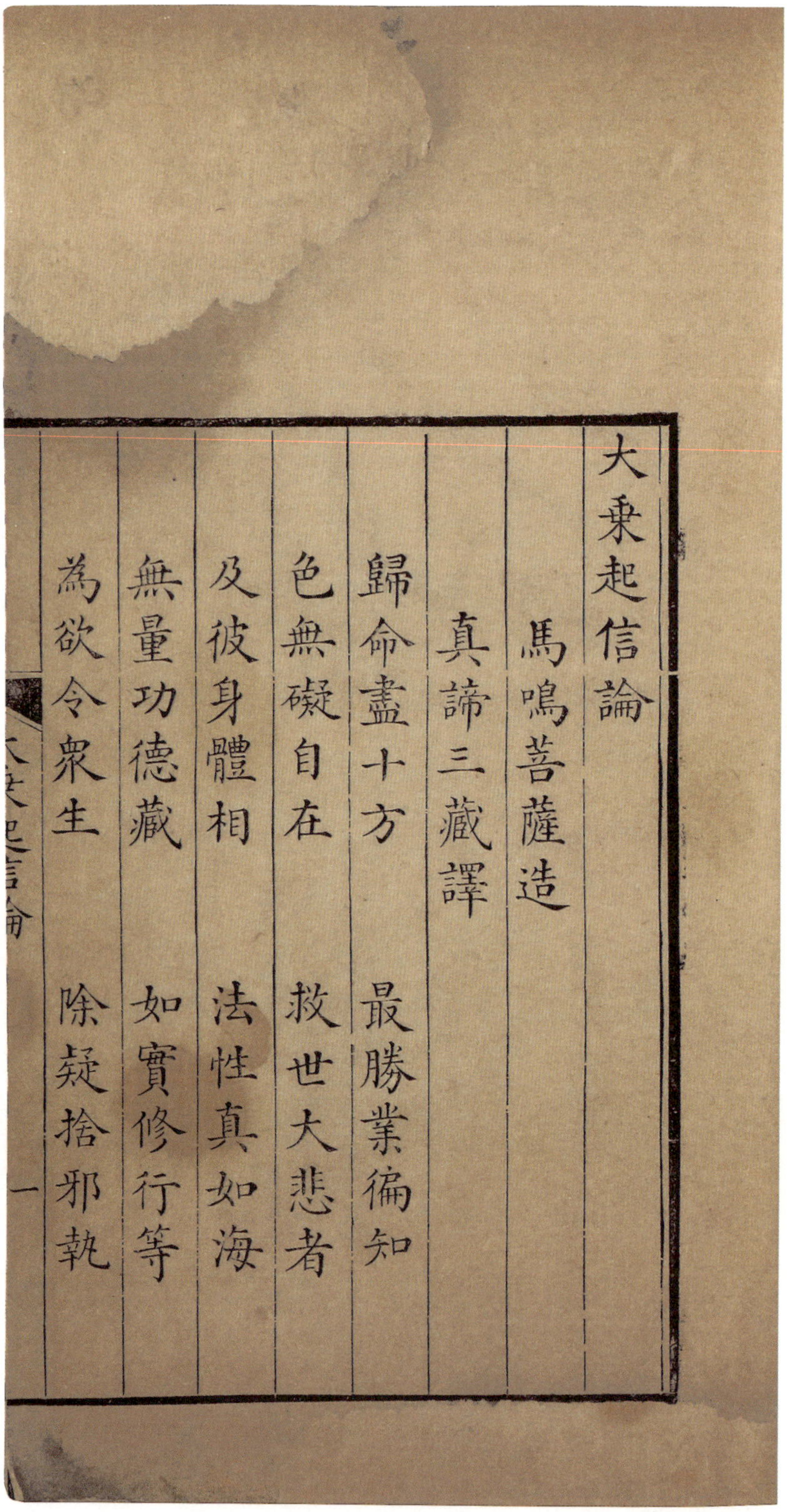

大乘起信論一卷　（南朝梁）釋真諦譯　清乾隆五年（1740）刻本

框高 17.8 厘米，廣 12.5 厘米。半葉八行，行十六字，白口，左右雙邊。2 册。

shan303

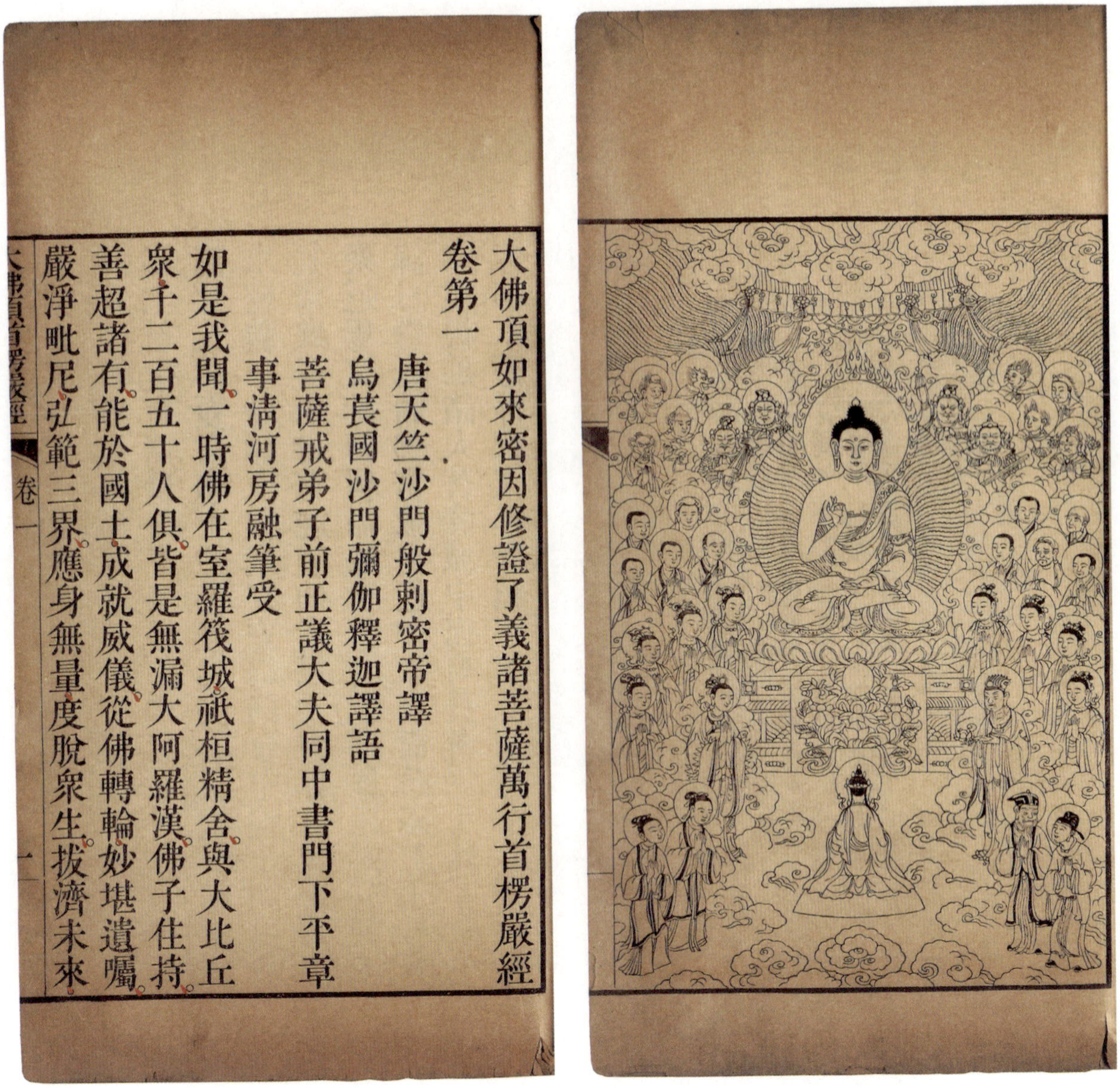
大佛頂如來密因修證了義諸菩薩萬行首楞嚴經
卷第一
唐天竺沙門般剌密帝譯
烏萇國沙門彌伽釋迦譯語
菩薩戒弟子前正議大夫同中書門下平章
事清河房融筆受
如是我聞一時佛在室羅筏城祇桓精舍與大比丘
衆千二百五十人俱皆是無漏大阿羅漢佛子住持
善超諸有能於國土成就威儀從佛轉輪妙堪遺囑
嚴淨毗尼弘範三界應身無量度脫衆生拔濟未來
大佛頂首楞嚴經　卷一　一

大佛頂如來密因修證了義諸菩薩萬行首楞嚴經十卷　（唐）釋般剌密帝譯　清雍正十三年（1735）刻本

框高 20.1 厘米，廣 14.1 厘米。半葉十行，行二十字，白口，四周單邊，無格。2 册。

shan347

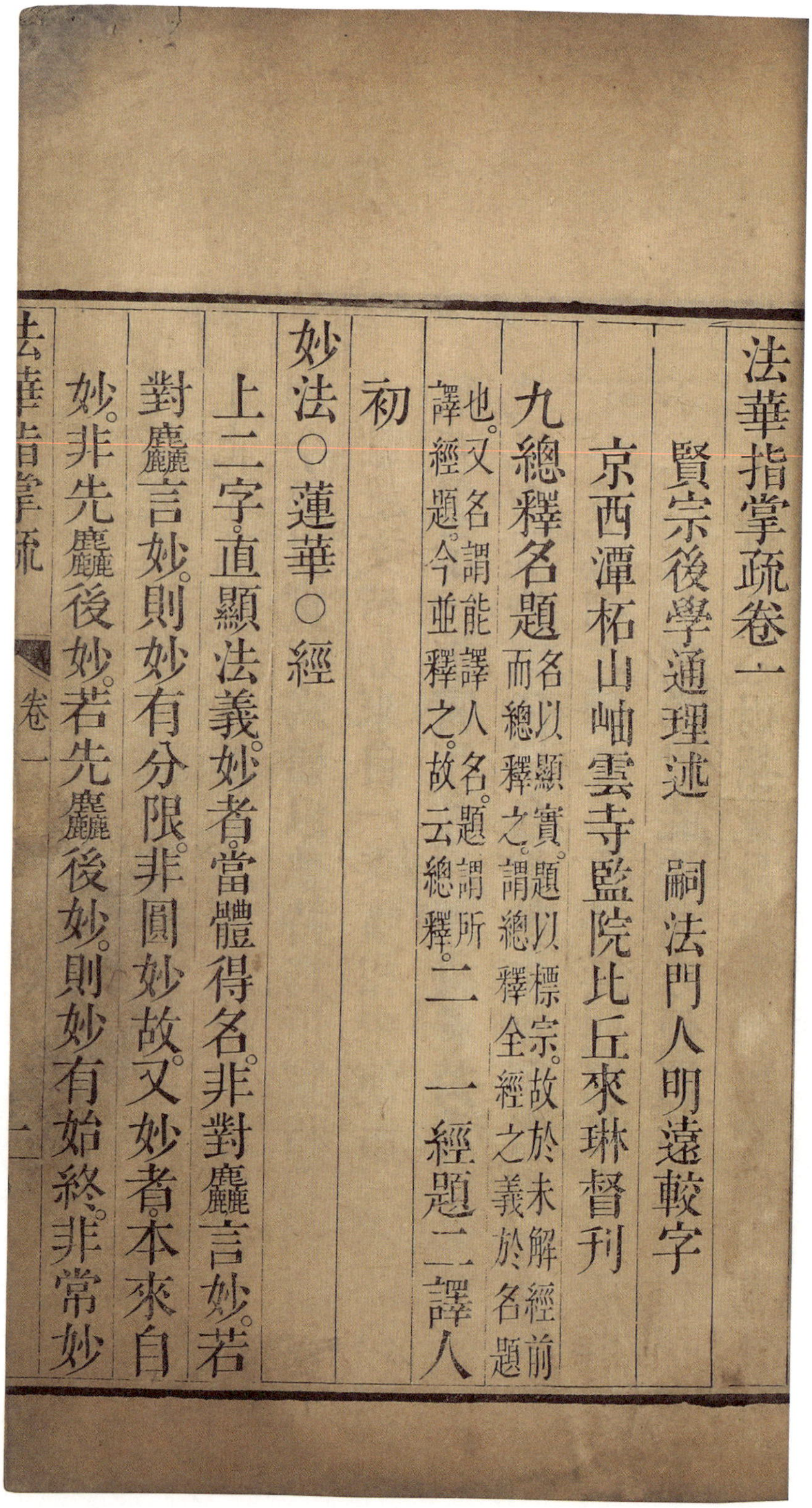
法華指掌疏卷一
賢宗後學通理述　嗣法門人明遠較字
京西潭柘山岫雲寺監院比丘來琳督刊
九總釋名題名以顯實。題以標宗。故於未解經前而總釋之。謂總釋全經之義於名題也。又名謂能譯人名。題謂所譯經題。今並釋之。故云總釋。二　一經題　二譯人
初
妙法○蓮華○經
上二字。直顯法義。妙者。當體得名。非對麤言妙。若對麤言妙。則妙有分限。非圓妙。故又妙者。本來自妙。非先麤後妙。若先麤後妙。則妙有始終。非常妙
法華指掌疏　卷一　二

法華指掌疏七卷　（清）釋通理撰　清乾隆刻本

框高 19.2 厘米，廣 14.5 厘米。半葉十行，行二十字，小字雙行同，白口，四周雙邊。10 册。

shan552

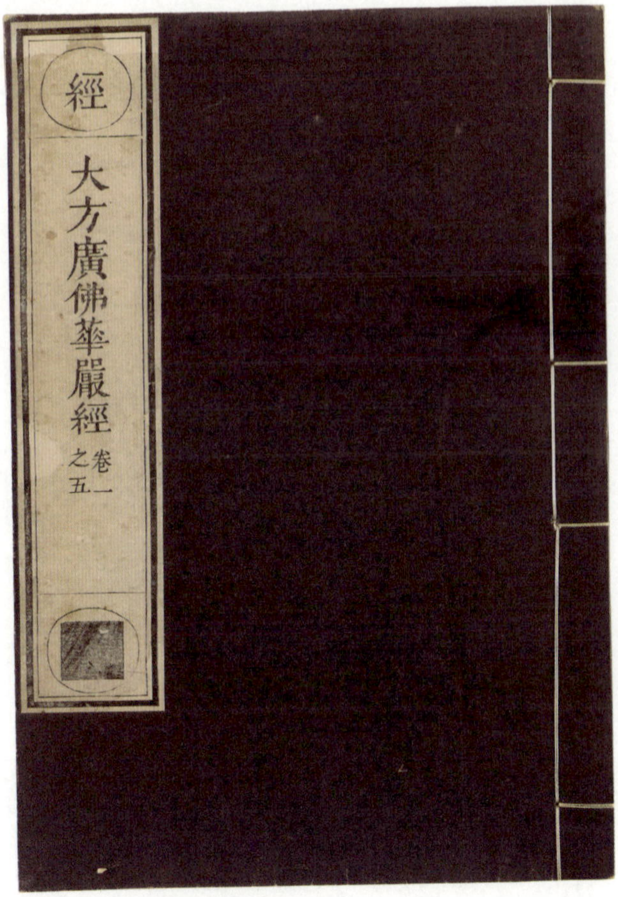

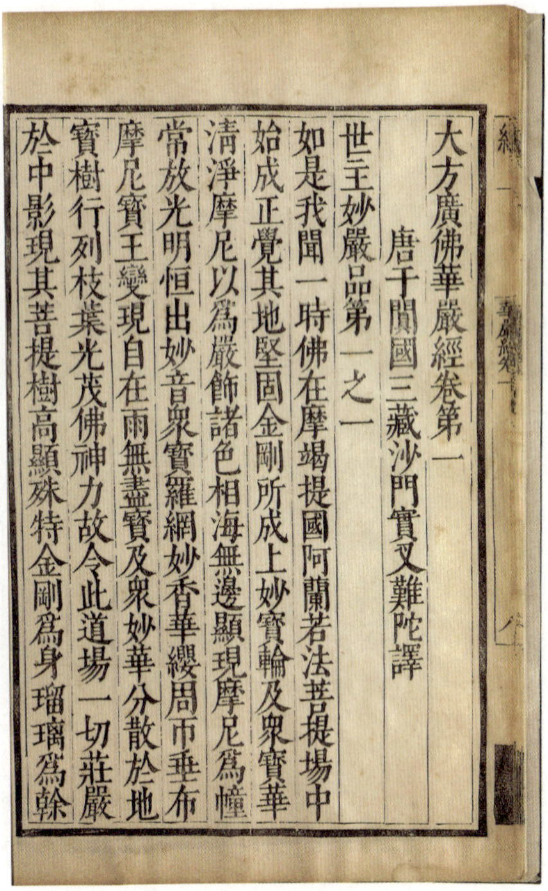
大方廣佛華嚴經卷第一
唐于闐國三藏沙門實叉難陀譯
世主妙嚴品第一之一
如是我聞一時佛在摩竭提國阿蘭若法菩提場中始成正覺其地堅固金剛所成上妙寶輪及衆寶華清淨摩尼以爲嚴飾諸色相海無邊顯現摩尼爲幢常放光明恒出妙音衆寶羅網妙香華纓周帀垂布摩尼寶王變現自在雨無盡寶及衆妙華分散於地寶樹行列枝葉光茂佛神力故令此道場一切莊嚴於中影現其菩提樹高顯殊特金剛爲身瑠璃爲幹

大方廣佛華嚴經八十卷附普賢行願品一卷復菴和尚華嚴論貫一卷 （唐）實叉難陀譯 清乾隆三十四年（1769）刻本

框高 23.6 厘米，廣 16.4 厘米。半葉十行，行二十字，下黑口，四周雙邊。16 册。鈐“陳宣緝印”朱文印。

shan566

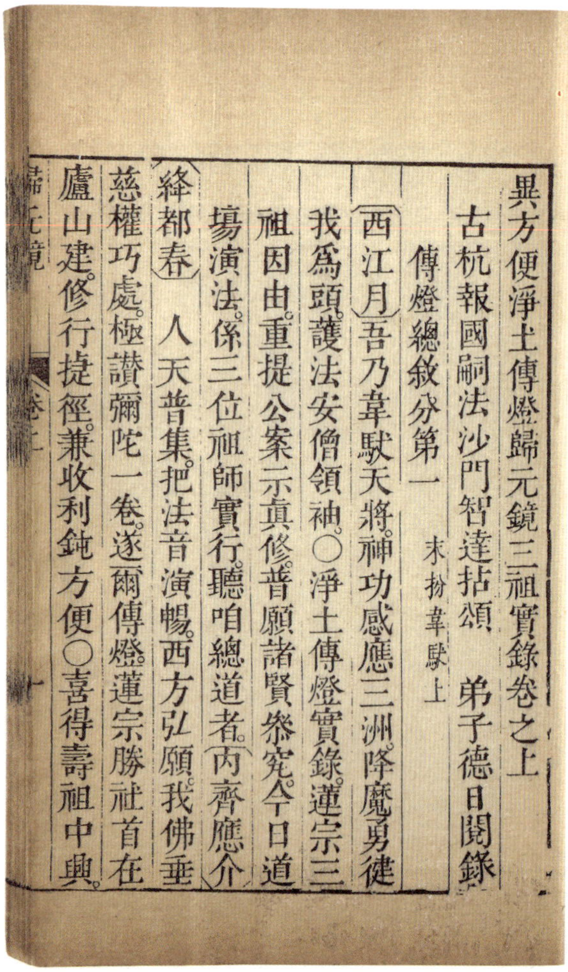
異方便淨土傳燈歸元鏡三祖實錄卷之上
古杭報國嗣法沙門智達拈頌　弟子德日閱錄
傳燈總敘分第一　末扮韋馱上
西江月吾乃韋馱天將神功感應三洲降魔勇健
我爲頭護法安僧領袖〇淨土傳燈實錄蓮宗三
祖因由重提公案示真修普願諸賢㕘究今日道
場演法係三位祖師實行聽咱總道者內齊應介
絳都春　人天普集把法音演暢西方弘願我佛垂
慈權巧處極讚彌陀一卷遂爾傳燈蓮宗勝社首在
廬山建修行捷徑兼收利鈍方便〇喜得壽祖中興

異方便淨土傳燈歸元鏡三祖實録二卷　（清）釋智達拈頌　（清）釋德日閲録　清乾隆四十九年（1784）刻本

框高19.9厘米，廣14.8厘米。半葉十行，行二十字，小字雙行同，白口，四周單邊。2册。

shan778

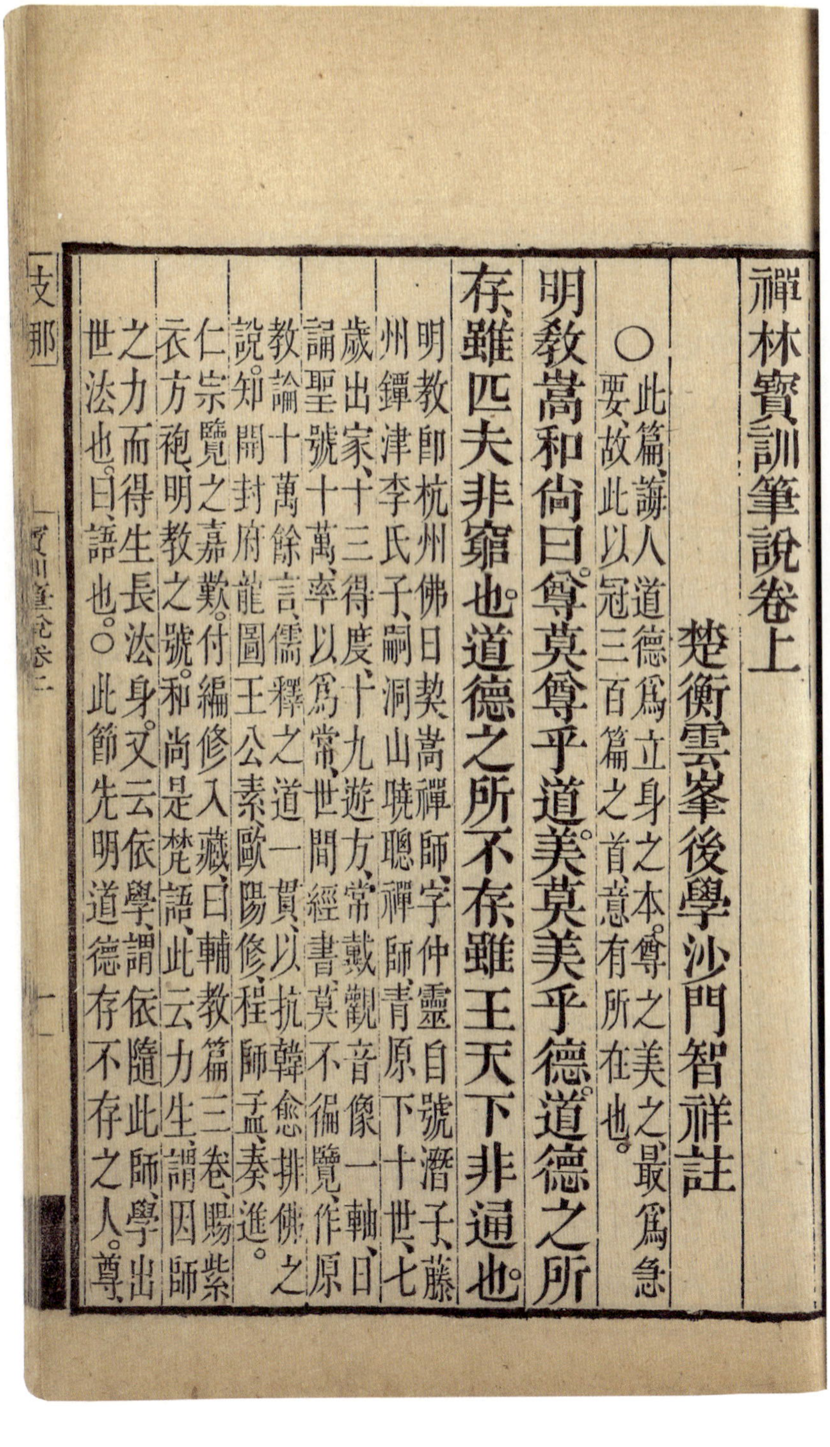
禪林寶訓筆說卷上
楚衡雲峯後學沙門智祥註
○此篇謂人道德爲立身之本尊之美之最爲急要故此以冠三百篇之首意有所在也
明教嵩和尚曰尊莫尊乎道美莫美乎德道德之所存雖匹夫非窮也道德之所不存雖王天下非通也
明教即杭州佛日契嵩禪師字仲靈自號潛子藤州鐔津李氏子嗣洞山曉聰禪師青原下十世七歲出家十三得度十九遊方常戴觀音像一軸日誦聖號十萬卒以爲常世間經書莫不徧覽作原教論十萬餘言儒釋之道一貫以抗韓愈排佛之說知開封府龍圖王公素歐陽修程師孟奏進仁宗覽之嘉歎付編修入藏曰輔教篇三卷賜紫衣方袍明教之號和尚是梵語此云力生謂因師之力而得生長法身又云依學謂依隨此師學出世法也曰語也○此節先明道德存不存之人尊
支那
寶訓筆說卷上 一

禪林寶訓筆說二卷　（清）釋智祥註　清乾隆十五年（1750）江寧臧廷獻刻本

框高 20.1 厘米，廣 15.1 厘米。半葉十行，行二十字，小字雙行同，下黑口，左右雙邊。2 册。鈐“枯僧”白文印。

shan779

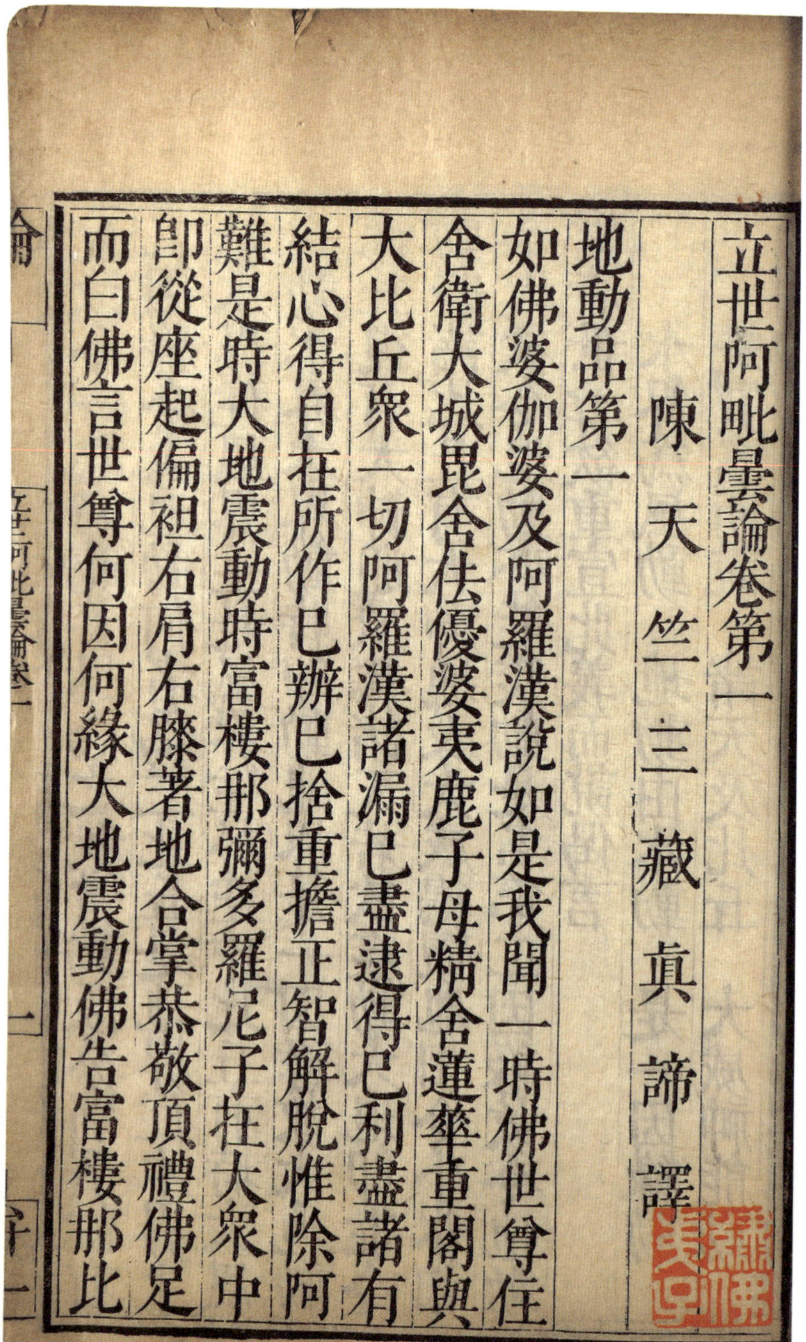

立世阿毗曇論五卷文殊師利菩薩問菩提經論二卷勝思惟梵天所問經論三卷 （天竺）釋三藏譯 **金剛般若波羅密經破取著不壞假名論二卷** （天竺）釋地婆訶羅譯 **阿毗達磨發智論五卷** （唐）釋玄奘譯 清康熙三十九年（1700）包氏刻本

框高22.3厘米，廣14.7厘米。半葉十行，行二十字，白口，四周雙邊。3册。鈐"繡佛夷子"白文印。

shan790

北京市文物局科研課題成果
北京市文物局圖書資料中心　編

北京市文物局圖書資料中心古籍善本録（下）

北京市文物局圖書資料中心古楸軒書叢
總第五部
甲種第四部

國家圖書館出版社

集　部

【楚辭類】

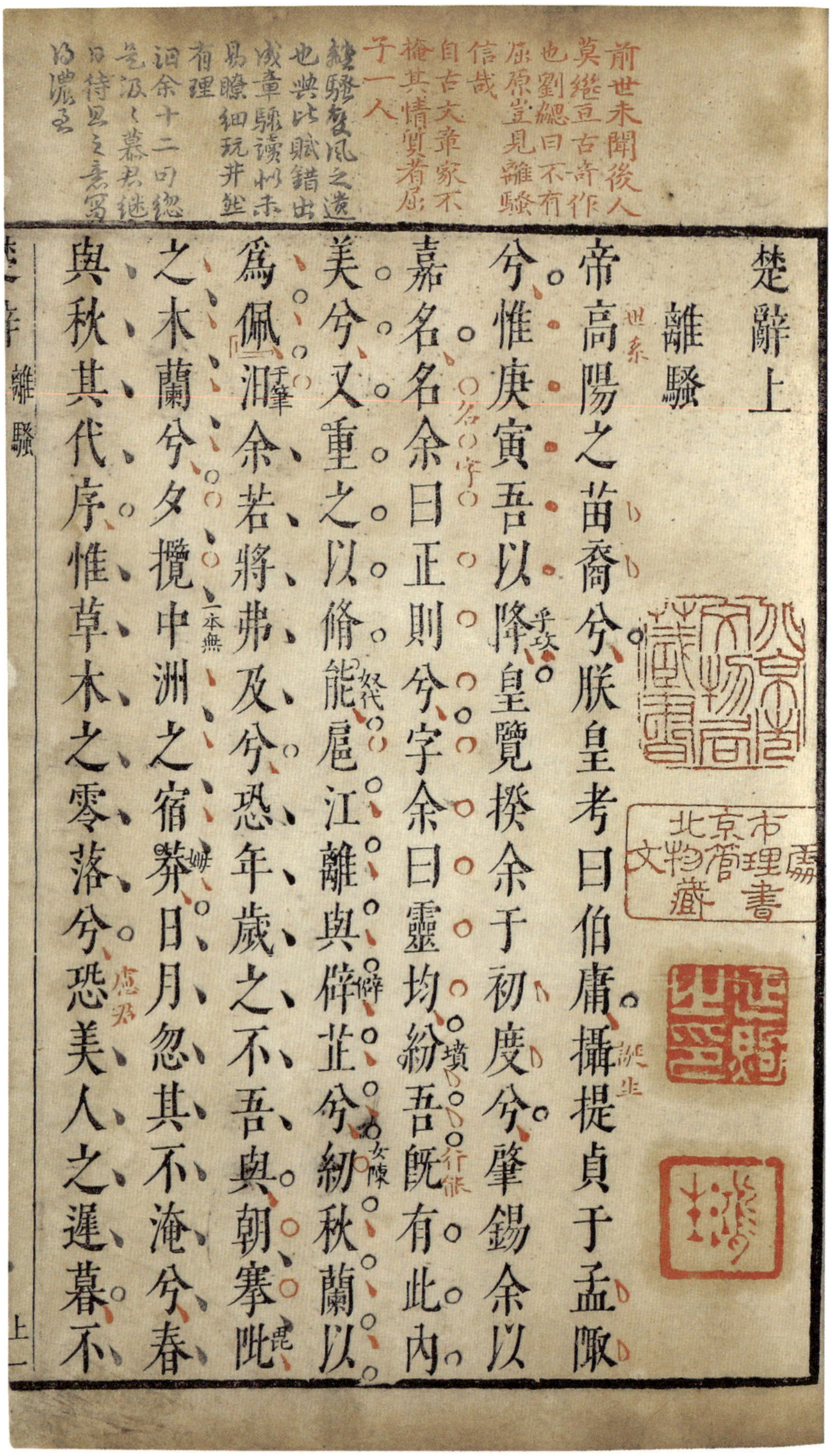
楚辭上
離騷
帝高陽之苗裔兮朕皇考曰伯庸攝提貞于孟陬
兮惟庚寅吾以降皇覽揆余于初度兮肇錫余以
嘉名名余曰正則兮字余曰靈均紛吾既有此內
美兮又重之以脩能扈江離與辟芷兮紉秋蘭以
爲佩汩余若將弗及兮恐年歲之不吾與朝搴阰
之木蘭兮夕攬中洲之宿莽日月忽其不淹兮春
與秋其代序惟草木之零落兮恐美人之遲暮不
楚辭 離騷 上一

楚辭二卷 （漢）劉向輯 明萬曆四十八年（1620）閔齊伋刻朱墨藍套印本

框高21厘米，廣15厘米。半葉九行，行十九字，白口，四周單邊，無格。4册。鈐“延煦之印”白文印、“百鶴樓”朱文印、“張世垚”印等。

二級 60pan10568

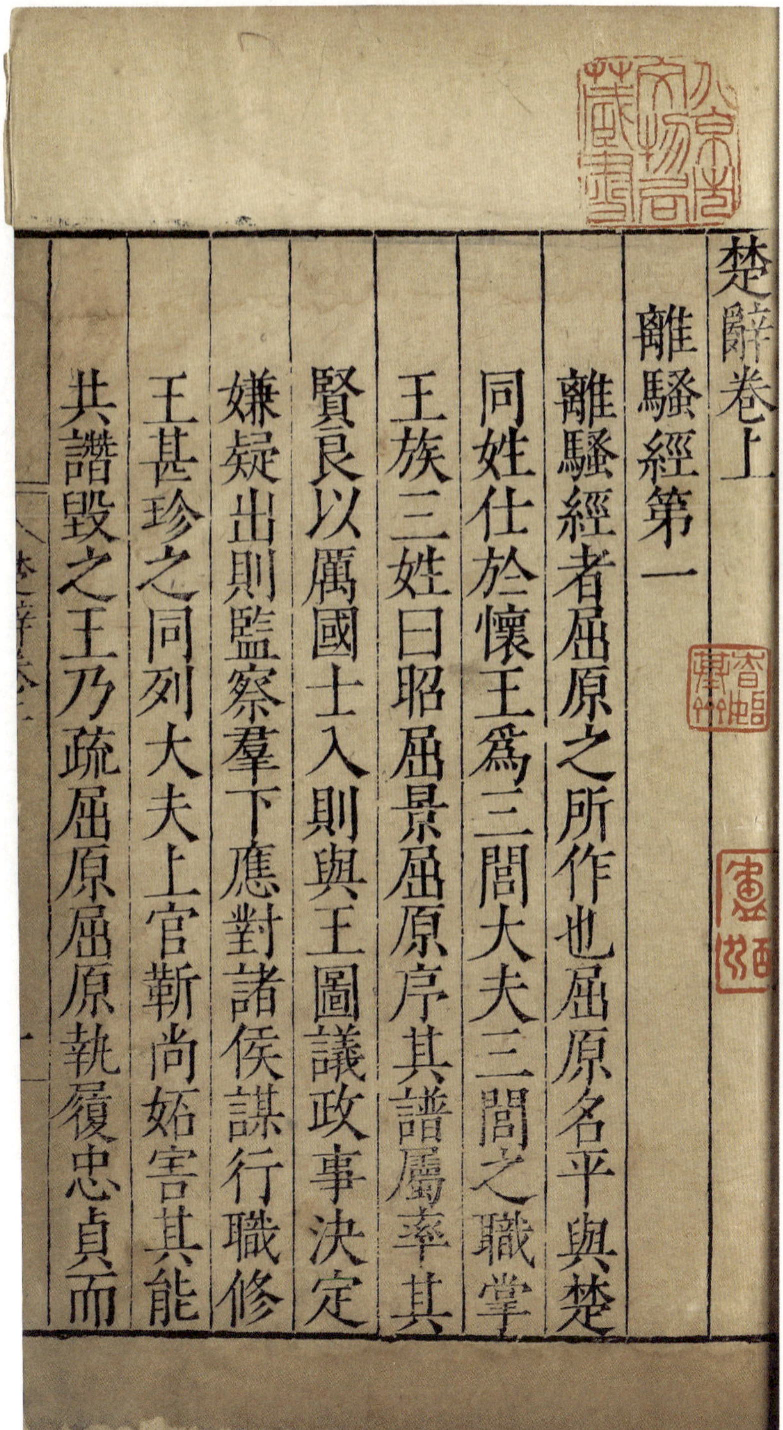
楚辭卷上
離騷經第一
離騷經者屈原之所作也屈原名平與楚同姓仕於懷王爲三閭大夫三閭之職掌王族三姓曰昭屈景屈原序其譜屬率其賢良以厲國士入則與王圖議政事決定嫌疑出則監察羣下應對諸侯謀行職修王甚珍之同列大夫上官靳尚妬害其能共譖毀之王乃疏屈原屈原執履忠貞而

楚辭二卷　（漢）劉向輯　明萬曆刻本

框高 20.4 厘米，廣 14 厘米。半葉九行，行十八字，白口，四周單邊。2 册。鈐“畫酬”朱文印、“督始基齋”朱文印、“長康”朱文印等。

二級 270shan538

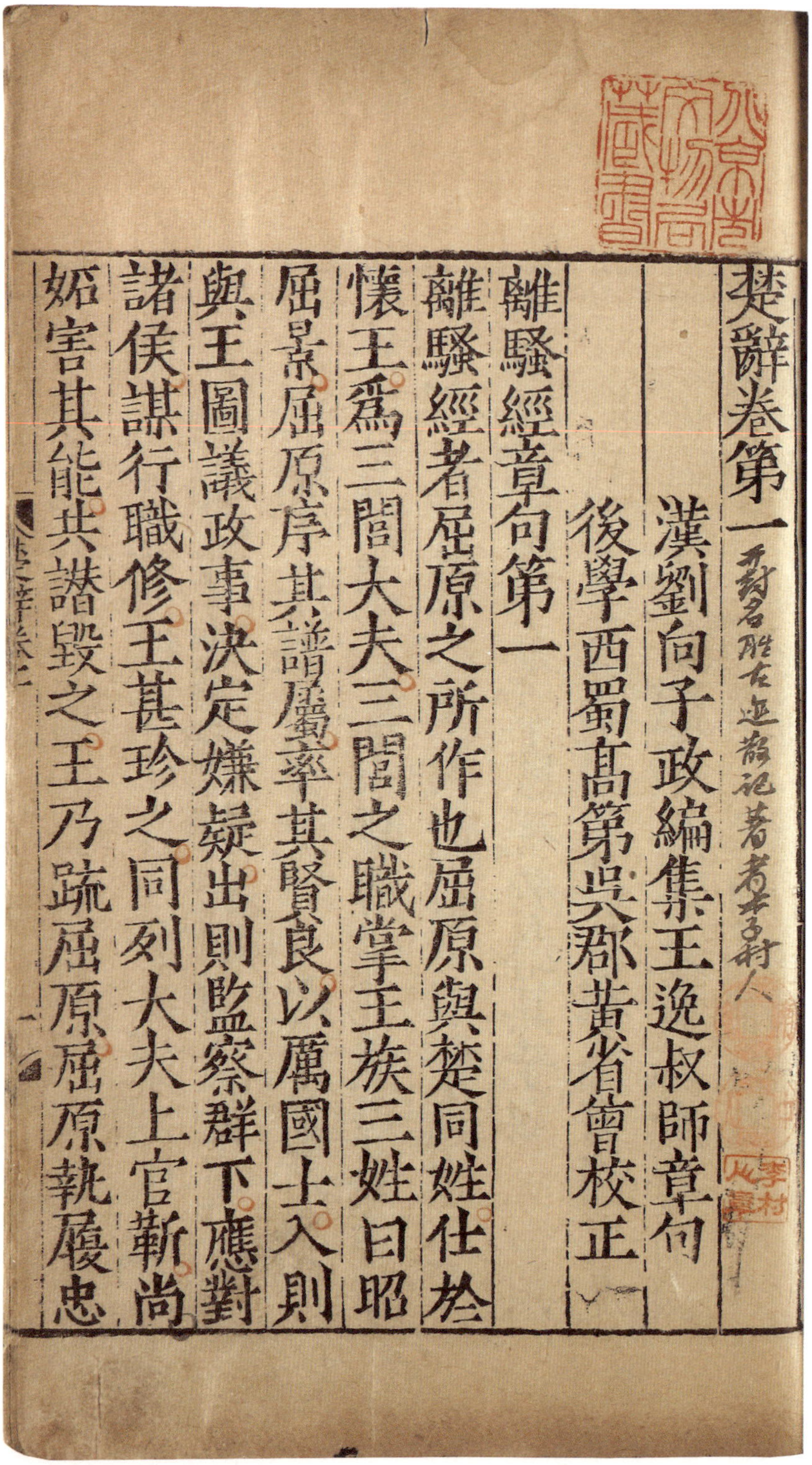

楚辭十七卷 （漢）劉向編集 （漢）王逸章句 明正德刻本

框高 19.4 厘米，廣 14.2 厘米。半葉十行，行十八字，小字雙行同，白口，左右雙邊。4 册。鈐“右長”朱文印等。

二級 293shan765

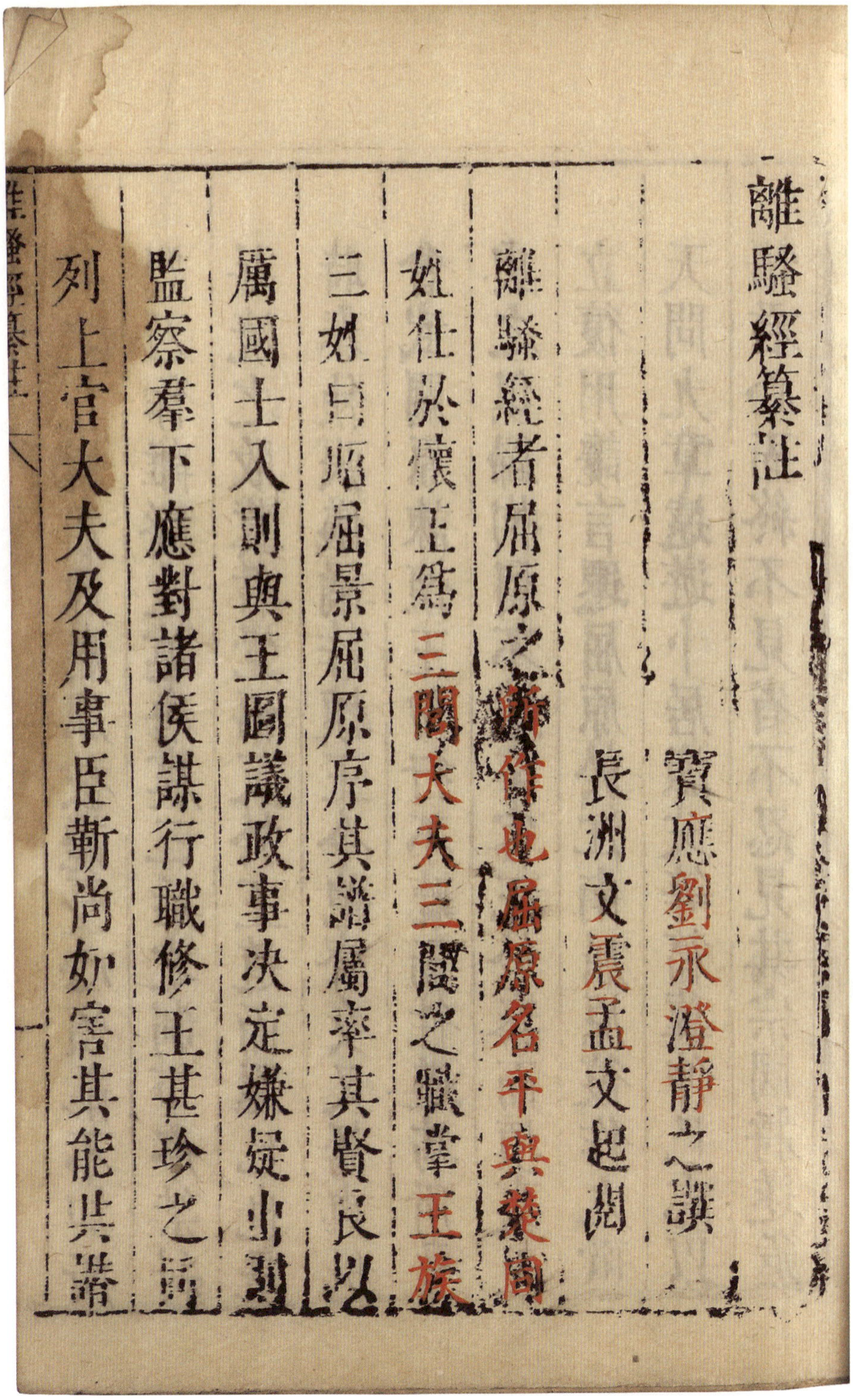
離騷經纂註
寶應劉永澄靜之譔
長洲文震孟文起閲
離騷經者屈原之所作也屈原名平與楚同
姓仕於懷王爲三閭大夫三閭之職掌王族
三姓曰昭屈景屈原序其譜屬率其賢良以
厲國士入則與王圖議政事決定嫌疑出則
監察羣下應對諸侯謀行職修王甚珍之同
列上官大夫及用事臣靳尚妒害其能共譖
離騷經纂註　一

離騷經纂註一卷　（明）劉永澄撰　明末刻本
框高 20.3 厘米，廣 14.6 厘米。半葉九行，行十八字，白口，左右雙邊。1 册。

三級 151shan532

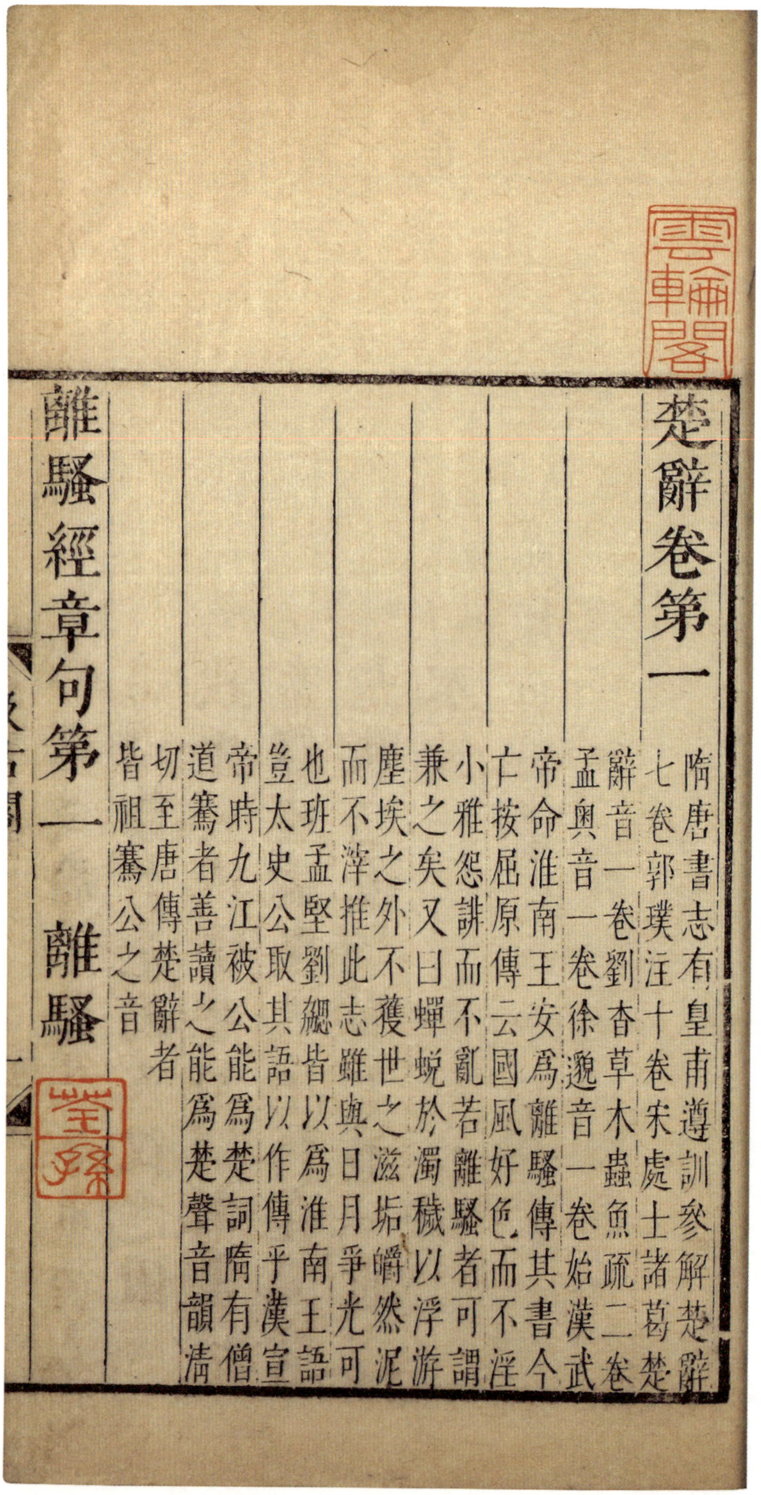

楚辭十七卷　（漢）劉向集　（漢）王逸章句　（宋）洪興祖補注　明末汲古閣刻本

框高18.2厘米，廣13.4厘米。半葉九行，行十五字，小字雙行二十字，白口，左右雙邊。8册。鈐“雲輪閣”朱文印、“荃孫”朱文印等。

shan9

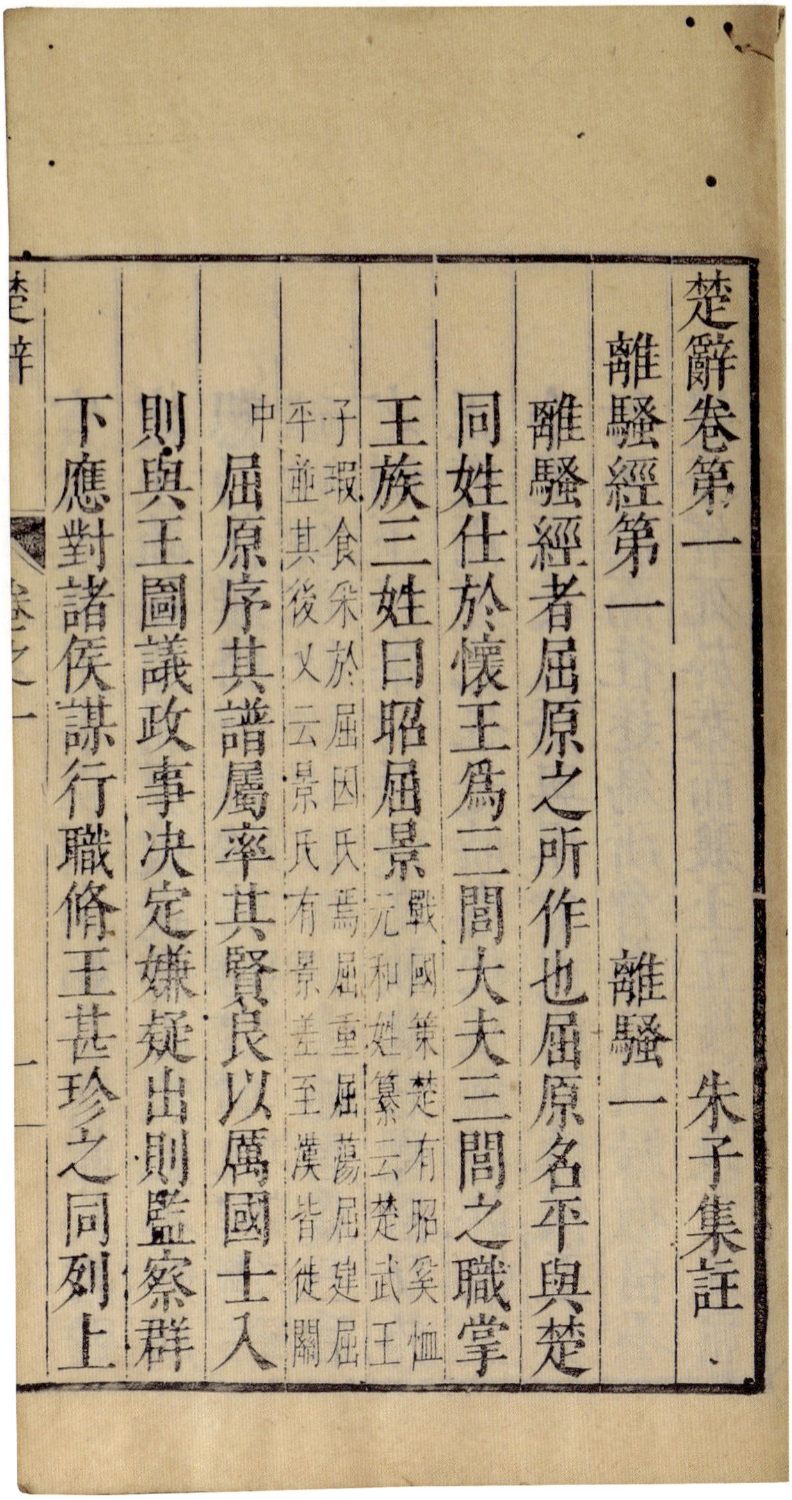

楚辭卷第一　朱子集註

離騷經第一　離騷一

離騷經者屈原之所作也屈原名平與楚同姓仕於懷王爲三閭大夫三閭之職掌王族三姓曰昭屈景戰國策楚有昭奚恤元和姓纂云楚武王子瑕食采於屈因氏焉屈重屈蕩屈建屈平並其後又云景氏有景差至漢皆徙關中屈原序其譜屬率其賢良以厲國士入則與王圖議政事決定嫌疑出則監察群下應對諸侯謀行職脩王甚珍之同列上

楚辭　卷之一　一

楚辭八卷　（宋）朱熹集註　明成化十一年（1475）盱江何喬新刻本

框高 20.6 厘米，廣 14.1 厘米。半葉九行，行十八字，小字雙行同，白口，四周單邊。2 册。

shan363

【别集類】

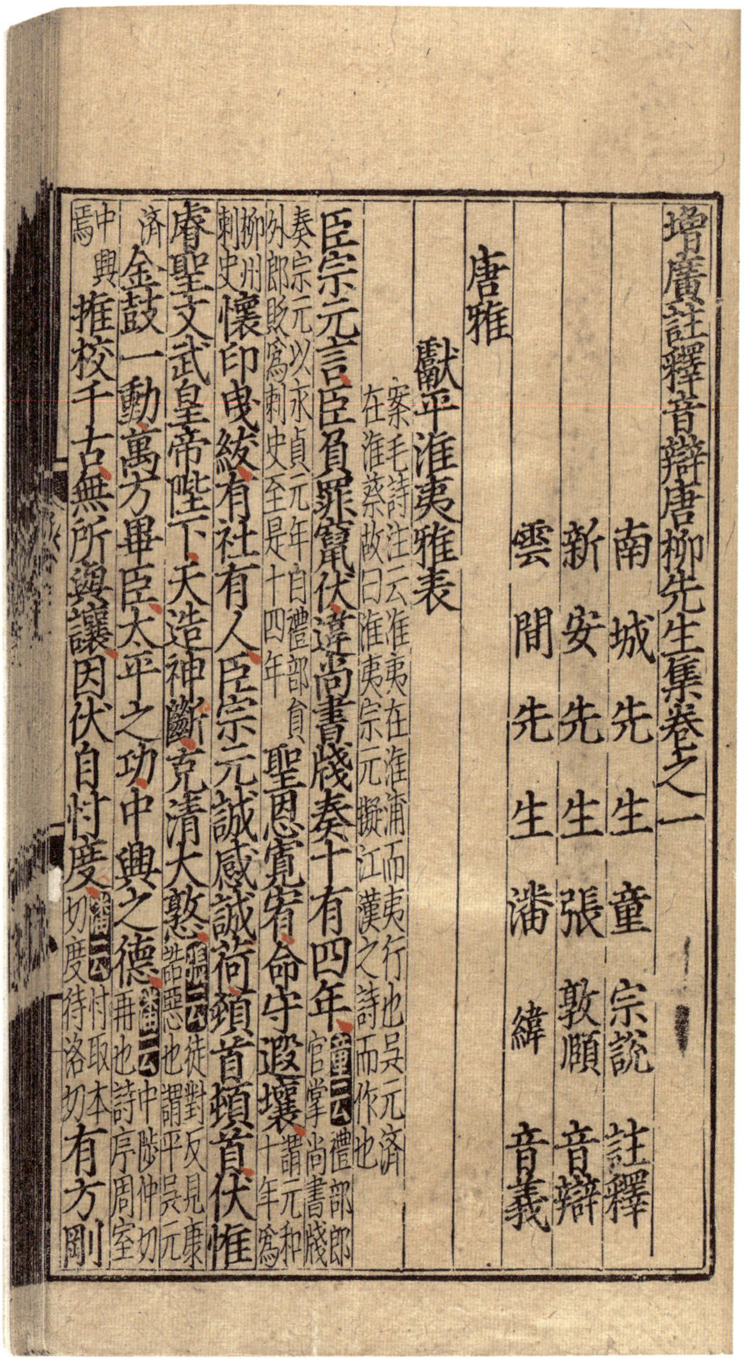

增廣註釋音辯唐柳先生集四十三卷外集二卷别集二卷附録一卷　（唐）柳宗元撰　（宋）童宗説註釋　（宋）張敦頤音辯　（宋）潘緯音義　元刻本

框高 20.3 厘米，廣 12.3 厘米。半葉十三行，行二十三字，小字雙行同，黑口，四周雙邊。6 册。鈐“延古堂李氏珍藏”白文印、“每歲寓目”白文印等。存二十五卷（一至二十五）。

一級 5k127

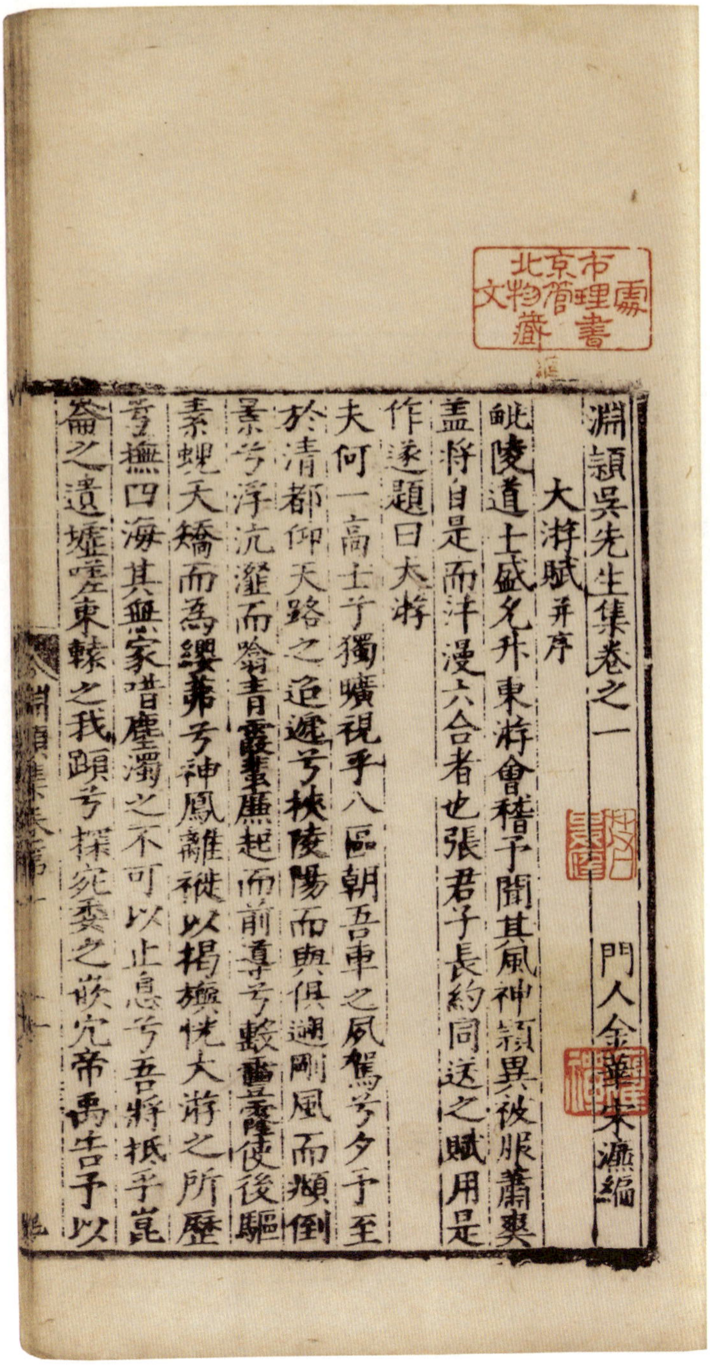

淵頴吳先生集卷之一　門人金華宋濂編

大游賦并序

毗陵道士盛名升東游會稽予聞其風神穎異被服蕭爽

蓋將自是而汗漫六合者也張君子長約同遊之賦用是

作遂題曰大游

夫何一高士兮獨曠視乎八區朝吾車之夙駕兮夕予至

於清都仰天路之迢遞兮挾陵陽而與俱邇剛風而顛倒

景兮浮沆瀣而豁青靄霾靅起而前導兮虹蜺霓隆使後驅

素蜺夭矯而為纓兮神鳳離褷以揭旟恍大游之所歷

兮撫四海其無家惜塵濁之不可以止息兮吾將抵乎崑

崙之遺墟嗟東轅之我頭兮採究變之嵌究帝禹告予以

淵穎吳先生集十二卷附錄一卷　（元）吳萊撰　（明）宋濂編　明嘉靖元年（1522）祝鑾刻本

框高 18 厘米，廣 12.5 厘米。半葉十一行，行二十二字，白口，左右雙邊。10 册。鈐“曜貞瑨館所收”朱文印、“延思堂續收金石圖籍鈐記”朱文印、“樞窗旅逸章”朱文印等。

二級 41pan10579

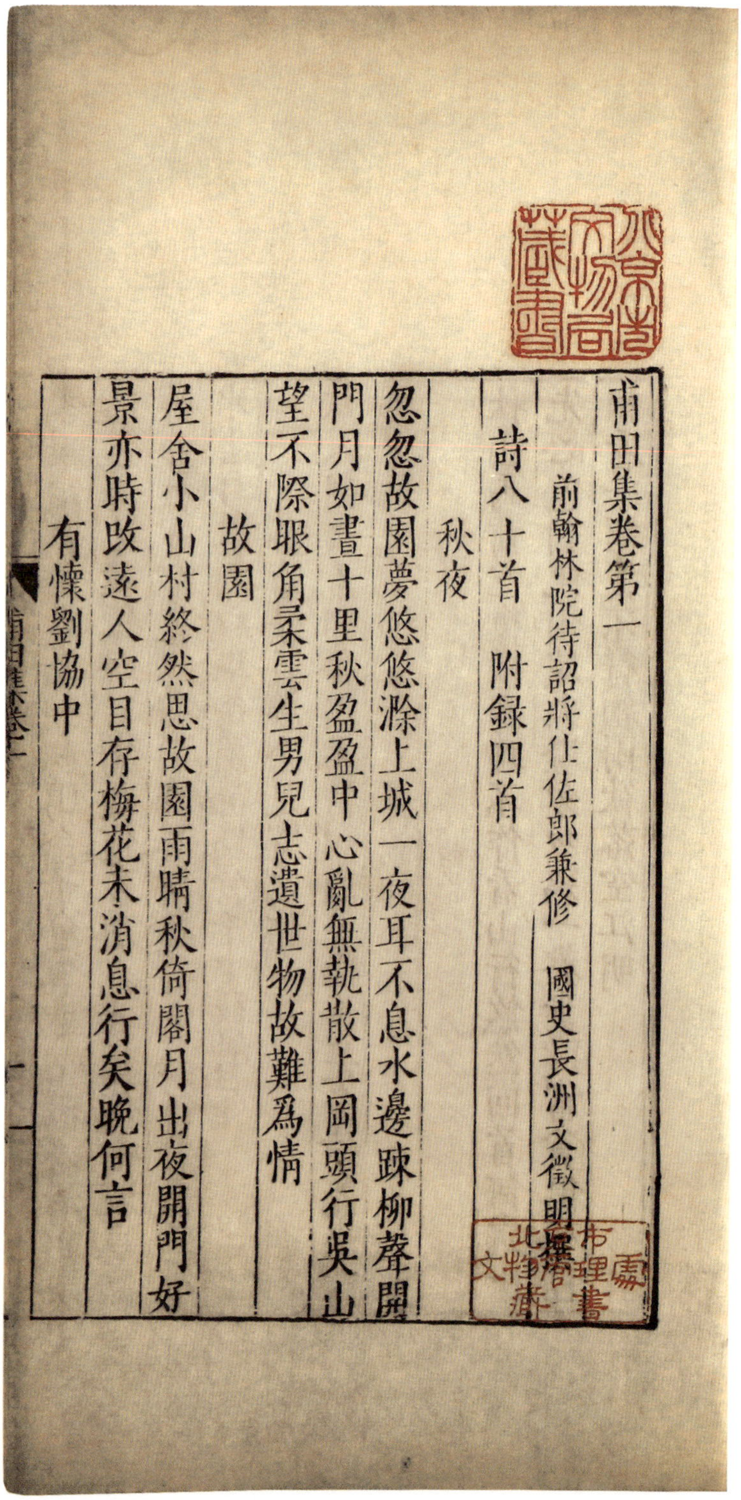
甫田集卷第一
前翰林院待詔將仕佐郎兼修　國史長洲文徵明撰
詩八十首　附録四首
秋夜
忽忽故園夢悠悠滁上城一夜耳不息水邊踈柳聲開
門月如晝十里秋盈盈中心亂無執散上岡頭行吳山
望不際眼角柔雲生男兒志遺世物故難爲情
故園
屋舍小山村終然思故園雨晴秋倚閣月出夜開門好
景亦時改遠人空目存梅花未消息行矣晚何言
有懷劉協中

甫田集三十六卷　（明）文徵明撰　明刻本

框高 19.5 厘米，廣 13.5 厘米。半葉十一行，行二十一字，白口，左右雙邊。8 册。

二級 46xiao10643

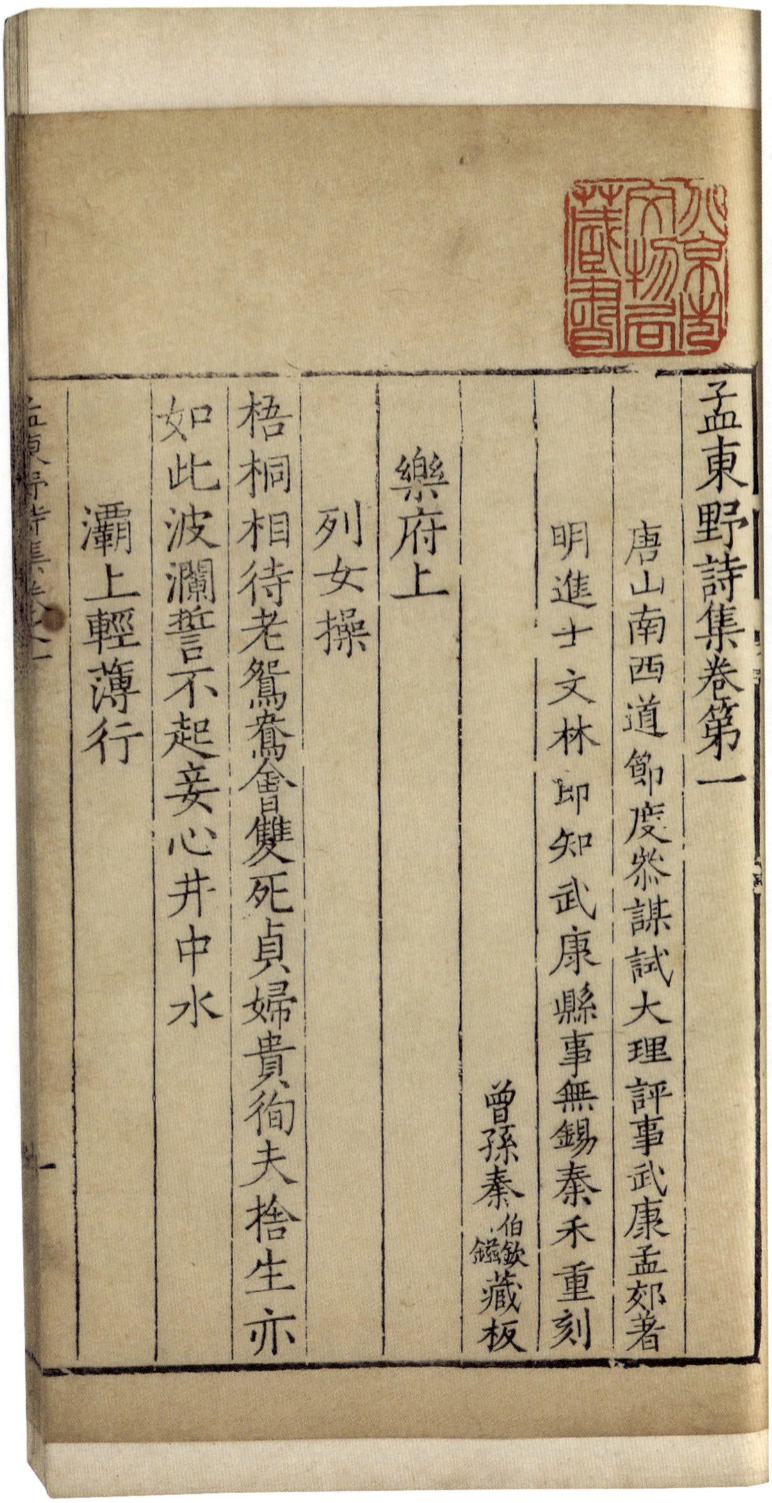

孟東野詩集十卷聯句一卷　（唐）孟郊著　明嘉靖三十五年（1556）秦禾刻本

框高 18.4 厘米，廣 13.6 厘米。半葉九行，行十八字，白口，四周單邊。4 册。鈐“無竟先生獨志堂物”朱文印、“兆璜讀過”朱文印等。

二級 49pan10709

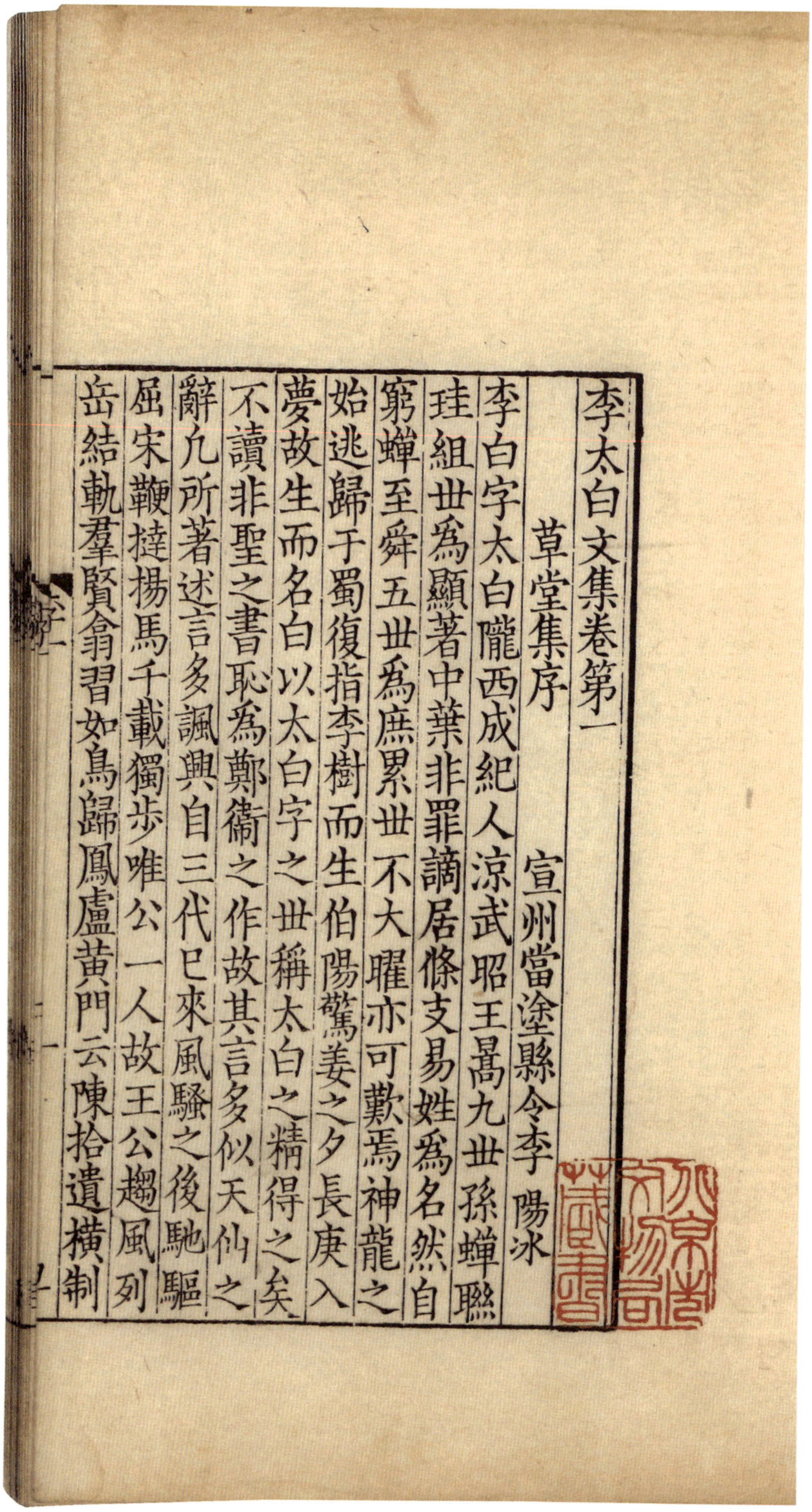
李太白文集卷第一
草堂集序　宣州當塗縣令李　陽冰
李白字太白隴西成紀人涼武昭王暠九世孫蟬聯
珪組世爲顯著中葉非罪謫居條支易姓爲名然自
窮蟬至舜五世爲庶累世不大曜亦可歎焉神龍之
始逃歸于蜀復指李樹而生伯陽驚姜之夕長庚入
夢故生而名白以太白字之世稱太白之精得之矣
不讀非聖之書恥爲鄭衛之作故其言多似天仙之
辭凡所著述言多諷興自三代巳來風騷之後馳驅
屈宋鞭撻揚馬千載獨步唯公一人故王公趨風列
岳結軌羣賢翕習如鳥歸鳳盧黄門云陳拾遺横制

李太白文集三十卷　（唐）李白撰　清康熙五十六年（1717）繆曰芑雙泉草堂刻本

框高 17.6 厘米，廣 11 厘米。半葉十一行，行二十字，白口，左右雙邊。8 册。

二級 53zhan2

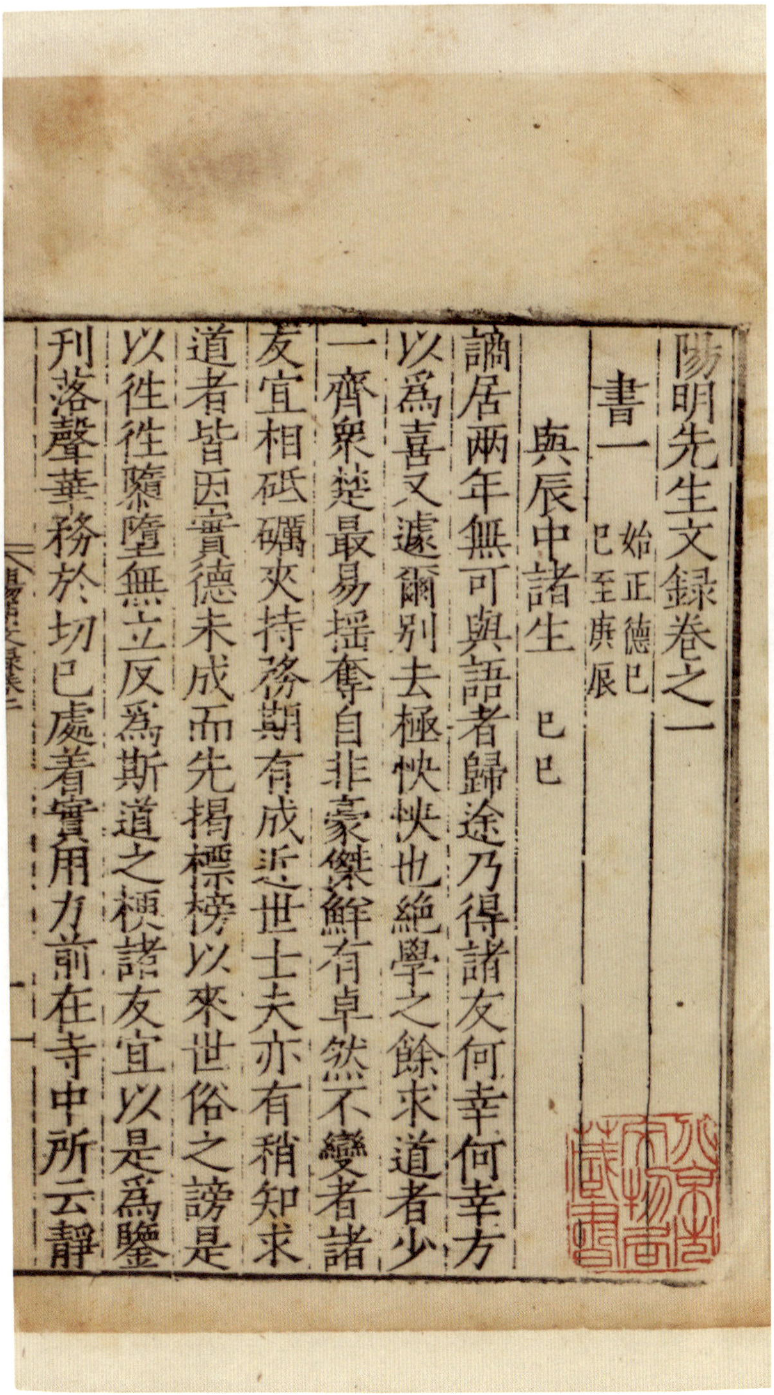
陽明先生文録卷之一

書一 始正德己巳至庚辰

與辰中諸生 己巳

謫居兩年無可與語者歸途乃得諸友何幸何幸方以爲喜又遽爾別去極怏怏也絶學之餘求道者少一齊衆楚最易揺奪自非豪傑鮮有卓然不變者諸友宜相砥礪夾持務期有成近世士夫亦有稍知求道者皆因實德未成而先揭標榜以來世俗之謗是以往往隳墮無立反爲斯道之梗諸友宜以是爲鑒刊落聲華務於切己處着實用力前在寺中所云靜

陽明先生文録五卷外集九卷别録十卷　（明）王守仁撰　明嘉靖三十二年（1553）刻本（别録配明嘉靖三十六年胡宗憲刻本）

框高 19.3 厘米，廣 14.8 厘米。文録五卷、外集十卷：半葉十行，行二十字，小字雙行同，白口，左右雙邊；别録十卷：半葉九行，行十九字，白口，左右雙邊。20 册。鈐“稺楚氏”朱文印。

二級 54zhan9

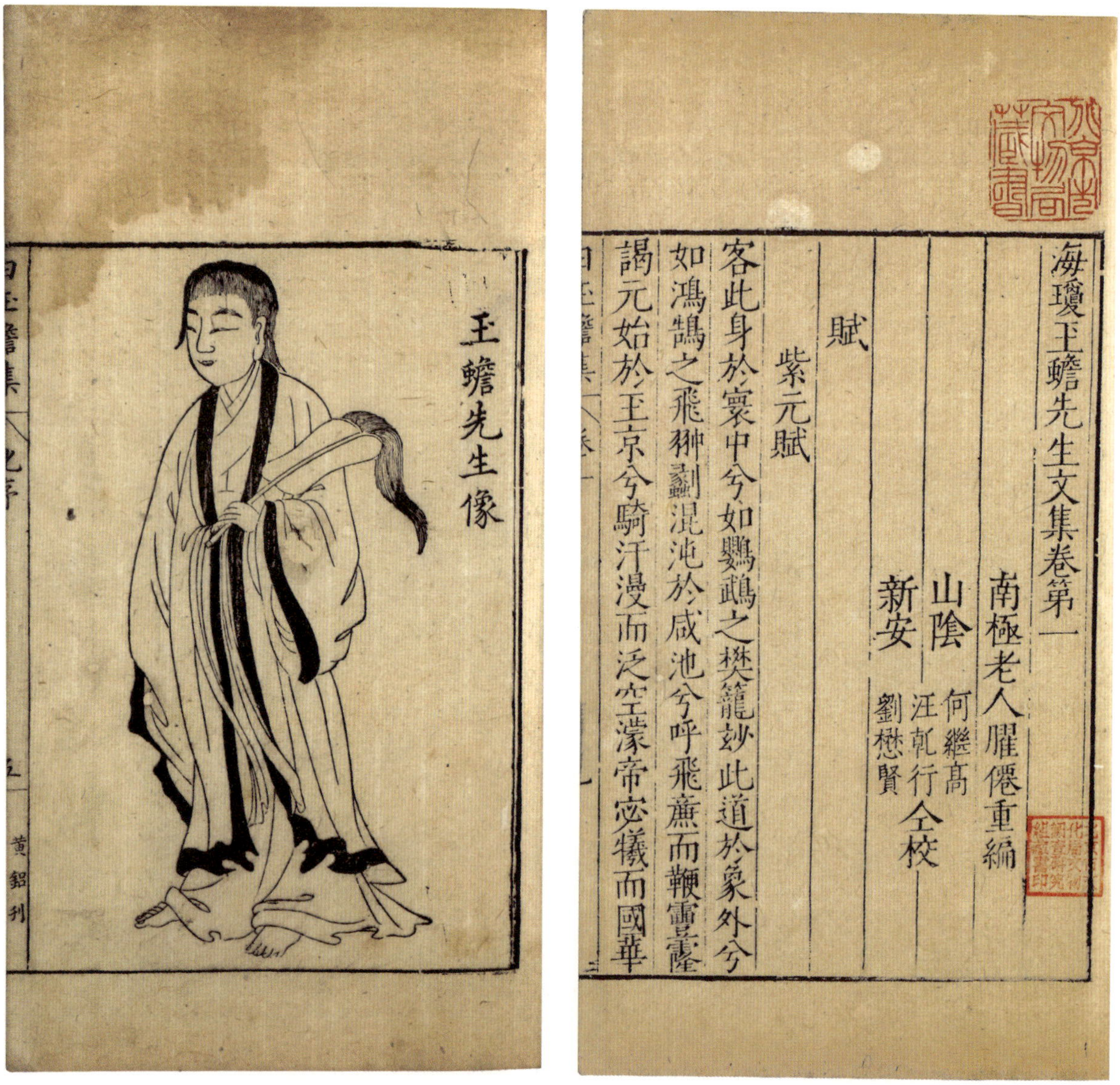

海瓊玉蟾先生文集六卷續集二卷 （宋）葛長庚撰 （明）南極老人臞仙重編 （明）何繼高等校 明刻本

框高 19.9 厘米，廣 14.4 厘米。半葉九行，行二十字，白口，左右雙邊。12 册。有民國三年（1914）張光第題記。

二級 55bei16

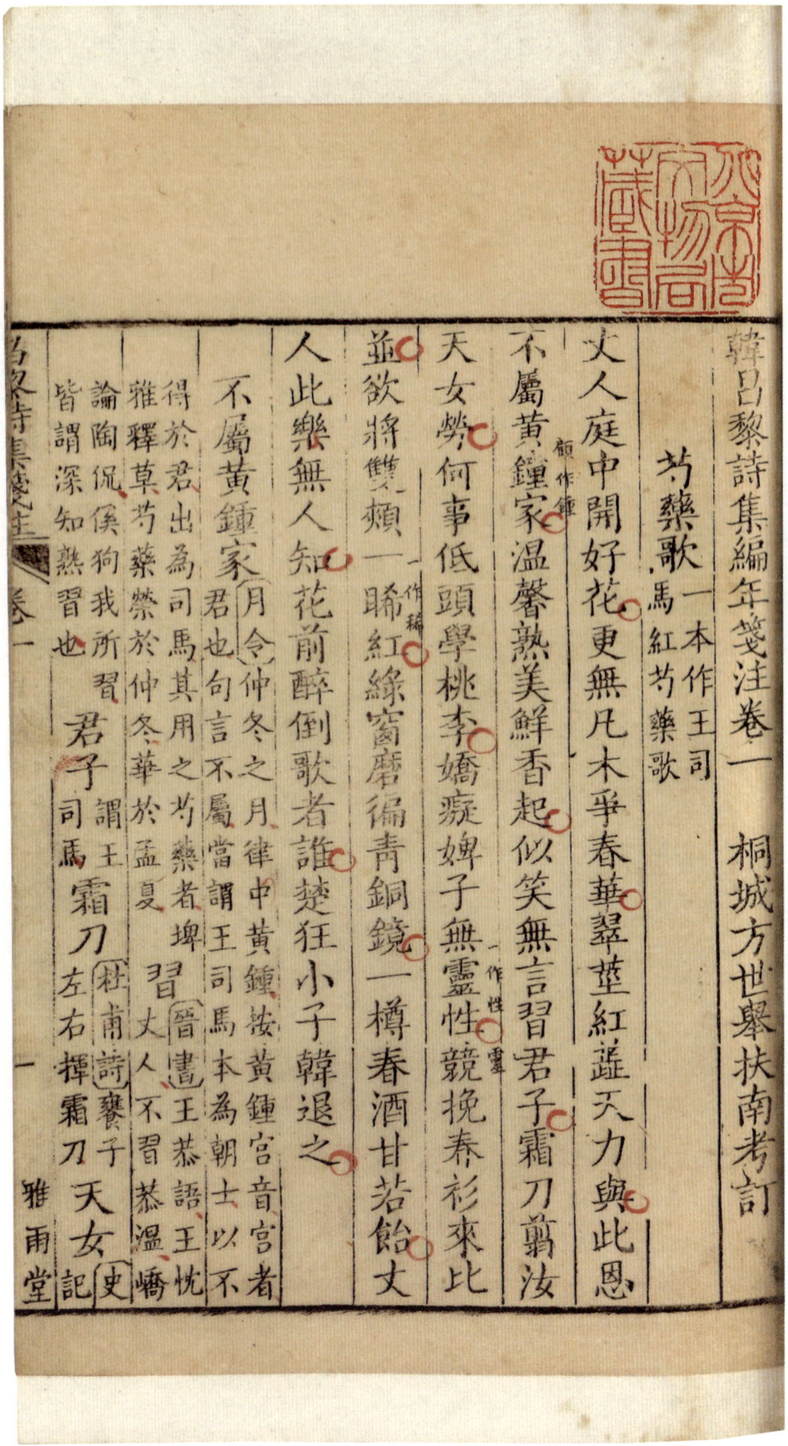
韓昌黎詩集編年箋注卷一　桐城方世舉扶南考訂
芍藥歌（一本作王司馬紅芍藥歌）
丈人庭中開好花更無凡木爭春華翠莖紅蘂天力與此恩
不屬黃鍾（鍾一作鐘）家温馨熟美鮮香起似笑無言習君子霜刀翦汝
天女勞何事低頭學桃李嬌癡婢子無靈性（一作性靈）競挽春衫來比
並欲將雙頰一睎（一作稀）紅綠窗磨徧青銅鏡一樽春酒甘若飴丈
人此樂無人知花前醉倒歌者誰楚狂小子韓退之
不屬黃鍾家（月令仲冬之月律中黃鍾按黃鍾宮音宮者君也句言不屬當謂王司馬本為朝士以不得於君出為司馬其用之芍藥者埤雅釋草芍藥榮於仲冬華於孟夏）習（晉書王恭語王忱丈人不習恭溫嶠論陶侃侯狗我所習皆謂深知熟習也）君子（謂王司馬）霜刀（杜甫詩襄子左右揮霜刀）天女（史記）

韓昌黎詩集編年箋注十二卷　（清）方世舉考訂　清乾隆二十三年（1758）盧見曾雅雨堂刻本

框高 18.1 厘米，廣 14.5 厘米。半葉十行，行二十三字，小字雙行同，白口，四周單邊。12 册。鈐“養菴秘笈”朱文印。

二級 57bei34

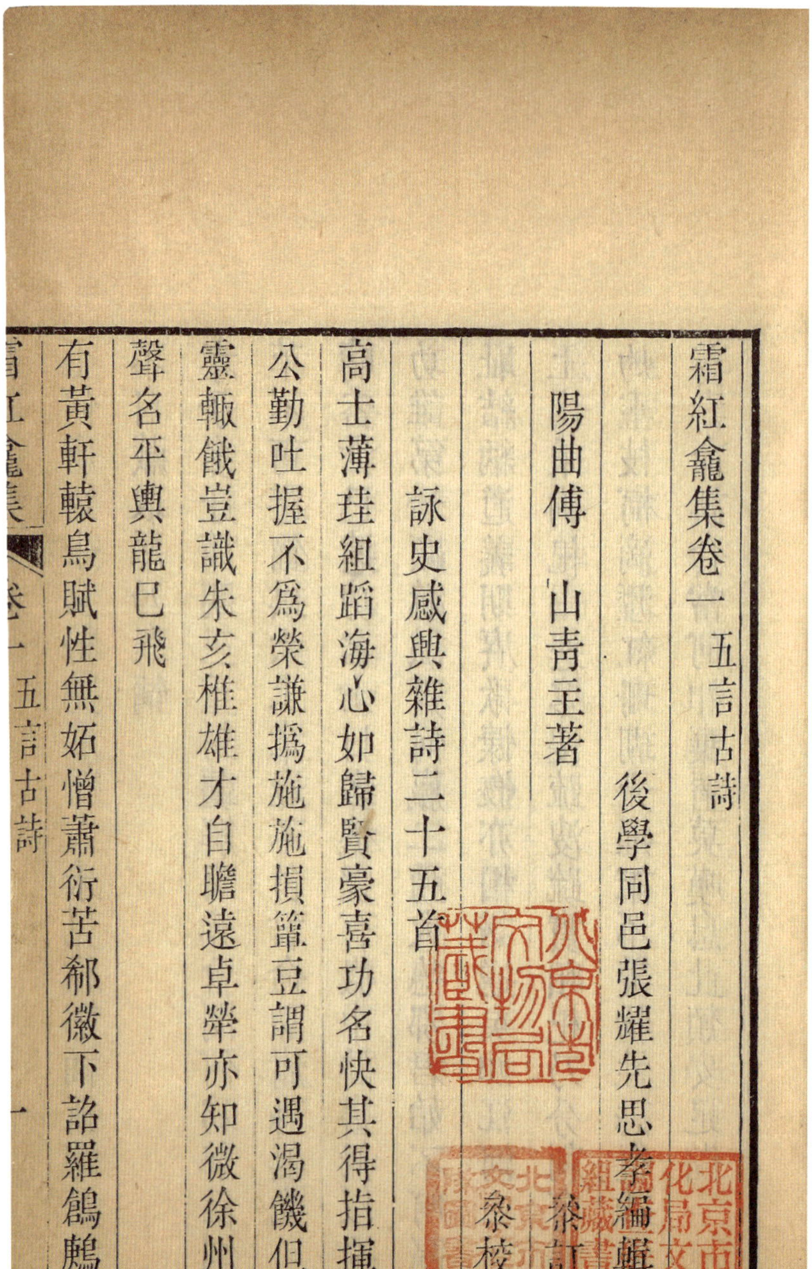
霜紅龕集卷一　五言古詩
後學同邑張耀先思孝編輯
陽曲傅　山青主著
參訂
參校
詠史感興雜詩二十五首
高士薄珪組蹈海心如歸賢豪喜功名快其得指揮周
公勤吐握不爲榮謙撝施施損籩豆謂可遇渴饑但虞
靈輙餓豈識朱亥椎雄才自瞻遠卓犖亦知微徐州慕
聲名平輿龍巳飛
有黃軒轅鳥賦性無妬憎蕭衍苦郗徽下詒羅鶴鶶羽
霜紅龕集　卷一　五言古詩　一

霜紅龕集十二卷附録一卷　（清）傅山撰　（清）張耀先編輯　**我詩集六卷**　（清）傅眉撰　（清）張耀先編輯　清乾隆十二年（1747）張氏生生堂刻本

框高 18 厘米，廣 13.7 厘米。半葉十行，行二十一字，白口，左右雙邊。4 册。鈐“節義文章”朱文印、“生生堂藏書”白文印等。

二級 58bei40

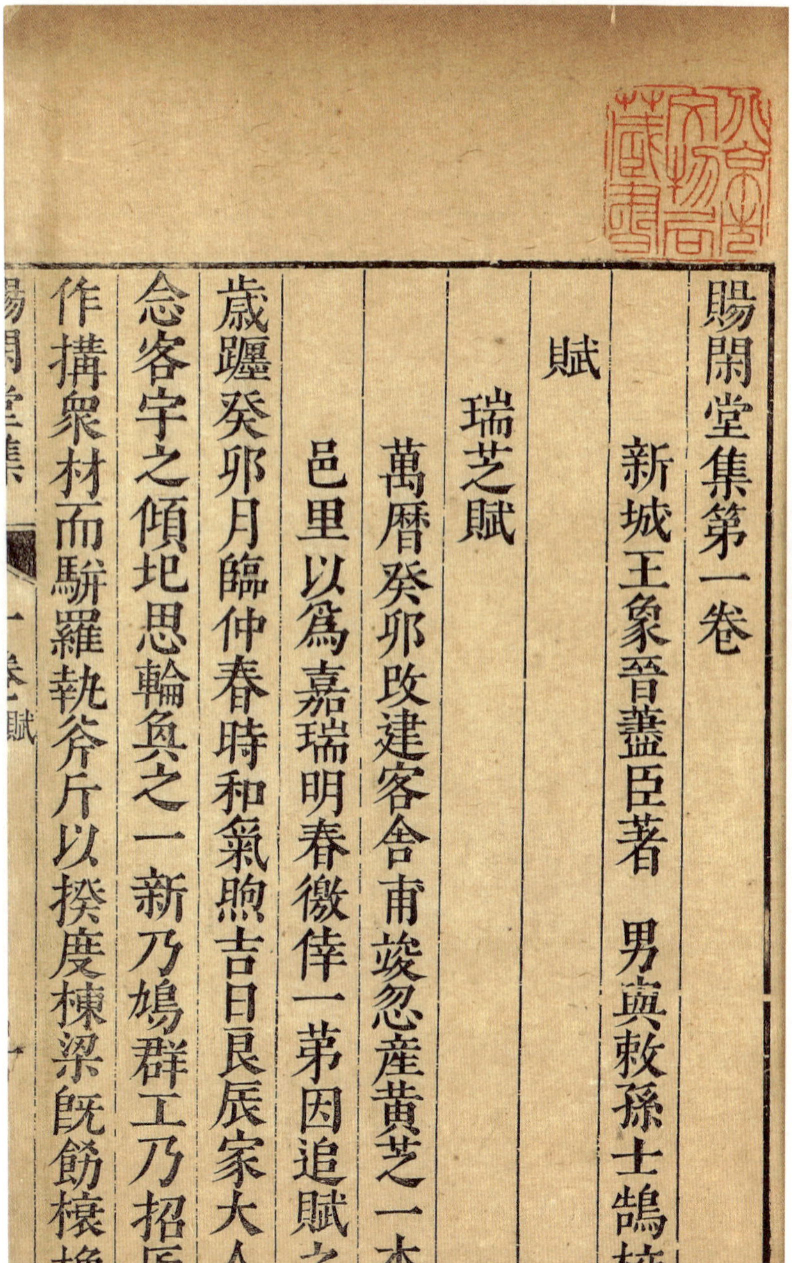

賜閑堂集第一卷
新城王象晋藎臣著　男與敕孫士鵠校
賦
瑞芝賦
萬曆癸卯改建客舍甫竣忽產黃芝之一本
邑里以爲嘉瑞明春儆倖一第因追賦之
歲躔癸卯月臨仲春時和氣煦吉日良辰家大人
念客宇之傾圮思輪奐之一新乃鳩群工乃招匠
作搆衆材而駢羅執斧斤以揆度棟梁既飭榱桷

賜閑堂集　卷一　賦

賜閑堂集四卷　（明）王象晋著　清順治九年（1652）刻本

框高 19 厘米，廣 14 厘米。半葉九行，行十九字，白口，四周單邊。4 册。有清光緒十七年（1891）王汝麟題記。

二級 61pan10573

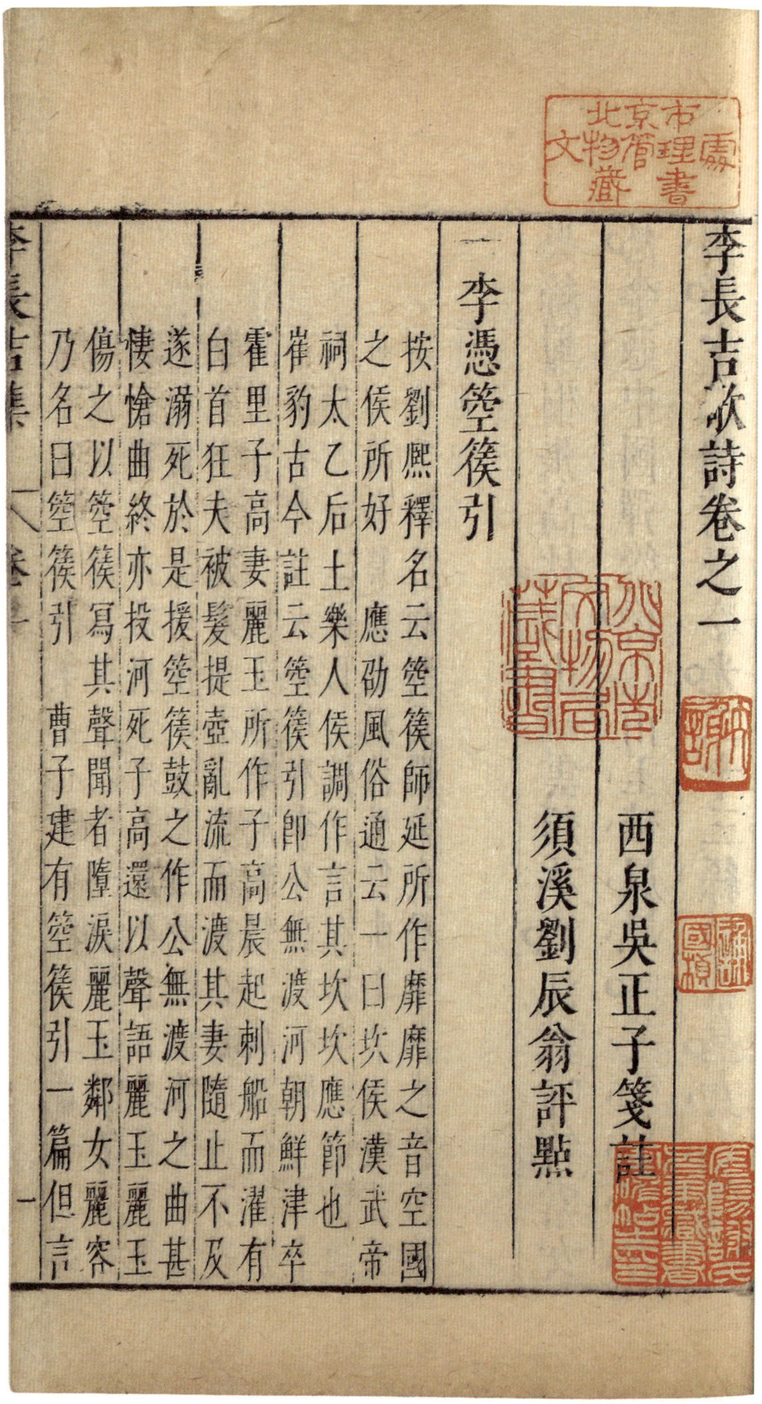
李長吉歌詩卷之一
西泉吳正子箋註
須溪劉辰翁評點
李憑箜篌引
按劉熙釋名云箜篌師延所作靡靡之音空國之侯所好 應劭風俗通云一曰坎侯漢武帝祠太乙后土樂人侯調作言其坎坎應節也 崔豹古今註云箜篌引卽公無渡河朝鮮津卒霍里子高妻麗玉所作子高晨起刺船而濯有白首狂夫被髮提壺亂流而渡其妻隨止不及遂溺死於是援箜篌鼓之作公無渡河之曲甚悽愴曲終亦投河死子高還以聲語麗玉麗玉傷之以箜篌寫其聲聞者墮淚麗玉鄰女麗容乃名曰箜篌引 曹子建有箜篌引一篇但言
李長吉集 卷一 一

李長吉歌詩四卷外詩集一卷 （唐）李賀撰 （宋）吴正子箋註 （宋）劉辰翁評點 明天啓刻合刻宋劉須溪點校書九種本

框高20.5厘米，廣14.5厘米。半葉九行，行二十字，小字雙行同，白口，四周單邊。2册。鈐“剛主”白文印、“謝”朱文印、“謝國楨”半朱半白印、“安陽謝氏兄弟藏書畫碑帖之印”白文印等。有民國十九年（1930）謝國楨題記。

二級 62pan10574

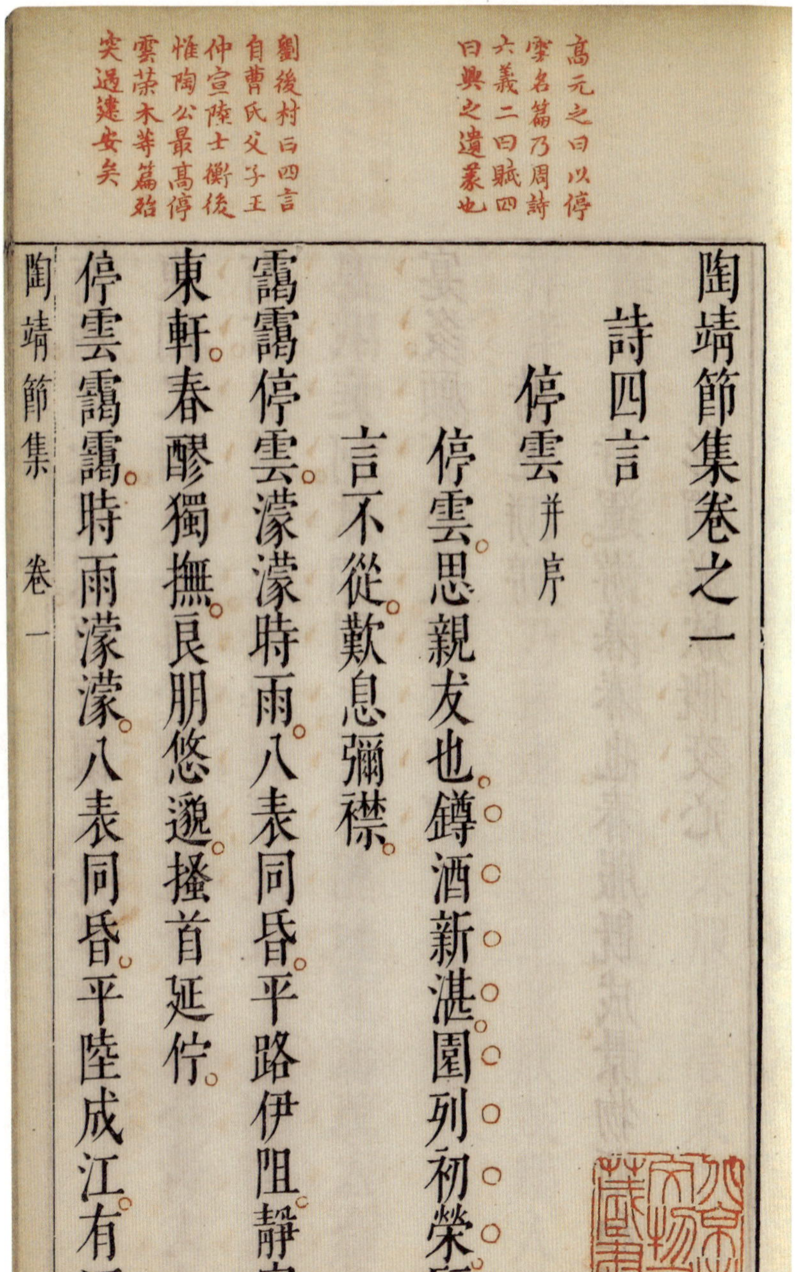

高元之曰以停雲名篇乃周詩六義二曰賦四曰興之遺蒙也

劉後村曰四言自曹氏父子王仲宣陸士衡後惟陶公最高停雲榮木等篇殆突過建安矣

陶靖節集卷之一

詩四言

停雲 并序

停雲思親友也罇酒新湛園列初榮願言不從歎息彌襟

靄靄停雲濛濛時雨八表同昏平路伊阻靜寄東軒春醪獨撫良朋悠邈搔首延佇

停雲靄靄時雨濛濛八表同昏平陸成江有酒

陶靖節集 卷一 一

陶靖節集十卷總論一卷　（晋）陶潛撰　明萬曆三十一年（1603）吴汝紀刻朱墨印本

框高 21.2 厘米，廣 14.8 厘米。半葉八行，行十八字，白口，四周單邊，無格。2 册。鈐“弱侯”白文印、“太史氏”白文印等。

二級 64pan10587

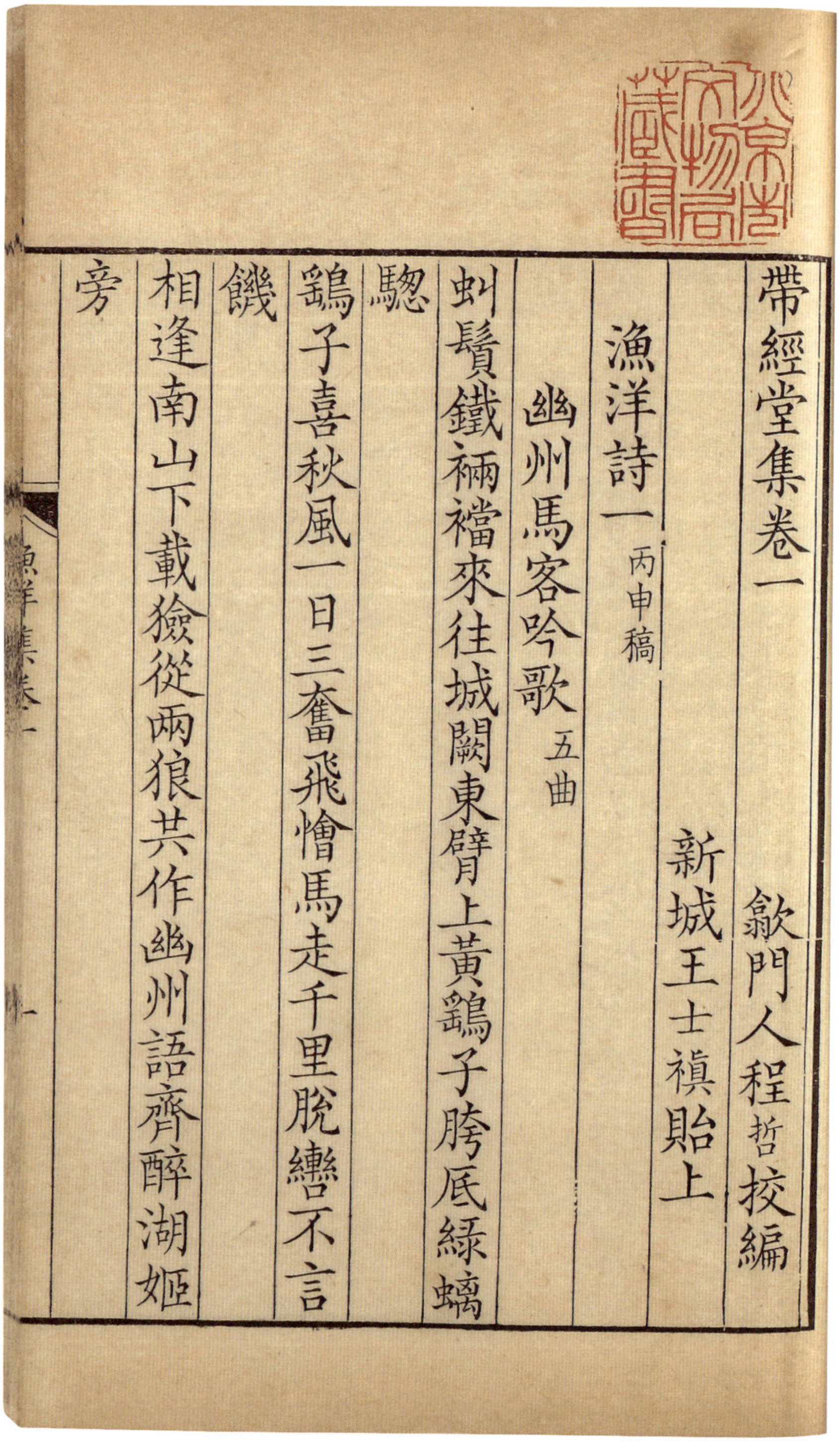
帶經堂集卷一
歙門人程哲校編
新城王士禛貽上
漁洋詩一 丙申稿
幽州馬客吟歌 五曲
虯鬚鐵裲襠來往城闕東臂上黃鷂子胯底綠螭
驄鷂子喜秋風一日三奮飛憎馬走千里脫韝不言
饑相逢南山下載獫從兩狼共作幽州語齊醉湖姬
旁

帶經堂集七編九十二卷 （清）王士禛撰 （清）程哲校編 清康熙四十九年至五十年（1710–1711）程氏七略書堂刻本

框高18.5厘米，廣14厘米。半葉十行，行十九字，白口，左右雙邊。36册。鈐“七略書屋”朱文印、“韓柳文章李杜詩”朱文印等。

二級 65hua10760

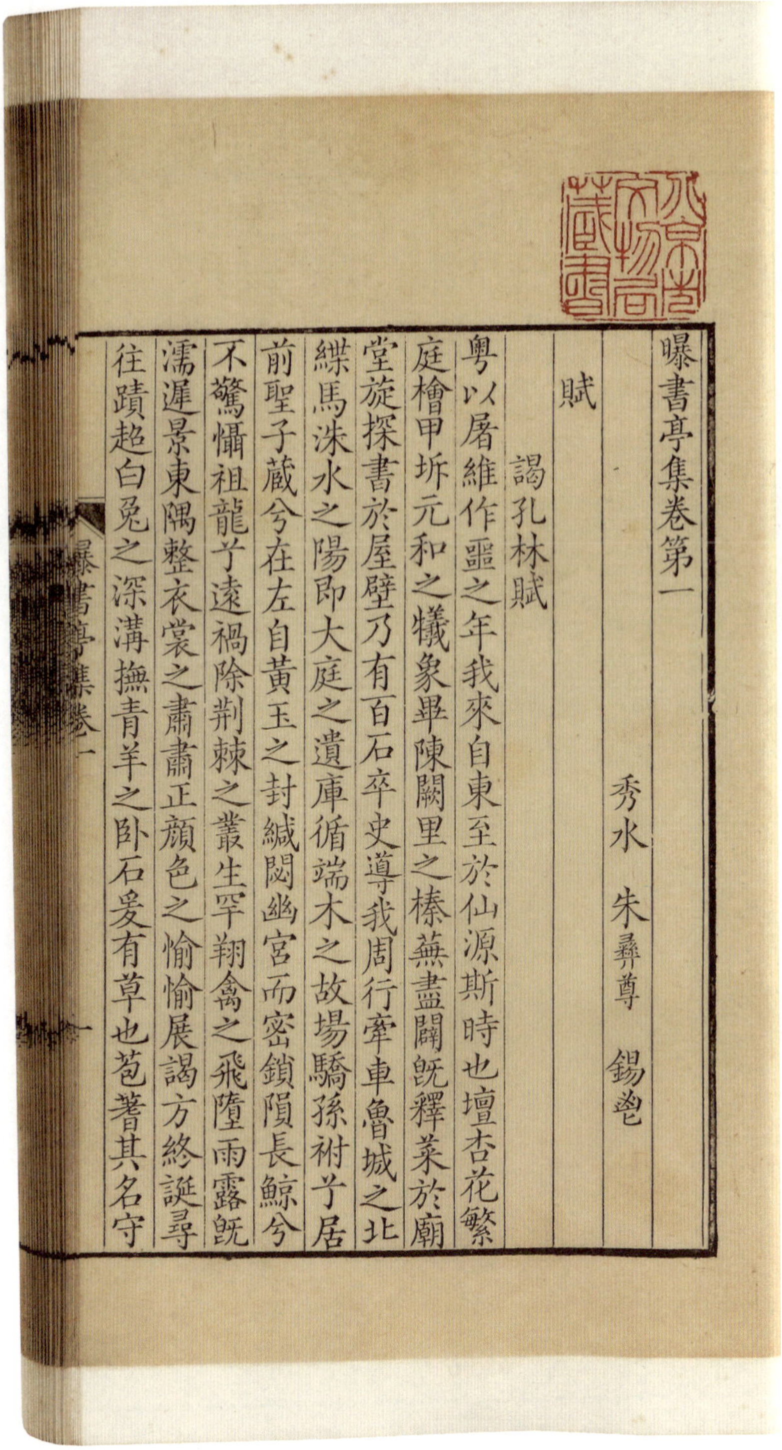

曝書亭集八十卷附録一卷 （清）朱彝尊撰 **笛漁小稿十卷** （清）朱昆田撰 清康熙五十三年（1714）朱稻孫刻本

框高19.5厘米，廣13.4厘米。半葉十二行，行二十三字，白口，左右雙邊。24册。鈐“甘泉許氏鑑藏經籍金石文字書畫之印”朱文印。

二級 66bei28

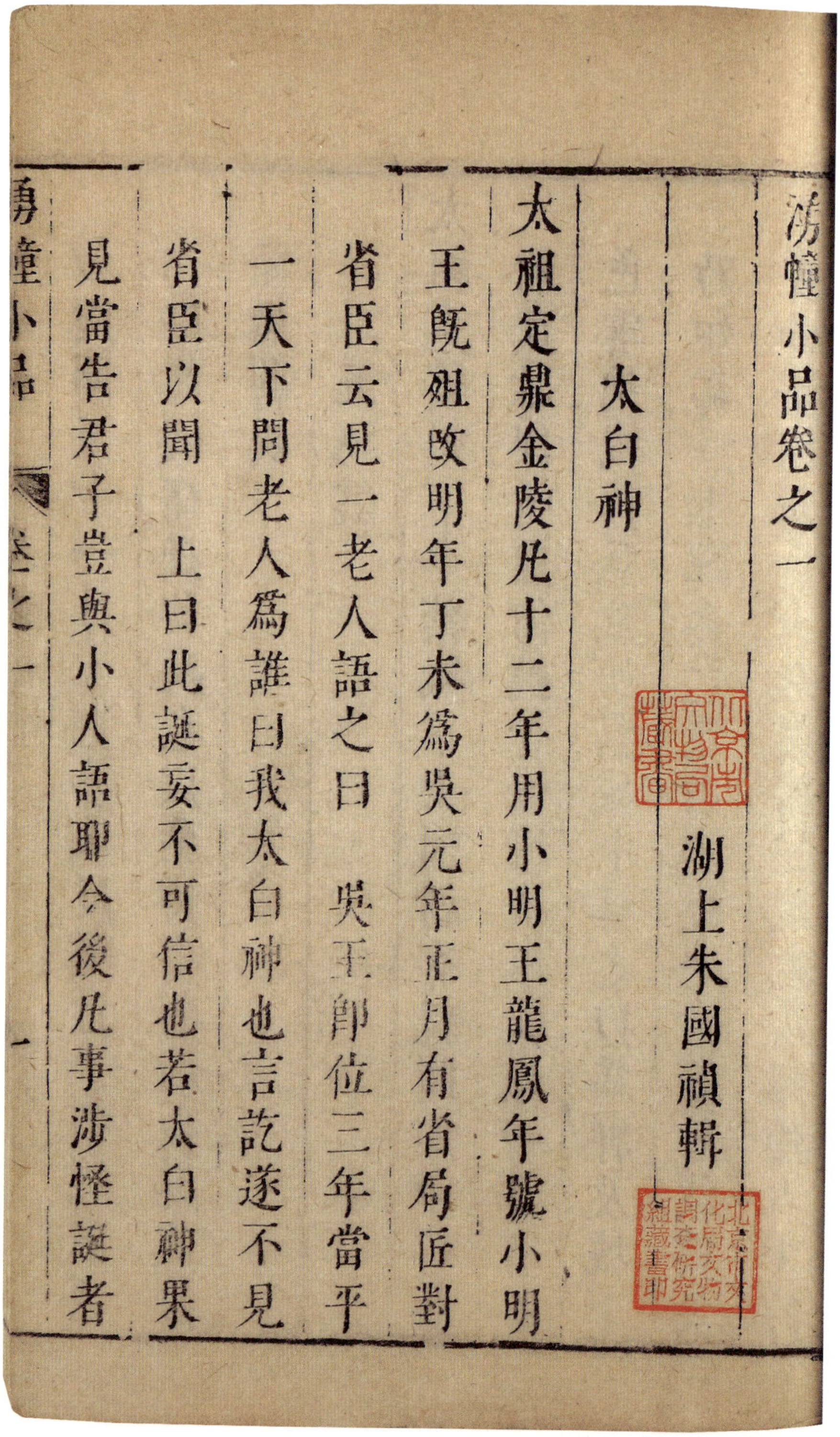
湧幢小品卷之一
湖上朱國禎輯
太白神
太祖定鼎金陵凡十二年用小明王龍鳳年號小明
王旣殂改明年丁未爲吳元年正月有省局匠對
省臣云見一老人語之曰　吳王即位三年當平
一天下問老人爲誰曰我太白神也言訖遂不見
省臣以聞　上曰此誕妄不可信也若太白神果
見當告君子豈與小人語耶今後凡事涉恠誕者

湧幢小品　卷之一　一

湧幢小品三十二卷　（明）朱國禎輯　明天啓二年（1622）刻本

框高 20.6 厘米，廣 15 厘米。半葉九行，行二十字，白口，左右雙邊。12 册。鈐“成都胡延萳經室藏書”朱文印。

二級 67bei42

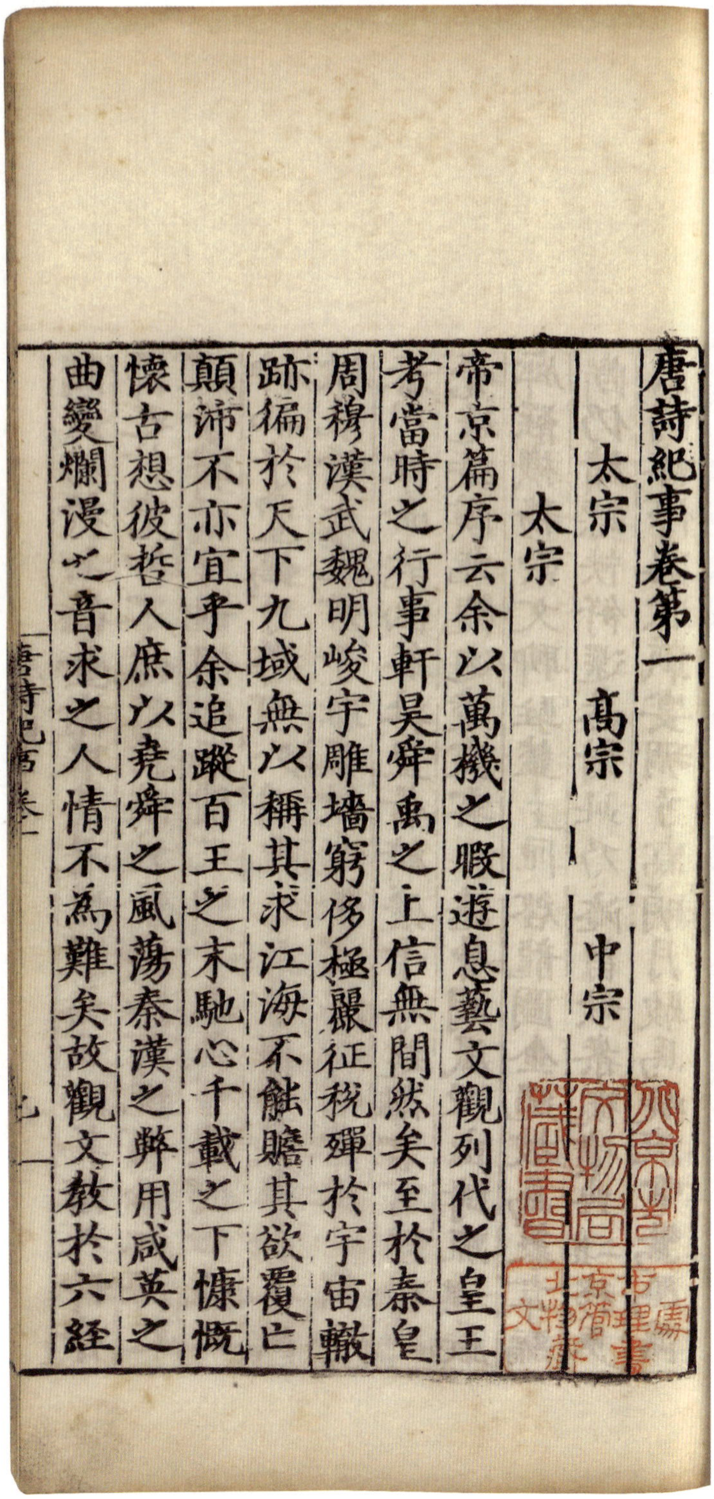

唐詩紀事八十一卷 （宋）計有功撰 明嘉靖刻本

框高 19.5 厘米，廣 13.2 厘米。半葉十行，行二十一字，白口，四周單邊。20 册。鈐“人臣行六正則榮”白文印。

二級 68pan9

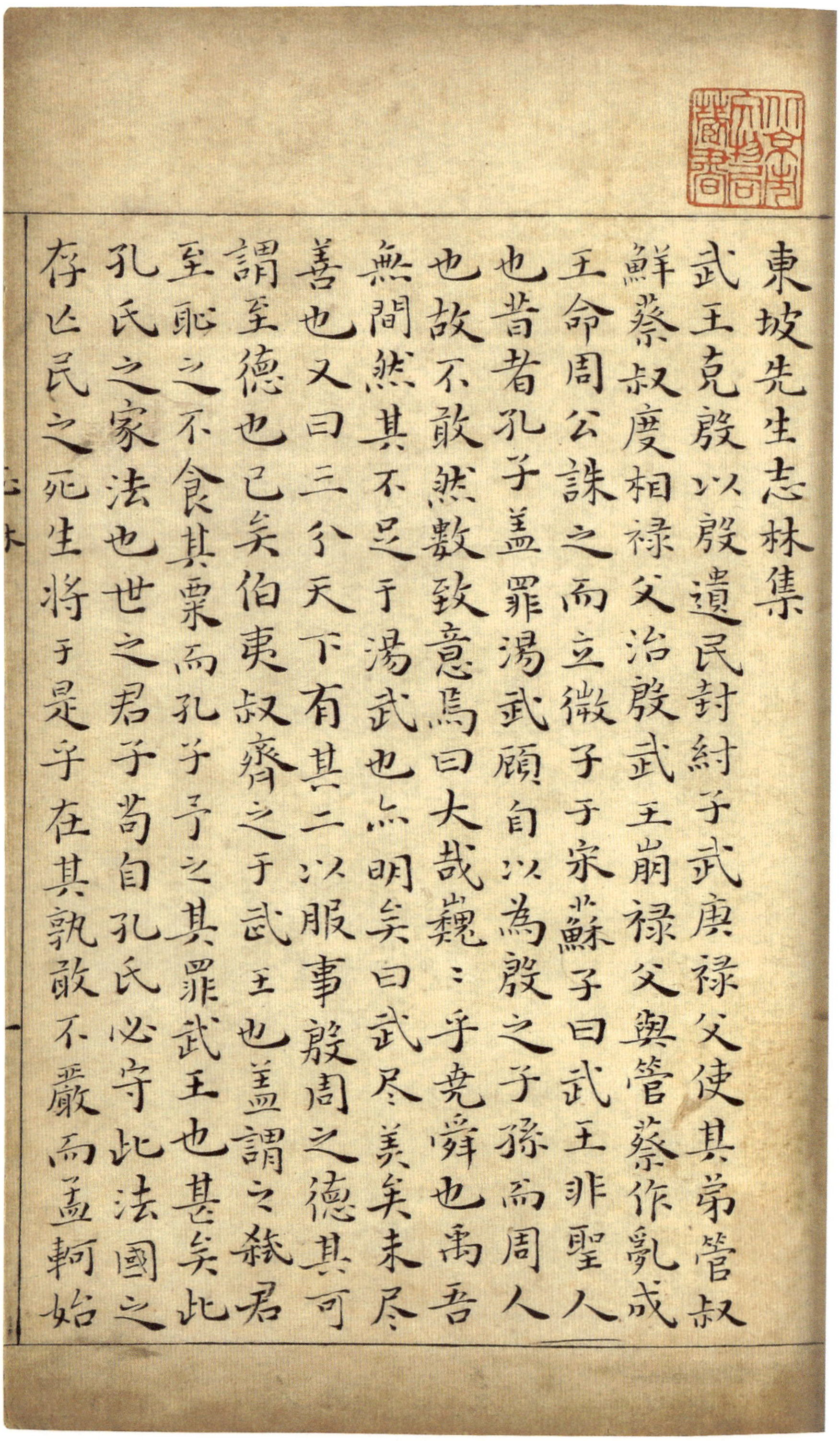

東坡先生志林集

武王克殷以殷遺民封紂子武庚祿父使其弟管叔鮮蔡叔度相祿父治殷武王崩祿父與管蔡作亂成王命周公誅之而立微子于宋蘇子曰武王非聖人也昔者孔子蓋罪湯武顧自以為殷之子孫而周人也故不敢然數致意焉曰大哉巍巍乎堯舜也禹吾無間然其不足于湯武也亦明矣曰武盡美矣未盡善也又曰三分天下有其二以服事殷周之德其可謂至德也已矣伯夷叔齊之于武王也蓋謂之弒君至恥之不食其粟而孔子予之其罪武王也甚矣此孔氏之家法也世之君子苟自孔氏必守此法國之存亡民之死生將于是乎在其孰敢不嚴而孟軻始

東坡先生志林集　（宋）蘇軾撰　明抄本

框高 19.3 厘米，廣 14.4 厘米。半葉十二行，行二十字，白口，四周單邊，無格。1 册。

二級 94k122

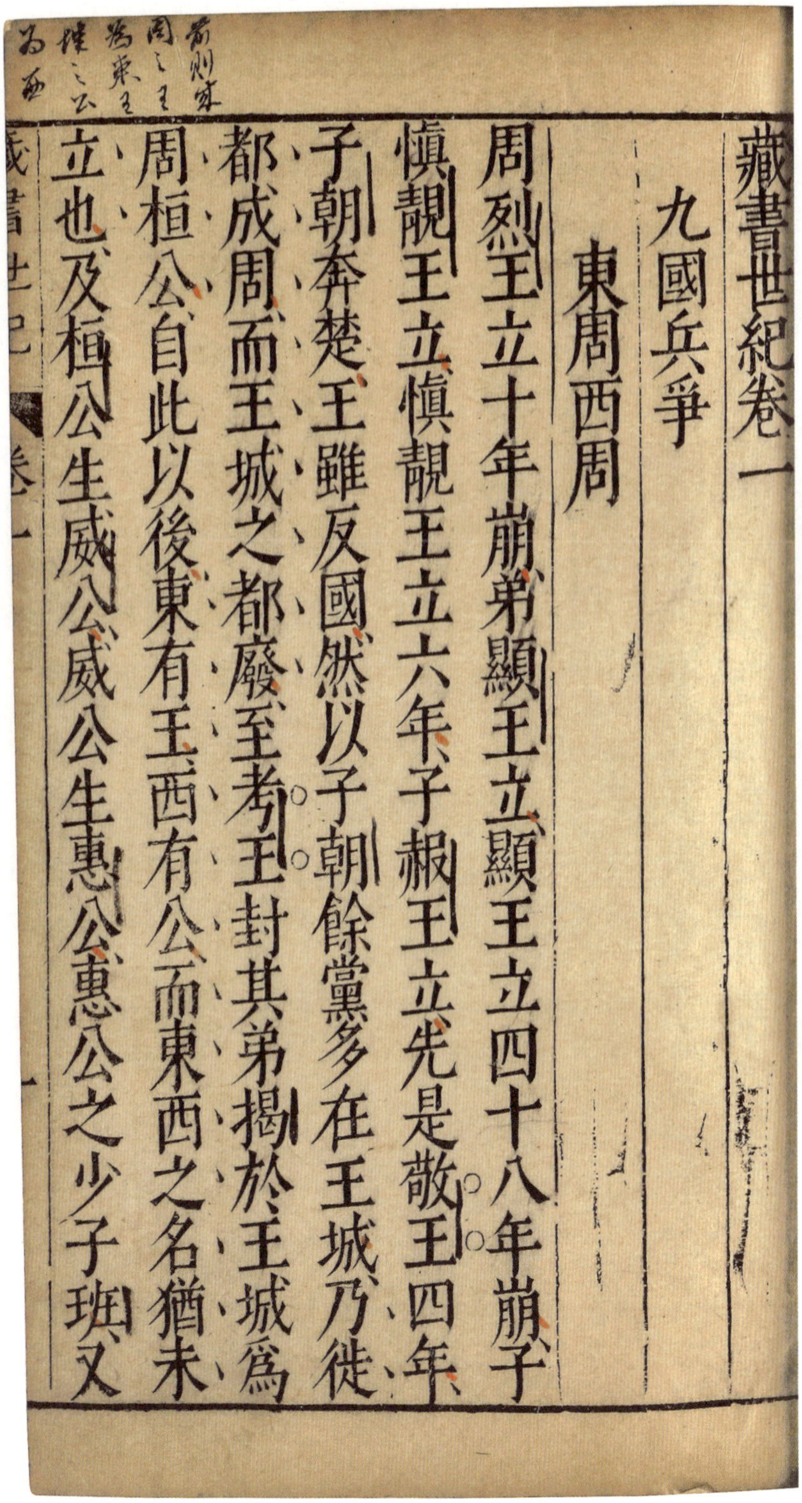
藏書世紀卷一
九國兵爭
東周西周
周烈王立十年崩弟顯王立顯王立四十八年崩子慎靚王立慎靚王立六年子赧王立先是敬王四年子朝奔楚王雖反國然以子朝餘黨多在王城乃徙都成周而王城之都廢至考王封其弟揭於王城爲周桓公自此以後東有王西有公而東西之名猶未立也及桓公生威公威公生惠公惠公之少子班又
藏書世紀　卷一　一

藏書六十八卷　（明）李贄撰　明萬曆二十七年（1599）焦竑刻本

框高24.3厘米，廣15厘米。半葉九行，行二十字，白口，四周單邊。40册。鈐“會稽馬氏藏書之印”白文印。

二級 95k124

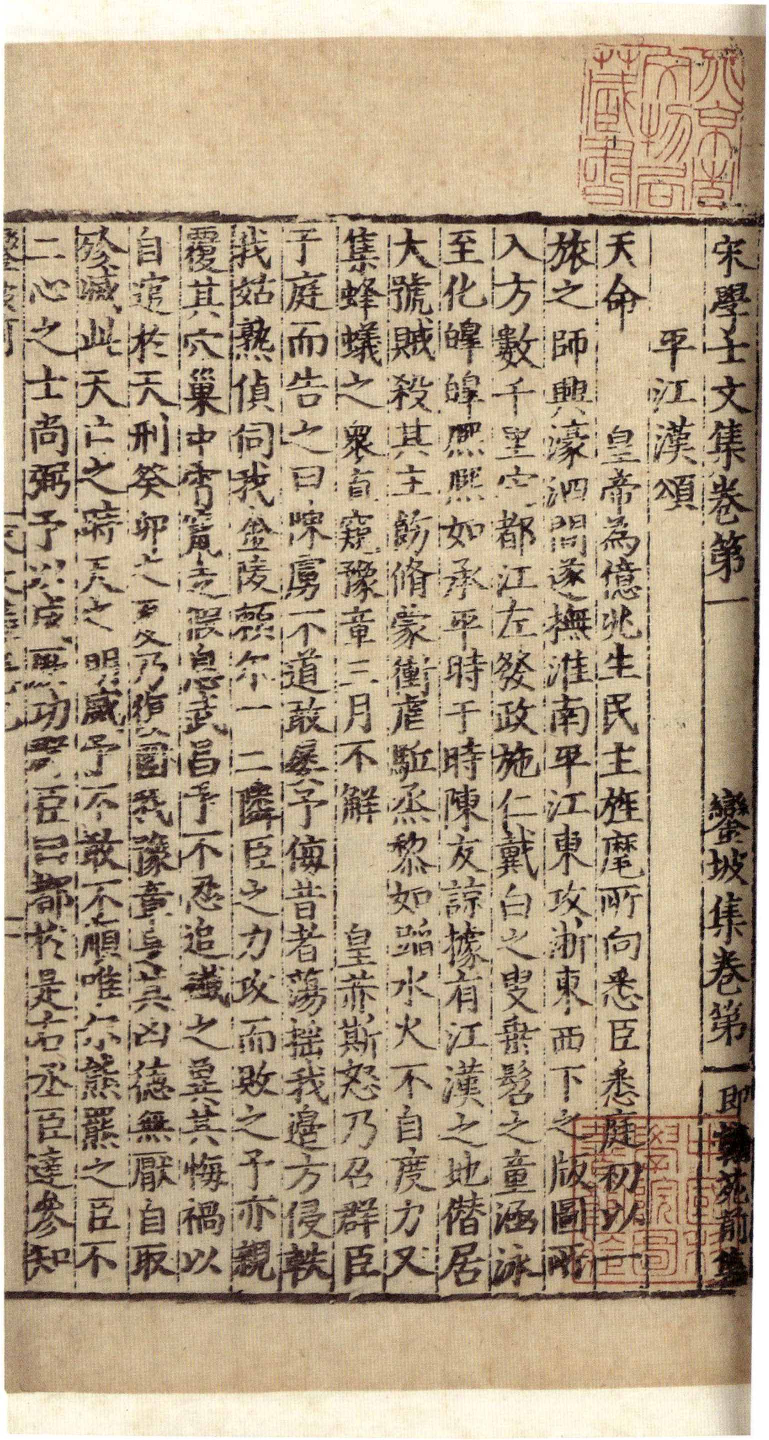
宋學士文集卷第一　　鑾坡集卷第一　翰苑前集

平江漢頌

天命　皇帝爲億兆生民主旌麾所向悉臣悉庭初以一
旅之師興濠泗間遂撫淮南平江東攻浙東西下之版圖所
入方數千里定都江左發政施仁戴白之叟鼎髫之童涵泳
至化皡皡熙熙如承平時于時陳友諒據有江漢之地僭居
大號賊殺其主飭脩蒙衝虐駈烝黎如蹈水火不自度力又
集蜂蟻之衆首窺豫章三月不解　皇帝斯怒乃召群臣
于庭而告之曰嘷虜一不道敢屢予侮昔者蕩搖我邊方侵軼
我姑熟偵伺我金陵頼尓一二群臣之力攻而敗之予亦親
覆其穴巢中雷竄走退息武昌予不忍追殲之豈其悔禍以
自逭於天刑癸卯之夏又乃修兵圖我豫章負其凶德無厭自取
殄滅此天亡之時天之明威予不敢不順唯尓熊羆之臣不
二心之士尚弼予以底無功于是臣臣都于是右丞臣達參知

宋學士文集七十五卷　（明）宋濂撰　明正德九年（1514）張縉刻本

框高20.3厘米，廣14.5厘米。半葉十四行，行二十三字，白口，左右雙邊。20册。鈐“中國神學院圖書館藏”朱文印。

二級 96k129

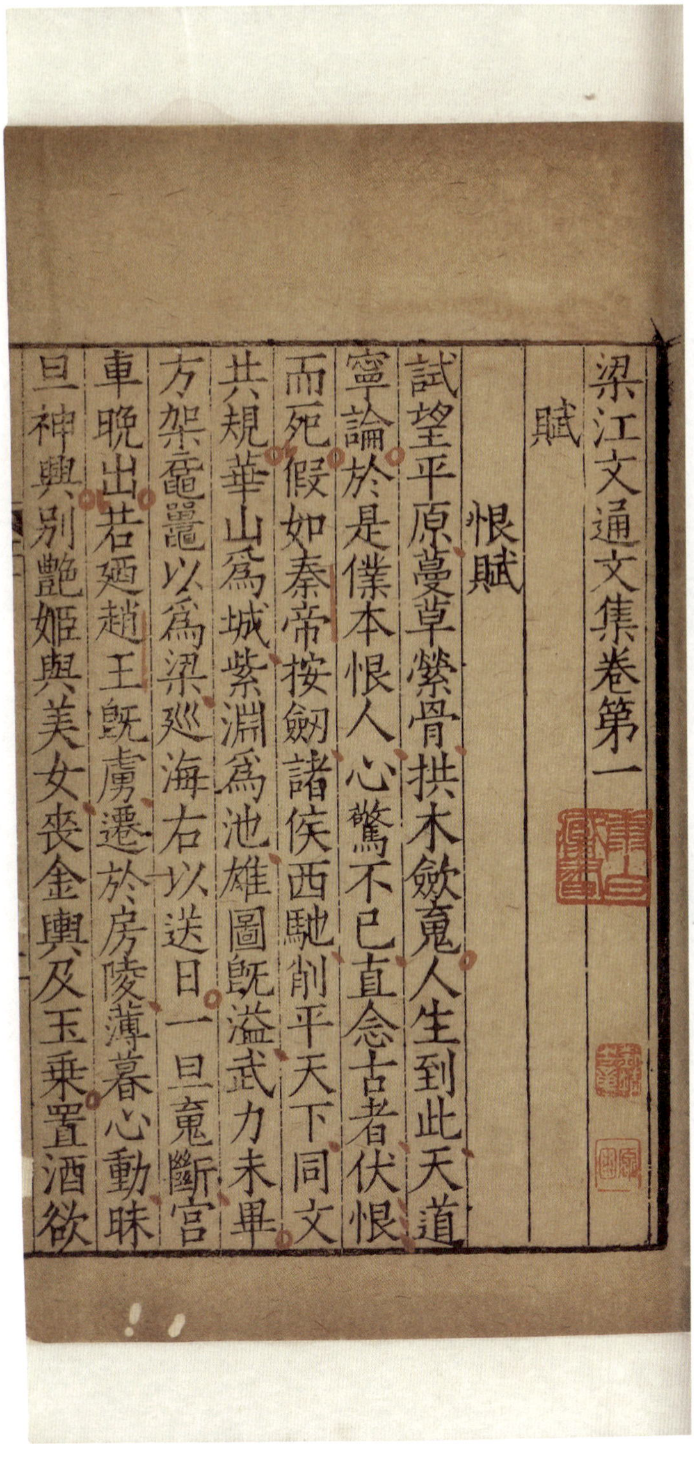
梁江文通文集卷第一
賦
恨賦
試望平原蔓草縈骨拱木斂魂人生到此天道
寧論於是僕本恨人心驚不已直念古者伏恨
而死假如秦帝按劒諸侯西馳削平天下同文
共規華山爲城紫淵爲池雄圖既溢武力未畢
方架黿鼉以爲梁巡海右以送日一旦魂斷宮
車晚出若迺趙王既虜遷於房陵薄暮心動昧
旦神興別艷姬與美女喪金輿及玉乘置酒欲

梁江文通文集十卷　（南朝梁）江淹撰　明刻本

框高17.5厘米，廣12.6厘米。半葉十行，行十八字，白口，左右雙邊。4册。鈐“得思堂印”白文印、“暫為徐氏揭園所有”朱文印、“雪苑宋氏蘭揮藏書記”朱文印、“半圓經眼”白文印等。

二級 97k130

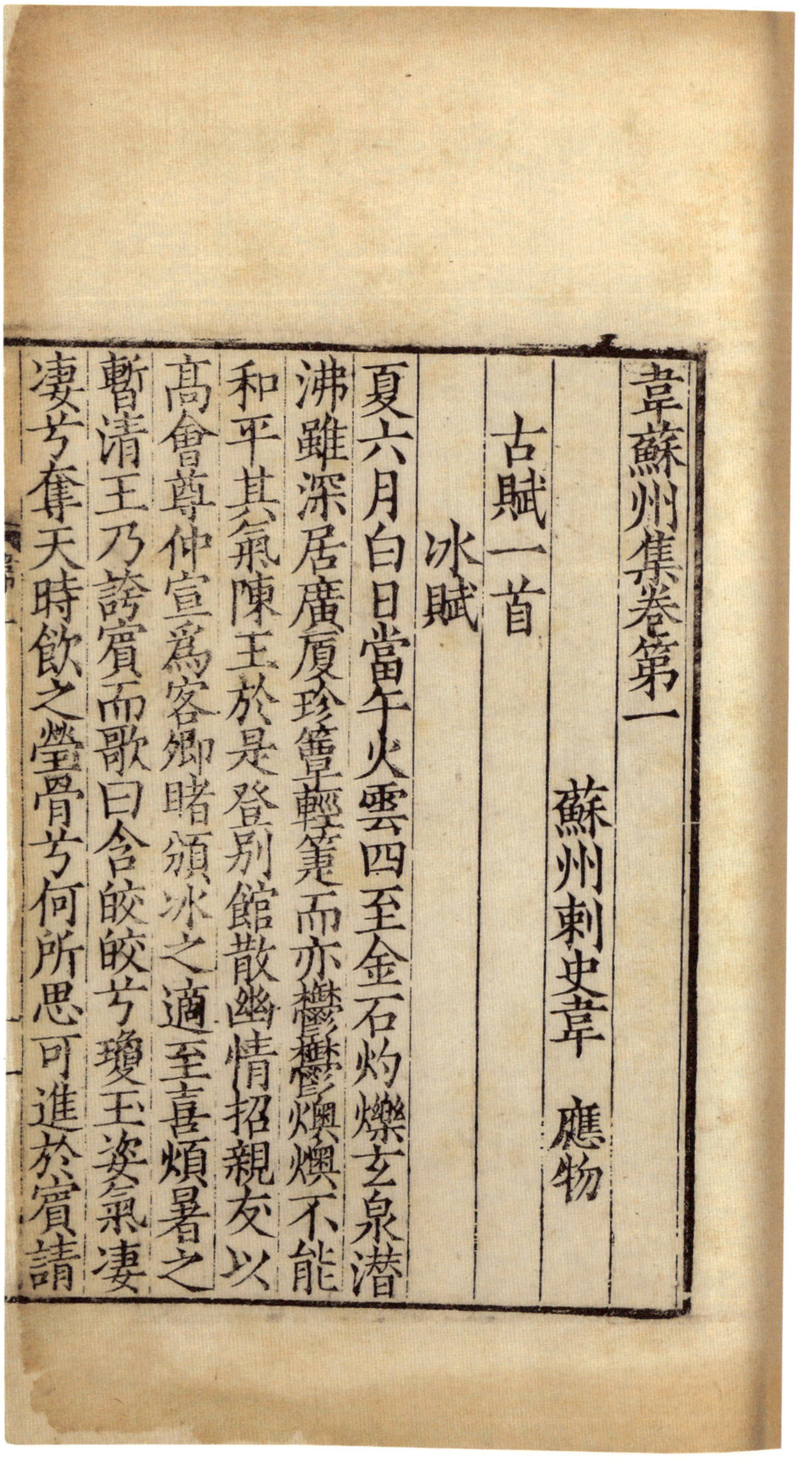

韋蘇州集十卷拾遺一卷　（唐）韋應物撰　明刻本

框高17.2厘米，廣12.6厘米。半葉十行，行十八字，白口，左右雙邊。4册。鈐“昭德後人”朱文印等。

二級 98k135

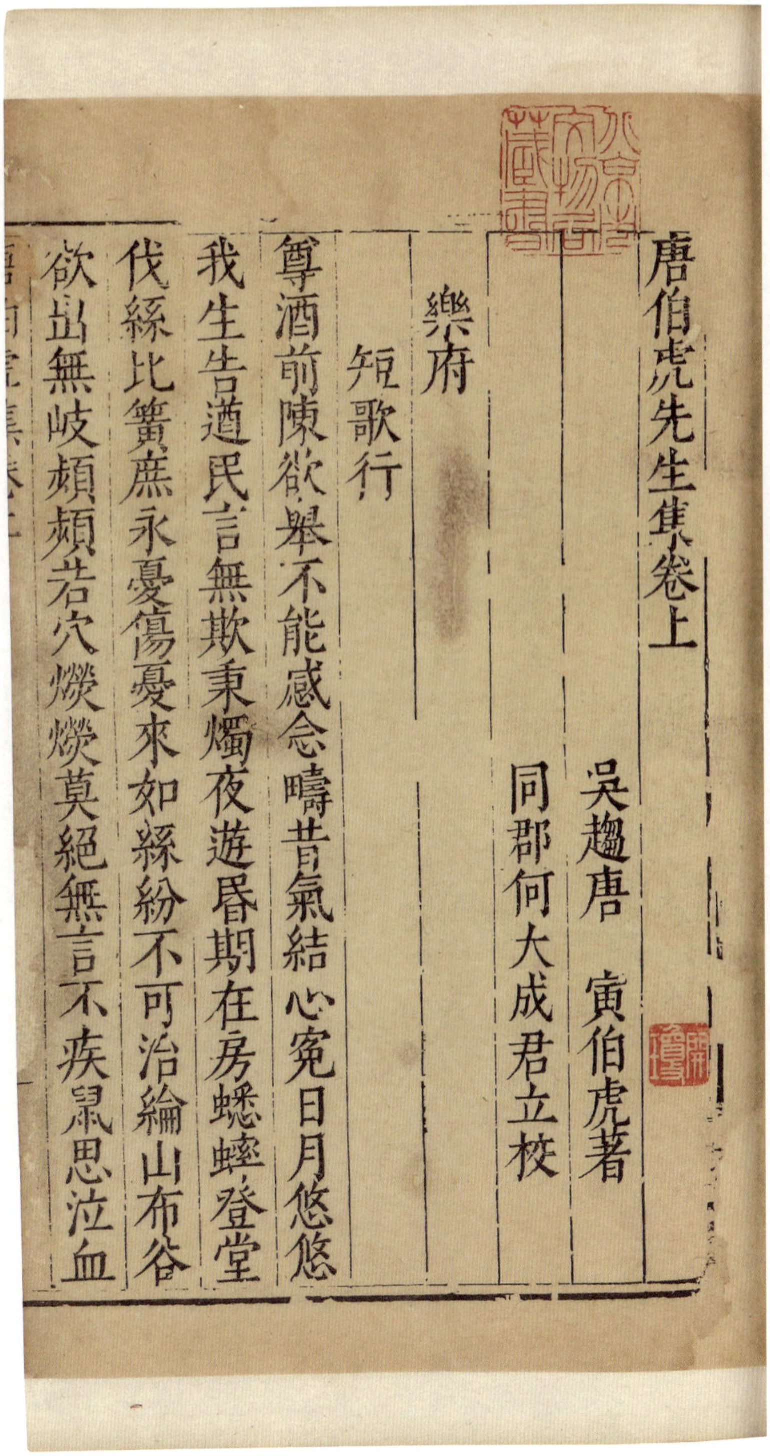

唐伯虎先生集二卷外編五卷唐伯虎先生外編續刻十二卷畫譜三卷 （明）唐寅著 （明）何大成校 明萬曆二十年（1592）刻本

框高22厘米，廣15厘米。半葉九行，行二十字，白口，四周雙邊。8册。鈐“開瓊”白文印。

二級 99k137

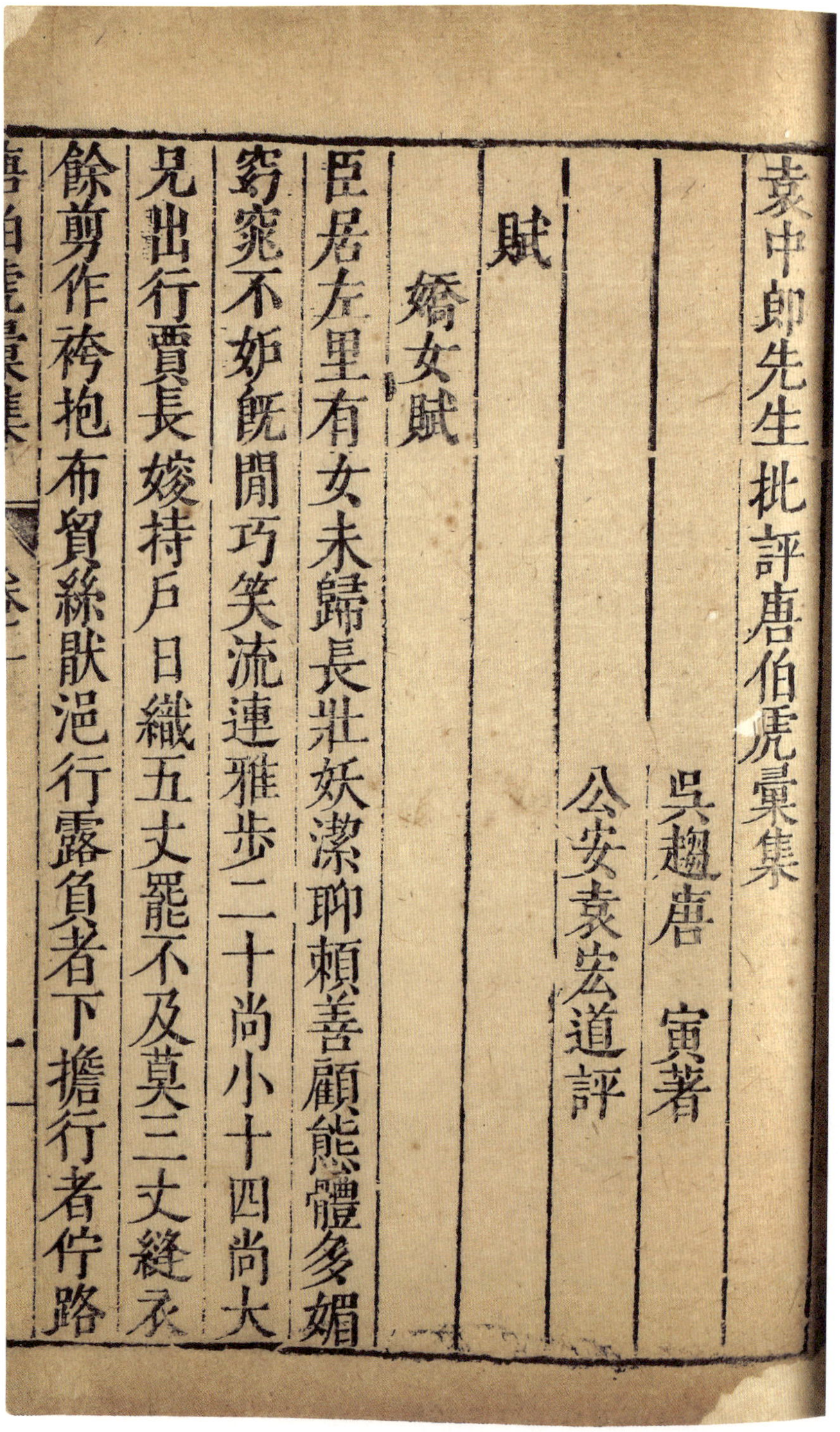
袁中郎先生批評唐伯虎彙集
吳趨唐　寅著
公安袁宏道評
賦
嬌女賦
臣居左里有女未歸長壯妖潔聊頼善顧態體多媚
窈窕不妒旣閑巧笑流連雅步二十尚小十四尚大
兒出行賈長嫂持戶日織五丈罷不及莫三丈縫衣
餘剪作袴抱布貿絲猒浥行露負者下擔行者佇路
唐伯虎彙集　卷之一　一

袁中郎先生批評唐伯虎彙集四卷　（明）唐寅著　（明）袁宏道評　**唐六如先生畫譜三卷**　（明）唐寅輯　**外集一卷**　（明）祝允明撰　**紀事一卷傳贊一卷**　明秋實堂刻本

框高 20.4 厘米，廣 14 厘米。半葉九行，行二十字，白口，四周單邊。4 册。

二級 100k139

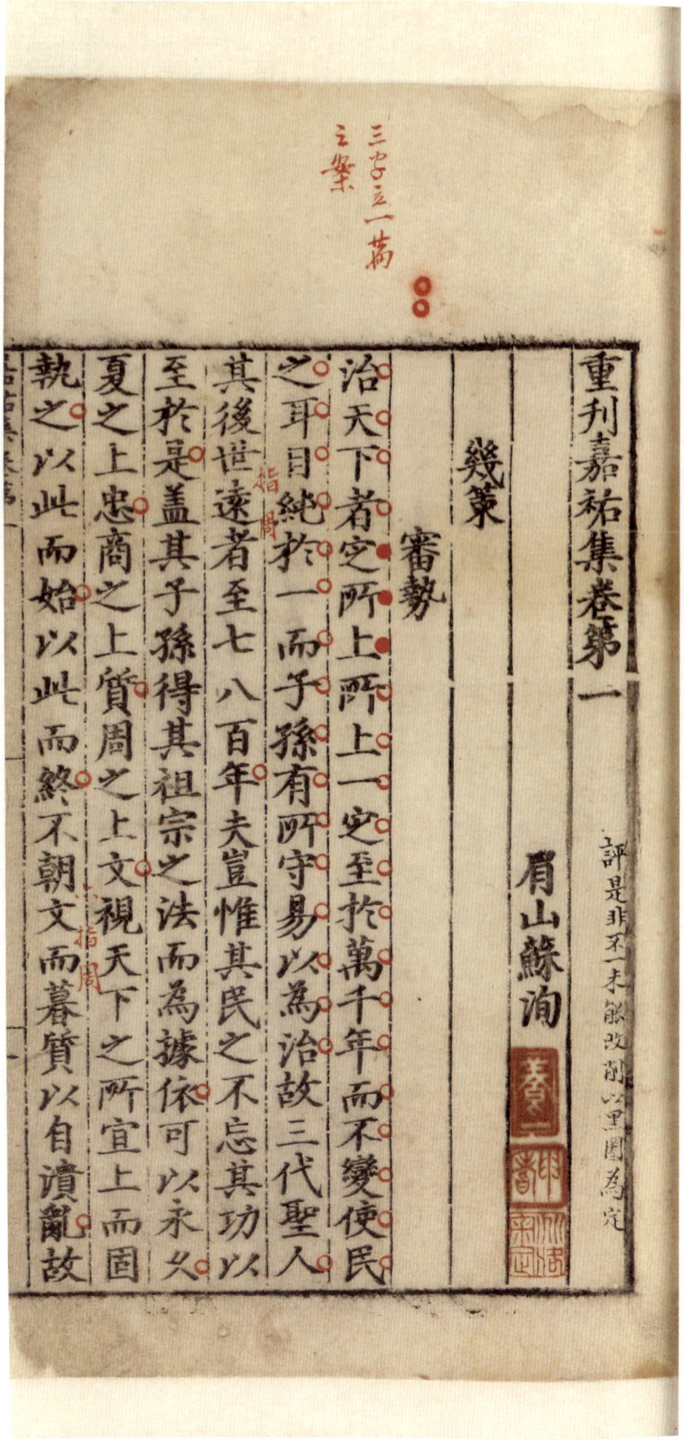

重刊嘉祐集十二卷　（宋）蘇洵撰　明刻本

框高 19.7 厘米，廣 13.2 厘米。半葉十行，行二十一字，白口，四周單邊。4 册。鈐“養一”白文印、“常熟翁同龢所藏書畫金石印”朱文印等。存八卷（一至四、九至十二）。有清光緒十九年（1893）翁同龢跋。

二級 101k141

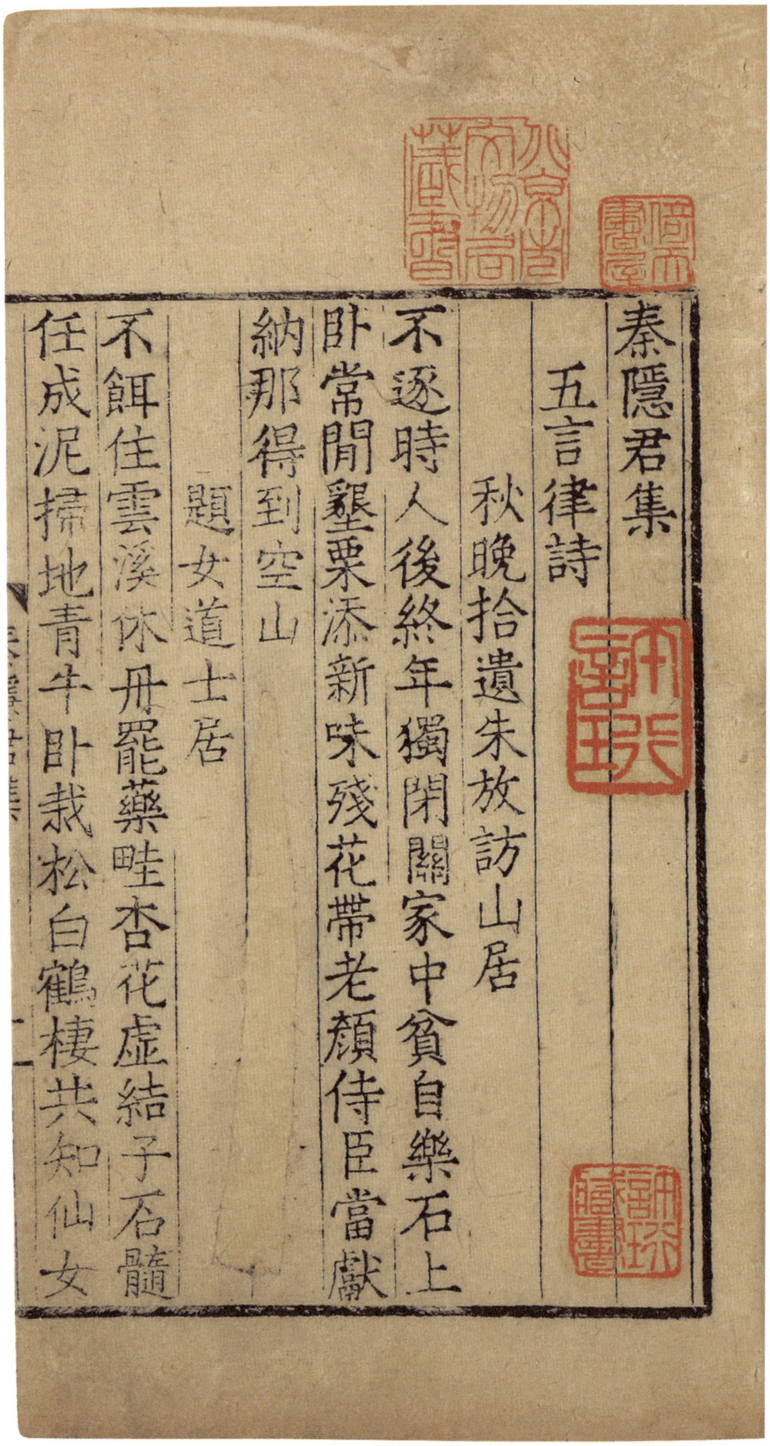

秦隱君集一卷 （唐）秦系撰 明銅活字印本

框高 19 厘米，廣 13.2 厘米。半葉九行，行十七字，白口，左右雙邊。1 册。鈐“許珩”朱文印、“許珩藏書”朱文印等。後有民國十三年（1924）許珩跋。

二級 133k286

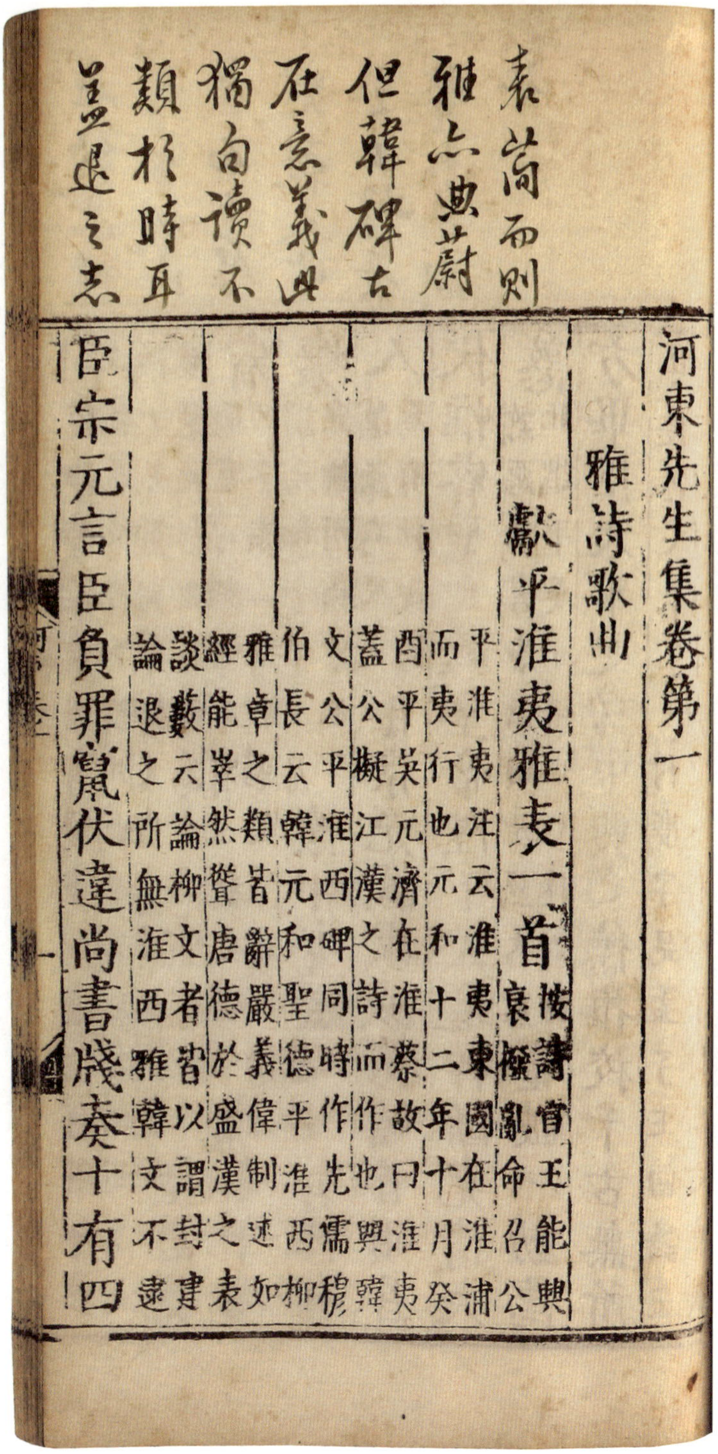

河東先生集四十五卷集傳一卷附録一卷外集二卷龍城録二卷 （唐）柳宗元撰 （唐）劉禹錫編 明萬曆三十八年（1610）吕圖南刻天啓補刻本

框高 20.8 厘米，廣 14.5 厘米。半葉九行，行十七字，小字雙行同，白口，四周雙邊。12 册。鈐“東山藏書”半朱半白印、“子孫保之”朱文印等。

二級 135k296

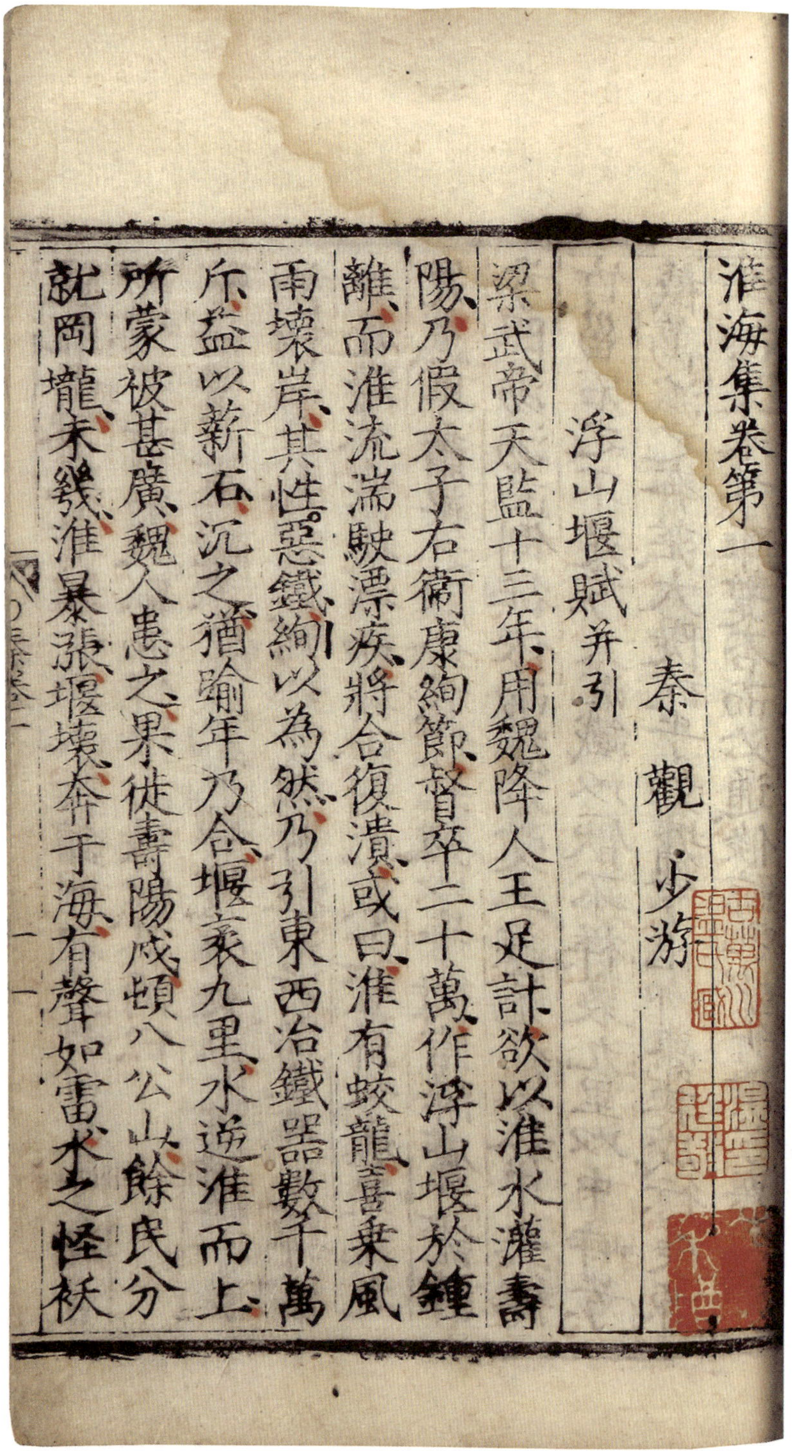
淮海集卷第一
秦觀少游
浮山堰賦并引
梁武帝天監十三年用魏降人王足計欲以淮水灌壽陽乃假太子右衛康絢節督卒二十萬作浮山堰於鍾離而淮流湍駛漂疾將合復潰或曰淮有蛟龍喜乘風雨壞岸其性惡鐵絢以為然乃引東西冶鐵器數千萬斤益以薪石沉之猶踰年乃合堰袤九里水逆淮而上所蒙被甚廣魏人患之果徙壽陽戍頓八公山餘民分就岡壠未幾淮暴漲堰壞奔于海有聲如雷水之怪祆

淮海集四十卷後集六卷　（宋）秦觀撰　明嘉靖刻本

框高 20.7 厘米，廣 14.7 厘米。半葉十行，行二十一字，白口，四周雙邊。8 册。鈐“研易樓”朱文印、“古萬水溫氏藏”朱文印、“溫廷敬印”白文印等。

二級 136k298

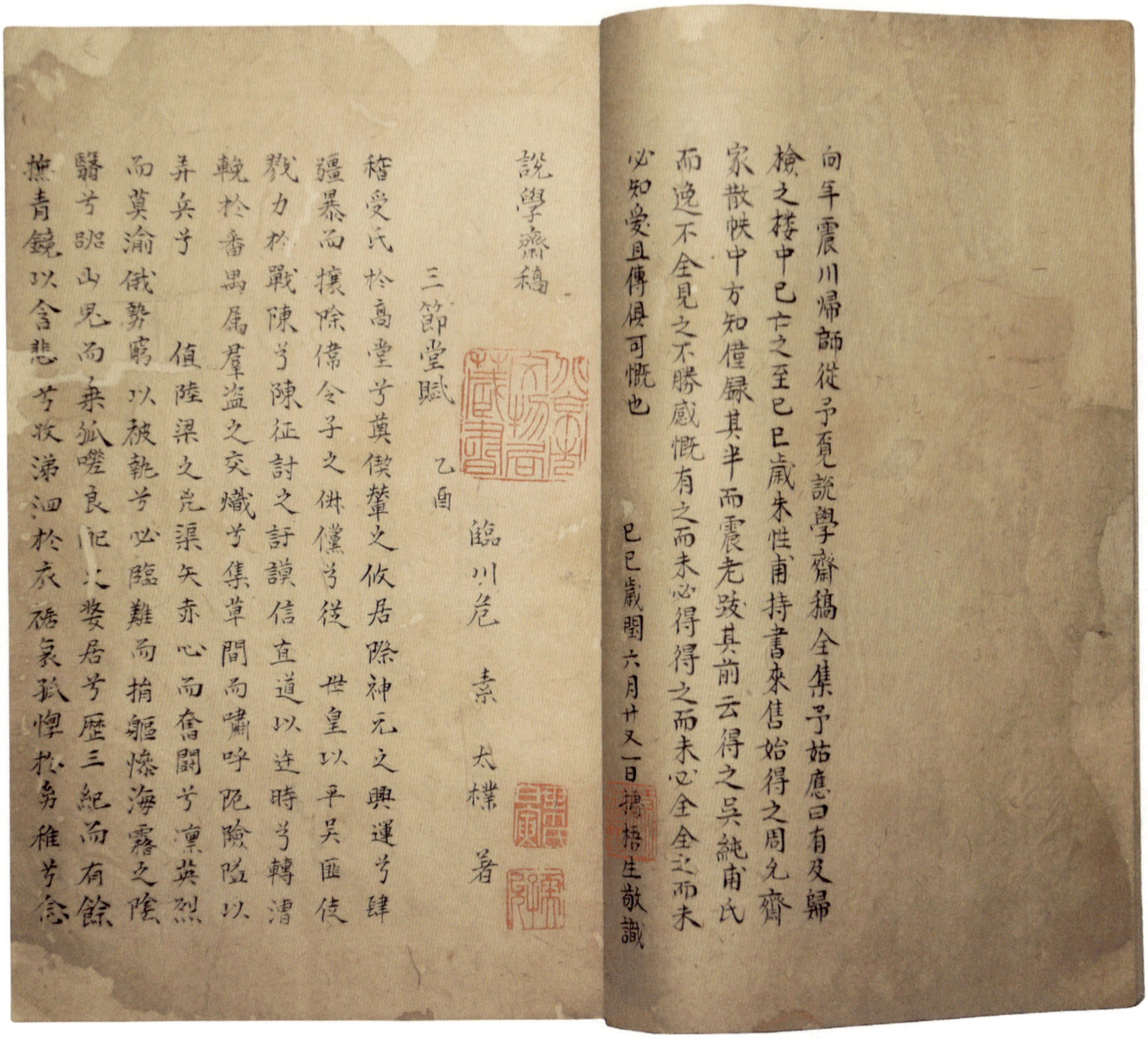

說學齋稿 （明）危素著 明歸有光抄本

框高22厘米，廣14.5厘米。半葉十一行，行二十一字，白口，無格。4册。鈐“朱厚章印”白文印、“培恩堂藏書記”朱文印、“孺允”朱文印、“永安居士”朱文印、“古潭州袁臥雪廬收藏”白文印等。有清道光十六年（1836）吴以淳題記。

二級 146k362

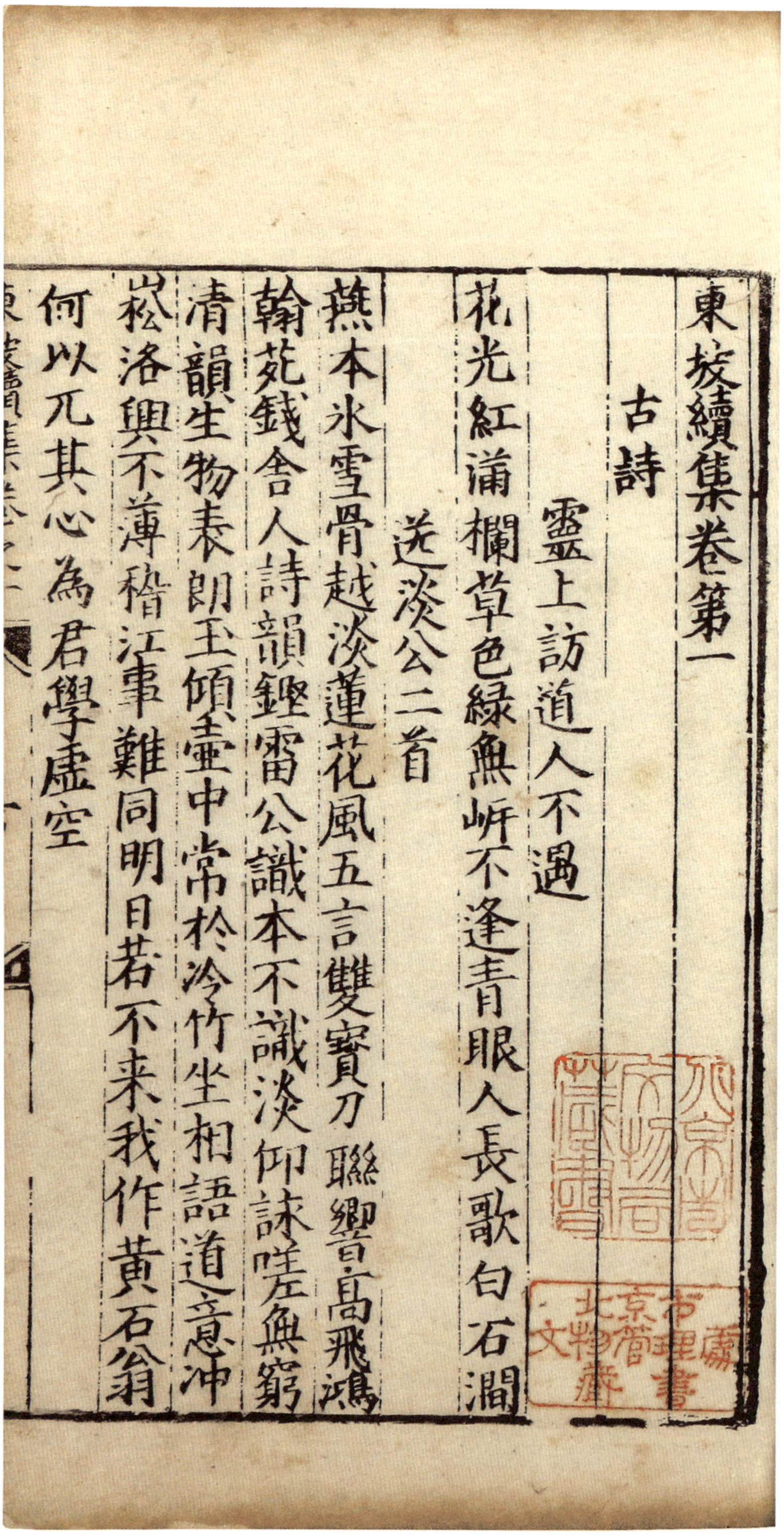
東坡續集卷第一
古詩
靈上訪道人不遇
花光紅滿欄草色緑無岸不逢青眼人長歌白石澗
送淡公二首
燕本氷雪骨越淡蓮花風五言雙寶刀聯響高飛鴻
翰苑錢舍人詩韻鏗雷公識本不識淡仰詠嗟無窮
清韻生物表朗玉傾壺中常於冷竹坐相語道意冲
崧洛興不薄稽江事難同明日若不来我作黄石翁
何以兀其心為君學虛空

東坡續集十二卷　（宋）蘇軾撰　明嘉靖十三年（1534）江西布政司刻本
框高 19.5 厘米，廣 13 厘米。半葉十行，行二十字，白口，左右雙邊。20 册。
二級 156shan22

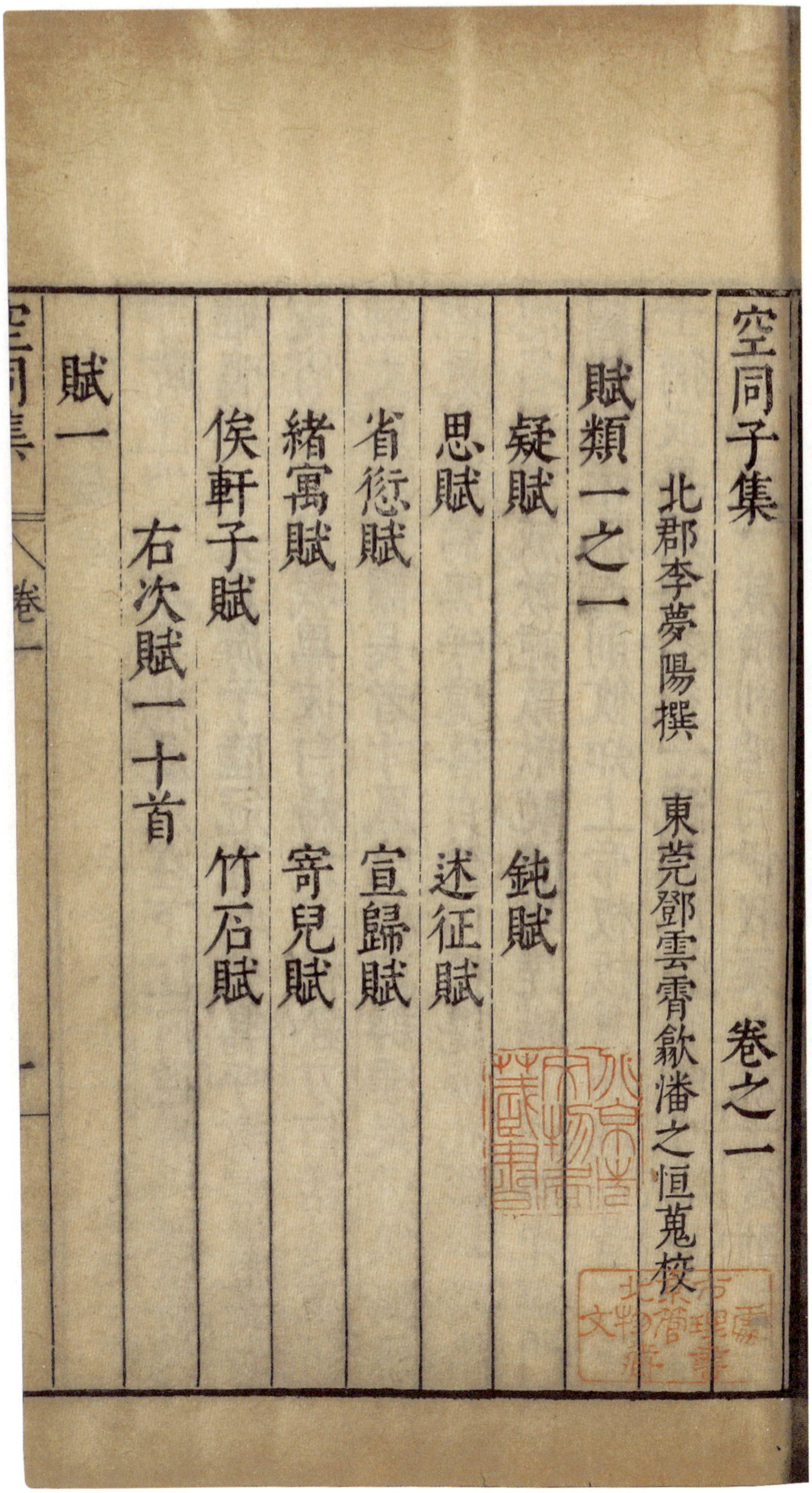
空同子集　卷之一
北郡李夢陽撰　東莞鄧雲霄歙潘之恒蒐校
賦類一之一
疑賦　鈍賦
思賦　述征賦
省愆賦　宣歸賦
緒寓賦　寄兒賦
俟軒子賦　竹石賦
右次賦一十首
賦一
空同集　卷一

空同子集六十六卷　（明）李夢陽撰　明刻本

框高 20.5 厘米，廣 15 厘米。半葉十行，行二十字，白口，左右雙邊。15 册。

二級 157shan23

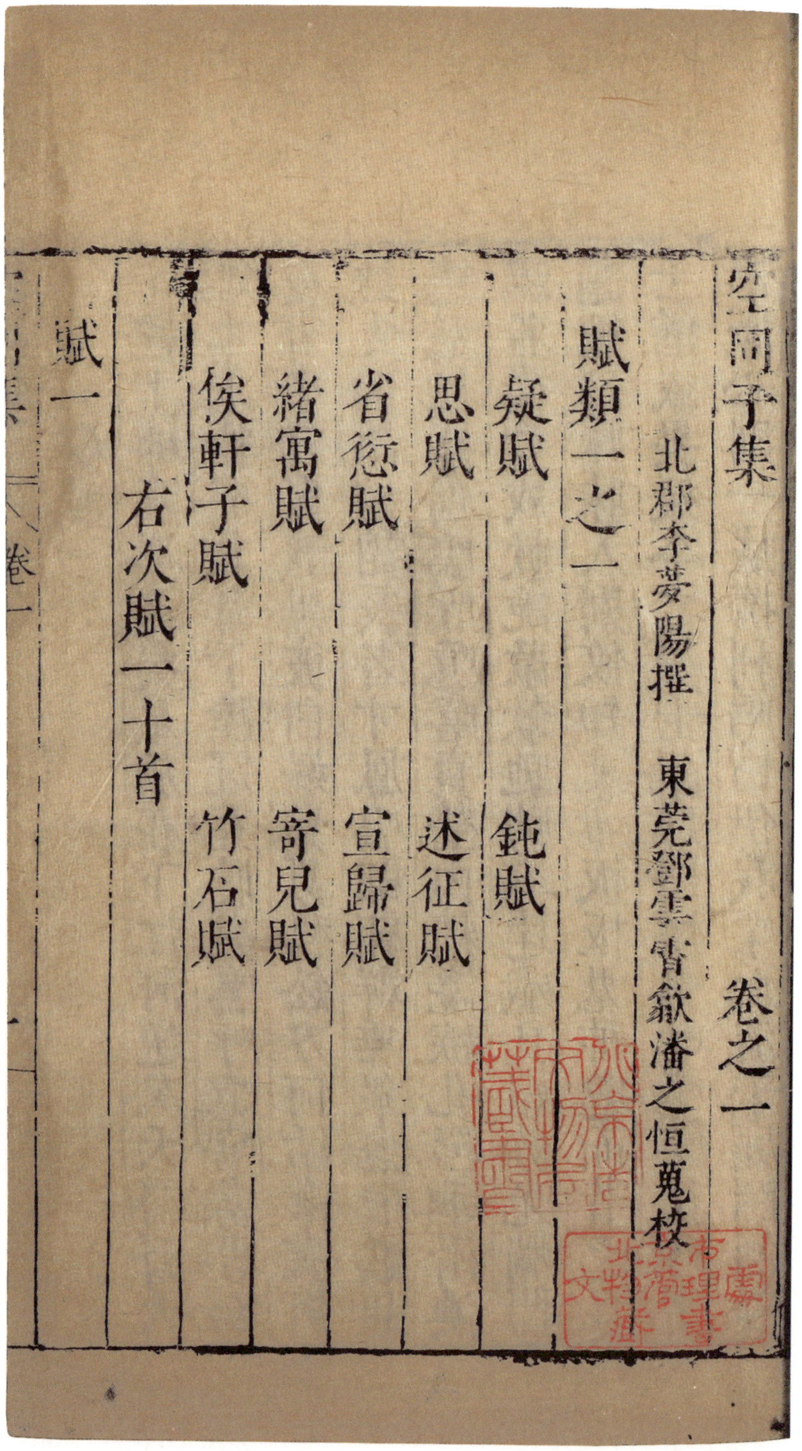
空同子集　卷之一

北郡李夢陽撰　東莞鄧雲霄歙潘之恒蒐校

賦類一之一

疑賦　鈍賦

思賦　述征賦

省愆賦　宣歸賦

緒寓賦　寄兒賦

俟軒子賦　竹石賦

右次賦一十首

空同子集　卷一

賦一

空同子集六十六卷目録三卷附録二卷　（明）李夢陽撰　明萬曆三十年（1602）歸隆齋刻本

框高 20.5 厘米，廣 14.8 厘米。半葉十行，行二十字，白口，左右雙邊。16 册。鈐“玉堂藏版”白文印、“周召南印”白文印等。

二級 158shan24

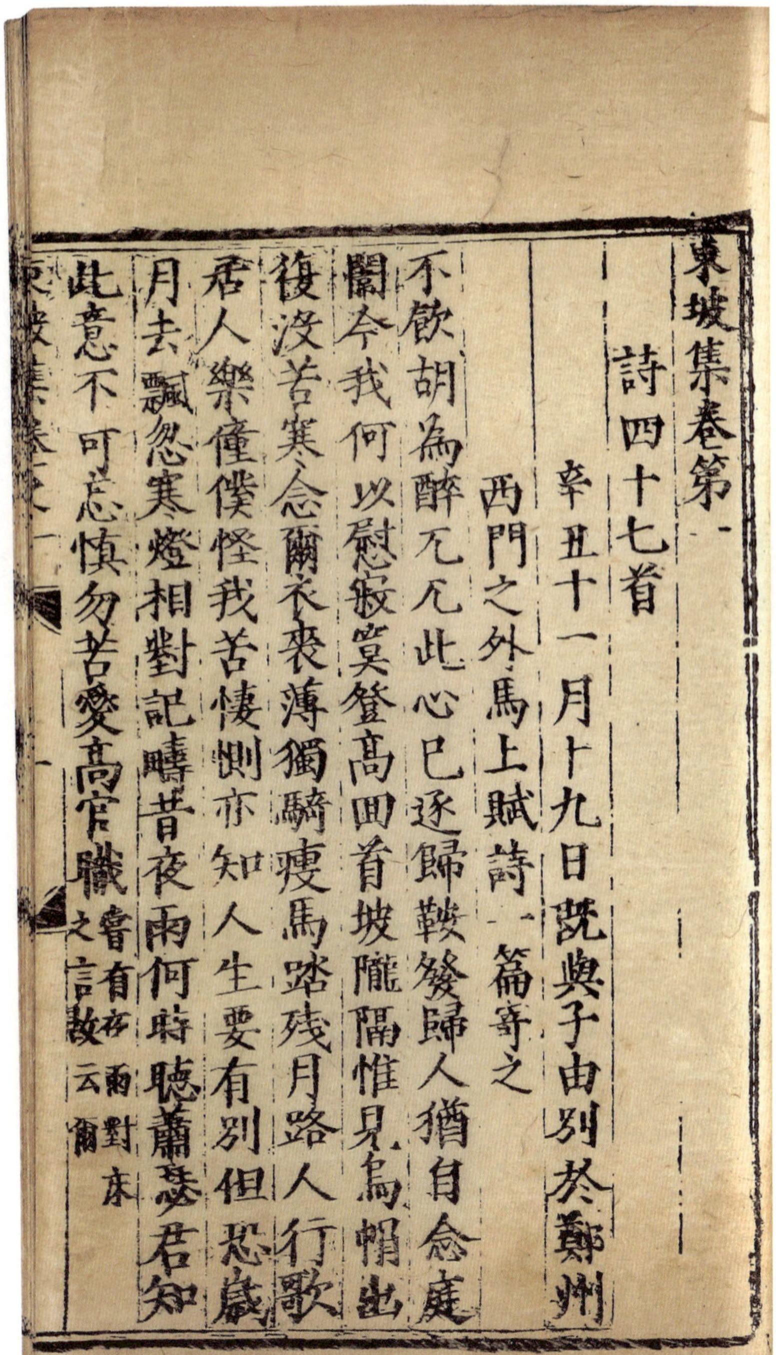
東坡集卷第一
詩四十七首
辛丑十一月十九日旣與子由別於鄭州
西門之外馬上賦詩一篇寄之
不飲胡爲醉兀兀此心已逐歸鞍發歸人猶自念庭
闈今我何以慰寂寞登高回首坡隴隔惟見烏帽出
復沒苦寒念爾衣裘薄獨騎瘦馬踏殘月路人行歌
居人樂僮僕怪我苦悽惻亦知人生要有別但恐歲
月去飄忽寒燈相對記疇昔夜雨何時聽蕭瑟君知
此意不可忘愼勿苦愛高官職嘗有夜雨對牀之言故云爾

東坡集四十卷後集二十卷　（宋）蘇軾撰　明江西布政司刻本

框高 19.7 厘米，廣 12.3 厘米。半葉十行，行二十字，白口，四周雙邊。32 册。

二級 159shan25

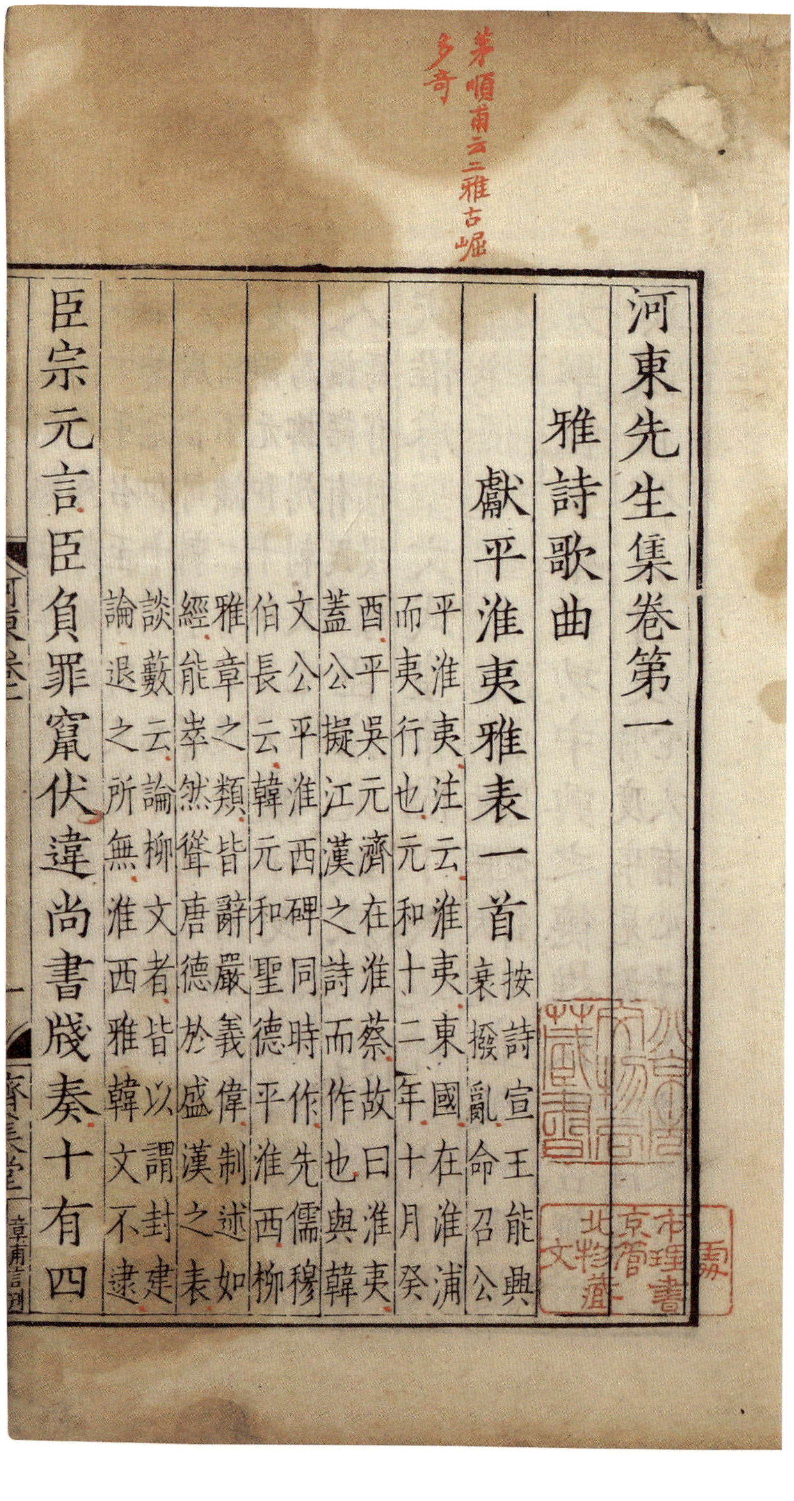

河東先生集四十五卷外二卷附錄二卷 （唐）柳宗元撰 明嘉靖濟美堂刻本

框高20.1厘米，廣13厘米。半葉九行，行十七字，小字雙行同，白口，四周雙邊。20册。

二級 160shan26

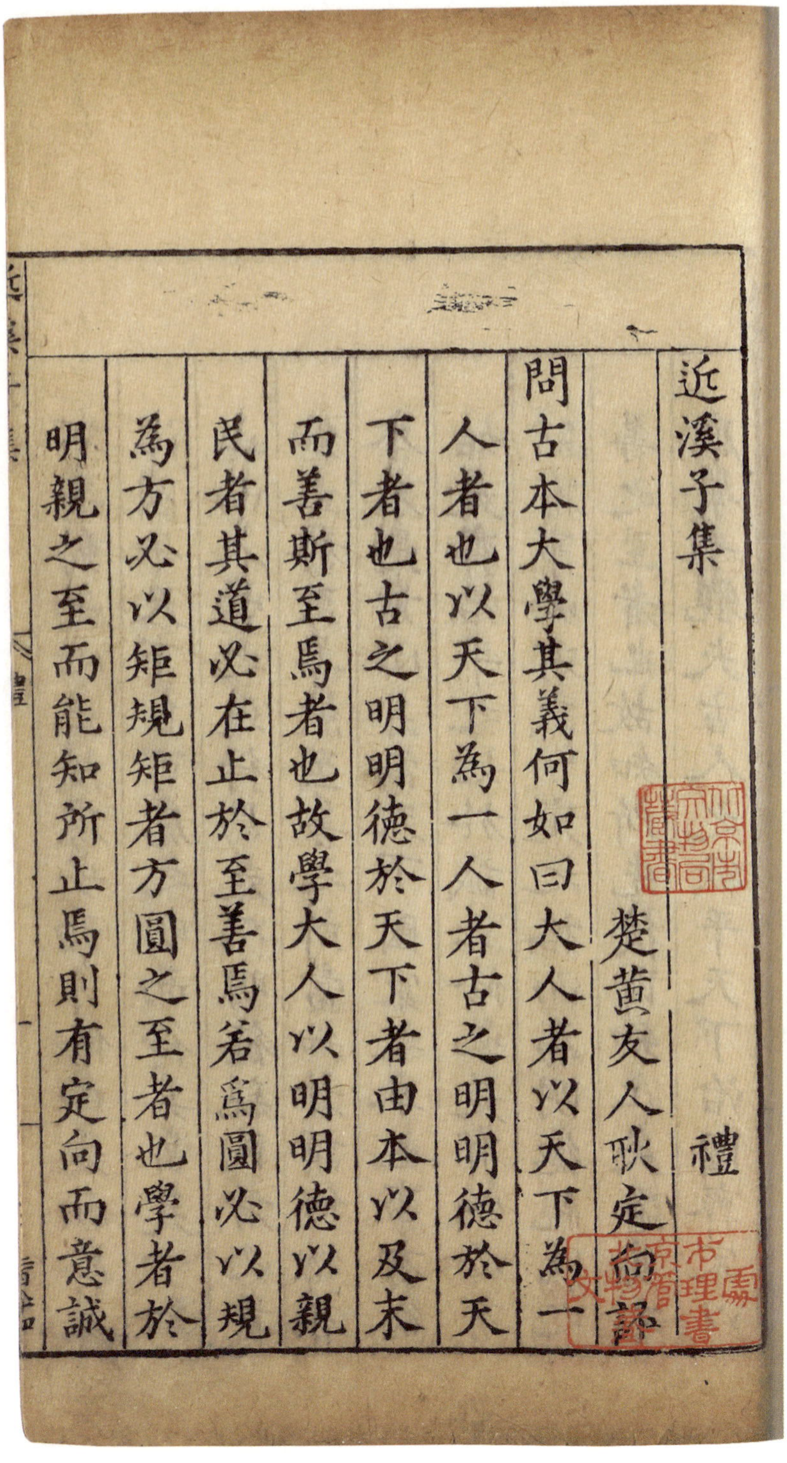
近溪子集　　禮
楚黄友人耿定向評
問古本大學其義何如曰大人者以天下為一
人者也以天下為一人者古之明明德於天
下者也古之明明德於天下者由本以及末
而善斯至焉者也故學大人以明明德以親
民者其道必在止於至善焉若爲圓必以規
爲方必以矩規矩者方圓之至者也學者於
明親之至而能知所止焉則有定向而意誠

耿中丞楊太史批點近溪羅子全集二十四卷　（明）羅汝芳撰　明萬曆刻本

框高 18.7 厘米，廣 14.1 厘米。半葉上下兩欄，下欄八至十行，行十七至二十一字不等，小字雙行同，白口，四周單邊。12 册。鈐“手東”朱文印。存十六卷（羅先生詩集二卷、羅先生一貫編九卷、近溪子續集二卷、近溪子附集二卷、近溪羅先生鄉約全書一卷）。

二級 162shan28

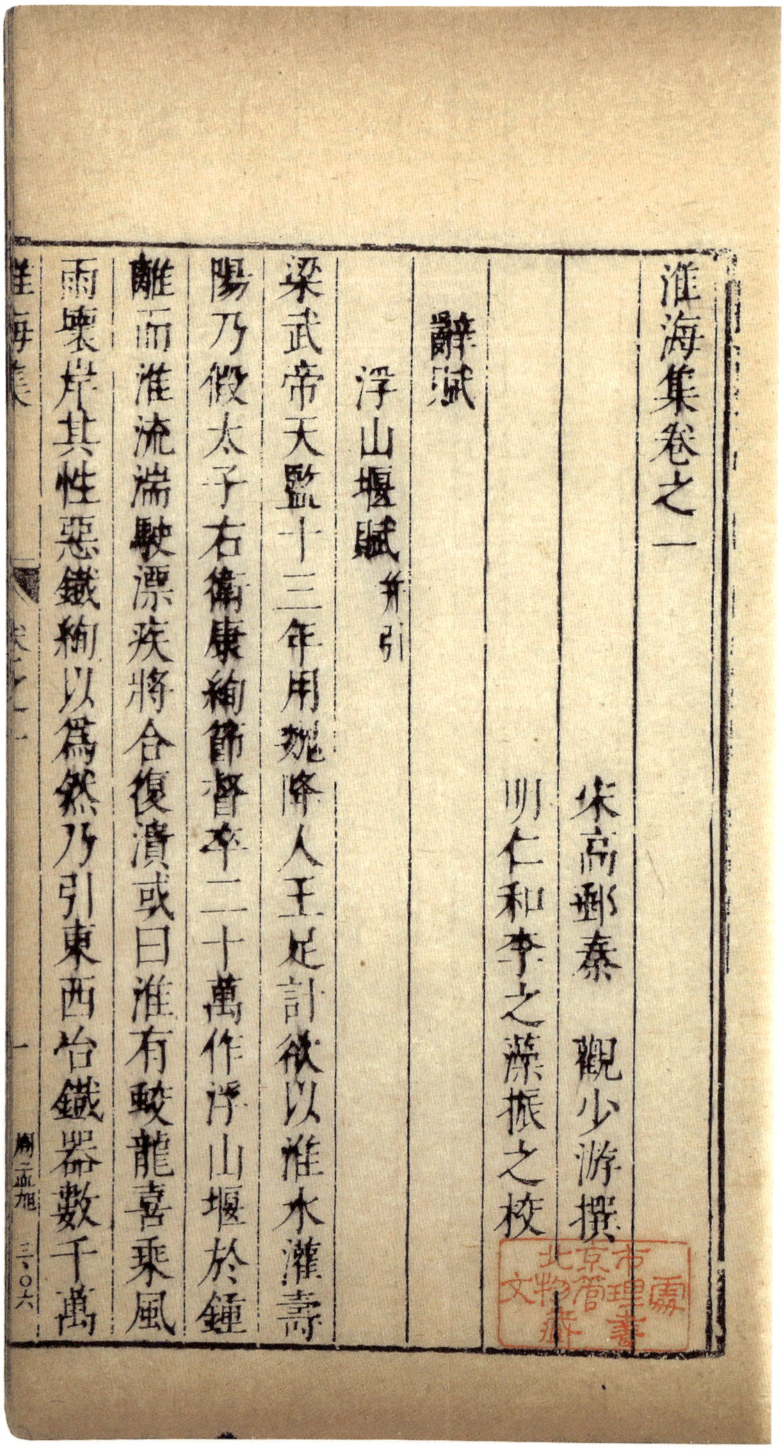
淮海集卷之一
宋高郵秦　觀少游撰
明仁和李之藻振之校
辭賦
浮山堰賦并引
梁武帝天監十三年用魏降人王足計欲以淮水灌壽
陽乃假太子右衛率康絢節督卒二十萬作浮山堰於鍾
離而淮流湍駛漂疾將合復潰或曰淮有蛟龍喜乘風
雨壞岸其性惡鐵絢以爲然乃引東西冶鐵器數千萬
淮海集　卷之一　一　劉孟旭　三〇六
北京市文物管理處藏書

淮海集四十卷後集六卷長短句三卷　（宋）秦觀撰　（明）李之藻校　明萬曆四十六年（1618）李之藻刻本

框高 21.4 厘米，廣 13.8 厘米。半葉九行，行二十一字，白口，左右雙邊。16 册。

二級 163shan30

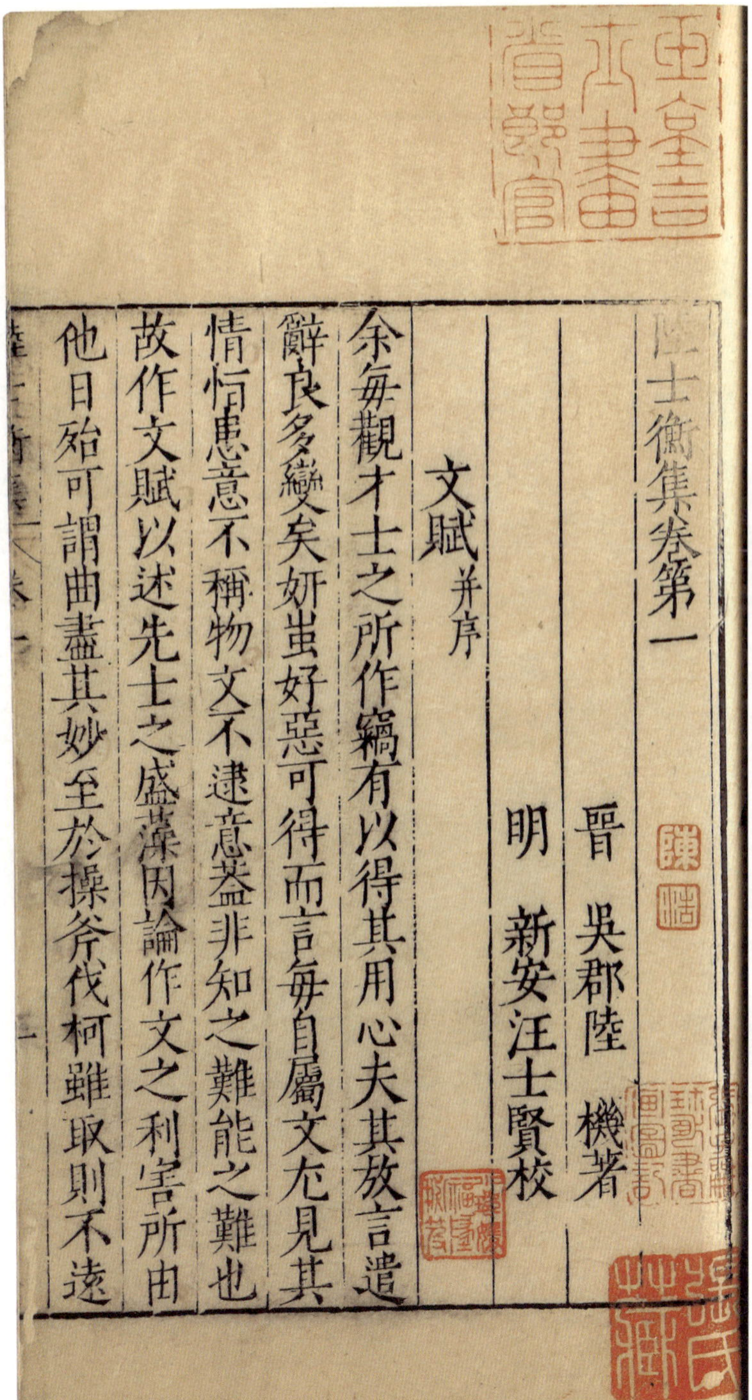

陸士衡集十卷 （晋）陸機著 （明）汪士賢校 明新安汪氏刻本

框高20厘米，廣14.4厘米。半葉九行，行二十字，白口，左右雙邊。4册。鈐“張氏藏”白文印、“張子嗣珍藏書画圖記”朱文印、“小琅嬛福地秘笈”朱文印、“曾藏張蓉鏡家”朱文印等。卷端有清嘉慶二十三年（1818）張蓉鏡題記。

二級 168shan39

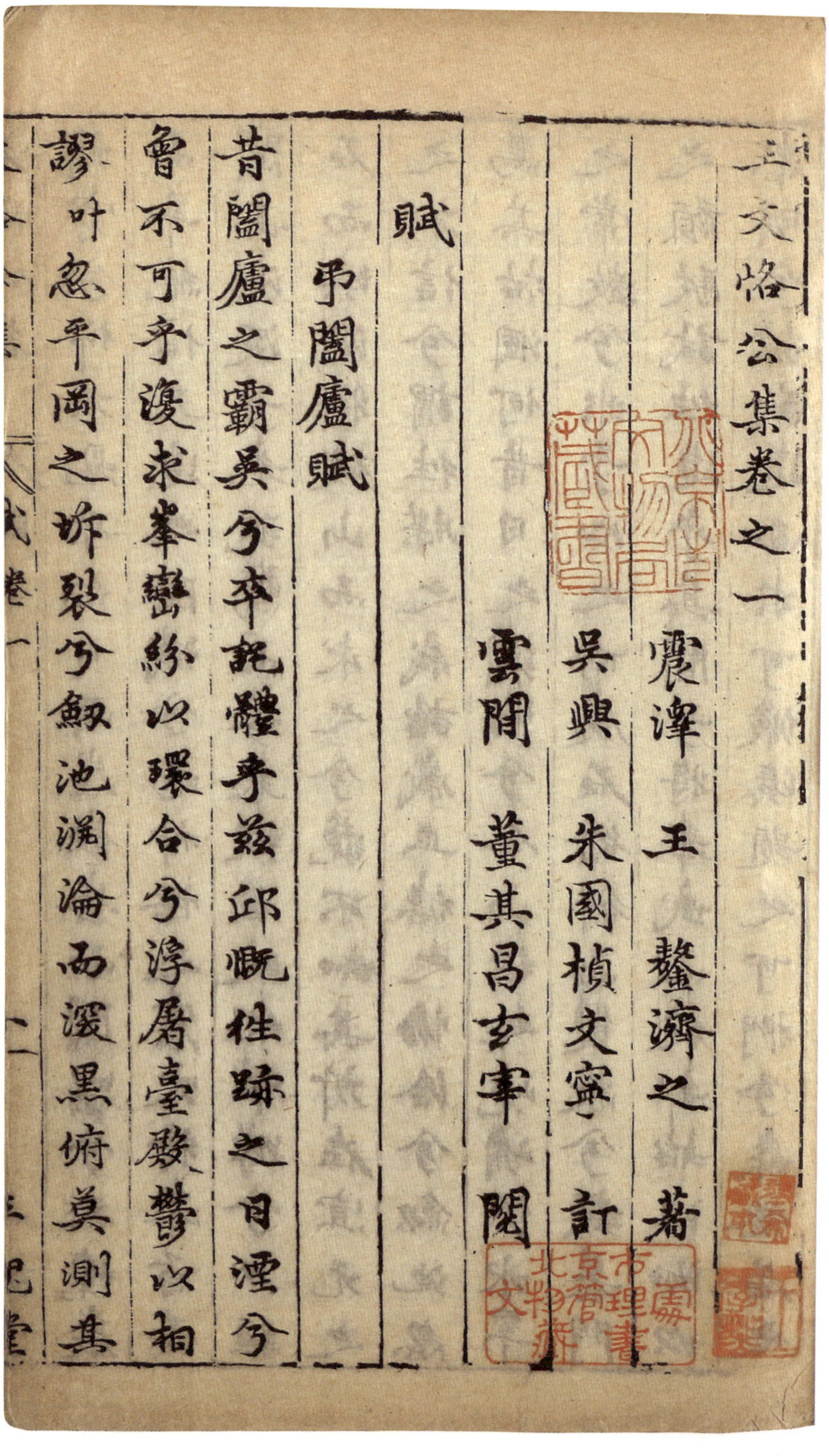
王文恪公集卷之一
震澤　王　鏊濟之　著
吳興　朱國楨文寧　訂
雲間　董其昌玄宰　閱
賦
弔闔廬賦
昔闔廬之霸吳兮卒託體乎茲邱既往跡之日湮兮
曾不可乎復求峯巒紛以環合兮浮屠臺殿鬱以相
謬叶忽平岡之坼裂兮劍池淵淪而深黑俯莫測其

王文恪公集三十六卷附鵑音一卷白社詩草一卷　（明）王鏊著　（明）朱國楨訂　（明）董其昌閱　明萬曆震澤王氏三槐堂刻本

框高 21.4 厘米，廣 14.4 厘米。半葉九行，行二十字，白口，四周單邊。12 册。鈐“王季然”朱文印等。

二級 169shan40

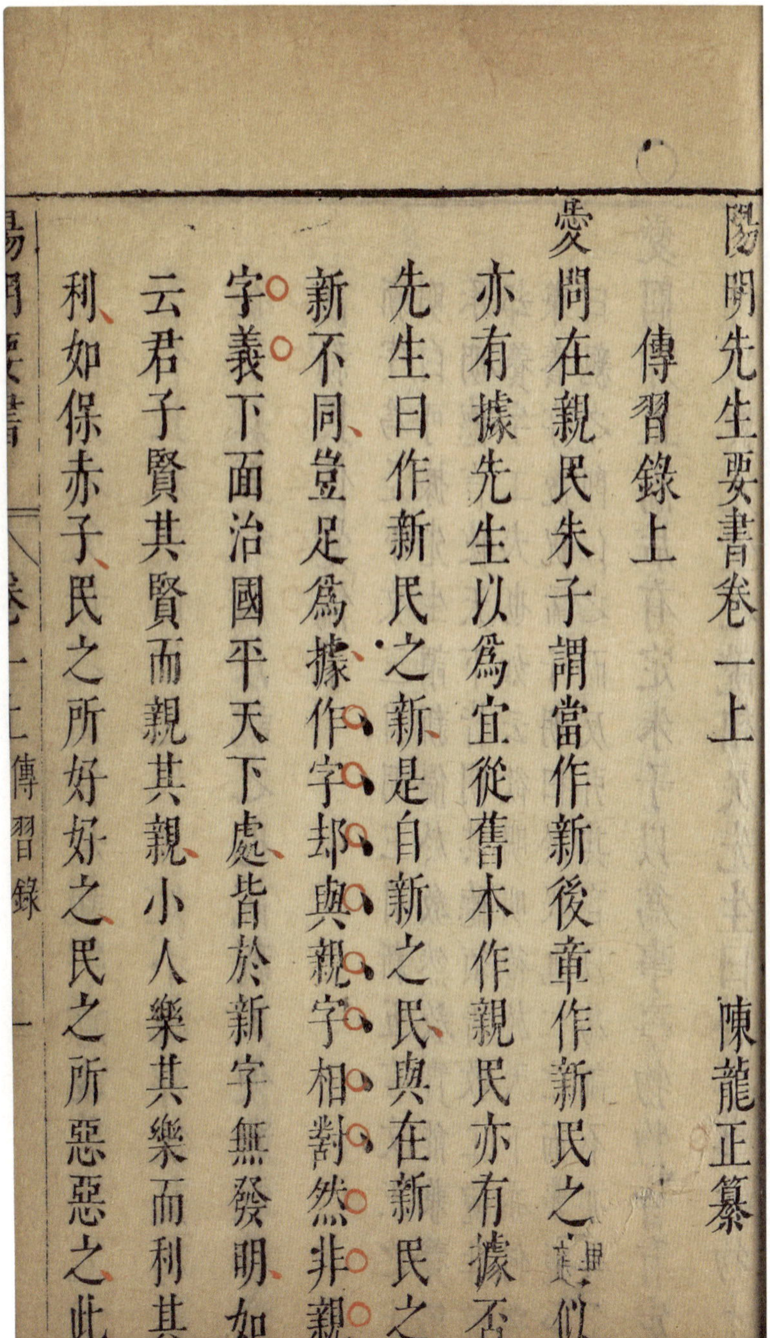

陽明先生要書卷一上
傳習録上　陳龍正纂
愛問在親民朱子謂當作新民後章作新民之文似
亦有據先生以爲宜從舊本作親民亦有據否
先生曰作新民之新是自新之民與在新民之
新不同豈足爲據作字却與親字相對然非親
字義下面治國平天下處皆於新字無發明如
云君子賢其賢而親其親小人樂其樂而利其
利如保赤子民之所好好之民之所惡惡之此

陽明要書　卷一上　傳習録　一

陽明先生要書五卷　（明）陳龍正纂　明崇禎刻本

框高 20.7 厘米，廣 14.3 厘米。半葉九行，行十九字，小字雙行同，白口，四周單邊，無格。4 册。

二級 171shan42

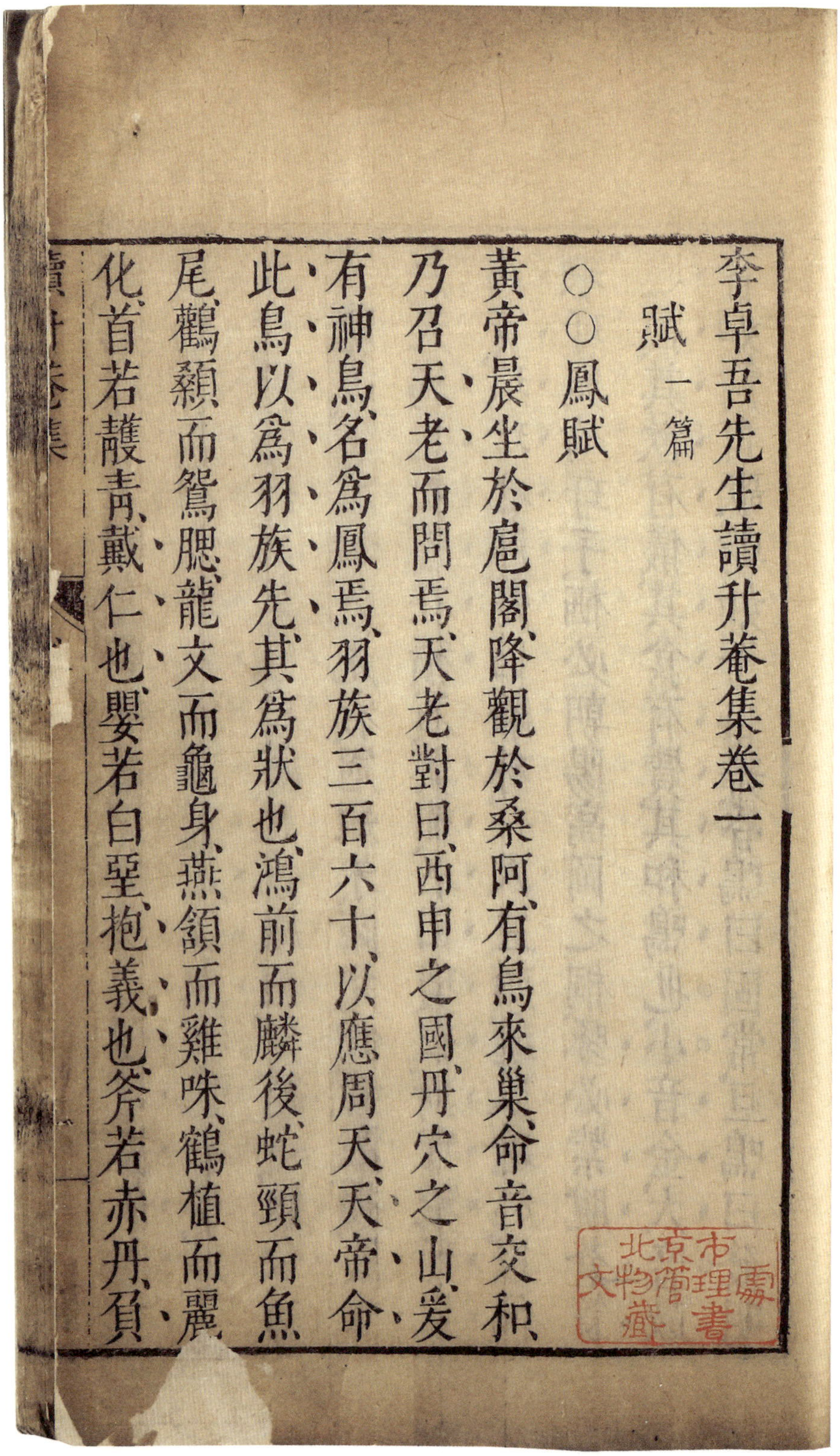

李卓吾先生讀升菴集卷一

賦 一篇

○○鳳賦

黃帝晨坐於扆閣降觀於桑阿有鳥來巢命音交和乃召天老而問焉天老對曰西申之國丹穴之山爰有神鳥名爲鳳焉羽族三百六十以應周天天帝命此鳥以爲羽族先其爲狀也鴻前而麟後蛇頸而魚尾鸛顙而鴛腮龍文而龜身燕頷而雞咮鶴植而麗化首若護青戴仁也嬰若白至抱義也斧若赤丹負

李卓吾先生讀升菴集二十卷　（明）李贄撰　明刻本

框高 20.7 厘米，廣 13.6 厘米。半葉九行，行二十字，白口，四周單邊，無格。4 册。

二級 172shan43

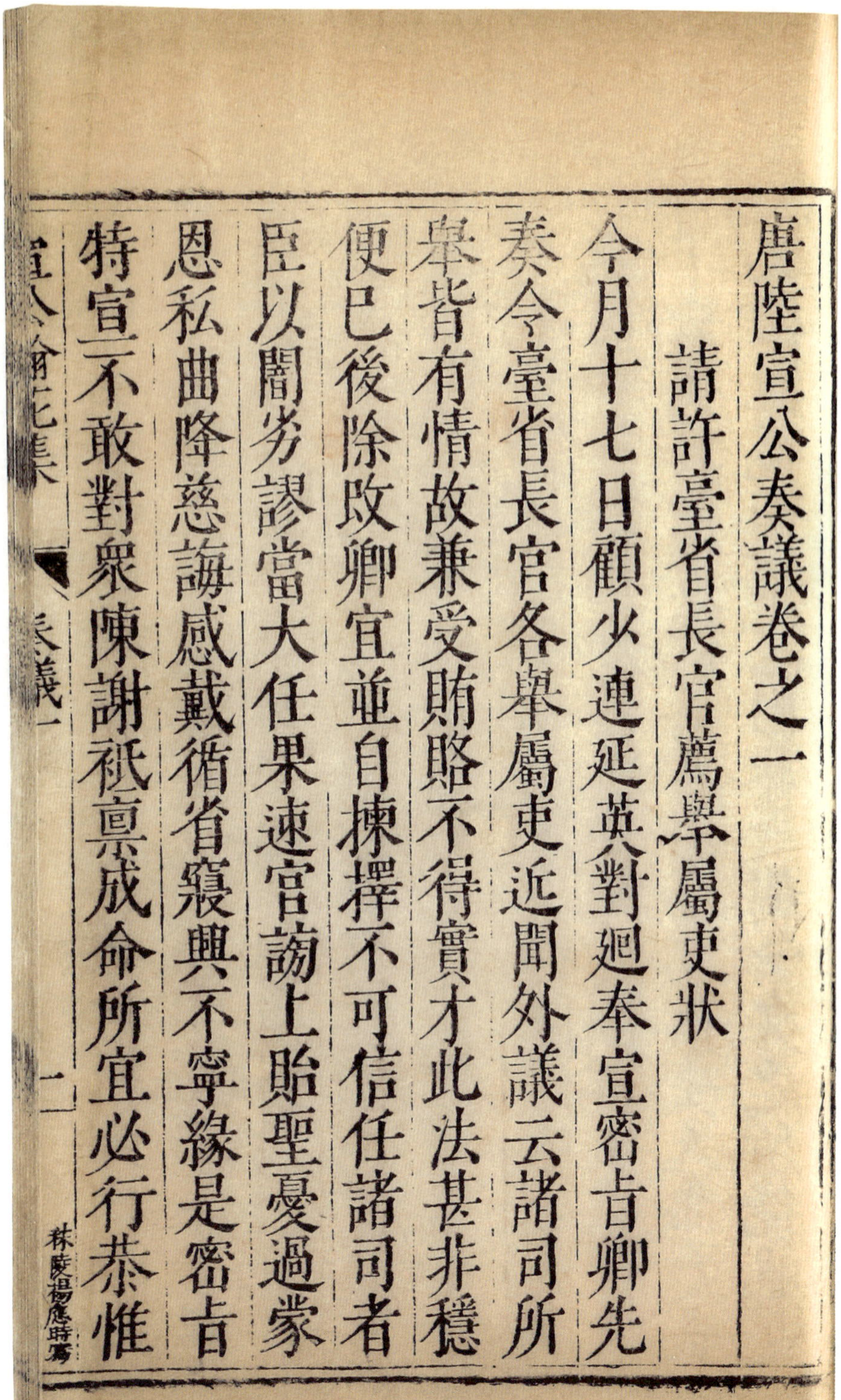

唐陸宣公集二十二卷　（唐）陸贄撰　明萬曆刻本

框高 20.4 厘米，廣 14 厘米。半葉九行，行十八字，白口，四周雙邊。6 册。

二級 179shan51

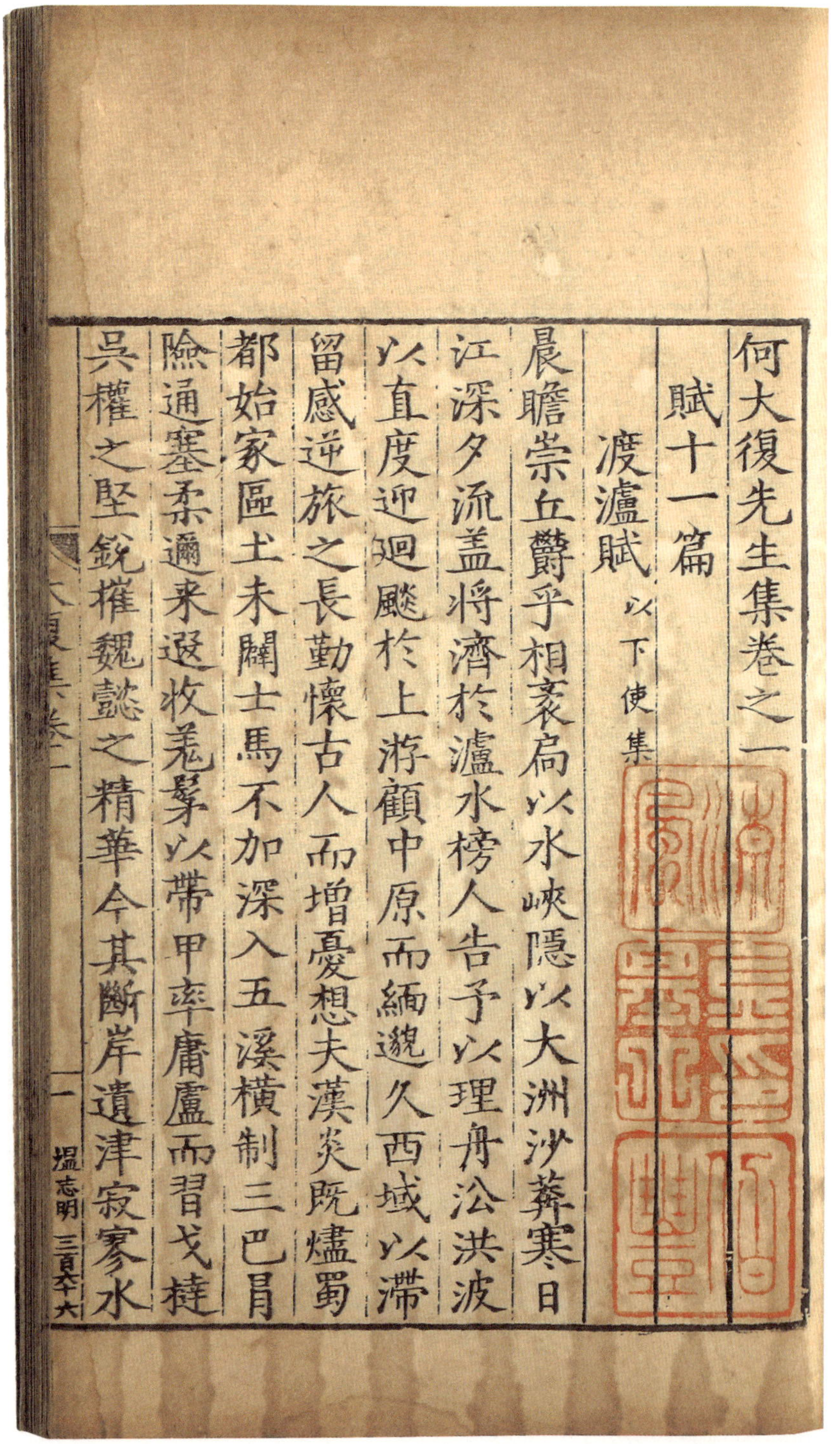

何大復先生集卷之一

賦十一篇

渡瀘賦 以下使集

晨瞻崇丘欝乎相袤扃以水峽隱以大洲沙莽寒日江深夕流盖將濟於瀘水榜人告予以理舟沿洪波以直度迎廻飈於上游顧中原而緬邈久西域以滯留感逆旅之長勤懷古人而增憂想夫漢炎既燼蜀都始家區土未闢士馬不加深入五溪横制三巴冐險通塞柔邇来遐收羌髳以帶甲率庸盧而習戈鋋吳權之堅銳摧魏懿之精華今其斷岸遺津寂寥水

何大復集卷之一　一　塭志明　三百六十六

何大復先生集三十八卷　（明）何景明撰　明萬曆刻本

框高 18.4 厘米，廣 13.5 厘米。半葉十行，行二十字，白口，四周單邊。10 册。鈐“公鑒藏書畫印”朱文印、“伯豐”朱文印等。

二級 183shan57

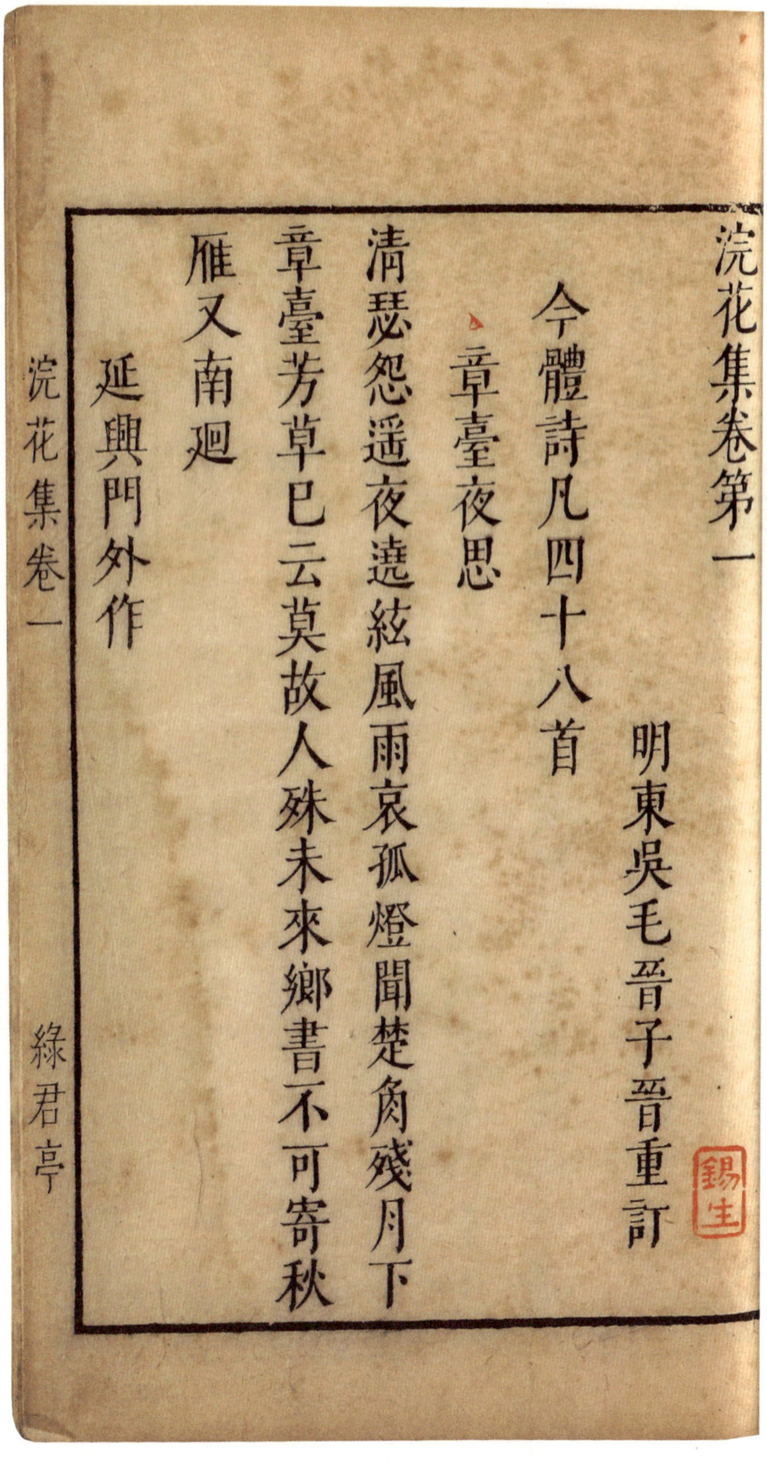

浣花集十卷 （五代）韋莊撰 （明）毛晋訂 明末毛氏汲古閣刻本

框高 20.3 厘米，廣 13.2 厘米。半葉八行，行十八字，小字雙行同，白口，四周單邊，無格。2 册。鈐“南昌彭氏”朱文印、“遇讀者善”白文印、“錫生”朱文印、“知聖道齋藏書”朱文印等。彭元瑞所藏本。

二級 184shan58

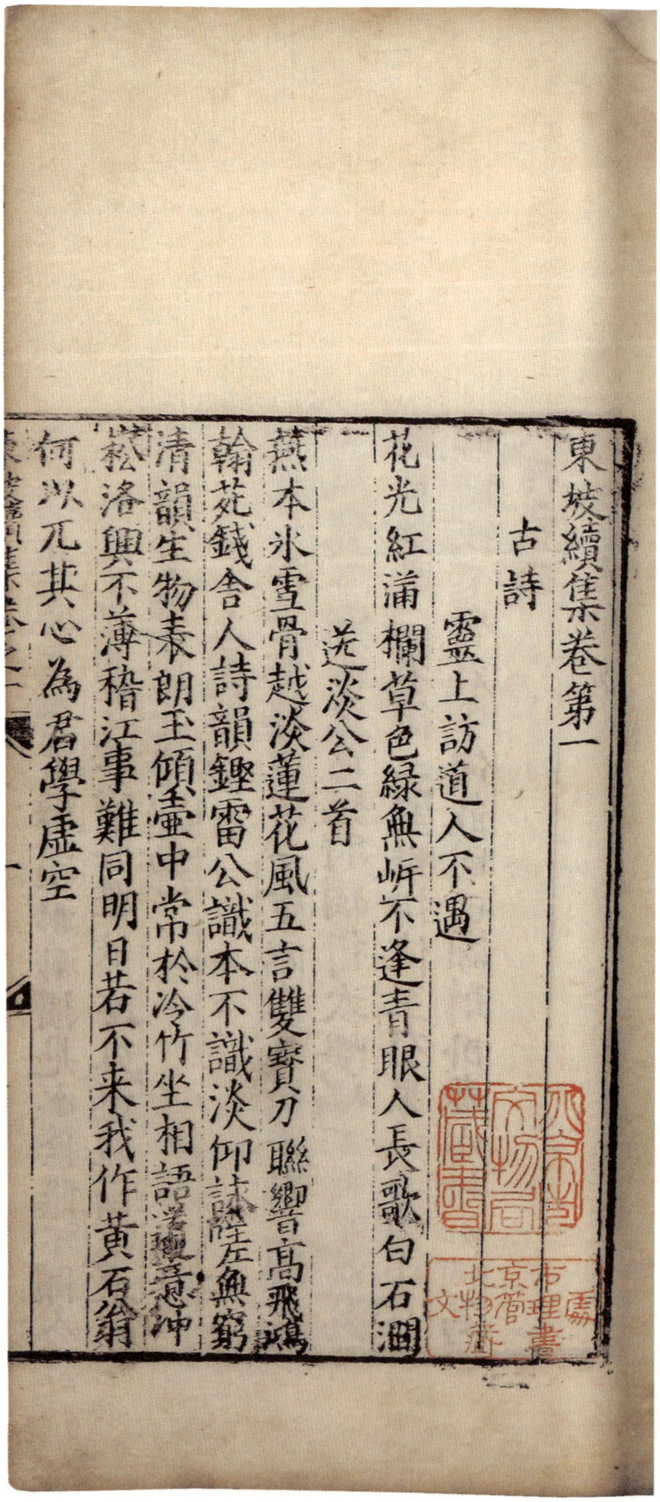

東坡續集十二卷　（宋）蘇軾撰　明嘉靖十三年（1534）江西布政司刻本

框高 19.5 厘米，廣 12.5 厘米。半葉十行，行二十字，白口，左右雙邊。4 册。

二級 199shan86

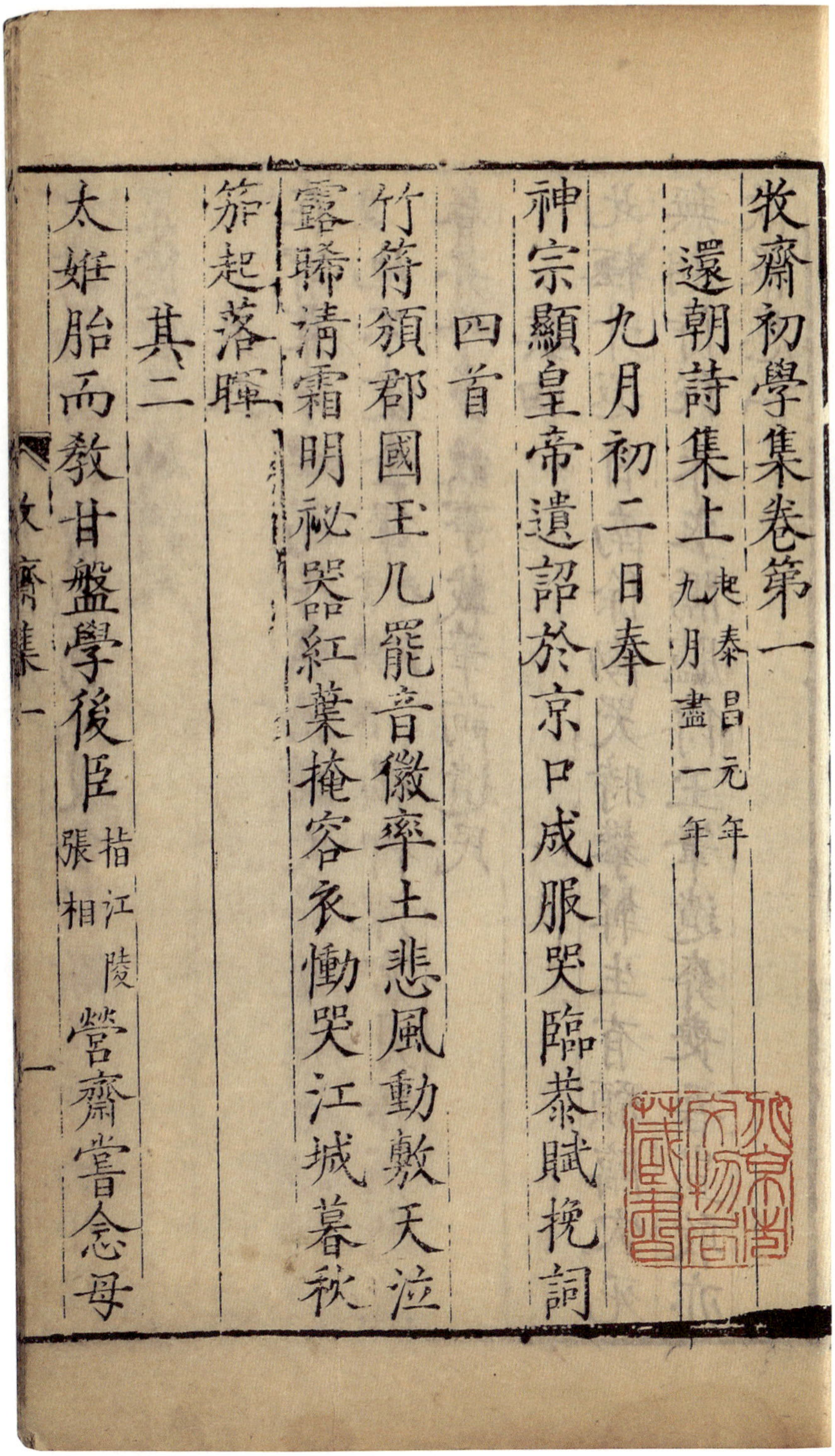

牧齋初學集卷第一
還朝詩集上 起泰昌元年九月盡一年
九月初二日奉
神宗顯皇帝遺詔於京口成服哭臨恭賦挽詞
四首
竹符領郡國王几罷音徽率土悲風動敷天泣
露晞清霜明祕器紅葉掩容衣慟哭江城暮秋
笳起落暉
其二
太姒胎而教甘盤學後臣 指江陵張相 營齋嘗念母
牧齋集一　一

牧齋初學集一百十卷　（清）錢謙益撰　明崇禎十六年（1643）瞿式耜耕石齋刻本

框高 20.7 厘米，廣 14.5 厘米。半葉十行，行十八字，小字雙行同，白口，四周單邊。24 册。鈐“桐山皖水”白文印、“宣明老拙”朱文印等。

二級 202shan91

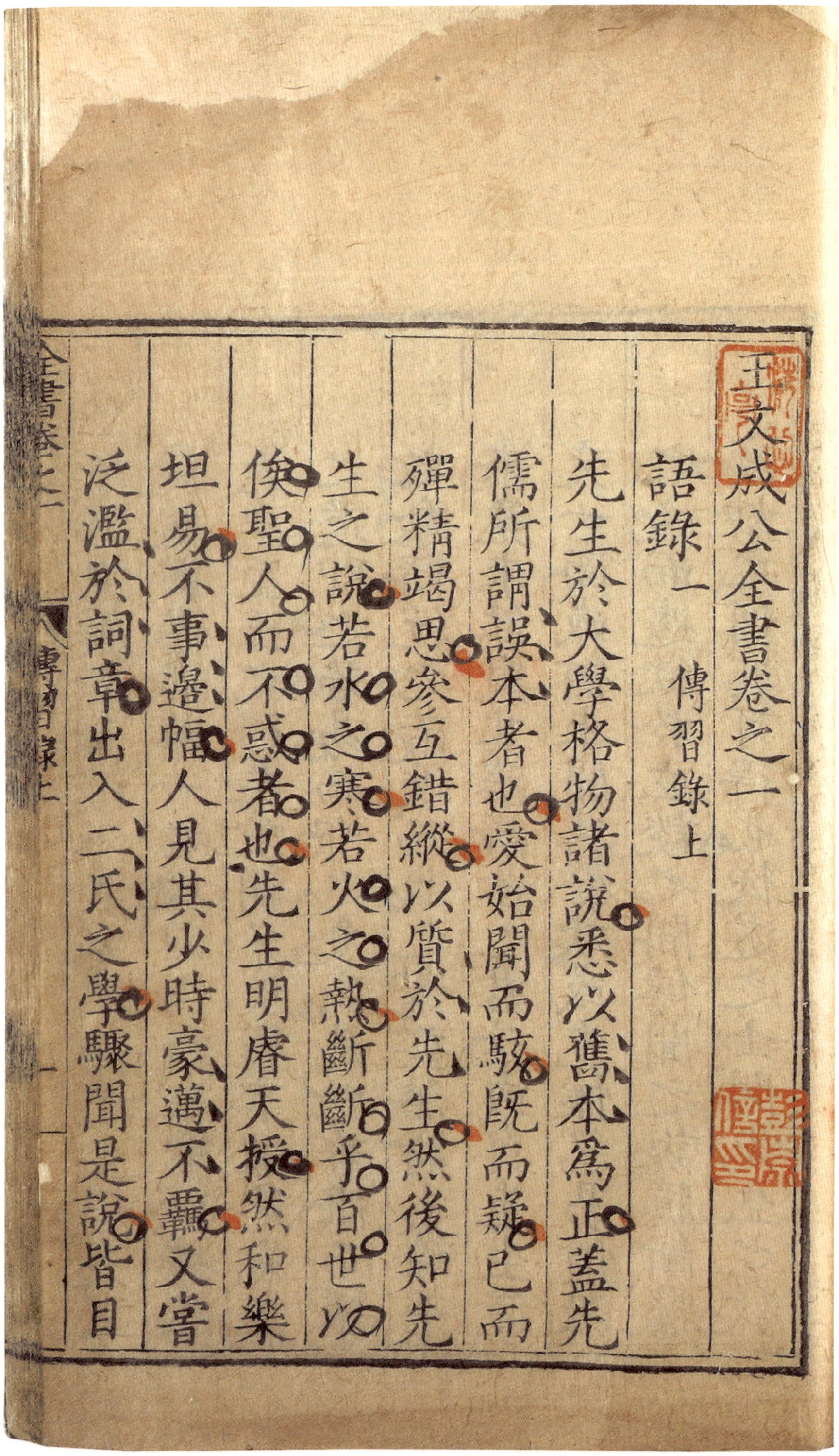

王文成公全書三十八卷　（明）王守仁撰　明隆慶六年（1572）刻本

框高 18.8 厘米，廣 14 厘米。半葉九行，行十九字，小字雙行同，白口，四周雙邊。12 册。鈐“彭崇信印”白文印、“王澤弘”朱文印等。

二級 205shan96

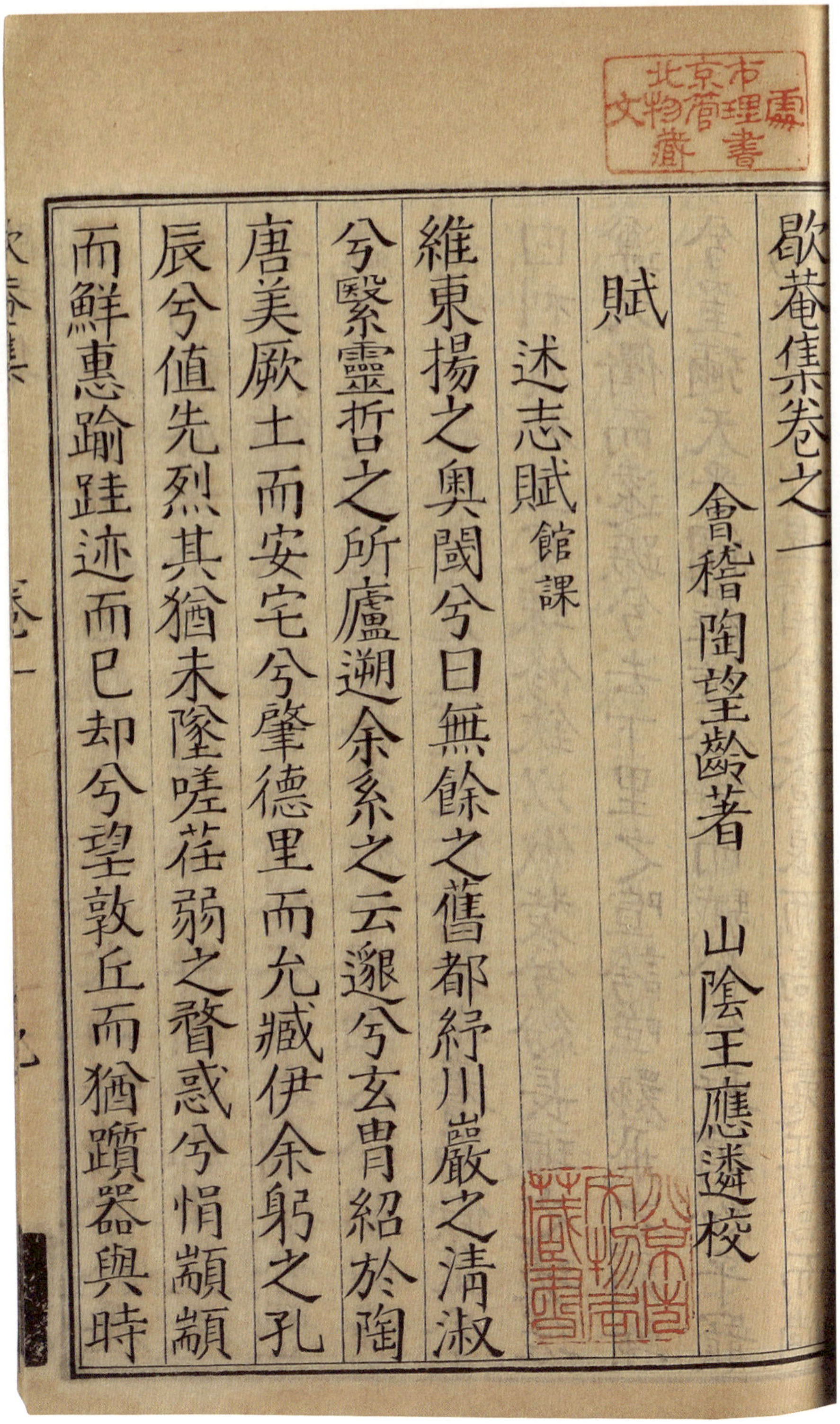
歇菴集卷之一
會稽陶望齡著　山陰王應遴校
賦
述志賦 館課
維東揚之奥閫兮日無餘之舊都紆川嶻巖之清淑
兮緊靈哲之所廬遡余系之云邈兮玄胄紹於陶
唐美厥土而安宅兮肇德里而允臧伊余躬之孔
辰兮值先烈其猶未隧嗟荏弱之瞀惑兮悁顓顓
而鮮惠踰跬迹而已却兮望敦丘而猶躓器與時

歇菴集十六卷　（明）陶望齡著　（明）王應遴校　明萬曆刻本

框高 21.1 厘米，廣 14.7 厘米。半葉九行，行十九字，下黑口，四周雙邊。16 册。

二級 217shan116

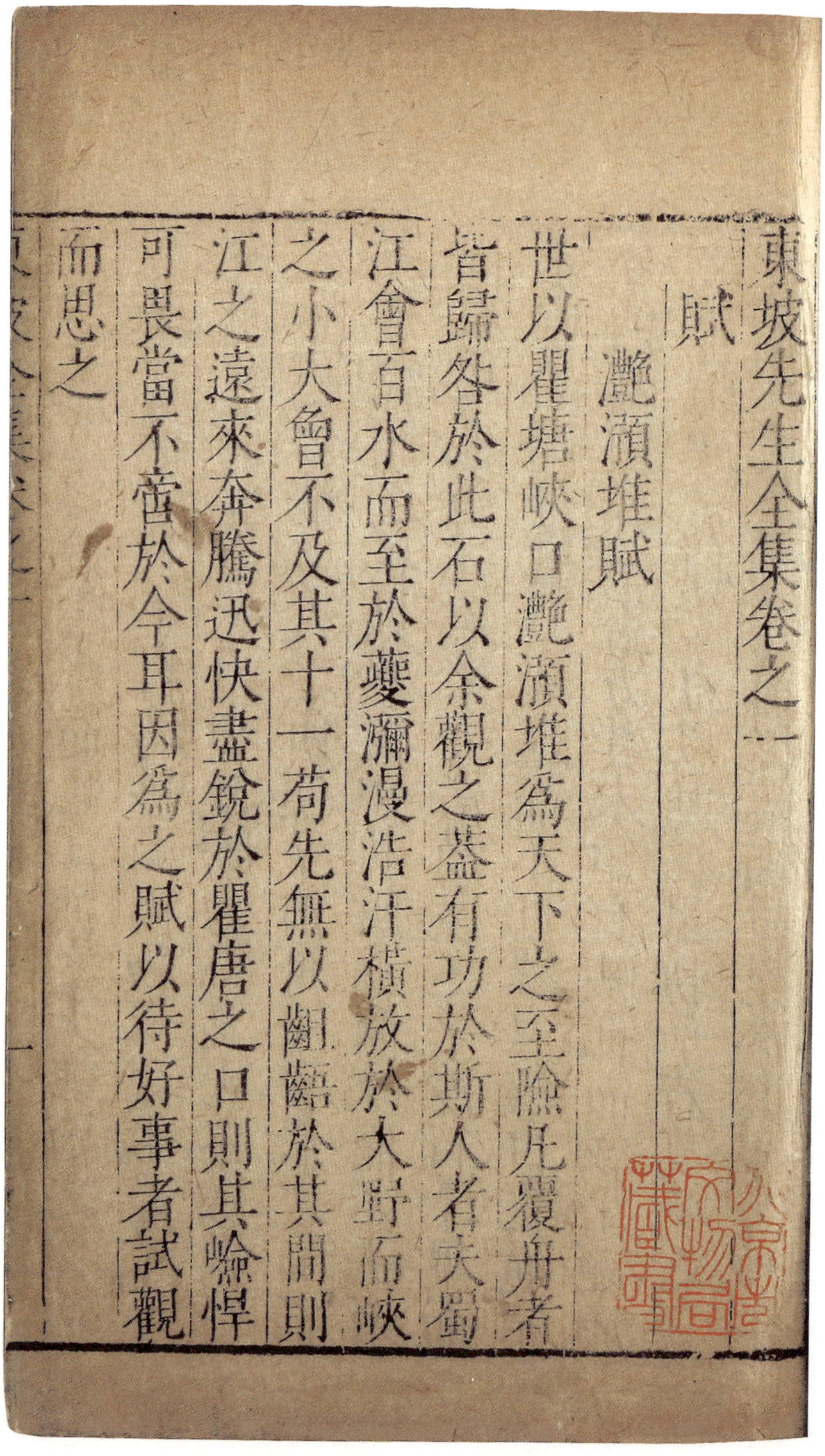

東坡先生全集卷之一
賦
灔澦堆賦
世以瞿塘峽口灔澦堆爲天下之至險凡覆舟者皆歸咎於此石以余觀之蓋有功於斯人者夫蜀江會百水而至於夔瀰漫浩汗横放於大野而峽之小大曾不及其十一苟先無以齟齬於其間則江之遠來奔騰迅快盡鋭於瞿唐之口則其嶮悍可畏當不啻於今耳因爲之賦以待好事者試觀而思之

東坡先生全集七十五卷　（宋）蘇軾撰　明萬曆刻本

框高 19.9 厘米，廣 14.2 厘米。半葉十行，行十九字，白口，左右雙邊。30 册。鈐“空山堂圖書”朱文印、“寶翰樓藏書記”朱文印等。

二級 218shan117

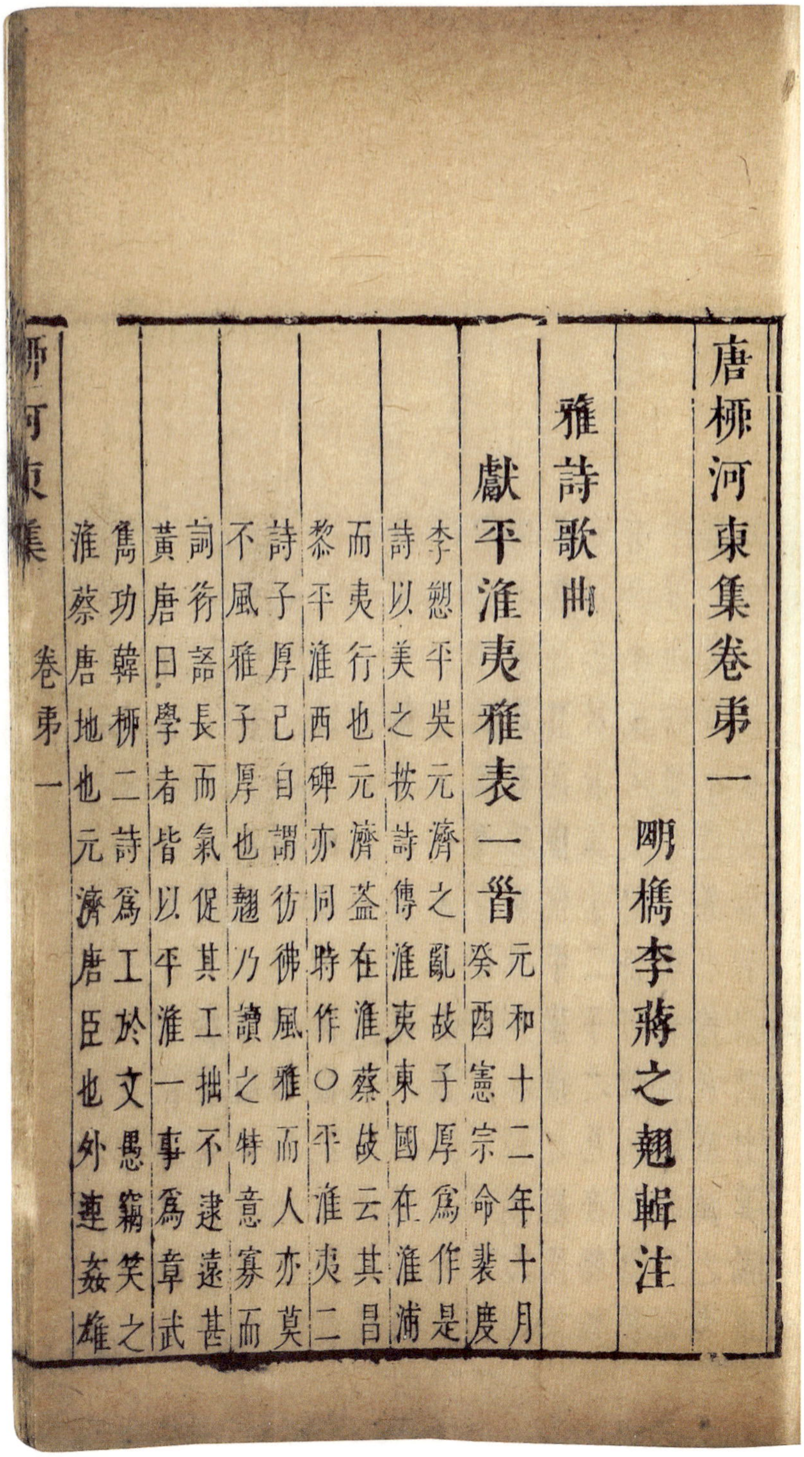

唐柳河東集四十五卷外集五卷遺集五卷附録五卷 （唐）柳宗元撰 （明）蔣之翹輯注 明崇禎刻本

框高 18.9 厘米，廣 13.9 厘米。半葉九行，行十七字，小字雙行同，白口，左右雙邊。18 册。鈐“怡怡堂珍藏”朱文印、“有媯之德”朱文印等。

二級 219shan119

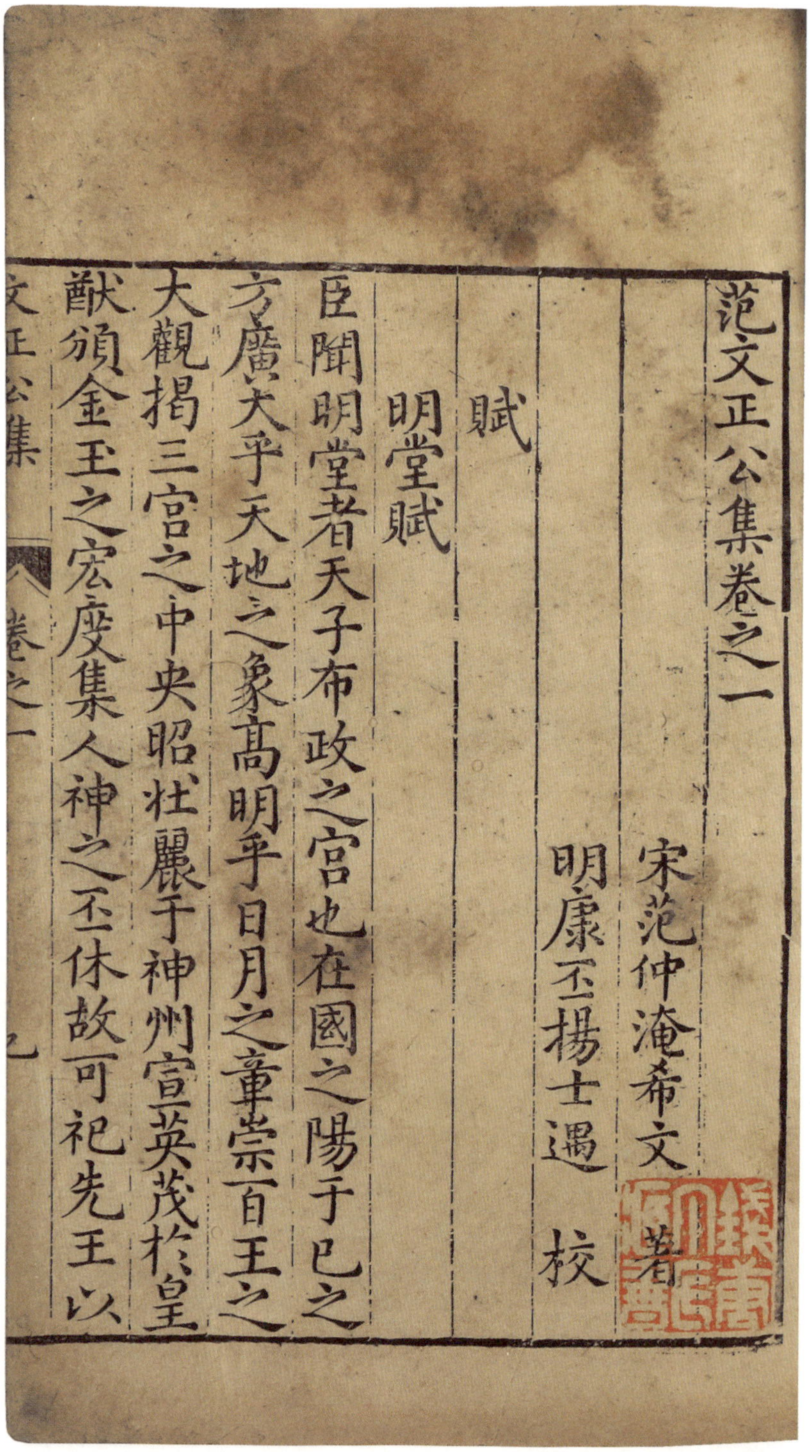

范文正公集二十卷附一卷年譜一卷 （宋）范仲淹著 （明）康丕揚校 明萬曆三十七年（1609）刻本

框高 18.9 厘米，廣 13.7 厘米。半葉九行，行十九字，白口，四周單邊。32 册。鈐“錢唐丁氏藏書”白文印、“八千卷樓珍藏善本”朱文印、“迪襄”白文印等。有范迪襄題記。

二級 221shan122

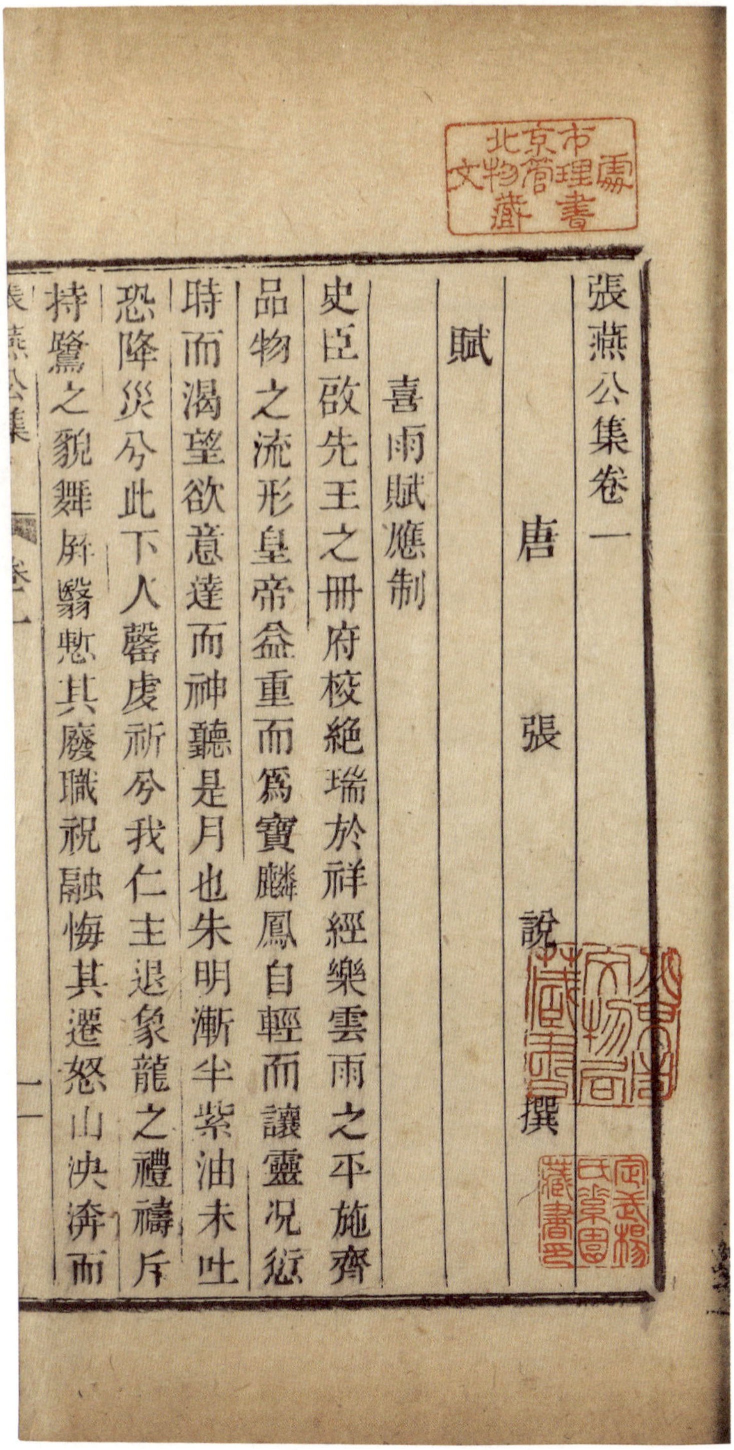
張燕公集卷一
唐　張　說　撰
賦
喜雨賦應制
史臣敬先王之冊府校絕瑞於祥經樂雲雨之平施齊
品物之流形皇帝益重而爲寶麟鳳自輕而讓靈況愆
時而渴望欲意達而神聽是月也朱明漸半紫油未吐
恐降災兮此下人馨虔祈兮我仁主退象龍之禮禱斥
持鷺之貌舞屏翳慙其廢職祝融悔其遷怒山泱漭而
張燕公集　卷一　一

張燕公集二十五卷　（唐）張說撰　（清）秦恩復校　清乾隆武英殿木活字印本

框高 19.1 厘米，廣 13.9 厘米。半葉九行，行二十一字，白口，四周雙邊。6 册。鈐“定武楊氏素園藏書印”朱文印。

二級 227shan191

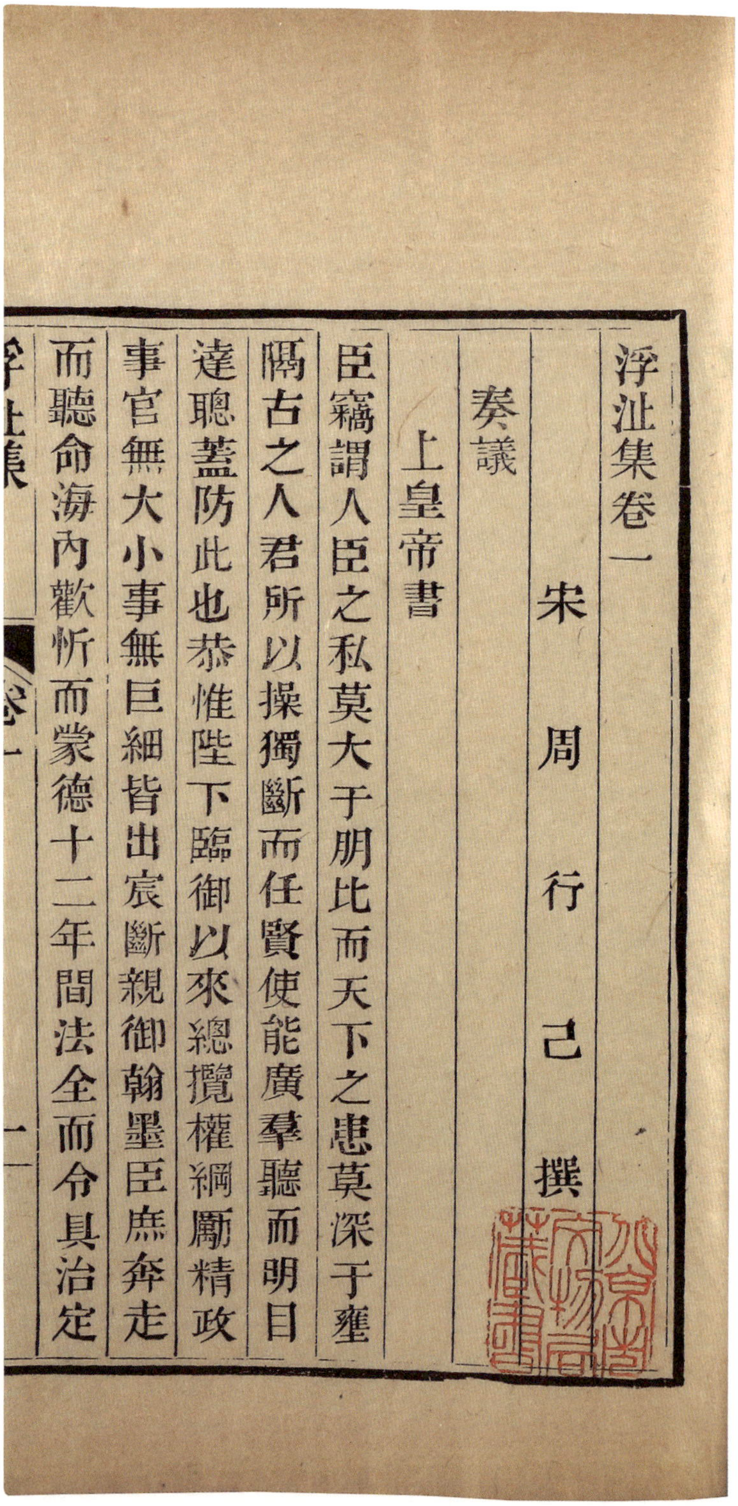

浮沚集卷一
宋　周行己　撰
奏議
上皇帝書
臣竊謂人臣之私莫大于朋比而天下之患莫深于壅
隔古之人君所以操獨斷而任賢使能廣羣聽而明目
達聰蓋防此也恭惟陛下臨御以來總攬權綱勵精政
事官無大小事無巨細皆出宸斷親御翰墨臣庶奔走
而聽命海內歡忻而蒙德十二年間法全而令具治定
浮沚集　卷一　一

浮沚集九卷　（宋）周行己撰　清乾隆武英殿木活字印本

框高 19.2 厘米，廣 12.6 厘米。半葉九行，行二十一字，白口，四周雙邊。6 册。

二級 228shan194

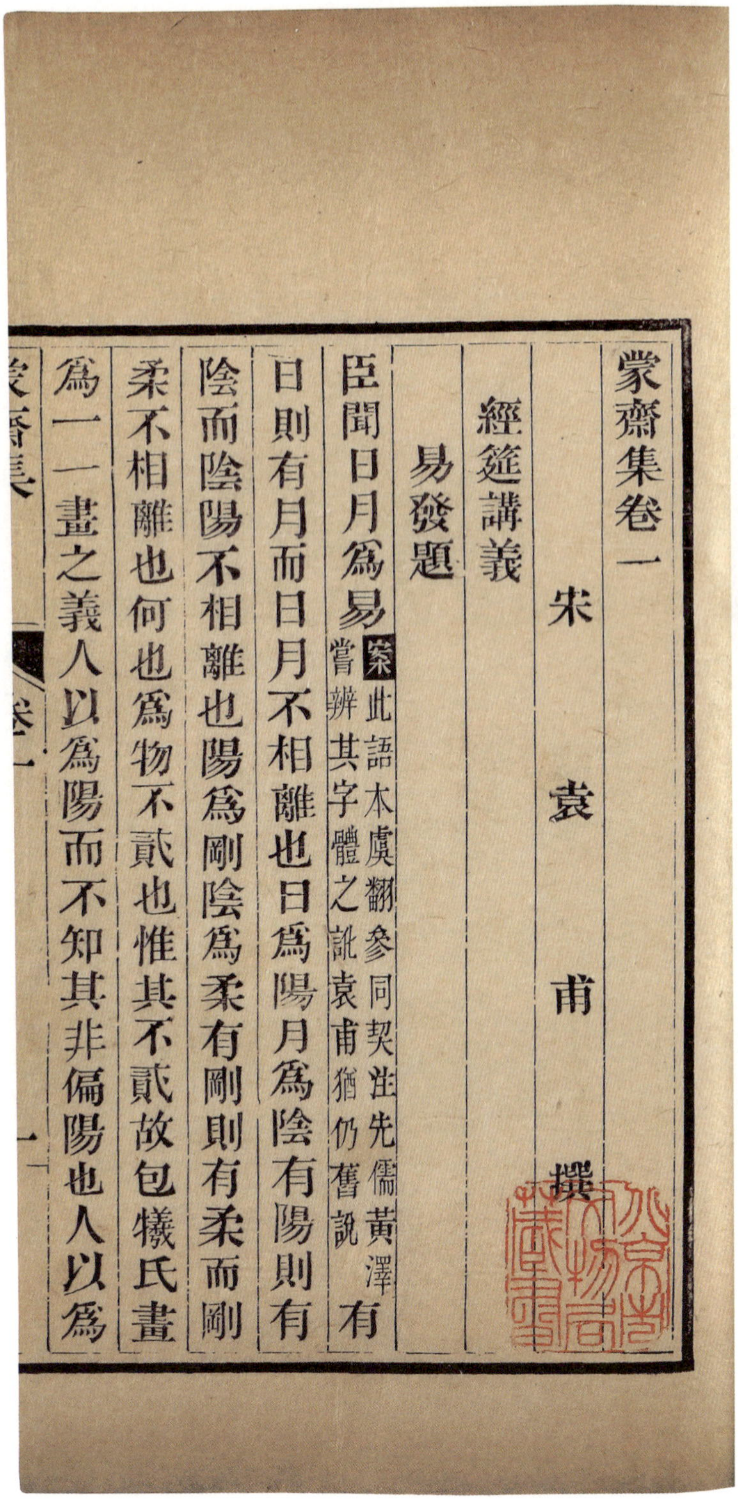
蒙齋集卷一
宋　袁甫　撰
經筵講義
易發題
臣聞日月爲易案此語本虞翻參同契注先儒黃澤嘗辨其字體之訛袁甫猶仍舊說有
日則有月而日月不相離也日爲陽月爲陰有陽則有
陰而陰陽不相離也陽爲剛陰爲柔有剛則有柔而剛
柔不相離也何也爲物不貳也惟其不貳故包犧氏畫
爲一一畫之義人以爲陽而不知其非偏陽也人以爲

蒙齋集二十卷　（宋）袁甫撰　清乾隆武英殿木活字印本

框高 19.2 厘米，廣 12.6 厘米。半葉九行，行二十一字，小字雙行同，白口，四周雙邊。16 册。

二級 229shan197

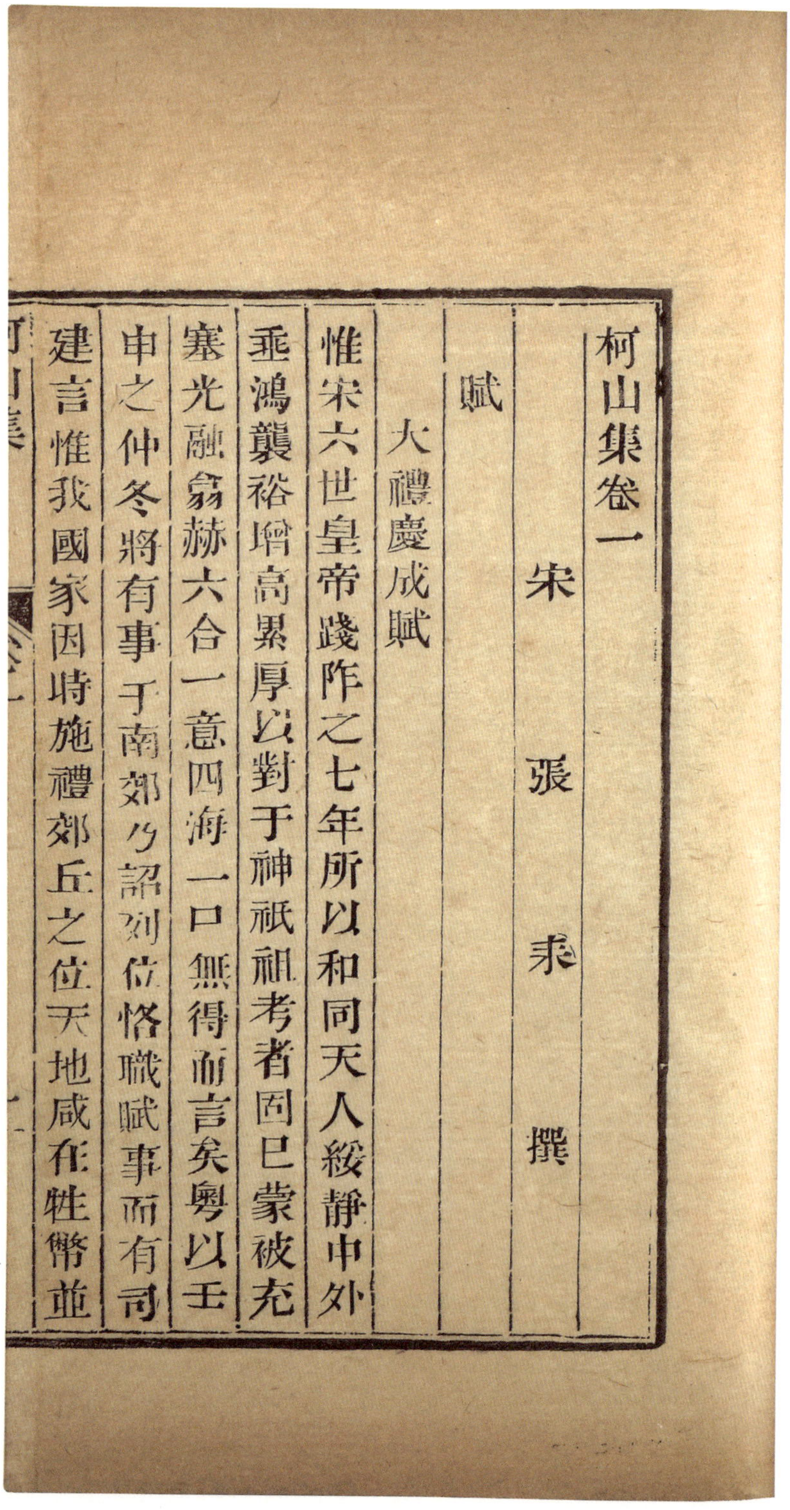

柯山集卷一

宋 張 耒 撰

賦

大禮慶成賦

惟宋六世皇帝踐阼之七年所以和同天人綏靜中外垂鴻襲裕增高累厚以對于神祇祖考者固已蒙被充塞光融翕赫六合一意四海一口無得而言矣粤以壬申之仲冬將有事于南郊乃詔列位恪職賦事而有司建言惟我國家因時施禮郊丘之位天地咸在牲幣並

柯山集五十卷　（宋）張耒撰　清乾隆武英殿木活字印本

框高 19.4 厘米，廣 12.4 厘米。半葉九行，行二十一字，小字雙行同，白口，四周雙邊。16 册。

二級 233shan341

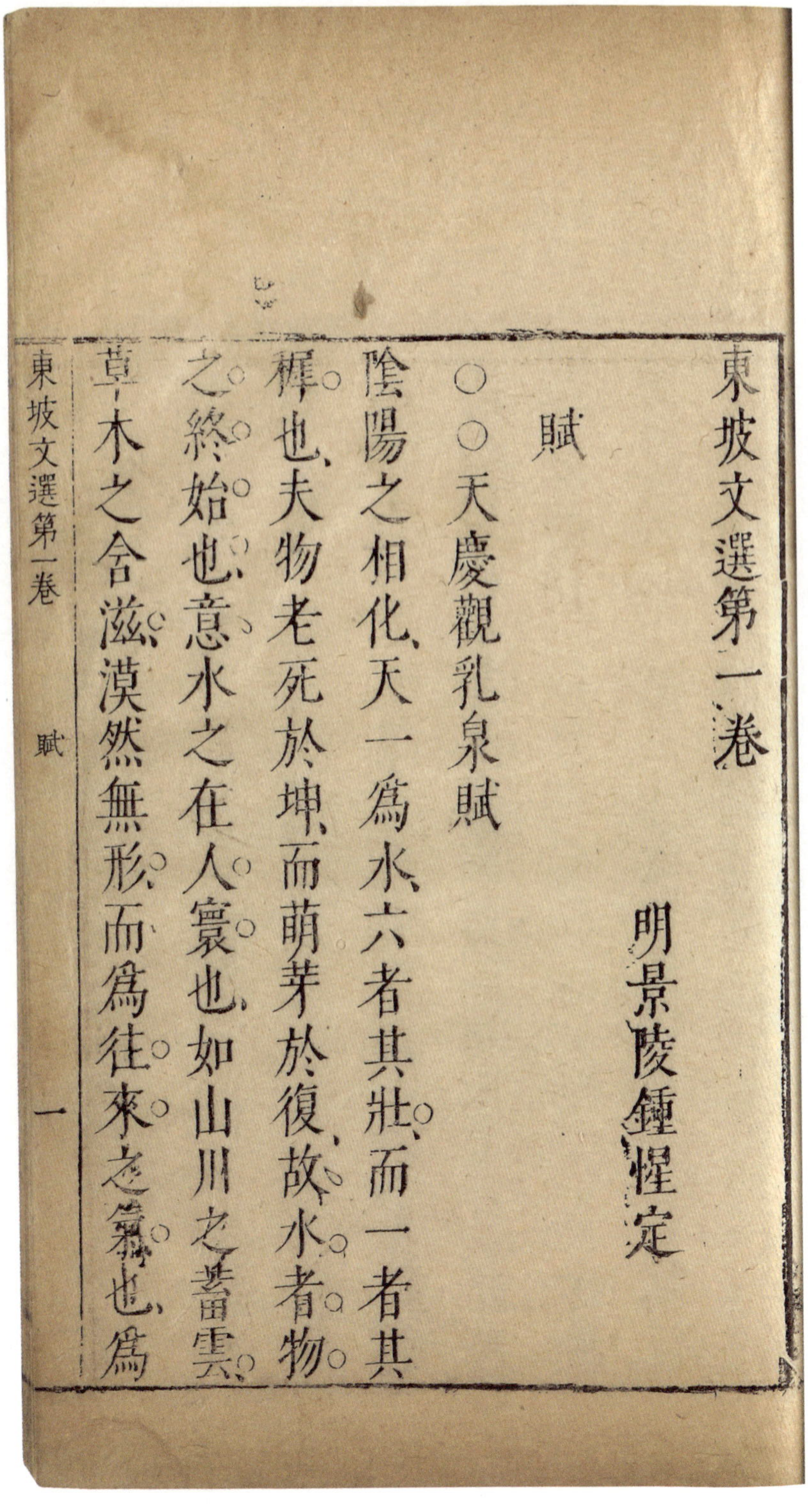

東坡文選二十卷 （宋）蘇軾撰 （明）鍾惺定 明萬曆刻本

框高 18.6 厘米，廣 13.2 厘米。半葉八行，行十七字，白口，四周單邊，無格。8 册。

二級 243shan381

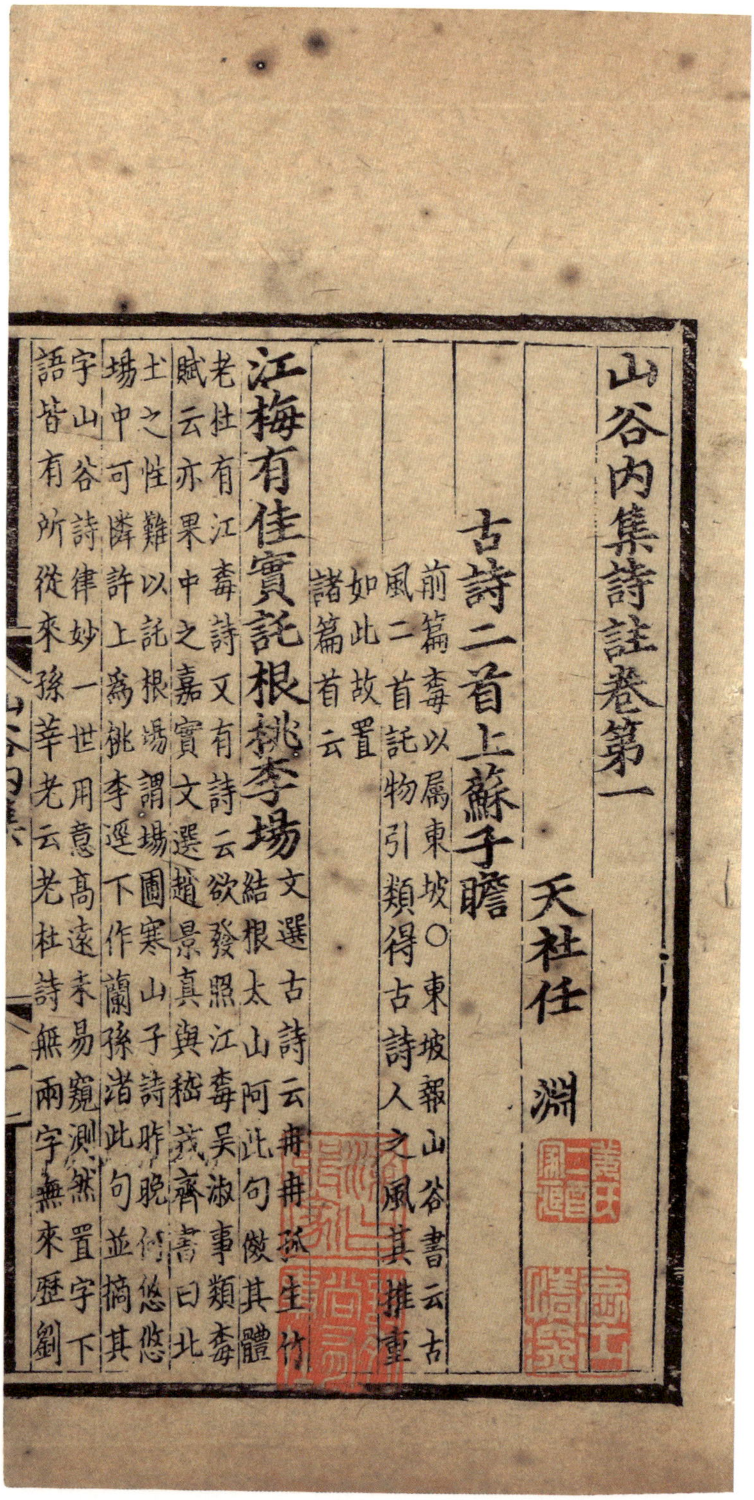

山谷内集詩註二十卷目二卷　（宋）黄庭堅撰　（宋）任淵註　明初刻本

框高 20.6 厘米，廣 12.4 厘米。半葉九行，行二十字，小字雙行同，黑口，四周雙邊。12 册。鈐“姜氏二酉家藏”白文印、“詩外尚有事在”白文印、“怀古情深”白文印等。

二級 254shan441

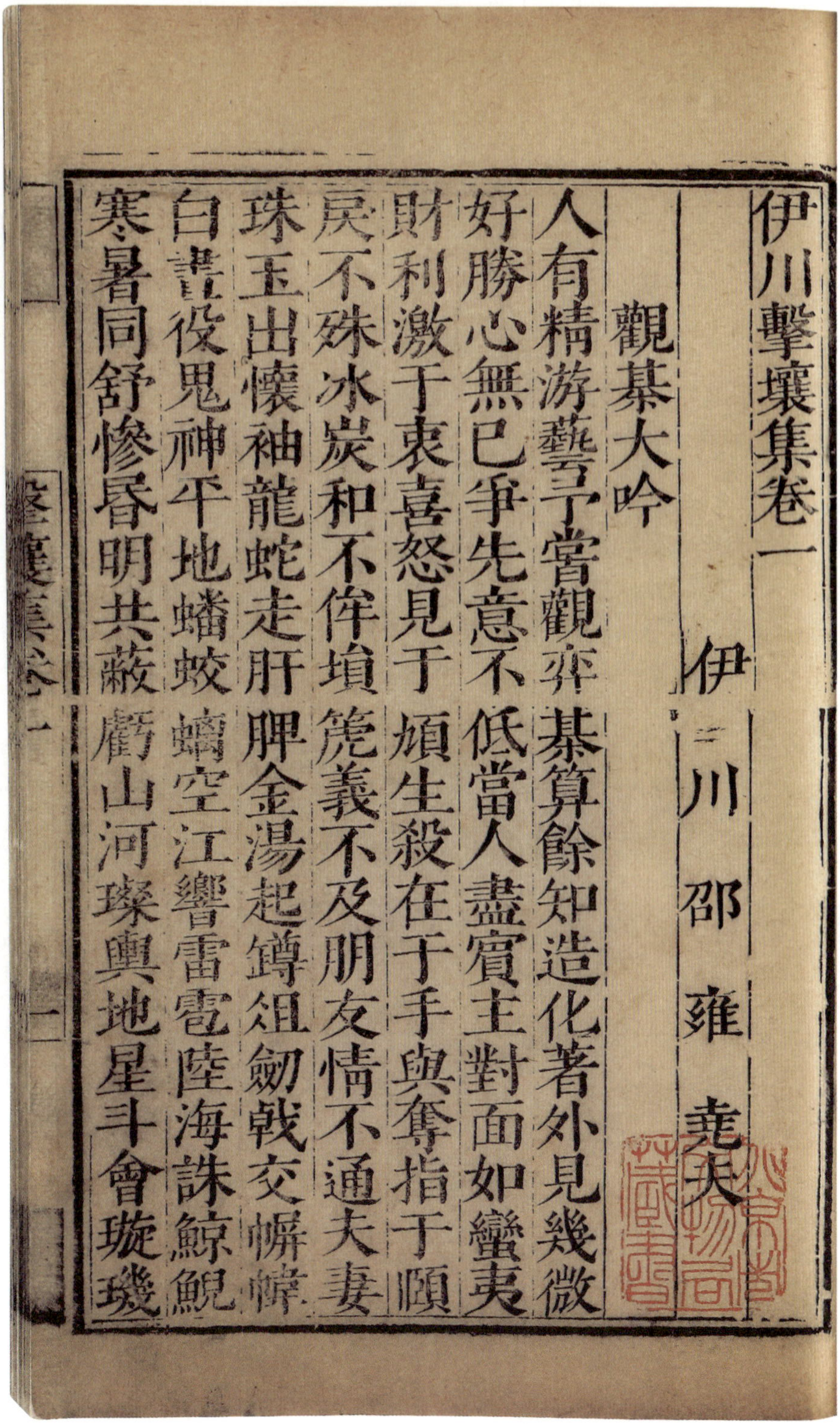

伊川擊壤集卷一

伊川邵雍堯夫

觀棊大吟

人有精游藝予嘗觀弈棊算餘知造化著外見幾微好勝心無已爭先意不低當人盡賔主對面如蠻夷財利激于衷喜怒見于頰生殺在于手與奪指于頤戾不殊冰炭和不侔塤篪義不及朋友情不通夫妻珠玉出懷袖龍蛇走肝脾金湯起鐏俎劒戟交幨幃白晝役鬼神平地蟠蛟螭空江響雷雹陸海誅鯨鯢寒暑同舒慘昏明共蔽虧山河璨輿地星斗會璇璣

伊川擊壤集二十卷　（宋）邵雍撰　明萬曆刻本

框高20.7厘米，廣13.7厘米。半葉十行，行二十字，白口，四周雙邊。6册。鈐“之亭藏書”白文印。

二級 256shan449

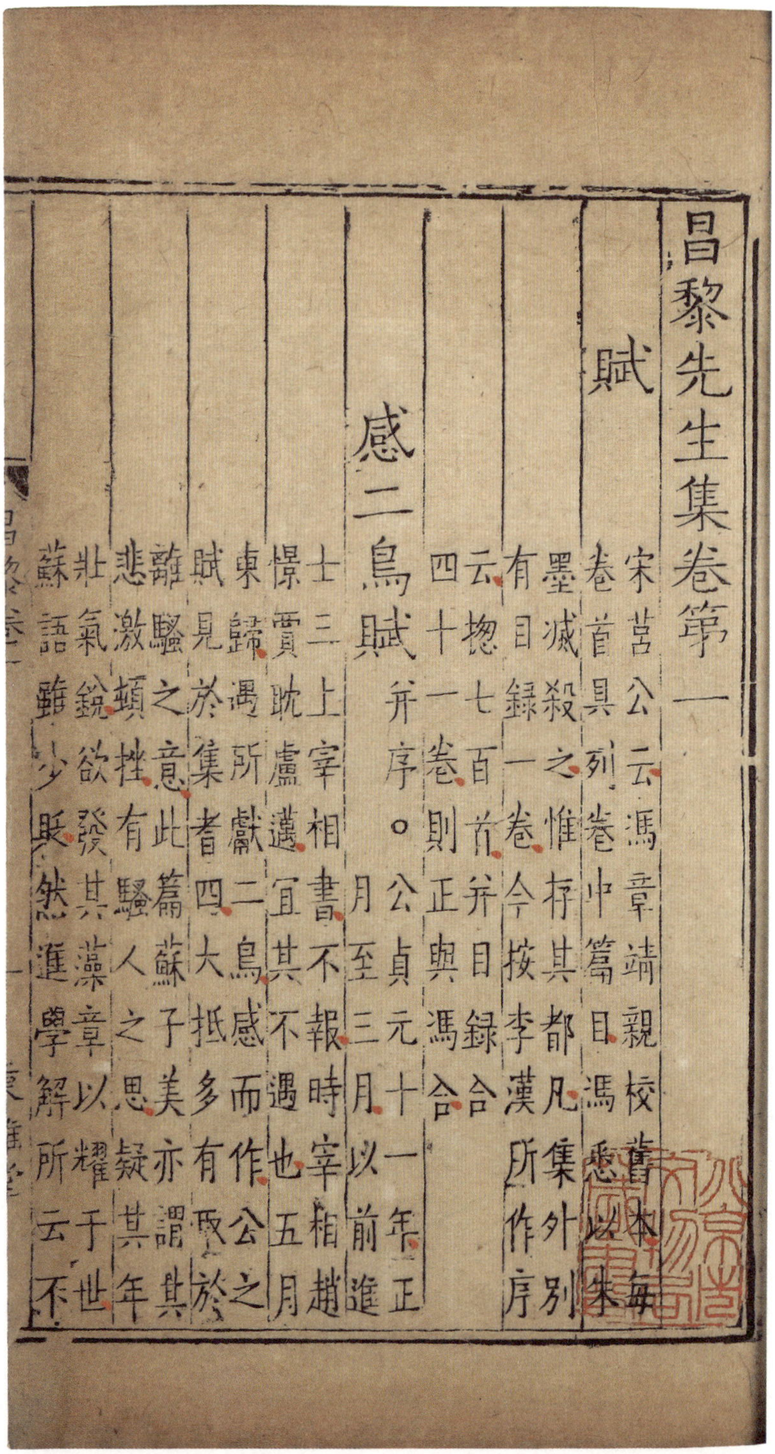
昌黎先生集卷第一

賦

宋莒公云馮章靖親校舊本每卷首具列卷中篇目馮悉以朱墨滅殺之惟存其都凡集外別有目録一卷今按李漢所作序云捴七百并目録合四十一卷則正與馮合

感二鳥賦 并序○公貞元十一年正月至三月以前進士三上宰相書不報時宰相趙憬賈眈盧邁相宜其不遇也五月東歸遇所獻二鳥感而作公之賦見於集者四大抵多有取於離騷之意此篇蘇子美亦謂其悲激頓挫有騷人之思疑其年壯氣鋭欲發其藻章以耀于世蘇語雖少貶然進學解所云不

昌黎先生集四十卷外集十卷遺文一卷 （唐）韓愈撰 明東吴徐氏東雅堂刻本

框高 20.5 厘米，廣 13 厘米。半葉九行，行十七字，小字雙行同，白口，四周雙邊。20 册。

二級 261shan481

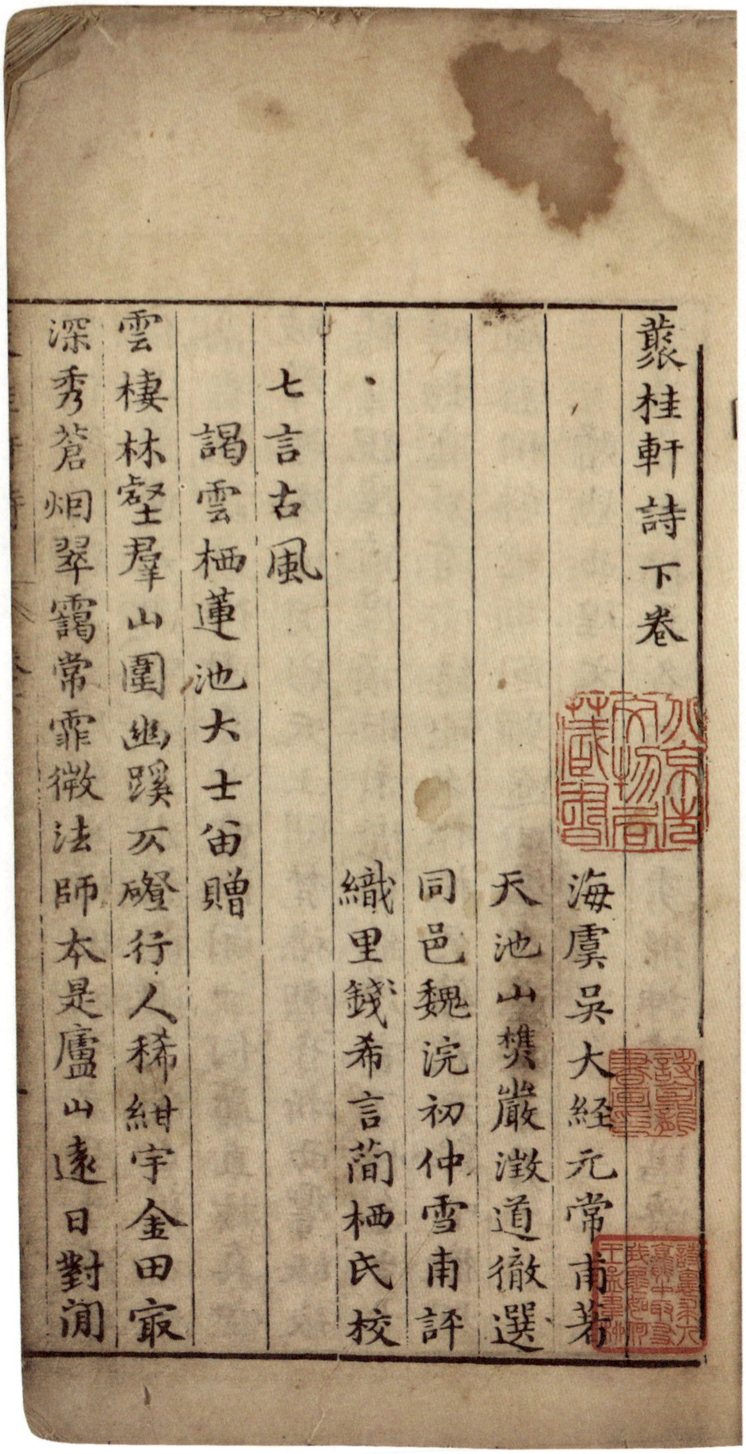

蘘桂軒詩二卷　（明）吴大經著　（明）魏浣初評　（明）錢希言校　明萬曆刻藍印本

框高 20.7 厘米，廣 13.3 厘米。半葉九行，行十九字，白口，四周單邊。1 册。鈐“詩龕書畫印”朱文印，“詩裏求人龕中取友我懷如何王孟韋柳”朱文印、“法式善印”朱文印等。存一卷（下）。

二級 264shan493

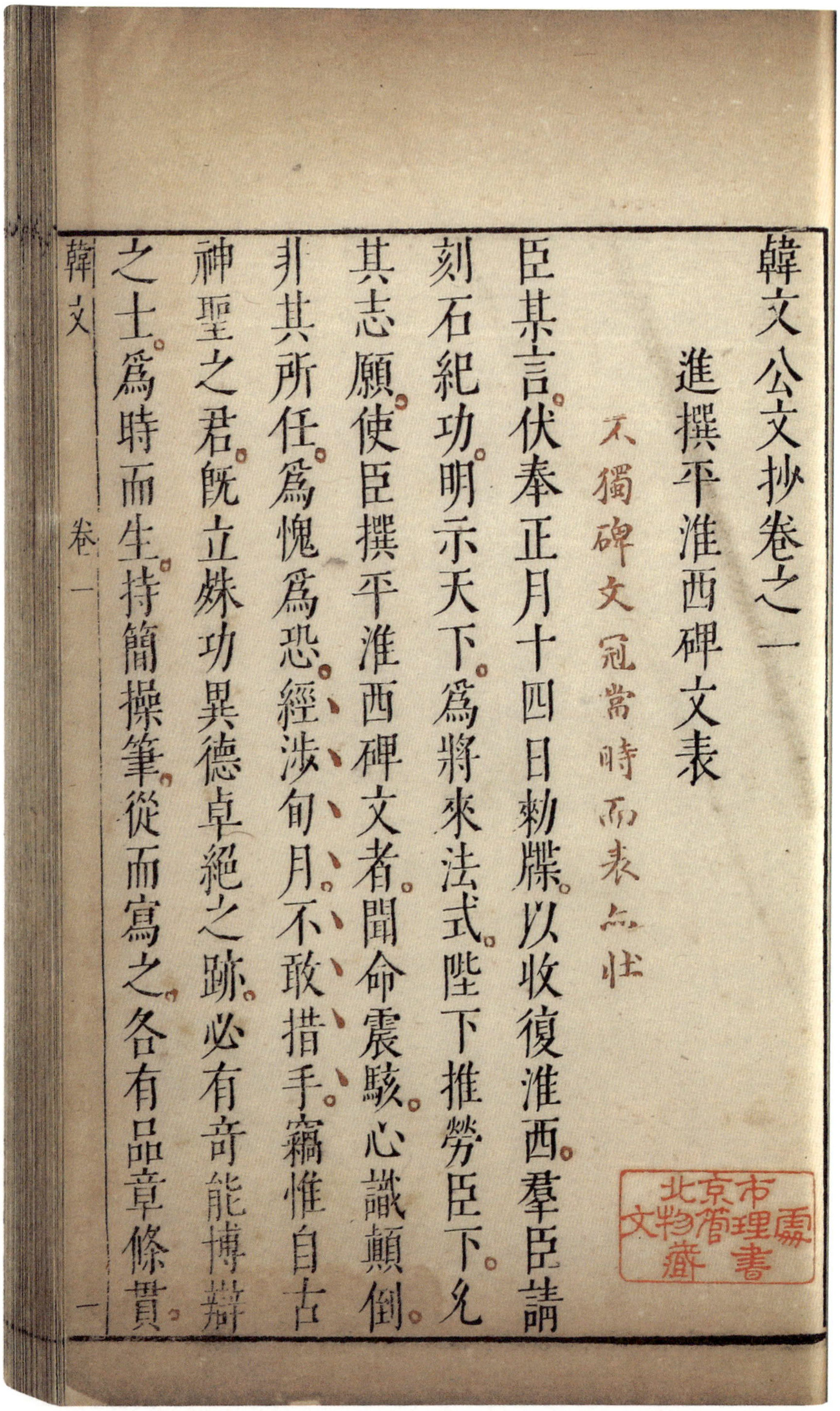
韓文公文抄卷之一
進撰平淮西碑文表
不獨碑文冠當時而表亦壯
臣某言伏奉正月十四日敕牒以收復淮西羣臣請
刻石紀功明示天下爲將來法式陛下推勞臣下允
其志願使臣撰平淮西碑文者聞命震駭心識顛倒
非其所任爲愧爲恐經涉旬月不敢措手竊惟自古
神聖之君既立殊功異德卓絕之跡必有奇能博辯
之士爲時而生持簡操筆從而寫之各有品章條貫
韓文　卷一　一

韓文公文抄十六卷　（唐）韓愈著　（明）茅坤輯　明刻朱墨印本

框高20.8厘米，廣13.9厘米。半葉九行，行二十字，白口，四周單邊，無格。4册。鈐“即山沈俊書畫古玩珍藏圖書”白文印、“佩玉堂印”白文印、“拙齋”朱文印、“王鐸之印”白文印等。存八卷（一至八）。

二級 285shan654

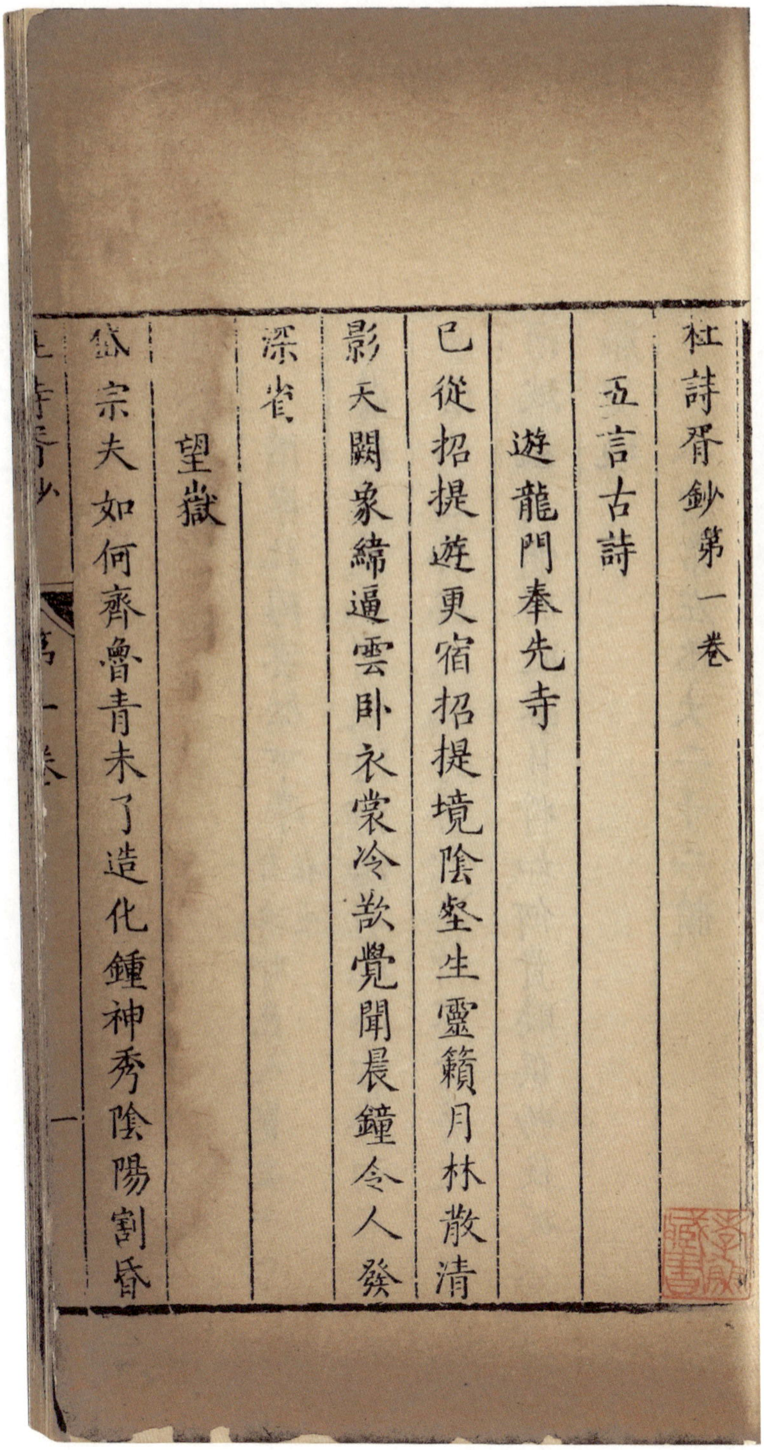

杜詩胥鈔十五卷大凡一卷餘論一卷 （唐）杜甫撰 （明）盧世㴶輯 明崇禎盧氏尊水園刻本

框高 18.9 厘米，廣 13.1 厘米。半葉八行，行十九字，白口，左右雙邊。6 册。鈐“李閎藏書”朱文印。

二級 286shan665

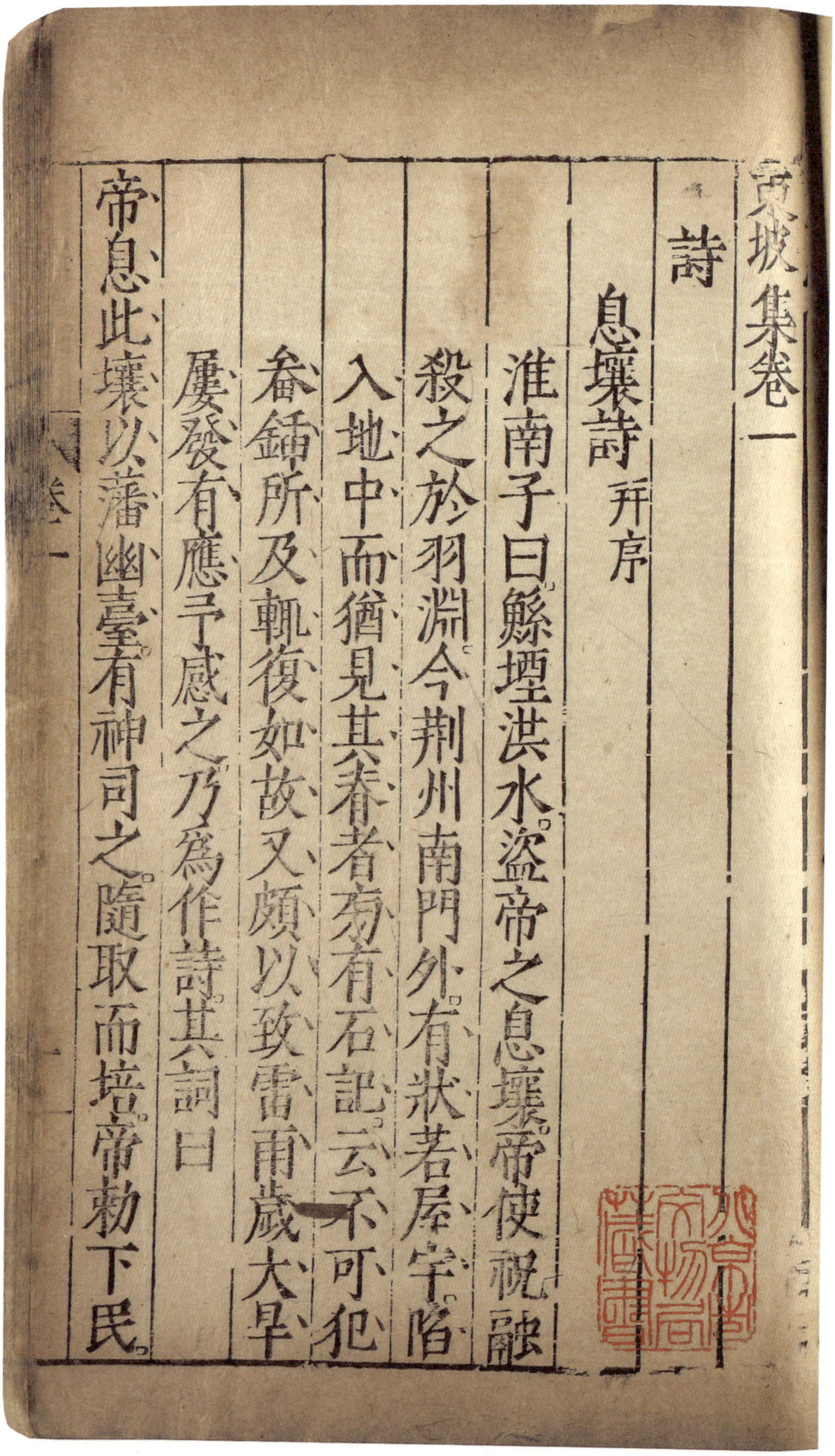
東坡集卷一
詩
息壤詩并序
淮南子曰鯀堙洪水盜帝之息壤帝使祝融
殺之於羽淵今荆州南門外有狀若屋宇陷
入地中而猶見其脊者旁有石記云不可犯
畚鍤所及輒復如故又頗以致雷雨歲大旱
屢發有應予感之乃爲作詩其詞曰
帝息此壤以藩幽臺有神司之隨取而培帝勑下民

東坡集十六卷　（宋）蘇軾撰　明刻本

框高 23 厘米，廣 14.4 厘米。半葉九行，行二十字，白口，四周單邊。16 册。

二級 291shan733

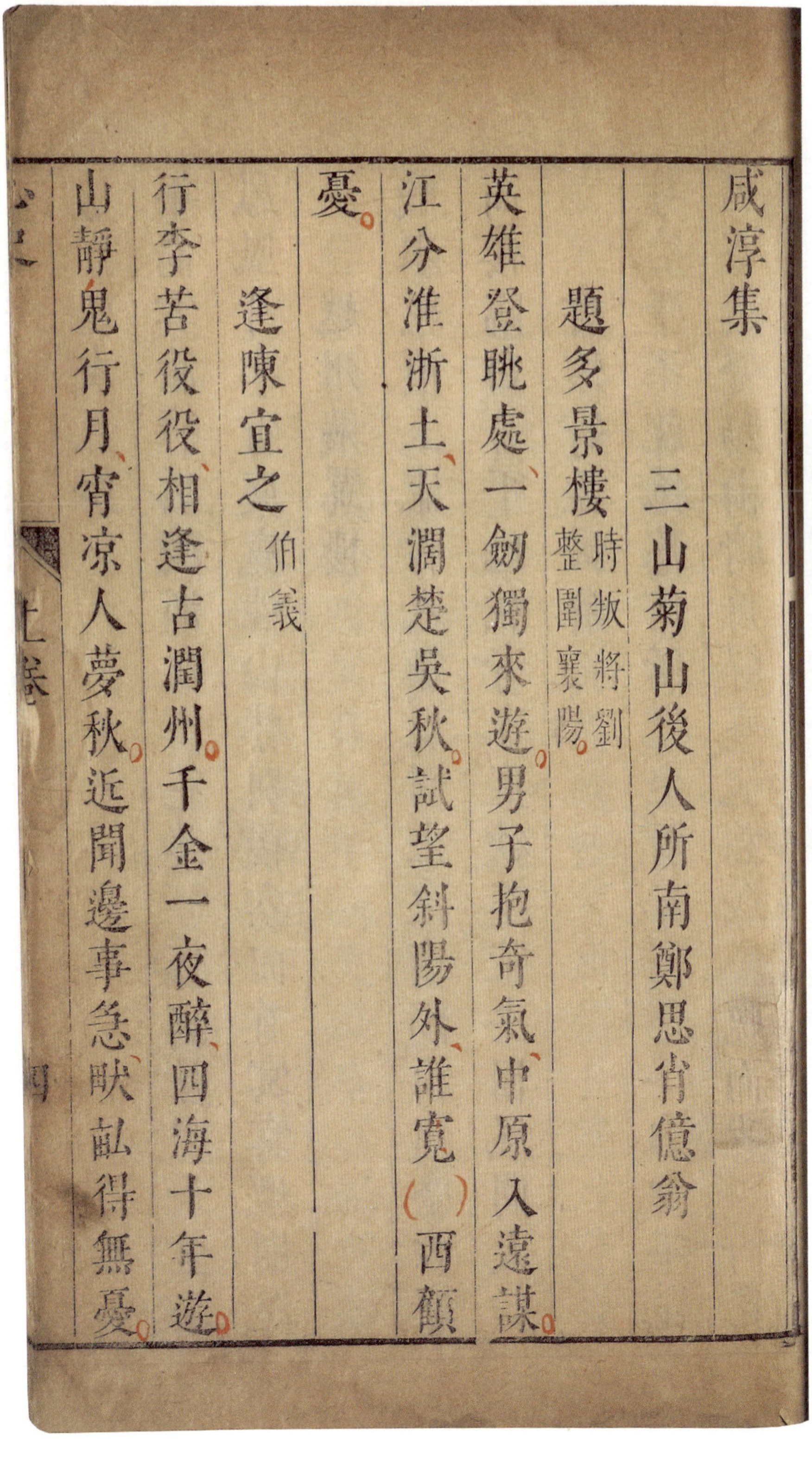
咸淳集
三山菊山後人所南鄭思肖億翁
題多景樓 時叛將劉整圍襄陽
英雄登眺處一劒獨來遊男子抱奇氣中原入遠謀江分淮浙土天濶楚吳秋試望斜陽外誰寬西顧憂
逢陳宜之 伯義
行李苦役役相逢古潤州千金一夜醉四海十年遊山靜鬼行月宵凉人夢秋近聞邊事急耿亂得無憂

宋鄭所南先生心史二卷　（宋）鄭思肖撰　明崇禎刻本

框高21厘米，廣13.4厘米。半葉九行，行二十字，小字雙行同，白口，左右雙邊。2册。

二級 292shan758

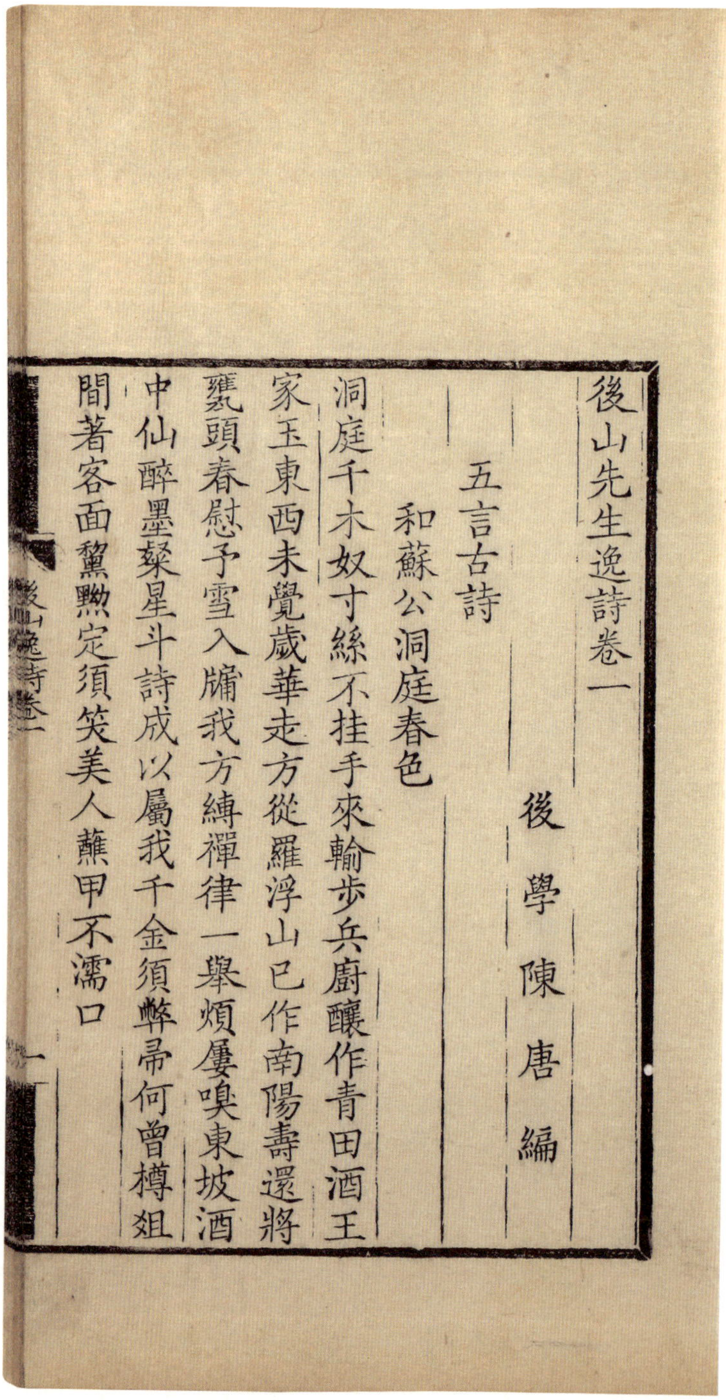
後山先生逸詩卷一
後學陳唐編
五言古詩
和蘇公洞庭春色
洞庭千木奴寸絲不挂手來輸步兵廚釀作青田酒王家玉東西未覺歲華走方從羅浮山已作南陽壽還將甕頭春慰予雪入牖我方縛禪律一舉煩屢嗅東坡酒中仙醉墨粲星斗詩成以屬我千金須弊帚何曾樽俎間著客面黧黲定須笑美人蘸甲不濡口
後山逸詩卷一　一

後山居士詩集六卷逸詩五卷詩餘一卷　（宋）陳師道撰　（清）陳唐編　清雍正三年（1725）陳唐刻本

框高 17.2 厘米，廣 11.5 厘米。半葉九行，行二十一字，黑口，左右雙邊。6 册。鈐“山曉閣”白文印、“平泉張氏收藏書籍之章”朱文印。函套有張伯英題簽，曾爲桐城光氏所藏。

二級 295shan712

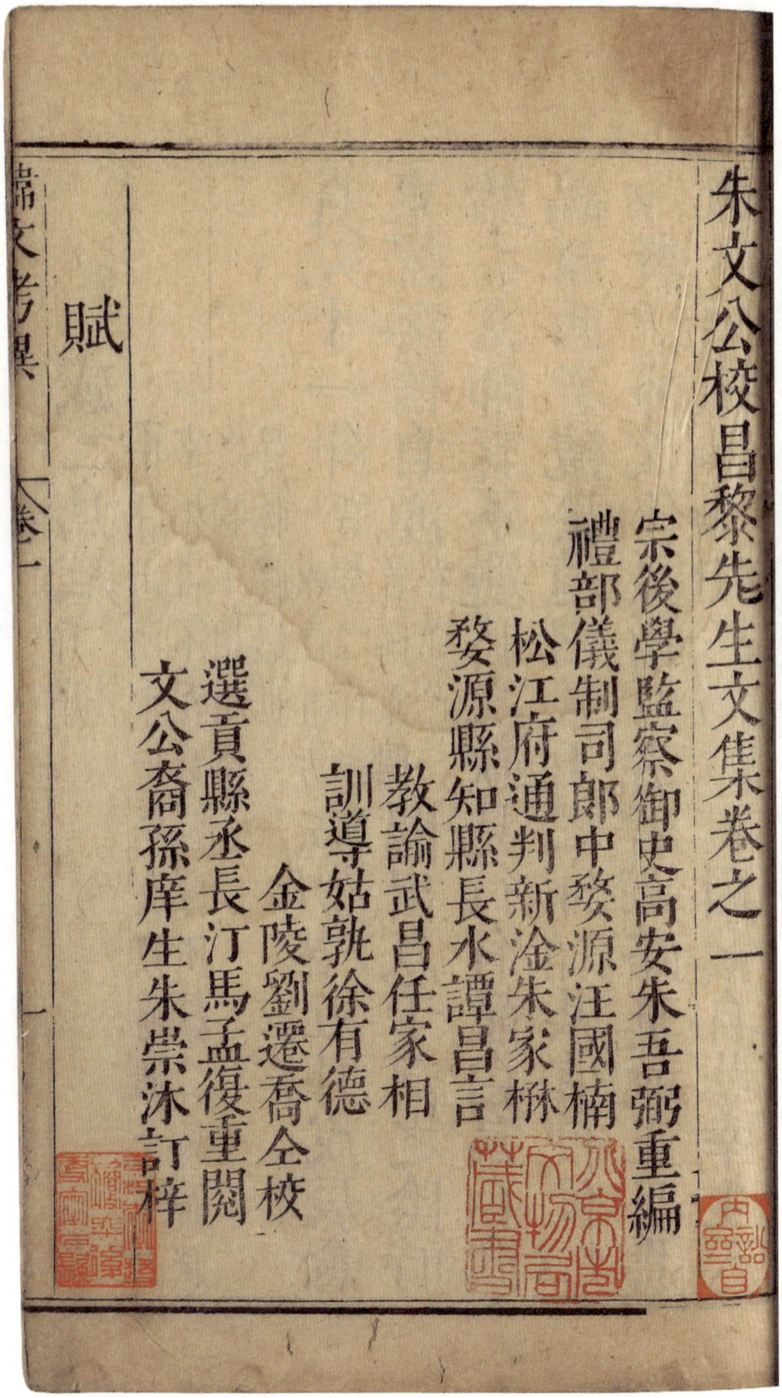
朱文公校昌黎先生文集卷之一
宗後學監察御史高安朱吾弼重編
禮部儀制司郎中婺源汪國楠
松江府通判新淦朱家栻
婺源縣知縣長水譚昌言
教諭武昌任家相
訓導姑孰徐有德
金陵劉還喬仝校
選貢縣丞長汀馬孟復重閱
文公裔孫庠生朱崇沐訂梓
賦

朱文公校昌黎先生文集四十卷外集十卷遺文一卷傳一卷　（唐）韓愈撰　明萬曆朱崇沐刻本

框高22.1厘米，廣14厘米。半葉九行，行十八字，小字雙行同，白口，四周雙邊。8册。鈐“石江李氏超瓊六十後更字石髯”朱文印、“生與石湖同丙午”朱文印、“内自訟齋”朱文印、“五十更字惕夫”朱文印、“符東李氏藏民有書之章”朱文印等。有李超瓊題記。

二級 298shan799

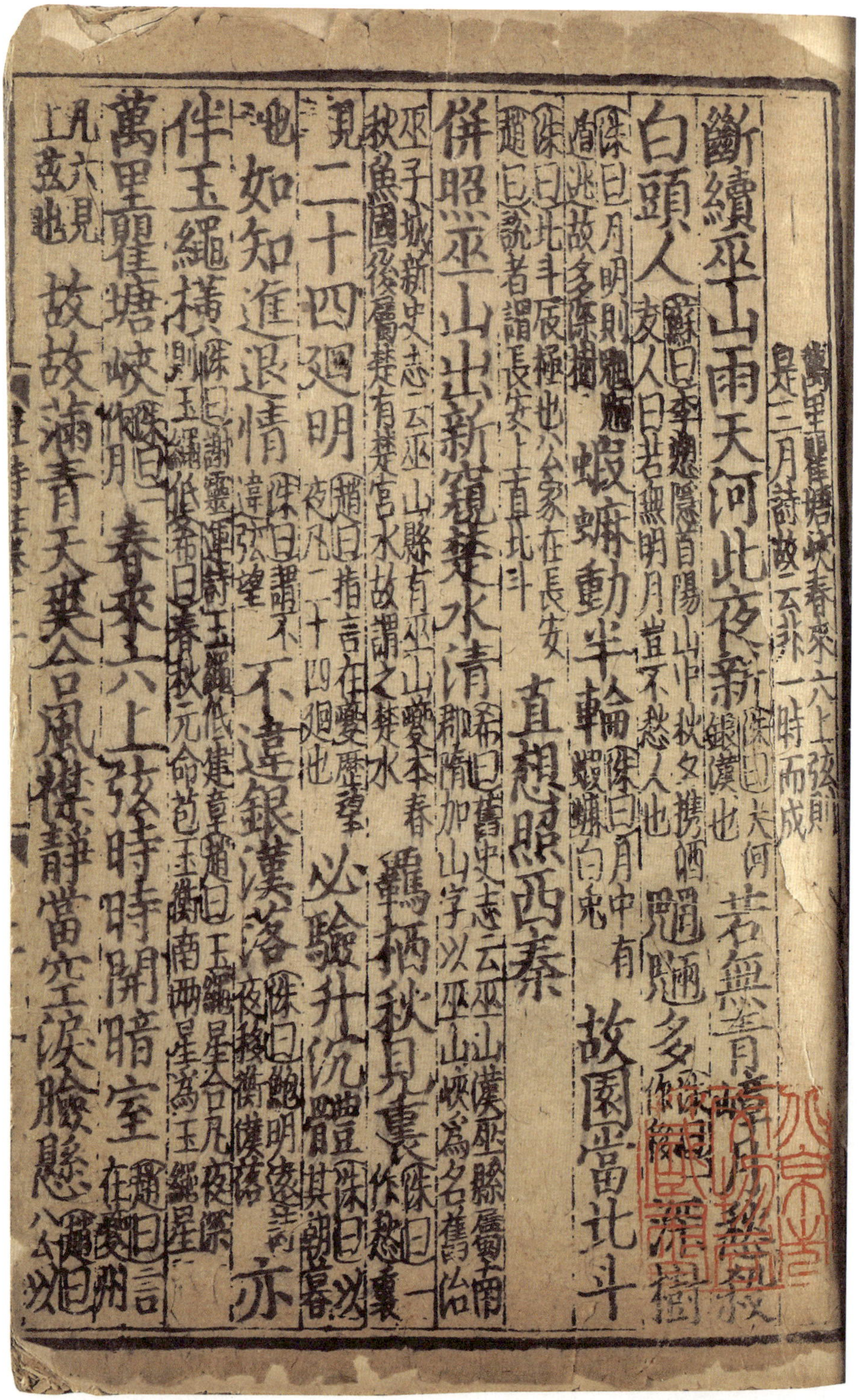

萬里瞿塘峽春來六上弦則是三月詩故云非一時而成
斷續巫山雨天河此夜新（洙曰天河銀漢也）若無青嶂月愁殺
白頭人（蘇曰李甦隱首陽山中秋夕携酒友人曰若無明月豈不愁人也）魍魎移深樹
（洙曰月明則魍魎遁逃故多深樹）蝦蟆動半輪（洙曰月中有蝦蟆白兎）故園當北斗
（洙曰北斗辰極也公家在長安）直想照西秦
（趙曰說者謂長安上直北斗）
併照巫山出新窺楚水清（希曰舊史志云巫山漢巫縣屬南郡隋加山字以巫山峽爲名舊治
巫子城新史志云巫山縣有巫山楚水本春秋魚國後屬楚楚有楚宮水故謂之楚水）羈棲秋見裏（洙曰一作愁裏）
二十四迴明（趙曰指言在夔歷春夏秋凡二十四迴也）必驗升沉體（洙曰以其朝暮
也）如知進退情（洙曰謂不違弦望）不違銀漢落（洙曰鮑明遠詩夜移衡漢落）亦
伴玉繩橫（洙曰謝靈運詩玉繩低建章趙曰玉繩星名凡夜深則玉繩低希曰春秋元命苞玉衡南兩星爲玉繩星）
萬里瞿塘峽（洙曰一作月）春來六上弦時時開暗室（趙曰言在夔州
凡六見上弦也）故故滿青天爽合風襟靜當空淚臉懸（趙曰八公以

集千家註分類杜工部詩二十五卷　（唐）杜甫撰　（宋）徐居仁編次　元廣勤堂刻本

框高 19.8 厘米，廣 13 厘米。半葉十二行，行二十字，小字雙行二十六字，黑口，四周雙邊。1 册。存一卷（十二）

二級 299shan808

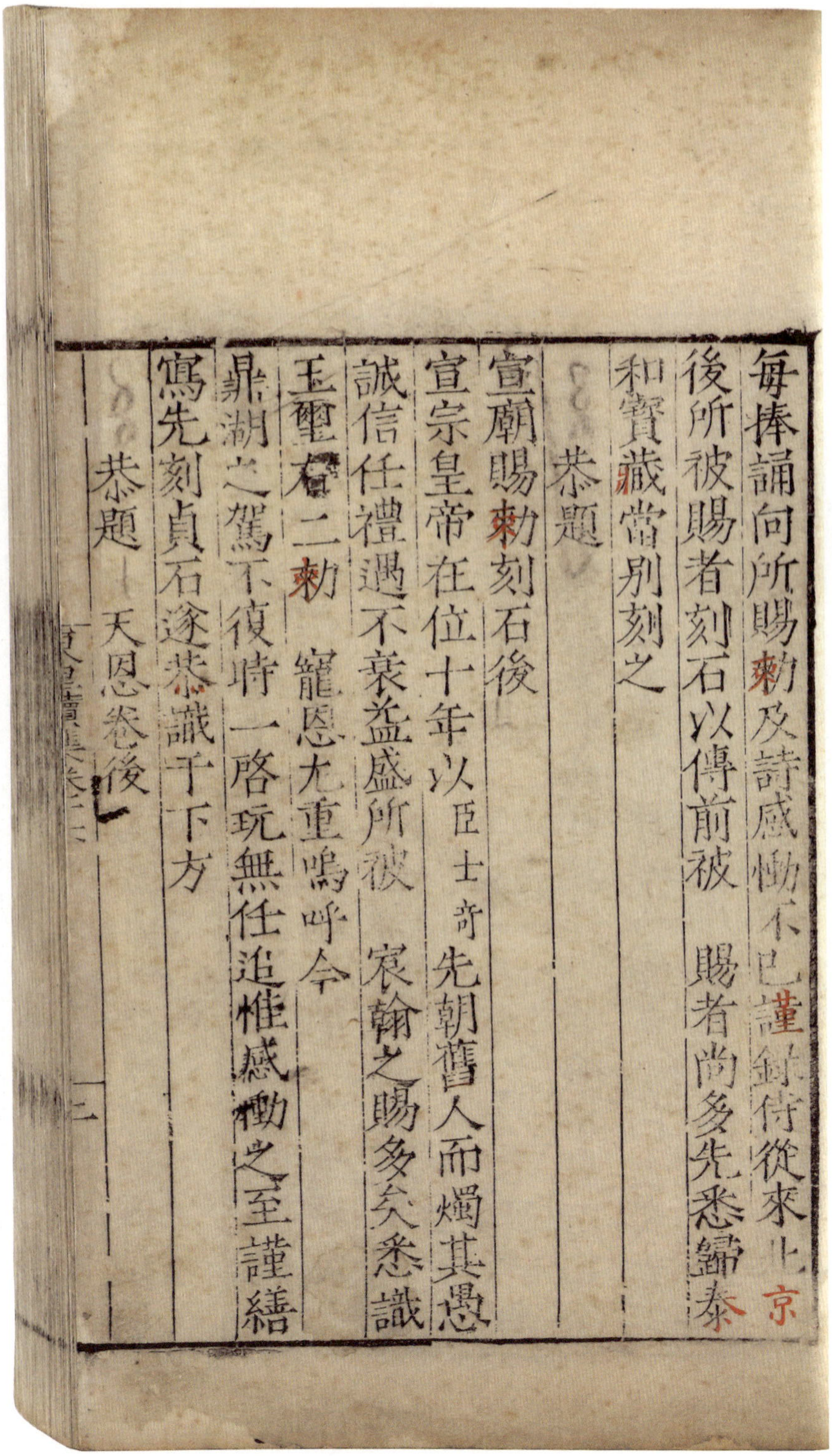
每捧誦向所賜勑及詩感慟不已謹録侍從來北京
後所被賜者刻石以傳前被　賜者尚多先悉歸泰
和寶藏當別刻之
恭題
宣廟賜勑刻石後
宣宗皇帝在位十年以臣士奇先朝舊人而燭其愚
誠信任禮遇不衰益盛所被　宸翰之賜多矣悉識
玉璽者二勑　寵恩尤重嗚呼今
鼎湖之駕不復時一啓玩無任追惟感慟之至謹繕
寫先刻貞石遂恭識于下方
恭題　天恩卷後

東里文集續編六十二卷　（明）楊士奇著　明刻本

框高20.6厘米，廣15.1厘米。半葉十一行，行二十字，白口，四周單邊。1册。存二卷（十六至十七）。

二級 314pu9-16-3-2

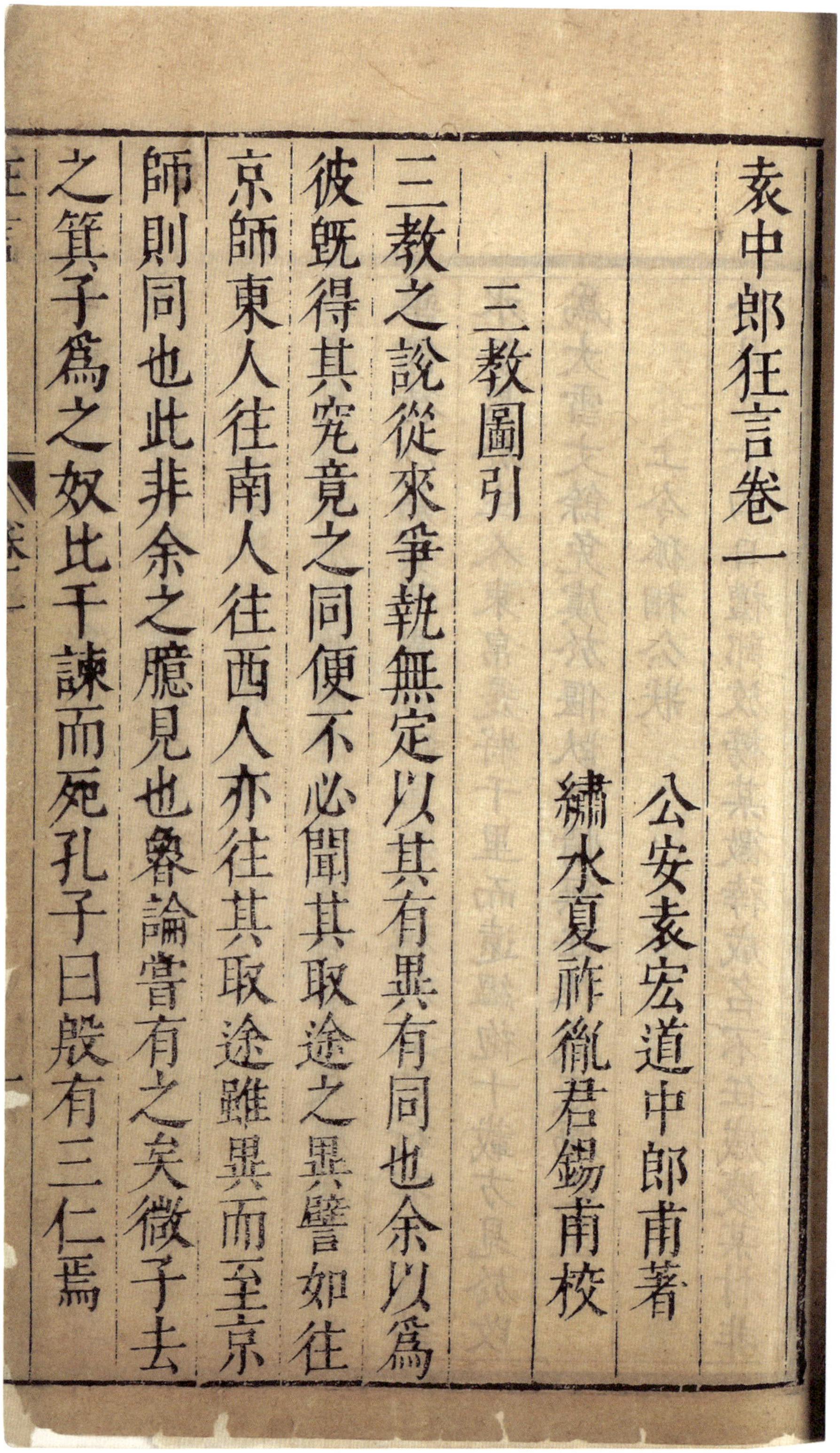

袁中郎狂言卷一

公安袁宏道中郎甫著

繡水夏祚胤君錫甫校

三教圖引

三教之說從來爭執無定以其有異有同也余以爲彼既得其究竟之同便不必聞其取途之異譬如往京師東人往南人往西人亦往其取途雖異而至京師則同也此非余之臆見也魯論嘗有之矣微子去之箕子爲之奴比干諫而死孔子曰殷有三仁焉

狂言　卷一　一

袁中郎狂言二卷　（明）袁宏道著　（明）夏祚胤校　明刻本

框高 21.9 厘米，廣 14.6 厘米。半葉九行，行二十字，白口，左右雙邊。1 册。

二級 315pu10-2-3-1

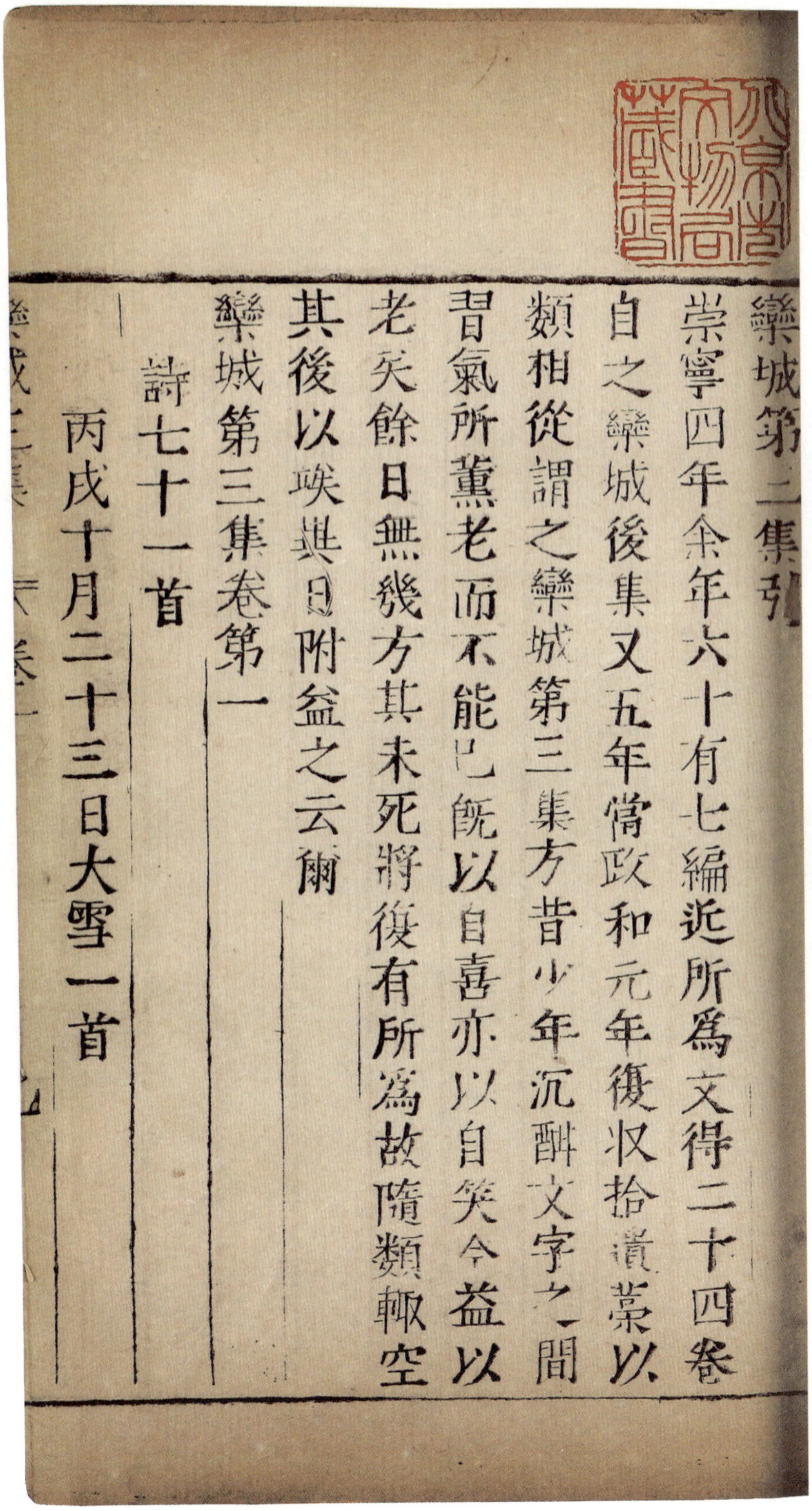

欒城第三集十卷　（宋）蘇轍撰　明嘉靖四年（1525）銅活字印本

框高 19 厘米，廣 14.2 厘米。半葉十行，行二十字，白口，左右雙邊。1 册。

二級 320pan10473

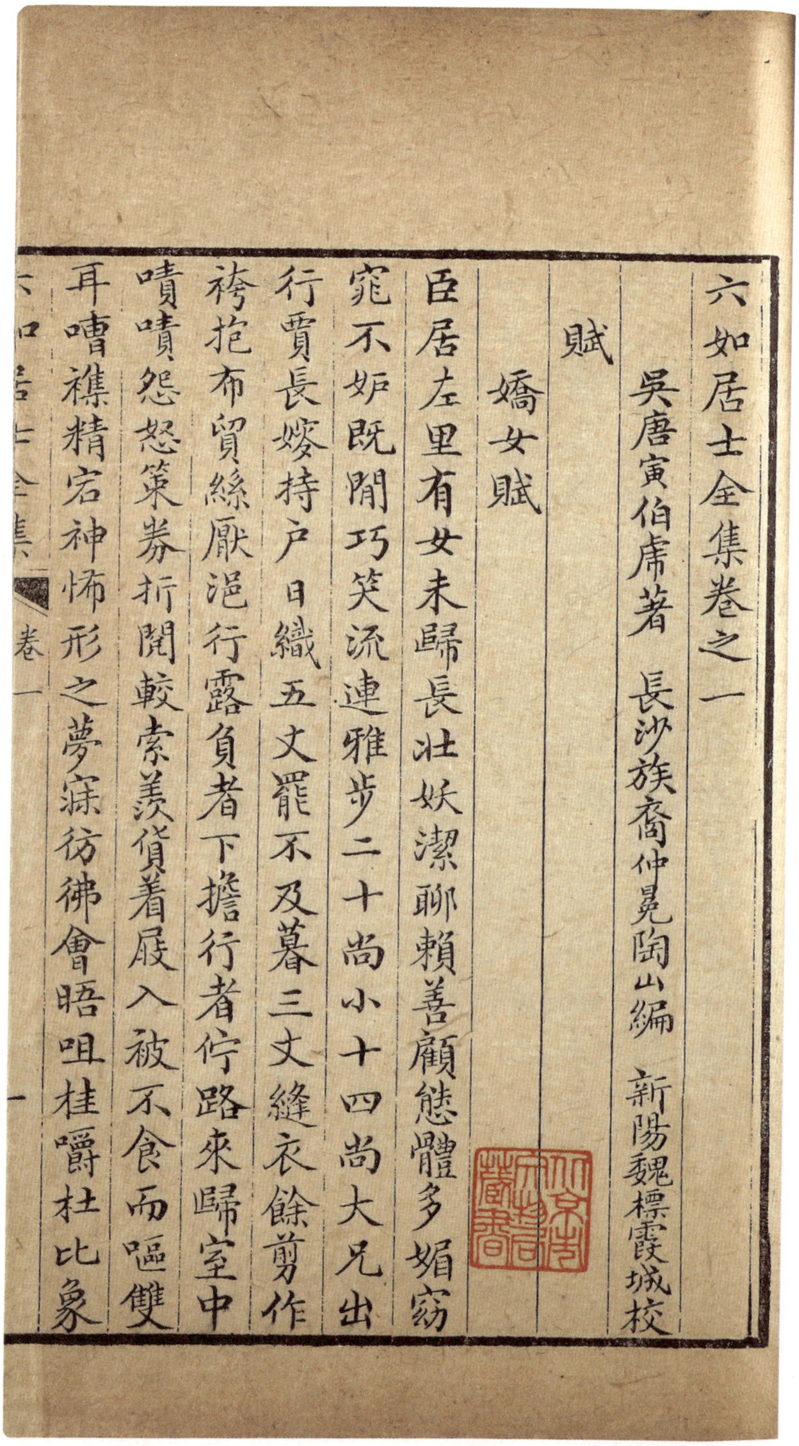
六如居士全集卷之一
吴唐寅伯虎著　長沙族裔仲冕陶山編　新陽魏標霞城校
賦
嬌女賦
臣居左里有女未歸長壯妖潔聊賴善顧態體多媚窈窕不妒既閒巧笑流連雅步二十尚小十四尚大凡出行賈長嫪持户日織五丈罷不及暮三丈縫衣餘剪作袴抱布貿絲厭浥行露負者下擔行者佇路來歸室中嘖嘖怨怒策劵折閱較索羡貸着屐入被不食而嘔雙耳嘈襍精宕神怖形之夢寐彷彿會晤咀桂嚼杜比象

六如居士全集　卷一　一

六如居士全集七卷補遺一卷制義一卷畫譜三卷外集六卷　（明）唐寅著　（清）唐仲冕編　清嘉慶六年（1801）果克山房刻本

框高 18.5 厘米，廣 13 厘米。半葉十行，行二十一字，白口，左右雙邊。10 册。鈐“御賜青箱濟美”白文印、“李烈”白文印等。

三級 27k138

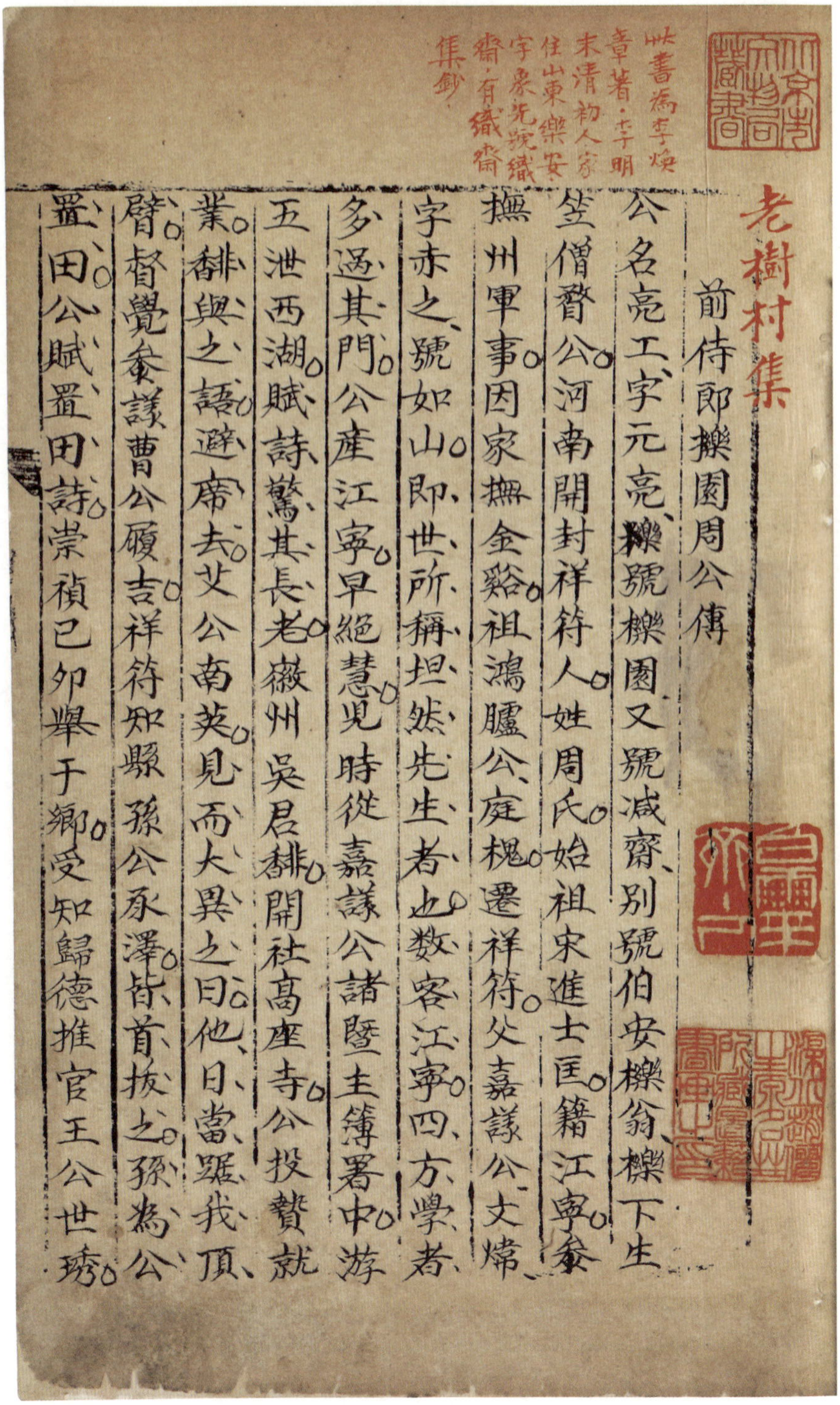

老樹村集

此書為李煥章著李明末清初人家住山東樂安字象先號織齋有織齋集鈔

前侍郎櫟園周公傳

公名亮工字元亮櫟號櫟園又號減齋別號伯安櫟翁櫟下生笠僧晉公河南開封祥符人姓周氏始祖宋進士臣籍江寧參撫州軍事因家撫金谿祖鴻臚公庭槐還祥符父嘉謨公文煒字赤之號如山即世所稱坦然先生者也數客江寧四方學者多過其門公產江寧早絕慧見時從嘉謨公諸暨主簿署中游五泄西湖賦詩驚其長老徽州吳君赫開社高座寺公投贄就業赫與之語避席去艾公南英見而大異之曰他日當踞我頂臂督覺參議曹公履吉祥符知縣孫公承澤皆首拔之孫為公置田公賦置田詩崇禎己卯舉于鄉受知歸德推官王公世琇

老樹村集　（清）李煥章著　清抄本

框高 20.2 厘米，廣 14.5 厘米。半葉十行，行二十四字，白口，四周單邊。2 册。鈐“渠北趙儷生原名甡所藏圖籍書画之印”朱文印、“白雨來齋主人”白文印等。

三級 28k142

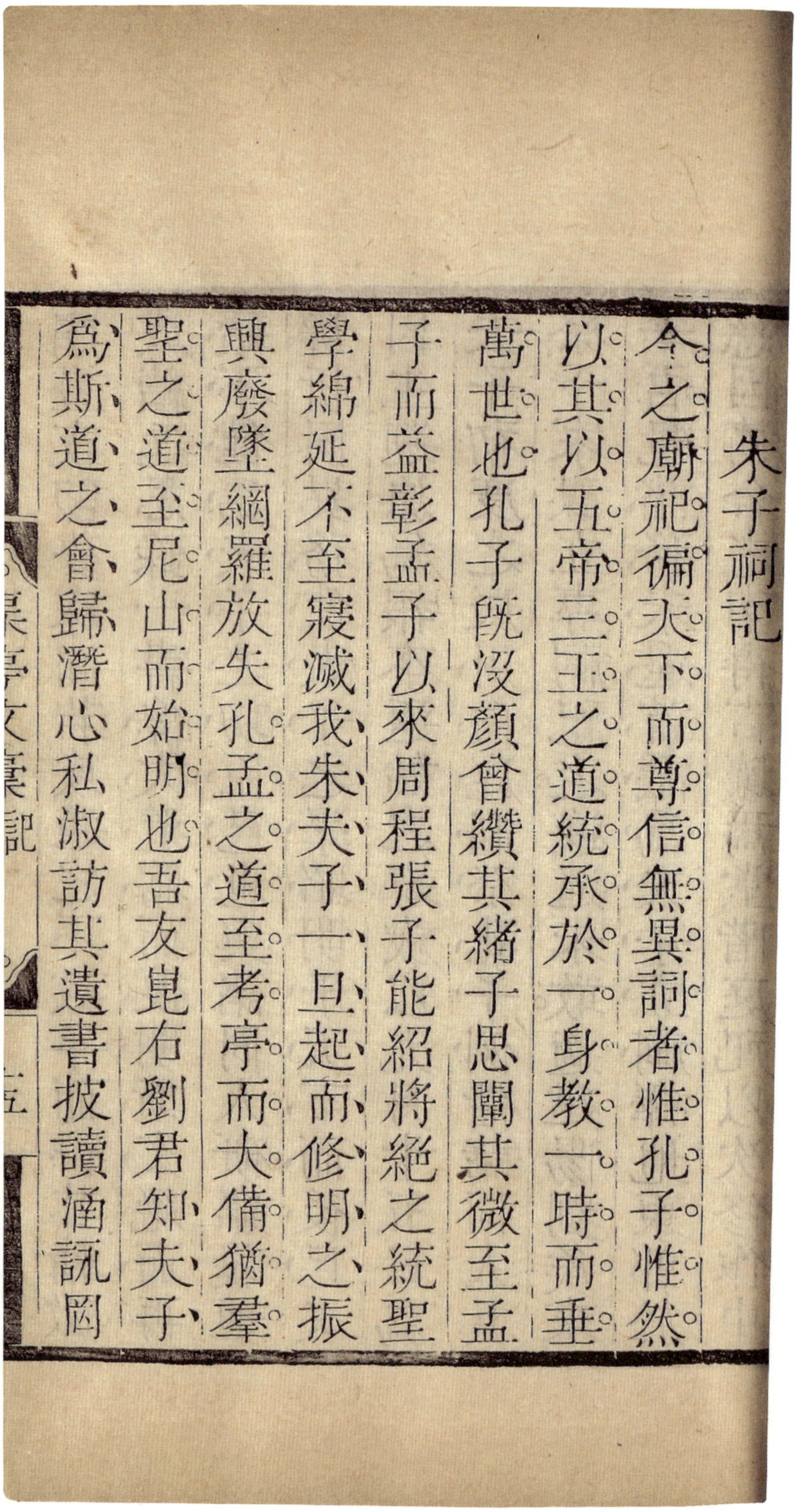

朱子祠記

今之廟祀徧天下而尊信無異詞者惟孔子惟然以其以五帝三王之道統承於一身教一時而垂萬世也孔子既沒顔曾纘其緒子思闡其微至孟子而益彰孟子以來周程張子能紹將絕之統聖學綿延不至寢滅我朱夫子一旦起而修明之振興廢墜綱羅放失孔孟之道至考亭而大備猶羣聖之道至尼山而始明也吾友昆右劉君知夫子爲斯道之會歸潛心私淑訪其遺書披讀涵詠罔

渠亭文稾 記 五

渠亭山人半部稾五卷　（清）張貞撰　清康熙刻本

框高 17.7 厘米，廣 13.5 厘米。半葉九行，行十九字，黑口，左右雙邊。4 册。

三級 57k273

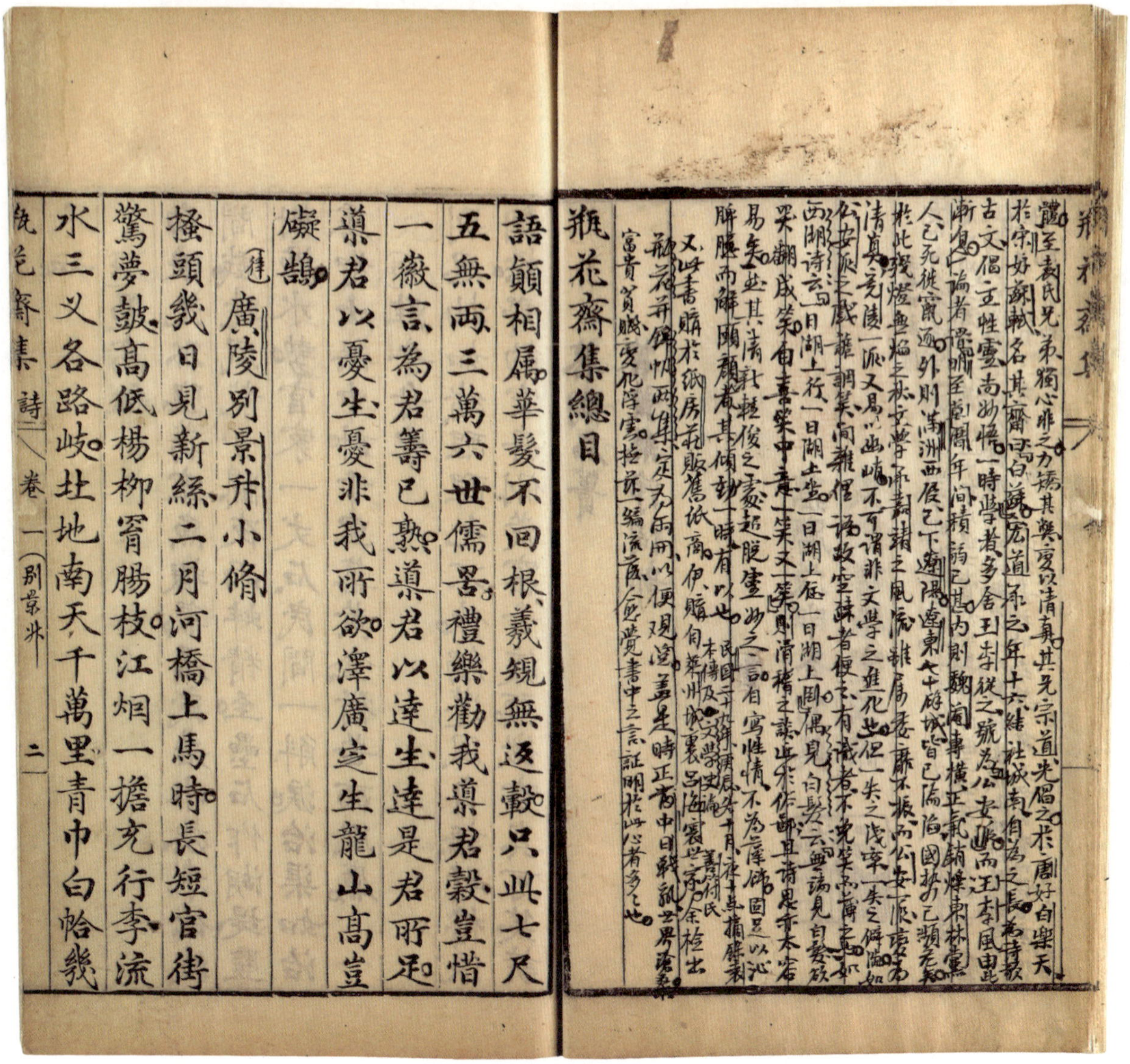

瓶花齋集十卷　（明）袁宏道撰　（明）陳以聞閲　明萬曆三十六年（1608）勾吴袁氏書種堂刻本

框高 21.1 厘米，廣 14.6 厘米。半葉九行，行十八字，小字雙行不等，白口，四周單邊。1 册。鈐“呂海園印”白文印、“鏡宇”朱文印。

三級 82shan29

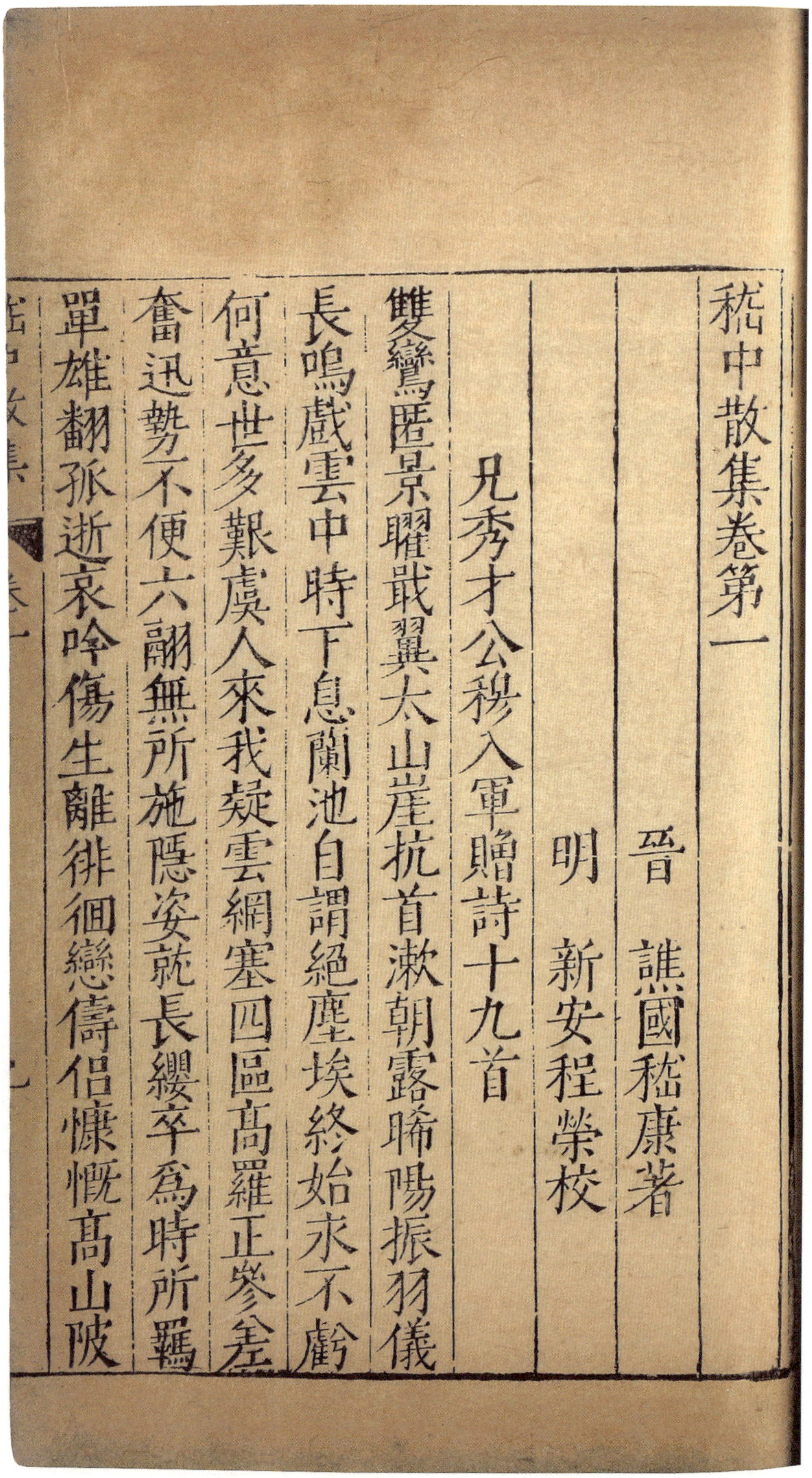
嵇中散集卷第一
晉　譙國嵇康著
明　新安程榮校
兄秀才公穆入軍贈詩十九首
雙鸞匿景曜戢翼太山崖抗首漱朝露晞陽振羽儀
長鳴戲雲中時下息蘭池自謂絕塵埃終始永不虧
何意世多艱虞人來我疑雲網塞四區高羅正參差
奮迅勢不便六翮無所施隱姿就長纓卒爲時所羈
單雄翻孤逝哀吟傷生離徘徊戀儔侶慷慨高山陂

嵇中散集十卷　（晋）嵇康著　（明）程榮校　明程榮刻本

框高 19.3 厘米，廣 14.4 厘米。半葉九行，行二十字，白口，左右雙邊。4 册。

三級 89shan61

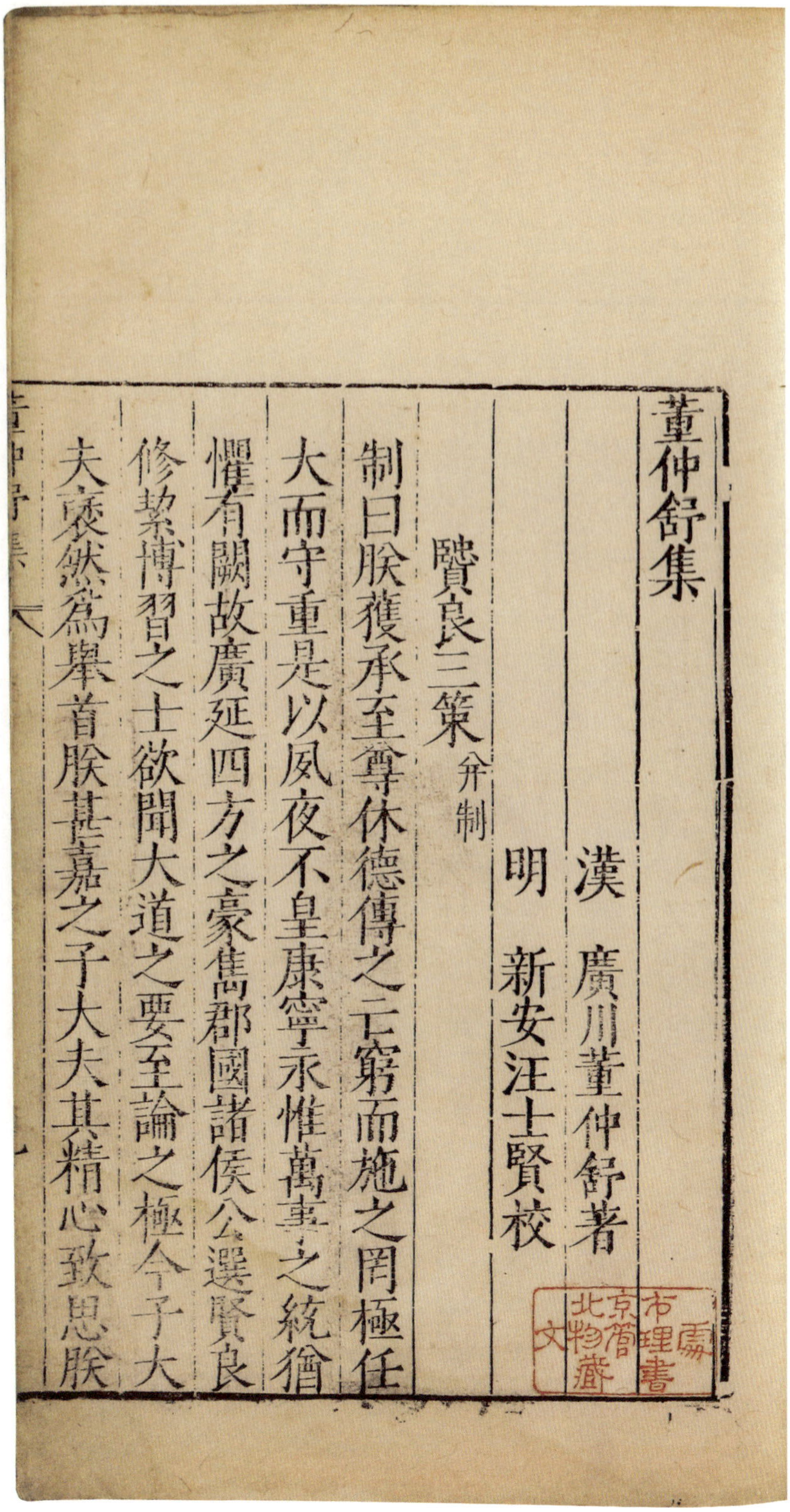
董仲舒集
漢 廣川董仲舒著
明 新安汪士賢校
賢良三策 幷制
制曰朕獲承至尊休德傳之亡窮而施之罔極任
大而守重是以夙夜不皇康寧永惟萬事之統猶
懼有闕故廣延四方之豪雋郡國諸侯公選賢良
修絜博習之士欲聞大道之要至論之極今子大
夫褎然爲舉首朕甚嘉之子大夫其精心致思朕
董仲舒集 一

董仲舒集一卷 （漢）董仲舒著 （明）汪士賢校 明萬曆、天啓新安汪氏刻本

框高 19.8 厘米，廣 14.1 厘米。半葉九行，行二十字，白口，左右雙邊。1 册。

三級 104shan110

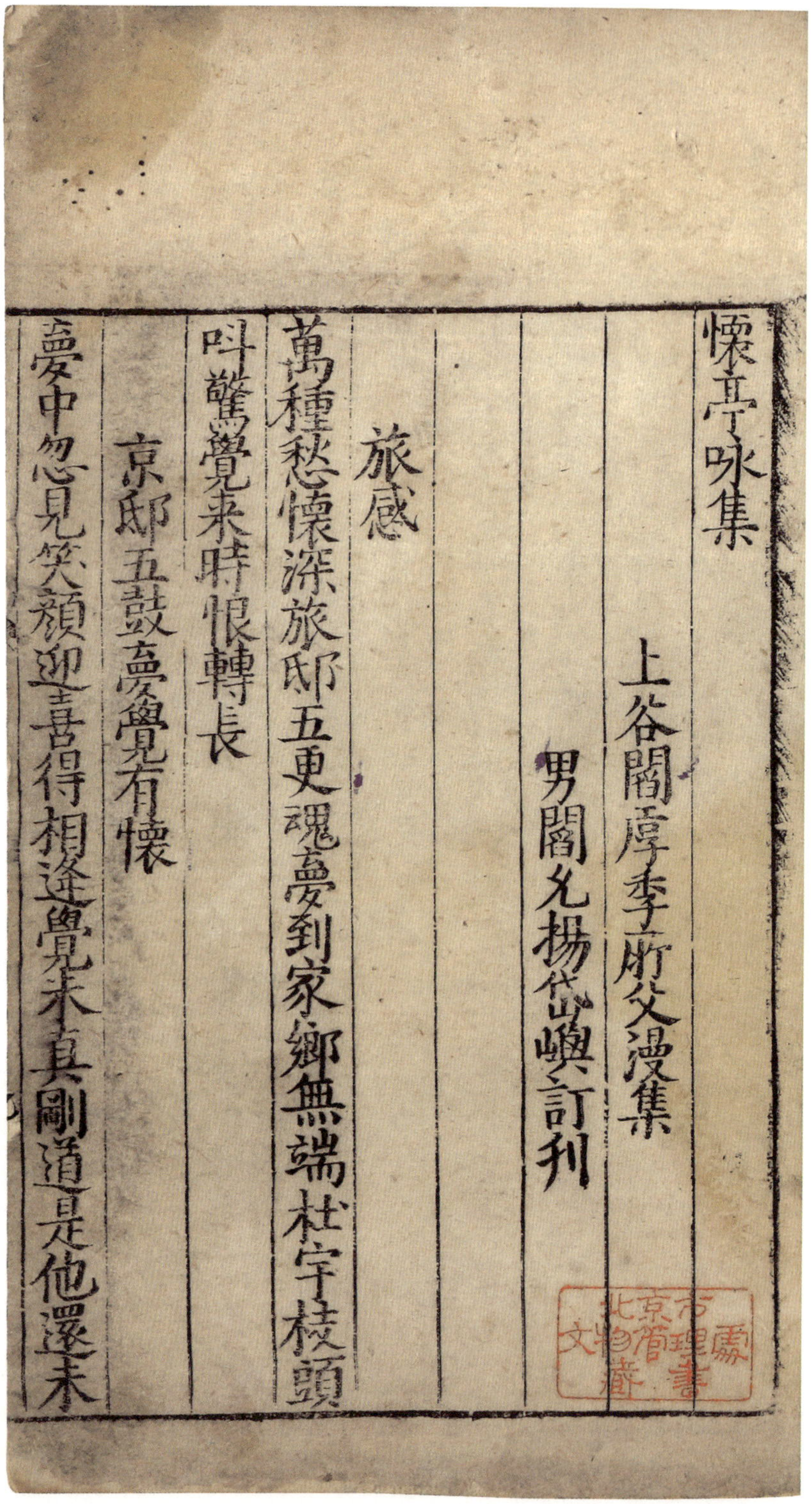
懷亭咏集
上谷閻厚季甫父漫集
男閻允揚岱嶼訂刊
旅感
萬種愁懷深旅邸五更魂夢到家鄉無端杜宇枝頭
叫驚覺來時恨轉長
京邸五鼓夢覺有懷
夢中忽見笑顏迎喜得相逢覺來真剛道是他還未

懷亭咏集　（明）閻厚季集　明閻允揚刻本

框高 21.4 厘米，廣 14.8 厘米。半葉九行，行二十字，白口，四周單邊。1 册。

三級 109shan163

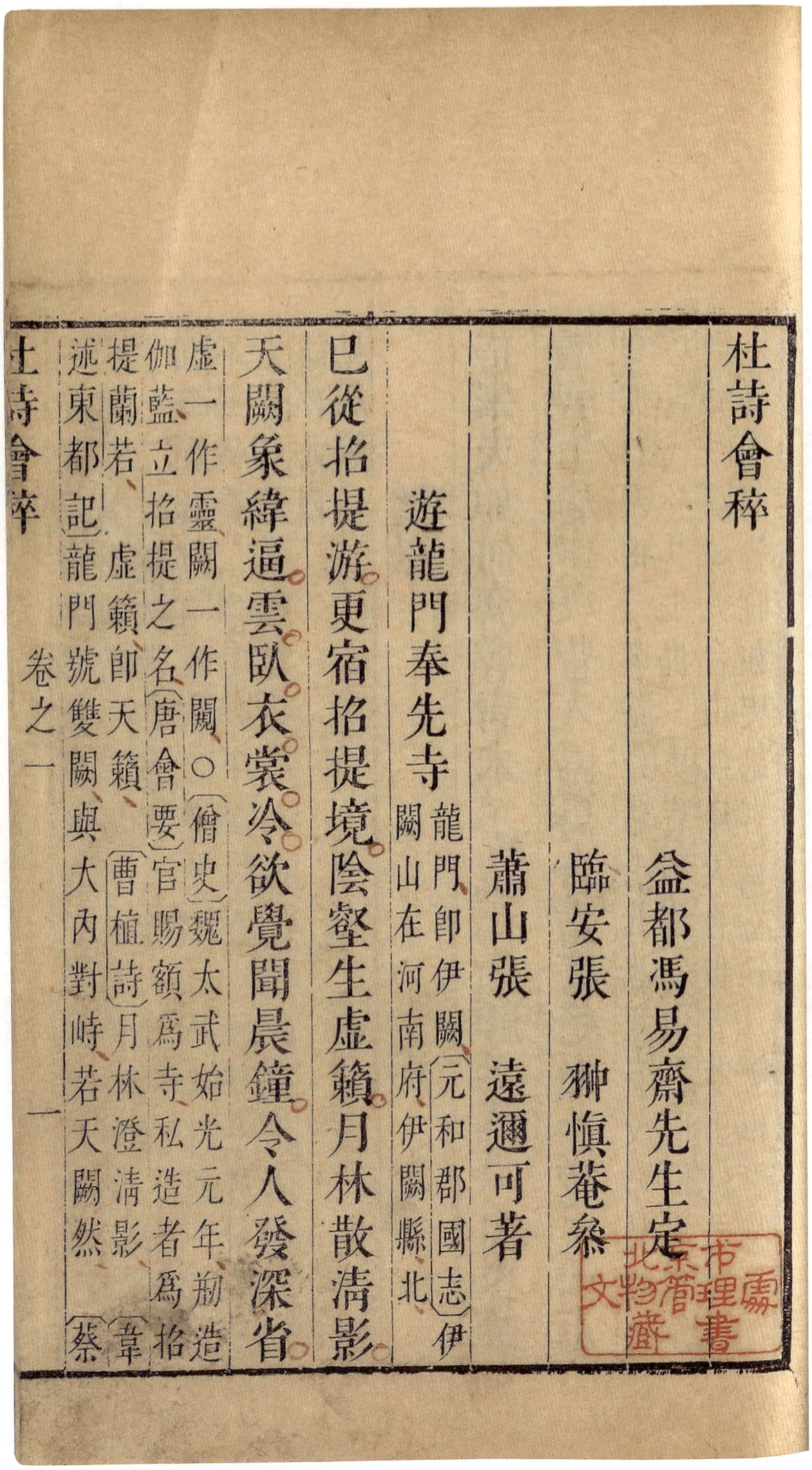
杜詩會稡
益都馮易齋先生定
臨安張　翀愼菴叅
蕭山張　遠邇可著
遊龍門奉先寺 龍門即伊闕（元和郡國志）伊闕山在河南府伊闕縣北
已從招提遊更宿招提境陰壑生虛籟月林散淸影
天闕象緯逼雲臥衣裳冷欲覺聞晨鐘令人發深省
虛一作靈闕一作闕○（僧史）魏太武始光元年剏造伽藍立招提之名（唐會要）官賜額爲寺私造者爲招提蘭若　虛籟即天籟（曹植詩）月林澄淸影（章述東都記）龍門號雙闕與大內對峙若天闕然（蔡
杜詩會稡　卷之一　一

杜詩會稡二十四卷　（清）張遠著　（清）馮溥定　清康熙二十七年（1688）張氏蕉圃刻本

框高18.9厘米，廣14厘米。半葉九行，行二十字，小字雙行同，白口，四周單邊。12册。

三級 129shan418

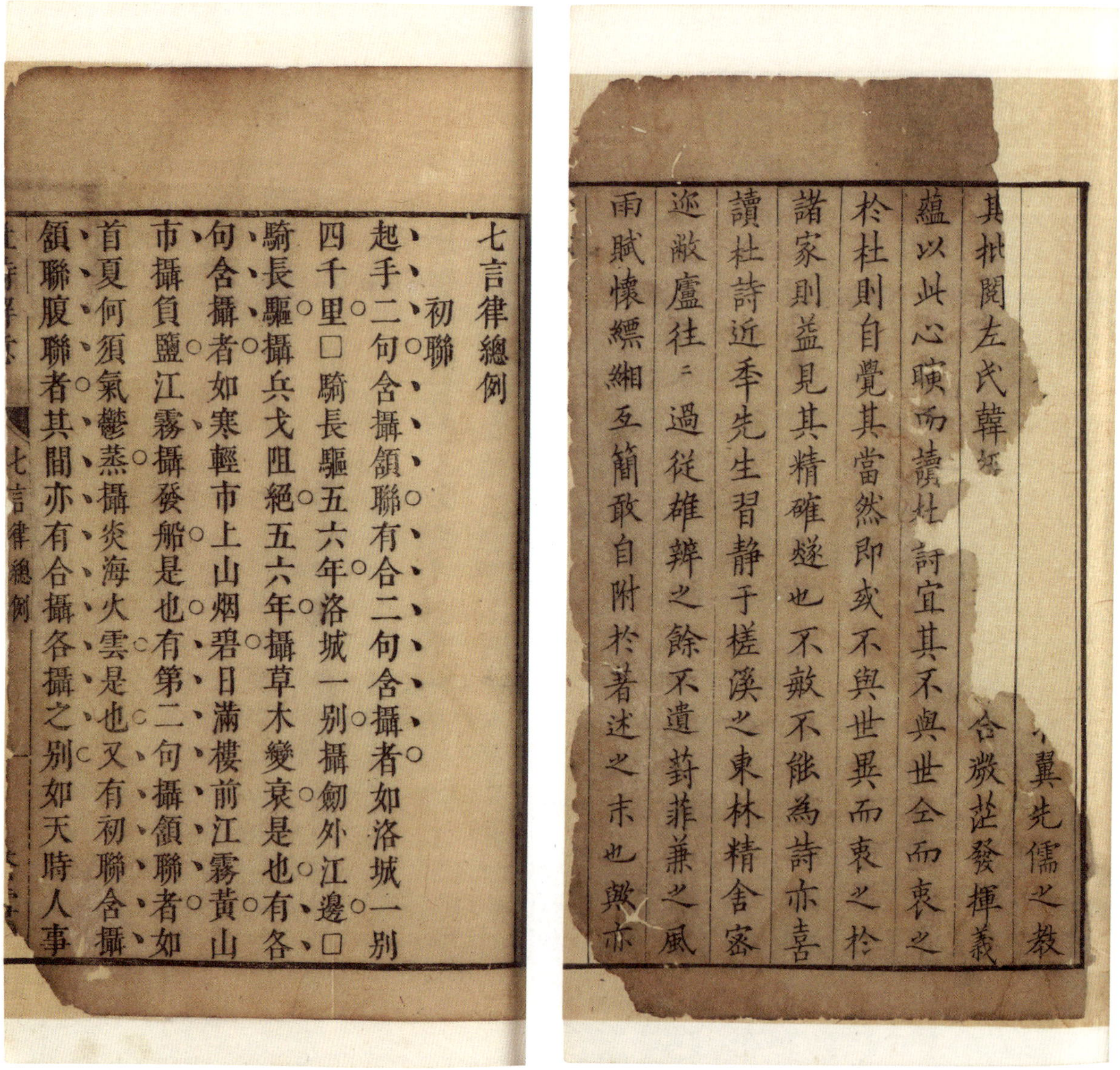

杜詩解意七言律四卷 （清）朱翰述 （清）李燧參 清康熙十四年（1675）李燧蒼雪樓刻本

框高 19.1 厘米，廣 13.4 厘米。半葉九行，行二十字，白口，左右雙邊，無格。4 册。鈐“桐山皖水”白文印、“合明老拙”朱文印等。

三級 131shan425

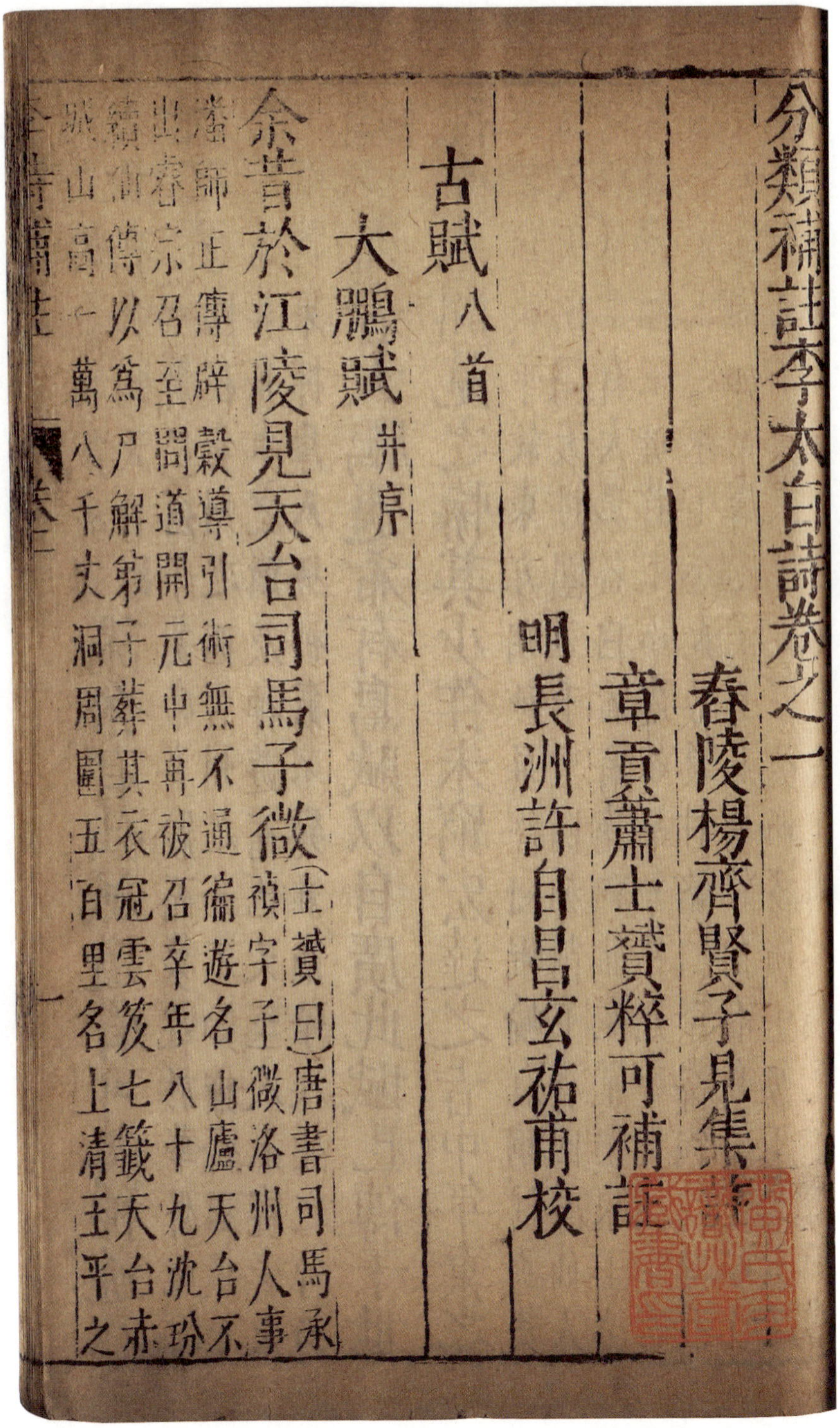

分類補註李太白詩二十五卷 （唐）李白撰 （宋）楊齊賢集註 （元）蕭士贇補註 （明）許自昌校 明萬曆許自昌刻李杜全集本

框高 20.9 厘米，廣 14.9 厘米。半葉九行，行二十字，小字雙行同，白口，左右雙邊。10 册。鈐“黃氏多識草堂藏書印”朱文印。

三級 139shan479

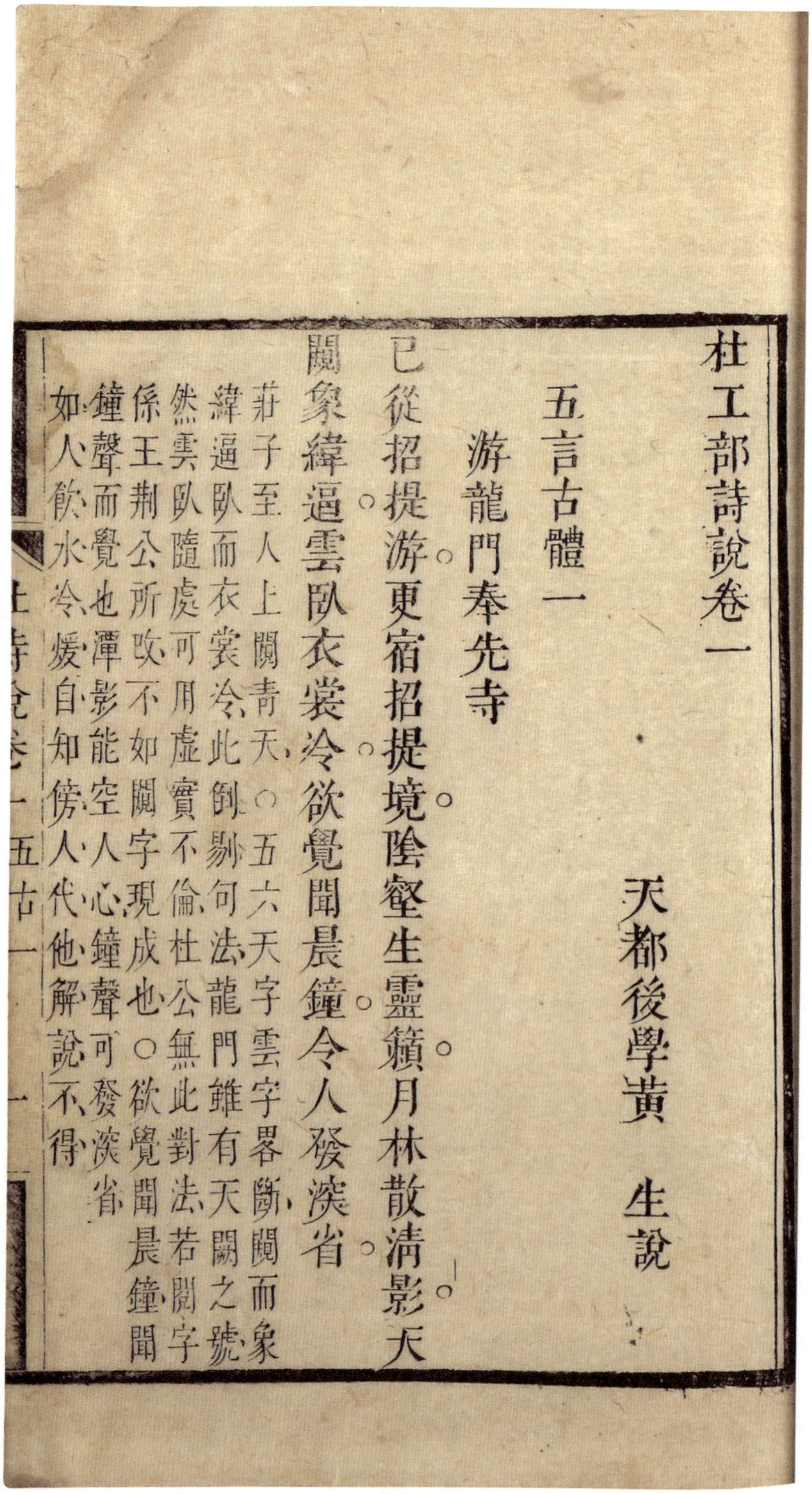

杜工部詩說卷一
天都後學黄　生說
五言古體一
游龍門奉先寺
已從招提游更宿招提境陰壑生靈籟月林散清影天闕象緯逼雲卧衣裳冷欲覺聞晨鐘令人發深省
莊子至人上闚青天。五六天字雲字畧斷闕而象緯逼卧而衣裳冷此倒句法龍門雖有天闕之號然寔卧隨處可用虛實不倫杜公無此對法若闕字係王荆公所改不如闕字現成也。欲覺聞晨鐘聞鐘聲而覺也渾影能空人心鐘聲可發深省如人飲水冷煖自知傍人代他解說不得
杜詩說卷一　五古　一

杜工部詩說十二卷　（清）黄生撰　清康熙三十五年（1696）一木堂刻本

框高 18.2 厘米，廣 13.8 厘米。半葉九行，行二十一字，小字雙行同，粗黑口，左右雙邊，無格。10 册。鈐“國立北京大學藏書”朱文印、“稼庵”朱文印等。

三級 144shan489

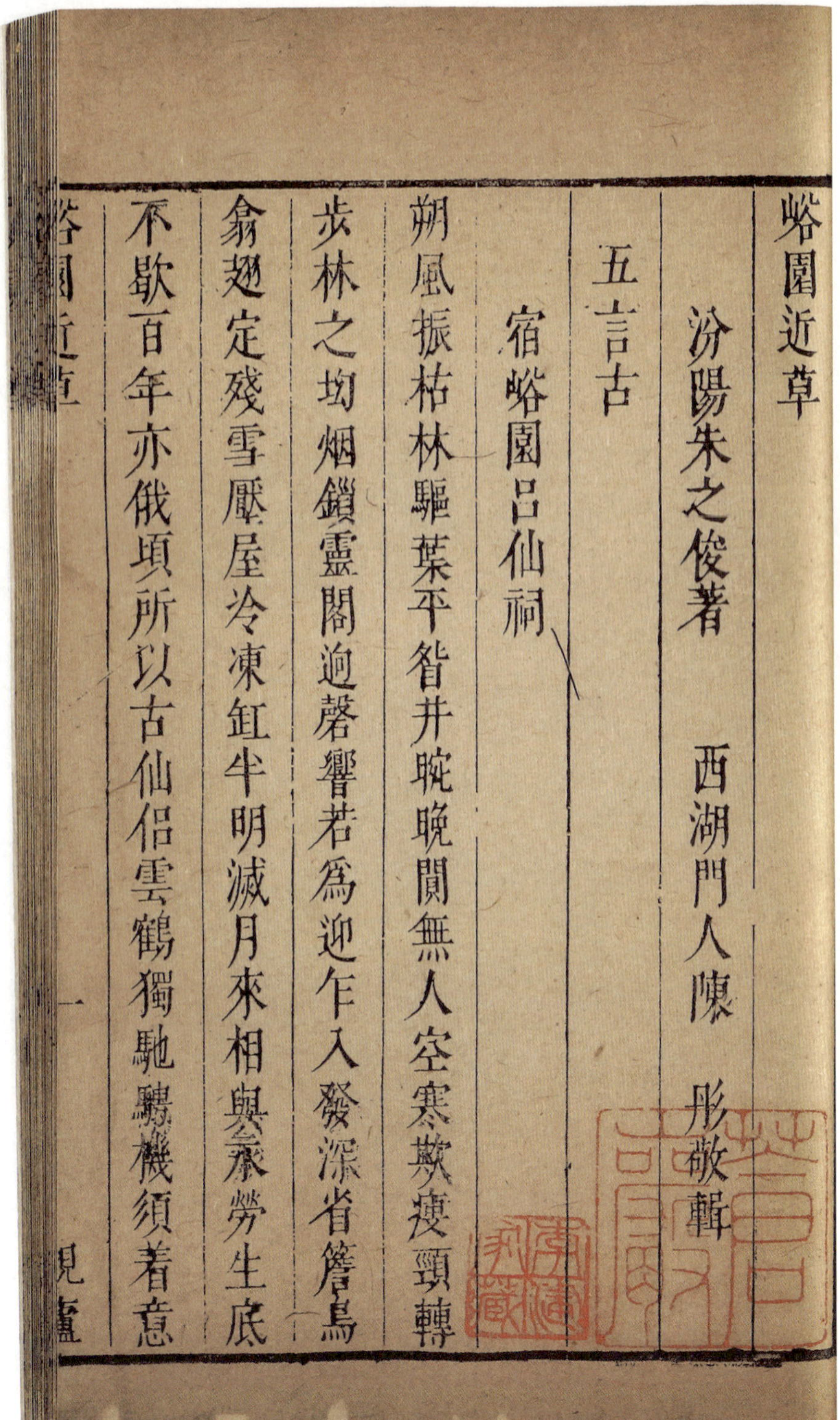
峪園近草
汾陽朱之俊著　西湖門人陳　彤敬輯
五言古
宿峪園呂仙祠
朔風振枯林驅葉平皆井畹晚閒無人空寒欺瘦頸轉步林之坳烟鎖靈閣迴磬響若爲迎乍入發深省簷鳥翕翅定殘雪壓屋冷凍缸半明滅月來相與豪勞生底不歇百年亦俄頃所以古仙侶雲鶴獨馳騁機須着意
峪園近草　一

峪園近草一卷　（清）朱之俊著　（清）陳彤輯　清康熙二年（1663）刻本

框高 20.4 厘米，廣 13.4 厘米。半葉八行，行二十一字，白口，四周單邊。2 册。鈐“半潭秋水一房山”朱文印、“蒼巖”朱文印等。

三級 148shan501

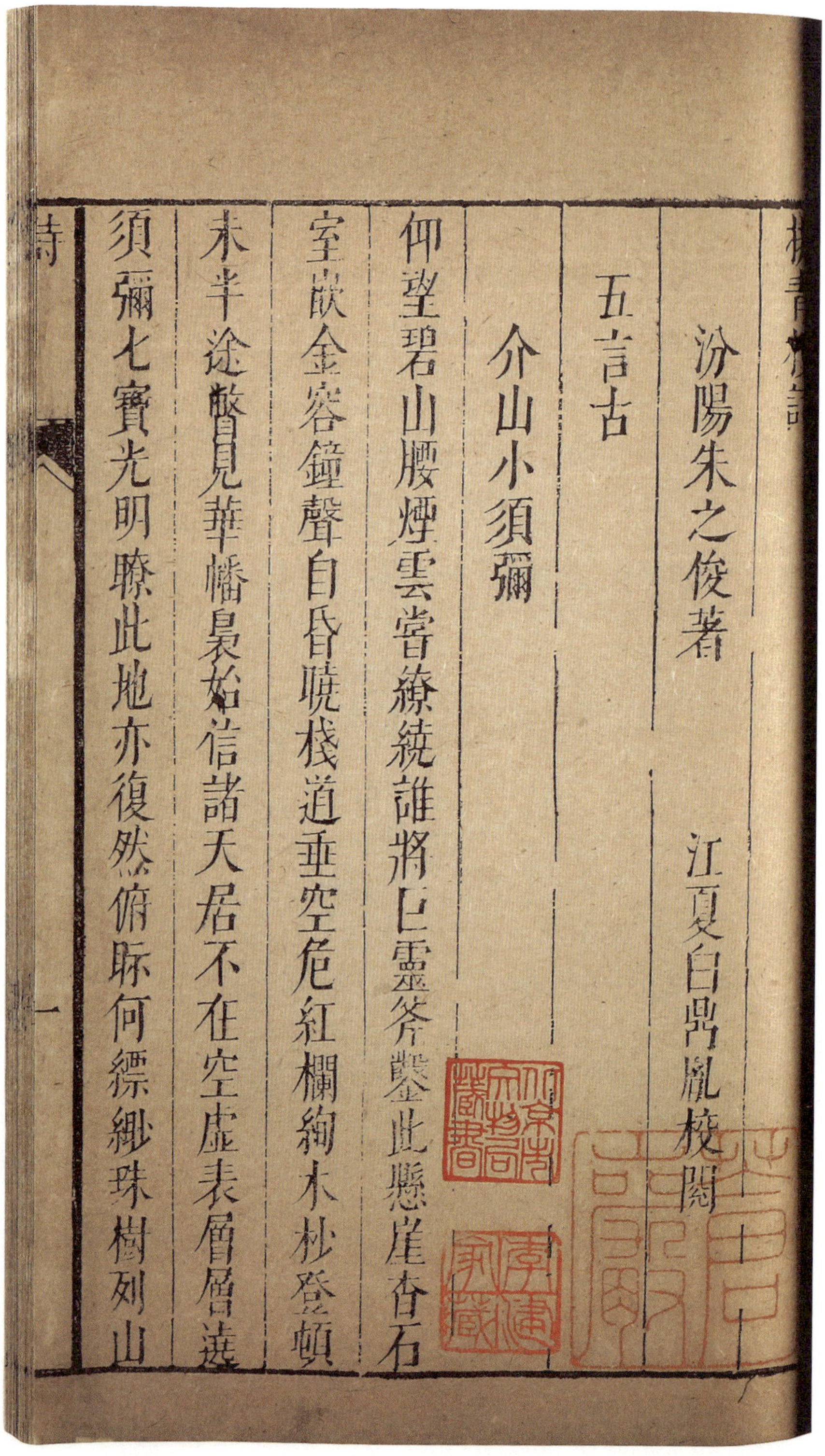

排青樓詩一卷 （清）朱之俊著 清康熙二年（1663）刻本

框高 19.9 厘米，廣 13.6 厘米。半葉八行，行二十一字，白口，四周單邊。2 册。鈐“半潭秋水一房山”朱文印、“蒼巖”朱文印等。

三級 149shan502

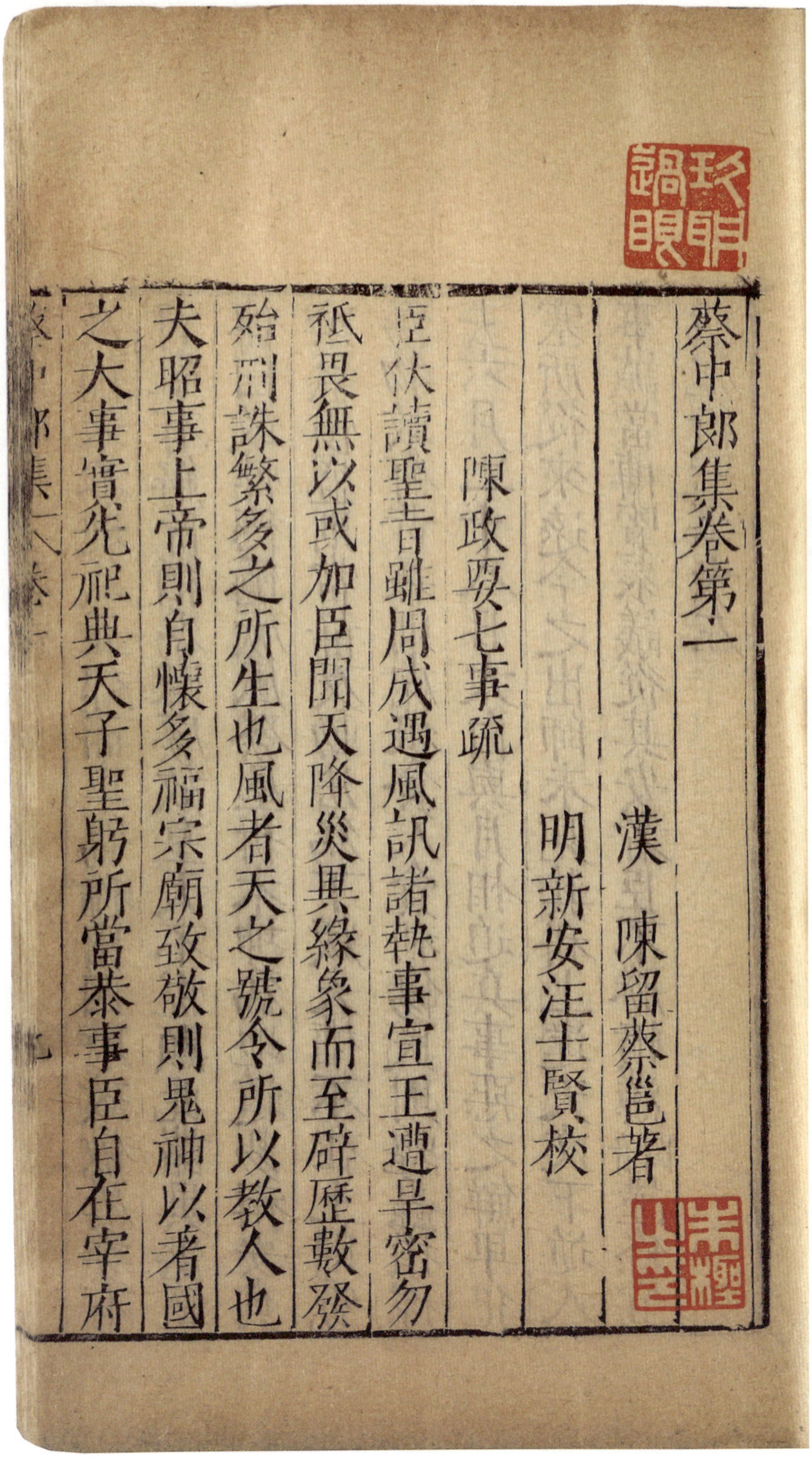

蔡中郎集卷第一
漢　陳留蔡邕著
明新安汪士賢校
陳政要七事疏
臣伏讀聖旨雖周成遇風訊諸執事宣王遭旱密勿祗畏無以或加臣聞天降災異緣象而至辟歷數發殆刑誅繁多之所生也風者天之號令所以教人也夫昭事上帝則自懷多福宗廟致敬則鬼神以著國之大事實先祀典天子聖躬所當恭事臣自在宰府
蔡中郎集八卷一

蔡中郎集八卷　（漢）蔡邕著　（明）汪士賢校　明天啓南城翁少麓刻本

框高19.8厘米，廣14.2厘米。半葉九行，行二十字，白口，左右雙邊。1册。鈐“孫道樸印”朱文印等。

三級 156shan638

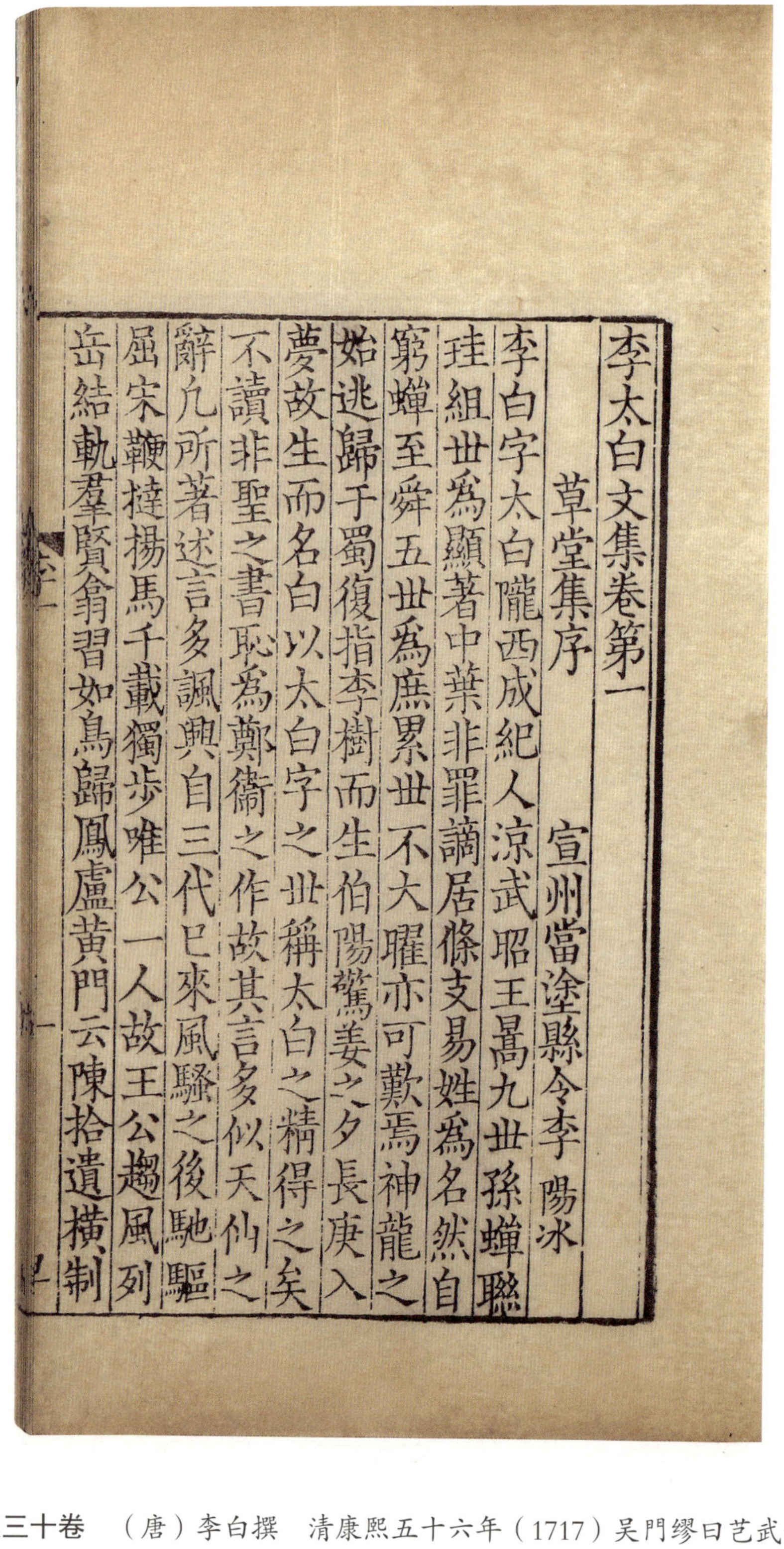

李太白文集卷第一

草堂集序　　宣州當塗縣令李　陽冰

李白字太白隴西成紀人涼武昭王暠九世孫蟬聯珪組世爲顯著中葉非罪謫居條支易姓爲名然自窮蟬至舜五世爲庶累世不大曜亦可歎焉神龍之始逃歸于蜀復指李樹而生伯陽驚姜之夕長庚入夢故生而名白以太白字之世稱太白之精得之矣不讀非聖之書恥爲鄭衛之作故其言多似天仙之辭凡所著述言多諷興自三代已來風騷之後馳驅屈宋鞭撻揚馬千載獨步唯公一人故王公趨風列岳結軌羣賢翕習如鳥歸鳳盧黄門云陳拾遺橫制

李太白文集三十卷　（唐）李白撰　清康熙五十六年（1717）吴門繆曰芑武子甫影宋刻本

框高 17.9 厘米，廣 11.3 厘米。半葉十一行，行二十字，小字雙行同，白口，左右雙邊。8 册。鈐“偃月”朱文印、“喪中周氏寶藏”朱文印、“漢陽周貞亮退舟民國紀年後所藏善本”朱文印、“貞亮”朱文印等。

三級 161shan701

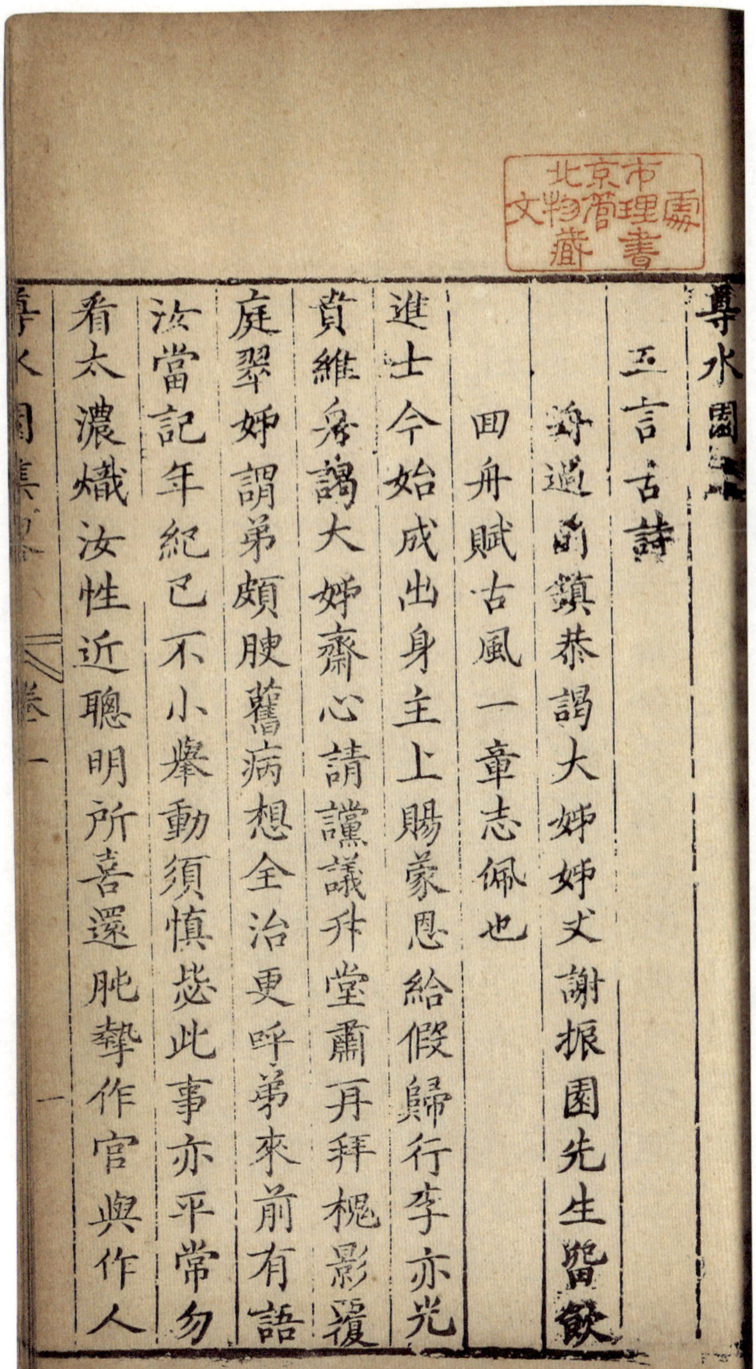

尊水園集卷一

五言古詩

海道前鎮恭謁大姊姊丈謝振園先生暨飲
回舟賦古風一章志佩也

進士今始成出身主上賜蒙恩給假歸行李亦光賁維舟謁大姊齋心請讜議升堂肅拜槐影覆庭翠姊謂弟頗腴舊病想全治更呼弟來前有語汝當記年紀已不小舉動須慎毖此事亦平常勿看太濃熾汝性近聰明所喜還肫摯作官與作人

尊水園集　卷一　一

尊水園集略十二卷補遺一卷附一卷　（清）盧世㴶撰　清順治十七年（1660）刻本

框高 19 厘米，廣 13.9 厘米。半葉九行，行十九字，白口，四周單邊。8 册。

三級 163shan711

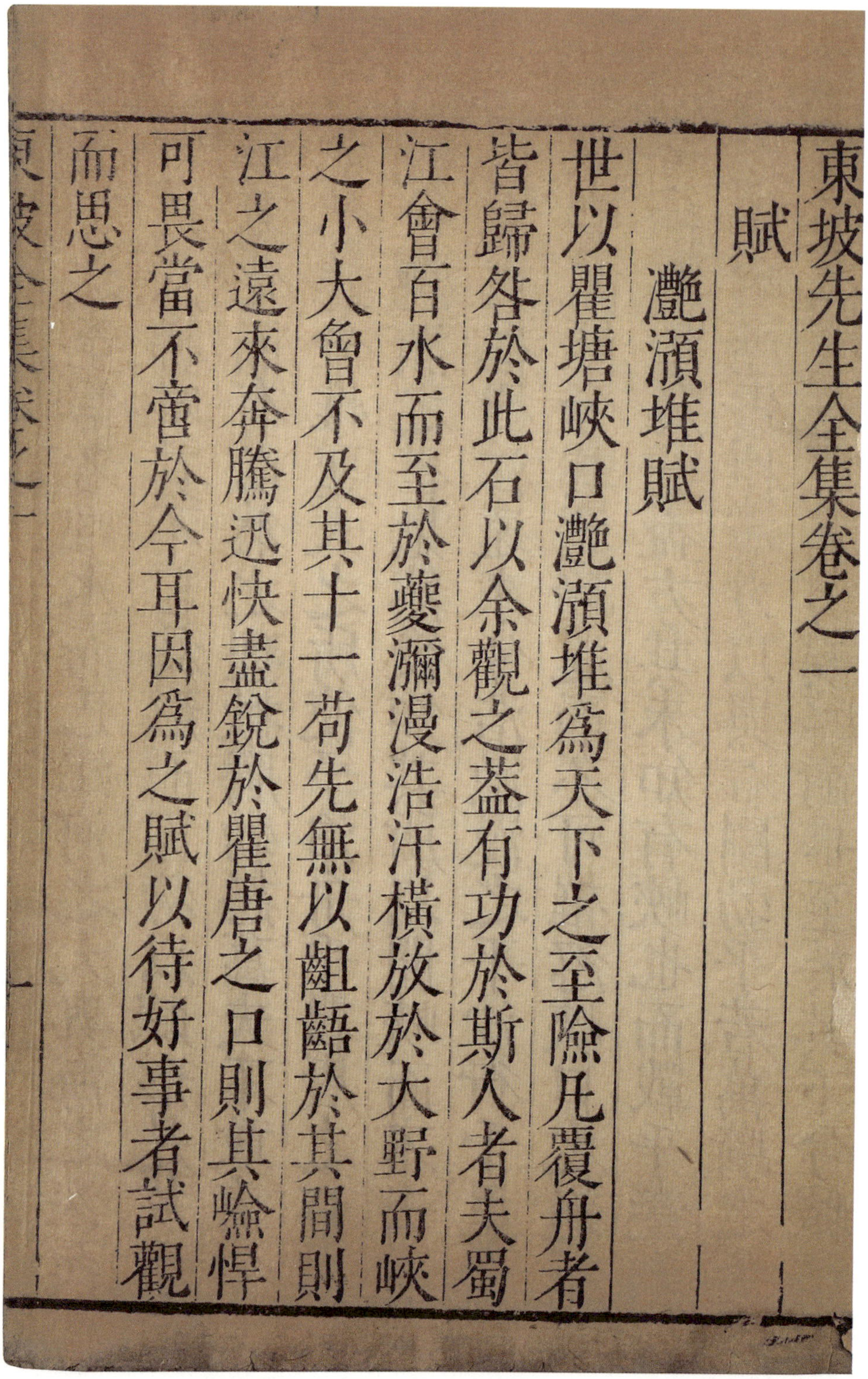

東坡先生全集卷之一

賦

灩澦堆賦

世以瞿塘峽口灩澦堆爲天下之至險凡覆舟者皆歸咎於此石以余觀之蓋有功於斯人者夫蜀江會百水而至於夔瀰漫浩汗橫放於大野而峽之小大曾不及其十一苟先無以齟齬於其間則江之遠來奔騰迅快盡銳於瞿唐之口則其嶮悍可畏當不啻於今耳因爲之賦以待好事者試觀而思之

東坡先生全集七十五卷 （宋）蘇軾撰 明末項煜刻本

框高 19.8 厘米，廣 14.7 厘米。半葉十行，行十九字，白口，左右雙邊。24 册。

三級 175shan774

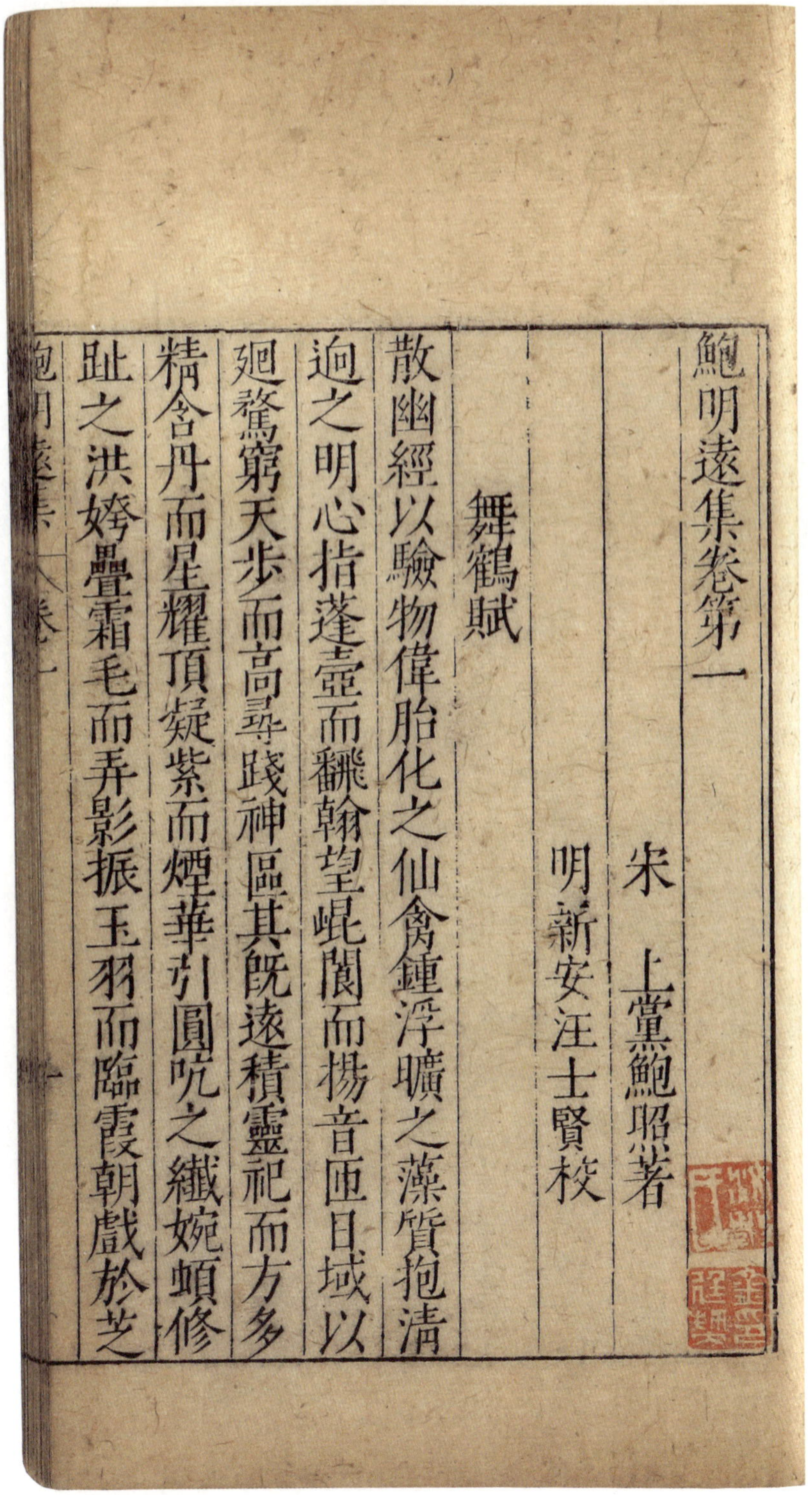

鮑明遠集卷第一

宋　上黨鮑照著

明新安汪士賢校

舞鶴賦

散幽經以驗物偉胎化之仙禽鍾浮曠之藻質抱清迥之明心指蓬壺而翻翰望崐閬而揚音匝日域以廻騖窮天步而高尋踐神區其旣遠積靈祀而方多精含丹而星耀頂凝紫而煙華引圓吭之纖婉頓修趾之洪姱疊霜毛而弄影振玉羽而臨霞朝戲於芝

鮑明遠集十卷　（南朝宋）鮑照著　（明）汪士賢校　明萬曆新安汪氏刻本

框高19.6厘米，廣14.3厘米。半葉九行，行二十字，白口，左右雙邊。2册。鈐“汝敬氏”白文印、“金廷契印”白文印等。

三級 181shan819

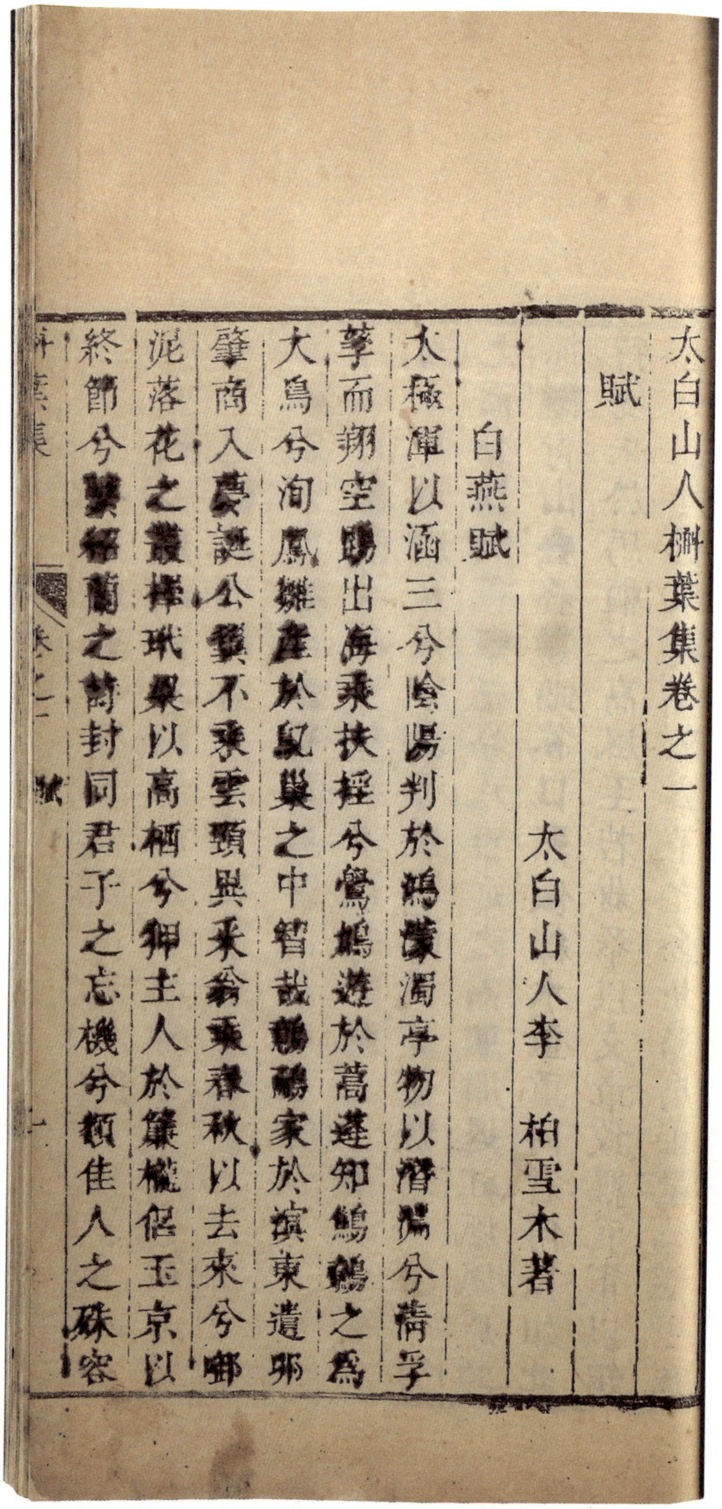

太白山人槲葉集五卷 （清）李柏著 清康熙三十四年（1695）刻本

框高 21.3 厘米，廣 14 厘米。半葉十行，行二十二字，白口，左右雙邊。5 册。鈐“監先藏書”朱文印。

三級 187shan544

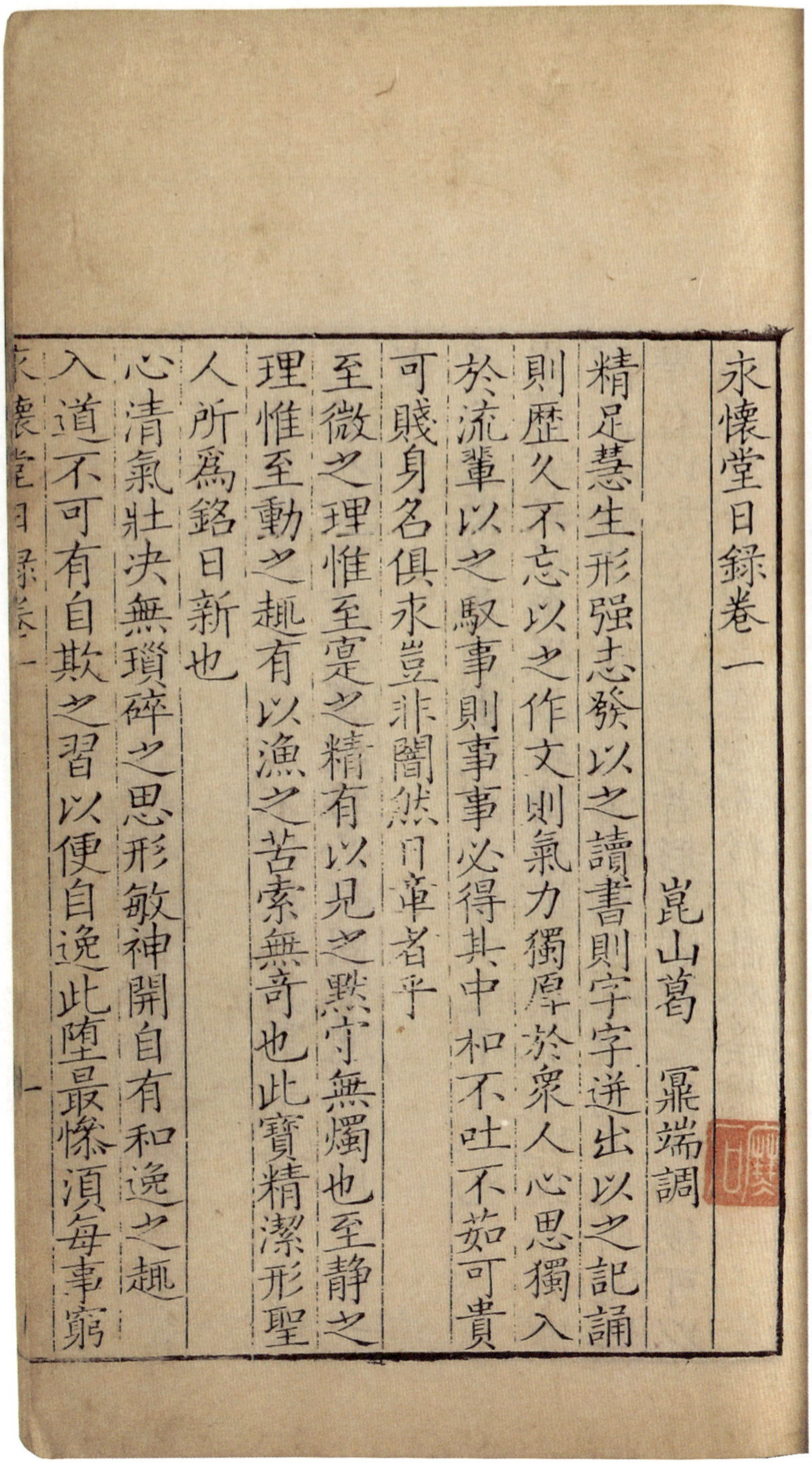
永懷堂日録卷一
崑山葛　鼏端調
精足慧生形强志發以之讀書則字字迸出以之記誦
則歷久不忘以之作文則氣力獨厚於衆人心思獨入
於流輩以之馭事則事事必得其中和不吐不茹可貴
可賤身名俱永豈非闇然日章者乎
至微之理惟至寔之精有以見之默守無燭也至靜之
理惟至動之趣有以漁之苦索無奇也此寶精潔形聖
人所爲銘日新也
心清氣壯決無瑣碎之思形斂神閒自有和逸之趣
入道不可有自欺之習以便自逸此墮最慘須每事窮
永懷堂日録卷一　一

永懷堂日録二卷附一卷　（清）葛鼏撰　清乾隆刻本

框高 17.7 厘米，廣 13.5 厘米。半葉十一行，行二十一字，白口，四周單邊。1 册。鈐“寒石”白文印。

三級 188pu9-17-4-34

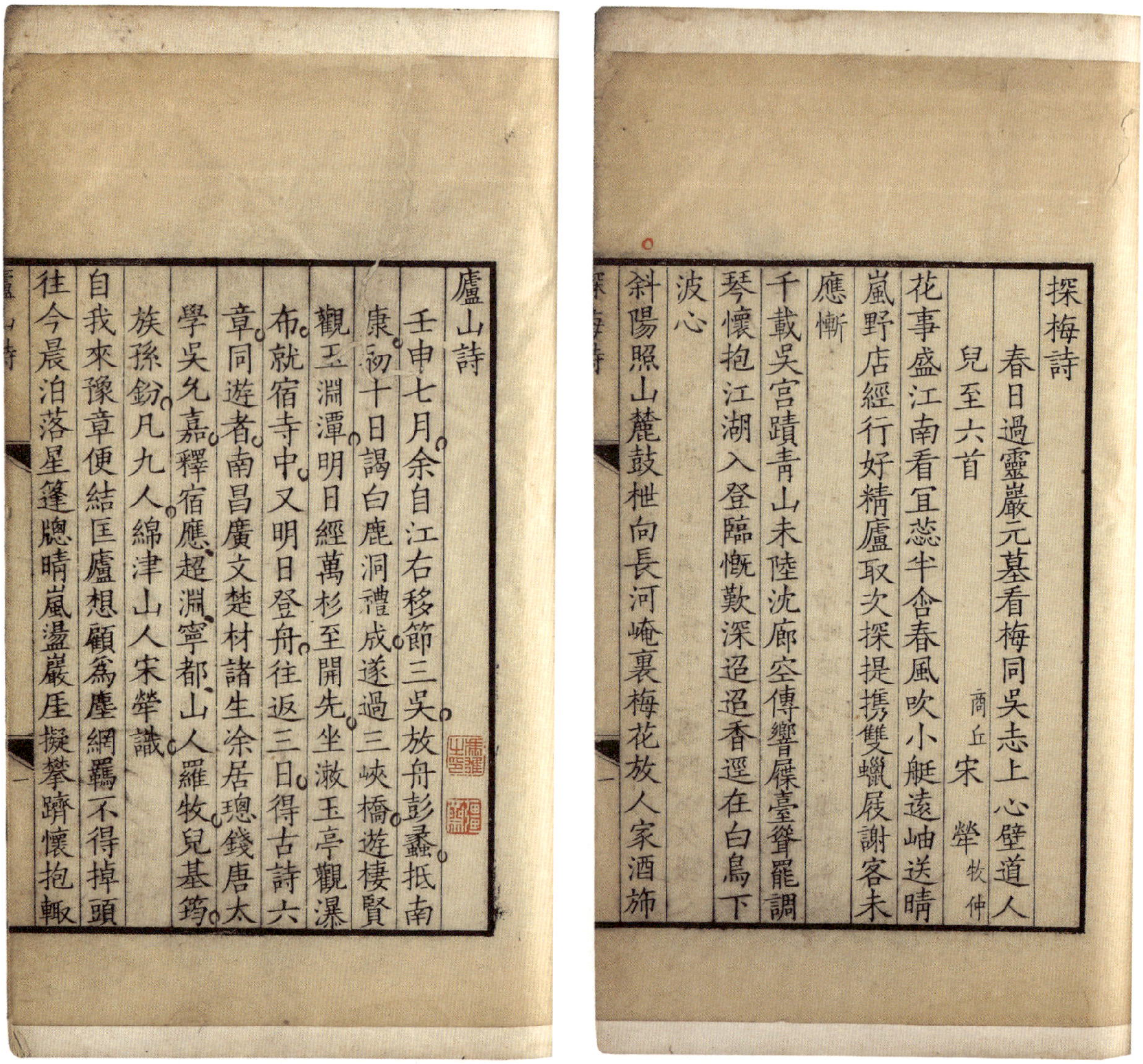
廬山詩

壬申七月余自江右移節三吳放舟彭蠡抵南康初十日謁白鹿洞禮成遂過三峽橋遊棲賢觀玉淵潭明日經萬杉至開先坐漱玉亭觀瀑布就宿寺中又明日登舟往返三日得古詩六章同遊者南昌廣文楚材諸生余居璁錢唐太學吳允嘉釋宿應超淵寧都山人羅牧兒基鈞族孫鈖凡九人綿津山人宋犖識

自我來豫章便結匡廬想顧為塵網羈不得掉頭往今晨泊落星篷牕晴嵐盪巖厓擬攀躋懷抱輙

探梅詩

春日過靈巖元墓看梅同吳志上心壁道人兒至六首　商丘宋犖牧仲

花事盛江南看宜蕊半含春風吹小艇遠岫送晴嵐野店經行好精廬取次探提攜雙蠟屐謝客未應慚

千載吳宮蹟青山未陸沈廊空傳響屧臺聳罷調琴懷抱江湖入登臨慨歎深迢迢香逕在白鳥下波心

斜陽照山麓鼓枻向長河崦裏梅花放人家酒旆

廬山詩一卷　探梅詩一卷　（清）宋犖撰　清康熙三十二年（1693）刻本

框高18.1厘米，廣13.6厘米。半葉十行，行十九字，小字雙行同，白口，四周單邊。1册。鈐“馮雄之印”朱文印、“彊齋”白文印、“南通馮氏景岫樓藏書”朱文印。

三級 189pu9-16-3-15

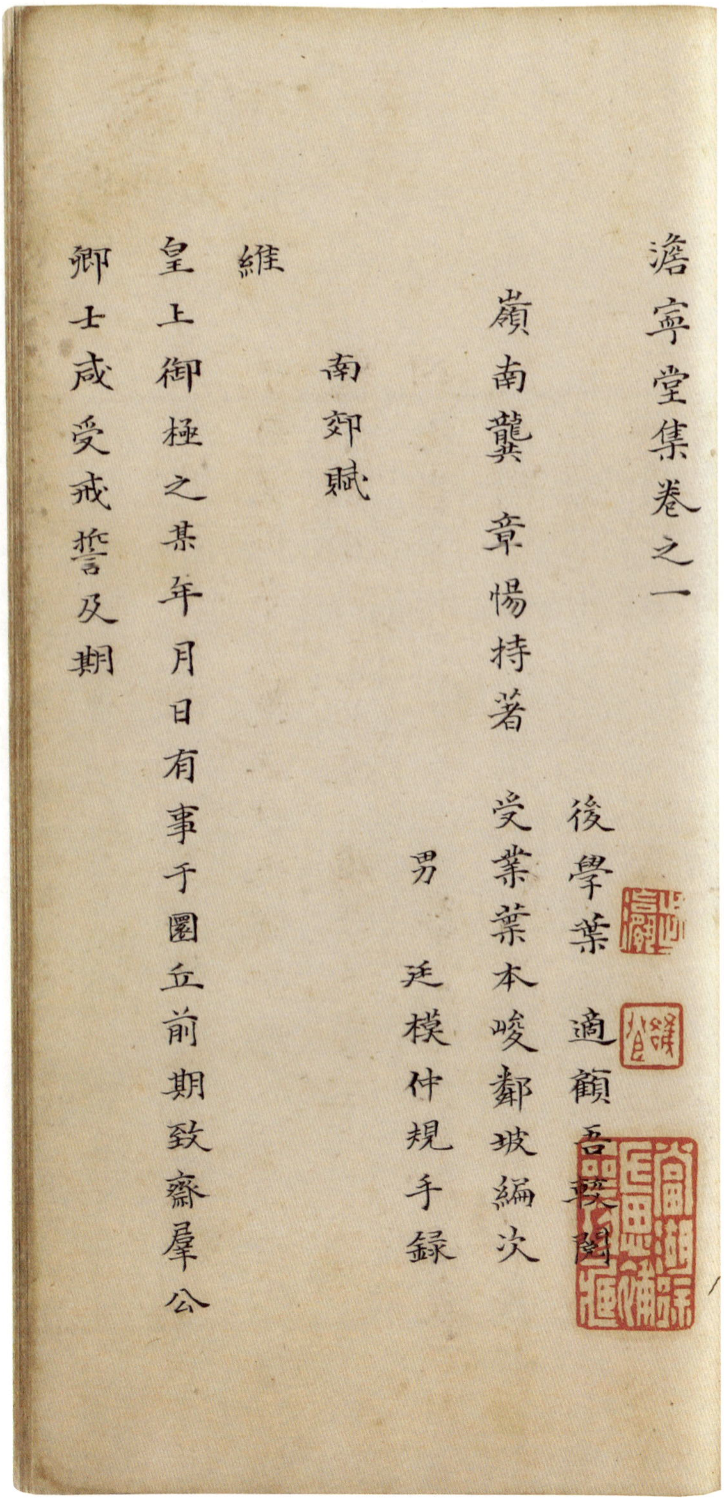

滄寧堂集　（清）龔章著　（清）葉適校閲　清道光抄本

開本高28.2厘米，廣15.5厘米。半葉八行，行二十字，無界欄。11册。鈐“步瀛”白文印、“當湖徐氏思補齋珍藏”白文印等。

三級 191pu7-22-2-21

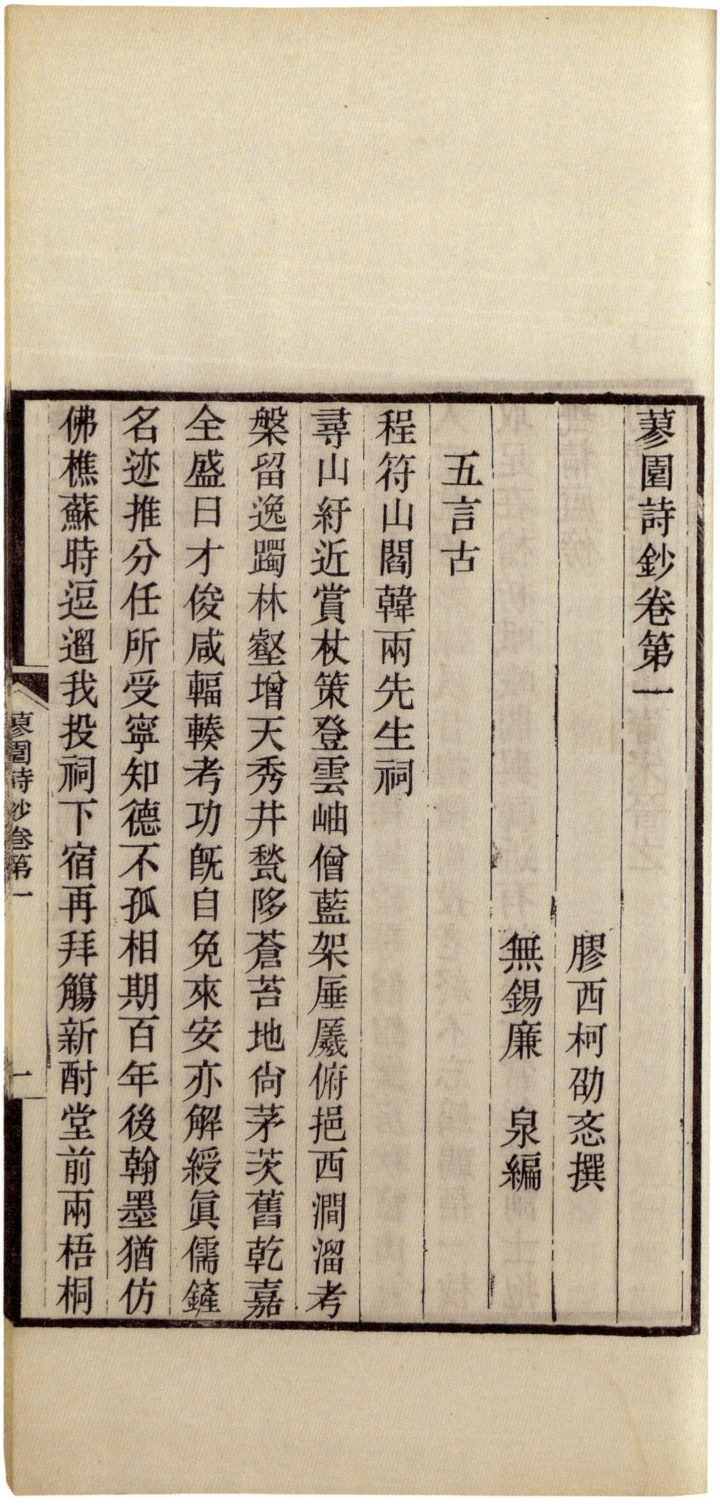

蓼園詩鈔卷第一
膠西柯劭忞撰
無錫廉　泉編
五言古
程符山閣韓兩先生祠
尋山紆近賞杖策登雲岫僧藍架厜㕒俯挹西澗溜考
槃留逸躅林壑增天秀井甃陊蒼苔地尙茅茨舊乾嘉
全盛日才俊咸輻輳考功既自免來安亦解綬眞儒鏟
名迹推分任所受寧知德不孤相期百年後翰墨猶仿
佛樵蘇時逗遛我投祠下宿再拜觴新酎堂前兩梧桐

蓼園詩鈔卷第一　一

蓼園詩鈔五卷續鈔一卷　（清）柯劭忞撰　（清）廉泉編　民國刻本

框高 18 厘米，廣 13.5 厘米。半葉十行，行二十一字，黑口，左右雙邊。3 册。

三級 192pu7-22-5-9

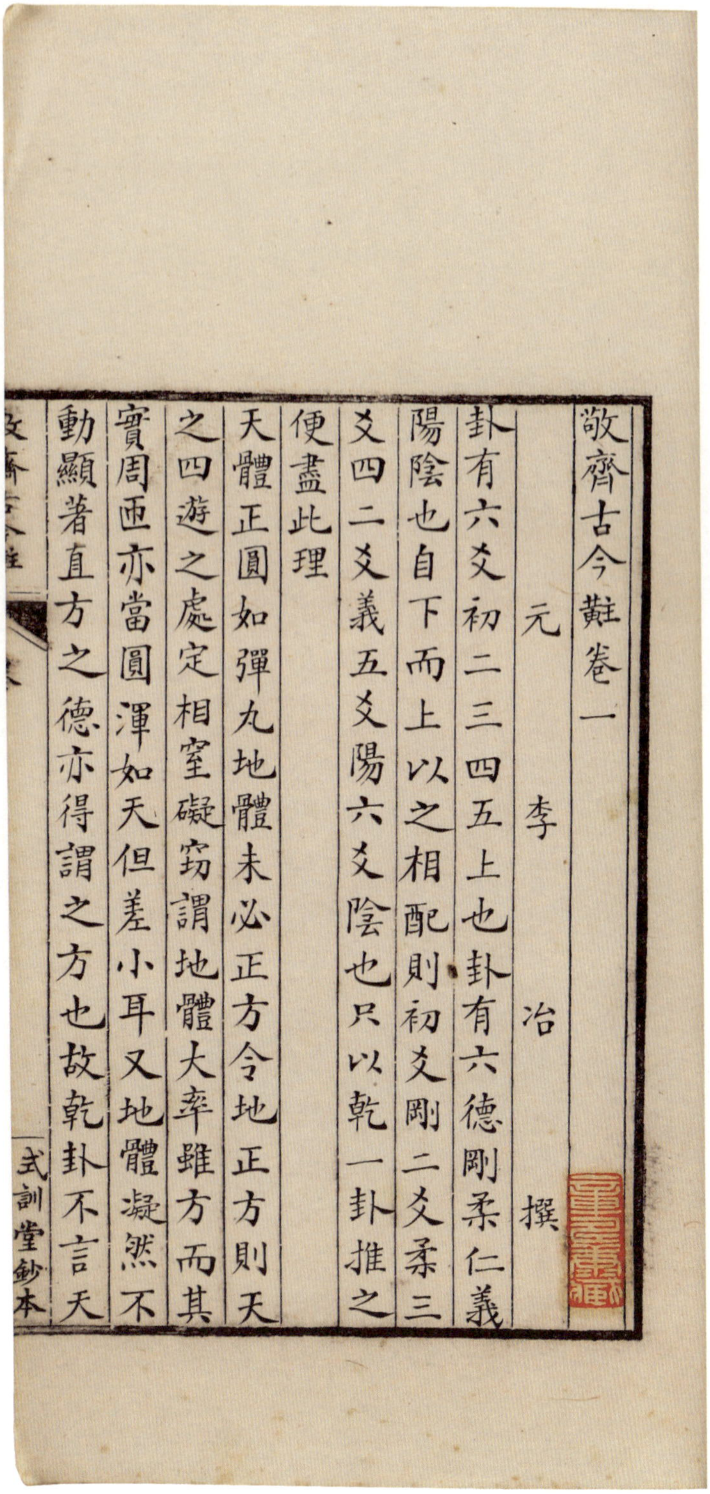

敬齋古今黈十二卷　（元）李治撰　清光緒會稽章氏式訓堂抄本

框高 18.1 厘米，廣 12.6 厘米。半葉十行，行十九字，白口，左右雙邊。4 册。鈐“章壽康藏”白文印。

三級 197pu8-01-4-19

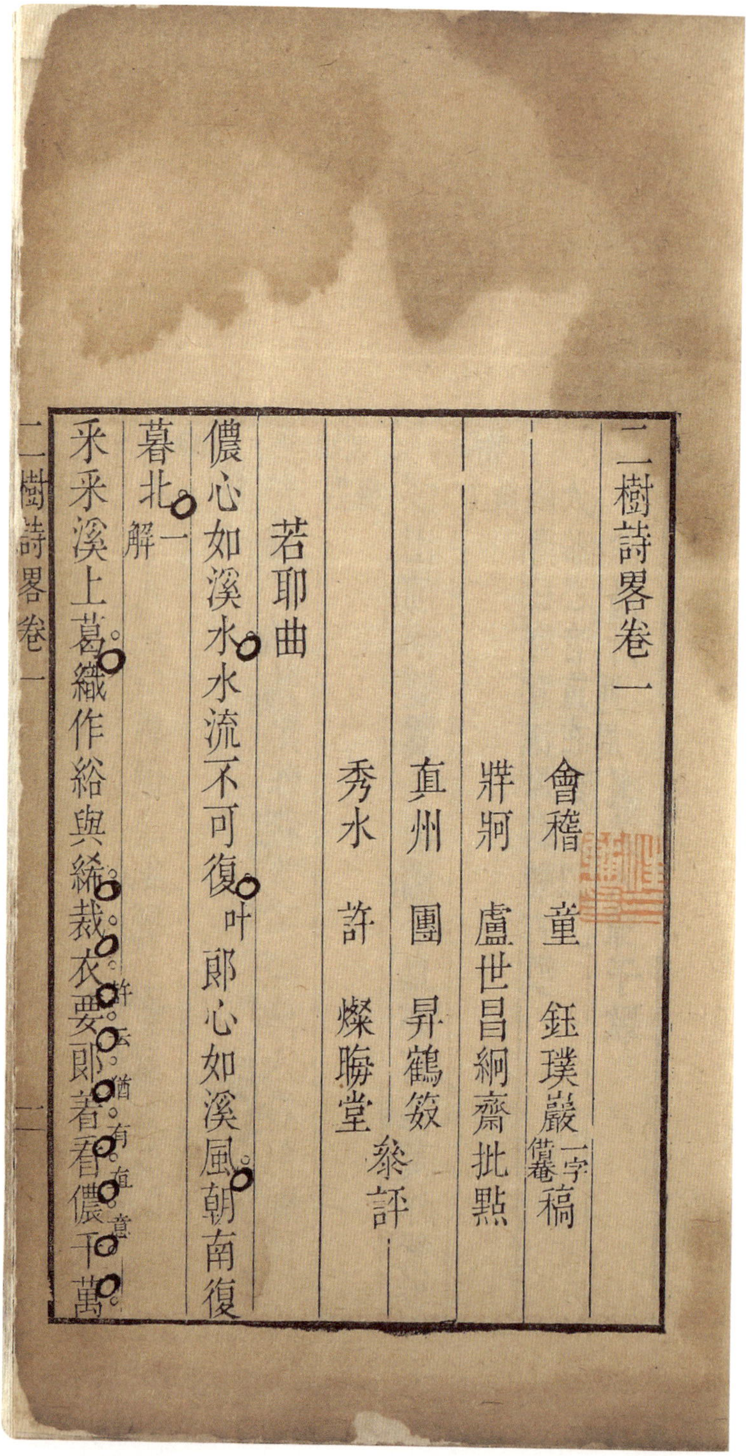

二樹詩畧五卷 （清）童鈺撰 （清）盧世昌批點 清乾隆刻本

框高 16.9 厘米，廣 12.8 厘米。半葉九行，行十九字，白口，四周單邊。2 册。鈐“鄂城汪奠基藏書之印”白文印、“汪三輔印”白文印等。

三級 214pu9-13-4-21

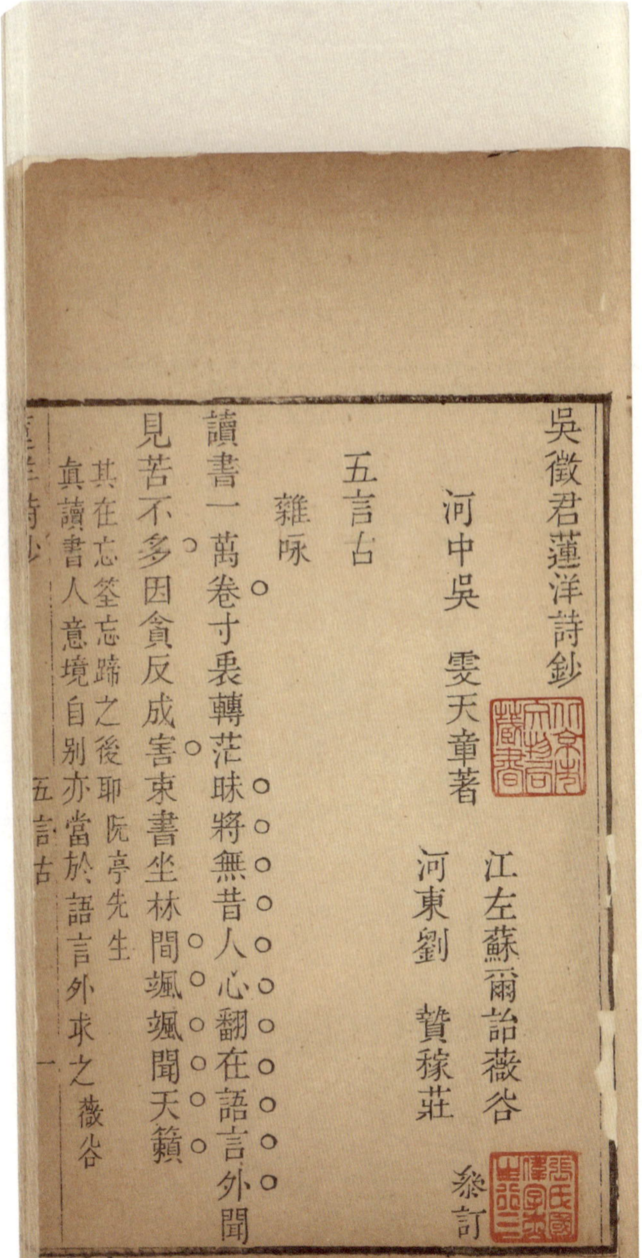

吳徵君蓮洋詩鈔 （清）吳雯著 清乾隆三十二年（1767）刻本

框高 18.1 厘米，廣 12.2 厘米。半葉八行，行二十一字，小字雙行同，白口，左右雙邊，無格。8 册。鈐“貢生張氏”朱文印、“張氏國偉字杰生行三”朱文印、“張氏收藏書籍”朱文印等。

三級 216pu9-1-1-18

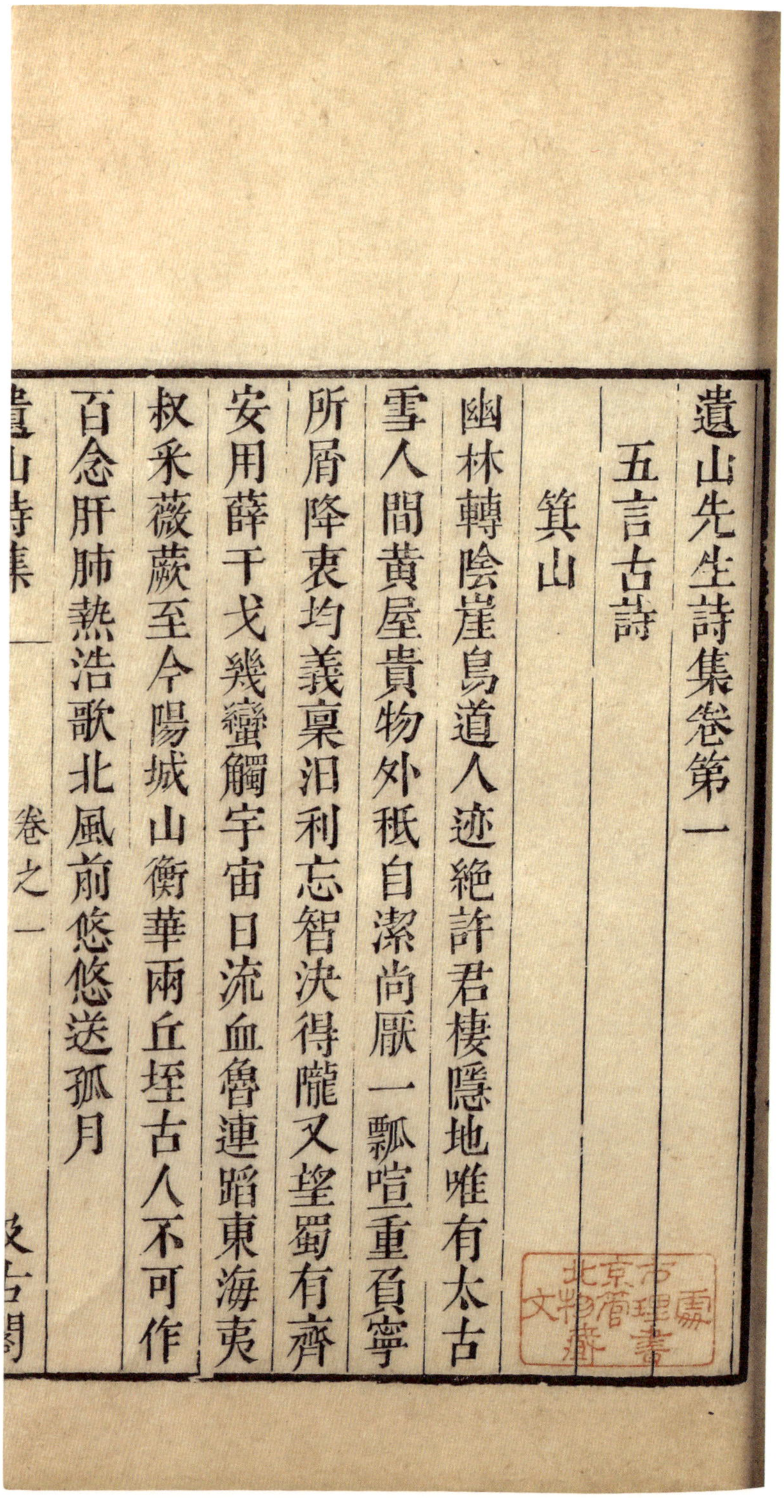

遺山先生詩集二十卷 （金）元好問撰 明崇禎十一年（1638）毛氏汲古閣刻元人集十種本

框高 18.7 厘米，廣 14.4 厘米。半葉九行，行十九字，白口，左右雙邊。8 册。

shan13

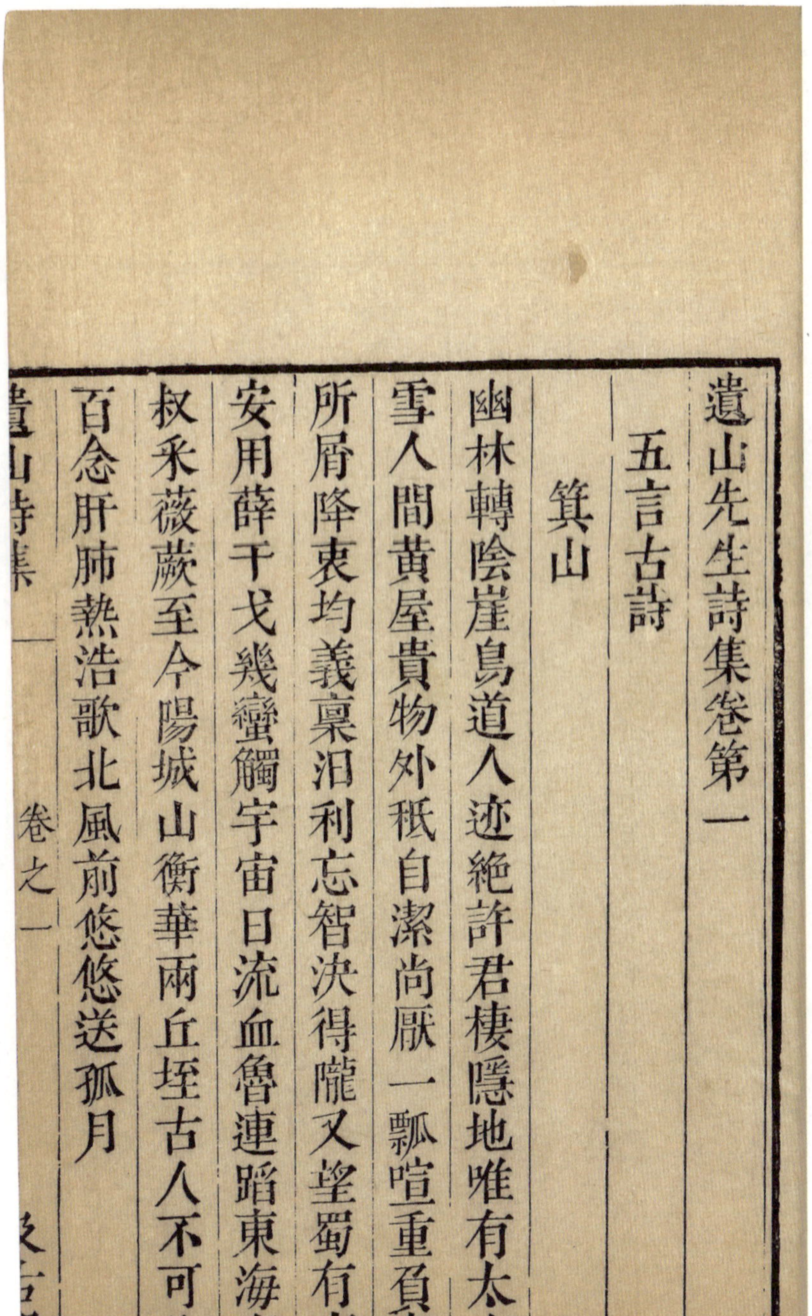
遺山先生詩集卷第一
五言古詩
箕山
幽林轉陰崖鳥道人迹絶許君棲隱地唯有太古
雪人間黄屋貴物外秪自潔尚厭一瓢喧重負寧
所屑降衷均義稟汨利忘智決得隴又望蜀有齊
安用薛干戈幾蠻觸宇宙日流血魯連蹈東海夷
叔采薇蕨至今陽城山衡華兩丘垤古人不可作
百念肝肺熱浩歌北風前悠悠送孤月
遺山詩集　卷之一　汲古閣

遺山先生詩集二十卷　（金）元好問撰　明末汲古閣刻元人集十種本

框高 18.7 厘米，廣 14.4 厘米。半葉九行，行十九字，白口，左右雙邊。12 册。

shan14

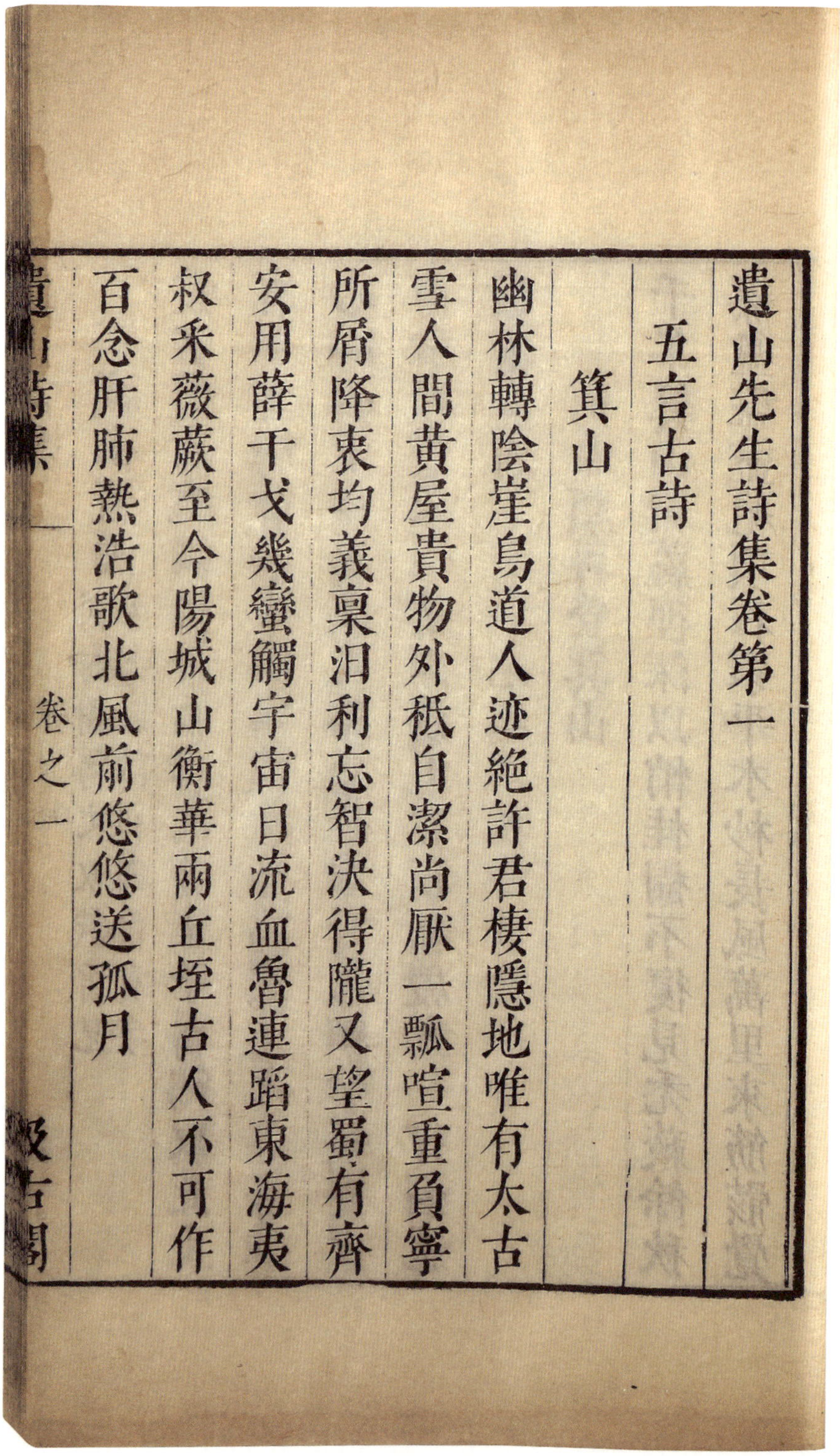

遺山先生詩集二十卷　（金）元好問撰　明末汲古閣刻元人集十種本

框高 18.7 厘米，廣 14.4 厘米。半葉九行，行十九字，白口，左右雙邊。4 册。鈐“錫祁堂”朱文印。

shan15

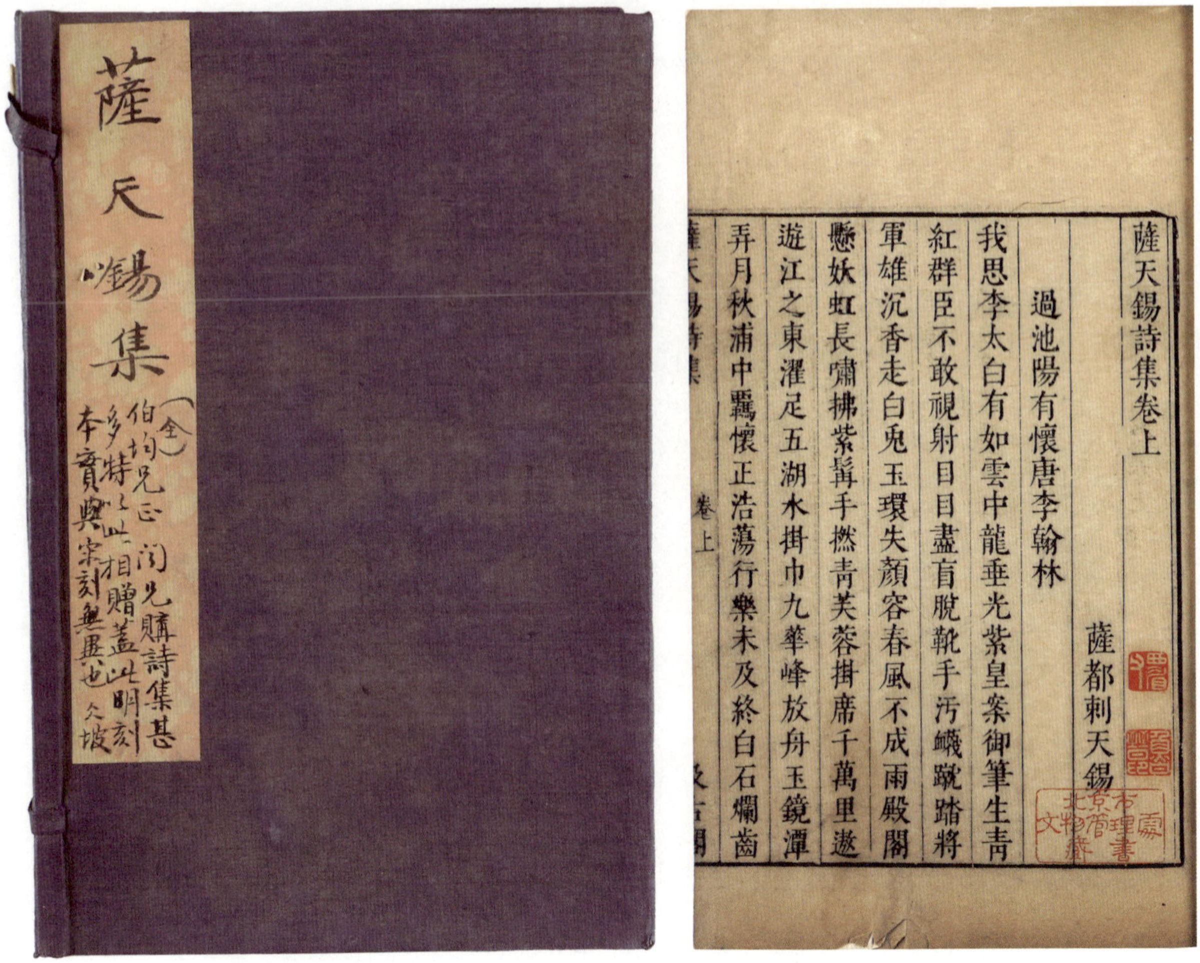

薩天錫詩集三卷　（元）薩都剌撰　明末汲古閣刻元人集十種本

框高 18.7 厘米，廣 14.4 厘米。半葉九行，行十九字，白口，左右雙邊。3 册。鈐“魯晉印”白文印、“竹石公所”朱文印等。

shan19

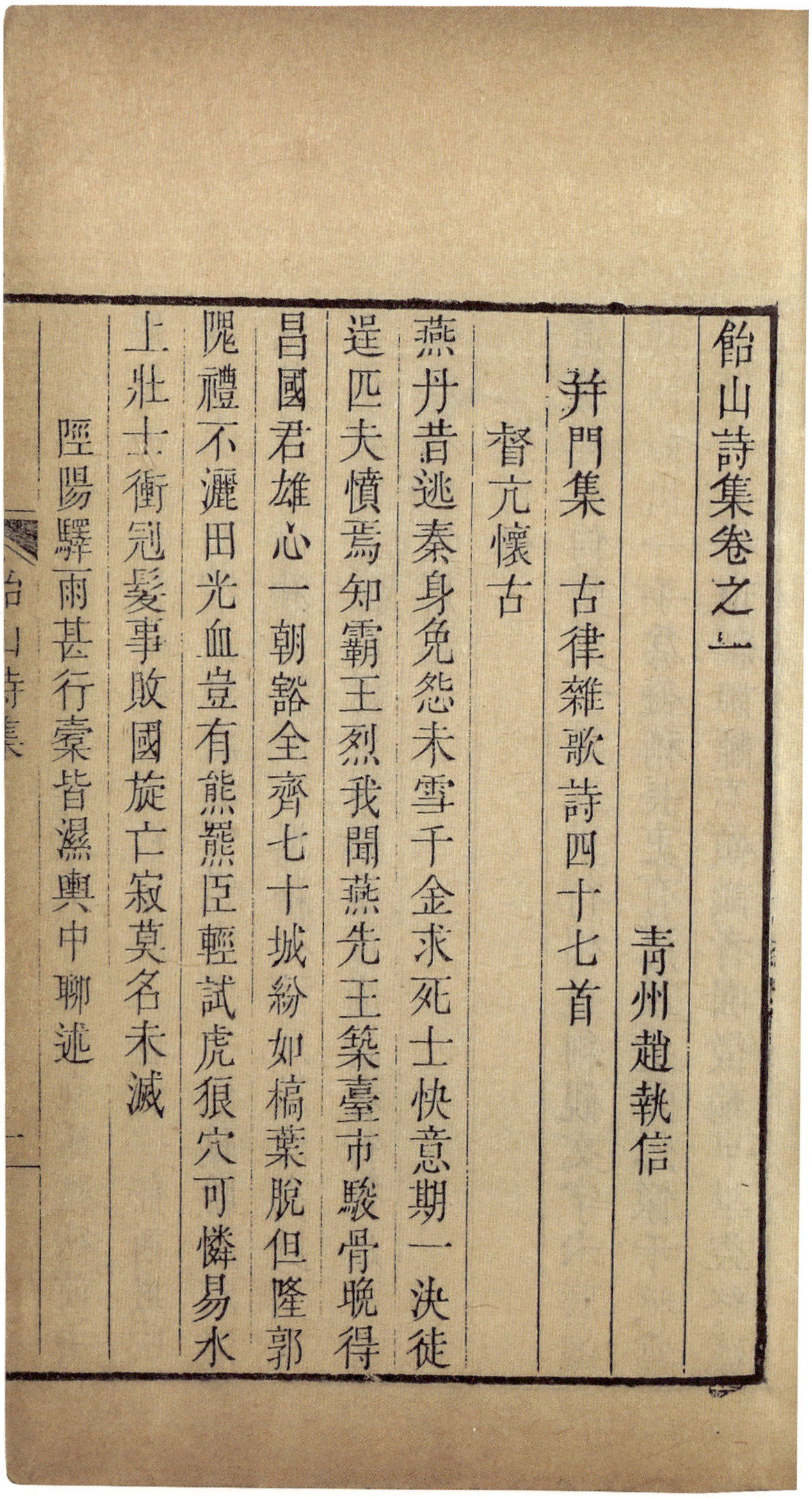

飴山詩集卷之一

青州趙執信

并門集　古律雜歌詩四十七首

督亢懷古

燕丹昔逃秦身免怨未雪千金求死士快意期一決徒逞匹夫憤焉知霸王烈我聞燕先王築臺市駿骨晚得昌國君雄心一朝豁全齊七十城紛如槁葉脫但隆郭隗禮不灑田光血豈有熊羆臣輕試虎狼穴可憐易水上壯士衝冠髮事敗國旋亡寂莫名未滅

陘陽驛雨甚行槖皆濕輿中聊述

飴山詩集　一

飴山詩集二十卷　（清）趙執信撰　清乾隆十七年（1752）刻本

框高 17.6 厘米，廣 12.6 厘米。半葉十行，行二十一字，白口，四周單邊。4 册。

shan124

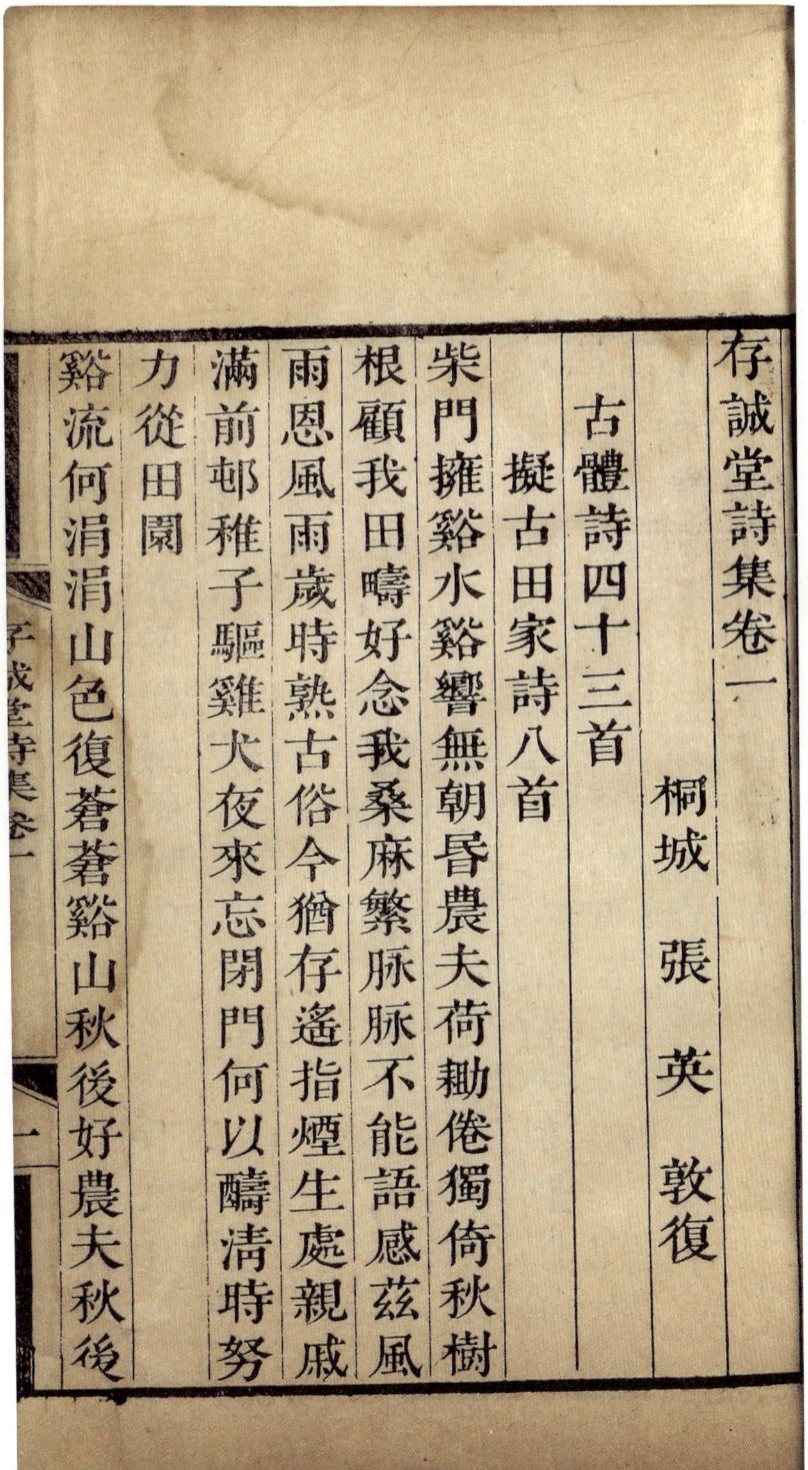
存誠堂詩集卷一
桐城　張　英　敦復
古體詩四十三首
擬古田家詩八首
柴門擁谿水谿響無朝昏農夫荷鋤倦獨倚秋樹
根顧我田疇好念我桑麻繁脉脉不能語感茲風
雨恩風雨歲時熟古俗今猶存遙指煙生處親戚
滿前邨稚子驅雞犬夜來忘閉門何以醻清時努
力從田園
谿流何涓涓山色復蒼蒼谿山秋後好農夫秋後

存誠堂詩集二十五卷　（清）張英撰　清康熙四十三年（1704）刻本

框高 18 厘米，廣 13.8 厘米。半葉十行，行十九字，小字雙行同，粗黑口，左右雙邊。5 册。

shan125

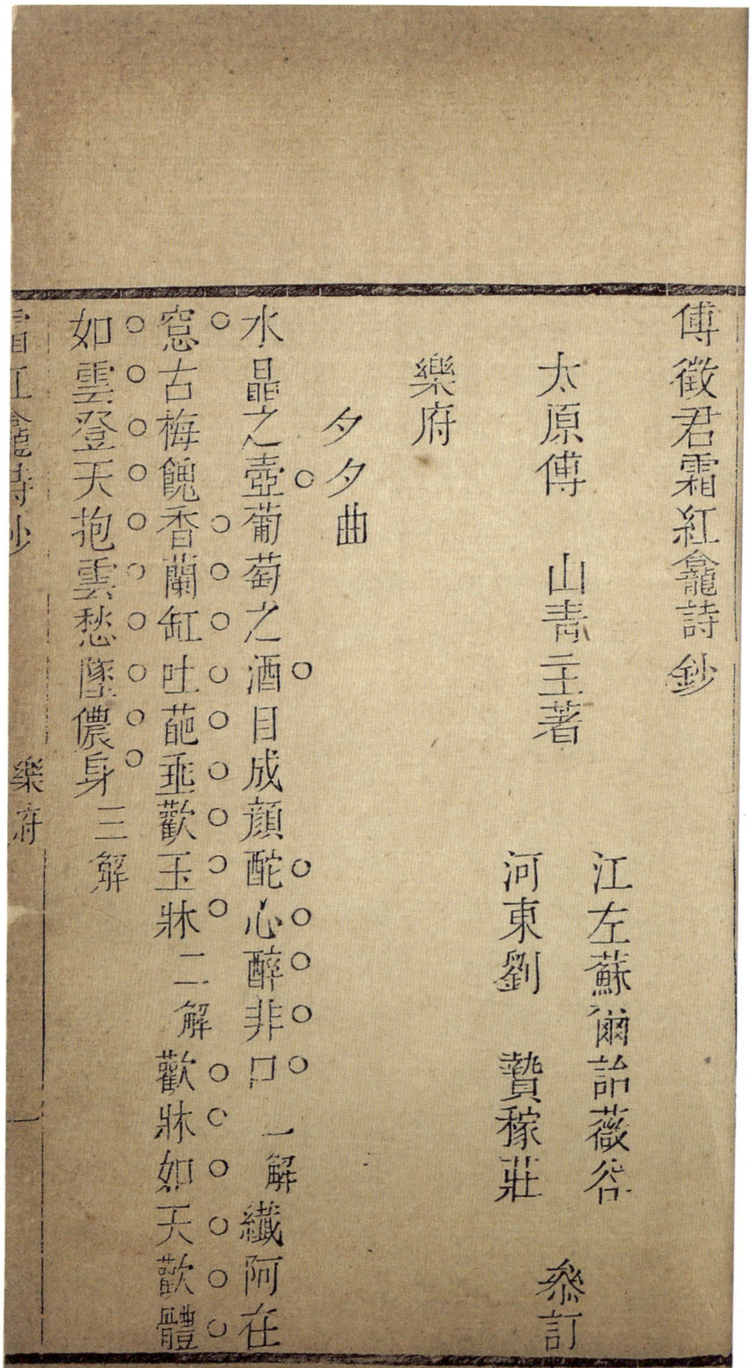

傅徵君霜紅龕詩鈔八卷 （清）傅山著 （清）蘇爾詒 （清）劉贄参訂 **冰燈詩賦十五首** （清）傅山著 （清）傅庚題 **霜紅龕詩略一卷** （清）傅山著 （清）劉贄参訂 清乾隆三十二年（1767）劉贄刻本

框高17.5厘米，廣12.2厘米。半葉八行，行二十一字，白口，左右雙邊，無格。2册。

shan129

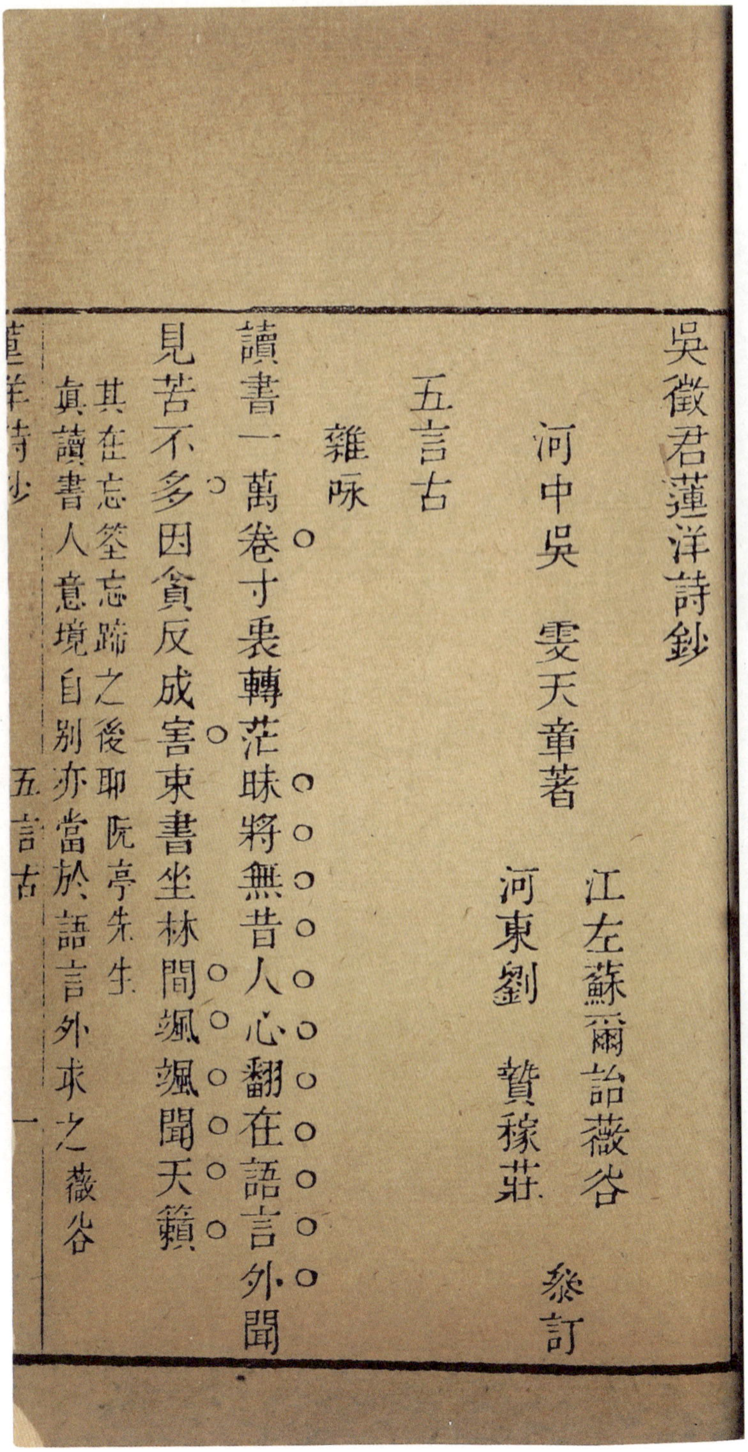

吴徵君蓮洋詩鈔八卷 （清）吴雯著 （清）蘇爾詒 （清）劉贄參訂 清乾隆三十二年（1767）刻本

框高17.5厘米，廣12.2厘米。半葉八行，行二十一字，白口，左右雙邊，無格。4册。

shan130

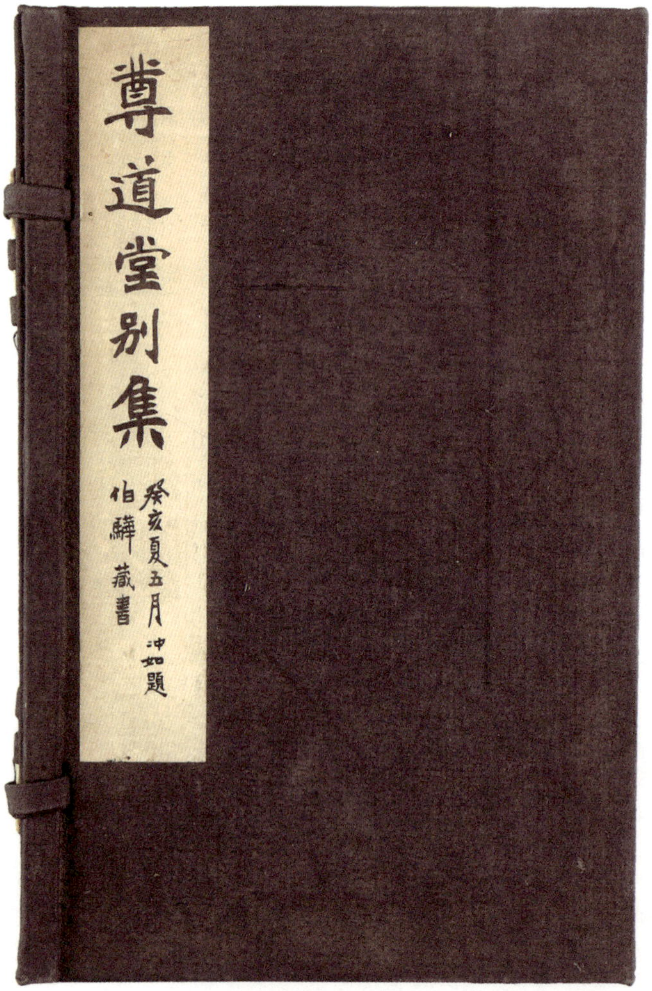

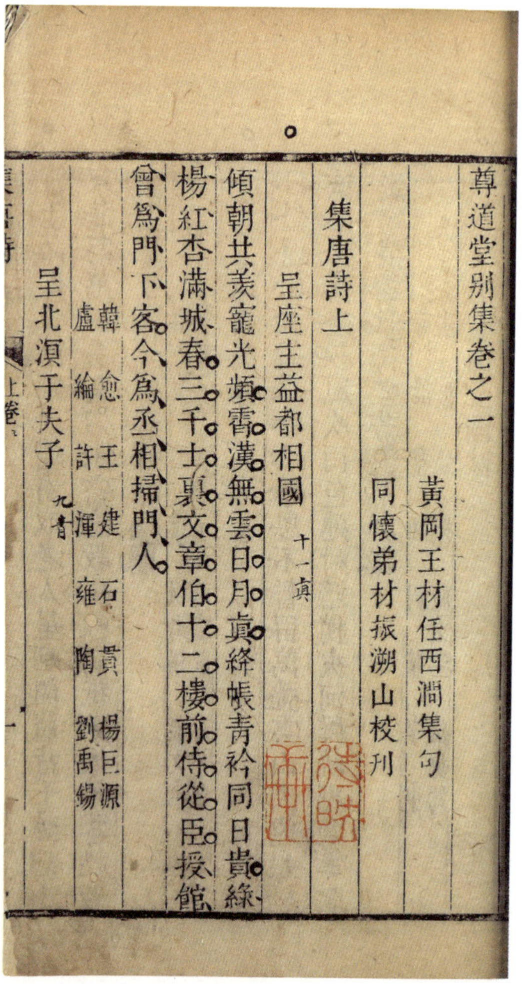

尊道堂别集六卷 （清）王材任集句 （清）王材振校刊 清乾隆十四年（1749）刻本

框高 18.3 厘米，廣 12.5 厘米。半葉十行，行二十二字，小字雙行同，白口，左右雙邊。2 册。鈐“待晓堂”朱文印、“樂存堂印”白文印等。

shan131

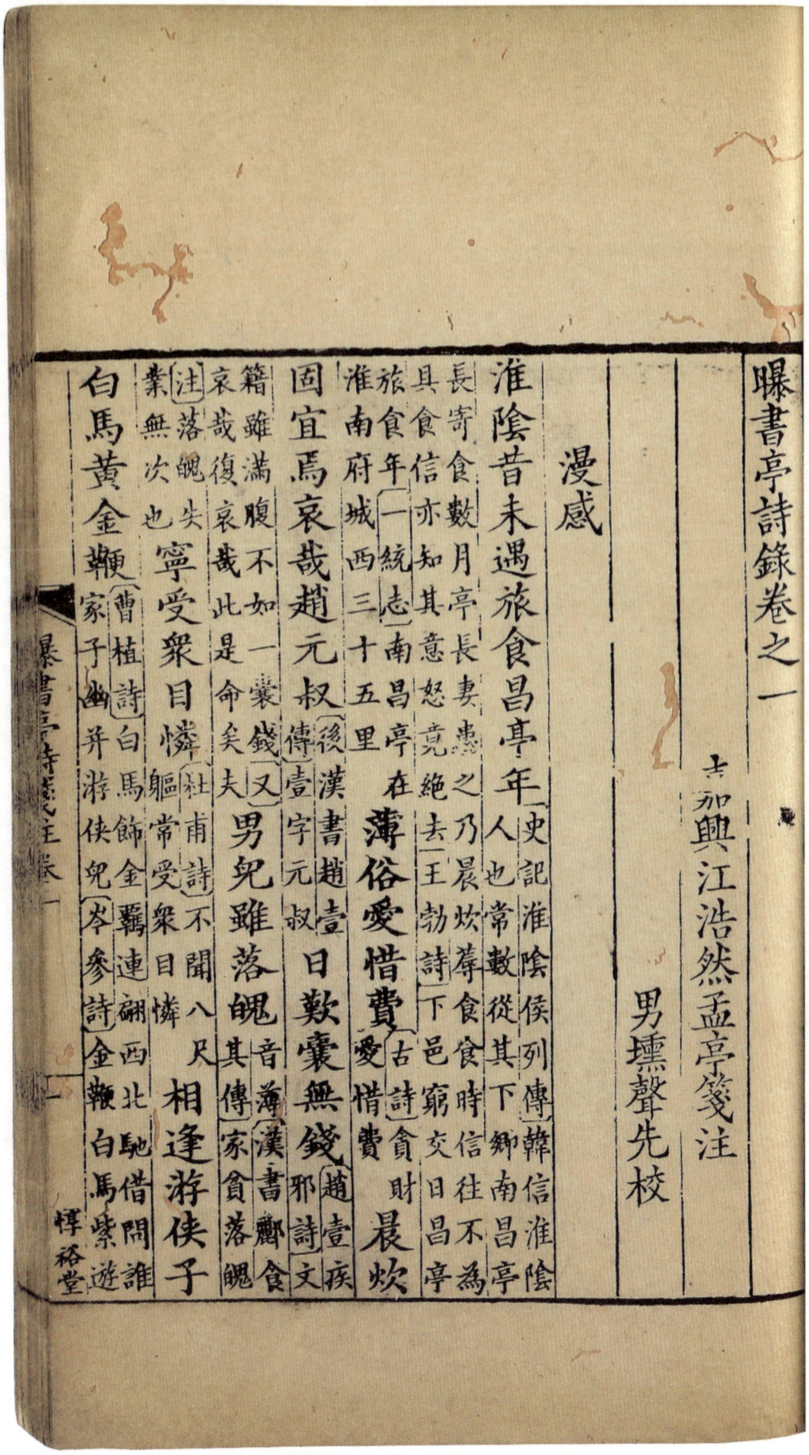

曝書亭詩録十二卷 （清）朱彝尊撰 （清）江浩然箋注 清乾隆二十四年（1759）惇裕堂刻本

框高17.6厘米，廣14.5厘米。半葉十一行，行二十一字，小字雙行同，白口，四周單邊。6册。

shan133

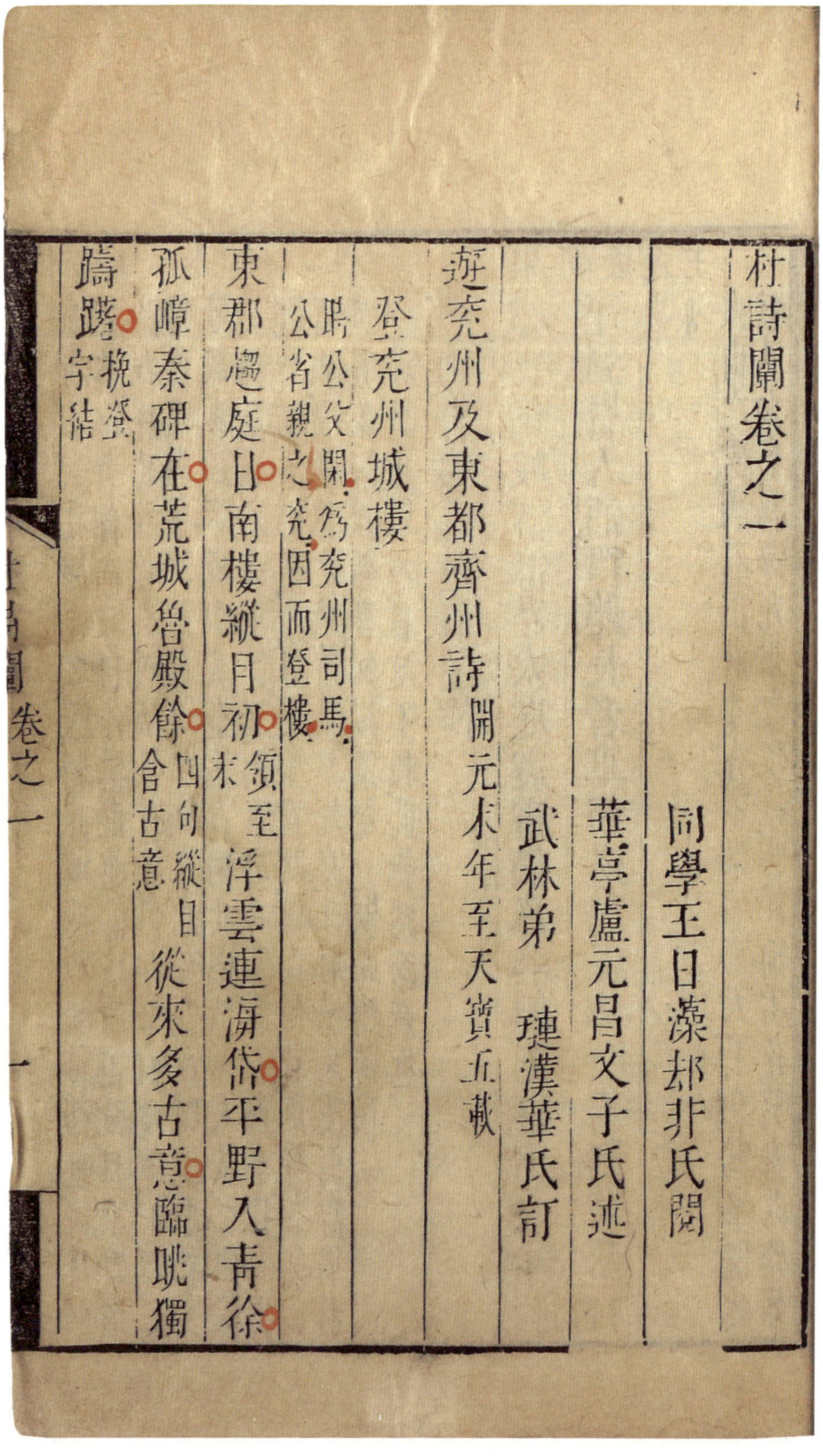

杜詩闡三十三卷 （清）王日藻閱 （清）盧元昌述 清康熙二十五年（1686）馬均梁刻本

框高 18 厘米，廣 13.3 厘米。半葉十行，行二十二字，小字雙行同，粗黑口，四周單邊。8 册。

shan135

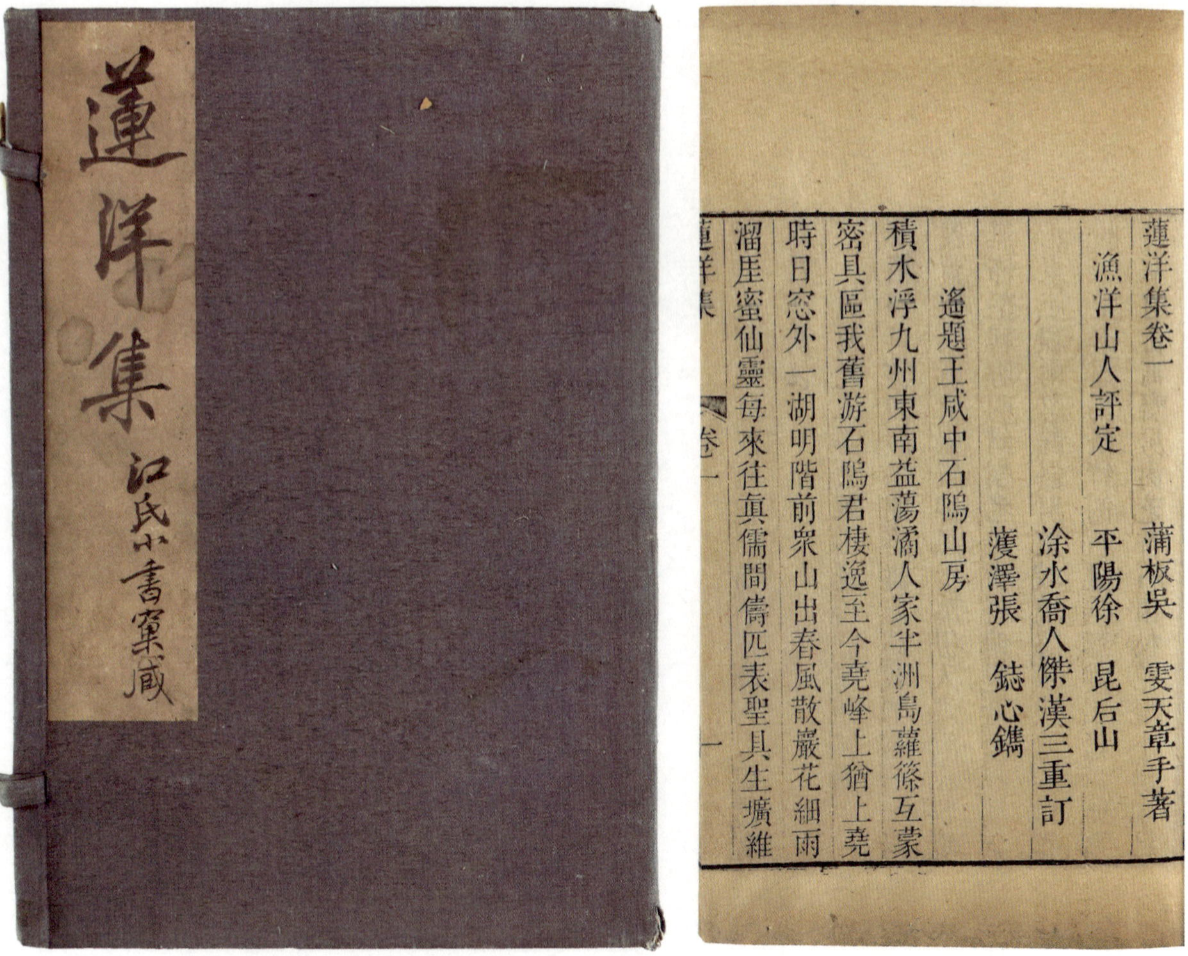

蓮洋集十二卷補遺一卷附録一卷　（清）吴雯著　（清）王士禎評定　清乾隆十七年（1752）刻本

框高 16.5 厘米，廣 13 厘米。半葉九行，行十九字，白口，左右雙邊。6 册。

shan139

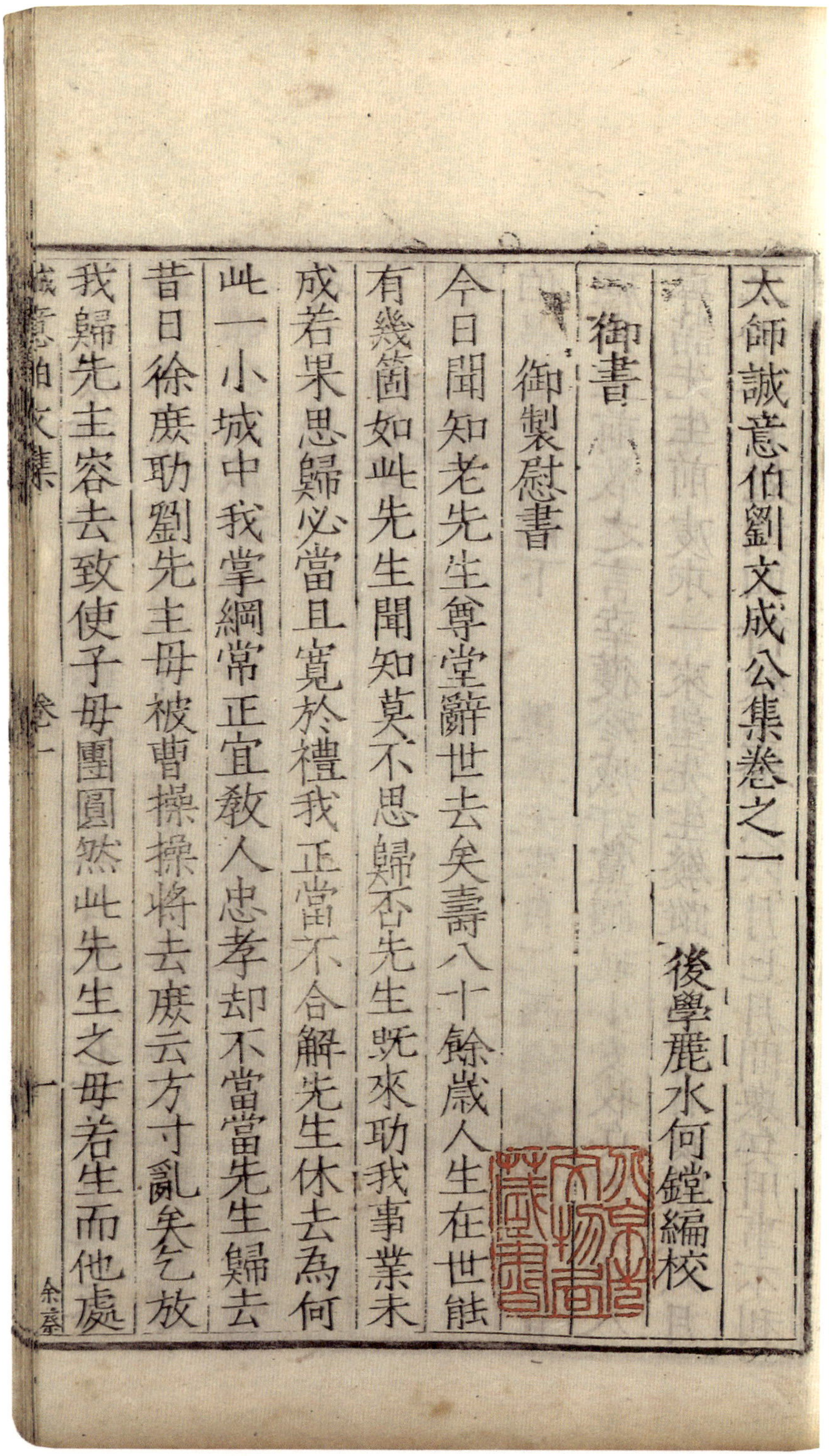

太師誠意伯劉文成公集二十卷　（明）劉基撰　（明）何鏜編校　明隆慶六年（1572）謝廷杰、陳烈刻本

框高 20.1 厘米，廣 14.5 厘米。半葉十行，行二十三字，白口，四周雙邊。10 册。

shan146

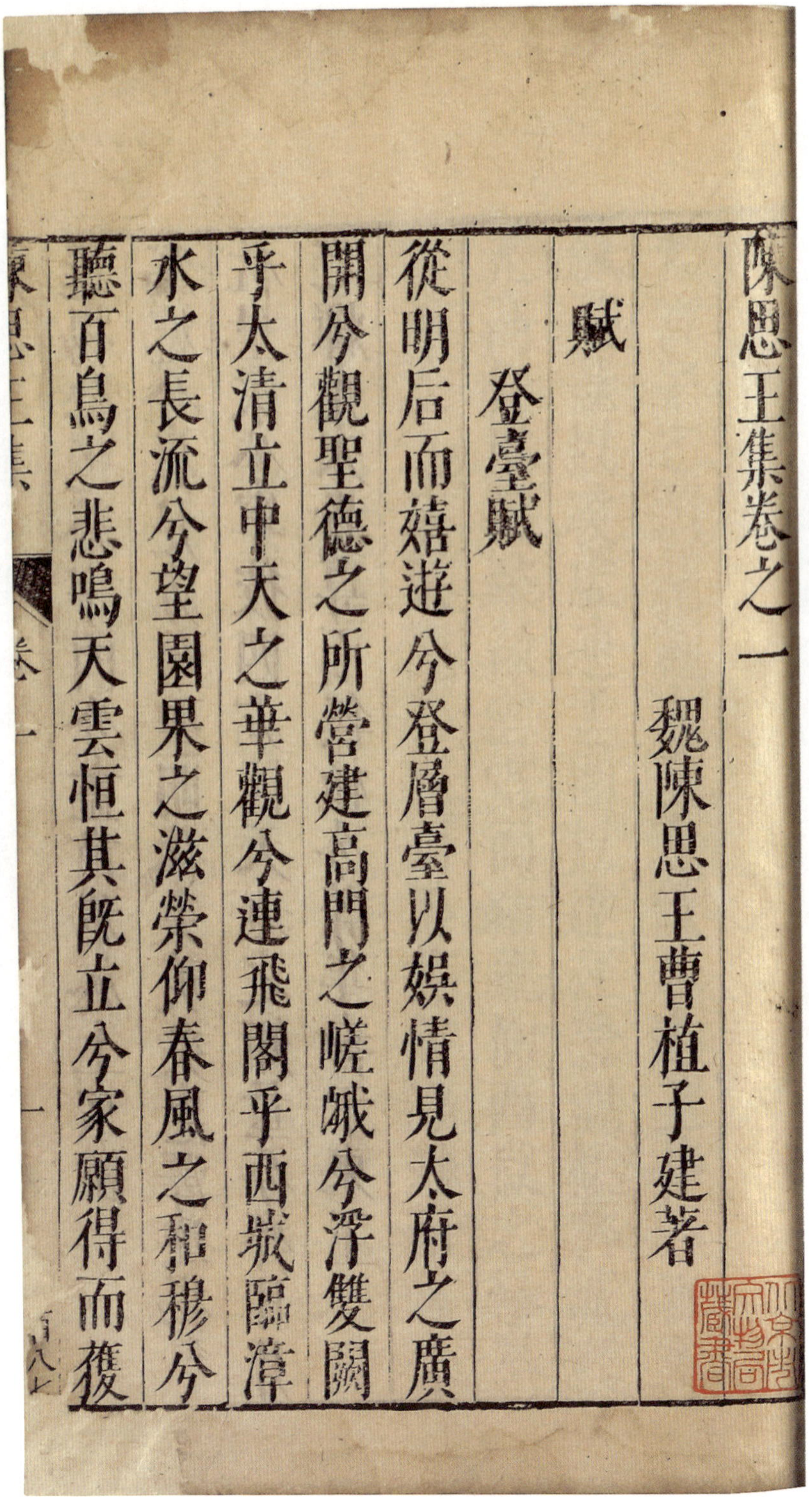
陳思王集卷之一
魏陳思王曹植子建著
賦
登臺賦
從明后而嬉遊兮登層臺以娛情見太府之廣開兮觀聖德之所營建高門之嵯峨兮浮雙闕乎太清立中天之華觀兮連飛閣乎西城臨漳水之長流兮望園果之滋榮仰春風之和穆兮聽百鳥之悲鳴天雲恒其既立兮家願得而獲
陳思王集 卷一 一

陳思王集十卷附錄一卷 （三國魏）曹植著 明嘉靖刻本

框高 20.1 厘米，廣 14.4 厘米。半葉九行，行十八字，白口，左右雙邊。1 册。存九卷（一至九）。

shan152

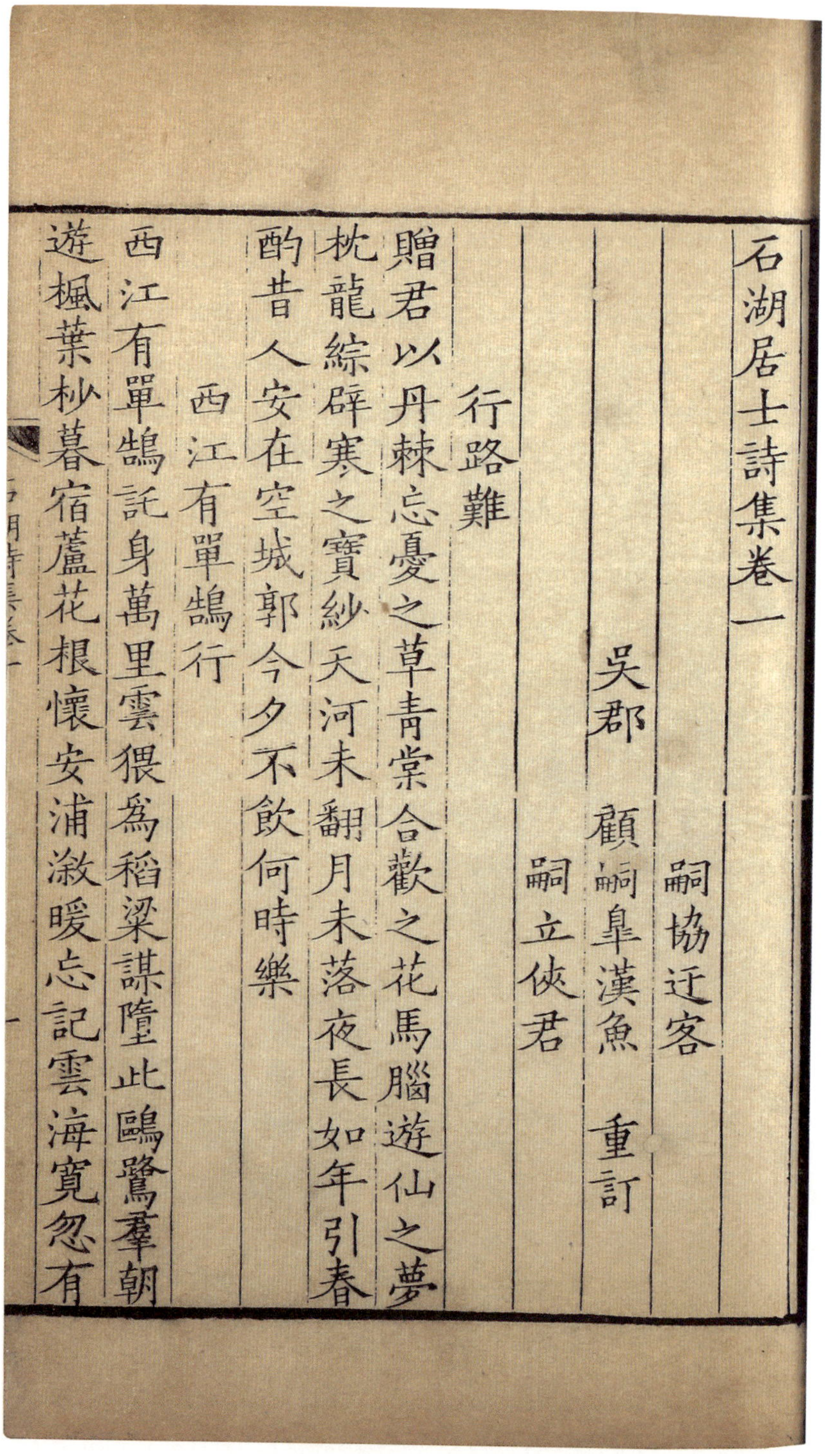

石湖居士詩集三十四卷 （宋）范大成撰 （清）顧嗣協等重訂 清康熙二十七年（1688）顧氏依園刻本

框高 19.9 厘米，廣 14.9 厘米。半葉十一行，行二十一字，白口，左右雙邊。8 册。鈐“菊君暫有”朱文印。

shan159

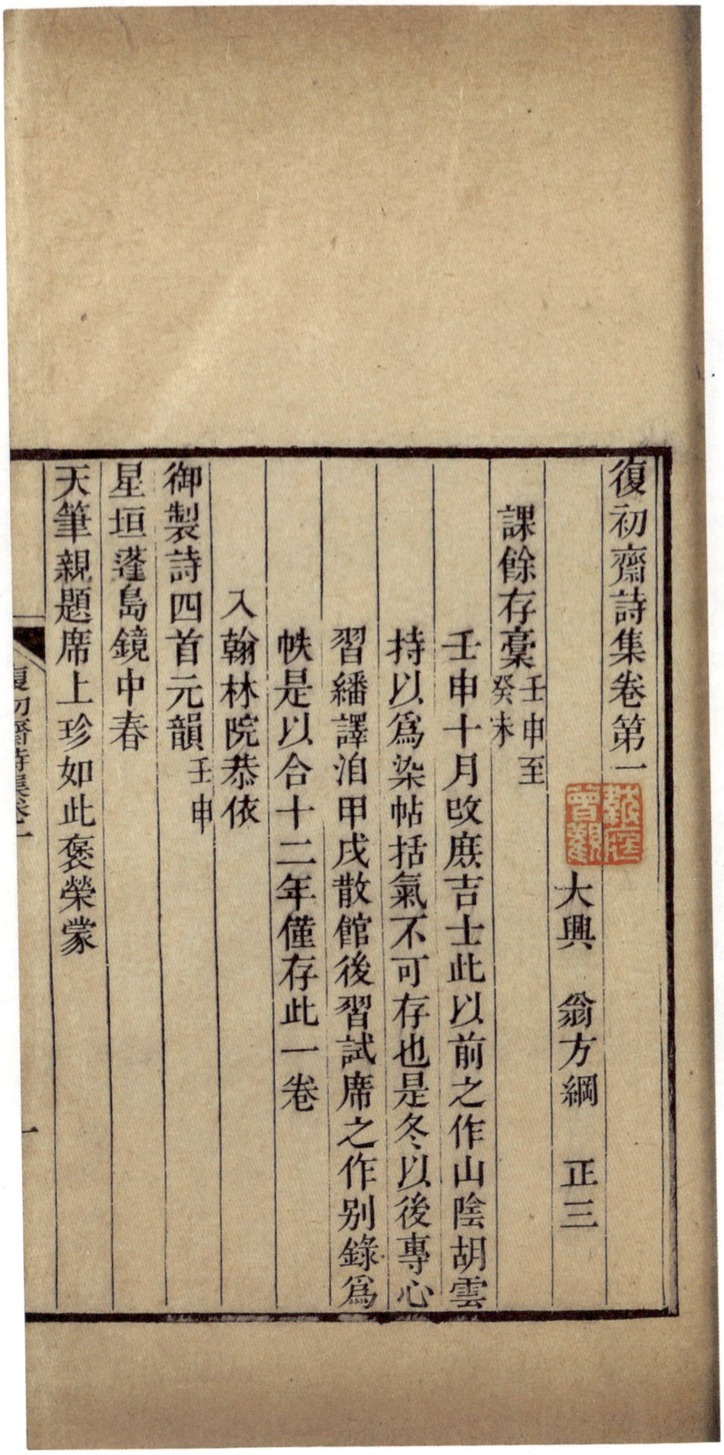
復初齋詩集卷第一
大興　翁方綱　正三
課餘存稾 壬申至癸未
壬申十月改庶吉士此以前之作山陰胡雲
持以爲染帖括氣不可存也是冬以後專心
習繙譯洎甲戌散館後習試席之作別録爲
帙是以合十二年僅存此一卷
入翰林院恭依
御製詩四首元韻 壬申
星垣蓬島鏡中春
天筆親題席上珍如此褒榮裳
復初齋詩集卷一

復初齋詩集六十二卷　（清）翁方綱撰　清乾隆五十八年（1793）刻本

框高 17 厘米，廣 13.2 厘米。半葉十一行，行二十一字，小字雙行同，白口，左右雙邊。16 册。鈐“蕺庭曾觀”白文印、“無竟先生獨志堂物”朱文印。

shan167

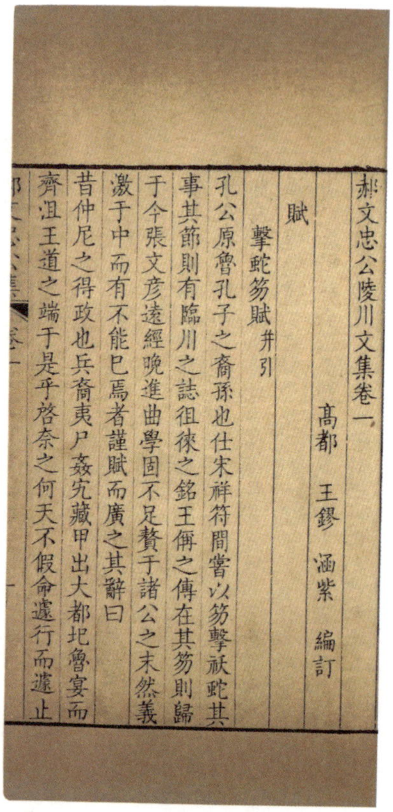
郝文忠公陵川文集卷一
高都 王鏐 涵紫 編訂
賦
擊鮀笏賦并引
孔公原魯孔子之裔孫也仕宋祥符間嘗以笏擊祅鮀其
事其節則有臨川之誌徂徠之銘王偁之傳在其笏則歸
于今張文彥遠經晚進曲學固不足贅于諸公之末然義
激于中而有不能已焉者謹賦而廣之其辭曰
昔仲尼之得政也兵裔夷尸姦宄藏甲出大都圮魯宴而
齊沮王道之端于是乎啓奈之何天不假命遽行而遽止

郝文忠公陵川文集三十九卷附錄一卷 （元）郝經撰 （清）王鏐編訂 清乾隆三年（1738）王鏐刻五十九年（1794）印本

框高 19.3 厘米，廣 12.7 厘米。半葉十行，行二十二字，小字雙行同，白口，左右雙邊。10 册。鈐“熙彥收藏善本”朱文印。

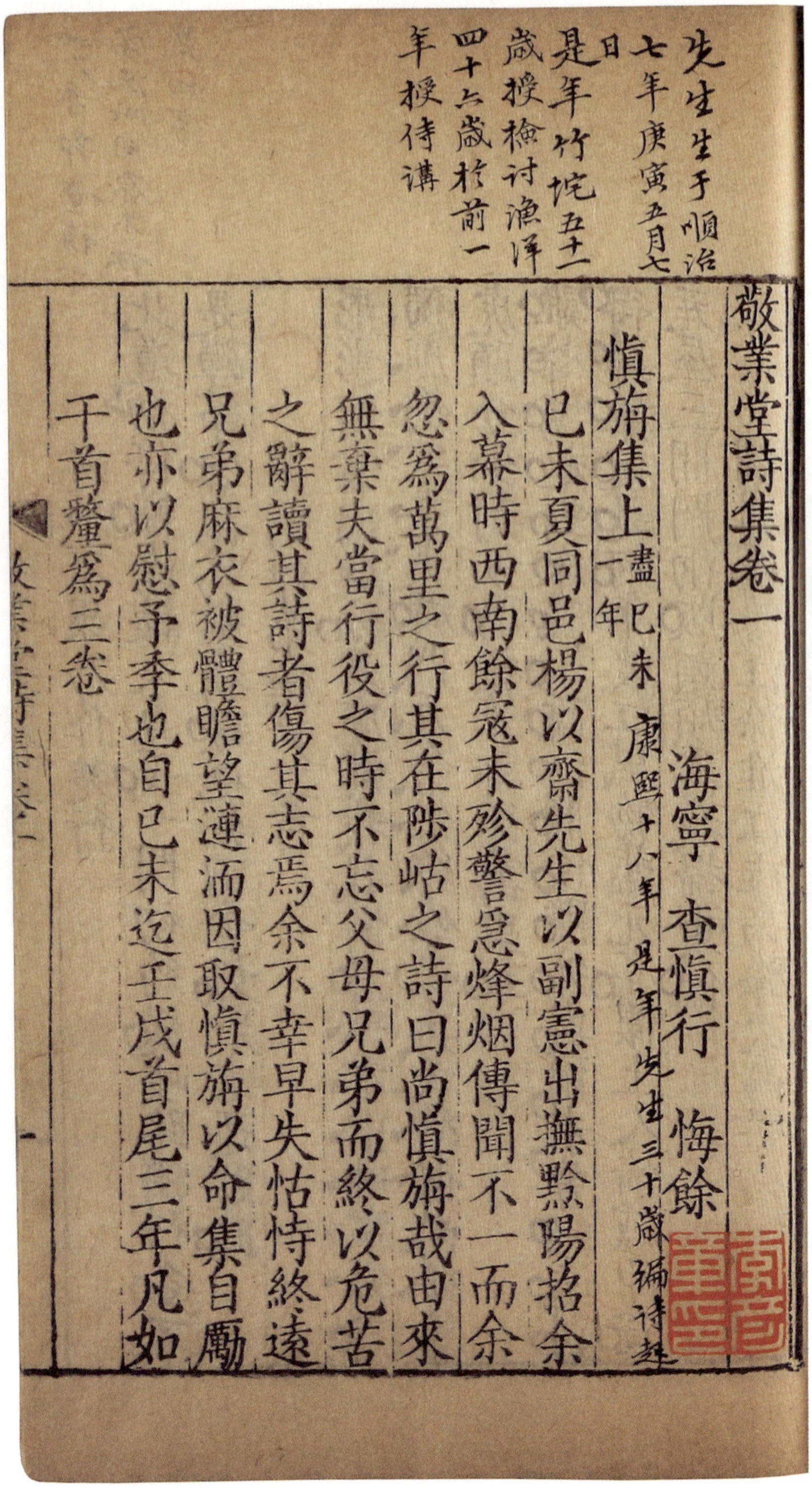
先生生于順治七年庚寅五月七日是年竹垞五十一歲授檢討漁洋四十六歲於前一年授侍講

敬業堂詩集卷一

海寧 查慎行 悔餘

慎旃集上 盡己未一年 康熙十八年是年先生三十歲編詩起

己未夏同邑楊以齋先生以副憲出撫黔陽招余入幕時西南餘寇未殄警急烽烟傳聞不一而余忽爲萬里之行其在陟岵之詩曰尚慎旃哉由來無棄夫當行役之時不忘父母兄弟而終以危苦之辭讀其詩者傷其志焉余不幸早失怙恃終遠兄弟麻衣被體瞻望漣洏因取慎旃以命集自勵也亦以慰予季也自己未迄壬戌首尾三年凡如干首釐爲三卷

敬業堂詩集五十卷 （清）查慎行撰 清康熙五十八年（1719）刻本

框高 17.6 厘米，廣 13 厘米。半葉十一行，行二十一字，小字雙行同，白口，左右雙邊。16 册。鈐“李彦章印”白文印。有文禄堂跋。

shan169

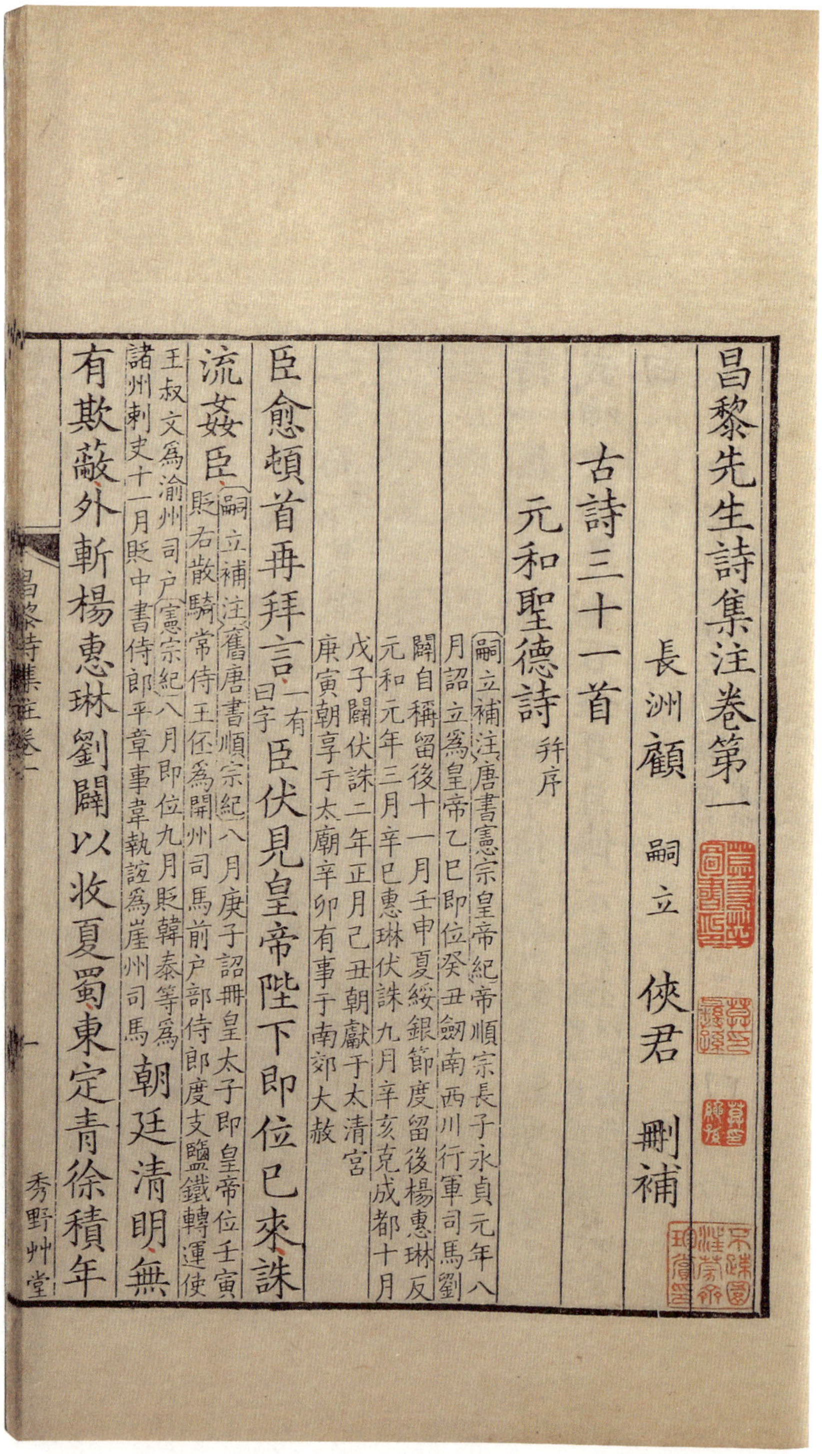

昌黎先生詩集注十一卷年譜一卷 （唐）韓愈撰 （清）顧嗣立删補 清康熙三十八年（1699）顧氏秀野草堂刻本

框高 19.3 厘米，廣 15 厘米。半葉十一行，行二十字，小字雙行三十一字，白口，左右雙邊。4 册。鈐“莫友芝圖書印”朱文印、“莫彝孫印”朱文印等。

shan171

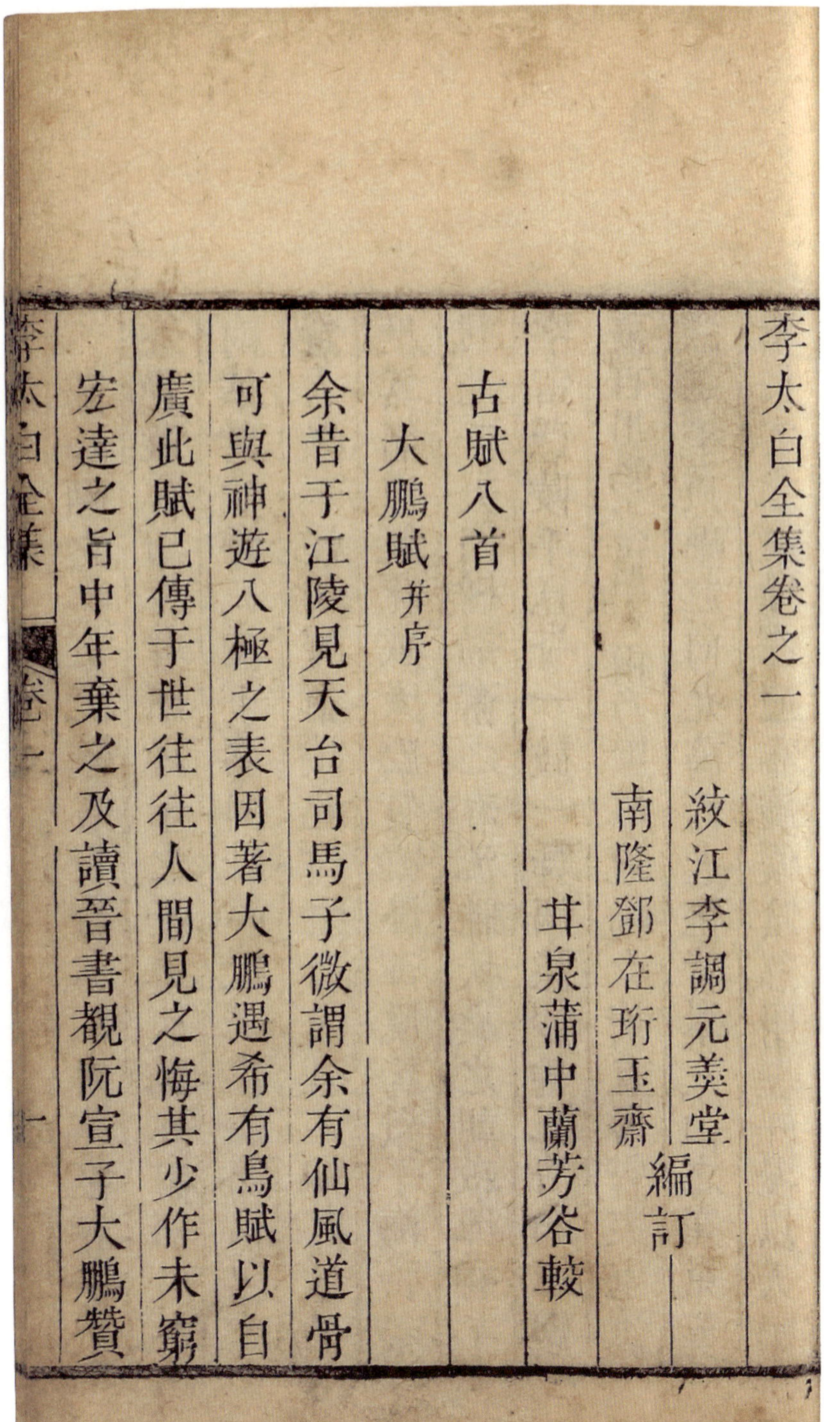

李太白全集卷之一
紋江李調元羹堂 編訂
南隆鄧在珩玉齋
芾泉蒲中蘭芳谷較
古賦八首
大鵬賦并序
余昔于江陵見天台司馬子微謂余有仙風道骨
可與神遊八極之表因著大鵬遇希有鳥賦以自
廣此賦已傳于世往往人間見之悔其少作未窮
宏達之旨中年棄之及讀晉書覩阮宣子大鵬贊
李太白全集 卷一 一

李太白全集十二卷附録四卷 （清）李調元 （清）鄧在珩編訂 清乾隆二十九年（1764）清廉書院刻本

框高 17.5 厘米，廣 13.4 厘米。半葉十行，行二十字，白口，左右雙邊。8 册。

shan179

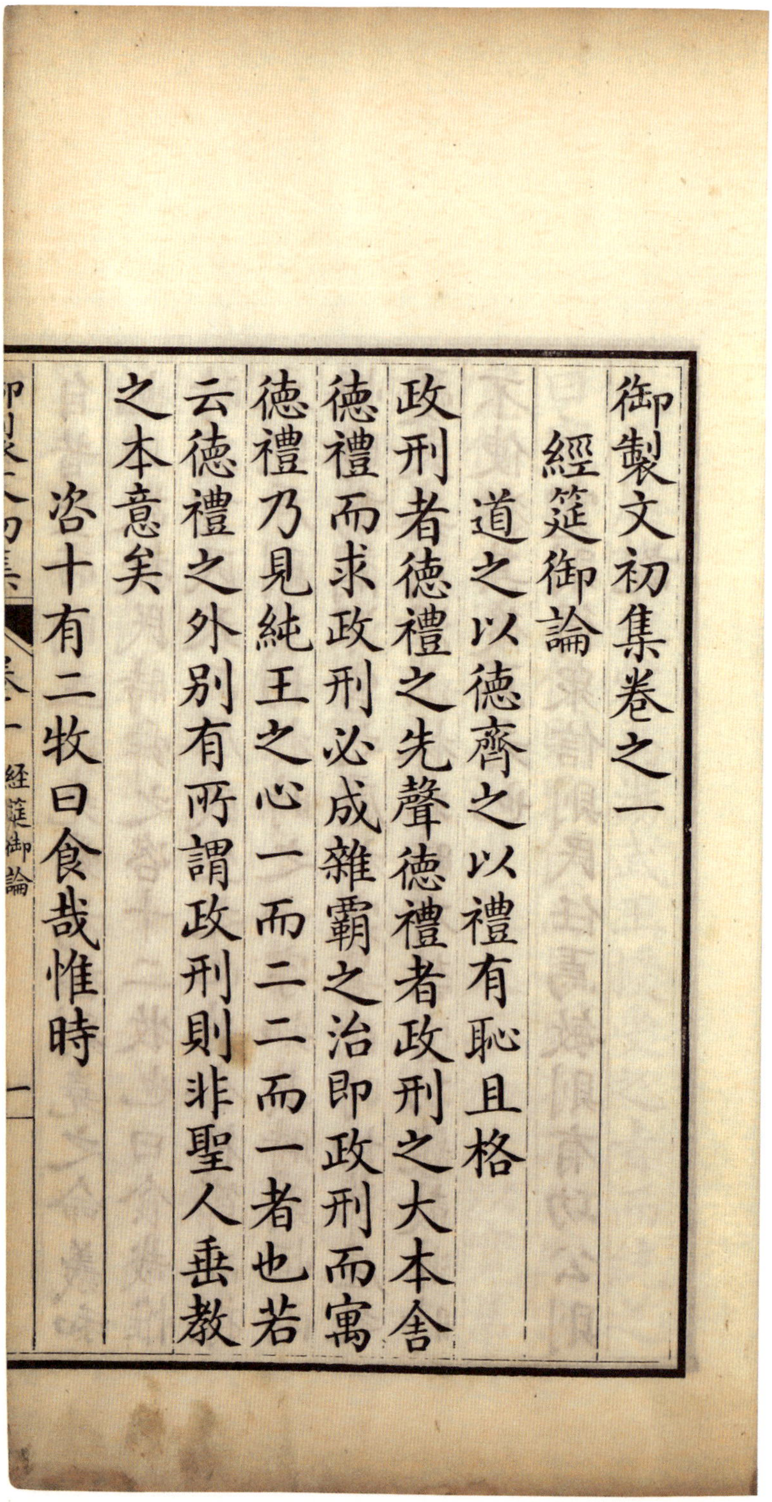
御製文初集卷之一
經筵御論
道之以德齊之以禮有恥且格
政刑者德禮之先聲德禮者政刑之大本舍
德禮而求政刑必成雜霸之治即政刑而寓
德禮乃見純王之心一而二二而一者也若
云德禮之外別有所謂政刑則非聖人垂教
之本意矣
咨十有二牧曰食哉惟時

御製文初集 卷一 經筵御論 一

御製文初集三十卷 （清）高宗弘曆撰 清乾隆二十九年（1764）武英殿刻本

框高 20.1 厘米，廣 13.6 厘米。半葉九行，行十七字，小字雙行同，白口，四周雙邊。鈐“乾”白文印、“隆”朱文印等。

shan180

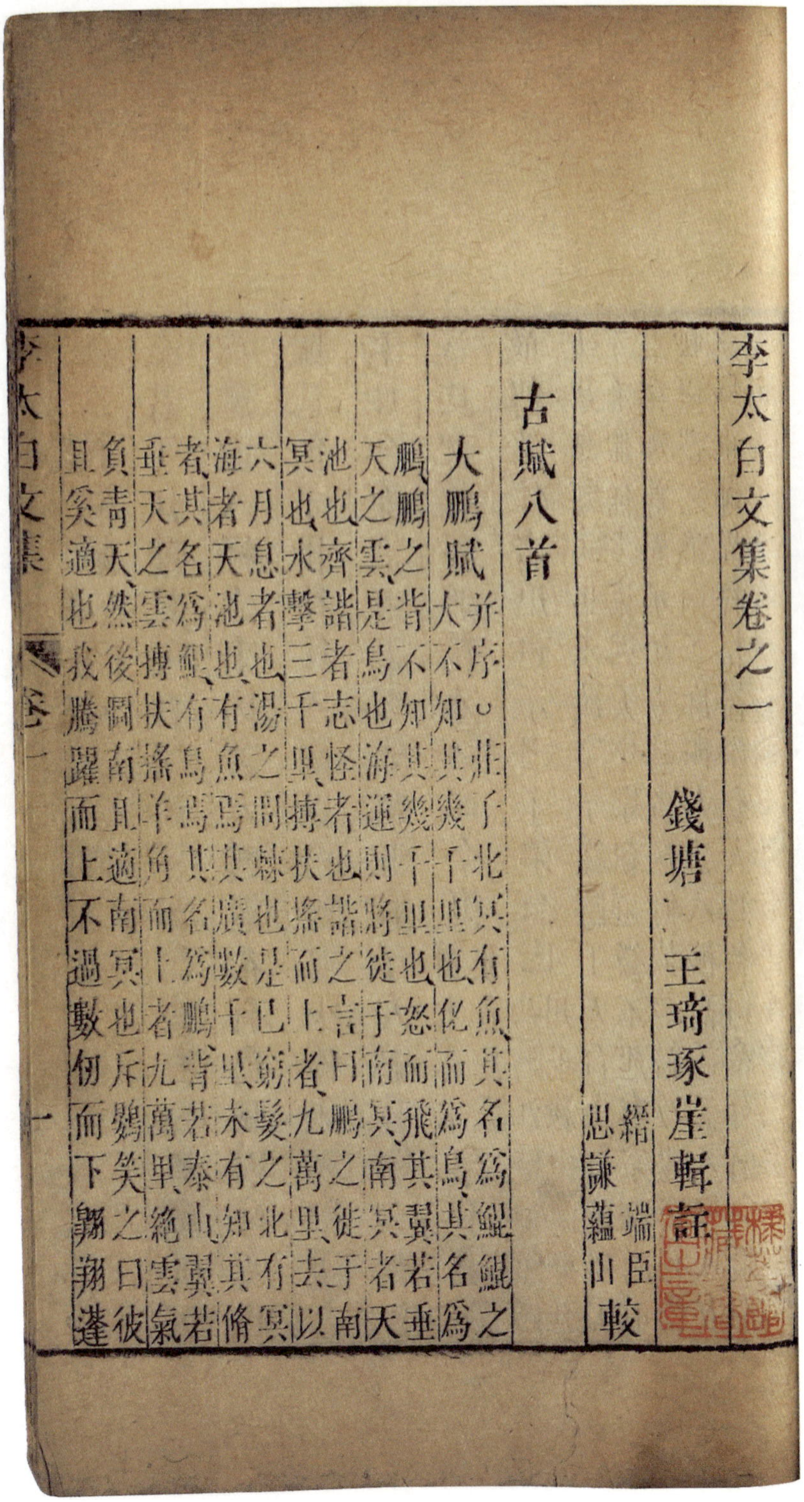
李太白文集卷之一
錢塘　王琦琢崖輯註
緒端臣　思謙蘊山　較
古賦八首
大鵬賦并序。莊子北冥有魚其名爲鯤鯤之大不知其幾千里也化而爲鳥其名爲鵬鵬之背不知其幾千里也怒而飛其翼若垂天之雲是鳥也海運則將徙于南冥南冥者天池也齊諧者志怪者也諧之言曰鵬之徙于南冥也水擊三千里摶扶搖而上者九萬里去以六月息者也湯之問棘也是已窮髮之北有冥海者天池也有魚焉其廣數千里未有知其脩者其名爲鯤有鳥焉其名爲鵬背若泰山翼若垂天之雲摶扶搖羊角而上者九萬里絕雲氣負青天然後圖南且適南冥也斥鴳笑之曰彼且奚適也我騰躍而上不過數仞而下翺翔蓬
李太白文集　卷一　一

李太白文集三十六卷　（唐）李白撰　（清）王琦輯註　清乾隆二十四年（1759）刻本

框高 17.5 厘米，廣 13.5 厘米。半葉十行，行二十字，小字雙行同，白口，左右雙邊。20 册。鈐“棣華館藏書畫之章”朱文印、“閑散野人”白文印等。

shan183

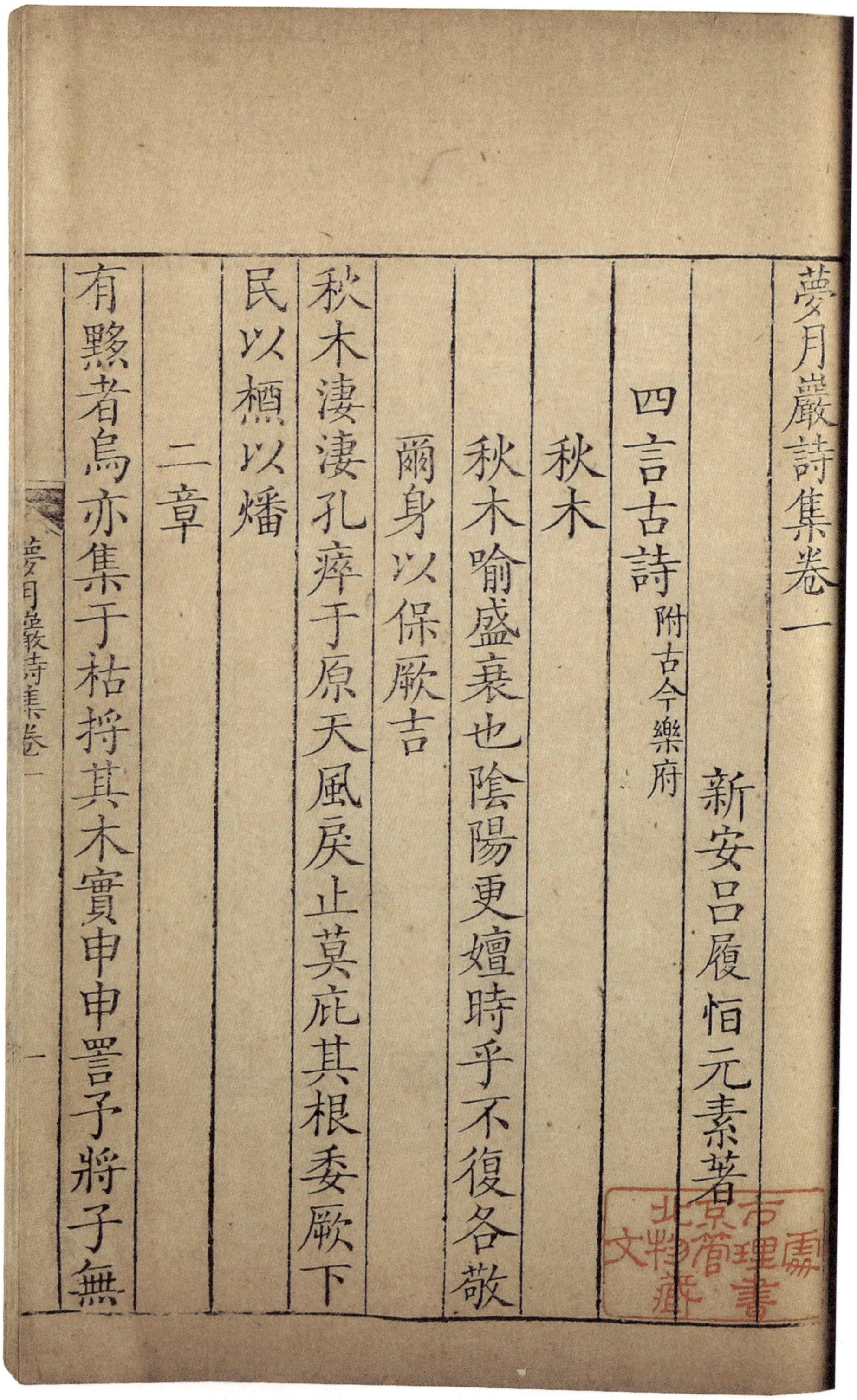

夢月巖詩集卷一

新安呂履恒元素著

四言古詩 附古今樂府

秋木

秋木喻盛衰也陰陽更嬗時乎不復各敬爾身以保厥吉

秋木淒淒孔瘁于原天風戾止莫庇其根委厥下民以槱以燔

二章

有黟者烏亦集于枯捋其木實申申詈予捋子無

夢月巖詩集卷一 一

夢月巖詩集二十卷附詩餘　（清）呂履恒著　清乾隆刻本

框高 17 厘米，廣 13.7 厘米。半葉十行，行十九字，白口，左右雙邊。10 册。

shan185

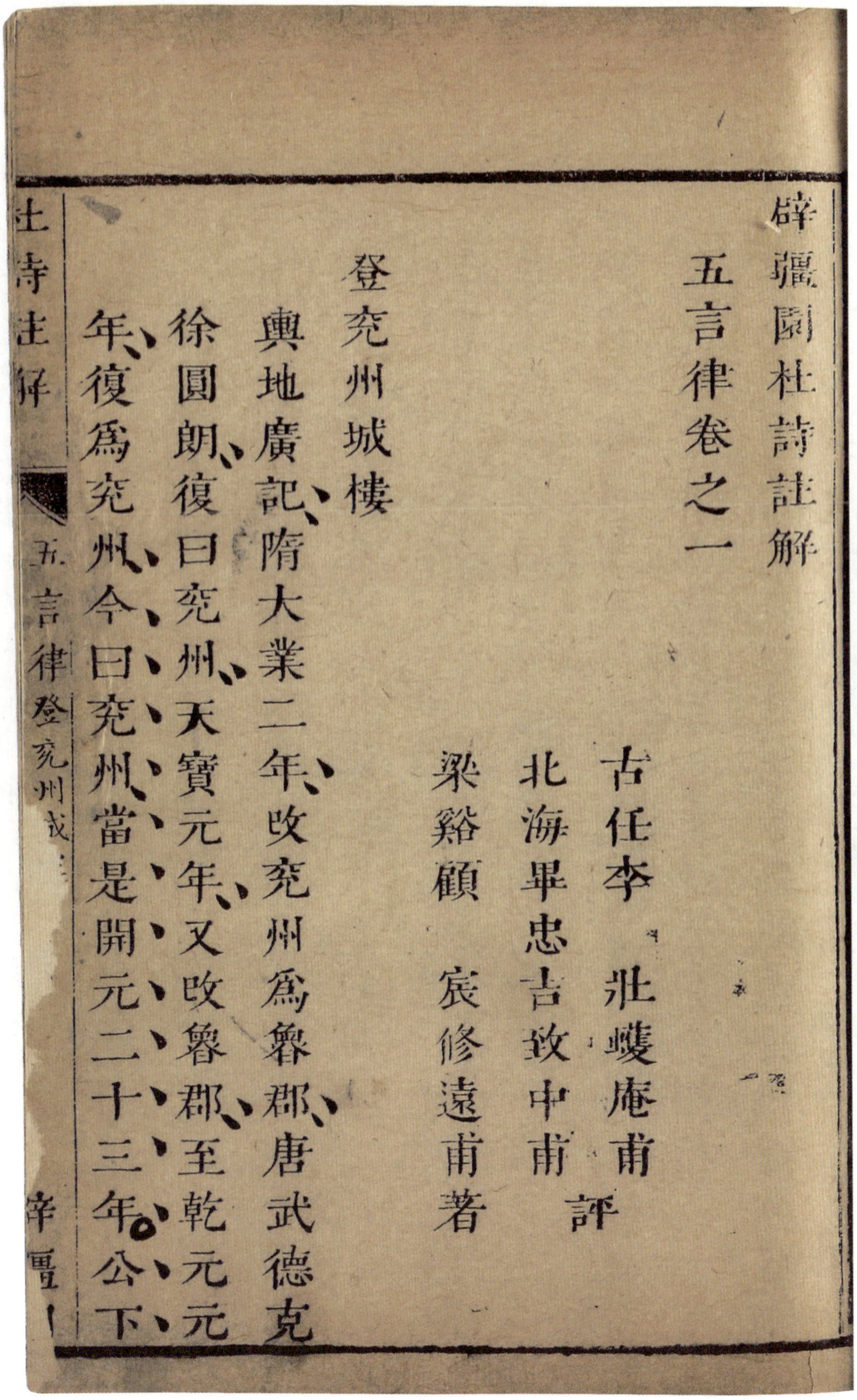
辟疆園杜詩註解
五言律卷之一
古任李　壯　蠖庵甫　評
北海畢忠吉致中甫
梁谿顧　宸修遠甫著
登兖州城樓
輿地廣記隋大業二年改兖州爲魯郡唐武德克
徐圓朗復曰兖州天寶元年又改魯郡至乾元元
年復爲兖州今曰兖州當是開元二十三年公下
杜詩註解　五言律登兖州城樓

辟疆園杜詩註解五言律十二卷附年譜　（唐）杜甫撰　（清）李壯等評　清康熙二年（1663）顧氏辟疆園刻本

框高 19.7 厘米，廣 14 厘米。半葉九行，行二十一字，白口，左右雙邊，無格。12 册。

shan188

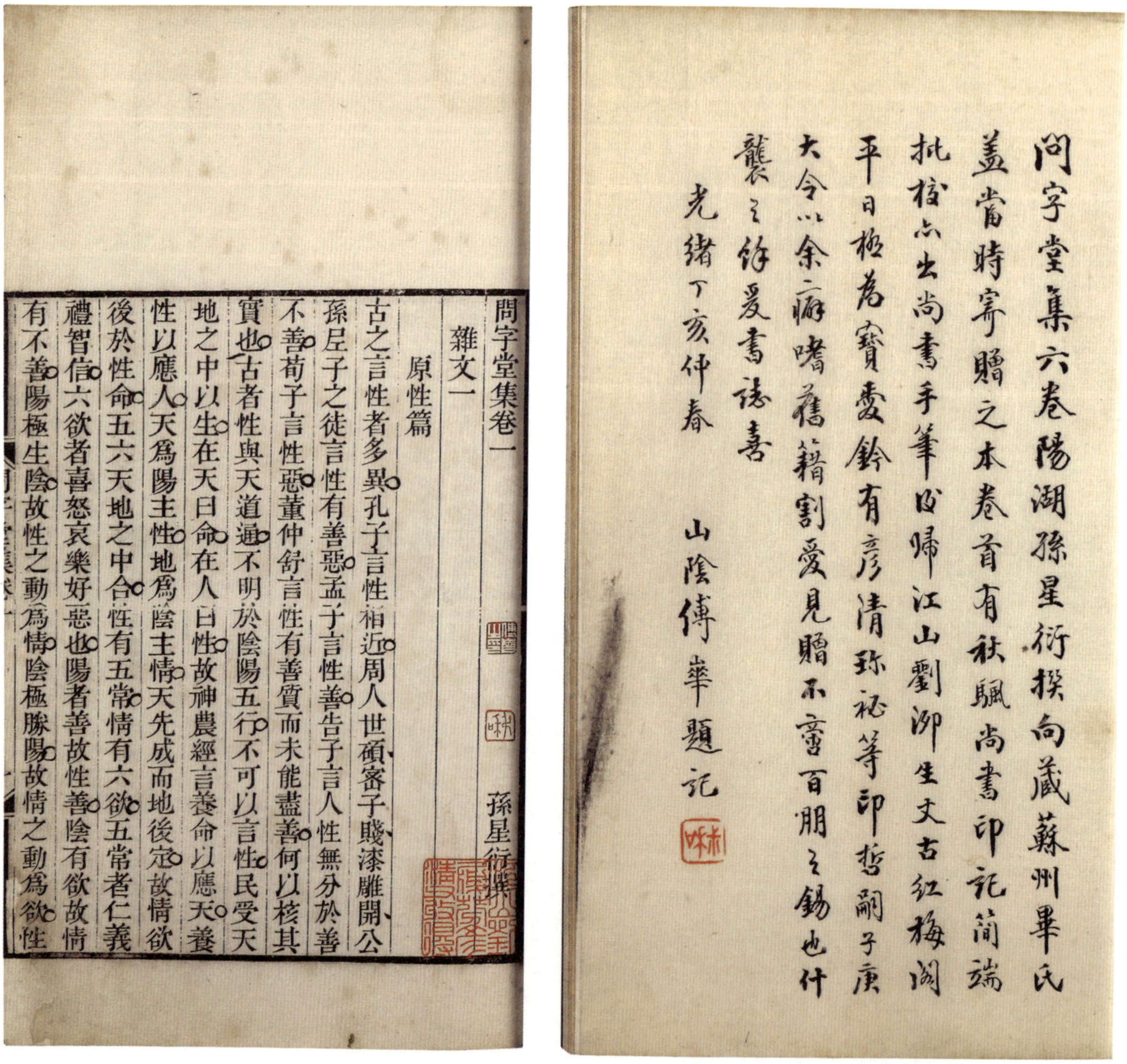

問字堂集六卷 （清）孫星衍撰 清乾隆六十年（1795）蘭陵孫氏刻岱南閣叢書本

框高18.5厘米，廣14.7厘米。半葉十二行，行二十四字，黑口，四周單邊。2册。鈐“愛日齋藏書印”白文印、“彦精珍秘”白文印、“叔和”朱文印、“履芬”白文印等。

shan193

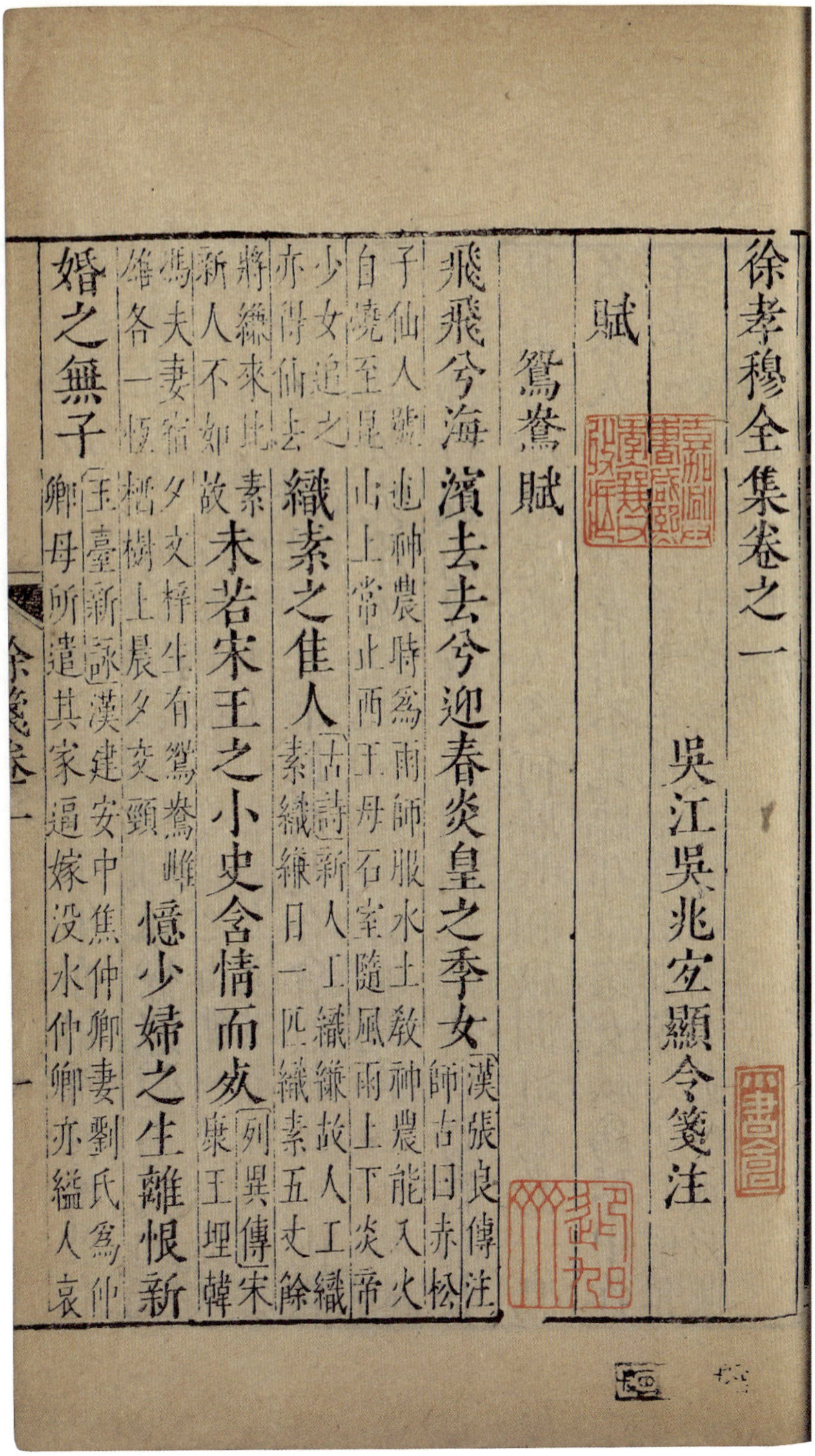
徐孝穆全集卷之一
吳江吳兆宜顯令箋注
賦
鴛鴦賦
飛飛兮海濱去去兮迎春炎皇之季女漢張良傳注師古曰赤松子仙人號也神農時爲雨師服水玉教神農能入火自燒至崑山上常止西王母石室隨風雨上下炎帝少女追之亦得仙去織素之佳人古詩新人工織縑故人工織素織縑日一匹織素五丈餘將縑來比素新人不如故未若宋王之小史含情而死列異傳宋康王埋韓馮夫妻宿夕文梓生有鴛鴦雌雄各一恒栖樹上晨夕交頸憶少婦之生離恨新婚之無子玉臺新詠漢建安中焦仲卿妻劉氏爲仲卿母所遣其家逼嫁没水仲卿亦縊人哀

徐孝穆全集六卷　（南朝陳）徐陵撰　（清）吳兆宜箋注　清乾隆刻本

框高 18.7 厘米，廣 14.2 厘米。半葉十行，行二十字，小字雙行同，白口，左右雙邊。2 册。鈐“迎旭齋”朱文印、“小書倉”白文印等。

shan200

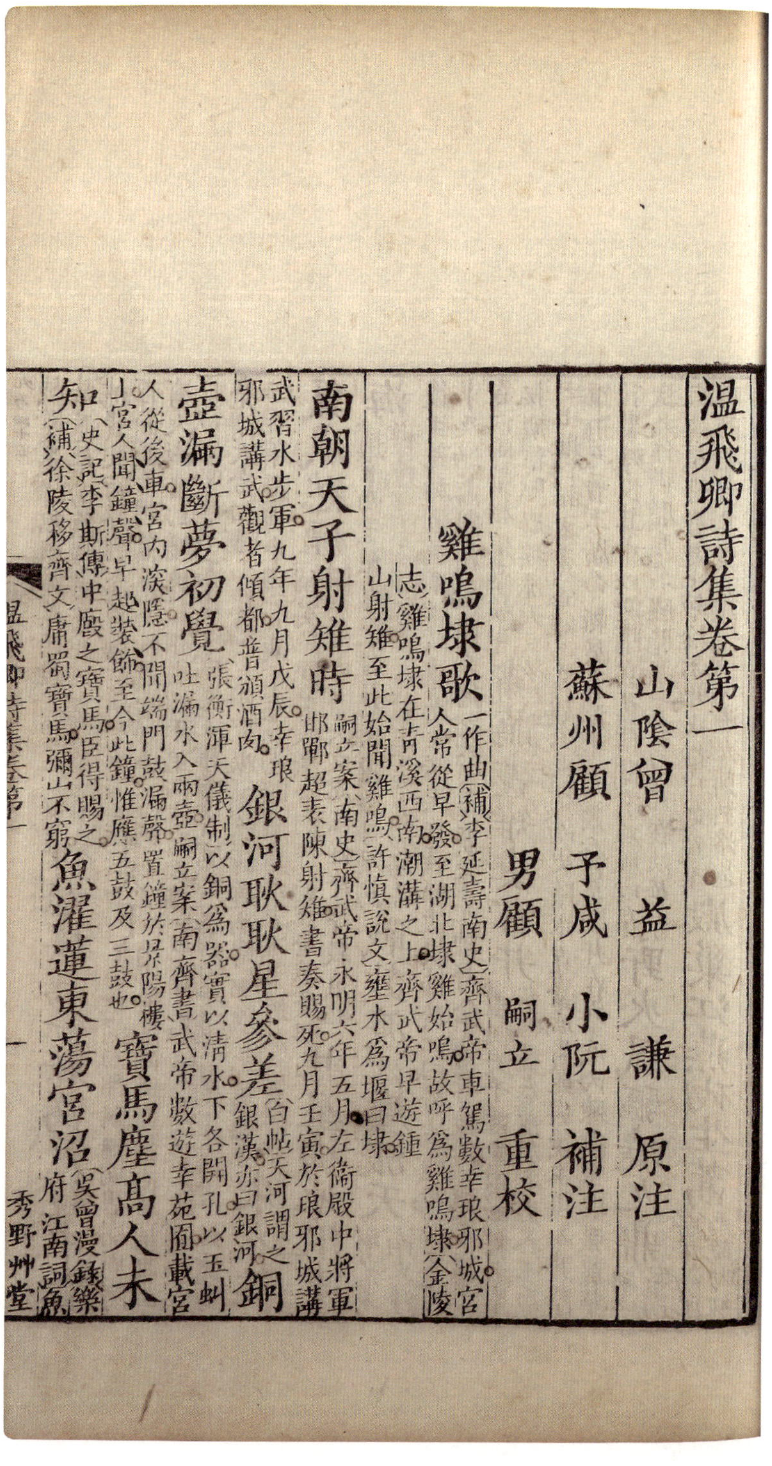

温飛卿詩集九卷 （唐）温庭筠撰 （清）曾益注 （清）顧予咸補注 （清）顧嗣立重校 清康熙三十六年（1697）長洲顧氏秀野草堂刻本

框高 18.7 厘米，廣 15 厘米。半葉十一行，行二十字，小字雙行三十字，白口，左右雙邊。2 册。鈐“鹿溪山人”朱文印。

shan202

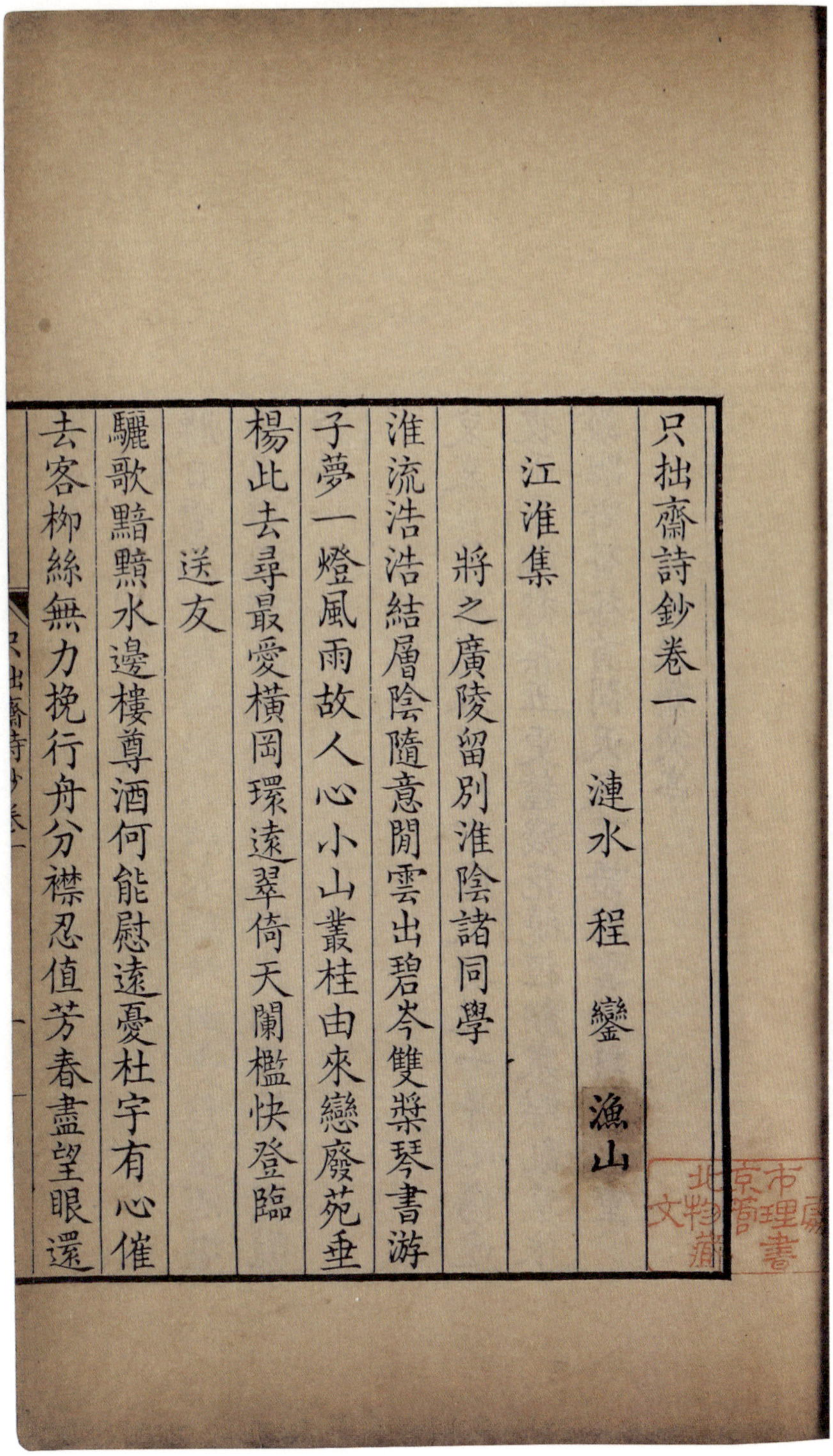
只拙齋詩鈔卷一
漣水 程 鑾 漁山
江淮集
將之廣陵留別淮陰諸同學
淮流浩浩結層陰隨意閒雲出碧岑雙槳琴書游
子夢一燈風雨故人心小山叢桂由來戀廢苑垂
楊此去尋最愛橫岡環遠翠倚天闌檻快登臨
送友
驪歌黯黯水邊樓尊酒何能慰遠憂杜宇有心催
去客柳絲無力挽行舟分襟忍值芳春盡望眼還

只拙齋詩鈔七卷　（清）程鑾撰　清康熙五十九年（1720）刻本

框高 16.4 厘米，廣 13.6 厘米。半葉十行，行十九字，细黑口，左右雙邊。2 册。

shan207

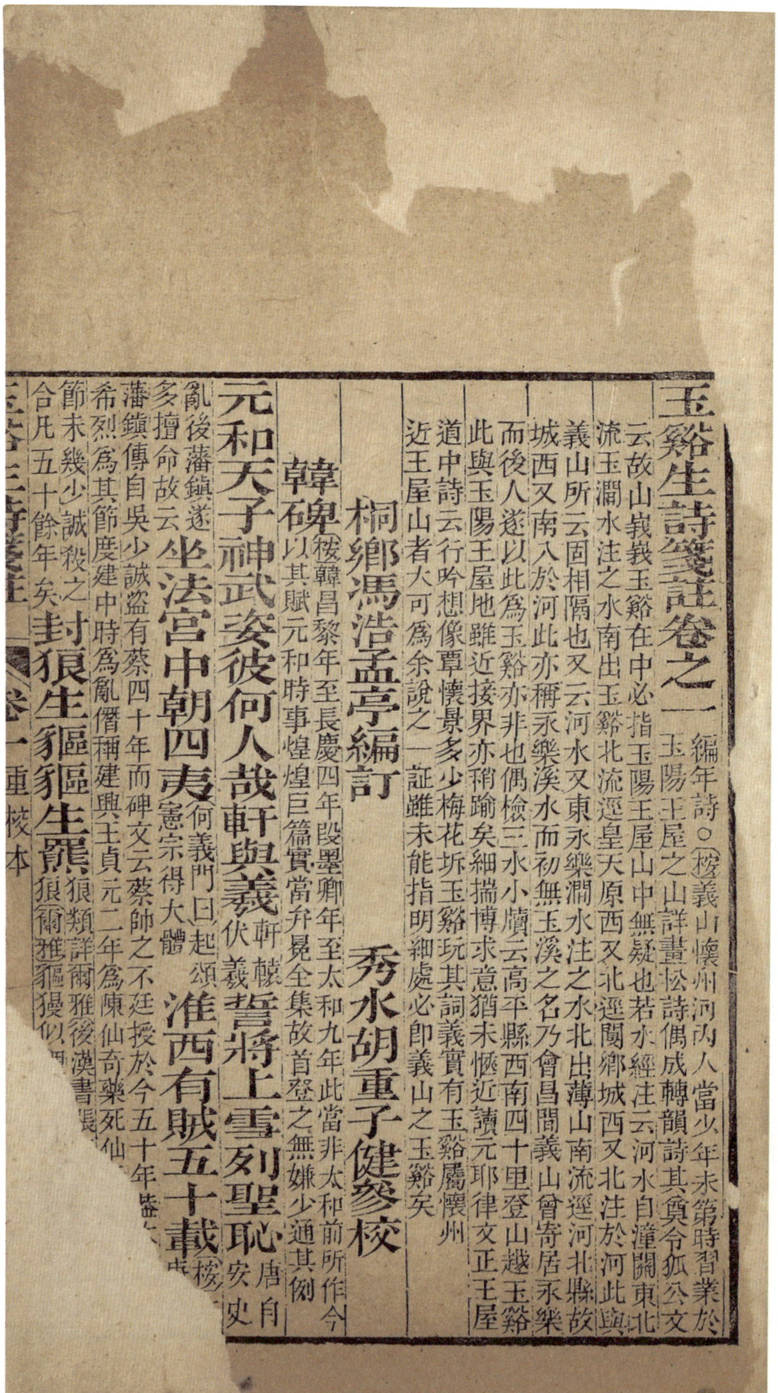

玉谿生詩箋註卷之一　編年詩○（按義山懷州河內人當少年未第時習業於玉陽王屋之山詳畫松詩偶成轉韻詩其負令狐公文云故山峩峩玉谿在中必指玉陽王屋山中無疑也若水經注云河水自潼關東北流玉澗水注之水南出玉谿北流逕皇天原西又北逕閿鄉城西又北注於河此與義山所云固相隔也又云河水又東永樂澗水注之水北出薄山南流逕河北縣故城西又南入於河此亦稱永樂溪水而初無玉溪之名乃會昌間義山嘗寄居永樂而後人遂以此為玉谿亦非也偶檢三水小牘云高平縣西南四十里登山越玉谿此與玉陽王屋地雖近接界亦稍踰矣細揣博求意猶未愜近讀元耶律文正王屋道中詩云行吟想像覃懷景多少梅花坼玉谿玩其詞義實有玉谿屬懷州近王屋山者大可為余說之一証雖未能指明細處必即義山之玉谿矣）

桐鄉馮浩孟亭編訂　秀水胡重子健參校

韓碑（按韓昌黎年至長慶四年段墨卿年至太和九年此當非太和前所作今以其賦元和時事煌煌巨篇實當弁冕全集故首登之無嫌少通其例）

元和天子神武姿彼何人哉軒與義（軒轅伏義）誓將上雪列聖恥（唐自安史亂後藩鎮遂多擅命故云）坐法宮中朝四夷（何義門曰起頌憲宗得大體）淮西有賊五十載（按唐藩鎮傳自吳少誠盜有蔡四十年而碑文云蔡帥之不廷授於今五十年蓋希烈為其節度建中時為亂僭稱建興王貞元二年為陳仙奇藥死仙奇節未幾少誠殺之合凡五十餘年矣）封狼生貙貙生羆（狼類詳爾雅後漢書……狼爾雅貙獌似狸……）

玉谿生詩箋註　卷一　重校本

玉谿生詩箋註三卷詩話一卷年譜一卷贈詩一卷首一卷　（唐）李商隱撰　（清）馮浩編訂并注　清乾隆四十五年（1780）馮浩德聚堂刻嘉慶元年（1796）增刻本

框高 18.6 厘米，廣 14.5 厘米。半葉十一行，行二十五字，小字雙行三十三字，白口，左右雙邊。6 册。

shan208

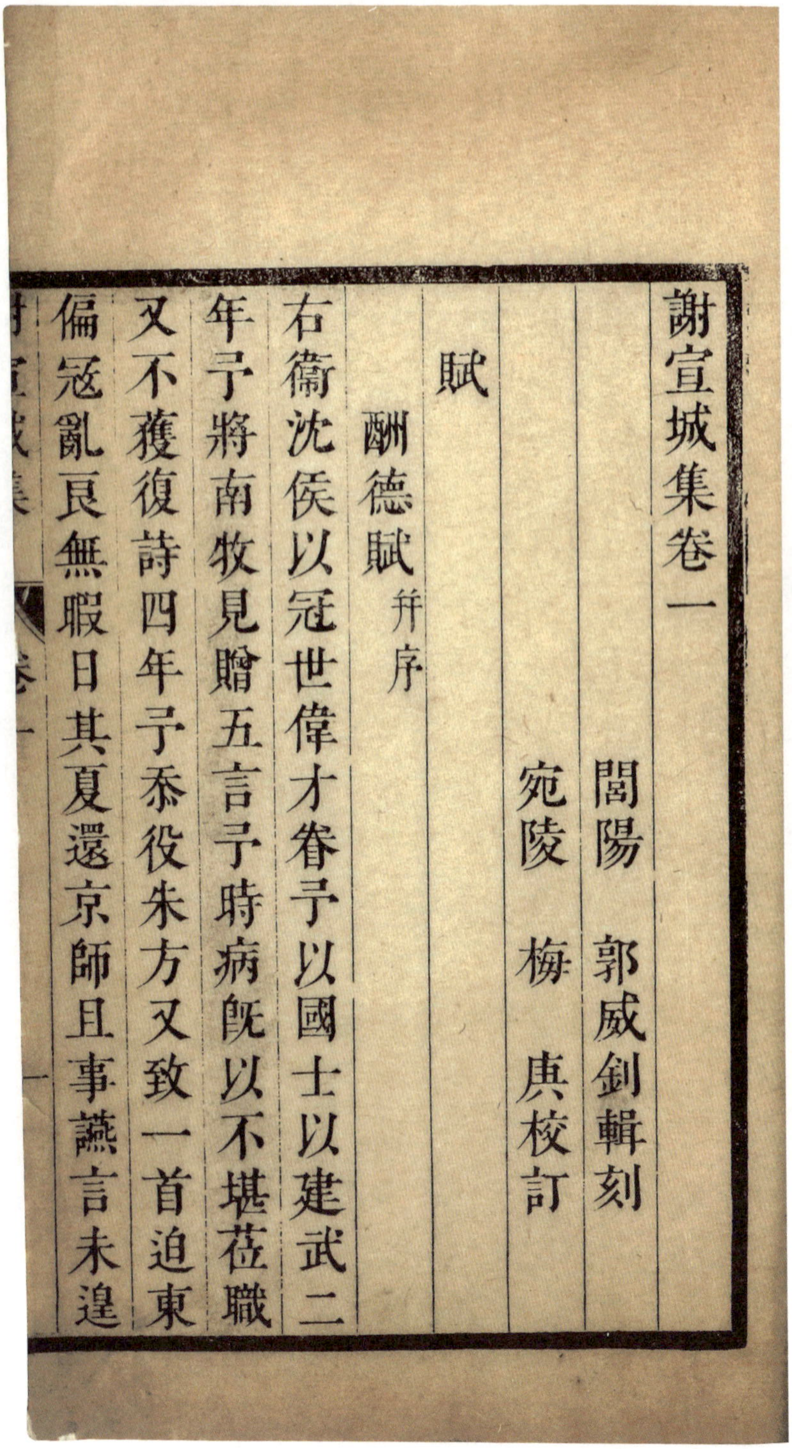
謝宣城集卷一
閭陽　郭威釗輯刻
宛陵　梅　庚校訂
賦
酬德賦并序
右衛沈矦以冠世偉才眷予以國士以建武二
年予將南牧見贈五言予時病既以不堪莅職
又不獲復詩四年予忝役朱方又致一首追東
偏冦亂良無暇日其夏還京師且事讌言未遑
謝宣城集　卷一　一

謝宣城集六卷首一卷　（南朝齊）謝朓撰　（清）郭威釗輯　清康熙四十六年（1707）郭威釗甓軒刻本

框高 19 厘米，廣 13 厘米。半葉九行，行十八字，白口，四周單邊。4 册。

shan211

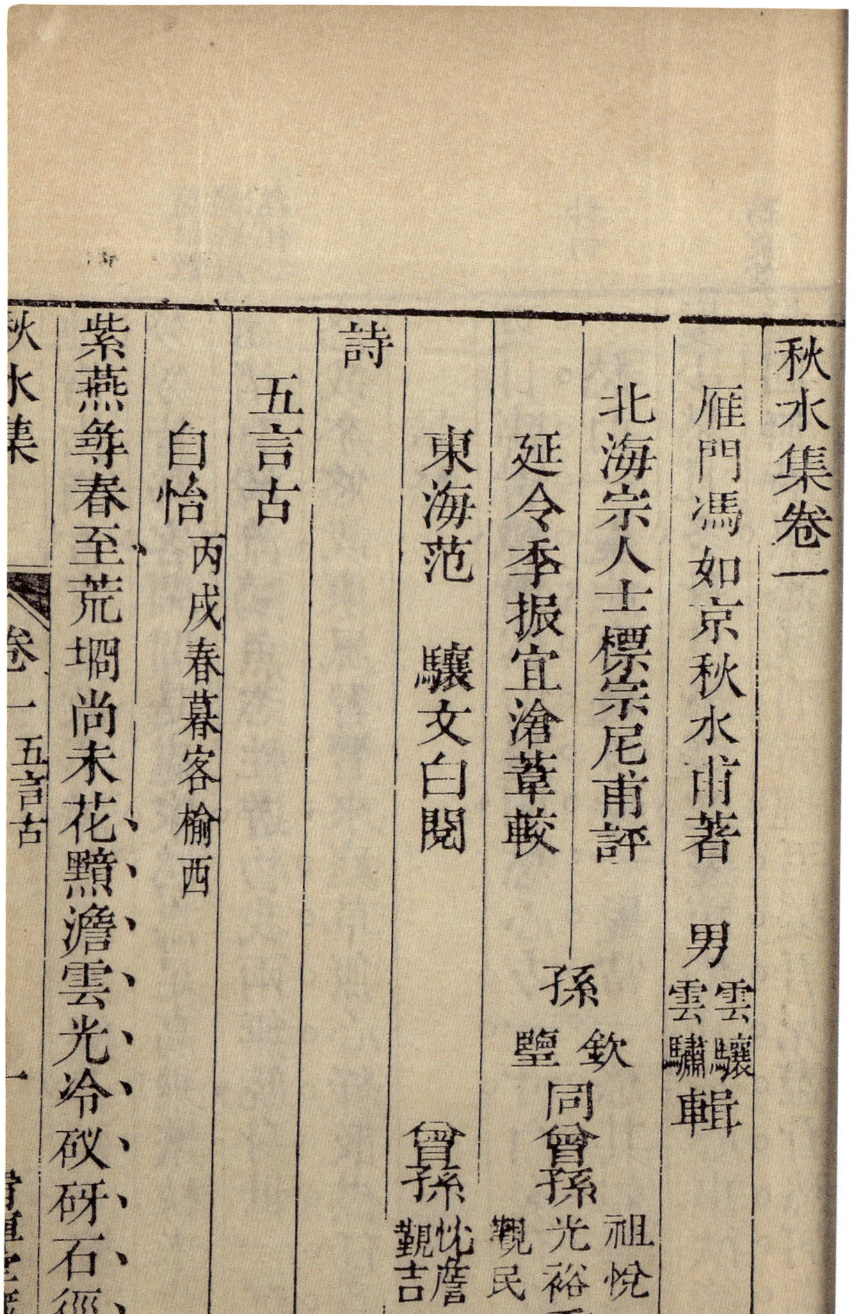
秋水集卷一
鴈門馮如京秋水甫著　男雲驤 雲驌 輯
北海宗人士標宗尼甫評　孫欽 璺 同曾孫光裕 祖悅 覲民 重梓
延令季振宜滄葦較
東海范驤文白閲　曾孫忱 覲吉 詹 校字
詩
五言古
自怡　丙戌春暮客榆西
紫燕尋春至、荒壖尚未花、黯澹雲光冷、砐砑石徑斜、

秋水集　卷一　五言古　一

秋水集十六卷　（清）馮如京著　（清）馮雲驤等輯　清乾隆五年（1740）清暉堂刻本
框高 17.6 厘米，廣 13.9 厘米。半葉九行，行二十字，小字雙行同，白口，四周單邊。4 册。
shan212

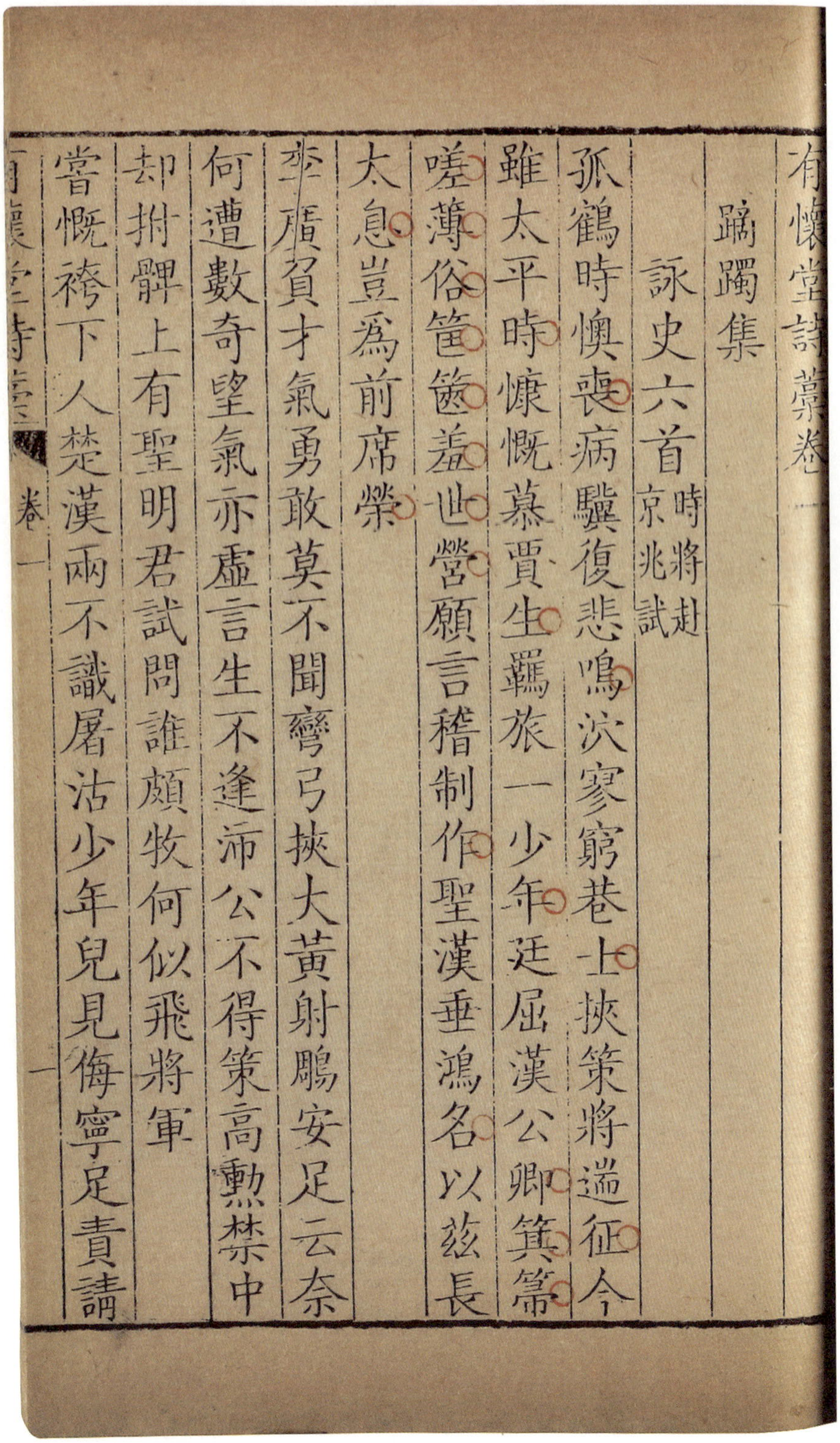

有懷堂詩藁卷一

蹢躅集

詠史六首 時將赴京兆試

孤鶴時懊喪病驥復悲鳴汶寥窮巷上挾策將遄征今雖太平時慷慨慕賈生羈旅一少年廷屈漢公卿箕箒嗟薄俗筐篋羞世營願言稽制作聖漢垂鴻名以茲長太息豈爲前席榮

李廣負才氣勇敢莫不聞彎弓挾大黃射鵰安足云奈何遭數奇望氣亦虛言生不逢沛公不得策高勳禁中却拊髀上有聖明君試問誰頗牧何似飛將軍

嘗慨袴下人楚漢兩不識屠沽少年兒見侮寧足責請

有懷堂詩藁 卷一 一

有懷堂詩藁六卷 （清）韓菼撰 清康熙四十二年（1703）刻本

框高 19.3 厘米，廣 13.8 厘米。半葉十一行，行二十一字，小字雙行同，白口，四周單邊。4 册。

shan223

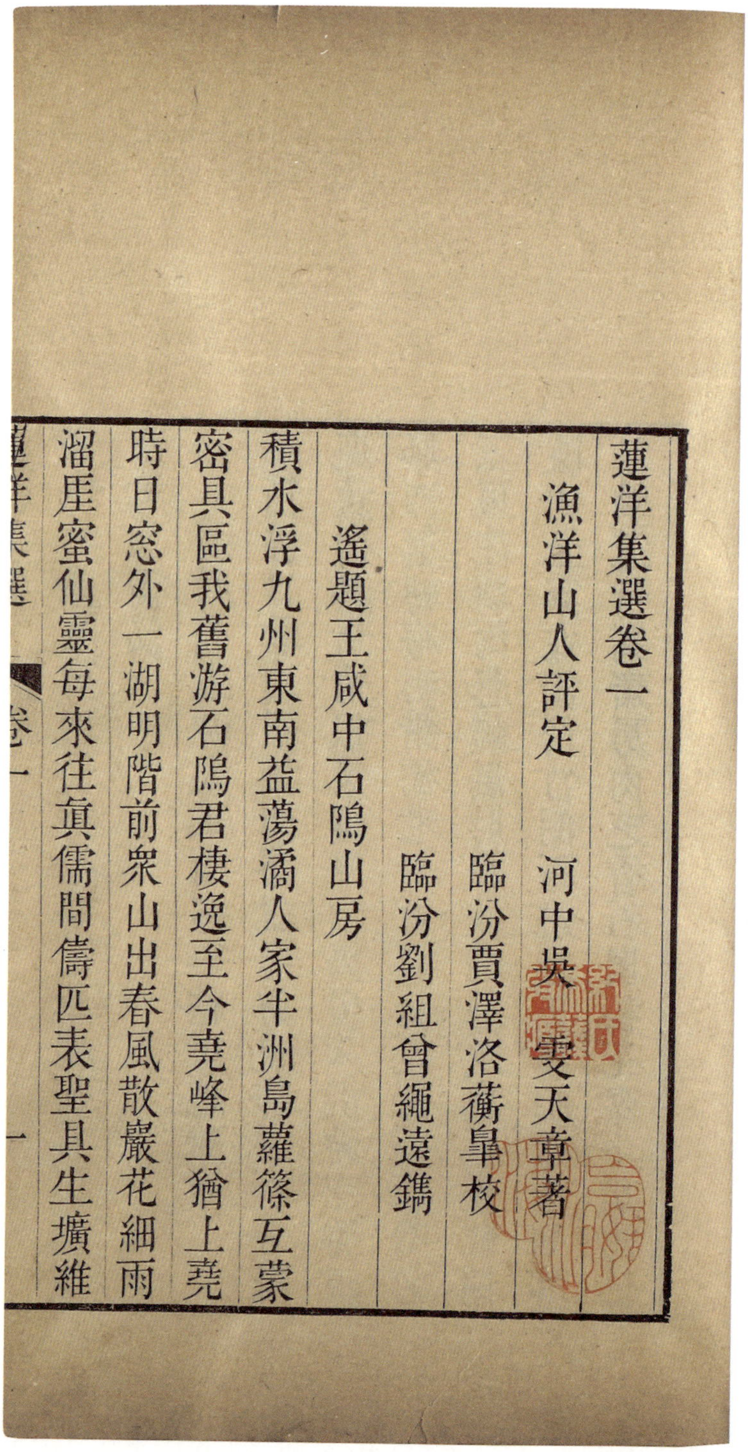
蓮洋集選卷一
漁洋山人評定　河中吳雯天章著
臨汾賈澤洛蘅皐校
臨汾劉組曾繩遠鐫
遙題王咸中石隝山房
積水浮九州東南盎蕩滈人家半洲島蘿篠互蒙
密具區我舊游石隝君棲逸至今堯峰上猶上堯
時日窓外一湖明階前衆山出春風散巖花細雨
溜匡蠻仙靈每來往眞儒間儔匹表聖具生壙維

蓮洋集選十二卷　（清）吴雯著　（清）王士禎評定　（清）賈澤洛校　清乾隆十五年（1750）劉組曾夢鶴草堂刻本

框高 17 厘米，廣 13 厘米。半葉九行，行十九字，白口，左右雙邊。6 册。鈐“瀛海”朱文印、“七世大夫之家”白文印等。

shan224

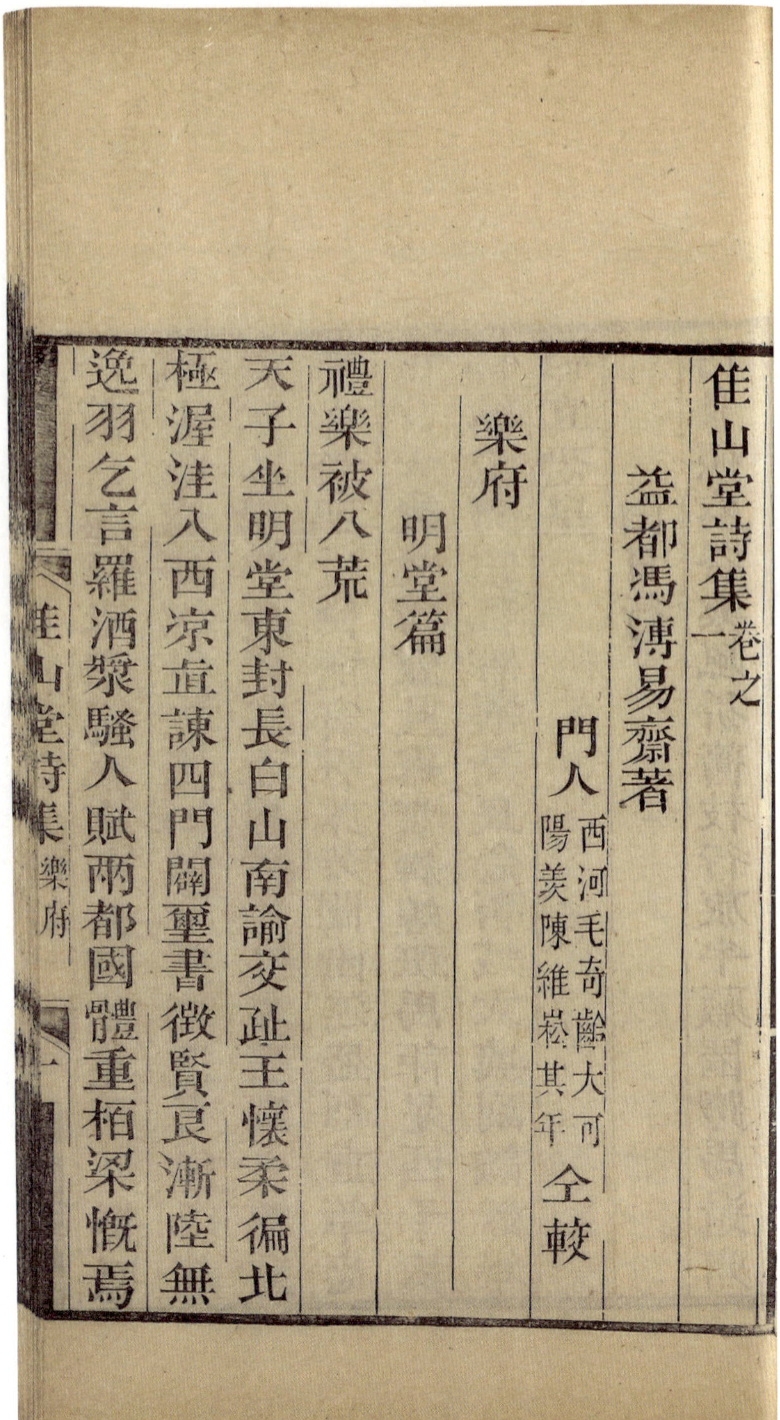

佳山堂詩集十卷 （清）馮溥著 （清）毛奇齡等校 清康熙二十一年（1682）古吴朱士儒刻本

框高 17.5 厘米，廣 13.4 厘米。半葉九行，行十九字，小字雙行同，粗黑口，左右雙邊。4 册。

shan228

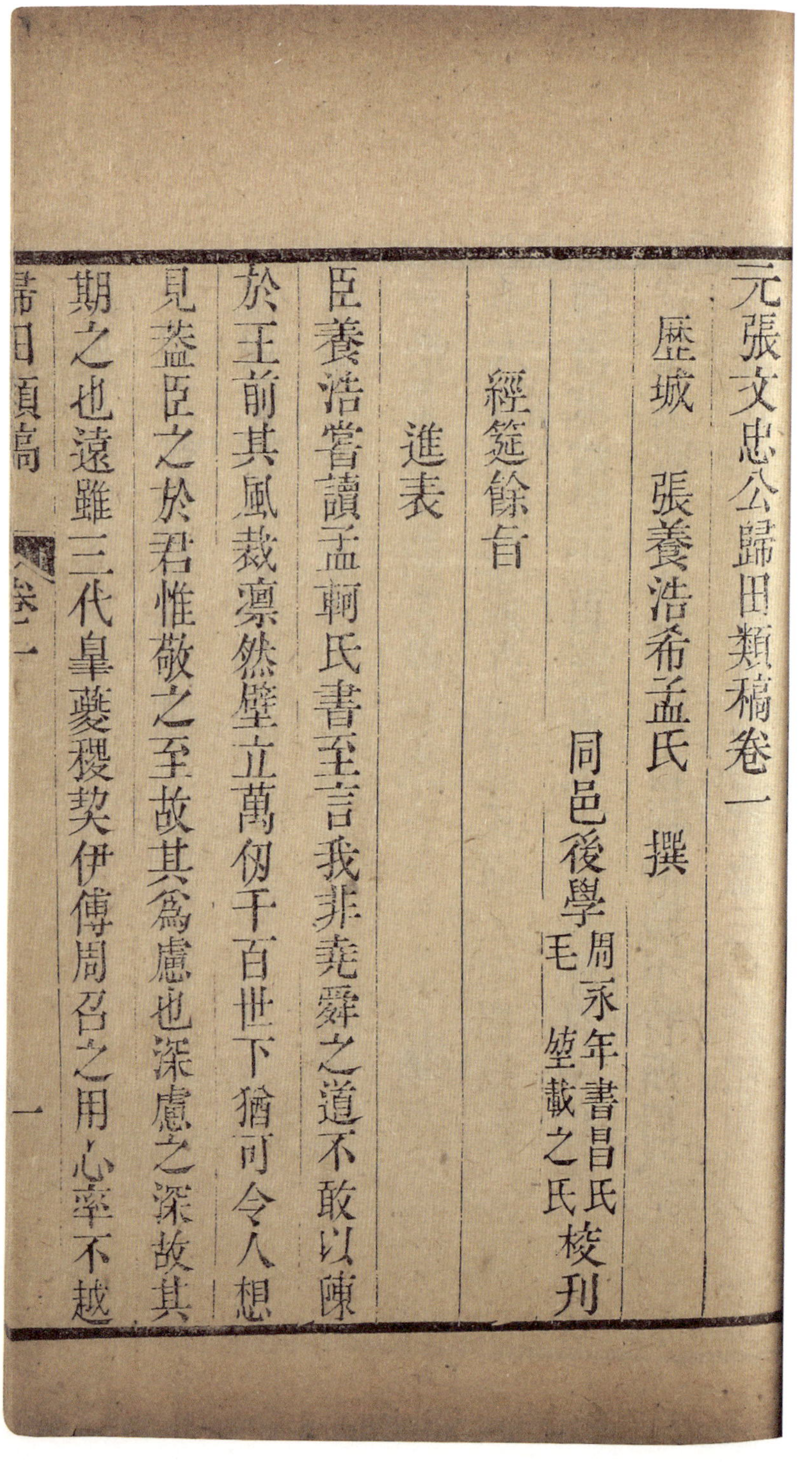

元張文忠公歸田類稿二十卷附録一卷　（元）張養浩撰　（清）周永年等校　清乾隆五十五年（1790）周氏刻本

框高 18.9 厘米，廣 14.5 厘米。半葉九行，行二十一字，小字雙行同，白口，左右雙邊。4 册。

shan229

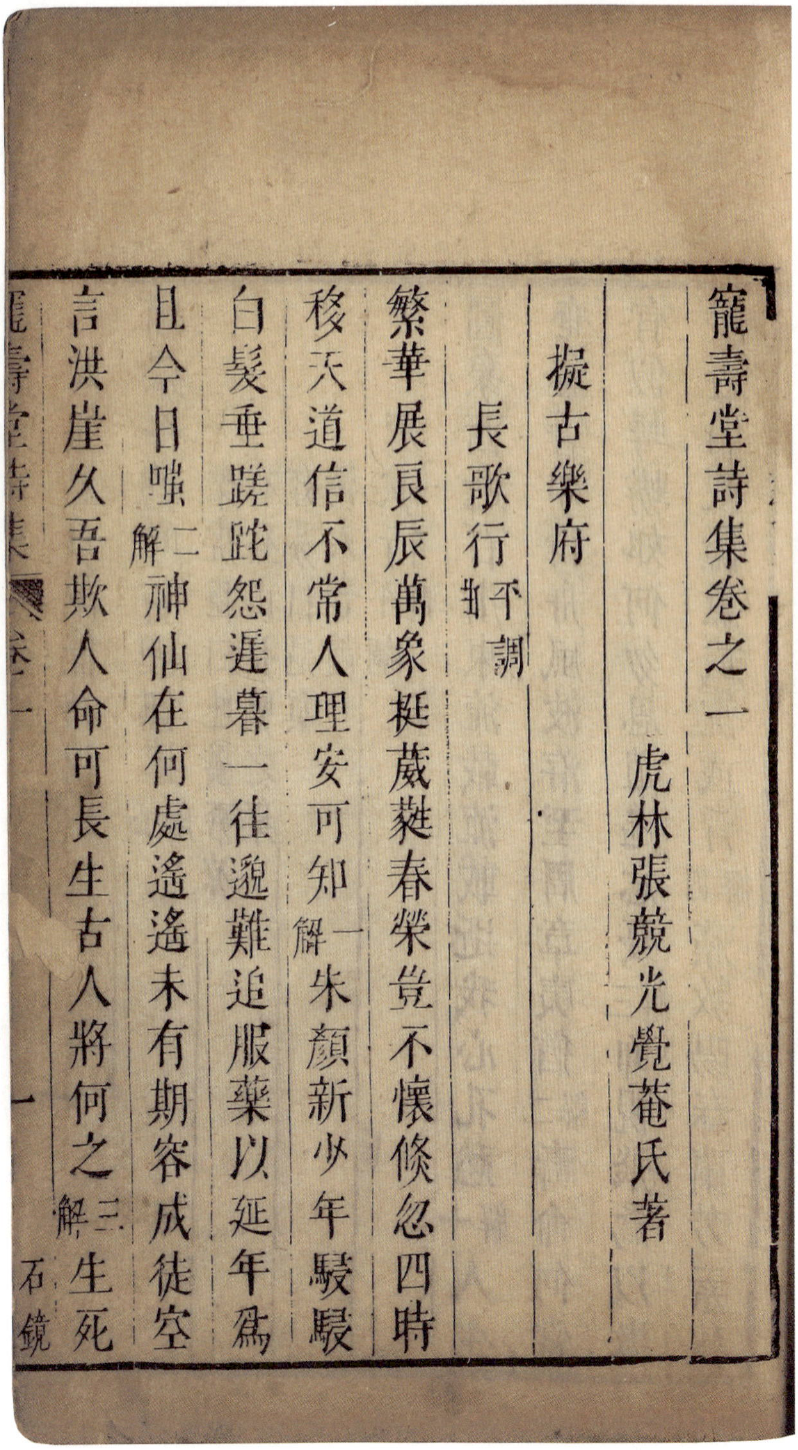

寵壽堂詩集二十四卷　（清）張競光著　清康熙二年（1663）刻本

框高20.2厘米，廣14.4厘米。半葉九行，行十九字，小字雙行同，白口，四周單邊。6册。

shan230

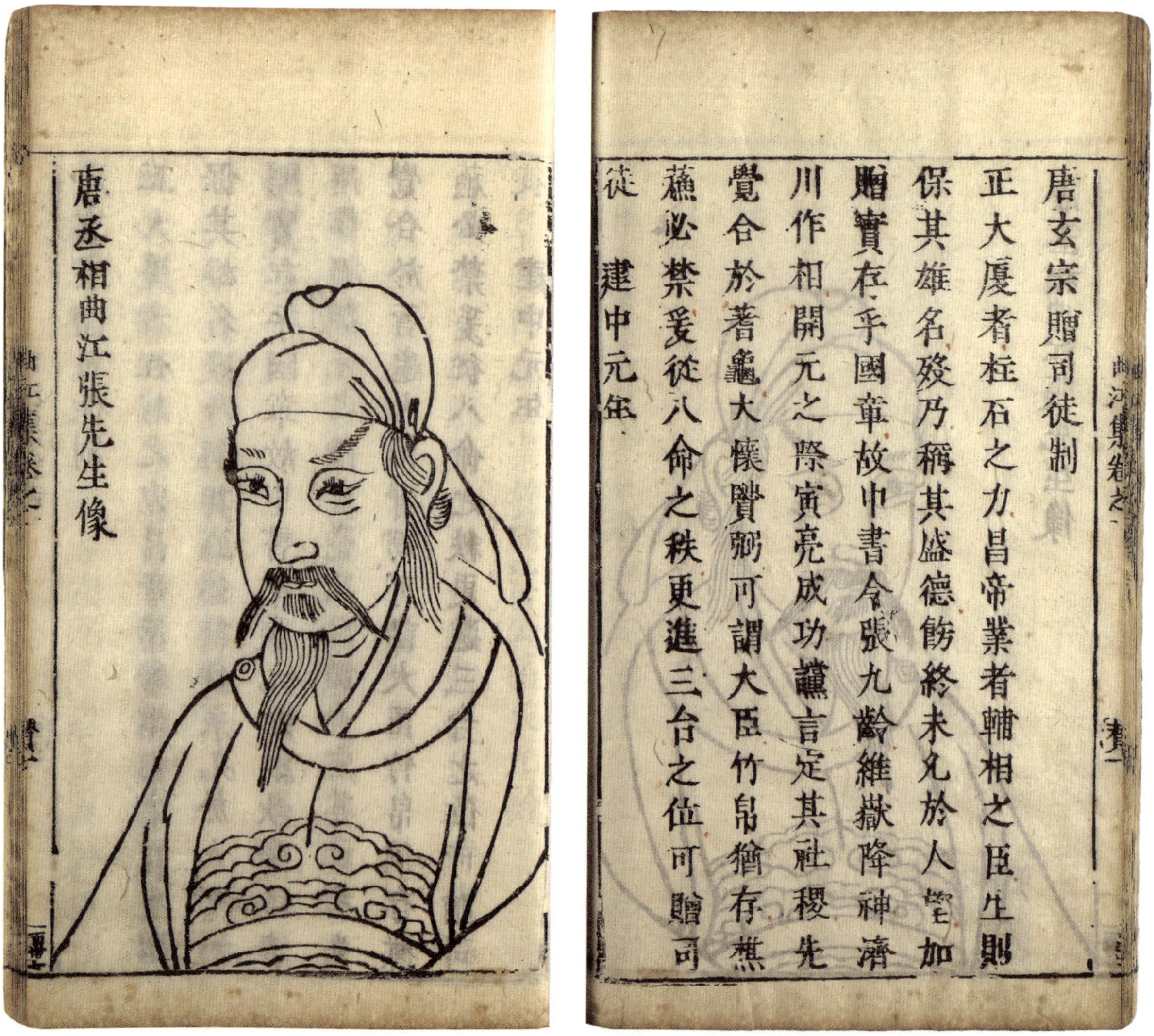

唐丞相曲江張先生文集十二卷附錄一卷　（唐）張九齡撰　清順治十四年（1657）刻本

框高20厘米，廣13.4厘米。半葉八行，行十八字，白口，四周單邊，無格。5册。鈐“清凝閣”朱文印、“程大中印”白文印。

shan234

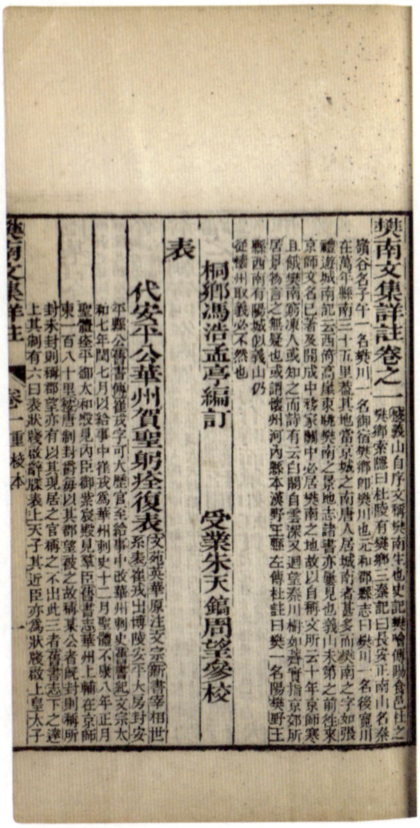

樊南文集詳註六卷 （唐）李商隱著 （清）馮浩編訂 清乾隆三十年（1765）德聚堂刻本

框高 18.7 厘米，廣 14.4 厘米。半葉十一行，行二十五字，小字雙行三十三字，白口，左右雙邊。4 册。

shan238

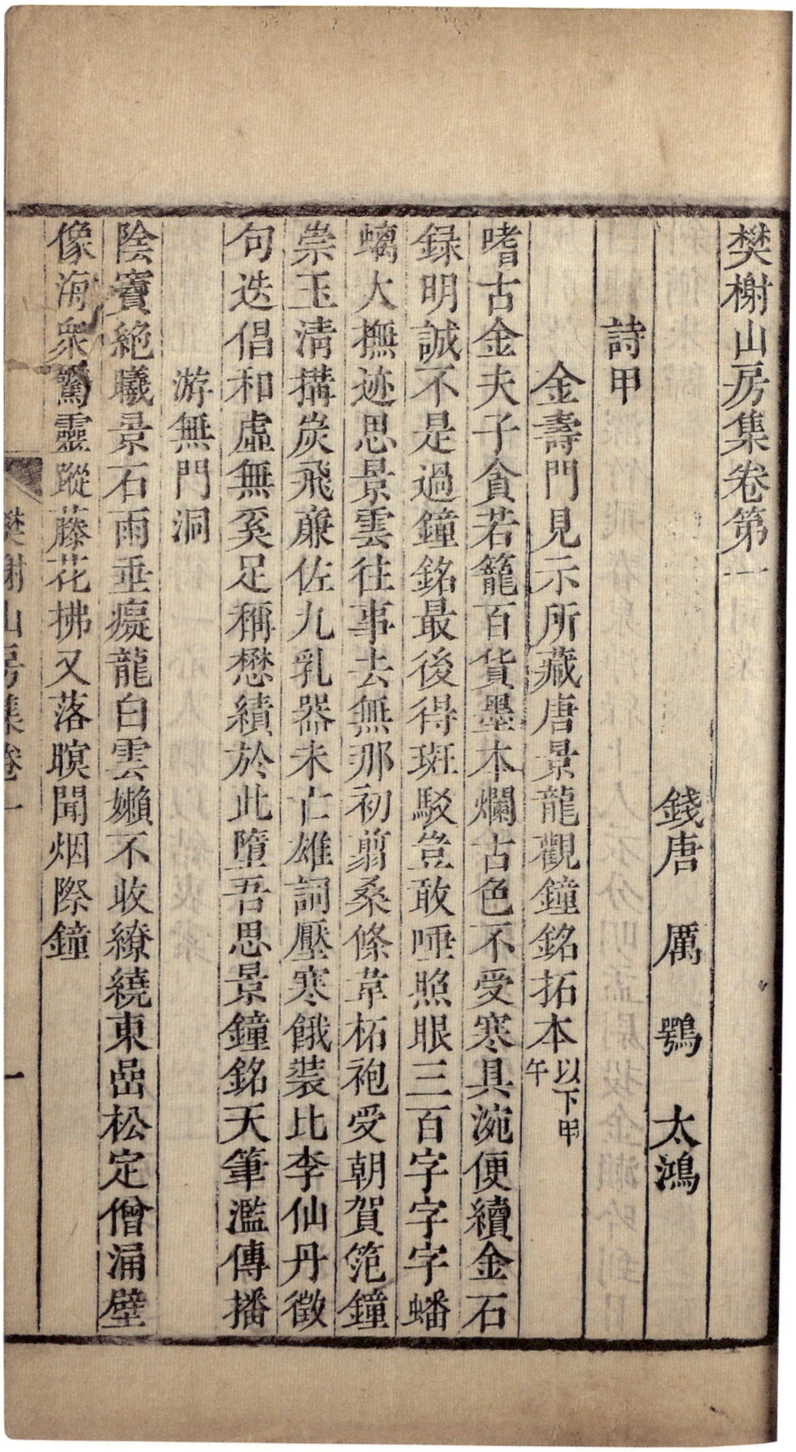
樊榭山房集卷第一

錢唐 厲鶚 太鴻

詩甲

金壽門見示所藏唐景龍觀鐘銘拓本（以下甲午）

嗜古金夫子貪若籠百貨墨本爛古色不受寒具涴便續金石録明誠不是過鐘銘最後得斑駁豈敢唾照眼三百字字字蟠螭大撫迹思景雲往事去無那初翦桑條草柘袍受朝賀笵鐘崇玉清搆㡣飛廉佐九乳器未亡雄詞壓寒餓裴比李仙丹徼句造倡和虛無奚足稱懋績於此墮吾思景鐘銘天筆濫傳播

游無門洞

陰竇絕巘景石雨垂癡龍白雲懶不收繚繞東嵒松定僧涌壁像海黍鶯靈蹤藤花拂又落瞑聞烟際鐘

樊榭山房集卷一 一

樊榭山房集十卷續集十卷文集八卷 （清）厲鶚撰 清乾隆四年（1739）刻本

框高 19.7 厘米，廣 13.9 厘米。半葉十二行，行二十四字，小字雙行不等，白口，四周單邊。6 册。

shan240

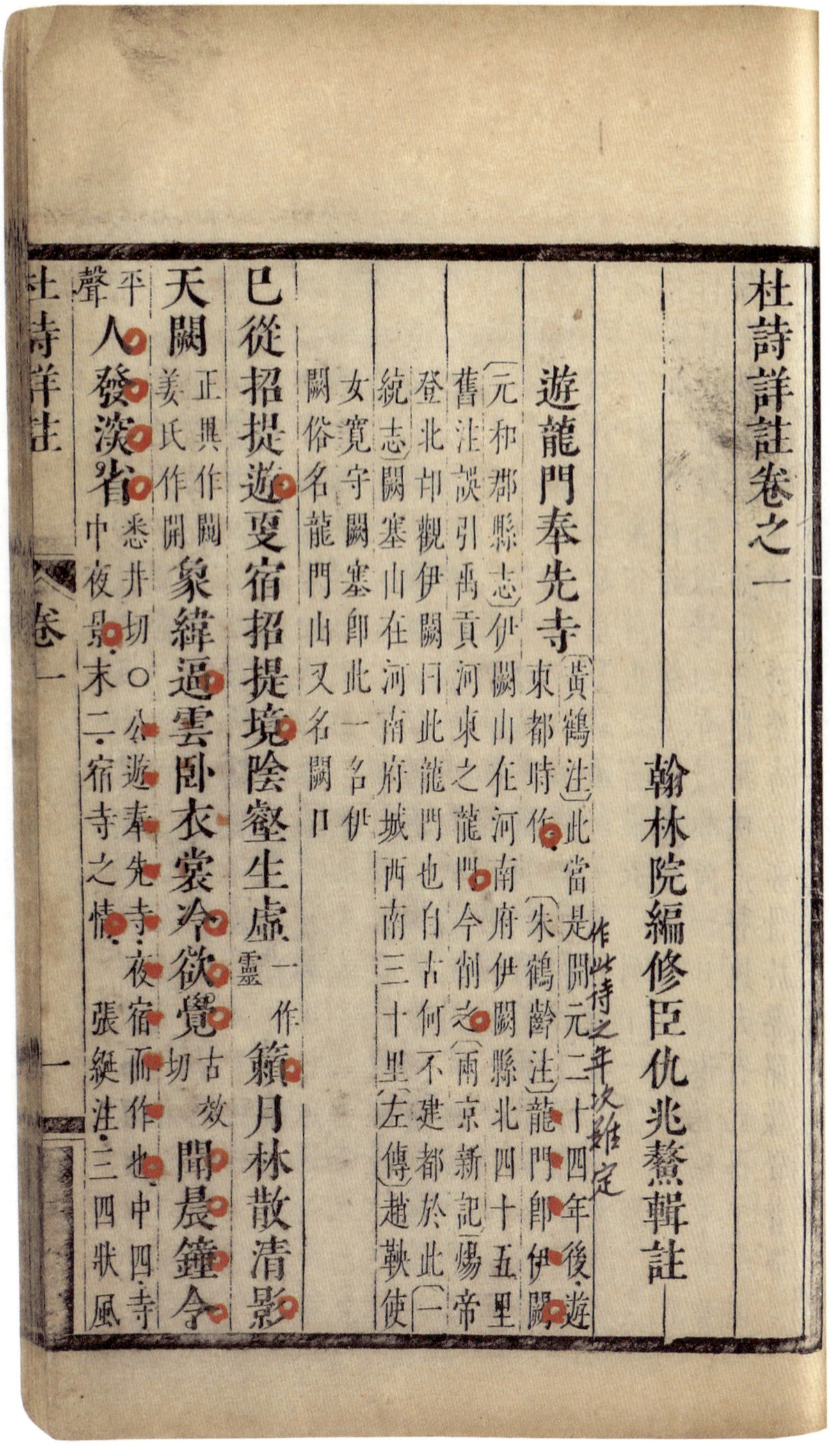

杜詩詳註二十五卷首一卷附編二卷補註一卷　（清）仇兆鰲輯註　清康熙三十二年（1693）刻本

框高 20.2 厘米，廣 14.7 厘米。半葉十行，行二十二字，小字雙行同，黑口，左右雙邊。14 册。鈐“還古堂藏書”白文印、“璜州吴氏所藏圖書”朱文印等。

shan244

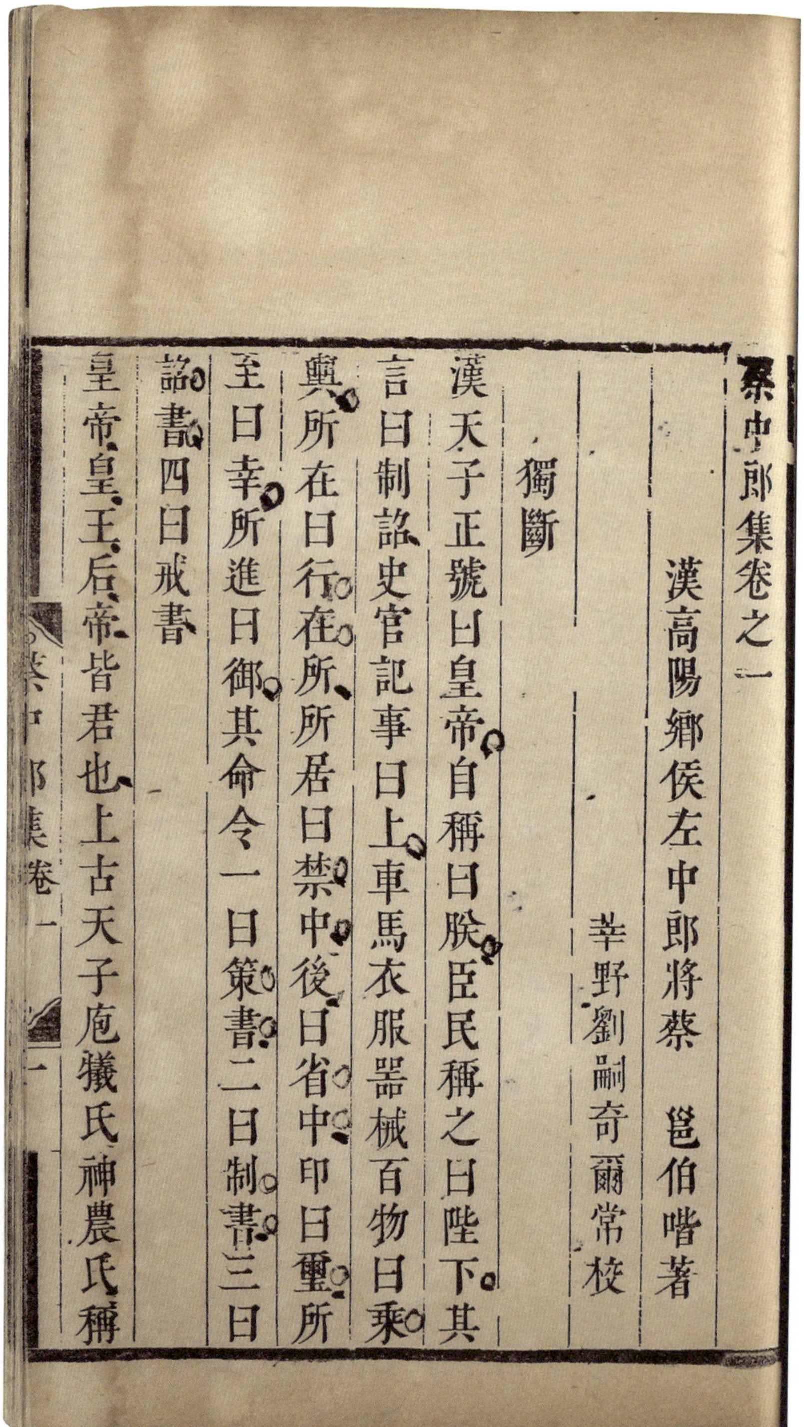
蔡中郎集卷之一
漢高陽鄉侯左中郎將蔡　邕伯喈著
莘野劉嗣奇爾常校
獨斷
漢天子正號曰皇帝自稱曰朕臣民稱之曰陛下其
言曰制詔史官記事曰上車馬衣服器械百物曰乘
輿所在曰行在所所居曰禁中後曰省中印曰璽所
至曰幸所進曰御其命令一曰策書二曰制書三曰
詔書四曰戒書
皇帝皇王后帝皆君也上古天子庖犧氏神農氏稱
蔡中郎集卷一　一

蔡中郎集六卷補遺一卷　（漢）蔡邕著　（清）劉嗣奇校　清雍正五年（1727）刻本

框高 17.9 厘米，廣 13.7 厘米。半葉十行，行二十字，粗黑口，四周單邊。4 册。鈐“王樹瀚印”白文印、“維宙”朱文印等。

shan245

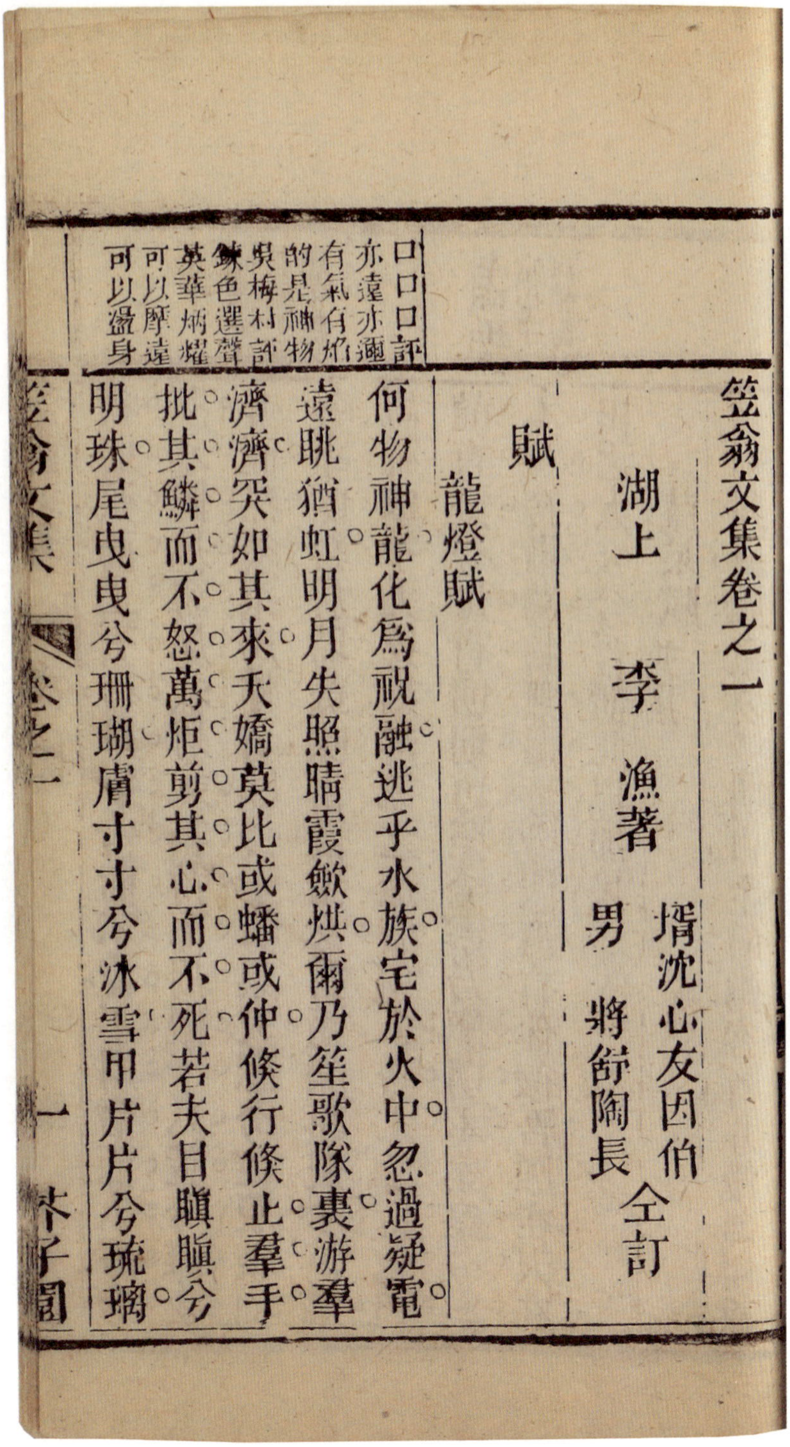

笠翁一家言全集十六卷 （清）李漁著 （清）沈心友 （清）李將舒仝訂 清雍正芥子園刻本

框高 14.7 厘米，廣 10.3 厘米。半葉上下兩欄，上欄鎸評，下欄十行，行二十字，白口，左右雙邊。16 册。

shan250

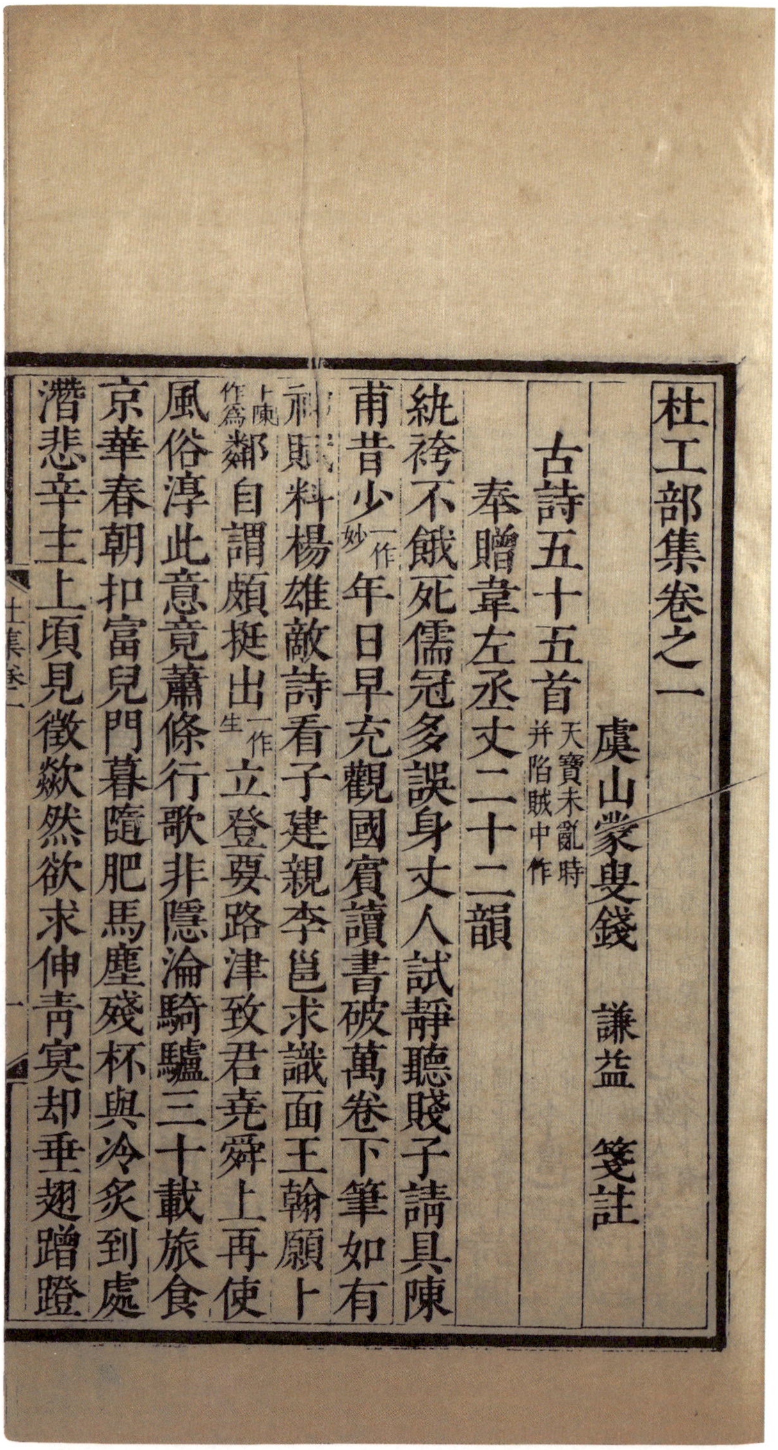

杜工部集二十卷年譜一卷附錄一卷諸家詩話一卷 （唐）杜甫撰 （清）錢謙益箋註 清康熙六年（1667）季氏静思堂刻本

框高18.5厘米，廣13.8厘米。半葉十一行，行二十字，小字雙行不等，細黑口，四周雙邊。6册。鈐“靜思齋”朱文印、“樊鴻錫藏書印”朱文印等。

shan253

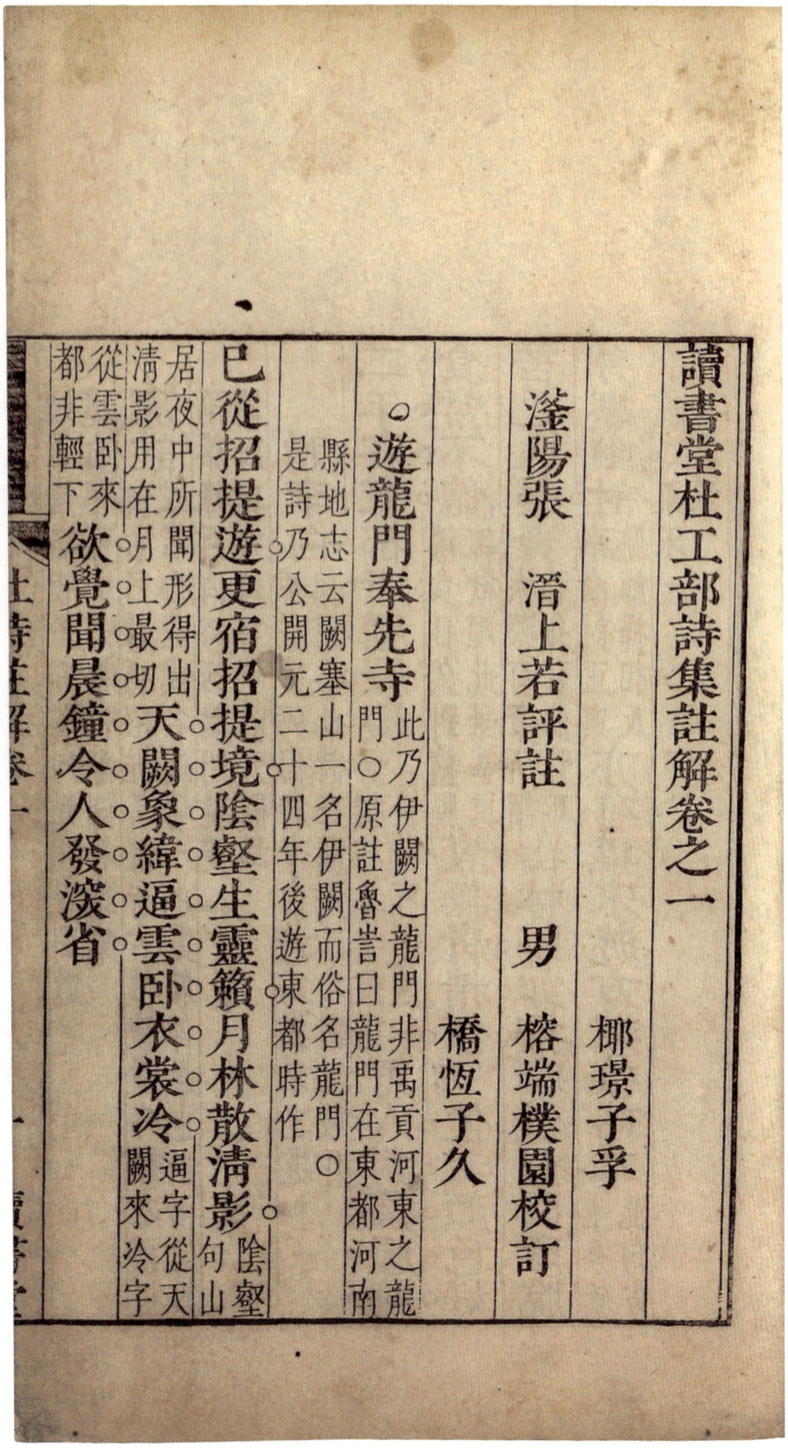

讀書堂杜工部詩集註解二十卷文集註解二卷編年詩史譜目一卷末一卷 （清）張溍評註 （清）張榕端等校訂 清康熙三十七年（1698）讀書堂刻本

框高18.1厘米，廣14.8厘米。半葉九行，行二十二字，小字雙行同，上黑口，左右雙邊。12册。

shan256

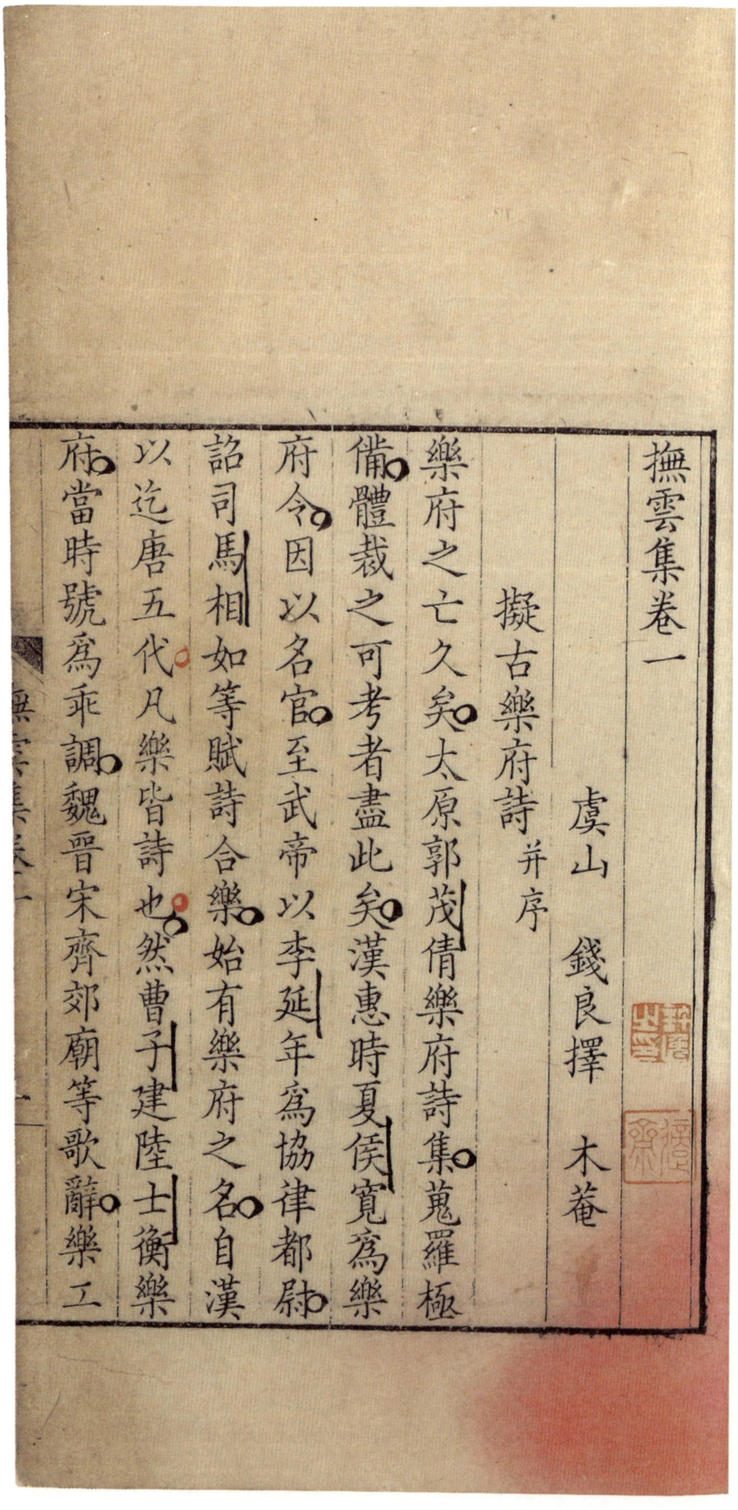

撫雲集卷一

虞山 錢良擇 木菴

擬古樂府詩 并序

樂府之亡久矣太原郭茂倩樂府詩集蒐羅極備體裁之可考者盡此矣漢惠時夏侯寬爲樂府令因以名官至武帝以李延年爲協律都尉詔司馬相如等賦詩合樂始有樂府之名自漢以迄唐五代凡樂皆詩也然曹子建陸士衡樂府當時號爲乖調魏晉宋齊郊廟等歌辭樂工

撫雲集九卷 （清）錢良擇撰 清康熙三十四年（1695）刻本

框高15.8厘米，廣12.6厘米。半葉九行，行十八字，小字雙行同，白口，左右雙邊。4册。鈐“宣翼館印”白文印、“許逸之印”白文印等。

shan260

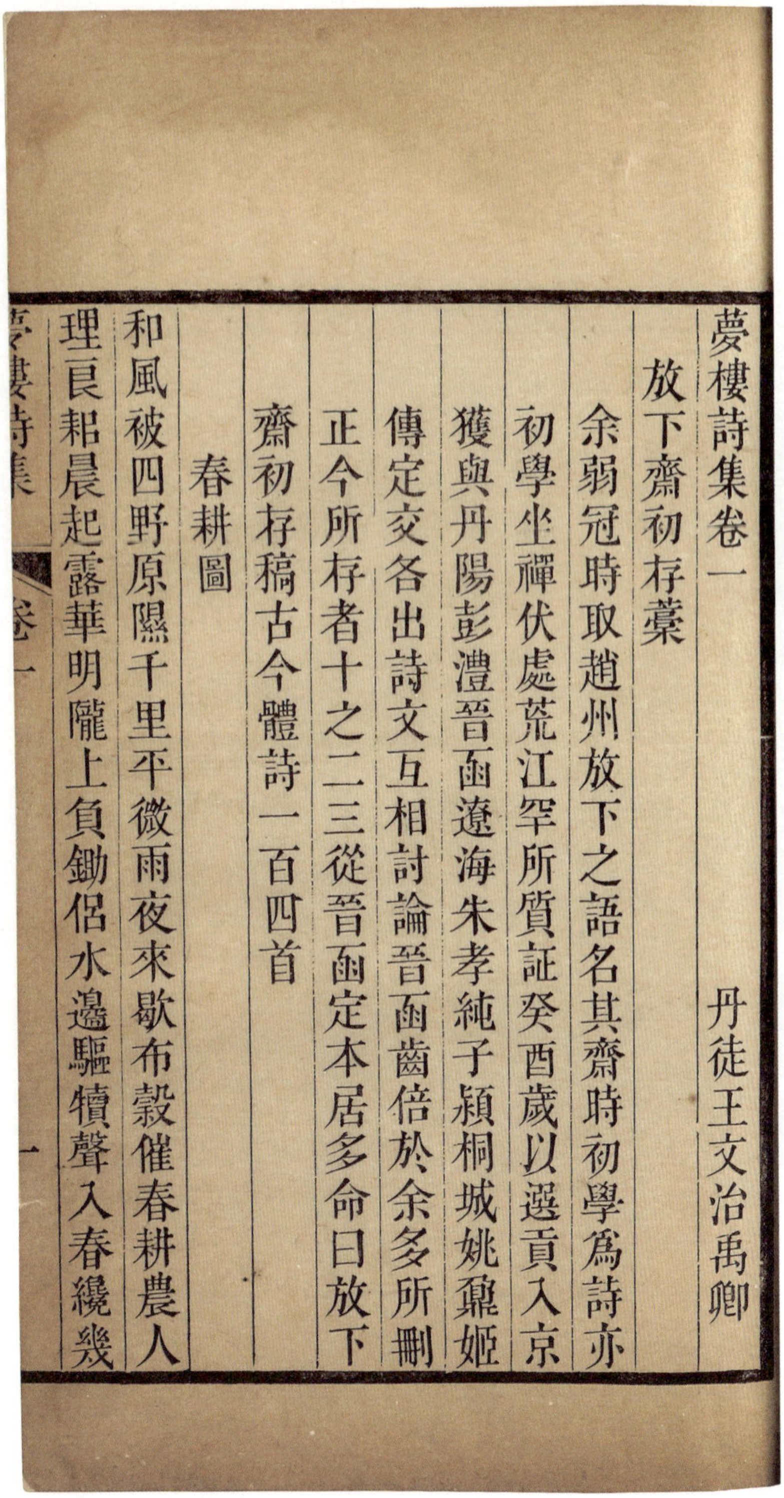
夢樓詩集卷一
丹徒王文治禹卿
放下齋初存槀
余弱冠時取趙州放下之語名其齋時初學爲詩亦初學坐禪伏處荒江罕所質証癸酉歲以選貢入京獲與丹陽彭澧晉函遼海朱孝純子頴桐城姚鼐姬傳定交各出詩文互相討論晉函齒倍於余多所删正今所存者十之二三從晉函定本居多命曰放下齋初存稿古今體詩一百四首
春耕圖
和風被四野原隰千里平微雨夜來歇布穀催春耕農人理耟耜晨起露華明隴上負鋤侶水邉驅犢聲入春纔幾
夢樓詩集　卷一　一

夢樓詩集二十二卷　（清）王文治撰　清乾隆六十年（1795）食舊堂刻本

框高19.1厘米，廣13.5厘米。半葉十一行，行二十二字，小字雙行同，白口，四周單邊。12册。

shan263

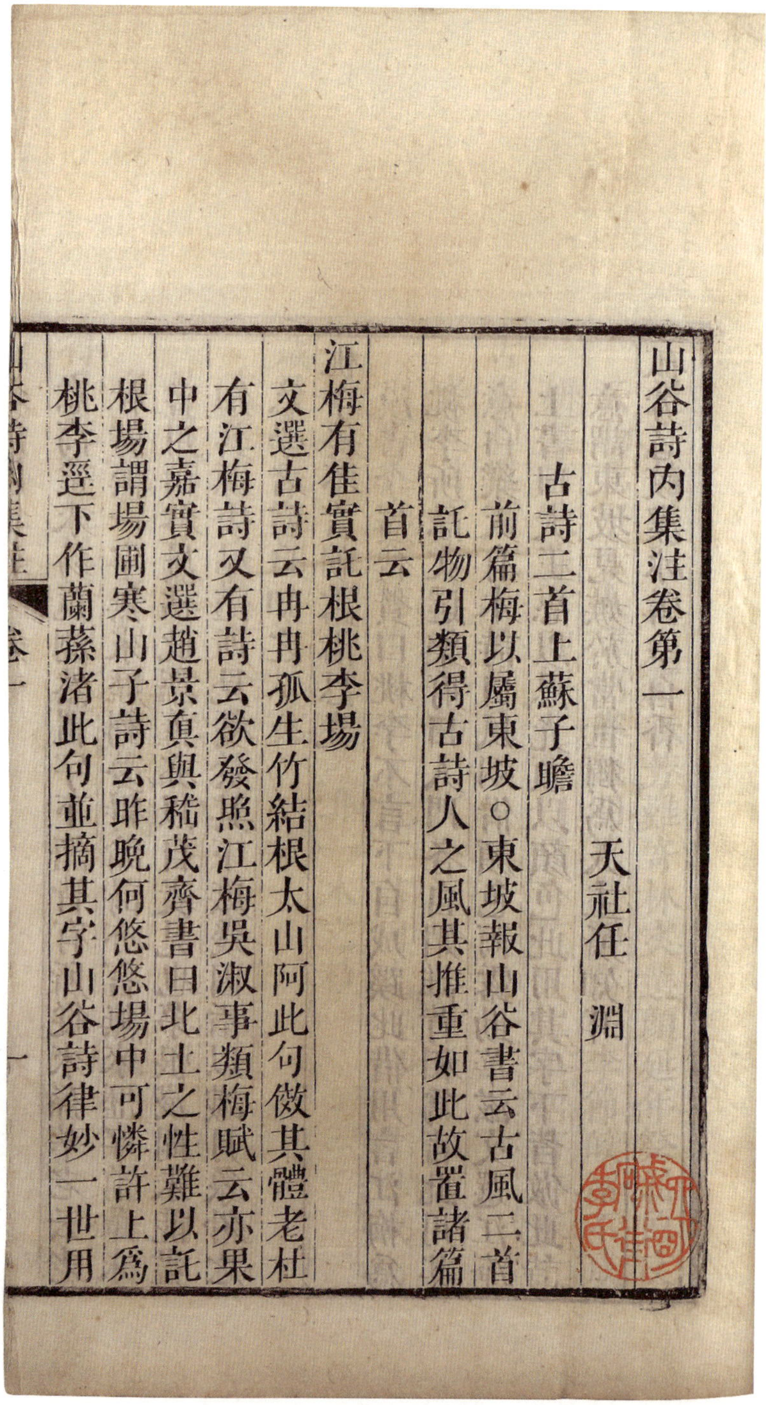

黄詩全集五十八卷［山谷詩内集注二十卷外集注十七卷别集注二卷外集補四卷别集補一卷重刻山谷先生年譜十四卷］ （宋）黄庭堅撰 （宋）任淵等注 清乾隆五十四年（1789）樹經堂刻本

框高19.5厘米，廣14.5厘米。半葉十二行，行二十三字，白口，左右雙邊。20册。鈐“四明礮街李氏”朱文印。

shan269

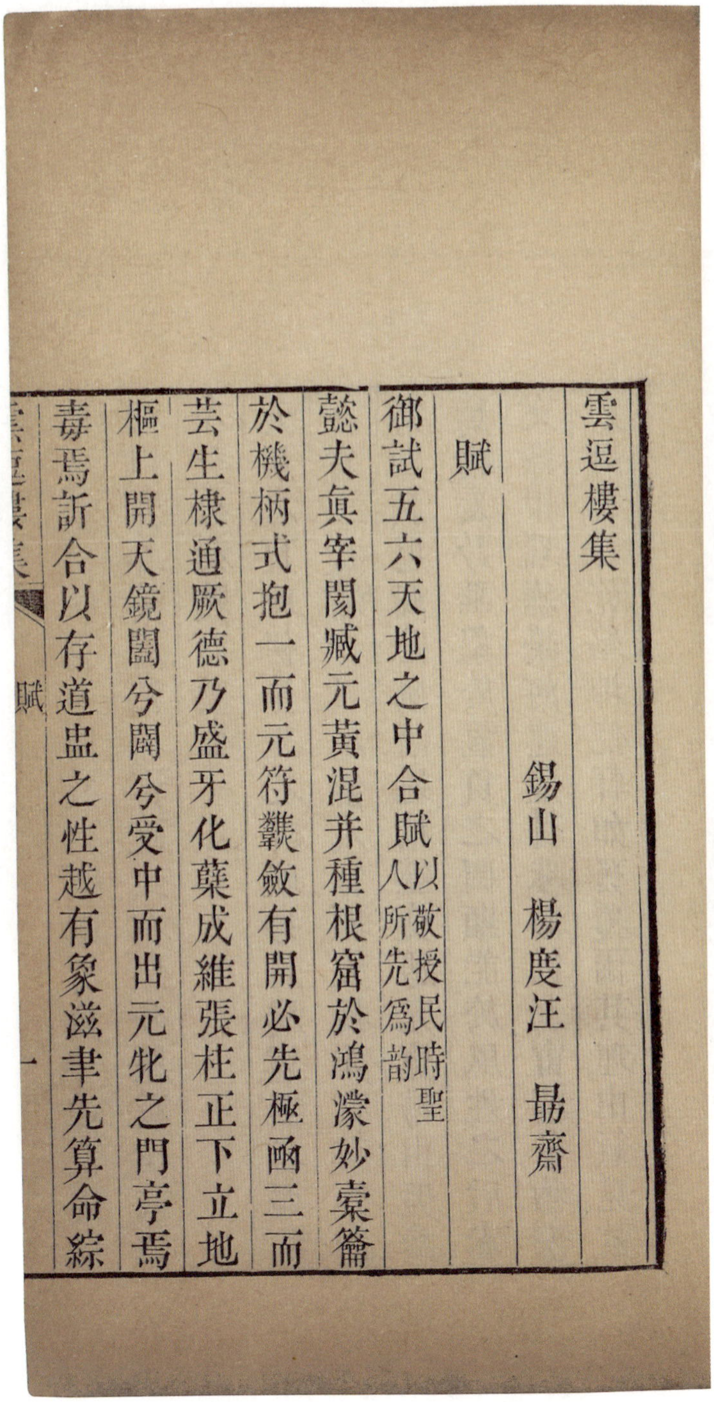

雲逗樓集二卷　（清）楊度汪撰　清乾隆三十二年（1767）容與堂刻本

框高 17.7 厘米，廣 13 厘米。半葉九行，行十九字，小字雙行同，白口，左右雙邊。1 册。

shan274

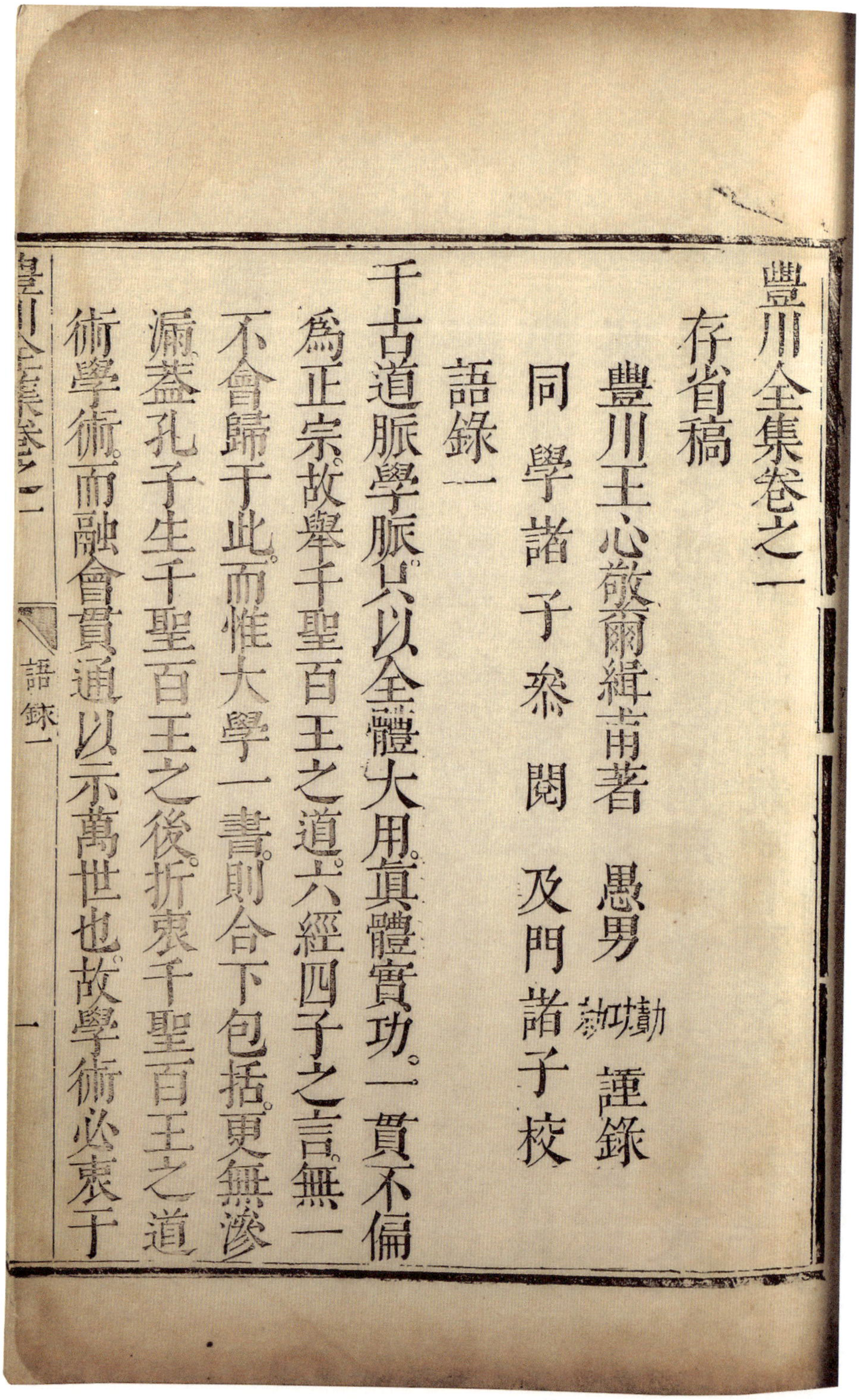
豐川全集卷之一
存省稿
豐川王心敬爾緝甫著　愚男功勷謹錄
同學諸子參閱　及門諸子校
語錄一
千古道脈學脈只以全體大用眞體實功一貫不偏
爲正宗故舉千聖百王之道六經四子之言無一
不會歸于此而惟大學一書則合下包括更無滲
漏蓋孔子生千聖百王之後折衷千聖百王之道
術學術而融會貫通以示萬世也故學術必衷于
豐川全集卷之一　語錄一　一

豐川全集正編二十八卷外編三卷續編二十二卷　（清）王心敬著　清康熙五十五年（1716）額倫特刻本

框高 21.5 厘米，廣 17.5 厘米。半葉十行，行二十字，白口，四周雙邊，無格。12 册。

shan278

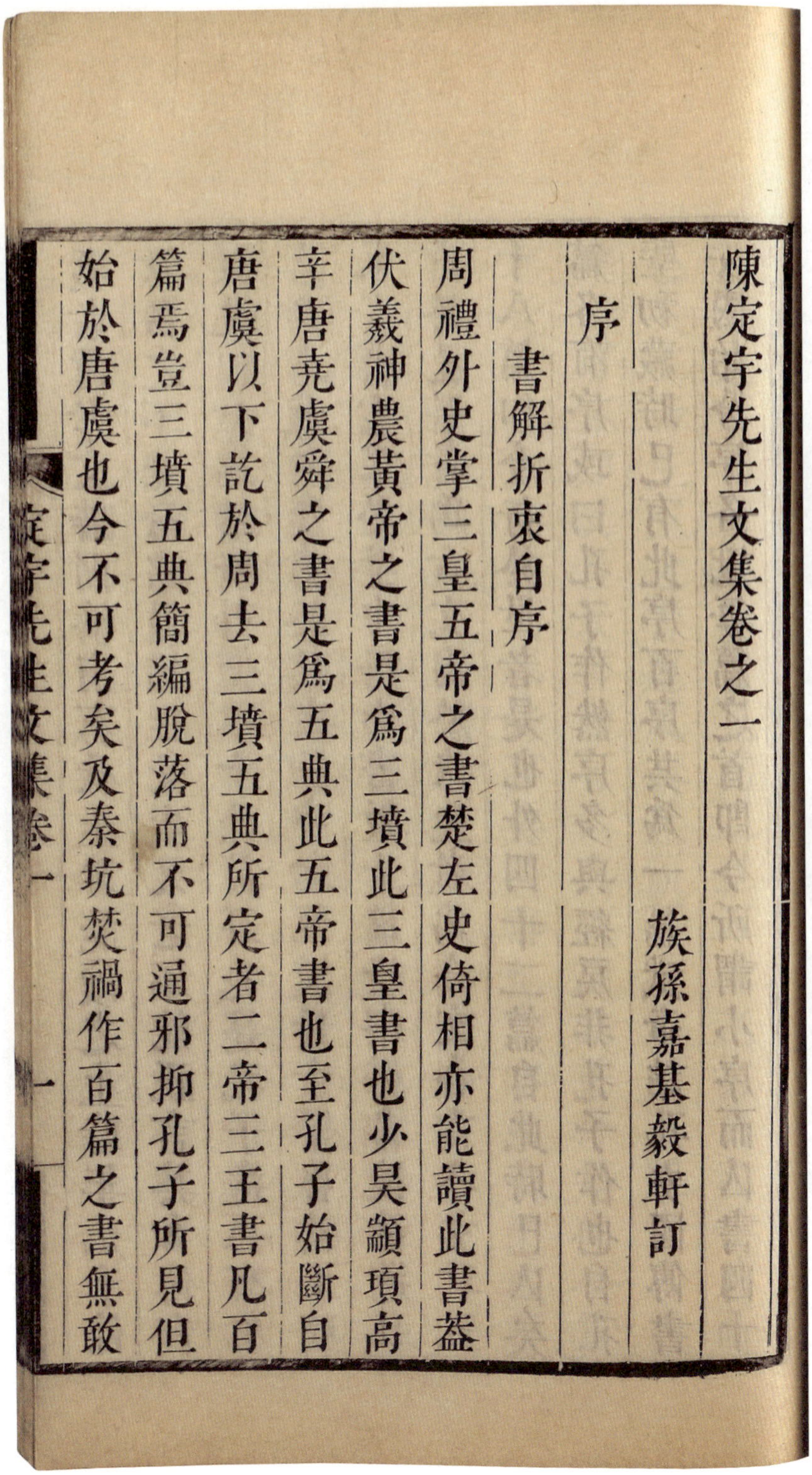
陳定宇先生文集卷之一
族孫嘉基毅軒訂
序
書解折衷自序
周禮外史掌三皇五帝之書楚左史倚相亦能讀此書葢伏羲神農黃帝之書是爲三墳此三皇書也少昊顓頊高辛唐堯虞舜之書是爲五典此五帝書也至孔子始斷自唐虞以下訖於周去三墳五典所定者二帝三王書凡百篇焉豈三墳五典簡編脫落而不可通邪抑孔子所見但始於唐虞也今不可考矣及秦坑焚禍作百篇之書無敢
陳定宇先生文集卷一 一

陳定宇先生文集十六卷别集一卷附年表 （元）陳櫟撰 （清）陳嘉基訂 清康熙三十五年（1696）德馨堂刻本

框高 21 厘米，廣 14.3 厘米。半葉十行，行二十二字，黑口，左右雙邊。4 册。

shan280

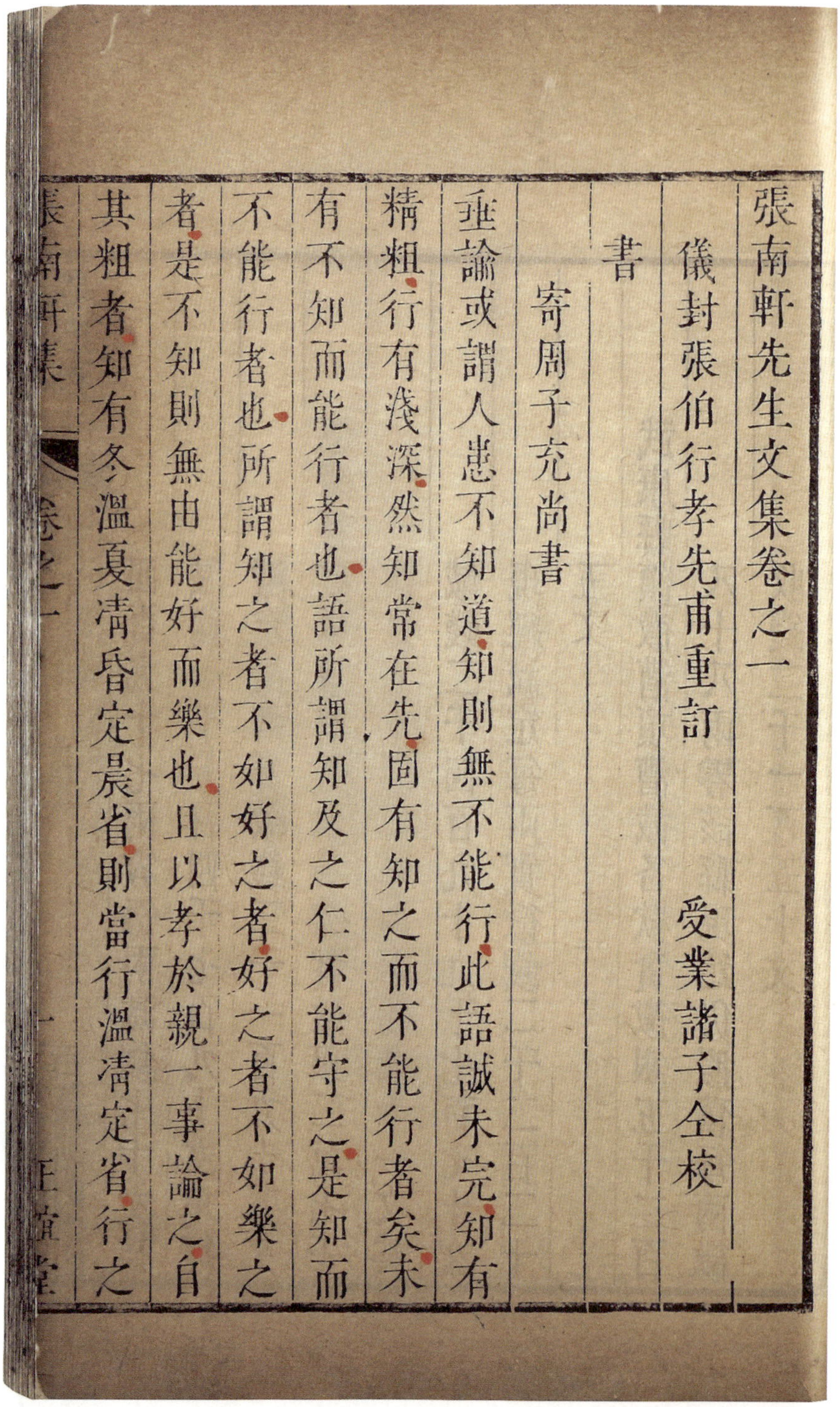
張南軒先生文集卷之一
儀封張伯行孝先甫重訂　受業諸子仝校
書
寄周子充尚書
垂諭或謂人患不知道知則無不能行此語誠未完知有精粗行有淺深然知常在先固有知之而不能行者矣未有不知而能行者也語所謂知及之仁不能守之是知而不能行者也所謂知之者不如好之者好之者不如樂之者是不知則無由能好而樂也且以孝於親一事論之自其粗者知有冬溫夏凊昏定晨省則當行溫凊定省行之
張南軒集　卷之一　一　正誼堂

張南軒先生文集七卷附錄一卷　（宋）張栻撰　（清）張伯行重訂　清康熙四十八年（1709）榕城正誼堂刻本

框高 20 厘米，廣 14 厘米。半葉十行，行二十二字，小字雙行同，白口，四周單邊。4 册。鈐“鷺峰書院藏書”朱文印。

shan282

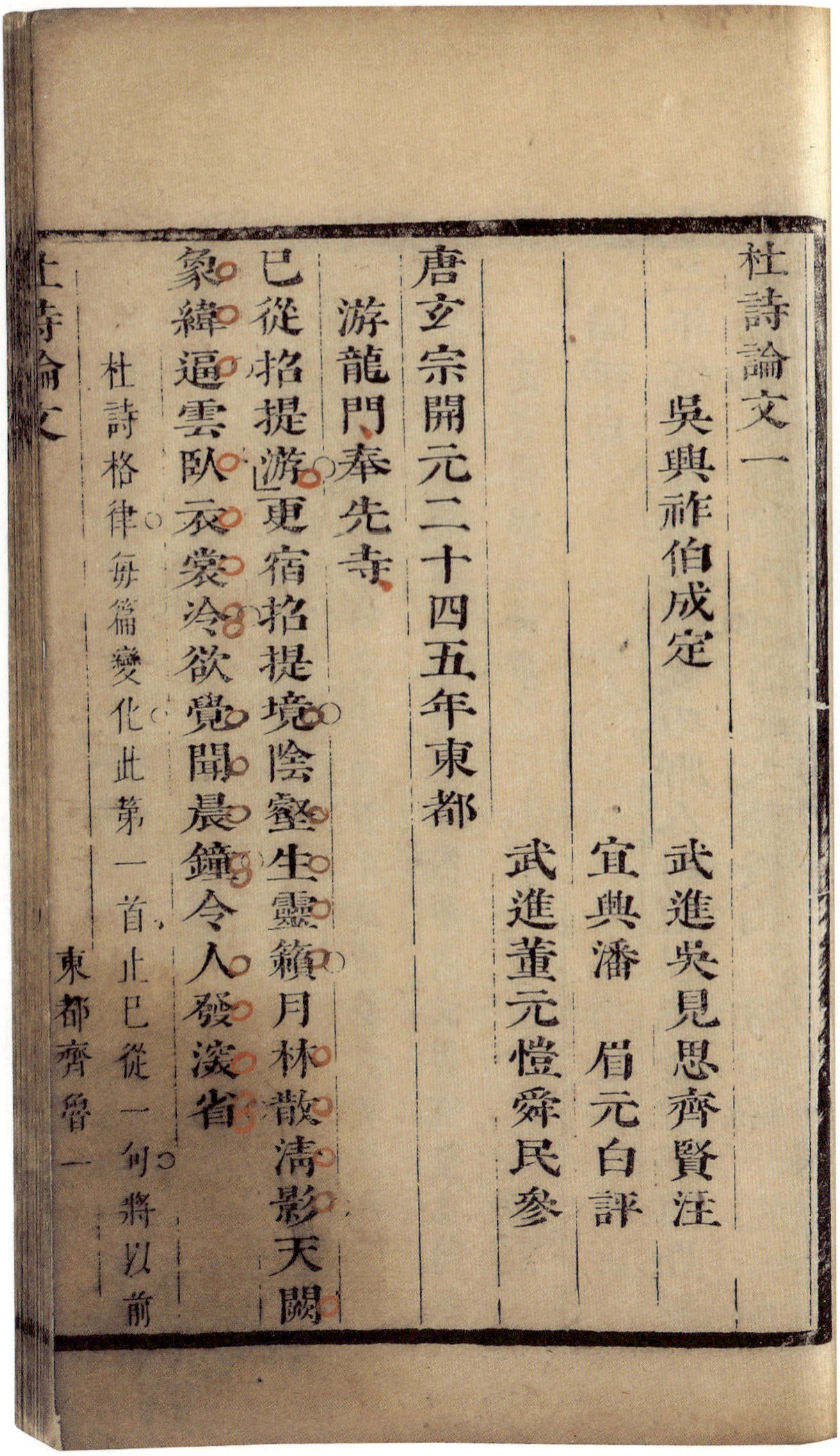

杜詩論文五十六卷 （清）祚伯成定 （清）潘眉評 （清）吴見思注 清康熙十一年（1672）常州岱淵堂刻本

框高 20 厘米，廣 14.5 厘米。半葉九行，行二十二字，小字雙行同，白口，左右雙邊。6 册。

shan284

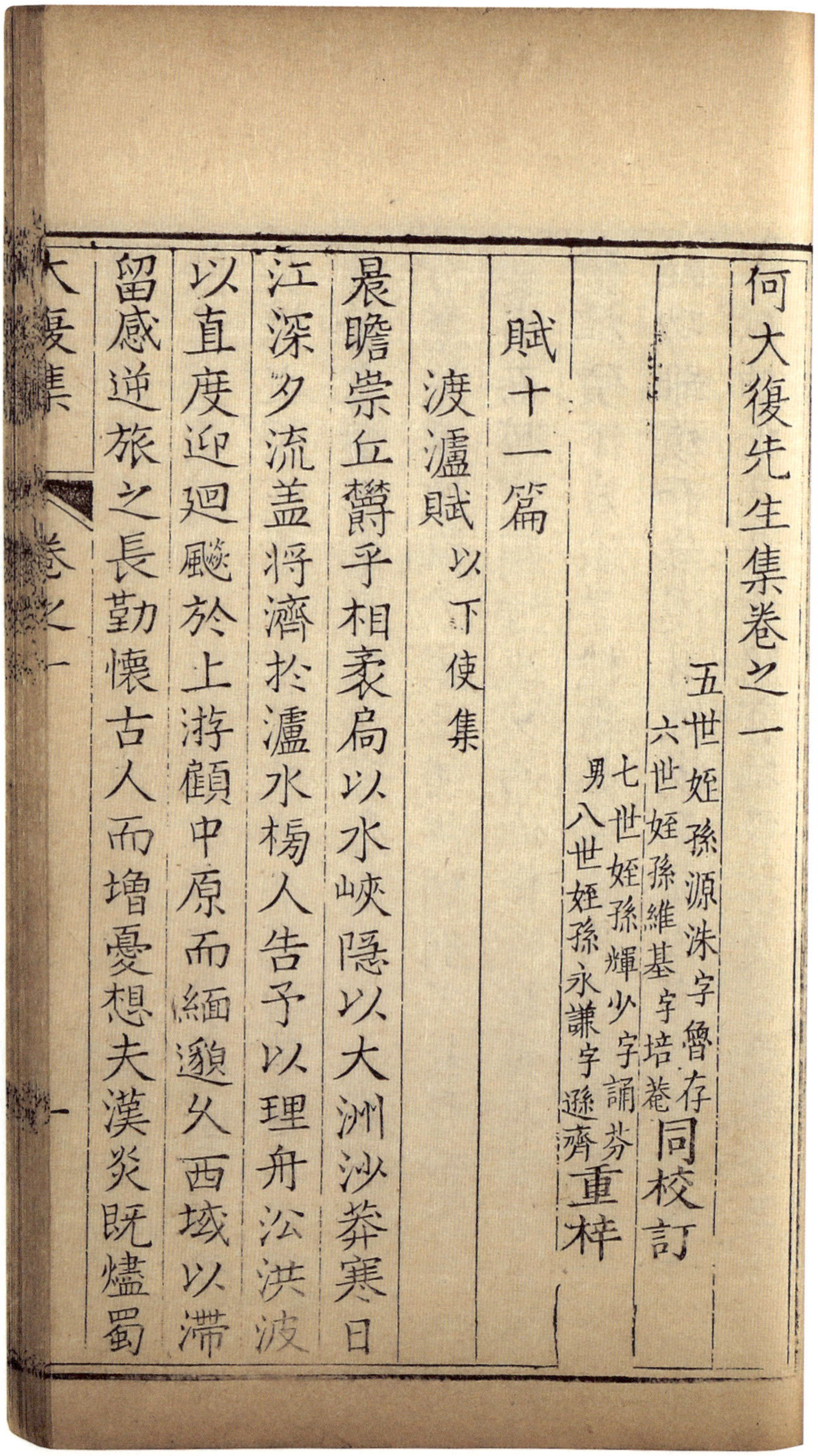

何大復先生集三十八卷附錄一卷 （明）何景明撰 （清）何源洙等校 清乾隆刻本

框高 18.5 厘米，廣 12.5 厘米。半葉九行，行二十字，小字雙行不等，白口，四周雙邊。8 册。

shan286

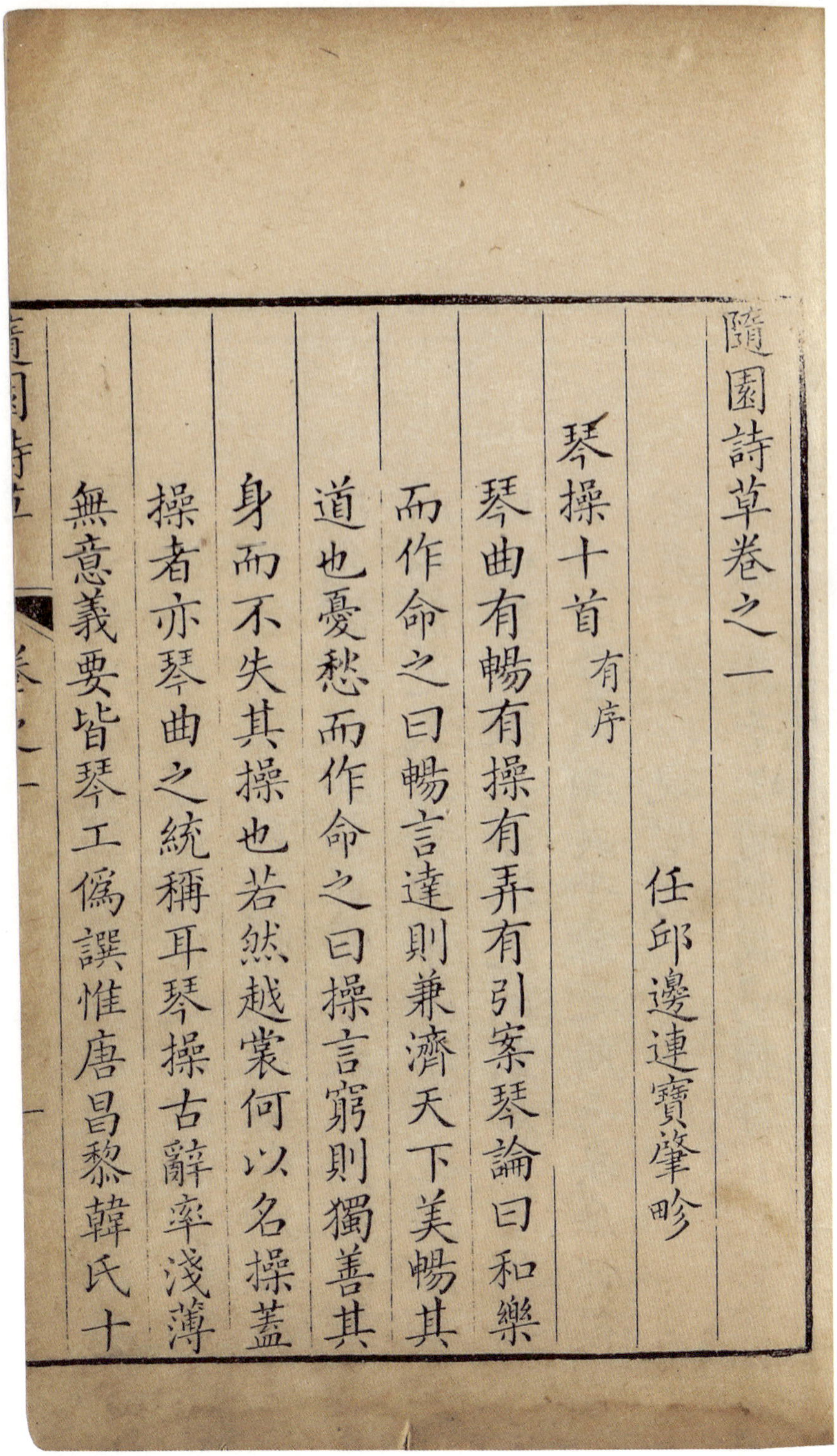
隨園詩草卷之一
任邱邊連寶肇畛
琴操十首 有序
琴曲有暢有操有弄有引案琴論曰和樂
而作命之曰暢言達則兼濟天下美暢其
道也憂愁而作命之曰操言窮則獨善其
身而不失其操也若然越裳何以名操蓋
操者亦琴曲之統稱耳琴操古辭率淺薄
無意義要皆琴工僞譔惟唐昌黎韓氏十
隨園詩草　卷之一　一

隨園詩草八卷附禪家公案頌一卷　（清）邊連寶撰　清乾隆四十年（1775）刻本

框高 17.5 厘米，廣 13.5 厘米。半葉九行，行十九字，白口，左右雙邊。4 册。

shan287

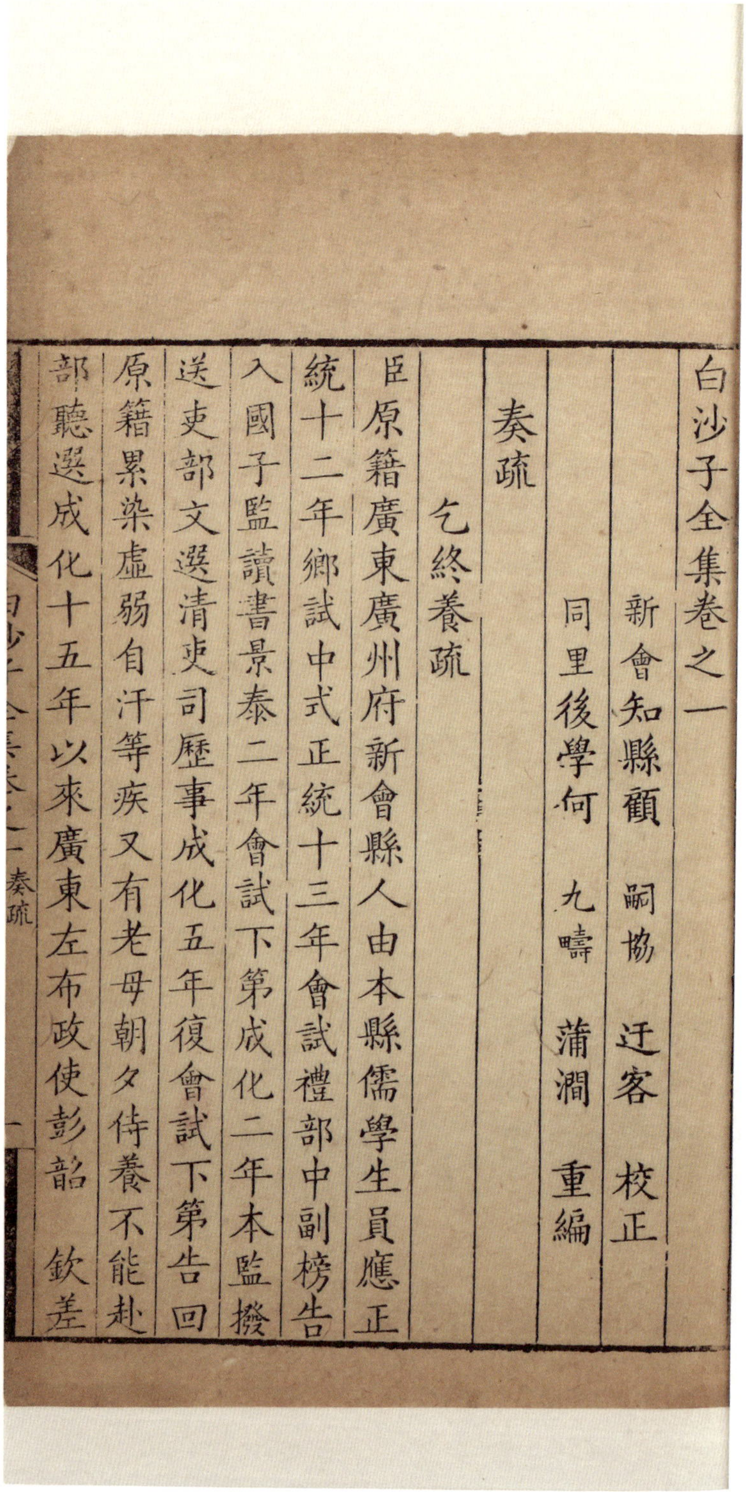
白沙子全集卷之一
新會知縣顧　嗣協　迂客　校正
同里後學何　九疇　蒲澗　重編
奏疏
乞終養疏
臣原籍廣東廣州府新會縣人由本縣儒學生員應正
統十二年鄉試中式正統十三年會試禮部中副榜告
入國子監讀書景泰二年會試下第成化二年本監撥
送吏部文選清吏司歷事成化五年復會試下第告回
原籍累染虛弱自汗等疾又有老母朝夕侍養不能赴
部聽選成化十五年以來廣東左布政使彭韶　欽差
白沙子全集卷之一　奏疏　一

白沙子全集六卷首一卷　（明）陳獻章撰　（清）顧嗣協校正　（清）何九疇重編　清康熙四十九年（1710）何九疇刻本

框高 20 厘米，廣 14.5 厘米。半葉十一行，行二十一字，黑口，左右雙邊。12 册。

shan291

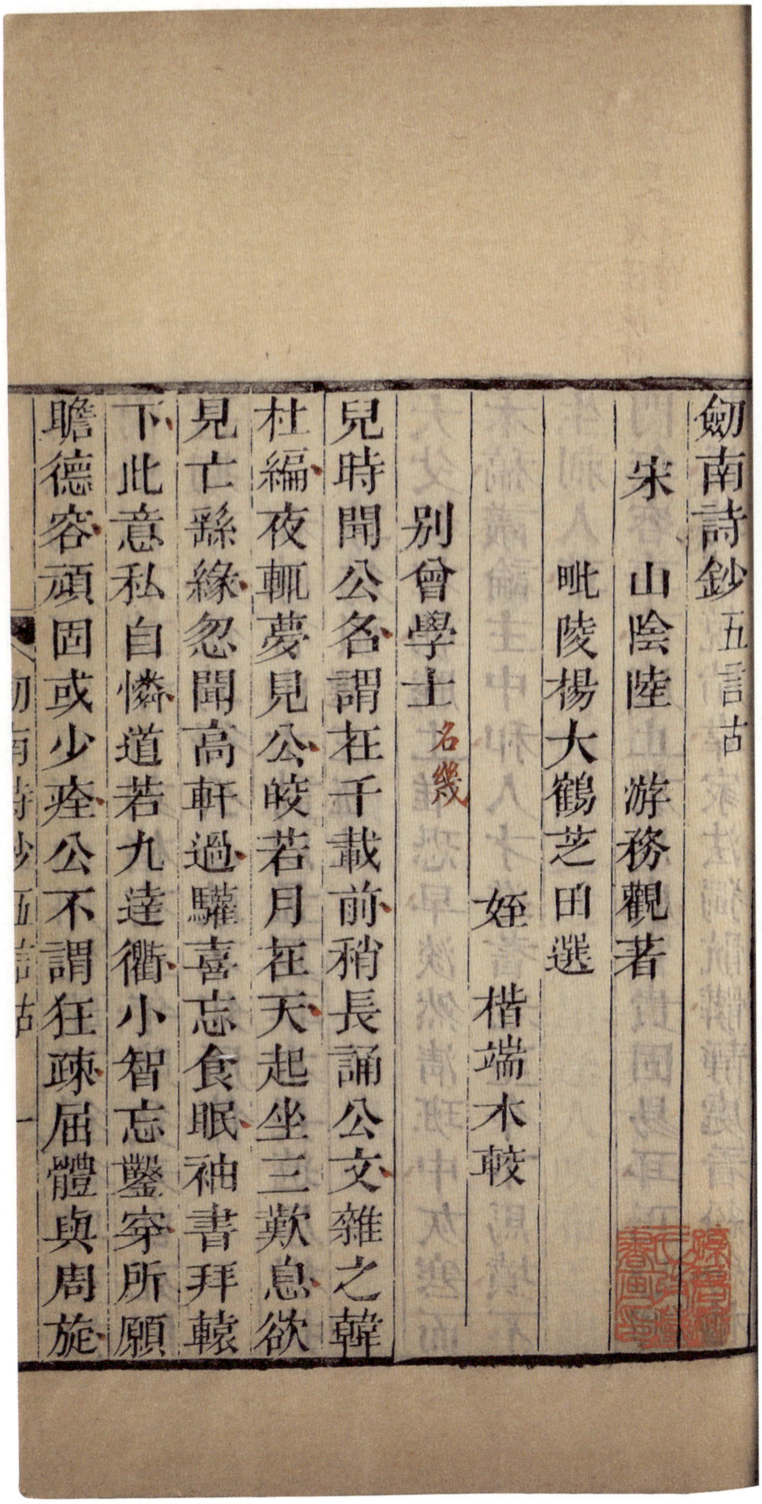

劍南詩鈔　（宋）陸游著　（清）楊大鶴選　清康熙二十四年（1685）刻本

框高 16.7 厘米，廣 13.5 厘米。半葉十行，行十八字，白口，左右雙邊。6 册。鈐“孫碧榆氏收藏書画印”朱文印。

shan299

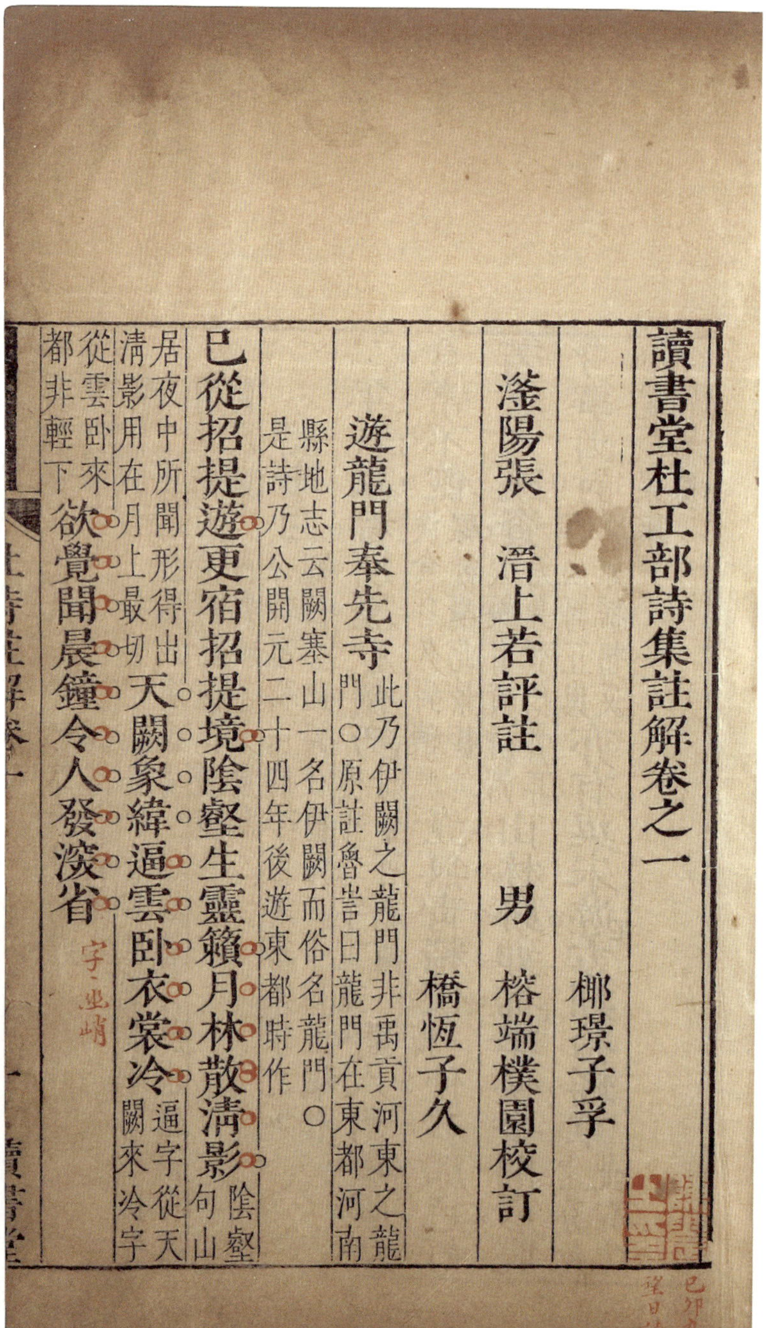
讀書堂杜工部詩集註解卷之一
滏陽張溍上若評註
男 榔璟子孚
榕端樸園校訂
橋恆子久
遊龍門奉先寺 此乃伊闕之龍門非禹貢河東之龍門○原註晉呰日龍門在東都河南縣地志云闕塞山一名伊闕而俗名龍門○是詩乃公開元二十四年後遊東都時作
巳從招提遊更宿招提境陰壑生靈籟月林散清影 陰壑句山居夜中所聞形得出清影用在月上最切 天闕象緯逼雲臥衣裳冷 逼字從天闕來冷字從雲臥來都非輕下 欲覺聞晨鐘令人發深省

讀書堂杜工部詩集註解二十八卷文集註解二卷杜工部編年詩史譜目一卷 （唐）杜甫撰 （清）張溍評註 （清）張榕端等校訂 清康熙三十七年（1698）張氏讀書堂刻本

框高 18.2 厘米，廣 14 厘米。半葉九行，行二十二字，小字雙行同，黑口，左右雙邊。6 册。鈐“陳農之印”白文印。

shan305

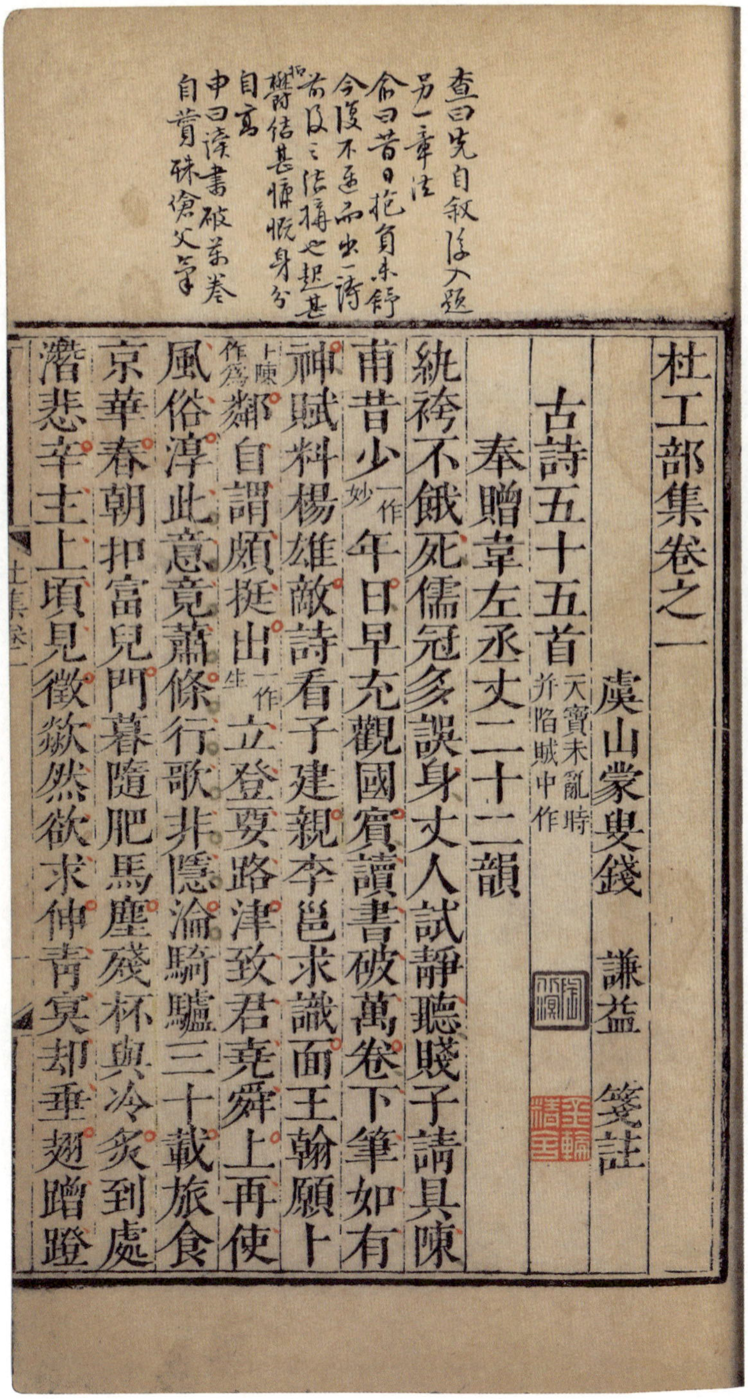

杜工部集二十卷附録一卷 （唐）杜甫撰 （清）錢謙益註 （清）季滄葦校 清康熙六年（1667）季氏静思堂刻本

框高18厘米，廣13.5厘米。半葉十一行，行二十字，小字雙行二十九字，黑口，四周雙邊。10册。鈐“韻堂館主”白文印、“錫圭翰墨”白文印、“瓠息齋阅書”白文印、“金輪精舍”白文印等。

shan311

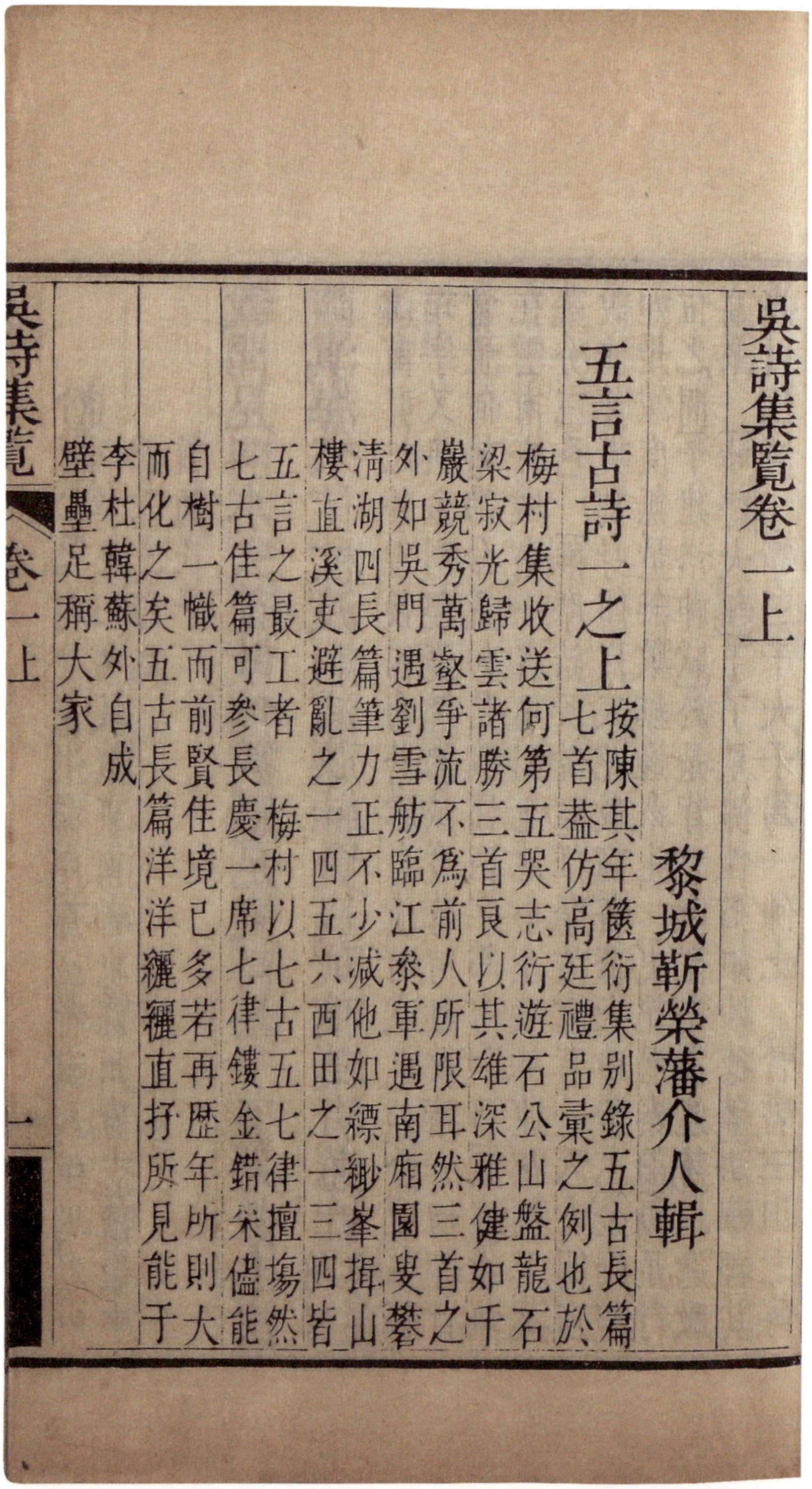
吳詩集覽卷一上
黎城靳榮藩介人輯
五言古詩一之上 按陳其年篋衍集别録五古長篇七首蓋仿高廷禮品彙之例也於梅村集收送何第五哭志衍遊石公山盤龍石梁寂光歸雲諸勝三首良以其雄深雅健如千巖競秀萬壑爭流不爲前人所限耳然三首之外如吳門遇劉雪舫臨江參軍遇南廂園叟贅清湖四長篇筆力正不少減他如縹緲峯揖山樓直溪吏避亂之一四五六西田之一三四皆五言之最工者 梅村以七古五七律擅場然七古佳篇可參長慶一席七律鏤金錯采儘能自樹一幟而前賢佳境已多若再歷年所則大而化之矣五古長篇洋洋纚纚直抒所見能于李杜韓蘇外自成壁壘足稱大家
吳詩集覽 卷一上 一

吳詩集覽二十卷 （清）吴偉業撰 （清）靳榮藩輯 清乾隆四十年（1775）凌雲亭刻本

框高 18.5 厘米，廣 13.5 厘米。半葉九行，行二十一字，小字雙行同，下黑口，四周雙邊。16 册。

shan315

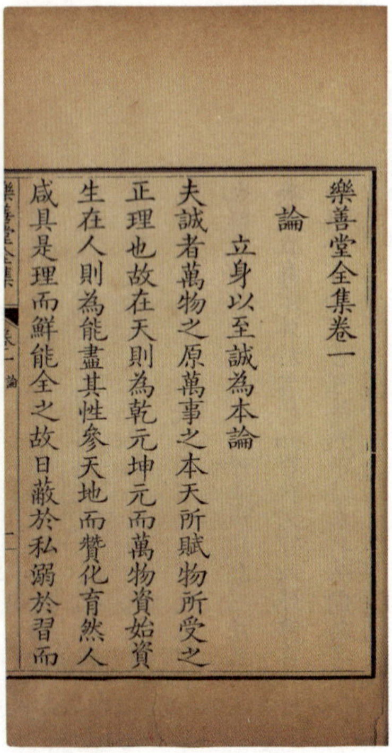

樂善堂全集四十卷首一卷目録四卷　（清）高宗弘曆撰　清乾隆二年（1737）内府刻本
框高 19 厘米，廣 14 厘米。半葉七行，行十八字，白口，四周雙邊，無格。24 册。
shan320

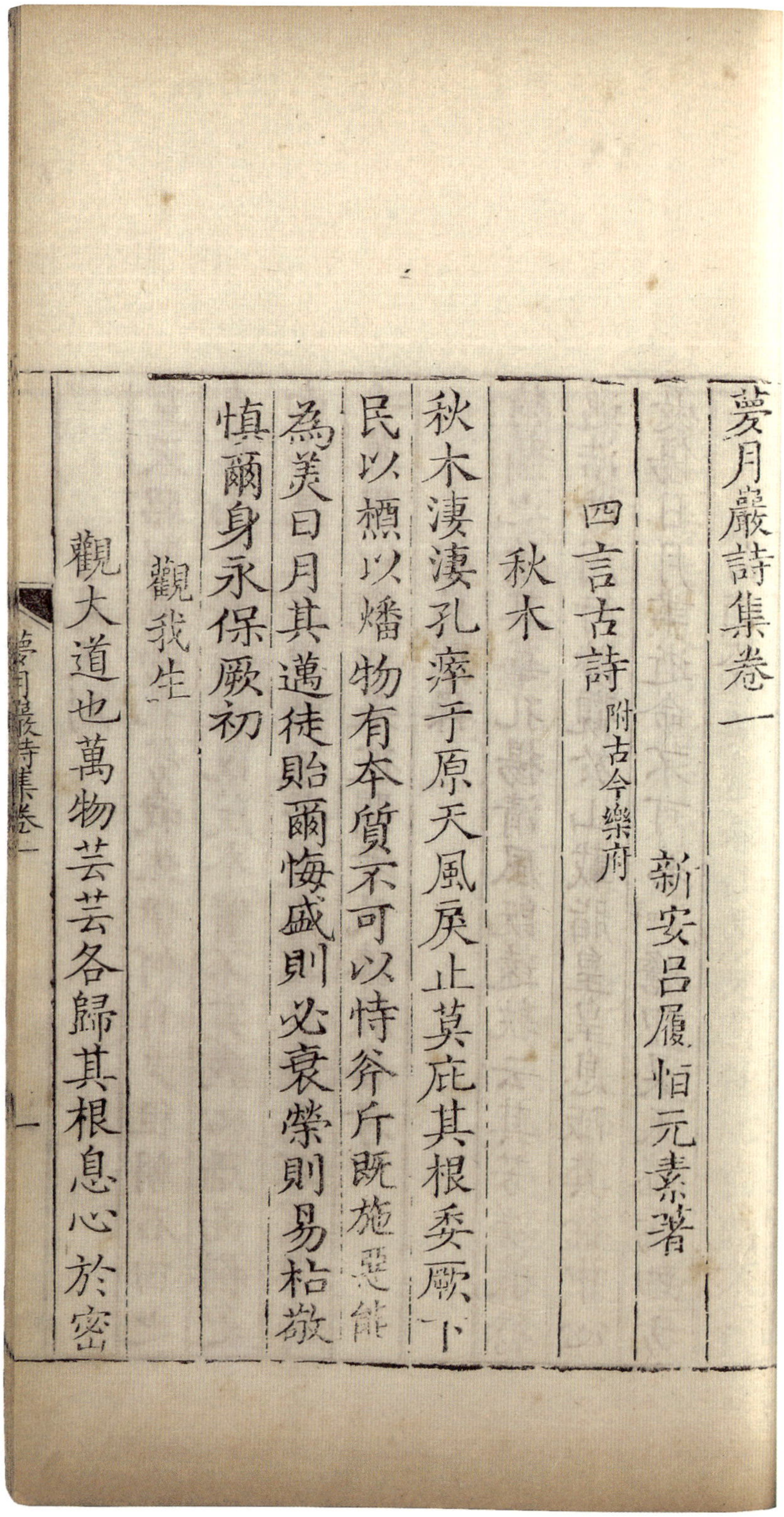
夢月巖詩集卷一
新安呂履恒元素著
四言古詩 附古今樂府
秋木
秋木淒淒孔瘁于原天風戾止莫庇其根委厥下
民以樵以燔物有本質不可以恃斧斤既施罷能
為美日月其邁徒貽爾悔盛則必衰榮則易枯敬
慎爾身永保厥初
觀我生
觀大道也萬物芸芸各歸其根息心於密

夢月巖詩集卷一　一

夢月巖詩集二十卷詩餘一卷　（清）呂履恒著　清康熙三十四年（1695）刻本

框高 17 厘米，廣 14 厘米。半葉十行，行十九字，白口，左右雙邊。6 册。

shan324

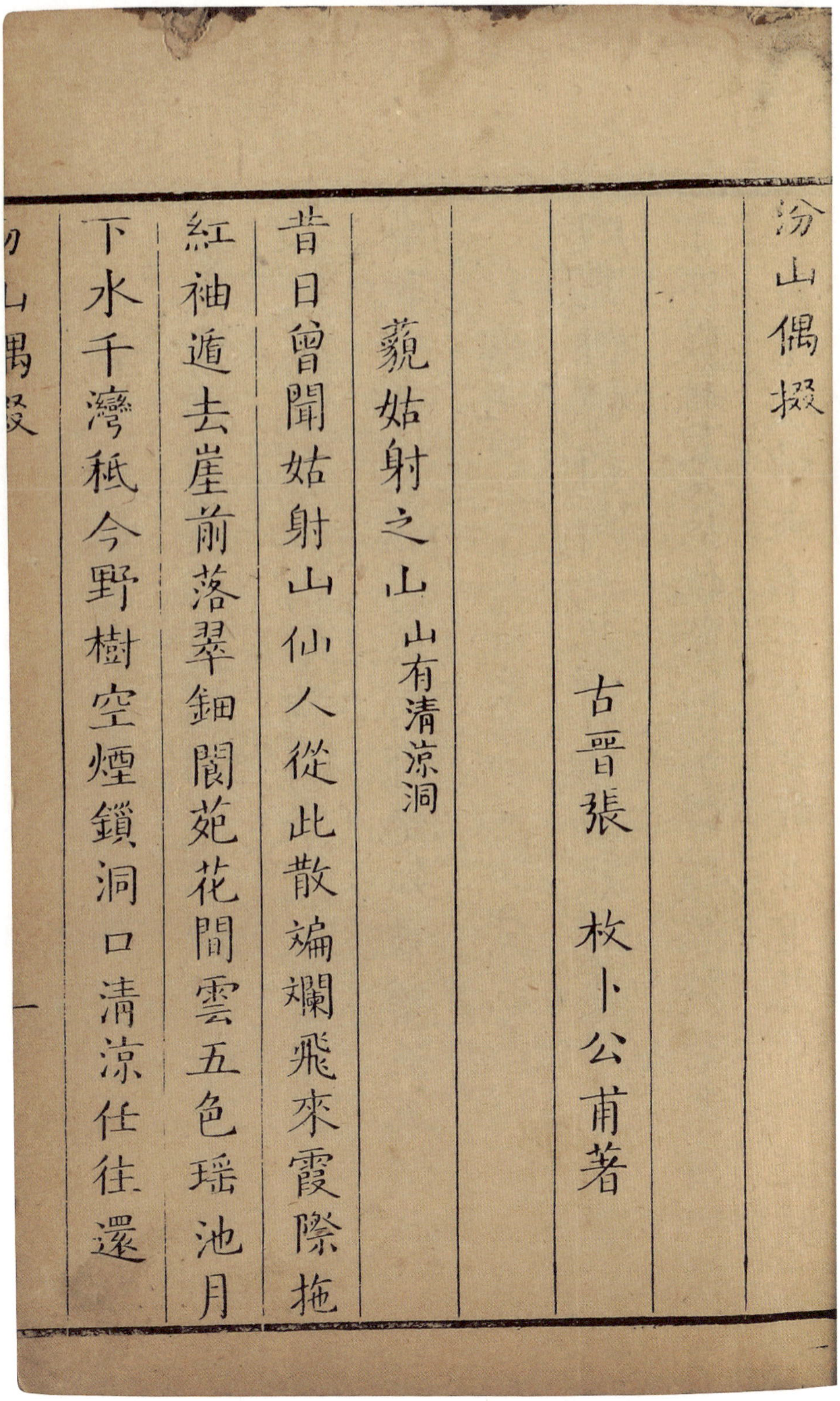
汾山偶掇

古晉張　枚卜公甫著

藐姑射之山 山有清涼洞

昔日曾聞姑射山仙人從此散斒斕飛來霞際拖紅袖遁去崖前落翠鈿閬苑花間雲五色瑤池月下水千灣秖今野樹空煙鎖洞口清涼任往還

汾山偶掇一卷　（晋）張枚著　清康熙四十六年（1707）刻本

框高 19 厘米，廣 14.5 厘米。半葉八行，行十九字，白口，四周單邊。2 册。

shan329

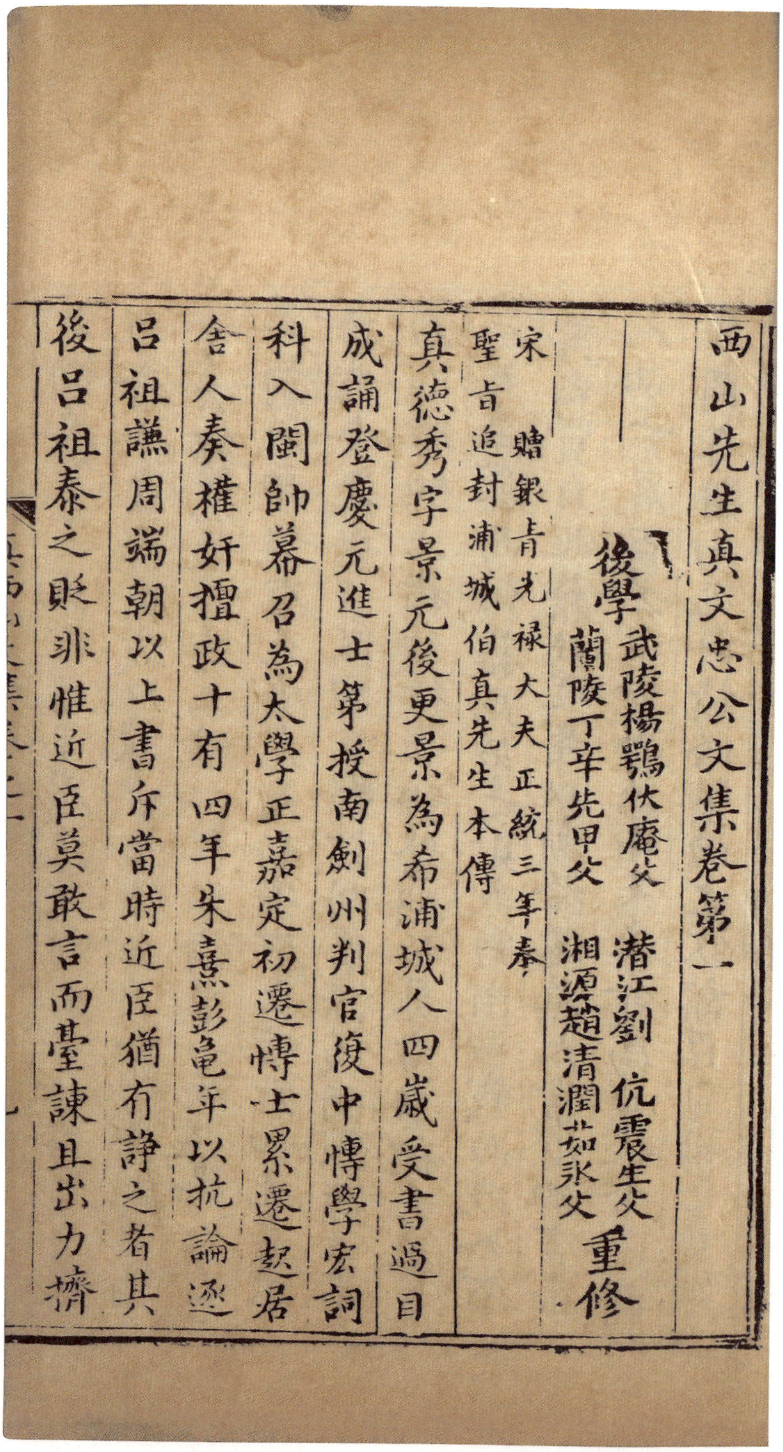

西山先生真文忠公文集五十五卷目錄二卷　（宋）真德秀撰　（明）丁辛等重修　明萬曆二十五年（1597）景賢堂刻清康熙四年（1665）補本

框高 18.8 厘米，廣 14.4 厘米。半葉十行，行二十字，小字雙行同，白口，四周雙邊。16 册。鈐“初齋秘笈”朱文印、“曾藏章武高氏小㯃庵”朱文印。

shan331

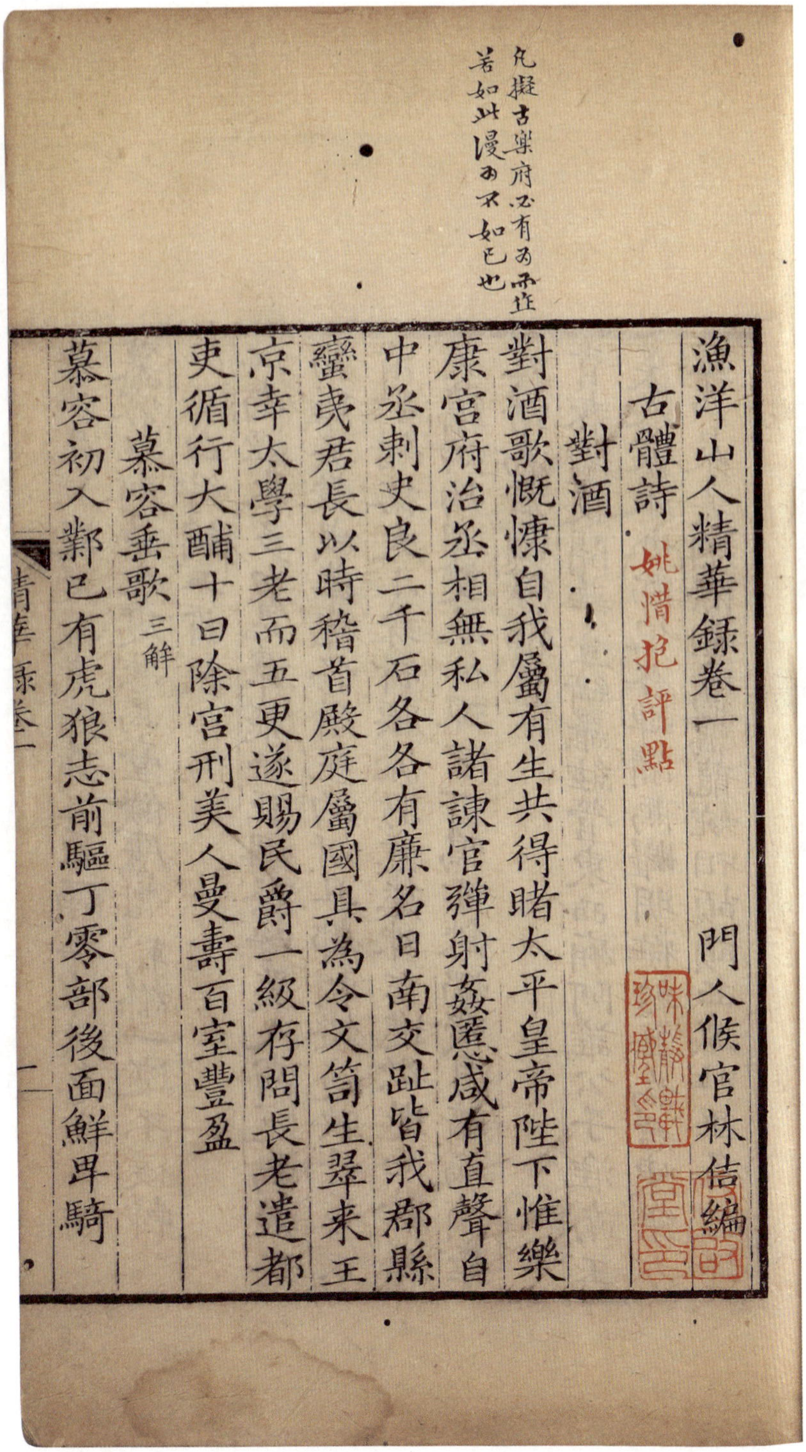

漁洋山人精華録十卷 （清）王士禎撰 （清）林佶編 清康熙三十九年（1700）林佶刻本

框高 19 厘米，廣 14.8 厘米。半葉十一行，行二十一字，細黑口，左右雙邊。4 册。鈐“耕煙閣”朱文印、“玥室借閲”朱文印、“味靜軒珍藏印”朱文印、“佑啟堂印”朱文印等。

shan337

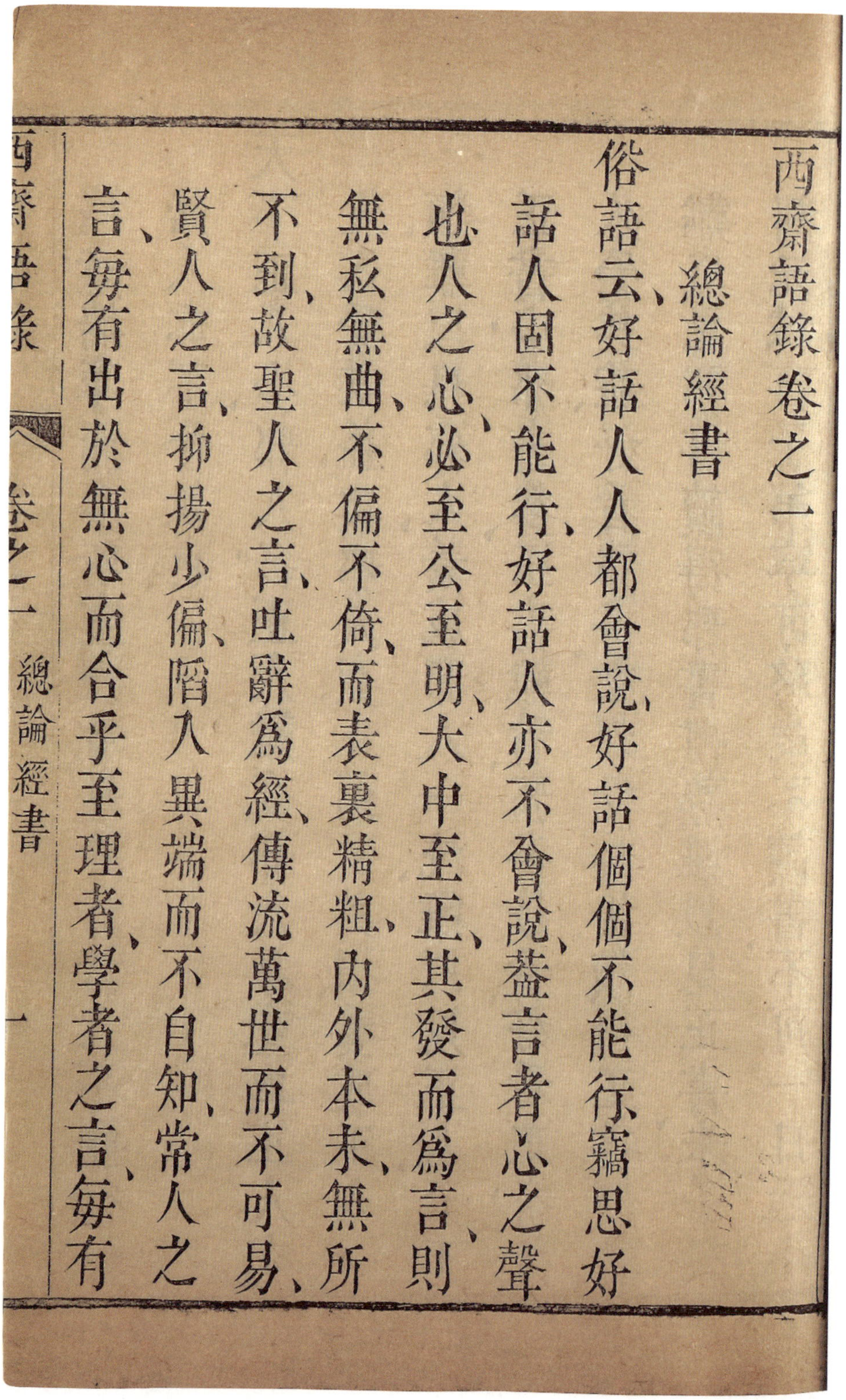

西齋語録四卷 （清）郭元鎬撰 清乾隆二十四年（1759）介邑噶噶堂刻本

框高 21 厘米，廣 14.9 厘米。半葉九行，行二十字，白口，左右雙邊，無格。4 册。

shan339

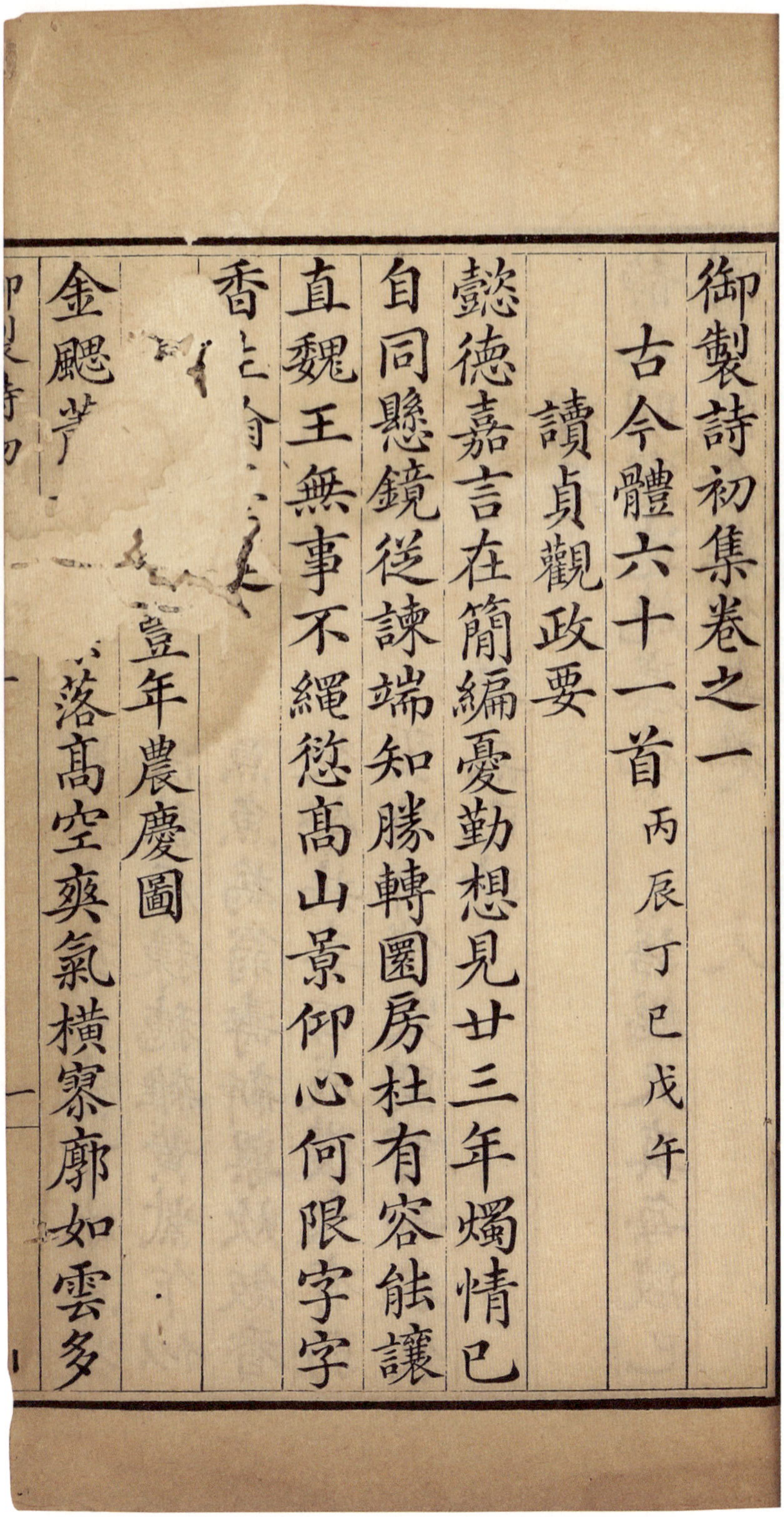

御製詩初集四十四卷目録四卷　（清）高宗弘曆撰　清乾隆十四年（1749）内府刻本

框高20.5厘米，廣13.8厘米。半葉九行，行十七字，小字雙行同，白口，四周雙邊。12册。

shan344

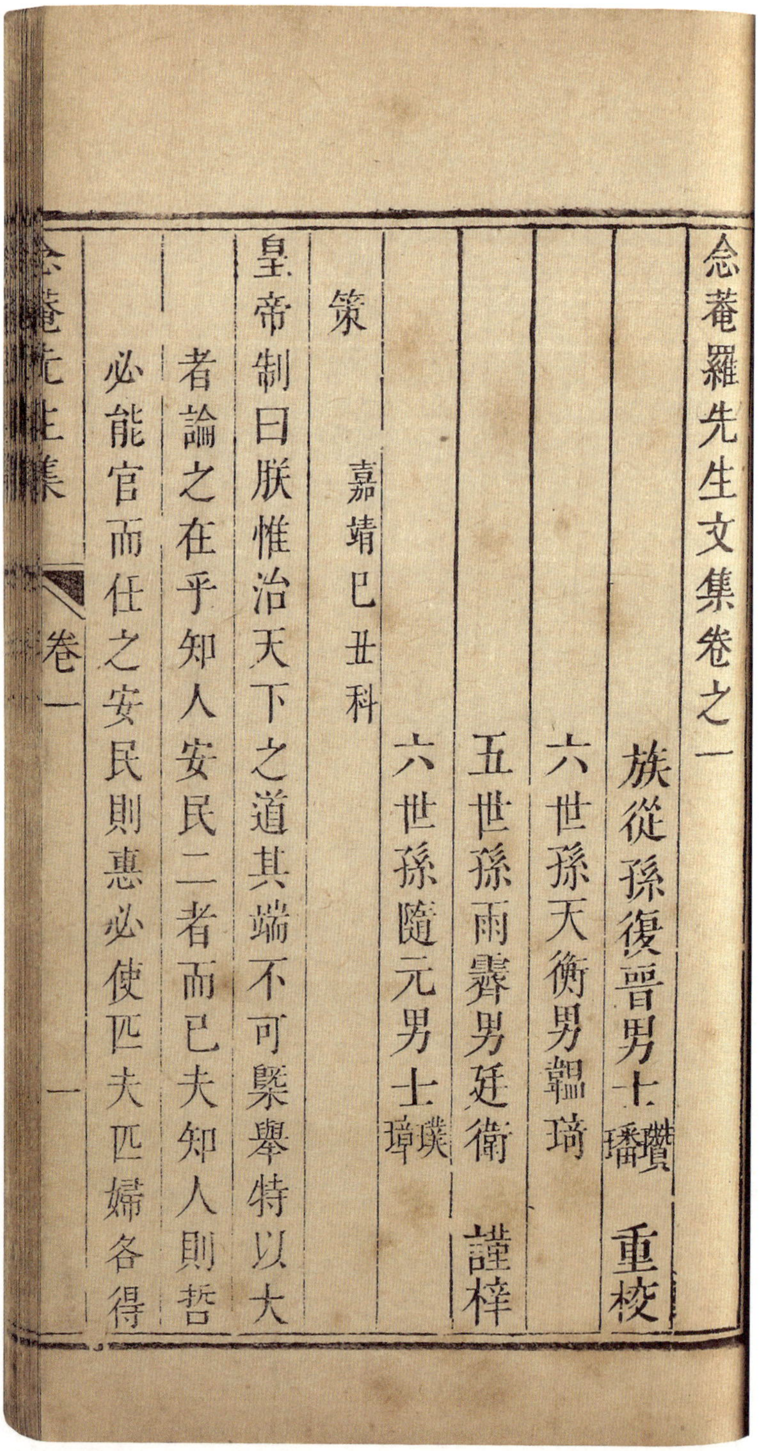

念菴羅先生文集二十四卷 （明）羅洪先撰 （清）羅復晋等重校 清雍正元年（1723）羅氏刻本

框高19.8厘米，廣13厘米。半葉九行，行二十字，小字雙行同，白口，四周雙邊。32册。

shan350

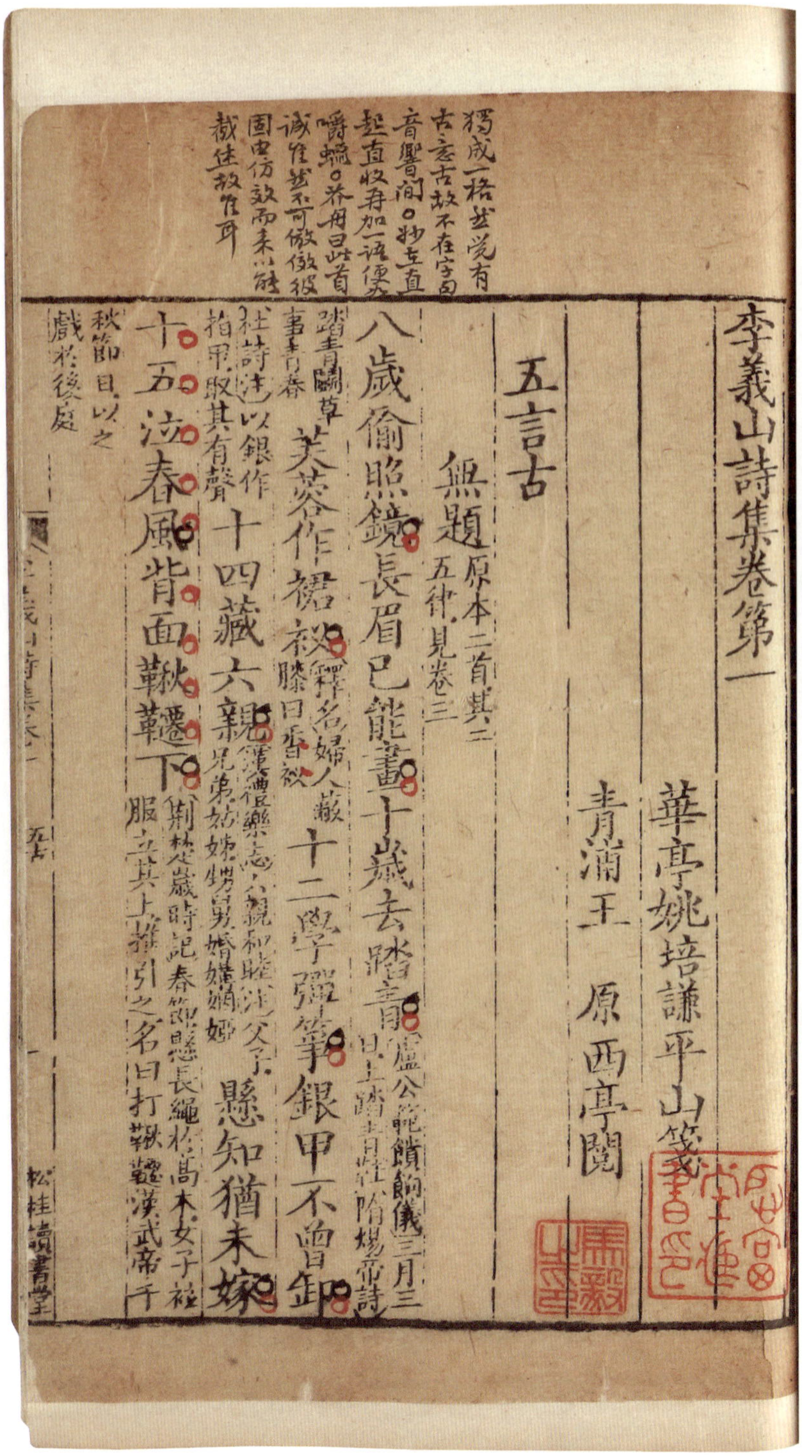

李義山詩集十六卷 （唐）李商隱撰 （清）姚培謙箋 （清）王原閲 清乾隆五年（1740）松桂讀書堂刻本

框高 18.8 厘米，廣 14.5 厘米。半葉十行，行二十一字，小字雙行不等，白口，左右雙邊。8 册。鈐“馬毅之印”朱文印、“小清涼山樵”白文印等。

shan352

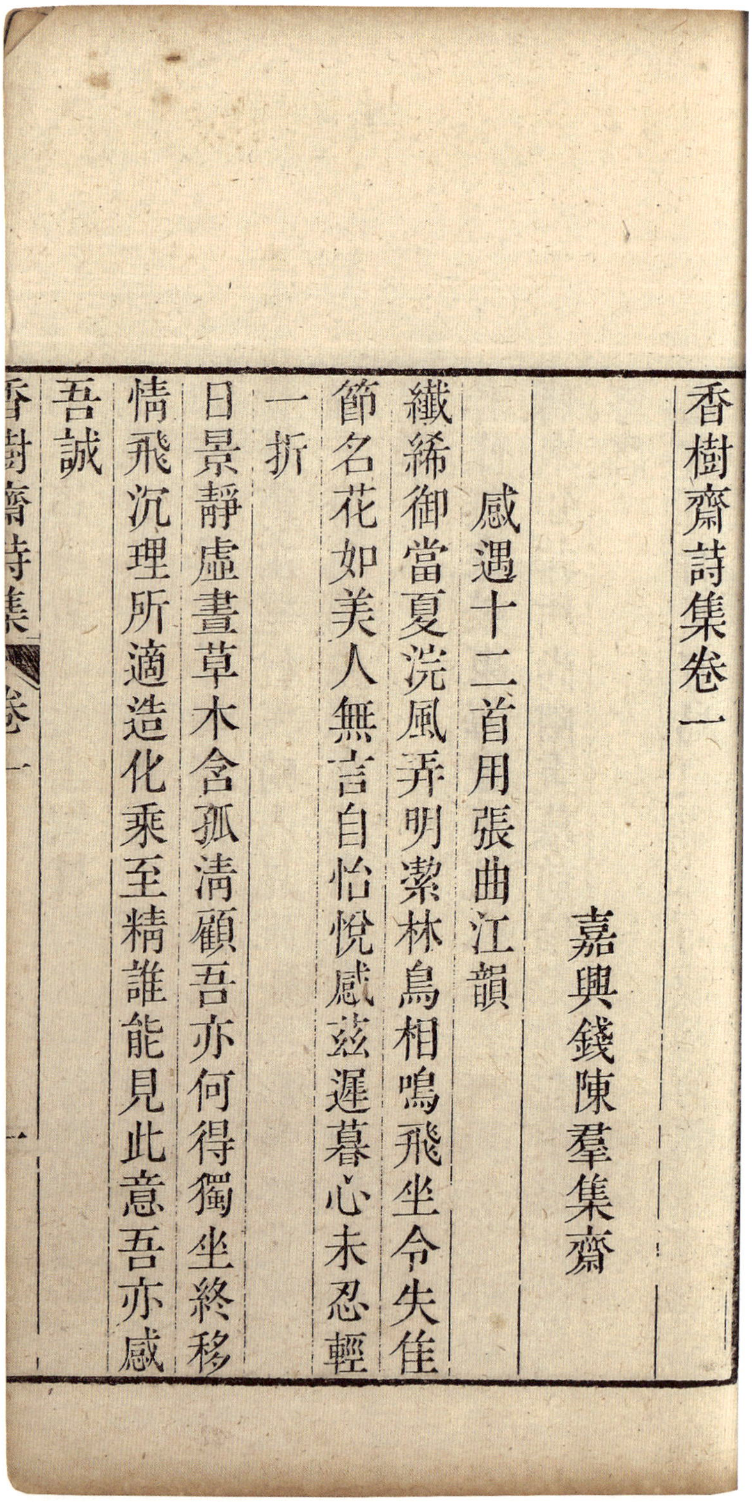
香樹齋詩集卷一
嘉興錢陳羣集齋
感遇十二首用張曲江韻
纖絺御當夏浣風弄明絜林鳥相鳴飛坐令失佳
節名花如美人無言自怡悅感茲遲暮心未忍輕
一折
日景靜虛晝草木含孤清顧吾亦何得獨坐終移
情飛沉理所適造化秉至精誰能見此意吾亦感
吾誠
香樹齋詩集 卷一 一

香樹齋詩集十八卷　（清）錢陳群撰　清乾隆十六年（1751）錢氏刻本

框高18厘米，廣13.3厘米。半葉十行，行十九字，白口，左右雙邊。4册。鈐“紘城縣印”朱文印。

shan353

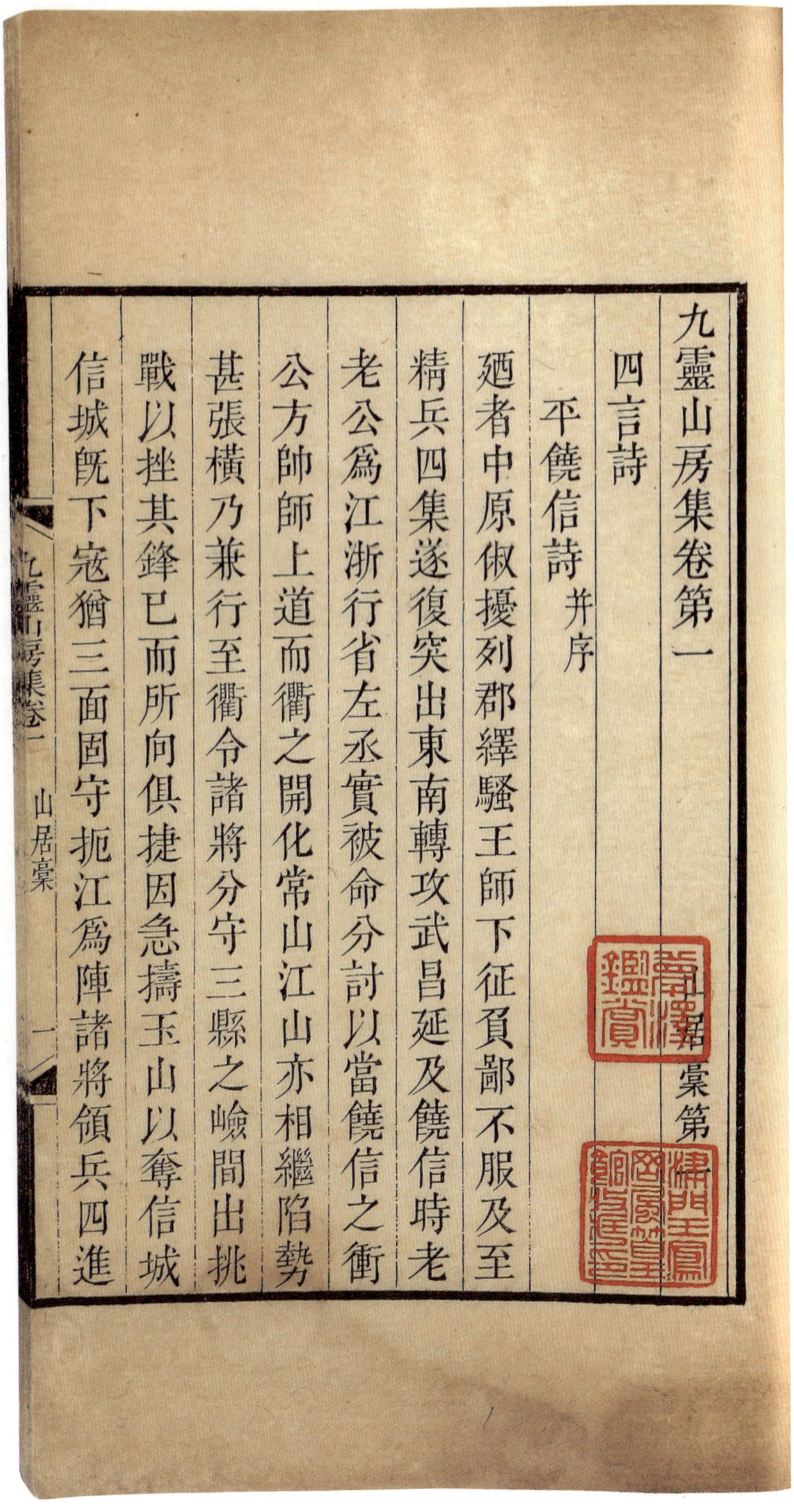

九靈山房集三十卷補編二卷 （元）戴良撰 **年譜一卷** （清）戴殿江撰 清乾隆三十七年（1772）戴氏傳經書屋刻本

框高 19.1 厘米，廣 13.7 厘米。半葉十行，行二十一字，黑口，左右雙邊。12 册。

shan370

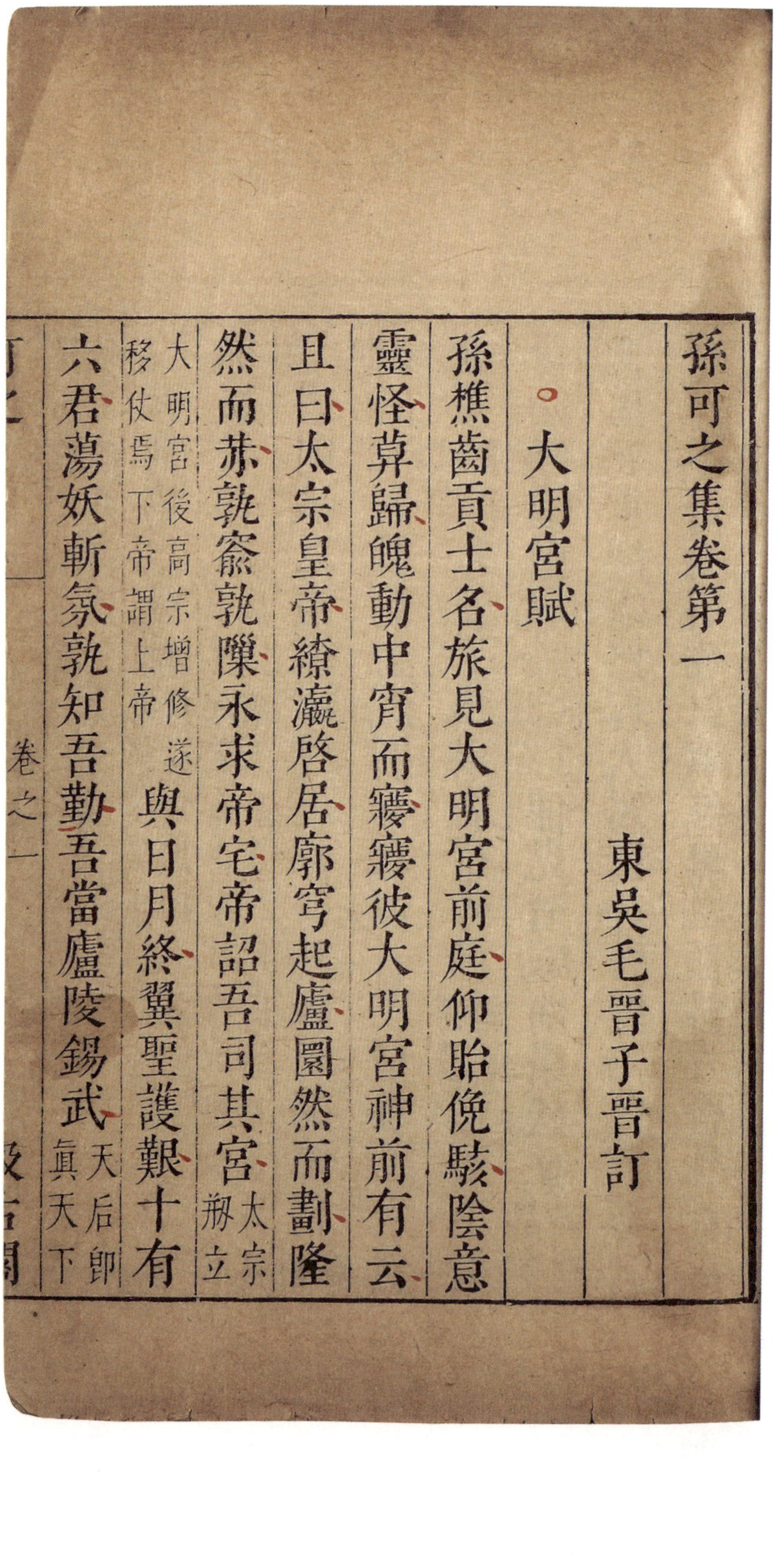

孫可之集十卷 （唐）孫樵撰 （明）毛晉輯 明海虞毛氏汲古閣刻三唐人文集本

框高18.6厘米，廣14.2厘米。半葉九行，行十九字，小字雙行同，白口，左右雙邊。1册。

shan373

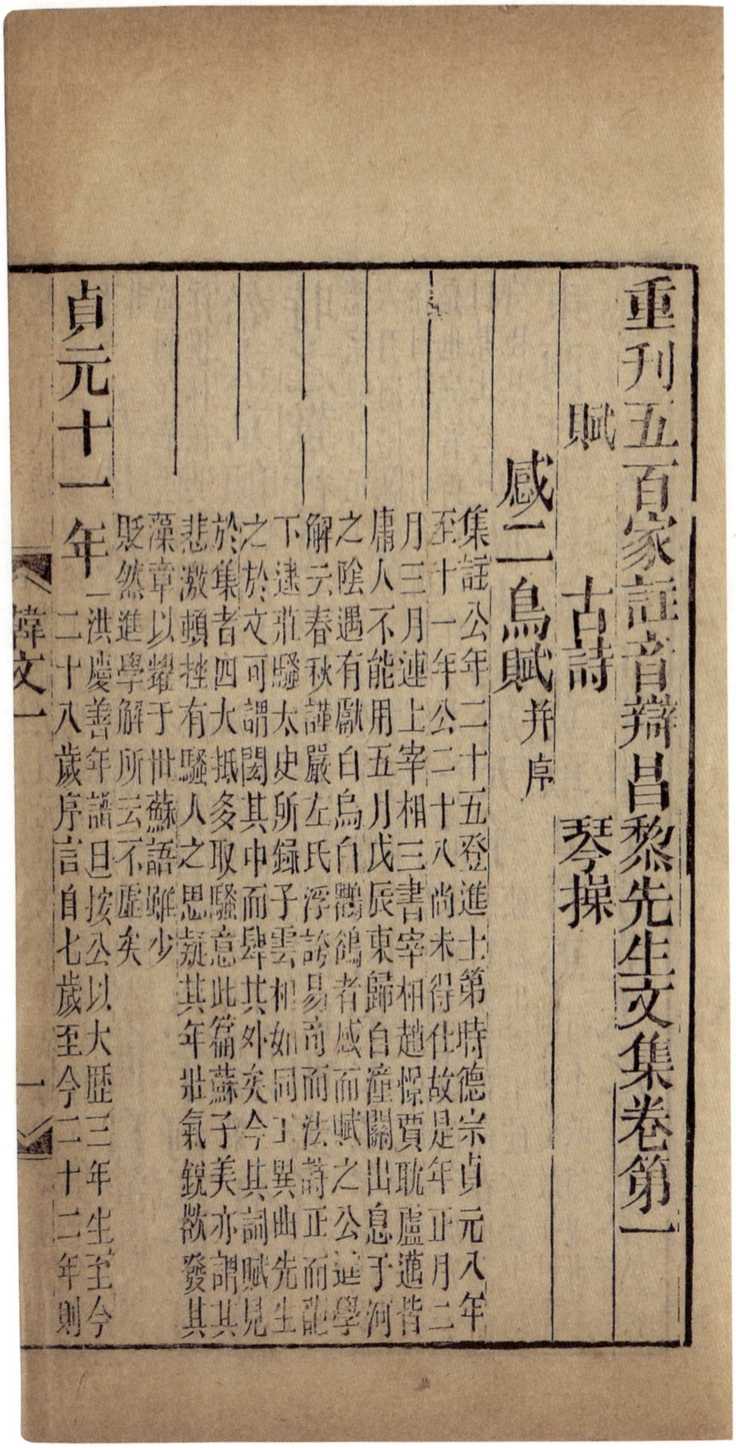

重刊五百家註音辯昌黎先生文集四十卷 （唐）韓愈撰 （宋）魏仲舉等註 清乾隆四十九年（1784）刻本

框高 19.5 厘米，廣 12.5 厘米。半葉十行，行十八字，小字雙行二十四字，白口，左右雙邊。8 册。鈐“墨心齋藏書記”白文印。存十四卷（一至十四）。

shan375

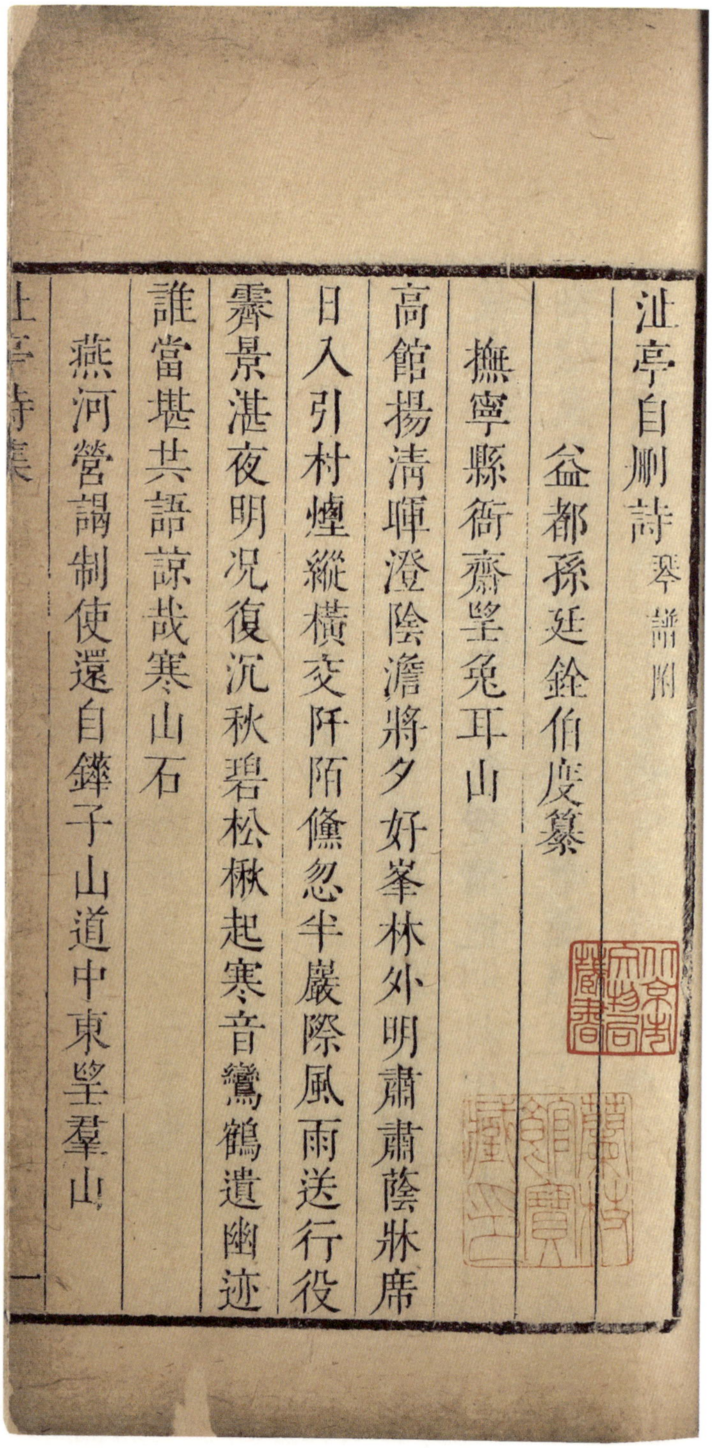

沚亭自删詩一卷附琴譜指法省文一卷 （清）孫廷銓纂 清康熙十七年（1678）師儉堂刻孫文定公全集本

框高 18.7 厘米，廣 12.5 厘米。半葉八行，行二十字，白口，四周單邊。1 册。鈐“蘭枝館寶藏印”朱文印。

shan405

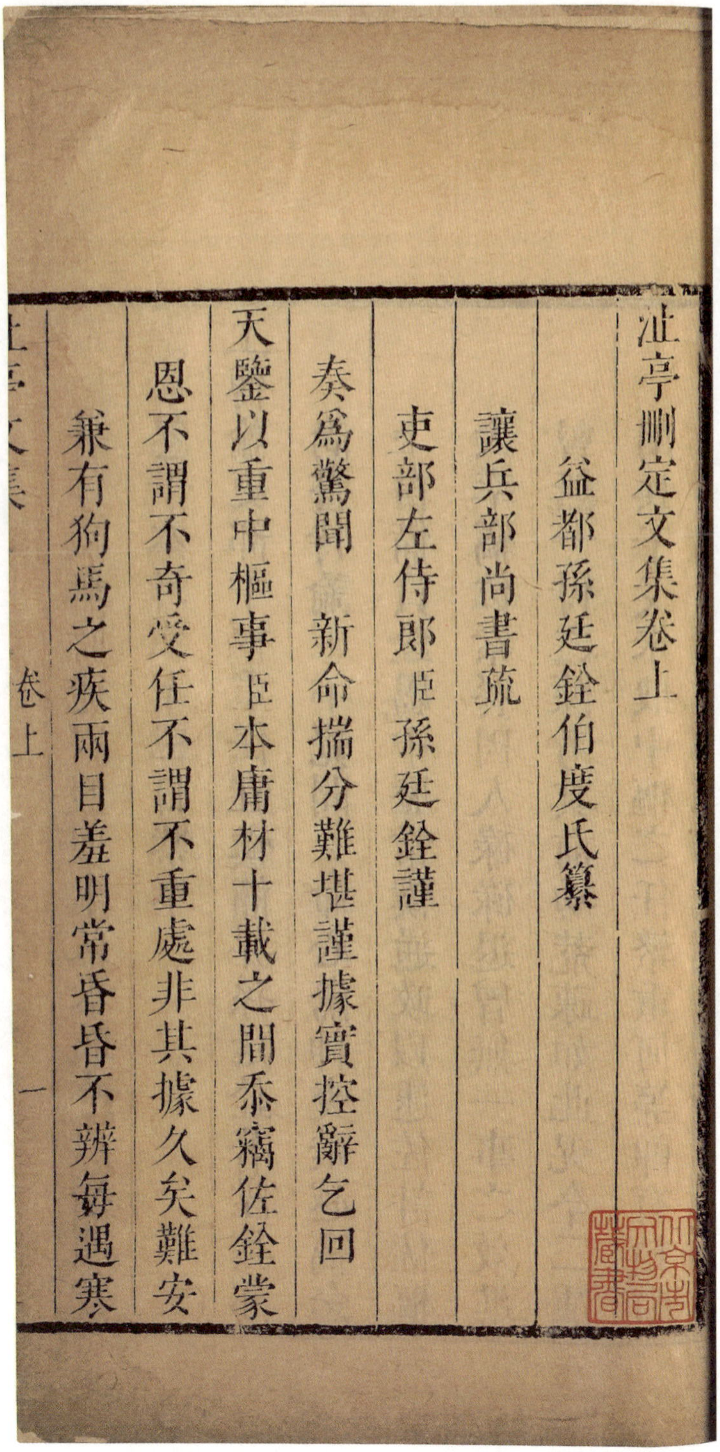
沚亭删定文集卷上
益都孫廷銓伯度氏纂
讓兵部尚書疏
吏部左侍郎臣孫廷銓謹
奏爲驚聞 新命揣分難堪謹據實控辭乞回
天鑒以重中樞事臣本庸材十載之間忝竊佐銓掌
恩不謂不奇受任不謂不重處非其據久矣難安
兼有狗馬之疾兩目羞明常昏昏不辨每遇寒
沚亭文集 卷上 一

沚亭删定文集二卷 （清）孫廷銓纂 清康熙十七年（1678）師儉堂刻孫文定公全集本
框高 18.5 厘米，廣 12.7 厘米。半葉八行，行二十字，白口，四周單邊。2 册。

shan406

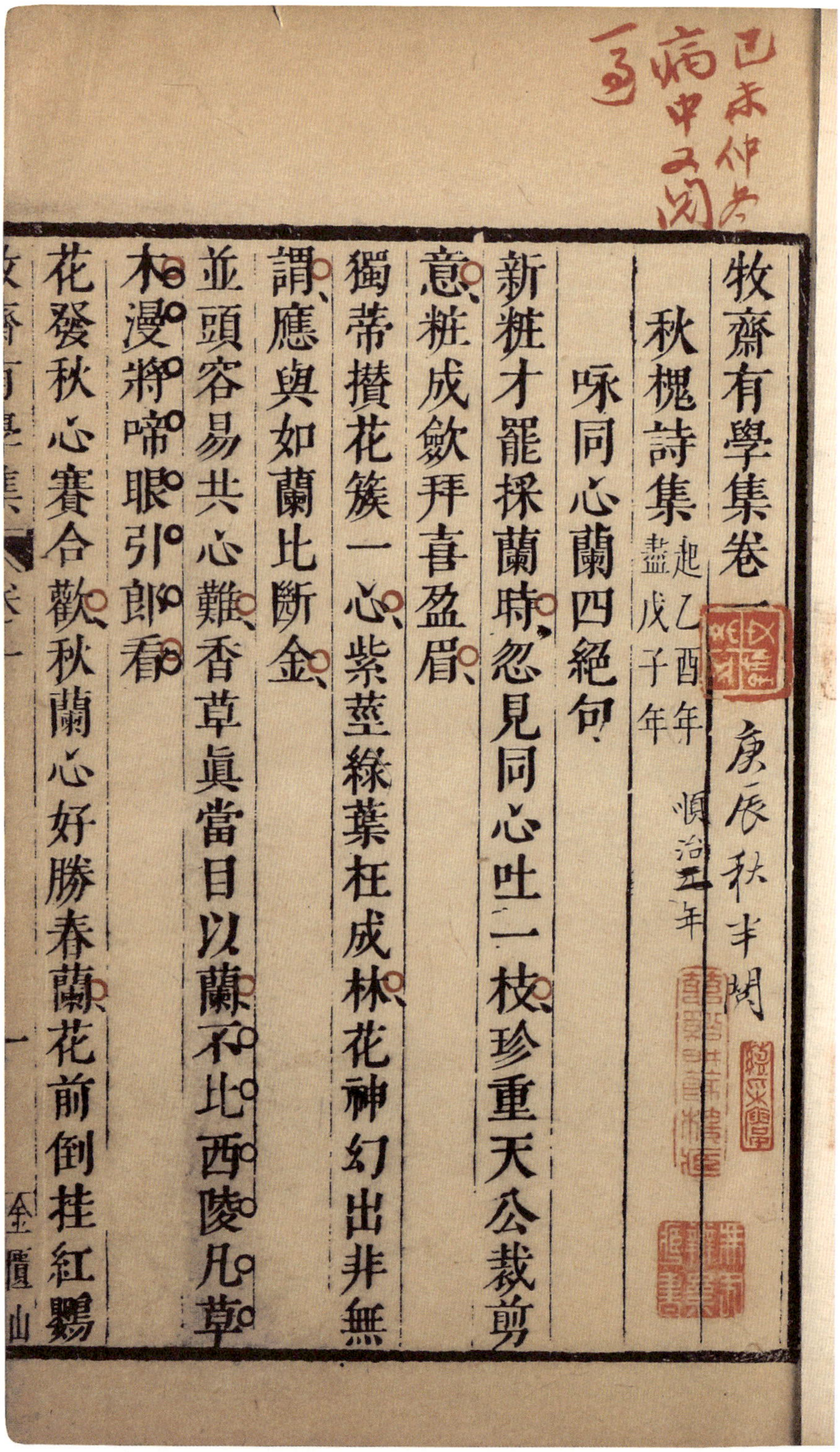

牧齋有學集五十一卷　（清）錢謙益撰　清康熙三年（1664）刻本

框高 18.5 厘米，廣 13.5 厘米。半葉十行，行二十字，小字雙行同，白口，左右雙邊。18 册。鈐“馮氏辨齋藏書”白文印、“希文之鉩”白文印等。存三十卷（一至三十）。

shan408

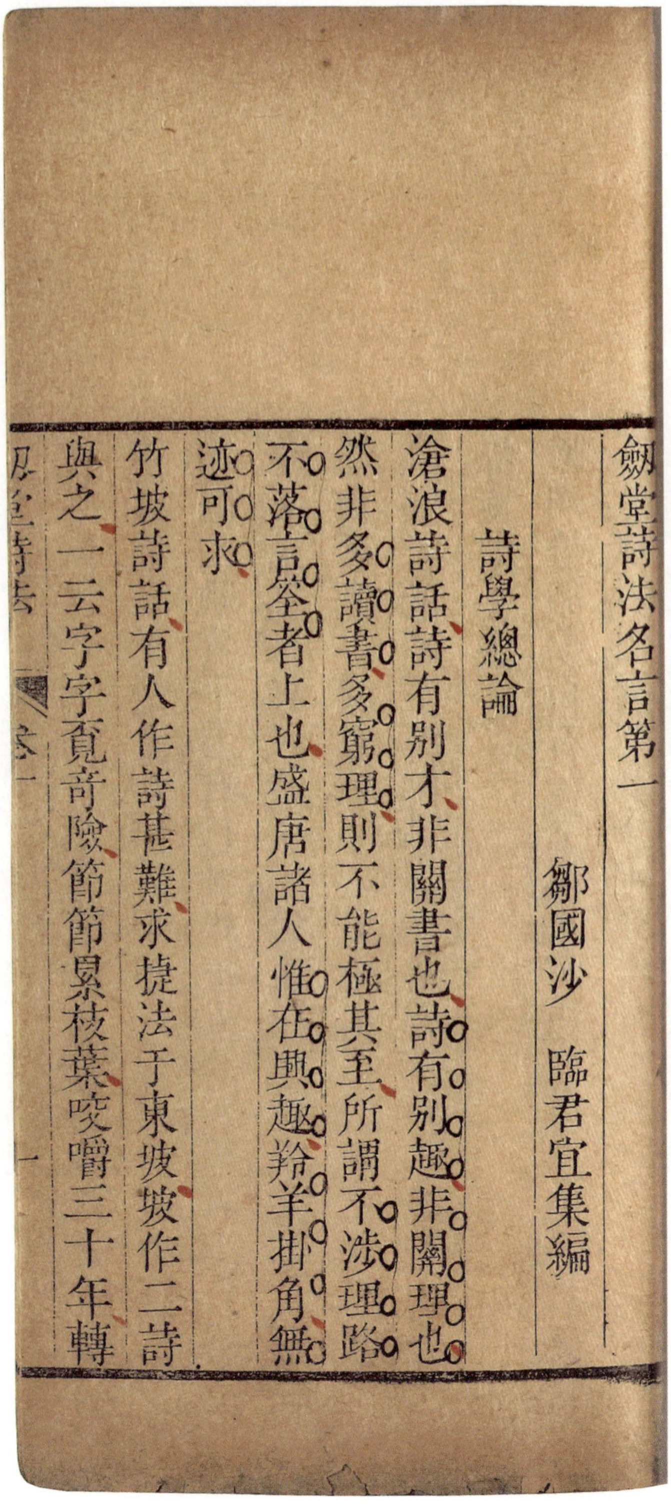
劒堂詩法名言第一
鄒國沙　臨君宜集編
詩學總論
滄浪詩話詩有別才非關書也詩有別趣非關理也然非多讀書多窮理則不能極其至所謂不涉理路不落言筌者上也盛唐諸人惟在興趣羚羊掛角無迹可求
竹坡詩話有人作詩甚難求捷法于東坡坡作二詩與之一云字字覔奇險節節累枝葉咬嚼三十年轉
劒堂詩法　卷一　一

劒堂詩法名言四卷　（清）沙臨集編　清乾隆繹山房刻本
框高 14 厘米，廣 10 厘米。半葉九行，行二十字，白口，四周單邊。4 册。

shan420

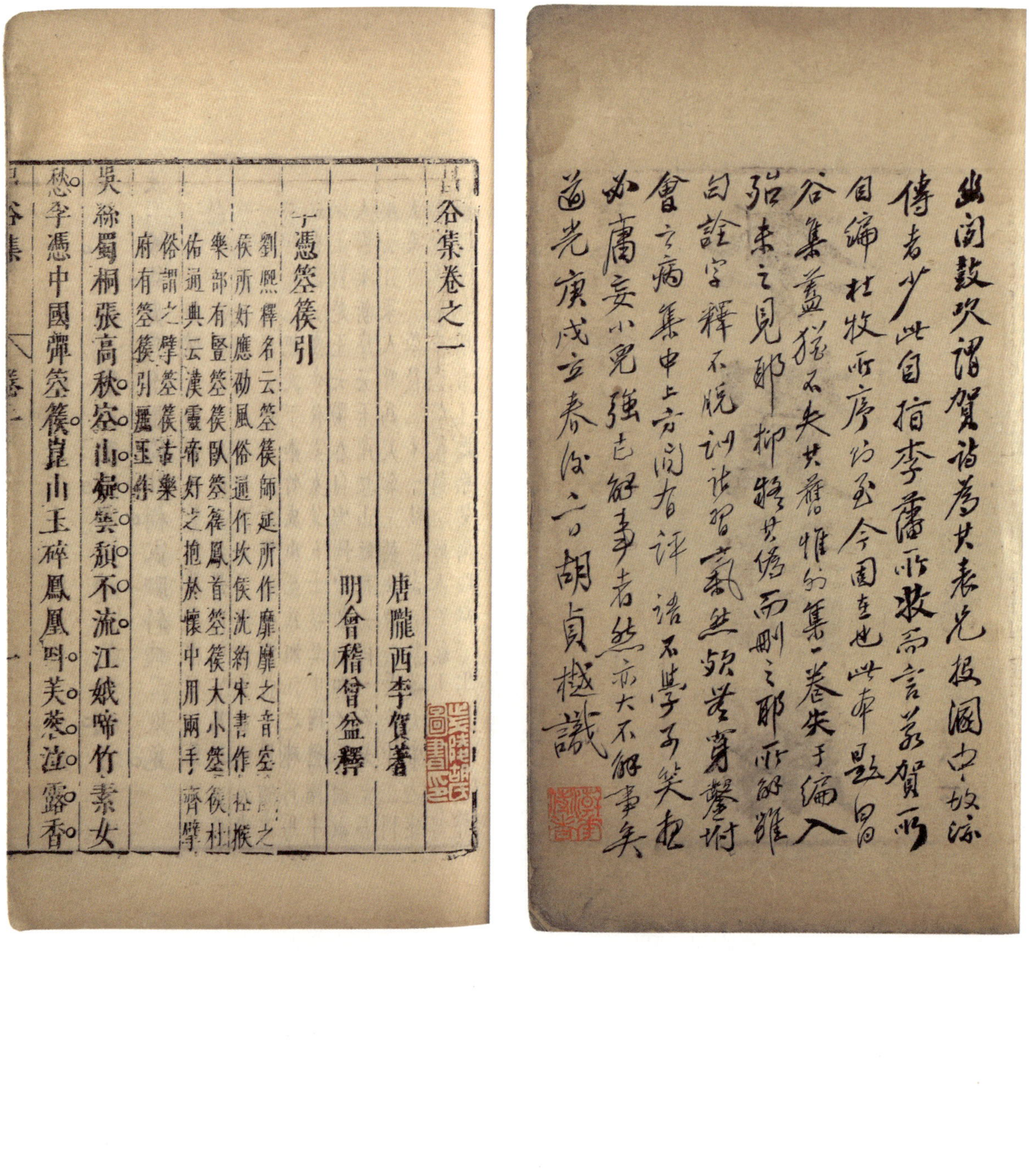
昌谷集卷之一
唐隴西李賀著
明會稽曾益釋
李憑箜篌引
劉熙釋名云箜篌師延所作靡靡之音空國之侯所好應劭風俗通作坎侯沈約宋書作控侯樂部有豎箜篌臥箜篌鳳首箜篌大小箜篌杜佑通典云漢靈帝好之抱於懷中用兩手齊擘俗謂之擘箜篌古樂府有箜篌引麗玉作
吳絲蜀桐張高秋。空山凝雲頹不流。江娥啼竹素女愁。李憑中國彈箜篌。崑山玉碎鳳凰叫。芙蓉泣露香

昌谷集四卷　（唐）李賀著　（明）曾益釋　清初刻本

框高21.5厘米，廣14.8厘米。半葉九行，行二十字，小字雙行同，白口。四周單邊。2册。鈐“武陵胡氏圖書印”白文印、“見書眼開”白文印等。有清道光三十年（1850）胡貞樾題記。

shan432

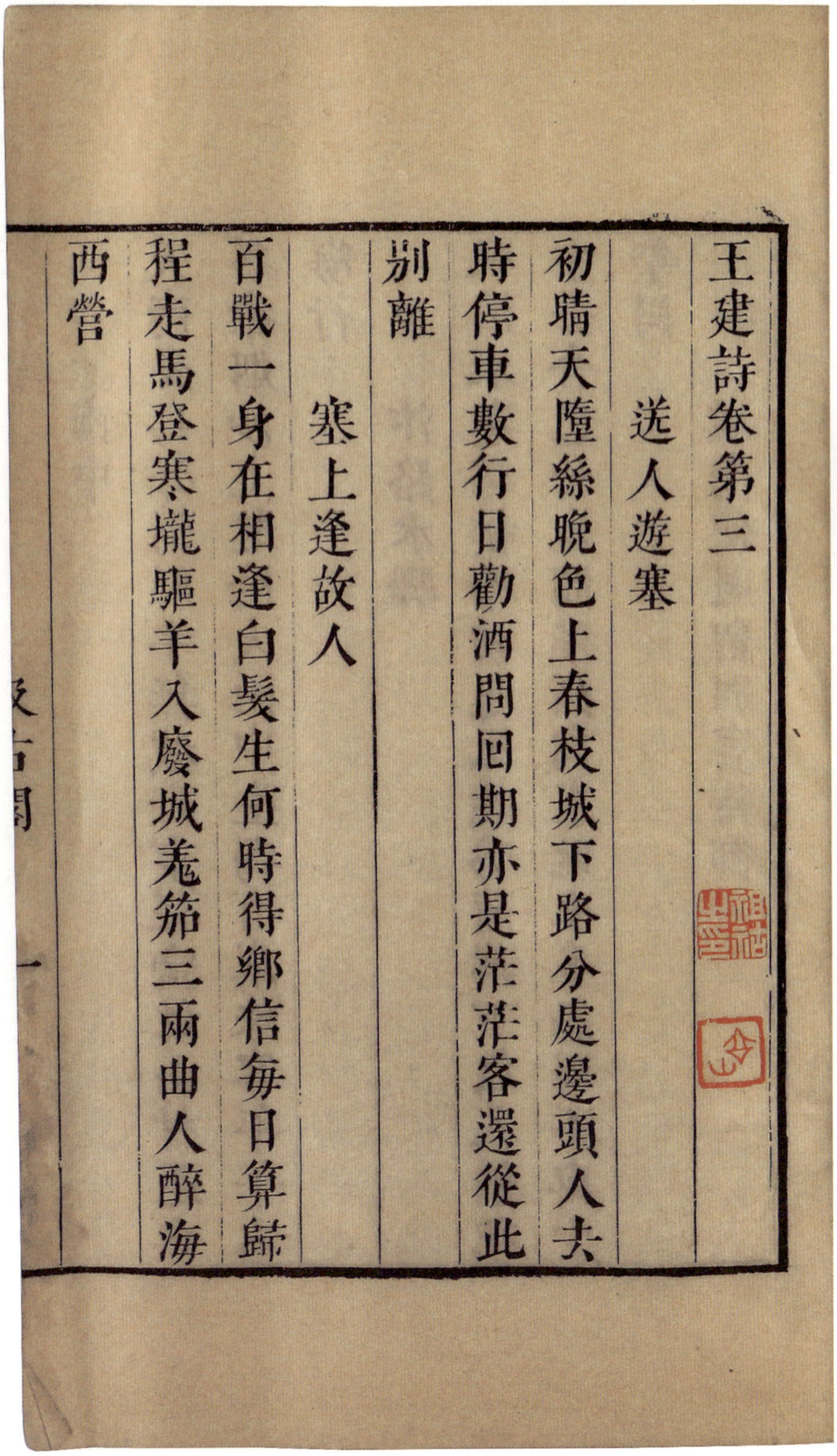

王建詩卷第三

送人遊塞

初晴天墮絲晚色上春枝城下路分處邊頭人去時停車數行日勸酒問回期亦是茫茫客還從此別離

塞上逢故人

百戰一身在相逢白髮生何時得鄉信每日算歸程走馬登寒壠驅羊入廢城羌笳三兩曲人醉海西營

汲古閣　一

王建詩八卷　（唐）王建撰　明崇禎毛氏汲古閣刻唐人六集本

框高 18.9 厘米，廣 14.7 厘米。半葉九行，行十九字，白口，左右雙邊。1 册。鈐“祖祜之印”白文印、“谷山”朱文印。存六卷（三至八）。

shan433

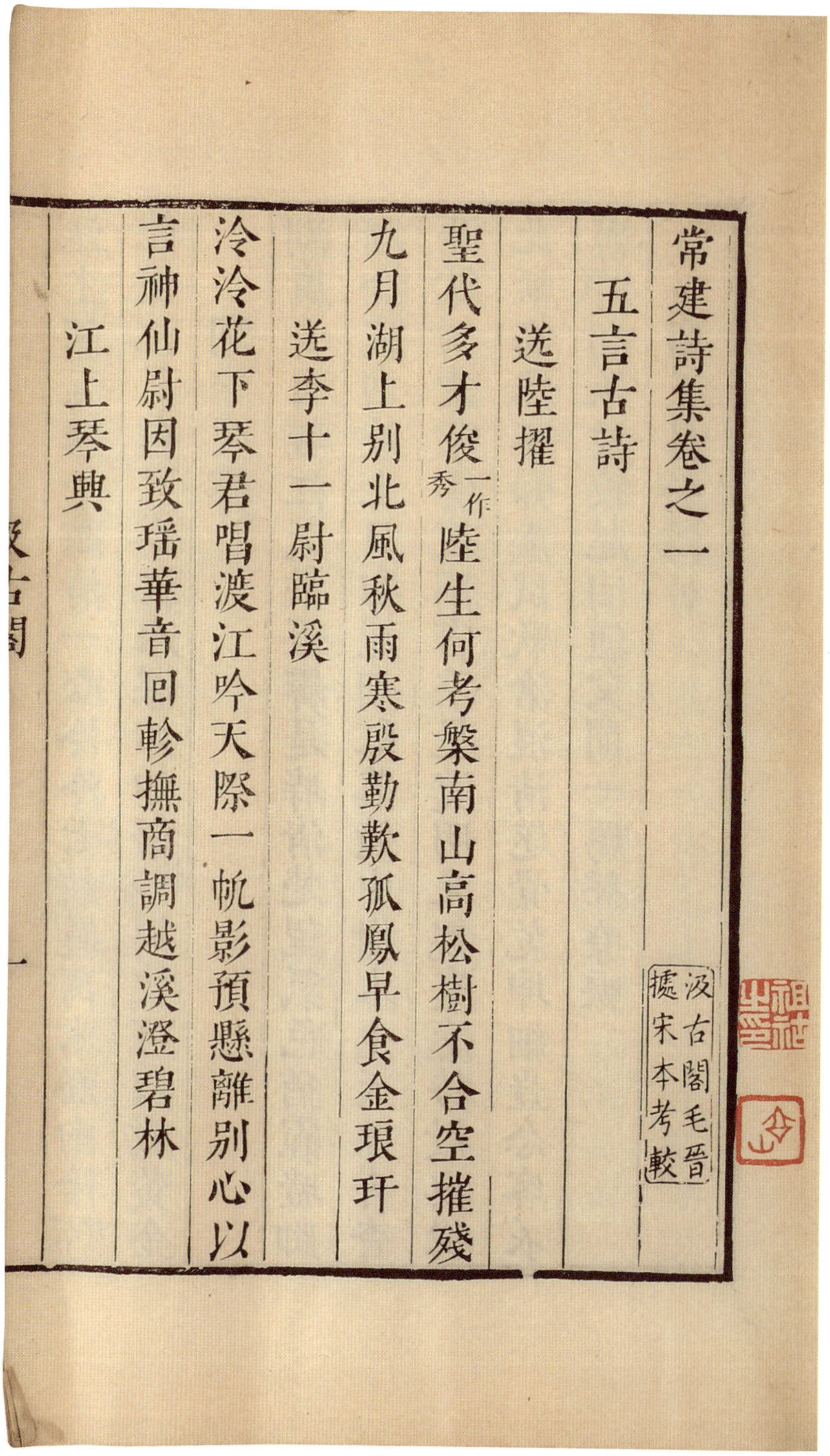
常建詩集卷之一
五言古詩
送陸擢
聖代多才俊一作秀陸生何考槃南山高松樹不合空摧殘
九月湖上別北風秋雨寒殷勤數孤鳳早食金琅玕
送李十一尉臨溪
泠泠花下琴君唱渡江吟天際一帆影預懸離別心以
言神仙尉因致瑶華音回軫撫商調越溪澄碧林
江上琴興
汲古閣毛晉
據宋本考較
汲古閣　一

常建詩集二卷附録一卷　（唐）常建撰　明崇禎毛氏汲古閣刻唐人六集本

框高 19.3 厘米，廣 13.6 厘米。半葉九行，行二十一字，小字雙行不等，白口，左右雙邊。1 册。鈐“祖祐之印”白文印、“谷山”朱文印。

shan434

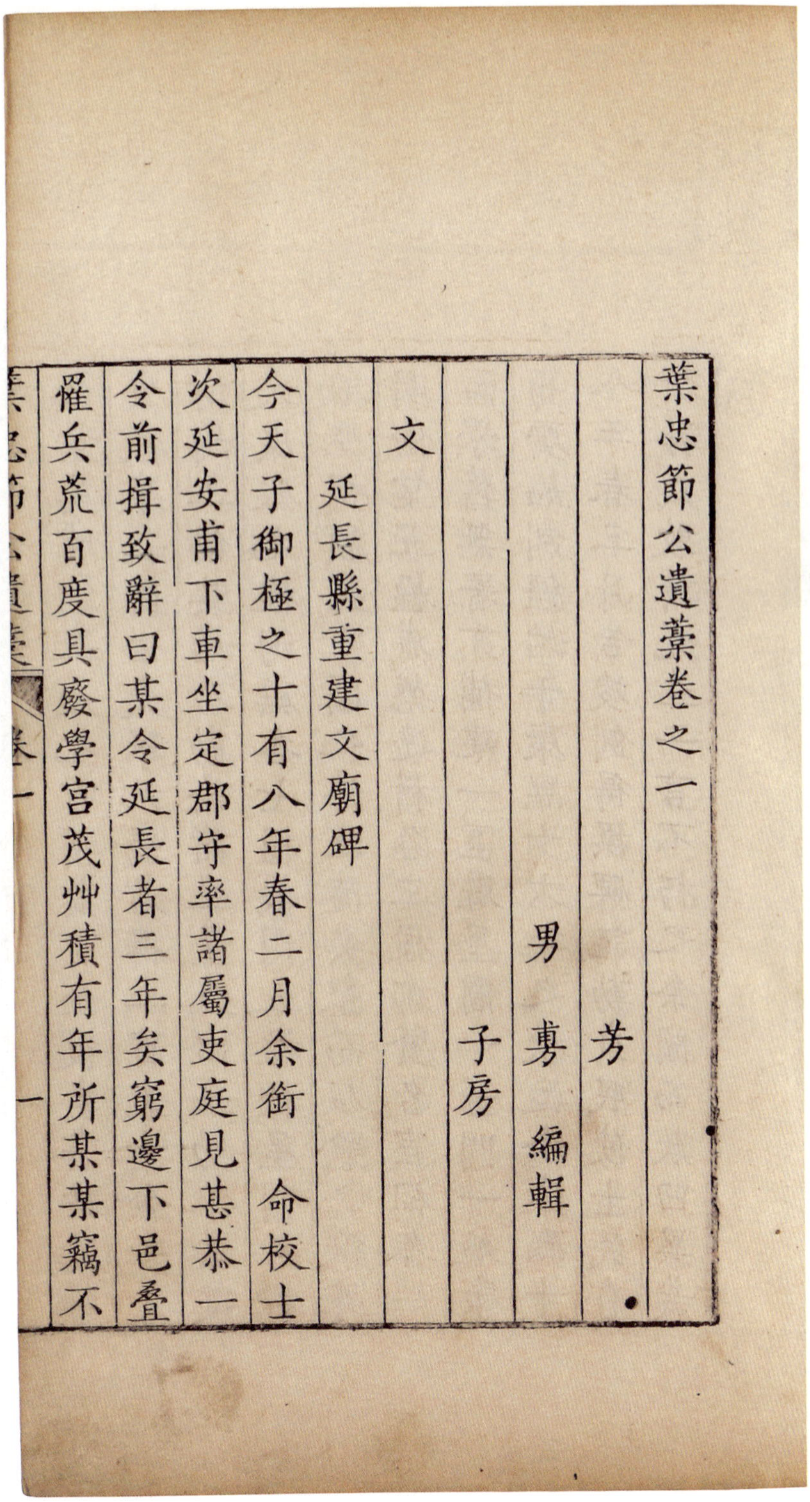

葉忠節公遺稾卷之一
芳
男　尃　編輯
子房
文
延長縣重建文廟碑
今天子御極之十有八年春二月余銜　命校士
次延安甫下車坐定郡守率諸屬吏庭見甚恭一
令前揖致辭曰某令延長者三年矣窮邊下邑疊
罹兵荒百度具廢學宮茂艸積有年所某某竊不
葉忠節公遺稾　卷一　一

葉忠節公遺稾十六卷　（清）葉映榴撰　（清）葉芳等編輯　清乾隆刻本
框高 18.1 厘米，廣 13.5 厘米。半葉十行，行十九字，白口，四周單邊。6 册。

shan443

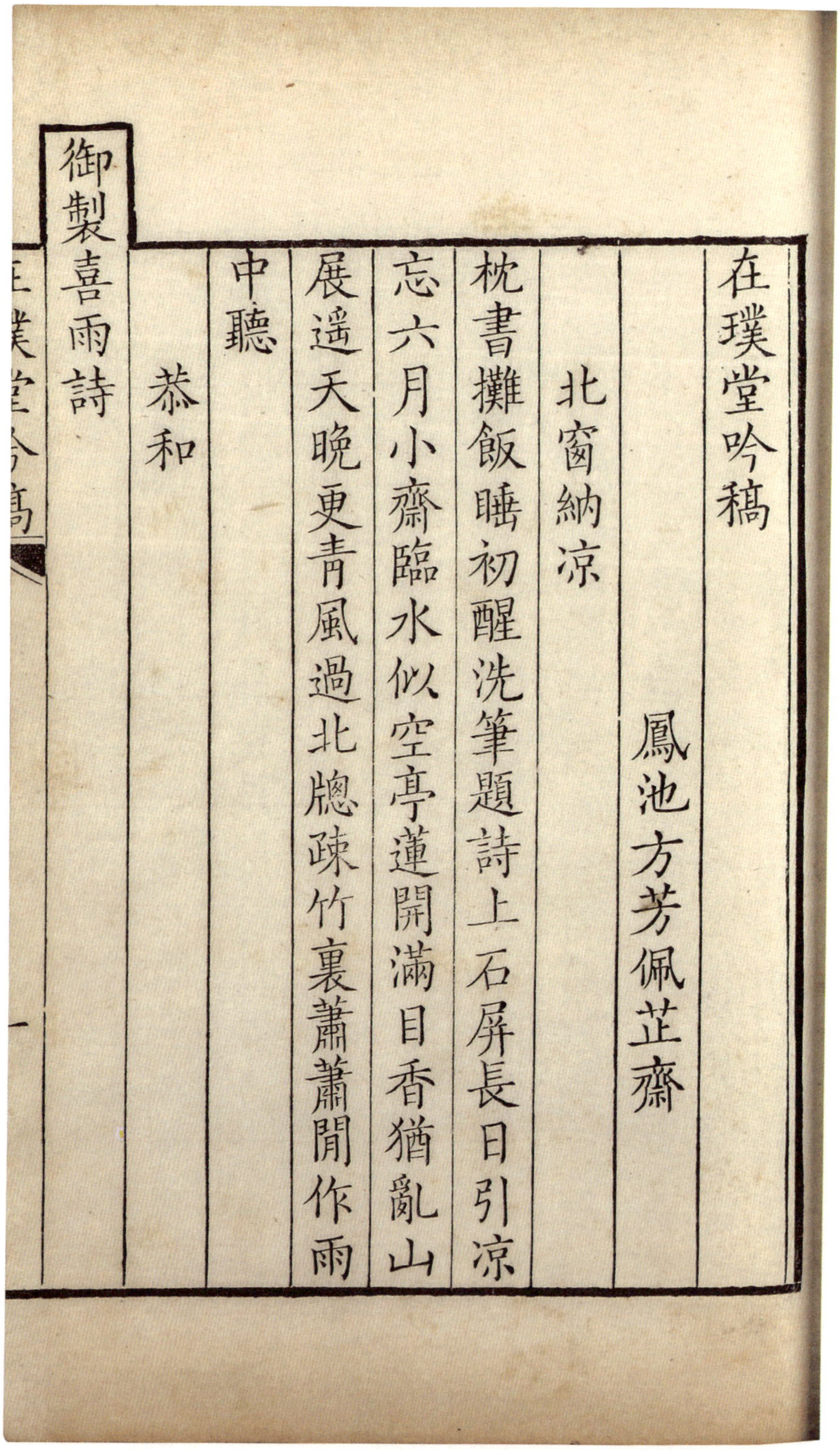
在璞堂吟稿
鳳池方芳佩芷齋
北窗納涼
枕書攤飯睡初醒洗筆題詩上石屏長日引涼
忘六月小齋臨水似空亭蓮開滿目香猶亂山
展遥天晚更青風過北牕疎竹裏蕭蕭閒作雨
中聽
恭和
御製喜雨詩

在璞堂吟稿一卷　（清）方芳佩著　清乾隆十六年（1751）刻本

框高 18.3 厘米，廣 13.7 厘米。半葉九行，行十八字或二十字，小字雙行同，白口，左右雙邊。1 冊。

shan445

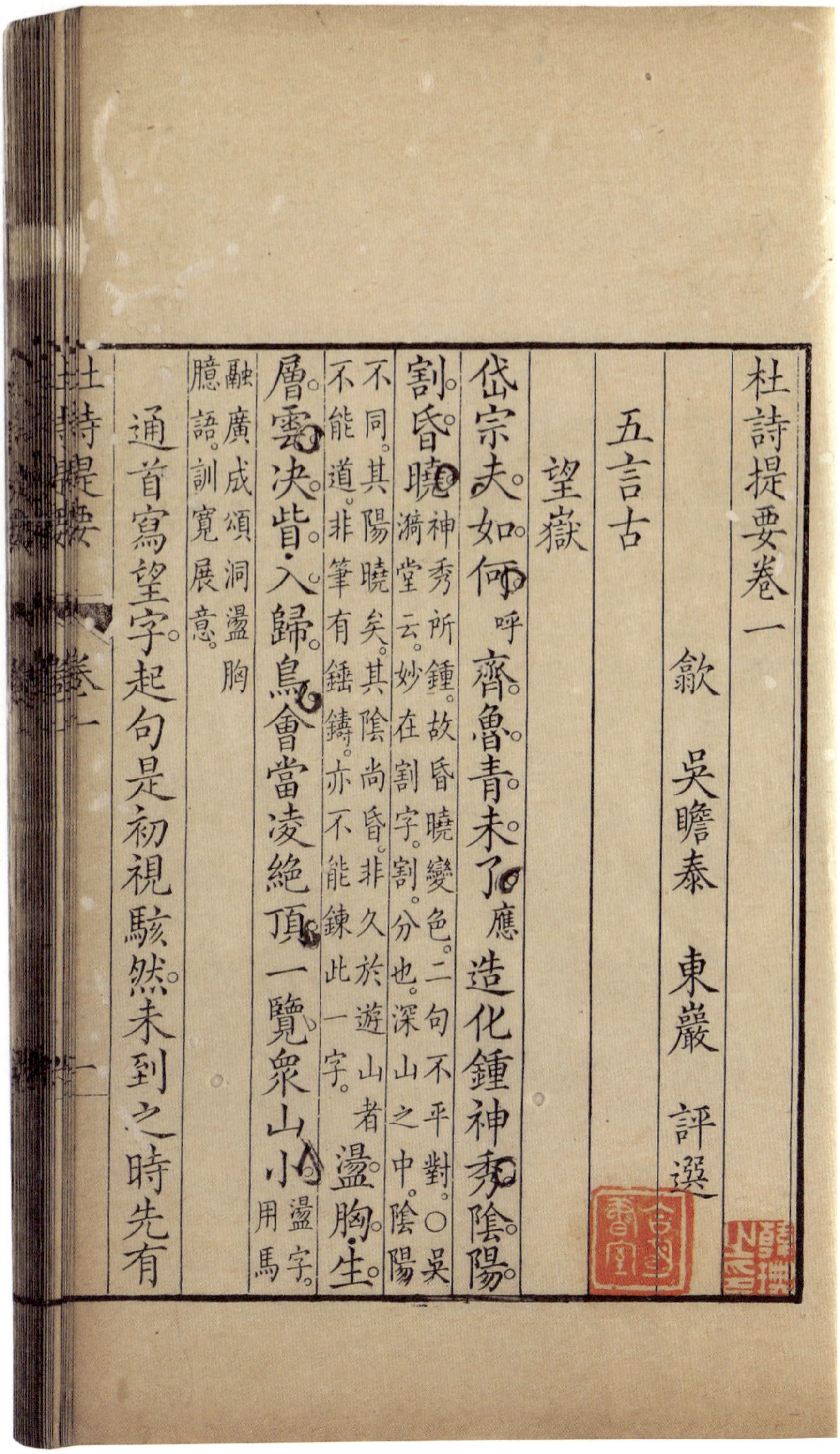

杜詩提要十四卷　（清）吴瞻泰評選　清乾隆山雨樓刻本

框高 17.6 厘米，廣 13.7 厘米。半葉十行，行十九字，小字雙行同，白口，左右雙邊。6 册。鈐“韓郁”白文印、“栝園”白文印等。

shan448

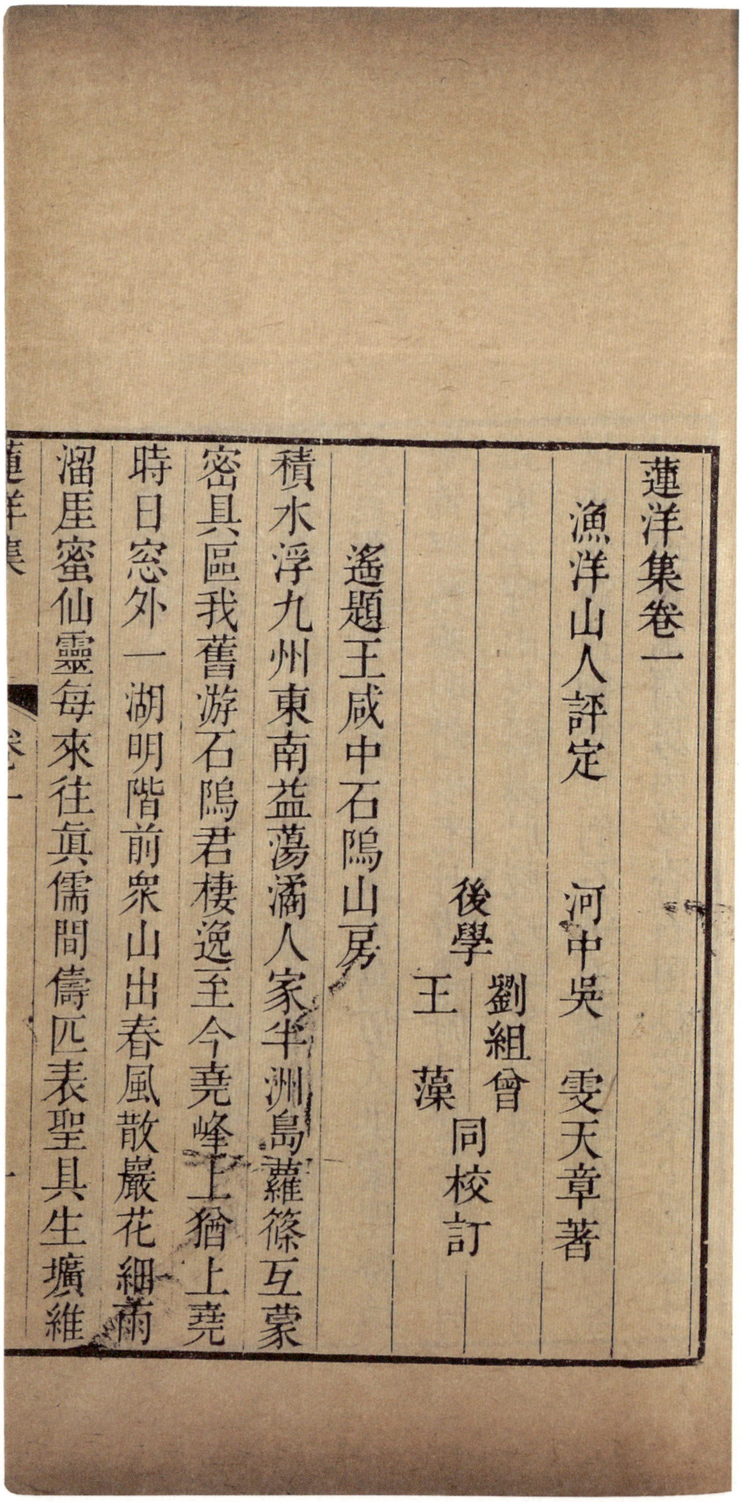

蓮洋集十二卷補遺一卷 （清）吴雯著 （清）王士禛評定 清乾隆十七年（1752）夢鶴草堂刻本

框高16.6厘米，廣12.8厘米。半葉九行，行十九字，小字雙行同，白口，左右雙邊。7册。

shan450

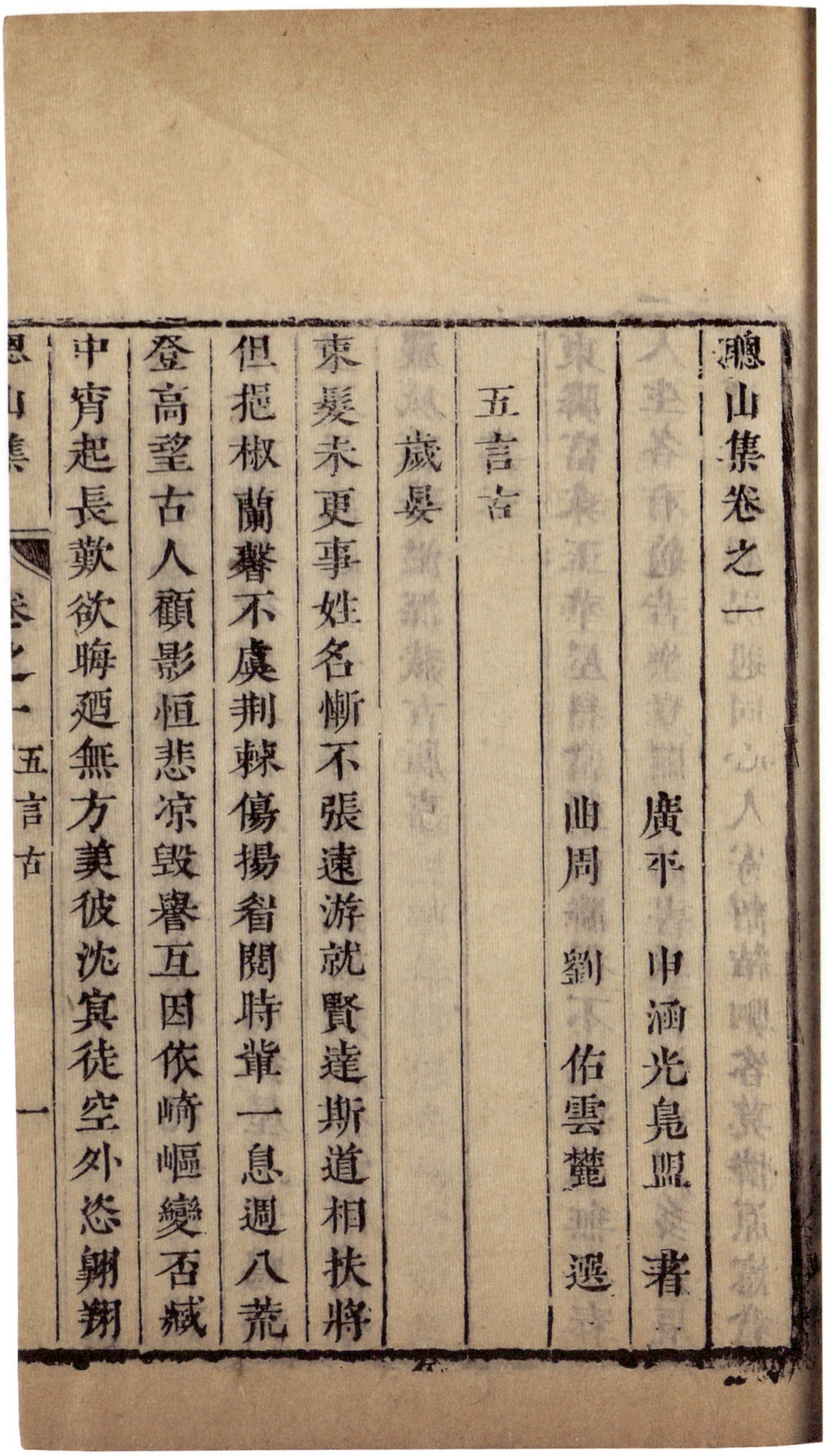

聽山集四種 （清）申涵光著 （清）劉佑選 **申凫盟先生年譜略一卷** （清）申涵煜 （清）申涵盼輯 清康熙二年（1663）渾脱居刻本

框高17.3厘米，廣13.4厘米。半葉九行，行二十字，白口，四周單邊。6册。

shan453

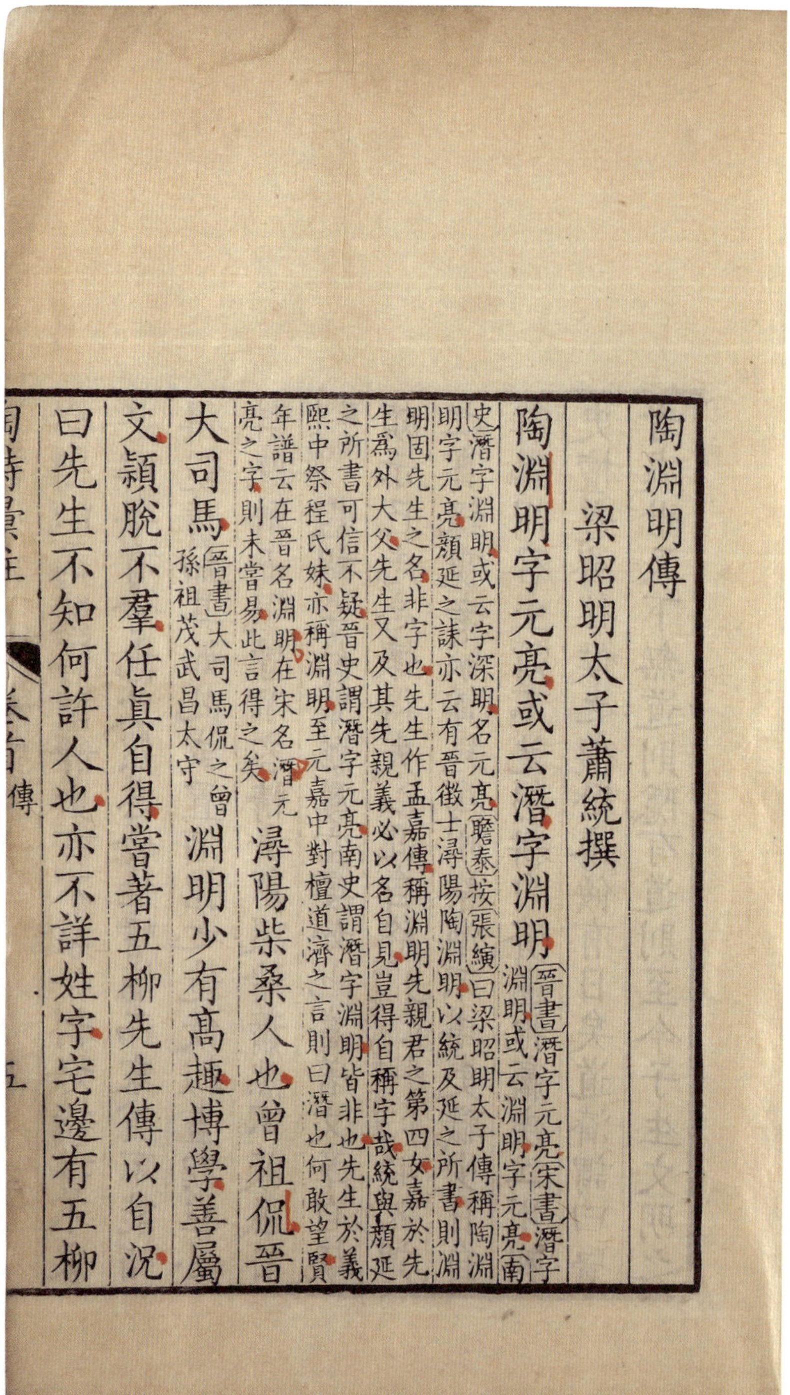
陶淵明傳
梁昭明太子蕭統撰
陶淵明字元亮或云潛字淵明（晉書）潛字元亮（宋書）潛字淵明或云淵明字元亮（南史）潛字淵明或云字深明名元亮（瞻泰）按（張縯）曰梁昭明太子傳稱陶淵明字元亮顏延之誄亦云有晉徵士潯陽陶淵明以統及延之所書則淵明固先生之名非字也先生作孟嘉傳稱淵明先親君之第四女嘉於先生爲外大父先生又及其先親義必以名自見豈得自稱字哉統與顏延之所書可信不疑晉史謂潛字元亮南史謂潛字淵明皆非也先生於義熙中祭程氏妹亦稱淵明至元嘉中對檀道濟之言則曰潛也何敢望賢年譜云在晉名淵明在宋名潛元亮之字則未嘗易此言得之矣潯陽柴桑人也曾祖侃晉大司馬（晉書）大司馬侃之曾孫祖茂武昌太守淵明少有高趣博學善屬文頴脫不羣任眞自得嘗著五柳先生傳以自況曰先生不知何許人也亦不詳姓字宅邊有五柳
陶詩彙注　卷首　傳　五

陶詩彙注四卷首一卷末一卷論陶一卷　（清）吴瞻泰輯　清康熙四十四年（1705）拜經堂刻本

框高 17.5 厘米，廣 13.6 厘米。半葉十行，行十九字，小字雙行二十八或二十九字不等，白口，四周單邊。1 册。鈐“江天小閣藏書記”朱文印、“遜夫”朱文印等。

shan454

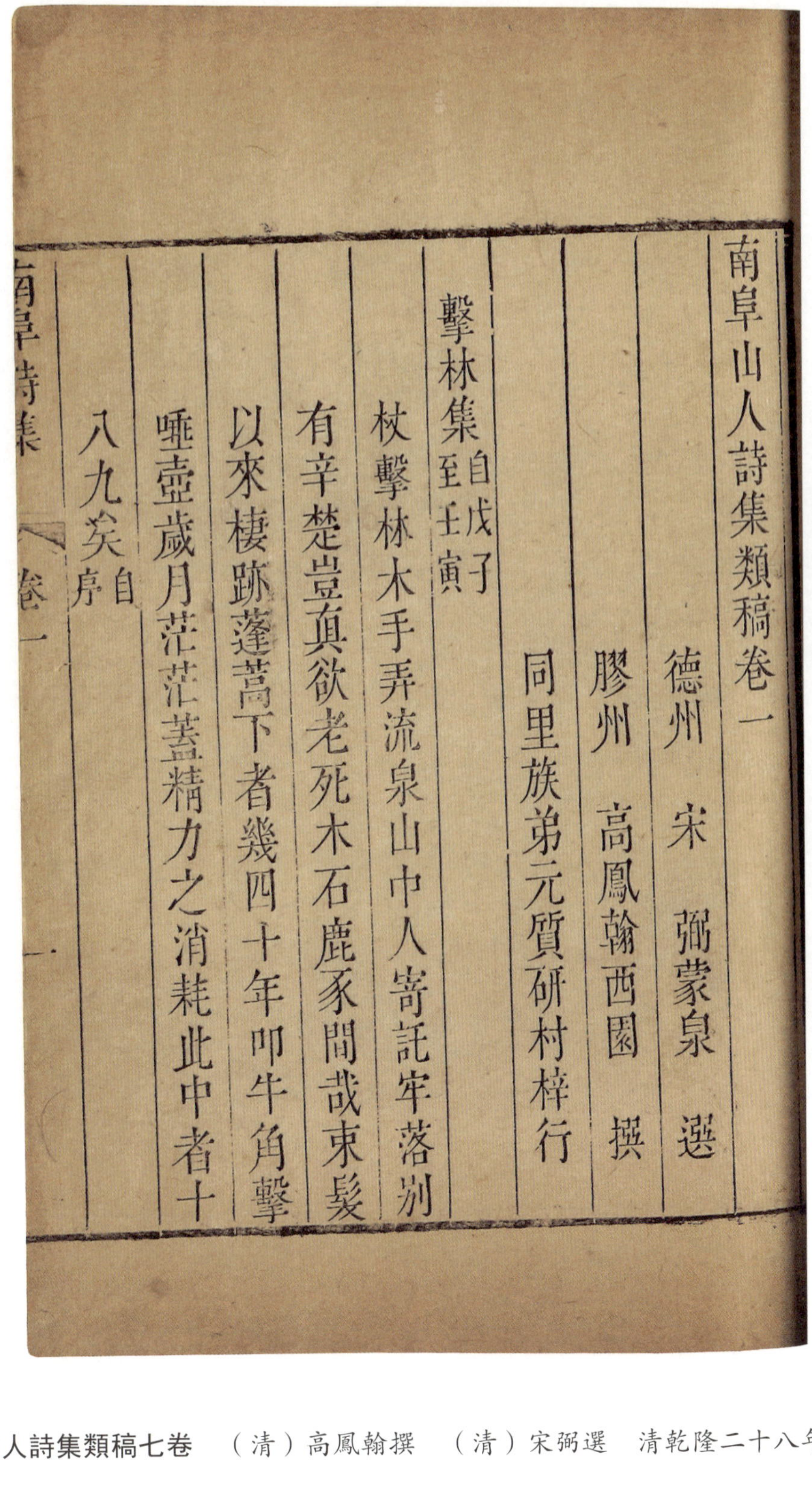

南皐山人詩集類稿七卷 （清）高鳳翰撰 （清）宋弼選 清乾隆二十八年（1763）高元質刻本

框高 17.6 厘米，廣 14 厘米。半葉十行，行十九字，小字雙行同，白口，左右雙邊。4 册。鈐“亨壽家藏書畫印”朱文印。

shan459

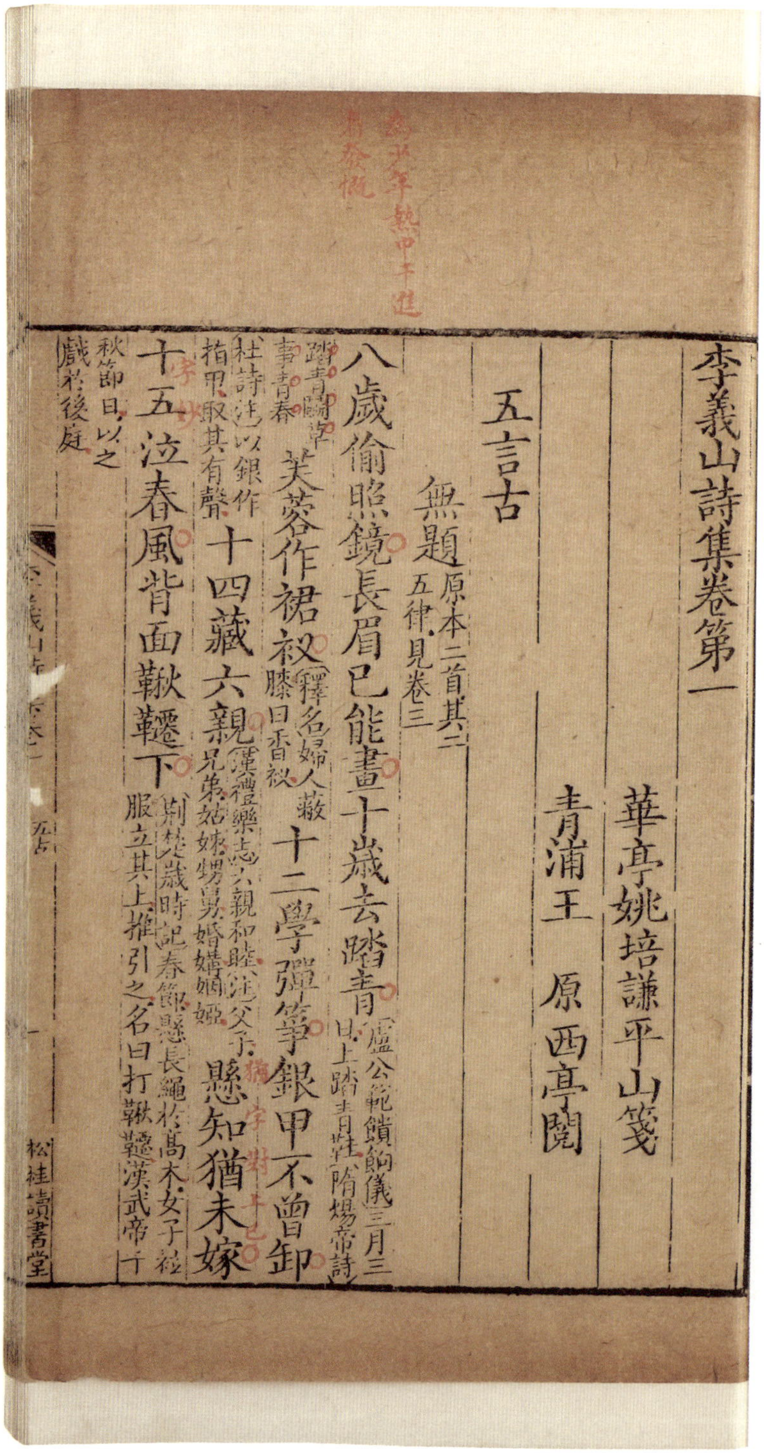

李義山詩集十六卷 （清）姚培謙箋 （清）王原閲 清乾隆五年（1740）松桂讀書堂刻本

框高 18.8 厘米，廣 14.2 厘米。半葉十行，行二十一字，小字雙行三十二字，白口，左右雙邊。8 册。有清何焯題記。

shan466

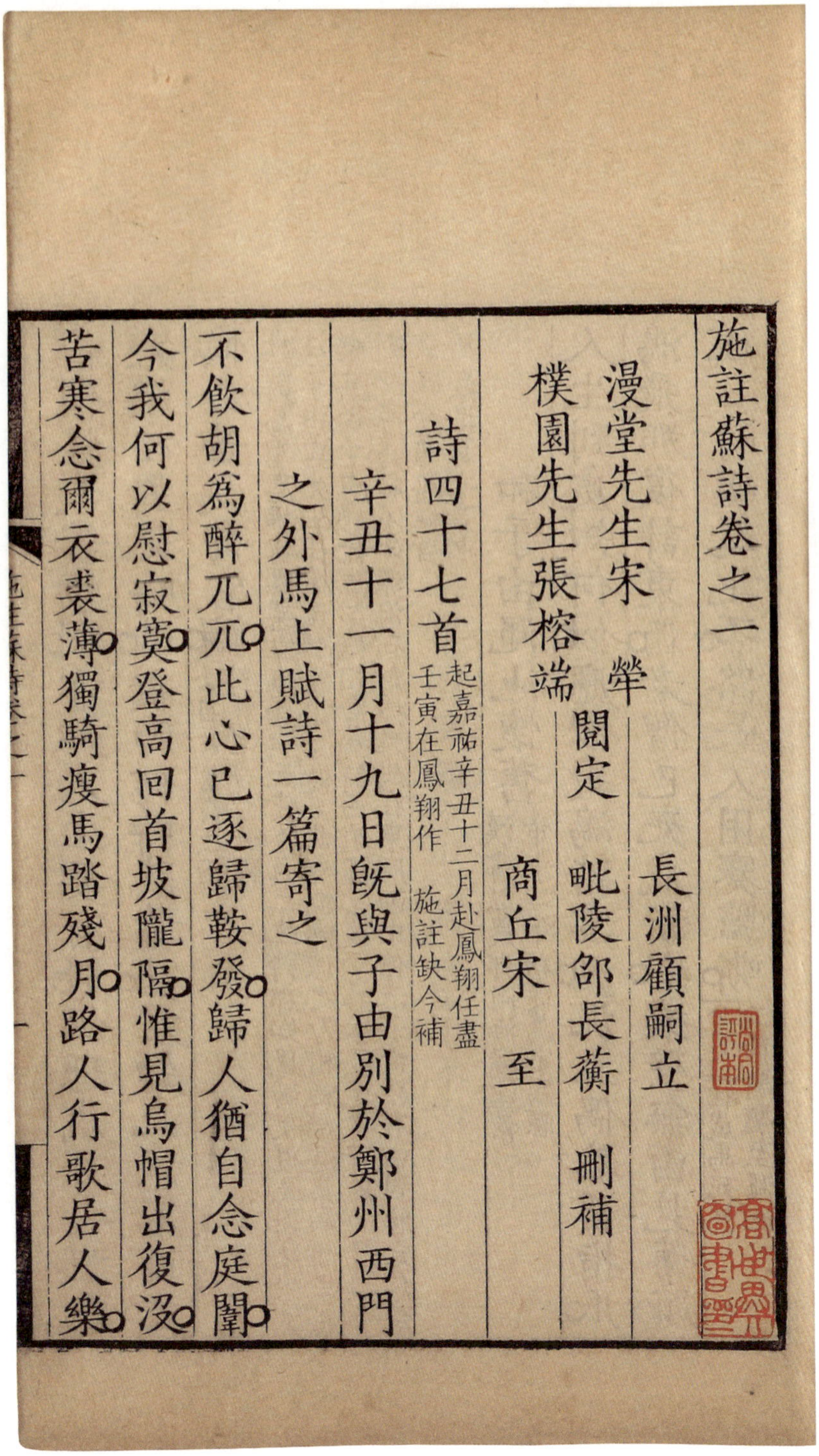
施註蘇詩卷之一
漫堂先生宋　犖　　長洲顧嗣立
樸園先生張榕端　閲定　毗陵邵長蘅　刪補
商丘宋　至
詩四十七首 起嘉祐辛丑十二月赴鳳翔任盡壬寅在鳳翔作　施註缺今補
辛丑十一月十九日旣與子由別於鄭州西門
之外馬上賦詩一篇寄之
不飲胡爲醉兀兀此心已逐歸鞍發歸人猶自念庭闈
今我何以慰寂寞登高回首坡隴隔惟見烏帽出復沒
苦寒念爾衣裘薄獨騎瘦馬踏殘月路人行歌居人樂

施註蘇詩四十二卷續補遺二卷　（宋）蘇軾撰　（宋）施元之注　（清）邵長蘅　（清）顧嗣立　（清）宋至刪補　清康熙三十九年（1700）宋犖刻本

框高 19.2 厘米，廣 14.4 厘米。半葉十行，行二十一字，小字雙行不等，黑口，四周單邊。10 册。鈐“高世異圖書印”朱文印、“尚同評本”朱文印。

shan469

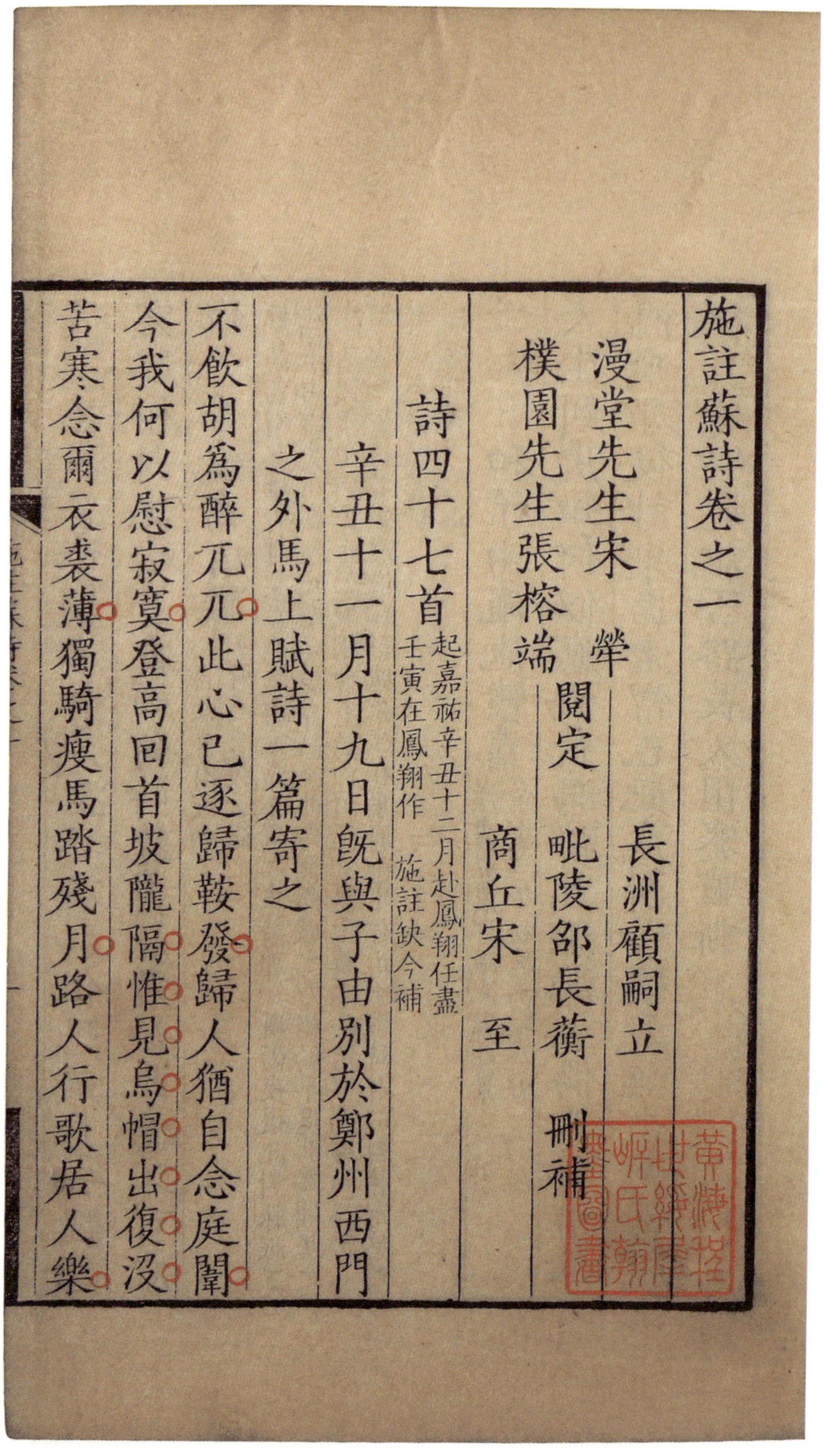
施註蘇詩卷之一
漫堂先生宋　犖　　長洲顧嗣立
樸園先生張榕端　閱定　毗陵邵長蘅　刪補
商丘宋　至
詩四十七首 起嘉祐辛丑十二月赴鳳翔任盡壬寅在鳳翔作　施註缺今補
辛丑十一月十九日旣與子由別於鄭州西門
之外馬上賦詩一篇寄之
不飲胡爲醉兀兀此心已逐歸鞍發歸人猶自念庭闈
今我何以慰寂寞登高回首坡隴隔惟見烏帽出復沒
苦寒念爾衣裘薄獨騎瘦馬踏殘月路人行歌居人樂

施註蘇詩四十二卷目錄二卷　（宋）蘇軾撰　（宋）施元之註　（清）邵長蘅　（清）顧嗣立　（清）宋至刪補　清康熙四十八年（1709）宋犖刻本

框高19.2厘米，廣14.4厘米。半葉十行，行二十一字，小字雙行不等，黑口，四周單邊。10册。鈐“黃海程世綏犀岸氏翰墨圖書”朱文印。

shan470

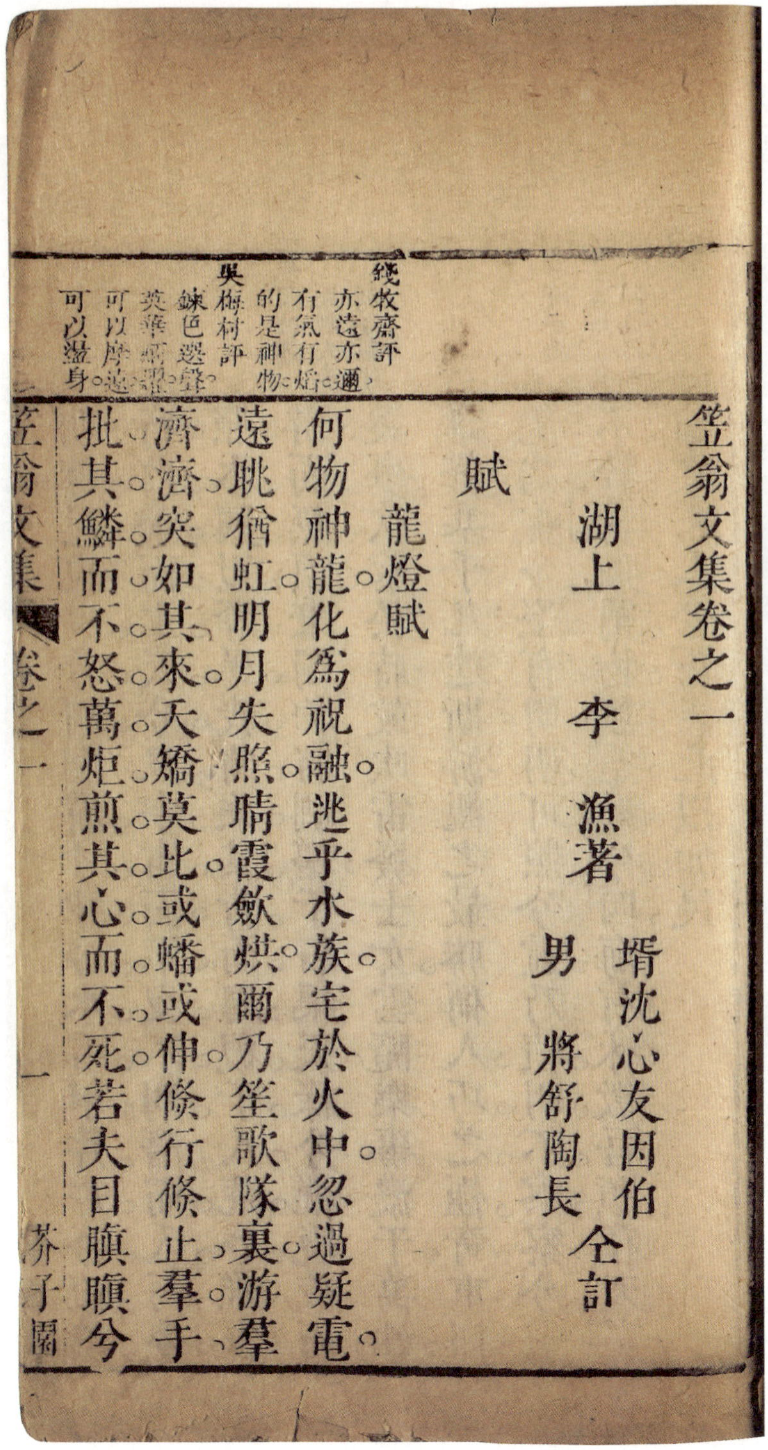

笠翁文集八卷别集二卷偶集六卷 （清）李漁著 （清）沈心友 （清）李將舒訂 清雍正八年（1730）芥子園刻本

框高 19.5 厘米，廣 13.2 厘米。半葉上下兩欄，上欄鎸評，下欄九行，行二十字，白口，四周單邊，無格。20 册。

shan473

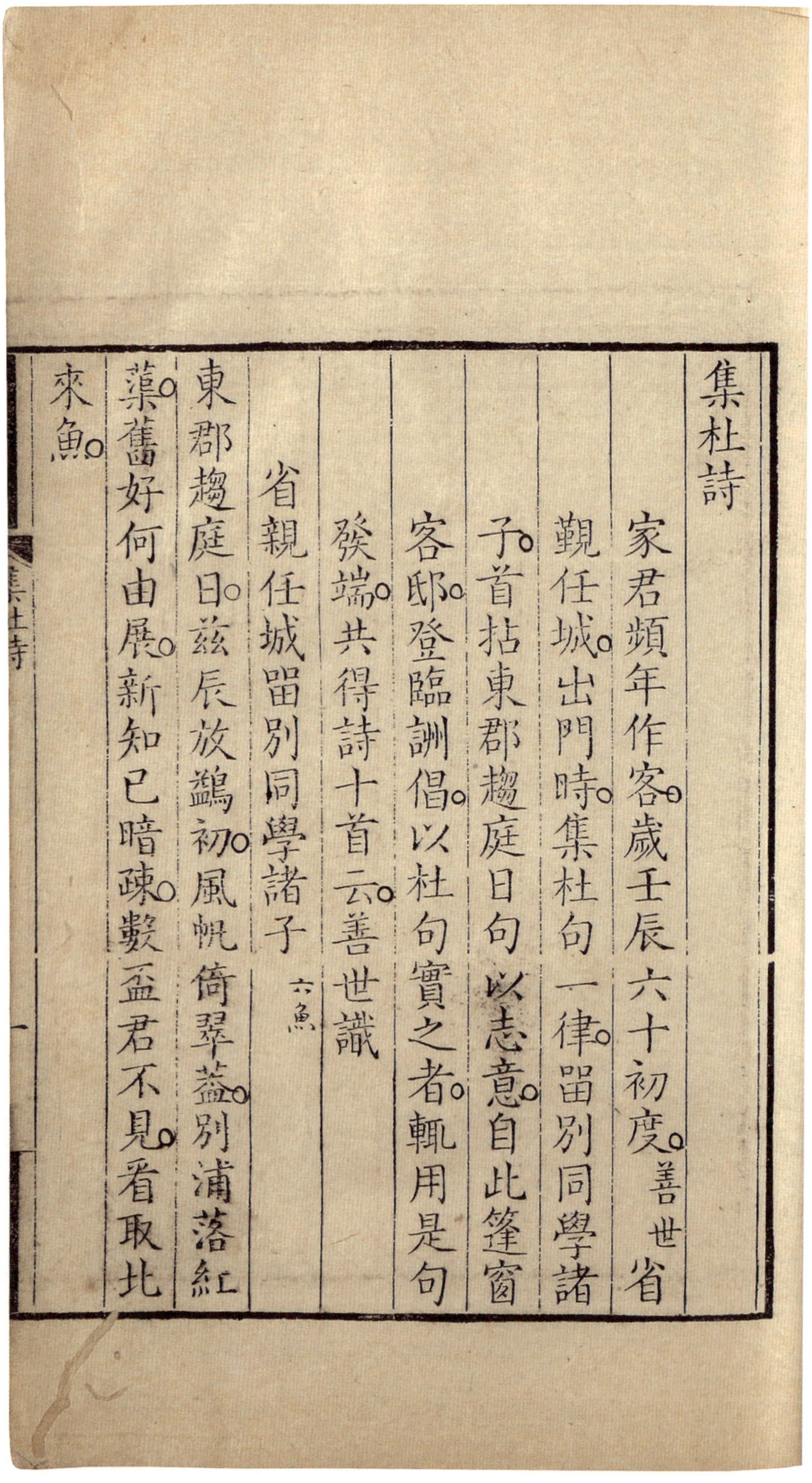
集杜詩
家君頻年作客。歲壬辰六十初度。善世省
覲任城。出門時。集杜句一律。留別同學諸
子。首拈東郡趨庭日句以志意。自此篷窗
客邸。登臨詶倡。以杜句實之者。輒用是句
發端。共得詩十首云。善世識

省親任城留別同學諸子 六魚
東郡趨庭日。茲辰放鷁初。風帆倚翠蓋。別浦落紅
蕖。舊好何由展。新知已暗疎。數盃君不見。看取北
來魚。

集杜詩三卷鐵網集一卷 （清）沈善世撰 清康熙沈氏刻本

框高 16.5 厘米，廣 13.4 厘米。半葉十行，行十九字，小字雙行二十九字，黑口，左右雙邊。1 册。

shan478

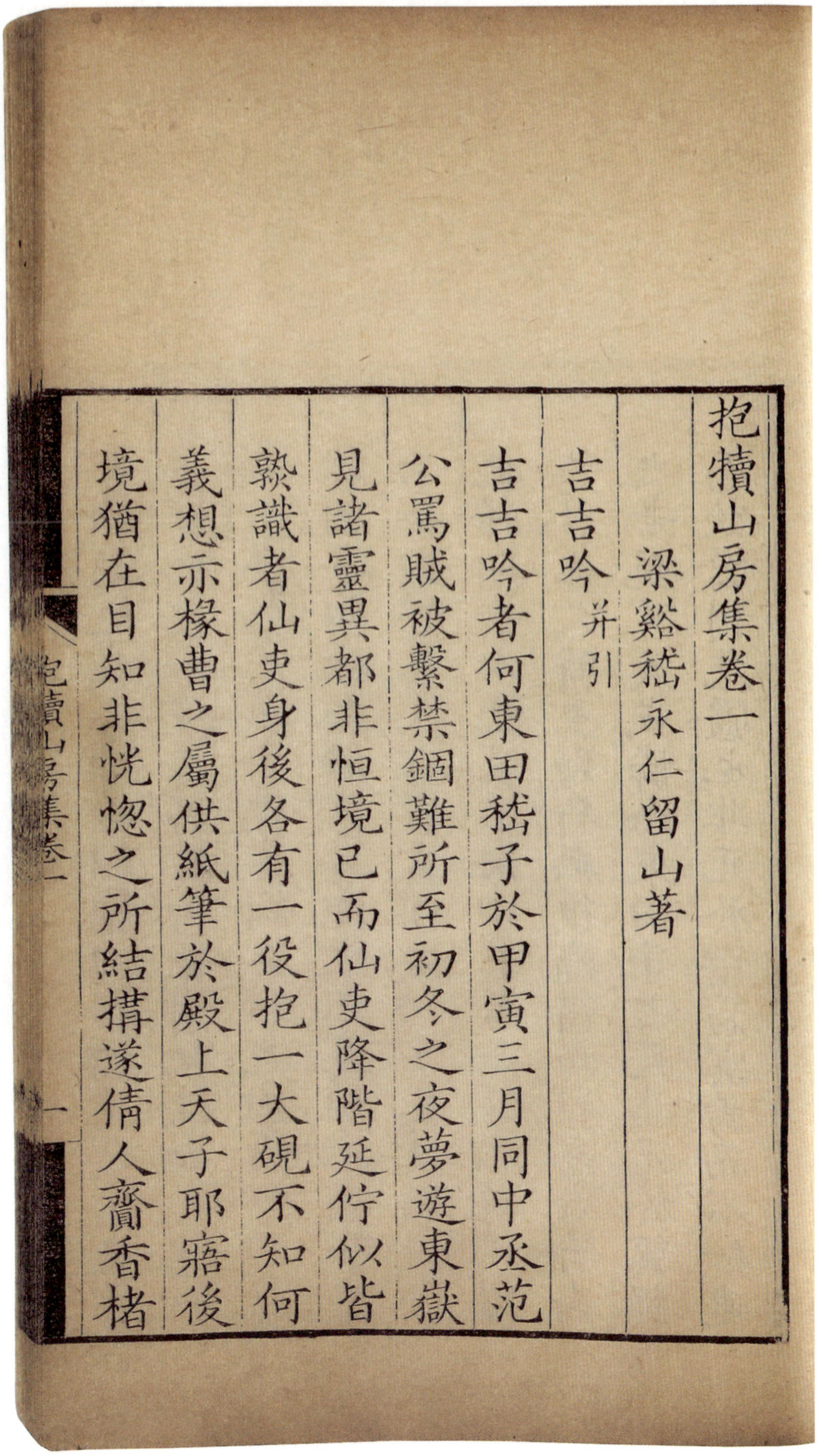

抱犢山房集卷一
梁谿嵇永仁留山著
吉吉吟 并引
吉吉吟者何東田嵇子於甲寅三月同中丞范
公罵賊被繫禁錮難所至初冬之夜夢遊東嶽
見諸靈異都非恒境已而仙吏降階延佇似皆
熟識者仙吏身後各有一役抱一大硯不知何
義想亦椽曹之屬供紙筆於殿上天子耶寤後
境猶在目知非恍惚之所結搆遂倩人齋香楮

抱犢山房集卷一　一

抱犢山房集六卷　（清）嵇永仁著　清康熙四十七年（1708）刻本

框高 18.1 厘米，廣 14.2 厘米。半葉九行，行十九字，黑口，左右雙邊。2 册。

shan482

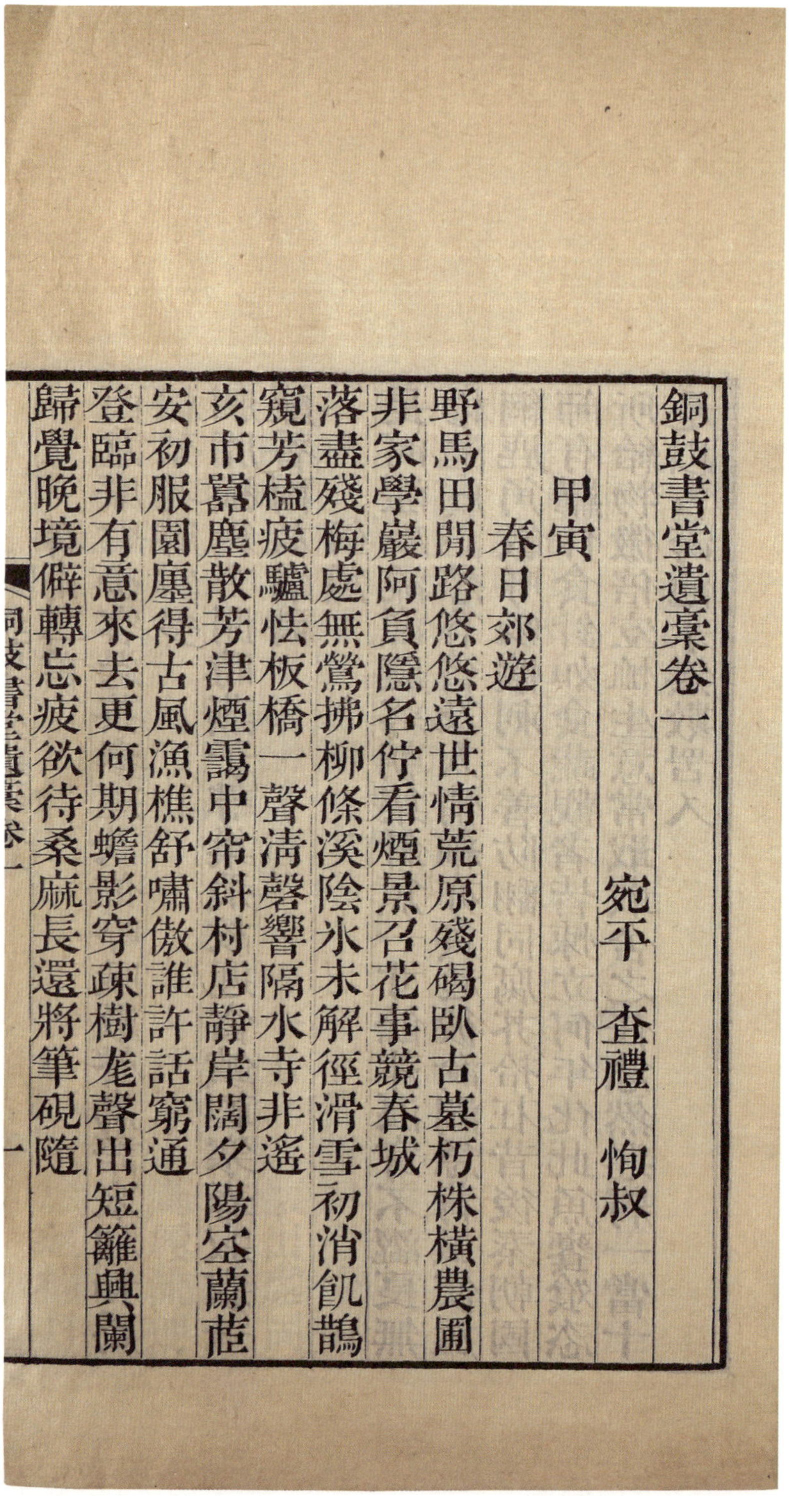
銅鼓書堂遺稾卷一
宛平　查禮　恂叔
甲寅
春日郊遊
野馬田閒路悠悠遠世情荒原殘碣臥古墓朽株橫農圃
非家學巖阿負隱名佇看煙景召花事競春城
落盡殘梅處無鶯拂柳條溪陰氷未解徑滑雪初消飢鵲
窺芳榼疲驢怯板橋一聲清磬響隔水寺非遥
亥市囂塵散芳津煙靄中帘斜村店靜岸闊夕陽空蘭茝
安初服園廛得古風漁樵舒嘯傲誰許話窮通
登臨非有意來去更何期蟾影穿疎樹尨聲出短籬輿闌
歸覺晚境僻轉忘疲欲待桑麻長還將筆硯隨
銅鼓書堂遺稾卷一　一

銅鼓書堂遺稾三十二卷　（清）查禮撰　清乾隆五十七年（1792）查淳刻本

框高 19 厘米，廣 14.3 厘米。半葉十二行，行二十二字，白口，左右雙邊。4 册。

shan483

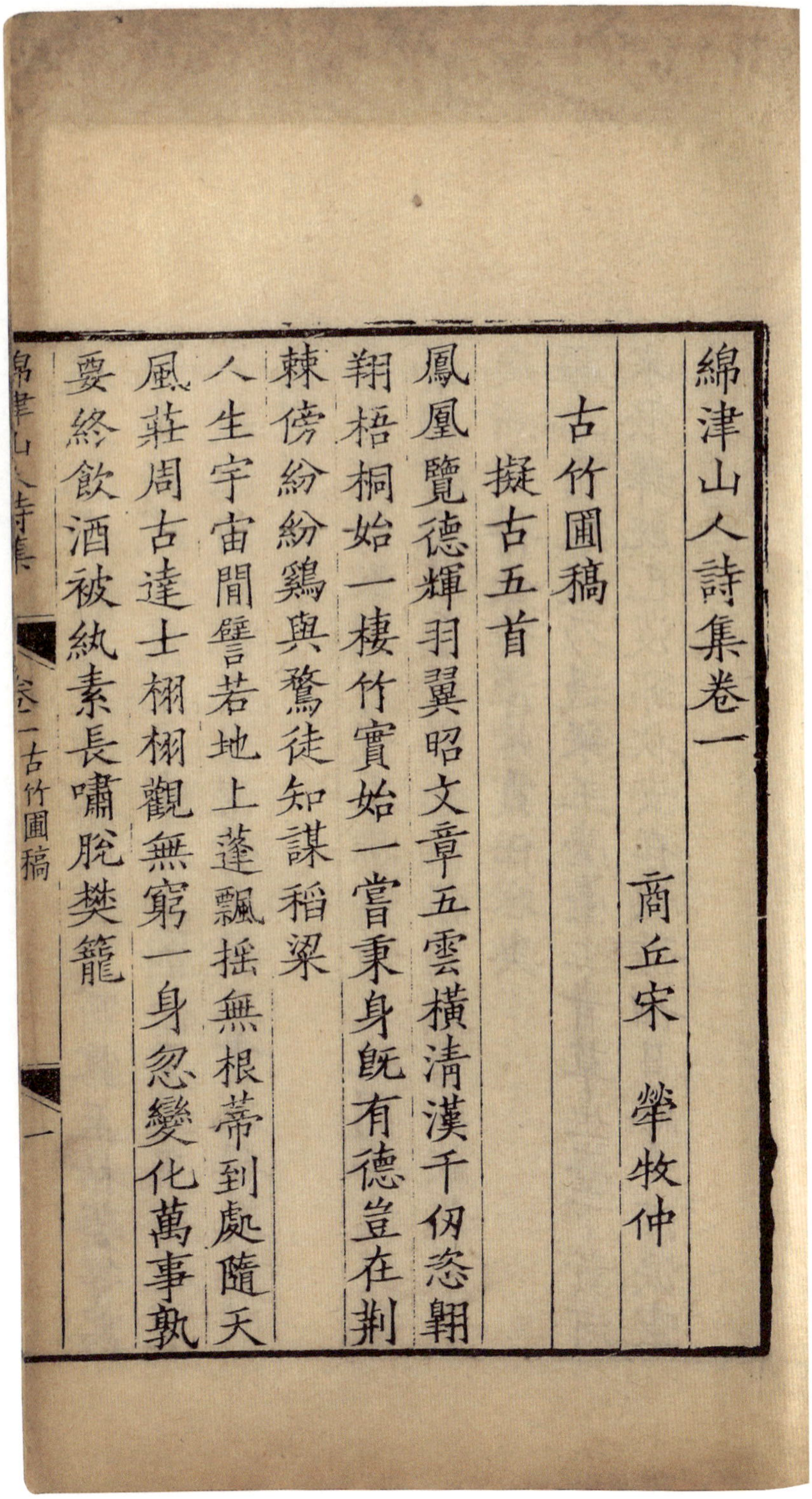

綿津山人詩集卷一
商丘宋　犖牧仲
古竹圃稿
擬古五首
鳳凰覽德輝羽翼昭文章五雲横清漢千仞恣翱
翔梧桐始一棲竹實始一嘗秉身旣有德豈在荆
棘傍紛紛鷄與鶩徒知謀稻粱
人生宇宙間譬若地上蓬飄摇無根蔕到處隨天
風莊周古達士栩栩觀無窮一身忽變化萬事孰
要終飲酒被紈素長嘯脱樊籠

綿津山人詩集　卷一古竹圃稿　一

綿津山人詩集二十六卷楓香詞一卷　（清）宋犖撰　清康熙二十年（1681）刻本

框高 18.5 厘米，廣 13.6 厘米。半葉十行，行十九字，白口，四周單邊。4 册。鈐“漢陽萬航星濤氏珍藏書畫金石文字印”朱文印。

shan506

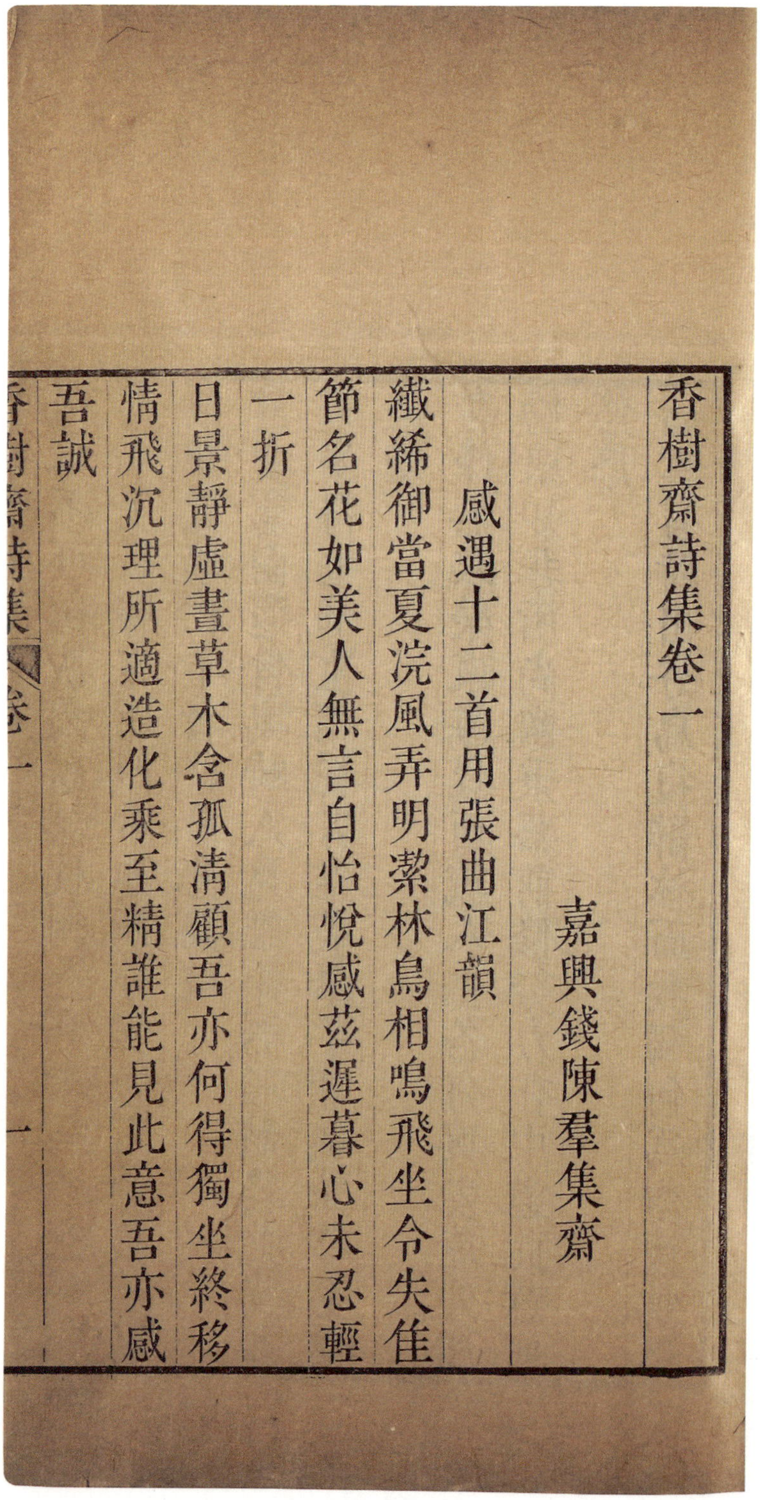
香樹齋詩集卷一
嘉興錢陳羣集齋
感遇十二首用張曲江韻
纖絺御當夏浣風弄明潔林鳥相鳴飛坐令失佳節名花如美人無言自怡悅感茲遲暮心未忍輕一折
日景靜虛晝草木含孤清顧吾亦何得獨坐終移情飛沉理所適造化乘至精誰能見此意吾亦感吾誠
香樹齋詩集　卷一　一

香樹齋詩集十八卷　（清）錢陳群撰　清乾隆十六年（1751）宋弼刻本
框高 18.2 厘米，廣 13.5 厘米。半葉九行，行十九字，白口，左右雙邊。6 册。

shan508

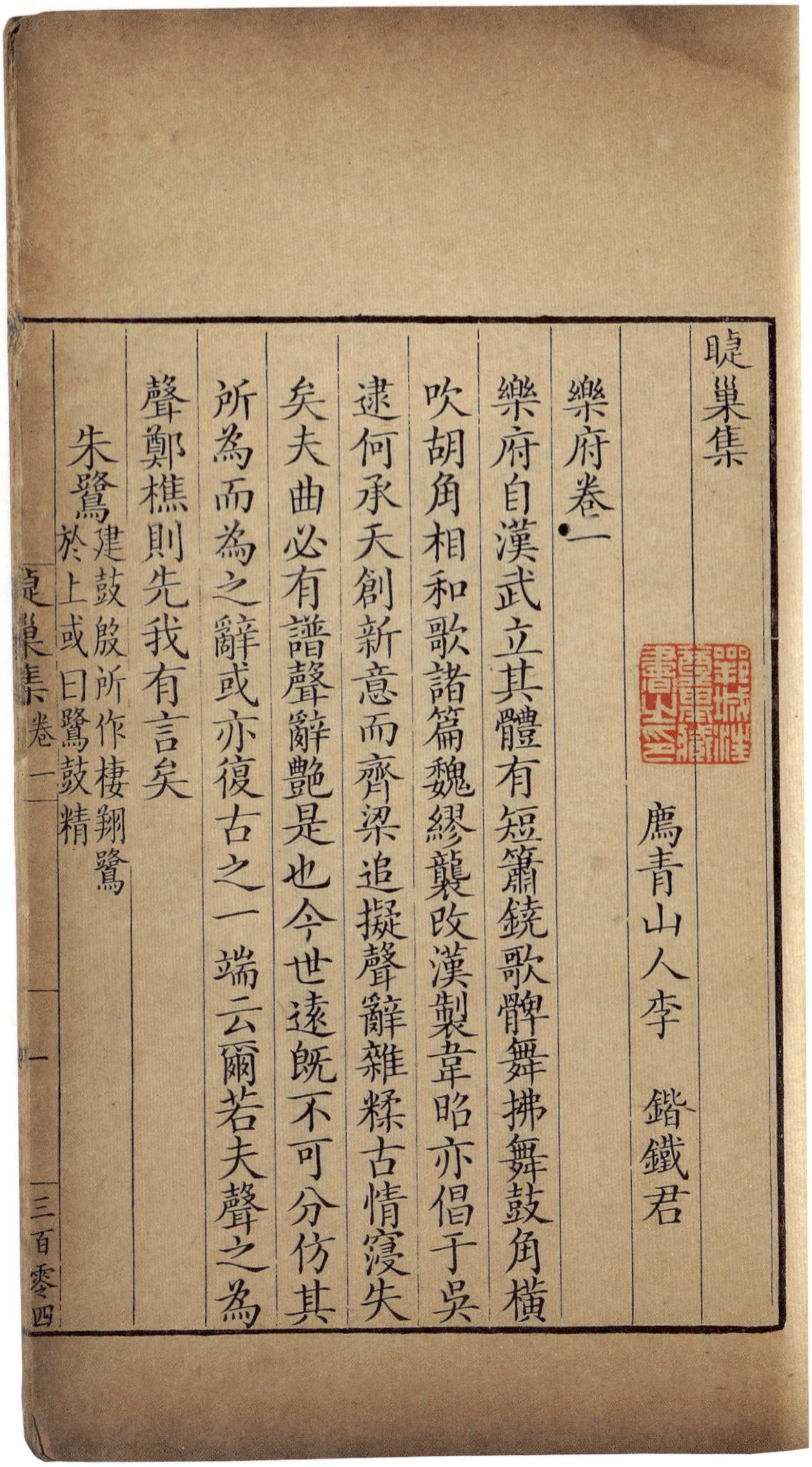
睫巢集
廌青山人李　鍇鐵君
樂府卷一
樂府自漢武立其體有短簫鐃歌鞞舞拂舞鼓角橫吹胡角相和歌諸篇魏繆襲改漢製韋昭亦倡于吳逮何承天創新意而齊梁追擬聲辭雜糅古情寖失矣夫曲必有譜聲辭艷是也今世遠既不可分仿其所為而為之辭或亦復古之一端云爾若夫聲之為聲鄭樵則先我有言矣
朱鷺　建鼓殷所作棲翔鷺於上或曰鷺鼓精
睫巢集卷一　一　三百零四

睫巢集六卷　（清）李鍇撰　清乾隆十四年（1749）洪肇楙刻本

框高 19 厘米，廣 14.1 厘米。半葉十行，行二十一字，小字雙行不等，白口，左右雙邊。2 册。鈐“鄂城汪奠基藏書之印”白文印。

shan509

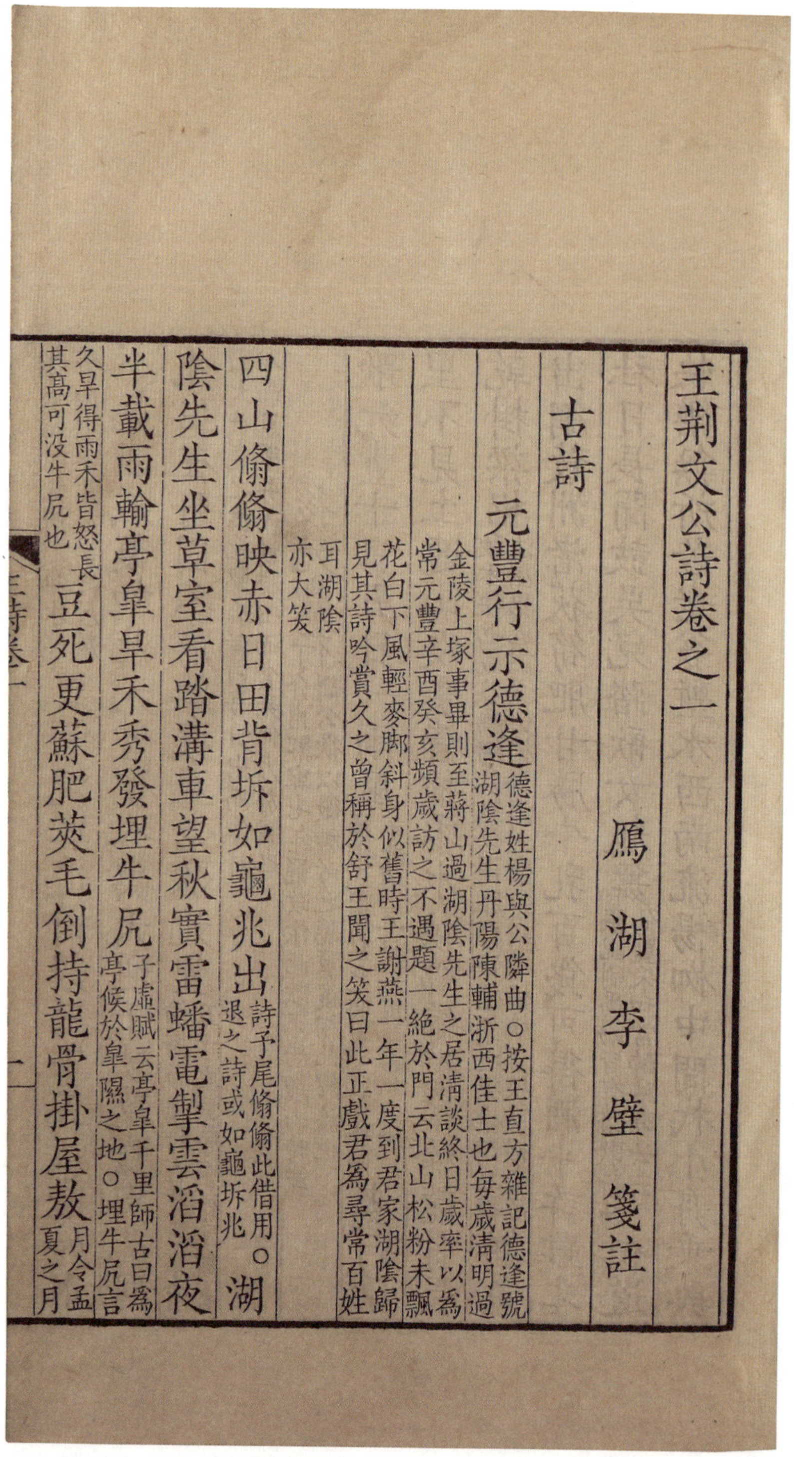

王荆文公詩五十卷附補遺 （宋）王安石撰 （宋）李壁箋注 清乾隆六年（1741）張宗松清綺齋刻本

框高 19 厘米，廣 14.3 厘米。半葉十一行，行二十一字，小字雙行不等，白口，左右雙邊。8 册。鈐“欒花館藏”朱文印、“清綺齋印”朱文印等。

shan513

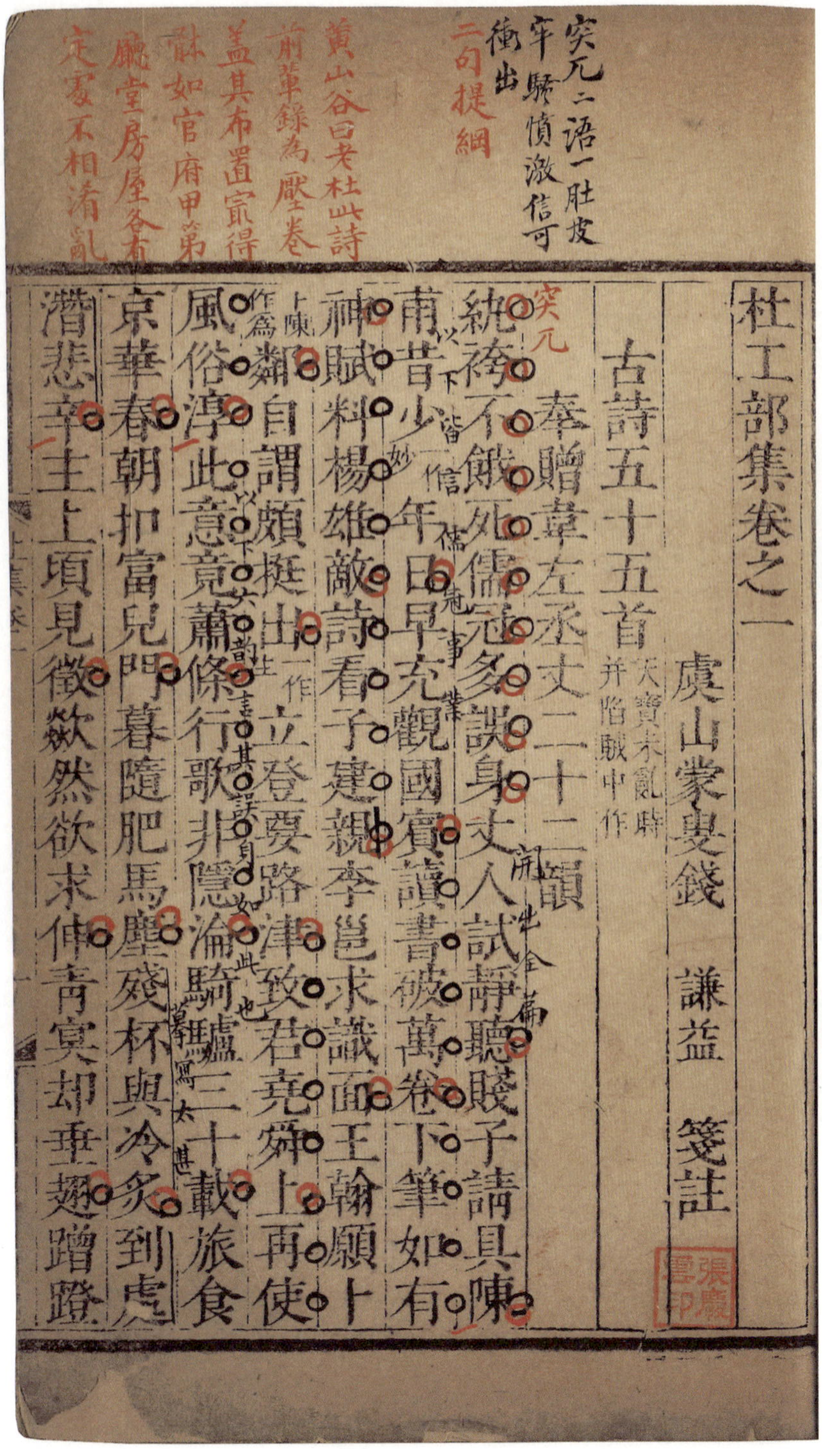

杜工部集箋注二十卷年譜一卷附一卷　（清）錢謙益箋註　清康熙六年（1667）刻本

框高 18.3 厘米，廣 13.8 厘米。半葉十一行，行二十字，小字雙行同，細黑口，四周雙邊。12 册。鈐“南州熊氏小峰鑒藏書畫之印”朱文印、“張慶雲印”朱文印等。

shan516

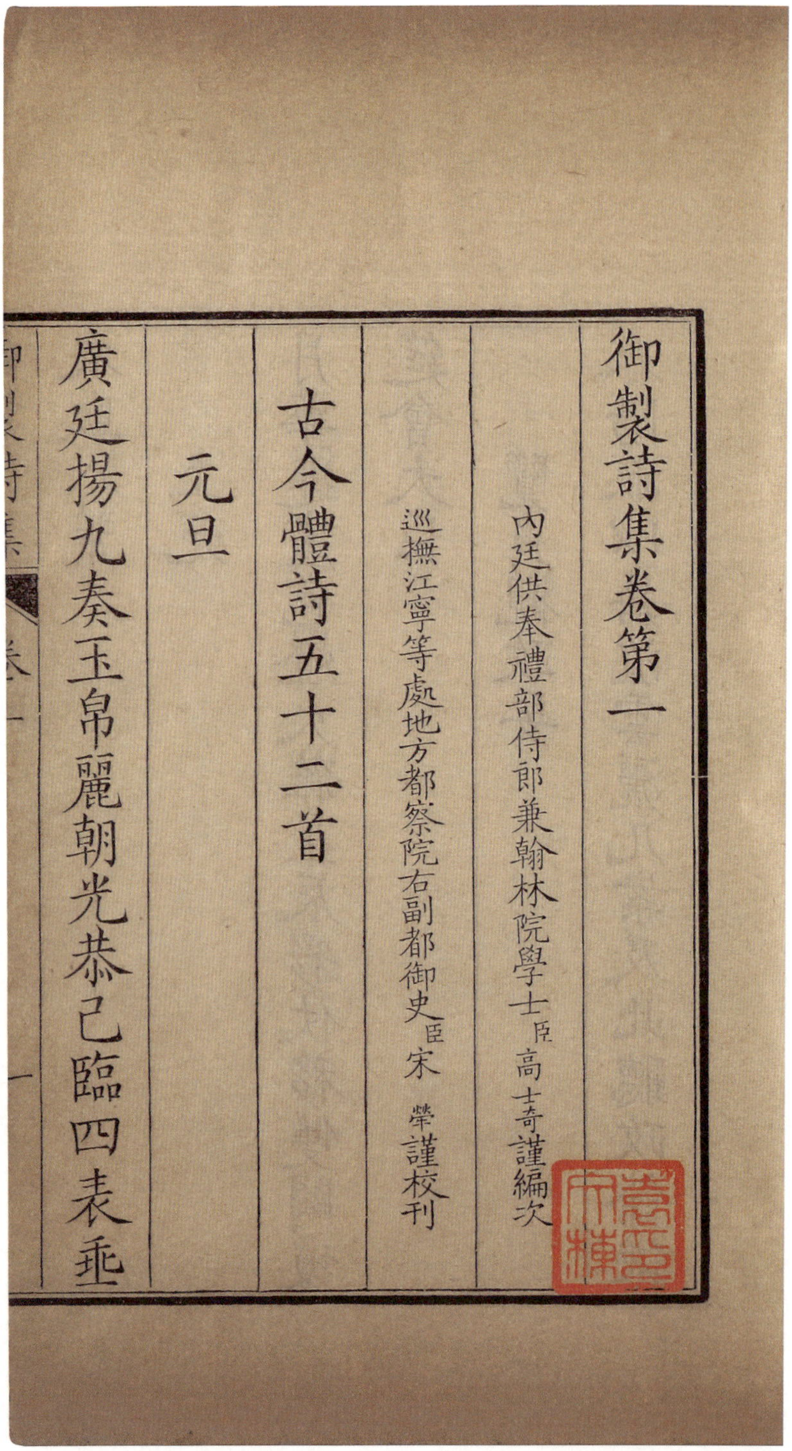

御製詩集十卷二集十卷 （清）聖祖玄燁撰 （清）高士奇編次 清康熙四十二年（1703）宋犖刻本

框高 18.9 厘米，廣 13.5 厘米。半葉六行，行十六字，白口，四周雙邊。4 册。鈐“李檪”朱文印、“袁文楝印”朱文印。

shan521

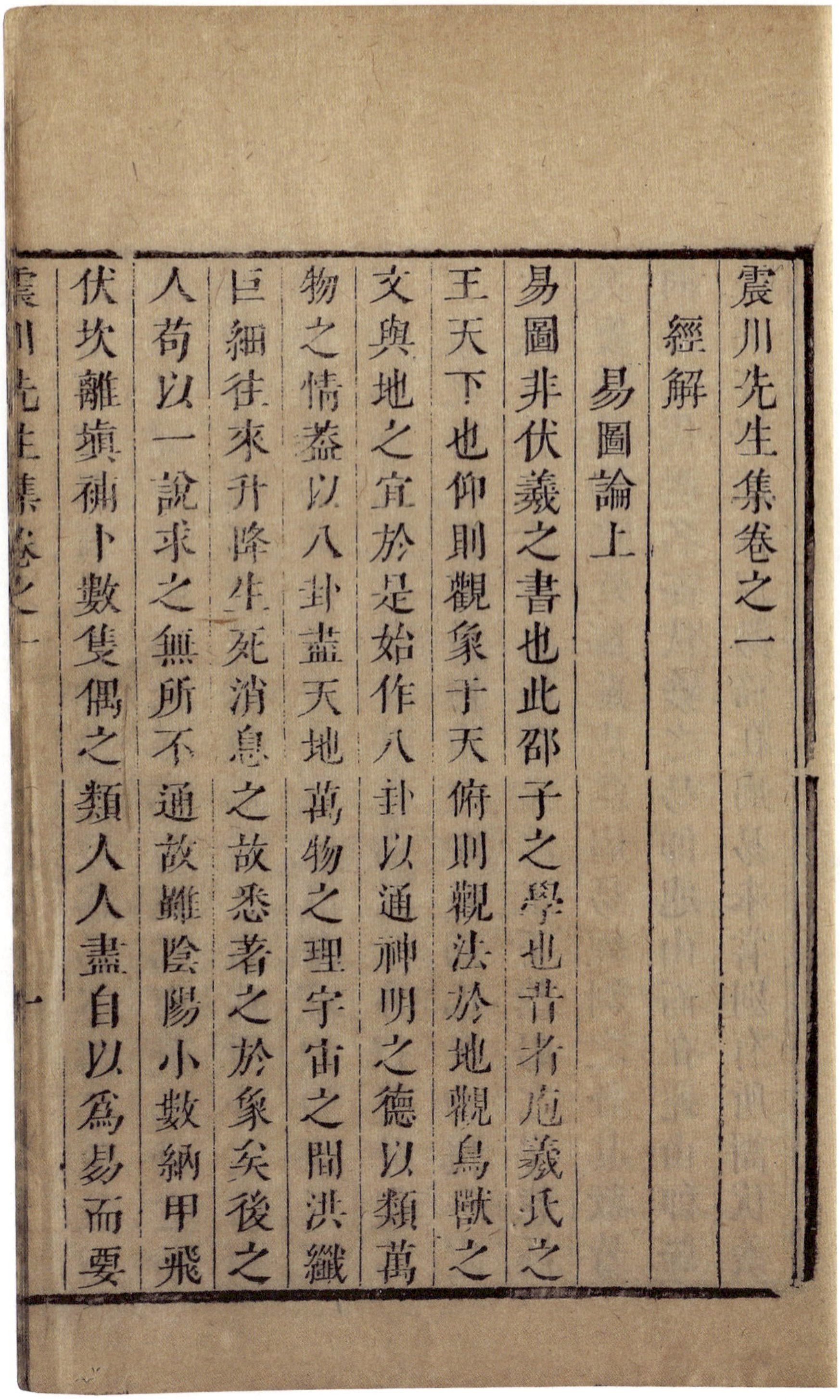
震川先生集卷之一
經解
易圖論上
易圖非伏羲之書也此邵子之學也昔者庖羲氏之
王天下也仰則觀象于天俯則觀法於地觀鳥獸之
文與地之宜於是始作八卦以通神明之德以類萬
物之情蓋以八卦盡天地萬物之理宇宙之間洪纖
巨細往來升降生死消息之故悉著之於象矣後之
人苟以一說求之無所不通故雖陰陽小數納甲飛
伏坎離塡補卜數隻偶之類人人盡自以爲易而要
震川先生集卷之一 一

震川先生集三十卷別集十卷 （明）歸有光著 （清）歸莊校勘 （清）歸玠編輯 清康熙二十三年（1684）歸氏刻本

框高18.2厘米，廣14.3厘米。半葉十行，行二十字，小字雙行同，白口，左右雙邊。12册。

shan525

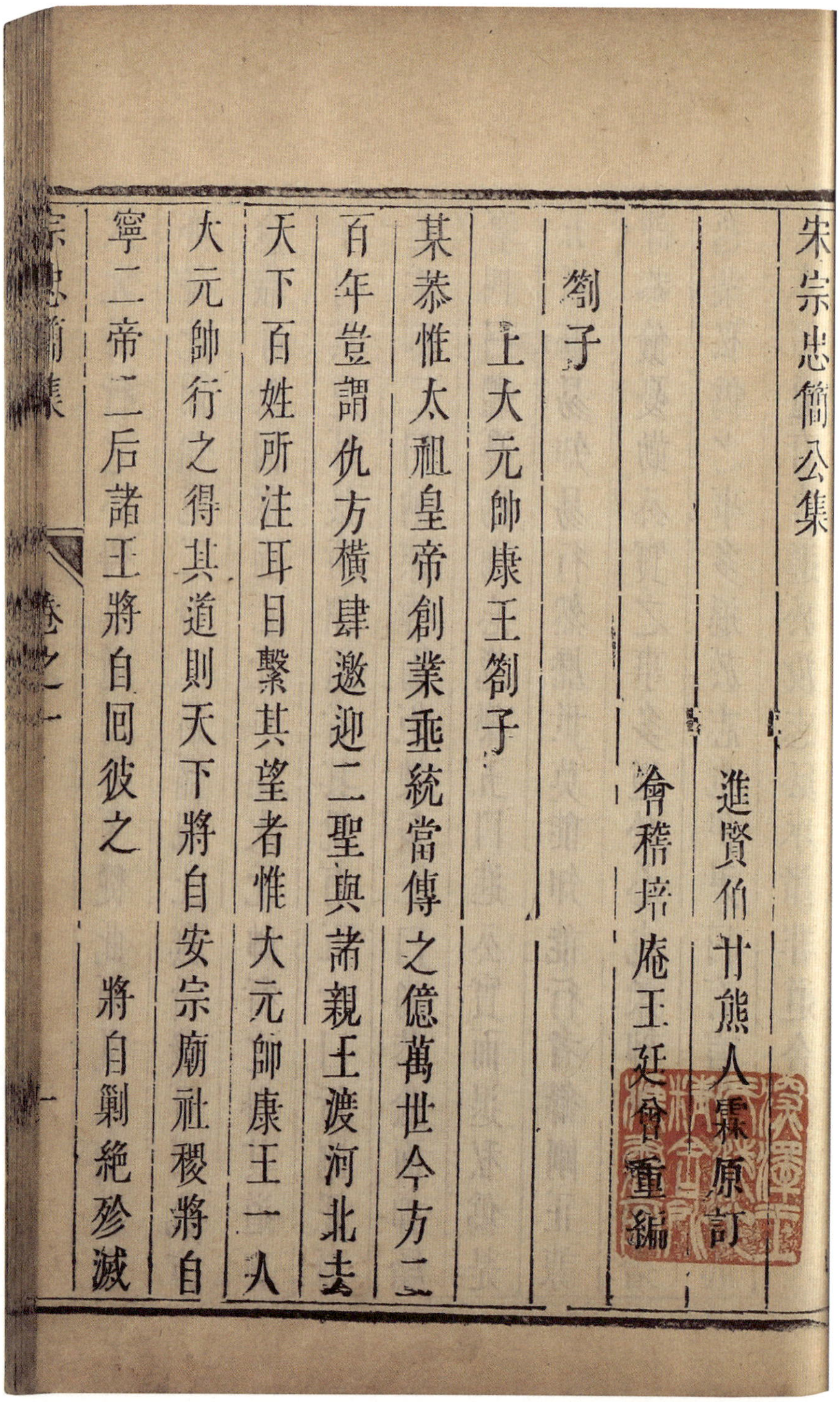
宋宗忠簡公集
進賢伯甘熊人霖原訂
會稽璋庵王廷曾重編
劄子
上大元帥康王劄子
某恭惟太祖皇帝創業垂統當傳之億萬世今方二百年豈謂仇方橫肆邀迎二聖與諸親王渡河北去天下百姓所注耳目繫其望者惟大元帥康王一人大元帥行之得其道則天下將自安宗廟社稷將自寧二帝二后諸王將自回彼之　將自剿絕殄滅
宗忠簡集　卷之一

宋宗忠簡公集八卷首一卷　（宋）宗澤撰　（明）熊人霖訂　（清）王廷曾重編　清乾隆二十六年（1761）刻本

框高 20.3 厘米，廣 14.5 厘米。半葉十行，行二十字，白口，四周雙邊。2 册。鈐“深澤王氏洗心精舍所藏書畫”白文印。

shan531

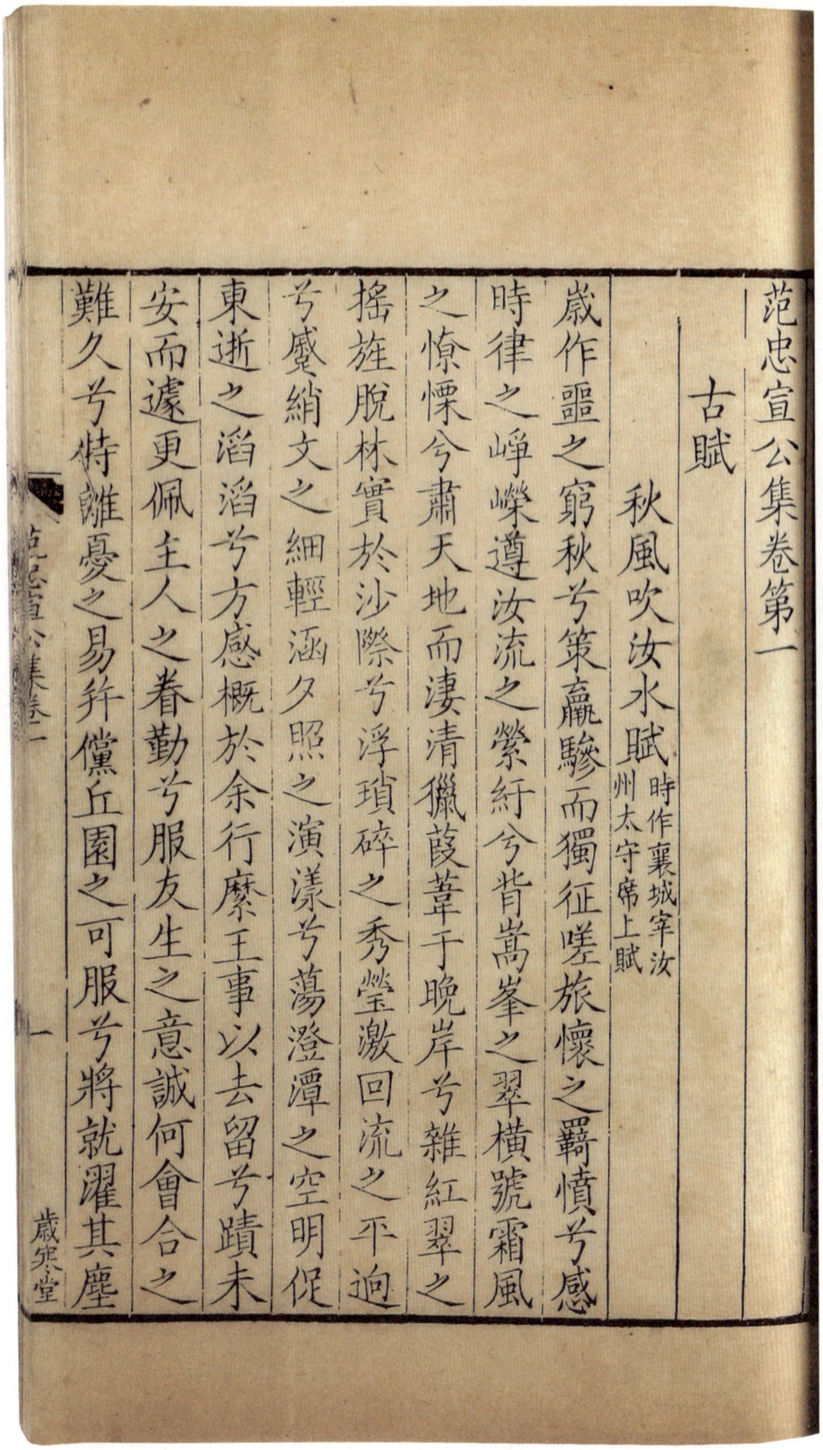
范忠宣公集卷第一
古賦
秋風吹汝水賦 時作襄城宰汝州太守席上賦
歲作噩之窮秋兮策羸驂而獨征嗟旅懷之羇憤兮感
時律之崢嶸遵汝流之縈紆兮背嵩峯之翠横號霜風
之憀慄兮肅天地而淒清獵葭葦于晚岸兮雜紅翠之
摇旌脱林實於沙際兮浮瑣碎之秀瑩激回流之平迴
兮戞綃文之細輕涵夕照之演漾兮蕩澄潭之空明促
東逝之滔滔兮方感概於余行縻王事以去留兮蹟未
安而遽更佩主人之眷勤兮服友生之意誠何會合之
難久兮特離憂之易并儻丘園之可服兮將就濯其塵
范忠宣公集卷一 一 歲寒堂

范忠宣公集二十卷 （宋）范純仁撰 清康熙四十六年（1707）范氏歲寒堂刻本

框高 18.4 厘米，廣 14.2 厘米。半葉十一行，行二十一字，小字雙行不等，白口，左右雙邊。8 册。

shan533

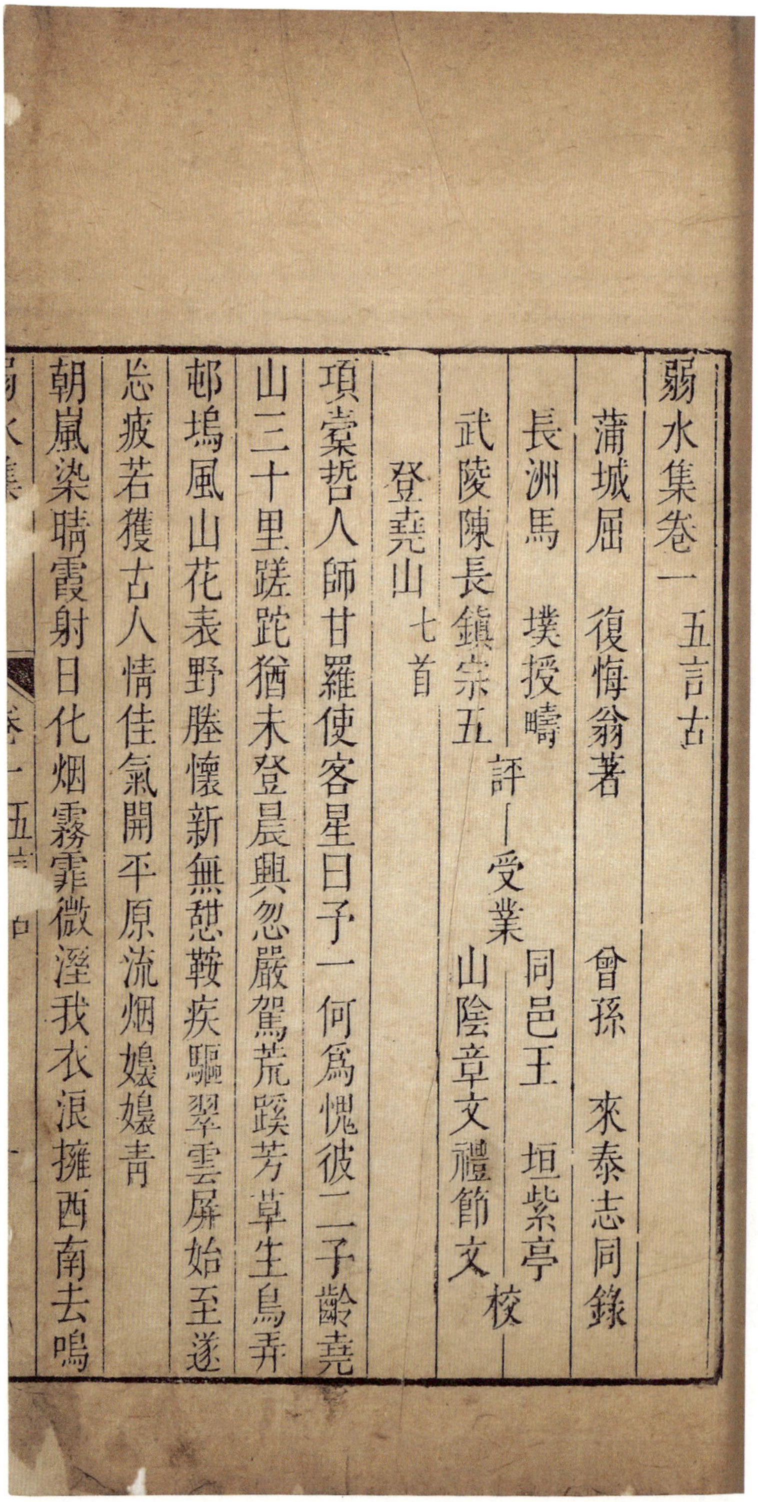
弱水集卷一　五言古
蒲城屈　復悔翁著　　曾孫　來泰志同錄
長洲馬　樸授疇　　同邑王　垣紫亭
武陵陳長鎮宗五評　受業山陰章文禮節文　校
登堯山　七首
項橐哲人師甘羅使客星日子一何爲愧彼二子齡堯
山三十里蹉跎猶未登晨興忽嚴駕荒蹊芳草生鳥弄
邨塢風山花表野塍懷新無懟鞍疾驅翠雲屏始至遂
忘疲若獲古人情佳氣開平原流烟嬝嬝青
朝嵐染晴霞射日化烟霧霏微溼我衣浪擁西南去鳴

弱水集二十二卷　（清）屈復著　（清）馬樸　（清）陳長鎮評　清乾隆七年（1742）刻本

框高 17.8 厘米，廣 13 厘米。半葉十行，行二十一字，白口，左右雙邊。12 册。

shan542

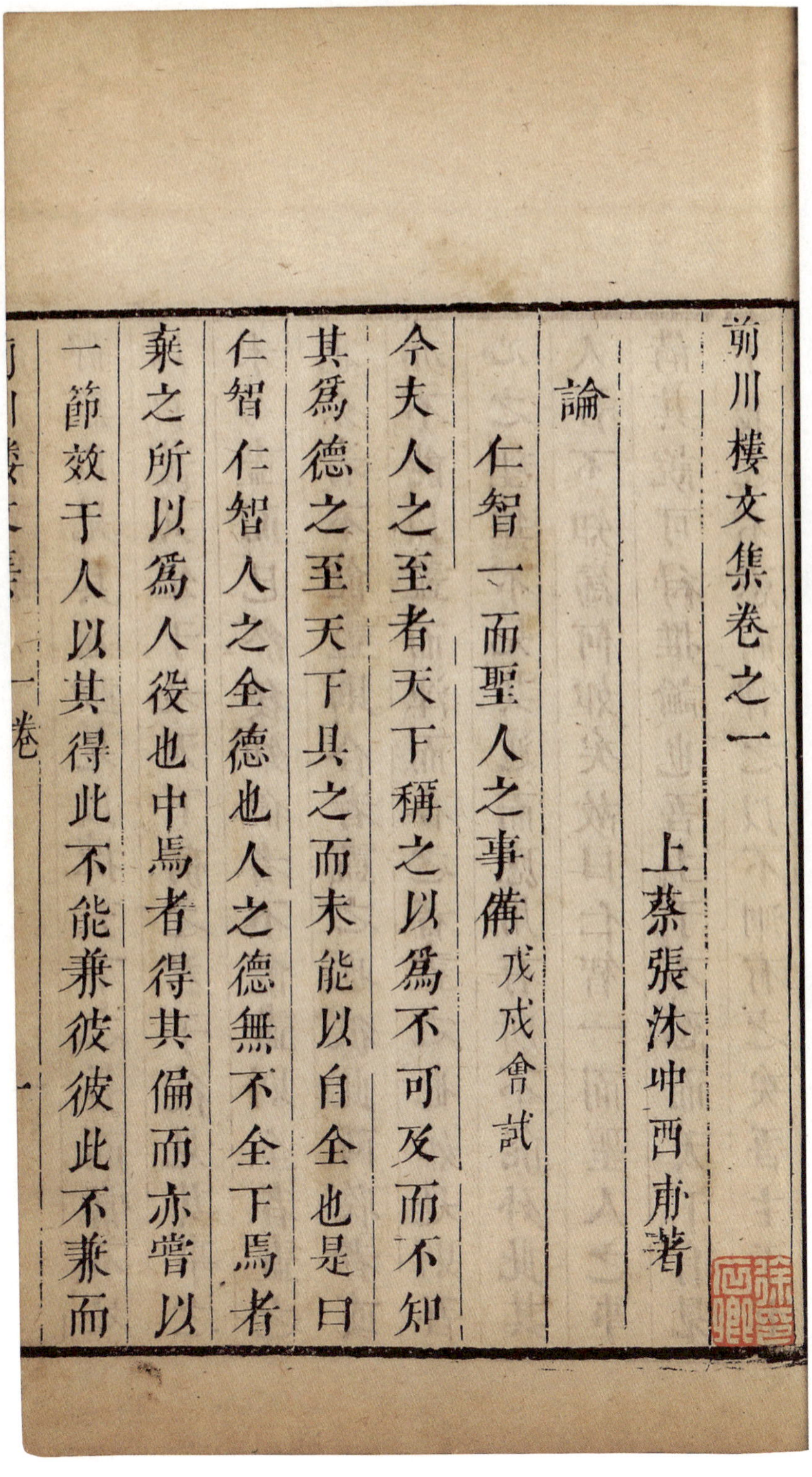
前川樓文集卷之一
上蔡張沐仲酉甫著
論
仁智一而聖人之事備 戊戌會試
今夫人之至者天下稱之以爲不可及而不知
其爲德之至天下具之而未能以自全也是曰
仁智仁智人之全德也人之德無不全下焉者
秉之所以爲人役也中焉者得其偏而亦嘗以
一節效于人以其得此不能兼彼彼此不兼而
前川樓文集　一卷　一

前川樓文集二卷詩一卷　（清）張沐著　清康熙刻本

框高19厘米，廣14.3厘米。半葉九行，行十八字，小字雙行同，白口，左右雙邊。3册。鈐“徐石卿印”白文印。

shan546

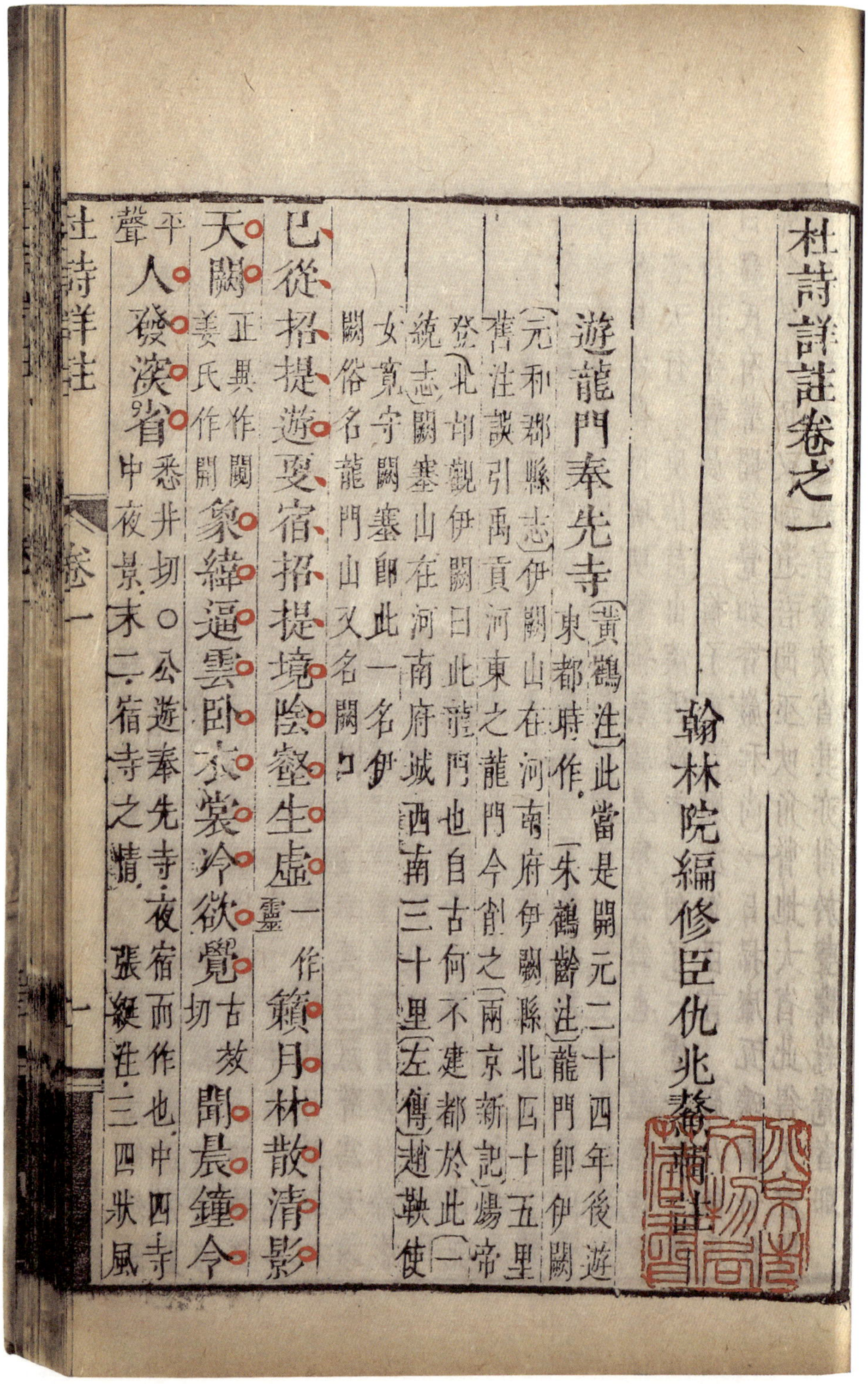

杜詩詳註三十一卷首一卷　（清）仇兆鰲註　清康熙三十二年（1693）大文堂刻本

框高 19.6 厘米，廣 14.3 厘米。半葉十行，行二十二字，小字雙行同，上白口，下黑口，左右雙邊。24 册。鈐"寿松氏藏"朱文印。

shan554

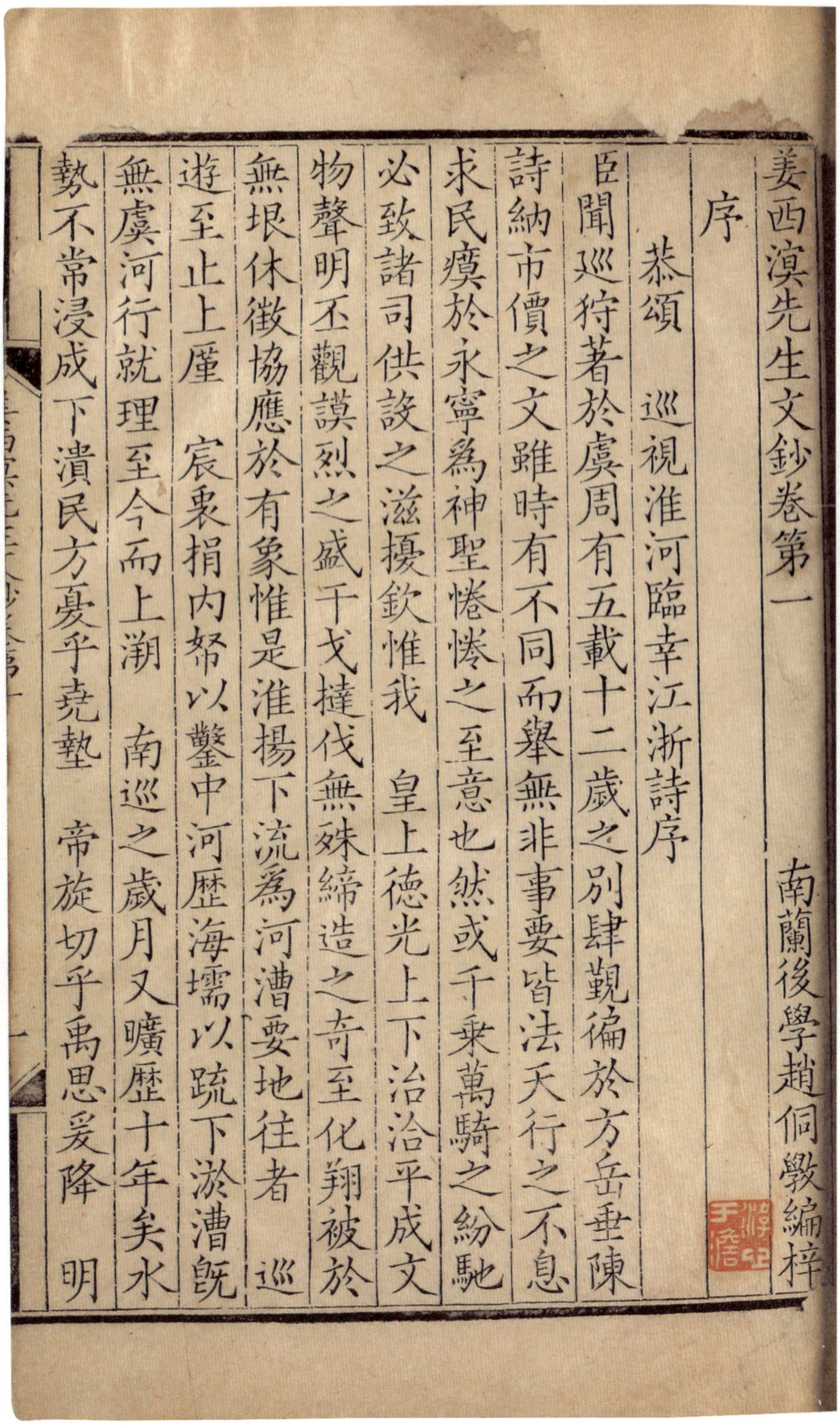

姜西溟先生文鈔四卷 （清）姜宸英撰 清乾隆四年（1739）南蘭匪懈堂趙侗學刻本

框高 20.2 厘米，廣 14.5 厘米。半葉十二行，行二十四字，黑口，四周雙邊。4 册。鈐“浮心于澹”白文印。

shan555

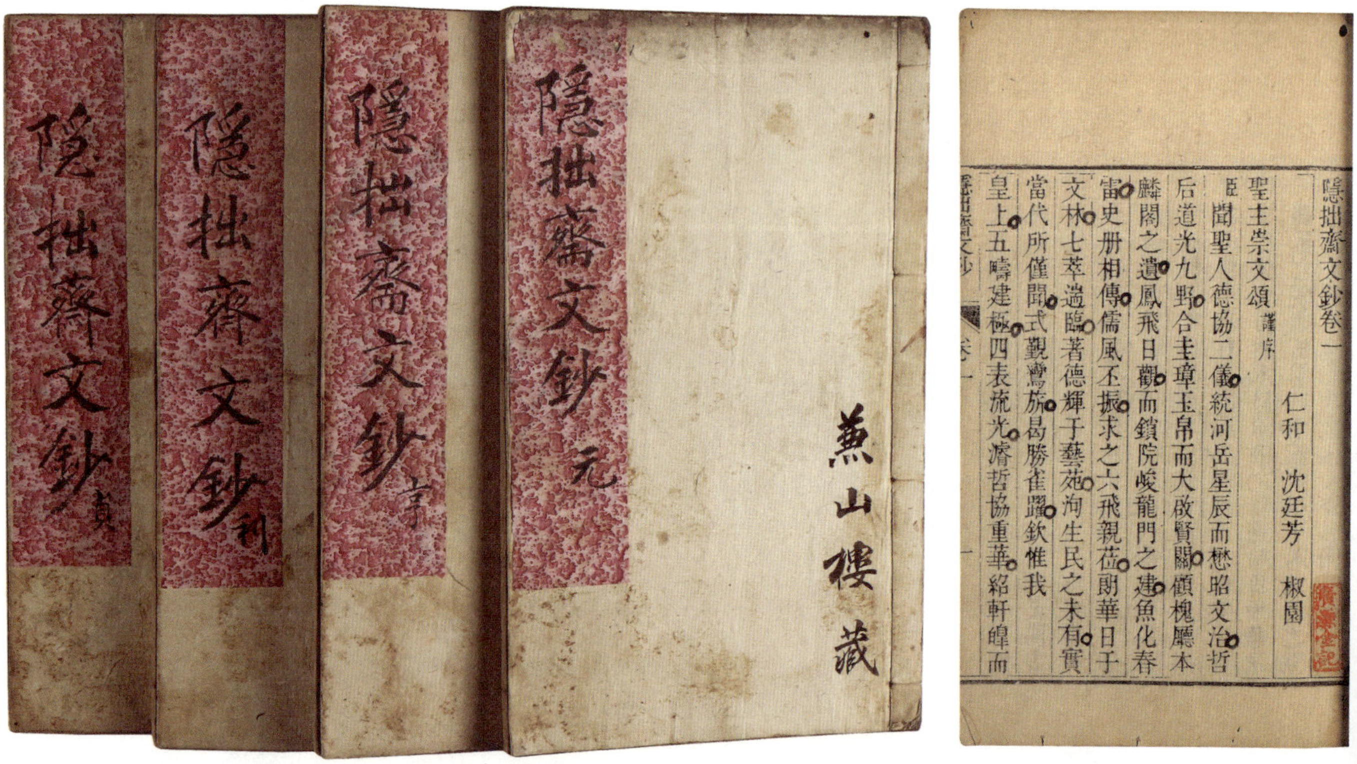

隱拙齋文鈔六卷 （清）沈廷芳撰 清乾隆十九年（1754）刻本

框高 17 厘米，廣 13.6 厘米。半葉十行，行十九字，白口，四周雙邊。4 册。鈐“長留天地間”朱文印等。有介庵居士題記。

shan556

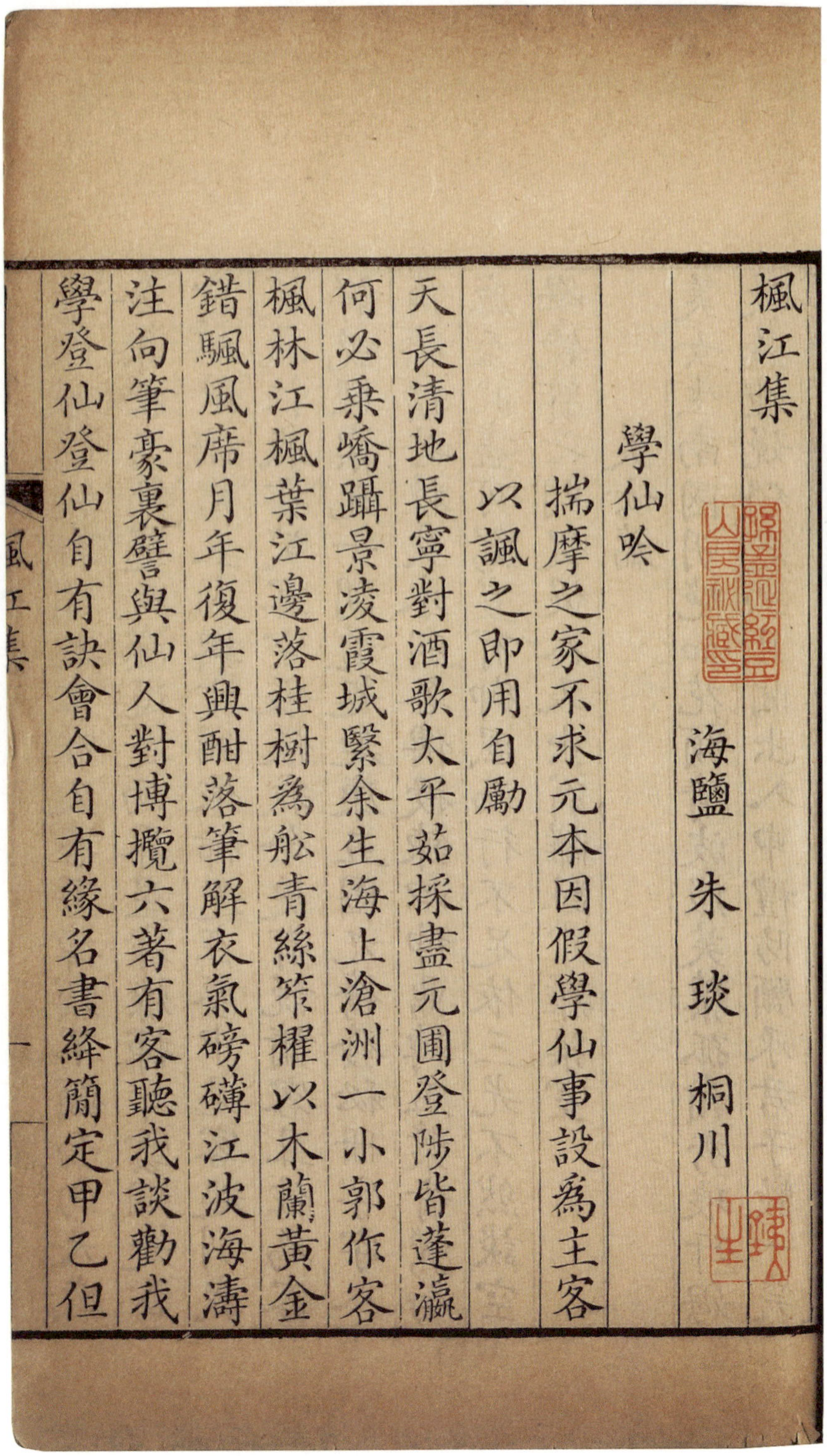
楓江集
海鹽 朱琰 桐川
學仙吟
揣摩之家不求元本因假學仙事設爲主客
以諷之即用自勵
天長清地長寧對酒歌太平茹採盡元圃登陟皆蓬瀛
何必乘蹻躡景淩霞城緊余生海上滄洲一小郭作客
楓林江楓葉江邊落桂樹爲舩青絲笮櫂以木蘭黃金
錯驅風席月年復年興酣落筆解衣氣磅礴江波海濤
注向筆豪裏譬與仙人對博攬六著有客聽我談勸我
學登仙登仙自有訣會合自有緣名書絳簡定甲乙但

楓江集 一

笠亭詩集十二卷 （清）朱琰撰 清乾隆三十八年（1773）樊桐山房刻本

框高 17.6 厘米，廣 13.6 厘米。半葉十一行，行二十一字，白口，左右雙邊。4 册。鈐“銕生”朱文印、“孫孟延紅豆山房祕藏印”朱文印等。

shan557

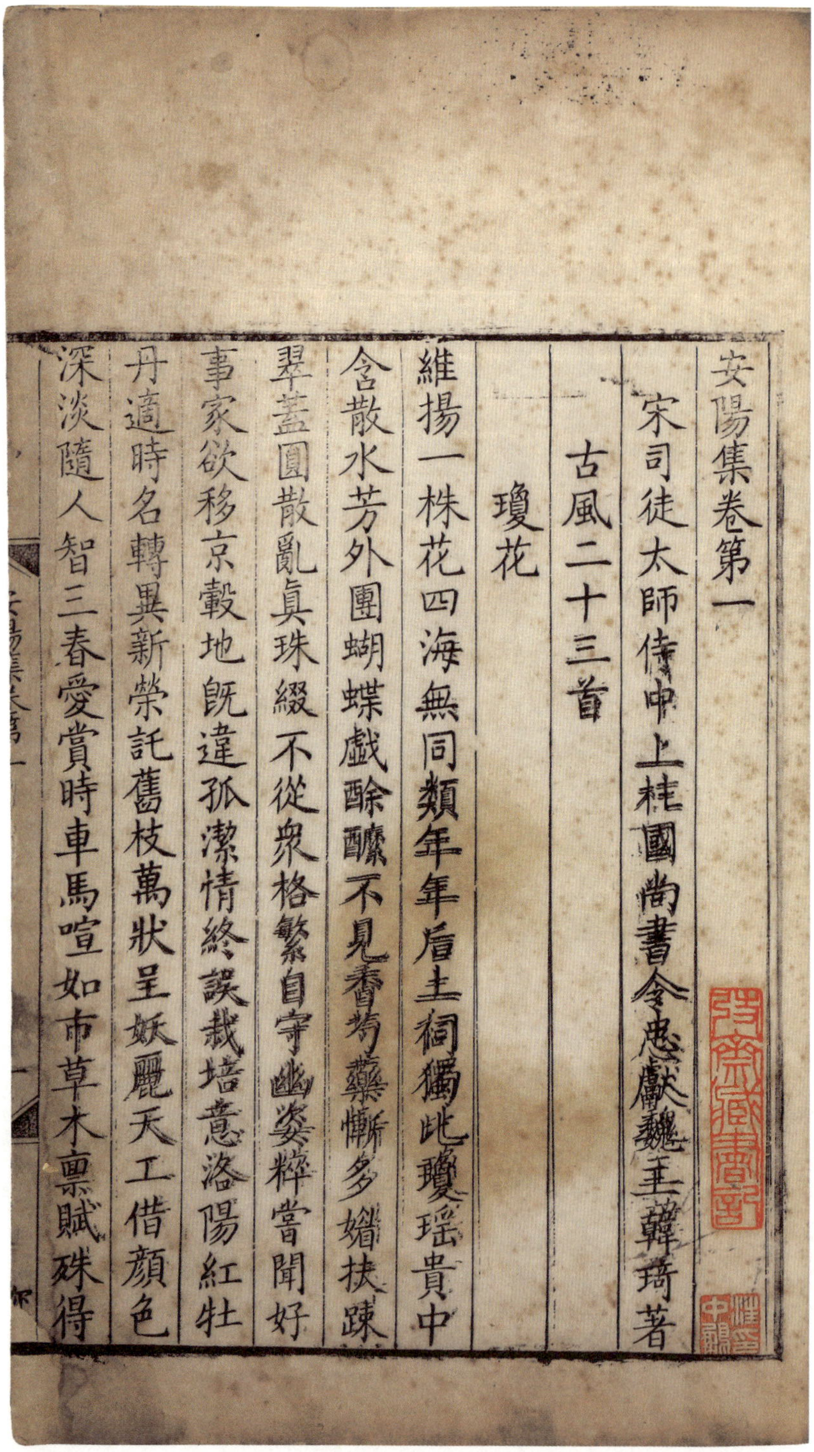
安陽集卷第一
宋司徒太師侍中上柱國尚書令忠獻魏王韓琦著
古風二十三首
瓊花
維揚一株花四海無同類年年后土祠獨此瓊瑤貴中
含散水芳外團蝴蝶戲酴醾不見香芍藥慚多媚扶踈
翠蓋圓散亂真珠綴不從衆格繁自守幽姿粹嘗聞好
事家欲移京轂地既違孤潔情終誤栽培意洛陽紅牡
丹適時名轉異新榮託舊枝萬狀呈妖麗天工借顏色
深淡隨人智三春愛賞時車馬喧如市草木禀賦殊得

安陽集五十卷 （宋）韓琦著 **別錄三卷** （宋）王岩叟撰 **遺事一卷** （宋）强至撰 **忠獻韓巍王家書十卷** 清康熙五十六年（1717）徐樹敏刻乾隆五年（1740）補本

框高 19 厘米，廣 14.2 厘米。半葉十行，行二十一字，白口，左右雙邊。16 册。鈐“汪中鵬印”白文印、“收齋藏書記”朱文印等。

shan561

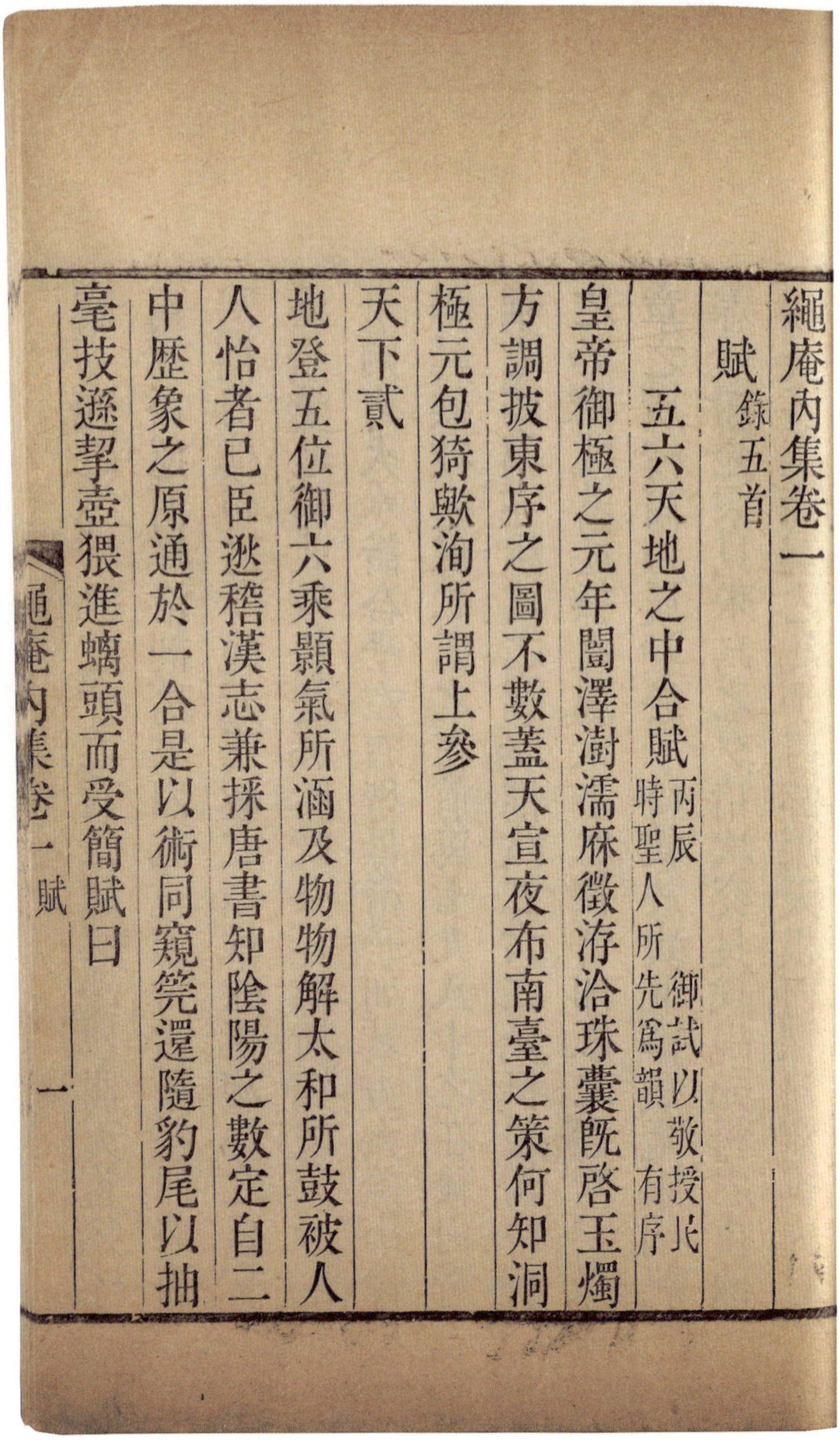
繩庵內集卷一

賦錄五首

五六天地之中合賦丙辰御試以敬授民時聖人所先爲韻有序

皇帝御極之元年闓澤澍濡麻徵洊洽珠囊既啓玉燭方調披東序之圖不數蓋天宣夜布南臺之策何知洞極元包猗歟洵所謂上參天下貳地登五位御六乘顥氣所涵及物物解太和所鼓被人人怡者已臣逖稽漢志兼採唐書知陰陽之數定自二中歷象之原通於一合是以術同窺筦還隨豹尾以抽毫技遜挈壺猥進螭頭而受簡賦曰

繩庵內集卷一 賦 一

繩庵内集十六卷外集八卷　（清）劉倫撰　清乾隆用拙堂刻本

框高 18 厘米，廣 14.6 厘米。半葉十一行，行二十一字，小字雙行同，白口，左右單邊。6 册。鈐“醉經閣章”朱文印。

shan564

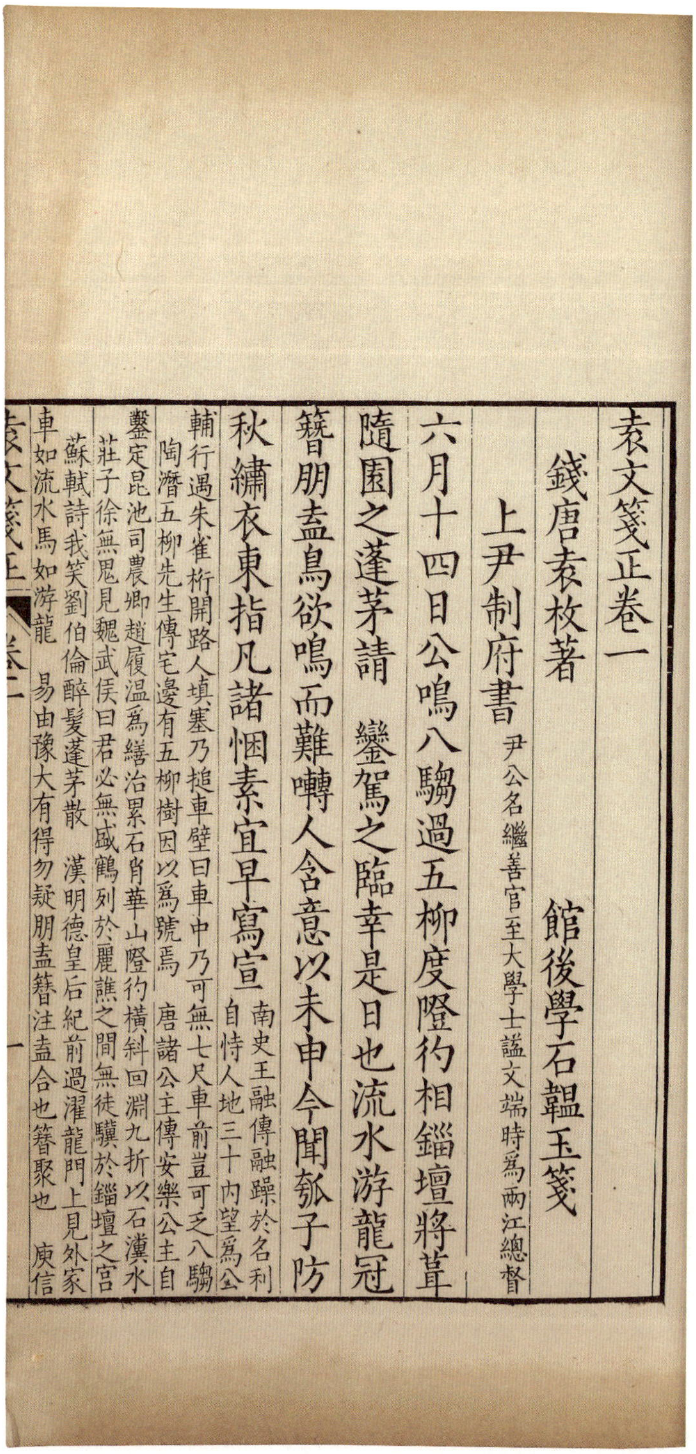

袁文箋正十六卷附錄一卷 （清）袁枚著 （清）石韞玉箋 清嘉慶十七年（1812）鶴壽山堂刻本

框高 18.5 厘米，廣 13.9 厘米。半葉十行，行二十字，小字雙行三十字，白口，左右雙邊。8 册。鈐“瘦竹幽華之館”朱文印。

shan565

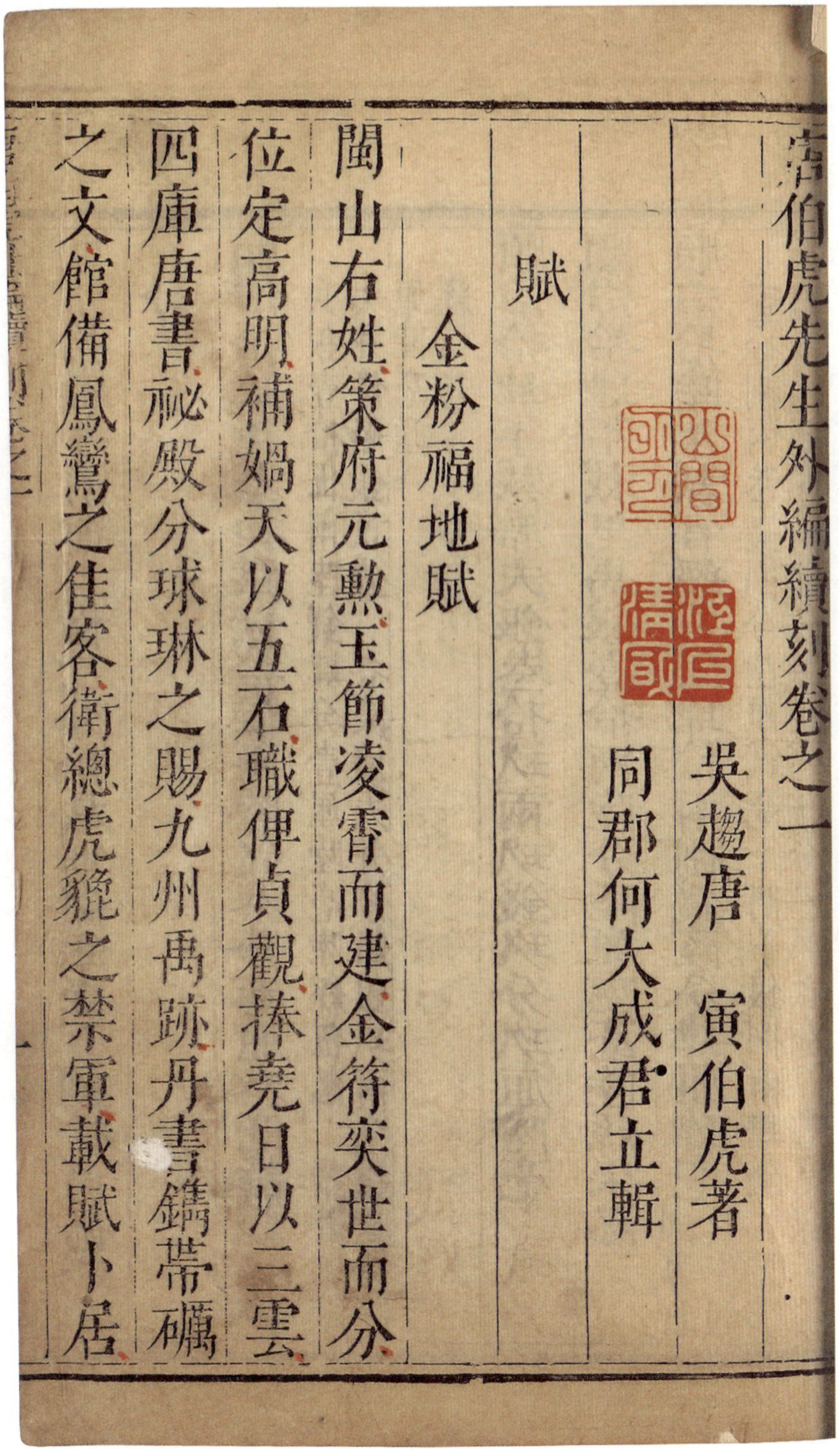

唐伯虎先生外編續刻十二卷 （明）唐寅著 （明）何大成輯 明萬曆四十年（1612）刻本

框高23.1厘米，廣15.3厘米。半葉九行，行二十字，白口，四周雙邊。1册。鈐“山間明月”朱文印、“江上清風”白文印等。存七卷（一至七）。

shan568

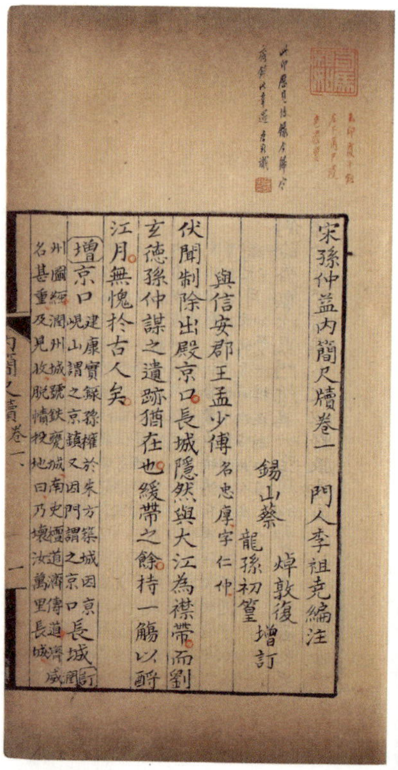

宋孫仲益内簡尺牘十卷 （宋）孫覿撰 （宋）李祖堯編注 （清）蔡焯等增訂 清乾隆十二年（1747）錫山蔡氏刻本

框高 17.3 厘米，廣 12.2 厘米。半葉九行，行二十字，小字雙行同，粗黑口，四周單邊。4 册。鈐“司馬相如”白文印。

shan570

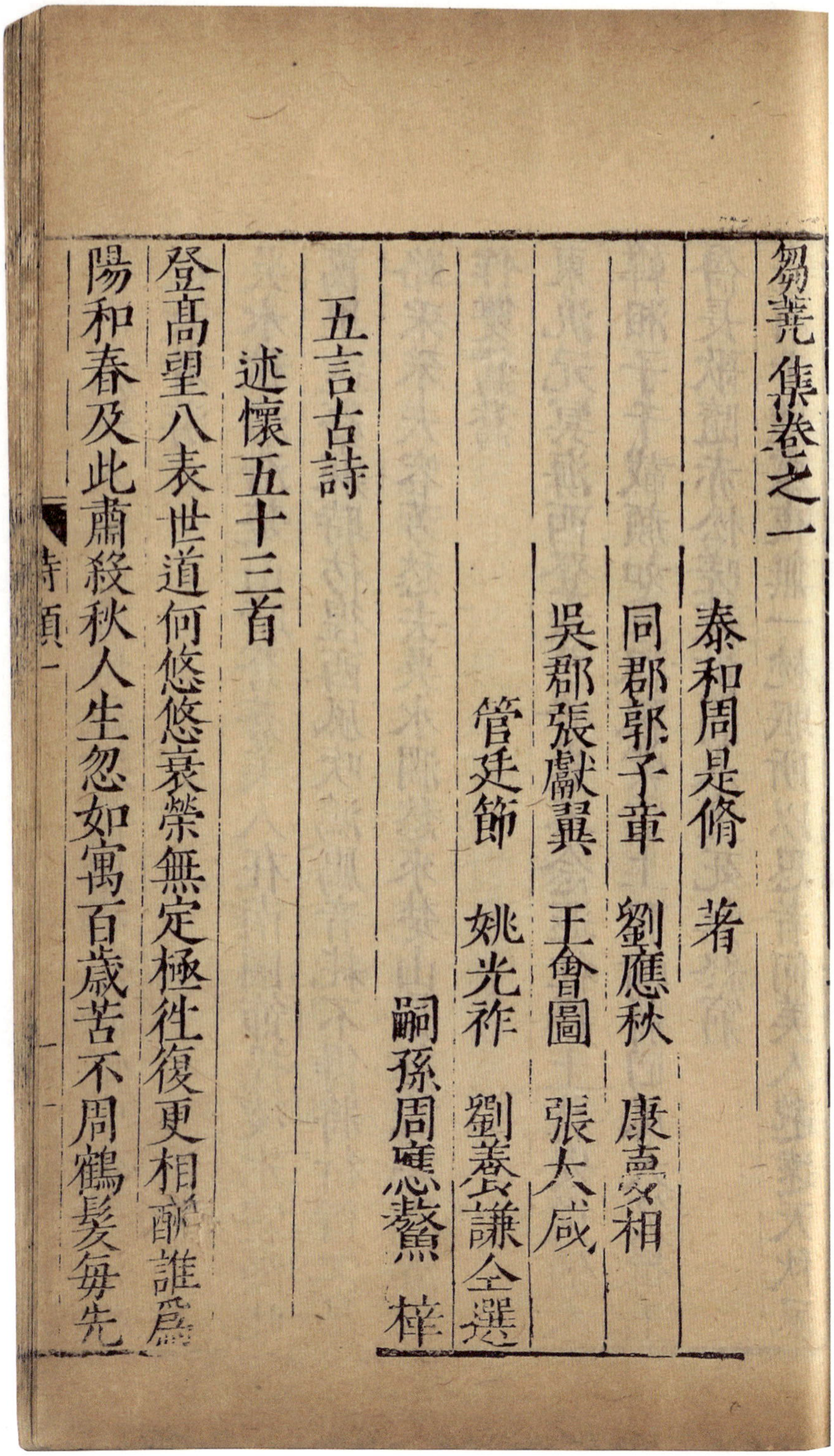

芻蕘集六卷　（明）周是脩著　（明）郭子章等選　清道光八年（1828）泰和周氏桂林使署刻本

框高 19.8 厘米，廣 14.1 厘米。半葉十行，行二十二字，白口，四周單邊。2 册。

shan571

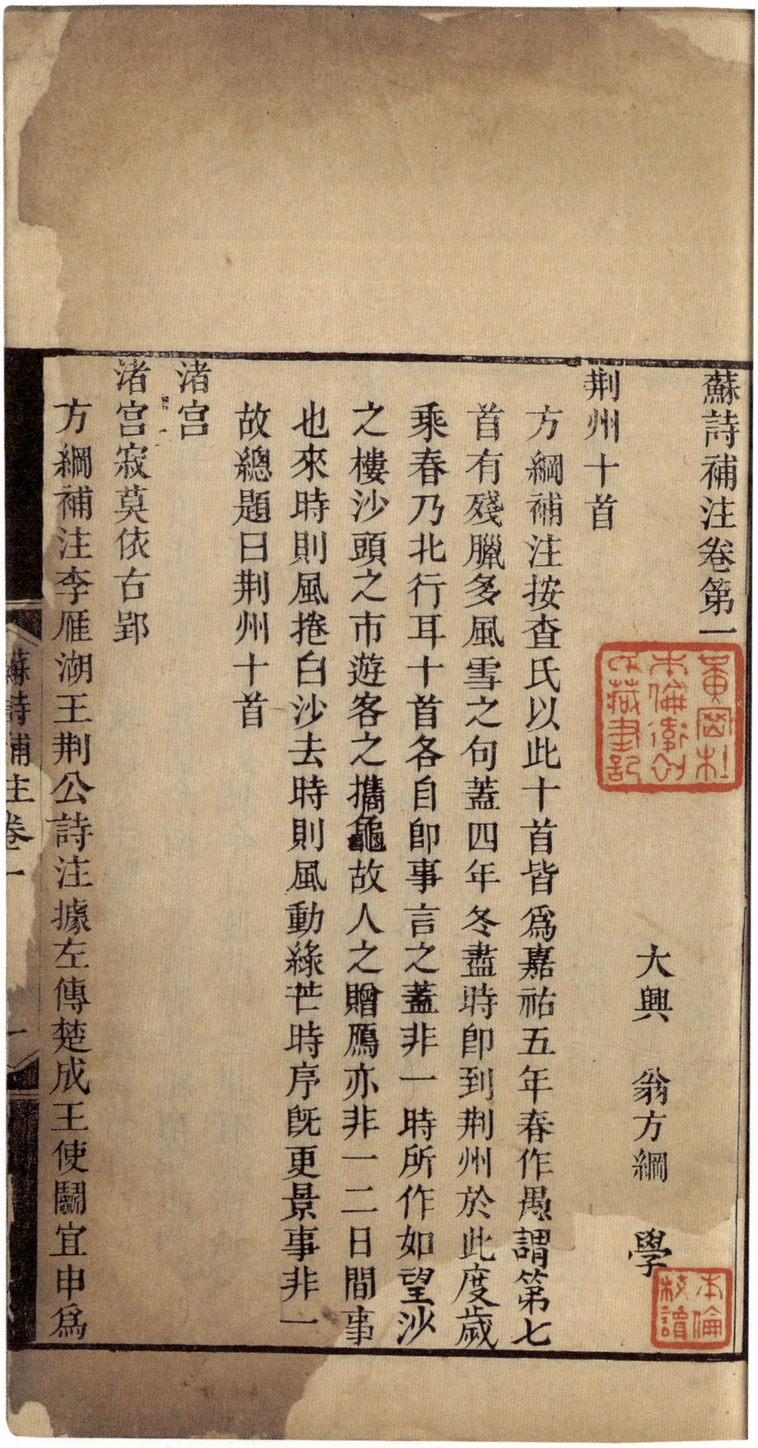

蘇詩補注八卷 （宋）蘇軾撰 （清）翁方綱補訂 **志道集一卷** （宋）顧禧著 清乾隆四十七年（1782）蘇齋刻本

框高 19.3 厘米，廣 14.7 厘米。半葉十二行，行二十四字，黑口，左右雙邊，無格。1 册。鈐"黄岡杜本倫衛初氏藏書記"朱文印、"本倫校讀"朱文印。

shan575

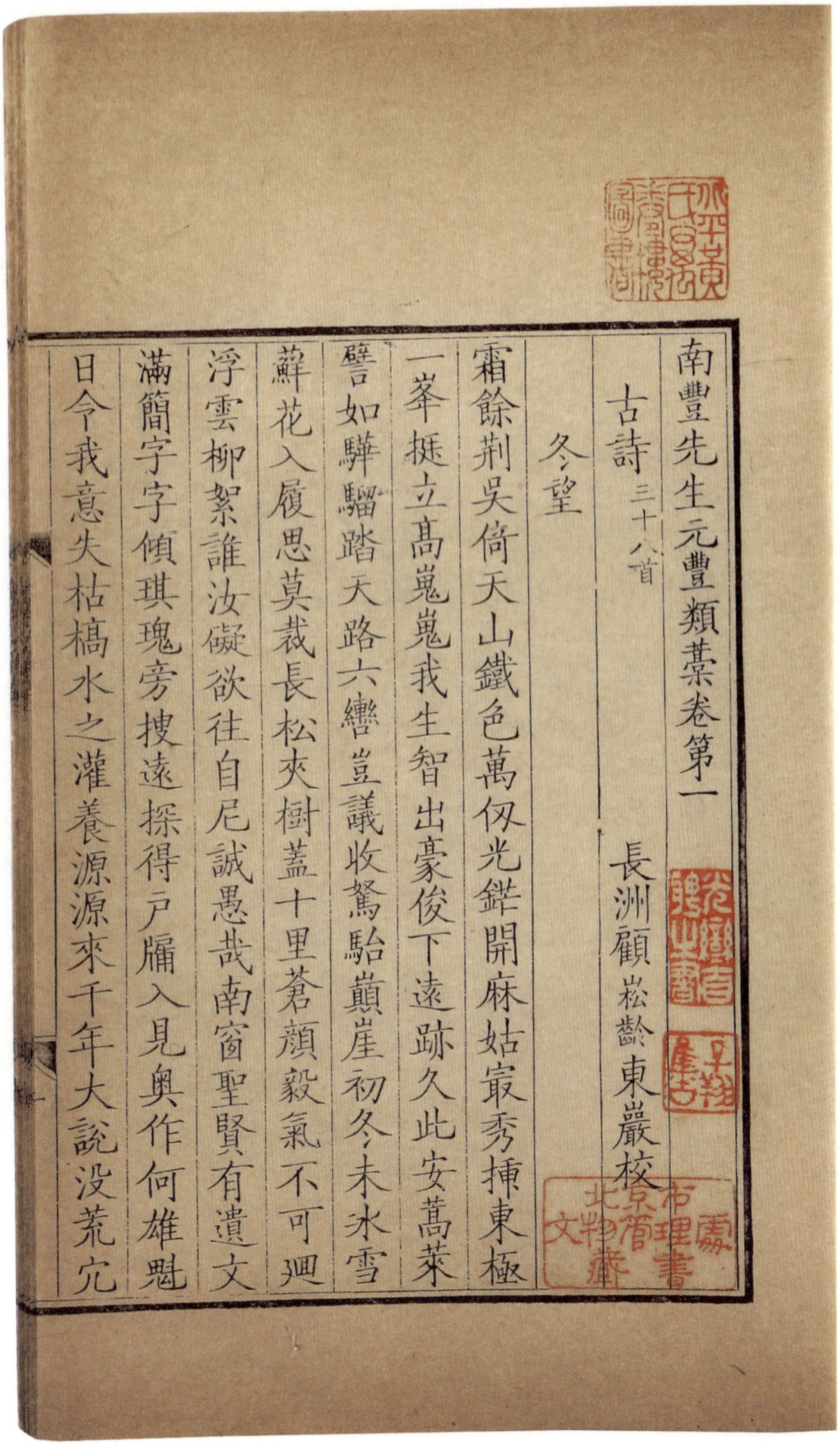

南豐先生元豐類藁五十三卷 （宋）曾鞏撰 （清）顧崧齡校 清康熙五十六年（1717）顧松齡刻本

框高 18.5 厘米，廣 13 厘米。半葉十行，行二十一字，白口，四周雙邊。8 册。鈐“北平黄氏萬卷樓圖書”朱文印等。

shan577

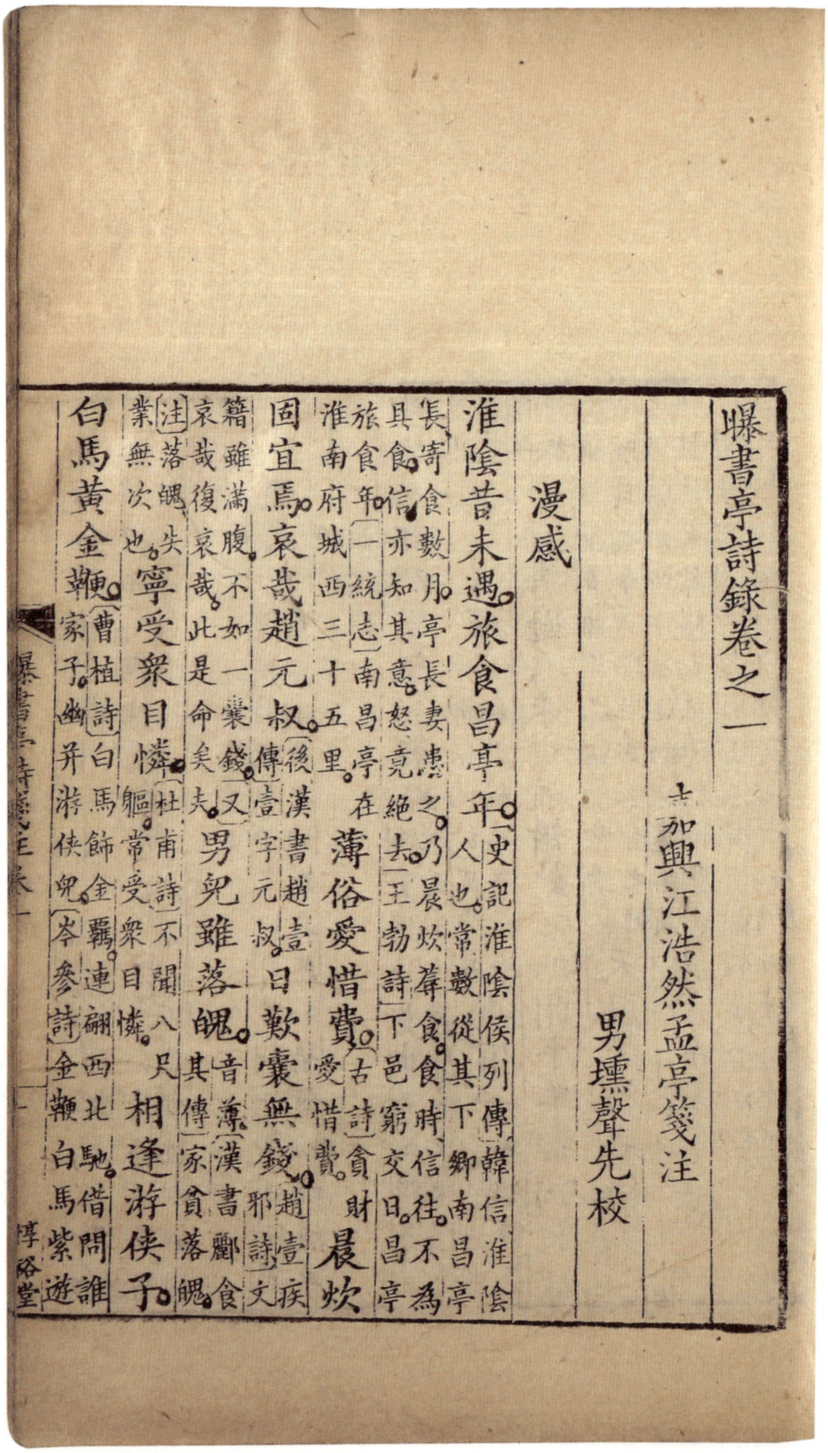
曝書亭詩錄卷之一
嘉興江浩然孟亭箋注
男壎聲先校
漫感
淮陰昔未遇旅食昌亭年史記淮陰侯列傳韓信淮陰人也常數從其下鄉南昌亭長寄食數月亭長妻患之乃晨炊蓐食食時信往不為具食信亦知其意怒竟絕去王勃詩下邑窮交日昌亭旅食年一統志南昌亭在淮南府城西三十五里薄俗愛惜費古詩貪財愛惜費晨炊
固宜焉哀哉趙元叔後漢書趙壹傳壹字元叔日歎囊無錢趙壹疾邪詩文籍雖滿腹不如一囊錢又哀哉復哀哉此是命矣夫男兒雖落魄音薄漢書酈食其傳家貧落魄注落魄失業無次也寧受衆目憐杜甫詩不聞八尺軀常受衆目憐相逢游俠子
白馬黃金鞭曹植詩白馬飾金羈連翩西北馳借問誰家子幽并游俠兒岑參詩金鞭白馬紫遊
曝書亭詩錄注卷一 一 惇裕堂

曝書亭詩録十二卷　（清）江浩然箋注　（清）江壎校　清乾隆二十七年（1762）惇裕堂刻本

框高 17.7 厘米，廣 14.3 厘米。半葉十一行，行二十一字，小字雙行同，白口，四周單邊。6 册。

shan578

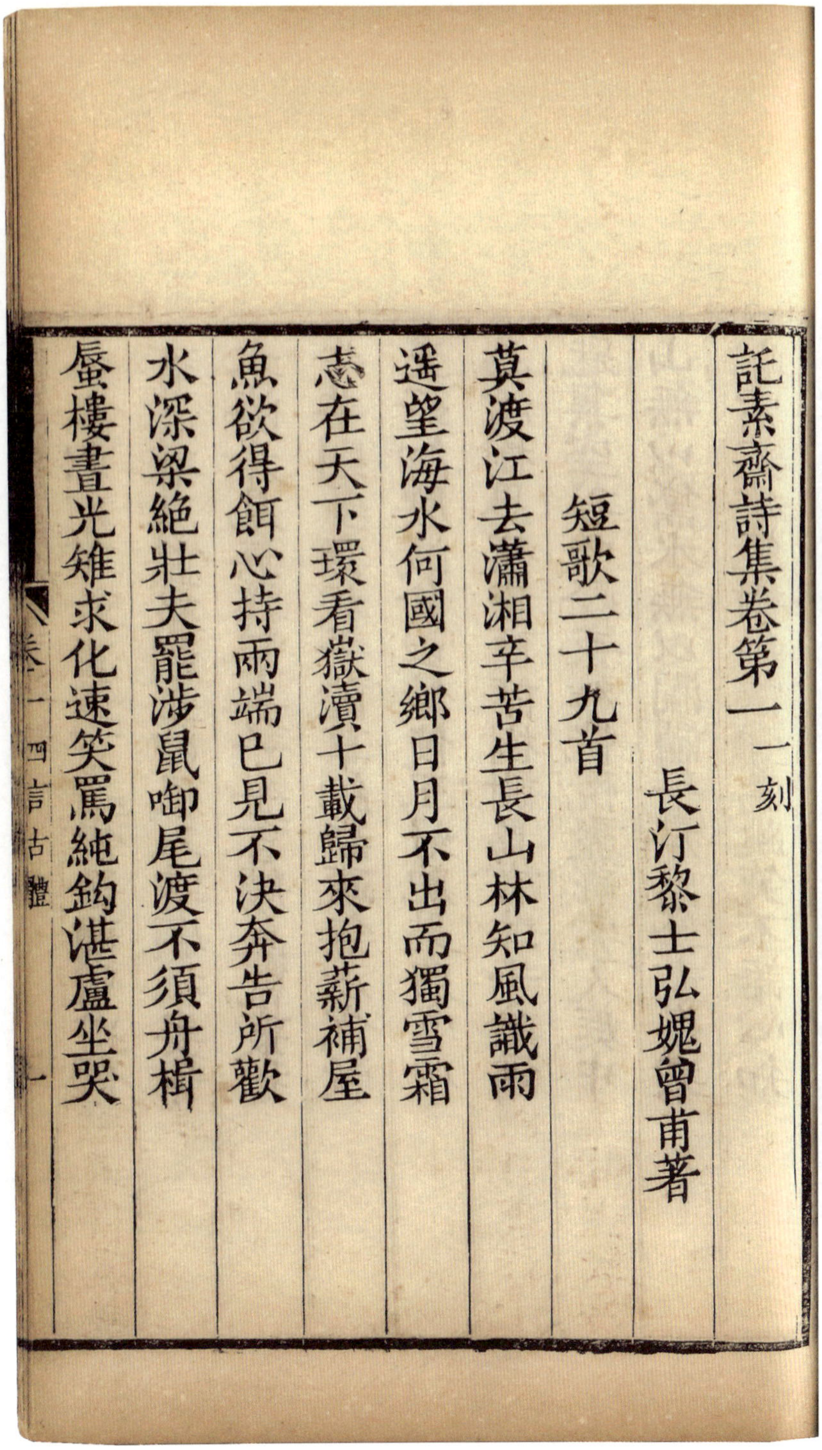

託素齋詩集卷第一 一刻
長汀黎士弘媿曾甫著
短歌二十九首
莫渡江去瀟湘辛苦生長山林知風識雨
遥望海水何國之鄉日月不出而獨雪霜
悳在天下環看嶽瀆十載歸來抱薪補屋
魚欲得餌心持兩端巳見不決奔告所歡
水深梁絶壯夫罷涉鼠啣尾渡不須舟楫
蠶樓晝光雉求化速笑罵絁鈎湛盧坐哭
卷一 四言古體 一

託素齋詩集四卷　（清）黎士弘著　清康熙二十八年（1689）刻本

框高 17.9 厘米，廣 13.9 厘米。半葉九行，行二十一字，黑口，左右雙邊。4 册。

shan579

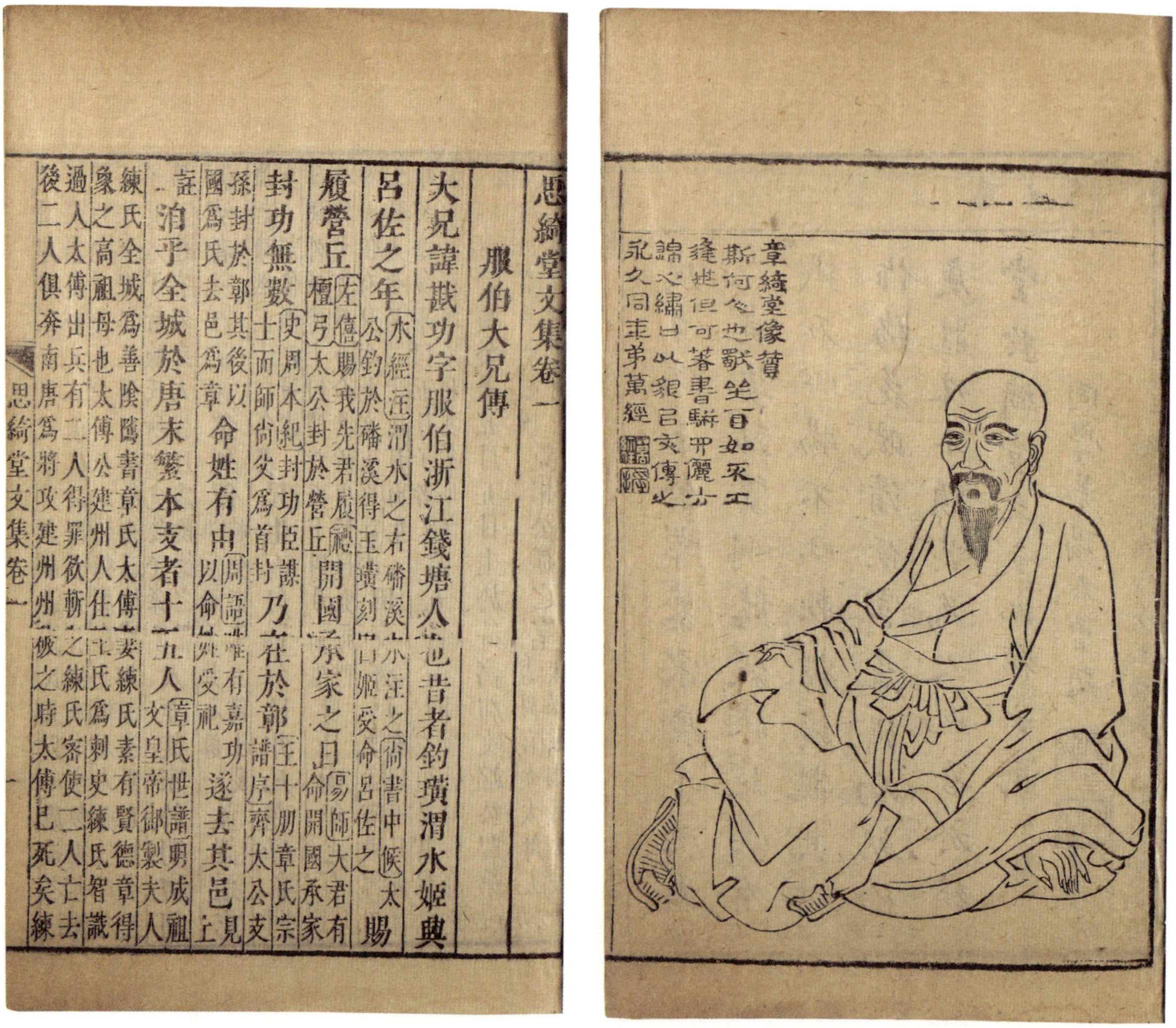

思綺堂文集十卷 （清）章藻功著 清康熙六十一年（1722）凌雲書屋刻本

框高 19.8 厘米，廣 14.5 厘米。半葉十行，行二十二字，小字雙行同，白口，四周單邊。10 册。

shan581

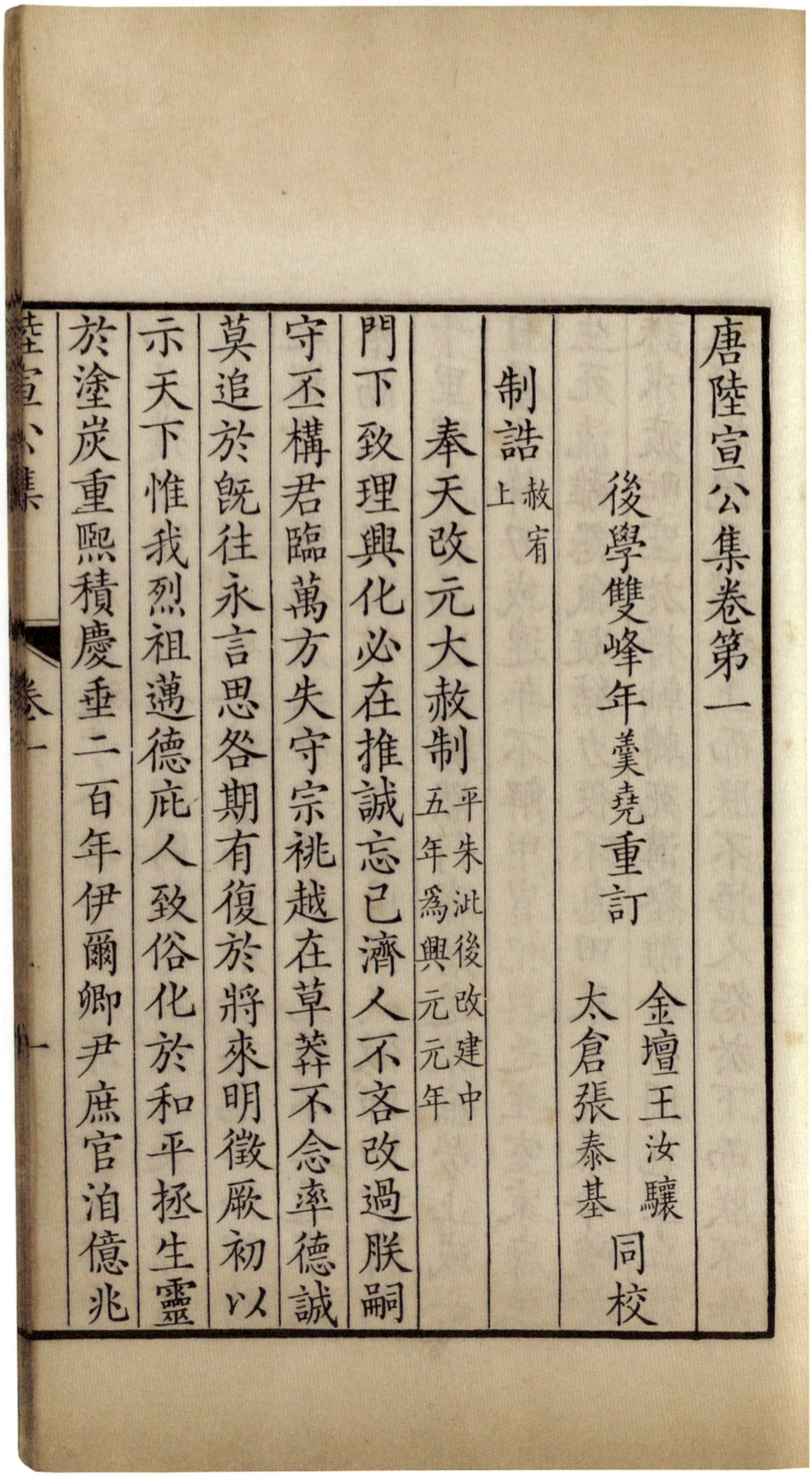
唐陸宣公集卷第一
後學雙峰年羹堯重訂
金壇王汝驤
太倉張泰基　同校
制誥上　赦宥
奉天改元大赦制　平朱泚後改建中五年爲興元元年
門下致理興化必在推誠忘己濟人不吝改過朕嗣
守丕構君臨萬方失守宗祧越在草莽不念率德誠
莫追於既往永言思咎期有復於將來明徵厥初以
示天下惟我烈祖邁德庇人致俗化於和平拯生靈
於塗炭重熙積慶垂二百年伊爾卿尹庶官洎億兆
陸宣公集　卷一　一

唐陸宣公集二十二卷　（唐）陸贄撰　（清）年羹堯重訂　清雍正元年（1723）年羹堯刻本

框高 19 厘米，廣 14 厘米。半葉十行，行二十字，白口，四周單邊。6 册。

shan588

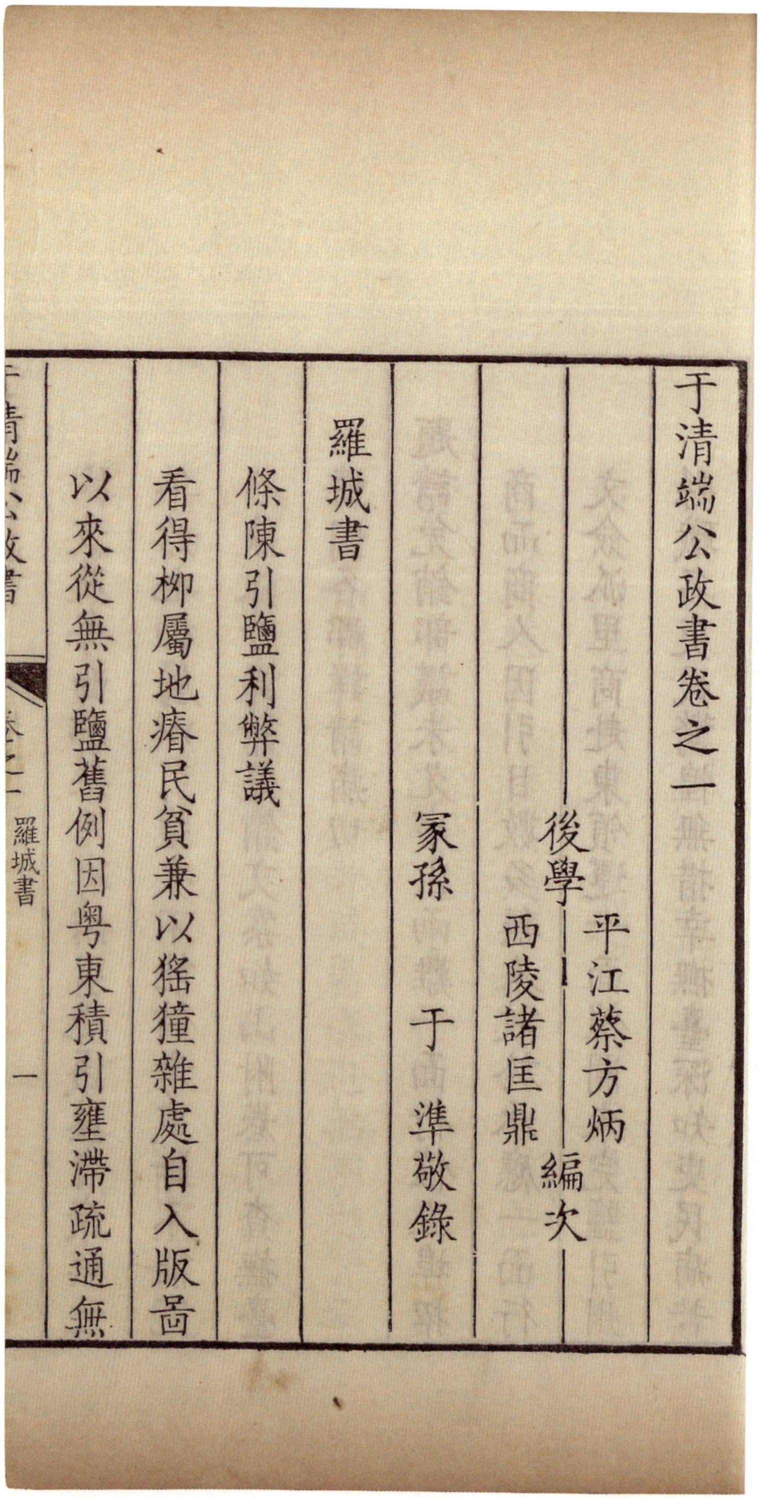

于清端公政書卷之一

後學 平江蔡方炳 西陵諸匡鼎 編次

冢孫 于準敬錄

羅城書

條陳引鹽利弊議

看得柳屬地瘠民貧兼以猺獞雜處自入版啚

以來從無引鹽舊例因粤東積引壅滞疏通無

于清端公政書 卷之一 羅城書 一

于清端公政書八卷首編一卷外集一卷續集一卷 （清）于成龍撰 （清）蔡方炳等編 清乾隆二十六年（1761）刻本

框高 17.3 厘米，廣 13.5 厘米。半葉八行，行二十字，白口，四周單邊。10 册。

shan589

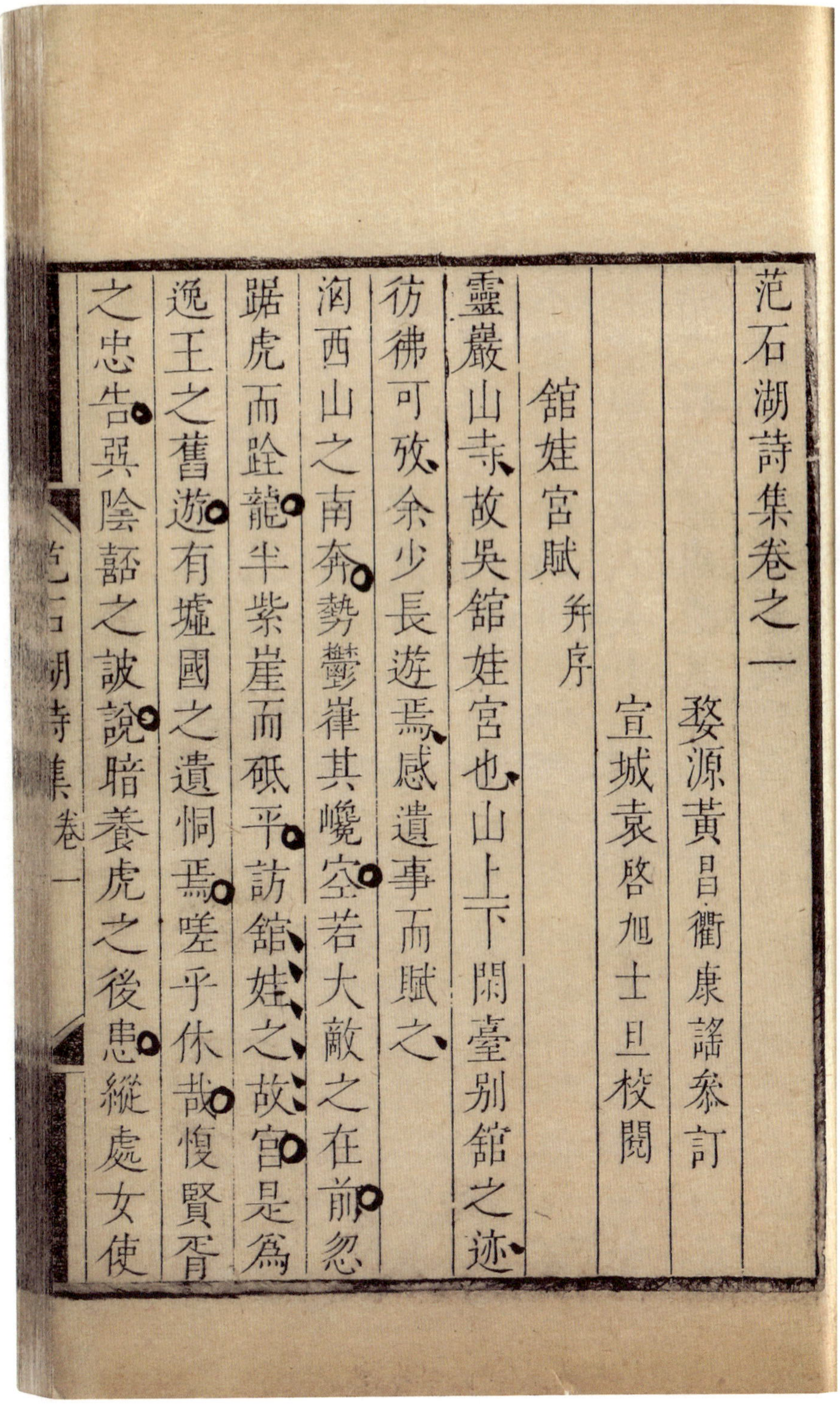

范石湖詩集卷之一
婺源黃昌衢康謠參訂
宣城袁啓旭士旦校閱
館娃宮賦 并序
靈巖山寺故吳館娃宮也山上下閒臺別館之迹
彷彿可攷余少長遊焉感遺事而賦之
洶西山之南奔勢鬱崒其巉空若大敵之在前忽
踞虎而跧龍半紫崖而砥平訪館娃之故宮是爲
逸王之舊遊有墟國之遺恫焉嗟乎休哉愎賢胥
之忠告巽陰嚭之詖說暗養虎之後患縱處女使

范石湖詩集卷一

范石湖詩集二十卷 （宋）范成大撰 （清）黃昌衢參訂 清康熙二十七年（1688）黃昌衢藜照樓刻本

框高 18 厘米，廣 13.5 厘米。半葉十行，行十九字，黑口，四周單邊。6 册。

shan592

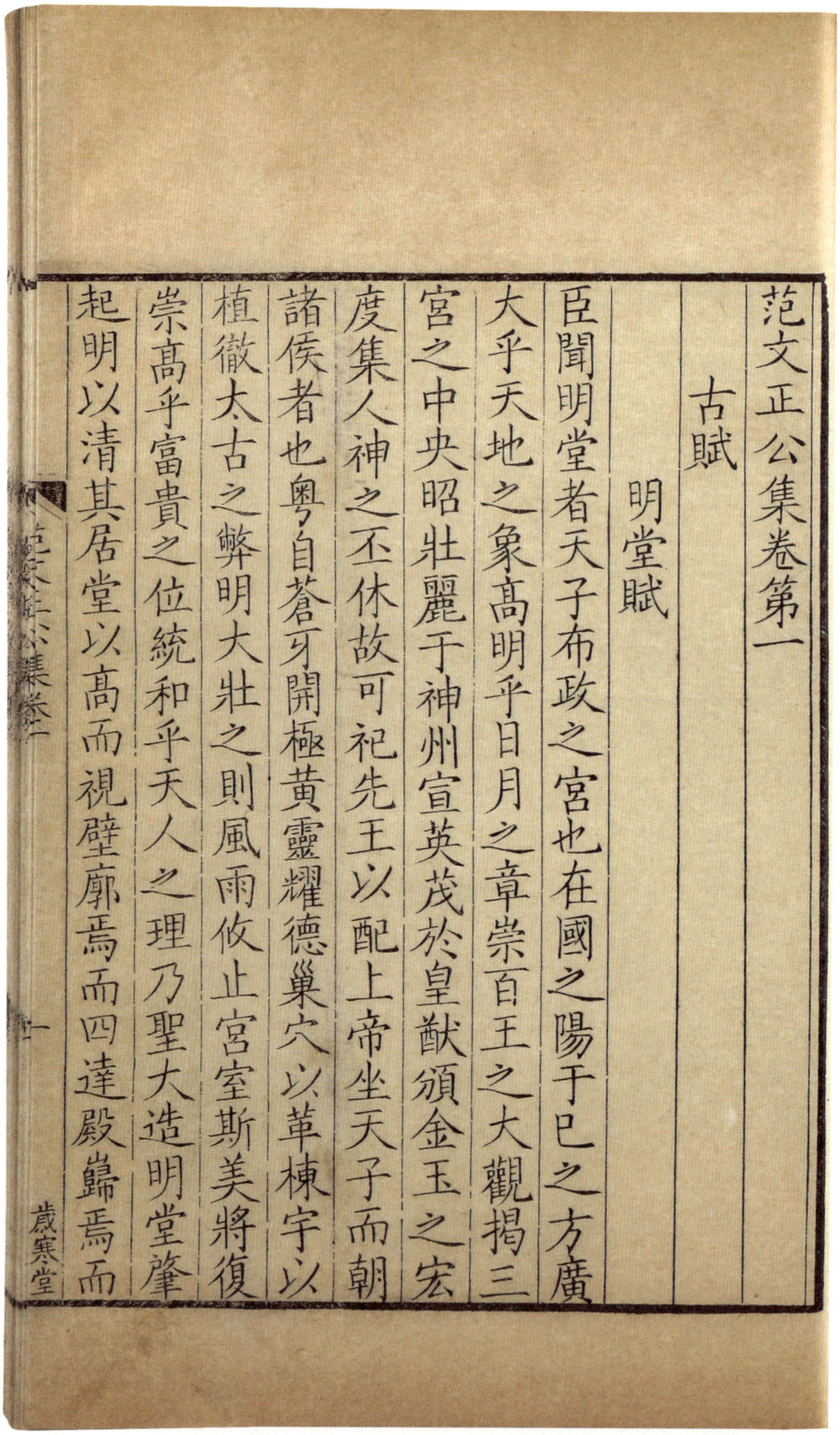
范文正公集卷第一
古賦
明堂賦
臣聞明堂者天子布政之宫也在國之陽于巳之方廣大乎天地之象高明乎日月之章崇百王之大觀揭三宫之中央昭壯麗于神州宣英茂於皇猷須金玉之宏度集人神之丕休故可祀先王以配上帝坐天子而朝諸侯者也粤自蒼牙開極黄靈耀德巢穴以革棟宇以植徽太古之弊明大壯之則風雨攸止宫室斯美將復崇高乎富貴之位統和乎天人之理乃聖大造明堂肇起明以清其居堂以高而視壁廓焉而四達殿巋焉而
范文正公集卷一 一 歲寒堂

范文正公集四十八卷　（宋）范仲淹撰　清康熙歲寒堂刻本

框高 18.4 厘米，廣 14.3 厘米。半葉十一行，行二十一字，小字雙行不等，白口，左右雙邊。16 册。

shan599

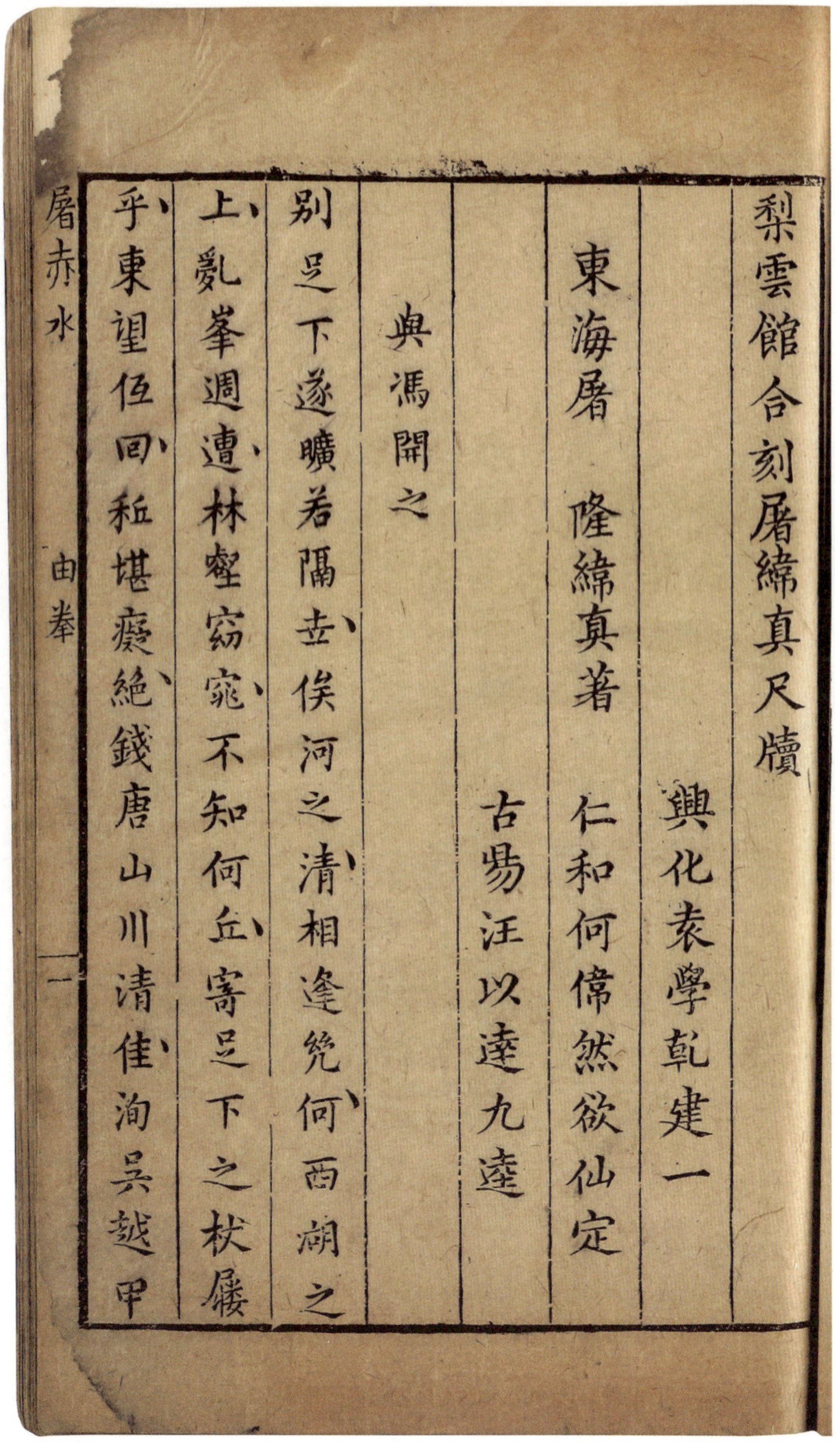

梨雲館合刻屠緯真尺牘 （明）屠隆著 （明）袁學乾等定 明末刻本

框高 17.4 厘米，廣 13.8 厘米。半葉八行，行十九字，白口，四周單邊。2 册。

shan600

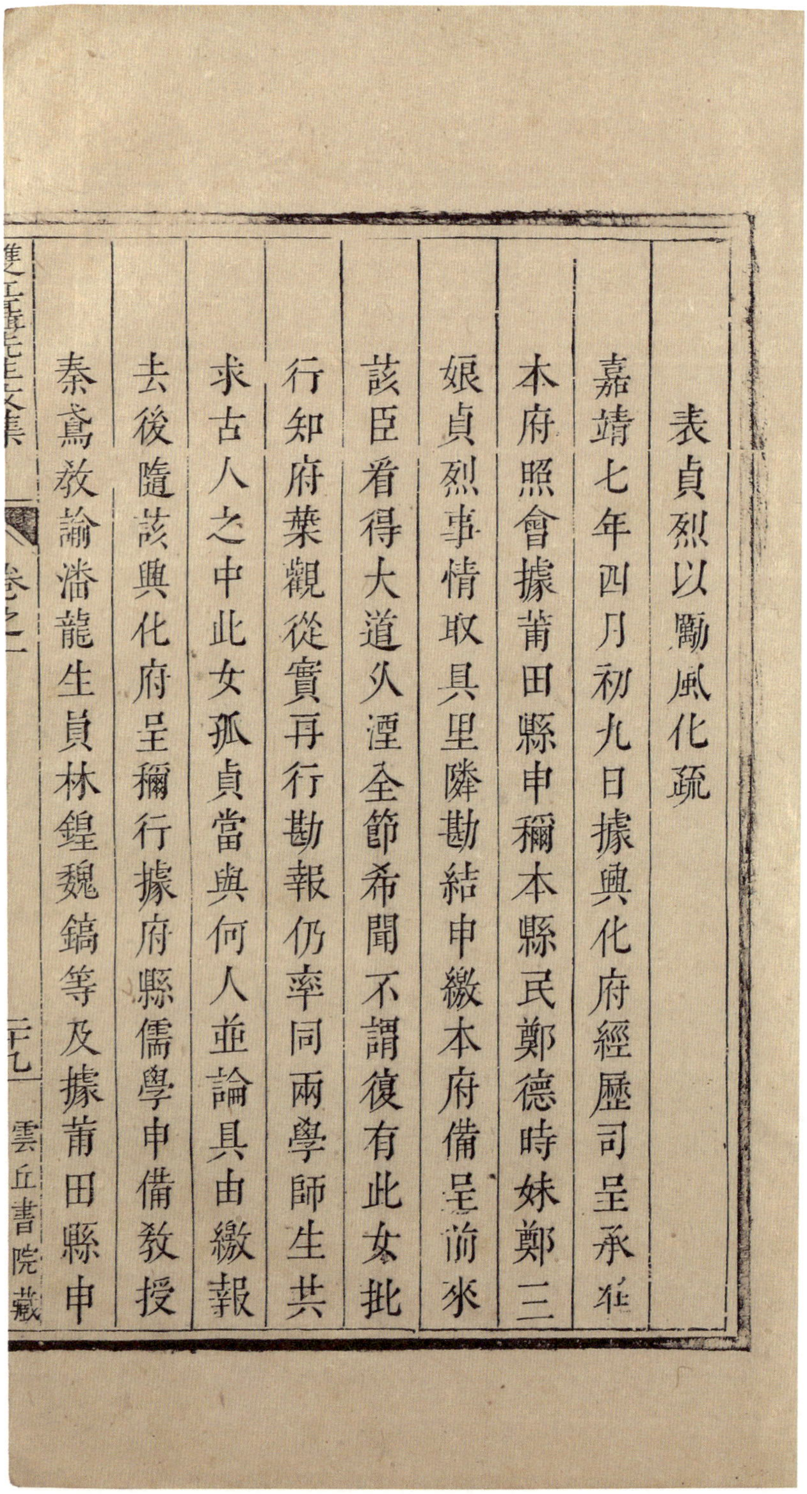

明聶雙江先生文集十二卷首一卷 （明）聶豹著 （明）徐階彙輯 （明）聶靜編訂 清康熙雲丘書院刻本

框高 22 厘米，廣 14.4 厘米。半葉九行，行二十一字，白口，四周雙邊。20 册。

shan601

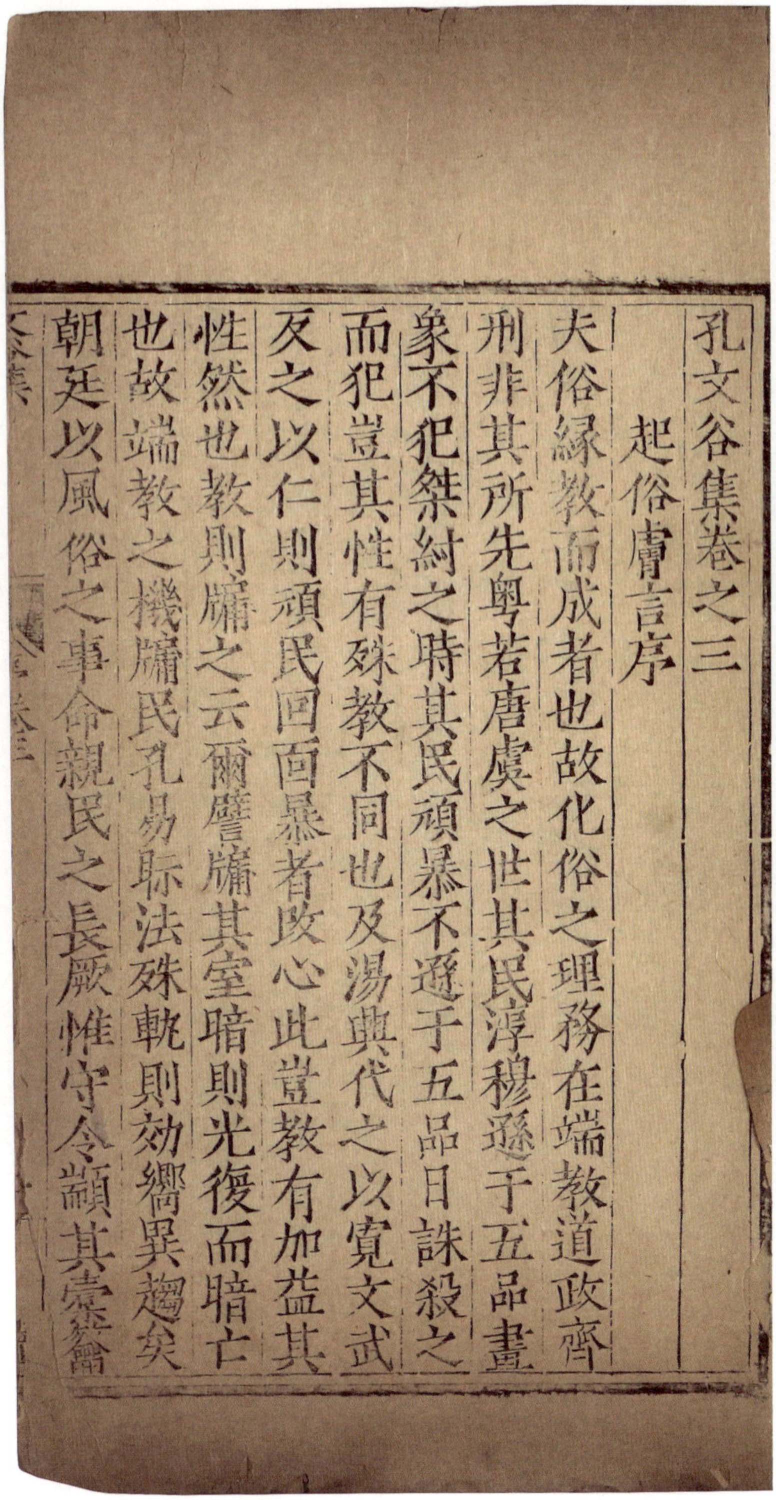

孔文谷集十六卷　（明）孔天胤撰　明隆慶五年（1571）刻萬曆增刻本

框高20厘米，廣14厘米。半葉十行，行二十字，白口，四周雙邊。5册。存十卷（三至七、十二至十六）。

shan603

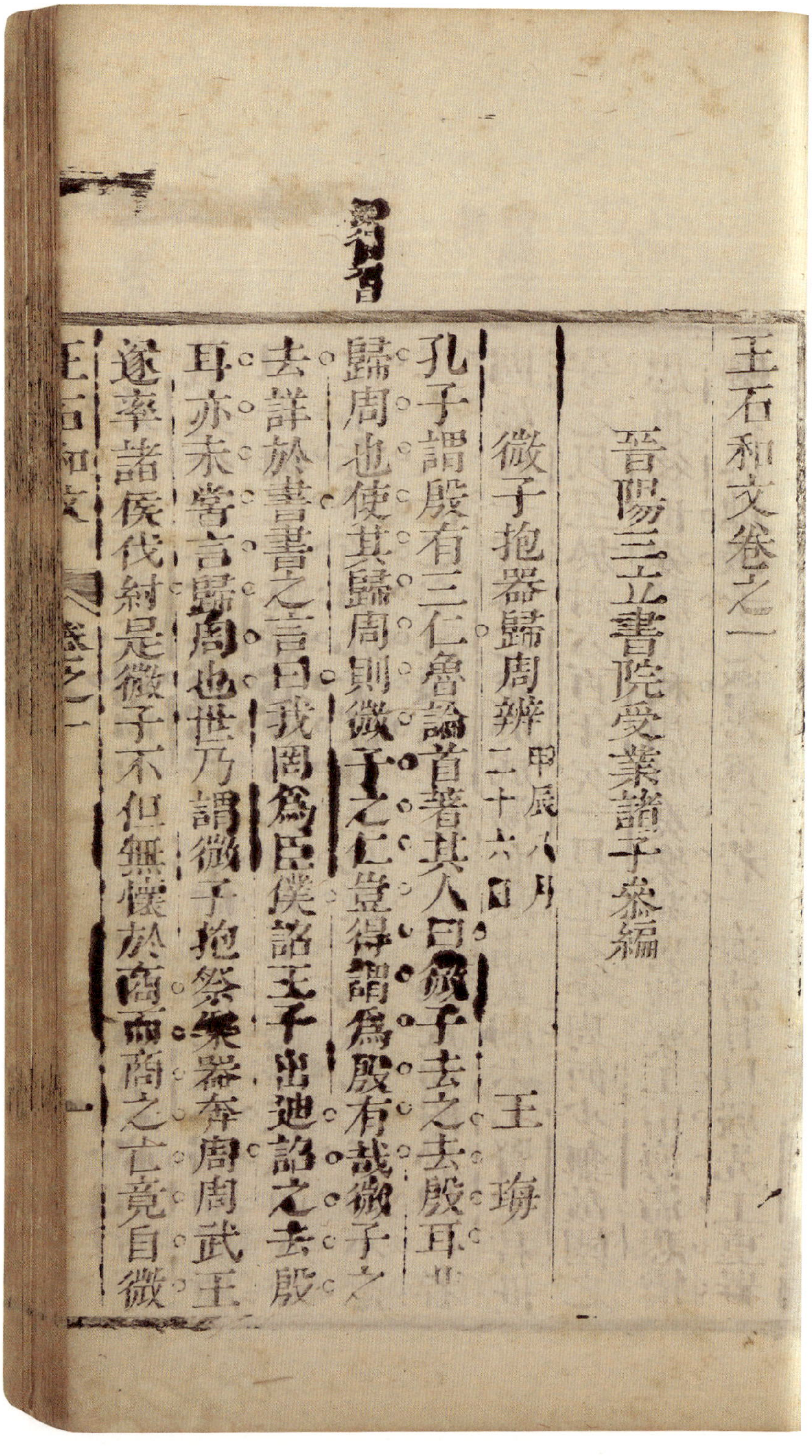
王石和文卷之一
晉陽三立書院受業諸子參編
微子抱器歸周辨 甲辰八月二十六日 王珻
孔子謂殷有三仁魯論首著其人曰微子去之去殷耳非
歸周也使其歸周則微子之仁豈得謂爲殷有哉微子之
去詳於書書之言曰我罔爲臣僕詔王子出迪詔之去殷
耳亦未嘗言歸周也世乃謂微子抱祭器奔周周武王
遂率諸侯伐紂是微子不但無懷於商而商之亡竟自微
王石和文 卷之一

王石和文九卷 （清）王珻撰 清乾隆六年（1741）刻本

框高 19 厘米，廣 14 厘米。半葉九行，行二十二字，白口，四周單邊。1 册。

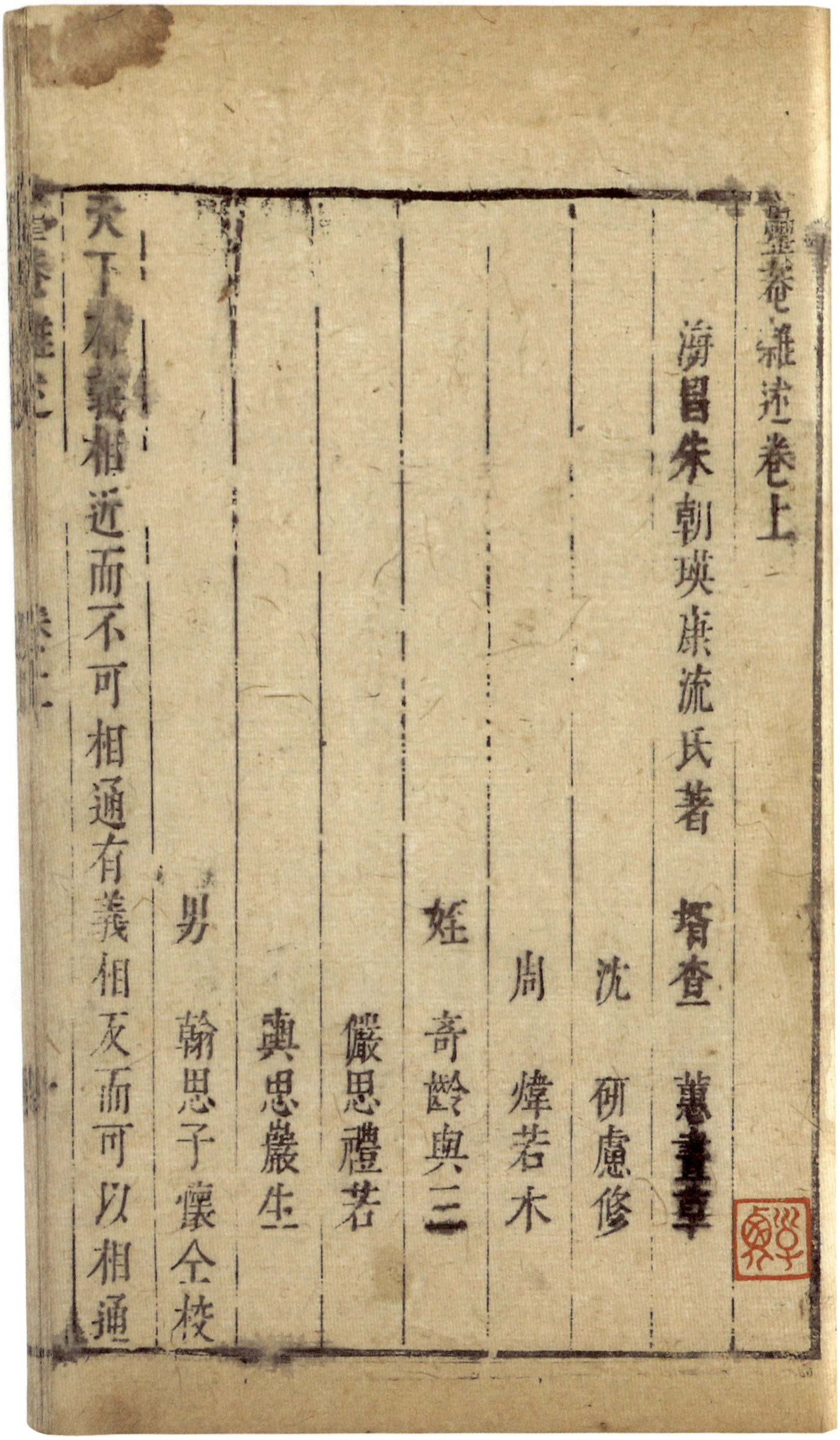

罍菴雜述二卷 （清）朱朝瑛著 清康熙十一年（1672）正誼堂刻本

框高 20.5 厘米，廣 14 厘米。半葉九行，行二十字，白口，四周單邊。4 册。鈐“子衡”朱文印。

shan612

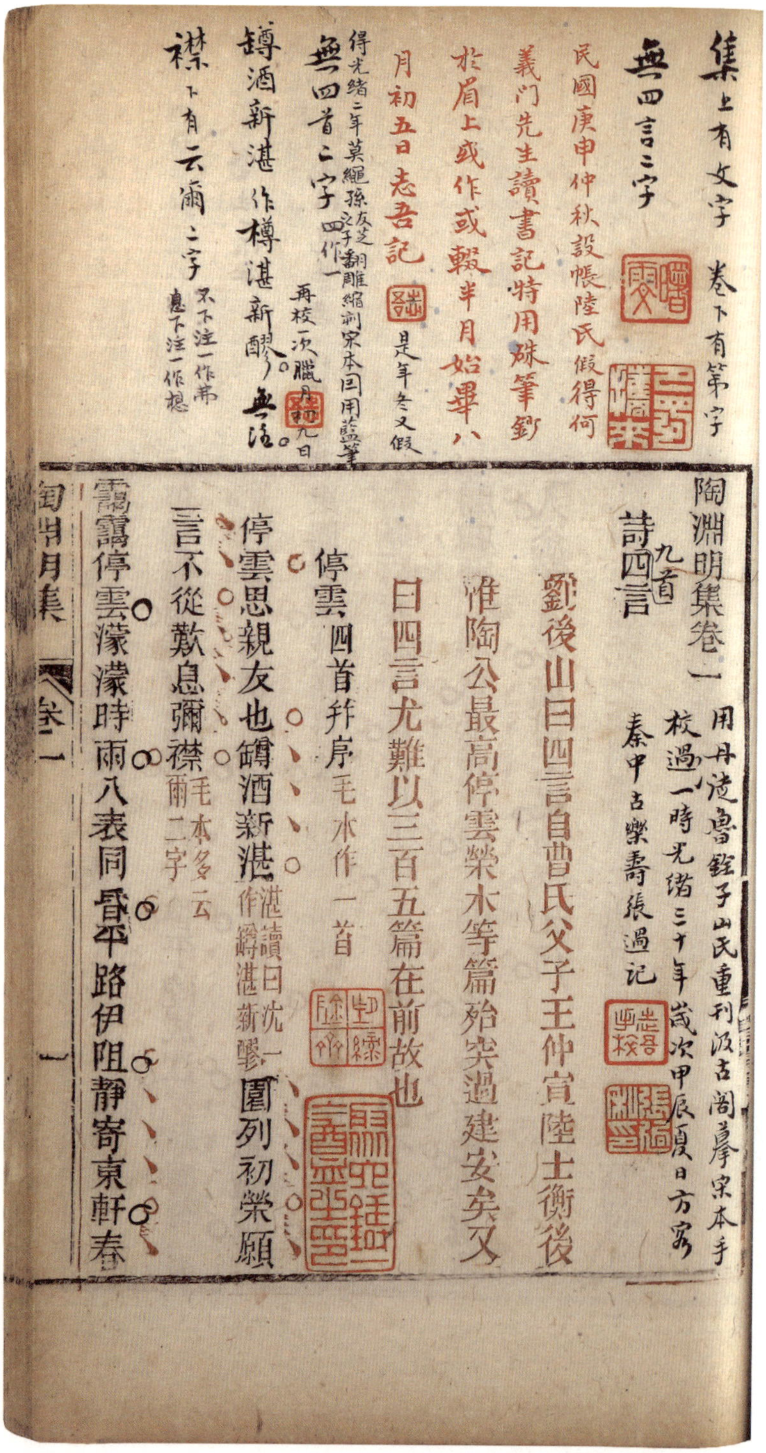

陶淵明集八卷首一卷末一卷 （晋）陶潛撰 清末刻朱墨藍套印本

框高 18.5 厘米，廣 14.7 厘米。半葉九行，行二十一字，小字雙行同，白口，四周單邊，無格。2 册。鈐“連城”白文印、“張過私印”白文印等。

shan613

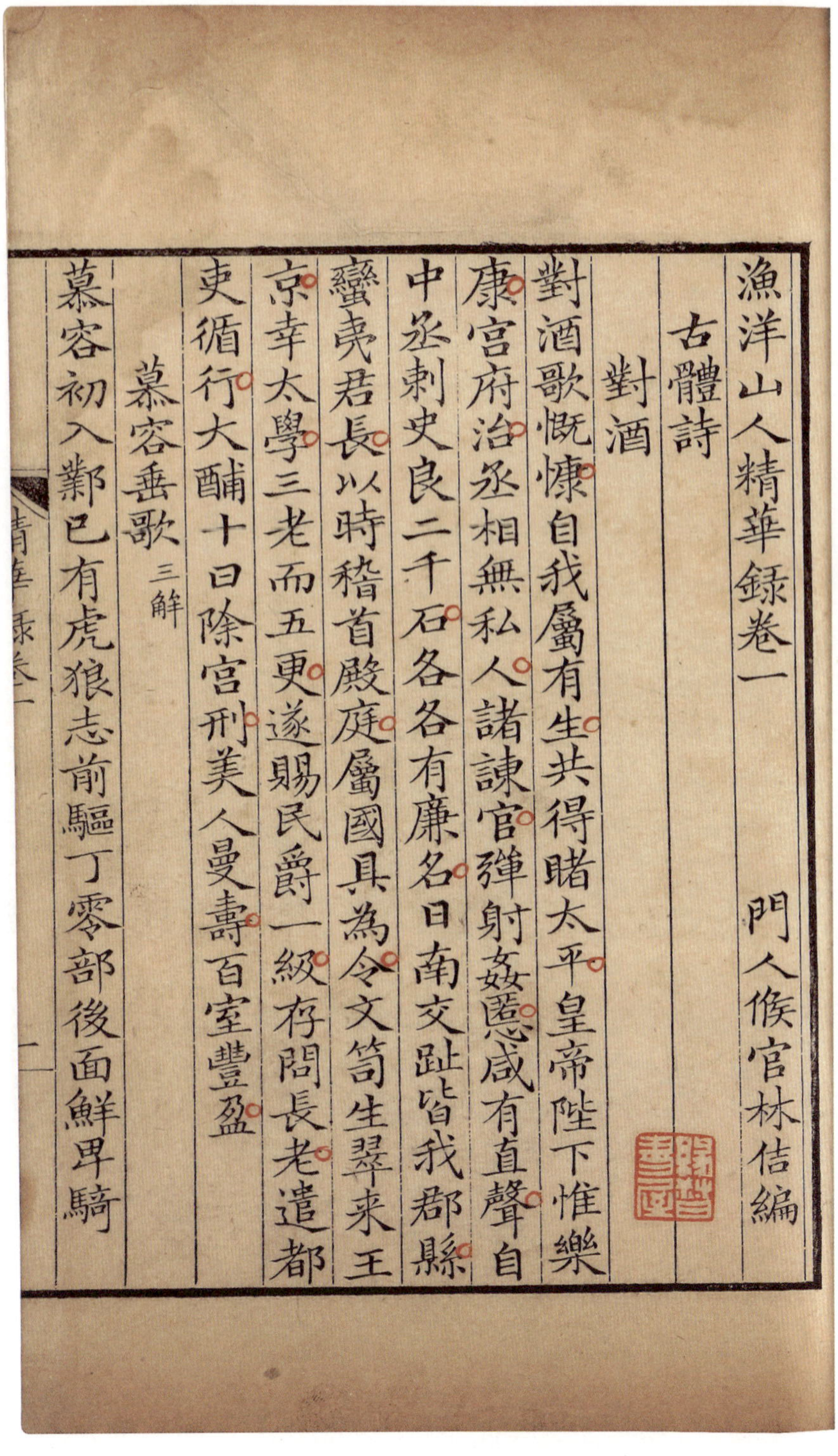

漁洋山人精華録十卷　（清）王士禎撰　（清）林佶編　清康熙三十九年（1700）鮑氏刻王漁洋遺書本

框高 19 厘米，廣 14.8 厘米。半葉十一行，行二十一字，白口，左右雙邊。4 册。鈐“緣督書屋”白文印。

shan617

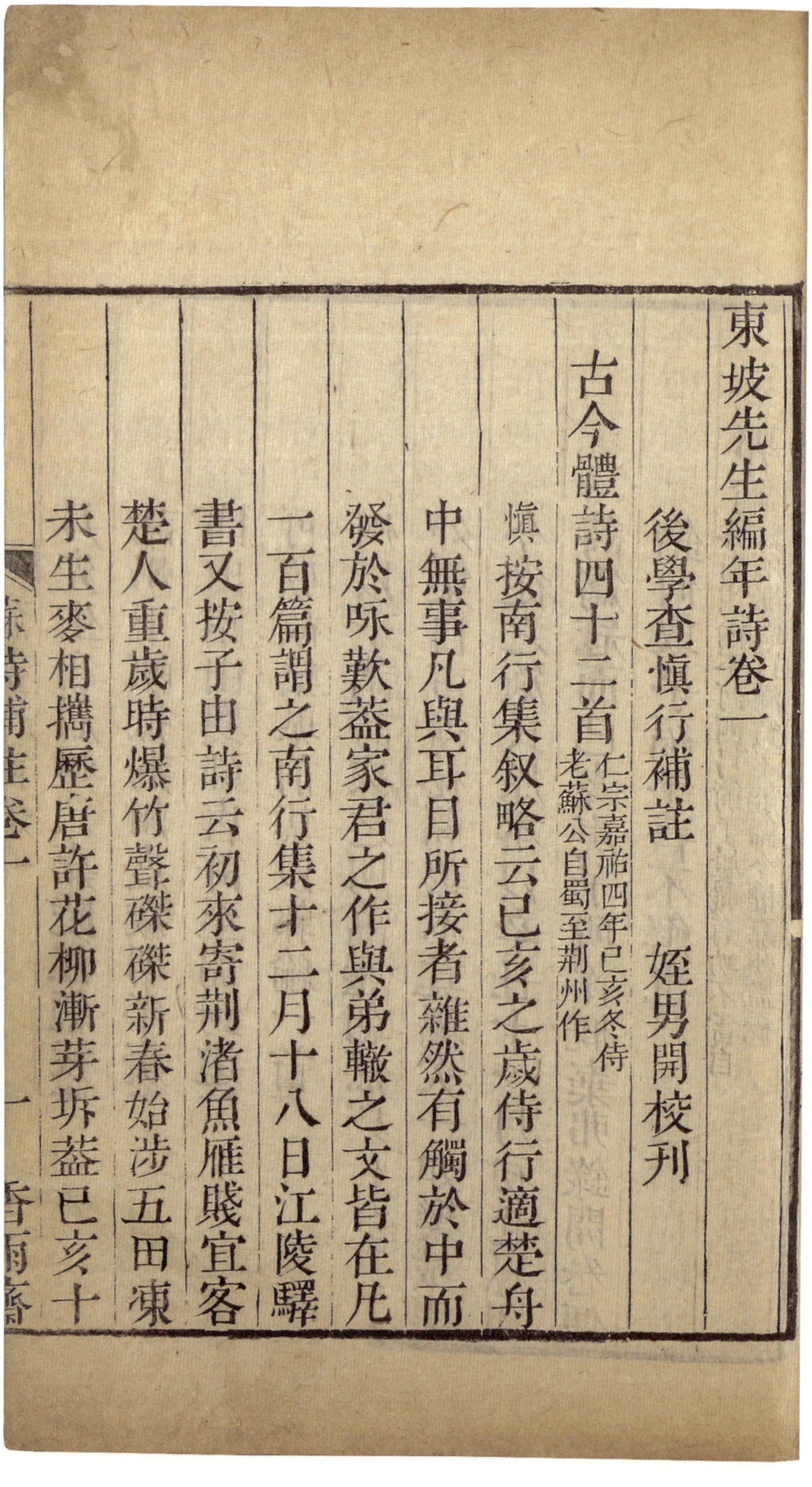
東坡先生編年詩卷一
後學查愼行補註　姪男開校刊
古今體詩四十二首仁宗嘉祐四年己亥冬侍老蘇公自蜀至荊州作
愼按南行集叙略云己亥之歲侍行適楚舟中無事凡與耳目所接者雜然有觸於中而發於咏歎葢家君之作與弟轍之文皆在凡一百篇謂之南行集十二月十八日江陵驛書又按子由詩云初來寄荊渚魚雁賤宜客楚人重歲時爆竹聲磔磔新春始涉五田凍未生麥相攜歷唐許花柳漸芽坼葢己亥十
蘇詩補註卷一　一　香雨齋

東坡先生編年詩五十卷年表一卷　（清）查愼行補註　清乾隆四十年（1775）香雨齋刻本

框高 18.2 厘米，廣 14.2 厘米。半葉十行，行二十一字，小字雙行不等，白口，左右雙邊。12 册。

shan621

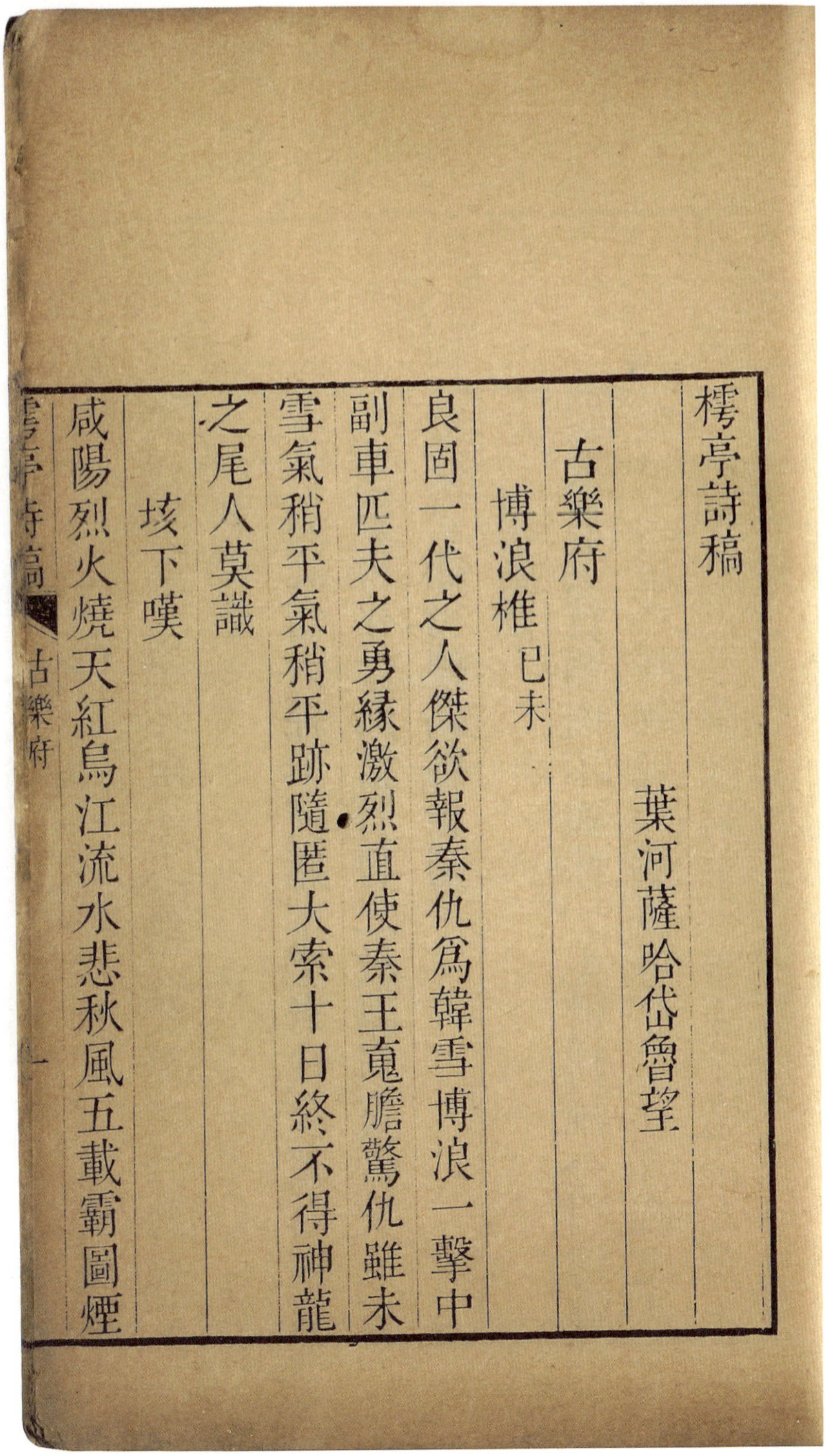

檮亭詩稿

葉河薩哈岱曾望

古樂府

博浪椎 己未

良固一代之人傑欲報秦仇爲韓雪博浪一擊中副車匹夫之勇緣激烈直使秦王蒐膽驚仇雖未雪氣稍平氣稍平跡隨匿大索十日終不得神龍之尾人莫識

垓下嘆

咸陽烈火燒天紅烏江流水悲秋風五載霸圖煙

檮亭詩稿 古樂府 一

檮亭詩稿不分卷 （清）薩哈岱撰 清乾隆八年（1743）刻本

框高 17.5 厘米，廣 13.7 厘米。半葉十行，行十九字，白口，左右雙邊。4 册。

shan625

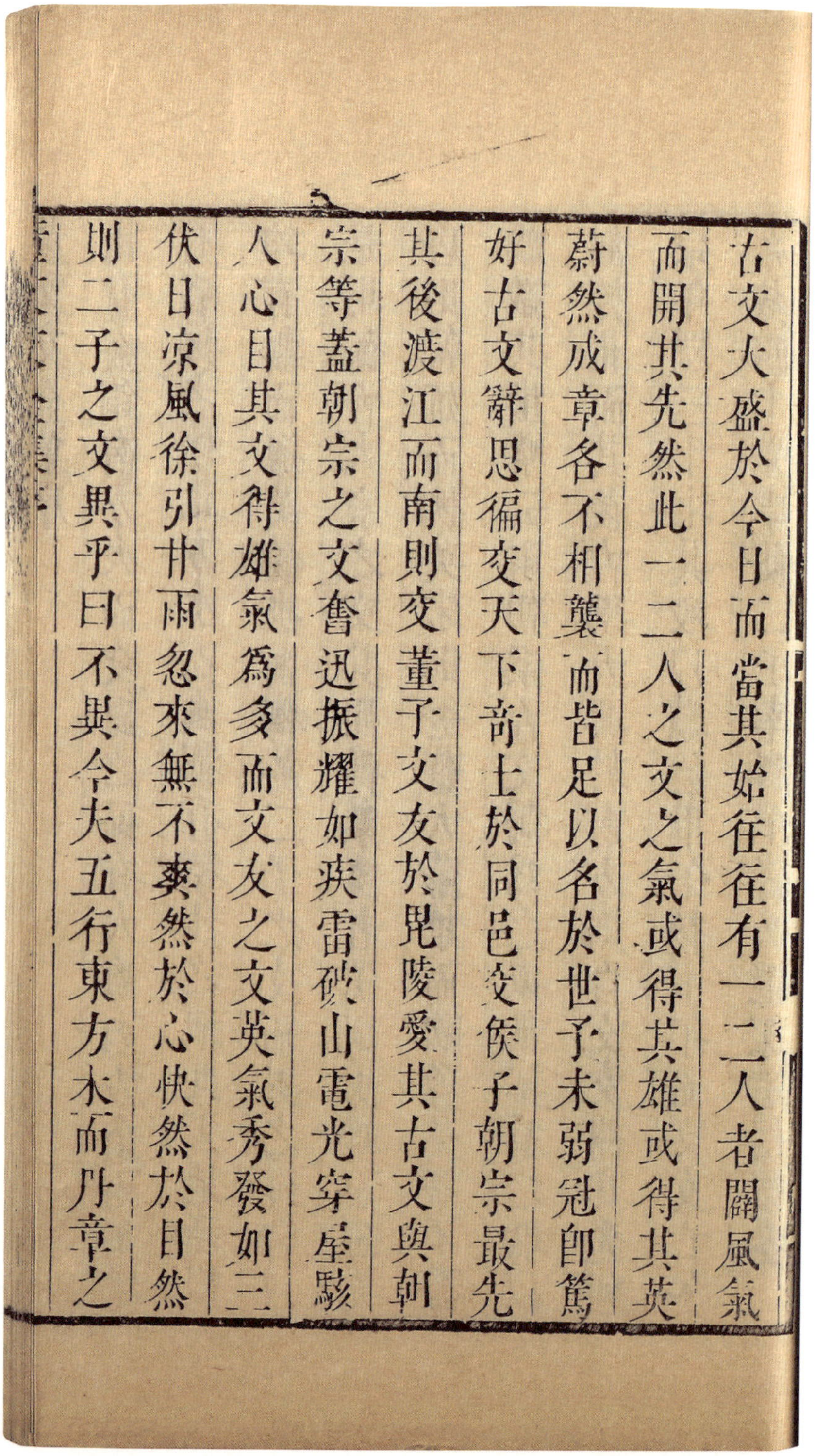
古文大盛於今日而當其始往往有一二人者闢風氣
而開其先然此一二人之文之氣或得其雄或得其英
蔚然成章各不相襲而皆足以名於世予未弱冠即篤
好古文辭思徧交天下奇士於同邑交侯子朝宗最先
其後渡江而南則交董子文友於毘陵愛其古文與朝
宗等葢朝宗之文奮迅振耀如疾雷破山電光穿屋駭
人心目其文得雄氣爲多而文友之文英氣秀發如三
伏日凉風徐引甘雨忽來無不爽然於心快然於目然
則二子之文異乎曰不異今夫五行東方木而丹章之

董文友全集 （清）董以寧纂 清康熙三十九年（1700）刻本

框高 19.5 厘米，廣 13.6 厘米。半葉九行，行二十一字，白口，左右雙邊。8 册。

shan628

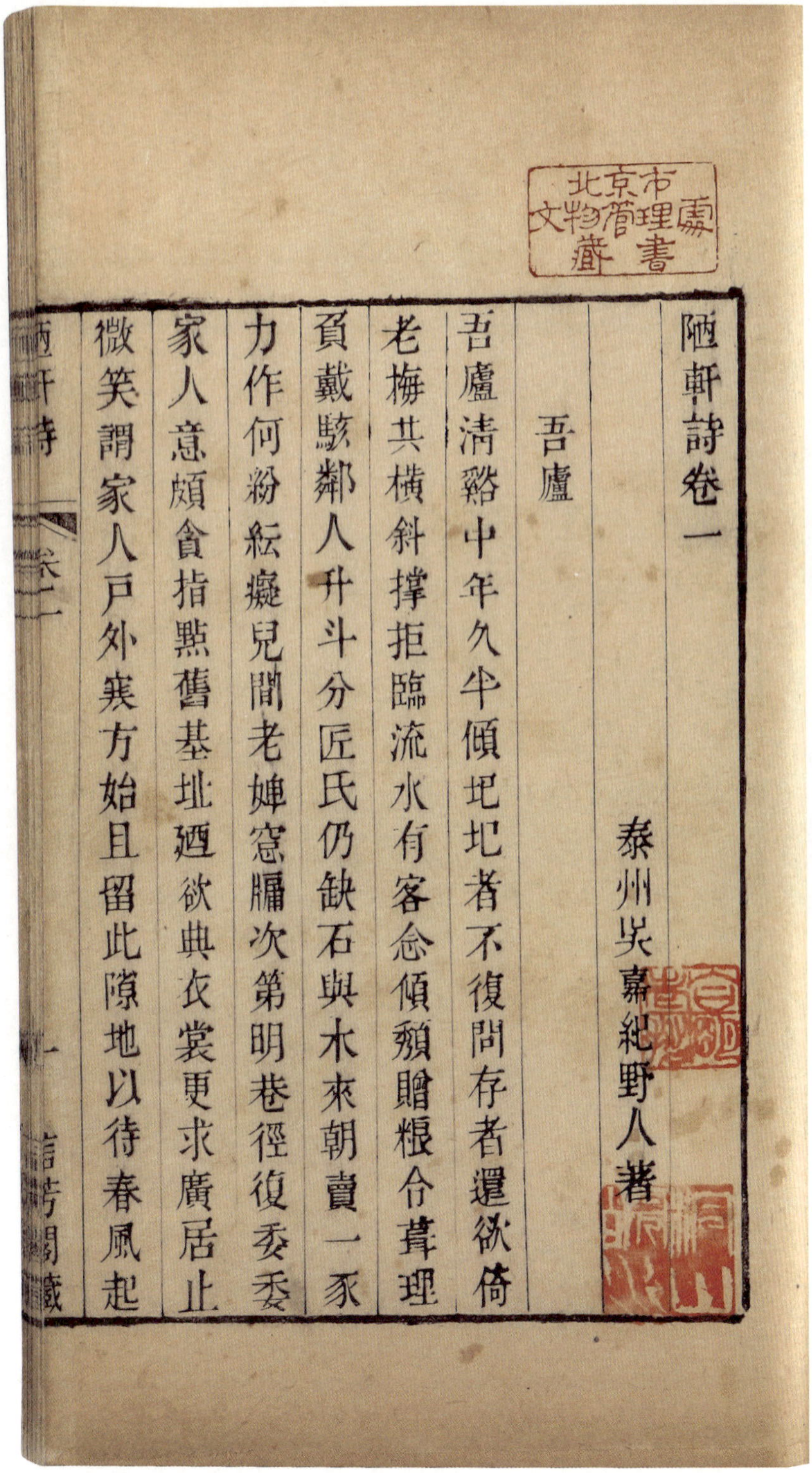

陋軒詩二卷　（清）吴嘉紀著　清道光信芳閣木活字印本

框高19.7厘米，廣13.9厘米。半葉九行，行二十字，白口，四周單邊。2册。鈐“桐山皖水”白文印等。

shan632

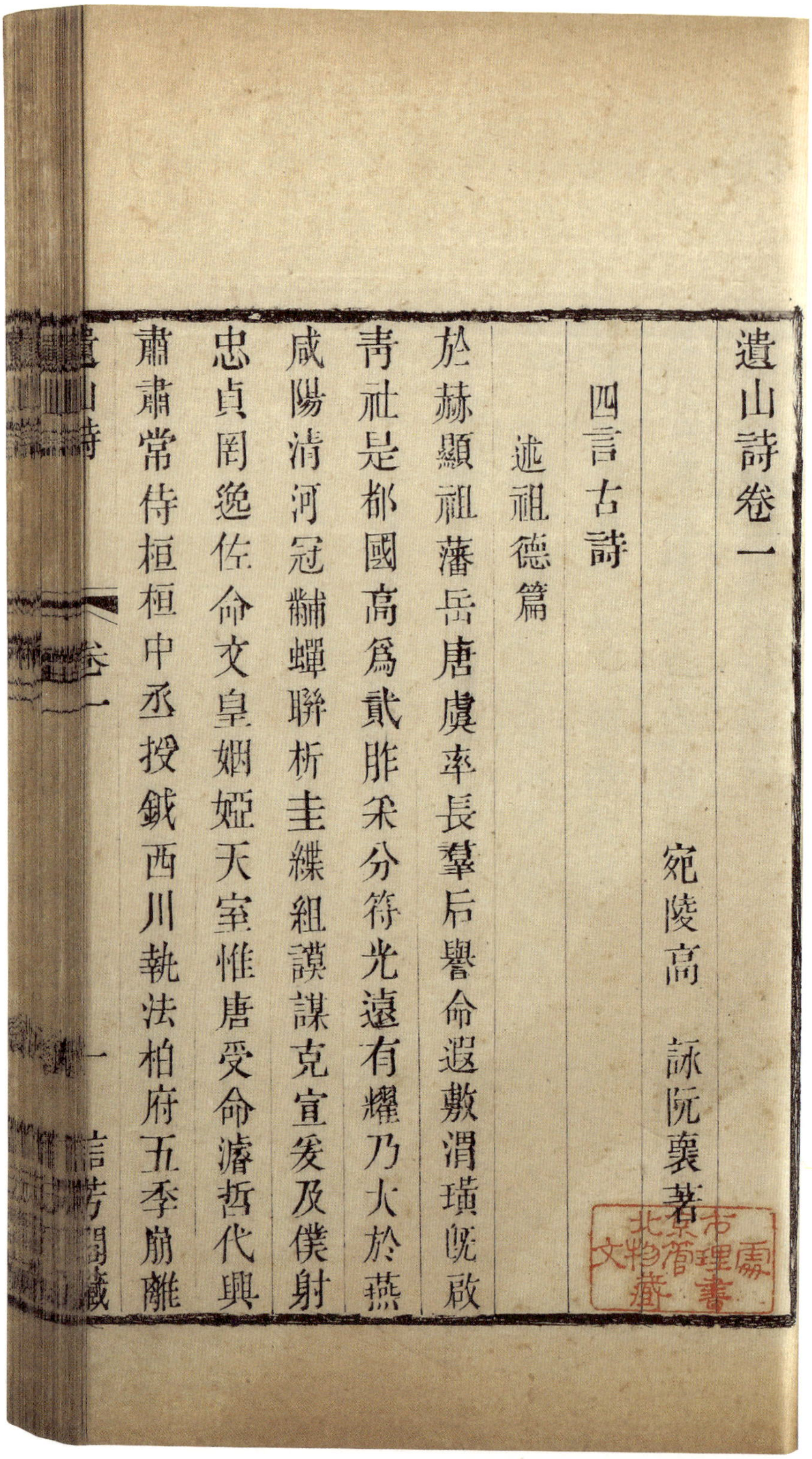

遺山詩四卷　（清）高詠著　清道光信芳閣木活字印本
框高 20 厘米，廣 14.3 厘米。半葉九行，行二十字，白口，四周單邊。2 册。

shan633

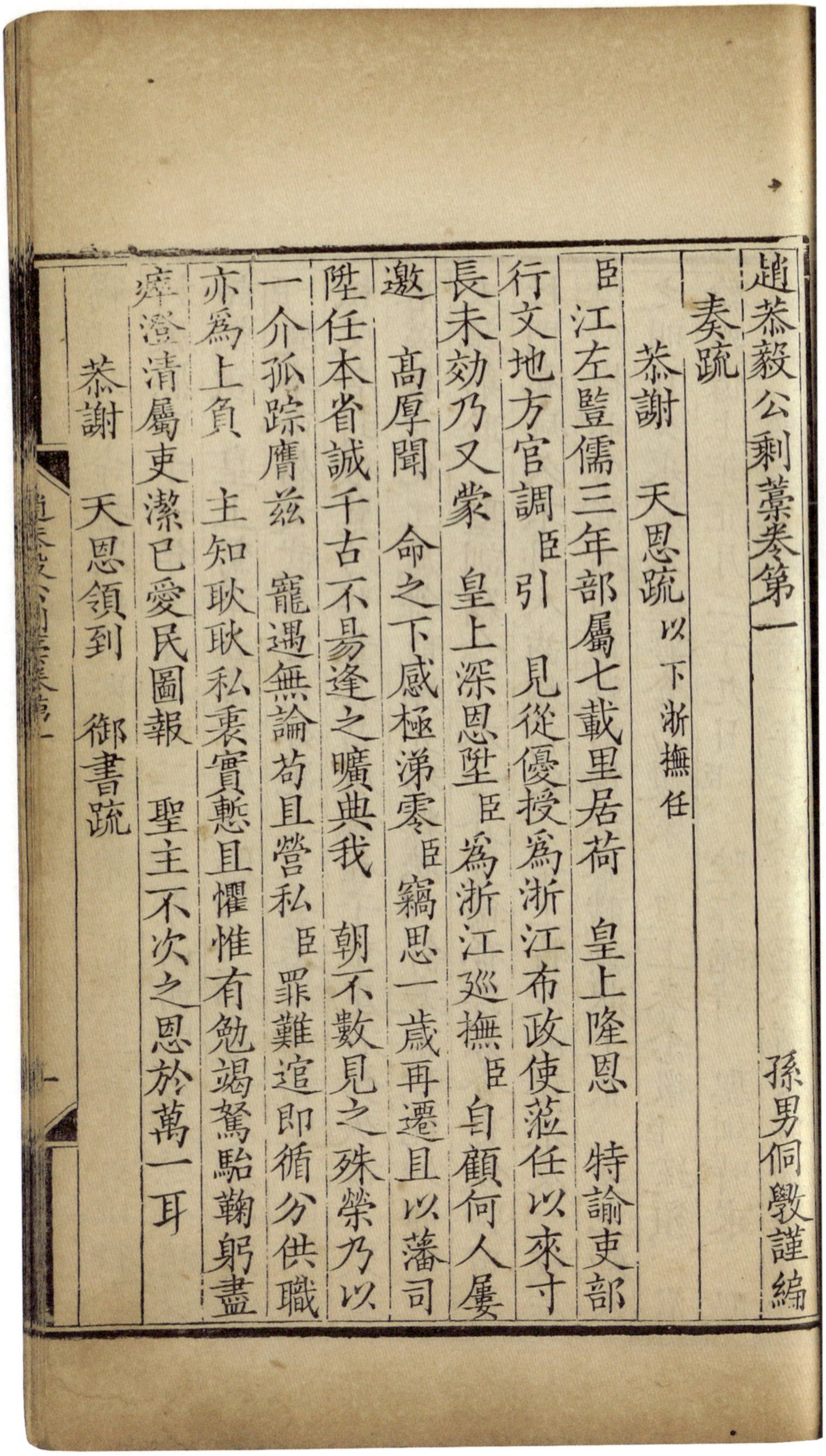
趙恭毅公剩藁卷第一　孫男侗斆謹編
奏疏
恭謝　天恩疏以下浙撫任
臣江左豎儒三年部屬七載里居荷　皇上隆恩　特諭吏部
行文地方官調臣引　見從優授爲浙江布政使蒞任以來寸
長未効乃又蒙　皇上深恩陞臣爲浙江巡撫臣自顧何人屢
邀　高厚聞　命之下感極涕零臣竊思一歲再遷且以藩司
陞任本省誠千古不易逢之曠典我　朝不數見之殊榮乃以
一介孤踪膺茲　寵遇無論苟且營私臣罪難逭即循分供職
亦爲上負　主知耿耿私衷實慙且懼惟有勉竭駑駘鞠躬盡
瘁澄清屬吏潔已愛民圖報　聖主不次之恩於萬一耳
恭謝　天恩領到　御書疏

趙恭毅公剩藁八卷附趙裘萼公剩藁四卷　（清）趙侗斆編　清乾隆六年（1741）刻本

框高 20 厘米，廣 14.7 厘米。半葉十二行，行二十四字，黑口，四周雙邊。6 册。

shan634

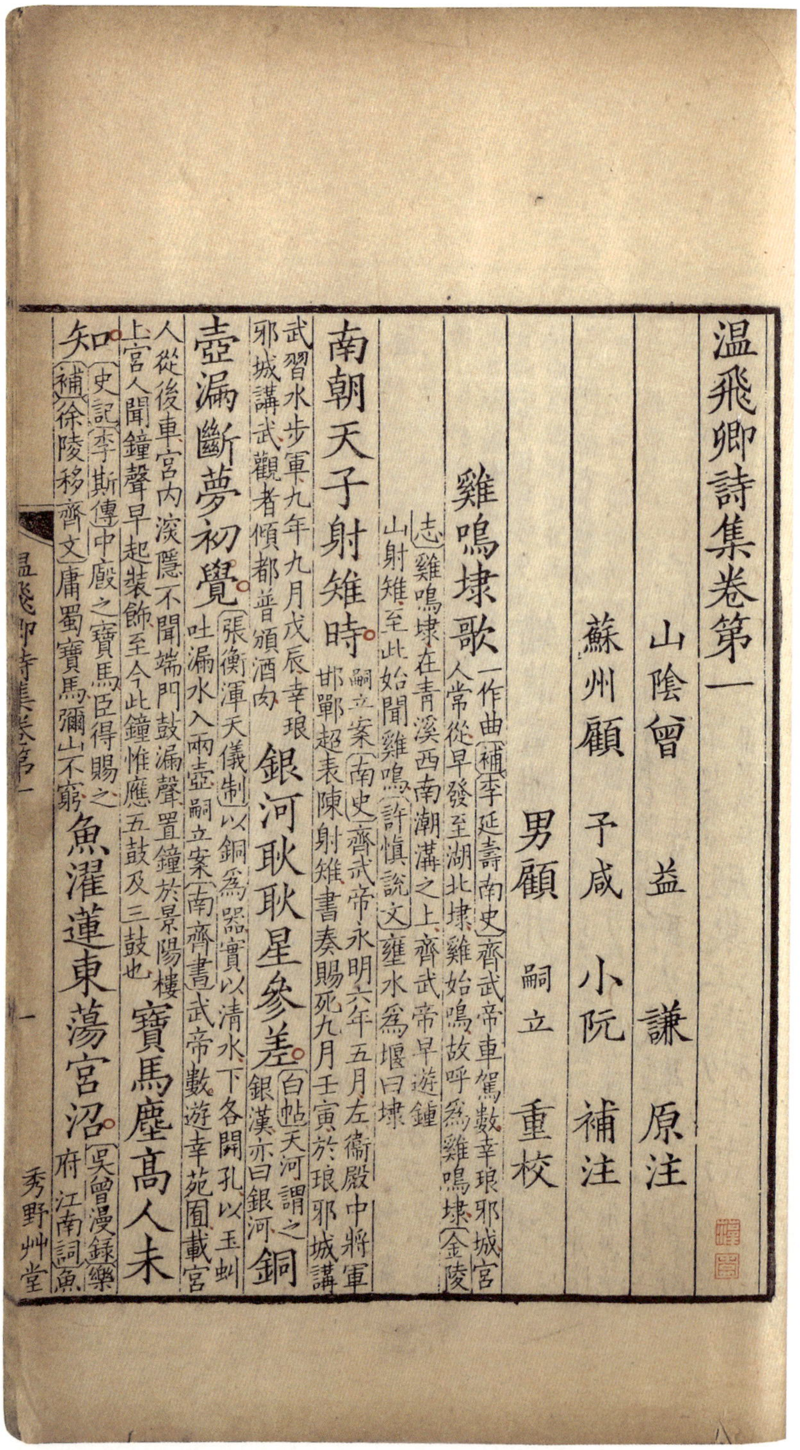

溫飛卿詩集七卷別集一卷集外詩一卷 （唐）溫庭筠撰 （明）曾益謙原注 （明）顧予咸補注 （清）顧嗣立重校 清康熙三十六年（1697）秀野草堂刻本

框高 19 厘米，廣 15 厘米。半葉十一行，行二十字，小字雙行不等，白口，左右雙邊。2 册。鈐“藻”“園”白文印。

shan636

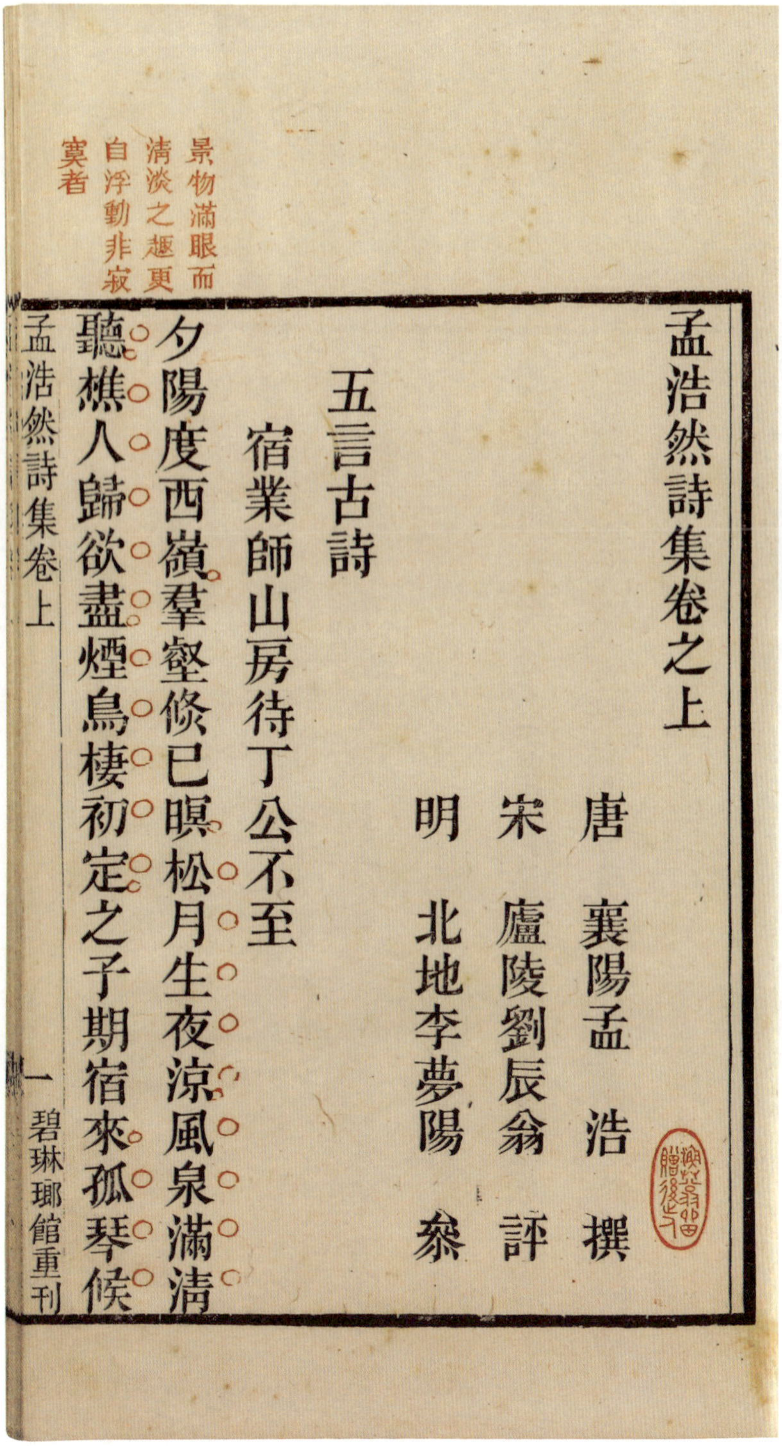

孟浩然詩集卷之上

唐　襄陽孟　浩　撰

宋　廬陵劉辰翁　評

明　北地李夢陽　參

五言古詩

宿業師山房待丁公不至

夕陽度西嶺羣壑倏已暝松月生夜涼風泉滿淸

聽樵人歸欲盡煙鳥棲初定之子期宿來孤琴候

景物滿眼而清淡之趣更自浮動非寂寞者

孟浩然詩集卷上　一　碧琳瑯館重刊

孟浩然詩集二卷　（唐）孟浩然撰　（明）李夢陽參　清碧琳瑯館刻朱墨印本

框高 20.4 厘米，廣 14.8 厘米。半葉八行，行十九字，白口，左右雙邊，無格。2 册。鈐“漁翁留贈後人”朱文印。

shan637

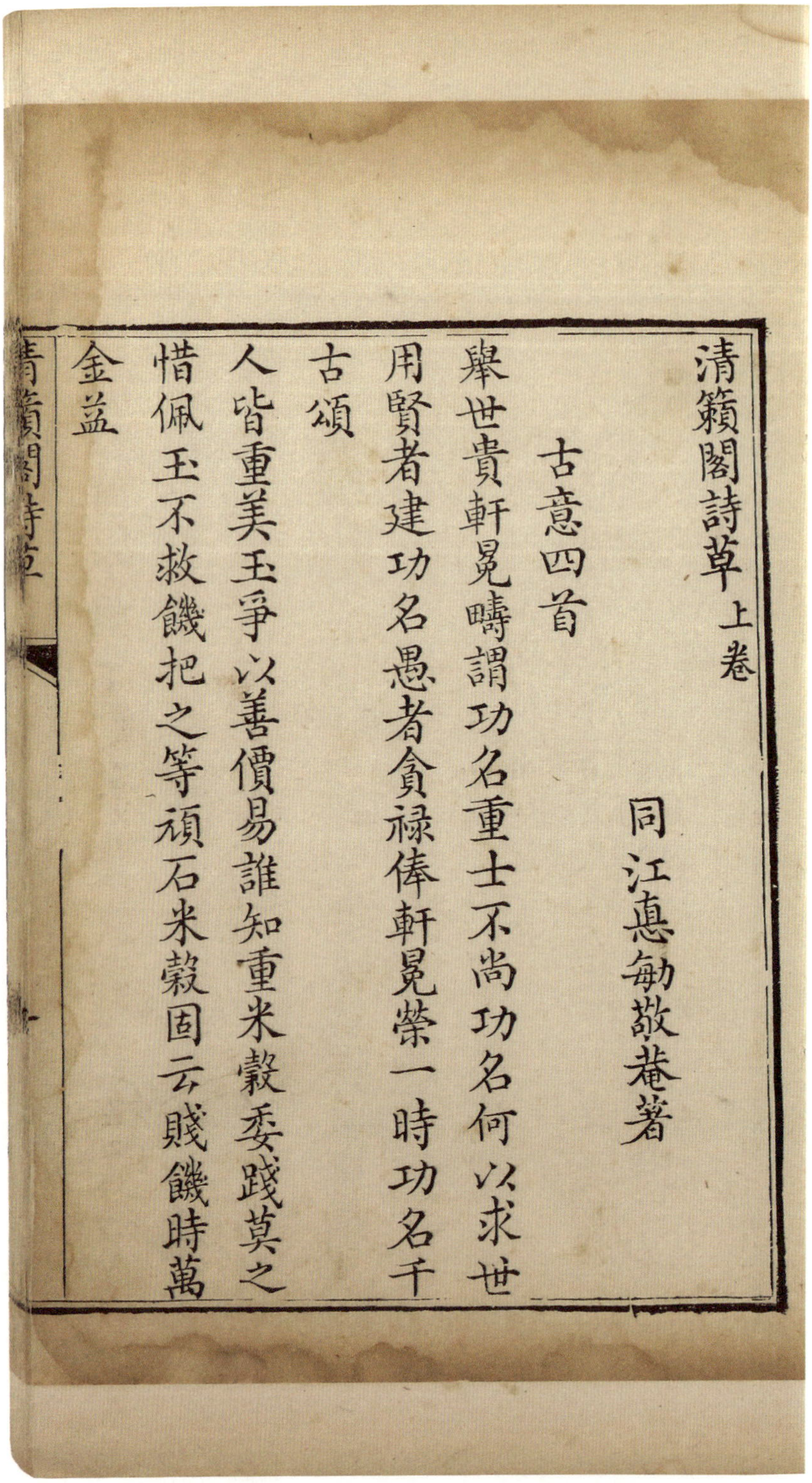

清籟閣詩草二卷　（清）惠敏著　清嘉慶九年（1804）刻本

框高 20.5 厘米，廣 16 厘米。半葉九行，行十九字，小字雙行同，白口，四周雙邊，無格。2 册。

shan645

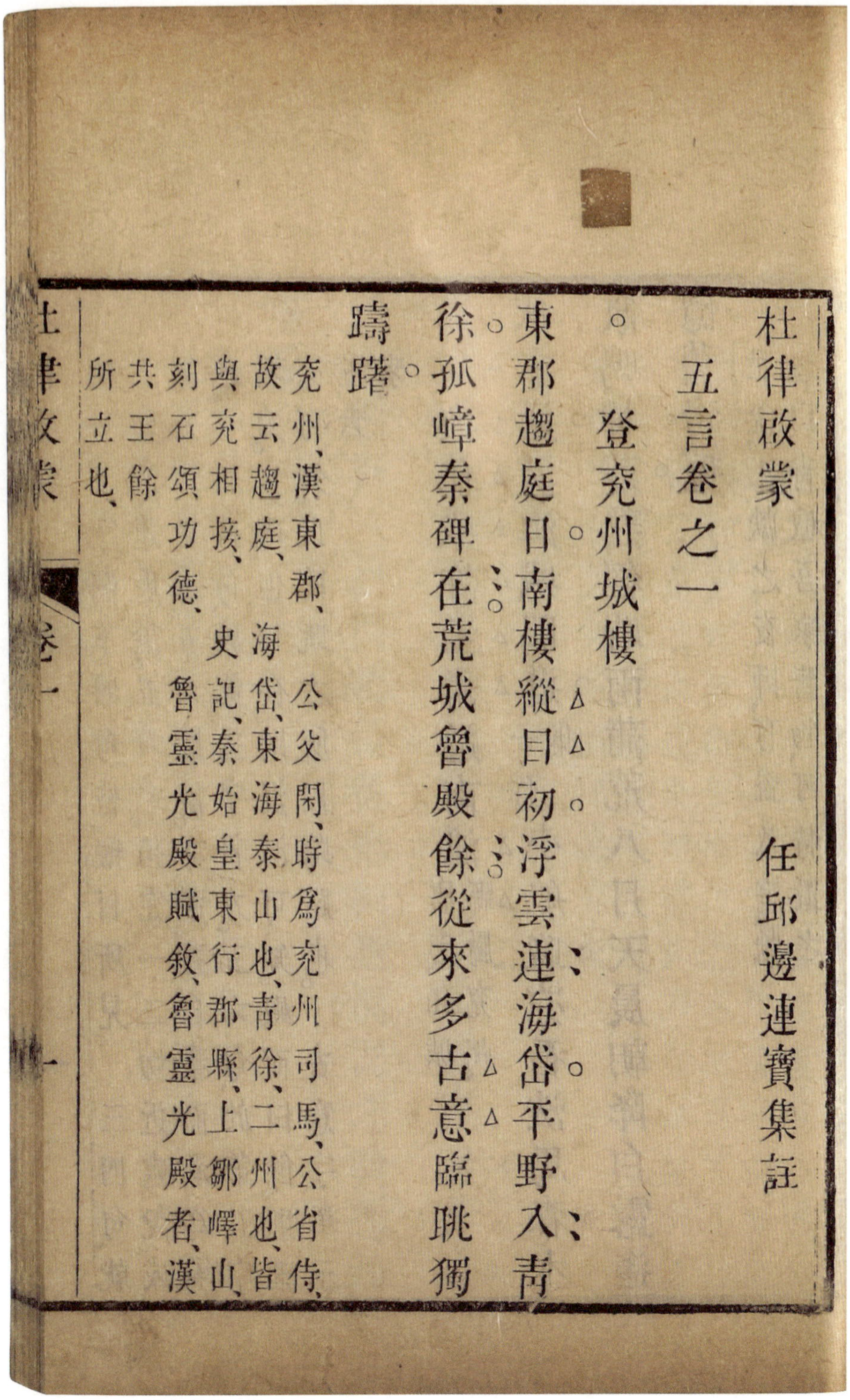

杜律啟蒙　　任邱邊連寶集註
五言卷之一
登兗州城樓
東郡趨庭日南樓縱目初浮雲連海岱平野入青
徐孤嶂秦碑在荒城魯殿餘從來多古意臨眺獨
躊躇
兗州、漢東郡、公父閑、時爲兗州司馬、公省侍、
故云趨庭、海岱、東海泰山也、青徐、二州也、皆
與兗相接、史記、秦始皇東行郡縣、上鄒嶧山、
刻石頌功德、魯靈光殿賦敘、魯靈光殿者、漢
共王餘
所立也、

杜律啟蒙　卷一

杜律啟蒙十二卷　（清）邊連寶集註　清乾隆四十二年（1777）刻本

框高 18.5 厘米，廣 14.5 厘米。半葉九行，行十九字，小字雙行同，白口，左右雙邊，無格。4 册。

shan650

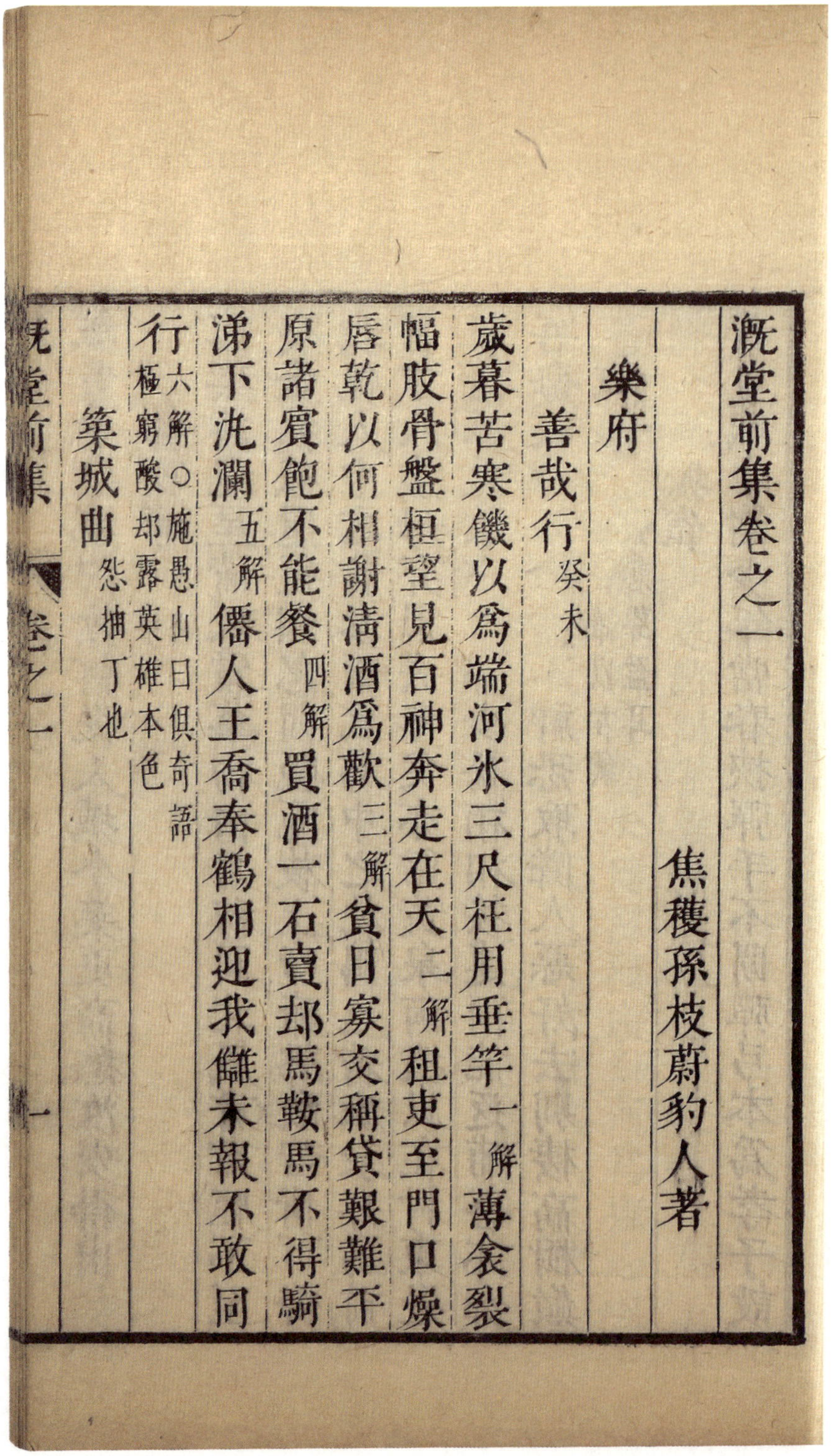

溉堂前集卷之一

焦穫孫枝蔚豹人著

樂府

善哉行 癸未

歲暮苦寒饑以爲端河氷三尺枉用垂竿 一解 薄衾裂幅肢骨盤桓望見百神奔走在天 二解 租吏至門口燥唇乾以何相謝清酒爲歡 三解 貧日寡交稱貸艱難平原諸賓飽不能餐 四解 買酒一石賣却馬鞍馬不得騎涕下汍瀾 五解 儋人王喬奉鶴相迎我讎未報不敢同行 六解○施愚山曰俱奇語極窮酸却露英雄本色

築城曲 悲抽丁也

溉堂前集 卷之一 一

溉堂前集九卷續集六卷文集五卷詩餘二卷 （清）孫枝蔚著 清康熙刻本

框高 18 厘米，廣 14 厘米。半葉十一行，行二十一字，小字雙行同，白口，四周單邊。6 册。

shan653

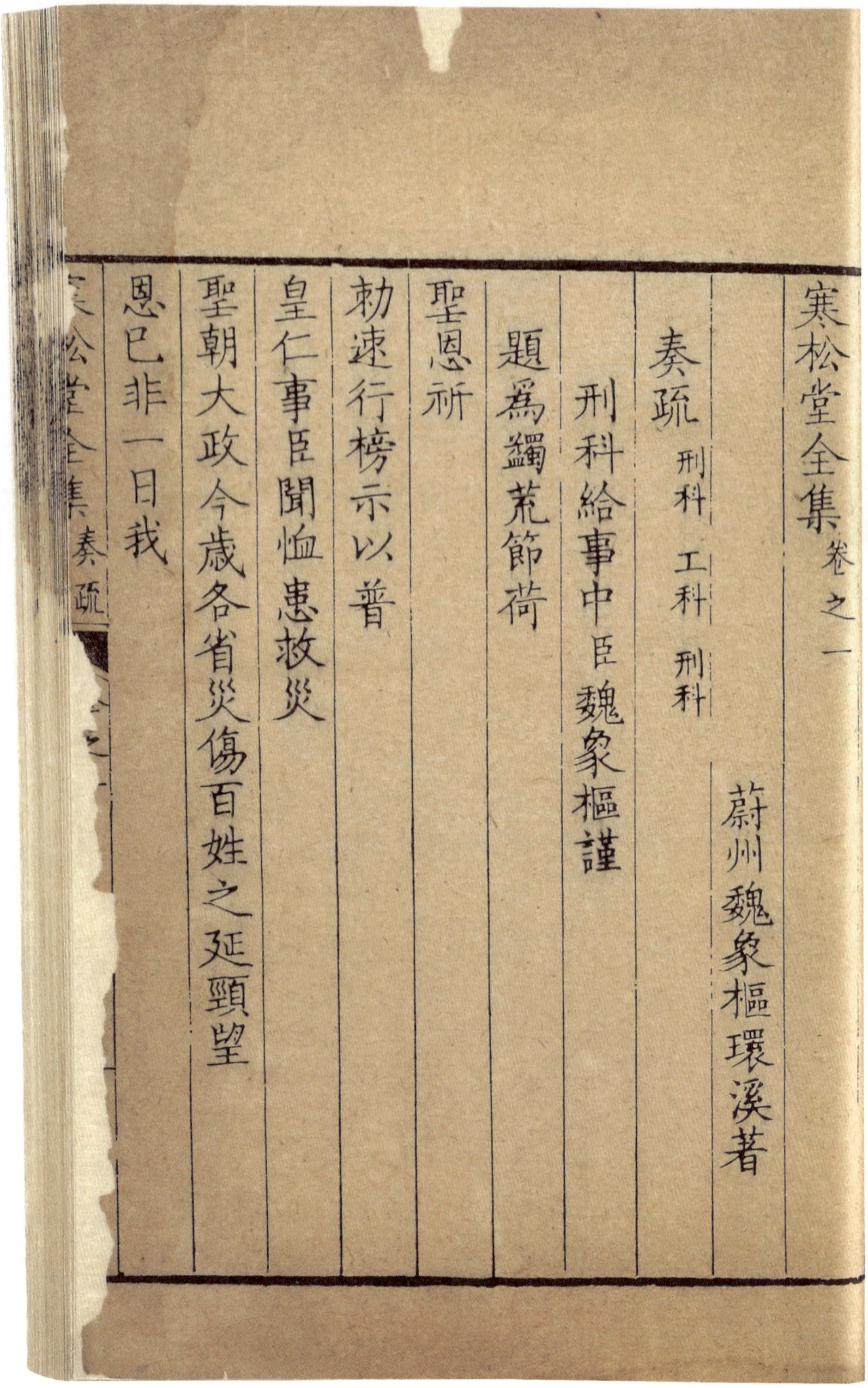
寒松堂全集卷之一
蔚州魏象樞環溪著
奏疏 刑科 工科 刑科
刑科給事中臣魏象樞謹
題爲蠲荒節荷
聖恩祈
敕速行榜示以普
皇仁事臣聞恤患救災
聖朝大政今歲各省災傷百姓之延頸望
恩已非一日我
寒松堂全集 奏疏

寒松堂全集十二卷 （清）魏象樞著 清康熙四十七年（1708）刻本

框高 18.1 厘米，廣 14.5 厘米。半葉十行，行二十字，下黑口，左右雙邊。12 册。

shan662

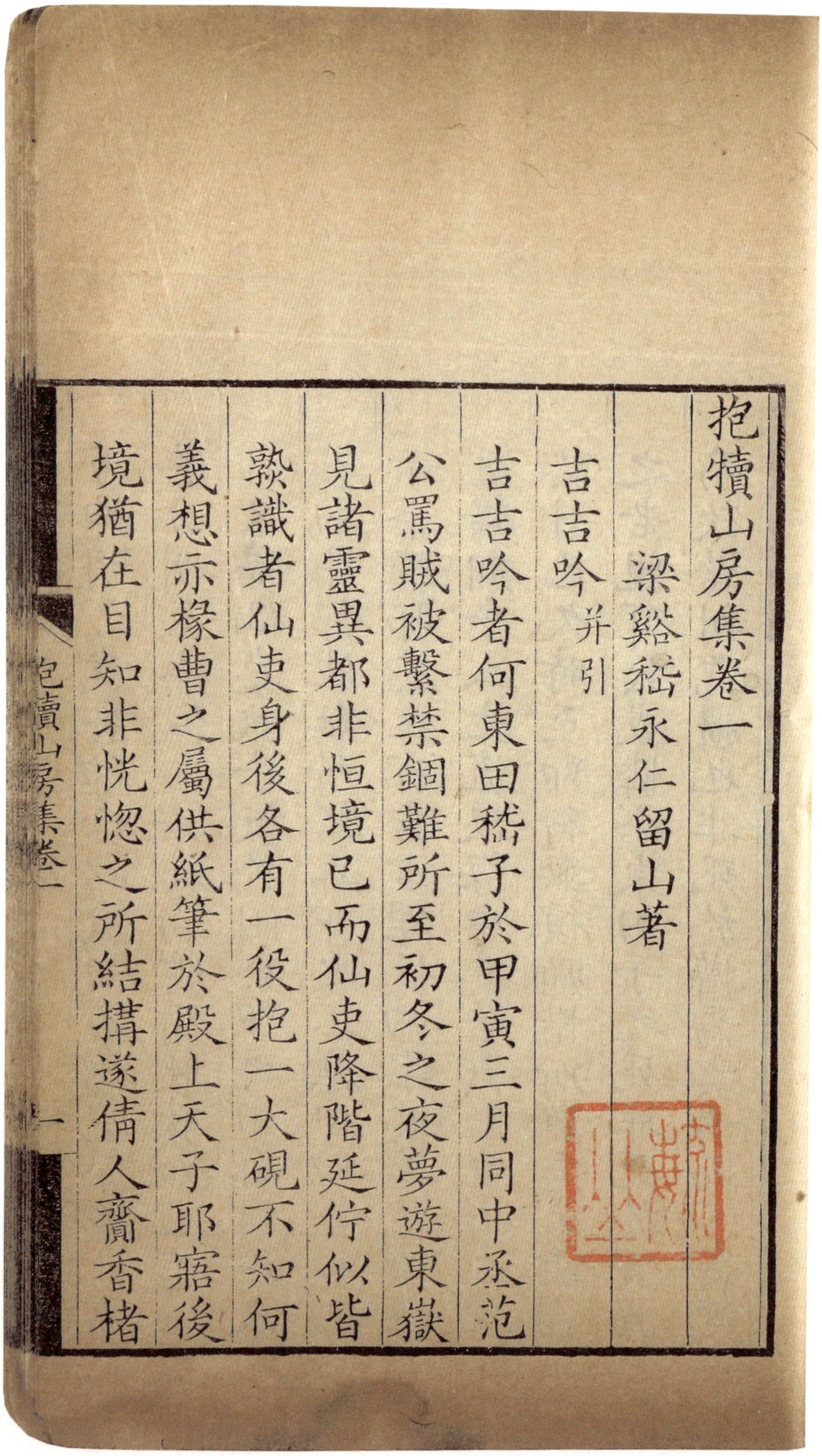
抱犢山房集卷一
梁谿嵇永仁留山著
吉吉吟并引
吉吉吟者何東田嵇子於甲寅三月同中丞范
公罵賊被縶禁錮難所至初冬之夜夢遊東嶽
見諸靈異都非恒境已而仙吏降階延佇似皆
欵識者仙吏身後各有一役抱一大硯不知何
義想亦椽曹之屬供紙筆於殿上天子耶寤後
境猶在目知非恍惚之所結搆遂倩人齋香楮
抱犢山房集卷一　一

抱犢山房集六卷　（清）嵇永仁著　清雍正刻本

框高 18 厘米，廣 14 厘米。半葉九行，行十九字，黑口，左右雙邊。2 册。鈐“毓山”朱文印。

shan663

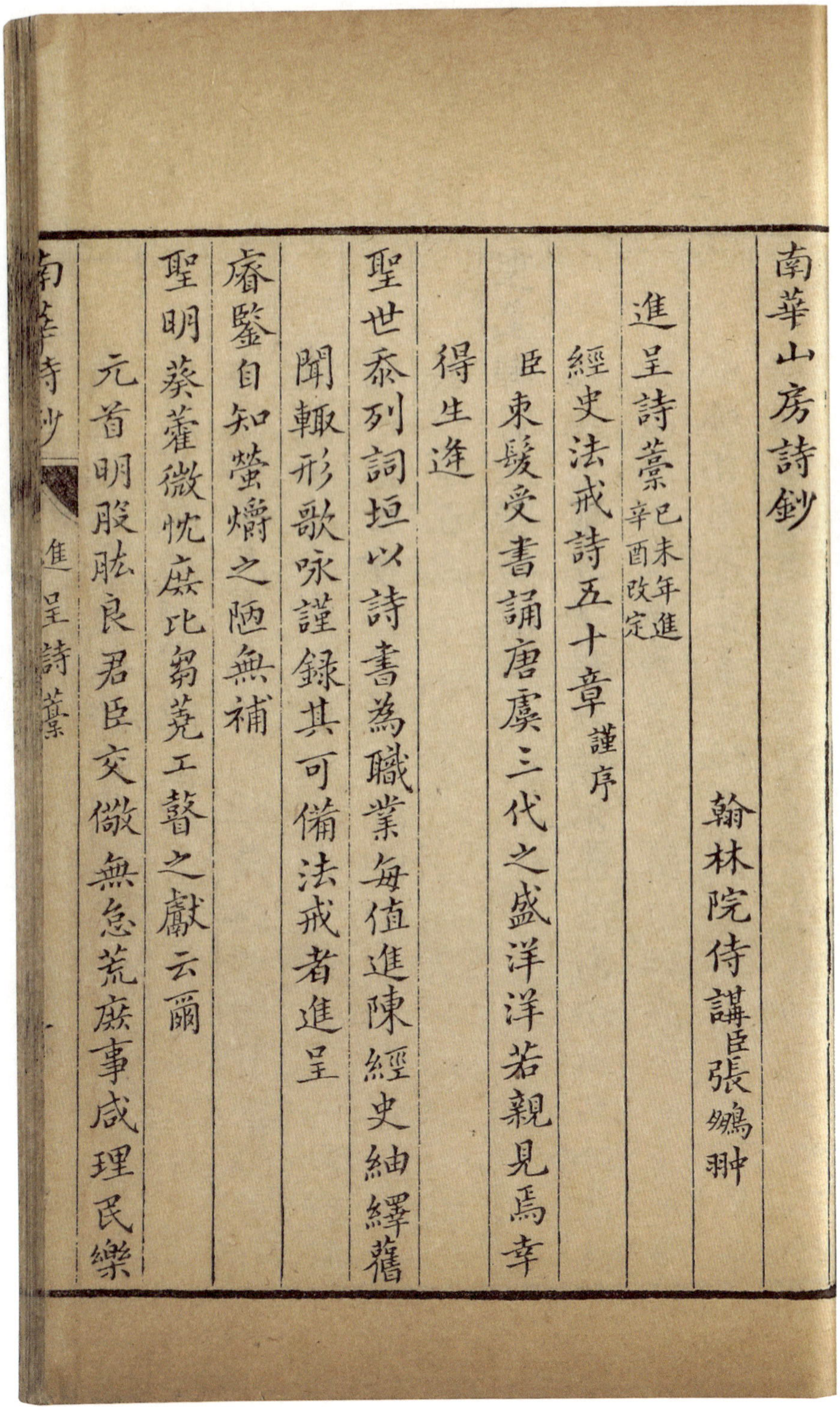

南華山房詩鈔

翰林院侍講臣張鵬翀

進呈詩藁己未年進 辛酉改定

經史法戒詩五十章謹序

臣束髮受書誦唐虞三代之盛洋洋若親見焉幸

得生逢

聖世忝列詞垣以詩書為職業每值進陳經史紬繹舊

聞輙形歌咏謹録其可備法戒者進呈

睿鑒自知螢爝之陋無補

聖明葵藿微忱庶比芻蕘工瞽之獻云爾

元首明股肱良君臣交儆無怠荒庶事咸理民樂

南華詩鈔 進呈詩藁

南華山房詩鈔六卷 （清）張鵬翀輯 清乾隆十年（1745）刻本

框高 19 厘米，廣 14.3 厘米。半葉十一行，行二十一字，小字雙行不等，白口，左右雙邊。10 册。

shan664

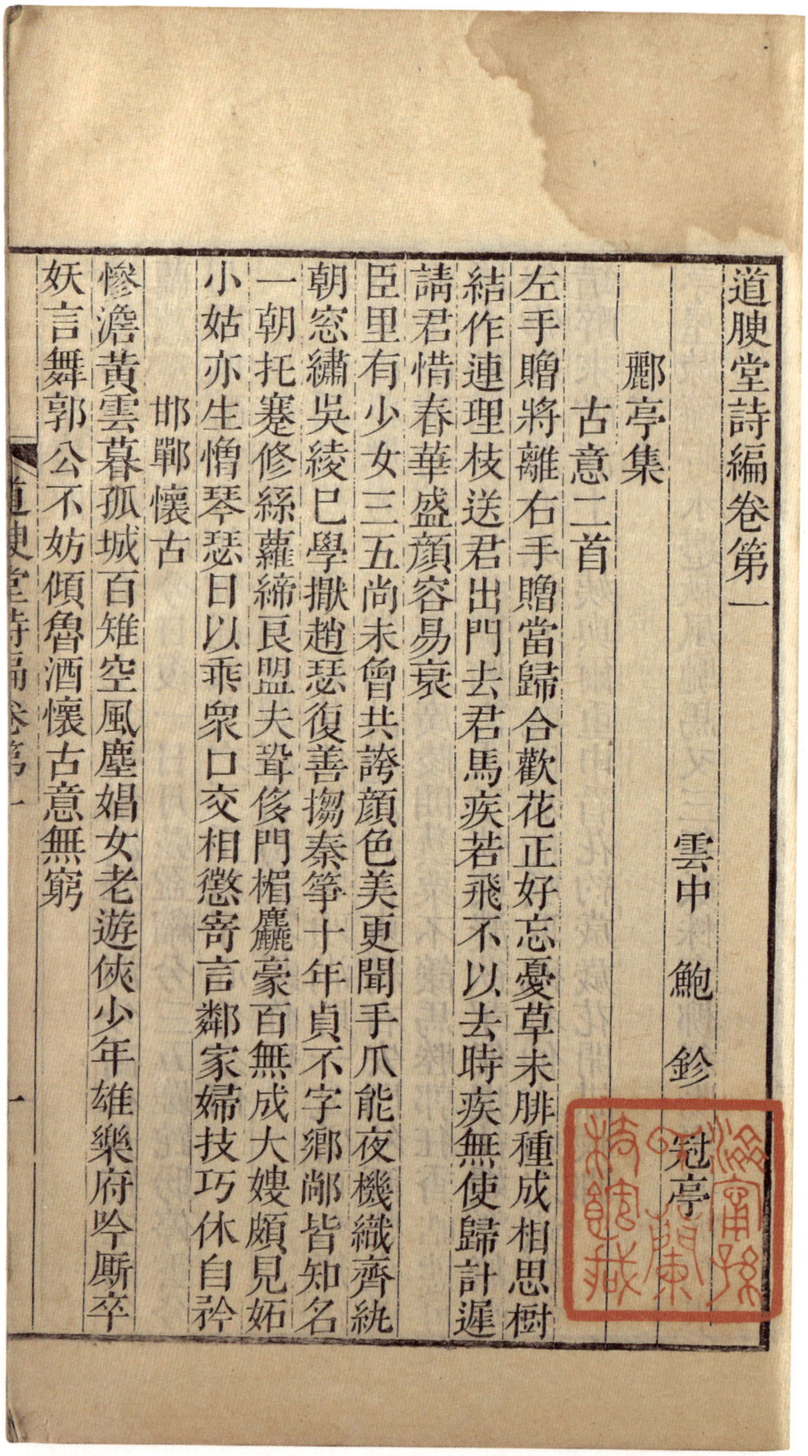

道腴堂詩編三十卷　（清）鮑鈐著　清乾隆五年（1740）刻道腴堂集本

框高 20.9 厘米，廣 14.7 厘米。半葉十四行，行二十五字，小字雙行三十六字，白口，四周單邊。5 册。鈐“濟甯孫氏蘭枝館藏”朱文印、“蘭枝館”朱文印。

shan667

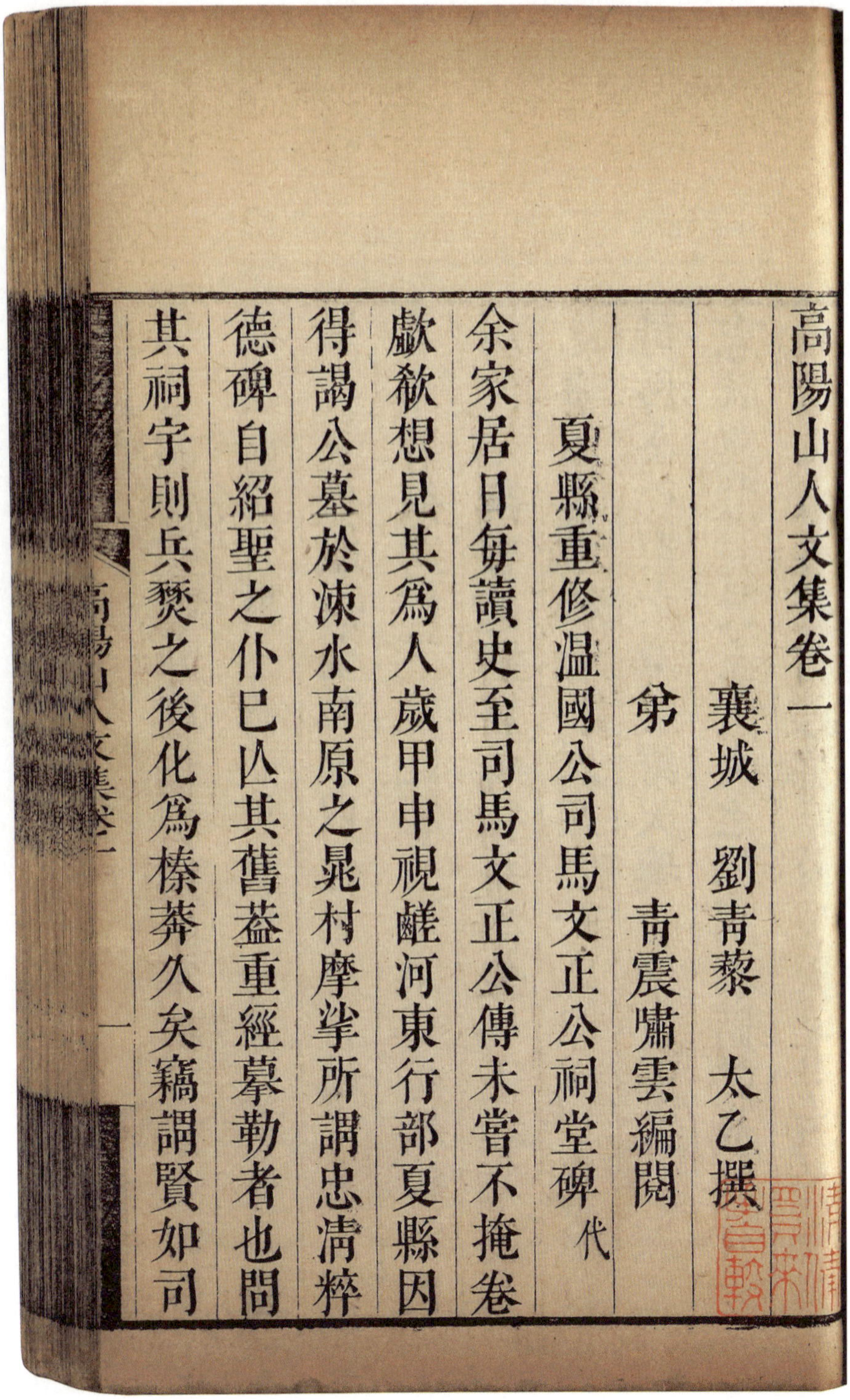

高陽山人文集十二卷詩集二十卷補遺一卷 （清）劉青藜撰 （清）劉青震編閲 清康熙四十九年（1710）傳經堂刻本

框高18.9厘米，廣14.3厘米。半葉九行，行十九字，小字雙行同，黑口，左右雙邊。6册。鈐“清俸買來手自較”朱文印。

shan672

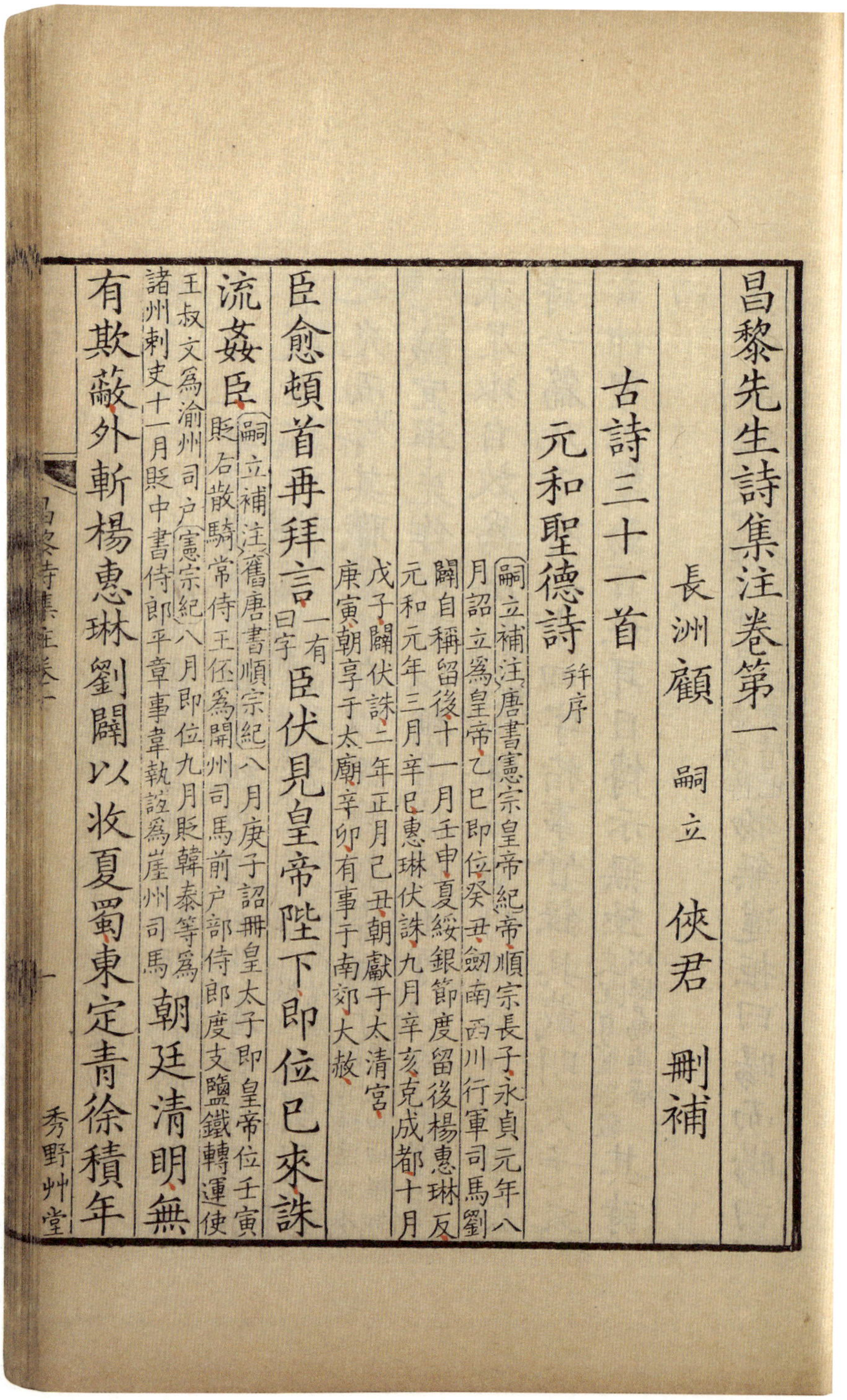

昌黎先生詩集注十一卷年譜一卷 （清）顧嗣立删補 清康熙三十八年（1699）顧氏秀野草堂刻本

框高 19.5 厘米，廣 15 厘米。半葉十一行，行二十字，小字雙行三十字，白口，左右雙邊。2 册。

shan675

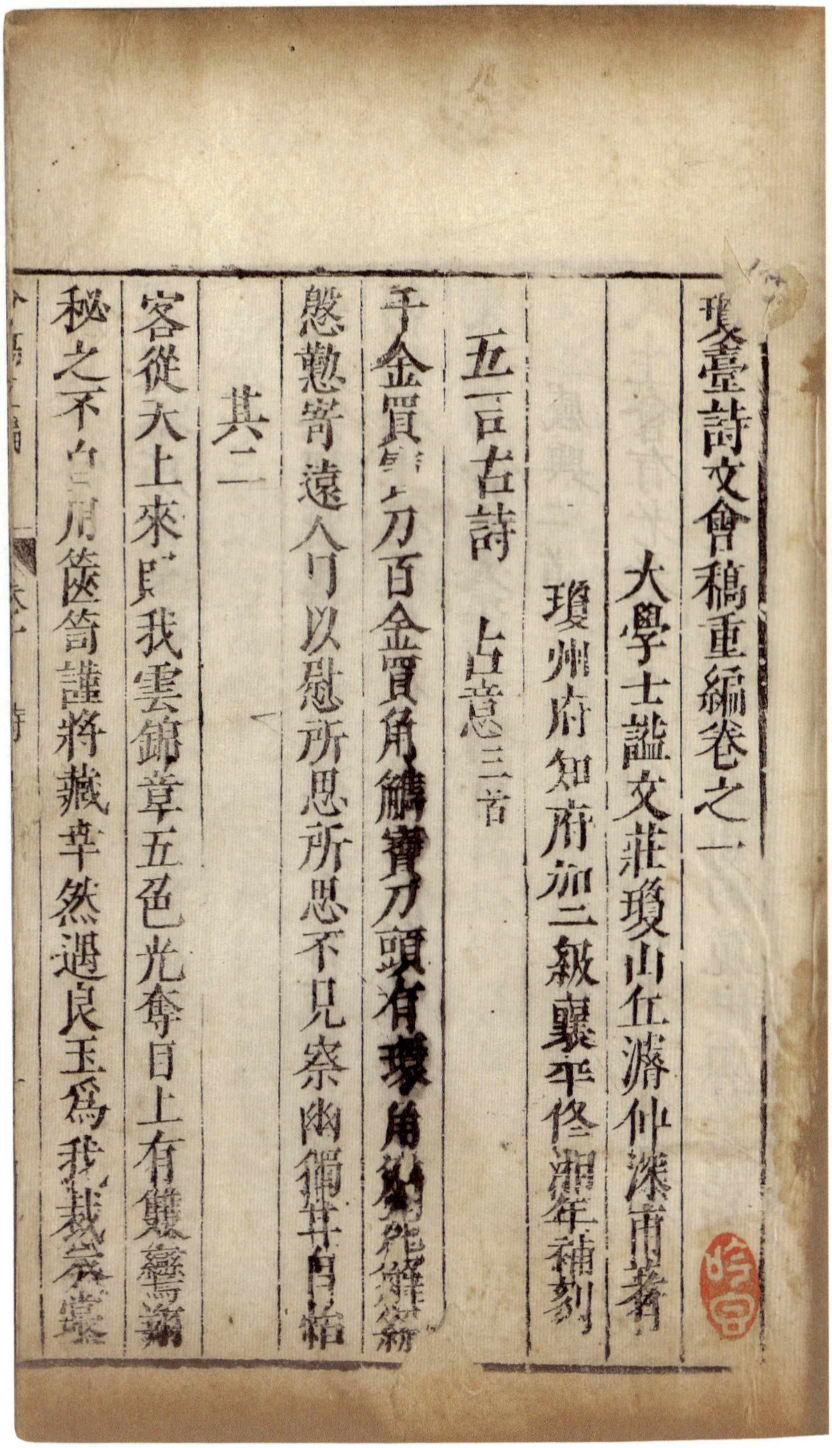

瓊臺詩文會稿重編卷之一
大學士謚文莊瓊山丘濬仲深甫著
瓊州府知府加三級襄平佟湘年補刻
五言古詩　古意三首
千金買寶刀百金買角觿寶刀頭有璣角觿[illegible]
慇懃寄遠人聊以慰所思所思不見察幽獨甘自縮
其二
客從天上來貽我雲錦章五色光奪目上有雙鸞翔
秘之不自用篋笥謹將藏卒然遇良玉爲我裁衣裳

瓊臺詩文會稿重編二十四卷　（明）丘濬著　明天啓刻清康熙佟湘年補本

框高 19.5 厘米，廣 15 厘米。半葉九行，行二十字，白口，四周單邊。12 册。鈐“吟香”白文印。

shan676

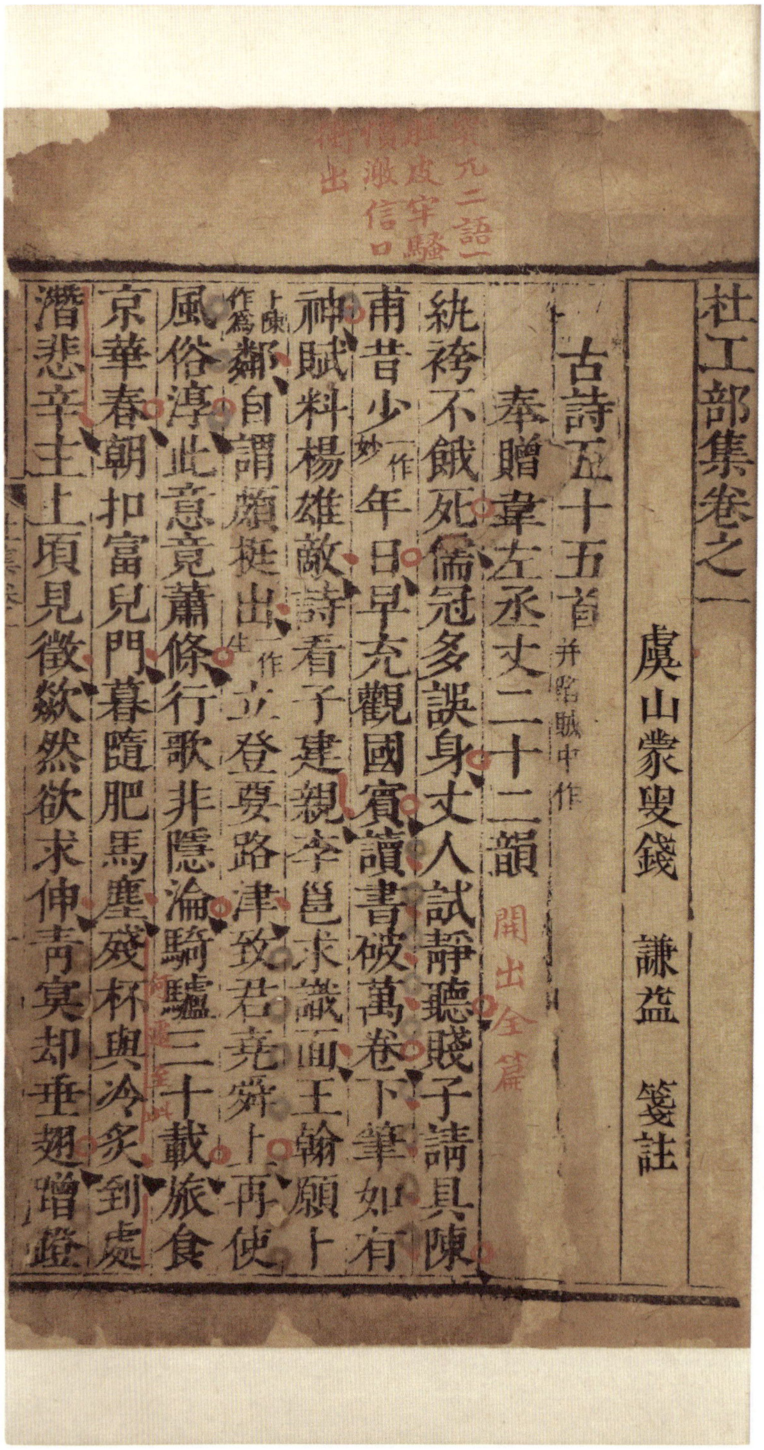

杜工部集二十卷注杜詩畧例一卷諸家詩話一卷年譜一卷附録一卷 （清）錢謙益箋註 清康熙六年（1667）刻本

框高 19.2 厘米，廣 13.9 厘米。半葉十一行，行二十字，小字雙行二十九字，細黑口，四周雙邊。10 册。

shan678

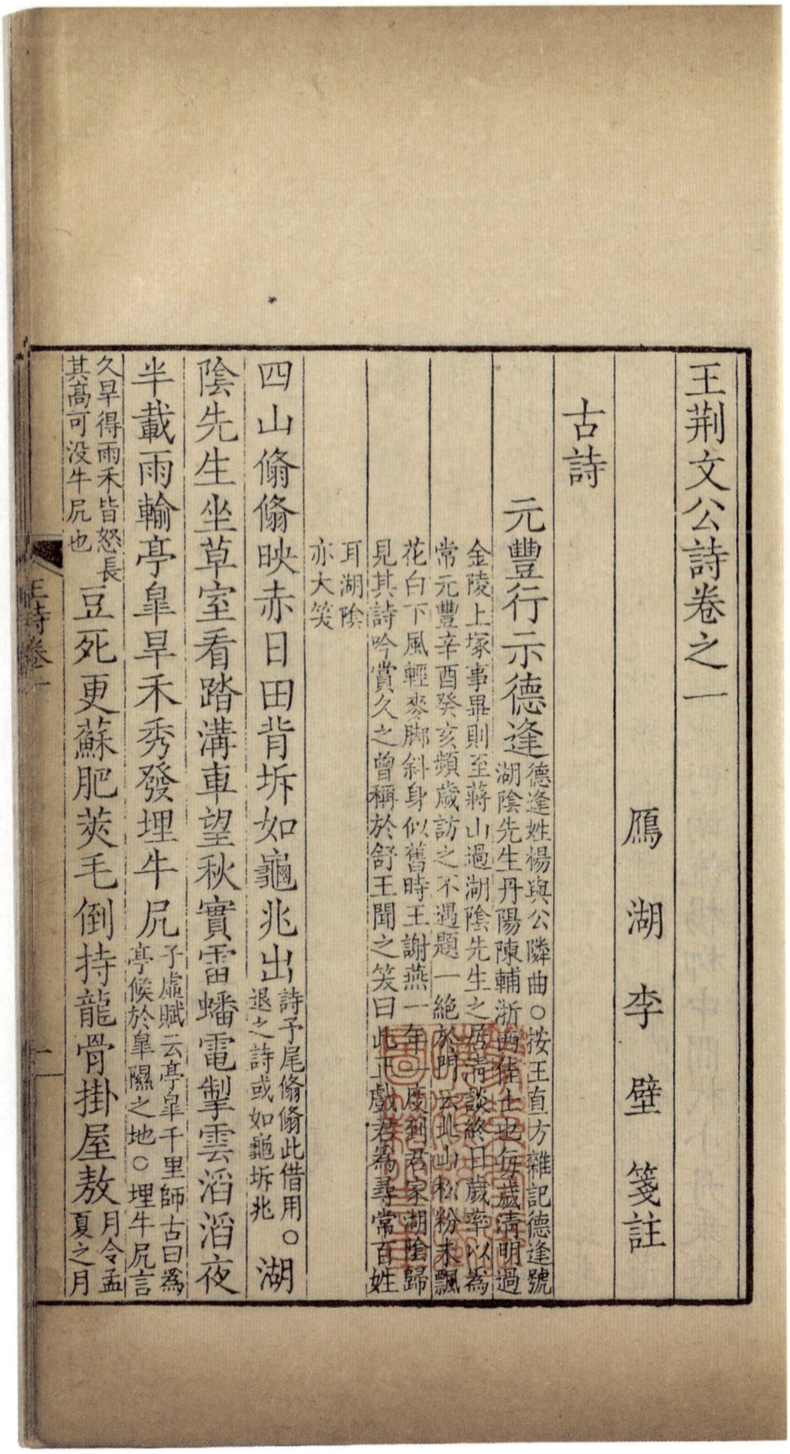
王荊文公詩卷之一
鴈湖李壁箋註
古詩
元豐行示德逢德逢姓楊與公隣曲○按王直方雜記德逢號湖陰先生丹陽陳輔浙西名士每歲清明過金陵上冢事畢則至蔣山過湖陰先生之居清談終日歲率以為常元豐辛酉癸亥頻歲訪之不遇題一絶於門云北山松粉未飄花白下風輕麥脚斜身似舊時王謝燕一年一度到君家湖陰歸見其詩吟賞久之曾稱於舒王聞之笑曰此正戲君為尋常百姓耳湖陰亦大笑
四山翛翛映赤日田背坼如龜兆出詩予尾翛翛此借用○退之詩或如龜坼兆湖
陰先生坐草室看踏溝車望秋實雷蟠電掣雲滔滔夜
半載雨輸亭皐旱禾秀發埋牛尻子虛賦云亭皐千里師古曰為亭候於皐隰之地○埋牛尻言久旱得雨禾皆怒長其高可没牛尻也
豆死更蘇肥莢毛倒持龍骨掛屋敖月令孟夏之月

王荆文公詩五十卷　（宋）李壁箋註　清乾隆六年（1741）張宗松清綺齋刻本

框高 19 厘米，廣 14 厘米。半葉十一行，行二十一字，小字雙行三十一字，細黑口，左右雙邊。6 册。鈐“篤素堂張曉漁校藏圖籍之章”朱文印。

shan681

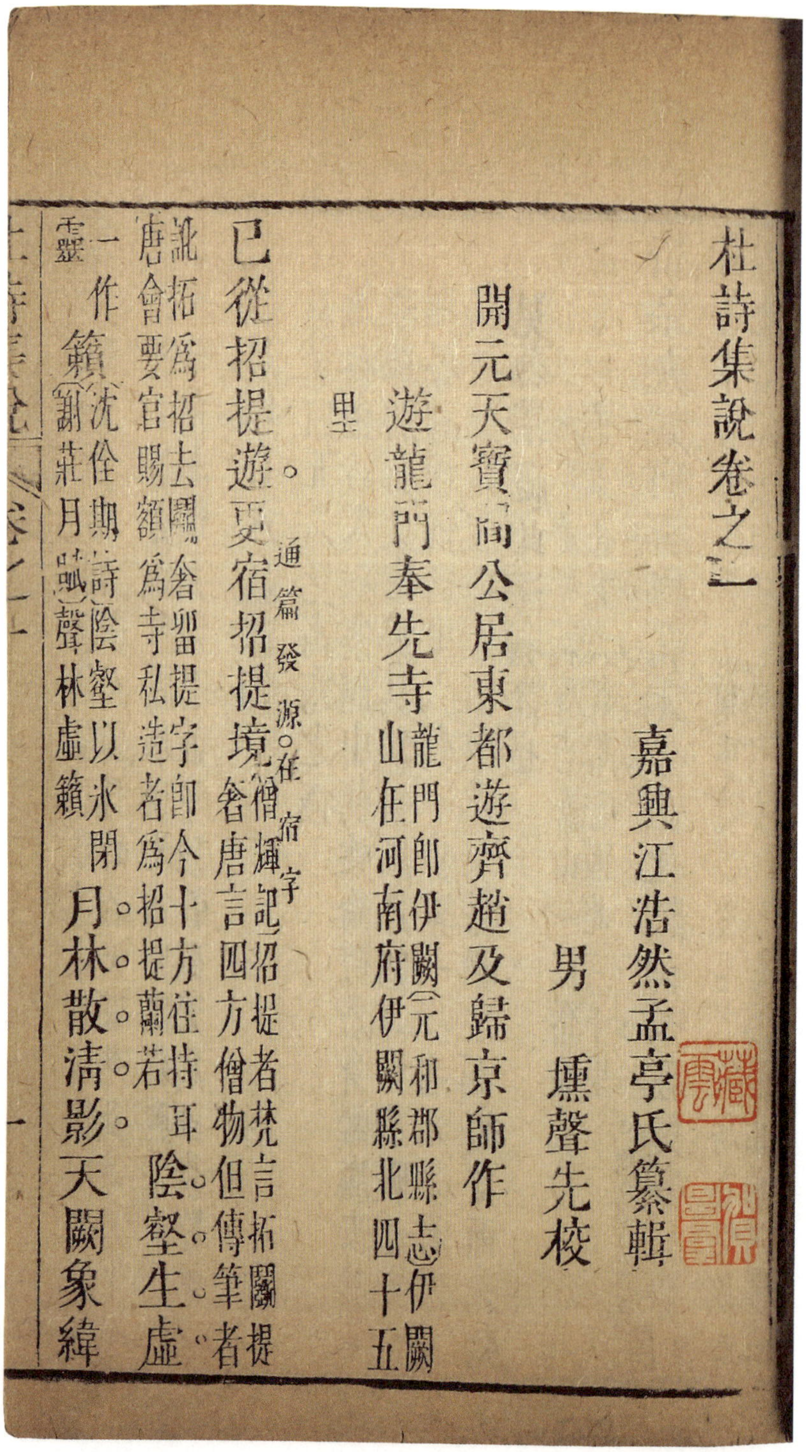
杜詩集說卷之一
嘉興江浩然孟亭氏纂輯
男 壎聲先校
開元天寶間公居東都遊齊趙及歸京師作
遊龍門奉先寺 龍門即伊闕（元和郡縣志）伊闕山在河南府伊闕縣北四十五里
已從招提遊。通篇發源。在宿字 更宿招提境。（僧輝記）招提者梵言拓鬬提唐言四方僧物但傳筆者訛拓爲招去鬬奢留提字即今十方住持耳（唐會要）官賜額爲寺私造者爲招提蘭若 陰壑生虛
籟。一作靈籟（沈佺期詩）陰壑以冰閉（謝莊月賦）聲林虛籟 月林散清影。天闕象緯

杜詩集說二十卷末一卷　（唐）杜甫撰　（清）江浩然纂輯　清乾隆四十八年（1783）裕文堂刻本

框高19.5厘米，廣13厘米。半葉九行，行二十一字，小字雙行同，白口，左右雙邊，無格。20册。鈐“藏雲”朱文印、“賀昌羣”白文印。

shan693

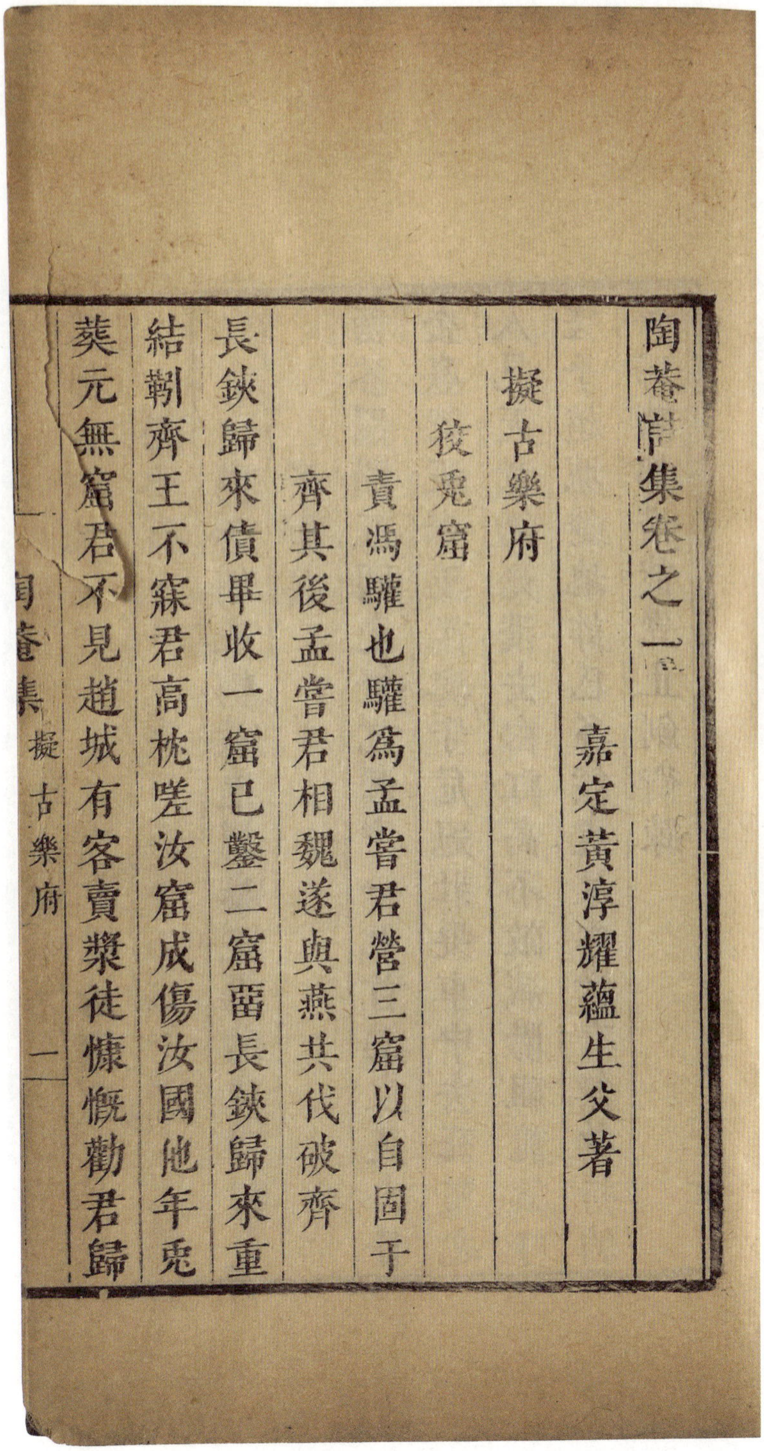

陶菴詩集八卷文集七卷附録一卷 （明）黄淳耀著 清初刻本

框高 19.5 厘米，廣 14 厘米。半葉九行，行十九字，小字雙行同，細黑口，左右雙邊。5 册。

shan695

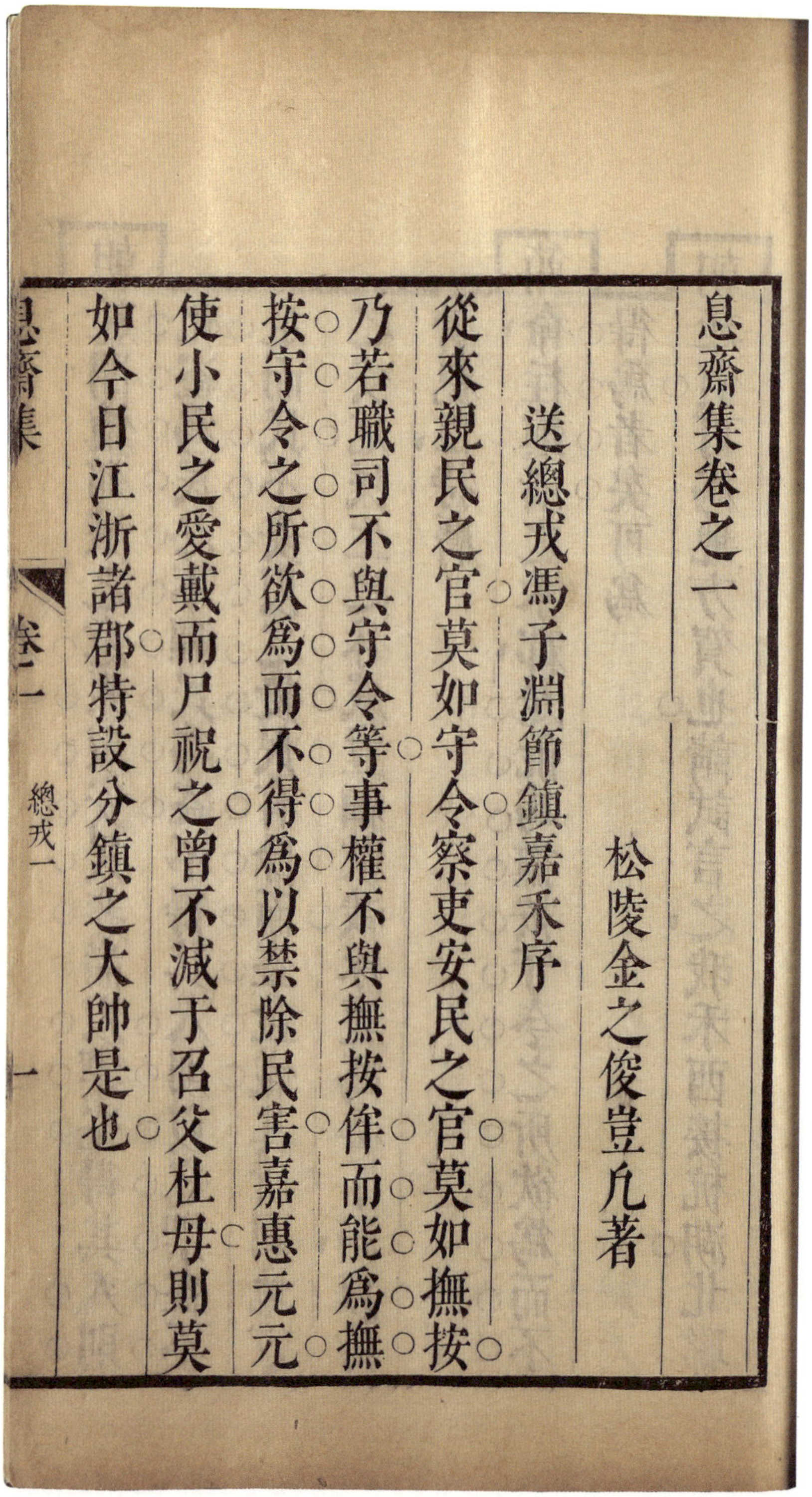
息齋集卷之一
松陵金之俊豈凡著
送總戎馮子淵節鎮嘉禾序
從來親民之官莫如守令察吏安民之官莫如撫按
乃若職司不與守令等事權不與撫按侔而能爲撫
按守令之所欲爲而不得爲以禁除民害嘉惠元元
使小民之愛戴而尸祝之曾不減于召父杜母則莫
如今日江浙諸郡特設分鎮之大帥是也
息齋集　卷之一　總戎一　一

息齋集十卷　（清）金之俊著　清初刻本

框高 19.5 厘米，廣 14 厘米。半葉八行，行二十字，白口，左右雙邊。8 册。

shan696

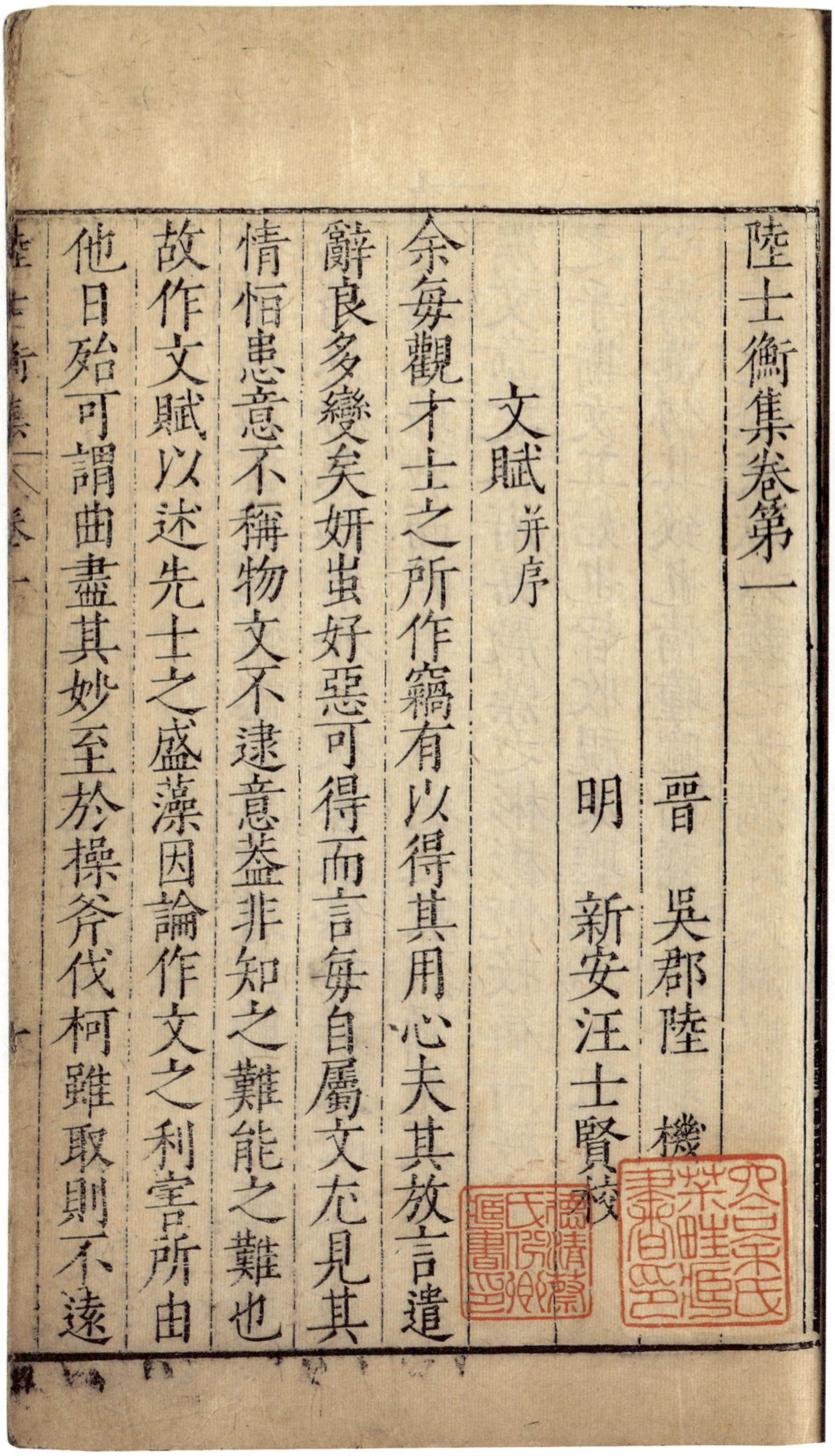
陸士衡集卷第一
晉 吳郡陸 機撰
明 新安汪士賢校
文賦并序
余每觀才士之所作竊有以得其用心夫其放言遣
辭良多變矣妍蚩好惡可得而言每自屬文尤見其
情恒患意不稱物文不逮意蓋非知之難能之難也
故作文賦以述先士之盛藻因論作文之利害所由
他日殆可謂曲盡其妙至於操斧伐柯雖取則不遠

陸士衡集十卷　（晉）陸機撰　（明）汪士賢校　明新安汪氏刻本

框高 20 厘米，廣 14.1 厘米。半葉九行，行二十字，白口，左右雙邊。2 册。鈐“德清蔡氏份卿藏書印”朱文印、“六合余氏葰畦藏書印”朱文印。

shan698

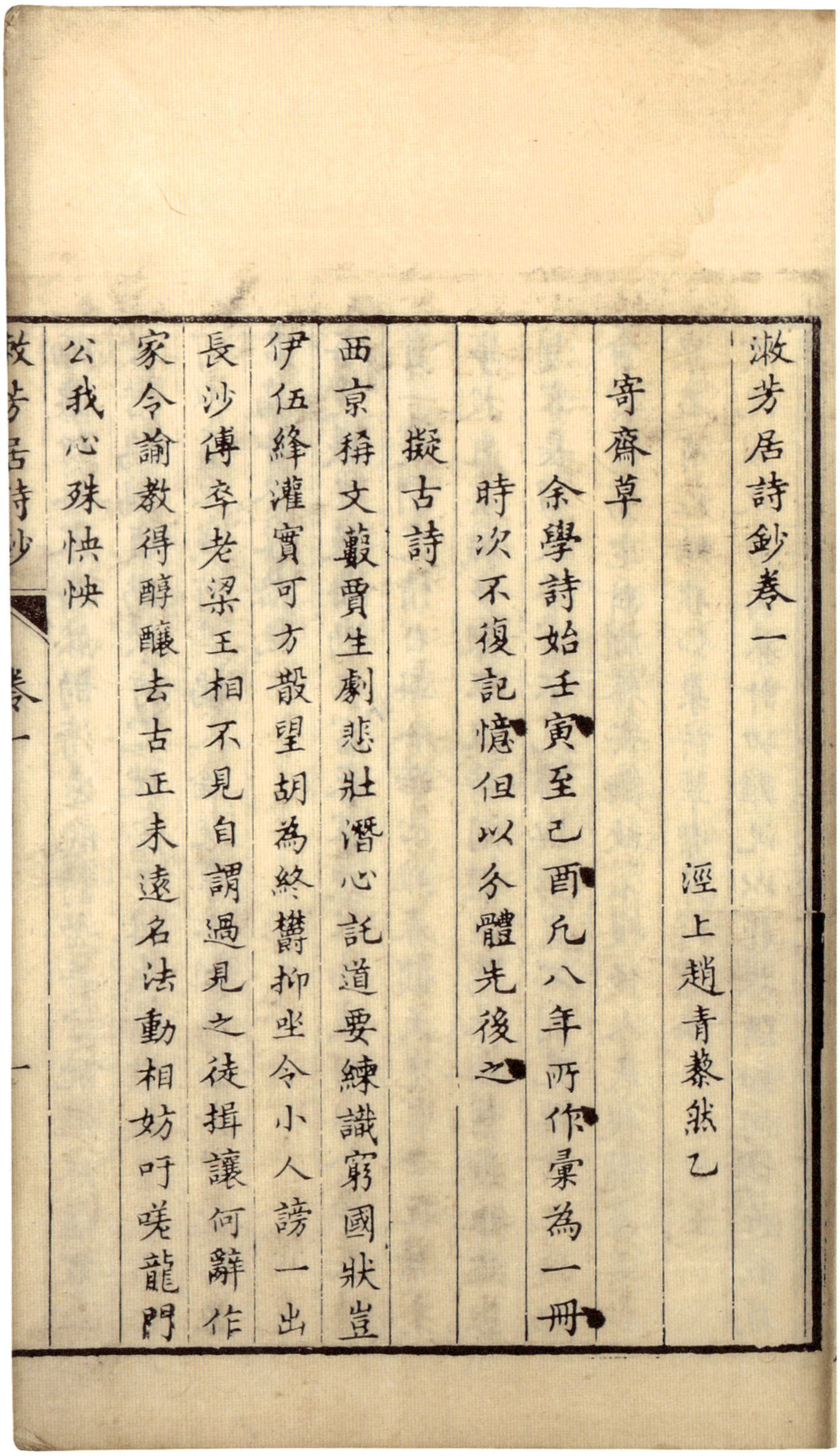

潄芳居詩鈔卷一

涇上趙青藜然乙

寄齋草

余學詩始壬寅至己酉凡八年所作彚為一冊

時次不復記憶但以分體先後之

擬古詩

西京彝文藪賈生劇悲壯潛心託道要練識窮國狀豈

伊伍絳灌實可方散望胡為終欝抑坐令小人謗一出

長沙傅卒老梁王相不見自謂過見之徒揖讓何辭作

家令諭教得醇釀去古正未遠名法動相妨吁嗟龍門

公我心殊怏怏

潄芳居詩鈔　卷一　一

潄芳居詩鈔三十二卷　（清）趙青藜撰　清乾隆潄芳居刻本

框高 19 厘米，廣 14.6 厘米。半葉十一行，行二十一字，小字雙行不等，白口，左右雙邊。8 册。

shan703

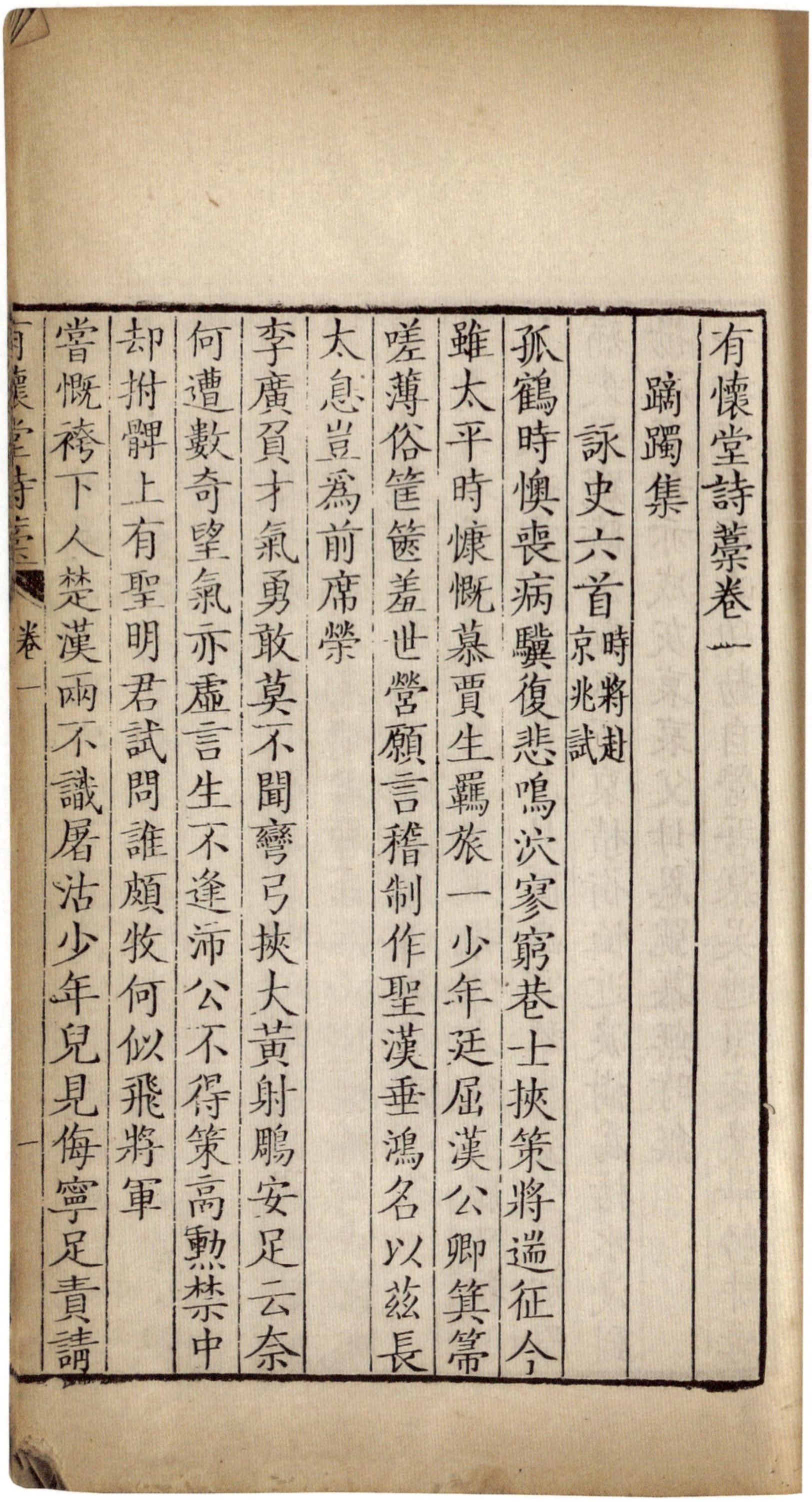
有懷堂詩藳卷一
蹢躅集
詠史六首 時將赴京兆試
孤鶴時愌喪病驥復悲鳴泬寥窮巷士挾策將遄征今
雖太平時慷慨慕賈生羈旅一少年廷屈漢公卿箕箒
嗟薄俗筐篋羞世營願言稽制作聖漢垂鴻名以兹長
太息豈爲前席榮
李廣負才氣勇敢莫不聞彎弓挾大黄射鵰安足云奈
何遭數奇望氣亦虛言生不逢沛公不得策高勳禁中
却拊髀上有聖明君試問誰頗牧何似飛將軍
嘗慨袴下人楚漢兩不識屠沽少年兒見侮寧足責請
有懷堂詩藳 卷一 一

有懷堂詩藳六卷文藳二十二卷 （清）韓菼撰 清康熙四十二年（1703）刻本

框高 19.2 厘米，廣 13.8 厘米。半葉十一行，行二十一字，白口，四周單邊。6 册。

shan704

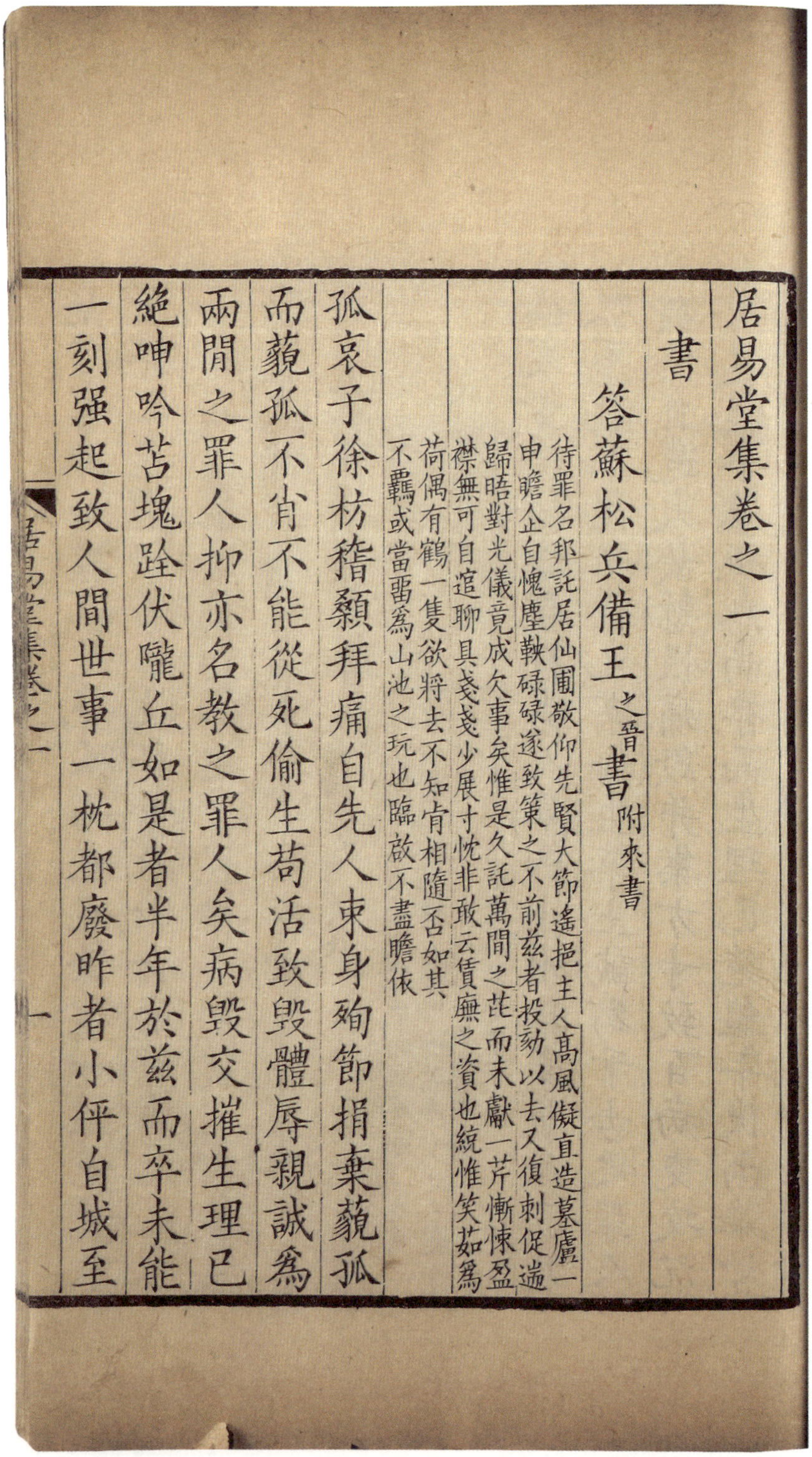

居易堂集二十卷　（清）徐枋著　清康熙刻本

框高 18.5 厘米，廣 14.8 厘米。半葉十一行，行二十字，小字雙行，行、字數不等，白口，左右雙邊。6 册。

shan706

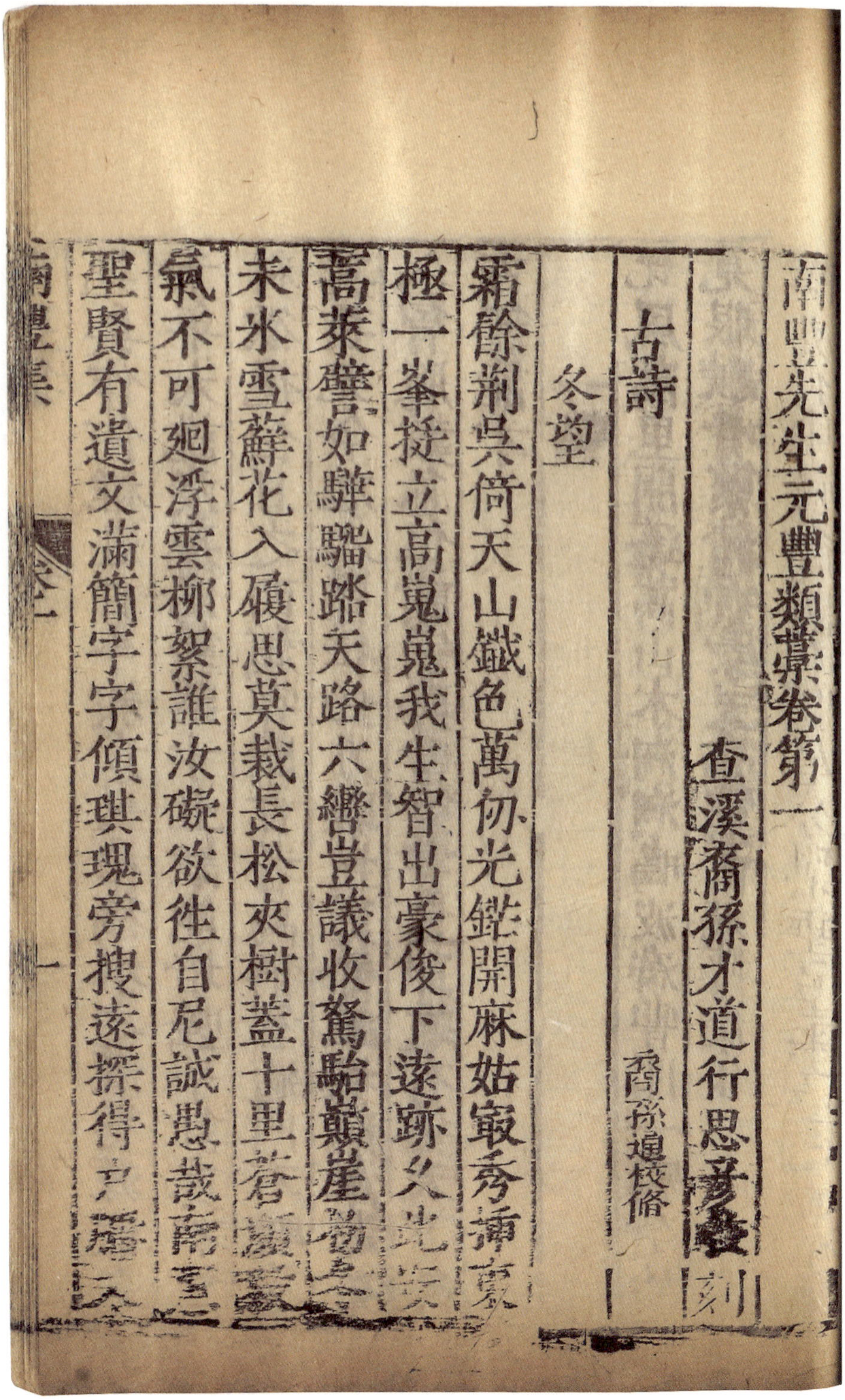
南豐先生元豐類藳卷第一
查溪裔孫才道行思
刻
古詩
裔孫遹校脩
冬望
霜餘荆吳倚天山鐵色萬仞光鑱開麻姑最秀插東
極一峯挺立高嵬嵬我生智出豪俊下遠跡久此安
蒿萊譬如驊騮踏天路六轡豈議收駑駘巔崖初冬
未冰雪蘚花入履思莫裁長松夾樹蓋十里蒼
氣不可廻浮雲柳絮誰汝礙欲往自尼誠愚哉南
聖賢有遺文滿簡字字傾琪瑰旁搜遠探得

南豐先生元豐類藳五十一卷　（宋）曾鞏撰　清康熙二十七年（1688）重修本
框高 18.5 厘米，廣 14.2 厘米。半葉十行，行二十字，白口，四周單邊。8 冊。

shan707

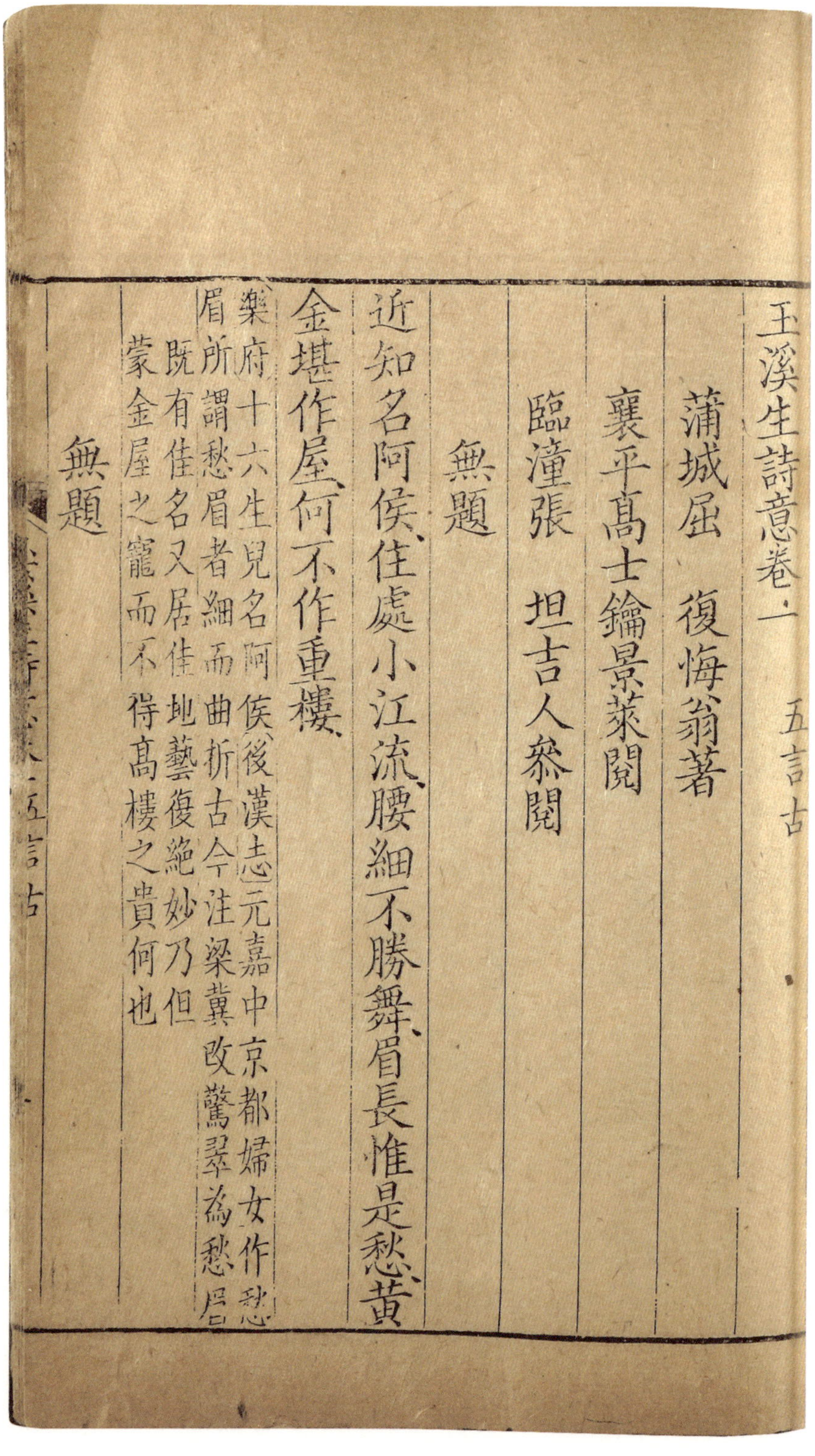

玉溪生詩意八卷 （清）屈復著 清乾隆四年（1739）揚州藝古堂刻本

框高18.5厘米，廣14.5厘米。半葉十行，行二十一字，小字雙行同，白口，左右雙邊。8册。

shan709

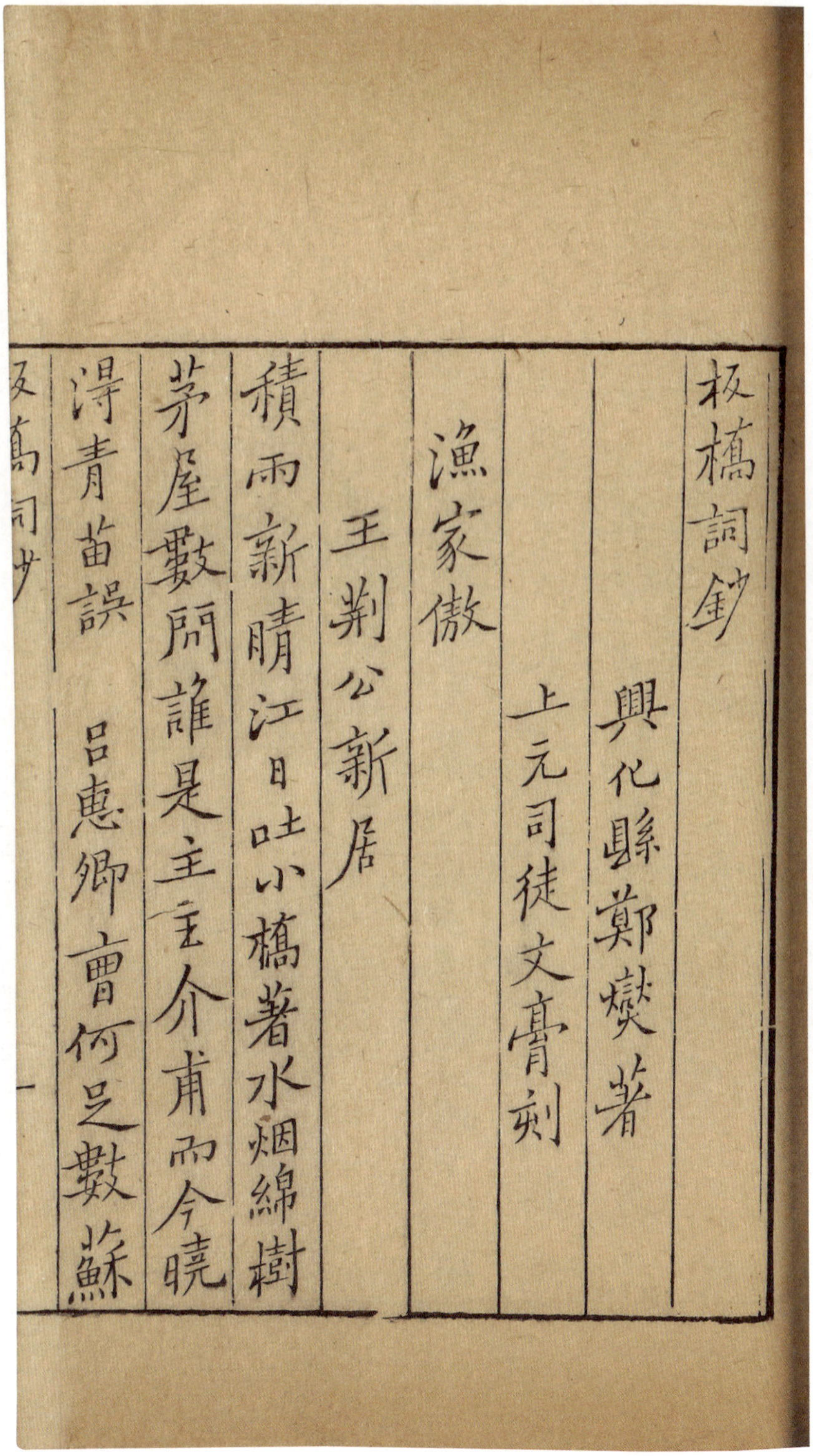

板橋集六編　（清）鄭燮著　清乾隆清暉書屋刻本

框高 16.5 厘米，廣 13.5 厘米。半葉八行，行、字數不等，白口，左右雙邊。4 册。

shan714

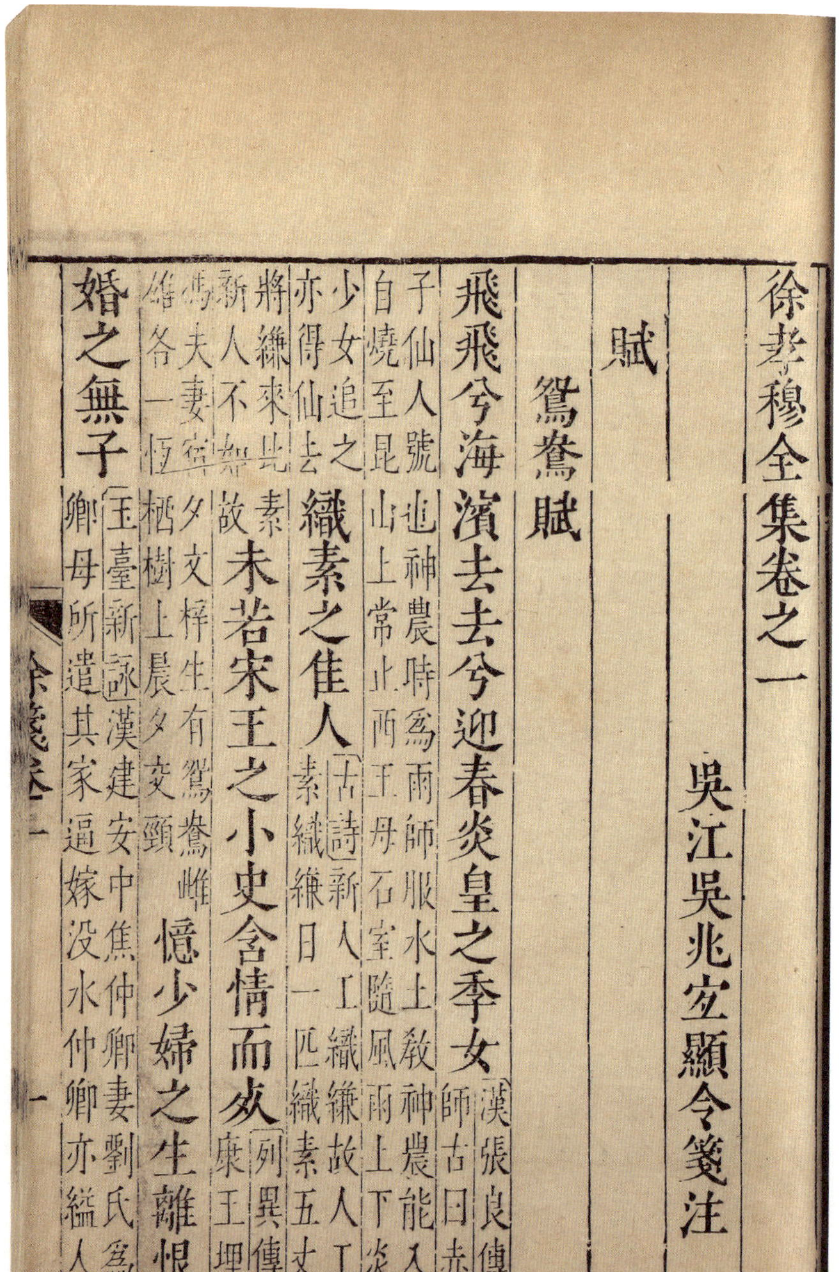
徐孝穆全集卷之一
吳江吳兆宜顯令箋注
賦
鴛鴦賦
飛飛兮海濱去去兮迎春炎皇之季女漢張良傳注師古曰赤松子仙人號也神農時爲雨師服水玉教神農能入火自燒至昆山上常止西王母石室隨風雨上下炎帝少女追之亦得仙去織素之佳人古詩新人工織縑故人工織素織縑日一匹織素五丈餘將縑來比素新人不如故未若宋王之小史含情而死列異傳宋康王埋韓馮夫妻宿夕文梓生有鴛鴦雌雄各一恆棲樹上晨夕交頸憶少婦之生離恨新婚之無子玉臺新詠漢建安中焦仲卿妻劉氏爲仲卿母所遣其家逼嫁沒水仲卿亦縊人哀

徐孝穆全集六卷　（南朝陳）徐陵撰　（清）吴兆宜箋注　清初徐氏困學書屋刻本

框高 18.5 厘米，廣 14 厘米。半葉十行，行二十字，小字雙行同，白口，左右雙邊。3 册。

shan718

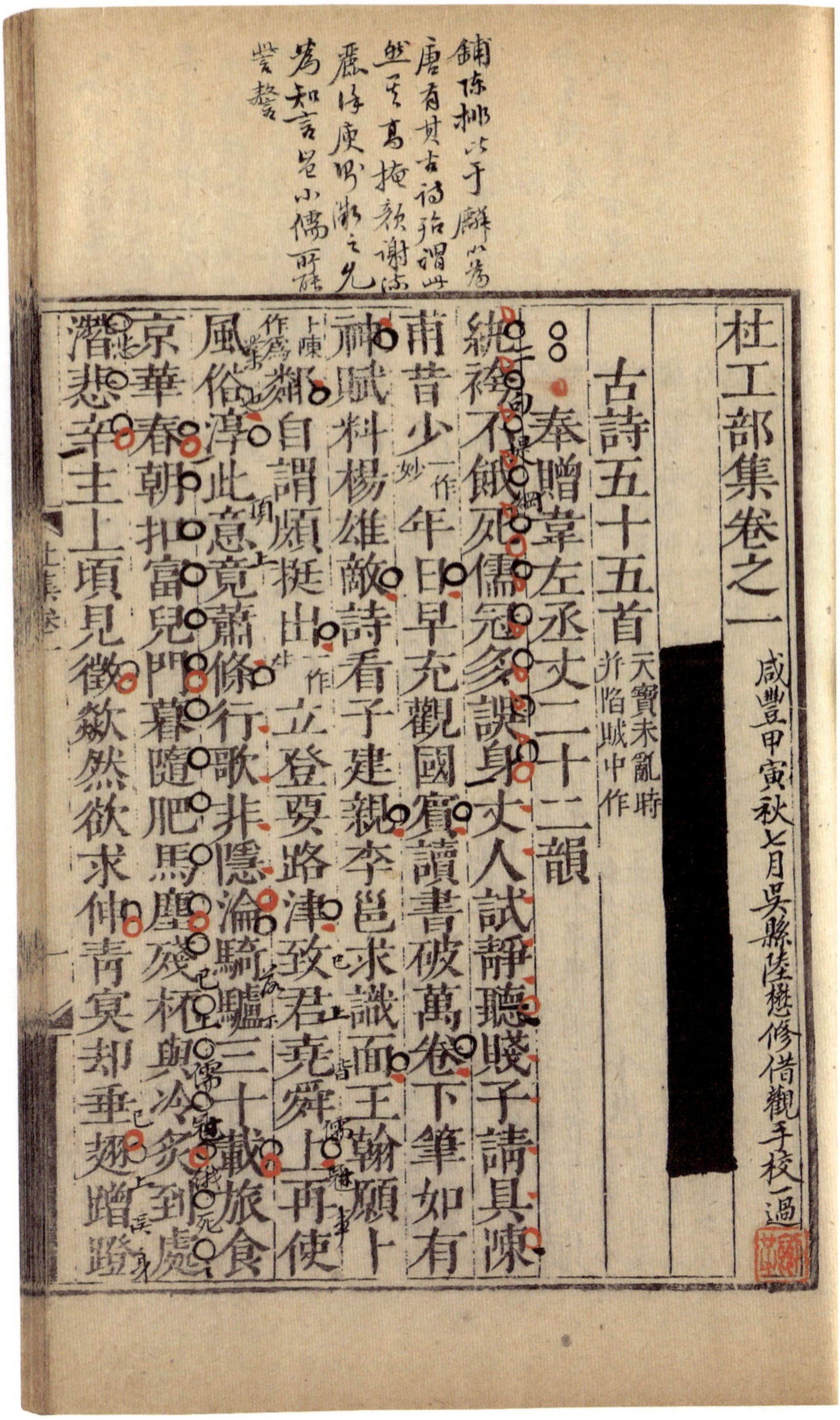

杜工部集二十卷詩話一卷注杜工畧例一卷附録一卷年譜一卷 （唐）杜甫撰 （清）錢謙益箋註 清咸豐四年（1854）刻本

框高 18.1 厘米，廣 13.9 厘米。半葉十一行，行二十字，小字雙行不等，黑口，四周雙邊。8 册。鈐“劍芝”朱文印。

shan720

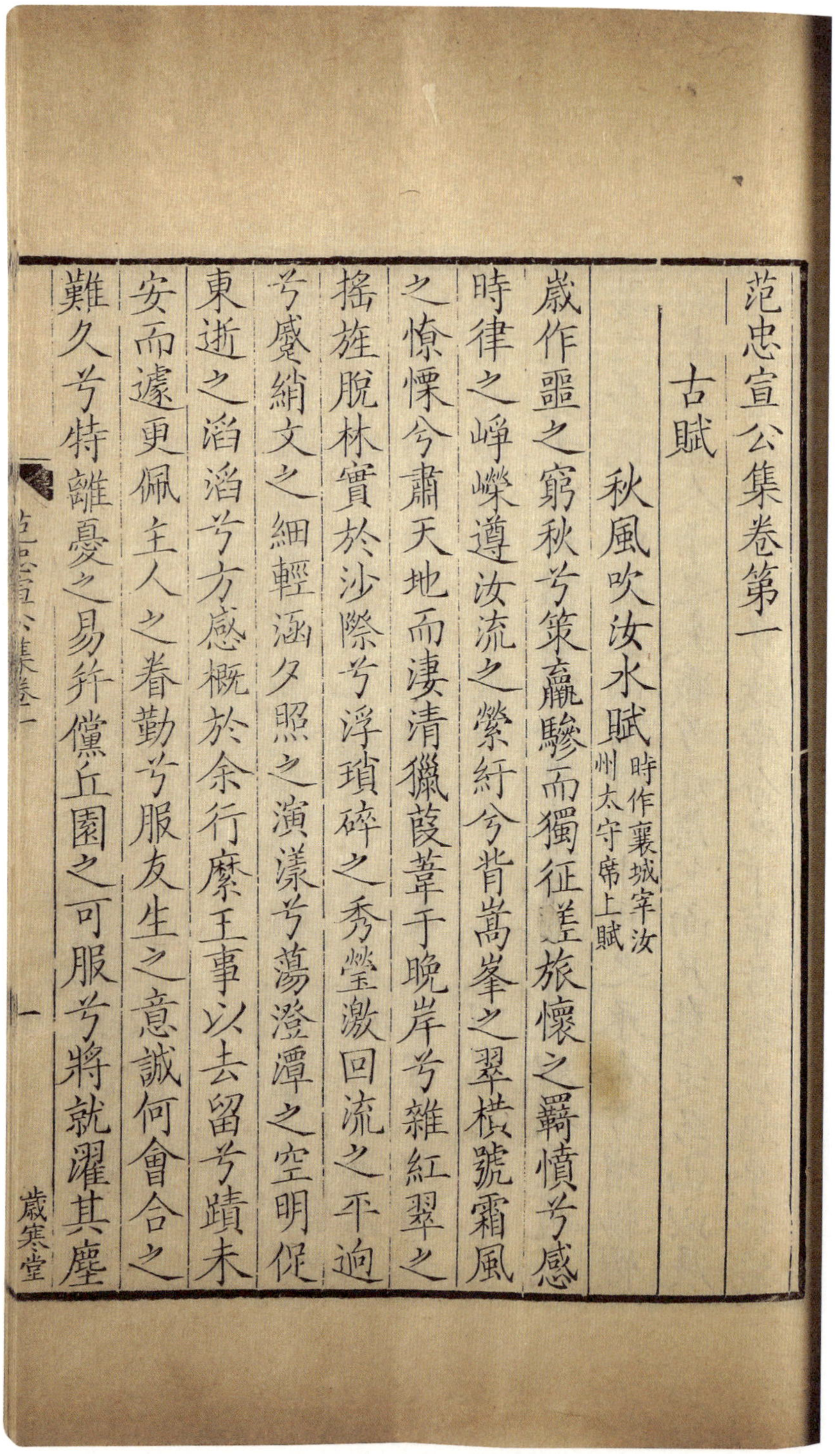

范忠宣公集二十卷奏議二卷遺文一卷附錄一卷補編一卷 （宋）范純仁撰 清康熙四十六年（1707）歲寒堂刻本

框高 18.5 厘米，廣 14.2 厘米。半葉十一行，行二十一字，小字雙行不等，白口，左右雙邊。6 册。

shan728

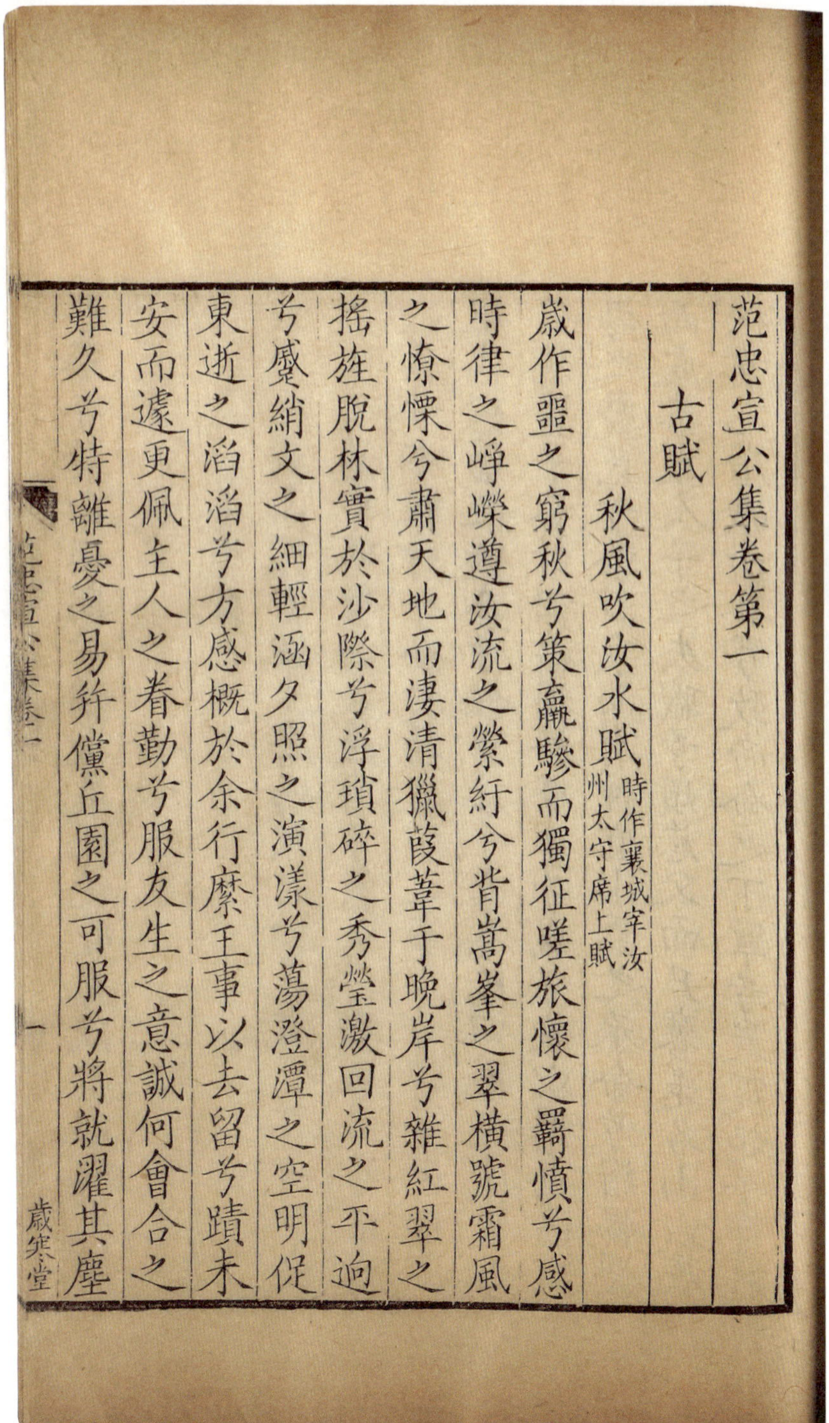

范忠宣公集二十卷奏議二卷遺文一卷附録一卷補編一卷 （宋）范純仁撰 清康熙四十六年（1707）歲寒堂刻本

框高 18.6 厘米，廣 14.2 厘米。半葉十一行，行二十一字，小字雙行不等，白口，左右雙邊。6 册。

shan729

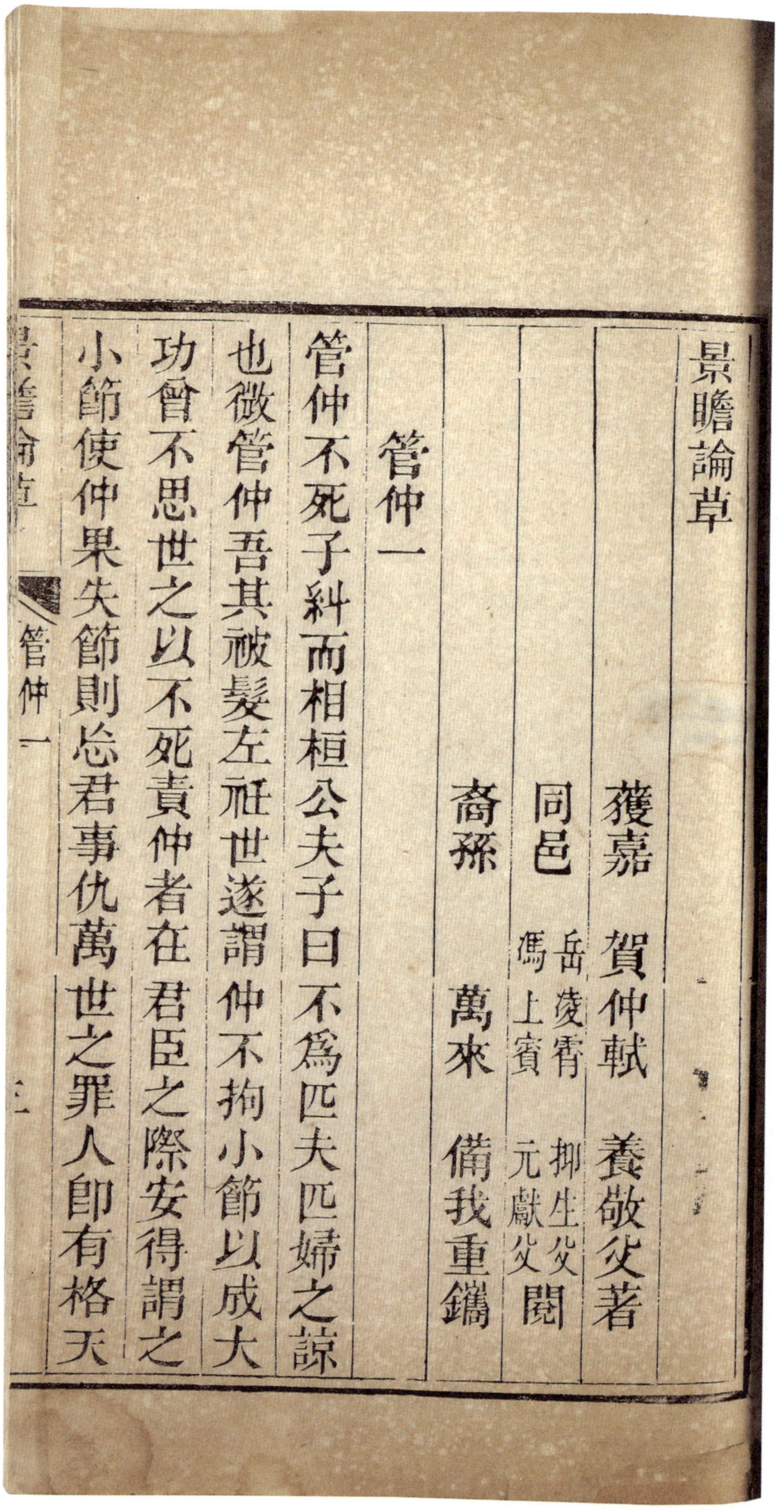
景贍論草

獲嘉　賀仲軾　養敬父著

同邑　岳凌霄　抑生父　馮上賓　元獻父　閱

裔孫　萬來　備我重鐫

管仲一

管仲不死子糾而相桓公夫子曰不爲匹夫匹婦之諒也微管仲吾其被髮左衽世遂謂仲不拘小節以成大功曾不思世之以不死責仲者在君臣之際安得謂之小節使仲果失節則忘君事仇萬世之罪人卽有格天

景贍論草　管仲一

景贍論草不分卷　（明）賀仲軾著　（明）岳凌霄等閲　清賀萬來刻本

框高 20 厘米，廣 14 厘米。半葉九行，行二十一字，白口，四周雙邊。4 册。

shan730

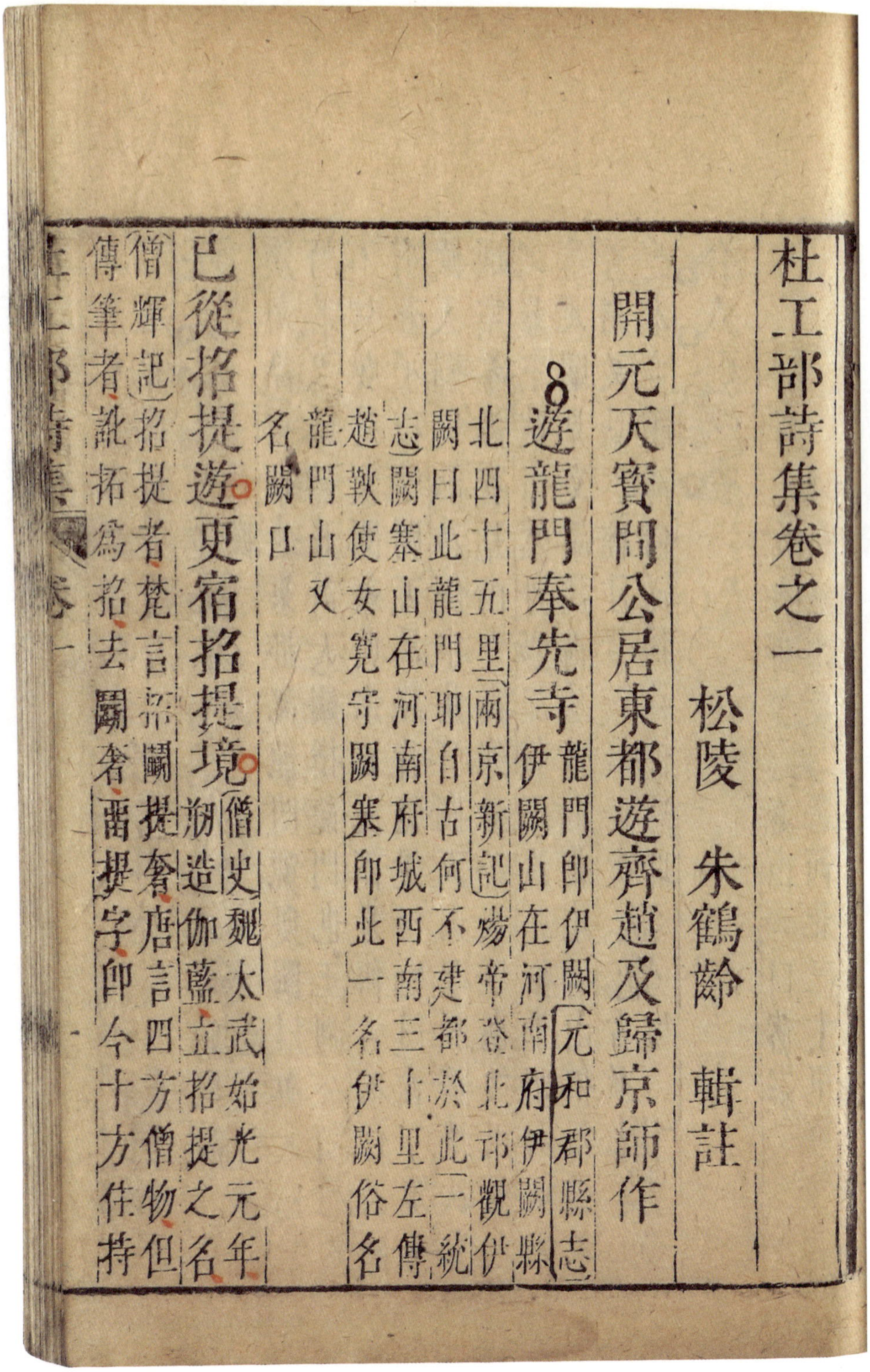

杜工部詩集二十卷本傳一卷墓誌一卷文集二卷年譜一卷　（清）朱鶴齡輯註　清康熙金陵葉永茹刻本

框高19厘米，廣14.5厘米。半葉九行，行十九字，小字雙行同，白口，左右雙邊。10册。

shan734

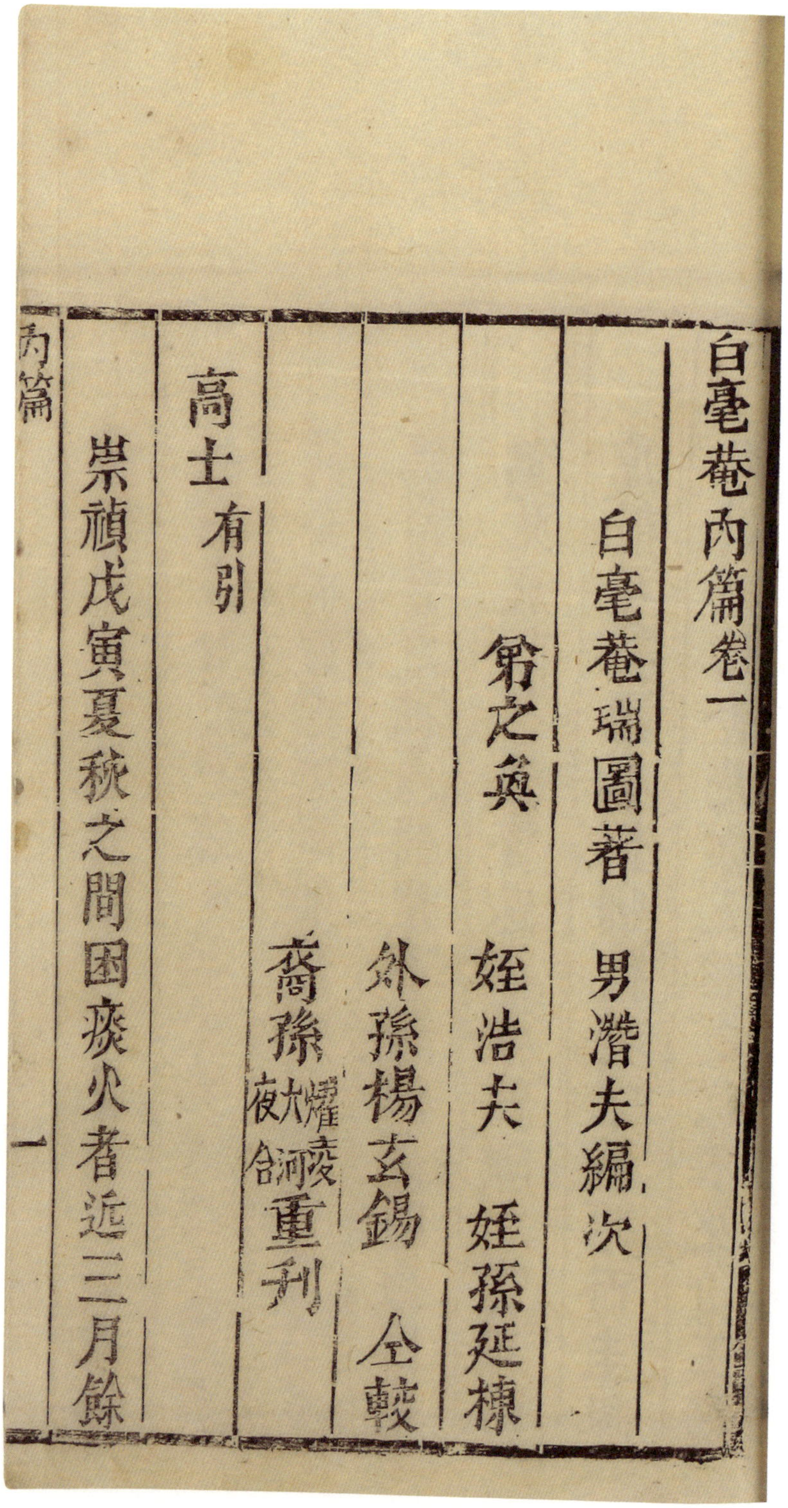
白毫菴內篇卷一
白毫菴瑞圖著　男潛夫編次
翁之奐　姪浩夫　姪孫延棟
外孫楊玄錫　仝較
裔孫燿陵六河夜舍重刊
高士　有引
崇禎戊寅夏秋之間困痰火者近三月餘
內篇　一

白毫菴內篇二卷　（明）張瑞圖著　清刻本

框高 17.6 厘米，廣 12 厘米。半葉七行，行十八字，小字雙行同，白口，左右雙邊。2 册。

shan742

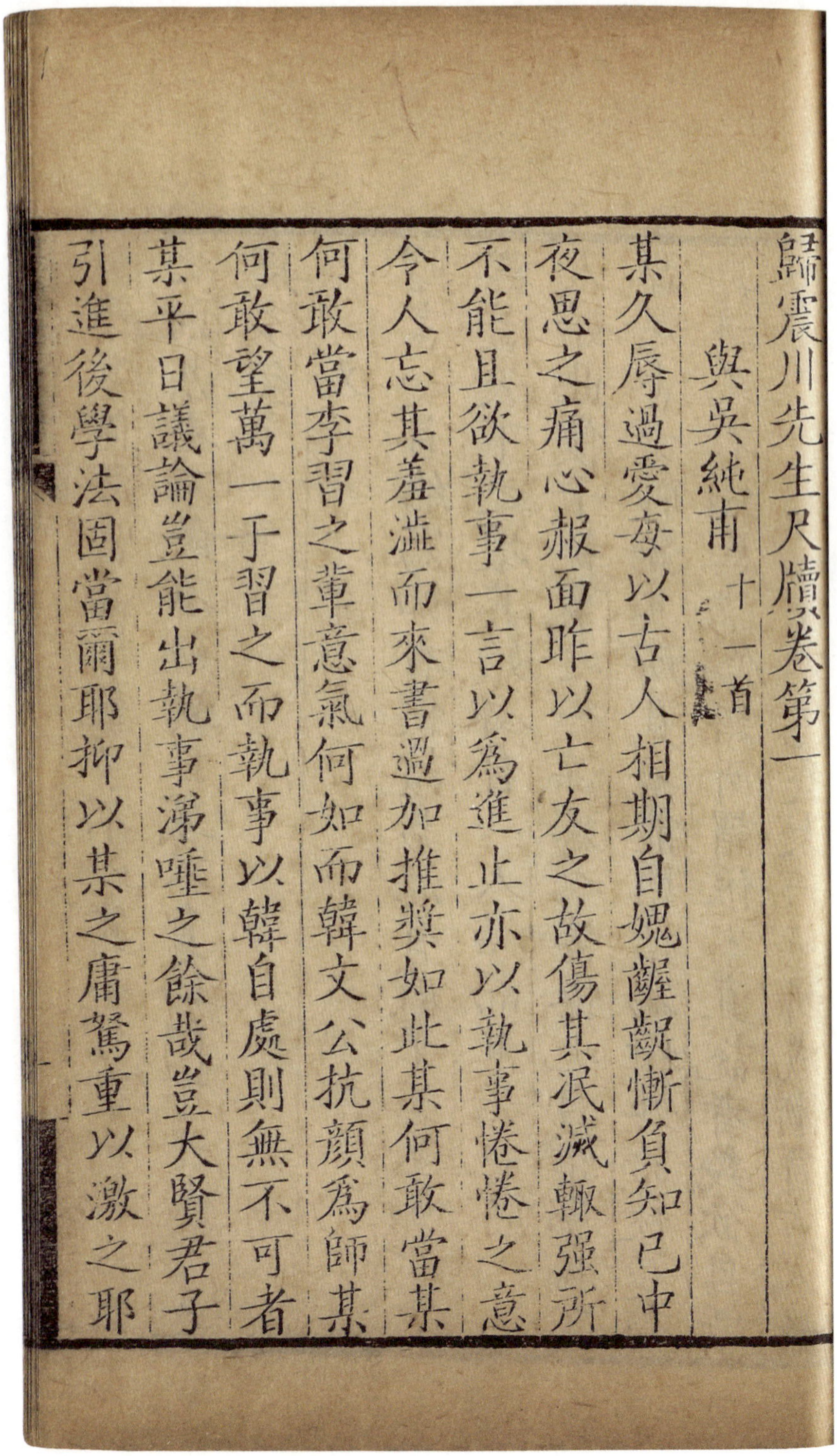
歸震川先生尺牘卷第一
與吳純甫 十一首
某久辱過愛每以古人相期自媿齷齪慚負知己中夜思之痛心赧面昨以亡友之故傷其泯滅輒强所不能且欲執事一言以爲進止亦以執事惓惓之意令人忘其羞澁而來書過加推奬如此某何敢當某何敢當李習之輩意氣何如而韓文公抗顔爲師某何敢望萬一于習之而執事以韓自處則無不可者某平日議論豈能出執事滂唾之餘哉豈大賢君子引進後學法固當爾耶抑以某之庸駑重以激之耶

歸震川先生尺牘二卷 （清）歸有光撰 **錢牧齋先生尺牘三卷** （清）錢謙益撰 （清）顧棫編 清康熙三十八年（1699）宛委堂刻本

框高 18.2 厘米，廣 13.5 厘米。半葉十行，行二十字，黑口，左右雙邊。6 册。

shan769

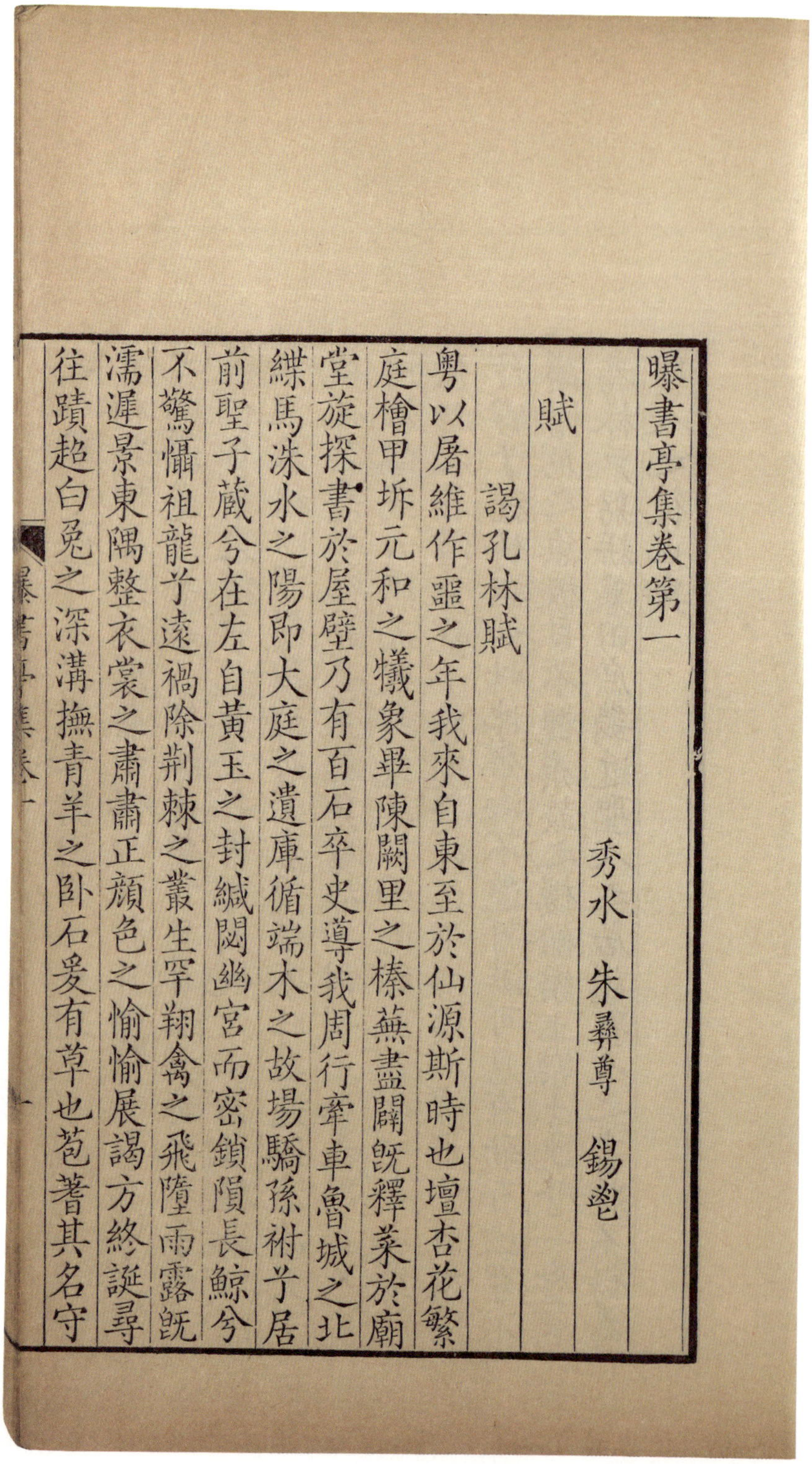
曝書亭集卷第一
秀水 朱彝尊 錫鬯
賦
謁孔林賦
粵以屠維作噩之年我來自東至於仙源斯時也壇杏花繁
庭檜甲坼元和之犧象畢陳闕里之榛蕪盡闢既釋菜於廟
堂旋探書於屋壁乃有百石卒史導我周行牽車魯城之北
絏馬洙水之陽卽大庭之遺庫循端木之故場驕孫祔兮居
前聖子葴兮在左自黃玉之封緘閟幽宮而密鎖隕長鯨兮
不驚儵祖龍兮遠禍除荆棘之叢生罕翔禽之飛墮雨露既
濡遲景東隅整衣裳之肅肅正顏色之愉愉展謁方終誕尋
往蹟趨白兔之深溝撫青羊之卧石爰有草也苞著其名守

曝書亭集八十卷附録一卷 （清）朱彝尊撰 清康熙五十三年（1714）刻本

框高 19.5 厘米，廣 13.5 厘米。半葉十二行，行二十三字，小字雙行同，白口，左右雙邊。13 册。

shan772

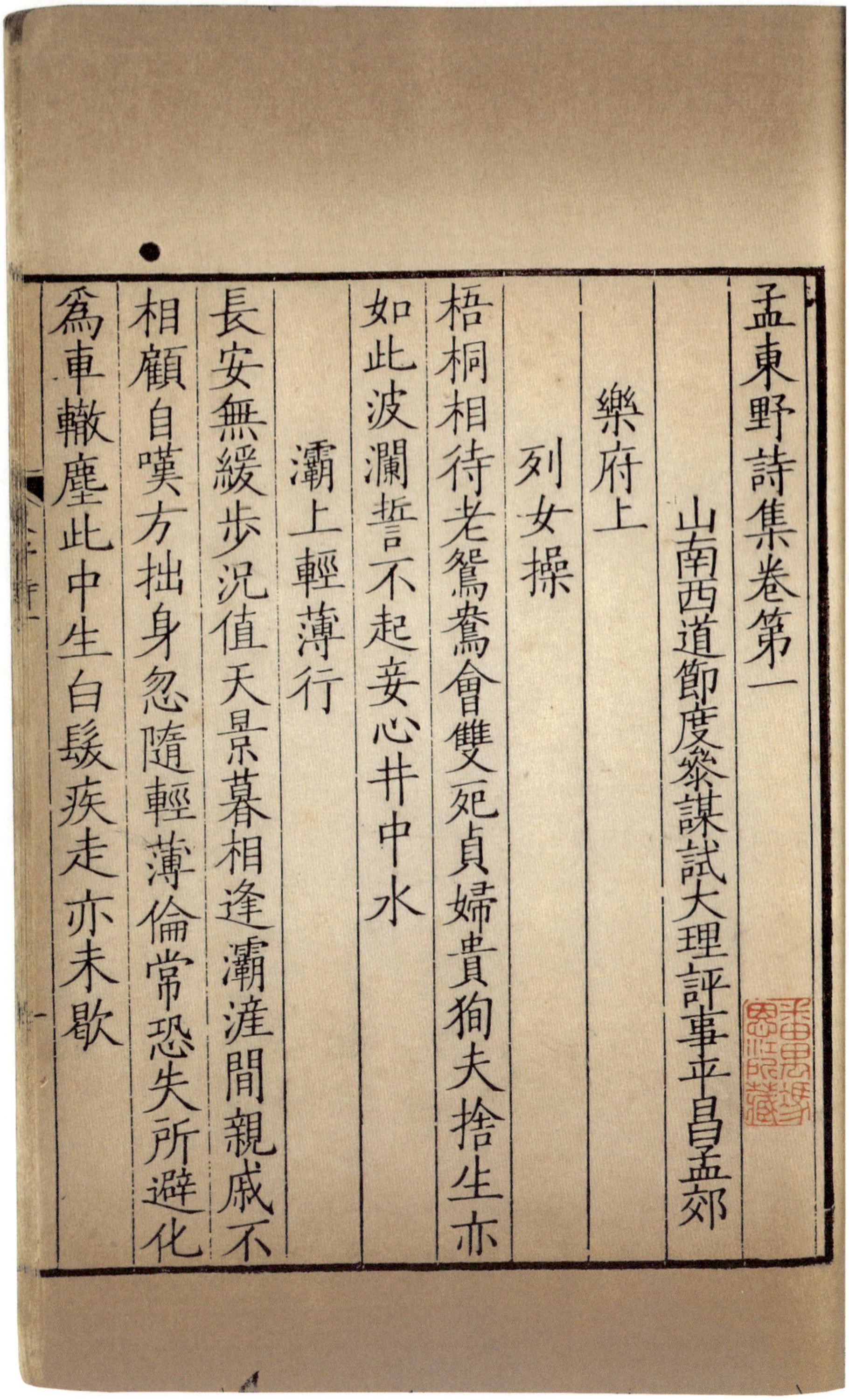
孟東野詩集卷第一
山南西道節度叅謀試大理評事平昌孟郊
樂府上
列女操
梧桐相待老鴛鴦會雙死貞婦貴徇夫捨生亦
如此波瀾誓不起妾心井中水
灞上輕薄行
長安無緩步況值天景暮相逢灞滻間親戚不
相顧自嘆方拙身忽隨輕薄倫常恐失所避化
爲車轍塵此中生白髮疾走亦未歇

孟東野詩集十卷　（唐）孟郊撰　清康熙席氏琴川書屋刻唐人百家詩本

框高 16.2 厘米，廣 13.3 厘米。半葉十行，行十八字，白口，左右雙邊。8 册。鈐“番禺馮恩江所藏”朱文印。

shan786

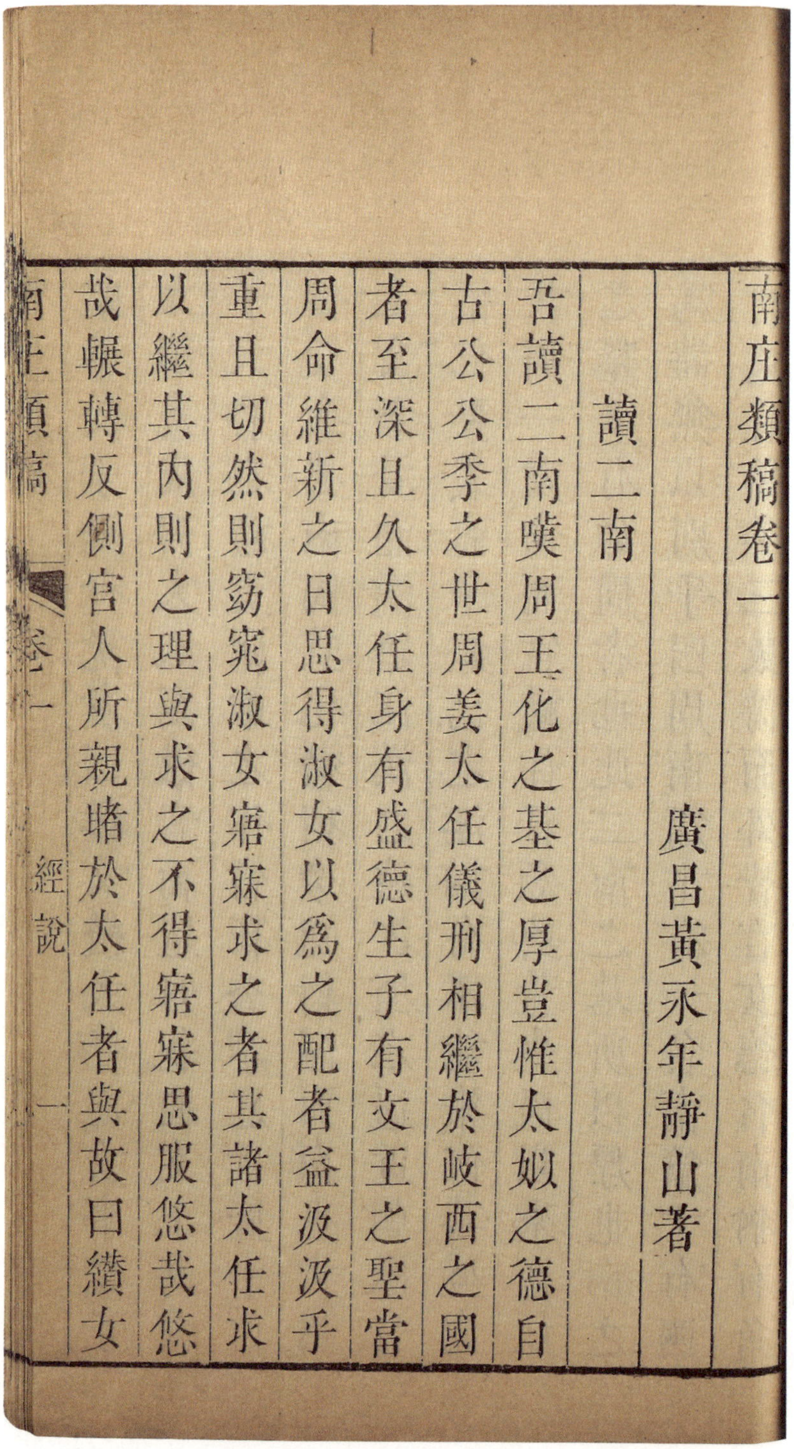
南庄類稿卷一
廣昌黃永年靜山著
讀二南
吾讀二南嘆周王化之基之厚豈惟太姒之德自
古公公季之世周姜太任儀刑相繼於岐西之國
者至深且久太任身有盛德生子有文王之聖當
周命維新之日思得淑女以爲之配者益汲汲乎
重且切然則窈窕淑女寤寐求之者其諸太任求
以繼其內則之理與求之不得寤寐思服悠哉悠
哉輾轉反側宮人所親睹於太任者與故曰纘女
南庄類稿 卷一 經說 一

南庄類稿八卷白雲詩鈔二卷奉使集一卷 （清）黄永年著 清乾隆十八年（1753）集思堂刻本

框高 18.6 厘米，廣 13.1 厘米。半葉十行，行十九字，白口，左右雙邊。6 册。

shan789

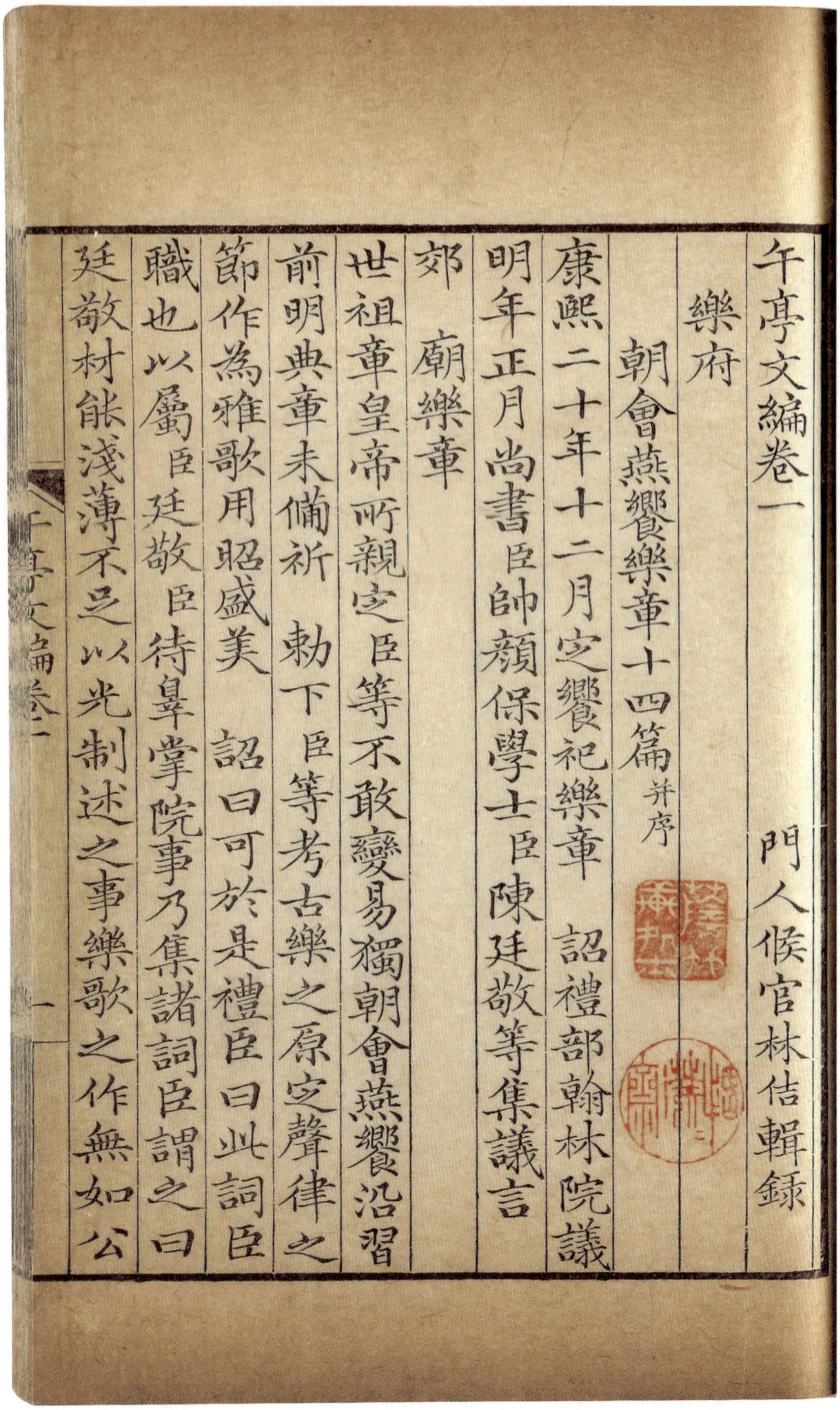

午亭文編五十卷　（清）陳廷敬撰　（清）林佶輯録　清康熙四十七年（1708）林佶寫刻本

框高 19.5 厘米，廣 15.1 厘米。半葉十一行，行二十一字，細黑口，左右雙邊。24 册。鈐"蔭竹軒處士"白文印、"括談齋"朱文印。

shan791

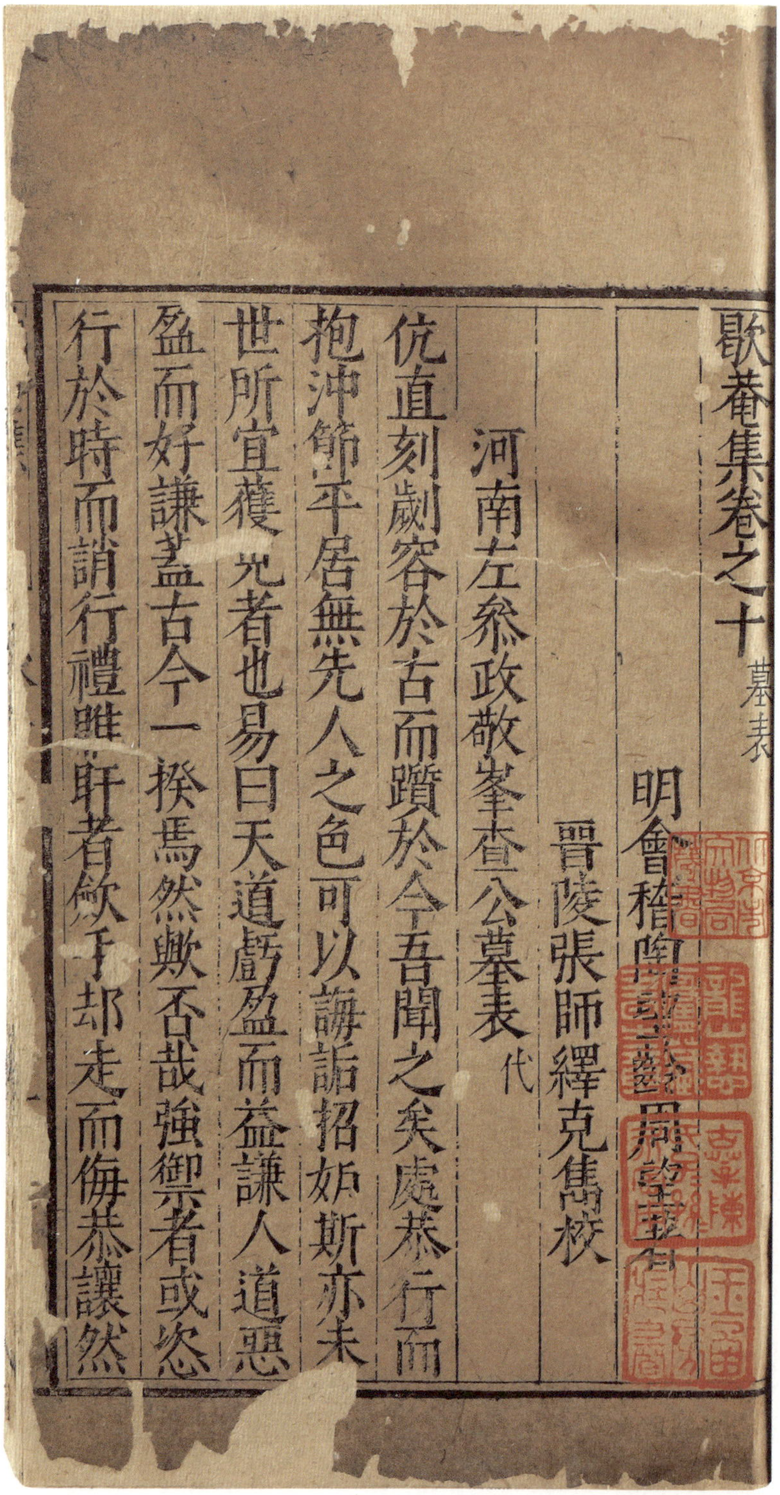

歇菴集十六卷　（明）陶望齡著　明萬曆三十九年（1611）真如齋刻本

框高 20.9 厘米，廣 14.9 厘米。半葉九行，行十九字，白口，四周雙邊。5 册。鈐“古莘陳氏子子孫孫永寶用”朱文印、“龍山藝廬藏書之章”白文印等。存五卷（十至十四）。

shan795

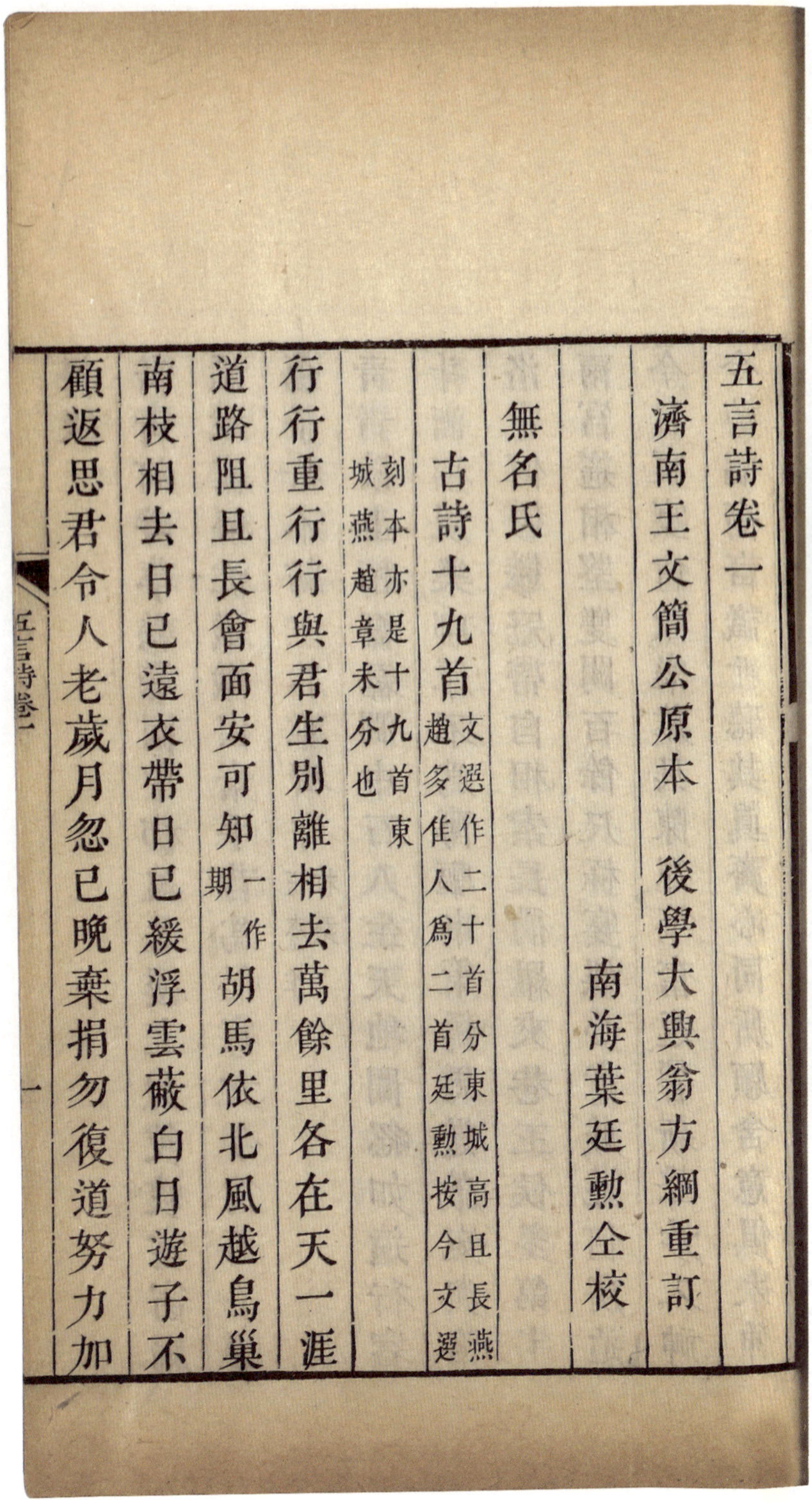
五言詩卷一
濟南王文簡公原本　後學大興翁方綱重訂
南海葉廷勳仝校
無名氏
古詩十九首文選作二十首分東城高且長燕趙多佳人爲二首廷勳按今文選刻本亦是十九首東城燕趙章未分也
行行重行行與君生別離相去萬餘里各在天一涯
道路阻且長會面安可知一作期胡馬依北風越鳥巢
南枝相去日已遠衣帶日已緩浮雲蔽白日遊子不
顧返思君令人老歲月忽已晚棄捐勿復道努力加
五言詩卷一　一

王文簡公五七言詩鈔三十二卷　（清）翁方綱重訂　清嘉慶十年（1805）蘇齋刻本

框高 20.4 厘米，廣 15.4 厘米。半葉十行，行二十字，小字雙行同，白口，左右雙邊。10 册。

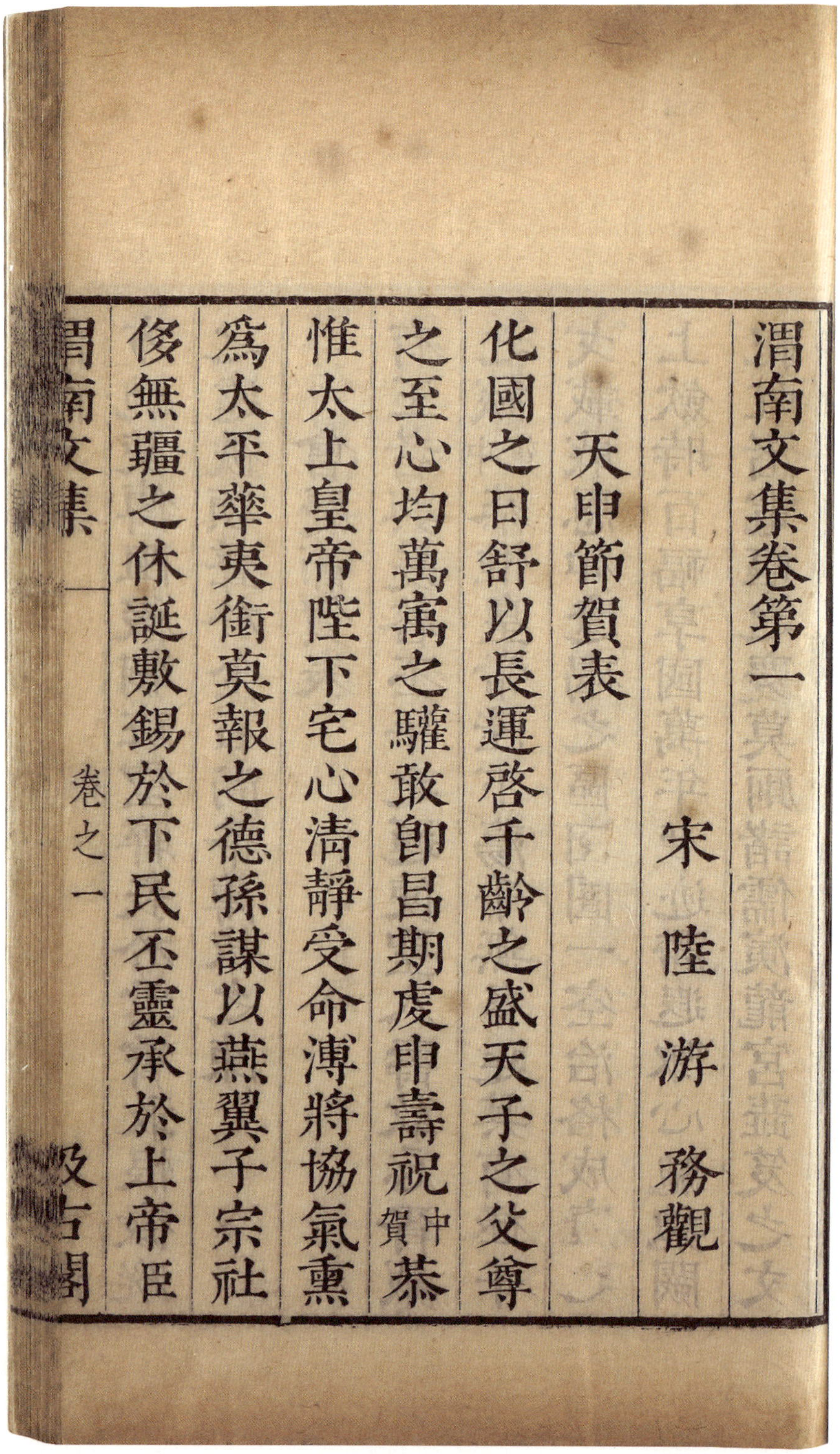

渭南文集卷第一

宋 陸游 務觀

天申節賀表

化國之日舒以長運啓千齡之盛天子之父尊之至心均萬寓之驩敢即昌期虔申壽祝中賀恭惟太上皇帝陛下宅心清靜受命溥將協氣熏爲太平華夷銜莫報之德孫謀以燕翼子宗社侈無疆之休誕敷錫於下民丕靈承於上帝臣

渭南文集 卷之一 汲古閣

渭南文集五十卷 （宋）陸游撰 明末毛氏汲古閣刻本

框高 18.7 厘米，廣 14.4 厘米。半葉八行，行十八字，小字雙行同，白口，左右雙邊。8 册。

shan802

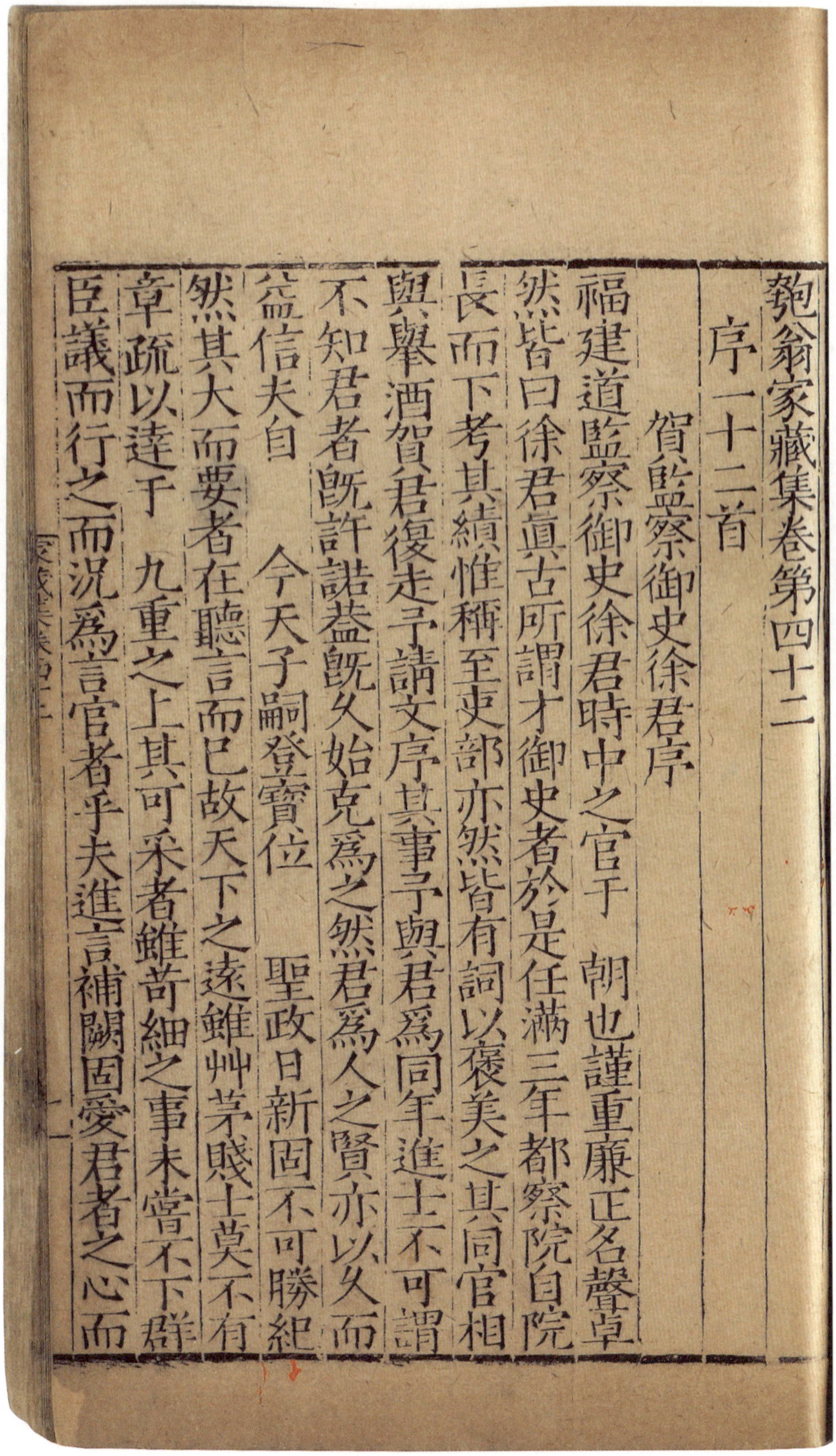
匏翁家藏集卷第四十二
序一十二首
賀監察御史徐君序
福建道監察御史徐君時中之官于　朝也謹重廉正名聲卓
然皆曰徐君眞古所謂才御史者於是任滿三年都察院自院
長而下考其績惟稱至吏部亦然皆有詞以褒美之其同官相
與舉酒賀君復走予請文序其事予與君爲同年進士不可謂
不知君者旣許諾蓋旣久始克爲之然君爲人之賢亦以久而
益信夫自　今天子嗣登寶位　聖政日新固不可勝紀
然其大而要者在聽言而已故天下之遠雖艸茅賤士莫不有
章疏以達于　九重之上其可采者雖苛細之事未嘗不下群
臣議而行之而況爲言官者乎夫進言補闕固愛君者之心而

匏翁家藏集七十七卷補遺一卷　（明）吴寬撰　明刻本

框高 19.7 厘米，廣 14.7 厘米。半葉十二行，行二十四字，白口，左右雙邊。8 册。存三十七卷（四十二至七十七、補遺一卷）。

shan805

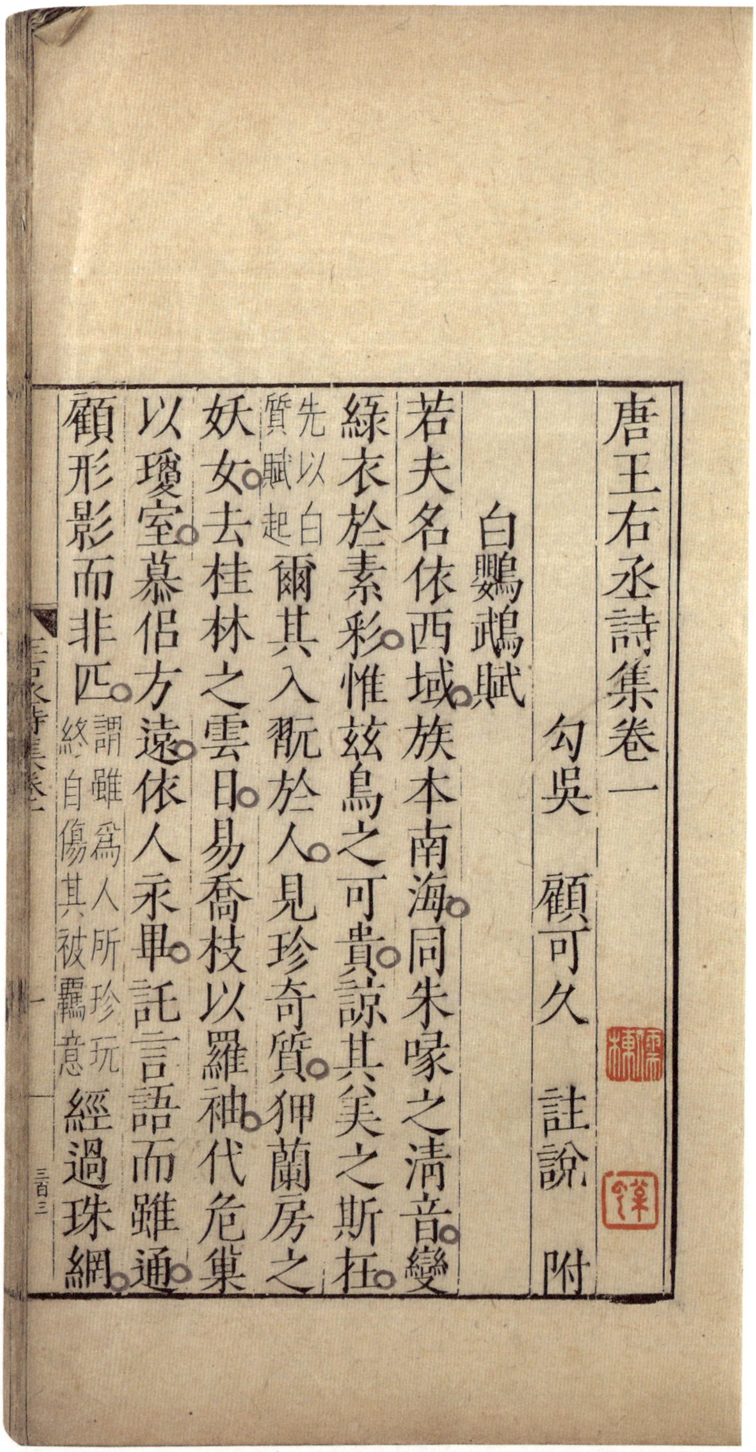
唐王右丞詩集卷一
勾吳　顧可久　註說　附
白鸚鵡賦
若夫名依西域族本南海同朱喙之清音變綠衣於素彩惟茲鳥之可貴諒其美之斯在先以白質賦起爾其入翫於人見珍奇質狎蘭房之妖女去桂林之雲日易喬枝以羅袖代危集以瓊室慕侶方遠依人永畢託言語而雖通顧形影而非匹謂雖爲人所珍玩終自傷其被羈意經過珠網

唐王右丞詩集六卷　（唐）王維撰　（明）顧可久註説　明嘉靖九年（1530）吴氏漱玉齋刻本

框高 18 厘米，廣 13 厘米。半葉九行，行十七字，小字雙行同，白口，左右雙邊。2 册。鈐“儒棟”白文印、“半雲”朱文印。

shan811

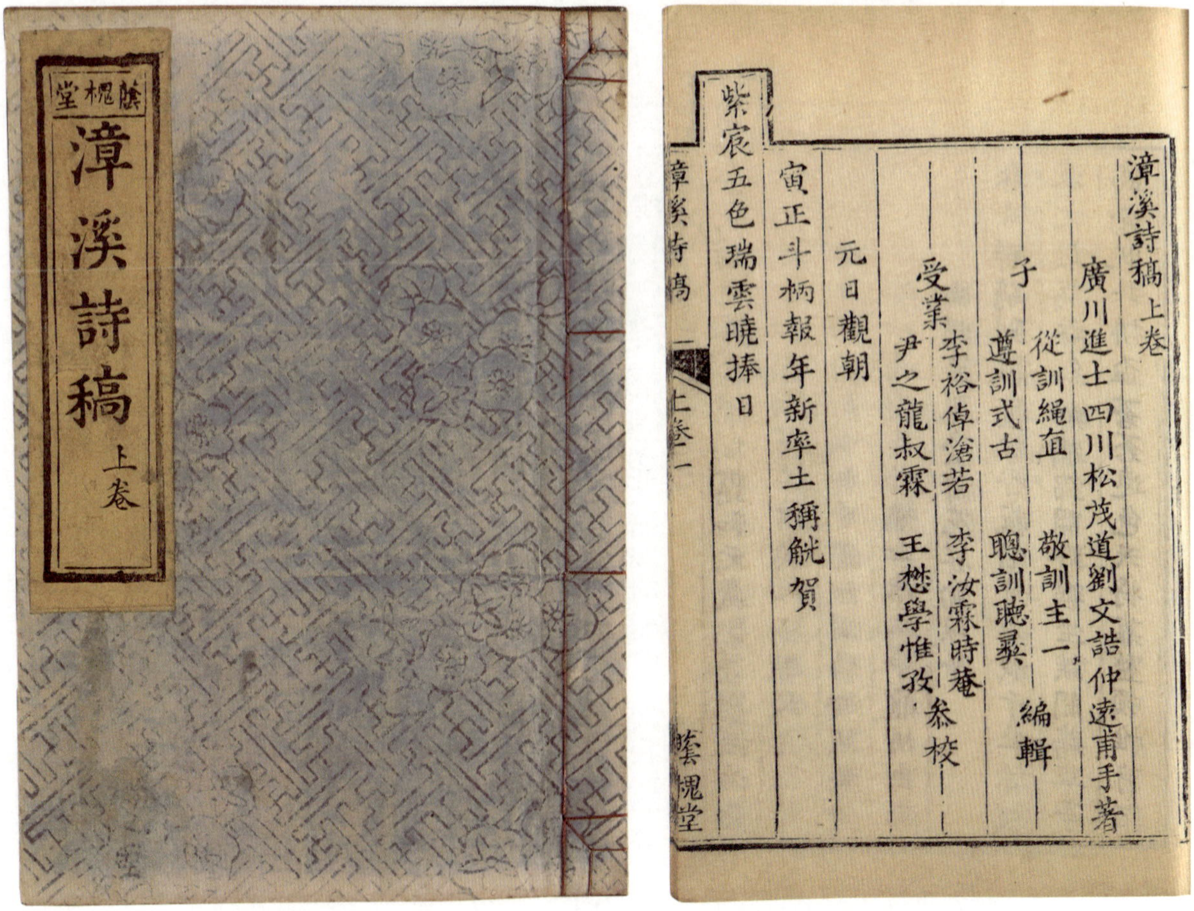

漳溪詩稿二卷補編一卷　（清）劉文誥著　清乾隆十年（1745）蔭槐堂刻本

框高 19.2 厘米，廣 14 厘米。半葉九行，行二十字，小字雙行同，白口，四周雙邊。3 册。

shan820

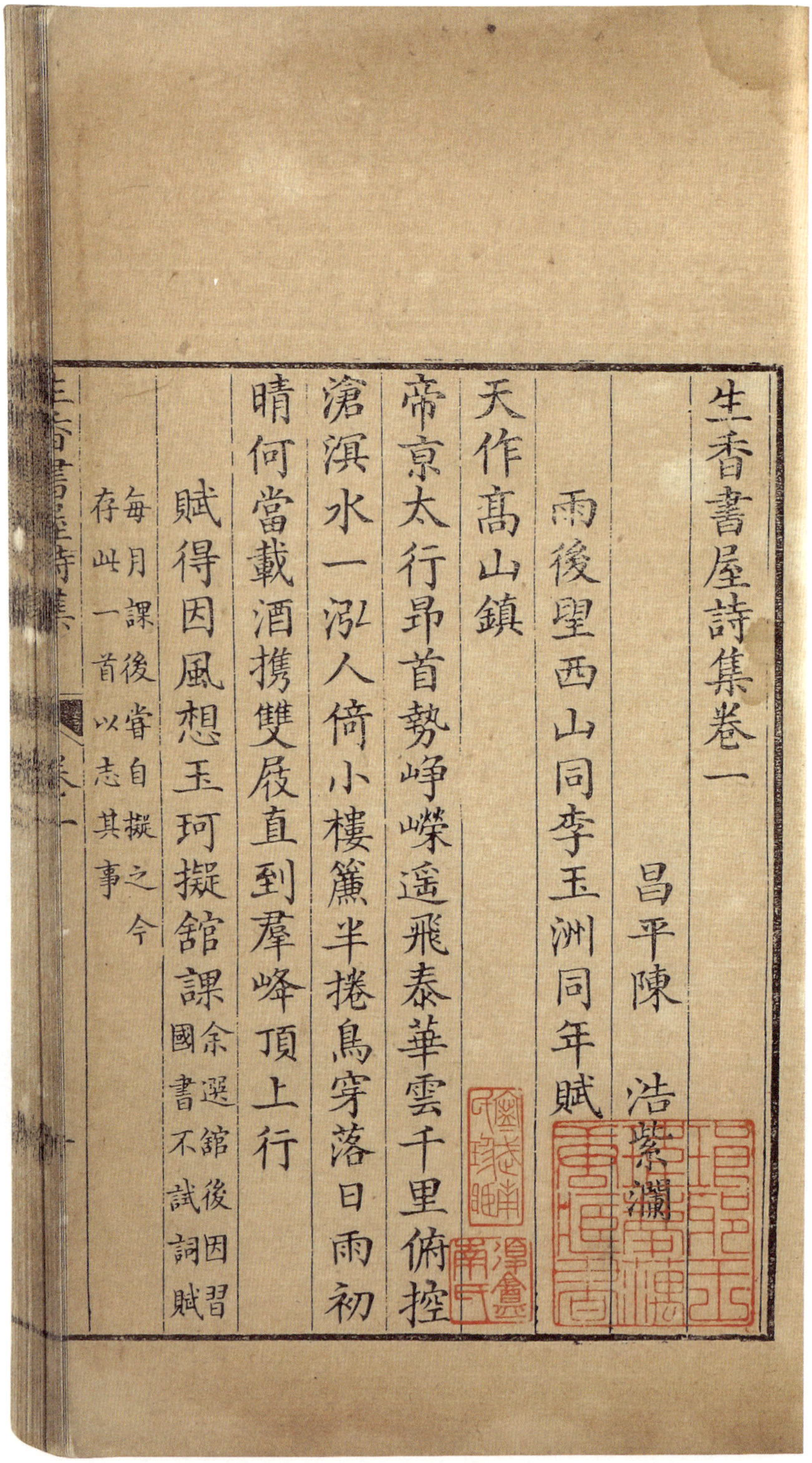

生香書屋詩集六卷附恩光集一卷 （清）陳浩撰 清初刻本

框高 17.5 厘米，廣 13.2 厘米。半葉九行，行十八字，小字雙行同，白口，左右雙邊。4 册。鈐“寧武南氏珍藏”朱文印、“得盦南氏”朱文印、“琅邪王瑋慶藕唐藏書”朱文印。

shan836

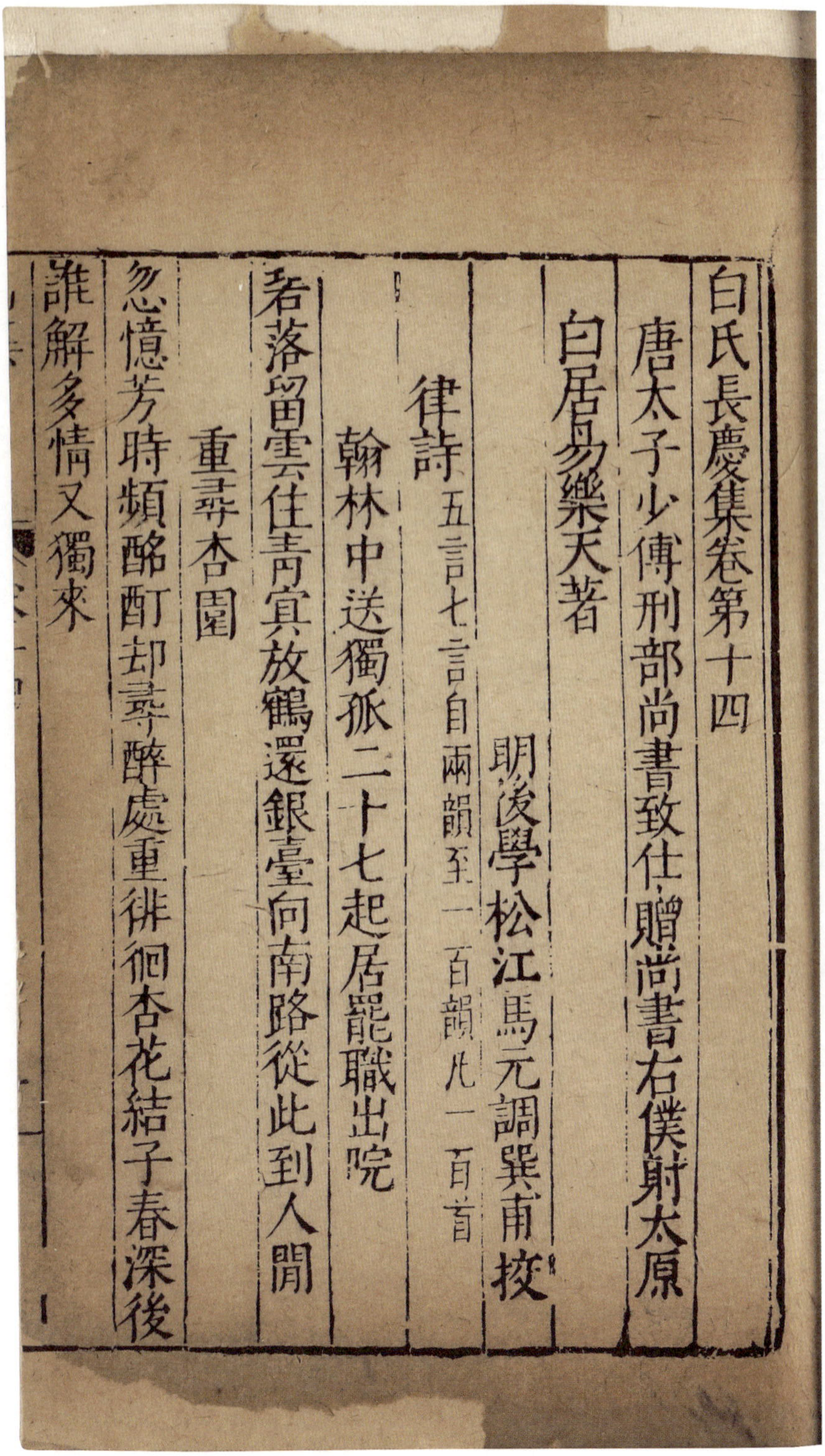

白氏長慶集七十一卷 （唐）白居易著 明萬曆馬元調刻本

框高 20 厘米，廣 14.5 厘米。半葉十行，行二十一字，小字雙行同，白口，左右雙邊。24 册。存五十八卷（十四至七十一）。

shan861

【總集類】

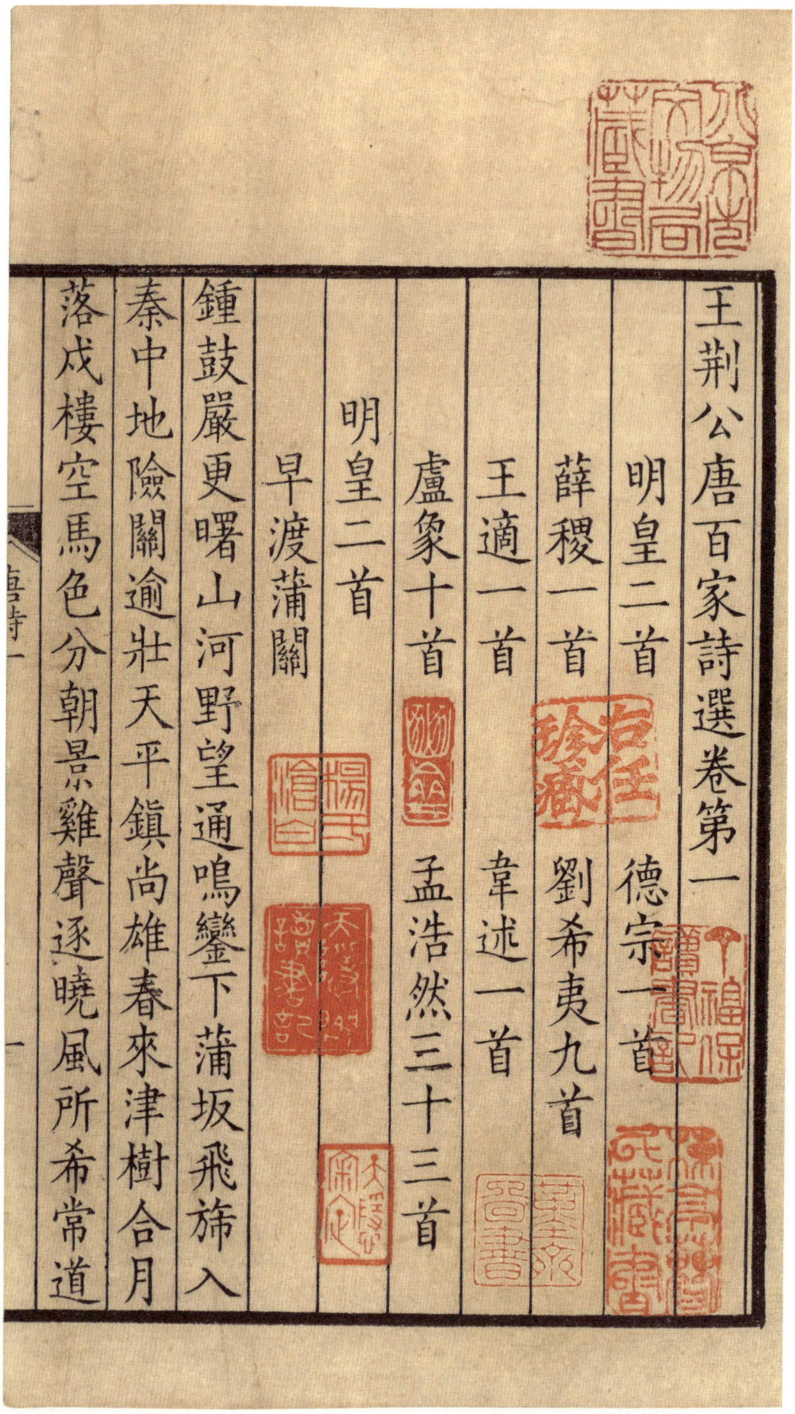
王荆公唐百家詩選卷第一

明皇二首　德宗一首

薛稷一首　劉希夷九首

王適一首　韋述一首

盧象十首　孟浩然三十三首

明皇二首

早渡蒲關

鍾鼓嚴更曙山河野望通鳴鑾下蒲坂飛旆入秦中地險關逾壯天平鎮尚雄春來津樹合月落戍樓空馬色分朝景雞聲逐曉風所希常道

王荆公唐百家詩選二十卷　（宋）王安石輯　清康熙刻本

框高 18.5 厘米，廣 14 厘米。半葉十行，行十八字，小字雙行二十三字，白口，左右雙邊。20 册。鈐“楝亭曹氏藏書”朱文印、“堇齋圖書”朱文印、“豳齋”白文印、“天隱閣讀書印”白文印、“右任珍藏”朱文印等。

二級 38hua16848

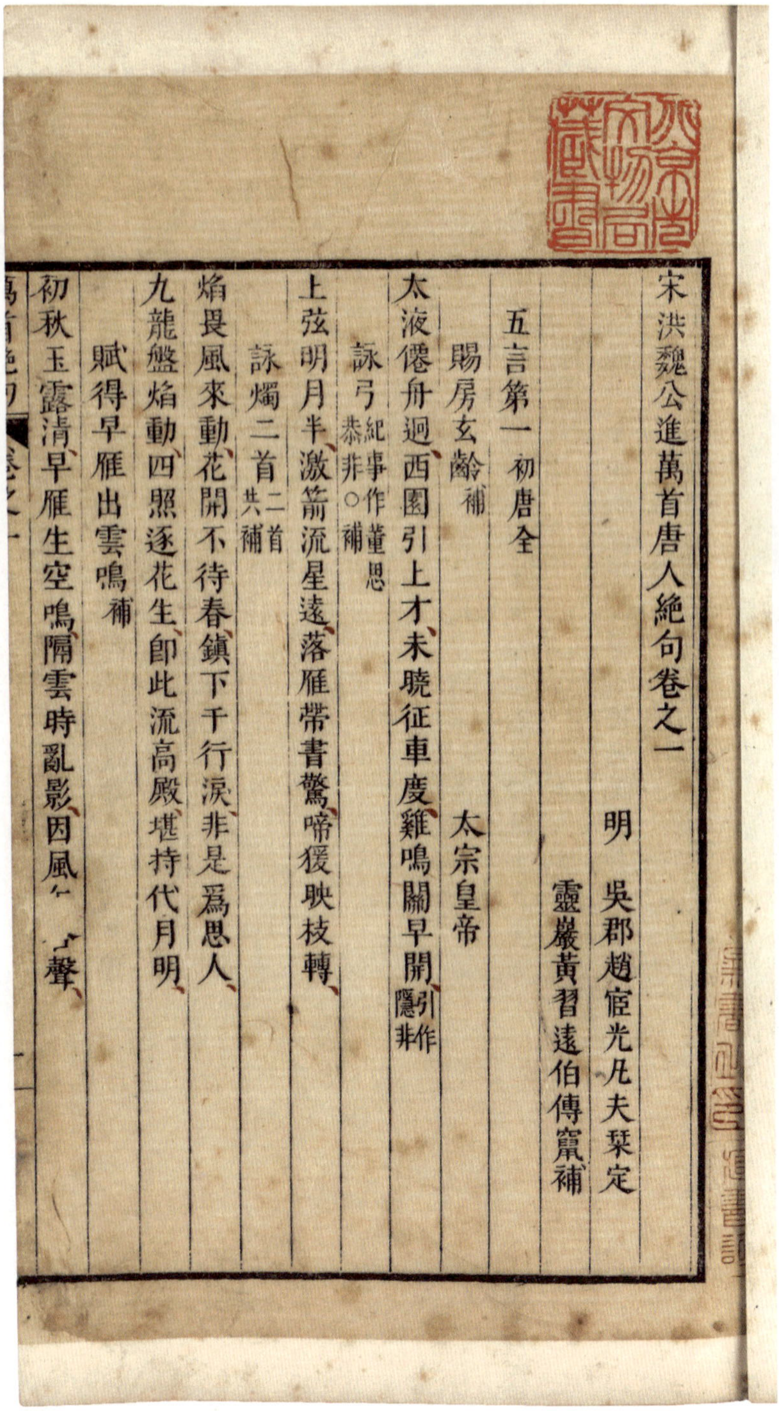

宋洪魏公進萬首唐人絶句四十卷　（宋）洪邁輯　明萬曆三十五年（1607）趙宧光刻本

框高 20.5 厘米，廣 14.3 厘米。半葉十三行，行二十八字，小字雙行同，白口，左右雙邊。24 册。

二級 39bei14

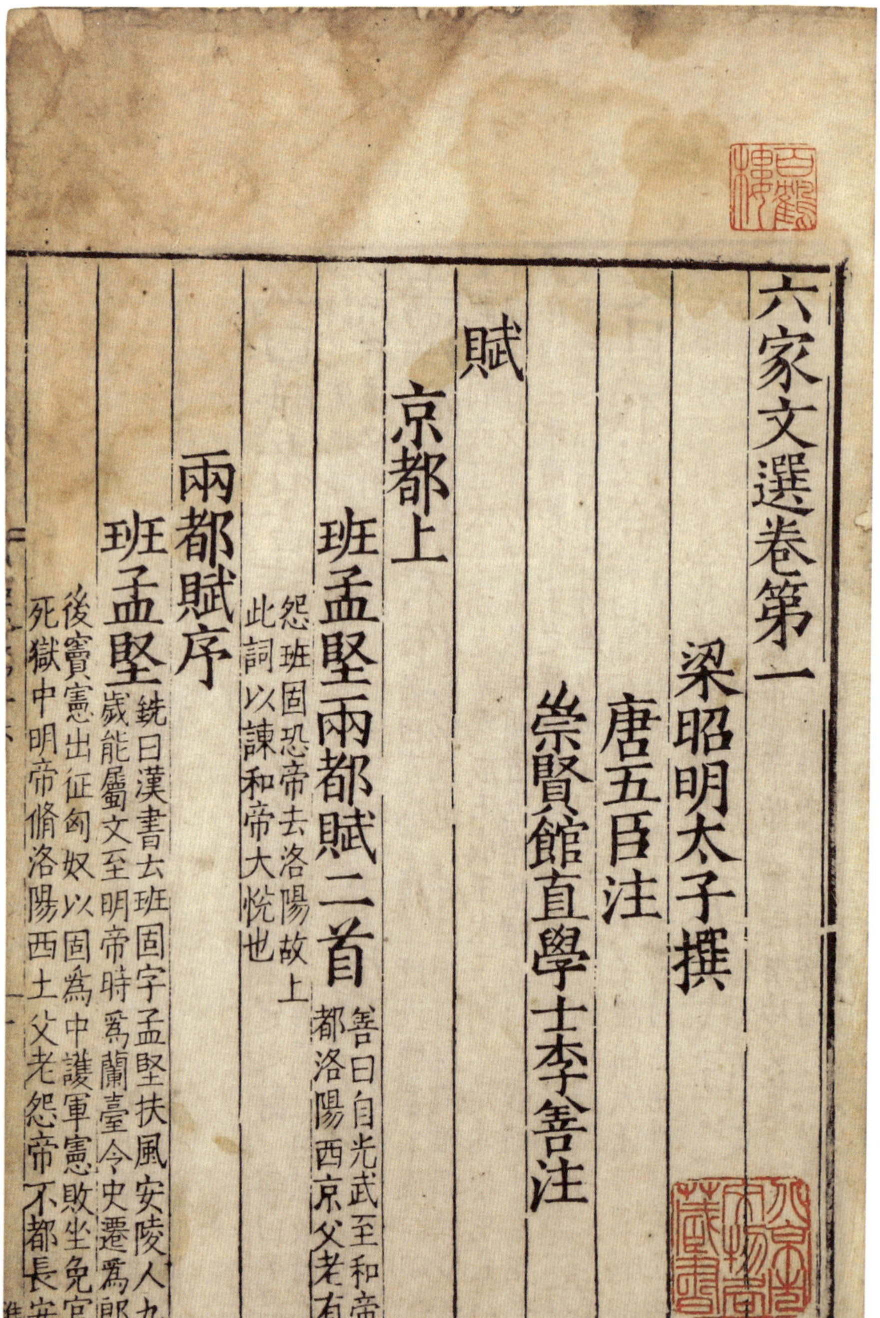

六家文選六十卷 （南朝梁）蕭統撰 （唐）李善等注 明嘉靖十三年至二十八年（1534-1549）袁褧嘉趣堂刻本

框高 24.2 厘米，廣 18.6 厘米。半葉十一行，行十八字，小字雙行二十六字，白口，左右雙邊。31 册。鈐“白鶴樓”朱文印。

二級 43pan10581

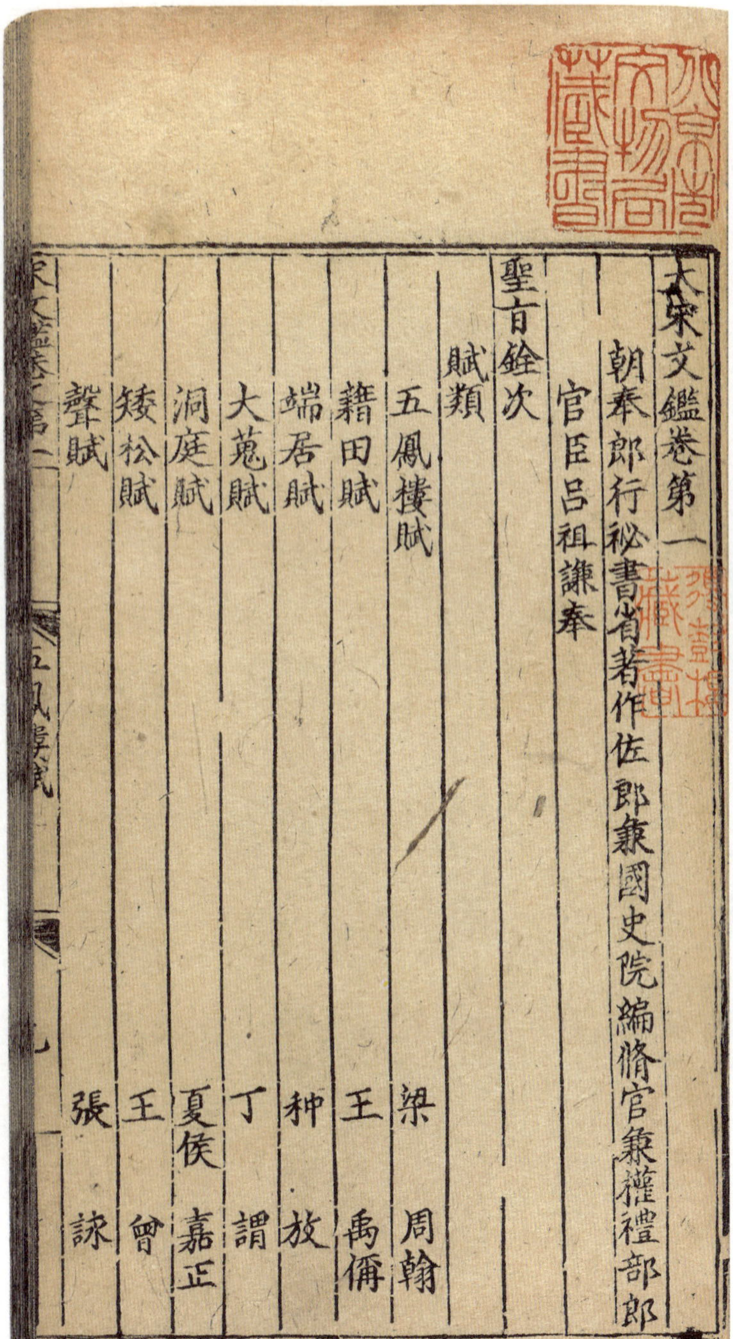
大宋文鑑卷第一
朝奉郎行秘書省著作佐郎兼國史院編脩官兼權禮部郎
官臣吕祖謙奉
聖旨銓次
賦類
五鳳樓賦　梁　周翰
籍田賦　王　禹偁
端居賦　种　放
大蒐賦　丁　謂
洞庭賦　夏侯　嘉正
矮松賦　王　曾
聲賦　張　詠

大宋文鑑一百五十卷　（宋）吕祖謙輯　明正德十三年（1518）慎獨齋刻本

框高 18.4 厘米，廣 11.8 厘米。半葉十二行，行二十五字，細黑口，四周雙邊。20 册。鈐“得對樓藏書”朱文印。

二級 45gu10619

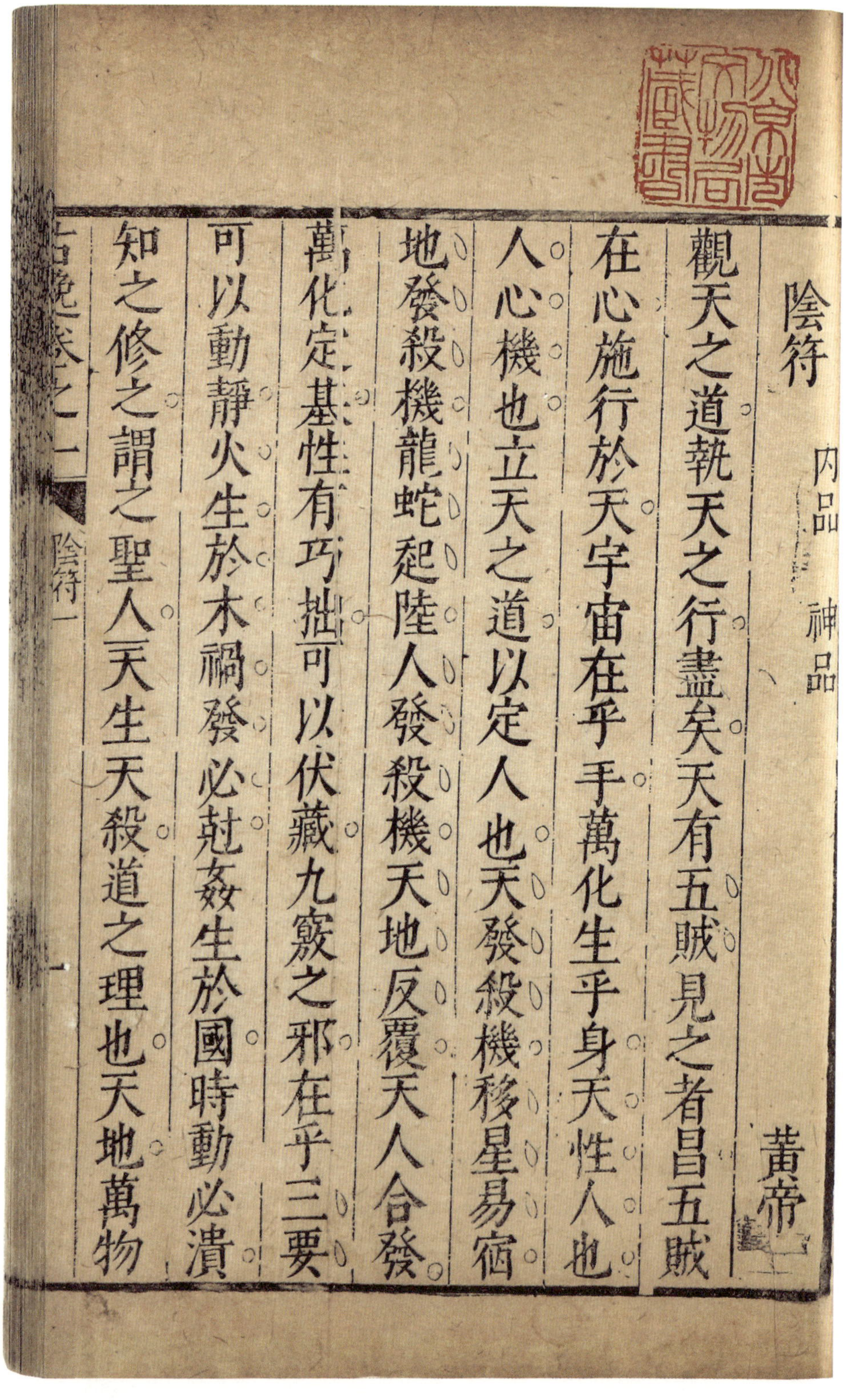

古逸書三十卷首一卷末一卷 （明）潘基慶選注 明萬曆刻本

框高 21 厘米，廣 15.6 厘米。半葉八行，行二十字，白口，四周單邊。16 册。

二級 47pan10705

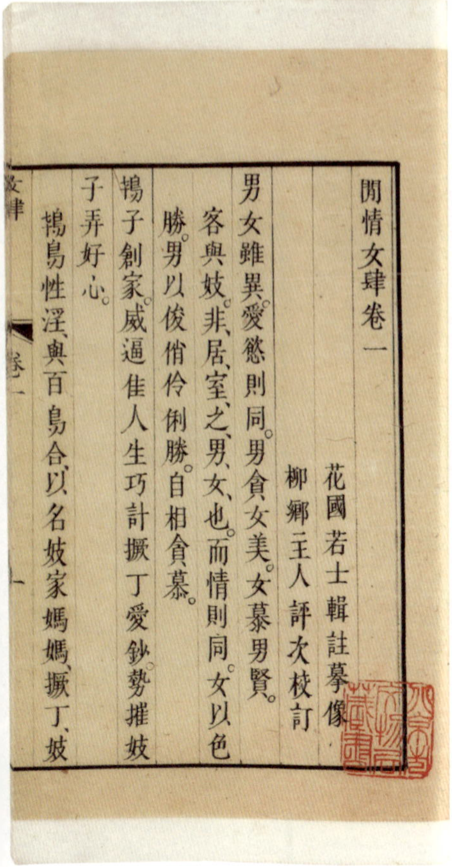
閒情女肆卷一
花國若士輯註摹像
柳鄉主人評次校訂
男女雖異愛慾則同男貪女美女慕男賢
客與妓非居室之男女也而情則同女以色
勝男以俊俏伶俐勝自相貪慕
鴇子創家威逼佳人生巧計撇丁愛鈔勢摧妓
子弄好心
鴇鳥性淫與百鳥合以名妓家媽媽撇丁妓

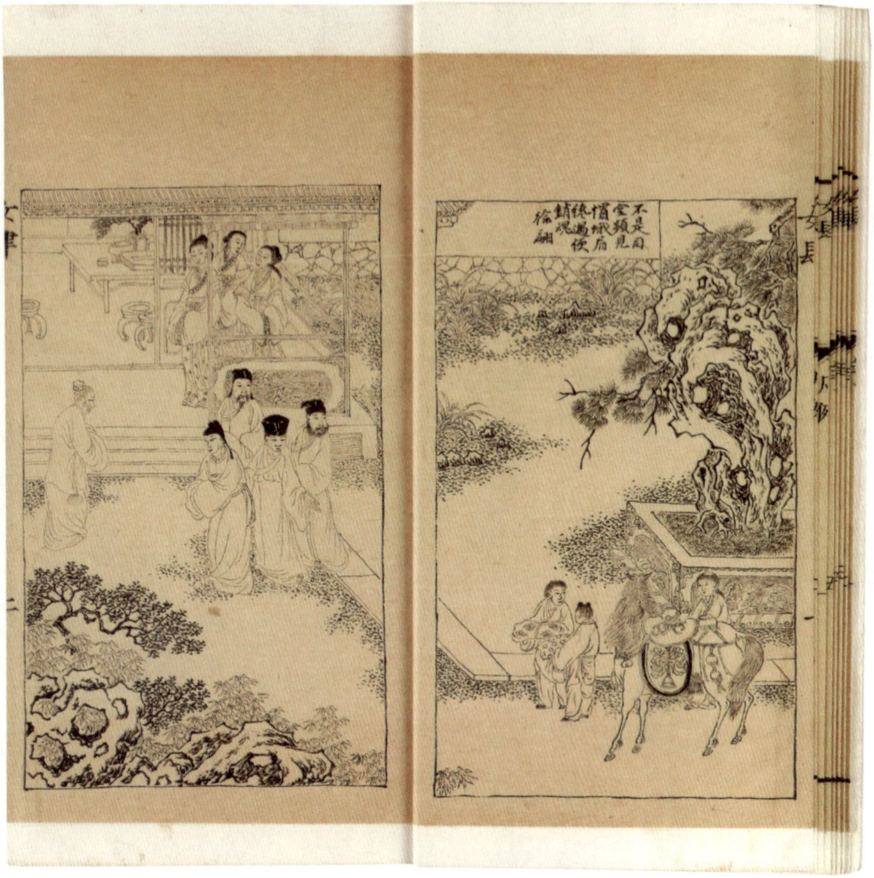

閒情女肆四卷　（明）張夢征輯　（明）李萬化重訂　民國影寫本

框高 20 厘米，廣 13.5 厘米。半葉九行，行十八字，白口，左右雙邊。4 册。

二級 48hua10706

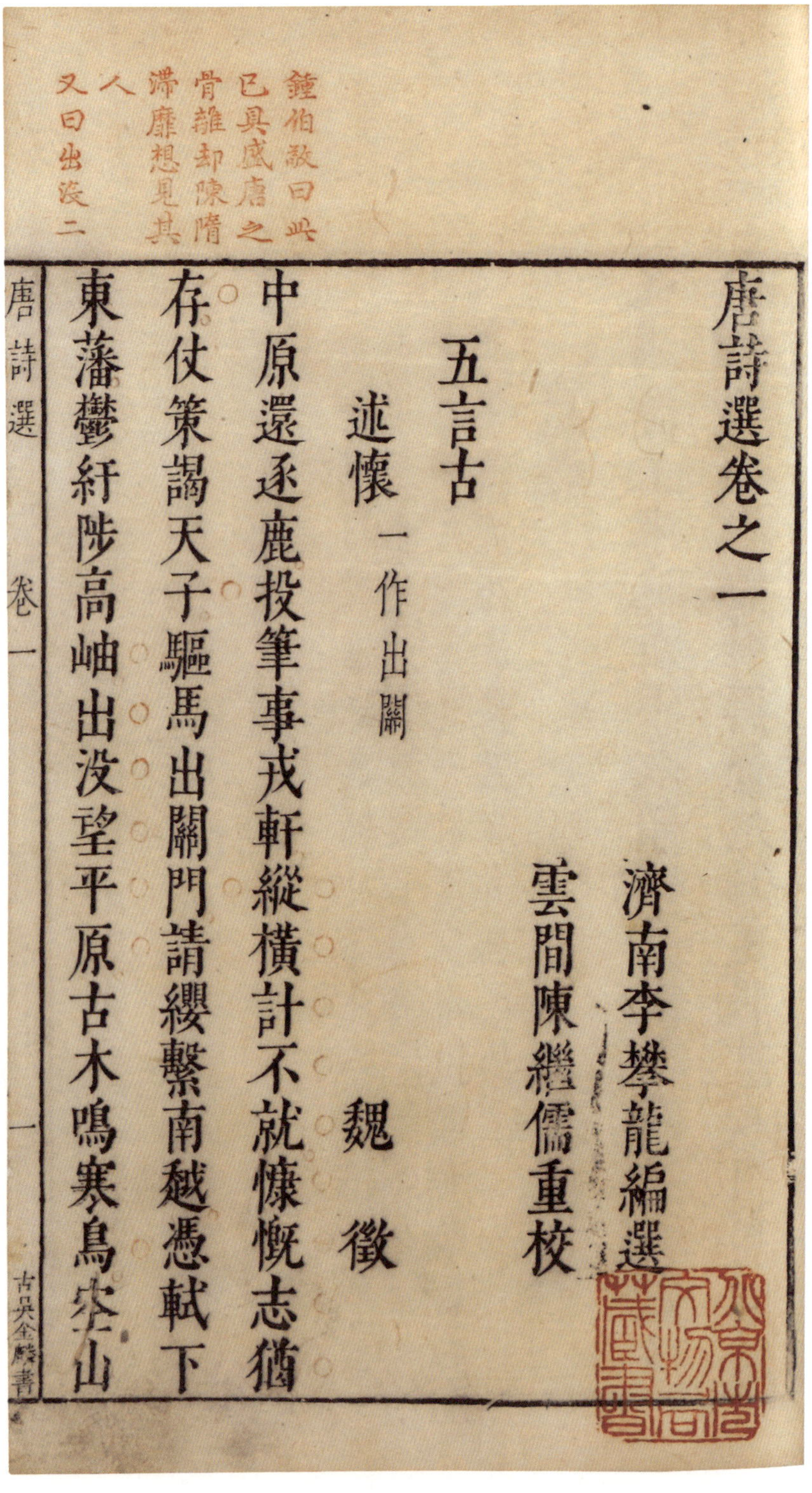
鍾伯敬曰此已具盛唐之骨雜却陳隋滞靡想見其人
又曰出没二

唐詩選卷之一

濟南李攀龍編選
雲間陳繼儒重校

五言古

述懷 一作出關　魏徵

中原還逐鹿投筆事戎軒縱横計不就慷慨志猶
存仗策謁天子驅馬出關門請纓繫南越憑軾下
東藩鬱紆陟高岫出没望平原古木鳴寒鳥空山

唐詩選　卷一　一

唐詩選七卷附錄一卷　（明）李攀龍編選　明萬曆刻朱墨印本

框高 20.5 厘米，廣 14.5 厘米。半葉八行，行十九字，小字雙行同，白口，四周單邊，無格。6 册。有跋。

二級 50gu10867

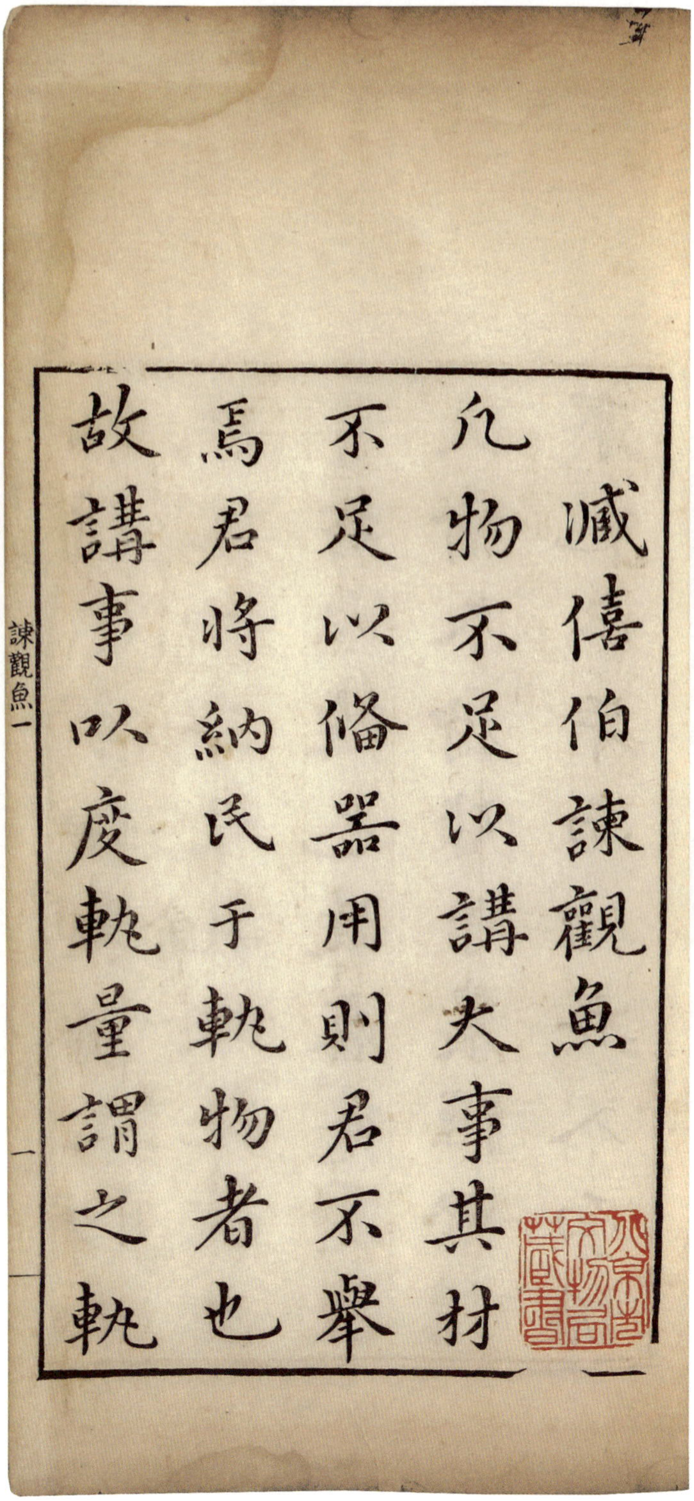

諫觀魚一

臧僖伯諫觀魚
凡物不足以講大事其材
不足以備器用則君不舉
焉君将納民于軌物者也
故講事以度軌量謂之軌

一

廣文字會寶不分卷　（明）朱文治輯　明萬曆三十六年（1608）閩建書林葉見遠刻本

框高 22.6 厘米，廣 14.6 厘米。半葉行、字數不等，白口，四周單邊，無格。8 册。

二級 51cang10879

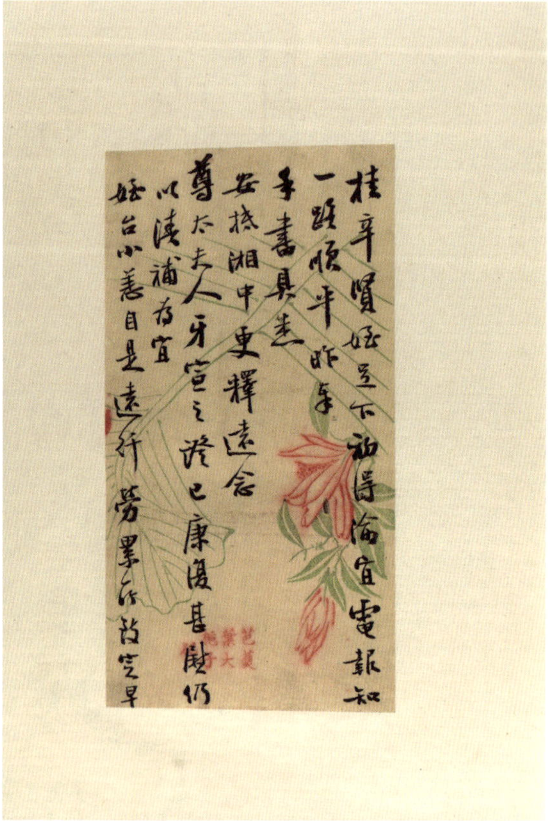

止盦相國遺札　（清）瞿鴻機撰　清末稿本

册高 37.1 厘米，廣 21.2 厘米。半葉行、字數不等，白口，無框格。2 册。鈐“章士釗印”白文印、“行嚴”朱文印、“存素堂”朱文印、“于漢曹褒同字”白文印等。有章士釗題簽并跋、瞿宣穎跋、朱啓賢題記。

二級 52sun11162

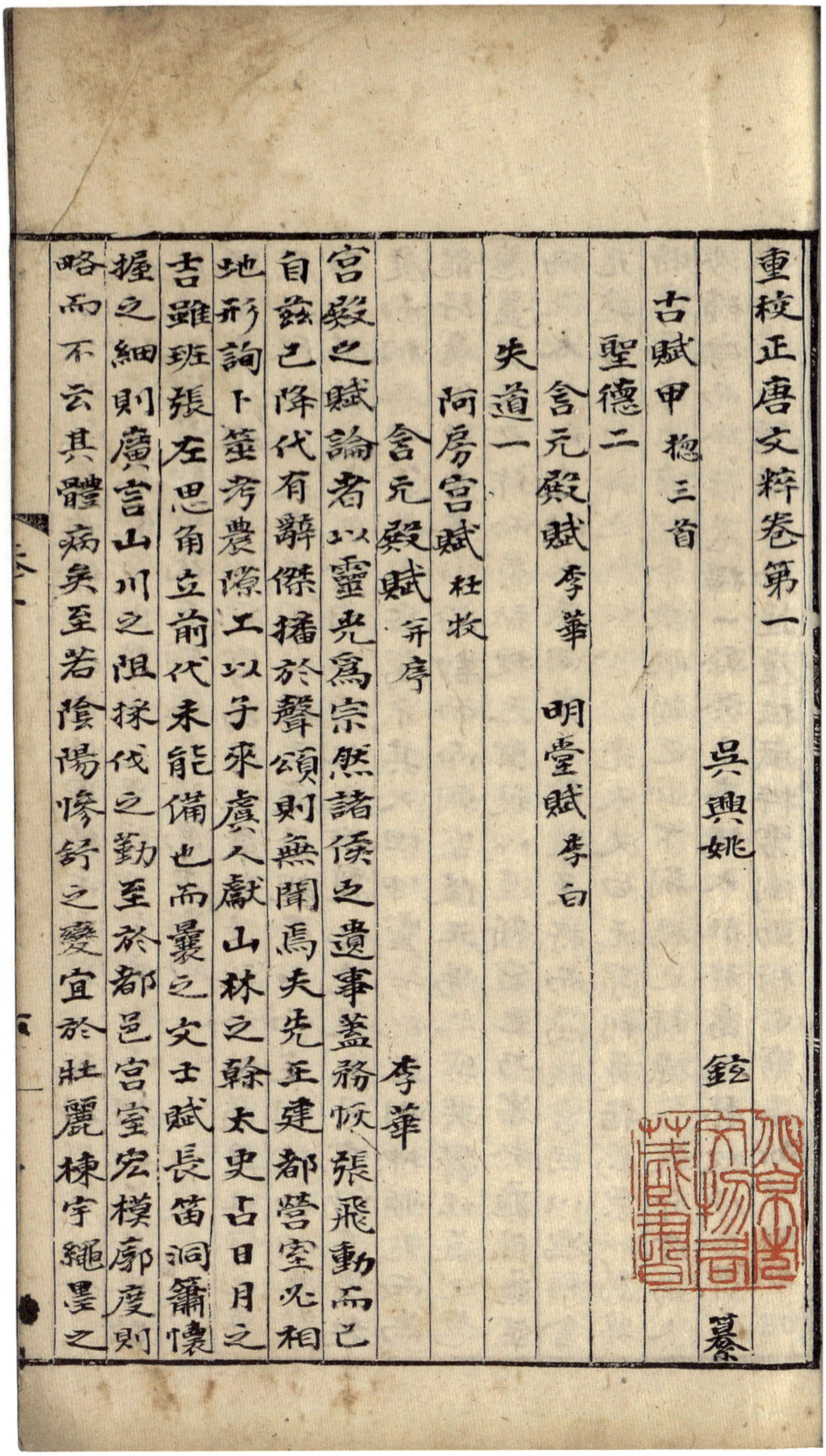

重校正唐文粹卷第一　　吳興姚　　鉉　　纂
古賦甲 摠三首
聖德二
含元殿賦 李華　明堂賦 李白
失道一
阿房宮賦 杜牧
含元殿賦 并序　　李華
宮殿之賦論者以靈光為宗然諸侯之遺事蓋務恢張飛動而已自茲已降代有辭傑播於聲頌則無聞焉夫先王建都營室必相地形詢卜筮考農隙工以子來虞人獻山林之幹太史占日月之吉雖班張左思角立前代未能備也而曩之文士賦長笛洞簫懷握之細則廣言山川之阻採伐之勤至於都邑宮室宏模廓度則略而不云其體病矣至若陰陽慘舒之變宜於壯麗棟宇繩墨之

重校正唐文粹一百卷　（宋）姚鉉纂　明嘉靖六年（1527）張大倫刻本

框高 19.8 厘米，廣 14.2 厘米。半葉十四行，行二十五字，白口，左右雙邊。16 册。

二級 56bei22

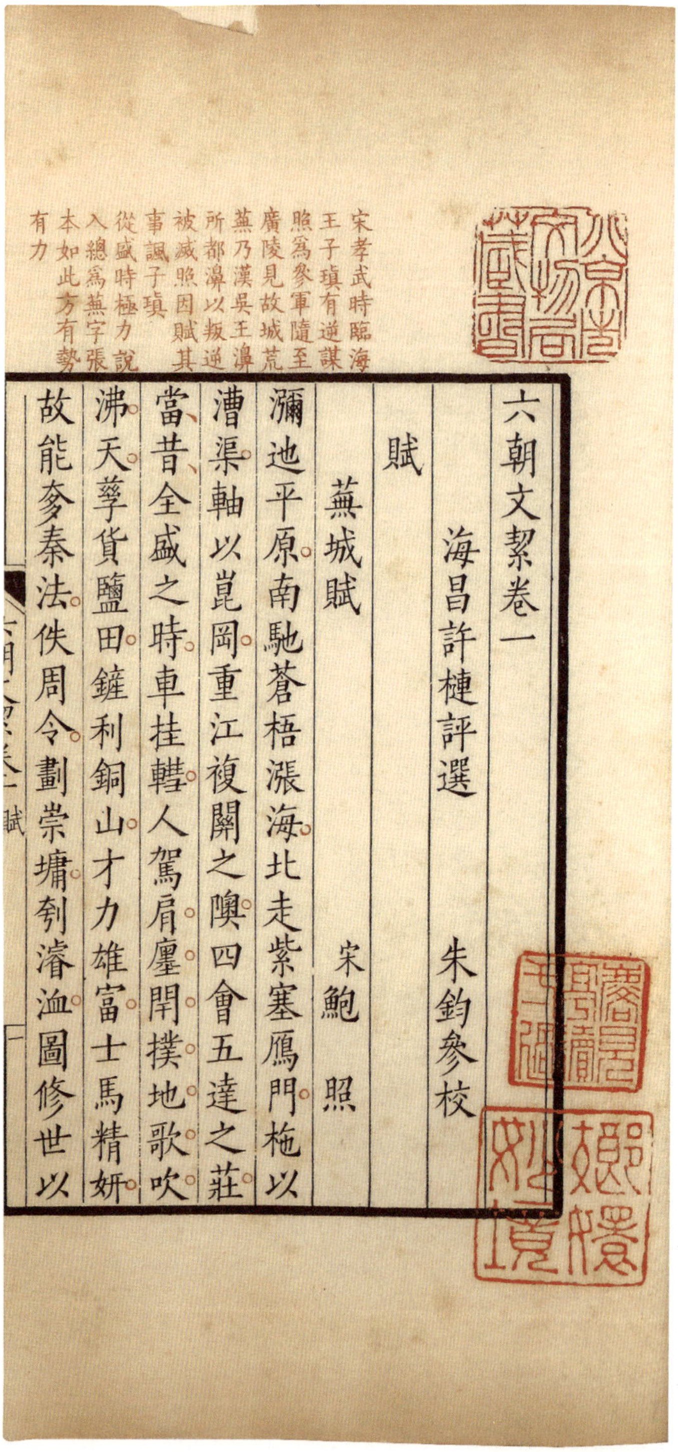
宋孝武時臨海王子頊有逆謀照爲參軍隨至廣陵見故城荒蕪乃漢吳王濞所都濞以叛逆被滅照因賦其事諷子頊從盛時極力說入總爲蕪字張本如此方有勢有力

六朝文絜卷一　海昌許槤評選　朱鈞參校

賦

蕪城賦　宋鮑照

瀰迆平原南馳蒼梧漲海北走紫塞鴈門柂以漕渠軸以崑岡重江複關之隩四會五達之莊當昔全盛之時車挂轊人駕肩廛閈撲地歌吹沸天孳貨鹽田鏟利銅山才力雄富士馬精妍故能奓秦法佚周令劃崇墉刳濬洫圖修世以

六朝文絜四卷　（清）許槤評選　（清）朱鈞參校　清道光五年（1825）許氏享金寶石齋刻朱墨印本

框高 17.3 厘米，廣 11.5 厘米。半葉九行，行十八字，黑口，左右雙邊。2 册。鈐“廔見亭讀弌過”朱文印、“嫏嬛妙境”朱文印。

二級 59pan10391

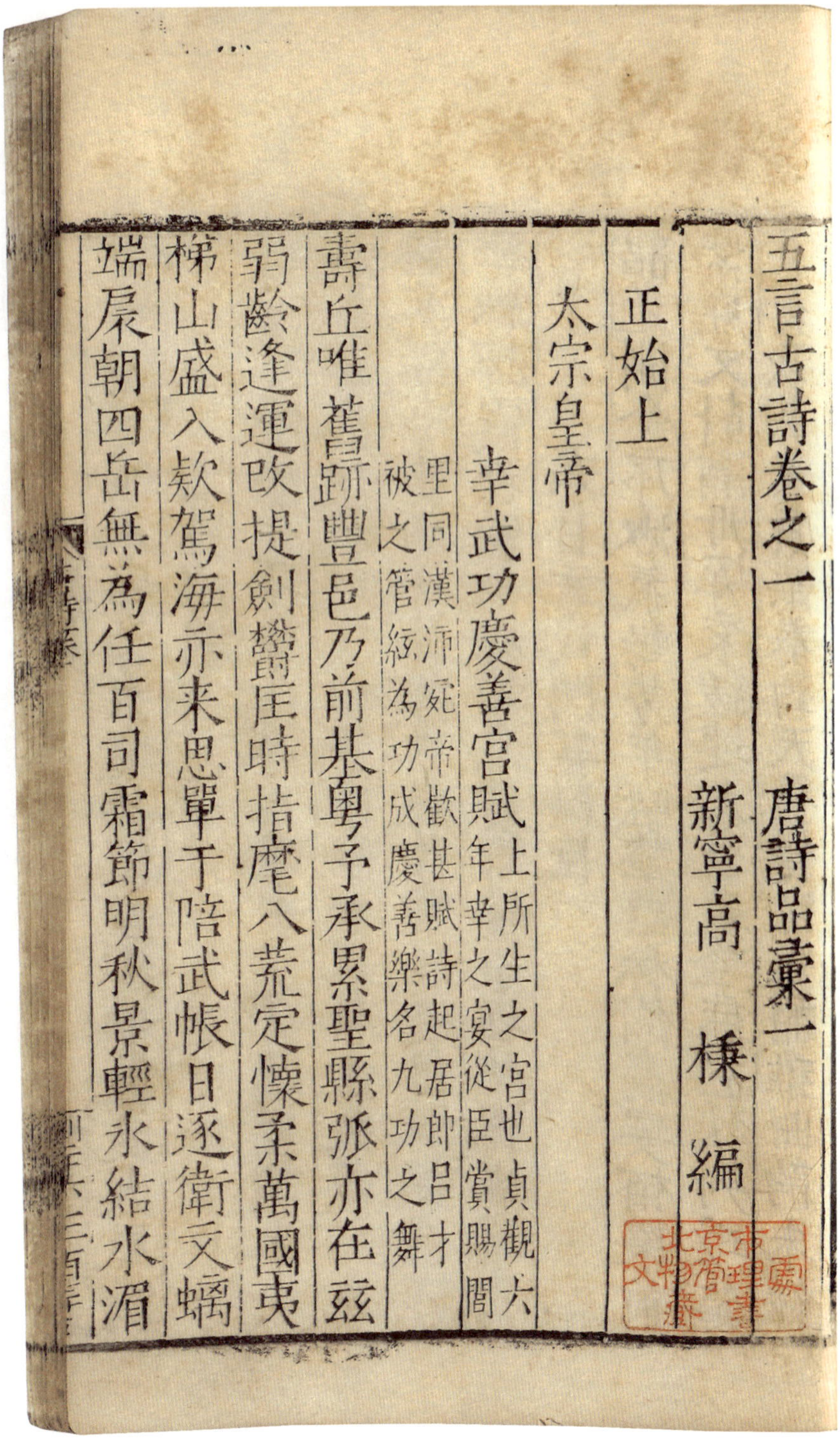

唐詩品彙九十卷拾遺十卷　（明）高棅編　明嘉靖十八年（1539）牛斗刻本

框高 21 厘米，廣 16 厘米。半葉十行，行二十字，小字雙行同，白口，左右雙邊。10 册。缺八卷（八十三至九十）。

二級 63pan9

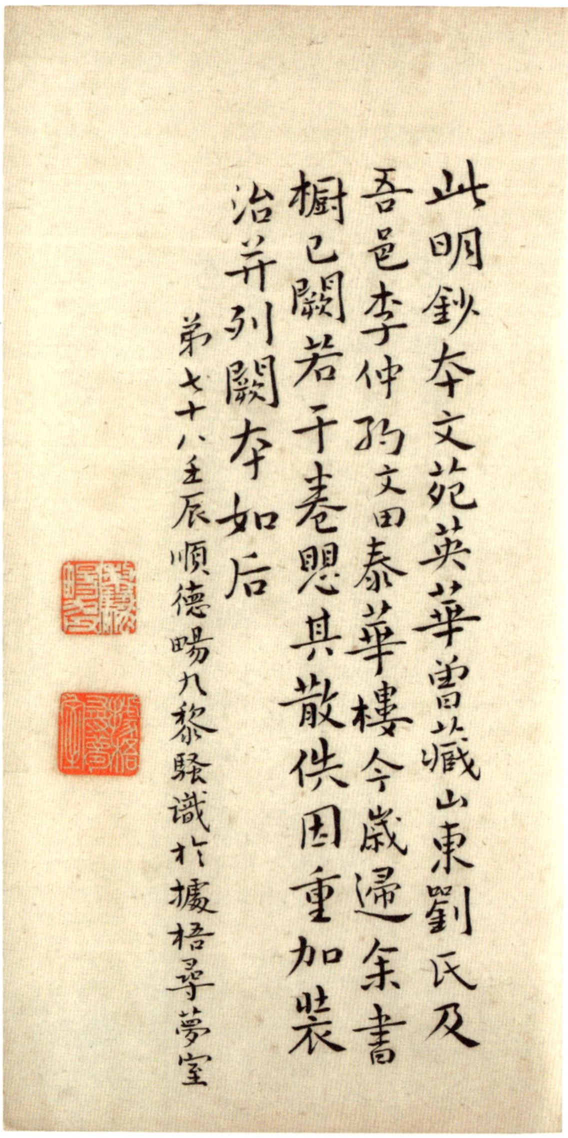
此明鈔本文苑英華曾藏山東劉氏及
吾邑李仲孫文田泰華樓今歲歸余書
橱已闕若干卷愳其散佚因重加裝
治并列闕卷如后
第七十八壬辰順德暘九黎騷識於據梧尋夢室

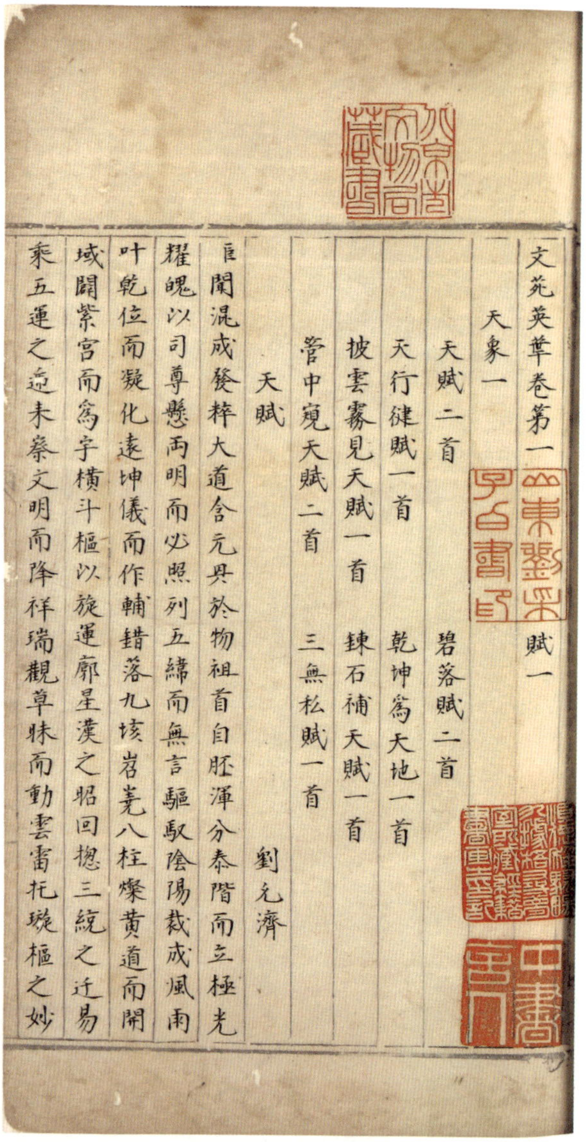
文苑英華卷第一　賦一
天象一
天賦二首　碧落賦二首
天行健賦一首　乾坤爲天地一首
披雲霧見天賦一首　鍊石補天賦一首
管中窺天賦二首　三無私賦一首
天賦　劉允濟
臣聞混成發粹大道含元丹於物祖首自胚渾分泰階而立極光
耀魄以司尊懸丙明而必照列五緯而無言驅馭陰陽裁成風雨
叶乾位而凝化遠坤儀而作輔錯落九垓岩荛八柱爍黃道而開
域闢紫宮而爲宇横斗樞以旋運廓星漢之昭回揔三統之迁易
乘五運之迭来叅文明而降祥瑞覩草昧而動雲雷托璣樞之妙

文苑英華一千卷　（宋）李昉等輯　明抄本（卷七百三十末葉抄配、七百三十一抄配四葉）

框高 23 厘米，廣 15.5 厘米。半葉十二行，行二十五字，白口，四周雙邊。158 册。鈐“中書舍人”白文印、“山東劉采子白書印”朱文印等。有黎騷跋。缺一百九十九卷（三十一至四十、一百五十一至一百六十、二百五十一至二百七十、三百一至三百十、三百八十至三百九十九、四百十至四百十九、五百十七至五百二十八、五百九十九至六百九、六百五十一至六百五十八、七百十一至七百十九、七百六十一至七百七十九、七百九十二至八百一、八百三十五至八百四十三、八百八十五至九百四、九百十五至九百二十四、九百五十九至九百六十九）。

二級 75k4

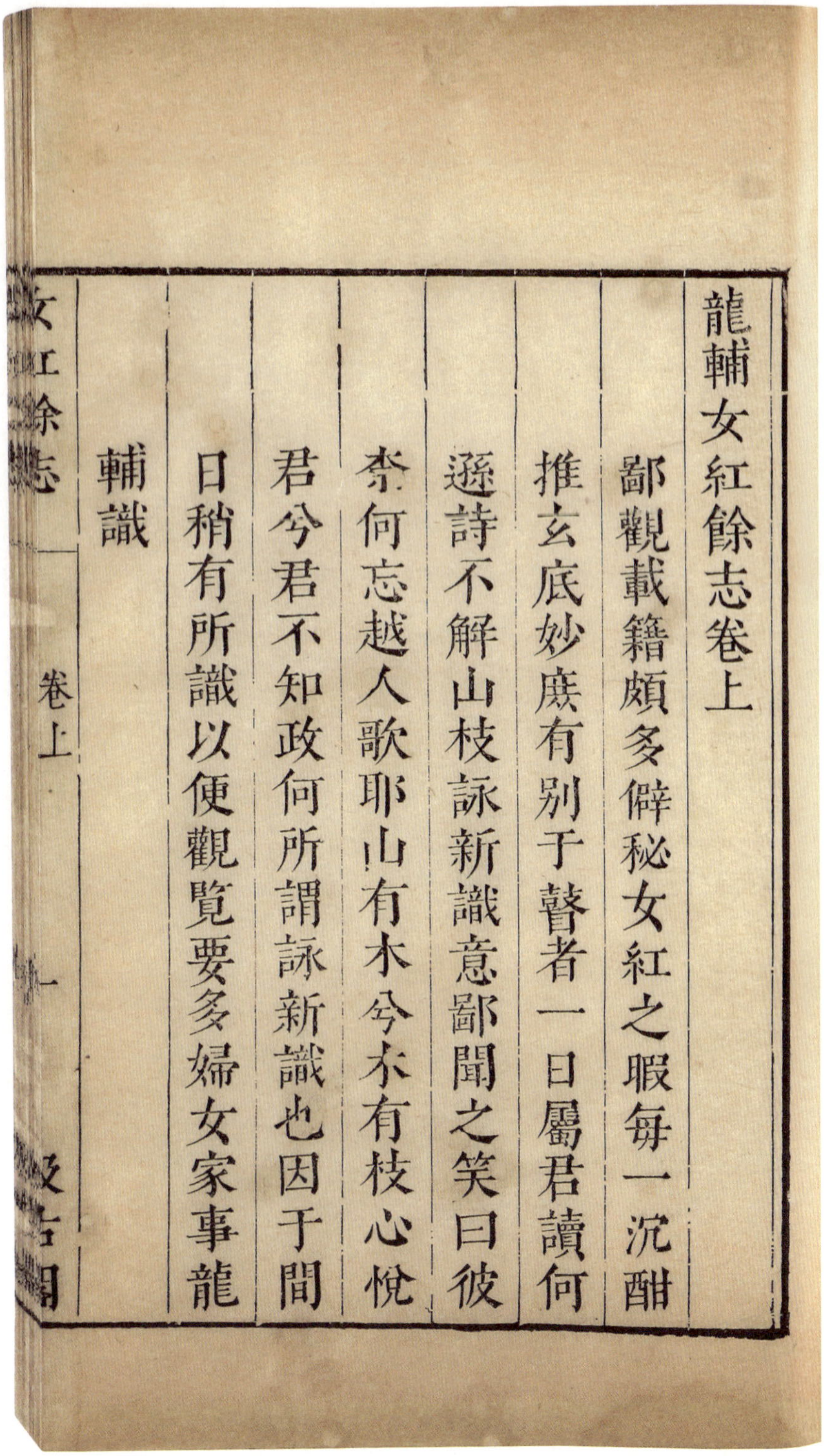
龍輔女紅餘志卷上
鄙觀載籍頗多僻秘女紅之暇每一沉酣
推玄底妙庻有别于贅者一日屬君讀何
遜詩不解山枝詠新識意鄙聞之笑曰彼
柰何忘越人歌耶山有木兮木有枝心悦
君兮君不知政何所謂詠新識也因于間
日稍有所識以便觀覽要多婦女家事龍
輔識

女紅餘志 卷上 一 汲古閣

詩詞雜俎十六種 （明）毛晋輯 明天啓五年（1625）毛氏汲古閣刻本

框高 18.9 厘米，廣 13.5 厘米。半葉八行，行十九字（間有十八字），白口，左右雙邊。10 册。

二級 155shan10

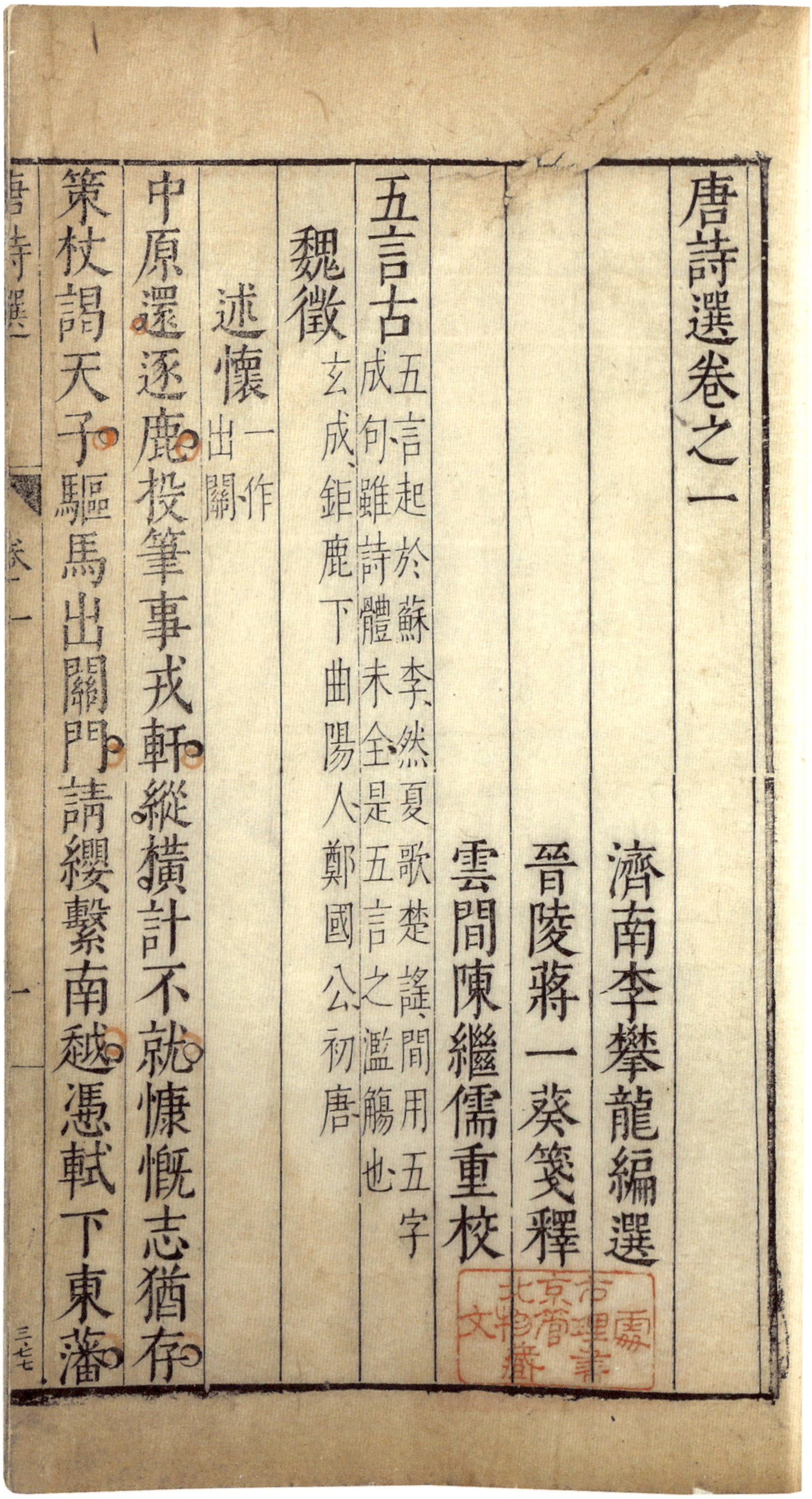
唐詩選卷之一
濟南李攀龍編選
晉陵蔣一葵箋釋
雲間陳繼儒重校
五言古 五言起於蘇李然夏歌楚謠間用五字成句雖詩體未全是五言之濫觴也
魏徵 玄成鉅鹿下曲陽人鄭國公初唐
述懷 一作出關
中原還逐鹿投筆事戎軒縱橫計不就慷慨志猶存
策杖謁天子驅馬出關門請纓繫南越憑軾下東藩

唐詩選七卷附一卷　（明）李攀龍編選　（明）蔣一葵箋釋　明萬曆刻本

框高 22.7 厘米，廣 14.4 厘米。半葉九行，行二十字，小字雙行同，白口，左右雙邊。6 册。

二級 167shan37

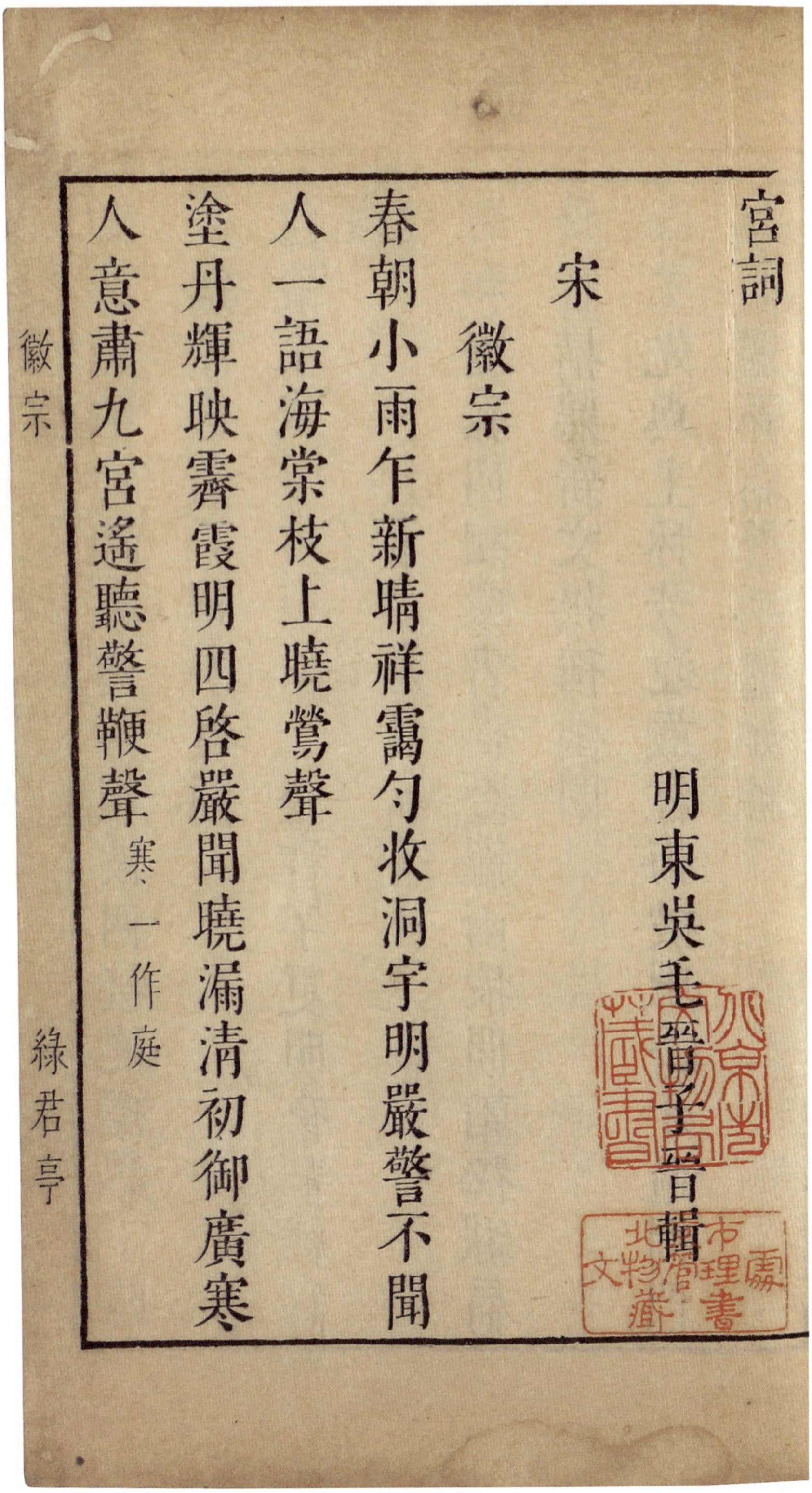
宮詞　　明東吳毛晉輯

宋

徽宗

春朝小雨乍新晴祥靄勻收洞宇明嚴警不聞
人一語海棠枝上曉鶯聲
塗丹輝映霽霞明四啓嚴閽曉漏清初御廣寒
人意肅九宮遙聽警鞭聲寒一作庭

徽宗　　綠君亭

二家宮詞二卷　（明）毛晉輯　明末汲古閣刻詩詞雜俎本

框高 20.3 厘米，廣 13.1 厘米。半葉八行，行十八字，白口，四周單邊，無格。1 册。

二級 176shan48

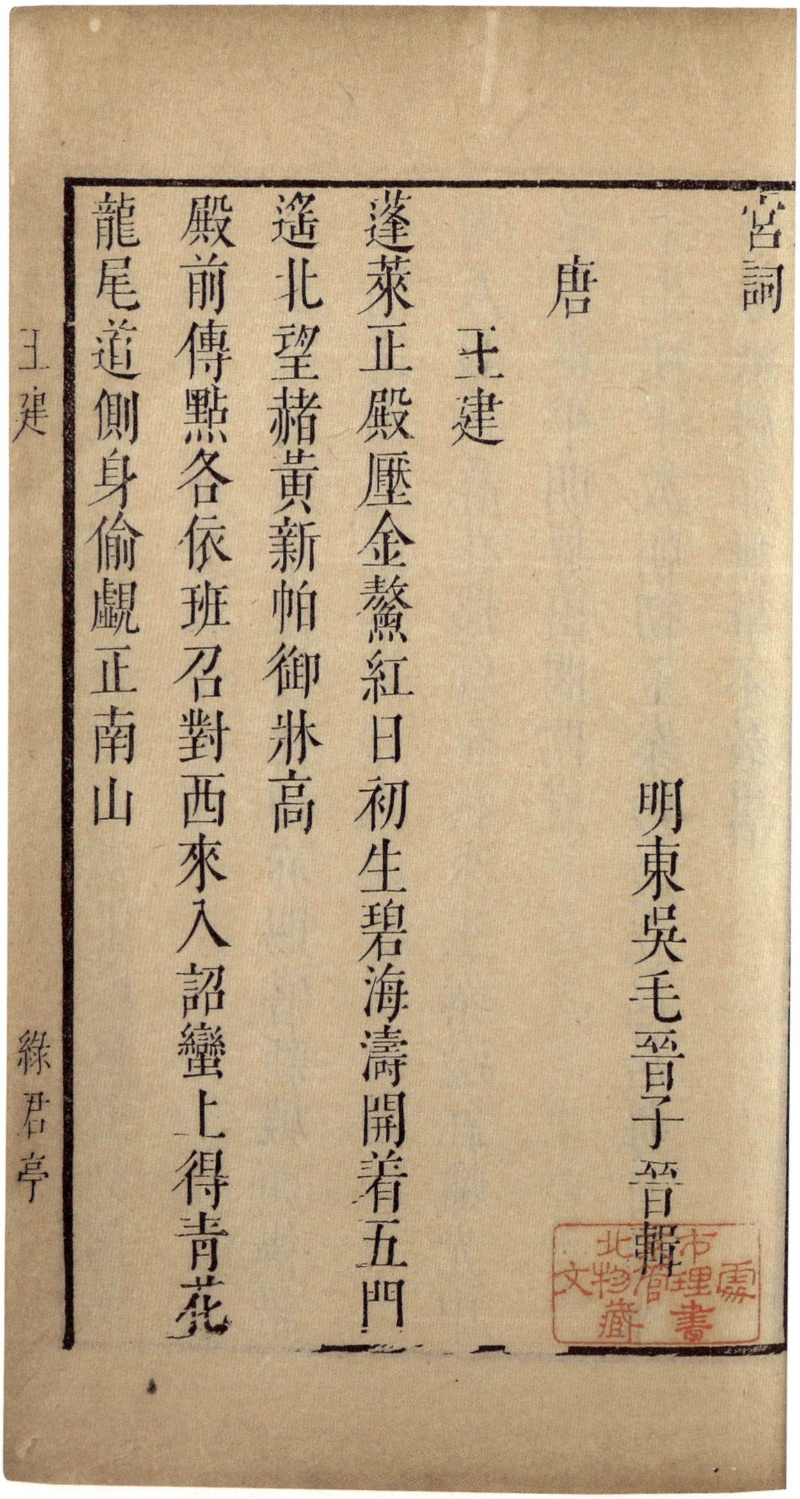
宮詞
唐
王建
明東吳毛晉子晉輯
蓬萊正殿壓金鰲紅日初生碧海濤開着五門
遥北望赭黄新帕御牀高
殿前傳點各依班召對西來入詔鑾上得青花
龍尾道側身偷覷正南山
王建　綠君亭

三家宮詞三卷　（明）毛晉輯　明末汲古閣刻詩詞雜俎本

框高 20.3 厘米，廣 13.1 厘米。半葉八行，行十八字，白口，四周單邊，無格。1 册。

二級 177shan49

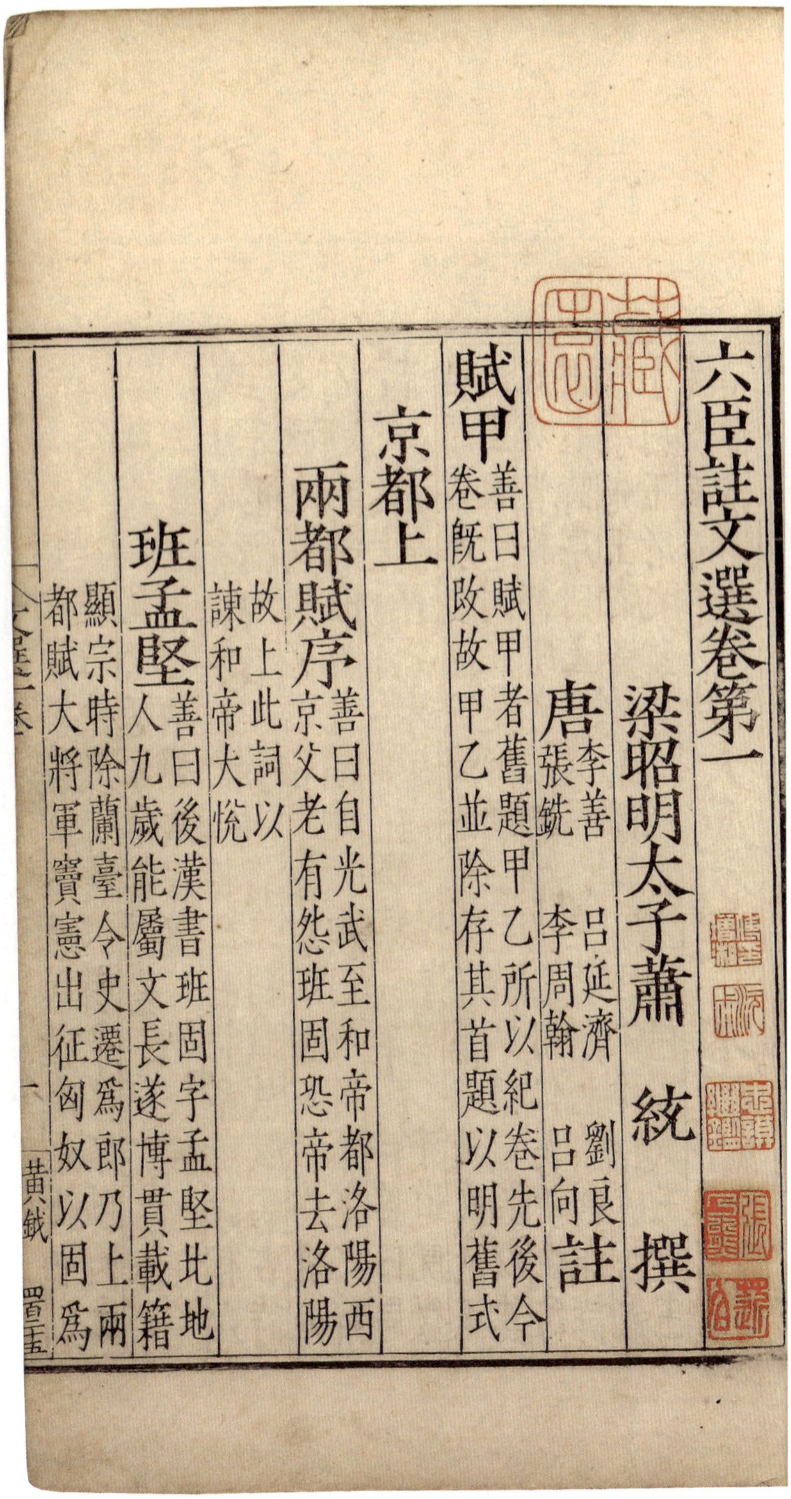

六臣註文選六十卷　（南朝梁）蕭統撰　（唐）李善等註　明嘉靖刻本

框高 20.3 厘米，廣 14.6 厘米。半葉九行，行十八字，小字雙行同，白口，四周雙邊。60 册。鈐“藏園”朱文印、“沅叔”朱文印、“張乃熊”半朱半白印、“雙鑒樓”朱文印等。

二級 182shan54

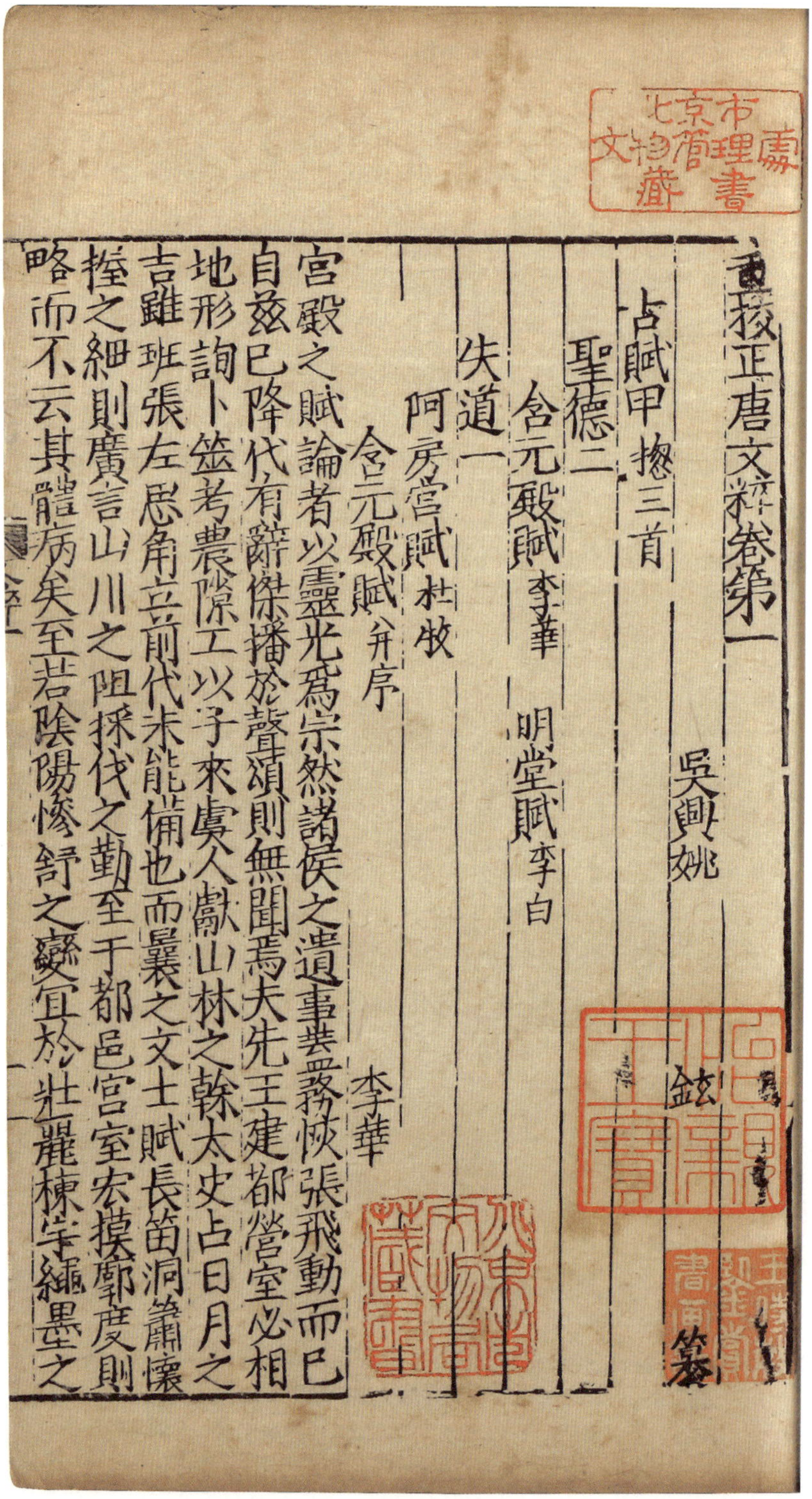

重校正唐文粹一百卷　（宋）姚鉉纂　明嘉靖張大輪刻本

框高20.1厘米，廣13.4厘米。半葉十四行，行二十五字，白口，四周單邊。40册。鈐“王時敏鑒賞書畫記”白文印、“怡親王寶”朱文印等。

二級 194shan78

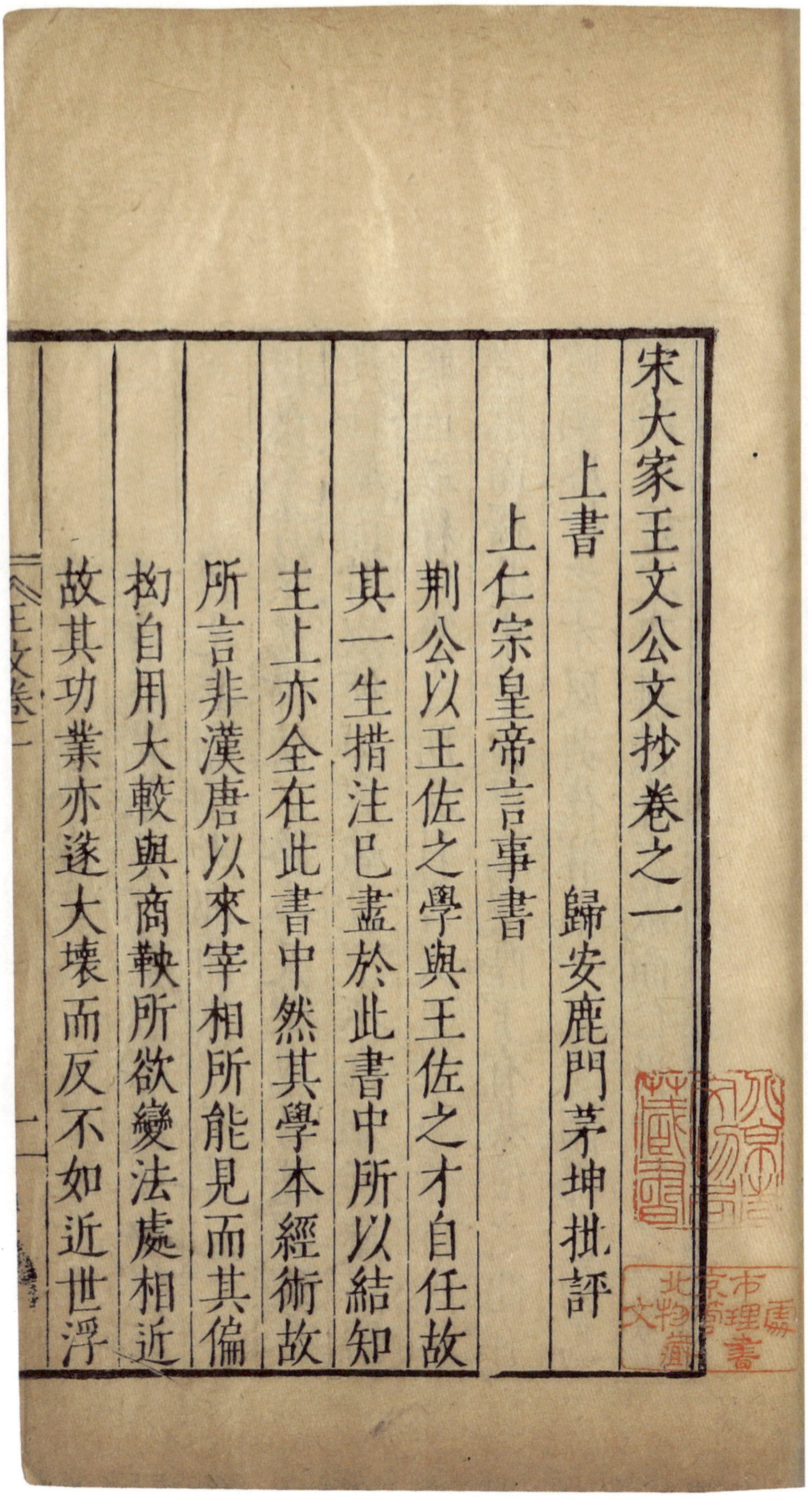
宋大家王文公文抄卷之一
上書　歸安鹿門茅坤批評
上仁宗皇帝言事書
荆公以王佐之學與王佐之才自任故
其一生措注已盡於此書中所以結知
主上亦全在此書中然其學本經術故
所言非漢唐以來宰相所能見而其偏
拗自用大較與商鞅所欲變法處相近
故其功業亦遂大壞而反不如近世浮

宋大家王文公文抄十六卷　（宋）王安石撰　（明）茅坤批評　明萬曆刻唐宋八大家文抄本

框高 20.3 厘米，廣 13.4 厘米。半葉九行，行十九字，白口，左右雙邊。2 册。

二級 195shan79

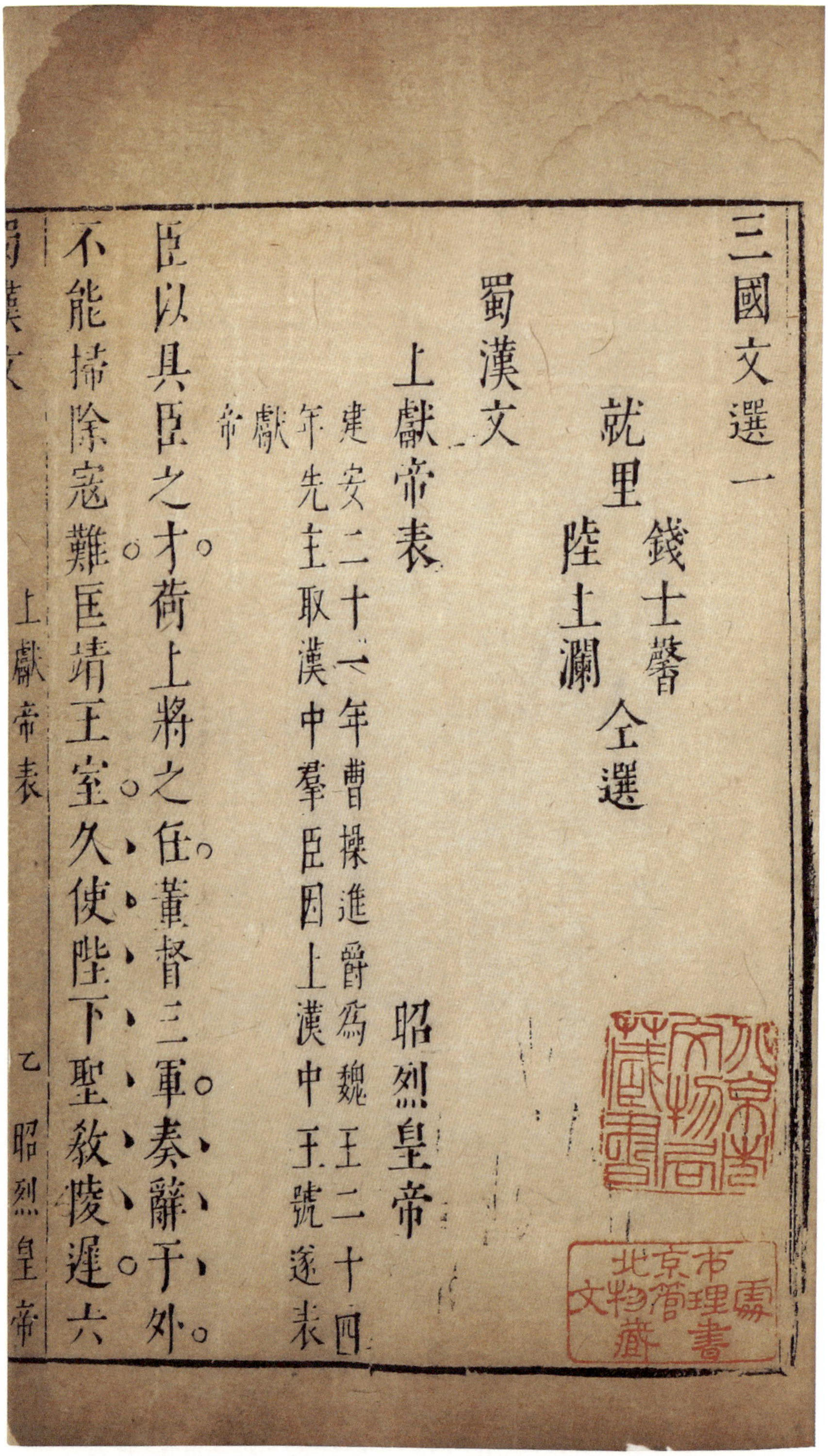
三國文選一
就里 錢士馨 陸土瀾 仝選
蜀漢文
上獻帝表 昭烈皇帝
建安二十一年曹操進爵爲魏王二十四年先主取漢中羣臣因上漢中王號遂表獻帝
臣以具臣之才。荷上將之任。董督三軍。奉辭于外。不能掃除寇難。匡靖王室。久使陛下聖教陵遲。六
蜀漢文 上獻帝表 乙 昭烈皇帝

三國六朝文選 （清）錢士馨等纂 明來復堂刻本

框高 20.4 厘米，廣 13.5 厘米。半葉九行，行十九字，小字雙行同，白口，左右雙邊，無格。12 册。

二級 212shan109

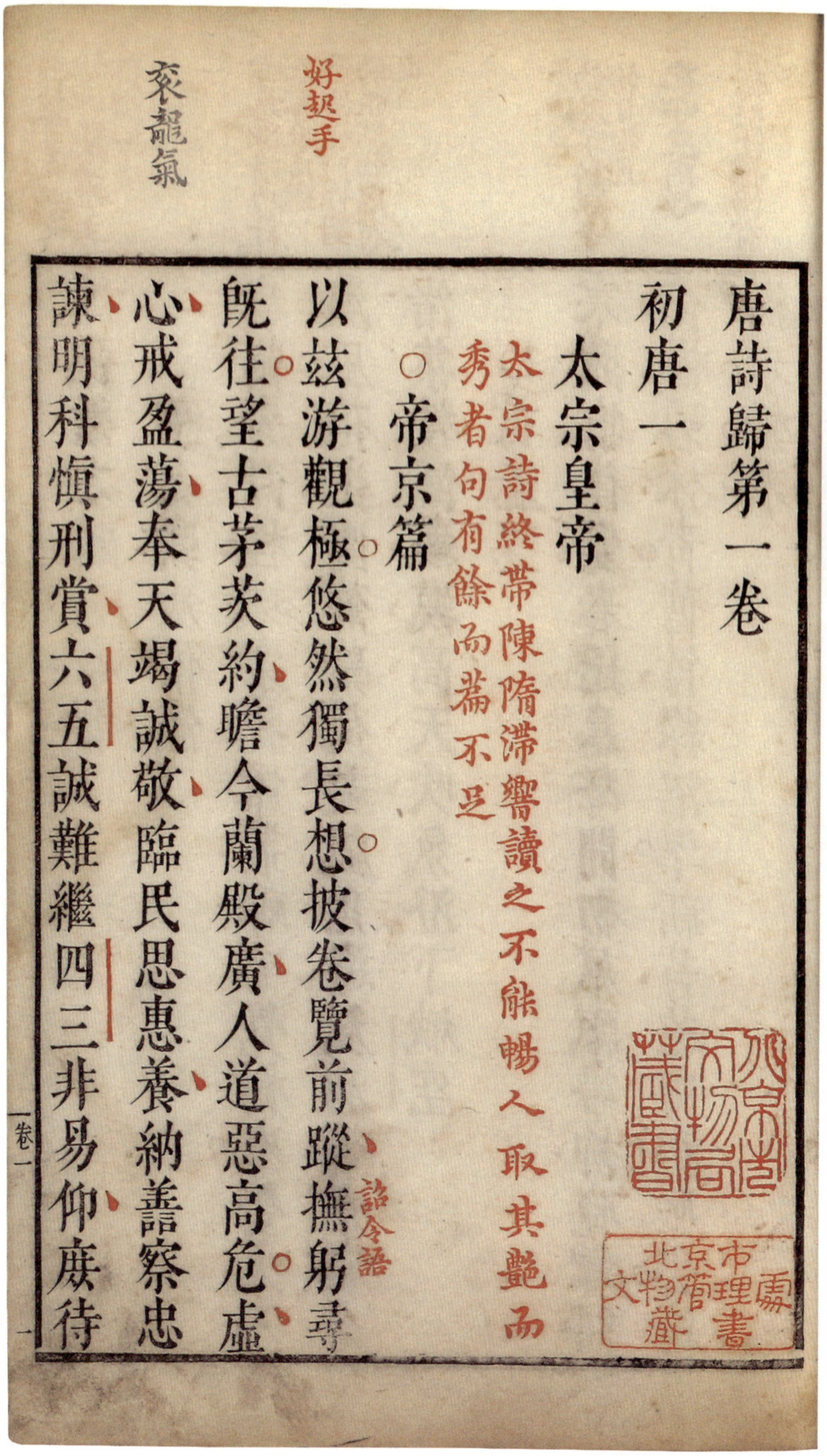
好起手

衮龍氣

唐詩歸第一卷

初唐一

太宗皇帝

太宗詩終帶陳隋滯響讀之不能暢人取其艷而秀者句有餘而篇不足

○帝京篇

以茲游觀極悠然獨長想披卷覽前蹤撫躬尋既往望古茅茨約瞻今蘭殿廣人道惡高危虛心戒盈蕩奉天竭誠敬臨民思惠養納善察忠諫明科愼刑賞六五誠難繼四三非易仰廣待

詔令語

卷一　一

唐詩歸三十六卷　（明）鍾惺等選　明刻朱墨藍套印本

框高 20.5 厘米，廣 14.5 厘米。半葉九行，行十八字，白口，四周單邊，無格。8 册。

二級 223shan143

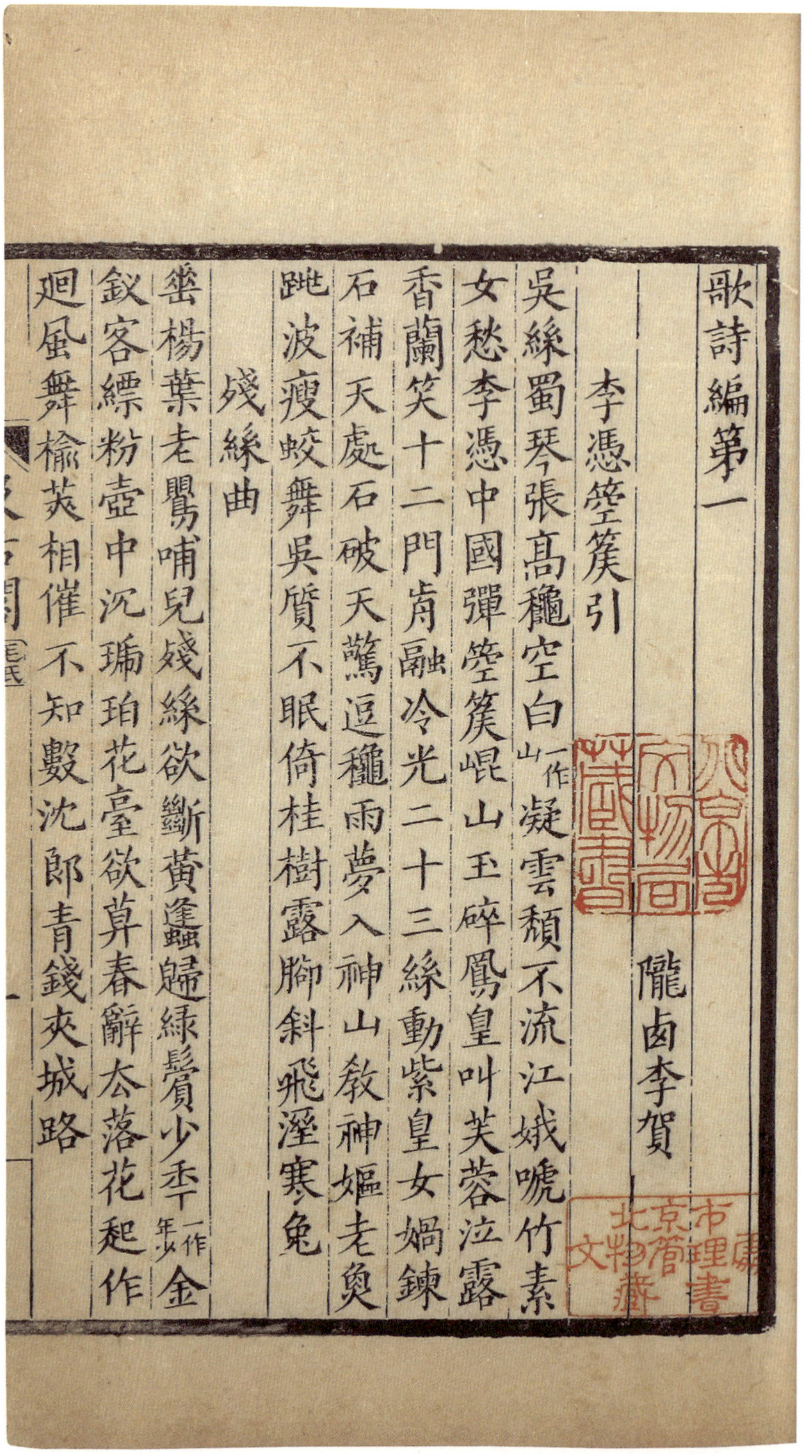

歌詩編第一
隴西李賀
李憑箜篌引
吳絲蜀琴張高龝空白一作山凝雲頽不流江娥嗁竹素
女愁李憑中國彈箜篌崑山玉碎鳯皇叫芙蓉泣露
香蘭笑十二門前融冷光二十三絲動紫皇女媧鍊
石補天處石破天驚逗龝雨夢入神山教神嫗老魚
跳波瘦蛟舞吳質不眠倚桂樹露腳斜飛溼寒兔
殘絲曲
垂楊葉老鶯哺兒殘絲欲斷黃蜂歸綠鬢少年一作年少金
釵客縹粉壺中沉琥珀花臺欲暮春辭去落花起作
迴風舞榆莢相催不知數沈郎青錢夾城路

唐人四集十二卷　（明）毛晉輯　明海虞毛氏汲古閣刻本

框高 19.1 厘米，廣 13.9 厘米。半葉十二行，行二十字，小字雙行不等，細黑口，左右雙邊。4 册。

二級 226shan189

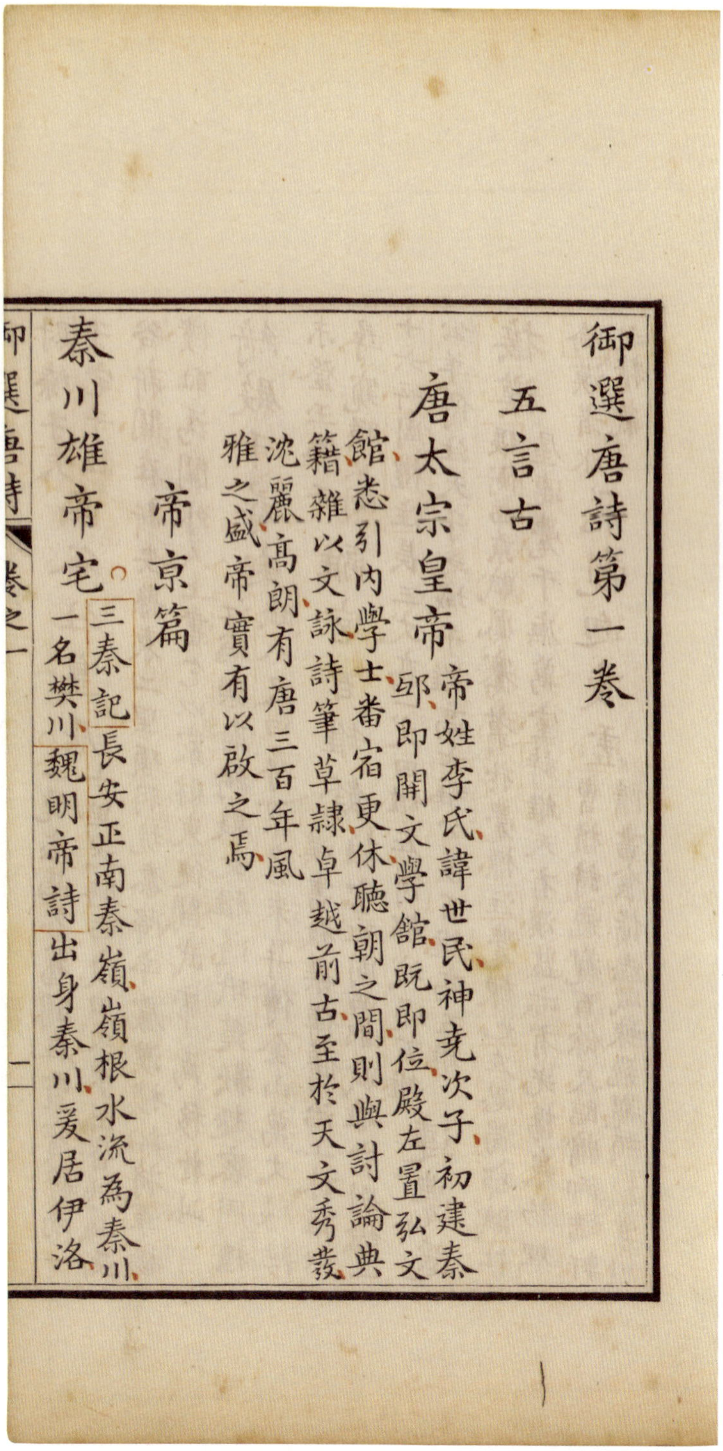
御選唐詩第一卷

五言古

唐太宗皇帝 帝姓李氏諱世民神堯次子初建秦邸即開文學館既即位殿左置弘文館悉引內學士番宿更休聽朝之間則與討論典籍雜以文詠詩筆草隸卓越前古至於天文秀發沈麗高朗有唐三百年風雅之盛帝實有以啟之焉

帝京篇

秦川雄帝宅 ○三秦記長安正南秦嶺嶺根水流為秦川一名樊川魏明帝詩出身秦川爰居伊洛

御選唐詩 卷之一 一

御選唐詩三十二卷附錄三卷 （清）聖祖玄燁輯 清康熙五十二年（1713）內府刻朱墨印本

框高18.9厘米，廣12.6厘米。半葉七行，行十六字，小字雙行不等，白口，四周雙邊，無格。15册。

二級 232shan214

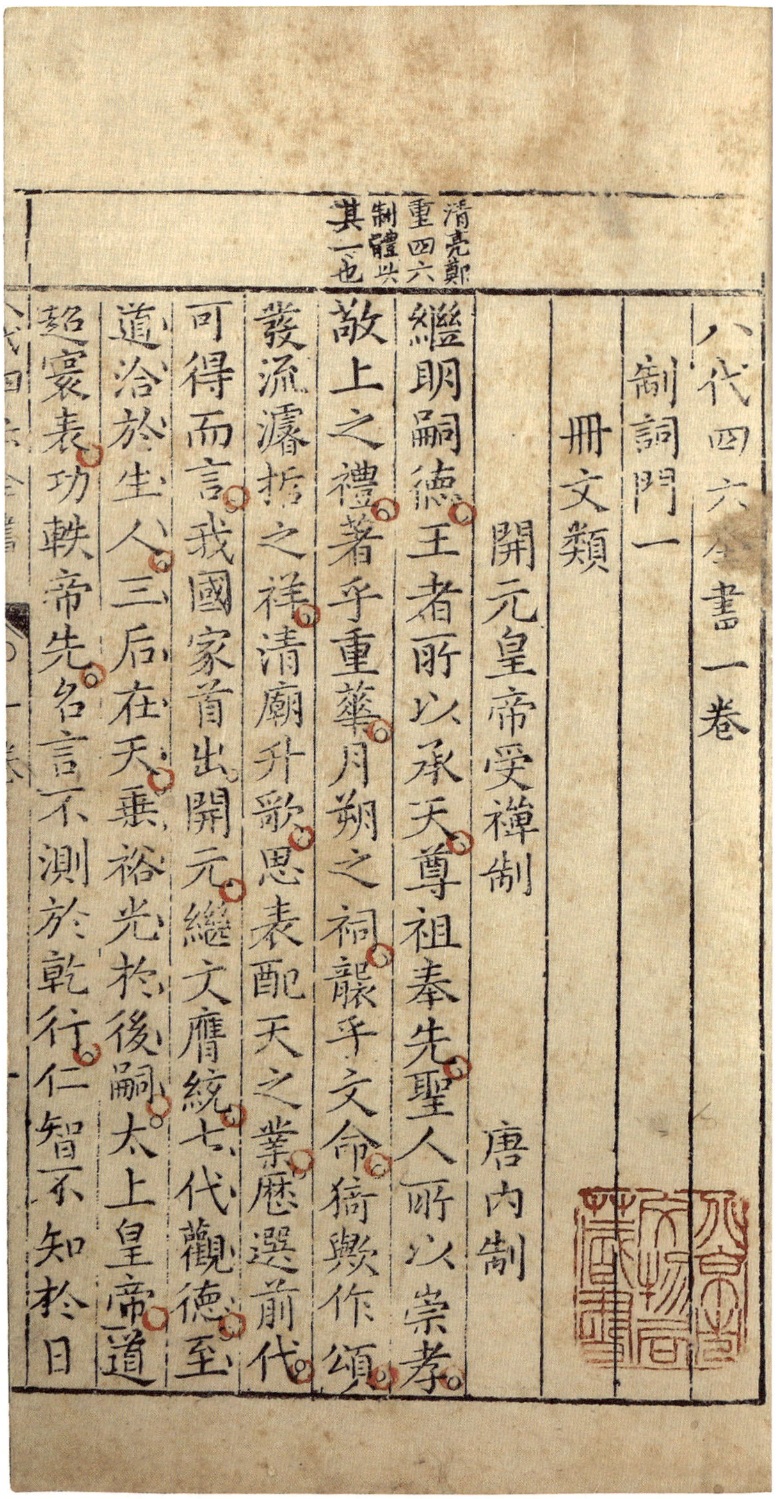

八代四六全書十六卷目一卷　（明）李天麟輯　明萬曆刻本

框高 19.6 厘米，廣 13.2 厘米。半葉上下兩欄，上欄鎸評，下欄十行，行二十字，白口，四周單邊。16 册。

二級 238shan365

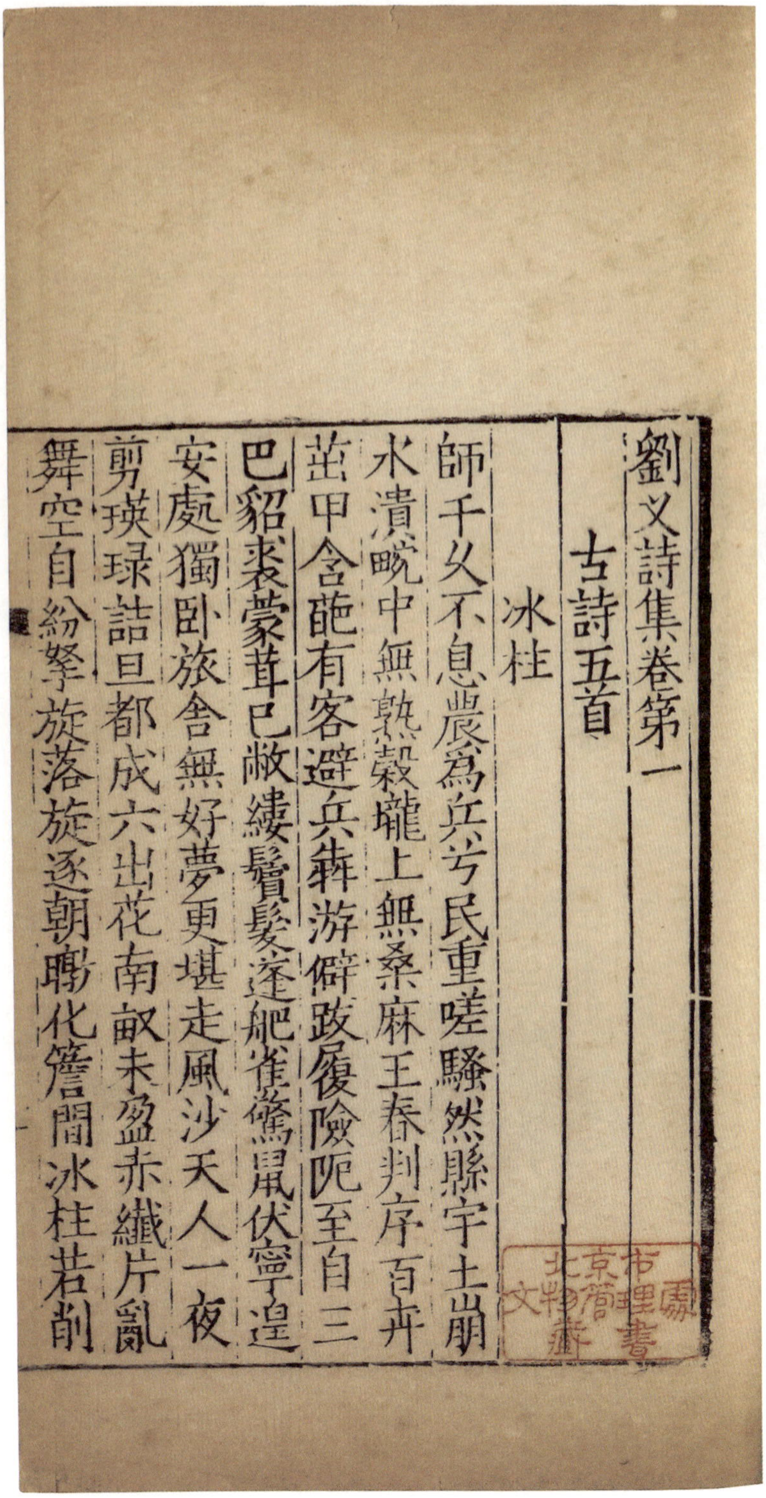

劉义詩集卷第一
古詩五首
冰柱
師千夂不息農爲兵兮民重嗟騷然縣宇土崩
水潰畯中無熟穀壠上無桑麻王春判序百卉
茁甲含葩有客避兵犇游僻跋履險阨至自三
巴貂裘蒙茸已敝縷鬢髮蓬舥雀鷰鼠伏寧遑
安處獨卧旅舍無好夢更堪走風沙天人一夜
剪瑛琭詰旦都成六出花南畝未盈赤纖片亂
舞空自紛拏旋落旋逐朝暾化簷間冰柱若削

唐十子詩十四卷 （明）王準編 明刻本

框高 17 厘米，廣 12.3 厘米。半葉十行，行十八字，白口，左右雙邊。2 册。存六卷（劉义詩集三卷、劉駕詩集一卷、張蠙詩集一卷、邵謁詩集一卷）。

二級 246shan397

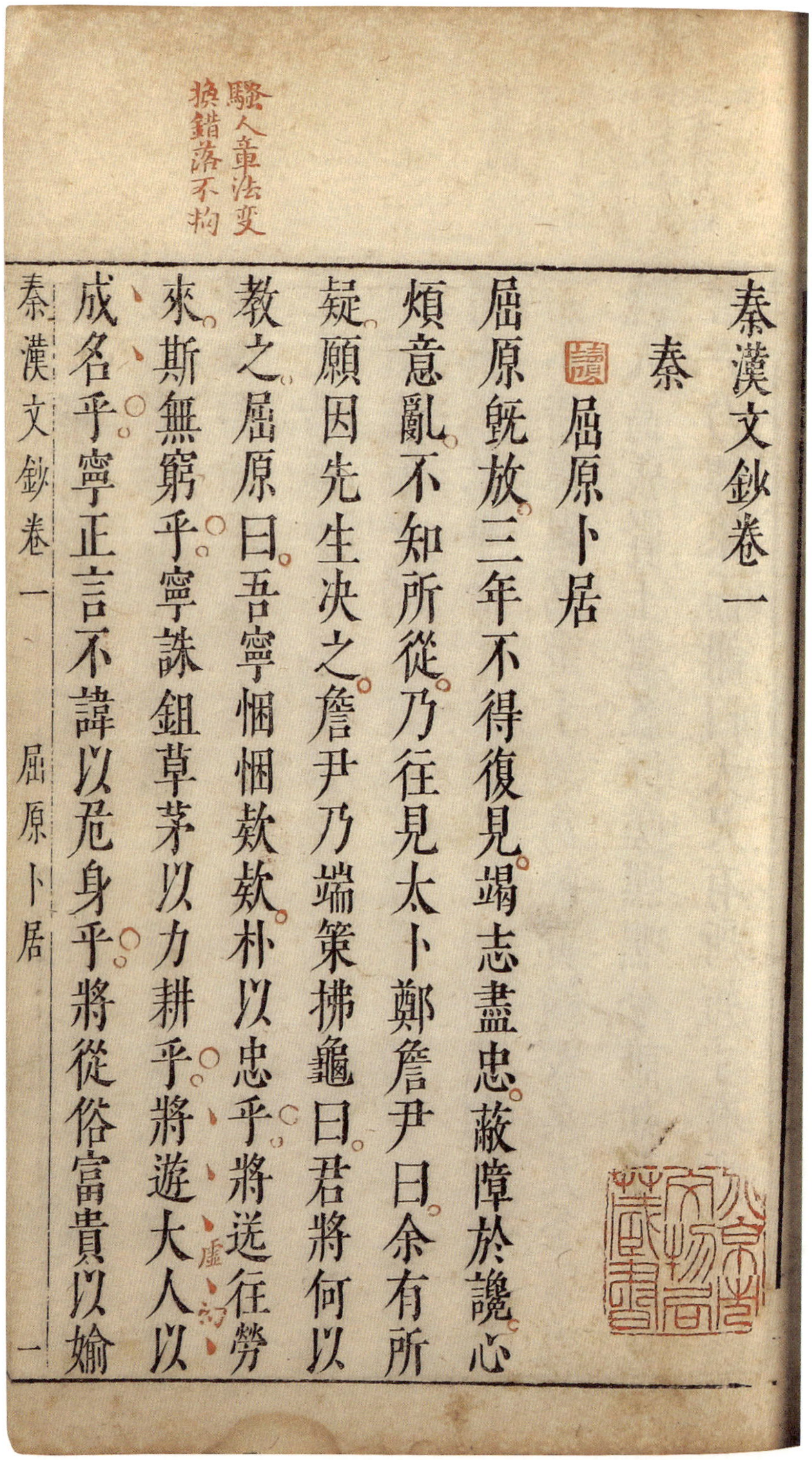
騷人章法變換錯落不拘

秦漢文鈔卷一
秦
屈原卜居
屈原旣放三年不得復見竭志盡忠蔽鄣於讒心煩意亂不知所從乃往見太卜鄭詹尹曰余有所疑願因先生決之詹尹乃端策拂龜曰君將何以教之屈原曰吾寧悃悃款款朴以忠乎將送往勞來斯無窮乎寧誅鋤草茅以力耕乎將遊大人以成名乎寧正言不諱以危身乎將從俗富貴以媮

秦漢文鈔卷一　屈原卜居　一

秦漢文鈔六卷　（明）閔邁德等裁定　明刻朱墨印本

框高 20.5 厘米，廣 14 厘米。半葉九行，行十九字，白口，四周單邊，無格。7 册。

二級 255shan442

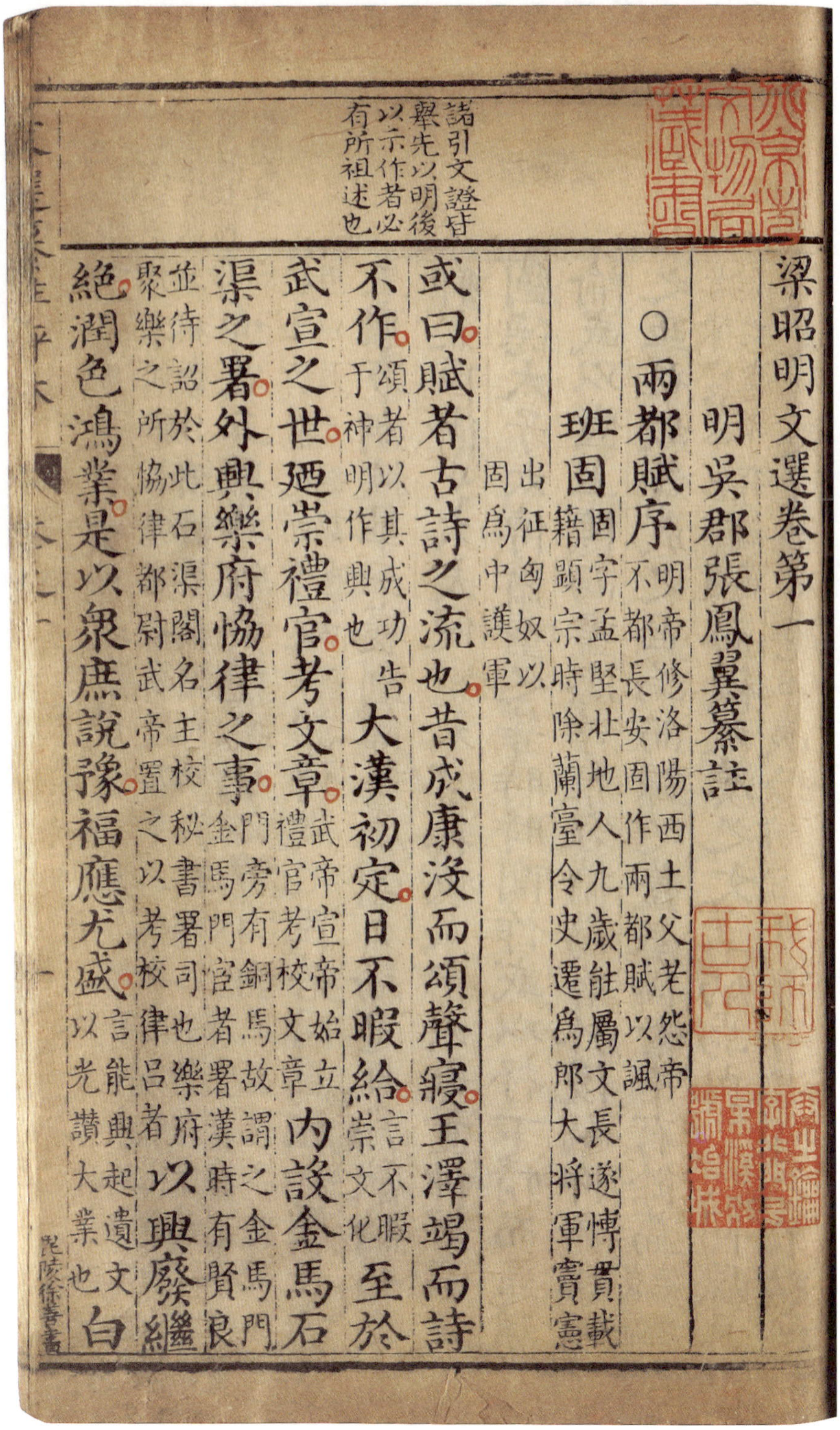

梁昭明文選十二卷　（明）張鳳翼纂註　明萬曆刻本

框高 21.1 厘米，廣 14.9 厘米。半葉上下兩欄，上欄鐫評，下欄十一行，行二十二字，小字雙行同，白口，四周雙邊。6 册。鈐“珊瑚閣珍藏印”朱文印、“我師古人”朱文印等。

二級 257shan458

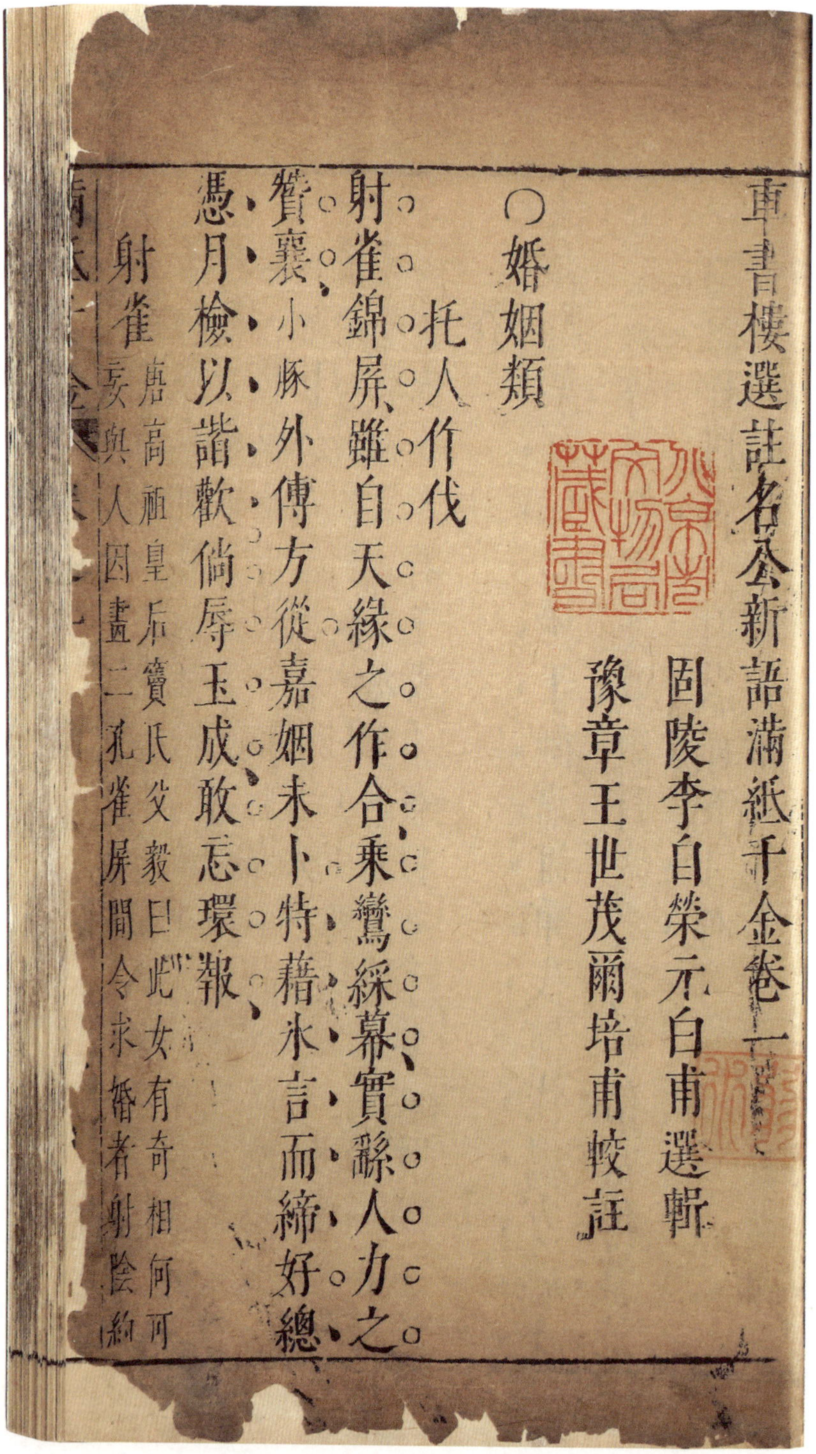

車書樓選註名公新語滿紙千金八卷 （明）李自榮選輯 （明）王世茂校註 明天啓七年（1627）王氏刻本

框高21.6厘米，廣13.5厘米。半葉九行，行二十字，小字雙行同，白口，四周單邊，無格。4冊。鈐“弱水”朱文印。

二級 287shan666

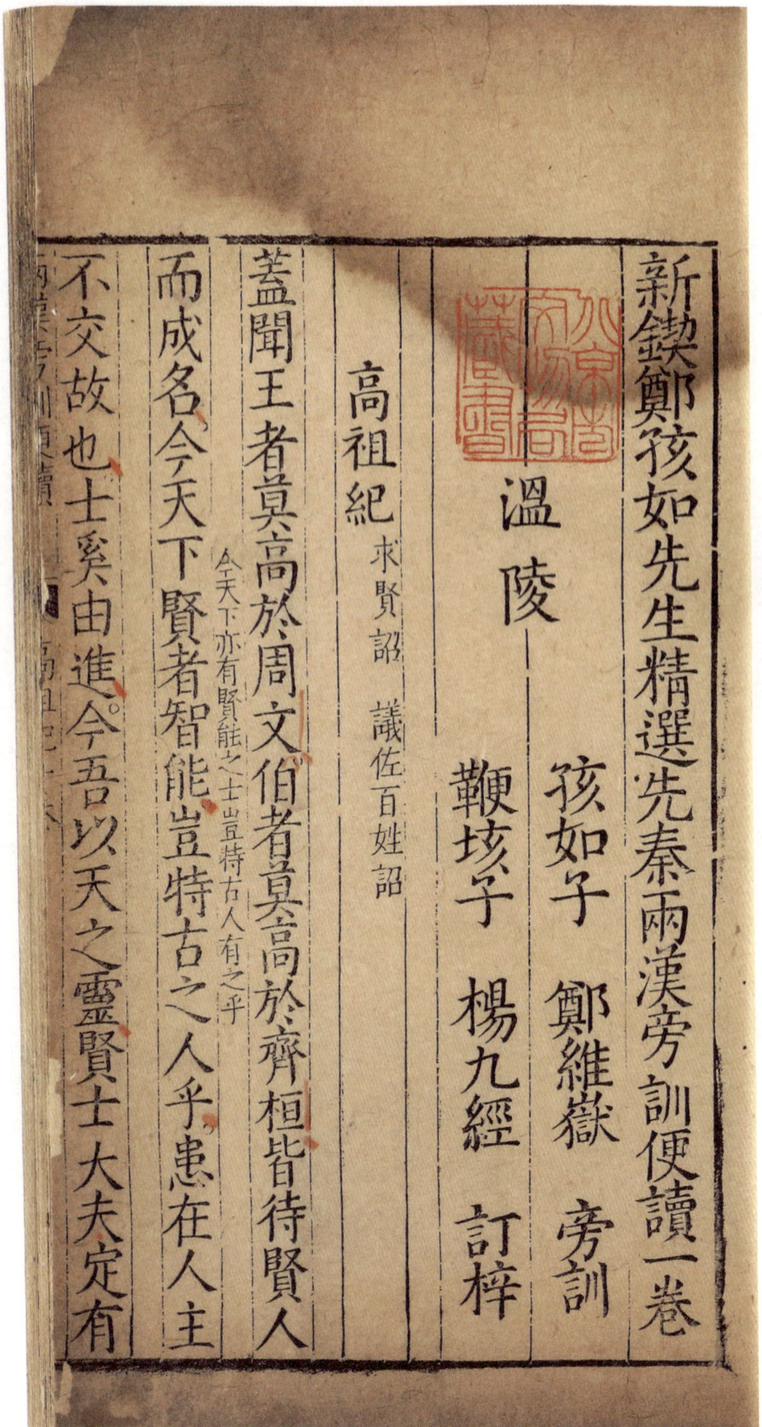
新鍥鄭孩如先生精選先秦兩漢旁訓便讀一卷
溫陵　孩如子　鄭維嶽　旁訓
鞭垓子　楊九經　訂梓
高祖紀　求賢詔　議佐百姓詔
蓋聞王者莫高於周文伯者莫高於齊桓皆待賢人
今天下亦有賢能之士豈特古人有之乎
而成名今天下賢者智能豈特古之人乎患在人主
不交故也士奚由進今吾以天之靈賢士大夫定有

新鍥鄭孩如先生精選先秦兩漢旁訓便讀六卷　（明）鄭維嶽旁訓　（明）楊九經訂梓　明萬曆楊氏同仁齋刻本

框高 20.8 厘米，廣 12.4 厘米。半葉七行，行二十字，白口，四周單邊。5 册。

二級 301shan822

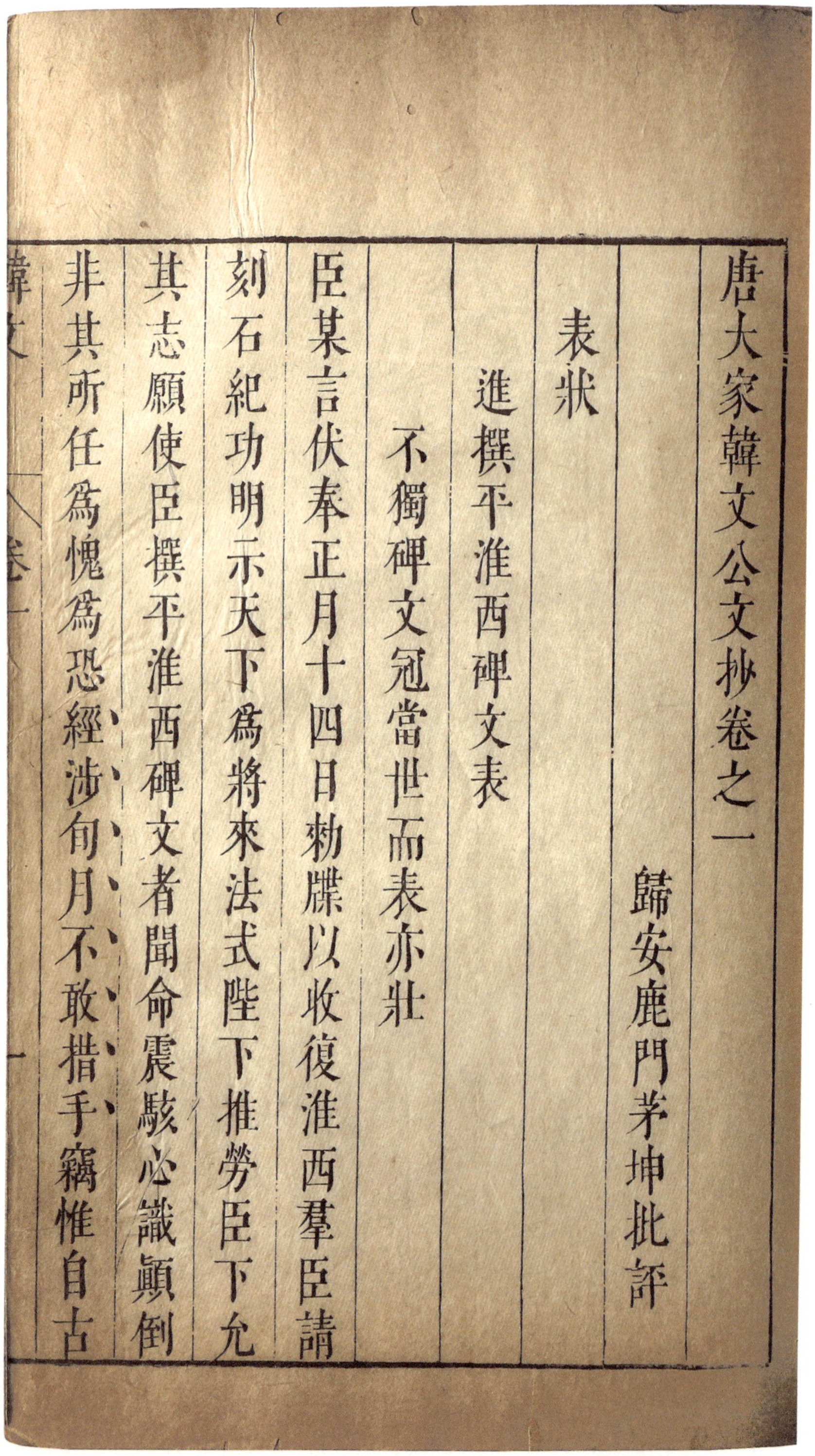
唐大家韓文公文抄卷之一
歸安鹿門茅坤批評
表狀
進撰平淮西碑文表
不獨碑文冠當世而表亦壯
臣某言伏奉正月十四日勑牒以收復淮西羣臣請
刻石紀功明示天下爲將來法式陛下推勞臣下允
其志願使臣撰平淮西碑文者聞命震駭心識顛倒
非其所任爲愧爲恐經涉旬月不敢措手竊惟自古
韓文　卷一　一

唐宋八大文抄一百四十四卷　（明）茅坤批評　明崇禎元年（1628）刻本
框高 20.3 厘米，廣 14 厘米。半葉九行，行二十字，白口，四周單邊。80 册。

二級 307shan870

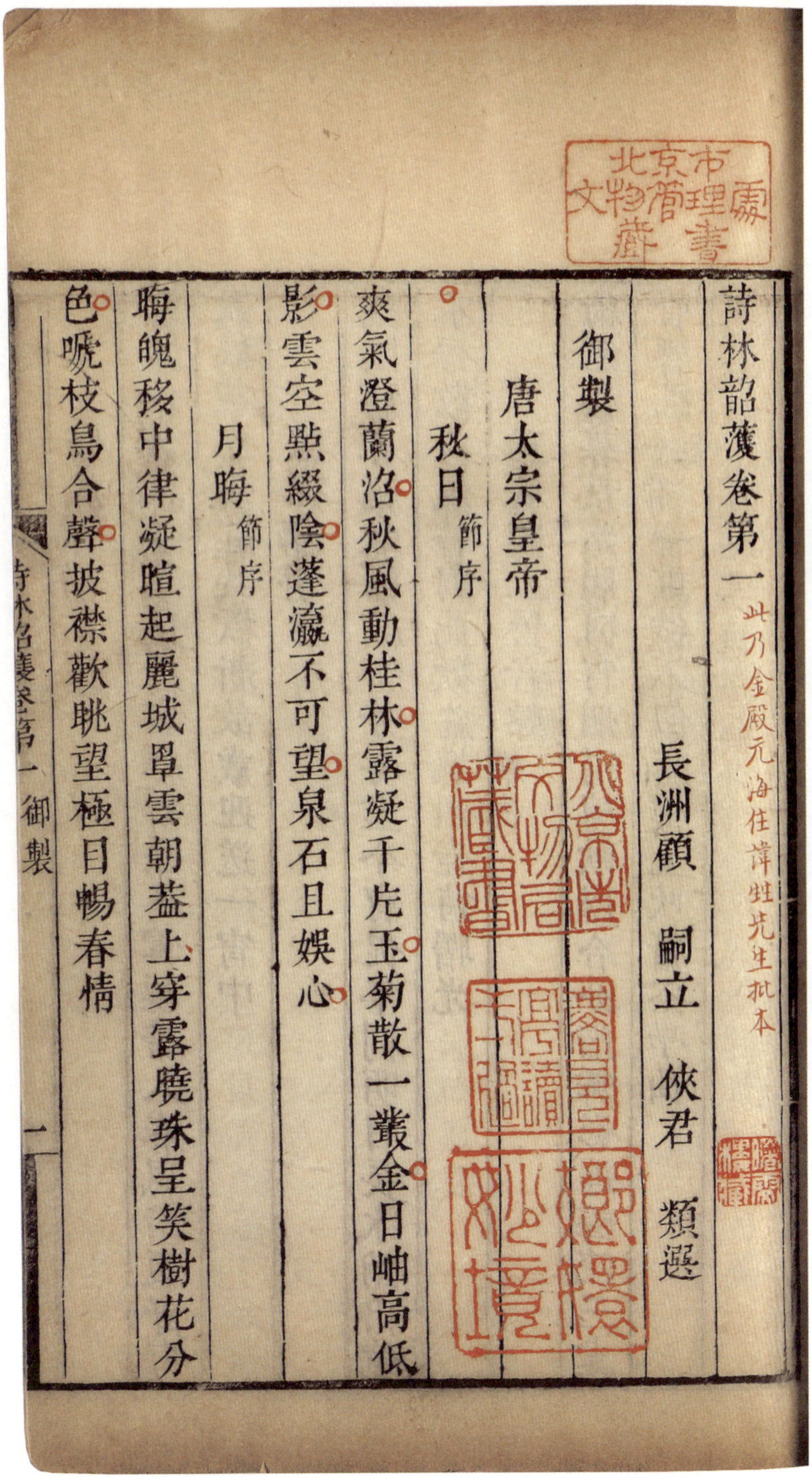
詩林韶濩卷第一
此乃金殿元海住譚姓先生批本
長洲顧　嗣立　俠君　類選
御製
唐太宗皇帝
秋日　節序
爽氣澄蘭沼秋風動桂林露凝千片玉菊散一叢金日岫高低
影雲空點綴陰蓬瀛不可望泉石且娛心
月晦　節序
晦魄移中律凝暄起麗城罩雲朝蓋上穿露曉珠呈笑樹花分
色啼枝鳥合聲披襟歡眺望極目暢春情
詩林韶濩卷第一　御製　一

詩林韶濩二十卷　（清）顧嗣立類選　清康熙弘文書屋刻本

框高 19.9 厘米，廣 14.1 厘米。半葉十行，行二十四字，黑口，左右雙邊。10 册。鈐“鄉嬛妙境”朱文印、“廔見亭讀弌過”朱文印、“瞻雯楼藏”白文印等。有遠復主人題記。

二級 312pu7-23-4-37

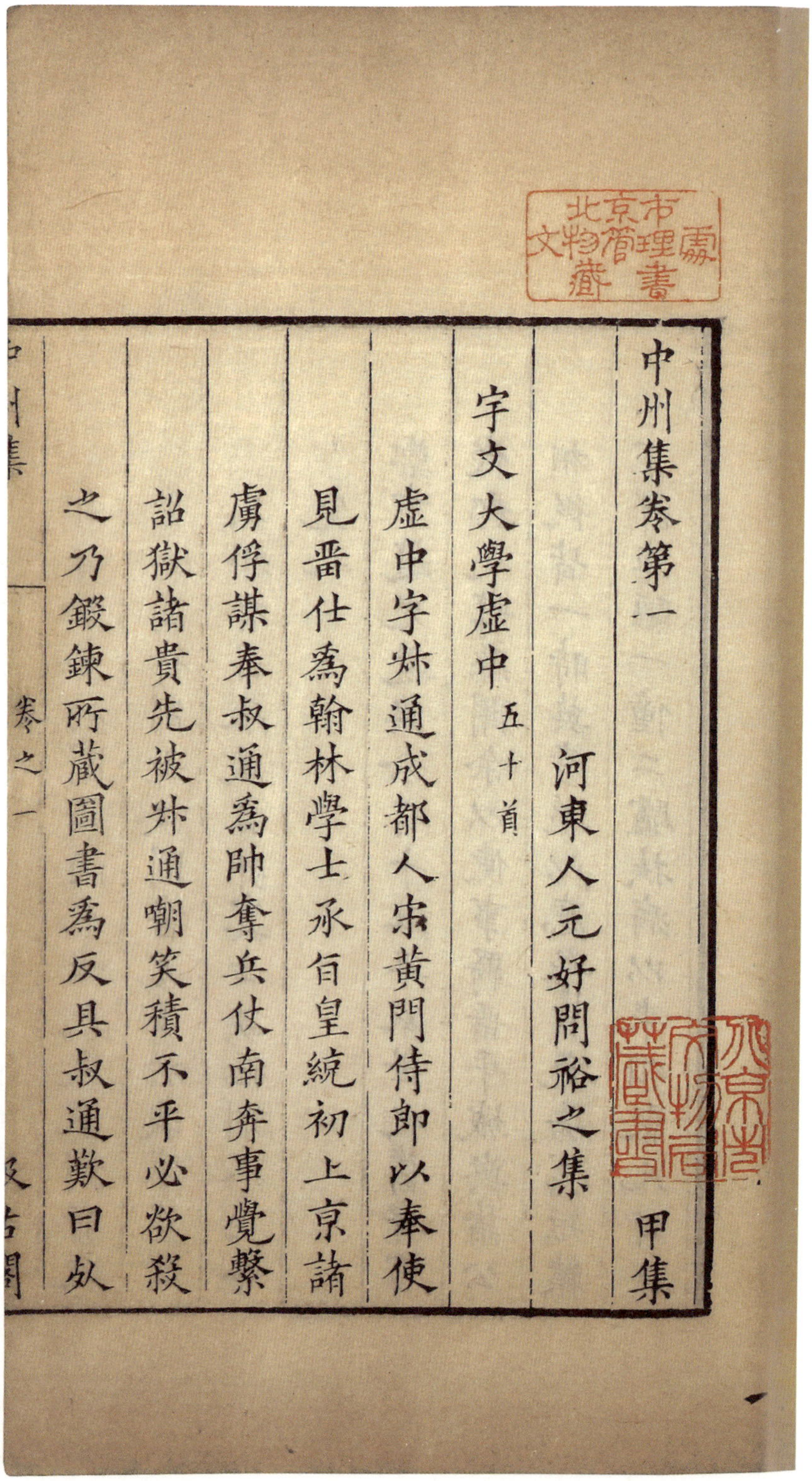
中州集卷第一　甲集
河東人元好問裕之集
宇文大學虛中　五十首
虛中字叔通成都人宋黃門侍郎以奉使
見留仕爲翰林學士承旨皇統初上京諸
虜俘謀奉叔通爲帥奪兵仗南奔事覺繫
詔獄諸貴先被叔通嘲笑積不平必欲殺
之乃鍛鍊所藏圖書爲反具叔通歎曰死
中州集　卷之一　汲古閣

中州集十卷首一卷樂府一卷　（金）元好問集　明汲古閣刻本

框高 18.9 厘米，廣 13.5 厘米。半葉八行，行十九字，小字雙行同，白口，左右雙邊。10 册。鈐“寒松堂藏書記”白文印、“詩卷長留天地間”朱文印等。

二級 321shan01

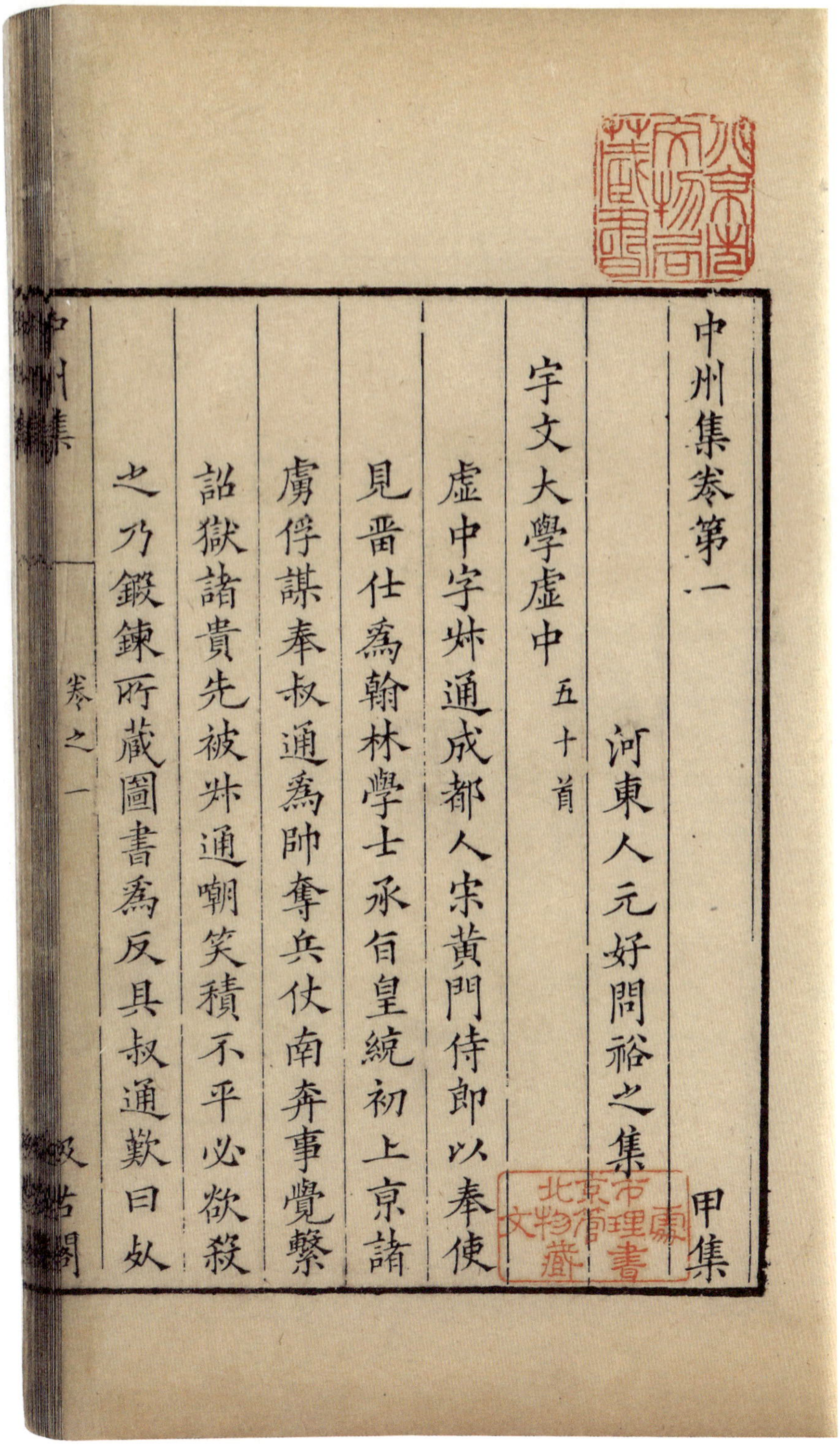

中州集三集十卷中州樂府一卷 （金）元好問集　明毛氏汲古閣刻本

框高 19 厘米，廣 13.7 厘米。半葉八行，行十九字，白口，左右雙邊。22 册。有吴棠題記。

二級 322shan824

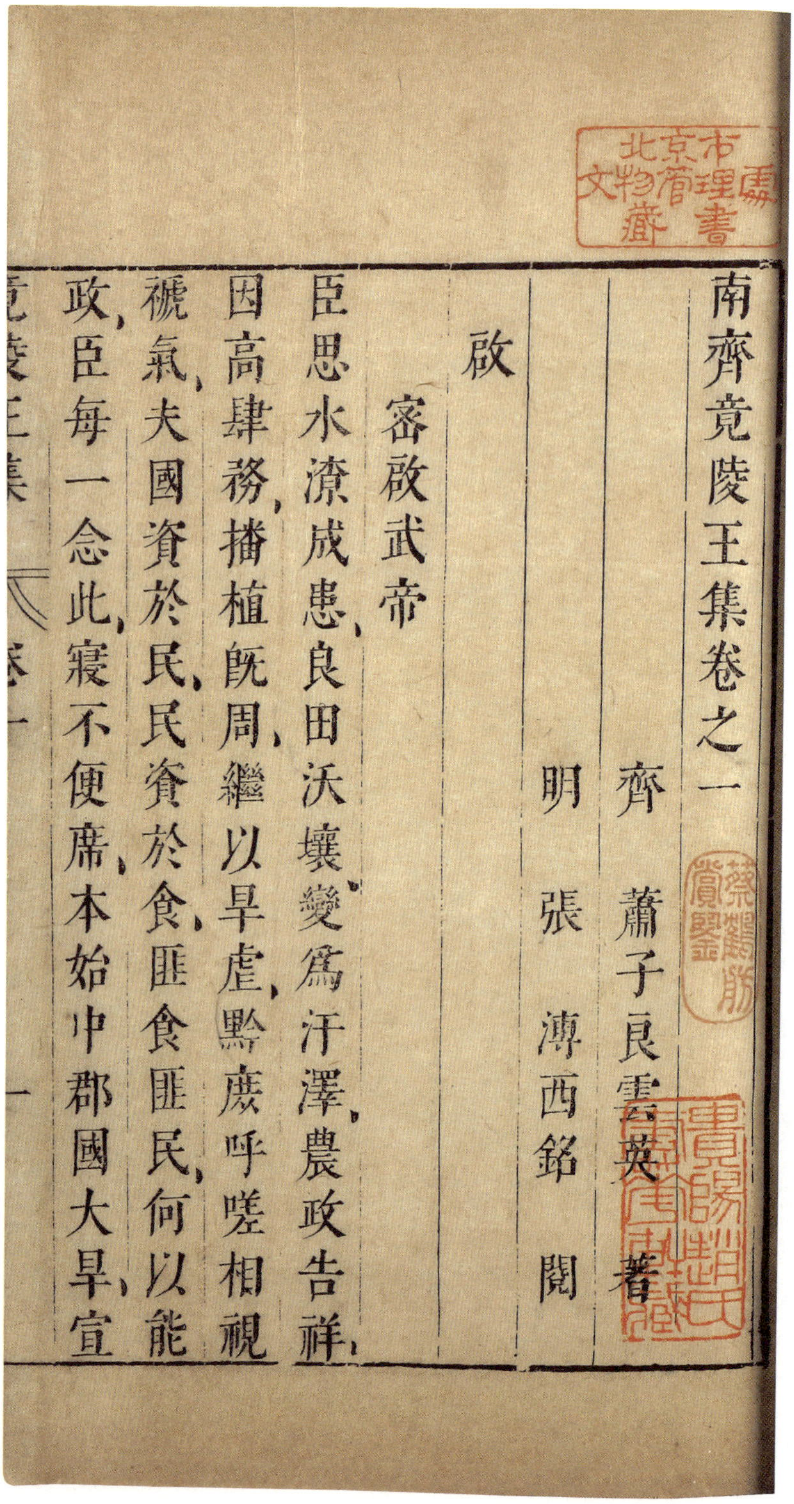

南齊竟陵王集二卷 （南朝齊）蕭子良著 （明）張溥閲 明刻本

框高 19.9 厘米，廣 14.3 厘米。半葉九行，行十八字，小字雙行同，白口，左右雙邊。3 册。鈐“貴陽趙氏壽華軒藏”朱文印、“蔡鶴舫賞鑒”朱文印等。

三級 84shan36

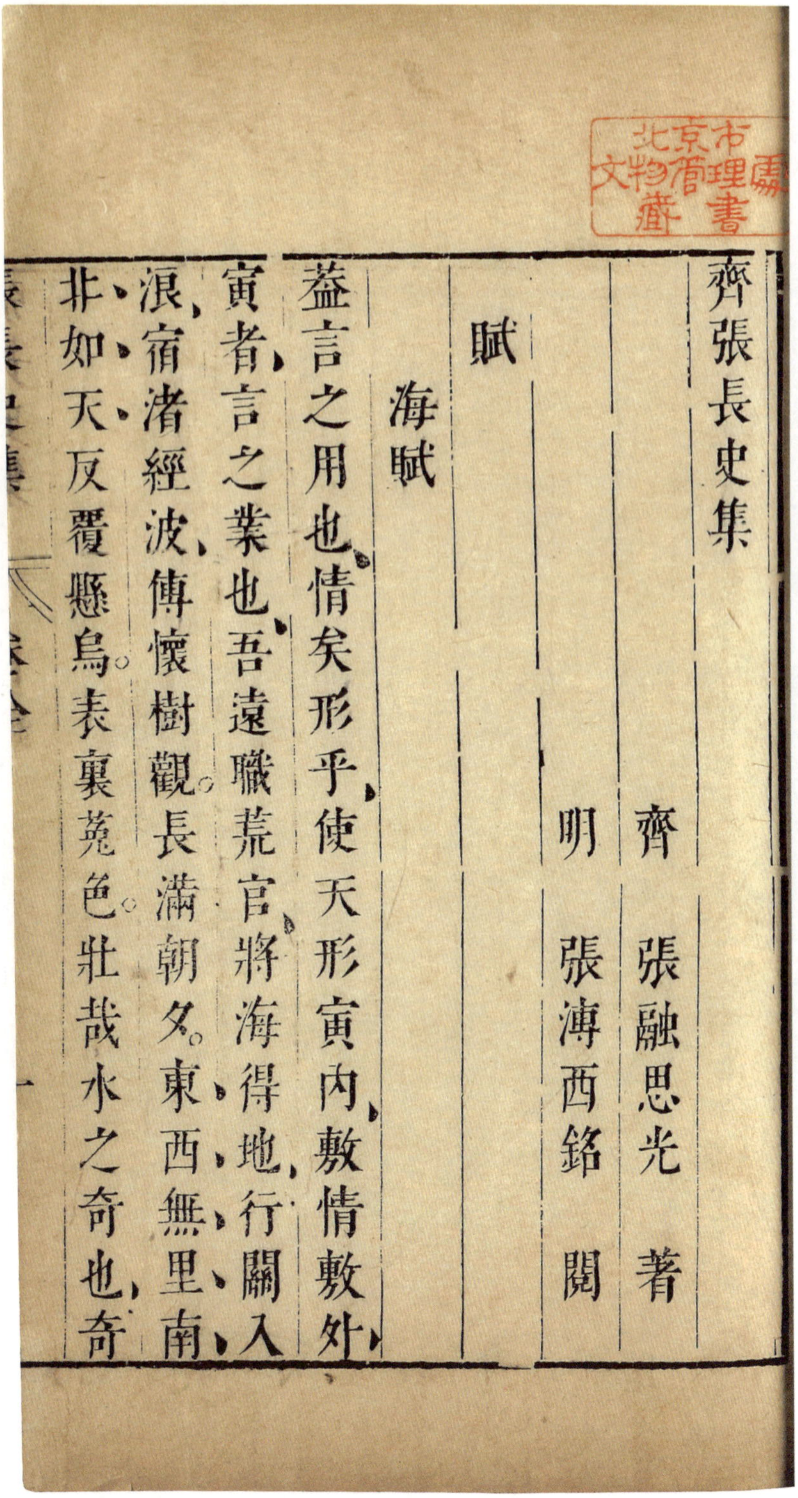

齊張長史集一卷　（南朝齊）張融著　（明）張溥閱　明刻本

框高 19.9 厘米，廣 14.2 厘米。半葉九行，行十八字，小字雙行同，白口，左右雙邊。1 册。

三級 88shan60

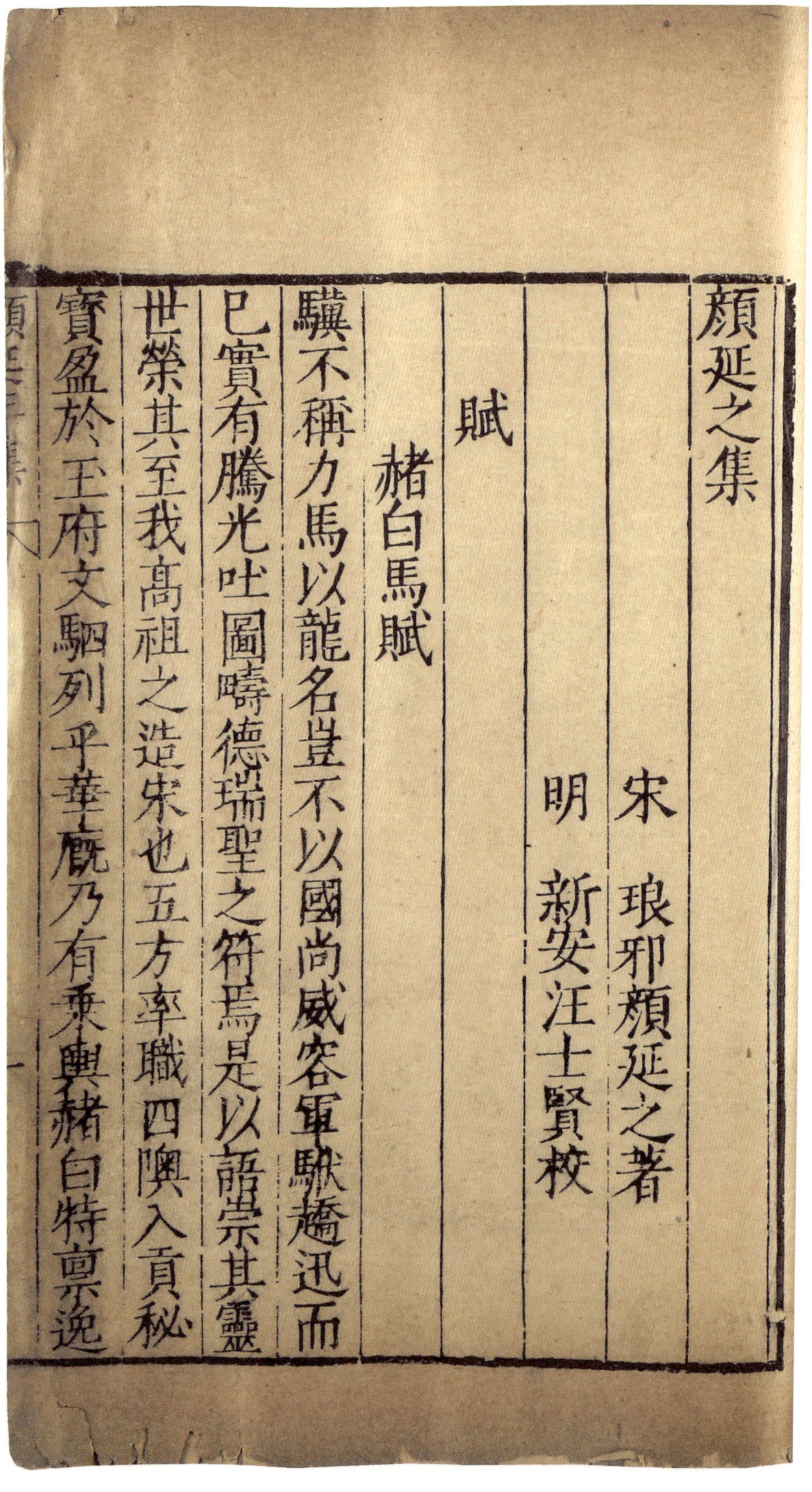

顔延之集一卷 （南朝宋）顔延之著 （明）汪士賢校 明刻本

框高 19.6 厘米，廣 14 厘米。半葉九行，行二十字，白口，左右雙邊。1 册。

三級 92shan68

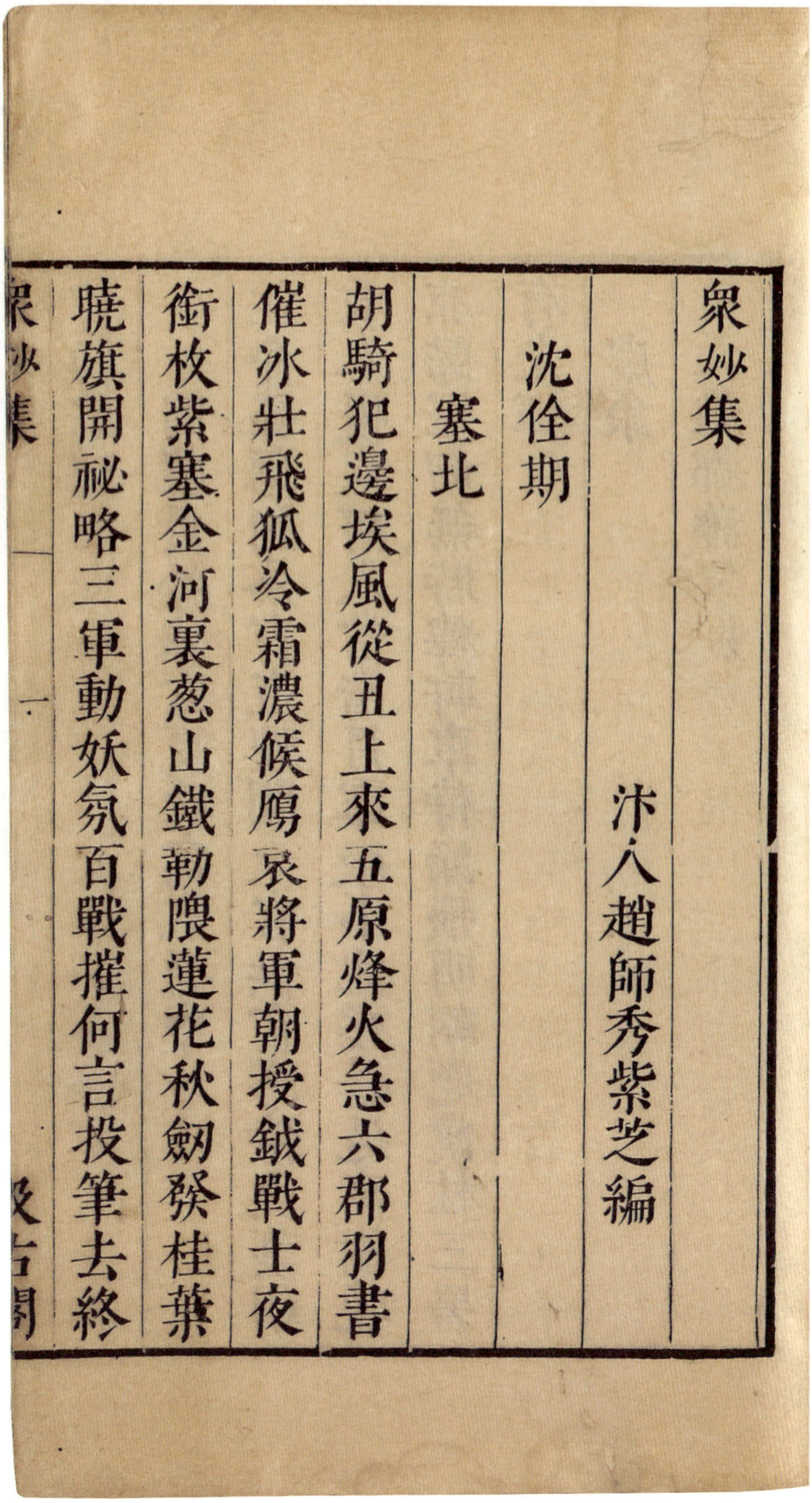

詩詞雜俎十二種 （明）毛晉輯 明毛氏汲古閣刻本

框高 19.4 厘米，廣 13.6 厘米。半葉八行，行十九字，白口，左右雙邊。6 册。

三級 121shan396

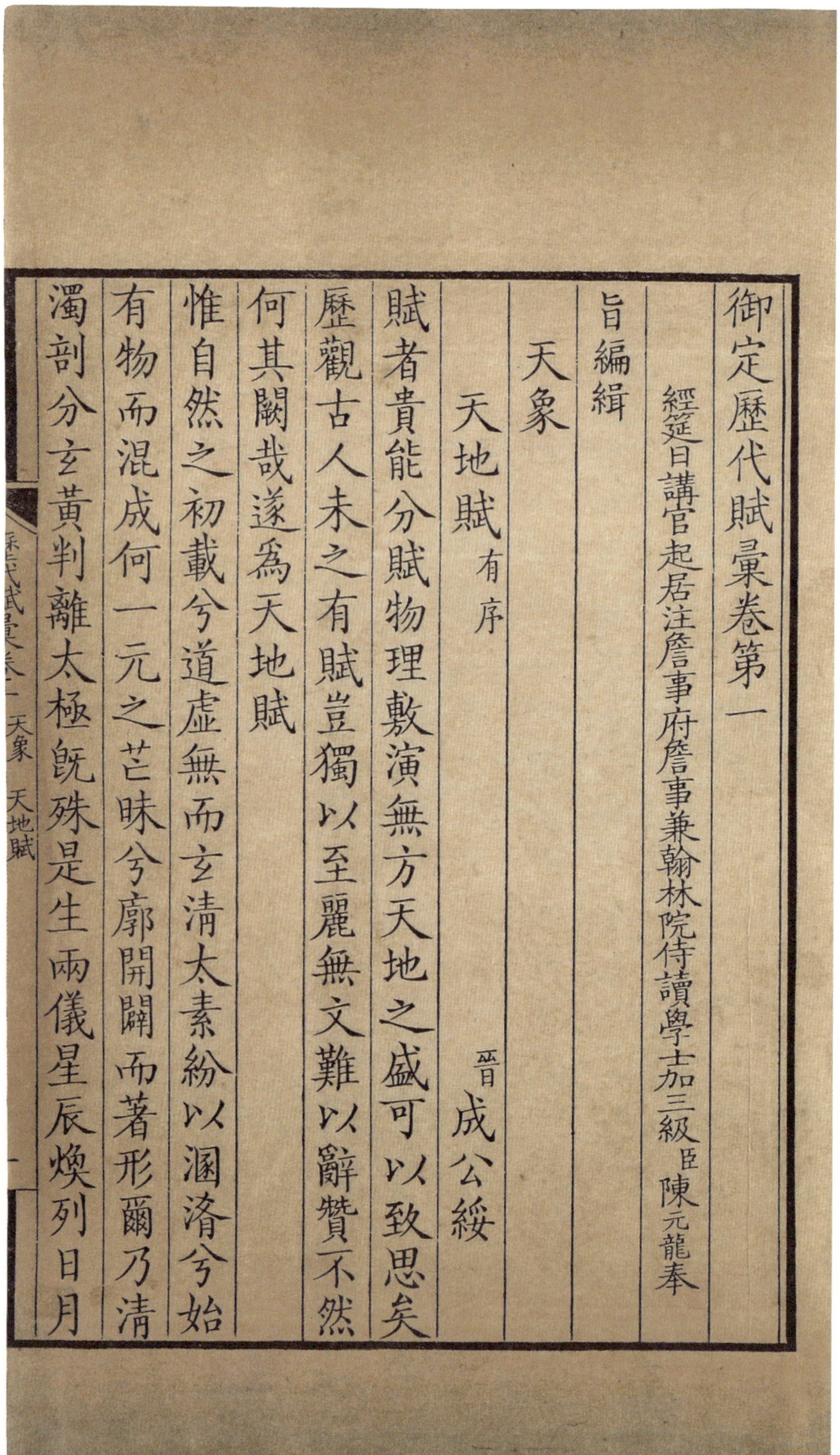
御定歷代賦彙卷第一
經筵日講官起居注詹事府詹事兼翰林院侍讀學士加三級臣陳元龍奉
旨編緝
天象
天地賦有序　晉　成公綏
賦者貴能分賦物理敷演無方天地之盛可以致思矣
歷觀古人未之有賦豈獨以至麗無文難以辭贊不然
何其闕哉遂爲天地賦
惟自然之初載兮道虛無而玄清太素紛以溷淆兮始
有物而混成何一元之芒昧兮廓開闢而著形爾乃清
濁剖分玄黃判離太極既殊是生兩儀星辰煥列日月
歷代賦彙卷一　天象　天地賦　一

御定歷代賦彙一百四十卷外集二十卷　（清）陳元龍輯　清康熙四十五年（1706）内府刻本

框高 19.1 厘米，廣 14.2 厘米。半葉十一行，行二十一字，黑口，左右雙邊。80 册。

三級 127shan414

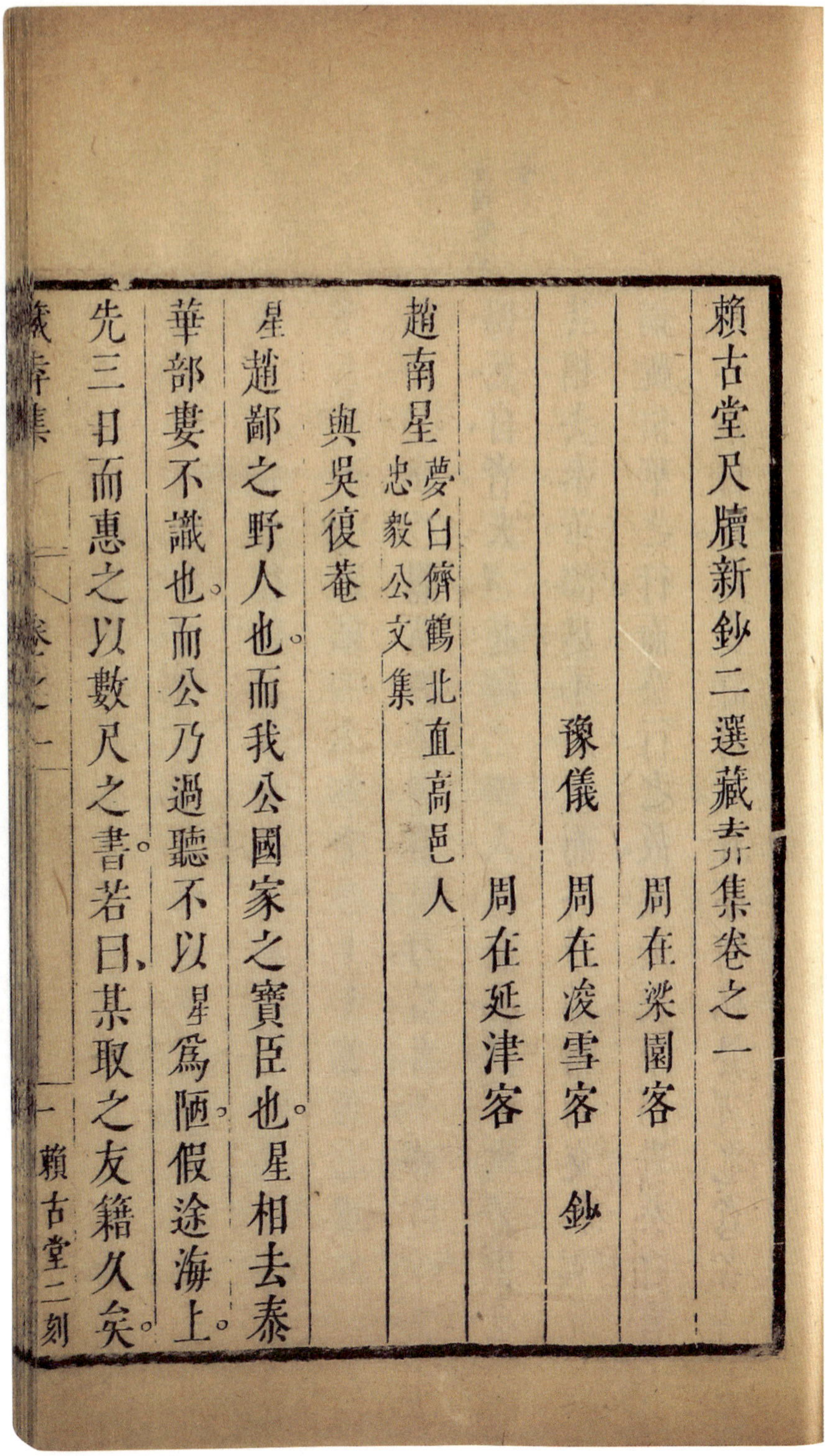

賴古堂尺牘新鈔二選藏弆集十六卷 （清）周亮工輯 清康熙六年（1667）賴古堂刻本

框高 19.3 厘米，廣 13.5 厘米。半葉九行，行二十字，小字雙行同，細黑口，四周單邊。6 册。

三級 133shan460

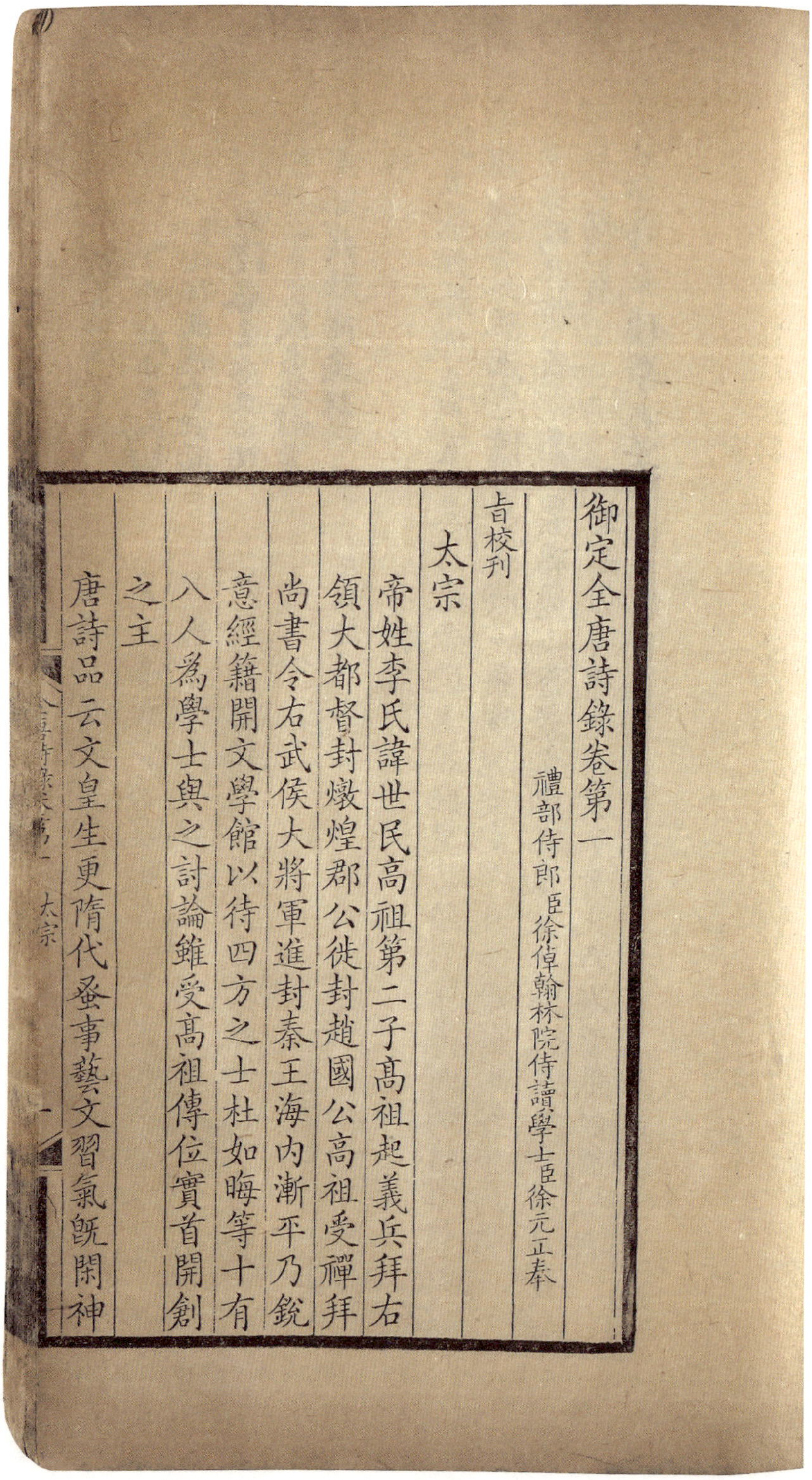

御定全唐詩錄一百卷 （清）徐倬 （清）徐元正輯 清康熙刻本

框高16厘米，廣11.5厘米。半葉十一行，行二十一字，黑口，左右雙邊。18册。

三級 140shan480

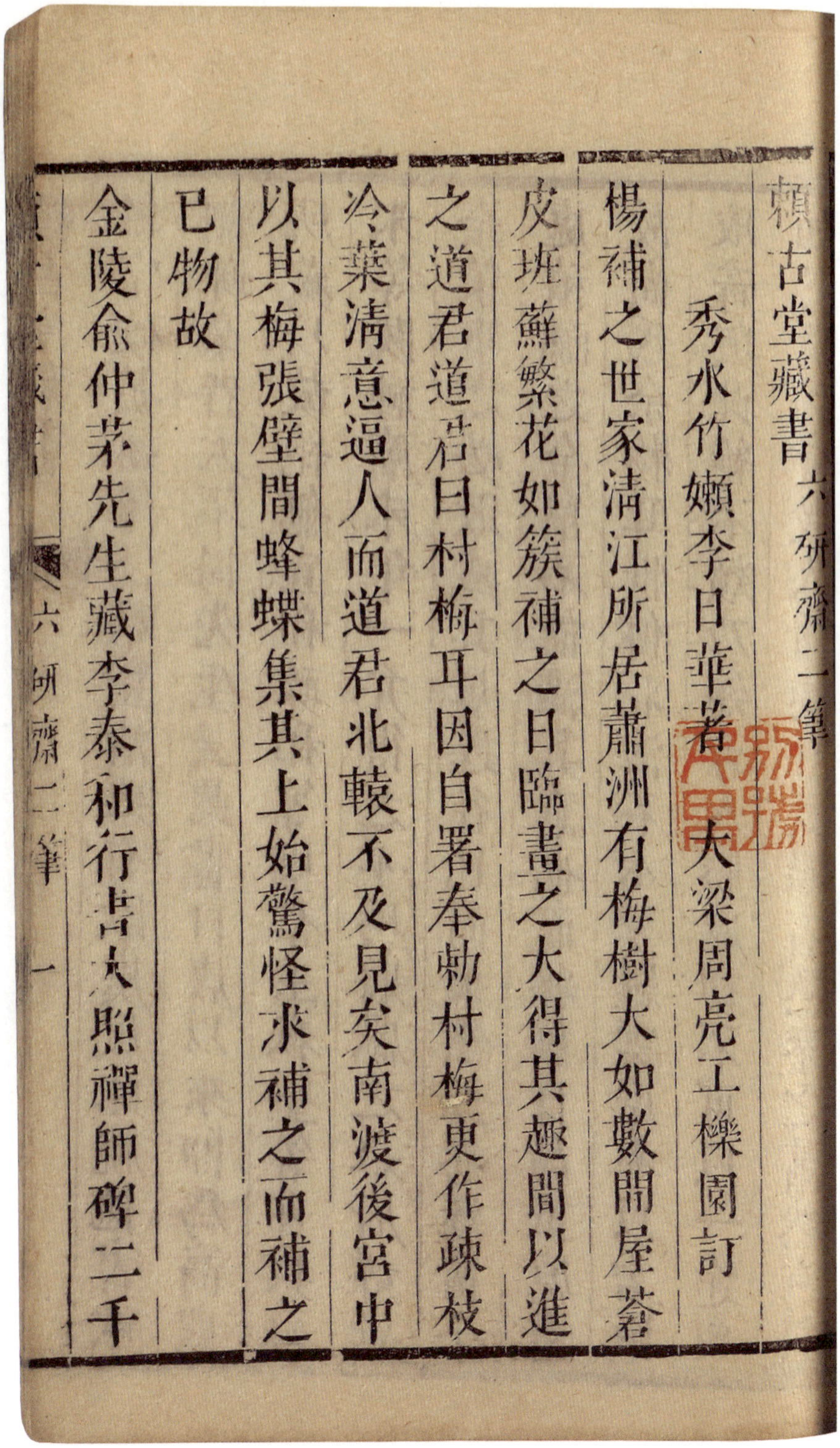
賴古堂藏書六研齋二筆
秀水竹嬾李日華著　大梁周亮工櫟園訂
楊補之世家清江所居蕭洲有梅樹大如數間屋蒼
皮斑蘚繁花如簇補之日臨畫之大得其趣間以進
之道君道君曰村梅耳因自署奉勅村梅更作疎枝
冷蘂清意逼人而道君北轅不及見矣南渡後宫中
以其梅張壁間蜂蝶集其上始驚怪求補之而補之
已物故
金陵俞仲茅先生藏李泰和行書大照禪師碑二千
賴古堂藏書　六研齋二筆　一

賴古堂藏書甲集十種　（清）周亮工輯　清康熙刻本

框高20.6厘米，廣14.2厘米。半葉九行，行二十字，白口，四周單邊。1册。鈐“别號千里”朱文印。

三級 142shan486

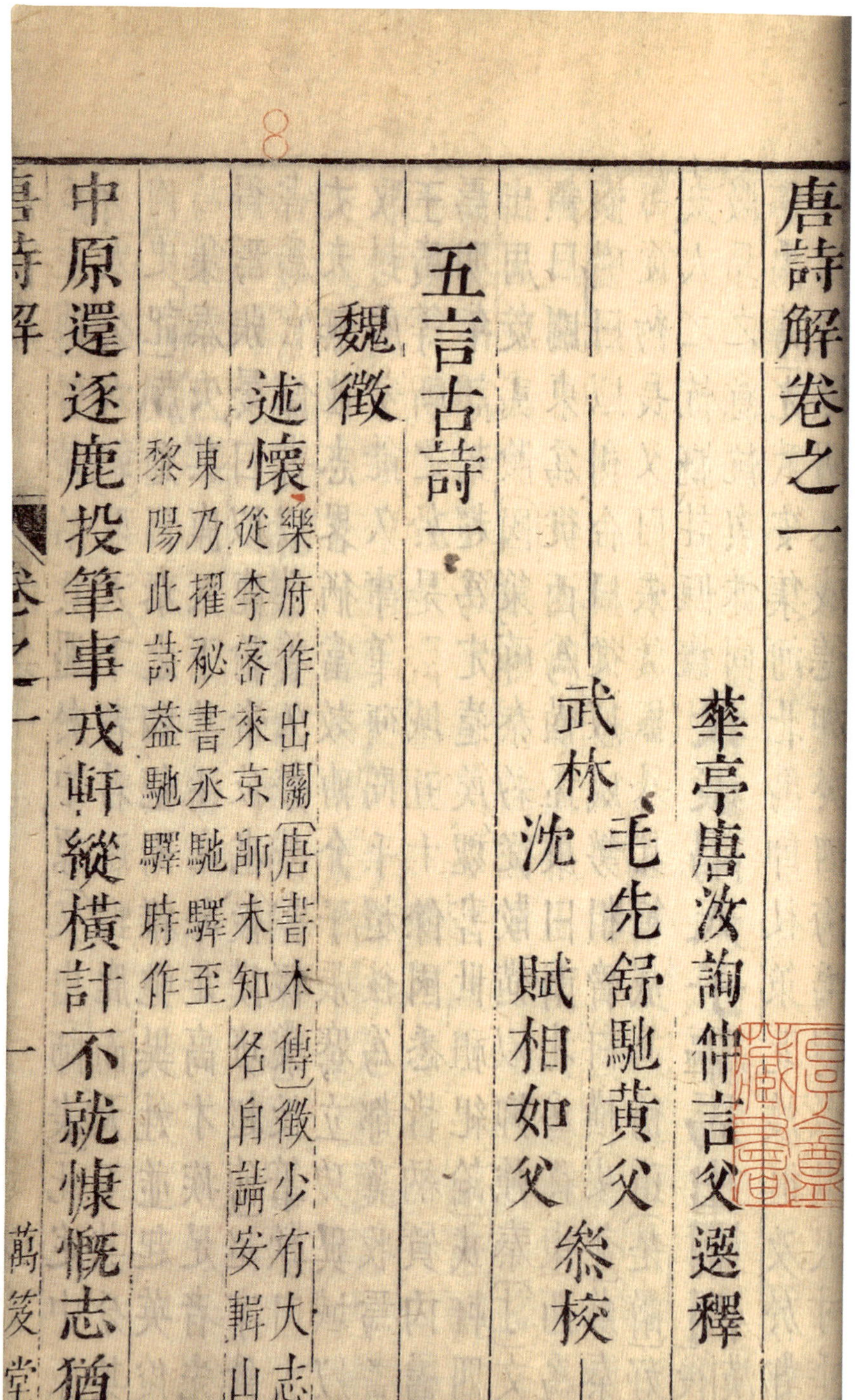
唐詩解卷之一
華亭唐汝詢仲言父選釋
武林毛先舒馳黄父
沈賦相如父參校
五言古詩一
魏徵
述懷樂府作出關〔唐書本傳〕徵少有大志從李密來京師未知名自請安輯山東乃擢秘書丞馳驛至黎陽此詩蓋馳驛時作
中原還逐鹿投筆事戎軒縱横計不就慷慨志猶
唐詩解 卷之一 一 萬笈堂

唐詩解五十卷　（清）唐汝詢選釋　清順治萬笈堂刻本

框高 20.6 厘米，廣 14.5 厘米。半葉九行，行十九字，小字雙行同，白口，四周單邊。12 册。鈐“厚盦藏書”朱文印。

三級 146shan497

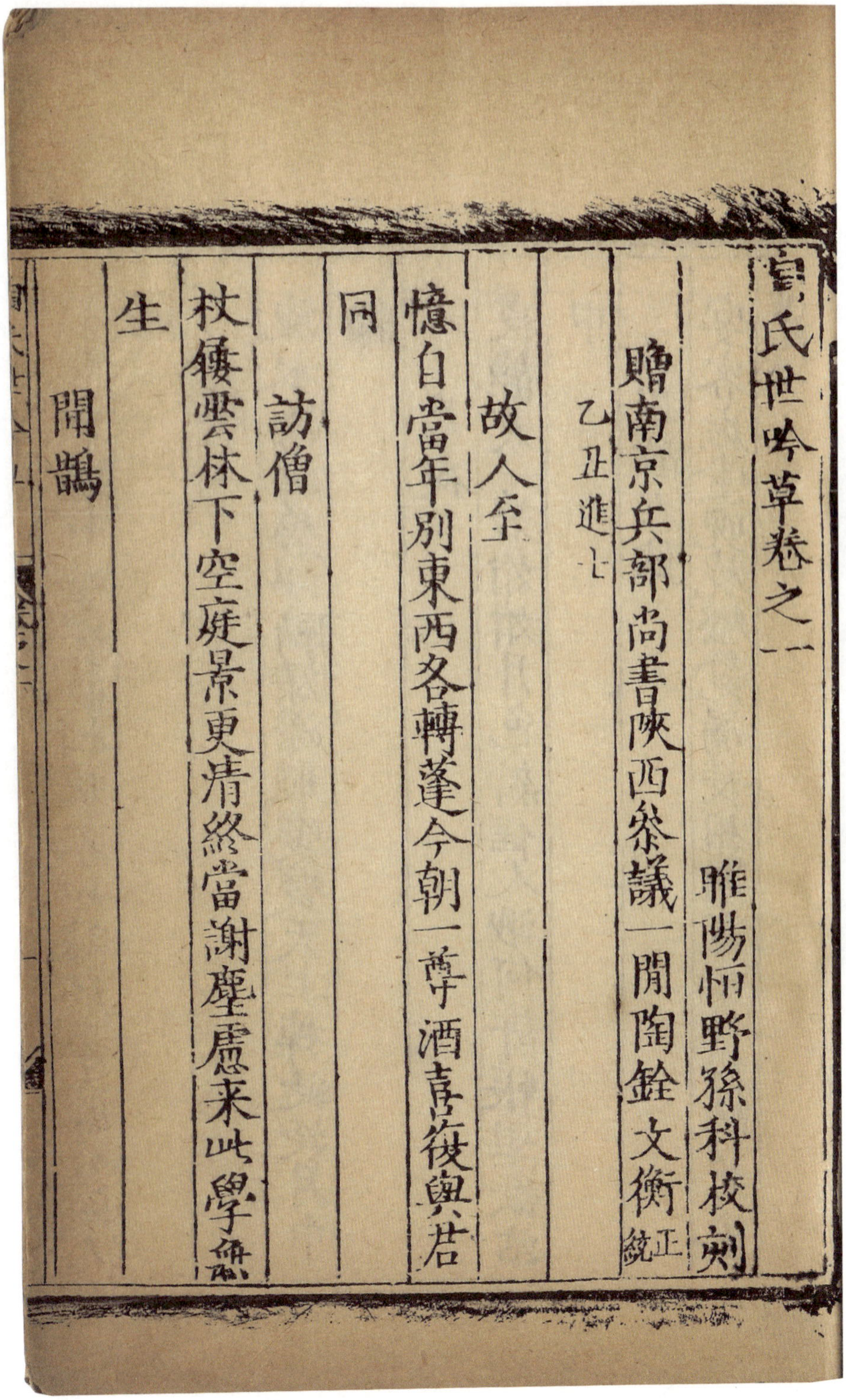
陶氏世吟草卷之一
雎陽恒野孫科校刻
贈南京兵部尚書陝西叅議一閒陶銓文衡 正統乙丑進士
故人至
憶自當年别東西各轉蓬今朝一尊酒喜復與君同
訪僧
杖屨雲林下空庭景更清終當謝塵慮来此學無生
聞鵲

陶氏世吟草七卷　（明）陶銓等撰　明隆慶孫科刻本

框高 18.4 厘米，廣 14 厘米。半葉十一行，行十九字，白口，四周雙邊。1 册。

三級 157shan642

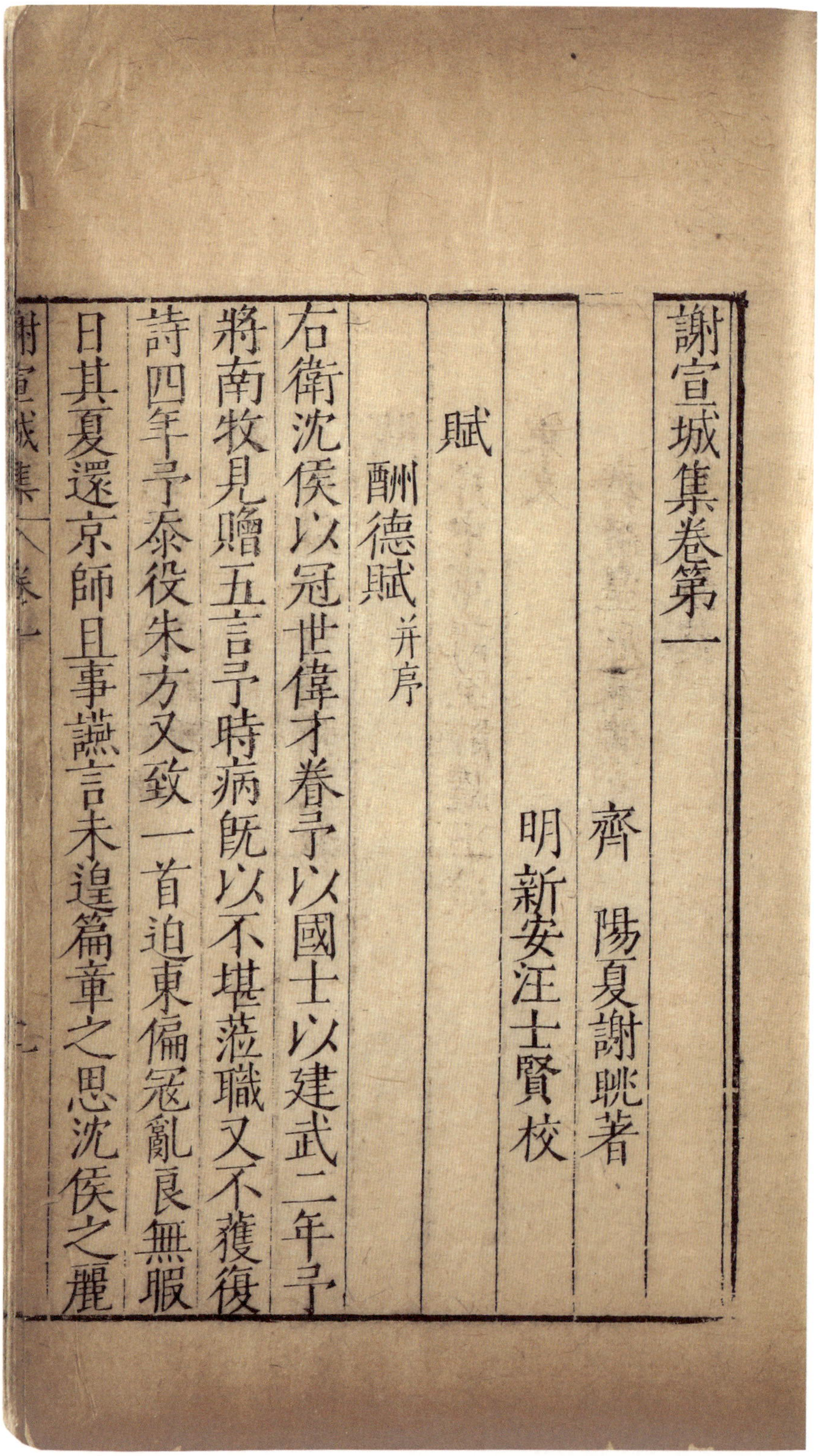
謝宣城集卷第一
齊 陽夏謝朓著
明新安汪士賢校
賦
酬德賦并序
右衛沈侯以冠世偉才眷予以國士以建武二年予
將南牧見贈五言予時病既以不堪莅職又不獲復
詩四年予忝役朱方又致一首迫東偏冠亂良無暇
日其夏還京師且事讌言未遑篇章之思沈侯之麗
謝宣城集　卷一

謝宣城集五卷　（南朝齊）謝朓著　**謝惠連集**　（南朝宋）謝惠連著　明萬曆汪士賢刻本
框高 20 厘米，廣 14.2 厘米。半葉九行，行二十字，白口，左右雙邊。4 册。
三級 167shan739

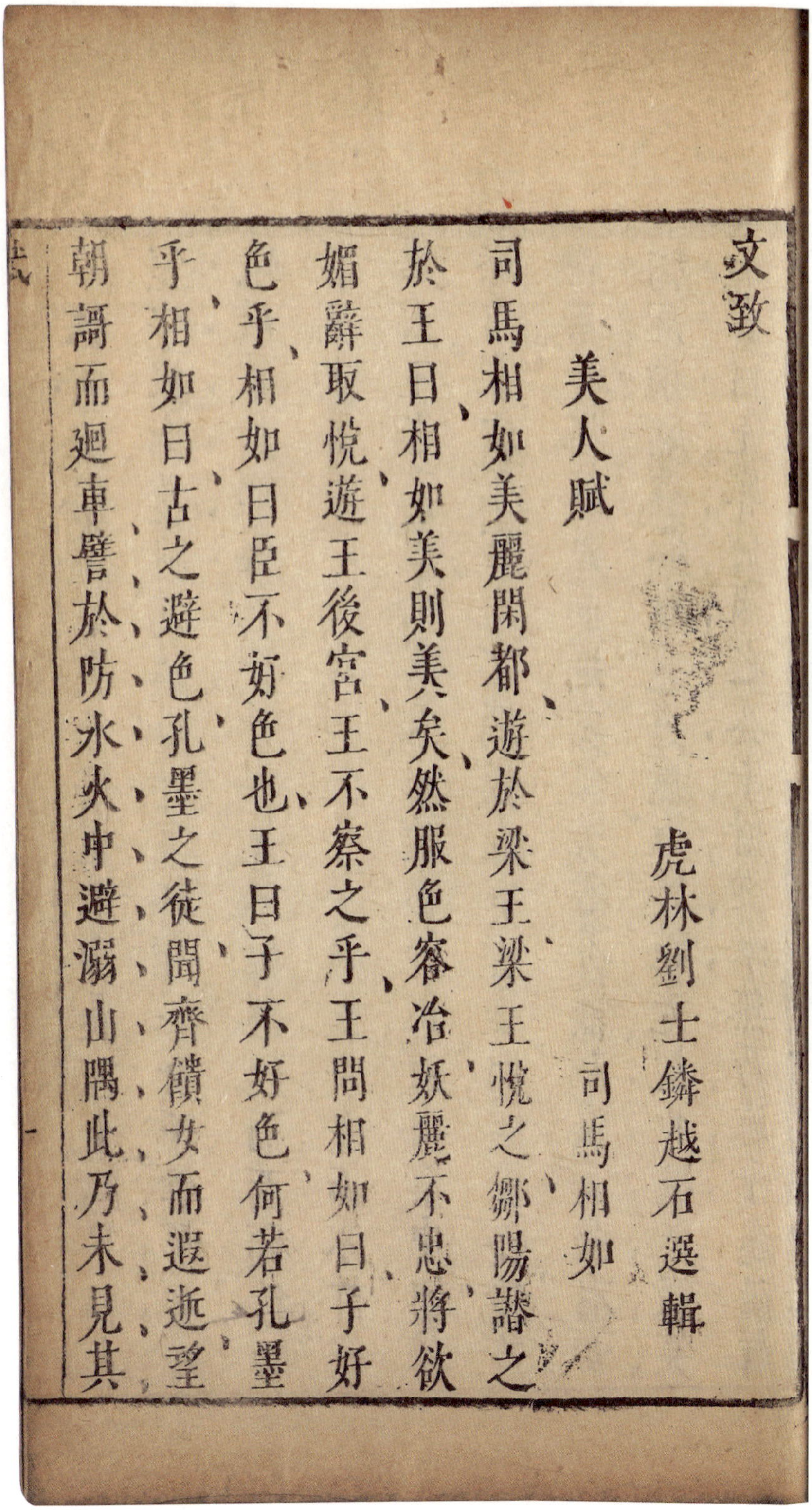

文致不分卷　（明）劉士鏻輯　清初刻本

框高 21 厘米，廣 14.6 厘米。半葉九行，行二十字，白口，四周單邊，無格。2 册。

三級 169shan741

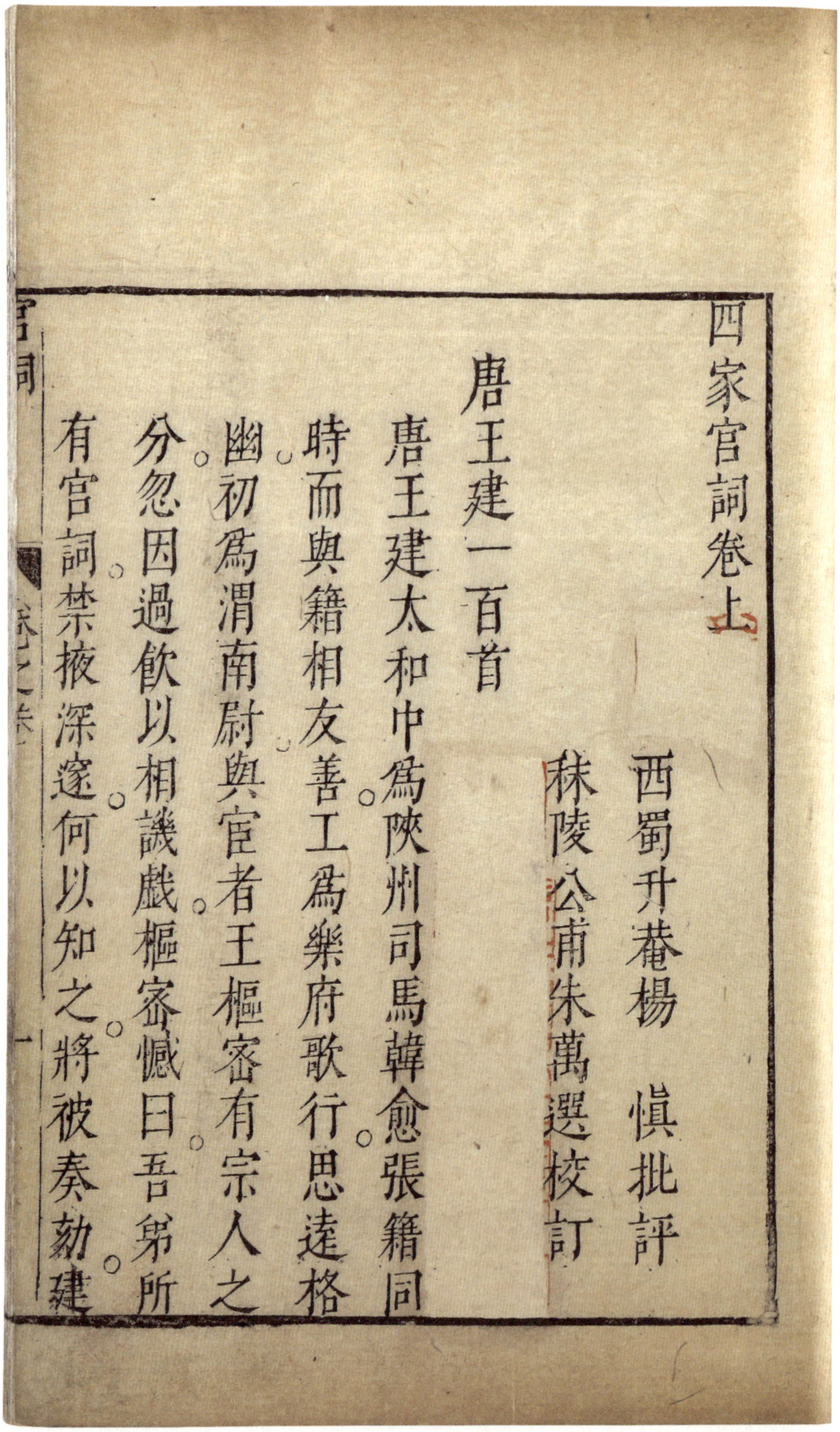

四家宮詞卷上

西蜀升菴楊　慎批評

秣陵公甫朱萬選校訂

唐王建一百首

唐王建太和中爲陝州司馬韓愈張籍同時而與籍相友善工爲樂府歌行思遠格幽初爲渭南尉與宦者王樞密有宗人之分忽因過飲以相譏戲樞密憾曰吾弟所有宮詞禁掖深邃何以知之將被奏劾建

宮詞　卷之一　一

四家宮詞二卷　（明）林志尹輯　（明）楊慎批評　明崇禎刻本

框高 20.3 厘米，廣 15.1 厘米。半葉九行，行十八字，白口，四周單邊，無格。2 册。

三級 184shan832

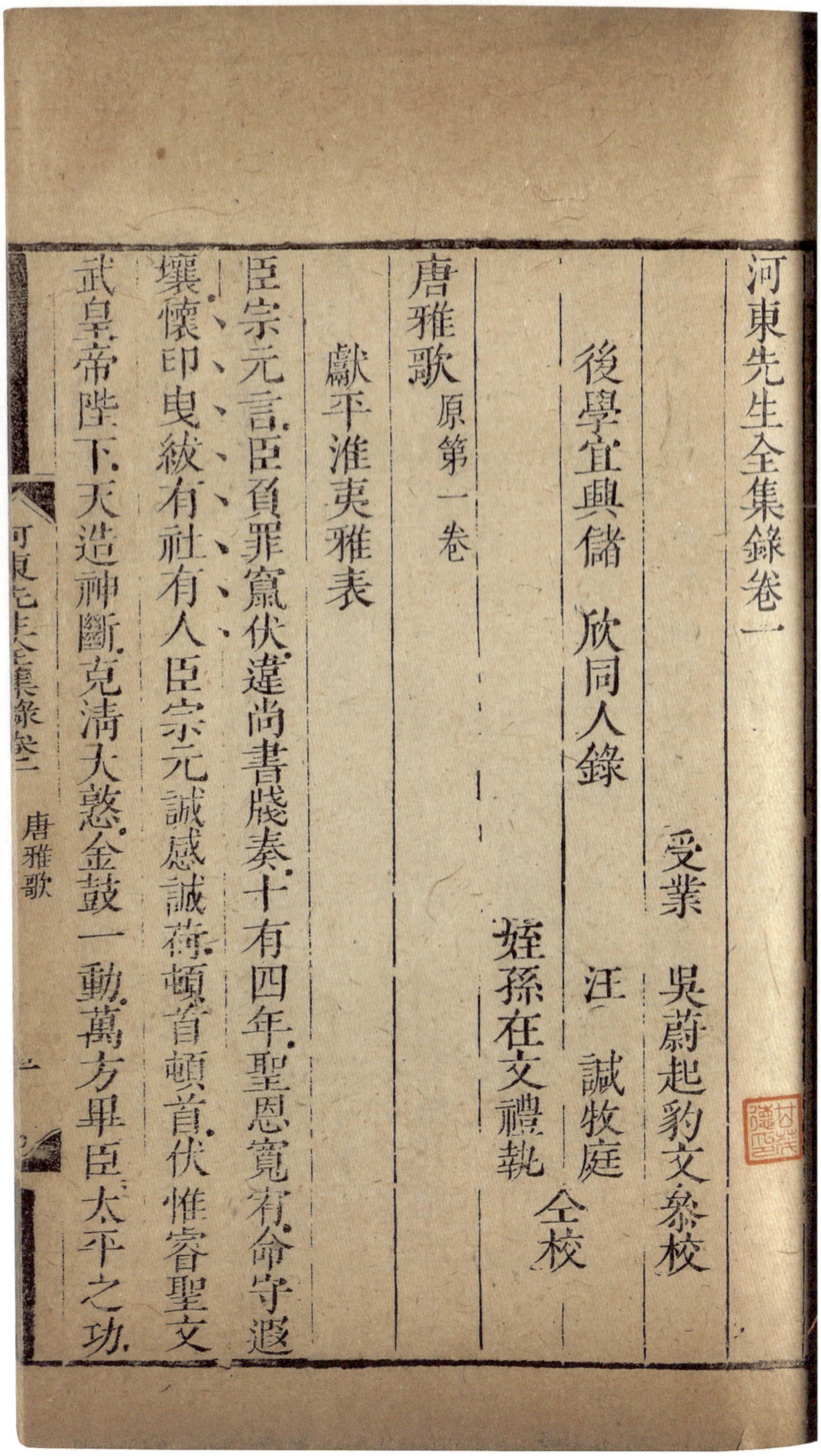

唐宋大家全集錄 （清）儲欣録 清康熙刻本

框高 19.6 厘米，廣 14.4 厘米。半葉九行，行二十五字，黑口，左右雙邊。40 册。鈐“甘茂德印”朱文印。

三級 204pu9-2-1-2

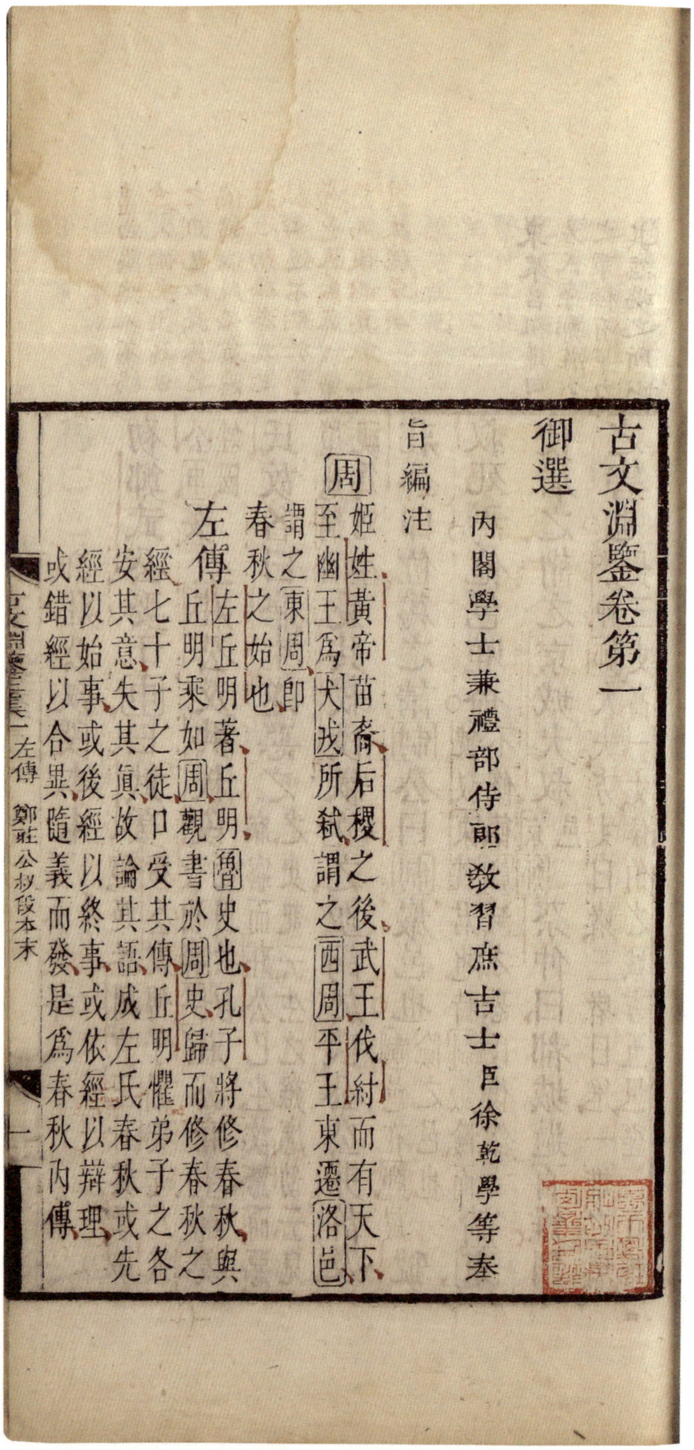
古文淵鑑卷第一
御選
内閣學士兼禮部侍郎教習庶吉士臣徐乾學等奉
旨編注
周 姬姓黃帝苗裔后稷之後武王伐紂而有天下至幽王爲犬戎所弒謂之西周平王東遷洛邑謂之東周卽春秋之始也
左傳 左丘明著丘明魯史也孔子將修春秋與丘明乘如周觀書於周史歸而修春秋之經七十子之徒口受其傳丘明懼弟子之各安其意失其眞故論其語成左氏春秋或先經以始事或後經以終事或依經以辯理或錯經以合異隨義而發是爲春秋內傳
古文淵鑑卷一 左傳 鄭莊公叔段本末

古文淵鑑六十四卷 （清）徐乾學等輯 清康熙四十九年（1710）刻五色套印本

框高 18.8 厘米，廣 14.1 厘米。半葉九行，行二十字，小字雙行同，黑口，四周單邊，無格。40 册。鈐“逸民書室書画碑帖珍藏之章”朱文印。

三級 207pu9-1-6-3

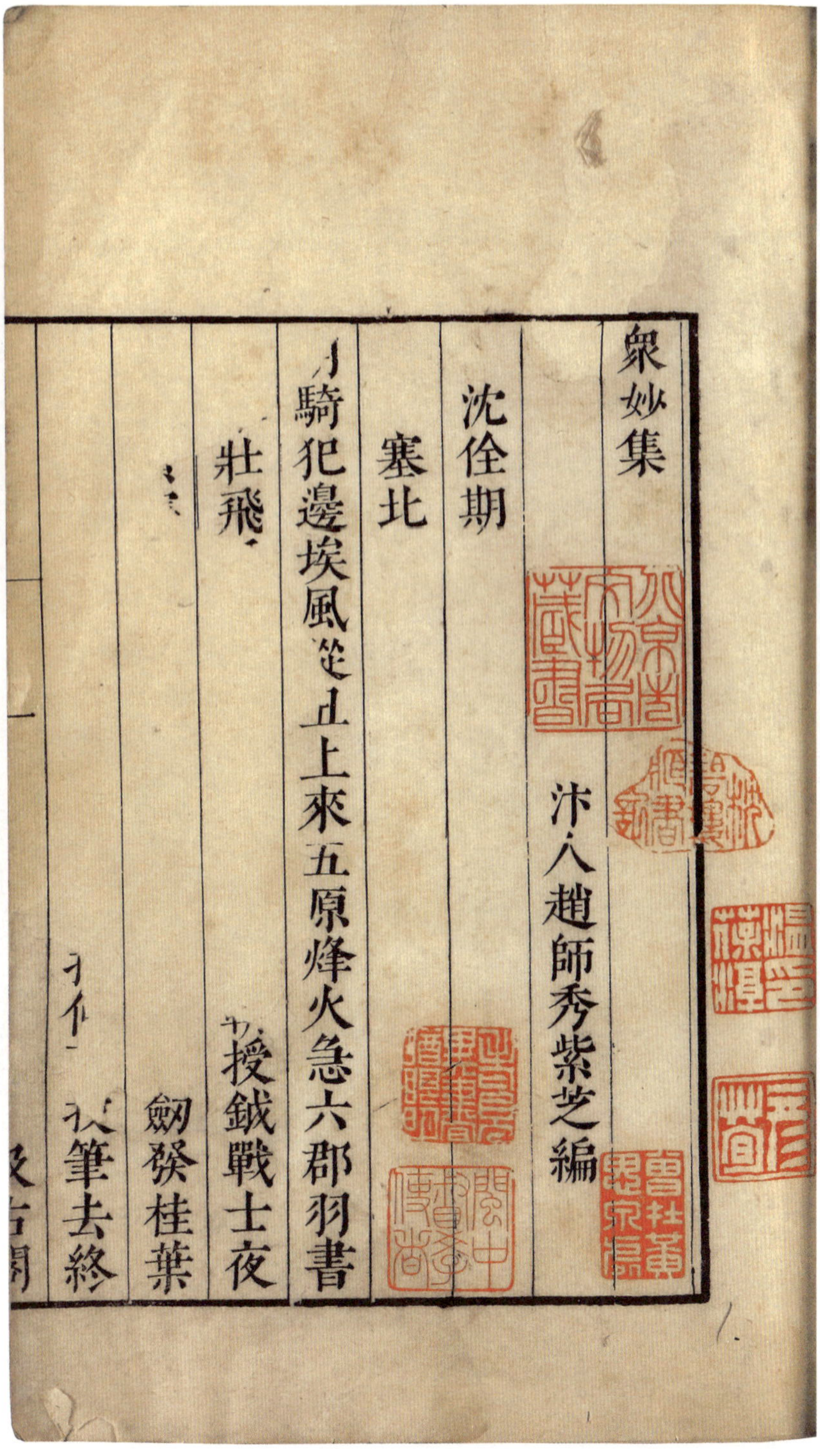

衆妙集 （宋）趙師秀編 明末毛氏汲古閣刻本

框高19.1厘米，廣13.6厘米。半葉八行，行十九字，白口，左右雙邊。2册。鈐“彦荀”白文印、“閩中督學使者”朱文印、“老見異書猶眼明”白文印、“曾在黄思泉處”白文印、“枕碧樓藏書記”朱文印、“温葆潭印”白文印。

三級 211shan16

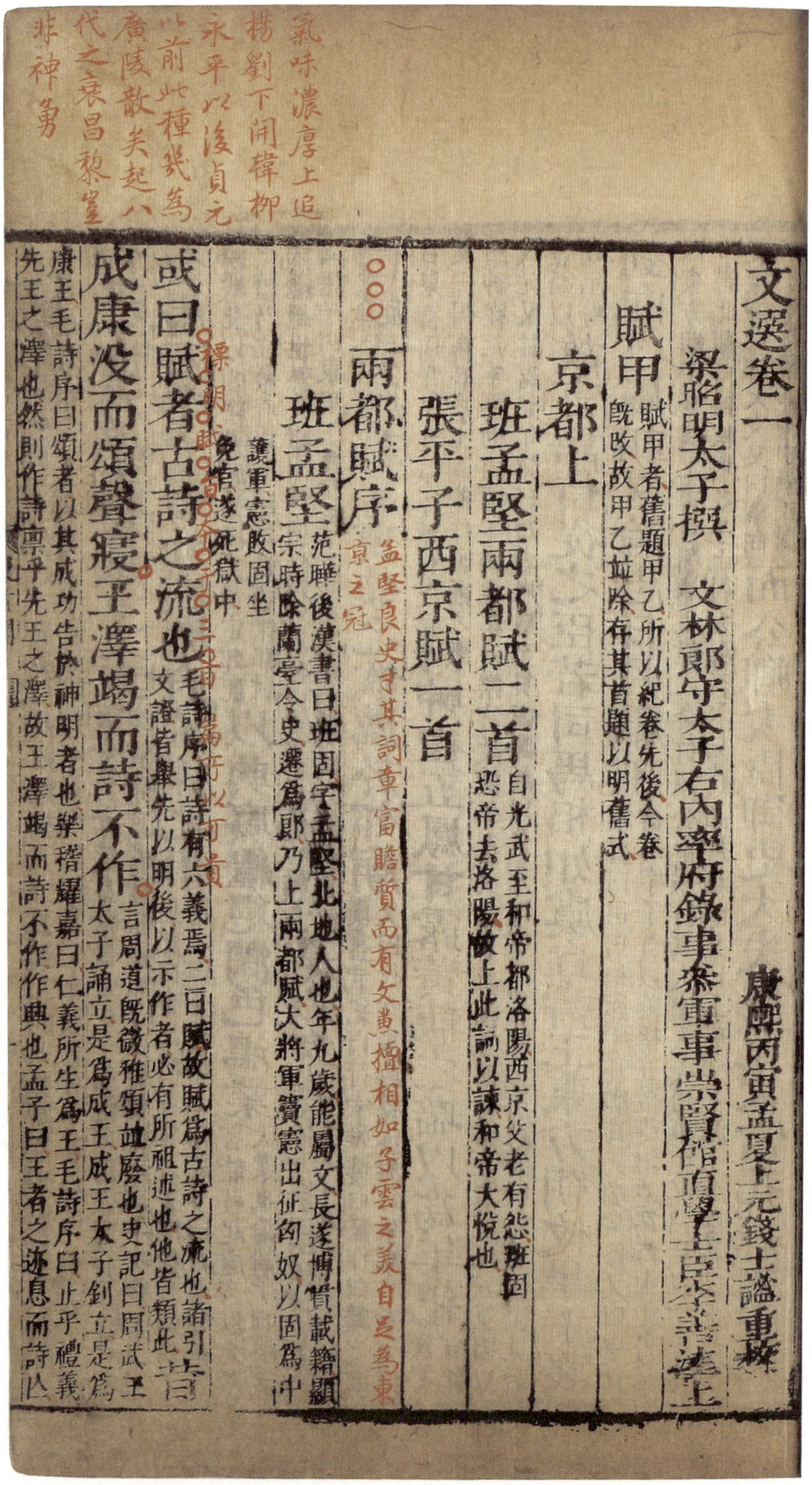

文選六十卷 （南朝梁）蕭統撰 明汲古閣刻清康熙二十五年（1686）錢士謐重修本

框高 21.8 厘米，廣 15.4 厘米。半葉十二行，行二十五字，小字雙行不等，白口，左右雙邊。8 册。有夢暘跋。

三級 218pu9-16-3-7

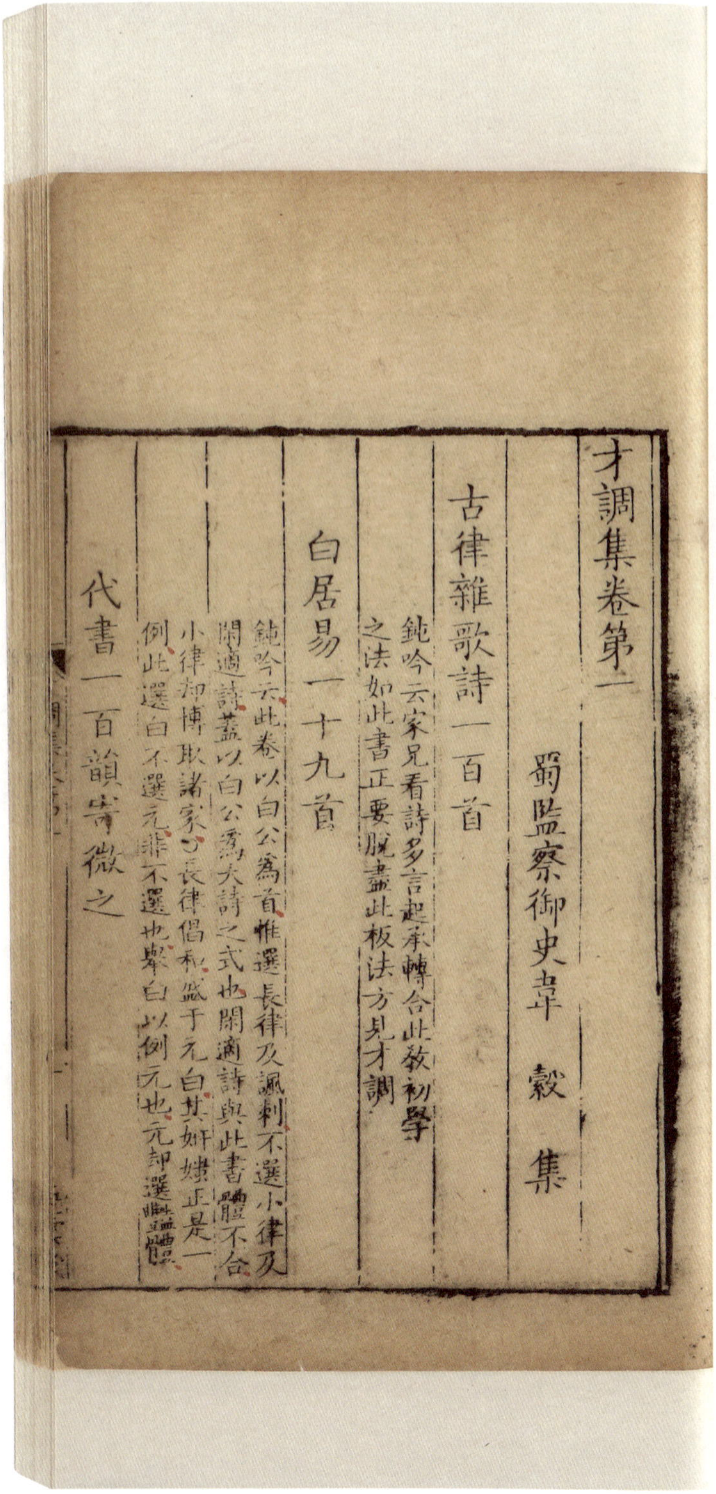

才調集十卷 （五代）韋縠輯 清刻本

框高 17.7 厘米，廣 12.7 厘米。半葉八行，行十九字，小字雙行不等，白口，左右雙邊。4 册。存五卷（一至二、六至八）。有民國三十五年（1946）張伯英跋。

三級 225

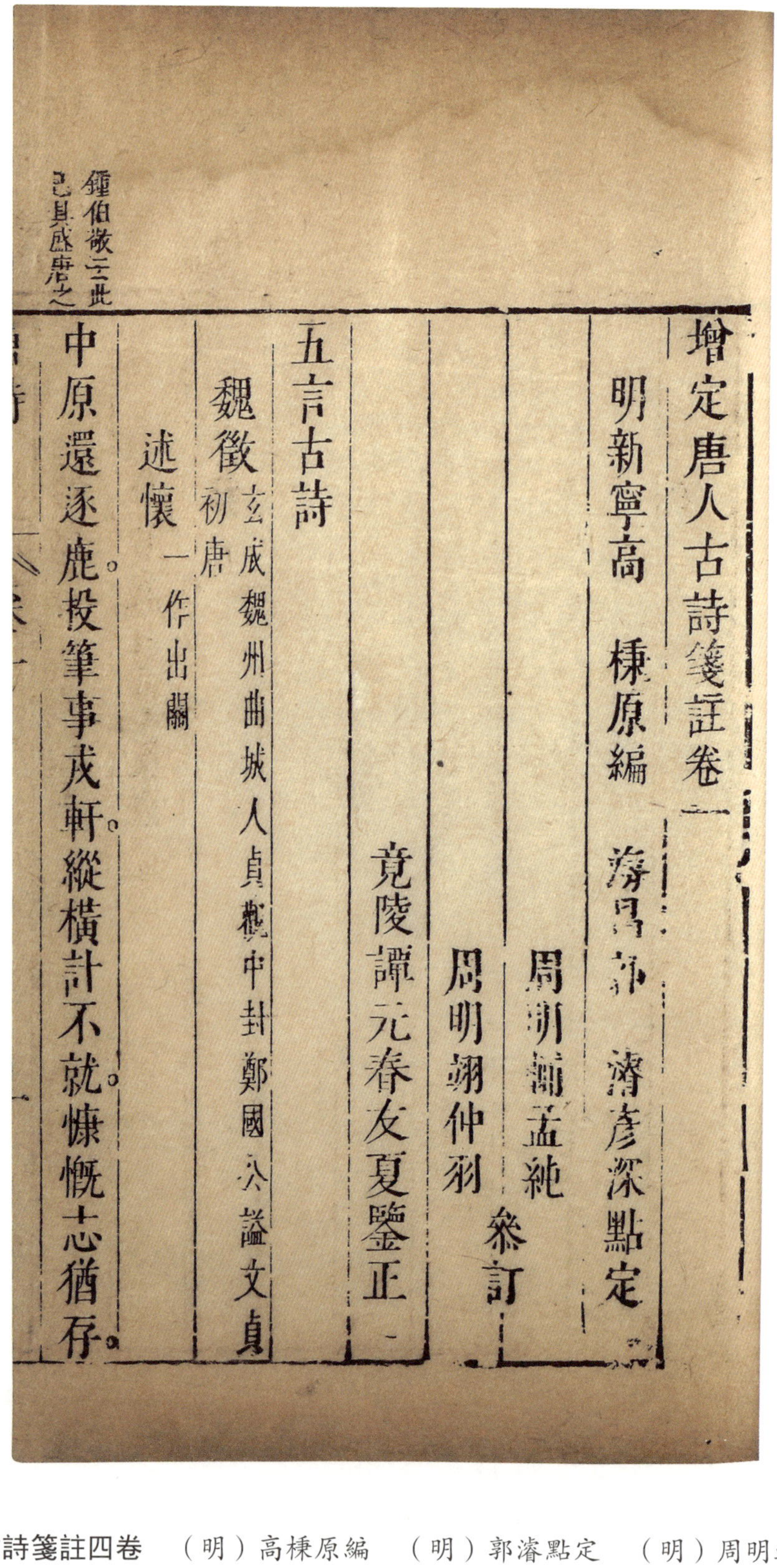
增定唐人古詩箋註卷一
明新寧高　棅原編　潯陽郭　濬彥深點定
周明輔孟純
周明翊仲羽　參訂
竟陵譚元春友夏鑒正
五言古詩
魏徵玄成魏州曲城人貞觀中封鄭國公謚文貞　初唐
述懷一作出關
中原還逐鹿投筆事戎軒縱橫計不就慷慨志猶存
鍾伯敬云此已具盛唐之

增定唐人古詩箋註四卷　（明）高棅原編　（明）郭濬點定　（明）周明輔　（明）周明翊參訂　（清）譚元春鑒正　明天啓刻清乾隆二十二年（1757）印本

框高 20 厘米，廣 14 厘米。半葉九行，行二十字，小字雙行同，白口，四周單邊。4 册。

shan55

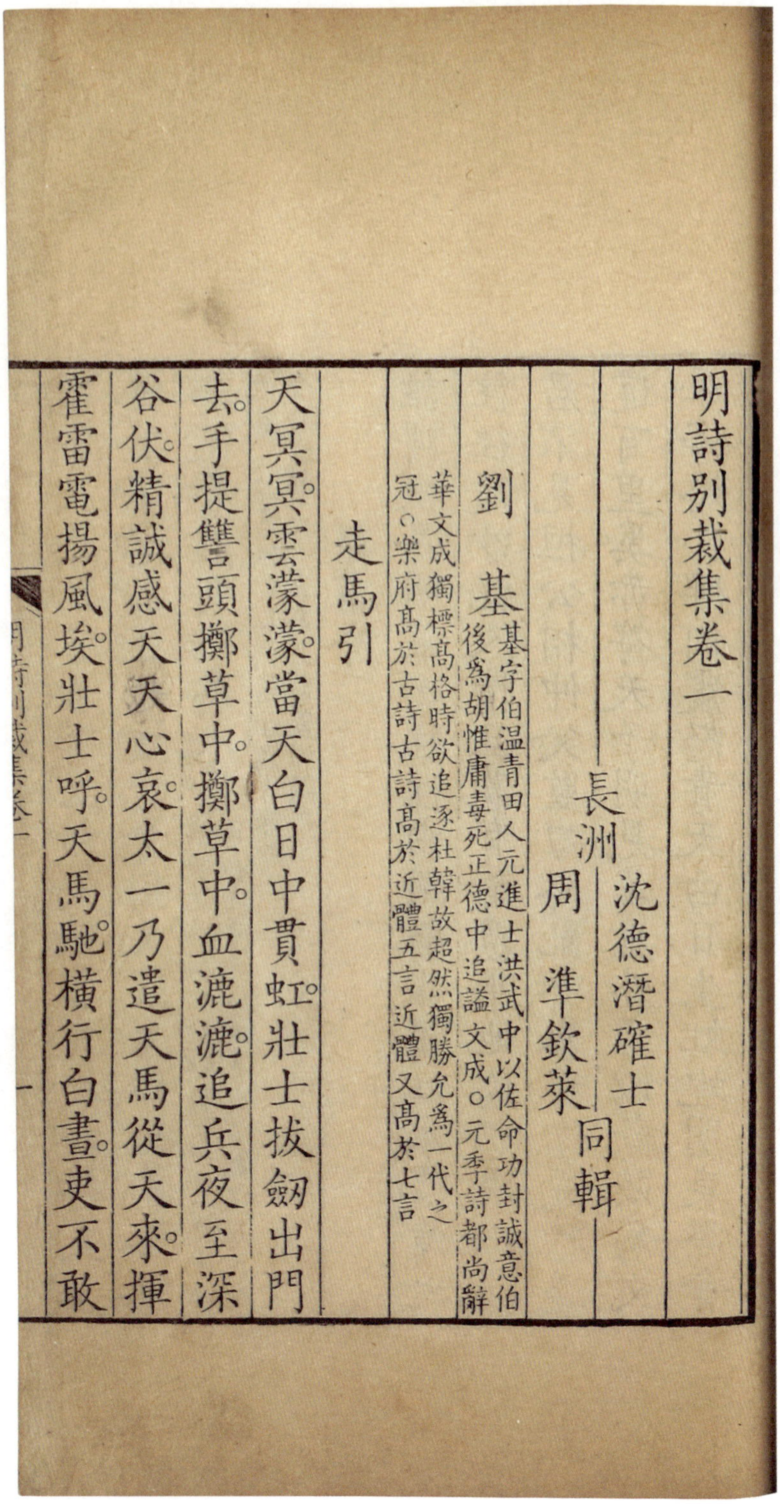

明詩别裁集十二卷 （清）沈德潛 （清）周準輯 清乾隆四年（1739）刻本

框高 17.2 厘米，廣 13.5 厘米。半葉十行，行十九字，小字雙行不等，白口，左右雙邊。4 册。

shan127

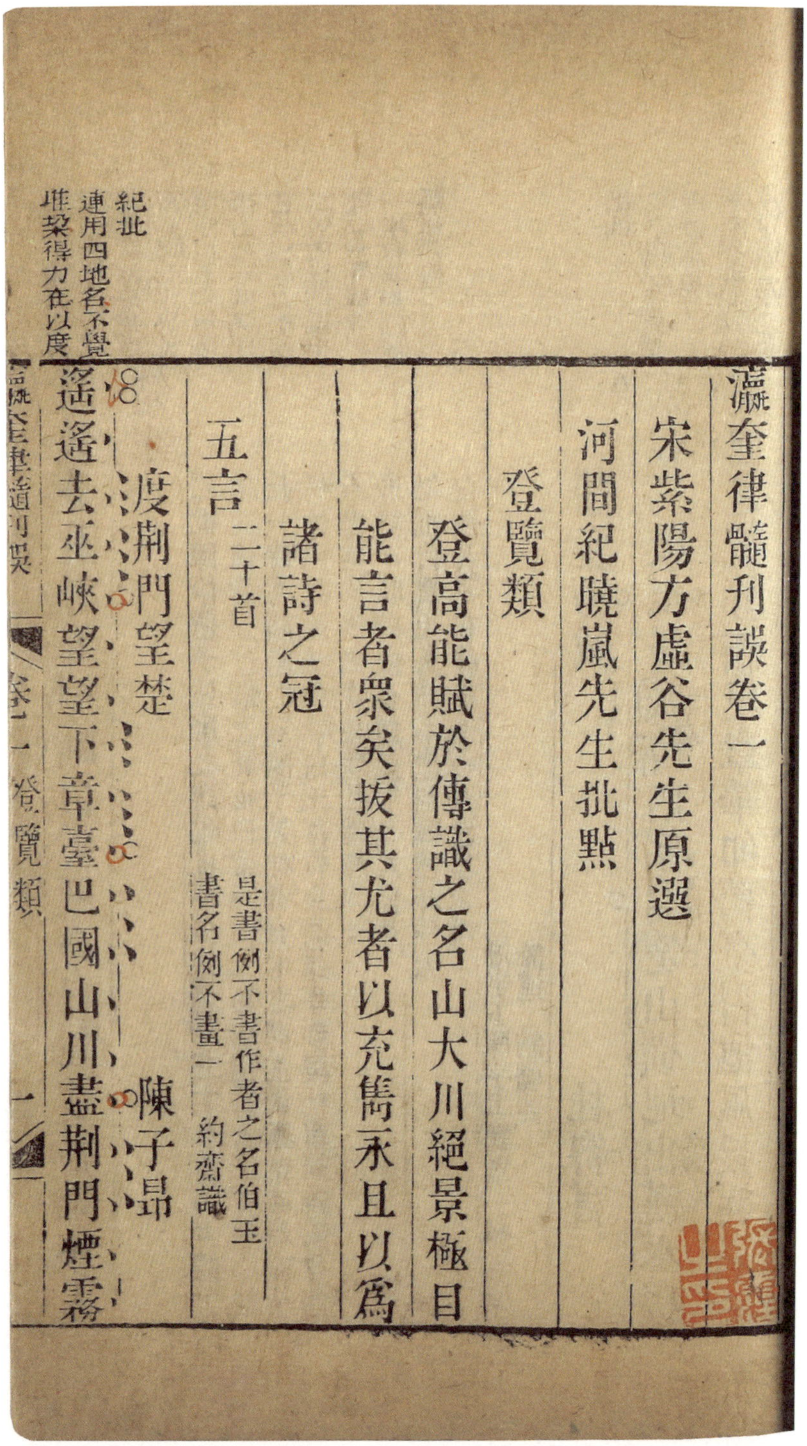

瀛奎律髓刊誤四十九卷 （宋）方回選 （清）紀昀批點 清嘉慶五年（1800）李光垣刻本

框高 16.5 厘米，廣 13.5 厘米。半葉十行，行十九字，小字雙行不等，白口，左右雙邊。10 册。鈐“張霆之印”白文印。

shan157

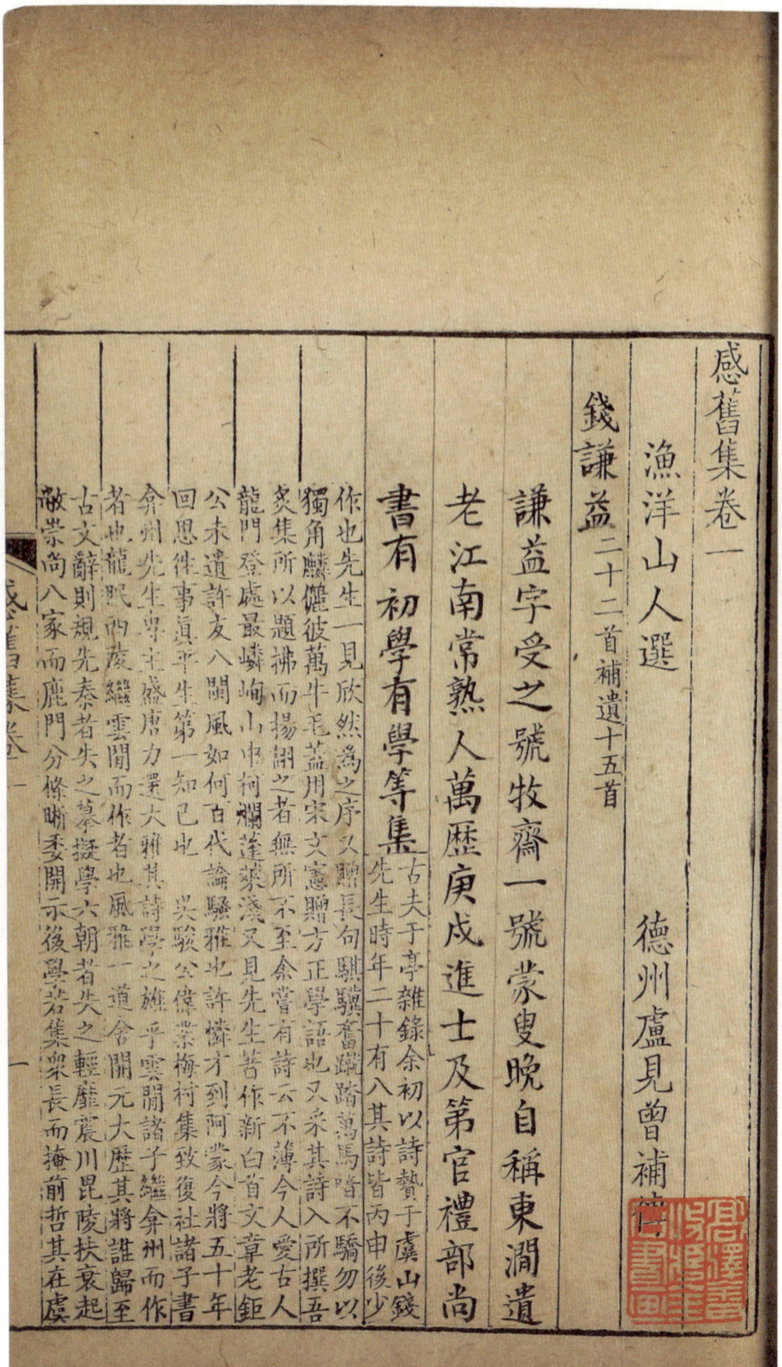

感舊集十六卷 （清）王士禎選 （清）盧見曾補傳 清乾隆十七年（1752）盧見曾刻本

框高 18.2 厘米，廣 14.4 厘米。半葉十一行，行二十一字，小字雙行低三格，行二十七字，白口，左右雙邊。8 册。鈐“高澤畬收藏金石書畫”白文印。

shan158

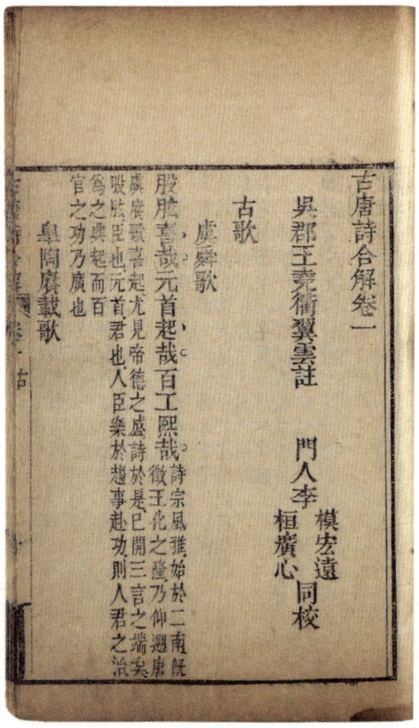

古唐詩合解十二卷　（清）王堯衢註　清刻本

框高 17.5 厘米，廣 12.9 厘米。半葉九行，行二十一字，小字雙行同，黑口，左右雙邊，無格。8 册。

shan186

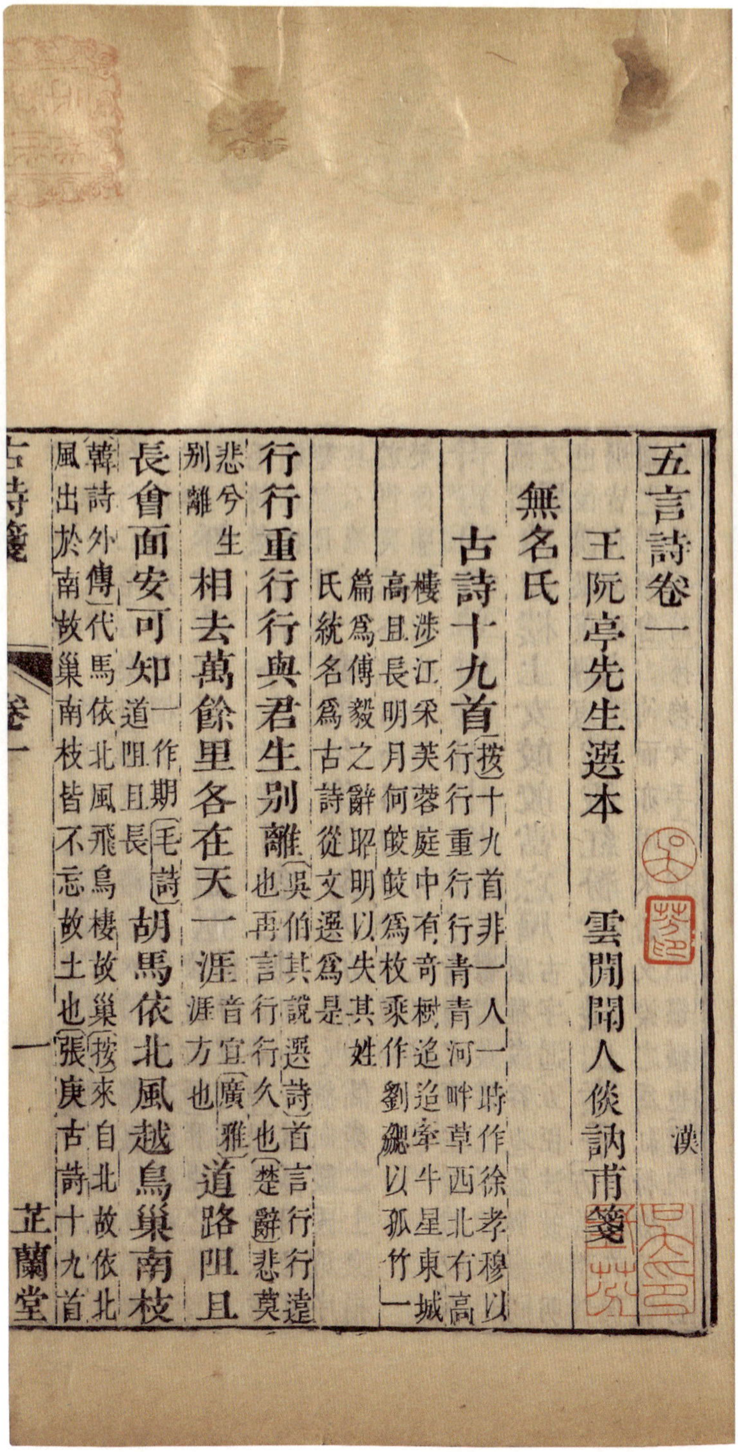

古詩箋三十二卷 （清）王士禛輯 （清）聞人倓箋 清乾隆三十一年（1766）芷蘭堂刻本

框高 17.3 厘米，廣 13.6 厘米。半葉十行，行二十一字，小字雙行同，白口，左右雙邊。16 册。鈐“吳”朱文印、“芬印”朱文印、“吳式芬印”朱文印。

shan201

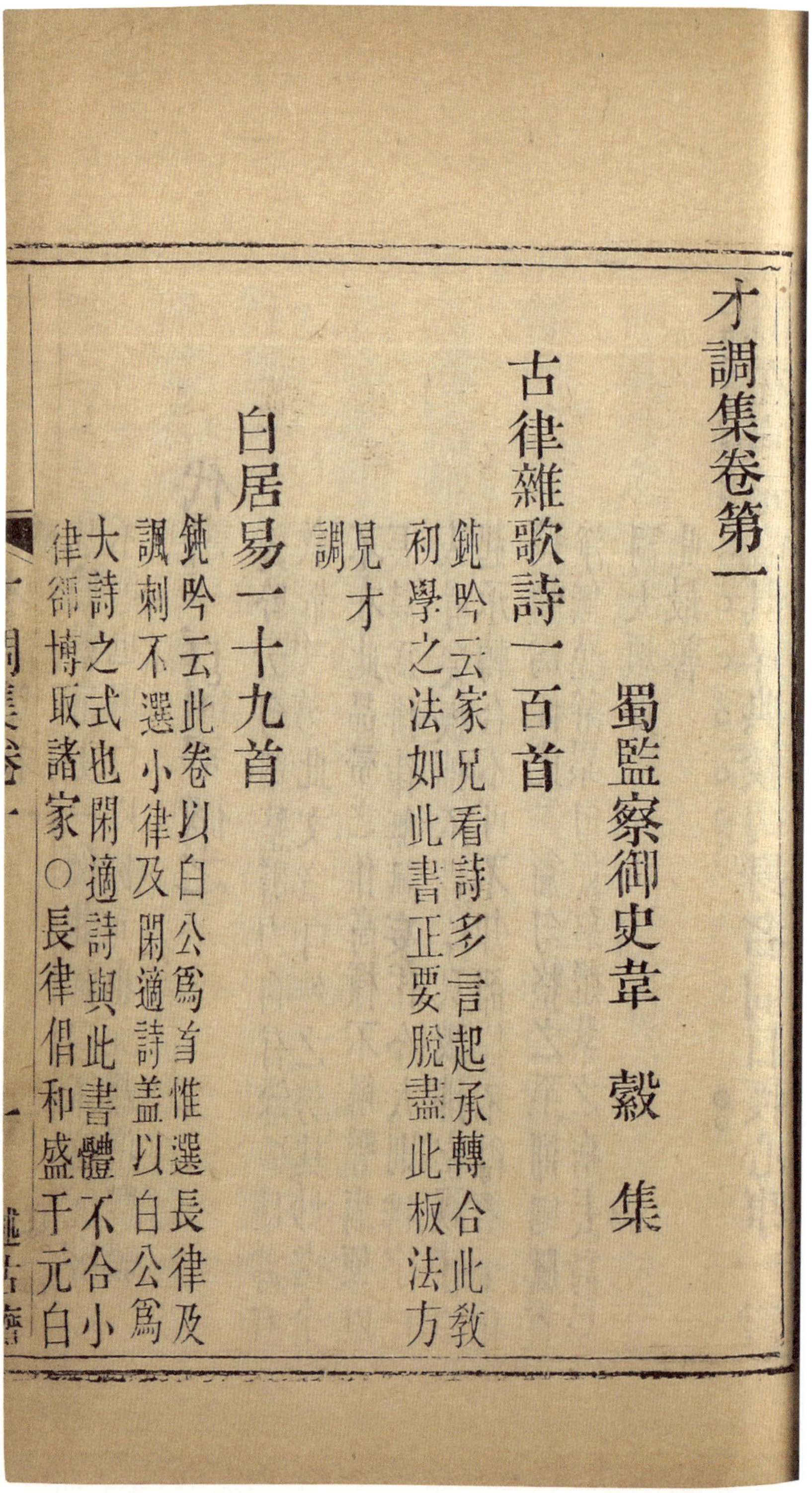

才調集卷第一

蜀監察御史韋　縠　集

古律雜歌詩一百首

鈍吟云家兄看詩多言起承轉合此教初學之法如此書正要脫盡此板法方見才調

白居易一十九首

鈍吟云此卷以白公爲首惟選長律及諷刺不選小律及閑適詩盖以白公爲大詩之式也閑適詩與此書體不合小律御博取諸家○長律倡和盛于元白

才調集十卷　（五代）韋縠集　清康熙四十三年（1704）維揚述古齋木活字印本

框高 19 厘米，廣 13.6 厘米。半葉八行，行十九字，小字雙行同，白口，四周雙邊，無格。4 册。

shan222

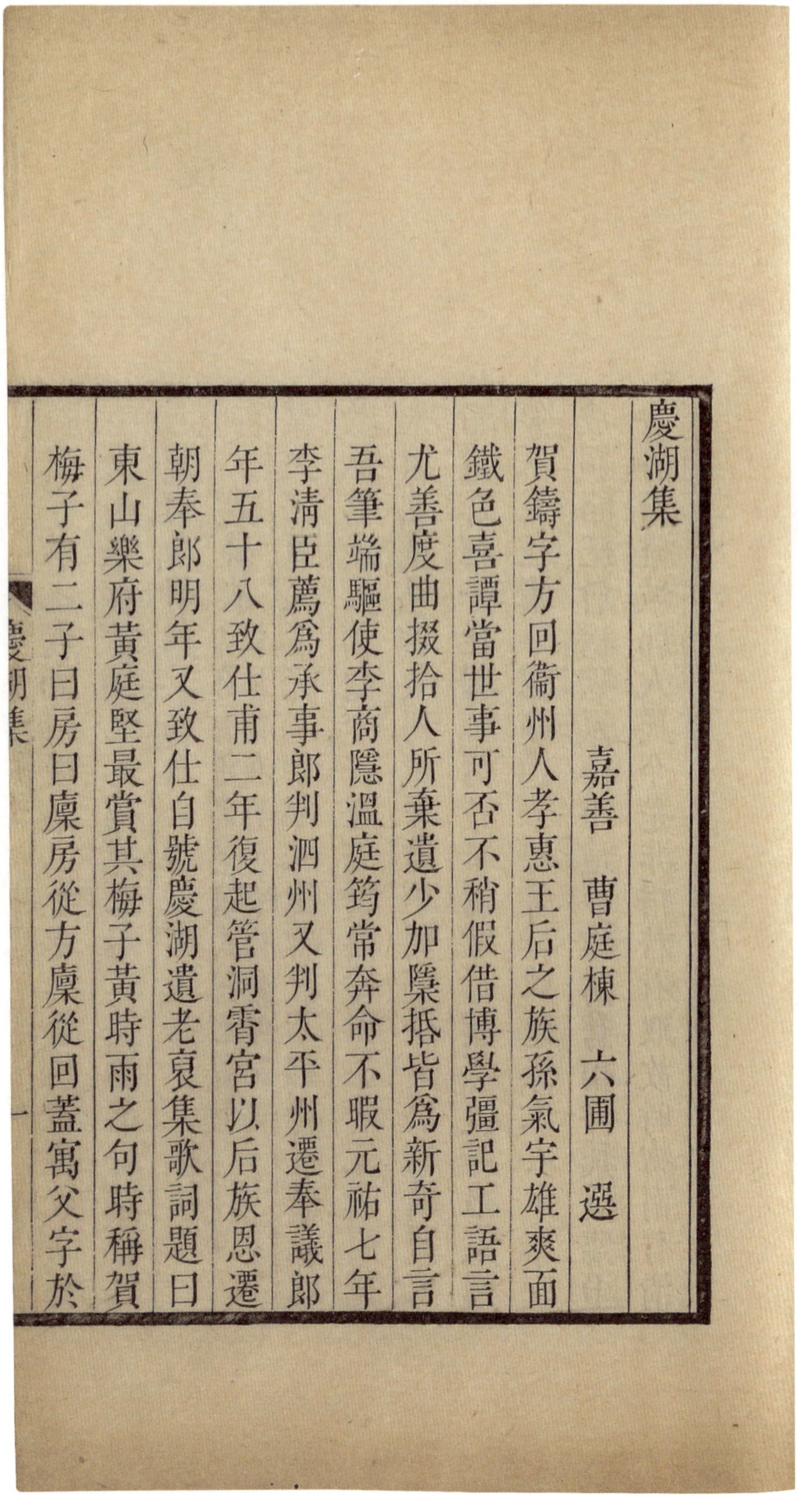
慶湖集

嘉善　曹庭棟　六圃　選

賀鑄字方回衞州人孝惠王后之族孫氣宇雄爽面鐵色喜譚當世事可否不稍假借博學彊記工語言尤善度曲掇拾人所棄遺少加櫽括皆爲新奇自言吾筆端驅使李商隱溫庭筠常奔命不暇元祐七年李清臣薦爲承事郎判泗州又判太平州遷奉議郎年五十八致仕甫二年復起管洞霄宮以后族恩遷朝奉郎明年又致仕自號慶湖遺老裒集歌詞題曰東山樂府黃庭堅最賞其梅子黃時雨之句時稱賀梅子有二子曰房曰廩房從方廩從回蓋寓父字於

慶湖集　一

宋百家詩存二十卷　（清）曹庭棟選　清乾隆六年（1741）曹氏二六書堂刻本

框高17.5厘米，廣13.4厘米。半葉十一行，行二十一字，白口，左右雙邊。20册。

shan226

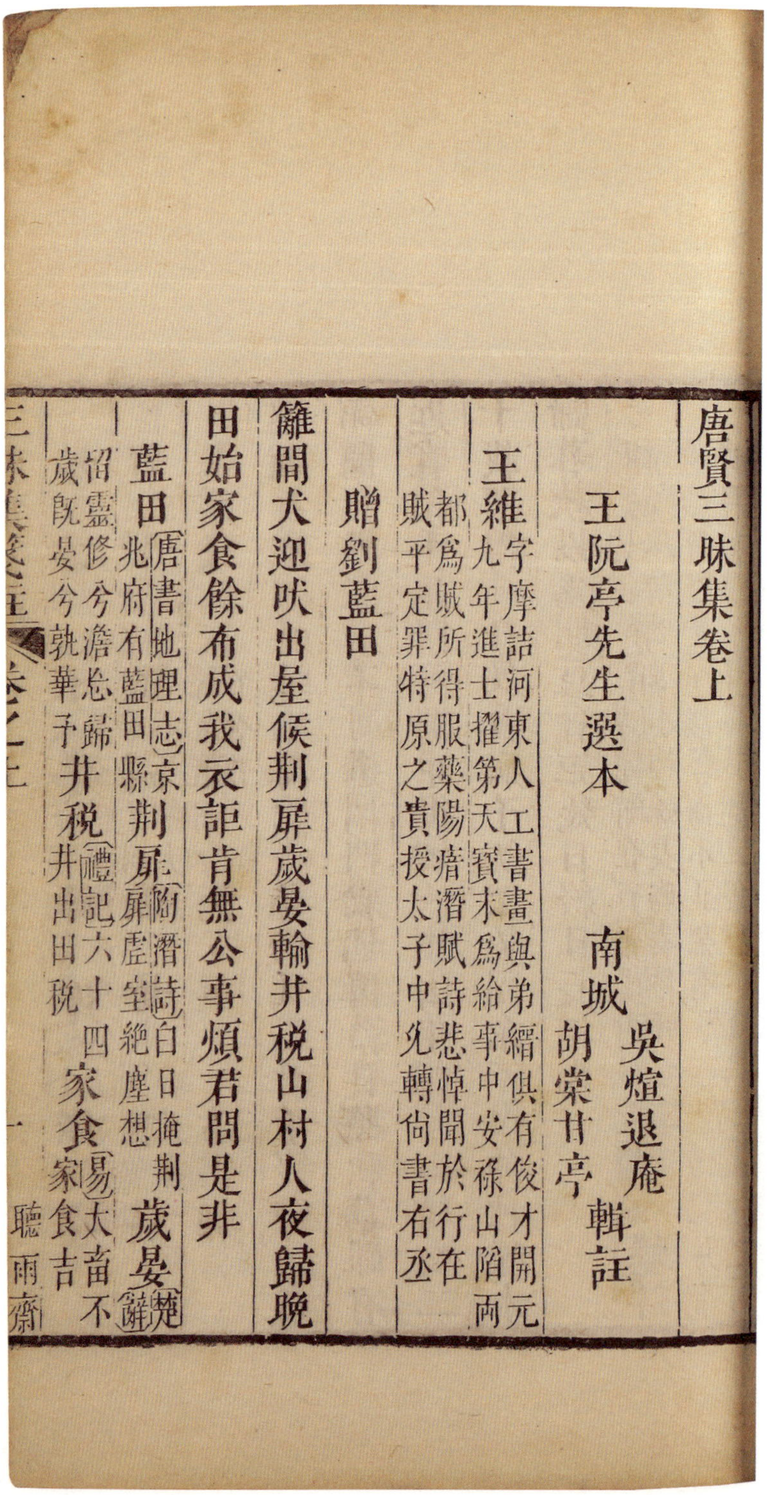

唐賢三昧集三卷 （清）王士禎選本 （清）吴煊 （清）胡棠輯註 清乾隆五十二年（1787）聽雨齋刻本

框高 17.5 厘米，廣 14 厘米。半葉十行，行二十一字，白口，左右雙邊。3 册。

shan241

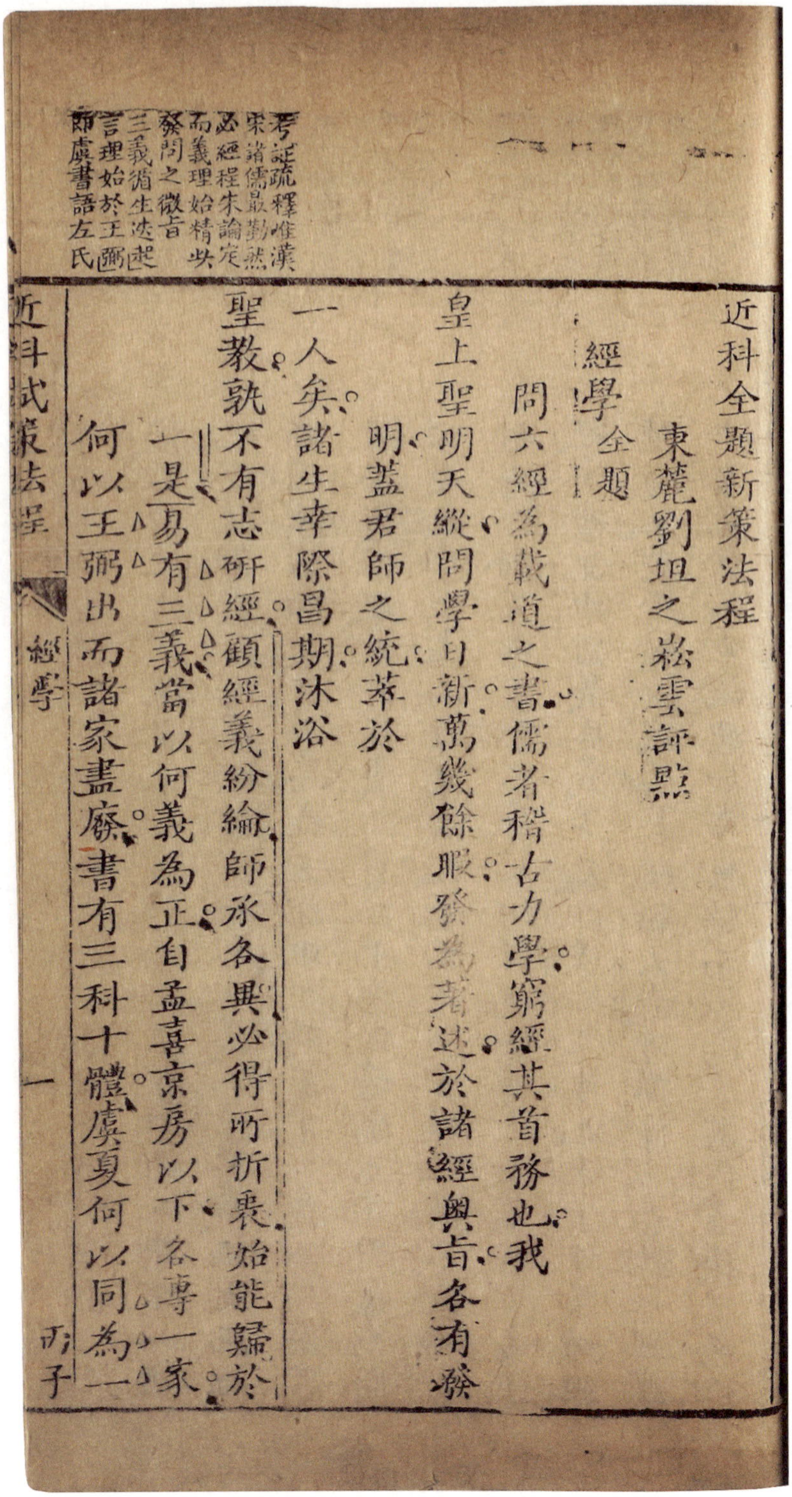

近科全題新策法程　（清）劉坦之評點　清乾隆五十一年（1786）友益齋刻本

框高 19.2 厘米，廣 13.2 厘米。半葉十行，行二十六字，白口，左右雙邊，無格。4 册。

shan242

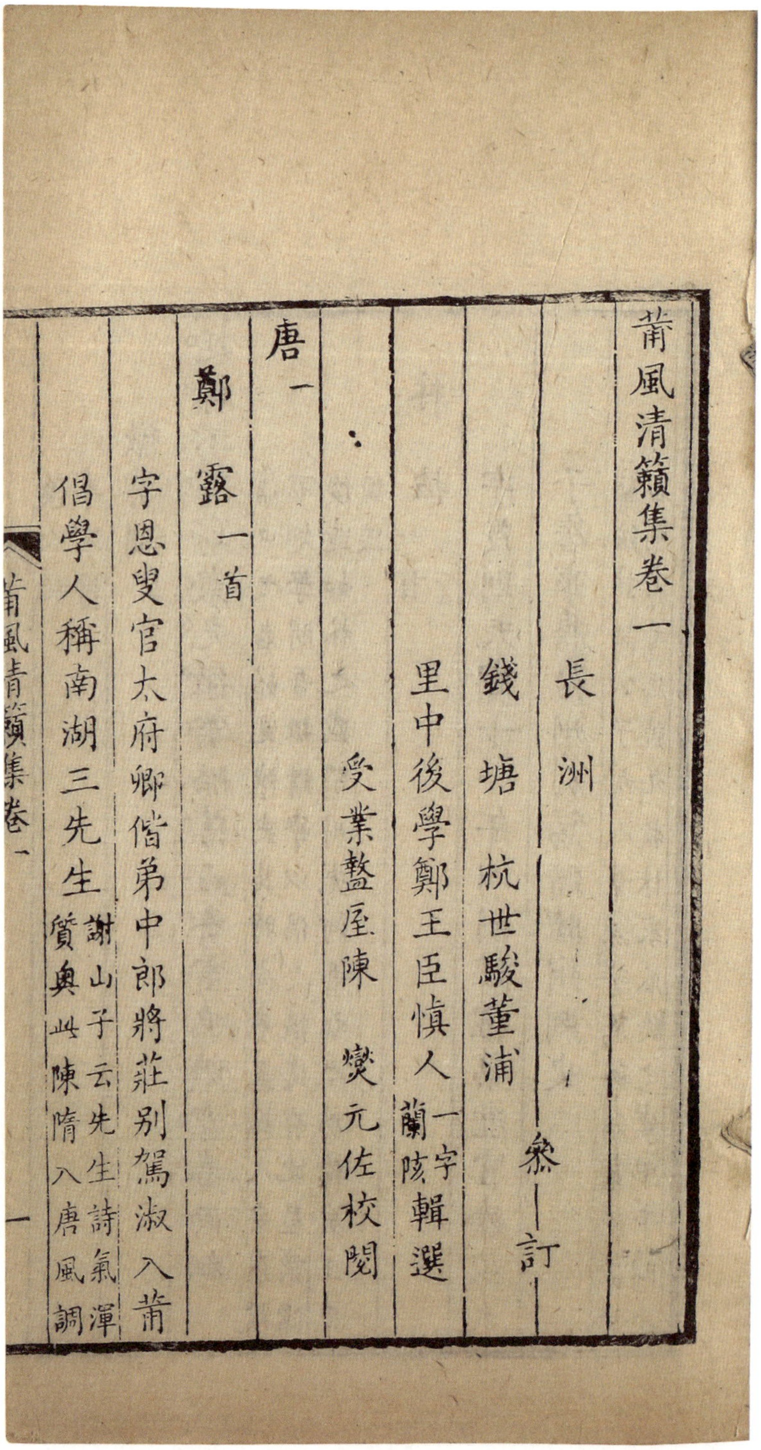
莆風清籟集卷一
長洲
錢塘　杭世駿堇浦　參訂
里中後學鄭王臣慎人一字蘭陔輯選
受業盩厔陳　爕元佐校閱
唐一
鄭露一首
字恩叟官太府卿偕弟中郎將莊别駕淑入莆
倡學人稱南湖三先生謝山子云先生詩氣渾質與此陳隋入唐風調
莆風清籟集卷一　一

莆風清籟集六十卷　（清）鄭王臣編　（清）杭士駿參訂　清乾隆三十七年（1772）刻本

框高 17.5 厘米，廣 12.2 厘米。半葉九行，行二十一字，小字雙行同，白口，左右雙邊。20 册。

shan248

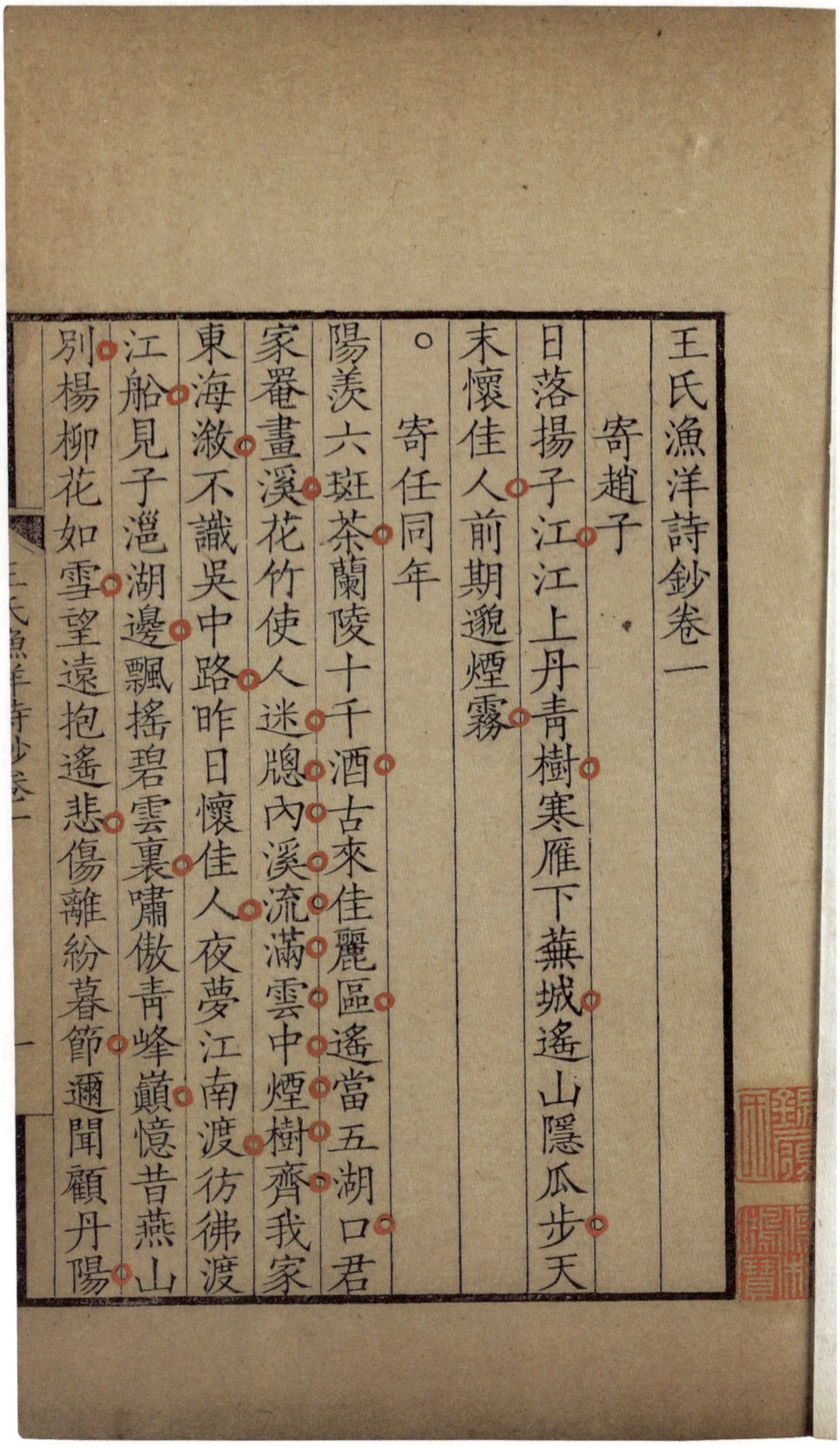

二家詩鈔二十卷 （清）邵長蘅輯 **王氏漁陽詩鈔十二卷** （清）王士禎撰 **宋氏綿津詩鈔八卷** （清）宋犖撰 清康熙三十四年（1695）刻本

框高 18.4 厘米，廣 13.6 厘米。半葉十行，行二十一字，黑口，四周單邊。12 册。鈐“儒林鴻寶”白文印、“錫履氏”半朱半白印。

shan252

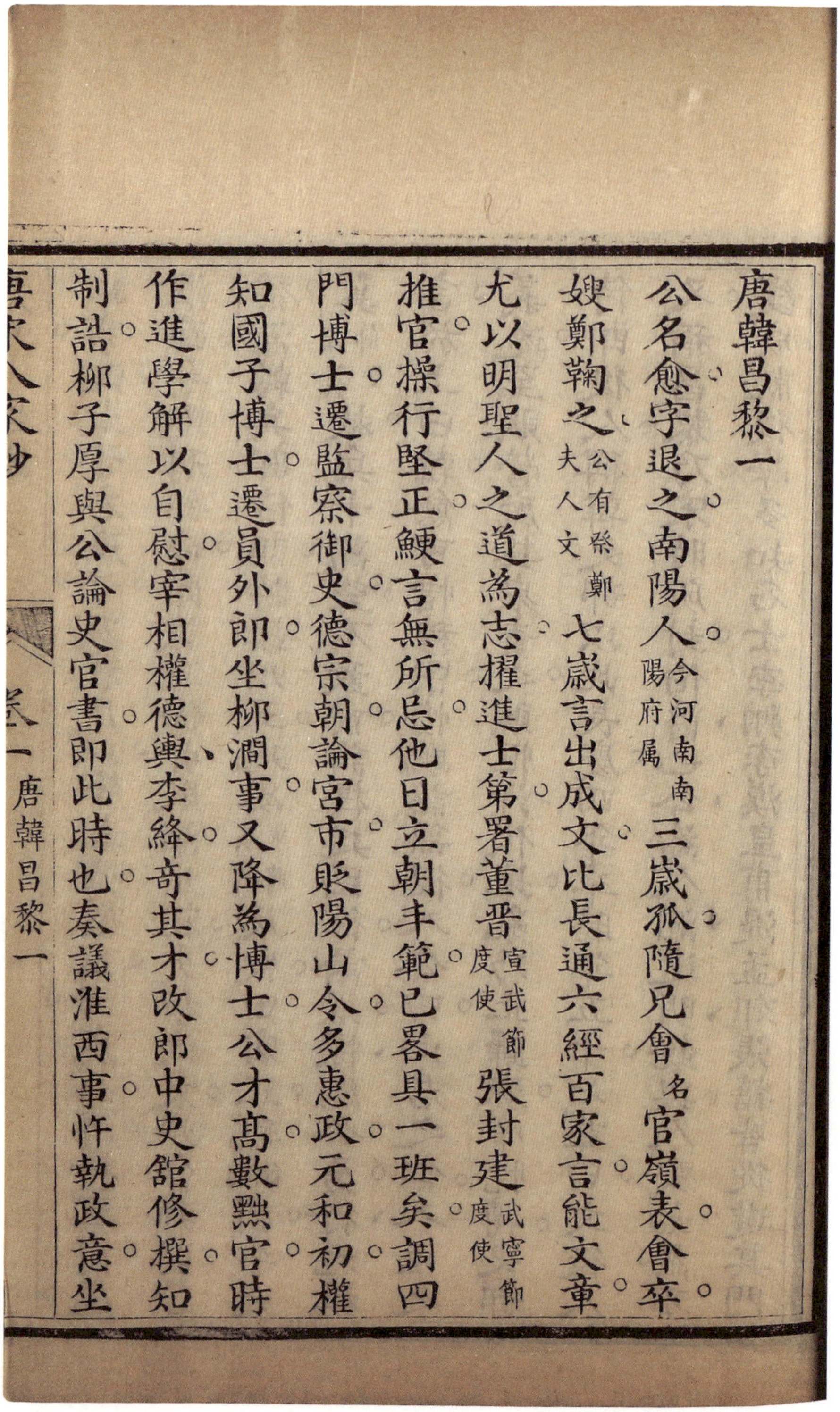
唐韓昌黎一
公名愈字退之南陽人今河南南陽府屬三歲孤隨兄會名官嶺表會卒
嫂鄭鞠之公有祭鄭夫人文七歲言出成文比長通六經百家言能文章
尤以明聖人之道為志擢進士第署董晉宣武節度使張封建武寧節度使
推官操行堅正鯁言無所忌他日立朝丰範已畧具一班矣調四
門博士遷監察御史德宗朝論宮市貶陽山令多惠政元和初權
知國子博士遷員外郎坐柳澗事又降為博士公才高數黜官時
作進學解以自慰宰相權德輿李絳奇其才改郎中史館修撰知
制誥柳子厚與公論史官書即此時也奏議淮西事忤執政意坐
唐宋八家鈔　卷一　唐韓昌黎一

唐宋八家鈔八卷　（清）高塘集評　清乾隆五十三年（1788）廣郡永邑楊氏培元堂刻本

框高 19.5 厘米，廣 15.2 厘米。半葉九行，行二十五字，小字雙行同，白口，四周雙邊，無格。8 册。

shan257

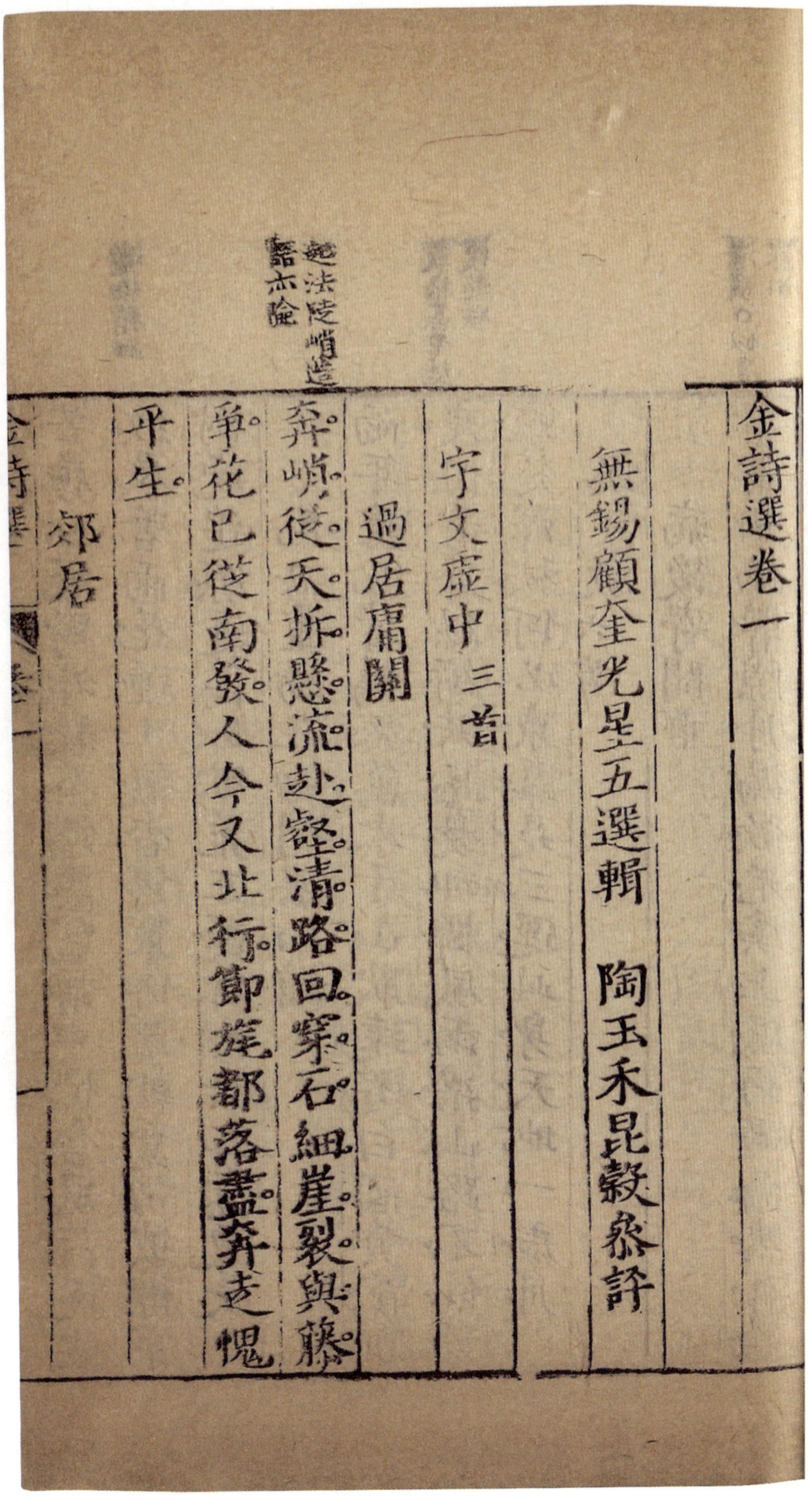
金詩選卷一
無錫顧奎光星五選輯　陶玉禾昆穀叅訂
宇文虛中　三首
過居庸關
奔峭從天拆懸流赴壑清路回穿石細崖裂與藤爭花已從南發人今又北行節旄都落盡奔走愧平生
郊居

金詩選六卷補遺一卷　（清）顧奎光輯　清乾隆十六年（1751）刻本

框高16.1厘米，廣13.3厘米。半葉十行，行十九字，小字雙行同，白口，左右雙邊。6册。

shan262

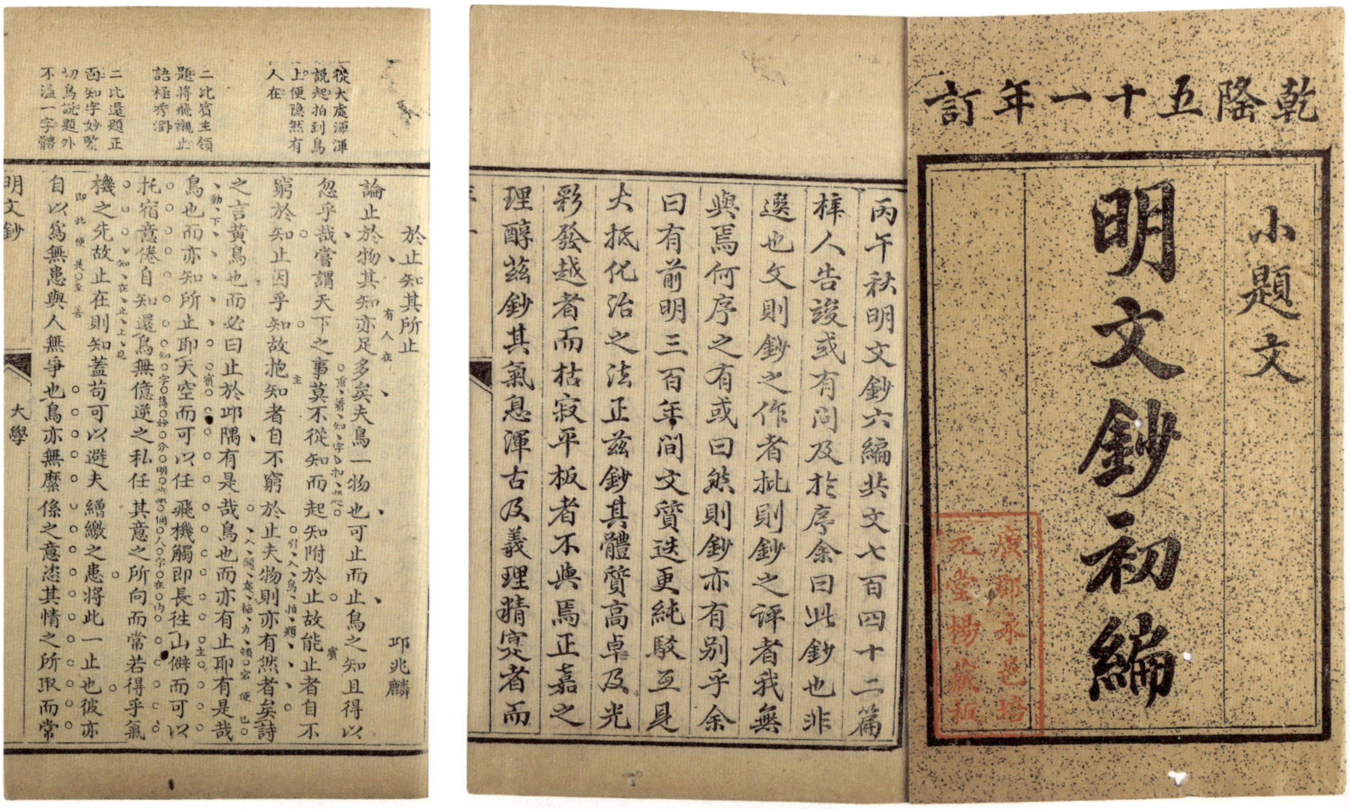

明文鈔初編不分卷二編不分卷　（清）高嵣輯　清乾隆五十一年（1786）廣郡永邑楊氏培元堂刻本

框高 19.6 厘米，廣 15.1 厘米。半葉九行，行二十五字，白口，四周雙邊，無格。6 册。

shan265

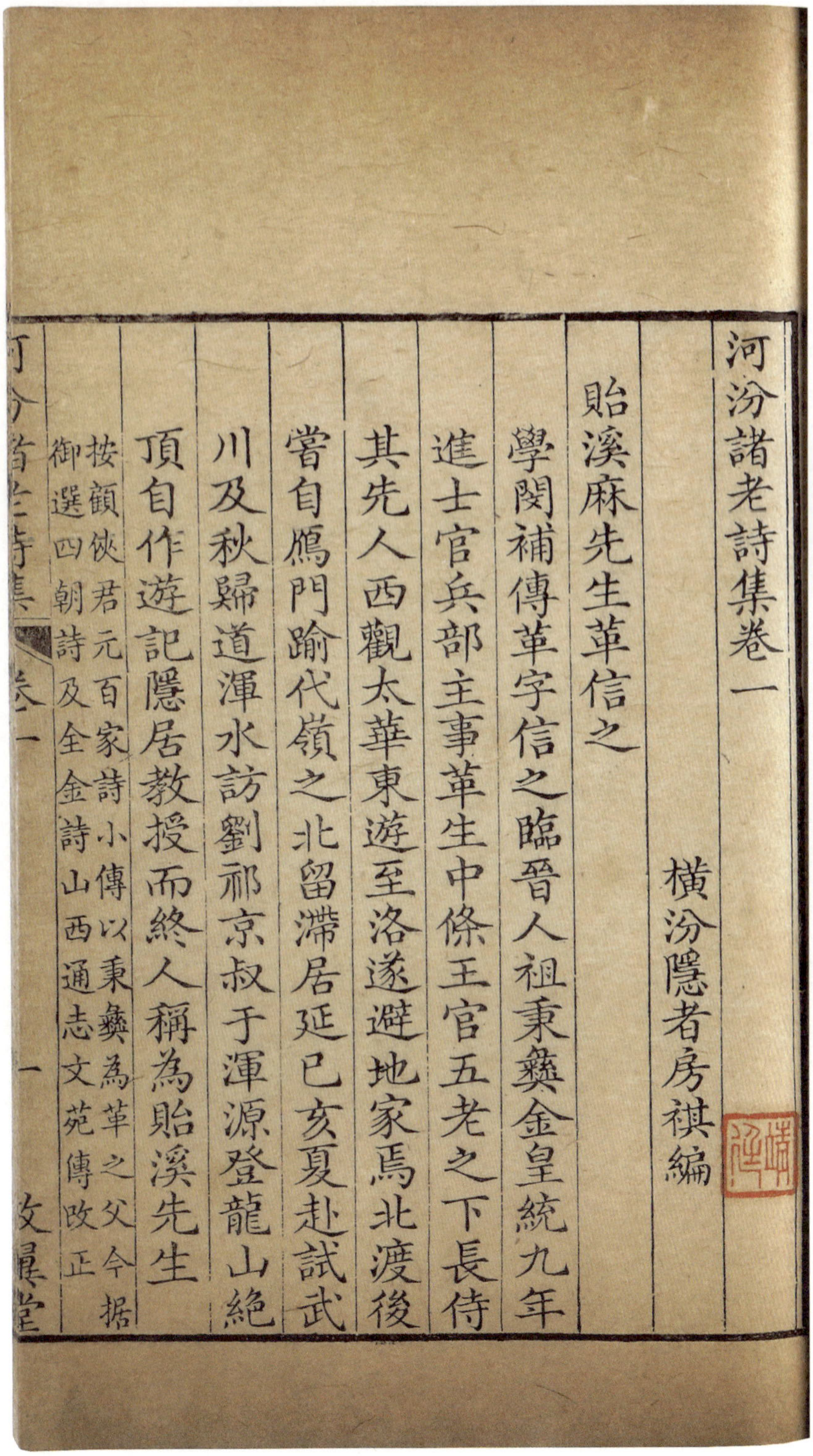
河汾諸老詩集卷一

橫汾隱者房祺編

貽溪麻先生革信之

學閲補傳革字信之臨晉人祖秉彝金皇統九年進士官兵部主事革生中條王官五老之下長侍其先人西觀太華東遊至洛遂避地家焉北渡後嘗自鴈門踰代嶺之北留滯居延己亥夏赴試武川及秋歸道渾水訪劉祁京叔于渾源登龍山絕頂自作遊記隱居教授而終人稱為貽溪先生

按顧俠君元百家詩小傳以秉彝為革之父今据御選四朝詩及全金詩山西通志文苑傳改正

河汾諸老詩集　卷一　一

河汾諸老詩集八卷　（元）房祺編　清乾隆四十三年（1778）敬翼堂刻本

框高 18.3 厘米，廣 14.1 厘米。半葉十行，行二十一字，小字雙行同，白口，左右雙邊。6 册。鈐“靖廷”朱文印。

shan266

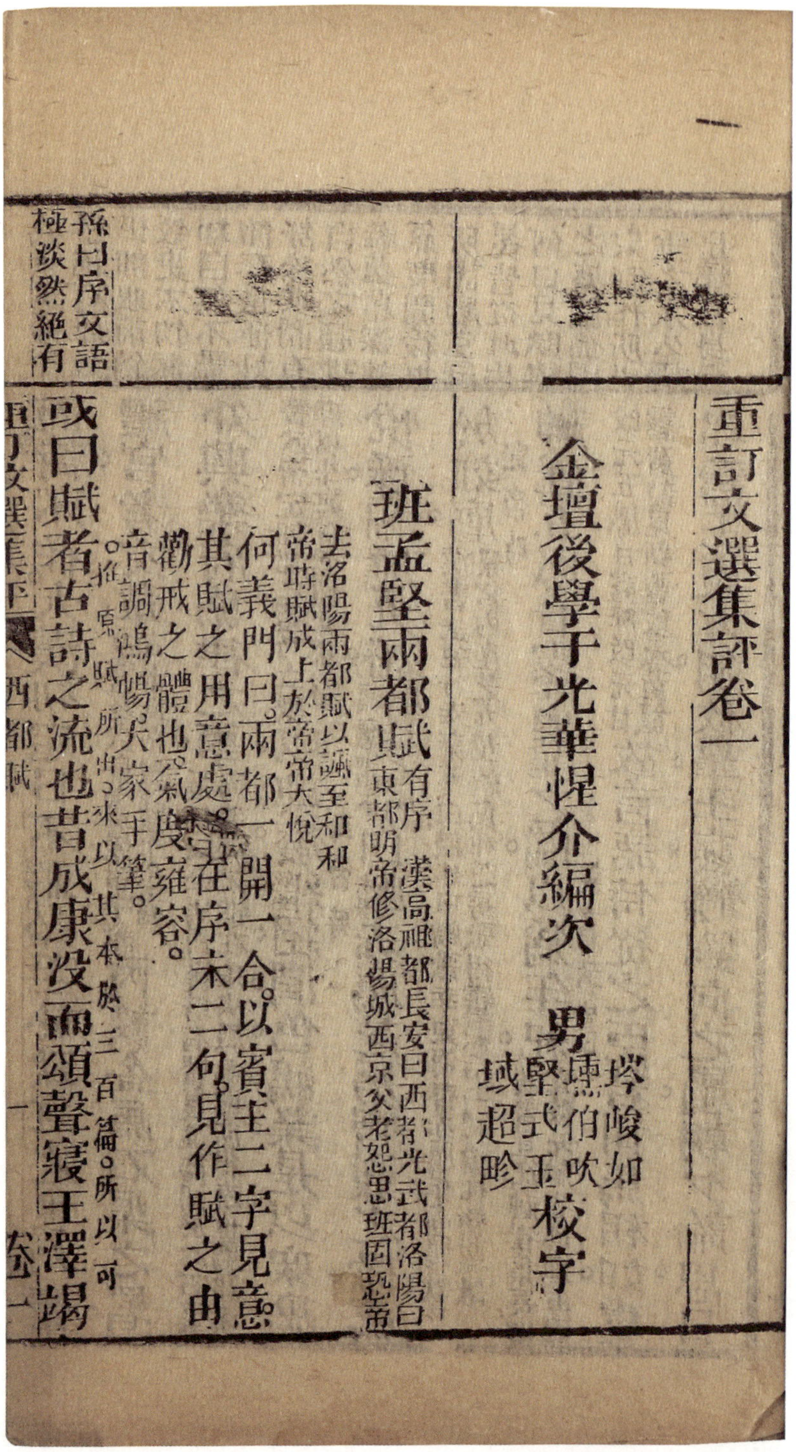
重訂文選集評卷一
金壇後學于光華惺介編次
男　埈峻如　墅式玉　校字
壎伯吹　域超畛
班孟堅兩都賦有序　漢高祖都長安曰西都光武都洛陽曰東都明帝修洛陽城西京父老怨思班固恐帝去洛陽而都賦以諷至和帝時賦成上於帝帝大悅
何義門曰兩都一開一合以賓主二字見意其賦之用意處在序末二句見作賦之由勸戒之體也氣度雍容音調鴻暢大家手筆
或曰賦者古詩之流也昔成康沒而頌聲寢王澤竭
孫曰序文語極淡然絕有
重訂文選集評卷一　西都賦

重訂文選集評十五卷首一卷末一卷　（清）于光華編次　清乾隆四十五年（1780）天禄閣刻本

框高 15.5 厘米，廣 11 厘米。半葉上下兩欄，上欄鎸評，下欄九行，行二十字，小字雙行同，白口，四周單邊。16 册。

shan267

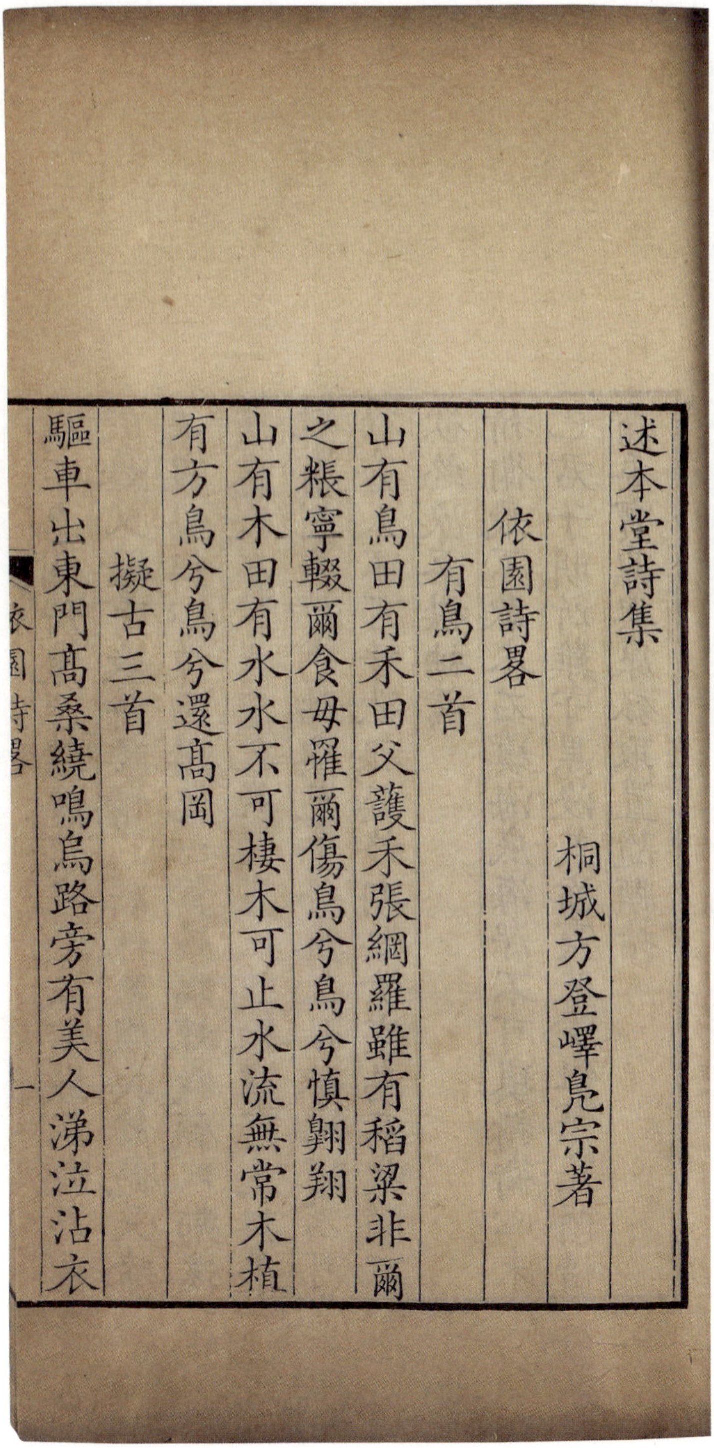
述本堂詩集
桐城方登嶧鳧宗著
依園詩畧
有鳥二首
山有鳥田有禾田父護禾張綱羅雖有稻粱非爾
之粻寧輟爾食毋罹爾傷鳥兮鳥兮慎翱翔
山有木田有水水不可棲木可止水流無常木植
有方鳥兮鳥兮還高岡
擬古三首
驅車出東門高桑繞鳴烏路旁有美人涕泣沾衣
依園詩畧　一

述本堂詩集十八卷續集五卷　（清）方登嶧　（清）方式濟　（清）方觀承著　清乾隆二十年至嘉慶十四年（1755-1809）桐城方氏刻本

框高 17.5 厘米，廣 15.5 厘米。半葉十行，行十九字，白口，左右雙邊。6 册。缺四卷（續集一至四）。

shan273

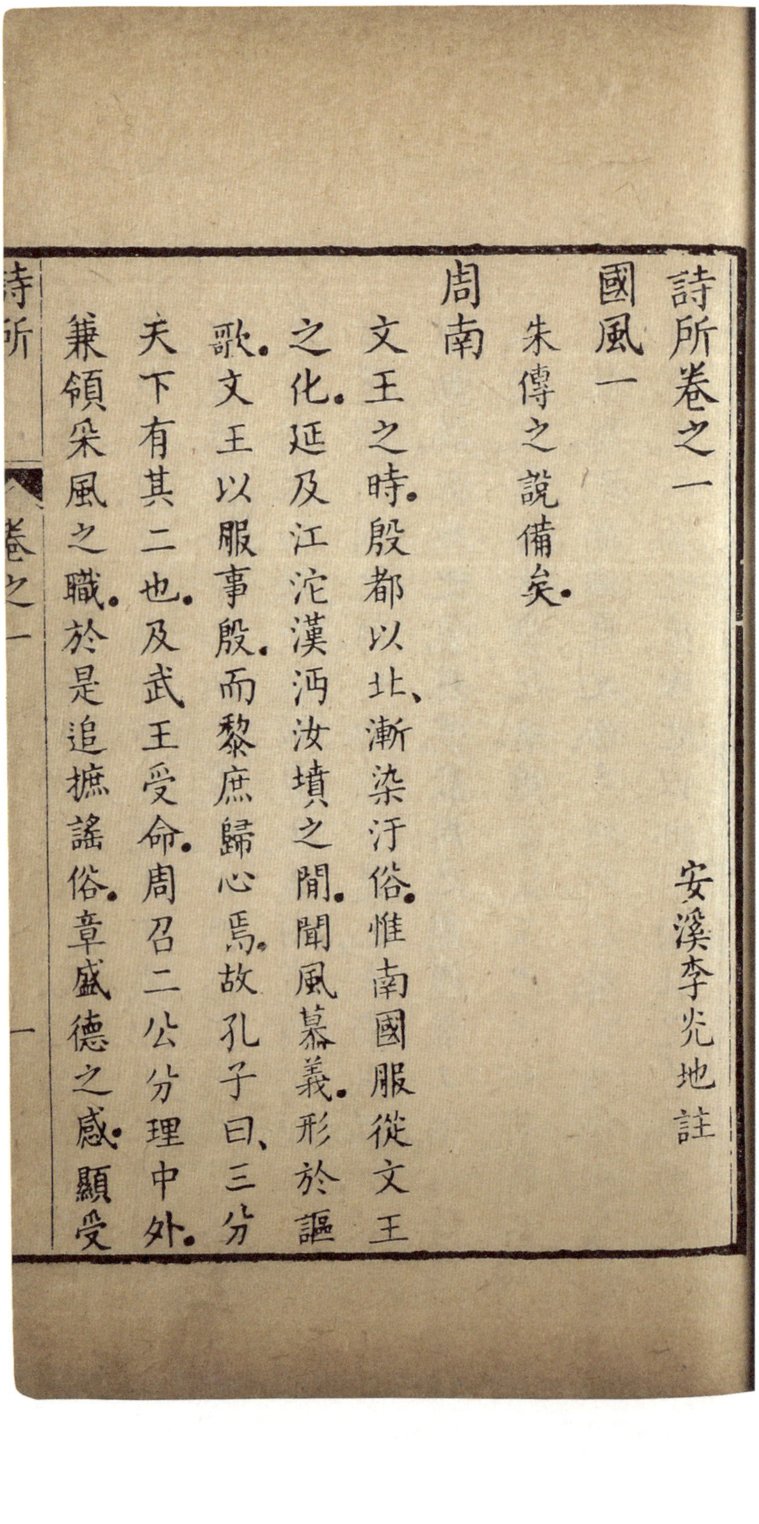

詩所八卷　（清）李光地註　清雍正六年（1728）教忠堂刻本

框高 18 厘米，廣 14 厘米。半葉九行，行二十字，小字雙行同，白口，左右雙邊，無格。6 册。

shan281

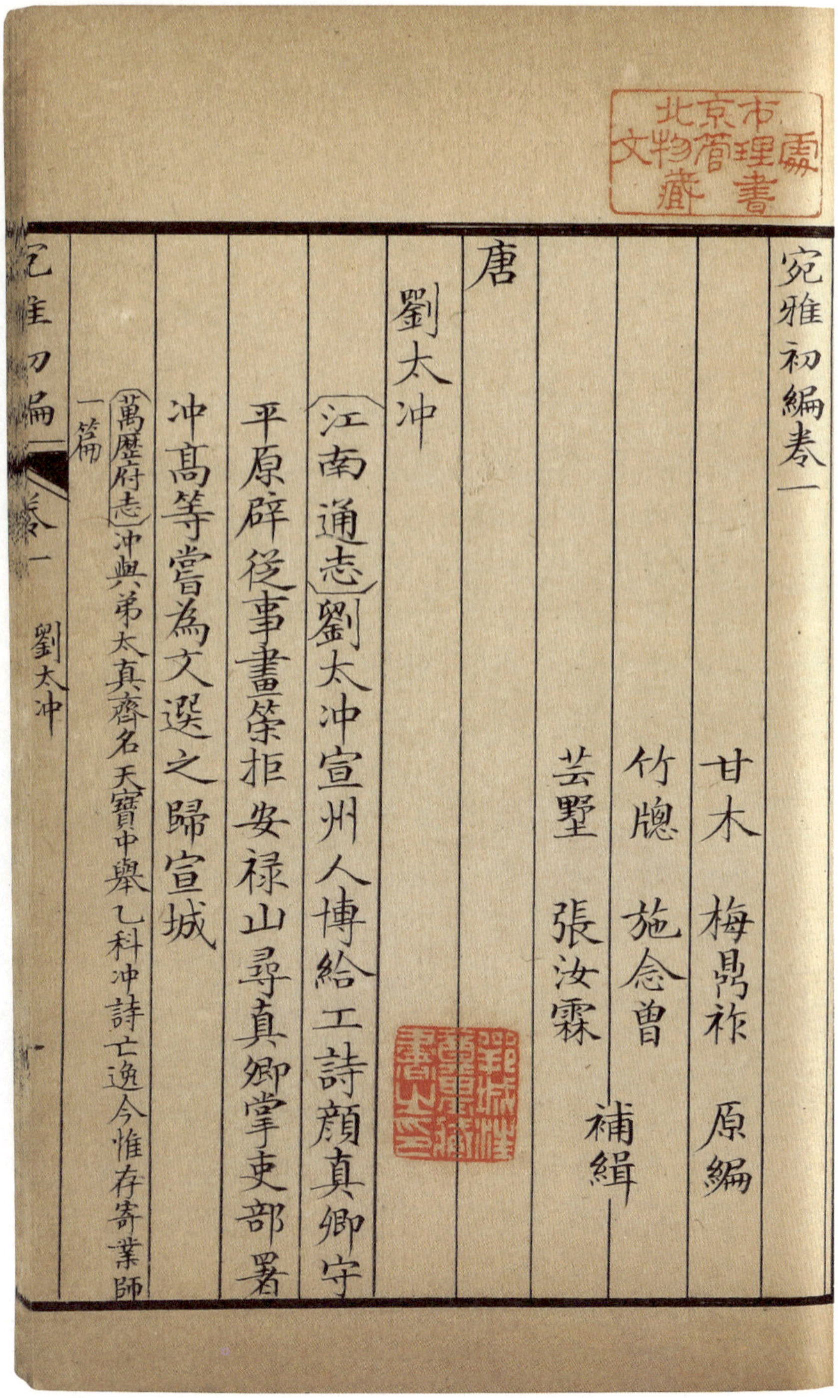

宛雅初編八卷 （明）梅鼎祚輯 **二編八卷** （清）施念曾 （清）蔡慕春輯 **三編二十四卷首一卷末一卷** （清）施念曾 （清）張汝霖補輯 清乾隆十七年（1752）西阪草堂刻本

框高 18.3 厘米，廣 14 厘米。半葉十行，行二十一字，小字雙行不等，白口，左右雙邊。20 册。鈐“郢城汪奠基藏書之印”白文印。

shan301

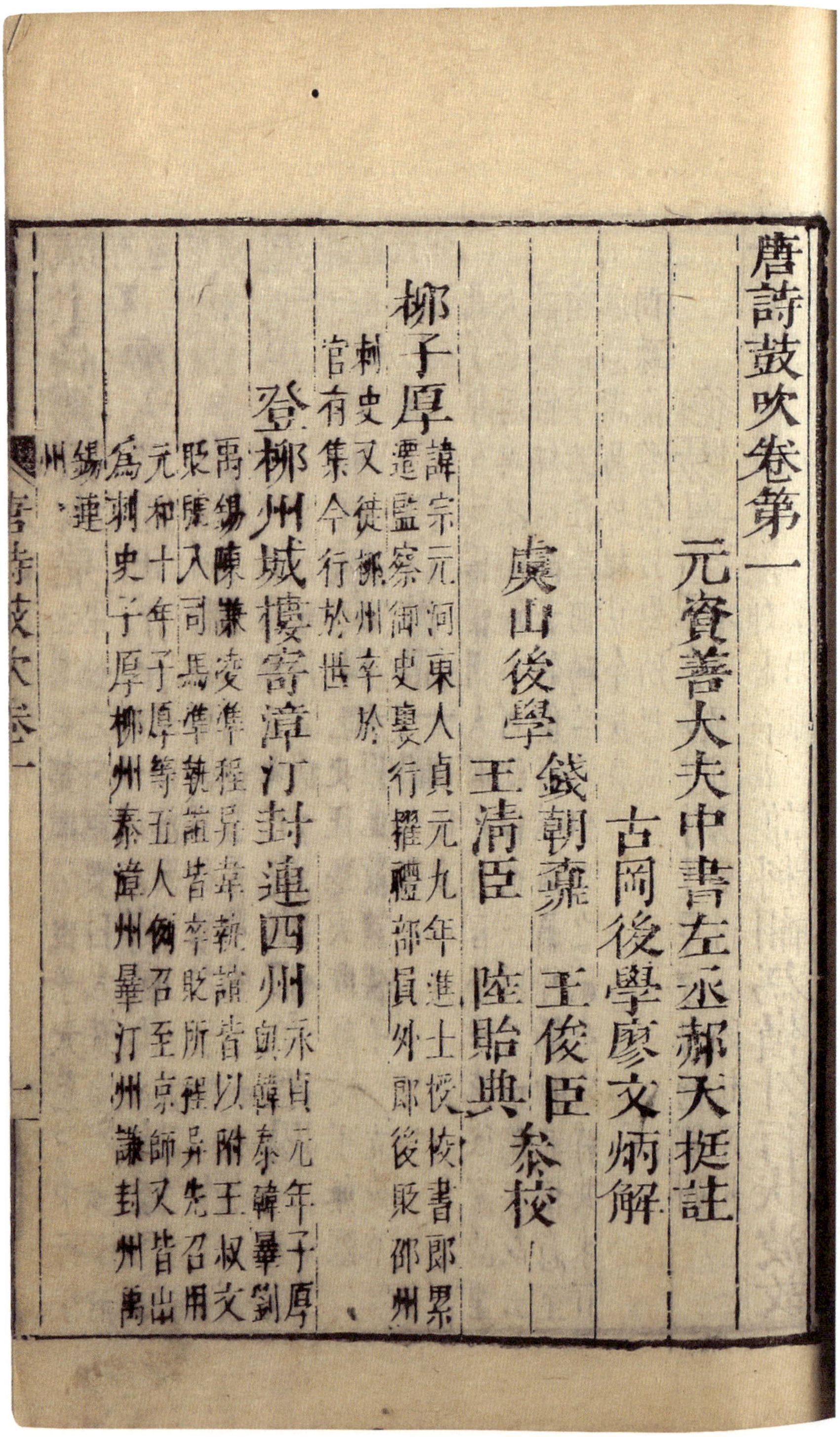
唐詩鼓吹卷第一
元資善大夫中書左丞郝天挺註
古岡後學廖文炳解
虞山後學 錢朝鼒 王俊臣
王清臣 陸貽典 參校
柳子厚 諱宗元河東人貞元九年進士授校書郎累遷監察御史裏行禮部員外郎後貶邵州刺史又徙柳州卒於官有集今行於世
登柳州城樓寄漳汀封連四州 永貞元年子厚與韓泰韓曄劉禹錫陳諫凌準程异韋執誼皆以附王叔文貶[illegible]入司馬準執誼皆卒貶所程异先召用元和十年子厚等五人例召至京師又皆出爲刺史子厚柳州泰漳州曄汀州諫封州禹錫連州
唐詩鼓吹卷一 一

唐詩鼓吹十卷 （元）元好問選 （元）郝天挺註 （清）錢朝鼒 （清）王清臣等參校 清乾隆十一年（1746）懷德堂刻本

框高 19 厘米，廣 14 厘米。半葉十一行，行二十一字，小字雙行同，黑口，左右雙邊。6 册。

shan307

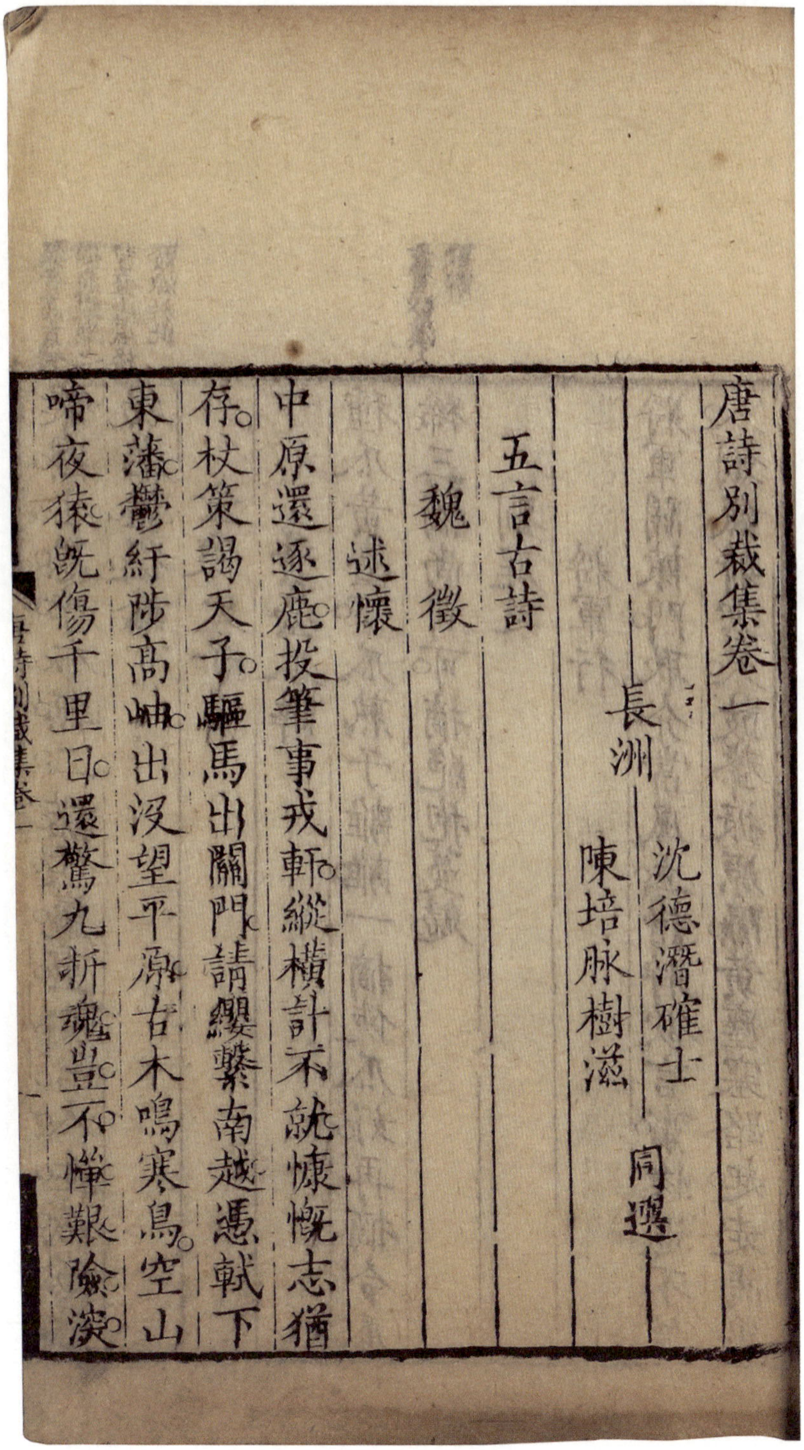
唐詩別裁集卷一
長洲 沈德潛確士
陳培脉樹滋 同選
五言古詩
魏徵
述懷
中原還逐鹿投筆事戎軒縱横計不就慷慨志猶
存杖策謁天子驅馬出關門請纓繫南越憑軾下
東藩鬱紆陟高岫出沒望平原古木鳴寒鳥空山
啼夜猿既傷千里目還驚九折魂豈不憚艱險深
唐詩別裁集卷一

唐詩別裁集十卷 （清）沈德潛 （清）陳培脉同選 清康熙五十六年（1717）碧梧書屋刻本

框高 16.7 厘米，廣 13.5 厘米。半葉十行，行十九字，小字雙行不等，黑口，左右雙邊。6 册。

shan309

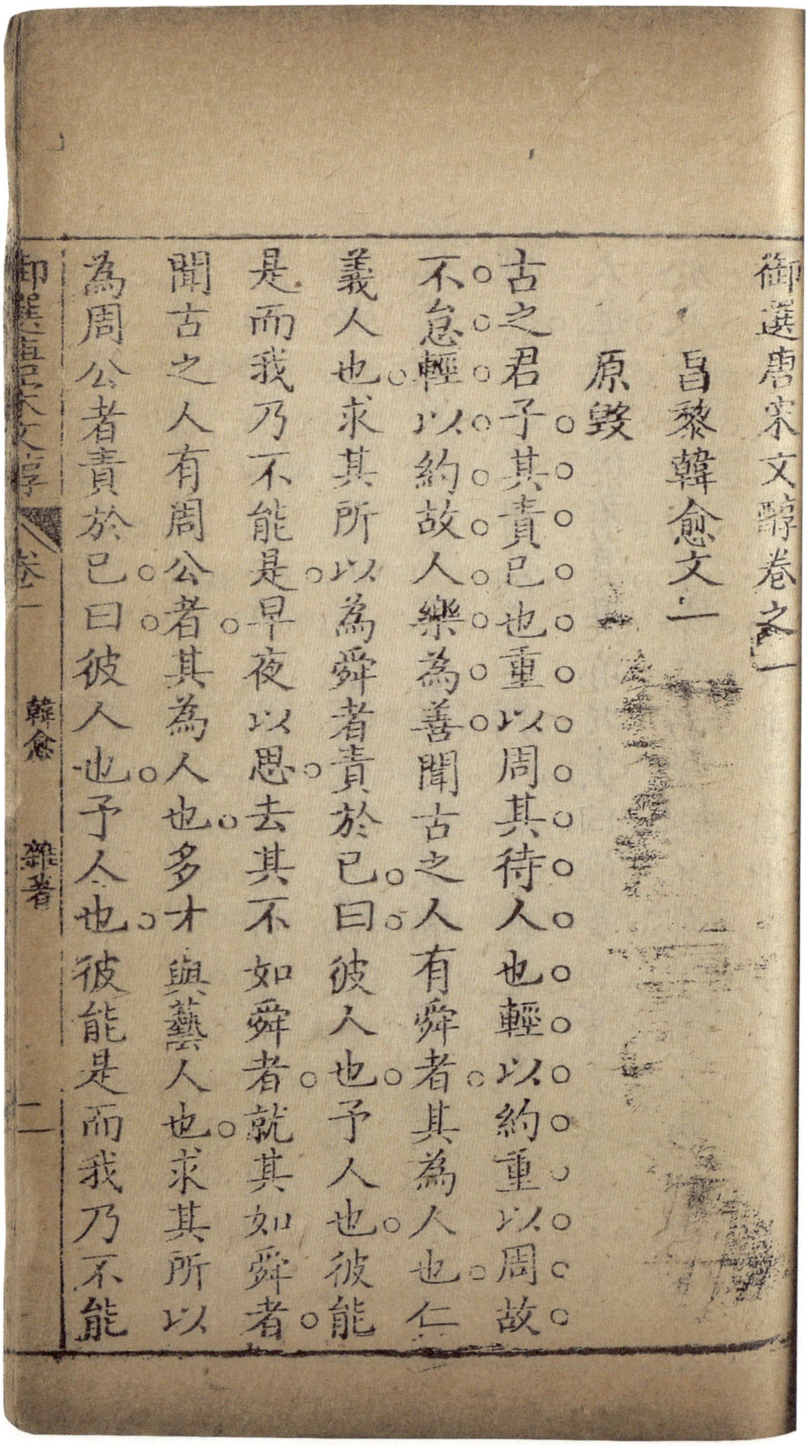
御選唐宋文醇卷之一

昌黎韓愈文一

原毀

古之君子其責己也重以周其待人也輕以約重以周故不怠輕以約故人樂爲善聞古之人有舜者其爲人也仁義人也求其所以爲舜者責於己曰彼人也予人也彼能是而我乃不能是早夜以思去其不如舜者就其如舜者聞古之人有周公者其爲人也多才與藝人也求其所以爲周公者責於己曰彼人也予人也彼能是而我乃不能

御選唐宋文醇 卷一 韓愈 雜著 二

御選唐宋文醇五十八卷　（清）高宗弘曆輯　清乾隆三年（1738）喬光烈刻本

框高 19.5 厘米，廣 14.5 厘米。半葉九行，行二十二字，白口，四周單邊，無格。20 册。

shan313

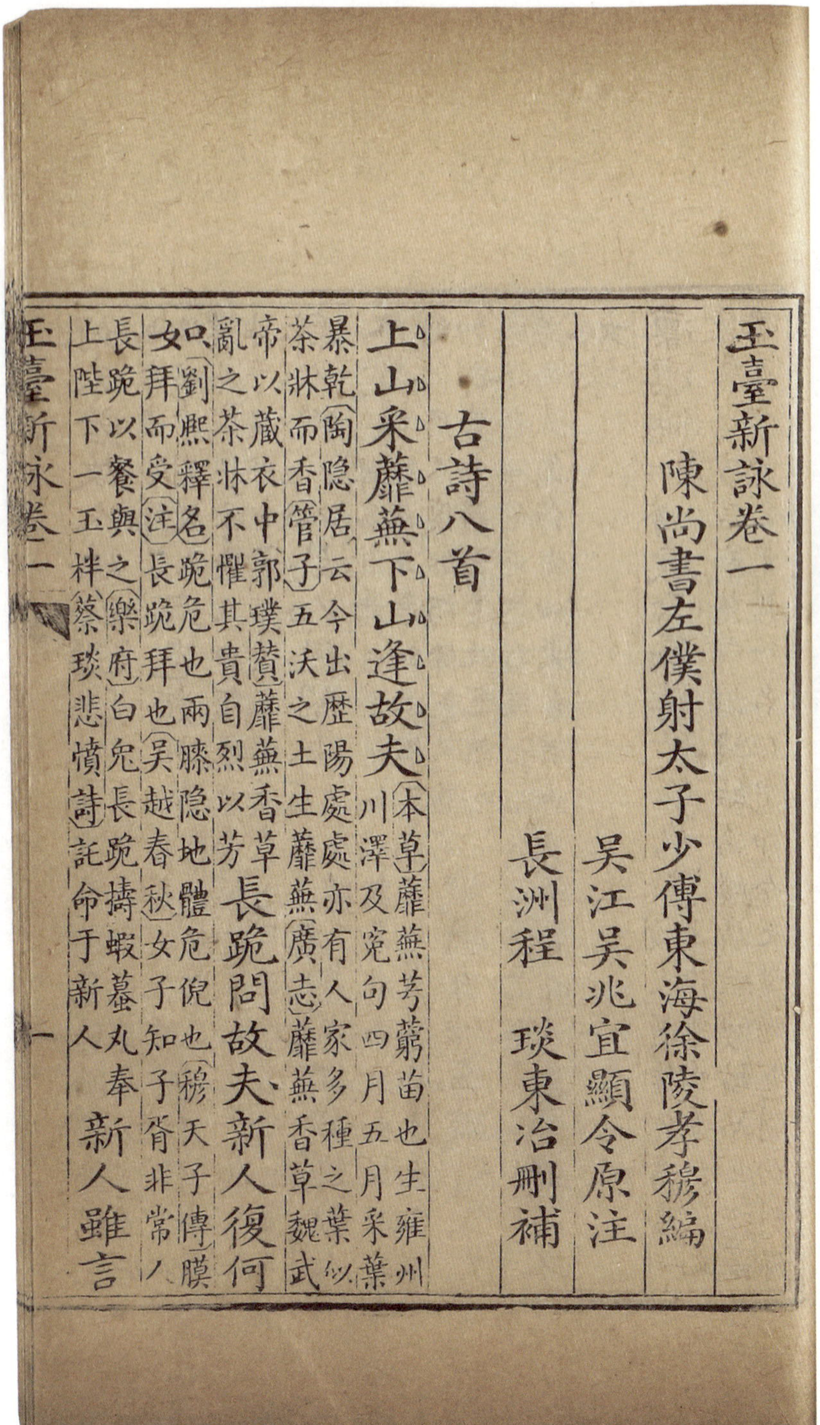

玉臺新詠十卷 （南朝陳）徐陵編 （清）吴兆宜原注 （清）程琰删補 清乾隆三十九年（1774）稻香樓刻本

框高17.8厘米，廣13.5厘米。半葉十行，行二十一字，小字雙行同，白口，四周雙邊。6册。

shan316

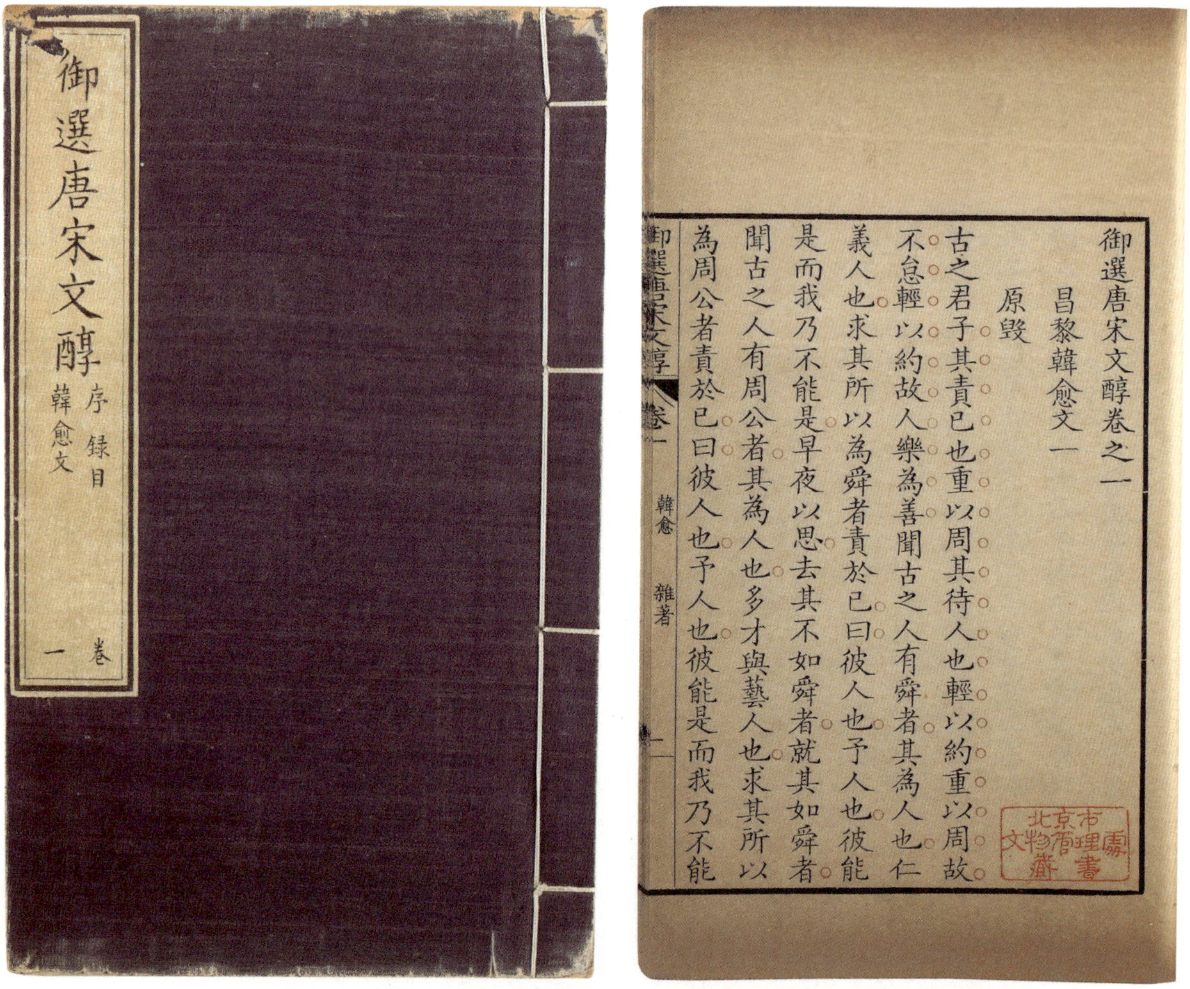

御選唐宋文醇五十八卷 （清）高宗弘曆輯 清乾隆三年（1738）武英殿刻朱墨藍套印本

框高 19.5 厘米，廣 14.3 厘米。半葉九行，行二十二字，白口，四周單邊，無格。20 册。

shan319

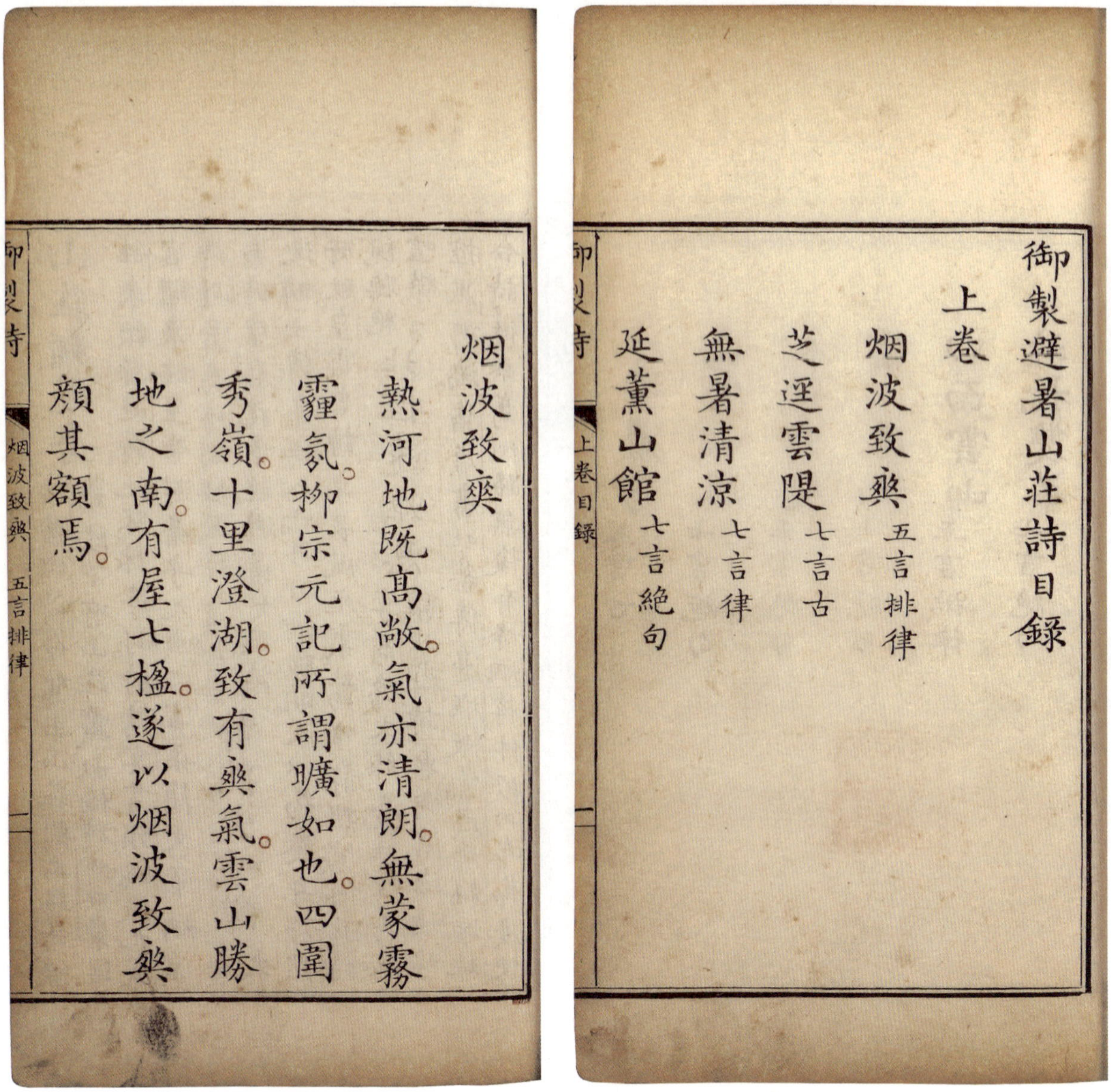

御製避暑山莊詩目錄

上卷

烟波致爽 五言排律

芝逕雲隄 七言古

無暑清涼 七言律

延薰山館 七言絶句

御製詩 上卷目錄

烟波致爽

熱河地既高敞氣亦清朗無蒙霧霾氛柳宗元記所謂曠如也四圍秀嶺十里澄湖致有爽氣雲山勝地之南有屋七楹遂以烟波致爽顏其額焉

御製詩 烟波致爽 五言排律 一

御製避暑山莊詩二卷　（清）聖祖玄燁撰　（清）揆叙等注　清康熙五十一年（1712）刻朱墨印本

框高 19.7 厘米，廣 13.5 厘米。半葉六行，行十六字，小字雙行二十九字，白口，四周雙邊，無格。2 册。

shan323

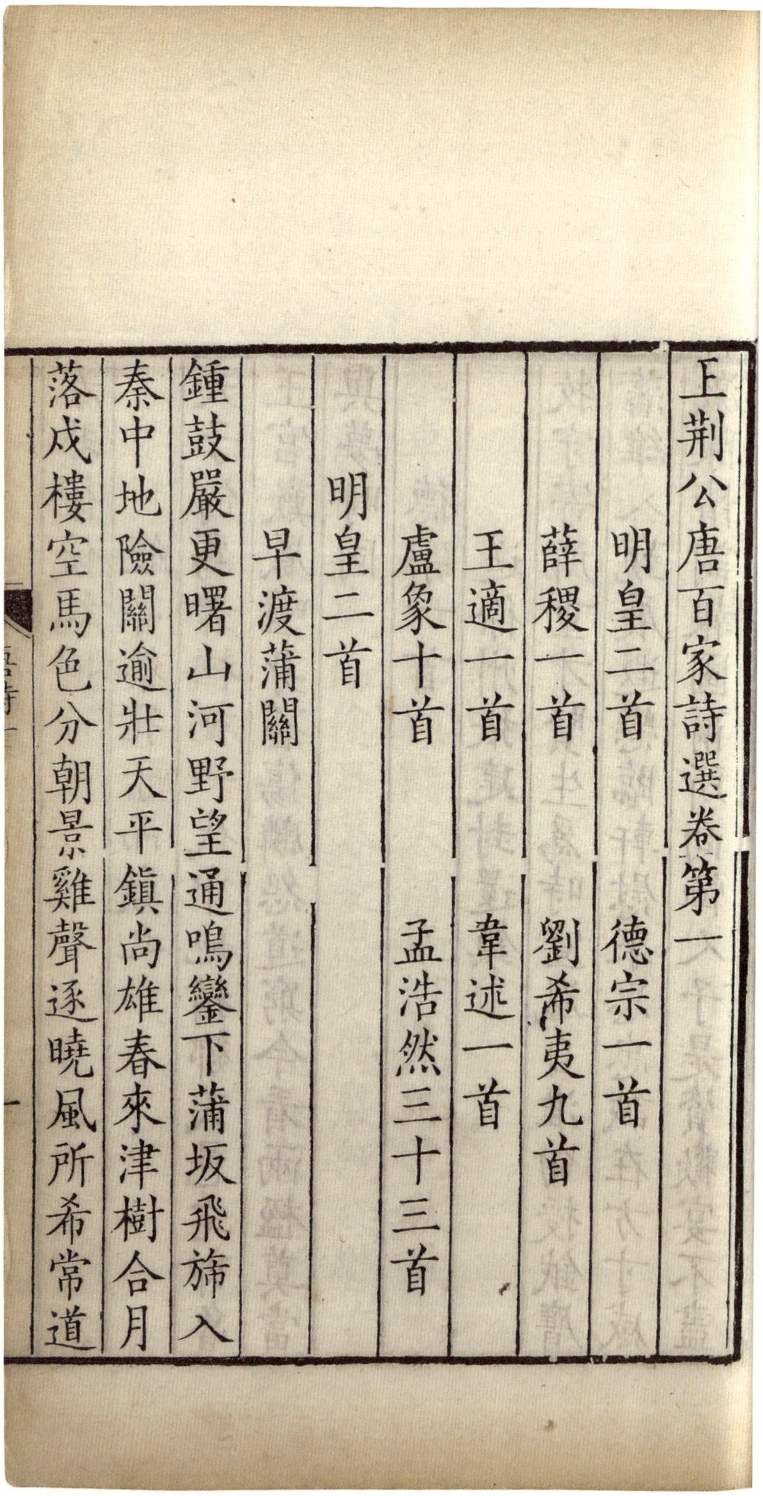

王荆公唐百家詩選二十卷 （宋）王安石輯 清康熙四十二年（1703）宋犖、丘迥緯蕭草堂刻本

框高 18.4 厘米，廣 13.9 厘米。半葉十行，行十八字，白口，左右雙邊。6 册。

shan335

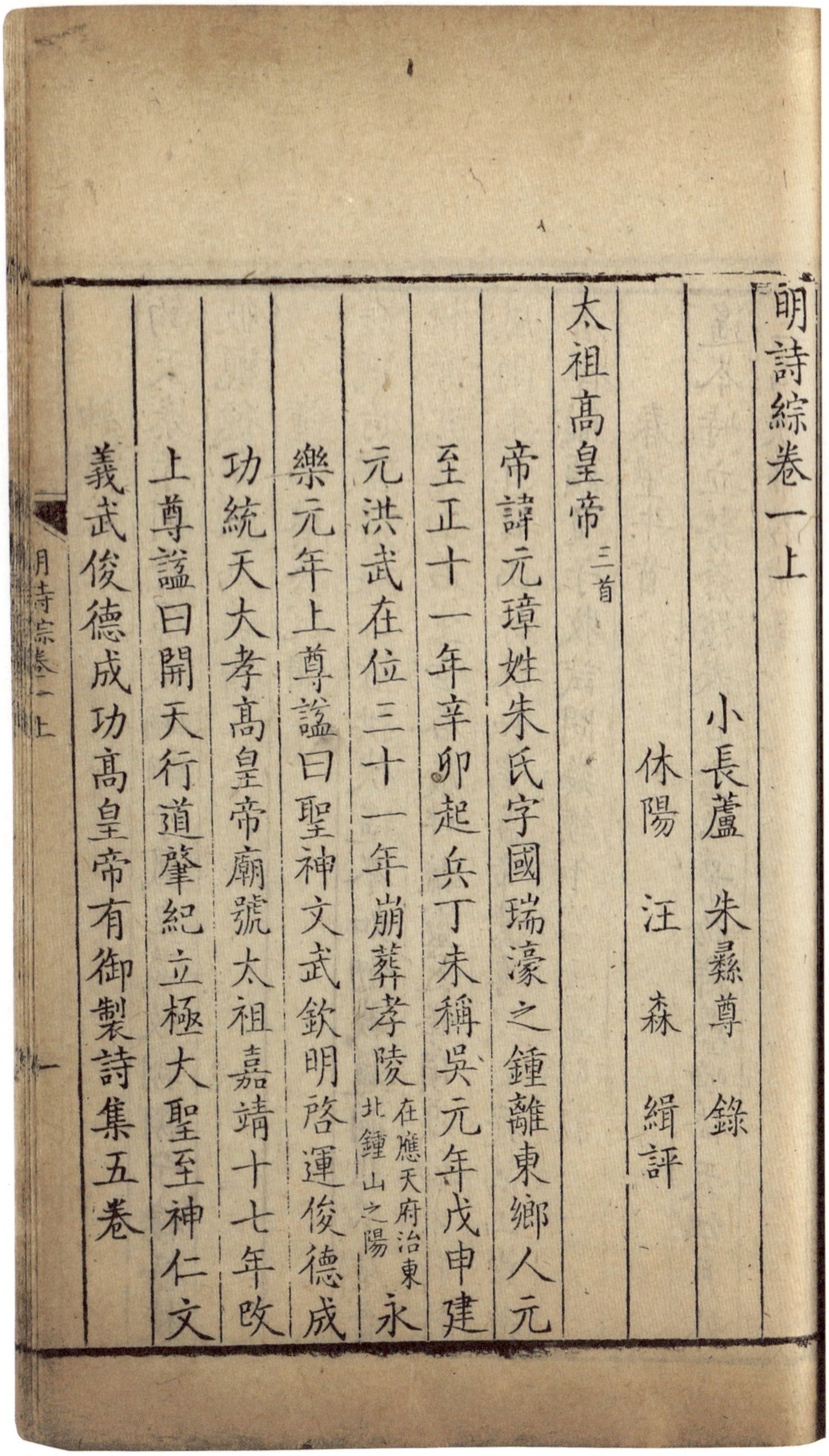
明詩綜卷一上

小長蘆 朱彝尊 錄

休陽 汪 森 緝評

太祖高皇帝 三首

帝諱元璋姓朱氏字國瑞濠之鍾離東鄉人元至正十一年辛卯起兵丁未稱吳元年戊申建元洪武在位三十一年崩葬孝陵在應天府治東北鍾山之陽永樂元年上尊謚曰聖神文武欽明啓運俊德成功統天大孝高皇帝廟號太祖嘉靖十七年改上尊謚曰開天行道肇紀立極大聖至神仁文義武俊德成功高皇帝有御製詩集五卷

明詩綜卷一上 一

明詩綜一百卷 （清）朱彝尊録 （清）汪森輯評 清康熙四十四年（1705）刻本

框高 19 厘米，廣 14.1 厘米。半葉十一行，行二十一字，小字雙行二十七字，白口，左右雙邊。40 册。

shan336

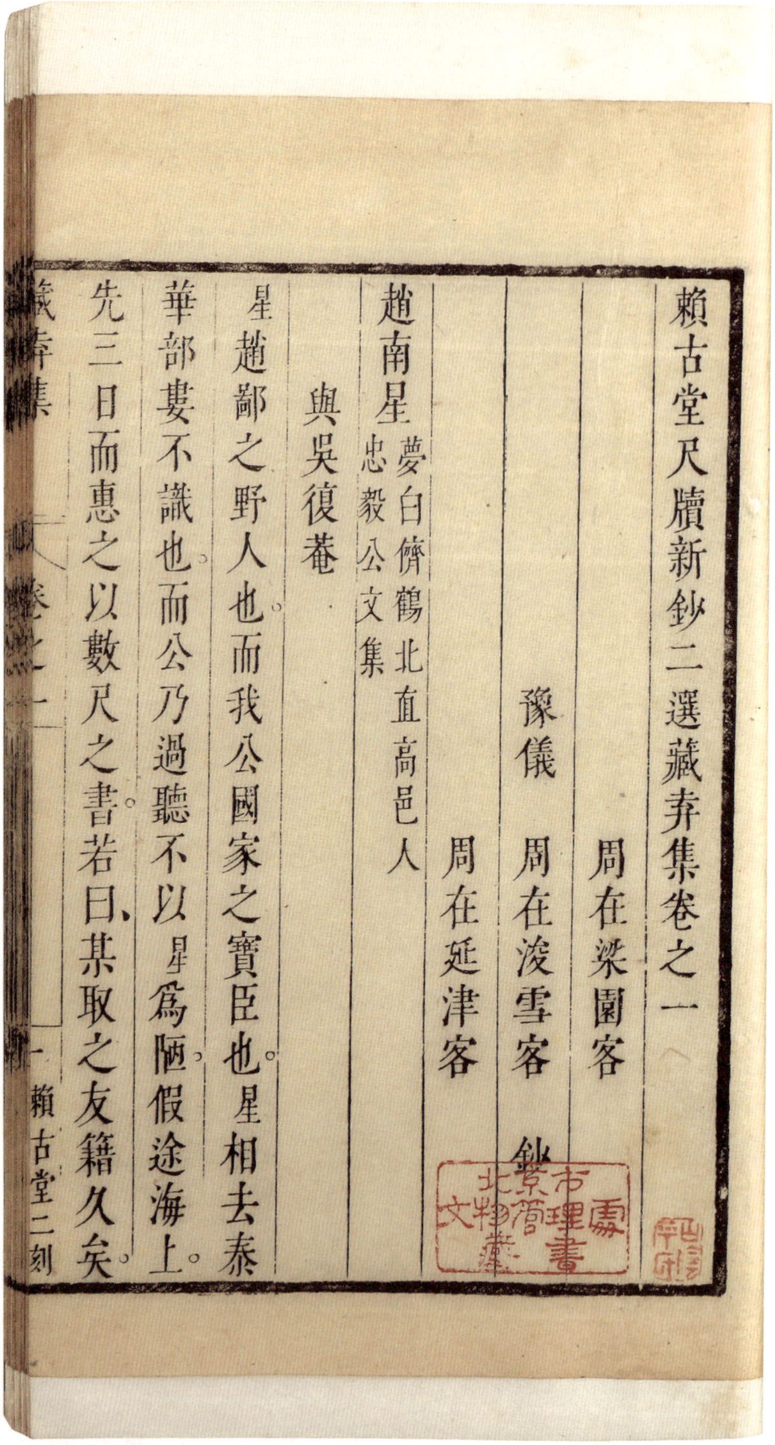
賴古堂尺牘新鈔二選藏弆集卷之一
周在梁園客
豫儀 周在浚雪客 鈔
周在延津客
趙南星夢白儕鶴北直高邑人 忠毅公文集
與吳復菴
星趙鄙之野人也。而我公國家之寶臣也。星相去泰
華部婁不識也。而公乃過聽不以星爲陋。假途海上。
先三日而惠之以數尺之書。若曰、某取之友籍久矣。
藏弆集 卷之一 賴古堂二刻

賴古堂尺牘新鈔二選藏弆集十六卷　（清）周亮工輯　清康熙六年（1667）周氏賴古堂刻本

框高 19.6 厘米，廣 13.5 厘米。半葉九行，行二十字，小字雙行同，白口，四周單邊。16 册。鈐“山陰平氏”朱文印。

shan338

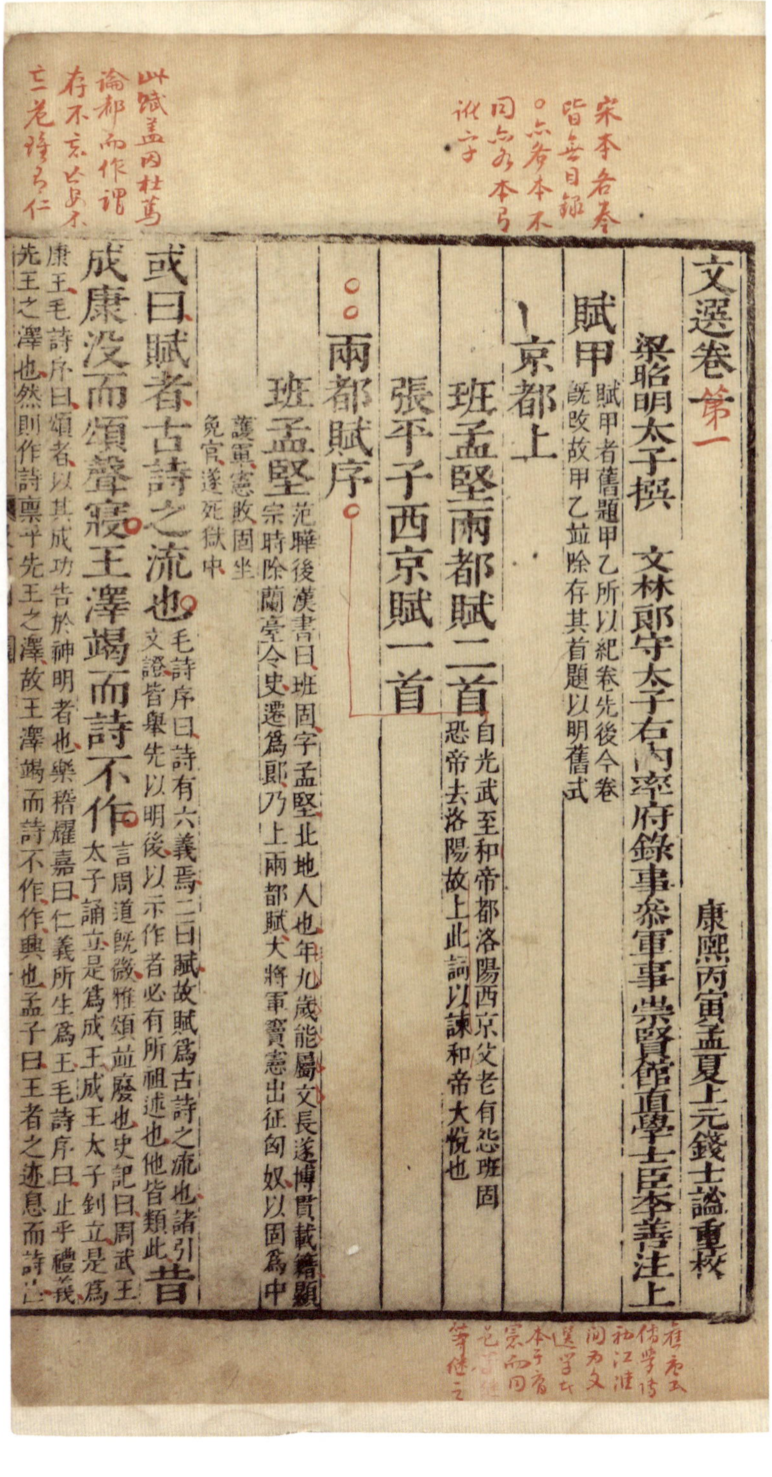

六臣注文選六十卷　（南朝梁）蕭統撰　（唐）李善等注　（清）錢士謐重校　清康熙二十五年（1686）汲古閣刻本

框高 21.6 厘米，廣 15.3 厘米。半葉十二行，行二十五字，小字雙行三十七字，白口，左右雙邊。20 册。

shan361

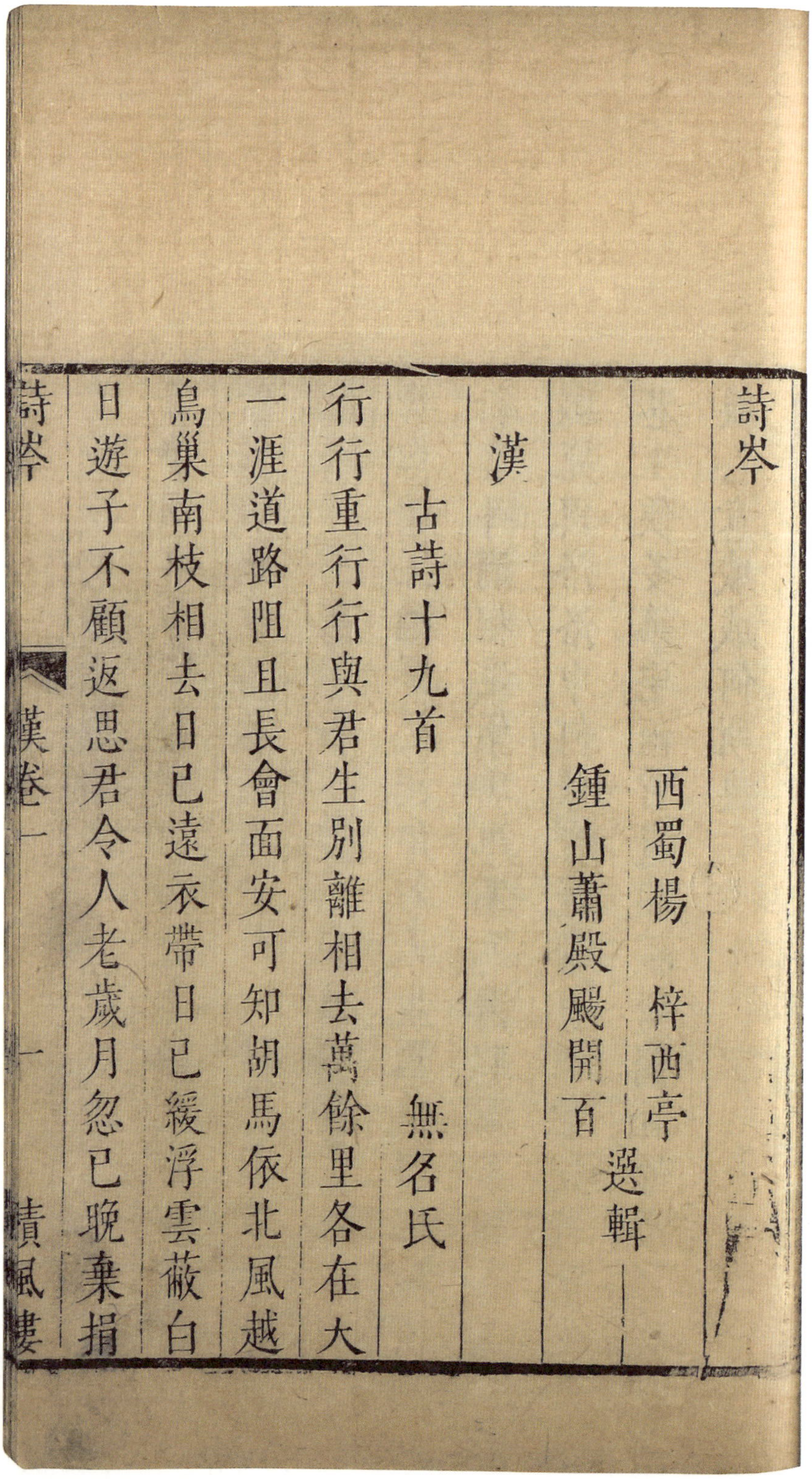
詩岑
西蜀楊　梓西亭
選輯
鍾山蕭殿颺閒百
漢
古詩十九首　無名氏
行行重行行與君生別離相去萬餘里各在大
一涯道路阻且長會面安可知胡馬依北風越
鳥巢南枝相去日已遠衣帶日已緩浮雲蔽白
日遊子不顧返思君令人老歲月忽已晚棄捐
詩岑　漢卷一　一　積風樓

詩岑二十二卷　（清）楊梓　（清）蕭殿颺選輯　清乾隆十四年（1749）積風樓刻本

框高 17.6 厘米，廣 13.9 厘米。半葉九行，行十八字，白口，左右雙邊。8 册。

shan419

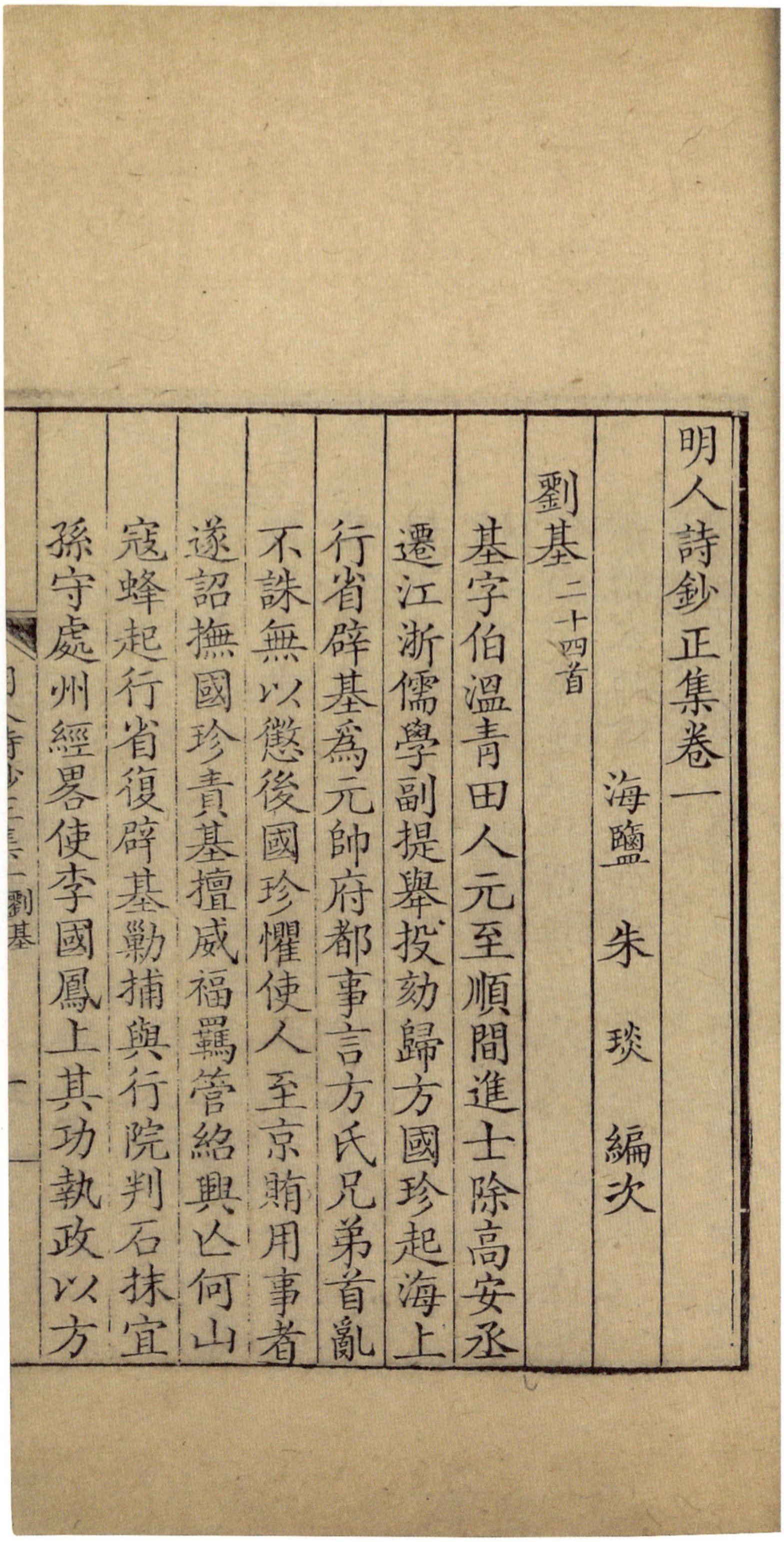
明人詩鈔正集卷一
海鹽 朱琰 編次
劉基 二十四首
基字伯溫青田人元至順間進士除高安丞
遷江浙儒學副提舉投劾歸方國珍起海上
行省辟基爲元帥府都事言方氏兄弟首亂
不誅無以懲後國珍懼使人至京賄用事者
遂詔撫國珍責基擅威福羈管紹興亾何山
寇蜂起行省復辟基勦捕與行院判石抹宜
孫守處州經畧使李國鳳上其功執政以方

明人詩鈔正集一 劉基 一

明人詩鈔正集十四卷續集十四卷 （清）朱琰編 清乾隆二十五年（1760）樊桐山房刻本

框高 16.1 厘米，廣 12.5 厘米。半葉十行，行十九字，白口，左右雙邊。8 册。

shan429

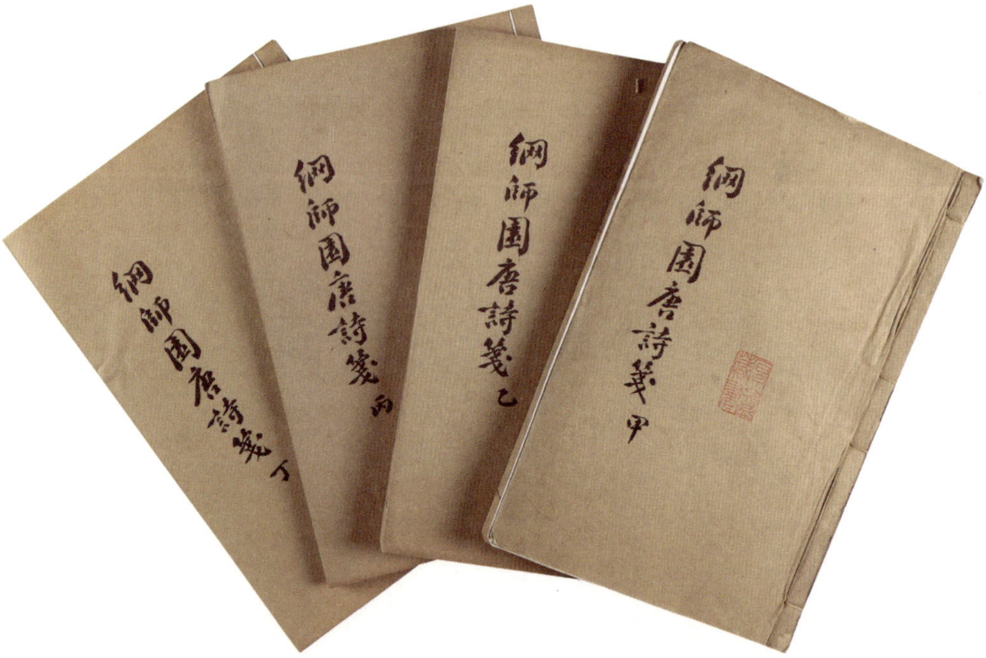

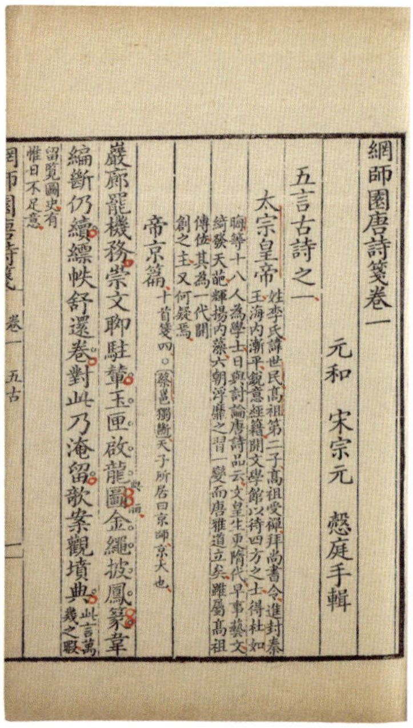

綱師園唐詩箋十八卷 （清）宋宗元輯 清乾隆三十二年（1767）尚絅堂刻本

框高18.6厘米，廣14.4厘米。半葉十行，行二十一字，小字雙行三十一字，白口，左右雙邊。10册。

shan444

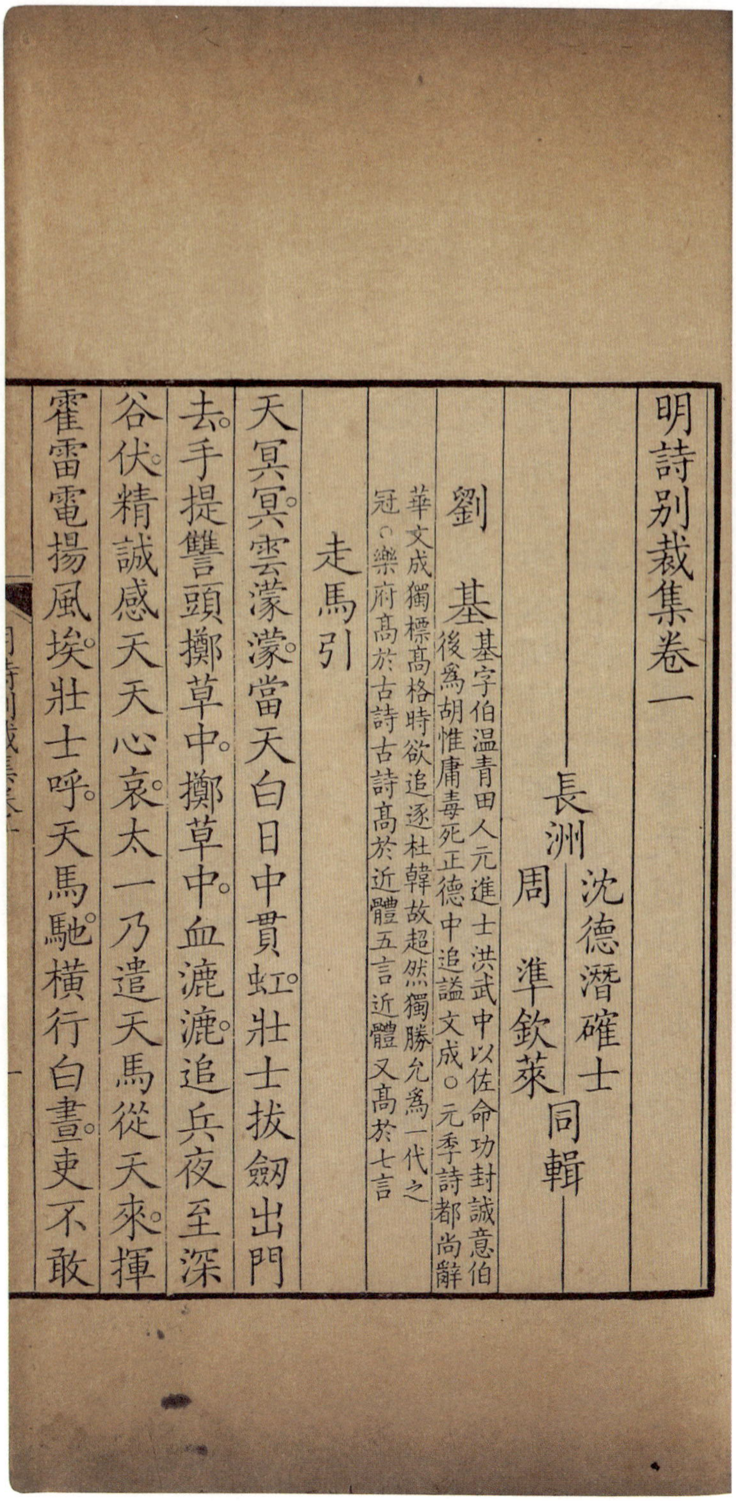
明詩別裁集卷一
長洲 沈德潛確士
周 準欽萊 同輯
劉 基 基字伯溫青田人元進士洪武中以佐命功封誠意伯後爲胡惟庸毒死正德中追謚文成○元季詩都尚辭華文成獨標高格時欲追逐杜韓故超然獨勝允爲一代之冠○樂府高於古詩古詩高於近體五言近體又高於七言
走馬引
天冥冥雲濛濛當天白日中貫虹壯士拔劍出門去手提讐頭擲草中擲草中血漉漉追兵夜至深谷伏精誠感天天心哀太一乃遣天馬從天來揮霍雷電揚風埃壯士呼天馬馳横行白晝吏不敢

明詩別裁集十二卷 （清）沈德潛 （清）周準輯 清乾隆四年（1739）刻本

框高 17.4 厘米，廣 13.7 厘米。半葉十行，行十九字，小字雙行二十八字，白口，左右雙邊。4 册。

shan463

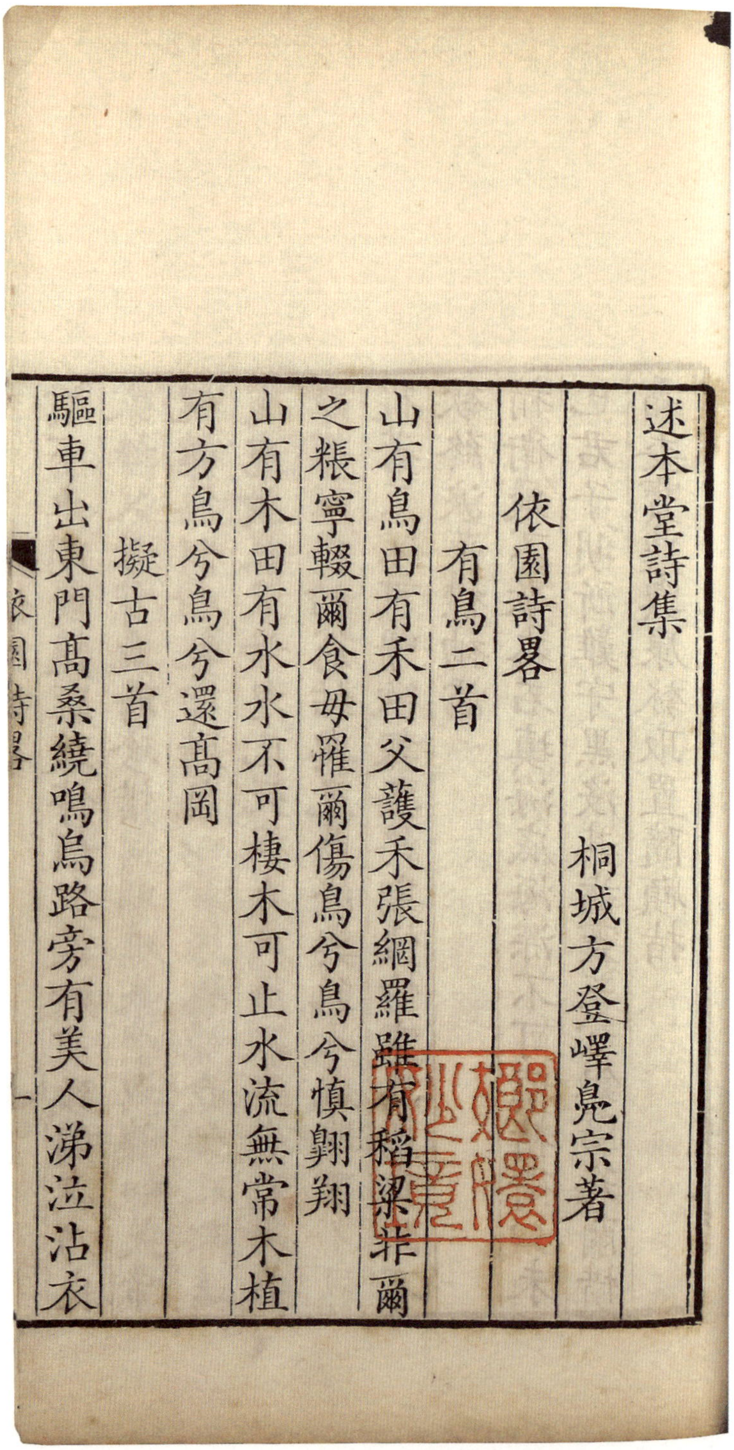
述本堂詩集
桐城方登嶧凫宗著
依園詩畧
有鳥二首
山有鳥田有禾田父護禾張綱羅雖有稻粱非爾
之粻寧輟爾食毋罹爾傷鳥兮鳥兮慎翱翔
山有木田有水水不可棲木可止水流無常木植
有方鳥兮鳥兮還高岡
擬古三首
驅車出東門高桑繞鳴烏路旁有美人涕泣沾衣

述本堂詩集十六種續集二種　（清）方登嶧　（清）方式濟　（清）方觀承撰　清乾隆二十年至嘉慶十四年（1755–1809）桐城方氏刻本

框高 17.8 厘米，廣 13.3 厘米。半葉十行，行十九字，白口，左右雙邊。8 册。鈐“嫏嬛妙境”朱文印。

shan495

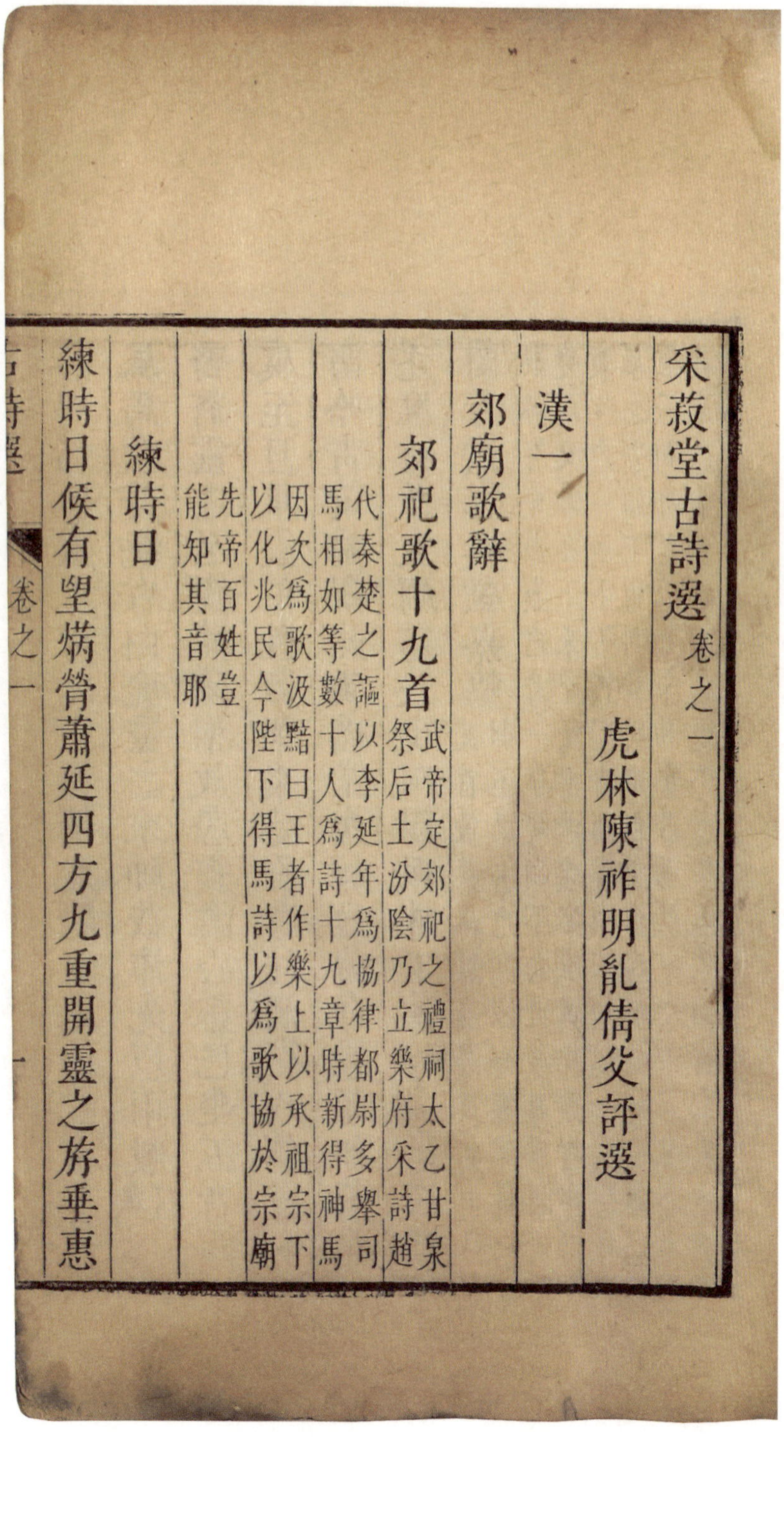

采薇堂古詩選卷之一

虎林陳祚明胤倩父評選

漢一

郊廟歌辭

郊祀歌十九首　武帝定郊祀之禮祠太乙甘泉祭后土汾陰乃立樂府采詩趙代秦楚之謳以李延年爲協律都尉多舉司馬相如等數十人爲詩十九章時新得神馬因次爲歌汲黯曰王者作樂上以承祖宗下以化兆民今陛下得馬詩以爲歌協於宗廟先帝百姓豈能知其音耶

練時日

練時日候有望焫膋蕭延四方九重開靈之斿垂惠

古詩選　卷之一　一

采薇堂古詩選三十八卷補遺四卷　（清）陳祚明編　清乾隆十四年（1749）刻本

框高 18 厘米，廣 13.7 厘米。半葉十行，行二十字，小字雙行同，白口，左右雙邊。20 册。

shan534

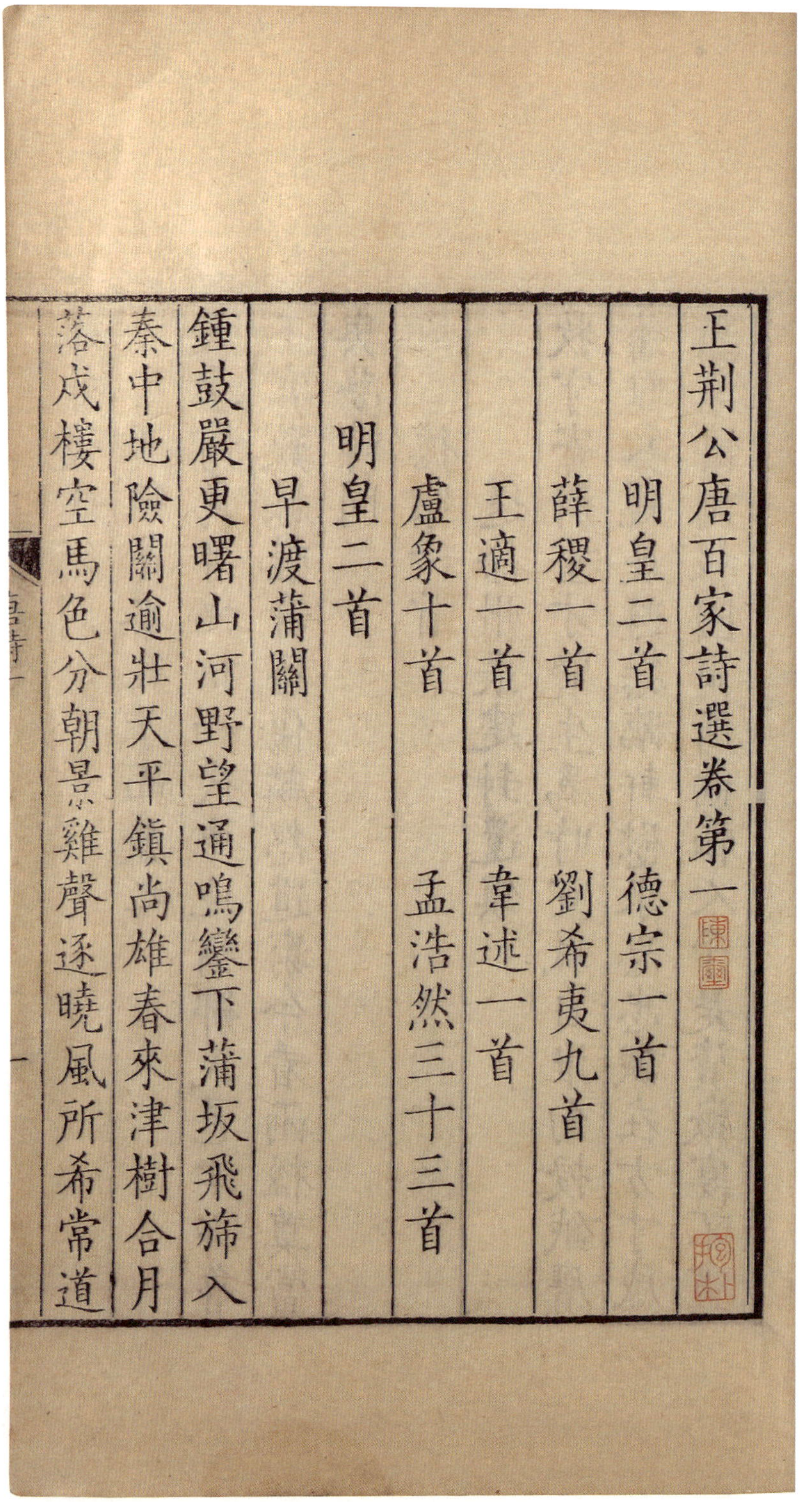

王荊公唐百家詩選卷第一
明皇二首 德宗一首
薛稷一首 劉希夷九首
王適一首 韋述一首
盧象十首 孟浩然三十三首
明皇二首
早渡蒲關
鍾鼓嚴更曙山河野望通鳴鑾下蒲坂飛旆入
秦中地險關逾壯天平鎮尚雄春來津樹合月
落戍樓空馬色分朝景雞聲逐曉風所希常道

王荊公唐百家詩選二十卷　（宋）王安石輯　清康熙四十三年（1704）雙清閣刻本

框高 18.5 厘米，廣 14.1 厘米。半葉十行，行十八字，小字雙行二十六字，白口，左右雙邊。2 册。鈐"抱朴"朱文印、"陳"朱文印、"璽"朱文印等。

shan573

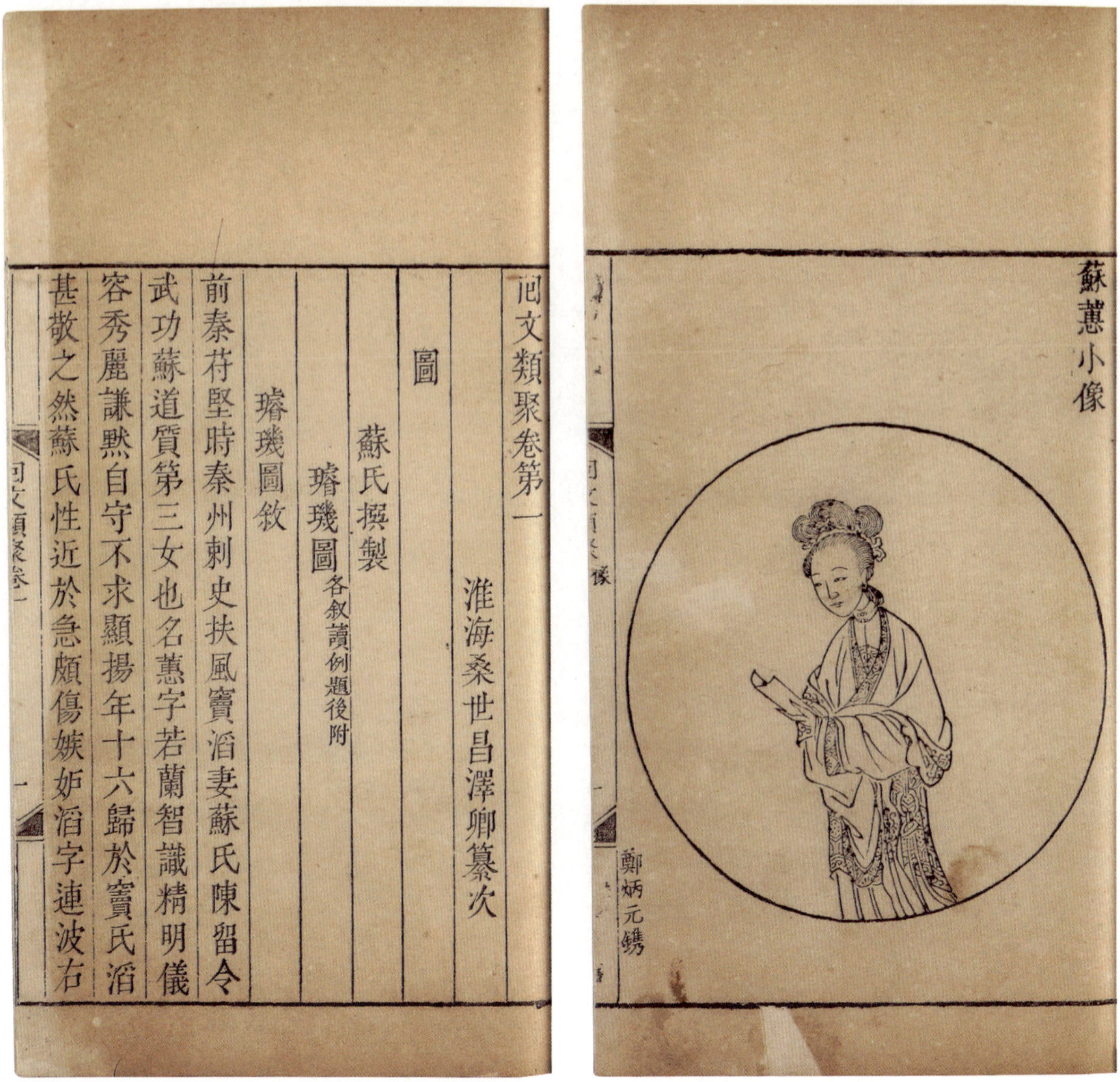
蘇蕙小像
鄭炳元鐫

回文類聚卷第一　淮海桑世昌澤卿纂次
圖
蘇氏撰製
璿璣圖各叙讀例題後附
璿璣圖敘
前秦苻堅時秦州刺史扶風竇滔妻蘇氏陳留令
武功蘇道質第三女也名蕙字若蘭智識精明儀
容秀麗謙默自守不求顯揚年十六歸於竇氏滔
甚敬之然蘇氏性近於急頗傷嫉妒滔字連波右

回文類聚四卷另編一卷　（宋）桑世昌纂次　**續編十卷**　（清）朱象賢摹集　清康熙刻本

框高 17.3 厘米，廣 12.9 厘米。半葉十行，行十九字，小字雙行不等，細黑口，左右雙邊。8 册。

shan580

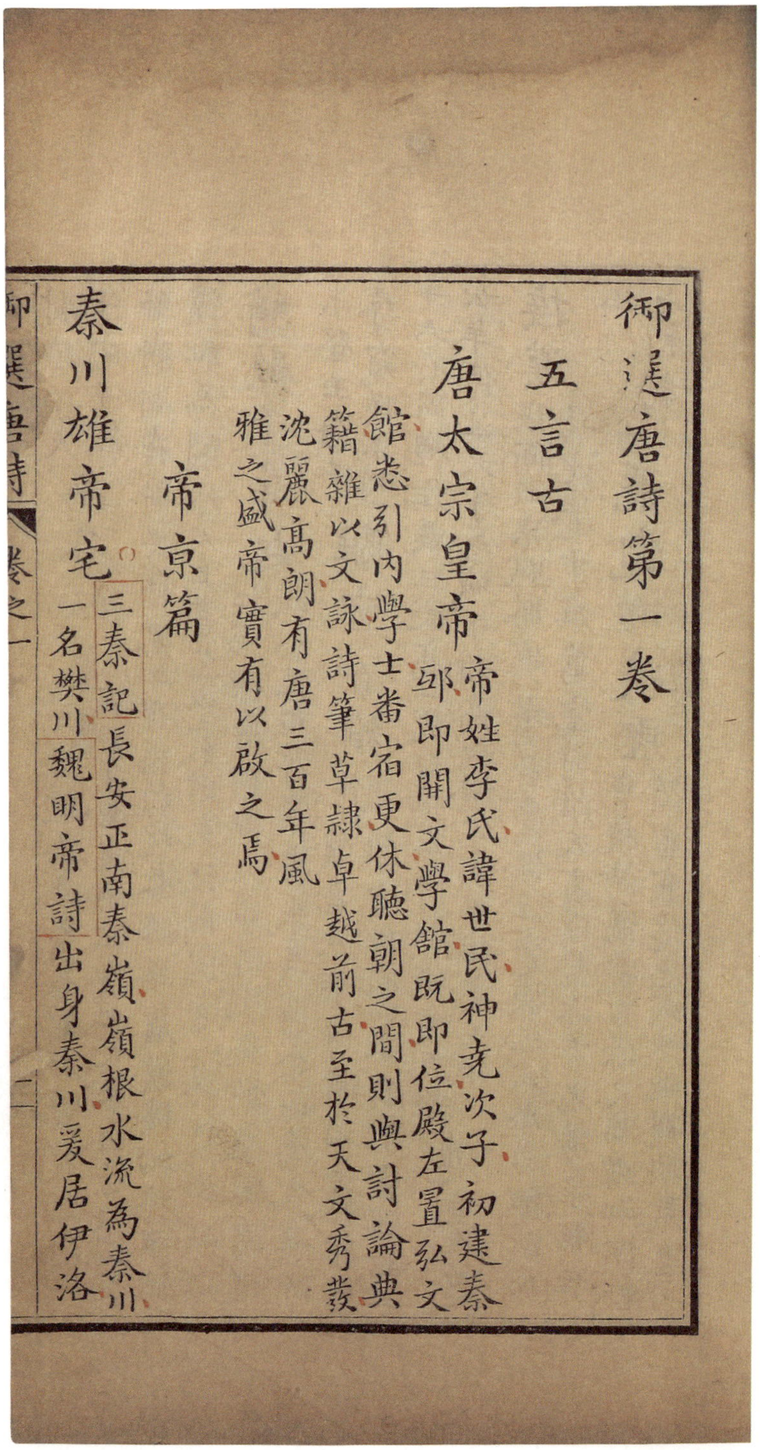

御選唐詩三十二卷 （清）聖祖玄燁選 （清）陳廷敬等輯 清康熙五十二年（1713）内府刻朱墨印本

框高18.7厘米，廣12.6厘米。半葉七行，行十七字，小字雙行二十三字，白口，四周雙邊，無格。15册。

shan582

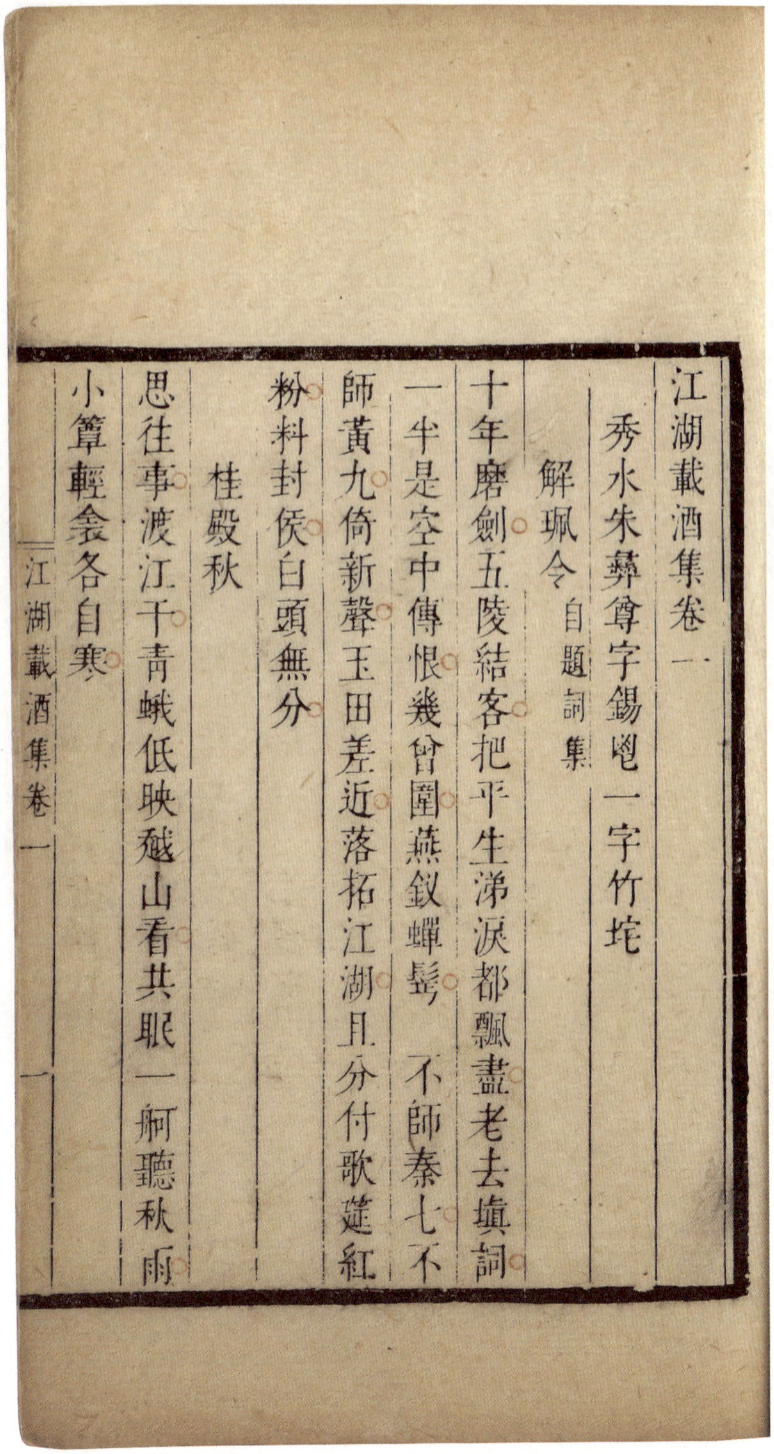
江湖載酒集卷一
秀水朱彝尊字錫鬯一字竹垞
解珮令 自題詞集
十年磨劍五陵結客把平生涕淚都飄盡老去塡詞
一半是空中傳恨幾曾圍燕釵蟬鬢 不師秦七不
師黃九倚新聲玉田差近落拓江湖且分付歌筵紅
粉料封侯白頭無分
桂殿秋
思往事渡江干青蛾低映越山看共眠一舸聽秋雨
小簟輕衾各自寒
江湖載酒集卷一 一

浙西六家詞十一卷 （清）龔翔麟輯 清康熙錢塘龔氏玉玲瓏閣刻本

框高 16.7 厘米，廣 13 厘米。半葉十行，行二十字，小字雙行同，白口，左右雙邊。7 册。存五家詞十卷（江湖載酒集三卷、柘西精舍集一卷、耒邊詞二卷、紅藕莊詞三卷、黑蝶齋詞一卷）。

shan593

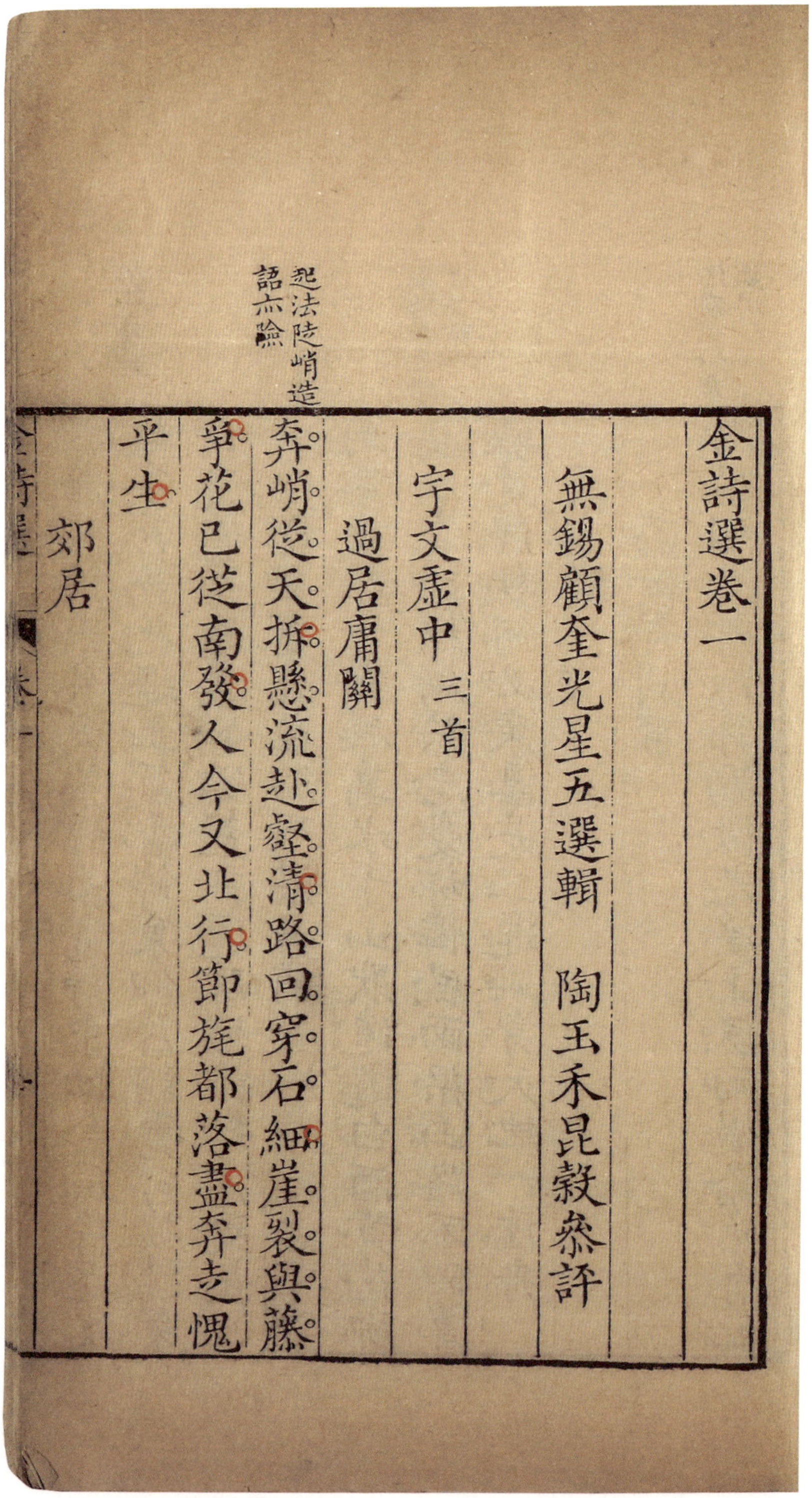

金詩選四卷 （清）顧奎光輯 （清）陶玉禾參評 清乾隆十六年（1751）刻本
框高16.5厘米，廣13厘米。半葉十行，行十九字，白口，左右雙邊。2冊。

shan596

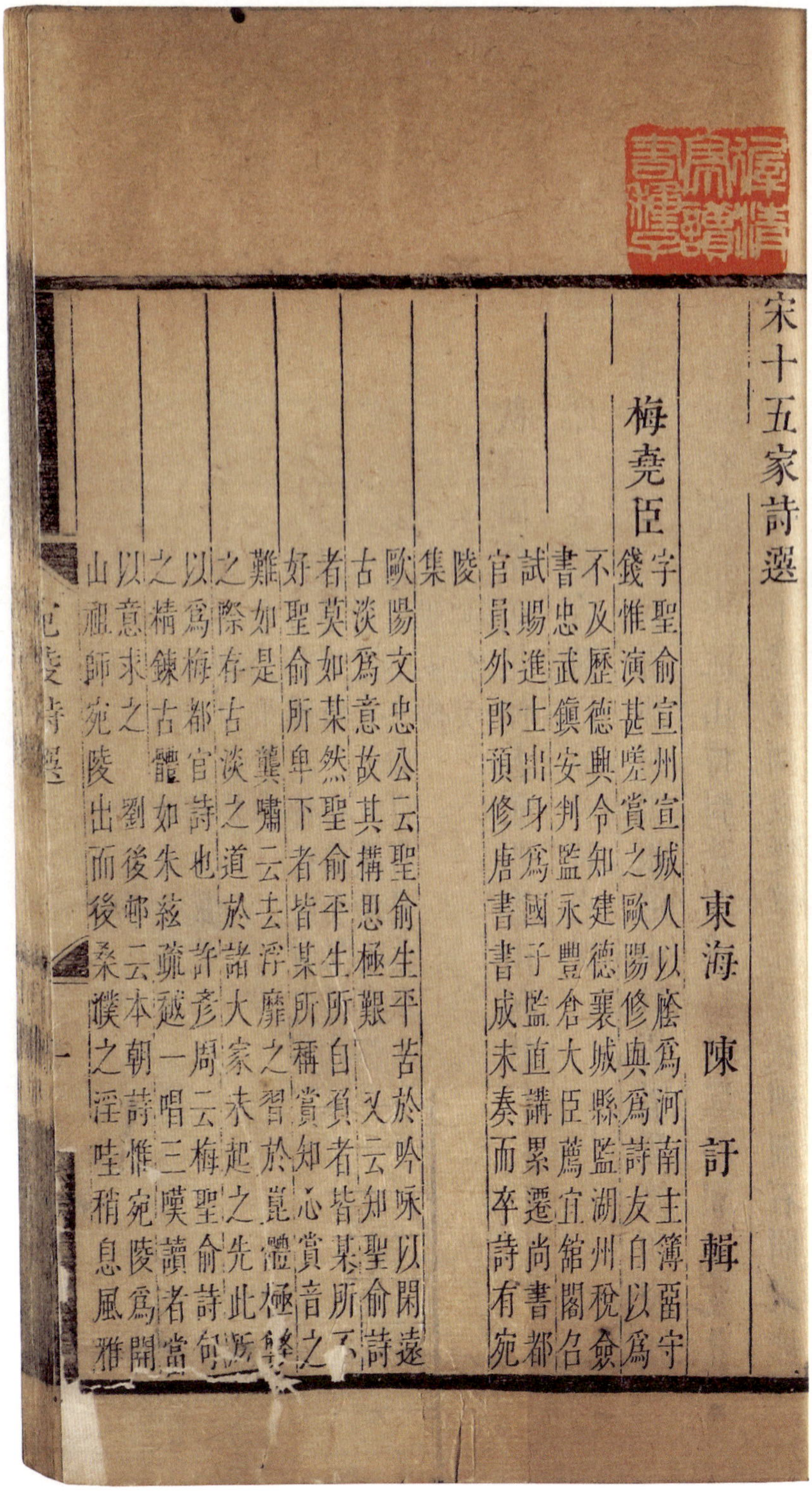

宋十五家詩選不分卷　（明）焦竑訂正　（清）陳訏輯　清康熙三十二年（1693）刻本

框高19.2厘米，廣13.8厘米。半葉十一行，行二十二字，小字雙行同，黑口，左右雙邊。4册。鈐“遲清亭讀書種子”白文印。

shan609

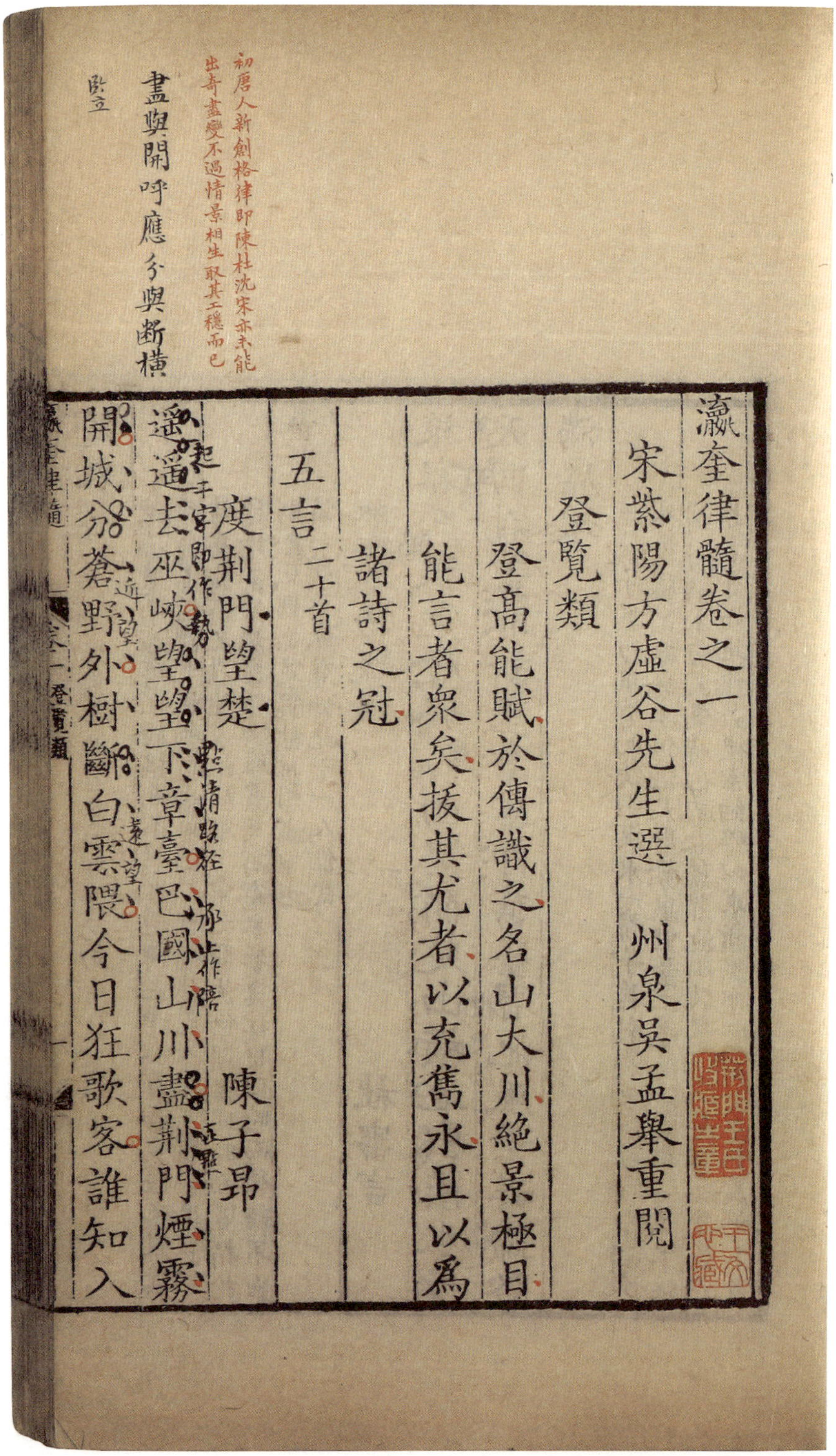

瀛奎律髓四十九卷 （元）方回選 （清）吴孟舉重閲 清光緒四年（1878）刻本

框高 16.5 厘米，廣 13.1 厘米。半葉十行，行十九字，小字雙行二十九字，下黑口，左右雙邊。6 册。鈐“王文心藏”朱文印、“荊門王氏收藏之章”白文印。

shan618

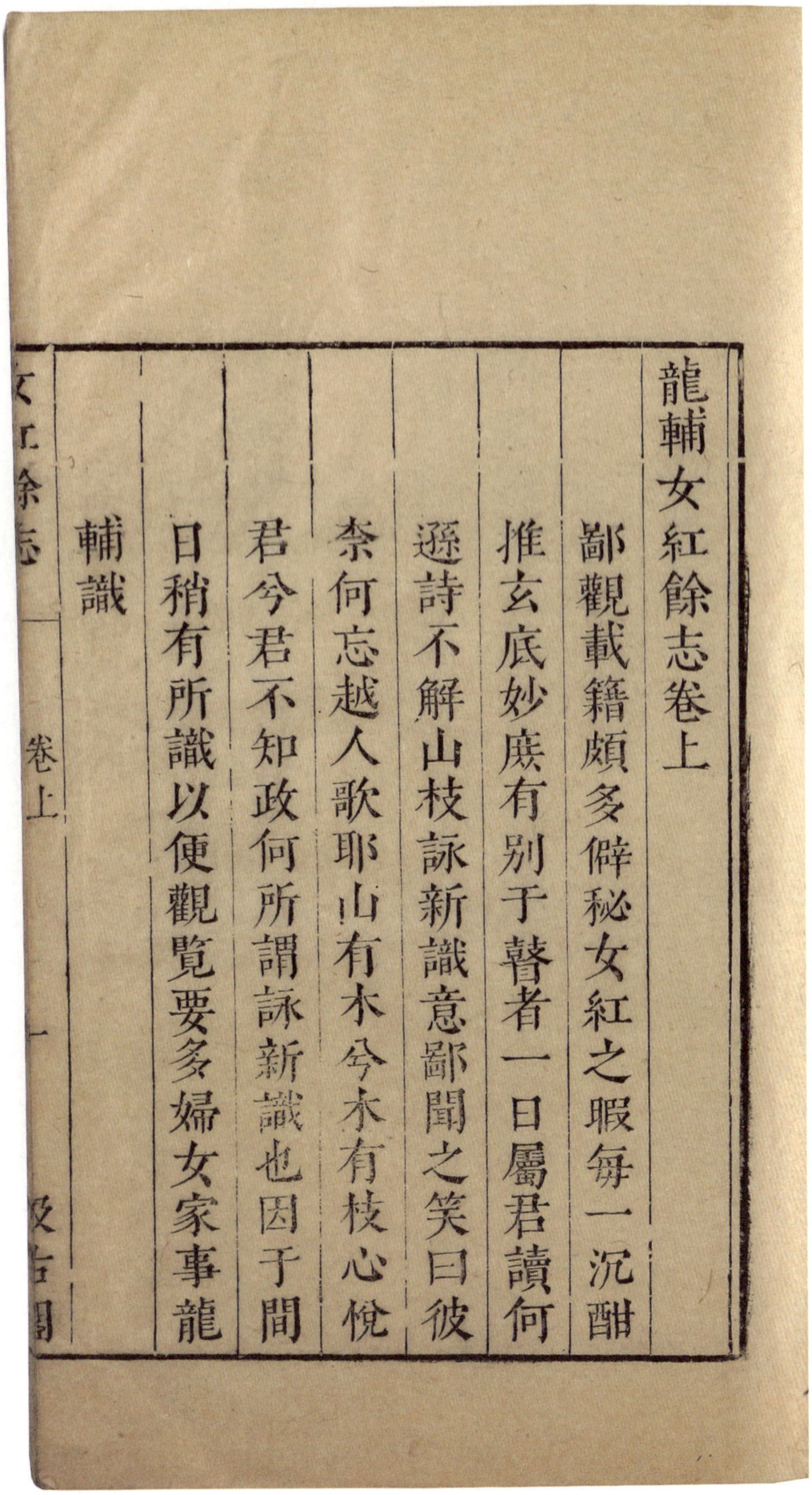
龍輔女紅餘志卷上
鄙觀載籍頗多僻秘女紅之暇每一沉酣推玄底妙庶有別于瞽者一日屬君讀何遜詩不解山枝詠新識意鄙聞之笑曰彼柰何忘越人歌耶山有木兮木有枝心悅君兮君不知政何所謂詠新識也因于閒日稍有所識以便觀覧要多婦女家事龍輔識
女紅餘志　卷上　一　汲古閣

龍輔女紅餘志二卷　（元）龍輔撰　明末毛氏汲古閣刻詩詞雜俎本
框高 19 厘米，廣 13.5 厘米。半葉八行，行十九字，白口，左右雙邊。1 册。

shan624

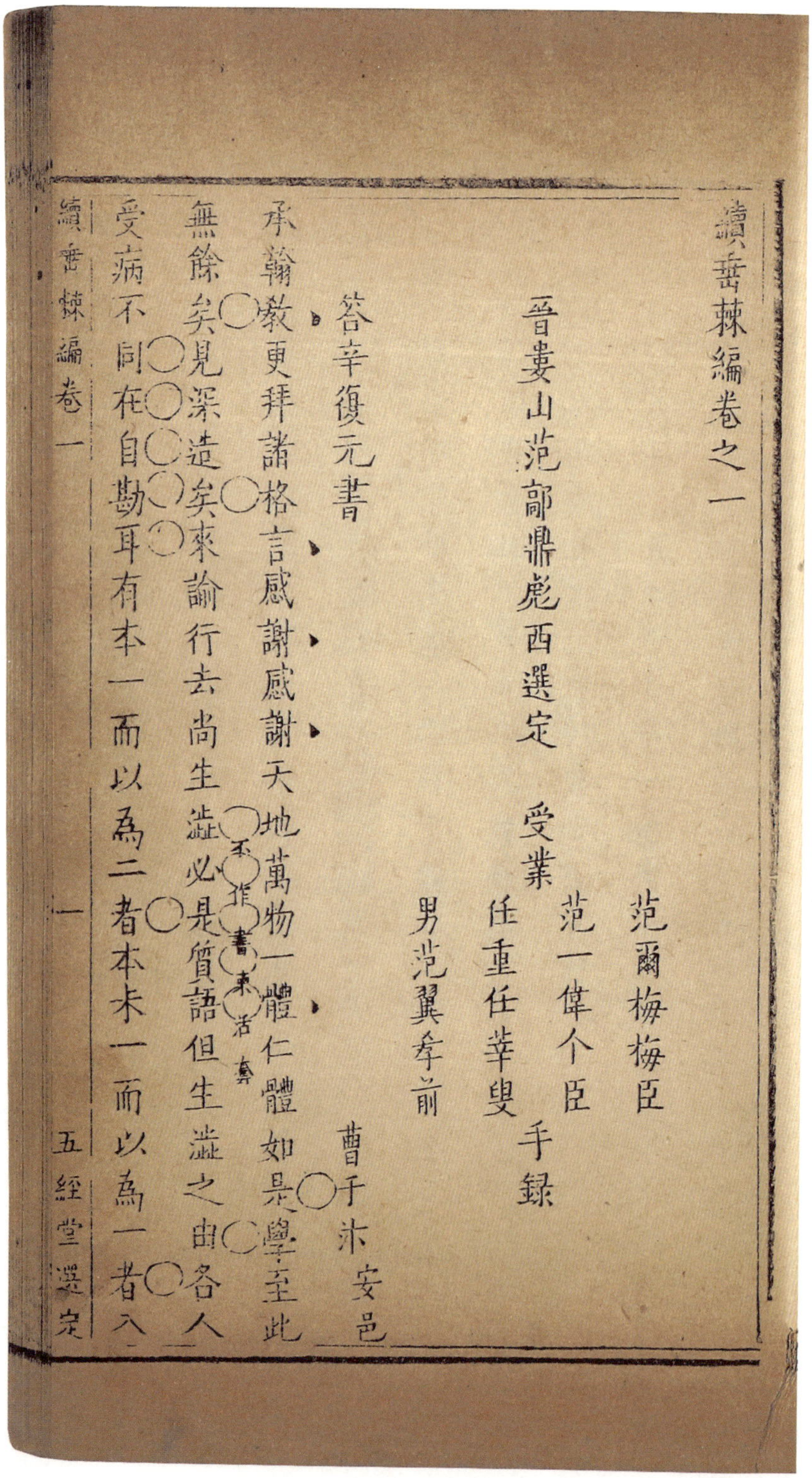

晉國垂棘一卷續垂棘編六卷二集十卷 （明）范弘嗣輯 （清）范鄗鼎選定 清康熙五經堂刻本

框高 19 厘米，廣 11.8 厘米。半葉九行，行二十五字，白口，四周雙邊，無格。8 册。

shan635

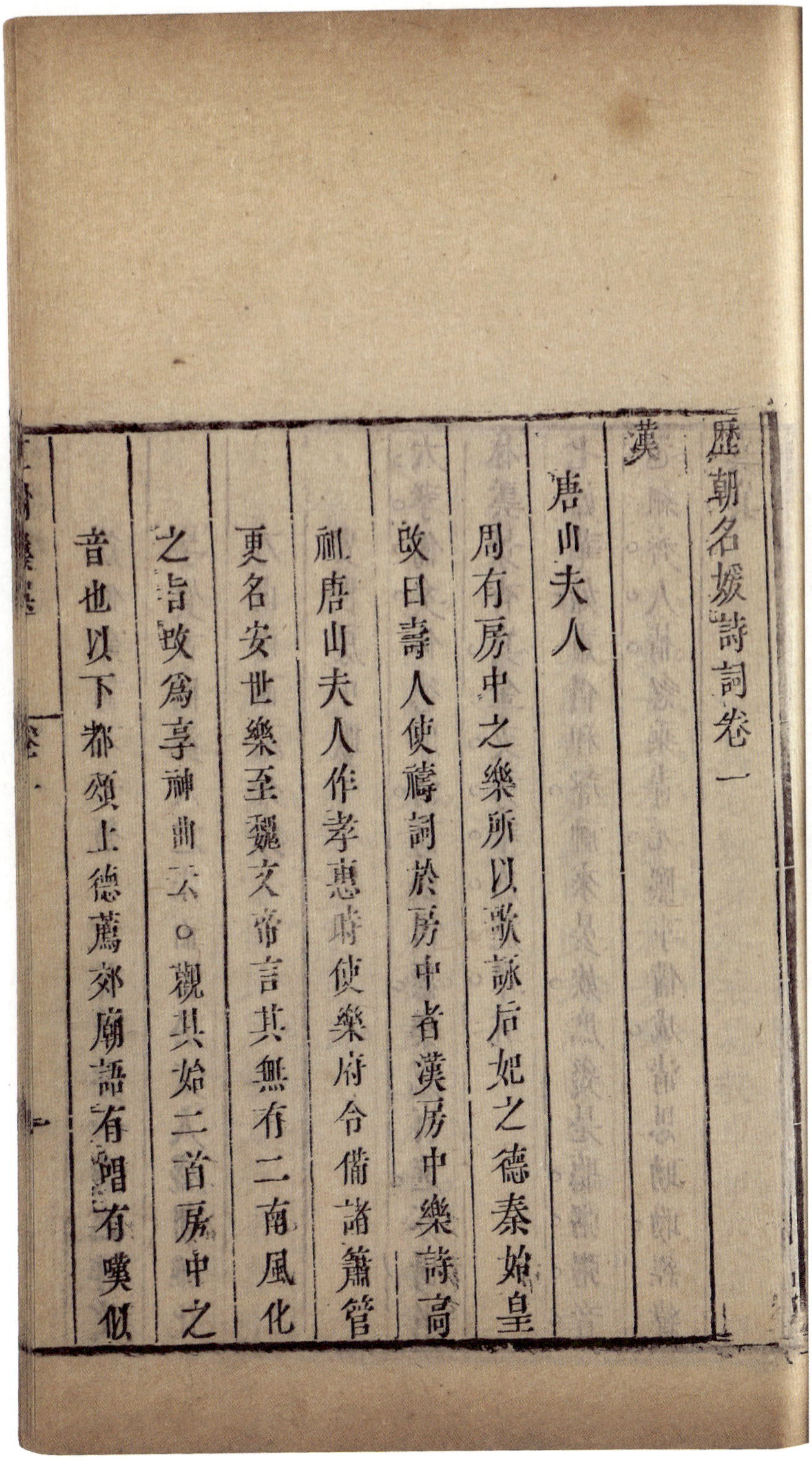
歷朝名媛詩詞卷一
漢
唐山夫人
周有房中之樂所以歌詠后妃之德秦始皇
改曰壽人使禱詞於房中者漢房中樂詩高
祖唐山夫人作孝惠時使樂府令備諸簫管
更名安世樂至魏文帝言其無有二南風化
之旨改爲享神曲云○觀其始二首房中之
音也以下都頌上德薦郊廟語有唱有嘆似

歷朝名媛詩詞十二卷　（清）陸昶評選　清乾隆三十八年（1773）紅樹樓刻本
框高 15.8 厘米，廣 13.2 厘米。半葉九行，行十九字，白口，左右雙邊。4 册。
shan647

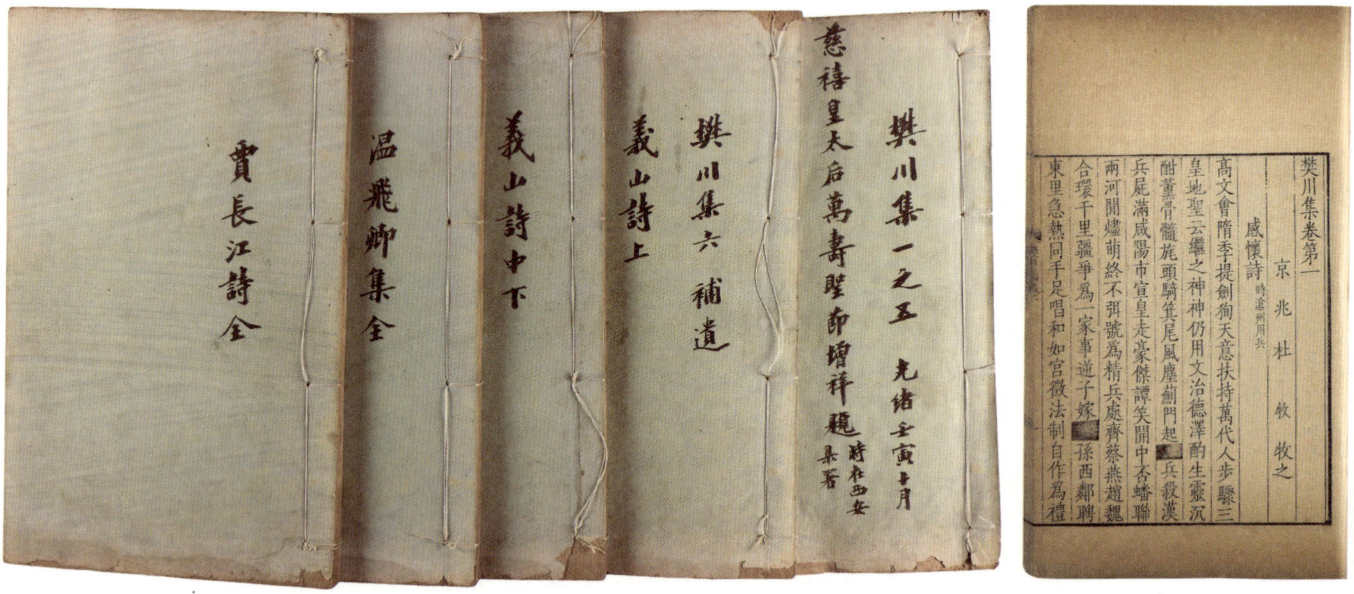

唐詩百名家全集第三函二十五種 （清）席啓寓輯 清康熙四十一年（1702）洞庭席氏琴川書屋刻本

框高16.5厘米，廣13.9厘米。半葉十行，行十八字，小字雙行不等，白口，左右雙邊。10册。缺五種（李遠詩集、曹祠部集、儲嗣宗詩集、司馬扎詩集、鹿門詩集）。

shan656

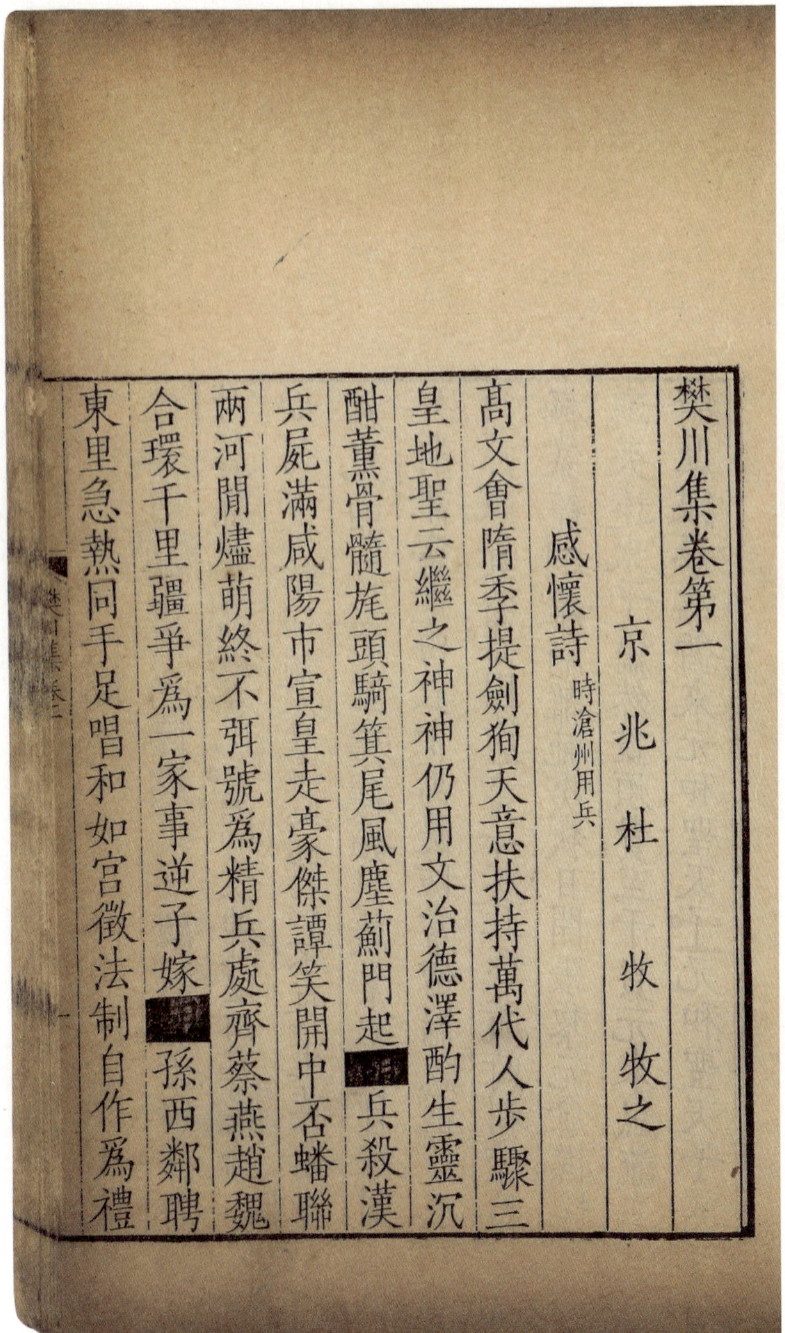
樊川集卷第一
京兆杜　牧　牧之
感懷詩 時滄州用兵
高文會隋季提劍狥天意扶持萬代人步驟三
皇地聖云繼之神神仍用文治德澤酌生靈沉
酣薰骨髓旄頭騎箕尾風塵薊門起[redacted]兵殺漢
兵屍滿咸陽市宣皇走豪傑譚笑開中否蟠聯
兩河間燼萌終不弭號爲精兵處齊蔡燕趙魏
合環千里疆爭爲一家事逆子嫁[redacted]孫西鄰聘
東里急熱同手足唱和如宮徵法制自作爲禮

唐詩百名家全集一百種　（清）席啓寓輯　清康熙四十一年（1702）洞庭席氏琴川書屋刻本

框高 16.9 厘米，廣 13.5 厘米。半葉十行，行十八字，小字雙行不等，白口，左右雙邊。5 册。存八種四十七卷（樊川集六卷補遺一卷、丁卯詩集二卷續集一卷續補一卷集外遺詩一卷、韓翰林香奩集三卷詩集一卷、賈浪仙長江集十卷長江墨製一卷附録一卷墓銘一卷、李遠詩集一卷、鹿門詩集三卷拾遺一卷、温庭筠詩七卷外詩一卷別詩一卷、鹿門詩集三卷拾遺一卷）。

shan657

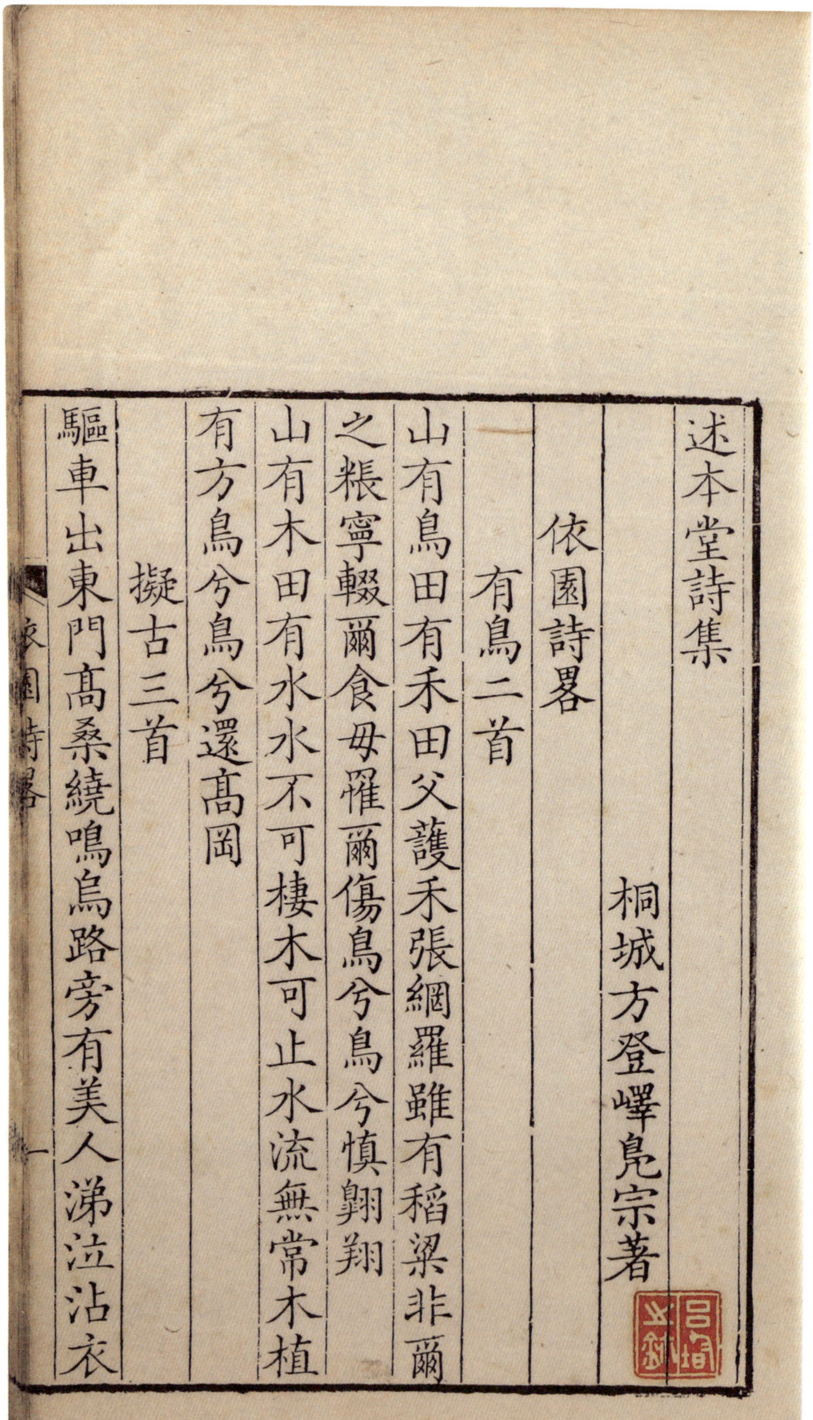
述本堂詩集
桐城方登嶧鳧宗著
依園詩畧
有鳥二首
山有鳥田有禾田父護禾張綱羅雖有稻粱非爾
之粻寧輟爾食毋罹爾傷鳥兮鳥兮愼翱翔
山有木田有水水不可棲木可止水流無常木植
有方鳥兮鳥兮還高岡
擬古三首
驅車出東門高桑繞鳴烏路旁有美人涕泣沾衣
依園詩畧　一

述本堂詩集十八種　（清）方登嶧著　清乾隆二十年（1755）桐城方氏刻本

框高17.8厘米，廣13.1厘米。半葉十行，行十九字，白口，左右雙邊。4冊。鈐“呂垧之璽”白文印。存六種（垢硯吟、懷南草、東閭剩稿、入塞詩、依園詩畧、墨硯齋存稿）。

shan661

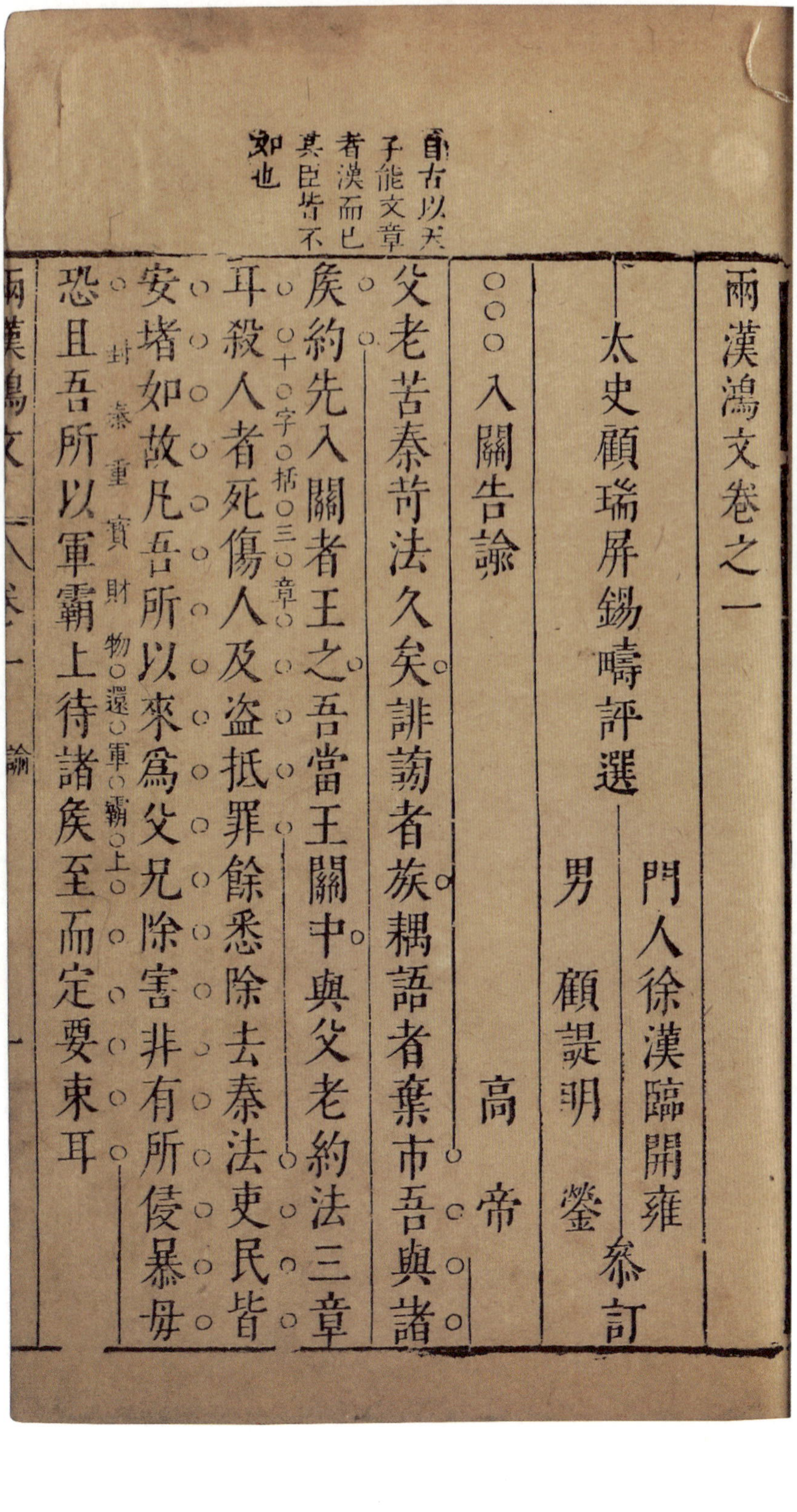
自古以天子能文章者漢而已其臣皆不如也

兩漢鴻文卷之一

太史顧瑞屏錫疇評選　門人徐漢臨開雍參訂

男　顧禔明　鋈

入關告諭　高帝

父老苦秦苛法久矣誹謗者族耦語者棄市吾與諸侯約先入關者王之吾當王關中與父老約法三章耳殺人者死傷人及盜抵罪餘悉除去秦法吏民皆安堵如故凡吾所以來爲父兄除害非有所侵暴毋恐且吾所以軍霸上待諸侯至而定要束耳

十字括三章

封秦重寶財物還軍霸上

兩漢鴻文　卷一　諭　一

兩漢鴻文二十卷　（明）顧錫疇評選　（明）徐漢臨參訂　明崇禎刻本

框高 20 厘米，廣 14 厘米。半葉九行，行二十字，白口，四周單邊。20 册。缺一卷（十七）。

shan683

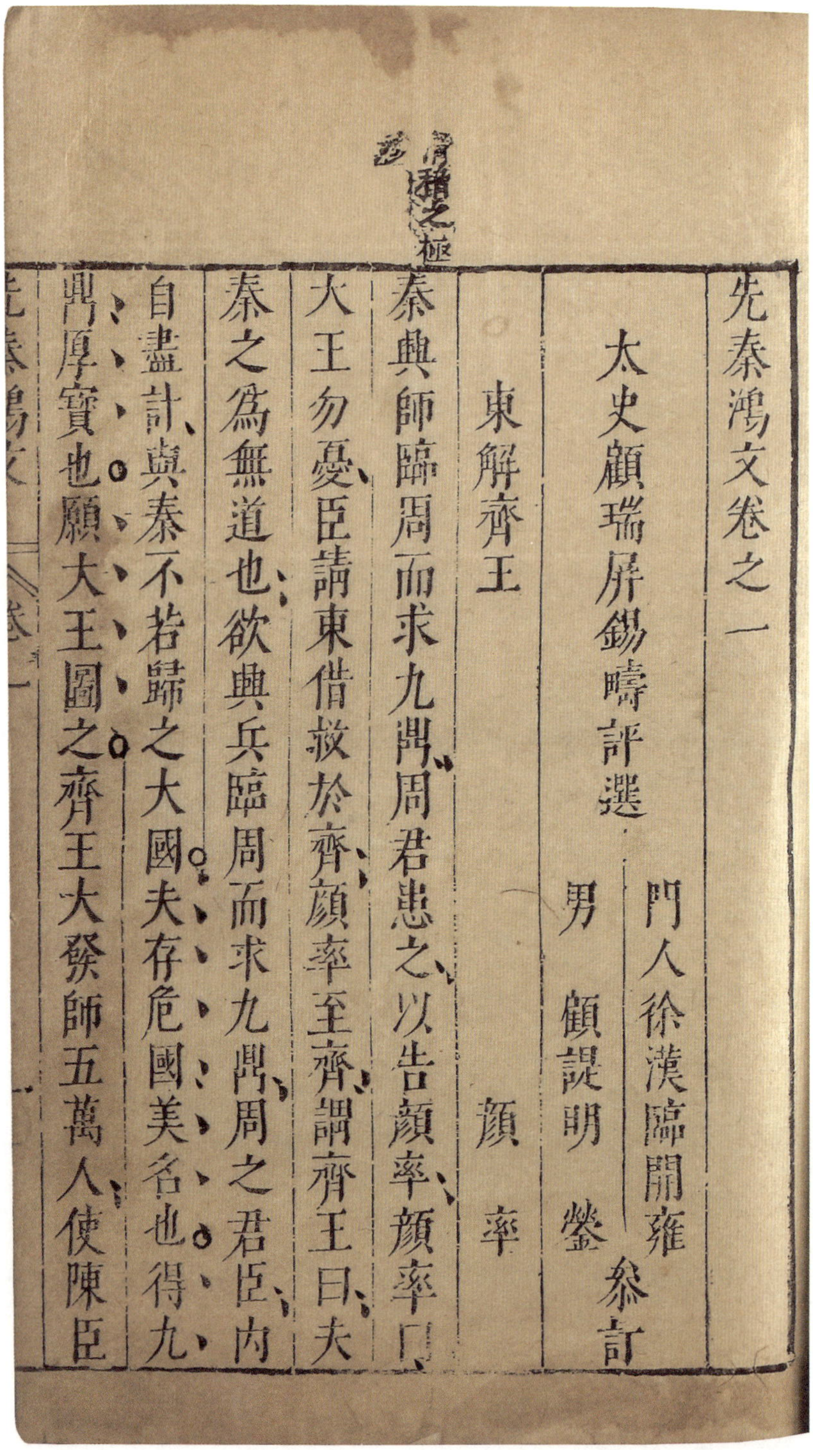

先秦鴻文卷之一

太史顧瑞屏錫疇評選

門人徐漢臨開雍 參訂

男 顧禔明 鋆

東解齊王 顏率

秦興師臨周而求九鼎周君患之以告顏率顏率曰大王勿憂臣請東借救於齊顏率至齊謂齊王曰夫秦之為無道也欲興兵臨周而求九鼎周之君臣內自盡計與秦不若歸之大國夫存危國美名也得九鼎厚寶也願大王圖之齊王大發師五萬人使陳臣

先秦鴻文五卷　（明）顧錫疇評選　（明）徐漢臨參訂　明崇禎刻本

框高 19.5 厘米，廣 14.3 厘米。半葉九行，行二十字，白口，四周單邊。4 册。缺一卷（四）。

shan684

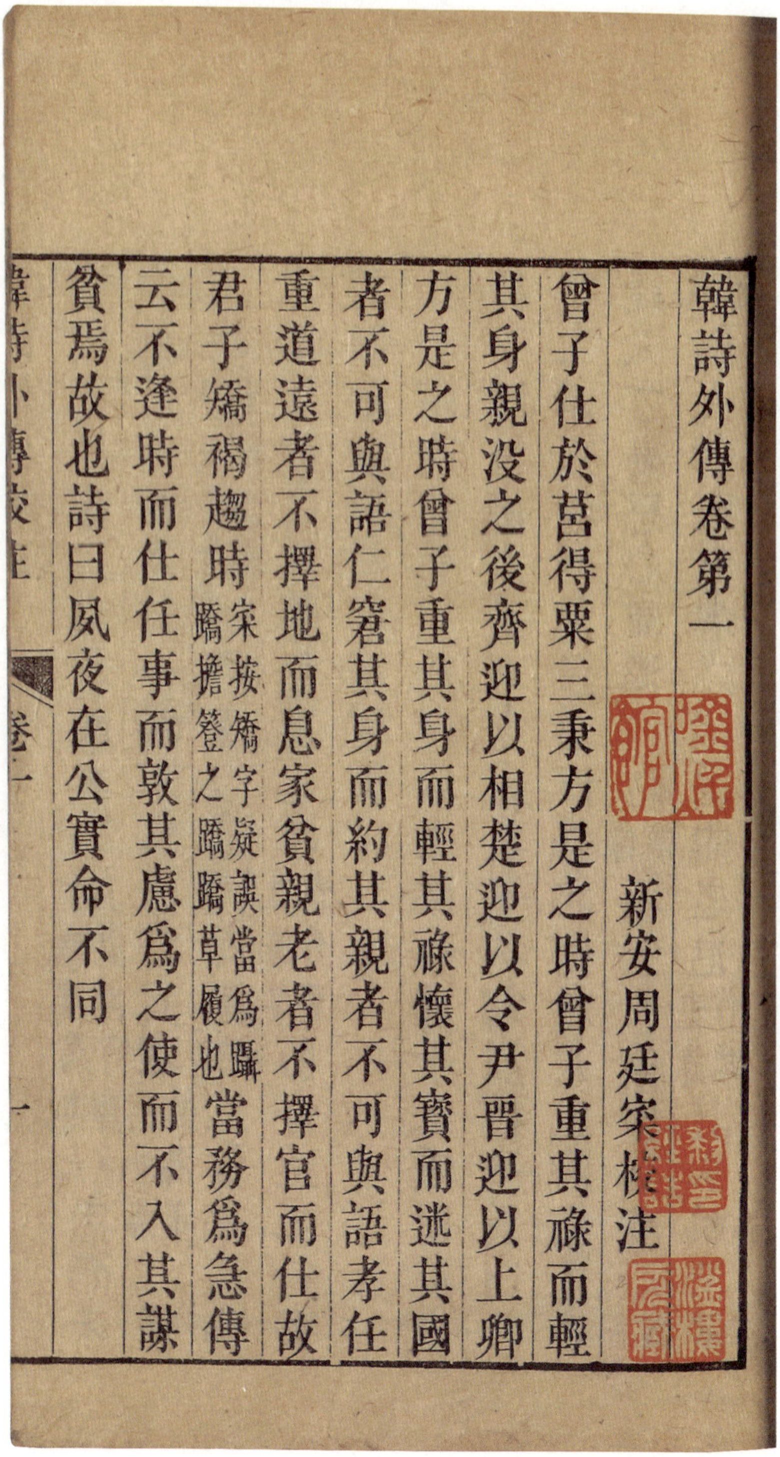
韓詩外傳卷第一
新安周廷寀校注
曾子仕於莒得粟三秉方是之時曾子重其祿而輕其身親沒之後齊迎以相楚迎以令尹晉迎以上卿方是之時曾子重其身而輕其祿懷其寶而迷其國者不可與語仁窘其身而約其親者不可與語孝任重道遠者不擇地而息家貧親老者不擇官而仕故君子𤗪褐趨時寀按𤗪字疑譌當爲屩蹻擔簦之蹻蹻草履也當務爲急傳云不逢時而仕任事而敦其慮爲之使而不入其謀貧焉故也詩曰夙夜在公實命不同
韓詩外傳校注　卷一　一

韓詩外傳十卷拾遺一卷　（清）周廷寀校注　清乾隆五十六年（1791）績溪周氏營道堂刻本

框高 19 厘米，廣 13 厘米。半葉十行，行二十字，小字雙行同，白口，四周單邊。2 册。鈐“唫秋館”朱文印等。

shan691

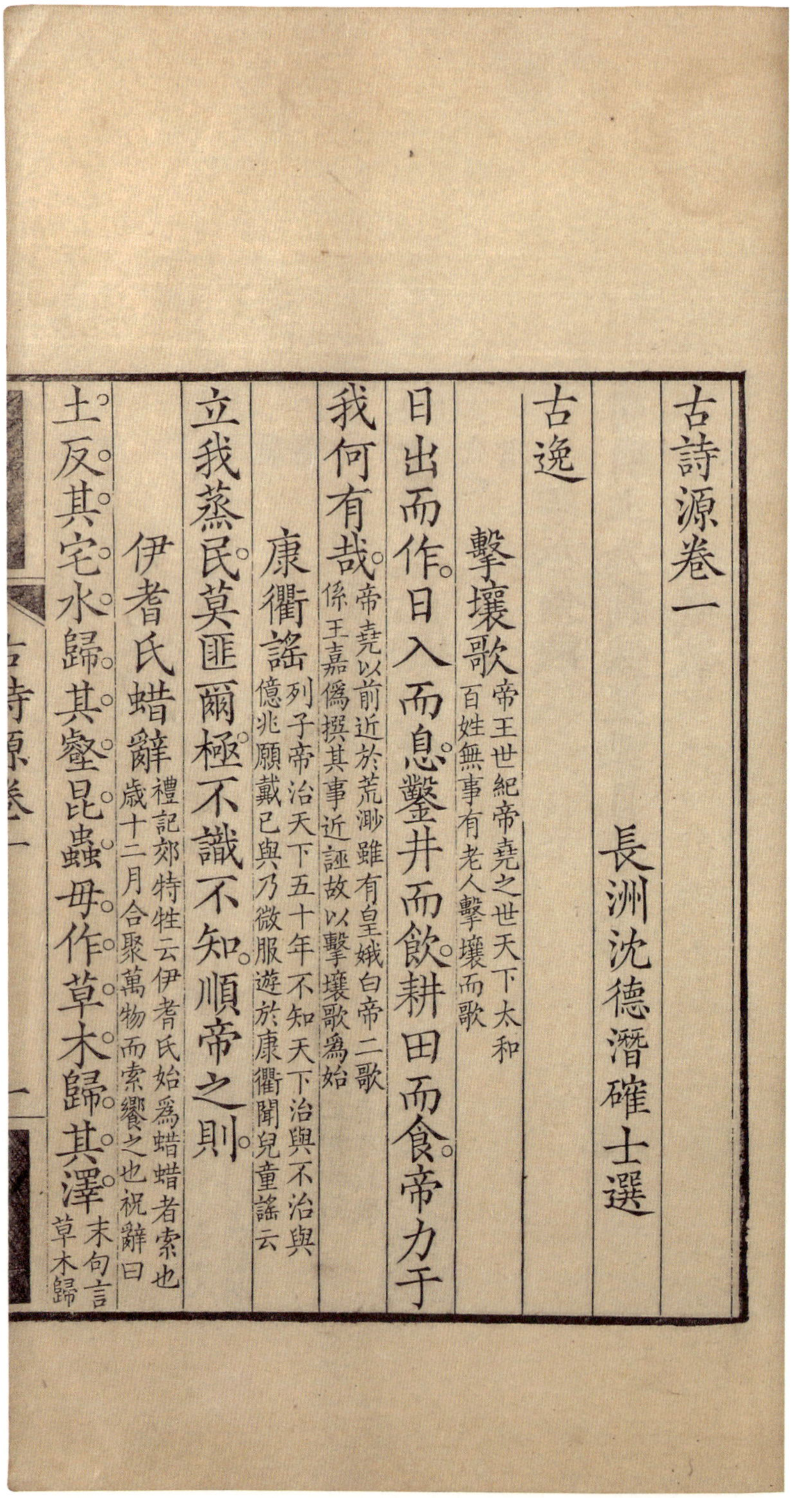
古詩源卷一
長洲沈德潛確士選
古逸
擊壤歌 帝王世紀帝堯之世天下太和百姓無事有老人擊壤而歌
日出而作。日入而息。鑿井而飲。耕田而食。帝力于
我何有哉。帝堯以前近於荒渺雖有皇娥白帝二歌係王嘉僞撰其事近誣故以擊壤歌爲始
康衢謠 列子帝治天下五十年不知天下治與不治與億兆願戴己與乃微服遊於康衢聞兒童謠云
立我蒸民。莫匪爾極。不識不知。順帝之則。
伊耆氏蜡辭 禮記郊特牲云伊耆氏始爲蜡蜡者索也歲十二月合聚萬物而索饗之也祝辭曰
土反其宅。水歸其壑。昆蟲毋作。草木歸其澤。末句言草木歸
古詩源卷一　一

古詩源十四卷　（清）沈德潛選　清康熙五十八年（1719）竹嘯軒刻本

框高 17.2 厘米，廣 13.5 厘米。半葉十行，行十九字，小字雙行二十七字，黑口，左右雙邊。4 册。

shan692

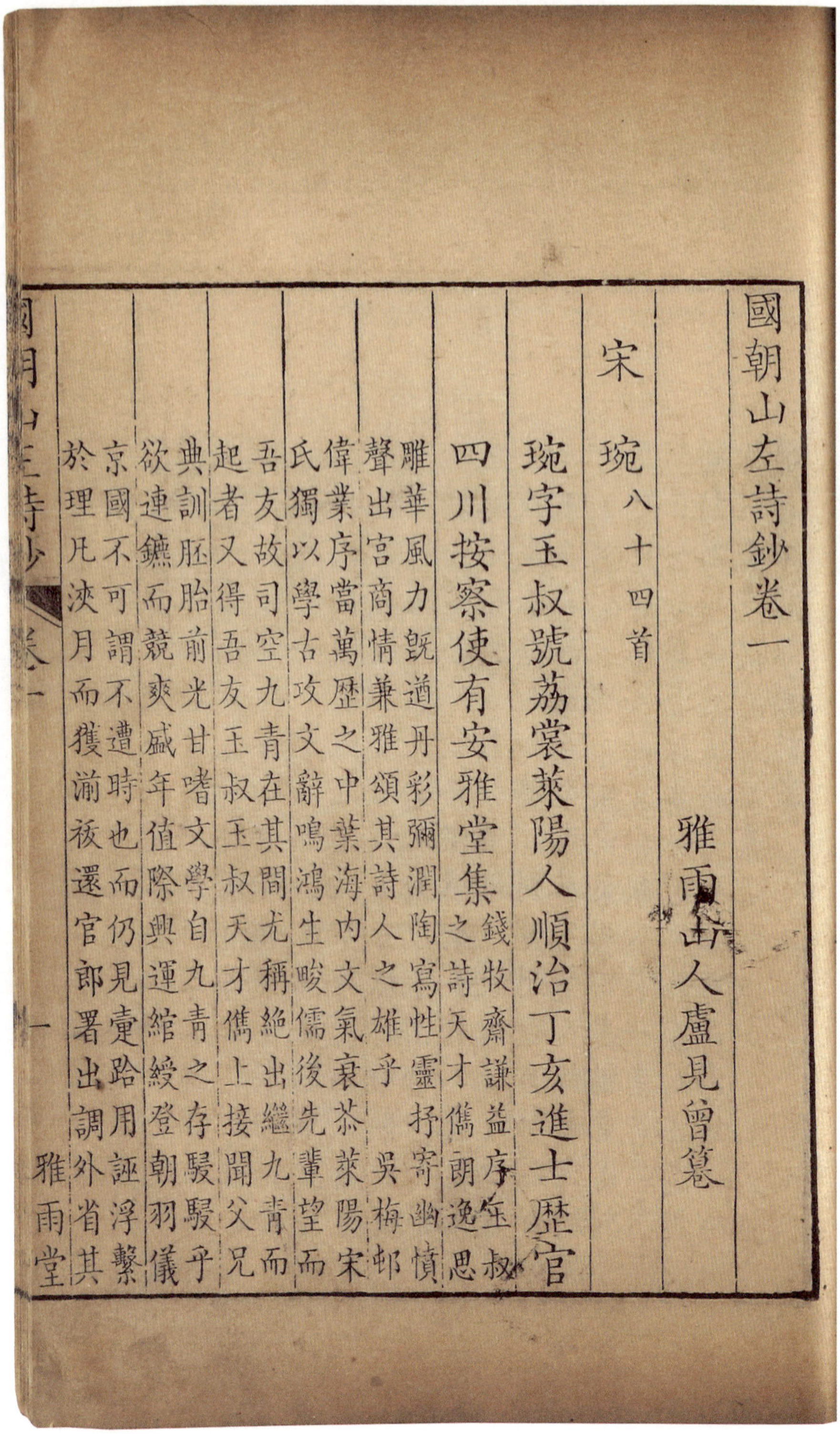

國朝山左詩鈔卷一　　雅雨山人盧見曾纂

宋　琬八十四首

琬字玉叔號茘裳萊陽人順治丁亥進士歷官四川按察使有安雅堂集錢牧齋謙益序玉叔之詩天才儁朗逸思雕華風力既遒丹彩彌潤陶寫性靈抒寄幽憤聲出宮商情兼雅頌其詩人之雄乎　吳梅邨偉業序當萬歷之中葉海内文氣衰苶萊陽宋氏獨以學古攻文辭鳴鴻生畯儒後先輩望而吾友故司空九青在其間尤稱絶出繼九青而起者又得吾友玉叔玉叔天才儁上接聞父兄典訓胚胎前光甘嗜文學自九青之存駸駸乎欲連鑣而競爽㦛年值際興運綰綬登朝羽儀京國不可謂不遭時也而仍見疐路用誣浮繫於理凡浹月而獲湔祓還官郎署出調外省其

國朝山左詩鈔　卷一　一　雅雨堂

國朝山左詩鈔六十卷　（清）盧見曾纂　清乾隆二十三年（1758）雅雨堂刻本

框高 18.2 厘米，廣 14.2 厘米。半葉十行，行二十一字，小字雙行同，白口，四周單邊。20 册。

shan694

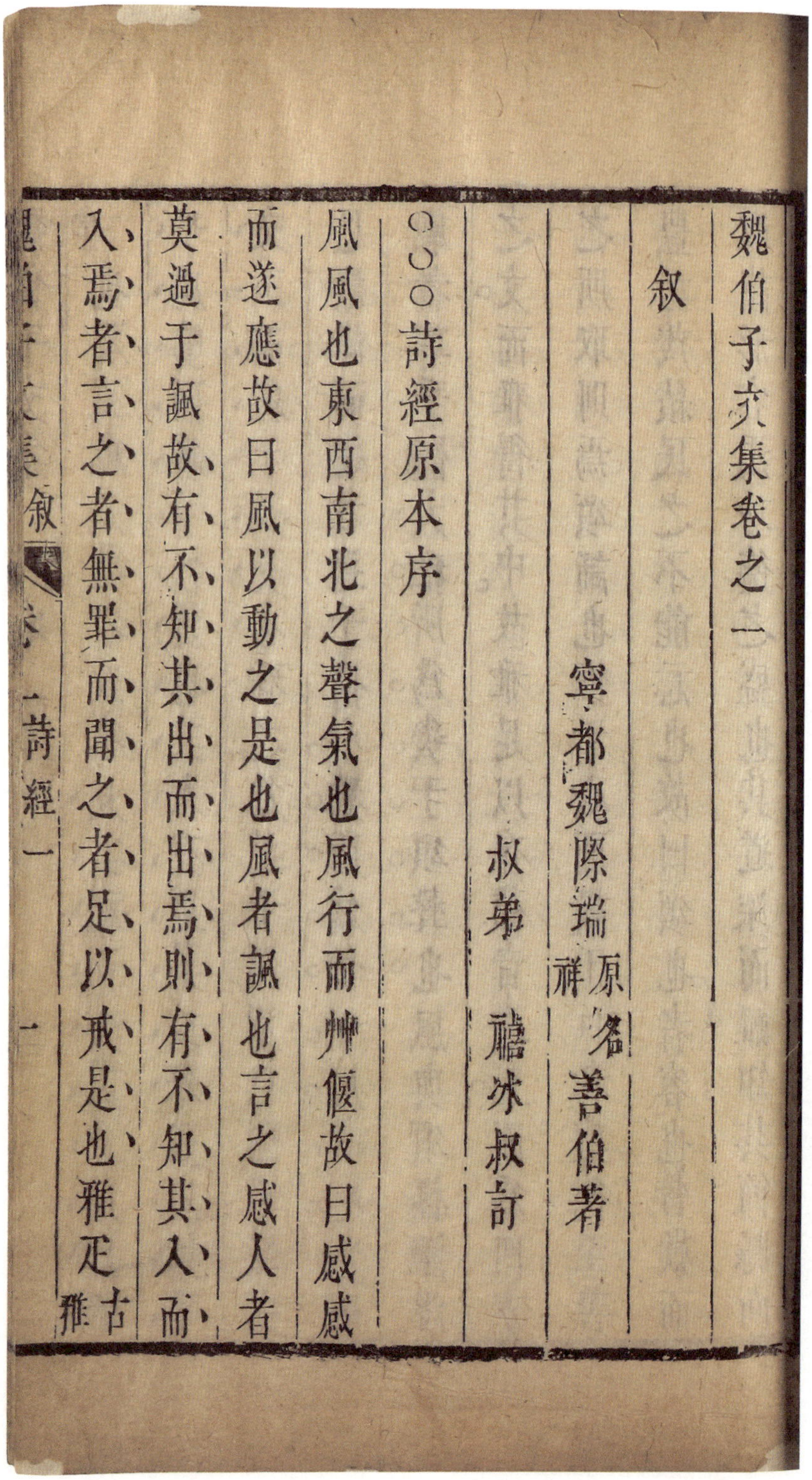

寧都三魏全集　（清）魏際瑞等撰　（清）林時益輯　清刻本

框高 20.5 厘米，廣 14 厘米。半葉九行，行二十字，白口，左右雙邊。36 册。

shan697

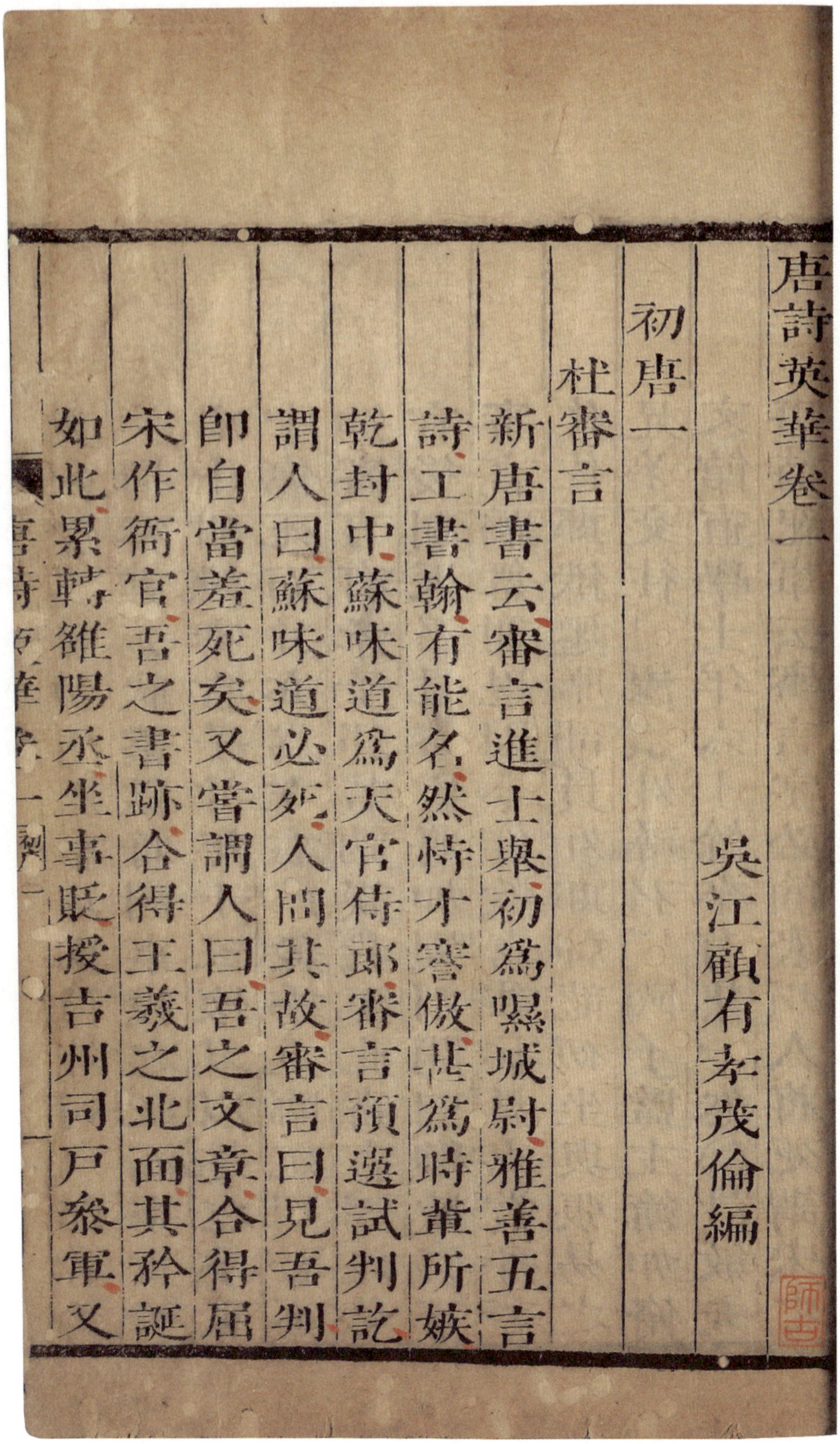

唐詩英華二十二卷　（清）顧有孝編　清初顧氏寧遠堂刻本

框高 18.5 厘米，廣 14 厘米。半葉十一行，行二十一字，小字雙行同，細黑口，左右雙邊。6 册。鈐“師古”朱文印。

shan713

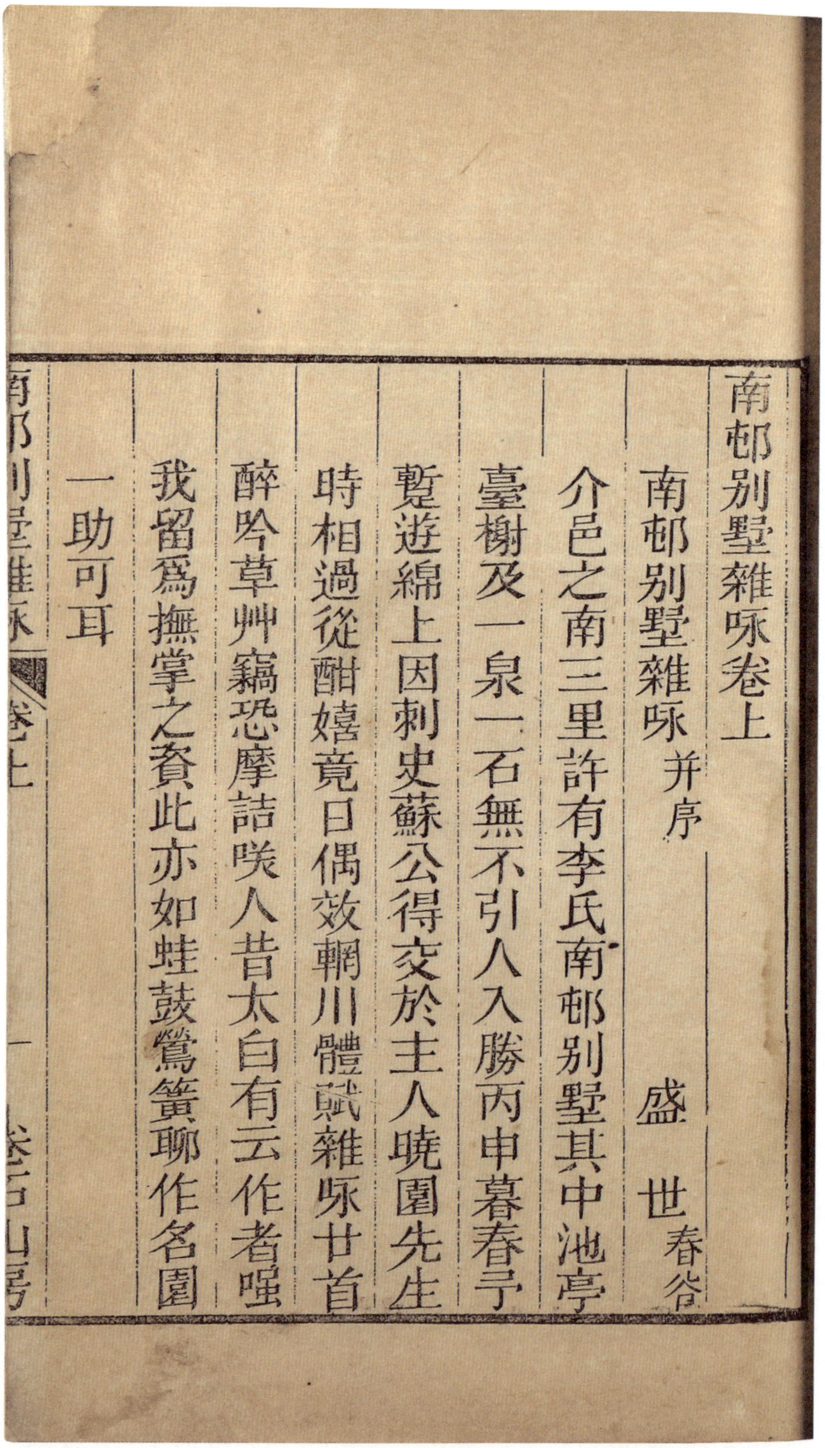
南郙別墅雜咏卷上
南郙別墅雜咏 并序　　盛　世　春谷
介邑之南三里許有李氏南郙別墅其中池亭
臺榭及一泉一石無不引人入勝丙申暮春予
暫遊綿上因刺史蘇公得交於主人曉園先生
時相過從酣嬉竟日偶效輞川體賦雜咏廿首
醉吟草艸竊恐摩詰哂人昔太白有云作者嗤
我留爲撫掌之資此亦如蛙鼓鶯簧聊作名園
一助可耳
南郙別墅雜咏　卷上　一　卷石山房

南郙別墅雜咏二卷　（清）楊官山輯　清乾隆卷石山房刻本
框高 16 厘米，廣 13.7 厘米。半葉九行，行二十字，白口，左右雙邊。2 册。

shan731

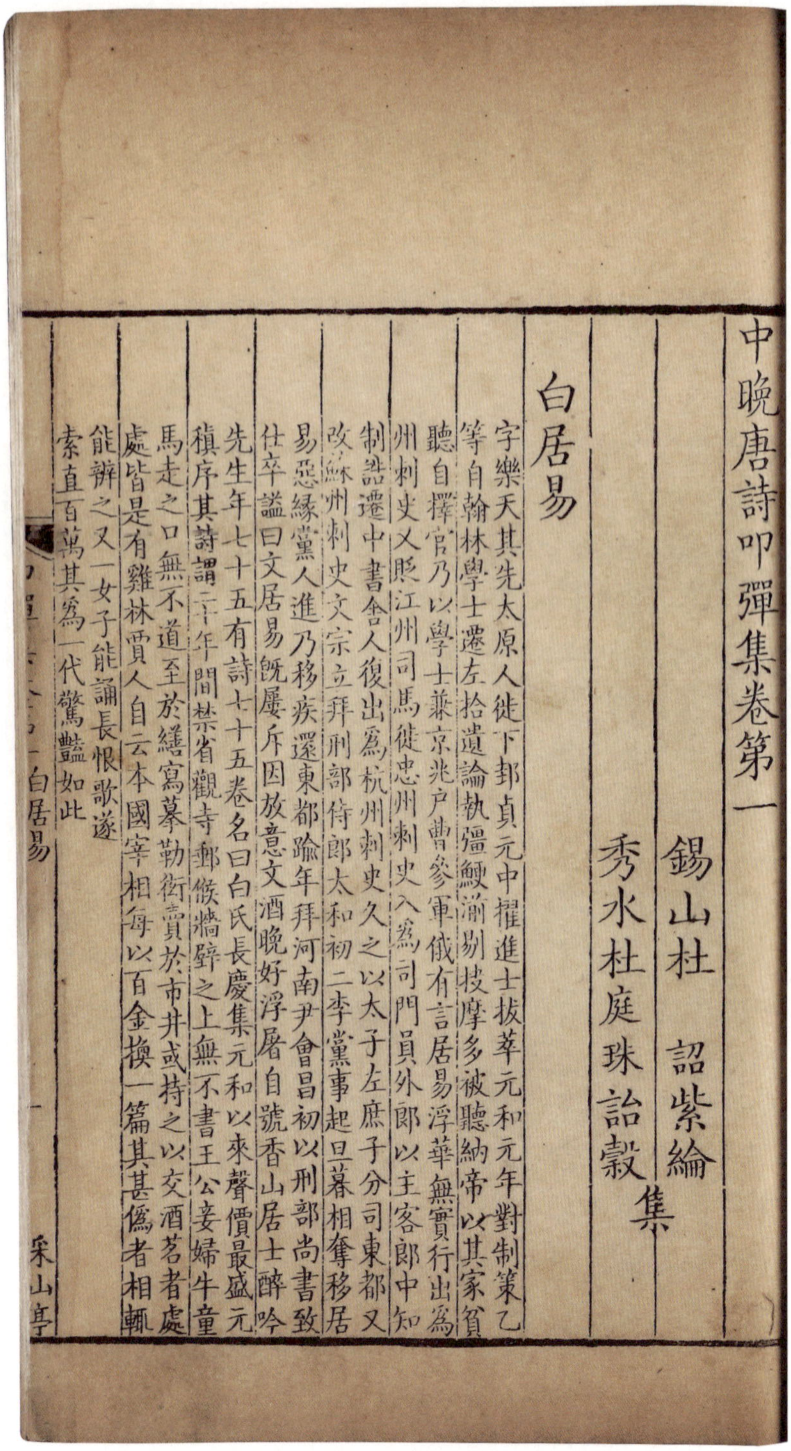

中晚唐詩叩彈集卷第一

錫山杜　詔紫綸

秀水杜庭珠詒穀　集

白居易

字樂天其先太原人徙下邽貞元中擢進士拔萃元和元年對制策乙等自翰林學士遷左拾遺論執彊鯁漸剔抉摩多被聽納帝以其家貧聽自擇官乃以學士兼京兆户曹參軍俄有言居易浮華無實行出爲州刺史又貶江州司馬徙忠州刺史入爲司門員外郎以主客郎中知制誥遷中書舍人復出爲杭州刺史久之以太子左庶子分司東都又改蘇州刺史文宗立拜刑部侍郎太和初二李黨事起旦暮相奪移居易惡緣黨人進乃移疾還東都踰年拜河南尹會昌初以刑部尚書致仕卒謚曰文居易既屢斥因放意文酒晚好浮屠自號香山居士醉吟先生年七十五有詩七十五卷名曰白氏長慶集元和以來聲價最盛元稹序其詩謂二十年間禁省觀寺郵候牆壁之上無不書王公妾婦牛童馬走之口無不道至於繕寫摹勒衒賣於市井或持之以交酒茗者處處皆是有雞林賈人自云本國宰相每以百金換一篇其甚僞者相輒能辨之又一女子能誦長恨歌遂索直百萬其爲一代驚豔如此

白居易　一　采山亭

中晚唐詩叩彈集十二卷續三卷　（清）杜詔　（清）杜庭珠集　清康熙四十三年（1704）采山亭刻本

框高 19.2 厘米，廣 15 厘米。半葉十一行，行二十字，小字雙行三十字，白口，左右雙邊。6 册。

shan732

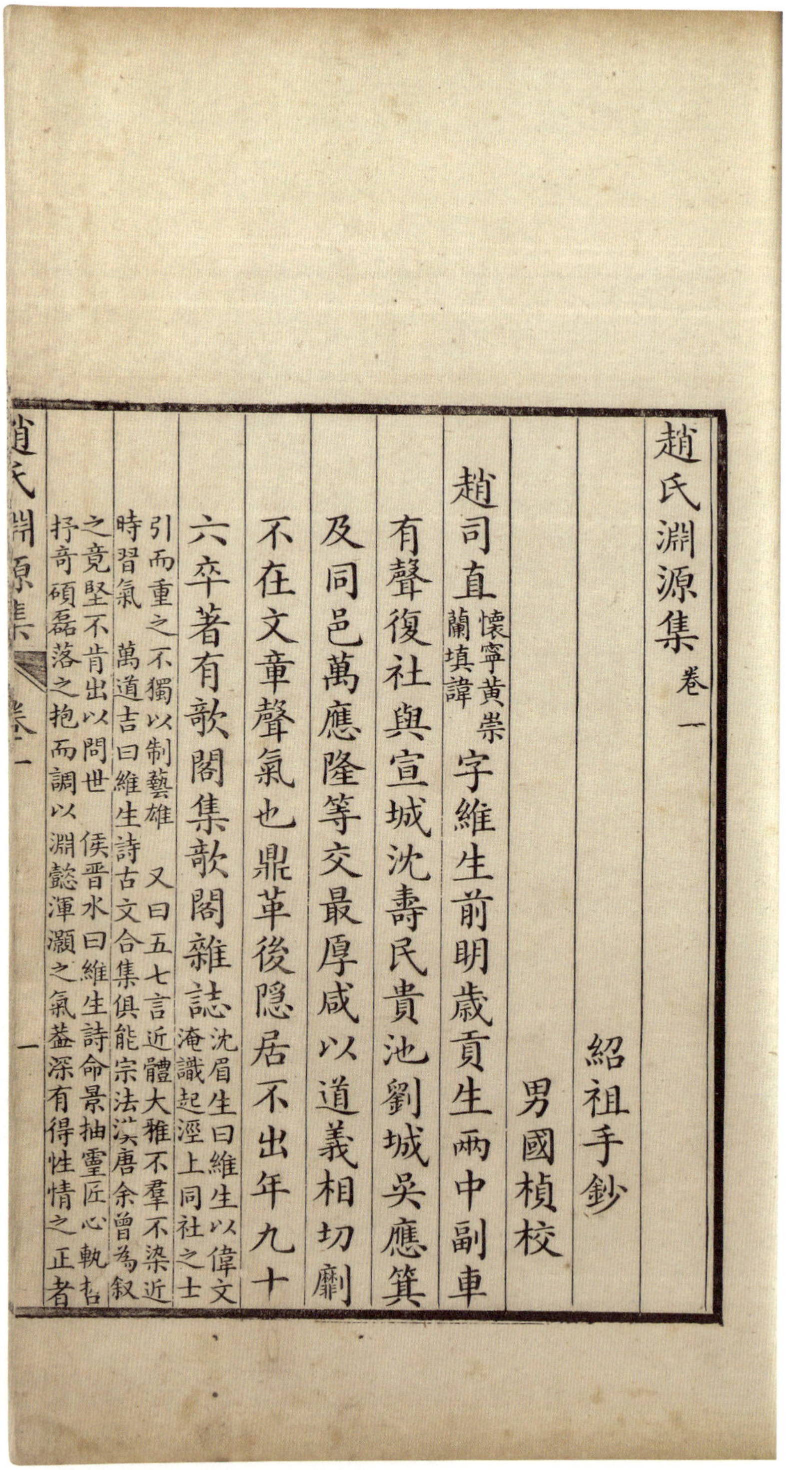
趙氏淵源集卷一
紹祖手鈔
男國楨校
趙司直懷寧黃崇蘭塡諱字維生前明歲貢生兩中副車
有聲復社與宣城沈壽民貴池劉城吳應箕
及同邑萬應隆等交最厚咸以道義相切劘
不在文章聲氣也鼎革後隱居不出年九十
六卒著有款閣集款閣雜誌沈眉生曰維生以偉文淹識起涇上同社之士引而重之不獨以制藝雄　又曰五七言近體大雅不羣不染近時習氣　萬道吉曰維生詩古文合集俱能宗法漢唐余曾為敘之竟堅不肯出以問世　侯晋水曰維生詩命景抽靈匠心軌古抒奇碩磊落之抱而調以淵懿渾灝之氣蓋深有得性情之正者
趙氏淵源集　卷一　一

趙氏淵源集十卷　（清）趙紹祖輯　（清）趙國楨校　清嘉慶趙氏古墨齋刻本

框高 17 厘米，廣 13.4 厘米。半葉十行，行十九字，小字雙行二十八字，白口，左右雙邊。6 册。

shan752

【詩文評類】

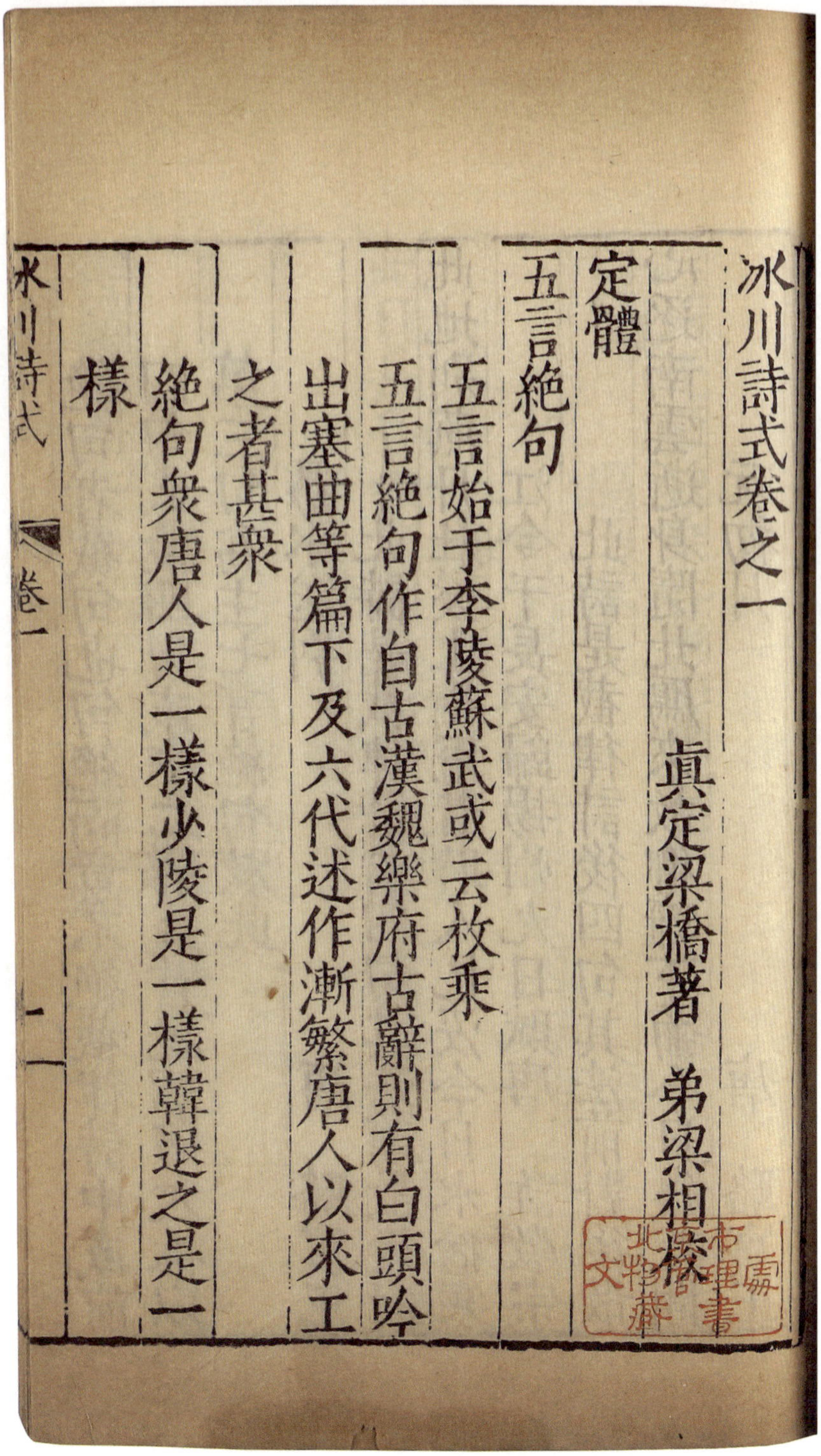
冰川詩式卷之一
眞定梁橋著　弟梁相校
定體
五言絶句
五言始于李陵蘇武或云枚乘
五言絶句作自古漢魏樂府古辭則有白頭吟
出塞曲等篇下及六代述作漸繁唐人以來工
之者甚衆
絶句衆唐人是一樣少陵是一樣韓退之是一
樣
冰川詩式　卷一

冰川詩式十卷附詩原一卷　（明）梁橋著　明萬曆刻本

框高 19 厘米，廣 13.6 厘米。半葉十行，行二十字，白口，左右雙邊。4 册。

二級 164shan31

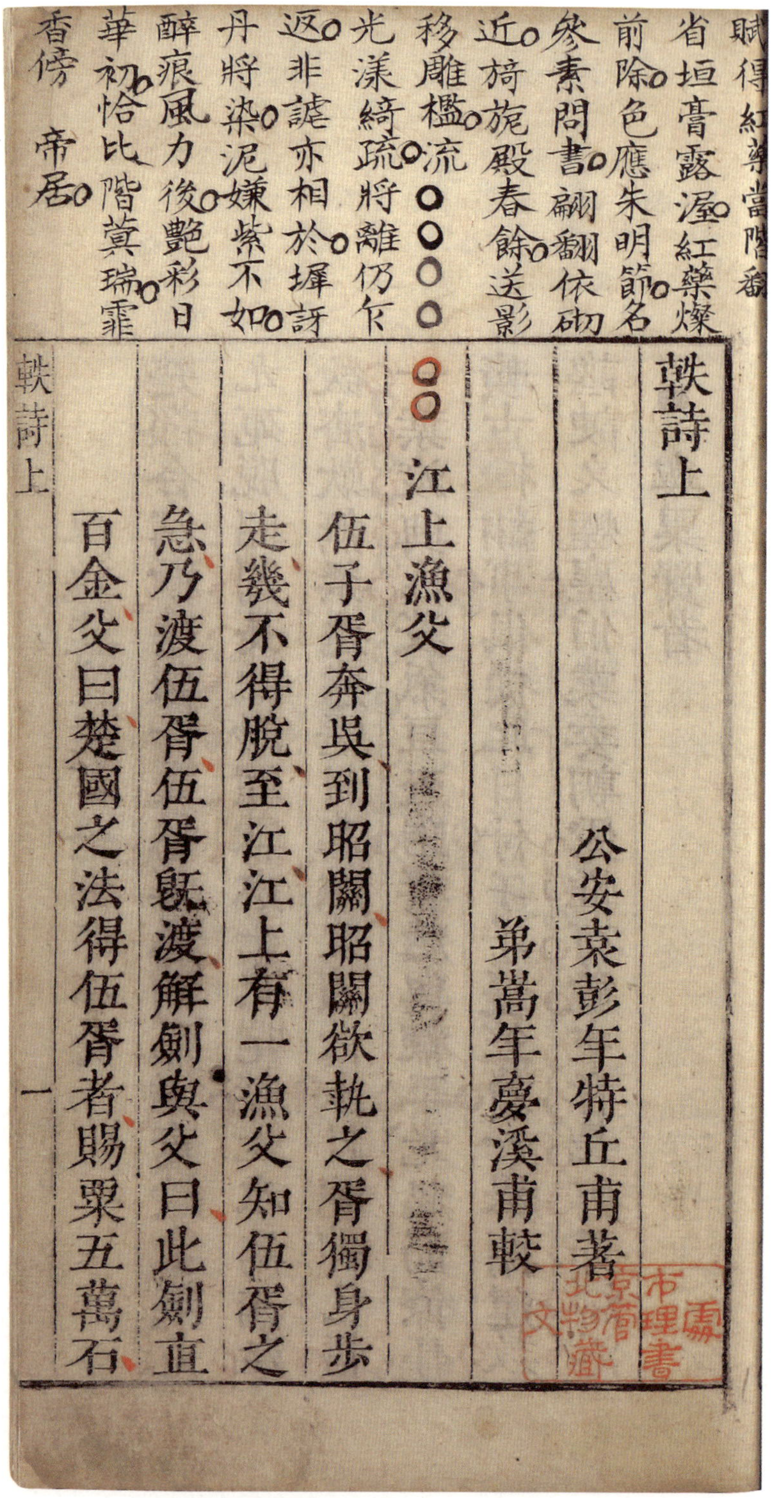
賦得紅藥當階翻
省垣膏露溼紅藥燦
前除色應朱明節名
參素問書翻翻依砌
近椅旋殿春餘送影
移雕檻流○○○○
光漾綺疏將離仍乍
返非謔亦相於墀訝
丹將染泥嫌紫不如
醉痕風力後艷彩日
華初恰比階蓂瑞靄
香傍 帝居

軼詩上
公安袁彭年特丘甫著
弟萬年慶溪甫較
江上漁父
伍子胥奔吳到昭關昭關欲執之胥獨身步
走幾不得脫至江江上有一漁父知伍胥之
急乃渡伍胥伍胥既渡解劍與父曰此劍直
百金父曰楚國之法得伍胥者賜粟五萬石
軼詩上 一

軼詩二卷 （清）袁彭年著 明刻本

框高 18.9 厘米，廣 12.4 厘米。半葉八行，行二十字，白口，四周單邊。1 册。

二級 192shan76

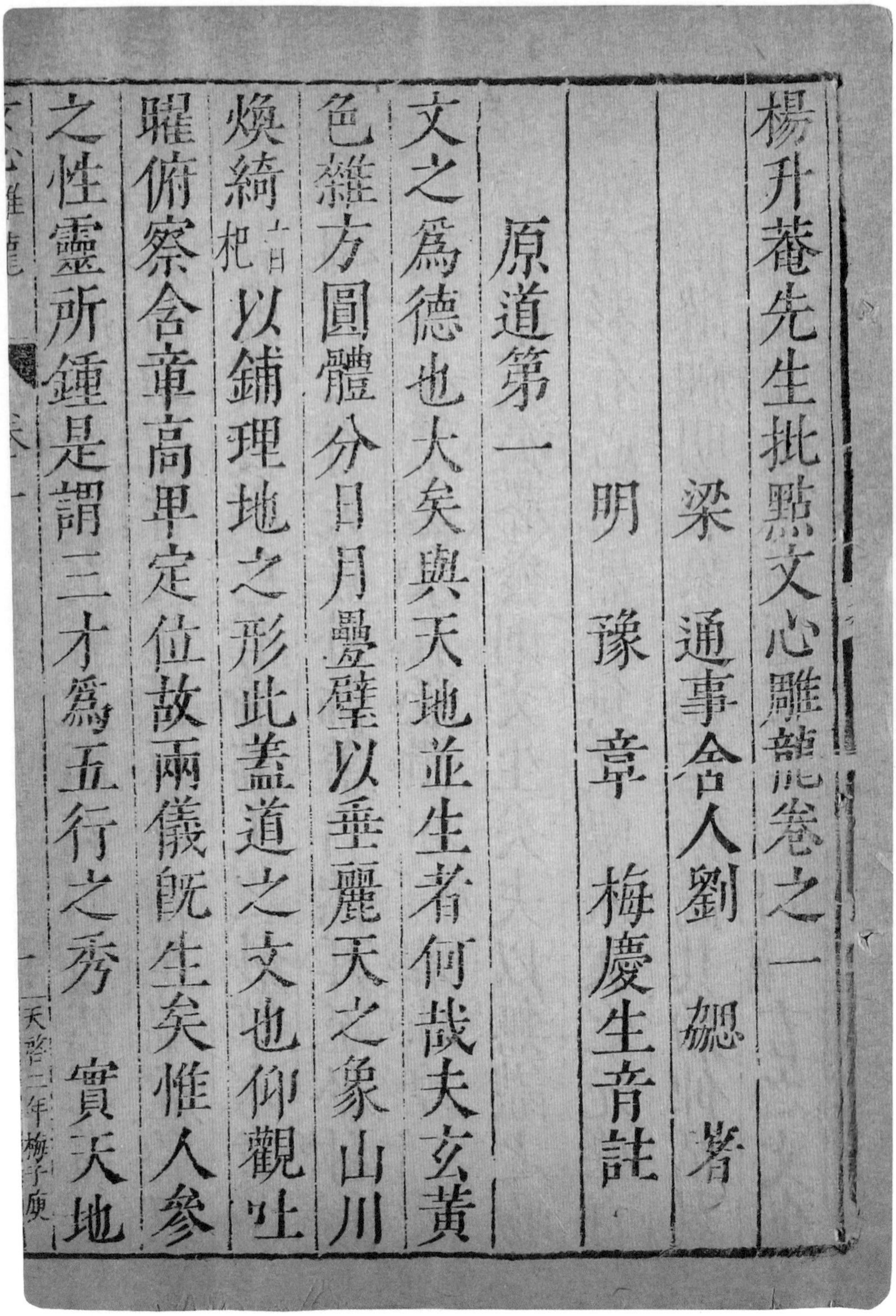

楊升菴先生批點文心雕龍卷之一

梁　通事舍人劉　勰　著

明　豫　章　梅慶生音註

原道第一

文之爲德也大矣與天地並生者何哉夫玄黃色雜方圓體分日月疊壁以垂麗天之象山川煥綺（音杞）以鋪理地之形此蓋道之文也仰觀吐曜俯察含章高卑定位故兩儀旣生矣惟人參之性靈所鍾是謂三才爲五行之秀　實天地

文心雕龍　卷一　一　天啓二年梅子庾

楊升菴先生批點文心雕龍十卷　（南朝梁）劉勰著　（明）楊慎批點　（明）梅慶生音註　明萬曆三十七年（1609）梅慶生刻天啓二年（1622）梅慶生改補清金陵聚錦堂重印本

框高 20.8 厘米，廣 14.9 厘米。半葉九行，行十八字，白口，左右雙邊。4 册。

三級 95shan73

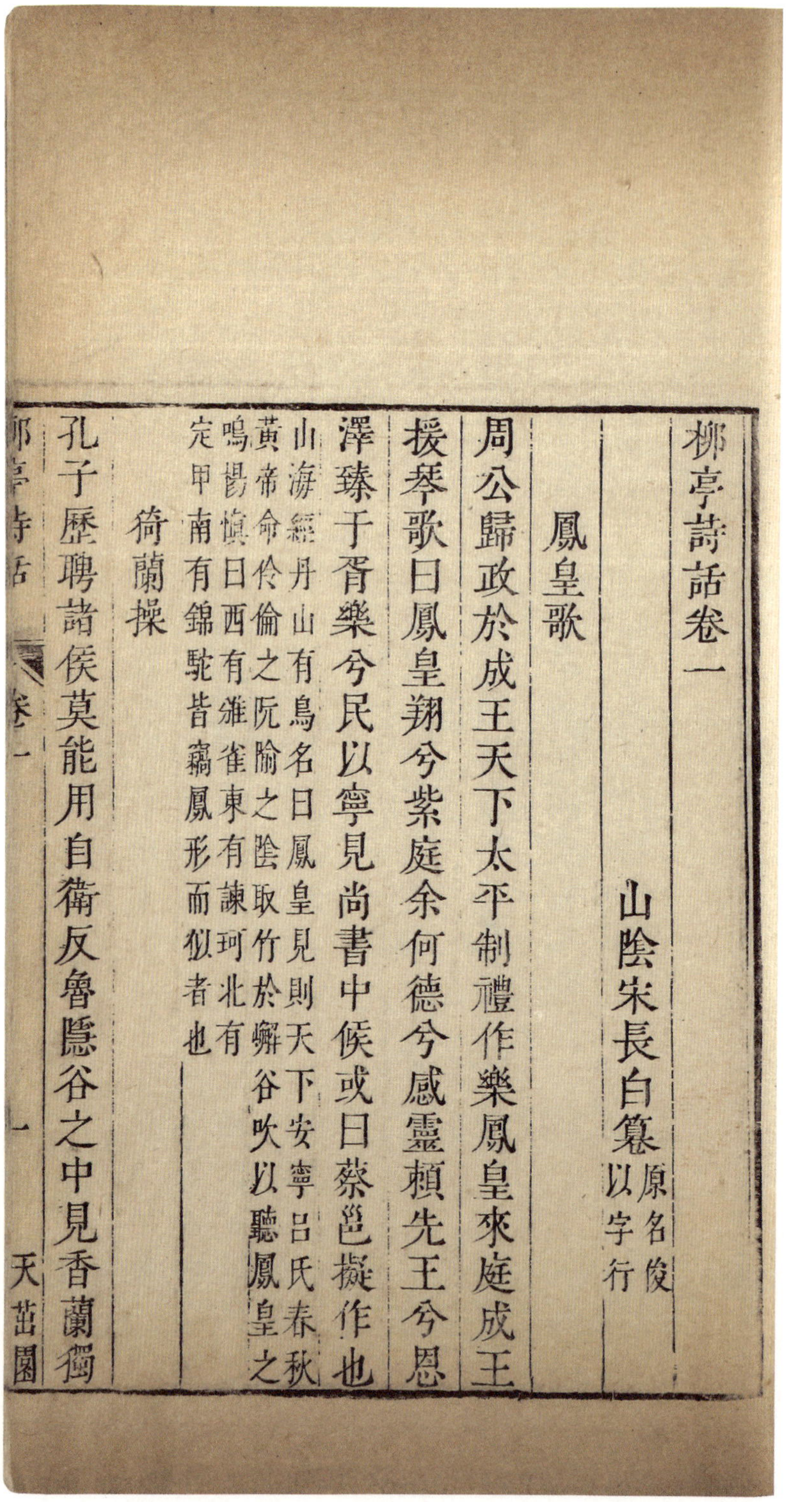
柳亭詩話卷一
山陰宋長白纂 原名俊以字行
鳳皇歌
周公歸政於成王天下太平制禮作樂鳳皇來庭成王
援琴歌曰鳳皇翔兮紫庭余何德兮感靈頼先王兮恩
澤臻于胥樂兮民以寧見尚書中侯或曰蔡邕擬作也
山海經丹山有鳥名曰鳳皇見則天下安寧呂氏春秋
黄帝命伶倫之阮隃之陰取竹於嶰谷吹以聽鳳皇之
鳴惕慎日西有雉雀東有諫珂北有
定甲南有錦駝皆竊鳳形而似者也
猗蘭操
孔子歷聘諸侯莫能用自衛反魯隱谷之中見香蘭獨
柳亭詩話　卷一　一　天茁園

柳亭詩話三十卷　（清）宋長白纂　清康熙天茁園刻本

框高 18.7 厘米，廣 13.9 厘米。半葉十行，行二十一字，小字雙行同，白口，左右雙邊。16 册。

三級 160shan699

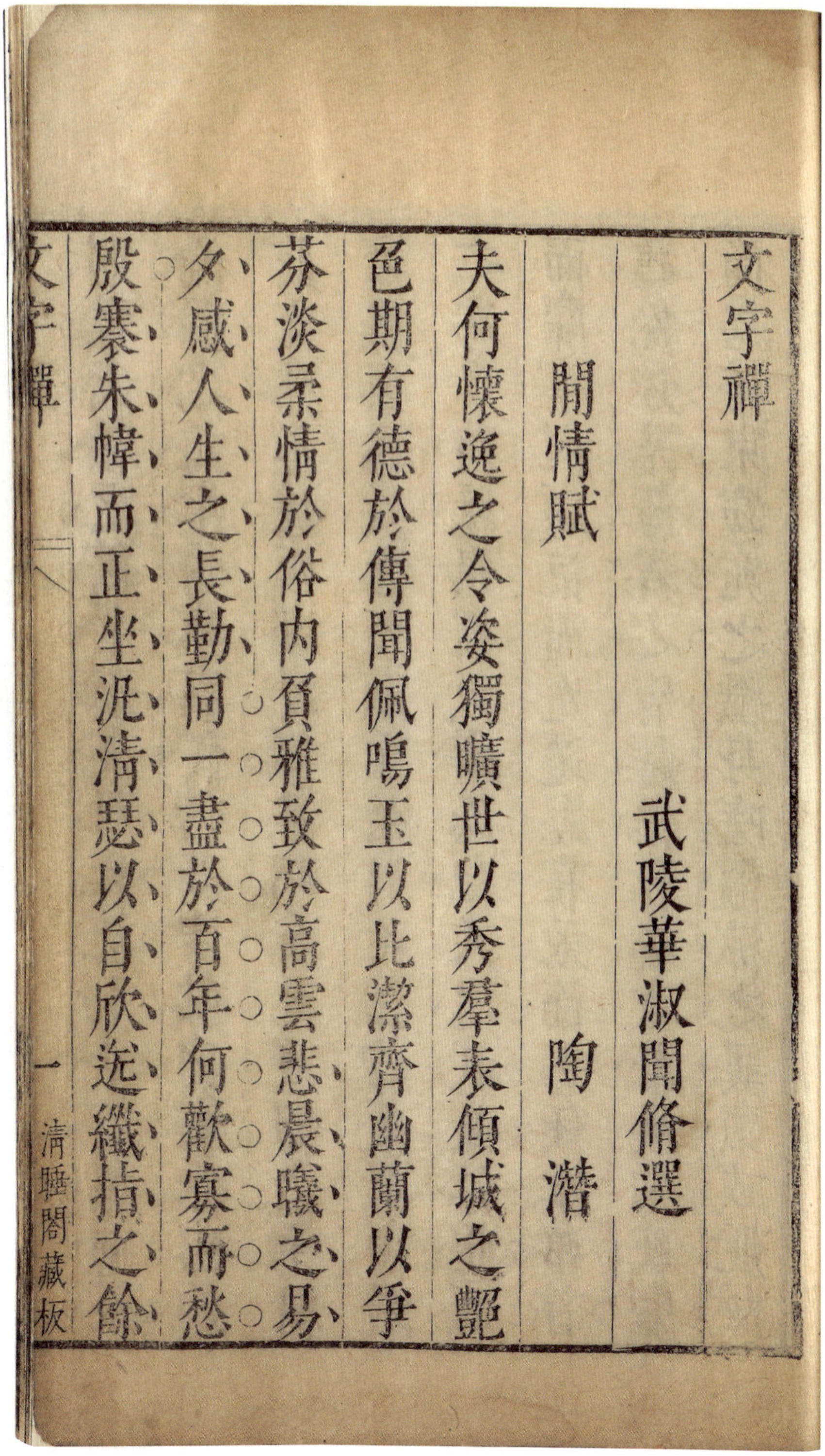
文字禪

武陵華淑聞脩選

閒情賦　陶　潛

夫何懷逸之令姿獨曠世以秀羣表傾城之豔
色期有德於傳聞佩鳴玉以比潔齊幽蘭以爭
芬淡柔情於俗內負雅致於高雲悲晨曦之易
夕感人生之長勤同一盡於百年何歡寡而愁
殷褰朱幃而正坐汎清瑟以自欣送纖指之餘

文字禪　一　清暉閣藏板

談塵二卷文字禪一卷　（明）華淑選　明刻快書六種本

框高 20.7 厘米，廣 14.4 厘米。半葉八行，行十八字，白口，四周單邊。1 册。

三級 168shan740

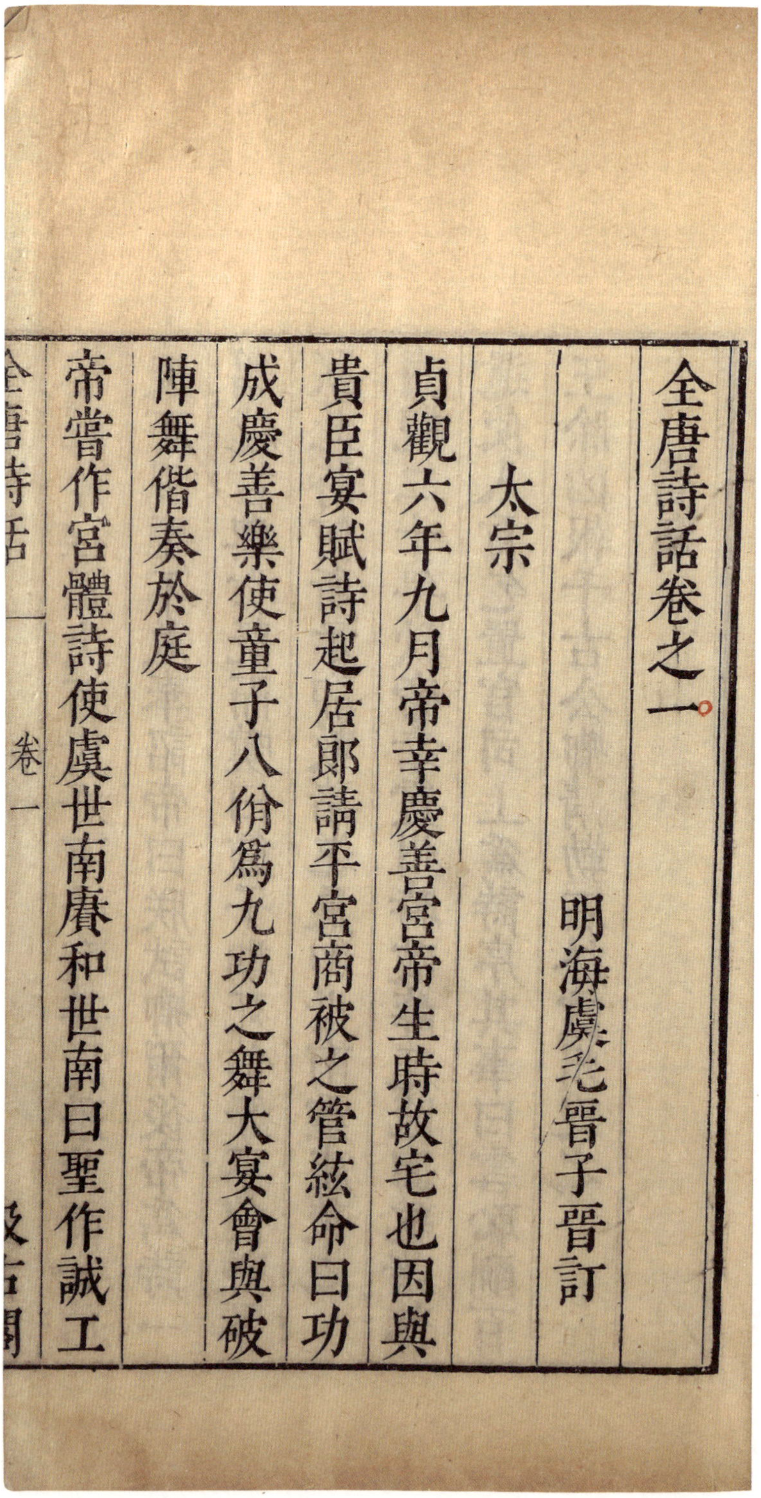

全唐詩話卷之一

明海虞毛晉子晉訂

太宗

貞觀六年九月帝幸慶善宮帝生時故宅也因與
貴臣宴賦詩起居郎請平宮商被之管絃命曰功
成慶善樂使童子八佾爲九功之舞大宴會與破
陣舞偕奏於庭
帝嘗作宮體詩使虞世南賡和世南曰聖作誠工

全唐詩話 卷一 汲古閣

全唐詩話六卷 （宋）尤袤撰 （明）毛晉訂 明崇禎毛氏汲古閣刻津逮秘書本

框高 18.9 厘米，廣 13.5 厘米。半葉八行，行十九字，白口，左右雙邊。3 册。鈐“古吴武陵叔子湘舟氏珍藏”朱文印。

shan5

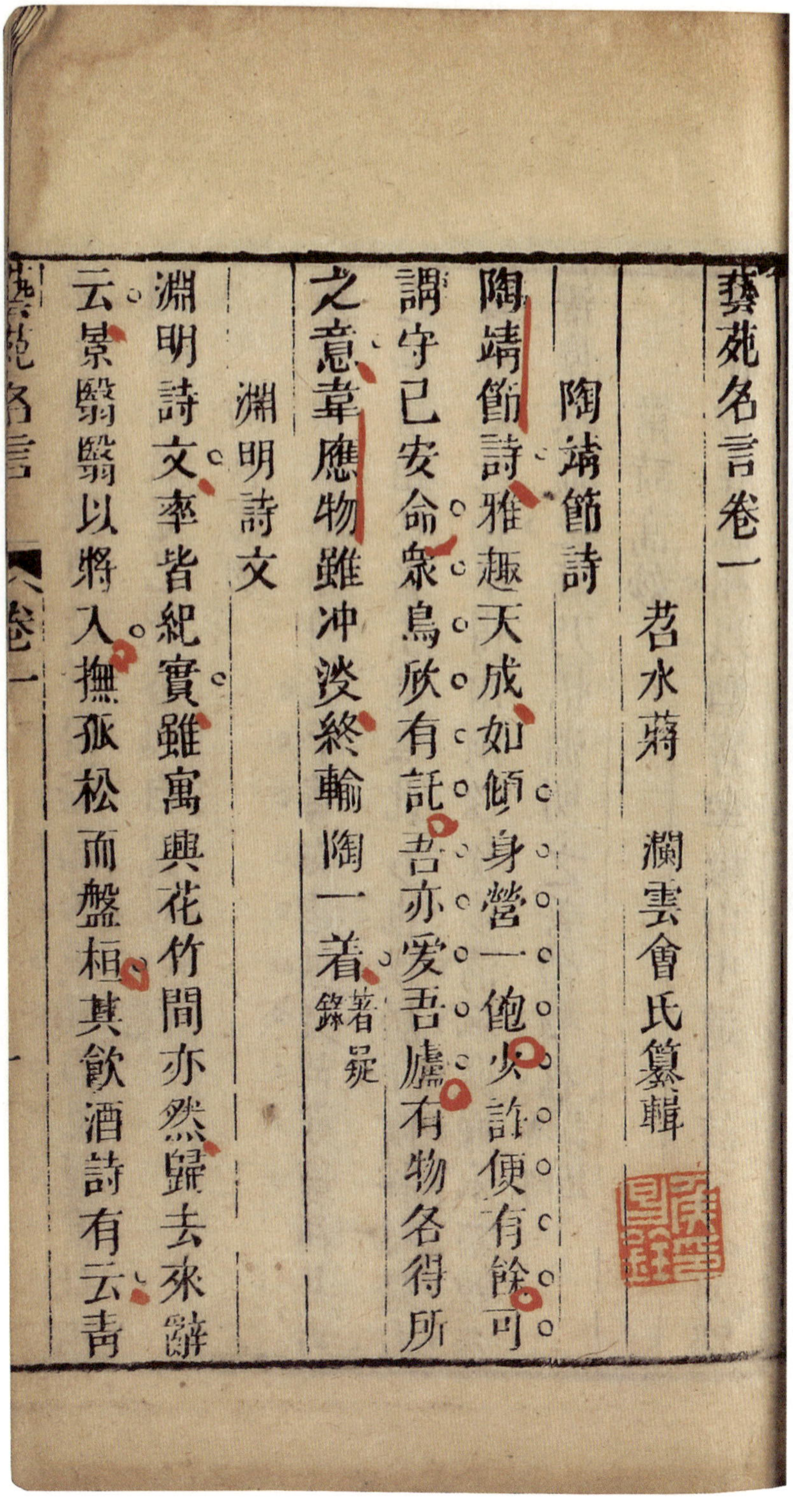

藝苑名言卷一
茗水蔣　瀾雲會氏纂輯
陶靖節詩
陶靖節詩雅趣天成如傾身營一飽少許便有餘可
謂守己安命衆鳥欣有託吾亦愛吾廬有物各得所
之意韋應物雖冲淡終輸陶一着著疑錄
淵明詩文
淵明詩文率皆紀實雖寓興花竹間亦然歸去來辭
云景翳翳以將入撫孤松而盤桓其飲酒詩有云靑
藝苑名言　卷一　一

藝苑名言八卷　（清）蔣瀾纂輯　清乾隆四十一年（1776）蔣氏懷谷軒刻本

框高 13.5 厘米，廣 10.3 厘米。半葉九行，行二十字，小字雙行同，白口，左右雙邊。4 册。鈐“侯昌銓印”白文印。

shan187

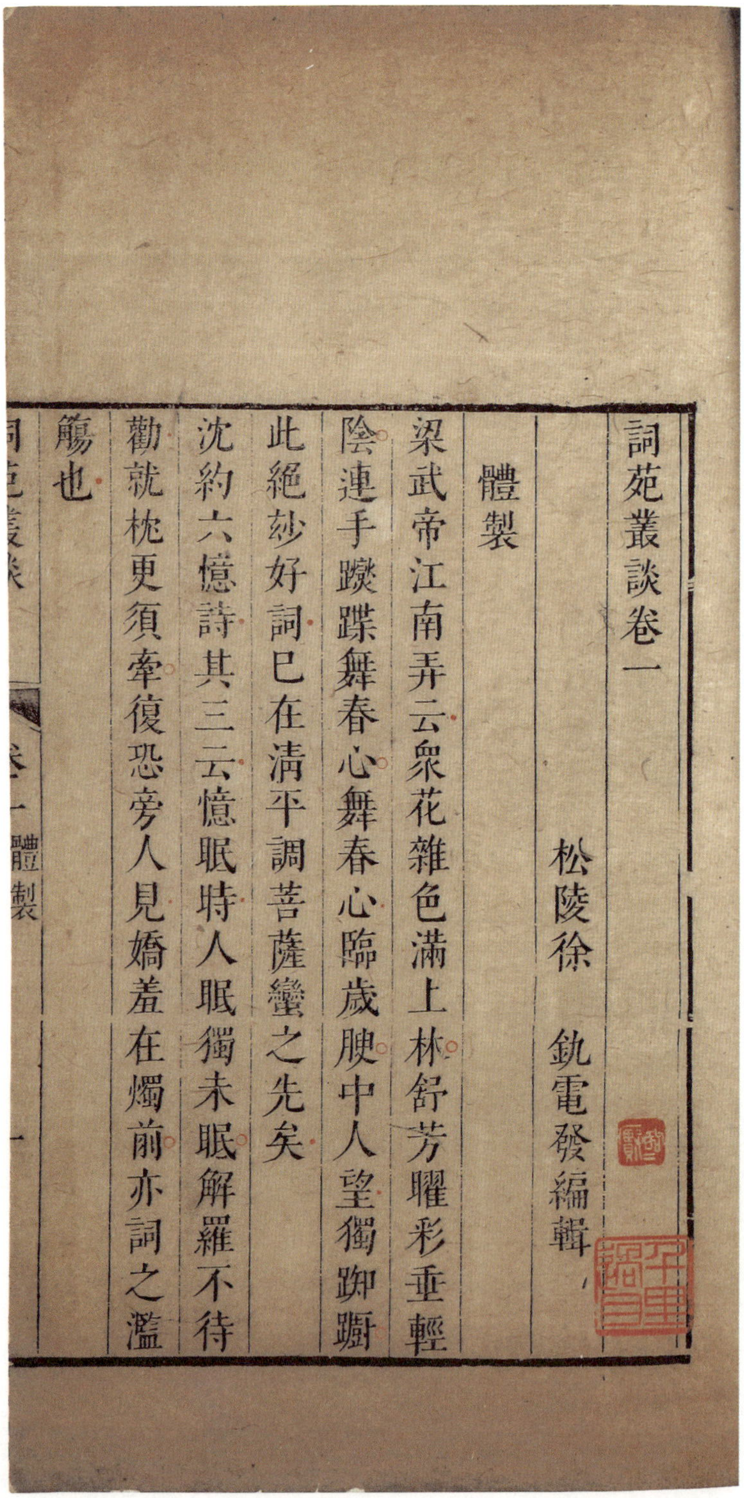
詞苑叢談卷一
松陵徐　釚電發編輯
體製
梁武帝江南弄云衆花雜色滿上林舒芳耀彩垂輕
陰連手躞蹀舞春心舞春心臨歲腴中人望獨踟躕
此絕妙好詞已在清平調菩薩蠻之先矣
沈約六憶詩其三云憶眠時人眠獨未眠解羅不待
勸就枕更須牽復恐旁人見嬌羞在燭前亦詞之濫
觴也

詞苑叢談　卷一　體製　一

詞苑叢談十二卷　（清）徐釚編輯　清康熙二十七年（1688）丁氏刻本

框高 17 厘米，廣 12.3 厘米。半葉九行，行二十字，白口，左右雙邊。8 册。鈐“千里過目”朱文印等。

shan217

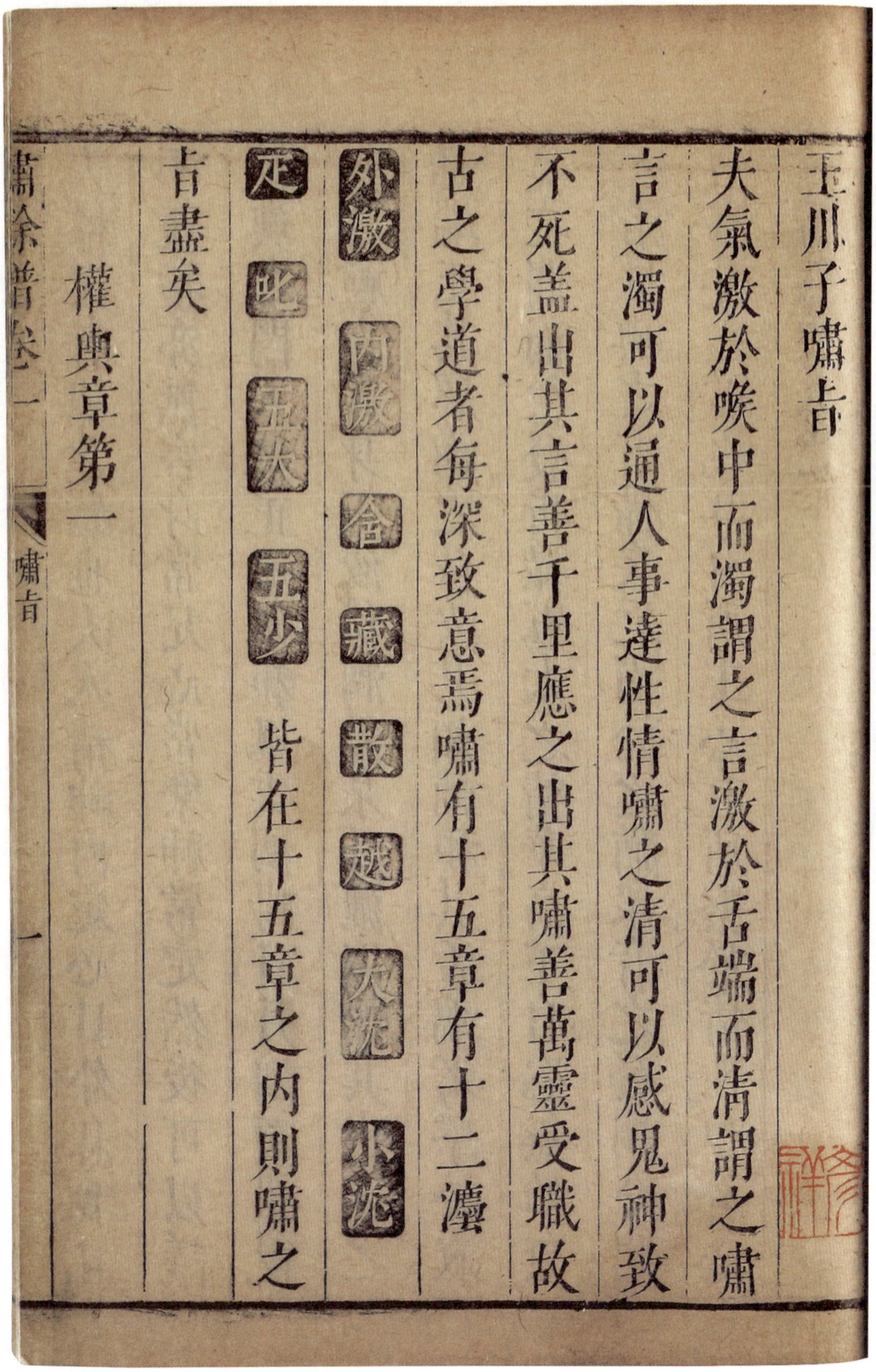
玉川子嘯旨
夫氣激於喉中而濁謂之言激於舌端而清謂之嘯言之濁可以通人事達性情嘯之清可以感鬼神致不死蓋出其言善千里應之出其嘯善萬靈受職故古之學道者每深致意焉嘯有十五章有十二灋
外激　內激　含　藏　散　越　大沈　小沈
疋　叱　五太　五少　皆在十五章之內則嘯之旨盡矣
權輿章第一
嘯餘譜卷之一　嘯旨　一

嘯餘譜十一卷　（明）程明善輯　清康熙張漢瑞凝堂刻本

框高 20.7 厘米，廣 15 厘米。半葉九行，行二十字，白口，四周單邊。12 册。鈐“彦祥”朱文印。

shan236

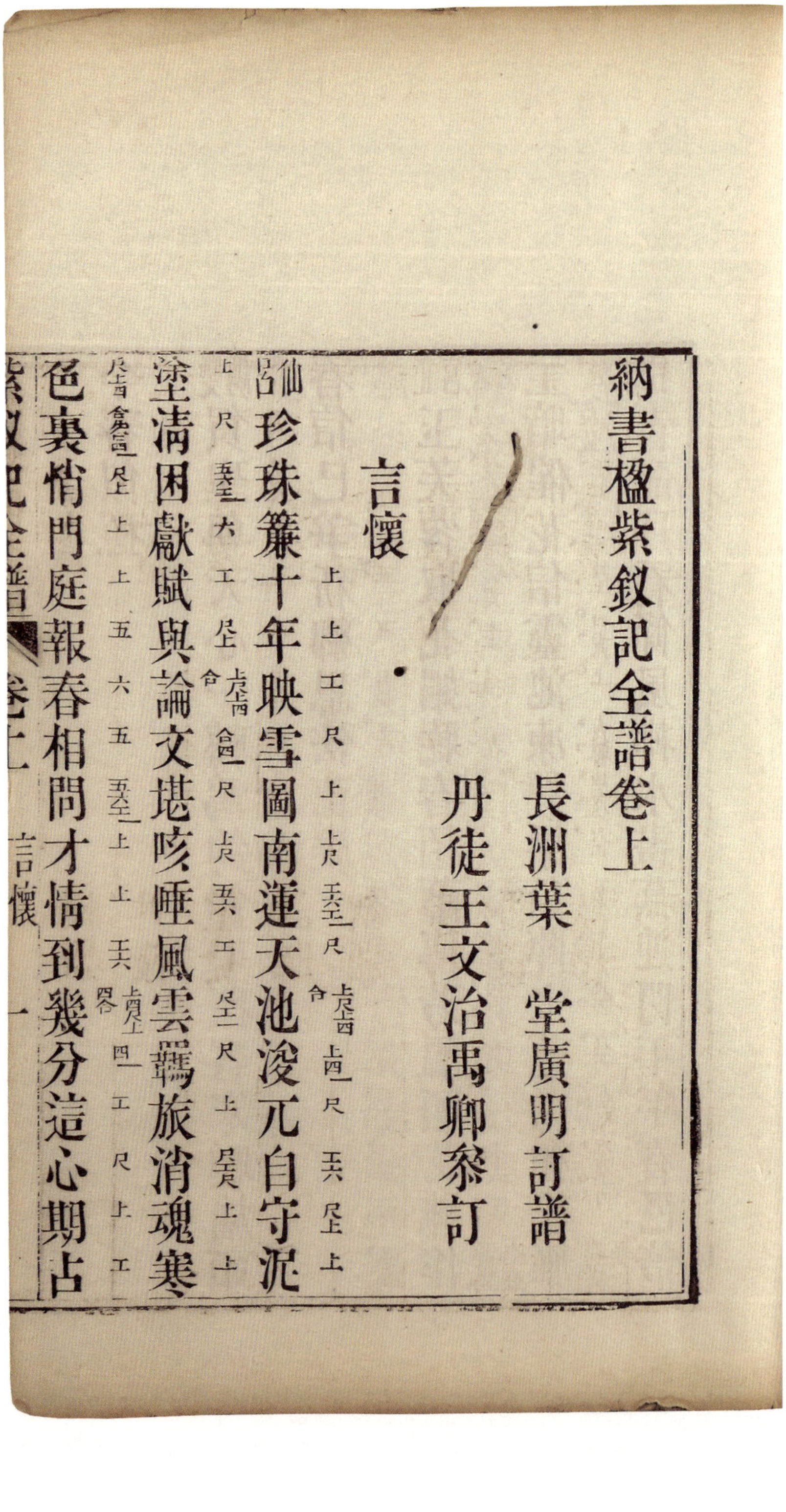
納書楹紫釵記全譜卷上
長洲葉　堂廣明訂譜
丹徒王文治禹卿叅訂
言懷
仙呂珍珠簾十年映雪圖南運天池浚几自守泥
塗清困獻賦與論文堪咳唾風雲羈旅消魂寒
色裏悄門庭報春相問才情到幾分這心期占
紫釵記全譜　卷上　言懷　一

納書楹紫釵記全譜二卷　（清）葉堂訂譜　（清）王文治參訂　清乾隆五十七年（1792）納書楹刻本

框高 19 厘米，廣 13.8 厘米。半葉六行，行十八字，白口，四周雙邊，無格。2 册。

shan355

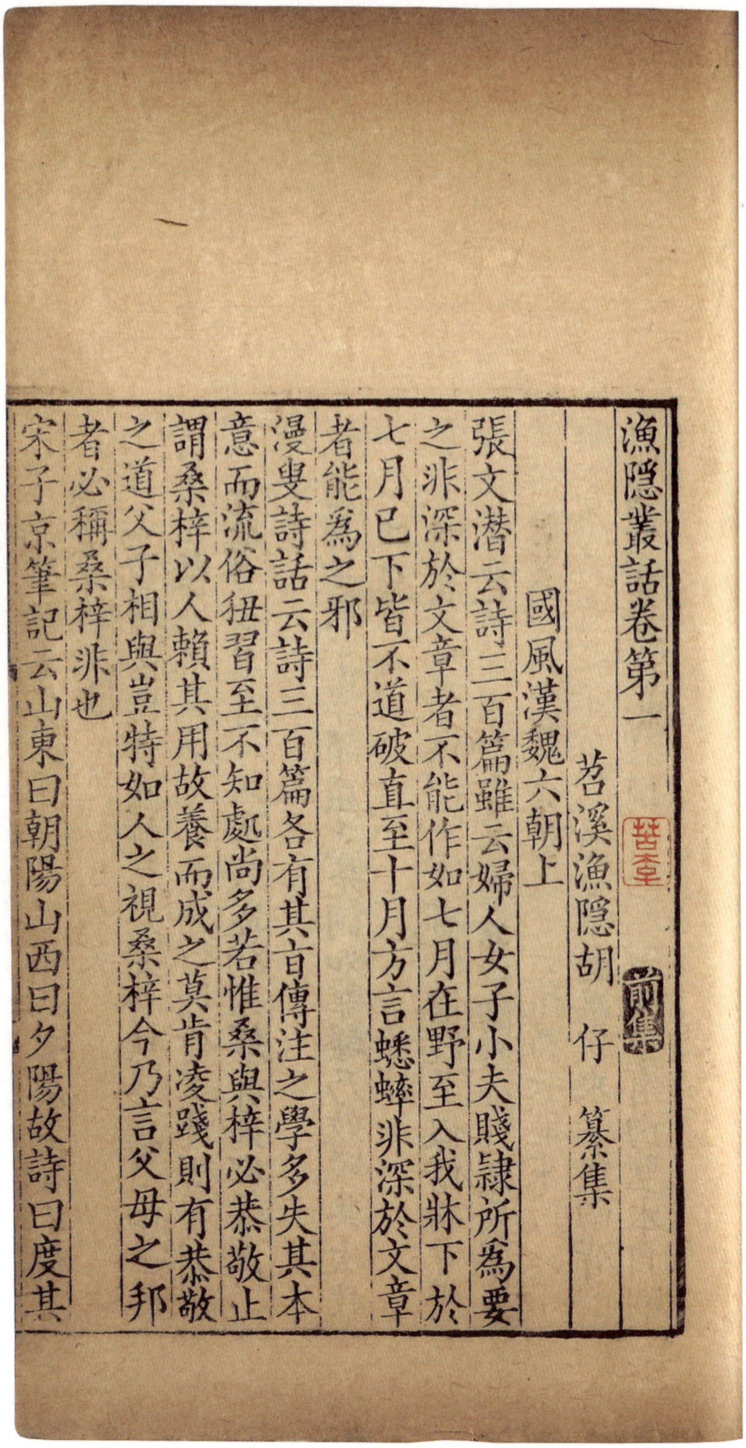
漁隱叢話卷第一
苕溪漁隱胡　仔　纂集
國風漢魏六朝上
張文潛云詩三百篇雖云婦人女子小夫賤隸所爲要之非深於文章者不能作如七月在野至入我牀下於七月已下皆不道破直至十月方言蟋蟀非深於文章者能爲之邪
漫叟詩話云詩三百篇各有其旨傳注之學多失其本意而流俗狃習至不知處尚多若惟桑與梓必恭敬止謂桑梓以人賴其用故養而成之莫肯淩踐則有恭敬之道父子相與豈特如人之視桑梓今乃言父母之邦者必稱桑梓非也
宋子京筆記云山東曰朝陽山西曰夕陽故詩曰度其

漁隱叢話前集六十卷後集四十卷　（宋）胡仔纂集　清乾隆五至六年（1740—1741）楊佑啓耘經樓刻本

框高18.4厘米，廣13.2厘米。半葉十三行，行二十一至二十三字不等，黑口，左右雙邊。8册。鈐"苦李"朱文印。存二十三卷（一至二十三）。

shan376

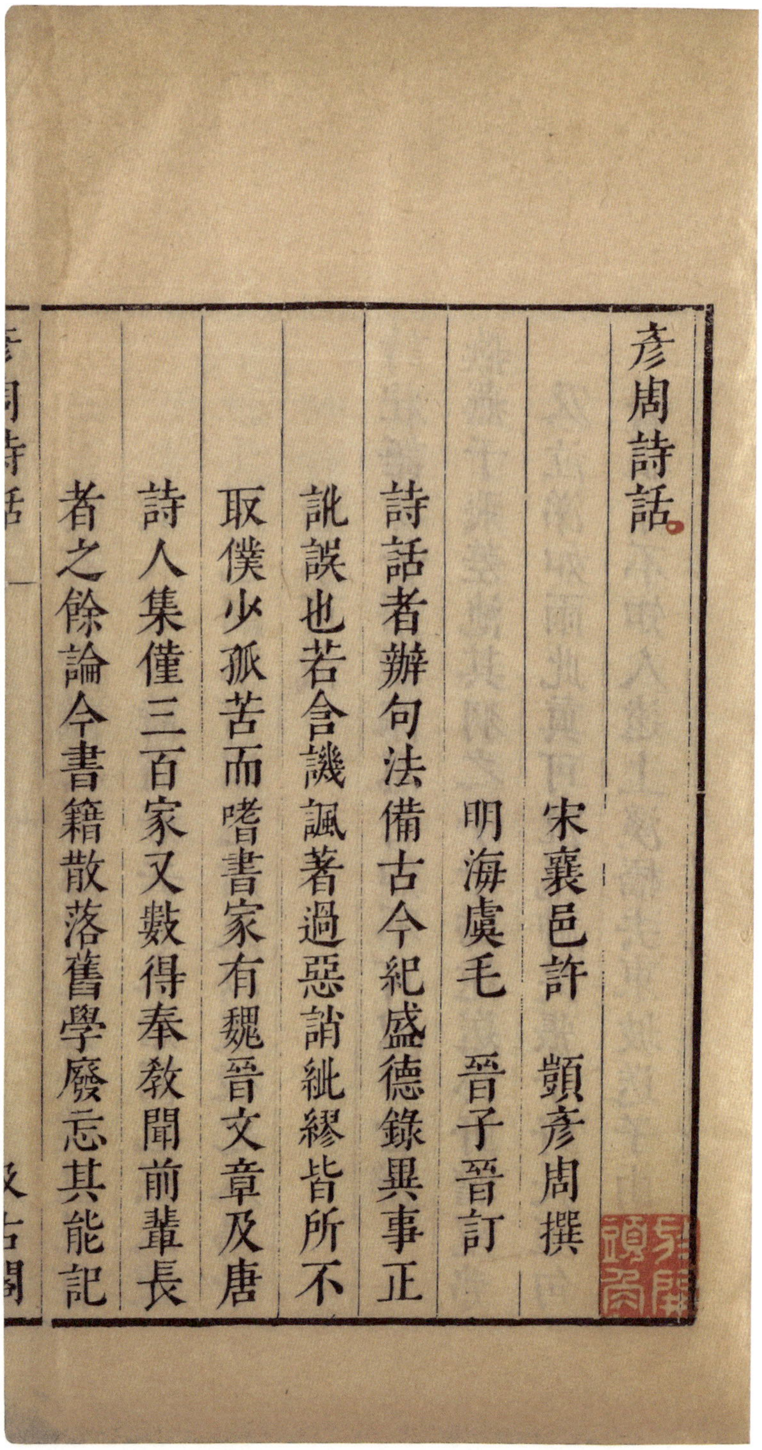
彥周詩話

宋襄邑許　顗彥周撰

明海虞毛　晉子晉訂

詩話者辨句法備古今紀盛德錄異事正訛誤也若含譏諷著過惡誚紕繆皆所不取僕少孤苦而嗜書家有魏晉文章及唐詩人集僅三百家又數得奉教聞前輩長者之餘論今書籍散落舊學廢忘其能記

彥周詩話　一　汲古閣

彥周詩話一卷　（宋）許顗撰　**二老堂詩話一卷**　（宋）周必大撰　**紫薇詩話一卷**　（宋）吕本中撰　（明）毛晉輯　明毛氏汲古閣刻津逮秘書本

框高19.1厘米，廣13.6厘米。半葉八行，行十九字，白口，左右雙邊。1册。鈐“放開頭角”白文印。

shan413

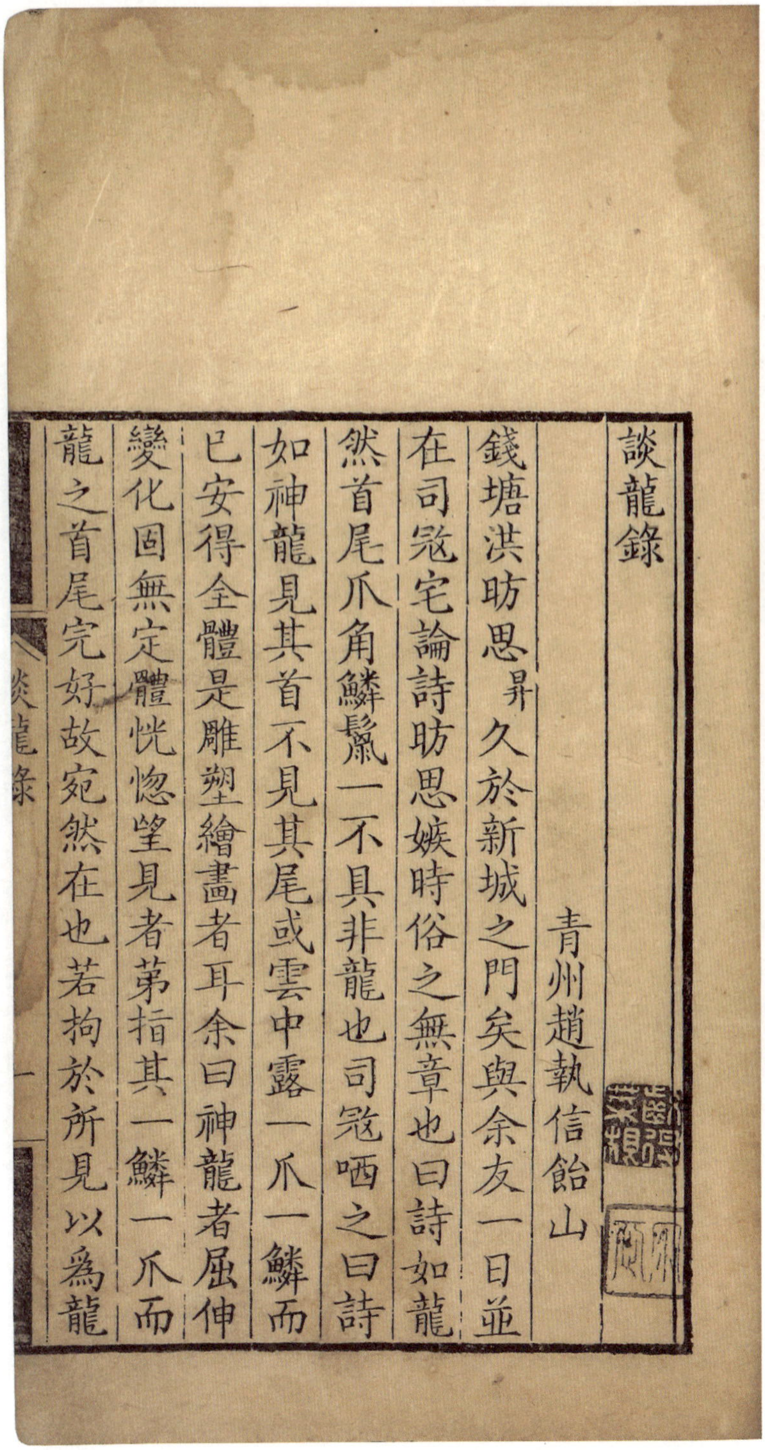

談龍錄

青州趙執信飴山

錢塘洪昉思昇久於新城之門矣與余友一日並在司寇宅論詩昉思嫉時俗之無章也曰詩如龍然首尾爪角鱗鬣一不具非龍也司寇哂之曰詩如神龍見其首不見其尾或雲中露一爪一鱗而已安得全體是雕塑繪畫者耳余曰神龍者屈伸變化固無定體恍惚望見者第指其一鱗一爪而龍之首尾完好故宛然在也若拘於所見以爲龍

談龍錄 一

談龍錄一卷 （清）趙執信撰 清康熙四十八年（1709）刻本

框高 26 厘米，廣 12 厘米。半葉九行，行十九字，黑口，左右雙邊。1 册。

shan423

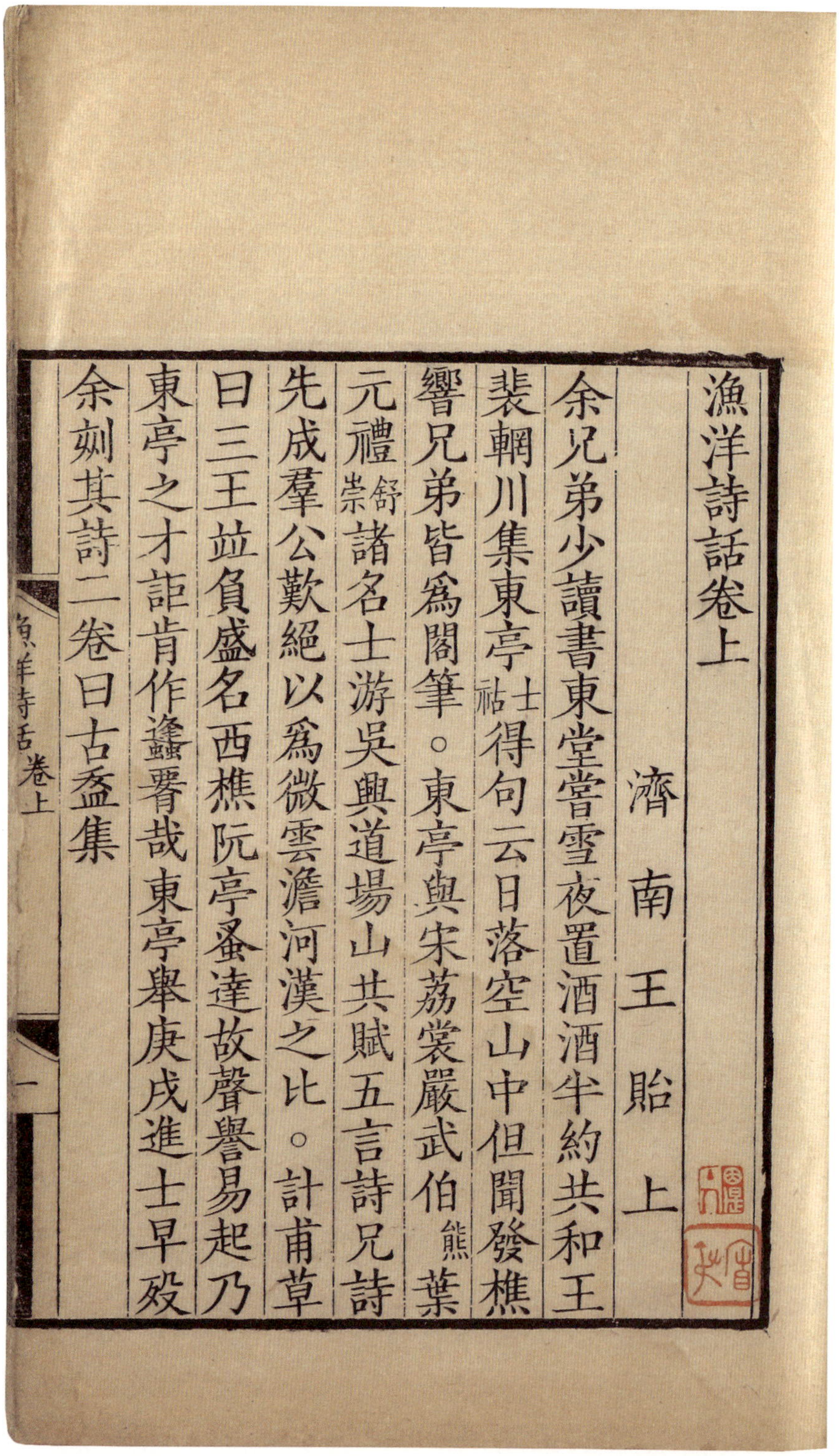

漁洋詩話三卷 （清）王士禎撰 清康熙刻王漁洋遺書本

框高 17.5 厘米，廣 13.9 厘米。半葉十行，行十九字，粗黑口，左右雙邊。3 册。鈐“因是主人”半朱半白印、“盾叔”朱文印。

shan620

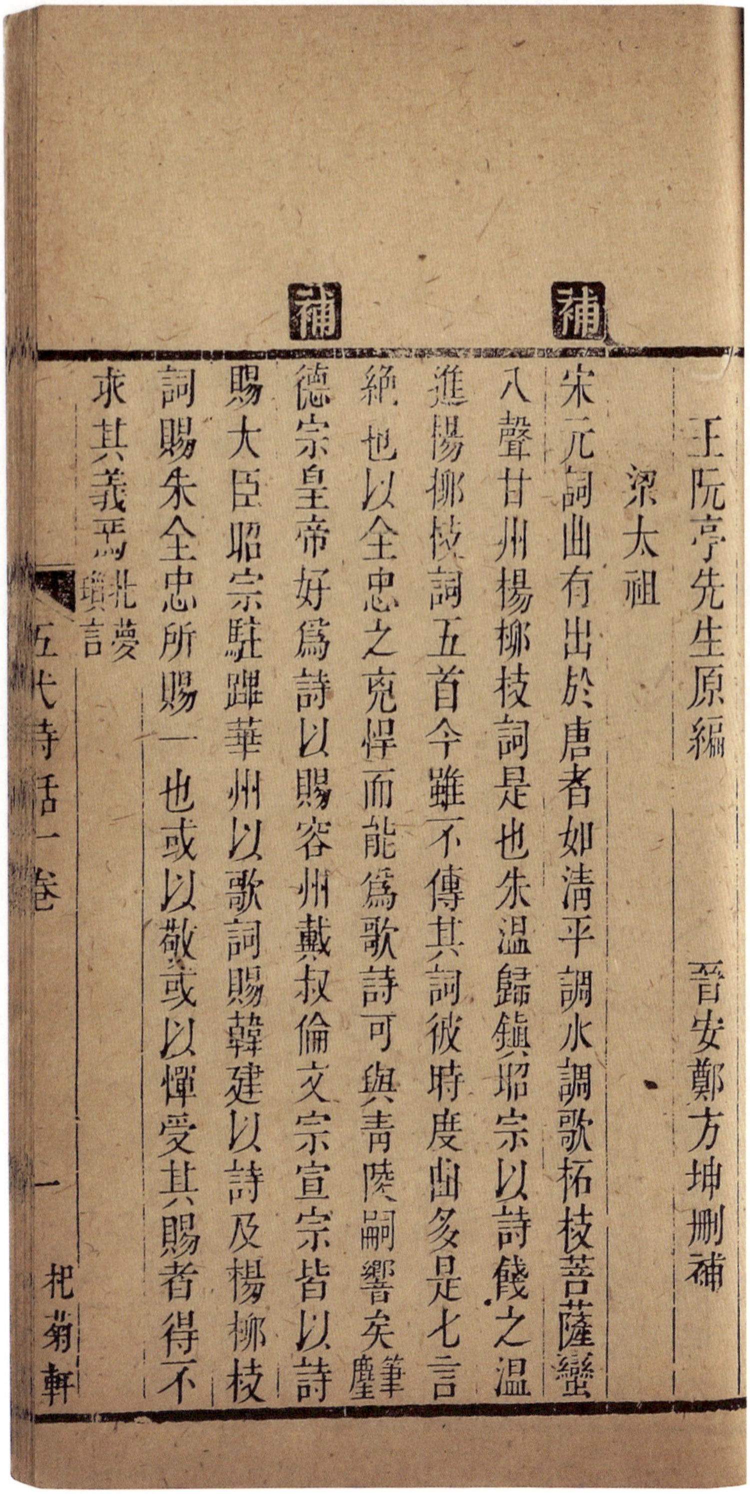

五代詩話十卷　（清）王士禎編　（清）鄭方坤刪補　清乾隆十九年（1754）杞菊軒刻本

框高 18.5 厘米，廣 13.3 厘米。半葉十行，行二十一字，小字雙行同，白口，左右雙邊。6 册。

shan682

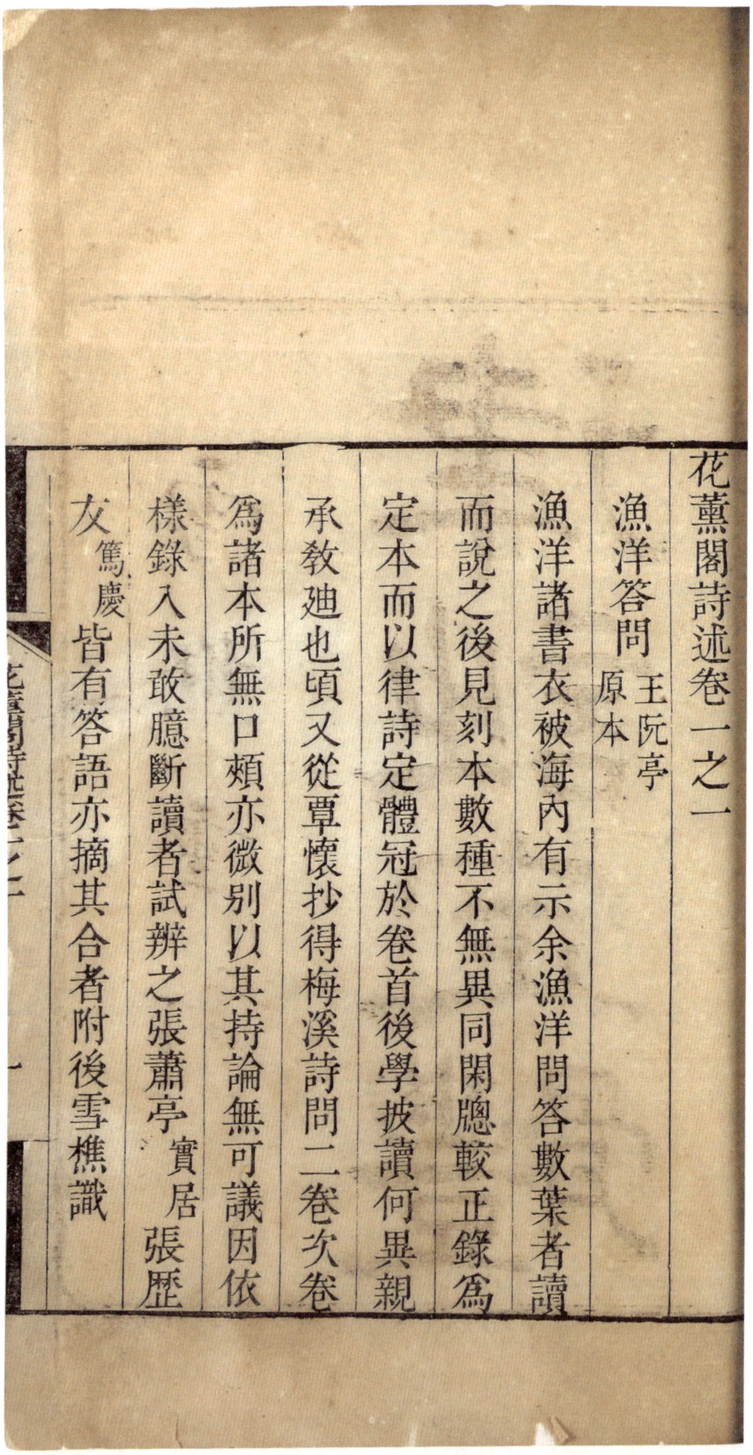
花薰閣詩述卷一之一

漁洋答問 王阮亭原本

漁洋諸書衣被海內有示余漁洋問答數葉者讀而說之後見刻本數種不無異同閑媿較正錄爲定本而以律詩定體冠於卷首後學披讀何異親承教廸也頃又從覃懷抄得梅溪詩問二卷次卷爲諸本所無口頰亦微别以其持論無可議因依樣錄入未敢臆斷讀者試辨之張蕭亭實居張歷友篤慶皆有答語亦摘其合者附後雪樵識

花薰閣詩述十卷　（清）雪北山樵纂　清嘉慶二十二年（1817）刻本

框高 16 厘米，廣 14 厘米。半葉九行，行二十字，小字雙行同，黑口，四周單邊。16 册。

shan724

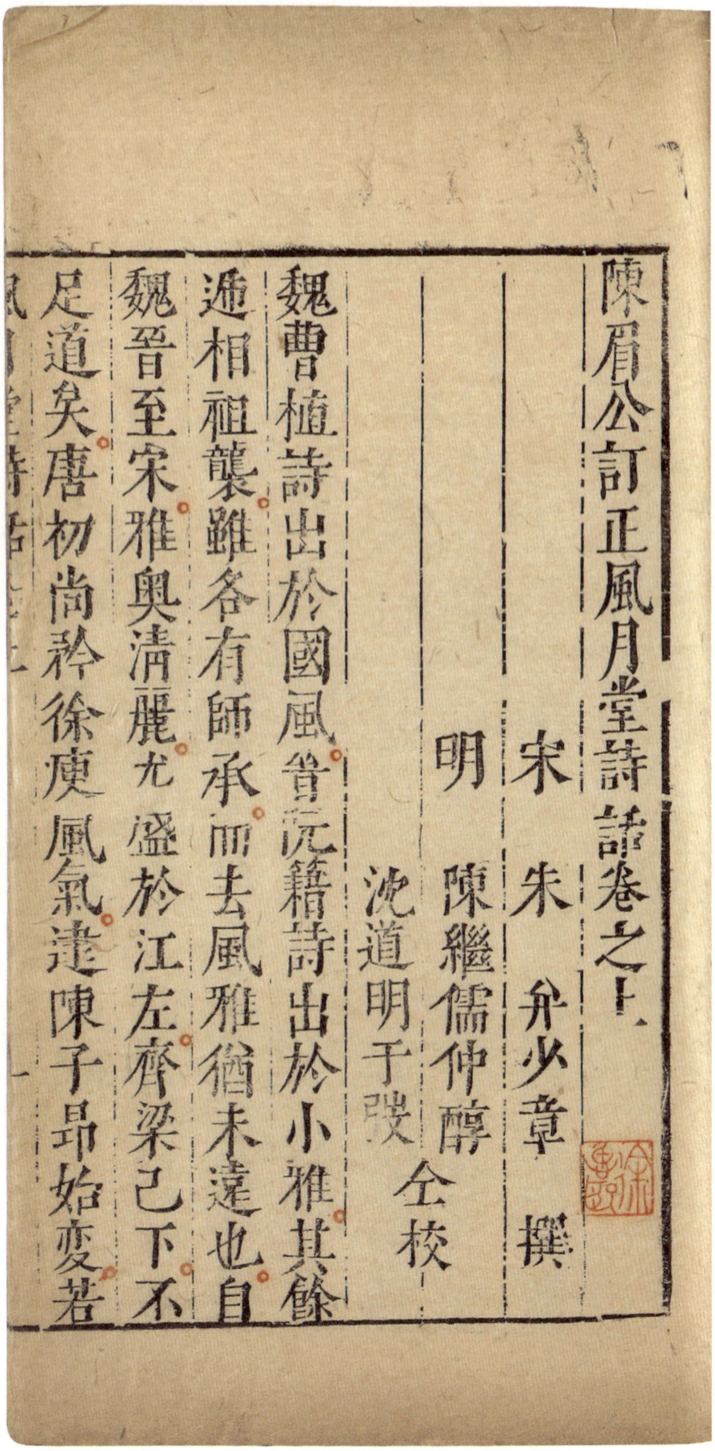
陳眉公訂正風月堂詩話卷之上
宋 朱弁少章 撰
明 陳繼儒仲醇
沈道明于陵 仝校
魏曹植詩出於國風晉阮籍詩出於小雅其餘
遞相祖襲雖各有師承而去風雅猶未遠也自
魏晉至宋雅奧清麗尤盛於江左齊梁已下不
足道矣唐初尚矜徐庾風氣逮陳子昂始變若
風月堂詩話卷上 一

陳眉公訂正風月堂詩話二卷 （宋）朱弁撰 （明）陳繼儒等校 明萬曆綉水沈氏刻寶顔堂秘笈本

框高20.1厘米，廣12.8厘米。半葉八行，行十八字，白口，四周單邊。1册。鈐“徐魯頤”朱文印。

shan757

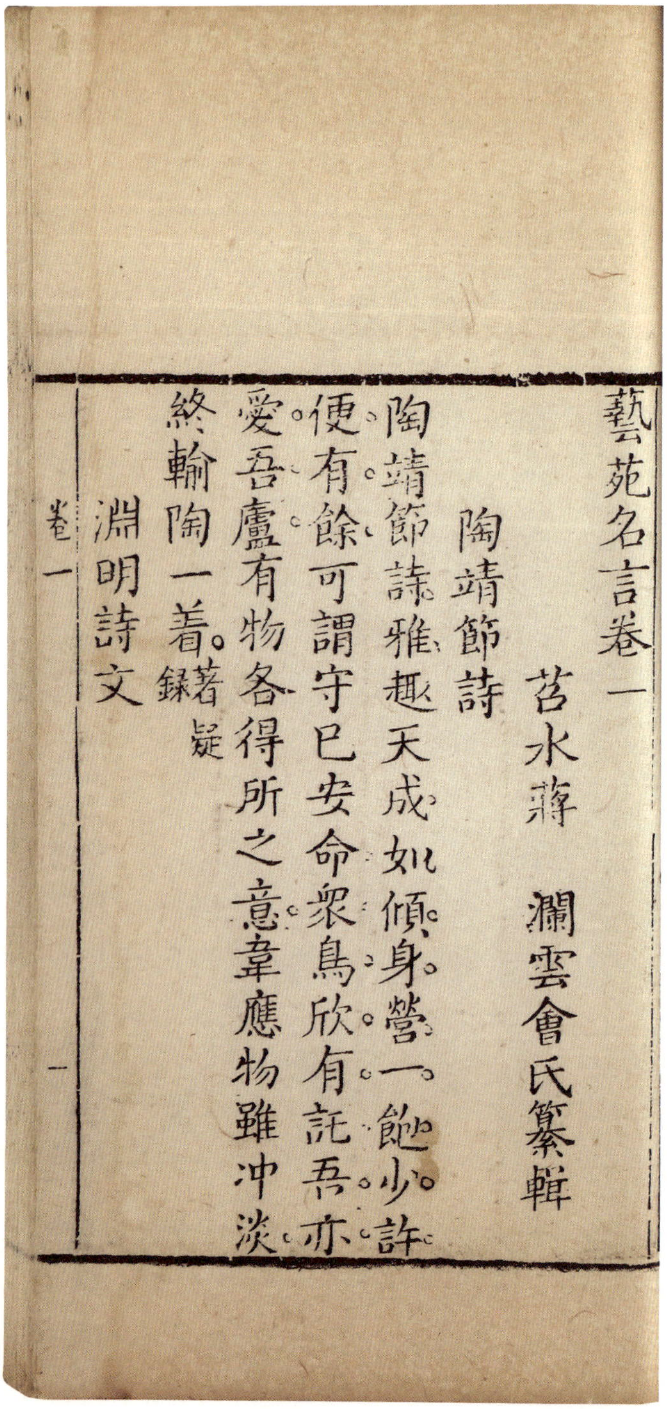
藝苑名言卷一
苕水蔣　瀾雲會氏纂輯
陶靖節詩
陶靖節詩雅趣天成如傾身營一飽少許
便有餘可謂守己安命衆鳥欣有託吾亦
愛吾廬有物各得所之意韋應物雖冲淡
終輸陶一着。著疑録
淵明詩文
卷一　一

藝苑名言八卷首一卷　（清）蔣瀾纂輯　清乾隆刻本

框高 11.4 厘米，廣 8.1 厘米。半葉八行，行十六字，小字雙行同，白口，左右雙邊，無格。8 册。

shan770

【詞類】

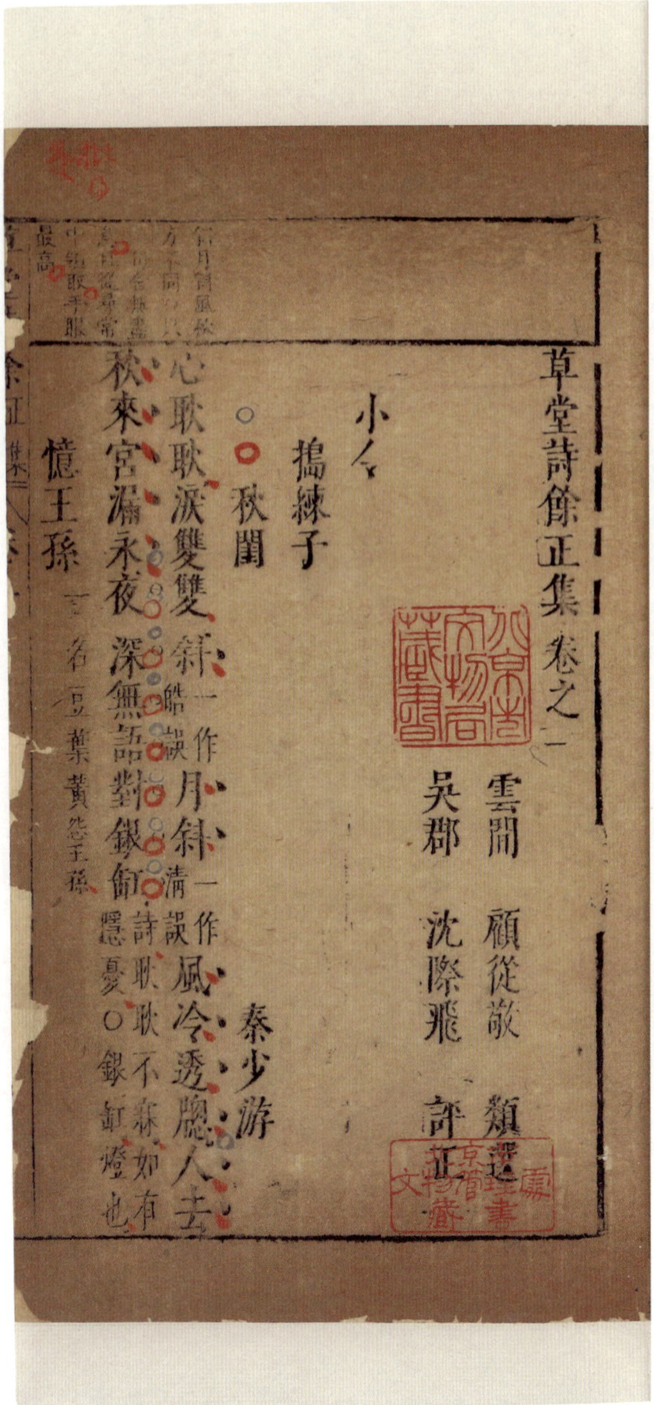
草堂詩餘正集卷之一
雲間 顧從敬 類選
吳郡 沈際飛 評正
小令
擣練子
秋閨 秦少游

草堂詩餘正集六卷續二卷别四卷新集五卷　（明）顧從敬類選　（明）沈際飛評正　明刻本

框高 19.9 厘米，廣 18 厘米。半葉上下兩欄，上欄鎸評，下欄九行，行十九字，小字雙行同，白口，四周單邊，無格。18 册。

二級 174shan45

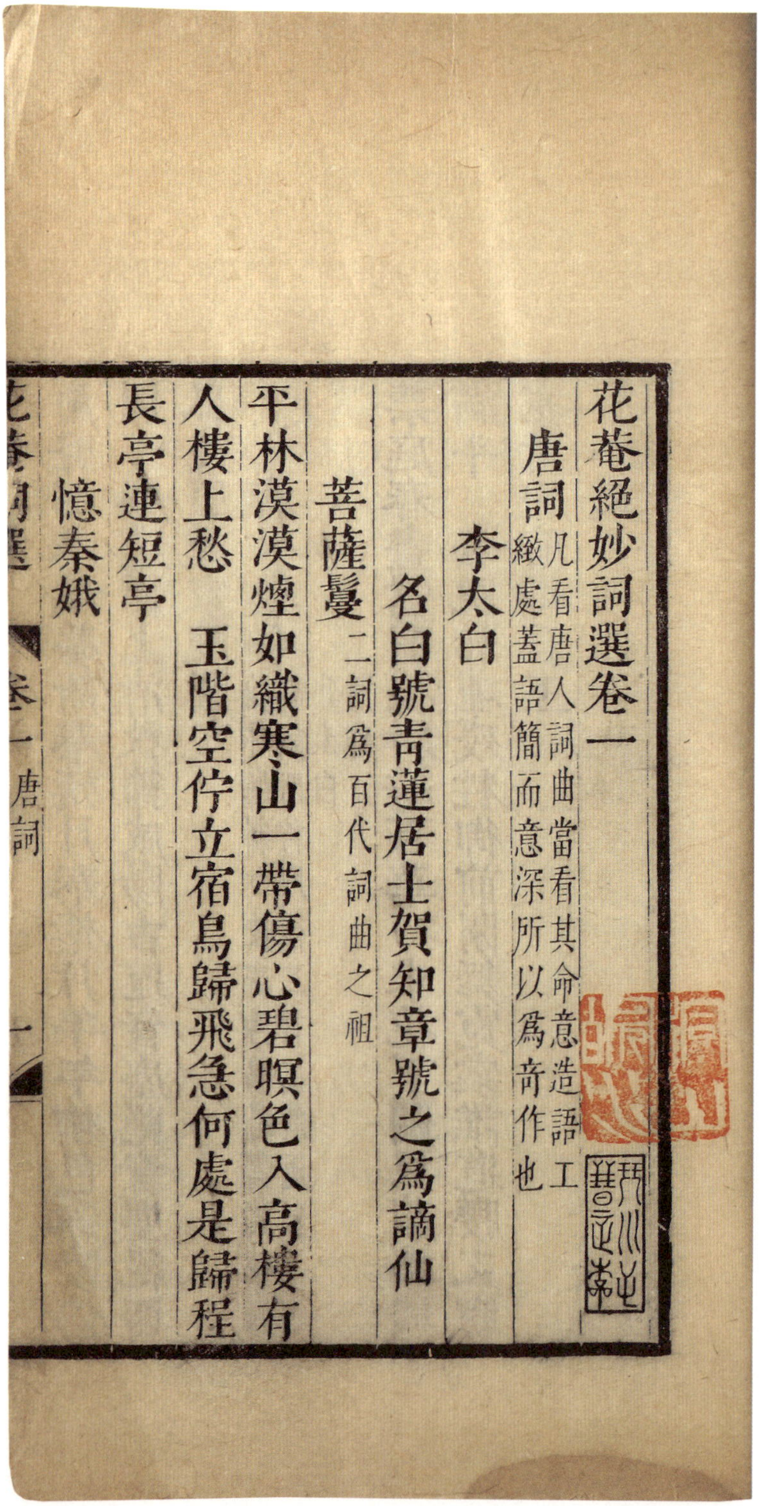
花菴絕妙詞選卷一
唐詞 凡看唐人詞曲當看其命意造語工緻處蓋語簡而意深所以爲奇作也
李太白
名白號青蓮居士賀知章號之爲謫仙
菩薩蠻 二詞爲百代詞曲之祖
平林漠漠煙如織寒山一帶傷心碧暝色入高樓有
人樓上愁 玉階空佇立宿鳥歸飛急何處是歸程
長亭連短亭
憶秦娥

花菴詞選 卷一 唐詞 一

花菴絕妙詞選十卷 （宋）黄昇輯 明末毛氏汲古閣刻本

框高 17.8 厘米，廣 12.1 厘米。半葉九行，行二十字，小字雙行同，白口，左右雙邊。4 册。鈐“桐山皖水”白文印。

三級 190shan756

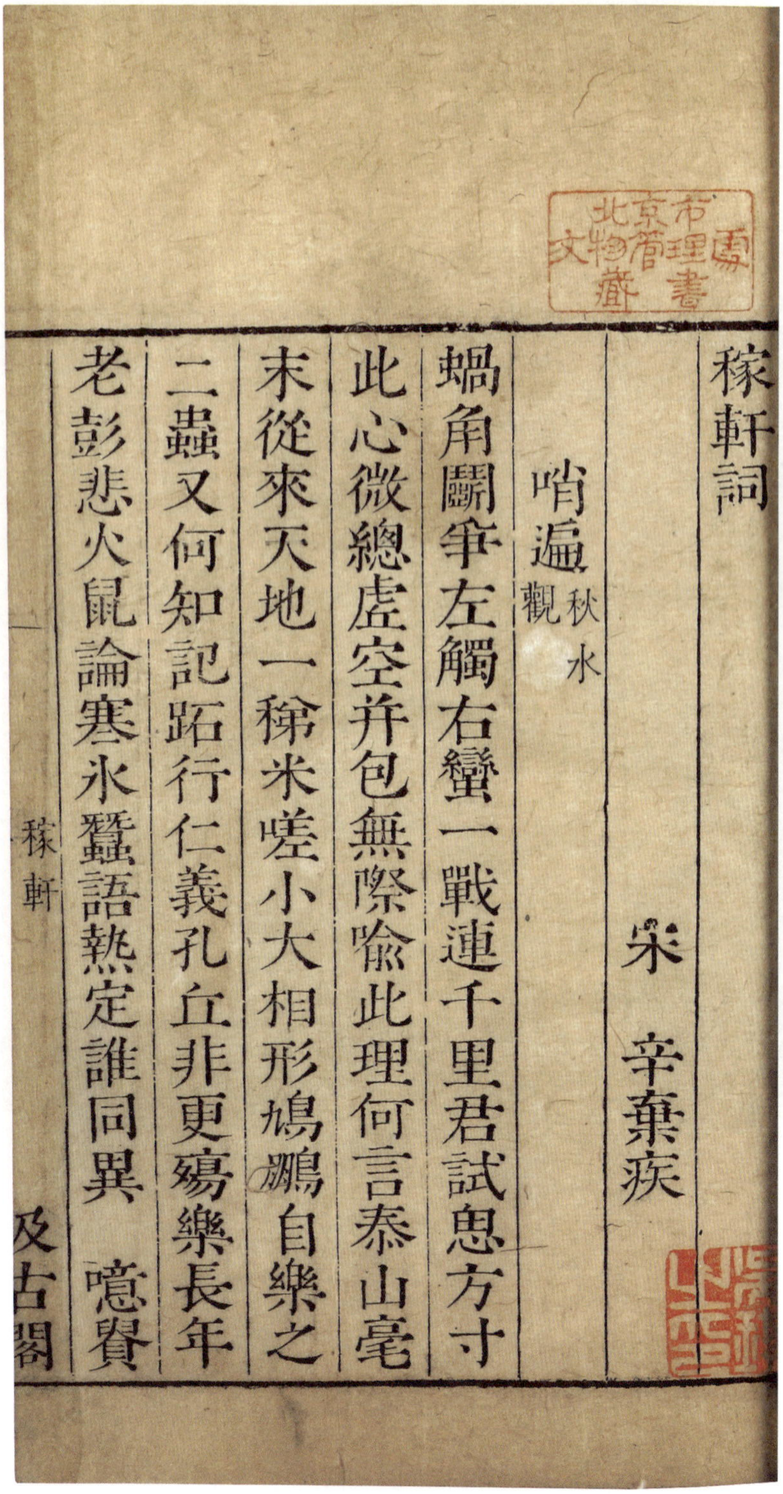

稼軒詞

宋 辛棄疾

哨遍 秋水觀

蝸角鬬爭左觸右蠻一戰連千里君試思方寸此心微總虛空幷包無際喻此理何言泰山毫末從來天地一稊米嗟小大相形鳩鵬自樂之二蟲又何知記跖行仁義孔丘非更殤樂長年老彭悲火鼠論寒氷蠶語熱定誰同異 噫貧

稼軒 汲古閣

稼軒詞四卷 （宋）辛棄疾撰 明崇禎毛氏汲古閣刻宋家名詞本

框高 19 厘米，廣 14.5 厘米。半葉八行，行十八字，小字雙行同，白口，左右雙邊。4 册。鈐“吳氏藏書之印”朱文印、“吳錤之印”白文印。

shan6

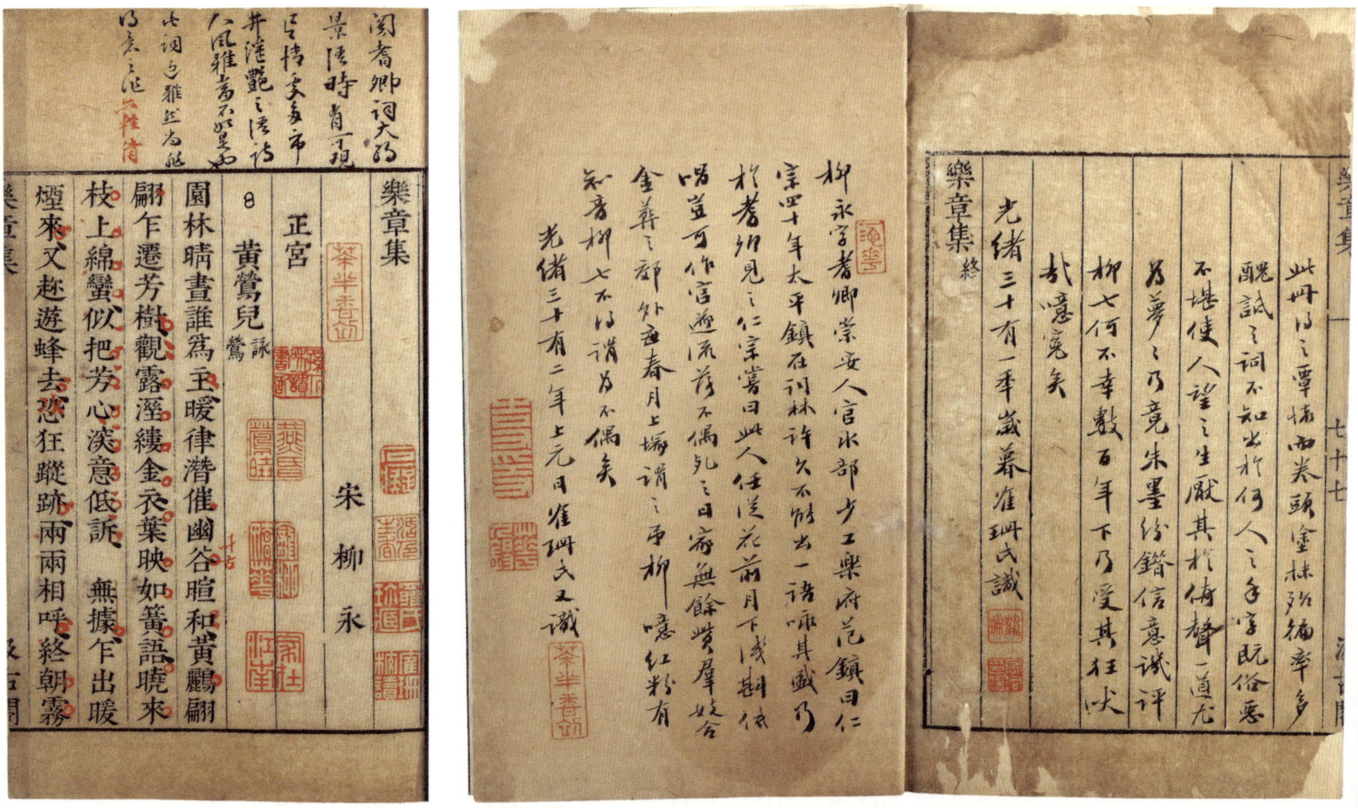
樂章集
宋 柳永
正宮
黃鶯兒 詠鶯
園林晴晝誰爲主暖律潛催幽谷暄和黃鸝翩
翩乍遷芳樹觀露溼縷金衣葉映如簧語曉來
枝上綿蠻似把芳心深意低訴 無據乍出暖
煙來又趁遊蜂去恣狂蹤跡兩兩相呼終朝霧

樂章集終

樂章集一卷　（宋）柳永撰　明末毛氏汲古閣刻宋名家詞本

框高18.5厘米，廣14.3厘米。半葉八行，行十八字，白口，左右雙邊。2册。鈐“羅氏珍藏”白文印、“家在江南”朱文印、“活色生香”朱文印等。有清光緒三十二年（1906）鶴珊氏跋。

shan145

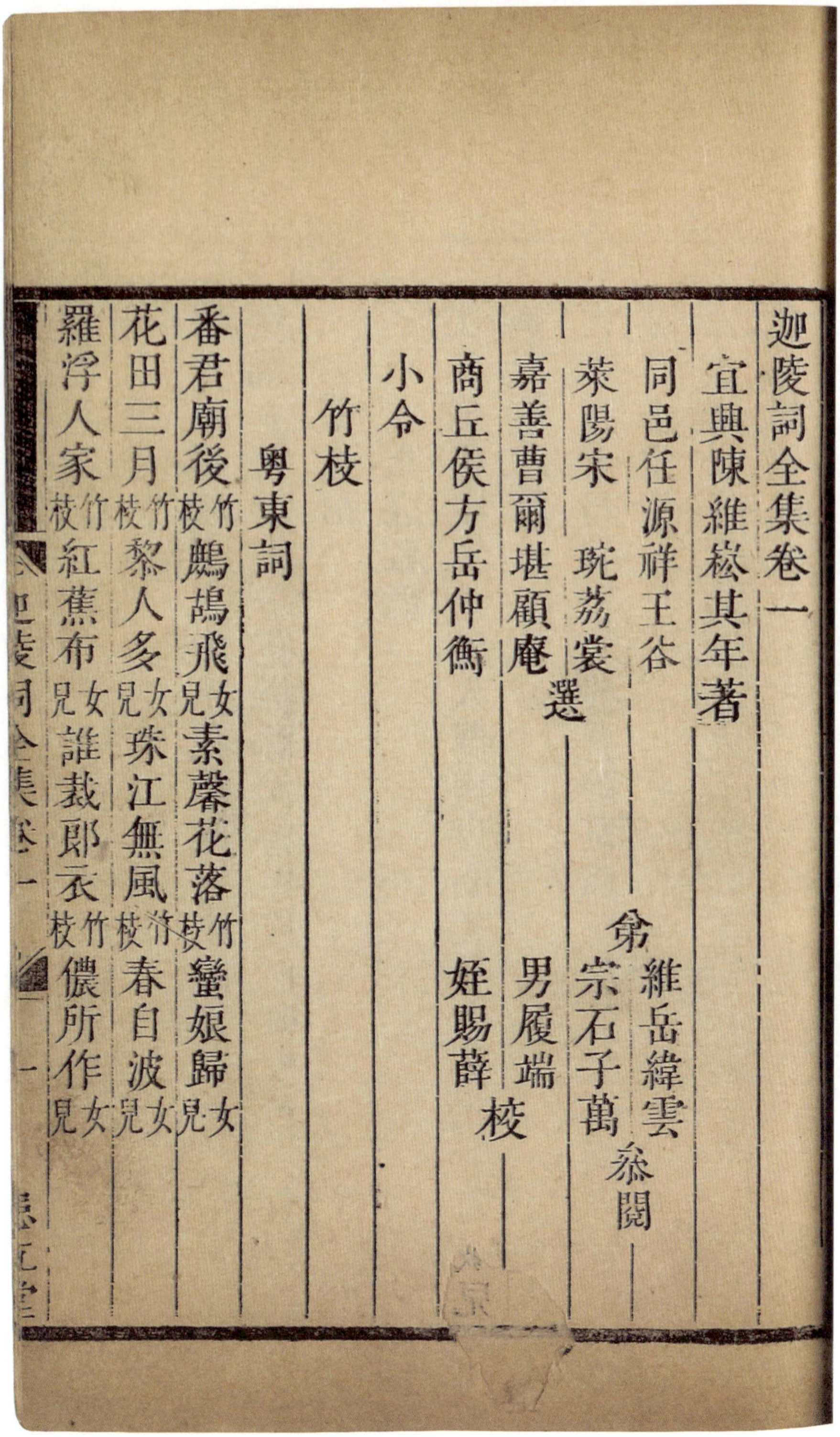
迦陵詞全集卷一
宜興陳維崧其年著
同邑任源祥王谷
萊陽宋琬荔裳選
弟維岳緯雲 宗石子萬叅閲
嘉善曹爾堪顧庵
商丘侯方岳仲衡
男履端 姪賜薛校
小令
竹枝
粵東詞
番君廟後竹枝鷓鴣飛女兒素馨花落竹枝蠻娘歸女兒
花田三月竹枝黎人多女兒珠江無風竹枝春自波女兒
羅浮人家竹枝紅蕉布女兒誰裁郎衣竹枝儂所作女兒
迦陵詞全集卷一 一 患立堂

迦陵詞全集三十卷 （清）陳維崧著 清康熙二十九年（1690）陳宗石患立堂刻本

框高 17.2 厘米，廣 13.9 厘米。半葉十二行，行二十二字，小字雙行同，黑口，左右雙邊。6 册。

shan181

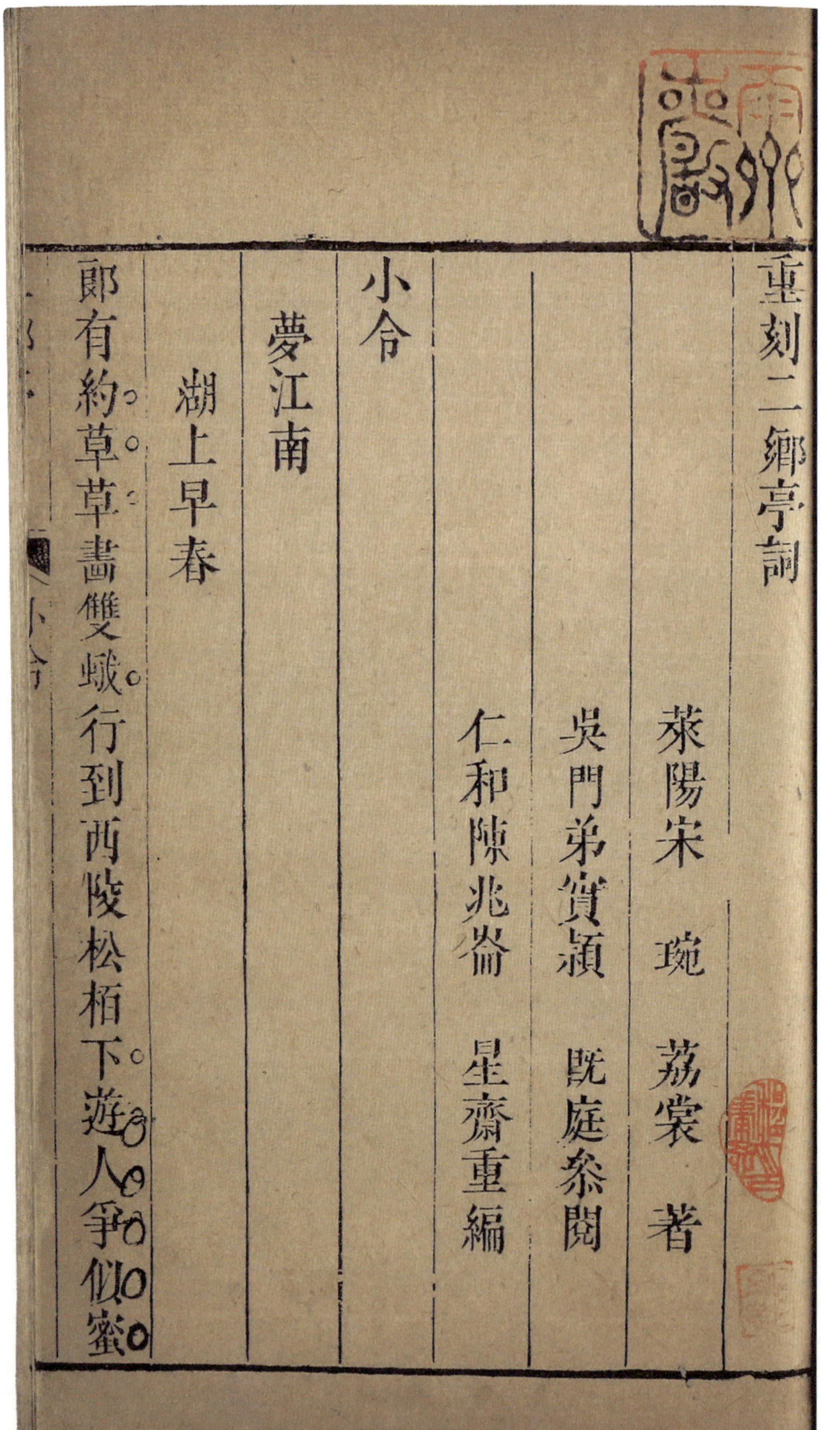
重刻二鄉亭詞
萊陽宋琬荔裳著
吳門弟賀穎　既庭叅閱
仁和陳兆崙　星齋重編
小令
夢江南
湖上早春
郎有約草草畫雙蛾行到西陵松栢下遊人爭似蜜

重刻二鄉亭詞四卷　（清）宋琬著　清乾隆十一年（1746）刻本

框高 18.5 厘米，廣 13.5 厘米。半葉八行，行二十字，白口，四周單邊。2 册。鈐“霽巖”朱文印等。

shan439

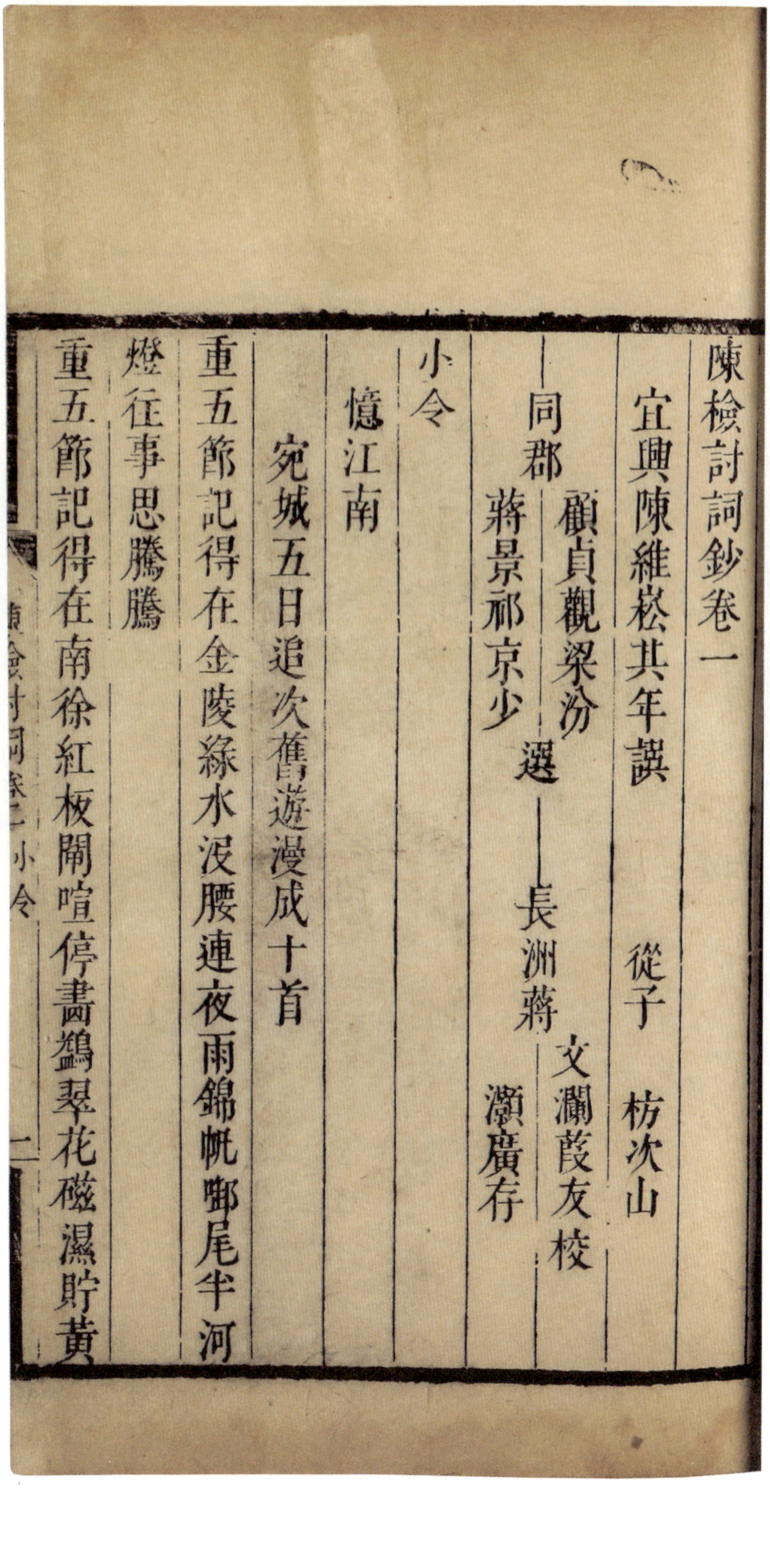
陳檢討詞鈔卷一
宜興陳維崧其年譔　從子　枋次山
同郡　顧貞觀梁汾　蔣景祁京少　選
長洲蔣　文瀾葭友　灝廣存　校
小令
憶江南
宛城五日追次舊遊漫成十首
重五節記得在金陵綠水沒腰連夜雨錦帆郵尾半河
燈徃事思騰騰
重五節記得在南徐紅板閘喧停畫鷁翠花磁濕貯黃
陳檢討詞鈔卷一　小令　二

陳檢討詞鈔十二卷　（清）陳維崧撰　清金閶葉繼照刻本

框高 19.2 厘米，廣 14.2 厘米。半葉十行，行二十一字，黑口，左右雙邊。6 册。

shan457

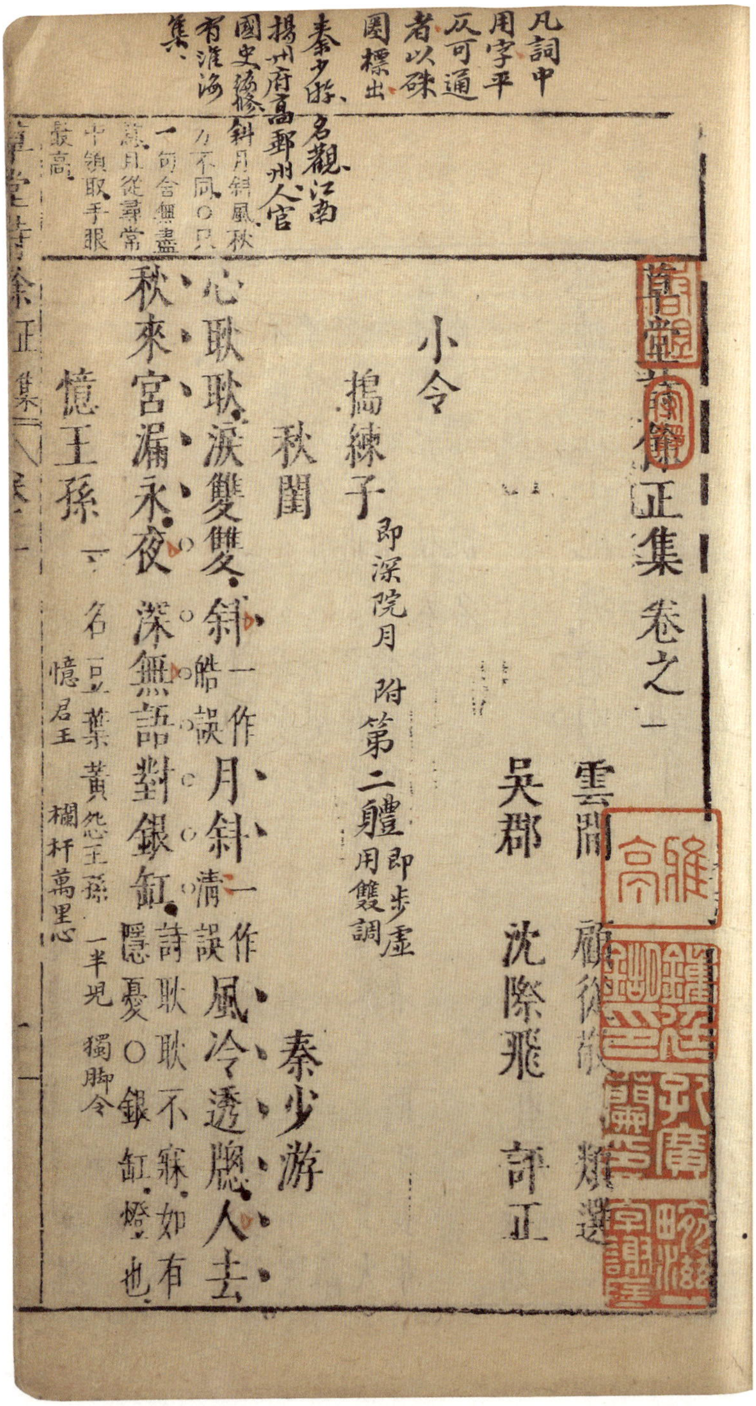
凡詞中用字平仄可通者以硃圈標出

秦少游名觀，江南揚州府高郵州人，官國史編修，有淮海集。

斜月斜風秋刀不同○只一句含無盡意，只從尋常中領取手眼最高。

草堂詩餘正集卷之一

雲間 顧從敬 類選

吳郡 沈際飛 評正

小令

擣練子 即深院月 附第二體 即步虛 用雙調

秋閨 秦少游

心耿耿，淚雙雙。斜 一作皓誤 月斜 一作清誤 風冷透窻。人去秋來宮漏永，夜深無語對銀缸。

詩耿耿不寐，如有隱憂。○銀缸，燈也

憶王孫 又名豆葉黃 怨王孫 一半兒 獨脚令 憶君王 欄杆萬里心

草堂詩餘正集六卷續集二卷别集四卷新集五卷 （明）顧從敬類選 （明）沈際飛評正 明萬賢樓刻本

框高22.5厘米，廣13.5厘米。半葉上下兩欄，上欄鐫評，下欄九行，行十九字，小字雙行不等，白口，四周單邊，無格。8册。鈐“畹滋一字謝庭”白文印、“孔廣蘭印”白文印、“雅亭”朱文印等。

shan528

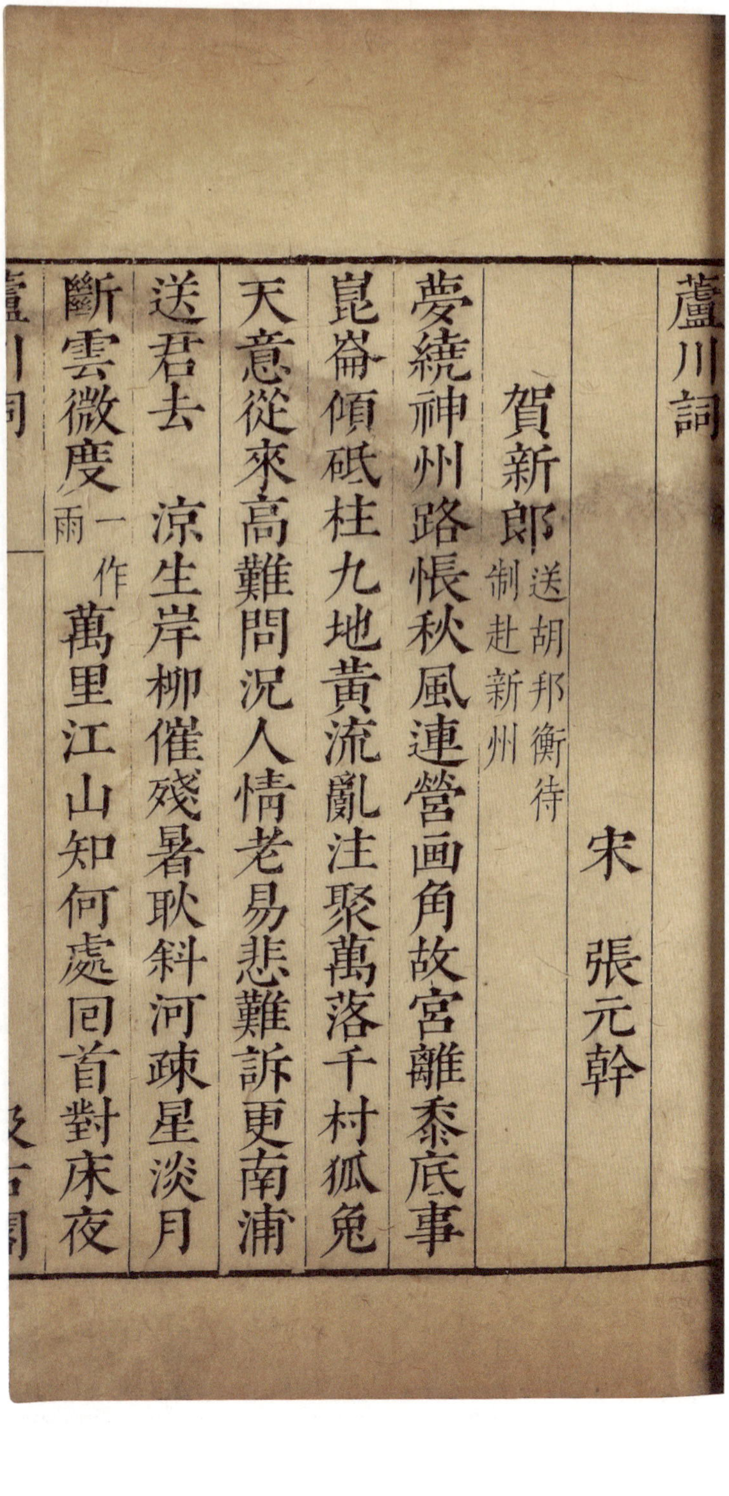
蘆川詞
宋　張元幹
賀新郎 送胡邦衡待制赴新州
夢繞神州路悵秋風連營画角故宮離黍底事
崑崙傾砥柱九地黄流亂注聚萬落千村狐兔
天意從來高難問況人情老易悲難訴更南浦
送君去　涼生岸柳催殘暑耿斜河疎星淡月
斷雲微度一作雨　萬里江山知何處囘首對床夜
蘆川詞　汲古閣

宋名家詞十種　（明）毛晋輯　明末毛氏汲古閣刻本

框高 18.6 厘米，廣 14 厘米。半葉八行，行十八字，小字雙行同，白口，左右雙邊。8 册。

shan686

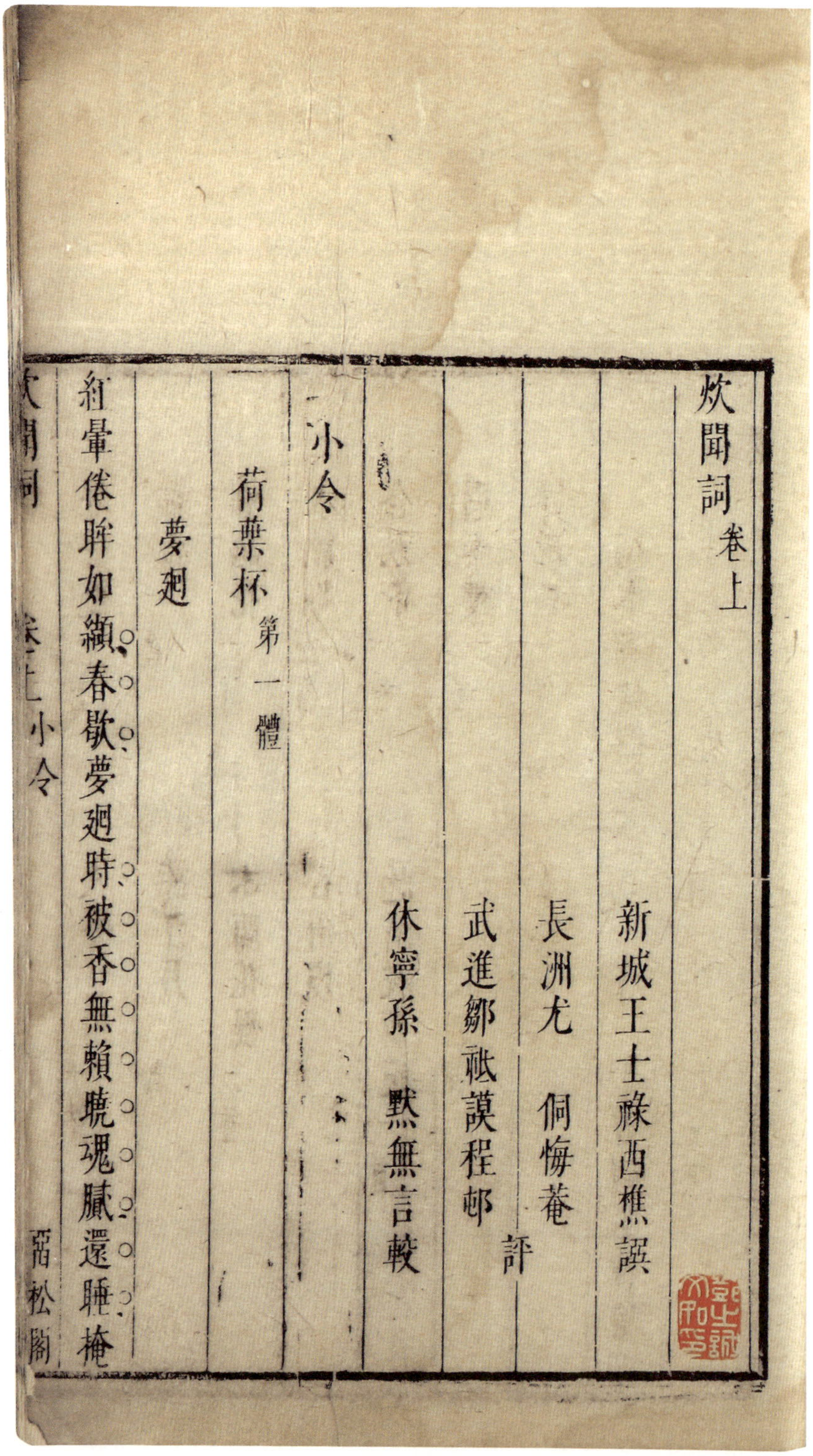

炊聞詞卷上

新城王士祿西樵譔

長洲尤　侗悔菴

武進鄒祇謨程邨　評

休寧孫　默無言較

小令

荷葉杯第一體

夢廻

紺暈倦眸如纈春歇夢廻時被香無賴曉魂膩還睡掩

炊聞詞　卷上　小令　留松閣

炊聞詞二卷　（清）王士祿撰　（清）尤侗等評　清康熙留松閣刻本

框高 18.2 厘米，廣 13.7 厘米。半葉九行，行二十一字，小字雙行同，白口，左右雙邊。2 册。鈐“鄧之誠文如印”白文印。有鄧之誠題記。

shan777

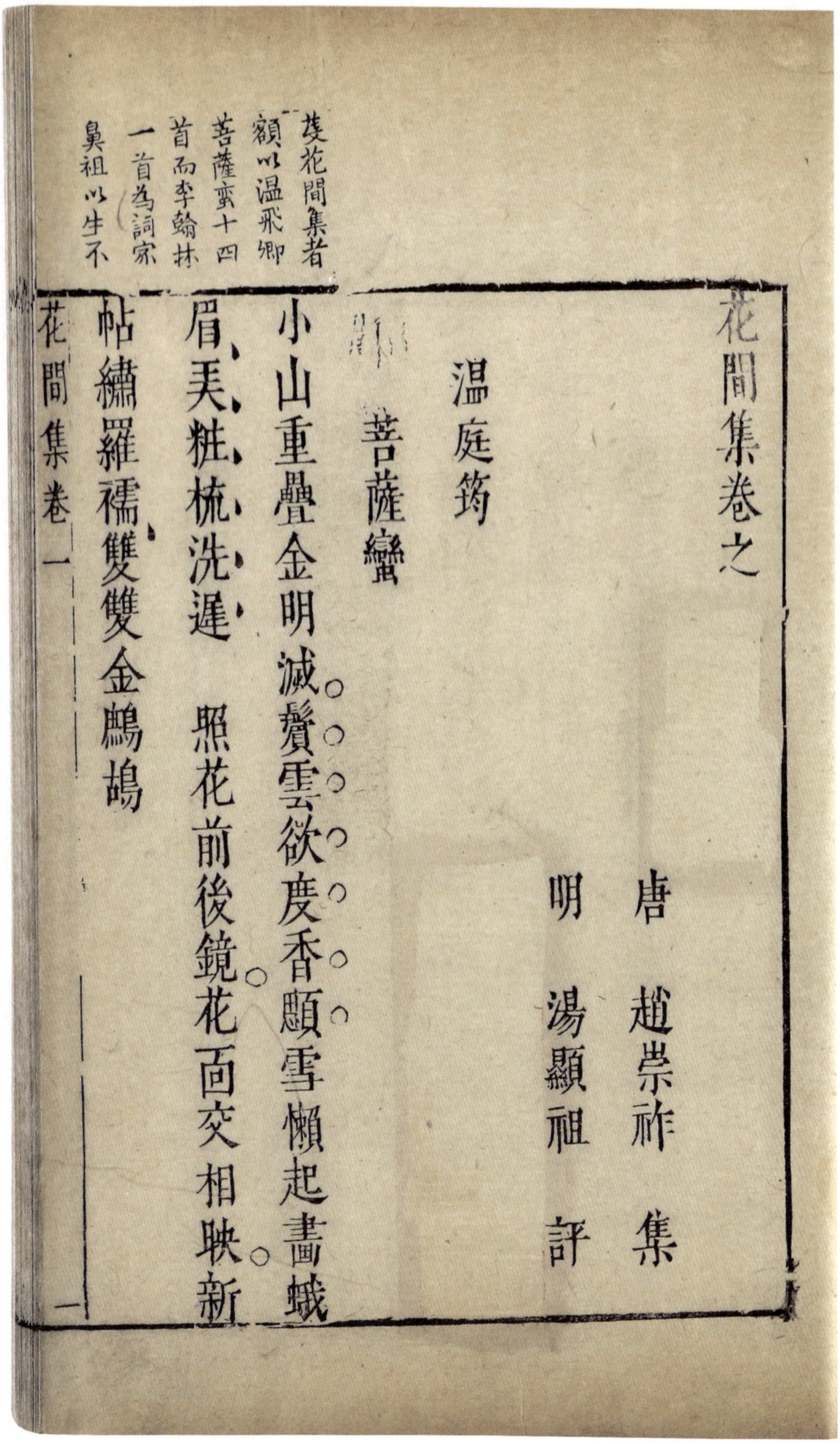
芟花間集者額以溫飛卿菩薩蠻十四首而李翰林一首為詞家鼻祖以生不

花間集卷之
唐　趙崇祚　集
溫庭筠
明　湯顯祖　評
菩薩蠻
小山重疊金明滅鬢雲欲度香顋雪懶起畫蛾
眉弄粧梳洗遲　照花前後鏡花面交相映新
帖繡羅襦雙雙金鷓鴣
花間集卷一　一

花間集十卷　（五代）趙崇祚輯　明刻本

框高 19.7 厘米，廣 14.5 厘米。半葉八行，行十八字，小字雙行同，白口，四周單邊，無格。4 册。

shan831

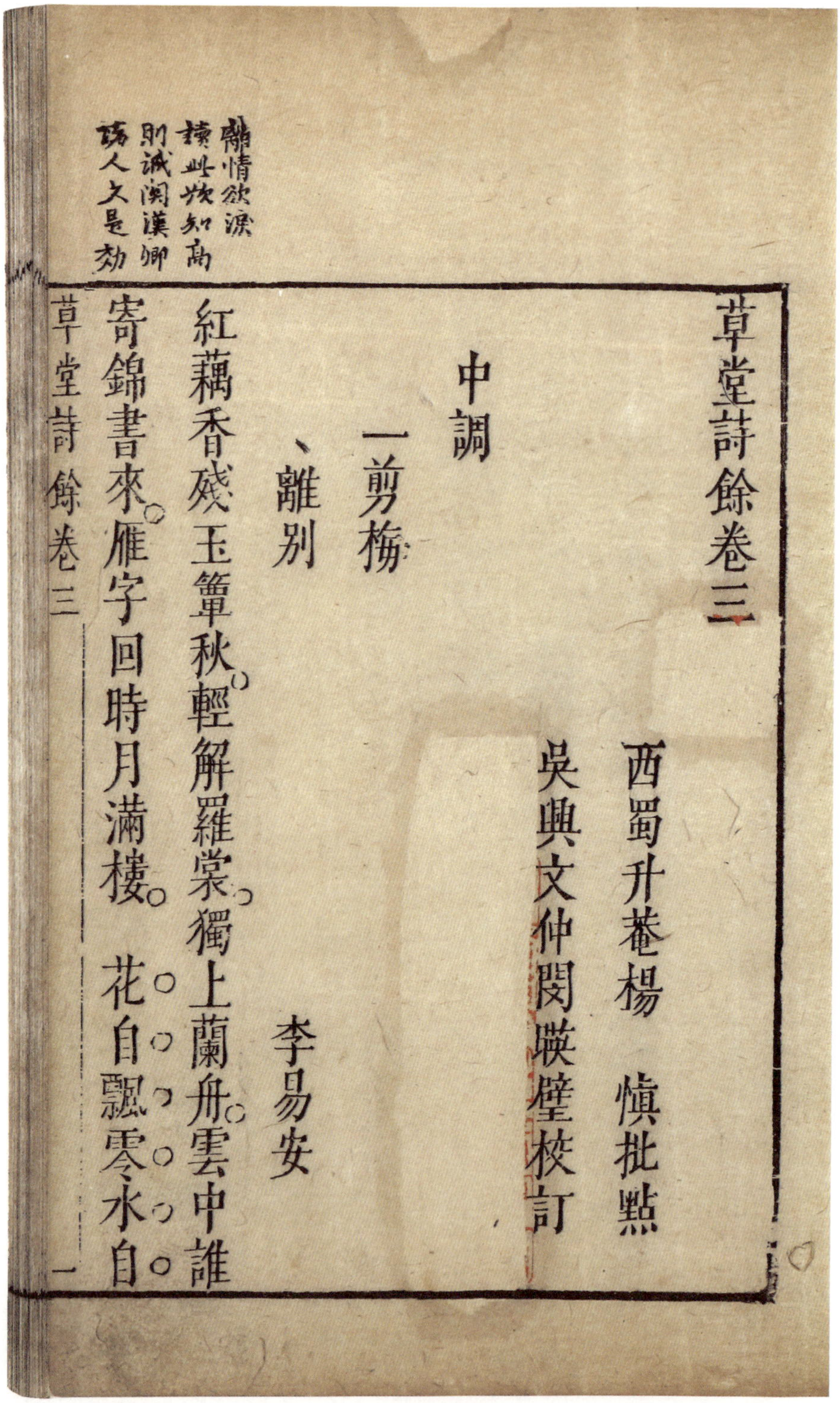

草堂詩餘五卷　（明）楊慎批點　明崇禎刻本

框高 20.5 厘米，廣 14.4 厘米。半葉八行，行十八字，白口，四周單邊，無格。1 册。存一卷（三）。

shan835

【曲類】

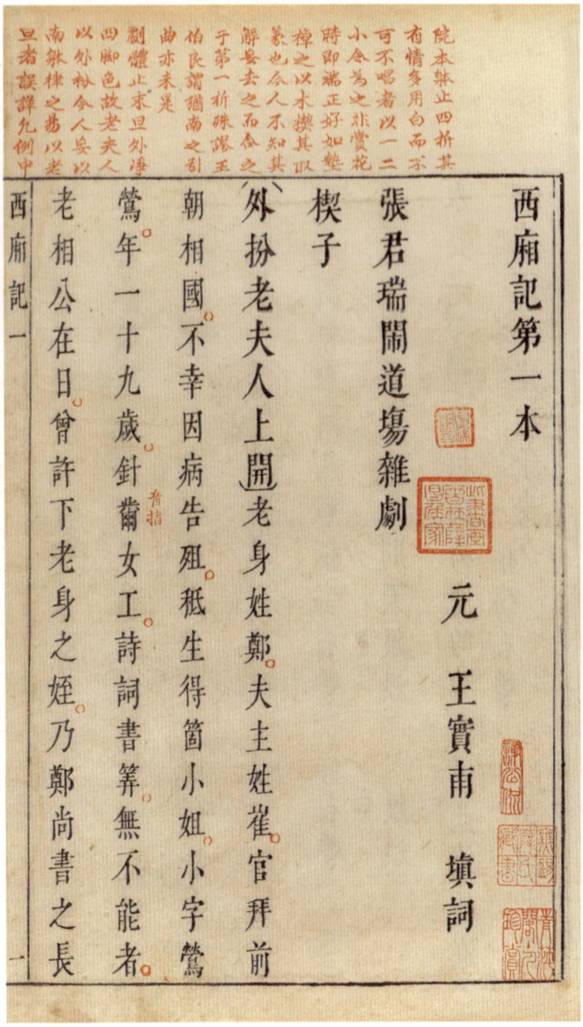

西廂記五卷附解証附錄元人增對弈會真記一卷　（元）王實甫填詞　明凌濛初刻朱墨印本

框高 20.5 厘米，廣 14.5 厘米。半葉八行，行十八字，白口，左右雙邊，無格。2 册。鈐“青萍閣主人珍賞”朱文印、“無錫薛氏藏書”朱文印等。

二級 106k162

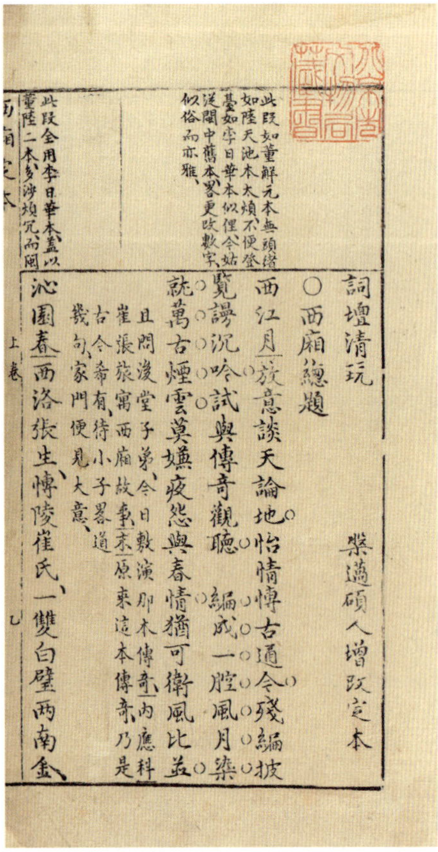

此段如董解元本無頭緒，如陸天池本太煩不便登臺，如李日華本似俚，今姑從閩中舊本，畧更改數字，似俗而亦雅、

此段全用李日華本，蓋以董陸二本多涉煩冗而闕

詞壇清玩　　槃邁碩人增改定本

○西廂總題

西江月　放意談天論地，怡情傳古通今，殘編披覽謾沉吟，試與傳奇觀聽。編成一腔風月，染就萬古煙雲，莫嫌疲怨與春情，猶可衛風比並。

且問後堂子弟，今日敷演那本傳奇，內應科：崔張旅寓西廂故事。末：原來這本傳奇，乃是古今希有，待小子畧道幾句，家門便見大意、

沁園春　西洛張生、博陵崔氏、一雙白壁兩南金、

西廂定本　上卷　乙

西廂記定本二卷　（元）王實甫撰　（明）槃邁碩人增改定本　明刻本

框高 22 厘米，廣 12.5 厘米。半葉上下兩欄，上欄鎸評，下欄八行，行十八字，小字雙行同，白口，四周單邊，無格。3 册。

二級 107k163

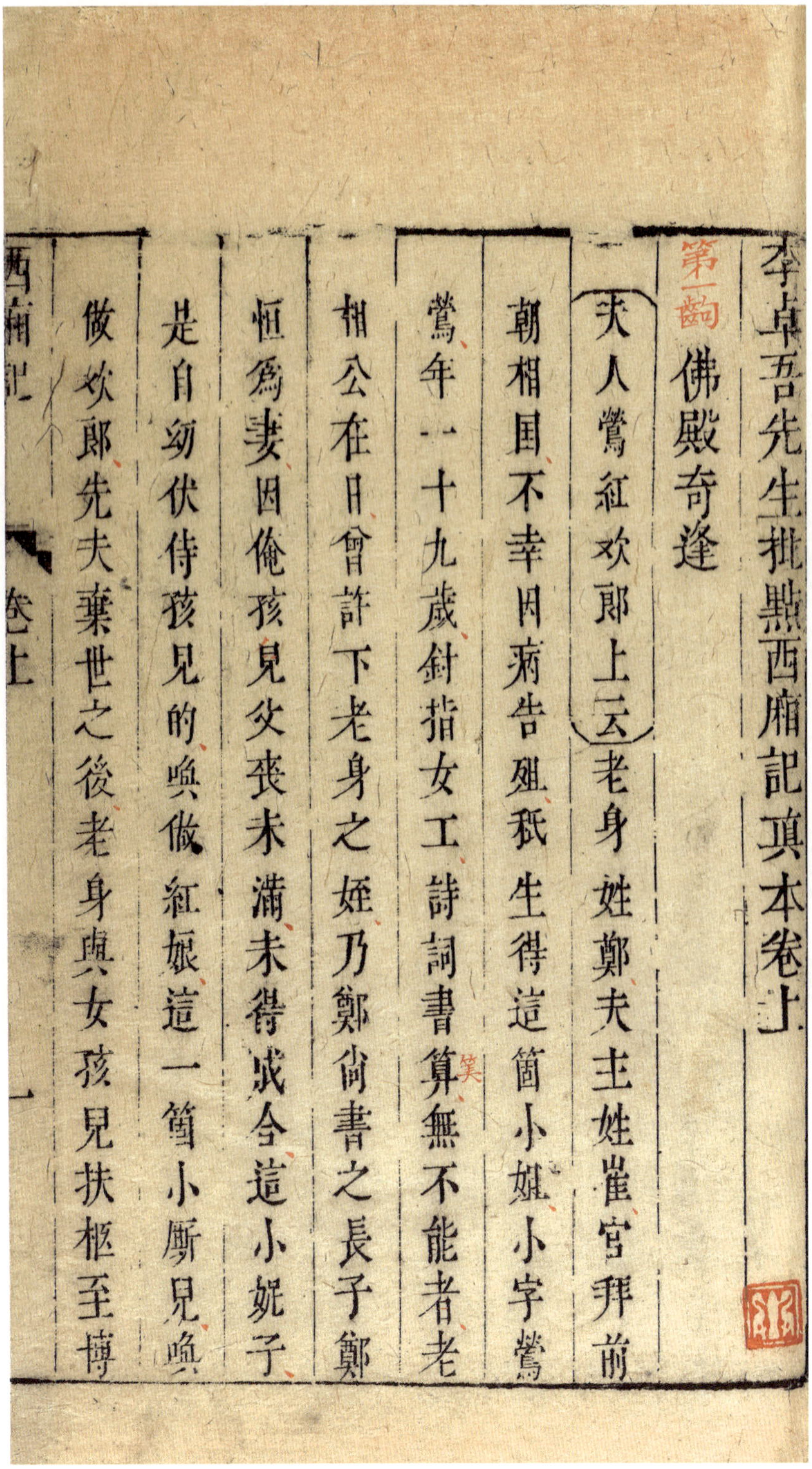
李卓吾先生批點西廂記真本卷上
第一齣 佛殿奇逢
夫人鶯紅歡郎上云老身姓鄭夫主姓崔官拜前
朝相國不幸因病告殂秖生得這箇小姐小字鶯
鶯年一十九歲針指女工詩詞書算無不能者老
相公在日曾許下老身之姪乃鄭尚書之長子鄭
恒爲妻因俺孩兒父喪未滿未得成合這小妮子
是自幼伏侍孩兒的喚做紅娘這一箇小廝兒喚
做歡郎先夫棄世之後老身與女孩兒扶柩至博
西廂記 卷上 一

李卓吾先生批點西廂記真本二卷會真記一卷　（元）王實甫撰　（明）李贄批點　明崇禎刻本

框高20厘米，廣14厘米。半葉九行，行二十字，白口，四周單邊。2册。

二級 108k165

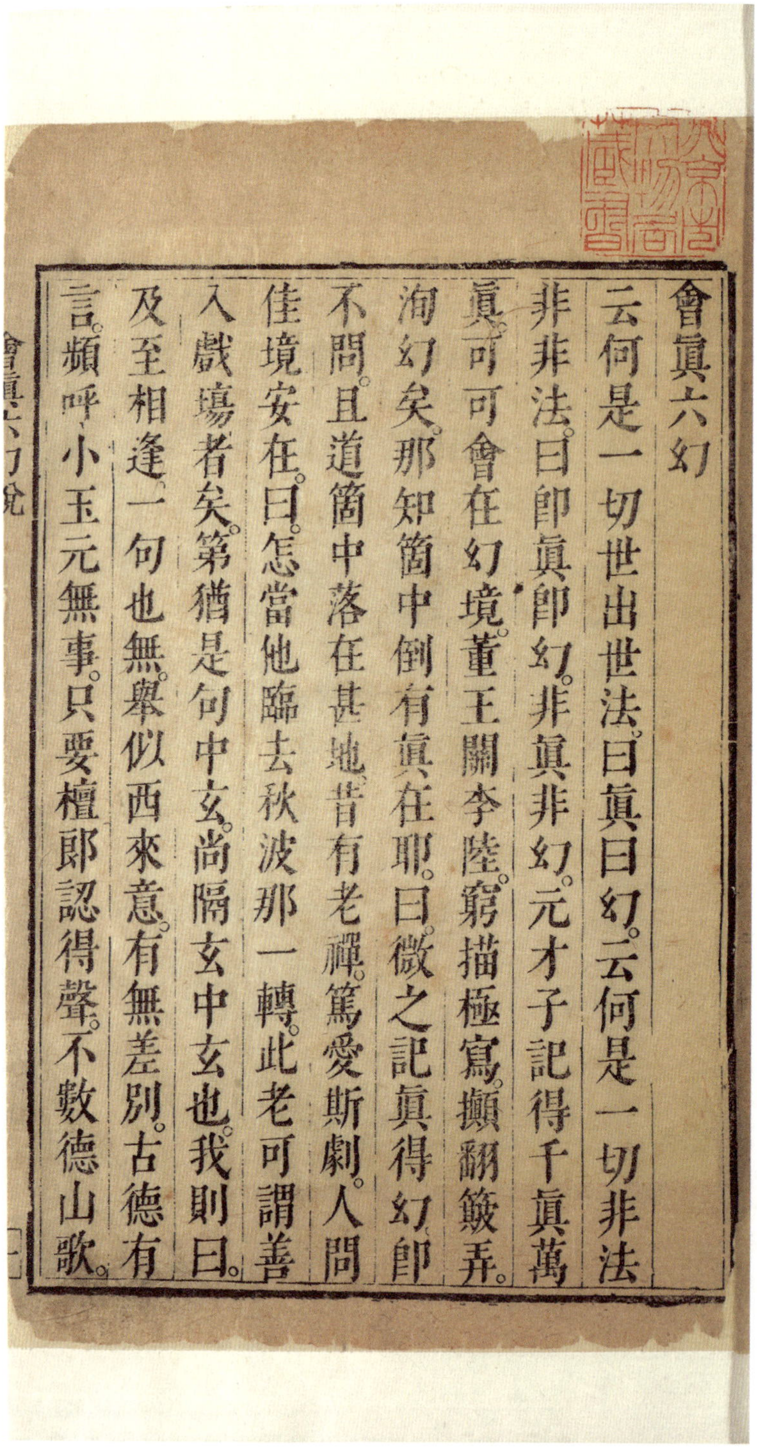
會眞六幻
云何是一切世出世法曰眞曰幻云何是一切非法非非法曰卽眞卽幻非眞非幻元才子記得千眞萬眞可可會在幻境董王關李陸窮描極寫顚翻簸弄洵幻矣那知箇中倒有眞在耶曰微之記眞得幻卽不問且道箇中落在甚地昔有老禪篤愛斯劇人問佳境安在曰怎當他臨去秋波那一轉此老可謂善入戲場者矣第猶是句中玄尚隔玄中玄也我則曰及至相逢一句也無舉似西來意有無差別古德有言頻呼小玉元無事只要檀郎認得聲不數德山歌

會眞六幻說　一

六幻西廂記　（明）閔寓五編　清初致和堂刻本

框高 21.5 厘米，廣 16 厘米。半葉十行，行二十字，白口，四周雙邊。10 册。

二級 109k167

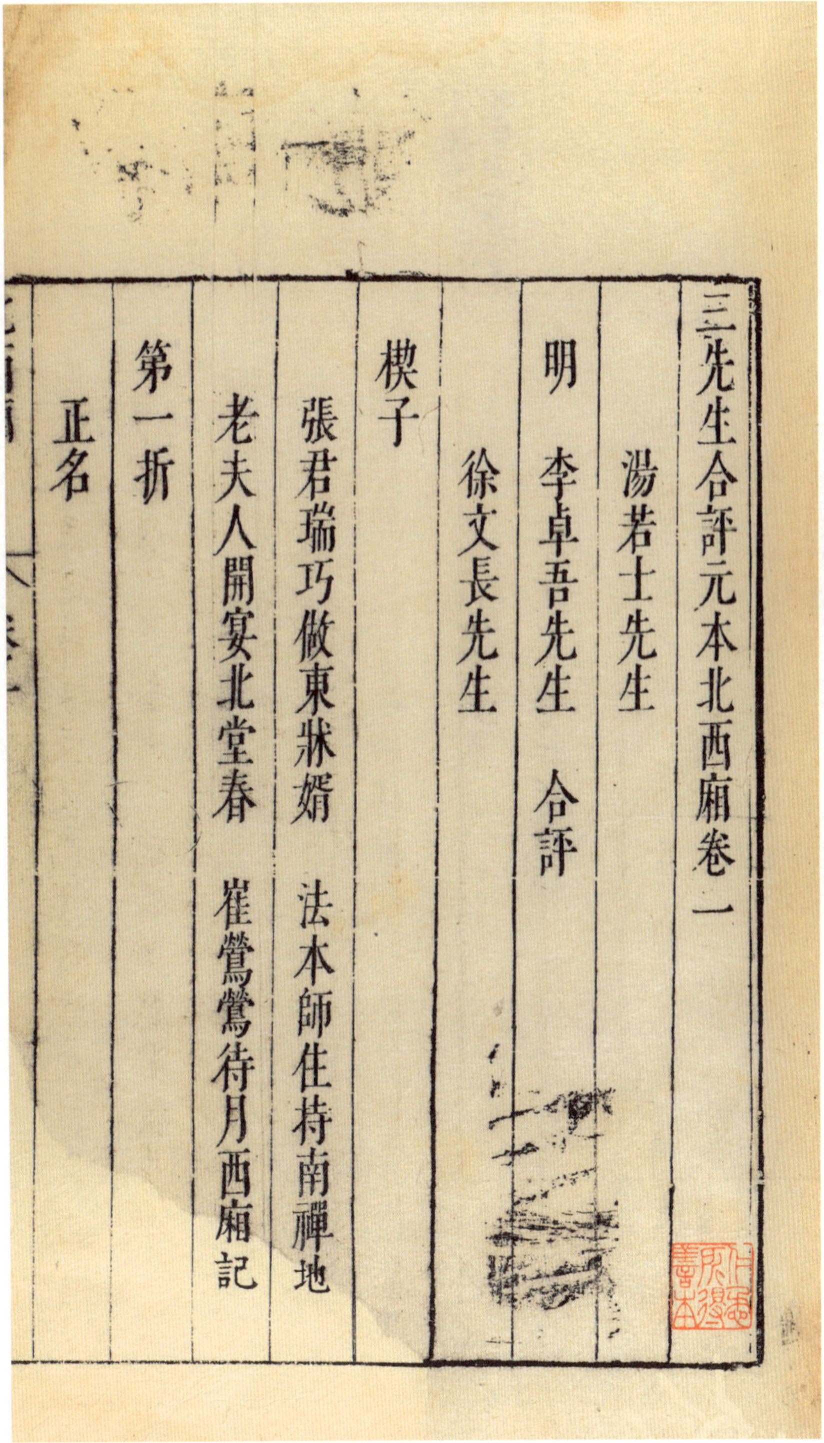

三先生合評元本北西廂五卷 （唐）元稹撰 （元）王實甫 （元）關漢卿編 （明）湯顯祖 （明）李贄 （明）徐渭評 明末刻本

框高 19.5 厘米，廣 14.5 厘米。半葉九行，行二十字，白口，左右雙邊。4 册。鈐“仁懋所得善本”朱文印。

二級 110k169

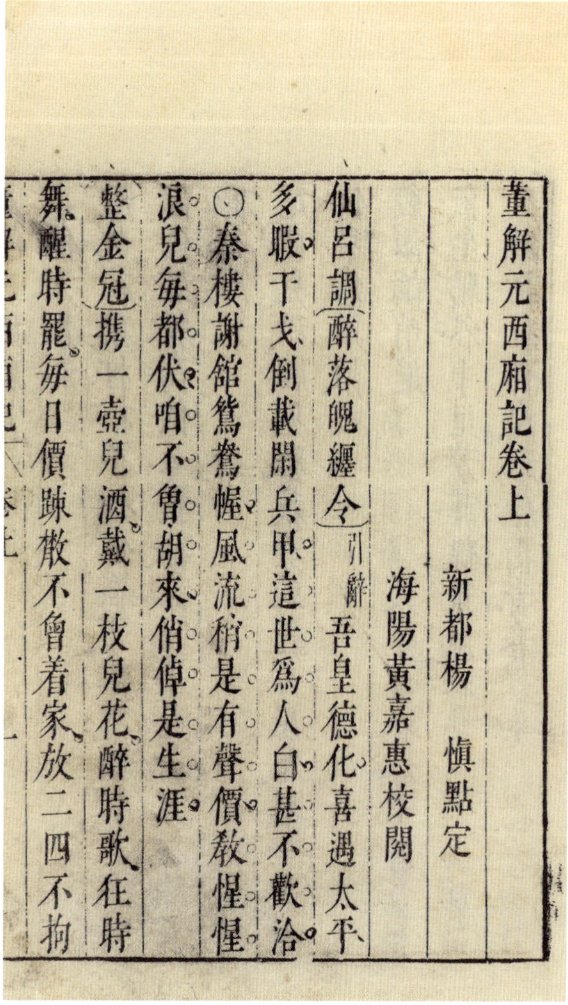
董解元西廂記卷上
新都楊　慎點定
海陽黄嘉惠校閲
仙呂調醉落魄纒令 引辭 吾皇德化喜遇太平
多暇干戈倒載閑兵甲這世爲人白甚不歡洽
○秦樓謝館鴛鴦幄風流稍是有聲價教惺惺
浪兒每都伏咱不曾胡來俏倬是生涯
整金冠攜一壺兒酒戴一枝兒花醉時歌狂時
舞醒時罷每日價疏散不曾着家放二四不拘

董解元西廂記二卷　（金）董解元撰　（明）楊慎點定　明刻本

框高19.3厘米，廣14厘米。半葉九行，行十八字，小字雙行同，白口，四周單邊。2册。

二級 111k174

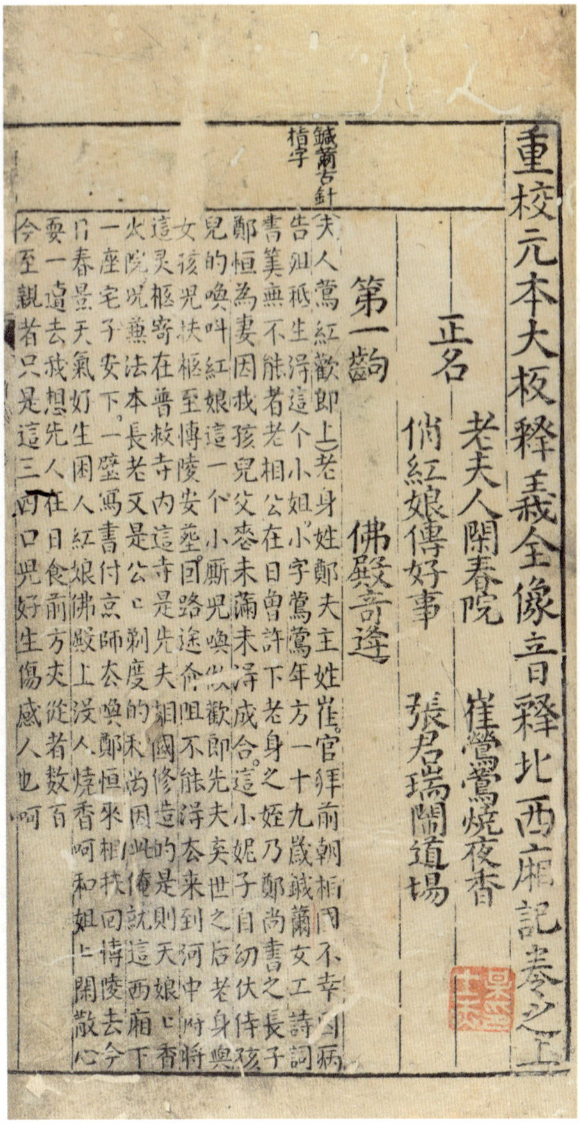
重校元本大板釋義全像音釋北西廂記卷之上
正名　老夫人閑春院　崔鶯鶯燒夜香
俏紅娘傳好事　張君瑞鬧道場
第一齣　佛殿奇逢
鍼黹古針指字
夫人鶯紅歡郎上老身姓鄭夫主姓崔官拜前朝相國不幸因病告殂祇生得這个小姐小字鶯鶯年方一十九歲鍼黹女工詩詞書筭無不能者老相公在日曾許下老身之姪乃鄭尚書之長子鄭恒為妻因我孩兒父喪未滿未得成合這小妮子自幼伏侍孩兒的喚叫紅娘這一个小厮兒喚做歡郎先夫棄世之后老身與女孩兒扶柩至博陵安葬因路途有阻不能得去來到河中府將這靈柩寄在普救寺內這寺是先夫相國修造的是則天娘々香火院况兼法本長老又是公々剃度的和尚因此俺就這西廂下一座宅子安下一壁寫書付京師去喚鄭恒來相扶回博陵去今日春景天氣好生困人紅娘佛殿上沒人燒香呵和姐々閑散心耍一遭去我想先人在日食前方丈從者數百今至親只是這三四口兒好生傷感人也呵

重校元本大板釋義全像音釋北西廂記二卷附一卷　（元）王實甫著　（元）關漢卿補　明刻本

框高 22 厘米，廣 13.4 厘米。半葉上下兩欄，上欄鐫評，下欄十行，行十九字，小字雙行二十五字，白口，四周單邊。4 册。鈐“某士赤印”白文印。

二級 112k178

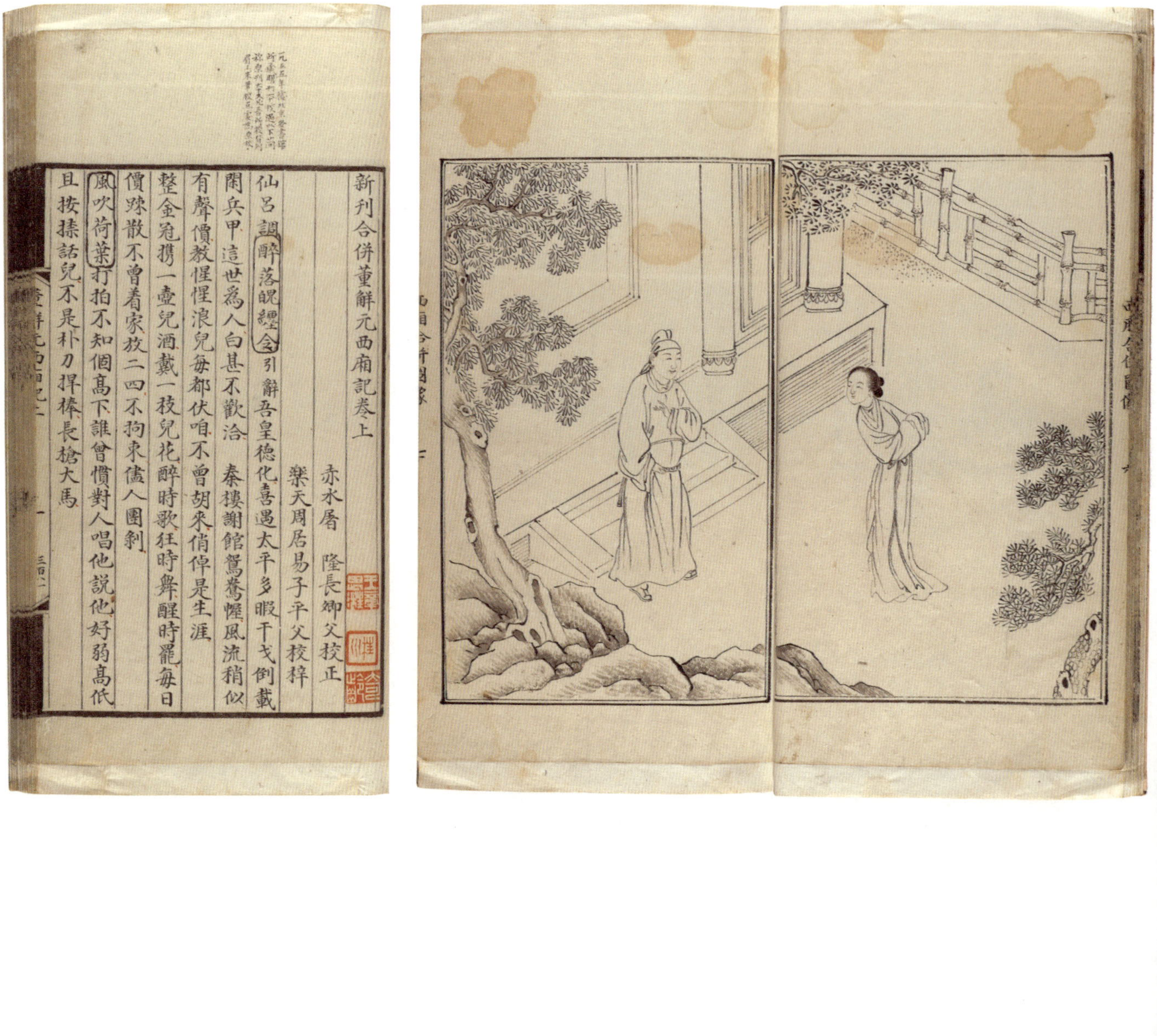

新刊合併董解元西廂記二卷　（明）屠隆校正　清抄本

框高 21.3 厘米，廣 14.3 厘米。半葉十行，行二十四字，黑口，左右雙邊。2 册。鈐“奇齡”白文印、“桂水”朱文印、“王思溎章”白文印等。

二級 113k179

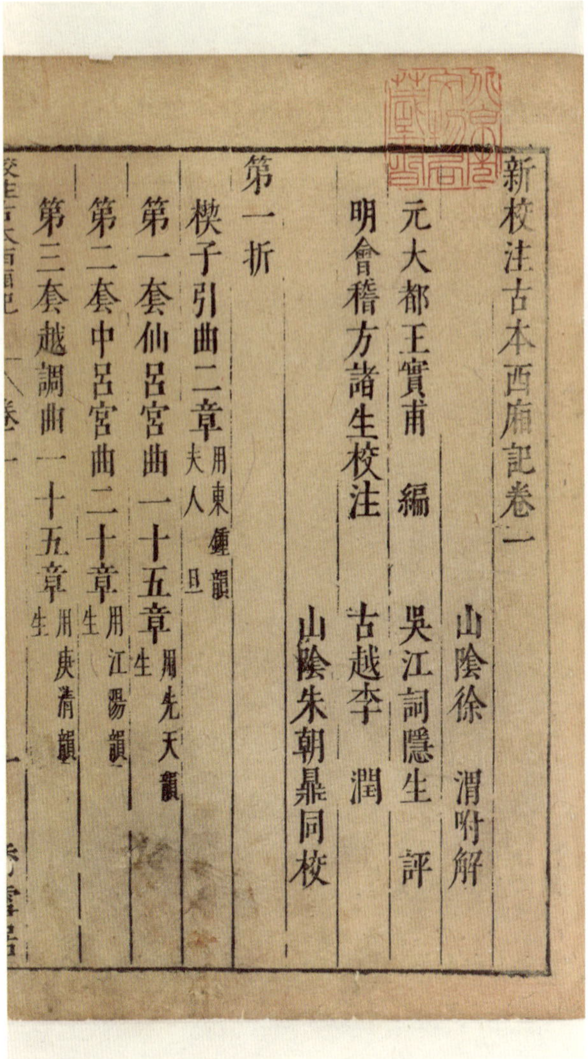
新校注古本西廂記卷一
山陰徐　渭附解
元大都王實甫　編　吳江詞隱生　評
明會稽方諸生校注　古越李　潤
山陰朱朝鼎同校
第一折
楔子引曲二章 用東鍾韻 夫人 旦
第一套仙呂宮曲一十五章 用先天韻 生
第二套中呂宮曲二十章 用江陽韻 生
第三套越調曲一十五章 用庚青韻 生
校注古本西廂記　卷一

新校注古本西廂記六卷　（元）王實甫編　（明）方諸生校注　明萬曆四十二年（1614）王氏香雪居刻本

框高 21.3 厘米，廣 14.3 厘米。半葉十行，行二十字，小字雙行同，白口，四周單邊。7 册。

二級 114k181

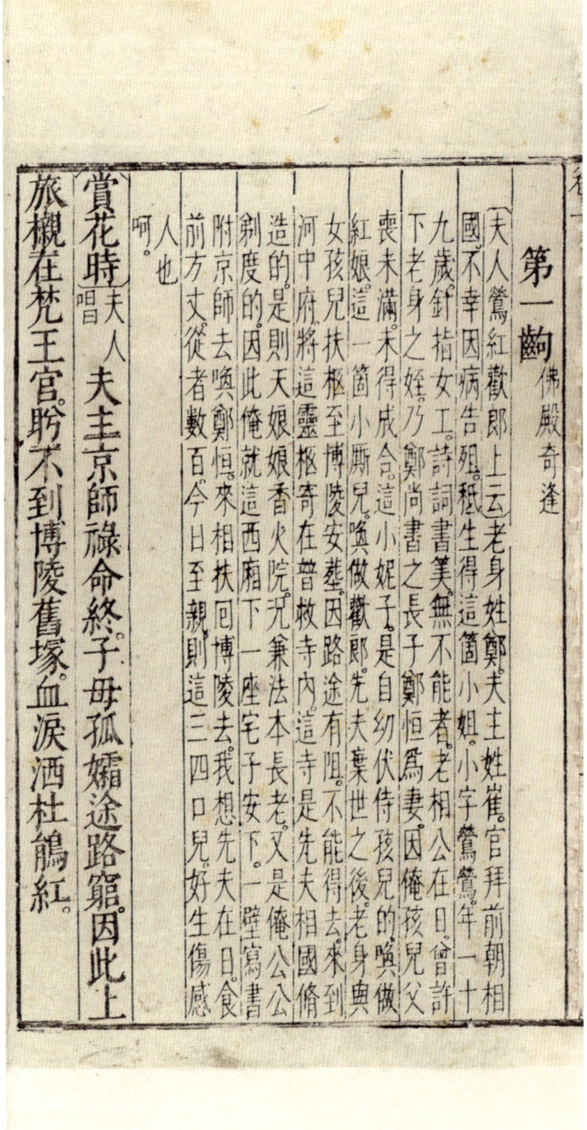

第一齣 佛殿奇逢

〔夫人鶯紅歡郎上云〕老身姓鄭。夫主姓崔。官拜前朝相國。不幸因病告殂。秪生得這箇小姐。小字鶯鶯。年一十九歲。鍼指女工。詩詞書筭。無不能者。老相公在日。曾許下老身之姪。乃鄭尚書之長子鄭恒爲妻。因俺孩兒父喪未滿。未得成合。這小妮子。是自幼伏侍孩兒的。喚做紅娘。這一箇小厮兒。喚做歡郎。先夫棄世之後。老身與女孩兒扶柩至博陵安葬。因路途有阻。不能得去。來到河中府。將這靈柩寄在普救寺內。這寺是先夫相國脩造的。是則天娘娘香火院。况兼法本長老。又是俺公公剃度的。因此俺就這西廂下一座宅子安下。一壁寫書附京師去。喚鄭恒來相扶回博陵去。我想先夫在日。食前方丈。從者數百。今日至親則這三四口兒。好生傷感人也呵。

〔賞花時〕〔夫人唱〕夫主京師祿命終。子母孤孀途路窮。因此上旅櫬在梵王宮。盼不到博陵舊塚。血淚灑杜鵑紅。

元本出相北西廂記二卷會真記一卷釋義一卷　（元）王實甫　（元）關漢卿撰　（明）王世貞　（明）李贄評　明萬曆刻本

框高 20.3 厘米，廣 13.8 厘米。半葉十行，行二十二字，小字雙行同，白口，四周單邊。4 册。

二級 115k192

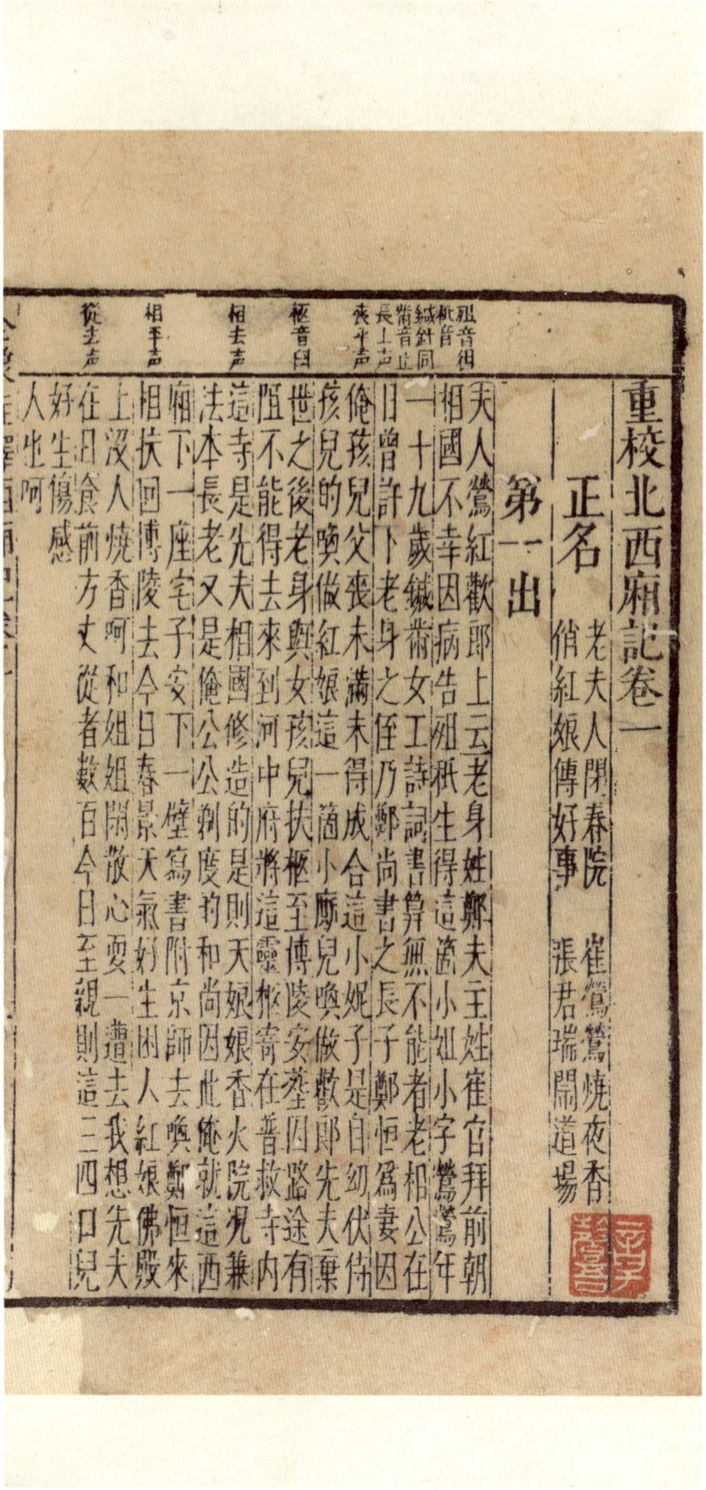

重校北西廂記卷一

老夫人閑春院 崔鶯鶯燒夜香
正名
俏紅娘傳好事 張君瑞鬧道場

第一出

夫人鶯紅歡郎上云老身姓鄭夫主姓崔官拜前朝相國不幸因病告殂祇生得這箇小姐小字鶯鶯年一十九歲鍼黹女工詩詞書算無不能者老相公在日曾許下老身之侄乃鄭尚書之長子鄭恒爲妻因俺孩兒父喪未滿未得成合這小妮子是自幼伏侍孩兒的喚做紅娘這一箇小廝兒喚做歡郎先夫棄世之後老身與女孩兒扶柩至博陵安葬因路途有阻不能得去來到河中府將這靈柩寄在普救寺內這寺是先夫相國修造的是則天娘娘香火院況兼法本長老又是俺公公剃度的和尚因此俺就這西廂下一座宅子安下一壁寫書附京師去喚鄭恒來相扶回博陵去今日春景天氣好生困人紅娘佛殿上沒人燒香呵和姐姐閑散心耍一遭去我想先夫在日食前方丈從者數百今日至親則這三四口兒好生傷感

人生呵

重校北西廂記二卷　（元）王實甫　（元）關漢卿撰　明萬曆刻本

框高 21 厘米，廣 14.5 厘米。半葉上下兩欄，上欄鐫評，下欄十一行，行二十字，小字雙行同，白口，四周單邊。2 册。鈐“章馨吾”白文印。

二級 116k195

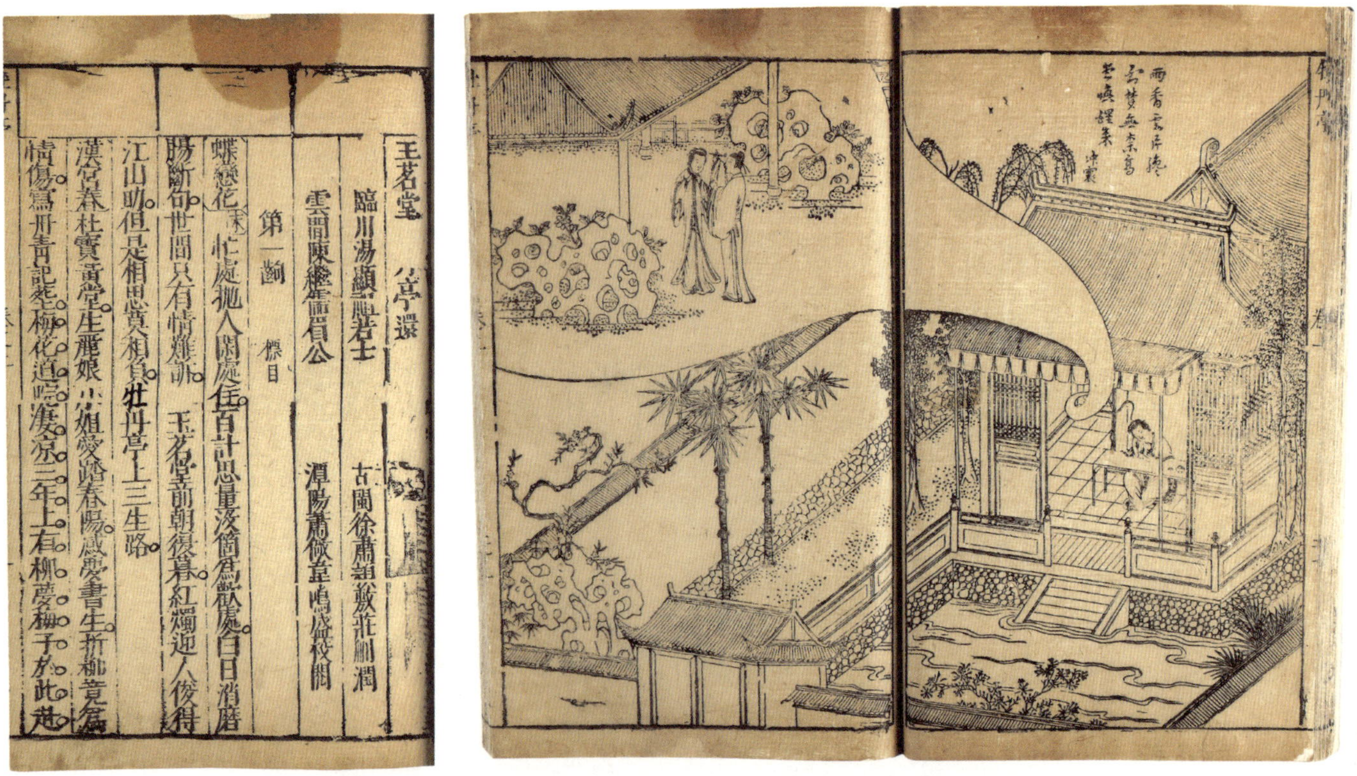
玉茗堂　亭還
臨川湯顯祖若士　古閩徐肅穎敷莊刪潤
雲間陳繼儒眉公　潭陽蕭儆韋鳴盛校閱
第一齣　標目
蝶戀花（末）忙處拋人閒處住百計思量沒箇為歡處白日消磨
腸斷句世間只有情難訴　玉茗堂前朝復暮紅燭迎人俊得
江山助但是相思莫相負牡丹亭上三生路
漢宮春杜寶黃堂生麗娘小姐愛踏春陽感夢書生折柳竟為
情傷寫丹青記差梅花道院淒涼三年上有梅樹柳子於此赴

牡丹亭二卷　（明）湯顯祖撰　（明）徐肅穎刪潤　明萬曆刻本

框高 22.5 厘米，廣 14.5 厘米。半葉上下兩欄，上欄鐫評，下欄九行，行二十四字，白口，四周單邊。4 册。

二級 117k203

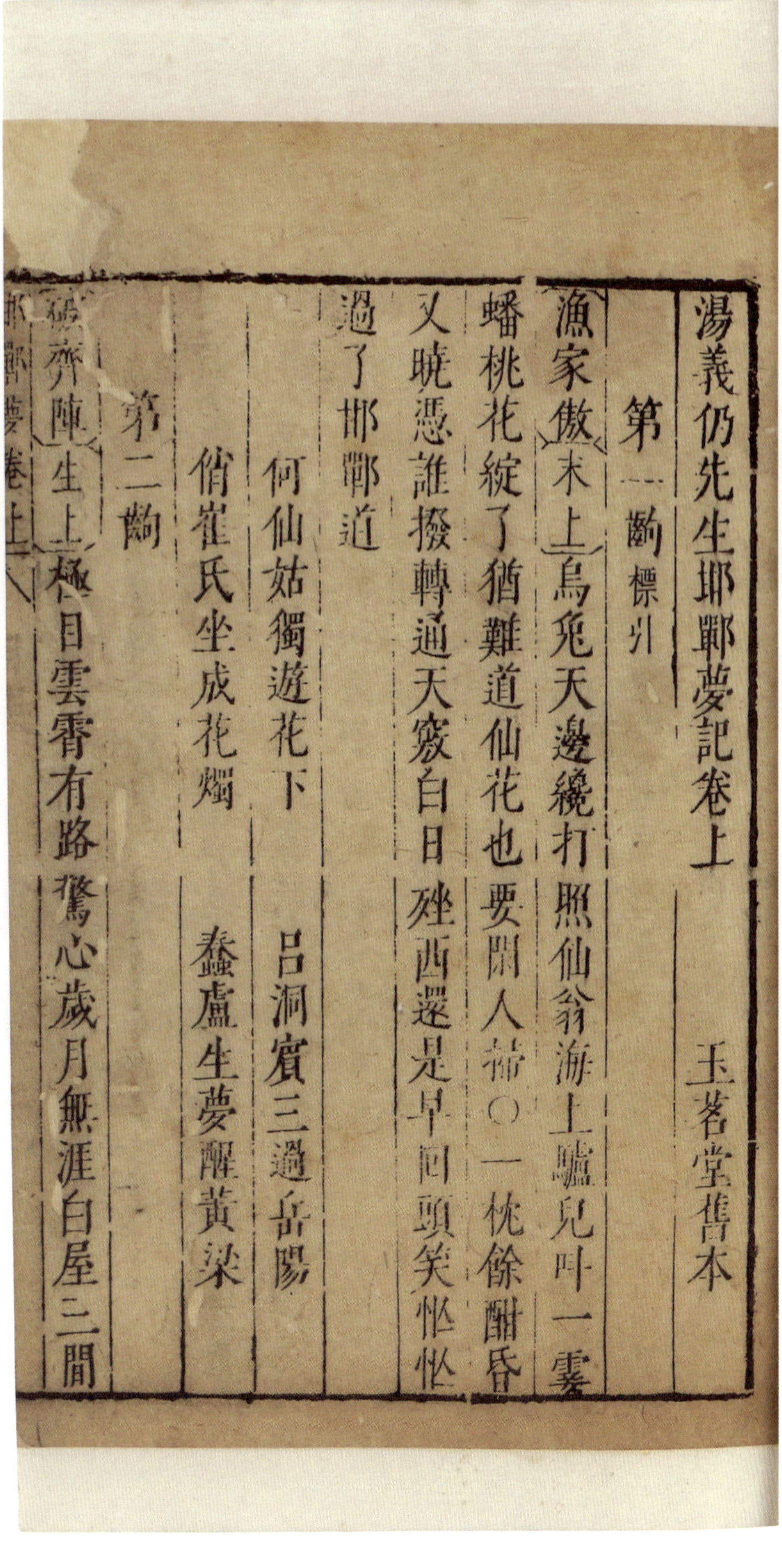

湯義仍先生邯鄲夢記二卷　（明）湯顯祖撰　明刻本

框高 20.5 厘米，廣 14.1 厘米。半葉十行，行二十一字，白口，四周單邊。2 册。

二級 118k205

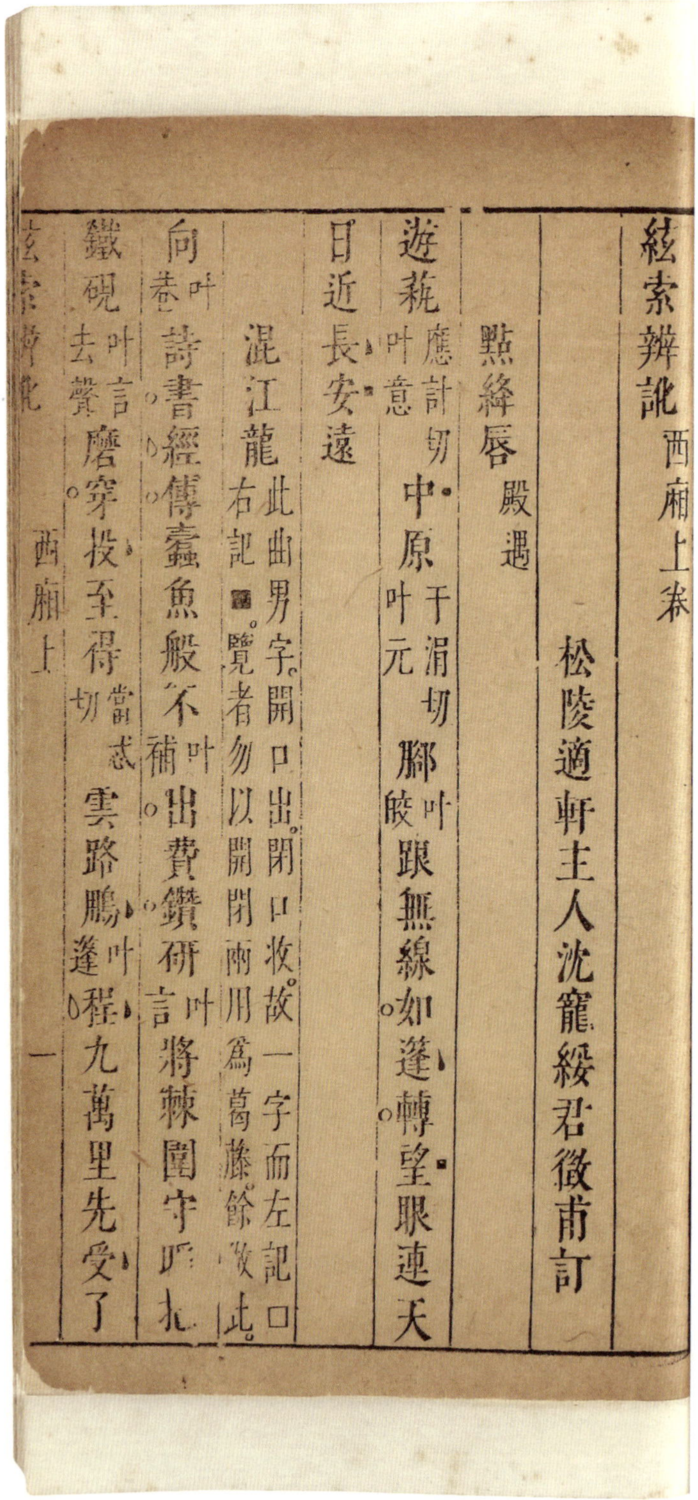

絃索辨訛二卷 （明）沈寵綏撰 明崇禎十二年（1639）沈氏刻本

框高 20.1 厘米，廣 12.8 厘米。半葉八行，行二十二字，小字雙行同，白口，四周單邊。4 册。

二級 122k234

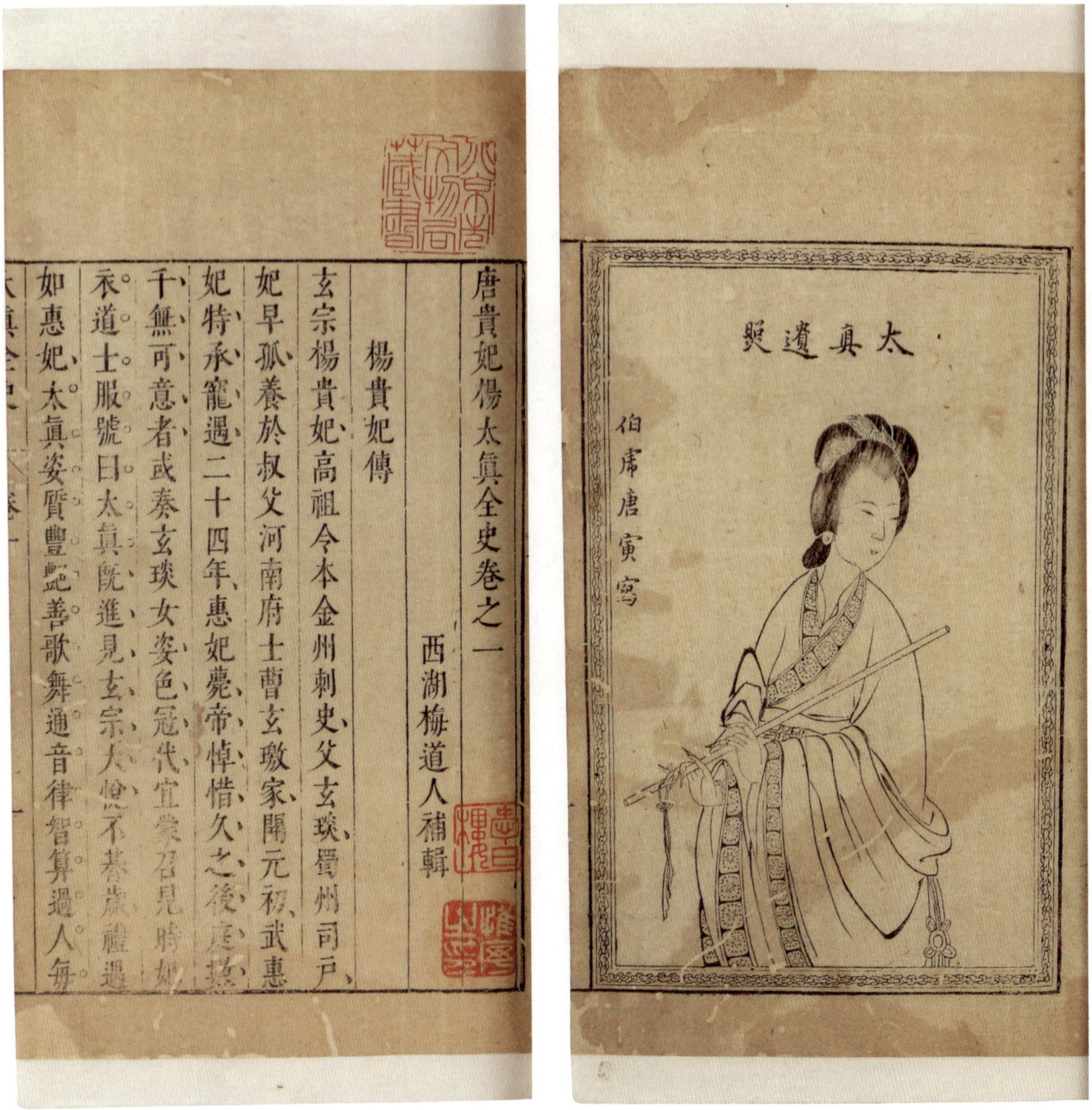
唐貴妃楊太眞全史卷之一
西湖梅道人補輯
楊貴妃傳
玄宗楊貴妃高祖令本金州刺史父玄琰蜀州司戶妃早孤養於叔父河南府士曹玄璬家開元初武惠妃特承寵遇二十四年惠妃薨帝悼惜久之後庭數千無可意者或奏玄琰女姿色冠代宜蒙召見時妃衣道士服號曰太眞旣進見玄宗大悅不恭歲禮遇如惠妃太眞姿質豐艷善歌舞通音律智算過人每

唐貴妃楊太真全史六卷　（明）西湖梅道人補輯　明末刻本

框高 19.8 厘米，廣 14.7 厘米。半葉九行，行二十字，白口，左右雙邊。6 册。鈐“八千卷樓藏書記”朱文印、“惟序之印”白文印、“愛日樓”朱文印等。

二級 152x357

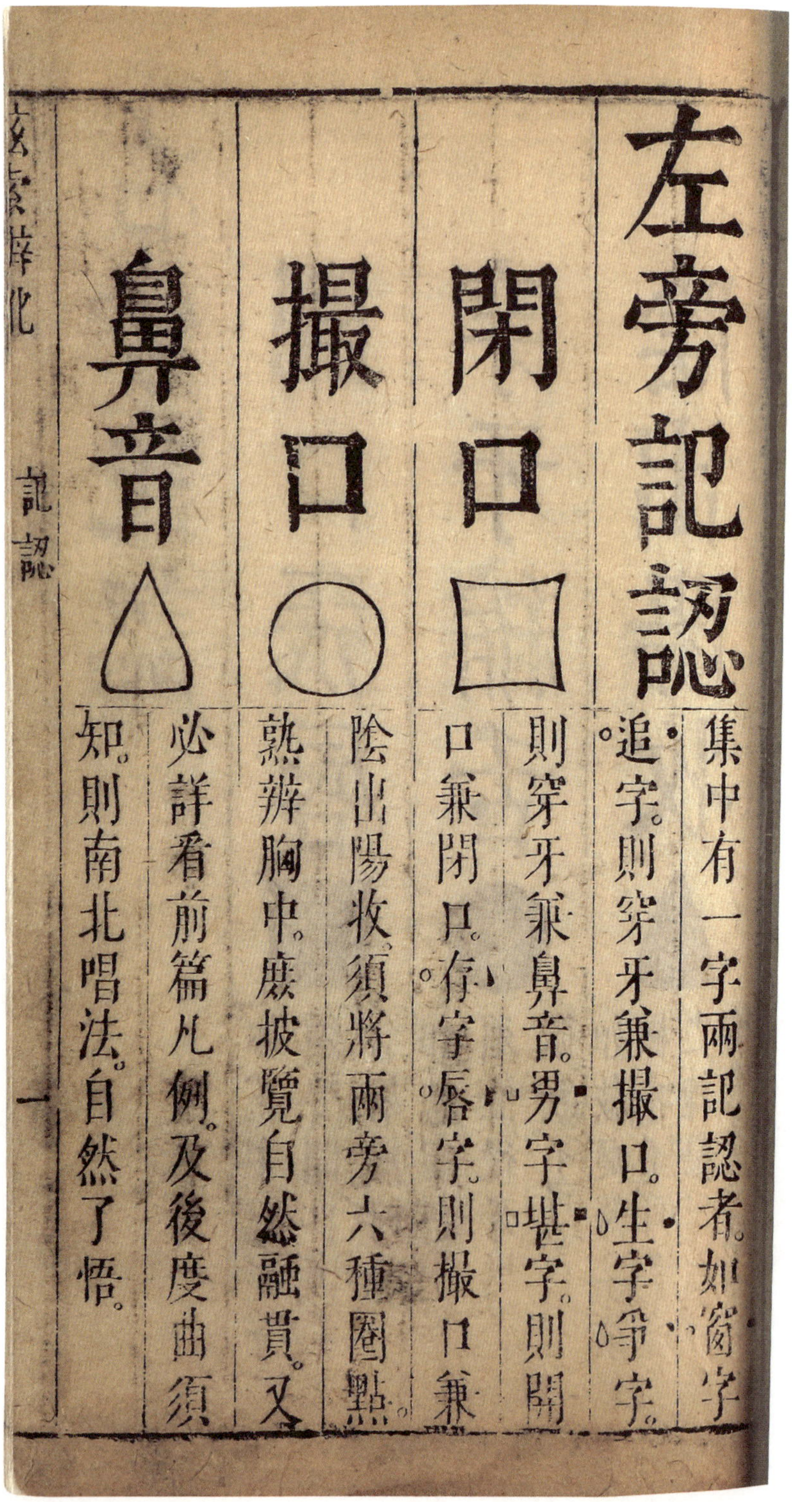

絃索辨訛不分卷　（明）沈寵綏訂　明末清初刻本

框高 20.1 厘米，廣 12.5 厘米。半葉八行，行二十二字，白口，四周單邊。1 册。鈐“振鐸藏書”白文印、“庸思”白文印等。

二級 318pu10-3-4-3

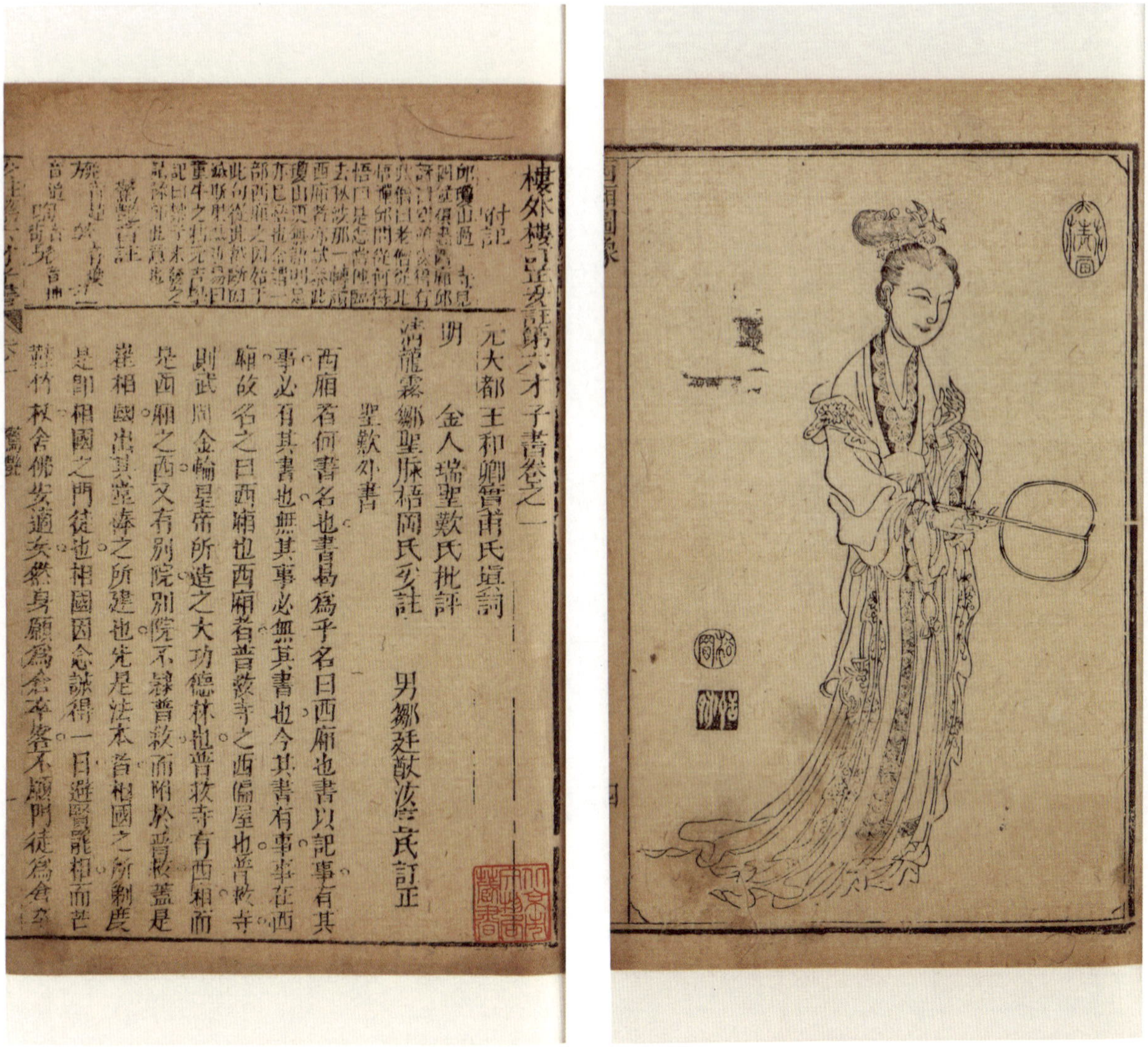

樓外樓訂正妥註第六才子書卷之一
元大都王和卿實甫氏塡詞
明 金人瑞聖歎氏批評
清龍霖鄒聖脈梧岡氏妥註 男鄒廷猷
聖歎外書
西廂者何書名也書曷爲乎名曰西廂也書以記事有其
事必有其書也無其事必無其書也今其書有事事在西
廂故名之曰西廂也西廂者普救寺之西偏屋也普救寺

樓外樓訂正妥註第六才子書六卷首一卷 （元）王實甫填詞 （明）金聖嘆批評 （清）鄒梧岡妥註 **李卓吾雜説** （清）李贄著 清刻本

框高 20.9 厘米，廣 14.5 厘米。半葉上下兩欄，上欄鎸評，下欄十三行，行二十三字，白口，四周單邊，無格。6 册。

三級 29k156

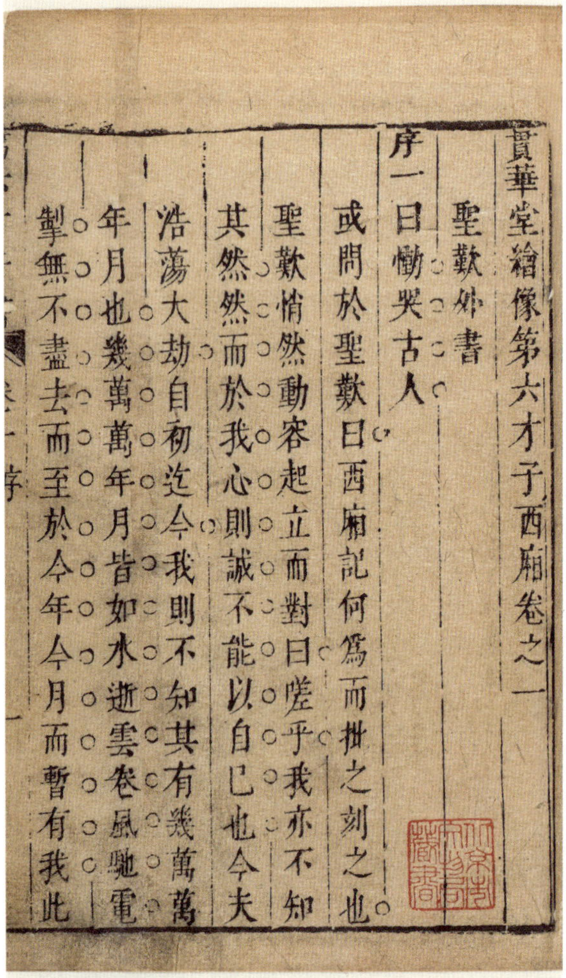
貫華堂繪像第六才子西廂卷之一
聖歎外書
序一曰慟哭古人
或問於聖歎曰西廂記何爲而批之刻之也
聖歎悄然動容起立而對曰嗟乎我亦不知
其然然而於我心則誠不能以自已也今夫
浩蕩大劫自初迄今我則不知其有幾萬萬
年月也幾萬萬年月皆如水逝雲卷風馳電
掣無不盡去而至於今年今月而暫有我此

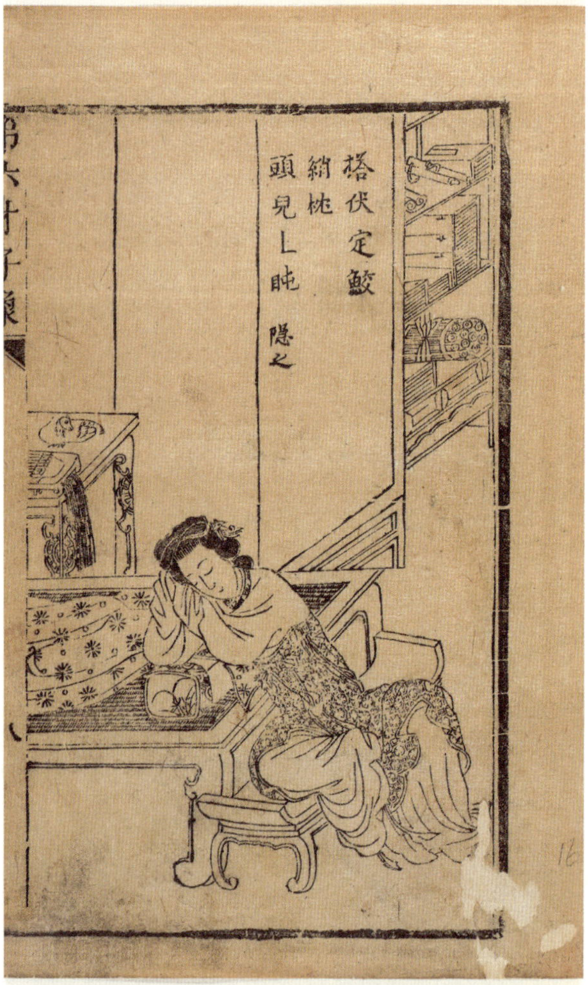

貫華堂繪像第六才子西廂八卷　（元）王實甫　（元）關漢卿撰　清康熙博雅堂刻本

框高 18 厘米，廣 12.6 厘米。半葉九行，行十九字，白口，左右雙邊。8 册。鈐“時士”朱文印、“博雅”朱文印、“風雅千古翰墨雲煙”朱文印等。缺一卷（三）。

三級 30k157

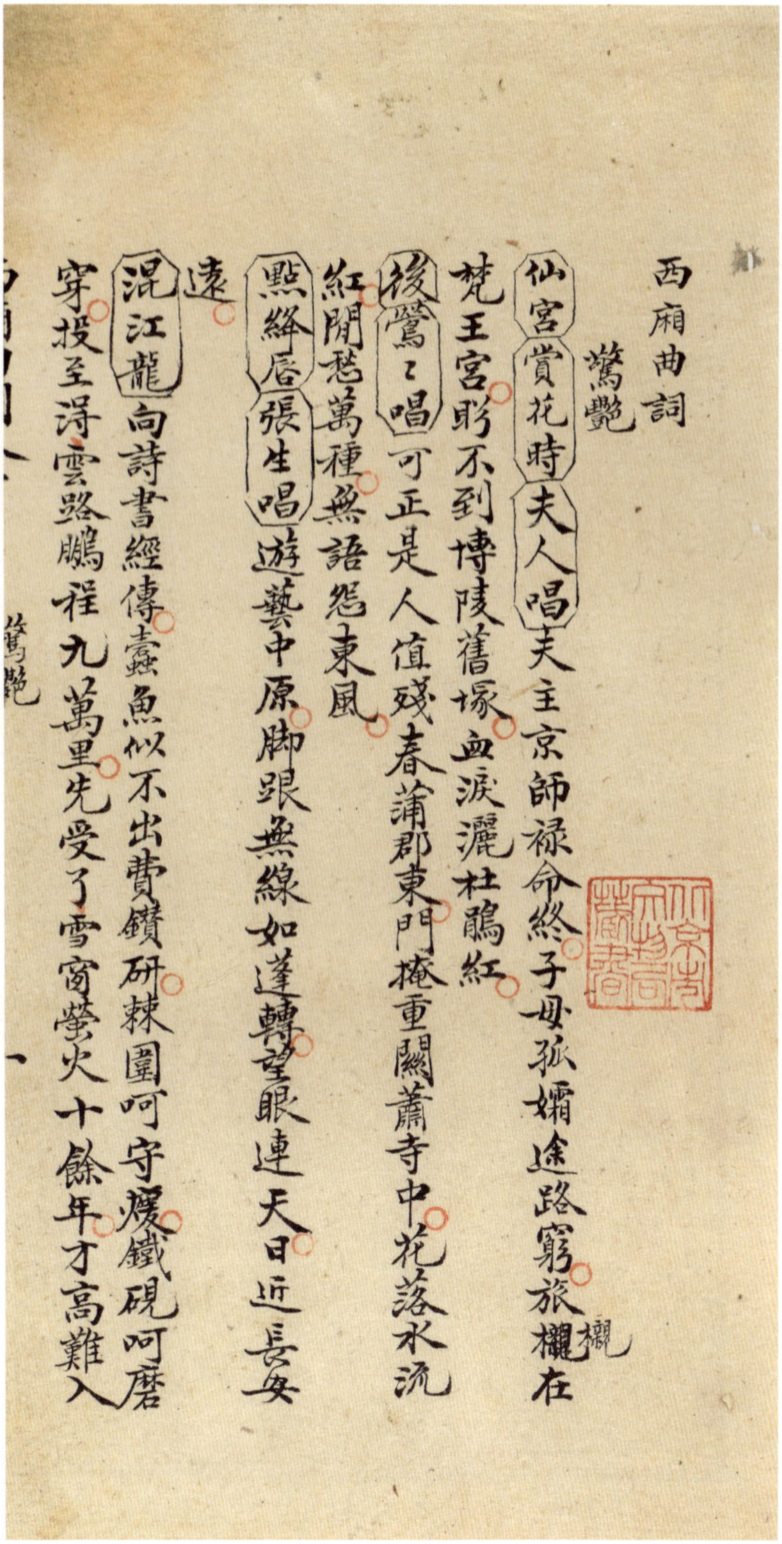
西廂曲詞
鶯艷
仙宮賞花時夫人唱夫主京師祿命終子母孤孀途路窮旅櫬在
梵王宮盼不到博陵舊塚血淚灑杜鵑紅
後鶯鶯唱可正是人值殘春蒲郡東門掩重關蕭寺中花落水流
紅閒愁萬種無語怨東風
點絳唇張生唱遊藝中原脚跟無線如蓬轉望眼連天日近長安
遠
混江龍向詩書經傳蠹魚似不出費鑽研棘圍呵守煖鐵硯呵磨
穿投至得雲路鵬程九萬里先受了雪窗螢火十餘年才高難入

西廂曲詞四卷　清抄本

開本高 23.4 厘米，廣 13.8 厘米。半葉十行，行二十五字，無框格。1 册。

三級 31k158

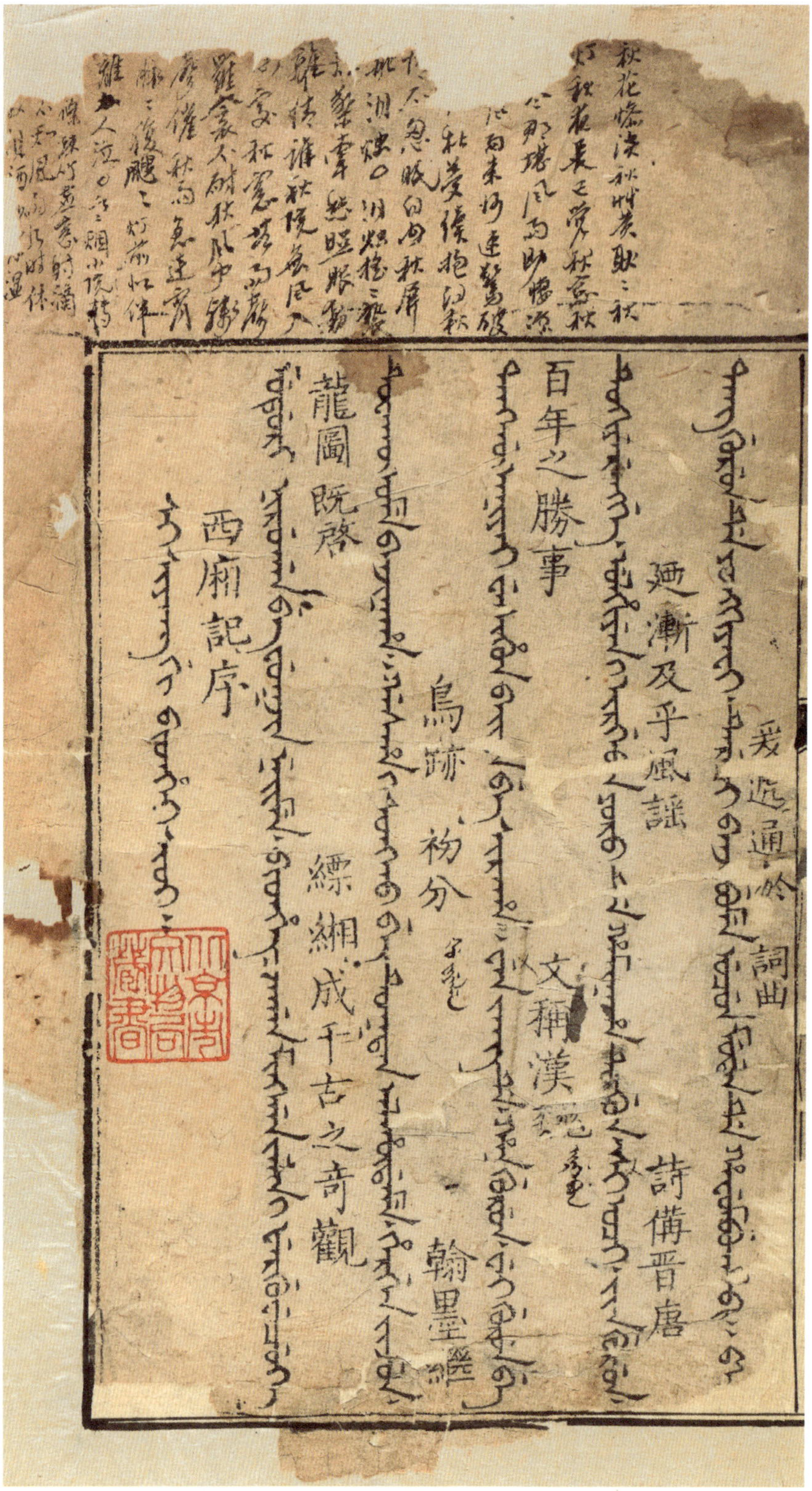

滿漢西廂記四卷　（元）王實甫撰　清乾隆刻本

框高16.5厘米，廣11.8厘米。半葉十二行，行、字數不等，白口，四周雙邊，無格。4册。

三級 32k159

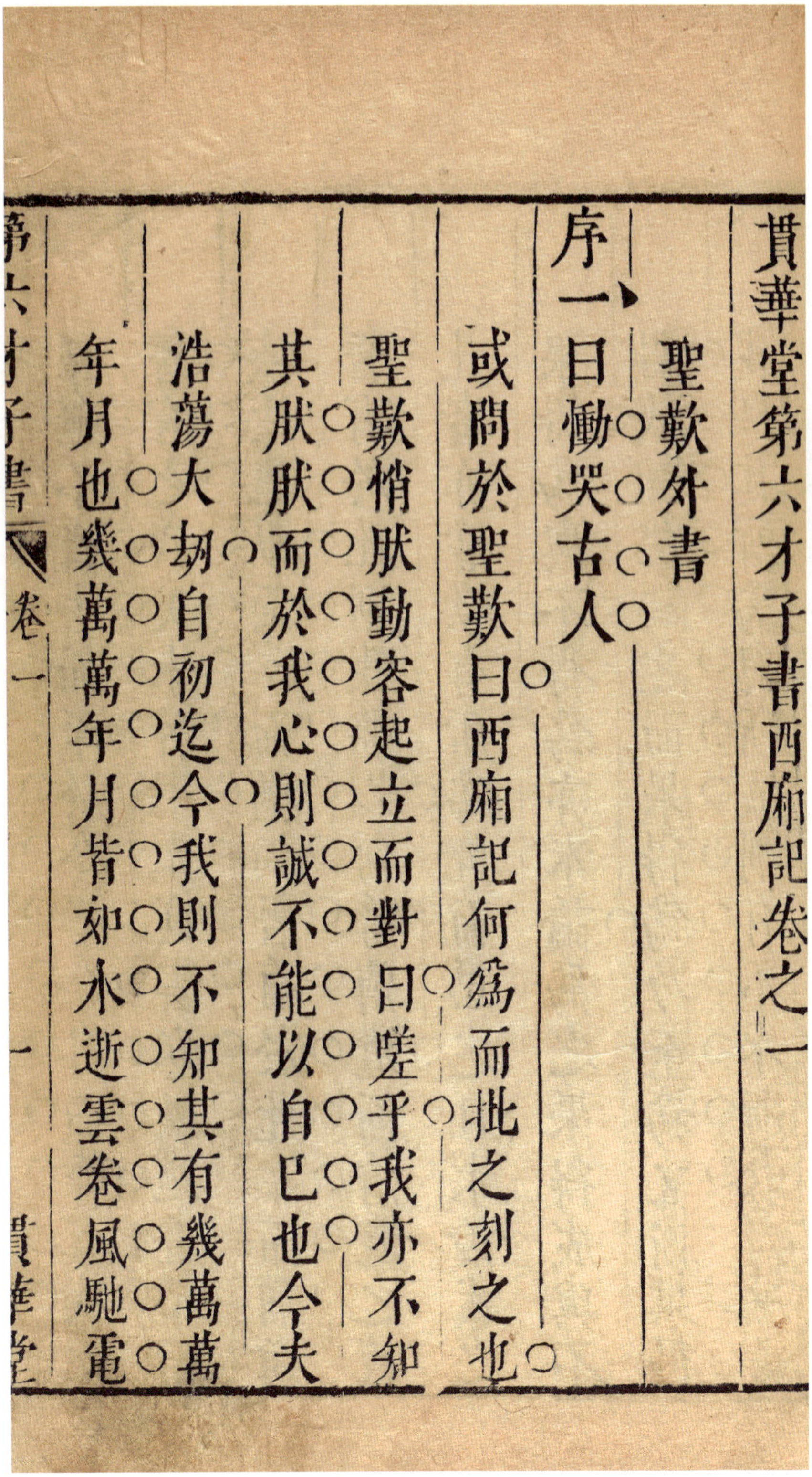

貫華堂第六才子書西廂記卷之一

聖歎外書

序一曰慟哭古人

或問於聖歎曰西廂記何爲而批之刻之也聖歎悄肰動容起立而對曰嗟乎我亦不知其肰肰而於我心則誠不能以自已也今夫浩蕩大劫自初迄今我則不知其有幾萬萬年月也幾萬萬年月皆如水逝雲卷風馳電

第六才子書 卷一 一 貫華堂

貫華堂第六才子書西廂記八卷 （元）王實甫 （元）關漢卿撰著 清康熙貫華堂刻本

框高 19 厘米，廣 13.2 厘米。半葉八行，行十九字，白口，左右雙邊。6 册。

三級 33k160

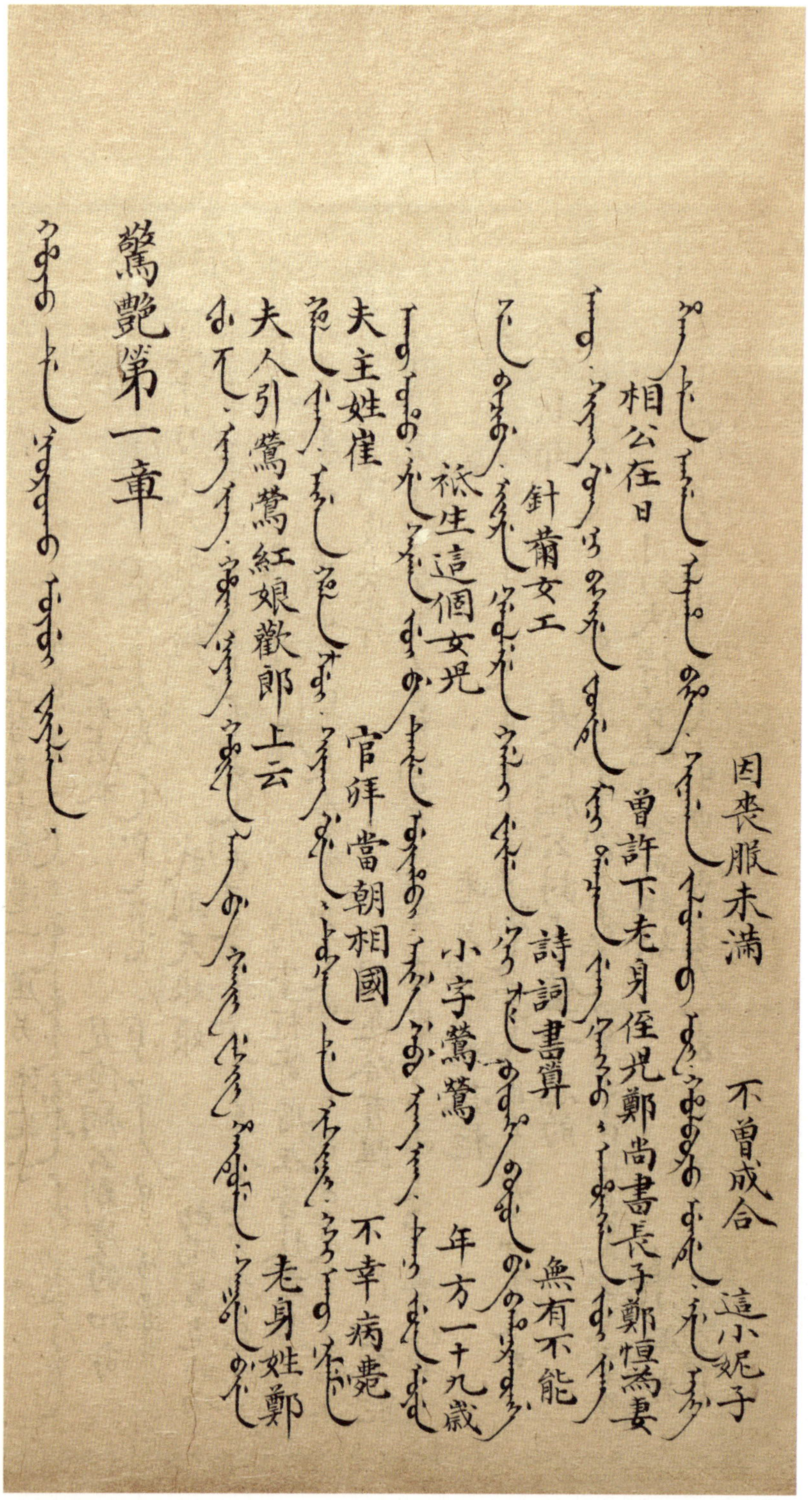
鶯艷第一章
夫人引鶯鶯紅娘歡郎上云
老身姓鄭　夫主姓崔　官拜當朝相國　不幸病薨
祗生這個女兒　小字鶯鶯　年方一十九歲
針黹女工　詩詞書算　無有不能
相公在日　曾許下老身侄兒鄭尚書長子鄭恒為妻
因喪服未滿　不曾成合　這小妮子

西廂記四卷　（元）王實甫撰　清抄本

開本高 24.8 厘米，廣 16 厘米。半葉八行，行、字數不等，無格。4 册。鈐“德蔭天地”朱文印。

三級 34k164

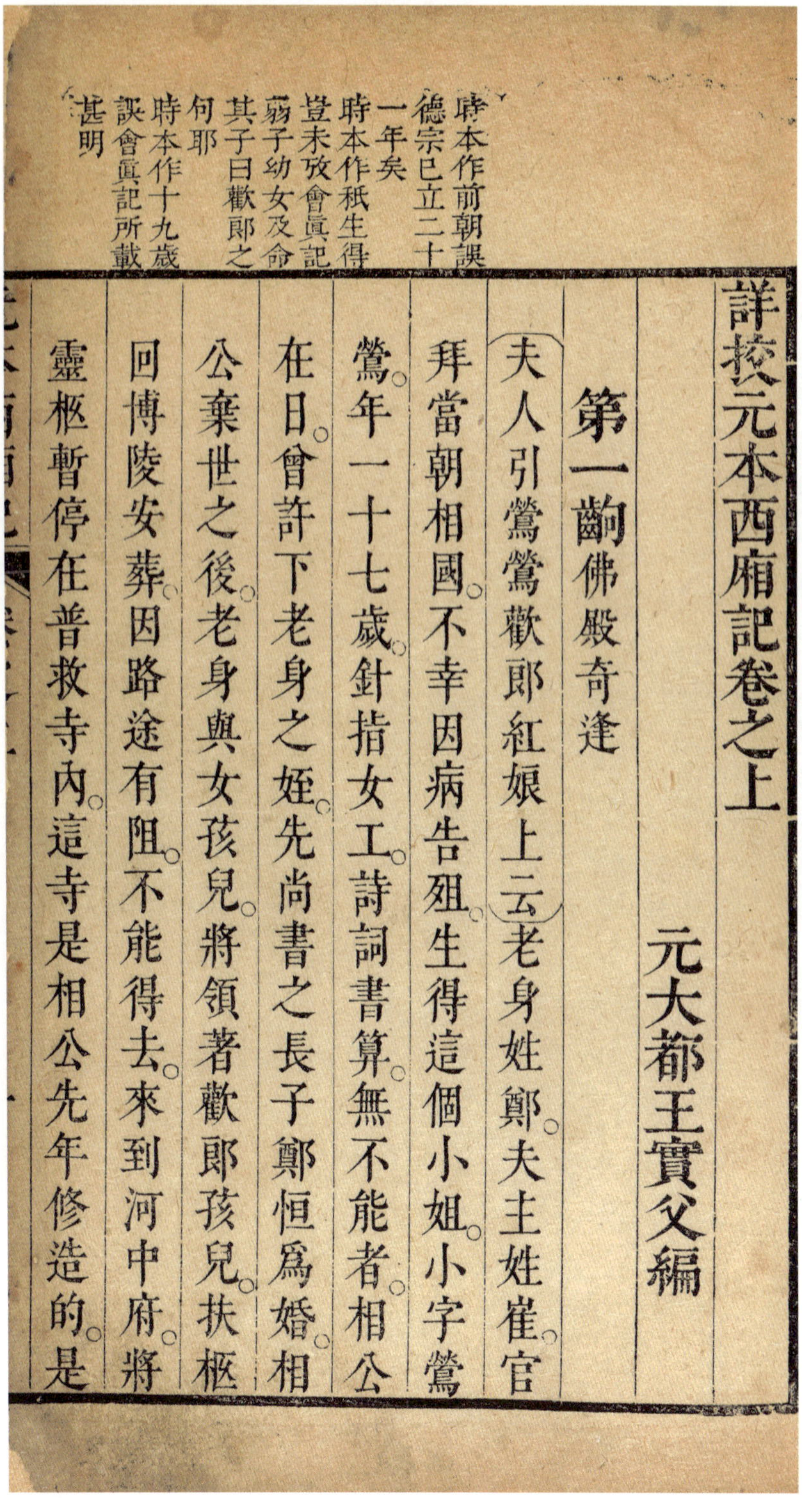

時本作前朝誤德宗已立二十一年矣
時本作秖生得豈未攷會眞記弱子幼女及命其子曰歡郎之何耶
時本作十九歲誤會眞記所載甚明

詳校元本西廂記卷之上

元大都王實父編

第一齣佛殿奇逢

夫人引鶯鶯歡郎紅娘上云老身姓鄭夫主姓崔官拜當朝相國不幸因病告殂生得這個小姐小字鶯鶯年一十七歲針指女工詩詞書算無不能者相公在日曾許下老身之姪先尚書之長子鄭恒爲婚相公棄世之後老身與女孩兒將領著歡郎孩兒扶柩回博陵安葬因路途有阻不能得去來到河中府將靈柩暫停在普救寺內這寺是相公先年修造的是

詳校元本西廂記二卷　（元）王實甫撰　清康熙封岳刻本

框高 20 厘米，廣 14.5 厘米。半葉十行，行二十一字，白口，四周單邊。1 册。存一卷（上）。

三級 35k170

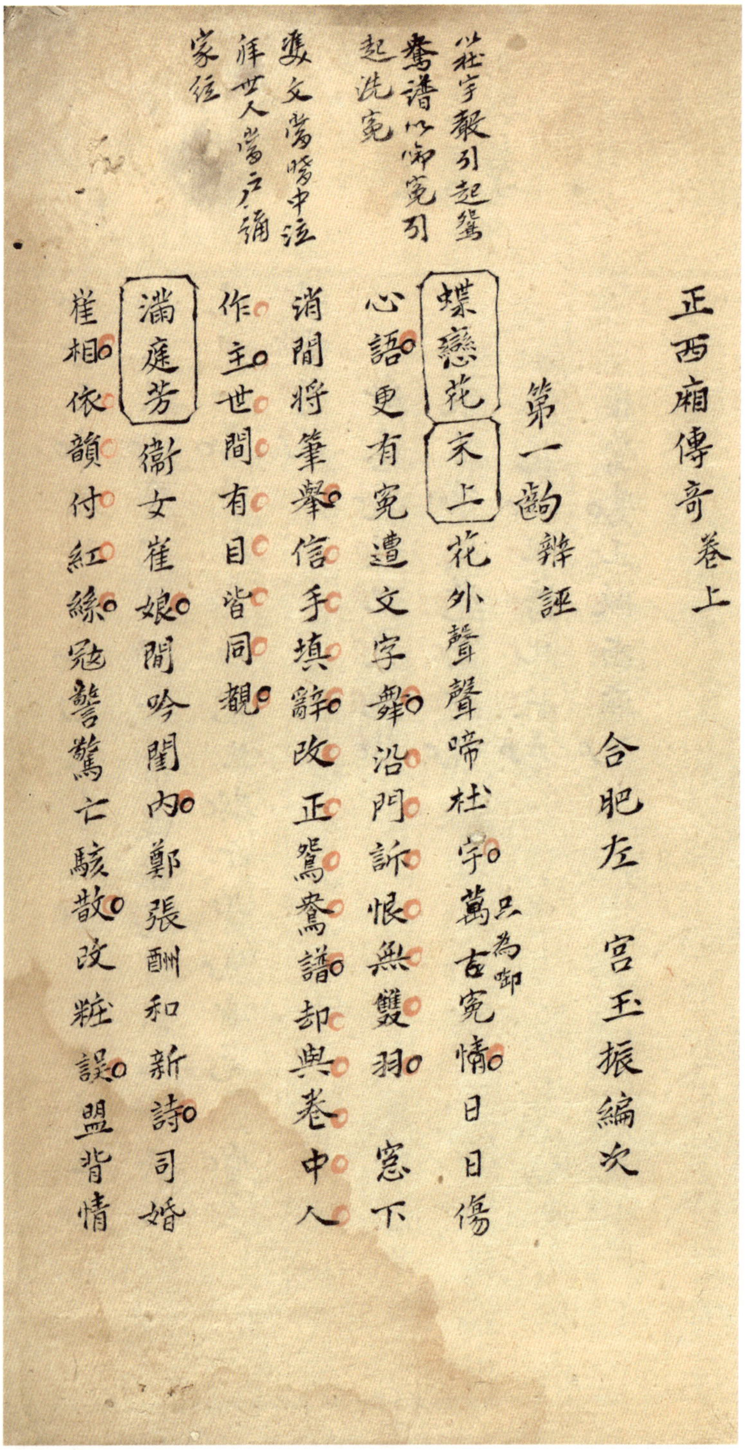

正西廂傳奇二卷　（元）王實甫撰　（清）左宫編次　清抄本

開本高 24 厘米，廣 14.4 厘米。半葉九行，行十九字，無格。1 册。存一卷（上）。

三級 36k171

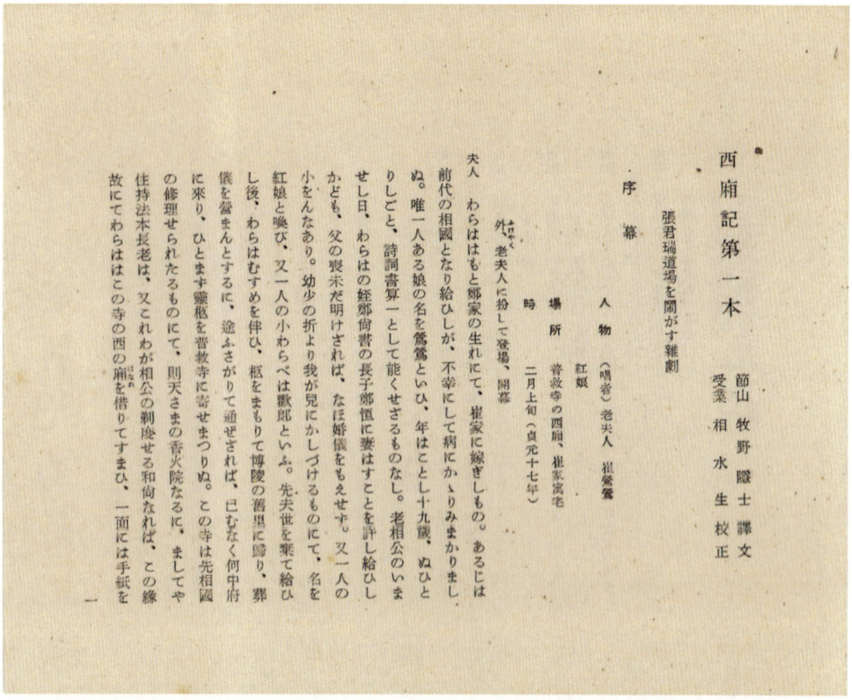

西廂記第一本

節山 牧野隱士譯文
受業 相 水 生 校正

張君瑞道場を閙がす雜劇

序 幕

人物 （唱者）老夫人 崔鶯鶯
紅娘

場所 普救寺の西廂、崔家寓宅

時 二月上旬（貞元十七年）

外、老夫人に扮して登場、開幕

夫人 わらははもと鄭家の生れにて、崔家に嫁ぎしもの。あるじは前代の相國となり給ひしが、不幸にして病にかゝりみまかりましぬ。唯一人ある娘の名を鶯鶯といひ、年はことし十九歳、ぬひとりしごと、詩詞書算一として能くせざるものなし。老相公のいませし日、わらはの姪鄭尚書の長子鄭恒に妻はすことを許し給ひしかども、父の喪未だ明けざれば、なほ婚儀をもえせず。又一人の小をんなあり。幼少の折より我が兒にかしづけるものにて、名を紅娘と喚び、又一人の小わらべは歡郎といふ。先夫世を棄て給ひし後、わらはむすめを伴ひ、柩をまもりて博陵の舊里に歸り、葬儀を營まんとするに、途ふさがりて通ぜざれば、已むなく何中府に來り、ひとまず靈柩を普救寺に寄せまつりぬ。この寺は先相國の修理せられたるものにて、則天さまの香火院なるに、ましてや住持法本長老は、又これわが相公の剃度せる和尚なれば、この緣故にてわらははこの寺の西の廂を借りてすまひ、一面には手紙を

一

西廂記二卷 （元）王實甫撰 （日本）鹽谷節山譯 民國三十六年（1947）日本昌平公司鉛印本

開本高 14.8 厘米，廣 20.7 厘米。1 册。鈐“一氓讀書”朱文印、“一岷五十”朱文印。有李一氓跋。

三級 37k172

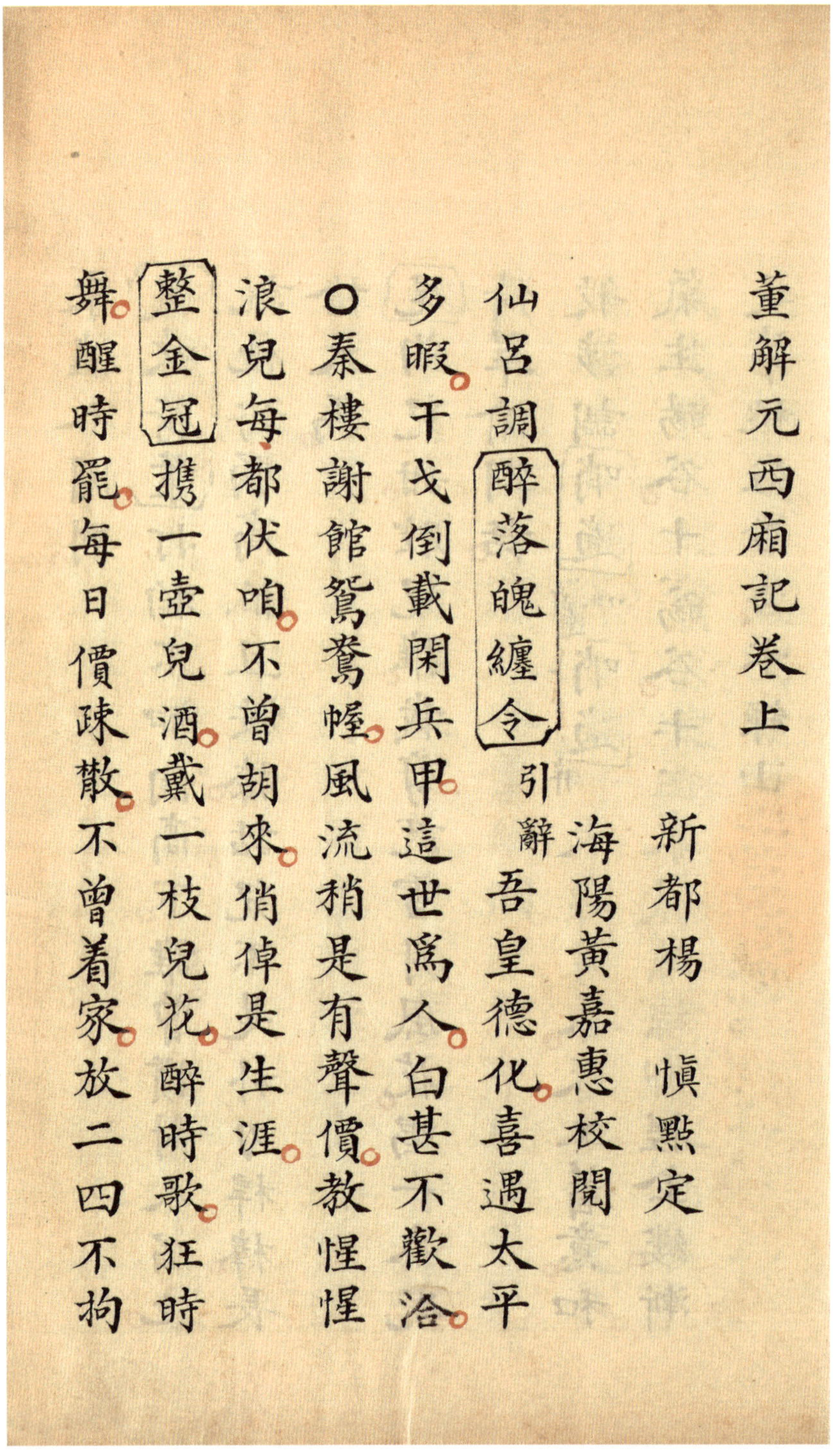

董解元西廂記卷上
新都楊　慎點定
海陽黃嘉惠校閲
仙呂調醉落魄纏令引辭吾皇德化喜遇太平
多暇干戈倒載閑兵甲這世爲人白甚不歡洽
○秦樓謝館鴛鴦幄風流稍是有聲價教惺惺
浪兒每都伏咱不曾胡來俏倬是生涯
整金冠携一壺兒酒戴一枝兒花醉時歌狂時
舞醒時罷每日價疎散不曾着家放二四不拘

董解元西廂記二卷　（明）楊慎點定　（明）黃嘉惠校閲　清抄本

開本高 25.2 厘米，廣 16.7 厘米。半葉九行，行十八字，無格。2 册。鈐“智恕藏書印”朱文印、“杞國趙氏子”白文印。

三級 38k180

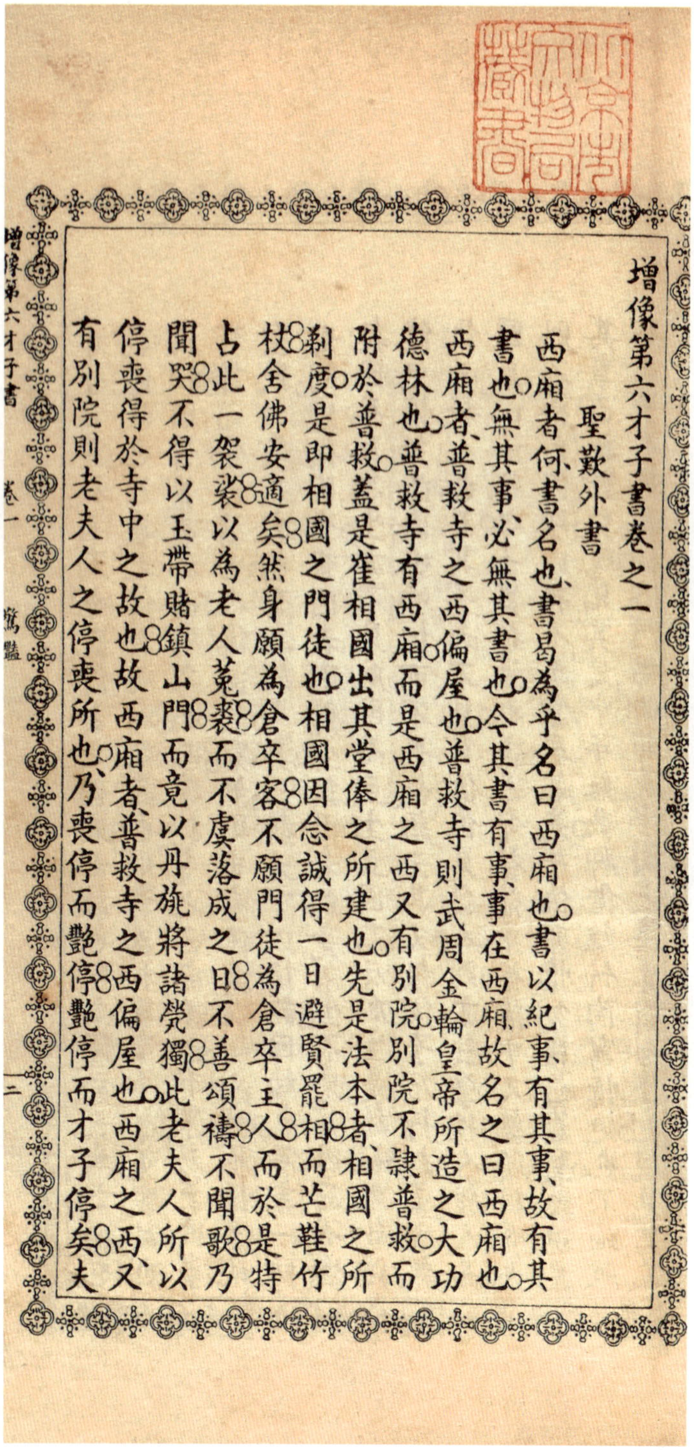

增像第六才子書　卷一

增像第六才子書卷之一

聖歎外書

西廂者何書名也書曷為乎名曰西廂也書以紀事有其事故有其書也無其事必無其書也今其書有事事在西廂故名之曰西廂也西廂者普救寺之西偏屋也普救寺則武周金輪皇帝所造之大功德林也普救寺有西廂而是西廂之西又有別院別院不隸普救而附於普救蓋是崔相國出其堂俸之所建也先是法本者相國之所剃度是即相國之門徒也相國因念誠得一日避賢罷相而芒鞋竹杖舍佛安適矣然身願為倉卒客不願門徒為倉卒主人而於是特占此一袈裟以為老人菟裘而不虞落成之日不善頌禱不聞歌乃聞哭不得以玉帶賭鎮山門而竟以丹旐將諸煢獨此老夫人所以停喪得於寺中之故也故西廂者普救寺之西偏屋也西廂之西又有別院則老夫人之停喪所也乃喪停而艷停艷停而才子停矣夫

增像第六才子書五卷首一卷　（元）王實甫　（元）關漢卿撰　清光緒十五年（1889）鴻寶齋石印本

框高 12.6 厘米，廣 8.4 厘米。半葉十三行，行二十八字，白口，四周雙邊（花邊），無格。6 册。

三級 39k182

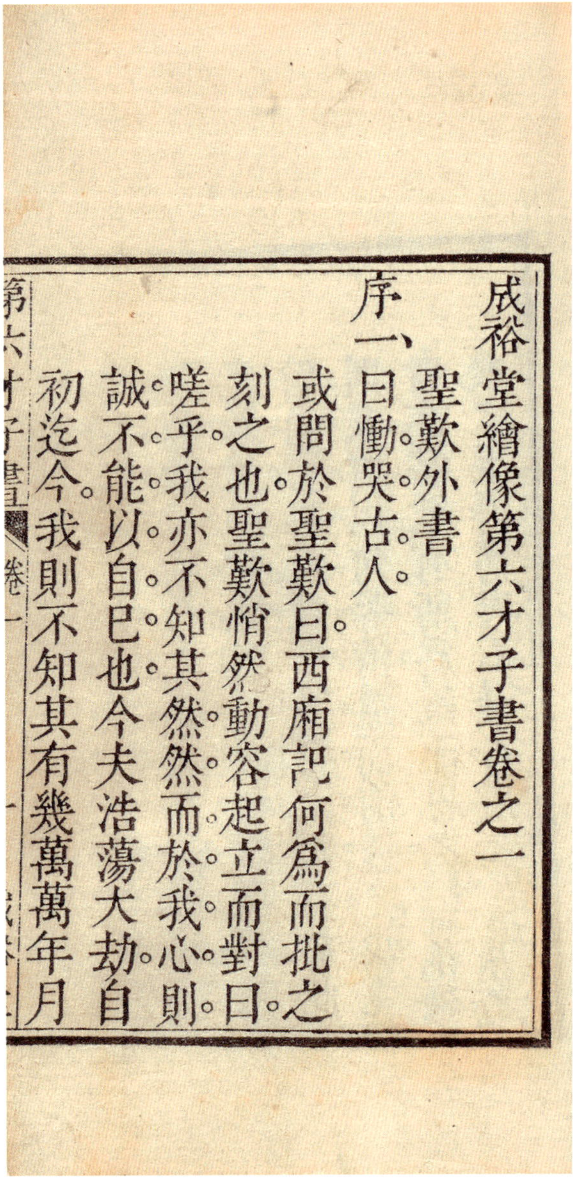

成裕堂繪像第六才子書卷之一

聖歎外書

序一　曰慟哭古人

或問於聖歎曰西廂記何爲而批之刻之也聖歎悄然動容起立而對曰嗟乎我亦不知其然然而於我心則誠不能以自已也今夫浩蕩大劫自初迄今我則不知其有幾萬萬年月

第六才子書　卷一

成裕堂繪像第六才子書八卷　（元）王實甫　（元）關漢卿撰　清雍正十一年（1733）成裕堂刻本

框高 9.6 厘米，廣 6.9 厘米。半葉八行，行十六字，白口，四周雙邊，無格。6 册。

三級 40k184

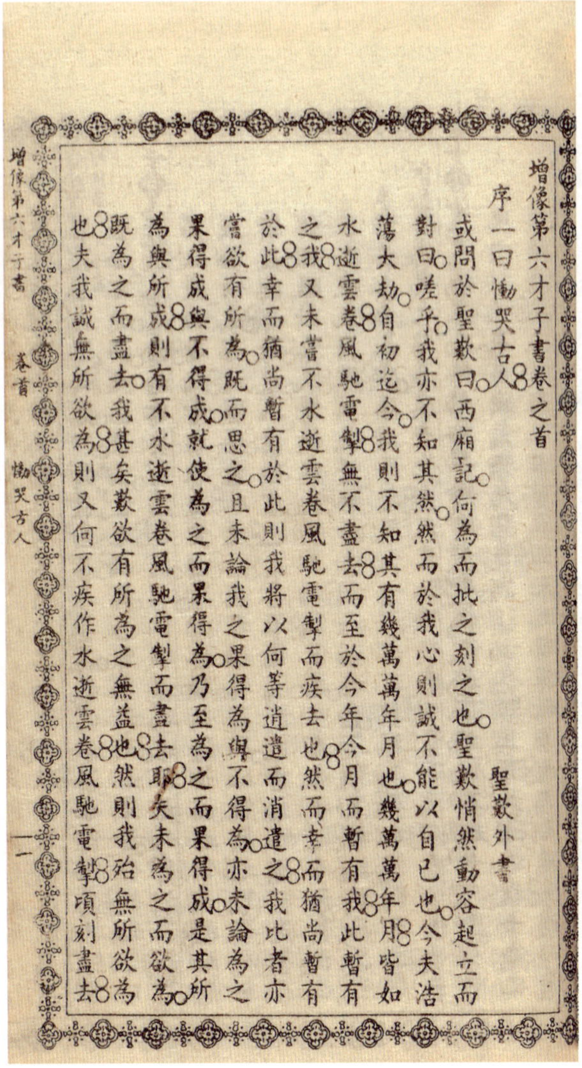

增像第六才子書卷之首

序一曰慟哭古人　　聖歎外書

或問於聖歎曰西廂記何為而批之刻之也聖歎悄然動容起立而對曰嗟乎我亦不知其然然而於我心則誠不能以自已也今夫浩蕩大劫自初迄今我則不知其有幾萬萬年月也幾萬萬年月皆如水逝雲卷風馳電掣無不盡去而至於今年今月而暫有我此暫有之我又未嘗不水逝雲卷風馳電掣而疾去也然而幸而猶尚暫有於此幸而猶尚暫有於此則我將以何等消遣而消遣之我比者亦嘗欲有所為既而思之且未論我之果得為與不得為亦未論為之果得成與不得成就使為之而果得為乃至為之而果得成是其所為與所成則有不水逝雲卷風馳電掣而盡去耶夫未為之而欲為既為之而盡去我甚矣歎欲有所為之無益也然則我殆無所欲為也夫我誠無所欲為則又何不疾作水逝雲卷風馳電掣頃刻盡去

增像第六才子書　卷首　慟哭古人　一

增像第六才子書五卷首一卷　（元）王實甫　（元）關漢卿撰　清光緒十八年（1892）鴻寶齋石印本

框高10.1厘米，廣6.7厘米。半葉十三行，行二十八字，白口，四周雙邊（花邊），無格。6册。鈐“心壺”朱文印、“鵐南長壽”朱文印。

三級 41k185

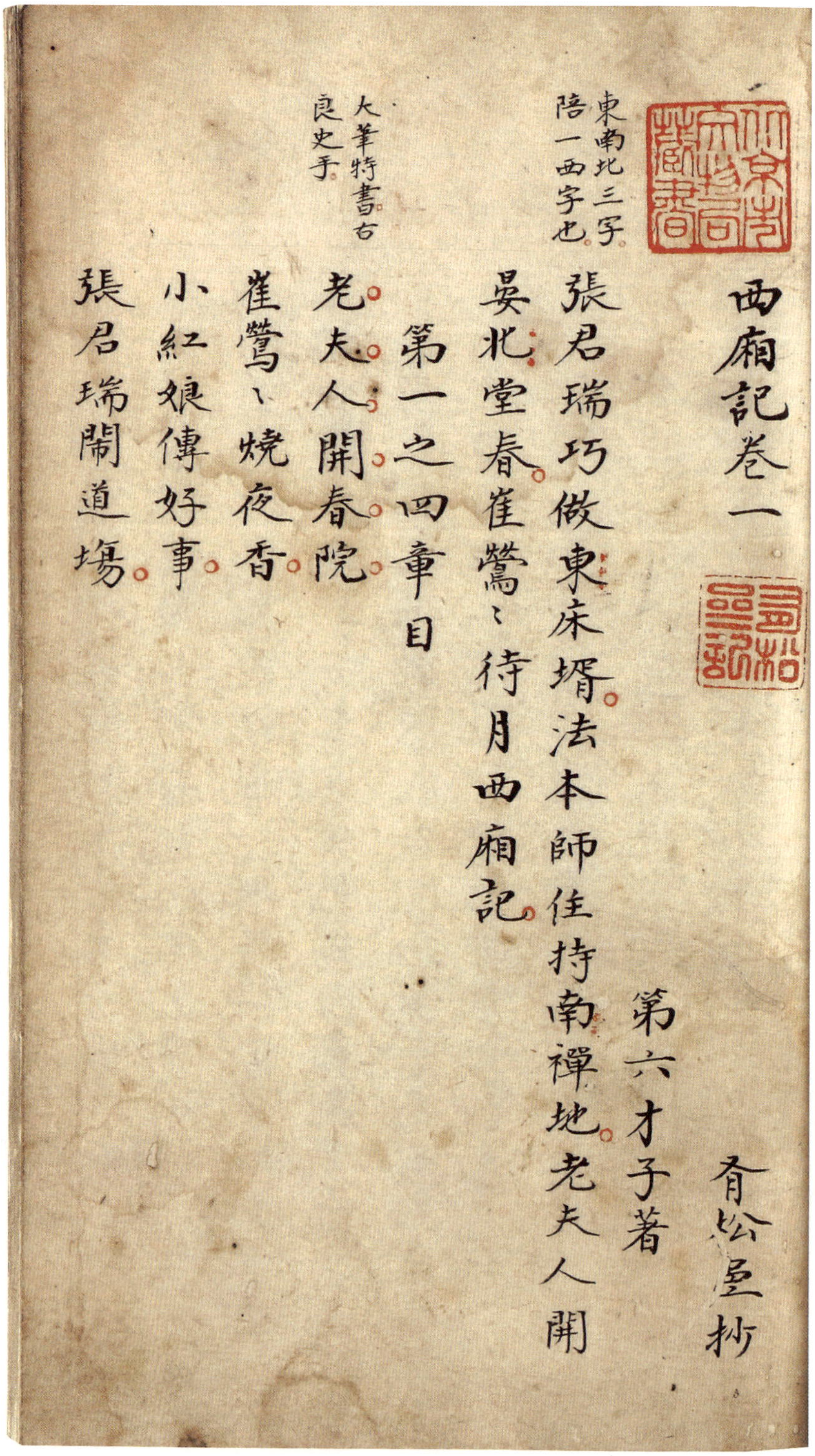

西廂記四卷　（元）王實甫撰　清有松堂抄本

開本高 19.8 厘米，廣 13.5 厘米。半葉九行，行、字數不等，無格。4 册。鈐“有松⿱厶皿記”朱文印。

三級 42k199

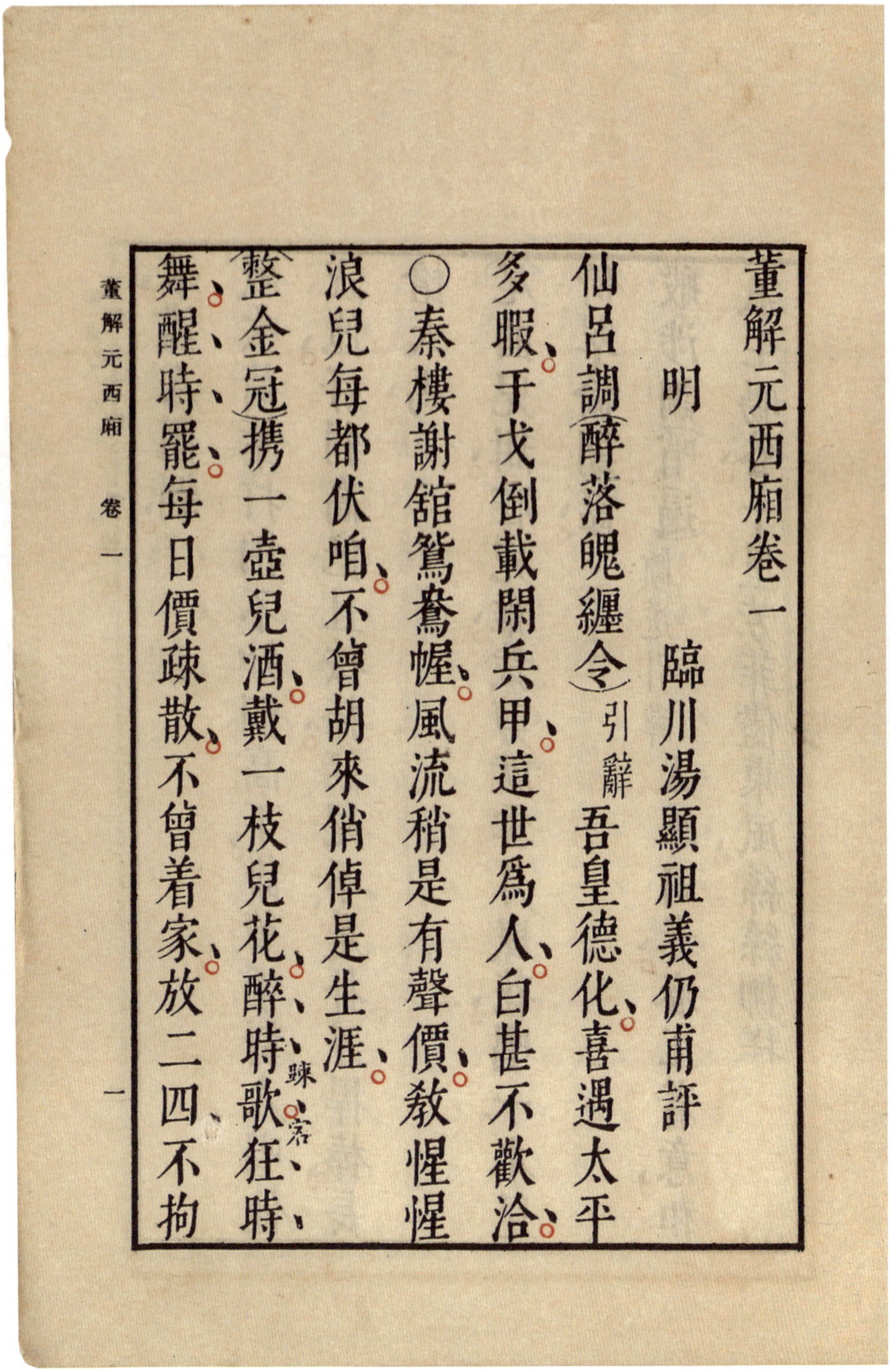
董解元西廂卷一
明　臨川湯顯祖義仍甫評
仙呂調（醉落魄纏令）引辭　吾皇德化、喜遇太平多暇、干戈倒載閑兵甲、這世爲人、白甚不歡洽、○秦樓謝館鴛鴦幄、風流稍是有聲價、教惺惺浪兒每都伏咱、不曾胡來俏倬是生涯、（整金冠）携一壺兒酒、戴一枝兒花、醉時、踈歌、落狂、時、舞、醒時罷、每日價疎散、不曾着家、放二四、不拘
董解元西廂　卷一　一

董解元西廂四卷　（金）董解元著　（明）湯顯祖評　民國二十六年（1937）影印萬有文庫本

框高12.7厘米，廣8.8厘米。半葉八行，行十八字，白口，四周單邊，無格。1册。平裝。

三級 43k202

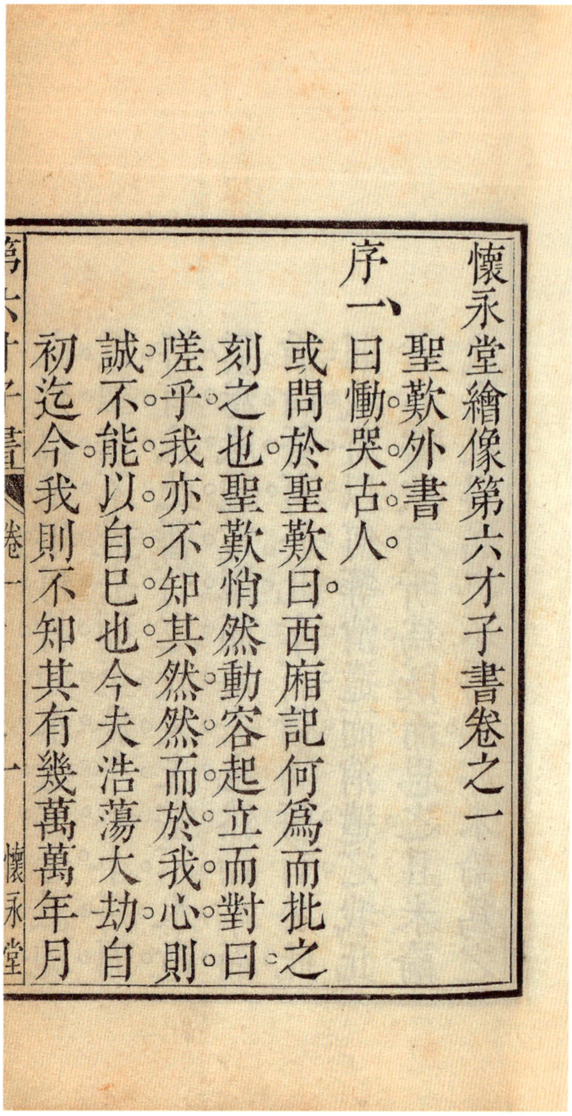
懷永堂繪像第六才子書卷之一
聖歎外書
序一　曰慟哭古人。
或問於聖歎曰西廂記何爲而批之
刻之也聖歎悄然動容起立而對曰
嗟乎我亦不知其然然而於我心則
誠不能以自已也今夫浩蕩大劫自
初迄今我則不知其有幾萬萬年月
第六才子書　卷一　一　懷永堂

懷永堂繪像第六才子書八卷　（元）王實甫　（元）關漢卿撰　清康熙五十九年（1720）懷永堂刻本

框高 10 厘米，廣 6.9 厘米。半葉八行，行十六字，白口，四周雙邊，無格。6 册。鈐“邓白經眼”白文印。

三級 44k213

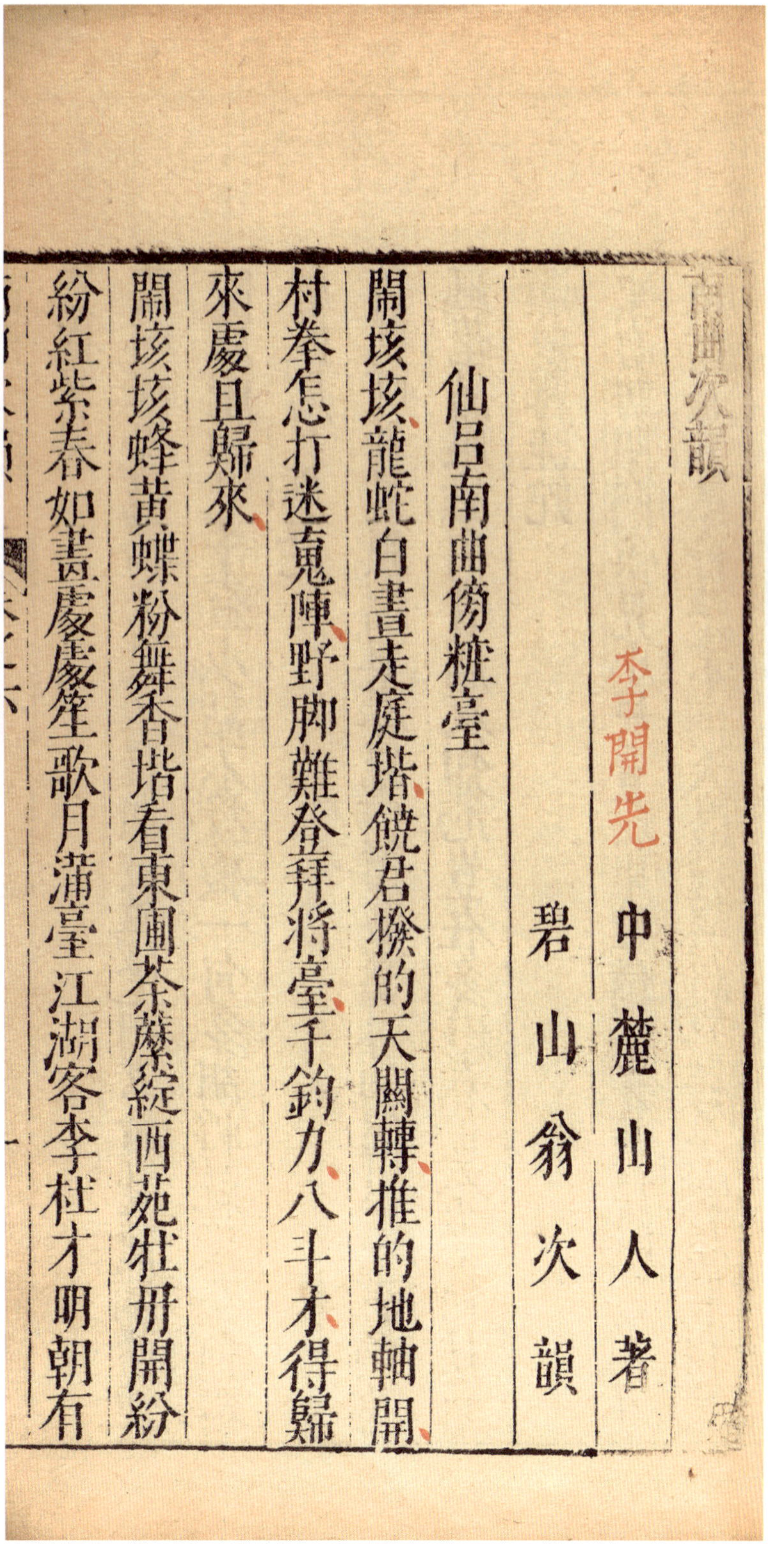
南曲次韻
中麓山人著
李開先
碧山翁次韻
仙呂南曲傍粧臺
鬧垓垓龍蛇白晝走庭堦饒君撥的天關轉推的地軸開
村拳怎打迯寃陣野脚難登拜將臺千鈞力八斗才得歸
來處且歸來
鬧垓垓蜂黃蝶粉舞香堦看東園荼蘼綻西苑牡册開紛
紛紅紫春如畫處處笙歌月蒲臺江湖客李杜才明朝有

南曲次韻六卷　（明）李開先著　（明）王九思次韻　明嘉靖二十四年（1545）刻本

框高20.7厘米，廣13.5厘米。半葉九行，行二十二字，白口，四周單邊。1册。存一卷（六）。

三級 45k232

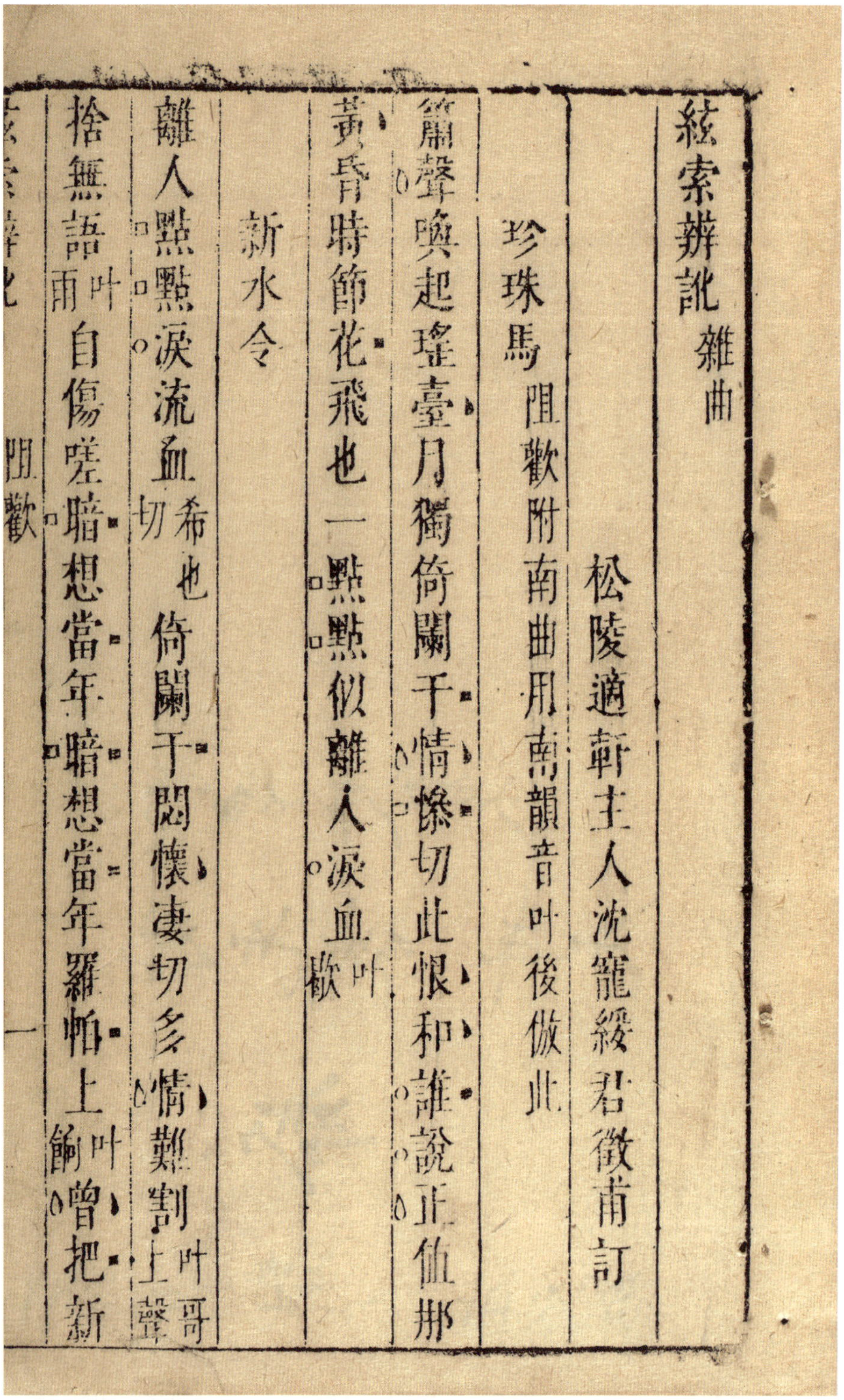
絃索辨訛 雜曲
松陵適軒主人沈寵綏君徵甫訂
珍珠馬 阻歡附南曲用南韻音叶後倣此
簫聲喚起瑤臺月獨倚闌干情慘切此恨和誰說正值那
黃昏時節花飛也一點點似離人淚血叶歇
新水令
離人點點淚流血希也切倚闌干悶懷淒切多情難割叶哥上聲
捨無語叶雨自傷嗟暗想當年暗想當年羅帕上餉叶曾把新
絃索辨訛 阻歡 一

絃索辨訛二卷　（明）沈寵綏訂　明刻本

框高 20.3 厘米，廣 12 厘米。半葉八行，行二十二字，小字雙行同，白口，四周單邊。1 册。

三級 47k235

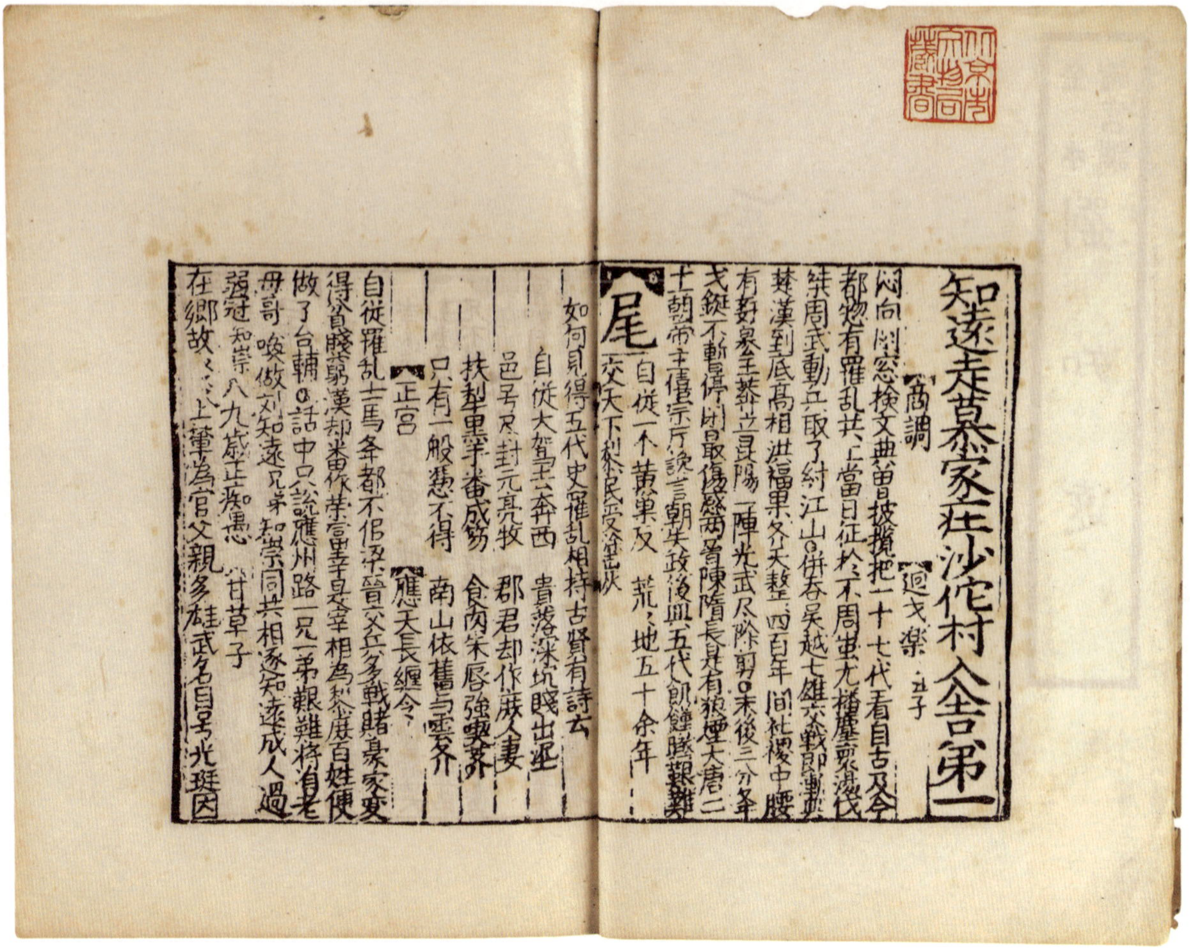

金本劉知遠諸宮調　（金）劉知遠撰　民國影印本

框高 12 厘米，廣 9.5 厘米。半葉十二行，行二十字，白口，左右雙邊。1 册。蝴蝶裝。

三級 48k246

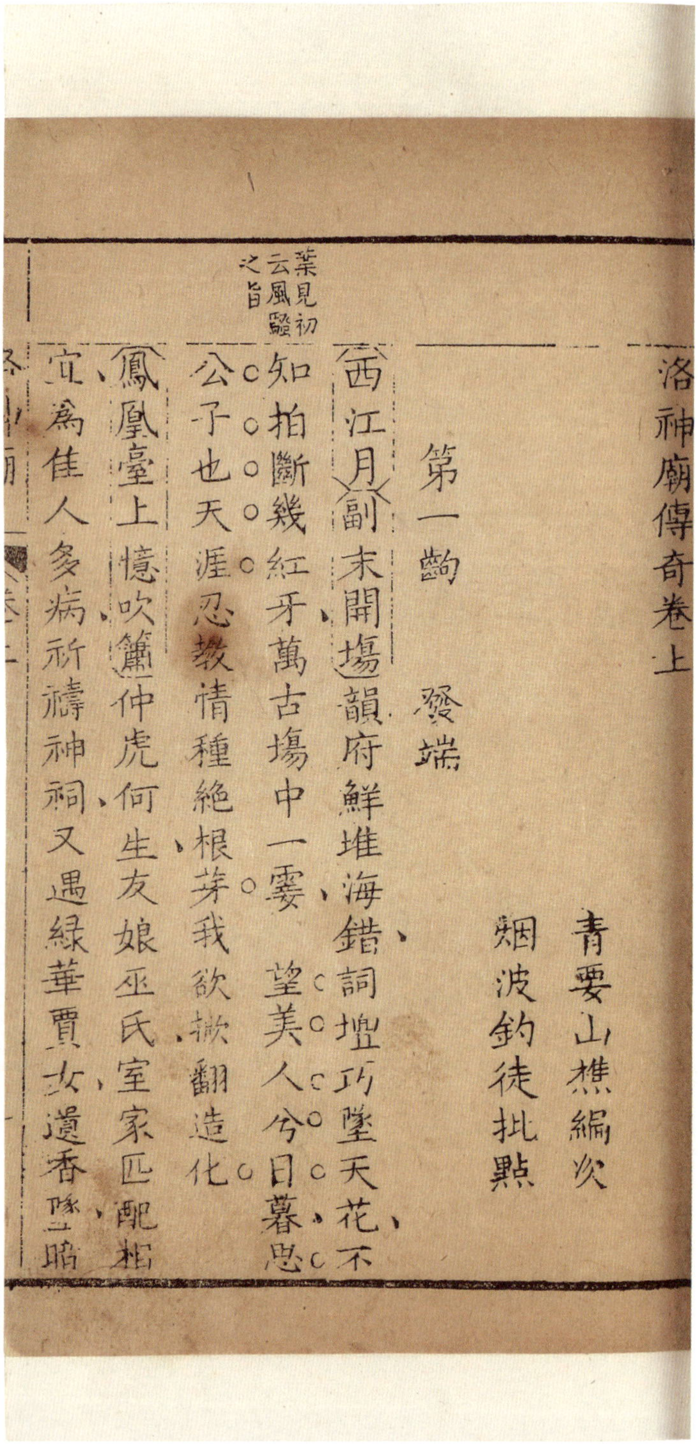

葉見初云風騷之旨

洛神廟傳奇卷上

青要山樵編次
烟波釣徒批點

第一齣　發端

西江月（副末開場）韻府鮮堆海錯、詞壇巧墜天花、不知拍斷幾紅牙、萬古場中一霎。望美人兮日暮、思公子也天涯、忍教情種絶根芽、我欲掀翻造化。

鳳凰臺上憶吹簫　仲虎何生、友娘巫氏、室家匹配相宜、爲佳人多病、祈禱神祠、又遇綠華賈女遺香墜昭

洛神廟傳奇二卷　（清）青要山樵編次　（清）烟波釣徒批點　清康熙十四年（1675）刻本

框高 19.3 厘米，廣 13.8 厘米。半葉上下兩欄，上欄鎸評，下欄九行，行二十字，白口，四周單邊，無格。4 册。

三級 59k316

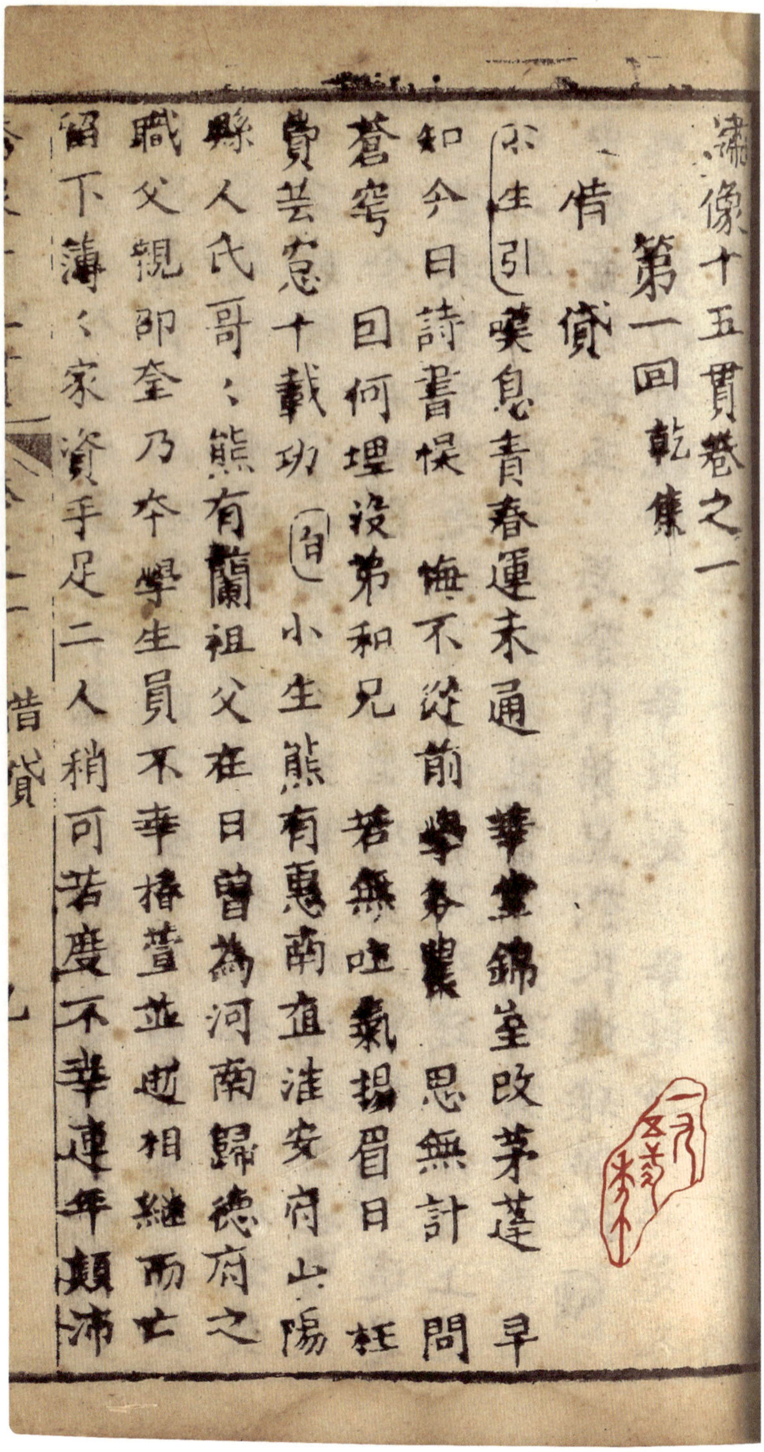

繡像十五貫十六卷 （清）馬永清編 清同治六年（1867）刻本

框高 15.8 厘米，廣 9.7 厘米。半葉十行，行二十字，白口，四周單邊，無格。2 册。鈐“一九五三年”朱文印。

三級 61k322

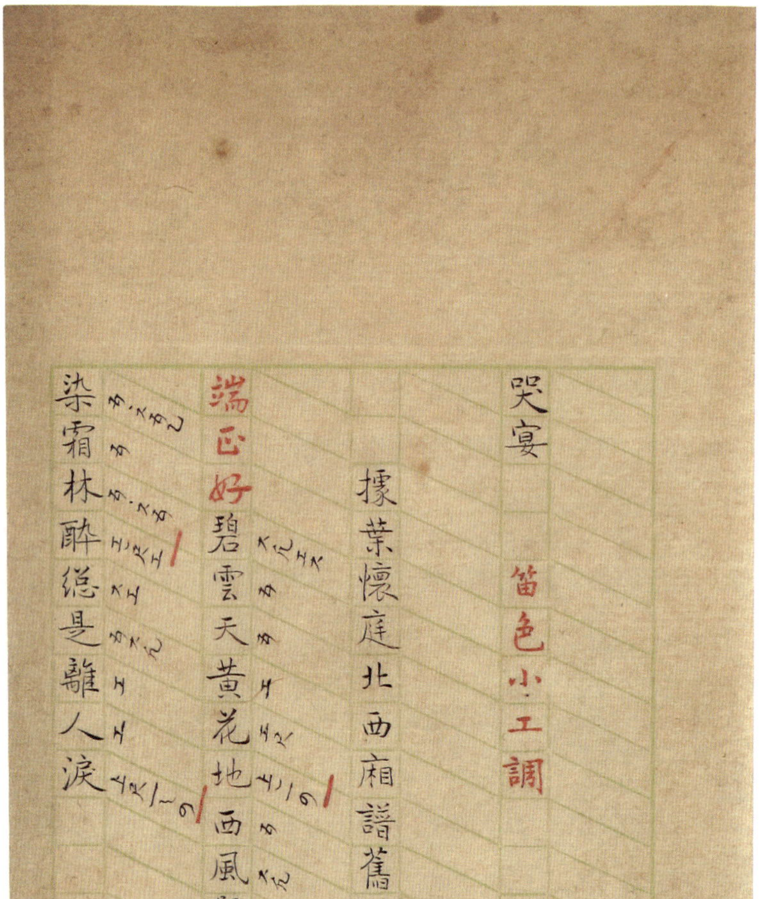
哭宴
笛色小工調
據葉懷庭北西廂譜舊鈔本寫錄
端正好
碧雲天黃花地西風緊北鴈南飛曉來誰染霜林醉總是離人淚

北西廂記送別詞　一九六二年俞平伯抄本

開本高 27.3 厘米，廣 16.5 厘米。半葉四行，行十九字。1 册。鈐“平伯”朱文印。

三級 66k358

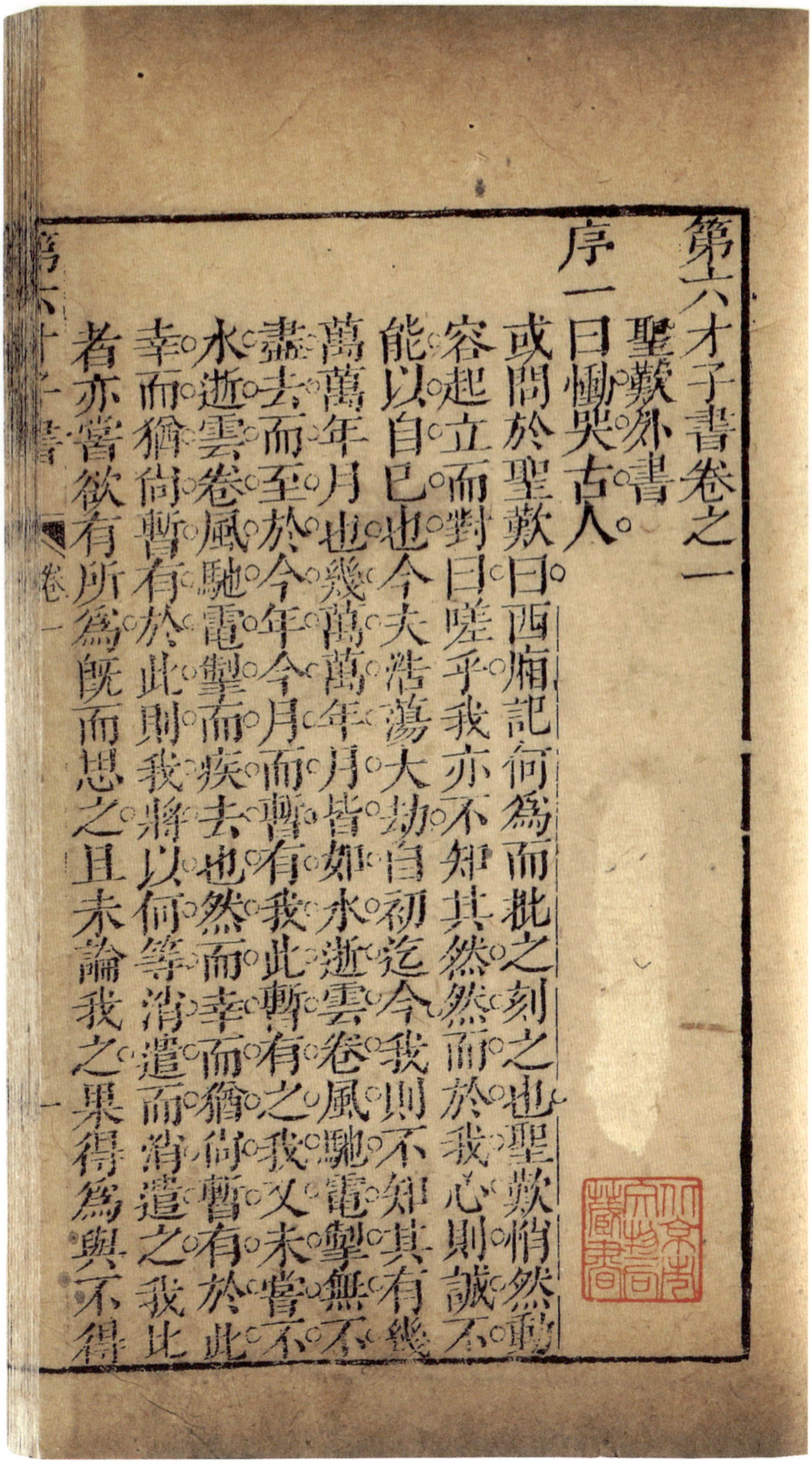

第六才子書卷之一
序一曰慟哭古人。
聖歎外書
或問於聖歎曰。西廂記何爲而批之刻之也。聖歎悄然動
容起立而對曰。嗟乎。我亦不知其然。然而於我心則誠不
能以自已也。今夫浩蕩大劫。自初迄今。我則不知其有幾
萬萬年月也。幾萬萬年月。皆如水逝雲卷。風馳電掣。無不
盡去。而至於今年今月。而暫有我。此暫有之我。又未嘗不
水逝雲卷。風馳電掣而疾去也。然而幸而猶尚暫有於此。
幸而猶尚暫有於此。則我將以何等消遣而消遣之。我比
者亦嘗欲有所爲。既而思之。且未論我之果得爲與不得

第六才子書　卷一　一

第六才子書八卷　（元）王實甫　（元）關漢卿撰　清刻本

框高 18.8 厘米，廣 11.6 厘米。半葉十一行，行二十四字，白口，四周單邊，無格。6 册。

三級 73k393

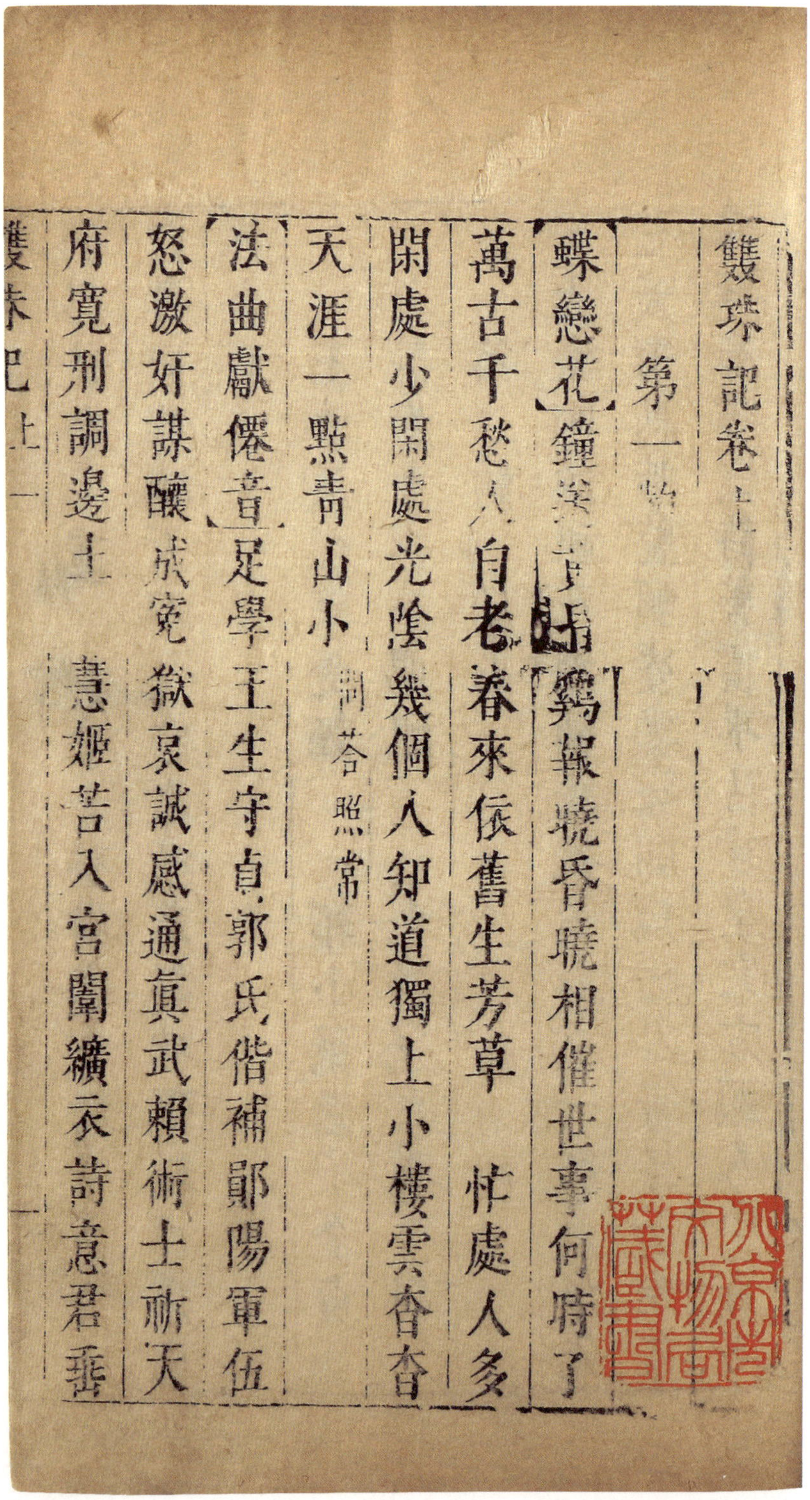

雙珠記卷上
第一齣
【蝶戀花】[illegible]鷄報曉昏曉相催世事何時了
萬古千愁人自老春來依舊生芳草　忙處人多
閑處少閑處光陰幾個人知道獨上小樓雲杳杳
天涯一點青山小　問答照常
【法曲獻僊音】足學王生守貞郭氏偕補鄖陽軍伍
怒激奸謀釀成冤獄哀誠感通眞武賴術士祈天
府寬刑調邊土　慧姬苦入宮闈纊衣詩意君垂
雙珠記上　一

六十種曲　（明）毛晋輯　明末毛氏汲古閣刻本

框高 19.7 厘米，廣 13 厘米。半葉九行，行十九字，小字雙行同，白口，左右雙邊。120 册。鈐“鏡宇”朱文印。

三級 80shan20

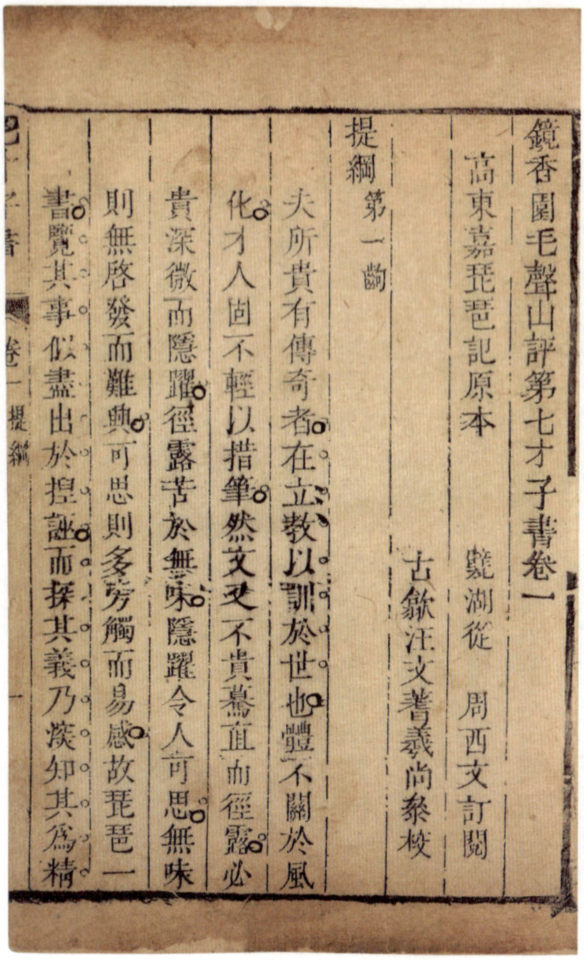

鏡香園毛聲山評第七才子書卷一

高東嘉琵琶記原本　甆湖從 周西文訂閱

古歙汪文蓍羲尚黎校

提綱第一齣

夫所貴有傳奇者在立教以訓於世也豈不關於風化才人固不輕以措筆然文章不貴蕩直而徑露必貴深微而隱躍徑露苦於無味隱躍令人可思無味則無啓發而難與可思則多旁觸而易感故琵琶一書覽其事似盡出於捏誣而探其義乃深知其爲精

七才子書　卷一　提綱　一

鏡香園毛聲山評第七才子書十二卷　（元）高明撰　（清）毛聲山評　清乾隆金陵聚錦堂刻本

框高 19.4 厘米，廣 14.6 厘米。半葉九行，行二十二字，小字雙行同，白口，四周單邊。10 册。

三級 116shan379

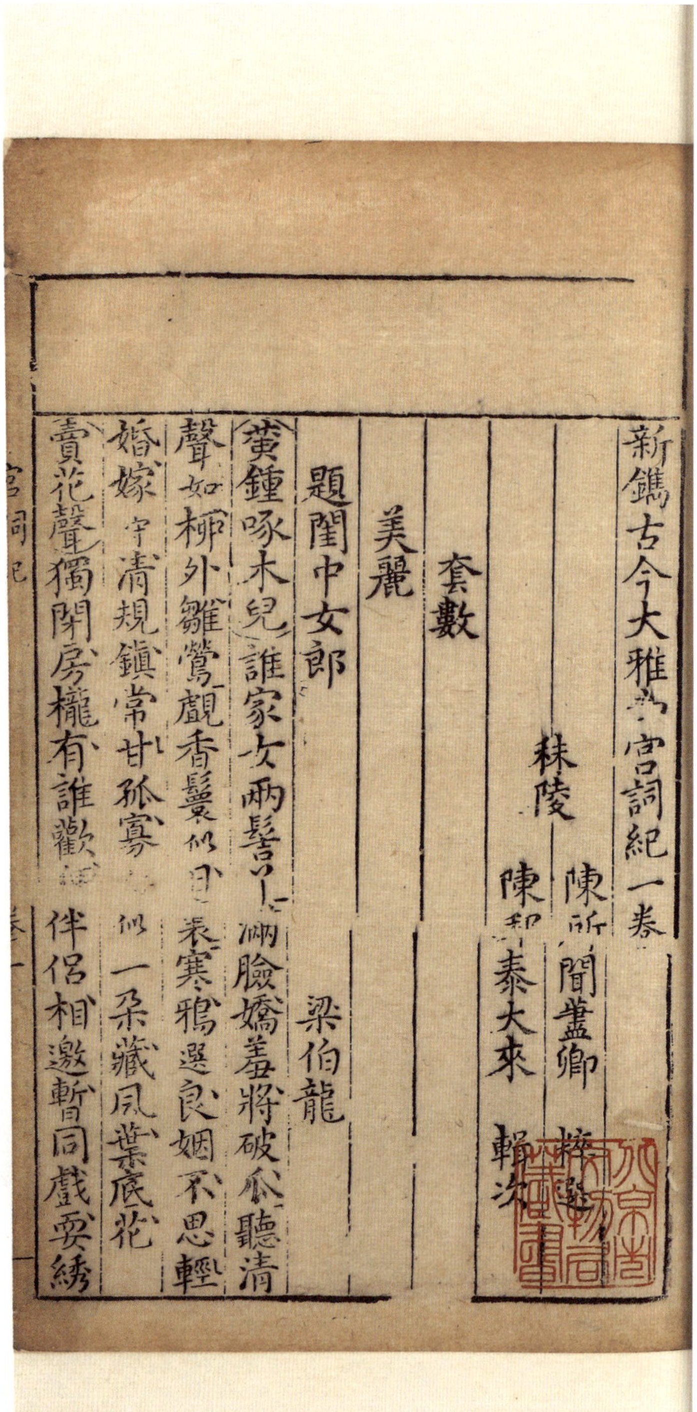
新鐫古今大雅南宮詞紀一卷
秣陵　陳所聞藎卿　梓選
陳邦泰大來　輯次
套數
美麗
題閨中女郎　梁伯龍
黄鍾啄木兒誰家女兩髻丫㶁臉嬌羞將破瓜聽清
聲如柳外雛鶯靚香鬟似月裏寒鴉選良姻不思輕
婚嫁守淸規鎮常甘孤寡似一朶藏鳳葉底花
賣花聲獨閉房櫳有誰歡伴侶相邀暫同戲耍綉

新鐫古今大雅南宮詞紀六卷　（明）陳所聞選　（明）陳邦泰輯　明萬曆三十三年（1605）陳氏繼志齋刻本

框高 20.4 厘米，廣 14.1 厘米。半葉上下兩欄，上欄鎸評，下欄十行，行二十字，白口，四周單邊。5 册。缺一卷（二）。

三級 117shan389

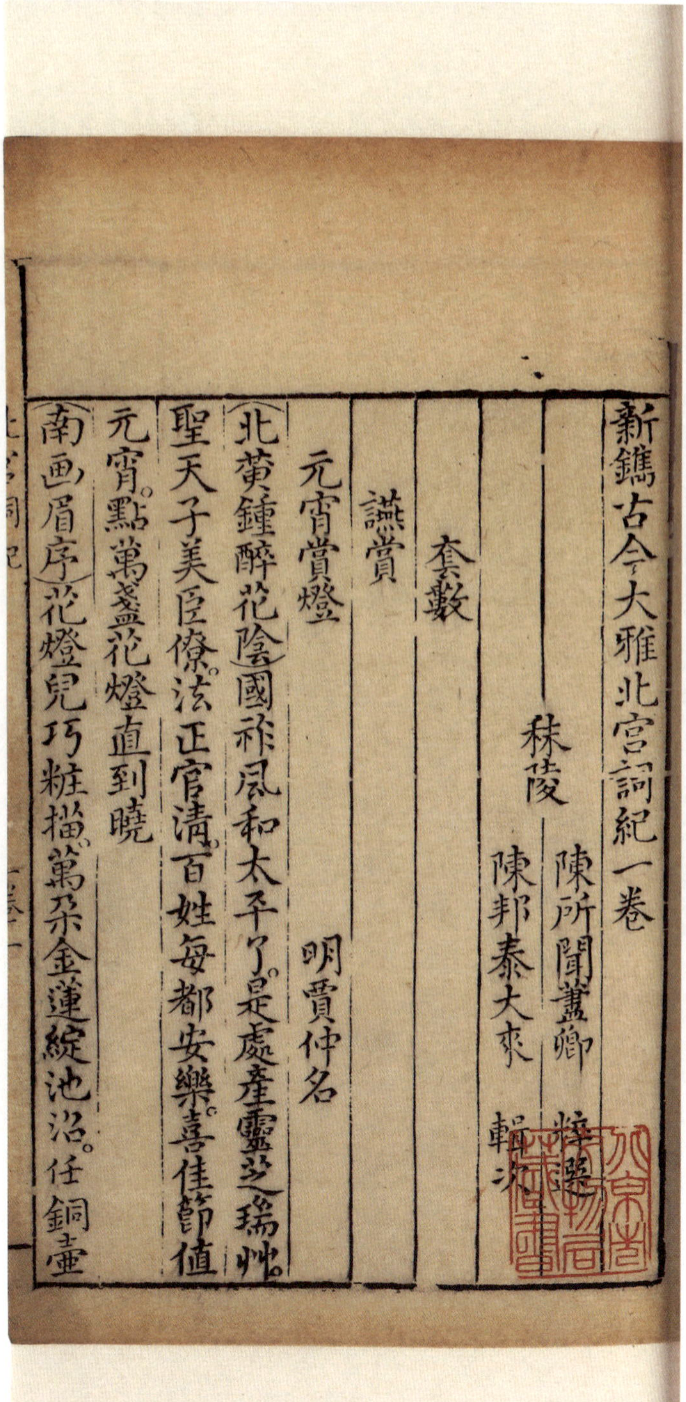
新鐫古今大雅北宮詞紀一卷
秣陵　陳所聞藎卿　梓選
陳邦泰大來　輯次
套數
讌賞
元宵賞燈　明賈仲名
（北黄鍾醉花陰）國祚風和太平了。是處產靈芝瑞艸。
聖天子美臣僚。法正官清。百姓每都安樂。喜佳節值
元宵。點萬盞花燈直到曉
（南畫眉序）花燈兒巧粧描。萬朵金蓮綻池沼。任銅壺
北宮詞紀　卷一

新鐫古今大雅北宮詞紀六卷　（明）陳所聞選　（明）陳邦泰輯　明萬曆三十三年（1605）陳氏繼志齋刻本

框高 21.4 厘米，廣 14.4 厘米。半葉上下兩欄，上欄鎸評，下欄十行，行二十字，白口，四周單邊。4 册。存四卷（一至三、五）。

三級 118shan390

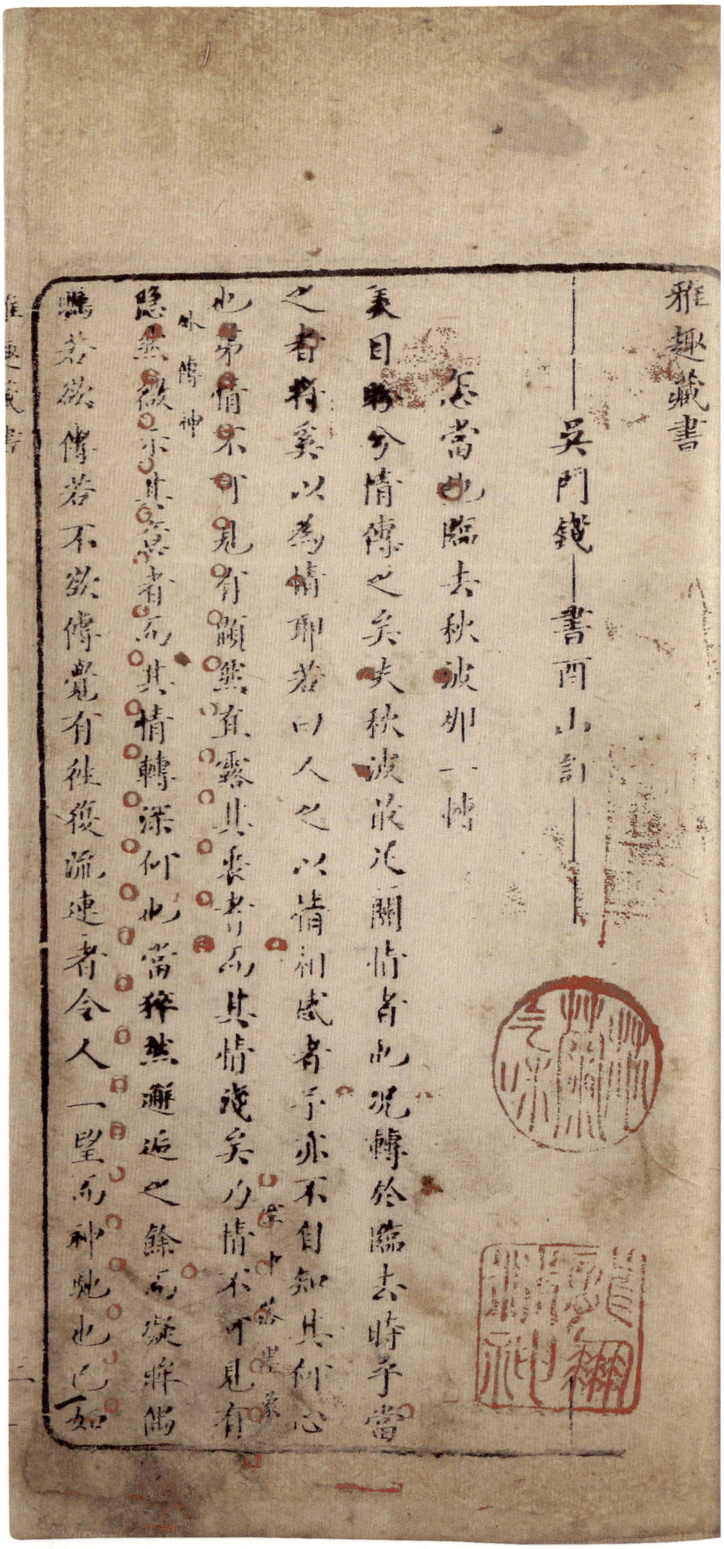
雅趣藏書
吴門錢書西山訂
怎當他臨去秋波那一轉
美目盼兮情傳之矣夫秋波旣見關情者也況轉於臨去時乎當
之者轉矣以為情耶若曰人之以情相感者予亦不自知其何心
也第情不可見有顯然直露其表者而其情淺矣乃情不可見有
隱然欲示其意者而其情轉深何也當猝然邂逅之餘而凝眸偶
矚若欲傳若不欲傳覺有徃復流連者令人一望而神馳也已如

雅趣藏書一卷 （清）錢書撰 清康熙四十二年（1703）刻朱墨印本

框高 20.6 厘米，廣 13.1 厘米。半葉九行，行二十五字，白口，四周單邊，無格。4 册。

三級 147shan500

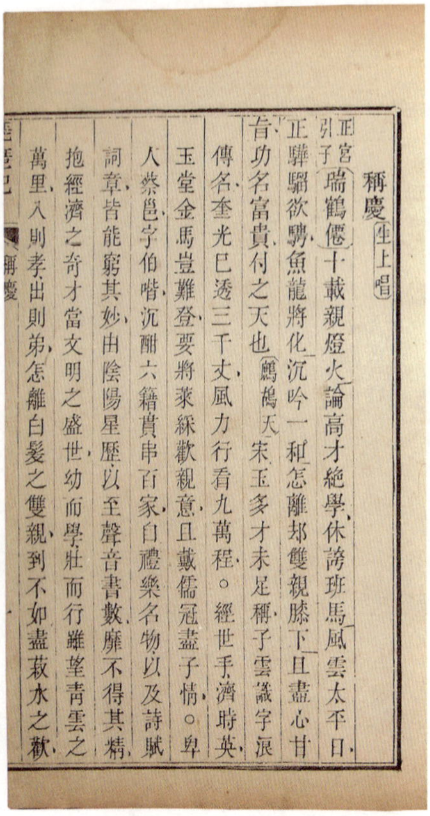

稱慶（生上唱）
正宮引子【瑞鶴僊】十載親燈火，論高才絕學，休誇班馬。風雲太平日，
正驊騮欲騁，魚龍將化。沉吟一和，怎離却雙親膝下。且盡心甘
旨，功名富貴，付之天也。【鷓鴣天】宋玉多才未足稱，子雲識字浪
傳名。奎光已透三千丈，風力行看九萬程。經世手，濟時英，
玉堂金馬豈難登。要將萊綵歡親意，且戴儒冠盡子情。卑
人蔡邕，字伯喈，沉酣六籍，貫串百家。自禮樂名物，以及詩賦
詞章，皆能窮其妙；由陰陽星歷，以至聲音書數，靡不得其精。
抱經濟之奇才，當文明之盛世。幼而學，壯而行，雖望青雲之
萬里；入則孝，出則弟，怎離白髮之雙親。到不如盡菽水之歡，

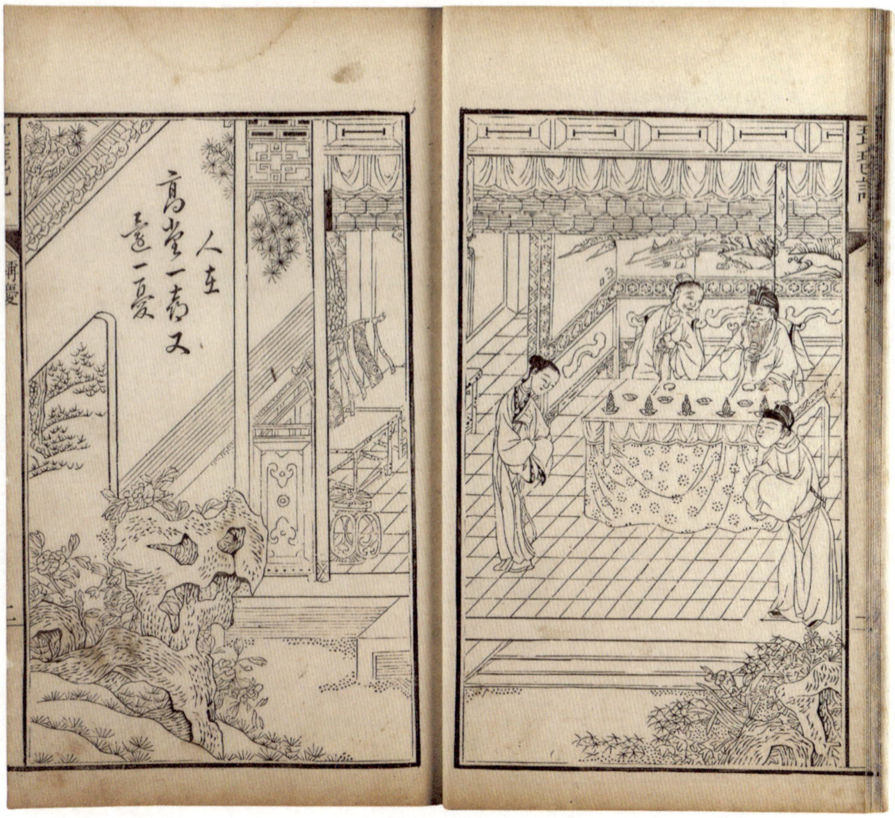

審音鑑古錄不分卷　（清）佚名輯　清道光十四年（1834）刻本

框高24厘米，廣15厘米。半葉十行，行二十四字，小字雙行同，白口，四周雙邊。12册。

三級 193pu7-22-5-8

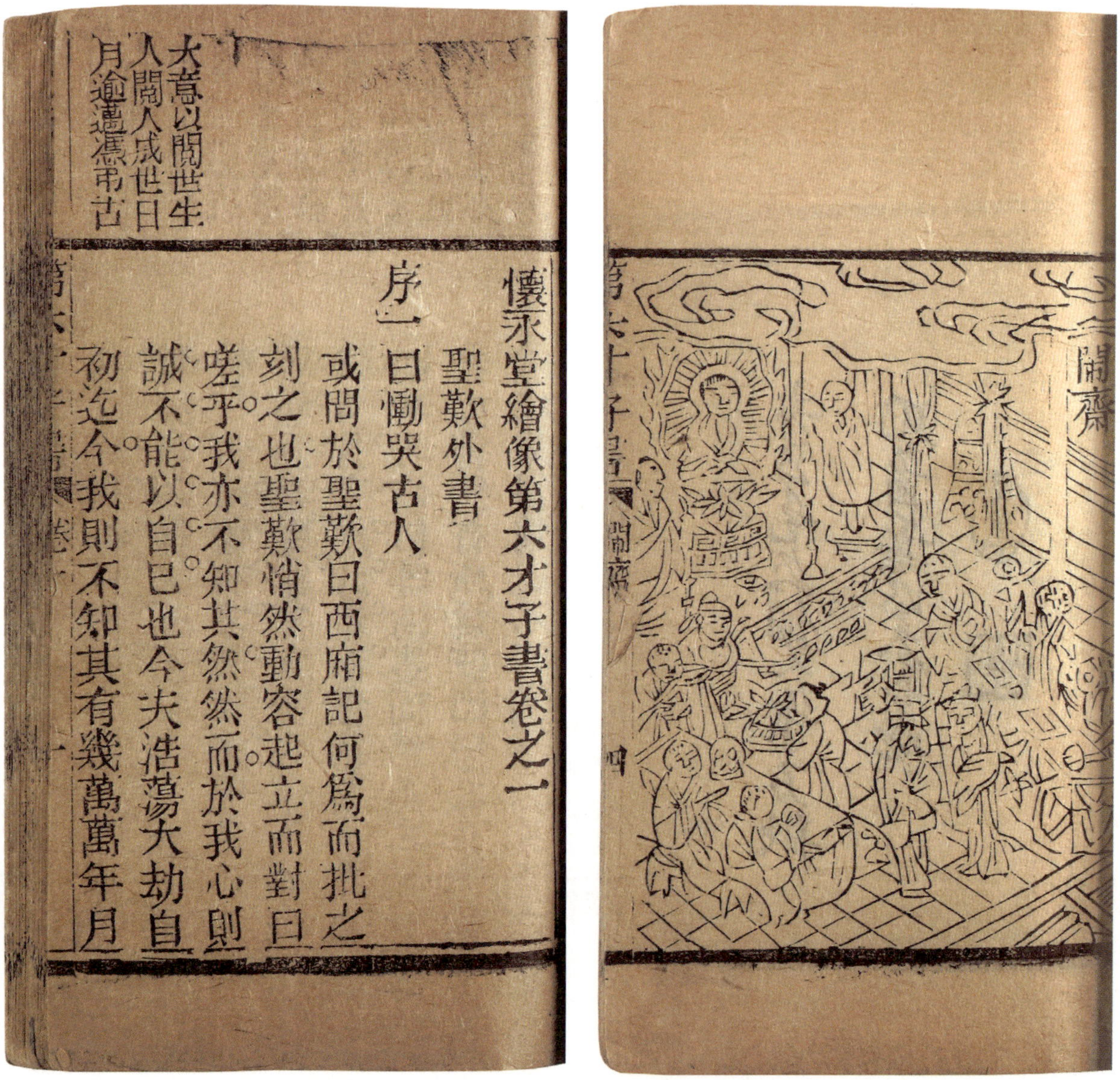
大意以閲世生人閲人成世日月逾邁焉弔古

懷永堂繪像第六才子書卷之一
聖歎外書
序一曰慟哭古人
或問於聖歎曰西廂記何爲而批之刻之也聖歎悄然動容起立而對曰嗟乎我亦不知其然然而於我心則誠不能以自已也今夫浩蕩大劫自初迄今我則不知其有幾萬萬年月

懷永堂繪像第六才子書八卷 （清）金聖歎批 清康熙五十九年（1720）味蘭軒刻本

框高 9.7 厘米，廣 7 厘米。半葉八行，行十六字，白口，左右雙邊，無格。6 册。

shan251

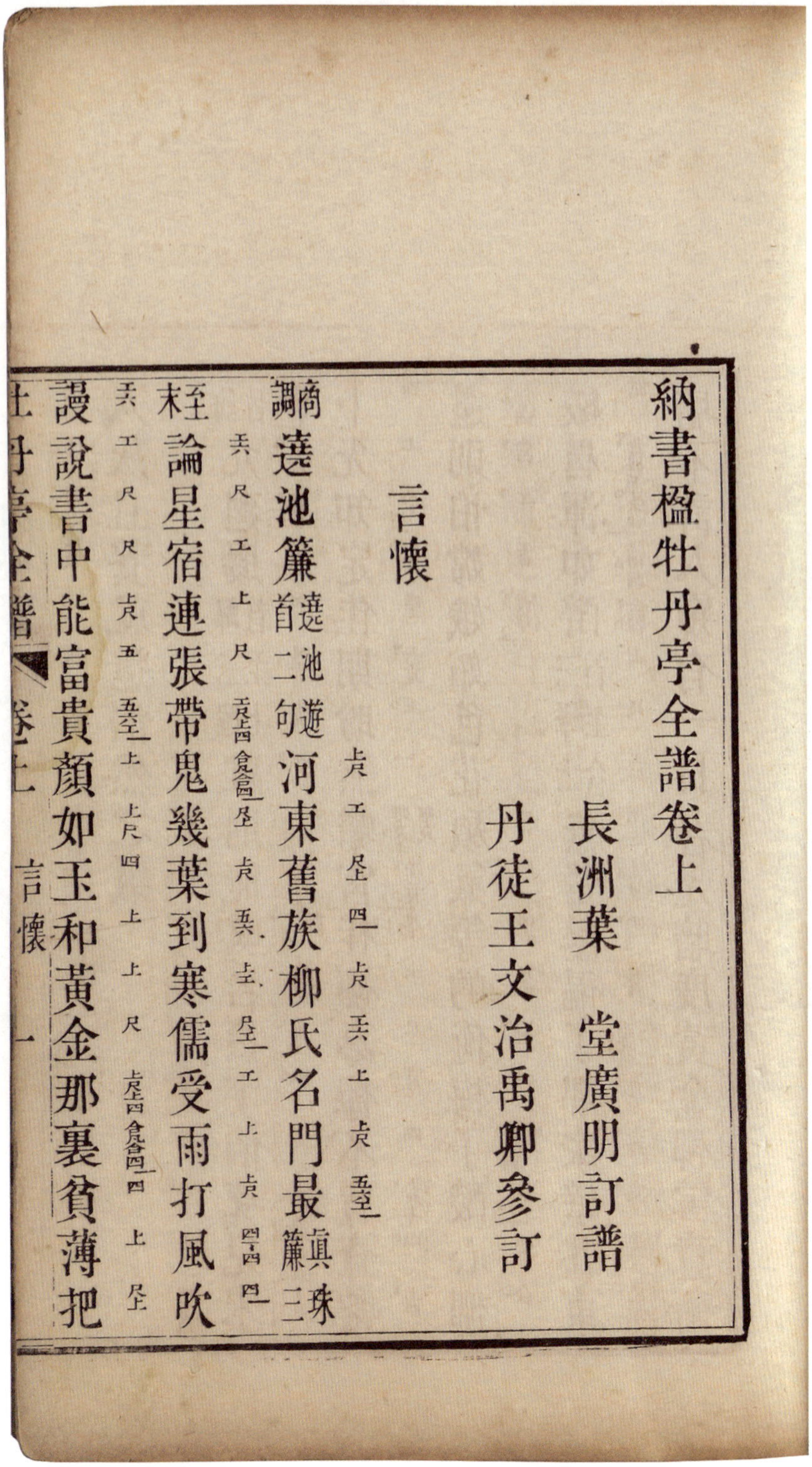
納書楹牡丹亭全譜卷上
長洲葉　堂廣明訂譜
丹徒王文治禹卿參訂
言懷
商調遶池遊 遶池遊首二句 河東舊族柳氏名門最 真珠簾三
論星宿連張帶鬼幾葉到寒儒受雨打風吹
謾說書中能富貴顏如玉和黃金那裏貧薄把
牡丹亭全譜　卷上　言懷　一

納書楹牡丹亭全譜二卷　（清）葉堂訂譜　（清）王文治參訂　清乾隆五十七年至五十九年（1792–1794）納書楹刻本

框高 19 厘米，廣 14.1 厘米。半葉七行，行十八字，白口，四周雙邊，無格。2 册。

shan354

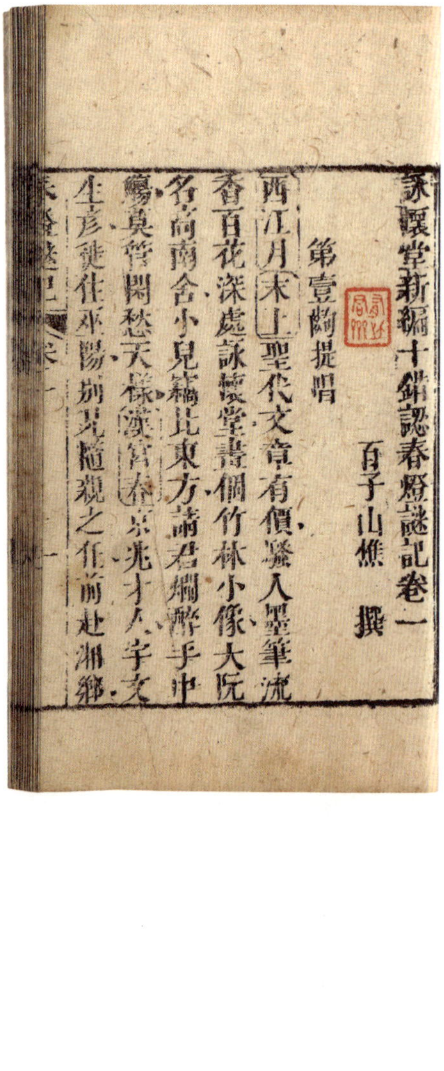
詠懷堂新編十錯認春燈謎記卷一
百子山樵　撰
第壹齣提唱
西江月【末上】聖代文章有價，騷人翠筆流香。百花深處詠懷堂，譜個竹林小像。大阮名高南舍，小兒籍比東方。請君獨醉手中觴，莫管閒愁天樣。【漢宮春】京兆才人，宇文生彥，鍾往平陽，別兄隨親之任，前赴湘鄉。

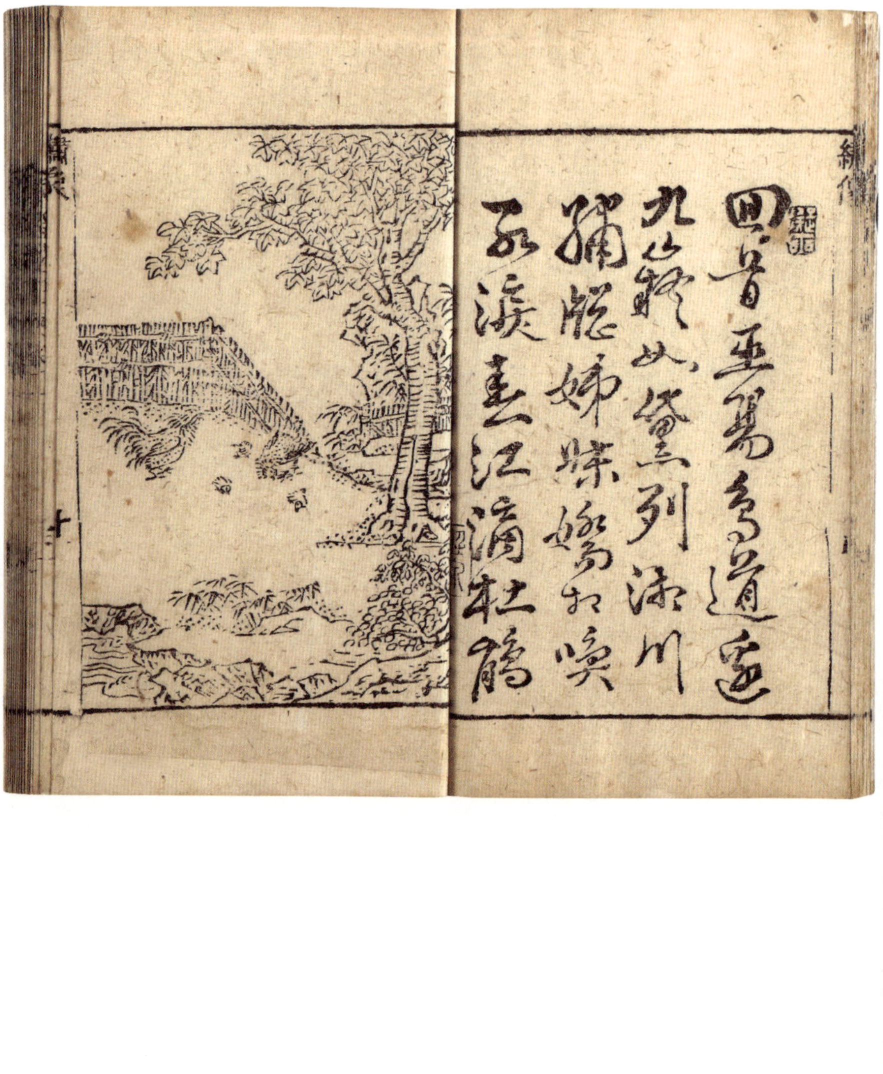

詠懷堂新編十錯認春燈謎記四卷　（明）阮大鋮撰　明崇禎六年（1633）刻十種傳奇本

框高 9.8 厘米，廣 7.5 厘米。半葉八行，行十六字，白口，左右雙邊，無格。8 册。鈐“有此君齋”朱文印。

shan514

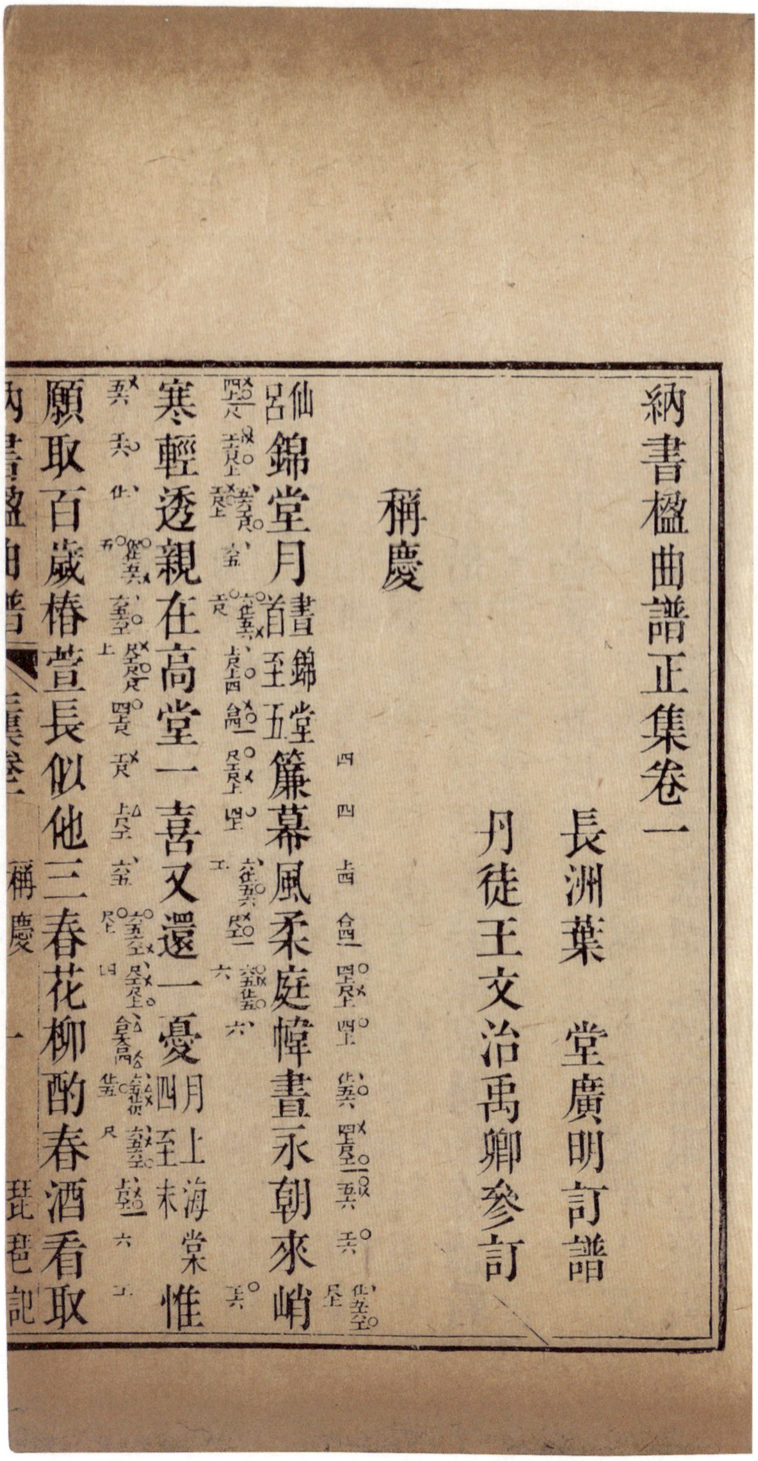
納書楹曲譜正集卷一
長洲葉　堂廣明訂譜
丹徒王文治禹卿參訂
稱慶
仙呂 錦堂月 晝錦堂首至五 簾幕風柔庭幃晝永朝來峭
寒輕透親在高堂一喜又還一憂 月上海棠四至末 惟
願取百歲椿萱長似他三春花柳酌春酒看取
納書楹曲譜 正集卷一 稱慶 一 琵琶記

納書楹曲譜正集四卷續集四卷外集三卷　（清）葉堂訂譜　（清）王文治參訂　清乾隆五十七年（1792）刻本

框高 19 厘米，廣 14 厘米。半葉七行，行十八字，小字雙行同，白口，四周雙邊，無格。22 册。

shan517

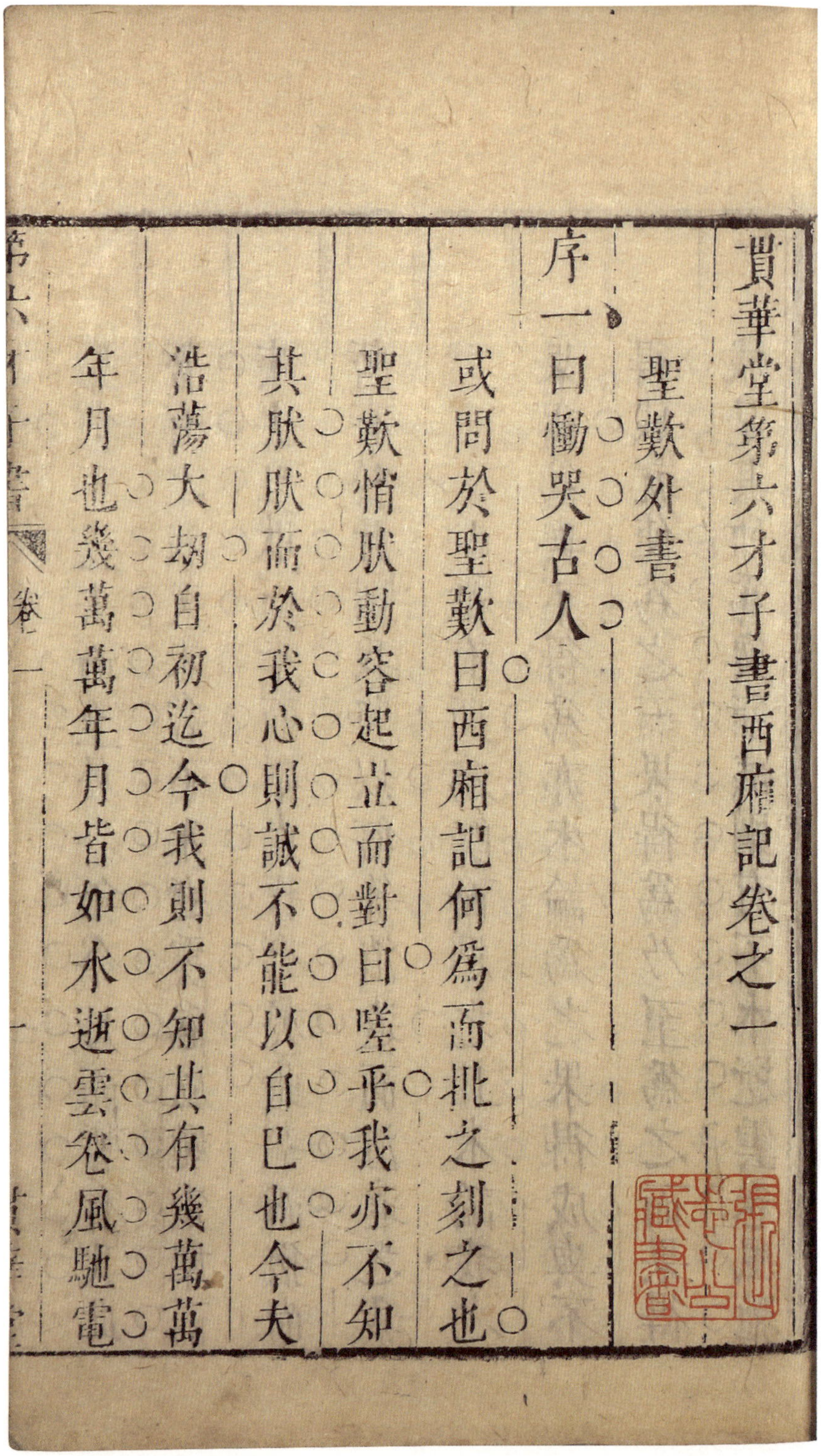
貫華堂第六才子書西廂記卷之一
聖歎外書
序一曰慟哭古人
或問於聖歎曰西廂記何爲而批之刻之也
聖歎悄然動容起立而對曰嗟乎我亦不知
其然然而於我心則誠不能以自已也今夫
浩蕩大劫自初迄今我則不知其有幾萬萬
年月也幾萬萬年月皆如水逝雲卷風馳電

貫華堂第六才子書西廂記八卷　（元）王實甫撰　（清）金人瑞批點　清康熙貫華堂刻本

框高 18.5 厘米，廣 13.3 厘米。半葉八行，行十九字，白口，左右雙邊。4 册。鈐“張志公藏書”朱文印。

shan553

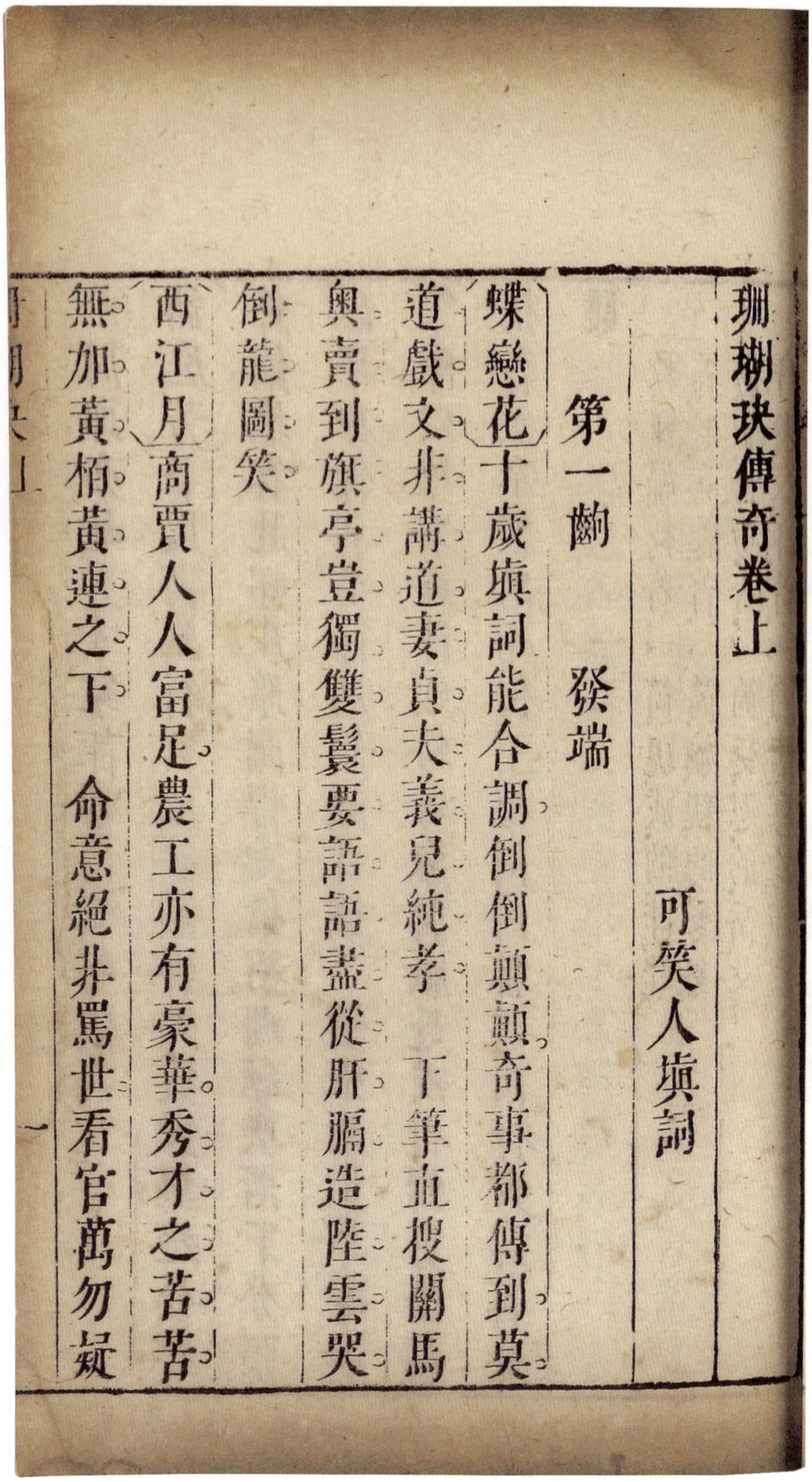

珊瑚玦傳奇卷上
可笑人塡詞
第一齣　發端
蝶戀花 十歲塡詞能合調倒倒顛顛奇事都傳到莫
道戲文非講道妻貞夫義兒純孝　下筆直搜關馬
與賣到旗亭豈獨雙鬟要語語盡從肝膈造陸雲哭
倒龍圖笑
西江月 商賈人人富足農工亦有豪華秀才之苦苦
無加黃栢黃連之下　命意絕非罵世看官萬勿疑

容居堂三種曲　（清）周稺廉撰　清書帶草堂刻本

框高 18.7 厘米，廣 13.5 厘米。半葉九行，行二十字，白口，四周單邊。6 册。

shan705

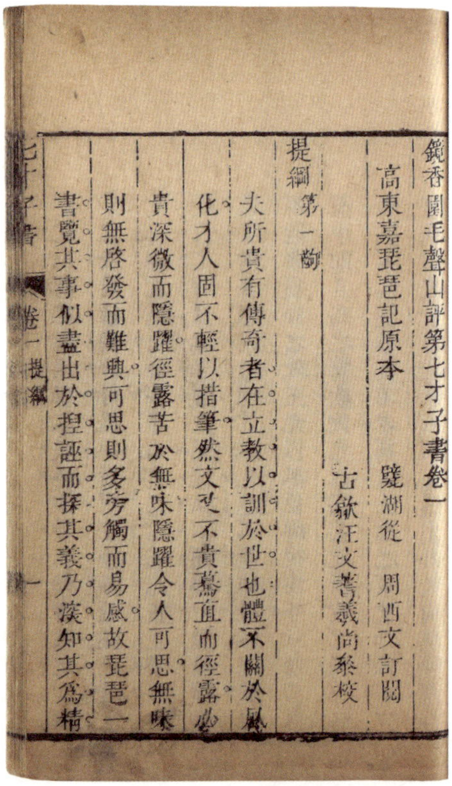

鏡香園毛聲山評第七才子書卷一

高東嘉琵琶記原本　　　　䟽湖從　周酉文訂閲

古歙汪文著義尚參校

提綱第一齣

夫所貴有傳奇者在立教以訓於世也體不關於風化才人固不輕以措筆然文之不貴蔫直而徑露必貴深微而隱躍徑露苦於無味隱躍令人可思無味則無啓發而難輿可思則多旁觸而易感故琵琶一書覽其事似盡出於揑誣而探其義乃漢知其爲精

鏡香園毛聲山評第七才子書十二卷首一卷　（元）高明撰　（清）從周訂閲　（清）汪文著参校　清乾隆金陵三益堂刻本

框高 19.6 厘米，廣 14.7 厘米。半葉九行，行二十二字，白口，四周單邊。8 册。

shan760

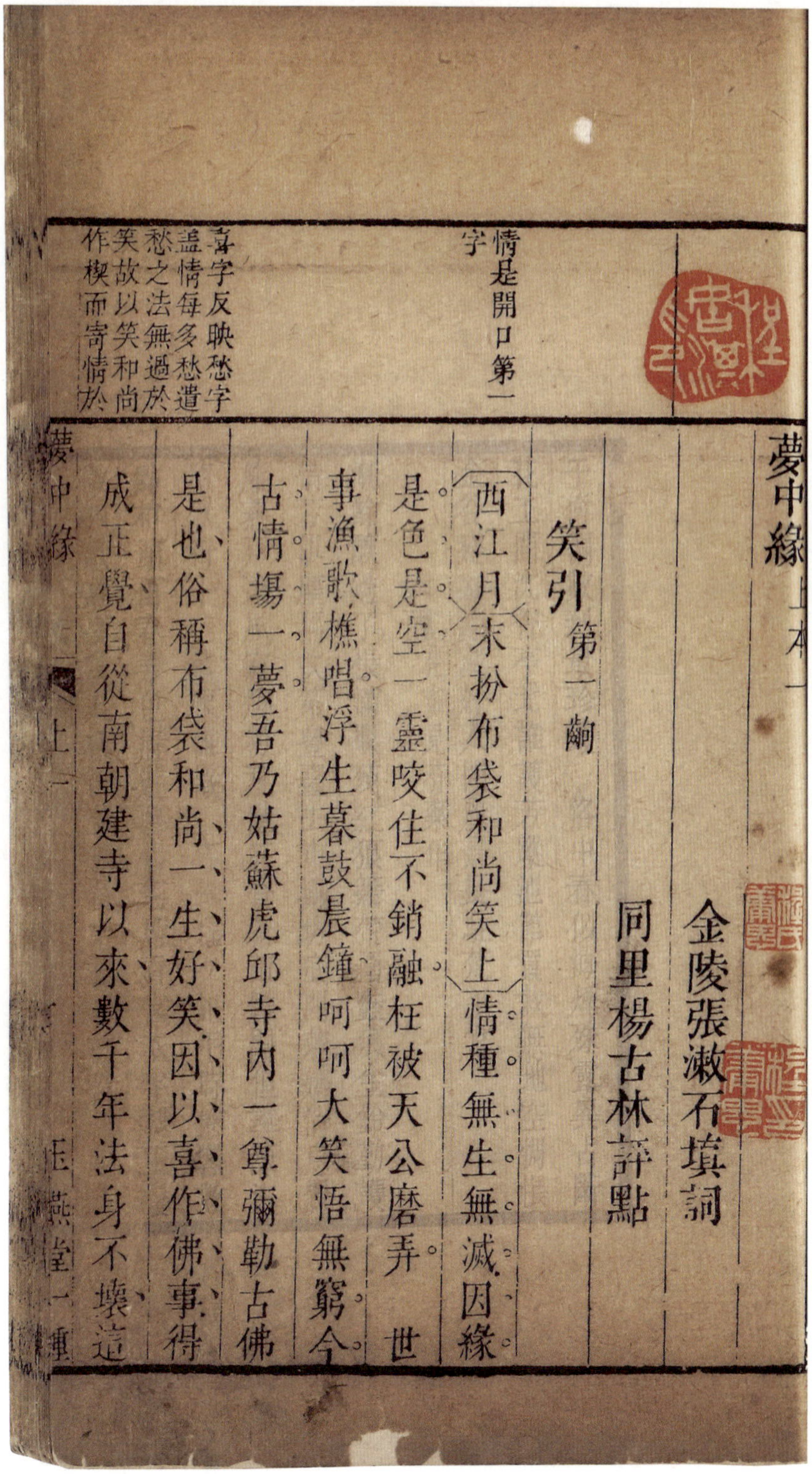

玉燕堂四種曲八卷　（清）張潄石填詞　清乾隆刻本

框高 19.7 厘米，廣 13.6 厘米。半葉上下兩欄，上欄鎸評，下欄十行，行二十字，白口，四周單邊。8 册。鈐“程庸思印”白文印、“程氏庸思”白文印、“程如淇印”白文印。

shan814

【戲劇類】

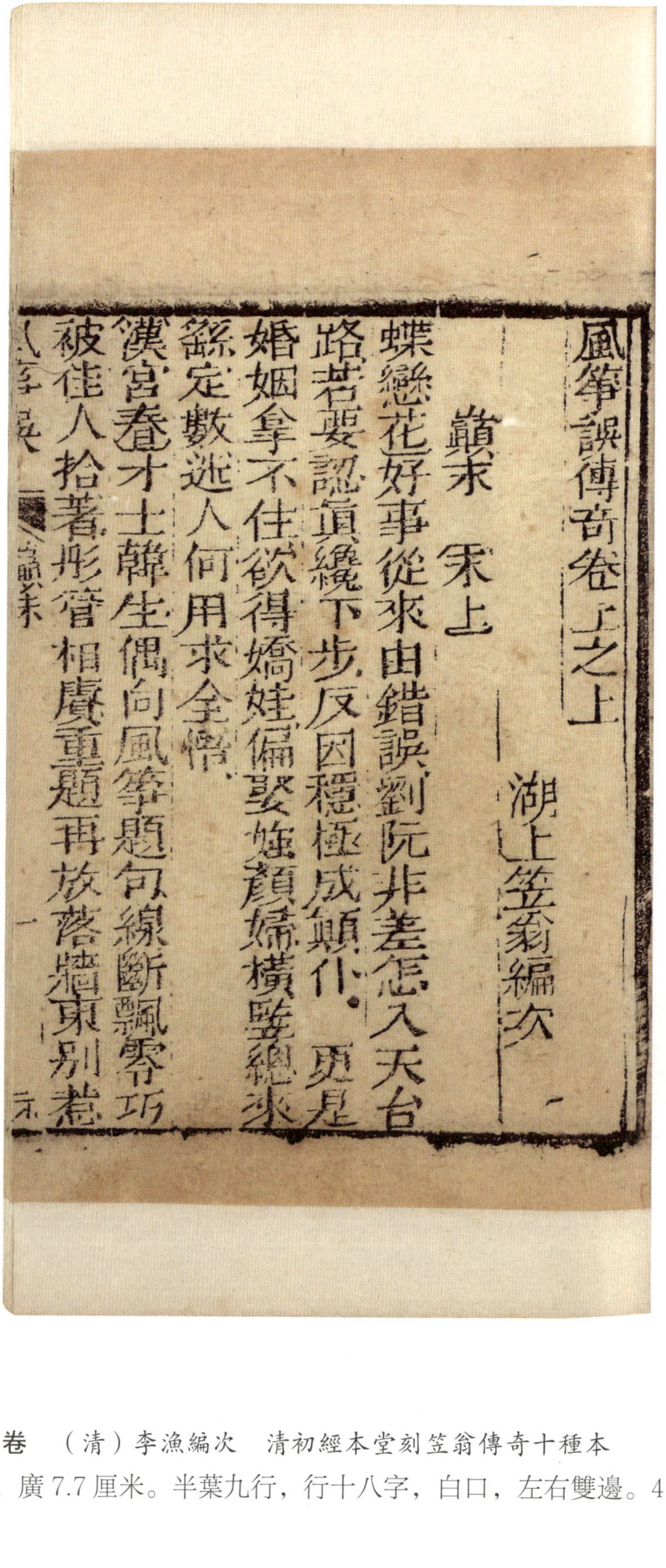
風箏誤傳奇卷上之上
湖上笠翁編次
巔末 末上
蝶戀花好事從來由錯誤劉阮非差怎入天台路若要認眞纔下步反因穩極成顛仆更是婚姻拿不住欲得嬌娃偏娶媸顔婦橫竪總來繇定數迷人何用求全怖
漢宮春才士韓生偶向風箏題句線斷飄零巧被佳人拾著彤管相賡重題再放落墻東別惹

風箏誤傳奇二卷　（清）李漁編次　清初經本堂刻笠翁傳奇十種本

框高 10 厘米，廣 7.7 厘米。半葉九行，行十八字，白口，左右雙邊。4 册。

shan195

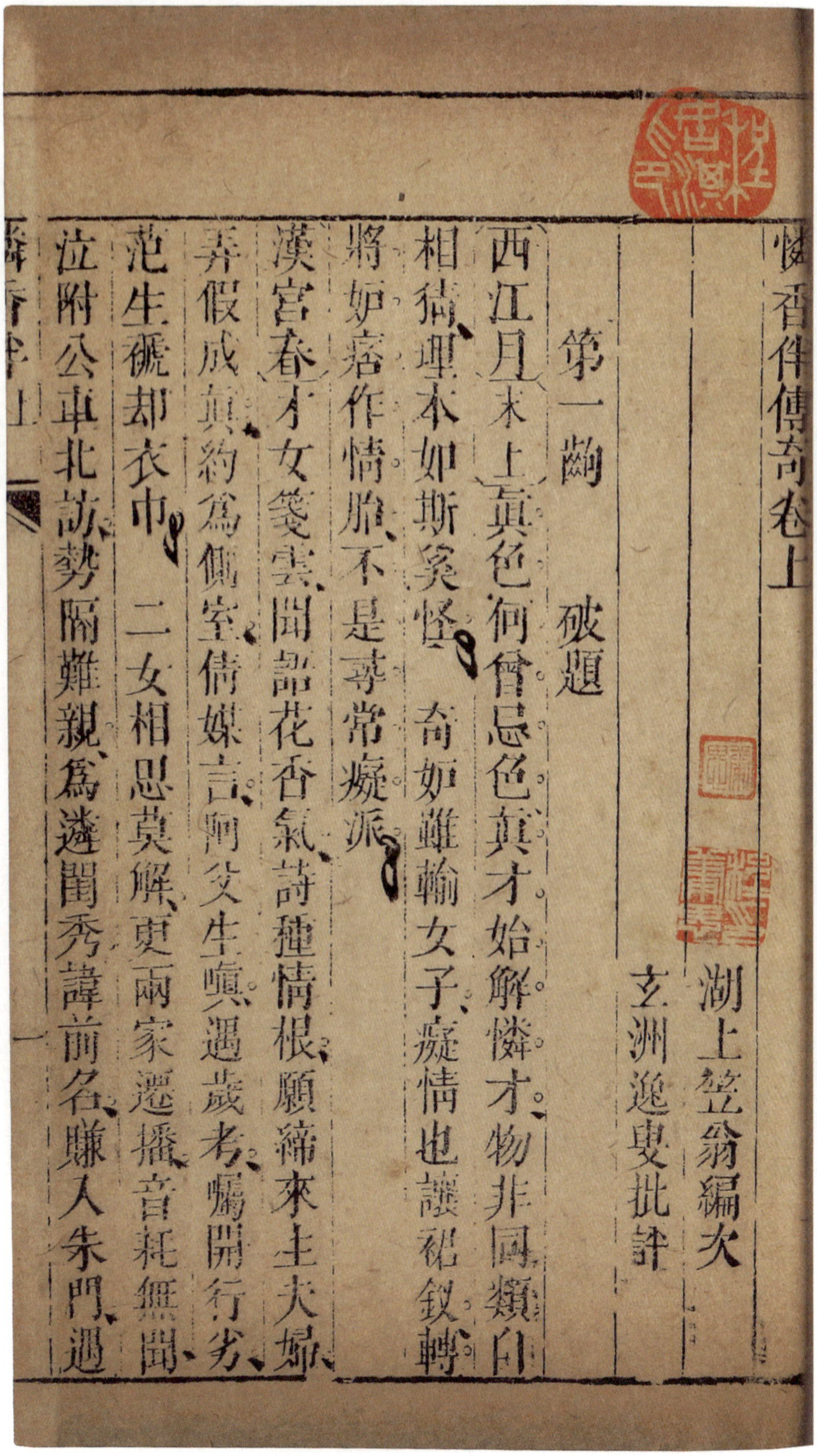
憐香伴傳奇卷上
湖上笠翁編次
玄洲逸叟批評
第一齣　破題
西江月末上眞色何嘗忌色眞才始解憐才物非同類自
相猜理本如斯奚怪　奇妒雖輸女子癡情也讓裙釵轉
將妒寵作情胎不是尋常癡派
漢宮春才女箋雲閨詔花香氣詩種情根願締來生夫婦
弄假成眞約爲側室倩媒言觸父生嗔遇歲考蠲開行劣
范生褫卻衣巾　二女相思莫解更兩家遷播音耗無聞
泣附公車北訪勢隔難親爲遴閨秀諱前名賺入朱門過

憐香伴傳奇二卷　（清）李漁撰　清康熙世德堂刻笠翁傳奇十種本

框高 22 厘米，廣 14.6 厘米。半葉上下兩欄，上欄鎸評，下欄十一行，行二十二字，白口，四周單邊。2 册。鈐“程庸思印”白文印、“庸思”朱文印、“程如淇印”白文印等。

shan436

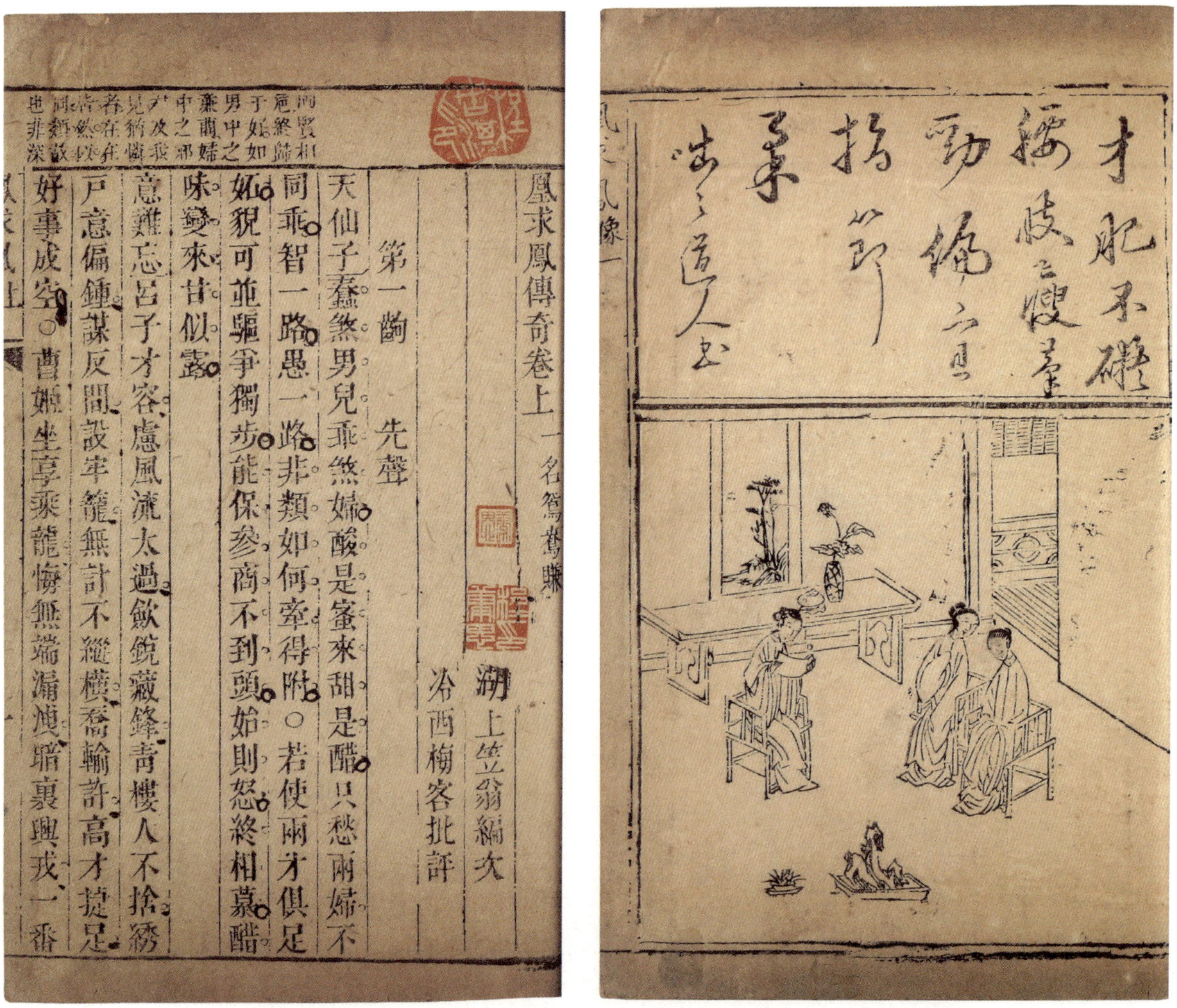

凰求鳳傳奇二卷 （清）李漁編次 （清）冷西梅客批評 清康熙世德堂刻笠翁傳奇十種本

框高 22.3 厘米，廣 14.5 厘米。半葉上下兩欄，上欄鎸評，下欄十一行，行二十二字，白口，四周單邊。2 册。鈐“程庸思印”白文印、“庸思”朱文印、“程如淇印”白文印。

shan456

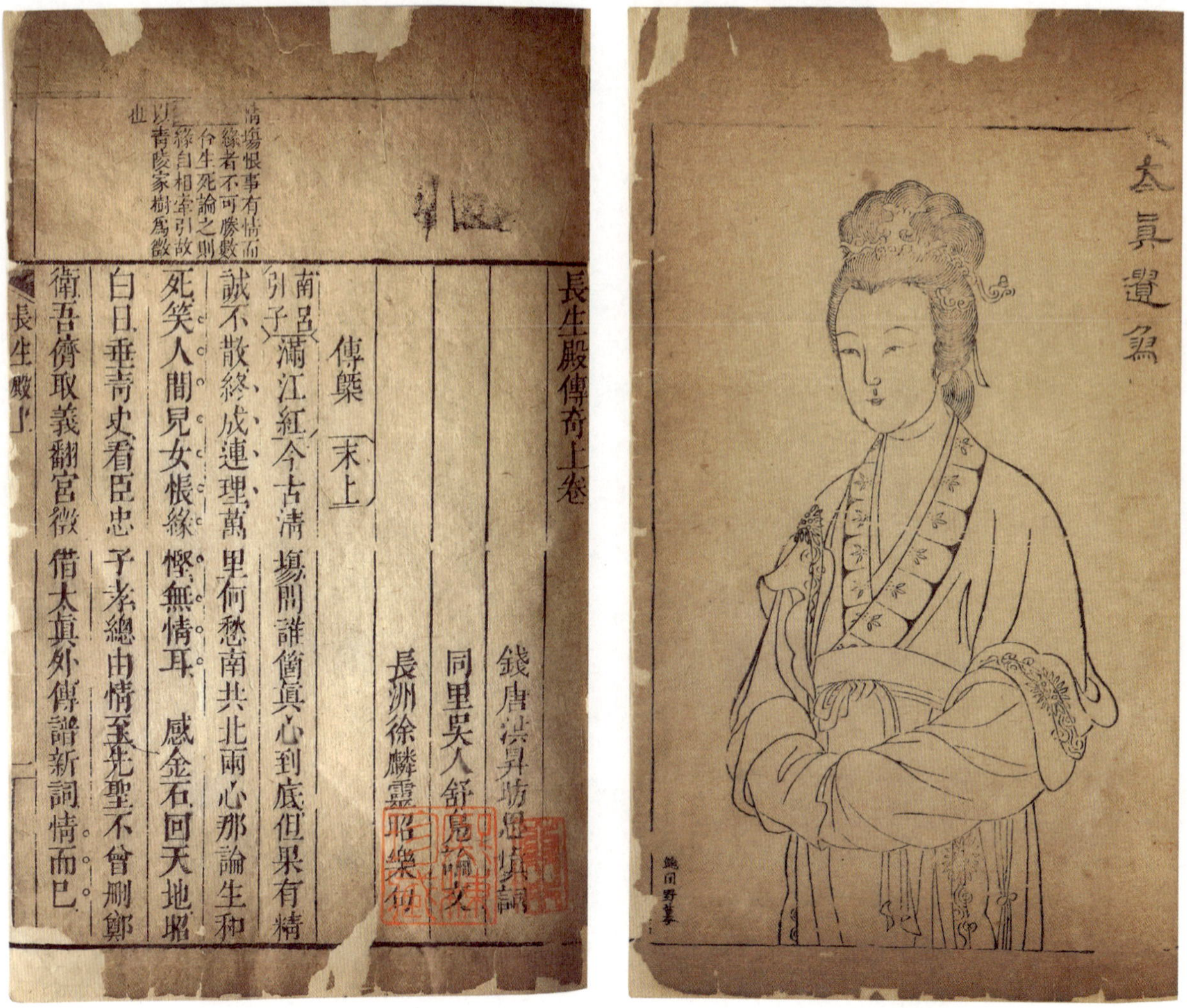

長生殿傳奇二卷五十折　（清）洪昇填詞　清康熙十八年（1679）稗畦草堂刻本

框高 20.9 厘米，廣 14.7 厘米。半葉上下兩欄，上欄鐫評，下欄十行，行二十字，黑口，四周單邊。4 册。鈐“東木”白文印、“熙棟珍藏”朱文印。

shan507

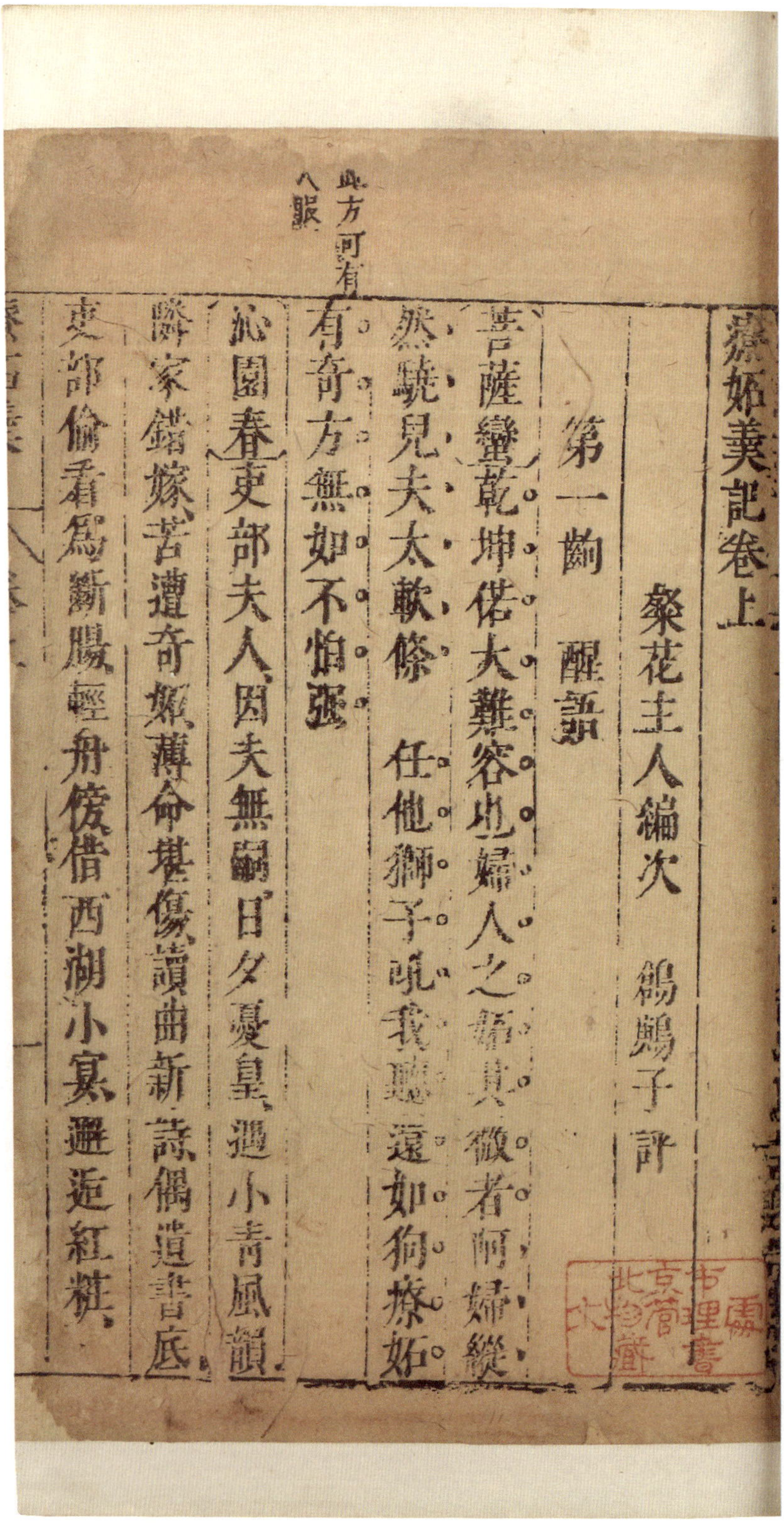
療妬羹記卷上
粲花主人編次　鴣鵰子評
第一齣　醒語
菩薩蠻乾坤偌大難容也婦人之妬真微者何婦縱
然饒見夫太軟倏　任他獅子吼我聽還如狗療妬
有奇方無如不怕强
沁園春吏部夫人因夫無嗣日夕憂皇遇小青風韻
憐家錯嫁苦遭奇妬薄命堪傷讀曲新詩偶遺書底
吏部偷看爲斷腸輕舟傍借西湖小寓邂逅紅粧

療妬羹記二卷　（明）吴炳編次　（明）鴣鵰子評　清初刻本

框高 19.3 厘米，廣 14.2 厘米。半葉九行，行二十字，白口，四周單邊。4 册。

shan567

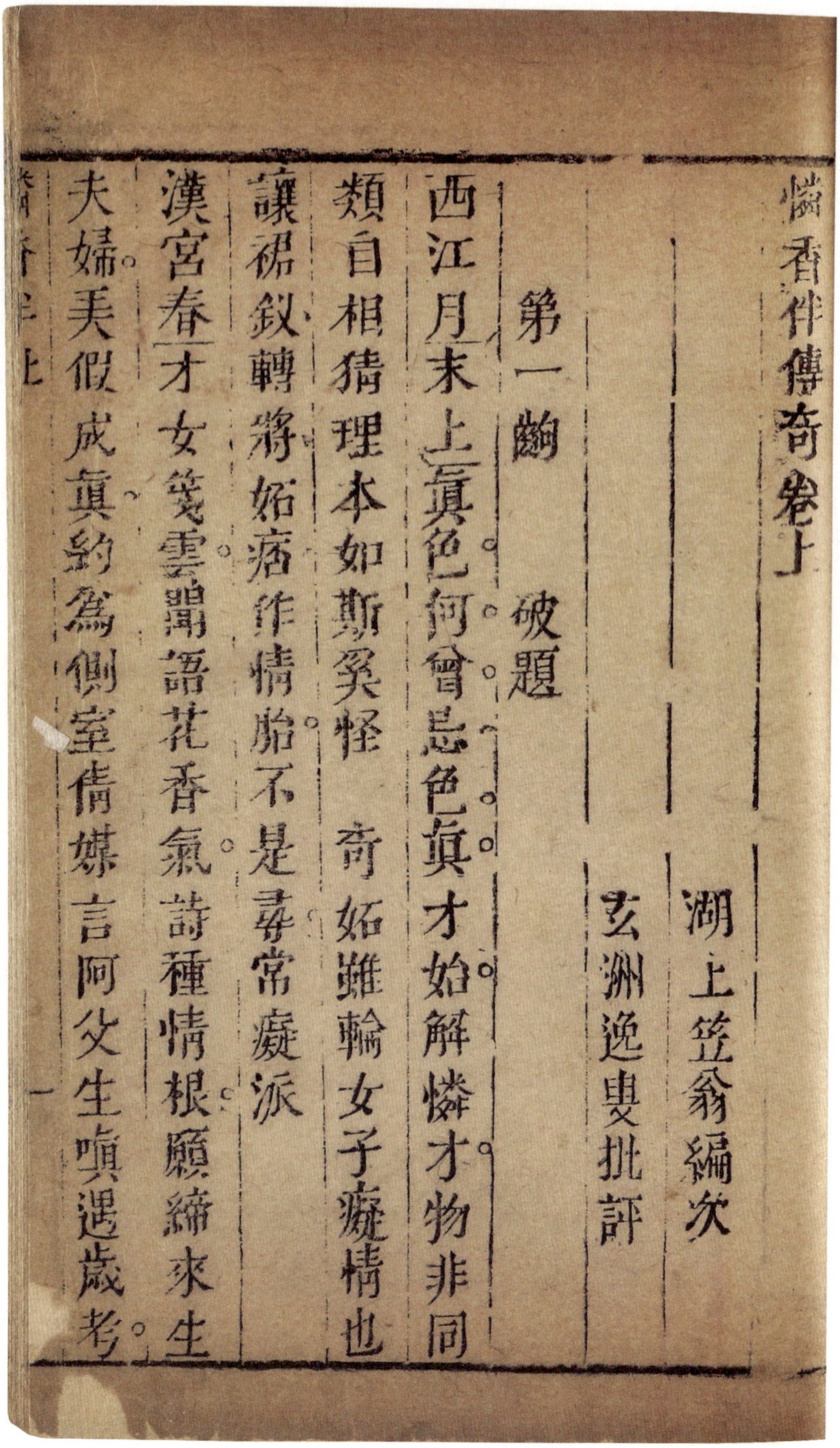
憐香伴傳奇卷上
湖上笠翁編次
玄洲逸叟批評
第一齣　破題
西江月末上眞色何曾忌色眞才始解憐才物非同
類自相猜理本如斯奚怪　奇妬雖輸女子癡情也
讓裙釵轉將妬病作情胎不是尋常癡派
漢宮春才女箋雲囀語花香氣詩種情根願締來生
夫婦美假成眞約爲側室倩媒言阿父生嗔遇歲考
憐香伴　上

笠翁傳奇十種　（清）李漁編次　清康熙世德堂刻本
框高 19.5 厘米，廣 13.5 厘米。半葉九行，行二十字，白口，四周單邊。40 册。

shan737

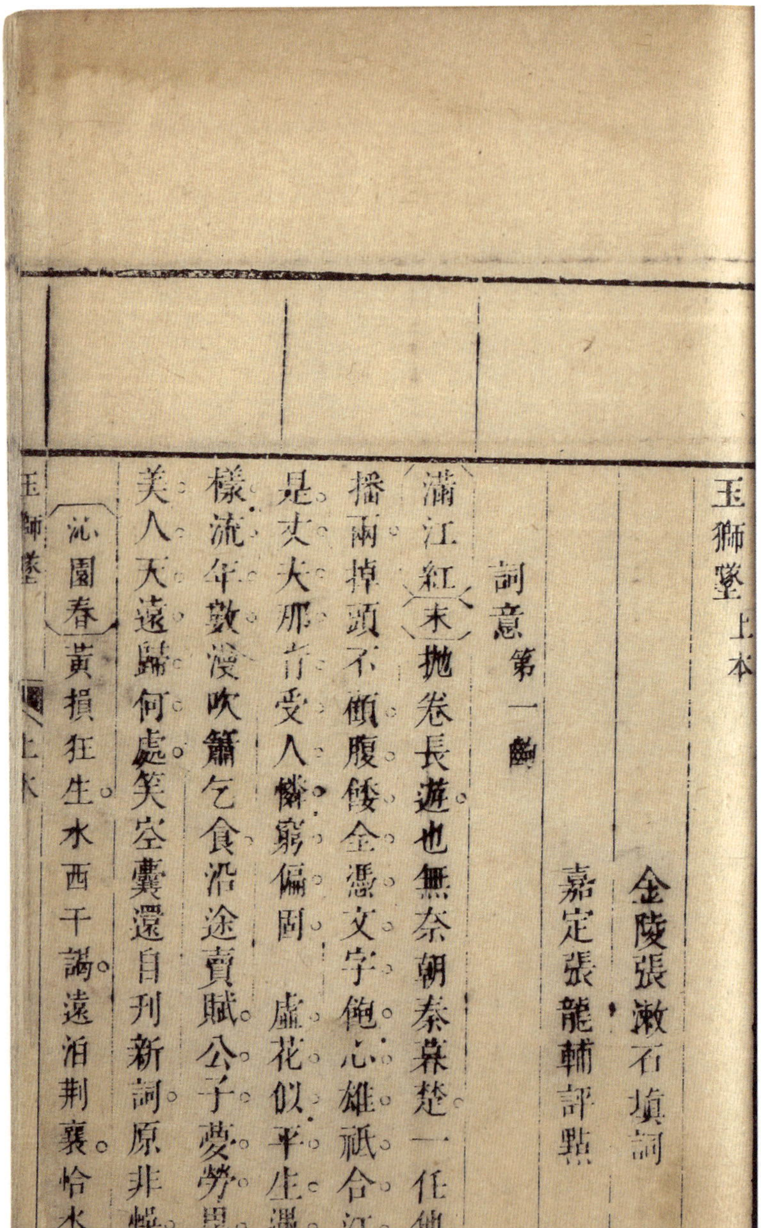
玉獅墜　上本
金陵張漱石填詞
嘉定張龍輔評點
詞意　第一齣
滿江紅（末）拋卷長遊。也無奈朝秦暮楚。一任他攤片
播兩掉頭不顧。腹餒金憑文字飽。志雄祗合江山聊
是丈夫那肯受人憐。窮偏固。　盧花似平生邋遢水
樣流年數。漫吹簫乞食。沿途賣賦。公子夢勞思未已
美人天遠歸何處。笑空囊還自刊新詞。原非悞。
沁園春　黃損狂生。水西干謁。遠泊荊襄。恰水上聞
玉獅墜　上本

玉獅墜二卷　（清）張漱石填詞　（清）張龍輔評點　清乾隆十六年（1751）刻玉燕堂四種曲本

框高 19 厘米，廣 13.4 厘米。半葉上下兩欄，上欄鎸評，下欄十行，行二十字，白口，四周單邊。4 册。

shan798

【小說類】

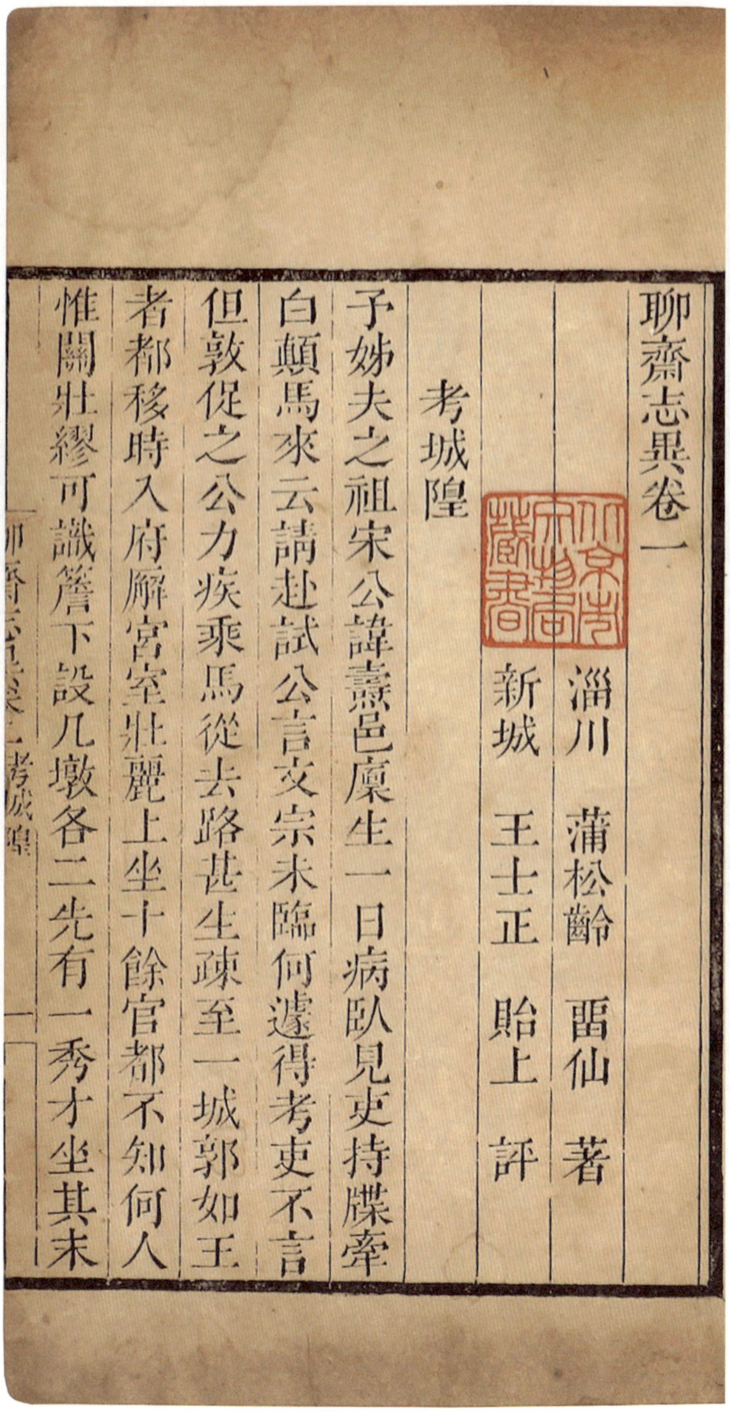
聊齋志異卷一
淄川　蒲松齡　留仙　著
新城　王士正　貽上　評
考城隍
予姊夫之祖宋公諱燾邑廩生一日病臥見吏持牒牽
白顛馬來云請赴試公言文宗未臨何遽得考吏不言
但敦促之公力疾乘馬從去路甚生疎至一城郭如王
者都移時入府廨宮室壯麗上坐十餘官都不知何人
惟關壯繆可識簷下設几墩各二先有一秀才坐其末

聊齋志異十六卷　（清）蒲松齡著　（清）王士禎評　清乾隆三十年（1765）青柯亭刻本
框高 13.5 厘米，廣 9.7 厘米。半葉九行，行二十一字，黑口，左右雙邊。16 册。
二級 90k35

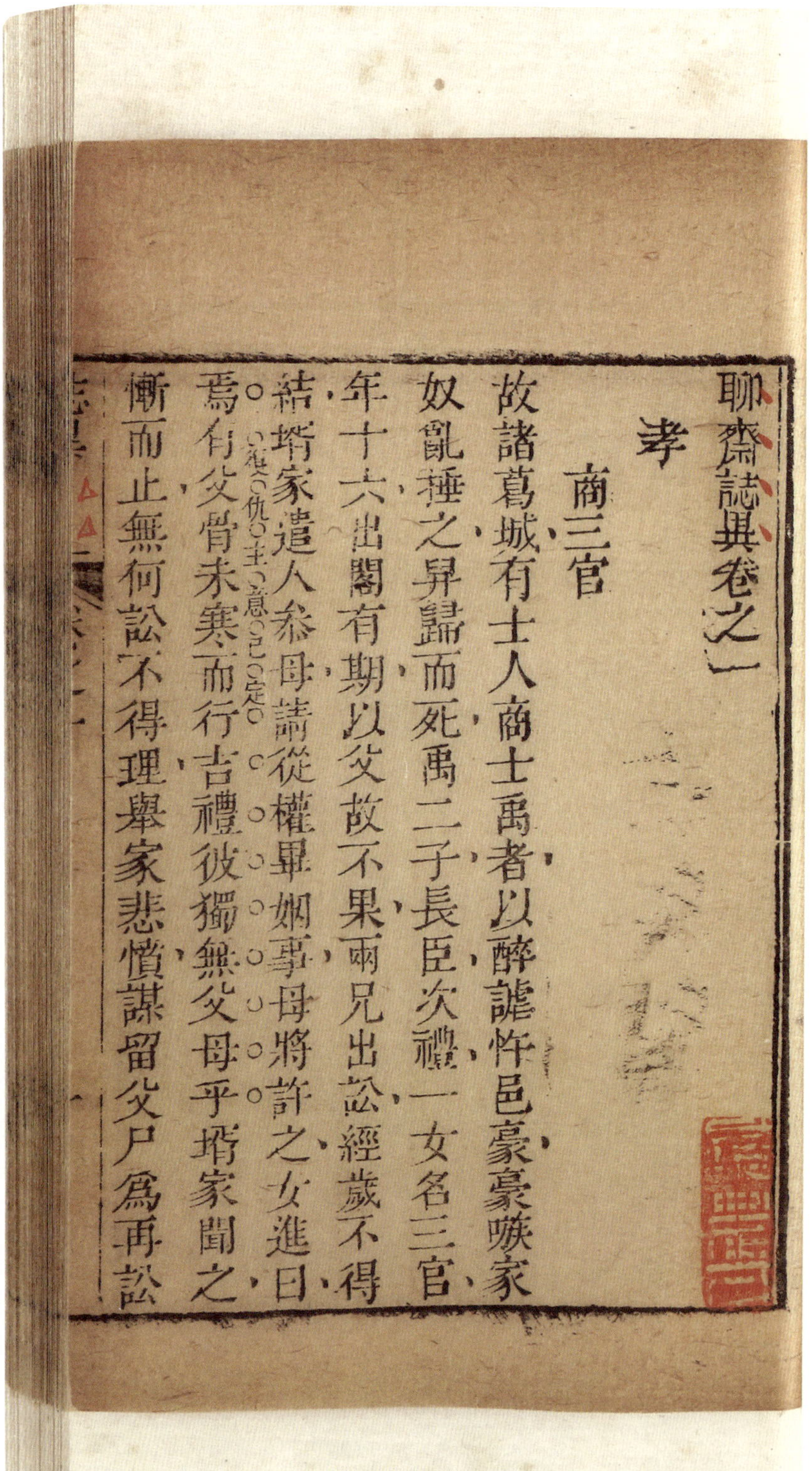
聊齋誌異卷之一
孝
商三官
故諸葛城有士人商士禹者以醉謔忤邑豪豪嗾家
奴亂捶之舁歸而死禹二子長臣次禮一女名三官
年十六出閣有期以父故不果兩兄出訟經歲不得
結婿家遣人叅母請從權畢姻事母將許之女進曰
〇追〇仇〇主〇意〇已〇定〇
焉有父骨未寒而行吉禮彼獨無父母乎婿家聞之
慚而止無何訟不得理舉家悲憤謀留父尸爲再訟

聊齋誌異十八卷 （清）蒲松齡著 （清）王梓園評 清乾隆五十年（1785）郁文堂刻本
框高 14 厘米，廣 10.5 厘米。半葉九行，行二十字，白口，左右雙邊，無格。16 册。
二級 91k36

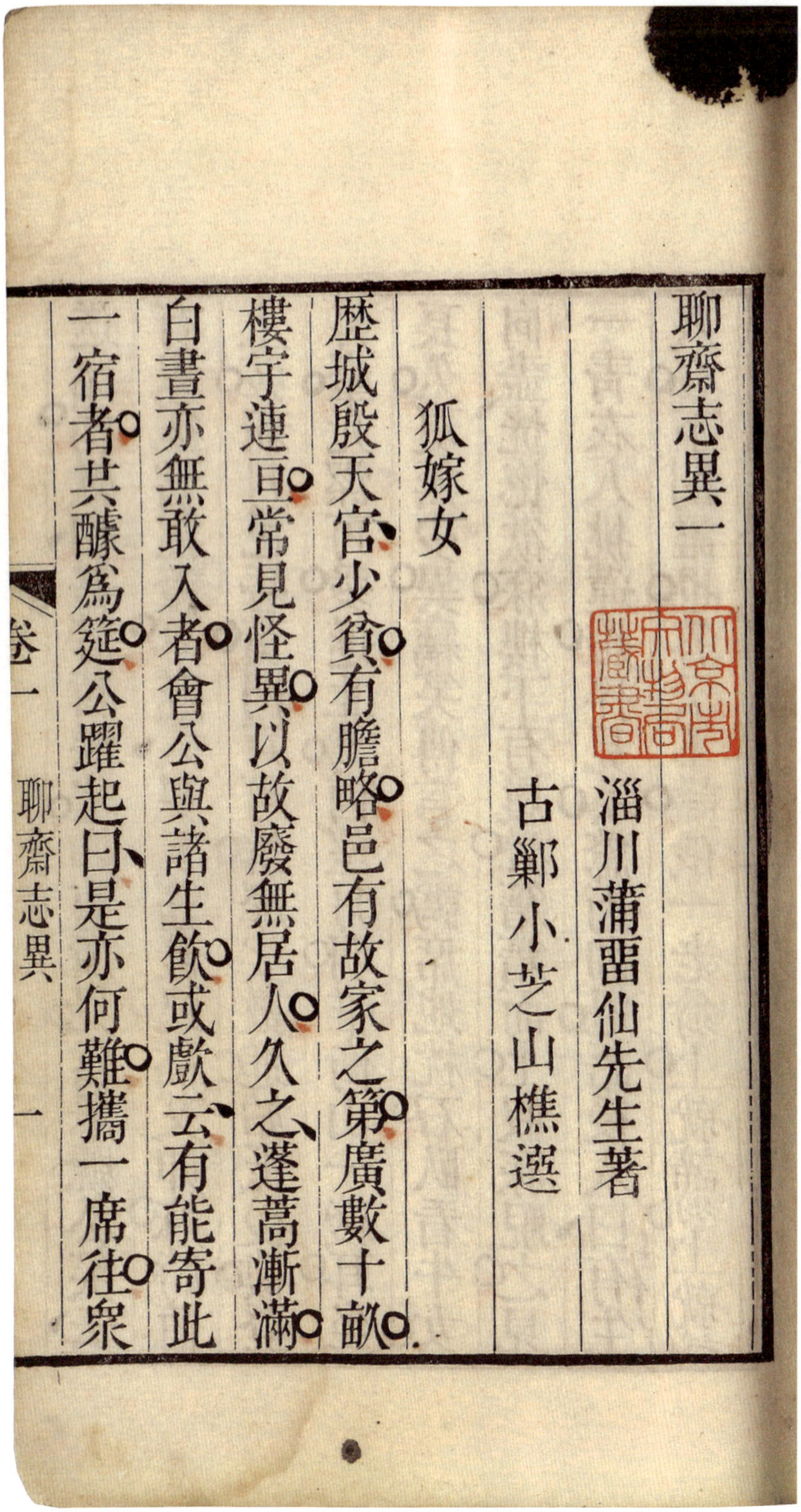
聊齋志異一
淄川蒲留仙先生著
古鄭小芝山樵選
狐嫁女
歷城殷天官少貧有膽略邑有故家之第廣數十畝樓宇連亘常見怪異以故廢無居人久之蓬蒿漸滿白晝亦無敢入者會公與諸生飲或戲云有能寄此一宿者共醵爲筵公躍起曰是亦何難攜一席往衆
卷一 聊齋志異 一

聊齋志異六卷 （清）蒲松齡著 （清）小芝山樵選 清乾隆五十九年（1794）刻本
框高 14.5 厘米，廣 10.5 厘米。半葉八行，行二十字，白口，左右雙邊。16 册。

二級 92k37

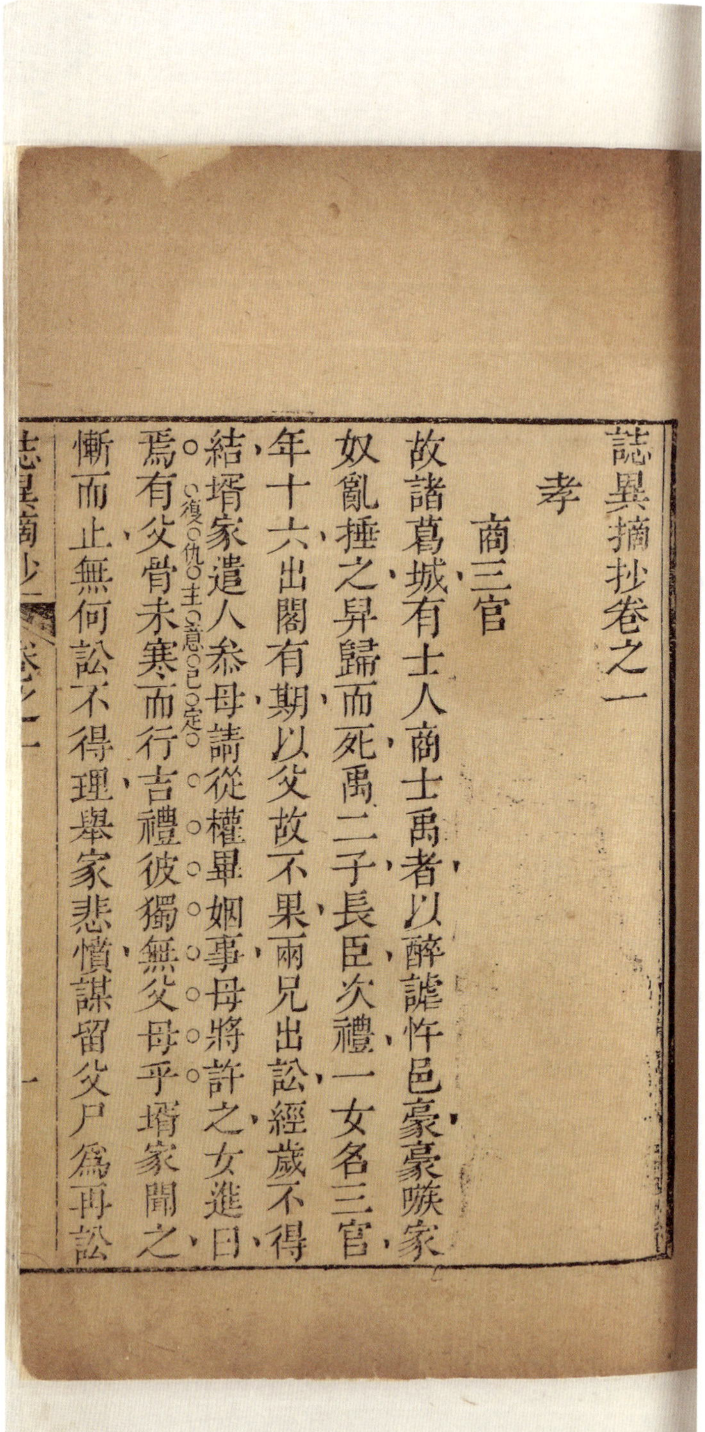

誌異摘抄卷之一

孝

商三官

故諸葛城有士人商士禹者以醉謔忤邑豪豪嗾家奴亂捶之舁歸而死禹二子長臣次禮一女名三官年十六出閣有期以父故不果兩兄出訟經歲不得結壻家遣人叅母請從權畢姻事母將許之女進曰焉有父骨未寒而行吉禮彼獨無父母乎壻家聞之慚而止無何訟不得理舉家悲憤謀留父尸為再訟

○復○仇○主○意○已○定

誌異摘抄卷之一　一

誌異摘抄十八卷　（清）蒲松齡撰　（清）王梓園評　清乾隆三十二年（1767）介景堂刻本

框高 13.6 厘米，廣 11 厘米。半葉九行，行二十字，白口，左右雙邊，無格。18 册。

二級 93k38

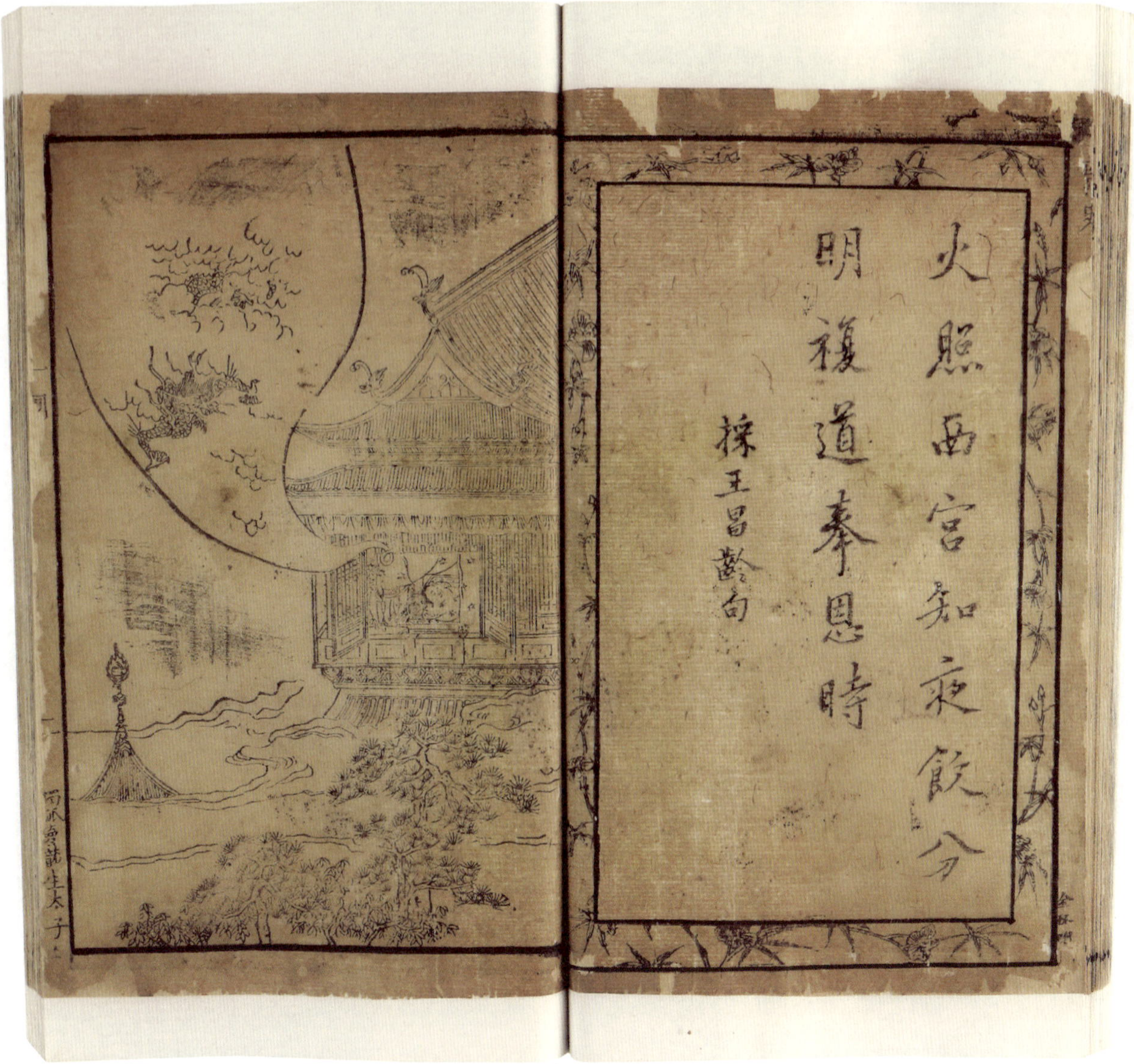

新鐫全像通俗演義隋煬帝豔史八卷四十回　（明）齊東野人撰　明崇禎刻本

框高20厘米，廣14.5厘米。半葉九行，行二十字，白口，四周單邊。20册。

二級 105k152

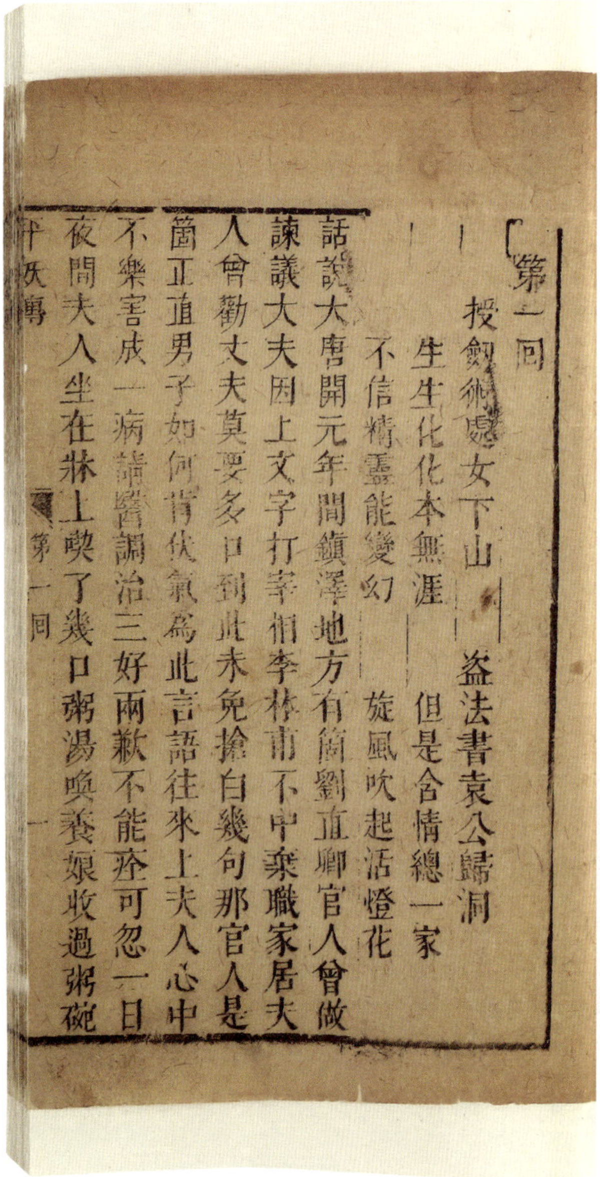

第一回
授劍術處女下山　盜法書袁公歸洞
生生化化本無涯　但是含情總一家
不信精靈能變幻　旋風吹起活燈花
話說大唐開元年間鎮澤地方有箇劉直卿官人曾做諫議大夫因上文字打李林甫不中棄職家居夫人曾勸丈夫莫要多口到此未免捻白幾句那官人是箇正直男子如何肯伏氣爲此言語往來上夫人心中不樂害成一病請醫調治三好兩歉不能痊可忽一日夜間夫人坐在牀上喫了幾口粥湯與養娘收過粥碗

映旭齋批點北宋三遂平妖傳四十回　（明）羅本撰　（明）馮夢龍增定　明刻本

框高 20.4 厘米，廣 13 厘米。半葉十行，行二十一字，白口，四周單邊。6 册。

二級 119k221

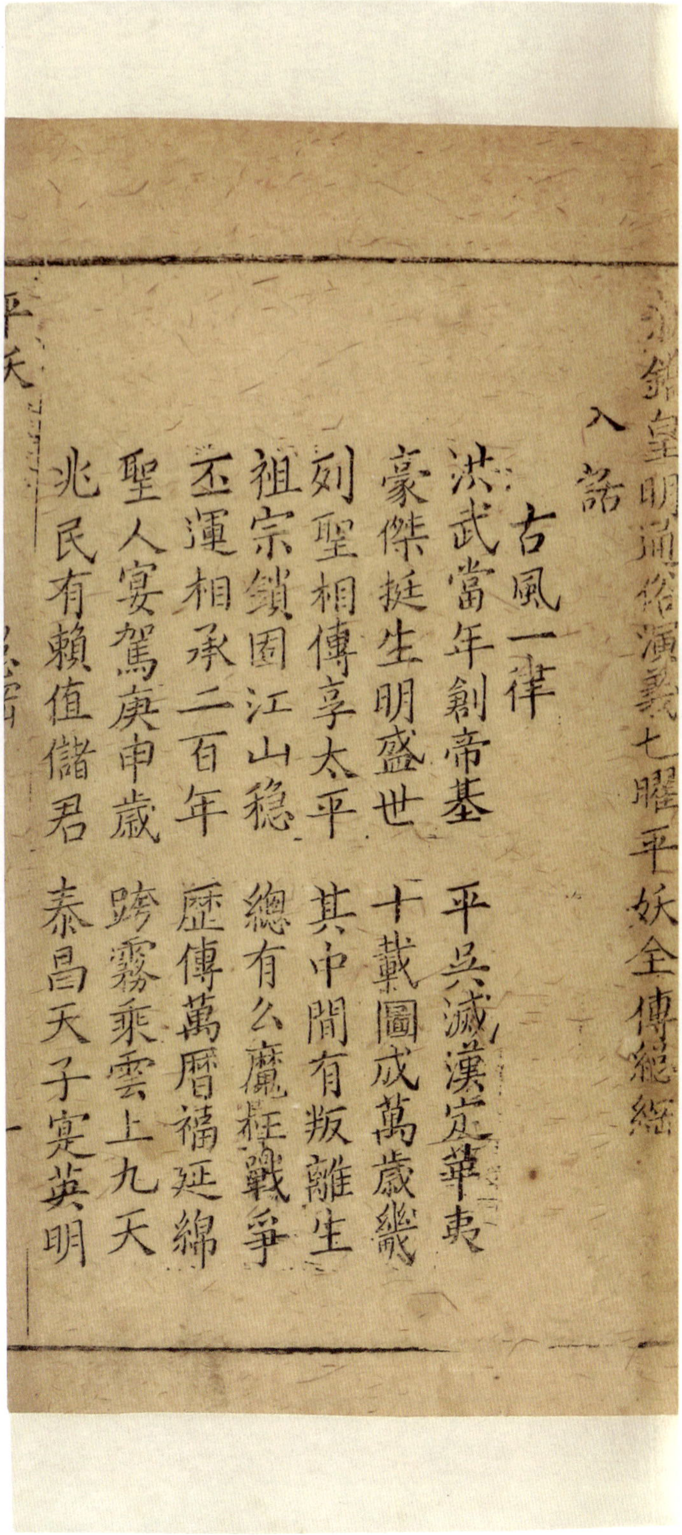
新鐫皇明通俗演義七曜平妖全傳總綱
入話
古風一律
洪武當年創帝基　平吳滅漢定華夷
豪傑挺生明盛世　十載圖成萬歲畿
列聖相傳享太平　其中間有叛離生
祖宗鎖固江山穩　總有么魔枉戰爭
丕運相承二百年　歷傳萬曆禧延綿
聖人宴駕庚申歲　蹺霧乘雲上九天
兆民有賴值儲君　泰昌天子寔英明

新鐫皇明通俗演義七曜平妖傳六卷　（明）羅本撰　明天啓刻本

框高 19.6 厘米，廣 13.1 厘米。半葉十行，行二十字，白口，四周單邊，無格。6 册。

二級 121k230

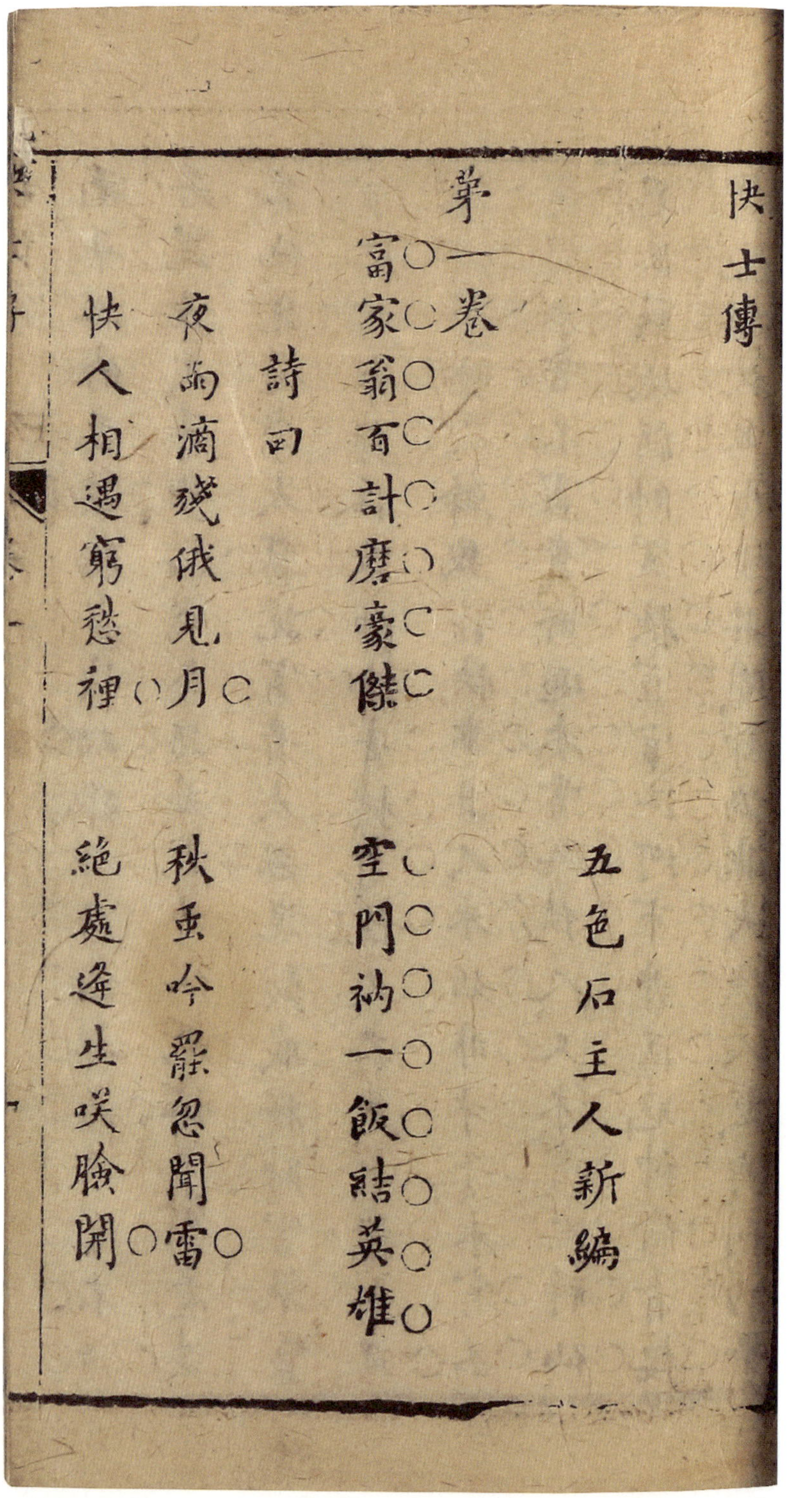
快士傳
五色石主人新編
第一卷
富家翁百計磨豪傑　空門衲一飯結英雄
詩曰
夜雨滴殘俄見月　秋蟲吟罷忽聞雷
快人相遇窮愁裡　絕處逢生笑臉開

快士傳十六卷　（清）五色石主人編　清初刻本

框高 19 厘米，廣 11.6 厘米。半葉八行，行二十字，白口，四周單邊，無格。8 册。

二級 125k249

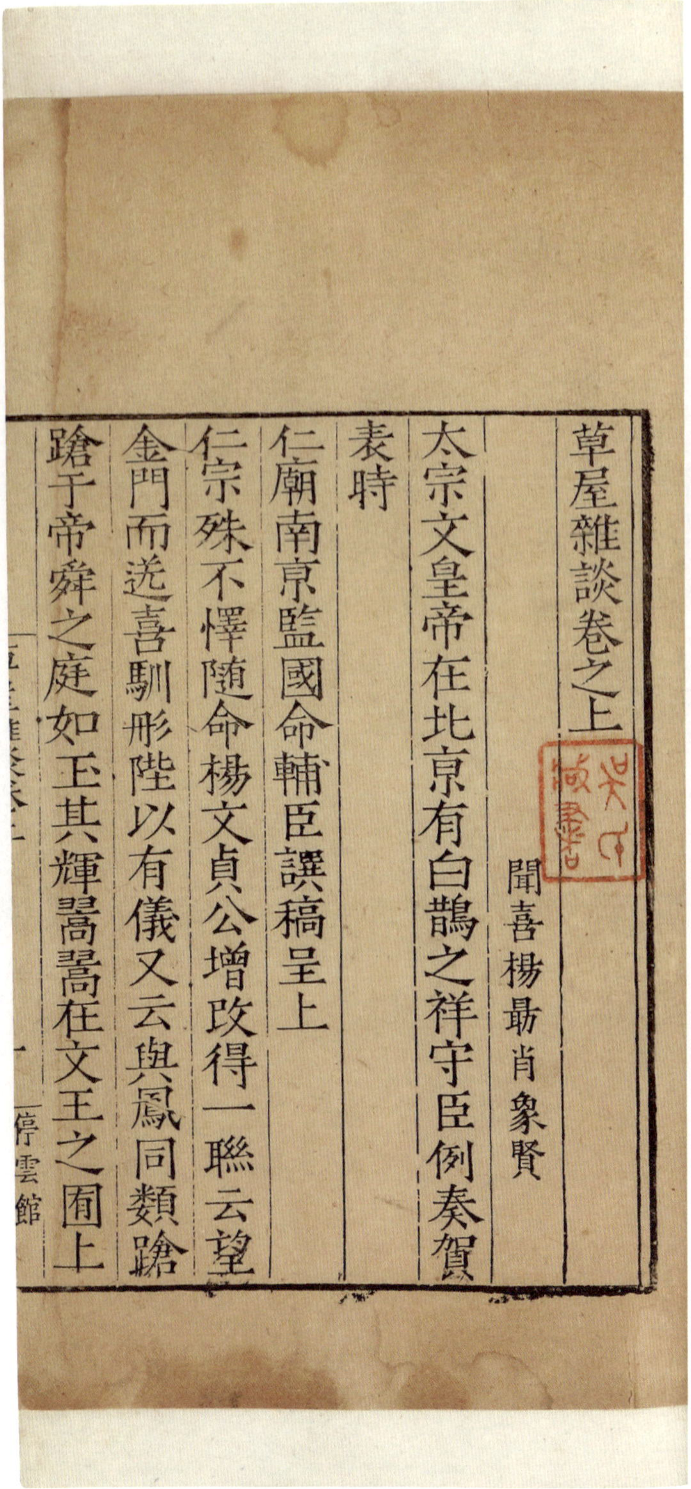
草屋雜談卷之上
聞喜楊勗肖象賢
太宗文皇帝在北京有白鵲之祥守臣例奏賀
表時
仁廟南京監國命輔臣譔稿呈上
仁宗殊不懌隨命楊文貞公增改得一聯云望
金門而逆喜馴彤陛以有儀又云與鳳同類蹌
蹌于帝舜之庭如玉其輝翯翯在文王之囿上
草屋雜談卷上 一 停雲館

草屋雜談二卷 （明）楊勗肖撰 明嘉靖三十二年（1553）停雲館刻本

框高16.7厘米，廣12.4厘米。半葉八行，行十八字，白口，左右雙邊。2册。鈐“吳氏藏書”朱文印。

二級 126k261

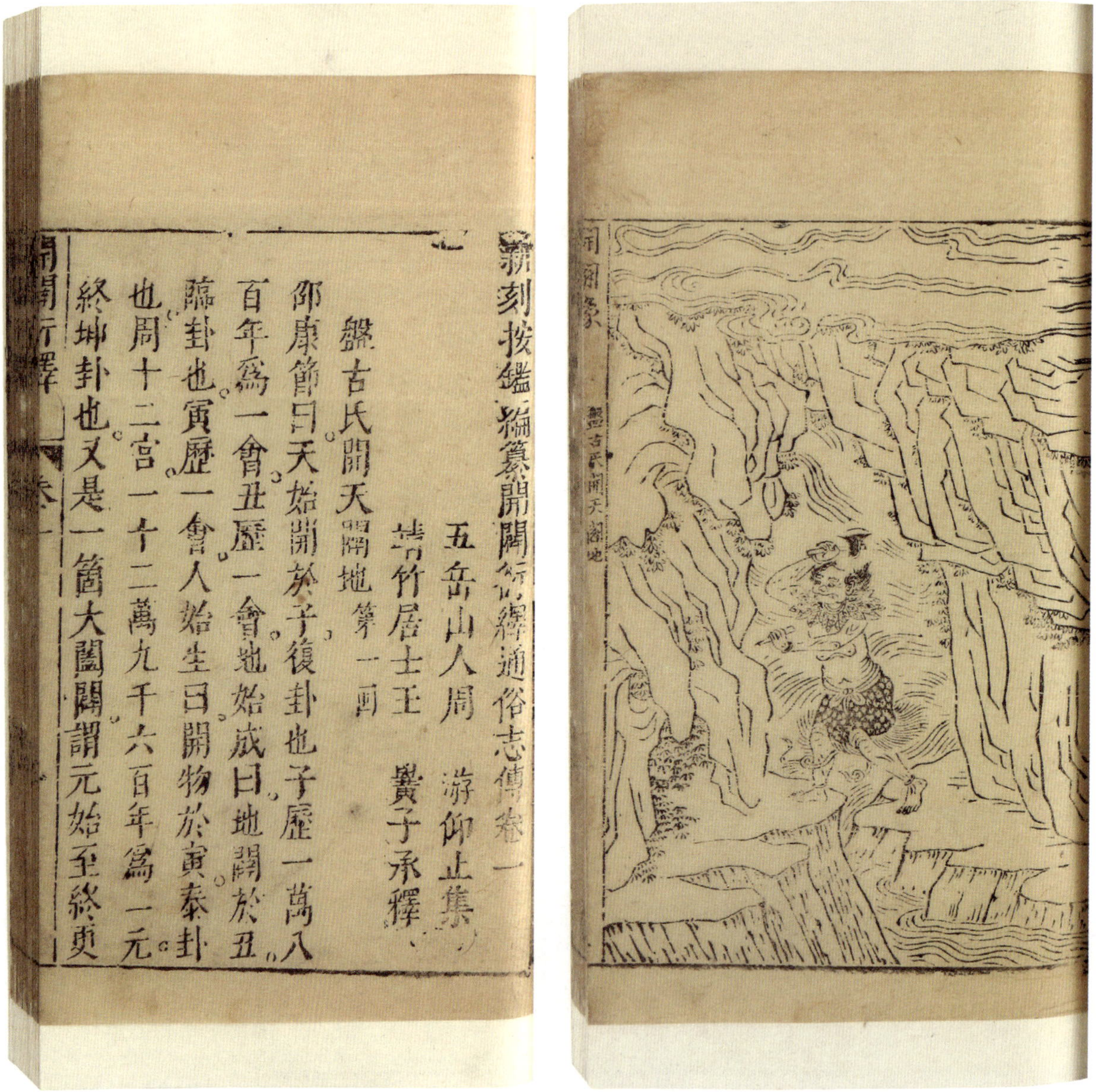

新刻按鑑編纂開闢衍繹通俗志傳六卷 （明）周游集 （明）王黌釋 明崇禎刻本

框高 19.5 厘米，廣 13.2 厘米。半葉九行，行十八字，白口，四周單邊，無格。6 册。

二級 128k270

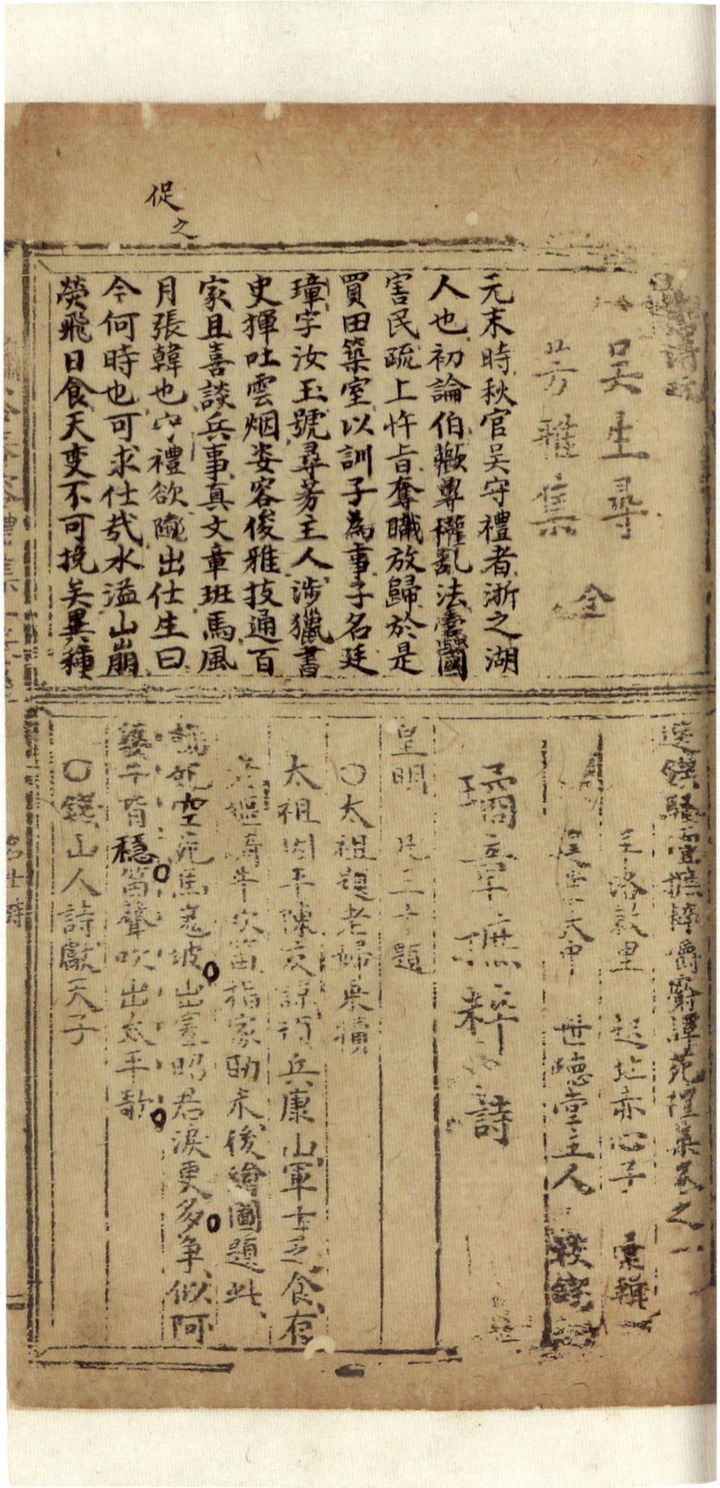
吴生尋芳雅集 全

元末時秋官吴守禮者浙之湖人也初論伯顔專權亂法蠹國害民疏上忤旨奪職放歸於是買田築室以訓子爲事子名廷璋字汝玉號尋芳主人渉獵書史揮吐雲烟姿容俊雅技通百家且喜談兵事真文章班馬風月張韓也父禮欲𥦗出仕生曰今何時也可求仕耶水溢山崩熒飛日食天變不可挽矣果種

繡谷春容十二集 （明）起北赤心子輯 明刻本

框高 22.5 厘米，廣 14 厘米。半葉上下兩欄，上欄十四行，行十二字，無格；下欄十二行，行十七字，白口，四周雙邊。12 册。

二級 132k275

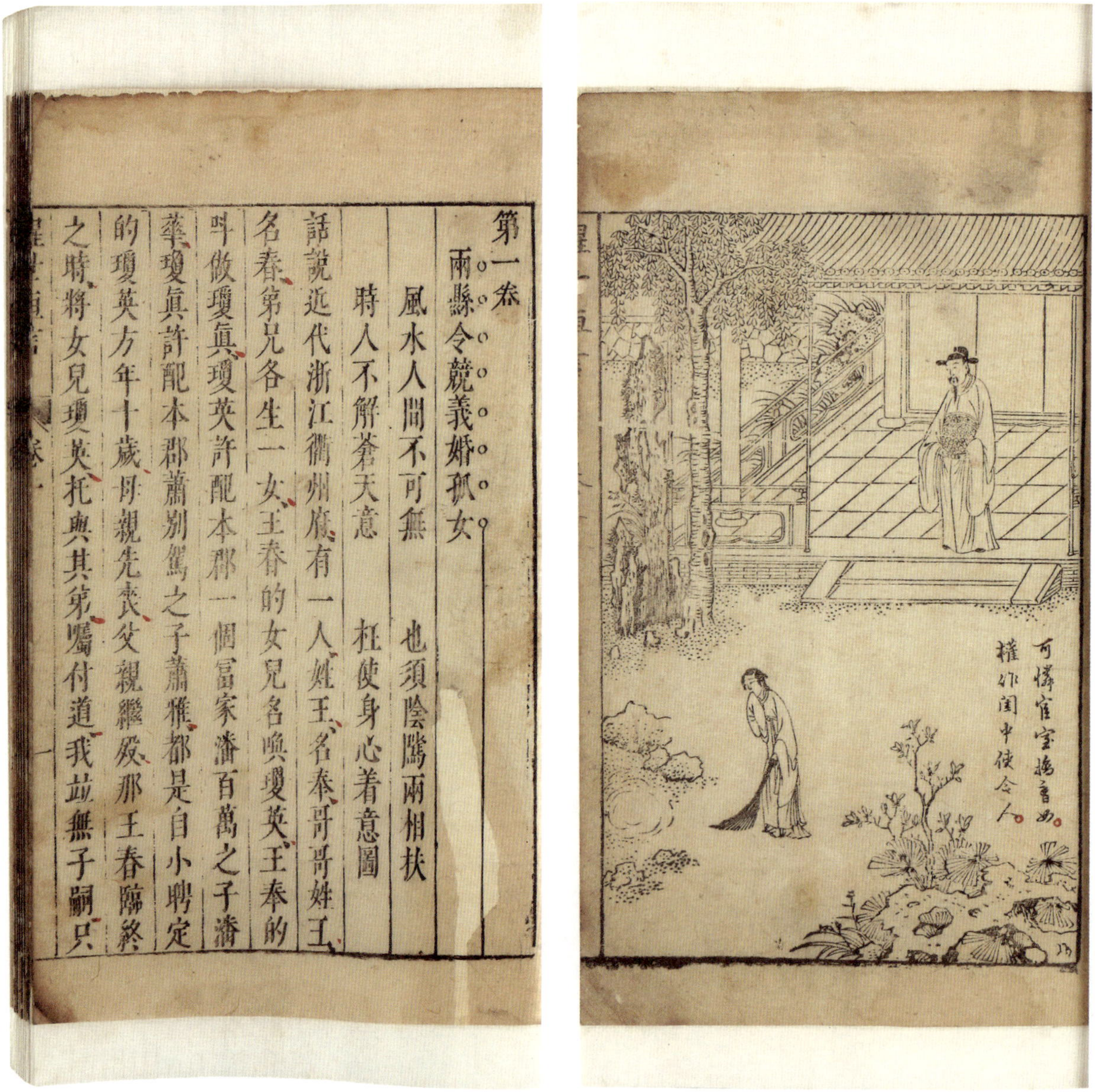

醒世恒言四十卷　（明）馮夢龍撰　（明）可一居士評　（明）墨浪主人校　明萬曆葉敬池刻本

框高 21 厘米，廣 14 厘米。半葉十行，行二十字，白口，四周單邊。1 册。存一卷（一）。

二級 143k347

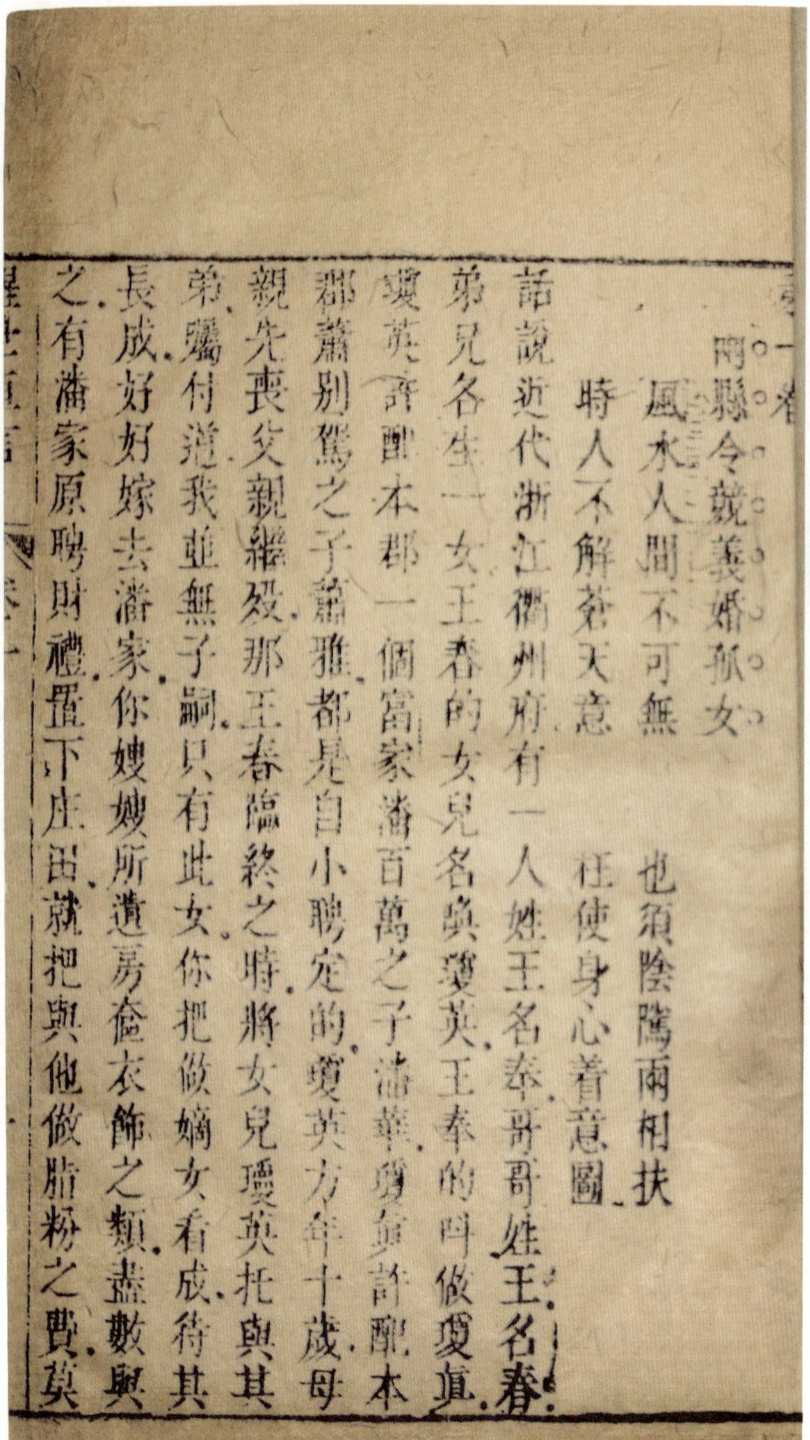
卷一
兩縣令競義婚孤女
風水人間不可無　也須陰隲兩相扶
時人不解蒼天意　枉使身心着意圖
話說近代浙江衢州府有一人姓王名奉哥哥姓王名春
弟兄各生一女王春的女兒名瓊英王奉的叫做瓊真
瓊英許配本郡一個富家潘百萬之子潘華瓊真許配本
郡蕭別駕之子蕭雅都是自小聘定的瓊英方年十歲母
親先喪父親繼歿那王春臨終之時將女兒瓊英托與其
弟囑付道我並無子嗣只有此女你把做嫡女看成待其
長成好好嫁去潘家你嫂嫂所遺房奩衣飾之類盡數與
之有潘家原聘財禮置下庄田就把與他做脂粉之費莫
醒世恒言　卷一

醒世恒言四十卷　（明）馮夢龍撰　（明）可一居士評　（明）墨浪主人校　明天啓衍慶堂刻本

框高18.3厘米，廣13.5厘米。半葉十二行，行二十二字，白口，四周單邊，無格。16册。

二級 144k348

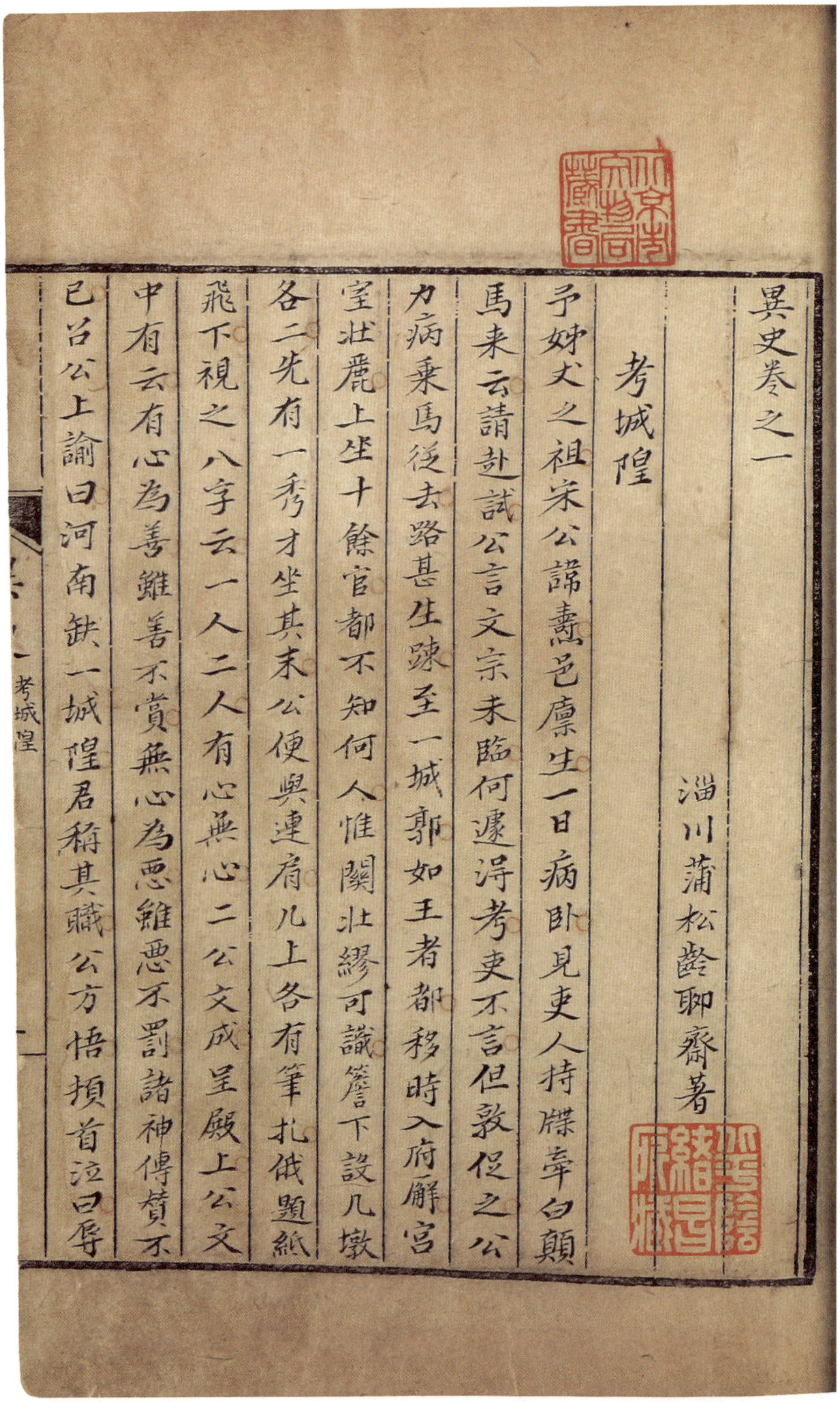
異史卷之一
淄川蒲松齡聊齋著
考城隍
予姊丈之祖宋公諱燾邑廩生一日病卧見吏人持牒牽白顛
馬來云請赴試公言文宗未臨何遽得考吏不言但敦促之公
力病乘馬從去路甚生疎至一城郭如王者都移時入府廨宮
室壯麗上坐十餘官都不知何人惟關壯繆可識簷下設几墩
各二先有一秀才坐其末公便與連肩几上各有筆札俄題紙
飛下視之八字云一人二人有心無心二公文成呈殿上公文
中有云有心為善雖善不賞無心為惡雖惡不罰諸神傳贊不
已召公上諭曰河南缺一城隍君稱其職公方悟頓首泣曰辱

異史六卷　（清）蒲松齡著　清初抄本

框高 18 厘米，廣 14.8 厘米。半葉十一行，行二十四字，白口，左右雙邊。12 册。鈐“北平陰緒昌所藏”白文印。

二級 149k397

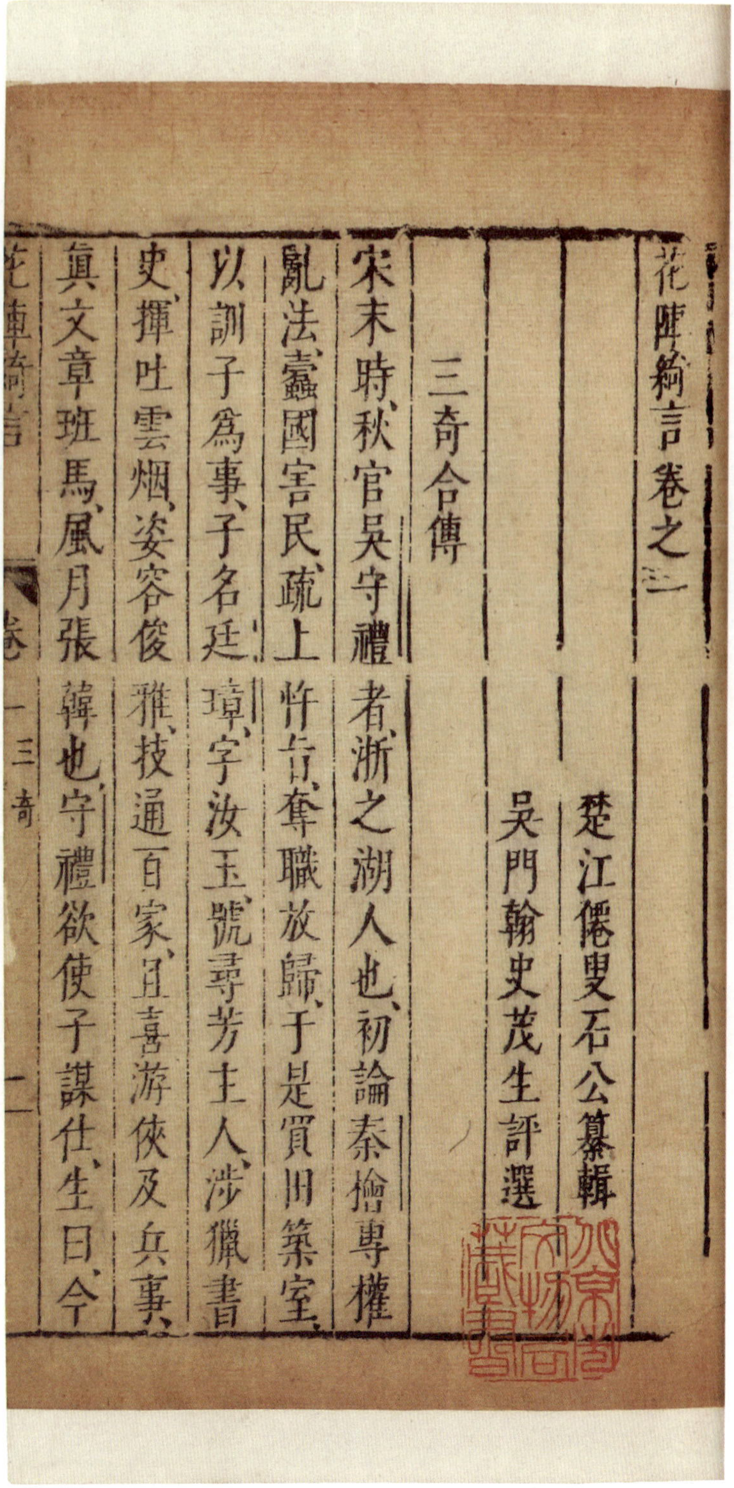

花陣綺言十二卷　（明）袁宏道纂輯　明末刻本

框高 21.5 厘米，廣 13.8 厘米。半葉九行，行二十字，白口，四周單邊。12 册。

二級 153x361

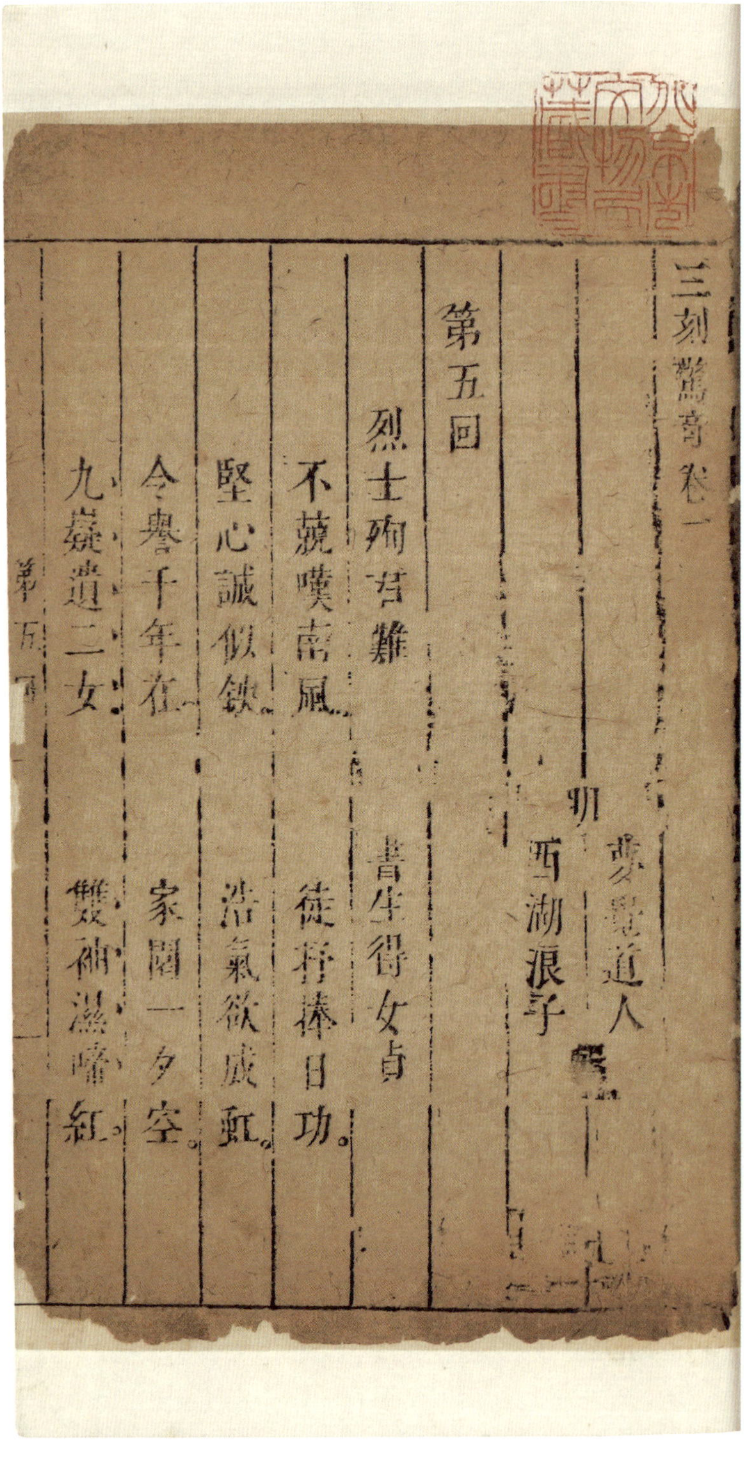

三刻驚奇六卷二十四回 （明）夢覺道人等輯 明末刻本

框高 20 厘米，廣 14 厘米。半葉九行，行二十字，白口，四周單邊。6 册。缺六回（一至四、七至八）。

二級 154x393

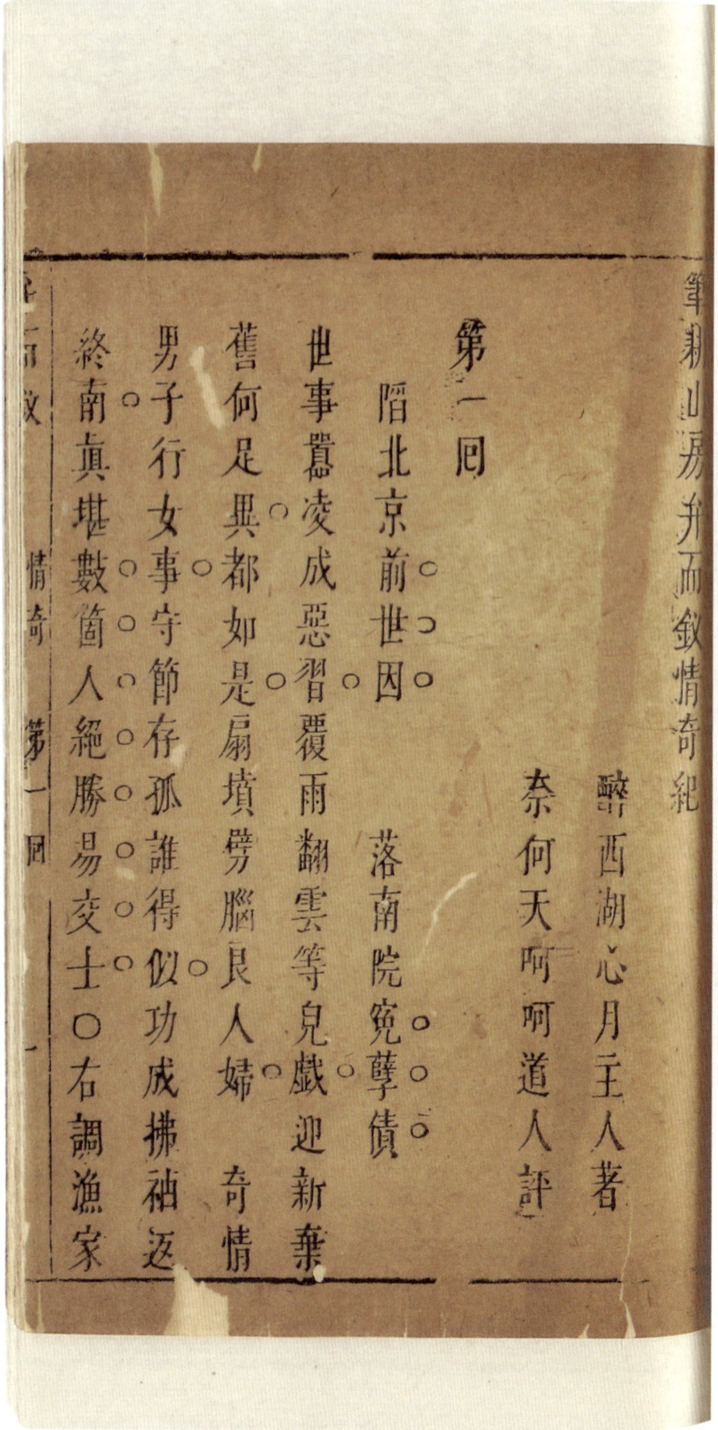

筆耕山房弁而釵四集二十回 （明）醉西湖心月主人著 （明）奈何天呵呵道人評 明刻本

框高20.6厘米，廣13.8厘米。半葉九行，行十八字，白口，四周單邊。無格。6册。鈐“桐岡觀翫”朱文印、“桐石書屋”朱文印等。

二級 323x374

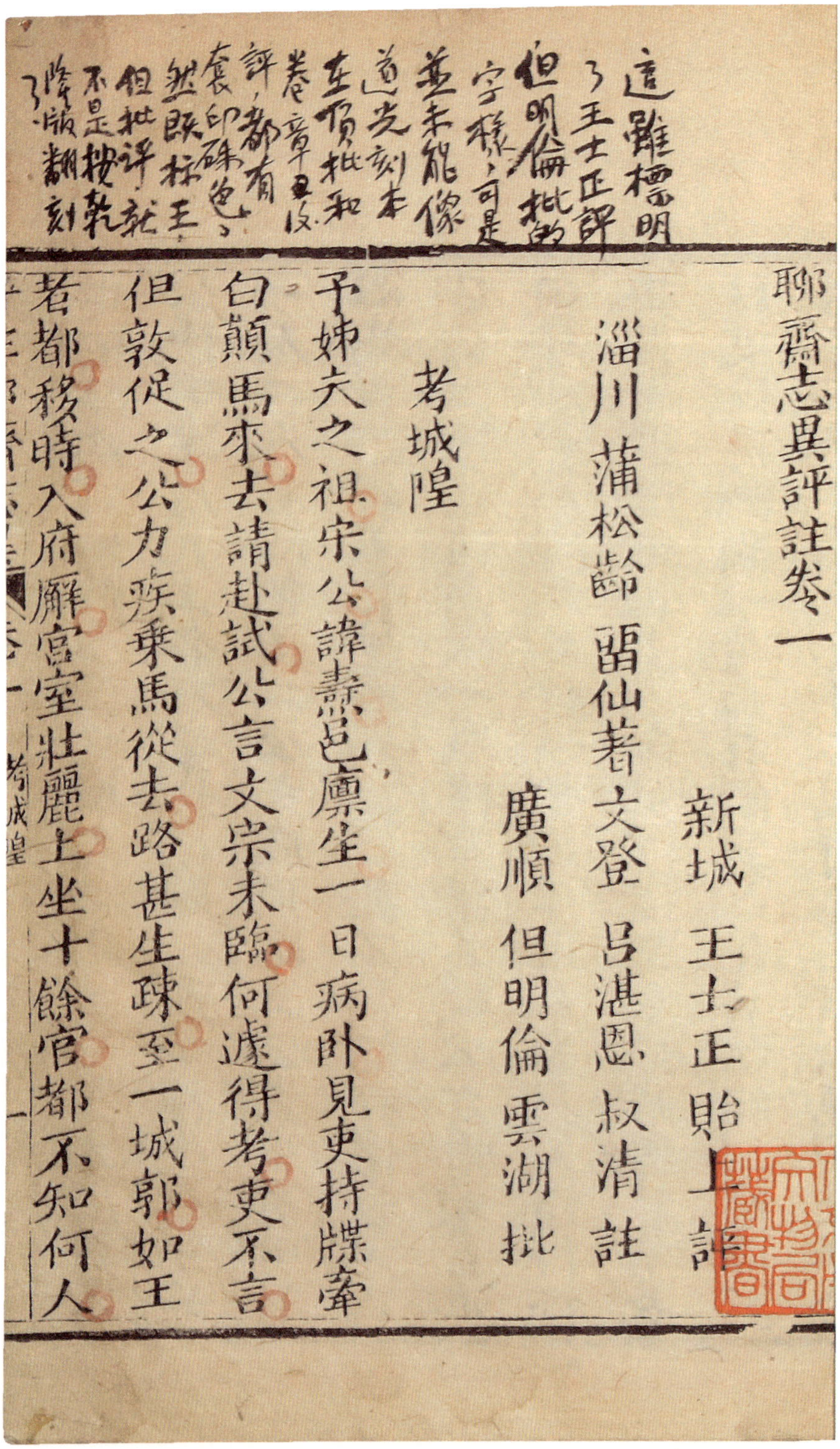
這雖標明王士正評，但明倫批，字樣，可是並未能像道光刻本，在頂批和卷章目後評，都有套印硃色，然既標王但批評，就不是按乾隆版翻刻了

聊齋志異評註卷一
新城 王士正貽上評
淄川 蒲松齡畱仙著 文登 呂湛恩叔清註
廣順 但明倫雲湖批
考城隍
予姊夫之祖宋公諱燾邑廩生一日病臥見吏持牒牽白顛馬來云請赴試公言文宗未臨何遽得考吏不言但敦促之公力疾乘馬從去路甚生疎至一城郭如王者都移時入府廨宮室壯麗上坐十餘官都不知何人

聊齋志異評註十六卷 （清）蒲松齡著 （清）王士禎評 （清）呂湛恩註 （清）但明倫批 清咸豐芥子園刻本

框高 13.4 厘米，廣 11 厘米。半葉九行，行二十一字，白口，四周雙邊，無格。16 册。

三級 8k30

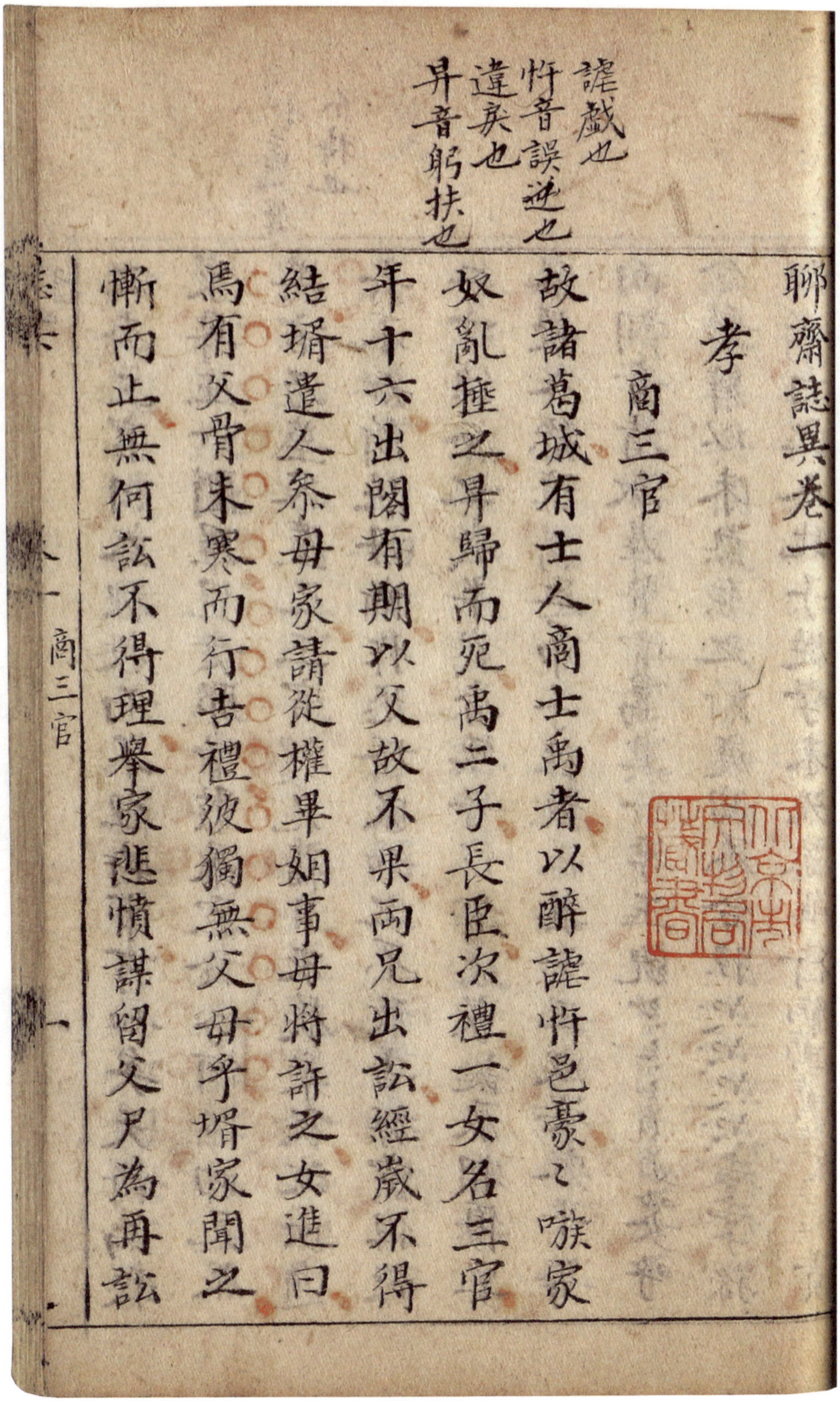

諕戲也
忤音誤逆也
違戾也
舁音舁扶也

聊齋誌異卷一
孝
商三官
故諸葛城有士人商士禹者以醉謔忤邑豪豪嗾家
奴亂捶之舁歸而死禹二子長臣次禮一女名三官
年十六出閣有期以父故不果兩兄出訟經歲不得
結婿遣人參母家請從權畢姻事母將許之女進曰
焉有父骨未寒而行吉禮彼獨無父母乎婿家聞之
慚而止無何訟不得理舉家悲憤謀留父尸為再訟

卷一 商三官 一

聊齋誌異二十卷　（清）蒲松齡著　（清）梓園删定　清抄本

框高 13.5 厘米，廣 9.6 厘米。半葉九行，行二十字，白口，四周單邊，無格。20 册。

三級 9k31

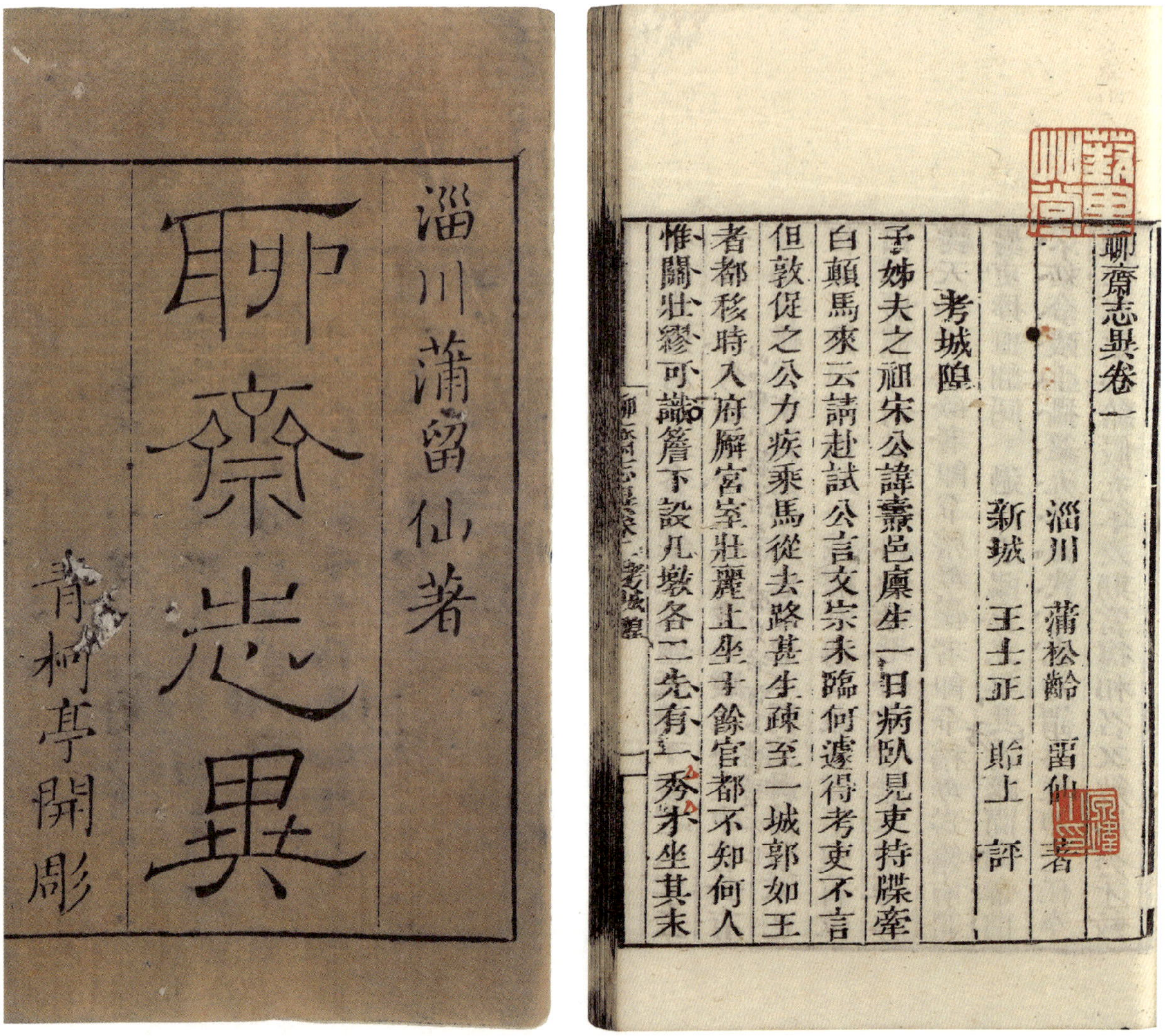
聊齋志異
淄川蒲留仙著
青柯亭開彫

聊齋志異卷一
淄川　蒲松齡　留仙　著
新城　王士正　貽上　評
考城隍
予姊夫之祖宋公諱燾邑廪生一日病臥見吏持牒牽白顛馬來云請赴試公言文宗未臨何遽得考吏不言但敦促之公力疾乘馬從去路甚生疏至一城郭如王者都移時入府廨宮室壯麗上坐十餘官都不知何人惟關壯繆可識簷下設几墩各二先有一秀才坐其末

聊齋志異十六卷　（清）蒲松齡著　（清）王士禎評　清青柯亭刻本

框高13厘米，廣9.5厘米。半葉九行，行二十一字，黑口，左右雙邊。16册。鈐“蒔里艸堂”白文印、“原煒川印”白文印。有無相居士題記。

三級 10k32

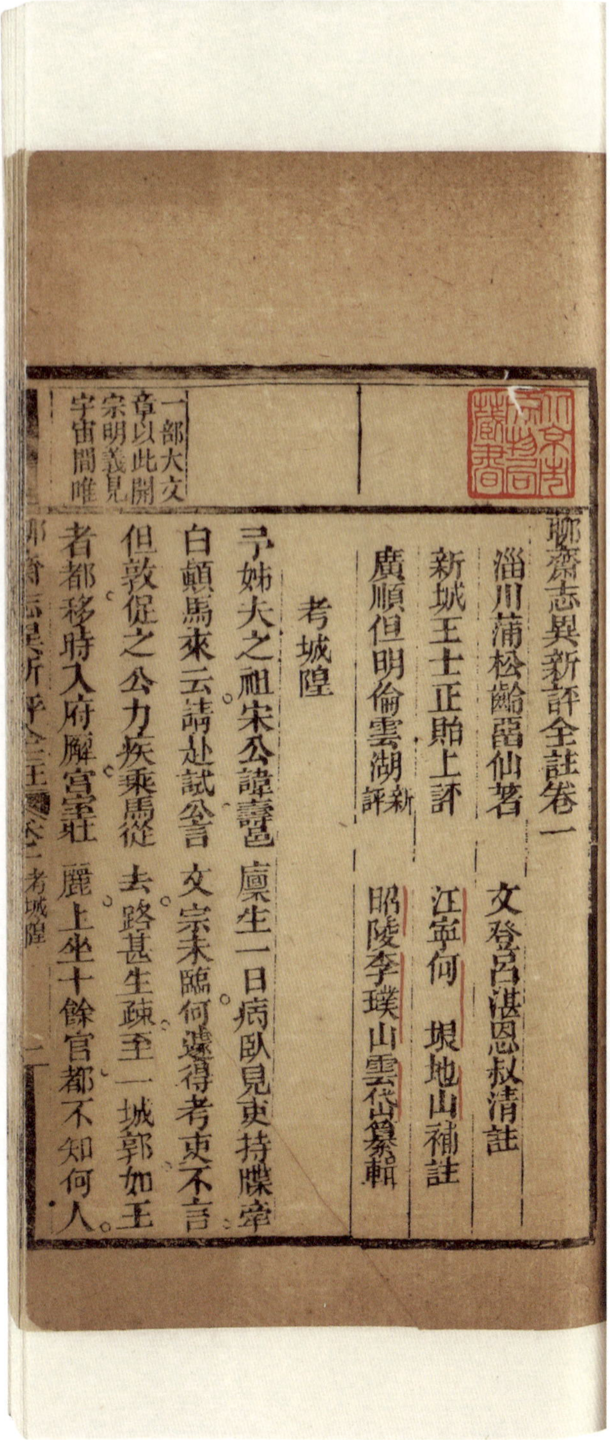

聊齋志異新評全註十六卷　（清）蒲松齡著　（清）王士禎評　（清）吕湛恩註　（清）但明倫新評　清光緒七年（1881）刻本

框高 20.4 厘米，廣 10.6 厘米。半葉上下兩欄，上欄鎸評，下欄九行，行二十一字，黑口，四周單邊。30 册。存十五卷（一至五、七至十六）。

三級 11k33

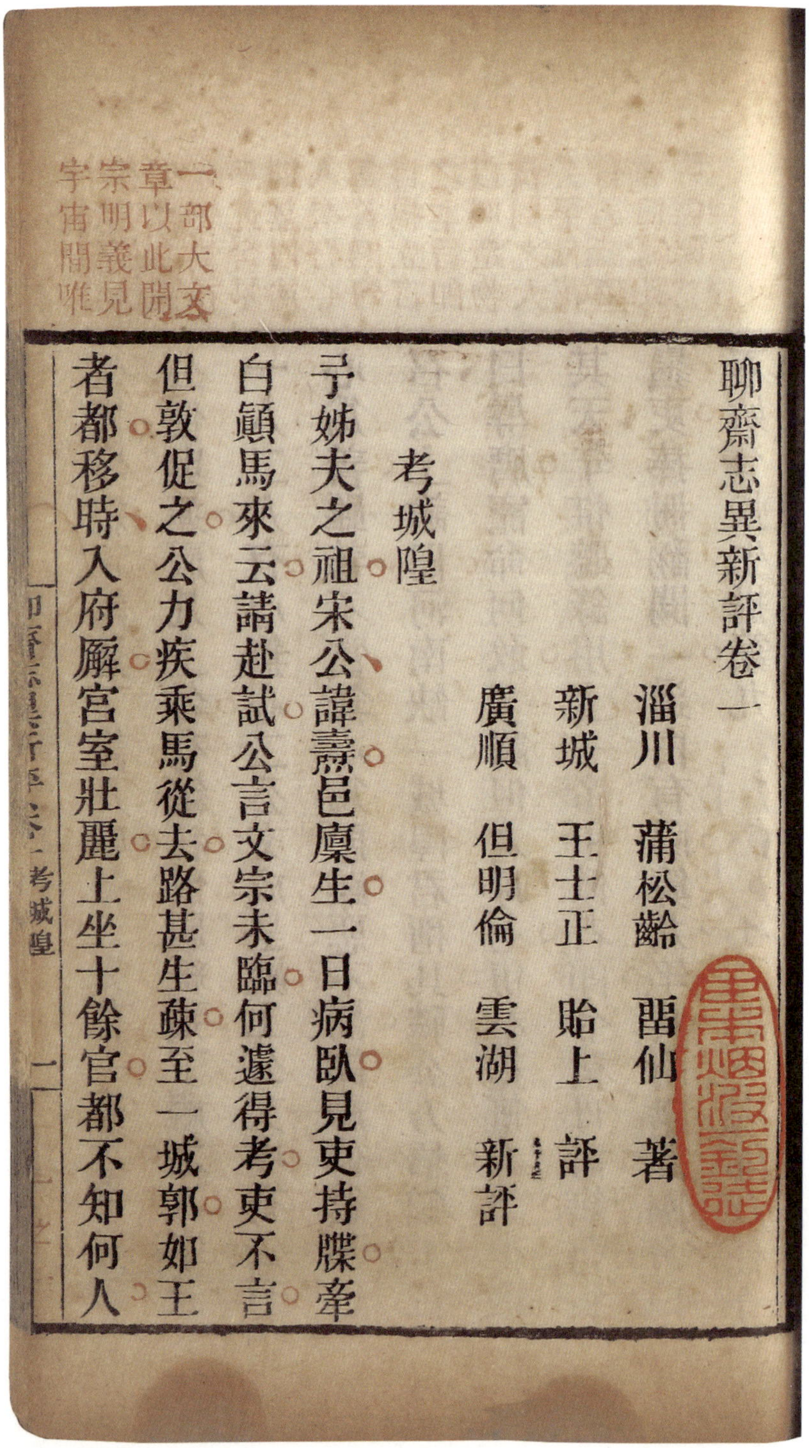
一部大文章以此開宗明義見宇宙間唯

聊齋志異新評卷一
淄川 蒲松齡 留仙 著
新城 王士正 貽上 評
廣順 但明倫 雲湖 新評
考城隍
予姊夫之祖宋公諱燾邑廩生一日病臥見吏持牒牽白顛馬來云請赴試公言文宗未臨何遽得考吏不言但敦促之公力疾乘馬從去路甚生疎至一城郭如王者都移時入府廨宮室壯麗上坐十餘官都不知何人

聊齋志異新評十六卷 （清）蒲松齡著 （清）王士禎評 （清）但明倫新評 清道光刻朱墨印本

框高18.2厘米，廣11厘米。半葉九行，行二十一字，黑口，左右雙邊，無格。16册。鈐“臣本烟波一釣徒”朱文印。

三級 12k34

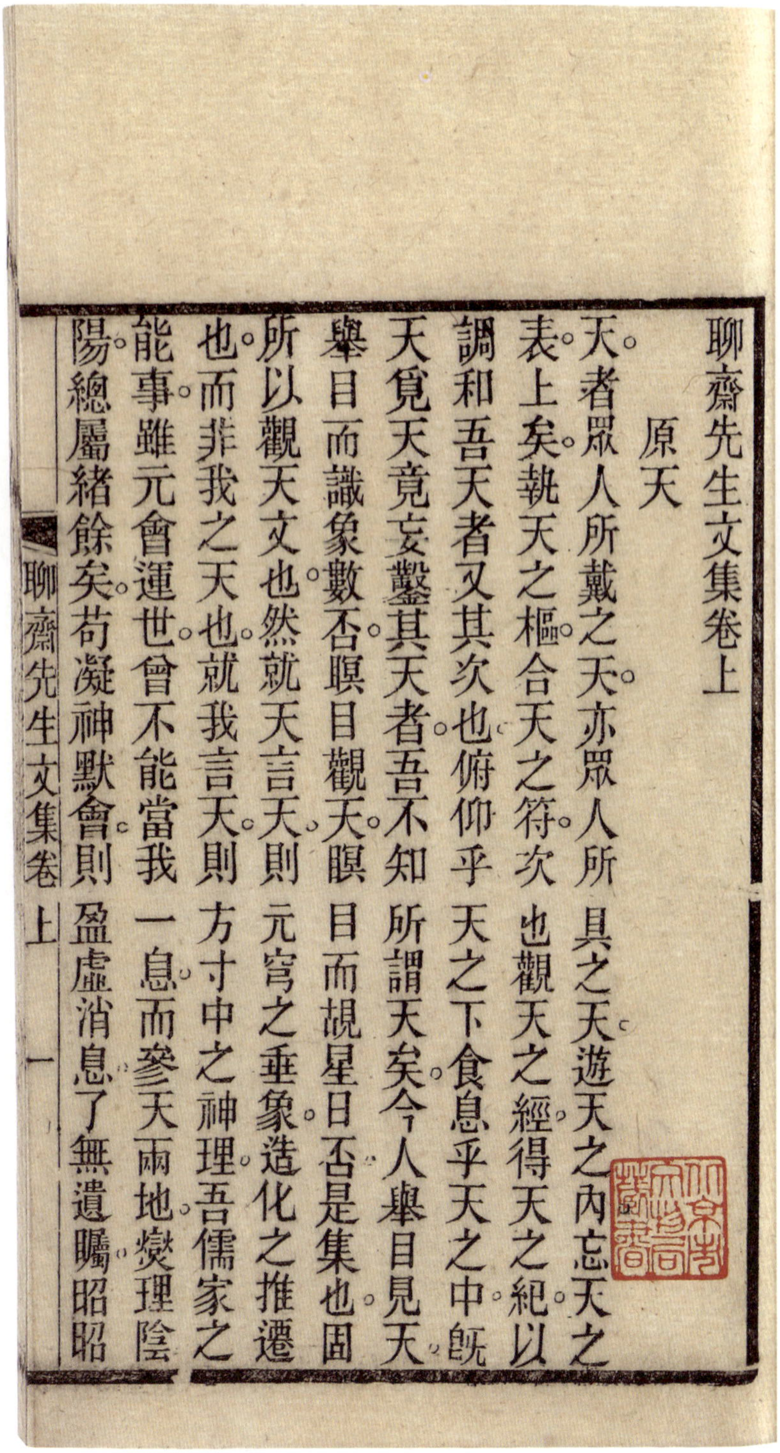
聊齋先生文集卷上
原天
天者衆人所戴之天亦衆人所具之天遊天之內忘天之
表上矣執天之樞合天之符次也觀天之經得天之紀以
調和吾天者又其次也俯仰乎天之下食息乎天之中旣
天覓天竟妄鑿其天者吾不知所謂天矣今人舉目見天
舉目而識象數否瞑目觀天瞑目而覘星日否是集也固
所以觀天文也然就天言天則元穹之垂象造化之推遷
也而非我之天也就我言天則方寸中之神理吾儒家之
能事雖元會運世曾不能當我一息而參天兩地燮理陰
陽總屬緒餘矣苟凝神默會則盈虛消息了無遺矚昭昭
聊齋先生文集卷上　一

聊齋先生文集二卷　（清）蒲松齡著　清宣統三年（1911）成都清白堂刻本

框高 17.6 厘米，廣 12 厘米。半葉十一行，行二十二字，白口，四周單邊，無格。2 册。

三級 13k40

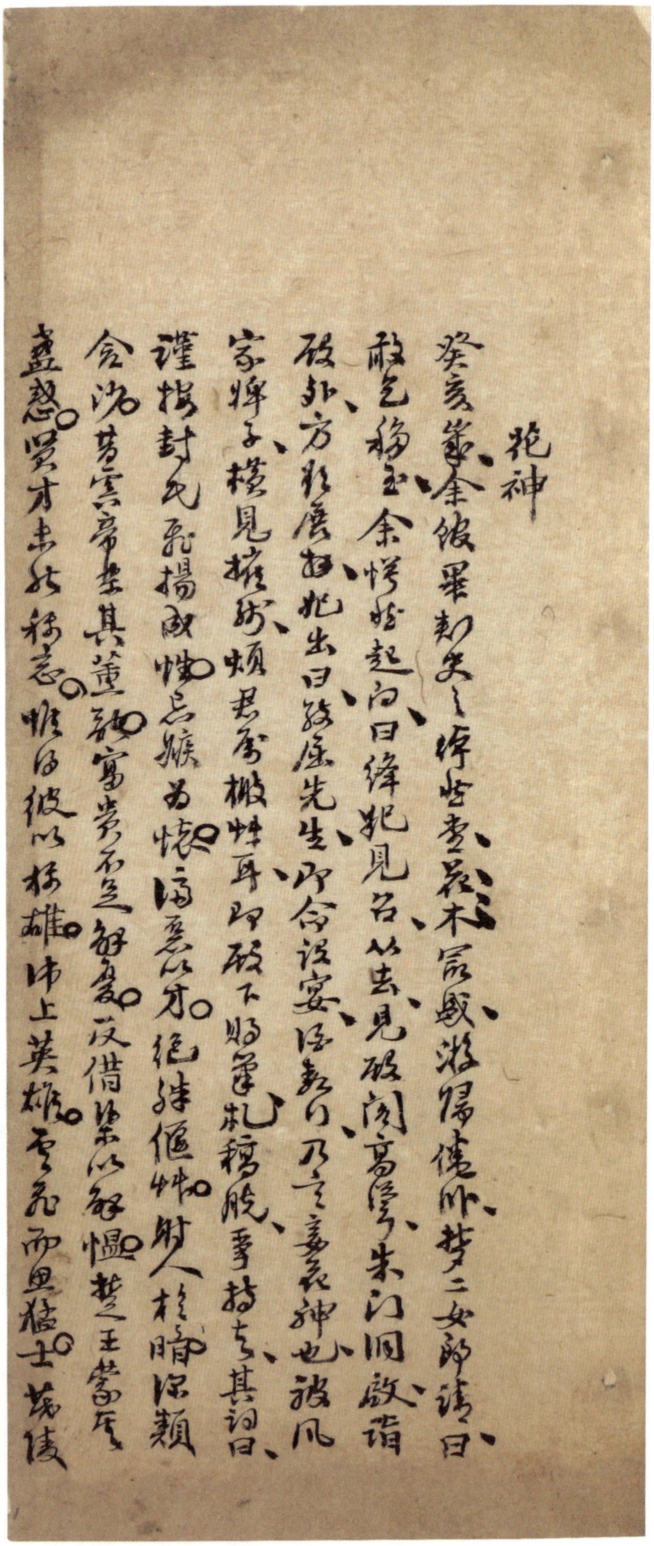

花神

癸亥歲，余館畢刺史之綽然堂。夢二女郎請曰：敢屈移玉。余愕然起，問曰。絳妃見召。從去，見殿閣高接，朱門洞啟。詣殿外，方思展拜，妃出，曰：敬屈先生。即命設宴，酒數行，乃言：妾，花神也。被風家婢子，橫見摧殘，煩君屬檄耳。即殿下賜筆札，稿脫，爭持去。其詞曰：

謹按封氏，飛揚成性，忌嫉爲心。濟惡以才，妒同醉骨；射人於暗，奸類含沙。昔虞帝受其狐媚，英皇不足解憂，反借渡以解慍；楚王蒙其蠱惑，賢才未能稱意，惟得彼以稱雄。沛上英雄，雲飛而思猛士；茂陵

聊齋百美刪評四卷　（清）蒲松齡著　（清）王士禎評　清光緒抄本

開本高 25.6 厘米，廣 14.5 厘米。半葉八行，行二十六字。白口。無框格。4 册。

三級 14k41

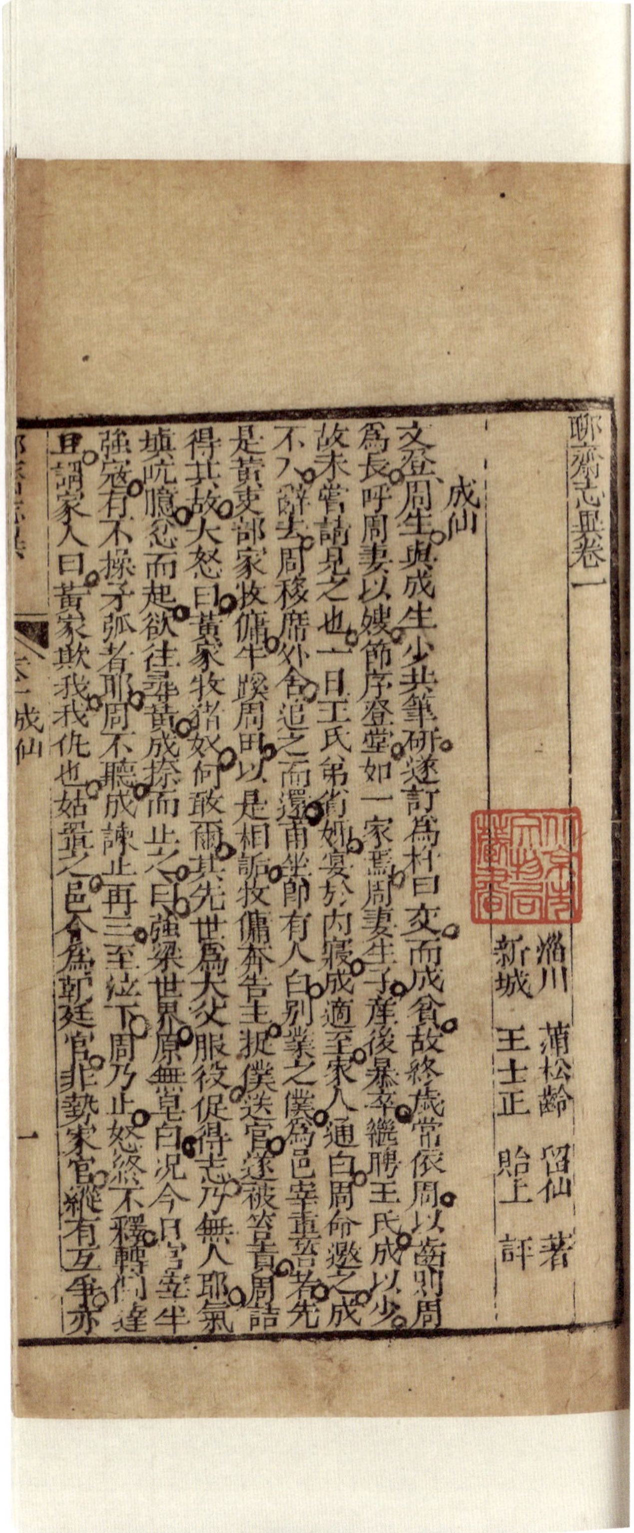

聊齋志異八卷 （清）蒲松齡著 （清）王士禎評 清文寶堂刻本

框高 16.8 厘米，廣 11 厘米。半葉十三行，行三十字，白口，四周單邊，無格。8 册。

三級 15k42

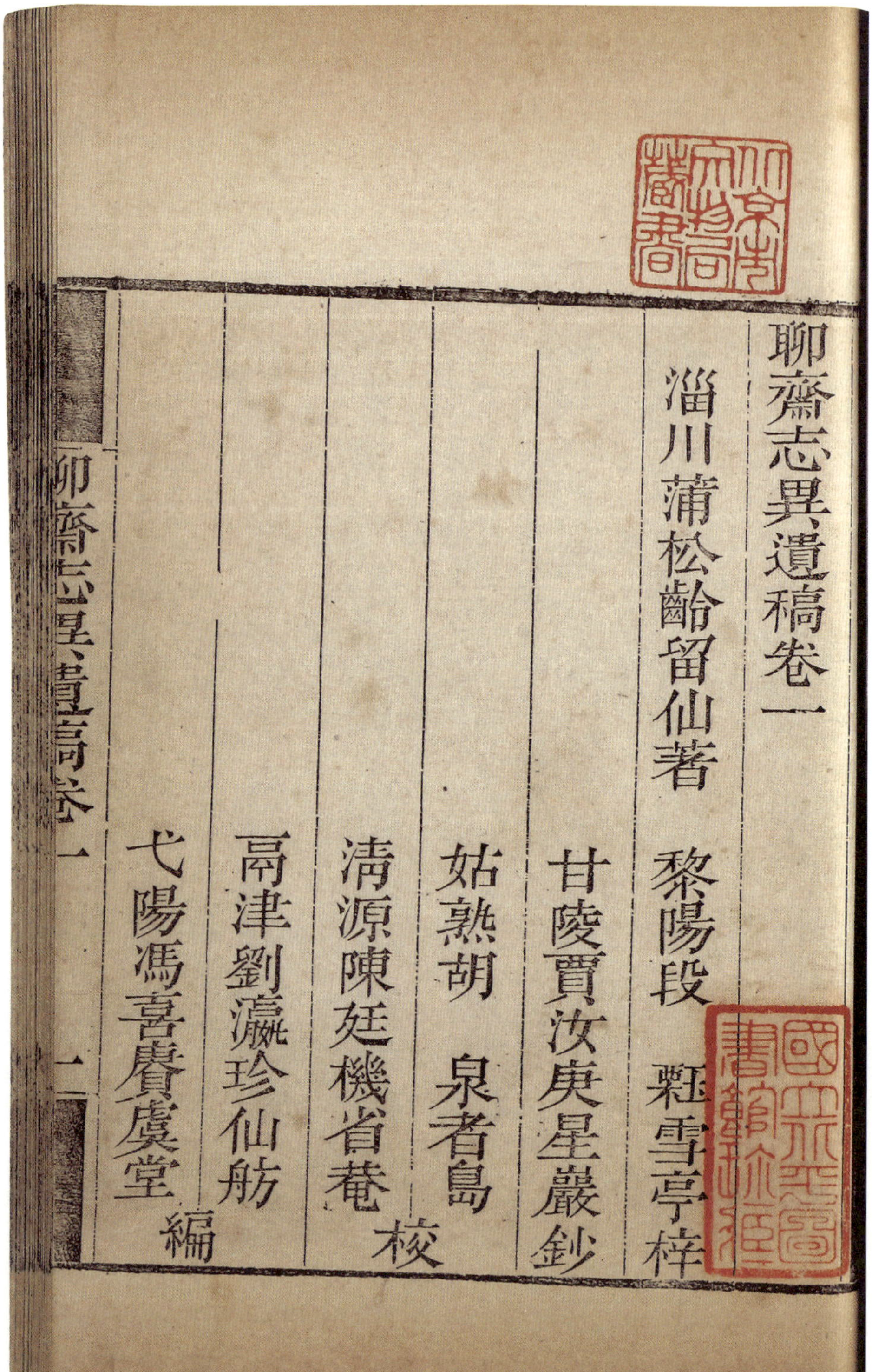

聊齋志異遺稿卷一
淄川蒲松齡留仙著　黎陽段[illegible]雪亭梓
甘陵賈汝庚星巖鈔
姑熟胡　泉者島
清源陳廷機省菴　校
鬲津劉瀛珍仙舫
弋陽馮喜賡虞堂編

聊齋志異遺稿卷一　二

聊齋志異遺稿四卷　（清）蒲松齡著　清道光四年（1824）刻本

框高 12.8 厘米，廣 10 厘米。半葉七行，行十八字，黑口，左右雙邊。2 册。鈐“國立北平圖書館珍藏”朱文印。

三級 16k45

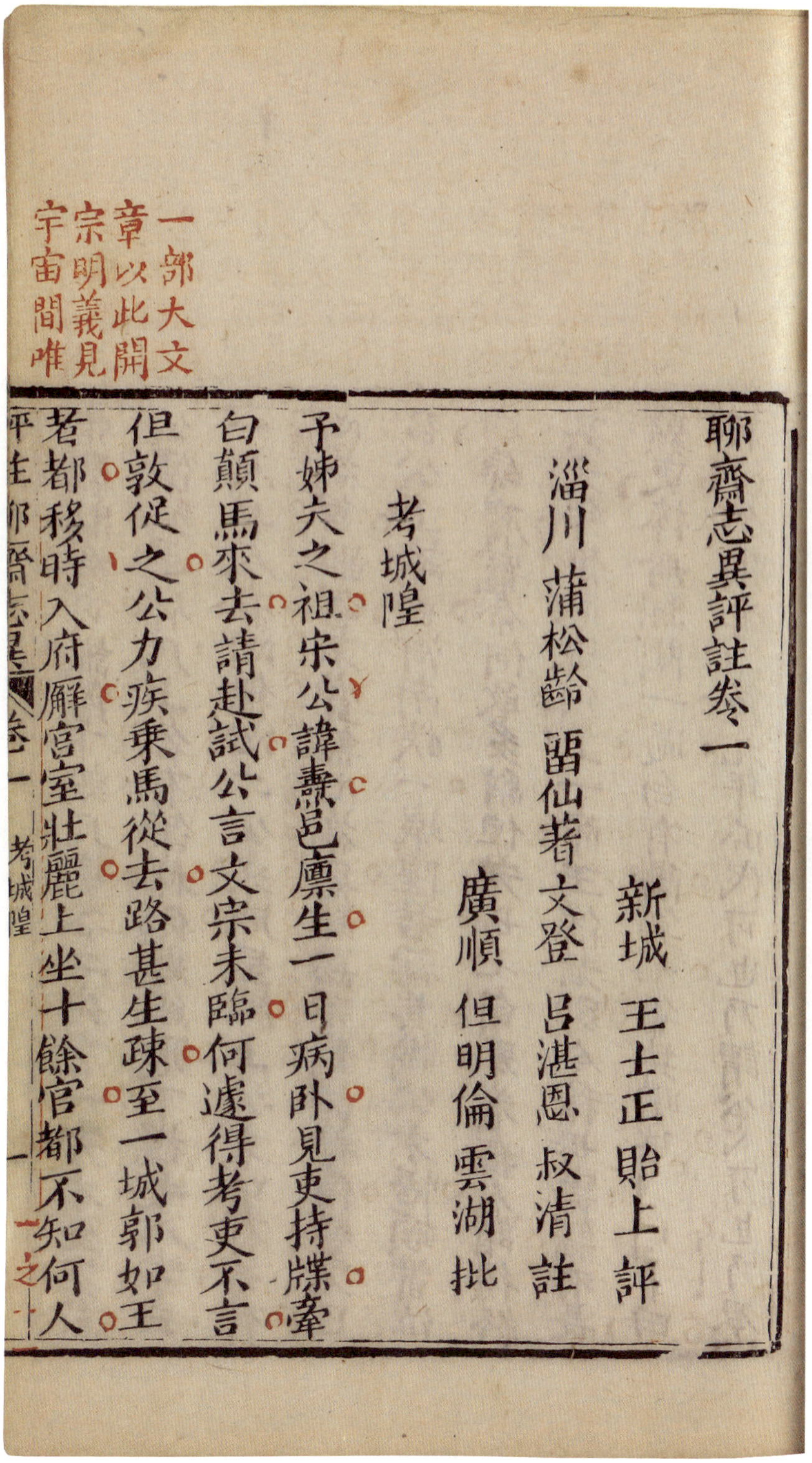
一部大文章以此開宗明義見宇宙間唯

聊齋志異評註卷一

新城　王士正　貽上　評

淄川　蒲松齡　留仙著　文登　呂湛恩　叔清　註

廣順　但明倫　雲湖　批

考城隍

予姊夫之祖宋公諱燾邑廩生一日病卧見吏持牒牽白顛馬來云請赴試公言文宗未臨何遽得考吏不言但敦促之公力疾乘馬從去路甚生疎至一城郭如王者都移時入府廨宮室壯麗上坐十餘官都不知何人

評註聊齋志異　卷一　考城隍　一

聊齋志異評註十六卷　（清）蒲松齡著　（清）王士禎評　（清）呂湛恩註　（清）但明倫批　清咸豐刻朱墨印本

框高 13 厘米，廣 10.5 厘米。半葉九行，行二十一字，白口，四周雙邊，無格。16 册。

三級 18k50

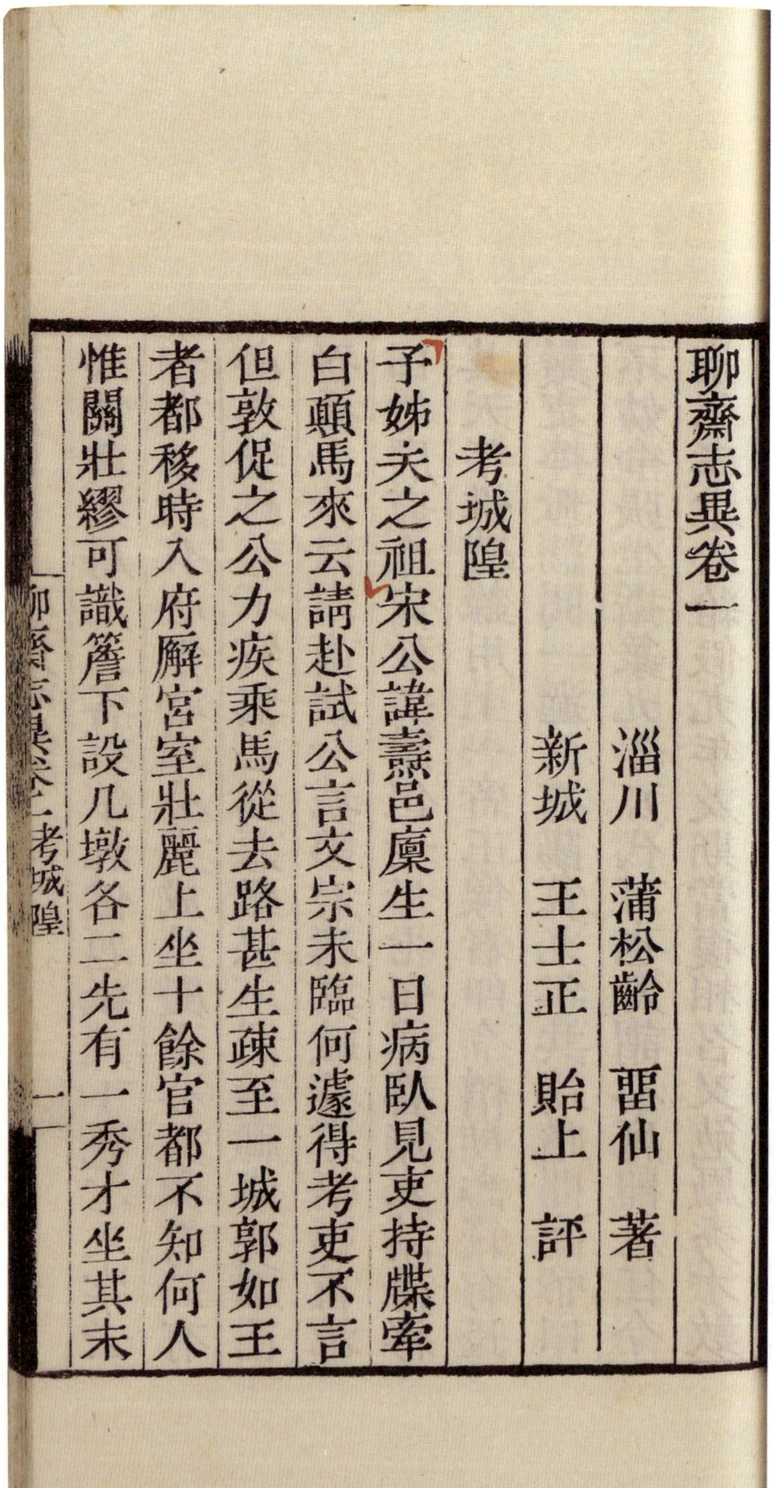

聊齋志異卷一

淄川　蒲松齡　留仙　著

新城　王士正　貽上　評

考城隍

予姊夫之祖宋公諱燾邑廩生一日病臥見吏持牒牽白顛馬來云請赴試公言文宗未臨何遽得考吏不言但敦促之公力疾乘馬從去路甚生疎至一城郭如王者都移時入府廨宮室壯麗上坐十餘官都不知何人惟關壯繆可識簷下設几墩各二先有一秀才坐其末

聊齋志異卷一　考城隍　一

聊齋志異十六卷　（清）蒲松齡著　（清）王士禎評　清刻本

框高 13.5 厘米，廣 9.4 厘米。半葉九行，行二十一字，黑口，左右雙邊。16 册。

三級 19k51

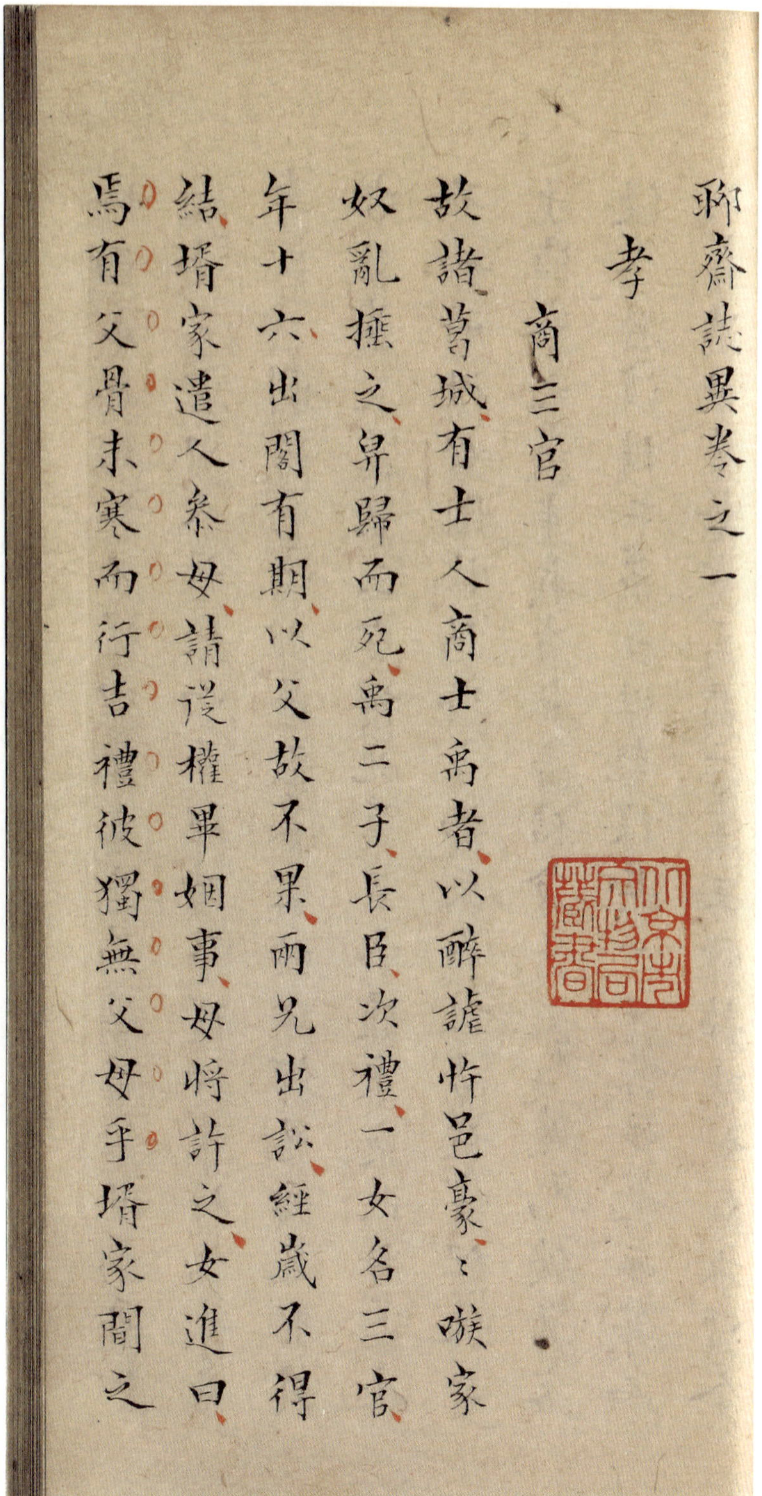
聊齋誌異卷之一
孝
商三官
故諸葛城有士人商士禹者以醉謔忤邑豪〻嗾家奴亂捶之舁歸而死禹二子長臣次禮一女名三官年十六出閣有期以父故不果兩兄出訟經歲不得結壻家遣人參母請從權畢姻事母將許之女進曰焉有父骨未寒而行吉禮彼獨無父母乎壻家聞之

聊齋誌異十八卷　（清）蒲松齡著　清抄本

開本高 20.9 厘米，廣 11.6 厘米。半葉八行，行二十字，無框格。18 册。

三級 20k52

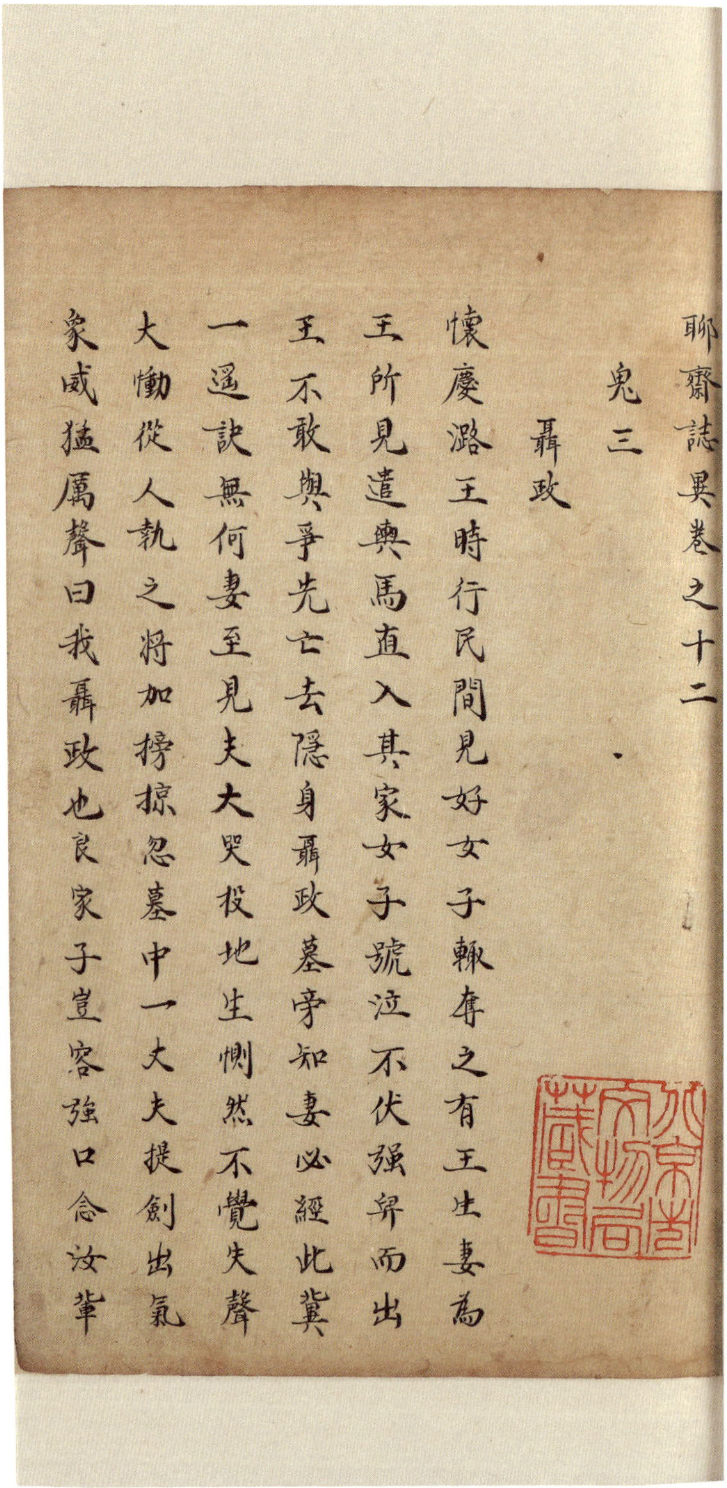

聊齋誌異卷之十二

鬼三

聶政

懷慶潞王時行民間見好女子輒奪之有王生妻爲王所見遣輿馬直入其家女子號泣不伏强舁而出王不敢與爭先亡去隱身聶政墓旁知妻必經此冀一遥訣無何妻至見夫大哭投地生惻然不覺失聲大慟從人執之將加搒掠忽墓中一丈夫提劍出氣象威猛厲聲曰我聶政也良家子豈容强口念汝輩

聊齋誌異十八卷　（清）蒲松齡著　清抄本

開本高 25.6 厘米，廣 14.2 厘米。半葉九行，行二十字，無框格。16 册。

三級 21k53

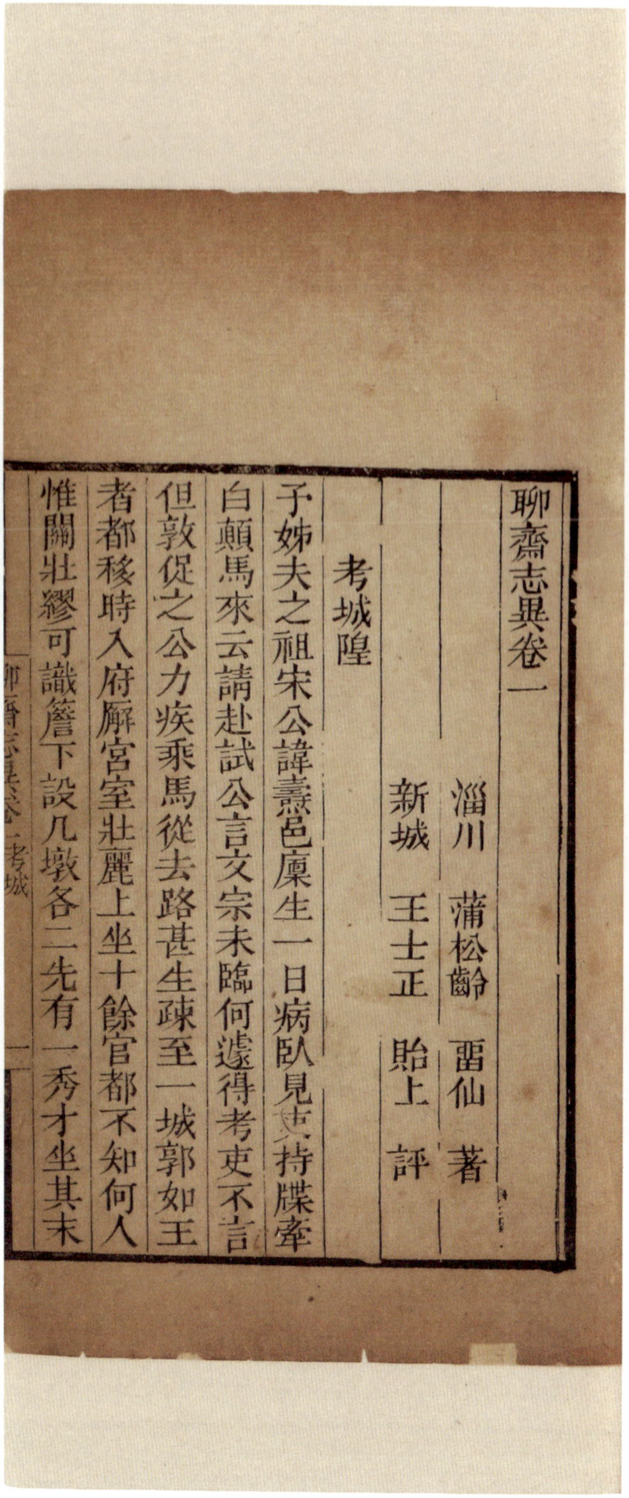

聊齋志異卷一
淄川 蒲松齡 畱仙 著
新城 王士正 貽上 評
考城隍
予姊夫之祖宋公諱燾邑廩生一日病臥見吏持牒牽
白顛馬來云請赴試公言文宗未臨何遽得考吏不言
但敦促之公力疾乘馬從去路甚生疎至一城郭如王
者都移時入府廨宮室壯麗上坐十餘官都不知何人
惟關壯繆可識簷下設几墩各二先有一秀才坐其末

聊齋志異卷一 考城 一

聊齋志異十六卷　（清）蒲松齡著　（清）王士禎評　清杭州陳氏油局橋刻本

框高 13.2 厘米，廣 9.8 厘米。半葉九行，行二十一字，黑口，左右雙邊。30 册。鈐“綰秋菴主”白文印。

三級 22k56

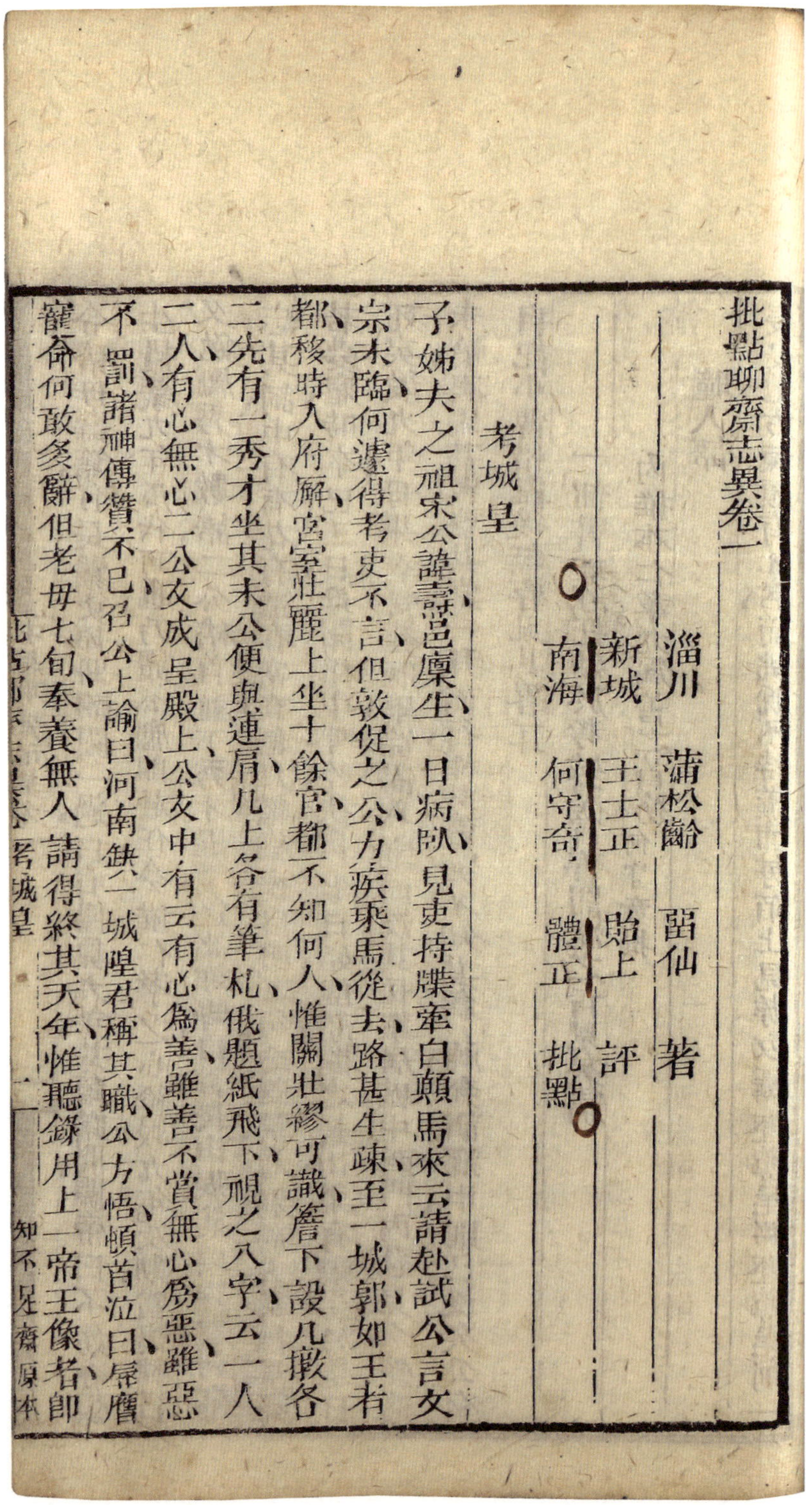

批點聊齋志異十六卷 （清）蒲松齡著 （清）王士禎評 （清）何守奇批點 清道光十五年（1835）知不足齋刻本

框高 19.7 厘米，廣 14 厘米。半葉十二行，行三十二字，黑口，四周單邊。5 册。

三級 23k60

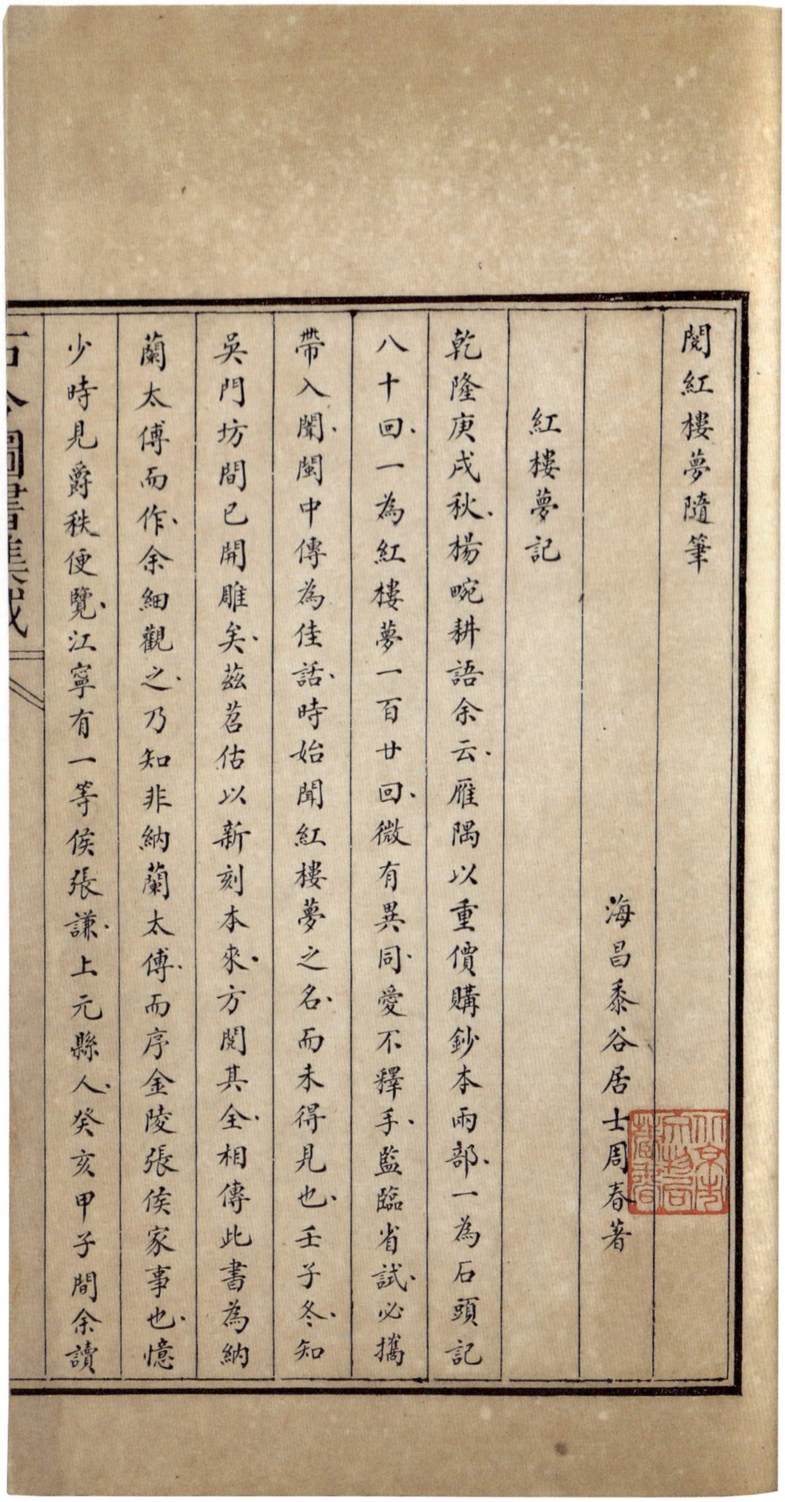
閱紅樓夢隨筆
海昌黍谷居士周春著
紅樓夢記
乾隆庚戌秋、楊畹耕語余云、雁隅以重價購鈔本兩部、一為石頭記八十回、一為紅樓夢一百廿回、微有異同、愛不釋手、監臨省試必攜帶入闈、閩中傳為佳話、時始聞紅樓夢之名、而未得見也、壬子冬、知吳門坊間已開雕矣、兹苕估以新刻本來、方閱其全、相傳此書為納蘭太傅而作、余細觀之、乃知非納蘭太傅、而序金陵張侯家事也、憶少時見爵秩便覽、江寧有一等侯張謙、上元縣人、癸亥甲子間余讀

閱紅樓夢隨筆一卷　（清）周春著　清抄本

框高 21 厘米，廣 14.5 厘米。半葉九行，行二十六字，白口，四周雙邊。1 册。

三級 24k88

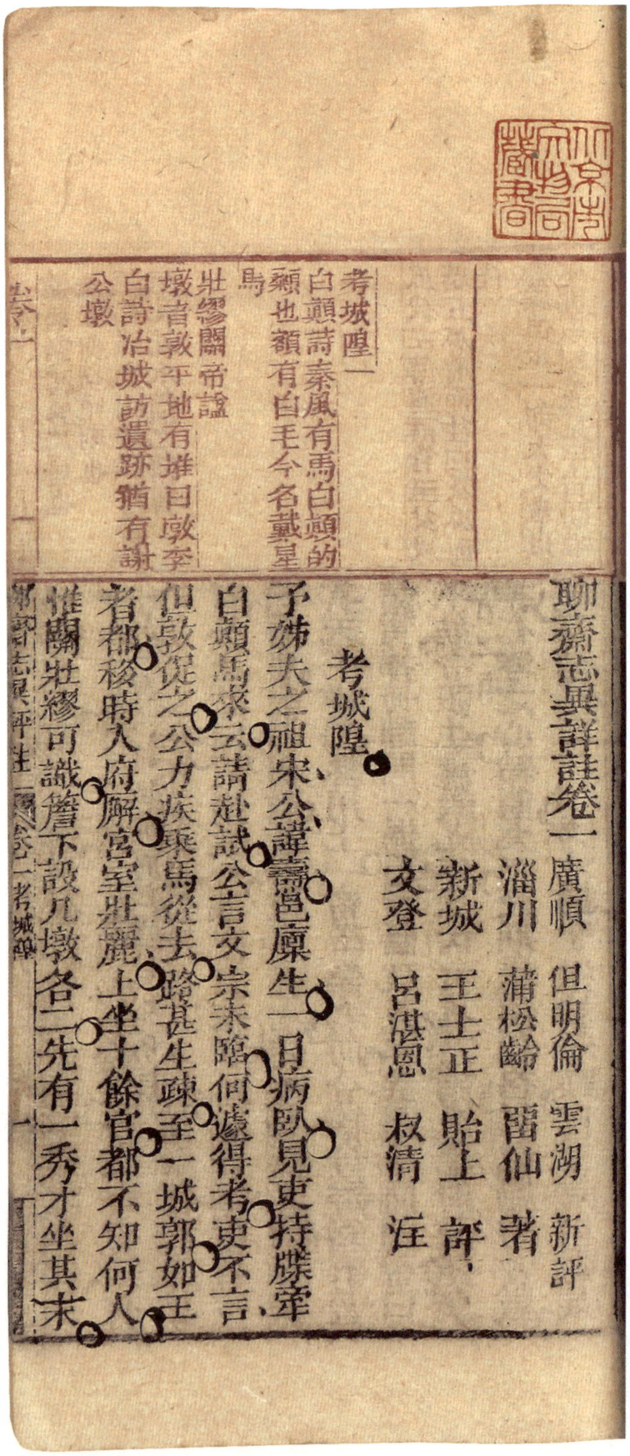

考城隍
白顛詩秦風有馬白顛的顙也額有白毛今名戴星馬
壯繆關帝諡
墩音敦平地有堆曰墩李白詩冶城訪遺跡猶有謝公墩

聊齋志異詳註卷一
廣順 但明倫 雲湖 新評
淄川 蒲松齡 留仙 著
新城 王士正 貽上 評
文登 呂湛恩 叔清 注
考城隍
予姊夫之祖宋公諱燾邑廩生一日病臥見吏持牒牽白顛馬來云請赴試公言文宗未臨何遽得考吏不言但敦促之公力疾乘馬從去路甚生疎至一城郭如王者都移時入府廨宫室壯麗上坐十餘官都不知何人惟關壯繆可識簷下設几墩各二先有一秀才坐其末

聊齋志異詳註十六卷 （清）蒲松齡著 （清）王士禛評 （清）但明倫新評 （清）呂湛恩注 清乾隆三十年（1765）京都三多齋刻朱墨印本

框高18厘米，廣10.3厘米。半葉上下兩欄，上欄鎸評，下欄十行，行二十一字，下黑口，左右雙邊，無格。16册。

三級 49k250

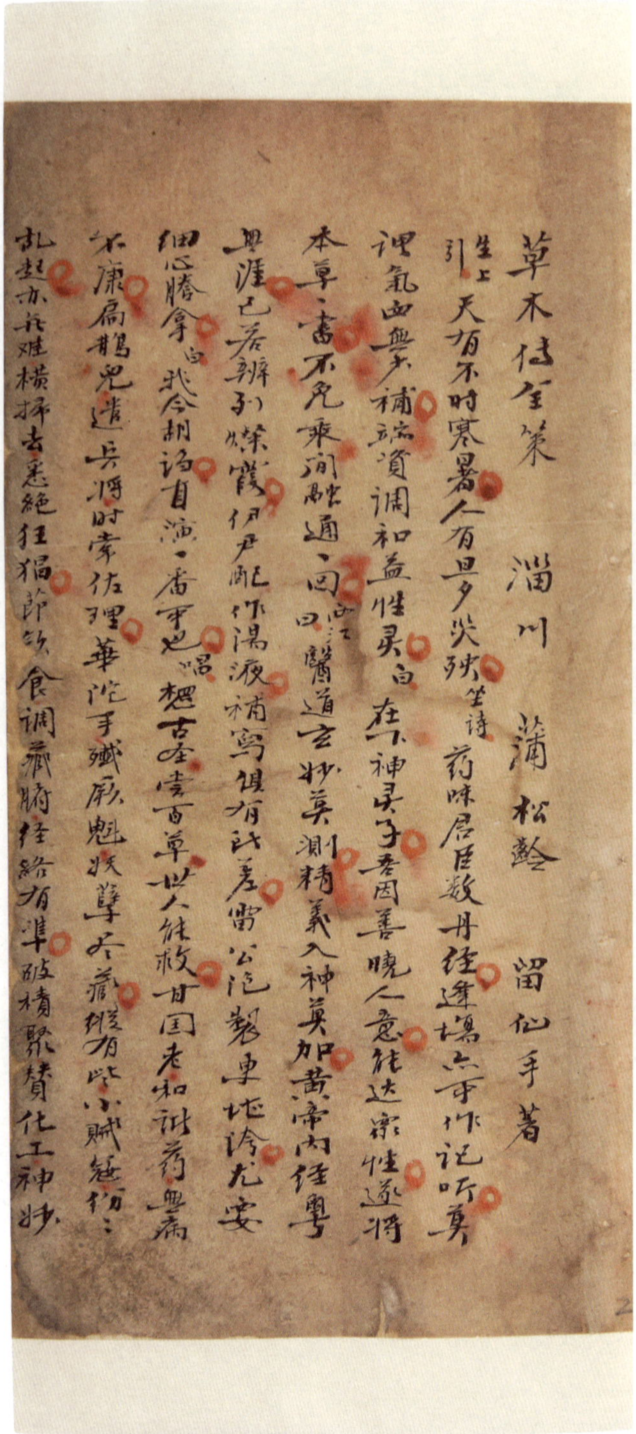

草木傳全策十回 （清）蒲松齡著 清抄本

開本高 27.5 厘米，廣 15.2 厘米。半葉八行，行、字數不等，無框格。1 册。

三級 50k251

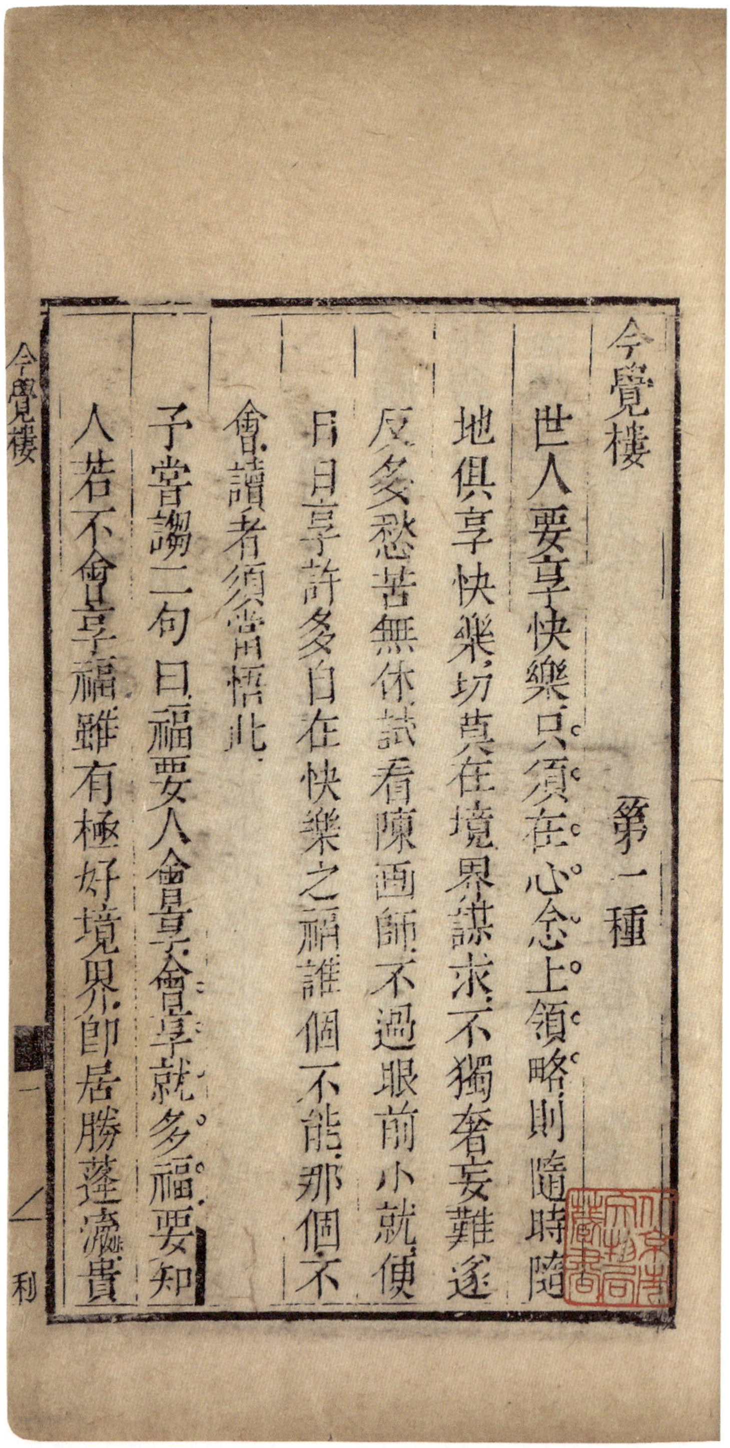
今覺樓　第一種
世人要享快樂只須在心念上領略則隨時隨
地俱享快樂切莫在境界謀求不獨奢妄難遂
反多愁苦無休試看陳画師不過眼前小就便
日日享許多自在快樂之福誰個不能那個不
會讀者須當悟此
予嘗謅二句曰福要人會享會享就多福要知
人若不會享福雖有極好境界即居勝蓬瀛貴
今覺樓　一　利

新刻揚州近事雨花香四十種　（清）石成金撰　清雍正四年（1726）刻本

框高 17.8 厘米，廣 11.5 厘米。半葉八行，行二十字，白口，四周雙邊。1 册。鈐“小旋風柴進里人”朱文印。存八種（今覺樓、鐵菱角、雙鸞配、四命冤、倒肥黿、洲老虎、自害自、人抬人）。

三級 52k263

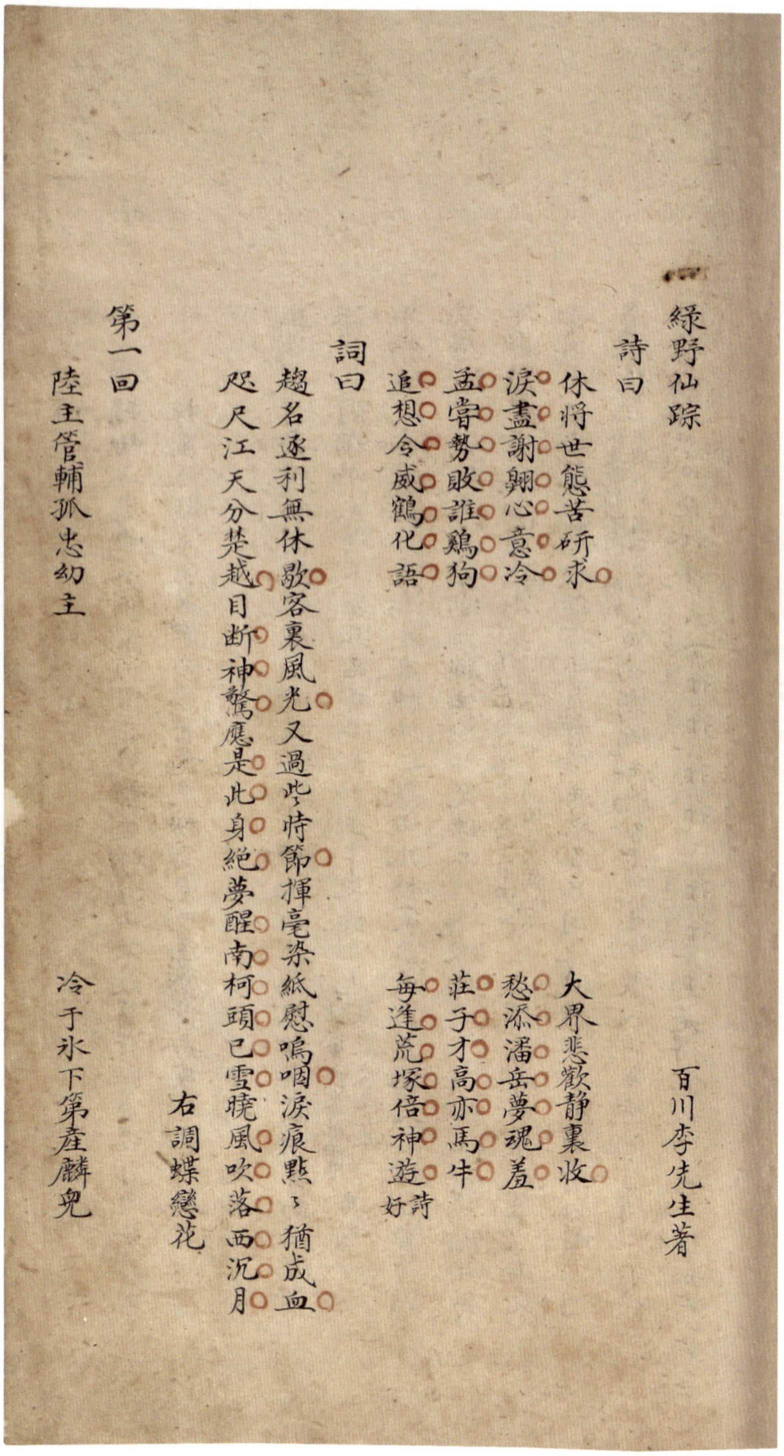

緑野仙踪　　百川李先生著

詩曰

休将世態苦研求　大界悲歡静裏收

涙盡謝翺心意冷　愁添潘岳夢魂羞

孟嘗勢敗誰鶏狗　莊子才高亦馬牛

追想令威鶴化語　每逢荒塚倍神遊　好詩

詞曰

趨名逐利無休歇　客裏風光又過些時節　揮毫染紙慰嗚咽　涙痕點〻猶成血

咫尺江天分楚越　目断神驚　應是此身絶　夢醒南柯頭已雪　曉風吹落西沉月

右調蝶戀花

第一回　陸主管輔孤忠幼主　冷于冰下第産麟兒

緑野仙踪一百回　（清）李百川著　清抄本

開本高 30.8 厘米，廣 21.4 厘米。半葉十二行，行、字數不等，無框格。10 册。

三級 54k267

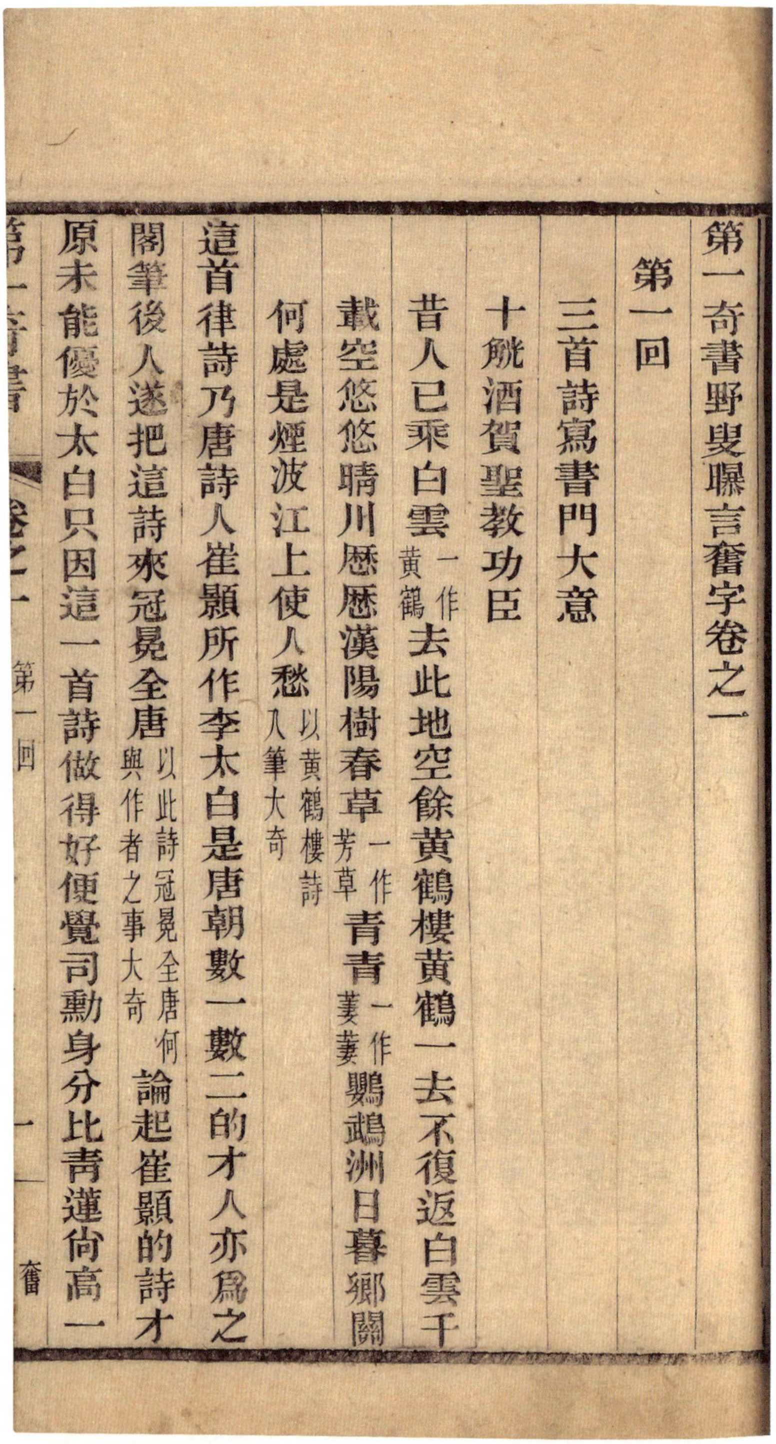
第一奇書野叟曝言奮字卷之一

第一回

三首詩寫書門大意

十觥酒賀聖教功臣

昔人已乘白雲（一作黃鶴）去此地空餘黃鶴樓黃鶴一去不復返白雲千載空悠悠晴川歷歷漢陽樹春草（一作芳草）青青（一作萋萋）鸚鵡洲日暮鄉關何處是煙波江上使人愁（以黃鶴樓詩入筆大奇）

這首律詩乃唐詩人崔顥所作李太白是唐朝數一數二的才人亦爲之閣筆後人遂把這詩來冠冕全唐（以此詩冠冕全唐何與作者之事大奇）論起崔顥的詩才原未能優於太白只因這一首詩做得好便覺司勳身分比青蓮尙高一

第一奇書　卷之一　第一回　一　奮

第一奇書野叟曝言二十卷一百五十二回　（清）夏敬渠撰　清光緒七年（1881）昆陵彙珍樓木活字印本

框高 20 厘米，廣 13.6 厘米。半葉十行，行二十八字，小字雙行同，白口，左右雙邊。20 册。

三級 55k268

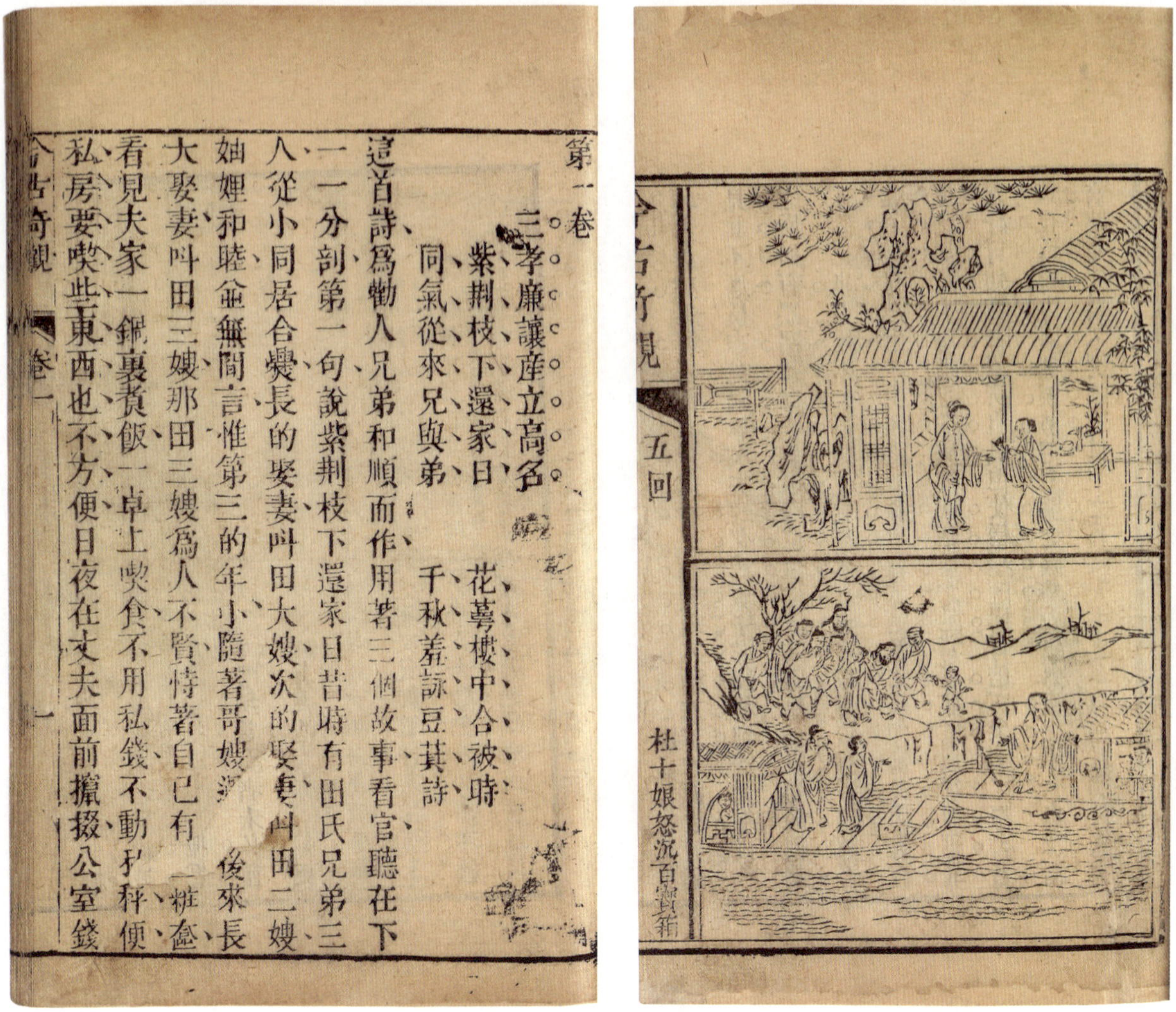
第一卷
三孝廉讓產立高名
紫荊枝下還家日　花萼樓中合被時
同氣從來兄與弟　千秋羞詠豆萁詩
這首詩爲勸人兄弟和順而作用著三個故事看官聽在下
一一分剖第一句說紫荊枝下還家日昔時有田氏兄弟三
人從小同居合爨長的娶妻叫田大嫂次的娶妻叫田二嫂
妯娌和睦並無間言惟第三的年小隨著哥嫂過活後來長
大娶妻叫田三嫂那田三嫂爲人不賢恃著自己有些粧奩
看見夫家一鍋裏煮飯一卓上喫食不用私錢不動私秤便
私房要喫些東西也不方便日夜在丈夫面前攛掇公室錢
今古奇觀　卷一　一

今古奇觀
五回
杜十娘怒沉百寶箱

今古奇觀四十卷　（清）抱甕老人輯　清刻本

框高 21.2 厘米，廣 15 厘米。半葉十一行，行二十三字，白口，四周單邊，無格。14 册。

三級 56k269

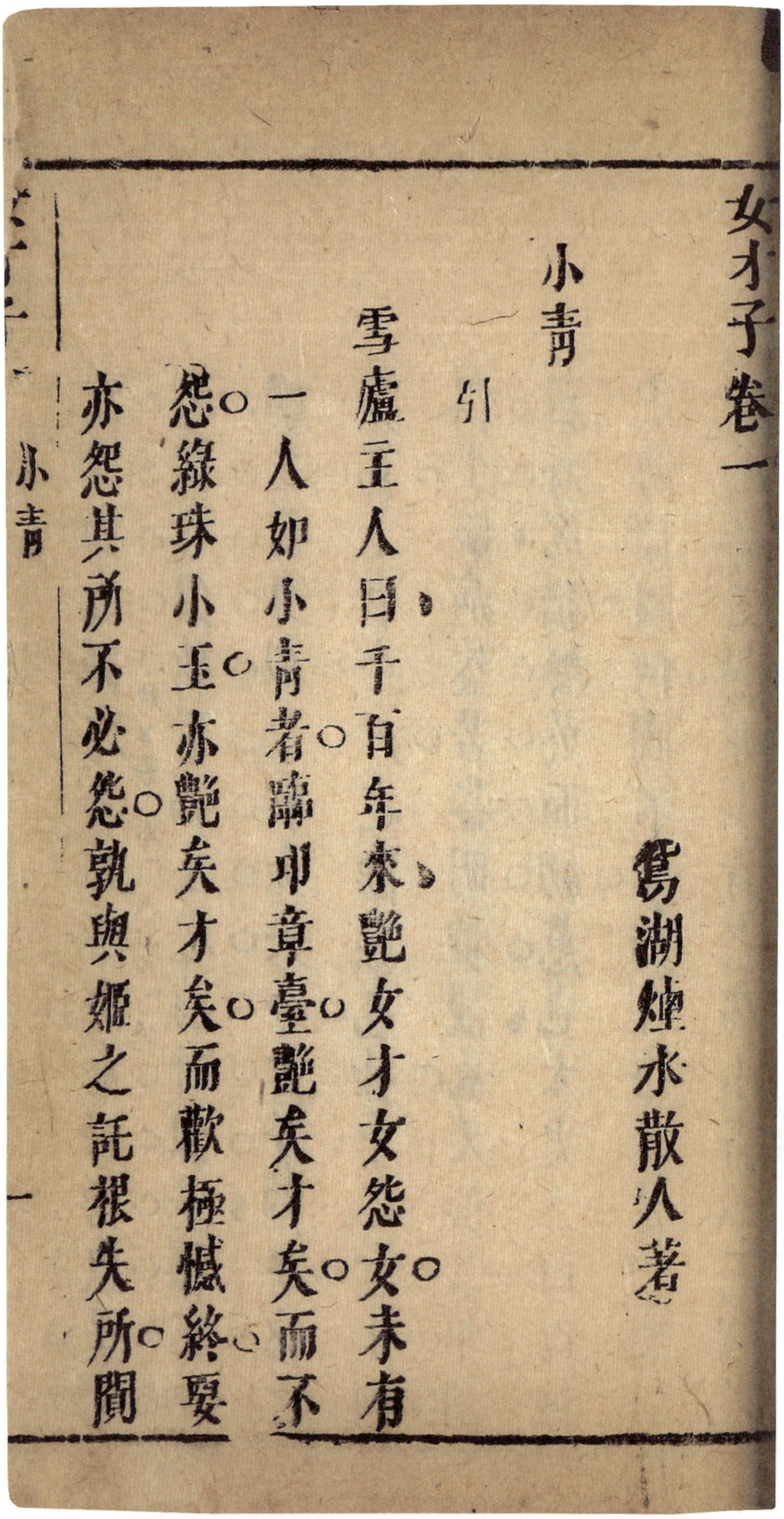
女才子卷一

鴛湖煙水散人著

小青

引

雪廬主人曰。千百年來。艷女才女怨女。未有一人如小青者。蕭耶章臺。艷矣才矣。而不怨。綠珠小玉。亦艷矣才矣。而歡極憾終。要亦怨其所不必怨。孰與姬之託根失所。閬

小青　一

女才子十二卷　（清）烟水散人著　清乾隆十五年（1750）大德堂刻本

框高 18.5 厘米，廣 12 厘米。半葉八行，行十九字，白口，四周單邊，無格。5 册。

三級 64k345

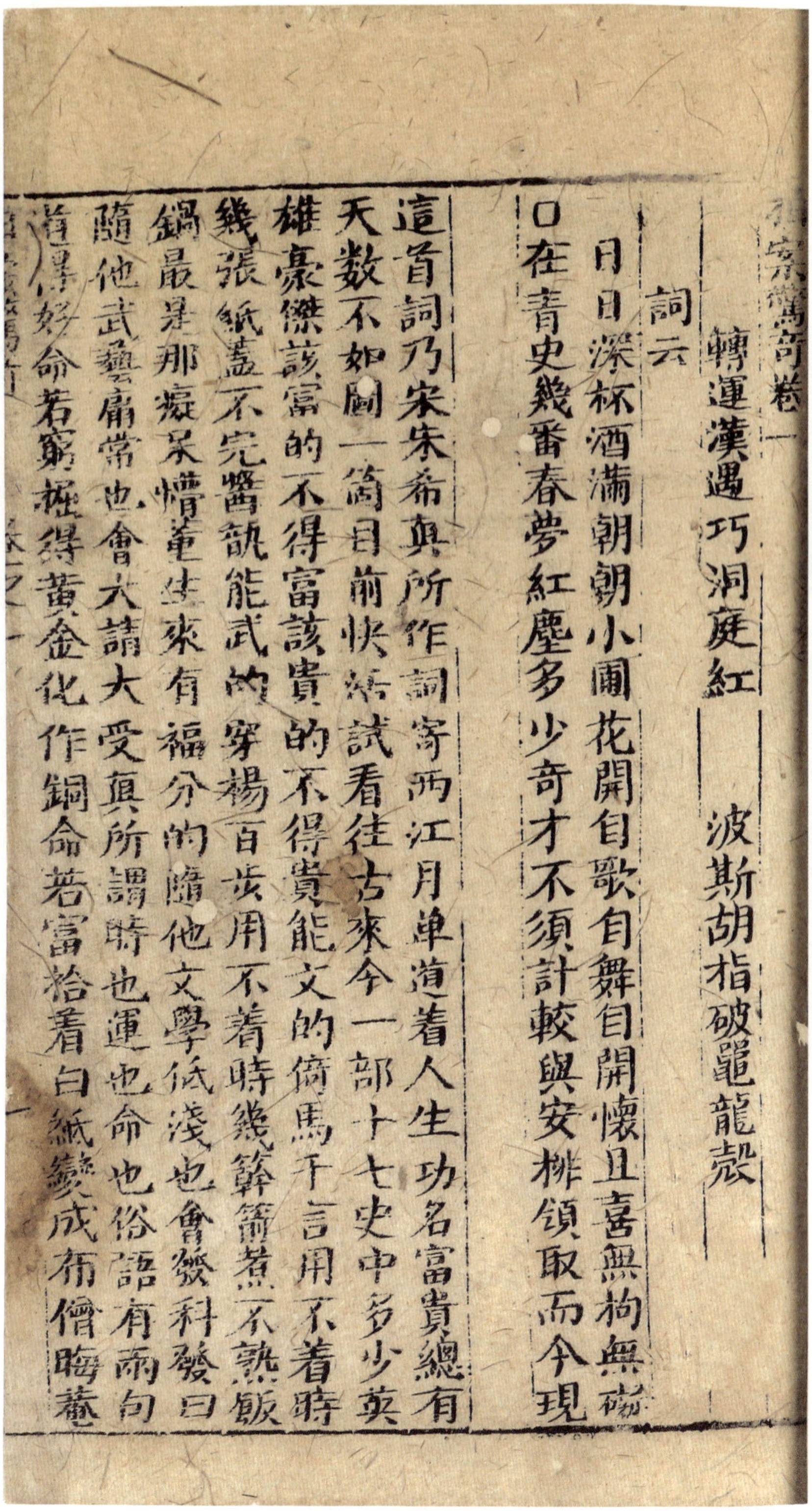
拍案驚奇卷一
轉運漢遇巧洞庭紅　波斯胡指破鼉龍殼
詞云
日日深杯酒滿朝朝小圃花開自歌自舞自開懷且喜無拘無礙
口在青史幾番春夢紅塵多少奇才不須計較與安排領取而今現
這首詞乃宋朱希真所作詞寄西江月单道着人生功名富貴總有
天数不如閑一商目前快活試看往古來今一部十七史中多少英
雄豪傑該富的不得富該貴的不得貴能文的倚馬千言用不着時
幾張紙蓋不完醬瓿能武的穿楊百步用不着時幾簳箭煮不熟飯
鍋最是那癡呆懵董生來有福分的隨他文學低淺也會發科發甲
隨他武藝庸常也會大請大受真所謂時也運也命也俗語有兩句
道得好命若窮掘得黃金化作銅命若富拾着白紙變成布僧晦菴
拍案驚奇卷之一

拍案驚奇三十六卷　（明）凌濛初著　清刻本

框高 20 厘米，廣 13.8 厘米。半葉十三行，行二十六字，白口，四周單邊。8 册。

三級 65k349

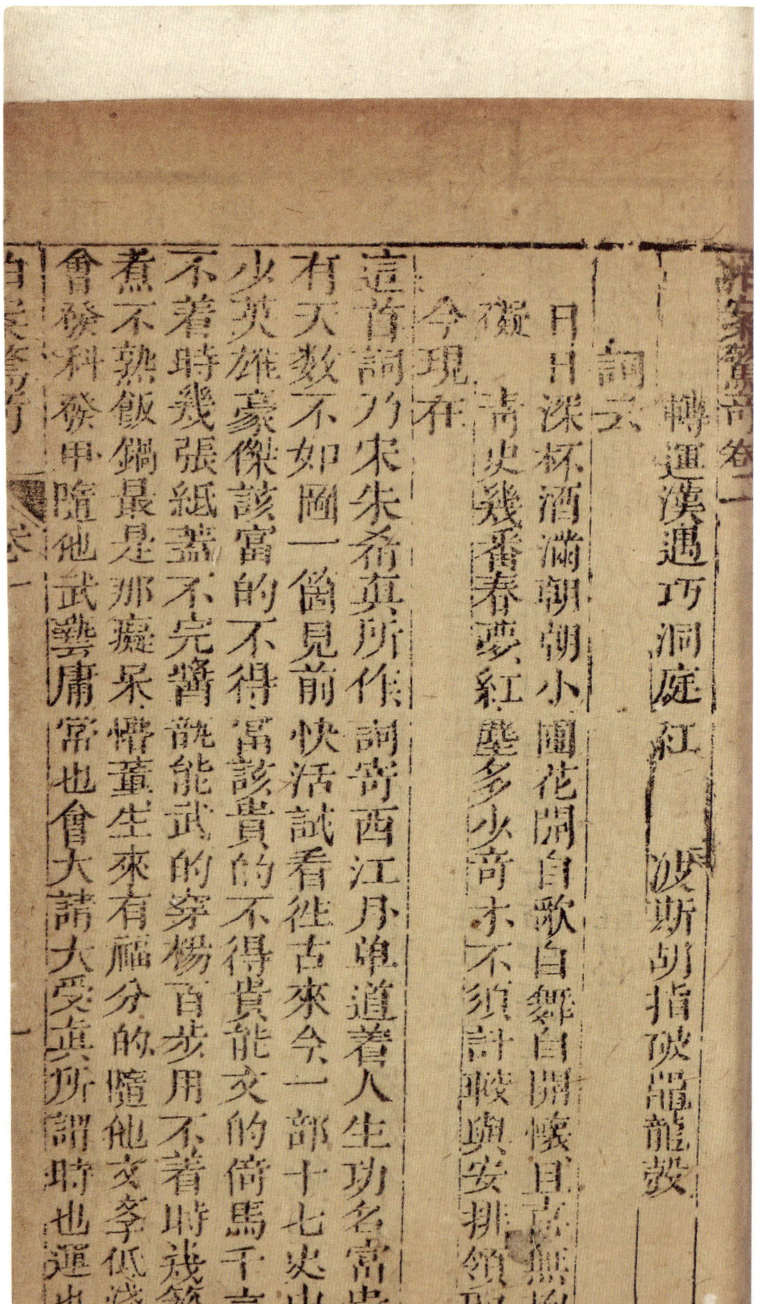

拍案驚奇卷之一

轉運漢遇巧洞庭紅　波斯胡指破鼉龍殼

詞云

日日深杯酒滿朝朝小圃花開自歌自舞自開懷且喜無拘無礙　青史幾番春夢紅塵多少奇才不須計較與安排領取而今現在

這首詞乃宋朱希真所作詞寄西江月單道着人生功名富貴總有天數不如圖一個見前快活試看往古來今一部十七史中多少英雄豪傑該富的不得窮該貴的不得賤能文的倚馬千言用不着時幾張紙蓋不完醬甏能武的穿楊百步用不着時幾竿箭煮不熟飯鍋最是那癡呆懵懂生來有福分的隨他文學低淺也會發科發甲隨他武藝庸常也會大請大受真所謂時也運也命

拍案驚奇　卷一　一

拍案驚奇三十六卷　（明）凌濛初著　清萬元樓刻本

框高 20.2 厘米，廣 14.1 厘米。半葉十二行，行二十五字，白口，四周單邊。12 册。

三級 67k359

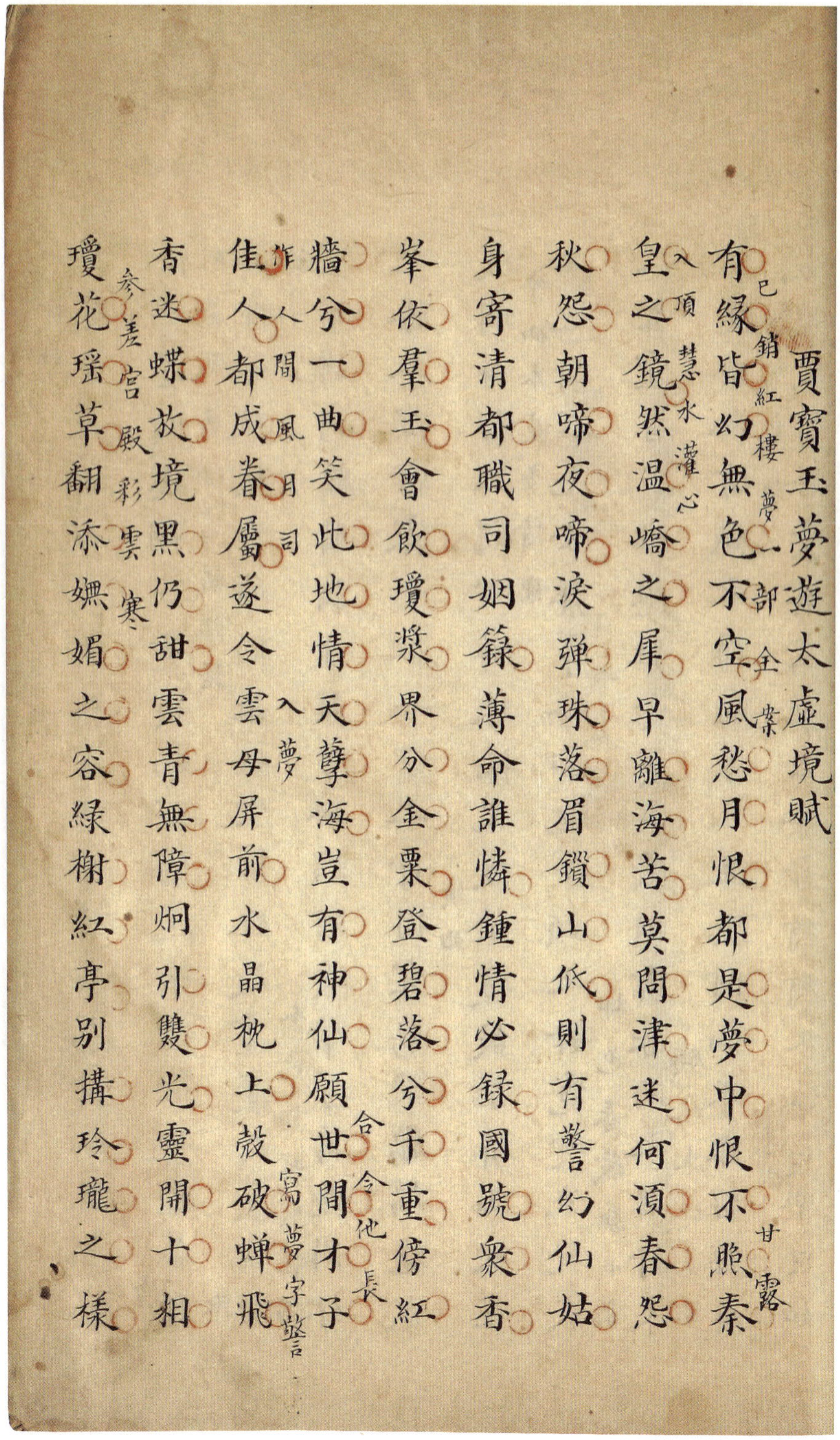
賈寶玉夢遊太虛境賦
有緣皆幻無色不空風愁月恨都是夢中恨不照秦
皇之鏡然溫嶠之犀早離海苦莫問津迷何須春怨
秋怨朝啼夜啼淚彈珠落眉鎖山低則有警幻仙姑
身寄清都職司姻籙薄命誰憐鍾情必録國號衆香
峯依羣玉會飲瓊漿界分金粟登碧落兮千重傍紅
牆兮一曲笑此地情天孽海豈有神仙願世間才子
佳人都成眷屬遂令雲母屏前水晶枕上縠破蟬飛
香迷蝶放境黑仍甜雲青無障烱引雙光靈開十相
瓊花瑤草翻添嫵媚之容綠樹紅亭別搆玲瓏之樣

紅樓夢賦二十首　清抄本

開本高 25.6 厘米，廣 18 厘米。半葉十行，行、字數不等，無框格。1 册。鈐“山東省立圖書館善本書籍記”朱文印等。

三級 72k390

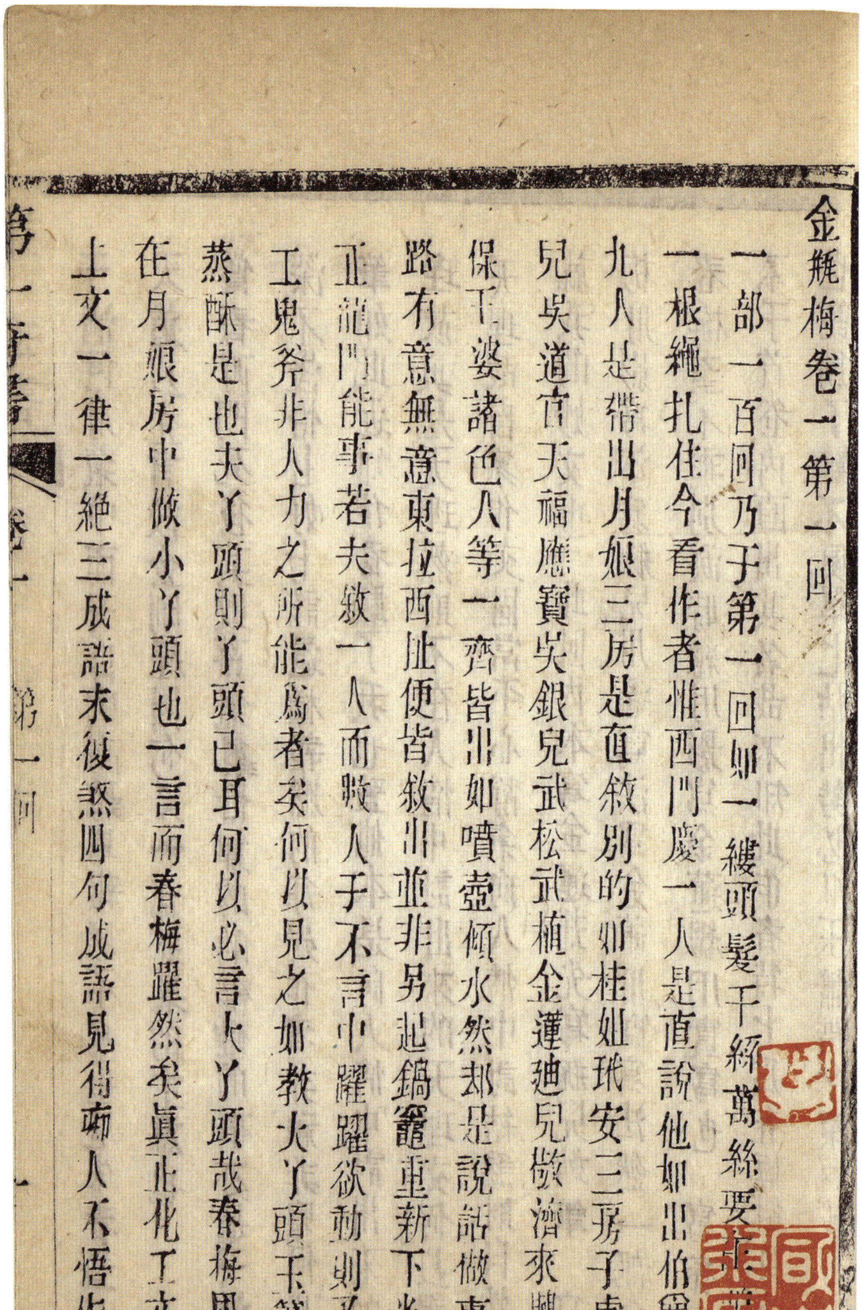

金瓶梅一百回 （清）蘭陵笑笑生著 清康熙五十八年（1719）皋鶴堂木活字印本

框高 16.7 厘米，廣 11.9 厘米。半葉十二行，行二十五字，白口，四周單邊，無格。36 册。鈐“風來水面”白文印。

三級 74x325

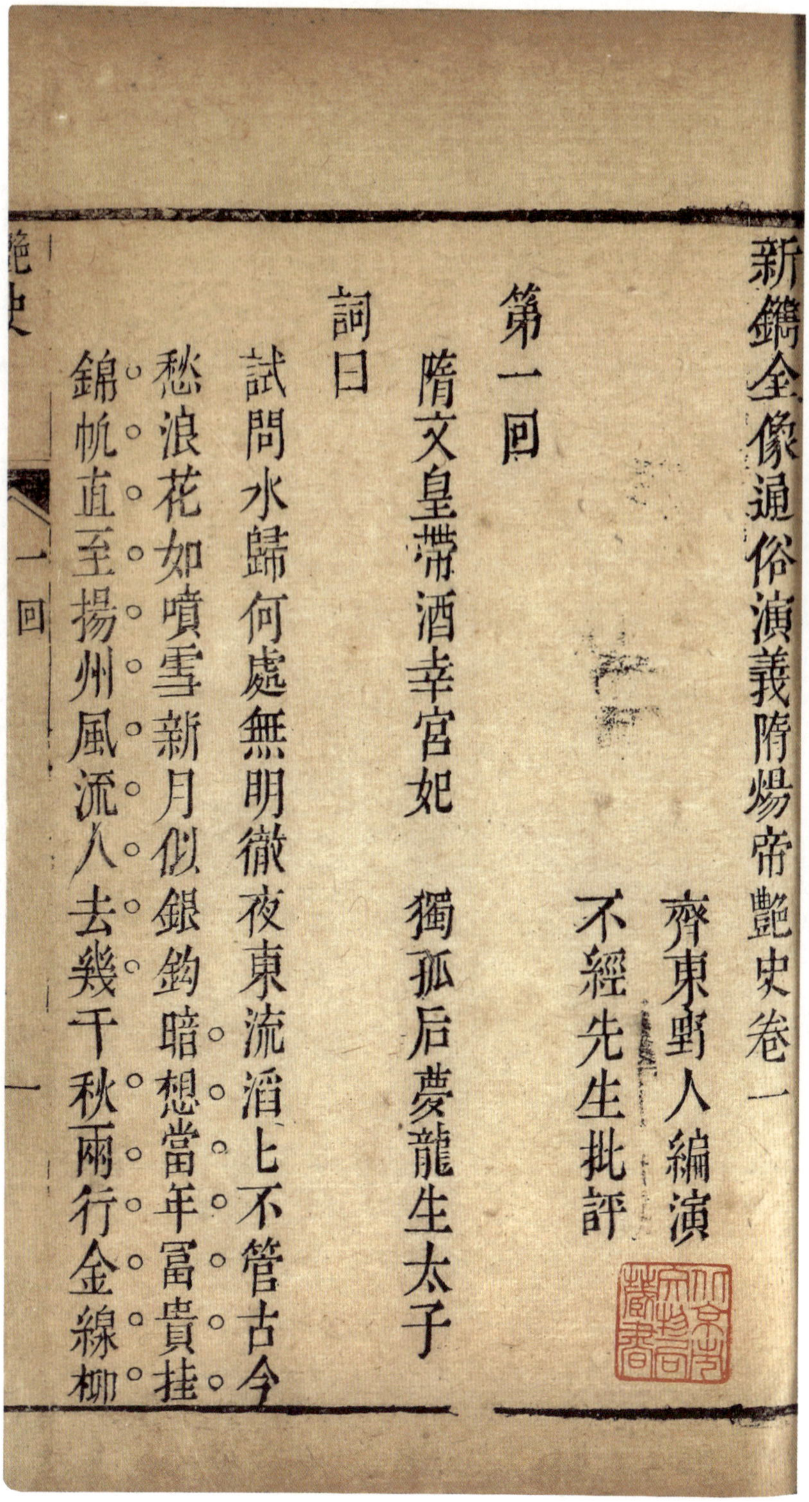
新鐫全像通俗演義隋煬帝艷史卷一
齊東野人編演
不經先生批評
第一回
隋文皇帶酒幸宮妃　獨孤后夢龍生太子
詞曰
試問水歸何處無明徹夜東流滔滔不管古今
愁浪花如噴雪新月似銀鈎暗想當年富貴挂
錦帆直至揚州風流人去幾千秋兩行金線柳
艶史　一回　一

新鐫全像通俗演義隋煬帝艷史八卷四十回　（明）齊東野人編次　（明）不經先生批評　清乾隆五十三年（1788）刻本

框高20.7厘米，廣14厘米。半葉九行，行二十字，白口，四周單邊，無格。16册。

三級 77x358

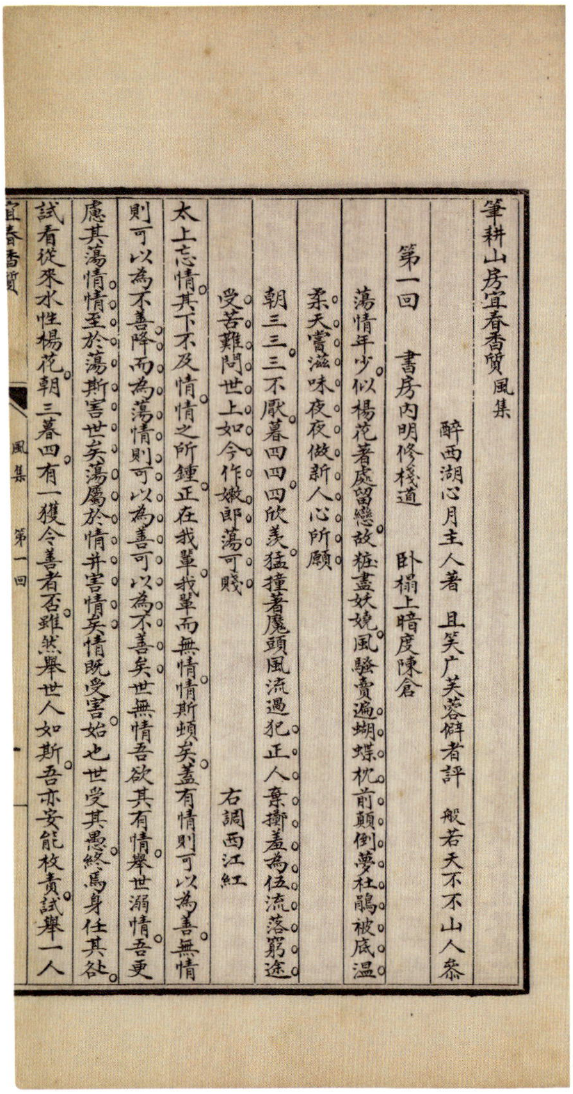

筆耕山房宜春香質風集

醉西湖心月主人著　且笑广芙蓉僻者評　般若天不不山人叅

第一回　書房内明修棧道　卧榻上暗度陳倉

蕩情年少似楊花著處留戀故粧盡妖嬈風騷賣遍蝴蝶枕前顛倒夢杜鵑被底温柔天嘗滋味夜夜做新人心所願

朝三三三不厭暮四四四欣羡猛撞著魔頭風流過犯正人棄擲羞為伍流落窮途受苦難問世上如今作嫩郎蕩可賤

右調西江紅

太上忘情其下不及情情之所鍾正在我輩我輩而無情情斯頓矣蓋有情則可以為善無情則可以為不善降而為蕩情則可以為善可以為不善矣世無情吾欲其有情舉世溺情吾更慮其蕩情情至於蕩斯害世矣蕩屬於情并害情矣情既受害始也世受其愚終焉身任其咎試看從來水性楊花朝三暮四有一獲令善者否雖然舉世人如斯吾亦安能枚責試舉一人

宜春香質　風集　第一回

筆耕山房宜春香質四集二十回　（清）醉西湖心月主人著　清影抄本

框高 20 厘米，廣 13.4 厘米。半葉十一行，行三十六字，白口，四周雙邊。2 册。

三級 78x396

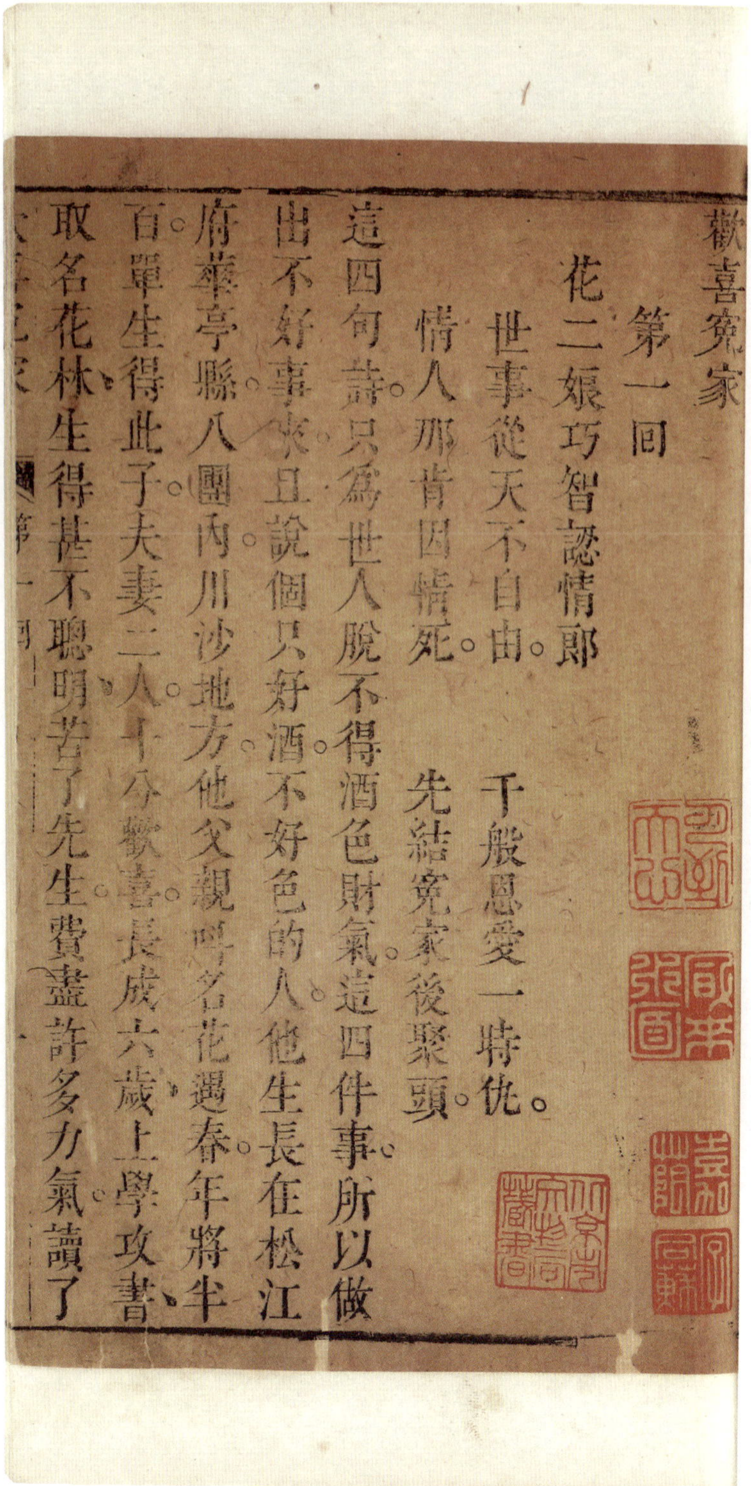

歡喜寃家二十四回　（明）西湖漁隱主人編　明崇禎賞心亭刻本

框高 19.6 厘米，廣 13.3 厘米。半葉十行，行二十二字，白口，四周單邊，無格。10 册。鈐“字同蘇”白文印、“嘉蔭”白文印、“風來水面”白文印、“月到天心”朱文印。

三級 79x398

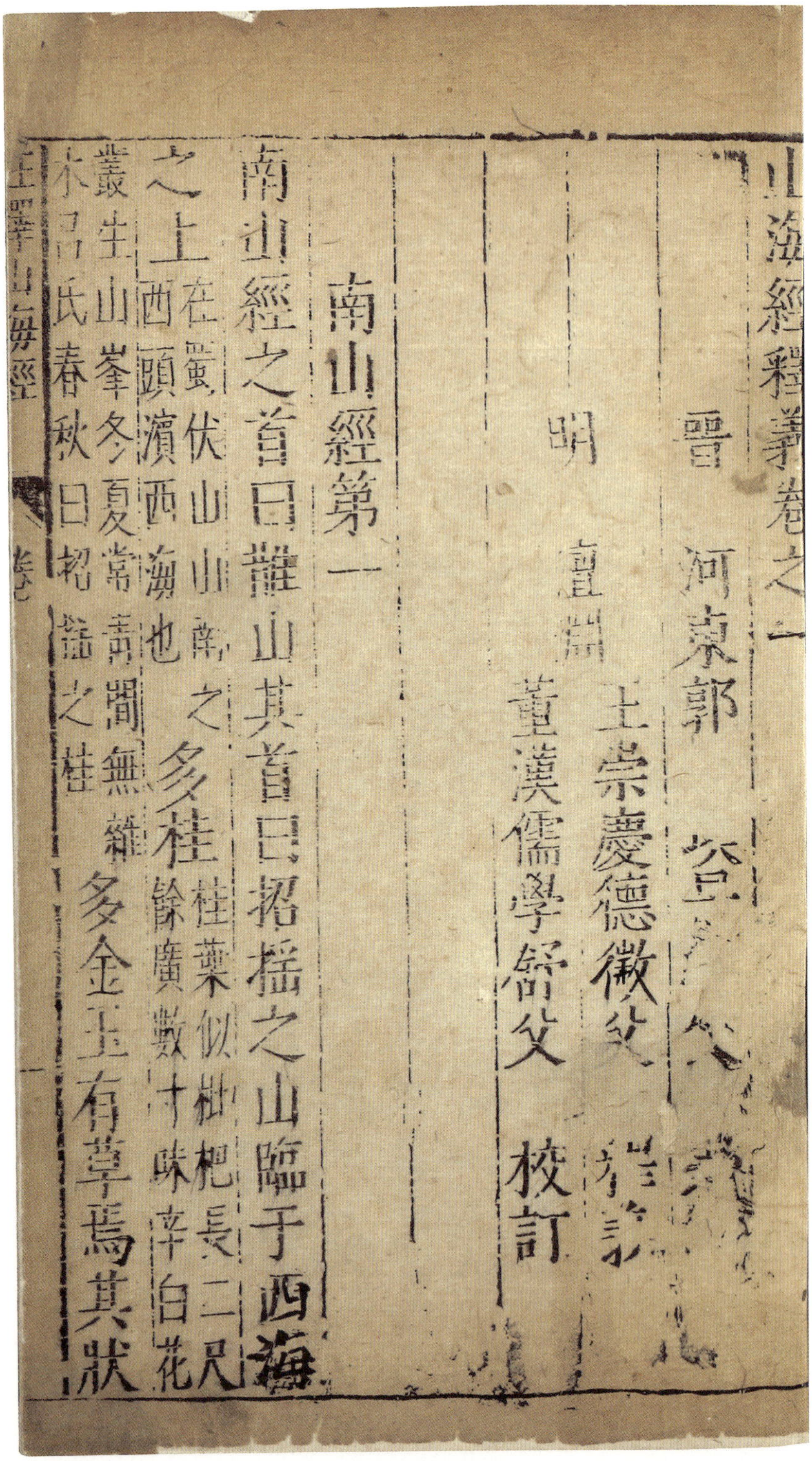

山海經釋義十八卷　（晋）郭璞注　（明）王崇慶释義　明刻本

框高21.9厘米，廣14.5厘米。半葉九行，行十九字，小字雙行同，白口，四周單邊。5册。

三級 86shan46

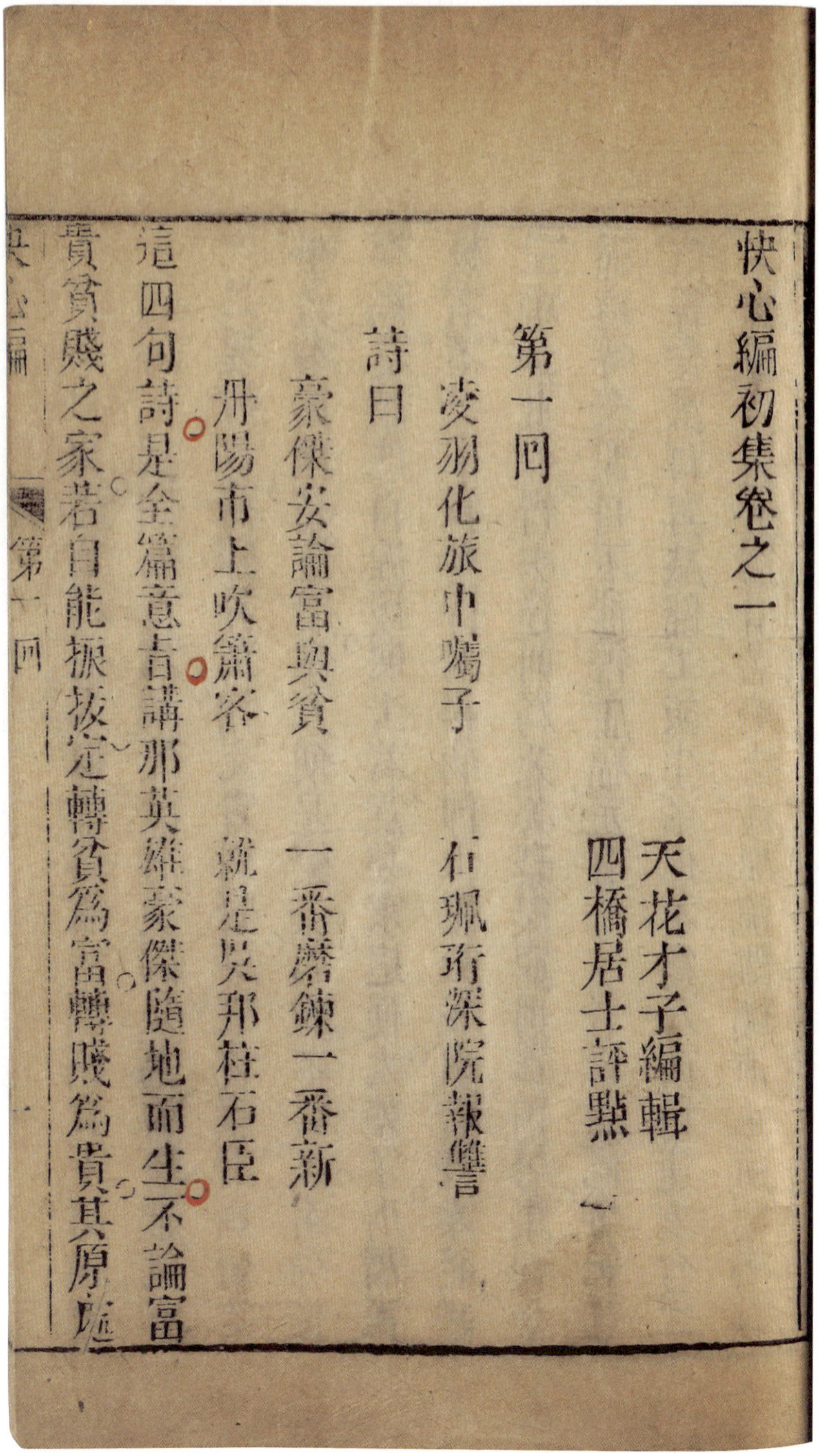

快心編初集卷之一

天花才子編輯
四橋居士評點

第一回

凌羽化旅中鬻子　石珮珩深院報讐

詩曰

豪傑妄論富與貧　一番磨鍊一番新
丹陽市上吹簫客　就是吳邦柱石臣

這四句詩是全篇意旨講那英雄豪傑隨地而生不論富貴貧賤之家若自能振拔定轉貧爲富轉賤爲貴其原旋

快心編　一　第一回

快心編初集五卷十回二集五卷十回　（清）天花才子輯　（清）四橋居士評　清課花書屋刻本

框高 19.8 厘米，廣 14 厘米。半葉十行，行二十二字，白口，左右雙邊，無格。10 册。

三級 136shan472

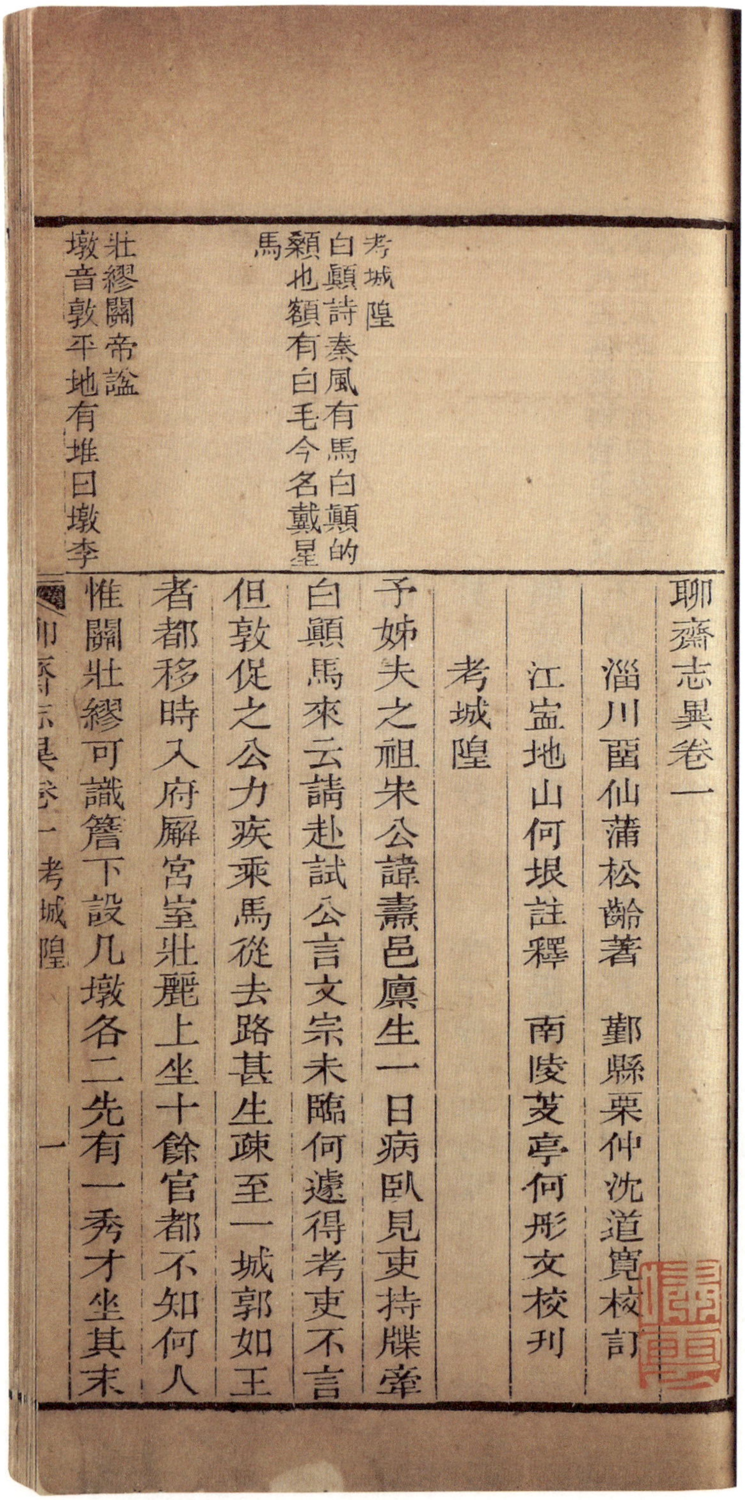

聊齋志異十六卷　（清）蒲松齡著　清道光十九年（1839）何氏刻本

框高 17.1 厘米，廣 11.6 厘米。半葉上下兩欄，上欄鐫評，下欄九行，行二十一字，白口，左右雙邊。16 册。鈐“嘯雲”白文印。

三級 171shan763

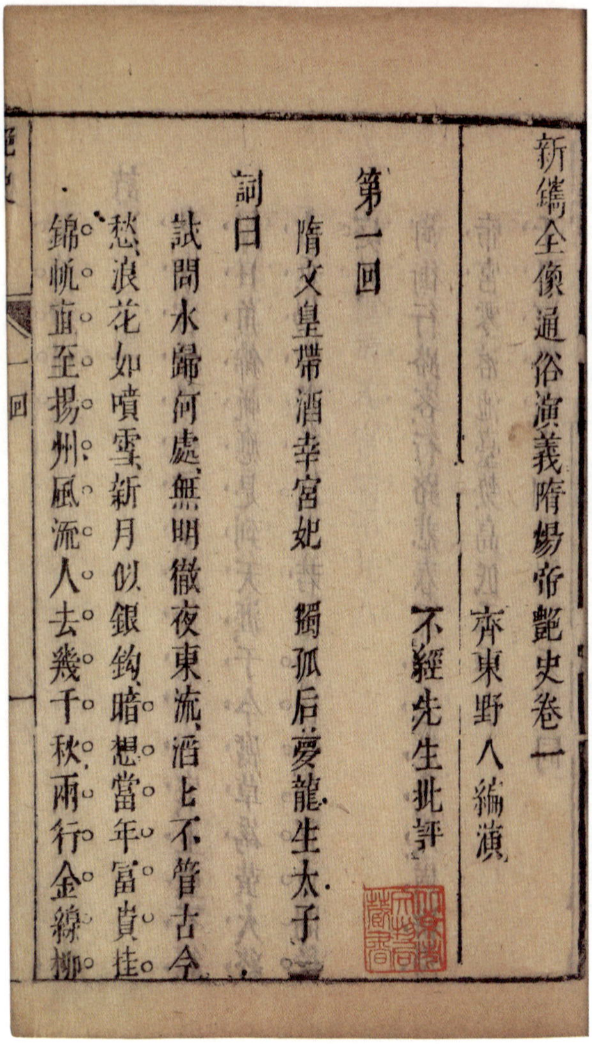
新鐫全像通俗演義隋煬帝艷史卷一
齊東野人編演
不經先生批評
第一回
隋文皇帶酒幸宮妃　獨孤后夢龍生太子
詞曰
試問水歸何處無明徹夜東流滔滔不管古今
愁浪花如噴雪新月似銀鈎暗想當年富貴掛
錦帆直至揚州風流人去幾千秋兩行金線柳

新鐫全像通俗演義隋煬帝艷史八卷四十回　（明）齊東野人編演　（明）不經先生批評　明崇禎人瑞堂刻本

框高 20.5 厘米，廣 14 厘米。半葉九行，行二十字，白口，四周單邊，無格。12 册。

三級 219x359

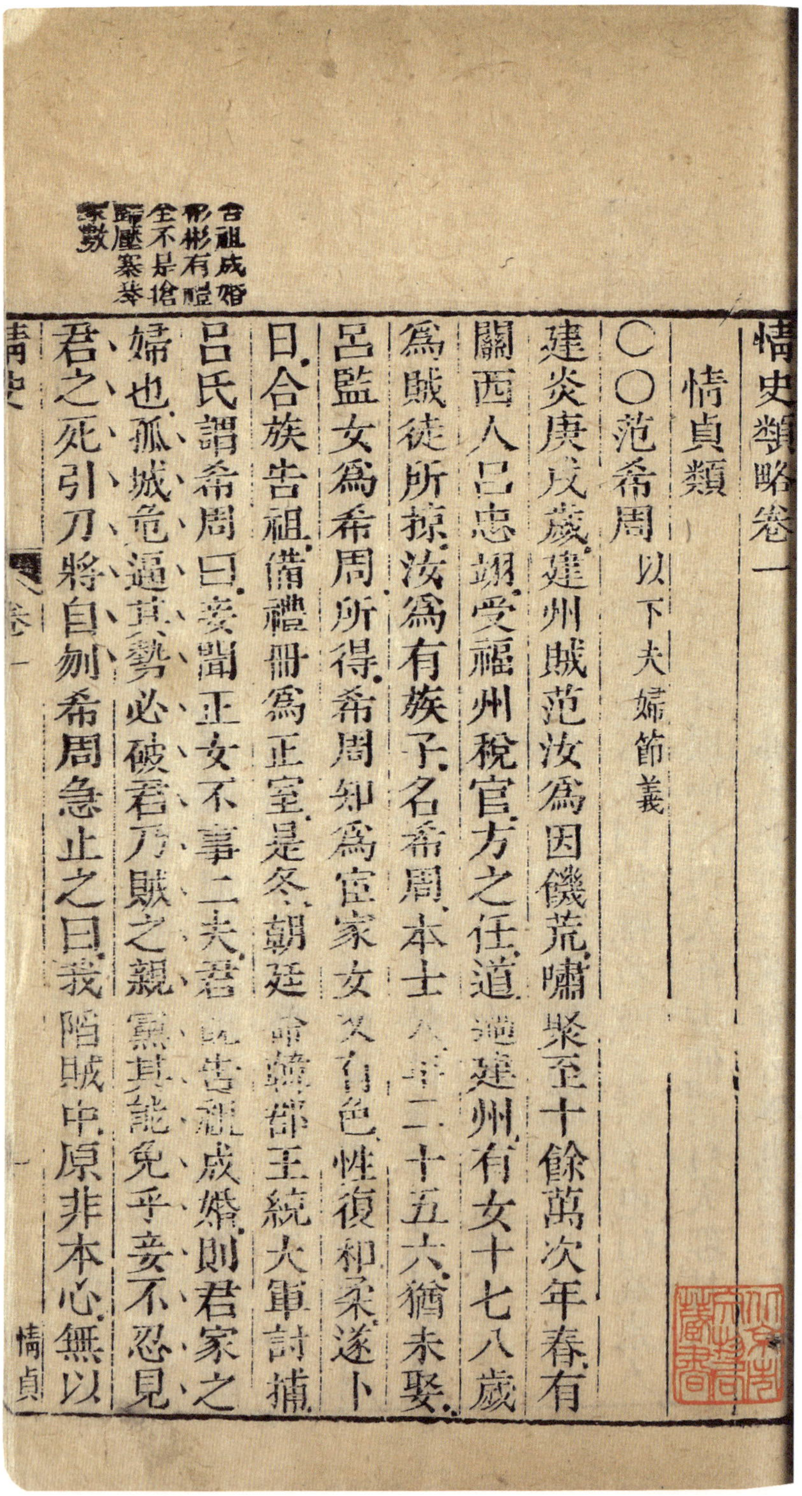
告祖成婚彬彬有禮全不是搶踏歷篡奪家數

情史類略卷一

情貞類

○○范希周　以下夫婦節義

建炎庚戌歲建州賊范汝爲因饑荒嘯聚至十餘萬次年春有關西人呂忠翊受福州稅官方之任道過建州有女十七八歲爲賊徒所掠汝爲有族子名希周本士人年二十五六猶未娶呂監女爲希周所得希周知爲宦家女又有色性復和柔遂卜日合族告祖備禮冊爲正室是冬朝廷命韓蘄王統大軍討捕呂氏謂希周曰妾聞正女不事二夫君既告祖成婚則君家之婦也孤城危逼其勢必破君乃賊之親屬其能免乎妾不忍見君之死引刀將自刎希周急止之曰我陷賊中原非本心無以

情史　卷一　一　情貞

情史類略二十四卷　（明）馮夢龍輯　清芥子園刻本

框高19厘米，廣14.5厘米。半葉十一行，行二十四字，白口，左右雙邊。12册。

三級 220x372

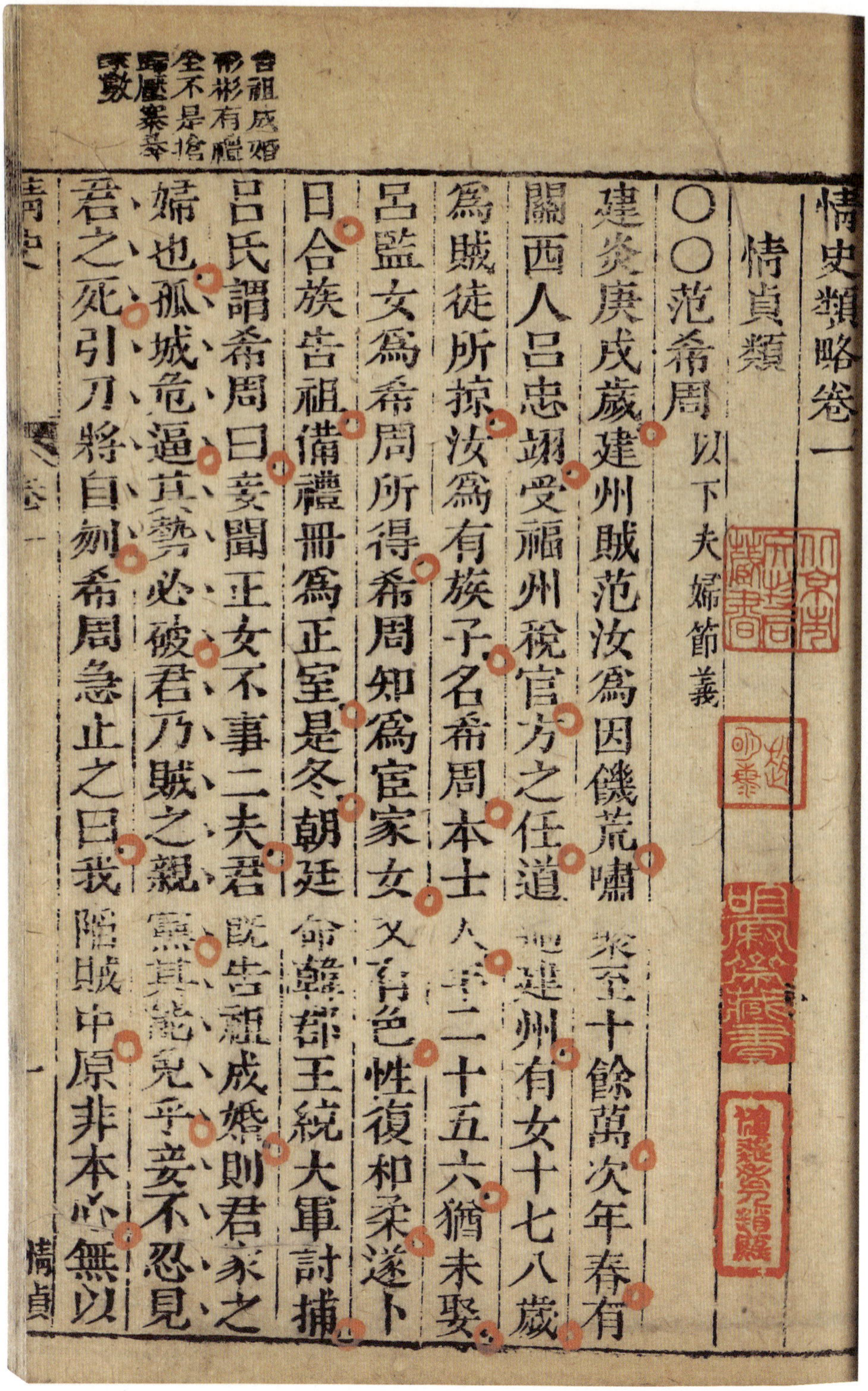

告祖成婚彬彬有體全不是搶擄壓寨夫人家數

情史類略卷一

情貞類

○○范希周 以下夫婦節義

建炎庚戌歲建州賊范汝爲因饑荒嘯聚至十餘萬次年春有關西人呂忠翊受福州稅官方之任道經建州有女十七八歲爲賊徒所掠汝爲有族子名希周本士人年二十五六猶未娶呂監女爲希周所得希周知爲宦家女又有色性復和柔遂卜日合族告祖備禮冊爲正室是冬朝廷命韓郡王統大軍討捕呂氏謂希周曰妾聞正女不事二夫君既告祖成婚則君家之婦也孤城危逼其勢必破君乃賊之親屬其能免乎妾不忍見君之死引刀將自刎希周急止之曰我陷賊中原非本心無以

情史 卷一 一 情貞

情史類略二十四卷　（明）馮夢龍輯　清芥子園刻本

框高 19.1 厘米，廣 14.5 厘米。半葉十一行，行二十四字，白口，左右雙邊。8 册。鈐“咀寂齋藏書”白文印等。

三級 221x373

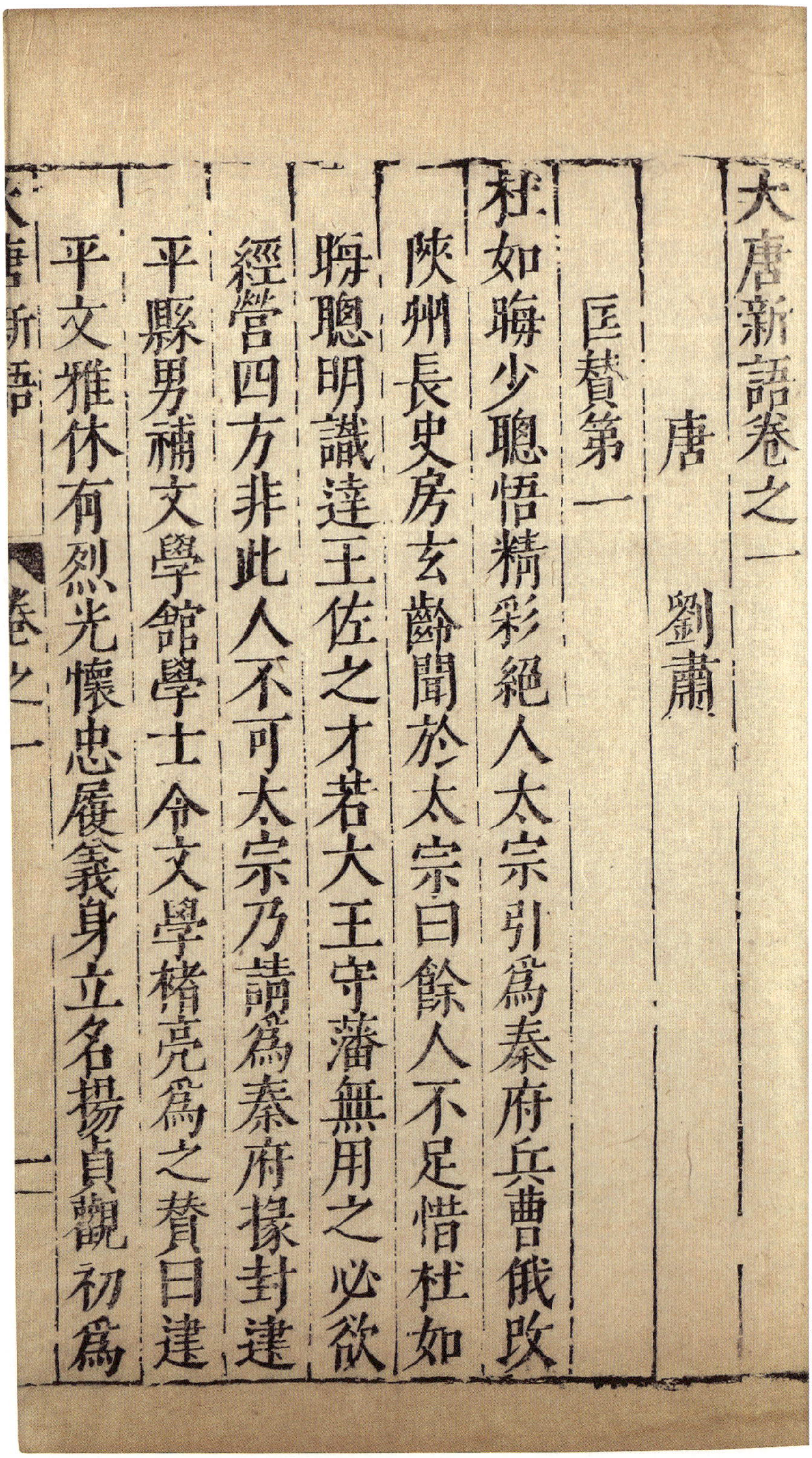

大唐新語卷之一
唐　劉肅
匡贊第一
杜如晦少聰悟精彩絶人太宗引爲秦府兵曹俄改
陝州長史房玄齡聞於太宗曰餘人不足惜杜如
晦聰明識達王佐之才若大王守藩無用之必欲
經營四方非此人不可太宗乃請爲秦府掾封建
平縣男補文學館學士令文學褚亮爲之賛曰建
平文雅休有烈光懷忠履義身立名揚貞觀初爲

大唐新語　卷之一　二

大唐新語十三卷　（唐）劉肅撰　明萬曆商氏半野堂刻清康熙振鷺堂補刻稗海本

框高 20.9 厘米，廣 14.2 厘米。半葉九行，行二十字，白口，四周單邊。4 册。

shan34

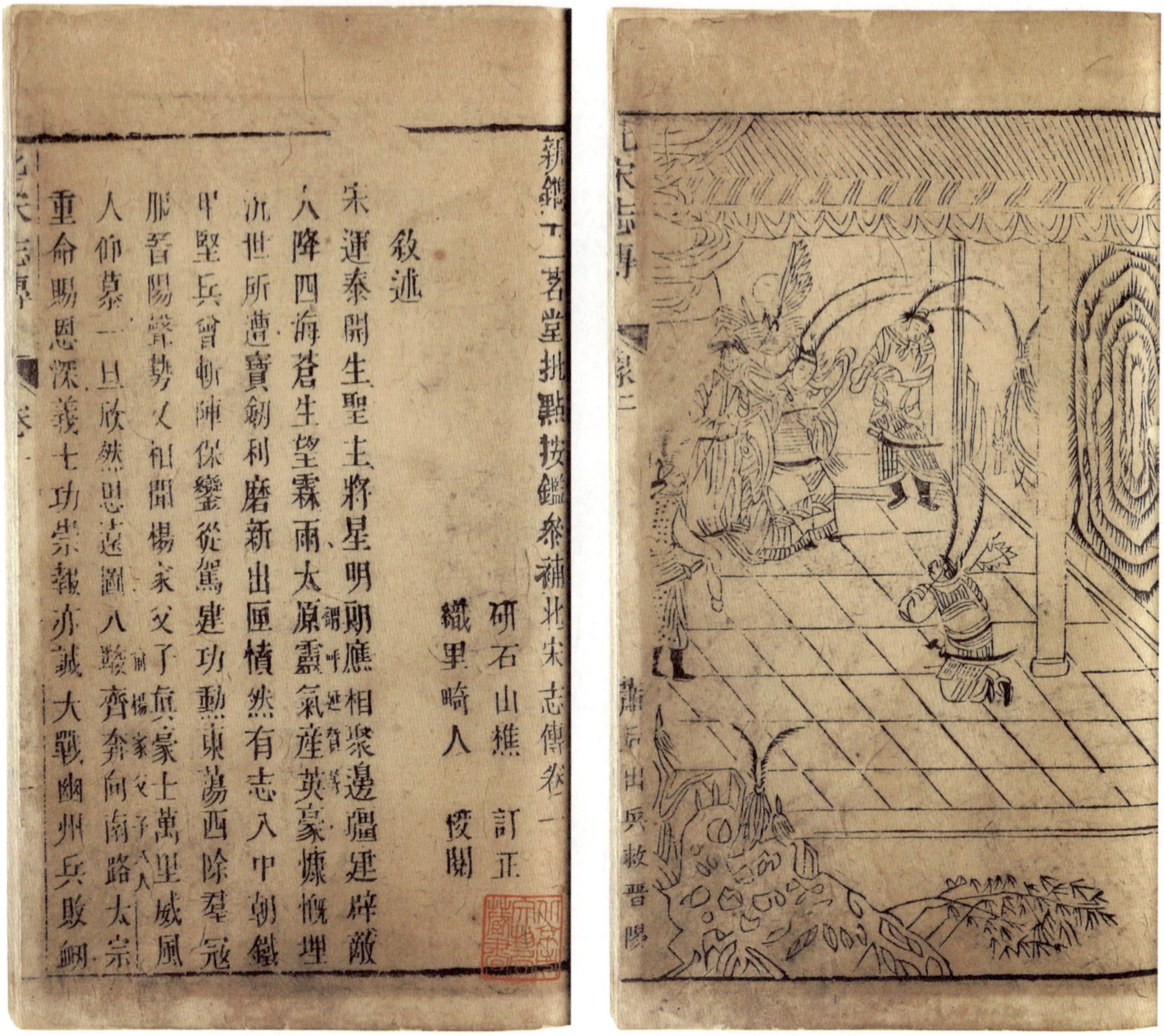

新鐫玉茗堂批點按鑑參補北宋志傳十卷五十回　（明）研石山樵訂正　（明）織里畸人校閲　明萬曆四十六年（1618）刻本

框高 20.3 厘米，廣 13.9 厘米。半葉十一行，行二十字，白口，四周單邊，無格。6 册。

shan164

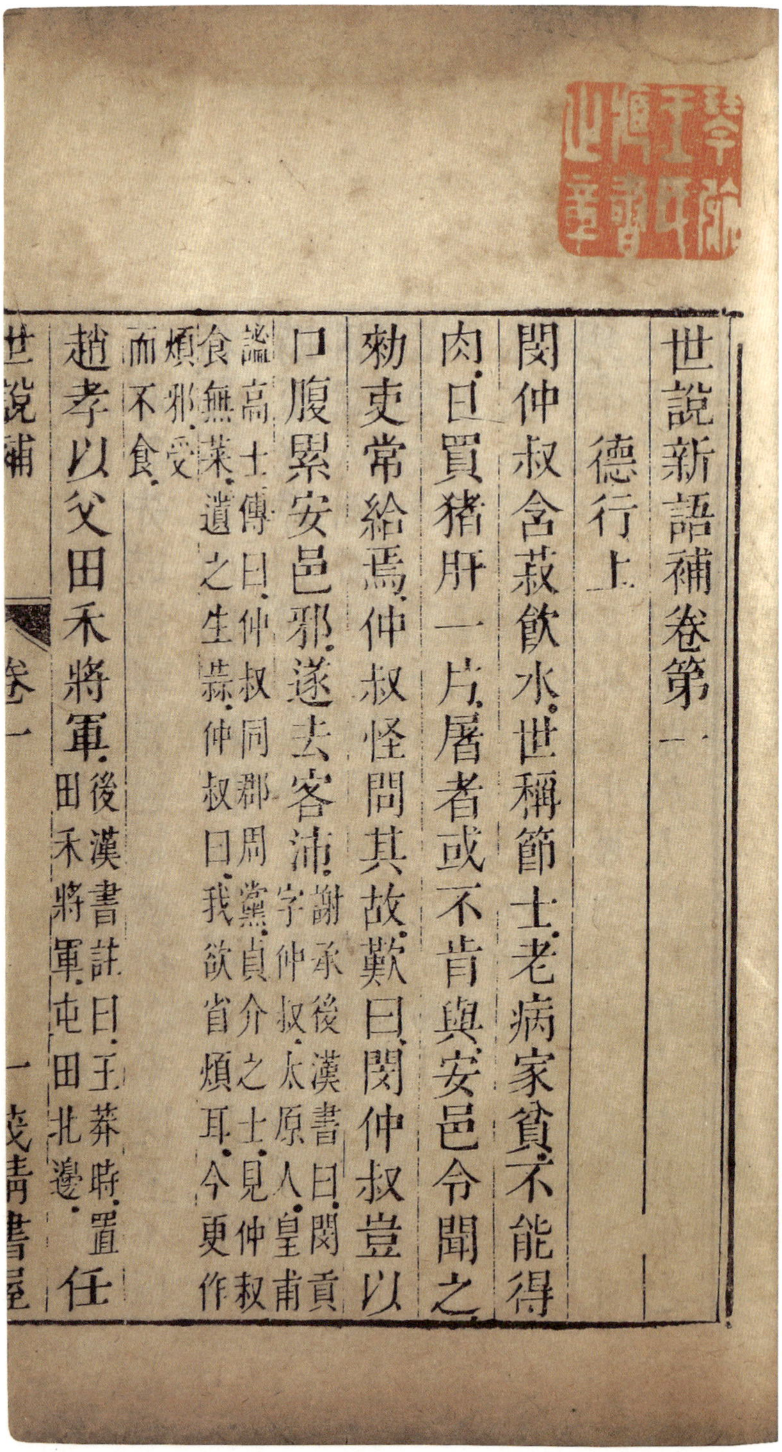

世說新語補卷第一

德行上

閔仲叔含菽飲水。世稱節士。老病家貧不能得肉。日買猪肝一片。屠者或不肯與。安邑令聞之。勑吏常給焉。仲叔怪問其故。歎曰。閔仲叔豈以口腹累安邑邪。遂去客沛。謝承後漢書曰。閔貢字仲叔。太原人。皇甫謐高士傳曰。仲叔同郡周黨。貞介之士。見仲叔食無菜。遺之生蒜。仲叔曰。我欲省煩耳。今更作煩邪。受而不食。

趙孝以父田禾將軍。後漢書註曰。王莽時。置任田禾將軍。屯田北邊。

世說補　卷一　一　茂清書屋

世說新語補二十卷　（南朝宋）劉義慶撰　（明）何良俊增　清乾隆二十七年（1762）茂清書屋刻本

框高17.5厘米，廣13厘米。半葉九行，行十八字，小字雙行同，白口，左右雙邊。6册。鈐“琴航王氏藏書之章”白文印。

shan174

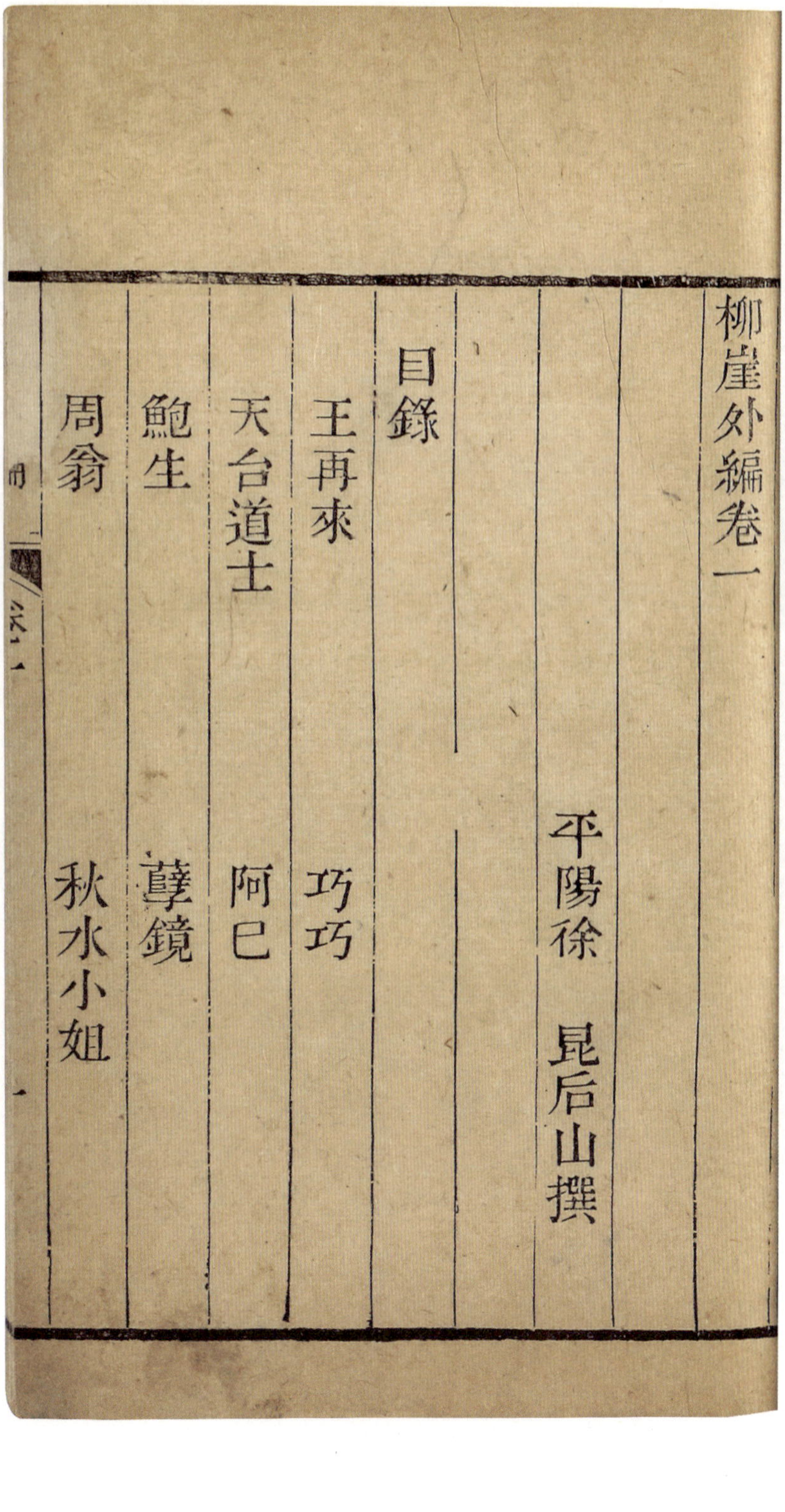

柳崖外編卷一

平陽徐　昆后山撰

目錄

王再來　巧巧

天台道士　阿巳

鮑生　孽鏡

周翁　秋水小姐

柳崖外編十六卷　（清）徐昆撰　清乾隆五十八年（1793）儲書樓刻本

框高 16.6 厘米，廣 12.3 厘米。半葉九行，行二十字，白口，左右雙邊。16 册。

shan225

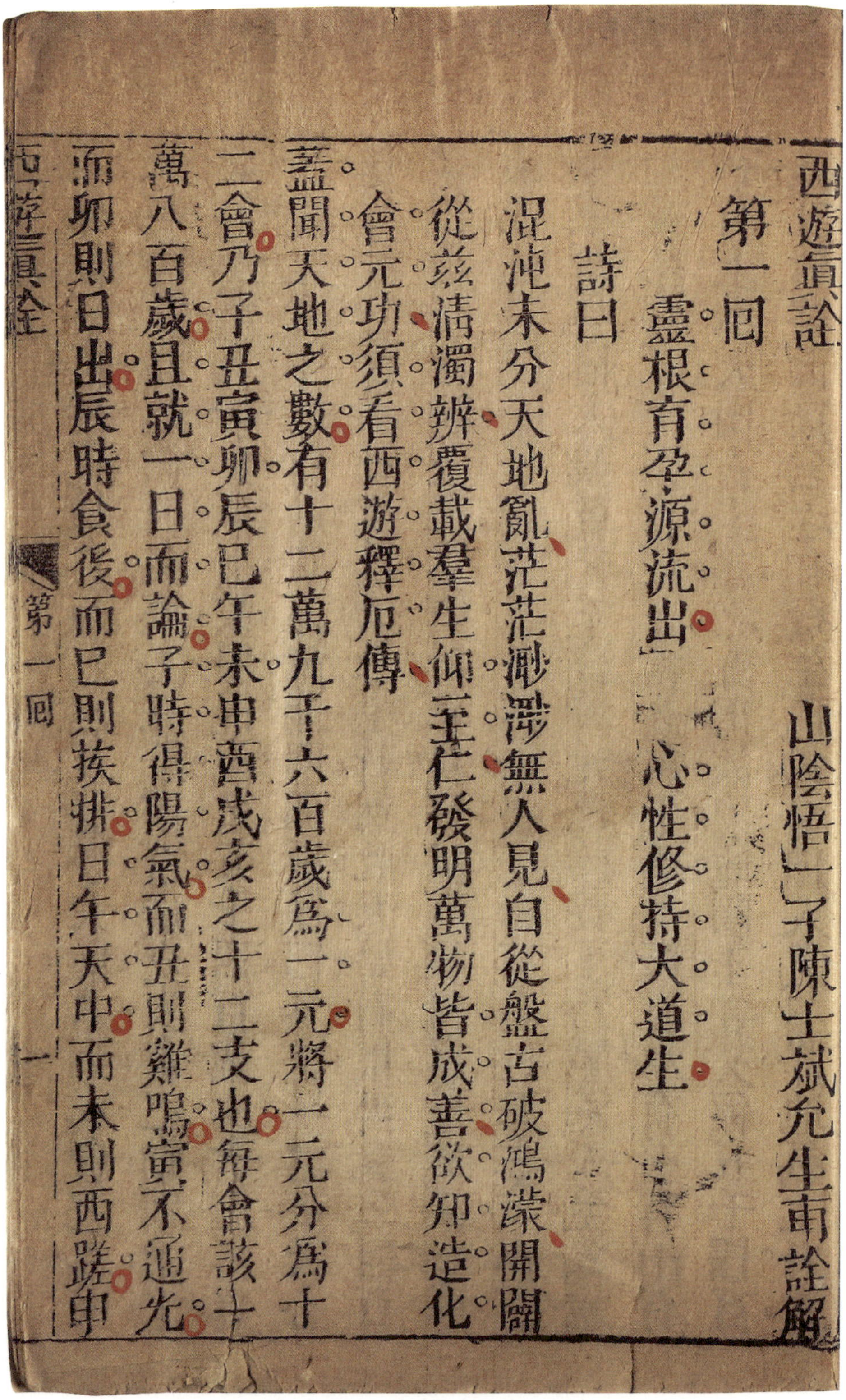

西遊真詮一百回 （清）陳士斌詮解 清致和堂刻本

框高 20.9 厘米，廣 14.7 厘米。半葉十一行，行二十四字，白口，左右雙邊，無格。24 册。

shan366

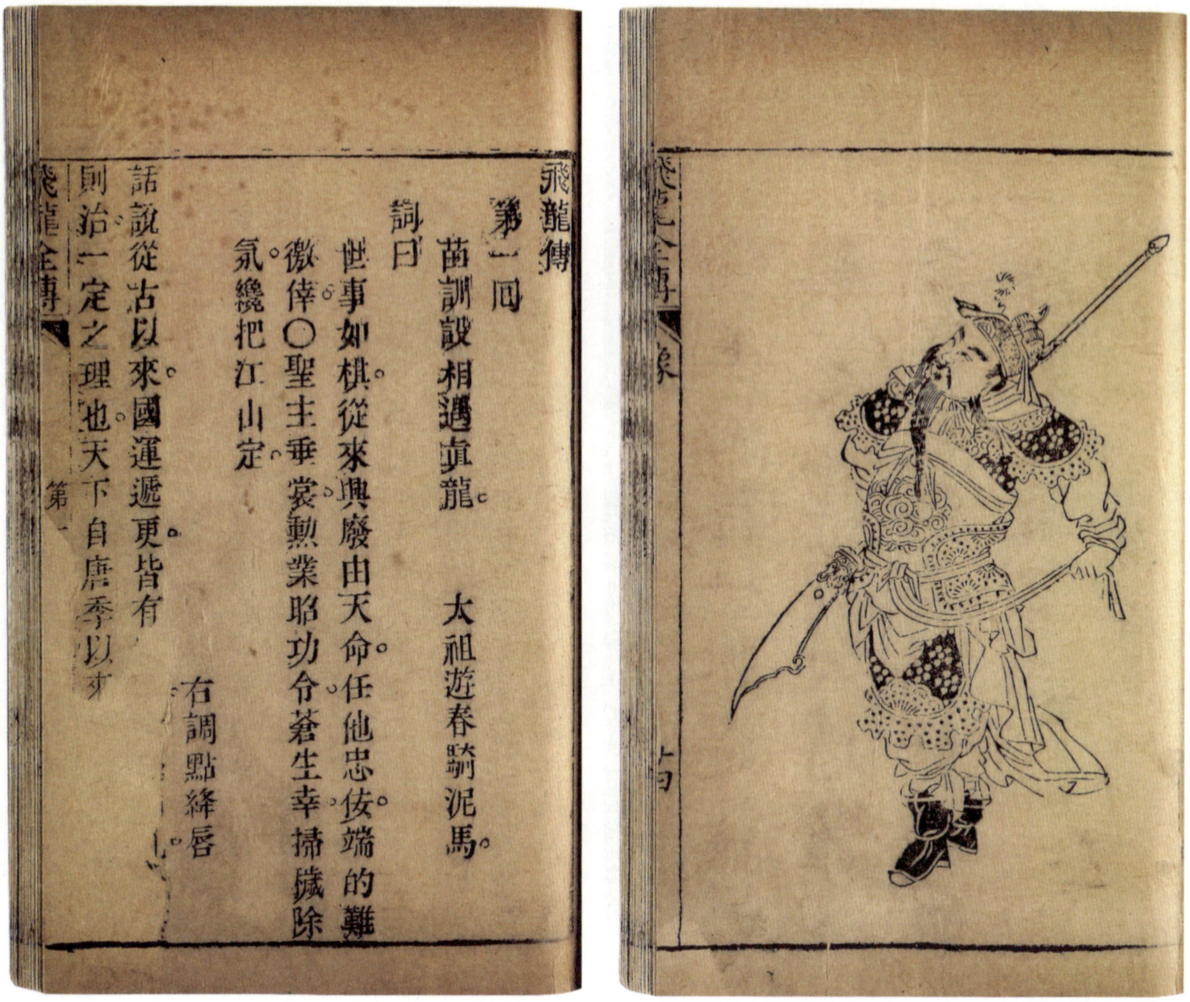

飛龍傳六十回　（清）吴璿編　清乾隆三十三年（1768）世德堂刻本

框高 18.6 厘米，廣 12.8 厘米。半葉十行，行二十字，白口，四周單邊，無格。12 册。

shan377

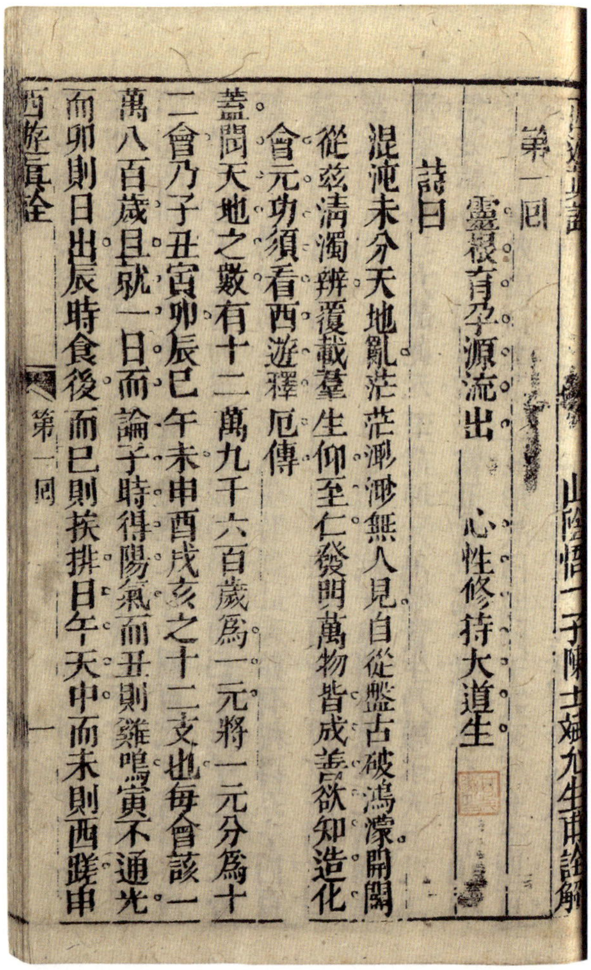
西遊真詮
山陰悟一子陳士斌允生甫詮解
第一回
靈根育孕源流出　心性修持大道生
詩曰
混沌未分天地亂茫茫渺渺無人見自從盤古破鴻濛開闢
從茲清濁辨覆載羣生仰至仁發明萬物皆成善欲知造化
會元功須看西遊釋厄傳
蓋聞天地之數有十二萬九千六百歲為一元將一元分為十
二會乃子丑寅卯辰巳午未申酉戌亥之十二支也每會該一
萬八百歲且就一日而論子時得陽氣而丑則雞鳴寅不通光
而卯則日出辰時食後而巳則挨排日午天中而未則西蹉申
西遊真詮　第一回　一

西遊真詮一百回　（清）陳士斌詮解　清康熙三十五年（1696）刻本

框高 23.8 厘米，廣 15 厘米。半葉十一行，行二十四字，白口，四周單邊。20 册。鈐“甘茂德印”朱文印。

shan424

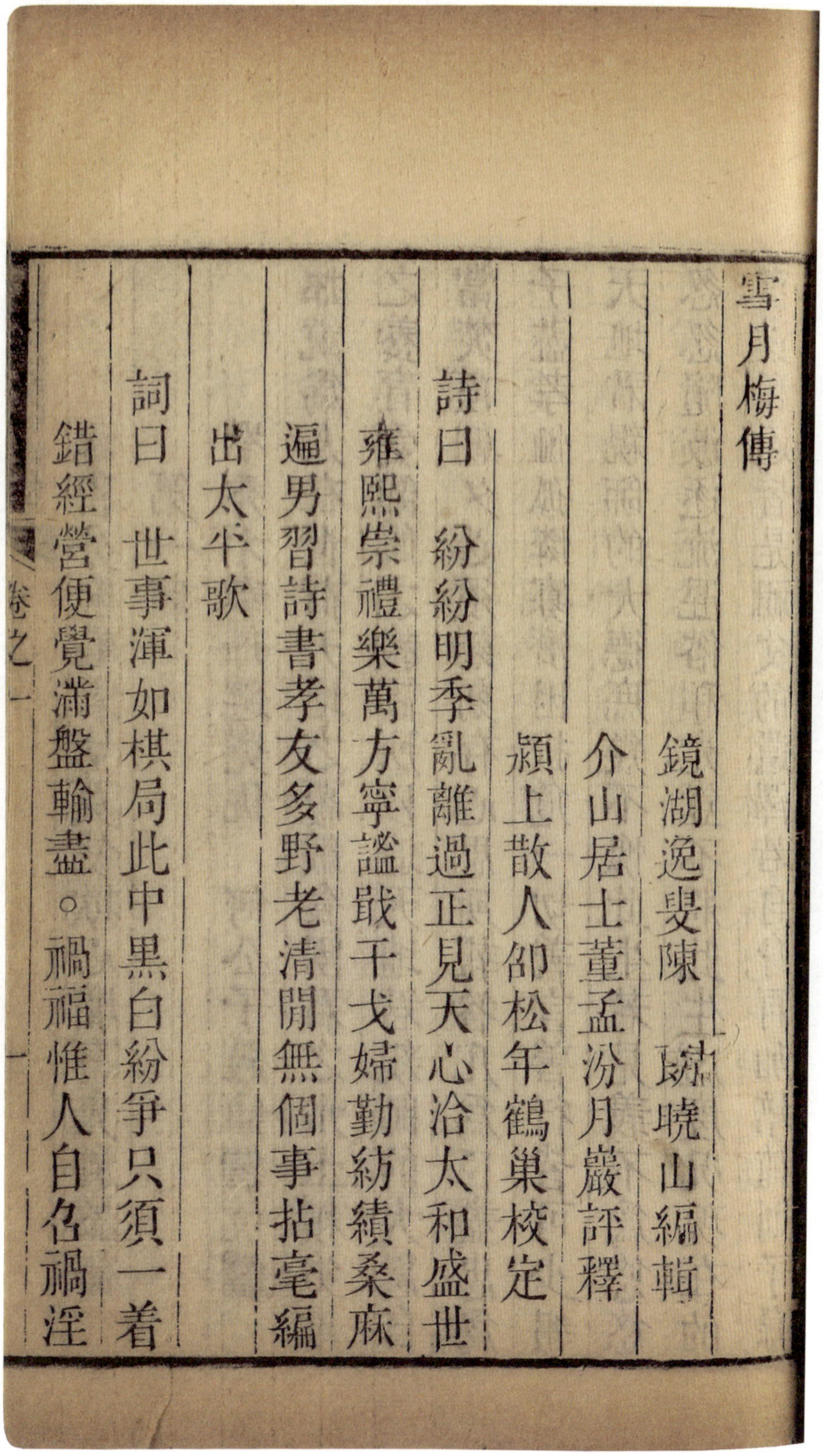
雪月梅傳
鏡湖逸叟陳　朗曉山編輯
介山居士董孟汾月巖評釋
潁上散人邵松年鶴巢校定
詩曰　紛紛明季亂離過正見天心洽太和盛世
雍熙崇禮樂萬方寧謐戢干戈婦勤紡績桑麻
遍男習詩書孝友多野老清閒無個事拈毫編
出太平歌
詞曰　世事渾如棋局此中黑白紛爭只須一着
錯經營便覺滿盤輸盡。禍福惟人自召禍淫
卷之一　一

雪月梅傳十卷五十回　（清）陳朗編輯　（清）董孟汾評釋　（清）邵松年校定　清乾隆四十年（1775）董氏德華堂刻本

框高 19 厘米，廣 13.6 厘米。半葉十行，行二十一字，黑口，左右雙邊。10 册。

shan515

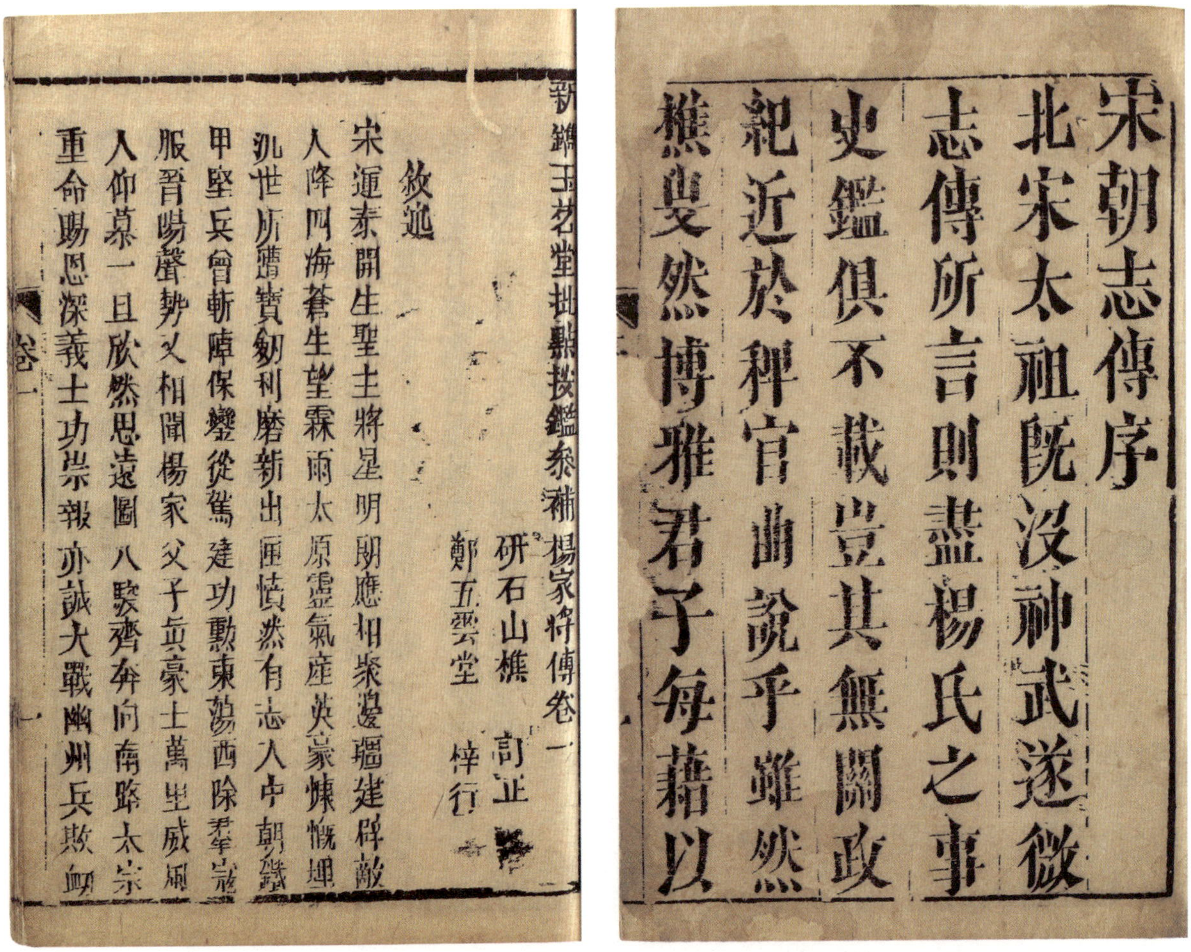

新鐫玉茗堂批點按鑑參補楊家將傳十卷五十回　（明）研石山樵訂正　清末鄭五雲堂刻本

框高 19.4 厘米，廣 14 厘米。半葉十一行，行二十字，白口，四周單邊，無格。10 册。

shan545

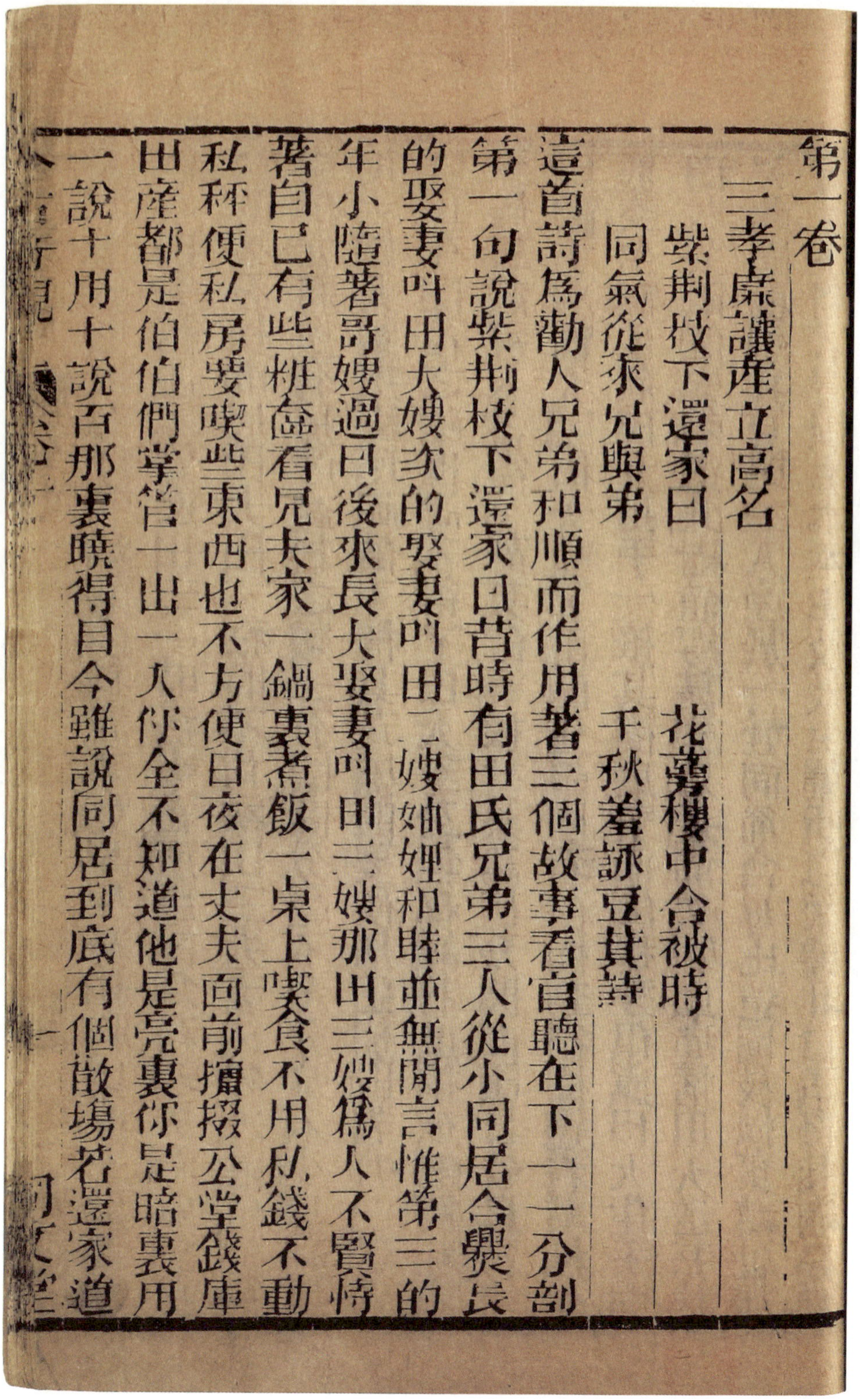
第一卷
三孝廉讓產立高名
紫荊枝下還家日　花萼樓中合被時
同氣從來兄與弟　千秋羞詠豆萁詩
這首詩爲勸人兄弟和順而作用著三個故事看官聽在下一一分剖
第一句說紫荊枝下還家日昔時有田氏兄弟三人從小同居合爨長
的娶妻叫田大嫂次的娶妻叫田二嫂妯娌和睦並無閒言惟第三的
年小隨著哥嫂過日後來長大娶妻叫田三嫂那田三嫂爲人不賢恃
著自己有些粧奩看見夫家一鍋裏煮飯一桌上喫食不用私錢不動
私秤便私房要喫些東西也不方便日夜在丈夫面前攛掇公堂錢庫
田產都是伯伯們掌管一出一入你全不知道他是亮裏你是暗裏用
一說十用十說百那裏曉得目今雖說同居到底有個散場若還家道

繡像今古奇觀四十卷　（明）抱甕老人輯　清末同文堂刻本

框高 21.1 厘米，廣 14.7 厘米。半葉十二行，行二十七字，白口，四周單邊。12 册。

shan604

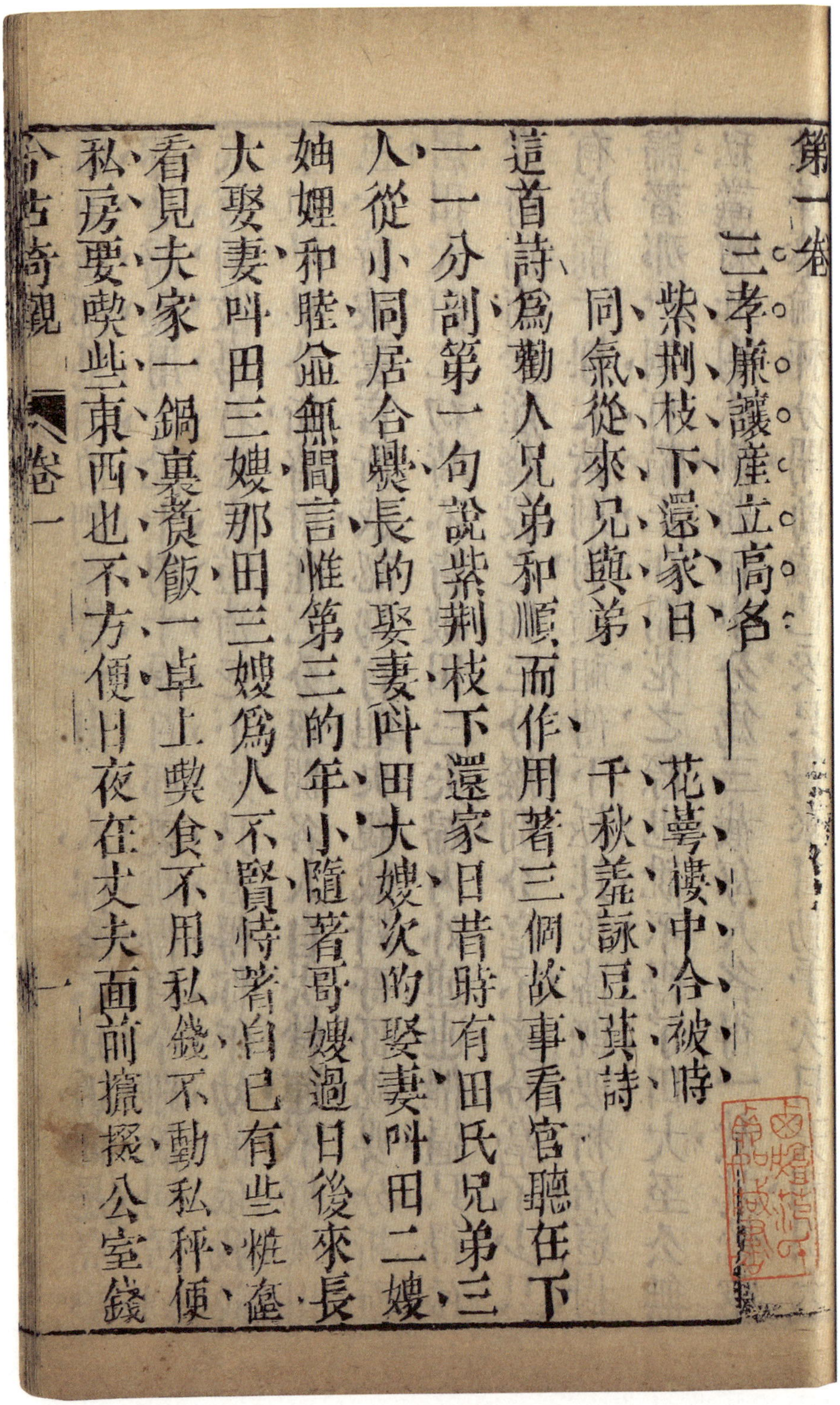
第一卷
三孝廉讓産立高名
紫荆枝下還家日　花萼樓中合被時
同氣從來兄與弟　千秋羞詠豆萁詩
這首詩爲勸人兄弟和順而作用著三個故事看官聽在下一一分剖第一句說紫荆枝下還家日昔時有田氏兄弟三人從小同居合爨長的娶妻叫田大嫂次的娶妻叫田二嫂妯娌和睦並無間言惟第三的年小隨著哥嫂過日後來長大娶妻叫田三嫂那田三嫂爲人不賢恃著自已有些粧奩看見夫家一鍋裏煑飯一卓上喫食不用私錢不動私秤便私房要喫些東西也不方便日夜在丈夫面前攛掇公堂錢
今古奇觀　卷一　一

今古奇觀四十卷　（明）抱甕老人輯　清乾隆五十年（1785）書業堂刻本

框高 21.5 厘米，廣 14.5 厘米。半葉十一行，行二十三字，白口，四周單邊，無格。16 册。鈐“西城范氏貞如藏書”朱文印。

shan622

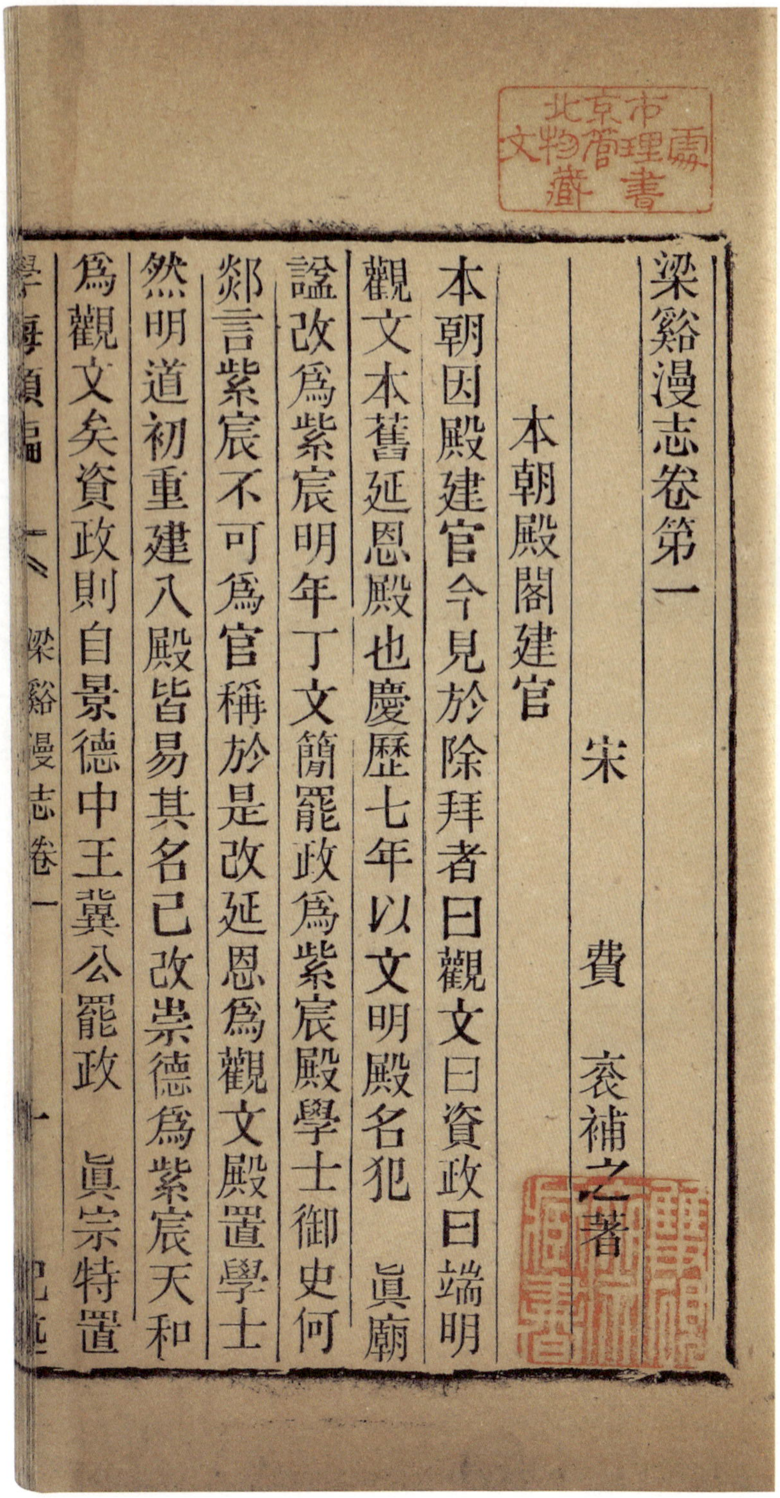
梁谿漫志卷第一
宋　費　袞補之著
本朝殿閣建官
本朝因殿建官今見於除拜者曰觀文曰資政曰端明
觀文本舊延恩殿也慶歷七年以文明殿名犯　眞廟
諡改爲紫宸明年丁文簡罷政爲紫宸殿學士御史何
郯言紫宸不可爲官稱於是改延恩爲觀文殿置學士
然明道初重建八殿皆易其名已改崇德爲紫宸天和
爲觀文矣資政則自景德中王冀公罷政　眞宗特置
學海類編　梁谿漫志卷一

梁谿漫志十卷附錄一卷　（宋）費袞著　清道光六安晁氏木活字印本

框高 19.6 厘米，廣 12.1 厘米。半葉九行，行二十一字，白口，左右雙邊。4 册。鈐“雙硯齋藏書”白文印。

shan640

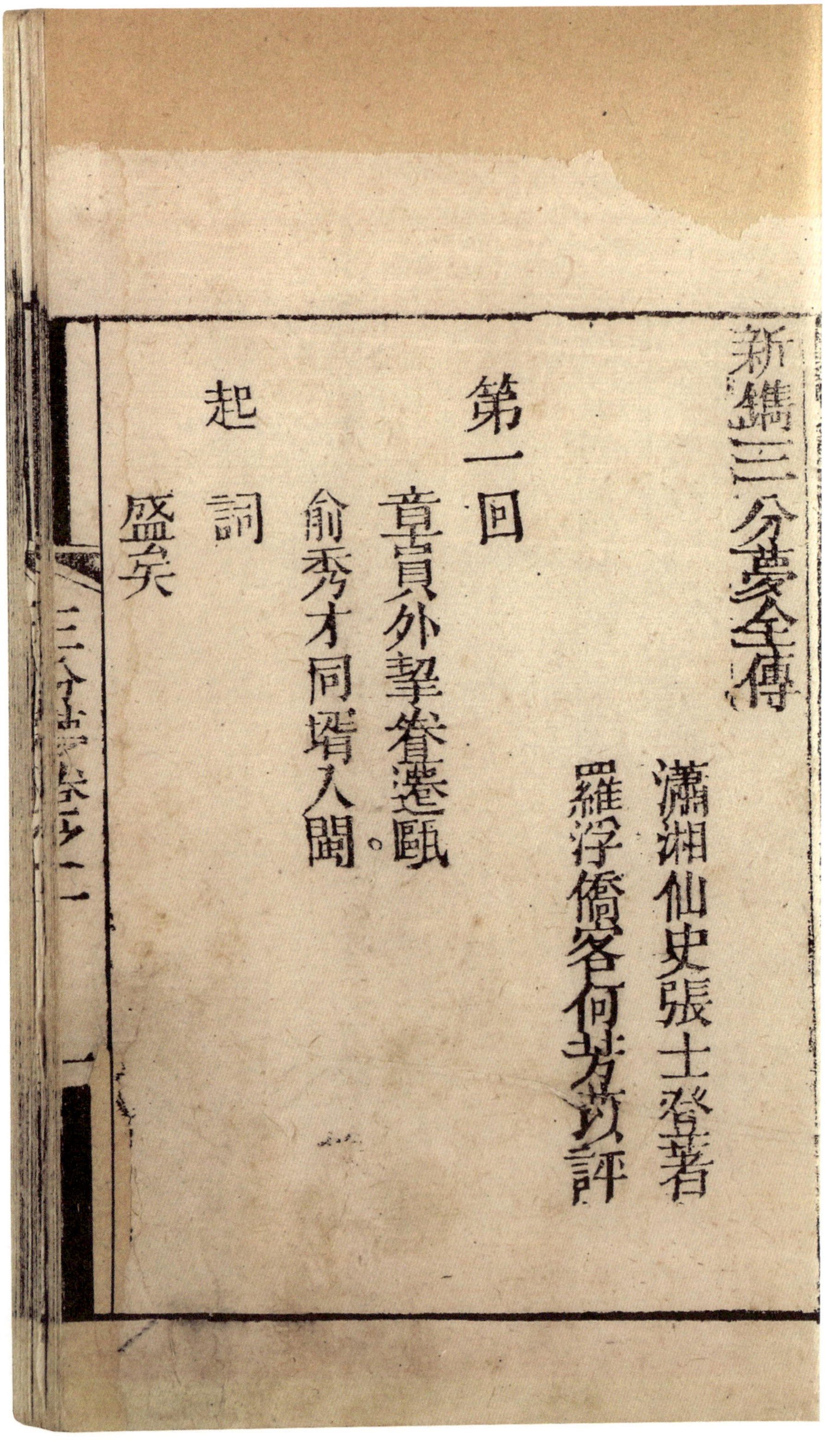

新鐫三分夢全傳十六回　（清）張士登著　清道光十五年（1835）刻本

框高 12.3 厘米，廣 9.4 厘米。半葉八行，行十八字，黑口，左右雙邊，無格。8 册。

shan644

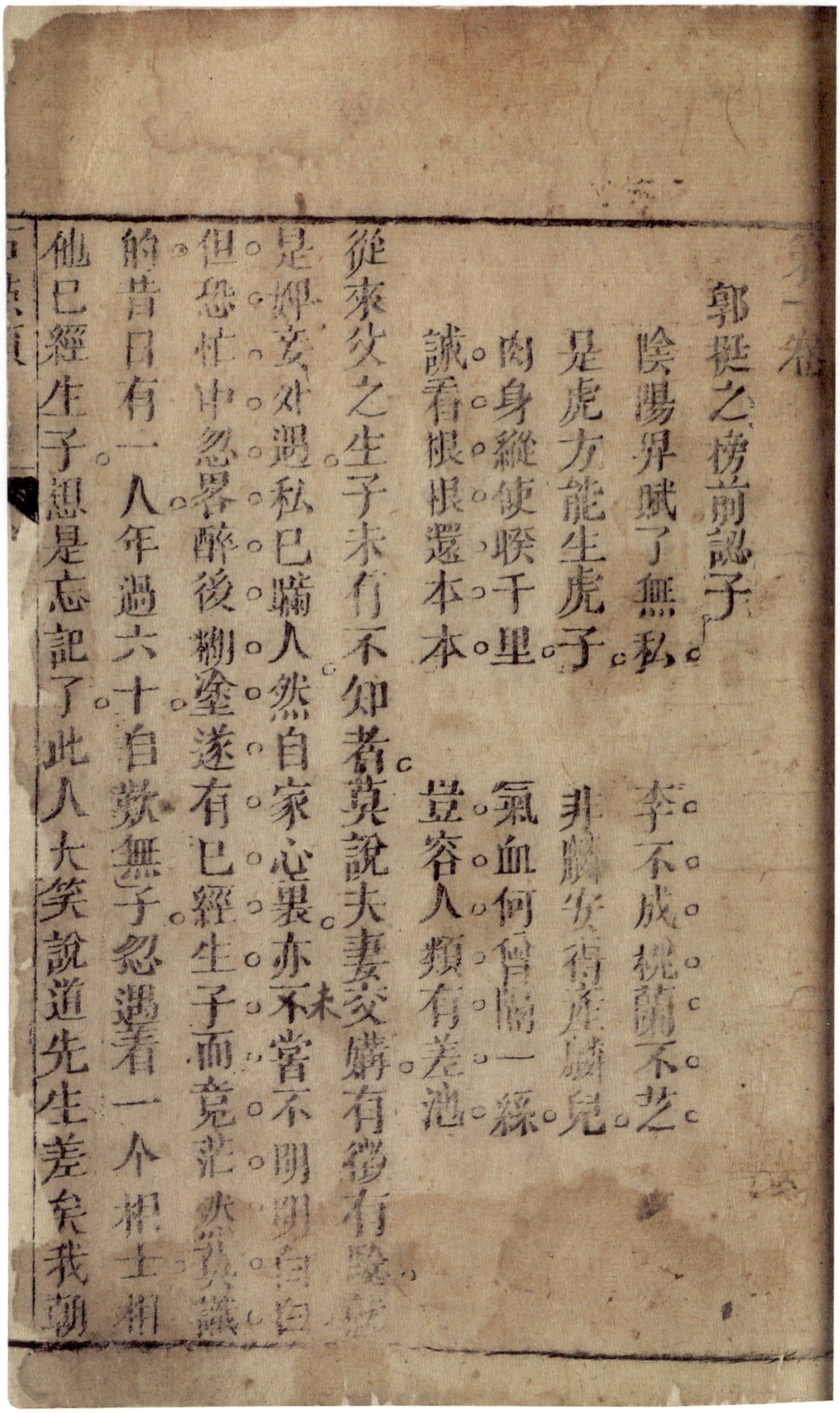

石點頭十四卷　（明）天然癡叟著　（明）馮夢龍評　清道光四年（1824）竹春堂刻本

框高 19 厘米，廣 14.3 厘米。半葉十一行，行二十二字，白口，四周單邊，無格。2 册。

shan750

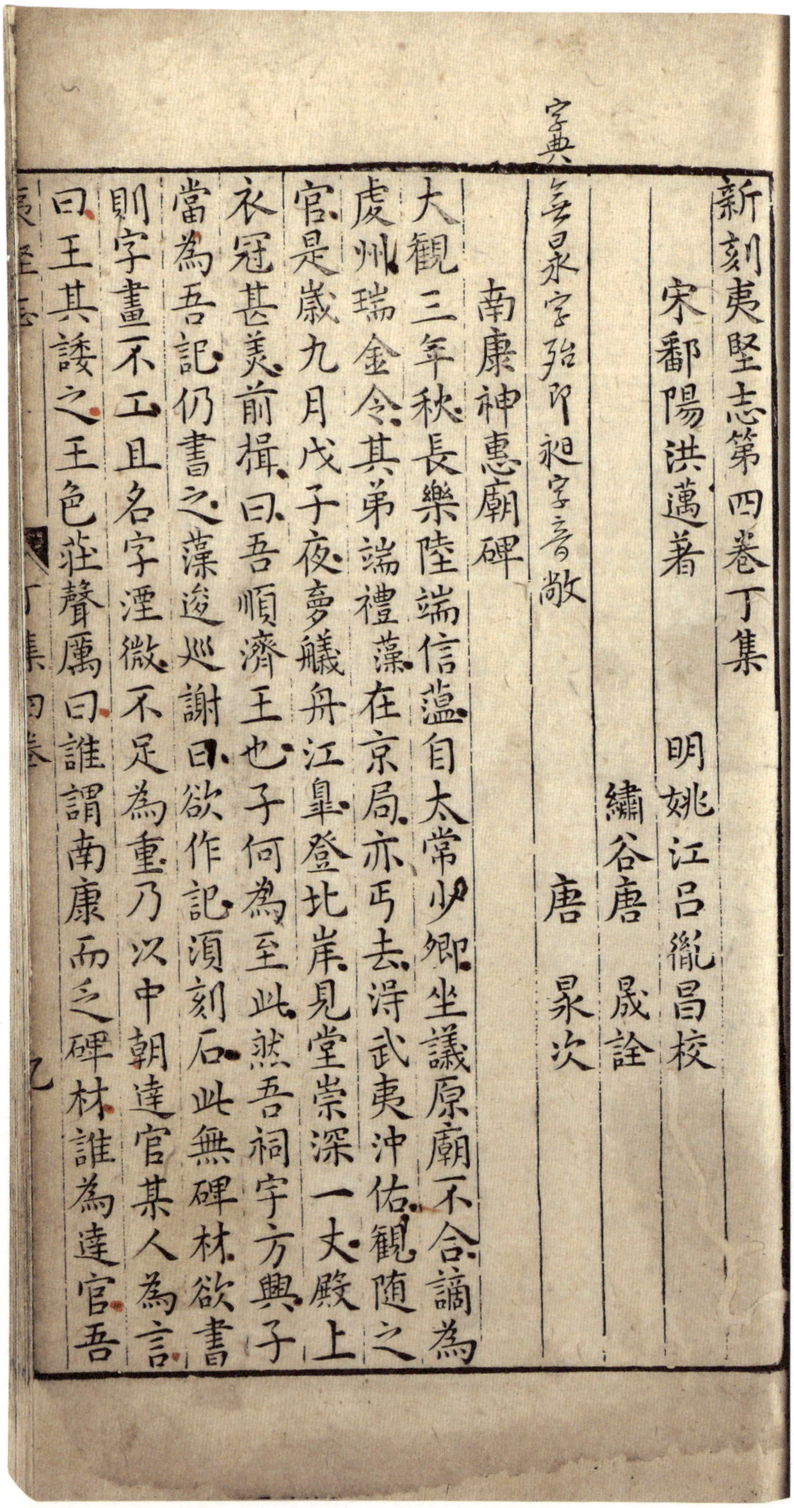
新刻夷堅志第四卷丁集
宋鄱陽洪邁著　明姚江呂胤昌校
繡谷唐晟詮
字典無杲字殆即昶字音敞　唐杲次
南康神惠廟碑
大觀三年秋長樂陸端信藴自太常少卿坐議原廟不合謫為
虔州瑞金令其弟端禮藻在京局亦丐去得武夷沖佑觀隨之
官是歲九月戊子夜夢艤舟江皐登北岸見堂崇深一大殿上
衣冠甚美前揖曰吾順濟王也子何為至此然吾祠宇方興子
當為吾記仍書之藻逡巡謝曰欲作記須刻石此無碑林欲書
則字畫不工且名字湮微不足為重乃以中朝達官某人為言
曰王其諉之王色莊聲厲曰誰謂南康而乏碑林誰為達官吾

新刻夷堅志丁集二十卷　（宋）洪邁著　（明）呂胤昌校　明姚江呂氏刻本

框高21.8厘米，廣14厘米。半葉十二行，行二十四字，白口，四周單邊。1册。存一卷（四）。

shan776

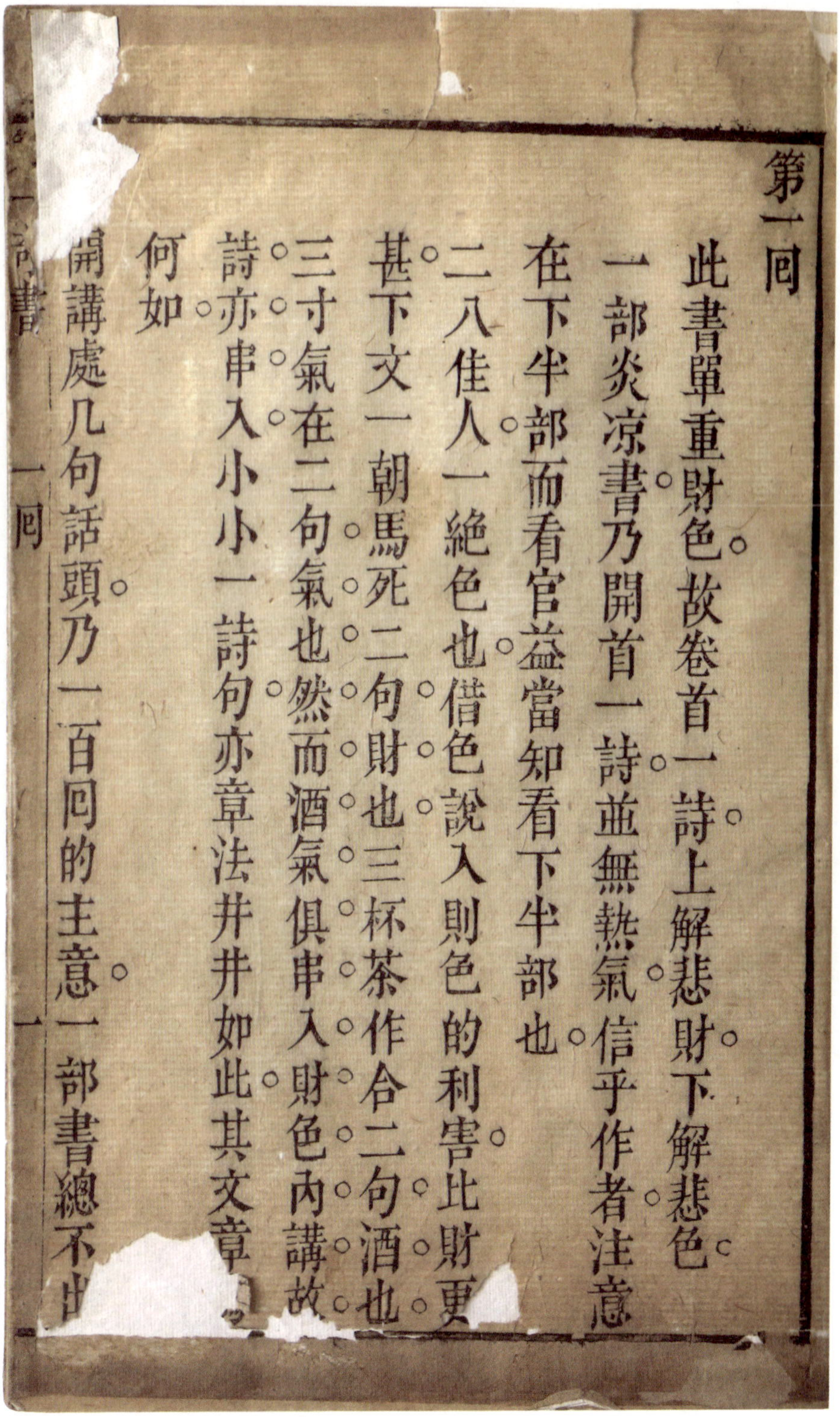
第一回
此書單重財色故卷首一詩上解悲財下解悲色
一部炎凉書乃開首一詩並無熱氣信乎作者注意
在下半部而看官益當知看下半部也
二八佳人一絶色也借色説入則色的利害比財更
甚下文一朝馬死二句財也三杯茶作合二句酒也
三寸氣在二句氣也然而酒氣俱串入財色內講故
詩亦串入小小一詩句亦章法井井如此其文章
何如
開講處几句話頭乃一百回的主意一部書總不
奇書 一回 一

皋鶴堂批評第一奇書金瓶梅一百回　（明）蘭陵笑笑生撰　清刻本

框高 20 厘米，廣 13.5 厘米。半葉十行，行二十二字，白口，四周單邊，無格。5 册。存十四回（一至九、十三至十五、十九至二十）。

shan869

類叢部

【類書類】

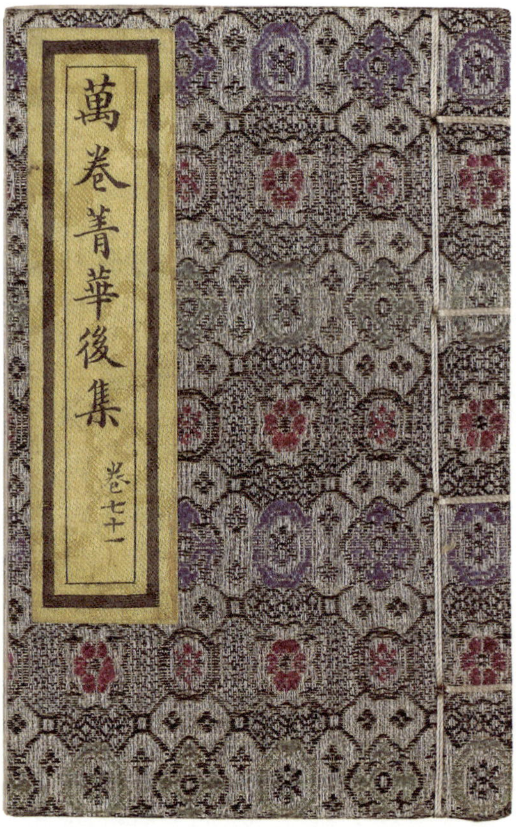

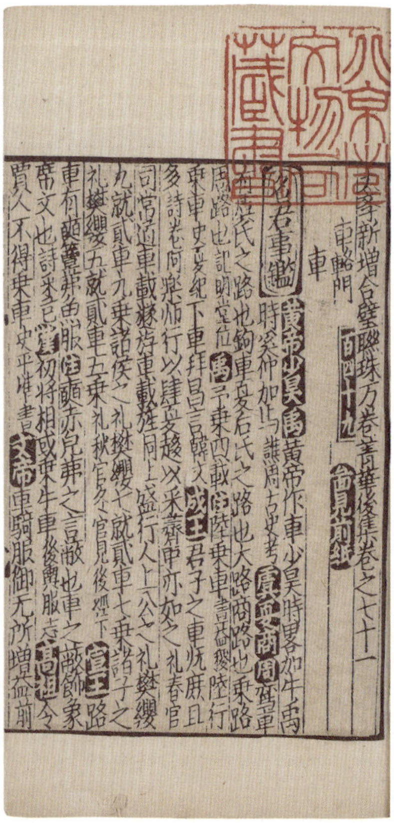

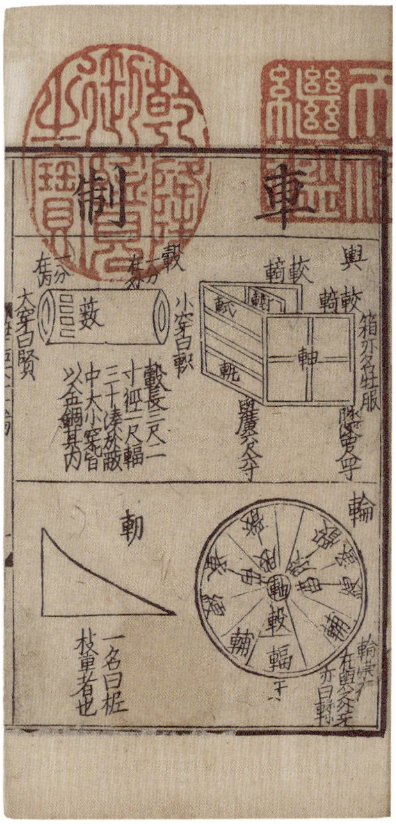

太學新增合璧聯珠萬卷菁華後集八十卷 （宋）李彌遜輯 宋刻本

框高 10.4 厘米，廣 7 厘米。半葉十五行，行二十一字，細黑口，左右雙邊。2 册。鈐“五福五代堂寶”朱文印、“八徵耄念”朱文印、“太上皇帝”朱文印、“天祿繼鑑”白文印、“乾隆御覽之寶”朱文印。存二卷（七十一至七十二）。

一級 7k303

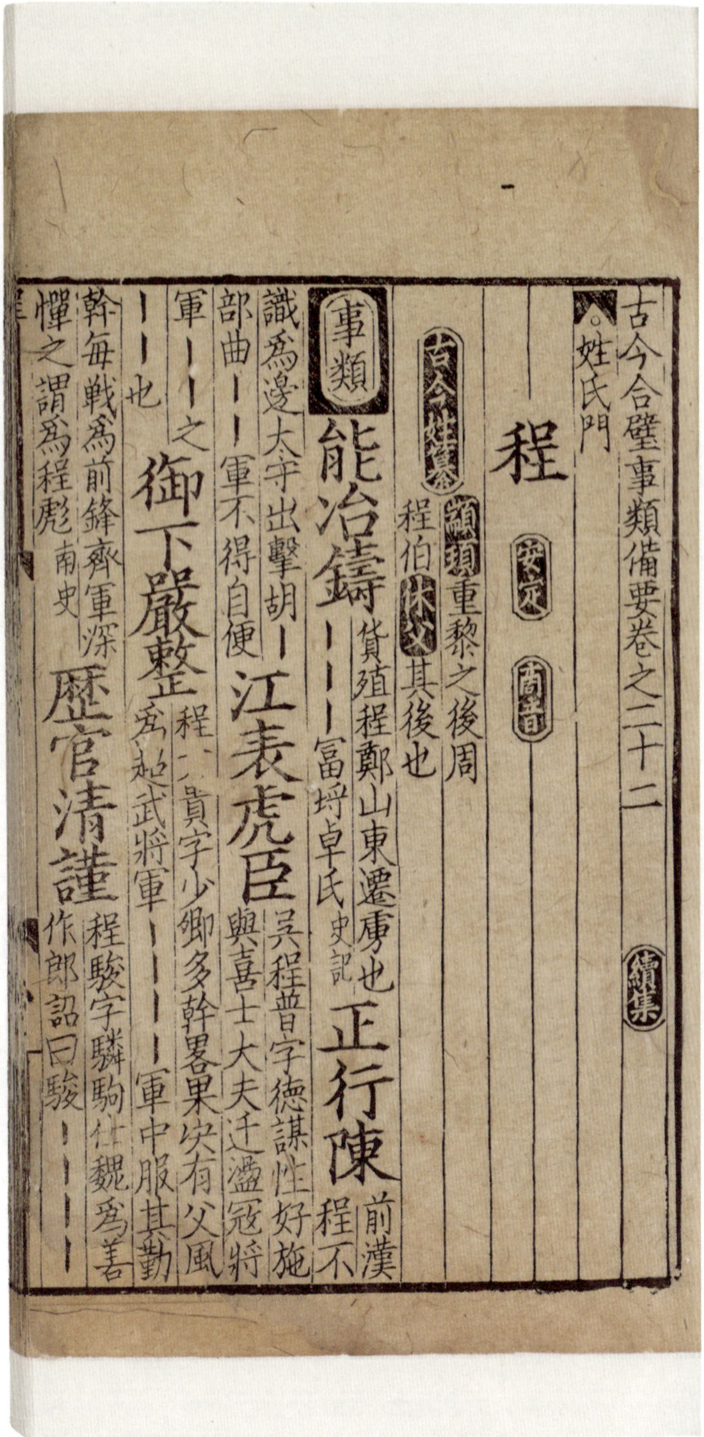
古今合璧事類備要卷之二十二　續集
○姓氏門
程　安定　商音
古今姓纂　顓頊重黎之後周程伯休父其後也
事類　能冶鑄　貨殖程鄭山東遷虜也｜｜｜富埒卓氏史記　正行陳　前漢程不識爲邊太守出擊胡｜｜部曲｜｜軍不得自便　江表虎臣　吳程普字德謀性好施與喜士大夫遷盪寇將軍｜｜之｜｜｜也　御下嚴整　程｜貞字少卿多幹畧果決有父風爲趙武將軍｜｜｜｜軍中服其勤幹每戰爲前鋒齊軍深憚之謂爲程彪南史　歷官清謹　程駿字驎駒仕魏爲著作郎詔曰駿｜｜｜｜

古今合璧事類備要前集六十九卷後集八十一卷續集五十六卷　（宋）謝維新輯　宋刻本

框高 17.0 厘米，廣 11.5 厘米。半葉十四行，行二十四字，大字跨雙行十五字，細黑口，左右雙邊。3 册。鈐“趙氏子昂”朱文印、“松雪齋藏書”朱文印。存九卷（後集二十四葉十九至二十六、二十八葉一至十四，續集二十二至二十四、四十五至四十八）。

一級 8k333

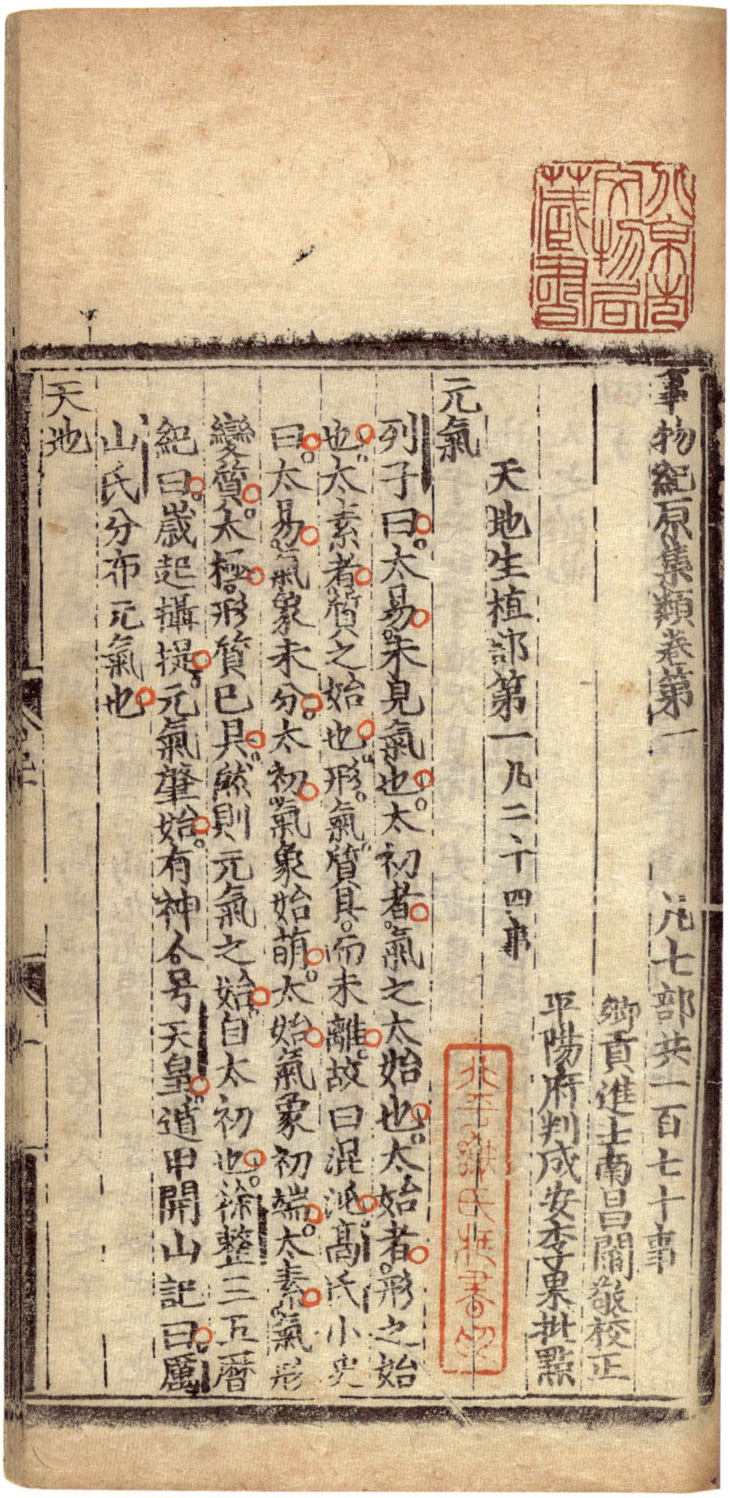
事物紀原集類卷第一 凡七部共一百七十事
鄉貢進士南昌閻敬校正
平陽府判成安李果批點
天地生植部第一 凡二十四事
元氣
列子曰太易未見氣也太初者氣之太始也太始者形之始也太素者質之始也形氣質具而未離故曰混沌高氏小史曰太易氣象未分太初氣象始萌太始氣象初端太素氣形變質太極形質已具然則元氣之始自太初也徐整三五曆紀曰歲起攝提元氣肇始有神人号天皇遁甲開山記曰盧山氏分布元氣也
天地

事物紀原集類十卷 （宋）高承輯 明成化八年（1472）李果刻本

框高 20 厘米，廣 13.4 厘米。半葉十二行，行二十四字，黑口，四周雙邊。6 册。鈐“北平謝氏藏書印”朱文印、“白鶴主人珍賞”朱文印、“養和堂珍藏”朱文印等。

二級 36xiao10652

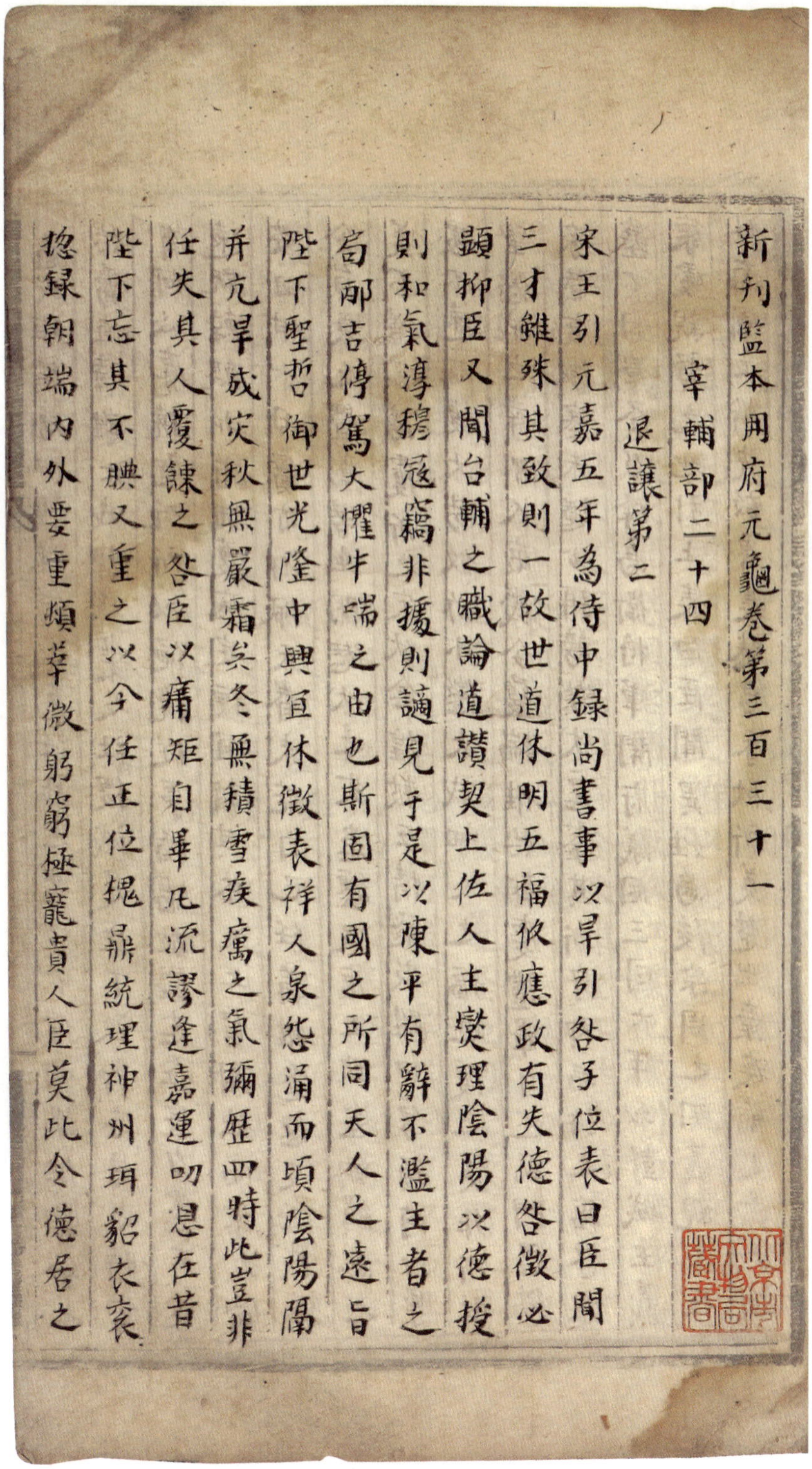
新刊監本册府元龜卷第三百三十一
宰輔部二十四
退讓第二
宋王引元嘉五年為侍中録尚書事以旱引咎子位表曰臣聞
三才雖殊其致則一故世道休明五福攸應政有失德咎徵必
顯抑臣又聞台輔之職論道讃契上佐人主燮理陰陽以德授
則和氣淳穆寇竊非擾則謫見于是以陳平有辭不濫主者之
尚邴吉傳駕大懼牛喘之由也斯固有國之所同天人之遠旨
陛下聖哲御世光隆中興宜休徵表祥人泉怨涌而頃陰陽隔
并亢旱成灾秋無嚴霜矣冬無積雪疾癘之氣彌歷四時此豈非
任失其人覆餗之咎臣以痛矩自畢凡流謬逢嘉運叨忝在昔
陛下忘其不腆又重之以今任正位槐鼎統理神州珥貂衣袞
總録朝端内外要重頻華徽躬窮極寵貴人臣莫比今德居之

新刊監本冊府元龜一千卷　（宋）王欽若等輯　明緑格抄本

框高 23.5 厘米，廣 15.5 厘米。半葉十三行，行二十四字，黑口，四周雙邊。3 册。存十五卷（三百三十一至三百三十五、三百九十一至三百九十五、八百六十六至八百七十）。

二級 72k1

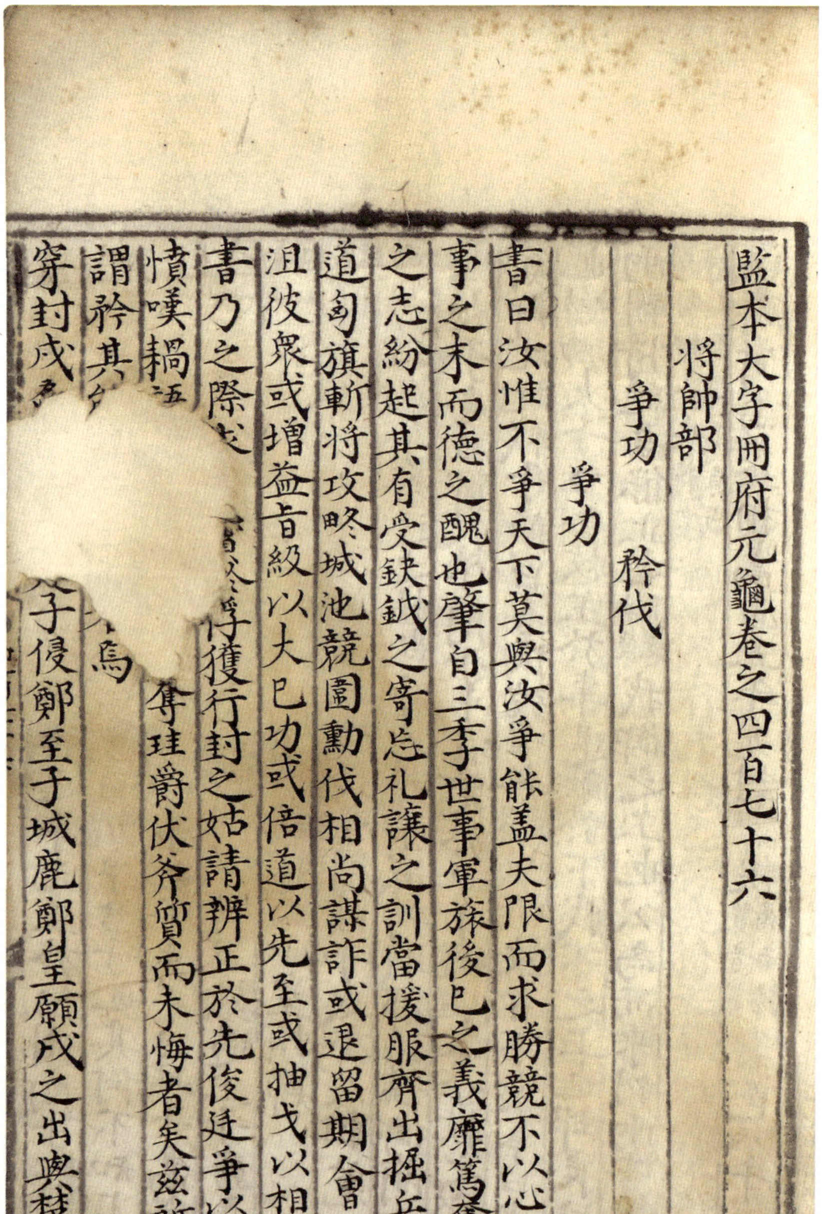
監本大字冊府元龜卷之四百七十六
将帥部
爭功　矜伐
爭功
書曰汝惟不爭天下莫與汝爭能蓋夫限而求勝競不以心斯
事之末而德之醜也肇自三季世事軍旅後己之義靡篤奪人
之志紛起其有受鈇鉞之寄忘禮讓之訓當援服齊出摠兵分
道匈旗斬將攻略城池競圖勳伐相尚謀詐或退留期會以
沮彼衆或增益首級以大己功或倍道以先至或抽戈以相逐
書乃之際[illegible]得獲行封之姑請辨正於先後廷爭以發
憤嘆耦語[illegible]奪珪爵伏斧質而未悔者矣茲所
謂矜其[illegible]焉
穿封戌[illegible]子侵鄭至于城麓鄭皇頡戌之出與楚師

監本大字冊府元龜一千卷　（宋）王欽若等輯　明藍格抄本

框高 18.9，廣 14 厘米。半葉十三行，行二十四字，黑口，四周雙邊。61 册。鈐“止可自怡”朱文印。存二百七十五卷（四百七十六至五百四十四、五百五十五至五百六十五、五百七十一至五百九十七、六百一至六百二十六、七百十六至七百五十六、八百三十四至八百五十三、八百五十九至八百八十四、九百四至九百九、九百十四至九百六十二）。

二級 73k2

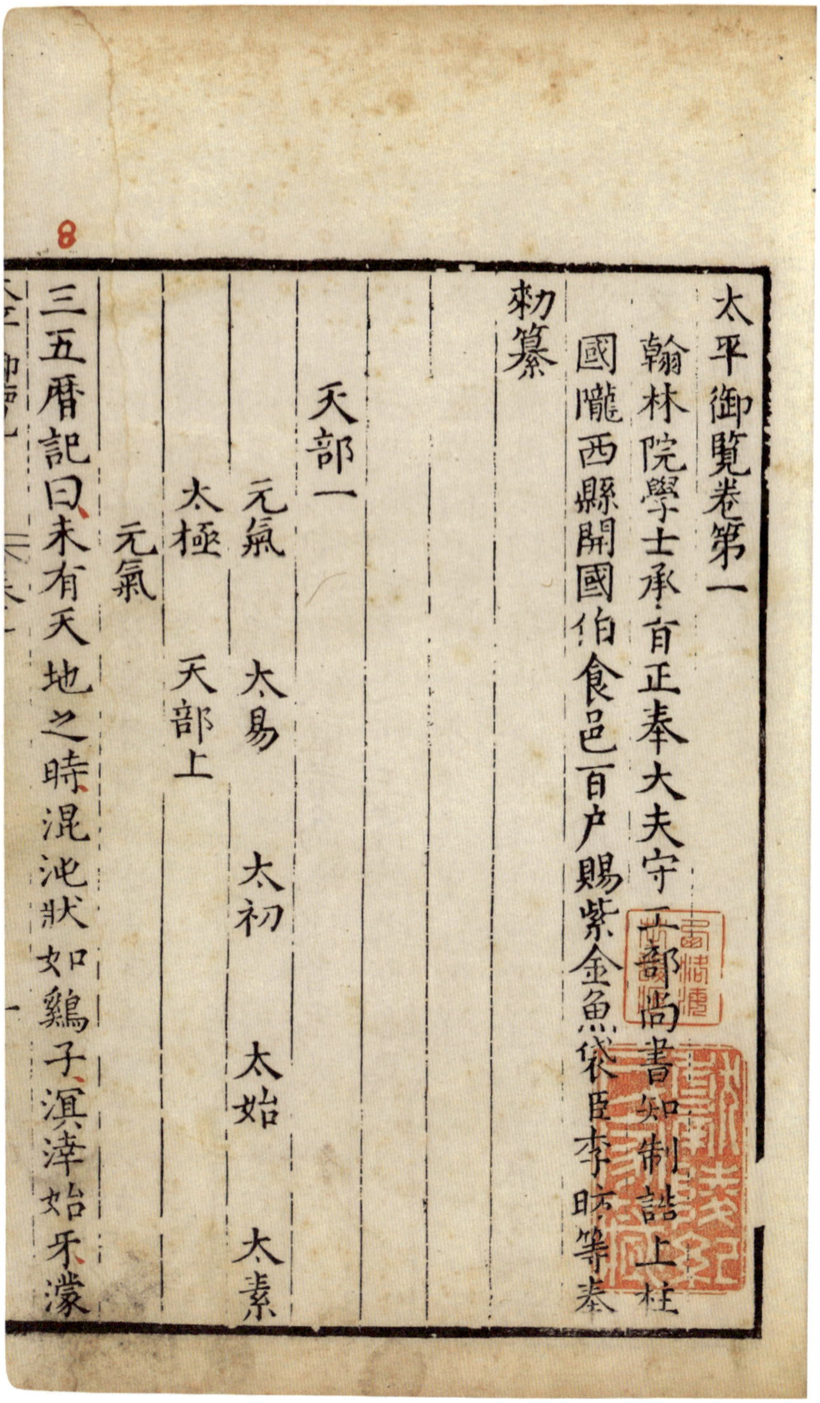
太平御覽卷第一
翰林院學士承旨正奉大夫守工部尚書知制誥上柱
國隴西縣開國伯食邑百户賜紫金魚袋臣李昉等奉
勑纂
天部一
元氣　太易　太初　太始　太素
太極　天部上
元氣
三五曆記曰未有天地之時混沌狀如鷄子溟涬始牙濛

太平御覽一千卷　（宋）李昉等輯　明刻本

框高 21 厘米，廣 15.5 厘米。半葉十一行，行二十二字，白口，四周單邊。108 册。鈐“獻陵紀氏家藏”白文印、“西洛海芝馥藏”朱文印。

二級 74k3

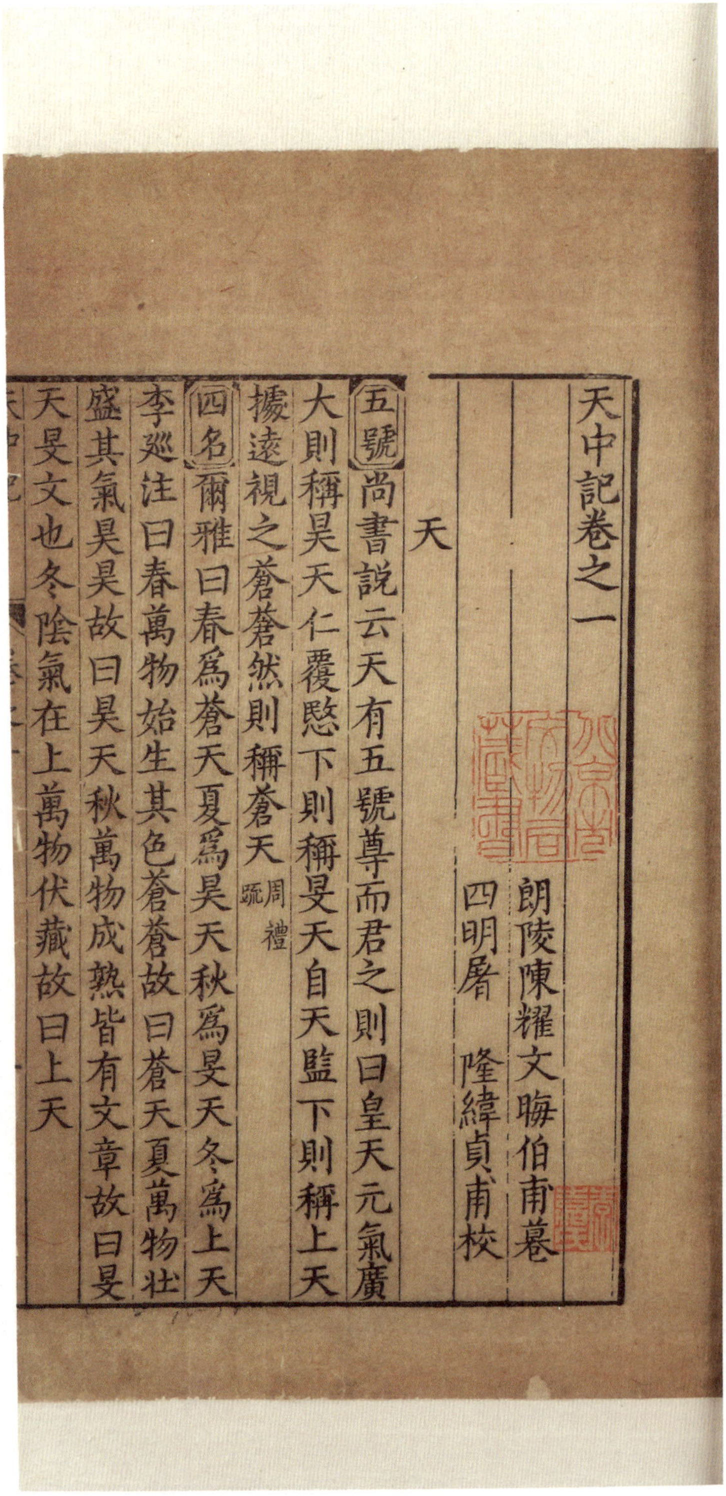
天中記卷之一
朗陵陳耀文晦伯甫蒐
四明屠　隆緯眞甫校
天
五號 尚書說云天有五號尊而君之則曰皇天元氣廣
大則稱昊天仁覆愍下則稱旻天自天監下則稱上天
據遠視之蒼蒼然則稱蒼天 周禮疏
四名 爾雅曰春爲蒼天夏爲昊天秋爲旻天冬爲上天
李巡注曰春萬物始生其色蒼蒼故曰蒼天夏萬物壯
盛其氣昊昊故曰昊天秋萬物成熟皆有文章故曰旻
天旻文也冬陰氣在上萬物伏藏故曰上天

天中記六十卷　（明）陳耀文輯　（明）屠隆校　明隆慶三年（1569）刻本

框高 19.3 厘米，廣 13 厘米。半葉十一行，行二十一字，小字雙行同，白口，左右雙邊。10 册。鈐“李嘉氏”白文印。存十卷（一至十）。

二級 215shan113

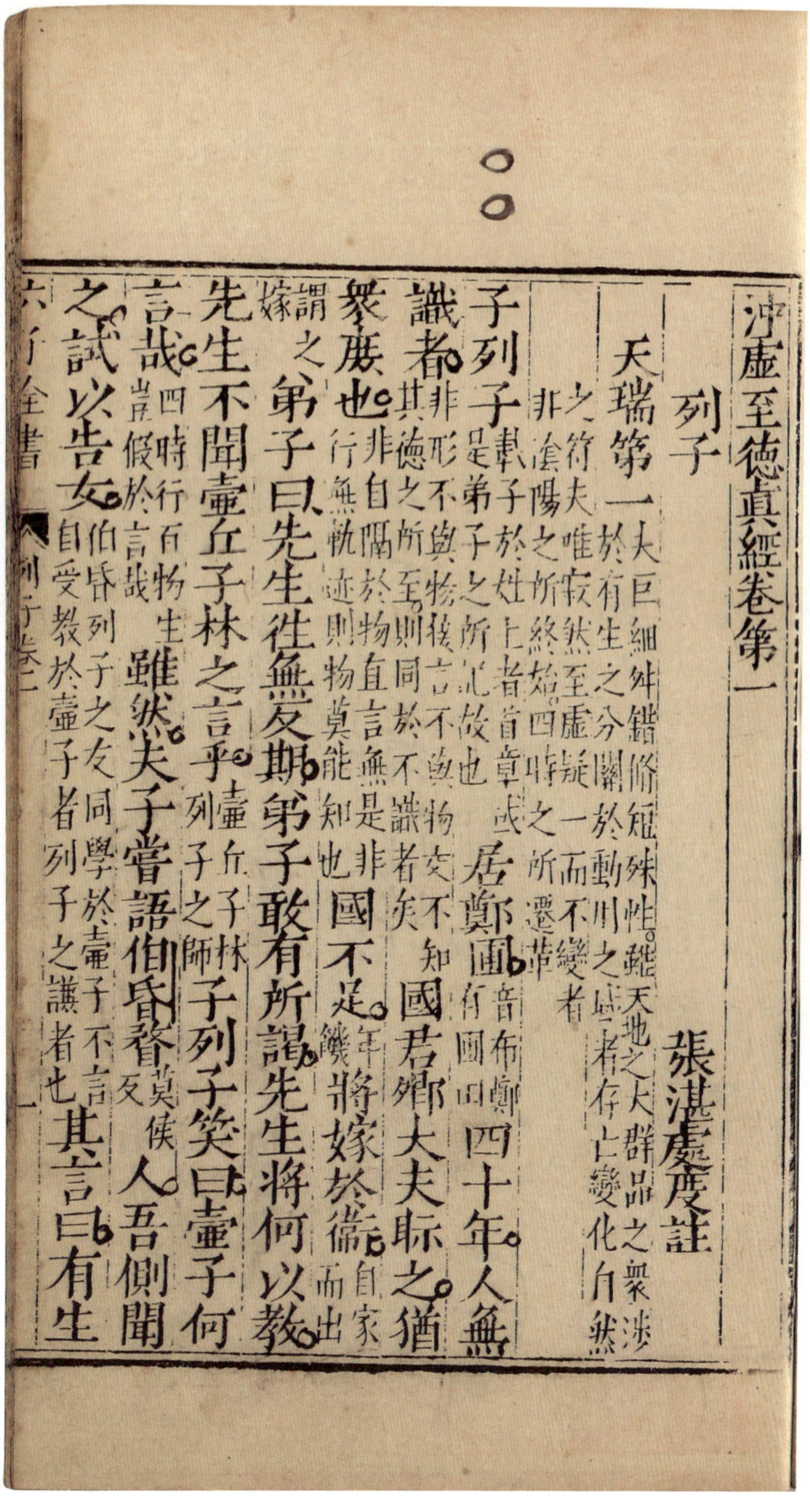

六子書六十卷　明萬曆十一年（1583）金陵胡東塘刻本

框高 20.4 厘米，廣 14 厘米。半葉十一行，行二十三字，小字雙行同，白口，四周雙邊。17 册。鈐“曹禹門印”朱文印。缺二卷（老子道德經一至二）。

二級 276shan583

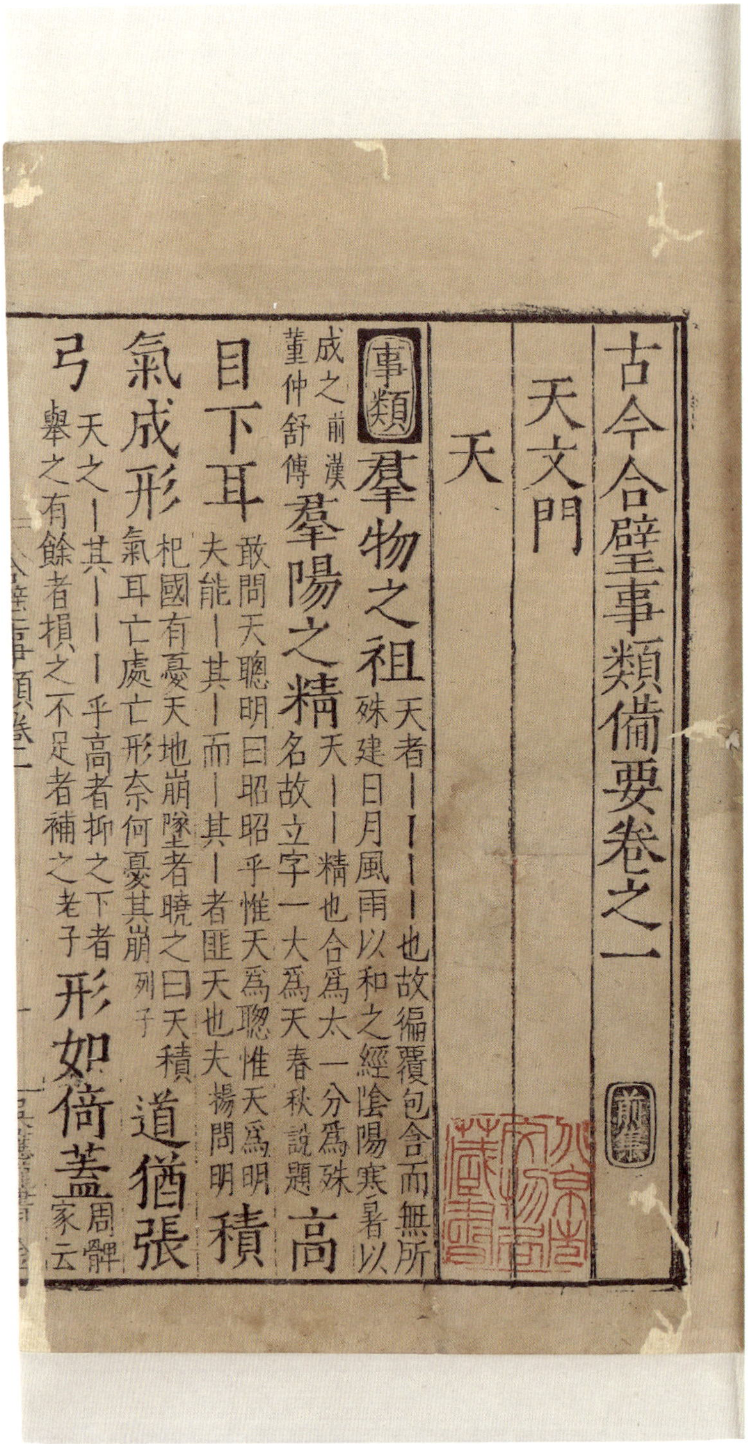

古今合璧事類備要卷之一

天文門

天

事類 羣物之祖 天者|||||也故徧覆包含而無所殊建日月風雨以和之經陰陽寒暑以成之前漢董仲舒傳 羣陽之精 天||||精也合爲太一分爲殊名故立字一大爲天春秋說題 高目下耳 敢問天聰明曰昭昭乎惟天爲聰惟天爲明夫能|其|而|其|者匪天也夫揚問明 積氣成形 杞國有憂天地崩墜者曉之曰天積氣耳亡處亡形奈何憂其崩列子 道猶張弓 天之|其||||乎高者抑之下者舉之有餘者損之不足者補之老子 形如倚蓋 周髀家云

古今合璧事類備要前集六十九卷後集八十一卷續集五十六卷別集九十四卷外集六十六卷 （宋）謝維新編 明嘉靖刻本

框高 19.2 厘米，廣 13.2 厘米。半葉八行，大字不等，小字雙行二十四字，白口，左右雙邊。138 册。鈐“明善堂覽書畫印記”白文印。

二級 304shan860

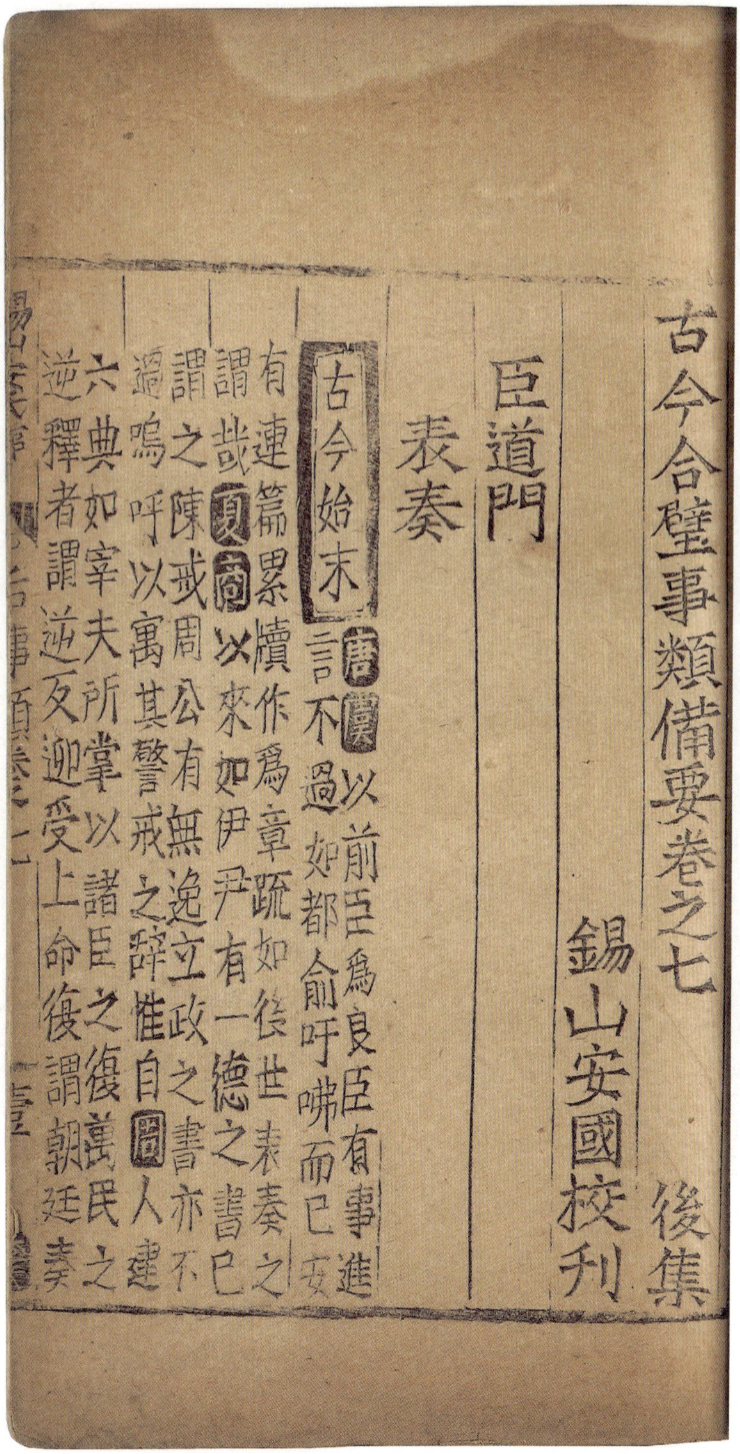

古今合璧事類備要後集八十一卷　（宋）謝維新編　明嘉靖銅活字印本

框高 19.7 厘米，廣 14 厘米。半葉八行，行十六字，小字雙行同，白口，四周單邊。3 册。存八卷（七至八、十一至十三、六十一至六十三）。包背裝。

二級 319pu10-8-1-24

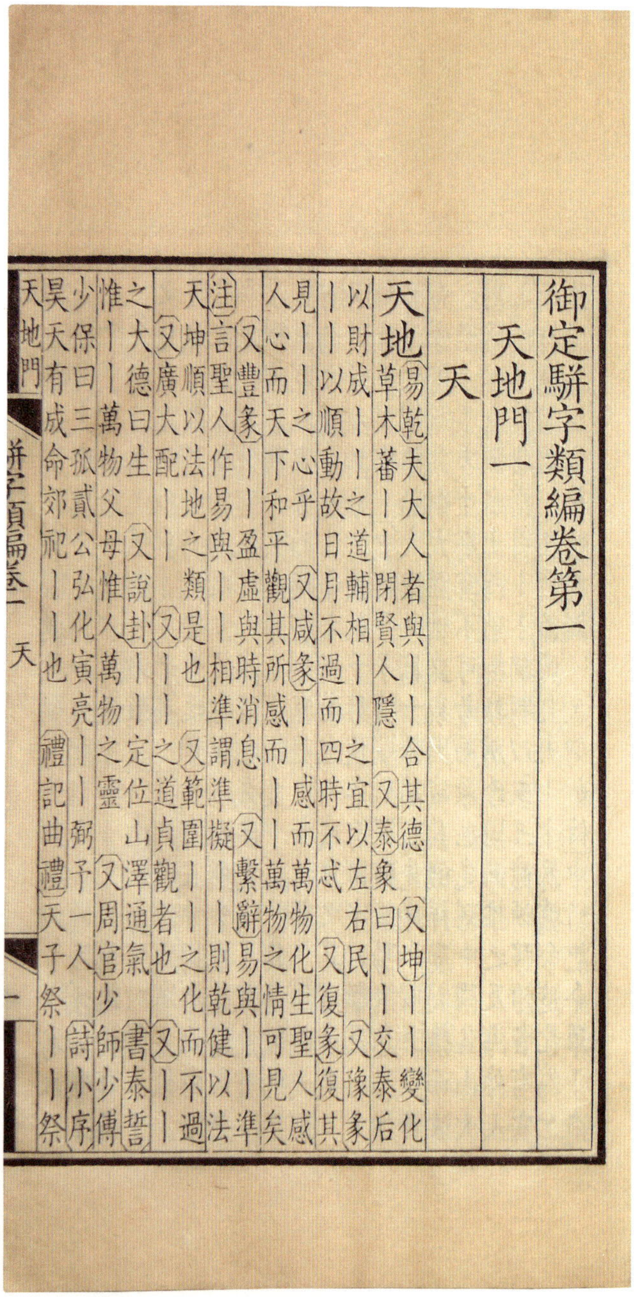

御定駢字類編卷第一

天地門一

天

天地 易乾夫大人者與丨丨合其德 又坤丨丨變化草木蕃丨丨閉賢人隱 又泰象曰丨丨交泰后以財成丨丨之道輔相丨丨之宜以左右民 又豫象丨丨以順動故日月不過而四時不忒 又復象復其見丨丨之心乎 又咸象丨丨感而萬物化生聖人感人心而天下和平觀其所感而丨丨萬物之情可見矣 又豐象丨丨盈虛與時消息 又繫辭易與丨丨準注言聖人作易與丨丨相準謂準擬丨丨則乾健以法天坤順以法地之類是也 又範圍丨丨之化而不過 又廣大配丨丨 又丨丨之道貞觀者也 又丨丨之大德曰生 又說卦丨丨定位山澤通氣 書泰誓惟丨丨萬物父母惟人萬物之靈 又周官少師少傅少保曰三孤貳公弘化寅亮丨丨弼予一人 詩小序昊天有成命郊祀丨丨也 禮記曲禮天子祭丨丨祭

天地門　駢字類編卷一　天　一

御定駢字類編二百四十卷　（清）聖祖玄燁撰　清雍正四年（1726）内府刻本

框高 17.2 厘米，廣 11.3 厘米。半葉十行，行二十一字，小字雙行同，黑口，四周雙邊。130 册。鈐“山陰齋袁氏收藏精本”朱文印。

二級 358shan875

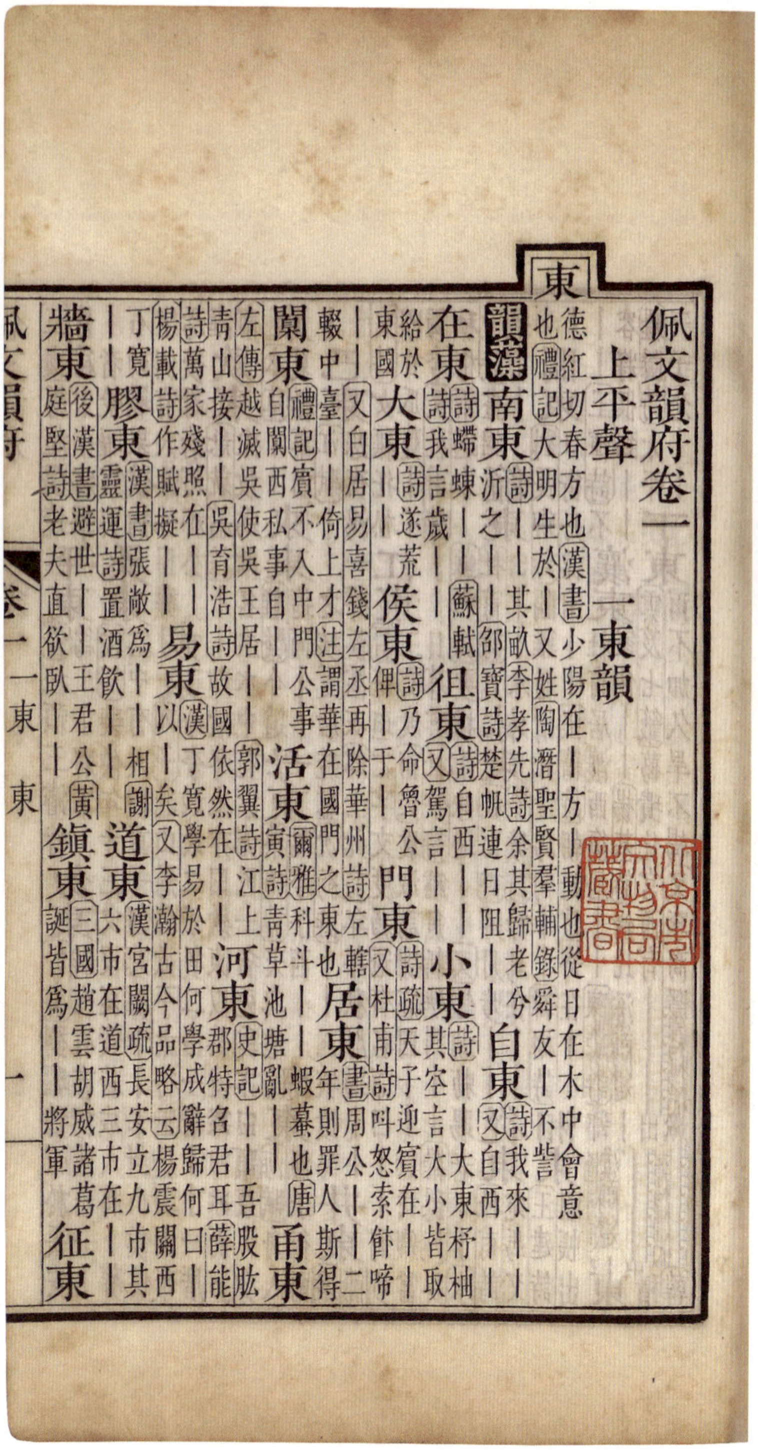
佩文韻府卷一
上平聲　一東韻
東德紅切春方也漢書少陽在ㄧ方ㄧ動也從日在木中會意也禮記大明生於ㄧ又姓陶潛聖賢羣輔錄舜友ㄧ不訾
韻藻南東詩ㄧㄧ其畝李孝先詩余其歸老兮沂之ㄧㄧ部寶詩楚帆連日阻ㄧㄧ自東詩我來ㄧㄧ又自西ㄧㄧ
在東詩蝃蝀ㄧㄧ蘇軾詩我言歲ㄧㄧ徂東詩自西ㄧㄧ又駕言ㄧㄧ小東詩ㄧㄧ大東杼柚其空言大小皆取
給於東國大東詩遂荒ㄧㄧ侯東詩乃命魯公俾ㄧ于ㄧ門東詩疏天子迎賓在ㄧㄧ又杜甫詩叫怒索餅啼
ㄧㄧ又白居易喜錢左丞再除華州詩左轄轂中臺ㄧㄧ倚上才注謂華在國門之東也居東書周公ㄧㄧ二年則罪人斯得
闑東禮記賓不入中門公事自闑西私事自ㄧㄧ活東爾雅科斗ㄧㄧ蝦蟇也唐寅詩青草池塘亂ㄧㄧ甬東
左傳越滅吳使吳王居ㄧㄧ郭翼詩江上青山接ㄧㄧ吳育浩詩故國依然在ㄧㄧ河東史記ㄧㄧ吾股肱郡特名君耳薛能
詩萬家殘照在ㄧㄧ楊載詩作賦擬ㄧㄧ易東漢丁寬學易於田何學成辭歸何曰ㄧ以ㄧ矣又李瀚古今品略云楊震關西
丁寬ㄧㄧ膠東漢書張敞爲ㄧㄧ相謝靈運詩置酒飲ㄧㄧ道東漢宮闕疏長安立九市其六市在道西三市在ㄧㄧ
牆東後漢書避世ㄧㄧ王君公黃庭堅詩老夫直欲臥ㄧㄧ鎮東三國趙雲胡威諸葛誕皆爲ㄧㄧ將軍征東
佩文韻府　卷一　一東　東　一

佩文韻府一百六卷　（清）張玉書輯　**拾遺一百六卷**　（清）汪灝輯　清康熙五十一年至五十二年（1712–1713）内府刻本

框高 16.8 厘米，廣 11.5 厘米。半葉十二行，行二十五字，小字雙行同，白口，四周雙邊，無格。115 册。鈐“萬幾餘暇”白文印、“賜本”朱文印等。

三級 53k265

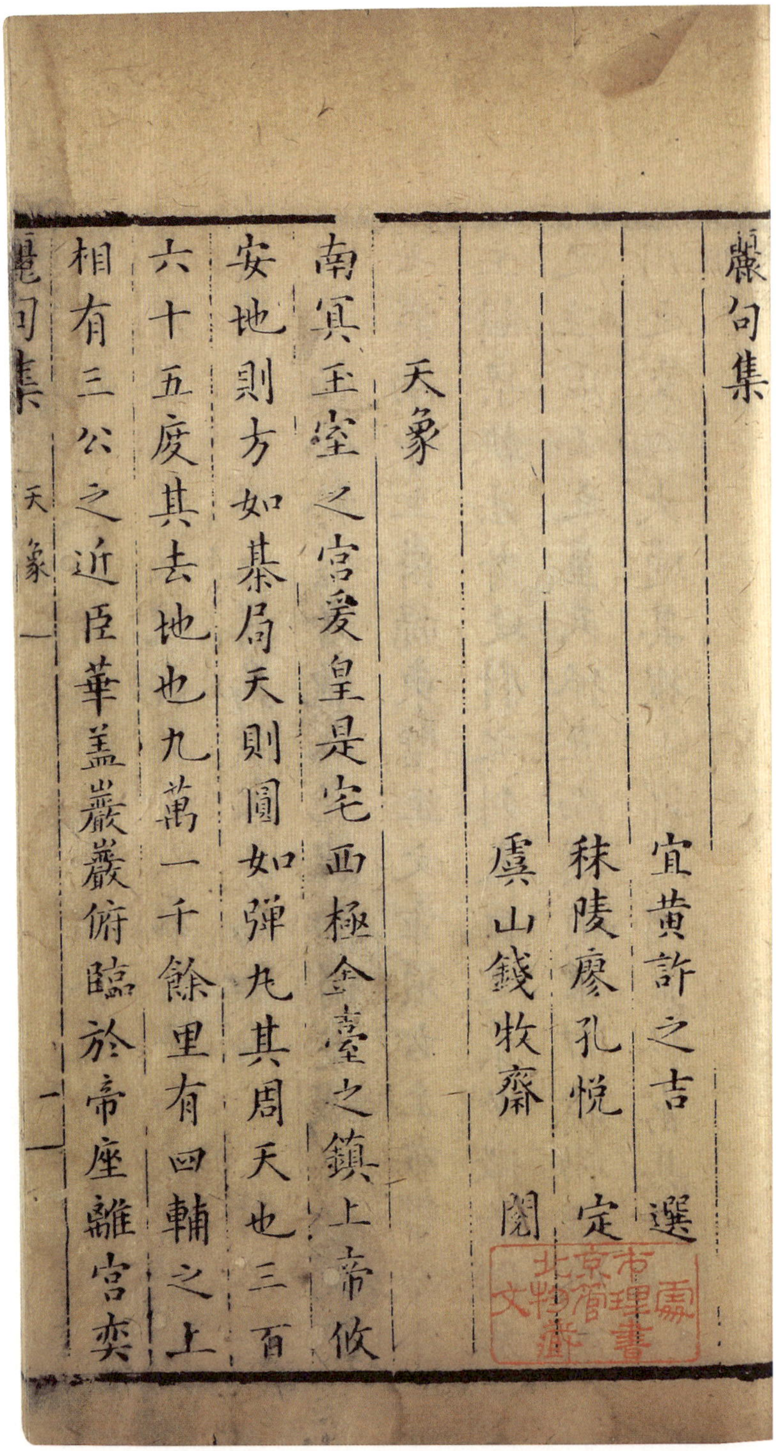
麗句集
宜黄許之吉　選
秣陵廖孔悅　定
虞山錢牧齋　閲
天象
南冥玉室之宮爰皇是宅西極金臺之鎮上帝攸
安地則方如棊局天則圓如彈丸其周天也三百
六十五度其去地也九萬一千餘里有回輔之上
相有三公之近臣華蓋巖巖俯臨於帝座離宮奕
麗句集　天象　一

麗句集六卷　（明）許之吉選　（明）廖孔悅定　（清）錢謙益閲　清康熙二十五年（1686）五雲堂刻本

框高 20.5 厘米，廣 13.9 厘米。半葉九行，行十九字，白口，四周單邊。6 册。鈐“明善堂覽書畫印記”白文印。

三級 87shan56

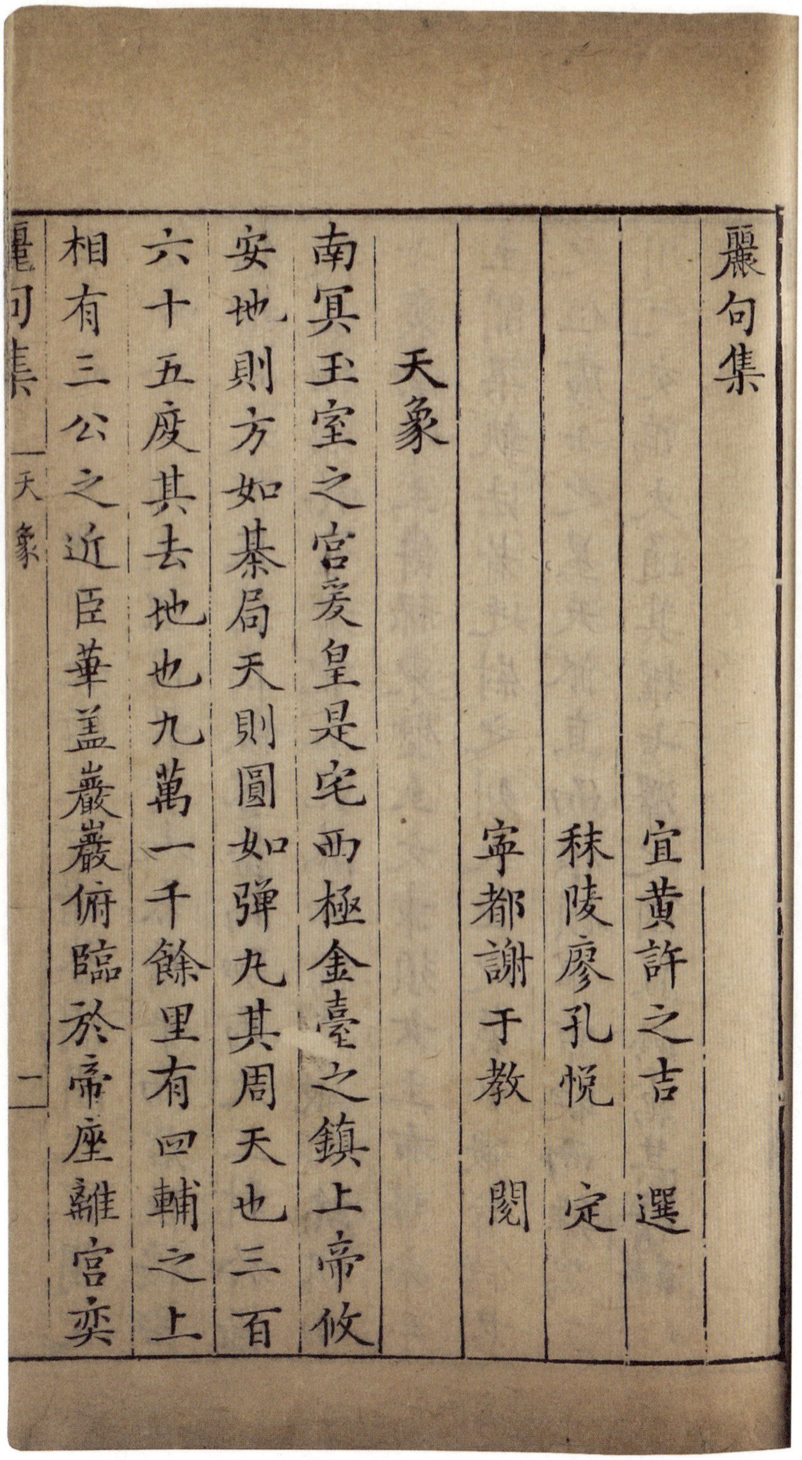

麗句集

宜黄許之吉　選

秣陵廖孔悅　定

寧都謝于教　閲

天象

南冥玉室之宮爰皇是宅西極金臺之鎮上帝攸
安地則方如棊局天則圓如彈丸其周天也三百
六十五度其去地也九萬一千餘里有回輔之上
相有三公之近臣華蓋巖巖俯臨於帝座離宮奕

麗句集　天象　二

麗句集六卷　（明）許之吉選　（明）廖孔悦定　（明）謝于教閲　明天啓刻本

框高 20.1 厘米，廣 14 厘米。半葉九行，行十九字，白口，四周單邊。6 册。鈐“明善堂珍藏書畫印記”朱文印、“千里見書如見面萬山遮目不遮心”白文印。

三級 135shan468

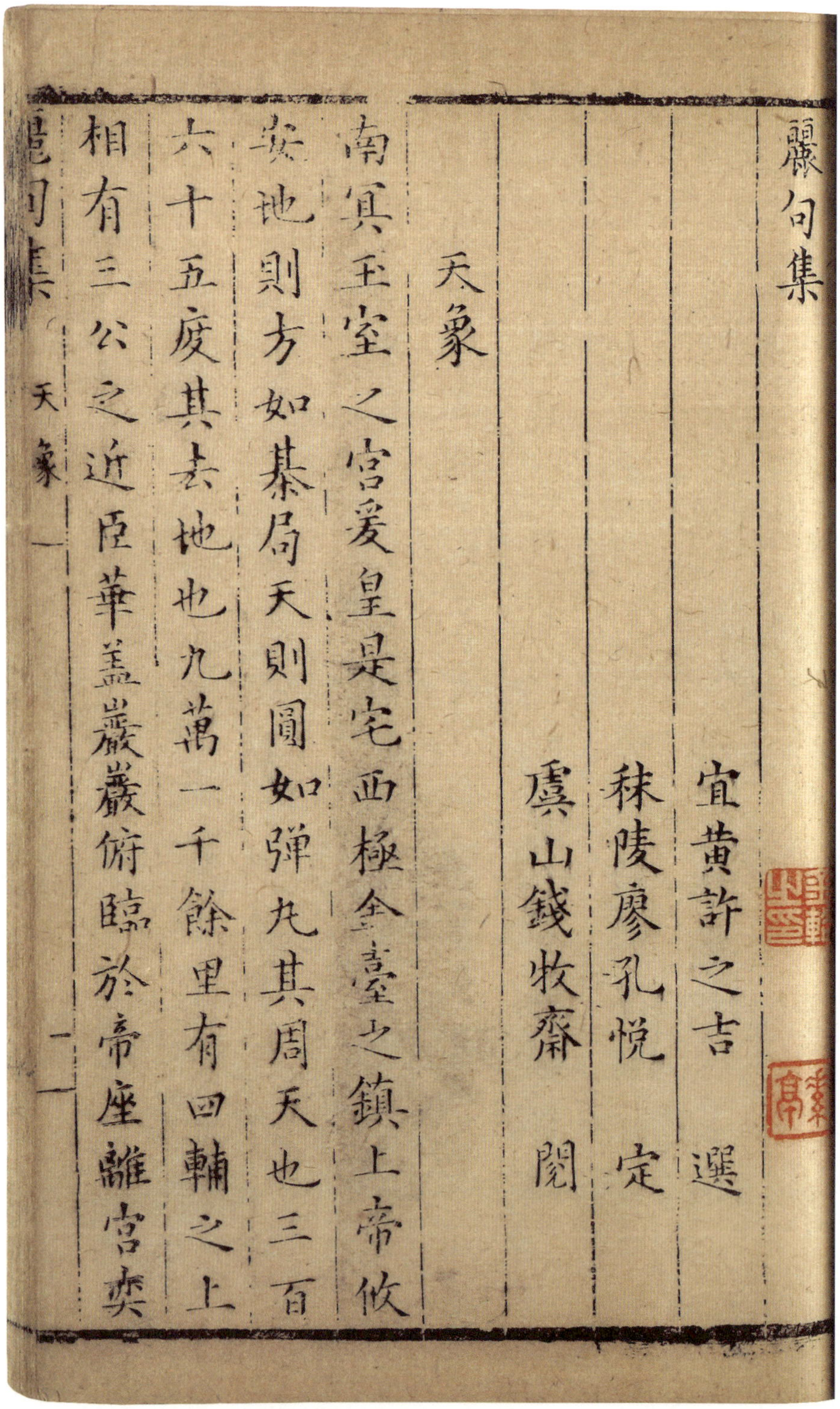
麗句集
宜黄許之吉　選
秣陵廖孔悅　定
虞山錢牧齋　閱
天象
南冥玉室之宫爰皇是宅西極金臺之鎮上帝攸
安地則方如棊局天則圓如彈丸其周天也三百
六十五度其去地也九萬一千餘里有四輔之上
相有三公之近臣華蓋巖巖俯臨於帝座離宫奕
麗句集　天象　一

麗句集六卷　（明）許之吉撰　（明）廖孔悦定　（清）錢謙益閱　明末刻本

框高20.5厘米，廣14厘米。半葉九行，行十九字，白口，四周單邊。10册。鈐“金輅之印”白文印、“素亭”朱文印、“沈閬崐印”白文印、“東山外史肖岩沈氏藏書之印”朱文印。

三級 166shan735

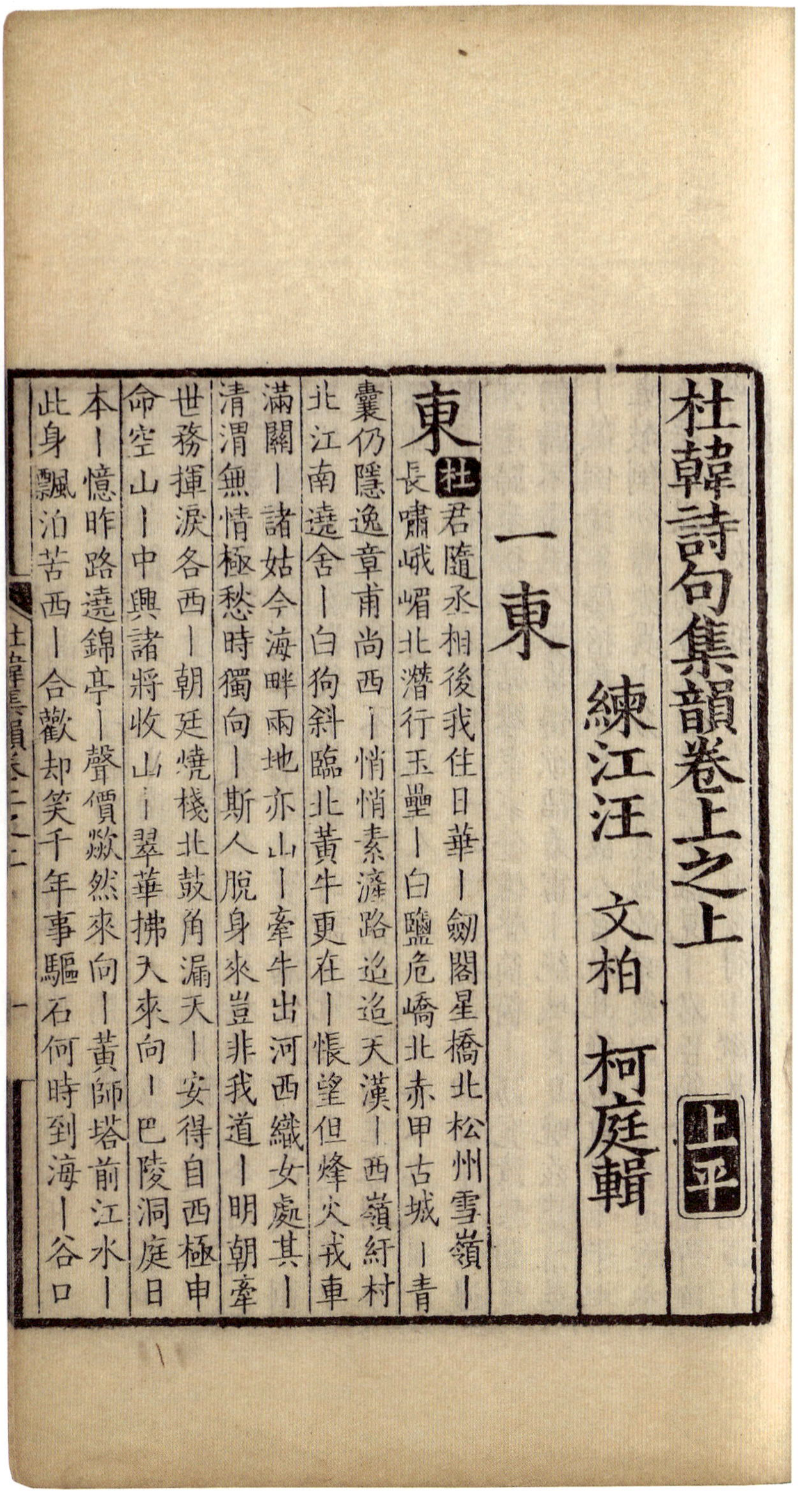

杜韓詩句集韻卷上之上　上平
練江汪　文柏　柯庭輯
一東
東 杜 君隨丞相後我住日華｜劒閣星橋北松州雪嶺｜
長嘯峨嵋北潛行玉壘｜白鹽危嶠北赤甲古城｜青
囊仍隱逸章甫尚西｜悄悄素滻路迢迢天漢｜西嶺紆村
北江南遠舍｜白狗斜臨北黃牛更在｜悵望但烽火戎車
滿關｜諸姑今海畔兩地亦山｜牽牛出河西織女處其｜
清渭無情極愁時獨向｜斯人脫身來豈非我道｜明朝牽
世務揮淚各西｜朝廷燒棧北鼓角漏天｜安得自西極申
命空山｜中興諸將收山｜翠華拂天來向｜巴陵洞庭日
本｜憶昨路遠錦亭｜聲價欻然來向｜黃師塔前江水｜
此身飄泊苦西｜合歡却笑千年事驅石何時到海｜谷口
杜韓集韻卷之上　一

杜韓詩句集韻三卷　（清）汪文柏輯　清康熙古香樓刻本

框高 16.1 厘米，廣 13 厘米。半葉八行，大字不等，小字雙行二十三字，黑口，左右雙邊。4 册。

三級 205pu9-1-6-36

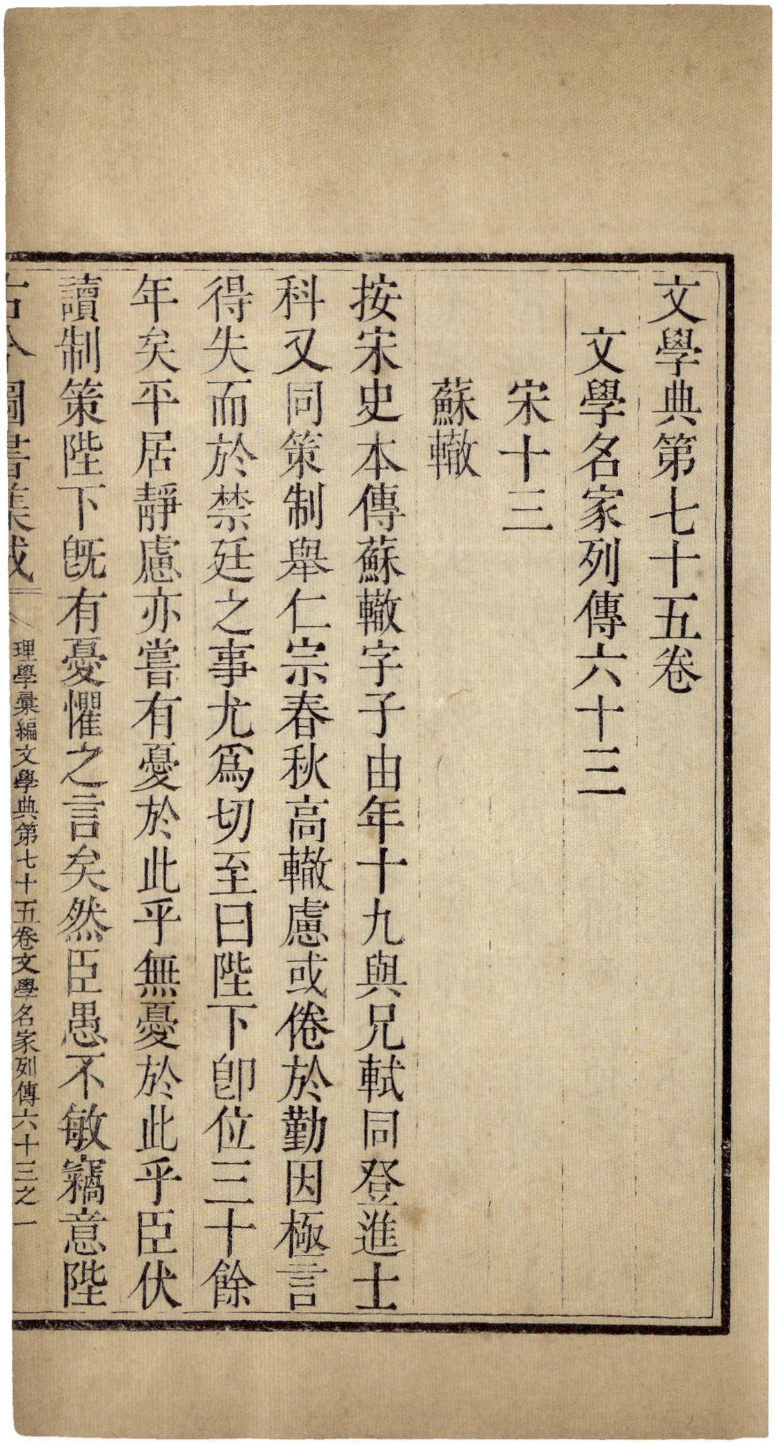
文學典第七十五卷
文學名家列傳六十三
宋十三
蘇轍
按宋史本傳蘇轍字子由年十九與兄軾同登進士科又同策制舉仁宗春秋高轍慮或倦於勤因極言得失而於禁廷之事尤爲切至曰陛下卽位三十餘年矣平居靜慮亦嘗有憂於此乎無憂於此乎臣伏讀制策陛下既有憂懼之言矣然臣愚不敏竊意陛
古今圖書集成　理學彙編文學典第七十五卷文學名家列傳六十三之一

欽定古今圖書集成一萬卷　（清）蔣廷錫等輯　清雍正四年（1726）内府銅活字印本

框高 21.4 厘米，廣 14.8 厘米。半葉九行，行二十字，白口，四周雙邊。4 册。存八卷（理學彙編文學典七十五至七十八、明倫彙編官常典六百三十五至六百三十六、方與彙編職方典七百二十一至七百二十二）。

三級 226

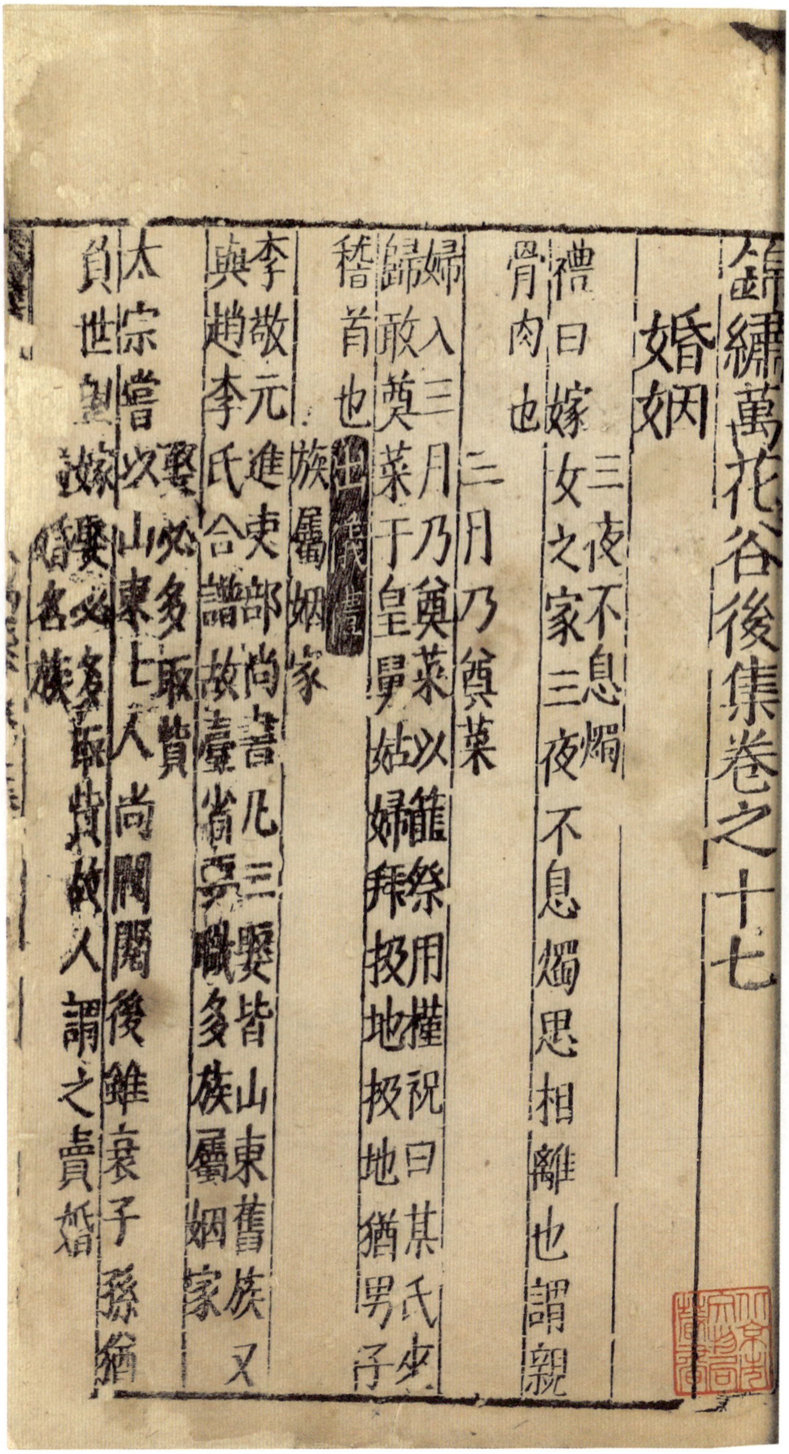
錦繡萬花谷後集卷之十七
婚姻　三夜不息燭
禮曰嫁女之家三夜不息燭思相離也謂親
骨肉也　三月乃奠菜
婦入三月乃奠菜以篚祭用槿祝曰某氏來
歸敢奠菜于皇舅姑婦拜扱地扱地猶男子
稽首也出儀禮　族屬婣家
李敬元進吏部尚書凡三娶皆山東舊族又
與趙李氏合譜故臺省要職多族屬婣家
娶必多取貲
太宗嘗以山東士人尚閥閲後雖衰子孫猶
負世望嫁娶必多取貲故人謂之賣婚

錦繡萬花谷後集四十卷　（宋）佚名撰　明嘉靖十四年（1535）徽藩崇古書院刻本

框高23厘米，廣15.6厘米。半葉九行，行十七字，小字雙行同，白口，四周單邊。2册。存八卷（十七至二十、三十三至三十六）。

shan71

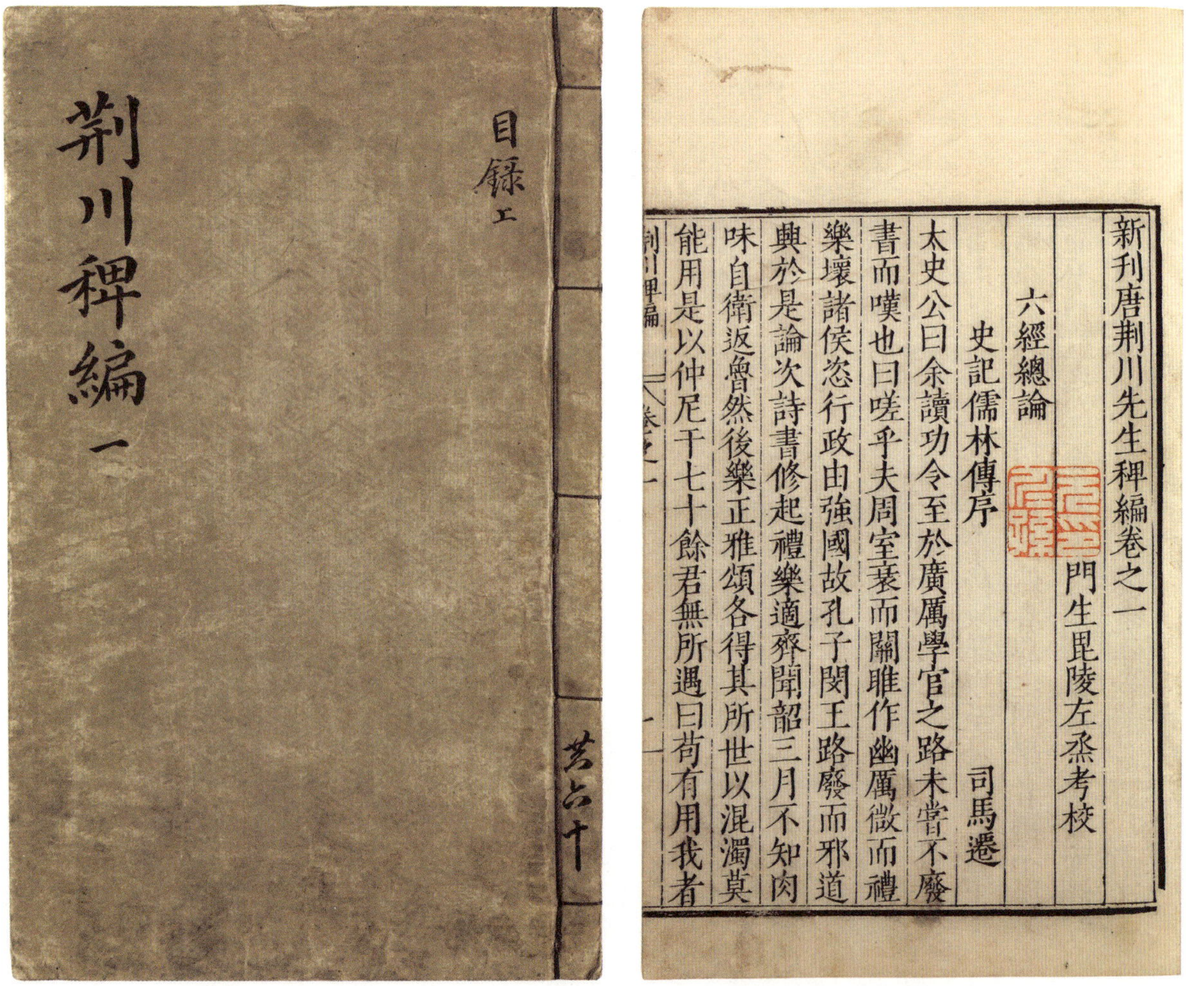

新刊唐荊川先生稗編一百二十卷目錄三卷　（明）唐順之編　明萬曆九年（1581）茅一相文霞閣刻本

框高 19.3 厘米，廣 16.3 厘米。半葉十行，行二十字，白口，四周雙邊。40 册。鈐“元仁孫印”白文印。存八十一卷（一至七十八、目録三卷）。

shan118

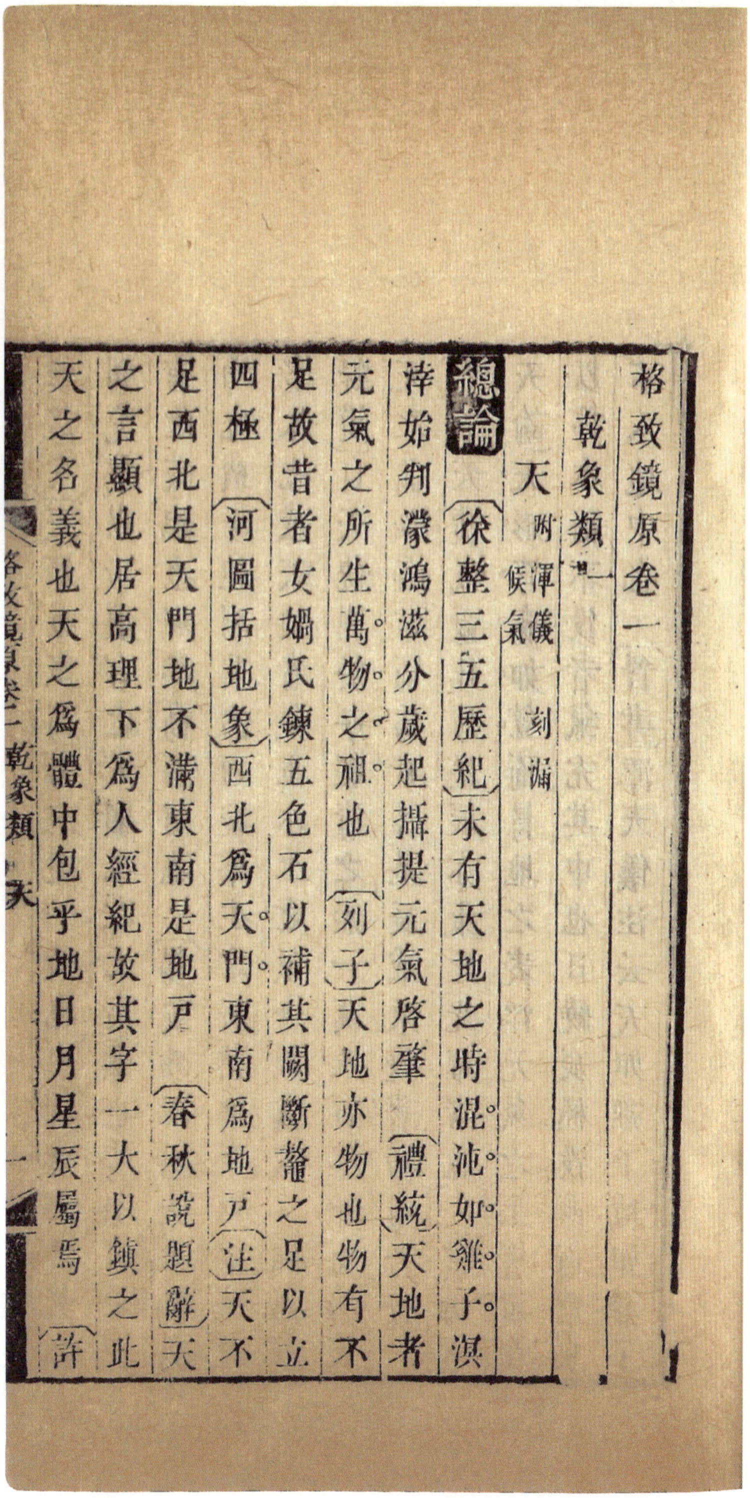
格致鏡原卷一
乾象類一
天　附渾儀　候氣　刻漏
總論　徐整三五歷紀未有天地之時混沌如雞子溟涬始判濛鴻滋分歲起攝提元氣啓肇禮統天地者元氣之所生萬物之祖也列子天地亦物也物有不足故昔者女媧氏鍊五色石以補其闕斷鼇之足以立四極河圖括地象西北爲天門東南爲地戶注天不足西北是天門地不滿東南是地戶春秋説題辭天之言顯也居高理下爲人經紀故其字一大以鎮之此天之名義也天之爲體中包乎地日月星辰屬焉許

格致鏡原卷一　乾象類　天　一

格致鏡原一百卷　（清）陳元龍撰　清康熙五十六年（1717）刻雍正十三年（1735）印本

框高 17 厘米，廣 11.3 厘米。半葉十一行，行二十一字，小字雙行同，粗黑口，左右雙邊。32 册。

shan184

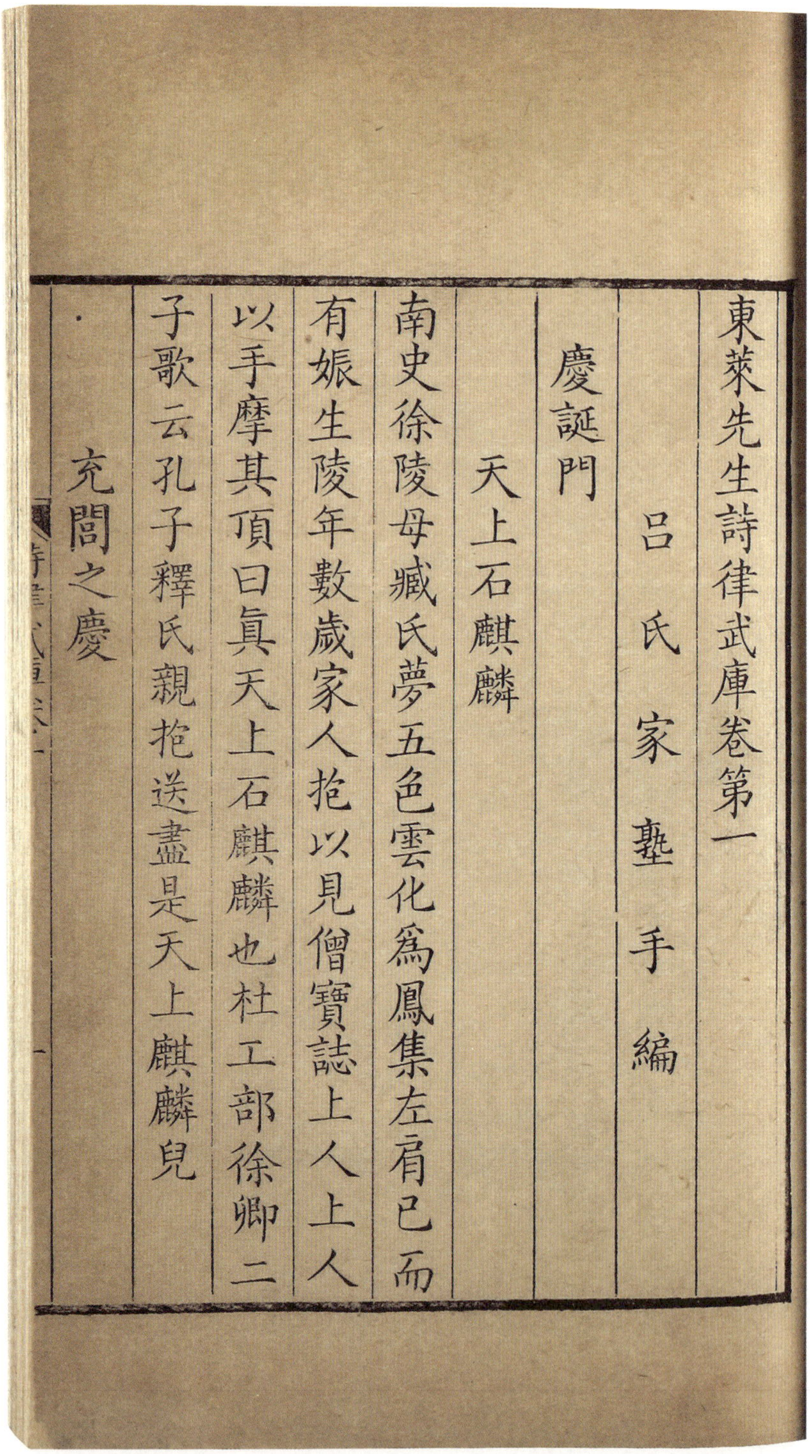
東萊先生詩律武庫卷第一
呂氏家塾手編
慶誕門
天上石麒麟
南史徐陵母臧氏夢五色雲化爲鳳集左肩已而有娠生陵年數歲家人抱以見僧寶誌上人上人以手摩其頂曰眞天上石麒麟也杜工部徐卿二子歌云孔子釋氏親抱送盡是天上麒麟兒
充閭之慶

東萊先生詩律武庫前集十五卷後集十五卷 （宋）呂祖謙輯 清康熙五十四年（1715）桃源山莊刻本

框高 16.7 厘米，廣 12.6 厘米。半葉九行，行十九字，白口，左右雙邊。6 册。

shan246

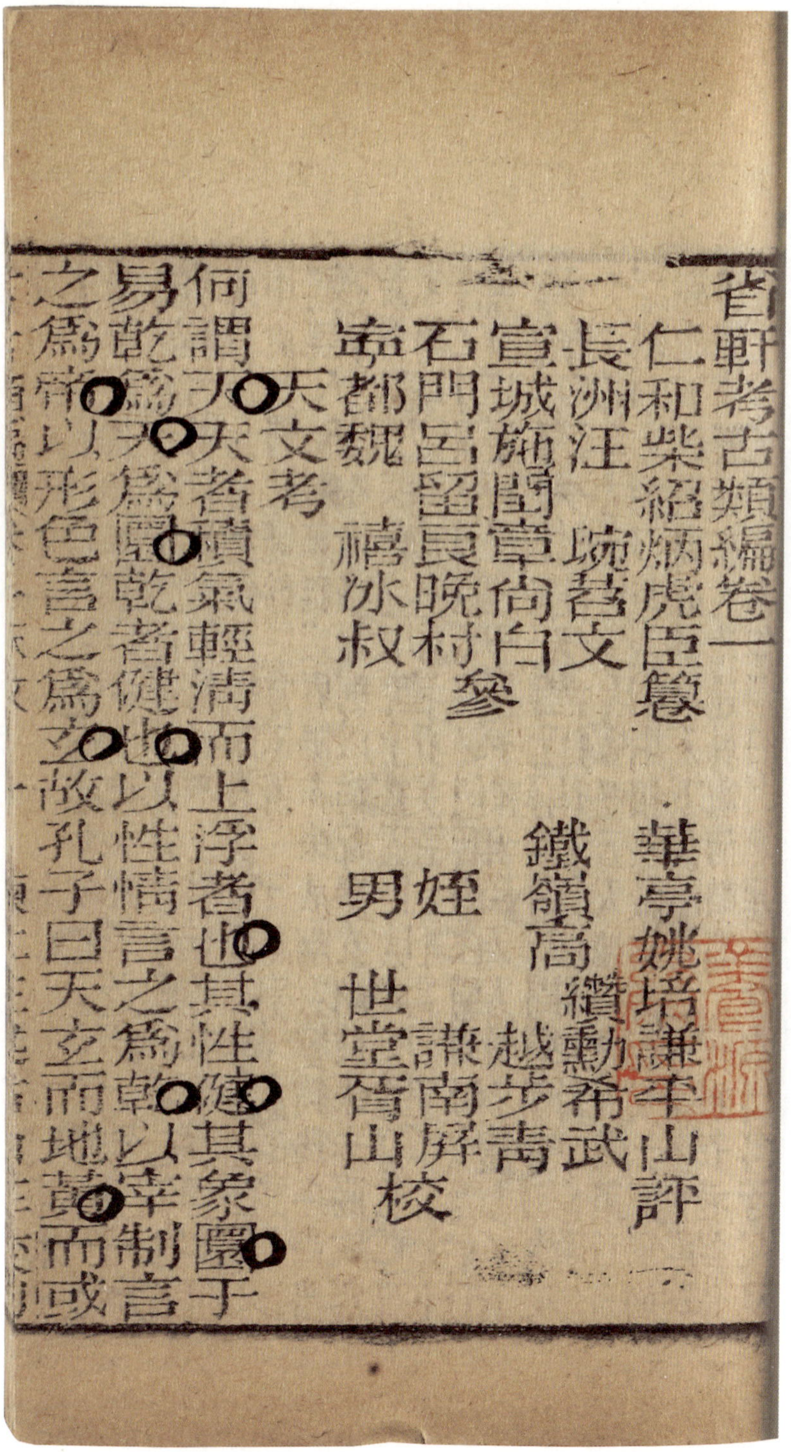
省軒考古類編卷一
仁和柴紹炳虎臣億　華亭姚培謙平山評
長洲汪　琬苕文　鐵嶺高纘勳希武
宣城施閏章尚白　越步青
石門呂留良晚村參　姪　謙南屏
寧都魏　禧冰叔　男　世堂胥山校
天文考
何謂天天者積氣輕清而上浮者也其性健其象圜于
易乾爲天爲圜乾者健也以性情言之爲乾以宰制言
之爲帝以形色言之爲玄故孔子曰天玄而地黄而或

省軒考古類編十二卷　（清）柴紹炳纂　（清）姚培謙評　清雍正四年（1726）練江汪述古山莊刻本

框高 9.5 厘米，廣 7 厘米。半葉十行，行二十一字，小字雙行同，白口，四周單邊，無格。6 册。鈐“養源齋印”朱文印。

shan270

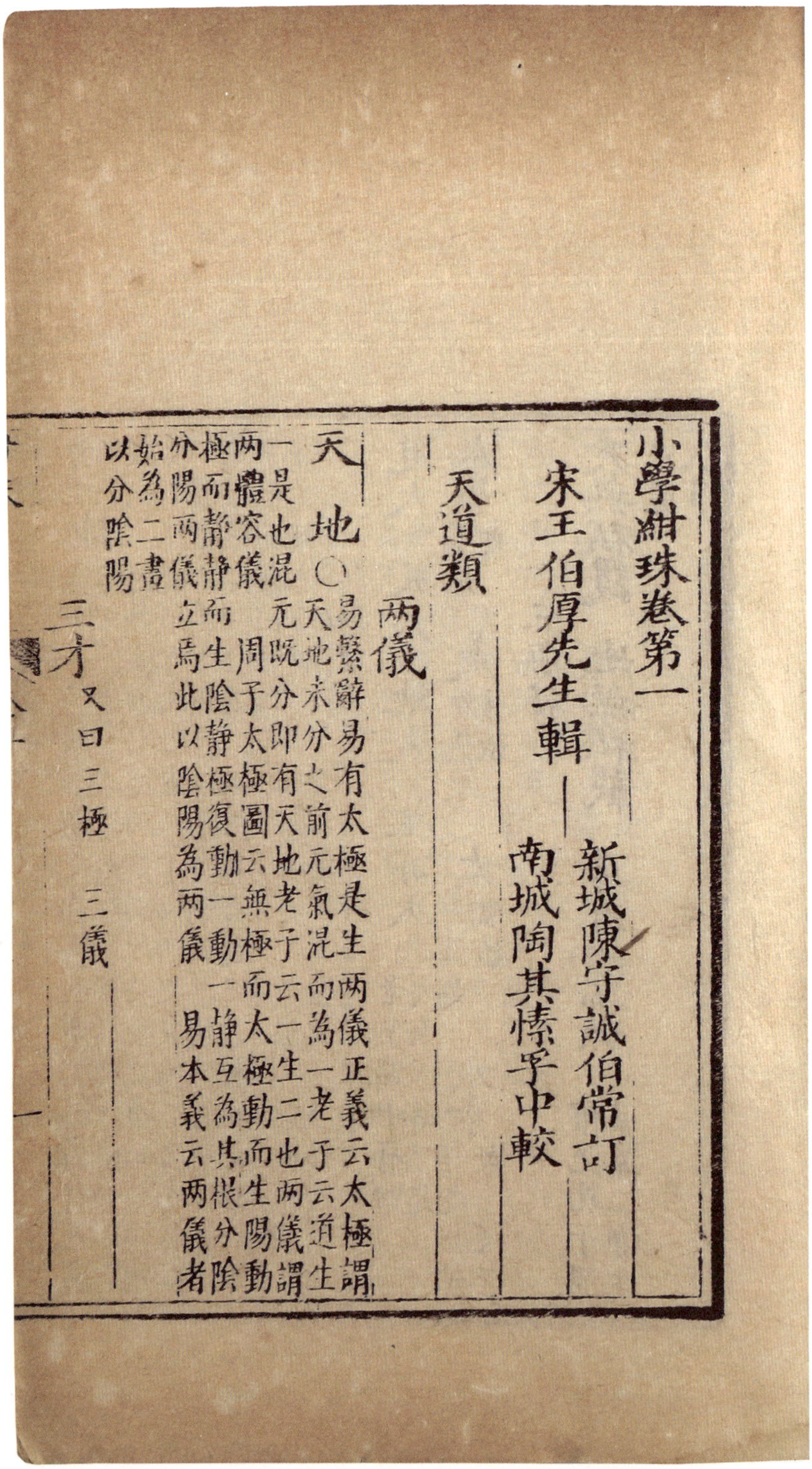
小學紺珠卷第一
宋王伯厚先生輯　新城陳守誠伯常訂
南城陶其愫孚中較
天道類
兩儀
天地（　）易繫辭易有太極是生兩儀正義云太極謂天地未分之前元氣混而為一老子云道生一是也混元既分即有天地老子云一生二也兩儀謂兩體容儀周子太極圖云無極而太極動而生陽動極而靜靜而生陰靜極復動一動一靜互為其根分陰分陽兩儀立焉此以陰陽為兩儀易本義云兩儀者始為二畫以分陰陽
三才　又曰三極　三儀

小學紺珠十卷　（宋）王應麟輯　（清）陳守誠訂　（清）陶其愫校　清乾隆十七年（1752）恕堂刻本

框高 10 厘米，廣 8 厘米。半葉十行，行二十一字，小字雙行同，白口，四周雙邊。4 册。

shan271

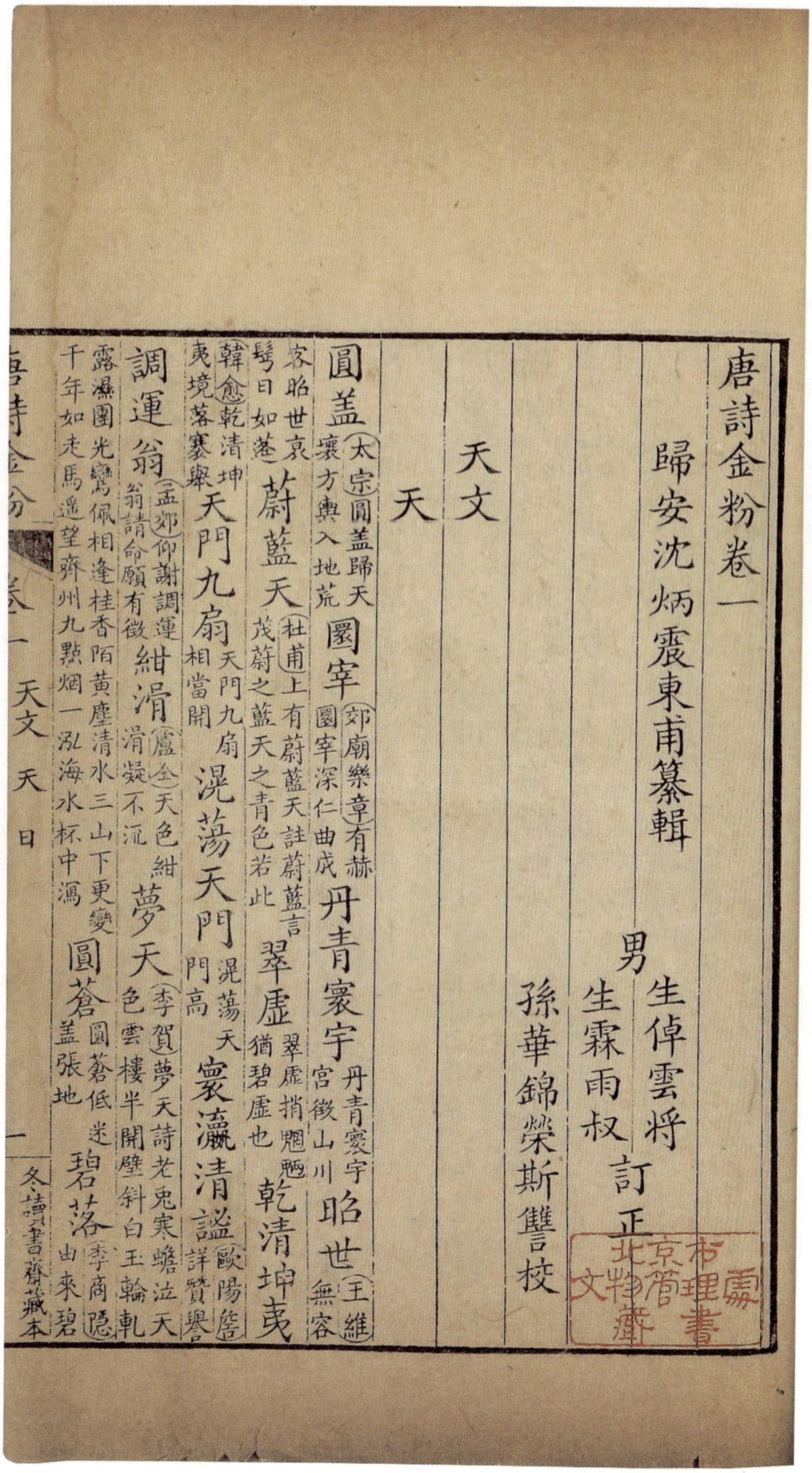

唐詩金粉卷一
歸安沈炳震東甫纂輯
男 生倬雲將 生霖雨叔 訂正
孫華錦榮斯讐校
天文
天
圓蓋（太宗圓蓋歸天壤方輿入地荒）圜宰（郊廟樂章有赫圜宰深仁曲成）丹青寰宇（丹青寰宇宮徵山川）昭世（王維無容客昭世衰髮日如蓬）蔚藍天（杜甫上有蔚藍天註蔚藍言茂蔚之藍天之青色若此）翠虛（翠虛捎魍魎猶碧虛也）乾清坤夷（韓愈乾清坤夷境落褰舉）天門九扇（天門九扇相當開）滉蕩天門（滉蕩天門高）寰瀛清謐（歐陽詹詳贊譽
調運翁（孟郊仰謝調運翁請命願有徵）紺滑（盧仝天色紺滑凝不流）夢天（李賀夢天詩老兎寒蟾泣天色雲樓半開壁斜白玉輪軋露濕團光鸞佩相逢桂香陌黃塵清水三山下更變千年如走馬遙望齊州九點烟一泓海水杯中瀉）圓蒼（圓蒼低迷蓋張地）碧落（李商隱由來碧
唐詩金粉　卷一　天文　天　日　一
冬讀書齋藏本

唐詩金粉十卷　（清）沈炳震輯　清雍正二年（1724）冬讀書齋刻本

框高 19 厘米，廣 14.8 厘米。半葉十一行，行二十二字，小字雙行不等，白口，左右雙邊。4 册。鈐“無競先生獨志堂物”朱文印。

shan308

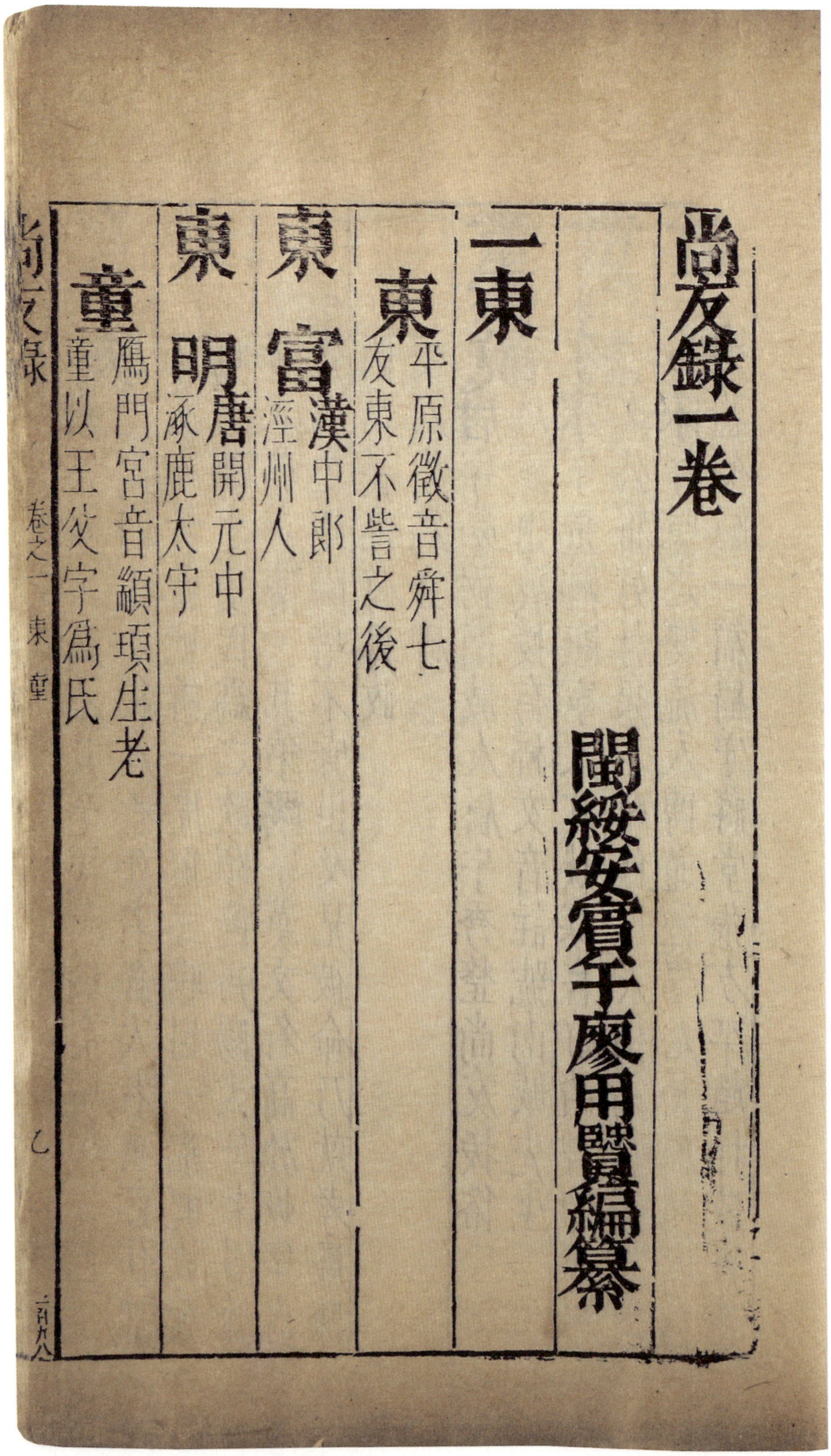

尚友録二十二卷 （明）廖用賢編纂 清康熙五年（1666）陸氏漱潤堂刻本

框高21.5厘米，廣14厘米。半葉七行，行二十字，小字雙行同，白口，四周單邊。12册。

shan527

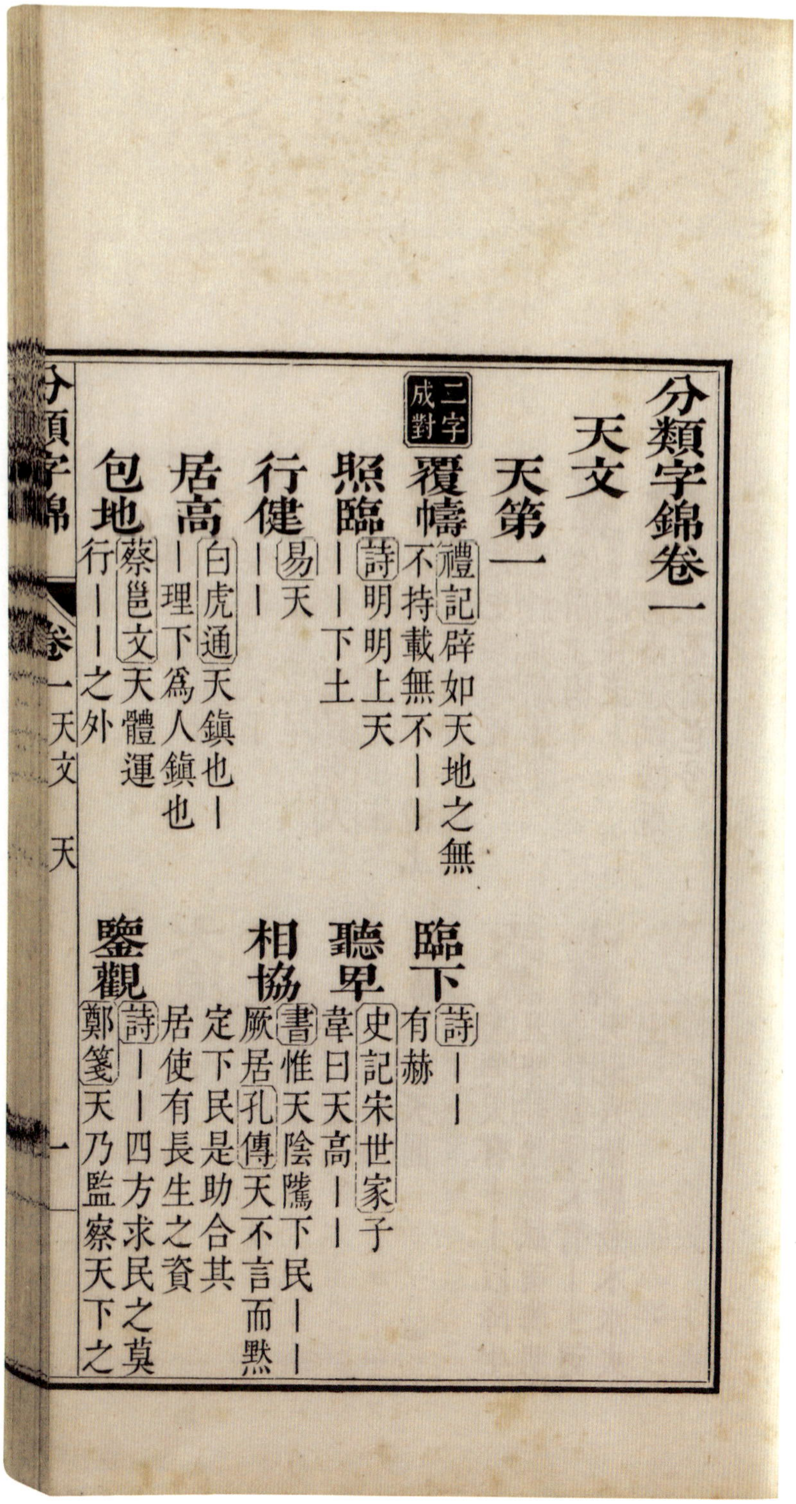
分類字錦卷一
天文
天第一
二字成對
覆幬 禮記辟如天地之無不持載無不｜｜
照臨 詩明明上天｜｜下土
行健 易天｜｜
居高 白虎通天鎮也｜｜理下爲人鎮也
包地 蔡邕文天體運行｜｜之外
臨下 詩｜｜有赫
聽卑 史記宋世家子韋曰天高｜｜
相協 書惟天陰隲下民｜｜厥居孔傳天不言而默定下民是助合其居使有長生之資
鑒觀 詩｜｜四方求民之莫鄭箋天乃監察天下之
分類字錦 卷一 天文 天 一

分類字錦六十四卷　（清）何焯等編纂　清康熙六十一年（1722）内府刻本

框高 18.9 厘米，廣 12.9 厘米。半葉八行，行二十四字，小字雙行同，白口，四周雙邊，無格。64 册。

shan670

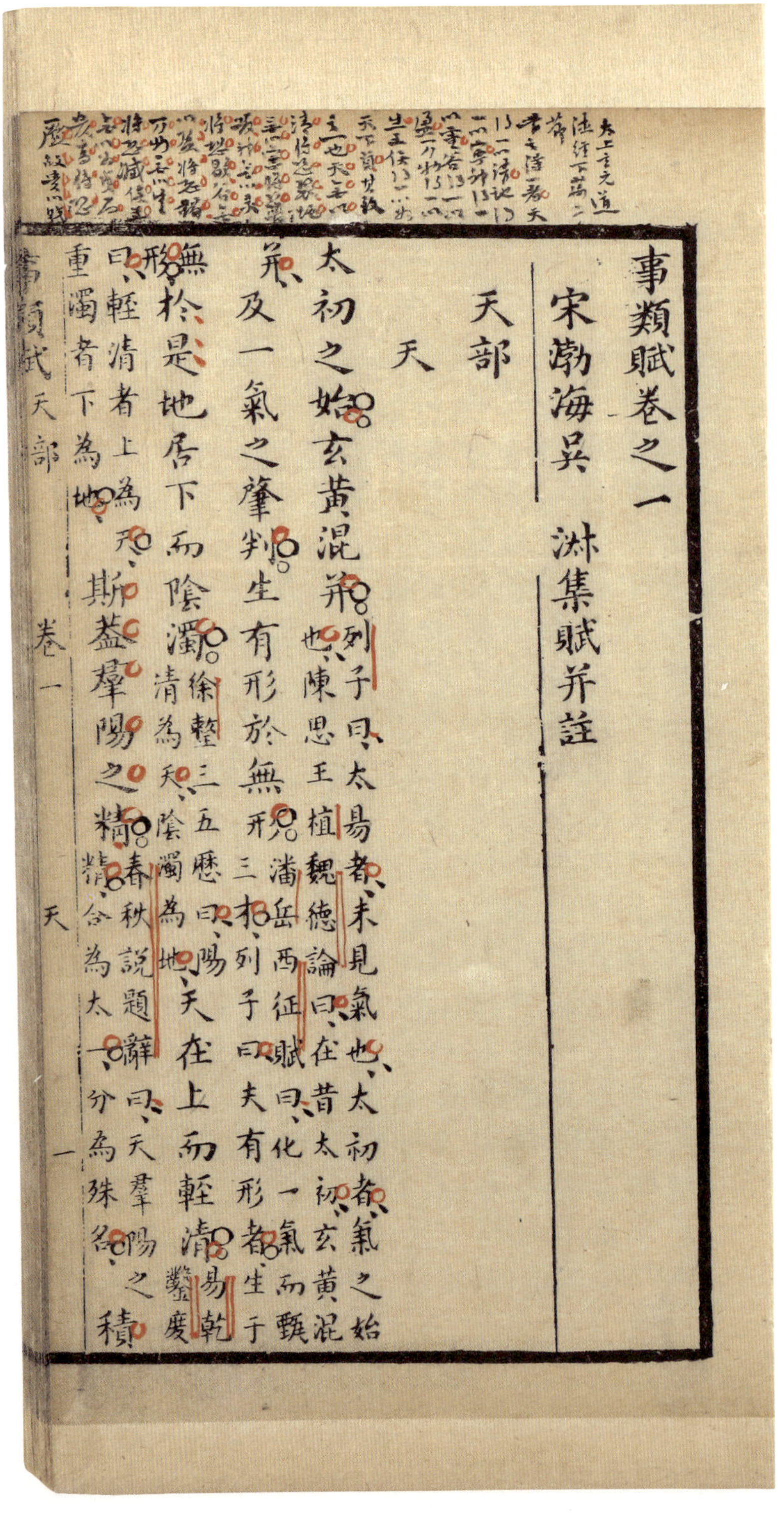

事類賦三十卷　（宋）吴淑集賦并註　清康熙刻本

框高 20.8 厘米，廣 12.4 厘米。半葉八行，行二十四字，小字雙行同，白口，四周單邊，無格。11 册。缺三卷（十七至十九）。

shan784

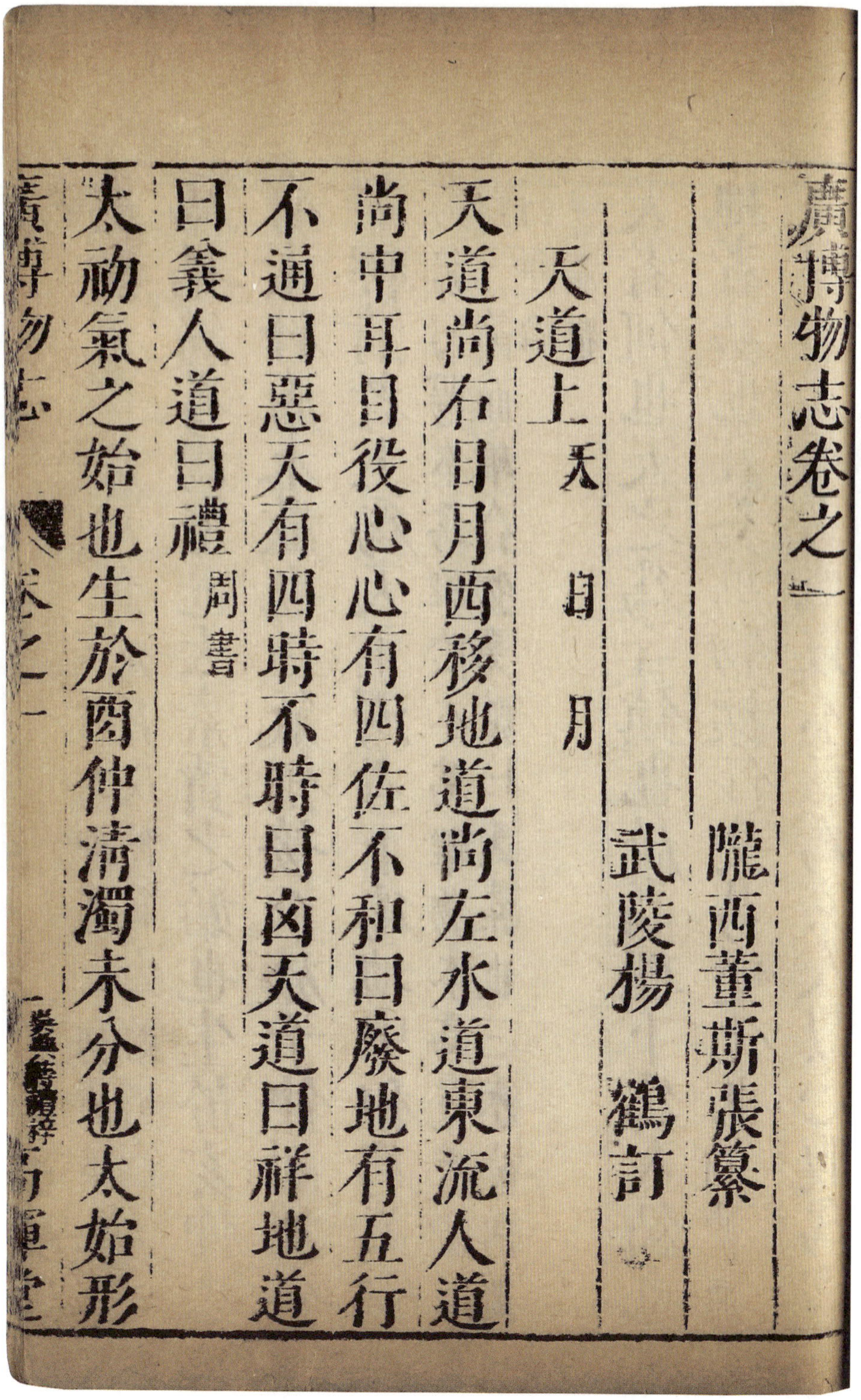

廣博物志卷之一

隴西董斯張纂

武陵楊　鶴訂

天道上　天　日　月

天道尚右日月西移地道尚左水道東流人道尚中耳目役心心有四佐不和曰廢地有五行不通曰惡天有四時不時曰凶天道曰祥地道曰義人道曰禮　周書

太初氣之始也生於酉仲清濁未分也太始形

廣博物志　卷之一　高暉堂

廣博物志五十卷　（明）董斯張纂　（明）楊鶴訂　明萬曆三十五年（1607）高暉堂刻本

框高20.8厘米，廣15.3厘米。半葉九行，行十八字，小字雙行同，白口，四周單邊。48册。

shan837

【叢書類】

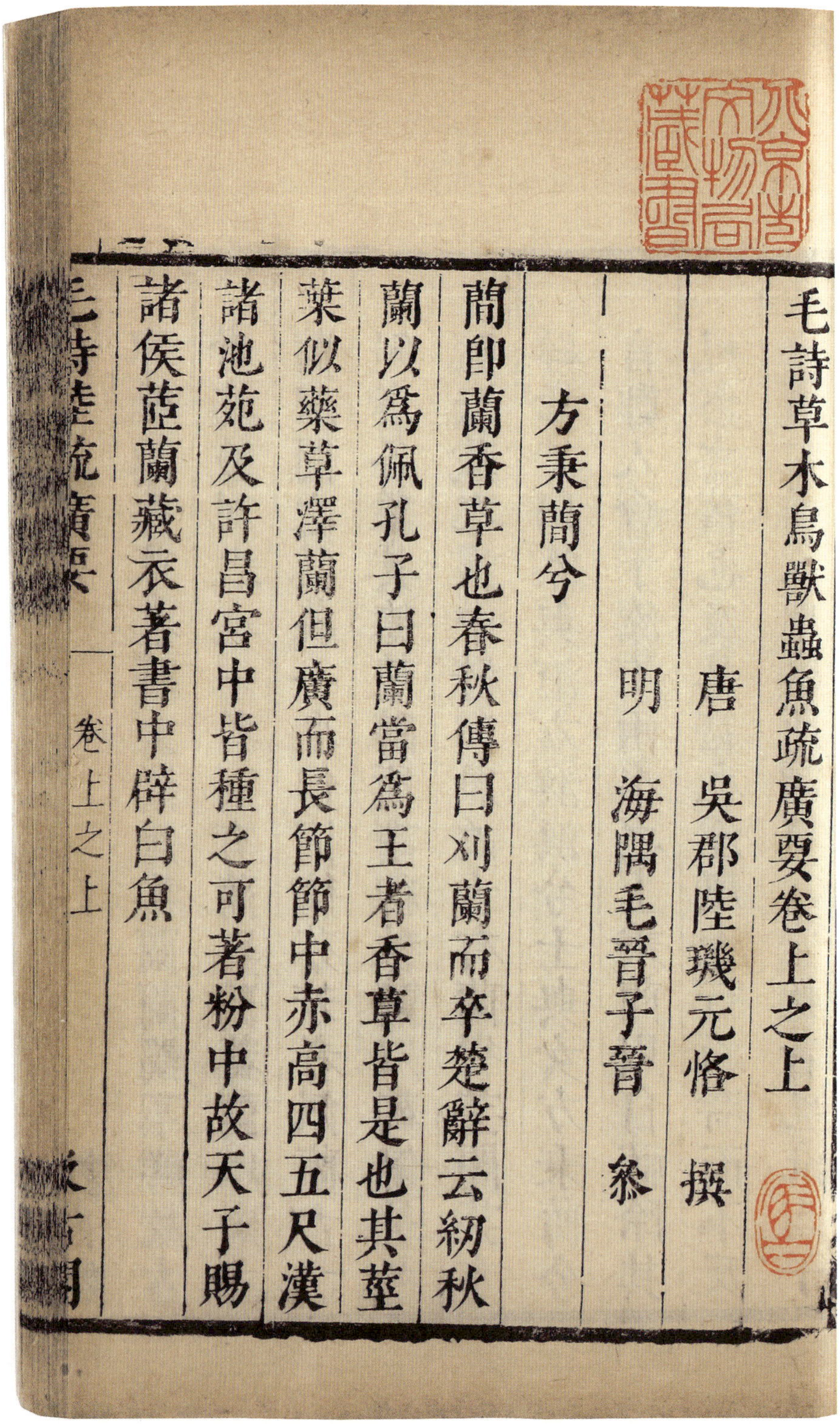

毛詩草木鳥獸蟲魚疏廣要卷上之上

唐　吳郡陸璣元恪　撰

明　海隅毛晉子晉　參

方秉蕑兮

蕑即蘭香草也春秋傳曰刈蘭而卒楚辭云紉秋蘭以爲佩孔子曰蘭當爲王者香草皆是也其莖葉似藥草澤蘭但廣而長節節中赤高四五尺漢諸池苑及許昌宮中皆種之可著粉中故天子賜諸侯茝蘭藏衣著書中辟白魚

卷上之上

津逮秘書十五集一百四十一種　（明）毛晉編　明崇禎毛氏汲古閣刻本

框高 19.5 厘米，廣 14.5 厘米。半葉九行，行十九字，白口，左右雙邊。106 册。

二級 69cang10714

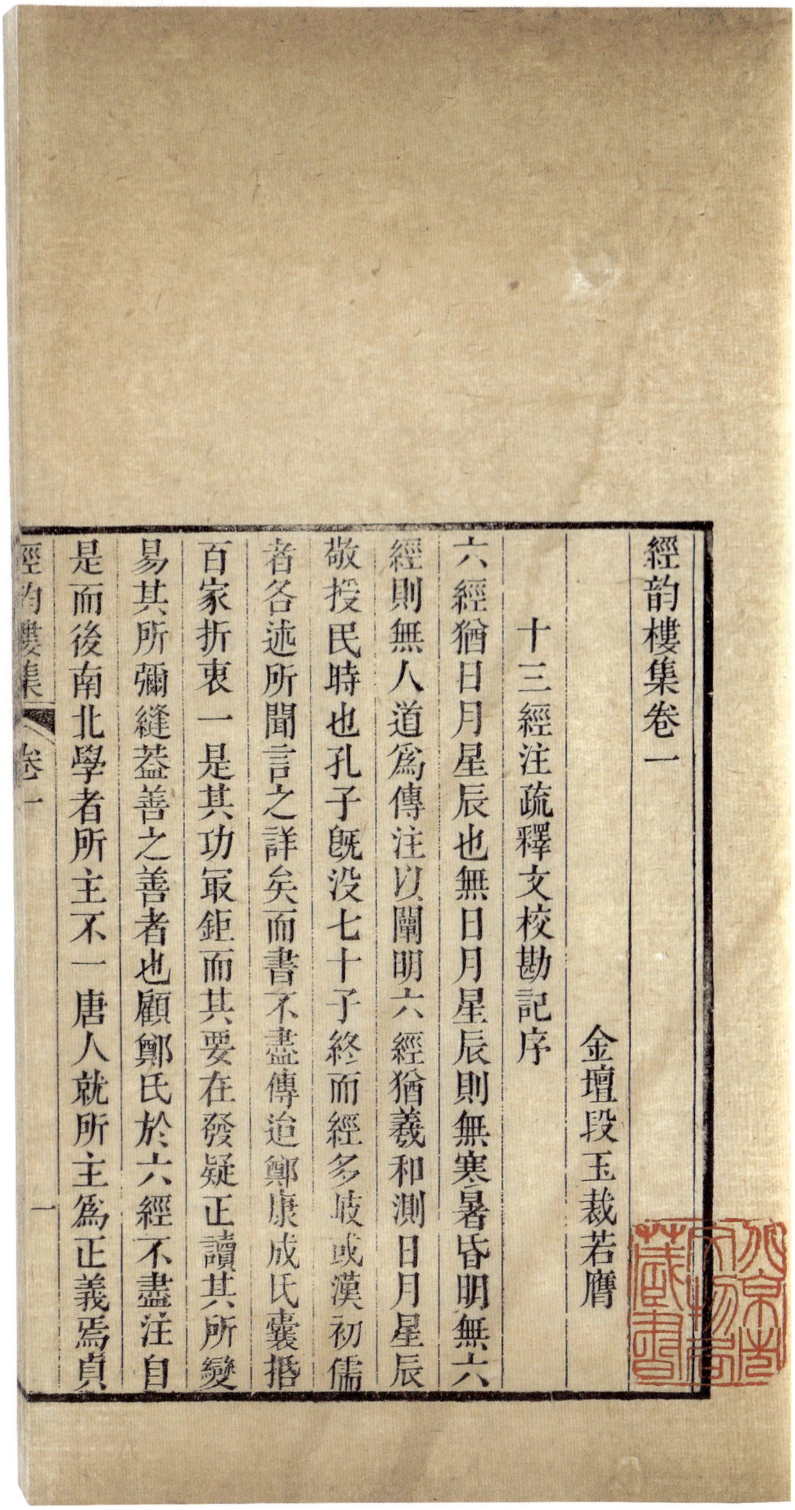
經韵樓集卷一
十三經注疏釋文校勘記序
金壇段玉裁若膺
六經猶日月星辰也無日月星辰則無寒暑昏明無六經則無人道爲傳注以闡明六經猶羲和測日月星辰敬授民時也孔子旣沒七十子終而經多岐或漢初儒者各述所聞言之詳矣而書不盡傳迨鄭康成氏囊括百家折衷一是其功㝡鉅而其要在發疑正讀其所變易其所彌縫蓋善之善者也顧鄭氏於六經不盡注自是而後南北學者所主不一唐人就所主爲正義焉貞
經韵樓集　卷一　一

經韵樓叢書　（清）段玉裁輯　清道光元年（1821）七葉衍祥堂刻本
框高 16.4 厘米，廣 13 厘米。半葉十行，行二十一字，白口，左右雙邊。36 册。
二級 70zhang37

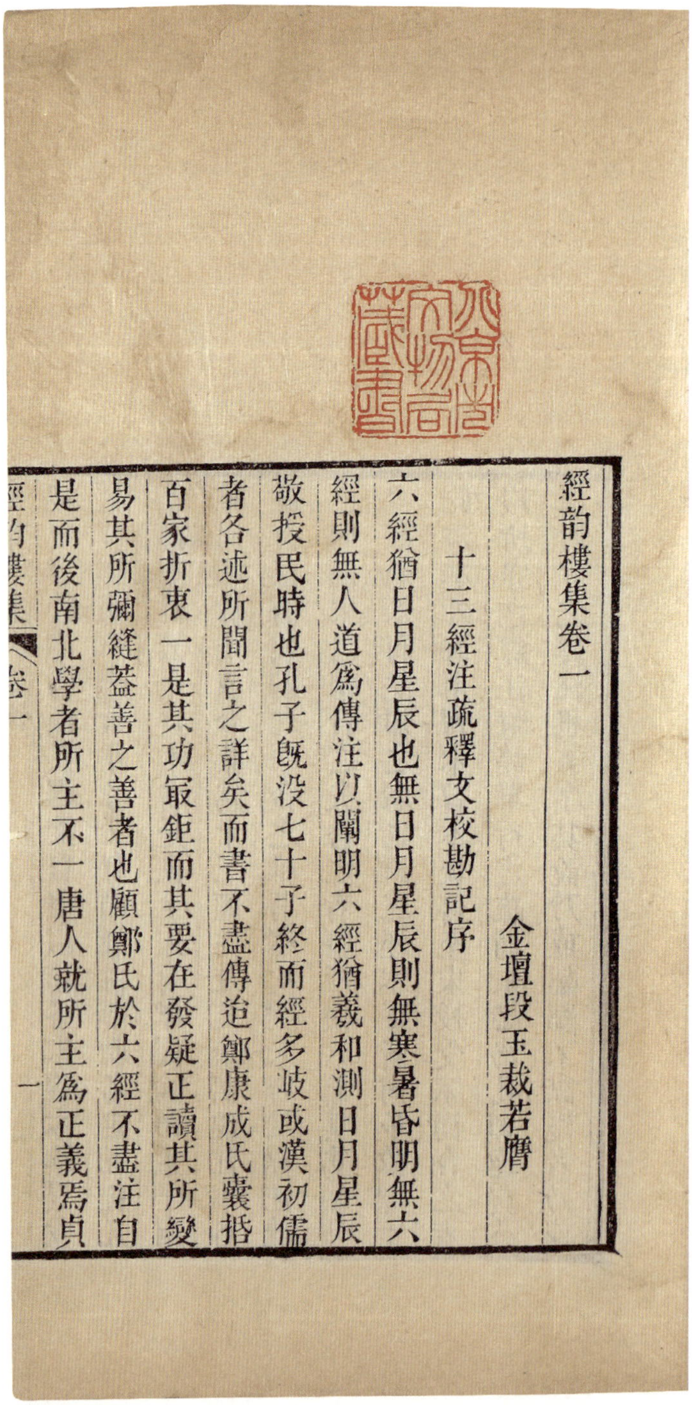

經韵樓集卷一

十三經注疏釋文校勘記序

金壇段玉裁若膺

六經猶日月星辰也無日月星辰則無寒暑昏明無六經則無人道爲傳注以闡明六經猶羲和測日月星辰敬授民時也孔子旣沒七十子終而經多岐或漢初儒者各述所聞言之詳矣而書不盡傳迨鄭康成氏囊括百家折衷一是其功最鉅而其要在發疑正讀其所變易其所彌縫蒞善之善者也顧鄭氏於六經不盡注自是而後南北學者所主不一唐人就所主爲正義焉貞

經韵樓集 卷一 一

經韵樓叢書附釋拜　（清）段玉裁輯　清道光元年（1821）七葉衍祥堂刻本

框高 16.5 厘米，廣 13 厘米。半葉十行，行二十一字，白口，左右雙邊。33 册。

二級 71pan10229

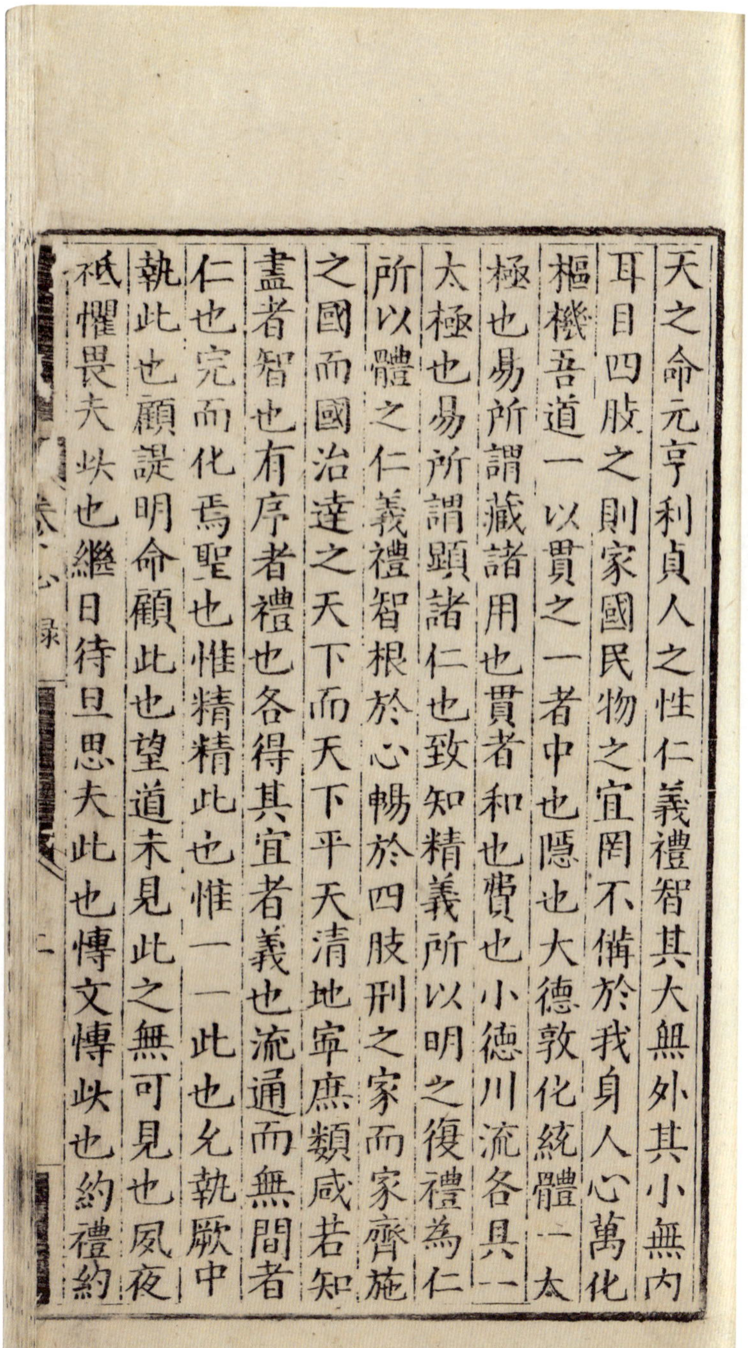

辛復元先生著述 （明）辛全纂輯 明天啓二年至崇禎四年（1622–1631）刻本

框高22.2厘米，廣13.4厘米。半葉九行或十一行，行二十字，白口，四周單邊；行二十二字，黑口，四周雙邊。6册。鈐"煨芋山房"朱文印、"恕庵主人"白文印。存十種（養心集要録、心譜、心譜續編、孝經翼、樂天集、救急單方、新單方、衡門芹、存烈編、闇然編）。

二級 278shan595

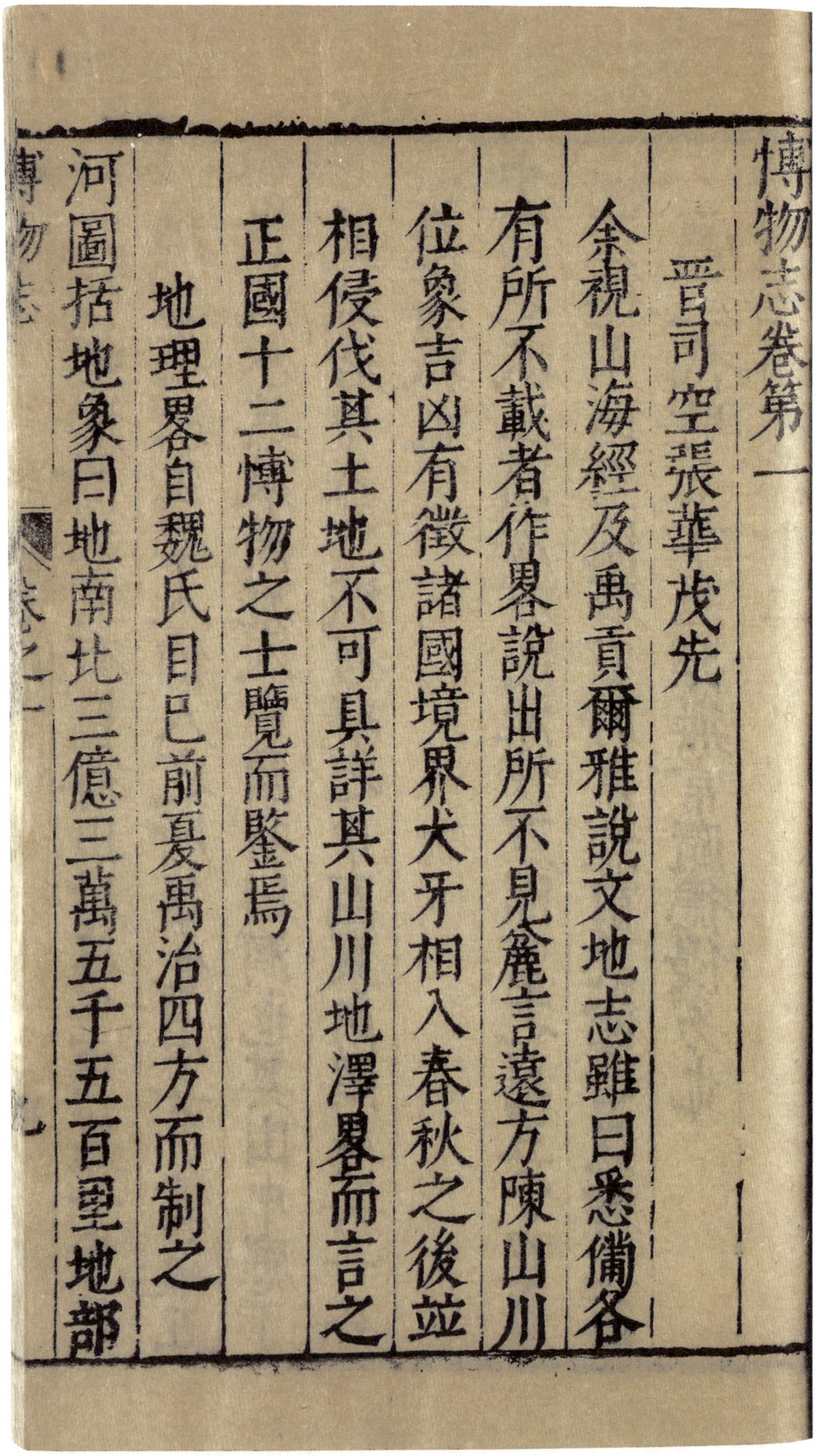
博物志卷第一
晉司空張華茂先
余視山海經及禹貢爾雅說文地志雖曰悉備各有所不載者作畧說出所不見麄言遠方陳山川位象吉凶有徵諸國境界犬牙相入春秋之後並相侵伐其土地不可具詳其山川地澤畧而言之正國十二博物之士覽而鑒焉
地理畧自魏氏目已前夏禹治四方而制之
河圖括地象曰地南北三億三萬五千五百里地部
博物志 卷之一

稗海四十八種續二十二種　（明）商濬編　明萬曆商氏刻清康熙振鷺堂重補本
框高 21.4 厘米，廣 14.2 厘米。半葉九行，行二十字，白口，四周單邊。100 册。
三級 1k6

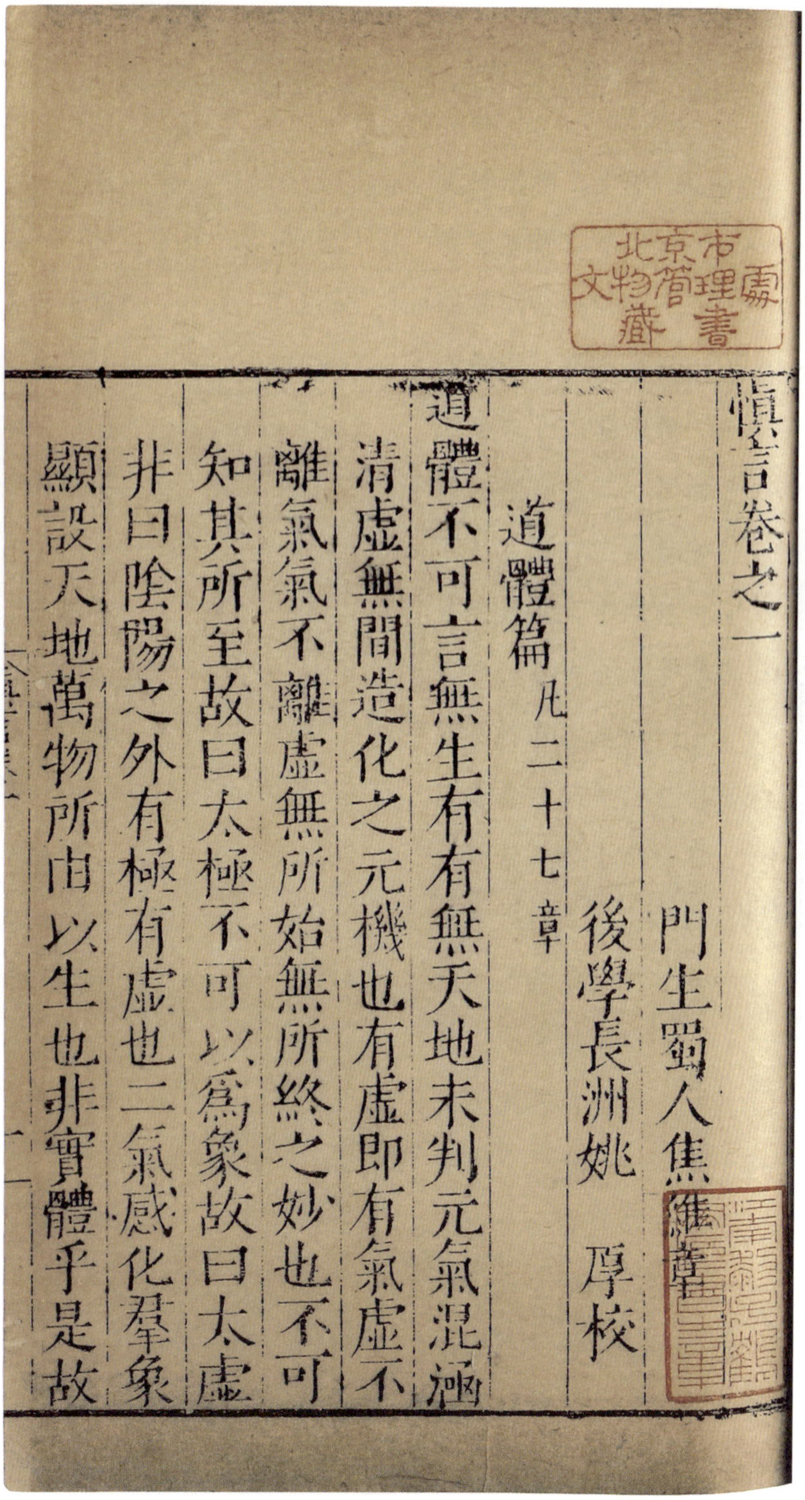
慎言卷之一
門生蜀人焦維章
後學長洲姚　厚校
道體篇凡二十七章
道體不可言無生有有無天地未判元氣混涵清虛無間造化之元機也有虛即有氣虛不離氣氣不離虛無所始無所終之妙也不可知其所至故曰太極不可以爲象故曰太虛非曰陰陽之外有極有虛也二氣感化羣象顯設天地萬物所由以生也非實體乎是故
北京市文物管理處藏書

王浚川所著書十種　（明）王廷相撰　明嘉靖刻本

框高 17.7 厘米，廣 14 厘米。半葉十行，行十八字，白口，左右雙邊。4 册。鈐“江南黎子鶴家藏書之章”朱文印。

三級 120shan392

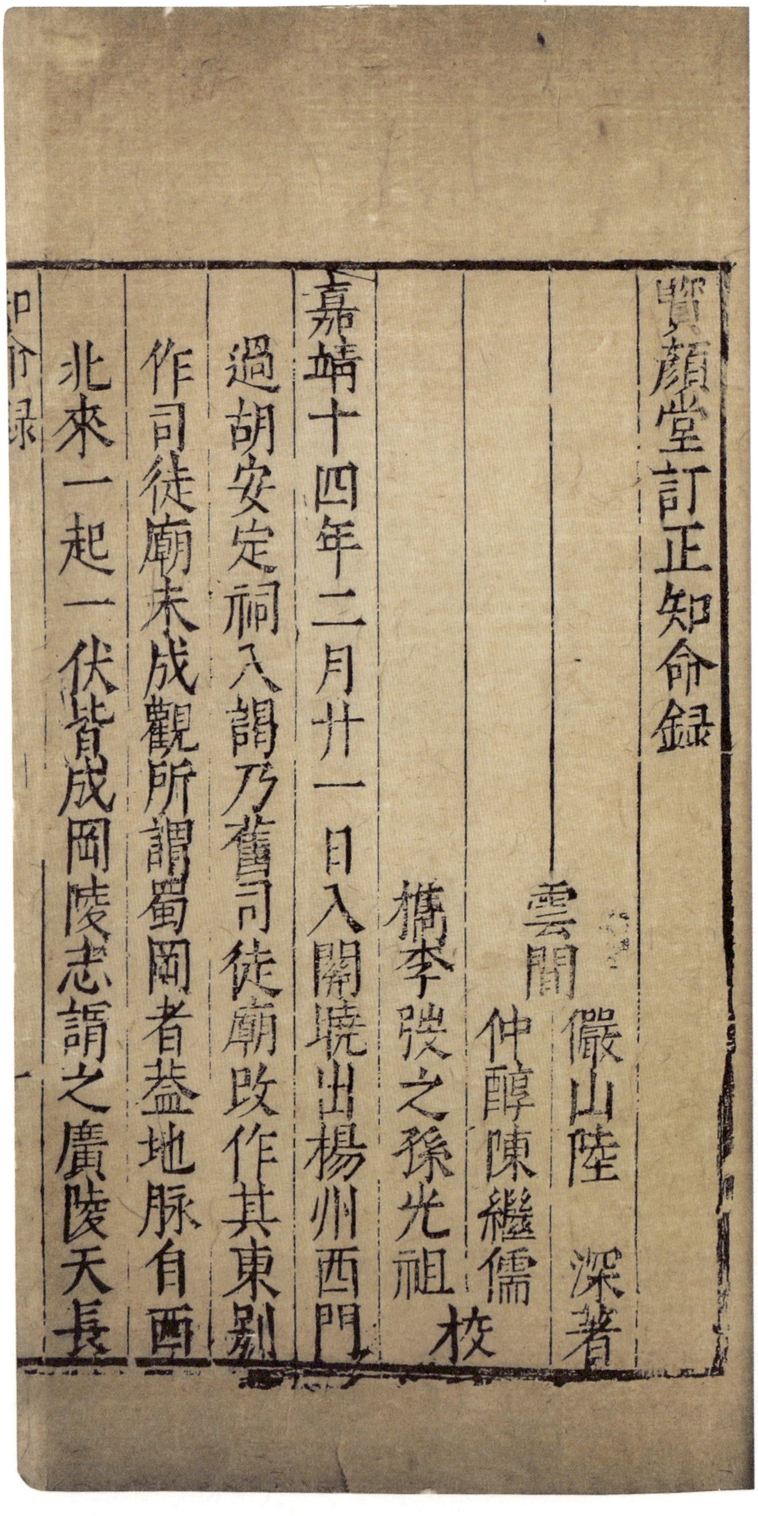

寶顔堂訂正知命録

雲間 儼山陸 深著

仲醇陳繼儒

檇李 晙之孫光祖 校

嘉靖十四年二月廿一日入閣曉出楊州西門過胡安定祠入謁乃舊司徒廟改作其東剏作司徒廟未成觀所謂蜀岡者葢地脉自西北來一起一伏皆成岡陵志謂之廣陵天長

知命録 一

寶顔堂訂正知命録一卷 （明）陸深著 **寶顔堂訂正次柳氏舊聞一卷** （唐）李德裕撰 明萬曆刻寶顔堂續秘笈五十種本

框高 20 厘米，廣 13.2 厘米。半葉八行，行十八字，白口，四周單邊。1 册。

三級 126shan411

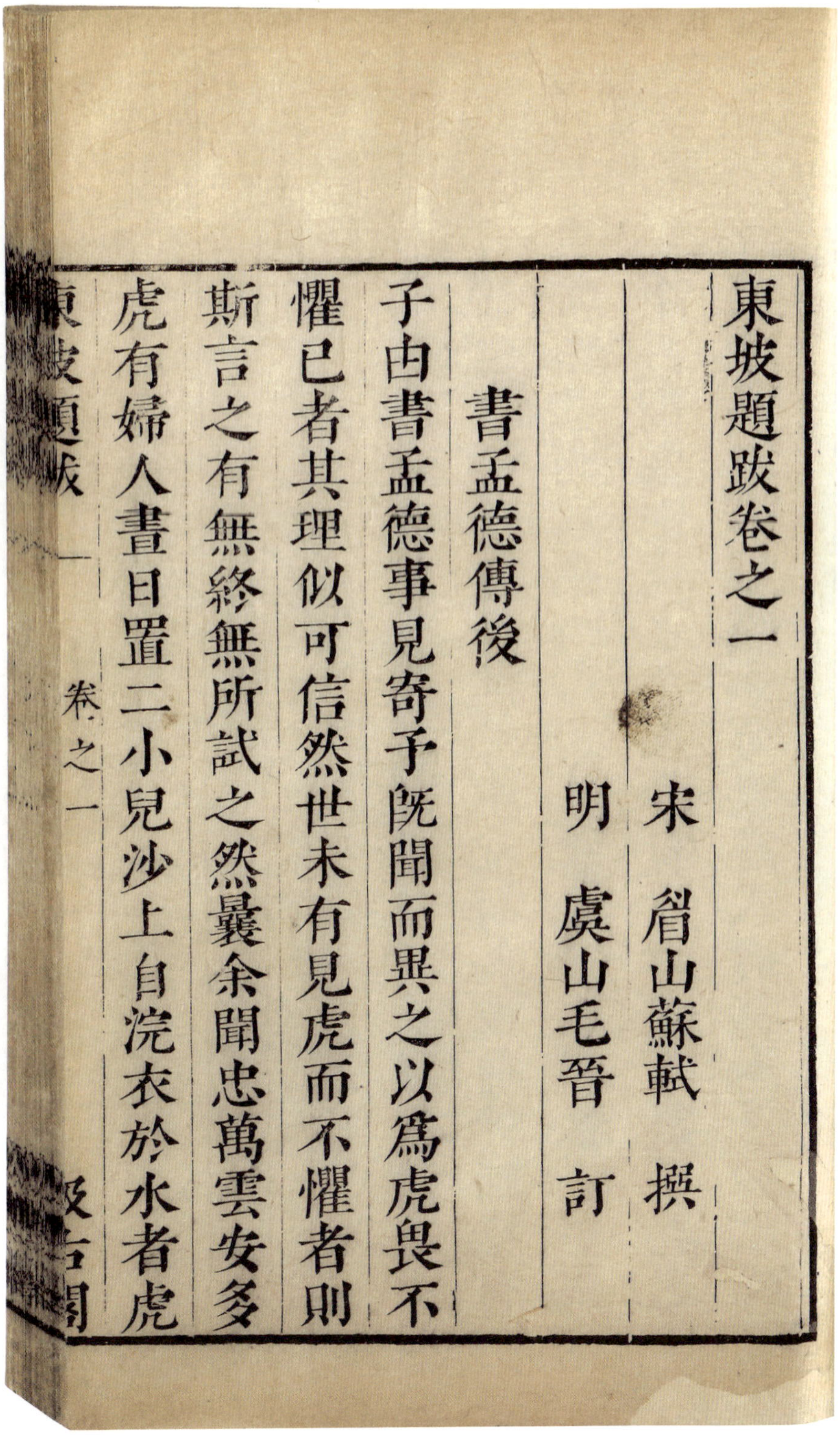
東坡題跋卷之一
宋 眉山蘇軾 撰
明 虞山毛晉 訂
書孟德傳後
子由書孟德事見寄予既聞而異之以爲虎畏不懼已者其理似可信然世未有見虎而不懼者則斯言之有無終無所試之然曩余聞忠萬雲安多虎有婦人晝日置二小兒沙上自浣衣於水者虎
東坡題跋 卷之一 汲古閣

題跋十種 （明）毛晉輯 明崇禎毛氏汲古閣刻津逮秘書本

框高 19 厘米，廣 13.4 厘米。半葉八行，行十九字，白口，左右雙邊。44 册。

shan4

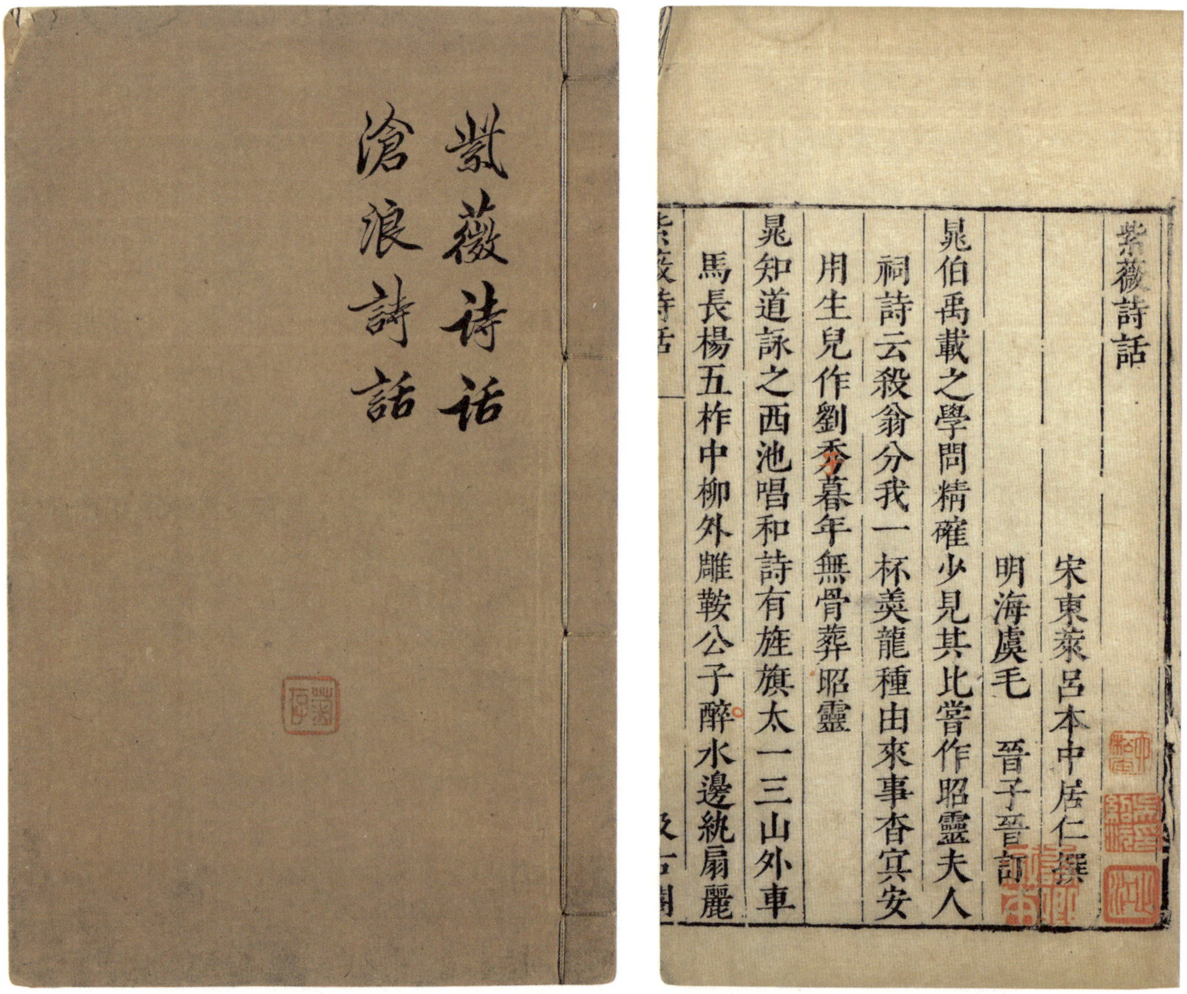
紫薇詩話
滄浪詩話

紫薇詩話
宋東萊呂本中居仁撰
明海虞毛　晉子晉訂
晁伯禹載之學問精確少見其比嘗作昭靈夫人
祠詩云殺翁分我一杯羹龍種由來事杳冥安
用生兒作劉季暮年無骨葬昭靈
晁知道詠之西池唱和詩有旌旗太一三山外車
馬長楊五柞中柳外雕鞍公子醉水邊紈扇麗

津逮秘書一百四十一種　（明）毛晉訂　明崇禎毛氏汲古閣刻津逮秘書本

框高 19 厘米，廣 13.6 厘米。半葉八行，行十九字，白口，左右雙邊。5 册。鈐“之江”朱文印、“壽卿藏本”白文印、“六松堂”朱文印等。存六種（紫薇詩話、二老堂詩話、竹坡詩話、滄浪詩話、彥周詩話、石林詩話）。

shan94

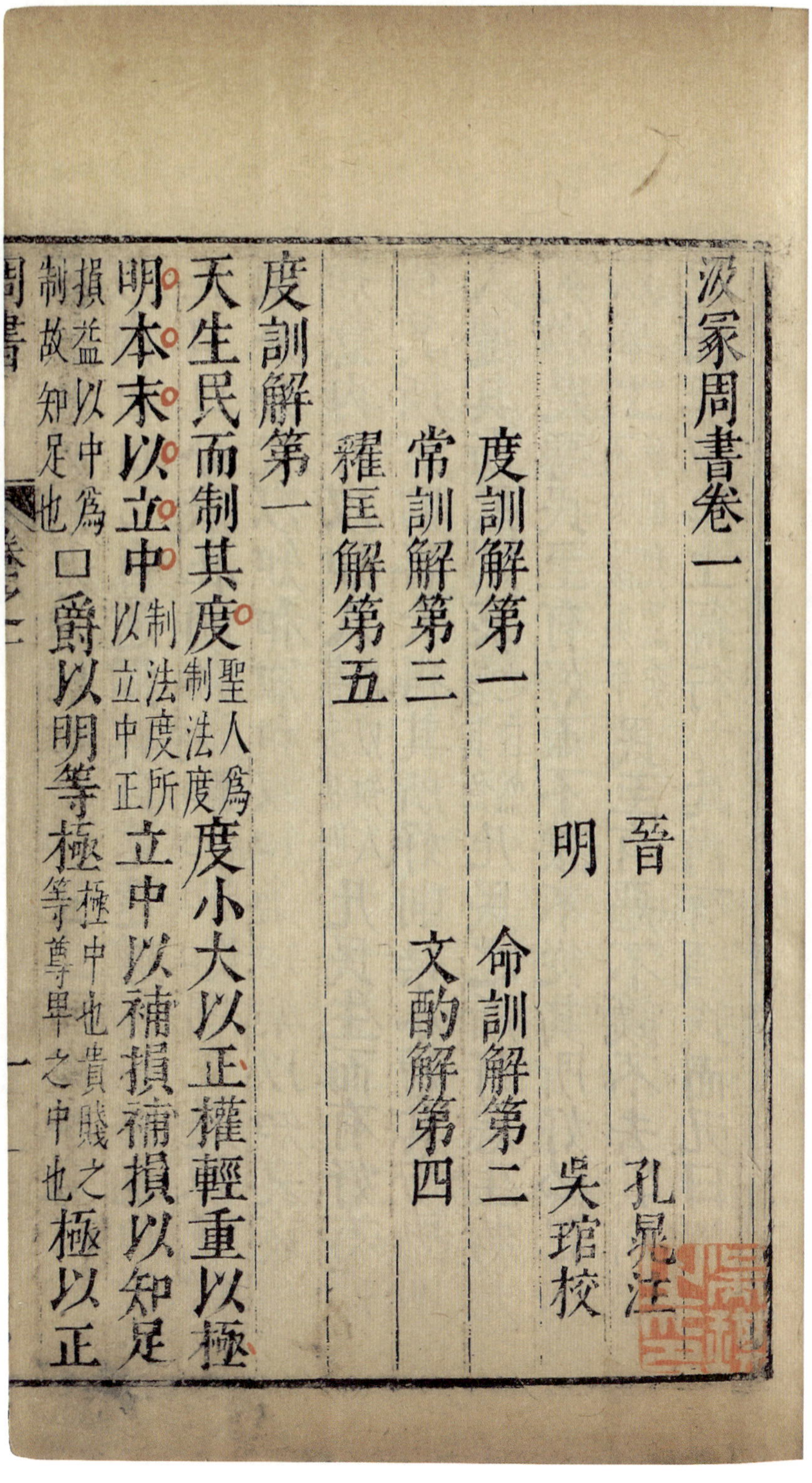
汲冢周書卷一
晉　孔晁注
明　吳琯校
度訓解第一　命訓解第二
常訓解第三　文酌解第四
糴匡解第五
度訓解第一
天生民而制其度聖人爲制法度度小大以正權輕重以極
明本末以立中制法度所以立中正立中以補損補損以知足
損益以中爲制故知足也口爵以明等極極中也貴賤之等尊卑之中也極以正
周書　卷之一　一

秘書二十一種　（清）汪士漢輯　清康熙七年（1668）新安汪氏刻本

框高20.4厘米，廣14厘米。半葉十行，行二十字，白口，左右雙邊。12册。鈐“吳錤之印”白文印。

shan172

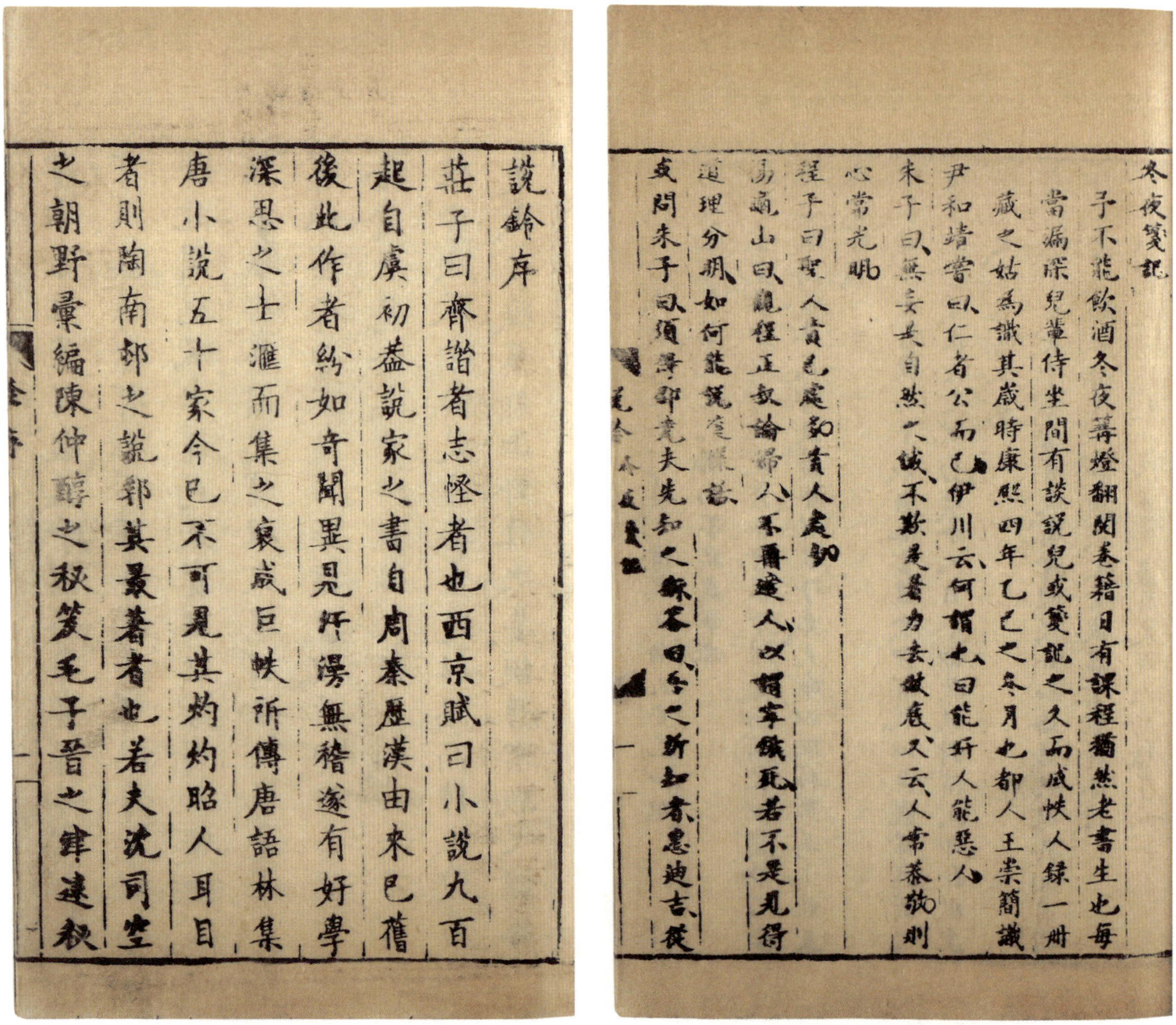

說鈴序

莊子曰齊諧者志怪者也西京賦曰小說九百起自虞初葢說家之書自周秦歷漢由來已舊後此作者紛如奇聞異見紆湯無稽遂有好學深思之士滙而集之裒成巨帙所傳唐語林集唐小說五十家今已不可見其灼灼昭人耳目者則陶南邨之說郛其最著者也若夫沈司空之朝野彙編陳仲醇之秘笈毛子晉之津逮秘

冬夜箋記

予不能飲酒冬夜篝燈翻閱卷籍日有課程儼然老書生也每當漏深兒輩侍坐間有談說兒或箋記之久而成帙人錄一册藏之姑為識其歲時康熙四年乙巳之冬月也都人王崇簡識

尹和靖嘗曰仁者公而已伊川云何謂也曰能好人能惡人

朱子曰無妄安自然之誠不欺是著力去做底又云人常恭敬則心常光明

程子曰聖人責己處多責人處少

楊龜山曰觀程正叔論佛八字看透人以朝寧儀尺若不是見得道理分明如何能說是深論

或問朱子曰須得邵堯夫先知之術否曰今之所知者惠迪吉從

說鈴前集三十八種後集十九種續集七種　（清）吴震方輯　清康熙四十四年（1705）刻清末學古堂印本

框高 19.6 厘米，廣 14.4 厘米。半葉十一行，行二十五字，白口，左右雙邊。23 册。存五十四種（前集三十種、後集十七種、續集七種）。

shan196

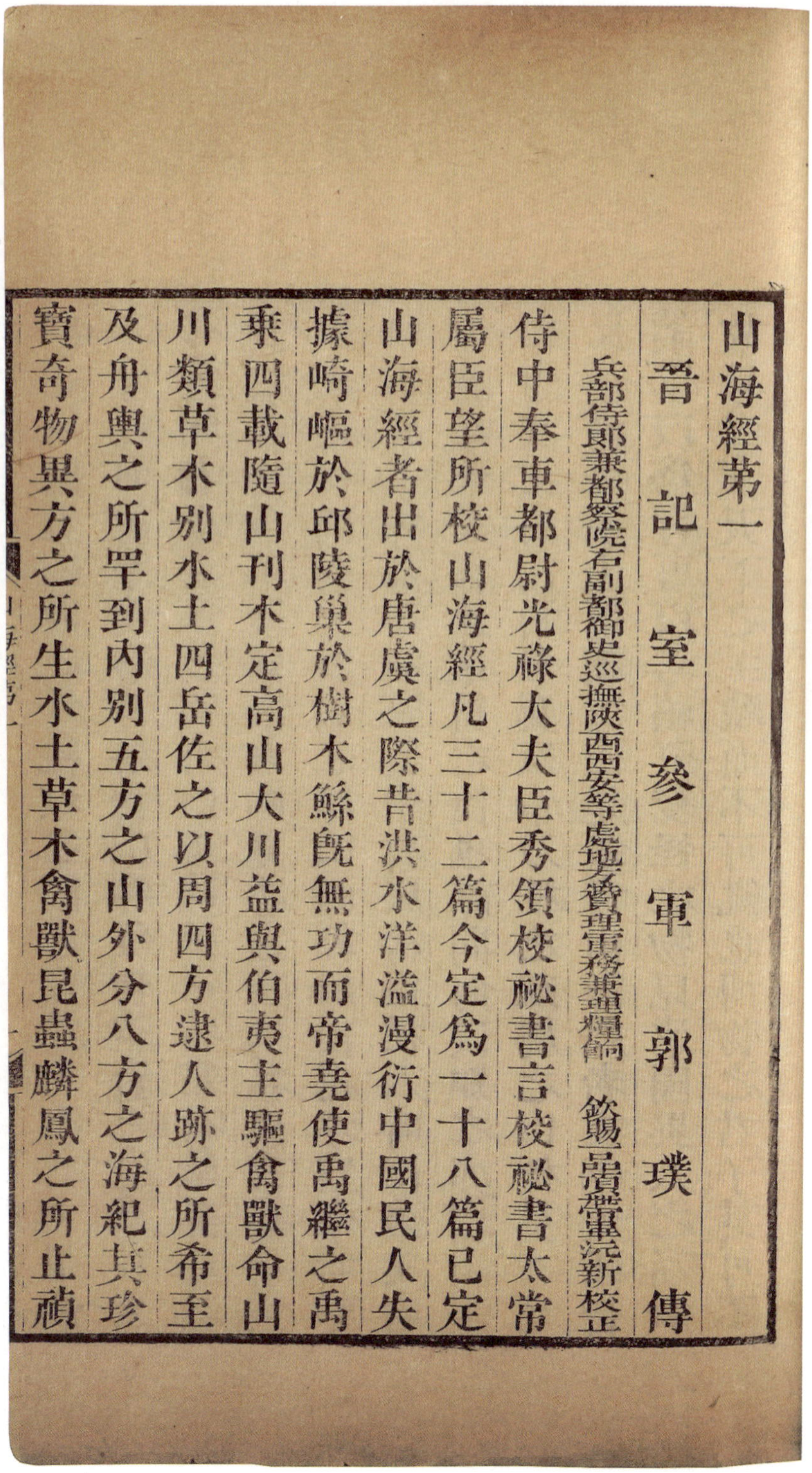

山海經第一
晉記室參軍郭璞傳
兵部侍郎兼都察院右副都御史巡撫陝西西安等處地方贊理軍務兼理糧餉　鎮洋畢沅新校正
侍中奉車都尉光祿大夫臣秀領校祕書言校祕書太常
屬臣望所校山海經凡三十二篇今定爲一十八篇已定
山海經者出於唐虞之際昔洪水洋溢漫衍中國民人失
據崎嶇於邱陵巢於樹木鯀既無功而帝堯使禹繼之禹
乘四載隨山刊木定高山大川益與伯夷主驅禽獸命山
川類草木別水土四岳佐之以周四方逮人跡之所希至
及舟輿之所罕到內別五方之山外分八方之海紀其珍
寶奇物異方之所生水土草木禽獸昆蟲麟鳳之所止禎

經訓堂叢書十六種　（清）畢沅撰　清乾隆四十八年（1783）鎮洋畢氏刻本

框高 20 厘米，廣 18 厘米。半葉十一行，行二十二字，小字雙行同，黑口，四周單邊。24 册。

shan204

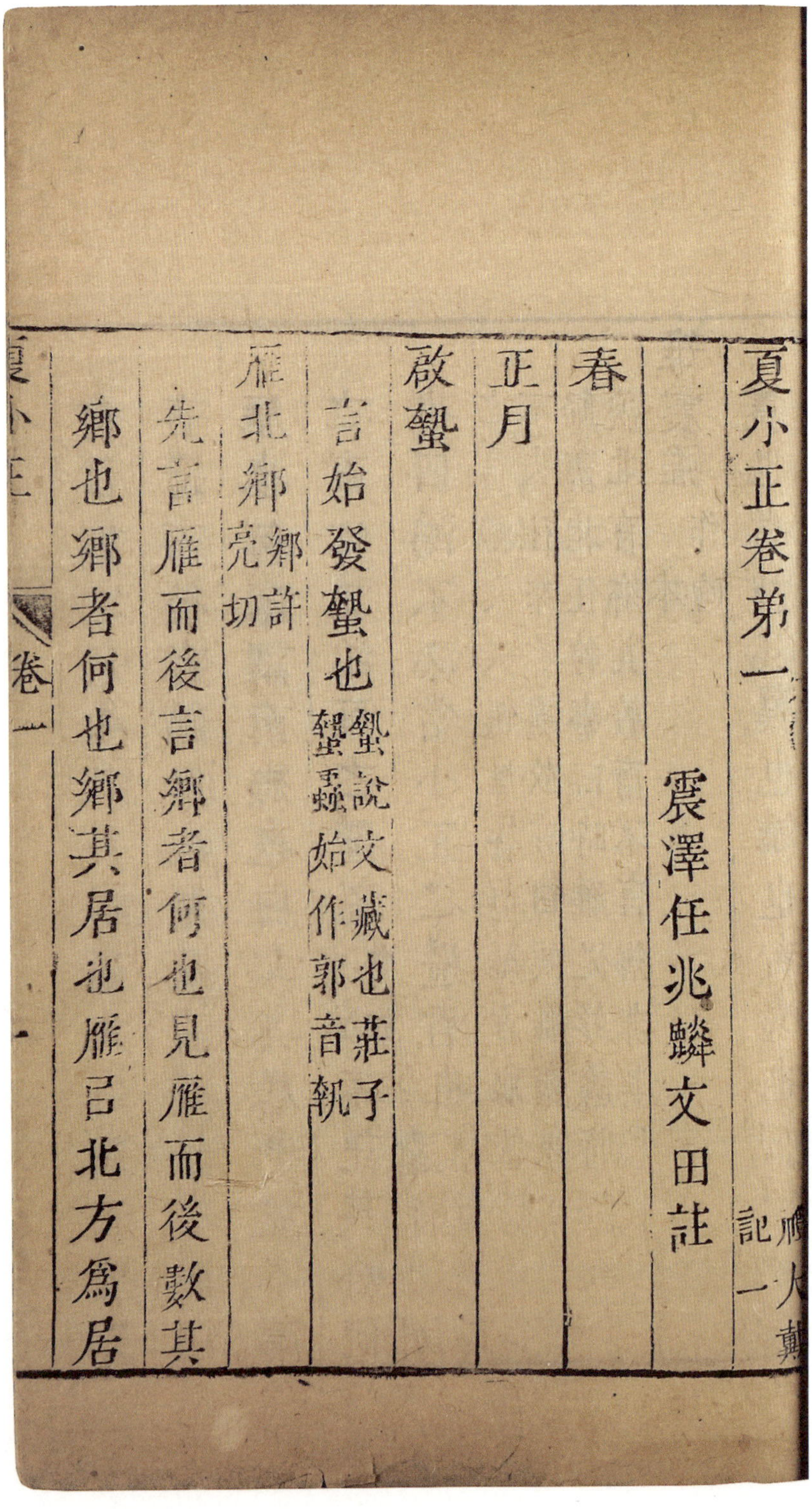
夏小正卷弟一
震澤任兆麟文田註
春
正月
啟蟄
言始發蟄也蟄說文藏也莊子蟄蟲始作郭音執
雁北鄉鄉許亮切
先言雁而後言鄉者何也見雁而後數其
鄉也鄉者何也鄉其居也雁吕北方爲居
夏小正　卷一

心齋十種　（清）任兆麟註　清乾隆五十二年（1787）震澤任氏忠敏家塾刻本

框高 17.4 厘米，廣 13.6 厘米。半葉九行，行十七字，小字雙行同，白口，左右雙邊。4 册。

shan232

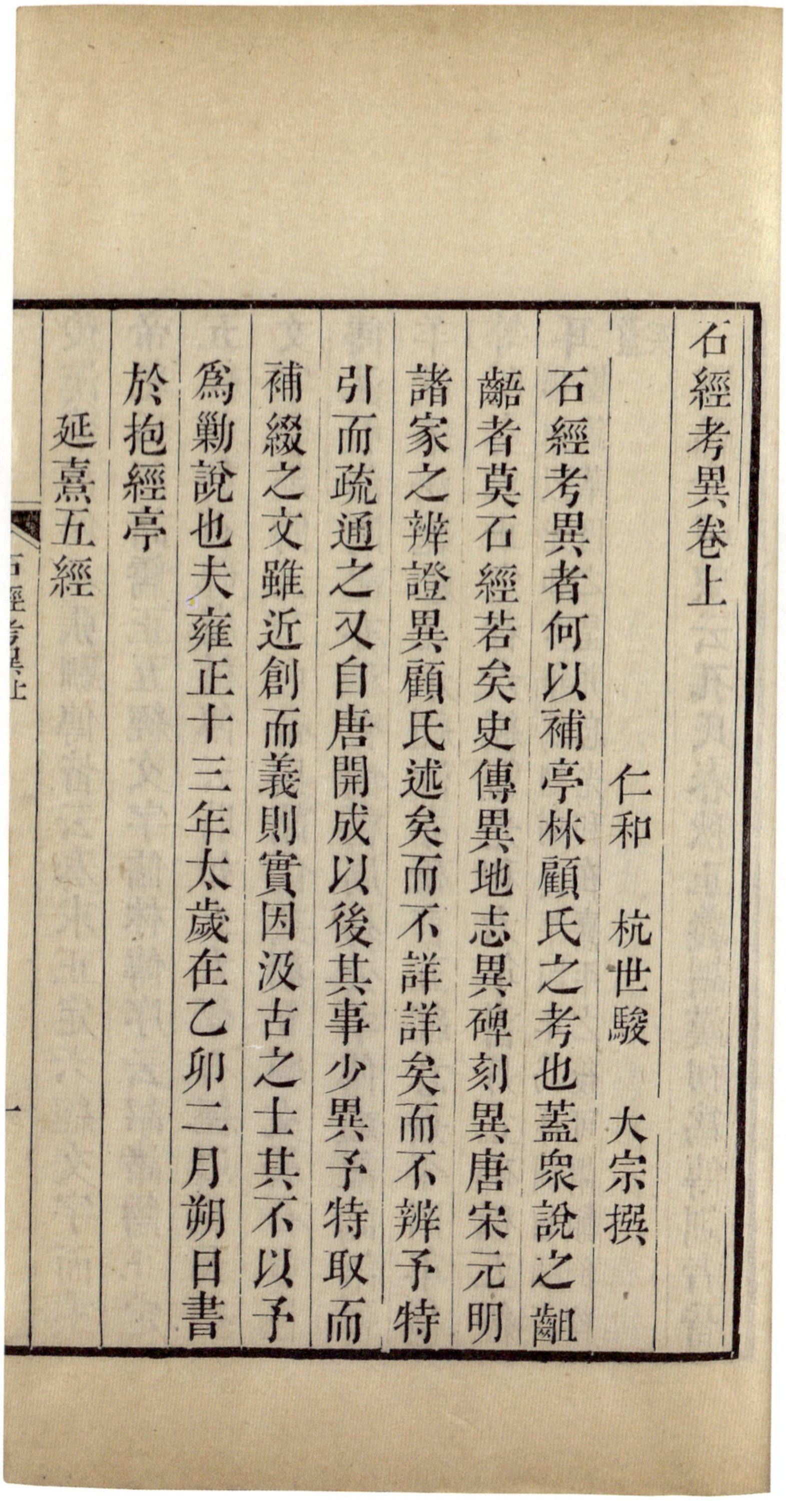
石經考異卷上
仁和　杭世駿　大宗撰
石經考異者何以補亭林顧氏之考也蓋衆說之齟
齬者莫石經若矣史傳異地志異碑刻異唐宋元明
諸家之辨證異顧氏述矣而不詳詳矣而不辨予特
引而疏通之又自唐開成以後其事少異予特取而
補綴之文雖近創而義則實因汲古之士其不以予
爲勦說也夫雍正十三年太歲在乙卯二月朔日書
於抱經亭
延熹五經
石經考異上　一

杭大宗七種叢書　（清）杭世駿撰　清乾隆元年至五十七年（1736–1792）羊城杭賓仁刻本

框高 18.5 厘米，廣 13 厘米。半葉十行，行二十至二十一字，白口，左右雙邊。6 册。

shan300

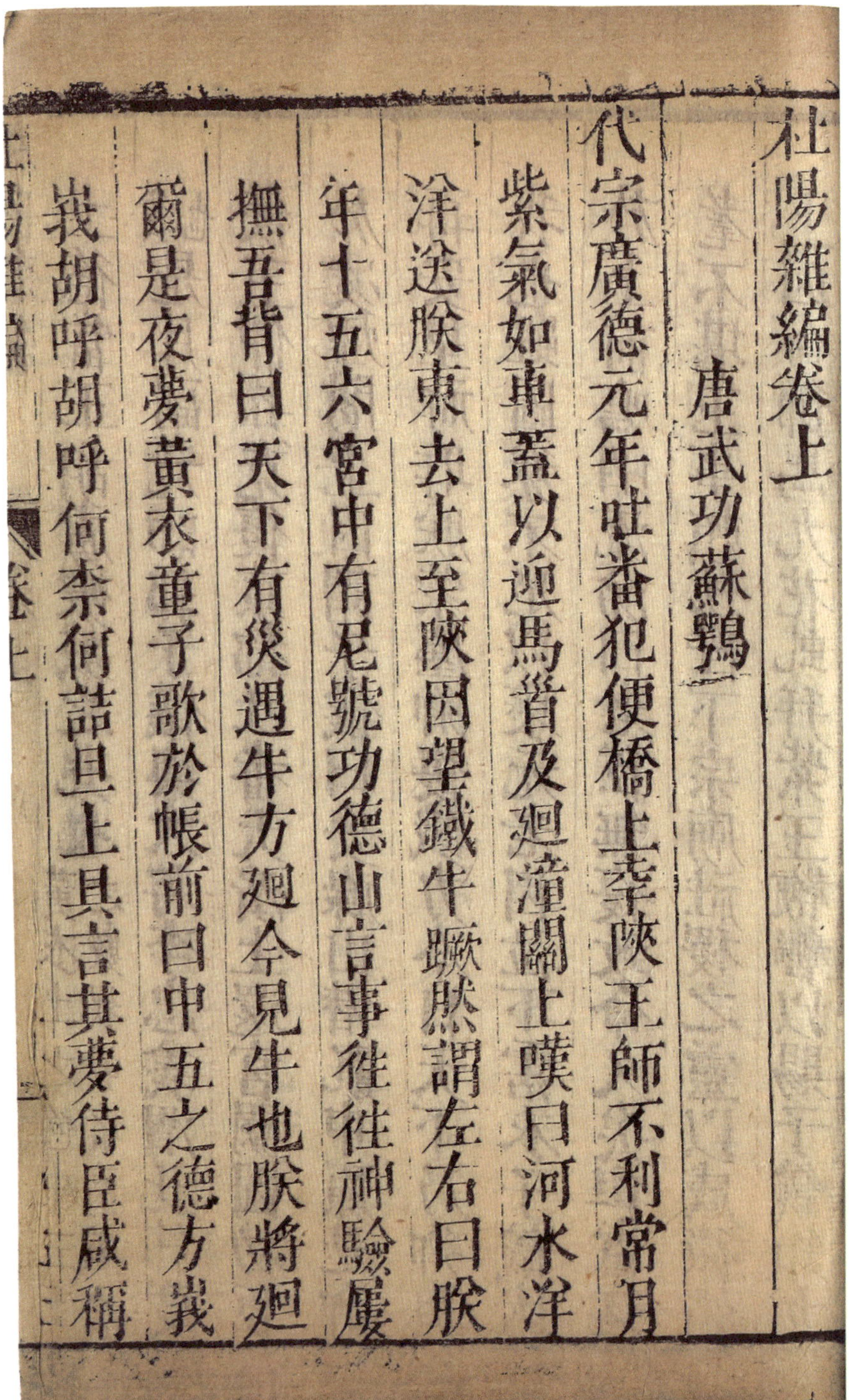
杜陽雜編卷上
唐武功蘇鶚
代宗廣德元年吐蕃犯便橋上幸陜王師不利常有
紫氣如車蓋以迎馬首及迴潼關上嘆曰河水洋
洋送朕東去上至陜因望鐵牛蹶然謂左右曰朕
年十五六宮中有尼號功德山言事往往神驗屢
撫吾背曰天下有災遇牛方迴今見牛也朕將迴
爾是夜夢黄衣童子歌於帳前曰中五之德方峩
峩胡呼胡呼何柰何誥旦上具言其夢侍臣咸稱
杜陽雜編　卷上

稗海三十七種　（明）商濬輯　明萬曆會稽商氏半野堂刻本

框高 20.6 厘米，廣 14.5 厘米。半葉九行，行二十字，白口，四周單邊。48 册。

shan382

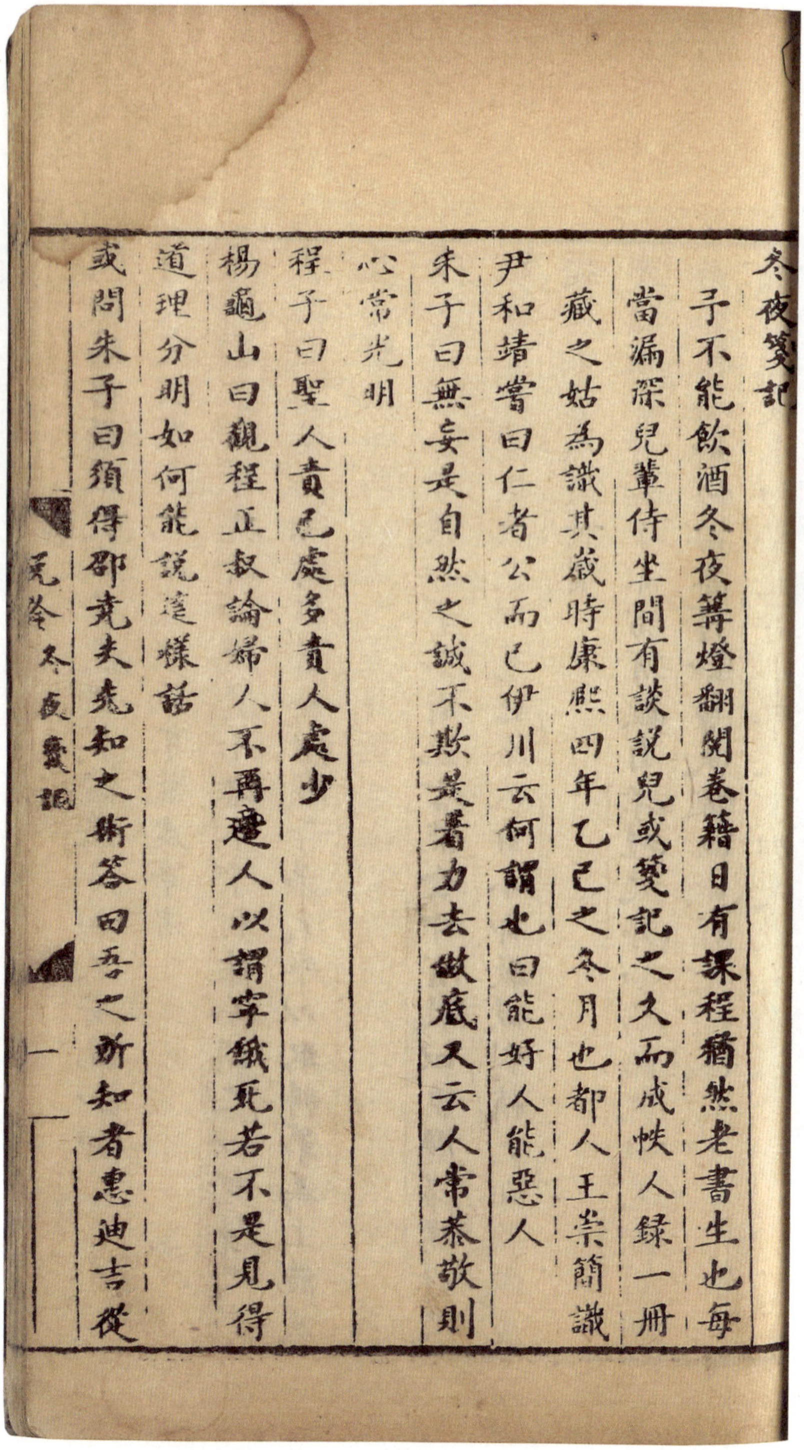
冬夜箋記

予不能飲酒冬夜篝燈翻閱卷籍日有課程猶然老書生也每當漏深兒輩侍坐間有談說兒或箋記之久而成帙人録一冊藏之姑爲識其歲時康熙四年乙巳之冬月也都人王崇簡識

尹和靖嘗曰仁者公而已伊川云何謂也曰能好人能惡人

朱子曰無妄是自然之誠不欺是著力去做底又云人常恭敬則心常光明

程子曰聖人責己處多責人處少

楊龜山曰觀程正叔論婦人不再適人以謂窮餓死若不是見得道理分明如何能説這様話

或問朱子曰須得邵堯夫先知之術答曰吾之所知者惠迪吉從

冬夜箋記　一

說鈴前集八種後集三種續集四種　（清）吴震方輯　清康熙四十四年至五十一年（1705–1712）刻本

框高20厘米，廣14.4厘米。半葉十一行，行二十五字，細黑口，四周单邊。3册。鈐“學古堂”白文印。

shan385

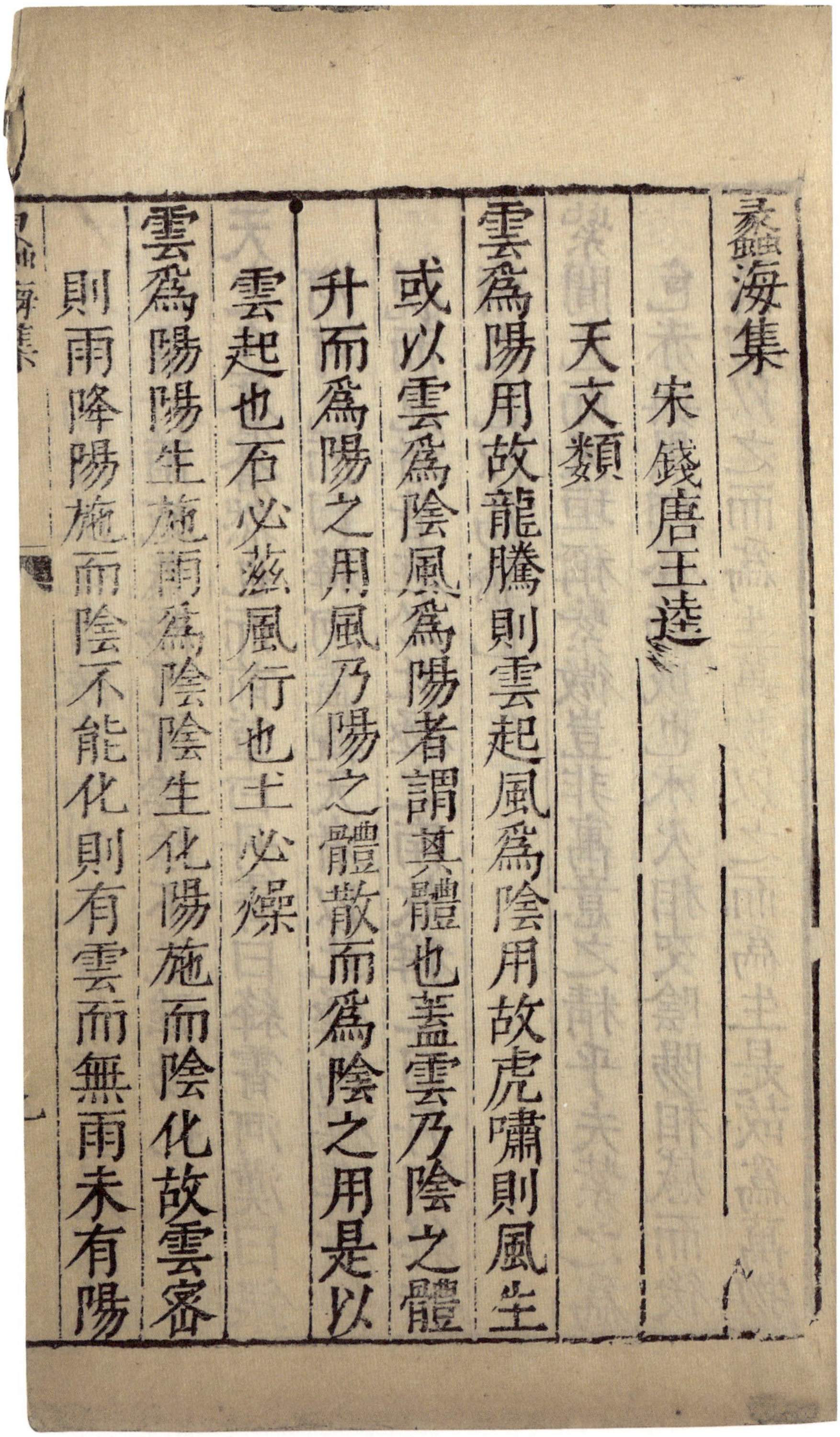

蠡海集

宋錢唐王逵

天文類

雲爲陽用故龍騰則雲起風爲陰用故虎嘯則風生或以雲爲陰風爲陽者謂其體也蓋雲乃陰之體升而爲陽之用風乃陽之體散而爲陰之用是以雲起也不必蒸風行也不必燥

雲爲陽陽生施雨爲陰陰生化陽施而陰化故雲容則雨降陽施而陰不能化則有雲而無雨未有陽

蠡海集　一

稗海十五種　（明）商濬輯　明萬曆會稽商氏半野堂刻本

框高 20.6 厘米，廣 14.5 厘米。半葉九行，行二十字，白口，四周單邊。14 册。

shan422

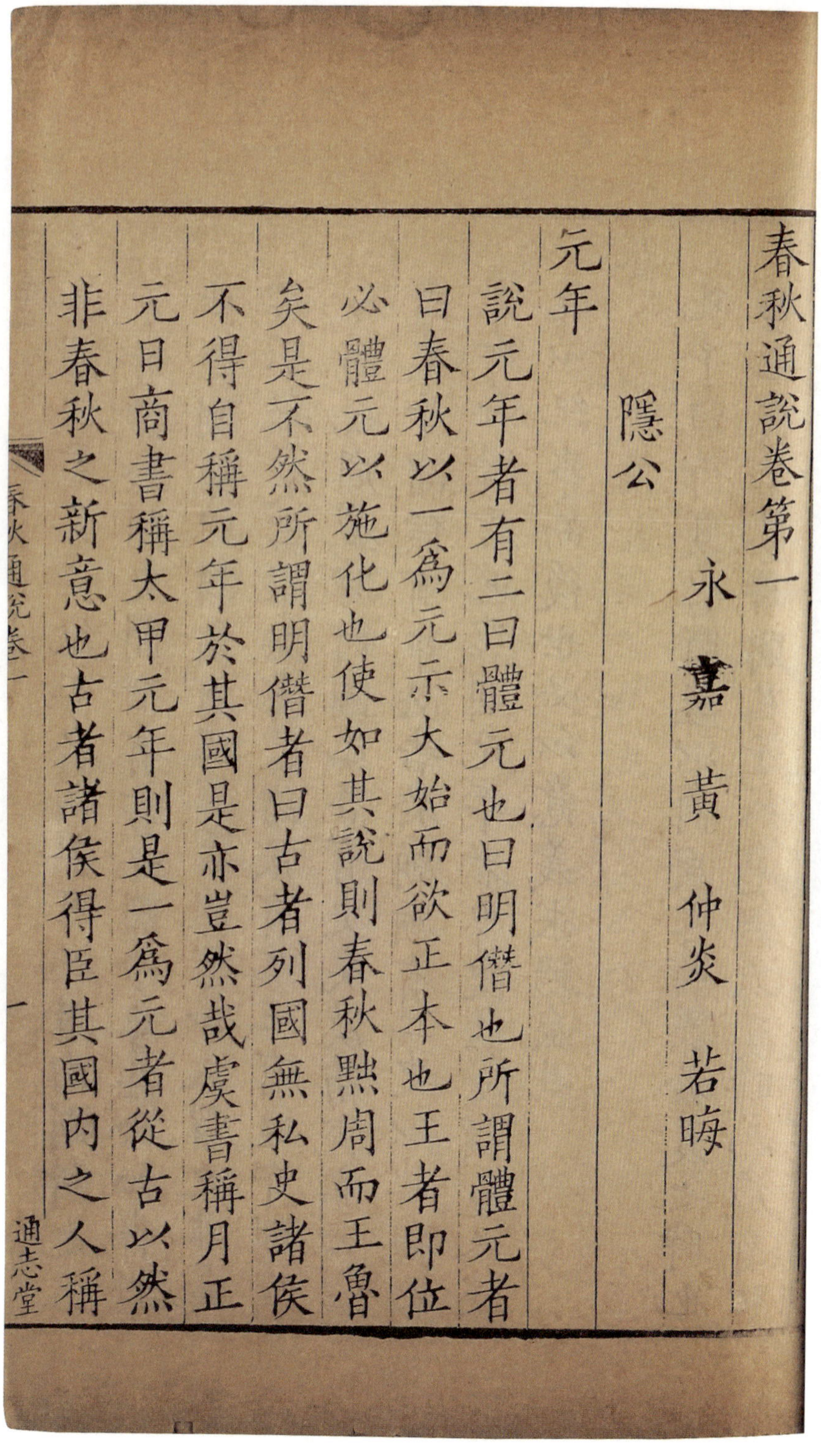
春秋通說卷第一
永嘉黃仲炎若晦
隱公
元年
說元年者有二曰體元也曰明僣也所謂體元者
曰春秋以一爲元示大始而欲正本也王者即位
必體元以施化也使如其說則春秋黜周而王魯
矣是不然所謂明僣者曰古者列國無私史諸侯
不得自稱元年於其國是亦豈然哉虞書稱月正
元日商書稱太甲元年則是一爲元者從古以然
非春秋之新意也古者諸侯得臣其國內之人稱
春秋通說卷一　一　通志堂

通志堂經解一百四十種　（清）納蘭性德輯　清康熙十九年（1680）通志堂刻本

框高20.3厘米，廣15.2厘米。半葉十一行，行二十字，白口，左右雙邊。10册。存四種（春秋集註、春秋通說、吕氏春秋或問、春秋五論）。

shan435

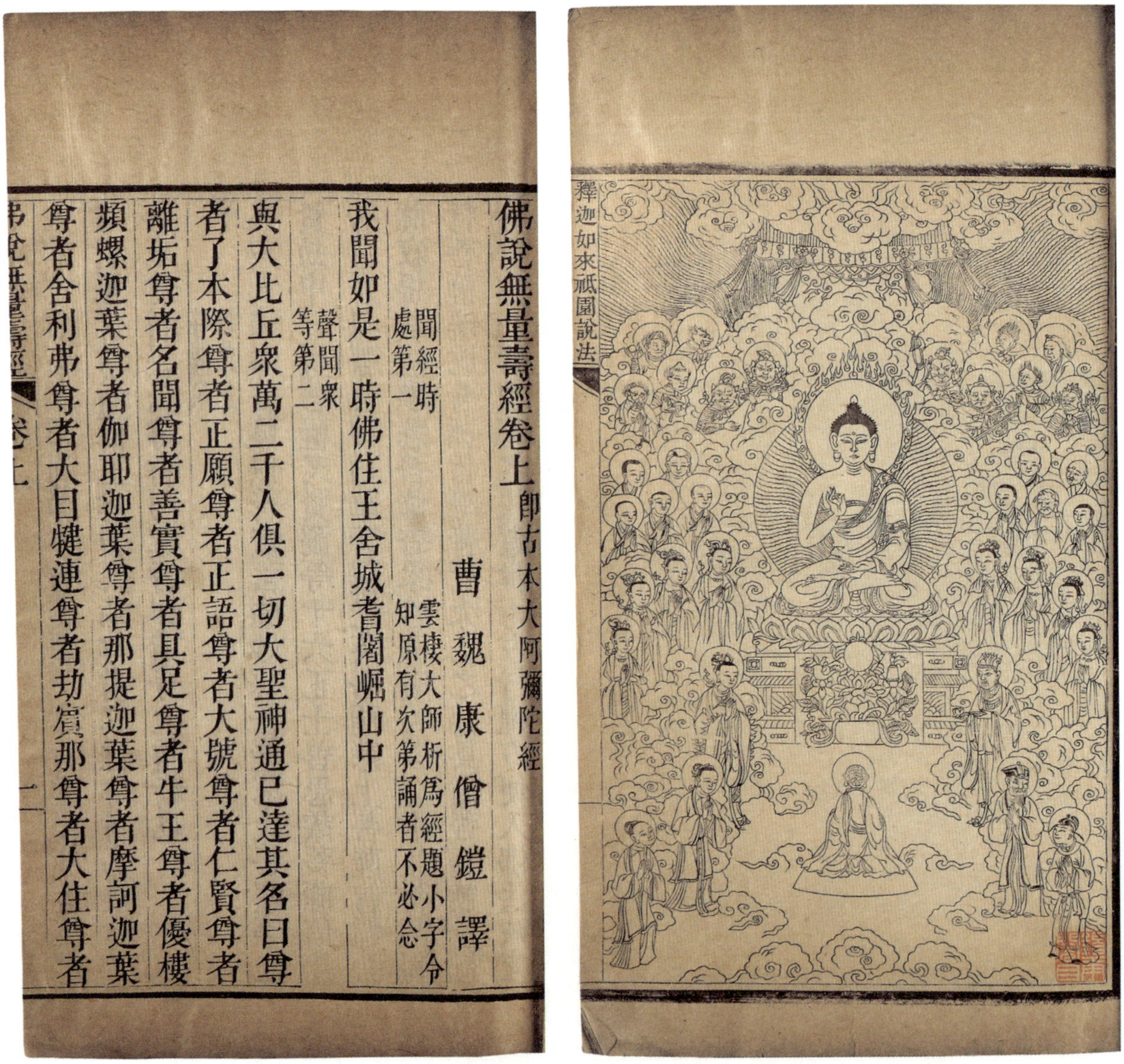
佛說無量壽經卷上　即古本大阿彌陀經
曹魏康僧鎧譯
聞經時處第一　雲棲大師析爲經題小字令知原有次第誦者不必念
我聞如是一時佛住王舍城耆闍崛山中
聲聞衆等第二
與大比丘衆萬二千人俱一切大聖神通已達其名曰尊者了本際尊者正願尊者正語尊者大號尊者仁賢尊者離垢尊者名聞尊者善實尊者具足尊者牛王尊者優樓頻螺迦葉尊者伽耶迦葉尊者那提迦葉尊者摩訶迦葉尊者舍利弗尊者大目犍連尊者劫賓那尊者大住尊者
佛說無量壽經　卷上　一

淨土津梁十三種　（清）釋了慰輯　清乾隆四十九年（1784）京都衍法寺了慰刻本

框高 23 厘米，廣 15.5 厘米。半葉十行，行二十二字，小字雙行同，白口，四周雙邊。9 册。

shan543

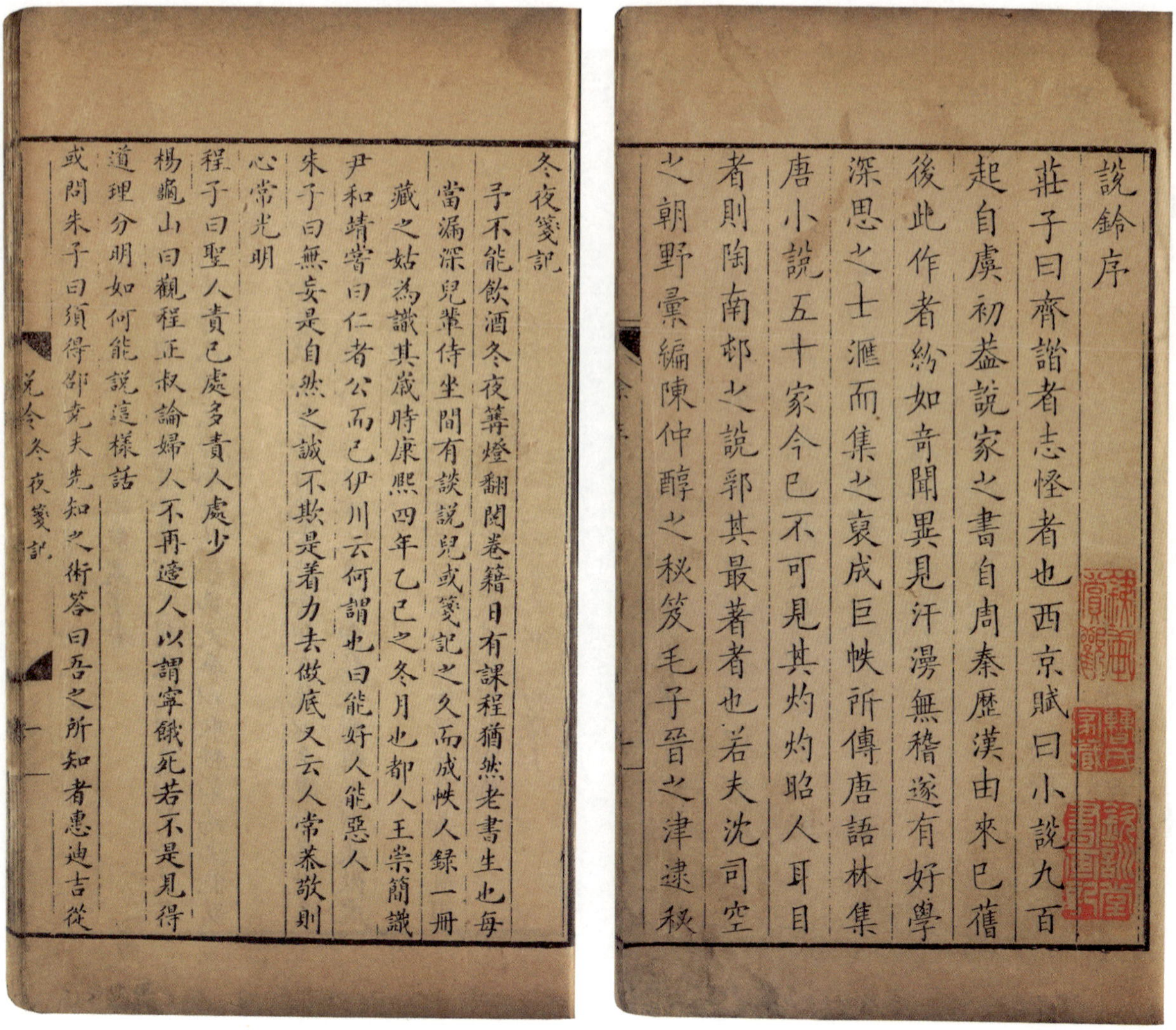
說鈴序
莊子曰齊諧者志怪者也西京賦曰小說九百
起自虞初蓋說家之書自周秦歷漢由來巳舊
後此作者紛如奇聞異見汗漫無稽遂有好學
深思之士滙而集之裒成巨帙所傳唐語林集
唐小說五十家今巳不可見其灼灼昭人耳目
者則陶南邨之說郛其最著者也若夫沈司空
之朝野彙編陳仲醇之秘笈毛子晉之津逮秘

冬夜箋記
予不能飲酒冬夜篝燈翻閱卷籍日有課程猶然老書生也每
當漏深兒輩侍坐間有談說兒或箋記之久而成帙人録一冊
藏之姑為識其歲時康熙四年乙巳之冬月也都人王崇簡識
尹和靖嘗曰仁者公而已伊川云何謂也曰能好人能惡人
朱子曰無妄是自然之誠不欺是着力去做底又云人常恭敬則
心常光明
程子曰聖人責己處多責人處少
楊龜山曰觀程正叔論婦人不再適人以謂寧餓死若不是見得
道理分明如何能說這樣話
或問朱子曰須得邵堯夫先知之術荅曰吾之所知者惠迪吉從

說鈴 冬夜箋記 一

說鈴前集三十七種後集十六種 （清）吴震方輯 清康熙四十四年（1705）刻本

框高 19.9 厘米，廣 14.5 厘米。半葉十一行，行二十五字，細黑口，左右雙邊。16 册。鈐“鋏軒賞觀”朱文印、“學古堂”白文印、“曹氏家藏”白文印等。

shan631

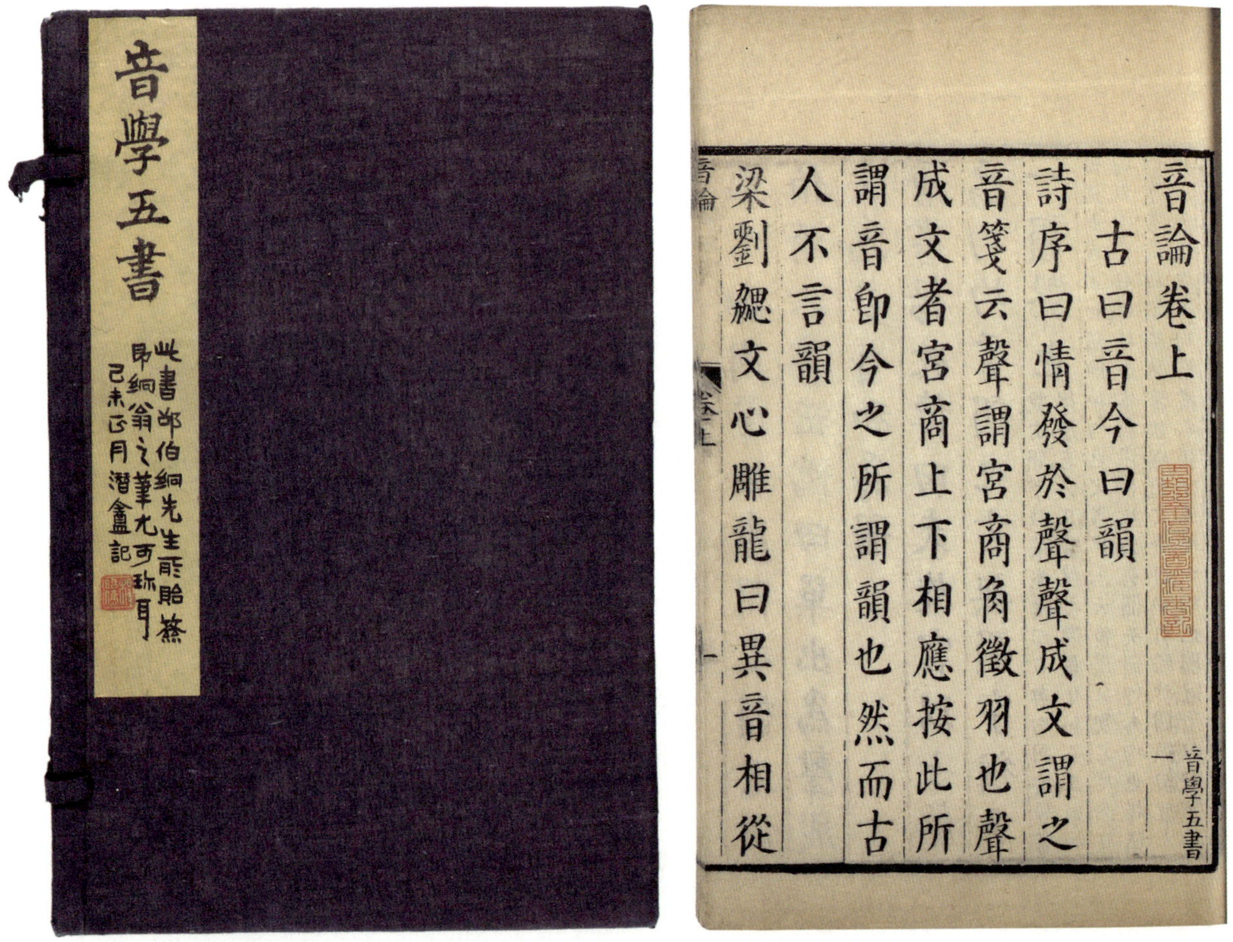

音學五書三十八卷　（清）顧炎武纂著　（清）徐乾學參閲　清康熙六年（1667）山陽張弨符山堂刻本

框高 22 厘米，廣 14.5 厘米。半葉八行，行十二字，小字雙行二十四字，白口，左右雙邊。12 册。鈐“古杭邵章倬盦藏書記”朱文印。

shan744

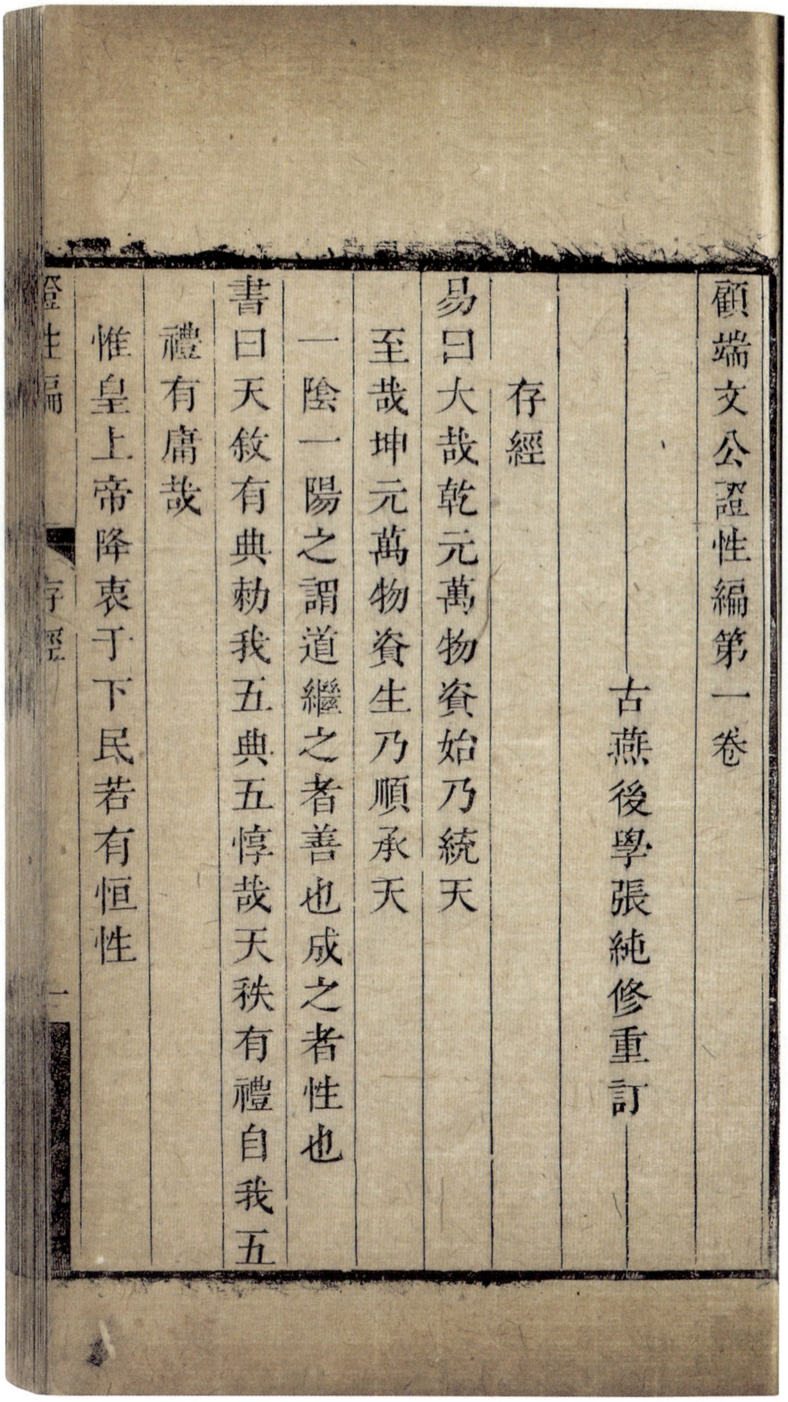
顧端文公證性編第一卷
古燕後學張純修重訂
存經
易曰大哉乾元萬物資始乃統天
至哉坤元萬物資生乃順承天
一陰一陽之謂道繼之者善也成之者性也
書曰天敘有典勑我五典五惇哉天秩有禮自我五
禮有庸哉
惟皇上帝降衷于下民若有恒性
證性編 存經 一

顧端文公遺書十四種 （明）顧憲成撰 （清）張純修輯 清康熙三十七年（1698）張氏刻本

框高 19.1 厘米，廣 14 厘米。半葉十行，行二十字，黑口，左右雙邊。5 册。存七種十五卷（證性編六卷、東林商語二卷、虞山商語三卷、南越商語一卷、志矩堂商語一卷、當下繹一卷、自反録一卷）。

shan755

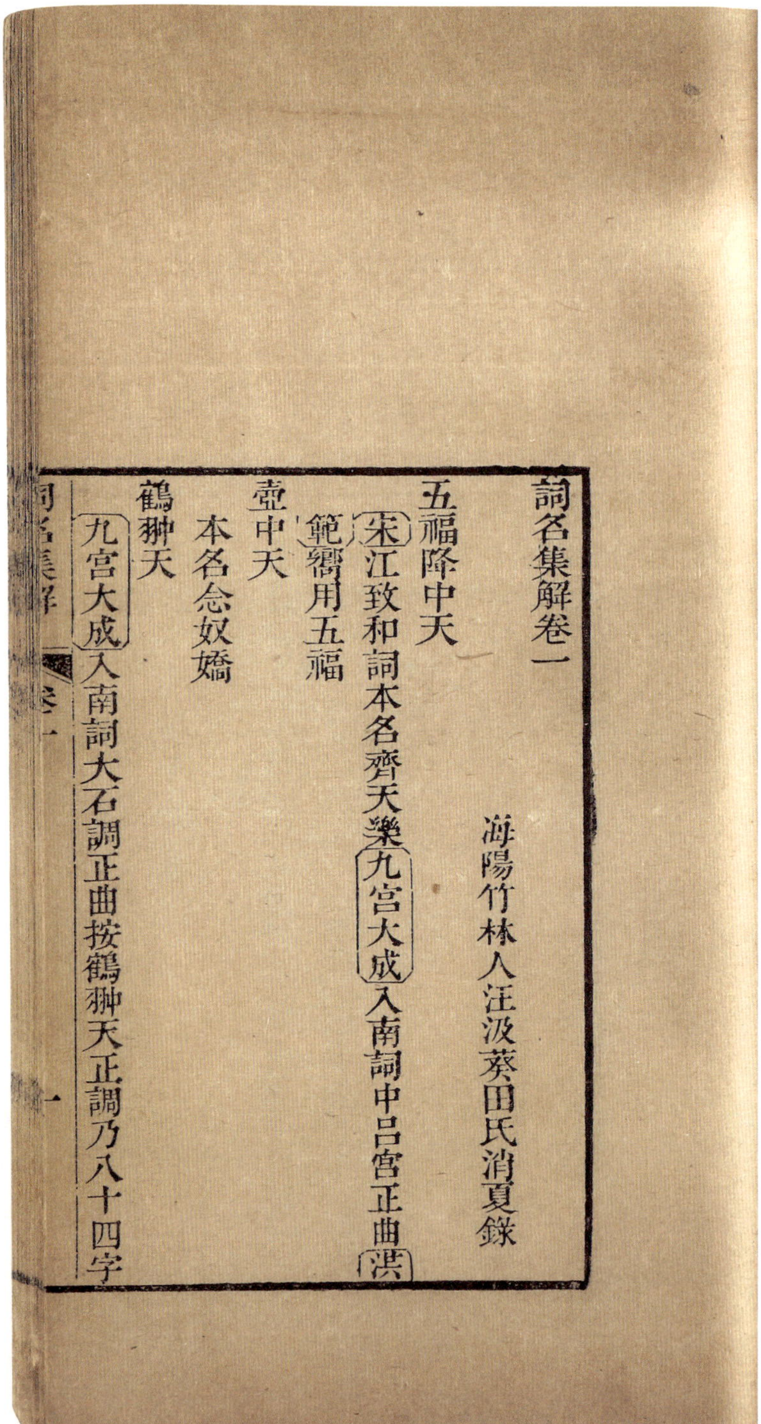
詞名集解卷一
海陽竹林人汪汲葵田氏消夏録
五福降中天
宋江致和詞本名齊天樂九宮大成入南詞中呂宮正曲洪
範疇用五福
壺中天
本名念奴嬌
鶴翀天
九宮大成入南詞大石調正曲按鶴翀天正調乃八十四字
詞名集解 卷一 一

古愚老人消夏録十七種　（清）汪汲録　清乾隆十九年（1754）古愚山房刻本

框高 14.4 厘米，廣 9.8 厘米。半葉九行，行二十四字，白口，四周單邊，無格。5 册。存七種十六卷（詞名集解六卷續編二卷、宋樂類編一卷、南北詞宫調彙録二卷、院本名目一卷、琴曲萃覽一卷、樂府標源二卷、樂府遺聲一卷）。

shan818

書名索引

一畫

二畫

三畫

四畫

五畫

六畫

七畫

八畫

九畫

十畫

十一畫

十二畫

十三畫

十四畫

十五畫

十六畫

十七畫

十八畫

十九畫

二十畫

二十一畫

二十二畫

二十三畫

二十四畫

二十六畫

後　記

北京市文物局圖書資料中心是北京市文物局直屬事業單位，其主要職能是保管與出版文物資料，服務於北京市文物局行業管理和文博系統業務研究。典藏部作爲中心重要的古籍文獻保管部門，有責任和義務把我們收藏的古籍和碑帖資源整理清楚，計劃整理并出版中心藏《古籍普查登記目録》《古籍善本録》和《善本書志》等書。2015 年，我們在第一次全國可移動文物普查的基礎上整理出了我中心的《古籍普查登記目録》，由於還在審校階段，尚未正式出版。2018 年我們的古籍善本整理課題成功申報了北京市文物局科研課題，這也促進了我們加快本書出版的步伐。

幾十年來，我中心藏書經過了吴希賢、李新乾、孫春華、孔繁雲等前輩學者的整理，特别是孔繁雲老師一直在我中心庫房工作，兢兢業業，爲我們後輩整理古籍打下了堅實的基礎。本書出版之際，謹以此書緬懷爲我中心古籍整理和保護事業付出心血的各位前輩。

感謝謝辰生先生在九十六歲高齡爲本書題簽。

感謝吴夢麟先生一直以來對我們部門的關愛和幫助。吴先生一直以來提携後學，幫助我們聯繫各位學界專家前輩，在學術問題上給予我們很多的指導和幫助。

感謝北京市文物局領導和法制科研處的領導們對本書的肯定和大力支持。

感謝首都圖書館劉乃英主任和楊之峰老師、邸曉平老師等對我們學術上的指導和幫助。

感謝北京石刻藝術博物館的劉衛東老師、蘇州圖書館的卿朝暉老師等對本書出版的幫助。另外，還要特别感謝我們典藏部的同事們，他們不辭勞苦，共同努力，力争把本書做到最好。國家圖書館出版社的王燕來老師爲本書的出版付出了辛勤的勞動，在此一并致以謝忱。

由於編者學術水平有限，望讀者不吝賜正。

《北京市文物局圖書資料中心古籍善本録》編委會

2019 年 6 月